맹승현
단국대학교 치의예과 2024년 입학
안산 안산동산고 졸

"티록신이 감소한 원인을 찾으려면 변수들을 고려해서 표와 그래프를 직접 그려봐야해!"

■ 나만의 노트 만들기

제가 만든 '나만의 비킬러 개념 노트'는 풀이 속도를 단축하기 위해서 단원별로 연관된 개념들을 정리하는 단어장입니다. 예를 들어 1단원 생물의 특징 중 '물질대사'와 관련된 키워드는 분해, 합성, 세포호흡, 소화, 산화, 광합성, 발효 등이 있습니다. 주로 1번 문항에 출제되기에 어떤 개념을 마주하면 핵심 단어가 곧바로 연상되어야 합니다. 빠른 문제 풀이를 위해 본인만의 비킬러 개념 노트는 꼭 만드시길 바랍니다.

한편, 비/준킬러 문항 중 주로 항상성 유지, 세포분열 문제는 그림 자료와 표 해석이 모두 까다로운 유형의 문항입니다. 그래서 저는 표, 그래프 자료를 직접 그렸습니다. 기출문제 자료에서 확인할 수 있는 변수들을 고려해 가능한 모든 표와 그래프를 그렸습니다. 올해 출제된 24 수능 생명과학1 14번 문항은 티록신 분비 이상의 증상자들과 결과를 매칭시키는 문제였습니다. 만약 수능 시험장에 가기 전 TRH, TSH, 티록신의 정상적인 분비과정과 음성 피드백만 알았다면 풀기가 까다로웠을 문제입니다. 저는 이미 수능특강과 9월 모의평가 8번 문항에서 티록신이 감소한 원인을 찾고 그 결과와 매칭되는 표를 여러 번 직접 그려봤기 때문에 쉽게 풀 수 있었습니다.

■ 나만의 은어 만들기

생명과학 I 과목 특성상 단어들이 많지만 쉽게 외워지지 않는 단어들을 짝지어서 무작정 암기하는 것은 어렵습니다. 그래서 저는 입에 붙을 수 있게 단어들을 엮어서 공부했습니다. 예를 들어 포도당에서 글리코젠으로 전환하는 것을 촉진하는 호르몬은 인슐린이고, 반대의 과정을 유도하는 호르몬은 글루카곤입니다. 저는 이 과정을 포글인/글포글 이렇게 외웠습니다. 또 다른 예시로 시상하부에 고온 자극을 주면 발산량이 증가하고 근육이 이완되며, 저온 자극을 주면 발생량이 증가하고 근육이 수축합니다. 저는 이를 고산이/저생수 이렇게 불렀고 자극에 따라 빈도가 증가하는 현상들을 쉽게 외울 수 있었습니다.

■ 내가 곧 선생님

감수분열과 DNA 상대량 단원과 같은 준킬러 문항의 오답 노트를 만들고 핵심 발상을 암기하려면 스텝별 풀이를 직접 작성하고, 나 자신에게 설명하는 방법이 효과적입니다. 오답 노트를 작성할 때는 항상 단서(근거)를 바탕으로 관련된 발상을 일깨우고 해결책을 도출해나가는 방향으로 풀이 과정을 적어야 합니다. '내가 곧 선생님' 암기법은 우선, 명확한 단서와 논리를 바탕으로 '생각해야 할 발상 포인트'와 '접근법'을 요약합니다. 숙지가 된 후 문제 풀이를 스텝별로 조리 있게 나 자신한테 설명하면 됩니다. '내가 곧 선생님' 방식을 적용한다면 개체, 핵상, 감수분열(G1 M1 M2 생식세포) 단계별 특징, 대립유전자의 짝쌍 찾기 등 기본적인 발상 포인트들이 눈에 보이며 조건을 해석하기가 쉬워집니다.

■ 시간 압박감을 덜어내기

제가 삼수를 하면서 얻은 교훈은 '내가 통제할 수 있는 것만 신경 쓰자' 입니다. 긴장감과 시간 압박이 합쳐지면 누구나 심적으로 크게 흔들립니다. 수능 특성상 새로운 환경에서 시험을 보기 때문에 긴장감은 자연스럽게 생깁니다. 그래서 제가 평소에 연습하고자 했던 것은 시간 압박감을 덜 느끼는 것이었습니다. 시간 압박감을 극복하기 위해서 8시 40분부터는 무슨 일이 있어도 국어 공부를 했고 4시 37분까지 탐구 영역을 공부했습니다. 처음에 탐구 문제를 풀 때는 준킬러 문제들만 풀다가 시간이 끝나고는 해서 만약 수능이었다면 이 점수를 받았겠구나 하는 생각에 정신을 반짝 차릴 수 있었습니다. 어려운 모의고사를 풀면서 타임 어택에 익숙해지면 마인드부터가 "시간 내에서 아는 것을 다 맞자!"로 바뀌게 되며 시간을 통제하면서 본인이 할 수 있는 최대치가 보이기 시작할 겁니다.

My Story Xi Story [생명과학 I]

자이스토리 32개년 역사

- 수능 난이도 상 빨간색
- 수능 난이도 중 검정색
- 수능 난이도 하 파란색

2024 11.14 축축하고 어색한 수능 날씨! 국어, 수학 난이도는 그냥저냥 했는데 영어는 까탈스러움. 선택과목별 난이도 편차가 커서 표준점수 영향력이 커질 듯. 의대 증원으로 21년만에 최대로 폭발한 최상위권 N수생. 과탐 응시자는 줄고 사과탐 혼합 응시는 늘고, 수능 등급을 짐작하기 너무나 어렵다 ㅠㅠ

2023 11.16 킬러를 없앤다고 했는데, 국어·영어는 매력적 오답들을 지뢰밭처럼 쫙 깔아 놨네ㅠㅠ 수학은 킬러 문제 대신에 무늬만 준킬러 문제들을 우중충하게 많이 깔아 놓고ㅠㅠ 서울대가 과탐 Ⅱ 과목 필수 응시를 폐지해서 표준 점수가 요동치지 않을까? 이과생들의 문과 침공이 또 다른 입시 변수가 될까?

2022 11.17 따뜻했지만 가슴은 쿵쿵! 떨렸던 1교시 국어, 휴~ 그렇게 어렵진 않았어. 수학은 킬러 문항은 없었지만 까다로운 문제가 많아서 등급이~ ㅠㅠ. 영어는 듣기 속도가 평소보다 빨라서 귀가 빨간 토끼처럼 되어버렸네. 통합 수능 2년차, n수생들이 많아서 입시 전략 짜기 머리가 뽀개질듯!

2021 11.18 창문을 열어도 춥지 않던 따뜻한 수능날이었어. 선택과목이 생겨서 안 그래도 혼란스러운 수학은 빈칸추론 문제의 등장으로 우리의 머리를 뜨겁게 달구는데... 마음을 다잡으며 풀기 시작한 영어는 듣기 뒷부분이 마치 독해처럼 길고 어려워서 채 식지 않은 열이 더욱 활활 타올랐어 @_@!

2020 12.03 코로나 때문에 플라스틱 칸막이 장벽을 마주하고 치러진 수능. 이러한 수험생들의 고충을 고려해서인지 대체로 평이하게 나왔어! 그렇지만 수학 가형 30번 문제는 까다로웠지. 마스크를 끼고, 쉬는 시간마다 창문을 열어 환기를 해서 춥고, 방호복까지 등장한 수능이었지만, 처음 겪는 멘붕 상황에서도 무사히 수능을 치른 것에 엄지 척! 올려 주고 싶어 :)

2019 11.14 별밭에 누워 너무 맑고 초롱한 눈으로, 8년 만에 바뀐 샤프로 수능을 보면 점수가 잘 나올까? 다행히 BIS비율 관련 지문을 제외하고 국어 난이도는 평이했어. 그러나 역시 수능은 수능! 수학 나형의 30번 문제, 좀 당황스럽더라. 국어와 영어는 까다롭지 않았지만 수학으로 변별력을 키운 2020 수능, 작은 실수가 뼈 때릴 듯!

2018 11.15 국어 너.... 좀 낯설다? 중국 천문학은 뭐고, 〈출생기〉는 또 뭐야? 국어는 독서와 문학 모두 낯섦의 결정체였어. 역대급 난이도의 국어를 풀고 나니 수학은 그래도 평이했어. 근데 작년보다 훨씬 어려워진 영어 때문에 또 다시 긴장 백배였지. 일명 "국어 쇼크, 역대 최저 등급컷!" but, 내가 어려웠으면 남도 어려웠을 것이니 마음 편히 먹으면 좋은 결과가 있을 듯^^

2017 11.23 어서 와~ 수능 연기는 처음이지? 일주일 동안 마음을 다잡고 힘겹게 수능 시험을 맞이했는데 날씨도 마음도 추운 시험 날이었어. 국어의 낯선 시와 긴 독서 지문, 수학은 그래프 유형 추론 문제, 어려워진 탐구 영역. 여진 올까 불안한데 문제까지 어려웠지. 올해 수능은 우리들의 정신력과 의지로 헤쳐 낸 〈강 건너간 노래〉였어.

2016 11.17 지문을 다 읽었는데 기억이 안 난다ㅠ 생소한 주제의 제시문과 복합 유형까지! 1교시 국어 영역은 길고 낯설었다. 2교시, 세트 문제가 없어지고, 언어적 독해력을 묻는 문제도 출제된 수학(나형), 안 그래도 이미 쿠크다스처럼 깨진 내 정신은 이제 먼지가 되어 사라짐;; 덕분에 상위권 변별력은 커졌으나 우리는 그 누구랑 다르게 오직 실력으로 당당히 대학 가자!!

2015 11.12 수능 날인데 날씨가 따뜻했다. 평가원에서는 포근한 난이도 출제를 발표하셨다. 하지만 EBS 체감 연계율이 하락한 영어와 국어에서 수험생들은 당황했다. 수학 A형에서는 귀납적 추론 문제 때문에 중하위권 수험생들의 심장이 요동쳤다. 모의평가보다 상승한 난이도로 '매운맛 수능'이 된 2016 수능!

2014 11.13 입시 한파가 수험생들을 꽁꽁 얼리고ㅠ.ㅠ 낯선 지문으로 까다롭게 출제된 국어 A·B형 때문에 수능 체감 난이도 급상승! 무난한 난이도였던 수학에서는 실수와의 싸움이 등급을 결정하고~ '쉬운 영어' 방침에 따라 변별력이 떨어진 영어의 등급 컷은 하늘을 찌를 듯... 들쭉날쭉한 난이도로 수험생들을 당황시킨 2015 수능!

2013 11.07 출제 위원도 수험생도 떨렸던 첫 수준별 수능!! 국어 A형의 과학 지문이 최상위권을 나누다... 수학 A·B형은 모두 주관식이 최고난도 문항으로 출제되고ㅠ.ㅠ 영어 B형에 상위권 학생들이 몰려 대입 당락의 변수가 될 전망!! 고난도 문제들은 EBS 연계와 전혀 무관했던 2014 수능~ 상위권 수험생들의 입시 경쟁이 치열할 터!

2012 11.08 수준별 A·B형 체제로 개편되기 전의 마지막 수능 – 변별력 있는 고난도 문제가 여러 개 나와 상위권의 수학 실력을 제대로 세분화시키고... 빈칸 추론 유형 때문에 난이도가 급상승한 외국어가 또 한 번 수험생들의 발목을 잡았다고 –_–

2011 11.10 쉬운 수능이었지만 복병은 존재~ 비문학 지문이 까다로웠던 언어 때문에 1교시부터 쩔쩔매다! 수리 가형은 조금 어려웠지만, 난이도 조절에 실패해서 너무 쉬웠던 외국어는 점수가 대폭 상승?? 변별력을 잃은 수능 때문에 논술이 더더욱 중요해지고~

2010 11.18 EBS와 연계 출제되었다고 하지만 체감 난이도는 더욱 더 상승↑ 비문학 지문 때문에 시간이 부족했던 언어와 최상위권 변별력 확보를 위해 확 어려워진 수리 영역~!! 외국어마저 어려운 어휘와 고난도 독해가 출제되어, EBS만 믿고 공부한 수험생들 제대로 배신 당하다...

2009 11.12 2009년을 휩쓴 신종 인플루엔자 때문에 공부하기도, 시험보기도 힘들었던 수험생들을 위해 언어와 수리는 몸풀기 난이도로 출제! 하지만 오후엔 강력 외국어 펀치를 날리고, 이어지는 들쑥날쑥 난이도의 사과탐 펀치... 이래저래 원서 접수로 머리가 뽀개질 2010 대학입시!!!

2008 11.13 표준점수와 백분위가 다시 부활한 09수능! 언어와 외국어, 사·과탐은 대체로 평이하게 출제되었으나 ~ 수험생들 간의 변별력 확보를 위해서인지 유독 까다로운 문항이 많았던 수리 가형과 수리 나형 때문에 체감 난이도 급상승↑ 수리 영역이 주요 변수로 작용하다!

2007 11.15 등급제가 처음으로 적용된 08수능! 언어와 수리 나형은 어렵게, 수리 가형, 사·과탐, 외국어는 평이한 수준으로 출제돼 등급 블랭크를 없애기 위한 등급 간 변별력 확보는 성공~ 하지만 등급 내 동점자의 대거 발생으로 단 1점 차이로 희비가 엇갈리다!

2006 11.16 수리 나형과 외국어는 만만~, 언어와 사·과탐은 지난해보다 유독 까다롭고 어려웠던 07수능! 결국 언어와 사·과탐 점수가 당락의 변수로 작용하다. 선택과목 간 난이도 조절 실패로, 휴~ 앞으로는 재수도 힘들다는데...

2005 11.23 2006 수능 기상도 '맑다가 차차 흐림'– "너무 쉬웠어. 하하~"(언어 영역 종료 후)→"머릴 얻어맞은 느낌이야."(수리 영역 종료 후)→"그냥 찍었어."(외국어 영역 종료 후)→"망했어!!"(탐구 영역 종료 후)

2004 11.17 ♪♬외로워도 슬퍼도 나는 안 울어~. 언어 듣기에 느닷없이 등장한 캔디 주제곡은 일종의 복선이었을까···. 수험생들을 1교시는 웃게, 2·3교시는 내리 울게 만들었던 2005 수능, 그래도 모의평가 수준으로 평이하게 출제된 데자뷰 효과 덕이었는지 중·상위권 인플레 또 다시 야기.

2003 11.05 대체로 교과서에 충실한 평이한 수준의 문제 출제가 이루어졌으나, 예상 지문 출제와 사상 첫 복수 정답 인정 논란으로 말도 많고 탈도 많던 2004 수능, 재수생의 연이은 강세로 고교 4학년 시대 가속화 되다!

2002 11.06 너무 쉬웠던 2001 수능과 너무 어려웠던 2002 수능 사이의 적정선을 유지하며 널뛰기 논란을 일순간 잠재우는 듯 했으나, 고3의 학력 수준을 고려하지 않은 문제 출제로 난이도 조절 실패~

2001 11.07 터무니없이 어려운 문제에 수험생들 쩔쩔~. 작년과는 반대로 언어와 수리가 오히려 점수 하락을 주도했으며, 쉬운 수능에 눈높이가 맞춰진 수험생들의 체감 난이도 상승으로 1, 2교시 이후 시험 중도 포기가 속출했다. 난이도 조절 大실패! 수능 평균 66점 하락↓

2000 11.15 수능 만점자 66명, 풍년이로세! 수능 무용론이 나돌 정도로 변별력 상실 지속~ 변별력을 잃은 언어와 수리가 점수밭으로 작용하며 널뛰기식 난이도가 도마 위에 올랐다.

1999 11.17 변별력을 아예 상실하다! 유독 깐깐했던 언어 영역을 제외하고 대체로 작년보다 쉽게 출제되면서 또다시 중·상위권 인플레 현상 야기. 1명의 수능 만점자 배출과 함께 300점 이상을 25만명까지 늘린 2000 수능!!

1998 11.18 쉽게 낸다는 애초 발표와는 달리 수리가 어렵고 까다롭게 출제되는 바람에 수험생들 배신감에 부들부들~. 그러나 나머지 영역이 총점의 하락폭을 상쇄시켜 평균 27점 상승↑수능에서 첫 만점자가 탄생했으나, 쉽기로 소문난 99 수능 하마터면 만점자가 쏟아질 뻔!—;

1997 11.19 교과서 내에서 자주 접해온 평이한 수준의 문제와 기출과 유사한 유형의 다수 출제로 평균 42점 상승↑ 변별력 논란을 일으키며, 상·하위권이 좁았던 기존의 항아리형에서 중·하위권이 비대한 꽃병형 점수대 분포로 변화!

1996 11.13 1교시 언어가 예상보다 쉬워 내쉬던 안도의 한숨을 여지없이 끊어버린 수리와 사·과탐의 연이은 高난이도 출제는 재수생들을 두 번 죽이는 일이었다! 수능 사적으로 볼 때, 바야흐로 이 시기는 수리 주관식 문제와 총점 400점이 처음 도입되고, 영어 듣기가 17문항으로 늘어난 수능 과도기 시점.

1995 11.22 영역별 난이도 예상과 달라 당황~ 수리&외국어=easy, 언어&사·과탐=hard 특히 생소한 지문으로 어렵게 1교시 언어와 통합 교과 소재의 高난이도 사·과탐이 수능 총점 초토화~! 지난해보다 평균 7점 down↓ 96 수능 시험 0점 지난해 3배!

1994 11.23 수능 연 1회 시행의 시발점이었으나, 수능 高난이도 연속 행진 계속! 10문항이 늘어난 수리와 외국어는 무난했으나, 의외의 복병이었던 사·과탐의 난이도가 특히 높아 점수를 마구 갉아먹다.

가계도 분석 문제가
생명과학Ⅰ 1등급을 좌우합니다.

생명과학Ⅰ은 개념을 확실히 공부하면
점수가 오르는 과목입니다.
그래서 많은 학생이 선택하지만 모두가 1등급을 받지는 못합니다.
그 이유는 바로 고난도 가계도 분석 문제 때문입니다.

자이스토리는 고난도 가계도 분석 문제를 풀기 위해
풀이의 핵심이 되는 '단서'를 알려주고
단서를 통해 문제를 푸는 '발상'을 떠올리며,
문제를 '해결'하는 법까지 구체적으로 설명합니다.
또한, 단계별로 문제 해결 과정을 알려주어
학생들이 문제를 빠르게 접근하고 쉽게 해결할 수 있도록 했습니다.

자이스토리 입체 첨삭 해설 시스템은
문제를 정확하게 분석하여 구현한 문제 + 자료 분석, 정답의 원리와 오답의 근거를
알기 쉽고 보기 쉽게 제공합니다.
그래서 모든 문제를 완벽히 이해하면서 공부할 수 있습니다.

또한 [수험장 극비 노트]는 자주 출제되는 핵심 내용을
그림, 도표 등으로 구성하여 오래도록 기억할 수 있습니다.

자이스토리와 함께 한다면,
이 책의 마지막 페이지를 넘길 때쯤
여러분은 이미 수능 1등급에 도달해 있을 것입니다.

- 대한민국 No.1 수능 문제집 자이스토리 -

내신+수능 1등급 완성 학습 계획표 [31일]

Day	문항 번호	틀린 문제 / 헷갈리는 문제 번호 적기	날짜	복습 날짜
1	A 1~63		월 일	월 일
2	B 1~24		월 일	월 일
3	C 1~46		월 일	월 일
4	D 1~41		월 일	월 일
5	42~50		월 일	월 일
6	E 1~29		월 일	월 일
7	31~40		월 일	월 일
8	F 1~24		월 일	월 일
9	25~50		월 일	월 일
10	G 1~38		월 일	월 일
11	39~74		월 일	월 일
12	H 1~43		월 일	월 일
13	I 1~38		월 일	월 일
14	39~51		월 일	월 일
15	J 1~31		월 일	월 일
16	32~61		월 일	월 일
17	K 1~45		월 일	월 일
18	46~63		월 일	월 일
19	L 1~25		월 일	월 일
20	26~47		월 일	월 일
21	48~78		월 일	월 일
22	M 1~24		월 일	월 일
23	25~43		월 일	월 일
24	N 1~28		월 일	월 일
25	O 1~8		월 일	월 일
26	P 1~11		월 일	월 일
27	Q 1~45		월 일	월 일
28	R 1~16		월 일	월 일
29	모의고사 1~3회		월 일	월 일
30	모의고사 4~7회		월 일	월 일
31	모의고사 8~10회		월 일	월 일

- 나는 ____________________대학교 ____________________학과 ______________학번이 된다.
- **磨斧作針** (마부작침) – 도끼를 갈아 바늘을 만든다. (아무리 어려운 일이라도 끈기 있게 노력하면 이룰 수 있음을 비유하는 말)

자이스토리 생명과학 I 활용법+α

❶ 개념을 쉽게 이해하고 기출 자료로 개념 체크로 개념을 꼼꼼히 체크!

- 수능에 출제되는 기본 개념을 다양하게 구성하여 재미있게 공부할 수 있습니다.
- '기출 자료로 개념 체크'를 통해 기본 개념을 제대로 익혔는지 테스트합니다.
- 출제 2025 대비 6월, 9월, 수능에서 출제된 경향을 알려줍니다.

❷ 등급을 좌우하는 고난도 문제는 문제 특강"으로 완벽히 마스터!

- 고난도로 나오는 유형과 해당 문제를 푸는 핵심 KEY, 대비법을 알려줍니다.
- 간단한 빈칸 채우기를 통해 특강을 읽으면서 함께 풀이할 수 있도록 했습니다.

❸ 개념별 · 유형별 기출 문제 풀이로 수능 실전력을 높이자!

- 수능 문제는 유형이 정형화되어 있으므로 기출 문제를 통해 자주 출제되는 개념과 선택지의 문장을 파악합니다.

❹ 최신 연도별 모의고사는 단원별 학습이 끝난 후에 풀어 보세요.

- 실제 시험을 치를 때와 동일한 조건으로 풀어서 자신이 취약한 유형을 파악하고, 시간을 안배하는 훈련을 해보세요. (등급 컷으로 객관적 실력도 체크!)
- 모의고사를 푼 후에는 오답노트를 작성해서 틀린 원인을 꼼꼼하게 분석하고 확인하세요.

❺ 1등급, 고난도 대비 문항은 특강 해설로 마스터하세요!

- 문제 풀이의 핵심이 되는 '단서', 풀이의 '발상', 문제에 '적용'하는 법까지 구체적으로 설명합니다.
- '왜 틀렸나', '시간 단축 tip', '문제풀이 tip'을 통해 실전에 바로 활용하는 tip을 알려줍니다.

❻ 쉽게 이해되는 입체 첨삭 해설로 다시는 틀리지 말자!

- 정답만 체크하지 말고, 틀린 문제나 찍어서 맞은 문제 등은 꼭 다시 푸세요.
- 해설에 제시된 정답의 단서를 파악하고, 함정, 주의, 꿀팁에 대한 설명도 놓치지 마세요.

❼ [수험장 극비 노트]로 수험장 1등급 비법을 꼭 챙기세요!

- 시험에 자주 출제되는 핵심 개념과 출제 유형을 한눈에 파악할 수 있습니다.
- '나만의 비법 정리'에 자주 헷갈리거나 외우기 어려운 내용을 쓰고 틈틈이 확인해 보세요.

단원별 핵심 개념 + 최신 · 중요 문제 동영상 강의 QR코드

1. 시험에 잘 나오는 핵심 내용을 동영상으로 빠르게 이해할 수 있어요!
2. 해설과 다른 풀이를 알고 싶을 때 확인해 보세요!
3. 긴 시간 혼자서 공부하느라 집중력이 떨어질 때 사용해 보세요!
4. 강의를 통해 어려운 가계도 분석 문제를 쉽게 이해할 수 있고, 문제 풀이 실력도 향상시킬 수 있어요!

차 례

Special 최신 연도별 모의고사 10회

중요 · 핵심 개념 + 문제
동영상 강의

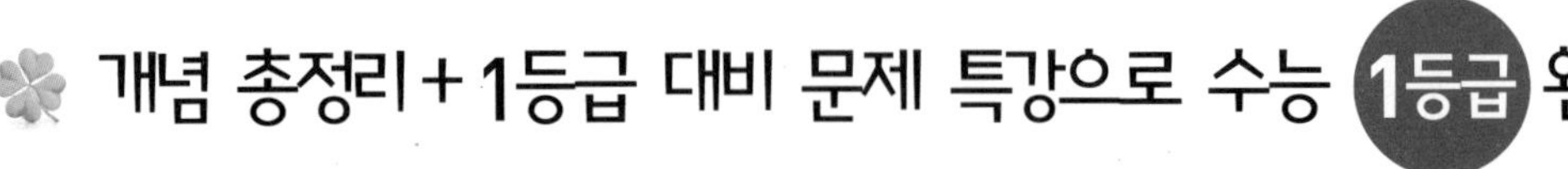

1 최신 수능 출제 경향 분석+개념 총정리

교과서 순서에 따라 개념을 총정리하고, 수능 출제 경향을 분석했습니다. 수능과 6월, 9월 모평에서 나온 문제가 어떻게 출제되었는지 구체적으로 알려줍니다.

- **출제 경향 분석:** 2025 대비 수능 출제 분석
- **출제** 2025 대비 수능, 6, 9월 모평 문제를 분석하여 최신 출제 경향 제시
- **꼭 외워!:** 각 단원에서 반드시 암기할 내용 총정리
- **QR코드:** 단원별 핵심 개념+문제 풀이법 동영상 강의

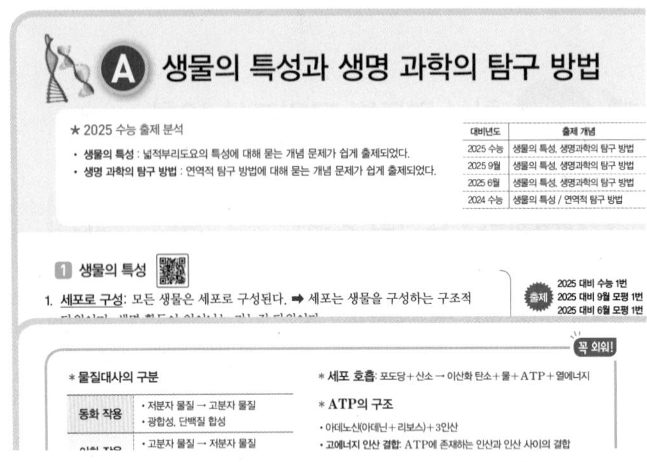

A 생물의 특성과 생명 과학의 탐구 방법

★ 2025 수능 출제 분석

- 생물의 특성 : 넓적부리도요의 특성에 대해 묻는 개념 문제가 쉽게 출제되었다.
- 생명 과학의 탐구 방법 : 연역적 탐구 방법에 대해 묻는 개념 문제가 쉽게 출제되었다.

대비년도	출제 개념
2025 수능	생물의 특성, 생명과학의 탐구 방법
2025 9월	생물의 특성, 생명과학의 탐구 방법
2025 6월	생물의 특성, 생명과학의 탐구 방법
2024 수능	생물의 특성 / 연역적 탐구 방법

1 생물의 특성

1. 세포로 구성: 모든 생물은 세포로 구성된다. ➡ 세포는 생물을 구성하는 구조적

출제 2025 대비 수능 1번, 2025 대비 9월 모평 1번, 2025 대비 6월 모평 1번

꼭 외워!

* 물질대사의 구분
  - 동화 작용: 저분자 물질 → 고분자 물질, 광합성, 단백질 합성
  - 이화 작용: 고분자 물질 → 저분자 물질
* 세포 호흡: 포도당+산소 → 이산화 탄소+물+ATP+열에너지
* ATP의 구조
  - 아데노신(아데닌+리보스)+3인산
  - 고에너지 인산 결합: ATP에 존재하는 인산과 인산 사이의 결합

2 기출 자료로 개념 체크 문제 - 다양한 형태의 문제로 구성

수능, 평가원에서 출제된 자료와 선택지로 학습한 개념을 확인하고 체크할 수 있습니다. 개념을 정확히 이해하고 암기하는 데 가장 효과적인 학습 방법입니다.

- **기출 선택지로 개념 체크 문제 정답 및 해설 수록**

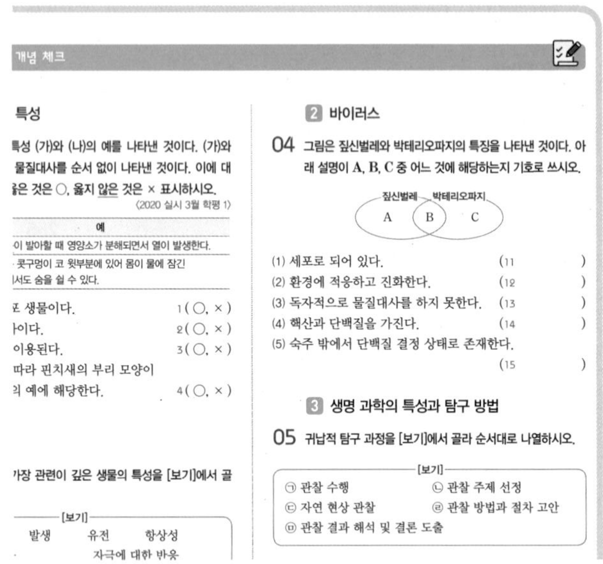

개념 체크

2 바이러스

04 그림은 짚신벌레와 박테리오파지의 특징을 나타낸 것이다. 아래 설명이 A, B, C 중 어느 것에 해당하는지 기호로 쓰시오.

(1) 세포로 되어 있다. (11)
(2) 환경에 적응하고 진화한다. (12)
(3) 독자적으로 물질대사를 하지 못한다. (13)
(4) 핵산과 단백질을 가진다. (14)
(5) 숙주 밖에서 단백질 결정 상태로 존재한다. (15)

3 생명 과학의 특성과 탐구 방법

05 귀납적 탐구 과정을 [보기]에서 골라 순서대로 나열하시오.

[보기]
㉠ 관찰 수행 ㉡ 관찰 주제 선정
㉢ 자연 현상 관찰 ㉣ 관찰 방법과 절차 고안
㉤ 관찰 결과 해석 및 결론 도출

동영상 강의 개념+중요 문제 QR코드

3 개념별 기출 문제 [2점, 3점]

개념 순서와 단계별 난이도로 문제를 배치하여 효율적인 개념 적용 훈련과 기출 문제 풀이를 할 수 있습니다.

- **소주제별 배열:** 개념을 구체적으로 적용시킬 수 있도록 주제를 세분화해서 문항 배열
- **QR코드:** 단원별 핵심 문제 동영상 강의

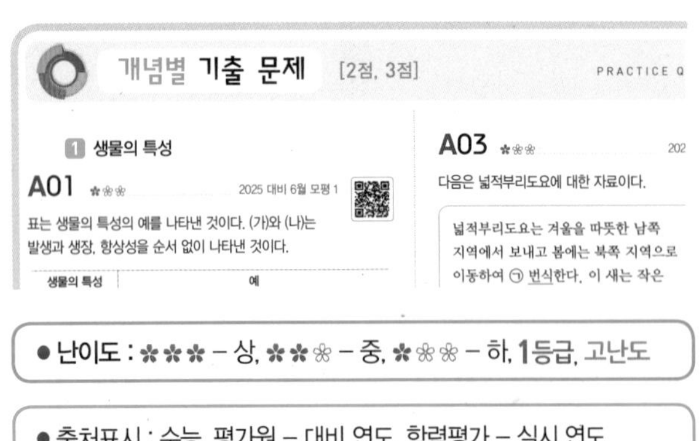

개념별 기출 문제 [2점, 3점]

1 생물의 특성

A01 ★☆☆ 2025 대비 6월 모평 1

표는 생물의 특성의 예를 나타낸 것이다. (가)와 (나)는 발생과 생장, 항상성을 순서 없이 나타낸 것이다.

A03 ★☆☆

다음은 넓적부리도요에 대한 자료이다.

넓적부리도요는 겨울을 따뜻한 남쪽 지역에서 보내고 봄에는 북쪽 지역으로 이동하여 ㉠ 번식한다. 이 새는 작은

- **난이도 :** ★★★ – 상, ★★☆ – 중, ★☆☆ – 하, 1등급, 고난도

- **출처표시 :** 수능, 평가원 – 대비 연도, 학력평가 – 실시 연도
  - 2023 실시 3월 학평 20 : 2023년 3월에 실시한 학력평가
  - 2024 대비 9월 모평 20 : 2023년 9월에 실시한 모의고사
  - 2025 대비 수능 20 : 2024년 11월에 실시한 수능

4 1등급, 고난도 대비 문제 특강

고난도 문제를 푸는 단서+발상, 적용법, 유형 대비법, 문제 풀이 순서를 자세히 설명했습니다.

- **빈칸 채우기:** 특강을 읽으면서 간단한 빈칸 문제를 통해 풀이 방법을 함께 익힐 수 있습니다.

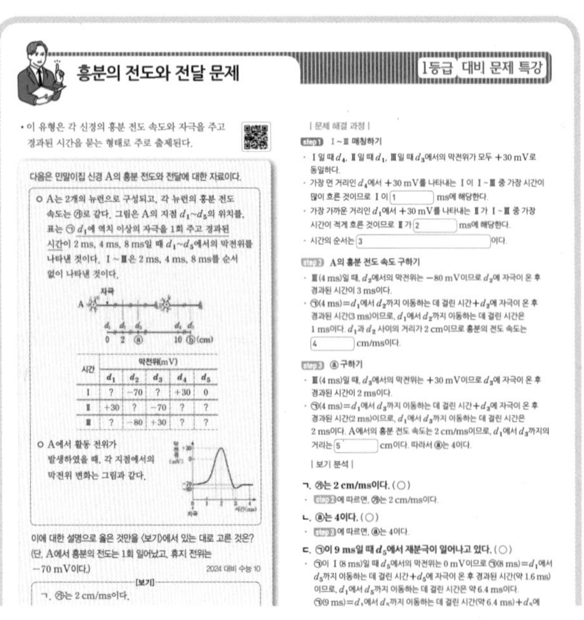

흥분의 전도와 전달 문제 1등급 대비 문제 특강

• 이 유형은 각 신경의 흥분 전도 속도와 자극을 주고 경과된 시간을 묻는 형태로 주로 출제되었다.

다음은 민말이집 신경 A의 흥분 전도와 전달에 대한 자료이다.

이에 대한 설명으로 옳은 것만을 [보기]에서 있는 대로 고른 것은?

5 최신 연도별 모의고사 10회 수록

실전 대비를 위해 실제 모의고사 원본을 그대로 수록했습니다.

- 2024년 실시 7회: 전문항
- 2023년 실시 3회: 수능, 6월과 9월 모평

* 최신 모의고사 10회 등급컷 수록

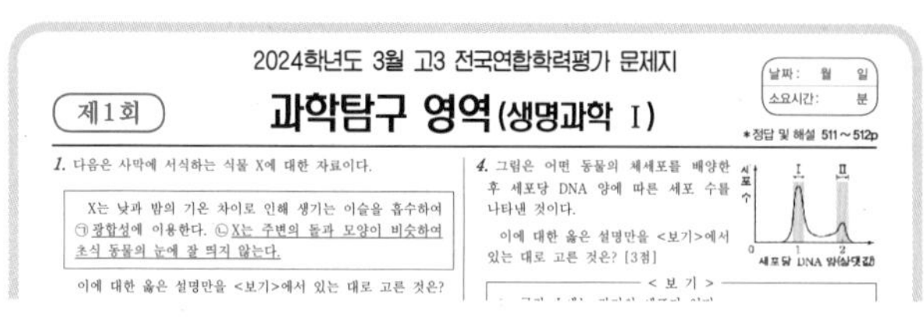

[별책 부록] 수험장 극비 노트

1 꼭 출제되는 중요 개념 20개 선정

2 문제 풀이 꿀팁

3 나만의 비법 정리

6 1등급 · 고난도 대비 기출 문제와 특별 해설

고난도 문제가 출제되는 단원은 따로 1등급 대비, 고난도 대비로 분리해 수록했습니다.

✪ 1등급 대비 : 정답률이 35% 이하인 1등급을 가르는 최고난도의 문제

✪ 고난도 대비 : 정답률이 36~49% 정도의 1, 2등급으로 도약하기 위한 고난도의 문제

7 입체 첨삭 해설!

문제+자료 분석

제시된 자료를 자세하게 분석해 줍니다.

출제 개념

문제의 핵심 주제를 제시합니다.

자료 설명

정답을 찾을 수 있는 중요 힌트를 알려줍니다.

정답 첨삭 해설

정확한 정답을 확인할 수 있도록 선택지를 꼼꼼하게 분석했습니다.

오답 첨삭 해설

정답이 아닌 이유를 한눈에 확인할 수 있도록 키워드 중심으로 알려줍니다.

수험장 생생 체험

선배들이 수험장에서 직접 사용하는 문제 풀이법을 알려줍니다.

단서+발상

(단서) 문제 풀이의 핵심이 되는 부분을 꼭 짚어 알려줍니다.

(발상) 단서를 통해 문제 풀이를 어떻게 시작하는지 설명합니다.

(해결) 문제의 답을 얻기 위한 구체적인 적용법을 알려줍니다.

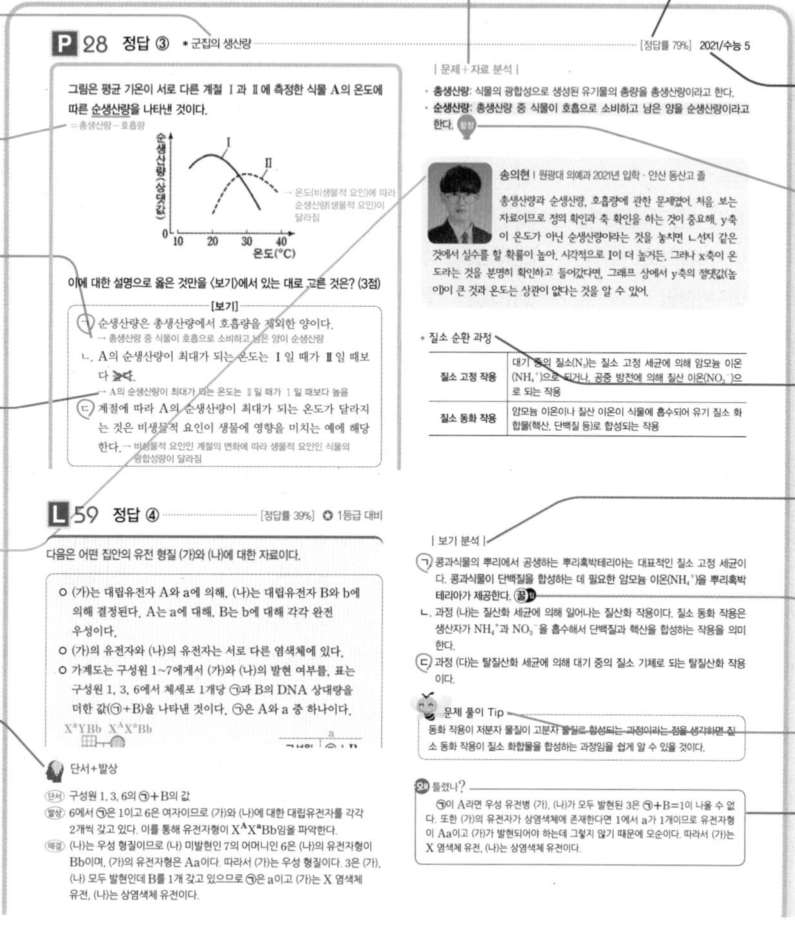

P 28 정답 ③ * 군집의 생산량 ······ [정답률 79%] 2021/수능 5

그림은 평균 기온이 서로 다른 계절 Ⅰ과 Ⅱ에 측정한 식물 A의 온도에 따른 순생산량을 나타낸 것이다.
= 총생산량 − 호흡량

이에 대한 설명으로 옳은 것만을 〈보기〉에서 있는 대로 고른 것은? (3점)

[보기]

ㄱ. 순생산량은 총생산량에서 호흡량을 제외한 양이다.
→ 총생산량 중 식물이 호흡으로 소비하고 남은 양이 순생산량

ㄴ. A의 순생산량이 최대가 되는 온도는 Ⅰ일 때가 Ⅱ일 때보다 높다.
→ A의 순생산량이 최대가 되는 온도는 Ⅱ일 때가 Ⅰ일 때보다 높음

ㄷ. 계절에 따라 A의 순생산량이 최대가 되는 온도가 달라지는 것은 비생물적 요인이 생물에 영향을 미치는 예에 해당한다. → 비생물적 요인인 계절의 변화에 따라 생물적 요인인 식물의 광합성량이 달라짐

| 문제+자료 분석 |

- 총생산량: 식물의 광합성으로 생성된 유기물의 총량을 총생산량이라고 한다.
- 순생산량: 총생산량 중 식물이 호흡으로 소비하고 남은 양을 순생산량이라고 한다. (함정)

송의현 | 원광대 의예과 2021년 입학 · 안산 동산고 졸

총생산량과 순생산량, 호흡량에 관한 문제였어. 처음 보는 자료이므로 정의 확인과 축 확인을 하는 것이 중요해. y축이 온도가 아닌 순생산량이라는 것을 놓치면 ㄴ선지 같은 것에서 실수를 할 확률이 높아. 시각적으로 Ⅰ이 더 높거든. 그러나 x축이 온도라는 것을 분명히 확인하고 들어갔다면, 그래프 상에서 y축의 절댓값(높이)이 큰 것과 온도는 상관이 없다는 것을 알 수 있어.

* 질소 순환 과정

질소 고정 작용	대기 중의 질소(N_2)는 질소 고정 세균에 의해 암모늄 이온(NH_4^+)으로 되거나, 공중 방전에 의해 질산 이온(NO_3^-)으로 되는 작용
질소 동화 작용	암모늄 이온이나 질산 이온이 식물에 흡수되어 유기 질소 화합물(핵산, 단백질 등)로 합성되는 작용

L 59 정답 ④ ······ [정답률 39%] ✪ 1등급 대비

다음은 어떤 집안의 유전 형질 (가)와 (나)에 대한 자료이다.

- (가)는 대립유전자 A와 a에 의해, (나)는 대립유전자 B와 b에 의해 결정된다. A는 a에 대해, B는 b에 대해 각각 완전 우성이다.
- (가)의 유전자와 (나)의 유전자는 서로 다른 염색체에 있다.
- 가계도는 구성원 1~7에게서 (가)와 (나)의 발현 여부를, 표는 구성원 1, 3, 6에서 체세포 1개당 ㉠과 B의 DNA 상대량을 더한 값(㉠+B)을 나타낸 것이다. ㉠은 A와 a 중 하나이다.

X^aYBb X^AX^aBb

단서+발상

(단서) 구성원 1, 3, 6의 ㉠+B의 값

(발상) 6에서 ㉠은 1이고 6은 여자이므로 (가)와 (나)에 대한 대립유전자를 각각 2개씩 갖고 있다. 이를 통해 유전자형이 X^AX^aBb임을 파악한다.

(해결) (나)는 우성 형질이므로 (나) 미발현인 7의 어머니인 6은 (나)의 유전자형이 Bb이며, (가)의 유전자형은 Aa이다. 따라서 (가)는 우성 형질이다. 3은 (가), (나) 모두 발현인데 B를 1개 갖고 있으므로 ㉠은 a이고 (가)는 X 염색체 유전, (나)는 상염색체 유전이다.

| 보기 분석 |

ㄱ. 콩과식물의 뿌리에서 공생하는 뿌리혹박테리아는 대표적인 질소 고정 세균이다. 콩과식물이 단백질을 합성하는 데 필요한 암모늄 이온(NH_4^+)을 뿌리혹박테리아가 제공한다. (꿀팁)

ㄴ. 과정 (나)는 질산화 세균에 의해 일어나는 질산화 작용이다. 질소 동화 작용은 생산자가 NH_4^+과 NO_3^-을 흡수해서 단백질과 핵산을 합성하는 작용을 의미한다.

ㄷ. 과정 (다)는 탈질산화 세균에 의해 대기 중의 질소 기체로 되는 탈질산화 작용이다.

문제 풀이 Tip

동화 작용이 저분자 물질이 고분자 물질로 합성되는 과정이라는 점을 생각하면 질소 동화 작용이 질소 화합물을 합성하는 과정임을 쉽게 알 수 있을 것이다.

왜 틀렸나?

㉠이 A라면 우성 유전병 (가), (나)가 모두 발현된 3은 ㉠+B=1이 나올 수 없다. 또한 (가)의 유전자가 상염색체에 존재한다면 1에서 a가 1개이므로 유전자형이 Aa이고 (가)가 발현되어야 하는데 그렇지 않기 때문에 모순이다. 따라서 (가)는 X 염색체 유전, (나)는 상염색체 유전이다.

정답률

교육청 자료, 기타 기관 공지 자료와 내부 검토 과정을 거쳐 제시됩니다.

출처

출제된 기관과 시기를 알려줍니다.

함정

개념을 정확히 이해하지 못한다면 반드시 빠지게 되어 있는 함정을 체크해주고 해결 방법을 알려줍니다.

수능 핵강

문제와 관련된 핵심 개념을 정리하여 수록하였습니다.

보기 분석

보기별로 정답과 오답인 이유를 자세하고 알기 쉽게 분석합니다.

꿀팁

꼭 암기해야 할 사항을 알려줍니다.

문제 풀이 Tip

빠르게 풀이할 수 있도록 문제 푸는 법을 알려줍니다.

왜 틀렸나?

학생들이 많이 틀린 이유를 분석했습니다.

집필진 · 감수진 선생님들

자이스토리는 수능 준비를 가장 효과적으로 할 수 있도록
수능, 모의평가, 학력평가 기출문제를 개념별, 유형별, 난이도별로
수록하였으며, 명강의로 소문난 학교·학원 선생님들께서
명쾌한 해설을 입체 첨삭으로 집필하셨습니다.

[집필진]

이은경	고양 고양일고등학교	이주연	서울 잠실여자고등학교
이재훈	서울 선덕고등학교	최지윤	서울 신길중학교
조은희	서울 구암고등학교	현원석	서울 마포고등학교
권태현	서울 영락고등학교	장상풍	강남하이퍼스트부천, 수지인투엠
박정환	서울 오산고등학교		

중요·핵심 개념＋문제 동영상 강의
자이스토리 유튜브 채널

[특별 감수진]

김의철	광주 국제고등학교	유동훈	강원 신철원고등학교	이학준	파주 열린학원
송영훈	서울 뉴런과학학원	이주현	광주 입시탑과학수학학원	최인금	하남 풍산고등학교

[감수진]

강지우	대전 더오름수학과학학원	문중기	광주 비아고등학교	이현희	서울 단국대학교사범대학부속고등학교
강홍우	진주 MIT플러스과학	박대근	서울 티스과학전문학원	임미정	화성 병점나는과학
고태성	광주 대한영재미래교육	박성종	대구 아너스EMS학원	장찬국	울산 미르과학교습소
권선희	경주 더과학교습소	박성환	대전 메이저학원	장혜정	여주 세종중학교
김대진	부천 펜스에듀	박순용	창원 봉림고등학교	전소영	서울 광영고등학교
김도훈	서울 대치시대인재, 다원교육/중계학림	박진영	부산 JYP과학교습소	전재원	서울 뉴파인학원
김명환	서울 목동깡수학과학국어학원	배우미	수원 효원고등학교	정민재	평택 티클래스
김민성	서울 강남리드원편입	백범휘	인천 경서대신학원	정수진	양산 미래탐구학원
김민재	서울 노원고구마학원	서준한	서울 반포H수리연구소	정영주	광주 정영주과학학원
김민희	서울 장충고등학교	성열호	평택 신한고등학교	정유리	증평 형석고등학교
김상준	청주 오송고등학교	송윤정	서울 서울대학교사범대학부설고등학교	정철	김포 하이스트김포본원
김서현	서울 대치중학교	송은주	서울 늘푸른수학원	조성택	인천 이지프리즘대입입시전문학원
김승경	서울 목동하이필학원	신윤호	서울 송파메가스터디	주민규	남양주 청학고등학교
김예린	안산 성포고등학교	신효일	울산 교당학원	지혜인	의정부 삼광학원
김은희	대구 킴스과학학원	심민후	서울 강서라임학원	최동혁	서울 신목고등학교
김정대	서울 고구마학원	오유경	인천 디자인고등학교	최락헌	구리 구리과학학원
김종욱	부산 해운대오름수학과학학원	윤영재	대구 애플수학과학학원	최승민	성남 위례대치다다학원
김태양	광주 본과학수학학원	이민주	서울 과학의맥학원	최철수	서울 중산고등학교
김태형	대구 퀀텀과학전문학원	이서윤	홍성 홍성고등학교	한경구	청주 원쌤학원
김현숙	광주 수완국과사전문학원	이재성	서울 목동준과학 학원	허빛나	광주 위더스학원
목은숙	광명 mym학원	이지현	광주 본과학수학학원	홍해인	서울 은광여자고등학교
문소행	전주 전일주과학전문학원	이창원	광주 WeMVP과학수학학원	황보성진	천안 천안불당고등학교

수능 선배들의  전수 – 수험장 생생 체험 소개

긴장되고 떨리는 수험장에서 선배들이
문제를 풀면서 겪은 생생한 체험과 나만의 풀이 비법을
자이스토리 해설편에 수록했습니다.

 2025 응시

강다은
대구 계성고 졸업
– 문학 실전

김강민
광주 국제고 졸업
– 세계지리

김덕우
부산 해운대고 졸업
– 지구과학 Ⅱ

김연우
대구 정화여고 졸업
– 화학 Ⅰ

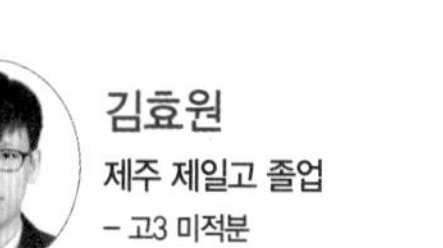
김효원
제주 제일고 졸업
– 고3 미적분

박서영
부산 금곡고 졸업
– 사회·문화

박정빈
대구 남산고 졸업
– 생활과 윤리

배지오
성남 낙생고 졸업
– 독해 실전, 어법·어휘 실전

백승준
광주 광주숭일고 졸업
– 독해 실전, 어법·어휘 실전

서정후
광주 숭덕고 졸업
– 지구과학 Ⅰ

성예현
대전 대전전민고 졸업
– 언어와 매체 실전

안한민
익산 남성고 졸업
– 화법과 작문 실전

오현준
서울 한영고 졸업
– 생명과학 Ⅱ

윤혁준
서울 강서고 졸업
– 생명과학 Ⅰ

이예슬
서울 독산고 졸업
– 동아시아사

이정근
안양 평촌고 졸업
– 기하

이지원
대구 성화여고 졸업
– 고3 수학 Ⅰ, 고3 수학 Ⅱ

임지호
부산 동아고 졸업
– 물리학 Ⅰ

장윤서
부산 사직여고 졸업
– 독서 실전

정규원
부산 남성여고 졸업
– 고3 확률과 통계

최승우
광주 광주서석고 졸업
– 화학 Ⅱ

최아람
서울 광영고 졸업
– 윤리와 사상

최여진
광주 국제고 졸업
– 한국지리

한규진
대구 계성고 졸업
– 독해 실전, 어법·어휘 실전

한상효
성남 낙생고 졸업
– 수능 한국사

한성은
익산 남성여고 졸업
– 고3 수학 Ⅰ, 고3 수학 Ⅱ

• 2024년

곽지훈 서울 한영외고 졸 (서울대 자유전공학부)
권민재 서울 광영여고 졸 (강릉원주대 치의예과)
김동현 안성 안법고 졸 (연세대 실내건축학과)
김서현 대전한빛고 졸 (카이스트 새내기과정학부)
김신유 익산 남성고 졸 (순천향대 의예과)
김아린 대전한빛고 졸 (충남대 의예과)
김용희 화성 화성고 졸 (단국대 의예과)
김지희 광주 국제고 졸 (고려대 한국사학과)
김태현 부산 대연고 졸 (서울대 수리과학부)
류이레 광주대동고 졸 (연세대 의예과)
문지민 대구 정화여고 졸 (고려대 중어중문학과)
변준서 화성 화성고 졸 (연세대 실내건축학과)
심기현 대구 계성고 졸 (경북대 의예과)
오서윤 서울 광문고 졸 (충남대 의예과)
진성연 부산국제고 졸 (서울대 사회학과)
조수근 성남 태원고 졸 (순천향대 의예과)

• 2023년

강 한 서울 배재고 졸 (고려대 융합에너지공학과)
권주원 서울 배재고 졸 (서울대 정치외교학부)
김보겸 광주서석고 졸 (연세대 지구시스템과학과)
김수정 부산국제고 졸 (고려대 서어서문학과)
김준서 부산 대연고 졸 (부산대 의예과)
김태산 광주서석고 졸 (고려대 정치외교학과)
김현서 경기 평택고 졸 (서강대 정치외교학과)
나인규 광주 국제고 졸 (한양대 경영학과)
명준하 광주서석고 졸 (연세대 사회환경시스템공학부)
박서영 부산 해운대고 졸 (서울대 심리학과)
박세민 광주 광덕고 졸 (서울대 의예과)
장경은 서울 세화여고 졸 (고려대 통계학과)
장성욱 부산 대연고 졸 (동아대학교 의예과)
정서린 서울 세화여고 졸 (서울대 약학과)
조현준 익산 이리고 졸 (전북대 의예과)
최윤성 서울 양정고 졸 (서울대 공과대학 광역)
홍채연 서울 한영고 졸 (고려대 불어불문학과)

문항 배열 및 구성 [1022제+개념 체크 문제 342제]

❶ 기출 자료로 개념 체크 문제 [342제]

- 개념 하나하나에 대한 확인 문제를 제시하여 개념을 충실히 다질 수 있도록 구성하였습니다.

❷ 최신 5개년 수능 + 6, 9월 모평 + 고3 학력평가 전문항 수록 [700제]

- 새교육과정에 해당하는 5개년 35회 기출 문제를 모두 수록했습니다.

❸ 새교육과정에 꼭 맞는 수능 + 6, 9월 모평 + 고3 학력평가 문제 수록 [111제]

- 새 수능 출제 기준에 적합한 기출 문제를 모두 수록했습니다.

❹ 새교육과정 고2 학력평가 기출 문제 수록 [11제]

- 고2 학력평가 기출 문제 중에서 수능의 기본을 연습할 수 있는 문항을 엄선 수록하였습니다.

❺ 최신 연도별 모의고사 10회 [200제]

- 2024년 시행 7회: 전회차 수록
- 2023년 시행 3회: 수능, 6월 모평, 9월 모평 수록
- 회차별 등급컷(원점수, 표준 점수) 수록

[생명과학 I 수록 문항 구성표]

대비연도	3월	4월	6월	7월	9월	10월	수능	합계	비고
2025	20	20	20	20	20	20	20	140	*전 문항 수록 (문제 특강 5문항 포함)
2024	20	20	20	20	20	20	20	140	
2023	20	20	20	20	20	20	20	140	
2022	20	20	20	20	20	20	20	140	
2021	20	20	20	20	20	20	20	140	
2020	7	5	13	7	14	7	15	68	*우수 문항 선별 수록
2019	2	3	6	5	4	3	2	25	
2019 이전	18							18	
고2	11							11	
총 문항 수								822	최신 연도별 모의고사 200

2025 대비 6월, 9월 모평+수능

생명과학 I 문항 배치표

문항 번호	6월	9월	수능
1	A 01	A 02	A 03
2	C 14	C 01	C 34
3	I 01	P 21	F 04
4	G 01	H 19	A32
5	K 01	A 30	G52
6	A 31	G 17	N 03
7	F 16	J 34	H 01
8	C 15	F 15	J 32
9	J 10	G 39	I 21
10	H 20	D 31	G 16
11	G 19	E 09	C 02
12	특강 206쪽	C 32	D 32
13	E 07	J 11	E 01
14	L 13	P 31	K 48
15	D 43	특강 263쪽	L 09
16	N 01	K 46	P 03
17	M 10	L 43	M 20
18	P 01	I 03	J 09
19	L 49	L 08	L 48
20	R 01	Q 07	Q 29

생명 과학의 이해

Ⓐ 생물의 특성과 생명 과학의 탐구 방법

1 생물의 특성

2 바이러스

3 생명 과학의 특성과 탐구 방법

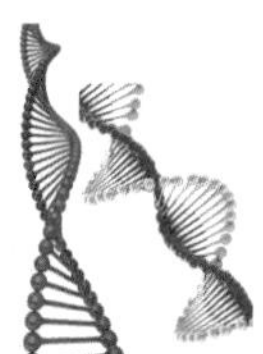

A 생물의 특성과 생명 과학의 탐구 방법

★ 2025 수능 출제 분석

- **생물의 특성** : 넓적부리도요의 특성에 대해 묻는 개념 문제가 쉽게 출제되었다.
- **생명 과학의 탐구 방법** : 연역적 탐구 방법에 대해 묻는 개념 문제가 쉽게 출제되었다.

대비년도	출제 개념	난이도
2025 수능	생물의 특성, 생명과학의 탐구 방법	✲ / ✲
2025 9월	생물의 특성, 생명과학의 탐구 방법	✲ / ✲
2025 6월	생물의 특성, 생명과학의 탐구 방법	✲ / ✲
2024 수능	생물의 특성 / 연역적 탐구 방법	✲

1 생물의 특성

1. **세포로 구성**: 모든 생물은 세포로 구성된다. ➡ 세포는 생물을 구성하는 구조적 단위이며, 생명 활동이 일어나는 기능적 단위이다.

단세포 생물	하나의 세포로 이루어진 생물 예 짚신벌레, 아메바
다세포 생물	여러 개의 세포가 체계적이고 유기적으로 조직되어 몸을 구성하는 생물 예 사람, 양파

출제 2025 대비 수능 1번
2025 대비 9월 모평 1번
2025 대비 6월 모평 1번

★ 6월, 9월 모평 모두 생물의 특성에 대해 묻는 문제가 쉽게 출제되었다.
수능에서는 생물의 특성에 대해 묻는 문제가 쉽게 출제되었다.

2. **물질대사**: 생물의 체내에서 일어나는 모든 화학 반응으로, 에너지 출입을 동반하고 효소가[1] 관여한다.

구분	물질 변화	에너지 변화	예
동화 작용[2]	간단한 물질을 복잡한 물질로 합성	에너지 흡수(흡열 반응)	광합성, 단백질 합성
이화 작용	복잡한 물질을 간단한 물질로 분해	에너지 방출(발열 반응)	세포 호흡, 소화

3. **자극에 대한 반응과 항상성**: 생물은 자극에 반응하며 항상성을 유지한다.

자극에 대한 반응	생물은 빛, 온도, 소리 등과 같은 자극을 감지하고, 그 자극에 적절히 반응 예 식물이 빛을 향해 굽어 자란다.
항상성	체내·외의 환경 변화에 대해 생물이 체내 환경을 정상 범위로 유지하려는 성질 예 사람은 더울 때 땀을 흘려 체온을 조절한다.

4. **발생과 생장**: 다세포 생물은 발생과 생장을 통해 구조적·기능적으로 완전한 개체가 된다.

발생	다세포 생물에서 하나의 수정란이 세포 분열을 하여 세포 수가 늘어나고, 세포의 종류와 기능이 다양해지면서 개체가 되는 것 예 개구리의 수정란이 분열하여 올챙이를 거쳐 개구리가 된다.
생장	어린 개체가 세포 분열을 통해 몸이 커지며 성체로 자라는 것 예 어린 개구리가 성체 개구리로 자란다.

5. **생식과 유전**[3]: 생물은 생식과 유전을 통해 종족을 유지한다.

생식	생물이 종족을 유지하기 위해 자신과 닮은 자손을 만드는 것 예 짚신벌레는 분열법으로 번식함
유전	생식을 통해 어버이의 유전 물질이 자손에게 전달되어 자손이 어버이의 유전 형질을 물려받는 것 예 적록 색맹인 어머니로부터 적록 색맹인 아들이 태어난다.

6. **적응과 진화**: 생물은 환경에 적응해 나가면서 새로운 종으로 진화한다.

적응	생물이 서식하는 환경에 적합하게 몸의 형태와 기능, 행동 양식 등이 변하는 것 예 사막의 선인장은 잎을 가시로 바꾸어 물의 손실을 최소화한다.
진화	생물이 오랜 시간에 걸쳐 환경에 적응한 결과 집단의 유전적 구성이 변하여 새로운 종이 나타나는 것 예 갈라파고스 군도의 핀치는 섬의 먹이 환경에 적응하고 진화하여 부리 모양이 섬에 따라 조금씩 다르다.

1 효소
생물체 내에서 일어나는 화학 반응 과정에서 활성화 에너지를 낮추어 반응 속도를 증가시켜주는 생체 촉매

2 이화 작용과 동화 작용

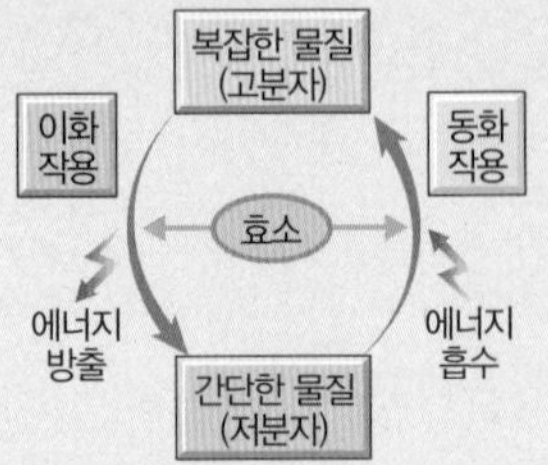

3 생물의 특성 구분
- **개체 유지 현상**
  세포로 구성, 물질대사, 자극에 대한 반응과 항상성, 발생과 생장
- **종족 유지 현상**
  생식과 유전, 적응과 진화

2 바이러스

1. **바이러스의 구조**[4]: 크기가 세균보다 작고, 모양이 다양하다.

2. **바이러스의 생물적 특성과 비생물적 특성**

생물적 특성	비생물적 특성
• 유전 물질인 핵산(DNA 또는 RNA)을 가진다. • 숙주 세포 내에서 핵산을 복제해 증식하며, 이 과정에서 유전 현상이 나타난다. • 돌연변이가 일어나 새로운 형질이 나타나면서 환경에 적응하고 진화한다.	• 세포로 이루어져 있지 않다. • 숙주 세포 밖에서 입자(결정체)로 존재한다. • 독립적으로 물질대사를 하지 못한다.

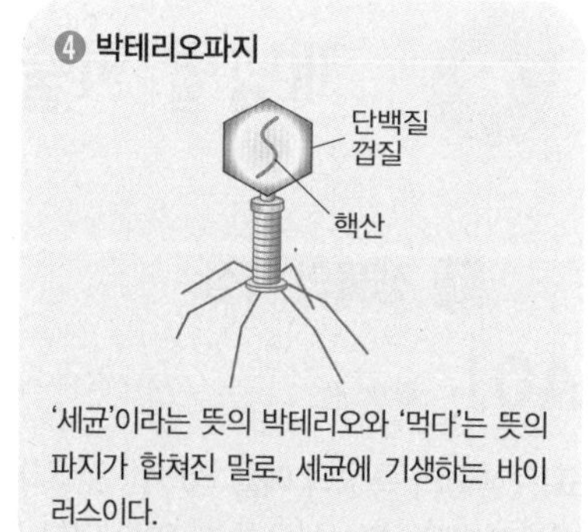

'세균'이라는 뜻의 박테리오와 '먹다'는 뜻의 파지가 합쳐진 말로, 세균에 기생하는 바이러스이다.

A

기출 자료로 개념 체크

1 생물의 특성

01 표는 생물의 특성 (가)와 (나)의 예를 나타낸 것이다. (가)와 (나)는 적응과 물질대사를 순서 없이 나타낸 것이다. 이에 대한 설명으로 옳은 것은 ○, 옳지 않은 것은 × 표시하시오.
〈2020 실시 3월 학평 1 (고3)〉

특성	예
(가)	ⓐ 강낭콩이 발아할 때 영양소가 분해되면서 열이 발생한다.
(나)	ⓑ 하마는 콧구멍이 코 윗부분에 있어 몸이 물에 잠긴 상태에서도 숨을 쉴 수 있다.

(1) 올챙이는 단세포 생물이다. 1(○, ×)
(2) (가)는 물질대사이다. 2(○, ×)
(3) ⓐ에서 효소가 이용된다. 3(○, ×)
(4) 먹이의 종류에 따라 핀치새의 부리 모양이 다른 것은 (나)의 예에 해당한다. 4(○, ×)

02 다음 설명과 가장 관련이 깊은 생물의 특성을 [보기]에서 골라 쓰시오.

[보기]
생식 발생 유전 항상성
물질대사 자극에 대한 반응

(1) 더울 때 땀을 흘려 체온을 유지한다. (5)
(2) 미모사는 잎에 손을 대면 잎을 접는다. (6)
(3) 알, 올챙이 시기를 거쳐 개구리가 된다. (7)
(4) 짚신벌레는 분열법으로 개체 수를 늘린다. (8)
(5) 적록 색맹인 어머니에게서 적록 색맹인 아들이 태어났다. (9)

03 다음 설명과 가장 관련이 깊은 생명 현상의 특성을 쓰시오.

고양이는 어두운 곳에서는 동공이 커져 받아들이는 빛의 양을 늘림으로써 약한 빛에서도 사물을 구분할 수 있다. 반대로 밝은 곳에서는 동공이 작아져 눈에 지나치게 많은 빛이 들어가지 않도록 막는다.

(10)

2 바이러스

04 그림은 짚신벌레와 박테리오파지의 특징을 나타낸 것이다. 아래 설명이 A, B, C 중 어느 것에 해당하는지 기호로 쓰시오.

짚신벌레 / 박테리오파지
A B C

(1) 세포로 되어 있다. (11)
(2) 환경에 적응하고 진화한다. (12)
(3) 독자적으로 물질대사를 하지 못한다. (13)
(4) 핵산과 단백질을 가진다. (14)
(5) 숙주 밖에서 단백질 결정 상태로 존재한다. (15)

정답
1 × (다세포 생물임) 2 ○ 3 ○ (물질대사는 효소가 관여함) 4 ○ 5 항상성 6 자극에 대한 반응 7 발생 8 생식 9 유전 10 자극에 대한 반응 11 A 12 B 13 C 14 B 15 C

1 생물의 특성

A01

2025 대비 6월 모평 1 

표는 생물의 특성의 예를 나타낸 것이다. (가)와 (나)는 발생과 생장, 항상성을 순서 없이 나타낸 것이다.

생물의 특성	예
(가)	사람은 더울 때 땀을 흘려 체온을 일정하게 유지한다.
(나)	달걀은 병아리를 거쳐 닭이 된다.
적응과 진화	ⓐ

이에 대한 설명으로 옳은 것만을 〈보기〉에서 있는 대로 고른 것은?

[보기]

ㄱ. (가)는 항상성이다.
ㄴ. (나) 과정에서 세포 분열이 일어난다.
ㄷ. '더운 지역에 사는 사막여우는 열 방출에 효과적인 큰 귀를 갖는다.'는 ⓐ에 해당한다.

① ㄱ ② ㄷ ③ ㄱ, ㄴ ④ ㄴ, ㄷ ⑤ ㄱ, ㄴ, ㄷ

A02

2025 대비 9월 모평 1 

다음은 생물의 특성에 대한 자료이다.

- ㉠ 발생 과정에서 포식자를 감지한 물벼룩 A는 머리와 꼬리에 뾰족한 구조를 형성하여 방어에 적합한 몸의 형태를 갖는다.
- ㉡ 메뚜기 B는 주변 환경과 유사하게 몸의 색을 변화시켜 포식자의 눈에 띄지 않는다.

이에 대한 설명으로 옳은 것만을 〈보기〉에서 있는 대로 고른 것은? (3점)

[보기]

ㄱ. ㉠ 과정에서 세포 분열이 일어난다.
ㄴ. ㉡은 생물적 요인이 비생물적 요인에 영향을 미치는 예에 해당한다.
ㄷ. '펭귄은 물속에서 빠른 속도로 움직이는 데 적합한 몸의 형태를 갖는다.'는 적응과 진화의 예에 해당한다.

① ㄱ ② ㄴ ③ ㄷ ④ ㄱ, ㄷ ⑤ ㄴ, ㄷ

A03

2025 대비 수능 1 

다음은 넓적부리도요에 대한 자료이다.

넓적부리도요는 겨울을 따뜻한 남쪽 지역에서 보내고 봄에는 북쪽 지역으로 이동하여 ㉠ 번식한다. 이 새는 작은 해양 생물을 많이 먹어 ㉡ 장거리 비행에 필요한 에너지를 얻으며, ㉢ 갯벌에서 먹이를 잡기에 적합한 숟가락 모양의 부리를 갖는다.

이 자료에 대한 설명으로 옳은 것만을 〈보기〉에서 있는 대로 고른 것은?

[보기]

ㄱ. ㉠ 과정에서 유전 물질이 자손에게 전달된다.
ㄴ. ㉡ 과정에서 물질대사가 일어난다.
ㄷ. ㉢은 적응과 진화의 예에 해당한다.

① ㄱ ② ㄴ ③ ㄱ, ㄷ ④ ㄴ, ㄷ ⑤ ㄱ, ㄴ, ㄷ

A04

2024 대비 수능 1 

다음은 식물 X에 대한 자료이다.

X는 ㉠ 잎에 있는 털에서 달콤한 점액을 분비하여 곤충을 유인한다. ㉡ X는 털에 곤충이 닿으면 잎을 구부려 곤충을 잡는다. X는 효소를 분비하여 곤충을 분해하고 영양분을 얻는다.

이 자료에 대한 설명으로 옳은 것만을 〈보기〉에서 있는 대로 고른 것은?

[보기]

ㄱ. ㉠은 세포로 구성되어 있다.
ㄴ. ㉡은 자극에 대한 반응의 예에 해당한다.
ㄷ. X와 곤충 사이의 상호 작용은 상리 공생에 해당한다.

① ㄱ ② ㄷ ③ ㄱ, ㄴ ④ ㄴ, ㄷ ⑤ ㄱ, ㄴ, ㄷ

A05 ✿❀❀ 2024 실시 3월 학평 1

다음은 사막에 서식하는 식물 X에 대한 자료이다.

> X는 낮과 밤의 기온 차이로 인해 생기는 이슬을 흡수하여 ㉠ 광합성에 이용한다. ㉡ X는 주변의 돌과 모양이 비슷하여 초식 동물의 눈에 잘 띄지 않는다.

이에 대한 옳은 설명만을 〈보기〉에서 있는 대로 고른 것은?

[보기]

ㄱ. X는 세포로 구성된다.
ㄴ. ㉠에 효소가 이용된다.
ㄷ. ㉡은 적응과 진화의 예이다.

① ㄱ ② ㄷ ③ ㄱ, ㄴ ④ ㄴ, ㄷ ⑤ ㄱ, ㄴ, ㄷ

A06 ✿❀❀ 2024 실시 5월 학평 1

다음은 민달팽이 A에 대한 설명이다.

> 바다에 사는 A는 배에 공기주머니가 있어 뒤집혀서 수면으로 떠오를 수 있다. ㉠ A의 배 쪽은 푸른색을, 등 쪽은 은회색을 띠어 수면 위와 아래에 있는 천적에게 잘 발견되지 않는다.

㉠에 나타난 생물의 특성과 가장 관련이 깊은 것은?

① 아메바는 분열법으로 번식한다.
② 식물은 빛에너지를 이용하여 포도당을 합성한다.
③ 적록 색맹인 어머니로부터 적록 색맹인 아들이 태어난다.
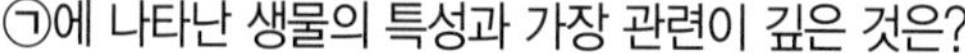
④ 장수풍뎅이의 알은 애벌레와 번데기 시기를 거쳐 성체가 된다.
⑤ 더운 지역에 사는 사막여우는 열 방출에 효과적인 큰 귀를 갖는다.

A07 ✿❀❀ 2022 실시 3월 학평 1

다음은 가랑잎벌레에 대한 자료이다.

> ㉠ 몸의 형태가 주변의 잎과 비슷하여 포식자의 눈에 잘 띄지 않는 가랑잎벌레는 참나무나 산딸기 등의 잎을 먹어 ㉡ 생명 활동에 필요한 에너지를 얻는다.

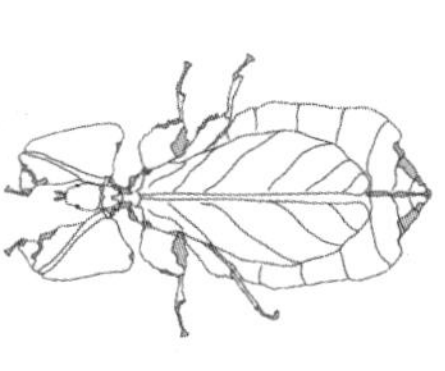

㉠과 ㉡에 나타난 생물의 특성으로 가장 적절한 것은?

	㉠	㉡
①	적응과 진화	발생과 생장
②	적응과 진화	물질대사
③	물질대사	적응과 진화
④	항상성	적응과 진화
⑤	항상성	물질대사

A08 ✿❀❀ 2024 실시 10월 학평 1

표는 사람이 갖는 생물의 특성과 예를 나타낸 것이다. (가)와 (나)는 물질대사, 자극에 대한 반응을 순서 없이 나타낸 것이다.

생물의 특성	예
(가)	ⓐ 뜨거운 물체에 손이 닿으면 자신도 모르게 손을 떼는 반사가 일어난다.
(나)	ⓑ 소화 과정을 통해 녹말을 포도당으로 분해한다.

이에 대한 옳은 설명만을 〈보기〉에서 있는 대로 고른 것은?

[보기]

ㄱ. (가)는 자극에 대한 반응이다.
ㄴ. ⓐ의 중추는 연수이다.
ㄷ. ⓑ에서 이화 작용이 일어난다.

① ㄱ ② ㄴ ③ ㄱ, ㄷ ④ ㄴ, ㄷ ⑤ ㄱ, ㄴ, ㄷ

❖ 정답 및 해설 02~05p

A09 ✿❀❀ 2024 대비 9월 모평 1

표는 생물의 특성의 예를 나타낸 것이다. (가)와 (나)는 생식과 유전, 적응과 진화를 순서 없이 나타낸 것이다.

생물의 특성	예
(가)	아메바는 분열법으로 번식한다.
(나)	㉠ 뱀은 큰 먹이를 먹기에 적합한 몸의 구조를 갖는다.
자극에 대한 반응	ⓐ

이에 대한 설명으로 옳은 것만을 〈보기〉에서 있는 대로 고른 것은? (3점)

[보기]

ㄱ. (가)는 생식과 유전이다.
ㄴ. ㉠은 세포로 구성되어 있다.
ㄷ. '뜨거운 물체에 손이 닿으면 반사적으로 손을 뗀다.'는 ⓐ에 해당한다.

① ㄱ ② ㄷ ③ ㄱ, ㄴ ④ ㄴ, ㄷ ⑤ ㄱ, ㄴ, ㄷ

A10 ✿❀❀ 2023 실시 3월 학평 1

다음은 히말라야산양에 대한 자료이다.

(가) 털이 길고 발굽이 갈라져 있어 춥고 험준한 히말라야 산악 지대에서 살아가는 데 적합하다.
(나) 수컷은 단독 생활을 하지만 번식 시기에는 무리로 들어가 암컷과 함께 자신과 닮은 새끼를 만든다.

(가)와 (나)에 나타난 생물의 특성으로 가장 적절한 것은?

	(가)	(나)
①	적응과 진화	물질대사
②	적응과 진화	생식과 유전
③	발생과 생장	항상성
④	발생과 생장	생식과 유전
⑤	물질대사	항상성

A11 ✿❀❀ 2023 실시 4월 학평 1

다음은 누에나방에 대한 자료이다.

(가) 누에나방은 알, 애벌레, 번데기 시기를 거쳐 성충이 된다.
(나) 누에나방의 ㉠ 애벌레는 뽕나무 잎을 먹고 생명 활동에 필요한 에너지를 얻는다.
(다) 인간은 누에나방의 애벌레가 만든 고치에서 실을 얻어 의복의 재료로 사용한다.

이에 대한 설명으로 옳은 것만을 〈보기〉에서 있는 대로 고른 것은?

[보기]

ㄱ. (가)는 생물의 특성 중 발생과 생장의 예에 해당한다.
ㄴ. ㉠은 세포로 되어 있다.
ㄷ. (다)는 생물 자원을 활용한 예이다.

① ㄱ ② ㄴ ③ ㄱ, ㄷ ④ ㄴ, ㄷ ⑤ ㄱ, ㄴ, ㄷ

A12 ✿❀❀ 2024 대비 6월 모평 1

다음은 어떤 기러기에 대한 자료이다.

- 화산섬에 서식하는 이 기러기는 풀과 열매를 섭취하여 ㉠ 활동에 필요한 에너지를 얻는다.
- 이 기러기는 ㉡ 발생과 생장 과정에서 물갈퀴가 완전하게 발달하지는 않지만, ㉢ 길고 강한 발톱과 두꺼운 발바닥을 가져 화산섬에 서식하기에 적합하다.

이 자료에 대한 설명으로 옳은 것만을 〈보기〉에서 있는 대로 고른 것은?

[보기]

ㄱ. ㉠ 과정에서 물질대사가 일어난다.
ㄴ. ㉡ 과정에서 세포 분열이 일어난다.
ㄷ. ㉢은 적응과 진화의 예에 해당한다.

① ㄱ ② ㄷ ③ ㄱ, ㄴ ④ ㄴ, ㄷ ⑤ ㄱ, ㄴ, ㄷ

A13 ✿❀❀

2021 실시 7월 학평 1

표는 강아지와 강아지 로봇의 특징을 나타낸 것이다.

구분	특징
강아지	○ ㉠낯선 사람이 다가오는 것을 보면 짖는다. ○ 사료를 소화 · 흡수하여 생활에 필요한 에너지를 얻는다.
강아지 로봇	○ 금속과 플라스틱으로 구성된다. ○ 건전지에 저장된 에너지를 통해 움직인다.

이에 대한 설명으로 옳은 것만을 〈보기〉에서 있는 대로 고른 것은?

[보기]

ㄱ. 강아지는 세포로 되어 있다.
ㄴ. 강아지 로봇은 물질대사를 통해 에너지를 얻는다.
ㄷ. ㉠과 가장 관련이 깊은 생물의 특성은 자극에 대한 반응이다.

① ㄱ ② ㄴ ③ ㄱ, ㄷ ④ ㄴ, ㄷ ⑤ ㄱ, ㄴ, ㄷ

A14 ✿❀❀

2023 실시 7월 학평 1

다음은 습지에 서식하는 식물 A에 대한 자료이다.

(가) A는 물 밖으로 나와 있는 뿌리를 통해 산소를 흡수할 수 있어 산소가 부족한 습지에서 살기에 적합하다.
(나) A의 씨앗이 물이나 진흙에 떨어져 어린 개체가 된다.

이에 대한 설명으로 옳은 것만을 〈보기〉에서 있는 대로 고른 것은?

[보기]

ㄱ. A에서 물질대사가 일어난다.
ㄴ. (가)는 적응과 진화의 예에 해당한다.
ㄷ. (나)에서 세포 분열이 일어난다.

① ㄱ ② ㄷ ③ ㄱ, ㄴ ④ ㄴ, ㄷ ⑤ ㄱ, ㄴ, ㄷ

A15 ✿❀❀

2020 실시 7월 학평 1

다음은 아프리카에 사는 어떤 도마뱀에 대한 설명이다.

이 도마뱀은 나뭇잎과 비슷한 외형을 갖고 있어 포식자에게 발견되기 어려우므로 나무가 많은 환경에 살기 적합하다.

이 자료에 나타난 생명 현상의 특성과 가장 관련이 깊은 것은?

① 올챙이가 자라서 개구리가 된다.
② 짚신벌레는 분열법으로 번식한다.
③ 소나무는 빛을 흡수하여 포도당을 합성한다.
④ 핀치새는 먹이의 종류에 따라 부리 모양이 다르다.
⑤ 적록 색맹인 어머니에게서 적록 색맹인 아들이 태어난다.

A16 ✿❀❀

2023 대비 9월 모평 1

다음은 소가 갖는 생물의 특성에 대한 자료이다.

소는 식물의 섬유소를 직접 분해할 수 없지만 소화 기관에 섬유소를 분해하는 세균이 있어 세균의 대사산물을 에너지원으로 이용한다. ㉠ 세균에 의한 섬유소 분해 과정은 소의 되새김질에 의해 촉진된다. 되새김질은 삼킨 음식물을 위에서 입으로 토해내 씹고 삼키는 것을 반복하는 것으로, ㉡ 소는 되새김질에 적합한 구조의 소화 기관을 갖는다.

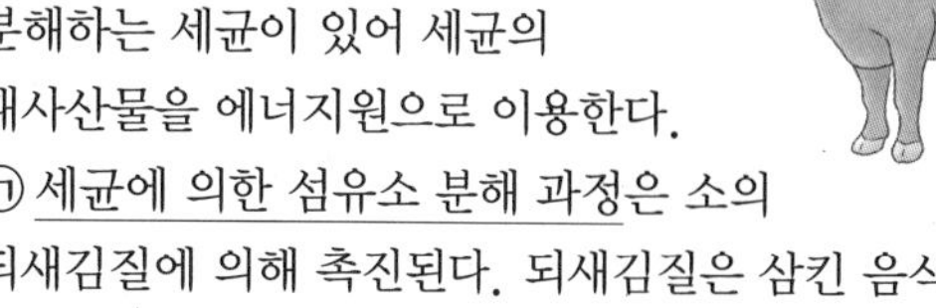

이 자료에 대한 설명으로 옳은 것만을 〈보기〉에서 있는 대로 고른 것은?

[보기]

ㄱ. ㉠에 효소가 이용된다.
ㄴ. ㉡은 적응과 진화의 예에 해당한다.
ㄷ. 소는 세균과의 상호 작용을 통해 이익을 얻는다.

① ㄱ ② ㄷ ③ ㄱ, ㄴ ④ ㄴ, ㄷ ⑤ ㄱ, ㄴ, ㄷ

❖ 정답 및 해설 06 ~ 09p

A17 ✿❀❀ 2023 대비 6월 모평 1

다음은 곤충 X에 대한 자료이다.

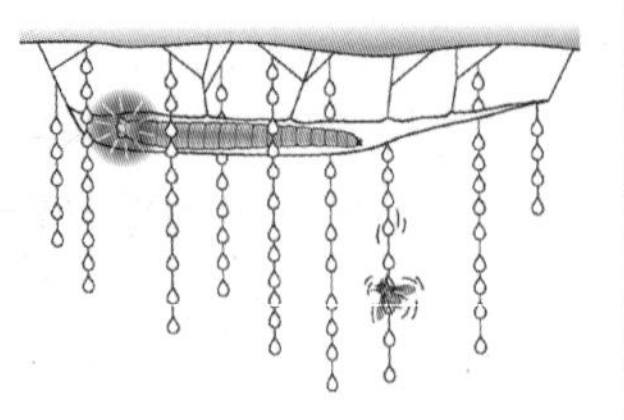

(가) 암컷 X는 짝짓기 후 알을 낳는다.
(나) 알에서 깨어난 애벌레는 동굴 천장에 둥지를 짓고 끈적끈적한 실을 늘어뜨려 덫을 만든다.
(다) 애벌레는 ATP를 분해하여 얻은 에너지로 청록색 빛을 낸다.
(라) 빛에 유인된 먹이가 덫에 걸리면 애벌레는 움직임을 감지하여 실을 끌어 올린다.

이에 대한 설명으로 옳은 것만을 〈보기〉에서 있는 대로 고른 것은?

[보기]

ㄱ. (가)에서 유전 물질이 자손에게 전달된다.
ㄴ. (다)에서 물질대사가 일어난다.
ㄷ. (라)는 자극에 대한 반응의 예에 해당한다.

① ㄱ ② ㄴ ③ ㄱ, ㄷ ④ ㄴ, ㄷ ⑤ ㄱ, ㄴ, ㄷ

A18 ✿❀❀ 2022 실시 7월 학평 1

표는 생물의 특성 (가)와 (나)의 예를, 그림은 애벌레가 번데기를 거쳐 나비가 되는 과정을 나타낸 것이다. (가)와 (나)는 항상성, 발생과 생장을 순서 없이 나타낸 것이다.

구분	예
(가)	㉠
(나)	더운 날씨에 체온 유지를 위해 땀을 흘린다.

이에 대한 설명으로 옳은 것만을 〈보기〉에서 있는 대로 고른 것은?

[보기]

ㄱ. (가)는 발생과 생장이다.
ㄴ. 그림에 나타난 생물의 특성은 (가)보다 (나)와 관련이 깊다.
ㄷ. '북극토끼는 겨울이 되면 털 색깔이 흰색으로 변하여 천적의 눈에 띄지 않는다.'는 ㉠에 해당한다.

① ㄱ ② ㄴ ③ ㄷ ④ ㄱ, ㄴ ⑤ ㄱ, ㄷ

A19 ✿❀❀ 2022 실시 4월 학평 1

다음은 어떤 문어에 대한 설명이다.

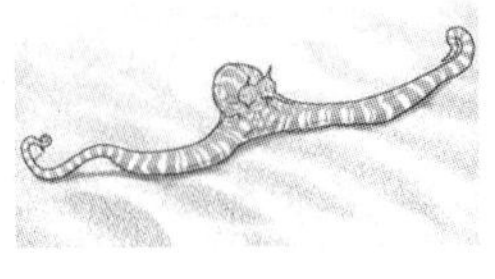

문어는 자리돔이 서식하는 곳에서 6개의 다리를 땅속에 숨기고 2개의 다리로 자리돔의 포식자인 줄무늬 바다뱀을 흉내 낸다. ㉠ 문어의 이러한 특성은 자리돔으로부터 자신을 보호하기에 적합하다.

㉠에 나타난 생물의 특성과 가장 관련이 깊은 것은?

① 짚신벌레는 분열법으로 번식한다.
② 개구리알은 올챙이를 거쳐 개구리가 된다.
③ 식물은 빛에너지를 이용하여 포도당을 합성한다.
④ 적록 색맹인 어머니로부터 적록 색맹인 아들이 태어난다.
⑤ 펀치는 서식 환경에 따라 서로 다른 모양의 부리를 갖게 되었다.

A20 ✿❀❀ 2022 대비 6월 모평 1

표는 생물의 특성의 예를 나타낸 것이다. (가)와 (나)는 생식과 유전, 항상성을 순서 없이 나타낸 것이다.

생물의 특성	예
(가)	혈중 포도당 농도가 증가하면 ⓐ인슐린의 분비가 촉진된다.
(나)	짚신벌레는 분열법으로 번식한다.
적응과 진화	고산 지대에 사는 사람은 낮은 지대에 사는 사람보다 적혈구 수가 많다.

이에 대한 설명으로 옳은 것만을 〈보기〉에서 있는 대로 고른 것은?

[보기]

ㄱ. ⓐ는 이자의 β 세포에서 분비된다.
ㄴ. (나)는 생식과 유전이다.
ㄷ. '더운 지역에 사는 사막여우는 열 방출에 효과적인 큰 귀를 갖는다.'는 적응과 진화의 예에 해당한다.

① ㄱ ② ㄴ ③ ㄱ, ㄷ ④ ㄴ, ㄷ ⑤ ㄱ, ㄴ, ㄷ

A21 ✿❀❀ 2022 실시 10월 학평 1

다음은 문어가 갖는 생물의 특성에 대한 자료이다.

(가) 게, 조개 등의 먹이를 섭취하여 생명 활동에 필요한 에너지를 얻는다.
(나) 반응 속도가 빠르고 몸이 유연하여 주변 환경에 따라 피부색과 체형을 바꾸어 천적을 피하는 데 유리하다.

(가)와 (나)에 나타난 생물의 특성으로 가장 적절한 것은?

	(가)	(나)
①	물질대사	생식과 유전
②	물질대사	적응과 진화
③	물질대사	항상성
④	항상성	생식과 유전
⑤	항상성	적응과 진화

A22 ✿❀❀ 2022 대비 수능 1

다음은 벌새가 갖는 생물의 특성에 대한 자료이다.

(가) 벌새의 날개 구조는 공중에서 정지한 상태로 꿀을 빨아먹기에 적합하다.

(나) 벌새는 자신의 체중보다 많은 양의 꿀을 섭취하여 ㉠ 활동에 필요한 에너지를 얻는다.
(다) 짝짓기 후 암컷이 낳은 알은 ㉡ 발생과 생장 과정을 거쳐 성체가 된다.

이에 대한 설명으로 옳은 것만을 〈보기〉에서 있는 대로 고른 것은?

[보기]

ㄱ. (가)는 적응과 진화의 예에 해당한다.
ㄴ. ㉠ 과정에서 물질대사가 일어난다.
ㄷ. '개구리알은 올챙이를 거쳐 개구리가 된다.'는 ㉡의 예에 해당한다.

① ㄱ ② ㄷ ③ ㄱ, ㄴ ④ ㄴ, ㄷ ⑤ ㄱ, ㄴ, ㄷ

A23 ✿❀❀ 2021 실시 4월 학평 1

다음은 어떤 지역에 서식하는 소에 대한 설명이다.

이 소는 크고 긴 뿔을 가질수록 포식자의 공격을 잘 방어할 수 있어 포식자가 많은 이 지역에서 살기에 적합하다.

이 자료에 나타난 생물의 특성과 가장 관련이 깊은 것은?

① 물질대사
② 적응과 진화
③ 발생과 생장
④ 생식과 유전
⑤ 자극에 대한 반응

A24 ✿❀❀ 2023 대비 수능 1

다음은 어떤 해파리에 대한 자료이다.

이 해파리의 유생은 ㉠ 발생과 생장 과정을 거쳐 성체가 된다. 성체의 촉수에는 독이 있는 세포 ⓐ가 분포하는데, ㉡ 촉수에 물체가 닿으면 ⓐ에서 독이 분비된다.

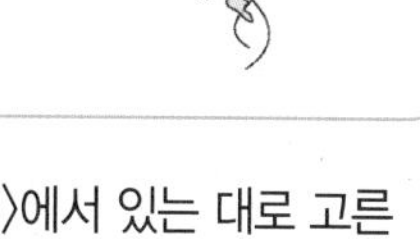

이 자료에 대한 설명으로 옳은 것만을 〈보기〉에서 있는 대로 고른 것은? (3점)

[보기]

ㄱ. ㉠ 과정에서 세포 분열이 일어난다.
ㄴ. ⓐ에서 물질대사가 일어난다.
ㄷ. ㉡은 자극에 대한 반응의 예이다.

① ㄱ ② ㄴ ③ ㄱ, ㄷ ④ ㄴ, ㄷ ⑤ ㄱ, ㄴ, ㄷ

❖ 정답 및 해설 10 ~ 13p

A25 ✿❀❀ 2021 실시 10월 학평 1

다음은 어떤 산에 서식하는 도마뱀 A에 대한 자료이다.

A는 고도가 낮은 지역에서는 주로 음지에서, 높은 지역에서는 주로 양지에서 관찰된다.
㉠두 지역의 기온 차이는 약 4℃이지만, 두 지역에 서식하는 A의 체온 차이는 약 1℃이다.

㉠과 가장 관련이 깊은 생물의 특성은?

① 발생 ② 생식 ③ 생장 ④ 유전 ⑤ 항상성

A26 ✿❀❀ 2020 실시 10월 학평 1

다음은 항생제 내성 세균에 대한 자료이다.

㉠ 항생제 과다 사용으로 항생제 내성 세균의 비율이 증가하고 있다. 항생제 내성 세균은 항생제 작용 부위가 변형되거나 ㉡ 항생제를 분해하는 단백질을 합성하기 때문에 항생제에 죽지 않는다.

㉠과 ㉡에 나타난 생물의 특성으로 가장 적절한 것은?

	㉠	㉡
①	적응과 진화	물질대사
②	적응과 진화	항상성
③	물질대사	생식과 유전
④	물질대사	항상성
⑤	항상성	물질대사

A27 ✿❀❀ 2020 실시 3월 학평 1

표는 생물의 특성 (가)와 (나)의 예를 나타낸 것이다. (가)와 (나)는 적응과 물질대사를 순서 없이 나타낸 것이다.

특성	예
(가)	ⓐ 강낭콩이 발아할 때 영양소가 분해되면서 열이 발생한다.
(나)	ⓑ 하마는 콧구멍이 코 윗부분에 있어 몸이 물에 잠긴 상태에서도 숨을 쉴 수 있다.

이에 대한 옳은 설명만을 〈보기〉에서 있는 대로 고른 것은?

[보기]

ㄱ. (가)는 물질대사이다.
ㄴ. ⓐ와 ⓑ는 모두 세포로 구성된다.
ㄷ. 사막에 서식하는 선인장이 가시 형태의 잎을 갖는 것은 (나)의 예에 해당한다.

① ㄱ ② ㄷ ③ ㄱ, ㄴ
④ ㄴ, ㄷ ⑤ ㄱ, ㄴ, ㄷ

A28 ✿❀❀ 2021 대비 6월 모평 1

표는 생물의 특성의 예를 나타낸 것이다. (가)와 (나)는 물질대사, 발생과 생장을 순서 없이 나타낸 것이다.

생물의 특성	예
(가)	개구리 알은 올챙이를 거쳐 개구리가 된다.
(나)	ⓐ 식물은 빛에너지를 이용하여 포도당을 합성한다.
적응과 진화	㉠

이에 대한 옳은 설명만을 〈보기〉에서 있는 대로 고른 것은?

[보기]

ㄱ. (가)는 발생과 생장이다.
ㄴ. ⓐ에서 효소가 이용된다.
ㄷ. '가랑잎벌레의 몸의 형태가 주변의 잎과 비슷하여 포식자의 눈에 띄지 않는다.'는 ㉠에 해당한다.

① ㄱ ② ㄷ ③ ㄱ, ㄴ
④ ㄴ, ㄷ ⑤ ㄱ, ㄴ, ㄷ

2 바이러스

A29 ✿❀❀

2020 실시 4월 학평 1

아메바와 박테리오파지에 대한 설명으로 옳은 것만을 〈보기〉에서 있는 대로 고른 것은?

[보기]

ㄱ. 아메바는 물질대사를 한다.
ㄴ. 박테리오파지는 핵산을 가진다.
ㄷ. 아메바와 박테리오파지는 모두 세포 분열로 증식한다.

① ㄱ ② ㄷ ③ ㄱ, ㄴ ④ ㄴ, ㄷ ⑤ ㄱ, ㄴ, ㄷ

❖ 정답 및 해설 14～16p

3 생명 과학의 특성과 탐구 방법

1. **생명 과학**[1]: 생명체의 특성과 다양한 생명 현상을 연구하는 학문이다. 생물을 구성하는 분자에서부터 생태계에 이르기까지 다양한 범위의 대상이 해당된다.

2. **생명 과학의 탐구 방법**

(1) **귀납적 탐구 방법**[2]: 자연 현상을 관찰하여 얻은 자료를 종합하고 분석한 후 규칙성을 발견하여 일반적인 원리나 법칙을 이끌어내는 탐구 방법이다.

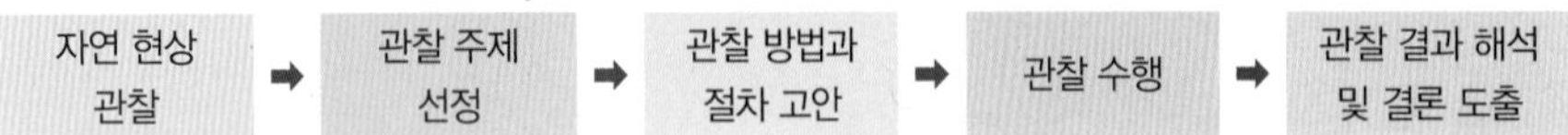

(2) **연역적 탐구 방법** 꼭 외워!

① 자연 현상을 관찰하면서 생긴 의문점을 해결하기 위해 가설을 세우고, 이를 실험으로 검증하는 탐구 방법이다.

② 귀납적 탐구 방법과 달리 가설[3] 설정 단계가 있다.

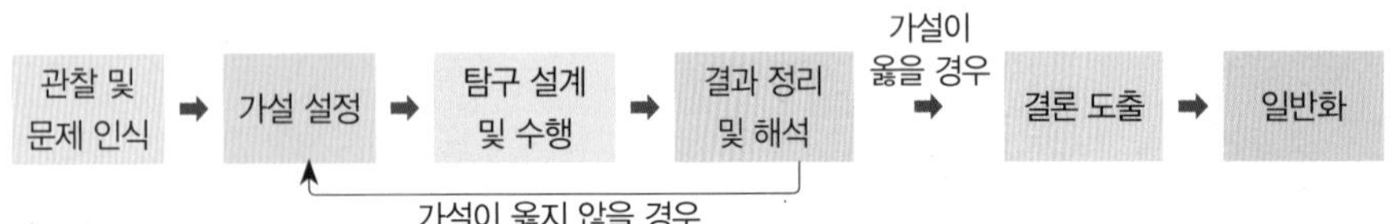

① **대조 실험**: 객관적인 실험을 위해 대조군을 설정하여 실험군과 비교한다.

구분	설명
대조군	실험군과 비교하기 위해 검증하려는 요인을 변화시키지 않은 집단이다.
실험군	가설을 검증하기 위해 검증하려는 요인을 변화시킨 집단이다.

② **변인**: 실험 조건이나 결과와 같이 탐구와 관계된 다양한 요인이다.

구분	설명
독립변인	실험 결과에 영향을 미칠 수 있는 요인이다. • **조작 변인**: 대조군과 달리 실험군에서 의도적으로 변화시키는 요인이다. • **통제 변인**: 대조군과 실험군 모두 일정하게 유지하는 변인이다.
종속변인	조작 변인에 따라 변화되는 요인으로 실험 결과에 해당한다.

1 생명 과학의 다양한 연구 분야
- **세포학**: 세포의 구조와 생명 현상을 연구
- **분류학**: 생물의 분류 체계 수립 및 생물 계통 연구
- **유전학**: 생물의 유전 현상 및 형질 발현 원리 연구

2 귀납적 탐구 방법의 예

다윈의 진화론, DNA 구조 발견, 세포설

3 가설
- 의문에 대한 답을 추측하여 내린 잠정적인 결론이다.
- 가설은 예측 가능해야 하며, 실험이나 관측 등을 통해 옳은지 그른지 검증될 수 있어야 한다.

2025 대비 수능 4번
2025 대비 9월 모평 5번
2025 대비 6월 모평 6번

★ 6월, 9월 모평 모두 연역적 탐구 방법에 대해 묻는 문제가 쉽게 출제되었다. 수능에서는 연역적 탐구 방법에 대해 묻는 문제가 쉽게 출제되었다.

기출 자료로 개념 체크

3 생명 과학의 특성과 탐구 방법

01 귀납적 탐구 과정을 [보기]에서 골라 순서대로 나열하시오.

[보기]
- ㉠ 관찰 수행
- ㉡ 관찰 주제 선정
- ㉢ 자연 현상 관찰
- ㉣ 관찰 방법과 절차 고안
- ㉤ 관찰 결과 해석 및 결론 도출

(1)

02 자연 현상을 관찰하면서 생긴 의문점을 해결하기 위해 가설을 세우고 이를 실험을 통해 검증하는 탐구 방법을 쓰시오.

(2)

03 다음은 연역적 탐구 방법에 대한 사례이다. 빈칸에 알맞은 말을 쓰시오. 〈2020 실시 7월 학평 2 (고3)〉

에이크만은 건강한 닭들을 두 집단으로 나누어 현미와 백미를 각각 먹여 기른 후 각기병 증세의 발생 여부를 관찰하였다. 그 결과 백미를 먹인 닭에서는 각기병 증세가 나타났고, 현미를 먹인 닭에서는 각기병 증세가 나타나지 않았다. 이를 통해 현미에는 각기병을 예방하는 물질이 들어있다는 결론을 내렸다.

(1) 닭의 먹이는 (3) 변인이다.
(2) 각기병 증세의 발생 여부는 (4) 변인이다.

정답

1 ㉢, ㉡, ㉣, ㉠, ㉤ 2 연역적 탐구 방법 3 조작 4 종속

3 생명 과학의 특성과 탐구 방법

A30

2025 대비 9월 모평 5

다음은 어떤 연못에 서식하는 동물 종 ㉠~㉢ 사이의 상호 작용에 대한 실험이다.

○ ㉠과 ㉡은 같은 먹이를 두고 경쟁하며, ㉢은 ㉠과 ㉡의 천적이다.

[실험 과정 및 결과]

(가) 인공 연못 A와 B 각각에 같은 개체 수의 ㉠과 ㉡을 넣고, A에만 ㉢을 추가한다.

(나) 일정 시간이 지난 후, A와 B 각각에서 ㉠과 ㉡의 개체 수를 조사한 결과는 그림과 같다.

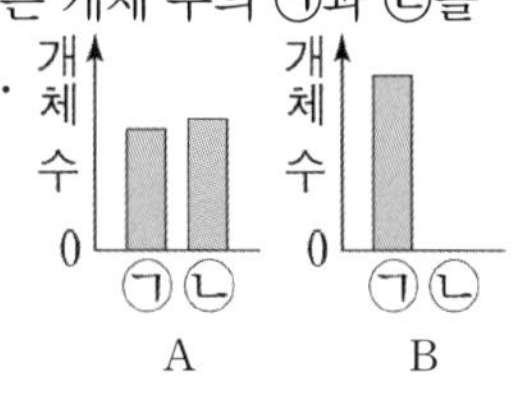

이 자료에 대한 설명으로 옳은 것만을 〈보기〉에서 있는 대로 고른 것은? (단, 제시된 조건 이외는 고려하지 않는다.)

[보기]

ㄱ. 조작 변인은 ㉢의 추가 여부이다.

ㄴ. A에서 ㉠은 ㉡과 한 개체군을 이룬다.

ㄷ. B에서 ㉠과 ㉡ 사이에 경쟁 배타가 일어났다.

① ㄱ ② ㄴ ③ ㄷ ④ ㄱ, ㄴ ⑤ ㄱ, ㄷ

A31

2025 대비 6월 모평 6

다음은 어떤 과학자가 수행한 탐구이다.

(가) 암이 있는 생쥐에서 면역 세포가 암세포를 인식하지 못해 암세포를 제거하지 못하는 것을 관찰하고, 면역 세포가 암세포를 인식하도록 도우면 암세포의 수가 줄어들 것이라고 생각했다.

(나) 동일한 암이 있는 생쥐 집단 Ⅰ과 Ⅱ를 준비하고, Ⅱ에만 ㉠ 면역 세포가 암세포를 인식하도록 돕는 물질을 주사했다.

(다) 일정 시간이 지난 후 Ⅰ과 Ⅱ에서 암세포의 수를 측정한 결과, ⓐ에서만 암세포의 수가 줄어들었다. ⓐ는 Ⅰ과 Ⅱ 중 하나이다.

(라) 암이 있는 생쥐에서 면역 세포가 암세포를 인식하도록 도우면 암세포의 수가 줄어든다는 결론을 내렸다.

이 자료에 대한 설명으로 옳은 것만을 〈보기〉에서 있는 대로 고른 것은? (3점)

[보기]

ㄱ. 조작 변인은 ㉠의 주사 여부이다.

ㄴ. ⓐ는 Ⅱ이다.

ㄷ. (라)는 탐구 과정 중 결론 도출 단계에 해당한다.

① ㄱ ② ㄴ ③ ㄱ, ㄷ ④ ㄴ, ㄷ ⑤ ㄱ, ㄴ, ㄷ

A32

2025 대비 수능 4

다음은 숲 F에서 새와 박쥐가 곤충 개체 수 감소에 미치는 영향을 알아보기 위한 탐구이다.

(가) F를 동일한 조건의 구역 ⓐ~ⓒ로 나눈 후, ⓐ에는 새와 박쥐의 접근을 차단하지 않았고, ⓑ에는 새의 접근만 차단하였으며, ⓒ에는 박쥐의 접근만 차단하였다.

(나) 일정 시간이 지난 후, ⓐ~ⓒ에서 곤충 개체 수를 조사한 결과는 그림과 같다.

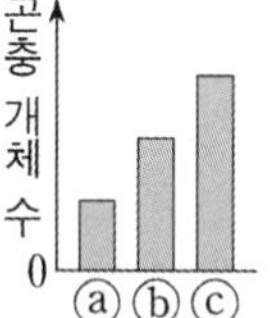

이 자료에 대한 설명으로 옳은 것만을 〈보기〉에서 있는 대로 고른 것은? (단, 제시된 조건 이외는 고려하지 않는다.) (3점)

[보기]

ㄱ. 조작 변인은 곤충 개체 수이다.

ㄴ. ⓒ에서 곤충에 환경 저항이 작용하였다.

ㄷ. 곤충 개체 수 감소에 미치는 영향은 새가 박쥐보다 크다.

① ㄱ ② ㄴ ③ ㄷ ④ ㄱ, ㄷ ⑤ ㄴ, ㄷ

A33

2024 실시 3월 학평 10

다음은 어떤 학생이 수행한 탐구의 일부이다.

(가) 밀웜이 스티로폼을 먹을 것이라고 생각했다.

(나) 상자 A와 B에 각각 스티로폼 50.00 g을 넣고 표와 같이 밀웜을 넣었다.

상자	A	B
밀웜의 수 (마리)	100	0

(다) 한 달간 매일 ㉠ 스티로폼의 질량을 측정한 결과, A에서만 ㉠이 하루 평균 0.03 g씩 감소했다.

이에 대한 옳은 설명만을 〈보기〉에서 있는 대로 고른 것은?

[보기]

ㄱ. 연역적 탐구 방법이 이용되었다.

ㄴ. 대조 실험이 수행되었다.

ㄷ. ㉠은 조작 변인이다.

① ㄱ ② ㄷ ③ ㄱ, ㄴ ④ ㄴ, ㄷ ⑤ ㄱ, ㄴ, ㄷ

❖ 정답 및 해설 16~18p

A34 ✿❀❀ 2024 실시 5월 학평 9

다음은 어떤 과학자가 수행한 탐구이다.

(가) 유채가 꽃을 피우는 기간에 기온이 높으면 유채꽃에 곤충이 덜 오는 것을 관찰하였다.
(나) ㉠ 유채가 꽃을 피우는 기간에 평균 기온보다 온도가 높으면 유채꽃에서 곤충을 유인하는 물질의 방출량이 감소할 것이라고 생각하였다.
(다) 유채를 집단 A와 B로 나눠 꽃을 피우는 기간 동안 온도 조건을 A는 ⓐ로, B는 ⓑ로 한 후, A와 B 각각에서 곤충을 유인하는 물질의 방출량을 측정하여 그래프로 나타내었다. ⓐ와 ⓑ는 '평균 기온과 같음'과 '평균 기온보다 높음'을 순서 없이 나타낸 것이다.
(라) 유채가 꽃을 피우는 기간에 평균 기온보다 온도가 높으면 유채꽃에서 곤충을 유인하는 물질의 방출량이 감소한다는 결론을 내렸다.

이에 대한 설명으로 옳은 것만을 ⟨보기⟩에서 있는 대로 고른 것은? (3점)

[보기]
ㄱ. ㉠은 (가)에서 관찰한 현상을 설명할 수 있는 잠정적인 결론에 해당한다.
ㄴ. ⓐ는 '평균 기온보다 높음'이다.
ㄷ. 연역적 탐구 방법이 이용되었다.

① ㄱ ② ㄴ ③ ㄱ, ㄷ ④ ㄴ, ㄷ ⑤ ㄱ, ㄴ, ㄷ

A35 ✿❀❀ 2024 실시 7월 학평 4

다음은 어떤 과학자가 수행한 탐구이다.

(가) 개미가 서식하는 쇠뿔아카시아에서는 쇠뿔아카시아를 먹는 곤충 X가 적게 관찰되는 것을 보고, 개미가 X의 접근을 억제할 것이라고 생각했다.
(나) 같은 지역에 있는 쇠뿔아카시아를 집단 A와 B로 나눈 후 A에서만 개미를 지속적으로 제거하였다.
(다) 일정 시간이 지난 후 ㉠과 ㉡에서 관찰되는 X의 수를 조사한 결과는 그림과 같다. ㉠과 ㉡은 A와 B를 순서 없이 나타낸 것이다.

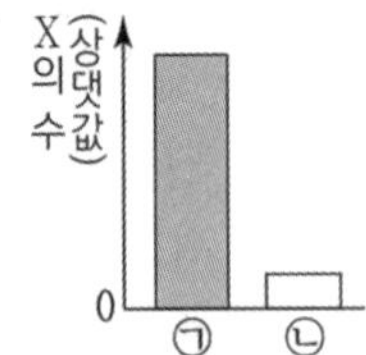

(라) 쇠뿔아카시아에 서식하는 개미가 X의 접근을 억제한다는 결론을 내렸다.

이 자료에 대한 설명으로 옳은 것만을 ⟨보기⟩에서 있는 대로 고른 것은? (3점)

[보기]
ㄱ. ㉠은 A이다.
ㄴ. (나)에서 대조 실험이 수행되었다.
ㄷ. (다)에서 X의 수는 조작 변인이다.

① ㄱ ② ㄴ ③ ㄷ ④ ㄱ, ㄴ ⑤ ㄴ, ㄷ

A36 ✿❀❀ 2024 실시 10월 학평 6

다음은 물질 X에 대해 어떤 과학자가 수행한 탐구의 일부이다.

(가) X가 개미의 학습 능력을 향상시킬 것이라고 생각했다.
(나) 개미를 두 집단 A와 B로 나누고, A는 X가 함유되지 않은 설탕물을, B는 X가 함유된 설탕물을 먹였다.
(다) A와 B의 개미가 일정한 위치에 있는 먹이를 찾아가는 실험을 여러 번 반복 수행하면서 먹이에 도달하기까지 걸린 시간을 측정하였다.
(라) (다)의 결과 먹이에 도달하기까지 걸린 시간이 ㉠에서는 점점 감소하였고, ㉡에서는 변화가 없었다. ㉠과 ㉡은 A와 B를 순서 없이 나타낸 것이다.
(마) X가 개미의 학습 능력을 향상시킨다는 결론을 내렸다.

이 자료에 대한 옳은 설명만을 ⟨보기⟩에서 있는 대로 고른 것은? (3점)

[보기]
ㄱ. ㉠은 A이다.
ㄴ. 조작 변인은 먹이에 도달하기까지 걸린 시간이다.
ㄷ. 연역적 탐구 방법이 이용되었다.

① ㄱ ② ㄷ ③ ㄱ, ㄴ ④ ㄱ, ㄷ ⑤ ㄴ, ㄷ

A37 ✿❀❀ 2023 실시 3월 학평 6

다음은 어떤 과학자가 수행한 탐구의 일부이다.

(가) 뒷날개에 긴 꼬리가 있는 나방이 박쥐에게 잡히지 않는 것을 보고, 긴 꼬리는 이 나방이 박쥐에게 잡히지 않는 데 도움이 된다고 생각했다.
(나) 이 나방을 집단 A와 B로 나눈 후 A에서는 긴 꼬리를 그대로 두고, B에서는 긴 꼬리를 제거했다.
(다) 일정 시간 박쥐에게 잡힌 나방의 비율은 ㉠이 ㉡보다 높았다. ㉠과 ㉡은 A와 B를 순서 없이 나타낸 것이다.
(라) 긴 꼬리는 이 나방이 박쥐에게 잡히지 않는 데 도움이 된다는 결론을 내렸다.

이 자료에 대한 옳은 설명만을 ⟨보기⟩에서 있는 대로 고른 것은? (3점)

[보기]
ㄱ. ㉠은 B이다.
ㄴ. 연역적 탐구 방법이 이용되었다.
ㄷ. 박쥐에게 잡힌 나방의 비율은 종속변인이다.

① ㄱ ② ㄷ ③ ㄱ, ㄴ ④ ㄴ, ㄷ ⑤ ㄱ, ㄴ, ㄷ

A38 ✿❀❀ 2023 실시 4월 학평 4

다음은 어떤 과학자가 수행한 탐구 과정의 일부이다.

(가) 비둘기가 포식자인 참매가 있는 지역에서 무리지어 활동하는 모습을 관찰하였다.

(나) 비둘기 무리의 개체 수가 많을수록, 비둘기 무리가 참매를 발견했을 때의 거리(d)가 클 것이라고 생각하였다.

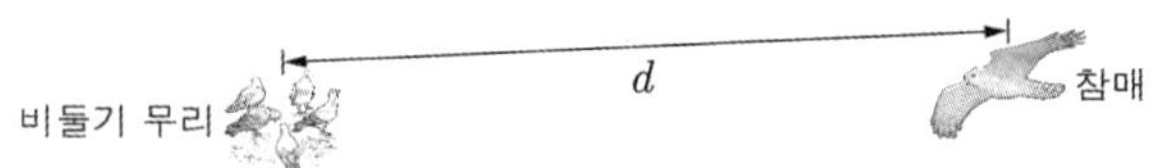

(다) 비둘기 무리의 개체 수를 표와 같이 달리하여 집단 A~C로 나눈 후, 참매를 풀어놓았다.

집단	A	B	C
개체 수	5	25	50

(라) 그림은 A~C에서 ㉠ 비둘기 무리가 참매를 발견했을 때의 거리(d)를 나타낸 것이다.

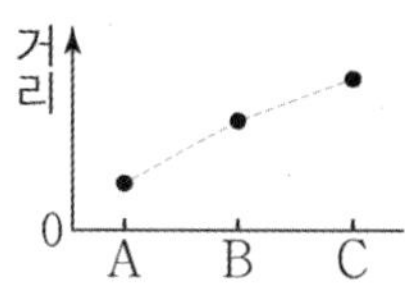

이 자료에 대한 설명으로 옳은 것만을 〈보기〉에서 있는 대로 고른 것은? (3점)

[보기]

ㄱ. (가)는 관찰한 현상을 설명할 수 있는 잠정적인 결론을 설정하는 단계이다.
ㄴ. ㉠은 조작 변인이다.
ㄷ. (다)의 C에 환경 저항이 작용한다.

① ㄱ ② ㄷ ③ ㄱ, ㄴ ④ ㄴ, ㄷ ⑤ ㄱ, ㄴ, ㄷ

A39 ✿❀❀ 2023 실시 10월 학평 3

그림 (가)와 (나)는 연역적 탐구 방법과 귀납적 탐구 방법을 순서 없이 나타낸 것이다.

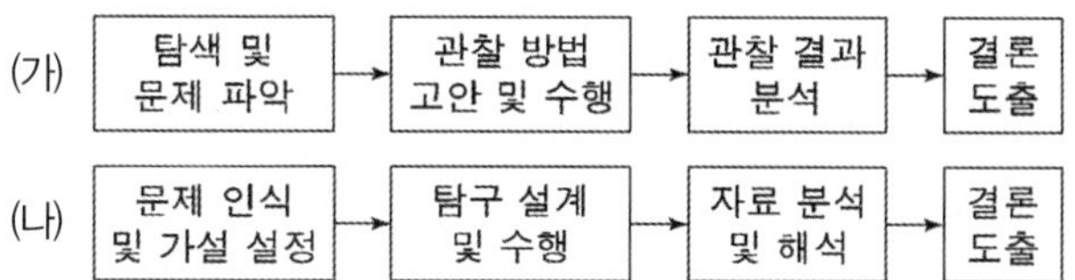

이에 대한 옳은 설명만을 〈보기〉에서 있는 대로 고른 것은?

[보기]

ㄱ. (가)는 귀납적 탐구 방법이다.
ㄴ. 여러 과학자가 생물을 관찰하여 생물은 세포로 이루어져 있다는 결론을 내리는 과정에 (가)가 사용되었다.
ㄷ. (나)에서는 대조 실험을 하여 결과의 타당성을 높인다.

① ㄱ ② ㄷ ③ ㄱ, ㄴ ④ ㄴ, ㄷ ⑤ ㄱ, ㄴ, ㄷ

A40 ✿❀❀ 2024 대비 6월 모평 20

다음은 동물 종 A에 대해 어떤 과학자가 수행한 탐구이다.

(가) A의 수컷 꼬리에 긴 장식물이 있는 것을 관찰하고, ㉠ A의 암컷은 꼬리 장식물의 길이가 긴 수컷을 배우자로 선호할 것이라는 가설을 세웠다.

(나) 꼬리 장식물의 길이가 긴 수컷 집단 Ⅰ과 꼬리 장식물의 길이가 짧은 수컷 집단 Ⅱ에서 각각 한 마리씩 골라 암컷 한 마리와 함께 두고, 암컷이 어떤 수컷을 배우자로 선택하는지 관찰하였다.

(다) (나)의 과정을 반복하여 얻은 결과, Ⅰ의 개체가 선택된 비율이 Ⅱ의 개체가 선택된 비율보다 높았다.

(라) A의 암컷은 꼬리 장식물의 길이가 긴 수컷을 배우자로 선호한다는 결론을 내렸다.

이 자료에 대한 설명으로 옳은 것만을 〈보기〉에서 있는 대로 고른 것은? (3점)

[보기]

ㄱ. ㉠은 관찰한 현상을 설명할 수 있는 잠정적인 결론(잠정적인 답)에 해당한다.
ㄴ. 조작 변인은 암컷이 Ⅰ의 개체를 선택한 비율이다.
ㄷ. (라)는 탐구 과정 중 결론 도출 단계에 해당한다.

① ㄱ ② ㄴ ③ ㄱ, ㄷ ④ ㄴ, ㄷ ⑤ ㄱ, ㄴ, ㄷ

A41 ✿❀❀ 2024 대비 수능 3

다음은 플랑크톤에서 분비되는 독소 ㉠과 세균 S에 대해 어떤 과학자가 수행한 탐구이다.

(가) S의 밀도가 낮은 호수에서보다 높은 호수에서 ㉠의 농도가 낮은 것을 관찰하고, S가 ㉠을 분해할 것이라고 생각했다.

(나) 같은 농도의 ㉠이 들어 있는 수조 Ⅰ과 Ⅱ를 준비하고 한 수조에만 S를 넣었다. 일정 시간이 지난 후 Ⅰ과 Ⅱ 각각에 남아 있는 ㉠의 농도를 측정했다.

(다) 수조에 남아 있는 ㉠의 농도는 Ⅰ에서가 Ⅱ에서보다 높았다.

(라) S가 ㉠을 분해한다는 결론을 내렸다.

이 자료에 대한 설명으로 옳은 것만을 〈보기〉에서 있는 대로 고른 것은? (3점)

[보기]

ㄱ. (나)에서 대조 실험이 수행되었다.
ㄴ. 조작 변인은 수조에 남아 있는 ㉠의 농도이다.
ㄷ. S를 넣은 수조는 Ⅰ이다.

① ㄱ ② ㄴ ③ ㄱ, ㄷ ④ ㄴ, ㄷ ⑤ ㄱ, ㄴ, ㄷ

❖ 정답 및 해설 18~22p

A42 ✲✲❀ 2023 실시 7월 학평 4

다음은 어떤 과학자가 수행한 탐구이다.

(가) 해조류를 먹지 않는 돌돔이 서식하는 지역에서 해조류를 먹는 성게의 개체 수가 적게 관찰되는 것을 보고, 돌돔이 있으면 성게에게 먹히는 해조류의 양이 감소할 것이라고 생각했다.
(나) 같은 양의 해조류가 있는 지역 A와 B에 동일한 개체 수의 성게를 각각 넣은 후 ㉠에만 돌돔을 넣었다. ㉠은 A와 B 중 하나이다.
(다) 일정 시간이 지난 후 남아 있는 해조류의 양은 A에서가 B에서보다 많았다.
(라) 돌돔이 있으면 성게에게 먹히는 해조류의 양이 감소한다는 결론을 내렸다.

이에 대한 설명으로 옳은 것만을 〈보기〉에서 있는 대로 고른 것은? (단, 제시된 조건 이외는 고려하지 않는다.)

[보기]
ㄱ. ㉠은 B이다.
ㄴ. 종속변인은 돌돔의 유무이다.
ㄷ. 연역적 탐구 방법이 이용되었다.

① ㄱ ② ㄷ ③ ㄱ, ㄴ ④ ㄱ, ㄷ ⑤ ㄴ, ㄷ

A43 ✲❀❀ 2023 대비 수능 18

다음은 어떤 과학자가 수행한 탐구이다.

(가) 갑오징어가 먹이의 많고 적음을 구분하여 먹이가 더 많은 곳으로 이동할 것이라고 생각했다.

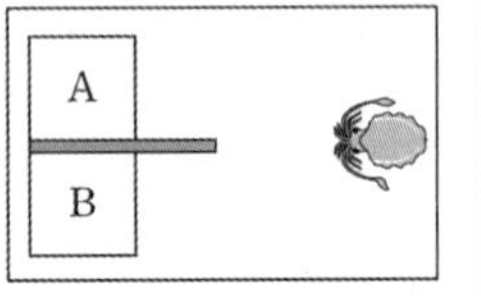

(나) 그림과 같이 대형 수조 안에 서로 다른 양의 먹이가 들어 있는 수조 A와 B를 준비했다.
(다) 갑오징어 1마리를 대형 수조에 넣고 A와 B 중 어느 수조로 이동하는지 관찰했다.
(라) 여러 마리의 갑오징어로 (다)의 과정을 반복하여 ⓐ A와 B 각각으로 이동한 갑오징어 개체의 빈도를 조사한 결과는 그림과 같다.

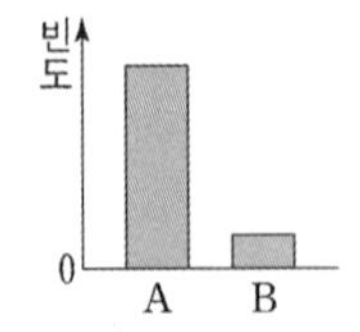

(마) 갑오징어가 먹이의 많고 적음을 구분하여 먹이가 더 많은 곳으로 이동한다는 결론을 내렸다.

이 자료에 대한 설명으로 옳은 것만을 〈보기〉에서 있는 대로 고른 것은?

[보기]
ㄱ. ⓐ는 조작 변인이다.
ㄴ. 먹이의 양은 B에서가 A에서보다 많다.
ㄷ. (마)는 탐구 과정 중 결론 도출 단계에 해당한다.

① ㄱ ② ㄷ ③ ㄱ, ㄴ ④ ㄱ, ㄷ ⑤ ㄴ, ㄷ

A44 ✲❀❀ 2023 대비 6월 모평 18

다음은 어떤 과학자가 수행한 탐구이다.

(가) 벼가 잘 자라지 못하는 논에 벼를 갉아먹는 왕우렁이의 개체 수가 많은 것을 관찰하고, 왕우렁이의 포식자인 자라를 논에 넣어주면 벼의 생물량이 증가할 것이라고 생각했다.
(나) 같은 지역의 면적이 동일한 논 A와 B에 각각 같은 수의 왕우렁이를 넣은 후, A에만 자라를 풀어놓았다.
(다) 일정 시간이 지난 후 조사한 왕우렁이의 개체 수는 ㉠에서가 ㉡에서보다 적었고, 벼의 생물량은 ㉠에서가 ㉡에서보다 많았다. ㉠과 ㉡은 A와 B를 순서 없이 나타낸 것이다.
(라) 자라가 왕우렁이의 개체 수를 감소시켜 벼의 생물량이 증가한다는 결론을 내렸다.

이 자료에 대한 설명으로 옳은 것만을 〈보기〉에서 있는 대로 고른 것은? (3점)

[보기]
ㄱ. ㉡은 B이다.
ㄴ. 조작 변인은 벼의 생물량이다.
ㄷ. ㉠에서 왕우렁이 개체군에 환경 저항이 작용하였다.

① ㄱ ② ㄴ ③ ㄱ, ㄷ ④ ㄴ, ㄷ ⑤ ㄱ, ㄴ, ㄷ

A45 ✲❀❀ 2022 실시 7월 학평 16

다음은 어떤 과학자가 수행한 탐구 과정의 일부이다.

(가) 동물 X는 사료 외에 플라스틱도 먹이로 섭취하여 에너지를 얻을 수 있을 것이라고 생각했다.
(나) 동일한 조건의 X를 각각 20마리씩 세 집단 A, B, C로 나눈 후 A에는 물과 사료를, B에는 물과 플라스틱을, C에는 물만 주었다.
(다) 일정 기간이 지난 후 ㉠ X의 평균 체중을 확인한 결과 A에서는 증가했고, B에서는 유지되었으며, C에서는 감소했다.

이 자료에 대한 설명으로 옳은 것만을 〈보기〉에서 있는 대로 고른 것은?

[보기]
ㄱ. ㉠은 조작 변인이다.
ㄴ. 연역적 탐구 방법이 이용되었다.
ㄷ. (나)에서 대조 실험이 수행되었다.

① ㄱ ② ㄴ ③ ㄱ, ㄷ ④ ㄴ, ㄷ ⑤ ㄱ, ㄴ, ㄷ

A46 ✿❀❀ 2023 대비 9월 모평 20

다음은 어떤 과학자가 수행한 탐구이다.

(가) 물질 X가 살포된 지역에서 비정상적인 생식 기관을 갖는 수컷 개구리가 많은 것을 관찰하고, X가 수컷 개구리의 생식 기관에 기형을 유발할 것이라고 생각했다.
(나) X에 노출된 적이 없는 올챙이를 집단 A와 B로 나눈 후 A에만 X를 처리했다.
(다) 일정 시간이 지난 후, ㉠과 ㉡ 각각의 수컷 개구리 중 비정상적인 생식 기관을 갖는 개체의 빈도를 조사한 결과는 그림과 같다. ㉠과 ㉡은 A와 B를 순서 없이 나타낸 것이다.
(라) X가 수컷 개구리의 생식 기관에 기형을 유발한다는 결론을 내렸다.

빈도(상댓값) 0 ㉠ ㉡

이 자료에 대한 설명으로 옳은 것만을 〈보기〉에서 있는 대로 고른 것은? (3점)

[보기]
ㄱ. ㉠은 B이다.
ㄴ. 연역적 탐구 방법이 이용되었다.
ㄷ. (나)에서 조작 변인은 X의 처리 여부이다.

① ㄱ ② ㄴ ③ ㄱ, ㄷ ④ ㄴ, ㄷ ⑤ ㄱ, ㄴ, ㄷ

A47 ✿❀❀ 2021 실시 3월 학평 1

다음은 어떤 과학자가 수행한 탐구의 일부이다.

(가) ㉠ 도마뱀 알 20개 중 10개는 27 ℃에, 나머지 10개는 33 ℃에 두었다.
(나) ㉡ 일정 시간이 지난 후 알에서 자란 새끼가 부화하면, 알을 둔 온도별로 새끼의 성별을 확인하였다.

이에 대한 옳은 설명만을 〈보기〉에서 있는 대로 고른 것은?

[보기]
ㄱ. ㉠은 세포로 구성된다.
ㄴ. 알을 둔 온도는 조작 변인이다.
ㄷ. ㉡은 생물의 특성 중 발생의 예이다.

① ㄱ ② ㄴ ③ ㄱ, ㄷ ④ ㄴ, ㄷ ⑤ ㄱ, ㄴ, ㄷ

A48 ✿❀❀ 2022 대비 9월 모평 3

다음은 어떤 과학자가 수행한 탐구이다.

(가) 초파리는 짝짓기 상대로 서로 다른 종류의 먹이를 먹고 자란 개체보다 같은 먹이를 먹고 자란 개체를 선호할 것이라고 생각했다.
(나) 초파리를 두 집단 A와 B로 나눈 후 A는 먹이 ⓐ를, B는 먹이 ⓑ를 주고 배양했다. ⓐ와 ⓑ는 서로 다른 종류의 먹이다.
(다) 여러 세대를 배양한 후, ㉠같은 먹이를 먹고 자란 초파리 사이에서의 짝짓기 빈도와 ㉡서로 다른 종류의 먹이를 먹고 자란 초파리 사이에서의 짝짓기 빈도를 관찰했다.
(라) (다)의 결과, Ⅰ이 Ⅱ보다 높게 나타났다. Ⅰ과 Ⅱ는 ㉠과 ㉡을 순서 없이 나타낸 것이다.
(마) 초파리는 짝짓기 상대로 서로 다른 종류의 먹이를 먹고 자란 개체보다 같은 먹이를 먹고 자란 개체를 선호한다는 결론을 내렸다.

이 자료에 대한 설명으로 옳은 것만을 〈보기〉에서 있는 대로 고른 것은?) (3점)

[보기]
ㄱ. 연역적 탐구 방법이 이용되었다.
ㄴ. 조작 변인은 짝짓기 빈도이다.
ㄷ. Ⅰ은 ㉡이다.

① ㄱ ② ㄴ ③ ㄷ ④ ㄱ, ㄴ ⑤ ㄱ, ㄷ

A49 ✿❀❀ 2021 실시 10월 학평 2

다음은 곰팡이 ㉠과 옥수수를 이용한 탐구의 일부를 순서 없이 나타낸 것이다.

(가) '㉠이 옥수수의 생장을 촉진한다.'라고 결론을 내렸다.
(나) 생장이 빠른 옥수수의 뿌리에 ㉠이 서식하는 것을 관찰하고, ㉠이 옥수수의 생장에 영향을 미칠 것으로 생각했다.
(다) ㉠이 서식하는 옥수수 10 개체와 ㉠이 제거된 옥수수 10 개체를 같은 조건에서 배양하면서 질량 변화를 측정했다.

이에 대한 설명으로 옳은 것만을 〈보기〉에서 있는 대로 고른 것은? (3점)

[보기]
ㄱ. 옥수수에서 ㉠의 제거 여부는 종속변인이다.
ㄴ. 이 탐구에서는 대조 실험이 수행되었다.
ㄷ. 탐구는 (나) → (다) → (가)의 순으로 진행되었다.

① ㄱ ② ㄷ ③ ㄱ, ㄴ ④ ㄴ, ㄷ ⑤ ㄱ, ㄴ, ㄷ

❖ 정답 및 해설 22 ~ 26p

A50 ✿❀❀ 2022 대비 6월 모평 20

다음은 초식 동물 종 A와 식물 종 P의 상호 작용에 대해 어떤 과학자가 수행한 탐구이다.

(가) P가 사는 지역에 A가 유입된 후 P의 가시의 수가 많아진 것을 관찰하고, A가 P를 뜯어 먹으면 P의 가시의 수가 많아질 것이라고 생각했다.

(나) 같은 지역에 서식하는 P를 집단 ㉠과 ㉡으로 나눈 후, ㉠에만 A의 접근을 차단하여 P를 뜯어 먹지 못하도록 했다.

(다) 일정 시간이 지난 후, P의 가시의 수는 Ⅰ에서가 Ⅱ에서보다 많았다. Ⅰ과 Ⅱ는 ㉠과 ㉡을 순서 없이 나타낸 것이다.

(라) A가 P를 뜯어 먹으면 P의 가시의 수가 많아진다는 결론을 내렸다.

이 자료에 대한 설명으로 옳은 것만을 〈보기〉에서 있는 대로 고른 것은? (3점)

[보기]

ㄱ. Ⅱ는 ㉠이다.
ㄴ. 연역적 탐구 방법이 이용되었다.
ㄷ. 조작 변인은 P의 가시의 수이다.

① ㄱ ② ㄷ ③ ㄱ, ㄴ ④ ㄴ, ㄷ ⑤ ㄱ, ㄴ, ㄷ

A51 ✿❀❀ 2021 대비 9월 모평 1

다음은 어떤 과학자가 수행한 탐구이다.

(가) 서식 환경과 비슷한 털색을 갖는 생쥐가 포식자의 눈에 잘 띄지 않아 생존에 유리할 것이라고 생각했다.

(나) ㉠ 갈색 생쥐 모형과 ㉡ 흰색 생쥐 모형을 준비해서 지역 A와 B 각각에 두 모형을 설치했다. A와 B는 각각 갈색 모래 지역과 흰색 모래 지역 중 하나이다.

(다) A에서는 ㉠이 ㉡보다, B에서는 ㉡이 ㉠보다 포식자부터 더 많은 공격을 받았다.

(라) ⓐ 서식 환경과 비슷한 털색을 갖는 생쥐가 생존에 유리하다는 결론을 내렸다.

이 자료에 대한 설명으로 옳은 것만을 〈보기〉에서 있는 대로 고른 것은?

[보기]

ㄱ. A는 갈색 모래 지역이다.
ㄴ. 연역적 탐구 방법이 이용되었다.
ㄷ. ⓐ는 생물의 특성 중 적응과 진화의 예에 해당한다.

① ㄱ ② ㄴ ③ ㄱ, ㄷ ④ ㄴ, ㄷ ⑤ ㄱ, ㄴ, ㄷ

A52 ✿❀❀ 2020 실시 7월 학평 2

다음은 생명과학의 탐구 방법에 대한 자료이다. (가)는 귀납적 탐구 방법에 대한 사례이고, (나)는 연역적 탐구 방법에 대한 사례이다.

(가) 카로 박사는 오랜 시간 동안 가젤 영양이 공중으로 뛰어오르며 하얀 엉덩이를 치켜드는 뜀뛰기 행동을 다양한 상황에서 관찰하였다. 관찰된 특성을 종합한 결과 가젤 영양은 포식자가 주변에 나타나면 엉덩이를 치켜드는 뜀뛰기 행동을 한다는 결론을 내렸다.

(나) 에이크만은 건강한 닭들을 두 집단으로 나누어 현미와 백미를 각각 먹여 기른 후 각기병 증세의 발생 여부를 관찰하였다. 그 결과 백미를 먹인 닭에서는 각기병 증세가 나타났고, 현미를 먹인 닭에서는 각기병 증세가 나타나지 않았다. 이를 통해 현미에는 각기병을 예방하는 물질이 들어 있다는 결론을 내렸다.

이에 대한 설명으로 옳은 것만을 〈보기〉에서 있는 대로 고른 것은?

[보기]

ㄱ. (가)의 탐구 방법에서는 여러 가지 관찰 사실을 분석하고 종합하여 일반적인 원리나 법칙을 도출한다.
ㄴ. (나)에서 대조 실험이 수행되었다.
ㄷ. (나)에서 각기병 증세의 발생 여부는 종속변인이다.

① ㄱ ② ㄷ ③ ㄱ, ㄴ ④ ㄴ, ㄷ ⑤ ㄱ, ㄴ, ㄷ

A53 ✿❀❀ 2020 실시 3월 학평 2

다음은 어떤 학생이 수행한 탐구 활동이다.

(가) 식물의 싹이 빛을 향해 구부러져 자라는 것을 관찰하고, 싹의 윗부분에 빛의 방향을 감지하는 부위가 있다고 가설을 세웠다.

(나) 암실에서 싹을 틔운 같은 종의 식물 A와 B를 꺼내 B에만 덮개를 씌워 윗부분에 빛이 닿지 못하도록 했다.

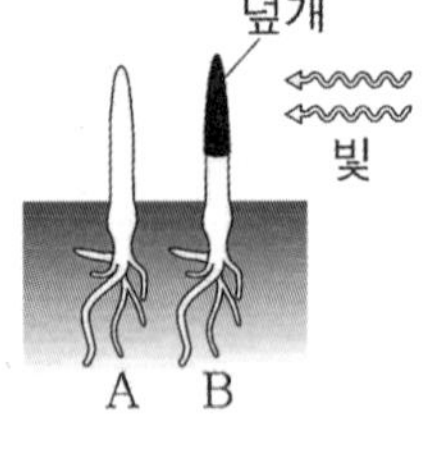

(다) A와 B의 측면에서 빛을 비추고 생장 과정을 관찰했다.

이에 대한 옳은 설명만을 〈보기〉에서 있는 대로 고른 것은? (3점)

[보기]

ㄱ. 연역적 탐구 방법이 사용되었다.
ㄴ. (나)에서 대조군과 실험군이 설정되었다.
ㄷ. 덮개를 씌우는지의 여부는 종속변인이다.

① ㄱ ② ㄷ ③ ㄱ, ㄴ ④ ㄱ, ㄷ ⑤ ㄱ, ㄴ, ㄷ

A54 ✲❀❀ 2022 대비 수능 6

다음은 어떤 과학자가 수행한 탐구이다.

(가) 바다 달팽이가 갉아 먹던 갈조류를 다 먹지 않고 이동하여 다른 갈조류를 먹는 것을 관찰하였다.
(나) ㉠ 바다 달팽이가 갉아 먹은 갈조류에서 바다 달팽이가 기피하는 물질 X의 생성이 촉진될 것이라는 가설을 세웠다.
(다) 갈조류를 두 집단 ⓐ와 ⓑ로 나눠 한 집단만 바다 달팽이가 갉아 먹도록 한 후, ⓐ와 ⓑ 각각에서 X의 양을 측정하였다.
(라) 단위 질량당 X의 양은 ⓑ에서가 ⓐ에서보다 많았다.
(마) 바다 달팽이가 갉아 먹은 갈조류에서 X의 생성이 촉진된다는 결론을 내렸다.

이 자료에 대한 설명으로 옳은 것만을 〈보기〉에서 있는 대로 고른 것은? (3점)

[보기]
ㄱ. ㉠은 (가)에서 관찰한 현상을 설명할 수 있는 잠정적인 결론(잠정적인 답)에 해당한다.
ㄴ. (다)에서 대조 실험이 수행되었다.
ㄷ. (라)의 ⓐ는 바다 달팽이가 갉아 먹은 갈조류 집단이다.

① ㄱ ② ㄷ ③ ㄱ, ㄴ ④ ㄴ, ㄷ ⑤ ㄱ, ㄴ, ㄷ

A55 ✲❀❀ 2021 실시 7월 학평 7

다음은 철수가 수행한 탐구 과정의 일부를 순서 없이 나타낸 것이다.

(가) 화분 A~C를 준비하여 A에는 염기성 토양을, B에는 중성 토양을, C에는 산성 토양을 각각 500g씩 넣은 후 수국을 심었다.
(나) 일정 기간이 지난 후 ㉠수국의 꽃 색깔을 확인하였더니 A에서는 붉은색, B에서는 흰색, C에서는 푸른색으로 나타났다.
(다) 서로 다른 지역에 서식하는 수국의 꽃 색깔이 다른 것을 관찰하고 의문이 생겼다.
(라) 토양의 pH에 따라 수국의 꽃 색깔이 다를 것이라고 생각하였다.

이 자료에 대한 설명으로 옳은 것만을 〈보기〉에서 있는 대로 고른 것은?

[보기]
ㄱ. ㉠은 종속변인이다.
ㄴ. 연역적 탐구 방법이 이용되었다.
ㄷ. 탐구는 (다) → (라) → (가) → (나) 순으로 진행되었다.

① ㄱ ② ㄷ ③ ㄱ, ㄴ ④ ㄴ, ㄷ ⑤ ㄱ, ㄴ, ㄷ

A56 ✲❀❀ 2021 대비 수능 18

다음은 어떤 과학자가 수행한 탐구이다.

(가) 딱총새우가 서식하는 산호의 주변에는 산호의 천적인 불가사리가 적게 관찰되는 것을 보고, 딱총새우가 산호를 불가사리로부터 보호해 줄 것이라고 생각했다.
(나) 같은 지역에 있는 산호들을 집단 A와 B로 나눈 후, A에서는 딱총새우를 그대로 두고, B에서는 딱총새우를 제거하였다.
(다) 일정 시간 동안 불가사리에게 잡아먹힌 산호의 비율은 ㉠에서가 ㉡에서보다 높았다. ㉠과 ㉡은 A와 B를 순서 없이 나타낸 것이다.
(라) 산호에 서식하는 딱총새우가 산호를 불가사리로부터 보호해 준다는 결론을 내렸다.

이 자료에 대한 설명으로 옳은 것만을 〈보기〉에서 있는 대로 고른 것은? (3점)

[보기]
ㄱ. ㉠은 A이다.
ㄴ. (나)에서 조작 변인은 딱총새우의 제거 여부이다.
ㄷ. (다)에서 불가사리와 산호 사이의 상호 작용은 포식과 피식에 해당한다.

① ㄱ ② ㄷ ③ ㄱ, ㄴ ④ ㄴ, ㄷ ⑤ ㄱ, ㄴ, ㄷ

A57 ✲❀❀ 2022 실시 10월 학평 6

다음은 어떤 과학자가 수행한 탐구의 일부이다.

(가) 식물 주변 O_2 농도가 높을수록 식물의 CO_2 흡수량이 많을 것으로 생각하였다.
(나) 같은 종의 식물 집단 A와 B를 준비하고, 표와 같은 조건에서 일정 기간 기르면서 측정한 CO_2 흡수량은 그림과 같았다. ㉠과 ㉡은 각각 A와 B 중 하나이다.

집단	주변 O_2 농도
A	1%
B	21%

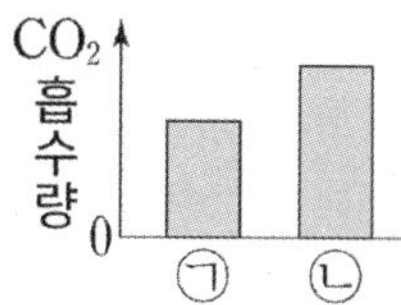

(다) 가설과 맞지 않는 결과가 나와 가설을 수정하였다.

이에 대한 옳은 설명만을 〈보기〉에서 있는 대로 고른 것은? (3점)

[보기]
ㄱ. 연역적 탐구 방법이 이용되었다.
ㄴ. 주변 O_2 농도는 종속변인이다.
ㄷ. ㉠은 A이다.

① ㄱ ② ㄴ ③ ㄷ ④ ㄱ, ㄴ ⑤ ㄱ, ㄷ

❖ 정답 및 해설 26~30p

A58 ✿❀❀ 2021 대비 6월 모평 20

다음은 먹이 섭취량이 동물 종 ⓐ의 생존에 미치는 영향을 알아보기 위한 실험이다.

[실험 과정]

(가) 유전적으로 동일하고 같은 시기에 태어난 ⓐ의 수컷 개체 200마리를 준비하여, 100마리씩 집단 A와 B로 나눈다.

(나) A에는 충분한 양의 먹이를 제공하고 B에는 먹이 섭취량을 제한하면서 배양한다. 한 개체당 먹이 섭취량은 A의 개체가 B의 개체보다 많다.

(다) A와 B에서 시간에 따른 ⓐ의 생존 개체 수를 조사한다.

[실험 결과]

그림은 A와 B에서 시간에 따른 ⓐ의 생존 개체 수를 나타낸 것이다.

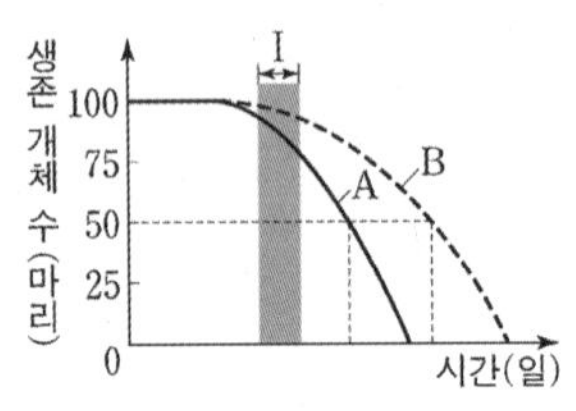

이 자료에 대한 설명으로 옳은 것만을 〈보기〉에서 있는 대로 고른 것은? (단, 제시된 조건 이외는 고려하지 않는다.) (3점)

[보기]

ㄱ. 이 실험에서의 조작 변인은 ⓐ의 생존 개체 수이다.
ㄴ. 구간 Ⅰ에서 사망한 ⓐ의 개체 수는 A에서가 B에서보다 많다.
ㄷ. 각 집단에서 ⓐ의 생존 개체 수가 50마리가 되는 데 걸린 시간은 A에서가 B에서보다 길다.

① ㄱ ② ㄴ ③ ㄷ ④ ㄱ, ㄴ ⑤ ㄴ, ㄷ

A59 ✿❀❀ 2022 실시 3월 학평 2

다음은 어떤 과학자가 수행한 탐구이다.

(가) 아스피린은 사람의 세포에서 통증을 유발하는 물질 X의 생성을 억제할 것으로 생각하였다.

(나) 사람에서 얻은 세포를 집단 ㉠과 ㉡으로 나눈 후 둘 중 하나에 아스피린 처리를 하였다.

(다) ㉠과 ㉡에서 단위 시간당 X의 생성량을 측정한 결과는 그림과 같았다.

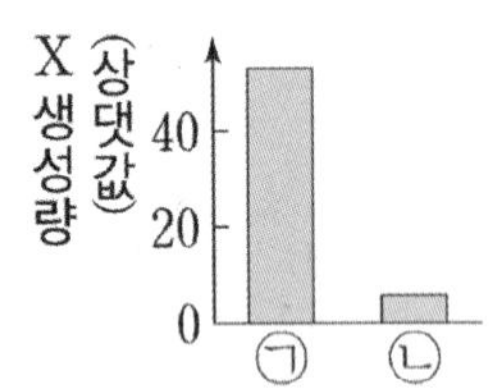

(라) 아스피린은 X의 생성을 억제한다는 결론을 내렸다.

이에 대한 옳은 설명만을 〈보기〉에서 있는 대로 고른 것은? (단, 아스피린 처리의 여부 이외의 조건은 같다.) (3점)

[보기]

ㄱ. 대조 실험이 수행되었다.
ㄴ. 아스피린 처리의 여부는 종속변인이다.
ㄷ. 아스피린 처리를 한 집단은 ㉠이다.

① ㄱ ② ㄴ ③ ㄷ ④ ㄱ, ㄴ ⑤ ㄱ, ㄷ

A60 ✿❀❀ 2020 실시 4월 학평 2

다음은 어떤 학생이 수행한 탐구 과정의 일부이다.

(가) 콩에는 오줌 속의 요소를 분해하는 물질이 있을 것이라고 생각하였다.

(나) 비커 Ⅰ과 Ⅱ에 표와 같이 물질을 넣은 후 BTB 용액을 첨가한다.

비커	물질
Ⅰ	오줌 20 mL+증류수 3 mL
Ⅱ	오줌 20 mL+증류수 1 mL+생콩즙 2 mL

(다) 일정 시간 간격으로 Ⅰ과 Ⅱ에 들어 있는 용액의 색깔 변화를 관찰한다.

이에 대한 설명으로 옳은 것만을 〈보기〉에서 있는 대로 고른 것은?

[보기]

ㄱ. 이 탐구 과정은 귀납적 탐구 방법이다.
ㄴ. (나)에서 대조 실험을 수행하였다.
ㄷ. 생콩즙의 첨가 유무는 종속변인에 해당한다.

① ㄱ ② ㄴ ③ ㄷ ④ ㄱ, ㄴ ⑤ ㄴ, ㄷ

A61 ✿❀❀ 2022 실시 4월 학평 8

다음은 어떤 과학자가 수행한 탐구 과정의 일부이다.

(가) '황조롱이는 양육하는 새끼 수가 많을수록 부모 새의 생존율이 낮아질 것이다.'라고 생각하였다.

(나) 황조롱이를 세 집단 A~C로 나눈 후 표와 같이 각 집단의 둥지당 새끼 수를 다르게 하였다.

집단	A	B	C
둥지당 새끼 수	3	5	7

(다) 일정 시간이 지난 후 A~C에서 ㉠ 부모 새의 생존율을 조사하여 그래프로 나타내었다. Ⅰ~Ⅲ은 A~C를 순서 없이 나타낸 것이다.

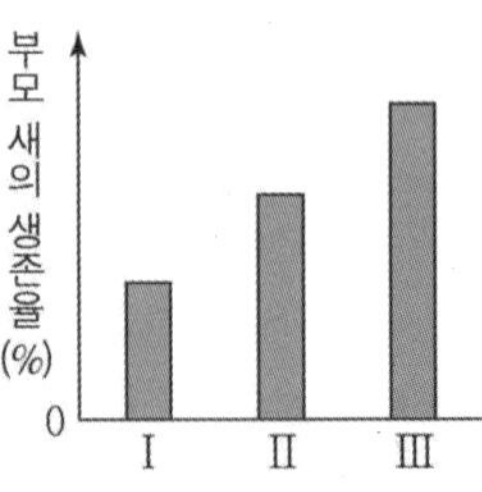

(라) 황조롱이는 양육하는 새끼 수가 많을수록 부모 새의 생존율이 낮아진다는 결론을 내렸다.

이에 대한 설명으로 옳은 것만을 〈보기〉에서 있는 대로 고른 것은? (3점)

[보기]

ㄱ. (가)는 가설 설정 단계이다.
ㄴ. ㉠은 종속변인이다.
ㄷ. Ⅲ은 C이다.

① ㄱ ② ㄷ ③ ㄱ, ㄴ ④ ㄴ, ㄷ ⑤ ㄱ, ㄴ, ㄷ

❖ 정답 및 해설 30~32p

사람의 물질대사

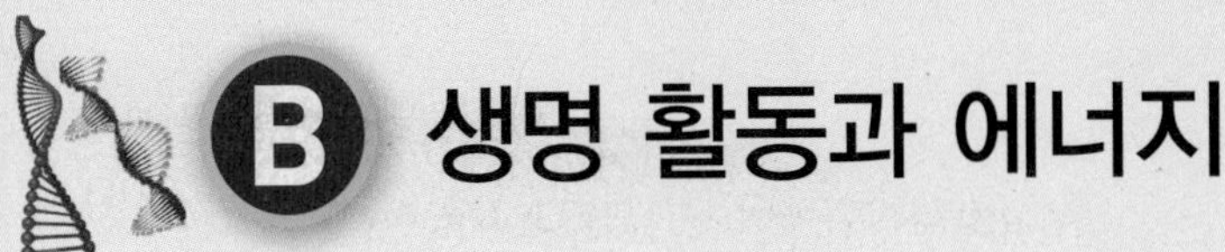

B 생명 활동과 에너지

★ 2025 수능 출제 분석

- 2025학년도 수능에서는 이 단원에 해당하는 문제가 출제되지 않았다.

대비년도	출제 개념	난이도
2025 수능	–	
2025 9월	–	
2025 6월	–	
2024 수능	물질대사	☆

1 세포의 생명 활동

1. 물질대사: 생명체 내에서 일어나는 모든 화학 반응이다.

(1) 물질대사의 특징

① 생체 촉매인 효소가 관여한다.

② 반드시 에너지 출입이 함께 일어나며, 반응이 단계적으로 일어난다.

(2) 물질대사의 구분[1]

구분	동화 작용	이화 작용
정의	간단한 물질(저분자) → 복잡한 물질(고분자) 합성	복잡한 물질(고분자) → 간단한 물질(저분자) 분해
에너지 출입	에너지(상댓값) / 에너지 / 생성물 / 반응물 / 반응 경로	에너지(상댓값) / 반응물 / 에너지 / 생성물 / 반응 경로
예	광합성[2], 단백질 합성, 유전 물질 합성	세포 호흡, 녹말 소화, 단백질 소화

2 에너지의 전환과 이용

1. 세포 호흡: 세포에서 영양소를 분해하여 생명 활동에 필요한 에너지를 얻는 과정이다.

(1) 세포 호흡 장소: 미토콘드리아에서 주로 일어나며, 세포질에서도 일부 과정이 진행된다.

(2) 세포 호흡 과정: 포도당이 산소와 반응하여 물과 이산화 탄소로 분해되며, 이 과정에서 방출된 에너지의 일부는 ATP에 저장되고 나머지는 열에너지로 방출된다.

화학 에너지(ATP) / 세포 / 포도당 / 산소 / 물 / 이산화 탄소 / 미토콘드리아 / 열에너지

▲ 세포 호흡과 ATP 생성

2. ATP[3]: 생명체 내에서 에너지를 저장하고 운반하며 사용되는 에너지 저장 물질이다.

(1) ATP의 구조

아데노신(아데닌+리보스)에 인산기가 3개 결합된 구조이다. 인산기와 인산기 사이에 많은 양의 에너지가 저장되어 있는 결합을 고에너지 인산 결합이라고[4] 한다.

(2) ATP의 분해와 에너지 방출

ATP가 ADP와 무기 인산으로 분해될 때 ATP의 고에너지 인산 결합에 저장되어 있던 에너지가 방출되어 다양한 생명 활동에 사용된다.

---

① 동화 작용과 이화 작용

동화 작용은 에너지가 흡수되는 흡열 반응, 이화 작용은 에너지가 방출되는 발열 반응이 일어난다.

② 광합성

대표적인 동화 작용의 예로 엽록체에서 일어난다.
작은 분자인 물과 이산화 탄소가 큰 분자인 포도당으로 합성되며, 에너지가 흡수된다.

③ ATP(아데노신 3인산)

아데노신에 인산기가 3개 붙은 것으로 생명체에서 에너지를 전달하는 역할을 한다. ATP에서 인산기 하나가 떨어져 2개만 붙어 있으면 ADP(아데노신 2인산)라고 한다.

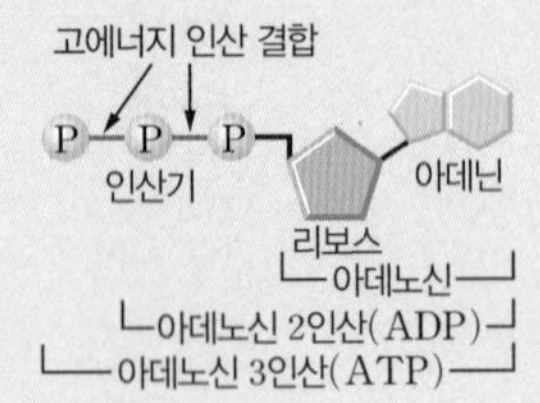

④ 고에너지 인산 결합

ATP에 존재하는 인산과 인산 사이의 결합으로 약 7.3kcal/mol의 에너지를 가진다.

3. **에너지의 전환과 이용**: 포도당에 저장된 화학 에너지는 세포 호흡에 의해 ATP의 화학 에너지로[5] 전환되고, ATP에 저장된 화학 에너지는 여러 가지 형태로 전환되어 다양한 생명 활동에 이용된다.

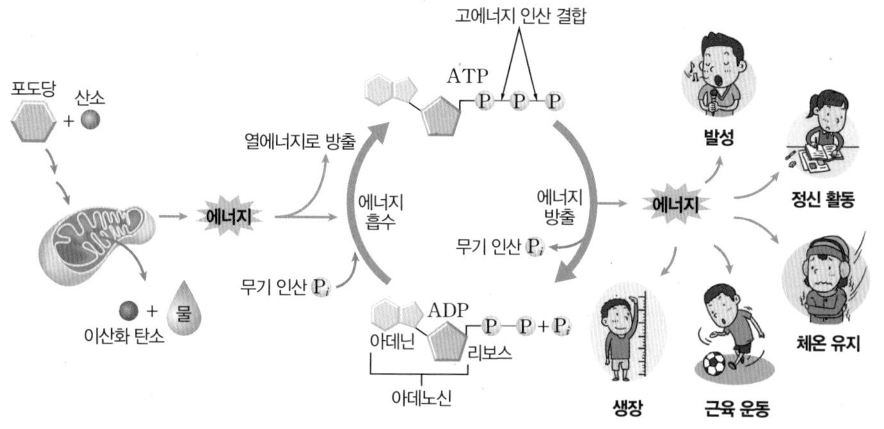

▲ 에너지 전환과 이용

✿ 실험 탐구: 효모의 이산화 탄소 발생량 비교하기

• 실험 목표

효모의 호흡에[6] 의한 이산화 탄소 방출량을 비교할 수 있다.

• 실험 과정

(1) 발효관 1~5에 각각 표와 같이 증류수나 음료수를 넣은 다음 효모액을 넣는다.

발효관	내용물
1	증류수 15 mL+효모액 15 mL
2	음료수 A 15 mL+효모액 15 mL
3	음료수 B 15 mL+효모액 15 mL
4	음료수 C 15 mL+효모액 15 mL
5	음료수 D 15 mL+효모액 15 mL

발효관에 효모액과 음료수 용액을 가한다.
맹관부
솜
발효
맹관부에 모인 기체의 부피를 측정한다.

(2) 발효관 입구를 솜 마개로 막은 후 40 ℃로 맞춘 항온 수조에 넣는다.

(3) 일정 시간 간격으로 발효관에서 발생한 기체의 부피를 측정하여 비교한다.

• 실험 결과

발효관	1	2	3	4	5
발생한 기체의 부피	−	++	+++	++++	+

(−: 발생 안 함, +가 많을수록 기체 발생량이 많음)

• 실험 해석

(1) 효모가 음료수에 포함된 당을 이용하여 세포 호흡과 발효를 한 결과 이산화 탄소가 발생한다.[7]

(2) 효모의 알코올 발효가 많이 일어날수록 기체가 많이 발생한다.

(3) 음료수에 당이 많은 순서: 음료수 C > 음료수 B > 음료수 A > 음료수 D

⑤ 화학 에너지

물질에 저장되어 있다가 화학 변화에 따라 방출되는 에너지

⑥ 효모의 호흡

효모는 산소가 있는 환경에서는 산소를 이용해 포도당을 물과 이산화 탄소로 분해하여 에너지를 얻지만 산소가 없는 환경에서는 포도당을 에탄올과 이산화 탄소로 분해하여 에너지를 얻는 알코올 발효를 한다.

⑦ 발생한 기체가 이산화 탄소인 것을 확인하는 방법

발효를 마친 발효관에 수산화 칼륨(KOH) 수용액을 넣으면 맹관부에 모인 기체 부피가 감소한다.
이러한 현상이 나타나는 것은 수산화 칼륨이 이산화 탄소를 흡수하여 제거하기 때문이다.

꼭 외워!

＊ 물질대사의 구분

동화 작용	• 저분자 물질 → 고분자 물질 • 광합성, 단백질 합성
이화 작용	• 고분자 물질 → 저분자 물질 • 세포 호흡, 소화

＊ 세포 호흡: 포도당+산소 → 이산화 탄소+물+ATP+열에너지

＊ ATP의 구조

• 아데노신(아데닌+리보스)+3인산

• **고에너지 인산 결합**: ATP에 존재하는 인산과 인산 사이의 결합

1 세포의 생명 활동

01 그림은 광합성과 세포 호흡에서의 에너지와 물질의 이동을 나타낸 것이다. A와 B는 각각 세포 호흡과 광합성 중 하나이다. 빈칸에 알맞은 말을 쓰거나 고르시오.

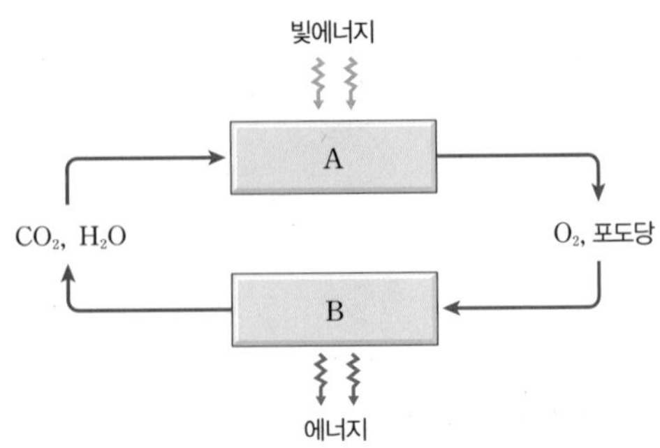

(1) 1 (A / B)는 간단한 물질을 복잡한 물질로 만드는 반응이다.

(2) B는 식물에서 2 (일어난다 / 일어나지 않는다).

(3) B는 3 (반응물 / 생성물)의 에너지양이 4 (반응물 / 생성물)의 에너지양보다 많다.

02 그림 (가)는 사람에서 녹말이 포도당으로 되는 과정을, (나)는 사람에서 세포 호흡을 통해 포도당으로부터 최종 분해 산물과 에너지가 생성되는 과정을 나타낸 것이다. ⓐ와 ⓑ는 CO_2와 O_2를 순서 없이 나타낸 것이다. 이에 대한 설명으로 옳은 것은 ○, 옳지 않은 것은 × 표시하시오.

〈2020 대비 9월 모평 5〉

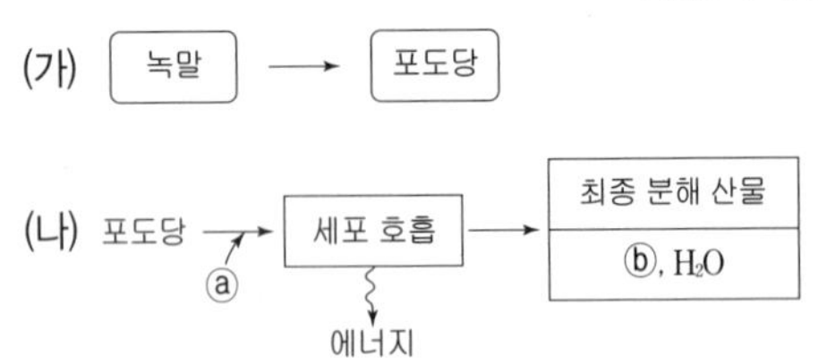

(1) (가)에서 에너지가 방출된다. 5 (○, ×)

(2) (가)에서 효소가 이용되지 않는다. 6 (○, ×)

(3) ⓐ는 O_2이다. 7 (○, ×)

(4) (가)와 (나)에서 모두 이화 작용이 일어난다. 8 (○, ×)

2 에너지의 전환과 이용

03 그림은 ATP의 합성과 분해를 나타낸 것이다. 빈칸에 알맞은 말을 쓰시오.

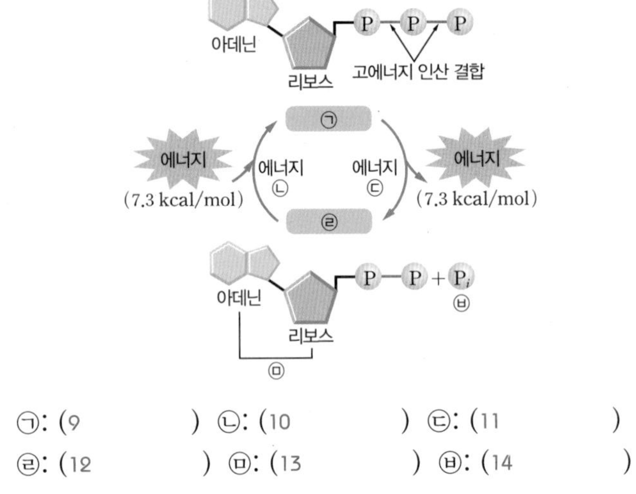

㉠: (9) ㉡: (10) ㉢: (11)
㉣: (12) ㉤: (13) ㉥: (14)

04 다음은 생명체 내에서 에너지의 전환과 이용에 대한 설명이다. 빈칸에 알맞은 말을 고르시오.

(1) 세포 호흡 과정에서 포도당은 15 (산소 / 이산화 탄소)와 반응하여 16 (산소 / 이산화 탄소)와 물로 분해된다.

(2) 세포 호흡에서 발생한 에너지의 17 (일부 / 전부)가 ATP에 저장된다.

(3) ATP에는 고에너지 인산 결합이 18 (2 / 3)개이다.

(4) 1분자당 에너지의 크기는 ATP가 ADP에서보다 19 (크다 / 작다).

05 표는 발효관 A~C에 동일한 양의 효모액과 농도가 다른 포도당 용액을 각각 넣은 후 기체의 발생량을 측정한 실험 결과이다. 빈칸에 알맞은 말을 쓰시오.

발효관	A	B	C
기체의 발생량	−	+++	+

(−: 발생 안 함, +가 많을수록 기체 발생량 많음)

(1) 발생한 기체는 (20)이다.

(2) 당이 많은 순서대로 발효관을 나열하면 (21)>(22)>(23)이다.

정답

1 A 2 일어난다 3 반응물 4 생성물 5 ○ 6 × (물질대사에는 효소가 이용됨) 7 ○ 8 ○ 9 ATP 10 흡수 11 방출 12 ADP+P_i 13 아데노신 14 무기 인산 15 산소 16 이산화 탄소 17 일부 18 2 19 크다 20 이산화 탄소 21 B 22 C 23 A

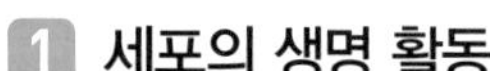

1 세포의 생명 활동

B01

2024 실시 5월 학평 5

그림은 사람에서 일어나는 물질대사 과정 Ⅰ과 Ⅱ를 나타낸 것이다.

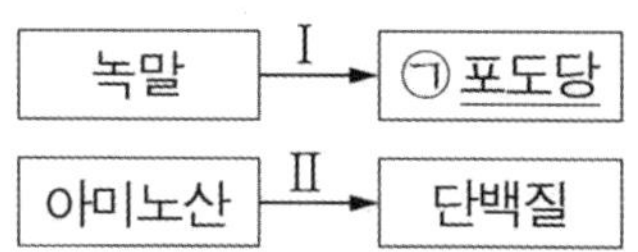

이에 대한 설명으로 옳은 것만을 <보기>에서 있는 대로 고른 것은?

[보기]

ㄱ. Ⅰ에서 이화 작용이 일어난다.
ㄴ. Ⅰ과 Ⅱ에서 모두 효소가 이용된다.
ㄷ. ㉠이 세포 호흡에 사용된 결과 생성되는 노폐물에는 암모니아가 있다.

① ㄱ ② ㄴ ③ ㄷ ④ ㄱ, ㄴ ⑤ ㄴ, ㄷ

B02

2023 실시 3월 학평 2

다음은 사람에서 일어나는 세포 호흡에 대한 자료이다. ㉠은 포도당과 아미노산 중 하나이다.

- 세포 호흡 과정에서 방출되는 에너지의 일부는 ⓐ ATP 합성에 이용된다.
- ㉠이 세포 호흡에 이용된 결과 ⓑ 질소(N)가 포함된 노폐물이 만들어진다.

이에 대한 옳은 설명만을 <보기>에서 있는 대로 고른 것은?

[보기]

ㄱ. 미토콘드리아에서 ⓐ가 일어난다.
ㄴ. 암모니아는 ⓑ에 해당한다.
ㄷ. ㉠은 포도당이다.

① ㄱ ② ㄷ ③ ㄱ, ㄴ ④ ㄴ, ㄷ ⑤ ㄱ, ㄴ, ㄷ

B03

2022 대비 수능 2

그림은 사람에서 일어나는 물질대사 과정 (가)와 (나)를 나타낸 것이다.

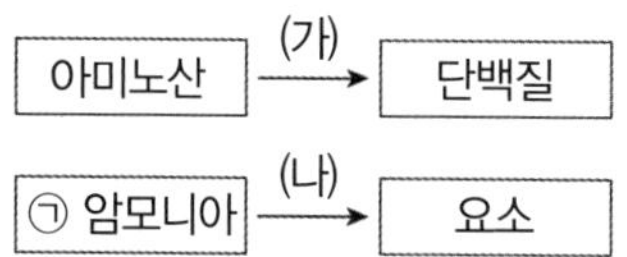

이에 대한 설명으로 옳은 것만을 <보기>에서 있는 대로 고른 것은?

[보기]

ㄱ. (가)에서 동화 작용이 일어난다.
ㄴ. 간에서 (나)가 일어난다.
ㄷ. 포도당이 세포 호흡에 사용된 결과 생성되는 노폐물에는 ㉠이 있다.

① ㄱ ② ㄴ ③ ㄷ ④ ㄱ, ㄴ ⑤ ㄴ, ㄷ

B04

2021 실시 10월 학평 20

그림은 체내에서 일어나는 어떤 물질대사 과정을 나타낸 것이다. 이에 대한 설명으로 옳은 것만을 <보기>에서 있는 대로 고른 것은?

글리코젠
ⓐ ↓ ↑ ⓑ
포도당

[보기]

ㄱ. 인슐린에 의해 ⓐ가 촉진된다.
ㄴ. ⓑ에서 동화 작용이 일어난다.
ㄷ. ⓐ와 ⓑ에 모두 효소가 관여한다.

① ㄱ ② ㄷ ③ ㄱ, ㄴ ④ ㄴ, ㄷ ⑤ ㄱ, ㄴ, ㄷ

❖ 정답 및 해설 33 ~ 34p

B05 ✿❀❀ 2023 대비 9월 모평 4

사람에서 일어나는 물질대사에 대한 설명으로 옳은 것만을 〈보기〉에서 있는 대로 고른 것은?

[보기]

ㄱ. 지방이 분해되는 과정에서 이화 작용이 일어난다.
ㄴ. 단백질이 합성되는 과정에서 에너지의 흡수가 일어난다.
ㄷ. 포도당이 세포 호흡에 사용된 결과 생성되는 노폐물에는 이산화 탄소가 있다.

① ㄱ ② ㄴ ③ ㄱ, ㄷ ④ ㄴ, ㄷ ⑤ ㄱ, ㄴ, ㄷ

B06 ✿❀❀ 2022 실시 4월 학평 2

그림 (가)는 간에서 일어나는 물질의 전환 과정 A와 B를, (나)는 A와 B 중 한 과정에서의 에너지 변화를 나타낸 것이다.

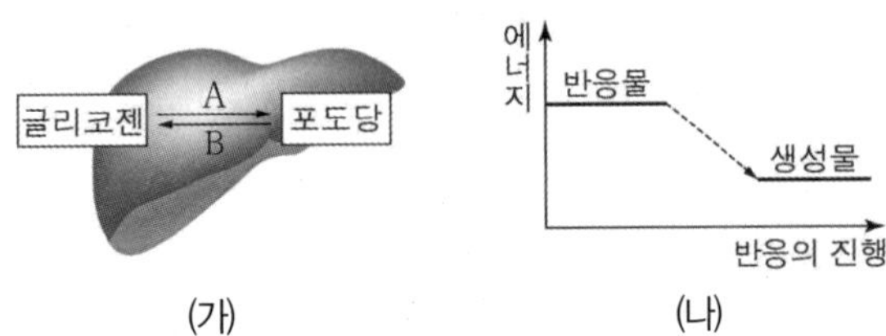

(가) (나)

이에 대한 설명으로 옳은 것만을 〈보기〉에서 있는 대로 고른 것은? (3점)

[보기]

ㄱ. (나)는 A에서의 에너지 변화이다.
ㄴ. 글루카곤에 의해 B가 촉진된다.
ㄷ. A와 B에서 모두 효소가 이용된다.

① ㄱ ② ㄴ ③ ㄱ, ㄷ ④ ㄴ, ㄷ ⑤ ㄱ, ㄴ, ㄷ

B07 ✿❀❀ 2022 실시 3월 학평 3

그림은 사람에서 일어나는 물질대사 과정 ㉠과 ㉡을 나타낸 것이다.

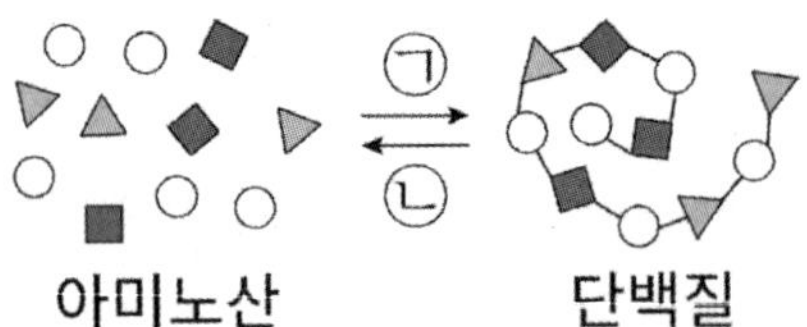

이에 대한 옳은 설명만을 〈보기〉에서 있는 대로 고른 것은?

[보기]

ㄱ. ㉠에서 동화 작용이 일어난다.
ㄴ. ㉡에서 에너지가 방출된다.
ㄷ. ㉡에 효소가 관여한다.

① ㄱ ② ㄷ ③ ㄱ, ㄴ ④ ㄴ, ㄷ ⑤ ㄱ, ㄴ, ㄷ

2 에너지의 전환과 이용

B08 ✿❀❀ 2022 실시 7월 학평 3

그림은 사람에서 일어나는 물질대사 과정 Ⅰ~Ⅲ을 나타낸 것이다.

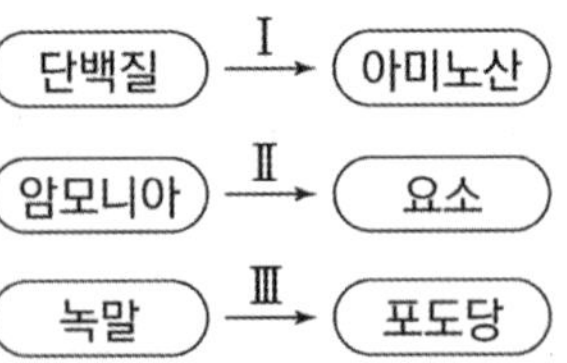

이에 대한 설명으로 옳은 것만을 〈보기〉에서 있는 대로 고른 것은?

[보기]

ㄱ. Ⅰ에서 에너지가 방출된다.
ㄴ. 간에서 Ⅱ가 일어난다.
ㄷ. Ⅲ에 효소가 관여한다.

① ㄱ ② ㄷ ③ ㄱ, ㄴ ④ ㄴ, ㄷ ⑤ ㄱ, ㄴ, ㄷ

B09 ✿❀❀ 2024 실시 7월 학평 5

그림 (가)는 사람에서 일어나는 물질대사 과정 Ⅰ과 Ⅱ를, (나)는 ATP와 ADP 사이의 전환 과정 Ⅲ과 Ⅳ를 나타낸 것이다.

아미노산 ⇄ 단백질 (Ⅰ: 아미노산 → 단백질, Ⅱ: 단백질 → 아미노산)

(가)

Ⓟ-Ⓟ-Ⓟ ⇄ Ⓟ-Ⓟ + Ⓟ (Ⅲ: →, Ⅳ: ←)

(나)

이에 대한 설명으로 옳은 것만을 〈보기〉에서 있는 대로 고른 것은? (3점)

[보기]

ㄱ. Ⅰ에서 효소가 이용된다.
ㄴ. 미토콘드리아에서 Ⅳ가 일어난다.
ㄷ. Ⅱ와 Ⅲ에서 모두 에너지가 방출된다.

① ㄱ ② ㄷ ③ ㄱ, ㄴ ④ ㄴ, ㄷ ⑤ ㄱ, ㄴ, ㄷ

B10 ✿❀❀ 2024 실시 3월 학평 2

다음은 사람에서 일어나는 물질대사에 대한 자료이다. ㉠~㉢은 ADP, ATP, 단백질을 순서 없이 나타낸 것이다.

(가) ㉠은 세포 호흡을 통해 물, 이산화 탄소, 암모니아로 분해된다.
(나) 미토콘드리아에서 일어나는 세포 호흡을 통해 ㉡이 ㉢으로 전환된다.

이에 대한 옳은 설명만을 〈보기〉에서 있는 대로 고른 것은?

[보기]

ㄱ. ㉠은 ATP이다.
ㄴ. (가)에서 이화 작용이 일어난다.
ㄷ. ㉢에 저장된 에너지는 생명 활동에 사용된다.

① ㄱ ② ㄴ ③ ㄱ, ㄷ ④ ㄴ, ㄷ ⑤ ㄱ, ㄴ, ㄷ

B11 ✿❀❀ 2024 대비 수능 2

다음은 사람에서 일어나는 물질대사에 대한 자료이다.

(가) 녹말이 소화 과정을 거쳐 ㉠ 포도당으로 분해된다.
(나) 포도당이 세포 호흡을 통해 물과 이산화 탄소로 분해된다.
(다) ㉡ 포도당이 글리코젠으로 합성된다.

이에 대한 설명으로 옳은 것만을 〈보기〉에서 있는 대로 고른 것은?

[보기]

ㄱ. 소화계에서 ㉠이 흡수된다.
ㄴ. (가)와 (나)에서 모두 이화 작용이 일어난다.
ㄷ. 글루카곤은 간에서 ㉡을 촉진한다.

① ㄱ ② ㄷ ③ ㄱ, ㄴ ④ ㄴ, ㄷ ⑤ ㄱ, ㄴ, ㄷ

B12 ✿❀❀ 2024 대비 9월 모평 2

다음은 사람에서 일어나는 물질대사에 대한 자료이다.

(가) 암모니아가 ㉠ 요소로 전환된다.
(나) 지방은 세포 호흡을 통해 물과 이산화 탄소로 분해된다.

이에 대한 설명으로 옳은 것만을 〈보기〉에서 있는 대로 고른 것은?

[보기]

ㄱ. 간에서 (가)가 일어난다.
ㄴ. (나)에서 효소가 이용된다.
ㄷ. 배설계를 통해 ㉠이 몸 밖으로 배출된다.

① ㄱ ② ㄷ ③ ㄱ, ㄴ ④ ㄴ, ㄷ ⑤ ㄱ, ㄴ, ㄷ

❖ 정답 및 해설 35～38p

B13 ✿❀❀ 2023 실시 4월 학평 2

그림 (가)는 미토콘드리아에서 일어나는 세포 호흡을, (나)는 ADP와 ATP 사이의 전환을 나타낸 것이다.

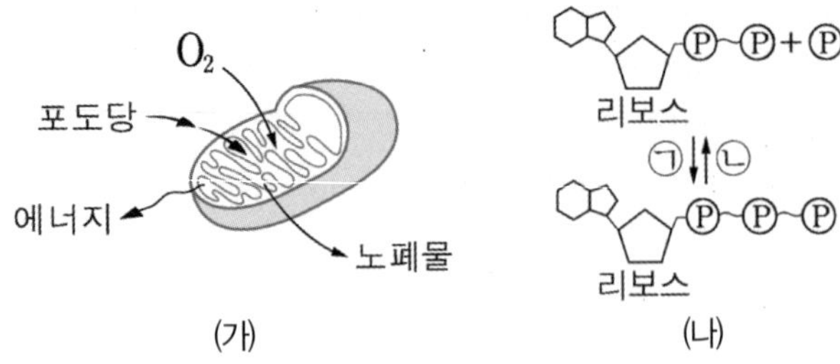

(가) (나)

이에 대한 설명으로 옳은 것만을 〈보기〉에서 있는 대로 고른 것은? (3점)

[보기]

ㄱ. 포도당이 세포 호흡에 사용된 결과 생성되는 노폐물에는 암모니아가 있다.
ㄴ. 과정 ㉡에서 에너지가 방출된다.
ㄷ. (가)에서 과정 ㉠이 일어난다.

① ㄱ ② ㄴ ③ ㄱ, ㄷ ④ ㄴ, ㄷ ⑤ ㄱ, ㄴ, ㄷ

B14 ✿❀❀ 2023 실시 7월 학평 6

그림은 사람의 미토콘드리아에서 일어나는 세포 호흡을 나타낸 것이다. ㉠~㉢은 각각 ADP, ATP, CO_2 중 하나이다.

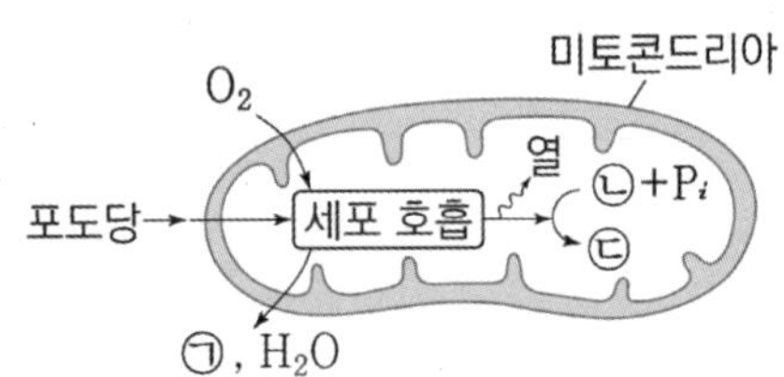

이에 대한 설명으로 옳은 것만을 〈보기〉에서 있는 대로 고른 것은?

[보기]

ㄱ. 순환계를 통해 ㉠이 운반된다.
ㄴ. ㉡의 구성 원소에는 인(P)이 포함된다.
ㄷ. 근육 수축 과정에는 ㉢에 저장된 에너지가 사용된다.

① ㄱ ② ㄷ ③ ㄱ, ㄴ ④ ㄴ, ㄷ ⑤ ㄱ, ㄴ, ㄷ

B15 ✿❀❀ 2024 대비 6월 모평 2

다음은 사람에서 일어나는 물질대사에 대한 자료이다.

(가) 단백질은 소화 과정을 거쳐 아미노산으로 분해된다.
(나) 포도당이 세포 호흡을 통해 분해된 결과 생성되는 노폐물에는 ㉠이 있다.

이에 대한 설명으로 옳은 것만을 〈보기〉에서 있는 대로 고른 것은? (3점)

[보기]

ㄱ. (가)에서 이화 작용이 일어난다.
ㄴ. 이산화 탄소는 ㉠에 해당한다.
ㄷ. (가)와 (나)에서 모두 효소가 이용된다.

① ㄱ ② ㄷ ③ ㄱ, ㄴ ④ ㄴ, ㄷ ⑤ ㄱ, ㄴ, ㄷ

B16 ✿❀❀ 2021 실시 4월 학평 2

그림은 ATP와 ADP 사이의 전환을 나타낸 것이다.

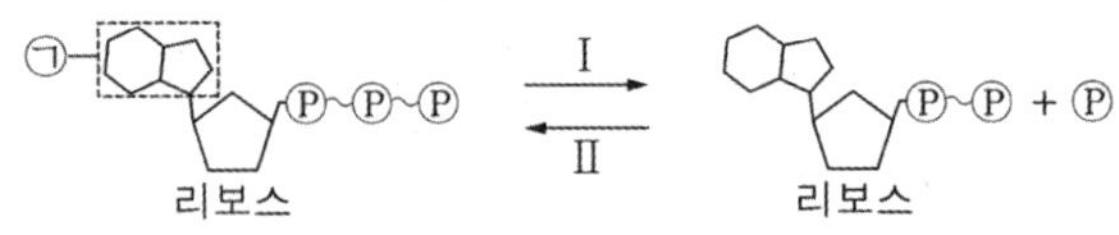

이에 대한 옳은 설명만을 〈보기〉에서 있는 대로 고른 것은?

[보기]

ㄱ. ㉠은 아데닌이다.
ㄴ. 과정 Ⅰ에서 에너지가 방출된다.
ㄷ. 미토콘드리아에서 과정 Ⅱ가 일어난다.

① ㄱ ② ㄷ ③ ㄱ, ㄴ ④ ㄴ, ㄷ ⑤ ㄱ, ㄴ, ㄷ

B17 ✿❀❀ 2020 실시 7월 학평 3

그림은 **ADP**와 **ATP** 사이의 전환을 나타낸 것이다. ㉠과 ㉡은 각각 **ADP**와 **ATP** 중 하나이다.

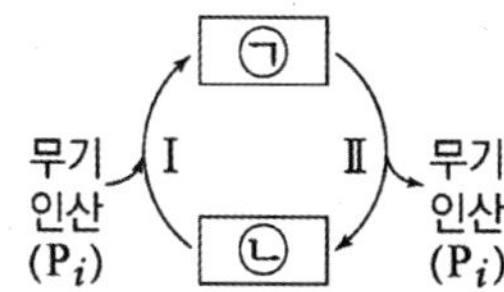

이에 대한 설명으로 옳은 것만을 〈보기〉에서 있는 대로 고른 것은?

[보기]

ㄱ. ㉠은 ATP이다.
ㄴ. 미토콘드리아에서 과정 Ⅰ이 일어난다.
ㄷ. 과정 Ⅱ에서 에너지가 방출된다.

① ㄱ ② ㄷ ③ ㄱ, ㄴ
④ ㄴ, ㄷ ⑤ ㄱ, ㄴ, ㄷ

B18 ✿❀❀ 2021 대비 6월 모평 2

그림은 **ATP**와 **ADP** 사이의 전환을 나타낸 것이다.

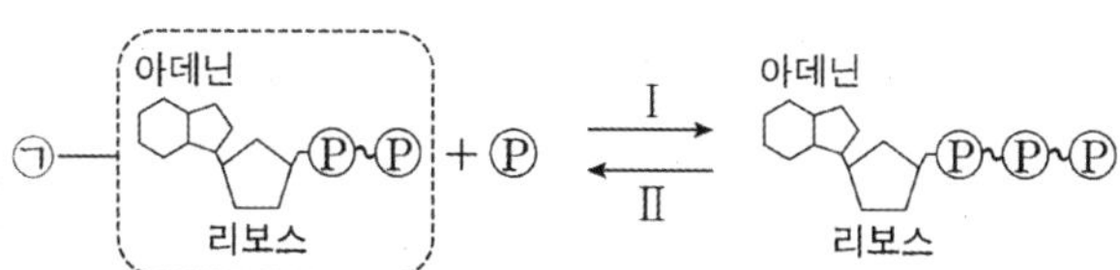

이에 대한 설명으로 옳은 것만을 〈보기〉에서 있는 대로 고른 것은?

[보기]

ㄱ. ㉠은 ATP이다.
ㄴ. 미토콘드리아에서 과정 Ⅰ이 일어난다.
ㄷ. 과정 Ⅱ에서 인산 결합이 끊어진다.

① ㄱ ② ㄷ ③ ㄱ, ㄴ
④ ㄴ, ㄷ ⑤ ㄱ, ㄴ, ㄷ

B19 ✿❀❀ 2023 대비 6월 모평 2

그림은 사람에서 세포 호흡을 통해 포도당으로부터 생성된 에너지가 생명 활동에 사용되는 과정을 나타낸 것이다. ⓐ와 ⓑ는 H_2O와 O_2를 순서 없이 나타낸 것이고, ㉠과 ㉡은 각각 ADP와 ATP 중 하나이다.

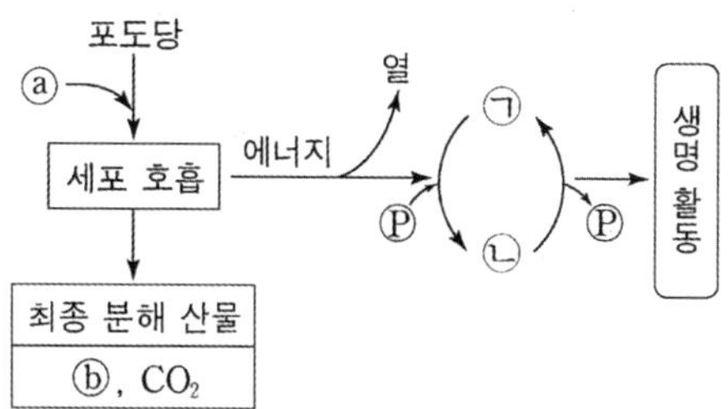

이에 대한 설명으로 옳은 것만을 〈보기〉에서 있는 대로 고른 것은?

[보기]

ㄱ. 세포 호흡에서 이화 작용이 일어난다.
ㄴ. 호흡계를 통해 ⓑ가 몸 밖으로 배출된다.
ㄷ. 근육 수축 과정에는 ㉡에 저장된 에너지가 사용된다.

① ㄱ ② ㄴ ③ ㄱ, ㄷ ④ ㄴ, ㄷ ⑤ ㄱ, ㄴ, ㄷ

B20 ✿❀❀ 2022 대비 9월 모평 7

그림 (가)는 사람에서 녹말(다당류)이 포도당으로 되는 과정을, (나)는 미토콘드리아에서 일어나는 세포 호흡을 나타낸 것이다.

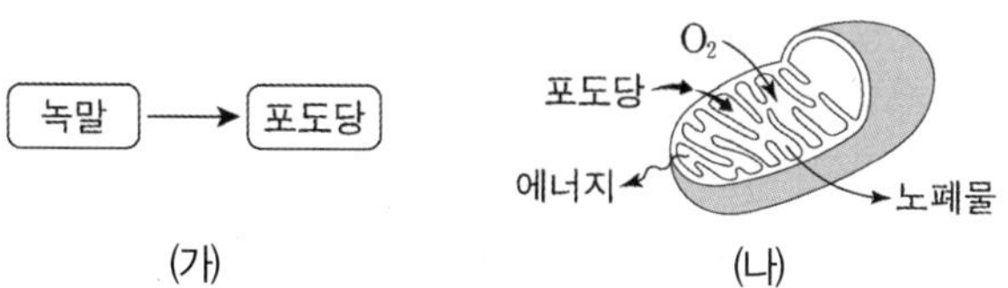

(가) (나)

이에 대한 설명으로 옳은 것만을 〈보기〉에서 있는 대로 고른 것은? (3점)

[보기]

ㄱ. (가)에서 이화 작용이 일어난다.
ㄴ. (나)에서 생성된 노폐물에는 CO_2가 있다.
ㄷ. (가)와 (나)에서 모두 효소가 이용된다.

① ㄱ ② ㄷ ③ ㄱ, ㄴ ④ ㄴ, ㄷ ⑤ ㄱ, ㄴ, ㄷ

❖ 정답 및 해설 39 ~ 42p

B21 ✽❀❀ 2022 실시 7월 학평 17

그림 (가)는 사람에서 일어나는 물질 이동 과정의 일부와 조직 세포에서 일어나는 물질대사 과정의 일부를, (나)는 ADP와 ATP 사이의 전환을 나타낸 것이다. ㉠과 ㉡은 각각 CO_2와 포도당 중 하나이다.

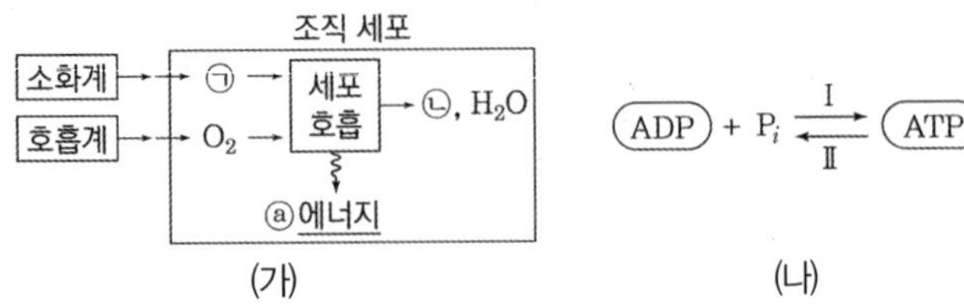

(가) (나)

이에 대한 설명으로 옳은 것만을 〈보기〉에서 있는 대로 고른 것은?

[보기]

ㄱ. ㉠은 포도당이다.
ㄴ. ⓐ의 일부가 과정 Ⅰ에 사용된다.
ㄷ. 과정 Ⅱ는 동화 작용에 해당한다.

① ㄱ ② ㄴ ③ ㄷ ④ ㄱ, ㄴ ⑤ ㄱ, ㄷ

B22 ✽❀❀ 2023 대비 수능 3

다음은 세포 호흡에 대한 자료이다. ㉠과 ㉡은 각각 ADP와 ATP 중 하나이다.

(가) 포도당은 세포 호흡을 통해 물과 이산화 탄소로 분해된다.
(나) 세포 호흡 과정에서 방출된 에너지의 일부는 ㉠에 저장되며, ㉠이 ㉡과 무기 인산(P_i)으로 분해될 때 방출된 에너지는 생명 활동에 사용된다.

이에 대한 설명으로 옳은 것만을 〈보기〉에서 있는 대로 고른 것은? (3점)

[보기]

ㄱ. (가)에서 이화 작용이 일어난다.
ㄴ. 미토콘드리아에서 ㉡이 ㉠으로 전환된다.
ㄷ. 포도당이 분해되어 생성된 에너지의 일부는 체온 유지에 사용된다.

① ㄱ ② ㄴ ③ ㄱ, ㄷ
④ ㄴ, ㄷ ⑤ ㄱ, ㄴ, ㄷ

B23 ✽❀❀ 2020 실시 3월 학평 5

다음은 효모를 이용한 실험 과정을 나타낸 것이다.

(가) 증류수에 효모를 넣어 효모액을 만든다.
(나) 발효관 Ⅰ과 Ⅱ에 표와 같이 용액을 넣는다.

발효관	용액
Ⅰ	증류수 15 mL + 효모액 15 mL
Ⅱ	3 % 포도당 용액 15 mL + 효모액 15 mL

(다) Ⅰ과 Ⅱ를 모두 항온기에 넣고 각 발효관에서 10분 동안 발생한 ㉠기체의 부피를 측정한다.

이에 대한 옳은 설명만을 〈보기〉에서 있는 대로 고른 것은?

[보기]

ㄱ. ㉠에 이산화 탄소가 있다.
ㄴ. Ⅱ에서 이화 작용이 일어난다.
ㄷ. (다)에서 측정한 ㉠의 부피는 Ⅰ에서가 Ⅱ에서보다 크다.

① ㄱ ② ㄷ ③ ㄱ, ㄴ ④ ㄴ, ㄷ ⑤ ㄱ, ㄴ, ㄷ

B24 ✽❀❀ 2021 실시 3월 학평 2

그림은 광합성과 세포 호흡에서의 에너지와 물질의 이동을 나타낸 것이다. ㉠과 ㉡은 각각 광합성과 세포 호흡 중 하나이다.

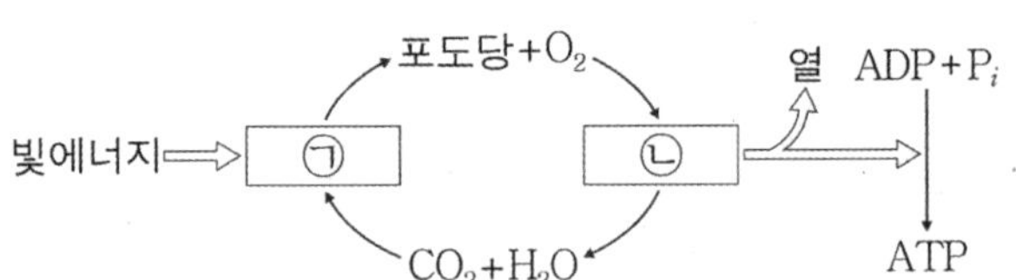

이에 대한 옳은 설명만을 〈보기〉에서 있는 대로 고른 것은? (3점)

[보기]

ㄱ. ㉠에서 빛에너지가 화학 에너지로 전환된다.
ㄴ. ㉡에서 방출된 에너지는 모두 ATP에 저장된다.
ㄷ. ATP에는 인산 결합이 있다.

① ㄱ ② ㄴ ③ ㄱ, ㄷ
④ ㄴ, ㄷ ⑤ ㄱ, ㄴ, ㄷ

❖ 정답 및 해설 43~44p

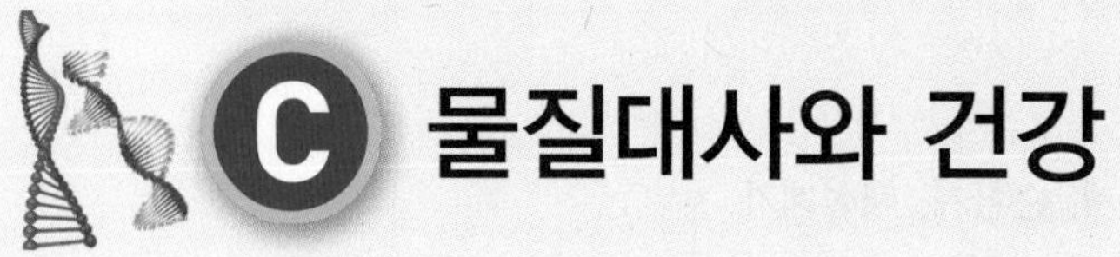

C 물질대사와 건강

★ 2025 수능 출제 분석

- **물질대사** : 사람에서 일어나는 물질대사에 대해 묻는 문제가 쉽게 출제되었다.
- **에너지 섭취량과 소비량** : 에너지 균형에 대해 묻는 문제가 쉽게 출제되었다.

대비년도	출제 개념	난이도
2025 수능	물질대사, 에너지 섭취량과 소비량	✲ / ✲
2025 9월	기관계, 에너지 섭취량과 소비량	✲ / ✲
2025 6월	물질대사, 기관계	✲ / ✲
2024 수능	에너지 균형과 대사성 질환	✲

1 기관계와 에너지 대사

1. **소화계**: 분자의 크기가 큰 영양소를 세포막을 통과할 수 있도록 작은 물질로 분해하고 흡수한다. 예 입, 식도, 위, 소장, 대장, 간, 쓸개, 이자

(1) **영양소의 소화**: 녹말, 단백질, 지방 등의 고분자 물질은 세포막을 통과할 수 없다.
➡ 체내로 흡수되기 위해 소화 과정을 거쳐 저분자 물질로 분해된다.

(2) **3대 영양소의 소화 산물**: 탄수화물은 포도당, 과당, 갈락토스와 같은 단당류로, 단백질은 아미노산으로, 지방은 지방산과 모노글리세리드로 분해된다.

(3) **영양소의 흡수**: 소장에서 최종 소화된 영양소는 소장 융털의 모세 혈관과 암죽관으로❶ 흡수된다.

(4) **영양소의 운반**: 영양소는 혈액의❷ 혈장이❸ 운반한다.

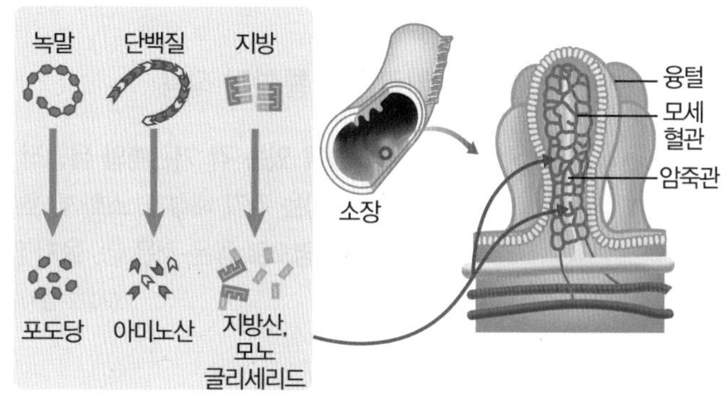

▲ 영양소의 소화와 흡수

2. **기체의 교환과 물질의 운반**

(1) **호흡계**: 세포 호흡에 필요한 산소를 흡수하고 세포 호흡 결과 발생한 이산화 탄소와 물을 방출한다. 예 코, 기관, 기관지, 폐

(2) **폐에서의 기체 교환**: 폐로 들어온 공기 중의 산소는 폐포에서 모세 혈관으로 이동한 후 조직 세포로 이동하고, 혈액 속 이산화 탄소는 조직 세포에서 모세 혈관으로 이동한 후 폐포로 이동한다.

(3) **순환계**: 혈액은 소화 기관에서 흡수한 영양소와 호흡 기관에서 흡수한 산소를 조직 세포에 공급하고, 조직 세포에서 생성된 노폐물과 이산화 탄소를 각각 콩팥과 폐로 운반한다. 예 심장, 혈관

3. **배설계**: 세포 호흡으로 생성된 노폐물을 걸러 오줌의 형태로 몸 밖으로 내보낸다.
예 콩팥, 방광, 요도

영양소	노폐물	배설 경로
탄수화물, 단백질, 지방	이산화 탄소	폐에서 날숨을 통해 몸 밖으로 나감
	물	폐에서 날숨으로, 콩팥에서 오줌을 통해 몸 밖으로 나감
단백질	암모니아❹	간에서 독성이 약한 요소로 전환된 후 콩팥에서 오줌을 통해 몸 밖으로 나감

출제 2025 대비 수능 11번
2025 대비 6월 모평 2번

★ 6월 모평에서 사람의 물질대사에 대해 묻는 문제가 쉽게 출제되었다.
수능에서는 사람에서 일어나는 물질대사에 대해 묻는 문제가 쉽게 출제되었다.

❶ 암죽관
융털 속에는 모세 혈관과 림프관이 복잡하게 얽혀 있는데, 융털 속에 들어 있는 림프관을 암죽관이라고 한다.

❷ 혈액
혈액은 세포 성분과 액체 성분으로 구성되어 있는데, 세포 성분에는 적혈구, 백혈구, 혈소판이 있고, 액체 성분에는 혈장이 있다.

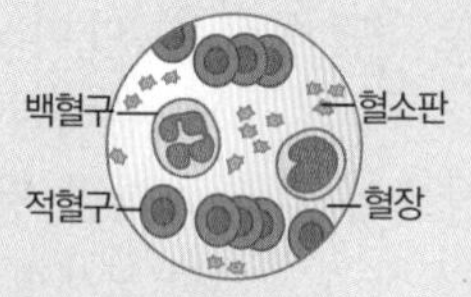

❸ 혈장
혈액에서 혈구를 제외한 액체 성분을 말한다. 물, 단백질, 무기염류 등을 운반하며, 혈액의 삼투압과 pH를 일정하게 유지하는 역할을 한다.

❹ 암모니아(NH_3)
질소(N)를 포함한 영양소가 분해될 때 생성되는 물질로, 물에 잘 녹고 독성이 강해 세포에 축적되면 세포가 손상된다.

2 기관계의 통합적 작용

세포의 생명 활동이 원활하게 이루어지기 위해서는 소화계, 호흡계, 순환계, 배설계가 서로 긴밀하게 협력하여 통합적으로 작용해야 한다.

소화계	음식물 속의 영양소를 소화시켜 몸속으로 흡수한다.
호흡계	세포 호흡에 필요한 산소를 흡수하고, 세포 호흡 결과 생성된 이산화 탄소와 일부 물을 날숨을 통해 몸 밖으로 내보낸다.
순환계	영양소와 산소를 온몸의 조직 세포로 운반하고, 세포 호흡 결과 생성된 노폐물을 운반한다.
배설계	세포 호흡 결과 생성된 노폐물을 여분의 물과 함께 몸 밖으로 배설한다.

2025 대비 9월 모평 2번
2025 대비 6월 모평 8번

★ 6, 9월 모평에서 기관계의 통합적 작용에 대해 묻는 문제가 쉽게 출제되었다.

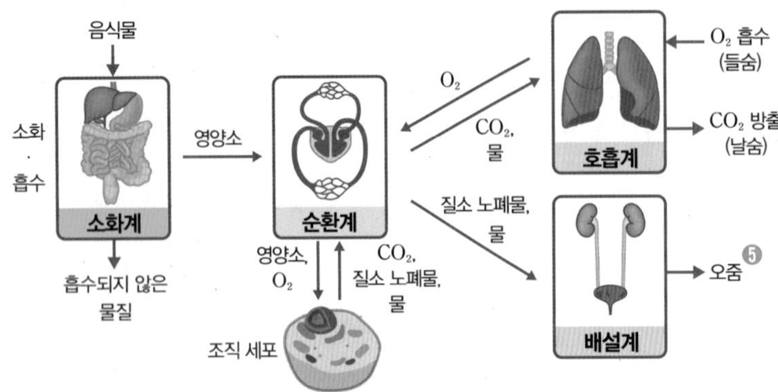

▲ 기관계의 통합적 작용

❺ 생콩즙으로 오줌 속의 요소 확인

- 중성 혹은 약산성인 오줌은 BTB 용액에 넣으면 초록색을 띠지만, 여기에 생콩즙을 넣으면 염기성이 되어 파란색으로 변한다.
- **유레이스:** 콩에 들어 있는 요소 분해 효소로, 요소를 암모니아(염기성)와 이산화 탄소로 분해하여 용액의 pH를 증가시킨다.

➡ 오줌에는 요소가 들어 있음을 알 수 있다.

기출 자료로 개념 체크

1 기관계와 에너지 대사

01 다음은 영양소의 흡수와 이동에 대한 설명이다. 빈칸에 알맞은 말을 쓰시오.

(1) 음식물이 소화 기관을 거치는 동안 녹말은 (1) 으로, 단백질은 아미노산으로, 지방은 지방산과 (2)로 분해된다.

(2) 소장에서 최종 소화된 영양소는 소장 내벽의 융털에서 (3)과 모세혈관으로 흡수된다.

(3) 분자의 크기가 큰 영양소가 세포막을 통과할 수 있도록 작은 물질로 분해하고 흡수하는 작용을 하는 기관계는 (4)이다.

02 다음 [보기]에서 배설계에 속하는 기관으로 옳은 것을 모두 고르시오.

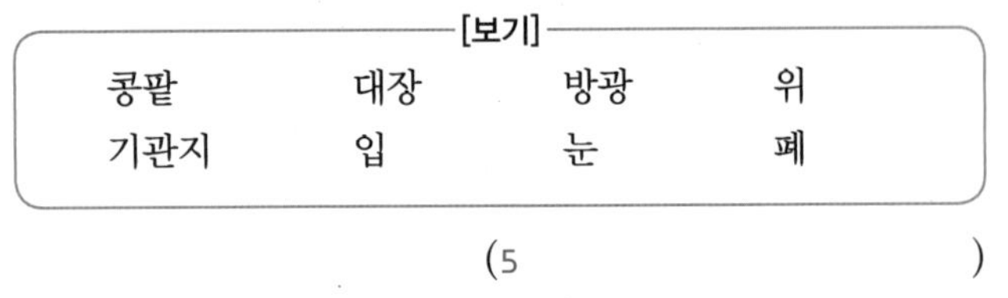

[보기]

콩팥	대장	방광	위
기관지	입	눈	폐

(5)

2 기관계의 통합적 작용

03 그림은 사람 몸에 있는 각 기관계의 통합적 작용을 나타낸 것이다. (가)~(다)는 각각 배설계, 소화계, 호흡계 중 하나이다. 이에 대한 설명으로 옳은 것은 ○, 옳지 않은 것은 × 표 시하시오. 〈2022 실시 6월 학평 3 (고2)〉

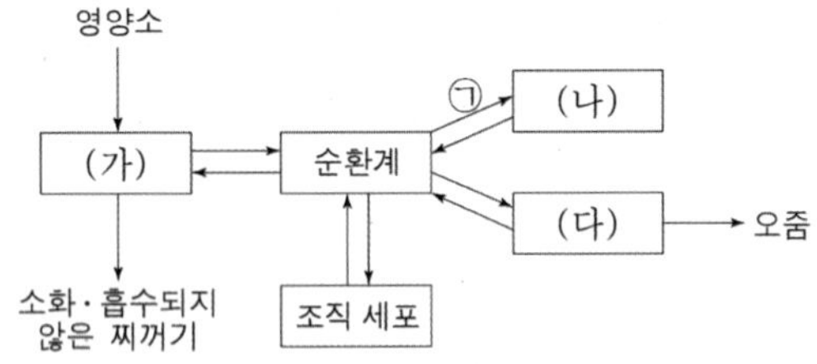

(1) (가)에서 지방산이 흡수된다. 6(○, ×)

(2) (나)에서 기체 교환이 일어난다. 7(○, ×)

(3) 요소는 (다)에서 생성된다. 8(○, ×)

(4) (나)에서 흡수된 O2는 순환계를 통해 (다)로 운반된다. 9(○, ×)

정답

1 포도당 2 모노글리세리드 3 암죽관 4 소화계 5 콩팥, 방광 6 ○ 7 ○ 8 × (요소는 소화계(가)에 속하는 간에서 생성됨) 9 ○

1 기관계와 에너지 대사

C01 2025 대비 9월 모평 2

표는 사람에서 영양소 (가)와 (나)가 세포 호흡에 사용된 결과 생성되는 노폐물을 나타낸 것이다. (가)와 (나)는 단백질과 탄수화물을 순서 없이 나타낸 것이고, ㉠과 ㉡은 암모니아와 이산화 탄소를 순서 없이 나타낸 것이다.

영양소	노폐물
(가)	물, ㉠
(나)	물, ㉠, ㉡

이에 대한 설명으로 옳은 것만을 〈보기〉에서 있는 대로 고른 것은?

[보기]
ㄱ. (가)는 단백질이다.
ㄴ. 호흡계를 통해 ㉠이 몸 밖으로 배출된다.
ㄷ. 사람에서 지방이 세포 호흡에 사용된 결과 생성되는 노폐물에는 ㉡이 있다.

① ㄱ ② ㄴ ③ ㄷ ④ ㄱ, ㄴ ⑤ ㄱ, ㄷ

C02 2025 대비 수능 11

사람에게서 일어나는 물질대사에 대한 설명으로 옳은 것만을 〈보기〉에서 있는 대로 고른 것은?

[보기]
ㄱ. 녹말이 포도당으로 분해되는 과정에서 이화 작용이 일어난다.
ㄴ. 암모니아가 요소로 전환되는 과정에서 효소가 이용된다.
ㄷ. 지방이 세포 호흡에 사용된 결과 생성되는 노폐물에는 물과 이산화 탄소가 있다.

① ㄱ ② ㄴ ③ ㄱ, ㄷ ④ ㄴ, ㄷ ⑤ ㄱ, ㄴ, ㄷ

C03 2021 대비 6월 모평 7

표는 사람의 몸을 구성하는 기관계의 특징을 나타낸 것이다. A와 B는 배설계와 소화계를 순서 없이 나타낸 것이다.

기관계	특징
A	오줌을 통해 노폐물을 몸 밖으로 내보낸다.
B	음식물을 분해하여 영양소를 흡수한다.
순환계	?

이에 대한 옳은 설명만을 〈보기〉에서 있는 대로 고른 것은? (3점)

[보기]
ㄱ. A는 배설계이다.
ㄴ. 소장은 B에 속한다.
ㄷ. 티록신은 순환계를 통해 표적 기관으로 운반된다.

① ㄱ ② ㄷ ③ ㄱ, ㄴ ④ ㄴ, ㄷ ⑤ ㄱ, ㄴ, ㄷ

C04 2021 대비 9월 모평 2

그림 (가)와 (나)는 각각 사람의 소화계와 호흡계를 나타낸 것이다. A와 B는 각각 간과 폐 중 하나이다.

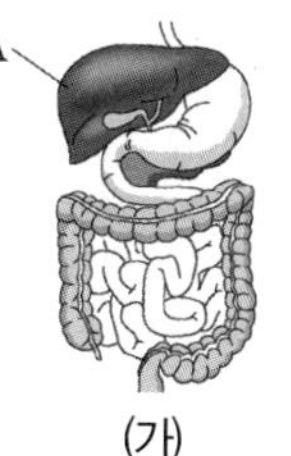

(가) (나)

이에 대한 설명으로 옳은 것만을 〈보기〉에서 있는 대로 고른 것은? (3점)

[보기]
ㄱ. A에서 동화 작용이 일어난다.
ㄴ. B에서 기체 교환이 일어난다.
ㄷ. (가)에서 흡수된 영양소 중 일부는 (나)에서 사용된다.

① ㄱ ② ㄷ ③ ㄱ, ㄴ ④ ㄴ, ㄷ ⑤ ㄱ, ㄴ, ㄷ

❖ 정답 및 해설 45 ~ 46p

C05 ✿❀❀ 2023 대비 6월 모평 5

그림은 사람의 혈액 순환 경로를 나타낸 것이다. ㉠~㉢은 각각 간, 콩팥, 폐 중 하나이다.

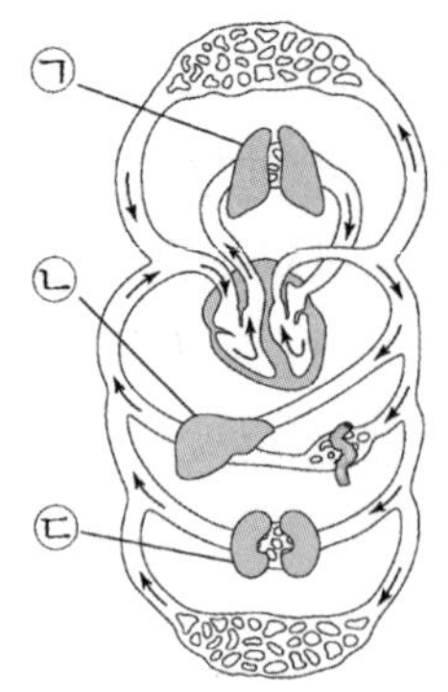

이에 대한 설명으로 옳은 것만을 〈보기〉에서 있는 대로 고른 것은? (3점)

[보기]

ㄱ. ㉠으로 들어온 산소 중 일부는 순환계를 통해 운반된다.
ㄴ. ㉡에서 암모니아가 요소로 전환된다.
ㄷ. ㉢은 소화계에 속한다.

① ㄱ ② ㄷ ③ ㄱ, ㄴ ④ ㄴ, ㄷ ⑤ ㄱ, ㄴ, ㄷ

C06 ✿❀❀ 2022 대비 9월 모평 4

표는 사람 몸을 구성하는 기관계의 특징을 나타낸 것이다. A~C는 배설계, 소화계, 신경계를 순서 없이 나타낸 것이다.

기관계	특징
A	오줌을 통해 노폐물을 몸 밖으로 내보낸다.
B	대뇌, 소뇌, 연수가 속한다.
C	㉠

이에 대한 설명으로 옳은 것만을 〈보기〉에서 있는 대로 고른 것은? (3점)

[보기]

ㄱ. A는 배설계이다.
ㄴ. '음식물을 분해하여 영양소를 흡수한다.'는 ㉠에 해당한다.
ㄷ. C에는 B의 조절을 받는 기관이 있다.

① ㄱ ② ㄷ ③ ㄱ, ㄴ ④ ㄴ, ㄷ ⑤ ㄱ, ㄴ, ㄷ

C07 ✿❀❀ 2022 실시 3월 학평 4

표 (가)는 사람의 기관이 가질 수 있는 3가지 특징을, (나)는 (가)의 특징 중 심장과 기관 A, B가 갖는 특징의 개수를 나타낸 것이다. A와 B는 각각 방광과 소장 중 하나이다.

특징
• 오줌을 저장한다. • 순환계에 속한다. • 자율 신경과 연결된다.

(가)

기관	특징의 개수
심장	㉠
A	2
B	1

(나)

이에 대한 옳은 설명만을 〈보기〉에서 있는 대로 고른 것은? (3점)

[보기]

ㄱ. ㉠은 1이다.
ㄴ. A는 방광이다.
ㄷ. B에서 아미노산이 흡수된다.

① ㄱ ② ㄷ ③ ㄱ, ㄴ ④ ㄴ, ㄷ ⑤ ㄱ, ㄴ, ㄷ

C08 ✿❀❀ 2021 대비 수능 1

그림은 사람에서 일어나는 영양소의 물질대사 과정 일부를 나타낸 것이다. ㉠과 ㉡은 암모니아와 이산화 탄소를 순서 없이 나타낸 것이다.

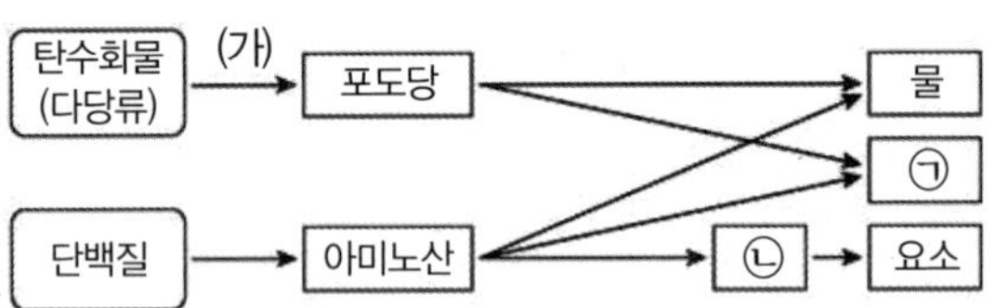

이에 대한 설명으로 옳은 것만을 〈보기〉에서 있는 대로 고른 것은? (3점)

[보기]

ㄱ. 과정 (가)에서 이화 작용이 일어난다.
ㄴ. 호흡계를 통해 ㉠이 몸 밖으로 배출된다.
ㄷ. 간에서 ㉡이 요소로 전환된다.

① ㄱ ② ㄷ ③ ㄱ, ㄴ ④ ㄴ, ㄷ ⑤ ㄱ, ㄴ, ㄷ

C09

2021 실시 3월 학평 3

표는 사람의 기관계 A~C 각각에 속하는 기관 중 하나를 나타낸 것이다. A~C는 각각 소화계, 순환계, 호흡계 중 하나이다.

기관계	A	B	C
기관	소장	폐	심장

이에 대한 옳은 설명만을 〈보기〉에서 있는 대로 고른 것은?

[보기]
ㄱ. A에서 포도당이 흡수된다.
ㄴ. B에서 기체 교환이 일어난다.
ㄷ. C를 통해 요소가 배설계로 운반된다.

① ㄱ ② ㄷ ③ ㄱ, ㄴ ④ ㄴ, ㄷ ⑤ ㄱ, ㄴ, ㄷ

C10

2021 실시 4월 학평 9

그림은 사람에서 일어나는 영양소의 물질대사 과정 일부를, 표는 노폐물 ㉠~㉢에서 탄소(C), 산소(O), 질소(N)의 유무를 나타낸 것이다. (가)와 (나)는 각각 단백질과 지방 중 하나이고, ㉠~㉢은 물, 암모니아, 이산화 탄소를 순서 없이 나타낸 것이다.

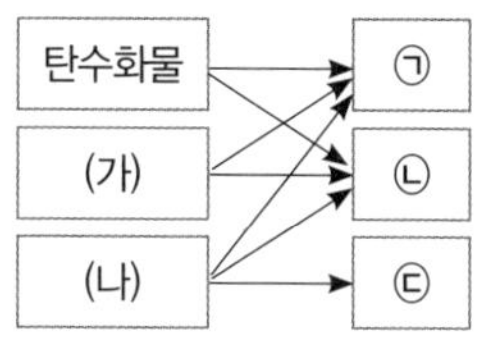

구분	탄소(C)	산소(O)	질소(N)
㉠	×	○	×
㉡	?	○	×
㉢	×	×	○

(○: 있음, ×: 없음)

이에 대한 설명으로 옳은 것만을 〈보기〉에서 있는 대로 고른 것은?

[보기]
ㄱ. (가)는 단백질이다.
ㄴ. 호흡계를 통해 ㉡이 몸 밖으로 배출된다.
ㄷ. 간에서 ㉢이 요소로 전환된다.

① ㄱ ② ㄴ ③ ㄱ, ㄷ ④ ㄴ, ㄷ ⑤ ㄱ, ㄴ, ㄷ

C11

2022 대비 6월 모평 2

표는 영양소 (가), (나), 지방이 세포 호흡에 사용된 결과 생성되는 노폐물을 나타낸 것이다. (가)와 (나)는 단백질과 탄수화물을 순서 없이 나타낸 것이다.

영양소	노폐물
(가)	물, 이산화 탄소
(나)	물, 이산화 탄소, ⓐ암모니아
지방	?

이에 대한 설명으로 옳은 것만을 〈보기〉에서 있는 대로 고른 것은? (3점)

[보기]
ㄱ. (가)는 탄수화물이다.
ㄴ. 간에서 ⓐ가 요소로 전환된다.
ㄷ. 지방의 노폐물에는 이산화 탄소가 있다.

① ㄱ ② ㄴ ③ ㄱ, ㄷ ④ ㄴ, ㄷ ⑤ ㄱ, ㄴ, ㄷ

C12

2021 실시 7월 학평 4

그림은 사람에서 일어나는 물질대사 과정의 일부와 노폐물 ㉠~㉢이 기관계 A와 B를 통해 배출되는 경로를 나타낸 것이다. ㉠~㉢은 물, 요소, 이산화 탄소를 순서 없이 나타낸 것이고, A와 B는 호흡계와 배설계를 순서 없이 나타낸 것이다.

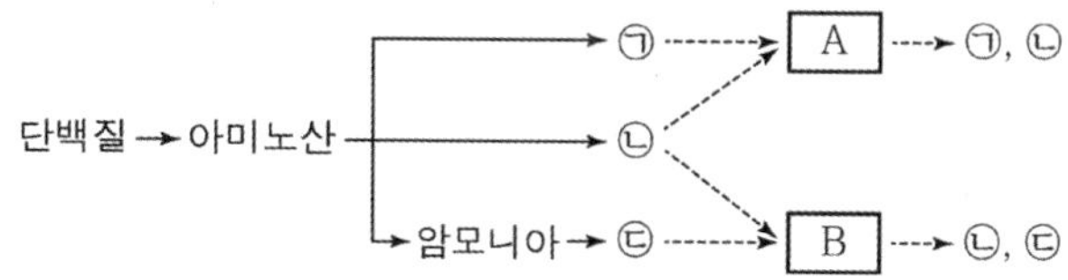

이에 대한 설명으로 옳은 것만을 〈보기〉에서 있는 대로 고른 것은? (3점)

[보기]
ㄱ. 폐는 A에 속한다.
ㄴ. ㉠은 이산화 탄소이다.
ㄷ. B에서 ㉡의 재흡수가 일어난다.

① ㄱ ② ㄷ ③ ㄱ, ㄴ ④ ㄴ, ㄷ ⑤ ㄱ, ㄴ, ㄷ

❖ 정답 및 해설 47 ~ 50p

C13 ✲❀❀ 2023 실시 7월 학평 2

표는 사람의 몸을 구성하는 기관계 A와 B를 통해 노폐물이 배출되는 과정의 일부를 나타낸 것이다. A와 B는 배설계와 호흡계를 순서 없이 나타낸 것이며, ㉠은 H_2O와 요소 중 하나이다.

기관계	과정
A	아미노산이 세포 호흡에 사용된 결과 생성된 ㉠을 오줌으로 배출
B	물질대사 결과 생성된 ㉠을 날숨으로 배출

이에 대한 설명으로 옳은 것만을 〈보기〉에서 있는 대로 고른 것은? (3점)

[보기]

ㄱ. ㉠은 H_2O이다.
ㄴ. 대장은 A에 속한다.
ㄷ. B는 호흡계이다.

① ㄱ ② ㄴ ③ ㄱ, ㄷ ④ ㄴ, ㄷ ⑤ ㄱ, ㄴ, ㄷ

2 기관계의 통합적 작용

C14 ✲❀❀ 2025 대비 6월 모평 2

그림은 사람에서 일어나는 물질대사 과정 Ⅰ과 Ⅱ를 나타낸 것이다. ㉠과 ㉡은 암모니아와 이산화 탄소를 순서 없이 나타낸 것이다.

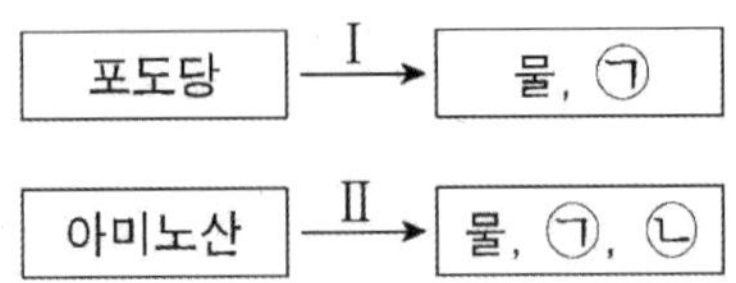

이에 대한 설명으로 옳은 것만을 〈보기〉에서 있는 대로 고른 것은?

[보기]

ㄱ. ㉠은 이산화 탄소이다.
ㄴ. 간에서 ㉡이 요소로 전환된다.
ㄷ. Ⅰ과 Ⅱ에서 모두 이화 작용이 일어난다.

① ㄱ ② ㄷ ③ ㄱ, ㄴ ④ ㄴ, ㄷ ⑤ ㄱ, ㄴ, ㄷ

C15 ✲❀❀ 2025 대비 6월 모평 8

다음은 사람 몸을 구성하는 기관계에 대한 자료이다. A와 B는 배설계와 소화계를 순서 없이 나타낸 것이다.

- A에서 음식물을 분해하여 영양소를 흡수한다.
- B에서 오줌을 통해 노폐물을 몸 밖으로 내보낸다.

이에 대한 설명으로 옳은 것만을 〈보기〉에서 있는 대로 고른 것은? (3점)

[보기]

ㄱ. A는 소화계이다.
ㄴ. 소장은 B에 속한다.
ㄷ. A에서 흡수된 영양소의 일부는 순환계를 통해 조직 세포로 운반된다.

① ㄱ ② ㄴ ③ ㄱ, ㄷ ④ ㄴ, ㄷ ⑤ ㄱ, ㄴ, ㄷ

C16 ✲❀❀ 2024 실시 5월 학평 2

그림은 사람 몸에 있는 각 기관계의 통합적 작용을, 표는 기관계의 특징을 나타낸 것이다. (가)~(다)는 배설계, 소화계, 호흡계를 순서 없이 나타낸 것이다.

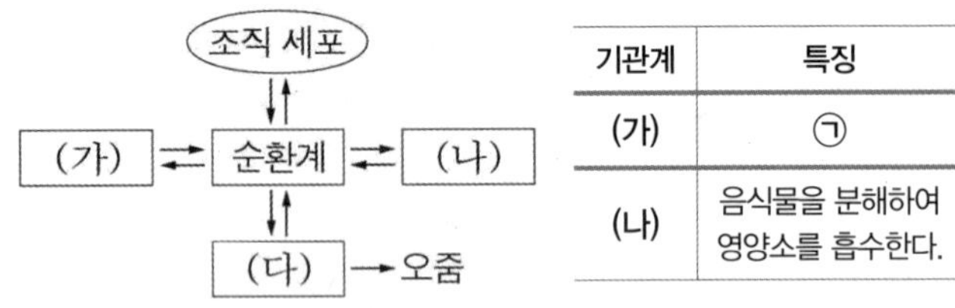

기관계	특징
(가)	㉠
(나)	음식물을 분해하여 영양소를 흡수한다.

이에 대한 설명으로 옳은 것만을 〈보기〉에서 있는 대로 고른 것은? (3점)

[보기]

ㄱ. (가)는 호흡계이다.
ㄴ. (나)에서 흡수된 영양소 중 일부는 (다)에서 사용된다.
ㄷ. '이산화 탄소를 몸 밖으로 배출한다.'는 ㉠에 해당한다.

① ㄱ ② ㄷ ③ ㄱ, ㄴ ④ ㄴ, ㄷ ⑤ ㄱ, ㄴ, ㄷ

C17 ✿❀❀ 2024 실시 7월 학평 9

표는 사람 몸을 구성하는 기관계 A와 B에서 특징의 유무를 나타낸 것이다. A와 B는 배설계와 소화계를 순서 없이 나타낸 것이다.

구분	A	B
음식물을 분해하여 영양소를 흡수한다.	있음	없음
오줌을 통해 요소를 몸 밖으로 내보낸다.	?	있음
ⓐ	있음	있음

이에 대한 설명으로 옳은 것만을 〈보기〉에서 있는 대로 고른 것은?

[보기]

ㄱ. A는 소화계이다.
ㄴ. 소장은 B에 속한다.
ㄷ. '자율 신경이 작용하는 기관이 있다.'는 ⓐ에 해당한다.

① ㄱ ② ㄴ ③ ㄱ, ㄷ ④ ㄴ, ㄷ ⑤ ㄱ, ㄴ, ㄷ

C18 ✿❀❀ 2024 대비 9월 모평 4

다음은 사람의 몸을 구성하는 기관계에 대한 자료이다. A와 B는 소화계와 순환계를 순서 없이 나타낸 것이고, ㉠은 인슐린과 글루카곤 중 하나이다.

- A는 음식물을 분해하여 포도당을 흡수한다. 그 결과 혈중 포도당 농도가 증가하면 ㉠의 분비가 촉진된다.
- B를 통해 ㉠이 표적 기관으로 운반된다.

이에 대한 설명으로 옳은 것만을 〈보기〉에서 있는 대로 고른 것은? (3점)

[보기]

ㄱ. A에서 이화 작용이 일어난다.
ㄴ. 심장은 B에 속한다.
ㄷ. ㉠은 세포로의 포도당 흡수를 촉진한다.

① ㄱ ② ㄷ ③ ㄱ, ㄴ ④ ㄴ, ㄷ ⑤ ㄱ, ㄴ, ㄷ

C19 ✿❀❀ 2024 실시 10월 학평 5

사람의 몸을 구성하는 기관계에 대한 옳은 설명만을 〈보기〉에서 있는 대로 고른 것은?

[보기]

ㄱ. 소화계에서 암모니아가 요소로 전환된다.
ㄴ. 배설계를 통해 물이 몸 밖으로 배출된다.
ㄷ. 호흡계로 들어온 산소의 일부는 순환계를 통해 콩팥으로 운반된다.

① ㄱ ② ㄴ ③ ㄱ, ㄷ ④ ㄴ, ㄷ ⑤ ㄱ, ㄴ, ㄷ

C20 ✿❀❀ 2023 실시 10월 학평 12

그림은 사람의 배설계와 호흡계를 나타낸 것이다. A와 B는 각각 폐와 방광 중 하나이다.

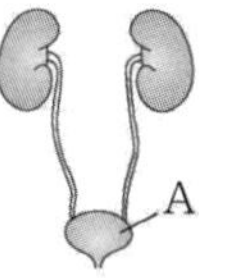

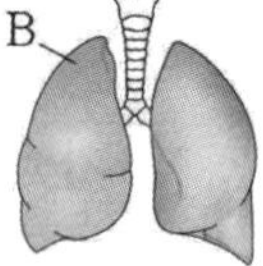

이에 대한 옳은 설명만을 〈보기〉에서 있는 대로 고른 것은?

[보기]

ㄱ. 간은 배설계에 속한다.
ㄴ. B를 통해 H_2O이 몸 밖으로 배출된다.
ㄷ. B로 들어온 O_2의 일부는 순환계를 통해 A로 운반된다.

① ㄱ ② ㄴ ③ ㄱ, ㄷ ④ ㄴ, ㄷ ⑤ ㄱ, ㄴ, ㄷ

❖ 정답 및 해설 51～54p

C21 ✿❀❀

2023 대비 수능 4

사람의 몸을 구성하는 기관계에 대한 설명으로 옳은 것만을 〈보기〉에서 있는 대로 고른 것은?

[보기]

ㄱ. 소화계에서 흡수된 영양소의 일부는 순환계를 통해 폐로 운반된다.
ㄴ. 간에서 생성된 노폐물의 일부는 배설계를 통해 몸 밖으로 배출된다.
ㄷ. 호흡계에서 기체 교환이 일어난다.

① ㄱ ② ㄷ ③ ㄱ, ㄴ
④ ㄴ, ㄷ ⑤ ㄱ, ㄴ, ㄷ

C22 ✿❀❀

2022 실시 4월 학평 4

그림은 사람 몸에 있는 각 기관계의 통합적 작용을 나타낸 것이다. (가)~(다)는 배설계, 소화계, 호흡계를 순서 없이 나타낸 것이다.

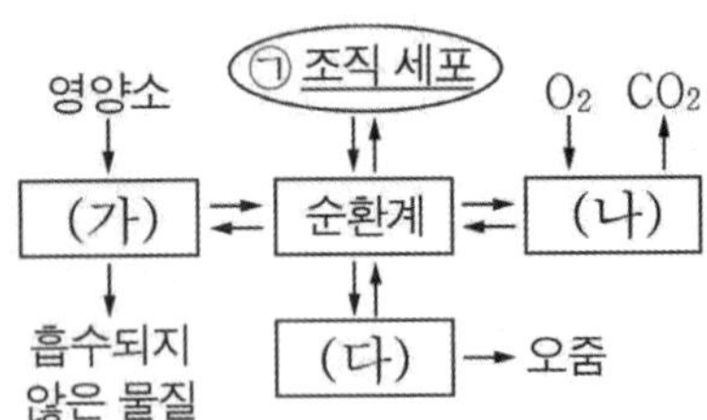

이에 대한 설명으로 옳은 것만을 〈보기〉에서 있는 대로 고른 것은?

[보기]

ㄱ. (가)는 호흡계이다.
ㄴ. ㉠의 미토콘드리아에서 O_2가 사용된다.
ㄷ. (다)를 통해 질소 노폐물이 배설된다.

① ㄱ ② ㄴ ③ ㄱ, ㄷ
④ ㄴ, ㄷ ⑤ ㄱ, ㄴ, ㄷ

C23 ✿❀❀

2020 실시 7월 학평 4

그림은 사람 몸에 있는 각 기관계의 통합적 작용을, 표는 단백질과 탄수화물이 물질대사를 통해 분해되어 생성된 최종 분해 산물 중 일부를 나타낸 것이다. A~C는 배설계, 소화계, 호흡계를, ㉠과 ㉡은 암모니아와 이산화 탄소를 순서 없이 나타낸 것이다.

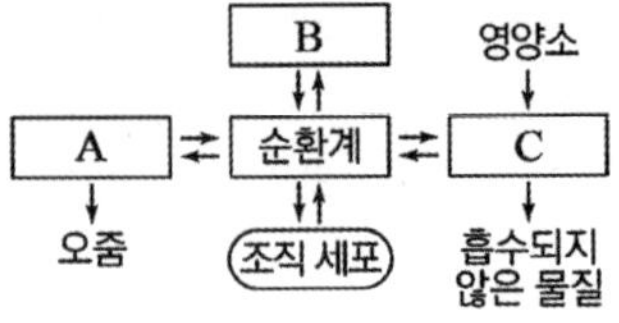

물질	최종 분해 산물
단백질	㉠, ㉡
탄수화물	㉡

이에 대한 설명으로 옳은 것만을 〈보기〉에서 있는 대로 고른 것은? (3점)

[보기]

ㄱ. 콩팥은 A에 속하는 기관이다.
ㄴ. ㉠의 구성 원소 중 질소(N)가 있다.
ㄷ. B를 통해 ㉡이 체외로 배출된다.

① ㄱ ② ㄷ ③ ㄱ, ㄴ
④ ㄴ, ㄷ ⑤ ㄱ, ㄴ, ㄷ

C24 ✿❀❀

2022 실시 10월 학평 2

그림은 사람 몸에 있는 각 기관계의 통합적 작용을 나타낸 것이다. A~C는 각각 배설계, 소화계, 순환계 중 하나이다.

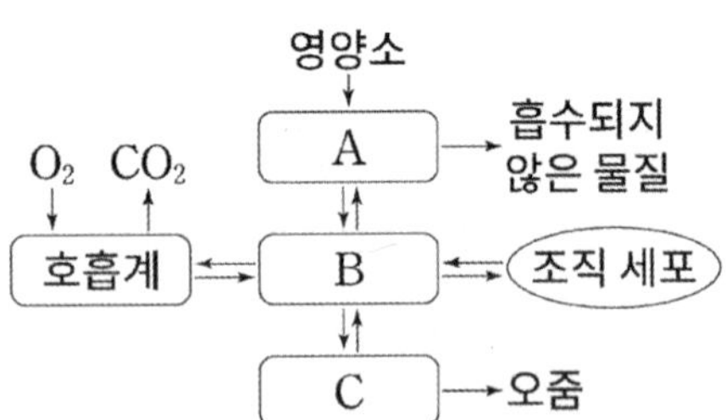

이에 대한 옳은 설명만을 〈보기〉에서 있는 대로 고른 것은? (3점)

[보기]

ㄱ. A에는 인슐린의 표적 기관이 있다.
ㄴ. 심장은 B에 속한다.
ㄷ. 호흡계로 들어온 O_2 중 일부는 B를 통해 C로 운반된다.

① ㄱ ② ㄷ ③ ㄱ, ㄴ ④ ㄴ, ㄷ ⑤ ㄱ, ㄴ, ㄷ

C25 ✿❀❀ 2021 실시 10월 학평 3

그림은 사람의 배설계와 소화계를 나타낸 것이다. A~C는 각각 간, 소장, 콩팥 중 하나이다.

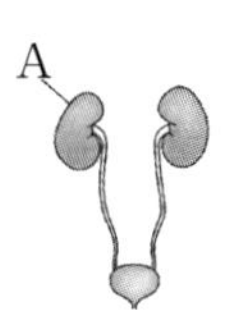

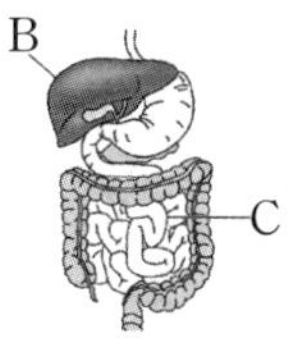

이에 대한 설명으로 옳은 것만을 ⟨보기⟩에서 있는 대로 고른 것은?

[보기]

ㄱ. B에서 생성된 요소의 일부는 A를 통해 체외로 배출된다.
ㄴ. B는 글루카곤의 표적 기관이다.
ㄷ. C에서 흡수된 포도당의 일부는 순환계를 통해 B로 이동한다.

① ㄱ ② ㄴ ③ ㄱ, ㄷ ④ ㄴ, ㄷ ⑤ ㄱ, ㄴ, ㄷ

C26 ✿❀❀ 2022 대비 수능 4

그림은 사람 몸에 있는 각 기관계의 통합적 작용을 나타낸 것이다. A와 B는 배설계와 소화계를 순서 없이 나타낸 것이다.

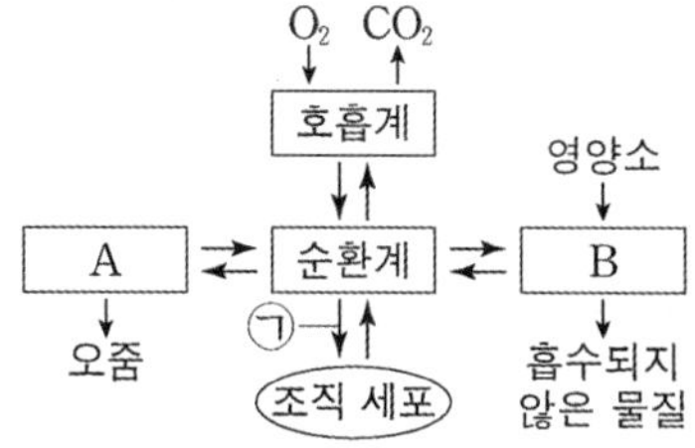

이에 대한 설명으로 옳은 것만을 ⟨보기⟩에서 있는 대로 고른 것은? (3점)

[보기]

ㄱ. 콩팥은 A에 속한다.
ㄴ. B에는 부교감 신경이 작용하는 기관이 있다.
ㄷ. ㉠에는 O_2의 이동이 포함된다.

① ㄱ ② ㄴ ③ ㄱ, ㄷ
④ ㄴ, ㄷ ⑤ ㄱ, ㄴ, ㄷ

C27 ✿✿❀ 2020 실시 6월 학평 6

그림은 사람 몸에 있는 순환계와 기관계 A~C의 통합적 작용을 나타낸 것이다. A~C는 각각 배설계, 소화계, 호흡계 중 하나이다.

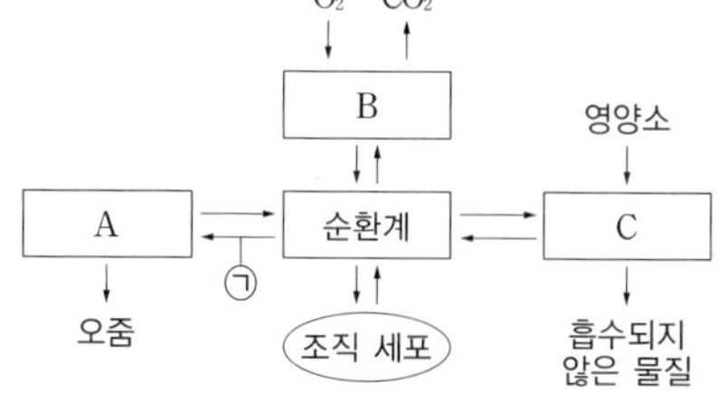

이에 대한 설명으로 옳은 것만을 ⟨보기⟩에서 있는 대로 고른 것은? (3점)

[보기]

ㄱ. ㉠에는 요소의 이동이 포함된다.
ㄴ. B는 호흡계이다.
ㄷ. C에서 흡수된 물질은 순환계를 통해 운반된다.

① ㄱ ② ㄷ ③ ㄱ, ㄴ
④ ㄴ, ㄷ ⑤ ㄱ, ㄴ, ㄷ

C28 ✿❀❀ 2020 실시 10월 학평 3

그림은 사람에서 일어나는 기관계의 통합적 작용을 나타낸 것이다. A~C는 각각 배설계, 소화계, 호흡계 중 하나이다.

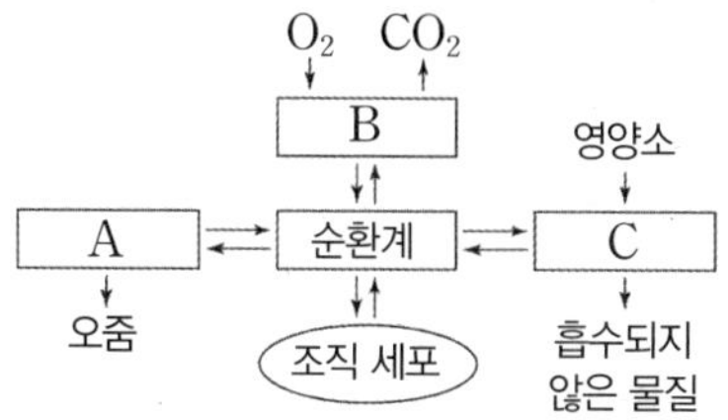

이에 대한 옳은 설명만을 ⟨보기⟩에서 있는 대로 고른 것은?

[보기]

ㄱ. 대장은 A에 속한다.
ㄴ. B는 호흡계이다.
ㄷ. C에서 아미노산이 흡수된다.

① ㄱ ② ㄷ ③ ㄱ, ㄴ ④ ㄴ, ㄷ ⑤ ㄱ, ㄴ, ㄷ

❖ 정답 및 해설 55 ~ 58p

C29 ✿❀❀ 2020 대비 수능 10

그림은 사람 몸에 있는 각 기관계의 통합적 작용을 나타낸 것이다. A와 B는 각각 소화계와 호흡계 중 하나이다.

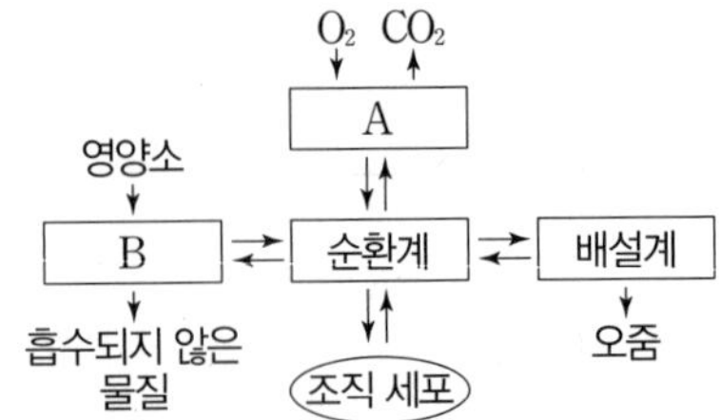

이에 대한 설명으로 옳은 것만을 〈보기〉에서 있는 대로 고른 것은?

[보기]

ㄱ. A는 호흡계이다.
ㄴ. B에는 포도당을 흡수하는 기관이 있다.
ㄷ. 글루카곤은 순환계를 통해 표적 기관으로 운반된다.

① ㄱ ② ㄴ ③ ㄱ, ㄷ
④ ㄴ, ㄷ ⑤ ㄱ, ㄴ, ㄷ

C30 ✿❀❀ 2020 실시 4월 학평 4

그림은 사람 몸에 있는 각 기관계의 통합적 작용을 나타낸 것이며, 표는 기관계 (가)~(다)에 대한 자료이다. (가)~(다)는 배설계, 소화계, 순환계를 순서 없이 나타낸 것이다.

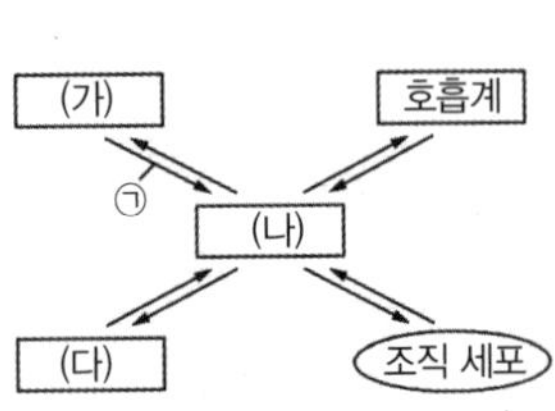

• (가)에서 영양소의 소화와 흡수가 일어난다.
• (나)는 조직 세포에서 생성된 CO_2를 호흡계로 운반한다.
• (다)를 통해 질소성 노폐물이 배설된다.

이에 대한 설명으로 옳은 것만을 〈보기〉에서 있는 대로 고른 것은?

[보기]

ㄱ. ㉠에는 요소의 이동이 포함된다.
ㄴ. (나)는 순환계이다.
ㄷ. 콩팥은 (다)에 속한다.

① ㄱ ② ㄷ ③ ㄱ, ㄴ
④ ㄴ, ㄷ ⑤ ㄱ, ㄴ, ㄷ

C31 ✿❀❀ 2023 실시 3월 학평 3

다음은 사람의 기관 A와 B에 대한 자료이다. A와 B는 이자와 콩팥을 순서 없이 나타낸 것이다.

○ A에서 생성된 오줌을 통해 요소가 배설된다.
○ B에서 분비되는 호르몬 ⓐ의 부족은 ㉠ 대사성 질환인 당뇨병의 원인 중 하나이다.

이에 대한 옳은 설명만을 〈보기〉에서 있는 대로 고른 것은? (3점)

[보기]

ㄱ. A는 소화계에 속한다.
ㄴ. ⓐ의 일부는 순환계를 통해 간으로 이동한다.
ㄷ. 고지혈증은 ㉠에 해당한다.

① ㄱ ② ㄴ ③ ㄷ ④ ㄱ, ㄷ ⑤ ㄴ, ㄷ

❖ 정답 및 해설 59~60p

3 에너지 균형과 대사성 질환

1. 에너지 대사의 균형[1]: 생명 활동을 정상적으로 유지하고 건강한 생활을 하기 위해서는 음식물 섭취로부터 얻는 에너지양과 활동으로 소비하는 에너지양 사이에 균형이 잘 이루어져야 한다.

(1) **기초 대사량**[2]: 체온 조절, 심장 박동, 혈액 순환, 호흡 활동과 같은 생명 현상을 유지하는 데 필요한 최소한의 에너지양이다.

(2) **활동 대사량**: 기초 대사량을 제외하고 공부나 운동 등 육체적 활동에 필요한 에너지양이다.

(3) **1일 대사량**[3]: 하루 동안 생활하는 데 필요한 총 에너지양이다.

> **1일 대사량 = 기초 대사량 + 활동 대사량 + 음식물 섭취 시 에너지 소비량**

(4) **에너지 섭취량과 소비량의 균형**: 건강한 몸을 유지하려면 음식물로부터 얻는 에너지양과 여러 활동을 통해 소모하는 에너지양이 균형을 이루어야 한다.

영양 부족	영양 균형	영양 과다
에너지 섭취량 < 에너지 소비량	에너지 섭취량 = 에너지 소비량	에너지 섭취량 > 에너지 소비량
에너지 섭취량보다 에너지 소비량이 많으면 체중이 감소하고, 심하면 영양실조나[4] 면역력 저하 등이 일어난다.	에너지 섭취량과 에너지 소비량이 균형을 이루어야 건강을 유지할 수 있다.	에너지 섭취량이 에너지 소비량보다 많으면 사용하고 남는 에너지를 지방 형태로 저장하여 체중이 증가하고 비만이[5] 된다.

2. 대사성 질환: 우리 몸에서 물질대사 장애에 의해 발생하는 질병이다.

(1) **대사성 질환의 원인**

① 오랜 기간 영양 과잉이나 운동 부족 등으로 에너지의 불균형이 지속되면 나타난다.

② 스트레스, 유전 등에 의해서도 발생한다.

(2) **대사성 질환의 종류**: 당뇨병, 고혈압, 고지혈증, 구루병, 지방간 등이 있다.

종류	원인	특징
당뇨병	이자에서 인슐린을[6] 충분히 만들지 못하거나 몸의 세포가 인슐린에 적절하게 반응하지 못하는 것이 원인이다.	• 혈당이 정상보다 높아 오줌 속에 포도당이 섞여 나온다. • 소변이 잦아지고, 배고픔과 갈증이 심해져 체중이 감소한다. • 심장 질환, 시력 상실, 조직 괴사 등 여러 합병증을 유발한다.
고혈압	스트레스, 식사 등의 환경적 요소와 유전적 요소의 복잡한 상호 작용이 원인이다.	• 혈압이 정상보다 높다. • 심혈관계 질환, 뇌졸중 등의 합병증을 유발한다.
고지혈증 (고지질 혈증)	비만, 운동 부족 등이 원인이다.	• 혈액 속 중성 지방이나 콜레스테롤이[7] 많아 혈관 내벽에 지질 성분이 쌓여 염증을 일으킨다. • 동맥 경화증[8], 고혈압, 뇌졸중 등을 유발한다.
구루병	비타민 D의 결핍이 원인이다.	• 뼈의 변형과 통증이 일어난다. • 뼈의 질량과 강도가 감소하여 뼛속에 구멍이 생기는 골다공증을 유발한다.
지방간	약물 복용과 비만 등이 원인이다.	• 간에 지방이 많이 축적된 상태이다. • 식욕 부진, 무기력, 피곤함 등의 증상이 나타나고 간염, 간경변으로 진행될 수 있다.

C

2025 대비 수능 2번
2025 대비 9월 모평 12번

★ 9월 모평에서 에너지 섭취량과 소비량에 대해 묻는 문제가 쉽게 출제되었다. 수능에서는 에너지 균형에 대해 묻는 문제가 쉽게 출제되었다.

1 에너지 대사의 균형
물질대사가 일어날 때에는 반드시 에너지의 출입이 따르기 때문에 물질대사를 에너지 대사라고도 한다.

2 기초 대사량
성인 남성은 체중 1 kg당 1시간에 1 kcal이고, 성인 여성은 0.9 kcal이다.

3 1일 대사량의 구성비

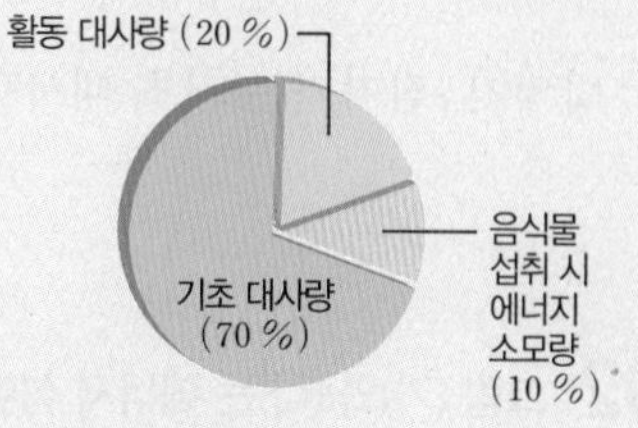

4 영양실조
영양소 부족으로 일어나는 신체의 이상 상태를 말한다. 영양실조에 걸리면 빈혈, 피로감 등의 증상이 나타난다.

5 비만
체중이 많이 나가고 체지방의 비율이 높은 상태를 말한다.

6 인슐린
혈당량이 높을 때 이자에서 분비되어 혈당량을 낮추는 작용을 하는 호르몬이다.

7 콜레스테롤
세포막과 호르몬의 구성 성분으로 지방 성분의 일종이다. 우리 몸을 구성하는데 꼭 필요한 성분이지만 혈액의 콜레스테롤 농도가 높으면 혈관이 막혀 혈액의 흐름이 멈춘다.

8 동맥 경화증

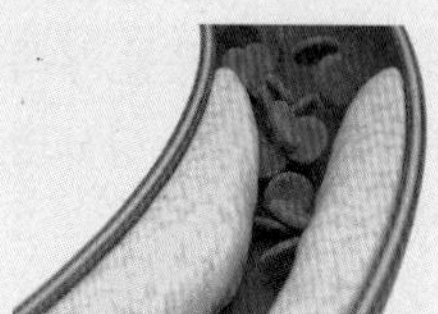

동맥 내벽에 콜레스테롤과 중성 지방 등이 쌓여 혈관이 좁아지고 탄력을 잃는 질환으로 고혈압, 비만, 당뇨병 등에 의해 유발된다.

3 에너지 균형과 대사성 질환

01 에너지 대사에 대한 설명으로 옳은 것은 ○, 옳지 않은 것은 × 표시하시오.

(1) 체온 조절, 심장 박동, 혈액 순환, 호흡 활동과 같은 생명 현상을 유지하는 데 필요한 최소한의 에너지양을 기초 대사량이라고 한다. 1 (○, ×)
(2) 1일 대사량은 하루 동안 생활하는 데 필요한 총 에너지양이다. 2 (○, ×)
(3) 에너지 섭취량보다 에너지 소비량이 많아야 건강을 유지할 수 있다. 3 (○, ×)
(4) 1일 대사량 중에서 가장 큰 비율을 차지하는 것은 기초 대사량이다. 4 (○, ×)
(5) 기초 대사량은 성별, 나이와 무관하게 일정하다. 5 (○, ×)
(6) 밥먹기, 잠자기는 기초 대사량에 포함된다. 6 (○, ×)

02 그림 (가)와 (나)는 에너지 섭취량과 소비량을 비교하여 나타낸 것이다. 빈칸에 알맞은 말을 고르시오.

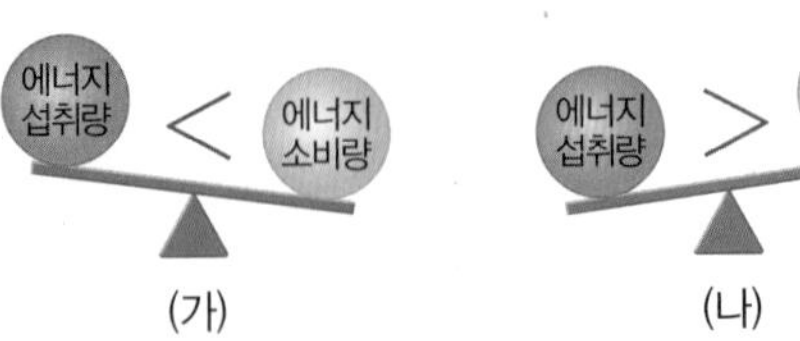

(1) (가)의 에너지 균형 상태는 영양 7 (부족 / 과다), (나)의 에너지 균형 상태는 영양 8 (부족 / 과다)이다.
(2) (가)의 상태가 지속되면 체중이 9 (감소 / 증가)하고, (나)의 상태가 오래 지속되면 체중이 10 (감소 / 증가)한다.

03 대사성 질환에 대한 설명으로 옳은 것은 ○, 옳지 않은 것은 × 표시하시오.

(1) 유전에 의해서는 발생하지 않는다. 11 (○, ×)
(2) 영양 과잉이나 운동 부족이 원인이다. 12 (○, ×)
(3) 대사성 질환에는 당뇨병, 고지혈증, 구루병, 저혈압 등이 있다. 13 (○, ×)

04 각 설명에 해당하는 대사성 질환을 [보기]에서 고르시오.

[보기]
당뇨병 고혈압 고지혈증
구루병 지방간

(1) 혈압이 정상보다 높은 상태이며, 스트레스, 식사 등의 환경적 요소와 유전적 요소의 복잡한 상호 작용이 원인이다. (14)
(2) 비타민 D의 결핍이 원인이며, 뼈의 변형과 통증이 나타난다. (15)
(3) 혈당량이 비정상적으로 높은 상태가 지속되고 오줌으로 포도당이 섞여 나온다. (16)
(4) 식욕 부진, 무기력, 피곤함 등의 증상이 나타나고 간염, 간경변으로 진행될 수 있다. (17)
(5) 혈액 속 중성 지방이나 콜레스테롤이 많아 혈관 내벽에 지질 성분이 쌓여 염증을 일으킨다. (18)

05 다음은 남자 A와 B의 건강 검진 결과 중 일부이다. ㉠과 ㉡은 고지혈증과 당뇨병을 순서 없이 나타낸 것이다. 이에 대한 설명으로 옳은 것은 ○, 옳지 않은 것은 × 표시하시오.

〈2022 실시 6월 학평 5 (고2)〉

검사 항목	정상 범위	A	B
허리 둘레(cm)	남자 90 미만	98	105
	여자 85 미만		
공복 혈당(mg/dL)	100 미만	130	98
중성 지방(mg/dL)	150 미만	120	250
진단		㉠	㉡

(1) ㉠은 당뇨병이다. 19 (○, ×)
(2) ㉡은 심혈관계 질환의 원인이 된다. 20 (○, ×)
(3) A와 B에게서 모두 대사성 질환이 나타난다. 21 (○, ×)

정답

1 ○ 2 ○ 3 ×(에너지 섭취량과 에너지 소비량이 균형을 이뤄야 건강을 유지할 수 있음) 4 ○ 5 ×(기초 대사량은 성별, 나이에 따라 다름) 6 ×(활동 대사량에 포함됨) 7 부족 8 과다 9 감소 10 증가 11 ×(대사성 질환은 유전에 의해서도 발생될 수 있음) 12 ○ 13 ×(저혈압은 대사성 질환이 아님) 14 고혈압 15 구루병 16 당뇨병 17 지방간 18 고지혈증 19 ○(㉠은 당뇨병) 20 ○ 21 ○

3 에너지 균형과 대사성 질환

C32

2025 대비 9월 모평 12

그림 (가)는 같은 종의 동물 A와 B 중 A에게는 충분히 먹이를 섭취하게 하고, B에게는 구간 Ⅰ에서만 적은 양의 먹이를 섭취하게 하면서 측정한 체중의 변화를, (나)는 시점 t_1과 t_2일 때 A와 B에서 측정한 체지방량을 나타낸 것이다. ㉠과 ㉡은 A와 B를 순서 없이 나타낸 것이다.

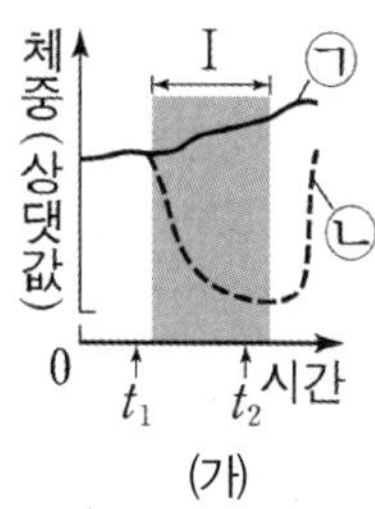

(가)

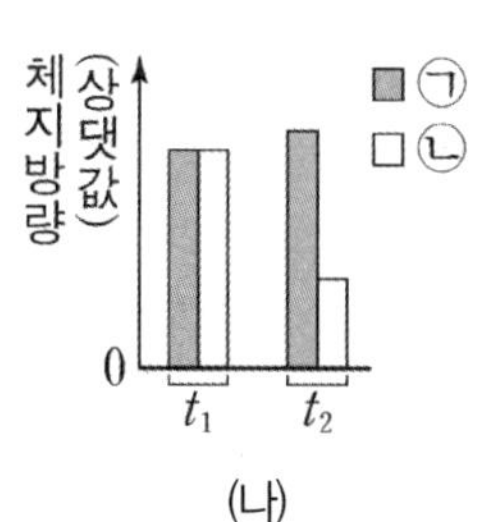

(나)

이 자료에 대한 설명으로 옳은 것만을 〈보기〉에서 있는 대로 고른 것은? (단, 제시된 조건 이외는 고려하지 않는다.) (3점)

[보기]

ㄱ. ㉠은 A이다.

ㄴ. 구간 Ⅰ에서 ㉡은 에너지 소비량이 에너지 섭취량보다 많다.

ㄷ. B의 체지방량은 t_1일 때가 t_2일 때보다 적다.

① ㄱ ② ㄴ ③ ㄷ ④ ㄱ, ㄴ ⑤ ㄱ, ㄷ

C33

2024 실시 3월 학평 3

다음은 사람의 질환 A에 대한 자료이다.
A는 고지혈증과 당뇨병 중 하나이다.

A는 혈액 속에 콜레스테롤과 중성 지방 등이 많은 질환이다. 콜레스테롤이 혈관 내벽에 쌓이면 혈관이 좁아져 ㉠ 고혈압이 발생할 수 있다. 그림은 비만도에 따른 A의 발병 비율을 나타낸 것이다.

A 발병 비율(%)
0, 20, 40
정상 체중, 과체중, 비만

이에 대한 옳은 설명만을 〈보기〉에서 있는 대로 고른 것은?

[보기]

ㄱ. A는 고지혈증이다.

ㄴ. A의 발병 비율은 비만에서가 정상 체중에서보다 높다.

ㄷ. 대사성 질환 중에는 ㉠이 있다.

① ㄱ ② ㄷ ③ ㄱ, ㄴ ④ ㄴ, ㄷ ⑤ ㄱ, ㄴ, ㄷ

C34

2025 대비 수능 2

그림 (가)는 정상인 A와 B에서 시간에 따라 측정한 체중을, (나)는 시점 t_1과 t_2일 때 A와 B에서 측정한 혈중 지질 농도를 나타낸 것이다. A와 B는 '규칙적으로 운동을 한 사람'과 '운동을 하지 않은 사람'을 순서 없이 나타낸 것이다.

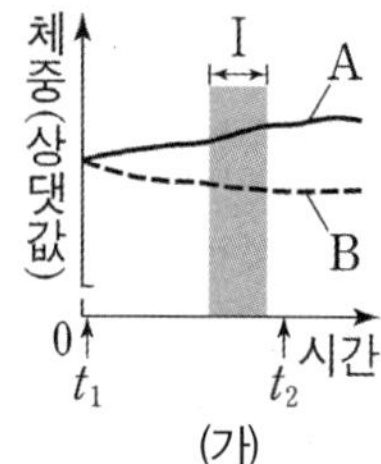

(가)

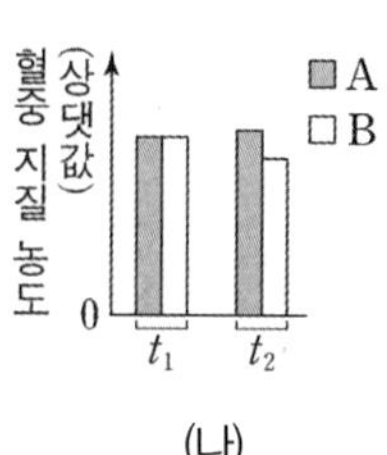

(나)

이 자료에 대한 설명으로 옳은 것만을 〈보기〉에서 있는 대로 고른 것은? (단, 제시된 조건 이외의 다른 조건은 동일하다.) (3점)

[보기]

ㄱ. B는 '규칙적으로 운동을 한 사람'이다.

ㄴ. 구간 Ⅰ에서 $\frac{\text{에너지 섭취량}}{\text{에너지 소비량}}$은 A에서가 B에서보다 작다.

ㄷ. t_2일 때 혈중 지질 농도는 A에서가 B에서보다 낮다.

① ㄱ ② ㄷ ③ ㄱ, ㄴ ④ ㄴ, ㄷ ⑤ ㄱ, ㄴ, ㄷ

C35

2023 실시 10월 학평 2

다음은 대사성 질환에 대한 자료이다.

㉠ 에너지 섭취량이 에너지 소비량보다 많은 상태가 지속되면 비만이 되기 쉽다. 비만이 되면 ㉡ 혈당량 조절 과정에 이상이 생겨 나타나는 당뇨병과 같은 ㉢ 대사성 질환의 발생 가능성이 높아진다.

이에 대한 옳은 설명만을 〈보기〉에서 있는 대로 고른 것은?

[보기]

ㄱ. ㉠은 에너지 균형 상태이다.

ㄴ. ㉡에서 혈당량이 감소하면 인슐린 분비가 촉진된다.

ㄷ. 고혈압은 ㉢의 예이다.

① ㄱ ② ㄴ ③ ㄷ ④ ㄱ, ㄴ ⑤ ㄴ, ㄷ

❖ 정답 및 해설 60~62p

C36 ✿❀❀ 2024 대비 수능 5

다음은 에너지 섭취와 소비에 대한 실험이다.

[실험 과정 및 결과]

(가) 유전적으로 동일하고 체중이 같은 생쥐 A~C를 준비한다.

(나) A와 B에게 고지방 사료를, C에게 일반 사료를 먹이면서 시간에 따른 A~C의 체중을 측정한다. t_1일 때부터 B에게만 운동을 시킨다.

(다) t_2일 때 A~C의 혈중 지질 농도를 측정한다.

(라) (나)와 (다)에서 측정한 결과는 그림과 같다. ㉠과 ㉡은 A와 B를 순서 없이 나타낸 것이다.

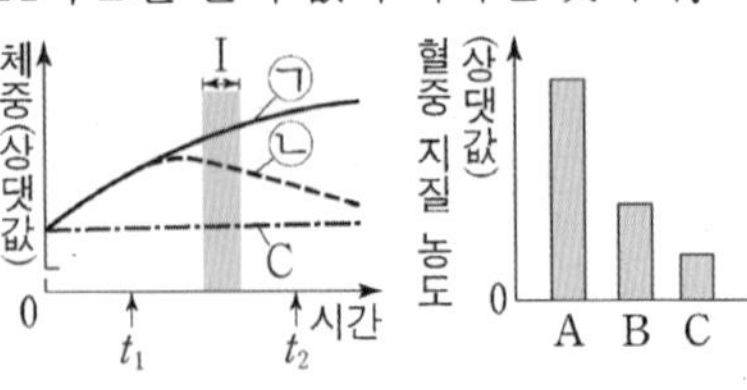

이에 대한 설명으로 옳은 것만을 <보기>에서 있는 대로 고른 것은? (단, 제시된 조건 이외는 고려하지 않는다.) (3점)

[보기]

ㄱ. ㉠은 A이다.

ㄴ. 구간 Ⅰ에서 B는 에너지 소비량이 에너지 섭취량보다 많다.

ㄷ. 대사성 질환 중에는 고지혈증이 있다.

① ㄱ ② ㄴ ③ ㄱ, ㄷ ④ ㄴ, ㄷ ⑤ ㄱ, ㄴ, ㄷ

C37 ✿❀❀ 2024 실시 7월 학평 19

다음은 비만에 대한 자료이다.

(가) 그림은 사람 Ⅰ과 Ⅱ의 에너지 섭취량과 에너지 소비량을 나타낸 것이다. Ⅰ과 Ⅱ에서 에너지양이 일정 기간 동안 그림과 같이 지속되었을 때 Ⅰ은 체중이 변하지 않았고, Ⅱ는 영양 과잉으로 비만이 되었다. ㉠과 ㉡은 각각 에너지 섭취량과 에너지 소비량 중 하나이다.

(나) 비만은 영양 과잉이 지속되어 체지방이 과다하게 축적된 상태를 의미하며, ⓐ가 발생할 가능성을 높인다. ⓐ는 혈액 속에 콜레스테롤이나 중성 지방이 많은 상태로 동맥 경화 등 심혈관계 질환의 원인이 된다. ⓐ는 당뇨병과 고지혈증 중 하나이다.

이 자료에 대한 설명으로 옳은 것만을 <보기>에서 있는 대로 고른 것은?

[보기]

ㄱ. ⓐ는 당뇨병이다.

ㄴ. ㉠은 에너지 섭취량이다.

ㄷ. 당뇨병과 고지혈증은 모두 대사성 질환에 해당한다.

① ㄱ ② ㄷ ③ ㄱ, ㄴ ④ ㄴ, ㄷ ⑤ ㄱ, ㄴ, ㄷ

C38 ✿❀❀ 2024 실시 10월 학평 4

그림은 사람 Ⅰ~Ⅲ의 에너지 섭취량과 에너지 소비량을, 표는 Ⅰ~Ⅲ의 에너지 섭취량과 에너지 소비량이 그림과 같이 일정 기간 동안 지속되었을 때 Ⅰ~Ⅲ의 체중 변화를 나타낸 것이다. ㉠과 ㉡은 Ⅱ와 Ⅲ을 순서 없이 나타낸 것이며, Ⅲ에게서 고지혈증이 나타난다.

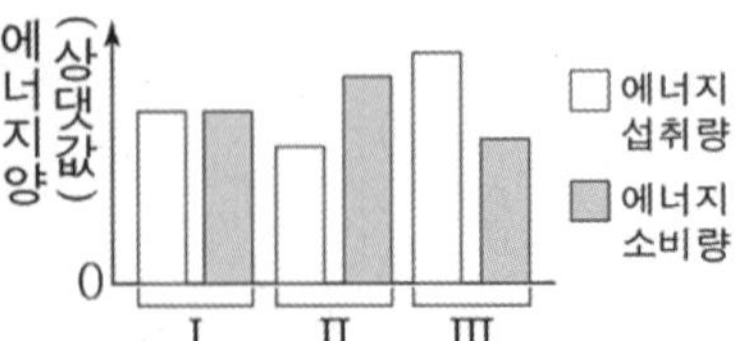

사람	체중 변화
Ⅰ	변화 없음
㉠	감소함
㉡	증가함

이에 대한 옳은 설명만을 <보기>에서 있는 대로 고른 것은?

[보기]

ㄱ. ㉡은 Ⅱ이다.

ㄴ. 고지혈증은 대사성 질환에 해당한다.

ㄷ. Ⅰ은 에너지 섭취량과 에너지 소비량이 균형을 이루고 있다.

① ㄱ ② ㄴ ③ ㄱ, ㄷ ④ ㄴ, ㄷ ⑤ ㄱ, ㄴ, ㄷ

C39 ✿❀❀ 2021 대비 6월 모평 8

그림 (가)와 (나)는 탄수화물을 섭취한 후 시간에 따른 A와 B의 혈중 포도당 농도와 혈중 X의 농도를 각각 나타낸 것이다. A와 B는 정상인과 당뇨병 환자를 순서 없이 나타낸 것이고, X는 인슐린과 글루카곤 중 하나이다.

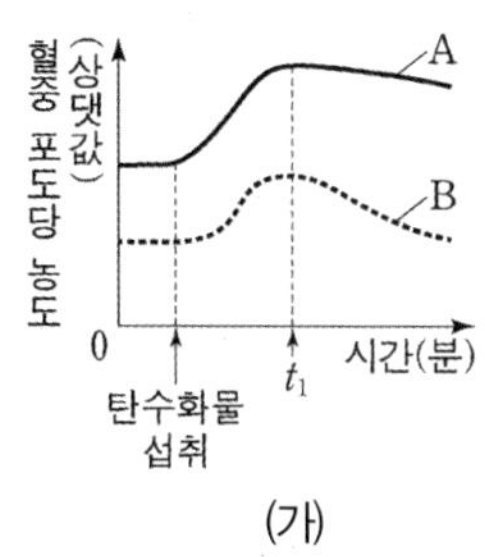

(가)

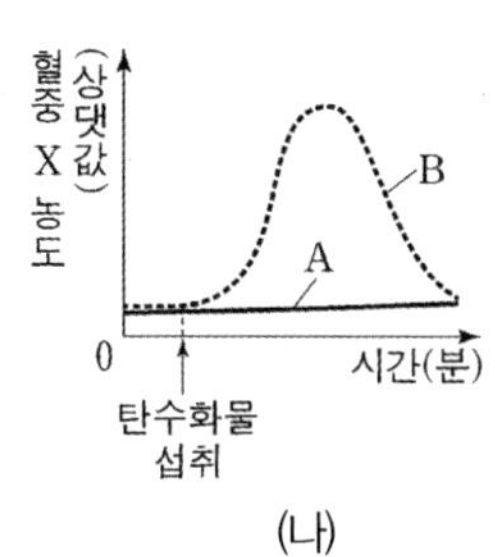

(나)

이에 대한 옳은 설명만을 〈보기〉에서 있는 대로 고른 것은? (단, 제시된 조건 이외는 고려하지 않는다.)

[보기]

ㄱ. B는 당뇨병 환자이다.

ㄴ. X는 이자의 β 세포에서 분비된다.

ㄷ. 정상인에서 혈중 글루카곤의 농도는 탄수화물 섭취 시점에서가 t_1에서보다 낮다.

① ㄱ ② ㄴ ③ ㄷ ④ ㄱ, ㄷ ⑤ ㄴ, ㄷ

C40 ✿❀❀ 2021 대비 수능 2

표는 성인의 체질량 지수에 따른 분류를, 그림은 이 분류에 따른 고지혈증을 나타내는 사람의 비율을 나타낸 것이다.

체질량 지수*	분류
18.5 미만	저체중
18.5 이상 23.0 미만	정상 체중
23.0 이상 25.0 미만	과체중
25.0 이상	비만

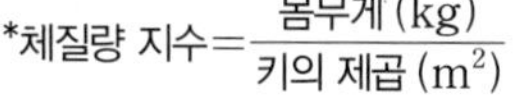
*체질량 지수 $= \frac{\text{몸무게 (kg)}}{\text{키의 제곱 (m}^2\text{)}}$

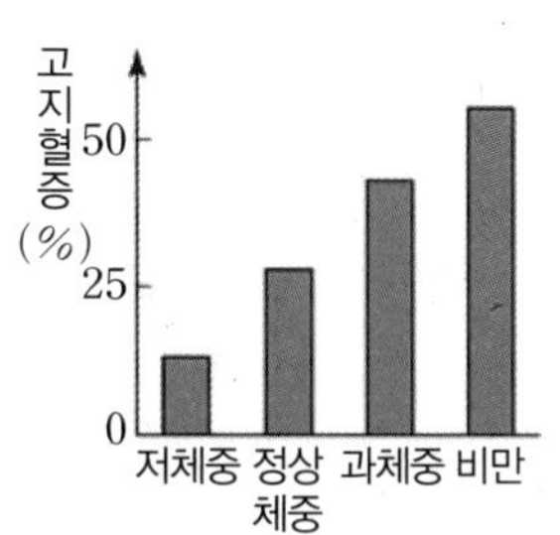

이에 대한 설명으로 옳은 것만을 〈보기〉에서 있는 대로 고른 것은?

[보기]

ㄱ. 체질량 지수가 20.0인 성인은 정상 체중으로 분류된다.

ㄴ. 고지혈증을 나타내는 사람의 비율은 비만인 사람 중에서가 정상 체중인 사람 중에서보다 높다.

ㄷ. 대사성 질환 중에는 고지혈증이 있다.

① ㄱ ② ㄴ ③ ㄱ, ㄷ ④ ㄴ, ㄷ ⑤ ㄱ, ㄴ, ㄷ

C41 ✿❀❀ 2021 실시 7월 학평 2

다음은 비만에 대한 자료이다.

> 기초 대사량과 ㉠활동 대사량을 합한 에너지양보다 섭취한 음식물에서 얻은 에너지양이 많은 에너지 불균형 상태가 지속되면 비만이 되기 쉽다. 비만은 ㉡고혈압, 당뇨병, 심혈관계 질환이 발생할 가능성을 높인다.

이에 대한 설명으로 옳은 것만을 〈보기〉에서 있는 대로 고른 것은?

[보기]

ㄱ. ㉠은 생명 활동을 유지하는 데 필요한 최소한의 에너지양이다.

ㄴ. ㉡은 대사성 질환에 해당한다.

ㄷ. 규칙적인 운동은 비만을 예방하는 데 도움이 된다.

① ㄱ ② ㄷ ③ ㄱ, ㄴ ④ ㄴ, ㄷ ⑤ ㄱ, ㄴ, ㄷ

C42 ✿❀❀ 2022 대비 6월 모평 4

그림은 사람 Ⅰ~Ⅲ의 에너지 소비량과 에너지 섭취량을, 표는 Ⅰ~Ⅲ의 에너지 소비량과 에너지 섭취량이 그림과 같이 일정 기간 동안 지속되었을 때 Ⅰ~Ⅲ의 체중 변화를 나타낸 것이다. ㉠과 ㉡은 에너지 소비량과 에너지 섭취량을 순서 없이 나타낸 것이다.

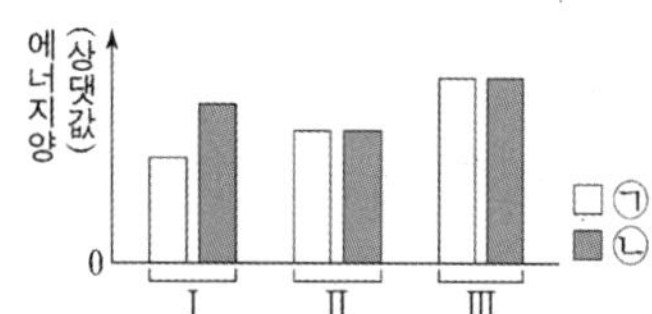

사람	체중 변화
Ⅰ	증가함
Ⅱ	변화 없음
Ⅲ	변화 없음

이에 대한 설명으로 옳은 것만을 〈보기〉에서 있는 대로 고른 것은?

[보기]

ㄱ. ㉠은 에너지 섭취량이다.

ㄴ. Ⅲ은 에너지 소비량과 에너지 섭취량이 균형을 이루고 있다.

ㄷ. 에너지 섭취량이 에너지 소비량보다 적은 상태가 지속되면 체중이 증가한다.

① ㄱ ② ㄴ ③ ㄷ ④ ㄱ, ㄷ ⑤ ㄴ, ㄷ

❖ 정답 및 해설 62~65p

C43 ✿❀❀ 2021 대비 9월 모평 4

그림 (가)와 (나)는 각각 사람 A와 B의 수축기 혈압과 이완기 혈압의 변화를 나타낸 것이다. A와 B는 정상인과 고혈압 환자를 순서 없이 나타낸 것이다.

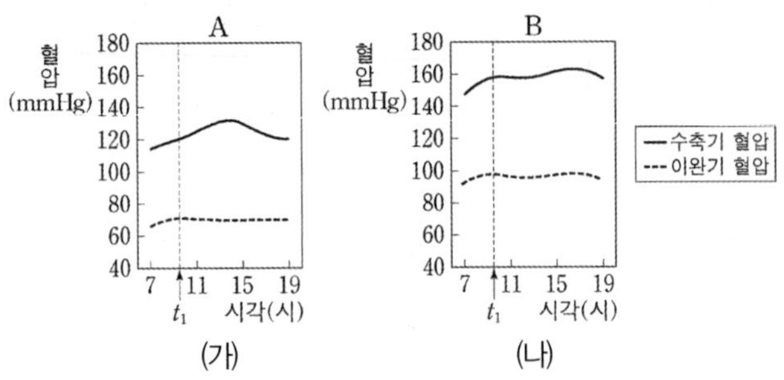

(가) (나)

이에 대한 설명으로 옳은 것만을 〈보기〉에서 있는 대로 고른 것은?

[보기]

ㄱ. 대사성 질환 중에는 고혈압이 있다.
ㄴ. t_1일 때 수축기 혈압은 A가 B보다 높다.
ㄷ. B는 고혈압 환자이다.

① ㄱ ② ㄴ ③ ㄱ, ㄷ ④ ㄴ, ㄷ ⑤ ㄱ, ㄴ, ㄷ

C44 ✿❀❀ 2022 실시 10월 학평 5

다음은 대사량과 대사성 질환에 대한 학생 A~C의 발표 내용이다.

제시한 내용이 옳은 학생만을 있는 대로 고른 것은?

① A ② B ③ A, C ④ B, C ⑤ A, B, C

C45 ✿❀❀ 2022 실시 7월 학평 18

표는 대사량 ㉠과 ㉡의 의미를, 그림은 사람 Ⅰ과 Ⅱ에서 하루 동안 소비한 에너지 총량과 섭취한 에너지 총량을 나타낸 것이다. ㉠과 ㉡은 기초 대사량과 활동 대사량을 순서 없이 나타낸 것이다. Ⅰ과 Ⅱ에서 에너지양이 일정 기간 동안 그림과 같이 지속되었을 때, Ⅰ은 체중이 증가했고 Ⅱ는 체중이 감소했다.

대사량	의미
㉠	생명을 유지하는 데 필요한 최소한의 에너지양
㉡	?

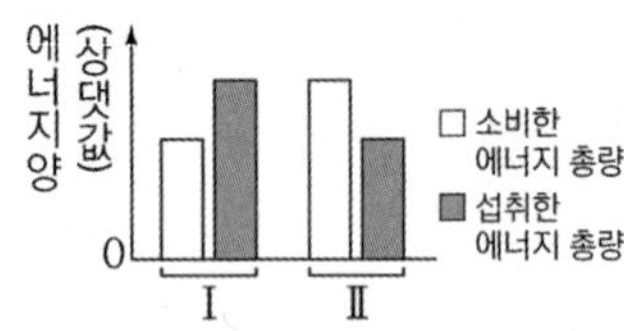

이에 대한 설명으로 옳은 것만을 〈보기〉에서 있는 대로 고른 것은?

[보기]

ㄱ. ㉡은 기초 대사량이다.
ㄴ. Ⅱ의 하루 동안 소비한 에너지 총량에 ㉠이 포함되어 있다.
ㄷ. 하루 동안 섭취한 에너지 총량이 소비한 에너지 총량보다 적은 상태가 지속되면 체중이 감소한다.

① ㄱ ② ㄴ ③ ㄱ, ㄷ ④ ㄴ, ㄷ ⑤ ㄱ, ㄴ, ㄷ

C46 ✿❀❀ 2020 실시 3월 학평 7

표는 사람의 질환 (가)와 (나)의 특징을 나타낸 것이다. (가)와 (나)는 당뇨병과 고지혈증을 순서 없이 나타낸 것이다.

질환	특징
(가)	혈액에 콜레스테롤과 중성 지방 등이 정상 범위 이상으로 많이 들어 있다.
(나)	호르몬 ㉠의 분비 부족이나 작용 이상으로 혈당량이 조절되지 못하고 오줌에서 포도당이 검출된다.

이에 대한 옳은 설명만을 〈보기〉에서 있는 대로 고른 것은?

[보기]

ㄱ. (가)는 당뇨병이다.
ㄴ. ㉠은 이자에서 분비된다.
ㄷ. (가)와 (나)는 모두 대사성 질환이다.

① ㄱ ② ㄴ ③ ㄱ, ㄷ
④ ㄴ, ㄷ ⑤ ㄱ, ㄴ, ㄷ

❖ 정답 및 해설 66~67p

항상성과 몸의 조절

D 자극의 전달

1 뉴런의 구조와 종류

2 흥분의 발생과 전도

3 흥분의 전달

★1등급 대비 문제 특강

E 근수축 운동

★고난도 대비 문제 특강

F 신경계

1 중추 신경계

2 말초 신경계

G 항상성 유지

1 호르몬과 항상성

2 혈당량 유지

3 체온 유지

4 삼투압 유지

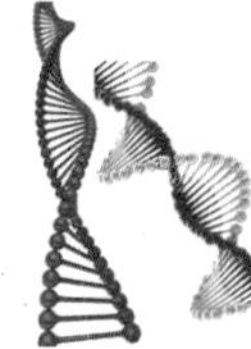

1등급 대비 단원

★ 2025 수능 출제 분석

- **흥분의 전도와 전달** : 막전위 값을 통해 두 뉴런의 흥분 전도 속도와 각 지점의 시냅스 유무를 추론하는 문제가 평이하게 출제되었다.

대비년도	출제 개념	난이도
2025 수능	흥분의 전도와 전달	★★
2025 9월	흥분의 전도와 전달	★★
2025 6월	흥분의 전도와 전달	★★
2024 수능	흥분의 전도와 전달	★★★

1 뉴런의 구조와 종류

1. **뉴런**: 신경계의[1] 구조적 기능적 기본 단위가 되는 신경 세포이다.

2. **뉴런의 구조**: 뉴런은 크기와 모양이 다양하며, 신경 세포체, 가지 돌기, 축삭 돌기로 이루어져 있다.

신경 세포체	• 핵과 여러 세포 소기관이 있다. • 신경 세포의 생명 활동에 필요한 다양한 물질대사가 일어난다.
가지 돌기	다른 뉴런이나 감각기에서 오는 신호를 받아들이기 위해 신경 세포체에서 뻗어 나온 짧은 돌기이다.
축삭 돌기	다른 뉴런이나 반응기로 신호를 전달하기 위해 신경 세포체에서 뻗어 나온 긴 돌기이다.

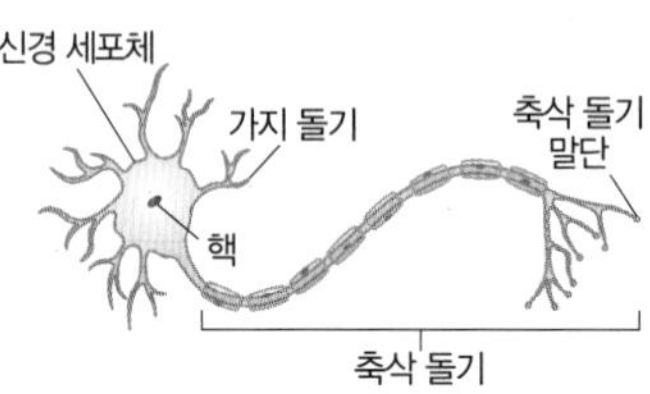

▲ 뉴런의 구조

3. **뉴런의 종류**

(1) **말이집[2] 유무에 따른 구분**: 말이집 신경(뉴런)과 민말이집 신경(뉴런)으로 구분된다.

말이집 신경	• 축삭 돌기가 말이집으로 싸여 있으며, 랑비에 결절이[3] 있다. • 말이집에 의해 절연된 축삭 돌기 부분에서는 흥분이 발생하지 않고 말이집으로 싸여 있지 않은 랑비에 결절에서만 흥분이 발생한다. (도약 전도)[4]
민말이집 신경	• 축삭 돌기가 말이집으로 싸여 있지 않다. • 민말이집 뉴런은 축삭 돌기 전체에서 흥분이 발생한다.

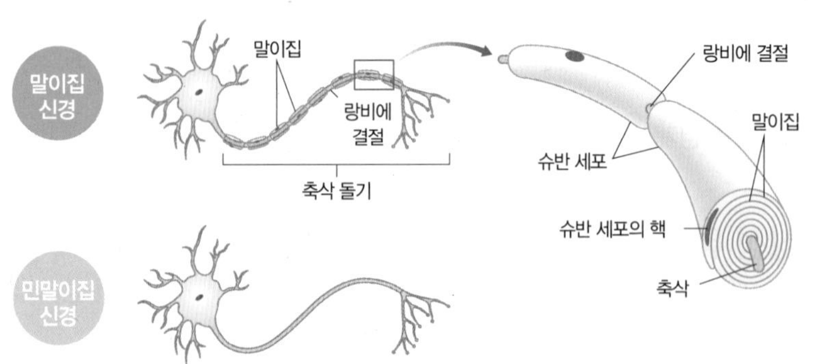

▲ 말이집 신경과 민말이집 신경

(2) **기능에 따른 구분**: 구심성 뉴런, 연합 뉴런, 원심성 뉴런으로 구분한다.

구심성 뉴런	• 감각기에서 받아들인 자극을 중추 신경의 연합 뉴런으로 전달하는 뉴런이다. 예 감각 뉴런 • 가지 돌기가 비교적 긴 편이며, 신경 세포체가 축삭 돌기의 끝부분이 아닌 중간 부분에 있다.
연합 뉴런	뇌, 척수와 같은 중추 신경을 이루는 뉴런이다. 예 구심성 뉴런에서 온 정보를 통합하여 원심성 뉴런으로 적절한 반응 명령을 내린다.
원심성 뉴런	• 중추 신경에서 판단하여 내린 명령을 근육과 같은 반응기로 전달하는 뉴런이다. 예 운동 뉴런 • 신경 세포체가 크고 축삭 돌기가 길게 발달되어 있다.

1 신경계
- 감각기에서 받아들인 정보를 전달하고, 자극을 판단하여 반응기로 명령을 내리는 역할을 하는 기관계이다.
- 사람의 신경계는 많은 뉴런이 머리와 몸 중앙에 집중되어 뇌와 척수를 이루고, 중심에서 온몸으로 나오는 신경 다발이 신경망을 형성한다.

2 말이집
- 슈반 세포의 세포막이 길게 늘어나 축삭을 여러 겹으로 감아서 형성된 것으로, 축삭 돌기를 통한 신호 전달 과정에서 막을 통한 이온의 이동을 막는 절연체 역할을 한다.
- 말이집으로 싸여진 부분에서는 흥분이 발생하지 않는다.

3 랑비에 결절
말이집 신경에서 말이집과 말이집 사이에 축삭이 노출된 부분이다. 말이집 신경은 랑비에 결절에서만 활동 전위가 형성되어 축삭을 통한 신호 전달이 빠르게 일어난다.

4 도약전도
랑비에 결절에서 연속적으로 흥분이 발생해 흥분이 전도되는 현상이다.

(3) **자극의 전달 경로**

자극에 의해 감각기에서 발생한 흥분은 구심성 뉴런을 거쳐 연합 뉴런으로 전달되고, 연합 뉴런에서 정보를 처리하여 발생한 흥분은 원심성 뉴런으로 전달된 후 반응기로 전해진다.

2 흥분의 발생과 전도

1. 흥분 발생 과정

뉴런이 역치⑤ 이상의 자극을 받으면 자극을 받은 지점에서는 '분극 → 탈분극 → 재분극' 순으로 흥분이 일어난다.

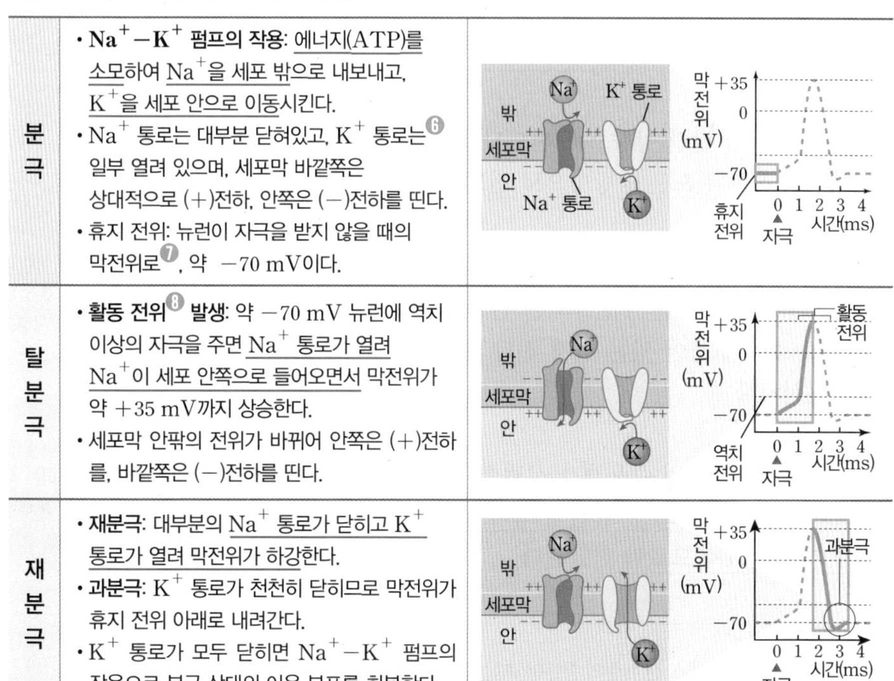

	설명	그림
분극	• **Na^+-K^+ 펌프의 작용**: 에너지(ATP)를 소모하여 Na^+을 세포 밖으로 내보내고, K^+을 세포 안으로 이동시킨다. • Na^+ 통로는 대부분 닫혀있고, K^+ 통로는⑥ 일부 열려 있으며, 세포막 바깥쪽은 상대적으로 (+)전하, 안쪽은 (−)전하를 띤다. • **휴지 전위**: 뉴런이 자극을 받지 않을 때의 막전위로⑦, 약 −70 mV이다.	밖 / 세포막 / 안 / Na^+ / K^+ 통로 / Na^+ 통로 / K^+ / 막전위(mV) +35, 0, −70 / 휴지 전위 / 자극 / 0 1 2 3 4 시간(ms)
탈분극	• **활동 전위⑧ 발생**: 약 −70 mV 뉴런에 역치 이상의 자극을 주면 Na^+ 통로가 열려 Na^+이 세포 안쪽으로 들어오면서 막전위가 약 +35 mV까지 상승한다. • 세포막 안팎의 전위가 바뀌어 안쪽은 (+)전하를, 바깥쪽은 (−)전하를 띤다.	밖 / 세포막 / 안 / Na^+ / K^+ / 막전위(mV) +35, 0, −70 / 활동 전위 / 역치 전위 / 자극 / 0 1 2 3 4 시간(ms)
재분극	• **재분극**: 대부분의 Na^+ 통로가 닫히고 K^+ 통로가 열려 막전위가 하강한다. • **과분극**: K^+ 통로가 천천히 닫히므로 막전위가 휴지 전위 아래로 내려간다. • K^+ 통로가 모두 닫히면 Na^+-K^+ 펌프의 작용으로 분극 상태의 이온 분포를 회복한다.	밖 / 세포막 / 안 / Na^+ / K^+ / 막전위(mV) +35, 0, −70 / 과분극 / 자극 / 0 1 2 3 4 시간(ms)

⑤ 역치 전위
활동 전위가 발생하기 위해 도달해야 하는 최소한의 막전위이다. 자극에 의해 막전위가 역치 전위 이상으로 상승하면 활동 전위가 발생한다. 반응을 일으킬 수 있는 최소한의 자극의 세기이다.

⑥ Na^+ 통로와 K^+ 통로
Na^+은 Na^+ 통로를 통해, K^+은 K^+ 통로를 통해 확산된다.
흥분의 발생에 관여하는 Na^+ 통로와 K^+ 통로는 막전위 변화에 따라 열리고 닫힌다.

⑦ 막전위
세포막을 경계로 나타나는 세포 안과 밖의 전위차이다. 세포 밖을 기준으로 세포 안의 상대적인 전위를 나타낸다.

⑧ 활동 전위의 특성
자극의 세기가 커질 때는 활동 전위의 크기가 변하지 않고, 발생 빈도가 증가한다.

흥분의 발생과 막전위 변화

뉴런에서 발생한 흥분이 전도되는 까닭은 축삭 돌기에서 나타나는 막전위의 급격하고 일시적인 변화인 활동 전위가 축삭 돌기를 따라 연속적으로 발생하기 때문이다. 활동 전위의 발생 과정에서 뉴런의 막전위 변화에 대해 자세히 알아보자.

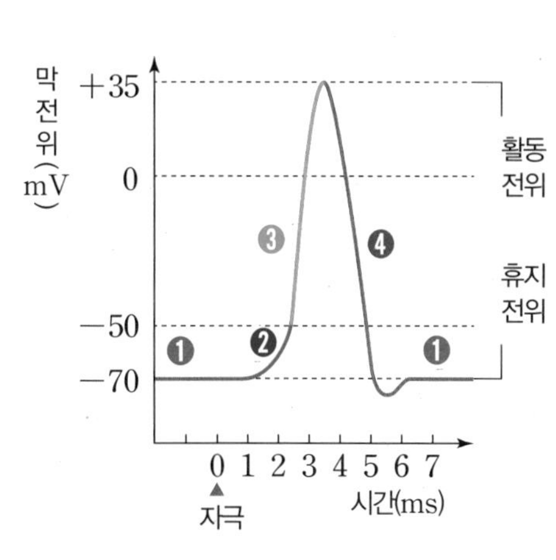

단계	그림	설명
❶ 분극	휴지 전위 상태	자극을 받지 않았을 때는 Na^+ 통로와 대부분의 K^+ 통로가 닫혀 있고, 휴지 전위가 유지된다.
❷ 탈분극	Na^+ / Na^+이 유입되기 시작	자극을 받으면 일부 Na^+ 통로가 열리고 Na^+이 유입되어 막전위가 상승한다.
❸ 활동 전위 발생	Na^+ / Na^+ / 다량의 Na^+이 유입	막전위가 역치 이상이 되면 대부분의 Na^+ 통로가 열려 Na^+이 대량으로 유입되어 막전위가 급격히 상승한다.
❹ 재분극	K^+ / K^+ / K^+의 유출로 재분극	Na^+ 통로가 닫히고 K^+ 통로가 열려 K^+이 유출되어 막전위가 하강한다. K^+ 통로가 천천히 닫히므로 일부 열려 있는 K^+ 통로를 통해 K^+이 계속 유출되어 막전위가 휴지 전위보다 낮아지지만, 곧 휴지 전위로 돌아간다.

2. **흥분의 전도**: 흥분이 뉴런 내에서 이동하는 현상이다. 

(1) **흥분 전도 과정**

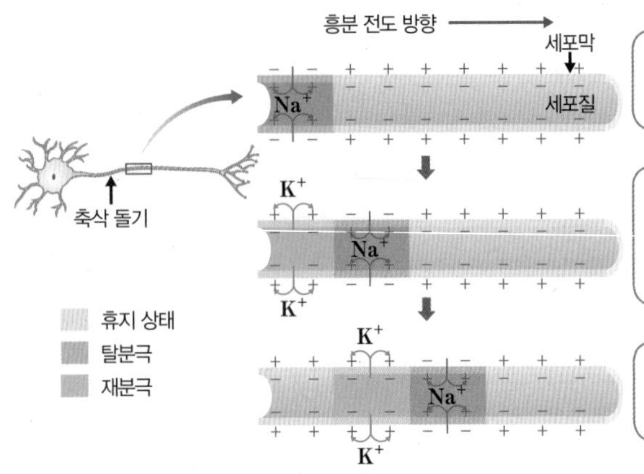

자극을 받으면 신경 세포의 한 부위에 Na^+이 유입되어 탈분극이 일어난다.

⬇

Na^+이 옆으로 확산하여 탈분극이 일어나게 하고, 탈분극이 일어났던 부위는 K^+이 유출되어 재분극된다.

⬇

활동 전위가 축삭 돌기를 따라 연속으로 발생하여 흥분이 전도된다.

(2) **흥분의 전도 방향**: 흥분은 신경 세포체에서 축삭 돌기 말단 방향으로 전도되며, 만약 축삭 돌기 중간 지점에서 활동 전위가 발생하면 흥분 전도는 양방향으로 전도된다.

출제 2025 대비 수능 12번 / 2025 대비 9월 모평 10번 / 2025 대비 6월 모평 15번

★ 6월, 9월 모두 막전위 값을 통해 두 뉴런의 흥분 전도 속도와 각 지점을 추론하는 문제가 보통으로 출제되었다.
수능에서는 막전위 값을 통해 두 뉴런의 흥분 전도 속도와 각 지점의 시냅스 유무를 추론하는 문제가 보통으로 출제되었다.

3 흥분의 전달

1. **흥분 전달**: 시냅스를[9] 통해 한 뉴런에서 다음 뉴런으로 흥분이 전달되는 현상이다.
➡ 흥분이 축삭 돌기 말단에 전도되면 시냅스 소포에 들어 있는 신경 전달 물질이[10] 시냅스 틈으로 분비되어 다음 뉴런을 흥분시킨다.

2. **흥분 전달의 방향성**
시냅스 소포는 축삭 돌기 말단에만 있고, 신경 전달 물질의 수용체가 시냅스 후 뉴런의 신경 세포체나 가지 돌기에 있으므로 흥분은 시냅스 전 뉴런의 축삭 돌기 말단에서 시냅스 후 뉴런의 신경 세포체나 가지 돌기 쪽으로만 전달된다.

9 시냅스
한 뉴런의 축삭 돌기 말단이 다음 뉴런과 약 20nm의 좁은 간격을 두고 접해 있는 접속 부위이다. 시냅스의 좁은 틈을 시냅스 틈이라 한다.

10 신경 전달 물질
뉴런의 축삭 돌기 말단에서 분비되어 인접한 뉴런이나 반응기에 신호를 전달하는 화학 물질이다. 도파민, 아세틸콜린, 노르에피네프린 등이 있다.

✿ 시냅스에서의 흥분 전달 과정

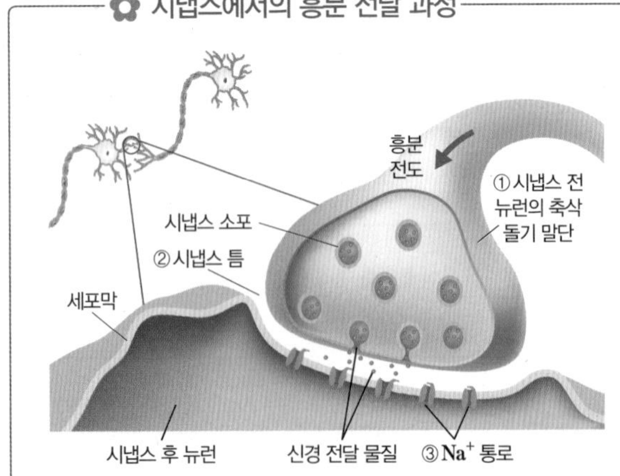

① 시냅스 전 뉴런의 흥분이 축삭 돌기 말단에 전도되어 활동 전위가 발생하면 시냅스 소포가 세포막과 융합한다.
② 시냅스 소포에 있던 신경 전달 물질이 시냅스 틈으로 분비된다.
③ 신경 전달 물질이 확산되어 인접한 시냅스 후 뉴런의 가지 돌기 또는 신경 세포체에 있는 수용체에 결합하고 Na^+ 통로를 열리게 한다. 이 열린 Na^+ 통로를 통해 Na^+이 유입되면서 세포막이 탈분극되어 시냅스 후 뉴런의 축삭 돌기에서 활동 전위가 발생한다.

꼭 외워!

＊뉴런의 구조

신경 세포체	뉴런의 생명 활동 조절, 핵과 세포 소기관 존재
가지 돌기	자극을 받아들임
축삭 돌기	흥분을 전달함

＊뉴런의 종류

- **말이집 유무에 따른 구분**: 말이집 신경, 민말이집 신경
- **기능에 따른 구분**: 구심성 뉴런, 연합 뉴런, 원심성 뉴런

＊흥분의 전도

- Na^+-K^+ **펌프**: ATP 소모, Na^+은 세포 밖, K^+은 세포 안으로 이동
- **막전위 변화**: 분극 → 탈분극 → 재분극 순으로 일어남
- **방향**: 양방향

＊흥분의 전달: 시냅스 전 뉴런의 축삭 돌기 말단에서 시냅스 후 뉴런의 신경 세포체나 가지 돌기로 전달

1 뉴런의 구조와 종류

01 그림은 어떤 뉴런의 구조를 나타낸 것이다. ㉠~㉢은 각각 가지 돌기, 말이집, 신경 세포체 중 하나이다. 이에 대한 설명으로 옳은 것은 ○, 옳지 않은 것은 × 표시하시오.

〈2022 실시 6월 학평 9 (고2)〉

(1) ㉠은 신경 세포체이다. 1 (○, ×)

(2) ㉡에서 생명 활동에 필요한 에너지가 생성된다. 2 (○, ×)

(3) ㉢은 절연체 역할을 한다. 3 (○, ×)

02 그림은 자극에 대한 신호 전달 경로를 나타낸 것이다. 빈칸에 알맞은 말을 쓰시오.

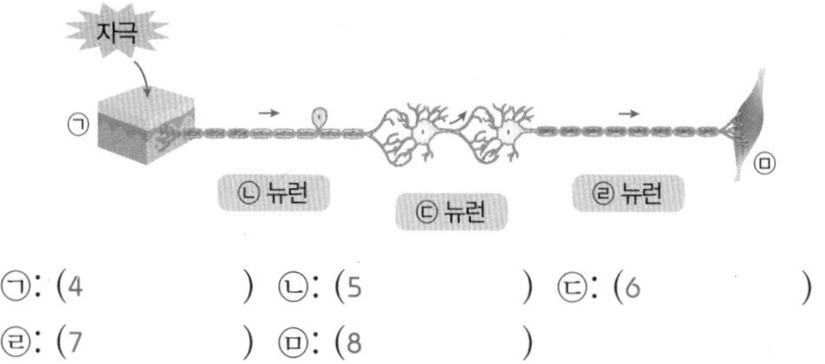

㉠: (4) ㉡: (5) ㉢: (6)
㉣: (7) ㉤: (8)

2 흥분의 발생과 전도

03 흥분 발생 과정에 대한 설명으로 옳은 것은 ○, 옳지 않은 것은 × 표시하시오.

(1) 휴지 상태의 막전위는 0 mV이다. 9 (○, ×)

(2) Na^+-K^+ 펌프가 작동할 때 ATP가 사용된다. 10 (○, ×)

(3) 탈분극 상태에서는 Na^+이 세포 안쪽으로 들어온다. 11 (○, ×)

(4) 자극의 세기가 커지면 활동 전위의 크기도 커진다. 12 (○, ×)

(5) 재분극 과정에서 K^+ 통로가 열리면 K^+이 세포 안으로 들어온다. 13 (○, ×)

04 다음은 흥분의 전도에 대한 설명이다. 빈칸에 알맞은 말을 고르시오.

(1) 축삭 돌기의 중간 지점에서 활동 전위가 발생하면 흥분은 14 (양방향 / 한방향)으로 전도된다.

(2) 축삭의 지름이 15 (클수록 / 작을수록) 흥분의 전도 속도가 빠르다.

(3) 민말이집 신경은 말이집 신경에 비해 흥분의 이동 속도가 16 (빠르다 / 느리다).

(4) 말이집 신경에서는 랑비에 결절에서만 활동 전위가 발생하여 흥분이 이동하는 17 (도약전도 / 흥분 전달)(이)가 일어난다.

3 흥분의 전달

05 그림은 시냅스에서 일어나는 흥분 전달 과정을 나타낸 것이다. ㉠과 ㉡은 각각 Na^+과 신경 전달 물질 중 하나이다. 이에 대한 설명으로 옳은 것은 ○, 옳지 않은 것은 × 표시하시오.

〈2020 실시 9월 학평 11 (고2)〉

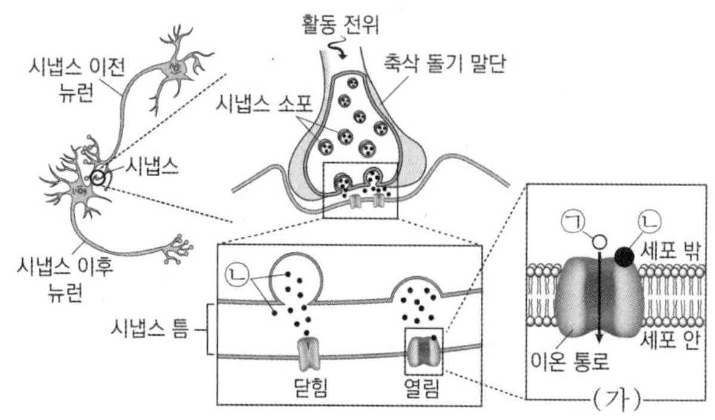

(1) ㉠은 신경 전달 물질이다. 18 (○, ×)

(2) (가)에서 ㉠의 농도는 세포 밖보다 세포 안이 더 높다. 19 (○, ×)

(3) 시냅스 이후 뉴런에 ㉡에 대한 수용체가 존재한다. 20 (○, ×)

(4) 흥분 전달은 시냅스 이전 뉴런에서 시냅스 이후 뉴런 방향으로 일어난다. 21 (○, ×)

정답

1 ×(㉠은 가지 돌기, ㉡은 신경 세포체, ㉢은 말이집) 2 ○ 3 ○ 4 감각기 5 구심성 6 연합 7 원심성 8 반응기 9 ×(-70mV) 10 ○ 11 ○ 12 ×(활동 전위 크기는 일정) 13 ×(세포 밖으로 이동) 14 양방향 15 클수록 16 느리다 17 도약전도 18 × (㉠은 Na^+, ㉡은 신경 전달 물질) 19 × (세포 밖이 세포 안보다 더 높음) 20 ○ 21 ○

유형별 기출 문제 [2점, 3점]

PRACTICE QUESTION

1 뉴런의 구조와 종류

D01

2022 실시 6월 학평 9(고2)

그림은 어떤 뉴런의 구조를 나타낸 것이다. ㉠ ~ ㉢은 각각 가지 돌기, 말이집, 신경 세포체 중 하나이다.

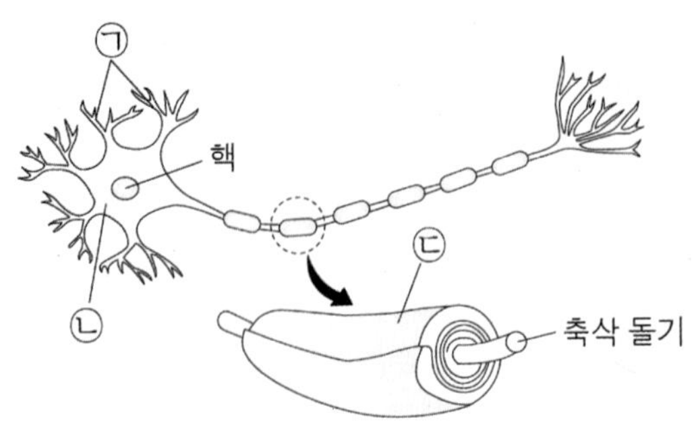

이에 대한 설명으로 옳은 것만을 〈보기〉에서 있는 대로 고른 것은?

[보기]

ㄱ. ㉠은 신경 세포체이다.
ㄴ. ㉡에서 생명 활동에 필요한 에너지가 생성된다.
ㄷ. ㉢은 절연체 역할을 한다.

① ㄱ ② ㄷ ③ ㄱ, ㄴ ④ ㄴ, ㄷ ⑤ ㄱ, ㄴ, ㄷ

D02

2020 실시 9월 학평 13(고2)

그림은 어떤 뉴런의 일부를 나타낸 것이다. ㉠과 ㉡은 각각 가지 돌기와 축삭 돌기 중 하나이다.

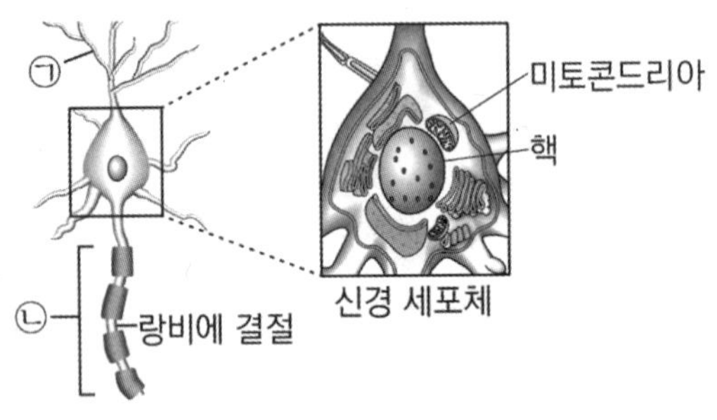

이에 대한 설명으로 옳은 것만을 〈보기〉에서 있는 대로 고른 것은?

[보기]

ㄱ. ㉠은 가지 돌기이다.
ㄴ. ㉡에서 흥분이 이동할 때 도약전도가 일어난다.
ㄷ. 신경 세포체에서 물질대사가 일어난다.

① ㄱ ② ㄷ ③ ㄱ, ㄴ ④ ㄴ, ㄷ ⑤ ㄱ, ㄴ, ㄷ

2 흥분의 발생과 전도

유형 01 흥분 전도와 이온의 막 투과도

(단서) 역치 이상의 자극이 주어진 후 두 이온의 그래프가 제시되어 있다.
(발상) Na^+이 먼저 이동하고 K^+이 나중에 이동함을 이용한다.

D03

2021 대비 수능 11

그림은 어떤 뉴런에 역치 이상의 자극을 주었을 때, 이 뉴런 세포막의 한 지점 P에서 측정한 이온 ㉠과 ㉡의 막 투과도를 시간에 따라 나타낸 것이다. ㉠과 ㉡은 각각 Na^+과 K^+ 중 하나이다.

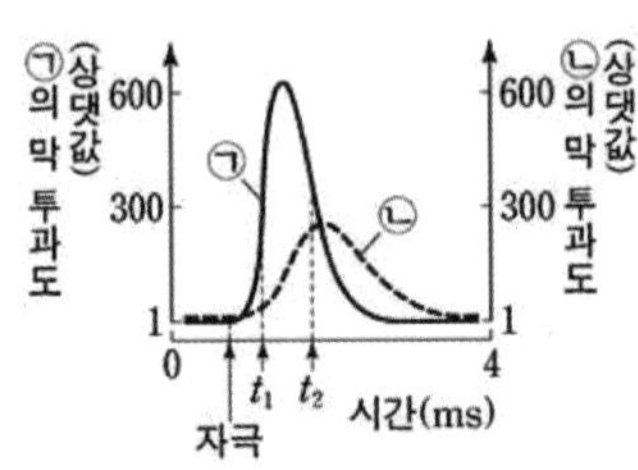

이에 대한 설명으로 옳은 것만을 〈보기〉에서 있는 대로 고른 것은?

[보기]

ㄱ. t_1일 때, P에서 탈분극이 일어나고 있다.
ㄴ. t_2일 때, ㉡의 농도는 세포 안에서가 세포 밖에서보다 높다.
ㄷ. 뉴런 세포막의 이온 통로를 통한 ㉠의 이동을 차단하고 역치 이상의 자극을 주었을 때, 활동 전위가 생성되지 않는다.

① ㄱ ② ㄴ ③ ㄱ, ㄷ ④ ㄴ, ㄷ ⑤ ㄱ, ㄴ, ㄷ

D04

2019 대비 9월 모평 15

그림은 어떤 뉴런에 역치 이상의 자극을 주었을 때, 이 뉴런 세포막의 한 지점에서 이온 ㉠과 ㉡의 막 투과도를 시간에 따라 나타낸 것이다. ㉠과 ㉡은 각각 Na^+과 K^+ 중 하나이다.

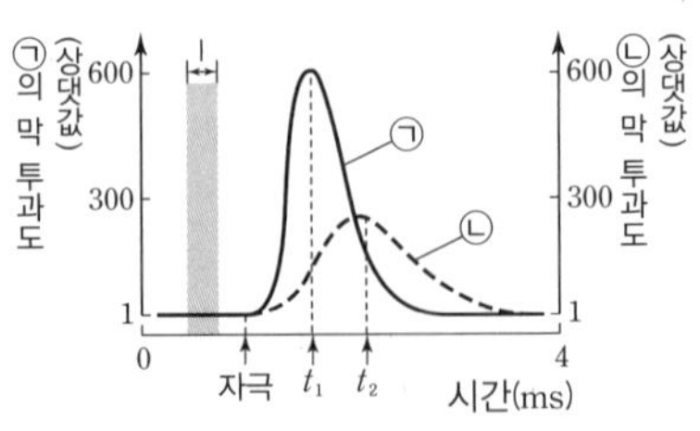

이에 대한 설명으로 옳은 것만을 〈보기〉에서 있는 대로 고른 것은? (3점)

[보기]

ㄱ. Na^+의 막 투과도는 t_1일 때가 t_2일 때보다 크다.
ㄴ. t_2일 때, K^+은 K^+ 통로를 통해 세포 밖으로 확산된다.
ㄷ. 구간 Ⅰ에서 Na^+-K^+ 펌프를 통해 ㉠이 세포 안으로 들어온다.

① ㄱ ② ㄷ ③ ㄱ, ㄴ ④ ㄴ, ㄷ ⑤ ㄱ, ㄴ, ㄷ

유형 02 **흥분 전도와 막전위 변화 — 한 시점일 때 비교**

(단서) 특정한 두 지점의 거리가 제시되어 있다.
(발상) 도달하는 데 걸린 시간을 구하여 전도 속도를 구해야 한다.

D05 ✿✿✿ 2023 실시 4월 학평 15

다음은 민말이집 신경 A의 흥분 전도에 대한 자료이다.

○ 그림은 A의 지점 $d_1 \sim d_4$의 위치를 나타낸 것이다. A는 1개의 뉴런이다.

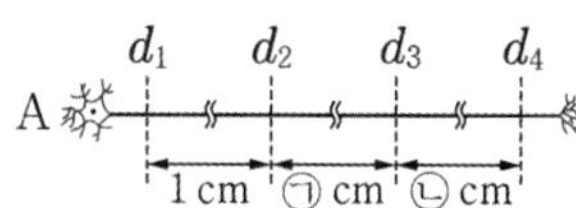

○ 표 (가)는 d_2에 역치 이상의 자극 Ⅰ을 주고 경과된 시간이 4 ms일 때 $d_1 \sim d_4$에서의 막전위를, (나)는 d_3에 역치 이상의 자극 Ⅱ를 주고 경과된 시간이 4 ms일 때 $d_1 \sim d_4$에서의 막전위를 나타낸 것이다. A에서 활동 전위가 발생하였을 때, 각 지점에서의 막전위 변화는 그림과 같다.

(가)

지점	d_1	d_2	d_3	d_4
막전위 (mV)	−80	?	?	−60

(나)

지점	d_1	d_2	d_3	d_4
막전위 (mV)	−60	0	?	?

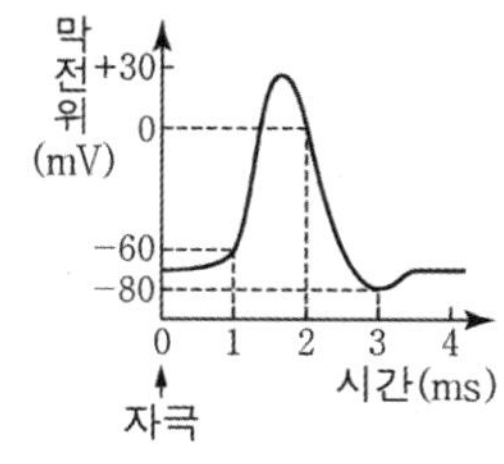

이에 대한 설명으로 옳은 것만을 〈보기〉에서 있는 대로 고른 것은? (단, Ⅰ과 Ⅱ에 의해 흥분의 전도는 각각 1회 일어났고, 휴지 전위는 −70 mV이다.) (3점)

[보기]

ㄱ. ㉡이 ㉠보다 크다.
ㄴ. A의 흥분 전도 속도는 1 cm/ms이다.
ㄷ. d_1에 역치 이상의 자극을 주고 경과된 시간이 5 ms일 때 d_4에서 탈분극이 일어나고 있다.

① ㄱ ② ㄴ ③ ㄷ ④ ㄱ, ㄴ ⑤ ㄴ, ㄷ

D06 ✿✿✿ 2020 실시 3월 학평 14

다음은 어떤 민말이집 신경의 흥분 전도에 대한 자료이다.

• 이 신경의 흥분 전도 속도는 2 cm/ms이다.
• 그림 (가)는 이 신경의 지점 $P_1 \sim P_3$ 중 ㉠P_2에 역치 이상의 자극을 1회 주고 경과된 시간이 3 ms일 때 P_3에서의 막전위를, (나)는 $P_1 \sim P_3$에서 활동 전위가 발생하였을 때 각 지점에서의 막전위 변화를 나타낸 것이다.

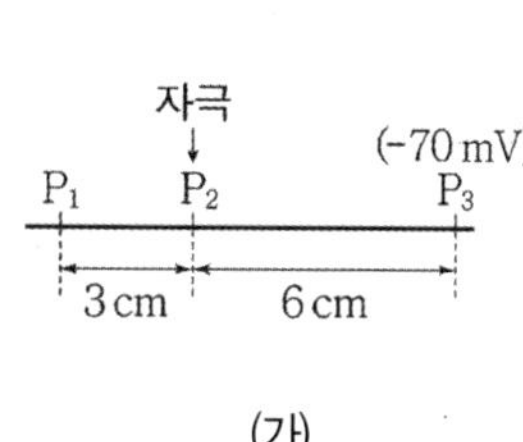

(가)

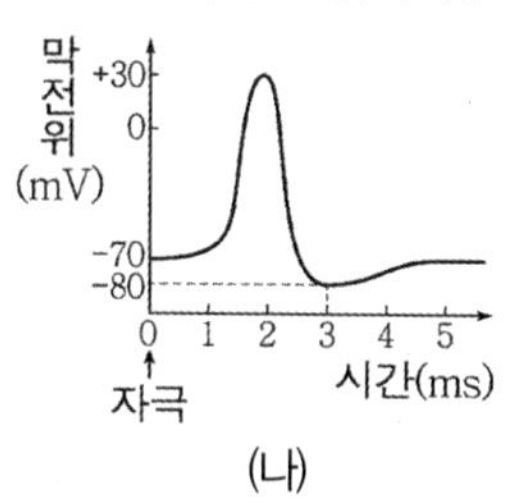

(나)

㉠일 때, 이에 대한 옳은 설명만을 〈보기〉에서 있는 대로 고른 것은? (단, 이 신경에서 흥분 전도는 1회 일어났다.) (3점)

[보기]

ㄱ. P_1에서 탈분극이 일어나고 있다.
ㄴ. P_2에서의 막전위는 −70 mV이다.
ㄷ. P_3에서 Na^+-K^+ 펌프를 통해 K^+이 세포 밖으로 이동한다.

① ㄱ ② ㄴ ③ ㄱ, ㄴ ④ ㄱ, ㄷ ⑤ ㄴ, ㄷ

D07 ✿✿✿ 2019 실시 3월 학평 15

그림 (가)는 민말이집 신경 A와 B에 역치 이상의 자극을 동시에 1회 주고 경과된 시간이 t_1일 때 지점 $P_1 \sim P_4$에서 측정한 막전위를, (나)는 $P_1 \sim P_4$에서 활동 전위가 발생하였을 때 각 지점에서의 막전위 변화를 나타낸 것이다. B의 흥분 전도 속도는 3 cm/ms이다.

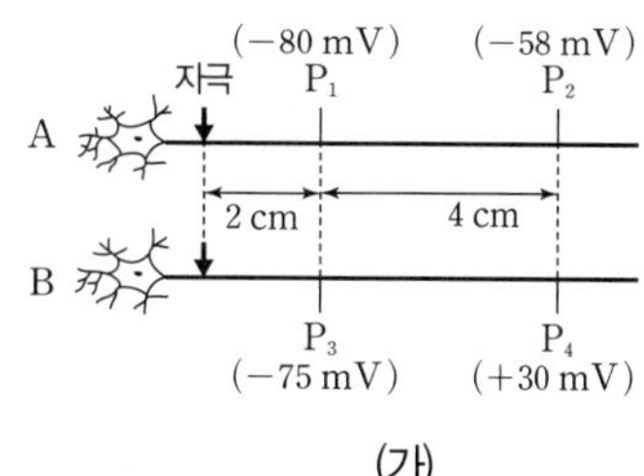

(가)

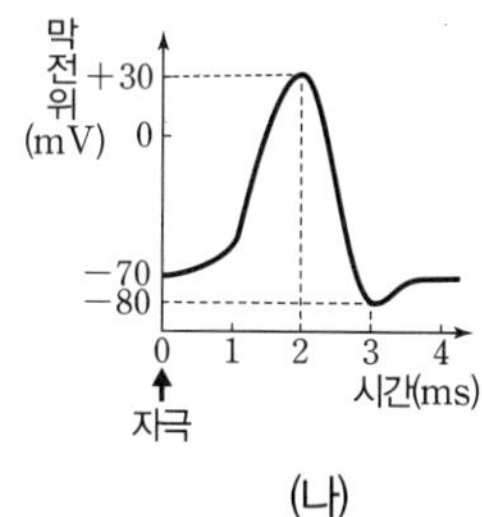

(나)

이에 대한 옳은 설명만을 〈보기〉에서 있는 대로 고른 것은? (단, A와 B에서 흥분의 전도는 각각 1회 일어났고, 휴지 전위는 −70 mV이다.) (3점)

[보기]

ㄱ. t_1은 4 ms이다.
ㄴ. A의 흥분 전도 속도는 2 cm/ms이다.
ㄷ. t_1일 때 P_2에서 Na^+ 통로를 통해 Na^+이 유입된다.

① ㄱ ② ㄷ ③ ㄱ, ㄴ ④ ㄴ, ㄷ ⑤ ㄱ, ㄴ, ㄷ

❖ 정답 및 해설 68~71p

D08 ✿❀❀ 2024 대비 6월 모평 5

그림은 조건 Ⅰ~Ⅲ에서 뉴런 P의 한 지점에 역치 이상의 자극을 주고 측정한 시간에 따른 막전위를 나타낸 것이고, 표는 Ⅰ~Ⅲ에 대한 자료이다. ㉠과 ㉡은 Na^+과 K^+을 순서 없이 나타낸 것이다.

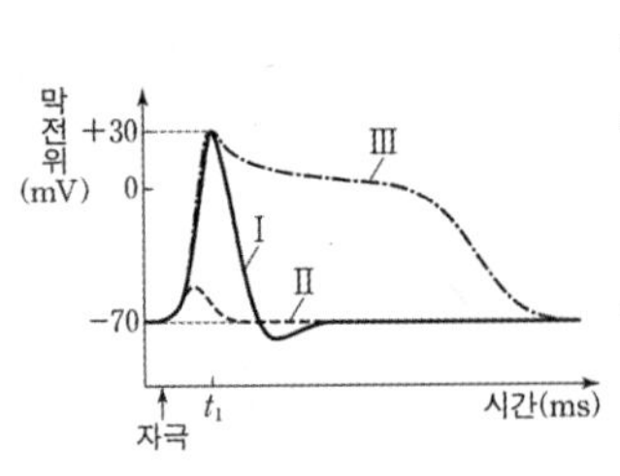

구분	조건
Ⅰ	물질 A와 B를 처리하지 않음
Ⅱ	물질 A를 처리하여 세포막에 있는 이온 통로를 통한 ㉠의 이동을 억제함
Ⅲ	물질 B를 처리하여 세포막에 있는 이온 통로를 통한 ㉡의 이동을 억제함

이에 대한 설명으로 옳은 것만을 〈보기〉에서 있는 대로 고른 것은? (단, 제시된 조건 이외는 고려하지 않는다.) (3점)

[보기]

ㄱ. ㉠은 Na^+이다.

ㄴ. t_1일 때, Ⅰ에서 ㉡의 $\frac{\text{세포 안의 농도}}{\text{세포 밖의 농도}}$는 1보다 작다.

ㄷ. 막전위가 +30 mV에서 −70 mV가 되는 데 걸리는 시간은 Ⅲ에서가 Ⅰ에서보다 짧다.

① ㄱ ② ㄴ ③ ㄷ ④ ㄱ, ㄴ ⑤ ㄴ, ㄷ

D09 ✿✿❀ 2021 실시 11월 학평 15(고2)

다음은 민말이집 신경 A와 B의 흥분 전도에 대한 자료이다.

• 그림은 A와 B의 축삭 돌기 일부를, 표는 A와 B 중 하나는 P지점에, 나머지 하나는 Q지점에 각각 역치 이상의 자극을 동시에 1회 주고 경과된 시간이 4 ms일 때 지점 d_1~d_3에서의 막전위를 나타낸 것이다.

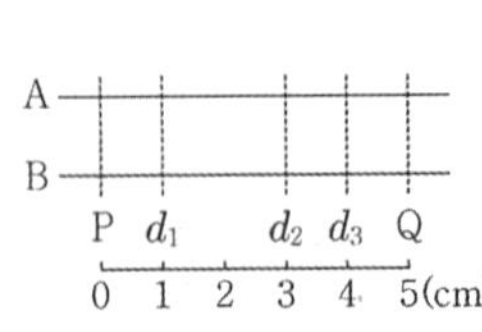

신경	4 ms일 때 막전위(mV)		
	d_1	d_2	d_3
A	0	−80	?
B	−80	−60	?

• A와 B 각각에서 활동 전위가 발생하였을 때, 각 지점에서의 막전위 변화는 그림과 같다.

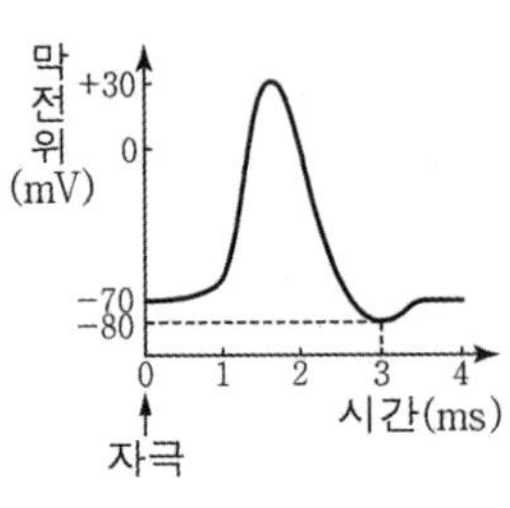

이에 대한 설명으로 옳은 것만을 〈보기〉에서 있는 대로 고른 것은? (단, A와 B에서 흥분의 전도는 각각 1회 일어났고, 휴지 전위는 −70 mV이다.) (3점)

[보기]

ㄱ. A에서 자극을 준 지점은 Q이다.

ㄴ. 흥분의 전도 속도는 B에서가 A에서보다 빠르다.

ㄷ. 4 ms일 때 B의 d_3에서 재분극이 일어나고 있다.

① ㄱ ② ㄴ ③ ㄷ ④ ㄱ, ㄷ ⑤ ㄴ, ㄷ

D10 ✿❀❀ 2023 대비 9월 모평 15

다음은 민말이집 신경 A와 B의 흥분 전도에 대한 자료이다.

○ 그림은 A와 B의 지점 d_1~d_4의 위치를, 표는 A의 ㉠과 B의 ㉡에 역치 이상의 자극을 동시에 1회 주고 경과된 시간이 3ms일 때 d_1~d_4에서의 막전위를 나타낸 것이다. ㉠과 ㉡은 각각 d_1~d_4 중 하나이다.

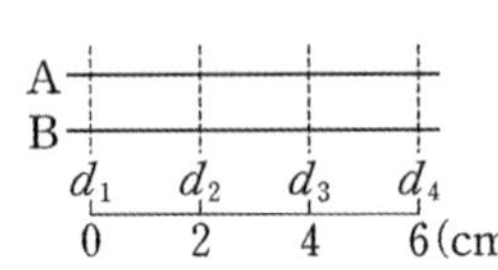

신경	3ms일 때 막전위(mV)			
	d_1	d_2	d_3	d_4
A	ⓒ	+10	ⓐ	ⓑ
B	ⓑ	ⓐ	ⓒ	ⓐ

○ A와 B의 흥분 전도 속도는 각각 1cm/ms와 2cm/ms 중 하나이다.

○ A와 B 각각에서 활동 전위가 발생하였을 때, 각 지점에서의 막전위 변화는 그림과 같다.

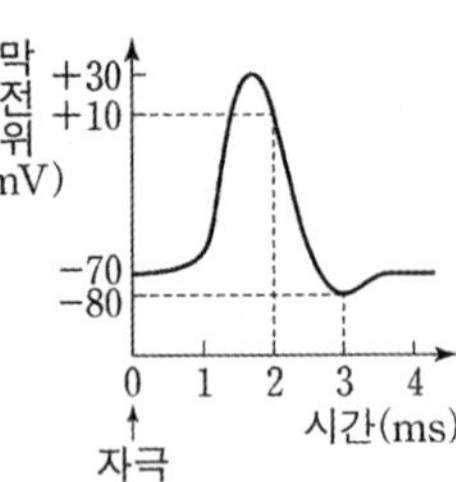

이에 대한 설명으로 옳은 것만을 〈보기〉에서 있는 대로 고른 것은? (단, A와 B에서 흥분의 전도는 각각 1회 일어났고, 휴지 전위는 −70 mV이다.) (3점)

[보기]

ㄱ. ㉡은 d_1이다.

ㄴ. A의 흥분 전도 속도는 2cm/ms 이다.

ㄷ. 3ms일 때 B의 d_2에서 재분극이 일어나고 있다.

① ㄱ ② ㄴ ③ ㄷ ④ ㄱ, ㄷ ⑤ ㄴ, ㄷ

D11 ✽✽✽ 2018 실시 7월 학평 10

그림은 신경 세포 (가)와 (나)의 일부를, 표는 (가)와 (나)의 **P** 지점에 역치 이상의 자극을 동시에 **1**회 주고 일정 시간이 지난 후 t_1일 때 두 지점 **A**, **B**에서 측정한 막전위를 나타낸 것이다. (가)와 (나) 중 하나는 민말이집 신경이고, 다른 하나는 말이집 신경이다.

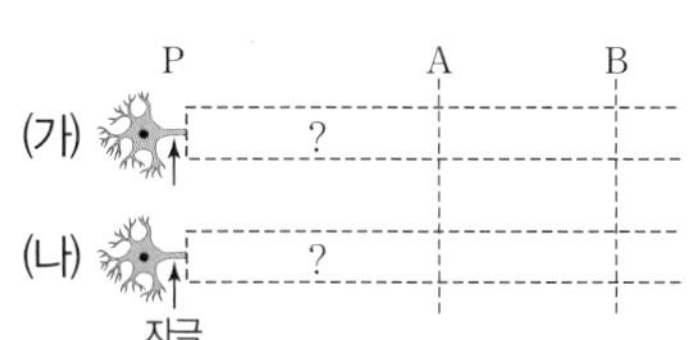

신경 세포	t_1일 때 측정한 막전위(mV)	
	A	B
(가)	−55	−55
(나)	−70	−75

이에 대한 설명으로 옳은 것만을 〈보기〉에서 있는 대로 고른 것은? (단, (가)와 (나)에서 흥분의 전도는 각각 **1**회 일어났고, 휴지 전위는 **−70 mV**이며, 말이집 유무를 제외한 나머지 조건은 동일하다.) (3점)

[보기]

ㄱ. (가)는 민말이집 신경이다.
ㄴ. t_1일 때 (가)의 A 지점에서 탈분극이 일어나고 있다.
ㄷ. t_1일 때 (나)의 B 지점에서 K^+의 농도는 세포 밖이 안보다 높다.

① ㄱ ② ㄴ ③ ㄷ ④ ㄱ, ㄴ ⑤ ㄱ, ㄷ

D12 ✽✽✽ 2021 실시 4월 학평 15

다음은 민말이집 신경 (가)와 (나)의 흥분 전도에 대한 자료이다.

○ 그림은 (가)와 (나)의 지점 d_1으로부터 세 지점 d_2~d_4까지의 거리를, 표는 ㉠ (가)와 (나)의 d_1에 역치 이상의 자극을 동시에 1회 주고 경과된 시간이 4 ms일 때 d_2~d_4에서의 막전위를 나타낸 것이다.

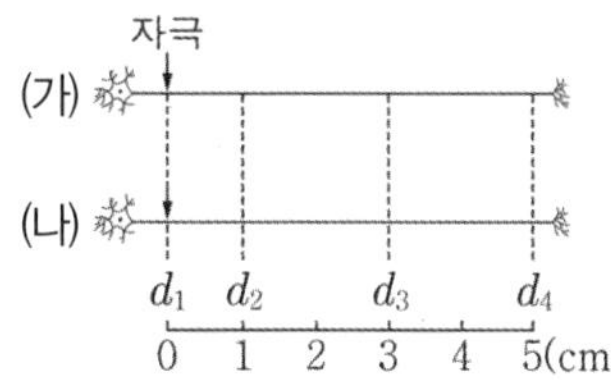

신경	4 ms일 때 막전위(mV)		
	d_2	d_3	d_4
(가)	−80	−60	ⓐ
(나)	−70	−60	ⓑ

○ (가)와 (나)의 흥분 전도 속도는 각각 1 cm/ms와 2 cm/ms 중 하나이다.
○ (가)와 (나) 각각에서 활동 전위가 발생하였을 때, 각 지점에서의 막전위 변화는 그림과 같다.

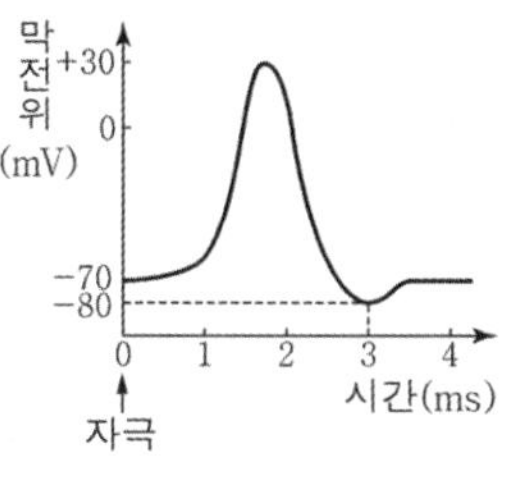

이에 대한 설명으로 옳은 것만을 〈보기〉에서 있는 대로 고른 것은? (단, (가)와 (나)에서 흥분의 전도는 각각 **1**회 일어났고, 휴지 전위는 **−70 mV**이다.) (3점)

[보기]

ㄱ. (가)의 흥분 전도 속도는 1 cm/ms이다.
ㄴ. ⓐ와 ⓑ는 같다.
ㄷ. ㉠이 3 ms일 때 (나)의 d_3에서 재분극이 일어나고 있다.

① ㄱ ② ㄴ ③ ㄱ, ㄷ ④ ㄴ, ㄷ ⑤ ㄱ, ㄴ, ㄷ

유형 03 흥분 전도와 막전위 변화 – 여러 시점일 때 비교

(단서) 하나의 신경에 경과된 시간이 여러 개가 제시되어 있다.
(발상) [자극을 주고 경과된 시간=흥분이 각 지점에 도달하는 데 걸린 시간+흥분이 도달한 후 막전위가 변한 시간]을 이용한다.

D13 ✽✽✽ 2020 실시 4월 학평 15

다음은 민말이집 신경 **A**와 **B**의 흥분 전도에 대한 자료이다.

• 그림 (가)는 A와 B의 지점 d_1으로부터 세 지점 d_2~d_4까지의 거리를, (나)는 A와 B 각각에서 활동 전위가 발생하였을 때 각 지점에서의 막전위 변화를 나타낸 것이다.

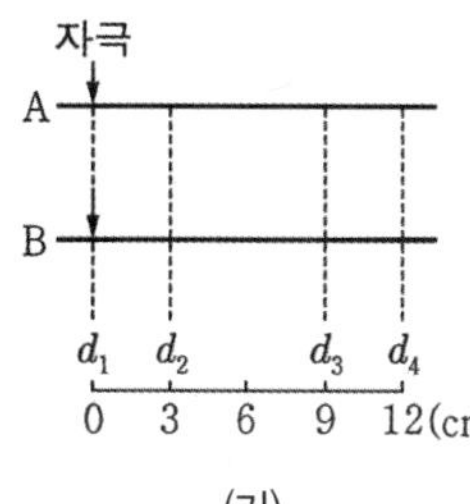

(가)

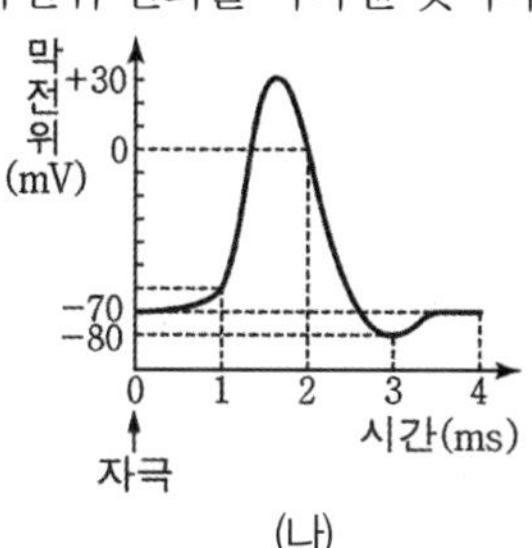

(나)

• A와 B의 흥분 전도 속도는 각각 1 cm/ms와 3 cm/ms 중 하나이다.
• 표는 A와 B의 d_1에 역치 이상의 자극을 동시에 1회 주고, 경과된 시간이 t_1일 때와 t_2일 때 d_2~d_4에서 측정한 막전위를 나타낸 것이다.

신경	t_1일 때 측정한 막전위(mV)			t_2일 때 측정한 막전위(mV)		
	d_2	d_3	d_4	d_2	d_3	d_4
A	?	−70	?	−80	?	−70
B	−70	0	−60	−70	?	0

이에 대한 설명으로 옳은 것만을 〈보기〉에서 있는 대로 고른 것은? (단, **A**와 **B**에서 흥분의 전도는 각각 **1**회 일어났고, 휴지 전위는 **−70mV**이다.) (3점)

[보기]

ㄱ. t_1은 5 ms이다.
ㄴ. B의 흥분 전도 속도는 1 cm/ms이다.
ㄷ. t_2일 때 B의 d_3에서 탈분극이 일어나고 있다.

① ㄱ ② ㄴ ③ ㄱ, ㄷ ④ ㄴ, ㄷ ⑤ ㄱ, ㄴ, ㄷ

D14 ✽✽❀ 2021 실시 3월 학평 15

표는 어떤 뉴런의 지점 d_1과 d_2 중 한 지점에 역치 이상의 자극을 1회 주고 경과된 시간이 t_1, t_2, t_3일 때 d_1과 d_2에서의 막전위를, 그림은 d_1과 d_2에서 활동 전위가 발생하였을 때 각 지점에서의 막전위 변화를 나타낸 것이다. ㉠과 ㉡은 0과 −38을 순서 없이 나타낸 것이고, $t_1 < t_2 < t_3$이다.

경과된 시간	막전위(mV)	
	d_1	d_2
t_1	−10	−33
t_2	㉠	㉡
t_3	−80	+25

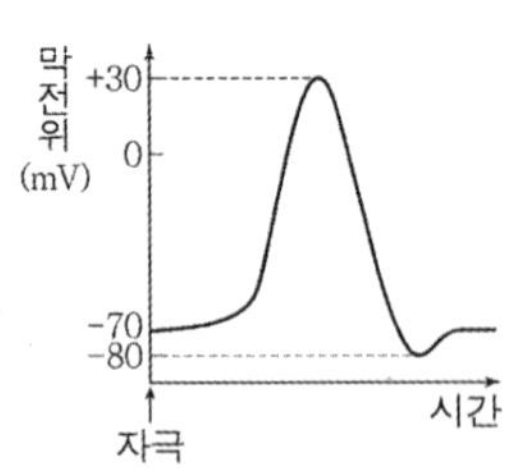

이에 대한 옳은 설명만을 〈보기〉에서 있는 대로 고른 것은? (단, 흥분 전도는 1회 일어났고, 휴지 전위는 −70mV이다.)

[보기]

ㄱ. 자극을 준 지점은 d_1이다.
ㄴ. ㉠은 0이다.
ㄷ. t_2일 때 d_2에서 재분극이 일어나고 있다.

① ㄱ ② ㄴ ③ ㄱ, ㄷ ④ ㄴ, ㄷ ⑤ ㄱ, ㄴ, ㄷ

D15 ✽✽❀ 2022 실시 3월 학평 11

다음은 민말이집 신경 A와 B의 흥분 전도에 대한 자료이다.

- 그림은 A와 B의 지점 d_1~d_3의 위치를, 표는 ㉠ A와 B의 d_1에 역치 이상의 자극을 동시에 1회 주고 경과된 시간이 Ⅰ~Ⅲ일 때 A의 d_2에서의 막전위를 나타낸 것이다. Ⅰ~Ⅲ은 각각 3ms, 4ms, 5ms 중 하나이다.

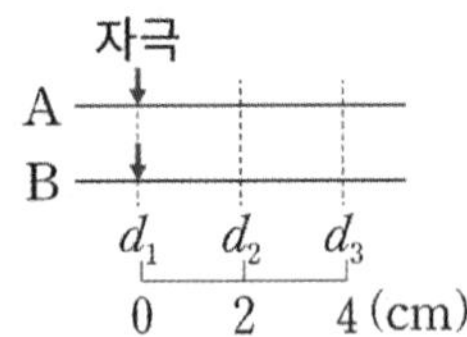

시간	Ⅰ	Ⅱ	Ⅲ
막전위 (mV)	−80	+30	−70

- 흥분 전도 속도는 A가 B의 2배이다.
- A와 B 각각에서 활동 전위가 발생하였을 때, 각 지점에서의 막전위 변화는 그림과 같다.

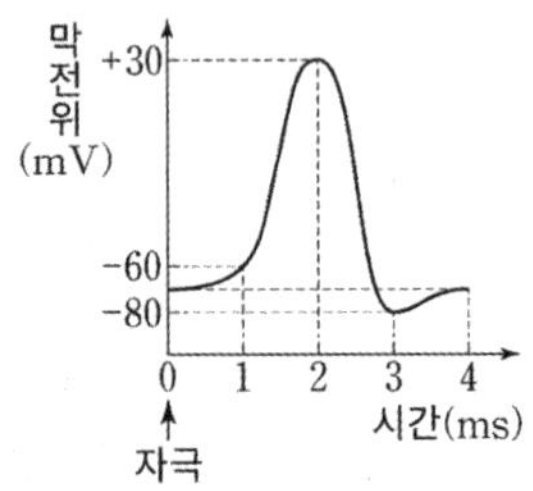

이에 대한 옳은 설명만을 〈보기〉에서 있는 대로 고른 것은? (단, A와 B에서의 흥분의 전도는 각각 1회 일어났고, 휴지 전위는 −70mV이다.) (3점)

[보기]

ㄱ. Ⅲ은 4ms이다.
ㄴ. B의 흥분 전도 속도는 1 cm/ms이다.
ㄷ. ㉠이 5ms일 때 B의 d_3에서 탈분극이 일어나고 있다.

① ㄱ ② ㄴ ③ ㄱ, ㄷ ④ ㄴ, ㄷ ⑤ ㄱ, ㄴ, ㄷ

D16 ✽✽✽ 2020 실시 9월 학평 18(고2)

다음은 민말이집 신경 X_1과 X_2에 대한 자료이다.

- 그림 (가)는 X_1과 X_2의 축삭 돌기에서 지점 d_1~d_4의 위치를, (나)는 X_1과 X_2에서 활동 전위가 발생하였을 때 각 지점에서의 막전위 변화를 나타낸 것이다. X_1과 X_2에서 d_1~d_4 사이의 흥분 전도 속도는 각각 일정하다.

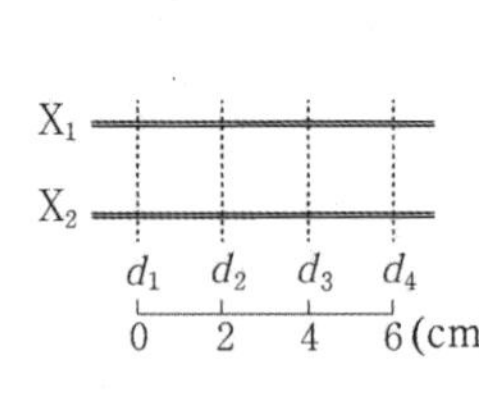

(가)

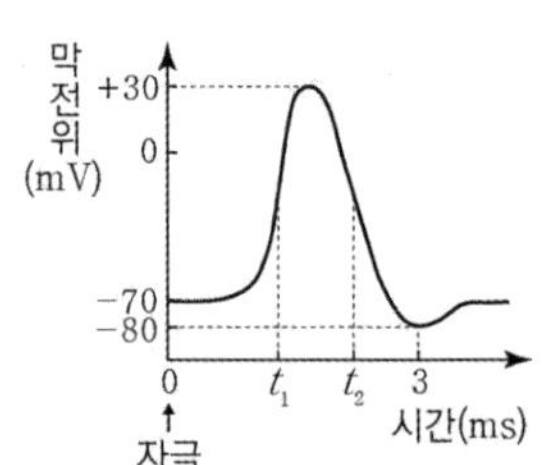

(나)

- X_1의 d_2와 d_3에 각각 역치 이상의 자극을 1회씩 준 후, d_4의 막전위가 +30 mV가 될 때까지 경과한 시간은 표와 같다.

자극을 준 지점	d_2	d_3
경과한 시간 (ms)	3.7	2.7

- ㉠ X_2의 d_1에 역치 이상의 자극을 1회 주고 경과한 시간이 5ms일 때, d_3에서 측정한 막전위는 −80mV이다.

이에 대한 설명으로 옳은 것만을 〈보기〉에서 있는 대로 고른 것은? (단, 자극에 따른 흥분 전도는 각각 1회 일어났고, 휴지 전위는 −70 mV이다.) (3점)

[보기]

ㄱ. (나)에서 Na^+의 막 투과도는 t_1일 때가 t_2일 때보다 크다.
ㄴ. ㉠이 3ms일 때, X_2의 d_2에서 탈분극이 일어나고 있다.
ㄷ. d_1~d_4 사이에서 $\frac{X_1\text{의 흥분 전도 속도}}{X_2\text{의 흥분 전도 속도}}$는 $\frac{1}{2}$이다.

① ㄱ ② ㄴ ③ ㄱ, ㄷ ④ ㄴ, ㄷ ⑤ ㄱ, ㄴ, ㄷ

D17 ✿✿❀

2021 실시 6월 학평 15(고2)

표는 민말이집 신경 A의 지점 P에서 d_1~d_3 지점까지의 거리와 P에 역치 이상의 자극을 1회 준 후 d_1~d_3의 막전위가 각각 +30 mV가 될 때까지 경과한 시간을, 그림은 A의 d_1~d_3에서 활동 전위가 발생하였을 때 각 지점에서의 막전위 변화를 나타낸 것이다.

지점	d_1	d_2	d_3
거리(cm)	4	6	㉠
경과한 시간(ms)	4	5	7

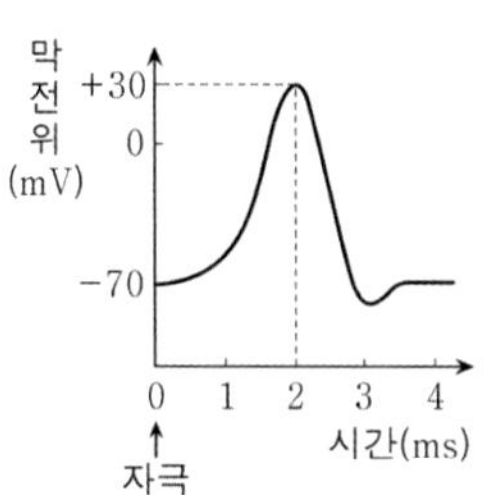

이에 대한 설명으로 옳은 것만을 〈보기〉에서 있는 대로 고른 것은? (단, 흥분의 전도는 1회 일어났고, A의 휴지 전위는 −70 mV이다.) (3점)

[보기]

ㄱ. ㉠은 10이다.
ㄴ. A에서 흥분의 전도 속도는 2 cm/ms이다.
ㄷ. P에 역치 이상의 자극을 1회 주고 경과한 시간이 2 ms일 때 d_1에서의 막전위와 d_3에서의 막전위는 같다.

① ㄱ ② ㄷ ③ ㄱ, ㄴ ④ ㄴ, ㄷ ⑤ ㄱ, ㄴ, ㄷ

D18 ✿✿❀

2023 실시 3월 학평 16

다음은 민말이집 신경 A와 B의 흥분 전도와 전달에 대한 자료이다.

○ 그림은 A와 B에서 지점 d_1~d_4의 위치를, 표는 ㉠ d_2에 역치 이상의 자극을 1회 주고 경과된 시간이 4 ms와 ⓐ ms일 때 d_3과 d_4의 막전위를 나타낸 것이다.

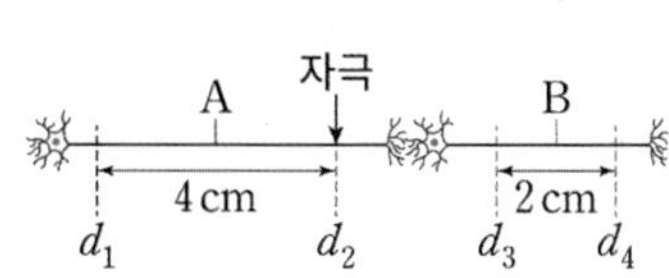

시간(ms)	막전위(mV)	
	d_3	d_4
4	+30	?
ⓐ	?	−80

○ A와 B의 흥분 전도 속도는 각각 2 cm/ms이다.
○ A와 B 각각에서 활동 전위가 발생했을 때, 각 지점의 막전위 변화는 그림과 같다.

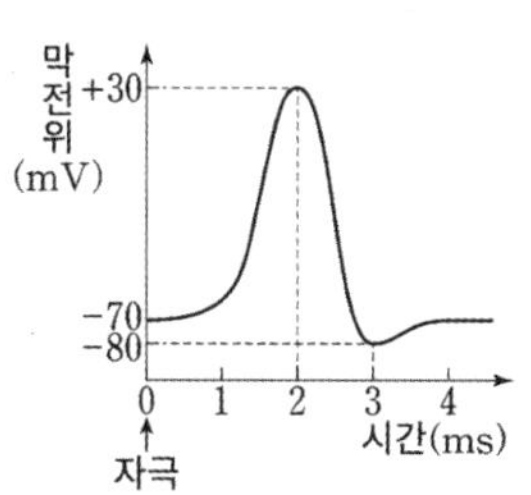

이에 대한 옳은 설명만을 〈보기〉에서 있는 대로 고른 것은? (단, A와 B에서 흥분의 전도는 각각 1회 일어났고, 휴지 전위는 −70 mV이다.) (3점)

[보기]

ㄱ. ⓐ는 6이다.
ㄴ. ㉠이 5 ms일 때 d_4의 막전위는 +30 mV이다.
ㄷ. ㉠이 3 ms일 때 d_1과 d_3에서 모두 탈분극이 일어나고 있다.

① ㄱ ② ㄷ ③ ㄱ, ㄴ ④ ㄴ, ㄷ ⑤ ㄱ, ㄴ, ㄷ

D19 ✿✿❀

2017 대비 6월 모평 15

그림 (가)는 어떤 뉴런에 역치 이상의 자극을 주었을 때 시간에 따른 막전위를, (나)는 이 뉴런에 물질 X를 처리하고 역치 이상의 자극을 주었을 때 시간에 따른 막전위를 나타낸 것이다. X는 세포막에 있는 이온 통로를 통한 Na^+과 K^+의 이동 중 하나를 억제한다.

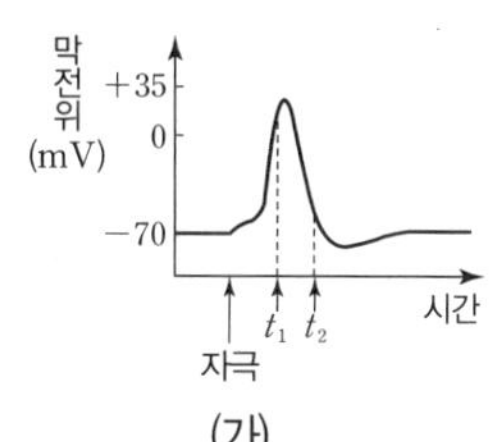

(가)

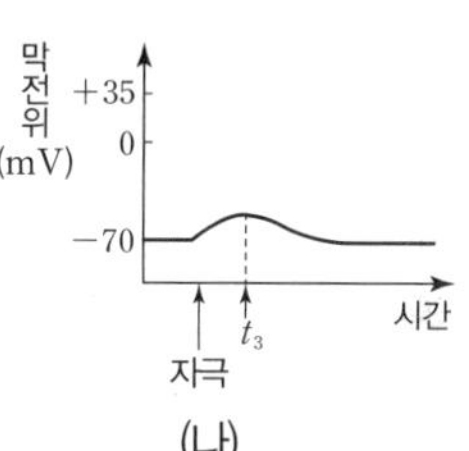

(나)

이에 대한 설명으로 옳은 것만을 〈보기〉에서 있는 대로 고른 것은? (3점)

[보기]

ㄱ. (가)에서 $\frac{K^+\text{의 막 투과도}}{Na^+\text{의 막 투과도}}$는 t_2일 때가 t_1일 때보다 크다.
ㄴ. X는 K^+의 이동을 억제한다.
ㄷ. (나)에서 t_3일 때 Na^+의 농도는 세포 안이 세포 밖보다 높다.

① ㄱ ② ㄴ ③ ㄱ, ㄴ ④ ㄱ, ㄷ ⑤ ㄴ, ㄷ

❖ 정답 및 해설 76~78p

D20 ✿✿✿ 2022 대비 6월 모평 11

다음은 민말이집 신경 A의 흥분 전도에 대한 자료이다.

○ 그림은 A의 지점 d_1로부터 네 지점 d_2~d_5까지의 거리를, 표는 d_1과 d_5 중 한 지점에 역치 이상의 자극을 1회 주고 경과된 시간이 4ms, 5ms, 6ms일 때 Ⅰ과 Ⅱ에서의 막전위를 나타낸 것이다. Ⅰ과 Ⅱ는 각각 d_2와 d_4 중 하나이다.

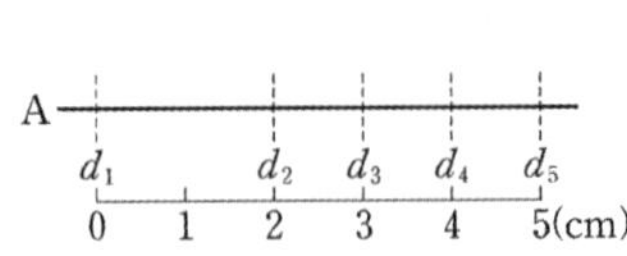

시간	막전위(mV)	
	Ⅰ	Ⅱ
4ms	?	+30
5ms	−60	ⓐ
6ms	+30	−70

○ A에서 활동 전위가 발생하였을 때, 각 지점에서의 막전위 변화는 그림과 같다.

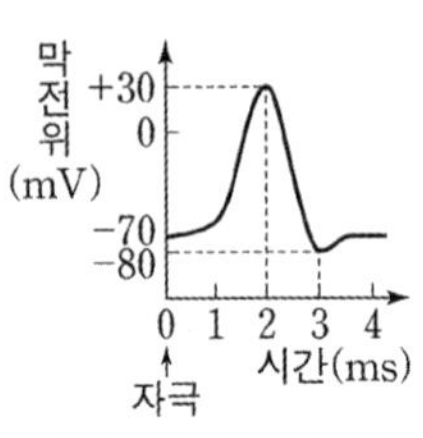

이에 대한 설명으로 옳은 것만을 〈보기〉에서 있는 대로 고른 것은? (단, A에서 흥분의 전도는 1회 일어났고, 휴지 전위는 −70mV이다.) (3점)

[보기]

ㄱ. A의 흥분 전도 속도는 2cm/ms이다.
ㄴ. ⓐ는 −80이다.
ㄷ. 4ms일 때 d_3에서 탈분극이 일어나고 있다.

① ㄱ ② ㄴ ③ ㄱ, ㄷ ④ ㄴ, ㄷ ⑤ ㄱ, ㄴ, ㄷ

D21 ✿✿✿ 2021 실시 7월 학평 11

다음은 민말이집 신경 A의 흥분 전도에 대한 자료이다.

○ 그림은 A의 지점 d_1~d_4의 위치를, 표는 ㉠d_1~d_4 중 한 지점에 역치 이상의 자극을 1회 주고 경과된 시간이 2~5ms일 때 A의 어느 한 지점에서 측정한 막전위를 나타낸 것이다. Ⅰ~Ⅳ는 d_1~d_4를 순서 없이 나타낸 것이다.

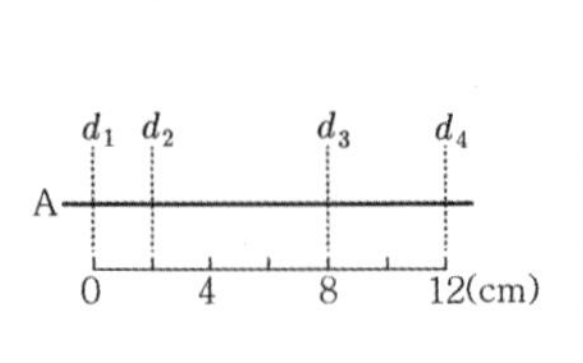

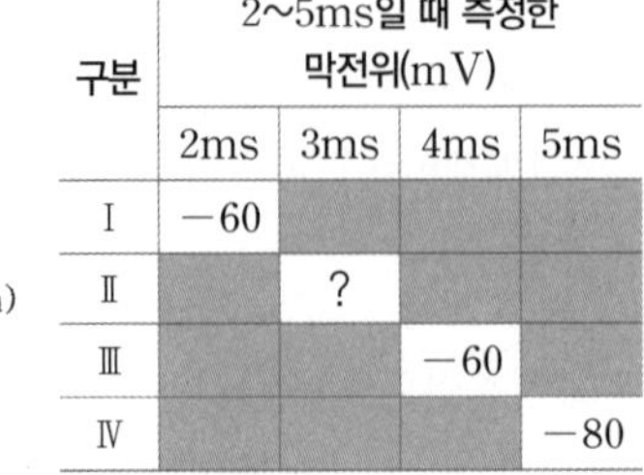

구분	2~5ms일 때 측정한 막전위(mV)			
	2ms	3ms	4ms	5ms
Ⅰ	−60			
Ⅱ		?		
Ⅲ			−60	
Ⅳ				−80

○ A에서 활동 전위가 발생하였을 때, 각 지점에서의 막전위 변화는 그림과 같다.

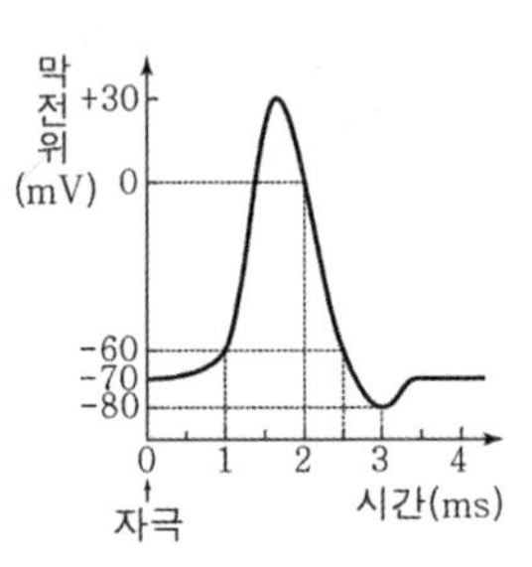

이 자료에 대한 설명으로 옳은 것만을 〈보기〉에서 있는 대로 고른 것은? (단, A에서 흥분의 전도는 1회 일어났고, 휴지 전위는 −70 mV이다.) (3점)

[보기]

ㄱ. Ⅳ는 d_1이다.
ㄴ. A의 흥분 전도 속도는 2cm/ms이다.
ㄷ. ㉠이 3ms일 때 d_4에서 재분극이 일어나고 있다.

① ㄱ ② ㄴ ③ ㄱ, ㄷ ④ ㄴ, ㄷ ⑤ ㄱ, ㄴ, ㄷ

D22 ✿✿❀ 2020 대비 수능 15

다음은 민말이집 신경 A와 B의 흥분 전도에 대한 자료이다.

- 그림은 A와 B의 지점 d_1~d_4의 위치를, 표는 ㉠A와 B의 지점 X에 역치 이상의 자극을 동시에 1회 주고 경과한 시간이 2 ms, 3 ms, 5 ms, 7 ms일 때 d_2에서 측정한 막전위를 나타낸 것이다. X는 d_1과 d_4 중 하나이고, Ⅰ~Ⅳ는 2 ms, 3 ms, 5 ms, 7 ms를 순서 없이 나타낸 것이다.

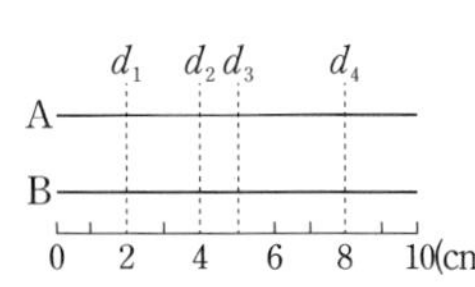

신경	d_2에서 측정한 막전위(mV)			
	Ⅰ	Ⅱ	Ⅲ	Ⅳ
A	?	−60	?	−80
B	−60	−80	?	−70

- A와 B의 흥분 전도 속도는 각각 1 cm/ms와 2 cm/ms 중 하나이다.
- A와 B 각각에서 활동 전위가 발생하였을 때, 각 지점에서의 막전위 변화는 그림과 같다.

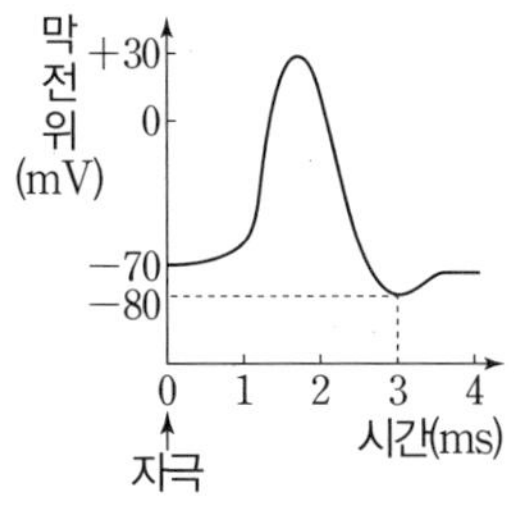

이에 대한 설명으로 옳은 것만을 〈보기〉에서 있는 대로 고른 것은? (단, A와 B에서 흥분의 전도는 각각 1회 일어났고, 휴지 전위는 −70 mV이다.) (3점)

[보기]

ㄱ. Ⅱ는 3 ms이다.
ㄴ. B의 흥분 전도 속도는 2 cm/ms이다.
ㄷ. ㉠이 4 ms일 때 A의 d_3에서의 막전위는 −60 mV이다.

① ㄱ ② ㄴ ③ ㄷ ④ ㄱ, ㄴ ⑤ ㄴ, ㄷ

D23 ✿✿❀ 2023 실시 10월 학평 15

다음은 민말이집 신경 A와 B의 흥분 전도에 대한 자료이다.

- 그림은 A와 B에서 지점 d_1~d_4의 위치를, 표는 A의 d_1과 B의 d_3에 역치 이상의 자극을 동시에 1회 주고 경과한 시간이 t_1~t_4일 때 A의 ㉠과 B의 ㉡에서 측정한 막전위를 나타낸 것이다. ㉠과 ㉡은 d_2와 d_4를 순서 없이 나타낸 것이고, t_1~t_4는 1 ms, 2 ms, 4 ms, 5 ms를 순서 없이 나타낸 것이다.

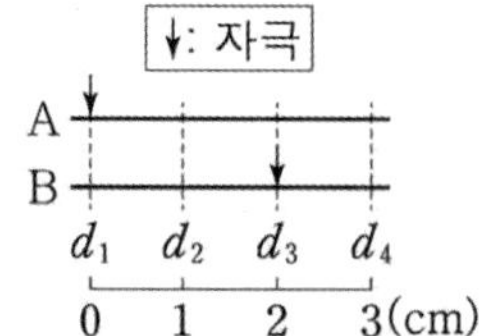

신경	지점	막전위(mV)			
		t_1	t_2	t_3	t_4
A	㉠	?	ⓐ	+20	?
B	㉡	−80	−70	?	ⓑ

- A와 B의 흥분 전도 속도는 모두 1 cm/ms이다.
- A와 B 각각에서 활동 전위가 발생하였을 때, 각 지점에서의 막전위 변화는 그림과 같다.

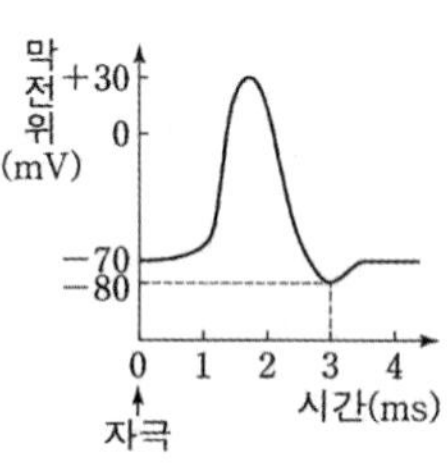

이에 대한 옳은 설명만을 〈보기〉에서 있는 대로 고른 것은? (단, A와 B에서 흥분 전도는 각각 1회 일어났고, 휴지 전위는 −70 mV이다.) (3점)

[보기]

ㄱ. t_3은 5 ms이다.
ㄴ. ㉡은 d_4이다.
ㄷ. ⓐ와 ⓑ는 모두 −70이다.

① ㄱ ② ㄴ ③ ㄱ, ㄴ ④ ㄱ, ㄷ ⑤ ㄴ, ㄷ

❖ 정답 및 해설 79~82p

D24 ✿✿❀ 2023 실시 7월 학평 18

다음은 민말이집 신경 A~C의 흥분 전도와 전달에 대한 자료이다.

○ 그림은 A, B, C의 지점 d_1~d_6의 위치를, 표는 A의 d_1과 C의 d_2에 역치 이상의 자극을 동시에 1회 주고 경과된 시간이 4ms와 5ms일 때 d_3~d_6에서의 막전위를 순서 없이 나타낸 것이다.

시간(ms)	d_3~d_6에서의 막전위(mV)
4	㉠, −70, 0, +10
5	−80, −70, −60, −50

○ A와 B의 흥분 전도 속도는 모두 ⓐ cm/ms, C의 흥분 전도 속도는 ⓑ cm/ms이다. ⓐ와 ⓑ는 각각 1과 2 중 하나이다.

○ A~C에서 활동 전위가 발생하였을 때, 각 지점에서의 막전위 변화는 그림과 같다.

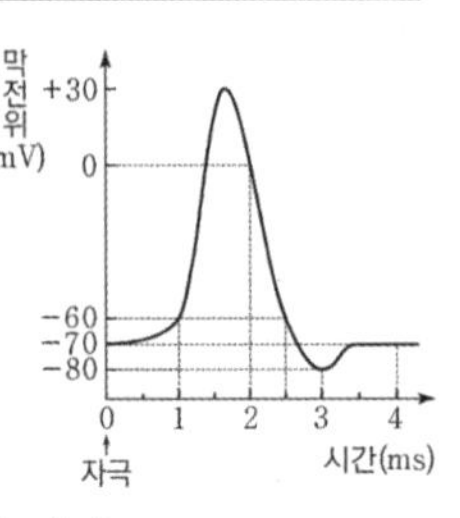

이에 대한 설명으로 옳은 것만을 〈보기〉에서 있는 대로 고른 것은? (단, A~C에서 흥분의 전도는 각각 1회 일어났고, 휴지 전위는 −70 mV이다.) (3점)

[보기]

ㄱ. ⓐ는 1이다.
ㄴ. ㉠은 −80이다.
ㄷ. 4ms일 때 B의 d_5에서는 탈분극이 일어나고 있다.

① ㄱ ② ㄴ ③ ㄱ, ㄷ ④ ㄴ, ㄷ ⑤ ㄱ, ㄴ, ㄷ

D25 ✪ 고난도 2020 대비 9월 모평 16

다음은 민말이집 신경 A와 B의 흥분 전도에 대한 자료이다.

• 그림은 A와 B의 일부를, 표는 A와 B의 지점 d_1에 역치 이상의 자극을 동시에 1회 주고 경과된 시간이 t_1, t_2, t_3, t_4일 때 지점 d_2에서 측정한 막전위를 나타낸 것이다. Ⅰ~Ⅳ는 t_1~t_4를 순서 없이 나타낸 것이다.

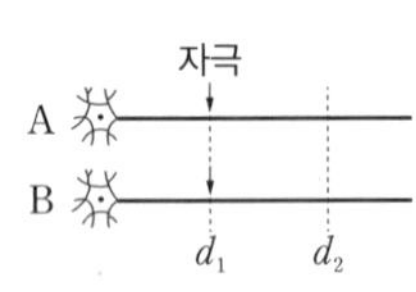

신경	d_2에서 측정한 막전위(mV)			
	Ⅰ	Ⅱ	Ⅲ	Ⅳ
A	−60	−80	+20	+10
B	+20	+10	−65	−60

• A와 B에서 활동 전위가 발생하였을 때, 각 지점에서의 막전위 변화는 그림과 같다.

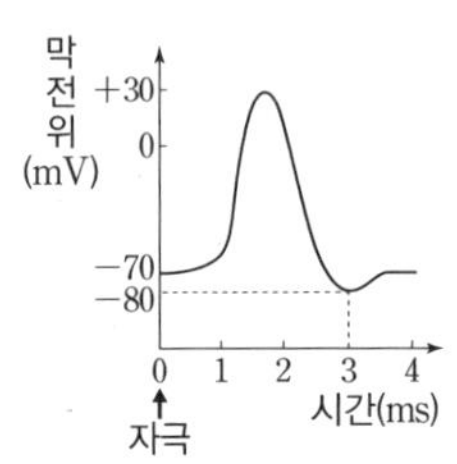

이에 대한 설명으로 옳은 것만을 〈보기〉에서 있는 대로 고른 것은? (단, A와 B에서 흥분의 전도는 각각 1회 일어났고, 휴지 전위는 −70 mV이다. 자극을 준 후 경과된 시간은 $t_1<t_2<t_3<t_4$이다.) (3점)

[보기]

ㄱ. Ⅲ은 t_1이다.
ㄴ. t_2일 때, B의 d_2에서 재분극이 일어나고 있다.
ㄷ. 흥분의 전도 속도는 A에서가 B에서보다 빠르다.

① ㄱ ② ㄴ ③ ㄷ ④ ㄱ, ㄷ ⑤ ㄴ, ㄷ

D26 ✪ 고난도 2022 실시 10월 학평 11

다음은 민말이집 신경 A와 B의 흥분 전도에 대한 자료이다.

○ 그림은 A와 B의 지점 d_1과 d_2의 위치를, 표는 A의 d_1과 B의 d_2에 역치 이상의 자극을 동시에 1회 준 후 시점 t_1과 t_2일 때 A와 B의 Ⅰ과 Ⅱ에서의 막전위를 나타낸 것이다. Ⅰ과 Ⅱ는 각각 d_1과 d_2 중 하나이고, ㉠과 ㉡은 각각 −10과 +20 중 하나이다. t_2는 t_1 이후의 시점이다.

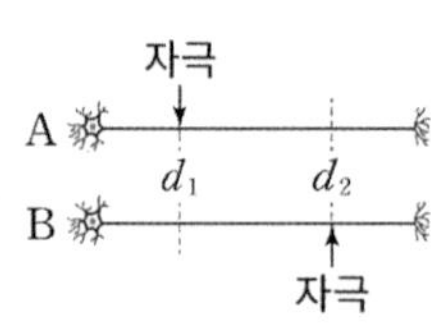

시점	막전위(mV)			
	A의 Ⅰ	A의 Ⅱ	B의 Ⅰ	B의 Ⅱ
t_1	㉠	−70	?	㉡
t_2	㉡	?	−80	㉠

○ 흥분 전도 속도는 B가 A보다 빠르다.

○ A와 B 각각에서 활동 전위가 발생하였을 때, 각 지점에서의 막전위 변화는 그림과 같다.

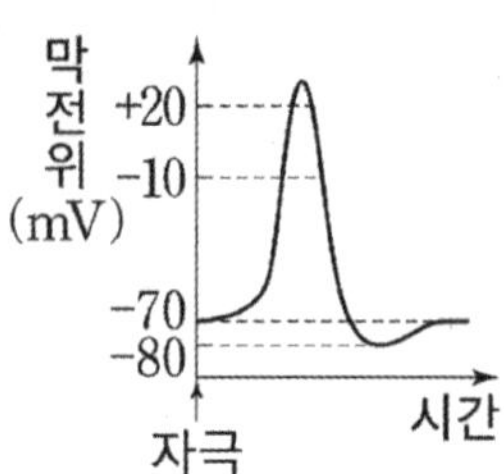

이에 대한 옳은 설명만을 〈보기〉에서 있는 대로 고른 것은? (단, A와 B에서 흥분 전도는 각각 1회 일어났고, 휴지 전위는 −70mV이다.) (3점)

[보기]

ㄱ. Ⅰ은 d_1이다.
ㄴ. ㉡은 +20이다.
ㄷ. t_1일 때 A의 d_2에서 탈분극이 일어나고 있다.

① ㄱ ② ㄴ ③ ㄷ ④ ㄱ, ㄴ ⑤ ㄴ, ㄷ

3 흥분의 전달

유형 01 흥분 전달의 방향성

(단서) 흥분은 시냅스 전 뉴런의 축삭 돌기 말단에서 시냅스 후 뉴런의 가지 돌기 쪽으로 전달된다.
(발상) 흥분 전달 방향을 이용해 축색 돌기 말단을 찾아야 한다.

D27

2020 실시 9월 학평 11(고2)

그림은 시냅스에서 일어나는 흥분 전달 과정을 나타낸 것이다. ㉠과 ㉡은 각각 Na^+과 신경 전달 물질 중 하나이다.

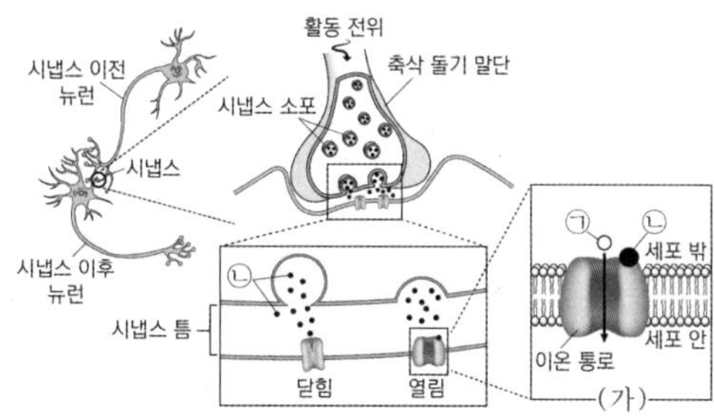

이에 대한 설명으로 옳은 것만을 〈보기〉에서 있는 대로 고른 것은? (3점)

[보기]
ㄱ. (가)에서 ㉠의 농도는 세포 밖보다 세포 안이 더 높다.
ㄴ. 시냅스 이후 뉴런에 ㉡에 대한 수용체가 존재한다.
ㄷ. 흥분 전달은 시냅스 이전 뉴런에서 시냅스 이후 뉴런 방향으로 일어난다.

① ㄱ ② ㄴ ③ ㄱ, ㄷ ④ ㄴ, ㄷ ⑤ ㄱ, ㄴ, ㄷ

D28

2021 대비 6월 모평 4

그림 (가)는 시냅스로 연결된 두 뉴런 A와 B를, (나)는 A와 B 사이의 시냅스에서 일어나는 흥분 전달 과정을 나타낸 것이다. X와 Y는 A의 가지 돌기와 B의 축삭 돌기 말단을 순서 없이 나타낸 것이다.

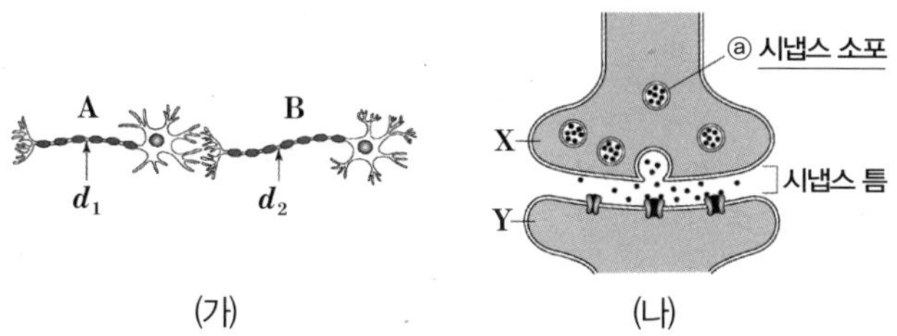

이에 대한 옳은 설명만을 〈보기〉에서 있는 대로 고른 것은? (3점)

[보기]
ㄱ. ⓐ에 신경 전달 물질이 들어있다.
ㄴ. X는 B의 축삭 돌기 말단이다.
ㄷ. 지점 d_1에 역치 이상의 자극을 주면 지점 d_2에서 활동 전위가 발생한다.

① ㄱ ② ㄷ ③ ㄱ, ㄴ ④ ㄴ, ㄷ ⑤ ㄱ, ㄴ, ㄷ

D29

2022 실시 6월 학평 15(고2)

그림 (가)는 시냅스에서의 흥분 전달 과정을, (나)는 (가)의 시냅스 이전 뉴런에 역치 이상의 자극을 각각 1회씩 주었을 때 물질 X의 처리 여부에 따른 시냅스 이후 뉴런에서의 막전위 변화를 나타낸 것이다. A와 B는 각각 시냅스 이전 뉴런과 시냅스 이후 뉴런 중 하나이고, ㉠과 ㉡은 물질 X를 처리했을 때와 처리하지 않았을 때를 순서 없이 나타낸 것이다.

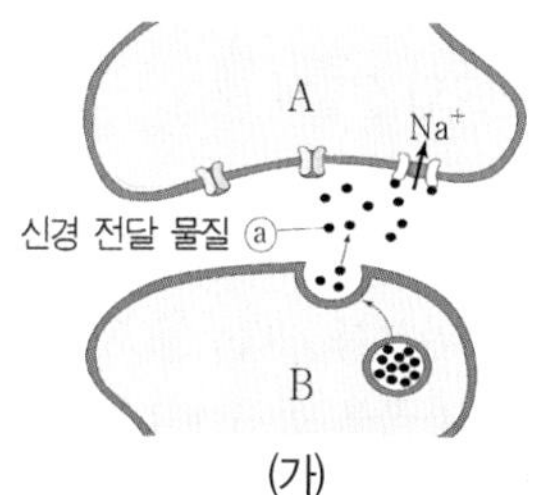

(가)

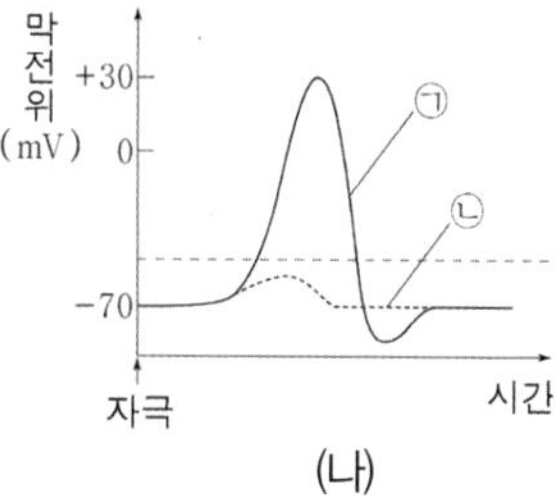

(나)

이에 대한 설명으로 옳은 것만을 〈보기〉에서 있는 대로 고른 것은? (단, 물질 X 이외에 시냅스 이후 뉴런의 막전위 변화에 영향을 미치는 요인은 없다.) (3점)

[보기]
ㄱ. A는 시냅스 이후 뉴런이다.
ㄴ. ⓐ는 Na^+의 막 투과도를 감소시킨다.
ㄷ. 물질 X를 처리했을 때의 막전위 변화는 ㉡이다.

① ㄱ ② ㄴ ③ ㄱ, ㄷ ④ ㄴ, ㄷ ⑤ ㄱ, ㄴ, ㄷ

D30

2019 실시 6월 학평 10(고2)

그림은 민말이집 신경 A~D가 연결된 모습을, 표는 신경 ㉠~㉣ 중 한 지점에 각각 역치 이상의 자극을 1회 주었을 때 활동 전위가 발생한 신경의 수를 나타낸 것이다. ㉠~㉣은 각각 A~D 중 하나이다.

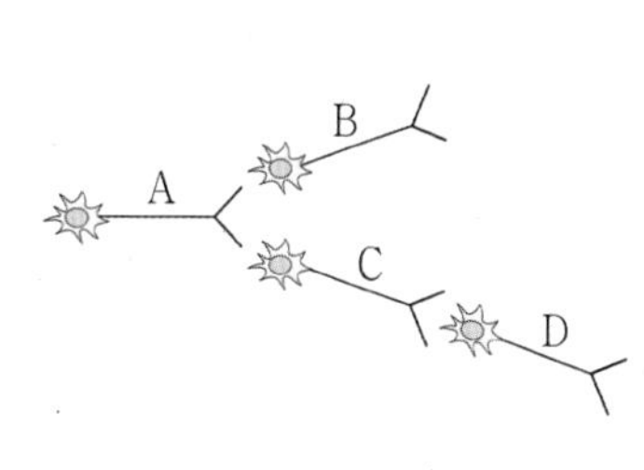

자극을 준 신경	활동 전위가 발생한 신경의 수
㉠	1
㉡	ⓐ
㉢	2
㉣	1

이에 대한 설명으로 옳은 것만을 〈보기〉에서 있는 대로 고른 것은? (3점)

[보기]
ㄱ. ⓐ는 4이다.
ㄴ. ㉢은 B에 해당한다.
ㄷ. ㉣을 자극했을 때 A의 축삭 돌기 말단에서 신경 전달 물질이 분비된다.

① ㄱ ② ㄷ ③ ㄱ, ㄴ ④ ㄱ, ㄷ ⑤ ㄴ, ㄷ

❖ 정답 및 해설 83 ~ 88p

2025 9월 출제

단서 막전위가 -80 mV일 때 막전위 변화 시간이 제시되어 있다.
발상 자극을 준 지점에서는 흥분이 각 지점에 도달하는 데 걸린 시간이 0이므로 자극을 주고 경과된 시간이 곧 막전위 변화 시간임을 생각한다.

D31

2025 대비 9월 모평 10 

다음은 민말이집 신경 A~C의 흥분 전도와 전달에 대한 자료이다.

- 그림은 A~C의 지점 d_1~d_5의 위치를, 표는 ㉠A와 B의 P에, C의 Q에 역치 이상의 자극을 동시에 1회 주고 경과된 시간이 t_1일 때 d_1~d_5에서의 막전위를 나타낸 것이다. P와 Q는 각각 d_1~d_5 중 하나이고, ㉮와 ㉯ 중 한 곳에만 시냅스가 있다.
- Ⅰ~Ⅲ은 A~C를 순서 없이 나타낸 것이고, ⓐ~ⓒ는 -80, -70, $+30$을 순서 없이 나타낸 것이다.

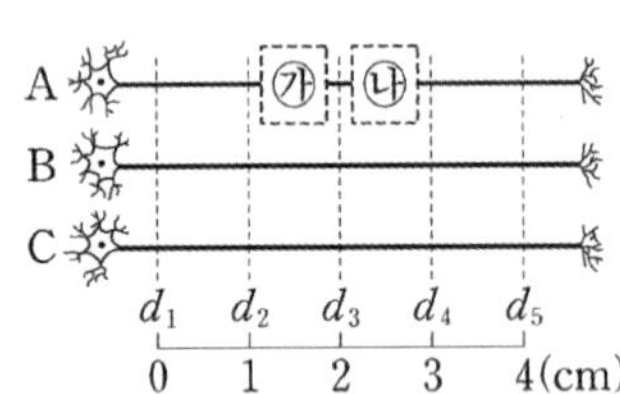

신경	t_1일 때 막전위(mV)				
	d_1	d_2	d_3	d_4	d_5
Ⅰ	?	ⓑ	ⓒ	ⓑ	?
Ⅱ	ⓐ	?	ⓑ	?	ⓒ
Ⅲ	?	ⓒ	ⓐ	ⓑ	ⓒ

- A를 구성하는 두 뉴런의 흥분 전도 속도는 1 cm/ms로 같고, B와 C의 흥분 전도 속도는 각각 1 cm/ms와 2 cm/ms 중 하나이다.
- A~C 각각에서 활동 전위가 발생하였을 때, 각 지점에서의 막전위 변화는 그림과 같다.

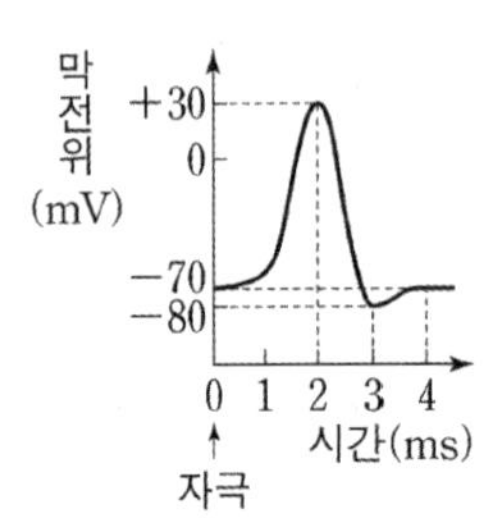

이에 대한 설명으로 옳은 것만을 〈보기〉에서 있는 대로 고른 것은? (단, A~C에서 흥분의 전도는 각각 1회 일어났고, 휴지 전위는 -70 mV이다.) (3점)

[보기]

ㄱ. ⓐ는 -70이다.
ㄴ. ㉮에 시냅스가 있다.
ㄷ. ㉠이 3 ms일 때, B의 d_2에서 재분극이 일어나고 있다.

① ㄱ ② ㄴ ③ ㄱ, ㄷ ④ ㄴ, ㄷ ⑤ ㄱ, ㄴ, ㄷ

D32

 2025 대비 수능 12 

다음은 민말이집 신경 A~C의 흥분 전도와 전달에 대한 자료이다.

- 그림은 A~C의 지점 d_1~d_5의 위치를, 표는 ㉮ A와 B의 P에, C의 Q에 역치 이상의 자극을 동시에 1회 주고 경과된 시간이 4 ms일 때 d_1, d_3, d_5에서의 막전위를 나타낸 것이다. P와 Q는 각각 d_2, d_3, d_4 중 하나이고, ㉠~㉥ 중 세 곳에만 시냅스가 있다.

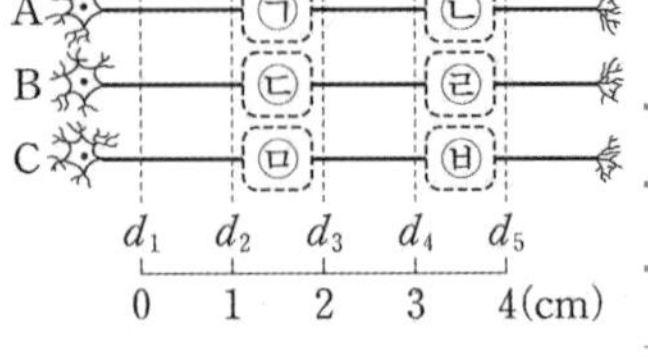

신경	4 ms일 때 막전위(mV)		
	d_1	d_3	d_5
A	$+30$	-70	-60
B	ⓐ	?	$+30$
C	-70	-80	-80

- A를 구성하는 모든 뉴런의 흥분 전도 속도는 1 cm/ms로 같다. B를 구성하는 모든 뉴런의 흥분 전도 속도는 x로 같고, C를 구성하는 모든 뉴런의 흥분 전도 속도는 y로 같다. x와 y는 1 cm/ms와 2 cm/ms를 순서 없이 나타낸 것이다.
- A~C 각각에서 활동 전위가 발생하였을 때, 각 지점에서의 막전위 변화는 그림과 같다.

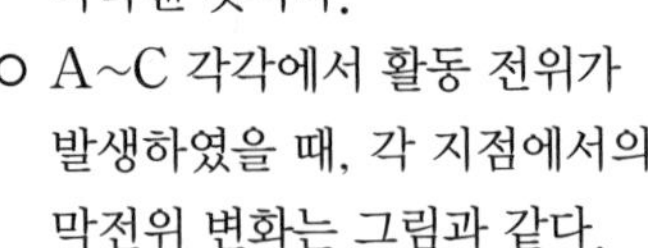

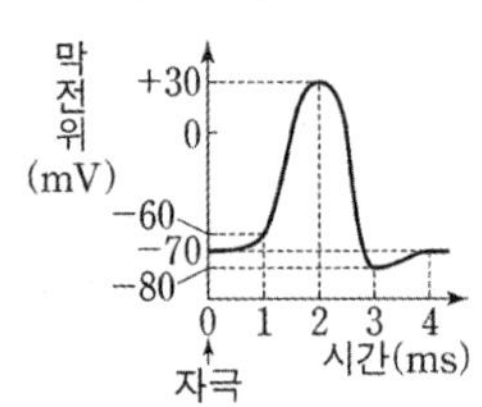

이에 대한 설명으로 옳은 것만을 〈보기〉에서 있는 대로 고른 것은? (단, A~C에서 흥분의 전도는 각각 1회 일어났고, 휴지 전위는 -70mV이다.) (3점)

[보기]

ㄱ. ⓐ는 $+30$이다.
ㄴ. ㉤에 시냅스가 있다.
ㄷ. ㉮가 3 ms일 때, B의 d_5에서 탈분극이 일어나고 있다.

① ㄱ ② ㄴ ③ ㄱ, ㄷ ④ ㄴ, ㄷ ⑤ ㄱ, ㄴ, ㄷ

D33 ✿✿✿ 2023 대비 6월 모평 11

다음은 민말이집 신경 A와 B의 흥분 전도와 전달에 대한 자료이다.

- 그림은 A와 B의 지점 d_1~d_4의 위치를, 표는 ㉠ <u>A와 B의 지점 X에 역치 이상의 자극을 동시에 1회 주고 경과된 시간</u>이 3ms일 때 d_1~d_4에서의 막전위를 나타낸 것이다. X는 d_1~d_4 중 하나이고, Ⅰ~Ⅳ는 d_1~d_4를 순서 없이 나타낸 것이다.

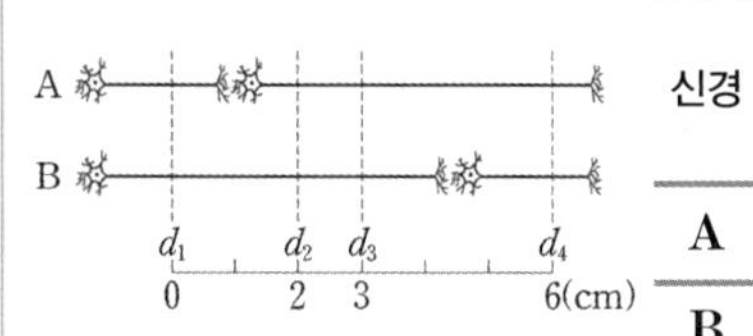

신경	3ms일 때 막전위 (mV)			
	Ⅰ	Ⅱ	Ⅲ	Ⅳ
A	+30	?	−70	㉮
B	?	−80	?	+30

- A를 구성하는 두 뉴런의 흥분 전도 속도는 ⓐ로 같고, B를 구성하는 두 뉴런의 흥분 전도 속도는 ⓑ로 같다. ⓐ와 ⓑ는 1cm/ms와 2cm/ms를 순서 없이 나타낸 것이다.
- A와 B 각각에서 활동 전위가 발생하였을 때, 각 지점에서의 막전위 변화는 그림과 같다.

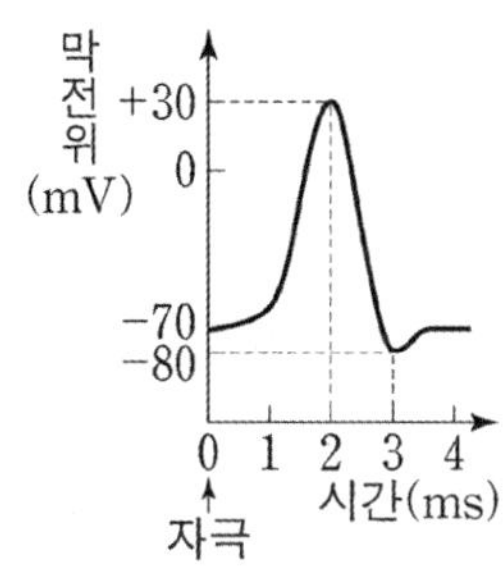

이에 대한 설명으로 옳은 것만을 〈보기〉에서 있는 대로 고른 것은? (단, A와 B에서 흥분의 전도는 각각 1회 일어났고, 휴지 전위는 −70mV이다.) (3점)

[보기]

ㄱ. X는 d_3이다.
ㄴ. ㉮는 −70이다.
ㄷ. ㉠이 5ms일 때 A의 Ⅲ에서 재분극이 일어나고 있다.

① ㄱ ② ㄴ ③ ㄷ ④ ㄱ, ㄴ ⑤ ㄴ, ㄷ

D34 ✿✿✿ 2024 실시 5월 학평 12

다음은 민말이집 신경 A와 B의 흥분 전도와 전달에 대한 자료이다.

- 그림은 A와 B의 지점 d_1~d_4의 위치를, 표는 ㉮ <u>A와 B의 d_1에 역치 이상의 자극을 동시에 1회 주고 경과된 시간</u>이 5 ms일 때 d_2~d_4에서의 막전위를 나타낸 것이다. (가)와 (나) 중 한 곳에만 시냅스가 있으며, ㉠과 ㉡은 각각 −80과 +30 중 하나이다.

신경	5 ms일 때 막전위(mV)		
	d_2	d_3	d_4
A	㉠	㉡	−10
B	㉡	?	?

- A와 B 중 1개의 신경은 한 뉴런으로 구성되며, 나머지 1개의 신경은 두 뉴런으로 구성된다. A와 B를 구성하는 뉴런의 흥분 전도 속도는 모두 같다.
- A와 B 각각에서 활동 전위가 발생하였을 때, 각 지점에서의 막전위 변화는 그림과 같다.

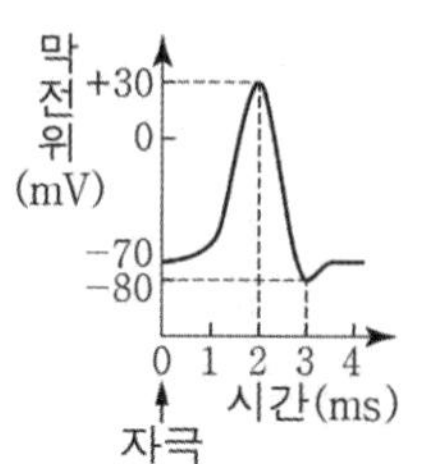

이에 대한 설명으로 옳은 것만을 〈보기〉에서 있는 대로 고른 것은? (단, A와 B에서 흥분의 전도는 각각 1회 일어났고, 휴지 전위는 −70 mV이다.) (3점)

[보기]

ㄱ. 시냅스는 (나)에 있다.
ㄴ. $\frac{ⓐ}{ⓑ}=\frac{1}{2}$이다.
ㄷ. ㉮가 6 ms일 때 B의 d_4에서 재분극이 일어나고 있다.

① ㄱ ② ㄴ ③ ㄷ ④ ㄱ, ㄷ ⑤ ㄴ, ㄷ

❖ 정답 및 해설 89~92p

D35 ✿✿❀ 2021 실시 10월 학평 13

다음은 민말이집 신경 A~C의 흥분 전도와 전달에 대한 자료이다.

○ 그림은 A와 B의 지점 d_1으로부터 d_2~d_5까지의 거리를, 표는 A와 B의 d_1에 역치 이상의 자극을 동시에 1회 주고 경과된 시간이 ⓐms일 때 A의 d_2와 d_5, B의 d_2, C의 d_3~ d_5에서의 막전위를 나타낸 것이다. ⓐ는 4와 5 중 하나이다.

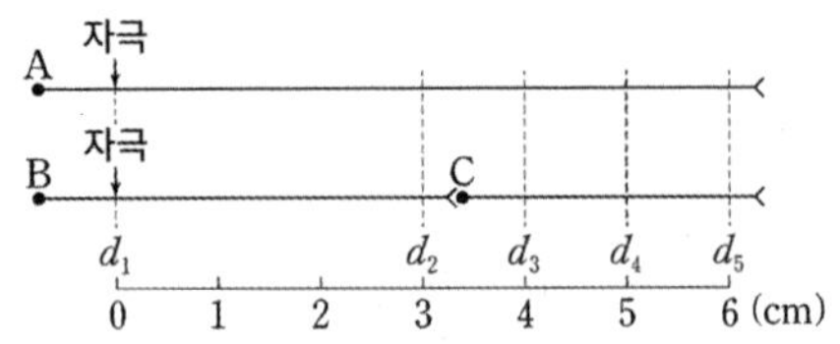

ⓐms일 때 막전위					
A의 d_2	A의 d_5	B의 d_2	C의 d_3	C의 d_4	C의 d_5
−80	㉠	−70	+30	㉡	−70

○ A~C의 흥분 전도 속도는 서로 다르며 각각 1 cm/ms, 1.5 cm/ms, 3 cm/ms 중 하나이다.

○ A~C 각각에서 활동 전위가 발생했을 때 각 지점에서의 막전위 변화는 그림과 같다.

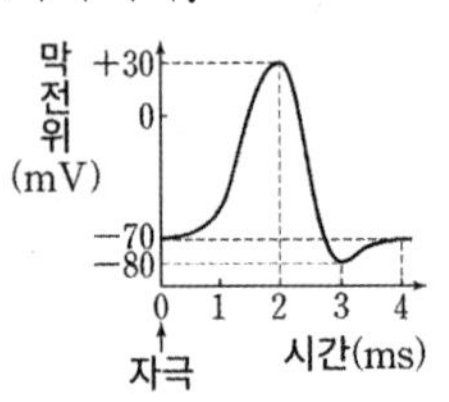

이에 대한 설명으로 옳은 것만을 〈보기〉에서 있는 대로 고른 것은? (단, A~C에서 흥분의 전도는 각각 1회 일어났고, 휴지 전위는 −70mV이다.) (3점)

[보기]

ㄱ. ⓐ는 5이다.
ㄴ. ㉠과 ㉡은 같다.
ㄷ. 흥분 전도 속도는 B가 A의 2배이다.

① ㄱ ② ㄷ ③ ㄱ, ㄴ
④ ㄴ, ㄷ ⑤ ㄱ, ㄴ, ㄷ

D36 ✿✿❀ 2021 대비 9월 모평 10

다음은 민말이집 신경 A~D의 흥분 전도와 전달에 대한 자료이다.

• 그림은 A, C, D의 지점 d_1으로부터 두 지점 d_2, d_3까지의 거리를, 표는 ㉠ A, C, D의 d_1에 역치 이상의 자극을 동시에 1회 주고 경과된 시간이 5ms일 때 d_2와 d_3에서의 막전위를 나타낸 것이다.

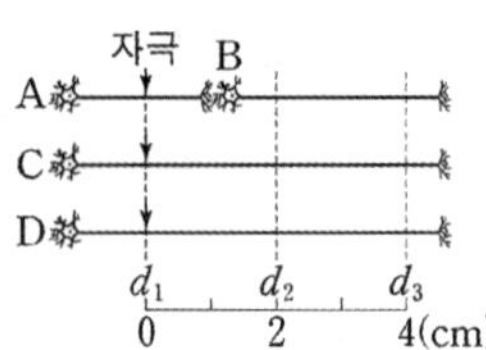

신경	5ms일 때 막전위(mV)	
	d_2	d_3
B	−80	ⓐ
C	?	−80
D	+30	?

• B와 C의 흥분 전도 속도는 같다.
• A~D 각각에서 활동 전위가 발생하였을 때, 각 지점에서의 막전위의 변화는 그림과 같다.

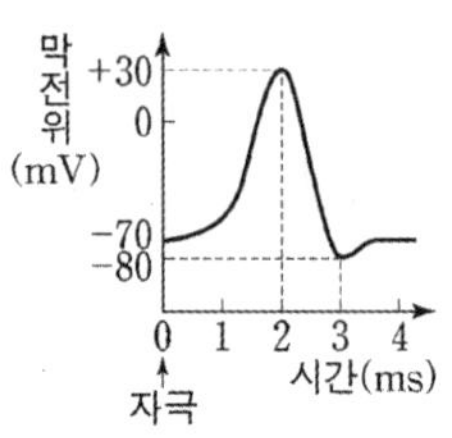

이에 대한 설명으로 옳은 것만을 〈보기〉에서 있는 대로 고른 것은? (단, A~D에서 흥분의 전도는 각각 1회 일어났고, 휴지 전위는 −70 mV이다.) (3점)

[보기]

ㄱ. 흥분의 전도 속도는 C에서가 D에서보다 빠르다.
ㄴ. ⓐ는 +30이다.
ㄷ. ㉠이 3ms일 때 C의 d_3에서 탈분극이 일어나고 있다.

① ㄱ ② ㄷ ③ ㄱ, ㄴ ④ ㄴ, ㄷ ⑤ ㄱ, ㄴ, ㄷ

D37 ✻✻❀ 2024 대비 9월 모평 12

다음은 민말이집 신경 A~C의 흥분 전도와 전달에 대한 자료이다.

○ 그림은 A~C의 지점 d_1~d_5의 위치를, 표는 ㉠ A~C의 P에 역치 이상의 자극을 동시에 1회 주고 경과된 시간이 4ms일 때 d_1~d_5에서의 막전위를 나타낸 것이다. P는 d_1~d_5 중 하나이고, (가)~(다) 중 두 곳에만 시냅스가 있다. Ⅰ~Ⅲ은 d_2~d_4를 순서 없이 나타낸 것이다.

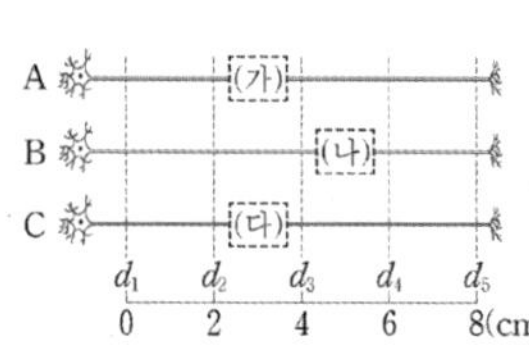

신경	4ms일 때 막전위(mV)				
	d_1	Ⅰ	Ⅱ	Ⅲ	d_5
A	?	?	+30	+30	−70
B	+30	−70	?	+30	?
C	?	?	?	−80	+30

○ A~C 중 2개의 신경은 각각 두 뉴런으로 구성되고, 각 뉴런의 흥분 전도 속도는 ⓐ로 같다. 나머지 1개의 신경의 흥분 전도 속도는 ⓑ이다. ⓐ와 ⓑ는 서로 다르다.

○ A~C 각각에서 활동 전위가 발생하였을 때, 각 지점에서의 막전위 변화는 그림과 같다.

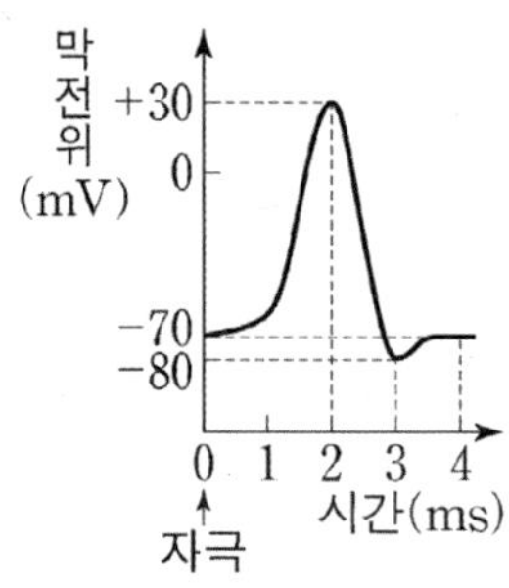

이에 대한 설명으로 옳은 것만을 〈보기〉에서 있는 대로 고른 것은? (단, A~C에서 흥분의 전도는 각각 1회 일어났고, 휴지 전위는 −70mV이다.) (3점)

[보기]

ㄱ. Ⅱ는 d_2이다.
ㄴ. ⓐ는 1cm/ms이다.
ㄷ. ㉠이 5ms일 때 B의 d_5에서의 막전위는 −80mV이다.

① ㄱ ② ㄴ ③ ㄱ, ㄷ ④ ㄴ, ㄷ ⑤ ㄱ, ㄴ, ㄷ

D38 ✻✻✻ 2021 실시 9월 학평 18(고2)

다음은 민말이집 신경 A와 B의 흥분 이동에 대한 자료이다.

• 그림은 A와 B의 지점 d_1~d_3의 위치를, 표는 A와 B의 d_2에 역치 이상의 자극을 동시에 1회 주고 경과한 시간이 t_1일 때, d_1~d_3에서 측정한 막전위를 나타낸 것이다.

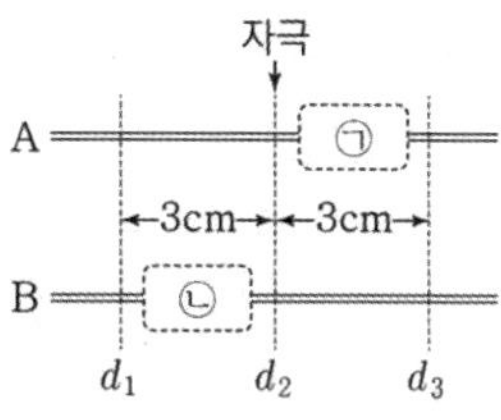

신경	t_1일 때 막전위(mV)		
	d_1	d_2	d_3
A	0	−80	−60
B	−70	?	ⓐ

• ㉠과 ㉡에는 각각 하나의 시냅스가 있으며, 시냅스에서 흥분 전달 시간은 같다.

• A에서의 흥분 전도 속도와 B에서의 흥분 전도 속도 중 하나는 2 cm/ms, 다른 하나는 3 cm/ms이다.

• A와 B의 d_1~d_3에서 활동 전위가 발생했을 때, 각 지점에서의 막전위 변화는 그림과 같다. 휴지 전위는 −70 mV이다.

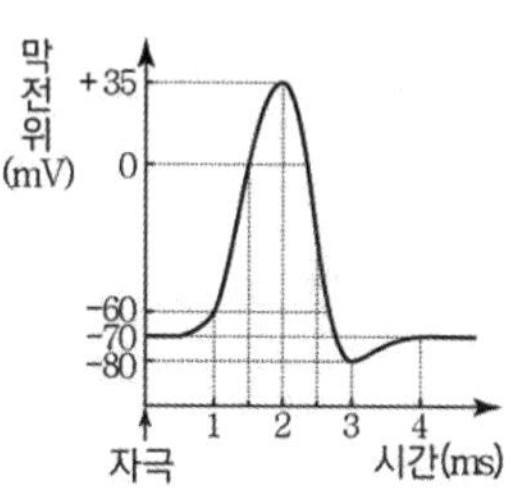

이에 대한 설명으로 옳은 것만을 〈보기〉에서 있는 대로 고른 것은? (단, A와 B의 d_2에서 활동 전위는 각각 1회만 발생했고, 시냅스 틈의 거리는 고려하지 않으며, 제시된 조건 이외의 다른 조건은 동일하다.) (3점)

[보기]

ㄱ. t_1은 3 ms이다.
ㄴ. ⓐ는 +35이다.
ㄷ. B의 d_1에 역치 이상의 자극을 주고 경과된 시간이 5 ms일 때, d_3는 분극 상태이다.

① ㄱ ② ㄷ ③ ㄱ, ㄴ ④ ㄴ, ㄷ ⑤ ㄱ, ㄴ, ㄷ

D39 ✿✿❀ 2020 실시 7월 학평 5

다음은 민말이집 신경 (가)와 (나)의 흥분 이동에 대한 자료이다.

- 그림은 (가)와 (나)의 지점 d_1~d_4의 위치를, 표는 (가)와 (나)의 ⓐd_1에 역치 이상의 자극을 동시에 1회 주고 경과한 시간이 4ms일 때 d_2~d_4에서 측정한 막전위를 나타낸 것이다. (가)와 (나) 중 한 신경에서만 d_2~d_4 사이에 하나의 시냅스가 있으며, 시냅스 전 뉴런과 시냅스 후 뉴런의 흥분 전도 속도는 서로 같다.

신경	4ms일 때 측정한 막전위(mV)		
	d_2	d_3	d_4
(가)	㉠	+21	?
(나)	−80	?	㉡

- (가)와 (나)를 구성하는 뉴런의 흥분 전도 속도는 각각 2cm/ms, 4cm/ms 중 하나이다.
- (가)와 (나)의 d_1~d_4에서 활동 전위가 발생하였을 때, 각 지점에서의 막전위 변화는 그림과 같다. 휴지 전위는 −70mV이다.

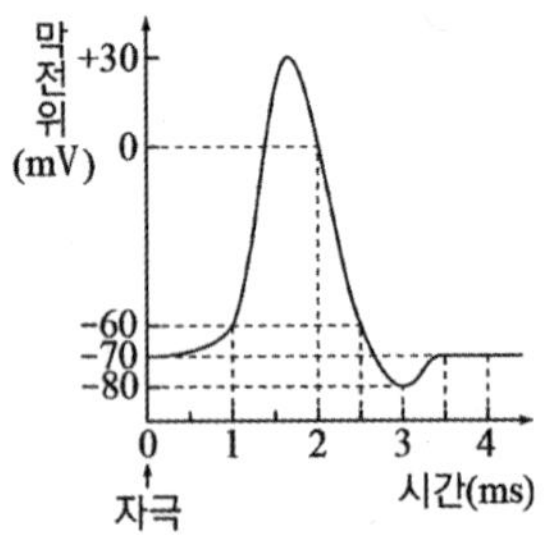

이에 대한 설명으로 옳은 것만을 〈보기〉에서 있는 대로 고른 것은? (단, (가)와 (나)를 구성하는 뉴런에서 흥분의 전도는 각각 1회 일어났고, 제시된 조건 이외의 다른 조건은 동일하다.) (3점)

[보기]

ㄱ. ㉠과 ㉡은 모두 −70이다.
ㄴ. 시냅스는 (가)의 d_2와 d_3 사이에 있다.
ㄷ. ⓐ가 5ms일 때 (나)의 d_3에서 재분극이 일어나고 있다.

① ㄱ ② ㄷ ③ ㄱ, ㄴ ④ ㄴ, ㄷ ⑤ ㄱ, ㄴ, ㄷ

D40 ✿✿❀ 2024 실시 10월 학평 12

다음은 민말이집 신경 A와 B의 흥분 전도와 전달에 대한 자료이다.

- 그림은 A와 B에서 지점 d_1~d_4의 위치를, 표는 A와 B의 d_1에 역치 이상의 자극을 동시에 1회 주고 경과한 시간이 5ms일 때 d_1~d_4에서의 막전위를 나타낸 것이다. Ⅰ~Ⅳ는 d_1~d_4를 순서 없이 나타낸 것이고, ㉠~㉣은 −80, −70, −60, 0을 순서 없이 나타낸 것이다.

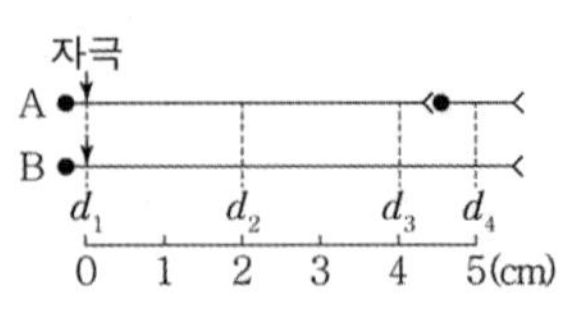

신경	5 ms일 때 막전위(mV)			
	Ⅰ	Ⅱ	Ⅲ	Ⅳ
A	㉠	㉡	?	㉢
B	?	㉣	㉢	㉡

- A를 구성하는 두 뉴런의 흥분 전도 속도는 ⓐ로 같고, B의 흥분 전도 속도는 ⓑ이다. ⓐ와 ⓑ는 1 cm/ms와 2 cm/ms를 순서 없이 나타낸 것이다.
- A와 B 각각에서 활동 전위가 발생하였을 때, 각 지점에서의 막전위 변화는 그림과 같다.

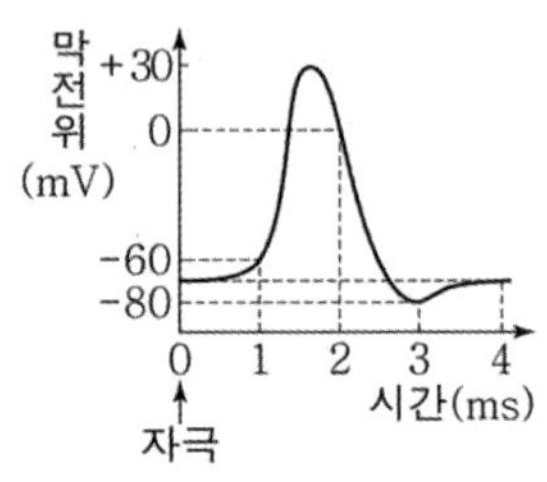

이에 대한 옳은 설명만을 〈보기〉에서 있는 대로 고른 것은? (단, A와 B에서 흥분 전도는 각각 1회 일어났고, 휴지 전위는 −70mV이다.) (3점)

[보기]

ㄱ. Ⅳ는 d_2이다.
ㄴ. ㉠은 −60이다.
ㄷ. 5 ms일 때 B의 Ⅱ에서 탈분극이 일어나고 있다.

① ㄱ ② ㄴ ③ ㄱ, ㄷ ④ ㄴ, ㄷ ⑤ ㄱ, ㄴ, ㄷ

D41 ✿✿❀ 2024 실시 3월 학평 11

다음은 민말이집 신경 A와 B의 흥분 전도와 전달에 대한 자료이다.

- A와 B는 각각 2개의 뉴런으로 구성되고, 각 뉴런의 흥분 전도 속도는 ⓐ로 같다.
- 그림은 A와 B에서 지점 d_1~d_3의 위치를, 표는 A와 B의 d_1에 역치 이상의 자극을 동시에 1회 주고 경과된 시간이 4 ms일 때 Ⅰ과 Ⅱ에서의 막전위를 나타낸 것이다. Ⅰ과 Ⅱ는 d_2와 d_3을 순서 없이 나타낸 것이다.

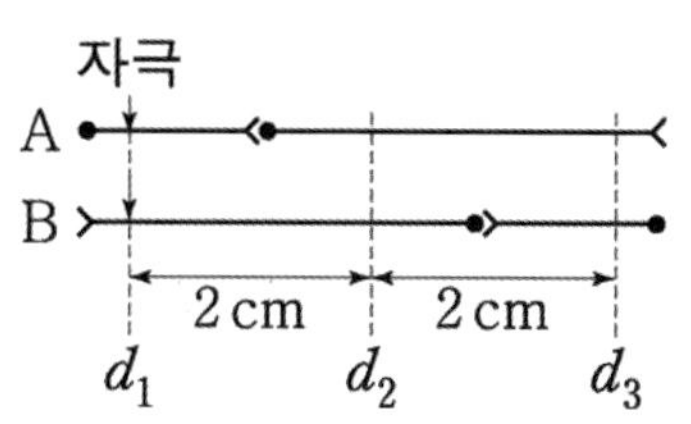

신경	막전위(mV)	
	Ⅰ	Ⅱ
A	−50	㉠
B	?	−80

- A와 B에서 활동 전위가 발생했을 때, 각 지점에서의 막전위 변화는 그림과 같다.

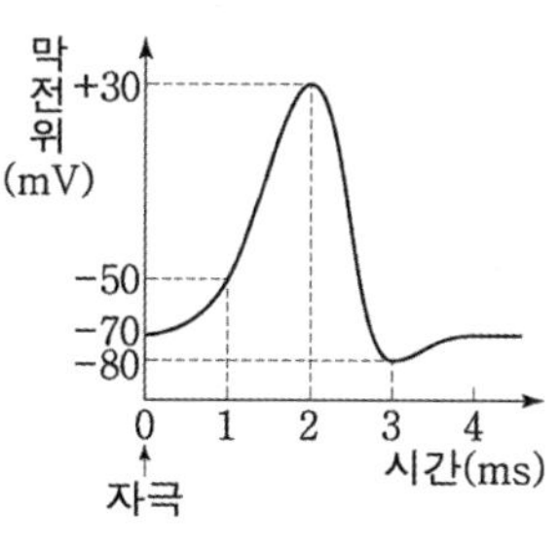

이에 대한 옳은 설명만을 〈보기〉에서 있는 대로 고른 것은? (단, A와 B에서 흥분의 전도는 각각 1회 일어났고, 휴지 전위는 −70 mV이다.) (3점)

[보기]

ㄱ. Ⅰ은 d_3이다.
ㄴ. ⓐ는 2 cm/ms이다.
ㄷ. ㉠은 +30이다.

① ㄱ ② ㄷ ③ ㄱ, ㄴ ④ ㄴ, ㄷ ⑤ ㄱ, ㄴ, ㄷ

유형 03 흥분 전달과 막전위 변화 — 여러 시점일 때 비교

(단서) 여러 시점에서 막전위 변화가 제시되어 있다.
(발상) 제시된 흥분 전도 속도와 거리를 이용하여 흥분 이동 시간을 구해야 한다.

D42 ✿✿❀ 2020 실시 10월 학평 13

다음은 민말이집 신경 A와 B에 대한 자료이다.

- 그림 (가)는 A와 B에서 지점 p_1~p_4의 위치를, (나)는 A와 B 각각에서 활동 전위가 발생했을 때 각 지점에서의 막전위 변화를 나타낸 것이다.

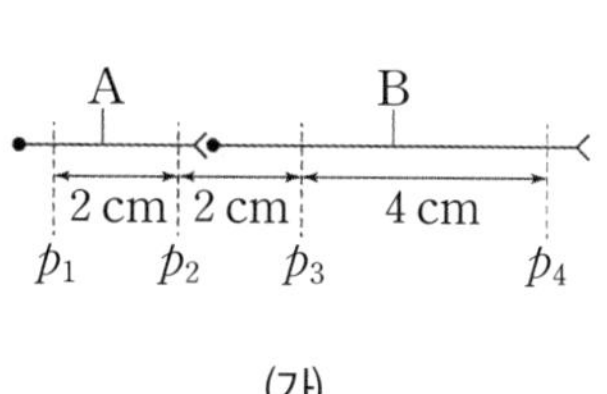

(가)

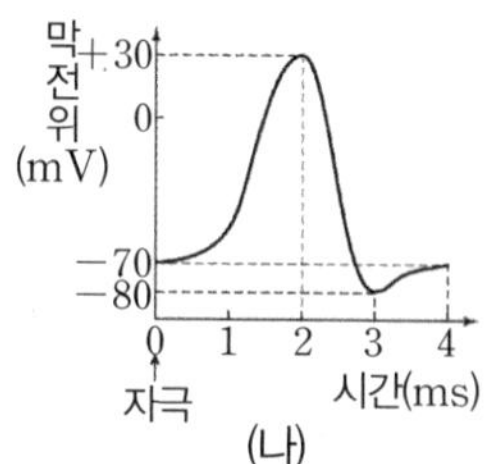

(나)

- 흥분 전도 속도는 A가 B의 2배이다.
- ⓐ p_2에 역치 이상의 자극을 주고 경과된 시간이 4 ms일 때 p_1에서의 막전위는 −80 mV이다.
- p_2에 준 자극으로 발생한 흥분이 p_4에 도달한 후, ⓑ p_3에 역치 이상의 자극을 주고 경과된 시간이 6 ms일 때 p_4에서의 막전위는 ㉠ mV이다.

이에 대한 옳은 설명만을 〈보기〉에서 있는 대로 고른 것은? (단, p_2와 p_3에 준 자극에 의해 흥분의 전도는 각각 1회 일어났고, 휴지 전위는 −70mV이다.) (3점)

[보기]

ㄱ. ㉠은 +30이다.
ㄴ. ⓐ가 3ms일 때 p_3에서 재분극이 일어나고 있다.
ㄷ. ⓑ가 5ms일 때 p_1과 p_4에서의 막전위는 같다.

① ㄱ ② ㄴ ③ ㄱ, ㄴ ④ ㄱ, ㄷ ⑤ ㄴ, ㄷ

❖ 정답 및 해설 96~99p

D43 ✿✿❀ 2025 대비 6월 모평 15

다음은 민말이집 신경의 흥분 전도와 전달에 대한 자료이다.

- 그림은 뉴런 A~C의 지점 P, Q와 d_1~d_6의 위치를, 표는 P와 Q에 역치 이상의 자극을 동시에 1회 주고 경과된 시간이 3 ms일 때 d_1과 d_2, 6 ms일 때 d_3과 d_4, 7 ms일 때 d_5와 d_6의 막전위를 나타낸 것이다. t_1과 t_2는 3 ms와 7 ms를 순서 없이 나타낸 것이고, ㉠~㉣은 d_1, d_2, d_5, d_6을 순서 없이 나타낸 것이다.
- P와 d_1 사이의 거리는 1 cm이다.

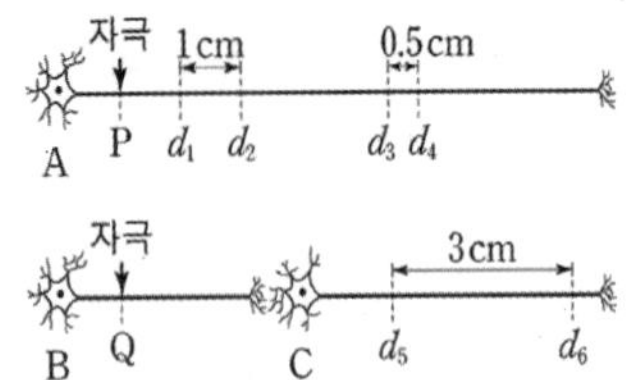

시간	6 ms		t_1		t_2	
지점	d_3	d_4	㉠	㉡	㉢	㉣
막전위 (mV)	x	y	−80	y	y	0

- x와 y는 +30과 −60을 순서 없이 나타낸 것이다.
- A와 B의 흥분 전도 속도는 1 cm/ms 이고, C의 흥분 전도 속도는 2 cm/ms 이다.
- A와 C 각각에서 활동 전위가 발생하였을 때, A의 각 지점에서의 막전위 변화는 그림 (가)와 (나) 중 하나이고, C의 각 지점에서의 막전위 변화는 나머지 하나이다.

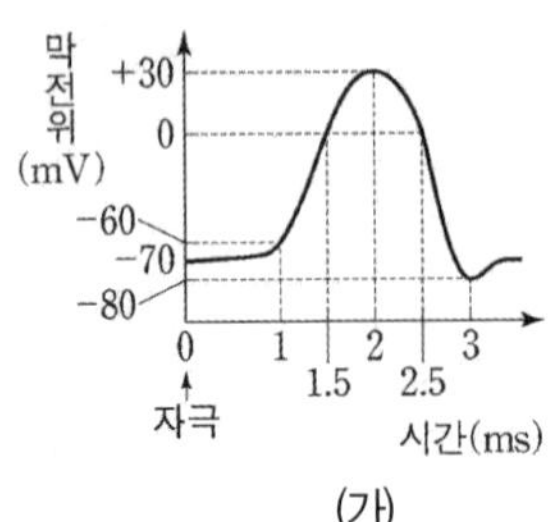

(가)

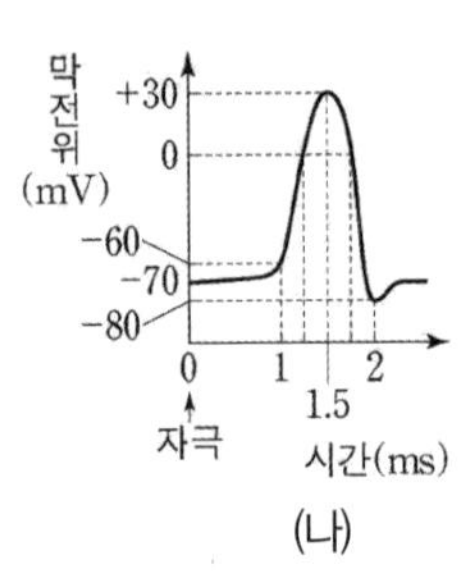

(나)

이에 대한 설명으로 옳은 것만을 〈보기〉에서 있는 대로 고른 것은? (단, A~C에서 흥분의 전도는 각각 1회 일어났고, 휴지 전위는 −70 mV이다.) (3점)

[보기]

ㄱ. x는 +30이다.
ㄴ. ㉣은 d_6이다.
ㄷ. Q에 역치 이상의 자극을 1회 주고 경과된 시간이 6 ms일 때 d_5에서 탈분극이 일어나고 있다.

① ㄱ ② ㄴ ③ ㄷ ④ ㄱ, ㄷ ⑤ ㄴ, ㄷ

D44 ✪ 고난도 2022 실시 7월 학평 5

다음은 민말이집 신경 A와 B의 흥분 이동에 대한 자료이다.

- 그림은 민말이집 신경 A와 B에서 지점 d_1~d_4의 위치를, 표는 d_1에 역치 이상의 자극을 1회 주고 경과된 시간이 각각 11ms, ⓐms일 때, d_3와 d_4에서 측정한 막전위를 나타낸 것이다.

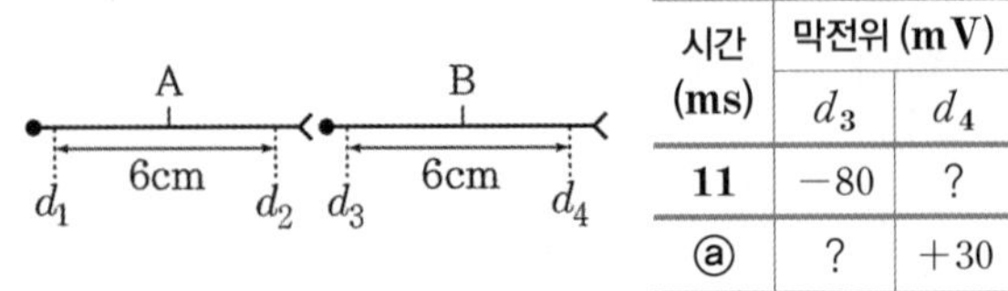

시간 (ms)	막전위 (mV)	
	d_3	d_4
11	−80	?
ⓐ	?	+30

- ㉠ d_2에 역치 이상의 자극을 1회 주고 경과된 시간이 8ms일 때 d_3의 막전위는 +30 mV이다.
- B의 흥분 전도 속도는 2cm/ms이다.
- A와 B의 d_1~d_4에서 활동 전위가 발생하였을 때, 각 지점에서의 막전위 변화는 그림과 같다. 휴지 전위는 −70mV이다.

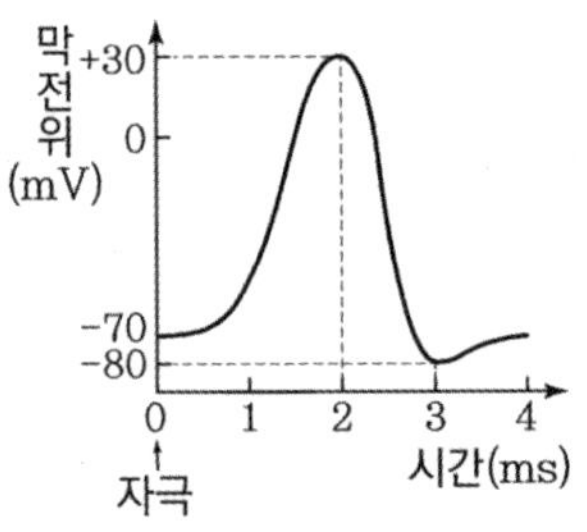

이에 대한 설명으로 옳은 것만을 〈보기〉에서 있는 대로 고른 것은? (단, d_1과 d_2에 준 자극에 의해 A와 B에서 흥분의 전도는 각각 1회 일어났고, 제시된 조건 이외의 다른 조건은 동일하다.) (3점)

[보기]

ㄱ. ⓐ는 15이다.
ㄴ. A의 흥분 전도 속도는 3 cm/ms이다.
ㄷ. ㉠이 10ms일 때 d_4에서 탈분극이 일어나고 있다.

① ㄱ ② ㄴ ③ ㄷ
④ ㄱ, ㄴ ⑤ ㄴ, ㄷ

D45 ✪ 고난도

2024 실시 7월 학평 17

다음은 민말이집 신경 A와 B의 흥분 전도와 전달에 대한 자료이다.

- 그림은 A와 B의 지점 d_1~d_4의 위치를, 표는 A와 B의 지점 P에 역치 이상의 자극을 동시에 1회 주고 경과된 시간이 4 ms와 6 ms일 때 d_1~d_4에서의 막전위를 각각 나타낸 것이다. P는 d_1~d_4 중 하나이고, Ⅰ과 Ⅱ는 A와 B를 순서 없이 나타낸 것이다.

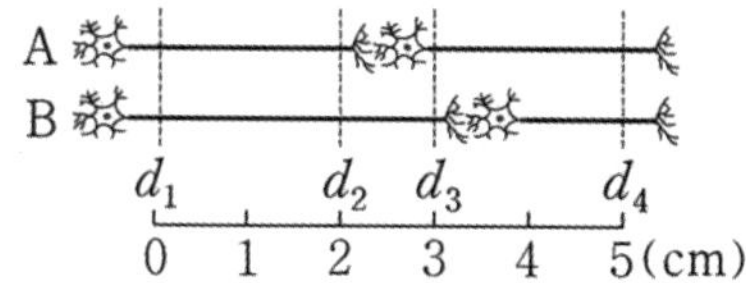

신경	4 ms일 때 측정한 막전위(mV)				6 ms일 때 측정한 막전위(mV)			
	d_1	d_2	d_3	d_4	d_1	d_2	d_3	d_4
Ⅰ	㉠	?	−80	−68	?	?	?	−60
Ⅱ	−80	?	−60	?	?	?	−80	㉠

- A와 B를 구성하는 4개의 뉴런 중 3개 뉴런의 흥분 전도 속도는 ⓐ cm/ms로 같고, 나머지 1개 뉴런의 흥분 전도 속도는 ⓑ cm/ms이다. ⓐ와 ⓑ는 서로 다르다.
- A와 B의 시냅스에서 흥분 전달 시간은 서로 다르다.
- A와 B 각각에서 활동 전위가 발생하였을 때, 각 지점에서의 막전위 변화는 그림과 같다. 휴지 전위는 −70 mV이다.

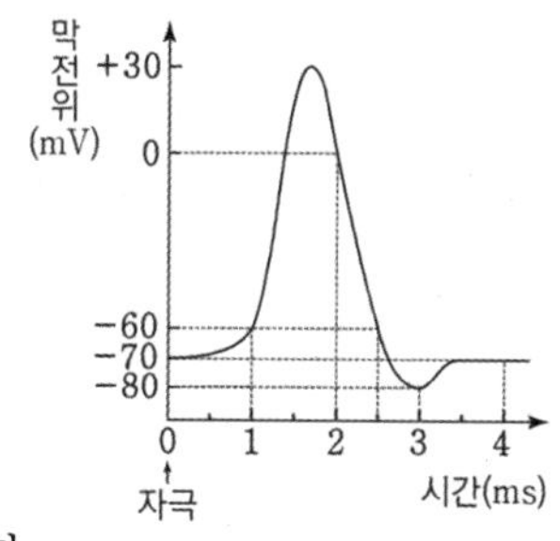

이에 대한 설명으로 옳은 것만을 ⟨보기⟩에서 있는 대로 고른 것은? (단, A와 B에서 흥분의 전도는 각각 1회 일어났고, 제시된 조건 이외의 다른 조건은 동일하다.) (3점)

[보기]

ㄱ. ㉠은 −70이다.

ㄴ. A를 구성하는 뉴런의 흥분 전도 속도는 모두 2 cm/ms이다.

ㄷ. B의 d_3에 역치 이상의 자극을 주고 경과된 시간이 5 ms일 때 d_4에서 탈분극이 일어난다

① ㄱ ② ㄴ ③ ㄷ ④ ㄱ, ㄴ ⑤ ㄴ, ㄷ

❖ 정답 및 해설 100 ~ 102p

흥분의 전도와 전달 문제

1등급 대비 문제 특강

• 이 유형은 각 신경의 흥분 전도 속도와 자극을 주고 경과된 시간을 묻는 형태로 주로 출제된다.

다음은 민말이집 신경 A의 흥분 전도와 전달에 대한 자료이다.

○ A는 2개의 뉴런으로 구성되고, 각 뉴런의 흥분 전도 속도는 ㉮로 같다. 그림은 A의 지점 d_1~d_5의 위치를, 표는 ㉠ d_1에 역치 이상의 자극을 1회 주고 경과된 시간이 2 ms, 4 ms, 8 ms일 때 d_1~d_5에서의 막전위를 나타낸 것이다. Ⅰ~Ⅲ은 2 ms, 4 ms, 8 ms를 순서 없이 나타낸 것이다.

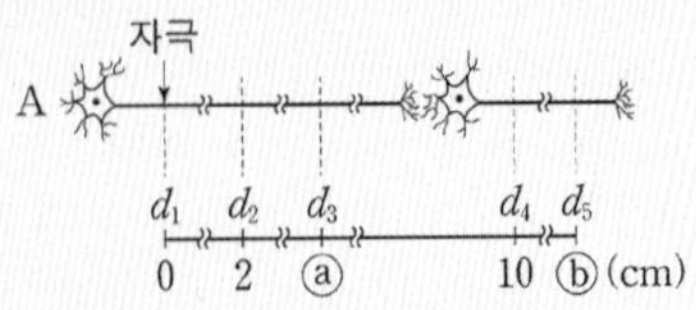

시간	막전위(mV)				
	d_1	d_2	d_3	d_4	d_5
Ⅰ	?	−70	?	+30	0
Ⅱ	+30	?	−70	?	?
Ⅲ	?	−80	+30	?	?

○ A에서 활동 전위가 발생하였을 때, 각 지점에서의 막전위 변화는 그림과 같다.

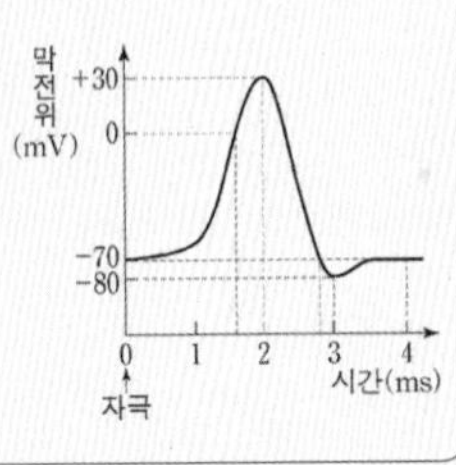

이에 대한 설명으로 옳은 것만을 〈보기〉에서 있는 대로 고른 것은? (단, A에서 흥분의 전도는 1회 일어났고, 휴지 전위는 −70 mV이다.)

2024 대비 수능 10

[보기]

ㄱ. ㉮는 2 cm/ms이다.

ㄴ. ⓐ는 4이다.

ㄷ. ㉠이 9 ms일 때 d_5에서 재분극이 일어나고 있다.

① ㄱ ② ㄷ ③ ㄱ, ㄴ ④ ㄴ, ㄷ ⑤ ㄱ, ㄴ, ㄷ

단서+발상

(단서) 시간이 Ⅰ, Ⅱ, Ⅲ일 때 막전위가 +30 mV가 되는 지점이 모두 존재하는 것에 주목한다.

(발상) Ⅰ일 때는 d_4, Ⅱ일 때는 d_1, Ⅲ일 때는 d_3에서의 막전위가 각각 +30 mV가 되므로, 시간의 순서가 Ⅱ(2 ms) → Ⅲ(4 ms) → Ⅰ(8 ms)임을 알아내야 한다.

(해결) Ⅲ일 때 d_2의 막전위가 −80 mV이므로 d_1에서 d_2까지 가는 데 걸린 시간이 1 ms임을 이용하여 흥분 전도 속도를 구해야 고난도 문제를 해결할 수 있다.

| 문제 해결 과정 |

step 1 Ⅰ~Ⅲ 매칭하기

• Ⅰ일 때 d_4, Ⅱ일 때 d_1, Ⅲ일 때 d_3에서의 막전위가 모두 +30 mV로 동일하다.

• 가장 먼 거리인 d_4에서 +30 mV를 나타내는 Ⅰ이 Ⅰ~Ⅲ 중 가장 시간이 많이 흐른 것이므로 Ⅰ이 [1] ms에 해당한다.

• 가장 가까운 거리인 d_1에서 +30 mV를 나타내는 Ⅱ가 Ⅰ~Ⅲ 중 가장 시간이 적게 흐른 것이므로 Ⅱ가 [2] ms에 해당한다.

• 시간의 순서는 [3]이다.

step 2 A의 흥분 전도 속도 구하기

• Ⅲ(4 ms)일 때, d_2에서의 막전위는 −80 mV이므로 d_2에 자극이 온 후 경과된 시간이 3 ms이다.

• ㉠(4 ms)=d_1에서 d_2까지 이동하는 데 걸린 시간+d_2에 자극이 온 후 경과된 시간(3 ms)이므로, d_1에서 d_2까지 이동하는 데 걸린 시간은 1 ms이다. d_1과 d_2 사이의 거리가 2 cm이므로 흥분의 전도 속도는 [4] cm/ms이다.

step 3 ⓐ 구하기

• Ⅲ(4 ms)일 때, d_3에서의 막전위는 +30 mV이므로 d_3에 자극이 온 후 경과된 시간이 2 ms이다.

• ㉠(4 ms)=d_1에서 d_3까지 이동하는 데 걸린 시간+d_3에 자극이 온 후 경과된 시간(2 ms)이므로, d_1에서 d_3까지 이동하는 데 걸린 시간은 2 ms이다. A에서의 흥분 전도 속도는 2 cm/ms이므로, d_1에서 d_3까지의 거리는 [5] cm이다. 따라서 ⓐ는 4이다.

| 보기 분석 |

ㄱ. ㉮는 2 cm/ms이다. (○)

• step 2에 따르면, ㉮는 2 cm/ms이다.

ㄴ. ⓐ는 4이다. (○)

• step 3에 따르면, ⓐ는 4이다.

ㄷ. ㉠이 9 ms일 때 d_5에서 재분극이 일어나고 있다. (○)

• ㉠이 Ⅰ(8 ms)일 때 d_5에서의 막전위는 0 mV이므로 ㉠(8 ms)=d_1에서 d_5까지 이동하는 데 걸린 시간+d_5에 자극이 온 후 경과된 시간(약 1.6 ms)이므로, d_1에서 d_5까지 이동하는 데 걸린 시간은 약 6.4 ms이다. ㉠(9 ms)=d_1에서 d_5까지 이동하는 데 걸린 시간(약 6.4 ms)+d_5에 자극이 온 후 경과된 시간이므로, ㉠이 9 ms일 때 d_5에 자극이 온 후 경과된 시간은 약 2.6 ms이며, d_5에서는 재분극이 일어나고 있다.

∴ 정답은 ⑤ ㄱ, ㄴ, ㄷ이다.

☑ 이 유형을 대비하기 위해서는 +30 mV, −80 mV처럼 막전위 그래프에 표시된 특이값에 주목하고, 자극을 준 지점에서는 경과된 시간 모두 막전위 변화에 사용된다는 것을 알아야 한다.

[정답] 1 8 2 2 3 Ⅱ(2 ms) → Ⅲ(4 ms) → Ⅰ(8 ms) 4 2 5 4

D46 ✪ 1등급 대비 2023 대비 수능 15

다음은 민말이집 신경 Ⅰ~Ⅲ의 흥분 전도와 전달에 대한 자료이다.

- 그림은 Ⅰ~Ⅲ의 지점 d_1~d_5의 위치를, 표는 ㉠ Ⅰ과 Ⅱ의 P에, Ⅲ의 Q에 역치 이상의 자극을 동시에 1회 주고 경과된 시간이 4ms일 때 d_1~d_5에서의 막전위를 나타낸 것이다. P와 Q는 각각 d_1~d_5 중 하나이다.

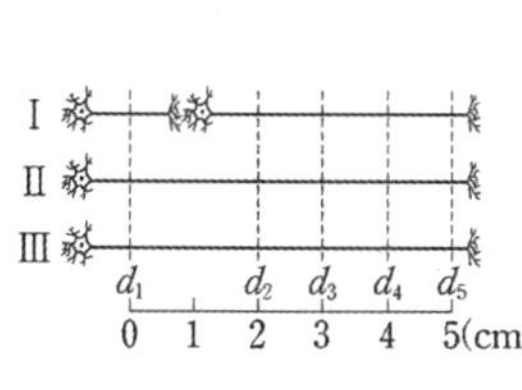

신경	4ms일 때 막전위(mV)				
	d_1	d_2	d_3	d_4	d_5
Ⅰ	−70	ⓐ	?	ⓑ	?
Ⅱ	ⓒ	ⓐ	?	ⓒ	ⓑ
Ⅲ	ⓒ	−80	?	ⓐ	?

- Ⅰ을 구성하는 두 뉴런의 흥분 전도 속도는 $2v$로 같고, Ⅱ와 Ⅲ의 흥분 전도 속도는 각각 $3v$와 $6v$이다.
- Ⅰ~Ⅲ 각각에서 활동 전위가 발생하였을 때, 각 지점에서의 막전위 변화는 그림과 같다.

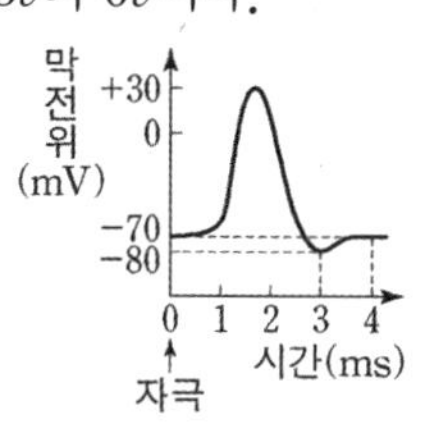

이에 대한 설명으로 옳은 것만을 〈보기〉에서 있는 대로 고른 것은? (단, Ⅰ~Ⅲ에서 흥분의 전도는 각각 1회 일어났고, 휴지 전위는 −70 mV이다.) (3점)

[보기]

ㄱ. Q는 d_4이다.
ㄴ. Ⅱ의 흥분 전도 속도는 2cm/ms이다.
ㄷ. ㉠이 5ms일 때 Ⅰ의 d_5에서 재분극이 일어나고 있다.

① ㄱ ② ㄴ ③ ㄱ, ㄷ
④ ㄴ, ㄷ ⑤ ㄱ, ㄴ, ㄷ

D47 ✪ 1등급 대비 2022 실시 4월 학평 12

다음은 민말이집 신경 (가)와 (나)의 흥분 전도에 대한 자료이다.

- 그림은 (가)와 (나)의 지점 d_1~d_5의 위치를, 표는 ⓐ (가)와 (나)의 지점 X에 역치 이상의 자극을 동시에 1회 주고 경과된 시간이 4ms일 때 d_2, A, B에서의 막전위를 나타낸 것이다. X는 d_1과 d_5 중 하나이고, A와 B는 d_3과 d_4를 순서 없이 나타낸 것이다. ㉠~㉢은 0, −70, −80을 순서 없이 나타낸 것이다.

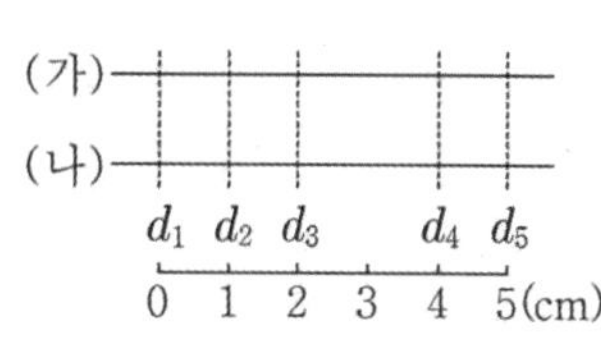

신경	4ms일 때 막전위 (mV)		
	d_2	A	B
(가)	㉠	㉡	㉢
(나)	㉡	㉢	㉠

- 흥분 전도 속도는 (나)에서가 (가)에서의 2배이다.
- (가)와 (나) 각각에서 활동 전위가 발생하였을 때, 각 지점에서의 막전위 변화는 그림과 같다.

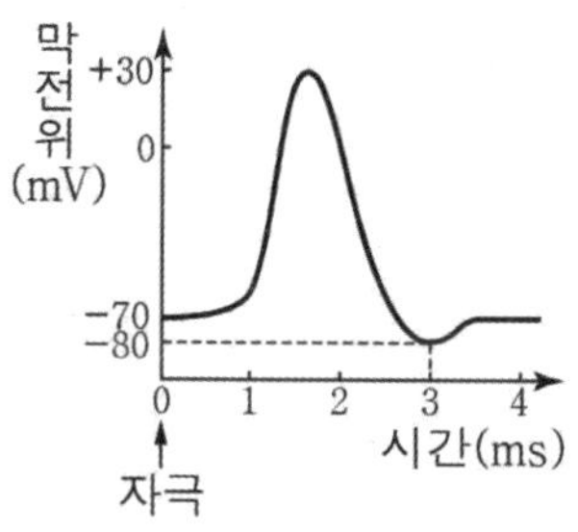

이에 대한 설명으로 옳은 것만을 〈보기〉에서 있는 대로 고른 것은? (단, (가)와 (나)에서 흥분의 전도는 각각 1회 일어났고, 휴지 전위는 −70mV이다.) (3점)

[보기]

ㄱ. X는 d_5이다.
ㄴ. ㉠은 −80이다.
ㄷ. ⓐ가 5ms일 때 (나)의 B에서 탈분극이 일어나고 있다.

① ㄱ ② ㄴ ③ ㄷ
④ ㄱ, ㄷ ⑤ ㄴ, ㄷ

❖ 정답 및 해설 103~104p

D48 ✪ 1등급 대비 2022 대비 수능 14

다음은 민말이집 신경 A~C의 흥분 전도에 대한 자료이다.

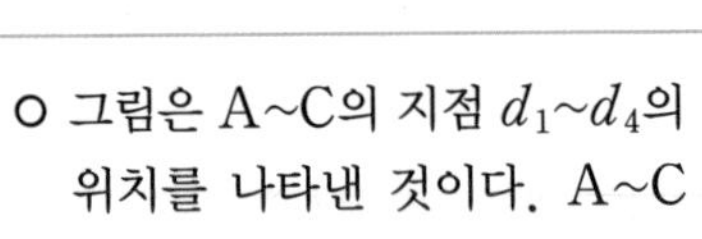

- 그림은 A~C의 지점 d_1~d_4의 위치를 나타낸 것이다. A~C의 흥분 전도 속도는 각각 서로 다르다.

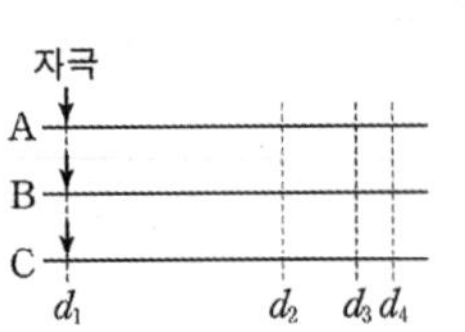

- 그림은 A~C 각각에서 활동 전위가 발생하였을 때 각 지점에서의 막전위 변화를, 표는 ⓐ A~C의 d_1에 역치 이상의 자극을 동시에 1회 주고 경과된 시간이 4ms일 때 d_2~d_4에서의 막전위가 속하는 구간을 나타낸 것이다. Ⅰ~Ⅲ은 d_2~d_4를 순서 없이 나타낸 것이고, ⓐ일 때 각 지점에서의 막전위는 구간 ㉠~㉢ 중 하나에 속한다.

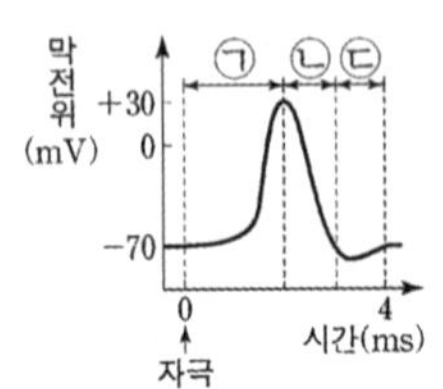

신경	4ms일 때 막전위가 속하는 구간		
	Ⅰ	Ⅱ	Ⅲ
A	㉡	?	㉢
B	?	㉠	?
C	㉡	㉢	㉡

이에 대한 설명으로 옳은 것만을 〈보기〉에서 있는 대로 고른 것은? (단, A~C에서 흥분의 전도는 각각 1회 일어났고, 휴지 전위는 −70mV이다.) (3점)

[보기]

ㄱ. ⓐ일 때 A의 Ⅱ에서의 막전위는 ㉢에 속한다.
ㄴ. ⓐ일 때 B의 d_3에서 재분극이 일어나고 있다.
ㄷ. A~C 중 C의 흥분 전도 속도가 가장 빠르다.

① ㄱ ② ㄴ ③ ㄷ ④ ㄱ, ㄴ ⑤ ㄱ, ㄷ

D49 ✪ 1등급 대비 2020 대비 6월 모평 14

다음은 민말이집 신경 A~C의 흥분 전도와 전달에 대한 자료이다.

- 그림은 A와 C의 지점 d_1로부터 세 지점 d_2~d_4까지의 거리를, 표는 ㉠A와 C의 d_1에 역치 이상의 자극을 동시에 1회 주고 경과된 시간이 6 ms일 때 d_2~d_4에서 측정한 막전위를 나타낸 것이다.

A 자극 B
C d_1 d_2 d_3 d_4
0 1 2 3 4(cm)

신경	6 ms일 때 측정한 막전위(mV)		
	d_2	d_3	d_4
B	−80	?	+10
C	?	−80	?

- B와 C의 흥분 전도 속도는 각각 1 cm/ms, 2 cm/ms 중 하나이다.
- A~C 각각에서 활동 전위가 발생하였을 때, 각 지점에서의 막전위 변화는 그림과 같다.

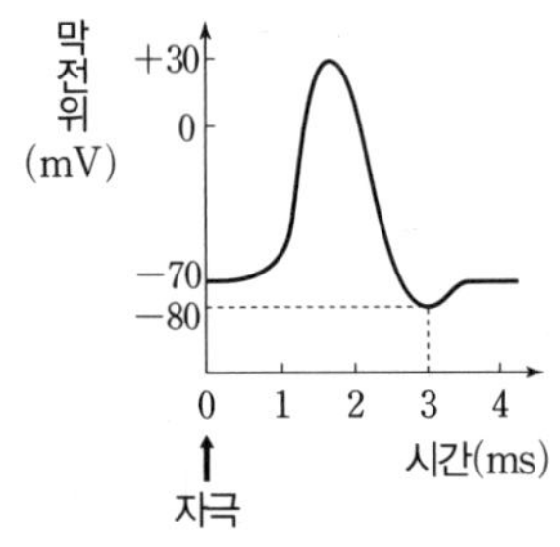

이에 대한 설명으로 옳은 것만을 〈보기〉에서 있는 대로 고른 것은? (단, A, B, C에서 흥분 전도는 각각 1회 일어났고, 휴지 전위는 −70 mV이다.) (3점)

[보기]

ㄱ. d_1에서 발생한 흥분은 B의 d_4보다 C의 d_4에 먼저 도달한다.
ㄴ. ㉠이 4 ms일 때, C의 d_3에서 Na^+이 세포 안으로 유입된다.
ㄷ. ㉠이 5 ms일 때, B의 d_2에서 탈분극이 일어나고 있다.

① ㄱ ② ㄴ ③ ㄷ ④ ㄱ, ㄴ ⑤ ㄴ, ㄷ

D50 ✪ 1등급 대비 2022 대비 9월 모평 16

다음은 민말이집 신경 A와 B의 흥분 전도와 전달에 대한 자료이다.

- 그림은 A와 B의 지점 d_1~d_4의 위치를 나타낸 것이다. B는 2개의 뉴런으로 구성되어 있고, ㉠~㉢ 중 한 곳에만 시냅스가 있다.
- 표는 A와 B의 d_3에 역치 이상의 자극을 동시에 1회 주고 경과된 시간이 t_1일 때 d_1~d_4에서의 막전위를 나타낸 것이다. Ⅰ~Ⅳ는 d_1~d_4를 순서 없이 나타낸 것이다.

자극
A
B ㉠ ㉡ ㉢
d_1 d_2 d_3 d_4
0 2 5 7(cm)

신경	t_1일 때 막전위(mV)			
	Ⅰ	Ⅱ	Ⅲ	Ⅳ
A	−80	0	?	0
B	0	−60	?	?

- B를 구성하는 두 뉴런의 흥분 전도 속도는 1cm/ms로 같다.
- A와 B 각각에서 활동 전위가 발생하였을 때, 각 지점에서의 막전위 변화는 그림과 같다.

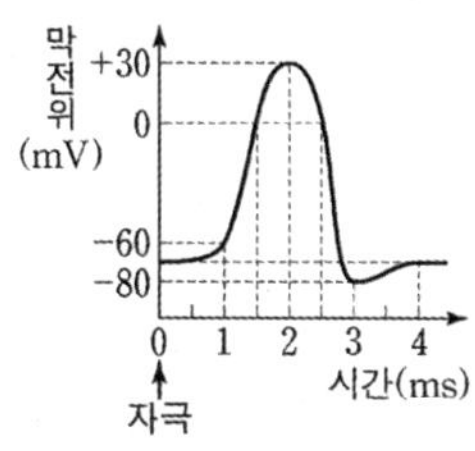

이에 대한 설명으로 옳은 것만을 〈보기〉에서 있는 대로 고른 것은? (단, A와 B에서 흥분의 전도는 각각 1회 일어났고, 휴지 전위는 −70mV이다.) (3점)

[보기]

ㄱ. t_1은 5 ms이다.
ㄴ. 시냅스는 ㉢에 있다.
ㄷ. t_1일 때, A의 Ⅱ에서 탈분극이 일어나고 있다.

① ㄱ ② ㄴ ③ ㄱ, ㄷ ④ ㄴ, ㄷ ⑤ ㄱ, ㄴ, ㄷ

❖ 정답 및 해설 105 ~ 107p

E 근수축 운동

고난도 대비 단원

★ 2025 수능 출제 분석

- **골격근 수축** : 골격근 수축 과정의 시점 별 근육 원섬유 마디의 길이 변화에 대해 묻는 문제가 평이하게 출제되었다.

대비년도	출제 개념	난이도
2025 수능	골격근 수축	☆☆
2025 9월	골격근 수축	☆☆
2025 6월	골격근 수축	☆☆
2024 수능	근수축 과정	☆☆☆

1. 골격근❶: 뼈에 붙어 골격의 움직임을 만들어 내는 근육으로 혈액, 신경, 근육 섬유 다발 등이 모여 이루어진 기관이다.

(1) **골격근의 구조❷**: 여러 개의 근육 섬유 다발로 구성되며, 하나의 근육 섬유(근육 세포)는 더 가느다란 근육 원섬유로 구성되어 있다.

근육 섬유	근육 수축을 담당하는 세포로, 여러 개의 핵을 가지고 있다.
근육 원섬유	굵은 마이오신 필라멘트와 가는 액틴 필라멘트로 구성되어 있으며, 근육 원섬유 마디가 반복적으로 나타난다.

(2) **근육❸ 원섬유 마디(근절)**: 근수축이 일어나는 단위로, 액틴 필라멘트와 마이오신 필라멘트가 일부 겹쳐 배열해 있다.

I대(명대)	액틴 필라멘트로만 구성되어 밝게 보이는 부분이다.
A대(암대)	마이오신 필라멘트가 있어 어둡게 보이는 부분이다.
H대	A대 중에서 액틴 필라멘트와 겹쳐 있지 않고 마이오신 필라멘트로만 되어 있는 부분이다.
Z선	근육 원섬유 마디와 마디를 구분하는 경계선이다.
M선	H대의 중앙에 수직으로 나타나는 진한 선이다.

➡ A대는 어둡게 보이고, I대는 밝게 보이므로 근육 원섬유를 관찰하면 어두운 부분과 밝은 부분이 교대로 나타난다.

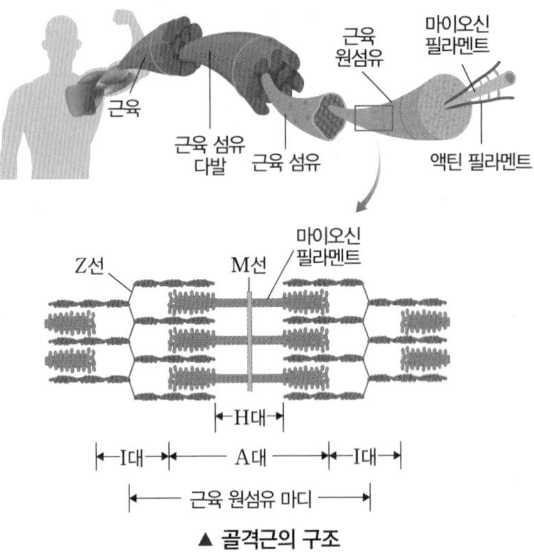

▲ 골격근의 구조

2. 근수축❹ 과정: 근육 섬유의 세포막에 접한 운동 뉴런의 축삭 돌기 말단에 활동 전위가 도달하면 축삭 돌기 말단에서 신경 전달 물질인 아세틸콜린이 방출되어 근육 섬유의 세포막이 탈분극되고 활동 전위가 발생한다.

❶ **골격근의 수축과 이완**

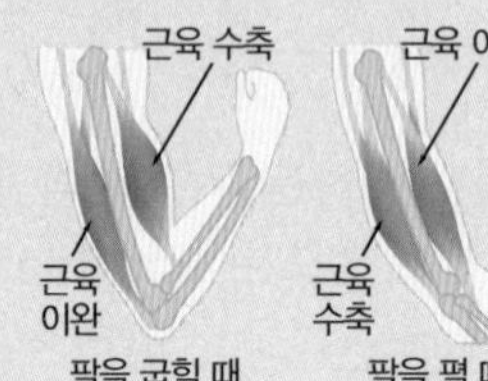

팔과 다리의 뼈대에는 2가지 근육이 쌍으로 붙어 서로 반대로 수축·이완함으로써 팔과 다리를 굽히고 편다.

❷ **골격근의 구조**

근육⊃근육 섬유 다발⊃근육 섬유⊃근육 원섬유⊃마이오신 필라멘트, 액틴 필라멘트

❸ **근육의 종류**

골격근, 심장근, 내장근으로 구분한다. 골격근은 수의근이며 가로무늬근, 심장근은 불수의근이며 가로무늬근, 내장근은 불수의근이며 민무늬근이다.

❹ **근수축의 에너지원**

- 근육 원섬유가 수축하기 위해서는 ATP가 필요하다.
- 근육에 저장된 ATP가 고갈되면 크레아틴 인산의 분해로 인산기를 공급받아 ATP가 합성된다.
- 크레아틴 인산이 감소하면 세포 호흡을 통해 ATP가 공급된다.

(1) **골격근의 수축 원리(활주설)⑤**: 액틴 필라멘트가 마이오신 필라멘트 사이로 미끄러져 들어가 근육 원섬유 마디가 짧아지면서 수축한다.

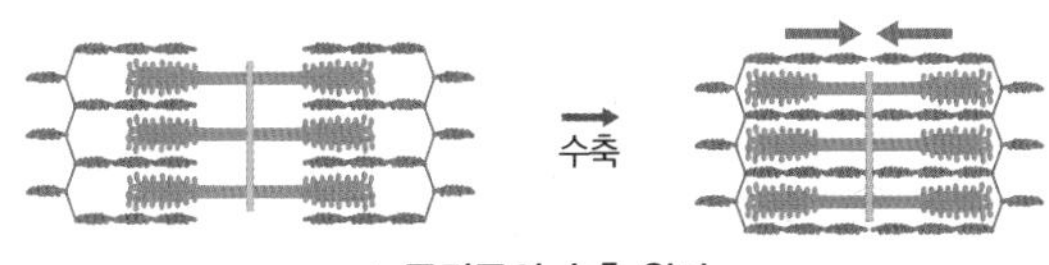

▲ 골격근의 수축 원리

(2) **근수축 과정에서 근육 원섬유 마디에서의 길이 변화**  꼭 외워!

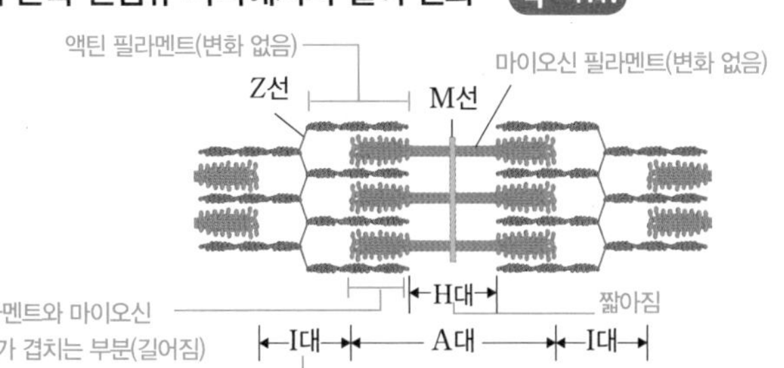

⑤ 활주설

근수축은 액틴 필라멘트나 마이오신 필라멘트가 수축하는 것이 아니라 액틴 필라멘트가 마이오신 필라멘트 사이로 미끄러져 들어가 겹치는 부분이 증가하여 근육 원섬유 마디가 짧아진다는 가설이다.

출제 2025 대비 수능 13번
2025 대비 9월 모평 11번
2025 대비 6월 모평 13번

★ 6월, 9월 모평 모두 골격근 수축 시 근육 원섬유 마디의 길이 변화에 대해 묻는 문제가 보통으로 출제되었다.
수능에서는 골격근 수축 과정의 시점 별 근육 원섬유 마디의 길이 변화에 대해 묻는 문제가 보통으로 출제되었다.

기출 자료로 개념 체크

01 **근육이 수축하는 과정에서 각 설명에 해당하는 길이 변화를 [보기]에서 골라 모두 쓰시오.**

[보기]
㉠ A대　　㉡ I대
㉢ H대　　㉣ 근육 원섬유 마디
㉤ 액틴 필라멘트　　㉥ 마이오신 필라멘트
㉦ 액틴 필라멘트와 마이오신 필라멘트가 겹치는 구간

(1) 길이가 변하지 않는다. (1)
(2) 길이가 짧아진다. (2)
(3) 길이가 길어진다. (3)

02 **골격근의 구조와 근수축 에너지원에 대한 설명으로 옳은 것은 ○, 옳지 않은 것은 × 표시하시오.**

(1) 하나의 근육 섬유에는 근육 원섬유 다발이 들어 있다. 4 (○, ×)
(2) 근육 섬유에는 여러 개의 핵이 존재한다. 5 (○, ×)
(3) 근육 원섬유가 반복적으로 수축하기 위해서는 ATP가 필요하지 않다. 6 (○, ×)
(4) 근육에 저장된 ATP가 고갈되면 크레아틴 인산의 분해로 인산기를 공급받아 ATP가 합성된다. 7 (○, ×)

03 **그림은 근육 원섬유 마디 X의 구조를, 표는 t_1과 t_2일 때 X의 길이와 ㉠+㉡을 나타낸 것이다. X는 좌우 대칭이고, t_1일 때 A대의 길이는 1.6 μm이다. 빈칸에 알맞은 말을 쓰시오.**

〈2021 실시 9월 학평 15 (고2)〉

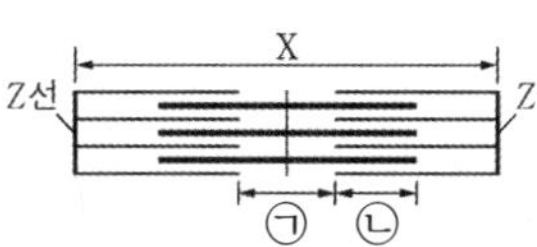

시점	X의 길이	㉠+㉡
t_1	2.6 μm	1.1 μm
t_2	2.2 μm	ⓐ

(1) t_1일 때 ㉡의 길이는 (8) μm이다.
(2) t_1일 때 ㉠의 길이는 (9) μm이다.
(3) ⓐ는 (10) μm이다.
(4) t_2일 때 I대 절반의 길이는 (11) μm이다.

정답

1 ㉠, ㉤, ㉥ 2 ㉡, ㉢, ㉣ 3 ㉦ 4 ○ 5 ○ 6 ×(ATP가 필요하다) 7 ○ 8 0.5 (㉡의 길이=A대의 길이−(㉠+㉡)=1.6−1.1=0.5) 9 0.6 (㉠의 길이=A대의 길이−2㉡=1.6−(2×0.5)=0.6) 10 0.9 (t_1에서 t_2가 될 때 ㉠은 −0.4만큼 변하고, ㉡은 +0.2 변하므로 ⓐ=1.1−0.4+0.2=0.9) 11 0.3 (I대의 길이=X의 길이−A대의 길이=2.2−1.6=0.3)

유형별 기출 문제 [2점, 3점]

PRACTICE QUESTION

2025 수능, 9, 6월

유형 01 근절 구조를 통한 근섬유 길이 변화

(단서) 시점에 따라 근육 원섬유 마디 X의 길이가 변하고 있다.

(발상) X의 길이가 d만큼 감소할 경우, A대 길이 일정, H대 d만큼 감소, I대 d만큼 감소, 액틴 필라멘트와 마이오신 필라멘트가 겹쳐진 부분의 길이 d만큼 증가함을 이용한다.

E01

2025 대비 수능 13

다음은 골격근의 수축 과정에 대한 자료이다.

- 그림은 근육 원섬유 마디 X의 구조를 나타낸 것이다. X는 좌우 대칭이고, Z_1과 Z_2는 X의 Z선이다.

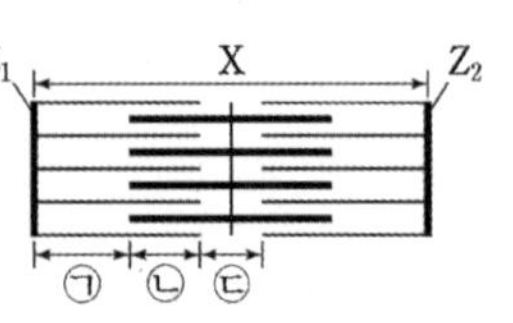

- 구간 ㉠은 액틴 필라멘트만 있는 부분이고, ㉡은 액틴 필라멘트와 마이오신 필라멘트가 겹치는 부분이며, ㉢은 마이오신 필라멘트만 있는 부분이다.
- 표는 골격근 수축 과정의 세 시점 t_1, t_2, t_3일 때, ㉠의 길이에서 ㉡의 길이를 뺀 값을 ㉢의 길이로 나눈 값 $\left(\frac{㉠-㉡}{㉢}\right)$과 X의 길이를 나타낸 것이다.

시점	$\frac{㉠-㉡}{㉢}$	X의 길이
t_1	$\frac{5}{8}$	3.4 μm
t_2	$\frac{1}{2}$	?
t_3	$\frac{1}{4}$	L

- t_3일 때 A대의 길이는 1.6 μm이다.

이에 대한 설명으로 옳은 것만을 〈보기〉에서 있는 대로 고른 것은?

[보기]

ㄱ. H대의 길이는 t_3일 때가 t_1일 때보다 0.2 μm 짧다.

ㄴ. t_2일 때 ㉠의 길이는 t_1일 때 ㉡의 길이의 2배이다.

ㄷ. t_3일 때 Z_1로부터 Z_2 방향으로 거리가 $\frac{1}{4}$L인 지점은 ㉠에 해당한다.

① ㄱ ② ㄴ ③ ㄷ ④ ㄱ, ㄴ ⑤ ㄴ, ㄷ

E02

2024 실시 10월 학평 10

다음은 골격근의 수축 과정에 대한 자료이다.

- 그림은 근육 원섬유 마디 X의 구조를 나타낸 것이다. X는 좌우 대칭이고, Z_1과 Z_2는 X의 Z선이다.

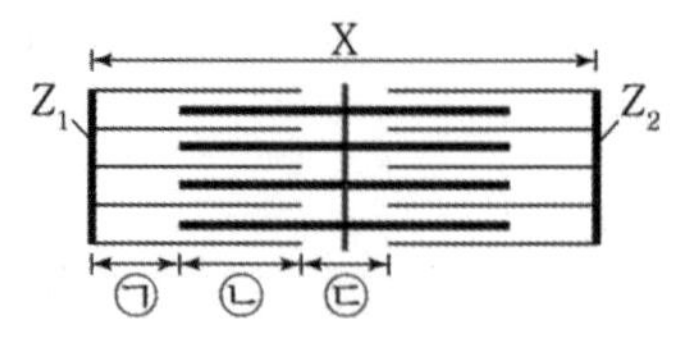

- 구간 ㉠은 액틴 필라멘트만 있는 부분이고, ㉡은 액틴 필라멘트와 마이오신 필라멘트가 겹치는 부분이며, ㉢은 마이오신 필라멘트만 있는 부분이다.
- 표는 골격근 수축 과정의 두 시점 t_1과 t_2일 때, 각 시점의 Z_1로부터 Z_2 방향으로 거리가 각각 l_1, l_2, l_3인 세 지점이 ㉠~㉢ 중 어느 구간에 해당하는지를 나타낸 것이다. ⓐ~ⓒ는 ㉠~㉢을 순서 없이 나타낸 것이다.

거리	지점이 해당하는 구간	
	t_1	t_2
l_1	?	ⓐ
l_2	ⓑ	ⓒ
l_3	ⓒ	㉡

- t_1일 때 ⓐ의 길이는 $4d$이고 X의 길이는 $14d$이며, t_2일 때 X의 길이는 L이다. t_1과 t_2일 때 ⓑ의 길이는 각각 $2d$와 $3d$ 중 하나이고, d는 0보다 크다.
- t_1과 t_2일 때 각각 l_1~l_3은 모두 $\frac{\text{X의 길이}}{2}$보다 작다.

이에 대한 옳은 설명만을 〈보기〉에서 있는 대로 고른 것은? (3점)

[보기]

ㄱ. ⓑ는 ㉠이다.

ㄴ. t_2일 때 H대의 길이는 t_1일 때 ㉡의 길이의 2배이다.

ㄷ. t_2일 때 Z_1로부터 Z_2 방향으로 거리가 $\frac{2}{5}L$인 지점은 ⓒ에 해당한다.

① ㄱ ② ㄴ ③ ㄷ ④ ㄱ, ㄴ ⑤ ㄱ, ㄷ

E03 ✽✽✽ 2023 실시 3월 학평 15

그림은 좌우 대칭인 근육 원섬유 마디 X의 구조를, 표는 시점 t_1과 t_2일 때 X, (가), (나) 각각의 길이를 나타낸 것이다. 구간 ㉠은 액틴 필라멘트만 있는 부분이고, ㉡은 액틴 필라멘트와 마이오신 필라멘트가 겹치는 부분이다. (가)와 (나)는 각각 ㉠과 ㉡ 중 하나이다.

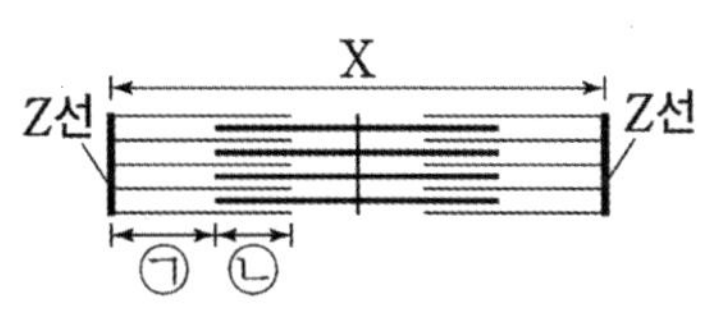

시점	길이 (μm)		
	X	(가)	(나)
t_1	2.5	ⓐ	ⓐ
t_2	2.3	0.6	0.4

이에 대한 옳은 설명만을 〈보기〉에서 있는 대로 고른 것은?

[보기]

ㄱ. (가)는 ㉠이다.
ㄴ. t_1일 때 ㉡과 H대의 길이는 같다.
ㄷ. t_2일 때 A대의 길이는 1.5 μm이다.

① ㄱ ② ㄷ ③ ㄱ, ㄴ ④ ㄴ, ㄷ ⑤ ㄱ, ㄴ, ㄷ

E04 ✽✽✽ 2020 실시 3월 학평 10

그림은 좌우 대칭인 근육 원섬유 마디 X의 구조를, 표는 시점 t_1과 t_2일 때 X와 ㉡의 길이를 나타낸 것이다. ㉠은 마이오신 필라멘트만, ㉡은 액틴 필라멘트만 있는 부분이다.

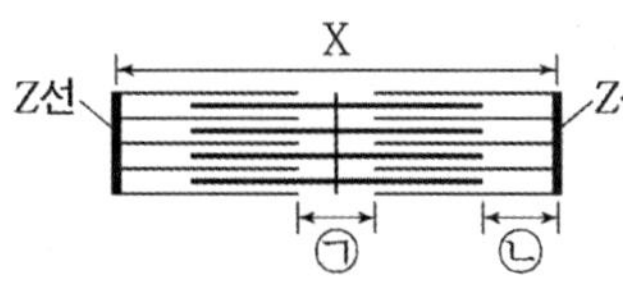

시점	X의 길이	㉡의 길이
t_1	?	0.4 μm
t_2	2.0 μm	0.2 μm

이에 대한 옳은 설명만을 〈보기〉에서 있는 대로 고른 것은? (3점)

[보기]

ㄱ. ㉠은 H대이다.
ㄴ. t_1일 때 X의 길이는 2.4 μm이다.
ㄷ. A대의 길이는 t_1일 때가 t_2일 때보다 길다.

① ㄱ ② ㄴ ③ ㄷ ④ ㄱ, ㄴ ⑤ ㄴ, ㄷ

E05 ✽✽✽ 2024 실시 3월 학평 6

그림은 좌우 대칭인 근육 원섬유 마디 X의 구조를, 표는 시점 t_1과 t_2일 때 H대, ㉠, ㉡ 각각의 길이를 나타낸 것이다. 구간 ㉠은 액틴 필라멘트와 마이오신 필라멘트가 겹치는 부분이고, ㉡은 액틴 필라멘트만 있는 부분이다.

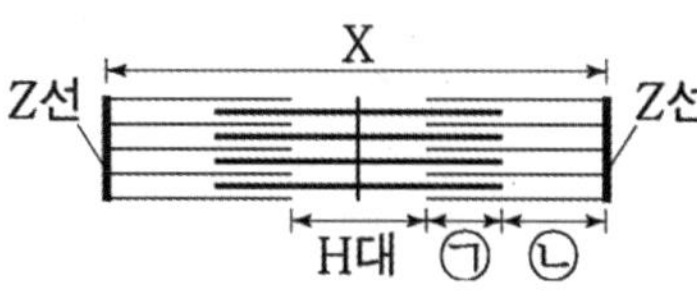

시점	길이 (μm)		
	H대	㉠	㉡
t_1	?	0.6	0.2
t_2	0.8	ⓐ	ⓐ

이에 대한 옳은 설명만을 〈보기〉에서 있는 대로 고른 것은? (3점)

[보기]

ㄱ. ⓐ는 0.4이다.
ㄴ. t_1일 때 X의 길이는 2.2 μm이다.
ㄷ. H대의 길이는 t_1일 때가 t_2일 때보다 길다.

① ㄱ ② ㄴ ③ ㄱ, ㄷ ④ ㄴ, ㄷ ⑤ ㄱ, ㄴ, ㄷ

E06 ✽✽✽ 2021 대비 6월 모평 13

다음은 골격근의 수축 과정에 대한 자료이다.

• 그림은 근육 원섬유 마디 X의 구조를, 표는 골격근 수축 과정의 두 시점 t_1과 t_2일 때 X의 길이와 ㉠의 길이를 나타낸 것이다. X는 좌우 대칭이다.

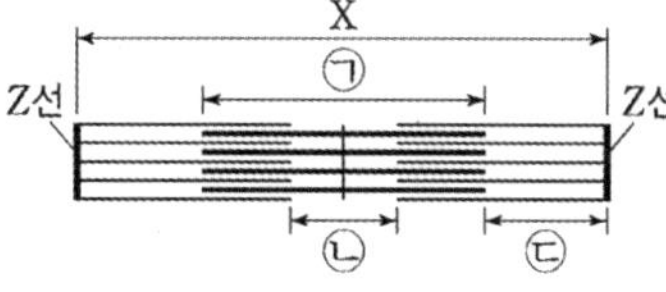

시점	X의 길이	㉠의 길이
t_1	3.0 μm	1.6 μm
t_2	2.6 μm	?

• 구간 ㉠은 마이오신 필라멘트가 있는 부분이고, ㉡은 마이오신 필라멘트만 있는 부분이며, ㉢은 액틴 필라멘트만 있는 부분이다.

이에 대한 설명으로 옳은 것만을 〈보기〉에서 있는 대로 고른 것은?

[보기]

ㄱ. t_1에서 t_2로 될 때 ATP에 저장된 에너지가 사용된다.
ㄴ. ㉠의 길이에서 ㉡의 길이를 뺀 값은 t_2일 때가 t_1일 때보다 0.2 μm 크다.
ㄷ. t_2일 때 ㉢의 길이는 0.3 μm이다.

① ㄱ ② ㄴ ③ ㄷ ④ ㄱ, ㄴ ⑤ ㄱ, ㄷ

❖ 정답 및 해설 108 ~ 111p

E07 ✿✿✿ 2025 대비 6월 모평 13

다음은 골격근의 수축 과정에 대한 자료이다.

○ 그림은 근육 원섬유 마디 X의 구조를 나타낸 것이다. X는 좌우 대칭이고, Z_1과 Z_2는 X의 Z선이다.

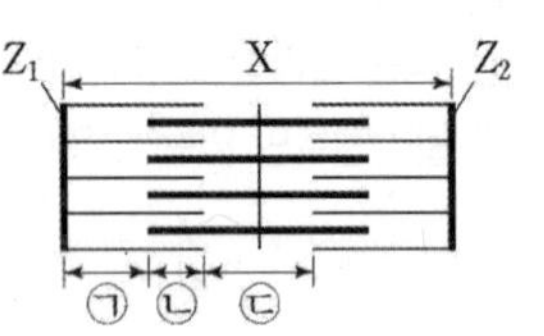

○ 구간 ㉠은 액틴 필라멘트만 있는 부분이고, ㉡은 액틴 필라멘트와 마이오신 필라멘트가 겹치는 부분이며, ㉢은 마이오신 필라멘트만 있는 부분이다.

○ 표는 골격근 수축 과정의 두 시점 t_1과 t_2일 때, ㉠의 길이와 ㉢의 길이를 더한 값(㉠+㉢), ㉡의 길이와 ㉢의 길이를 더한 값(㉡+㉢), X의 길이를 나타낸 것이다.

시점	㉠+㉢	㉡+㉢	X의 길이
t_1	?	1.4	?
t_2	1.4	?	2.8

(단위: μm)

○ t_1일 때 X의 길이는 L이고, A대의 길이는 1.6 μm이다.

이에 대한 설명으로 옳은 것만을 〈보기〉에서 있는 대로 고른 것은?

[보기]

ㄱ. X의 길이는 t_1일 때가 t_2일 때보다 0.2 μm 길다.

ㄴ. t_1일 때 ㉡의 길이와 t_2일 때 ㉢의 길이를 더한 값은 1.0 μm이다.

ㄷ. t_1일 때 X의 Z_1로부터 Z_2 방향으로 거리가 $\frac{3}{8}$L인 지점은 ㉢에 해당한다.

① ㄱ ② ㄴ ③ ㄱ, ㄷ ④ ㄴ, ㄷ ⑤ ㄱ, ㄴ, ㄷ

E08 ✿✿✿ 2024 실시 5월 학평 10

다음은 골격근의 수축 과정에 대한 자료이다.

○ 그림은 근육 원섬유 마디 X의 구조를, 표는 골격근 수축 과정의 두 시점 t_1과 t_2일 때 ㉠의 길이와 ㉢의 길이를 더한 값(㉠+㉢)과 X의 길이를 나타낸 것이다. X는 좌우 대칭이고, Z_1과 Z_2는 X의 Z선이다.

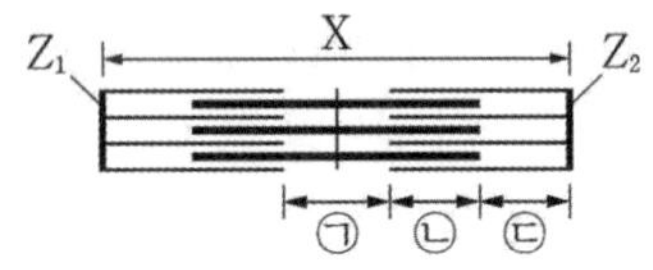

시점	㉠+㉢	X의 길이
t_1	1.4 μm	?
t_2	ⓐ	2.6 μm

○ 구간 ㉠은 마이오신 필라멘트만 있는 부분이고, ㉡은 액틴 필라멘트와 마이오신 필라멘트가 겹치는 부분이며, ㉢은 액틴 필라멘트만 있는 부분이다.

○ t_1일 때 ㉡의 길이는 $2d$, ㉢의 길이는 $3d$이다.

○ t_2일 때 A대의 길이는 1.6 μm이다.

이에 대한 설명으로 옳은 것만을 〈보기〉에서 있는 대로 고른 것은?

[보기]

ㄱ. ⓐ는 1.1 μm이다.

ㄴ. H대의 길이는 t_1일 때가 t_2일 때보다 0.2 μm 길다.

ㄷ. t_1일 때 Z_1로 부터 Z_2 방향으로 거리가 1.9 μm인 지점은 ㉠에 해당한다.

① ㄱ ② ㄷ ③ ㄱ, ㄴ ④ ㄴ, ㄷ ⑤ ㄱ, ㄴ, ㄷ

E09 ✿✿✿ 2025 대비 9월 모평 11

다음은 골격근의 수축 과정에 대한 자료이다.

○ 그림은 근육 원섬유 마디 X의 구조를 나타낸 것이다. X는 좌우 대칭이고, Z_1과 Z_2는 X의 Z선이다.

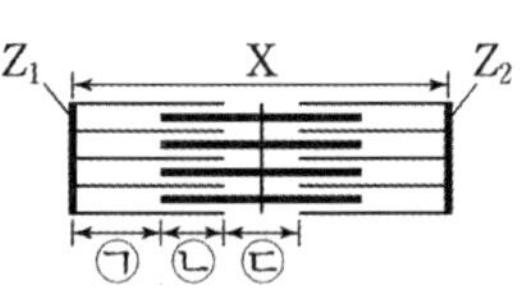

○ 구간 ㉠은 액틴 필라멘트만 있는 부분이고, ㉡은 액틴 필라멘트와 마이오신 필라멘트가 겹치는 부분이며, ㉢은 마이오신 필라멘트만 있는 부분이다.

○ 표는 골격근 수축 과정의 두 시점 t_1과 t_2일 때 ⓐ의 길이를 ⓑ의 길이로 나눈 값($\frac{ⓐ}{ⓑ}$), H대의 길이, X의 길이를 나타낸 것이다. ⓐ와 ⓑ는 ㉠과 ㉡을 순서 없이 나타낸 것이고, d는 0보다 크다.

시점	$\frac{ⓐ}{ⓑ}$	H대의 길이	X의 길이
t_1	2	$2d$	$8d$
t_2	1	d	?

이에 대한 설명으로 옳은 것만을 〈보기〉에서 있는 대로 고른 것은?

[보기]

ㄱ. ⓐ는 ㉠이다.

ㄴ. t_1일 때, ㉠의 길이와 ㉢의 길이는 서로 같다.

ㄷ. t_2일 때, Z_1로부터 Z_2 방향으로 거리가 $2d$인 지점은 ㉡에 해당한다.

① ㄱ ② ㄷ ③ ㄱ, ㄷ ④ ㄴ, ㄷ ⑤ ㄱ, ㄴ, ㄷ

E10 ✿✿✿ 2024 대비 9월 모평 10

다음은 골격근의 수축과 이완 과정에 대한 자료이다.

- 그림 (가)는 팔을 구부리는 과정의 두 시점 t_1과 t_2일 때 팔의 위치와 이 과정에 관여하는 골격근 P와 Q를, (나)는 P와 Q 중 한 골격근의 근육 원섬유 마디 X의 구조를 나타낸 것이다. X는 좌우 대칭이고, Z_1과 Z_2는 X의 Z선이다.

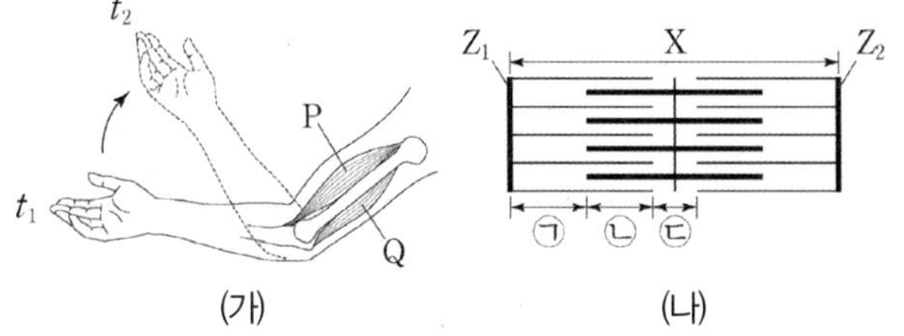

(가) (나)

- 구간 ㉠은 액틴 필라멘트만 있는 부분이고, ㉡은 액틴 필라멘트와 마이오신 필라멘트가 겹치는 부분이며, ㉢은 마이오신 필라멘트만 있는 부분이다.
- 표는 t_1과 t_2일 때 각 시점의 Z_1로부터 Z_2 방향으로 거리가 각각 l_1, l_2, l_3인 세 지점이 ㉠~㉢ 중 어느 구간에 해당하는지를 나타낸 것이다. ⓐ~ⓒ는 ㉠~㉢을 순서 없이 나타낸 것이다.

거리	지점이 해당하는 구간	
	t_1	t_2
l_1	ⓐ	?
l_2	ⓑ	ⓐ
l_3	ⓒ	㉢

- ⓒ의 길이는 t_1일 때가 t_2일 때보다 짧다.
- t_1과 t_2일 때 각각 l_1~l_3은 모두 $\frac{\text{X의 길이}}{2}$보다 작다.

이에 대한 설명으로 옳은 것만을 〈보기〉에서 있는 대로 고른 것은?

[보기]

ㄱ. $l_1 > l_2$이다.
ㄴ. X는 P의 근육 원섬유 마디이다.
ㄷ. t_2일 때 Z_1로부터 Z_2 방향으로 거리가 l_1인 지점은 ㉠에 해당한다.

① ㄱ ② ㄴ ③ ㄷ ④ ㄱ, ㄴ ⑤ ㄱ, ㄷ

E11 ✿✿✿ 2022 실시 3월 학평 15

그림은 좌우 대칭인 근육 원섬유 마디 X의 구조를, 표는 시점 t_1과 t_2일 때 X의 길이와 ㉡의 길이를 나타낸 것이다. 구간 ㉠은 액틴 필라멘트와 마이오신 필라멘트가 겹치는 부분이고, ㉡은 액틴 필라멘트만 있는 부분이다.

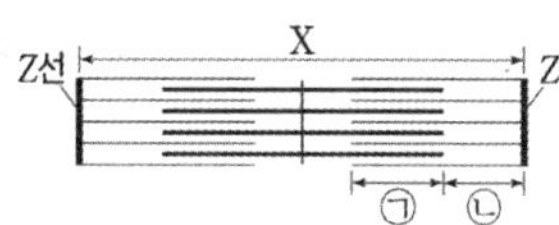

시점	X의 길이	㉡의 길이
t_1	?	$0.5\ \mu m$
t_2	$2.4\ \mu m$	$0.4\ \mu m$

이에 대한 옳은 설명만을 〈보기〉에서 있는 대로 고른 것은? (3점)

[보기]

ㄱ. ㉠은 H대의 일부이다.
ㄴ. t_1일 때 A대의 길이는 $1.6\ \mu m$이다.
ㄷ. ㉠의 길이와 ㉡의 길이를 더한 값은 t_1일 때와 t_2일 때가 같다.

① ㄱ ② ㄴ ③ ㄱ, ㄷ ④ ㄴ, ㄷ ⑤ ㄱ, ㄴ, ㄷ

E12 ✿✿✿ 2022 실시 7월 학평 11

다음은 골격근의 수축 과정에 대한 자료이다.

- 그림은 사람의 골격근을 구성하는 근육 원섬유 마디 X의 구조를 나타낸 것이다. X는 좌우 대칭이다.

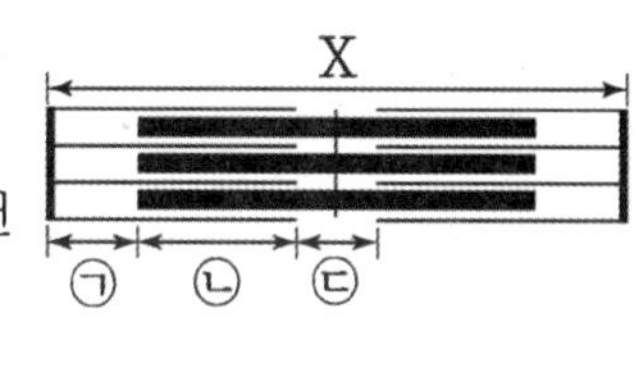

- ㉠은 액틴 필라멘트만 있는 부분, ㉡은 액틴 필라멘트와 마이오신 필라멘트가 겹쳐진 부분, ㉢은 마이오신 필라멘트만 있는 부분이다.
- X의 길이가 $2.0\ \mu m$일 때, ㉠의 길이 : ㉡의 길이 $= 1 : 3$이다.
- X의 길이가 $2.4\ \mu m$일 때, ㉡의 길이 : ㉢의 길이 $= 1 : 2$이다.

이에 대한 설명으로 옳은 것만을 〈보기〉에서 있는 대로 고른 것은? (3점)

[보기]

ㄱ. X에서 A대의 길이는 $1.6\ \mu m$이다.
ㄴ. X에서 ㉢은 밝게 보이는 부분(명대)이다.
ㄷ. X의 길이가 $3.0\ \mu m$일 때, $\frac{\text{H대의 길이}}{\text{㉠의 길이}}$는 2이다.

① ㄱ ② ㄴ ③ ㄷ ④ ㄱ, ㄷ ⑤ ㄴ, ㄷ

❖ 정답 및 해설 112 ~ 115p

E13 ✿❀❀ 2021 실시 3월 학평 18

다음은 골격근의 수축 과정에 대한 자료이다.

- 그림은 좌우 대칭인 근육 원섬유 마디 X의 구조를 나타낸 것이다. 구간 ㉠은 액틴 필라멘트와 마이오신 필라멘트가 겹치는 부분이고, ㉡은 마이오신 필라멘트만 있는 부분이다.
- 표는 골격근 수축 과정의 시점 t_1과 t_2일 때 X, ⓐ, ⓑ의 길이를 나타낸 것이다. ⓐ와 ⓑ는 각각 ㉠과 ㉡ 중 하나이다.

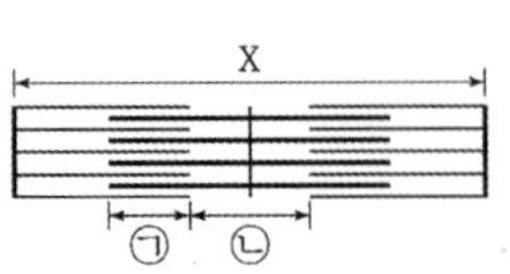

시점	길이(μm)		
	X	ⓐ	ⓑ
t_1	?	0.5	0.6
t_2	2.2	0.7	0.2

이에 대한 옳은 설명만을 〈보기〉에서 있는 대로 고른 것은?

[보기]

ㄱ. ⓑ는 ㉠이다.
ㄴ. t_1일 때 X의 길이는 2.4μm이다.
ㄷ. t_2일 때 A대의 길이는 1.6μm이다.

① ㄱ ② ㄷ ③ ㄱ, ㄴ ④ ㄴ, ㄷ ⑤ ㄱ, ㄴ, ㄷ

E14 ✿✿❀ 2022 실시 10월 학평 15

다음은 골격근의 수축 과정에 대한 자료이다.

- 그림은 근육 원섬유 마디 X의 구조를, 표는 시점 t_1과 t_2일 때 X의 길이, Ⅰ의 길이와 Ⅲ의 길이를 더한 값 (Ⅰ+Ⅲ), Ⅱ의 길이에서 Ⅰ의 길이를 뺀 값 (Ⅱ−Ⅰ)을 나타낸 것이다. X는 좌우 대칭이고, Ⅰ~Ⅲ은 ㉠~㉢을 순서 없이 나타낸 것이다.

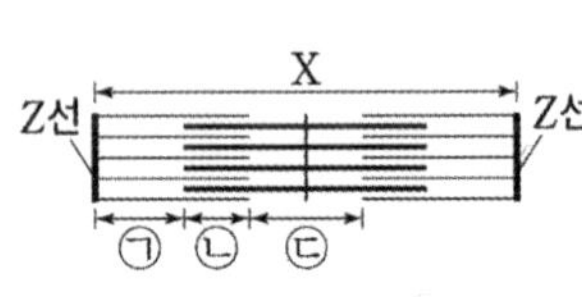

시점	X의 길이	Ⅰ+Ⅲ	Ⅱ−Ⅰ
t_1	ⓐ	0.8 μm	0.2 μm
t_2	ⓑ	ⓒ	ⓒ

- 구간 ㉠은 액틴 필라멘트만 있는 부분이고, ㉡은 액틴 필라멘트와 마이오신 필라멘트가 겹치는 부분이며, ㉢은 마이오신 필라멘트만 있는 부분이다.
- ⓐ와 ⓑ는 각각 2.4 μm와 2.2 μm 중 하나이다.

이에 대한 옳은 설명만을 〈보기〉에서 있는 대로 고른 것은? (3점)

[보기]

ㄱ. Ⅱ는 ㉡이다.
ㄴ. t_1일 때 A대의 길이는 1.4 μm이다.
ㄷ. t_2일 때 ㉠의 길이는 ㉢의 길이보다 길다.

① ㄱ ② ㄴ ③ ㄱ, ㄷ ④ ㄴ, ㄷ ⑤ ㄱ, ㄴ, ㄷ

E15 ✿❀❀ 2021 실시 4월 학평 10

다음은 골격근의 수축 과정에 대한 자료이다.

- 그림은 근육 원섬유 마디 X의 구조를 나타낸 것이다. 구간 ㉠은 액틴 필라멘트만 있는 부분이고, ㉡은 액틴 필라멘트와 마이오신 필라멘트가 겹치는 부분이며, ㉢은 마이오신 필라멘트만 있는 부분이다. X는 좌우 대칭이다.

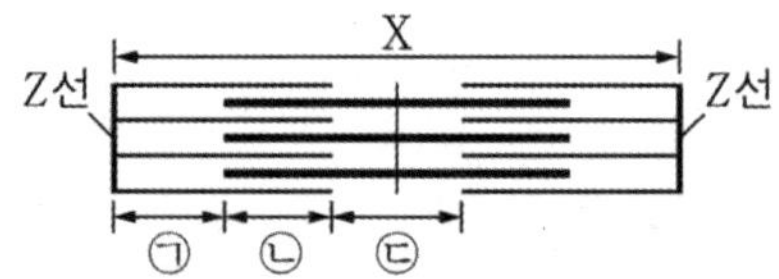

- 표는 골격근 수축 과정의 시점 t_1과 t_2일 때 X의 길이, A대의 길이, H대의 길이를 나타낸 것이다. ⓐ와 ⓑ는 2.4 μm와 2.8 μm를 순서 없이 나타낸 것이다.

시점	X의 길이	A대의 길이	H대의 길이
t_1	ⓐ	1.6 μm	?
t_2	ⓑ	?	0.4 μm

- t_1일 때 ㉡의 길이와 t_2일 때 ㉠의 길이는 같다.

이에 대한 설명으로 옳은 것만을 〈보기〉에서 있는 대로 고른 것은? (3점)

[보기]

ㄱ. ⓐ는 2.8 μm이다.
ㄴ. t_1일 때 ㉠의 길이는 0.4 μm이다.
ㄷ. X에서 $\frac{㉢의\ 길이}{액틴\ 필라멘트의\ 길이}$는 t_1일 때가 t_2일 때보다 크다.

① ㄱ ② ㄴ ③ ㄷ ④ ㄱ, ㄷ ⑤ ㄴ, ㄷ

E16 ✿✿✿ 2023 실시 4월 학평 10

다음은 골격근의 수축 과정에 대한 자료이다.

- 그림은 근육 원섬유 마디 X의 구조를 나타낸 것이며, X는 좌우 대칭이다. 구간 ㉠은 액틴 필라멘트만 있는 부분이고, ㉡은 액틴 필라멘트와 마이오신 필라멘트가 겹치는 부분이며, ㉢은 마이오신 필라멘트만 있는 부분이다.

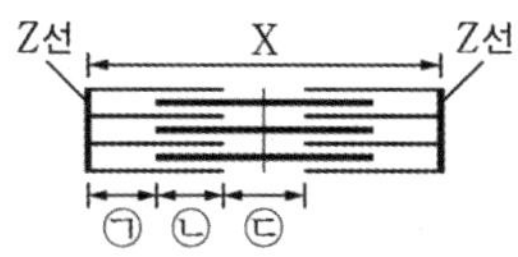

- 표는 골격근 수축 과정의 두 시점 t_1과 t_2일 때 ㉠의 길이, ㉡의 길이, ㉢의 길이, X의 길이를 나타낸 것이고, ⓐ~ⓒ는 0.4 μm, 0.6 μm, 0.8 μm를 순서 없이 나타낸 것이다.

시점	㉠의 길이	㉡의 길이	㉢의 길이	X의 길이
t_1	ⓐ	ⓑ	ⓐ	?
t_2	ⓒ	?	ⓑ	2.8 μm

이에 대한 설명으로 옳은 것만을 〈보기〉에서 있는 대로 고른 것은? (3점)

[보기]

ㄱ. t_1일 때 H대의 길이는 0.8 μm이다.
ㄴ. X의 길이는 t_2일 때가 t_1일 때보다 0.4 μm 길다.
ㄷ. t_1에서 t_2로 될 때 ATP에 저장된 에너지가 사용된다.

① ㄱ ② ㄴ ③ ㄱ, ㄷ ④ ㄴ, ㄷ ⑤ ㄱ, ㄴ, ㄷ

E17 ✿✿✿ 2023 실시 7월 학평 14

다음은 골격근의 수축 과정에 대한 자료이다.

- 그림은 골격근을 구성하는 근육 원섬유 마디 X의 구조를, 표는 두 시점 t_1과 t_2일 때 ⓐ의 길이와 ⓑ의 길이를 더한 값(ⓐ+ⓑ)과 ⓐ의 길이와 ⓒ의 길이를 더한 값(ⓐ+ⓒ)을 나타낸 것이다. ⓐ~ⓒ는 ㉠~㉢을 순서 없이 나타낸 것이며, X는 M선을 기준으로 좌우 대칭이다. ⓐ에는 액틴 필라멘트가 있다.

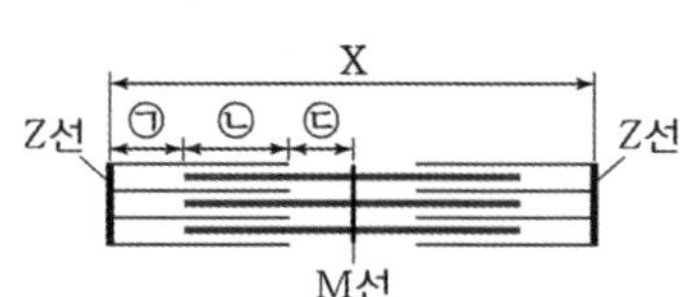

시점	ⓐ+ⓑ	ⓐ+ⓒ
t_1	1.4 μm	1.0 μm
t_2	1.2 μm	1.0 μm

- 구간 ㉠은 액틴 필라멘트만 있는 부분이고, ㉡은 액틴 필라멘트와 마이오신 필라멘트가 겹치는 부분이며, ㉢은 마이오신 필라멘트만 있는 부분이다.

이에 대한 설명으로 옳은 것만을 〈보기〉에서 있는 대로 고른 것은?

[보기]

ㄱ. ⓑ는 ㉠이다.
ㄴ. ⓒ는 A대의 일부이다.
ㄷ. X의 길이는 t_1일 때가 t_2일 때보다 0.2 μm 길다.

① ㄱ ② ㄴ ③ ㄷ ④ ㄱ, ㄷ ⑤ ㄴ, ㄷ

E18 ✿✿✿ 2020 대비 수능 14

다음은 골격근의 수축 과정에 대한 자료이다.

- 그림은 근육 원섬유 마디 X의 구조를, 표는 골격근 수축 과정의 두 시점 t_1과 t_2일 때 ㉠의 길이와 ㉡의 길이를 더한 값(㉠+㉡)과 ㉢의 길이를 나타낸 것이다. X는 좌우 대칭이고, t_1일 때 A대의 길이는 1.6 μm이다.

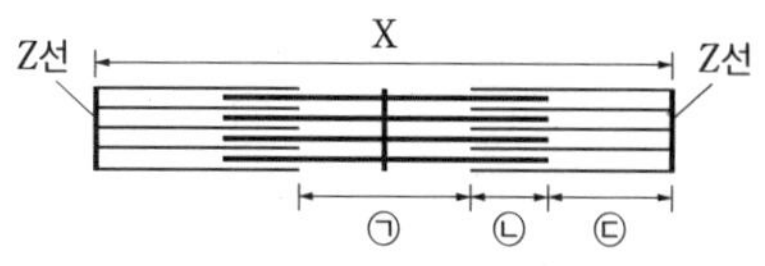

시점	㉠+㉡	㉢의 길이
t_1	1.3 μm	0.7 μm
t_2	?	0.5 μm

- 구간 ㉠은 마이오신 필라멘트만 있는 부분이고, ㉡은 액틴 필라멘트와 마이오신 필라멘트가 겹치는 부분이며, ㉢은 액틴 필라멘트만 있는 부분이다.

이에 대한 설명으로 옳은 것만을 〈보기〉에서 있는 대로 고른 것은?

[보기]

ㄱ. t_1일 때 X의 길이는 3.0 μm이다.
ㄴ. X의 길이에서 ㉠의 길이를 뺀 값은 t_1일 때가 t_2일 때보다 크다.
ㄷ. t_2일 때 $\dfrac{\text{H대의 길이}}{\text{㉡의 길이}+\text{㉢의 길이}}=\dfrac{3}{5}$이다.

① ㄱ ② ㄴ ③ ㄱ, ㄷ ④ ㄴ, ㄷ ⑤ ㄱ, ㄴ, ㄷ

❖ 정답 및 해설 116~118p

E19 ✲✲❀ 2020 실시 7월 학평 11

다음은 골격근의 수축 과정에 대한 자료이다.

• 그림은 근육 원섬유 마디 X의 구조를 나타낸 것이다. X는 좌우 대칭이며, 구간 ㉠은 액틴 필라멘트만 있는 부분, ㉡은 액틴 필라멘트와 마이오신 필라멘트가 겹치는 부분, ㉢은 마이오신 필라멘트만 있는 부분이다.

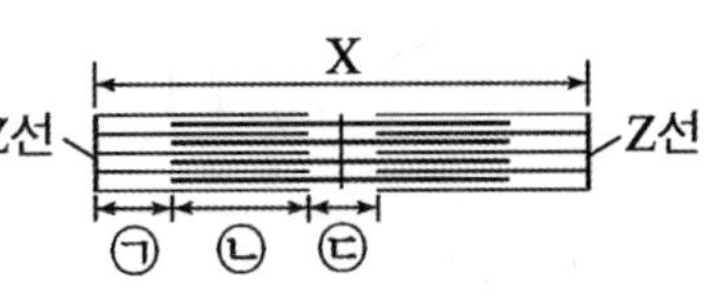

• 표는 골격근 수축 과정의 두 시점 t_1과 t_2일 때 X의 길이, ⓐ의 길이와 ⓒ의 길이를 더한 값(ⓐ+ⓒ), ⓑ의 길이와 ⓒ의 길이를 더한 값(ⓑ+ⓒ)을 나타낸 것이다. ⓐ~ⓒ는 ㉠~㉢을 순서 없이 나타낸 것이다.

시점	X의 길이	ⓐ+ⓒ	ⓑ+ⓒ
t_1	2.4 μm	1.0 μm	0.8 μm
t_2	?	1.3 μm	1.7 μm

이에 대한 설명으로 옳은 것만을 〈보기〉에서 있는 대로 고른 것은? (3점)

[보기]

ㄱ. ⓐ는 ㉡이다.

ㄴ. t_1일 때 $\frac{\text{A대의 길이}}{\text{H대의 길이}}$는 4이다.

ㄷ. t_2일 때 X의 길이는 3.2 μm이다.

① ㄱ ② ㄷ ③ ㄱ, ㄴ ④ ㄴ, ㄷ ⑤ ㄱ, ㄴ, ㄷ

E20 ✲✲❀ 2022 대비 수능 13

다음은 골격근의 수축과 이완 과정에 대한 자료이다.

○ 그림 (가)는 팔을 구부리는 과정의 세 시점 t_1, t_2, t_3일 때 팔의 위치와 이 과정에 관여하는 골격근 P와 Q를, (나)는 P와 Q 중 한 골격근의 근육 원섬유 마디 X의 구조를 나타낸 것이다. X는 좌우 대칭이다.

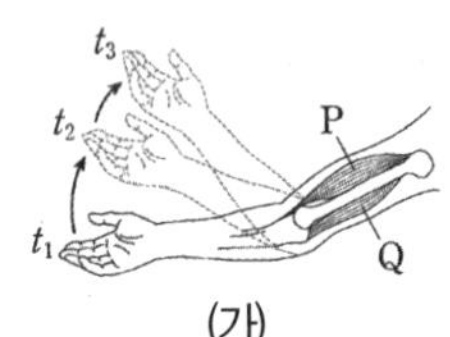

(가)

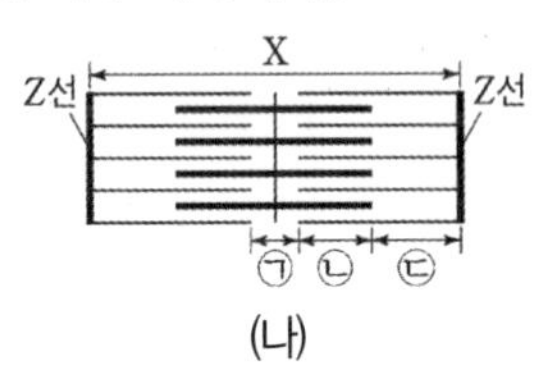

(나)

○ 구간 ㉠은 마이오신 필라멘트만 있는 부분이고, ㉡은 액틴 필라멘트와 마이오신 필라멘트가 겹치는 부분이며, ㉢은 액틴 필라멘트만 있는 부분이다.

○ 표는 t_1~t_3일 때 ㉠의 길이와 ㉡의 길이를 더한 값(㉠+㉡), ㉢의 길이, X의 길이를 나타낸 것이다.

시점	㉠+㉡	㉢의 길이	X의 길이
t_1	1.2	ⓐ	?
t_2	?	0.7	3.0
t_3	ⓐ	0.6	?

(단위: μm)

이에 대한 설명으로 옳은 것만을 〈보기〉에서 있는 대로 고른 것은?

[보기]

ㄱ. X는 P의 근육 원섬유 마디이다.

ㄴ. X에서 A대의 길이는 t_1일 때가 t_3일 때보다 길다.

ㄷ. t_1일 때 ㉡의 길이와 ㉢의 길이를 더한 값은 1.3 μm이다.

① ㄱ ② ㄴ ③ ㄷ ④ ㄱ, ㄴ ⑤ ㄱ, ㄷ

E21 ✲✲❀ 2022 대비 9월 모평 9

다음은 골격근의 수축 과정에 대한 자료이다.

○ 그림은 근육 원섬유 마디 X의 구조를 나타낸 것이다. X는 M선을 기준으로 좌우대칭이다.

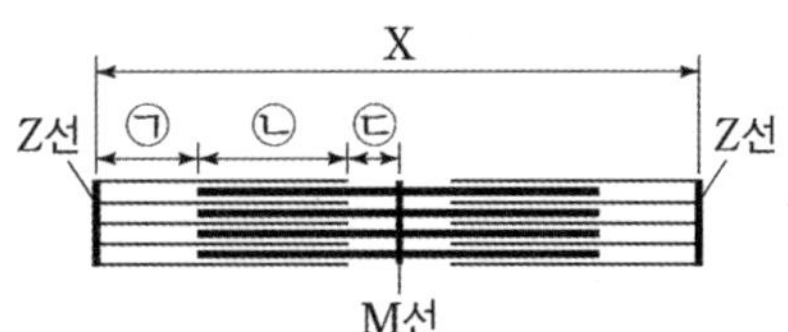

○ 구간 ㉠은 액틴 필라멘트만 있는 부분이고, ㉡은 액틴 필라멘트와 마이오신 필라멘트가 겹치는 부분이며, ㉢은 마이오신 필라멘트만 있는 부분이다.

○ 골격근 수축 과정의 시점 t_1일 때 ⓐ의 길이는 시점 t_2일 때 ⓑ의 길이와 ㉢의 길이를 더한 값과 같다. ⓐ와 ⓑ는 ㉠과 ㉡을 순서 없이 나타낸 것이다.

○ ⓐ의 길이와 ⓑ의 길이를 더한 값은 1.0 μm이다.

○ t_1일 때 ⓑ의 길이는 0.2 μm이고, t_2일 때 ⓐ의 길이는 0.7 μm이다. X의 길이는 t_1과 t_2 중 한 시점일 때 3.0 μm이고, 나머지 한 시점일 때 3.0 μm보다 길다.

이에 대한 설명으로 옳은 것만을 〈보기〉에서 있는 대로 고른 것은?

[보기]

ㄱ. ⓐ는 ㉠이다.

ㄴ. t_1일 때 H대의 길이는 1.2 μm이다.

ㄷ. X의 길이는 t_1일 때가 t_2일 때보다 짧다.

① ㄱ ② ㄴ ③ ㄷ ④ ㄱ, ㄴ ⑤ ㄴ, ㄷ

E22 ✿✿❀ 2021 실시 7월 학평 15

다음은 골격근의 수축 과정에 대한 자료이다.

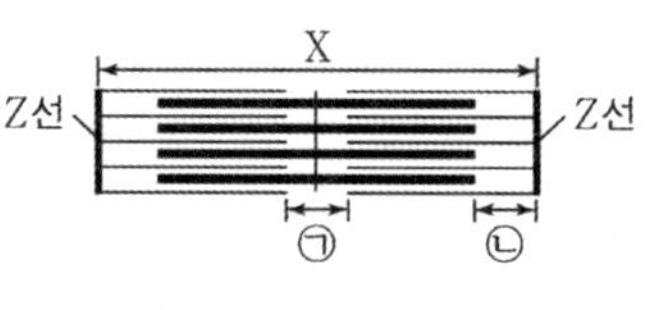

- 그림은 근육 원섬유 마디 X의 구조를 나타낸 것이다. X는 좌우 대칭이다.
- 구간 ㉠은 마이오신 필라멘트만 있는 부분이고, ㉡은 액틴 필라멘트만 있는 부분이다.
- 표는 골격근 수축 과정의 두 시점 t_1과 t_2일 때 ㉠의 길이, ㉡의 길이, A대의 길이에서 ㉠의 길이를 뺀 값(A대－㉠)을 나타낸 것이다.

구분	㉠의 길이	㉡의 길이	A대 － ㉠
t_1	?	0.3	1.2
t_2	0.6	0.5+ⓐ	1.2+2ⓐ

(단위: μm)

이에 대한 설명으로 옳은 것만을 〈보기〉에서 있는 대로 고른 것은? (3점)

[보기]

ㄱ. ㉠은 H대이다.
ㄴ. t_1일 때 A대의 길이는 1.4 μm이다.
ㄷ. t_2일 때 ㉠의 길이는 ㉡의 길이보다 짧다.

① ㄱ ② ㄴ ③ ㄷ ④ ㄱ, ㄴ ⑤ ㄱ, ㄷ

E23 ✿✿❀ 2024 대비 6월 모평 15

다음은 골격근의 수축 과정에 대한 자료이다.

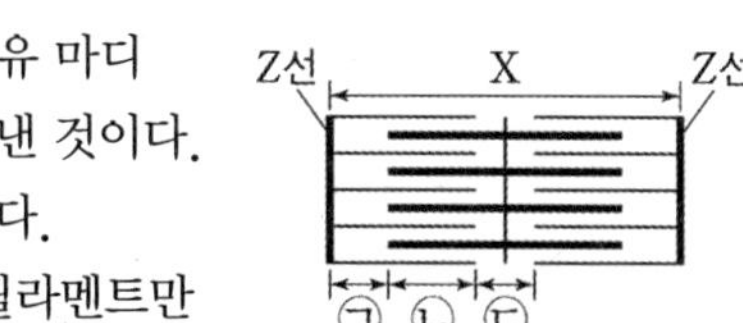

- 그림은 근육 원섬유 마디 X의 구조를 나타낸 것이다. X는 좌우 대칭이다.
- 구간 ㉠은 액틴 필라멘트만 있는 부분이고, ㉡은 액틴 필라멘트와 마이오신 필라멘트가 겹치는 부분이며, ㉢은 마이오신 필라멘트만 있는 부분이다.
- 골격근 수축 과정의 두 시점 t_1과 t_2 중 t_1일 때 ㉠의 길이와 ㉡의 길이를 더한 값은 1.0μm이고, X의 길이는 3.2μm이다.
- t_1일 때 $\frac{\text{ⓐ의 길이}}{\text{ⓒ의 길이}}=\frac{2}{3}$이고, t_2일 때 $\frac{\text{ⓐ의 길이}}{\text{ⓒ의 길이}}=1$이며, $\frac{t_1\text{일 때 ⓑ의 길이}}{t_2\text{일 때 ⓑ의 길이}}=\frac{1}{3}$이다. ⓐ와 ⓑ는 ㉠과 ㉡을 순서 없이 나타낸 것이다.

이에 대한 설명으로 옳은 것만을 〈보기〉에서 있는 대로 고른 것은?

[보기]

ㄱ. ⓑ는 ㉠이다.
ㄴ. t_1일 때 A대의 길이는 1.6μm이다.
ㄷ. X의 길이는 t_1일 때가 t_2일 때보다 0.8μm 길다.

① ㄱ ② ㄷ ③ ㄱ, ㄴ ④ ㄴ, ㄷ ⑤ ㄱ, ㄴ, ㄷ

E24 ✿✿❀ 2023 대비 6월 모평 10

다음은 골격근의 수축 과정에 대한 자료이다.

- 그림은 근육 원섬유 마디 X의 구조를, 표는 골격근 수축 과정의 두 시점 t_1과 t_2일 때 ㉠의 길이에서 ㉢의 길이를 뺀 값을 ㉡의 길이로 나눈 값($\frac{㉠-㉢}{㉡}$)과 X의 길이를 나타낸 것이다. X는 좌우 대칭이고, t_1일 때 A대의 길이는 1.6 μm이다.

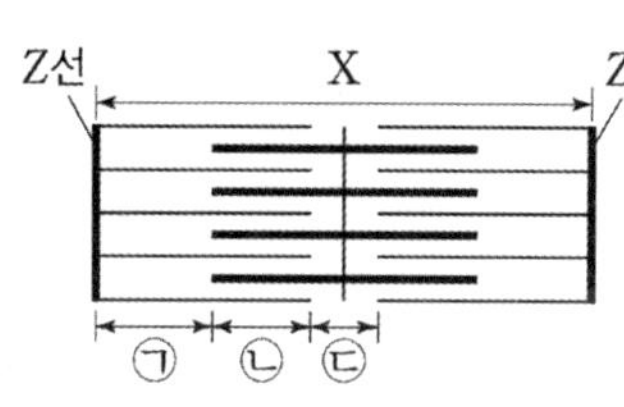

시점	$\frac{㉠-㉢}{㉡}$	X의 길이
t_1	$\frac{1}{4}$	?
t_2	$\frac{1}{2}$	3.0 μm

- 구간 ㉠은 액틴 필라멘트만 있는 부분이고, ㉡은 액틴 필라멘트와 마이오신 필라멘트가 겹치는 부분이며, ㉢은 마이오신 필라멘트만 있는 부분이다.

이에 대한 설명으로 옳은 것만을 〈보기〉에서 있는 대로 고른 것은?

[보기]

ㄱ. 근육 원섬유는 근육 섬유로 구성되어 있다.
ㄴ. t_2일 때 H대의 길이는 0.4 μm이다.
ㄷ. X의 길이는 t_1일 때가 t_2일 때보다 0.2 μm 길다.

① ㄱ ② ㄴ ③ ㄱ, ㄷ ④ ㄴ, ㄷ ⑤ ㄱ, ㄴ, ㄷ

E

❖ 정답 및 해설 119 ~ 122p

E25 ✿✿❀ 2022 실시 4월 학평 16

다음은 골격근의 수축 과정에 대한 자료이다.

○ 그림은 근육 원섬유 마디 X의 구조를, 표는 골격근 수축 과정의 두 시점 t_1과 t_2일 때 ㉠~㉢의 길이를 나타낸 것이다. X는 M선을 기준으로 좌우 대칭이고, A대의 길이는 1.6 μm이다. t_2일 때 ㉠의 길이와 ㉡의 길이는 같다.

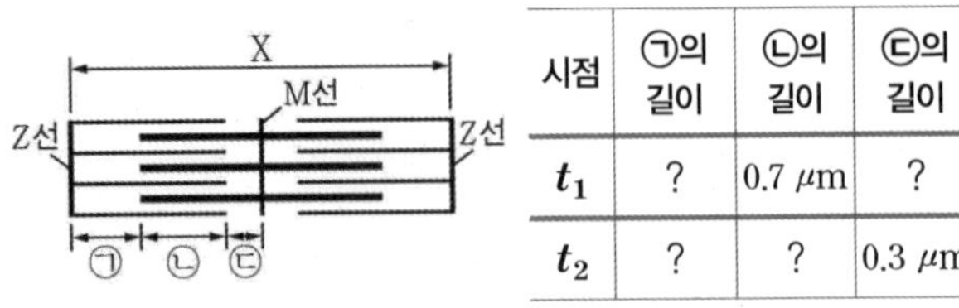

시점	㉠의 길이	㉡의 길이	㉢의 길이
t_1	?	0.7 μm	?
t_2	?	?	0.3 μm

○ 구간 ㉠은 액틴 필라멘트만 있는 부분이고, ㉡은 액틴 필라멘트와 마이오신 필라멘트가 겹치는 부분이며, ㉢은 마이오신 필라멘트만 있는 부분이다.

이에 대한 설명으로 옳은 것만을 〈보기〉에서 있는 대로 고른 것은?

[보기]

ㄱ. X의 길이는 t_1일 때가 t_2일 때보다 길다.
ㄴ. t_2일 때 ㉡의 길이는 0.5 μm이다.
ㄷ. t_1일 때 ㉠의 길이는 t_2일 때 H대의 길이와 같다.

① ㄱ ② ㄴ ③ ㄱ, ㄷ ④ ㄴ, ㄷ ⑤ ㄱ, ㄴ, ㄷ

E26 ✿✿❀ 2021 대비 수능 16

다음은 골격근의 수축 과정에 대한 자료이다.

○ 그림은 근육 원섬유 마디 X의 구조를 나타낸 것이다. X는 좌우 대칭이다.

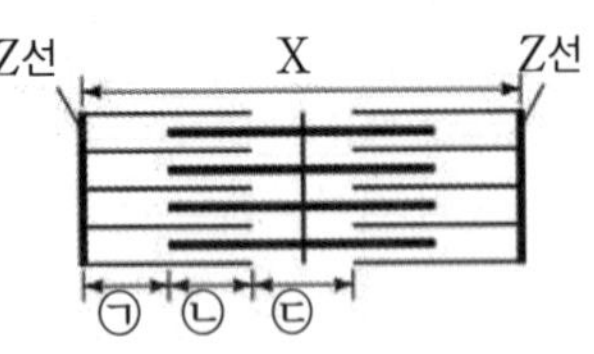

○ 구간 ㉠은 액틴 필라멘트만 있는 부분이고, ㉡은 액틴 필라멘트와 마이오신 필라멘트가 겹치는 부분이며, ㉢은 마이오신 필라멘트만 있는 부분이다.

○ 골격근 수축 과정의 시점 t_1일 때 ㉠~㉢의 길이는 순서 없이 ⓐ, $3d$, $10d$이고, 시점 t_2일 때 ㉠~㉢의 길이는 순서 없이 ⓐ, $2d$, $3d$이다. d는 0보다 크다.

이에 대한 설명으로 옳은 것만을 〈보기〉에서 있는 대로 고른 것은? (3점)

[보기]

ㄱ. 근육 원섬유는 근육 섬유로 구성되어 있다.
ㄴ. H대의 길이는 t_1일 때가 t_2일 때보다 길다.
ㄷ. t_2일 때 ㉠의 길이는 $2d$이다.

① ㄱ ② ㄴ ③ ㄷ
④ ㄱ, ㄴ ⑤ ㄴ, ㄷ

E27 ✿✿❀ 2020 실시 10월 학평 15

다음은 동물 (가)와 (나)의 골격근 수축에 대한 자료이다.

○ 그림은 (가)의 근육 원섬유 마디 X와 (나)의 근육 원섬유 마디 Y의 구조를 나타낸 것이다. 구간 ㉠과 ㉢은 액틴 필라멘트만 있는 부분이고, ㉡은 액틴 필라멘트와 마이오신 필라멘트가 겹치는 부분이며, ㉣은 마이오신 필라멘트만 있는 부분이다. X와 Y는 모두 좌우 대칭이다.

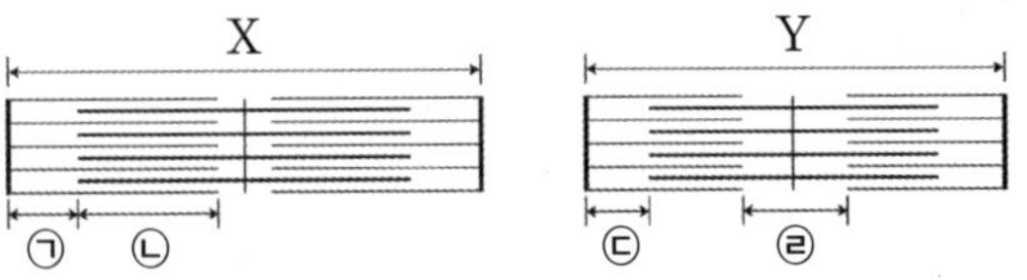

○ 표는 시점 t_1과 t_2일 때 X, ㉠, ㉡, Y, ㉢, ㉣의 길이를 나타낸 것이다.

구분	X	㉠	㉡	Y	㉢	㉣
t_1	?	ⓐ	0.6	?	0.3	ⓑ
t_2	2.6	0.5	0.5	2.6	0.6	1.0

(단위: μm)

이에 대한 옳은 설명만을 〈보기〉에서 있는 대로 고른 것은?

[보기]

ㄱ. ⓐ와 ⓑ는 같다.
ㄴ. t_1일 때 X의 H대 길이는 0.4 μm이다.
ㄷ. X의 A대 길이에서 Y의 A대 길이를 뺀 값은 0.2 μm이다.

① ㄱ ② ㄴ ③ ㄱ, ㄷ ④ ㄴ, ㄷ ⑤ ㄱ, ㄴ, ㄷ

E28 ✿✿❀ 2023 실시 10월 학평 10

다음은 골격근의 수축 과정에 대한 자료이다.

○ 그림은 근육 원섬유 마디 X의 구조를, 표는 골격근 수축 과정의 시점 t_1~t_3일 때 ㉠의 길이, ㉢의 길이, Ⅰ의 길이와 Ⅱ의 길이를 더한 값(Ⅰ+Ⅱ), Ⅰ의 길이와 Ⅲ의 길이를 더한 값(Ⅰ+Ⅲ)을 나타낸 것이다. X는 좌우 대칭이고, Ⅰ~Ⅲ은 ㉠~㉢을 순서 없이 나타낸 것이다.

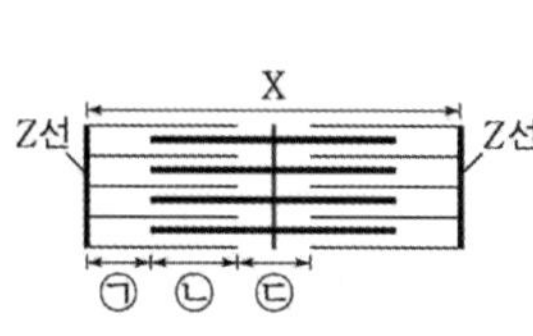

시점	길이(μm)			
	㉠	㉢	Ⅰ+Ⅱ	Ⅰ+Ⅲ
t_1	ⓐ	ⓐ	?	1.2
t_2	0.7	ⓑ	1.3	?
t_3	ⓑ	0.4	ⓒ	ⓒ

○ 구간 ㉠은 액틴 필라멘트만 있는 부분이고, ㉡은 액틴 필라멘트와 마이오신 필라멘트가 겹치는 부분이며, ㉢은 마이오신 필라멘트만 있는 부분이다.

이에 대한 옳은 설명만을 〈보기〉에서 있는 대로 고른 것은? (3점)

[보기]

ㄱ. t_1일 때 ㉡의 길이는 0.4 μm이다.
ㄴ. ⓒ는 1.0이다.
ㄷ. Ⅱ는 ㉢이다.

① ㄱ ② ㄷ ③ ㄱ, ㄴ ④ ㄴ, ㄷ ⑤ ㄱ, ㄴ, ㄷ

E29 ✿❀❀ 2020 실시 4월 학평 8

다음은 골격근의 수축 과정에 대한 자료이다.

• 그림은 근육 원섬유 마디 X의 구조를, 표는 골격근 수축 과정의 두 시점 t_1과 t_2일 때 X의 길이, A대의 길이, ㉡의 길이를 나타낸 것이다. X는 좌우 대칭이고, t_2일 때 H대의 길이는 1.0 μm이다.

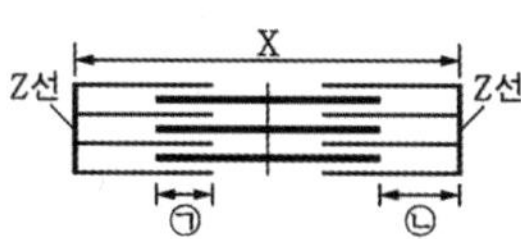

시점	X의 길이	A대의 길이	㉡의 길이
t_1	?	1.6 μm	0.2 μm
t_2	3.0 μm	?	?

• 구간 ㉠은 액틴 필라멘트와 마이오신 필라멘트가 겹치는 부분이고, ㉡은 액틴 필라멘트만 있는 부분이다.

이에 대한 설명으로 옳은 것만을 〈보기〉에서 있는 대로 고른 것은? (3점)

[보기]

ㄱ. t_1일 때 X의 길이는 2.0 μm이다.
ㄴ. ㉡의 길이는 t_1일 때가 t_2일 때보다 짧다.
ㄷ. t_2일 때 $\frac{\text{㉠의 길이}}{\text{A대의 길이}}=\frac{3}{8}$이다.

① ㄱ ② ㄷ ③ ㄱ, ㄴ ④ ㄴ, ㄷ ⑤ ㄱ, ㄴ, ㄷ

유형 02 근육 현미경 사진 또는 근육 단면 구조를 통한 근섬유 길이 변화

단서 근육 원섬유 마디의 구조가 제시되어 있다.
발상 구조에서 Z선, A대, I대, H대를 찾아야 한다.

E

E30 ✿✿❀ 2021 실시 10월 학평 11

표는 좌우 대칭인 근육 원섬유 마디 X가 수축하는 과정에서 시점 t_1과 t_2일 때 X의 길이, A대의 길이, H대의 길이를, 그림은 X의 단면을 나타낸 것이다. ㉠과 ㉡은 각각 액틴 필라멘트와 마이오신 필라멘트 중 하나이다.

시점	X의 길이	A대의 길이	H대의 길이
t_1	2.4 μm	?	0.6 μm
t_2	ⓐ	1.6 μm	0.2 μm

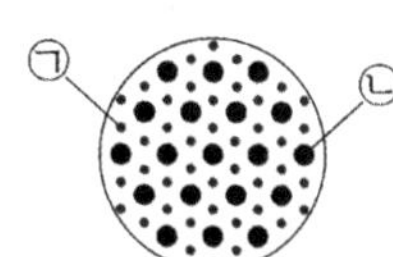

이에 대한 설명으로 옳은 것만을 〈보기〉에서 있는 대로 고른 것은? (3점)

[보기]

ㄱ. I대에 ㉠이 있다.
ㄴ. ⓐ는 2.0 μm이다.
ㄷ. t_1일 때 X에서 ㉠과 ㉡이 모두 있는 부분의 길이는 1.4 μm이다.

① ㄱ ② ㄷ ③ ㄱ, ㄴ ④ ㄴ, ㄷ ⑤ ㄱ, ㄴ, ㄷ

E31 ✿✿❀ 2018 실시 4월 학평 18

표는 골격근의 근육 원섬유 마디 X가 수축하는 과정에서 두 시점 ⓐ와 ⓑ일 때 X의 길이와 A대의 길이를, 그림은 X의 한 지점에서 관찰되는 단면을 나타낸 것이다.

시점	X의 길이(μm)	A대의 길이(μm)
ⓐ	2.2	?
ⓑ	2.0	1.6

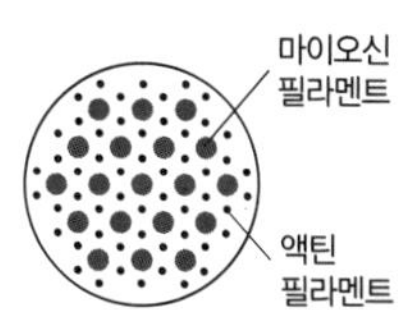

이에 대한 설명으로 옳은 것만을 〈보기〉에서 있는 대로 고른 것은?

[보기]

ㄱ. ⓐ일 때 마이오신 필라멘트의 길이는 1.8 μm이다.
ㄴ. 그림은 H대에서 관찰되는 단면이다.
ㄷ. I대의 길이는 ⓐ일 때보다 ⓑ일 때가 짧다.

① ㄱ ② ㄴ ③ ㄷ ④ ㄱ, ㄷ ⑤ ㄴ, ㄷ

❖ 정답 및 해설 123~126p

E32 ✿✿❀ 2017 실시 10월 학평 10

다음은 근육 원섬유 마디 X에 대한 자료이다.

- 그림은 어떤 ⓐ골격근을 구성하는 근육 원섬유 마디 X의 구조를 나타낸 것이다. X는 좌우 대칭이다.

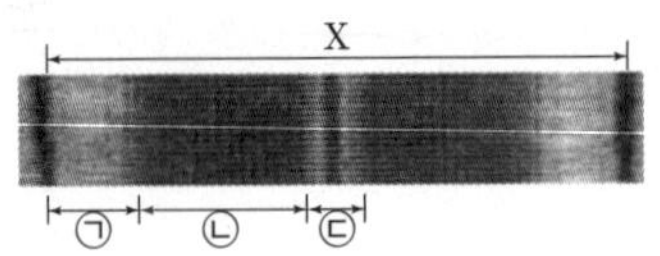

- 구간 ㉠~㉢은 각각 액틴 필라멘트와 마이오신 필라멘트가 겹치는 부분, 액틴 필라멘트만 있는 부분, 마이오신 필라멘트만 있는 부분 중 하나이다.
- X의 길이는 시점 t_1일 때 2.4 μm, t_2일 때 2.8 μm이다.
- t_1일 때 ㉠~㉢ 각각의 길이의 합과 A대의 길이는 모두 1.4 μm이다.

이에 대한 옳은 설명만을 〈보기〉에서 있는 대로 고른 것은? (3점)

[보기]

ㄱ. 아세틸콜린이 분비되는 뉴런이 ⓐ에 연결되어 있다.
ㄴ. t_2일 때 ㉠의 길이와 ㉡의 길이의 차는 0.2 μm이다.
ㄷ. $\frac{\text{㉢의 길이}}{\text{㉠의 길이}}$는 t_1일 때가 t_2일 때보다 크다.

① ㄱ ② ㄴ ③ ㄱ, ㄴ ④ ㄱ, ㄷ ⑤ ㄴ, ㄷ

E33 ✿✿❀ 2022 대비 6월 모평 8

그림은 골격근 수축 과정의 두 시점 (가)와 (나)일 때 관찰된 근육 원섬유를, 표는 (가)와 (나)일 때 ㉠의 길이와 ㉡의 길이를 나타낸 것이다. ⓐ와 ⓑ는 근육 원섬유에서 각각 어둡게 보이는 부분(암대)과 밝게 보이는 부분(명대)이고, ㉠과 ㉡은 ⓐ와 ⓑ를 순서 없이 나타낸 것이다.

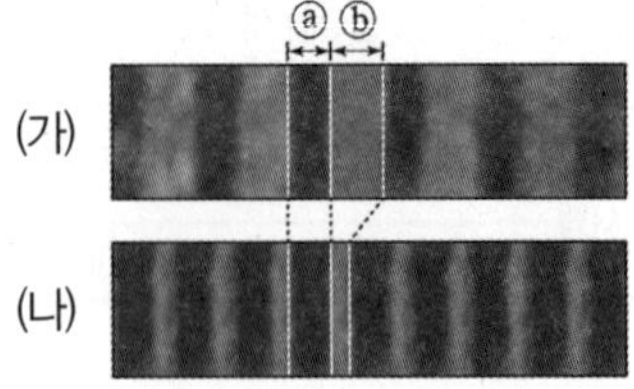

시점	㉠의 길이	㉡의 길이
(가)	1.6 μm	1.8 μm
(나)	1.6 μm	0.6 μm

이에 대한 설명으로 옳은 것만을 〈보기〉에서 있는 대로 고른 것은?

[보기]

ㄱ. (가)일 때 ⓑ에 Z선이 있다.
ㄴ. (나)일 때 ㉠에 액틴 필라멘트가 있다.
ㄷ. (가)에서 (나)로 될 때 ATP에 저장된 에너지가 사용된다.

① ㄱ ② ㄴ ③ ㄱ, ㄷ ④ ㄴ, ㄷ ⑤ ㄱ, ㄴ, ㄷ

❖ 정답 및 해설 127p

골격근 수축 과정 문제

• 이 유형은 골격근 수축과 이완에 따른 근육 원섬유 마디의 길이와 각 구간의 길이를 묻는 형태로 주로 출제된다.

다음은 골격근 수축 과정에 대한 자료이다.

○ 그림 (가)는 근육 원섬유 마디 X의 구조를, (나)는 구간 ㉡의 길이에 따른 ⓐ X가 생성할 수 있는 힘을 나타낸 것이다. X는 좌우 대칭이고, ⓐ가 F_1일 때 A대의 길이는 1.6 μm이다.

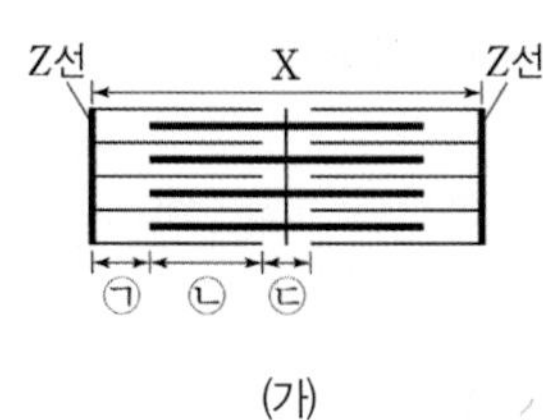

(가)

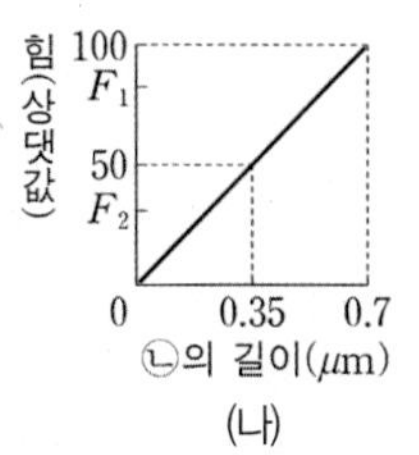

(나)

○ 구간 ㉠은 액틴 필라멘트만 있는 부분이고, ㉡은 액틴 필라멘트와 마이오신 필라멘트가 겹치는 부분이며, ㉢은 마이오신 필라멘트만 있는 부분이다.

○ 표는 ⓐ가 F_1과 F_2일 때 ㉢의 길이를 ㉠의 길이로 나눈 값($\frac{㉢}{㉠}$)과 X의 길이를 ㉡의 길이로 나눈 값($\frac{X}{㉡}$)을 나타낸 것이다.

힘	$\frac{㉢}{㉠}$	$\frac{X}{㉡}$
F_1	1	4
F_2	$\frac{3}{2}$	?

이 자료에 대한 설명으로 옳은 것만을 〈보기〉에서 있는 대로 고른 것은? (3점) 2023 대비 9월 모평 19

[보기]

ㄱ. ⓐ는 H대의 길이가 0.3 μm일 때가 0.6 μm일 때보다 작다.

ㄴ. F_1일 때 ㉠의 길이와 ㉡의 길이를 더한 값은 1.0 μm이다.

ㄷ. F_2일 때 X의 길이는 3.2 μm이다.

① ㄱ ② ㄴ ③ ㄷ ④ ㄱ, ㄴ ⑤ ㄴ, ㄷ

단서+발상

단서 그림 (나)에서 F_1일 때가 F_2일 때보다 ㉡의 길이가 길다는 것에 주목한다.

발상 근육이 수축할수록 ㉡의 길이는 길어지므로 F_1일 때는 수축 상태, F_2일 때는 이완 상태임을 생각한다.

해결 ⓐ$=F_1$일 때 $\frac{㉢}{㉠}=1$, $\frac{X}{㉡}=4$이므로 미지수를 설정하고, A대의 길이는 2㉡+㉢, X의 길이는 2㉠+2㉡+㉢이므로 두 식의 미지수를 대입하여 ㉠, ㉡, ㉢값을 구할 수 있어야 고난도 문제를 해결할 수 있다.

| 문제 해결 과정 |

step 1 ⓐ$=F_1$일 때 ㉠~㉢과 X의 길이 계산하기

- $\frac{㉢}{㉠}=1$이고 $\frac{X}{㉡}=4$이므로 ㉠=a, ㉡=b, ㉢=a, X=4b로 미지수를 설정한다.
- A대의 길이가 1.6 μm이므로 2㉡+㉢=2b+a=1.6이다.
- X대의 길이는 2㉠+2㉡+㉢이므로 4b=2a+2b+a이다.
- 연립 방정식을 이용하여 두 식을 풀면 a=0.4, b=0.6이다.
- ⓐ$=F_1$일 때 ㉠~㉢과 X의 길이는 다음과 같다.

㉠	㉡	㉢	X
1 ☐ μm	0.6 μm	0.4 μm	2.4 μm

step 2 ⓐ$=F_2$일 때 ㉠~㉢과 X의 길이 계산하기

- ⓐ$=F_2$일 때는 ㉡의 길이가 짧으므로 F_1보다 근육이 이완된 상태이다.
- ⓐ$=F_2$일 때 X의 길이는 ⓐ$=F_1$일 때에 비해 2k만큼 증가했다고 미지수를 설정한다.
- 근절의 길이가 2k만큼 증가할 때 ㉠의 길이는 k만큼, ㉢의 길이는 2k만큼 증가하고 ㉡의 길이는 k만큼 감소한다.
- ㉠=0.4+k, ㉢=0.4+2k이고 $\frac{㉢}{㉠}=\frac{3}{2}$이므로 k=2 ☐이다.
- ⓐ$=F_2$일 때 ㉠~㉢과 X의 길이는 다음과 같다.

㉠	㉡	㉢	X
0.8 μm	3 ☐ μm	4 ☐ μm	3.2 μm

| 보기 분석 |

ㄱ. ⓐ는 H대의 길이가 0.3 μm일 때가 0.6 μm일 때보다 작다. (×)

- H대의 길이가 짧을수록 액틴 필라멘트와 마이오신 필라멘트가 겹치는 부분인 ㉡의 길이는 길어지며 이때 ⓐ는 커진다. 따라서 H대의 길이가 0.3 μm일 때가 0.6 μm일 때보다 ⓐ가 5 ☐.

ㄴ. F_1일 때 ㉠의 길이와 ㉡의 길이를 더한 값은 1.0 μm이다. (○)

- 문제 해결 과정의 step 1을 참고하면, F_1일 때 ㉠의 길이는 0.4 μm이고 ㉡의 길이는 0.6 μm이다. 이를 더한 값은 1.0 μm이다.
- 참고로 ㉠의 길이와 ㉡의 길이를 더한 값은 시점에 관계없이 1.0 μm로 일정하다.

ㄷ. F_2일 때 X의 길이는 3.2 μm이다. (○)

- 문제 해결 과정의 step 2를 참고하면, F_2일 때 X의 길이는 3.2 μm이다.

∴ 정답은 ⑤ ㄴ, ㄷ이다.

☑

이 유형을 대비하기 위해서는 골격근 수축 과정에서 근육 원섬유 마디의 길이가 2k만큼 변할 때 H대의 길이는 2k만큼, 액틴 필라멘트와 마이오신 필라멘트가 겹치는 부분의 길이와 I대 절반의 길이는 −k만큼 변한다는 것을 알아야 한다.

[정답] 1 0.4 2 0.4 3 0.2 4 1.2 5 크다

E34 ✪ 고난도 2024 실시 7월 학평 10

다음은 골격근의 수축 과정에 대한 자료이다.

- 그림은 근육 원섬유 마디 X의 구조를 나타낸 것이다. X는 좌우 대칭이다.

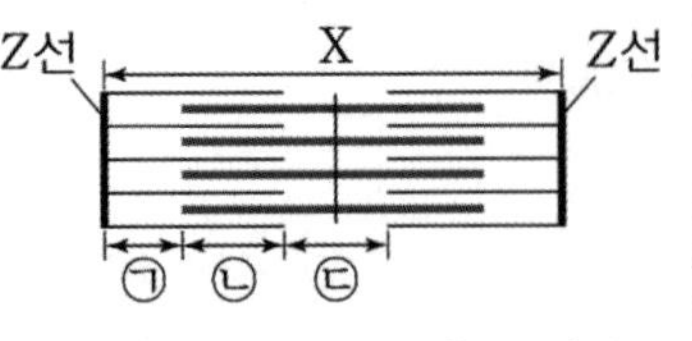

- 구간 ㉠은 액틴 필라멘트만 있는 부분이고, ㉡은 액틴 필라멘트와 마이오신 필라멘트가 겹치는 부분이며, ㉢은 마이오신 필라멘트만 있는 부분이다.
- 골격근 수축 과정의 두 시점 t_1과 t_2 중, t_1일 때 X의 길이는 3.2 μm이고, $\frac{ⓐ}{ⓑ}$는 $\frac{1}{4}$, $\frac{ⓐ}{ⓒ}$는 $\frac{1}{6}$이다.
- t_2일 때 $\frac{ⓐ}{ⓑ}$는 $\frac{3}{2}$, $\frac{ⓑ}{ⓒ}$는 1이다.
- ⓐ~ⓒ는 ㉠~㉢의 길이를 순서 없이 나타낸 것이다.

이에 대한 설명으로 옳은 것만을 〈보기〉에서 있는 대로 고른 것은?

[보기]

ㄱ. ⓐ는 ㉠의 길이이다.
ㄴ. t_2일 때 H대의 길이는 0.4 μm이다.
ㄷ. X의 길이가 2.8 μm일 때 $\frac{ⓒ}{ⓐ}$는 2이다.

① ㄱ ② ㄴ ③ ㄷ ④ ㄱ, ㄴ ⑤ ㄴ, ㄷ

E35 ✪ 고난도 2024 대비 수능 12

다음은 골격근의 수축 과정에 대한 자료이다.

- 그림은 근육 원섬유 마디 X의 구조를 나타낸 것이다. X는 좌우 대칭이고, Z_1과 Z_2는 X의 Z선이다.
- 구간 ㉠은 액틴 필라멘트만 있는 부분이고, ㉡은 액틴 필라멘트와 마이오신 필라멘트가 겹치는 부분이며, ㉢은 마이오신 필라멘트만 있는 부분이다.
- 표는 골격근 수축 과정의 두 시점 t_1과 t_2일 때 각 시점의 Z_1로부터 Z_2 방향으로 거리가 각각 l_1, l_2, l_3인 세 지점이 ㉠~㉢ 중 어느 구간에 해당하는지를 나타낸 것이다. ⓐ~ⓒ는 ㉠~㉢을 순서 없이 나타낸 것이다.

거리	지점이 해당하는 구간	
	t_1	t_2
l_1	ⓐ	㉡
l_2	ⓑ	?
l_3	?	ⓒ

- t_1일 때 ⓐ~ⓒ의 길이는 순서 없이 $5d$, $6d$, $8d$이고, t_2일 때 ⓐ~ⓒ의 길이는 순서 없이 $2d$, $6d$, $7d$이다. d는 0보다 크다.
- t_1일 때, A대의 길이는 ⓒ의 길이의 2배이다.
- t_1과 t_2일 때 각각 l_1~l_3은 모두 $\frac{\text{X의 길이}}{2}$보다 작다.

이에 대한 설명으로 옳은 것만을 〈보기〉에서 있는 대로 고른 것은? (3점)

[보기]

ㄱ. $l_2 > l_1$이다.
ㄴ. t_1일 때, Z_1로부터 Z_2 방향으로 거리가 l_3인 지점은 ㉡에 해당한다.
ㄷ. t_2일 때, ⓐ의 길이는 H대의 길이의 3배이다.

① ㄱ ② ㄴ ③ ㄷ ④ ㄱ, ㄴ ⑤ ㄱ, ㄷ

E36 ✪ 고난도

2021 대비 9월 모평 15

다음은 골격근의 수축 과정에 대한 자료이다.

- 그림 (가)는 근육 원섬유 마디 X의 구조를, (나)의 ㉠~㉢은 X를 ㉮ 방향으로 잘랐을 때 관찰되는 단면의 모양을 나타낸 것이다. X는 좌우 대칭이다.

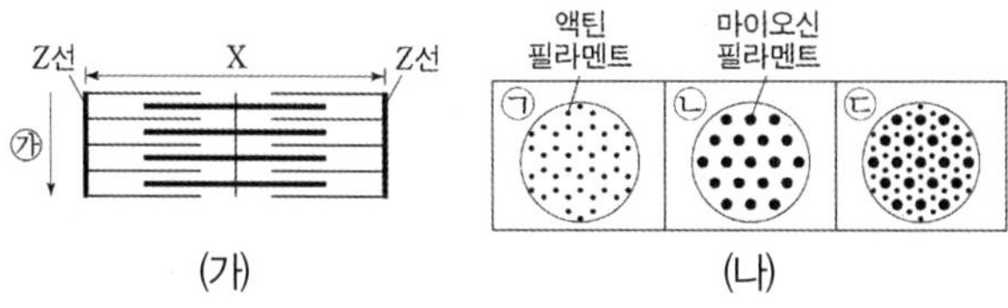

(가) (나)

- 표는 골격근 수축 과정의 두 시점 t_1과 t_2일 때 각 시점의 한 쪽 Z선으로부터의 거리가 각각 l_1, l_2, l_3인 세 지점에서 관찰되는 단면의 모양을 나타낸 것이다. ⓐ~ⓒ는 ㉠~㉢을 순서 없이 나타낸 것이며, X의 길이는 t_2일 때가 t_1일 때보다 짧다.

거리	단면의 모양	
	t_1	t_2
l_1	ⓐ	ⓑ
l_2	㉡	ⓒ
l_3	ⓑ	?

- l_1~l_3은 모두 $\frac{t_2\text{일 때 X의 길이}}{2}$보다 작다.

이에 대한 설명으로 옳은 것만을 〈보기〉에서 있는 대로 고른 것은? (3점)

[보기]

ㄱ. 마이오신 필라멘트의 길이는 t_1일 때가 t_2일 때보다 길다.
ㄴ. ⓐ는 ㉠이다.
ㄷ. $l_3 < l_1$이다.

① ㄱ ② ㄴ ③ ㄷ
④ ㄱ, ㄴ ⑤ ㄴ, ㄷ

E37 ✪ 고난도

2023 대비 9월 모평 19

다음은 골격근 수축 과정에 대한 자료이다.

- 그림 (가)는 근육 원섬유 마디 X의 구조를, (나)는 구간 ㉡의 길이에 따른 ⓐ X가 생성할 수 있는 힘을 나타낸 것이다. X는 좌우 대칭이고, ⓐ가 F_1일 때 A대의 길이는 1.6 μm이다.

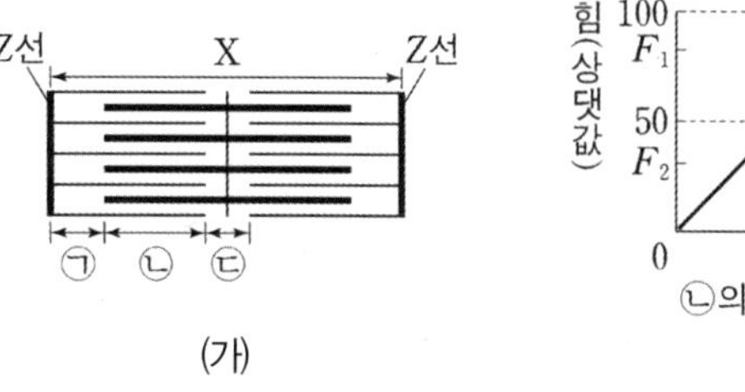

(가) (나)

- 구간 ㉠은 액틴 필라멘트만 있는 부분이고, ㉡은 액틴 필라멘트와 마이오신 필라멘트가 겹치는 부분이며, ㉢은 마이오신 필라멘트만 있는 부분이다.
- 표는 ⓐ가 F_1과 F_2일 때 ㉢의 길이를 ㉠의 길이로 나눈 값($\frac{㉢}{㉠}$)과 X의 길이를 ㉡의 길이로 나눈 값($\frac{X}{㉡}$)을 나타낸 것이다.

힘	$\frac{㉢}{㉠}$	$\frac{X}{㉡}$
F_1	1	4
F_2	$\frac{3}{2}$	?

이 자료에 대한 설명으로 옳은 것만을 〈보기〉에서 있는 대로 고른 것은? (3점)

[보기]

ㄱ. ⓐ는 H대의 길이가 0.3 μm일 때가 0.6 μm일 때보다 작다.
ㄴ. F_1일 때 ㉠의 길이와 ㉡의 길이를 더한 값은 1.0 μm이다.
ㄷ. F_2일 때 X의 길이는 3.2 μm이다.

① ㄱ ② ㄴ ③ ㄷ ④ ㄱ, ㄴ ⑤ ㄴ, ㄷ

❖ 정답 및 해설 128 ~ 131p

E38 ✪ 고난도 2019 실시 10월 학평 12

다음은 근육 원섬유 마디 X에 대한 자료이다.

- 그림은 좌우 대칭인 X의 구조를 나타낸 것이다. ㉠은 마이오신 필라멘트가 있는 부분, ㉡은 마이오신 필라멘트만 있는 부분, ㉢은 액틴 필라멘트만 있는 부분이다.
- 표는 시점 t_1과 t_2일 때 X의 길이, X에서 ⓐ의 2배를 뺀 길이(X−2ⓐ), ⓒ에서 ⓑ를 뺀 길이(ⓒ−ⓑ)를 나타낸 것이다. ⓐ~ⓒ는 ㉠~㉢을 순서 없이 나타낸 것이다.

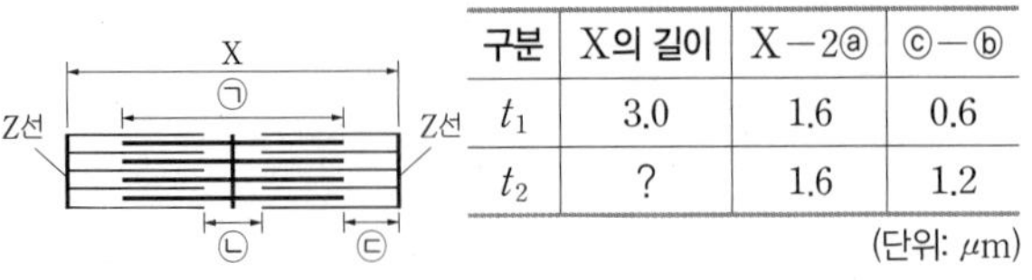

구분	X의 길이	X−2ⓐ	ⓒ−ⓑ
t_1	3.0	1.6	0.6
t_2	?	1.6	1.2

(단위: μm)

이에 대한 옳은 설명만을 〈보기〉에서 있는 대로 고른 것은?

[보기]

ㄱ. ⓒ는 A대이다.
ㄴ. t_2일 때 X의 길이는 2.4 μm이다.
ㄷ. X에서 ⓑ를 뺀 길이는 t_1일 때와 t_2일 때 같다.

① ㄱ ② ㄷ ③ ㄱ, ㄴ ④ ㄴ, ㄷ ⑤ ㄱ, ㄴ, ㄷ

E39 ✪ 고난도 2023 대비 수능 13

다음은 골격근의 수축 과정에 대한 자료이다.

- 그림은 근육 원섬유 마디 X의 구조를 나타낸 것이다. X는 좌우 대칭이고, Z_1과 Z_2는 X의 Z선이다.

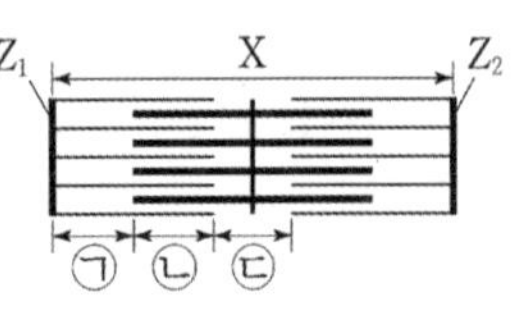

- 구간 ㉠은 액틴 필라멘트만 있는 부분이고, ㉡은 액틴 필라멘트와 마이오신 필라멘트가 겹치는 부분이며, ㉢은 마이오신 필라멘트만 있는 부분이다.
- 골격근 수축 과정의 두 시점 t_1과 t_2 중, t_1일 때 X의 길이는 L이고, t_2일 때만 ㉠~㉢의 길이가 모두 같다.
- $\frac{t_2\text{일 때 ⓐ의 길이}}{t_1\text{일 때 ⓐ의 길이}}$와 $\frac{t_1\text{일 때 ㉡의 길이}}{t_2\text{일 때 ㉡의 길이}}$는 서로 같다. ⓐ는 ㉠과 ㉢ 중 하나이다.

이에 대한 설명으로 옳은 것만을 〈보기〉에서 있는 대로 고른 것은?

[보기]

ㄱ. ⓐ는 ㉢이다.
ㄴ. H대의 길이는 t_1일 때가 t_2일 때보다 짧다.
ㄷ. t_1일 때, X의 Z_1로부터 Z_2 방향으로 거리가 $\frac{3}{10}$L인 지점은 ㉡에 해당한다.

① ㄱ ② ㄴ ③ ㄱ, ㄷ ④ ㄴ, ㄷ ⑤ ㄱ, ㄴ, ㄷ

E40 ✪ 고난도 2019 대비 9월 모평 11

다음은 골격근의 수축 과정에 대한 자료이다.

- 그림은 근육 원섬유 마디 X의 구조를 나타낸 것이다. X는 좌우 대칭이다.
- 구간 ㉠은 액틴 필라멘트만 있는 부분이고, ㉡은 액틴 필라멘트와 마이오신 필라멘트가 겹치는 부분이며, ㉢은 마이오신 필라멘트만 있는 부분이다.
- 표 (가)는 ⓐ~ⓒ에서 액틴 필라멘트와 마이오신 필라멘트의 유무를, (나)는 골격근 수축 과정의 두 시점 t_1과 t_2일 때 X의 길이에서 ⓒ의 길이를 뺀 값(X−ⓒ)과 ⓑ의 길이와 ⓒ의 길이를 더한 값(ⓑ+ⓒ)을 나타낸 것이다. ⓐ~ⓒ는 ㉠~㉢을 순서 없이 나타낸 것이다.

구간	액틴 필라멘트	마이오신 필라멘트
ⓐ	?	○
ⓑ	○	×
ⓒ	?	○

(○: 있음, ×: 없음)

(가)

시점	X−ⓒ	ⓑ+ⓒ
t_1	2.0 μm	2.0 μm
t_2	2.0 μm	0.8 μm

(나)

이에 대한 설명으로 옳은 것만을 〈보기〉에서 있는 대로 고른 것은?

[보기]

ㄱ. ⓒ는 H대이다.
ㄴ. ⓐ의 길이와 ⓒ의 길이를 더한 값은 t_1일 때와 t_2일 때가 같다.
ㄷ. X의 길이는 t_1일 때가 t_2일 때보다 0.8 μm 길다.

① ㄱ ② ㄴ ③ ㄷ
④ ㄱ, ㄷ ⑤ ㄴ, ㄷ

❖ 정답 및 해설 132~134p

F 신경계

★ 2025 수능 출제 분석

- **중추 신경계** : 중추 신경계에 속하는 구조의 특징을 묻는 개념 문제가 쉽게 출제되었다.

대비년도	출제 개념	난이도
2025 수능	중추 신경계	✲
2025 9월	신경계	✲
2025 6월	신경계	✲✲
2024 수능	자율 신경	✲

1 중추 신경계 

1. 뇌: 대뇌, 간뇌, 소뇌, 뇌줄기(뇌교, 중간뇌, 연수)로[1] 구성되어 있다.

대뇌	• 대뇌 겉질과 속질로 구분되며, 대뇌 겉질은 회색질이고, 속질은 백색질이다. • 좌우 2개의 반구로 나뉘어져 좌반구는 몸 오른쪽, 우반구는 몸 왼쪽의 감각과 운동을 담당한다. • 추리, 기억, 상상, 언어 등의 정신 활동을 담당하고, 감각과 운동의 중추이다.
간뇌	• 시상과 시상 하부로 구성되며, 시상 하부는 자율 신경계의 최고 중추이다. • 혈당량, 체온, 삼투압 등을 조절한다. • 뇌하수체: 시상 하부 아래쪽 끝에 위치하며, 다른 내분비샘의 기능을 조절한다.
소뇌	대뇌와 함께 수의 운동을[2] 조절하고 몸의 평형을 유지한다.
뇌교	대뇌와 소뇌 사이의 정보를 전달하는 통로이며, 연수와 함께 호흡 운동을 조절한다.
중간뇌	• 안구 운동과 홍채 운동을 조절한다. ➡ 동공 반사의 중추이다. • 소뇌와 함께 몸의 평형 유지에 관여한다.
연수	• 심장 박동, 호흡 운동, 소화 운동 등을 조절한다. • 신경의 좌우 교차가 일어난다. • 하품, 구토, 재채기, 침 분비 등의 반사 중추이다.

▲ 뇌의 구조

2. 척수: 뇌와 말초 신경 사이에서 정보를 전달한다.

구조	• 겉질은 주로 축삭 돌기로 이루어진 백색질, 속질은 신경 세포체로 이루어진 회색질이다. • 연수에서 이어져 척추 속에서 마디마다 좌우 한 쌍씩 총 31쌍의 신경이 나와 온몸으로 퍼져 있으며 전근과 후근으로[3] 나누어진다.
기능	무릎 반사, 배뇨 반사, 젖분비, 땀 분비 등 척수 반사의 중추이다.

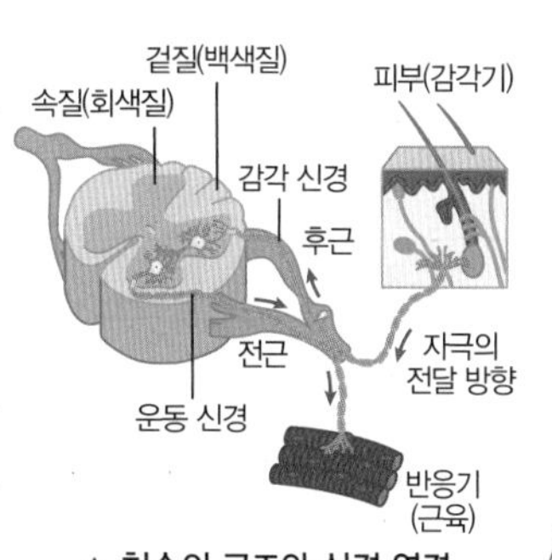

▲ 척수의 구조와 신경 연결

3. 의식적인 반응과 무조건 반사

(1) **의식적인 반응**: 대뇌의 판단과 명령에 따라 일어나는 반응이다.

예 날아오는 공을 보고 야구 방망이로 친다.

자극 → 감각기 → 감각 신경 → 중추 신경(대뇌) → 운동 신경 → 반응기 → 반응

(2) **무조건 반사**[4]: 대뇌의 영향을 받지 않고 척수, 연수, 중간뇌 등을 중추로 하여 일어나는 무의식적 반응으로, 반응 속도가 빨라 위험으로부터 우리 몸을 보호할 수 있다.

예 뜨거운 냄비에 손이 닿았을 때 손을 무의식적으로 빠르게 뗀다.

자극 → 감각기 → 감각 신경 → 중추 신경(척수, 연수, 중간뇌) → 운동 신경 → 반응기 → 반응

출제 2025 대비 수능 3번

★ 수능에는 중추 신경계에 속하는 구조의 특징을 묻는 문제가 쉽게 출제되었다.

① 뇌줄기
중간뇌, 뇌교, 연수를 합하여 뇌줄기라고 한다. 뇌줄기는 생명 유지와 직결된 기능을 담당한다.

② 수의 운동
팔과 다리를 움직이는 골격근의 운동과 같이 사람의 의지대로 이루어지는 운동을 의미한다.

③ 전근과 후근

전근	척추의 배 쪽에서 나오는 신경 다발로, 운동 신경(원심성 신경)의 다발이다. 뇌에서 내린 명령을 반응기로 전달한다.
후근	척추의 등 쪽으로 들어가는 신경 다발로, 감각 신경(구심성 신경)의 다발이다. 감각기에서 받아들인 정보를 뇌로 전달한다.

④ 무조건 반사의 중추
- **척수 반사**: 무릎 반사, 젖분비, 땀 분비, 회피 반사, 배변·배뇨 반사 등
- **연수 반사**: 재채기, 하품, 침 분비, 기침, 눈물 분비 등
- **중간뇌 반사**: 동공 반사 등

2 말초 신경계 

1. 말초 신경계의 구성

해부학적 구성	기능적 구성[5]
12쌍의 뇌신경, 31쌍의 척수 신경	구심성 신경(감각 신경), 원심성 신경(체성 신경계, 자율 신경계)

2. 체성 신경계와 자율 신경계

(1) **체성 신경계**: 운동 신경으로 이루어져 있으며, 대뇌의 지배를 받아 의식적인 골격근의 반응을 조절한다. 중추 신경계와 반응기 사이에 신경절이 없이 하나의 뉴런으로 연결되어 있다.

(2) **자율 신경계**: 대뇌의 영향을 직접 받지 않고, 중간뇌, 뇌교, 연수, 척수의 조절을 받아 무의식적으로 몸의 기능을 조절하는 신경계이다. ➡ 원심성 신경으로만 구성

① **자율 신경계의 구성**

구분	구조적 특징	신경 전달 물질	
		신경절 이전 뉴런 말단	신경절 이후 뉴런 말단
교감 신경	• 척수의 중간 부분에서 나온다. • 2개의 뉴런으로 연결되며, 신경절 이전 뉴런이 신경절 이후 뉴런의 길이보다 짧다.	아세틸콜린	노르에피네프린
부교감 신경	• 중간뇌, 연수, 척수의 꼬리 부분에서 나온다. • 2개의 뉴런으로 연결되며, 신경절 이전 뉴런이 신경절 이후 뉴런의 길이보다 길다.	아세틸콜린	아세틸콜린

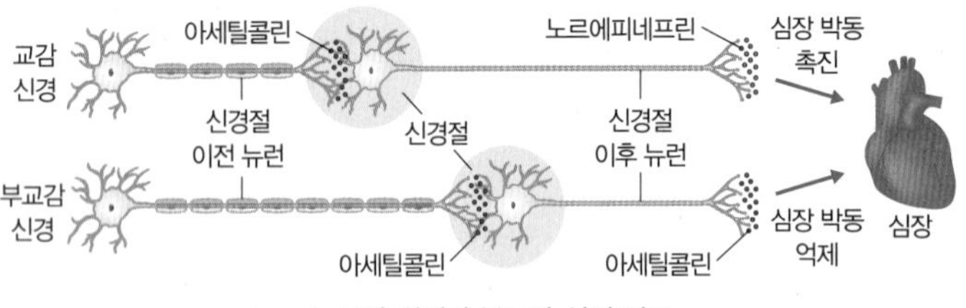

▲ 교감 신경과 부교감 신경 비교

② **교감 신경과 부교감 신경의 작용**: 교감 신경과 부교감 신경은 같은 기관에 분포하며, 길항 작용으로[6] 반응기의 작용을 조절한다.

구분	동공	기관지	심장 박동	소화	혈당량	방광
교감 신경	확대	확장	촉진	억제	증가	확장
부교감 신경	축소	수축	억제	촉진	감소	수축

꼭 외워!

＊뇌와 척수

대뇌	겉질은 회색질, 감각과 운동의 중추
소뇌	몸의 평형 유지
연수	심장 박동, 호흡·소화 운동 조절
간뇌	시상 하부 존재
중간뇌	동공 반사 중추
척수	속질은 회색질, 전근은 운동 신경 다발

＊교감 신경과 부교감 신경

교감 신경	부교감 신경
• 신경절 이전 뉴런이 신경절 이후 뉴런보다 짧다. • 신경절 이후 뉴런 말단만 노르에피네프린을 분비한다.	• 신경절 이전 뉴런이 신경절 이후 뉴런보다 길다. • 신경절 이전, 이후 뉴런 모두 아세틸콜린을 분비한다.

5 말초 신경계의 기능적 구성

말초 신경계
- 구심성 신경
  - 감각 신경
- 원심성 신경
  - 체성 신경계
    - 운동 신경
  - 자율 신경계
    - 교감 신경
    - 부교감 신경

출제 2025 대비 9월 모평 8번
2025 대비 6월 모평 7번

★ 6월, 9월 모평 모두 교감 신경과 부교감 신경의 작용에 대해 묻는 문제가 출제되었다. 6월은 보통으로 9월은 쉽게 출제되었다.

6 길항 작용

같은 기관에 대해 서로 반대로 작용하여 조절 효과를 내는 것이다.

1 중추 신경계

01 그림은 중추 신경계의 구조를 나타낸 것이다. ㉠~㉣은 간뇌, 대뇌, 소뇌, 중간뇌를 순서 없이 나타낸 것이다. 이에 대한 설명으로 옳은 것은 ○, 옳지 않은 것은 × 표시하시오.
〈2022 대비 수능 10〉

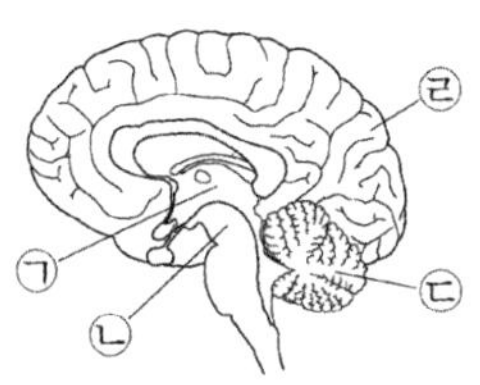

(1) ㉠은 간뇌이다. 1(○, ×)
(2) ㉡은 기침 반사의 중추이다. 2(○, ×)
(3) ㉡과 ㉢은 뇌줄기에 속한다. 3(○, ×)
(4) ㉢은 시상과 시상 하부로 구성된다. 4(○, ×)
(5) ㉣의 겉질은 회색질이다. 5(○, ×)

02 그림은 중추 신경계 중 척수의 구조를 나타낸 것이다. 빈칸에 알맞은 말을 쓰시오.

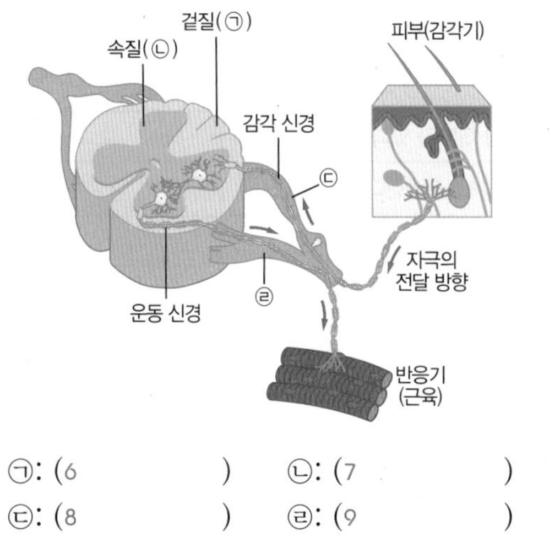

㉠: (6) ㉡: (7)
㉢: (8) ㉣: (9)

03 그림은 감각기와 반응기 사이의 흥분 전달 경로를 나타낸 것이다. 기호를 이용하여 빈칸에 알맞은 순서대로 쓰시오.

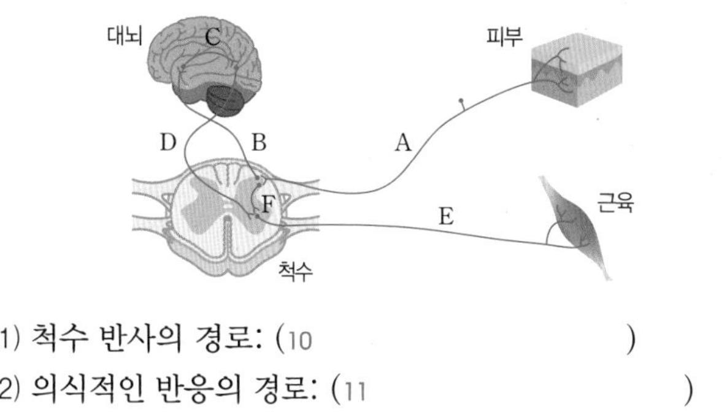

(1) 척수 반사의 경로: (10)
(2) 의식적인 반응의 경로: (11)

2 말초 신경계

04 다음은 말초 신경계를 구분한 것이다. 빈칸에 알맞은 말을 쓰시오.

(1) 해부학적 구조에 따른 구분:
(12)(12쌍), (13)(31쌍)
(2) 기능에 따른 구분: (14), 원심성 신경

05 그림은 중추 신경계로부터 말초 신경을 통해 골격근과 눈에 연결된 경로와 반응을 나타낸 것이다. ⓐ와 ⓑ 중 하나에만 신경절이 존재한다. 이에 대한 설명으로 옳은 것은 ○, 옳지 않은 것은 × 표시하시오. 〈2022 실시 6월 학평 10 (고2)〉

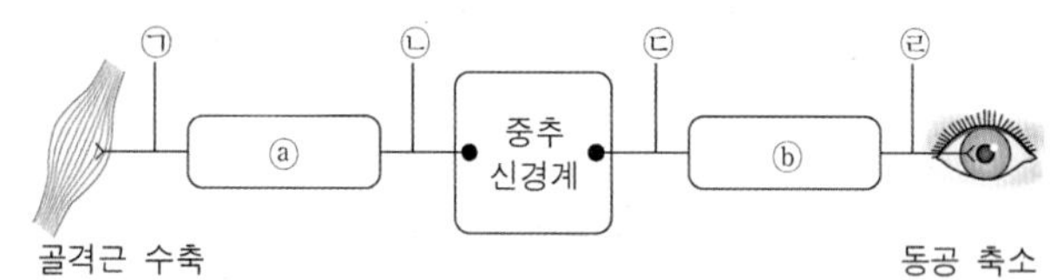

(1) 신경절은 ⓐ에 존재한다. 15(○, ×)
(2) ㉢의 신경 세포체는 중간뇌에 존재한다. 16(○, ×)
(3) ㉠과 ㉣의 말단에서 분비되는 신경 전달 물질은 같다. 17(○, ×)

정답

1 ○ 2 × (㉡은 중간뇌, 기침 반사의 중추는 연수) 3 × (㉡과 ㉢ 중 ㉡만 뇌줄기에 속함) 4 × (㉢은 소뇌, 시상과 시상 하부로 구성되는 것은 ㉠) 5 ○ (㉣은 대뇌) 6 백색질 7 회색질 8 후근 9 전근 10 A → F → E 11 A → B → C → D → E 12 뇌신경 13 척수 신경 14 구심성 신경 15 × (㉠과 ㉡은 체성 신경, 신경절은 ⓑ에 존재함) 16 ○ (㉢은 부교감 신경의 신경절 이전 뉴런) 17 ○

개념별 기출 문제 [2점, 3점]

PRACTICE QUESTION

1 중추 신경계

F01 ✽✽✽ 2024 실시 3월 학평 7

그림은 사람의 중추 신경계와 위가 자율 신경으로 연결된 경로를 나타낸 것이다. A와 B는 각각 간뇌와 대뇌 중 하나이다.

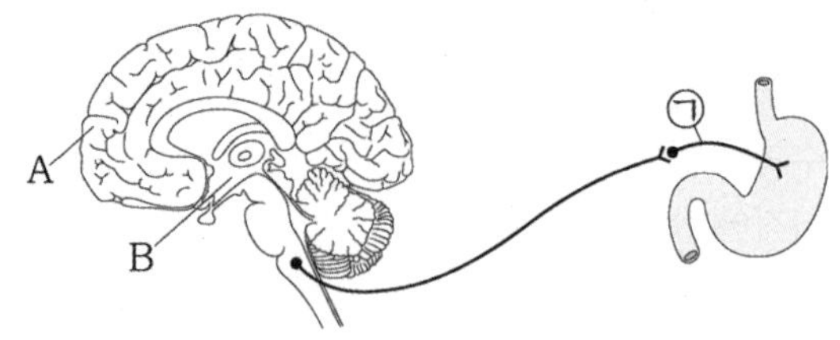

이에 대한 옳은 설명만을 〈보기〉에서 있는 대로 고른 것은?

[보기]

ㄱ. A의 겉질은 회색질이다.
ㄴ. B는 뇌줄기에 속한다.
ㄷ. ㉠의 활동 전위 발생 빈도가 증가하면 위액 분비가 억제된다.

① ㄱ ② ㄷ ③ ㄱ, ㄴ ④ ㄴ, ㄷ ⑤ ㄱ, ㄴ, ㄷ

F02 ✽✽✽ 2024 실시 5월 학평 3

그림은 중추 신경계의 구조를, 표는 반사의 중추를 나타낸 것이다. A와 B는 중간뇌와 척수를 순서 없이 나타낸 것이고, ㉠과 ㉡은 A와 B를 순서 없이 나타낸 것이다.

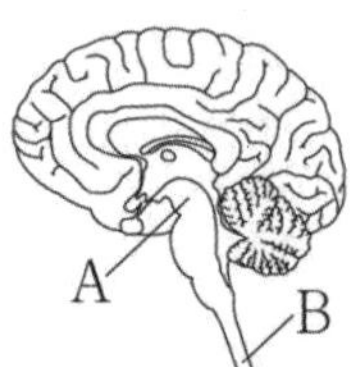

반사	중추
무릎 반사	㉠
동공 반사	㉡

이에 대한 설명으로 옳은 것만을 〈보기〉에서 있는 대로 고른 것은? (3점)

[보기]

ㄱ. ㉠은 B이다.
ㄴ. ㉡에 교감 신경의 신경절 이전 뉴런의 신경 세포체가 있다.
ㄷ. A와 B는 모두 뇌줄기에 속한다.

① ㄱ ② ㄴ ③ ㄱ, ㄷ ④ ㄴ, ㄷ ⑤ ㄱ, ㄴ, ㄷ

F03 ✽✽✽ 2024 대비 6월 모평 10

그림은 중추 신경계의 구조를 나타낸 것이다. ㉠~㉣은 간뇌, 소뇌, 연수, 중간뇌를 순서 없이 나타낸 것이다.

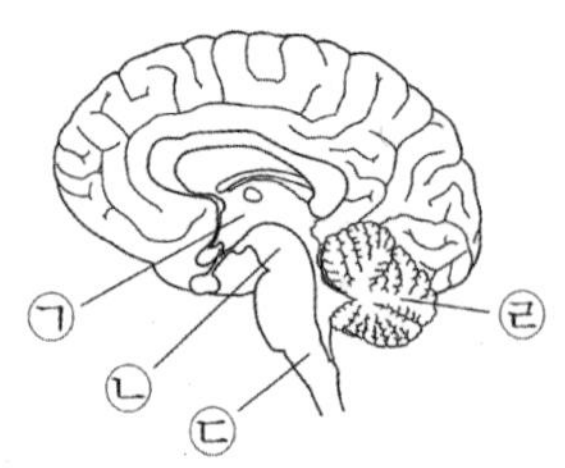

이에 대한 설명으로 옳은 것만을 〈보기〉에서 있는 대로 고른 것은?

[보기]

ㄱ. ㉠에 시상 하부가 있다.
ㄴ. ㉡과 ㉣은 모두 뇌줄기에 속한다.
ㄷ. ㉢은 호흡 운동을 조절한다.

① ㄱ ② ㄴ ③ ㄱ, ㄷ ④ ㄴ, ㄷ ⑤ ㄱ, ㄴ, ㄷ

F04 ✽✽✽ 2025 대비 수능 3

표는 사람의 중추 신경계에 속하는 구조 A~C에서 특징의 유무를 나타낸 것이다. A~C는 간뇌, 소뇌, 연수를 순서 없이 나타낸 것이다.

특징 \ 구조	A	B	C
시상 하부가 있다.	×	○	×
뇌줄기를 구성한다.	○	?	ⓐ
(가)	○	×	×

(○: 있음, ×: 없음)

이에 대한 설명으로 옳은 것만을 〈보기〉에서 있는 대로 고른 것은?

[보기]

ㄱ. ⓐ는 '○'이다.
ㄴ. B는 간뇌이다.
ㄷ. '심장 박동을 조절하는 부교감 신경의 신경절 이전 뉴런의 신경 세포체가 있다.'는 (가)에 해당한다.

① ㄱ ② ㄴ ③ ㄱ, ㄷ ④ ㄴ, ㄷ ⑤ ㄱ, ㄴ, ㄷ

F05 ✿✿❀ 2022 대비 수능 10

그림은 중추 신경계의 구조를 나타낸 것이다. ㉠~㉣은 간뇌, 대뇌, 소뇌, 중간뇌를 순서 없이 나타낸 것이다.

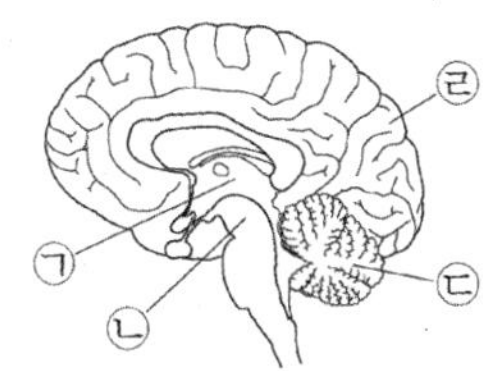

이에 대한 설명으로 옳은 것만을 〈보기〉에서 있는 대로 고른 것은? (3점)

[보기]

ㄱ. ㉠은 중간뇌이다.
ㄴ. ㉢은 몸의 평형(균형) 유지에 관여한다.
ㄷ. ㉣에는 시각 기관으로부터 오는 정보를 받아들이는 영역이 있다.

① ㄱ ② ㄴ ③ ㄱ, ㄷ
④ ㄴ, ㄷ ⑤ ㄱ, ㄴ, ㄷ

F06 ✿✿❀ 2019 대비 9월 모평 8

그림은 자극에 의한 반사가 일어날 때 흥분 전달 경로를 나타낸 것이다.

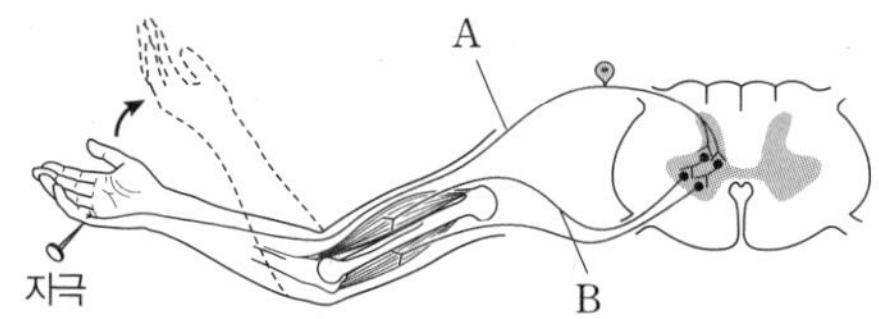

이에 대한 설명으로 옳은 것만을 〈보기〉에서 있는 대로 고른 것은? (3점)

[보기]

ㄱ. A는 척수 신경이다.
ㄴ. B는 자율 신경계에 속한다.
ㄷ. 이 반사의 조절 중추는 뇌줄기를 구성한다.

① ㄱ ② ㄴ ③ ㄷ
④ ㄱ, ㄷ ⑤ ㄴ, ㄷ

F07 ✿❀❀ 2023 대비 수능 5

그림은 자극에 의한 반사가 일어날 때 흥분 전달 경로를 나타낸 것이다.

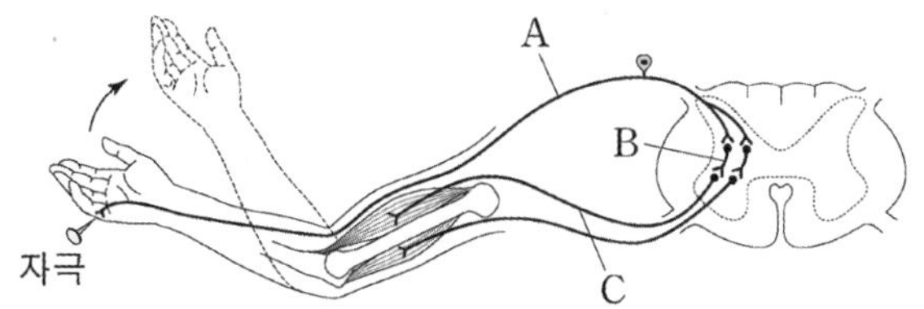

이에 대한 설명으로 옳은 것만을 〈보기〉에서 있는 대로 고른 것은?

[보기]

ㄱ. A는 운동 뉴런이다.
ㄴ. C의 신경 세포체는 척수에 있다.
ㄷ. 이 반사 과정에서 A에서 B로 흥분의 전달이 일어난다.

① ㄱ ② ㄴ ③ ㄱ, ㄷ
④ ㄴ, ㄷ ⑤ ㄱ, ㄴ, ㄷ

F08 ✿✿❀ 2018 대비 9월 모평 13

그림은 자극에 의한 반사가 일어나 근육 ⓐ가 수축할 때 흥분 전달 경로를 나타낸 것이다.

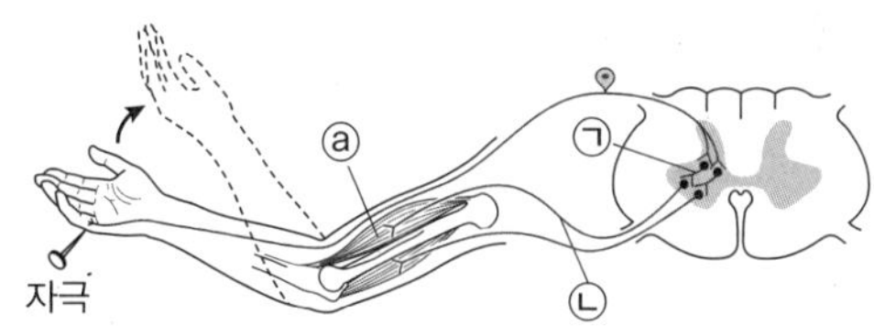

이에 대한 설명으로 옳은 것만을 〈보기〉에서 있는 대로 고른 것은?

[보기]

ㄱ. ㉠은 연합 뉴런이다.
ㄴ. ㉡의 신경 세포체는 척수의 회색질(회백질)에 존재한다.
ㄷ. ⓐ의 근육 원섬유 마디에서 $\frac{\text{A대의 길이}}{\text{I대의 길이}+\text{H대의 길이}}$가 작아진다.

① ㄱ ② ㄷ ③ ㄱ, ㄴ
④ ㄴ, ㄷ ⑤ ㄱ, ㄴ, ㄷ

❖ 정답 및 해설 135 ~ 138p

F09 ✿✿✿ 2022 대비 9월 모평 2

그림은 무릎 반사가 일어날 때 흥분 전달 경로를 나타낸 것이다. A와 B는 감각 뉴런과 운동 뉴런을 순서 없이 나타낸 것이다.

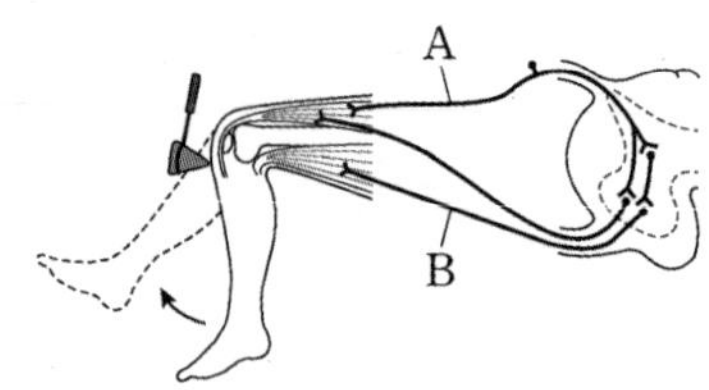

이에 대한 설명으로 옳은 것만을 〈보기〉에서 있는 대로 고른 것은?

[보기]

ㄱ. A는 감각 뉴런이다.
ㄴ. B는 자율 신경계에 속한다.
ㄷ. 이 반사의 중추는 뇌줄기를 구성한다.

① ㄱ ② ㄴ ③ ㄱ, ㄴ ④ ㄱ, ㄷ ⑤ ㄴ, ㄷ

F10 ✿✿✿ 2020 대비 수능 9

그림은 무릎 반사가 일어날 때 흥분 전달 경로를 나타낸 것이다.

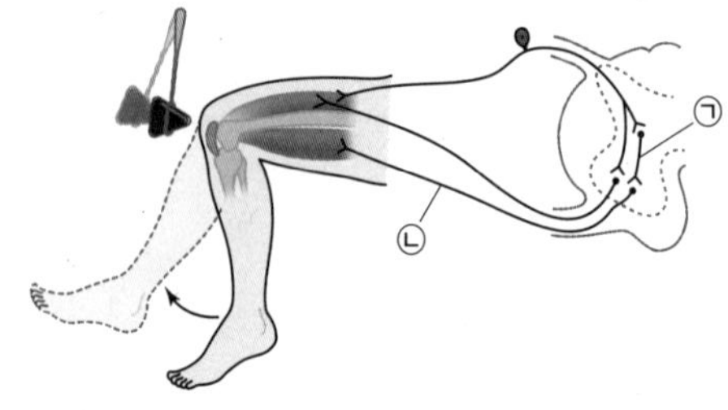

이에 대한 설명으로 옳은 것만을 〈보기〉에서 있는 대로 고른 것은?

[보기]

ㄱ. ㉠은 연합 뉴런이다.
ㄴ. ㉡은 후근을 통해 나온다.
ㄷ. 이 반사의 조절 중추는 척수이다.

① ㄱ ② ㄴ ③ ㄱ, ㄷ
④ ㄴ, ㄷ ⑤ ㄱ, ㄴ, ㄷ

F11 ✿✿✿ 2019 실시 4월 학평 6

그림은 자극에 의한 반사가 일어날 때 흥분 전달 경로를 나타낸 것이다. ㉠은 골격근이다.

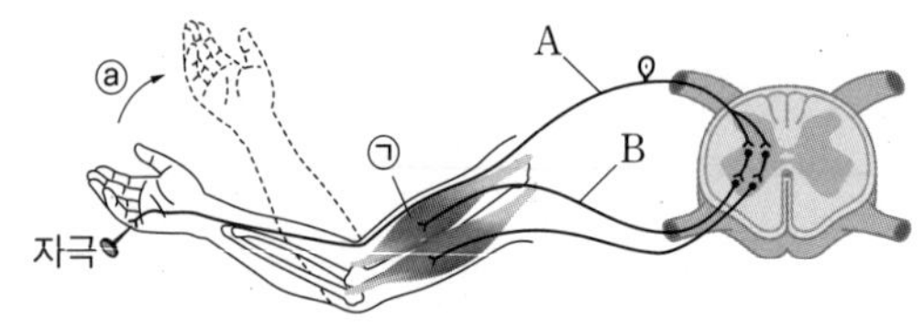

이에 대한 설명으로 옳은 것만을 〈보기〉에서 있는 대로 고른 것은?

[보기]

ㄱ. A는 척수의 후근을 이룬다.
ㄴ. B는 자율 신경에 속한다.
ㄷ. ⓐ가 일어나는 동안 ㉠은 이완한다.

① ㄱ ② ㄴ ③ ㄱ, ㄷ
④ ㄴ, ㄷ ⑤ ㄱ, ㄴ, ㄷ

F12 ✿✿✿ 2020 실시 4월 학평 6

그림은 사람에서 자극에 의한 반사가 일어날 때 흥분 전달 경로를 나타낸 것이다.

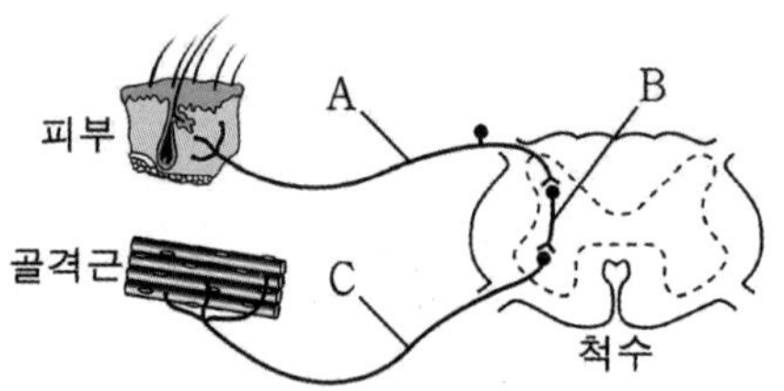

이에 대한 설명으로 옳은 것만을 〈보기〉에서 있는 대로 고른 것은? (3점)

[보기]

ㄱ. A는 구심성 뉴런이다.
ㄴ. B는 연합 뉴런이다.
ㄷ. C의 축삭 돌기 말단에서 분비되는 신경 전달 물질은 아세틸콜린이다.

① ㄱ ② ㄷ ③ ㄱ, ㄴ
④ ㄴ, ㄷ ⑤ ㄱ, ㄴ, ㄷ

F13 ✿✿✿ 2022 실시 10월 학평 13

그림은 무릎 반사가 일어날 때 흥분 전달 경로를 나타낸 것이다.

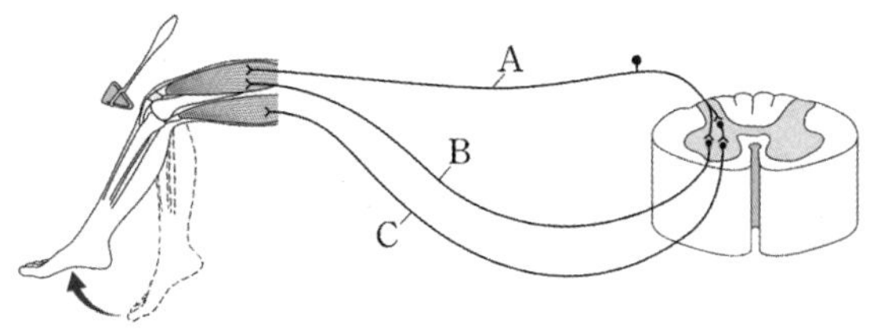

이에 대한 옳은 설명만을 〈보기〉에서 있는 대로 고른 것은?

[보기]

ㄱ. A와 B는 모두 척수 신경이다.
ㄴ. B는 자율 신경계에 속한다.
ㄷ. C는 후근을 이룬다.

① ㄱ ② ㄴ ③ ㄱ, ㄴ ④ ㄱ, ㄷ ⑤ ㄴ, ㄷ

F14 ✿✿✿ 2023 대비 6월 모평 8

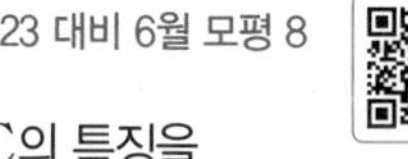

표는 사람의 중추 신경계에 속하는 A~C의 특징을 나타낸 것이다. A~C는 간뇌, 연수, 척수를 순서 없이 나타낸 것이다.

구분	특징
A	뇌줄기를 구성한다.
B	㉠ 체온 조절 중추가 있다.
C	교감 신경의 신경절 이전 뉴런의 신경 세포체가 있다.

이에 대한 설명으로 옳은 것만을 〈보기〉에서 있는 대로 고른 것은? (3점)

[보기]

ㄱ. A는 호흡 운동을 조절한다.
ㄴ. ㉠은 시상 하부이다.
ㄷ. C는 척수이다.

① ㄱ ② ㄴ ③ ㄱ, ㄷ ④ ㄴ, ㄷ ⑤ ㄱ, ㄴ, ㄷ

2 말초 신경계

F15 ✿✿✿ 2025 대비 9월 모평 8

그림 (가)는 중추 신경계로부터 자율 신경이 심장에 연결된 경로를, (나)는 정상인에서 운동에 의한 심장 박동 수 변화를 나타낸 것이다.

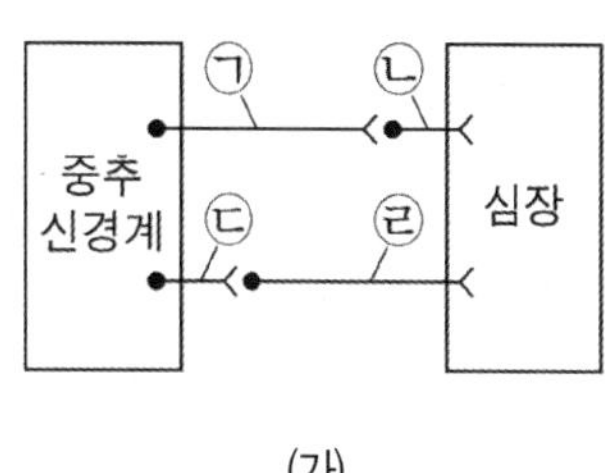

(가)

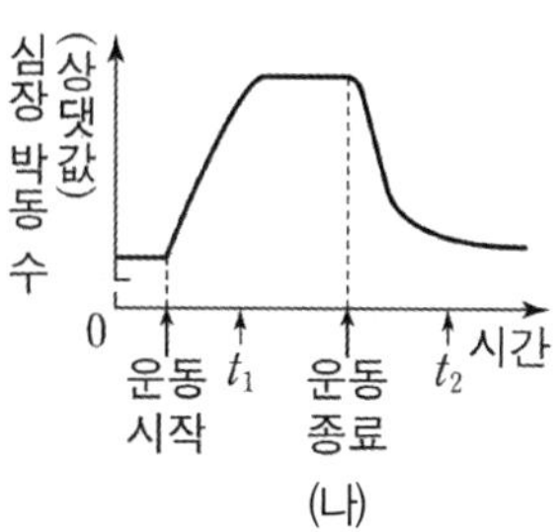

(나)

이에 대한 설명으로 옳은 것만을 〈보기〉에서 있는 대로 고른 것은? (3점)

[보기]

ㄱ. ㉠의 신경 세포체는 연수에 있다.
ㄴ. ㉡과 ㉢의 말단에서 아세틸콜린이 분비된다.
ㄷ. ㉣의 말단에서 분비되는 신경 전달 물질의 양은 t_2일 때가 t_1일 때보다 많다.

① ㄱ ② ㄷ ③ ㄱ, ㄴ ④ ㄴ, ㄷ ⑤ ㄱ, ㄴ, ㄷ

F16 ✿✿✿ 2025 대비 6월 모평 7

그림은 중추 신경계로부터 자율 신경 A와 B가 방광에 연결된 경로를, 표는 A와 B가 각각 방광에 작용할 때의 반응을 나타낸 것이다.

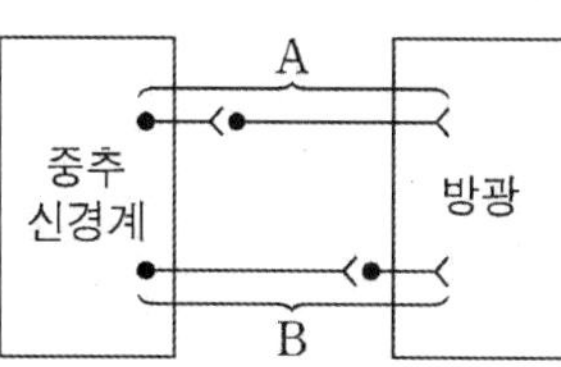

자율 신경	반응
A	방광 확장(이완)
B	방광 수축

이에 대한 설명으로 옳은 것만을 〈보기〉에서 있는 대로 고른 것은? (3점)

[보기]

ㄱ. A의 신경절 이후 뉴런의 축삭 돌기 말단에서 노르에피네프린이 분비된다.
ㄴ. B의 신경절 이전 뉴런의 신경 세포체는 척수에 있다.
ㄷ. A와 B는 모두 말초 신경계에 속한다.

① ㄱ ② ㄴ ③ ㄱ, ㄷ ④ ㄴ, ㄷ ⑤ ㄱ, ㄴ, ㄷ

❖ 정답 및 해설 139 ~ 142p

F17 ✿❀❀ 2024 실시 7월 학평 2

그림 (가)는 중추 신경계의 구조를, (나)는 동공의 크기 조절에 관여하는 자율 신경이 중추 신경계에 연결된 경로를 나타낸 것이다. A와 B는 대뇌와 중간뇌를 순서 없이 나타낸 것이다.

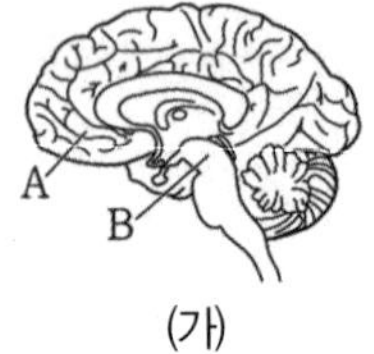

(가)

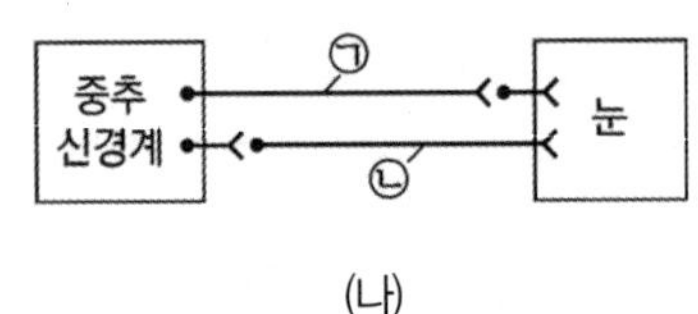

(나)

이에 대한 설명으로 옳은 것만을 <보기>에서 있는 대로 고른 것은?

[보기]

ㄱ. A는 뇌줄기를 구성한다.
ㄴ. ㉠의 신경 세포체는 B에 있다.
ㄷ. ㉡의 말단에서 노르에피네프린이 분비된다.

① ㄱ ② ㄴ ③ ㄱ, ㄷ ④ ㄴ, ㄷ ⑤ ㄱ, ㄴ, ㄷ

F18 ✿❀❀ 2024 실시 10월 학평 3

그림은 중추 신경계로부터 말초 신경이 심장과 다리 골격근에 연결된 경로를 나타낸 것이다.

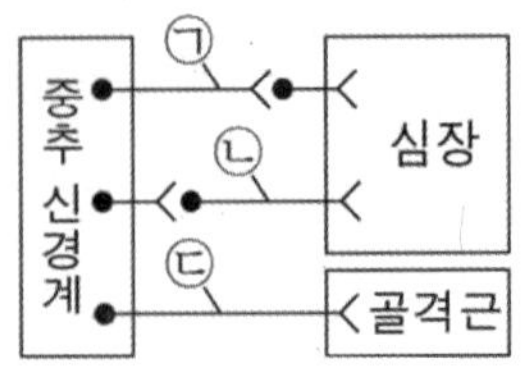

이에 대한 옳은 설명만을 <보기>에서 있는 대로 고른 것은? (3점)

[보기]

ㄱ. ㉠의 신경 세포체는 뇌줄기에 있다.
ㄴ. ㉡의 말단에서 심장 박동을 억제하는 신경 전달 물질이 분비된다.
ㄷ. ㉢은 구심성 신경이다.

① ㄱ ② ㄴ ③ ㄷ ④ ㄱ, ㄴ ⑤ ㄴ, ㄷ

F19 ✿❀❀ 2024 대비 수능 7

표는 사람의 자율 신경 Ⅰ~Ⅲ의 특징을 나타낸 것이다. (가)와 (나)는 척수와 뇌줄기를 순서 없이 나타낸 것이고, ㉠은 아세틸콜린과 노르에피네프린 중 하나이다.

자율 신경	신경절 이전 뉴런의 신경 세포체 위치	신경절 이후 뉴런의 축삭 돌기 말단에서 분비되는 신경 전달 물질	연결된 기관
Ⅰ	(가)	아세틸콜린	위
Ⅱ	(가)	㉠	심장
Ⅲ	(나)	㉠	방광

이에 대한 설명으로 옳은 것만을 <보기>에서 있는 대로 고른 것은? (3점)

[보기]

ㄱ. (가)는 뇌줄기이다.
ㄴ. ㉠은 노르에피네프린이다.
ㄷ. Ⅲ은 부교감 신경이다.

① ㄱ ② ㄴ ③ ㄷ ④ ㄱ, ㄴ ⑤ ㄱ, ㄷ

F20 ✿✿❀ 2023 실시 3월 학평 8

그림은 사람의 중추 신경계와 홍채가 자율 신경으로 연결된 경로를 나타낸 것이다.

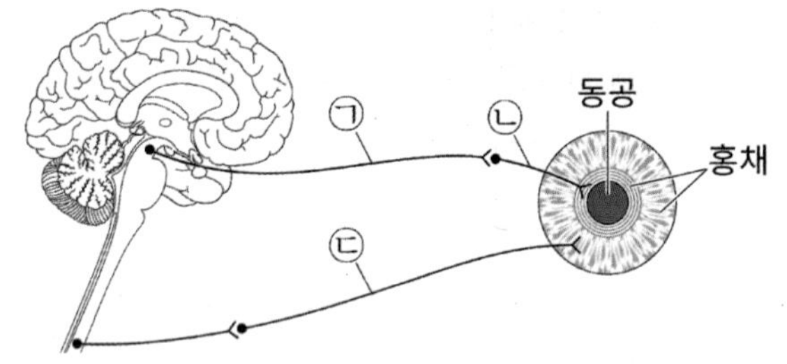

이에 대한 옳은 설명만을 <보기>에서 있는 대로 고른 것은?

[보기]

ㄱ. ㉠의 신경 세포체는 뇌줄기에 있다.
ㄴ. ㉠과 ㉡의 말단에서 분비되는 신경 전달 물질은 같다.
ㄷ. ㉢의 활동 전위 발생 빈도가 증가하면 동공이 작아진다.

① ㄱ ② ㄷ ③ ㄱ, ㄴ ④ ㄴ, ㄷ ⑤ ㄱ, ㄴ, ㄷ

F21 ✿❀❀ 2023 실시 4월 학평 8

표 (가)는 사람 신경의 3가지 특징을, (나)는 (가)의 특징 중 방광에 연결된 신경 A ~ C가 갖는 특징의 개수를 나타낸 것이다. A ~ C는 감각 신경, 교감 신경, 부교감 신경을 순서 없이 나타낸 것이다.

특징
○ 원심성 신경이다. ○ 자율 신경계에 속한다. ○ 신경절 이후 뉴런의 말단에서 노르에피네프린이 분비된다.

(가)

구분	특징의 개수
A	0
B	㉠
C	3

(나)

이에 대한 설명으로 옳은 것만을 〈보기〉에서 있는 대로 고른 것은?

[보기]

ㄱ. ㉠은 1이다.
ㄴ. A는 말초 신경계에 속한다.
ㄷ. C의 신경절 이전 뉴런의 신경 세포체는 척수에 있다.

① ㄱ ② ㄴ ③ ㄷ ④ ㄱ, ㄴ ⑤ ㄴ, ㄷ

F22 ✿❀❀ 2023 실시 10월 학평 7

그림은 중추 신경계와 심장을 연결하는 자율 신경 A를, 표는 A의 특징을 나타낸 것이다. ⓐ와 ⓑ 중 하나에 신경절이 있고, ㉠은 노르에피네프린과 아세틸콜린 중 하나이다.

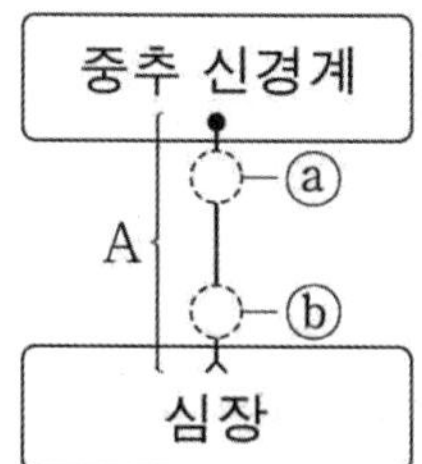

A의 특징
신경절 이전 뉴런 말단과 신경절 이후 뉴런 말단에서 모두 ㉠이 분비된다.

이에 대한 옳은 설명만을 〈보기〉에서 있는 대로 고른 것은?

[보기]

ㄱ. ⓐ에 신경절이 있다.
ㄴ. ㉠은 노르에피네프린이다.
ㄷ. A에서 활동 전위 발생 빈도가 증가하면 심장 박동 속도가 감소한다.

① ㄱ ② ㄷ ③ ㄱ, ㄴ ④ ㄱ, ㄷ ⑤ ㄴ, ㄷ

F23 ✿❀❀ 2023 실시 7월 학평 17

그림은 중추 신경계에 속한 A와 B로부터 다리 골격근과 심장에 연결된 말초 신경을 나타낸 것이다. A와 B는 연수와 척수를 순서 없이 나타낸 것이고, ⓐ와 ⓑ 중 한 곳에 신경절이 있다.

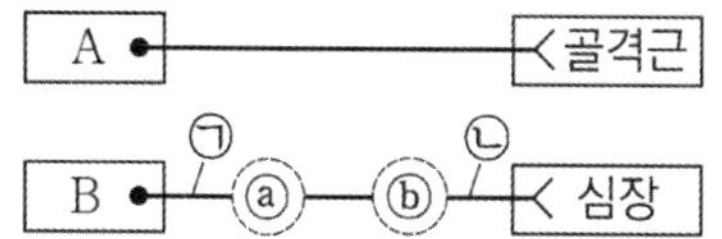

이에 대한 설명으로 옳은 것만을 〈보기〉에서 있는 대로 고른 것은?

[보기]

ㄱ. A는 척수이다.
ㄴ. ⓑ에 신경절이 있다.
ㄷ. ㉠과 ㉡의 말단에서 모두 아세틸콜린이 분비된다.

① ㄱ ② ㄷ ③ ㄱ, ㄴ ④ ㄴ, ㄷ ⑤ ㄱ, ㄴ, ㄷ

F24 ✿❀❀ 2024 대비 9월 모평 5

그림은 동공의 크기 조절에 관여하는 자율 신경 X가 중추 신경계에 연결된 경로를 나타낸 것이다. A~C는 대뇌, 연수, 중간뇌를 순서 없이 나타낸 것이고, ㉠에 하나의 신경절이 있다.

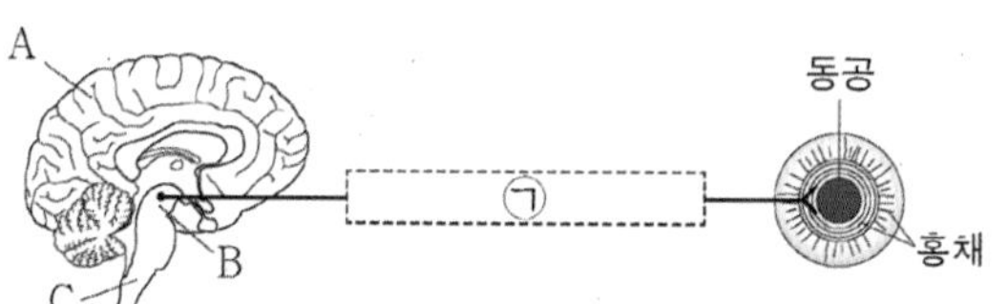

이에 대한 설명으로 옳은 것만을 〈보기〉에서 있는 대로 고른 것은?

[보기]

ㄱ. X는 신경절 이전 뉴런이 신경절 이후 뉴런보다 짧다.
ㄴ. A의 겉질은 회색질이다.
ㄷ. B와 C는 모두 뇌줄기에 속한다.

① ㄱ ② ㄷ ③ ㄱ, ㄴ ④ ㄴ, ㄷ ⑤ ㄱ, ㄴ, ㄷ

❖ 정답 및 해설 143 ~ 146p

F25 ✽✽✽ 2021 대비 수능 4

그림 (가)는 동공의 크기 조절에 관여하는 말초 신경이 중추 신경계에 연결된 경로를, (나)는 무릎 반사에 관여하는 말초 신경이 중추 신경계에 연결된 경로를 나타낸 것이다.

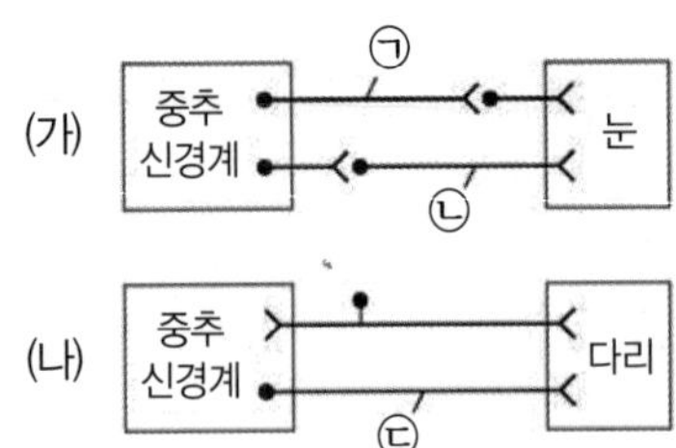

이에 대한 설명으로 옳은 것만을 〈보기〉에서 있는 대로 고른 것은?

[보기]

ㄱ. ㉠~㉢은 모두 자율 신경계에 속한다.
ㄴ. ㉠과 ㉡의 말단에서 분비되는 신경 전달 물질은 같다.
ㄷ. 무릎 반사의 중추는 척수이다.

① ㄱ ② ㄷ ③ ㄱ, ㄴ ④ ㄴ, ㄷ ⑤ ㄱ, ㄴ, ㄷ

F26 ✽✽✽ 2020 실시 3월 학평 6

그림은 사람에서 중추 신경계와 심장이 자율 신경으로 연결된 모습의 일부를 나타낸 것이다. A와 B는 각각 연수와 중간뇌 중 하나이고, ㉠과 ㉡ 중 한 부위에 신경절이 있다.

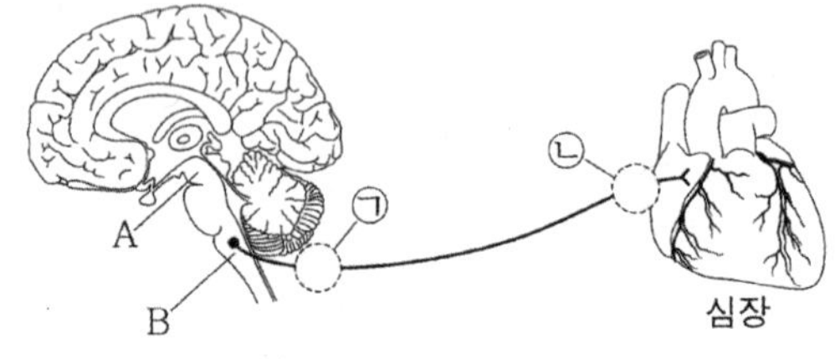

이에 대한 옳은 설명만을 〈보기〉에서 있는 대로 고른 것은?

[보기]

ㄱ. A는 동공 반사의 중추이다.
ㄴ. B는 중간뇌이다.
ㄷ. ㉠에 신경절이 있다.

① ㄱ ② ㄷ ③ ㄱ, ㄴ
④ ㄱ, ㄷ ⑤ ㄴ, ㄷ

F27 ✽✽✽ 2022 실시 3월 학평 7

그림은 사람에서 ㉠과 팔의 골격근을 연결하는 말초 신경과, ㉡과 눈을 연결하는 말초 신경을 나타낸 것이다. ㉠과 ㉡은 각각 척수와 중간뇌 중 하나이다.

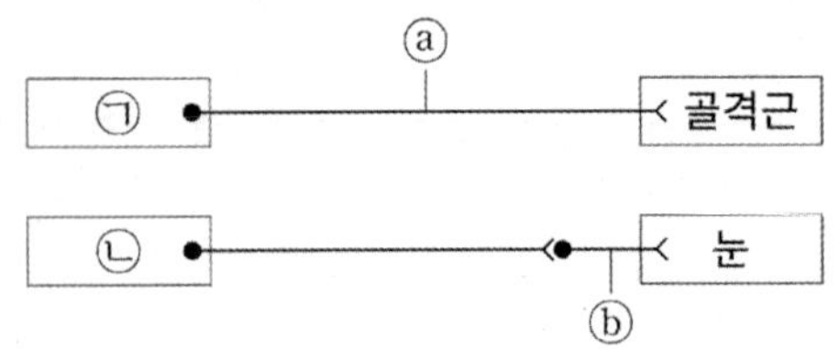

이에 대한 옳은 설명만을 〈보기〉에서 있는 대로 고른 것은? (3점)

[보기]

ㄱ. ㉠은 척수이다.
ㄴ. ⓐ는 자율 신경계에 속한다.
ㄷ. ⓑ의 말단에서 노르에피네프린이 분비된다.

① ㄱ ② ㄴ ③ ㄱ, ㄴ ④ ㄱ, ㄷ ⑤ ㄴ, ㄷ

F28 ✽✽✽ 2022 실시 4월 학평 5

그림은 중추 신경계로부터 말초 신경을 통해 홍채와 골격근에 연결된 경로를 나타낸 것이다.

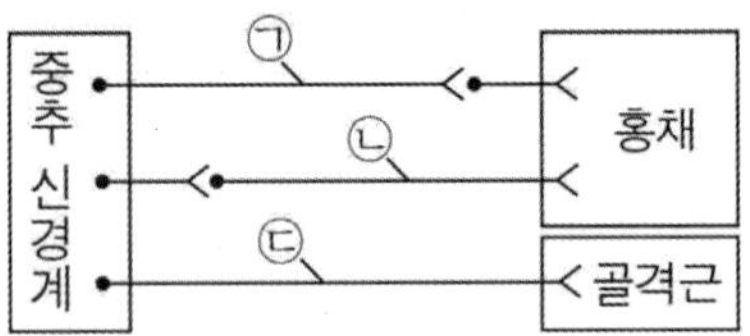

이에 대한 설명으로 옳은 것만을 〈보기〉에서 있는 대로 고른 것은?

[보기]

ㄱ. ㉠은 구심성 뉴런이다.
ㄴ. ㉡이 흥분하면 동공이 축소된다.
ㄷ. ㉢의 말단에서 아세틸콜린이 분비된다.

① ㄱ ② ㄴ ③ ㄷ ④ ㄱ, ㄷ ⑤ ㄴ, ㄷ

F29

2021 실시 3월 학평 5

그림은 동공 크기의 조절에 관여하는 자율 신경이 중간뇌에, 심장 박동의 조절에 관여하는 자율 신경이 연수에 연결된 경로를 나타낸 것이다. ⓐ와 ⓑ에는 각각 하나의 신경절이 있다.

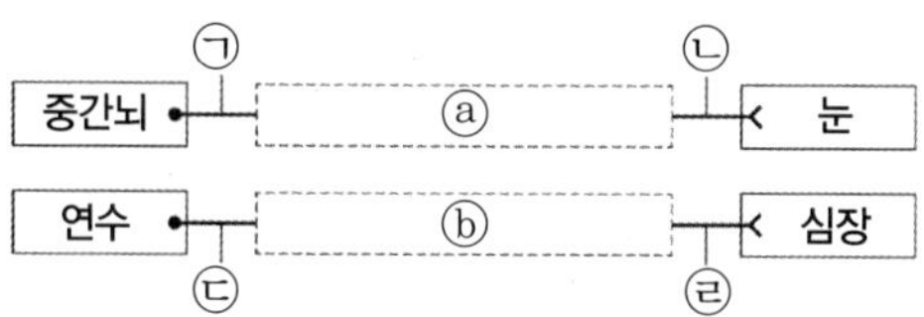

이에 대한 옳은 설명만을 〈보기〉에서 있는 대로 고른 것은? (3점)

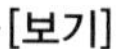

[보기]

ㄱ. ㉠은 부교감 신경을 구성한다.
ㄴ. ㉡과 ㉢의 말단에서 모두 아세틸콜린이 분비된다.
ㄷ. ㉣의 말단에서 심장 박동을 촉진하는 신경 전달 물질이 분비된다.

① ㄱ ② ㄷ ③ ㄱ, ㄴ ④ ㄴ, ㄷ ⑤ ㄱ, ㄴ, ㄷ

F30

2019 실시 3월 학평 12

그림은 중추 신경계에서 나온 말초 신경이 근육 A와 B에 연결된 경로를 나타낸 것이다. A와 B는 골격근과 심장근을 순서 없이 나타낸 것이다.

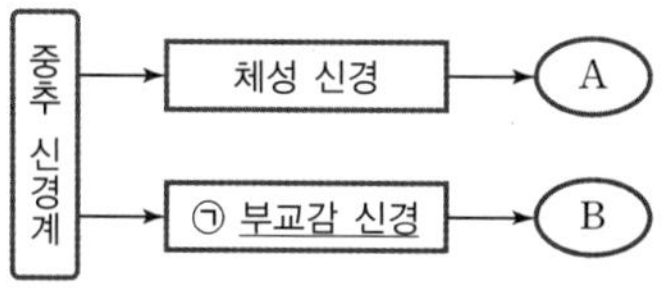

이에 대한 옳은 설명만을 〈보기〉에서 있는 대로 고른 것은?

[보기]

ㄱ. A는 골격근이다.
ㄴ. ㉠은 신경절 이전 뉴런이 신경절 이후 뉴런보다 짧다.
ㄷ. ㉠의 신경절 이전 뉴런의 신경 세포체는 척수에 있다.

① ㄱ ② ㄴ ③ ㄱ, ㄷ
④ ㄴ, ㄷ ⑤ ㄱ, ㄴ, ㄷ

F31

2021 실시 7월 학평 10

그림은 중추 신경계로부터 말초 신경을 통해 소장과 골격근에 연결된 경로를, 표는 뉴런 ⓐ~ⓒ의 특징을 나타낸 것이다. ⓐ~ⓒ는 ㉠~㉢을 순서 없이 나타낸 것이다.

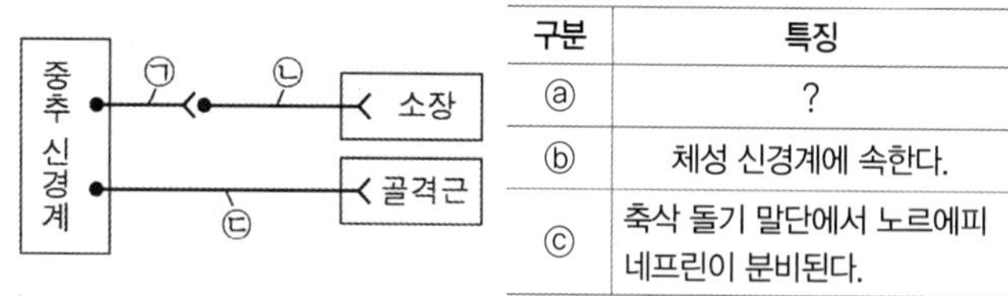

구분	특징
ⓐ	?
ⓑ	체성 신경계에 속한다.
ⓒ	축삭 돌기 말단에서 노르에피네프린이 분비된다.

이에 대한 설명으로 옳은 것만을 〈보기〉에서 있는 대로 고른 것은? (3점)

[보기]

ㄱ. ⓐ는 ㉡이다.
ㄴ. ㉠의 신경 세포체는 척수에 있다.
ㄷ. ㉢은 운동 신경이다.

① ㄱ ② ㄷ ③ ㄱ, ㄴ ④ ㄴ, ㄷ ⑤ ㄱ, ㄴ, ㄷ

F32

2019 대비 수능 12

그림은 중추 신경계로부터 자율 신경을 통해 위와 방광에 연결된 경로를 나타낸 것이다.

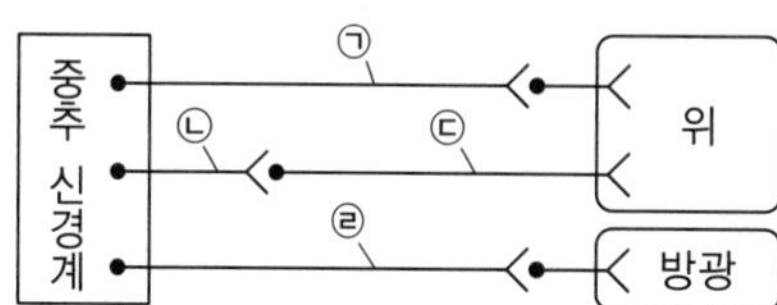

이에 대한 설명으로 옳은 것만을 〈보기〉에서 있는 대로 고른 것은?

[보기]

ㄱ. ㉠은 말초 신경계에 속한다.
ㄴ. ㉠과 ㉢의 말단에서 분비되는 신경 전달 물질은 같다.
ㄷ. ㉣의 신경 세포체는 연수에 존재한다.

① ㄱ ② ㄴ ③ ㄱ, ㄷ
④ ㄴ, ㄷ ⑤ ㄱ, ㄴ, ㄷ

❖ 정답 및 해설 147 ~ 150p

F33 ✿✿❀ 2019 실시 7월 학평 6

그림은 중추 신경계에 속한 (가)와 (나)에 연결된 자율 신경 ㉠과 ㉡의 작용으로 일어나는 반응을 나타낸 것이다. (가)와 (나)는 각각 척수와 중간뇌(중뇌) 중 하나이다.

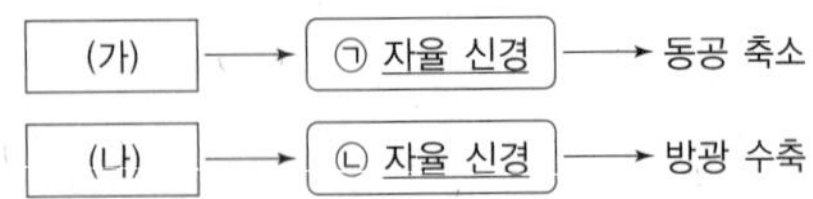

이에 대한 설명으로 옳은 것만을 〈보기〉에서 있는 대로 고른 것은?

[보기]

ㄱ. (가)는 무릎 반사의 중추이다.
ㄴ. ㉠의 신경절 이전 뉴런은 신경절 이후 뉴런보다 짧다.
ㄷ. ㉡의 신경절 이후 뉴런의 축삭 돌기 말단에서 분비되는 신경 전달 물질은 아세틸콜린이다.

① ㄱ ② ㄴ ③ ㄷ
④ ㄱ, ㄷ ⑤ ㄴ, ㄷ

F34 ✿✿❀ 2021 대비 6월 모평 3

그림은 중추 신경계로부터 자율 신경을 통해 심장과 위에 연결된 경로를, 표는 ㉠이 심장에, ㉡이 위에 각각 작용할 때 나타나는 기관의 반응을 나타낸 것이다. ⓐ는 '억제됨'과 '촉진됨' 중 하나이다.

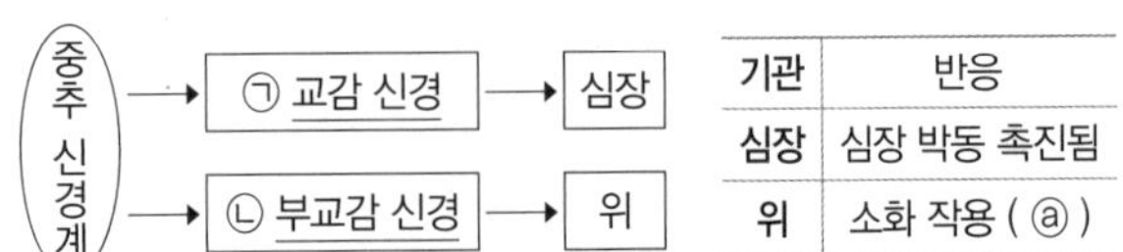

기관	반응
심장	심장 박동 촉진됨
위	소화 작용 (ⓐ)

이에 대한 설명으로 옳은 것만을 〈보기〉에서 있는 대로 고른 것은? (3점)

[보기]

ㄱ. ㉠은 신경절 이전 뉴런이 신경절 이후 뉴런보다 짧다.
ㄴ. ㉡은 감각 신경이다.
ㄷ. ⓐ는 '억제됨'이다.

① ㄱ ② ㄴ ③ ㄷ
④ ㄱ, ㄴ ⑤ ㄱ, ㄷ

F35 ✿✿❀ 2019 실시 10월 학평 6

그림은 중추 신경계와 호흡계를 연결하는 뉴런 A~E를 나타낸 것이다. ㉠과 ㉡은 각각 척수와 연수 중 하나이다.

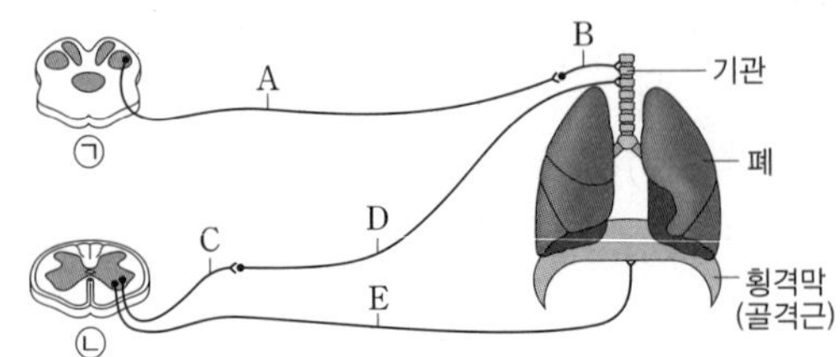

이에 대한 옳은 설명만을 〈보기〉에서 있는 대로 고른 것은? (3점)

[보기]

ㄱ. ㉠은 척수이다.
ㄴ. A와 E는 모두 체성 신경계에 속한다.
ㄷ. 축삭 돌기 말단에서 분비되는 신경 전달 물질은 B와 C가 같다.

① ㄱ ② ㄷ ③ ㄱ, ㄴ
④ ㄱ, ㄷ ⑤ ㄴ, ㄷ

F36 ✿❀❀ 2020 실시 7월 학평 16

그림 (가)는 중추 신경계의 구조를, (나)는 중추 신경계와 심장이 자율 신경으로 연결된 모습을 나타낸 것이다. A~C는 각각 척수, 연수, 대뇌 중 하나이다.

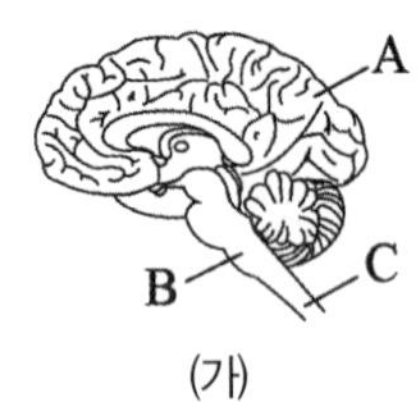

(가)

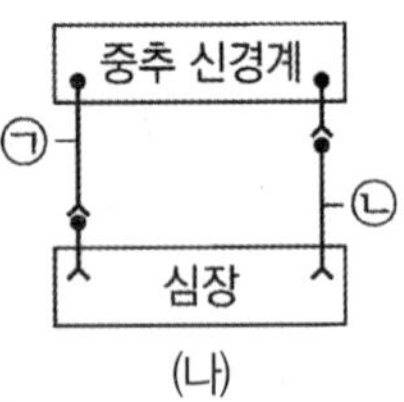

(나)

이에 대한 설명으로 옳은 것만을 〈보기〉에서 있는 대로 고른 것은?

[보기]

ㄱ. A의 겉질은 회색질이다.
ㄴ. ㉠의 신경 세포체는 C에 존재한다.
ㄷ. ㉡에서 흥분 발생 빈도가 증가하면 심장 박동이 촉진된다.

① ㄱ ② ㄴ ③ ㄱ, ㄷ
④ ㄴ, ㄷ ⑤ ㄱ, ㄴ, ㄷ

F37 ✿✿✿ 2021 실시 4월 학평 13

그림 (가)는 중추 신경계로부터 자율 신경을 통해 심장에 연결된 경로를, (나)는 ㉠과 ㉡ 중 하나를 자극했을 때 심장 세포에서 활동 전위가 발생하는 빈도의 변화를 나타낸 것이다.

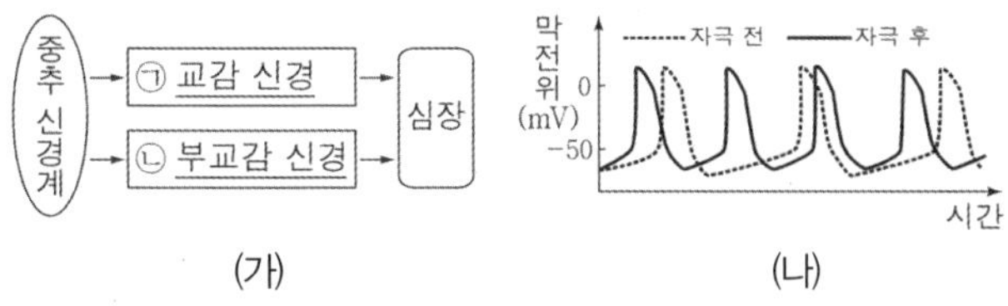

이에 대한 설명으로 옳은 것만을 〈보기〉에서 있는 대로 고른 것은?

[보기]

ㄱ. ㉠의 신경절 이전 뉴런의 신경 세포체는 척수에 있다.
ㄴ. ㉡은 신경절 이전 뉴런이 신경절 이후 뉴런보다 길다.
ㄷ. (나)는 ㉡을 자극했을 때의 변화를 나타낸 것이다.

① ㄱ ② ㄷ ③ ㄱ, ㄴ ④ ㄴ, ㄷ ⑤ ㄱ, ㄴ, ㄷ

F38 ✿✿✿ 2022 대비 6월 모평 7

그림 (가)는 심장 박동을 조절하는 자율 신경 A와 B 중 A를 자극했을 때 심장 세포에서 활동 전위가 발생하는 빈도의 변화를, (나)는 물질 ㉠의 주사량에 따른 심장 박동 수를 나타낸 것이다. ㉠은 심장 세포에서의 활동 전위 발생 빈도를 변화시키는 물질이며, A와 B는 교감 신경과 부교감 신경을 순서 없이 나타낸 것이다.

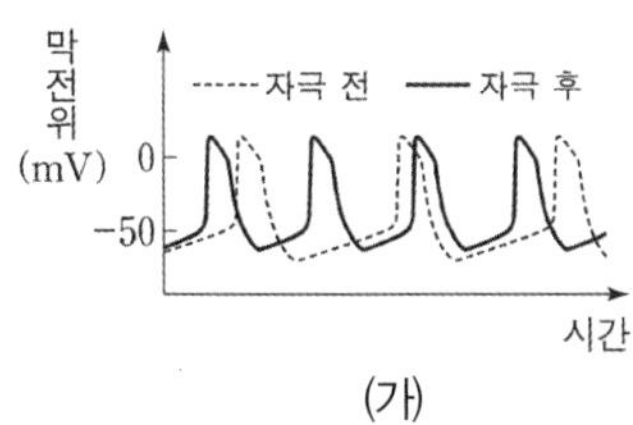

(가)

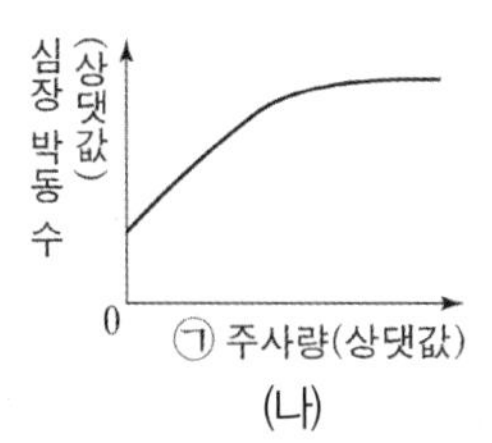

(나)

이에 대한 설명으로 옳은 것만을 〈보기〉에서 있는 대로 고른 것은? (3점)

[보기]

ㄱ. A의 신경절 이후 뉴런의 축삭 돌기 말단에서 분비되는 신경 전달 물질은 아세틸콜린이다.
ㄴ. ㉠이 작용하면 심장 세포에서의 활동 전위 발생 빈도가 감소한다.
ㄷ. A와 B는 심장 박동 조절에 길항적으로 작용한다.

① ㄱ ② ㄴ ③ ㄷ ④ ㄱ, ㄷ ⑤ ㄴ, ㄷ

F39 ✿✿✿ 2018 대비 6월 모평 14

그림 (가)는 심장 박동을 조절하는 자율 신경 A와 B를, (나)는 A와 B 중 하나를 자극했을 때 심장 세포에서 활동 전위가 발생하는 빈도의 변화를 나타낸 것이다.

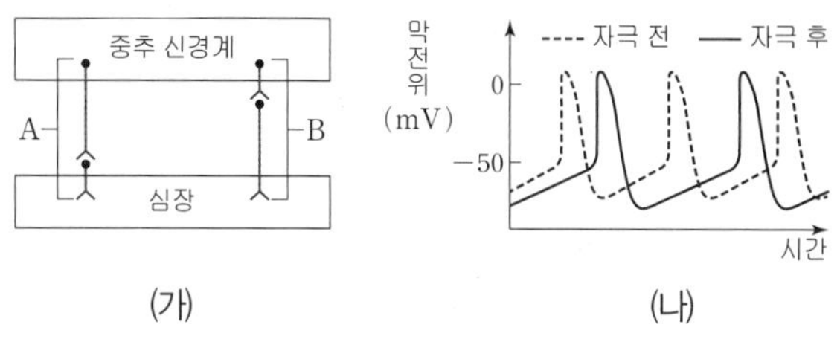

이에 대한 설명으로 옳은 것만을 〈보기〉에서 있는 대로 고른 것은? (3점)

[보기]

ㄱ. A는 말초 신경계에 속한다.
ㄴ. B의 신경절 이후 뉴런의 축삭 돌기 말단에서 분비되는 신경 전달 물질은 아세틸콜린이다.
ㄷ. (나)는 B를 자극했을 때의 변화를 나타낸 것이다.

① ㄱ ② ㄴ ③ ㄱ, ㄷ
④ ㄴ, ㄷ ⑤ ㄱ, ㄴ, ㄷ

F40 ✿✿✿ 2021 대비 9월 모평 16

그림 (가)는 동공의 크기 조절에 관여하는 교감 신경과 부교감 신경이 중추 신경계에 연결된 경로를, (나)는 빛의 세기에 따른 동공의 크기를 나타낸 것이다. ⓐ와 ⓑ에 각각 하나의 신경절이 있으며, ㉠과 ㉣의 말단에서 분비되는 신경 전달 물질은 같다.

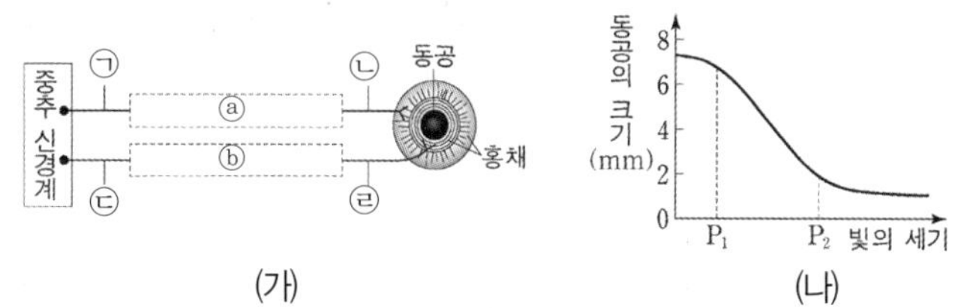

이에 대한 설명으로 옳은 것만을 〈보기〉에서 있는 대로 고른 것은?

[보기]

ㄱ. ㉠의 신경 세포체는 척수의 회색질에 있다.
ㄴ. ㉡의 말단에서 분비되는 신경 전달 물질의 양은 P_2일 때가 P_1일 때보다 많다.
ㄷ. ㉣의 말단에서 분비되는 신경 전달 물질은 노르에피네프린이다.

① ㄱ ② ㄷ ③ ㄱ, ㄴ ④ ㄴ, ㄷ ⑤ ㄱ, ㄴ, ㄷ

❖ 정답 및 해설 151 ~ 154p

F41 ✲✲✲ 2021 실시 10월 학평 7

그림은 중추 신경계와 심장을 연결하는 자율 신경을 나타낸 것이다. ⓐ에 하나의 신경절이 있으며, 뉴런 ㉠과 ㉡의 말단에서 분비되는 신경 전달 물질은 다르다.

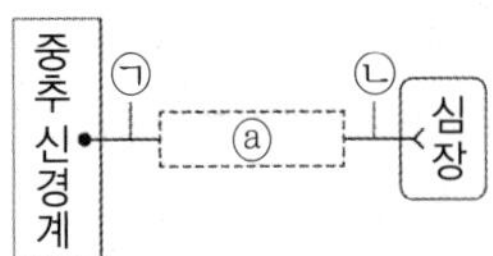

이에 대한 설명으로 옳은 것만을 <보기>에서 있는 대로 고른 것은?

[보기]

ㄱ. ㉠의 신경 세포체는 연수에 있다.
ㄴ. ㉠의 길이는 ㉡의 길이보다 길다.
ㄷ. ㉡의 말단에서 분비되는 신경 전달 물질은 노르에피네프린이다.

① ㄱ ② ㄷ ③ ㄱ, ㄴ
④ ㄴ, ㄷ ⑤ ㄱ, ㄴ, ㄷ

F43 ✲✲✲ 2022 실시 7월 학평 12

그림 (가)는 중추 신경계로부터 나온 자율 신경이 방광에 연결된 경로를, (나)는 뉴런 ㉠에 역치 이상의 자극을 주었을 때와 주지 않았을 때 방광의 부피를 나타낸 것이다. ㉠은 ⓑ와 ⓓ 중 하나이다.

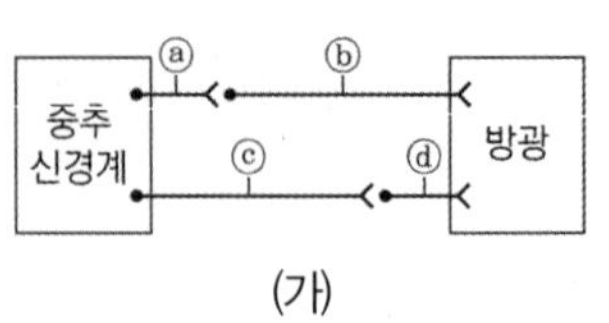

(가)

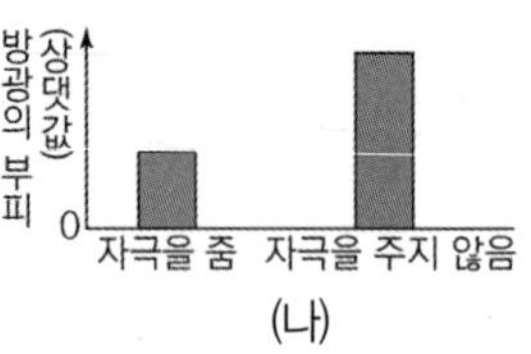

(나)

이에 대한 설명으로 옳은 것만을 <보기>에서 있는 대로 고른 것은?

[보기]

ㄱ. ㉠은 ⓓ이다.
ㄴ. ⓐ는 척수의 후근을 이룬다.
ㄷ. ⓑ와 ⓒ의 축삭 돌기 말단에서 분비되는 신경 전달 물질은 같다.

① ㄱ ② ㄴ ③ ㄷ ④ ㄱ, ㄴ ⑤ ㄴ, ㄷ

F42 ✲✲✲ 2020 실시 10월 학평 5

그림은 사람의 중추 신경계와 심장을 연결하는 자율 신경을 나타낸 것이다. ㉠과 ㉡은 각각 연수와 척수 중 하나이다.

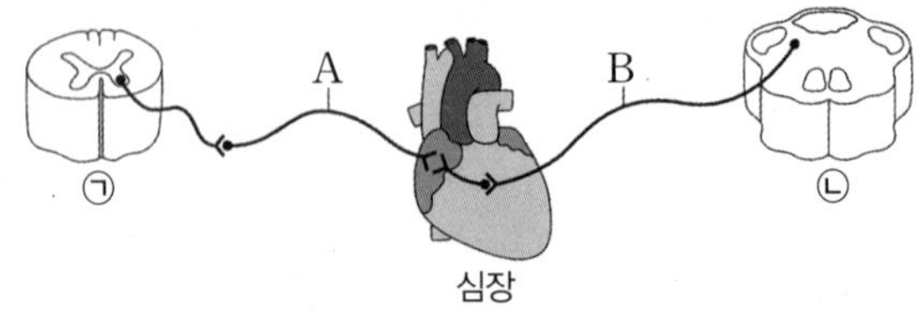

이에 대한 옳은 설명만을 <보기>에서 있는 대로 고른 것은?

[보기]

ㄱ. ㉠의 속질은 백색질이다.
ㄴ. ㉡은 뇌줄기를 구성한다.
ㄷ. 뉴런 A와 B의 말단에서 분비되는 신경 전달 물질은 같다.

① ㄱ ② ㄴ ③ ㄷ ④ ㄱ, ㄴ ⑤ ㄴ, ㄷ

F44 ✲✲✲ 2020 대비 9월 모평 8

다음은 사람의 신경계를 구성하는 구조에 대한 학생 A~C의 발표 내용이다.

제시한 내용이 옳은 학생만을 있는 대로 고른 것은?

① B ② C ③ A, B
④ A, C ⑤ A, B, C

F45 ✲✲✲

2018 실시 7월 학평 12

그림은 심장과 소장에 각각 연결된 자율 신경 A, B를 나타낸 것이다.

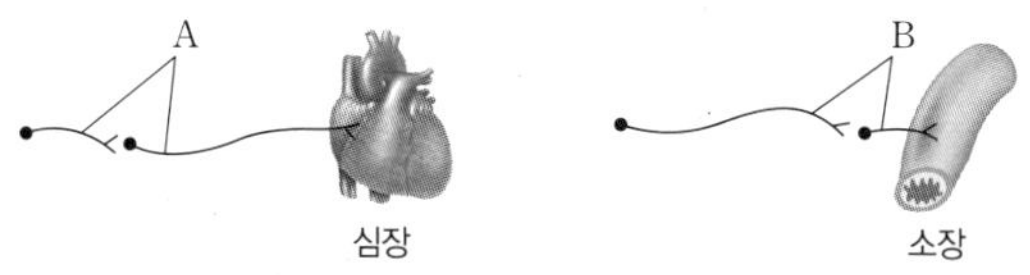

이에 대한 설명으로 옳은 것만을 〈보기〉에서 있는 대로 고른 것은?

[보기]

ㄱ. A의 신경절 이후 뉴런 말단에서 분비되는 신경 전달 물질은 노르에피네프린이다.
ㄴ. B가 흥분하면 소장에서 소화액 분비가 억제된다.
ㄷ. A와 B의 신경절 이전 뉴런의 신경 세포체는 모두 척수에 있다.

① ㄱ ② ㄴ ③ ㄷ
④ ㄱ, ㄴ ⑤ ㄱ, ㄷ

F46 ✲✲❀

2018 실시 3월 학평 18

그림은 척수와 방광을 연결하는 뉴런 A~D를 나타낸 것이다.

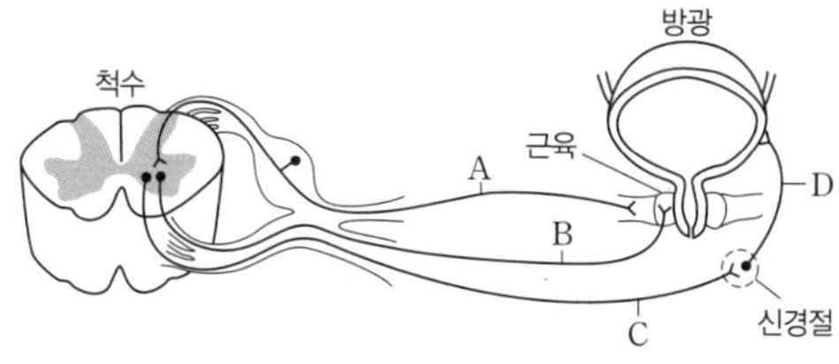

이에 대한 옳은 설명만을 〈보기〉에서 있는 대로 고른 것은?

[보기]

ㄱ. A는 감각 뉴런이다.
ㄴ. B는 척수의 후근을 이룬다.
ㄷ. C와 D는 말단에서 분비되는 신경 전달 물질이 같다.

① ㄱ ② ㄴ ③ ㄱ, ㄷ
④ ㄴ, ㄷ ⑤ ㄱ, ㄴ, ㄷ

F47 ✲✲❀

2018 실시 10월 학평 8

그림은 중추 신경계와 두 기관을 연결하는 자율 신경을, 표는 뉴런 ㉠과 ㉢에 각각 역치 이상의 자극을 주었을 때 심장과 방광의 변화를 나타낸 것이다. ㉠~㉣은 서로 다른 뉴런이다.

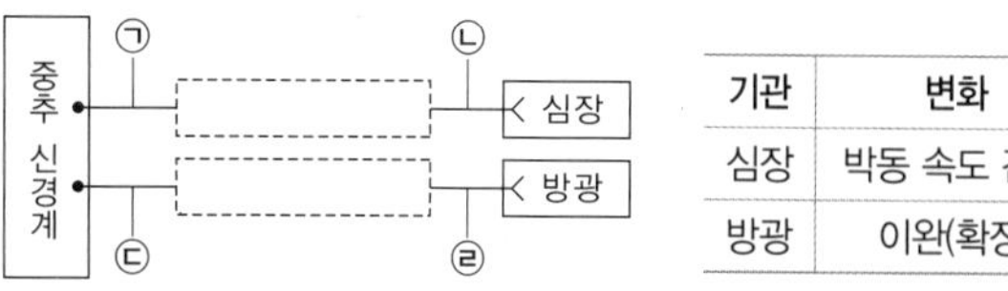

기관	변화
심장	박동 속도 감소
방광	이완(확장)

이에 대한 옳은 설명만을 〈보기〉에서 있는 대로 고른 것은?

[보기]

ㄱ. ㉠이 ㉡보다 길다.
ㄴ. ㉣의 축삭 돌기 말단에서 아세틸콜린이 분비된다.
ㄷ. 역치 이상의 자극을 ㉣에 주었을 때, 흥분이 ㉣에서 ㉢으로 전달된다.

① ㄱ ② ㄷ ③ ㄱ, ㄴ
④ ㄱ, ㄷ ⑤ ㄴ, ㄷ

F48 ✲✲❀

2019 대비 6월 모평 13

그림은 중추 신경계로부터 자율 신경을 통해 심장, 이자, 방광에 연결된 경로를 나타낸 것이다.

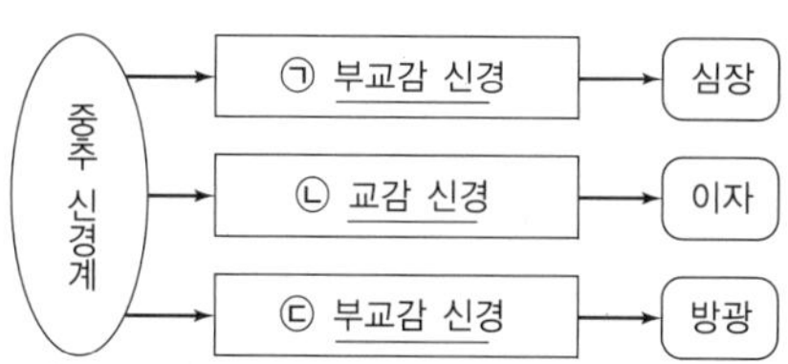

이에 대한 설명으로 옳은 것만을 〈보기〉에서 있는 대로 고른 것은?

[보기]

ㄱ. ㉠은 신경절 이전 뉴런이 신경절 이후 뉴런보다 길다.
ㄴ. ㉡의 신경절 이후 뉴런의 축삭 돌기 말단에서 분비되는 신경 전달 물질은 아세틸콜린이다.
ㄷ. ㉡과 ㉢의 신경절 이전 뉴런의 신경 세포체는 모두 척수에 존재한다.

① ㄱ ② ㄴ ③ ㄱ, ㄷ
④ ㄴ, ㄷ ⑤ ㄱ, ㄴ, ㄷ

❖ 정답 및 해설 155 ~ 158p

F49 ✽✽✽ 2023 대비 9월 모평 13

다음은 자율 신경 A에 의한 심장 박동 조절 실험이다.

[실험 과정]

(가) 같은 종의 동물로부터 심장 Ⅰ과 Ⅱ를 준비하고, Ⅱ에서만 자율 신경을 제거한다.

(나) Ⅰ과 Ⅱ를 각각 생리식염수가 담긴 용기 ㉠과 ㉡에 넣고, ㉠에서 ㉡으로 용액이 흐르도록 두 용기를 연결한다.

(다) Ⅰ에 연결된 A에 자극을 주고 Ⅰ과 Ⅱ의 세포에서 활동 전위 발생 빈도를 측정한다. A는 교감 신경과 부교감 신경 중 하나이다.

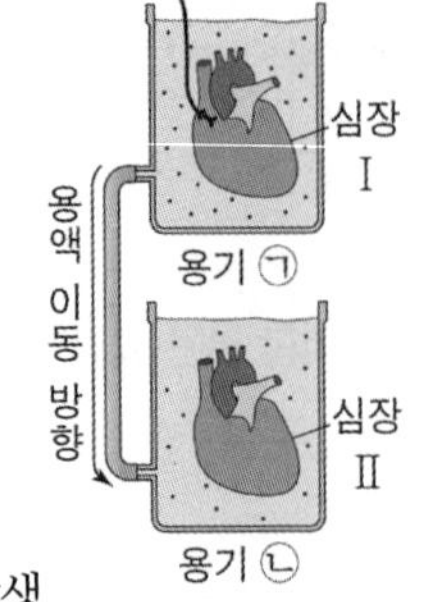

[실험 결과]

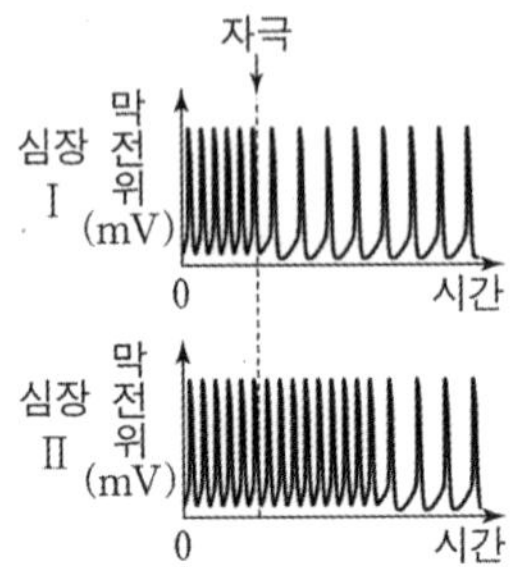

○ A의 신경절 이후 뉴런의 축삭 돌기 말단에서 물질 ㉮가 분비되었다. ㉮는 아세틸콜린과 노르에피네프린 중 하나이다.

○ Ⅰ과 Ⅱ의 세포에서 측정한 활동 전위 발생 빈도는 그림과 같다.

이 자료에 대한 설명으로 옳은 것만을 <보기>에서 있는 대로 고른 것은? (단, 제시된 조건 이외는 고려하지 않는다.)

[보기]

ㄱ. A는 말초 신경계에 속한다.

ㄴ. ㉮는 노르에피네프린이다.

ㄷ. (나)의 ㉡에 아세틸콜린을 처리하면 Ⅱ의 세포에서 활동 전위 발생 빈도가 증가한다.

① ㄱ ② ㄴ ③ ㄱ, ㄴ ④ ㄱ, ㄷ ⑤ ㄴ, ㄷ

F50 ✽✽✽ 2020 대비 6월 모평 11

그림 (가)는 심장 박동을 조절하는 자율 신경 A와 B를, (나)는 A와 B 중 하나를 자극했을 때 심장 세포에서 활동 전위가 발생하는 빈도의 변화를 나타낸 것이다.

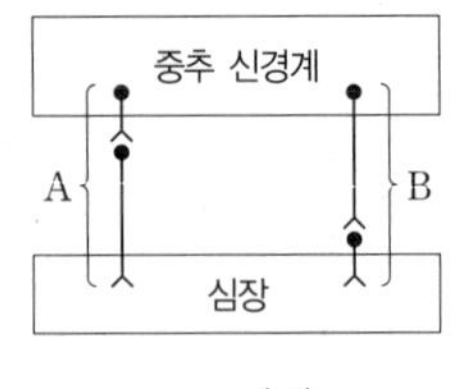

(가)

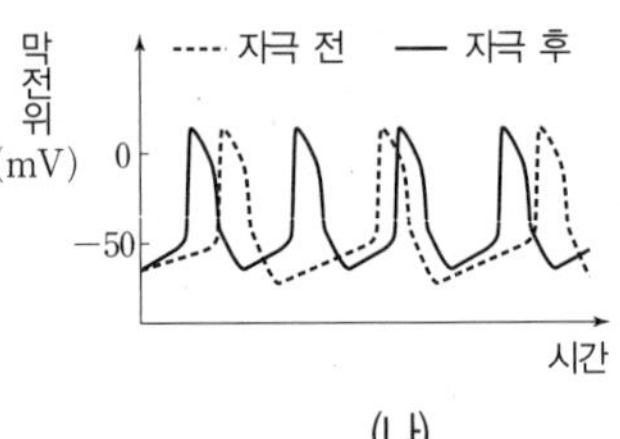

(나)

이에 대한 설명으로 옳은 것만을 <보기>에서 있는 대로 고른 것은?

[보기]

ㄱ. A는 말초 신경계에 속한다.

ㄴ. B의 신경절 이전 뉴런의 신경 세포체는 척수에 존재한다.

ㄷ. (나)는 A를 자극했을 때의 변화를 나타낸 것이다.

① ㄱ ② ㄴ ③ ㄱ, ㄷ ④ ㄴ, ㄷ ⑤ ㄱ, ㄴ, ㄷ

❖ 정답 및 해설 159p

G 항상성 유지

★ 2025 수능 출제 분석

- **혈당량 유지** : 혈당량 조절을 하는 과정에 대한 문제가 쉽게 출제되었다.
- **삼투압 유지** : 항이뇨 호르몬(ADH)을 통해 삼투압을 조절하는 과정에 대한 문제가 쉽게 출제되었다.

대비년도	출제 개념	난이도
2025 수능	혈당량 유지, 삼투압 유지	✲/✲
2025 9월	혈중 티록신 농도 조절, 혈당량 조절	✲✲/✲✲
2025 6월	호르몬의 특성과 종류, 혈당량 조절	✲/✲
2024 수능	삼투압 유지/호르몬과 항상성	✲/✲✲

1 호르몬과 항상성

1. 호르몬의 특성

(1) 내분비샘에서❶ 생성되며, 혈액이나 조직액으로 분비된다.

(2) 특정 호르몬 수용체를 가진 표적 세포에 작용한다.

(3) 미량으로 생리 작용을 조절하고 부족하면 결핍증, 많으면 과다증이 나타난다.❷

2. 호르몬의 종류와 특징

내분비샘		호르몬 종류	특징
뇌하수체	전엽	생장 호르몬	근육과 뼈의 생장 촉진
		갑상샘 자극 호르몬(TSH)	갑상샘의 호르몬 분비 촉진
		부신 겉질 자극 호르몬(ACTH)	부신 겉질 호르몬 분비 촉진
	후엽	항이뇨 호르몬(ADH)	콩팥에서 수분의 재흡수 촉진
		옥시토신	분만 시 자궁 수축 촉진
갑상샘		티록신	물질대사 촉진
부신	겉질	당질 코르티코이드	혈당량 증가
		무기질 코르티코이드	콩팥에서 나트륨 이온 재흡수 촉진
	속질	에피네프린	혈당량 증가
이자	α세포	글루카곤	혈당량 증가
	β세포	인슐린	혈당량 감소

3. 항상성: 체내·외의 환경 변화에 대해 체온, 혈당량, 삼투압 등의 체내 환경을 일정하게 유지하려는 성질이다. ➡ 조절 중추는 간뇌

4. 항상성 유지 원리: 음성 피드백과❸ 길항 작용에❹ 의해 항상성이 일정하게 유지된다.

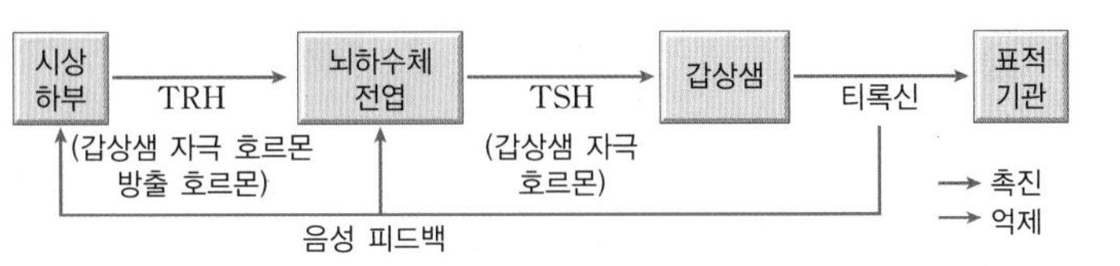

▲ 음성 피드백의 예

출제 2025 대비 9월 모평 9번
2025 대비 6월 모평 4번

★ 6월은 호르몬의 특성과 종류에 대해 묻는 문제가 쉽게 출제되었고, 9월 모평에서는 혈중 티록신 농도 조절 과정을 묻는 문제가 보통으로 출제되었다.

❶ **내분비샘과 외분비샘**

- **내분비샘**: 분비관이 따로 없어 분비물을 혈관이나 조직액으로 직접 분비한다.
  예 뇌하수체, 갑상샘 등
- **외분비샘**: 분비물을 분비관을 통해 배출한다. 예 땀샘, 소화샘 등

❷ **내분비계 질환**

생장 호르몬	과다	거인증
	결핍	소인증
티록신	과다	갑상샘 항진증
	결핍	갑상샘 저하증
인슐린	결핍	당뇨병

❸ **음성 피드백**

어떤 원인으로 인해 나타난 결과가 원인을 억제하는 조절 원리이다.

❹ **길항 작용**

두 가지 요인이 같은 기관에 대해 서로 반대로 작용하여 서로의 효과를 줄인다.

2 혈당량 유지

고혈당일 때	이자의 β세포에서 인슐린 분비 촉진 → 간에서 포도당을 글리코젠으로 합성 촉진, 체세포로 포도당 흡수 촉진 → 혈당량 감소
저혈당일 때	이자의 α세포에서 글루카곤 분비 촉진 → 간에서 글리코젠을 포도당으로 분해 촉진, 포도당이 혈액으로 방출 → 혈당량 증가
	교감 신경의 자극으로 부신 속질에서 에피네프린 분비 촉진 → 글리코젠을 포도당으로 분해 촉진, 포도당이 혈액으로 방출 → 혈당량 증가

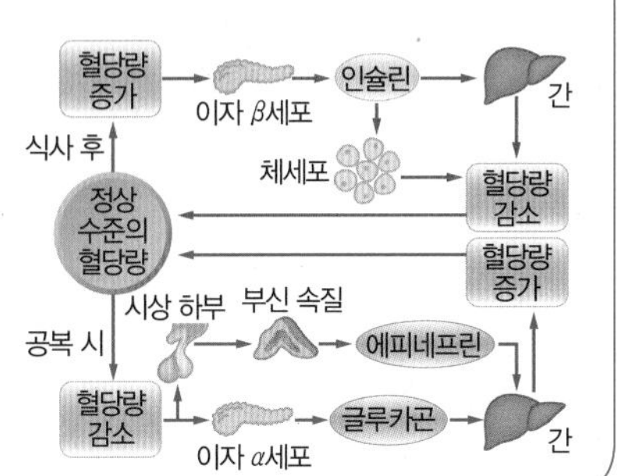

출제 2025 대비 수능 10번
2025 대비 9월 모평 6번
2025 대비 6월 모평 11번

★ 6월, 9월 모평 모두 혈당량 조절 과정을 묻는 문제가 출제되었고 6월은 쉽게, 9월은 보통으로 출제되었다.
수능에서는 혈당량 조절을 하는 과정에 대한 문제가 쉽게 출제되었다.

3 체온 유지[5] 

	추울 때		더울 때
열 발생량 증가	• 티록신과 에피네프린 분비량 증가 ➡ 간과 근육의 물질대사 촉진 • 몸 떨림(골격근의 수축 활동)과 같은 근육 운동 촉진	열 발생량 감소	• 티록신 분비량 감소 ➡ 간과 근육의 물질대사 억제
열 발산량 감소	• 교감 신경 작용 강화 ➡ 피부 근처 혈관 수축	열 발산량 증가	• 교감 신경의 작용 완화 ➡ 피부 근처 혈관 확장 • 땀 분비 증가 ➡ 기화열에 의한 열 손실 증가

(추울 때) 감각 신경 → 간뇌 시상 하부 → TRH 분비량 증가 → 뇌하수체 전엽 → TSH 분비량 증가 → 갑상샘 → 티록신 분비량 증가 → 물질대사 촉진 → 열 발생량 증가
간뇌 시상 하부 → 부신 속질 → 에피네프린 증가 → 물질대사 촉진
간뇌 시상 하부 → 교감 신경 작용 강화 → 피부 근처 혈관 수축 → 열 발산량 감소
열 발산량 감소, 열 발생량 증가 → 체온 상승 (음성 피드백)
→ 신경의 조절
→ 호르몬의 조절

(더울 때) 감각 신경 → 간뇌 시상 하부 → TRH 분비량 감소 → 뇌하수체 전엽 → TSH 분비량 감소 → 갑상샘 → 티록신 분비량 감소 → 물질대사 억제 → 열 발생량 감소
간뇌 시상 하부 → 교감 신경 작용 완화 → 피부 근처 혈관 확장 → 열 발산량 증가
열 발산량 증가, 열 발생량 감소 → 체온 하강 (음성 피드백)
→ 신경의 조절
→ 호르몬의 조절

5 체온 유지의 중요성

체온이 변하면 물질대사에 관여하는 효소의 활성이 떨어져 제 기능을 할 수 없기 때문에 체온 유지가 중요하다.

4 삼투압 유지 

혈장 삼투압이 높을 때	[짠 음식을 많이 먹거나, 땀을 많이 흘린 경우] 뇌하수체 후엽에서 항이뇨 호르몬의[6] 분비량 증가 → 콩팥에서 수분 재흡수 촉진 → 오줌 생성량 감소 → 혈장 삼투압[7] 감소
혈장 삼투압이 낮을 때	[물을 많이 마신 경우] 뇌하수체 후엽에서 항이뇨 호르몬의 분비량 감소 → 콩팥에서 수분 재흡수 억제 → 오줌 생성량 증가 → 혈장 삼투압 증가

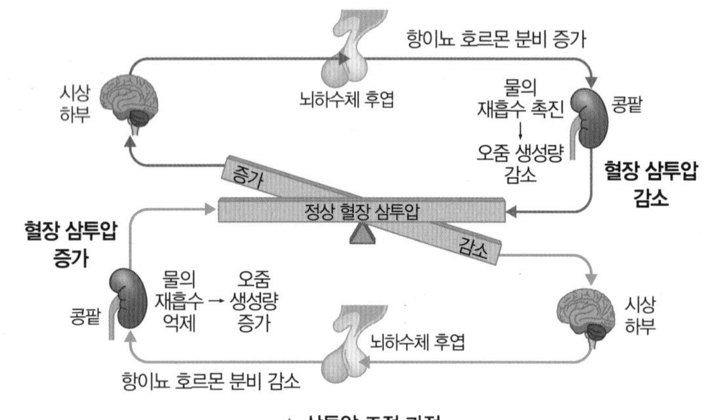

▲ 삼투압 조절 과정

6 항이뇨 호르몬(ADH)

뇌하수체 후엽에서 분비되어 콩팥에서 수분의 재흡수를 촉진하는 호르몬이다. ADH의 분비가 증가하면 콩팥에서 재흡수되는 물의 양이 증가하므로 전체 혈액량이 증가하고 혈압이 상승한다.

7 혈장 삼투압

혈액의 농도에 비례하므로 혈액 내 물의 양이 감소하거나 무기염류의 농도가 높아지면 혈장 삼투압은 증가한다.

2025 대비 수능 5번

★ 수능에서는 항이뇨 호르몬(ADH)을 통해 삼투압을 조절하는 과정에 대한 문제가 쉽게 출제되었다.

꼭 외워!

＊ 혈당량 조절

- **고혈당:** 이자 β세포 → 인슐린 → 혈당량 감소
- **저혈당:** 이자 α세포 → 글루카곤 → 혈당량 증가

＊ 추울 때 체온 유지

- 에피네프린, 티록신 증가 → 물질대사 촉진 → 열 발생량 증가
- 교감 신경 작용 강화 → 피부 근처 혈관 수축 → 열 발산량 감소

＊ 혈장 삼투압이 정상 범위 보다 높을 때

혈중 ADH 농도	콩팥에서 수분 재흡수량	오줌 생성량
증가	증가	감소

1 호르몬과 항상성

01 호르몬과 항상성에 대한 설명으로 옳은 것은 ○, 옳지 않은 것은 ×표 하시오.

(1) 호르몬은 외분비샘에서 생성된다. 1 (○, ×)
(2) 호르몬은 특정 호르몬 수용체가 있는 표적 세포에만 작용한다. 2 (○, ×)
(3) 땀샘, 갑상샘, 이자는 모두 내분비샘이다. 3 (○, ×)
(4) 호르몬은 미량으로 생리 작용을 조절하며 부족하면 결핍증이 나타난다. 4 (○, ×)
(5) 항이뇨 호르몬은 뇌하수체 전엽에서 분비된다. 5 (○, ×)
(6) 항상성은 음성 피드백과 길항 작용에 의해 조절된다. 6 (○, ×)

02 다음은 티록신 분비 조절 과정에 대한 설명이다. 빈칸에 알맞은 말을 고르시오.

(1) 혈액 속 티록신의 농도가 높아지면, 시상 하부에서 TRH의 분비가 7 (감소 / 증가)한다.
(2) 시상 하부에서 TRH의 분비가 증가하면, 뇌하수체 전엽에서 TSH의 분비가 8 (감소 / 증가)한다.
(3) 뇌하수체 전엽에서 TSH의 분비가 감소하면, 갑상샘에서 티록신의 분비가 9 (감소 / 증가)한다.

2 혈당량 유지

03 그림은 혈당량을 조절하는 과정을 나타낸 것이다. 빈칸에 알맞은 말을 쓰시오.

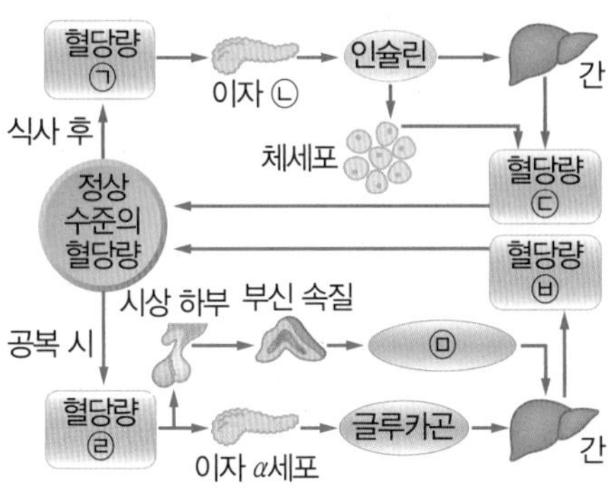

㉠: (10) ㉡: (11) ㉢: (12)
㉣: (13) ㉤: (14) ㉥: (15)

3 체온 유지

04 그림 (가)는 정상인 P에서 주변 온도에 따른 체온과 ㉠의 변화를, (나)의 A와 B는 주변 온도가 T_1과 T_2일 때 P의 피부 근처 혈관의 상태를 순서 없이 나타낸 것이다. T_1이 T_2보다 작고, ㉠은 열 발생량과 열 발산량 중 하나이다. 이에 대한 설명으로 옳은 것은 ○, 옳지 않은 것은 × 표시하시오.
〈2022 실시 6월 학평 17 (고2)〉

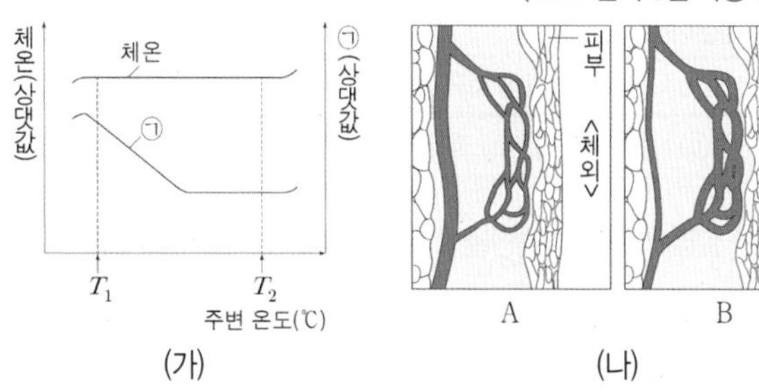

(가) (나)

(1) ㉠은 열 발산량이다. 16 (○, ×)
(2) T_2일 때 피부 근처 혈관의 상태는 A이다. 17 (○, ×)
(3) 체온 조절 중추는 시상 하부이다. 18 (○, ×)

4 삼투압 유지

05 그림은 정상인에서 ㉠의 변화량에 따른 혈중 항이뇨 호르몬(ADH) 농도를 나타낸 것이며, ㉠은 혈장 삼투압과 전체 혈액량 중 하나이다. 이에 대한 설명으로 옳은 것은 ○, 옳지 않은 것은 × 표시하시오. 〈2021 대비 수능 8〉

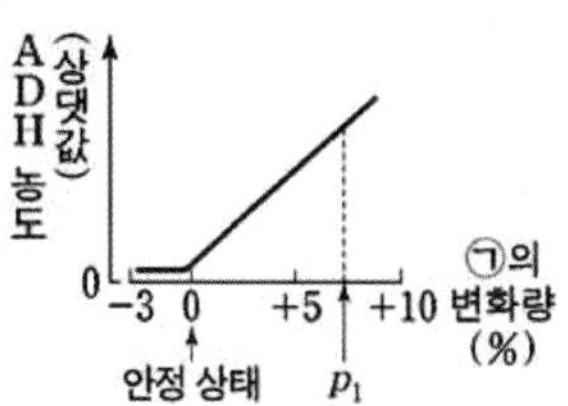

(1) ADH는 뇌하수체 전엽에서 분비된다. 19 (○, ×)
(2) ADH의 표적 기관은 콩팥이다. 20 (○, ×)
(3) ㉠은 전체 혈액량이다. 21 (○, ×)
(4) 단위 시간당 생성되는 오줌의 생성량은 안정 상태일 때가 p_1일 때보다 크다. 22 (○, ×)

정답

1 ×(내분비샘에서 생성됨) 2 ○ 3 ×(땀샘은 외분비샘) 4 ○ 5 ×(뇌하수체 후엽에서 분비됨) 6 ○ 7 감소 8 증가 9 감소 10 증가 11 β세포 12 감소 13 감소 14 에피네프린 15 증가 16 ×(㉠은 열발생량) 17 ×(T_2일 때 피부 근처 혈관의 상태는 B) 18 ○ 19 ×(ADH는 뇌하수체 후엽에서 분비됨) 20 ○ 21 ×(㉠은 혈장 삼투압) 22 ○

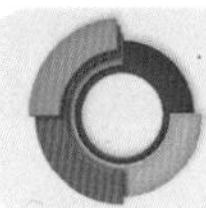

개념별 기출 문제 [2점, 3점]

PRACTICE QUESTION

1 호르몬과 항상성

G01

2025 대비 6월 모평 4

표는 사람의 내분비샘 ㉠과 ㉡에서 분비되는 호르몬과 표적 기관을 나타낸 것이다. ㉠과 ㉡은 뇌하수체 전엽과 뇌하수체 후엽을 순서 없이 나타낸 것이다.

내분비샘	호르몬	표적 기관
㉠	갑상샘 자극 호르몬 (TSH)	갑상샘
㉡	항이뇨 호르몬 (ADH)	?

이에 대한 설명으로 옳은 것만을 〈보기〉에서 있는 대로 고른 것은? (3점)

[보기]

ㄱ. ㉠은 뇌하수체 후엽이다.
ㄴ. ADH는 콩팥에서 물의 재흡수를 촉진한다.
ㄷ. TSH와 ADH는 모두 혈액을 통해 표적 기관으로 운반된다.

① ㄱ ② ㄷ ③ ㄱ, ㄴ ④ ㄴ, ㄷ ⑤ ㄱ, ㄴ, ㄷ

G02

2024 실시 3월 학평 16

그림은 정상인에서 티록신 분비량이 일시적으로 증가했다가 회복되는 과정에서 측정한 혈중 티록신과 TSH의 농도를 시간에 따라 나타낸 것이다.

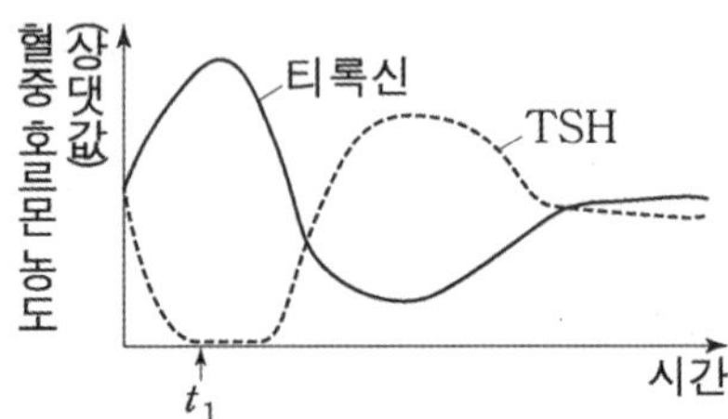

이에 대한 옳은 설명만을 〈보기〉에서 있는 대로 고른 것은? (단, 제시된 조건 이외는 고려하지 않는다.) (3점)

[보기]

ㄱ. t_1일 때 이 사람에게 TSH를 투여하면 투여 전보다 티록신의 분비가 억제된다.
ㄴ. 티록신의 분비는 음성 피드백에 의해 조절된다.
ㄷ. 갑상샘은 TSH의 표적 기관이다.

① ㄱ ② ㄷ ③ ㄱ, ㄴ ④ ㄴ, ㄷ ⑤ ㄱ, ㄴ, ㄷ

G03

2024 실시 10월 학평 11

표 (가)는 사람 몸에서 분비되는 호르몬 A～C에서 특징 ㉠～㉢의 유무를 나타낸 것이고, (나)는 ㉠～㉢을 순서 없이 나타낸 것이다. A～C는 TSH, 티록신, 항이뇨 호르몬을 순서 없이 나타낸 것이다.

호르몬 \ 특징	㉠	㉡	㉢
A	×	×	○
B	?	ⓐ	?
C	×	○	ⓑ

(○: 있음, ×: 없음)

(가)

특징(㉠～㉢)
• 표적 기관에 작용한다. • 뇌하수체에서 분비된다. • 콩팥에서 물의 재흡수를 촉진한다.

(나)

이에 대한 옳은 설명만을 〈보기〉에서 있는 대로 고른 것은?

[보기]

ㄱ. ⓐ와 ⓑ는 모두 '○'이다.
ㄴ. ㉠은 '뇌하수체에서 분비된다.'이다.
ㄷ. A의 분비는 음성 피드백에 의해 조절된다.

① ㄱ ② ㄴ ③ ㄱ, ㄷ ④ ㄴ, ㄷ ⑤ ㄱ, ㄴ, ㄷ

G04

2024 대비 수능 14

사람 A～C는 모두 혈중 티록신 농도가 정상적이지 않다. 표 (가)는 A～C의 혈중 티록신 농도가 정상적이지 않은 원인을, (나)는 사람 ㉠～㉢의 혈중 티록신과 TSH의 농도를 나타낸 것이다. ㉠～㉢은 A～C를 순서 없이 나타낸 것이고, ⓐ는 '+'와 '−' 중 하나이다.

사람	원인
A	뇌하수체 전엽에 이상이 생겨 TSH 분비량이 정상보다 적음
B	갑상샘에 이상이 생겨 티록신 분비량이 정상보다 많음
C	갑상샘에 이상이 생겨 티록신 분비량이 정상보다 적음

(가)

사람	혈중 농도	
	티록신	TSH
㉠	−	+
㉡	+	ⓐ
㉢	−	−

(+: 정상보다 높음, −: 정상보다 낮음)

(나)

이에 대한 설명으로 옳은 것만을 〈보기〉에서 있는 대로 고른 것은? (단, 제시된 조건 이외는 고려하지 않는다.) (3점)

[보기]

ㄱ. ⓐ는 '−'이다.
ㄴ. ㉠에게 티록신을 투여하면 투여 전보다 TSH의 분비가 촉진된다.
ㄷ. 정상인에서 뇌하수체 전엽에 TRH의 표적 세포가 있다.

① ㄱ ② ㄴ ③ ㄷ ④ ㄱ, ㄷ ⑤ ㄴ, ㄷ

G05 ✿✿❀

2023 실시 3월 학평 12

그림은 티록신 분비 조절 과정의 일부를 나타낸 것이다. A는 갑상샘과 뇌하수체 전엽 중 하나이고, ㉠과 ㉡은 각각 TRH와 TSH 중 하나이다.

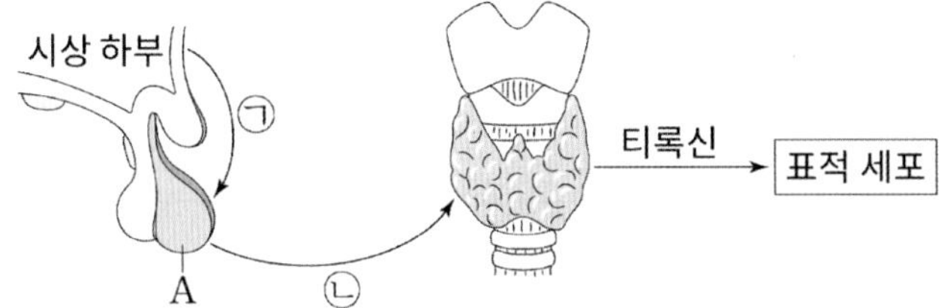

이에 대한 옳은 설명만을 〈보기〉에서 있는 대로 고른 것은?

[보기]

ㄱ. A는 뇌하수체 전엽이다.
ㄴ. ㉡은 TRH이다.
ㄷ. 혈중 티록신 농도가 증가하면 ㉠의 분비가 촉진된다.

① ㄱ ② ㄴ ③ ㄷ ④ ㄱ, ㄴ ⑤ ㄱ, ㄷ

G06 ✿❀❀

2024 대비 6월 모평 7

그림은 사람에서 혈중 티록신 농도에 따른 물질대사량을, 표는 갑상샘 기능에 이상이 있는 사람 A와 B의 혈중 티록신 농도, 물질대사량, 증상을 나타낸 것이다. ㉠과 ㉡은 '정상보다 높음'과 '정상보다 낮음'을 순서 없이 나타낸 것이다.

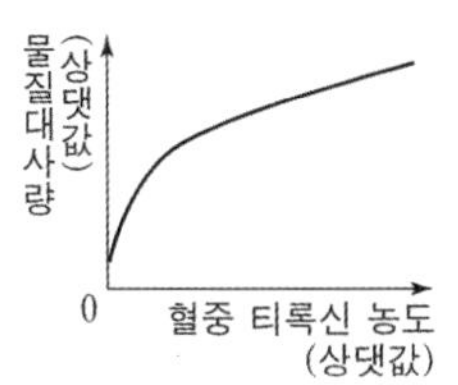

사람	티록신 농도	물질대사량	증상
A	㉠	정상보다 증가함	심장 박동 수가 증가하고 더위에 약함
B	㉡	정상보다 감소함	체중이 증가하고 추위를 많이 탐

이에 대한 설명으로 옳은 것만을 〈보기〉에서 있는 대로 고른 것은? (단, 제시된 조건 이외는 고려하지 않는다.)

[보기]

ㄱ. 갑상샘에서 티록신이 분비된다.
ㄴ. ㉠은 '정상보다 높음'이다.
ㄷ. B에게 티록신을 투여하면 투여 전보다 물질대사량이 감소한다.

① ㄱ ② ㄷ ③ ㄱ, ㄴ ④ ㄱ, ㄷ ⑤ ㄴ, ㄷ

G07 ✿❀❀

2024 대비 9월 모평 8

사람 A와 B는 모두 혈중 티록신 농도가 정상보다 낮다. 표 (가)는 A와 B의 혈중 티록신 농도가 정상보다 낮은 원인을, (나)는 사람 ㉠과 ㉡의 TSH 투여 전과 후의 혈중 티록신 농도를 나타낸 것이다.

사람	원인
A	TSH가 분비되지 않음
B	TSH의 표적 세포가 TSH에 반응하지 못함

(가)

사람	티록신 농도	
	TSH 투여 전	TSH 투여 후
㉠	정상보다 낮음	정상
㉡	정상보다 낮음	정상보다 낮음

(나)

이에 대한 설명으로 옳은 것만을 〈보기〉에서 있는 대로 고른 것은? (단, 제시된 조건 이외는 고려하지 않는다.)

[보기]

ㄱ. ㉠은 B이다.
ㄴ. TSH 투여 후, A의 갑상샘에서 티록신이 분비된다.
ㄷ. 정상인에서 혈중 티록신 농도가 증가하면 TSH의 분비가 촉진된다.

① ㄱ ② ㄴ ③ ㄷ ④ ㄱ, ㄴ ⑤ ㄱ, ㄷ

G08 ✿✿❀

2022 실시 4월 학평 3

표는 정상인의 3가지 호르몬 TSH, (가), (나)가 분비되는 내분비샘을 나타낸 것이다. (가)와 (나)는 티록신과 TRH를 순서 없이 나타낸 것이고, ㉠과 ㉡은 갑상샘과 뇌하수체 전엽을 순서 없이 나타낸 것이다.

호르몬	내분비샘
TSH	㉠
(가)	㉡
(나)	시상 하부

이에 대한 설명으로 옳은 것만을 〈보기〉에서 있는 대로 고른 것은? (3점)

[보기]

ㄱ. ㉡은 갑상샘이다.
ㄴ. ㉠에 (나)의 표적 세포가 있다.
ㄷ. 혈중 TSH의 농도가 증가하면 (가)의 분비가 촉진된다.

① ㄱ ② ㄴ ③ ㄱ, ㄷ ④ ㄴ, ㄷ ⑤ ㄱ, ㄴ, ㄷ

❖ 정답 및 해설 160 ~ 163p

G09 ✿❀❀

2021 실시 4월 학평 5

표는 사람의 내분비샘의 특징을 나타낸 것이다. A와 B는 갑상샘과 뇌하수체를 순서 없이 나타낸 것이다.

내분비샘	특징
A	㉠ TSH를 분비한다.
B	㉡ 티록신을 분비한다.

이에 대한 설명으로 옳은 것만을 〈보기〉에서 있는 대로 고른 것은? (3점)

[보기]

ㄱ. A는 뇌하수체이다.
ㄴ. ㉡의 분비는 음성 피드백에 의해 조절된다.
ㄷ. ㉠과 ㉡은 모두 순환계를 통해 표적 세포로 이동한다.

① ㄱ ② ㄷ ③ ㄱ, ㄴ ④ ㄴ, ㄷ ⑤ ㄱ, ㄴ, ㄷ

G10 ✿❀❀

2022 대비 9월 모평 8

표는 사람 몸에서 분비되는 호르몬 ㉠과 ㉡의 기능을 나타낸 것이다. ㉠과 ㉡은 항이뇨 호르몬(ADH)과 갑상샘 자극 호르몬(TSH)을 순서 없이 나타낸 것이다.

호르몬	기능
㉠	콩팥에서 물의 재흡수를 촉진한다.
㉡	갑상샘에서 티록신의 분비를 촉진한다.

이에 대한 설명으로 옳은 것만을 〈보기〉에서 있는 대로 고른 것은?

[보기]

ㄱ. ㉠은 혈액을 통해 콩팥으로 이동한다.
ㄴ. 뇌하수체에서는 ㉠과 ㉡이 모두 분비된다.
ㄷ. 혈중 티록신 농도가 증가하면 ㉡의 분비가 촉진된다.

① ㄱ ② ㄷ ③ ㄱ, ㄴ ④ ㄴ, ㄷ ⑤ ㄱ, ㄴ, ㄷ

G11 ✿❀❀

2023 대비 6월 모평 6

표는 사람의 호르몬과 이 호르몬이 분비되는 내분비샘을 나타낸 것이다. A와 B는 티록신과 항이뇨 호르몬 (ADH)을 순서 없이 나타낸 것이다.

호르몬	내분비샘
A	갑상샘
B	뇌하수체 후엽
갑상샘 자극 호르몬 (TSH)	㉠

이에 대한 설명으로 옳은 것만을 〈보기〉에서 있는 대로 고른 것은?

[보기]

ㄱ. A는 티록신이다.
ㄴ. B는 콩팥에서 물의 재흡수를 촉진한다.
ㄷ. ㉠은 뇌하수체 전엽이다.

① ㄱ ② ㄷ ③ ㄱ, ㄴ ④ ㄴ, ㄷ ⑤ ㄱ, ㄴ, ㄷ

G12 ✿✿❀

2022 실시 3월 학평 13

표는 사람의 호르몬 ㉠~㉢을 분비하는 기관을 나타낸 것이다. ㉠~㉢은 티록신, 에피네프린, 항이뇨 호르몬을 순서 없이 나타낸 것이다.

호르몬	분비 기관
㉠	부신
㉡	갑상샘
㉢	뇌하수체

이에 대한 옳은 설명만을 〈보기〉에서 있는 대로 고른 것은?

[보기]

ㄱ. ㉠은 에피네프린이다.
ㄴ. ㉡의 분비는 음성 피드백에 의해 조절된다.
ㄷ. 땀을 많이 흘리면 ㉢의 분비가 억제된다.

① ㄱ ② ㄷ ③ ㄱ, ㄴ ④ ㄴ, ㄷ ⑤ ㄱ, ㄴ, ㄷ

G13 ✿❀❀ 2021 대비 9월 모평 3

그림은 티록신 분비 조절 과정의 일부를 나타낸 것이다. ㉠과 ㉡은 각각 TRH와 TSH 중 하나이다.

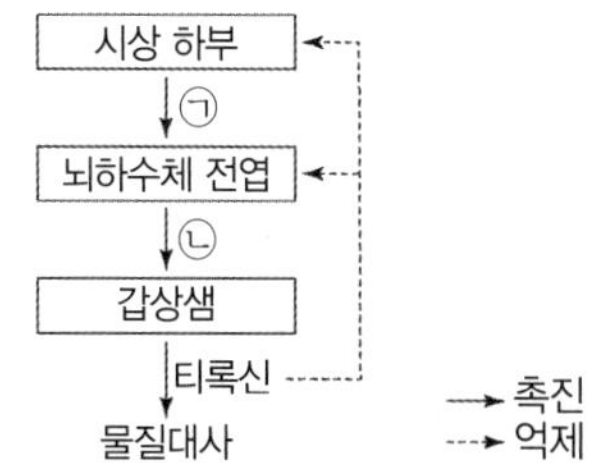

이에 대한 설명으로 옳은 것만을 〈보기〉에서 있는 대로 고른 것은?

[보기]

ㄱ. ㉠은 혈액을 통해 표적 세포로 이동한다.
ㄴ. ㉡은 TRH이다.
ㄷ. 티록신의 분비는 음성 피드백에 의해 조절된다.

① ㄱ ② ㄴ ③ ㄷ ④ ㄱ, ㄷ ⑤ ㄴ, ㄷ

G14 ✿✿❀ 2021 대비 수능 19

다음은 티록신의 분비 조절 과정에 대한 실험이다.

○ ㉠과 ㉡은 각각 티록신과 TSH 중 하나이다.

[실험 과정 및 결과]

(가) 유전적으로 동일한 생쥐 A, B, C를 준비한다.
(나) B와 C의 갑상샘을 각각 제거한 후, A~C에서 혈중 ㉠의 농도를 측정한다.
(다) (나)의 B와 C 중 한 생쥐에만 ㉠을 주사한 후, A~C에서 혈중 ㉡의 농도를 측정한다.
(라) (나)와 (다)에서 측정한 결과는 그림과 같다.

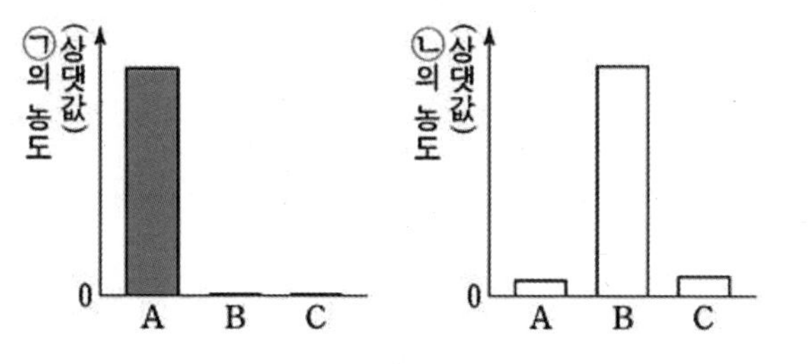

이에 대한 설명으로 옳은 것만을 〈보기〉에서 있는 대로 고른 것은? (단, 제시된 조건 이외는 고려하지 않는다.)

[보기]

ㄱ. 갑상샘은 ㉡의 표적 기관이다.
ㄴ. (다)에서 ㉠을 주사한 생쥐는 B이다.
ㄷ. 티록신의 분비는 음성 피드백에 의해 조절된다.

① ㄱ ② ㄴ ③ ㄱ, ㄷ ④ ㄴ, ㄷ ⑤ ㄱ, ㄴ, ㄷ

G15 ✿❀❀ 2024 대비 6월 모평 3

다음은 호르몬 X에 대한 자료이다.

X는 이자의 β 세포에서 분비되며, 세포로의 ⓐ 포도당 흡수를 촉진한다. X가 정상적으로 생성되지 못하거나 X의 표적 세포가 X에 반응하지 못하면, 혈중 포도당 농도가 정상적으로 조절되지 못한다.

이에 대한 설명으로 옳은 것만을 〈보기〉에서 있는 대로 고른 것은?

[보기]

ㄱ. X는 간에서 ⓐ가 글리코젠으로 전환되는 과정을 촉진한다.
ㄴ. 순환계를 통해 X가 표적 세포로 운반된다.
ㄷ. 혈중 포도당 농도가 증가하면 X의 분비가 억제된다.

① ㄱ ② ㄷ ③ ㄱ, ㄴ ④ ㄴ, ㄷ ⑤ ㄱ, ㄴ, ㄷ

2 혈당량 유지

G16 ✿✿❀ 2025 대비 수능 10

그림은 어떤 동물에게 호르몬 X를 투여한 후 시간에 따른 ⓐ와 ⓑ를 나타낸 것이다. X는 글루카곤과 인슐린 중 하나이고, ⓐ와 ⓑ는 '간에서 단위 시간당 글리코젠으로부터 생성되는 포도당의 양'과 '혈중 포도당 농도'를 순서 없이 나타낸 것이다.

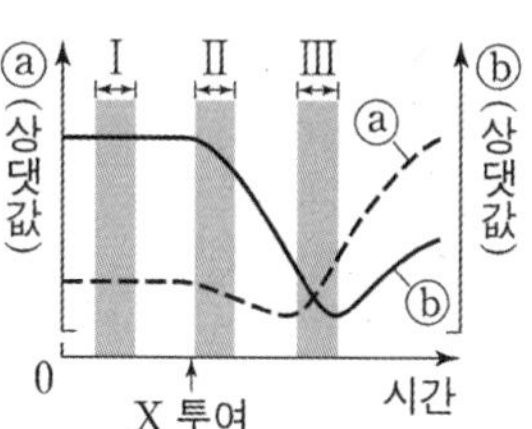

이 자료에 대한 설명으로 옳은 것만을 〈보기〉에서 있는 대로 고른 것은? (단, 제시된 조건 이외는 고려하지 않는다.) (3점)

[보기]

ㄱ. 혈중 포도당 농도는 구간 Ⅰ에서가 구간 Ⅲ에서보다 낮다.
ㄴ. 혈중 인슐린 농도는 구간 Ⅰ에서가 구간 Ⅱ에서보다 낮다.
ㄷ. 혈중 글루카곤 농도는 구간 Ⅱ에서가 구간 Ⅲ에서보다 높다.

① ㄱ ② ㄴ ③ ㄷ ④ ㄱ, ㄴ ⑤ ㄴ, ㄷ

❖ 정답 및 해설 164 ~ 167p

G17 ✿✿✿ 2025 대비 9월 모평 6

그림은 어떤 동물에게 호르몬 X를 투여한 후 시간에 따른 ⓐ와 ⓑ를 나타낸 것이다. X는 글루카곤과 인슐린 중 하나이고, ⓐ와 ⓑ는 '간에서 단위 시간당 글리코젠 으로부터 생성되는 포도당의 양'과 '혈중 포도당 농도'를 순서 없이 나타낸 것이다.

이에 대한 설명으로 옳은 것만을 〈보기〉에서 있는 대로 고른 것은? (단, 제시된 조건 이외는 고려하지 않는다.)

[보기]

ㄱ. ⓑ는 '혈중 포도당 농도'이다.
ㄴ. 혈중 인슐린 농도는 구간 Ⅰ에서가 구간 Ⅱ에서보다 높다.
ㄷ. 혈중 포도당 농도가 증가하면 X의 분비가 촉진된다.

① ㄱ ② ㄴ ③ ㄷ ④ ㄱ, ㄴ ⑤ ㄴ, ㄷ

G18 ✿✿✿ 2020 실시 10월 학평 4

그림은 정상인과 당뇨병 환자가 포도당을 섭취했을 때 혈당량 변화를 나타낸 것이다. 이 환자는 이자에서 혈당량 조절 호르몬 X가 적게 분비되어 당뇨병이 나타났다.

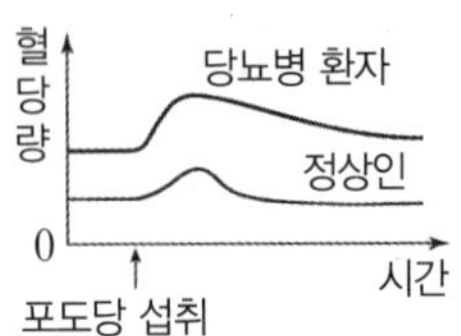

X에 대한 옳은 설명만을 〈보기〉에서 있는 대로 고른 것은?

[보기]

ㄱ. 인슐린이다.
ㄴ. 이자의 α세포에서 분비된다.
ㄷ. 간에서 글리코젠 분해를 촉진한다.

① ㄱ ② ㄴ ③ ㄱ, ㄴ ④ ㄱ, ㄷ ⑤ ㄴ, ㄷ

G19 ✿✿✿ 2025 대비 6월 모평 11

그림은 정상인이 탄수화물을 섭취한 후 시간에 따른 혈중 호르몬 ㉠과 ㉡의 농도를 나타낸 것이다. ㉠과 ㉡은 글루카곤과 인슐린을 순서 없이 나타낸 것이다.

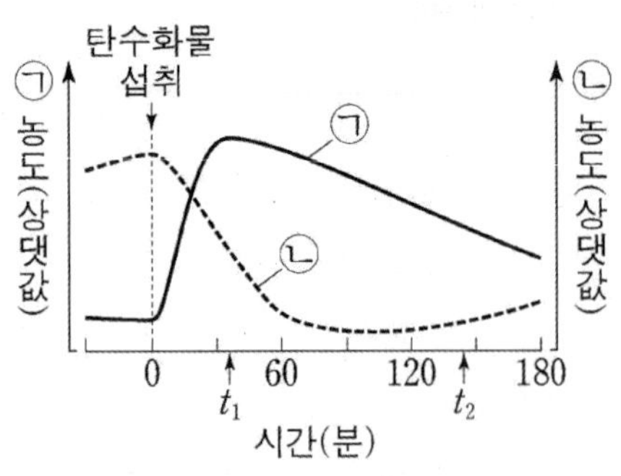

이에 대한 설명으로 옳은 것만을 〈보기〉에서 있는 대로 고른 것은?

[보기]

ㄱ. ㉠은 세포로의 포도당 흡수를 촉진한다.
ㄴ. 혈중 포도당 농도는 t_2일 때가 t_1일 때보다 높다.
ㄷ. ㉠과 ㉡의 분비를 조절하는 중추는 중간뇌이다.

① ㄱ ② ㄴ ③ ㄱ, ㄷ ④ ㄴ, ㄷ ⑤ ㄱ, ㄴ, ㄷ

G20 ✿✿✿ 2024 실시 7월 학평 14

그림 (가)는 이자에서 분비되는 호르몬 ㉠과 ㉡의 분비 조절 과정 일부를, (나)는 정상인이 탄수화물을 섭취한 후 시간에 따른 혈중 호르몬 X의 농도를 나타낸 것이다. ㉠과 ㉡은 인슐린과 글루카곤을 순서 없이 나타낸 것이고, X는 ㉠과 ㉡ 중 하나이다.

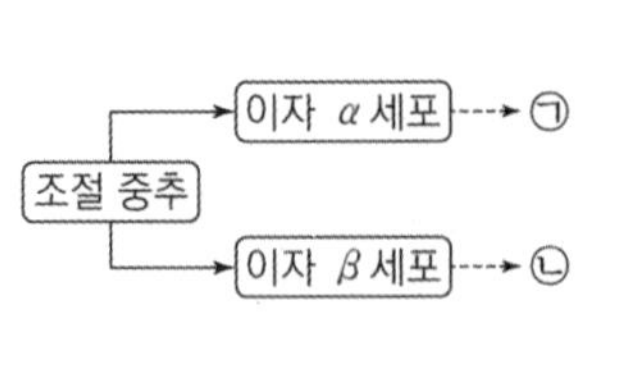

(가) (나)

이에 대한 설명으로 옳은 것만을 〈보기〉에서 있는 대로 고른 것은? (단, 제시된 조건 이외는 고려하지 않는다.) (3점)

[보기]

ㄱ. X는 ㉡이다.
ㄴ. ㉠은 세포로의 포도당 흡수를 촉진한다.
ㄷ. 혈중 포도당 농도는 t_1일 때가 t_2일 때보다 낮다.

① ㄱ ② ㄴ ③ ㄱ, ㄷ ④ ㄴ, ㄷ ⑤ ㄱ, ㄴ, ㄷ

G21 ✿✿❀

2024 실시 3월 학평 9

그림 (가)는 정상인이 탄수화물을 섭취한 후 시간에 따른 혈중 호르몬 X의 농도를, (나)는 이 사람에서 혈중 X의 농도에 따른 단위 시간당 혈액에서 조직 세포로의 포도당 유입량을 나타낸 것이다. X는 인슐린과 글루카곤 중 하나이다.

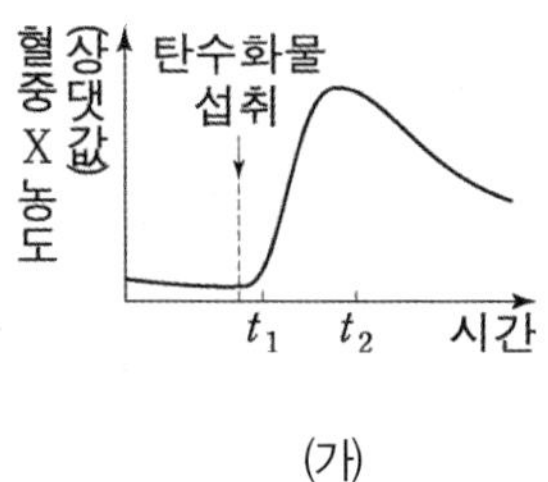

(가)

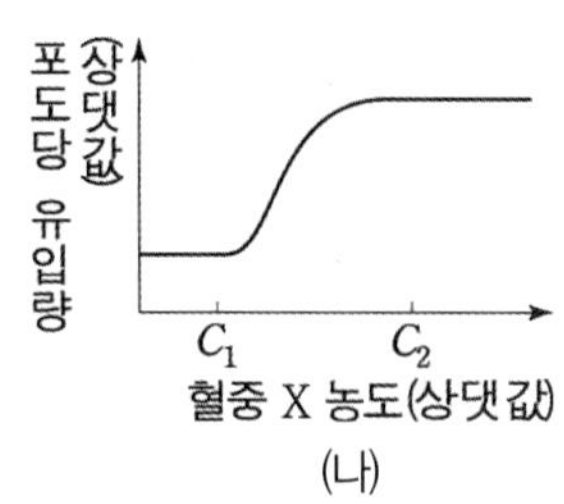

(나)

이에 대한 옳은 설명만을 〈보기〉에서 있는 대로 고른 것은? (단, 제시된 조건 이외는 고려하지 않는다.) (3점)

[보기]

ㄱ. X는 이자의 β세포에서 분비된다.
ㄴ. 단위 시간당 혈액에서 조직 세포로의 포도당 유입량은 t_2일 때가 t_1일 때보다 많다.
ㄷ. 간에서 글리코젠의 분해는 C_2에서가 C_1에서보다 활발하다.

① ㄱ ② ㄷ ③ ㄱ, ㄴ ④ ㄴ, ㄷ ⑤ ㄱ, ㄴ, ㄷ

G22 ✿✿❀

2024 실시 5월 학평 6

그림은 정상인 A와 당뇨병 환자 B가 운동을 하는 동안 혈중 포도당 농도 변화를 나타낸 것이다. ㉠과 ㉡은 A와 B를 순서 없이 나타낸 것이다. B는 이자의 β세포가 파괴되어 인슐린이 정상적으로 생성되지 못한다.

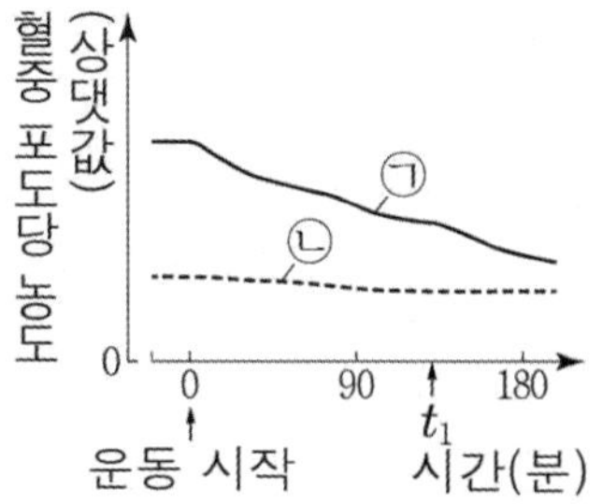

이에 대한 설명으로 옳은 것만을 〈보기〉에서 있는 대로 고른 것은? (단, 제시된 조건 이외는 고려하지 않는다.) (3점)

[보기]

ㄱ. ㉠은 B이다.
ㄴ. 인슐린은 세포로의 포도당 흡수를 촉진한다.
ㄷ. A의 간에서 단위 시간당 생성되는 포도당의 양은 운동 시작 시점일 때가 t_1일 때보다 많다.

① ㄱ ② ㄷ ③ ㄱ, ㄴ ④ ㄱ, ㄷ ⑤ ㄴ, ㄷ

G23 ✿❀❀

2023 대비 수능 10

그림 (가)와 (나)는 정상인 Ⅰ과 Ⅱ에서 ㉠과 ㉡의 변화를 각각 나타낸 것이다. t_1일 때 Ⅰ과 Ⅱ 중 한 사람에게만 인슐린을 투여하였다. ㉠과 ㉡은 각각 혈중 글루카곤 농도와 혈중 포도당 농도 중 하나이다.

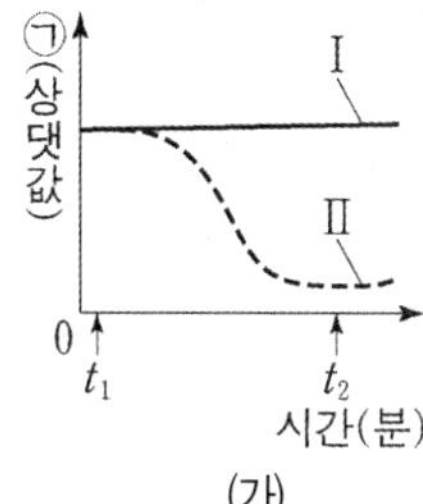

(가)

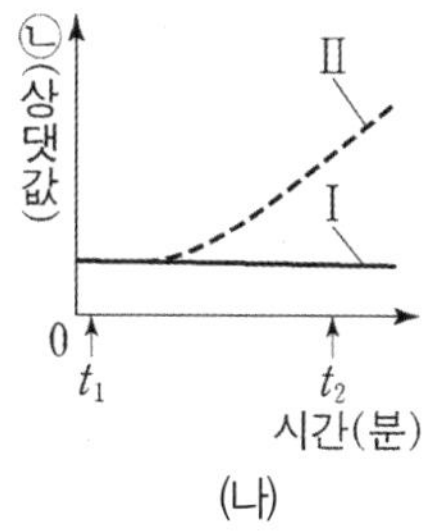

(나)

이에 대한 설명으로 옳은 것만을 〈보기〉에서 있는 대로 고른 것은? (단, 제시된 조건 이외는 고려하지 않는다.) (3점)

[보기]

ㄱ. 인슐린은 세포로의 포도당 흡수를 촉진한다.
ㄴ. ㉡은 혈중 포도당 농도이다.
ㄷ. $\frac{\text{Ⅰ의 혈중 글루카곤 농도}}{\text{Ⅱ의 혈중 글루카곤 농도}}$는 t_2일 때가 t_1일 때보다 크다.

① ㄱ ② ㄴ ③ ㄷ ④ ㄱ, ㄴ ⑤ ㄱ, ㄷ

G24 ✿❀❀

2023 실시 7월 학평 13

그림 (가)는 정상인에서 혈중 호르몬 X의 농도에 따른 혈액에서 조직 세포로의 포도당 유입량을, (나)는 사람 A와 B에서 탄수화물 섭취 후 시간에 따른 혈중 X의 농도를 나타낸 것이다. X는 인슐린과 글루카곤 중 하나이고, A와 B는 각각 정상인과 당뇨병 환자 중 하나이다.

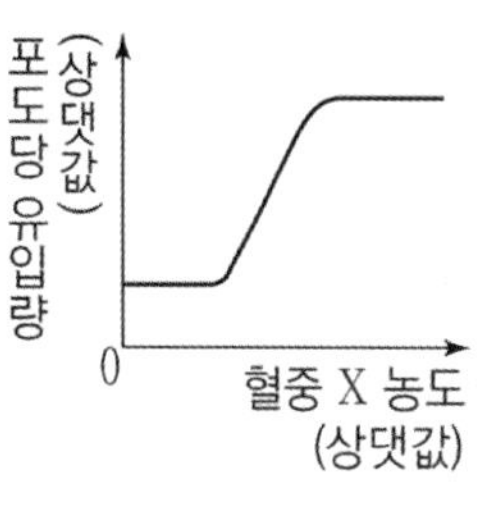

(가)

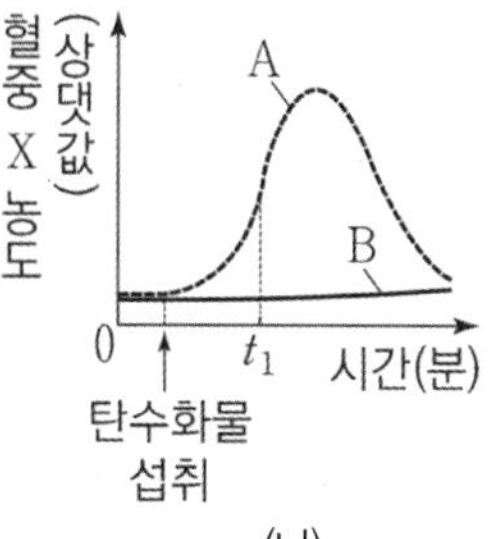

(나)

이에 대한 설명으로 옳은 것만을 〈보기〉에서 있는 대로 고른 것은? (단, 제시된 조건 이외는 고려하지 않는다.) (3점)

[보기]

ㄱ. X는 인슐린이다.
ㄴ. B는 당뇨병 환자이다.
ㄷ. A의 혈액에서 조직 세포로의 포도당 유입량은 탄수화물 섭취 시점일 때가 t_1일 때보다 많다.

① ㄱ ② ㄷ ③ ㄱ, ㄴ ④ ㄴ, ㄷ ⑤ ㄱ, ㄴ, ㄷ

❖ 정답 및 해설 168 ~ 171p

G25 ✲✲❀ 2021 실시 3월 학평 13

그림은 정상인이 포도당 용액을 섭취한 후 시간에 따른 혈중 포도당의 농도와 호르몬 ㉠의 농도를 나타낸 것이다. ㉠은 글루카곤과 인슐린 중 하나이다.

이에 대한 옳은 설명만을 〈보기〉에서 있는 대로 고른 것은? (3점)

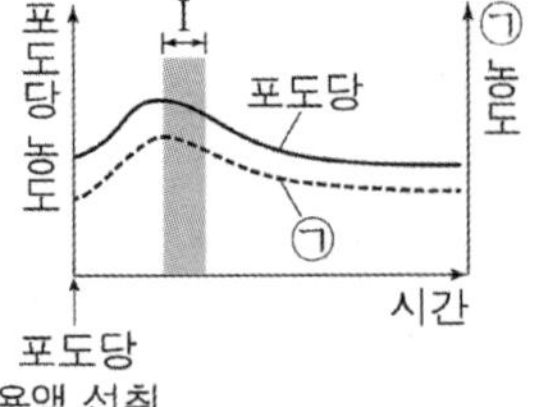

[보기]

ㄱ. ㉠은 글루카곤이다.
ㄴ. 이자의 β세포에서 ㉠이 분비된다.
ㄷ. 구간 Ⅰ에서 글리코젠의 합성이 일어난다.

① ㄱ ② ㄴ ③ ㄱ, ㄷ ④ ㄴ, ㄷ ⑤ ㄱ, ㄴ, ㄷ

G26 ✲✲❀ 2022 실시 3월 학평 10

그림 (가)는 사람의 이자에서 분비되는 호르몬 ㉠과 ㉡을, (나)는 간에서 일어나는 물질 A와 B 사이의 전환을 나타낸 것이다. ㉠과 ㉡은 각각 인슐린과 글루카곤 중 하나이고, A와 B는 각각 포도당과 글리코젠 중 하나이다. ㉠은 과정 Ⅰ을, ㉡은 과정 Ⅱ를 촉진한다.

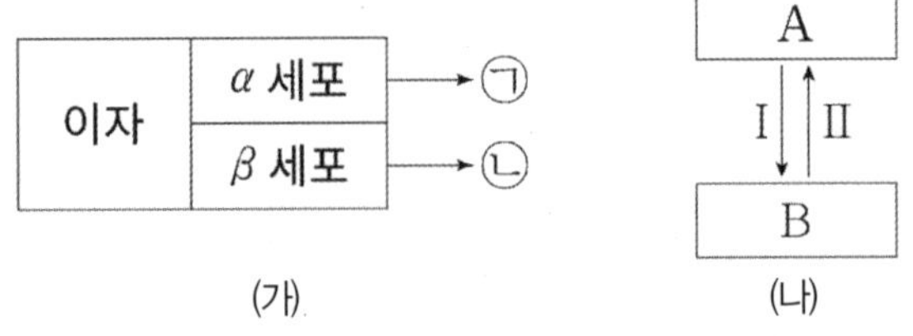

(가) (나)

이에 대한 옳은 설명만을 〈보기〉에서 있는 대로 고른 것은? (3점)

[보기]

ㄱ. B는 글리코젠이다.
ㄴ. ㉡은 세포로의 포도당 흡수를 촉진한다.
ㄷ. 혈중 포도당 농도가 증가하면 Ⅰ이 촉진된다.

① ㄱ ② ㄴ ③ ㄱ, ㄷ ④ ㄴ, ㄷ ⑤ ㄱ, ㄴ, ㄷ

G27 ✲❀❀ 2023 대비 9월 모평 10

그림은 정상인이 Ⅰ과 Ⅱ일 때 혈중 글루카곤 농도의 변화를 나타낸 것이다. Ⅰ과 Ⅱ는 '혈중 포도당 농도가 높은 상태'와 '혈중 포도당 농도가 낮은 상태'를 순서 없이 나타낸 것이다.

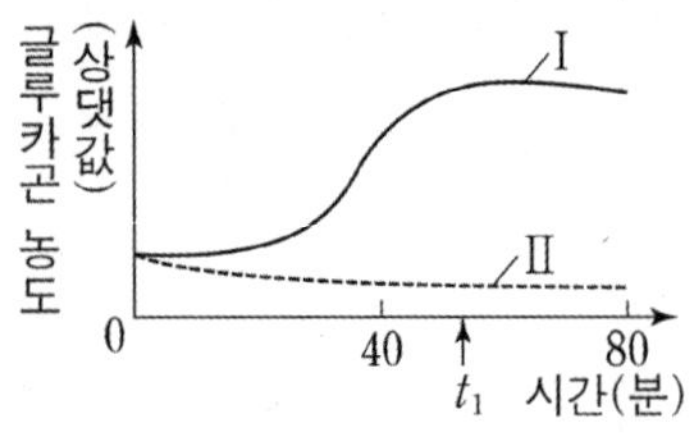

이에 대한 설명으로 옳은 것만을 〈보기〉에서 있는 대로 고른 것은? (단, 제시된 조건 이외는 고려하지 않는다.)

[보기]

ㄱ. Ⅰ은 '혈중 포도당 농도가 높은 상태'이다.
ㄴ. 이자의 α 세포에서 글루카곤이 분비된다.
ㄷ. t_1일 때 $\frac{\text{혈중 인슐린 농도}}{\text{혈중 글루카곤 농도}}$는 Ⅰ에서가 Ⅱ에서보다 크다.

① ㄱ ② ㄴ ③ ㄷ ④ ㄱ, ㄴ ⑤ ㄴ, ㄷ

G28 ✲❀❀ 2023 대비 6월 모평 16

그림 (가)는 정상인이 탄수화물을 섭취한 후 시간에 따른 혈중 호르몬 ㉠과 ㉡의 농도를, (나)는 이자의 세포 X와 Y에서 분비되는 ㉠과 ㉡을 나타낸 것이다. ㉠과 ㉡은 글루카곤과 인슐린을 순서 없이 나타낸 것이고, X와 Y는 α 세포와 β 세포를 순서 없이 나타낸 것이다.

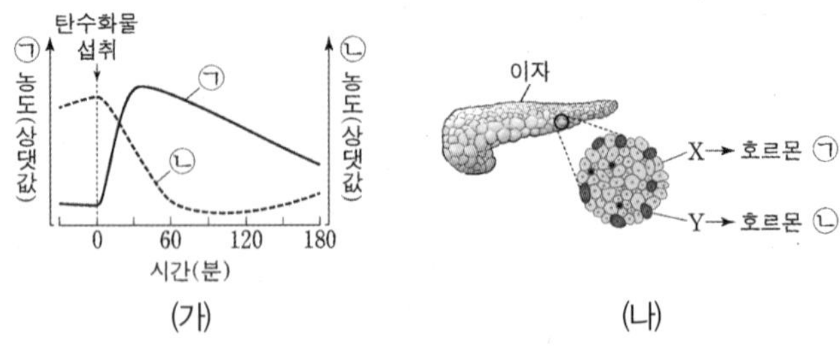

(가) (나)

이에 대한 설명으로 옳은 것만을 〈보기〉에서 있는 대로 고른 것은?

[보기]

ㄱ. ㉠과 ㉡은 혈중 포도당 농도 조절에 길항적으로 작용한다.
ㄴ. ㉡은 간에서 포도당이 글리코젠으로 전환되는 과정을 촉진한다.
ㄷ. X는 α 세포이다.

① ㄱ ② ㄴ ③ ㄱ, ㄷ ④ ㄴ, ㄷ ⑤ ㄱ, ㄴ, ㄷ

G29 ✿✿❀ 2022 실시 7월 학평 6

그림 (가)는 이자에서 분비되는 호르몬 A와 B의 분비 조절 과정 일부를, (나)는 어떤 정상인이 단식할 때와 탄수화물 식사를 할 때 간에 있는 글리코젠의 양을 시간에 따라 나타낸 것이다. A와 B는 각각 인슐린과 글루카곤 중 하나이다.

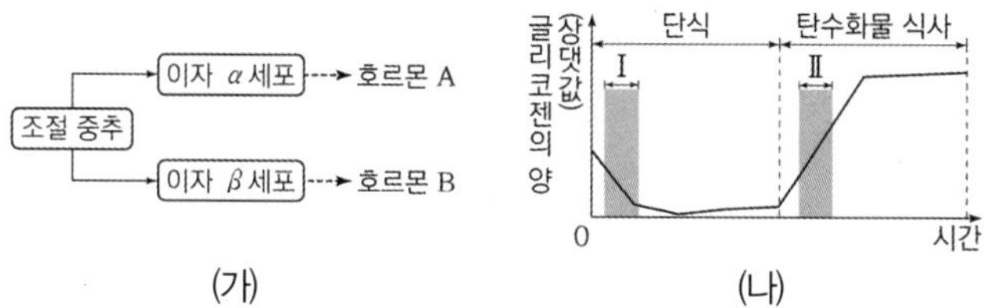

이에 대한 설명으로 옳은 것만을 〈보기〉에서 있는 대로 고른 것은? (3점)

[보기]

ㄱ. (가)에서 조절 중추는 척수이다.
ㄴ. A는 세포로의 포도당 흡수를 촉진한다.
ㄷ. B의 분비량은 구간 Ⅱ에서가 구간 Ⅰ에서보다 많다.

① ㄱ ② ㄷ ③ ㄱ, ㄴ ④ ㄴ, ㄷ ⑤ ㄱ, ㄴ, ㄷ

G30 ✿✿❀ 2020 실시 4월 학평 11

그림 (가)는 간에서 호르몬 X와 Y에 의해 일어나는 글리코젠과 포도당 사이의 전환을, (나)는 정상인에서 식사 후 시간에 따른 혈당량과 호르몬 ㉠의 혈중 농도를 나타낸 것이다. X와 Y는 각각 글루카곤과 인슐린 중 하나이고, ㉠은 X와 Y 중 하나이다.

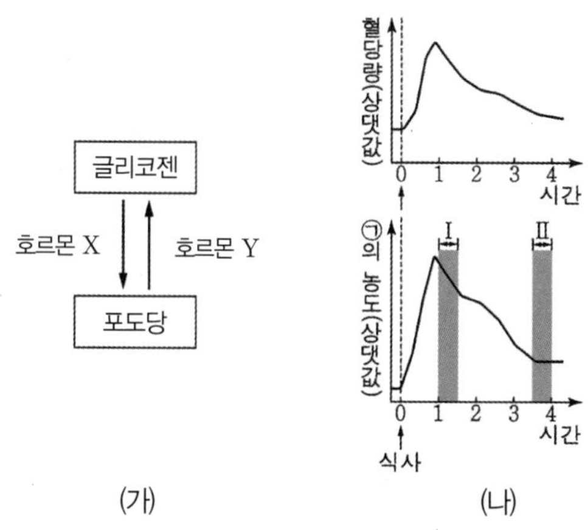

이에 대한 설명으로 옳은 것만을 〈보기〉에서 있는 대로 고른 것은? (3점)

[보기]

ㄱ. X는 이자섬의 β세포에서 분비된다.
ㄴ. ㉠은 Y이다.
ㄷ. 간에서 글리코젠 합성량은 구간 Ⅰ에서가 구간 Ⅱ에서보다 많다.

① ㄱ ② ㄴ ③ ㄱ, ㄷ ④ ㄴ, ㄷ ⑤ ㄱ, ㄴ, ㄷ

G31 ✿✿❀ 2022 대비 수능 8

그림은 정상인이 운동을 하는 동안 혈중 포도당 농도와 혈중 ㉠ 농도의 변화를 나타낸 것이다. ㉠은 글루카곤과 인슐린 중 하나이다.

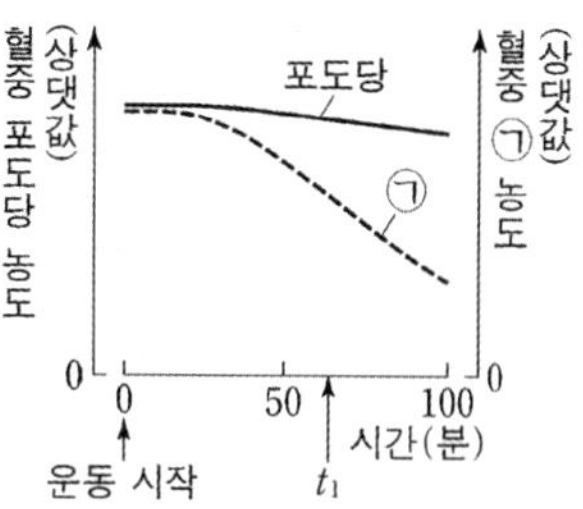

이에 대한 설명으로 옳은 것만을 〈보기〉에서 있는 대로 고른 것은? (단, 제시된 조건 이외는 고려하지 않는다.)

[보기]

ㄱ. 이자의 α 세포에서 글루카곤이 분비된다.
ㄴ. ㉠은 세포로의 포도당 흡수를 촉진한다.
ㄷ. 간에서 단위 시간당 생성되는 포도당의 양은 운동 시작 시점일 때가 t_1일 때보다 많다.

① ㄱ ② ㄷ ③ ㄱ, ㄴ ④ ㄴ, ㄷ ⑤ ㄱ, ㄴ, ㄷ

G32 ✿❀❀ 2021 대비 수능 7

그림은 당뇨병 환자 A와 B가 탄수화물을 섭취한 후 인슐린을 주사하였을 때 시간에 따른 혈중 포도당 농도를, 표는 당뇨병 (가)와 (나)의 원인을 나타낸 것이다. A와 B의 당뇨병은 각각 (가)와 (나) 중 하나에 해당한다. ㉠은 α세포와 β세포 중 하나이다.

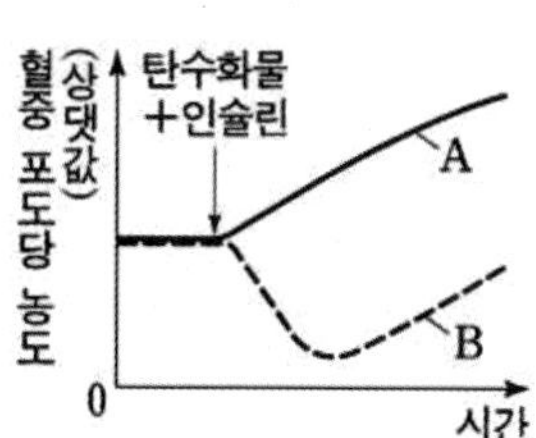

당뇨병	원인
(가)	이자의 ㉠이 파괴되어 인슐린이 생성되지 못함
(나)	인슐린의 표적 세포가 인슐린에 반응하지 못함

이에 대한 설명으로 옳은 것만을 〈보기〉에서 있는 대로 고른 것은? (단, 제시된 조건 이외는 고려하지 않는다.) (3점)

[보기]

ㄱ. ㉠은 β세포이다.
ㄴ. B의 당뇨병은 (나)에 해당한다.
ㄷ. 정상인에서 혈중 포도당 농도가 증가하면 인슐린의 분비가 억제된다.

① ㄱ ② ㄴ ③ ㄷ ④ ㄱ, ㄴ ⑤ ㄴ, ㄷ

❖ 정답 및 해설 172~175p

G33 ✲✲❀ 2020 대비 6월 모평 7

그림은 정상인의 혈중 포도당 농도에 따른 ㉠과 ㉡의 혈중 농도를 나타낸 것이다. ㉠과 ㉡은 각각 인슐린과 글루카곤 중 하나이다.

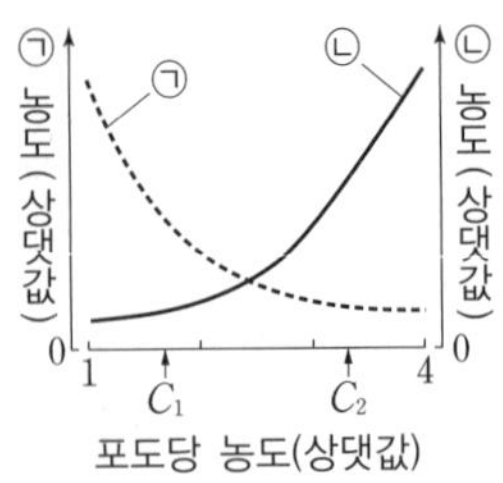

이에 대한 설명으로 옳은 것만을 ⟨보기⟩에서 있는 대로 고른 것은?

[보기]

ㄱ. ㉠은 이자의 α세포에서 분비된다.
ㄴ. ㉡의 분비를 조절하는 중추는 연수이다.
ㄷ. 혈중 인슐린 농도는 C_2일 때가 C_1일 때보다 높다.

① ㄱ ② ㄴ ③ ㄱ, ㄷ
④ ㄴ, ㄷ ⑤ ㄱ, ㄴ, ㄷ

G34 ✲❀❀ 2021 대비 9월 모평 8

그림은 정상인과 당뇨병 환자 A가 탄수화물을 섭취한 후 시간에 따른 혈중 인슐린 농도를, 표는 당뇨병 (가)와 (나)의 원인을 나타낸 것이다. A의 당뇨병은 (가)와 (나) 중 하나에 해당한다.

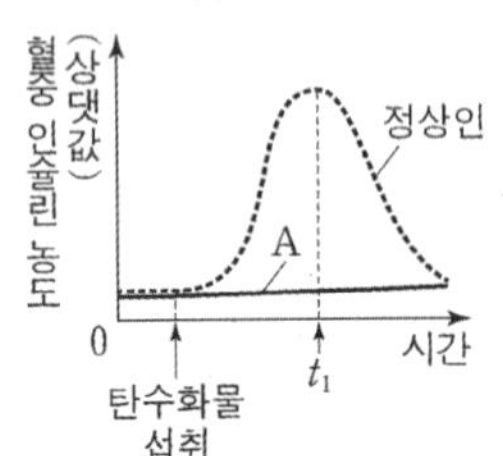

당뇨병	원인
(가)	이자의 β 세포가 파괴되어 인슐린이 정상적으로 생성되지 못함
(나)	인슐린은 정상적으로 분비되나 표적 세포가 인슐린에 반응하지 못함

이에 대한 설명으로 옳은 것만을 ⟨보기⟩에서 있는 대로 고른 것은? (단, 제시된 조건 이외는 고려하지 않는다.) (3점)

[보기]

ㄱ. A의 당뇨병은 (가)에 해당한다.
ㄴ. 인슐린은 세포로의 포도당 흡수를 촉진한다.
ㄷ. t_1일 때 혈중 포도당 농도는 A가 정상인보다 낮다.

① ㄱ ② ㄷ ③ ㄱ, ㄴ ④ ㄴ, ㄷ ⑤ ㄱ, ㄴ, ㄷ

G35 ✲✲❀ 2023 실시 3월 학평 7

그림 (가)는 탄수화물을 섭취한 사람에서 혈중 호르몬 ㉠의 농도 변화를, (나)는 세포 A와 B에서 세포 밖 포도당 농도에 따른 세포 안 포도당 농도를 나타낸 것이다. ㉠은 인슐린과 글루카곤 중 하나이며, A와 B 중 하나에만 처리됐다.

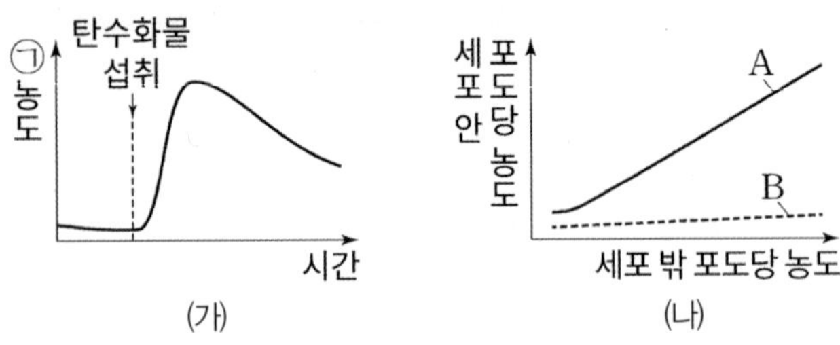

㉠에 대한 옳은 설명만을 ⟨보기⟩에서 있는 대로 고른 것은? (3점)

[보기]

ㄱ. 인슐린이다.
ㄴ. 이자의 α 세포에서 분비된다.
ㄷ. B에 처리됐다.

① ㄱ ② ㄴ ③ ㄷ ④ ㄱ, ㄴ ⑤ ㄱ, ㄷ

G36 ✲✲✲ 2021 실시 7월 학평 3

그림 (가)는 호르몬 A와 B에 의해 촉진되는 글리코젠과 포도당 사이의 전환 과정을, (나)는 어떤 세포에 ㉠을 처리했을 때와 처리하지 않았을 때 세포 밖 포도당 농도에 따른 세포 안 포도당 농도를 나타낸 것이다. A와 B는 각각 인슐린과 글루카곤 중 하나이며, ㉠은 A와 B 중 하나이다.

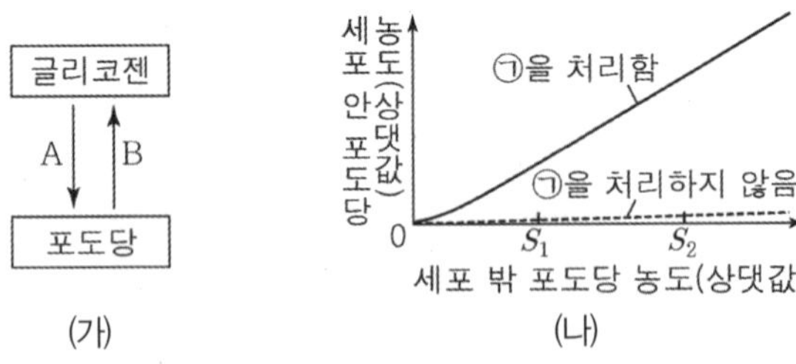

이에 대한 설명으로 옳은 것만을 ⟨보기⟩에서 있는 대로 고른 것은? (단, 제시된 조건 이외는 고려하지 않는다.) (3점)

[보기]

ㄱ. ㉠은 B이다.
ㄴ. A는 이자의 α세포에서 분비된다.
ㄷ. ㉠을 처리했을 때 세포 밖에서 세포 안으로 이동하는 포도당의 양은 S_1일 때가 S_2일 때보다 많다.

① ㄱ ② ㄴ ③ ㄷ ④ ㄱ, ㄴ ⑤ ㄴ, ㄷ

G37 ✿❀❀ 2022 대비 9월 모평 5

그림 (가)는 정상인이 탄수화물을 섭취한 후 시간에 따른 혈중 호르몬 ㉠과 ㉡의 농도를, (나)는 간에서 ㉡에 의해 촉진되는 물질 A에서 B로의 전환을 나타낸 것이다. ㉠과 ㉡은 인슐린과 글루카곤을 순서 없이 나타낸 것이고, A와 B는 포도당과 글리코젠을 순서 없이 나타낸 것이다.

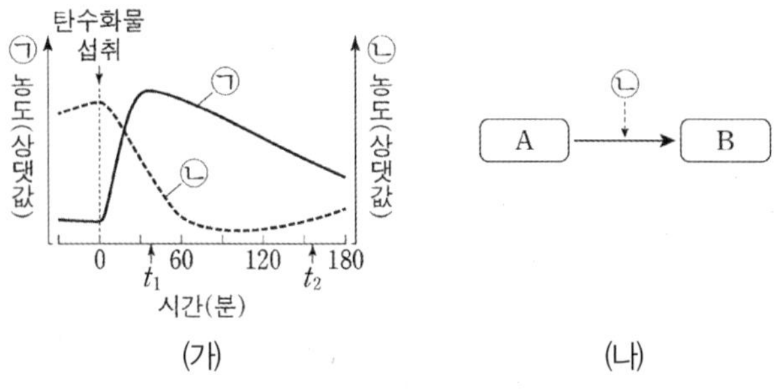

(가) (나)

이에 대한 설명으로 옳은 것만을 〈보기〉에서 있는 대로 고른 것은? (3점)

[보기]

ㄱ. B는 글리코젠이다.
ㄴ. 혈중 포도당 농도는 t_1일 때가 t_2일 때보다 낮다.
ㄷ. ㉠과 ㉡은 혈중 포도당 농도 조절에 길항적으로 작용한다.

① ㄱ ② ㄷ ③ ㄱ, ㄴ ④ ㄱ, ㄷ ⑤ ㄴ, ㄷ

G38 ✿✿❀ 2020 대비 9월 모평 9

그림 (가)는 사람에서 시상 하부 온도에 따른 ㉠을, (나)는 저온 자극이 주어졌을 때, 시상 하부로부터 교감 신경 A를 통해 피부 근처 혈관의 수축이 일어나는 과정을 나타낸 것이다. ㉠은 근육에서의 열 발생량(열 생산량)과 피부에서의 열 발산량(열 방출량) 중 하나이다.

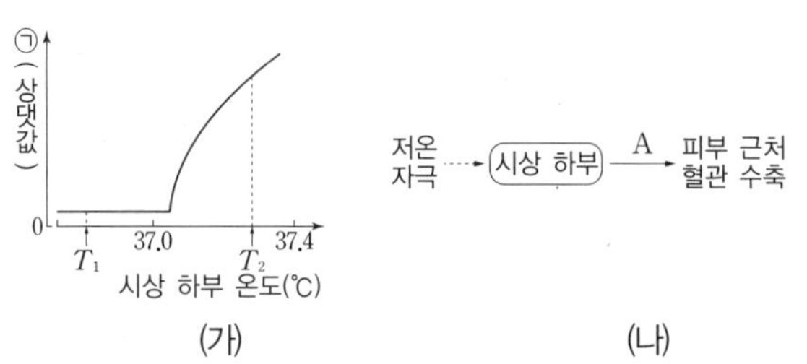

(가) (나)

이에 대한 설명으로 옳은 것만을 〈보기〉에서 있는 대로 고른 것은?

[보기]

ㄱ. ㉠은 피부에서의 열 발산량이다.
ㄴ. A의 신경절 이후 뉴런의 축삭 돌기 말단에서 분비되는 신경 전달 물질은 아세틸콜린이다.
ㄷ. 피부 근처 모세 혈관으로 흐르는 단위 시간당 혈액량은 T_2일 때가 T_1일 때보다 많다.

① ㄱ ② ㄴ ③ ㄷ ④ ㄱ, ㄴ ⑤ ㄱ, ㄷ

3 체온 유지

G39 ✿✿❀ 2025 대비 9월 모평 9

그림 (가)는 사람에서 시간에 따른 혈중 호르몬 ㉠과 ㉡의 농도를, (나)는 혈중 ㉡의 농도에 따른 물질대사량을 나타낸 것이다. ㉠과 ㉡은 티록신과 TSH를 순서 없이 나타낸 것이다.

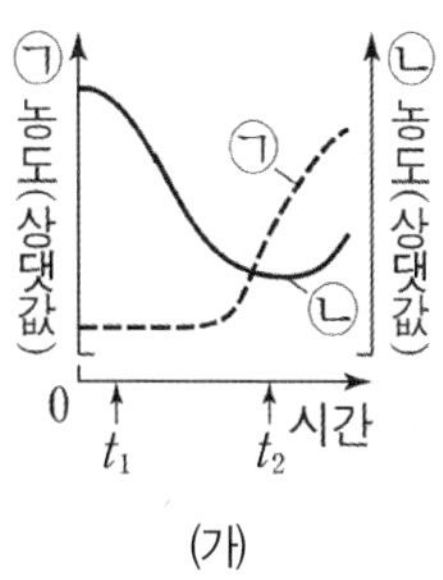

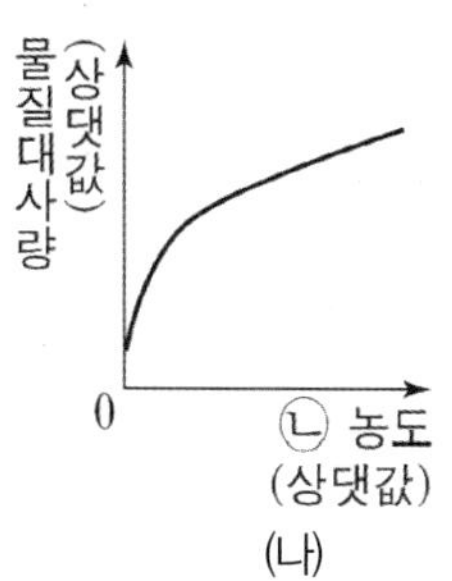

(가) (나)

이에 대한 설명으로 옳은 것만을 〈보기〉에서 있는 대로 고른 것은? (단, 제시된 조건 이외는 고려하지 않는다.) (3점)

[보기]

ㄱ. ㉠은 티록신이다.
ㄴ. ㉡의 분비는 음성 피드백에 의해 조절된다.
ㄷ. $\frac{\text{물질 대사량}}{\text{혈중 TSH 농도}}$은 t_1일 때가 t_2일 때보다 크다.

① ㄱ ② ㄴ ③ ㄱ, ㄷ ④ ㄴ, ㄷ ⑤ ㄱ, ㄴ, ㄷ

G40 ✿✿❀ 2024 실시 10월 학평 18

다음은 사람의 항상성에 대한 자료이다.

- 혈중 포도당 농도가 감소하면 ㉠의 분비가 촉진된다. ㉠은 글루카곤과 인슐린 중 하나이다.
- 체온 조절 중추에 ⓐ를 주면 피부 근처 혈관을 흐르는 단위 시간당 혈액량이 증가한다. ⓐ는 고온 자극과 저온 자극 중 하나이다.

이에 대한 옳은 설명만을 〈보기〉에서 있는 대로 고른 것은?

[보기]

ㄱ. ㉠은 간에서 글리코젠 합성을 촉진한다.
ㄴ. 간뇌에 체온 조절 중추가 있다.
ㄷ. ⓐ는 고온 자극이다.

① ㄱ ② ㄴ ③ ㄱ, ㄷ ④ ㄴ, ㄷ ⑤ ㄱ, ㄴ, ㄷ

❖ 정답 및 해설 176~179p

G41 ✿✿✿ 2022 대비 수능 15

그림 (가)와 (나)는 정상인이 서로 다른 온도의 물에 들어갔을 때 체온의 변화와 A, B의 변화를 각각 나타낸 것이다. A와 B는 땀 분비량과 열 발생량(열 생산량)을 순서 없이 나타낸 것이고, ㉠과 ㉡은 '체온보다 낮은 온도의 물에 들어갔을 때'와 '체온보다 높은 온도의 물에 들어갔을 때'를 순서 없이 나타낸 것이다.

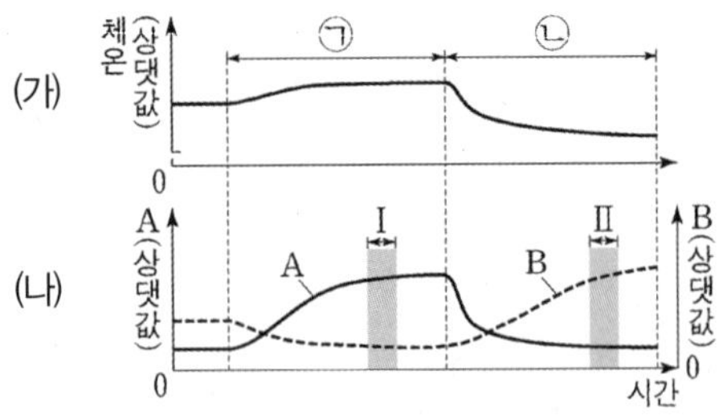

이에 대한 설명으로 옳은 것만을 〈보기〉에서 있는 대로 고른 것은? (3점)

[보기]

ㄱ. ㉠은 '체온보다 낮은 온도의 물에 들어갔을 때'이다.
ㄴ. 열 발생량은 구간 Ⅰ에서가 구간 Ⅱ에서보다 많다.
ㄷ. 시상 하부가 체온보다 높은 온도를 감지하면 땀 분비량은 증가한다.

① ㄱ ② ㄷ ③ ㄱ, ㄴ
④ ㄴ, ㄷ ⑤ ㄱ, ㄴ, ㄷ

G42 ✿✿❀ 2021 실시 10월 학평 16

그림은 정상인에게 자극 ㉠이 주어졌을 때, 이에 대한 중추 신경계의 명령이 골격근과 피부 근처 혈관에 전달되는 경로를 나타낸 것이다. ㉠은 고온 자극과 저온 자극 중 하나이며, ㉠이 주어지면 피부 근처 혈관이 수축한다.

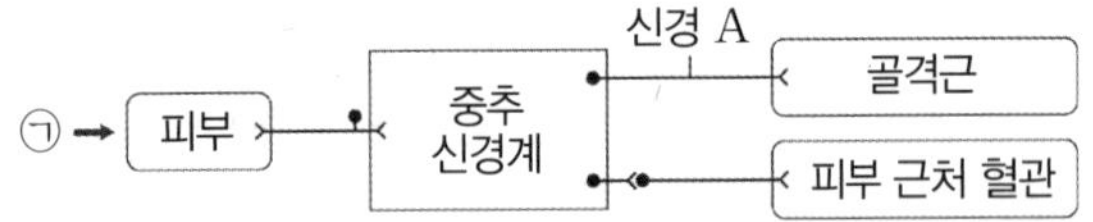

이에 대한 설명으로 옳은 것만을 〈보기〉에서 있는 대로 고른 것은?

[보기]

ㄱ. ㉠은 저온 자극이다.
ㄴ. 피부 근처 혈관이 수축하면 열 발산량이 증가한다.
ㄷ. ㉠이 주어지면 A에서 분비되는 신경 전달 물질의 양이 감소한다.

① ㄱ ② ㄴ ③ ㄱ, ㄴ ④ ㄱ, ㄷ ⑤ ㄴ, ㄷ

G43 ✿❀❀ 2022 대비 9월 모평 13

그림은 사람의 시상 하부에 설정된 온도가 변화함에 따른 체온 변화를 나타낸 것이다. 시상 하부에 설정된 온도는 열 발산량(열 방출량)과 열 발생량(열 생산량)을 변화시켜 체온을 조절하는 데 기준이 되는 온도이다.

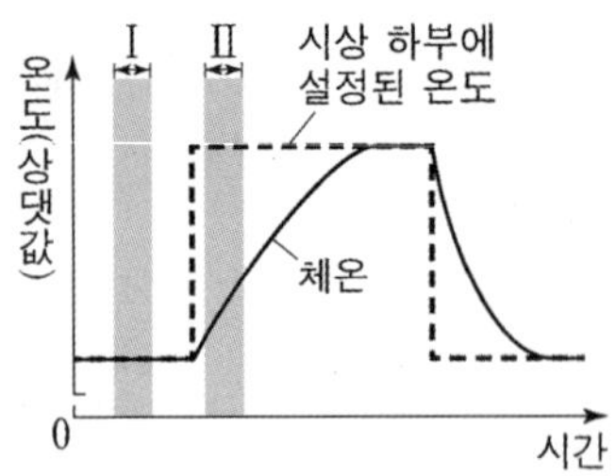

이에 대한 설명으로 옳은 것만을 〈보기〉에서 있는 대로 고른 것은?

[보기]

ㄱ. 시상 하부에 설정된 온도가 체온보다 낮아지면 체온이 내려간다.
ㄴ. $\frac{\text{열 발생량}}{\text{열 발산량}}$은 구간 Ⅱ에서가 구간 Ⅰ에서보다 크다.
ㄷ. 피부 근처 혈관을 흐르는 단위 시간당 혈액량이 증가하면 열 발산량이 감소한다.

① ㄱ ② ㄴ ③ ㄷ ④ ㄱ, ㄴ ⑤ ㄴ, ㄷ

G44 ✿❀❀ 2021 실시 3월 학평 7

그림은 정상인이 온도 T_1과 T_2에 각각 노출되었을 때, 피부 혈관의 일부를 나타낸 것이다. T_1과 T_2는 각각 20 ℃와 40 ℃ 중 하나이고, T_1과 T_2 중 하나의 온도에 노출되었을 때만 골격근의 떨림이 발생하였다.

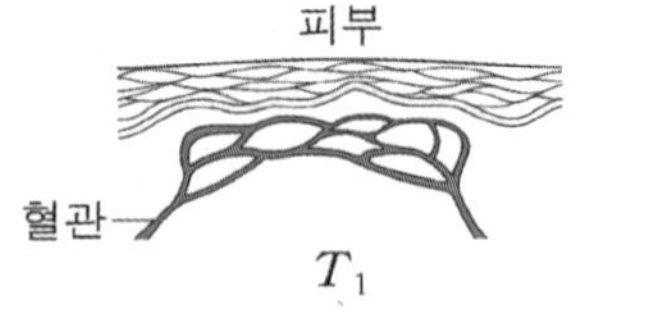

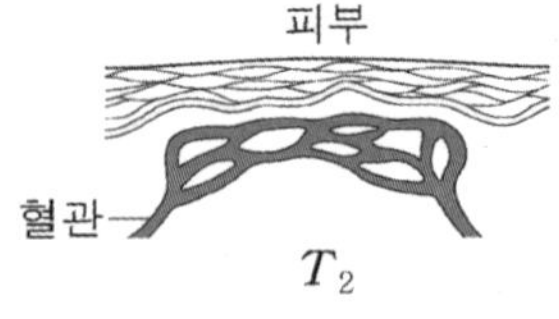

이에 대한 옳은 설명만을 〈보기〉에서 있는 대로 고른 것은? (3점)

[보기]

ㄱ. T_1은 40 ℃이다.
ㄴ. 골격근의 떨림이 발생한 온도는 T_2이다.
ㄷ. 피부 혈관이 수축하는 데 교감 신경이 관여한다.

① ㄴ ② ㄷ ③ ㄱ, ㄴ ④ ㄱ, ㄷ ⑤ ㄴ, ㄷ

G45

2022 대비 6월 모평 12

그림은 어떤 동물의 체온 조절 중추에 ㉠ 자극과 ㉡ 자극을 주었을 때 시간에 따른 체온을 나타낸 것이다. ㉠과 ㉡은 고온과 저온을 순서 없이 나타낸 것이다.

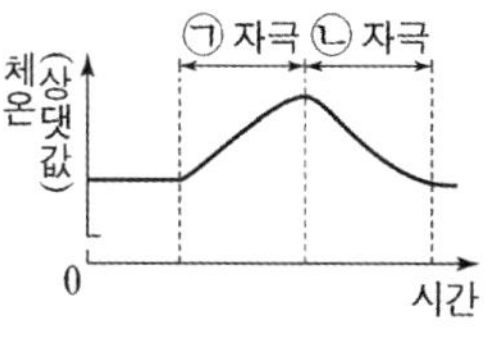

이에 대한 설명으로 옳은 것만을 〈보기〉에서 있는 대로 고른 것은? (3점)

[보기]

ㄱ. ㉠은 고온이다.
ㄴ. 사람의 체온 조절 중추에 ㉡ 자극을 주면 피부 근처 혈관이 수축된다.
ㄷ. 사람의 체온 조절 중추는 시상 하부이다.

① ㄱ ② ㄴ ③ ㄷ ④ ㄱ, ㄴ ⑤ ㄱ, ㄷ

G46

2023 대비 9월 모평 7

다음은 사람의 항상성에 대한 자료이다.

(가) 티록신은 음성 피드백으로 ㉠에서의 TSH 분비를 조절한다.
(나) ㉡ 체온 조절 중추에 ⓐ를 주면 피부 근처 혈관이 수축된다. ⓐ는 고온 자극과 저온 자극 중 하나이다.

이에 대한 설명으로 옳은 것만을 〈보기〉에서 있는 대로 고른 것은?

[보기]

ㄱ. 티록신은 혈액을 통해 표적 세포로 이동한다.
ㄴ. ㉠과 ㉡은 모두 뇌줄기에 속한다.
ㄷ. ⓐ는 고온 자극이다.

① ㄱ ② ㄴ ③ ㄱ, ㄴ ④ ㄱ, ㄷ ⑤ ㄴ, ㄷ

G47

2022 실시 10월 학평 8

그림은 정상인에게 ㉠ 자극을 주었을 때 일어나는 체온 조절 과정의 일부를 나타낸 것이다. ㉠은 고온과 저온 중 하나이고, ⓐ는 억제와 촉진 중 하나이다.

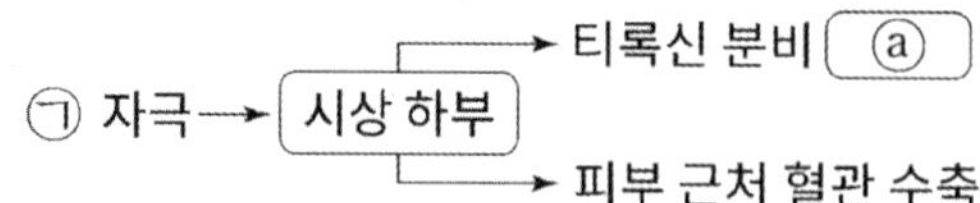

이에 대한 옳은 설명만을 〈보기〉에서 있는 대로 고른 것은? (3점)

[보기]

ㄱ. ㉠은 저온이다.
ㄴ. ⓐ는 억제이다.
ㄷ. 피부 근처 혈관 수축이 일어나면 열 발산량(열 방출량)이 감소한다.

① ㄱ ② ㄴ ③ ㄱ, ㄴ ④ ㄱ, ㄷ ⑤ ㄴ, ㄷ

G48

2023 실시 4월 학평 12

그림 (가)는 정상인에서 시상 하부 온도에 따른 ㉠을, (나)는 이 사람의 체온 변화에 따른 털세움근과 피부 근처 혈관을 나타낸 것이다. ㉠은 '근육에서의 열 발생량'과 '피부에서의 열 발산량' 중 하나이다.

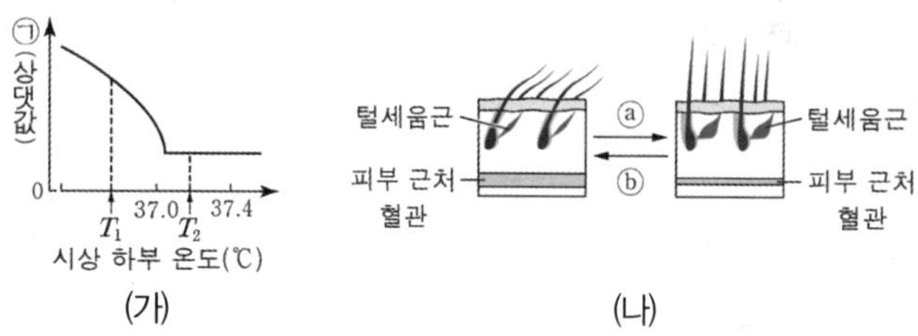

(가) (나)

이에 대한 설명으로 옳은 것만을 〈보기〉에서 있는 대로 고른 것은?

[보기]

ㄱ. ㉠은 '근육에서의 열 발생량'이다.
ㄴ. 과정 ⓐ에 교감 신경이 작용한다.
ㄷ. 시상 하부 온도가 T_1에서 T_2로 변하면 과정 ⓑ가 일어난다.

① ㄱ ② ㄷ ③ ㄱ, ㄴ ④ ㄴ, ㄷ ⑤ ㄱ, ㄴ, ㄷ

❖ 정답 및 해설 180 ~ 183p

G49 ✿❀❀ 2020 실시 3월 학평 4

그림은 어떤 사람에게 저온 자극이 주어졌을 때 일어나는 체온 조절 과정의 일부를 나타낸 것이다.

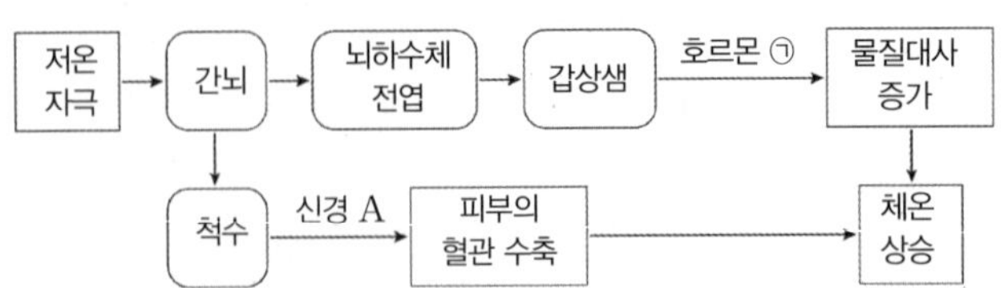

이에 대한 옳은 설명만을 〈보기〉에서 있는 대로 고른 것은? (3점)

[보기]

ㄱ. ㉠은 티록신이다.
ㄴ. A는 원심성 신경이다.
ㄷ. 피부의 혈관 수축으로 열 발산량이 증가한다.

① ㄱ ② ㄴ ③ ㄱ, ㄴ
④ ㄱ, ㄷ ⑤ ㄴ, ㄷ

G50 ✿❀❀ 2021 대비 6월 모평 5

그림은 정상인에게 저온 자극과 고온 자극을 주었을 때 ㉠의 변화를 나타낸 것이다. ㉠은 근육에서의 열 발생량(열 생산량)과 피부 근처 모세 혈관을 흐르는 단위 시간당 혈액량 중 하나이다.

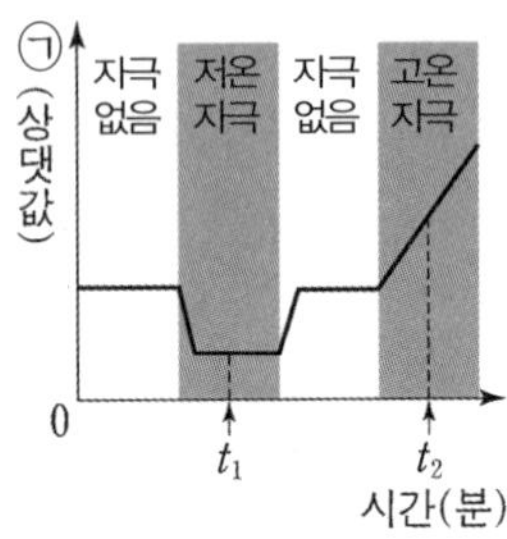

이에 대한 옳은 설명만을 〈보기〉에서 있는 대로 고른 것은? (3점)

[보기]

ㄱ. ㉠은 근육에서의 열 발생량이다.
ㄴ. 피부 근처 모세 혈관을 흐르는 단위 시간당 혈액량은 t_2일 때가 t_1일 때보다 많다.
ㄷ. 체온 조절 중추는 시상하부이다.

① ㄱ ② ㄴ ③ ㄷ
④ ㄱ, ㄷ ⑤ ㄴ, ㄷ

G51 ✿✿❀ 2023 실시 10월 학평 19

그림은 정상인이 운동할 때 체온의 변화와 ㉠, ㉡의 변화를 나타낸 것이다. ㉠과 ㉡은 각각 열 발산량(열 방출량)과 열 발생량(열 생산량) 중 하나이다.

체온(상댓값)
열량(상댓값)
㉠
㉡
운동 시작
t_1
운동 종료
t_2
시간

이에 대한 옳은 설명만을 〈보기〉에서 있는 대로 고른 것은?

[보기]

ㄱ. ㉠은 열 발산량(열 방출량)이다.
ㄴ. 체온 조절 중추는 간뇌의 시상 하부이다.
ㄷ. 피부 근처 혈관을 흐르는 단위 시간당 혈액량은 t_1일 때가 t_2일 때보다 적다.

① ㄱ ② ㄴ ③ ㄷ ④ ㄱ, ㄴ ⑤ ㄴ, ㄷ

4 삼투압 유지

G52 ✿✿❀ 2025 대비 수능 5

그림은 동물 종 X에서 ㉠ 섭취량에 따른 혈장 삼투압을 나타낸 것이다. ㉠은 물과 소금 중 하나이고, Ⅰ과 Ⅱ는 '항이뇨 호르몬(ADH)이 정상적으로 분비되는 개체'와 '항이뇨 호르몬(ADH)이 정상보다 적게 분비되는 개체'를 순서 없이 나타낸 것이다.

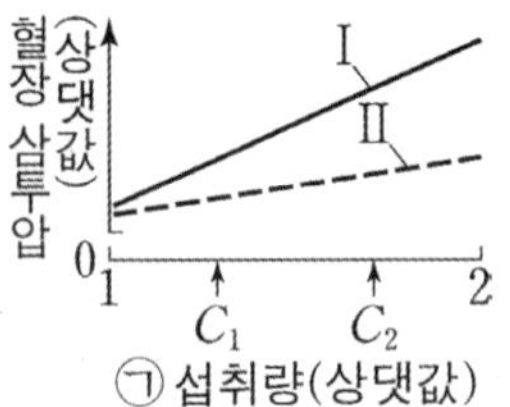

이에 대한 설명으로 옳은 것만을 〈보기〉에서 있는 대로 고른 것은? (단, 제시된 조건 이외는 고려하지 않는다.) (3점)

[보기]

ㄱ. 콩팥은 ADH의 표적 기관이다.
ㄴ. Ⅰ은 'ADH가 정상적으로 분비되는 개체'이다.
ㄷ. Ⅱ에서 단위 시간당 오줌 생성량은 C_1일 때가 C_2일 때보다 적다.

① ㄱ ② ㄴ ③ ㄱ, ㄷ ④ ㄴ, ㄷ ⑤ ㄱ, ㄴ, ㄷ

G53 ✿✿❀ 2024 실시 5월 학평 7

그림은 정상인에게 ㉠을 투여하고 일정 시간이 지난 후 ㉡을 투여했을 때 측정한 혈장 삼투압을 시간에 따라 나타낸 것이다. ㉠과 ㉡은 물과 소금물을 순서 없이 나타낸 것이다.

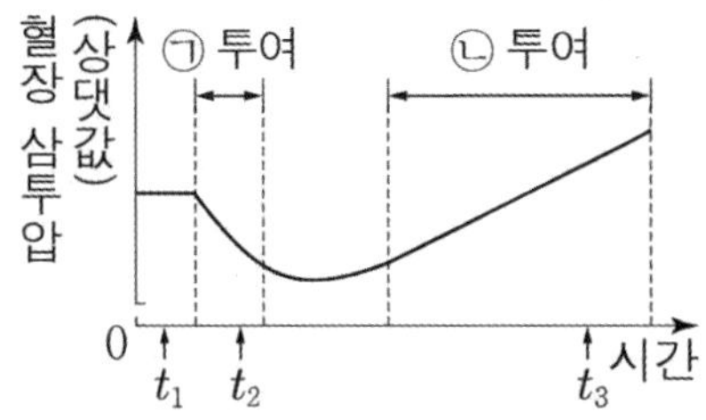

이에 대한 설명으로 옳은 것만을 〈보기〉에서 있는 대로 고른 것은? (단, 제시된 조건 이외는 고려하지 않는다.)

[보기]

ㄱ. ㉠은 소금물이다.
ㄴ. 혈중 ADH의 농도는 t_1일 때가 t_2일 때보다 낮다.
ㄷ. 단위 시간당 오줌 생성량은 t_2일 때가 t_3일 때보다 많다.

① ㄱ ② ㄷ ③ ㄱ, ㄴ ④ ㄴ, ㄷ ⑤ ㄱ, ㄴ, ㄷ

G54 ✿✿❀ 2024 대비 9월 모평 6

그림은 어떤 동물 종의 개체 A와 B를 고온 환경에 노출시켜 같은 양의 땀을 흘리게 하면서 측정한 혈장 삼투압을 시간에 따라 나타낸 것이다. A와 B는 '항이뇨 호르몬(ADH)이 정상적으로 분비되는 개체'와 '항이뇨 호르몬(ADH)이 정상보다 적게 분비되는 개체'를 순서 없이 나타낸 것이다.

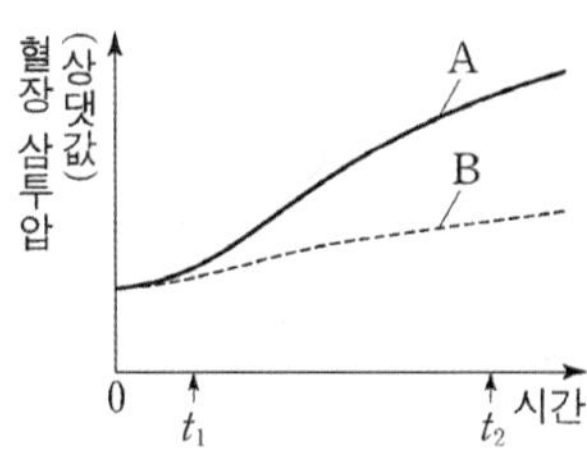

이에 대한 설명으로 옳은 것만을 〈보기〉에서 있는 대로 고른 것은? (단, 제시된 조건 이외는 고려하지 않는다.) (3점)

[보기]

ㄱ. ADH는 콩팥에서 물의 재흡수를 촉진한다.
ㄴ. A는 'ADH가 정상적으로 분비되는 개체'이다.
ㄷ. B에서 생성되는 오줌의 삼투압은 t_1일 때가 t_2일 때보다 높다.

① ㄱ ② ㄴ ③ ㄷ ④ ㄱ, ㄴ ⑤ ㄱ, ㄷ

G55 ✿❀❀ 2023 대비 수능 8

그림은 사람 Ⅰ과 Ⅱ에서 전체 혈액량의 변화량에 따른 혈중 항이뇨 호르몬(ADH) 농도를 나타낸 것이다. Ⅰ과 Ⅱ는 'ADH가 정상적으로 분비되는 사람'과 'ADH가 과다하게 분비되는 사람'을 순서 없이 나타낸 것이다.

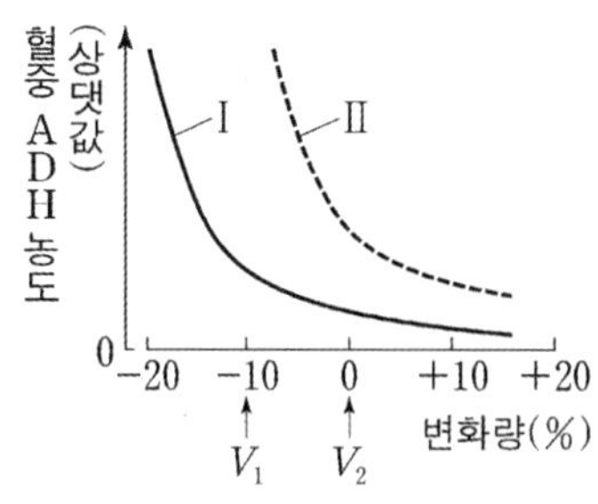

이에 대한 설명으로 옳은 것만을 〈보기〉에서 있는 대로 고른 것은? (단, 제시된 조건 이외는 고려하지 않는다.)

[보기]

ㄱ. ADH는 혈액을 통해 표적 세포로 이동한다.
ㄴ. Ⅱ는 'ADH가 정상적으로 분비되는 사람'이다.
ㄷ. Ⅰ에서 단위 시간당 오줌 생성량은 V_1일 때가 V_2일 때보다 많다.

① ㄱ ② ㄴ ③ ㄱ, ㄷ ④ ㄴ, ㄷ ⑤ ㄱ, ㄴ, ㄷ

G56 ✿✿❀ 2023 실시 7월 학평 7

그림 (가)는 정상인에서 ㉠의 변화량에 따른 혈중 항이뇨 호르몬(ADH)의 농도를, (나)는 이 사람이 1L의 물을 섭취한 후 시간에 따른 혈장과 오줌의 삼투압을 나타낸 것이다. ㉠은 혈장 삼투압과 전체 혈액량 중 하나이다.

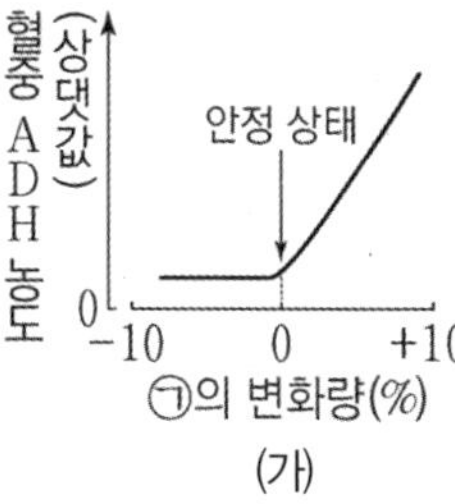

(가)

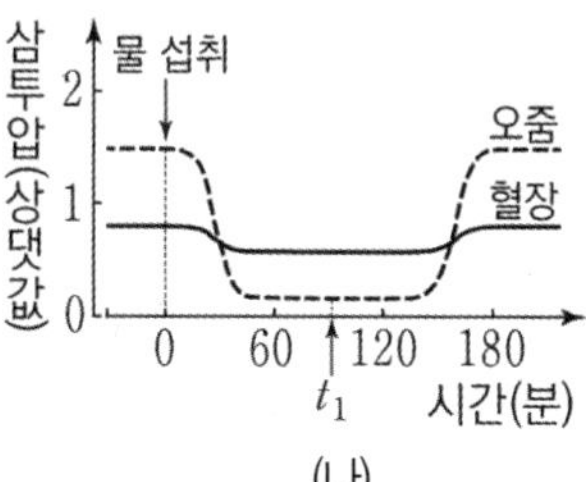

(나)

이에 대한 설명으로 옳은 것만을 〈보기〉에서 있는 대로 고른 것은? (단, 제시된 자료 이외에 체내 수분량에 영향을 미치는 요인은 없다.) (3점)

[보기]

ㄱ. ㉠은 전체 혈액량이다.
ㄴ. ADH는 뇌하수체 후엽에서 분비된다.
ㄷ. 콩팥에서의 단위 시간당 수분 재흡수량은 물 섭취 시점일 때가 t_1일 때보다 적다.

① ㄱ ② ㄴ ③ ㄱ, ㄷ ④ ㄴ, ㄷ ⑤ ㄱ, ㄴ, ㄷ

❖ 정답 및 해설 184 ~ 187p

G57 ✿❀❀ 2024 대비 6월 모평 11

그림 (가)는 정상인의 혈중 항이뇨 호르몬(ADH) 농도에 따른 ㉠을, (나)는 정상인 A와 B 중 한 사람에게만 수분 공급을 중단하고 측정한 시간에 따른 ㉠을 나타낸 것이다. ㉠은 오줌 삼투압과 단위 시간당 오줌 생성량 중 하나이다.

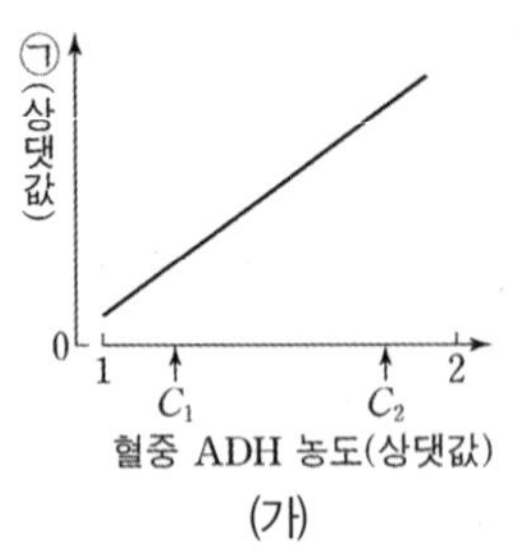

(가)

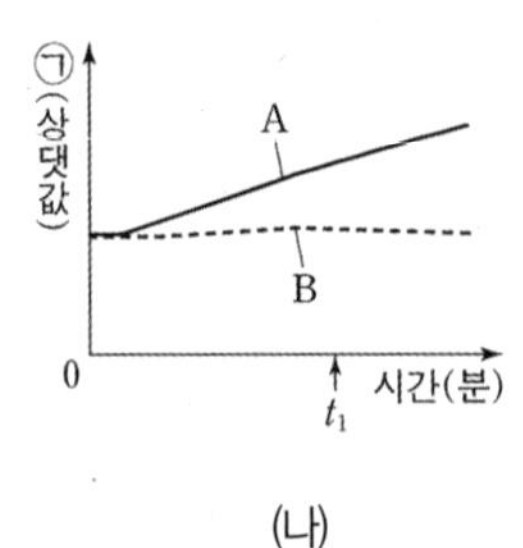

(나)

이에 대한 설명으로 옳은 것만을 〈보기〉에서 있는 대로 고른 것은? (단, 제시된 조건 이외는 고려하지 않는다.) (3점)

[보기]

ㄱ. 단위 시간당 오줌 생성량은 C_2일 때가 C_1일 때보다 많다.

ㄴ. t_1일 때 $\frac{\text{B의 혈중 ADH 농도}}{\text{A의 혈중 ADH 농도}}$는 1보다 크다.

ㄷ. 콩팥은 ADH의 표적 기관이다.

① ㄱ ② ㄷ ③ ㄱ, ㄴ ④ ㄴ, ㄷ ⑤ ㄱ, ㄴ, ㄷ

G58 ✿❀❀ 2023 대비 9월 모평 5

그림은 어떤 동물 종에서 ㉠이 제거된 개체 Ⅰ과 정상 개체 Ⅱ에 각각 자극 ⓐ를 주고 측정한 단위 시간당 오줌 생성량을 시간에 따라 나타낸 것이다. ㉠은 뇌하수체 전엽과 뇌하수체 후엽 중 하나이고, ⓐ는 ㉠에서 호르몬 X의 분비를 촉진한다.

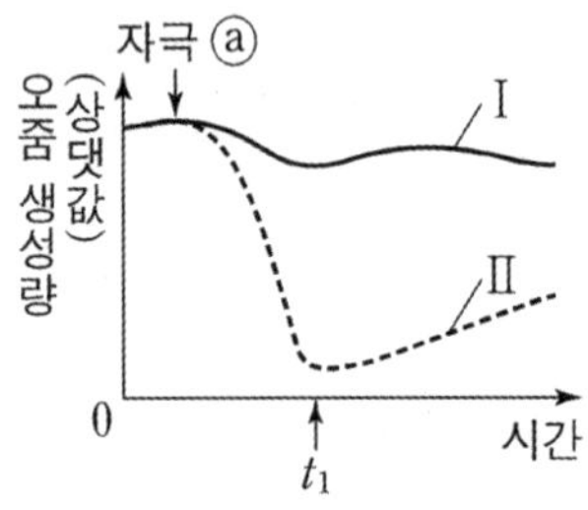

이에 대한 설명으로 옳은 것만을 〈보기〉에서 있는 대로 고른 것은? (단, 제시된 조건 이외는 고려하지 않는다.) (3점)

[보기]

ㄱ. ㉠은 뇌하수체 후엽이다.

ㄴ. t_1일 때 콩팥에서의 단위 시간당 수분 재흡수량은 Ⅰ에서가 Ⅱ에서보다 많다.

ㄷ. t_1일 때 Ⅰ에게 항이뇨 호르몬(ADH)을 주사하면 생성되는 오줌의 삼투압이 감소한다.

① ㄱ ② ㄴ ③ ㄷ ④ ㄱ, ㄴ ⑤ ㄱ, ㄷ

G59 ✿❀❀ 2023 실시 10월 학평 8

그림은 정상인에게서 일어나는 혈장 삼투압 조절 과정의 일부를 나타낸 것이다. ㉠~㉢은 각각 증가와 감소 중 하나이다.

정상보다 높은 혈장 삼투압 → 항이뇨 호르몬 분비 ㉠ → 수분 재흡수 ㉡ → 오줌 삼투압 ㉢

이에 대한 옳은 설명만을 〈보기〉에서 있는 대로 고른 것은?

[보기]

ㄱ. ㉠~㉢은 모두 증가이다.

ㄴ. 콩팥은 항이뇨 호르몬의 표적 기관이다.

ㄷ. 짠 음식을 많이 먹었을 때 이 과정이 일어난다.

① ㄱ ② ㄴ ③ ㄱ, ㄷ ④ ㄴ, ㄷ ⑤ ㄱ, ㄴ, ㄷ

G60 ✿❀❀ 2024 대비 수능 9

그림 (가)는 정상인에서 갈증을 느끼는 정도를 ⓐ의 변화량에 따라 나타낸 것이다. 그림 (나)는 정상인 A에게는 소금과 수분을, 정상인 B에게는 소금만 공급하면서 측정한 ⓐ를 시간에 따라 나타낸 것이다. ⓐ는 전체 혈액량과 혈장 삼투압 중 하나이다.

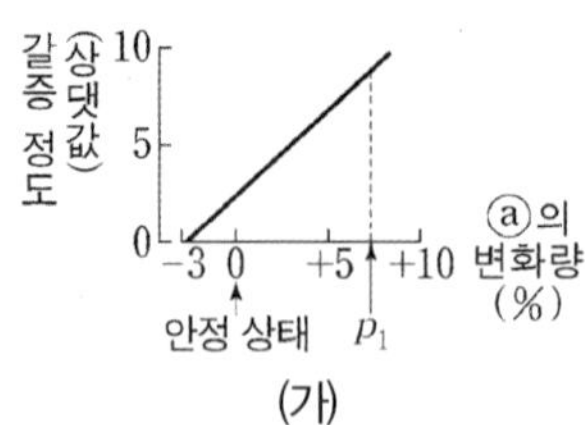

(가)

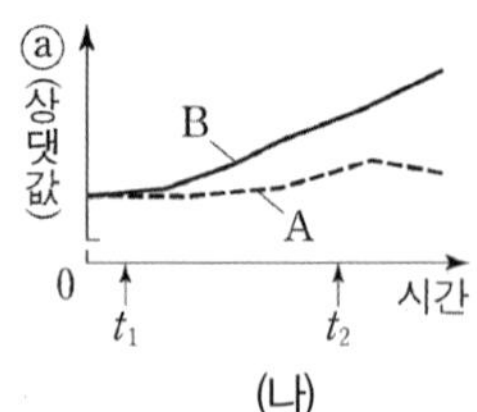

(나)

이에 대한 설명으로 옳은 것만을 〈보기〉에서 있는 대로 고른 것은? (단, 제시된 조건 이외는 고려하지 않는다.)

[보기]

ㄱ. 생성되는 오줌의 삼투압은 안정 상태일 때가 p_1일 때보다 높다.

ㄴ. t_2일 때 갈증을 느끼는 정도는 B에서가 A에서보다 크다.

ㄷ. B의 혈중 항이뇨 호르몬(ADH) 농도는 t_1일 때가 t_2일 때보다 높다.

① ㄱ ② ㄴ ③ ㄷ ④ ㄱ, ㄴ ⑤ ㄴ, ㄷ

G61 ✿✿❀ 2023 실시 4월 학평 13

그림 (가)는 정상인의 혈장 삼투압에 따른 혈중 ADH 농도를, (나)는 이 사람의 혈중 포도당 농도에 따른 혈중 인슐린 농도를 나타낸 것이다.

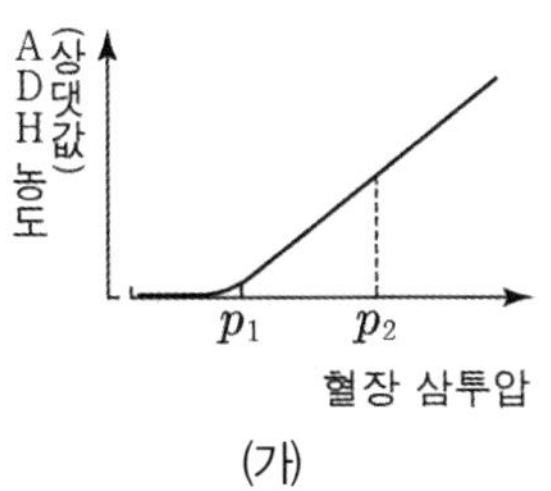

(가)

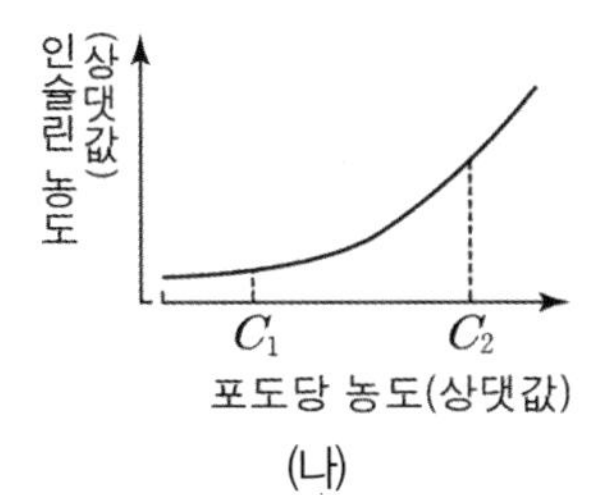

(나)

이에 대한 설명으로 옳은 것만을 〈보기〉에서 있는 대로 고른 것은? (단, 제시된 조건 이외는 고려하지 않는다.) (3점)

[보기]
ㄱ. 생성되는 오줌의 삼투압은 p_1일 때가 p_2일 때보다 작다.
ㄴ. 혈중 글루카곤의 농도는 C_2일 때가 C_1일 때보다 높다.
ㄷ. 혈장 삼투압과 혈당량 조절 중추는 모두 연수이다.

① ㄱ ② ㄴ ③ ㄱ, ㄷ ④ ㄴ, ㄷ ⑤ ㄱ, ㄴ, ㄷ

G62 ✿❀❀ 2022 대비 6월 모평 9

그림은 정상인의 혈중 항이뇨 호르몬(ADH) 농도에 따른 ㉠을 나타낸 것이다. ㉠은 오줌 삼투압과 단위 시간당 오줌 생성량 중 하나이다.

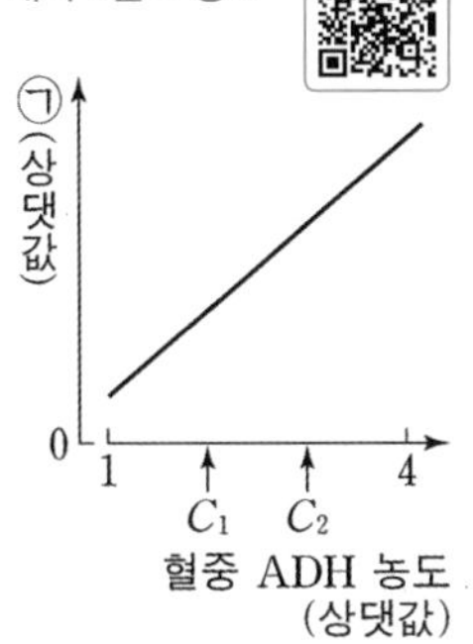

이에 대한 설명으로 옳은 것만을 〈보기〉에서 있는 대로 고른 것은? (단, 제시된 자료 이외에 체내 수분량에 영향을 미치는 요인은 없다.)

[보기]
ㄱ. ADH는 뇌하수체 후엽에서 분비된다.
ㄴ. ㉠은 단위 시간당 오줌 생성량이다.
ㄷ. 콩팥에서의 단위 시간당 수분 재흡수량은 C_1일 때가 C_2일 때보다 많다.

① ㄱ ② ㄴ ③ ㄷ ④ ㄱ, ㄴ ⑤ ㄱ, ㄷ

G63 ✿❀❀ 2020 실시 7월 학평 13

그림은 어떤 동물에서 오줌 생성이 정상일 때와 ㉠일 때 시간에 따른 혈중 항이뇨 호르몬(ADH)의 농도를 나타낸 것이다.

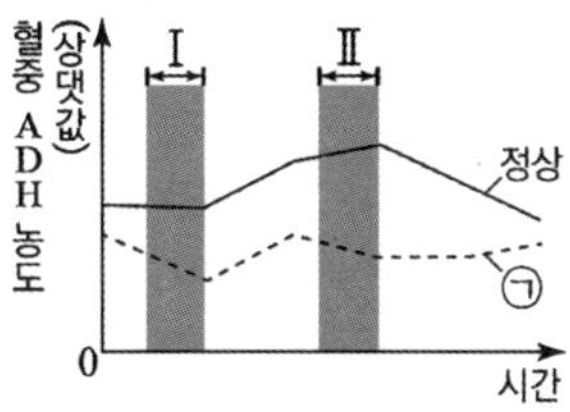

이에 대한 설명으로 옳은 것만을 〈보기〉에서 있는 대로 고른 것은? (단, 제시된 자료 이외에 체내 수분량에 영향을 미치는 요인은 없다.) (3점)

[보기]
ㄱ. 항이뇨 호르몬의 분비 조절 중추는 간뇌의 시상 하부이다.
ㄴ. 정상일 때 오줌 삼투압은 구간 Ⅰ에서가 Ⅱ에서보다 높다.
ㄷ. 구간 Ⅰ에서 콩팥의 단위 시간당 수분 재흡수량은 정상일 때가 ㉠일 때보다 적다.

① ㄱ ② ㄷ ③ ㄱ, ㄴ ④ ㄱ, ㄷ ⑤ ㄴ, ㄷ

G64 ✿✿❀ 2021 대비 6월 모평 12

그림 (가)와 (나)는 정상인에서 각각 ㉠과 ㉡의 변화량에 따른 혈중 항이뇨 호르몬(ADH)의 농도를 나타낸 것이다. ㉠과 ㉡은 각각 혈장 삼투압과 전체 혈액량 중 하나이다.

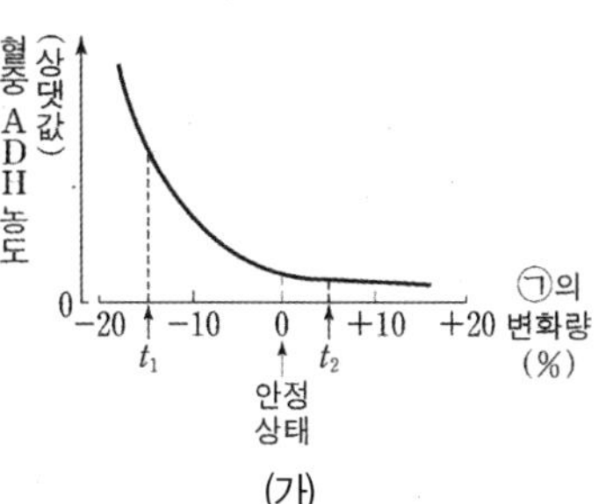

(가)

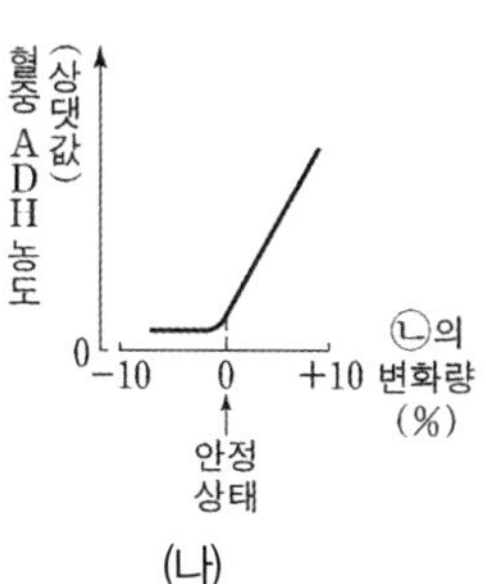

(나)

이에 대한 설명으로 옳은 것만을 〈보기〉에서 있는 대로 고른 것은? (단, 제시된 자료 이외에 체내 수분량에 영향을 미치는 요인은 없다.)

[보기]
ㄱ. ㉡은 혈장 삼투압이다.
ㄴ. 콩팥은 ADH의 표적 기관이다.
ㄷ. (가)에서 단위 시간당 오줌 생성량은 t_1에서가 t_2에서보다 많다.

① ㄱ ② ㄷ ③ ㄱ, ㄴ ④ ㄴ, ㄷ ⑤ ㄱ, ㄴ, ㄷ

❖ 정답 및 해설 188 ~ 191p

G65 ✿❀❀ 2020 대비 수능 8

그림은 정상인의 혈중 항이뇨 호르몬(ADH) 농도에 따른 ㉠을 나타낸 것이다. ㉠은 오줌 삼투압과 단위 시간당 오줌 생성량 중 하나이다.

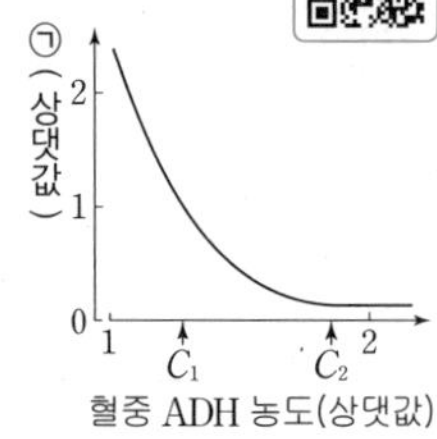

이에 대한 설명으로 옳은 것만을 ⟨보기⟩에서 있는 대로 고른 것은? (단, 제시된 자료 이외에 체내 수분량에 영향을 미치는 요인은 없다.) (3점)

[보기]

ㄱ. 시상 하부는 ADH의 분비를 조절한다.
ㄴ. ㉠은 오줌 삼투압이다.
ㄷ. 콩팥에서 단위 시간당 수분 재흡수량은 C_2일 때가 C_1일 때보다 많다.

① ㄱ ② ㄴ ③ ㄱ, ㄷ
④ ㄴ, ㄷ ⑤ ㄱ, ㄴ, ㄷ

G66 ✿✿❀ 2021 실시 4월 학평 14

그림 (가)는 정상인에서 식사 후 시간에 따른 혈당량을, (나)는 이 사람의 혈장 삼투압에 따른 혈중 ADH 농도를 나타낸 것이다.

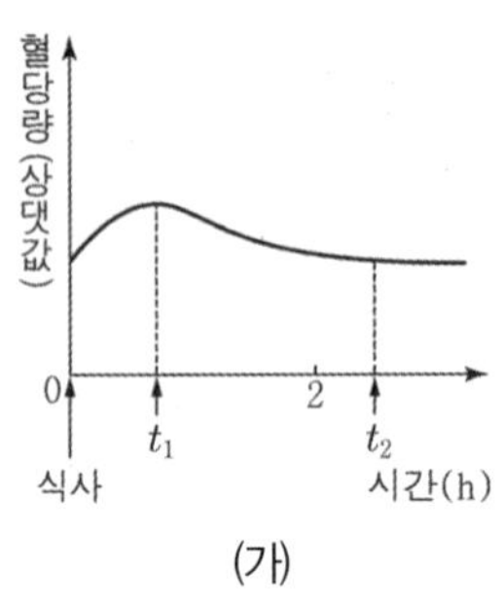

(가)

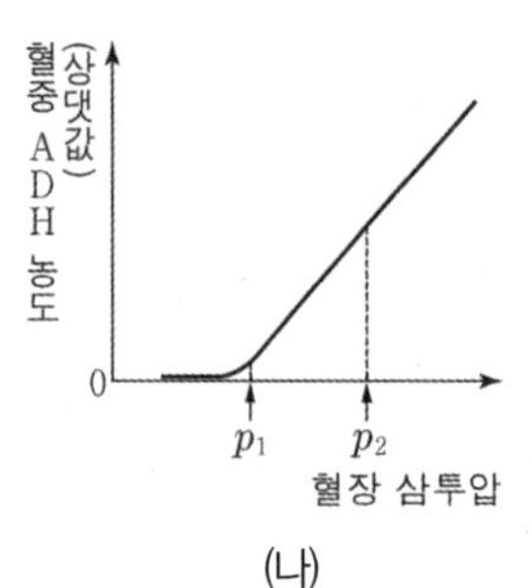

(나)

이에 대한 설명으로 옳은 것만을 ⟨보기⟩에서 있는 대로 고른 것은? (단, 제시된 조건 이외는 고려하지 않는다.) (3점)

[보기]

ㄱ. 혈중 인슐린 농도는 t_1일 때가 t_2일 때보다 낮다.
ㄴ. 생성되는 오줌의 삼투압은 p_1일 때가 p_2일 때보다 낮다.
ㄷ. 혈당량과 혈장 삼투압의 조절 중추는 모두 연수이다.

① ㄱ ② ㄴ ③ ㄷ ④ ㄱ, ㄴ ⑤ ㄴ, ㄷ

G67 ✿❀❀ 2021 대비 9월 모평 7

그림 (가)는 자율 신경 X에 의한 체온 조절 과정을, (나)는 항이뇨 호르몬(ADH)에 의한 체내 삼투압 조절 과정을 나타낸 것이다. ㉠은 '피부 근처 혈관 수축'과 '피부 근처 혈관 확장' 중 하나이다.

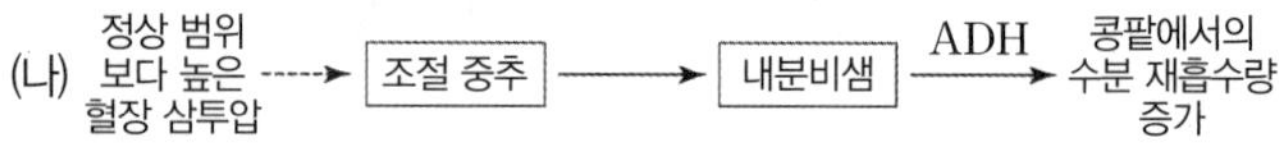

이에 대한 설명으로 옳은 것만을 ⟨보기⟩에서 있는 대로 고른 것은?

[보기]

ㄱ. ㉠은 '피부 근처 혈관 수축'이다.
ㄴ. 혈중 ADH의 농도가 증가하면, 생성되는 오줌의 삼투압이 감소한다.
ㄷ. (가)와 (나)에서 조절 중추는 모두 연수이다.

① ㄱ ② ㄴ ③ ㄷ
④ ㄱ, ㄴ ⑤ ㄱ, ㄷ

G68 ✿❀❀ 2021 대비 수능 8

그림 (가)와 (나)는 정상인에서 ㉠의 변화량에 따른 혈중 항이뇨 호르몬(ADH) 농도와 갈증을 느끼는 정도를 각각 나타낸 것이다. ㉠은 혈장 삼투압과 전체 혈액량 중 하나이다.

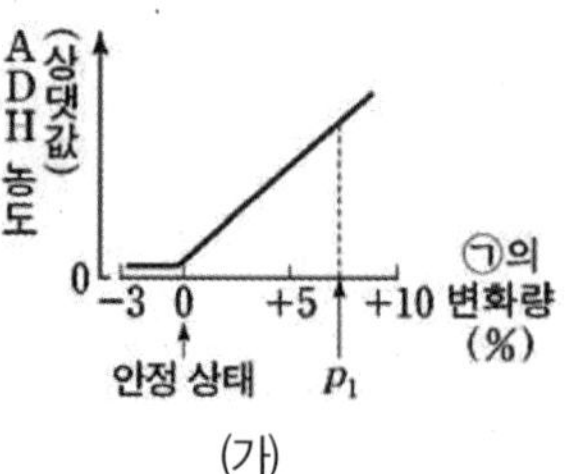

(가)

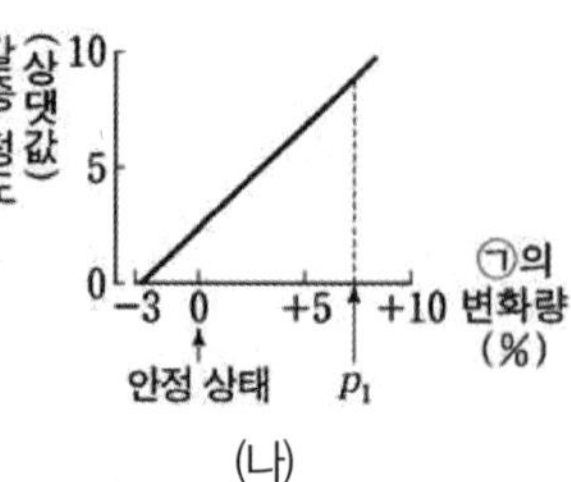

(나)

이에 대한 설명으로 옳은 것만을 ⟨보기⟩에서 있는 대로 고른 것은? (단, 제시된 자료 이외에 체내 수분량에 영향을 미치는 요인은 없다.) (3점)

[보기]

ㄱ. ㉠은 혈장 삼투압이다.
ㄴ. 생성되는 오줌의 삼투압은 안정 상태일 때가 p_1일 때보다 크다.
ㄷ. 갈증을 느끼는 정도는 안정 상태일 때가 p_1일 때보다 크다.

① ㄱ ② ㄴ ③ ㄷ
④ ㄱ, ㄴ ⑤ ㄱ, ㄷ

G69 ✿✿✿ 2021 실시 10월 학평 8

그림은 정상인이 A를 섭취했을 때 시간에 따른 혈장 삼투압을 나타낸 것이다. A는 물과 소금물 중 하나이다.

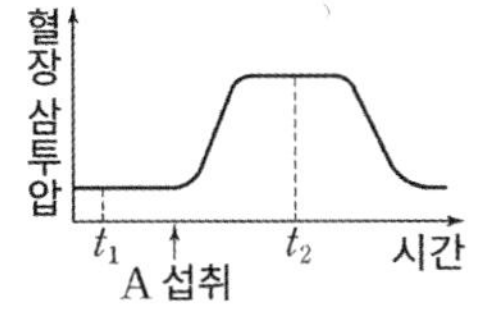

이에 대한 설명으로 옳은 것만을 〈보기〉에서 있는 대로 고른 것은? (3점)

[보기]

ㄱ. A는 소금물이다.
ㄴ. 단위 시간당 오줌 생성량은 t_2일 때가 t_1일 때보다 많다.
ㄷ. 혈중 항이뇨 호르몬 농도는 t_1일 때가 t_2일 때보다 높다.

① ㄱ ② ㄷ ③ ㄱ, ㄴ
④ ㄴ, ㄷ ⑤ ㄱ, ㄴ, ㄷ

G70 ✿✿✿ 2020 실시 10월 학평 9

그림은 어떤 정상인이 1L의 물을 섭취했을 때 단위 시간당 오줌 생성량의 변화를 나타낸 것이다.

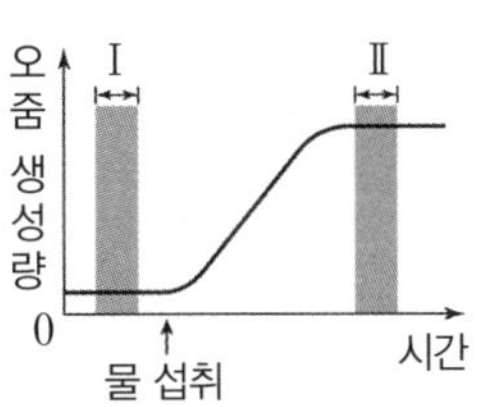

구간 Ⅰ에서가 구간 Ⅱ에서보다 높은 것만을 〈보기〉에서 있는 대로 고른 것은? (단, 제시된 조건 이외는 고려하지 않는다.) (3점)

[보기]

ㄱ. 혈장 삼투압
ㄴ. 오줌 삼투압
ㄷ. 혈중 항이뇨 호르몬 농도

① ㄱ ② ㄴ ③ ㄱ, ㄷ ④ ㄴ, ㄷ ⑤ ㄱ, ㄴ, ㄷ

G71 ✿✿✿ 2022 실시 4월 학평 10

그림은 정상인이 물 1 L를 섭취한 후 시간에 따른 ㉠과 ㉡을 나타낸 것이다. ㉠과 ㉡은 각각 혈장 삼투압과 단위 시간당 오줌 생성량 중 하나이다.

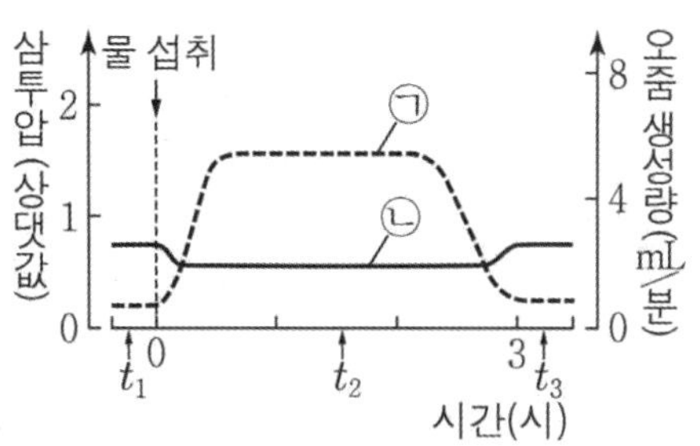

이에 대한 설명으로 옳은 것만을 〈보기〉에서 있는 대로 고른 것은? (단, 제시된 자료 이외의 체내 수분량에 영향을 미치는 요인은 없다.)

[보기]

ㄱ. ㉠은 단위 시간당 오줌 생성량이다.
ㄴ. 혈중 ADH 농도는 t_1일 때가 t_2일 때보다 높다.
ㄷ. 생성되는 오줌의 삼투압은 t_2일 때가 t_3일 때보다 높다.

① ㄱ ② ㄷ ③ ㄱ, ㄴ
④ ㄴ, ㄷ ⑤ ㄱ, ㄴ, ㄷ

G72 ✿✿✿ 2022 실시 10월 학평 12

그림은 정상인 A~C의 오줌 생성량 변화를 나타낸 것이다. t_2일 때 B는 물 1L를 마시고, A와 C 중 한 명은 물질 ㉠을 물에 녹인 용액 1L를 마시고, 다른 한 명은 아무것도 마시지 않았다. ㉠은 항이뇨 호르몬(ADH)의 분비를 억제하는 물질과 촉진하는 물질 중 하나이다.

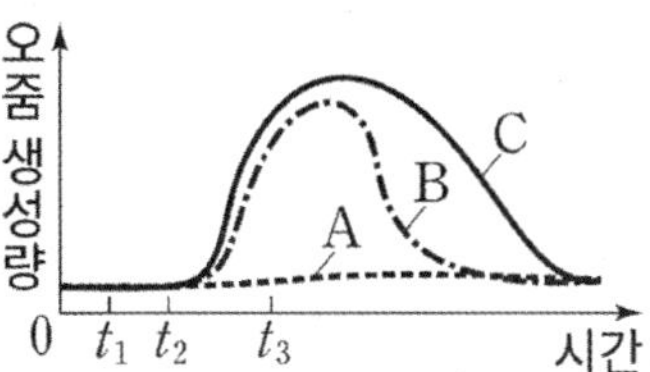

이에 대한 옳은 설명만을 〈보기〉에서 있는 대로 고른 것은? (3점)

[보기]

ㄱ. ㉠은 ADH의 분비를 촉진한다.
ㄴ. ㉠을 물에 녹인 용액을 마신 사람은 C이다.
ㄷ. B의 혈중 ADH 농도는 t_3일 때가 t_1일 때보다 높다.

① ㄱ ② ㄴ ③ ㄷ
④ ㄱ, ㄴ ⑤ ㄴ, ㄷ

❖ 정답 및 해설 192~195p

G73 ✿❀❀ 2020 실시 4월 학평 16

그림 (가)는 정상인의 혈장 삼투압에 따른 혈중 ADH 농도를, (나)는 이 사람에서 혈중 ADH 농도에 따른 ㉠과 ㉡의 변화를 나타낸 것이다. ㉠과 ㉡은 각각 오줌 삼투압과 단위 시간당 오줌 생성량 중 하나이다.

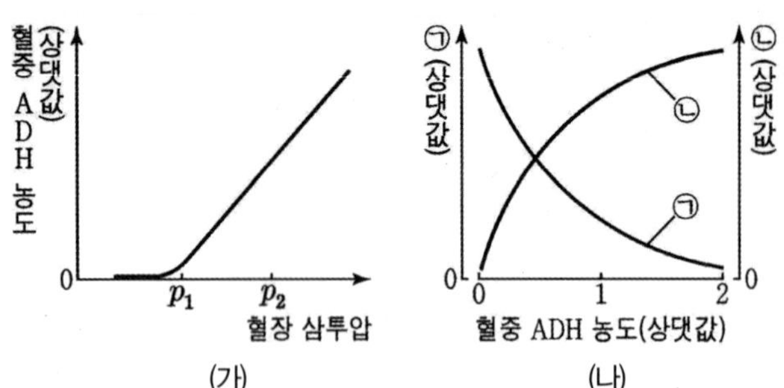

(가) (나)

이에 대한 설명으로 옳은 것만을 〈보기〉에서 있는 대로 고른 것은? (단, 제시된 자료 이외에 체내 수분량에 영향을 미치는 요인은 없다.)

[보기]

ㄱ. ADH는 뇌하수체 후엽에서 분비된다.
ㄴ. ㉠은 오줌 삼투압이다.
ㄷ. 단위 시간당 오줌 생성량은 p_1에서가 p_2에서보다 적다.

① ㄱ ② ㄴ ③ ㄷ
④ ㄱ, ㄷ ⑤ ㄴ, ㄷ

G74 ✿✿❀ 2020 대비 9월 모평 7

그림은 사람에서 전체 혈액량이 정상 상태일 때와 ㉠일 때 혈장 삼투압에 따른 혈중 ADH 농도를 나타낸 것이다. ㉠은 전체 혈액량이 정상보다 증가한 상태와 정상보다 감소한 상태 중 하나이다.

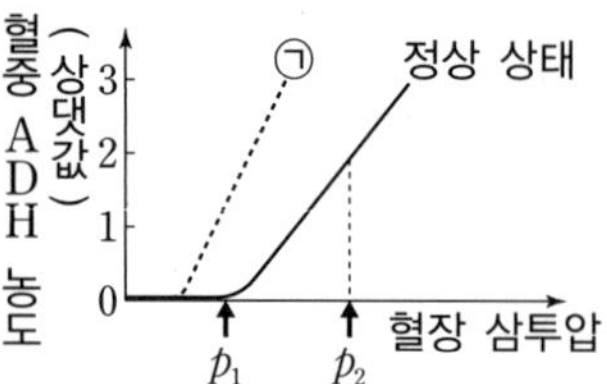

이에 대한 설명으로 옳은 것만을 〈보기〉에서 있는 대로 고른 것은? (단, 제시된 자료 이외에 체내 수분량에 영향을 미치는 요인은 없다.) (3점)

[보기]

ㄱ. ADH는 뇌하수체 후엽에서 분비된다.
ㄴ. ㉠은 전체 혈액량이 정상보다 증가한 상태이다.
ㄷ. 정상 상태일 때 콩팥에서 단위 시간당 수분 재흡수량은 p_1일 때가 p_2일 때보다 많다.

① ㄱ ② ㄷ ③ ㄱ, ㄴ
④ ㄴ, ㄷ ⑤ ㄱ, ㄴ, ㄷ

❖ 정답 및 해설 196p

Ⅳ

방어 작용

H 질병과 병원체

I 우리 몸의 방어 작용

1 비특이적 방어 작용과 특이적 방어 작용

2 혈액형

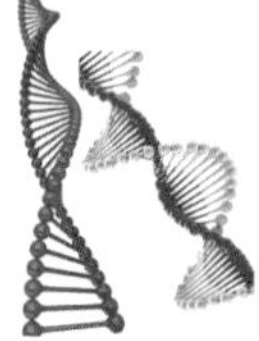

H 질병과 병원체

★ 2025 수능 출제 분석

- **질병과 병원체:** 결핵과 바이러스성 질병에 대한 문제가 쉽게 출제되었다.

대비년도	출제 개념	난이도
2025 수능	질병과 병원체	✲
2025 9월	질병과 병원체	✲
2025 6월	병원체	✲
2024 수능	–	–

1. 질병의 구분

감염성 질병	• 병원체에❶ 의해 나타나는 질병으로 전염이 되기도 한다. • 병원체가 숙주로 침입하는 경로에는 호흡기, 소화기, 매개 곤충, 신체적 접촉 등이 있다. 예 독감, 감기, 천연두, 콜레라, 결핵 등
비감염성 질병	• 병원체 없이 나타나는 질병으로 전염되지 않는다. • 생활 방식, 환경, 유전 등의 여러 가지 원인이 작용하여 발병한다. 예 고혈압, 당뇨병, 심장병, 뇌졸중, 혈우병 등

2. 병원체의 종류와 특징

세균	• 핵이 없는 단세포 원핵생물이다.❷ • 적절한 환경에서 매우 빠르게 분열법으로 번식한다. • 소화 기관, 호흡 기관 등을 통해 인체에 침입한 뒤 증식하여 세포를 파괴하거나 독소를 분비한다. 예 결핵, 콜레라, 탄저병, 파상풍, 세균성 식중독, 세균성 폐렴, 세균성 이질, 위궤양 등 ➡ 항생제로❸ 치료	세포막 DNA 세포벽 ▲ 세균의 구조
바이러스	• 핵산(유전 물질)과 단백질 껍질로 구성된다. • 스스로 물질대사를 하지 못하고, 살아 있는 숙주 세포 내에서만 증식할 수 있다. • 숙주 세포에 침입하여 증식한 바이러스는 숙주 세포를 파괴하고 나와 더 많은 세포를 감염시킨다. 예 감기, 독감, 천연두, 홍역, 소아마비, 후천성 면역 결핍증(AIDS), 중동 호흡기 증후군(MERS) ➡ 항바이러스제로❹ 치료	외피 단백질 단백질 껍질 RNA ▲ HIV
원생생물	• 단세포 진핵생물이다. • 독립적으로 생활하기도 하고, 다른 세포에 기생하면서 질병을 일으키기도 한다. 예 말라리아, 아메바성 이질, 수면병 등	▲ 말라리아 원충에 감염된 적혈구
곰팡이	• 몸이 실 모양의 균사로 이루어진 다세포 진핵생물이다. 예 무좀(피부에서 번식), 만성 폐질환(호흡 기관으로 침입), 칸디다증(피부나 점막의 표면에 증식) ➡ 항진균제로 치료	
변형 프라이온	• 단백질로만 구성된 입자로, 유전 물질(DNA나 RNA)이 없다. • 변형 프라이온이 축적되면 신경 세포가 파괴되면서 질병을 일으킨다. • 일반적인 소독 방법으로는 파괴되지 않는다. 예 크로이츠펠트·야코프병(사람), 광우병(소), 스크래피(양) 등	

3. 질병의 감염 경로와 예방

(1) **질병의 감염 경로:** 호흡 및 환자와의 접촉, 병원체에 오염된 물이나 음식 섭취, 모기나 파리 등 매개 동물에 의한 감염 등이 있다.

(2) **질병의 예방:** 마스크 쓰기, 손 씻기 등으로 병원체의 감염 경로를 차단하고, 매개 동물이 번식하지 않도록 환경의 위생을 청결하게 관리하는 방법으로 예방한다.

---

❶ 병원체

인체에 질병을 일으키는 감염 인자로, 병원체 중에는 세균, 바이러스, 원생생물, 곰팡이 등과 같은 것이 있다.

출제 2025 대비 수능 7번
2025 대비 9월 모평 4번
2025 대비 6월 모평 10번

★ 6월에는 감염성 질병을 유발하는 여러 가지 병원체의 특징을 구분하는 문제가 쉽게 출제되었고, 9월은 질병의 구분과 병원체의 특성을 묻는 문제가 쉽게 출제되었다. 수능에서 결핵과 바이러스성 질병에 대한 문제가 쉽게 출제되었다.

❷ 원핵생물과 진핵생물

원핵생물	핵막으로 둘러싸인 핵과 막으로 둘러싸인 세포 소기관이 없는 원핵세포로 이루어진 생물이며, 모두 단세포 생물이다.
진핵생물	핵막으로 둘러싸인 핵과 막으로 둘러싸인 세포 소기관이 있는 진핵세포로 이루어진 생물이며, 단세포 생물과 다세포 생물 모두 존재한다.

❸ 항생제

세균의 성장을 억제하거나 죽게 만드는 물질로, 과다하게 사용하면 항생제에 대한 내성을 가진 세균이 증가하는 부작용이 생길 수 있다.

❹ 항바이러스제

체내에 침입한 바이러스의 작용을 약하게 하거나 파괴시키는 물질로, RNA를 가진 바이러스는 돌연변이가 잘 일어나 항바이러스제를 개발하기가 어렵다.

꼭 외워!

＊병원체의 종류

세균	결핵, 콜레라, 탄저병, 파상풍, 세균성 식중독	바이러스	독감, 홍역, 천연두, 후천성 면역 결핍증(AIDS)
원생생물	말라리아(모기를 매개로 전염됨)	곰팡이	무좀

기출 자료로 개념 체크

H

01 다음은 감염 여부에 따라 질병을 구분한 것이다. 질병의 원인과 예를 옳게 연결하시오.

구분	원인	예
1 감염성 질병 •	• ㉠ 생활 방식, 환경, 유전 •	• ⓐ 천연두, 콜레라, 독감, 감기, 결핵
2 비감염성 질병 •	• ㉡ 병원체 •	• ⓑ 고혈압, 당뇨병, 심장병, 뇌졸중

02 그림 (가)는 코로나바이러스를, (나)는 결핵균을 나타낸 것이다. 이에 대한 설명으로 옳은 것은 ○, 옳지 않은 것은 × 표시하시오. 〈2021 실시 11월 학평 2 (고2)〉

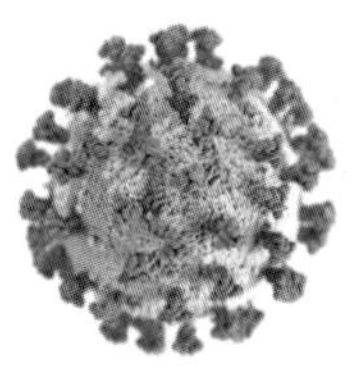
(가)

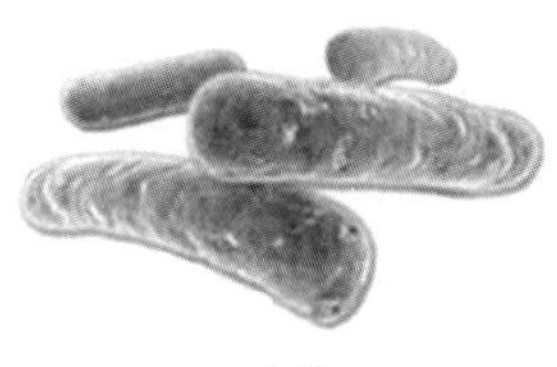
(나)

(1) (가)는 세포 구조로 되어 있다. 3 (○, ×)

(2) (나)에 의한 질병의 치료에 항생제가 사용된다. 4 (○, ×)

(3) (가)와 (나)는 모두 유전 물질을 가진다. 5 (○, ×)

03 다음은 원생생물과 곰팡이에 대한 설명이다. 빈칸에 알맞은 말을 고르시오.

(1) 원생생물과 곰팡이는 핵과 세포 소기관이 있는 6 (원핵 / 진핵) 생물이다.

(2) 7 (원생생물 / 곰팡이)은/는 몸이 실 모양의 균사로 이루어진 다세포성 생물이다.

(3) 말라리아, 아메바성 이질, 수면병은 8 (원생생물 / 곰팡이)에 의한 질병의 예이다.

(4) 곰팡이는 9 (항생제 / 항진균제)를 이용하여 치료한다.

04 다음은 병원체에 대한 설명이다. 빈칸에 알맞은 말을 고르거나 쓰시오.

(1) 병원체 중 (10)은/는 단세포 원핵생물이고, (11)은/는 단세포 진핵생물이며, (12)은/는 다세포성 진핵생물이다.

(2) RNA를 가진 바이러스는 (13)이/가 잘 일어나 항바이러스제를 개발하기가 어려워 치료가 쉽지 않다.

(3) 말라리아는 말라리아 원충이 (14)을/를 매개로 사람에게 전파되어 발생한다.

(4) (15)은/는 인체의 피부에서 번식하여 무좀을 일으키거나 호흡 기관을 통해 포자가 침입하여 만성 폐질환을 일으킨다.

(5) 콜레라의 병원체는 16 (세균 / 바이러스), 천연두의 병원체는 17 (세균 / 바이러스)이다.

(6) 변형 프라이온은 유전 물질이 18 (있다 / 없다).

(7) 광우병의 병원체는 19 (원생생물 / 변형 프라이온)이다.

정답

1 ㉡-ⓐ 2 ㉠-ⓑ 3 × (바이러스는 비세포 구조) 4 ○ (세균에 의한 질병은 항생제로 치료) 5 ○ 6 진핵 7 곰팡이 8 원생생물 9 항진균제 10 세균 11 원생생물 12 곰팡이 13 돌연변이 14 모기 15 곰팡이 16 세균 17 바이러스 18 없다 19 변형 프라이온

유형별 기출 문제 [2점, 3점]

PRACTICE QUESTION

유형 01 병원체의 종류에 따른 특징 구분

단서 질병과 병원체의 특징 또는 그래프가 제시되어 있다.
발상 병원체의 특징을 구분할 수 있어야 한다.

H01 ✿❀❀ 2025 대비 수능 7

그림은 사람 면역 결핍 바이러스(HIV)에 감염된 사람에서 체내 HIV의 수(ⓐ)와 HIV에 감염된 사람이 결핵의 병원체에 노출되었을 때 결핵 발병 확률(ⓑ)을 시간에 따라 각각 나타낸 것이다.

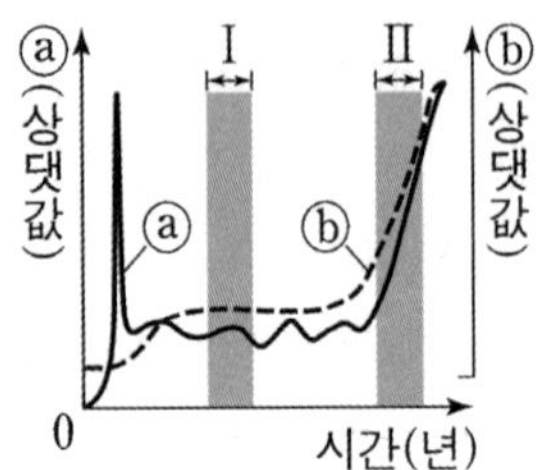

이에 대한 설명으로 옳은 것만을 〈보기〉에서 있는 대로 고른 것은?

[보기]

ㄱ. 결핵의 치료에 항생제가 사용된다.
ㄴ. HIV는 살아 있는 숙주 세포 안에서만 증식할 수 있다.
ㄷ. ⓑ는 구간 Ⅰ에서가 구간 Ⅱ에서보다 높다.

① ㄱ ② ㄷ ③ ㄱ, ㄴ ④ ㄴ, ㄷ ⑤ ㄱ, ㄴ, ㄷ

H02 ✿❀❀ 2024 실시 10월 학평 2

표 (가)는 사람의 질병 A～C의 병원체가 갖는 특징을 나타낸 것이고, (나)는 특징 ㉠～㉢을 순서 없이 나타낸 것이다. A～C는 독감, 무좀, 말라리아를 순서 없이 나타낸 것이다.

질병	병원체가 갖는 특징
A	㉠
B	㉠, ㉡
C	㉠, ㉡, ㉢

(가)

특징(㉠～㉢)
• 단백질을 갖는다. • 원생생물에 속한다. • 스스로 물질대사를 한다.

(나)

이에 대한 옳은 설명만을 〈보기〉에서 있는 대로 고른 것은?

[보기]

ㄱ. A는 독감이다.
ㄴ. C는 모기를 매개로 전염된다.
ㄷ. ㉢은 '스스로 물질대사를 한다.'이다.

① ㄱ ② ㄷ ③ ㄱ, ㄴ ④ ㄴ, ㄷ ⑤ ㄱ, ㄴ, ㄷ

H03 ✿❀❀ 2024 실시 5월 학평 8

표는 사람 질병의 특징을 나타낸 것이다. (가)와 (나)는 말라리아와 독감을 순서 없이 나타낸 것이다.

질병	특징
(가)	병원체는 바이러스이다.
(나)	모기를 매개로 전염된다.
결핵	㉠

이에 대한 설명으로 옳은 것만을 〈보기〉에서 있는 대로 고른 것은?

[보기]

ㄱ. (가)는 독감이다.
ㄴ. (가)와 (나)의 병원체는 모두 유전 물질을 갖는다.
ㄷ. '치료에 항생제가 사용된다.'는 ㉠에 해당한다.

① ㄱ ② ㄴ ③ ㄱ, ㄷ ④ ㄴ, ㄷ ⑤ ㄱ, ㄴ, ㄷ

H04 ✿✿❀ 2024 실시 7월 학평 6

표 (가)는 질병의 특징을, (나)는 (가) 중에서 질병 A, B, 말라리아가 갖는 특징의 개수를 나타낸 것이다. A와 B는 독감과 무좀을 순서 없이 나타낸 것이다.

특징
○ 모기를 매개로 전염된다. ○ 병원체가 유전 물질을 갖는다. ○ ⓐ 병원체는 독립적으로 물질대사를 한다.

(가)

질병	특징의 개수
A	?
B	2
말라리아	㉠

(나)

이에 대한 설명으로 옳은 것만을 〈보기〉에서 있는 대로 고른 것은?

[보기]

ㄱ. A의 병원체는 곰팡이이다.
ㄴ. B는 특징 ⓐ를 갖는다.
ㄷ. ㉠은 2이다.

① ㄱ ② ㄴ ③ ㄷ ④ ㄱ, ㄴ ⑤ ㄴ, ㄷ

H05 ✿❀❀ 2023 실시 3월 학평 4

그림 (가)와 (나)는 결핵과 독감의 병원체를 순서 없이 나타낸 것이다.

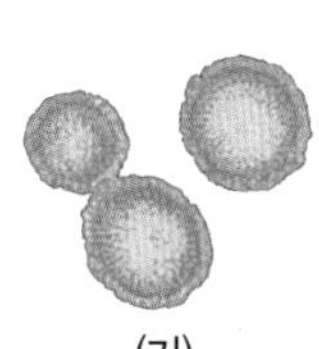

(가)

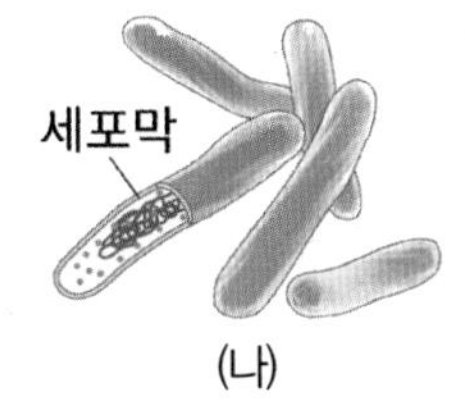

(나)

이에 대한 옳은 설명만을 〈보기〉에서 있는 대로 고른 것은?

[보기]

ㄱ. (가)는 독감의 병원체이다.
ㄴ. (나)는 스스로 물질대사를 하지 못한다.
ㄷ. (가)와 (나)는 모두 단백질을 갖는다.

① ㄱ ② ㄴ ③ ㄱ, ㄷ ④ ㄴ, ㄷ ⑤ ㄱ, ㄴ, ㄷ

H06 ✿❀❀ 2024 대비 9월 모평 7

표는 사람의 질병 A~C의 병원체에서 특징의 유무를 나타낸 것이다. A~C는 결핵, 무좀, 후천성 면역 결핍증(AIDS)을 순서 없이 나타낸 것이다.

특징 \ 병원체	A의 병원체	B의 병원체	C의 병원체
스스로 물질대사를 한다.	○	○	×
세균에 속한다.	×	○	×

(○: 있음, ×: 없음)

이에 대한 설명으로 옳은 것만을 〈보기〉에서 있는 대로 고른 것은?

[보기]

ㄱ. A는 후천성 면역 결핍증이다.
ㄴ. B의 치료에 항생제가 사용된다.
ㄷ. C의 병원체는 유전 물질을 갖는다.

① ㄱ ② ㄷ ③ ㄱ, ㄴ ④ ㄴ, ㄷ ⑤ ㄱ, ㄴ, ㄷ

H07 ✿❀❀ 2023 실시 7월 학평 19

표는 사람의 3가지 질병을 병원체의 특징에 따라 구분하여 나타낸 것이다. ㉠~㉢은 결핵, 독감, 무좀을 순서 없이 나타낸 것이다.

병원체의 특징	질병
곰팡이에 속한다.	㉠
스스로 물질대사를 하지 못한다.	㉡
ⓐ	㉠, ㉢

이에 대한 설명으로 옳은 것만을 〈보기〉에서 있는 대로 고른 것은?

[보기]

ㄱ. ㉠은 무좀이다.
ㄴ. ㉡의 병원체는 단백질을 갖는다.
ㄷ. '세포 구조로 되어 있다.'는 ⓐ에 해당한다.

① ㄱ ② ㄷ ③ ㄱ, ㄴ ④ ㄴ, ㄷ ⑤ ㄱ, ㄴ, ㄷ

H08 ✿❀❀ 2021 실시 3월 학평 4

그림은 독감을 일으키는 병원체 X를 나타낸 것이다.

X에 대한 옳은 설명만을 〈보기〉에서 있는 대로 고른 것은?

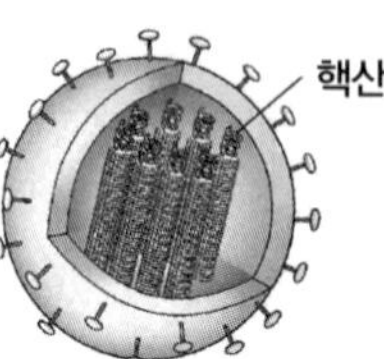

[보기]

ㄱ. 세균이다.
ㄴ. 유전 물질을 갖는다.
ㄷ. 스스로 물질대사를 한다.

① ㄴ ② ㄷ ③ ㄱ, ㄴ ④ ㄱ, ㄷ ⑤ ㄴ, ㄷ

❖ 정답 및 해설 197 ~ 200p

H09 ✿❀❀ 2022 대비 6월 모평 5

표 (가)는 병원체의 3가지 특징을, (나)는 (가)의 특징 중 사람의 질병 A~C의 병원체가 갖는 특징의 개수를 나타낸 것이다. A~C는 독감, 무좀, 말라리아를 순서 없이 나타낸 것이다.

특징
• 독립적으로 물질대사를 한다. • ㉠단백질을 갖는다. • 곰팡이에 속한다.

(가)

질병	병원체가 갖는 특징의 개수
A	3
B	?
C	2

(나)

이에 대한 설명으로 옳은 것만을 <보기>에서 있는 대로 고른 것은?

[보기]

ㄱ. A는 무좀이다.
ㄴ. B의 병원체는 특징 ㉠을 갖는다.
ㄷ. C는 모기를 매개로 전염된다.

① ㄱ ② ㄴ ③ ㄱ, ㄷ ④ ㄴ, ㄷ ⑤ ㄱ, ㄴ, ㄷ

H10 ✿❀❀ 2021 실시 7월 학평 8

표는 사람의 질병 ㉠~㉢을 일으키는 병원체의 종류를, 그림은 ㉠이 전염되는 과정의 일부를 나타낸 것이다. ㉠~㉢은 결핵, 무좀, 말라리아를 순서 없이 나타낸 것이다.

질병	병원체의 종류
㉠	?
㉡	ⓐ
㉢	세균

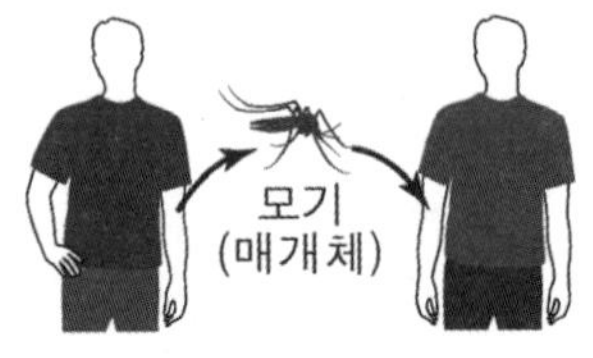

이에 대한 설명으로 옳은 것만을 <보기>에서 있는 대로 고른 것은?

[보기]

ㄱ. ㉠은 말라리아이다.
ㄴ. ⓐ는 세포 구조를 갖는다.
ㄷ. ㉢의 치료에는 항생제가 사용된다.

① ㄱ ② ㄴ ③ ㄱ, ㄷ ④ ㄴ, ㄷ ⑤ ㄱ, ㄴ, ㄷ

H11 ✿❀❀ 2020 실시 4월 학평 12

표 (가)는 사람에서 질병을 일으키는 병원체의 특징 3가지를, (나)는 (가) 중에서 병원체 A~C가 가지는 특징의 개수를 나타낸 것이다. A~C는 결핵균, 무좀균, 인플루엔자 바이러스를 순서 없이 나타낸 것이다.

특징
• 곰팡이이다. • 유전 물질을 가진다. • 독립적으로 물질대사를 한다.

(가)

병원체	특징의 개수
A	1
B	2
C	㉠

(나)

이에 대한 설명으로 옳은 것만을 <보기>에서 있는 대로 고른 것은?

[보기]

ㄱ. ㉠은 3이다.
ㄴ. A는 무좀균이다.
ㄷ. B에 의한 질병의 치료에 항생제가 사용된다.

① ㄱ ② ㄴ ③ ㄷ
④ ㄱ, ㄷ ⑤ ㄴ, ㄷ

H12 ✿❀❀ 2022 대비 9월 모평 1

그림 (가)와 (나)는 결핵의 병원체와 후천성 면역 결핍증(AIDS)의 병원체를 순서 없이 나타낸 것이다. (나)는 세포 구조로 되어 있다.

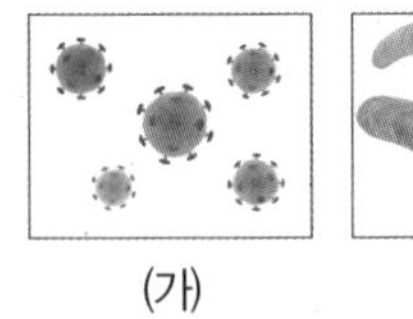

(가)

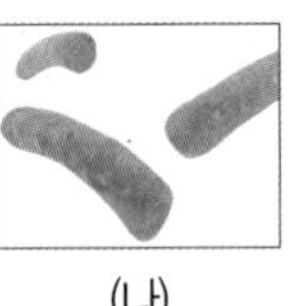

(나)

이에 대한 설명으로 옳은 것만을 <보기>에서 있는 대로 고른 것은?

[보기]

ㄱ. (가)는 결핵의 병원체이다.
ㄴ. (나)는 원생생물이다.
ㄷ. (가)와 (나)는 모두 단백질을 갖는다.

① ㄱ ② ㄷ ③ ㄱ, ㄴ ④ ㄴ, ㄷ ⑤ ㄱ, ㄴ, ㄷ

H13 ✿❀❀ 2020 실시 3월 학평 3

표는 3가지 감염성 질병의 병원체를 나타낸 것이다. A와 B는 결핵과 무좀을 순서 없이 나타낸 것이다.

질병	병원체
A	곰팡이
B	세균
독감	?

이에 대한 옳은 설명만을 〈보기〉에서 있는 대로 고른 것은?

[보기]
ㄱ. A는 결핵이다.
ㄴ. B의 치료에 항생제가 이용된다.
ㄷ. 독감의 병원체는 바이러스이다.

① ㄱ ② ㄴ ③ ㄱ, ㄷ ④ ㄴ, ㄷ ⑤ ㄱ, ㄴ, ㄷ

H14 ✿❀❀ 2022 실시 10월 학평 3

표는 병원체 A~C에서 2가지 특징의 유무를 나타낸 것이다. A~C는 각각 독감, 말라리아, 무좀의 병원체 중 하나이다.

병원체 \ 특징	세포 구조로 되어 있다.	원생생물에 속한다.
A	㉠	×
B	○	○
C	×	×

(○: 있음, ×: 없음)

이에 대한 옳은 설명만을 〈보기〉에서 있는 대로 고른 것은?

[보기]
ㄱ. ㉠은 '○'이다.
ㄴ. B는 무좀의 병원체이다.
ㄷ. C는 바이러스에 속한다.

① ㄱ ② ㄴ ③ ㄷ ④ ㄱ, ㄷ ⑤ ㄴ, ㄷ

H15 ✿❀❀ 2022 실시 3월 학평 5

표는 사람에게서 발병하는 3가지 질병의 특징을 나타낸 것이다.

질병	특징
결핵	치료에 항생제가 사용된다.
페닐케톤뇨증	(가)
후천성 면역 결핍증 (AIDS)	(나)

이에 대한 옳은 설명만을 〈보기〉에서 있는 대로 고른 것은?

[보기]
ㄱ. 결핵은 세균성 질병이다.
ㄴ. '유전병이다.'는 (가)에 해당한다.
ㄷ. '병원체는 사람 면역 결핍 바이러스(HIV)이다.'는 (나)에 해당한다.

① ㄱ ② ㄴ ③ ㄱ, ㄷ ④ ㄴ, ㄷ ⑤ ㄱ, ㄴ, ㄷ

H16 ✿❀❀ 2023 대비 6월 모평 3

표는 사람 질병의 특징을 나타낸 것이다.

질병	특징
무좀	병원체는 독립적으로 물질대사를 한다.
독감	(가)
ⓐ 낫 모양 적혈구 빈혈증	비정상적인 헤모글로빈이 적혈구 모양을 변화시킨다.

이에 대한 설명으로 옳은 것만을 〈보기〉에서 있는 대로 고른 것은?

[보기]
ㄱ. 무좀의 병원체는 세균이다.
ㄴ. '병원체는 살아있는 숙주 세포 안에서만 증식할 수 있다.'는 (가)에 해당한다.
ㄷ. 유전자 돌연변이에 의한 질병 중에는 ⓐ가 있다.

① ㄱ ② ㄴ ③ ㄱ, ㄷ ④ ㄴ, ㄷ ⑤ ㄱ, ㄴ, ㄷ

❖ 정답 및 해설 201~204p

H17 ✿❀❀ 2021 대비 6월 모평 6

다음은 사람의 질병에 대한 학생 A~C의 대화 내용이다.

제시한 내용이 옳은 학생만을 있는 대로 고른 것은?

① A ② C ③ A, B
④ B, C ⑤ A, B, C

H18 ✿❀❀ 2021 대비 수능 3

표 (가)는 사람의 5가지 질병을 A~C로 구분하여 나타낸 것이고, (나)는 병원체의 3가지 특징을 나타낸 것이다.

구분	질병
A	말라리아
B	독감, 홍역
C	결핵, 탄저병

(가)

특징
• 유전 물질을 갖는다. • 세포 구조로 되어 있다. • 독립적으로 물질대사를 한다.

(나)

이에 대한 설명으로 옳은 것만을 〈보기〉에서 있는 대로 고른 것은?

[보기]
ㄱ. 말라리아의 병원체는 곰팡이다.
ㄴ. 독감의 병원체는 세포 구조로 되어 있다.
ㄷ. C의 병원체는 (나)의 특징을 모두 갖는다.

① ㄱ ② ㄷ ③ ㄱ, ㄴ
④ ㄴ, ㄷ ⑤ ㄱ, ㄴ, ㄷ

2025 9, 6월 출제

유형 02 감염성 · 비감염성 질병의 특징 비교

(단서) 여러 가지 질병의 종류와 병원체의 특징이 제시되어 있다.
(발상) 감염성 질병과 비감염성 질병의 특징을 구분할 수 있어야 한다.

H19 ✿❀❀ 2025 대비 9월 모평 4

그림은 같은 수의 정상 적혈구 R와 낫 모양 적혈구 S를 각각 말라리아 병원체와 혼합하여 배양한 후, 말라리아 병원체에 감염된 R와 S의 빈도를 나타낸 것이다.

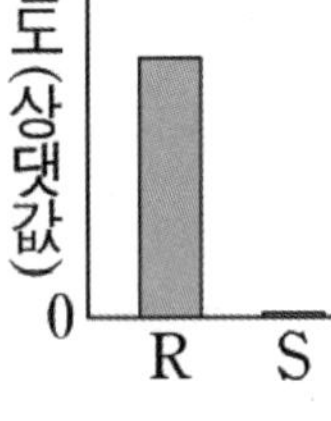

이에 대한 설명으로 옳은 것만을 〈보기〉에서 있는 대로 고른 것은? (단, 제시된 조건 이외는 고려하지 않는다.)

[보기]
ㄱ. 말라리아 병원체는 원생생물이다.
ㄴ. 낫 모양 적혈구 빈혈증은 비감염성 질병에 해당한다.
ㄷ. 말라리아 병원체에 노출되었을 때, S를 갖는 사람은 R만 갖는 사람보다 말라리아가 발병할 확률이 높다.

① ㄱ ② ㄷ ③ ㄱ, ㄴ ④ ㄴ, ㄷ ⑤ ㄱ, ㄴ, ㄷ

H20 ✿❀❀ 2025 대비 6월 모평 10

표는 사람의 질병 A~C의 병원체에서 특징의 유무를 나타낸 것이다. A~C는 결핵, 독감, 말라리아를 순서 없이 나타낸 것이다.

특징 \ 병원체	A의 병원체	B의 병원체	C의 병원체
유전 물질을 갖는다.	㉠	?	○
스스로 물질대사를 한다.	○	?	×
원생생물에 속한다.	×	○	×

(○: 있음, ×: 없음)

이에 대한 설명으로 옳은 것만을 〈보기〉에서 있는 대로 고른 것은?

[보기]
ㄱ. ㉠은 '×'이다.
ㄴ. B는 비감염성 질병이다.
ㄷ. C의 병원체는 바이러스이다.

① ㄱ ② ㄷ ③ ㄱ, ㄴ ④ ㄴ, ㄷ ⑤ ㄱ, ㄴ, ㄷ

H21 ✿✿❀ 2024 실시 3월 학평 8

사람의 질병에 대한 옳은 설명만을 〈보기〉에서 있는 대로 고른 것은?

[보기]

ㄱ. 결핵은 감염성 질병이다.
ㄴ. 말라리아의 병원체는 원생생물이다.
ㄷ. 독감의 병원체는 세포 분열을 통해 증식한다.

① ㄱ ② ㄷ ③ ㄱ, ㄴ ④ ㄴ, ㄷ ⑤ ㄱ, ㄴ, ㄷ

H22 ✿❀❀ 2023 실시 10월 학평 5

다음은 질병 ㉠의 병원체와 월별 발병률 자료에 대한 학생 A~C의 발표 내용이다. ㉠은 독감과 헌팅턴 무도병 중 하나이다.

제시한 내용이 옳은 학생만을 있는 대로 고른 것은?

① A ② B ③ C ④ A, B ⑤ B, C

H23 ✿❀❀ 2024 대비 6월 모평 4

사람의 질병에 대한 설명으로 옳은 것만을 〈보기〉에서 있는 대로 고른 것은?

[보기]

ㄱ. 독감의 병원체는 바이러스이다.
ㄴ. 결핵의 병원체는 독립적으로 물질대사를 한다.
ㄷ. 낫 모양 적혈구 빈혈증은 비감염성 질병에 해당한다.

① ㄱ ② ㄴ ③ ㄱ, ㄷ ④ ㄴ, ㄷ ⑤ ㄱ, ㄴ, ㄷ

H24 ✿❀❀ 2021 실시 4월 학평 8

표 (가)는 질병의 특징 3가지를, (나)는 (가) 중에서 질병 A~C에 있는 특징의 개수를 나타낸 것이다. A~C는 말라리아, 무좀, 홍역을 순서 없이 나타낸 것이다.

특징
○ 병원체가 원생생물이다.
○ 병원체가 세포 구조로 되어 있다.
○ ㉠

(가)

질병	특징의 개수
A	3
B	2
C	1

(나)

이에 대한 설명으로 옳은 것만을 〈보기〉에서 있는 대로 고른 것은? (3점)

[보기]

ㄱ. A는 무좀이다.
ㄴ. C의 병원체는 세포 분열을 통해 증식한다.
ㄷ. '감염성 질병이다.'는 ㉠에 해당한다.

① ㄱ ② ㄷ ③ ㄱ, ㄴ ④ ㄴ, ㄷ ⑤ ㄱ, ㄴ, ㄷ

❖ 정답 및 해설 205 ~ 208p

H25 ✿❀❀ 2021 대비 9월 모평 5

표는 사람의 4 가지 질병을 A와 B로 구분하여 나타낸 것이다.

구분	질병
A	천연두, 홍역
B	결핵, 콜레라

이에 대한 설명으로 옳은 것만을 〈보기〉에서 있는 대로 고른 것은?

[보기]

ㄱ. A의 병원체는 원생생물이다.
ㄴ. 결핵의 치료에는 항생제가 사용된다.
ㄷ. A와 B는 모두 감염성 질병이다.

① ㄱ ② ㄴ ③ ㄱ, ㄷ ④ ㄴ, ㄷ ⑤ ㄱ, ㄴ, ㄷ

H26 ✿❀❀ 2020 실시 7월 학평 6

표 (가)는 병원체 A~C의 특징을, (나)는 사람의 6가지 질병을 Ⅰ~Ⅲ으로 구분하여 나타낸 것이다. A~C는 세균, 균류(곰팡이), 바이러스를 순서 없이 나타낸 것이고, Ⅰ~Ⅲ은 세균성 질병, 바이러스성 질병, 비감염성 질병을 순서 없이 나타낸 것이다.

병원체	특징
A	핵이 있음
B	항생제에 의해 제거됨
C	세포 구조가 아님

(가)

구분	질병
Ⅰ	㉠ 당뇨병, 고혈압
Ⅱ	독감, 홍역
Ⅲ	결핵, 파상풍

(나)

이에 대한 설명으로 옳은 것만을 〈보기〉에서 있는 대로 고른 것은?

[보기]

ㄱ. ㉠은 대사성 질환이다.
ㄴ. Ⅱ의 병원체는 B이다.
ㄷ. Ⅲ의 병원체는 유전 물질을 갖는다.

① ㄱ ② ㄴ ③ ㄱ, ㄴ
④ ㄱ, ㄷ ⑤ ㄴ, ㄷ

H27 ✿❀❀ 2023 대비 수능 2

표는 사람의 5가지 질병을 병원체의 특징에 따라 구분하여 나타낸 것이다.

병원체의 특징	질병
세포 구조로 되어 있다.	결핵, 무좀, 말라리아
(가)	독감, 후천성 면역 결핍증(AIDS)

이에 대한 설명으로 옳은 것만을 〈보기〉에서 있는 대로 고른 것은?

[보기]

ㄱ. '스스로 물질대사를 하지 못한다.'는 (가)에 해당한다.
ㄴ. 무좀과 말라리아의 병원체는 모두 곰팡이다.
ㄷ. 결핵과 독감은 모두 감염성 질병이다.

① ㄱ ② ㄴ ③ ㄱ, ㄷ
④ ㄴ, ㄷ ⑤ ㄱ, ㄴ, ㄷ

H28 ✿✿❀ 2023 실시 4월 학평 6

표는 사람 질병의 특징을 나타낸 것이다.

질병	특징
독감	㉠
(가)	병원체는 원생생물이다.
페닐케톤뇨증	페닐알라닌이 체내에 비정상적으로 축적된다.

이에 대한 설명으로 옳은 것만을 〈보기〉에서 있는 대로 고른 것은?

[보기]

ㄱ. '병원체는 독립적으로 물질대사를 한다.'는 ㉠에 해당한다.
ㄴ. 무좀은 (가)에 해당한다.
ㄷ. 페닐케톤뇨증은 비감염성 질병이다.

① ㄱ ② ㄷ ③ ㄱ, ㄴ ④ ㄴ, ㄷ ⑤ ㄱ, ㄴ, ㄷ

H29 ✿❀❀ 2020 실시 10월 학평 12

표는 사람의 3가지 질병이 갖는 특징을 나타낸 것이다. A와 B는 각각 말라리아와 헌팅턴 무도병 중 하나이다.

질병	특징
A	비감염성 질병이다.
B	병원체는 세포로 이루어져 있다.
후천성 면역 결핍증	㉠

이에 대한 옳은 설명만을 ⟨보기⟩에서 있는 대로 고른 것은?

[보기]

ㄱ. A는 유전병이다.
ㄴ. B는 모기를 매개로 전염된다.
ㄷ. '병원체는 스스로 물질대사를 하지 못한다.'는 ㉠에 해당한다.

① ㄱ ② ㄴ ③ ㄱ, ㄷ ④ ㄴ, ㄷ ⑤ ㄱ, ㄴ, ㄷ

H30 ✿❀❀ 2022 실시 7월 학평 2

표 (가)는 질병 A~C에서 특징 ㉠~㉢의 유무를, (나)는 ㉠~㉢을 순서 없이 나타낸 것이다. A~C는 결핵, 말라리아, 헌팅턴 무도병을 순서 없이 나타낸 것이다.

질병 \ 특징	㉠	㉡	㉢
A	○	×	?
B	○	?	×
C	?	○	×

(○ : 있음, × : 없음)

(가)

특징 (㉠~㉢)
○ 비감염성 질병이다. ○ 병원체가 원생생물이다. ○ 병원체가 세포 구조로 되어 있다.

(나)

이에 대한 설명으로 옳은 것만을 ⟨보기⟩에서 있는 대로 고른 것은?

[보기]

ㄱ. A는 모기를 매개로 전염된다.
ㄴ. B의 치료에는 항생제가 사용된다.
ㄷ. C는 헌팅턴 무도병이다.

① ㄱ ② ㄷ ③ ㄱ, ㄴ ④ ㄴ, ㄷ ⑤ ㄱ, ㄴ, ㄷ

H31 ✿❀❀ 2022 대비 수능 5

표는 사람 질병의 특징을 나타낸 것이다.

질병	특징
말라리아	모기를 매개로 전염된다.
결핵	(가)
헌팅턴 무도병	신경계의 손상(퇴화)이 일어난다.

이에 대한 설명으로 옳은 것만을 ⟨보기⟩에서 있는 대로 고른 것은?

[보기]

ㄱ. 말라리아의 병원체는 바이러스이다.
ㄴ. '치료에 항생제가 사용된다.'는 (가)에 해당한다.
ㄷ. 헌팅턴 무도병은 비감염성 질병이다.

① ㄱ ② ㄷ ③ ㄱ, ㄴ
④ ㄴ, ㄷ ⑤ ㄱ, ㄴ, ㄷ

H32 ✿❀❀ 2023 대비 9월 모평 2

표는 사람의 질병 A와 B의 특징을 나타낸 것이다. A와 B는 후천성 면역 결핍증(AIDS)과 헌팅턴 무도병을 순서 없이 나타낸 것이다.

질병	특징
A	신경계가 점진적으로 파괴되면서 몸의 움직임이 통제되지 않으며, 자손에게 유전될 수 있다.
B	면역력이 약화되어 세균과 곰팡이에 쉽게 감염된다.

이에 대한 설명으로 옳은 것만을 ⟨보기⟩에서 있는 대로 고른 것은?

[보기]

ㄱ. A는 헌팅턴 무도병이다.
ㄴ. B의 병원체는 바이러스이다.
ㄷ. A와 B는 모두 감염성 질병이다.

① ㄱ ② ㄷ ③ ㄱ, ㄴ ④ ㄴ, ㄷ ⑤ ㄱ, ㄴ, ㄷ

❖ 정답 및 해설 209~212p

H33 ✿❀❀ 2020 대비 9월 모평 6

표 (가)는 질병 A~C에서 특징 ㉠~㉢의 유무를 나타낸 것이고, (나)는 ㉠~㉢을 순서 없이 나타낸 것이다. A~C는 각각 결핵, 독감, 후천성 면역 결핍 증후군(AIDS) 중 하나이다.

질병 \ 특징	㉠	㉡	㉢
A	○	×	×
B	○	○	×
C	○	○	○

(○: 있음, ×: 없음)

(가)

특징(㉠~㉢)
- 바이러스성 질병이다.
- 병원체는 유전 물질을 가진다.
- 병원체는 인간 면역 결핍 바이러스(HIV)이다.

(나)

이에 대한 설명으로 옳은 것만을 〈보기〉에서 있는 대로 고른 것은?

[보기]

ㄱ. A는 독감이다.
ㄴ. B의 병원체는 세포 구조로 되어 있다.
ㄷ. C의 병원체는 스스로 물질대사를 하지 못한다.

① ㄱ ② ㄷ ③ ㄱ, ㄴ
④ ㄴ, ㄷ ⑤ ㄱ, ㄴ, ㄷ

H34 ✿❀❀ 2021 실시 10월 학평 4

그림은 질병 (가)를 일으키는 병원체 X를 나타낸 것이다.

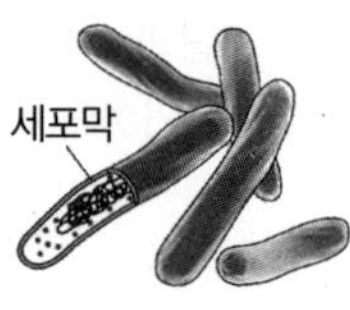

이에 대한 설명으로 옳은 것만을 〈보기〉에서 있는 대로 고른 것은?

[보기]

ㄱ. X는 바이러스이다.
ㄴ. X는 단백질을 갖는다.
ㄷ. (가)는 감염성 질병이다.

① ㄱ ② ㄴ ③ ㄱ, ㄷ ④ ㄴ, ㄷ ⑤ ㄱ, ㄴ, ㄷ

❖ 정답 및 해설 213p

I 우리 몸의 방어 작용

★ 2025 수능 출제 분석

- **방어 작용** : 생쥐의 방어 작용 실험에서 항원 항체 반응을 묻는 문제가 쉽게 출제되었다.

대비년도	출제 개념	난이도
2025 수능	방어 작용	✲
2025 9월	–	–
2025 6월	항원 항체 반응	✲
2024 수능	ABO식 혈액형/특이적 방어 작용	✲/✲✲

1 비특이적 방어 작용과 특이적 방어 작용

1. 비특이적 방어 작용(선천성 면역): 병원체의 종류나 감염 경험의 유무와 관계없이 감염 발생 시 신속하게 반응이 일어난다.

피부	병원체가 몸속으로 들어오는 것을 막는 물리적인 장벽 역할을 한다.
점막	세균의 세포벽을 분해하는 효소인 라이소자임이 들어 있는 점액으로 덮여 있다.
분비액	땀, 눈물, 침 속에는 라이소자임이 있어 세균의 세포벽을 분해한다.
식세포 작용 (식균 작용)	대식 세포와 같은 백혈구가 체내로 침투한 병원체를 세포 안으로 끌어들여 분해한다.
염증 반응❶	피부나 점막이 손상되어 병원체가 체내로 침입하면 발열, 통증, 붉어짐 등의 증상이 나타난다.

2. 특이적 방어 작용(후천성 면역)

(1) 특정 항원을❷ 인식하여 제거하는 방어 작용이다.

(2) 골수에서 생성되어 가슴샘에서 성숙되는 T 림프구와 골수에서 생성되어 골수에서 성숙되는 B 림프구에 의해 이루어진다.

3. 특이적 방어 작용의 종류

세포성 면역	• 보조 T 림프구에 의해 활성화된 세포독성 T 림프구가 병원체에 감염된 세포를 제거하는 반응 • 과정: 대식 세포가 병원체를 삼킨 후 분해하여 항원 제시 → 보조 T 림프구가 이를 인식하여 활성화 → 세포독성 T 림프구 활성화
체액성 면역	• 형질 세포가 생산하는 항체가 항원과 결합하여 항원을 제거하는 면역 반응 • 과정: 보조 T 림프구가 B 림프구 활성화 → B 림프구가 형질 세포와 기억 세포로 분화 **1차 면역 반응**: 항원이 처음 침입했을 때, B 림프구가 형질 세포로 분화하여 항체를 생성하기까지 약 5~7일이 걸린다. ➡ **2차 면역 반응**: 같은 항원이 재침입했을 때, 1차 면역 반응에서 생성된 기억 세포가 빠르게 증식하면서 형질 세포로 분화하고 항체를 생성하여 항원을 제거한다. 항체를 생성하는 시간이 매우 빠르고, 생성되는 항체의 양도 많으며, 비교적 항체가 오래 유지된다.

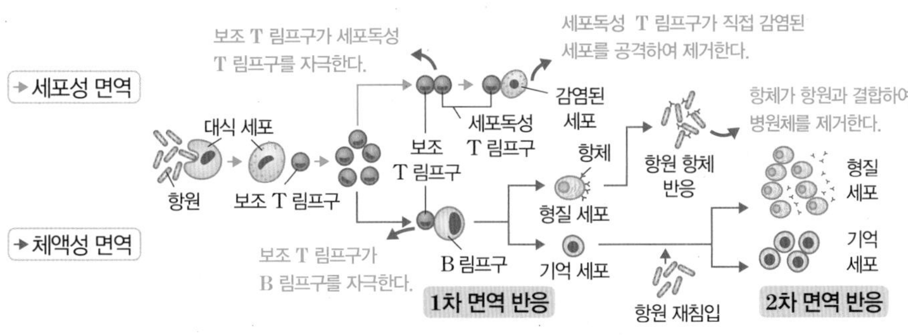

▲ 세포성 면역과 체액성 면역 과정

❷ **항원과 항체**

- **항원**: 체내에서 면역 반응을 일으키는 원인 물질이다.
- **항체**: 체내에서 항원을 제거하기 위해 만들어진 Y자 모양의 단백질이다.

출제 2025 대비 수능 9번
2025 대비 6월 모평 3번

★ 6월은 항원 항체 반응과 항체의 특성을 묻는 문제가 쉽게 출제되었다.
수능에서는 생쥐의 방어 작용 실험에서 항원 항체 반응을 묻는 문제가 쉽게 출제되었다.

4. **백신과 면역 관련 질환**

(1) **백신**[3]: 감염성 질병을 예방하기 위해 사용하는 항원을 포함한 물질이다.

➡ 병원성을 제거하거나 약화시킨 병원체 등을 사용하여 1차 면역 반응을 일으키고 기억 세포의 생성을 유도한다.

(2) **면역 관련 질환**[4]: 알레르기성 비염, 류머티즘 관절염, 후천성 면역 결핍증(AIDS)

2 혈액형

1. **혈액의 응집 반응**: 적혈구 세포막의 응집원(항원)이 다른 혈액의 혈장에 있는 응집소(항체)와 결합하여 서로 엉겨 붙는 현상이다.

➡ 응집원이 특정 응집소와 만나 결합하면 응집 반응이 일어난다.

2. **ABO식 혈액형**: 응집원의 종류에 따라 A형, B형, AB형, O형으로 구분한다.

(1) **응집원과 응집소**: 응집원에는 A와 B가 있고, 응집소에는 α와 β가 있다.

구분	A형	B형	AB형	O형
응집원	A, 적혈구	B	A, B	없음
응집소	β, 혈장	α	없음	α, β

(2) **혈액형 판정**: 항 A 혈청, 항 B 혈청을[5] 혈액에 떨어뜨렸을 때 일어나는 응집 반응으로 ABO식 혈액형을[6] 판정한다.

구분	A형(응집원 A)	B형(응집원 B)	AB형(응집원 A, B)	O형(응집원 없음)
항 A 혈청 (응집소 α)	A, α 응집○	B, α 응집×	A, α, B 응집○	α 응집×
항 B 혈청 (응집소 β)	A, β 응집×	B, β 응집○	B, β, A 응집○	β 응집×

3. **Rh식 혈액형**

(1) **Rh식 혈액형 구분**: Rh 응집원은 적혈구 막 표면에 있으며 Rh 응집소는 혈장에 존재

구분	Rh^+형	Rh^-형
응집원	있음	없음
응집소	없음	응집원에 노출되면 생성됨

(2) **Rh식 혈액형 판정**

구분	Rh^+형	Rh^-형
항 Rh 혈청 (Rh 응집소 함유)	응집됨	응집 안 됨

꼭 외워!

＊특이적 방어 작용

1차 면역 반응	B 림프구가 형질 세포(항체 생성)와 기억 세포로 분화 → 항체가 항원 제거
2차 면역 반응	기억 세포가 빠르게 증식하여 형질 세포로 분화 → 항체가 항원 제거

＊ABO식 혈액형 판정 방법

구분	A형	B형	AB형	O형
항 A 혈청 (응집소 α)	응집함	응집 안 함	응집함	응집 안 함
항 B 혈청 (응집소 β)	응집 안 함	응집함	응집함	응집 안 함

❸ 백신 접종의 원리

병원체에 감염되기 전에 백신을 주사하여 1차 면역 반응을 일으켜 특정 항원에 대한 기억 세포를 형성한다. 실제 병원체가 들어왔을 때 2차 면역 반응을 통해 빠르게 병원체를 무력화시켜 질병을 예방할 수 있다.

❹ 면역 관련 질환

알레르기	음식물, 먼지, 꽃가루 등 특정 항원에 면역계가 과민하게 반응 예 알레르기 비염
자가 면역 질환	면역계가 자기 몸을 구성하는 세포나 조직을 항원으로 인식하여 공격 예 류머티즘 관절염
면역 결핍	면역 담당 세포나 기관 이상으로 면역 기능이 현저히 저하 예 후천성 면역 결핍증(AIDS)

❺ 항 A 혈청과 항 B 혈청

- **항 A 혈청**: A형과 AB형의 혈액과 응집 반응을 일으키며, B형의 혈청 속에 있는 응집소 α가 존재한다.
- **항 B 혈청**: B형과 AB형의 혈액과 응집 반응을 일으키며, A형의 혈청 속에 있는 응집소 β가 존재한다.

❻ ABO식 혈액형과 수혈

수혈은 같은 혈액형끼리 하는 것이 원칙이지만, 소량 수혈(200 mL)의 경우 주는 사람의 응집원과 받는 사람의 응집소 사이에 응집 반응이 일어나지 않으면 가능하다.

그 까닭은 주는 사람의 응집소가 받는 사람의 혈액에 희석되어 그 영향이 매우 적어지기 때문이다.

1 비특이적 방어 작용과 특이적 방어 작용

01 다음은 비특이적 방어 작용에 대한 설명이다. 빈칸에 알맞은 말을 쓰시오.

(1) (1 　　　　　)의 종류나 감염 경험의 유무와 관계없이 감염 발생 시 신속하게 반응이 일어난다.

(2) 태어날 때부터 갖고 있는 면역으로 (2 　　　　　) 면역이다.

(3) 점액, 땀, 눈물, 침 속에 함유되어 있으며 세균의 세포벽을 분해하는 효소는 (3 　　　　　)이다.

(4) (4 　　　　　): 대식 세포와 같은 백혈구가 체내로 침투한 병원체를 세포 안으로 끌어들여 분해하는 작용

(5) (5 　　　　　): 피부나 점막이 손상되어 병원체가 몸속으로 침입하였을 때 일어나는 방어 작용

02 그림은 특이적 방어 작용의 과정을 나타낸 것이다. 빈칸에 알맞은 말을 쓰시오.

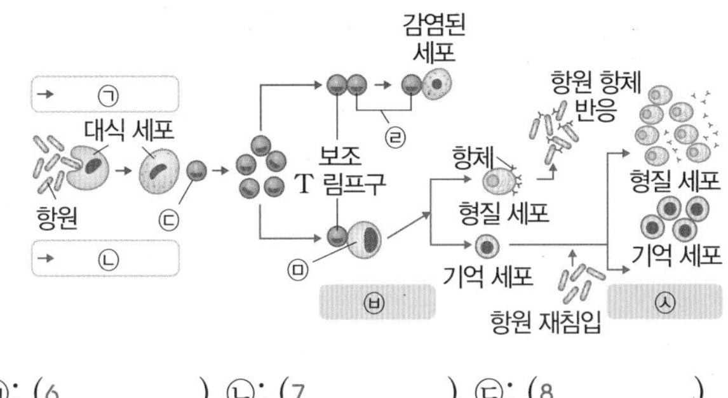

㉠: (6 　　　　) ㉡: (7 　　　　) ㉢: (8 　　　　)
㉣: (9 　　　　) ㉤: (10 　　　　) ㉥: (11 　　　　)
㉦: (12 　　　　)

03 다음은 우리 몸의 방어 작용에 대한 설명이다. 빈칸에 알맞은 말을 고르시오.

(1) 항원이 처음 침입했을 때, 13(B / T) 림프구가 형질 세포로 분화하여 항체를 생성한다.

(2) 2차 면역 반응은 같은 항원이 재침입했을 때, 1차 면역 반응에서 생성된 14(항체 / 기억 세포)가 있어 병원체를 더 빨리 제거할 수 있다.

04 그림은 어떤 사람이 세균 X에 감염된 후, 이 사람에서 X의 침입에 의해 생성되는 X에 대한 혈중 항체 농도 변화를 나타낸 것이다. 이에 대한 설명으로 옳은 것은 ○, 옳지 않은 것은 × 표시하시오. 〈2020 대비 수능 11〉

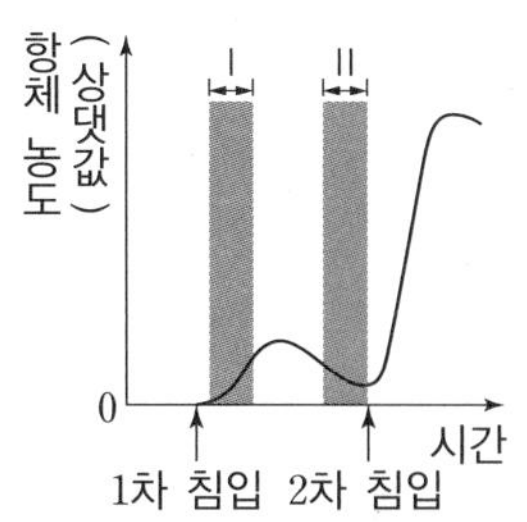

(1) 구간 Ⅰ에서 X에 대한 식균 작용이 일어났다. 15(○, ×)

(2) 구간 Ⅰ에는 X에 대한 형질 세포가 있다. 16(○, ×)

(3) 구간 Ⅱ에는 X에 대한 기억 세포가 존재하지 않는다. 17(○, ×)

2 혈액형

05 표는 혈액에 항 A 혈청과 항 B 혈청을 각각 떨어뜨렸을 때 일어나는 응집 반응을 나타낸 것이다. 응집 여부에 따라 +, −를 각각 쓰시오.

구분	A형	B형	AB형	O형
항 A 혈청 (응집소 (18 　))	(19 　)	(20 　)	(21 　)	(22 　)
항 B 혈청 (응집소 (23 　))	(24 　)	(25 　)	(26 　)	(27 　)

(+: 응집함, −: 응집 안 함)

06 혈액형에 대한 설명으로 옳은 것은 ○, 옳지 않은 것은 × 표시하시오.

(1) A형인 사람은 백혈구 표면에 응집원 A가 있다. 28 (○, ×)

(2) AB형인 사람은 응집소 α와 β가 모두 있다. 29 (○, ×)

(3) Rh^+형인 사람은 Rh 응집원이 있다. 30 (○, ×)

(4) Rh^-형인 사람은 Rh 응집원에 노출되면 Rh 응집소가 생성된다. 31 (○, ×)

(5) O형의 혈액과 B형의 혈액을 섞으면 응집 반응이 일어난다. 32 (○, ×)

정답

1 병원체 2 선천성 3 라이소자임 4 식세포(식균) 작용 5 염증 반응 6 세포성 면역 7 체액성 면역 8 보조 T 림프구 9 세포독성 T 림프구 10 B 림프구 11 1차 면역 반응 12 2차 면역 반응 13 B 14 기억 세포 15 ○ 16 ○ 17 × (X가 1차 침입한 후 B 림프구가 기억 세포로 분화함) 18 α 19 + 20 − 21 + 22 − 23 β 24 − 25 + 26 + 27 − 28 ×(적혈구 표면에 응집원 존재) 29 ×(AB형은 응집소 없음) 30 ○ 31 ○ 32 ○

유형별 기출 문제 [2점, 3점]

PRACTICE QUESTION

1 비특이적 방어 작용과 특이적 방어 작용

2025 9, 6월 출제

유형 01 인체의 방어 작용

(단서) 방어 작용에 관련된 그림이나 그래프가 제시되어 있다.

(발상) 2차 침입이 일어날 경우 기억 세포가 형질 세포로 분화하여 항체를 생성하는 2차 면역 반응이 일어난다.

101

2025 대비 6월 모평 3

그림 (가)는 어떤 사람이 병원체 X에 감염되었을 때 생성된 X에 대한 항체 Y의 구조를, (나)는 X와 Y의 항원 항체 반응을 나타낸 것이다. ㉠과 ㉡ 중 하나는 항원 결합 부위이다.

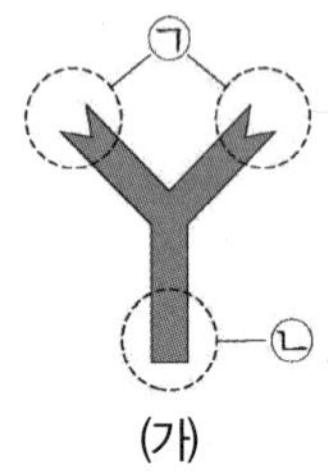

(가)

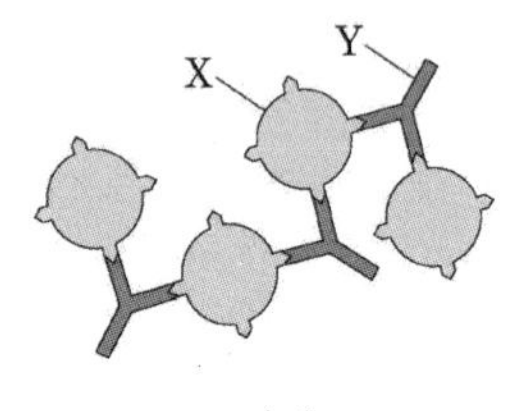

(나)

이에 대한 설명으로 옳은 것만을 〈보기〉에서 있는 대로 고른 것은? (3점)

[보기]

ㄱ. Y는 형질 세포로부터 생성된다.
ㄴ. ㉡은 X에 특이적으로 결합하는 부위이다.
ㄷ. X에 대한 체액성 면역 반응에서 (나)가 일어난다.

① ㄱ ② ㄴ ③ ㄱ, ㄷ ④ ㄴ, ㄷ ⑤ ㄱ, ㄴ, ㄷ

102

2022 대비 수능 9

다음은 어떤 사람이 병원체 X에 감염되었을 때 나타나는 방어 작용에 대한 자료이다.

(가) ㉠ 형질 세포에서 X에 대한 항체가 생성된다.
(나) 세포독성 T 림프구가 X에 감염된 세포를 파괴한다.

이에 대한 설명으로 옳은 것만을 〈보기〉에서 있는 대로 고른 것은? (3점)

[보기]

ㄱ. X에 대한 체액성 면역 반응에서 (가)가 일어난다.
ㄴ. (나)는 특이적 방어 작용에 해당한다.
ㄷ. 이 사람이 X에 다시 감염되었을 때 ㉠이 기억 세포로 분화한다.

① ㄱ ② ㄷ ③ ㄱ, ㄴ ④ ㄴ, ㄷ ⑤ ㄱ, ㄴ, ㄷ

103

2025 대비 9월 모평 18

다음은 사람의 방어 작용에 대한 실험이다.

○ 침과 눈물에는 ㉠세균의 증식을 억제하는 물질이 있다.

[실험 과정 및 결과]

(가) 사람의 침과 눈물을 각각 표와 같은 농도로 준비한다.
(나) (가)에서 준비한 침과 눈물에 같은 양의 세균 G를 각각 넣고 일정 시간 동안 배양한 후, G의 증식 여부를 확인한 결과는 표와 같다.

농도 (상댓값)	침	눈물
1	ⓐ	×
0.1	×	?
0.01	○	×

(○: 증식됨, ×: 증식 안 됨)

이에 대한 설명으로 옳은 것만을 〈보기〉에서 있는 대로 고른 것은? (단, 제시된 조건 이외는 고려하지 않는다.) (3점)

[보기]

ㄱ. 라이소자임은 ㉠에 해당한다.
ㄴ. ⓐ는 '×'이다.
ㄷ. 사람의 침과 눈물은 비특이적 방어 작용에 관여한다.

① ㄱ ② ㄷ ③ ㄱ, ㄴ ④ ㄴ, ㄷ ⑤ ㄱ, ㄴ, ㄷ

104

2021 대비 6월 모평 15

표 (가)는 세포 Ⅰ~Ⅲ에서 특징 ㉠~㉢의 유무를 나타낸 것이고, (나)는 ㉠~㉢을 순서 없이 나타낸 것이다. Ⅰ~Ⅲ은 각각 보조 T 림프구, 세포독성 T 림프구, 형질 세포 중 하나이다.

세포 \ 특징	㉠	㉡	㉢
Ⅰ	○	○	○
Ⅱ	×	○	×
Ⅲ	○	○	×

(○: 있음, ×: 없음)

(가)

특징(㉠~㉢)
• 특이적 방어 작용에 관여한다. • 가슴샘에서 성숙된다. • 병원체에 감염된 세포를 직접 파괴한다.

(나)

이에 대한 설명으로 옳은 것만을 〈보기〉에서 있는 대로 고른 것은? (3점)

[보기]

ㄱ. Ⅰ은 보조 T 림프구이다.
ㄴ. Ⅱ에서 항체가 분비된다.
ㄷ. ㉢은 '병원체에 감염된 세포를 직접 파괴한다.'이다.

① ㄱ ② ㄴ ③ ㄱ, ㄷ ④ ㄴ, ㄷ ⑤ ㄱ, ㄴ, ㄷ

105 ✿✿❀ 2018 실시 7월 학평 7

그림 (가)는 인체에 세균 X가 침입했을 때 B 림프구와 기억 세포가 각각 형질 세포로 분화되는 과정을, (나)는 X의 침입 후 생성되는 혈중 항체의 농도 변화를 나타낸 것이다.

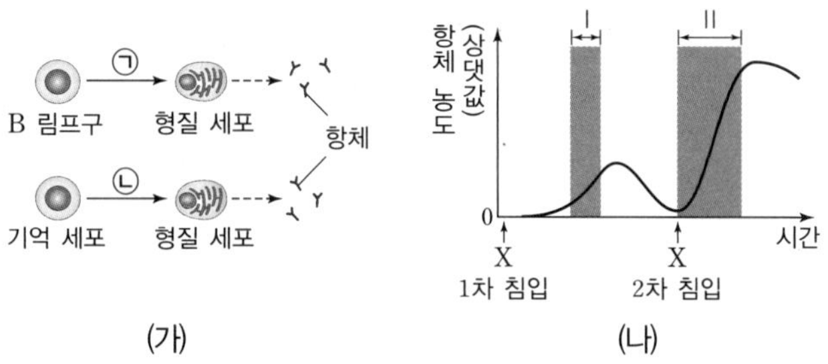

(가) (나)

이에 대한 설명으로 옳은 것만을 <보기>에서 있는 대로 고른 것은? (3점)

[보기]

ㄱ. 과정 ㉠에 보조 T 림프구가 관여한다.
ㄴ. 구간 Ⅱ에서 과정 ㉡이 일어난다.
ㄷ. 구간 Ⅰ과 Ⅱ에서 모두 X에 대한 특이적 방어 작용이 일어난다.

① ㄱ ② ㄷ ③ ㄱ, ㄴ ④ ㄴ, ㄷ ⑤ ㄱ, ㄴ, ㄷ

106 ✿❀❀ 2024 실시 7월 학평 7

그림 (가)는 어떤 사람이 항원 X에 감염되었을 때 일어나는 방어 작용의 일부를, (나)는 이 사람에서 X의 침입에 의해 생성되는 X에 대한 혈중 항체 농도 변화를 나타낸 것이다. 세포 ㉠과 ㉡은 형질 세포와 B 림프구를 순서 없이 나타낸 것이다.

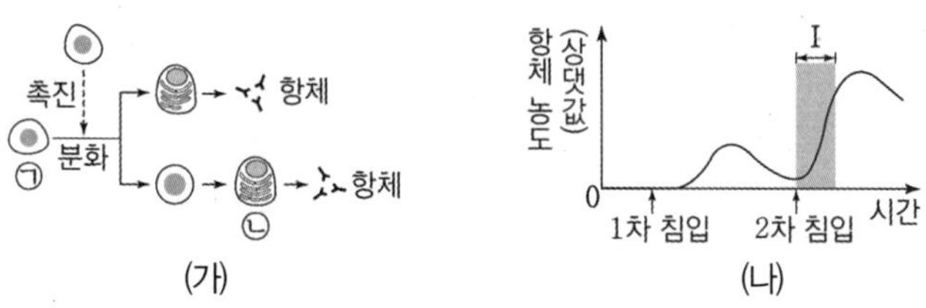

(가) (나)

이에 대한 설명으로 옳은 것만을 <보기>에서 있는 대로 고른 것은? (3점)

[보기]

ㄱ. ㉠은 B 림프구이다.
ㄴ. 구간 Ⅰ에는 X에 대한 기억 세포가 있다.
ㄷ. ㉡에서 분비되는 항체에 의한 방어 작용은 체액성 면역에 해당한다.

① ㄱ ② ㄴ ③ ㄱ, ㄷ ④ ㄴ, ㄷ ⑤ ㄱ, ㄴ, ㄷ

107 ✿✿❀ 2023 실시 7월 학평 9

다음은 사람의 몸에서 일어나는 방어 작용에 대한 자료이다. 세포 ⓐ~ⓒ는 대식세포, B 림프구, 보조 T 림프구를 순서 없이 나타낸 것이다.

(가) 위의 점막에서 위산이 분비되어 외부에서 들어온 세균을 제거한다.
(나) ⓐ가 제시한 항원 조각을 인식하여 활성화된 ⓑ가 ⓒ의 증식과 분화를 촉진한다. ⓒ는 형질 세포로 분화하여 항체를 생성한다.

이에 대한 설명으로 옳은 것만을 <보기>에서 있는 대로 고른 것은? (3점)

[보기]

ㄱ. (가)는 비특이적 방어 작용에 해당한다.
ㄴ. ⓑ는 B 림프구이다.
ㄷ. ⓒ는 가슴샘에서 성숙한다.

① ㄱ ② ㄴ ③ ㄱ, ㄷ ④ ㄴ, ㄷ ⑤ ㄱ, ㄴ, ㄷ

108 ✿✿❀ 2020 대비 6월 모평 9

그림 (가)와 (나)는 어떤 사람이 세균 X에 처음 감염된 후 나타나는 면역 반응을 순차적으로 나타낸 것이다. ㉠과 ㉡은 B 림프구와 보조 T 림프구를 순서 없이 나타낸 것이다.

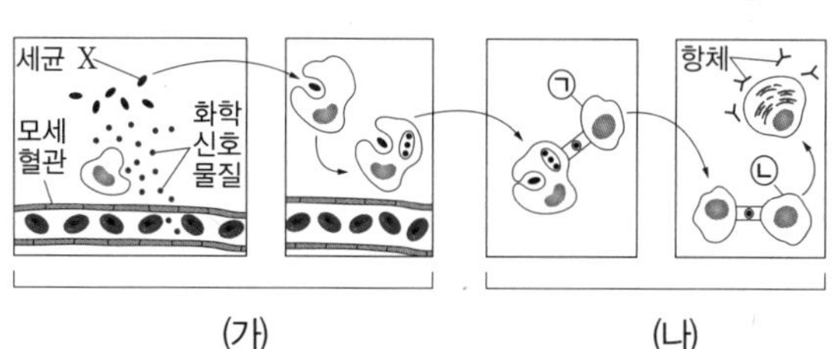

(가) (나)

이에 대한 설명으로 옳은 것만을 <보기>에서 있는 대로 고른 것은? (3점)

[보기]

ㄱ. (가)에서 X에 대한 비특이적 방어 작용이 일어났다.
ㄴ. ㉡은 가슴샘(흉선)에서 성숙되었다.
ㄷ. (나)에서 X에 대한 2차 면역 반응이 일어났다.

① ㄱ ② ㄴ ③ ㄷ
④ ㄱ, ㄷ ⑤ ㄴ, ㄷ

❖ 정답 및 해설 214 ~ 217p

109 ✲❀❀ 2023 대비 6월 모평 12

그림은 사람 P가 병원체 X에 감염되었을 때 일어난 방어 작용의 일부를 나타낸 것이다. ㉠과 ㉡은 보조 T 림프구와 세포독성 T 림프구를 순서 없이 나타낸 것이다.

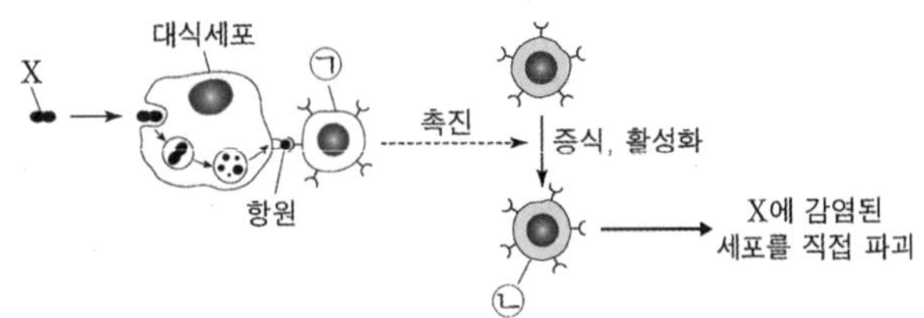

이에 대한 설명으로 옳은 것만을 〈보기〉에서 있는 대로 고른 것은? (3점)

[보기]

ㄱ. ㉠은 대식세포가 제시한 항원을 인식한다.
ㄴ. ㉡은 형질 세포로 분화된다.
ㄷ. P에서 세포성 면역 반응이 일어났다.

① ㄱ ② ㄴ ③ ㄱ, ㄷ ④ ㄴ, ㄷ ⑤ ㄱ, ㄴ, ㄷ

110 ✲✲❀ 2021 실시 7월 학평 5

그림 (가)와 (나)는 사람의 체내에 항원 X가 침입했을 때 일어나는 방어 작용 중 일부를 나타낸 것이다. ㉠과 ㉡은 각각 기억 세포와 형질 세포 중 하나이다.

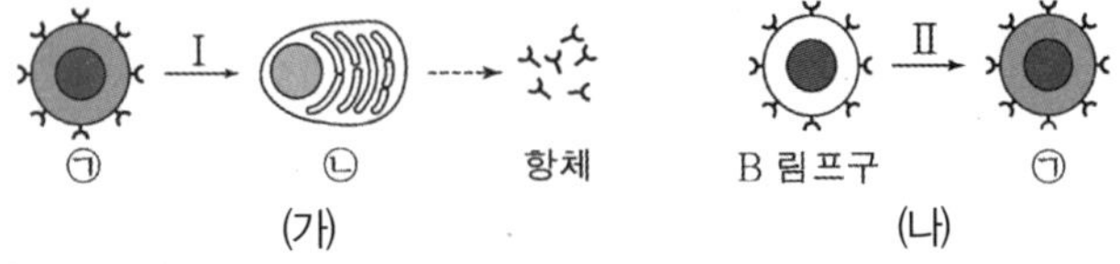

(가) (나)

이에 대한 설명으로 옳은 것만을 〈보기〉에서 있는 대로 고른 것은? (3점)

[보기]

ㄱ. ㉠은 형질 세포이다.
ㄴ. 과정 Ⅰ은 X에 대한 1차 면역 반응에서 일어난다.
ㄷ. 보조 T 림프구는 과정 Ⅱ를 촉진한다.

① ㄱ ② ㄴ ③ ㄷ ④ ㄱ, ㄷ ⑤ ㄴ, ㄷ

111 ✲✲❀ 2020 대비 수능 11

그림 (가)는 어떤 사람이 세균 X에 감염된 후 나타나는 특이적 방어 작용의 일부를, (나)는 이 사람에서 X의 침입에 의해 생성되는 X에 대한 혈중 항체의 농도 변화를 나타낸 것이다. ㉠과 ㉡은 보조 T 림프구와 B 림프구를 순서 없이 나타낸 것이다.

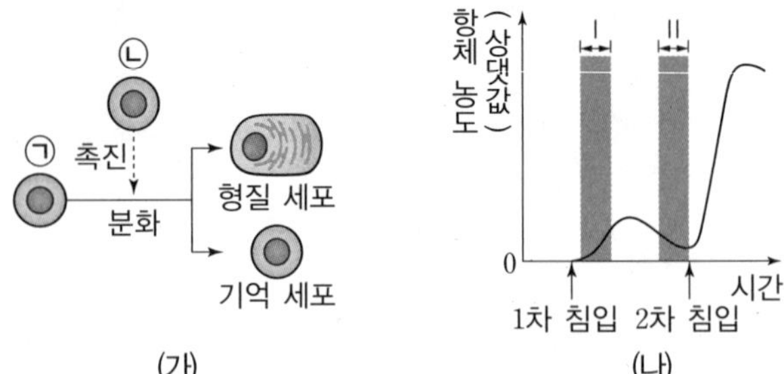

(가) (나)

이에 대한 설명으로 옳은 것만을 〈보기〉에서 있는 대로 고른 것은? (3점)

[보기]

ㄱ. ㉠은 보조 T 림프구이다.
ㄴ. 구간 Ⅰ에서 형질 세포로부터 항체가 생성되었다.
ㄷ. 구간 Ⅱ에는 X에 대한 기억 세포가 있다.

① ㄱ ② ㄷ ③ ㄱ, ㄴ ④ ㄴ, ㄷ ⑤ ㄱ, ㄴ, ㄷ

112 ✲❀❀ 2020 실시 10월 학평 7

표는 세균 X가 사람에 침입했을 때의 방어 작용에 관여하는 세포 Ⅰ~Ⅲ의 특징을 나타낸 것이다. Ⅰ~Ⅲ은 대식세포, 형질 세포, 보조 T 림프구를 순서 없이 나타낸 것이다.

세포	특징
Ⅰ	㉠ X에 대한 항체를 분비한다.
Ⅱ	B 림프구의 분화를 촉진한다.
Ⅲ	X를 세포 안으로 끌어들여 분해한다.

이에 대한 옳은 설명만을 〈보기〉에서 있는 대로 고른 것은? (3점)

[보기]

ㄱ. ㉠에 의한 방어 작용은 체액성 면역에 해당한다.
ㄴ. Ⅱ는 골수에서 성숙되었다.
ㄷ. Ⅲ은 비특이적 방어 작용에 관여한다.

① ㄱ ② ㄴ ③ ㄱ, ㄷ ④ ㄴ, ㄷ ⑤ ㄱ, ㄴ, ㄷ

113 ✿❀❀ 2020 실시 7월 학평 8

그림 (가)는 어떤 사람의 체내에 병원균 X가 처음 침입하였을 때 일어나는 방어 작용의 일부를, (나)는 이 사람에서 X의 침입에 의해 생성되는 X에 대한 혈중 항체의 농도 변화를 나타낸 것이다. ㉠과 ㉡은 각각 기억 세포와 형질 세포 중 하나이다.

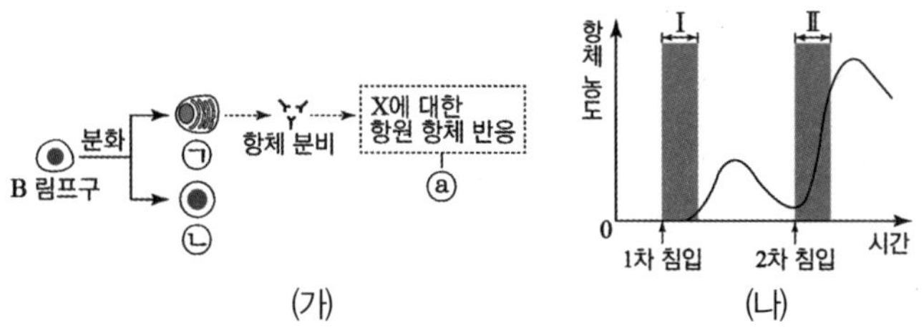

이에 대한 설명으로 옳은 것만을 〈보기〉에서 있는 대로 고른 것은? (3점)

[보기]

ㄱ. ⓐ는 세포성 면역에 해당한다.
ㄴ. 구간 Ⅱ에서 ㉠이 ㉡으로 분화한다.
ㄷ. 구간 Ⅰ에서 비특이적 방어 작용이 일어난다.

① ㄱ ② ㄷ ③ ㄱ, ㄴ ④ ㄴ, ㄷ ⑤ ㄱ, ㄴ, ㄷ

114 ✿✿❀ 2019 실시 4월 학평 13

그림 (가)는 항원 X가 인체에 침입했을 때 일어나는 방어 작용의 일부를, (나)는 X의 침입에 의해 생성되는 혈중 항체의 농도 변화를 나타낸 것이다. ㉠과 ㉡은 각각 기억 세포와 형질 세포 중 하나이다.

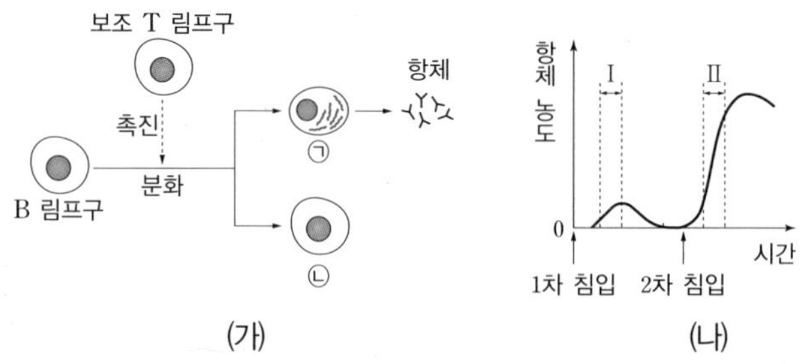

이에 대한 설명으로 옳은 것만을 〈보기〉에서 있는 대로 고른 것은?

[보기]

ㄱ. B 림프구는 가슴샘(흉선)에서 생성된다.
ㄴ. 구간 Ⅰ에서 특이적 방어 반응이 일어난다.
ㄷ. 구간 Ⅱ에서 ㉠은 ㉡으로 분화된다.

① ㄱ ② ㄴ ③ ㄱ, ㄷ ④ ㄴ, ㄷ ⑤ ㄱ, ㄴ, ㄷ

115 ✿✿❀ 2019 실시 7월 학평 9

표는 인체의 방어 작용과 관련된 세포 ㉠~㉢의 특징을, 그림은 세균 X에 노출된 적이 없는 어떤 사람의 체내에 X가 침입하였을 때 ㉠~㉢이 작용하여 생성되는 X에 대한 항체의 혈중 농도 변화를 나타낸 것이다. ㉠~㉢은 각각 대식 세포, 형질 세포, 보조 T 림프구 중 하나이다.

세포	특징
㉠	항체를 생성함
㉡	식균 작용을 함
㉢	가슴샘에서 성숙됨

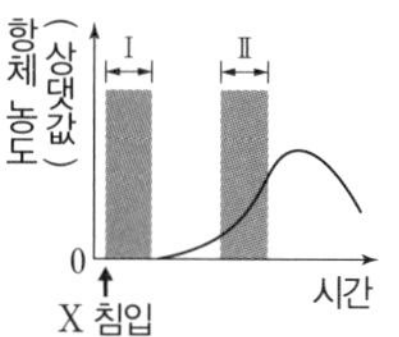

이에 대한 설명으로 옳은 것만을 〈보기〉에서 있는 대로 고른 것은? (3점)

[보기]

ㄱ. ㉠은 형질 세포이다.
ㄴ. 구간 Ⅰ에서 ㉡은 X에 대한 정보를 ㉢에 전달한다.
ㄷ. 구간 Ⅱ에서 X에 대한 특이적 방어 작용이 일어난다.

① ㄱ ② ㄷ ③ ㄱ, ㄴ ④ ㄴ, ㄷ ⑤ ㄱ, ㄴ, ㄷ

116 ✿❀❀ 2021 대비 9월 모평 12

그림 (가)와 (나)는 사람의 면역 반응을 나타낸 것이다. (가)와 (나)는 각각 세포성 면역과 체액성 면역 중 하나이며, ㉠~㉢은 기억 세포, 세포독성 T 림프구, B 림프구를 순서 없이 나타낸 것이다.

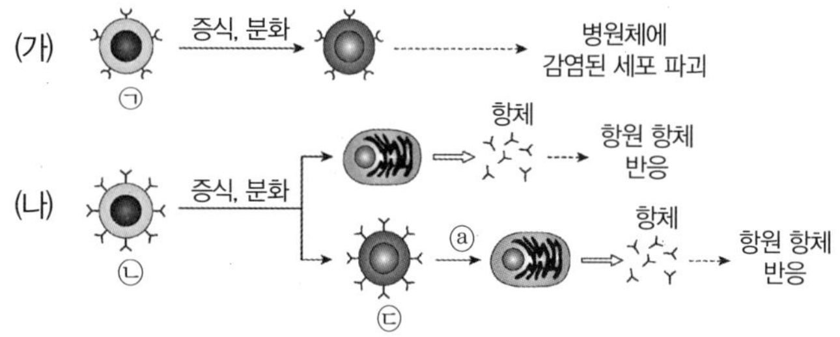

이에 대한 설명으로 옳은 것만을 〈보기〉에서 있는 대로 고른 것은? (3점)

[보기]

ㄱ. (가)는 체액성 면역이다.
ㄴ. 보조 T 림프구는 ㉡에서 ㉢으로의 분화를 촉진한다.
ㄷ. 2차 면역 반응에서 과정 ⓐ가 일어난다.

① ㄱ ② ㄴ ③ ㄱ, ㄷ ④ ㄴ, ㄷ ⑤ ㄱ, ㄴ, ㄷ

❖ 정답 및 해설 218~221p

117 ✿❀❀ 2023 실시 4월 학평 14

그림 (가)는 어떤 사람이 항원 X에 감염되었을 때 일어나는 방어 작용의 일부를, (나)는 이 사람에서 X의 침입에 의해 생성되는 X에 대한 혈중 항체 농도 변화를 나타낸 것이다. ㉠과 ㉡은 기억 세포와 보조 T 림프구를 순서 없이 나타낸 것이다.

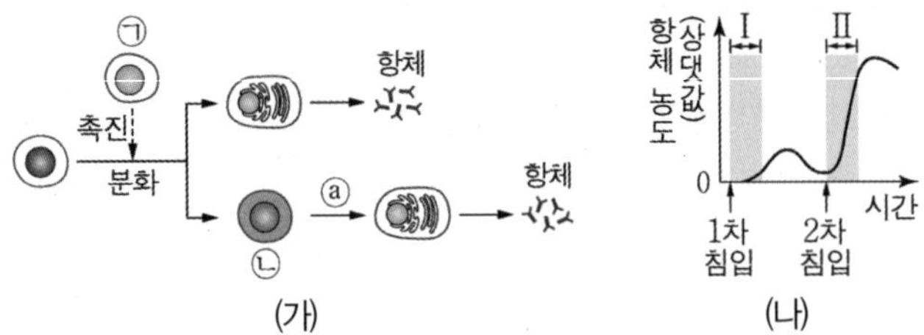

이에 대한 설명으로 옳은 것만을 〈보기〉에서 있는 대로 고른 것은?

[보기]

ㄱ. ㉠은 보조 T 림프구이다.
ㄴ. 구간 Ⅰ에서 비특이적 방어 작용이 일어난다.
ㄷ. 구간 Ⅱ에서 과정 ⓐ가 일어난다.

① ㄱ ② ㄷ ③ ㄱ, ㄴ ④ ㄴ, ㄷ ⑤ ㄱ, ㄴ, ㄷ

118 ✿✿❀ 2022 실시 3월 학평 9

다음은 병원체 X가 사람에 침입했을 때의 방어 작용에 대한 자료이다.

(가) X가 1차 침입했을 때 B 림프구가 ㉠과 ㉡으로 분화한다. ㉠과 ㉡은 각각 기억 세포와 형질 세포 중 하나이다.
(나) X에 대한 항체와 X가 항원 항체 반응을 한다.
(다) X가 2차 침입했을 때 ㉠이 ㉡으로 분화한다.

이에 대한 옳은 설명만을 〈보기〉에서 있는 대로 고른 것은?

[보기]

ㄱ. B 림프구는 가슴샘에서 성숙한 세포이다.
ㄴ. ㉠은 기억 세포이다.
ㄷ. X에 대한 체액성 면역 반응에서 (나)가 일어난다.

① ㄱ ② ㄷ ③ ㄱ, ㄴ ④ ㄴ, ㄷ ⑤ ㄱ, ㄴ, ㄷ

119 ✿❀❀ 2022 실시 4월 학평 14

그림 (가)와 (나)는 사람의 면역 반응의 일부를 나타낸 것이다. (가)와 (나)는 각각 세포성 면역과 체액성 면역 중 하나이고, ㉠과 ㉡은 각각 세포독성 T림프구와 형질 세포 중 하나이다.

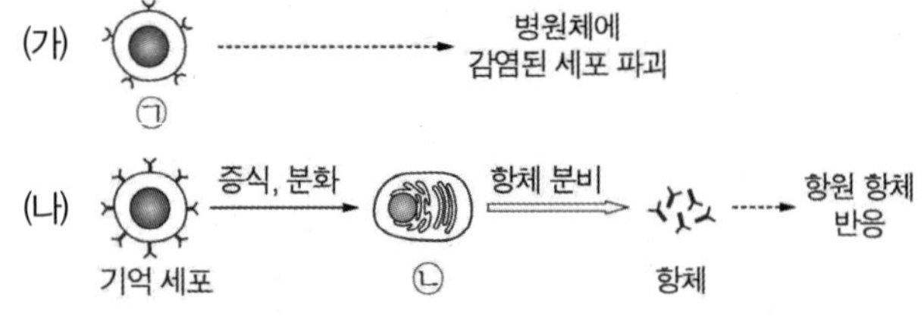

이에 대한 설명으로 옳은 것만을 〈보기〉에서 있는 대로 고른 것은?

[보기]

ㄱ. ㉠은 세포독성 T림프구이다.
ㄴ. (나)는 2차 면역 반응에 해당한다.
ㄷ. (가)와 (나)는 모두 특이적 방어 작용에 해당한다.

① ㄱ ② ㄴ ③ ㄱ, ㄷ ④ ㄴ, ㄷ ⑤ ㄱ, ㄴ, ㄷ

120 ✿✿❀ 2021 실시 10월 학평 10

그림은 어떤 병원체가 사람의 몸속에 침입했을 때 일어나는 방어 작용의 일부를 나타낸 것이다. ㉠~㉢은 보조 T 림프구, 형질 세포, B 림프구를 순서 없이 나타낸 것이다.

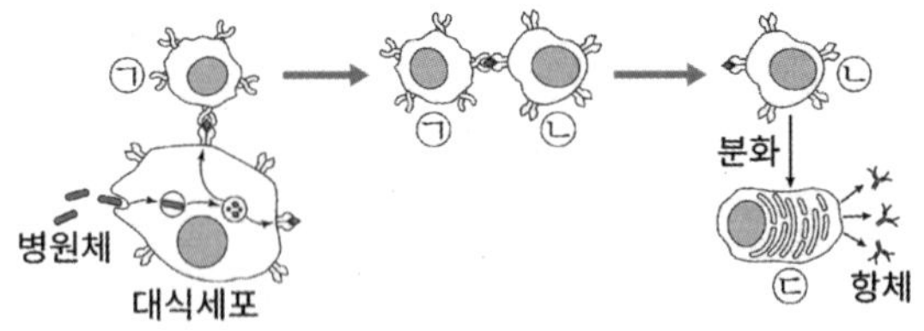

이에 대한 설명으로 옳은 것만을 〈보기〉에서 있는 대로 고른 것은?

[보기]

ㄱ. ㉠은 보조 T 림프구이다.
ㄴ. ㉡은 가슴샘에서 성숙한다.
ㄷ. ㉢은 체액성 면역 반응에 관여한다.

① ㄱ ② ㄷ ③ ㄱ, ㄴ
④ ㄱ, ㄷ ⑤ ㄴ, ㄷ

유형 02 생쥐(동물)의 방어 작용 실험

2025 수능 출제

단서 방어 작용 실험 과정이 제시되어 있다.

발상 생쥐의 생존 여부를 통해 1차 면역 반응 혹은 2차 면역 반응이 일어났는지 구분 할 수 있어야 한다.

121

2025 대비 수능 9

다음은 병원체 ㉠과 ㉡에 대한 생쥐의 방어 작용 실험이다.

[실험 과정 및 결과]

(가) 유전적으로 동일하고 가슴샘이 없는 생쥐 Ⅰ~Ⅵ을 준비한다. Ⅰ~Ⅵ은 ㉠과 ㉡에 노출된 적이 없다.

(나) Ⅰ과 Ⅱ에 ㉠을, Ⅲ과 Ⅳ에 ㉡을, Ⅴ와 Ⅵ에 ㉠과 ㉡ 모두를 감염시키고, Ⅱ, Ⅳ, Ⅵ에 ⓐ에 대한 보조 T 림프구를 각각 주사한다. ⓐ는 ㉠과 ㉡ 중 하나이다.

(다) 일정 시간이 지난 후, Ⅰ~Ⅵ에서 ⓐ에 대한 항원 항체 반응 여부와 생존 여부를 확인한 결과는 표와 같다.

생쥐	Ⅰ	Ⅱ	Ⅲ	Ⅳ	Ⅴ	Ⅵ
항원 항체 반응 여부	일어나지 않음	일어나지 않음	?	일어남	?	일어남
생존 여부	죽는다	?	죽는다	산다	죽는다	죽는다

이에 대한 설명으로 옳은 것만을 <보기>에서 있는 대로 고른 것은? (단, 제시된 조건 이외는 고려하지 않는다.) (3점)

[보기]

ㄱ. ⓐ는 ㉠이다.

ㄴ. (다)의 Ⅳ에서 B 림프구로부터 형질 세포로의 분화가 일어났다.

ㄷ. (다)의 Ⅵ에서 ㉡에 대한 특이적 방어 작용이 일어났다.

① ㄱ ② ㄴ ③ ㄱ, ㄷ ④ ㄴ, ㄷ ⑤ ㄱ, ㄴ, ㄷ

122

2024 대비 9월 모평 9

다음은 항원 X에 대한 생쥐의 방어 작용 실험이다.

[실험 과정 및 결과]

(가) 정상 생쥐 A와 가슴샘이 없는 생쥐 B를 준비한다. A와 B는 유전적으로 동일하고 X에 노출된 적이 없다.

(나) A와 B에 X를 각각 2회에 걸쳐 주사한다. A와 B에서 X에 대한 혈중 항체 농도 변화는 그림과 같다.

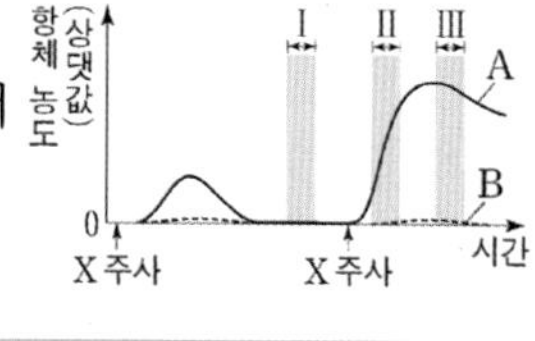

이에 대한 설명으로 옳은 것만을 <보기>에서 있는 대로 고른 것은? (단, 제시된 조건 이외는 고려하지 않는다.) (3점)

[보기]

ㄱ. 구간 Ⅰ의 A에는 X에 대한 기억 세포가 있다.

ㄴ. 구간 Ⅱ의 A에서 X에 대한 2차 면역 반응이 일어났다.

ㄷ. 구간 Ⅲ의 A에서 X에 대한 항체는 세포독성 T 림프구에서 생성된다.

① ㄱ ② ㄴ ③ ㄱ, ㄴ ④ ㄱ, ㄷ ⑤ ㄴ, ㄷ

123

2024 실시 10월 학평 13

병원체 X에는 항원 ㉠과 ㉡이 모두 있고, 병원체 Y에는 ㉠과 ㉡ 중 하나만 있다. 그림은 X와 Y에 노출된 적이 없는 어떤 생쥐에게 ⓐ를 주사하고, 일정 시간이 지난 후 ⓑ를 주사했을 때 ㉠과 ㉡에 대한 혈중 항체 농도의 변화를 나타낸 것이다. ⓐ와 ⓑ는 X와 Y를 순서 없이 나타낸 것이다.

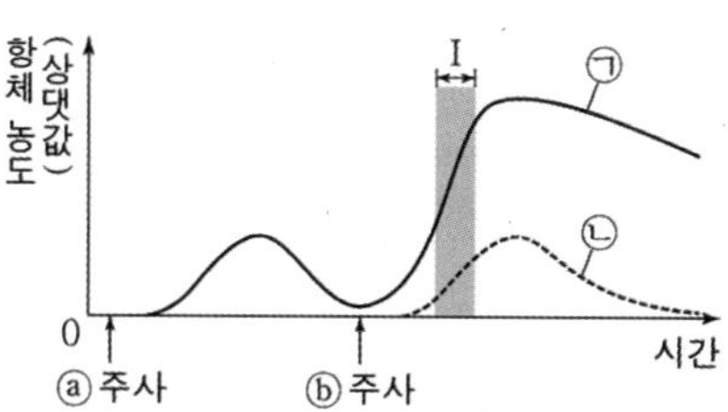

이에 대한 옳은 설명만을 <보기>에서 있는 대로 고른 것은? (3점)

[보기]

ㄱ. ⓑ는 X이다.

ㄴ. Y에는 ㉠이 있다.

ㄷ. 구간 Ⅰ에서 ㉠에 대한 체액성 면역 반응이 일어났다.

① ㄱ ② ㄴ ③ ㄱ, ㄷ ④ ㄴ, ㄷ ⑤ ㄱ, ㄴ, ㄷ

❖ 정답 및 해설 222~225p

124 ✿✿✿ 2024 실시 3월 학평 14

그림 (가)는 항원 X와 Y에 노출된 적이 없는 생쥐 A에게 ⓐ를 주사했을 때 일어나는 면역 반응의 일부를, (나)는 일정 시간이 지난 후 A에게 X와 Y를 함께 주사했을 때 A에서 X와 Y에 대한 혈중 항체 농도 변화를 나타낸 것이다. ⓐ는 X와 Y 중 하나이고, ㉠~㉢은 각각 항체, 기억 세포, 형질 세포 중 하나이다.

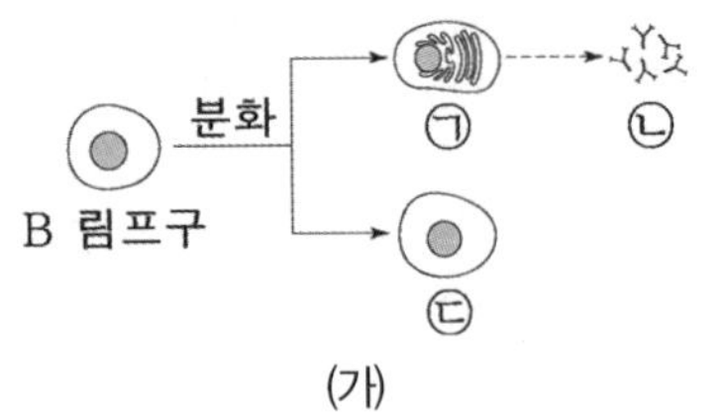

(가)

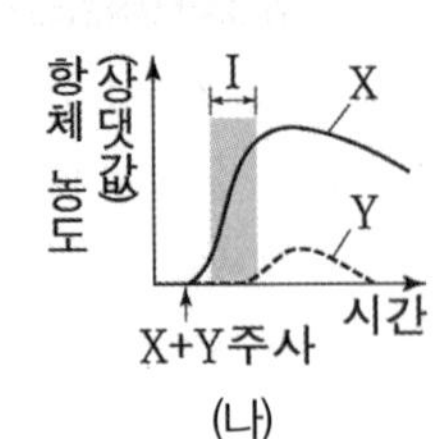

(나)

이에 대한 옳은 설명만을 ⟨보기⟩에서 있는 대로 고른 것은? (3점)

[보기]

ㄱ. ㉡에 의한 방어 작용은 체액성 면역에 해당한다.
ㄴ. ⓐ는 X이다.
ㄷ. 구간 Ⅰ에서 ㉠이 ㉢으로 분화한다.

① ㄱ ② ㄴ ③ ㄷ ④ ㄱ, ㄴ ⑤ ㄴ, ㄷ

125 ✿✿✿ 2023 실시 3월 학평 11

그림은 항원 X에 노출된 적이 없는 어떤 생쥐에 ㉠을 1회, X를 2회 주사했을 때 X에 대한 혈중 항체 농도의 변화를 나타낸 것이다. ㉠은 X에 대한 항체가 포함된 혈청과 X에 대한 기억 세포 중 하나이다.

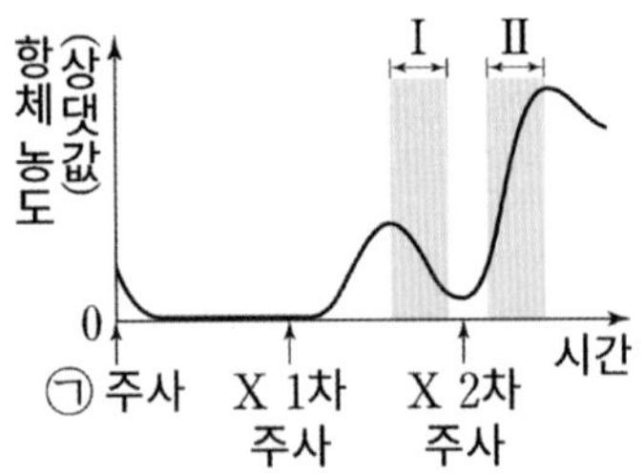

이에 대한 옳은 설명만을 ⟨보기⟩에서 있는 대로 고른 것은? (3점)

[보기]

ㄱ. ㉠은 X에 대한 기억 세포이다.
ㄴ. 구간 Ⅰ에서 X에 대한 형질 세포가 기억 세포로 분화했다.
ㄷ. 구간 Ⅱ에서 체액성 면역 반응이 일어났다.

① ㄱ ② ㄴ ③ ㄷ ④ ㄱ, ㄷ ⑤ ㄴ, ㄷ

126 ✿✿✿ 2024 대비 수능 18

다음은 바이러스 X에 대한 생쥐의 방어 작용 실험이다.

[실험 과정 및 결과]

(가) 유전적으로 동일하고 X에 노출된 적이 없는 생쥐 A~D를 준비한다. A와 B는 ㉠이고, C와 D는 ㉡이다. ㉠과 ㉡은 '정상 생쥐'와 '가슴샘이 없는 생쥐'를 순서 없이 나타낸 것이다.

(나) A~D 중 B와 D에 X를 각각 주사한 후 A~D에서 ⓐ X에 감염된 세포의 유무를 확인한 결과, B와 D에서만 ⓐ가 있었다.

(다) 일정 시간이 지난 후, 각 생쥐에 대해 조사한 결과는 표와 같다.

구분	㉠		㉡	
	A	B	C	D
X에 대한 세포성 면역 반응 여부	일어나지 않음	일어남	일어나지 않음	일어나지 않음
생존 여부	산다	산다	산다	죽는다

이에 대한 설명으로 옳은 것만을 ⟨보기⟩에서 있는 대로 고른 것은? (단, 제시된 조건 이외는 고려하지 않는다.) (3점)

[보기]

ㄱ. X는 유전 물질을 갖는다.
ㄴ. ㉡은 '가슴샘이 없는 생쥐'이다.
ㄷ. (다)의 B에서 세포독성 T 림프구가 ⓐ를 파괴하는 면역 반응이 일어났다.

① ㄱ ② ㄷ ③ ㄱ, ㄴ ④ ㄴ, ㄷ ⑤ ㄱ, ㄴ, ㄷ

127 ✿✿❀ 2022 대비 6월 모평 10

다음은 항원 X에 대한 생쥐의 방어 작용 실험이다.

[실험 과정 및 결과]

(가) 유전적으로 동일하고 X에 노출된 적이 없는 생쥐 A~D를 준비한다.

(나) A와 B에 X를 각각 2회에 걸쳐 주사한 후, A와 B에서 특이적 방어 작용이 일어났는지 확인한다.

생쥐	특이적 방어 작용
A	○
B	ⓐ

(○: 일어남, ×: 일어나지 않음)

(다) 일정 시간이 지난 후, (나)의 A에서 ㉠을 분리하여 C에, (나)의 B에서 ㉡을 분리하여 D에 주사한다. ㉠과 ㉡은 혈장과 기억 세포를 순서 없이 나타낸 것이다.

(라) 일정 시간이 지난 후, C와 D에 X를 각각 주사한다. C와 D에서 X에 대한 혈중 항체 농도 변화는 그림과 같다.

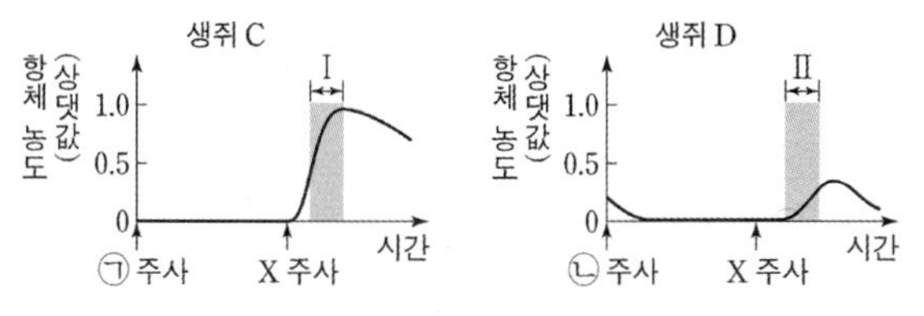

이에 대한 설명으로 옳은 것만을 〈보기〉에서 있는 대로 고른 것은? (3점)

[보기]

ㄱ. ⓐ는 '○'이다.

ㄴ. 구간 Ⅰ에서 X에 대한 항체가 형질 세포로부터 생성되었다.

ㄷ. 구간 Ⅱ에서 X에 대한 1차 면역 반응이 일어났다.

① ㄱ ② ㄷ ③ ㄱ, ㄴ ④ ㄴ, ㄷ ⑤ ㄱ, ㄴ, ㄷ

128 ✿❀❀ 2023 대비 수능 14

다음은 병원체 X와 Y에 대한 생쥐의 방어 작용 실험이다.

○ X와 Y에 모두 항원 ㉮가 있다.

[실험 과정 및 결과]

(가) 유전적으로 동일하고 X와 Y에 노출된 적이 없는 생쥐 Ⅰ~Ⅳ를 준비한다.

(나) Ⅰ에게 X를, Ⅱ에게 Y를 주사하고 일정 시간이 지난 후, 생쥐의 생존 여부를 확인한다.

생쥐	생존 여부
Ⅰ	산다
Ⅱ	죽는다

(다) (나)의 Ⅰ에서 ㉮에 대한 B 림프구가 분화한 기억 세포를 분리한다.

(라) Ⅲ에게 X를, Ⅳ에게 (다)의 기억 세포를 주사한다.

(마) 일정 시간이 지난 후, Ⅲ과 Ⅳ에게 Y를 각각 주사한다. Ⅲ과 Ⅳ에서 ㉮에 대한 혈중 항체 농도 변화는 그림과 같다.

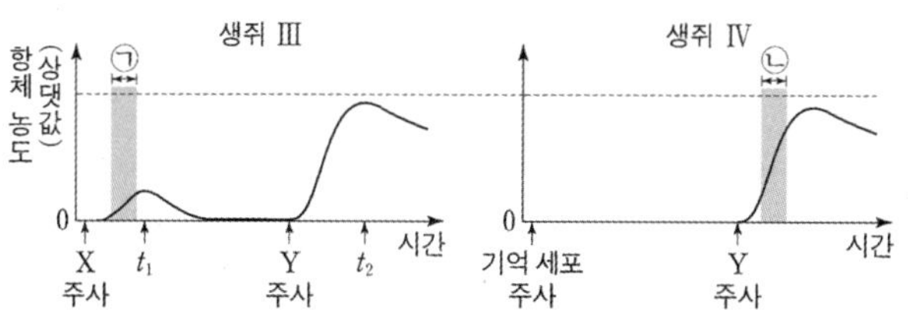

이에 대한 설명으로 옳은 것만을 〈보기〉에서 있는 대로 고른 것은? (단, 제시된 조건 이외는 고려하지 않는다.) (3점)

[보기]

ㄱ. Ⅲ에서 ㉮에 대한 혈중 항체 농도는 t_1일 때가 t_2일 때보다 높다.

ㄴ. 구간 ㉠에서 ㉮에 대한 특이적 방어 작용이 일어났다.

ㄷ. 구간 ㉡에서 형질 세포가 기억 세포로 분화되었다.

① ㄱ ② ㄴ ③ ㄱ, ㄷ
④ ㄴ, ㄷ ⑤ ㄱ, ㄴ, ㄷ

❖ 정답 및 해설 226~228p

129 ✿✿✿ 2023 실시 10월 학평 17

다음은 병원체 P와 Q에 대한 생쥐의 방어 작용 실험이다.

> ㅇ Q에 항원 ㉠과 ㉡이 있다.
>
> [실험 과정 및 결과]
>
> (가) 유전적으로 동일하고, P와 Q에 노출된 적이 없는 생쥐 Ⅰ~Ⅴ를 준비한다.
>
> (나) Ⅰ에게 P를, Ⅱ에게 Q를 각각 주사하고 일정 시간이 지난 후, 생쥐의 생존 여부를 확인한다.
>
> | 생쥐 | 생존 여부 |
> |---|---|
> | Ⅰ | 죽는다 |
> | Ⅱ | 산다 |
>
> (다) (나)의 Ⅱ에서 혈청, ㉠에 대한 B 림프구가 분화한 기억 세포 ⓐ, ㉡에 대한 B 림프구가 분화한 기억 세포 ⓑ를 분리한다.
>
> (라) Ⅲ에게 (다)의 혈청을, Ⅳ에게 (다)의 ⓐ를, Ⅴ에게 (다)의 ⓑ를 주사한다.
>
> (마) (라)의 Ⅲ~Ⅴ에게 P를 각각 주사하고 일정 시간이 지난 후, 생쥐의 생존 여부를 확인한다.
>
> | 생쥐 | 생존 여부 |
> |---|---|
> | Ⅲ | 산다 |
> | Ⅳ | 죽는다 |
> | Ⅴ | 산다 |

이에 대한 옳은 설명만을 〈보기〉에서 있는 대로 고른 것은? (단, 제시된 조건 이외는 고려하지 않는다.) (3점)

[보기]

ㄱ. (나)의 Ⅱ에서 1차 면역 반응이 일어났다.
ㄴ. (마)의 Ⅲ에서 P와 항체의 결합이 일어났다.
ㄷ. (마)의 Ⅴ에서 ⓑ가 형질 세포로 분화했다.

① ㄱ ② ㄷ ③ ㄱ, ㄴ ④ ㄴ, ㄷ ⑤ ㄱ, ㄴ, ㄷ

130 ✿✿✿ 2018 실시 3월 학평 14

다음은 병원체 A에 대한 생쥐의 방어 작용 실험이다.

> (가) A의 병원성을 약화시켜 만든 백신 ㉠을 생쥐 Ⅰ에 주사하고, 2주 후 Ⅰ에서 혈청 ㉡을 얻는다.
>
> (나) 표와 같이 생쥐 Ⅱ~Ⅳ에게 주사액을 주사하고, 일정 시간 후 생존 여부를 확인한다.
>
> | 생쥐 | 주사액 | 생존 여부 |
> |---|---|---|
> | Ⅱ | A | 죽는다 |
> | Ⅲ | A+㉠ | 죽는다 |
> | Ⅳ | A+㉡ | 산다 |

이에 대한 옳은 설명만을 〈보기〉에서 있는 대로 고른 것은? (단, Ⅰ~Ⅳ는 모두 유전적으로 동일하고, A에 노출된 적이 없다.)

[보기]

ㄱ. ㉠을 주사한 Ⅰ에서 A에 대한 항체가 생성되었다.
ㄴ. ㉡에는 A에 대한 기억 세포가 들어 있다.
ㄷ. (나)의 Ⅳ에서 항원 항체 반응이 일어났다.

① ㄱ ② ㄷ ③ ㄱ, ㄴ ④ ㄱ, ㄷ ⑤ ㄴ, ㄷ

131 ✿✿✿ 2024 실시 5월 학평 13

다음은 병원체 P에 대한 백신을 개발하기 위한 실험이다.

> [실험 과정 및 결과]
>
> (가) P로부터 백신 후보 물질 ㉠을 얻는다.
>
> (나) P와 ㉠에 노출된 적이 없고, 유전적으로 동일한 생쥐 Ⅰ~Ⅴ를 준비한다.
>
> (다) Ⅰ과 Ⅱ에게 각각 ㉠을 주사한다. Ⅰ에서 ㉠에 대한 혈중 항체 농도 변화는 그림과 같다.
>
> 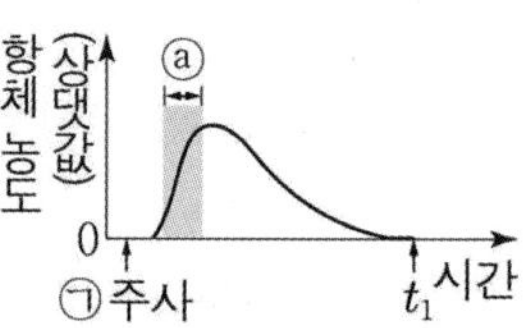
>
>
> (라) t_1일 때 Ⅰ에서 혈장과 ㉠에 대한 B 림프구가 분화한 기억 세포를 분리한다. 표와 같이 주사액을 Ⅱ~Ⅴ에게 주사하고 일정 시간이 지난 후, 생쥐의 생존 여부를 확인한다.
>
> | 생쥐 | 주사액 조성 | 생존 여부 |
> |---|---|---|
> | Ⅱ | P | 산다 |
> | Ⅲ | P | 죽는다 |
> | Ⅳ | Ⅰ의 혈장+P | 죽는다 |
> | Ⅴ | Ⅰ의 기억 세포+P | 산다 |

이에 대한 설명으로 옳은 것만을 〈보기〉에서 있는 대로 고른 것은? (단, 제시된 조건 이외는 고려하지 않는다.)

[보기]

ㄱ. ㉠은 (다)의 Ⅰ에서 항원으로 작용하였다.
ㄴ. 구간 ⓐ에서 체액성 면역 반응이 일어났다.
ㄷ. (라)의 Ⅴ에서 형질 세포가 기억 세포로 분화되었다.

① ㄱ ② ㄷ ③ ㄱ, ㄴ ④ ㄴ, ㄷ ⑤ ㄱ, ㄴ, ㄷ

132 ✿✿✿ 2022 실시 10월 학평 10

다음은 병원체 ㉠에 대한 생쥐의 방어 작용 실험이다.

[실험 과정 및 결과]

(가) 유전적으로 같고 ㉠에 노출된 적이 없는 생쥐 Ⅰ~Ⅴ를 준비한다.

(나) Ⅰ에는 생리식염수를, Ⅱ에는 죽은 ㉠을 각각 주사한다.

(다) 2주 후 Ⅰ에서는 혈장을, Ⅱ에서는 혈장과 기억 세포를 분리하여 표와 같이 살아 있는 ㉠과 함께 Ⅲ~Ⅴ에게 각각 주사하고, 일정 시간이 지난 후 생쥐의 생존 여부를 확인한다.

생쥐	주사액의 조성	생존 여부
Ⅲ	ⓐ Ⅰ의 혈장 + ㉠	죽는다
Ⅳ	Ⅱ의 혈장 + ㉠	산다
Ⅴ	Ⅱ의 기억 세포 + ㉠	산다

이에 대한 옳은 설명만을 〈보기〉에서 있는 대로 고른 것은? (단, 제시된 조건 이외는 고려하지 않는다.) (3점)

[보기]

ㄱ. ⓐ에는 ㉠에 대한 항체가 있다.

ㄴ. (나)의 Ⅱ에서 체액성 면역 반응이 일어났다.

ㄷ. (다)의 Ⅴ에서 ㉠에 대한 기억 세포로부터 형질 세포로의 분화가 일어났다.

① ㄱ ② ㄴ ③ ㄷ ④ ㄱ, ㄷ ⑤ ㄴ, ㄷ

133 ✿✿✿ 2022 실시 7월 학평 9

다음은 병원체 P와 Q에 대한 쥐의 방어 작용 실험이다.

[실험 과정]

(가) 유전적으로 동일하고 P와 Q에 노출된 적이 없는 쥐 ㉠과 ㉡을 준비한다.

(나) ㉠에 P를, ㉡에 Q를 주사한 후 t_1일 때 ㉠과 ㉡의 혈액에서 병원체 수, 세포독성 T림프구 수, 항체 농도를 측정한다.

(다) 일정 기간이 지난 후 t_2일 때 ㉠과 ㉡의 혈액에서 병원체 수, 세포독성 T 림프구 수, 항체 농도를 측정한다.

[실험 결과]

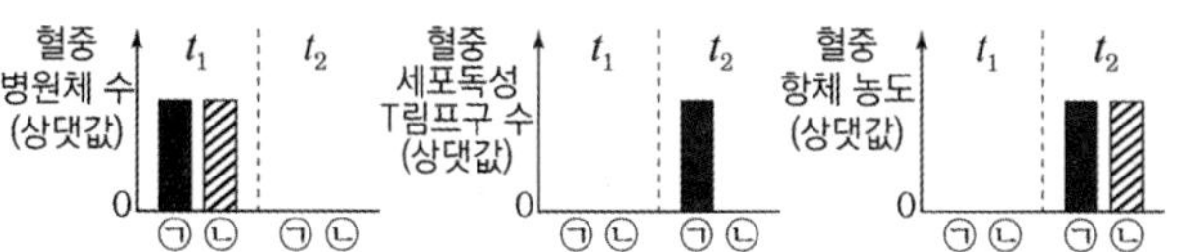

이에 대한 설명으로 옳은 것만을 〈보기〉에서 있는 대로 고른 것은? (단, t_1과 t_2 사이에 P와 Q에 대한 림프구와 항체는 모두 면역 반응에 관여하였다.) (3점)

[보기]

ㄱ. 세포독성 T 림프구에서 항체가 생성된다.

ㄴ. ㉠에서 P가 제거되는 과정에 세포성 면역이 일어났다.

ㄷ. t_2 이전에 ㉡에서 Q에 대한 특이적 방어 작용이 일어났다.

① ㄱ ② ㄷ ③ ㄱ, ㄴ ④ ㄴ, ㄷ ⑤ ㄱ, ㄴ, ㄷ

134 ✿✿✿ 2019 대비 6월 모평 16

다음은 항원 A와 B의 면역학적 특성을 알아보기 위한 자료이다.

- 항원 A와 B에 노출된 적이 없는 생쥐 ㉠에게 A와 B를 함께 주사하고, 4주 후 ㉠에게 동일한 양의 A와 B를 다시 주사하였다.
- 그림은 ㉠에서 A와 B에 대한 혈중 항체 농도의 변화를, 표는 t_1 시점에서 ㉠으로부터 혈청을 분리하여 A와 B에 각각 섞었을 때의 항원 항체 반응 여부를 나타낸 것이다.

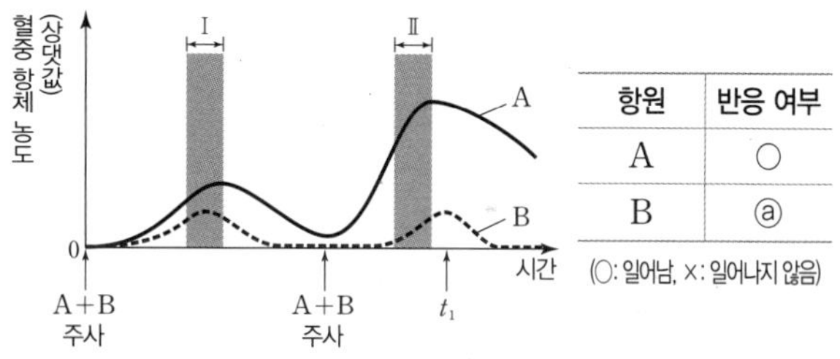

항원	반응 여부
A	○
B	ⓐ

(○: 일어남, ×: 일어나지 않음)

- ㉠에서 A에 대한 기억 세포는 형성되었고, B에 대한 기억 세포는 형성되지 않았다.

이에 대한 설명으로 옳은 것만을 〈보기〉에서 있는 대로 고른 것은? (3점)

[보기]

ㄱ. ⓐ는 '×'이다.

ㄴ. 구간 Ⅰ에서 B에 대한 특이적 방어 작용이 일어났다.

ㄷ. 구간 Ⅱ에서 A에 대한 항체가 형질 세포로부터 생성되었다.

① ㄱ ② ㄴ ③ ㄱ, ㄷ ④ ㄴ, ㄷ ⑤ ㄱ, ㄴ, ㄷ

❖ 정답 및 해설 229~231p

135 ✿✿❀ 2019 실시 3월 학평 10

다음은 항원 X와 Y에 대한 생쥐의 방어 작용 실험이다.

[실험 과정 및 결과]

(가) 유전적으로 동일하고 항원 X와 Y에 노출된 적이 없는 생쥐 A~D를 준비한다.

(나) A에게 X를 주사하고, B에게 Y를 주사한다.

(다) 주사한 X와 Y가 생쥐의 면역 반응에 의해 제거된 후 A에서 ㉠혈청을 분리하여 C에게 주사하고, B에서 Y에 대한 기억 세포를 분리하여 D에게 주사한다.

(라) 일정 시간이 지난 후 C와 D에게 동일한 ㉡항원을 주사한다. 주사한 항원은 X와 Y 중 하나이다.

(마) C와 D에게 항원을 주사한 후, 주사한 항원에 대한 항체의 농도 변화는 그림과 같다. ⓐ와 ⓑ는 각각 C와 D 중 하나이다.

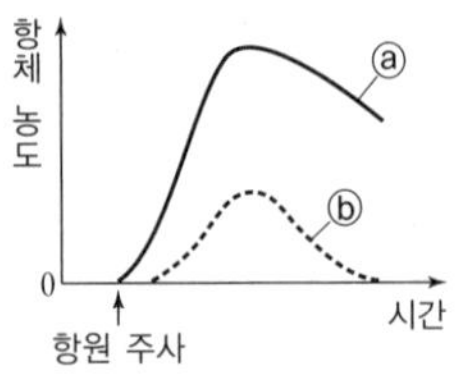

이에 대한 옳은 설명만을 〈보기〉에서 있는 대로 고른 것은? (3점)

[보기]

ㄱ. ㉠에는 X에 대한 기억 세포가 존재한다.
ㄴ. ㉡은 Y이다.
ㄷ. ⓑ는 D이다.

① ㄴ ② ㄷ ③ ㄱ, ㄴ ④ ㄱ, ㄷ ⑤ ㄴ, ㄷ

136 ✿❀❀ 2021 실시 4월 학평 18

다음은 항원 A와 B의 면역학적 특성을 알아보기 위한 자료이다.

- A에 노출된 적이 없는 생쥐 X에게 A를 2회에 걸쳐 주사하였고, B에 노출된 적이 없는 생쥐 Y에게 B를 2회에 걸쳐 주사하였다.
- 그림은 X의 A에 대한 혈중 항체 농도 변화와 Y의 B에 대한 혈중 항체 농도 변화를 각각 나타낸 것이다.

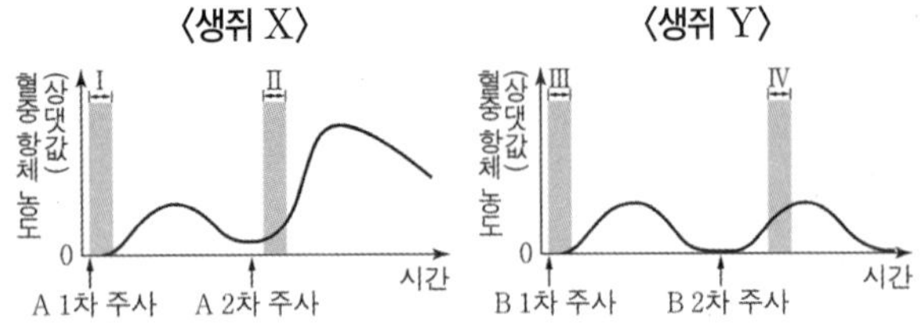

- X에서 A에 대한 기억 세포는 형성되었고, Y에서 B에 대한 기억 세포는 형성되지 않았다.

이에 대한 설명으로 옳은 것만을 〈보기〉에서 있는 대로 고른 것은?

[보기]

ㄱ. 구간 Ⅰ과 Ⅲ에서 모두 비특이적 방어 작용이 일어났다.
ㄴ. 구간 Ⅱ에서 A에 대한 형질 세포가 기억 세포로 분화되었다.
ㄷ. 구간 Ⅳ에서 B에 대한 체액성 면역 반응이 일어났다.

① ㄱ ② ㄴ ③ ㄱ, ㄷ ④ ㄴ, ㄷ ⑤ ㄱ, ㄴ, ㄷ

137 ✿✿✿ 2021 대비 수능 14

다음은 병원체 ㉠과 ㉡에 대한 생쥐의 방어 작용 실험이다.

[실험 과정 및 결과]

(가) 유전적으로 동일하고, ㉠과 ㉡에 노출된 적이 없는 생쥐 Ⅰ~Ⅵ을 준비한다.

(나) Ⅰ에는 생리식염수를, Ⅱ에는 죽은 ㉠을, Ⅲ에는 죽은 ㉡을 각각 주사한다. Ⅱ에서는 ㉠에 대한, Ⅲ에서는 ㉡에 대한 항체가 각각 생성되었다.

(다) 2주 후 (나)의 Ⅰ~Ⅲ에서 각각 혈장을 분리하여 표와 같이 살아 있는 ㉠과 함께 Ⅳ~Ⅵ에게 주사하고, 1일 후 생쥐의 생존 여부를 확인한다.

생쥐	주사액의 조성	생존 여부
Ⅳ	Ⅰ의 혈장+㉠	죽는다
Ⅴ	Ⅱ의 혈장+㉠	산다
Ⅵ	ⓐⅢ의 혈장+㉠	죽는다

이에 대한 설명으로 옳은 것만을 〈보기〉에서 있는 대로 고른 것은? (단, 제시된 조건 이외는 고려하지 않는다.) (3점)

[보기]

ㄱ. (나)의 Ⅱ에서 ㉠에 대한 특이적 방어 작용이 일어났다.
ㄴ. (다)의 Ⅴ에서 ㉠에 대한 2차 면역 반응이 일어났다.
ㄷ. ⓐ에는 ㉡에 대한 형질 세포가 있다.

① ㄱ ② ㄴ ③ ㄱ, ㄷ ④ ㄴ, ㄷ ⑤ ㄱ, ㄴ, ㄷ

138 ✿✿❀ 2020 대비 9월 모평 10

다음은 항원 A~C에 대한 생쥐의 방어 작용 실험이다.

[실험 과정]

(가) 유전적으로 동일하고 A, B, C에 노출된 적이 없는 생쥐 Ⅰ~Ⅳ를 준비한다.

(나) Ⅰ에 A를, Ⅱ에 ㉠을, Ⅲ에 ㉡을, Ⅳ에 생리 식염수를 1회 주사한다. ㉠과 ㉡은 B와 C를 순서 없이 나타낸 것이다.

(다) 2주 후, (나)의 Ⅰ에서 기억 세포를 분리하여 Ⅱ에, (나)의 Ⅲ에서 기억 세포를 분리하여 Ⅳ에 주사한다.

(라) 1주 후, (다)의 Ⅱ와 Ⅳ에 일정 시간 간격으로 A, B, C를 주사한다.

[실험 결과]

Ⅱ와 Ⅳ에서 A, B, C에 대한 혈중 항체 농도 변화는 그림과 같다.

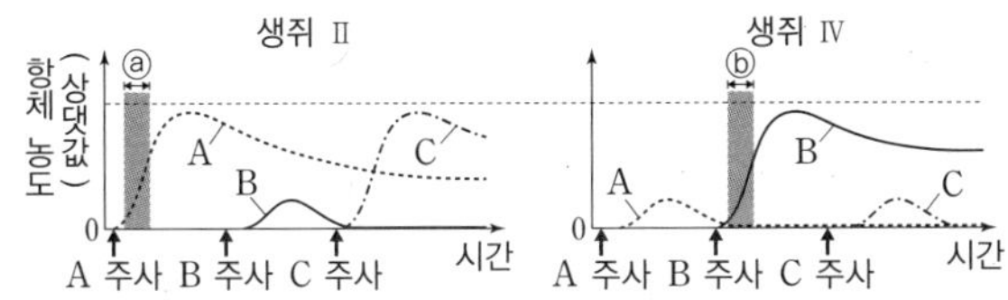

이에 대한 설명으로 옳은 것만을 〈보기〉에서 있는 대로 고른 것은? (3점)

[보기]

ㄱ. ㉠은 C이다.

ㄴ. 구간 ⓐ에서 A에 대한 체액성 면역 반응이 일어났다.

ㄷ. 구간 ⓑ에서 B에 대한 형질 세포가 기억 세포로 분화되었다.

① ㄱ ② ㄴ ③ ㄷ ④ ㄱ, ㄴ ⑤ ㄴ, ㄷ

139 ✿❀❀ 2022 대비 9월 모평 18

다음은 병원체 P에 대한 백신을 개발하기 위한 실험이다.

[실험 과정 및 결과]

(가) P로부터 두 종류의 백신 후보 물질 ㉠과 ㉡을 얻는다.

(나) P, ㉠, ㉡에 노출된 적이 없고, 유전적으로 동일한 생쥐 Ⅰ~Ⅴ를 준비한다.

(다) 표와 같이 주사액을 Ⅰ~Ⅳ에게 주사하고 일정 시간이 지난 후, 생쥐의 생존 여부를 확인한다.

생쥐	주사액의 조성	생존 여부
Ⅰ	㉠	산다
Ⅱ, Ⅲ	㉡	산다
Ⅳ	P	죽는다

(라) (다)의 Ⅲ에서 ㉡에 대한 B 림프구가 분화한 기억 세포를 분리하여 Ⅴ에게 주사한다.

(마) (다)의 Ⅰ과 Ⅱ, (라)의 Ⅴ에게 각각 P를 주사하고 일정 시간이 지난 후, 생쥐의 생존 여부를 확인한다.

생쥐	생존 여부
Ⅰ	죽는다
Ⅱ	산다
Ⅴ	산다

이에 대한 설명으로 옳은 것만을 〈보기〉에서 있는 대로 고른 것은? (단, 제시된 조건 이외는 고려하지 않는다.) (3점)

[보기]

ㄱ. P에 대한 백신으로 ㉠이 ㉡보다 적합하다.

ㄴ. (다)의 Ⅱ에서 ㉡에 대한 1차 면역 반응이 일어났다.

ㄷ. (마)의 Ⅴ에서 기억 세포로부터 형질 세포로의 분화가 일어났다.

① ㄱ ② ㄴ ③ ㄱ, ㄷ ④ ㄴ, ㄷ ⑤ ㄱ, ㄴ, ㄷ

❖ 정답 및 해설 232~234p

140 ✿❀❀ 2020 실시 3월 학평 9

그림 (가)는 어떤 생쥐에 항원 A를 1차로 주사하였을 때 일어나는 면역 반응의 일부를, (나)는 A를 주사하였을 때 이 생쥐에서 생성되는 A에 대한 혈중 항체의 농도 변화를 나타낸 것이다. ㉠~㉢은 기억 세포, 형질 세포, 보조 T 림프구를 순서 없이 나타낸 것이다.

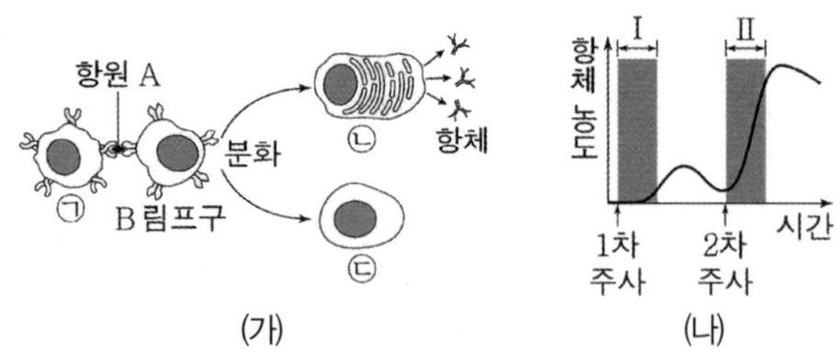

이에 대한 옳은 설명만을 <보기>에서 있는 대로 고른 것은? (3점)

[보기]

ㄱ. ㉠은 보조 T 림프구이다.
ㄴ. 구간 Ⅰ에서 ㉡이 형성된다.
ㄷ. 구간 Ⅱ에서 ㉡이 ㉢으로 분화된다.

① ㄱ ② ㄴ ③ ㄷ ④ ㄱ, ㄴ ⑤ ㄱ, ㄷ

141 ✿❀❀ 2020 실시 4월 학평 18

다음은 항원 A와 B에 대한 생쥐의 방어 작용 실험이다.

실험 과정

(가) A와 B에 노출된 적이 없는 생쥐 X를 준비한다.
(나) X에게 A를 1차 주사하고, 일정 시간이 지난 후 X에게 A를 2차, B를 1차 주사한다.

실험 결과

X에서 A와 B에 대한 혈중 항체 농도 변화는 그림과 같다.

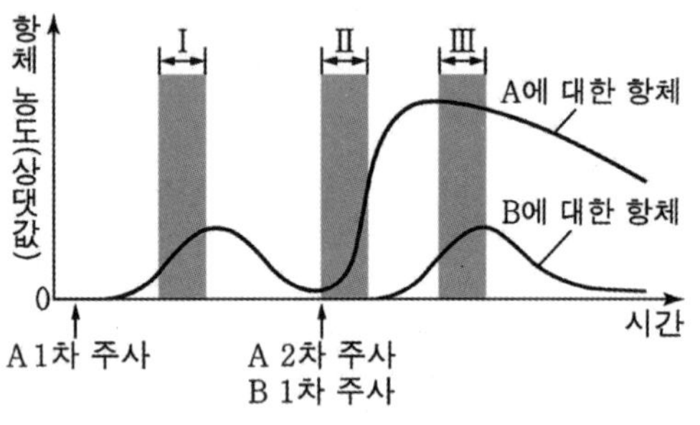

이에 대한 설명으로 옳은 것만을 <보기>에서 있는 대로 고른 것은?

[보기]

ㄱ. 구간 Ⅰ에서 A에 대한 1차 면역 반응이 일어났다.
ㄴ. 구간 Ⅱ에서 A에 대한 형질 세포가 기억 세포로 분화되었다.
ㄷ. 구간 Ⅲ에서 B에 대한 특이적 방어 작용이 일어났다.

① ㄱ ② ㄴ ③ ㄱ, ㄷ ④ ㄴ, ㄷ ⑤ ㄱ, ㄴ, ㄷ

142 ✿❀❀ 2021 실시 3월 학평 10

다음은 항원 X와 Y에 대한 생쥐의 방어 작용 실험이다.

[실험 과정]

(가) 유전적으로 동일하고, X와 Y에 노출된 적이 없는 생쥐 ㉠~㉢을 준비한다.
(나) ㉠에 X와 Y 중 하나를 주사한다.
(다) 2주 후, ㉠에 주사한 항원에 대한 기억 세포를 분리하여 ㉡에 주사한다.
(라) 1주 후, ㉡과 ㉢에 X를 주사하고, 일정 시간이 지난 후 Y를 주사한다.

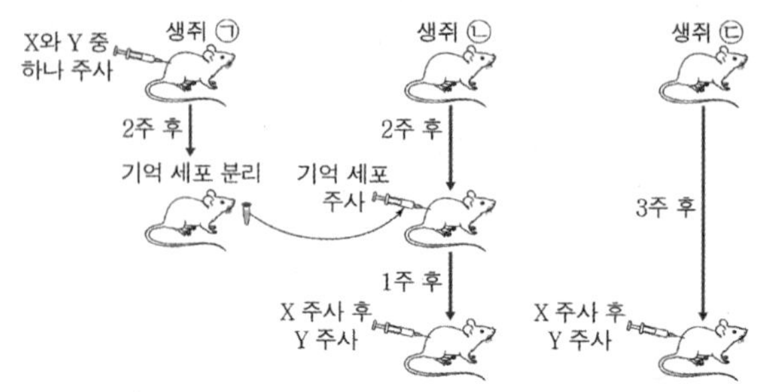

[실험 결과]

㉡과 ㉢에서 X와 Y에 대한 혈중 항체 농도의 변화는 그림과 같다.

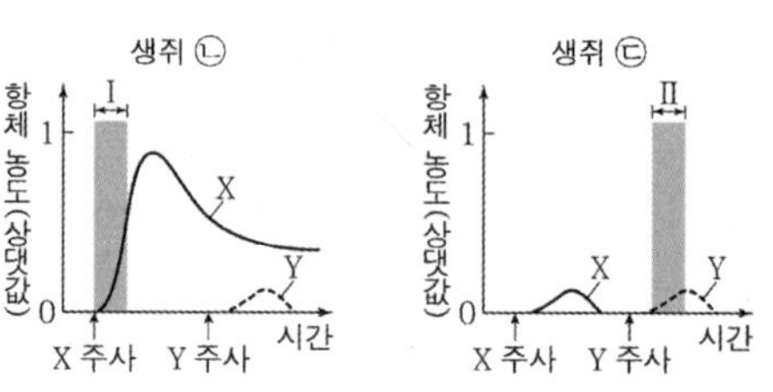

이에 대한 옳은 설명만을 <보기>에서 있는 대로 고른 것은? (3점)

[보기]

ㄱ. (나)에서 ㉠에 주사한 항원은 Y이다.
ㄴ. 구간 Ⅰ에서 X에 대한 형질 세포가 기억 세포로 분화된다.
ㄷ. 구간 Ⅱ에서 Y에 대한 체액성 면역이 일어난다.

① ㄱ ② ㄷ ③ ㄱ, ㄴ ④ ㄱ, ㄷ ⑤ ㄴ, ㄷ

유형 03 결합 특이성을 이용한 검사 키트 원리

(단서) 시료와 항체의 반응에 대한 검사 결과가 제시되어 있다.

(발상) 항원 항체 반응을 통해 감염된 병원체는 해당 항체와 결합해 띠가 나타난다.

143

✿❀❀ 2024 대비 6월 모평 13

다음은 검사 키트를 이용하여 병원체 P와 Q의 감염 여부를 확인하기 위한 실험이다.

- 사람으로부터 채취한 시료를 검사 키트에 떨어뜨리면 시료는 물질 ⓐ와 함께 이동한다. ⓐ는 P와 Q에 각각 결합할 수 있고, 색소가 있다.

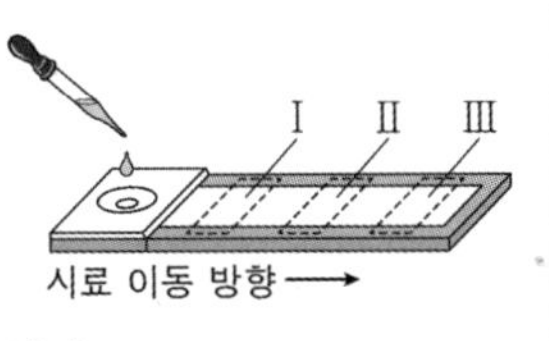

- 검사 키트의 Ⅰ에는 'P에 대한 항체'가, Ⅱ에는 'Q에 대한 항체'가, Ⅲ에는 'ⓐ에 대한 항체'가 각각 부착되어 있다. Ⅰ~Ⅲ의 항체에 각각 항원이 결합하면, ⓐ의 색소에 의해 띠가 나타난다.

[실험 과정 및 결과]

(가) 사람 A와 B로부터 시료를 각각 준비한 후, 검사 키트에 각 시료를 떨어뜨린다.

(나) 일정 시간이 지난 후 검사 키트를 확인한 결과는 표와 같다.

(다) A는 P와 Q에 모두 감염되지 않았고, B는 Q에만 감염되었다.

사람	검사 결과
A	Ⅰ Ⅱ Ⅲ (Ⅲ에만 띠)
B	?

B의 검사 결과로 가장 적절한 것은? (단, 제시된 조건 이외는 고려하지 않는다.) (3점)

① 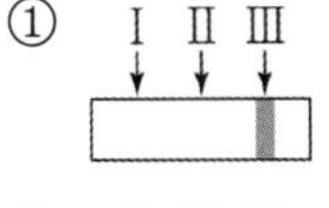
② 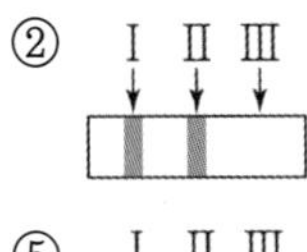
③ 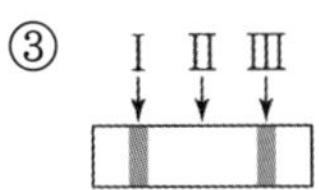
④ 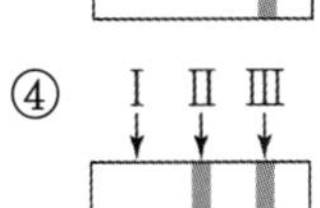
⑤ 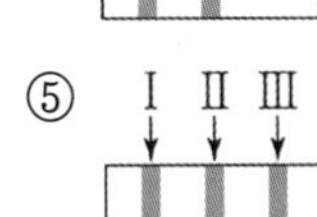

144

✿❀❀ 2023 대비 9월 모평 14

다음은 검사 키트를 이용하여 병원체 X의 감염 여부를 확인하기 위한 실험이다.

- 사람으로부터 채취한 시료를 검사 키트에 떨어뜨리면 시료는 물질 ⓐ와 함께 이동한다. ⓐ는 X에 결합할 수 있고, 색소가 있다.

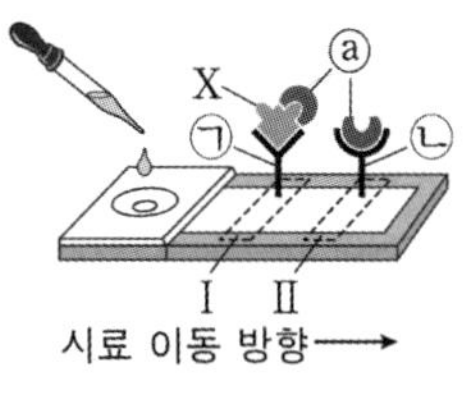

- 검사 키트의 Ⅰ에는 ㉠이, Ⅱ에는 ㉡이 각각 부착되어 있다. ㉠과 ㉡ 중 하나는 'X에 대한 항체'이고, 나머지 하나는 'ⓐ에 대한 항체'이다.
- ㉠과 ㉡에 각각 항원이 결합하면, ⓐ의 색소에 의해 띠가 나타난다.

[실험 과정 및 결과]

(가) 사람 A와 B로부터 시료를 각각 준비한 후, 검사 키트에 각 시료를 떨어뜨린다.

(나) 일정 시간이 지난 후 검사 키트를 확인한 결과는 그림과 같고, A와 B 중 한 사람만 X에 감염되었다.

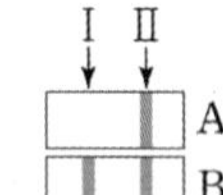

이 자료에 대한 설명으로 옳은 것만을 〈보기〉에서 있는 대로 고른 것은? (단, 제시된 조건 이외는 고려하지 않는다.) (3점)

[보기]

ㄱ. ㉡은 'ⓐ에 대한 항체'이다.
ㄴ. B는 X에 감염되었다.
ㄷ. 검사 키트에는 항원 항체 반응의 원리가 이용된다.

① ㄱ ② ㄴ ③ ㄱ, ㄷ ④ ㄴ, ㄷ ⑤ ㄱ, ㄴ, ㄷ

❖ 정답 및 해설 236~237p

2 혈액형

145

2024 대비 수능 16

표는 사람 Ⅰ~Ⅲ 사이의 ABO식 혈액형에 대한 응집 반응 결과를 나타낸 것이다. ㉠~㉢은 Ⅰ~Ⅲ의 혈장을 순서 없이 나타낸 것이다. Ⅰ~Ⅲ의 ABO식 혈액형은 각각 서로 다르며, A형, AB형, O형 중 하나이다.

적혈구 \ 혈장	㉠	㉡	㉢
Ⅰ의 적혈구	?	−	+
Ⅱ의 적혈구	−	?	−
Ⅲ의 적혈구	?	+	?

(+: 응집됨, −: 응집 안 됨)

이에 대한 설명으로 옳은 것만을 〈보기〉에서 있는 대로 고른 것은?

[보기]

ㄱ. Ⅰ의 ABO식 혈액형은 A형이다.
ㄴ. ㉡은 Ⅱ의 혈장이다.
ㄷ. Ⅲ의 적혈구와 ㉢을 섞으면 항원 항체 반응이 일어난다.

① ㄱ ② ㄴ ③ ㄱ, ㄷ ④ ㄴ, ㄷ ⑤ ㄱ, ㄴ, ㄷ

146

2017 대비 6월 모평 17

다음은 Rh식 혈액형 판정에 대한 실험이다.

〈실험 과정〉

(가) 붉은털원숭이의 혈액에서 ⓐ 적혈구를 분리하여 토끼에게 주사한다.
(나) 1주 후, (가)의 토끼에서 혈액을 채취하여 ⓑ 적혈구와 ⓒ 혈청을 각각 분리하여 얻는다.
(다) (나)에서 얻은 ㉠ 을/를 사람 Ⅰ, Ⅱ의 혈액에 각각 섞었을 때의 응집 여부에 따라 Rh식 혈액형을 판정한다.

〈실험 결과〉

구분	응집 여부	Rh식 혈액형
사람 Ⅰ	응집됨	Rh^+형
사람 Ⅱ	응집 안 됨	Rh^-형

이에 대한 설명으로 옳은 것만을 〈보기〉에서 있는 대로 고른 것은? (3점)

[보기]

ㄱ. ㉠은 ⓑ이다.
ㄴ. ⓐ와 ⓒ를 섞으면 응집 반응이 일어난다.
ㄷ. Ⅰ의 혈액에는 Rh 응집원이 존재한다.

① ㄱ ② ㄴ ③ ㄷ
④ ㄱ, ㄴ ⑤ ㄴ, ㄷ

147

2020 실시 10월 학평 10

표 (가)는 사람 Ⅰ~Ⅲ의 혈액에서 응집원 B와 응집소 β의 유무를, (나)는 Ⅰ~Ⅲ의 혈액을 혈청 ㉠~㉢과 각각 섞었을 때의 ABO식 혈액형에 대한 응집 반응 결과를 나타낸 것이다. Ⅰ~Ⅲ의 ABO식 혈액형은 모두 다르며, ㉠~㉢은 Ⅰ의 혈청, Ⅱ의 혈청, 항B 혈청을 순서 없이 나타낸 것이다.

구분	응집원 B	응집소 β
Ⅰ	○	?
Ⅱ	?	×
Ⅲ	?	○

(○: 있음, ×: 없음)

(가)

구분	㉠	㉡	㉢
Ⅰ의 혈액	−	?	?
Ⅱ의 혈액	?	+	+
Ⅲ의 혈액	?	+	−

(+: 응집됨, −: 응집 안 됨)

(나)

이에 대한 옳은 설명만을 〈보기〉에서 있는 대로 고른 것은? (3점)

[보기]

ㄱ. ㉢은 항B 혈청이다.
ㄴ. Ⅰ의 ABO식 혈액형은 B형이다.
ㄷ. Ⅱ의 혈액에는 응집소 α가 있다.

① ㄱ ② ㄴ ③ ㄷ ④ ㄱ, ㄴ ⑤ ㄴ, ㄷ

148

2020 실시 7월 학평 19

다음은 철수 가족의 ABO식 혈액형에 관한 자료이다.

• 철수 가족의 ABO식 혈액형은 서로 다르다.
• 표는 아버지, 어머니, 철수의 혈액을 각각 혈구와 혈장으로 분리하여 서로 섞었을 때 응집 여부를 나타낸 것이다.

구분	어머니의 혈장	철수의 혈장
아버지의 혈구	응집됨	응집 안 됨

이에 대한 설명으로 옳은 것만을 〈보기〉에서 있는 대로 고른 것은? (단, ABO식 혈액형만 고려한다.)

[보기]

ㄱ. 어머니는 O형이다.
ㄴ. 철수의 혈구와 어머니의 혈장을 섞으면 응집된다.
ㄷ. 아버지와 철수의 혈장에는 동일한 종류의 응집소가 있다.

① ㄴ ② ㄷ ③ ㄱ, ㄴ
④ ㄱ, ㄷ ⑤ ㄱ, ㄴ, ㄷ

149 ✲✲✲ 2017 실시 7월 학평 9

그림은 어느 가족의 가계도를, 표는 이 가계도 구성원의 ABO식 혈액형에 대한 응집원 ㉠과 응집소 ㉡의 유무를 조사한 것이다. **1~4의 ABO식 혈액형은 모두 다르며, 2의 ABO식 혈액형의 유전자형은 이형 접합성이다.**

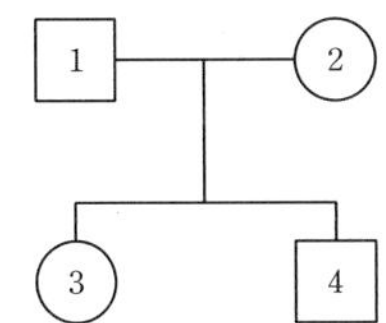

구성원	1	2	3	4
응집원 ㉠	있음	?	있음	?
응집소 ㉡	없음	?	없음	?

이에 대한 설명으로 옳은 것만을 〈보기〉에서 있는 대로 고른 것은? (단, ABO식 혈액형만 고려하며, 돌연변이는 없다.) (3점)

[보기]

ㄱ. 2의 혈장과 4의 혈구를 섞으면 응집 반응이 일어난다.
ㄴ. 3은 응집원 A를 갖는다.
ㄷ. 4의 동생이 한 명 태어날 때, 이 아이가 응집원 ㉠을 가질 확률은 50 %이다.

① ㄱ ② ㄴ ③ ㄷ ④ ㄱ, ㄴ ⑤ ㄴ, ㄷ

150 ✲✲✲ 2017 실시 4월 학평 10

그림은 철수의 혈액과 혈액형이 A형인 영희의 혈액을 섞은 결과를 나타낸 것이고, 표는 **30명의 학생으로 구성된 집단을 대상으로** ㉠과 ㉡에 대한 응집 반응 여부를 조사한 것이다. ㉠과 ㉡은 각각 응집소 α와 응집소 β 중 하나이다.

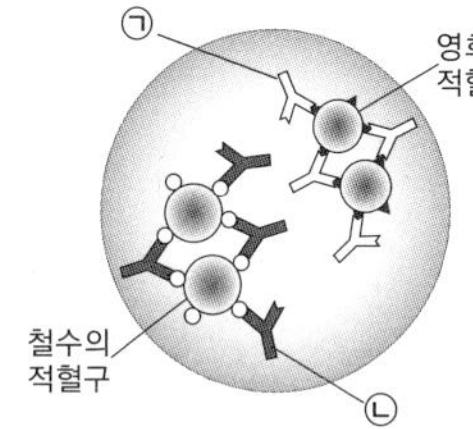

구분	학생 수
㉠과 응집 반응이 일어남	17
㉡과 응집 반응이 일어남	15
㉠, ㉡과 모두 응집 반응이 일어남	10

이에 대한 설명으로 옳은 것만을 〈보기〉에서 있는 대로 고른 것은? (단, 이 집단에는 철수와 영희가 포함되지 않고, ABO식 혈액형만 고려한다.)

[보기]

ㄱ. 철수는 B형이다.
ㄴ. 이 집단에서 A형인 학생은 7명이다.
ㄷ. 이 집단에서 ㉠을 가진 학생은 15명이다.

① ㄱ ② ㄷ ③ ㄱ, ㄴ ④ ㄴ, ㄷ ⑤ ㄱ, ㄴ, ㄷ

❖ 정답 및 해설 238 ~ 240p

KUAAA

고려대학교 천문 동아리

우리 같이 별 보러 가지 않을래?

매달 정기 관측회를 떠나고 싶은 사람!
망원경이 없지만 별을 보고 싶은 사람!
사진기가 없지만 사진 찍고 싶은 사람!
이 중 하나라도 해당되는 사람, KUAAA로 초대합니다!

KUAAA(Korea University Amateur Astronomical Association)는 별 보기를 좋아하는 아마추어들을 위한 동아리입니다. 학술연구분과 소속인 KUAAA에서는 천문과 관련된 배경지식이 없더라도 세미나를 통해 기초 지식부터 알려드리니 부담 없이 오세요!

KUAAA에 오신다면 맨눈으로 별자리를 찾는 법, 별이나 성운 사진을 멋지게 찍는 법을 배우게 될 것이고, 매달 도시 밖으로 떠나는 1박 2일 정기 관측회, 당일치기로 떠나는 비정기 관측회 등 즐거운 친목 도모 활동까지 모두 경험하실 수 있습니다!

유전

J 염색체와 세포 주기

1 염색체

2 핵형과 핵상

3 세포 주기

K 세포 분열

1 체세포 분열

2 감수 분열

★ 고난도 대비 문제 특강

1등급 대비

L 사람의 유전

1 상염색체 유전

2 성염색체 유전

3 단일 인자 유전과 다인자 유전

★ 1등급 대비 문제 특강

M 유전병

1 염색체 이상에 의한 유전병

2 유전자 이상에 의한 유전병

★ 1등급 대비 문제 특강

J 염색체와 세포 주기

고난도 대비 단원

★ 2025 수능 출제 분석

- **세포 주기** : 체세포의 세포 주기에 대해 묻는 문제가 쉽게 출제되었다.
- **염색체** : 특정 DNA 상대량을 더한 값을 통해 두 종의 세포를 구분하는 문제가 평이하게 출제되었다.

대비년도	출제 개념	난이도
2025 수능	세포 주기, 염색체	✲ / ✲✲
2025 9월	세포주기, 핵형 분석	✲✲ / ✲
2025 6월	염색체	✲✲
2024 수능	세포 주기	✲

1 염색체와 유전자

1. **염색체**: 분열하는 세포에서 응축되어[1] 막대 모양으로 관찰되며, 유전 정보를 전달한다.
2. **염색체의 구조**: DNA(유전 물질)와 히스톤 단백질로 구성되며, DNA가 히스톤 단백질을 휘감아 뉴클레오솜을 형성한다.

유전자	DNA의 특정 부분으로, 생물의 형질을 결정하는 유전 정보의 단위
DNA	유전 정보를 저장하고 있는 유전 물질로, 뉴클레오타이드가[2] 반복적으로 연결된 이중 나선 구조
염색 분체	DNA가 복제되어 형성된 것으로, 두 염색 분체를 구성하는 DNA의 유전 정보는 동일
유전체	한 개체가 가지고 있는 모든 유전 정보

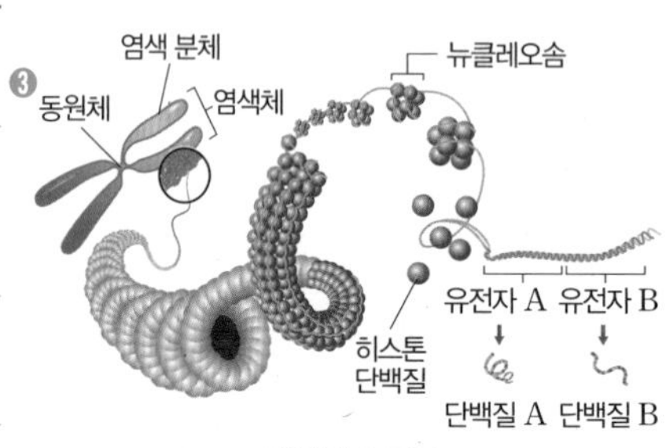

▲ 염색체의 구조

3. **상동 염색체와 대립유전자**

상동 염색체	• 체세포 속에 존재하는 모양과 크기가 같은 한 쌍의 염색체이다. • 상동 염색체의 같은 위치에 하나의 형질을 결정하는 대립유전자가 위치한다.
대립유전자	상동 염색체의 같은 위치에 존재하며, 하나의 형질을 결정하는 유전자이다.

4. **상동 염색체와 염색 분체의 유전자 구성**

(1) 상동 염색체는 부모로부터 하나씩 물려받은 것이므로 대립유전자는 같을 수도 다를 수도 있다.

(2) 염색 분체는 세포 분열이 일어나기 전에 하나의 DNA가 복제되어 만들어졌다. 하나의 염색체를 구성하는 두 염색 분체는 유전자 구성이 같다.

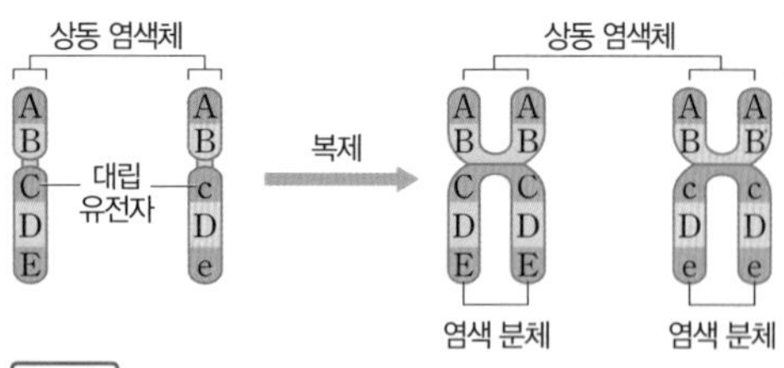

2 핵형과 핵상

1. **핵형**: 한 생물의 체세포에 들어 있는 염색체의 수, 모양, 크기 등과 같은 외형적인 특징이며, 생물종마다 고유한 핵형을 가지고 있다.

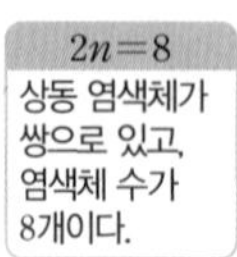

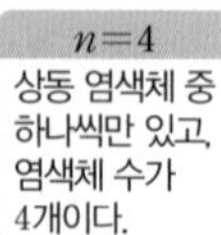

▲ 핵상과 염색체 수 표시

2. **핵상**: 세포 하나에 들어 있는 염색체의 상대적인 수로, 상동 염색체가 쌍으로 있는 체세포의 핵상은 $2n$, 상동 염색체 중 하나씩만 있는 생식세포의 핵상은 n으로 표시한다.

① **염색체가 응축되는 까닭**
염색체로 응축되면 세포 분열 시 유전자의 손상을 막고, 딸세포에 유전 물질을 균등하게 나누어 줄 수 있다.

② **뉴클레오타이드**
DNA를 구성하는 기본 단위로 당, 인산, 염기가 1 : 1 : 1로 결합되어 있다. 당은 디옥시리보스이다.

③ **동원체**
염색체에서 세포 분열시 방추사가 붙는 잘록한 부분으로 동원체의 위치에 따라 염색체의 모양이 달라진다.

2025 대비 수능 18번
2025 대비 9월 모평 13번
2025 대비 6월 모평 9번

★ 6월, 9월 모평 모두 염색체의 핵형을 이용해 푸는 문제가 보통으로 출제되었다. 수능에서는 특정 DNA 상대량을 더한 값을 통해 두 종의 세포를 구분하는 문제가 보통으로 출제되었다.

3. 핵형 분석

(1) 체세포 분열 중기 세포의 염색체 사진을 이용해 분석한다.
(2) 성별과 염색체 수[4] 및 염색체 구조 이상을 알 수 있다.
(3) **사람의 핵형 분석**: 사람의 체세포에는 총 23쌍(46개)의 염색체가 있다. ($2n=46$)

상염색체	• 여자와 남자가 공통으로 가지는 염색체이다. • 사람은 1번부터 22번까지 22쌍(44개)의 상염색체를 가진다.
성염색체	• 여자와 남자가 서로 다른 구성으로 가지는 염색체이다. • 사람은 1쌍의 성염색체를 가지며, 크기가 큰 것은 X 염색체, 크기가 작은 것은 Y 염색체이다. • 부모로부터 하나씩 물려받아 생식세포 분열 시 쌍을 이루므로 상동 염색체로 취급한다. • 남자의 핵형($2n=44+XY$), 여자의 핵형($2n=44+XX$)

⊙ 남자의 핵형 성염색체 ⊙ 여자의 핵형 성염색체

▲ 사람의 핵형

❹ 여러 생물종의 염색체

생물종	염색체 수	생물종	염색체 수
사람	46	개	78
감자	48	닭	78

• 생물종이 복잡한 정도는 염색체 수와 관련이 없다.
• 염색체 수가 같아도 종이 다르면 염색체의 크기와 모양이 다르다.
• 같은 종의 생물에서는 성별이 같으면 핵형이 같다.

3 세포 주기

1. 세포 주기: 세포 분열이 끝난 딸세포가 생장하여 다시 세포 분열을 끝마칠 때까지의 과정으로, 간기와[5] 분열기로 구분된다.

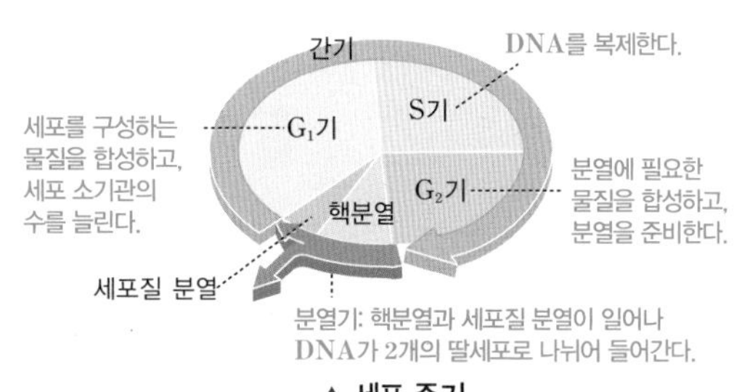

▲ 세포 주기

출제 2025 대비 수능 8번
2025 대비 9월 모평 7번

★ 9월은 세포주기별 DNA 상대량의 특징을 이용한 문제가 쉽게 출제되었다.
수능에서는 체세포의 세포 주기에 대해 묻는 문제가 쉽게 출제되었다.

2. 세포 주기의 구분

간기	G_1기	• 단백질, 지질 등의 세포 구성 물질을 합성하며, 세포가 가장 많이 생장하는 시기이다. • 세포를 구성하는 세포 소기관 수가 증가하며, DNA 복제를 준비하는 시기이다.
	S기	DNA가 복제되는 시기로, DNA양이 2배로 증가한다.
	G_2기	방추사를 구성하는 단백질 등 세포 분열에 필요한 물질을 합성해 세포 분열을 준비하는 시기이다.
분열기 (M기)		• 간기에 비해 짧으며, 핵분열 말기에는 세포질 분열이 시작되어 딸세포가 만들어진다. • 염색체가 응축되어 광학 현미경으로 관찰이 가능하다.

❺ 간기

간기에는 핵이 관찰되고, 핵 속에 염색체가 실 모양으로 풀어져 있다가 분열기에 핵막이 사라지고 응축된 염색체가 나타난다.

꼭 외워!

∗ 염색체

• 염색체는 DNA와 히스톤 단백질로 구성된다.
• 하나의 염색체를 구성하는 두 염색 분체는 유전자 구성이 같다.
• 대립유전자는 같을 수도 다를 수도 있다.

∗ 핵형 분석

• 성별과 염색체 수나 구조 이상 확인 가능
• 남자의 핵형($2n=44+XY$), 여자의 핵형($2n=44+XX$)

∗ 세포 주기

간기	• G_1기 → S기 → G_2기 순서로 진행됨 • 세포의 생장과 복제(S기에 진행)가 일어남
분열기 (M기)	염색체가 응축되는 시기

기출 자료로 개념 체크

1 염색체와 유전자

01 그림은 염색체의 구조를 나타낸 것이다. 빈칸에 알맞은 말을 쓰시오.

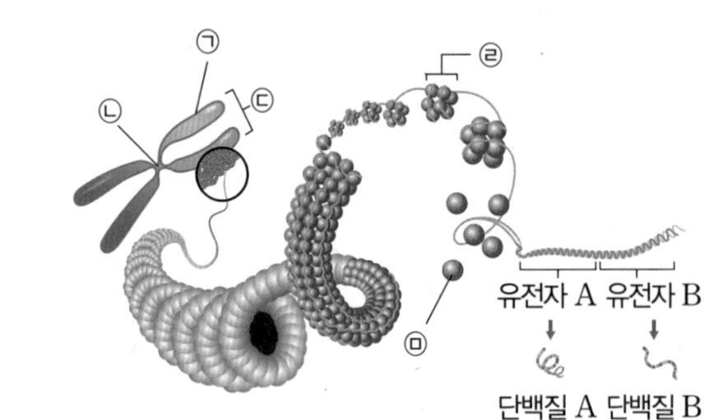

㉠: (1) ㉡: (2) ㉢: (3)
㉣: (4) ㉤: (5)

2 핵형과 핵상

02 그림은 같은 종인 동물($2n=8$) Ⅰ과 Ⅱ의 세포 (가)~(다) 각각에 들어 있는 모든 염색체를 나타낸 것이다. (가)~(다) 중 1개는 Ⅰ의 세포이고, 나머지 2개는 Ⅱ의 세포이다. Ⅰ의 성염색체는 XX, Ⅱ의 성염색체는 XY이다. A는 a와 대립유전자이다. 이에 대한 설명으로 옳은 것은 ○, 옳지 않은 것은 × 표시하시오. 〈2020 실시 11월 학평 11 (고2)〉

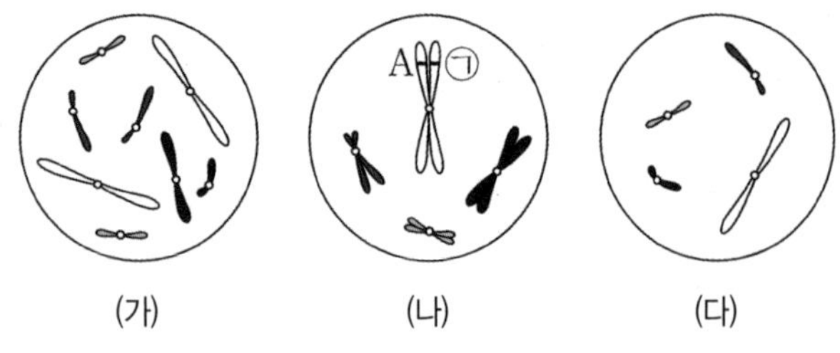

(가) (나) (다)

(1) ㉠은 a이다. 6(○, ×)
(2) (가)는 Ⅰ의 세포이다. 7(○, ×)
(3) (나)와 (다)의 핵상은 같다. 8(○, ×)

03 그림은 사람의 체세포의 핵형 분석 결과를 나타낸 것이다. 빈칸에 알맞은 말을 쓰시오.

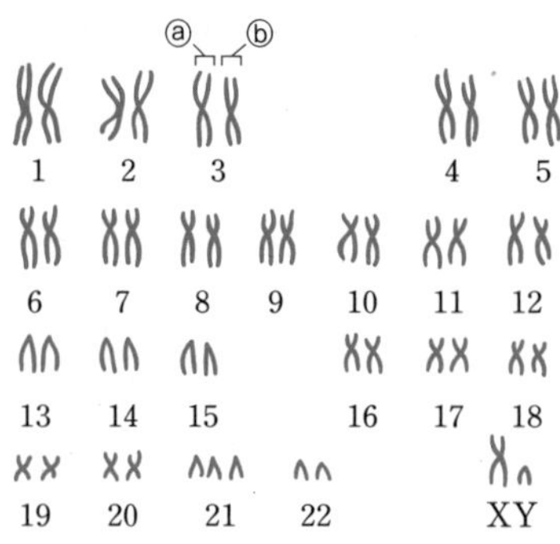

(1) 상동 염색체의 같은 위치에는 동일한 형질을 결정하는 (9)이/가 있다.
(2) 사람의 체세포에는 (10)쌍의 상염색체와 (11)쌍의 성염색체가 있다.
(3) 남자의 성염색체 구성은 (12)이고, 여자의 성염색체 구성은 (13)이다.
(4) 이 사람의 성별은 (14)이다.
(5) ⓐ와 ⓑ는 (15)(이)다.

3 세포 주기

04 그림은 사람 체세포의 세포 주기를 나타낸 것이다. ㉠~㉢은 각각 G_2기, M기(분열기), S기 중 하나이다. 이에 대한 설명으로 옳은 것은 ○, 옳지 않은 것은 × 표시하시오. 〈2020 대비 9월 모평 12〉

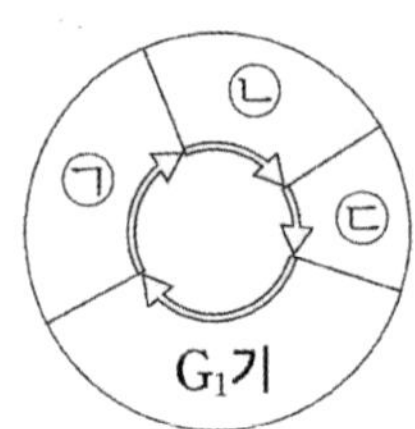

(1) ㉠은 G_2기이다. 16(○, ×)
(2) ㉡ 시기의 세포에서 DNA가 복제가 일어난다. 17(○, ×)
(3) ㉢ 시기의 세포에서 방추사가 관찰된다. 18(○, ×)

정답

1 염색 분체 2 동원체 3 염색체 4 뉴클레오솜 5 히스톤 단백질 6 × (염색 분체는 동일한 대립유전자가 존재하므로 ㉠은 A임) 7 × ((가)와 (다)는 Ⅱ의 세포, (나)는 Ⅰ의 세포) 8 ○ (핵상 n으로 같음) 9 대립유전자 10 22 11 1 12 XY 13 XX 14 남자 15 상동 염색체 16 × (㉠은 S기, ㉡은 G_2기, ㉢은 M기) 17 × (DNA 복제는 S기(㉠)에 일어남) 18 ○

1 염색체와 유전자

J01 2020 실시 3월 학평 11

그림은 염색체의 구조를 나타낸 것이다.

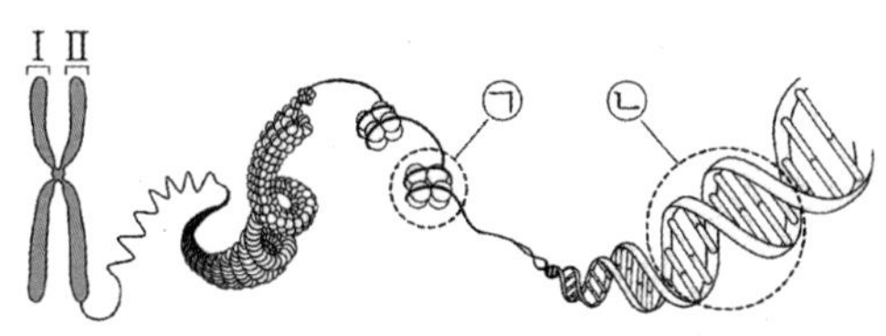

이에 대한 옳은 설명만을 〈보기〉에서 있는 대로 고른 것은? (단, 돌연변이와 교차는 고려하지 않는다.)

[보기]
ㄱ. Ⅰ과 Ⅱ에 저장된 유전 정보는 같다.
ㄴ. ㉠에 단백질이 있다.
ㄷ. ㉡은 뉴클레오타이드로 구성된다.

① ㄱ ② ㄷ ③ ㄱ, ㄴ
④ ㄴ, ㄷ ⑤ ㄱ, ㄴ, ㄷ

J02 2019 실시 3월 학평 6

그림은 어떤 사람의 염색체 구조를 나타낸 것이다. 이 사람의 특정 형질에 대한 유전자형은 Tt이고, T는 t와 대립유전자이다. ⓐ는 단백질과 DNA 중 하나이다.

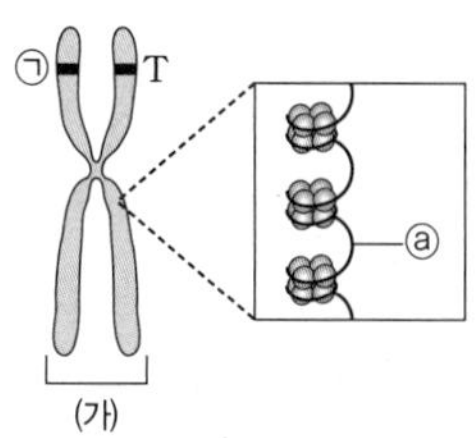

이에 대한 옳은 설명만을 〈보기〉에서 있는 대로 고른 것은? (단, 돌연변이와 교차는 고려하지 않는다.) (3점)

[보기]
ㄱ. ㉠은 대립유전자 t이다.
ㄴ. 세포 주기의 간기에 (가)가 관찰된다.
ㄷ. ⓐ의 기본 단위는 뉴클레오타이드이다.

① ㄱ ② ㄷ ③ ㄱ, ㄴ
④ ㄱ, ㄷ ⑤ ㄴ, ㄷ

J03 2021 실시 7월 학평 14

표는 유전체와 염색체의 특징을, 그림은 뉴클레오솜의 구조를 나타낸 것이다. ㉠과 ㉡은 유전체와 염색체를 순서 없이 나타낸 것이고, ⓐ와 ⓑ는 각각 DNA와 히스톤 단백질 중 하나이다.

구분	특징
㉠	세포 주기의 분열기에만 관찰됨
㉡	?

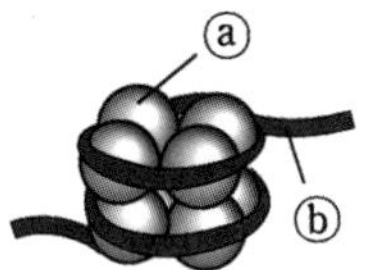

이에 대한 설명으로 옳은 것만을 〈보기〉에서 있는 대로 고른 것은?

[보기]
ㄱ. ㉠에 ⓐ가 있다.
ㄴ. ⓑ는 이중 나선 구조이다.
ㄷ. ㉡은 한 생명체의 모든 유전 정보이다.

① ㄱ ② ㄴ ③ ㄱ, ㄷ ④ ㄴ, ㄷ ⑤ ㄱ, ㄴ, ㄷ

J04 2017 대비 9월 모평 5

그림은 사람의 체세포에 있는 염색체의 구조를 나타낸 것이다.

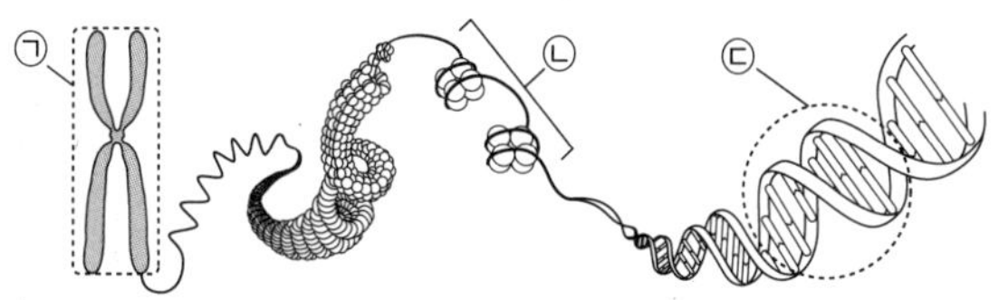

이에 대한 설명으로 옳은 것만을 〈보기〉에서 있는 대로 고른 것은? (3점)

[보기]
ㄱ. ㉠은 2가 염색체이다.
ㄴ. 세포 주기의 S기에 ㉡이 ㉠으로 응축된다.
ㄷ. ㉢의 기본 단위는 뉴클레오타이드이다.

① ㄴ ② ㄷ ③ ㄱ, ㄴ
④ ㄱ, ㄷ ⑤ ㄴ, ㄷ

❖ 정답 및 해설 241~242p

2 핵형과 핵상

유형 01 사람의 핵형 분석

(단서) 핵형 분석 결과 상동 염색체 쌍이 제시되어 있다.
(발상) 성별, 염색체 수의 이상과 염색체 구조의 이상이 있는 부분을 찾아야 한다.

J05 ✽❀❀ 2024 실시 3월 학평 15

그림은 어떤 사람에서 세포 A의 핵형 분석 결과 관찰된 10번 염색체와 성염색체를 나타낸 것이다.

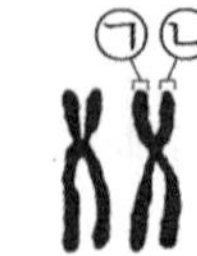

이에 대한 옳은 설명만을 〈보기〉에서 있는 대로 고른 것은? (단, 돌연변이와 교차는 고려하지 않는다.)

[보기]
ㄱ. 이 사람은 여자이다.
ㄴ. A는 22쌍의 상염색체를 가진다.
ㄷ. ㉠과 ㉡의 유전 정보는 서로 다르다.

① ㄱ ② ㄴ ③ ㄷ ④ ㄱ, ㄴ ⑤ ㄱ, ㄷ

J06 ✽✽❀ 2021 대비 9월 모평 6

그림은 어떤 사람의 핵형 분석 결과를 나타낸 것이다. ⓐ는 세포 분열 시 방추사가 부착되는 부분이다.

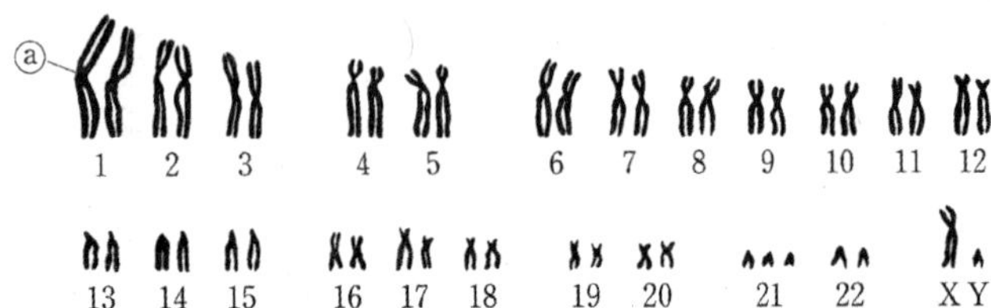

이에 대한 설명으로 옳은 것만을 〈보기〉에서 있는 대로 고른 것은?

[보기]
ㄱ. ⓐ는 동원체이다.
ㄴ. 이 사람은 다운 증후군의 염색체 이상을 보인다.
ㄷ. 이 핵형 분석 결과에서 $\frac{\text{상염색체의 염색 분체 수}}{\text{성염색체 수}} = \frac{45}{2}$ 이다.

① ㄱ ② ㄷ ③ ㄱ, ㄴ ④ ㄴ, ㄷ ⑤ ㄱ, ㄴ, ㄷ

J07 ✽✽❀ 2018 실시 4월 학평 5

그림은 어떤 사람의 핵형 분석 결과를 나타낸 것이다.

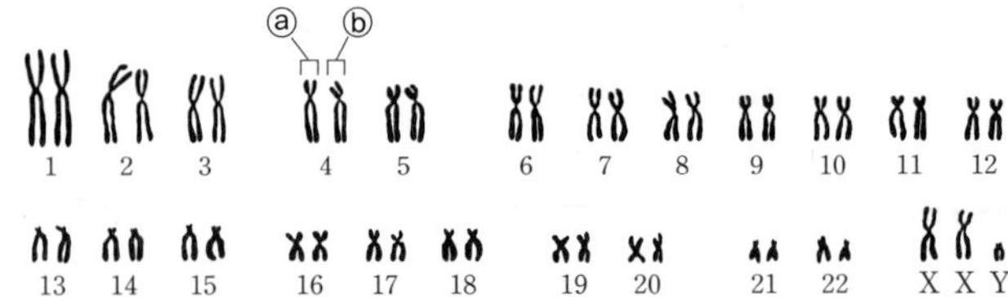

이에 대한 설명으로 옳은 것만을 〈보기〉에서 있는 대로 고른 것은? (3점)

[보기]
ㄱ. ⓐ는 ⓑ의 상동 염색체이다.
ㄴ. 이 사람은 터너 증후군의 염색체 이상을 보인다.
ㄷ. 이 핵형 분석 결과에서 관찰되는 $\frac{\text{상염색체의 염색 분체 수}}{\text{X 염색체 수}}$ 는 44이다.

① ㄱ ② ㄴ ③ ㄱ, ㄷ
④ ㄴ, ㄷ ⑤ ㄱ, ㄴ, ㄷ

J08 ✽✽❀ 2018 대비 9월 모평 4

그림 (가)는 사람 A의, (나)는 사람 B의 핵형 분석 결과를 나타낸 것이다.

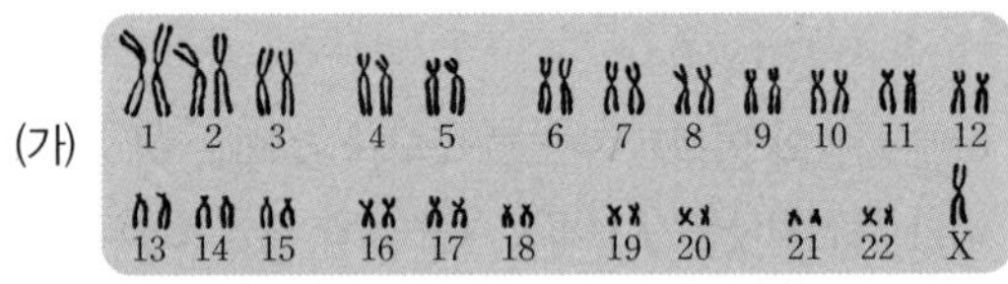

이에 대한 설명으로 옳은 것만을 〈보기〉에서 있는 대로 고른 것은? (3점)

[보기]
ㄱ. A는 터너 증후군의 염색체 이상을 보인다.
ㄴ. (나)에서 적록 색맹 여부를 알 수 있다.
ㄷ. $\frac{\text{(가)의 염색 분체 수}}{\text{(나)의 성염색체 수}} = 45$이다.

① ㄱ ② ㄴ ③ ㄱ, ㄴ
④ ㄱ, ㄷ ⑤ ㄴ, ㄷ

유형 02 **핵형 비교**

단서 여러 종의 염색체의 크기와 모양이 제시되어 있다.

발상 생물종에 따라 핵형이 다르며, 같은 종의 생물은 성별이 같으면 핵형이 같다는 것을 이용한다.

J09

2025 대비 수능 18

어떤 동물 종($2n=6$)의 유전 형질 ㉮는 2쌍의 대립유전자 H와 h, T와 t에 의해 결정된다. 표는 이 동물 종의 개체 P와 Q의 세포 Ⅰ~Ⅳ에서 H와 t의 DNA 상대량을 더한 값(H+t)과 h와 t의 DNA 상대량을 더한 값(h+t)을, 그림은 세포 (가)와 (나) 각각에 들어 있는 모든 염색체를 나타낸 것이다. (가)와 (나)는 각각 Ⅰ~Ⅳ 중 하나이고, ㉠과 ㉡은 X 염색체와 Y 염색체를 순서 없이 나타낸 것이며, ㉠과 ㉡의 모양과 크기는 나타내지 않았다. P는 수컷이고 성염색체는 XY이며, Q는 암컷이고 성염색체는 XX이다.

세포	H+t	h+t
Ⅰ	3	1
Ⅱ	0	2
Ⅲ	?	0
Ⅳ	4	?

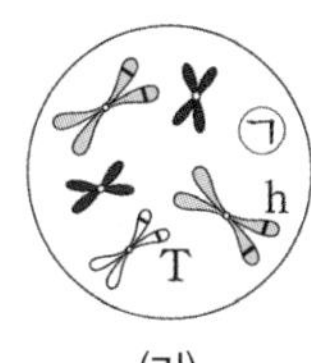

(가)

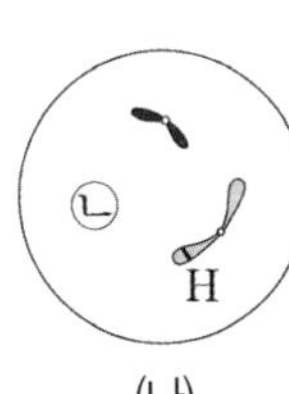

(나)

이에 대한 설명으로 옳은 것만을 〈보기〉에서 있는 대로 고른 것은? (단, 돌연변이와 교차는 고려하지 않으며, H, h, T, t 각각의 1개당 DNA 상대량은 1이다.)

[보기]

ㄱ. (나)는 P의 세포이다.
ㄴ. Ⅰ과 Ⅲ의 핵상은 같다.
ㄷ. T의 DNA 상대량은 Ⅱ에서와 Ⅳ에서가 서로 같다.

① ㄱ ② ㄴ ③ ㄱ, ㄷ ④ ㄴ, ㄷ ⑤ ㄱ, ㄴ, ㄷ

J10

2025 대비 6월 모평 9

그림은 핵상이 $2n$인 동물 A~C의 세포 (가)~(라) 각각에 들어있는 모든 상염색체와 ㉠을 나타낸 것이다. A~C는 2가지 종으로 구분되고, ㉠은 X 염색체와 Y 염색체 중 하나이다. (가)~(라) 중 2개는 A의 세포이고, A와 C의 성은 같다. A~C의 성염색체는 암컷이 XX, 수컷이 XY이다.

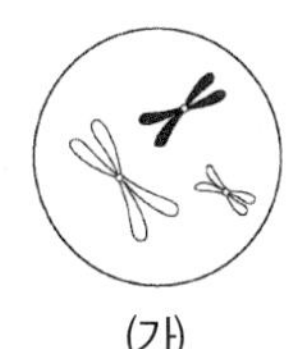
(가)

(나)

(다)

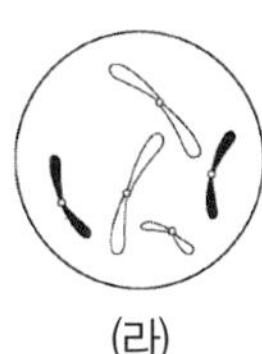
(라)

이에 대한 설명으로 옳은 것만을 〈보기〉에서 있는 대로 고른 것은? (단, 돌연변이는 고려하지 않는다.)

[보기]

ㄱ. ㉠은 X 염색체이다.
ㄴ. (가)는 A의 세포이다.
ㄷ. 체세포 분열 중기의 세포 1개당 $\frac{\text{X 염색체 수}}{\text{상염색체 수}}$는 B가 C보다 작다.

① ㄱ ② ㄴ ③ ㄷ ④ ㄱ, ㄴ ⑤ ㄴ, ㄷ

J11

2025 대비 9월 모평 13

그림은 세포 (가)~(다) 각각에 들어 있는 모든 염색체를 나타낸 것이다. (가)~(다)는 개체 A~C의 세포를 순서 없이 나타낸 것이고, A~C의 핵상은 모두 $2n$이다. A와 B는 서로 같은 종이고, B와 C는 서로 다른 종이다. A~C 중 B만 암컷이고, A~C의 성염색체는 암컷이 XX, 수컷이 XY이다. 염색체 ㉠과 ㉡ 중 하나는 성염색체이고, 나머지 하나는 상염색체이다. ㉠과 ㉡의 모양과 크기는 나타내지 않았다.

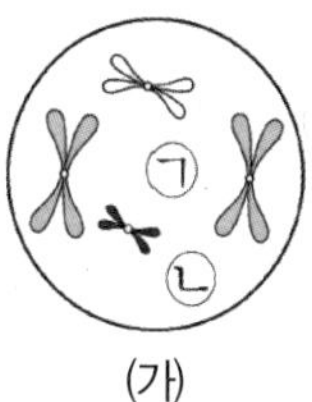

(가)

(나)

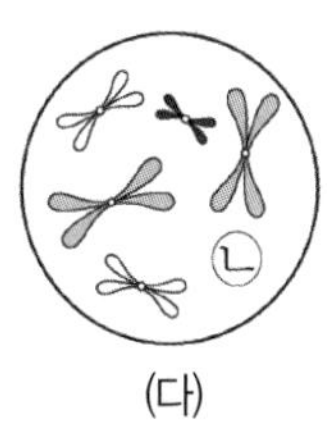

(다)

이에 대한 설명으로 옳은 것만을 〈보기〉에서 있는 대로 고른 것은? (단, 돌연변이는 고려하지 않는다.)

[보기]

ㄱ. ㉠은 X 염색체이다.
ㄴ. (나)와 (다)의 핵상은 같다.
ㄷ. (가)의 $\frac{\text{염색 분체 수}}{\text{X 염색체 수}}=6$이다.

① ㄱ ② ㄴ ③ ㄱ, ㄷ ④ ㄴ, ㄷ ⑤ ㄱ, ㄴ, ㄷ

❖ 정답 및 해설 243~246p

J12 ✲✲❀ 2022 실시 3월 학평 6

그림은 서로 다른 종인 동물 A($2n=8$)와 B($2n=6$)의 세포 (가)~(다) 각각에 들어 있는 모든 염색체를 나타낸 것이다. A와 B의 성염색체는 암컷이 XX, 수컷이 XY이다.

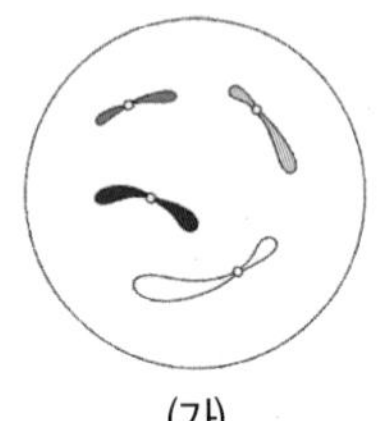
(가)

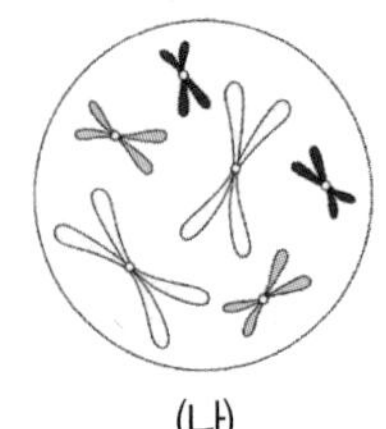
(나)

(다)

이에 대한 옳은 설명만을 〈보기〉에서 있는 대로 고른 것은? (단, 돌연변이는 고려하지 않는다.)

[보기]

ㄱ. (가)는 A의 세포이다.
ㄴ. A와 B는 모두 암컷이다.
ㄷ. (나)의 상염색체 수와 (다)의 염색체 수는 같다.

① ㄱ ② ㄴ ③ ㄱ, ㄷ ④ ㄴ, ㄷ ⑤ ㄱ, ㄴ, ㄷ

J13 ✲✲❀ 2022 실시 4월 학평 6

그림은 같은 종인 동물($2n=?$) 개체 Ⅰ과 Ⅱ의 세포 (가)~(다) 각각에 들어 있는 모든 염색체를 나타낸 것이다. 이 동물의 성염색체는 암컷이 XX, 수컷이 XY이고, 유전 형질 ㉠은 대립유전자 A와 a에 의해 결정된다. (가)~(다) 중 1개는 암컷의, 나머지 2개는 수컷의 세포이고, Ⅰ의 ㉠의 유전자형은 aa이다.

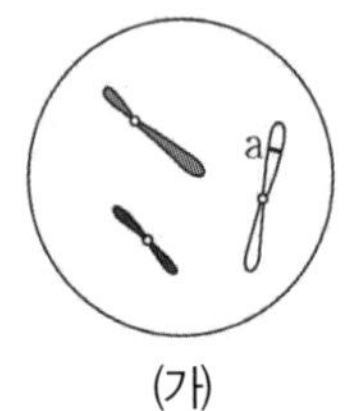

(가)

(나)

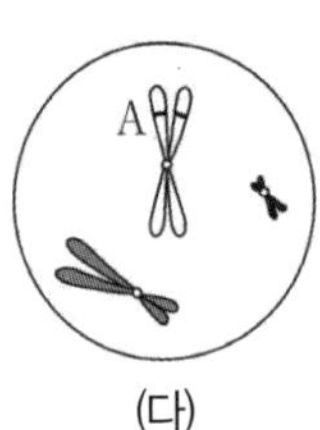

(다)

이에 대한 설명으로 옳은 것만을 〈보기〉에서 있는 대로 고른 것은? (단, 돌연변이는 고려하지 않는다.) (3점)

[보기]

ㄱ. Ⅰ은 수컷이다.
ㄴ. Ⅱ의 ㉠의 유전자형은 Aa이다.
ㄷ. (나)의 염색체 수는 (다)의 염색 분체 수와 같다.

① ㄱ ② ㄷ ③ ㄱ, ㄴ ④ ㄴ, ㄷ ⑤ ㄱ, ㄴ, ㄷ

J14 ✲✲❀ 2023 실시 3월 학평 20

그림은 동물 A($2n=8$)와 B($2n=6$)의 세포 (가)~(다) 각각에 있는 염색체 중 ㉠을 제외한 나머지를 모두 나타낸 것이다. A와 B는 성이 다르고, A와 B의 성염색체는 암컷이 XX, 수컷이 XY이다. ㉠은 X 염색체와 Y 염색체 중 하나이다.

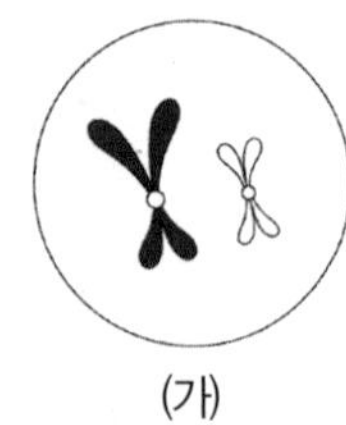
(가)

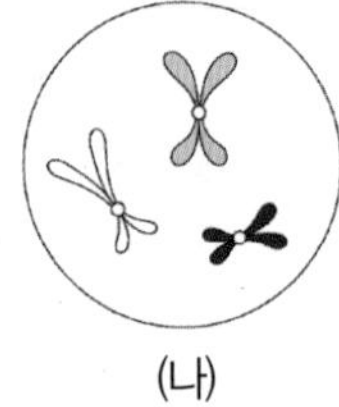
(나)

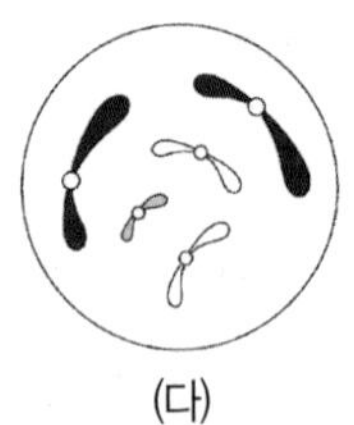
(다)

이에 대한 옳은 설명만을 〈보기〉에서 있는 대로 고른 것은? (단, 돌연변이는 고려하지 않는다.)

[보기]

ㄱ. ㉠은 X 염색체이다.
ㄴ. (가)에서 상염색체의 수는 3이다.
ㄷ. (나)는 수컷의 세포이다.

① ㄱ ② ㄴ ③ ㄱ, ㄴ ④ ㄱ, ㄷ ⑤ ㄴ, ㄷ

J15 ✲✲❀ 2023 실시 10월 학평 9

어떤 동물 종($2n=?$)의 특정 형질은 3쌍의 대립유전자 E와 e, F와 f, G와 g에 의해 결정된다. 그림은 이 동물 종의 개체 A와 B의 세포 (가)~(라) 각각에 있는 염색체 중 X 염색체를 제외한 나머지 모든 염색체와 일부 유전자를 나타낸 것이다. (가)는 A의 세포이고, (나)~(라) 중 2개는 B의 세포이다. 이 동물 종의 성염색체는 암컷이 XX, 수컷이 XY이다. ㉠~㉢은 F, f, G, g 중 서로 다른 하나이다.

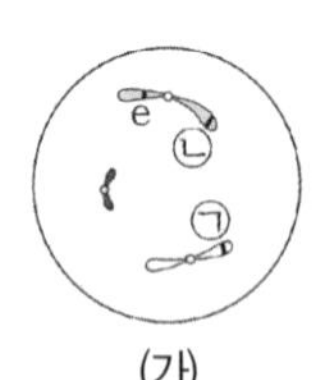

(가)

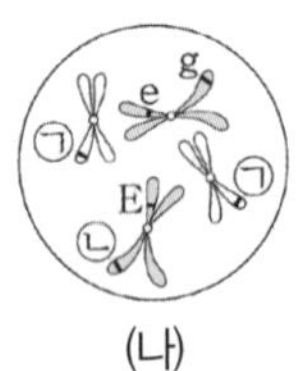

(나)

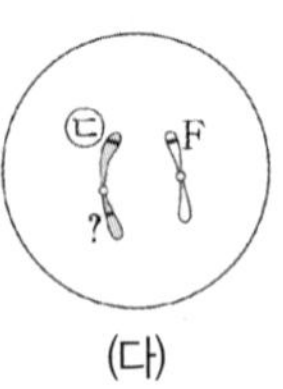

(다)

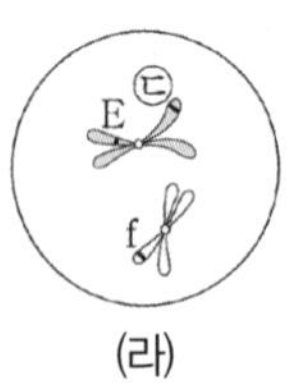

(라)

이에 대한 옳은 설명만을 〈보기〉에서 있는 대로 고른 것은? (단, 돌연변이와 교차는 고려하지 않는다.) (3점)

[보기]

ㄱ. (가)의 염색체 수는 4이다.
ㄴ. (다)는 B의 세포이다.
ㄷ. ㉢은 g이다.

① ㄱ ② ㄴ ③ ㄱ, ㄷ ④ ㄴ, ㄷ ⑤ ㄱ, ㄴ, ㄷ

J16 ✿✿✿ 2023 실시 4월 학평 7

그림은 같은 종인 동물($2n=?$) A와 B의 세포 (가)~(다) 각각에 들어 있는 모든 상염색체와 ⓐ를 나타낸 것이다. (가)~(다) 중 1개는 A의, 나머지 2개는 B의 세포이며, 이 동물의 성염색체는 암컷이 XX, 수컷이 XY이다. ⓐ는 X 염색체와 Y 염색체 중 하나이다.

(가)

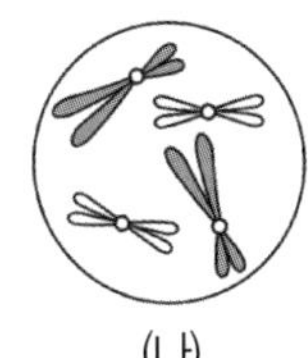
(나)

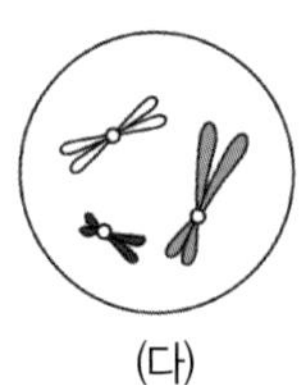
(다)

이에 대한 설명으로 옳은 것만을 〈보기〉에서 있는 대로 고른 것은? (단, 돌연변이는 고려하지 않는다.) (3점)

[보기]

ㄱ. A는 암컷이다.

ㄴ. (나)와 (다)의 핵상은 같다.

ㄷ. $\frac{\text{(다)의 염색 분체 수}}{\text{(가)의 상염색체 수}}=\frac{3}{4}$이다.

① ㄱ ② ㄴ ③ ㄷ ④ ㄱ, ㄷ ⑤ ㄴ, ㄷ

J17 ✿✿✿ 2022 대비 수능 11

그림은 서로 다른 종인 동물($2n=?$) A~C의 세포 (가)~(라) 각각에 들어 있는 모든 염색체를 나타낸 것이다. (가)~(라) 중 2개는 A의 세포이고, A와 B의 성은 서로 다르다. A~C의 성염색체는 암컷이 XX, 수컷이 XY이다.

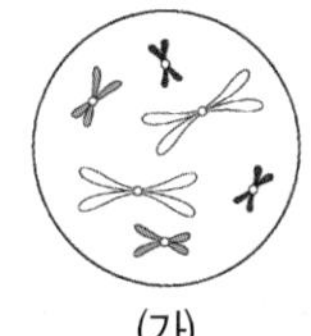
(가)

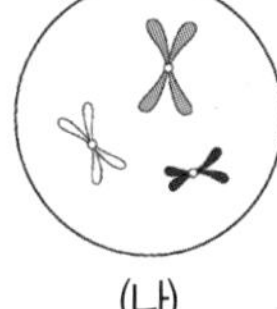
(나)

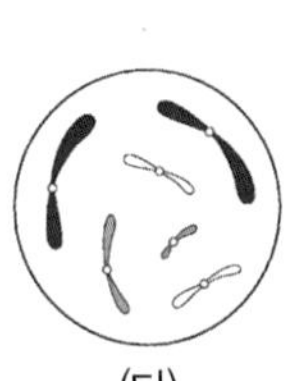
(다)

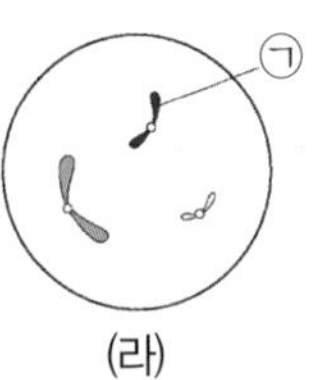

(라)

이에 대한 설명으로 옳은 것만을 〈보기〉에서 있는 대로 고른 것은? (단, 돌연변이는 고려하지 않는다.)

[보기]

ㄱ. (가)는 C의 세포이다.

ㄴ. ㉠은 상염색체이다.

ㄷ. $\frac{\text{(다)의 성염색체 수}}{\text{(나)의 염색 분체 수}}=\frac{2}{3}$이다.

① ㄱ ② ㄴ ③ ㄷ ④ ㄱ, ㄷ ⑤ ㄴ, ㄷ

J18 ✿✿✿ 2023 대비 6월 모평 13

그림은 동물 세포 (가)~(라) 각각에 들어 있는 모든 염색체를 나타낸 것이다. (가)~(라)는 각각 서로 다른 개체 A, B, C의 세포 중 하나이다. A와 B는 같은 종이고, A와 C의 성은 같다. A~C의 핵상은 모두 $2n$이며, A~C의 성염색체는 암컷이 XX, 수컷이 XY이다.

(가)

(나)

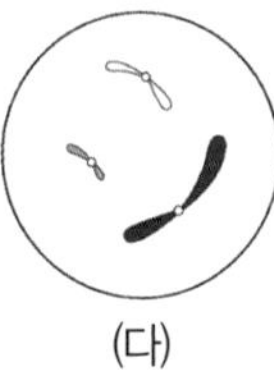
(다)

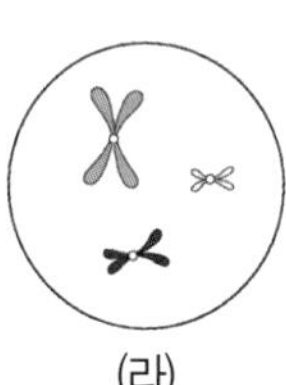
(라)

이에 대한 설명으로 옳은 것만을 〈보기〉에서 있는 대로 고른 것은? (단, 돌연변이는 고려하지 않는다.) (3점)

[보기]

ㄱ. (가)는 B의 세포이다.

ㄴ. (다)를 갖는 개체와 (라)를 갖는 개체의 핵형은 같다.

ㄷ. C의 감수 1분열 중기 세포 1개당 염색 분체 수는 6이다.

① ㄱ ② ㄴ ③ ㄷ ④ ㄱ, ㄴ ⑤ ㄴ, ㄷ

J19 ✿✿✿ 2020 대비 수능 3

그림은 같은 종인 동물($2n=?$) Ⅰ과 Ⅱ의 세포 (가)~(다) 각각에 들어 있는 모든 염색체를 나타낸 것이다. (가)~(다) 중 1개는 Ⅰ의 세포이며, 나머지 2개는 Ⅱ의 세포이다. 이 동물의 성염색체는 암컷이 XX, 수컷이 XY이다. A는 a와 대립유전자이고, ㉠은 A와 a 중 하나이다.

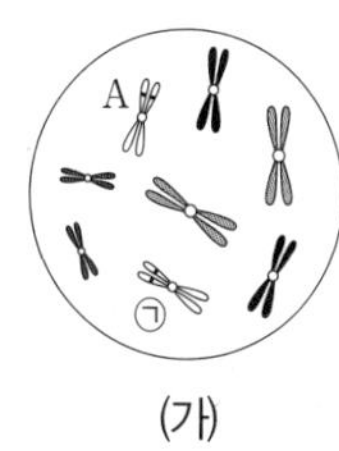

(가)

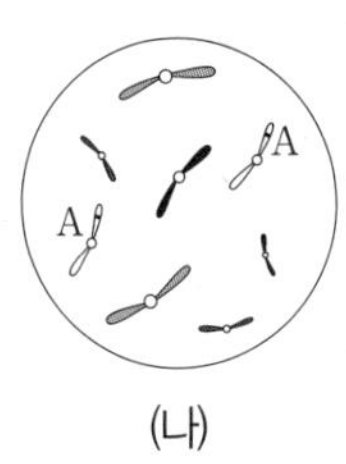

(나)

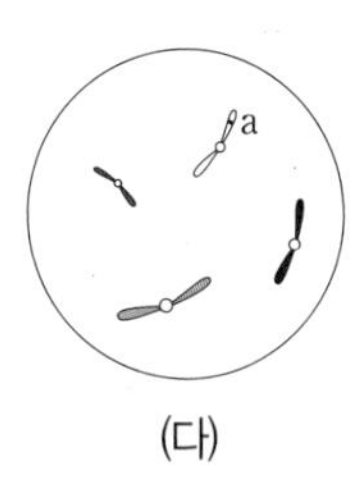

(다)

이에 대한 설명으로 옳은 것만을 〈보기〉에서 있는 대로 고른 것은? (단, 돌연변이와 교차는 고려하지 않는다.) (3점)

[보기]

ㄱ. ㉠은 A이다.

ㄴ. (나)는 Ⅱ의 세포이다.

ㄷ. Ⅰ의 감수 2분열 중기 세포 1개당 염색 분체 수는 8이다.

① ㄴ ② ㄷ ③ ㄱ, ㄴ ④ ㄱ, ㄷ ⑤ ㄱ, ㄴ, ㄷ

J

❖ 정답 및 해설 247~250p

J20 ✽✽✽ 2021 실시 10월 학평 6

그림은 동물 A($2n=6$)와 B($2n=6$)의 세포 (가)~(라) 각각에 들어 있는 모든 염색체를 나타낸 것이다. A와 B의 성염색체는 암컷이 XX, 수컷이 XY이고, (가)는 A의 세포이다.

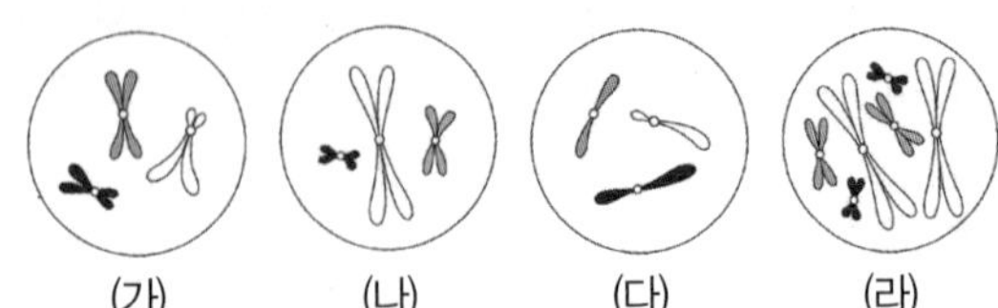

(가) (나) (다) (라)

이에 대한 설명으로 옳은 것만을 〈보기〉에서 있는 대로 고른 것은? (단, 돌연변이는 고려하지 않는다.) (3점)

[보기]

ㄱ. A는 암컷이다.
ㄴ. A와 B는 같은 종이다.
ㄷ. (나)와 (다)의 핵상은 같다.

① ㄱ ② ㄴ ③ ㄷ ④ ㄱ, ㄴ ⑤ ㄴ, ㄷ

J21 ✽✽✽ 2024 대비 9월 모평 15

다음은 핵상이 $2n$인 동물 A~C의 세포 (가)~(다)에 대한 자료이다.

- A와 B는 서로 같은 종이고, B와 C는 서로 다른 종이며, B와 C의 체세포 1개당 염색체 수는 서로 다르다.
- B는 암컷이고, A~C의 성염색체는 암컷이 XX, 수컷이 XY이다.
- 그림은 세포 (가)~(다) 각각에 들어 있는 모든 상염색체와 ㉠을 나타낸 것이다. (가)~(다)는 각각 서로 다른 개체의 세포이고, ㉠은 X 염색체와 Y 염색체 중 하나이다.

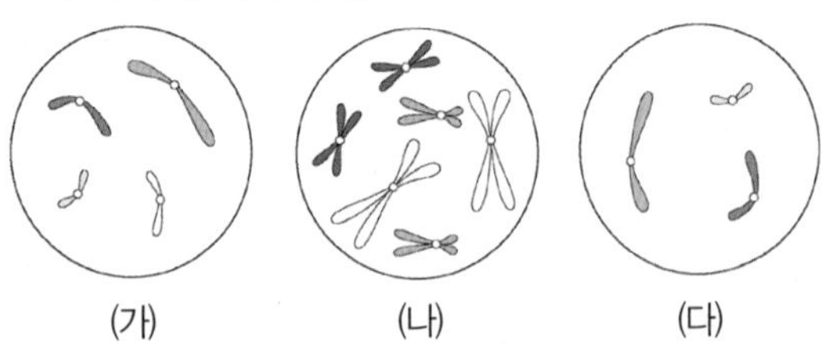

(가) (나) (다)

이에 대한 설명으로 옳은 것만을 〈보기〉에서 있는 대로 고른 것은? (단, 돌연변이는 고려하지 않는다.)

[보기]

ㄱ. ㉠은 X 염색체이다.
ㄴ. (가)와 (나)는 모두 암컷의 세포이다.
ㄷ. C의 체세포 분열 중기의 세포 1 개당 $\frac{\text{상염색체 수}}{\text{X염색체 수}}=3$이다.

① ㄱ ② ㄷ ③ ㄱ, ㄴ ④ ㄴ, ㄷ ⑤ ㄱ, ㄴ, ㄷ

J22 ✽✽✽ 2022 실시 10월 학평 17

어떤 동물 종($2n=6$)의 유전 형질 ㉮는 2쌍의 대립유전자 A와 a, B와 b에 의해 결정된다. 그림은 이 동물 종의 암컷 Ⅰ과 수컷 Ⅱ의 세포 (가)~(라) 각각에 있는 염색체 중 X 염색체를 제외한 나머지 염색체와 일부 유전자를 나타낸 것이다. (가)~(라) 중 2개는 Ⅰ의 세포이고, 나머지 2개는 Ⅱ의 세포이다. 이 동물 종의 성염색체는 암컷이 XX, 수컷이 XY이다. ㉠~㉣은 A, a, B, b를 순서 없이 나타낸 것이다.

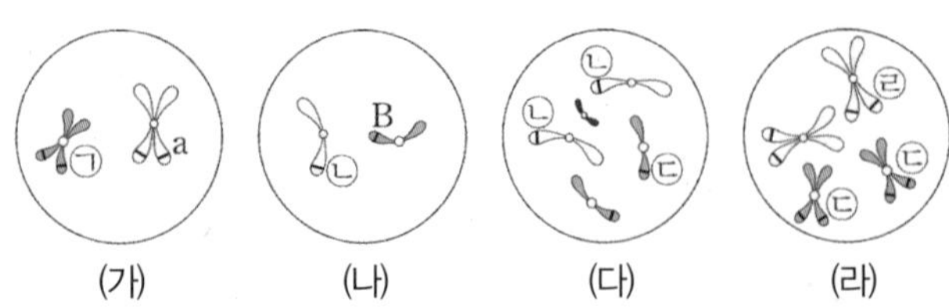

(가) (나) (다) (라)

이에 대한 옳은 설명만을 〈보기〉에서 있는 대로 고른 것은? (단, 돌연변이는 고려하지 않는다.) (3점)

[보기]

ㄱ. (가)는 Ⅰ의 세포이다.
ㄴ. ㉢은 B이다.
ㄷ. Ⅱ는 ㉮의 유전자형이 aaBB이다.

① ㄱ ② ㄴ ③ ㄷ ④ ㄱ, ㄴ ⑤ ㄴ, ㄷ

J23 ✽✽✽ 2018 대비 6월 모평 4

그림은 세포 (가)~(다) 각각에 들어 있는 모든 염색체를 나타낸 것이다. (가)~(다) 각각은 개체 A($2n=6$)와 개체 B($2n=?$)의 세포 중 하나이다. A와 B의 성염색체는 암컷이 XX, 수컷이 XY이다.

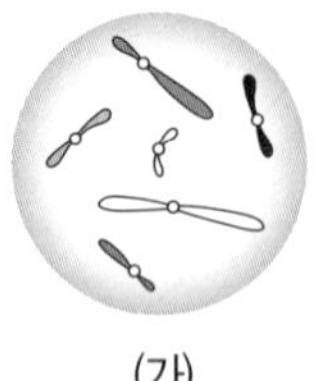

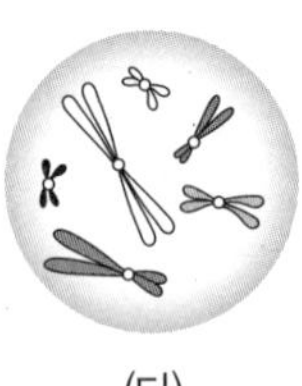

(가) (나) (다)

이에 대한 설명으로 옳은 것만을 〈보기〉에서 있는 대로 고른 것은? (단, 돌연변이는 고려하지 않는다.) (3점)

[보기]

ㄱ. (가)는 A의 세포이다.
ㄴ. B는 수컷이다.
ㄷ. B의 감수 1 분열 중기 세포 1개당 염색 분체 수는 12이다.

① ㄱ ② ㄴ ③ ㄷ ④ ㄱ, ㄴ ⑤ ㄴ, ㄷ

J24 ✿❀❀ 2021 실시 3월 학평 8

그림은 어떤 동물 종($2n=6$)의 개체 Ⅰ과 Ⅱ의 세포 (가)~(다)에 들어 있는 모든 염색체를 나타낸 것이다. Ⅰ의 유전자형은 **AaBb**이고, Ⅱ의 유전자형은 **AAbb**이며, (나)와 (다)는 서로 다른 개체의 세포이다. 이 동물 종의 성염색체는 수컷이 **XY**, 암컷이 **XX**이다.

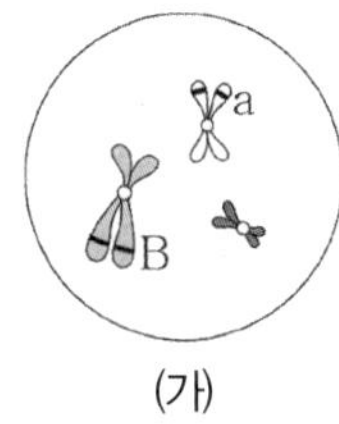

(가)

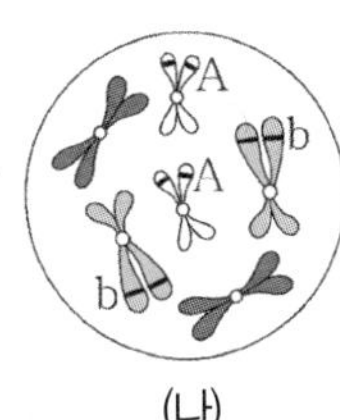

(나)

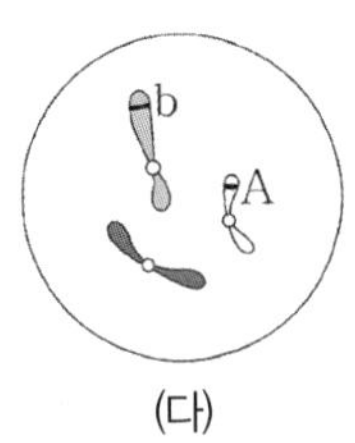

(다)

이에 대한 옳은 설명만을 〈보기〉에서 있는 대로 고른 것은? (단, 돌연변이는 고려하지 않는다.) (3점)

[보기]

ㄱ. Ⅰ은 수컷이다.
ㄴ. (다)는 Ⅱ의 세포이다.
ㄷ. Ⅱ의 체세포 분열 중기의 세포 1개당 염색 분체 수는 12이다.

① ㄱ ② ㄴ ③ ㄱ, ㄷ ④ ㄴ, ㄷ ⑤ ㄱ, ㄴ, ㄷ

J25 ✿❀❀ 2021 실시 4월 학평 3

그림은 같은 종인 동물($2n=?$) Ⅰ과 Ⅱ의 세포 (가)~(라) 각각에 들어 있는 모든 염색체를 나타낸 것이다. (가) ~(라) 중 3개는 Ⅰ의 세포이고, 나머지 1개는 Ⅱ의 세포이다. 이 동물의 성염색체는 암컷이 **XX**, 수컷이 **XY**이다.

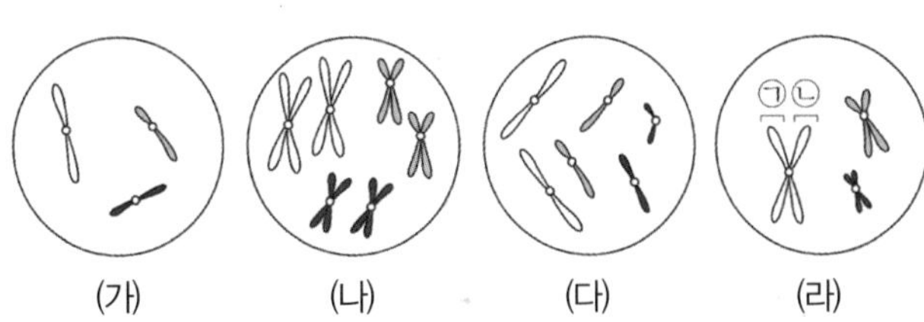

(가) (나) (다) (라)

이에 대한 옳은 설명만을 〈보기〉에서 있는 대로 고른 것은? (단, 돌연변이는 고려하지 않는다.)

[보기]

ㄱ. (가)는 Ⅰ의 세포이다.
ㄴ. ㉠은 ㉡의 상동 염색체이다.
ㄷ. Ⅱ의 감수 1분열 중기 세포 1개당 염색 분체 수는 12이다.

① ㄱ ② ㄴ ③ ㄱ, ㄷ ④ ㄴ, ㄷ ⑤ ㄱ, ㄴ, ㄷ

J26 ✿❀❀ 2020 실시 10월 학평 14

어떤 동물($2n=6$)의 유전 형질 ⓐ는 대립유전자 **R**와 **r**에 의해 결정된다. 그림 (가)와 (나)는 이 동물의 암컷 Ⅰ의 세포와 수컷 Ⅱ의 세포를 순서 없이 나타낸 것이다. Ⅰ과 Ⅱ를 교배하여 Ⅲ과 Ⅳ가 태어났으며, Ⅲ은 **R**와 **r** 중 **R**만, Ⅳ는 **r**만 갖는다. 이 동물의 성염색체는 암컷이 **XX**, 수컷이 **XY**이다.

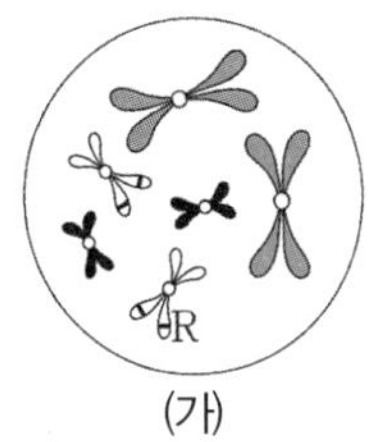

(가)

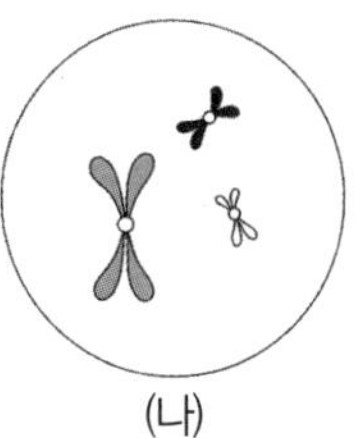
(나)

이에 대한 옳은 설명만을 〈보기〉에서 있는 대로 고른 것은? (단, 돌연변이는 고려하지 않는다.)

[보기]

ㄱ. (나)는 Ⅱ의 세포이다.
ㄴ. Ⅰ의 ⓐ의 유전자형은 Rr이다.
ㄷ. Ⅲ과 Ⅳ는 모두 암컷이다.

① ㄱ ② ㄷ ③ ㄱ, ㄴ ④ ㄴ, ㄷ ⑤ ㄱ, ㄴ, ㄷ

J27 ✿✿❀ 2020 대비 9월 모평 13

그림은 같은 종인 동물($2n=6$) Ⅰ과 Ⅱ의 세포 (가)~(라) 각각에 들어있는 모든 염색체를 나타낸 것이다. (가)~(라) 중 2개는 Ⅰ의 세포이고, 나머지 2개는 Ⅱ의 세포이다. 이 동물의 성염색체는 암컷이 **XX**, 수컷이 **XY**이다. 이 동물 종의 특정 형질은 대립유전자 **A**와 **a**, **B**와 **b**에 의해 결정되며, Ⅰ의 유전자형은 **AaBB**이고, Ⅱ의 유전자형은 **AABb**이다. ㉠은 **B**와 **b** 중 하나이다.

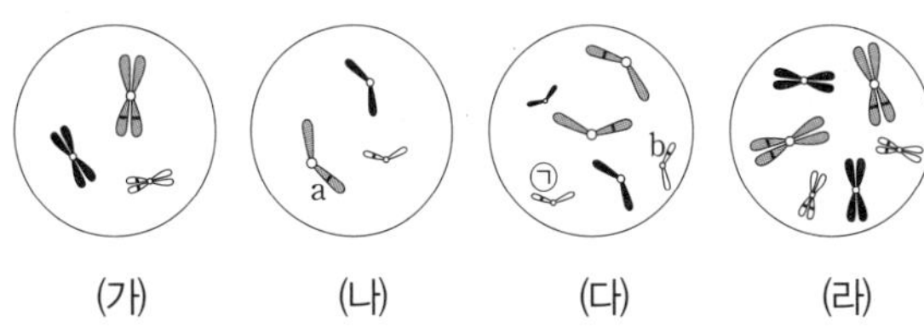

(가) (나) (다) (라)

이에 대한 설명으로 옳은 것만을 〈보기〉에서 있는 대로 고른 것은? (단, 돌연변이와 교차는 고려하지 않는다.) (3점)

[보기]

ㄱ. ㉠은 B이다.
ㄴ. (가)와 (다)의 핵상은 같다.
ㄷ. (라)는 Ⅱ의 세포이다.

① ㄱ ② ㄴ ③ ㄱ, ㄷ
④ ㄴ, ㄷ ⑤ ㄱ, ㄴ, ㄷ

❖ 정답 및 해설 251 ~ 254p

J28 ✿❀❀ 2021 대비 6월 모평 9

그림은 세포 (가)와 (나) 각각에 들어 있는 모든 염색체를 나타낸 것이다. (가)와 (나)는 각각 동물 A($2n=6$)와 동물 B($2n=?$)의 세포 중 하나이다.

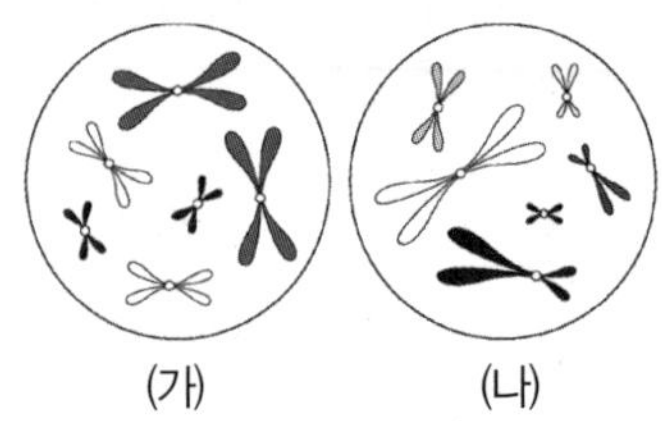

(가) (나)

이에 대한 옳은 설명만을 〈보기〉에서 있는 대로 고른 것은? (단, 돌연변이는 고려하지 않는다.) (3점)

[보기]

ㄱ. (가)는 A의 세포이다.
ㄴ. (가)와 (나)의 핵상은 같다.
ㄷ. B의 체세포 분열 중기의 세포 1개당 염색 분체 수는 12이다.

① ㄱ ② ㄴ ③ ㄱ, ㄷ
④ ㄴ, ㄷ ⑤ ㄱ, ㄴ, ㄷ

J29 ✿❀❀ 2020 실시 4월 학평 3

그림은 같은 종인 동물($2n=6$) Ⅰ과 Ⅱ의 세포 (가)~(다) 각각에 들어 있는 모든 염색체를 나타낸 것이다. (가)는 Ⅰ의 세포이고, 이 동물의 성염색체는 암컷이 XX, 수컷이 XY이다.

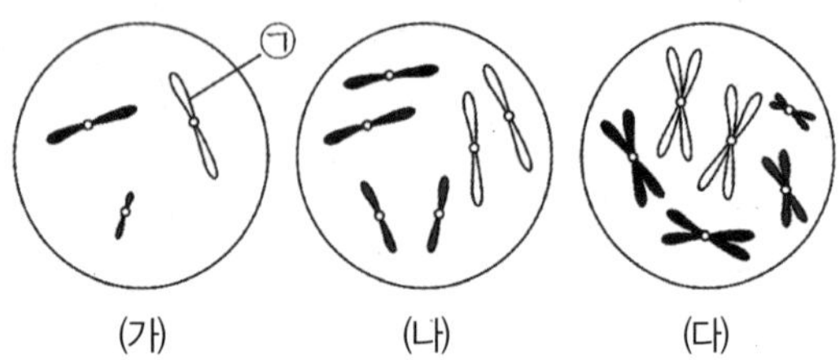

(가) (나) (다)

이에 대한 설명으로 옳은 것만을 〈보기〉에서 있는 대로 고른 것은? (단, 돌연변이는 고려하지 않는다.)

[보기]

ㄱ. Ⅱ는 수컷이다.
ㄴ. (나)와 (다)의 핵상은 같다.
ㄷ. ㉠에는 히스톤 단백질이 있다.

① ㄱ ② ㄴ ③ ㄷ
④ ㄱ, ㄷ ⑤ ㄴ, ㄷ

J30 ✿❀❀ 2023 실시 7월 학평 3

그림은 같은 종인 동물($2n=6$) Ⅰ의 세포 (가)와 Ⅱ의 세포 (나) 각각에 들어 있는 모든 염색체를 나타낸 것이다. 이 동물의 성염색체는 암컷이 XX, 수컷이 XY이다.

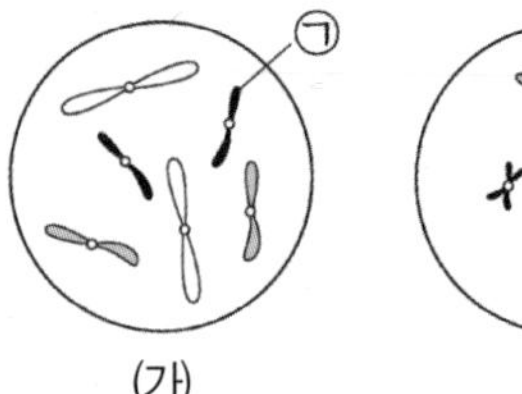

(가) (나)

이에 대한 설명으로 옳은 것만을 〈보기〉에서 있는 대로 고른 것은? (단, 돌연변이는 고려하지 않는다.)

[보기]

ㄱ. Ⅱ는 수컷이다.
ㄴ. ㉠은 상염색체이다.
ㄷ. (가)와 (나)의 핵상은 같다.

① ㄱ ② ㄴ ③ ㄱ, ㄷ ④ ㄴ, ㄷ ⑤ ㄱ, ㄴ, ㄷ

J31 ✿❀❀ 2022 대비 9월 모평 14

그림은 동물($2n=6$) Ⅰ~Ⅲ의 세포 (가)~(라) 각각에 들어 있는 모든 염색체를 나타낸 것이다. Ⅰ~Ⅲ은 2가지 종으로 구분되고, (가)~(라) 중 2개는 암컷의, 나머지 2개는 수컷의 세포이다. Ⅰ~Ⅲ의 성염색체는 암컷이 XX, 수컷이 XY이다. 염색체 ⓐ와 ⓑ 중 하나는 상염색체이고, 나머지 하나는 성염색체이다. ⓐ와 ⓑ의 모양과 크기는 나타내지 않았다.

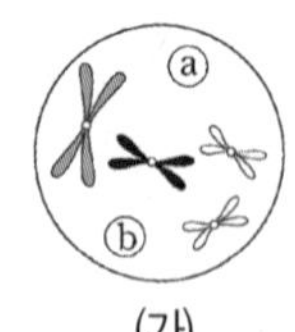

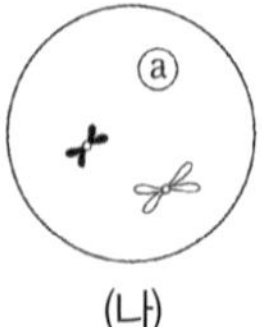

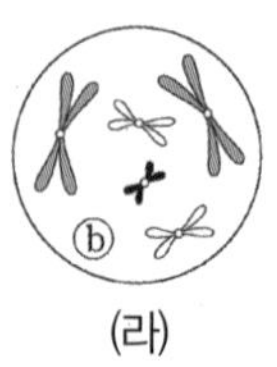

(가) (나) (다) (라)

이에 대한 설명으로 옳은 것만을 〈보기〉에서 있는 대로 고른 것은? (단, 돌연변이는 고려하지 않는다.)

[보기]

ㄱ. ⓑ는 X 염색체이다.
ㄴ. (나)는 암컷의 세포이다.
ㄷ. (가)를 갖는 개체와 (다)를 갖는 개체의 핵형은 같다.

① ㄱ ② ㄴ ③ ㄷ ④ ㄱ, ㄴ ⑤ ㄴ, ㄷ

3 세포 주기

유형 01 **체세포의 세포 주기**

2025 수능, 9월 출제

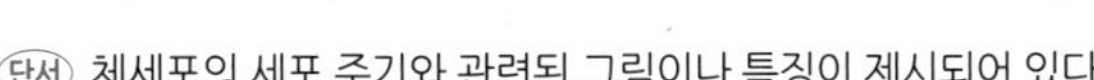

단서 체세포의 세포 주기와 관련된 그림이나 특징이 제시되어 있다.

발상 체세포의 세포 주기는 G_1기 → S기 → G_2기 → M기(분열기) 순서로 진행된다는 것을 이용한다.

J32

2025 대비 수능 8

그림은 사람의 체세포 세포 주기를, 표는 이 사람의 체세포 세포 주기의 ㉠~㉢에서 나타나는 특징을 나타낸 것이다. ㉠~㉢은 G_2기, M기(분열기), S기를 순서 없이 나타낸 것이다.

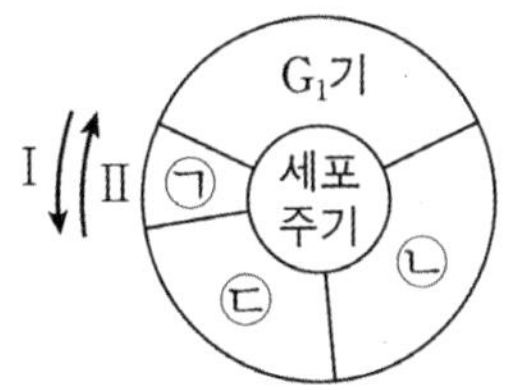

구분	특징
㉠	?
㉡	핵에서 DNA 복제가 일어난다.
㉢	핵막이 관찰된다.

이에 대한 설명으로 옳은 것만을 〈보기〉에서 있는 대로 고른 것은?

[보기]

ㄱ. 세포 주기는 I 방향으로 진행된다.
ㄴ. ㉠ 시기에 상동 염색체의 접합이 일어난다.
ㄷ. ㉡과 ㉢은 모두 간기에 속한다.

① ㄱ ② ㄷ ③ ㄱ, ㄴ ④ ㄴ, ㄷ ⑤ ㄱ, ㄴ, ㄷ

J33

2024 실시 5월 학평 4

표는 사람의 체세포 세포 주기 I ~ III에서 특징의 유무를 나타낸 것이다. I ~ III은 G_1기, M기, S기를 순서 없이 나타낸 것이다.

특징 \ 세포 주기	I	II	III
핵막이 소실된다.	×	?	×
뉴클레오솜이 있다.	○	○	ⓐ
핵에서 DNA 복제가 일어난다.	○	×	?

(○: 있음, ×: 없음)

이에 대한 설명으로 옳은 것만을 〈보기〉에서 있는 대로 고른 것은?

[보기]

ㄱ. ⓐ는 '×'이다.
ㄴ. II 시기에 염색 분체의 분리가 일어난다.
ㄷ. I 과 III 시기는 모두 간기에 속한다.

① ㄱ ② ㄴ ③ ㄱ, ㄷ ④ ㄴ, ㄷ ⑤ ㄱ, ㄴ, ㄷ

J34

2025 대비 9월 모평 7

표 (가)는 특정 형질의 유전자형이 RR인 어떤 사람의 세포 I ~ III에서 핵막 소실 여부를, (나)는 I ~ III 중 2개의 세포에서 R의 DNA 상대량을 더한 값을 나타낸 것이다. I ~ III은 체세포의 세포 주기 중 M기(분열기)의 중기, G_1기, G_2기에 각각 관찰되는 세포를 순서 없이 나타낸 것이다. ㉠은 '소실됨'과 '소실 안 됨' 중 하나이다.

세포	핵막 소실 여부
I	?
II	소실됨
III	㉠

(가)

구분	R의 DNA 상대량을 더한 값
I, II	8
I, III	?
II, III	?

(나)

이에 대한 설명으로 옳은 것만을 〈보기〉에서 있는 대로 고른 것은? (단, 돌연변이는 고려하지 않으며, R의 1개당 DNA 상대량은 1이다.)

[보기]

ㄱ. ㉠은 '소실 안 됨'이다.
ㄴ. I 은 G_1기의 세포이다.
ㄷ. R의 DNA 상대량은 II 에서와 III 에서가 서로 같다.

① ㄱ ② ㄴ ③ ㄷ ④ ㄱ, ㄴ ⑤ ㄴ, ㄷ

J35

2024 실시 3월 학평 4

그림은 어떤 동물의 체세포를 배양한 후 세포당 DNA 양에 따른 세포 수를 나타낸 것이다.

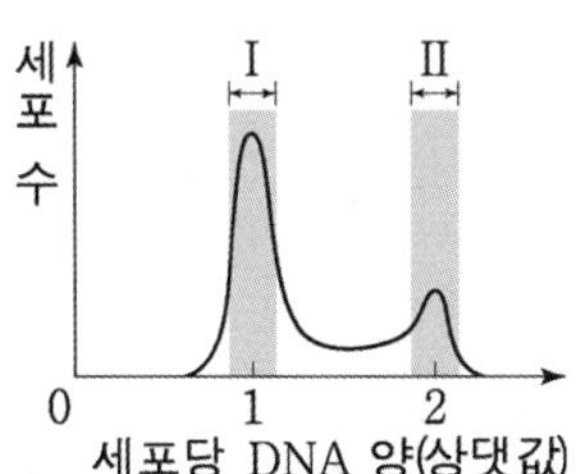

이에 대한 옳은 설명만을 〈보기〉에서 있는 대로 고른 것은? (3점)

[보기]

ㄱ. 구간 I 에는 간기의 세포가 있다.
ㄴ. 구간 II 에는 염색 분체가 분리되는 세포가 있다.
ㄷ. 핵막이 소실된 세포는 구간 II 에서가 구간 I 에서보다 많다.

① ㄱ ② ㄷ ③ ㄱ, ㄴ ④ ㄴ, ㄷ ⑤ ㄱ, ㄴ, ㄷ

❖ 정답 및 해설 255 ~ 258p

J36 ✿✿❀ 2024 대비 수능 4

그림 (가)는 사람 P의 체세포 세포 주기를, (나)는 P의 핵형 분석 결과의 일부를 나타낸 것이다. ㉠~㉢은 G_1기, G_2기, M기(분열기)를 순서 없이 나타낸 것이다.

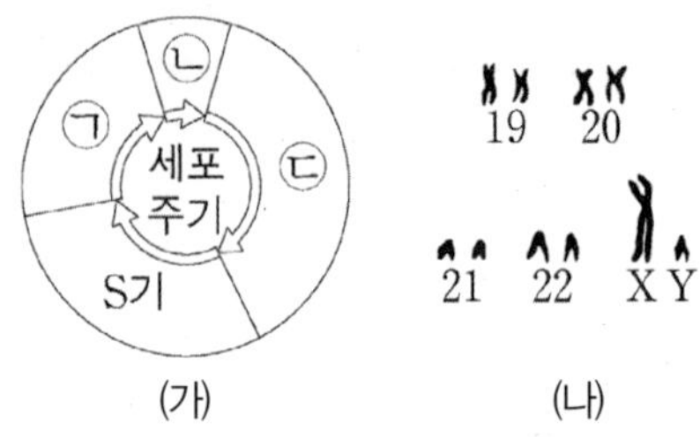

(가) (나)

이에 대한 설명으로 옳은 것만을 〈보기〉에서 있는 대로 고른 것은?

[보기]

ㄱ. ㉠은 G_2기이다.
ㄴ. ㉡ 시기에 상동 염색체의 접합이 일어난다.
ㄷ. ㉢ 시기에 (나)의 염색체가 관찰된다.

① ㄱ ② ㄷ ③ ㄱ, ㄴ ④ ㄴ, ㄷ ⑤ ㄱ, ㄴ, ㄷ

J37 ✿❀❀ 2022 실시 10월 학평 4

그림은 사람 체세포의 세포 주기를 나타낸 것이다. ㉠~㉢은 각각 G_2기, M기(분열기), S기 중 하나이다.

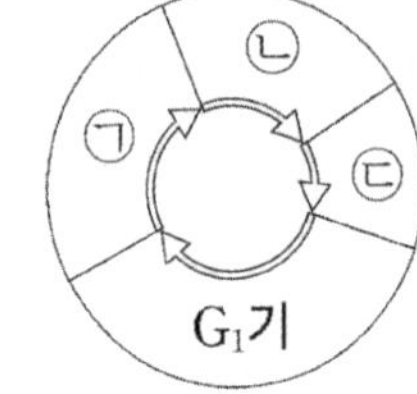

이에 대한 옳은 설명만을 〈보기〉에서 있는 대로 고른 것은? (단, 돌연변이는 고려하지 않는다.)

[보기]

ㄱ. ㉠의 세포에서 핵막이 관찰된다.
ㄴ. ㉡은 간기에 속한다.
ㄷ. ㉢의 세포에서 2가 염색체가 형성된다.

① ㄱ ② ㄷ ③ ㄱ, ㄴ ④ ㄴ, ㄷ ⑤ ㄱ, ㄴ, ㄷ

J38 ✿❀❀ 2023 대비 수능 6

표 (가)는 사람의 체세포 세포 주기에서 나타나는 4가지 특징을, (나)는 (가)의 특징 중 사람의 체세포 세포 주기의 ㉠~㉣에서 나타나는 특징의 개수를 나타낸 것이다. ㉠~㉣은 G_1기, G_2기, M기(분열기), S기를 순서 없이 나타낸 것이다.

특징
• 핵막이 소실된다. • 히스톤 단백질이 있다. • 방추사가 동원체에 부착된다. • ⓐ 핵에서 DNA 복제가 일어난다.

(가)

구분	특징의 개수
㉠	2
㉡	?
㉢	3
㉣	1

(나)

이에 대한 설명으로 옳은 것만을 〈보기〉에서 있는 대로 고른 것은?

[보기]

ㄱ. ㉠ 시기에 특징 ⓐ가 나타난다.
ㄴ. ㉢ 시기에 염색 분체의 분리가 일어난다.
ㄷ. 핵 1개당 DNA 양은 ㉡ 시기의 세포와 ㉣ 시기의 세포가 서로 같다.

① ㄱ ② ㄷ ③ ㄱ, ㄴ ④ ㄴ, ㄷ ⑤ ㄱ, ㄴ, ㄷ

J39 ✿❀❀ 2024 대비 6월 모평 6

그림 (가)는 사람 H의 체세포 세포 주기를, (나)는 H의 핵형 분석 결과의 일부를 나타낸 것이다. ㉠~㉢은 G_1기, M기(분열기), S기를 순서 없이 나타낸 것이다.

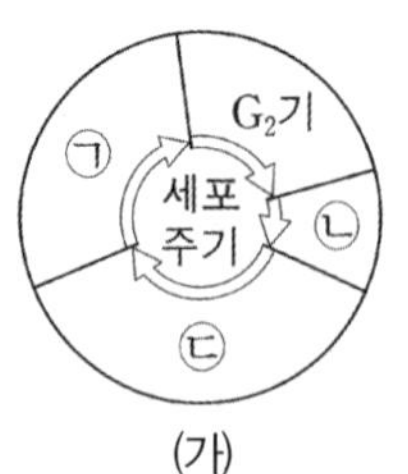

1 2 3 4 5
20 21 22 XY

(가) (나)

이에 대한 설명으로 옳은 것만을 〈보기〉에서 있는 대로 고른 것은?

[보기]

ㄱ. ㉠ 시기에 DNA 복제가 일어난다.
ㄴ. ㉢ 시기에 (나)의 염색체가 관찰된다.
ㄷ. (나)에서 다운 증후군의 염색체 이상이 관찰된다.

① ㄱ ② ㄴ ③ ㄷ ④ ㄱ, ㄴ ⑤ ㄱ, ㄷ

J40 ✽❀❀ 2021 대비 6월 모평 10

그림은 사람 체세포의 세포 주기를 나타낸 것이다. ㉠~㉢은 각각 G_2기, M기(분열기), S기 중 하나이다.

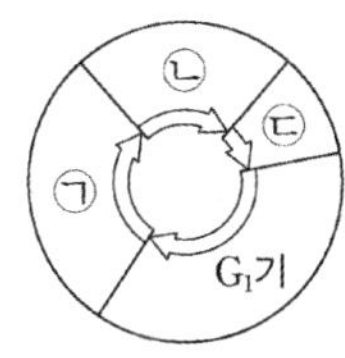

이에 대한 옳은 설명만을 〈보기〉에서 있는 대로 고른 것은?

[보기]

ㄱ. ㉠ 시기에 DNA가 복제된다.
ㄴ. ㉡은 간기에 속한다.
ㄷ. ㉢ 시기에 상동 염색체의 접합이 일어난다.

① ㄱ ② ㄴ ③ ㄷ
④ ㄱ, ㄴ ⑤ ㄴ, ㄷ

J41 ✽❀❀ 2023 실시 7월 학평 16

그림은 사람 체세포의 세포 주기를 나타낸 것이다. ㉠~㉢은 G_2기, M기(분열기), S기를 순서 없이 나타낸 것이다.

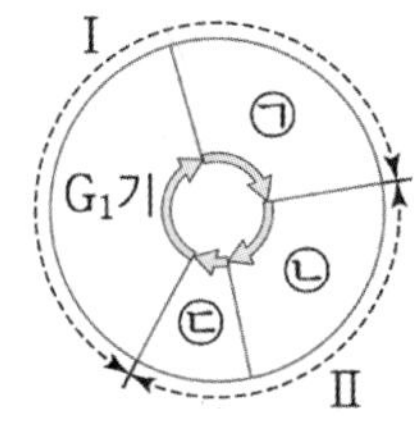

이에 대한 설명으로 옳은 것만을 〈보기〉에서 있는 대로 고른 것은? (단, 돌연변이는 고려하지 않는다)

[보기]

ㄱ. ㉠은 G_2기이다.
ㄴ. 구간 Ⅰ에는 핵막이 소실되는 시기가 있다.
ㄷ. 구간 Ⅱ에는 염색 분체가 분리되는 시기가 있다.

① ㄱ ② ㄷ ③ ㄱ, ㄴ ④ ㄴ, ㄷ ⑤ ㄱ, ㄴ, ㄷ

J42 ✽✽❀ 2023 실시 10월 학평 6

그림은 사람 체세포의 세포 주기를, 표는 시기 ㉠~㉢에서 핵 1개 DNA 양을 나타낸 것이다. ㉠~㉢은 G_1기, G_2기, S기를 순서 없이 나타낸 것이고, ⓐ는 1과 2 중 하나이다.

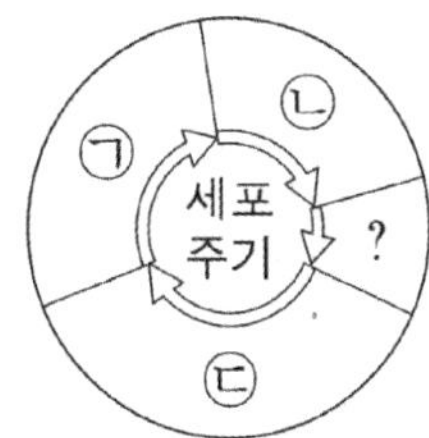

시기	DNA 양 (상댓값)
㉠	1~2
㉡	ⓐ
㉢	?

이에 대한 옳은 설명만을 〈보기〉에서 있는 대로 고른 것은? (단, 돌연변이는 고려하지 않는다.) (3점)

[보기]

ㄱ. ⓐ는 2이다.
ㄴ. ㉠의 세포에서 염색 분체의 분리가 일어난다.
ㄷ. ㉡의 세포와 ㉢의 세포는 핵상이 같다.

① ㄱ ② ㄴ ③ ㄷ ④ ㄱ, ㄷ ⑤ ㄴ, ㄷ

J43 ✽❀❀ 2022 대비 9월 모평 12

표는 어떤 사람의 세포 (가)~(다)에서 핵막 소실 여부와 DNA 상대량을 나타낸 것이다. (가)~(다)는 체세포의 세포 주기 중 M기(분열기)의 중기, G_1기, G_2기에 각각 관찰되는 세포를 순서 없이 나타낸 것이다. ㉠은 '소실됨'과 '소실 안 됨' 중 하나이다.

세포	핵막 소실 여부	DNA 상대량
(가)	㉠	1
(나)	소실됨	?
(다)	소실 안 됨	2

이에 대한 설명으로 옳은 것만을 〈보기〉에서 있는 대로 고른 것은? (단, 돌연변이는 고려하지 않는다.)

[보기]

ㄱ. ㉠은 '소실 안 됨'이다.
ㄴ. (나)는 간기의 세포이다.
ㄷ. (다)에는 히스톤 단백질이 없다.

① ㄱ ② ㄴ ③ ㄷ ④ ㄱ, ㄴ ⑤ ㄱ, ㄷ

❖ 정답 및 해설 259 ~ 262p

J44 ✿✿✿ 2022 실시 7월 학평 7

그림 (가)는 어떤 동물 체세포의 세포 주기를, (나)는 이 동물의 체세포 분열 과정에서 관찰되는 세포 ㉠과 ㉡을 나타낸 것이다. Ⅰ~Ⅲ은 각각 G_1, G_2기, M기 중 하나이고, ㉠과 ㉡은 Ⅱ 시기의 세포와 Ⅲ 시기의 세포를 순서 없이 나타낸 것이다.

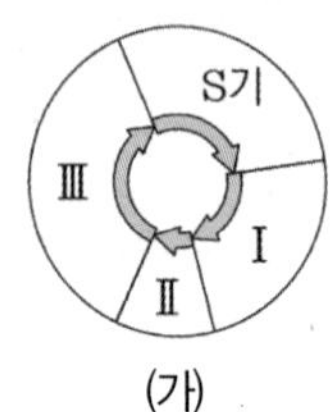

(가)

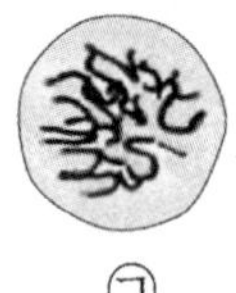

㉠

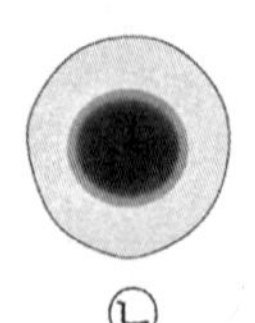

㉡

(나)

이에 대한 설명으로 옳은 것만을 〈보기〉에서 있는 대로 고른 것은? (단, 돌연변이는 고려하지 않는다.)

[보기]

ㄱ. Ⅰ은 G_1기이다.
ㄴ. ㉠은 Ⅱ 시기의 세포이다.
ㄷ. 세포 1개당 DNA의 양은 ㉡에서가 ㉠에서의 2배이다.

① ㄱ ② ㄴ ③ ㄷ ④ ㄱ, ㄷ ⑤ ㄴ, ㄷ

J45 ✿✿✿ 2020 대비 9월 모평 12

그림은 사람에서 체세포의 세포 주기를 나타낸 것이다. ㉠~㉢은 각각 G_2기, M기, S기 중 하나이다.

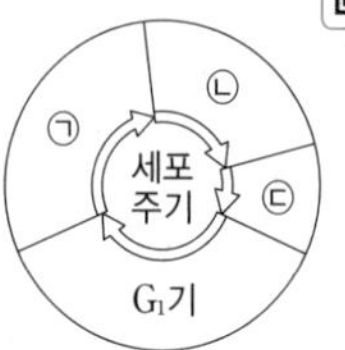

이에 대한 설명으로 옳은 것만을 〈보기〉에서 있는 대로 고른 것은?

[보기]

ㄱ. ㉠ 시기에 핵막이 소실된다.
ㄴ. 세포 1개당 $\frac{\text{㉡ 시기의 DNA양}}{G_1\text{기의 DNA양}}$의 값은 1보다 크다.
ㄷ. ㉢ 시기에 2가 염색체가 관찰된다.

① ㄱ ② ㄴ ③ ㄱ, ㄷ
④ ㄴ, ㄷ ⑤ ㄱ, ㄴ, ㄷ

J46 ✿✿✿ 2020 실시 4월 학평 7

그림은 어떤 동물의 체세포 집단 **A**의 세포 주기를, 표는 물질 **X**의 작용을 나타낸 것이다. ㉠~㉢은 각각 G_1기, G_2기, **M**기 중 하나이다.

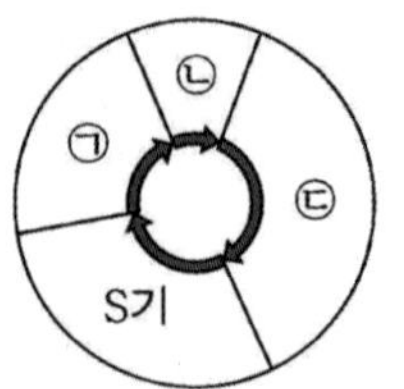

물질	작용
X	G_1기에서 S기로의 진행을 억제한다.

이에 대한 설명으로 옳은 것만을 〈보기〉에서 있는 대로 고른 것은?

[보기]

ㄱ. ㉡ 시기에 2가 염색체가 관찰된다.
ㄴ. 세포 1개당 DNA 양은 ㉠ 시기의 세포가 ㉢ 시기의 세포보다 적다.
ㄷ. A에 X를 처리하면 ㉢ 시기의 세포 수는 처리하기 전보다 증가한다.

① ㄱ ② ㄴ ③ ㄷ
④ ㄱ, ㄴ ⑤ ㄴ, ㄷ

J47 ✿✿✿ 2019 대비 6월 모평 7

그림 (가)는 사람에서 체세포의 세포 주기를, (나)는 사람의 체세포에 있는 염색체의 구조를 나타낸 것이다. ㉠~㉢은 각각 G_1기, G_2기, **M**기 중 하나이다.

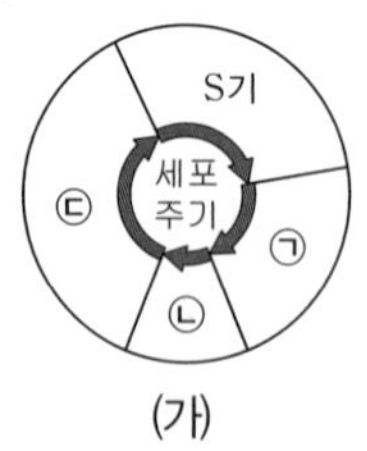

(가)

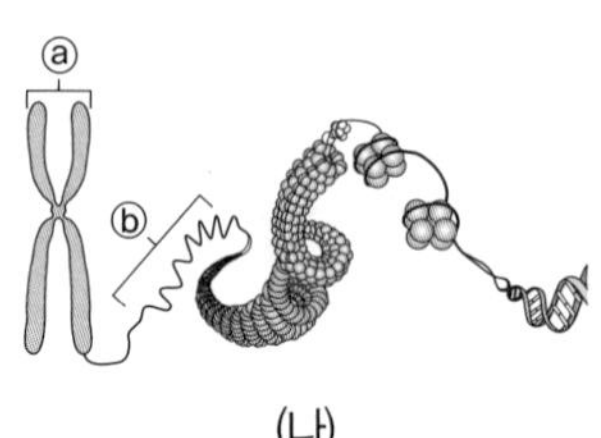

(나)

이에 대한 설명으로 옳은 것만을 〈보기〉에서 있는 대로 고른 것은?

[보기]

ㄱ. ㉠ 시기에 2가 염색체가 관찰된다.
ㄴ. ⓑ가 ⓐ로 응축되는 시기는 ㉡이다.
ㄷ. 핵 1개당 DNA양은 ㉢ 시기 세포가 ㉠ 시기 세포의 2배이다.

① ㄱ ② ㄴ ③ ㄷ
④ ㄱ, ㄴ ⑤ ㄴ, ㄷ

J48 ✿❀❀ 2021 실시 4월 학평 7

그림 (가)는 사람에서 체세포의 세포 주기를, (나)는 사람의 체세포에 있는 염색체의 구조를 나타낸 것이다. ㉠~㉢은 각각 G_1기, G_2기, S기 중 하나이고, ⓐ와 ⓑ는 각각 DNA와 히스톤 단백질 중 하나이다.

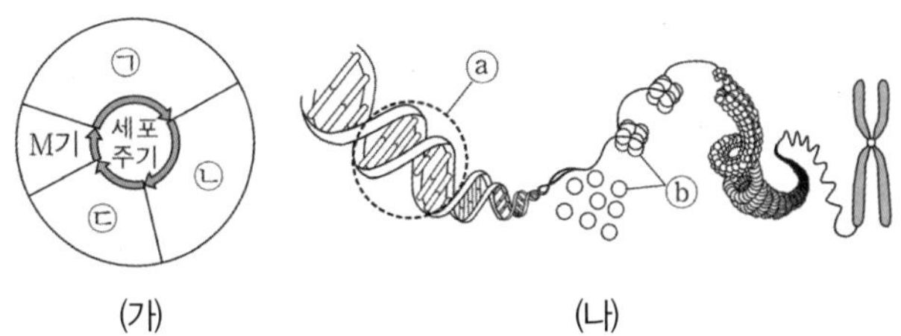

(가) (나)

이에 대한 설명으로 옳은 것만을 〈보기〉에서 있는 대로 고른 것은?

[보기]

ㄱ. ㉠은 G_2기이다.
ㄴ. ㉡ 시기에 ⓐ가 복제된다.
ㄷ. 뉴클레오솜의 구성 성분에는 ⓑ가 포함된다.

① ㄱ ② ㄴ ③ ㄷ ④ ㄱ, ㄴ ⑤ ㄴ, ㄷ

J49 ✿❀❀ 2021 실시 7월 학평 13

그림은 사람에서 체세포의 세포 주기를, 표는 세포 주기 중 각 시기 Ⅰ~Ⅲ의 특징을 나타낸 것이다. ㉠~㉢은 각각 G_1기, S기, 분열기 중 하나이며, Ⅰ~Ⅲ은 ㉠~㉢을 순서 없이 나타낸 것이다.

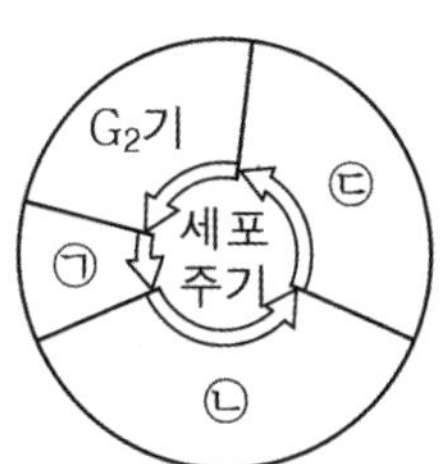

시기	특징
Ⅰ	?
Ⅱ	방추사가 관찰된다.
Ⅲ	DNA 복제가 일어난다.

이에 대한 설명으로 옳은 것만을 〈보기〉에서 있는 대로 고른 것은? (단, 돌연변이는 고려하지 않는다.)

[보기]

ㄱ. Ⅲ은 ㉠이다.
ㄴ. Ⅰ 시기의 세포에서 핵막이 관찰된다.
ㄷ. 체세포 1개당 DNA 양은 ㉡시기 세포가 Ⅱ 시기 세포보다 많다.

① ㄱ ② ㄴ ③ ㄷ ④ ㄱ, ㄴ ⑤ ㄴ, ㄷ

유형 02 세포당 DNA 양에 따른 세포의 수 그래프

단서 세포당 DNA 양에 따른 세포의 수 그래프가 제시되어 있다.

발상 세포당 DNA양이 1과 2 사이에 있으면 체세포 분열에서의 세포당 DNA양이고, 0.5와 2 사이에 있으면 감수 분열에서의 세포당 DNA양이라는 것을 이용한다.

J50 ✿✿❀ 2022 실시 4월 학평 7

그림은 어떤 사람의 체세포 Q를 배양한 후 세포당 DNA 양에 따른 세포 수를, 표는 Q의 체세포 분열 과정에서 나타나는 세포 (가)와 (나)의 핵막 소실 여부를 나타낸 것이다. (가)와 (나)는 G_1기 세포와 M기의 중기 세포를 순서 없이 나타낸 것이다.

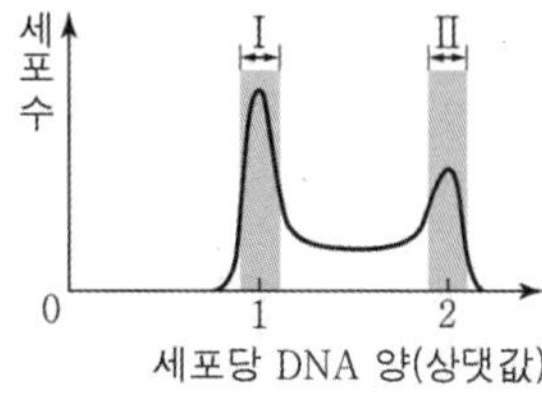

세포	핵막 소실 여부
(가)	소실됨
(나)	소실 안 됨

이에 대한 설명으로 옳은 것만을 〈보기〉에서 있는 대로 고른 것은? (단, 돌연변이는 고려하지 않는다.)

[보기]

ㄱ. (가)와 (나)의 핵상은 같다.
ㄴ. 구간 Ⅰ의 세포에는 뉴클레오솜이 있다.
ㄷ. 구간 Ⅱ에서 (가)가 관찰된다.

① ㄱ ② ㄷ ③ ㄱ, ㄴ ④ ㄴ, ㄷ ⑤ ㄱ, ㄴ, ㄷ

J51 ✿❀❀ 2021 실시 3월 학평 6

그림 (가)는 어떤 사람 체세포의 세포 주기를, (나)는 이 체세포를 배양한 후 세포당 DNA 양에 따른 세포 수를 나타낸 것이다. ㉠과 ㉡은 각각 G_1기와 G_2기 중 하나이다.

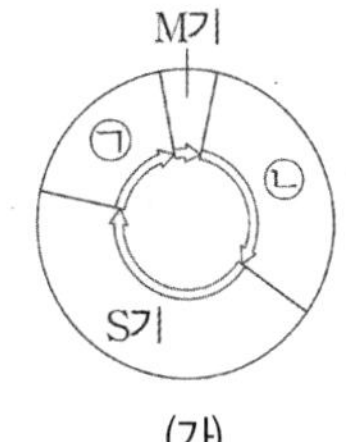

(가)

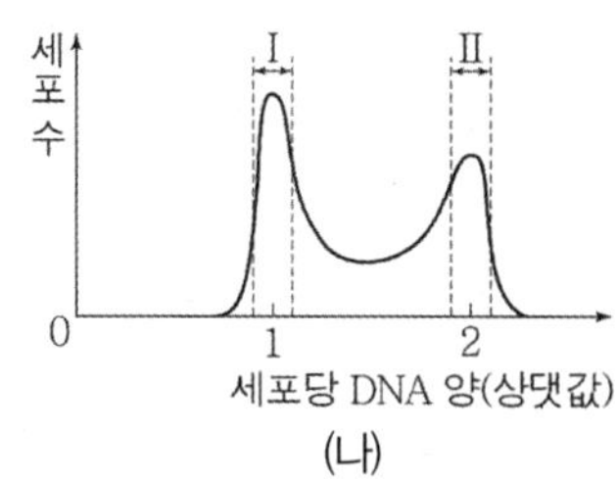

(나)

이에 대한 옳은 설명만을 〈보기〉에서 있는 대로 고른 것은? (단, 돌연변이는 고려하지 않는다.)

[보기]

ㄱ. ㉡은 G_1기이다.
ㄴ. 구간 Ⅰ에는 ㉠ 시기의 세포가 있다.
ㄷ. 구간 Ⅱ에는 2가 염색체를 갖는 세포가 있다.

① ㄱ ② ㄴ ③ ㄱ, ㄷ ④ ㄴ, ㄷ ⑤ ㄱ, ㄴ, ㄷ

❖ 정답 및 해설 263~266p

J52 ✿❀❀ 2020 대비 수능 5

그림 (가)는 사람의 체세포를 배양한 후 세포당 DNA양에 따른 세포 수를, (나)는 사람의 체세포에 있는 염색체의 구조를 나타낸 것이다.

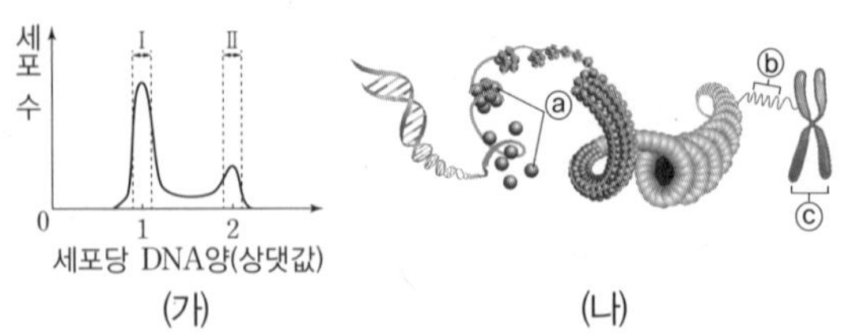

(가) (나)

이에 대한 설명으로 옳은 것만을 〈보기〉에서 있는 대로 고른 것은?

[보기]

ㄱ. 구간 Ⅰ에 ⓐ가 들어 있는 세포가 있다.
ㄴ. 구간 Ⅱ에 ⓑ가 ⓒ로 응축되는 시기의 세포가 있다.
ㄷ. 핵막을 갖는 세포의 수는 구간 Ⅱ에서가 구간 Ⅰ에서보다 많다.

① ㄱ ② ㄴ ③ ㄷ ④ ㄱ, ㄴ ⑤ ㄱ, ㄷ

J53 ✿❀❀ 2023 대비 9월 모평 6

다음은 세포 주기에 대한 실험이다.

[실험 과정 및 결과]

(가) 어떤 동물의 체세포를 배양하여 집단 A와 B로 나눈다.
(나) A와 B 중 B에만 G_1기에서 S기로의 전환을 억제하는 물질을 처리하고, 두 집단을 동일한 조건에서 일정 시간 동안 배양한다.
(다) 두 집단에서 같은 수의 세포를 동시에 고정한 후, 각 집단의 세포당 DNA 양에 따른 세포 수를 나타낸 결과는 그림과 같다.

집단 A / 집단 B (세포 수, Ⅰ, Ⅱ, 0, 1, 2, 세포당 DNA 양(상댓값))

이에 대한 설명으로 옳은 것만을 〈보기〉에서 있는 대로 고른 것은?

[보기]

ㄱ. (다)에서 $\frac{\text{S기 세포 수}}{G_1\text{기 세포 수}}$는 A에서가 B에서보다 작다.
ㄴ. 구간 Ⅰ에는 뉴클레오솜을 갖는 세포가 있다.
ㄷ. 구간 Ⅱ에는 핵막을 갖는 세포가 있다.

① ㄱ ② ㄷ ③ ㄱ, ㄴ ④ ㄴ, ㄷ ⑤ ㄱ, ㄴ, ㄷ

J54 ✿❀❀ 2021 실시 10월 학평 5

그림은 어떤 동물의 체세포 (가)를 일정 시간 동안 배양한 세포 집단에서 세포당 DNA 양에 따른 세포 수를 나타낸 것이다.

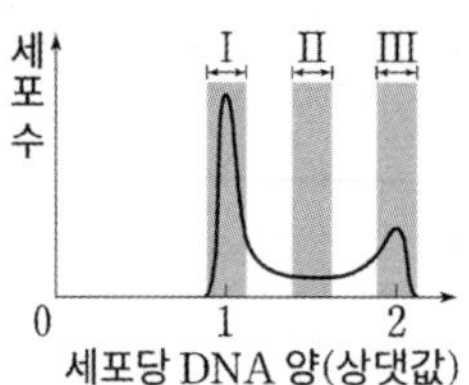

이에 대한 설명으로 옳은 것만을 〈보기〉에서 있는 대로 고른 것은?

[보기]

ㄱ. 구간 Ⅰ에 핵막을 갖는 세포가 있다.
ㄴ. (가)의 세포 주기에서 G_2기가 G_1기보다 길다.
ㄷ. 동원체에 방추사가 결합한 세포 수는 구간 Ⅱ에서가 구간 Ⅲ에서보다 많다.

① ㄱ ② ㄴ ③ ㄱ, ㄷ ④ ㄴ, ㄷ ⑤ ㄱ, ㄴ, ㄷ

J55 ✿❀❀ 2020 실시 10월 학평 6

그림은 사람의 어떤 체세포를 배양하여 얻은 세포 집단에서 세포당 DNA 양에 따른 세포 수를 나타낸 것이다.

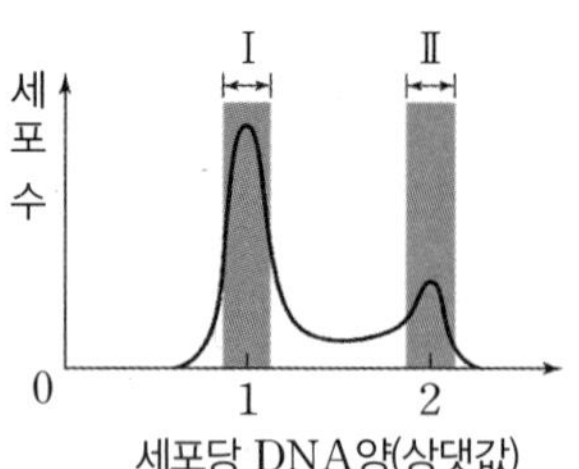

이에 대한 옳은 설명만을 〈보기〉에서 있는 대로 고른 것은? (3점)

[보기]

ㄱ. 구간 Ⅱ의 세포 중 방추사가 형성된 세포가 있다.
ㄴ. 이 체세포의 세포 주기에서 G_1기가 G_2기보다 길다.
ㄷ. 핵막이 소실된 세포는 구간 Ⅰ에서가 구간 Ⅱ에서보다 많다.

① ㄱ ② ㄷ ③ ㄱ, ㄴ ④ ㄴ, ㄷ ⑤ ㄱ, ㄴ, ㄷ

J56 ✽✽✽ 2023 실시 4월 학평 11

다음은 세포 주기에 대한 실험이다.

[실험 과정 및 결과]

(가) 어떤 동물의 체세포를 배양하여 집단 A ~ C로 나눈다.

(나) B에는 S기에서 G_2기로의 전환을 억제하는 물질 X를, C에는 G_1기에서 S기로의 전환을 억제하는 물질 Y를 각각 처리하고, A ~ C를 동일한 조건에서 일정 시간 동안 배양한다.

(다) 세 집단에서 같은 수의 세포를 동시에 고정한 후, 각 집단의 세포당 DNA 양에 따른 세포 수를 나타낸 결과는 그림과 같다.

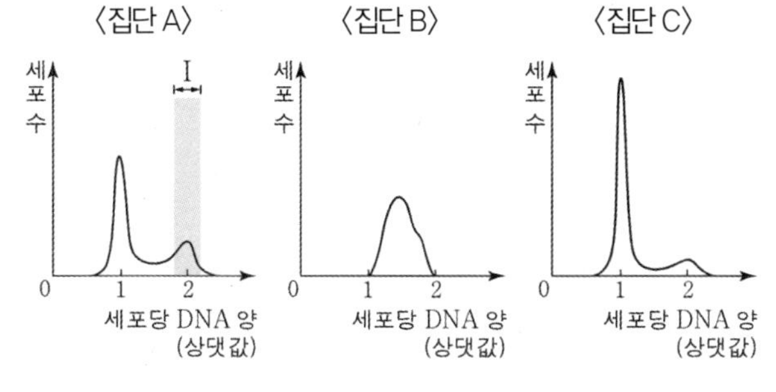

이에 대한 설명으로 옳은 것만을 〈보기〉에서 있는 대로 고른 것은? (3점)

[보기]

ㄱ. 구간 I 에 간기의 세포가 있다.

ㄴ. (다)에서 S기 세포 수는 A에서가 B에서보다 많다.

ㄷ. (다)에서 $\frac{G_2\text{기 세포 수}}{G_1\text{기 세포 수}}$는 A에서가 C에서보다 크다.

① ㄱ ② ㄴ ③ ㄷ ④ ㄱ, ㄷ ⑤ ㄴ, ㄷ

고난도 대비 기출 문제

J57 고난도 2024 실시 5월 학평 16

어떤 동물 종($2n=6$)의 유전 형질 ㉮는 2쌍의 대립유전자 A와 a, B와 b에 의해 결정된다. 표는 이 동물 종의 개체 P와 Q의 세포 Ⅰ ~ Ⅳ에서 대립유전자 ㉠~㉣의 DNA 상대량을, 그림은 세포 (가)와 (나) 각각에 들어 있는 모든 염색체를 나타낸 것이다. (가)와 (나)는 각각 Ⅰ ~ Ⅳ 중 하나이고, ㉠~㉣은 A, a, B, b를 순서 없이 나타낸 것이다. P는 수컷이고 성염색체는 XY이며, Q는 암컷이고 성염색체는 XX이다.

세포	DNA 상대량			
	㉠	㉡	㉢	㉣
Ⅰ	0	0	?	1
Ⅱ	1	?	0	0
Ⅲ	0	0	4	2
Ⅳ	?	1	1	0

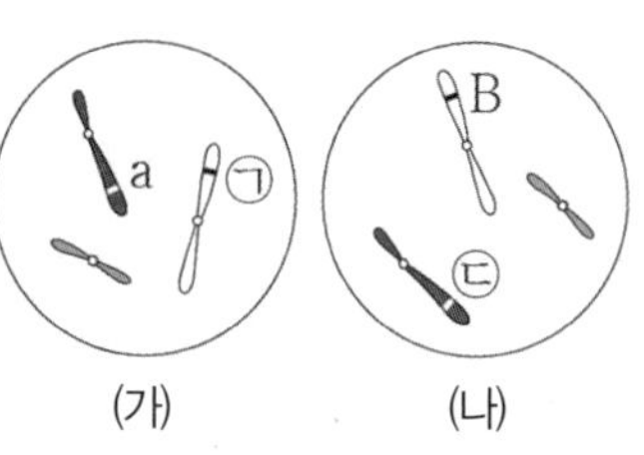

(가) (나)

이에 대한 설명으로 옳은 것만을 〈보기〉에서 있는 대로 고른 것은? (단, 돌연변이와 교차는 고려하지 않으며, A, a, B, b 각각의 1개당 DNA 상대량은 1이다.)

[보기]

ㄱ. (가)는 P의 세포이다.

ㄴ. Ⅳ에 B가 있다.

ㄷ. Ⅲ과 Ⅳ의 핵상은 같다.

① ㄱ ② ㄷ ③ ㄱ, ㄴ ④ ㄴ, ㄷ ⑤ ㄱ, ㄴ, ㄷ

J58 고난도 2019 대비 6월 모평 6

그림은 세포 (가)~(마) 각각에 들어 있는 모든 염색체를 나타낸 것이다. (가)~(마)는 각각 서로 다른 개체 A, B, C의 세포 중 하나이다. A와 B는 같은 종이고, B와 C는 수컷이다. A~C는 $2n=8$이며, A~C의 성염색체는 암컷이 XX, 수컷이 XY이다.

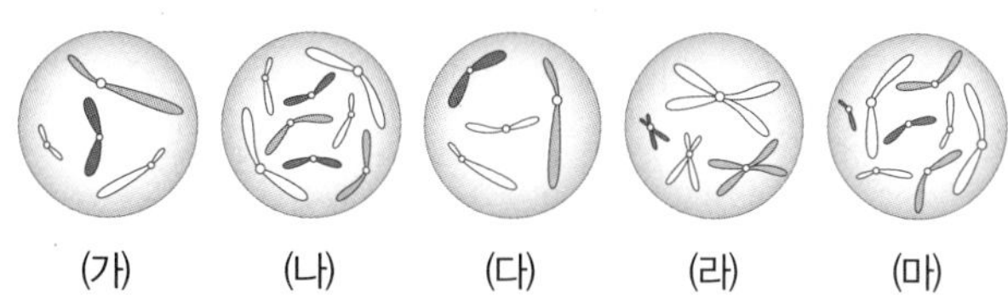
(가) (나) (다) (라) (마)

이에 대한 설명으로 옳은 것만을 〈보기〉에서 있는 대로 고른 것은? (단, 돌연변이는 고려하지 않는다.) (3점)

[보기]

ㄱ. (라)는 B의 세포이다.

ㄴ. (가)와 (다)는 같은 개체의 세포이다.

ㄷ. 세포 1 개당 $\frac{\text{X 염색체 수}}{\text{상염색체 수}}$의 값은 (나)가 (마)의 2배이다.

① ㄱ ② ㄷ ③ ㄱ, ㄴ ④ ㄴ, ㄷ ⑤ ㄱ, ㄴ, ㄷ

❖ 정답 및 해설 267 ~ 271p

J59 ✪ 고난도 2019 대비 수능 5

그림은 같은 종인 동물($2n=6$) Ⅰ과 Ⅱ의 세포 (가)~(라) 각각에 들어 있는 모든 염색체를 나타낸 것이다. (가)~(라) 중 1개만 Ⅰ의 세포이며, 나머지는 Ⅱ의 G_1기 세포로부터 생식세포가 형성되는 과정에서 나타나는 세포이다. 이 동물의 성염색체는 암컷이 XX, 수컷이 XY이다.

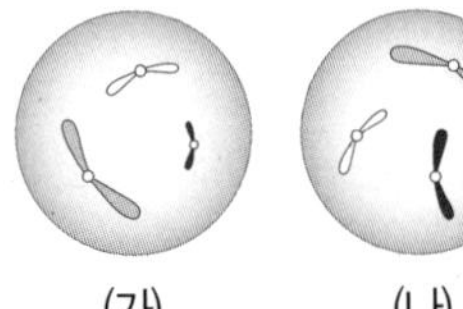
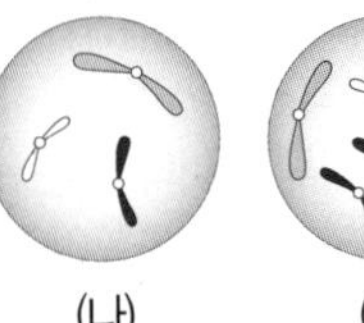
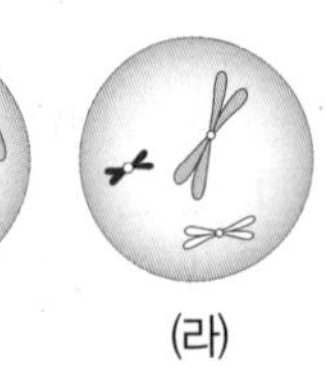

(가) (나) (다) (라)

이에 대한 설명으로 옳은 것만을 〈보기〉에서 있는 대로 고른 것은? (단, 돌연변이는 고려하지 않는다.)

[보기]

ㄱ. (가)는 세포 주기의 S기를 거쳐 (라)가 된다.
ㄴ. (나)와 (라)의 핵상은 같다.
ㄷ. (다)는 Ⅱ의 세포이다.

① ㄱ ② ㄴ ③ ㄷ
④ ㄱ, ㄴ ⑤ ㄴ, ㄷ

J60 ✪ 고난도 2023 대비 수능 16

다음은 핵상이 $2n$인 동물 A~C의 세포 (가)~(라)에 대한 자료이다.

- A와 B는 서로 같은 종이고, B와 C는 서로 다른 종이며, B와 C의 체세포 1개당 염색체 수는 서로 다르다.
- (가)~(라) 중 2개는 암컷의, 나머지 2개는 수컷의 세포이다. A~C의 성염색체는 암컷이 XX, 수컷이 XY이다.
- 그림은 (가)~(라) 각각에 들어 있는 모든 상염색체와 ㉠을 나타낸 것이다. ㉠은 X 염색체와 Y 염색체 중 하나이다.

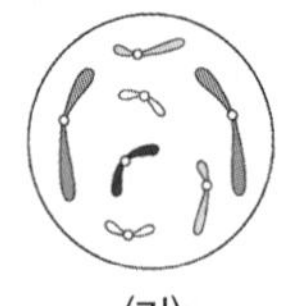
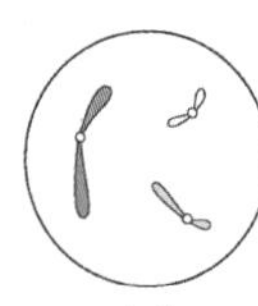
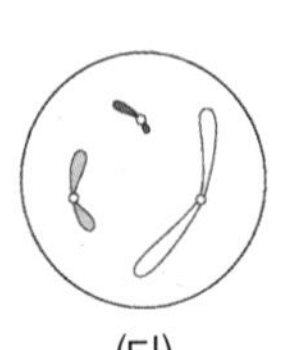
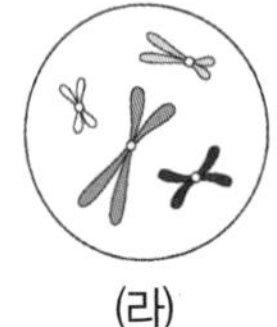

(가) (나) (다) (라)

이에 대한 설명으로 옳은 것만을 〈보기〉에서 있는 대로 고른 것은? (단, 돌연변이는 고려하지 않는다.)

[보기]

ㄱ. ㉠은 Y 염색체이다.
ㄴ. (가)와 (라)는 서로 다른 개체의 세포이다.
ㄷ. C의 체세포 분열 중기의 세포 1개당 상염색체의 염색 분체 수는 8이다.

① ㄱ ② ㄴ ③ ㄱ, ㄷ
④ ㄴ, ㄷ ⑤ ㄱ, ㄴ, ㄷ

J61 ✪ 고난도 2021 대비 수능 6

그림은 서로 다른 종인 동물 A($2n$=?)와 B($2n$=?)의 세포 (가)~(다) 각각에 들어 있는 염색체 중 X 염색체를 제외한 나머지 염색체를 모두 나타낸 것이다. (가)~(다) 중 2개는 A의 세포이고, 나머지 1개는 B의 세포이다. A와 B는 성이 다르고, A와 B의 성염색체는 암컷이 XX, 수컷이 XY이다.

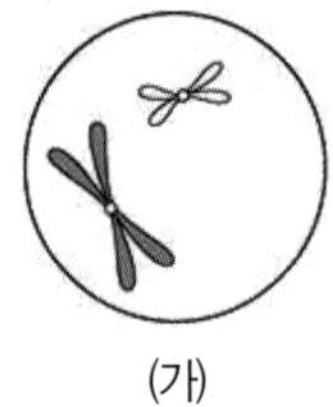
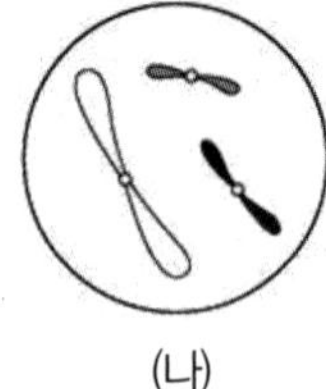
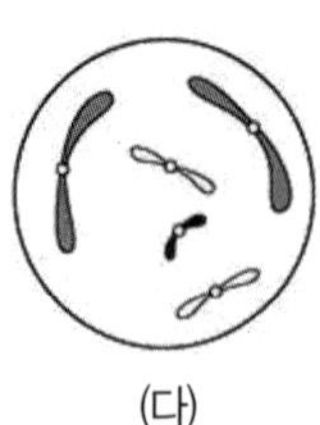

(가) (나) (다)

이에 대한 설명으로 옳은 것만을 〈보기〉에서 있는 대로 고른 것은? (단, 돌연변이는 고려하지 않는다.)

[보기]

ㄱ. (가)와 (다)의 핵상은 같다.
ㄴ. A는 수컷이다.
ㄷ. B의 체세포 분열 중기의 세포 1개당 염색 분체 수는 16이다.

① ㄱ ② ㄴ ③ ㄱ, ㄷ
④ ㄴ, ㄷ ⑤ ㄱ, ㄴ, ㄷ

❖ 정답 및 해설 272~274p

K 세포 분열

고난도 대비 단원

★ 2025 수능 출제 분석

- **감수 분열** : 생식 세포 형성 과정에서 나타는 세포들의 대립유전자의 유무와 DNA 상대량을 분석하여 각 세포의 유전자형을 찾는 문제가 평이하게 출제되었다.

대비년도	출제 개념	난이도
2025 수능	감수 분열	★★
2025 9월	생식세포 분열	★★★
2025 6월	체세포 분열, 감수 분열과 대립 유전자	★★★
2024 수능	체세포 분열 / 감수 분열	★★★/★★

1 체세포 분열

1. **체세포 분열**: 생물의 생장과 조직의 재생 과정에서 세포 수가 증가할 때 일어나는 분열 ➡ 모세포와[1] 동일한 유전 물질을 가진 2개의 딸세포가 형성된다.
2. **체세포 분열 과정**: 간기에 DNA 복제가 일어나고, 분열기는 핵분열과 세포질 분열로 구분된다.

(1) **핵분열**: 염색체의 모양과 행동에 따라 시기를 구분한다.

➡ **핵상 변화**: 염색 분체가 분리되어 염색체 수가 변하지 않아 핵상의 변화가 없다. ($2n \rightarrow 2n$)

간기 →	전기 →	중기 →	후기 →	말기
중심체, 핵, 인, 세포질	염색체	방추사		딸핵
• 핵막과 인이 뚜렷하며, 염색체는 핵 속에 실처럼 풀어져 있다. • S기에 DNA가 복제된다.	• 염색체가 응축되고, 핵막과 인이[2] 사라진다. • 방추사가 형성되어 동원체에 붙는다.	• 염색체가 세포 중앙에 배열된다. • 염색체를 관찰하기에 가장 좋은 시기이다.	• 하나의 염색체를 이루던 염색 분체가 분리된다. • 분리된 염색 분체는 방추사에 의해 세포의 양극으로 이동한다.	• 염색체가 풀어지고, 핵막과 인이 형성되어 2개의 딸핵이 생긴다. • 방추사가 사라지고, 세포질 분열이 시작된다.

(2) **세포질 분열**[3]: 세포질이 나누어지는 과정으로, 동물 세포와 식물 세포에서 서로 다른 방식으로 일어난다.

3. **체세포 분열에서의 DNA양 변화**

구분	내용	그래프
간기	G_1기에 DNA양이 일정하다가 S기에 DNA양이 2배로 증가한다.	핵 1개당 DNA 상대량 (2, 4), $2n$, 염색체 수: 불변 ($2n \rightarrow 2n$), G_1, S, G_2, 전기, 중기, 후기, 말기, G_1, S, 간기, 분열기, 시기
분열기	전기, 중기, 후기에는 DNA양이 변하지 않지만 말기에 딸세포가 형성되면서 DNA양이 감소한다.	

2 감수 분열

1. **감수 분열(생식세포 분열)**: 유성 생식을[4] 하는 생물의 생식 기관에서 생식세포를 형성할 때 일어나는 분열 ➡ 염색체 수가 모세포의 절반으로 줄어든 4개의 딸세포가 형성된다.

---

1 모세포와 딸세포
- **모세포**: 세포가 분열하기 전의 세포이다.
- **딸세포**: 세포질 분열에 의해 딸세포가 만들어진다.

2025 대비 6월 모평 5번

★ 6월은 체세포 분열 중인 세포를 제시하고 어떤 시기의 세포인지 구분하는 문제가 쉽게 출제되었다.

2 인

간기의 핵에서 관찰되는 구조물로, RNA와 단백질로 되어 있고 리보솜의 합성에 관여한다.

3 동물 세포와 식물 세포의 세포질 분열
- **동물 세포**: 세포의 중앙 부위에서 세포질이 함입된다.

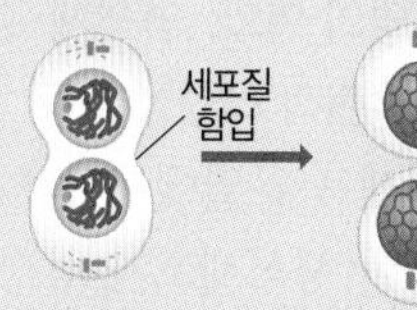

- **식물 세포**: 세포 중앙에 세포판이 나타난 후 세포판이 세포 가장자리 쪽으로 늘어난다.

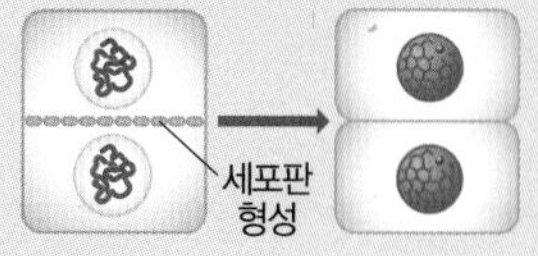

4 유성 생식

암, 수 배우자가 만든 생식세포의 수정에 의해 자손을 남기는 것을 말한다. 부모의 DNA를 각각 절반씩 물려받기 때문에 자손은 부모를 닮지만 어느 쪽과도 유전적으로 동일하지 않다.

2. 감수 분열 과정: DNA 복제 후 2회의 분열이 연속으로 일어난다.

(1) **감수 1분열**: 간기에 DNA가 복제된 후 진행되며, 상동 염색체가 분리되어 염색체 수가 절반으로 줄어든다. ➡ 핵상 변화: $2n \rightarrow n$

간기 →	전기 →	중기 →	후기 →	말기
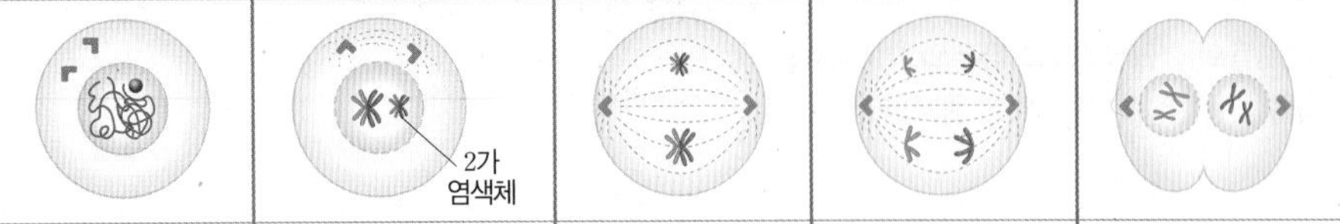				
• 핵막과 인이 뚜렷하며, 염색체는 핵 속에 실처럼 풀어져 있다. • S기에 DNA가 복제된다.	• 염색체가 응축되고, 핵막과 인이 사라진다. • 상동 염색체끼리 접합하여 2가 염색체를⑤ 형성한다. • 방추사가 형성되어 동원체에 붙는다.	• 2가 염색체가 세포의 중앙에 배열된다.	• 2가 염색체를 이루던 상동 염색체가 분리된다. • 분리된 상동 염색체는 방추사에 의해 세포의 양극으로 이동한다.	• 핵막이 나타나고 방추사가 사라진다. • 세포질 분열이 일어나 염색체 수가 반감된 2개의 딸세포가 형성된다.

(2) **감수 2분열**: 간기가 없어 DNA 복제 없이 진행되며, 염색 분체가 분리되므로 염색체 수에는 변화가 없다. ➡ 핵상 변화: $n \rightarrow n$

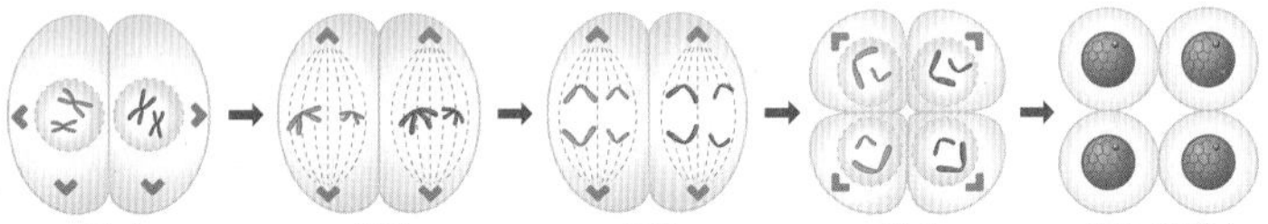

▲ 감수 2분열 과정

3. 감수 분열에서의 DNA양 변화

간기	G_1기에 DNA양이 일정하다가 S기에 DNA양이 2배로 증가한다.
감수 1분열	상동 염색체가 분리되어 염색체 수와 DNA양이 반감된다.
감수 2분열	염색 분체가 분리되어 DNA양이 반감되지만 염색체 수는 일정하다.

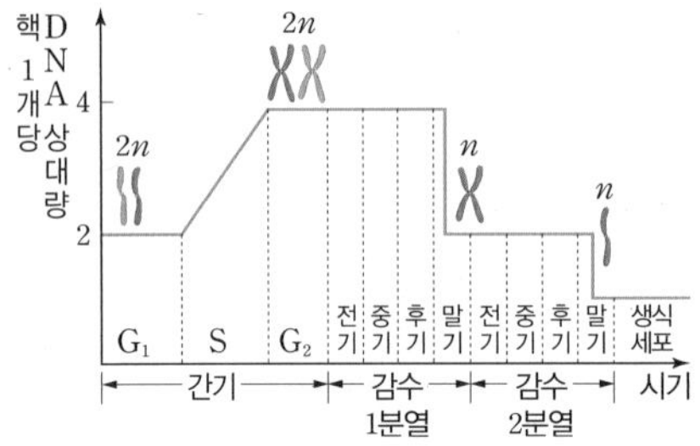

4. 생식세포의⑥ 유전적 다양성

(1) **감수 분열의 의의**: 염색체 수와 DNA양 유지, 유전적 다양성 증가

(2) **자손의 유전적 다양성 획득**

① 생식세포 분열에서 2가 염색체의 무작위적 배열과 분리에 의해 유전적으로 다양한 생식세포가 형성된다. ➡ k쌍의 상동 염색체를 가진 생물($2n=2k$)로부터 염색체 조합이 서로 다른 2^k종류의 생식세포가 형성된다.

② 암수 생식세포가 무작위로 수정되어 다양한 수정란이 형성되면 유전적으로 다양한 자손이 생긴다.

출제 2025 대비 수능 14번
2025 대비 9월 모평 16번
2025 대비 6월 모평 12번

★ 6월은 가족 구성원의 DNA 상대량을 통해 어느 시기인지 유추하고 빈칸을 채우는 문제 형식으로 출제되었고 9월은 한사람의 생식세포 형성과정에서 나타나는 세포들을 제시하여 DNA 상대량을 찾는 형식으로 문제가 출제되었다. 6월, 9월 문제 모두 어렵게 출제되었다.
수능에서는 생식 세포 형성 과정에서 나타나는 세포들의 대립유전자의 유무와 DNA 상대량을 분석하여 각 세포의 유전자형을 찾는 문제가 보통으로 출제되었다.

⑤ 2가 염색체

감수 1분열 전기에 상동 염색체가 접합하여 형성되며, DNA 복제가 일어난 이후이므로 각 상동 염색체마다 2개의 염색 분체를 가지고 있어 총 4개의 염색 분체를 가진다.

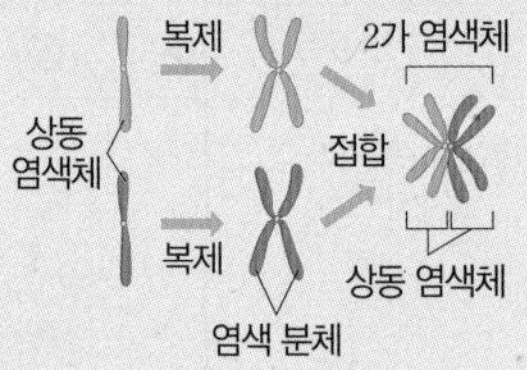

⑥ 생식세포 형성의 세포 주기

생식세포는 간기의 S기에 DNA를 복제한 후 감수 1분열(M_1)과 감수 2분열(M_2)을 거쳐 만들어진다. 이때 형성된 딸세포는 생식세포로 분화되고, 다시 분열하지 않으므로 세포 주기는 반복되지 않는다.

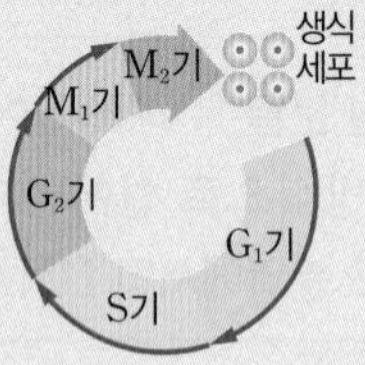

꼭 외워!

＊ 체세포 분열과 감수 분열

구분	핵상 변화	핵분열 횟수	2가 염색체 유무	딸세포의 수
체세포 분열	$2n \rightarrow 2n$	1회	×	2개
감수 분열	$2n \rightarrow n$	2회	○	4개

1 체세포 분열

[01-02] 그림은 체세포 분열 과정을 순서 없이 나타낸 것이다.

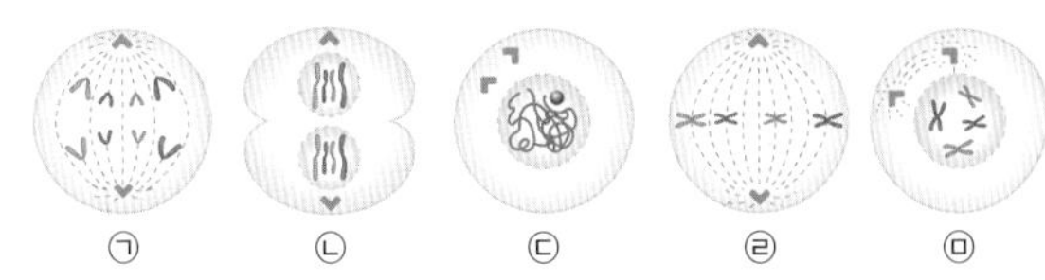

01 체세포 분열 과정을 순서대로 기호로 나타내시오.

(1)

02 다음 설명에 해당하는 시기의 기호를 쓰시오.

(1) 염색 분체가 분리된다. (2)
(2) 염색체가 세포 중앙에 배열된다. (3)
(3) 방추사가 사라지고, 세포질 분열이 시작된다. (4)
(4) DNA가 복제된다. (5)
(5) 염색체가 응축되고, 핵막과 인이 사라진다. (6)
(6) 염색체를 관찰하기에 가장 좋은 시기이다. (7)
(7) 방추사가 형성되어 동원체에 붙는다. (8)

03 그림은 식물 P($2n$)의 체세포가 분열하는 동안 핵 1개당 DNA 양을 나타낸 것이다. 이에 대한 설명으로 옳은 것은 ○, 옳지 않은 것은 × 표시하시오. 〈2022 대비 수능 3〉

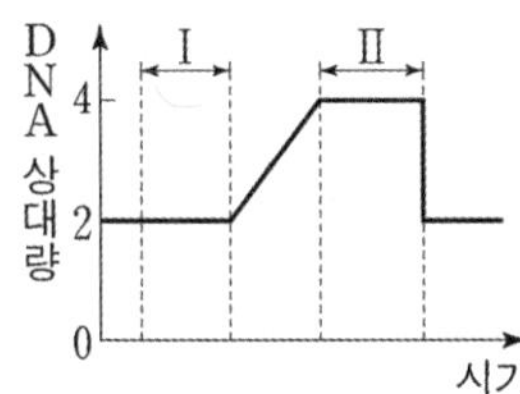

(1) Ⅰ 시기의 세포에는 히스톤 단백질이 있다. 9(○, ×)
(2) Ⅱ 시기 세포에서 2가 염색체가 관찰된다. 10(○, ×)
(3) Ⅰ 시기의 세포와 Ⅱ 시기의 세포는 핵상이 다르다. 11(○, ×)

2 감수 분열

04 그림은 감수 분열 과정에서 핵 1개당 DNA 양의 변화를 나타낸 것이다. 빈칸에 알맞은 말을 쓰시오.

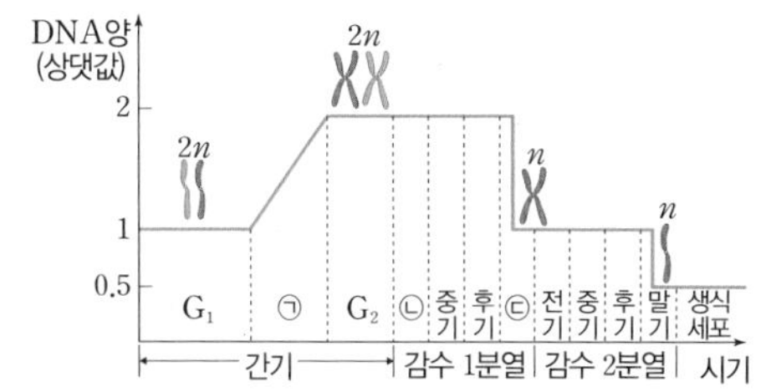

(1) ㉠ 시기는 DNA 복제가 일어나는 (12)기이다.
(2) ㉡ 시기에는 상동 염색체가 접합하여 (13) 이/가 형성된다.
(3) ㉢ 시기에는 모세포에 비해 (14)이/가 반감된 2개의 딸세포가 형성된다.
(4) 감수 2분열 후기에는 방추사에 의해 (15)이/가 분리된다.

05 그림은 어떤 동물($2n$)의 G_1기 세포 ㉠으로부터 생식 세포가 형성되는 과정을, 표는 세포 ⓐ~ⓓ의 DNA 상대량과 핵상을 나타낸 것이다. ⓐ~ⓓ는 ㉠~㉣을 순서 없이 나타낸 것이며, ㉡과 ㉢은 중기의 세포이다. 이에 대한 설명으로 옳은 것은 ○, 옳지 않은 것은 × 표시하시오. 〈2020 실시 9월 학평 20 (고2)〉

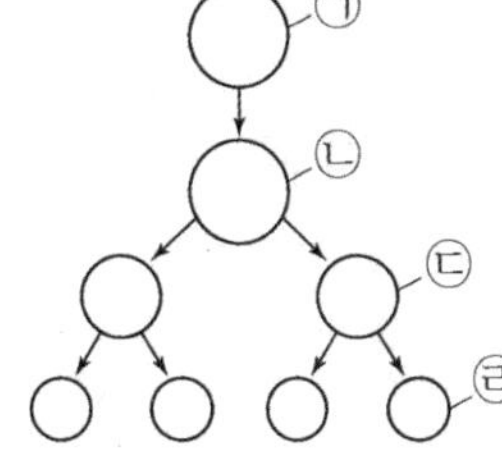

세포	DNA 상대량	핵상
ⓐ	1	?
ⓑ	?	n
ⓒ	?	?
ⓓ	4	?

(1) ⓐ는 ㉣이다. 16(○, ×)
(2) ⓒ와 ㉡의 핵상은 같다. 17(○, ×)
(3) $\frac{\text{염색체 수}}{\text{DNA 상대량}}$는 ⓑ와 ㉣이 같다. 18(○, ×)

정답

1 ㉢ → ㉤ → ㉣ → ㉠ → ㉡ 2 ㉠ 3 ㉣ 4 ㉡ 5 ㉢ 6 ㉤ 7 ㉣ 8 ㉤ 9 ○ 10 × (2가 염색체는 감수 1분열 중기에 관찰됨) 11 × (Ⅰ과 Ⅱ 시기의 세포의 핵상은 모두 $2n$) 12 S 13 2가 염색체 14 염색체 수 15 염색 분체 16 ○ (ⓐ는 ㉣, ⓑ는 ㉢, ⓒ는 ㉠, ⓓ는 ㉡) 17 ○ (핵상 $2n$으로 같음) 18 × (ⓑ(㉢)와 ㉣의 염색체 수는 같으나 DNA 상대량은 ㉣이 ⓑ(㉢)의 절반임)

1 체세포 분열

유형 01 그림 또는 사진을 이용한 분열 세포 구분

2025 6월 출제

단서 세포 분열 전기, 중기, 후기의 세포에서 염색체의 이동 과정이 제시되어 있다.

발상 염색체가 응축된 Ⅰ은 전기, 염색 분체가 분리되어 양극으로 이동하고 있는 Ⅱ는 후기, 염색체가 세포 중앙에 배열된 Ⅲ은 중기임을 추론할 수 있다.

K01 ✽✽✽ 2025 대비 6월 모평 5

그림은 핵상이 $2n$인 식물 P의 체세포 분열 과정에서 관찰되는 세포 Ⅰ~Ⅲ을 나타낸 것이다. Ⅰ~Ⅲ은 분열기의 전기, 중기, 후기의 세포를 순서 없이 나타낸 것이다.

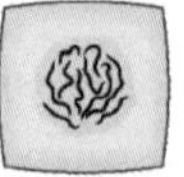
Ⅰ

Ⅱ

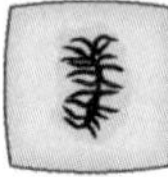
Ⅲ

이에 대한 설명으로 옳은 것만을 〈보기〉에서 있는 대로 고른 것은?

[보기]

ㄱ. Ⅰ은 전기의 세포이다.
ㄴ. Ⅲ에서 상동 염색체의 접합이 일어났다.
ㄷ. Ⅰ~Ⅲ에는 모두 히스톤 단백질이 있다.

① ㄱ ② ㄴ ③ ㄱ, ㄷ ④ ㄴ, ㄷ ⑤ ㄱ, ㄴ, ㄷ

K02 ✽✽✽ 2022 대비 6월 모평 3

그림 (가)는 동물 A($2n=4$) 체세포의 세포 주기를, (나)는 A의 체세포 분열 과정 중 어느 한 시기에 관찰되는 세포를 나타낸 것이다. ㉠~㉢은 각각 G_2기, M기(분열기), S기 중 하나이다.

(가)

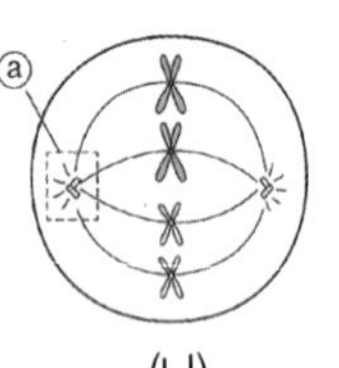

(나)

이에 대한 설명으로 옳은 것만을 〈보기〉에서 있는 대로 고른 것은?

[보기]

ㄱ. ㉠ 시기에 DNA 복제가 일어난다.
ㄴ. ⓐ에 동원체가 있다.
ㄷ. (나)는 ㉢ 시기에 관찰되는 세포이다.

① ㄱ ② ㄴ ③ ㄷ ④ ㄱ, ㄷ ⑤ ㄴ, ㄷ

K03 ✽✽✽ 2023 실시 3월 학평 10

그림은 어떤 동물($2n=4$)의 체세포 X를 나타낸 것이다. 이 동물에서 특정 유전 형질의 유전자형은 Tt이다. X는 간기의 세포와 분열기의 세포 중 하나이다.

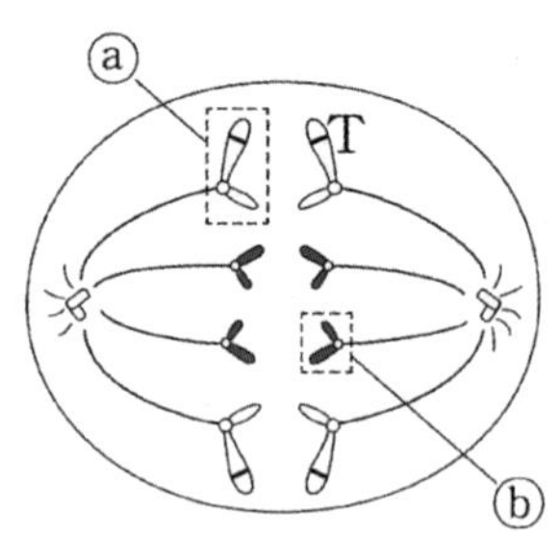

이에 대한 옳은 설명만을 〈보기〉에서 있는 대로 고른 것은? (단, 돌연변이는 고려하지 않는다.)

[보기]

ㄱ. X는 분열기의 세포이다.
ㄴ. ⓐ에 t가 있다.
ㄷ. ⓑ에 동원체가 있다.

① ㄱ ② ㄴ ③ ㄱ, ㄴ ④ ㄱ, ㄷ ⑤ ㄴ, ㄷ

K04 ✽✽✽ 2024 실시 10월 학평 7

그림은 사람 체세포의 세포 주기를 나타낸 것이다. ㉠~㉣은 각각 G_1기, G_2기, M기, S기 중 하나이다. 핵 1개당 DNA 양은 ㉣ 시기 세포가 ㉡ 시기 세포의 2배이다.

이에 대한 옳은 설명만을 〈보기〉에서 있는 대로 고른 것은?

[보기]

ㄱ. ㉠ 시기에 2가 염색체가 형성된다.
ㄴ. ㉢ 시기에 DNA 복제가 일어난다.
ㄷ. ㉡ 시기 세포와 ㉣ 시기 세포는 핵상이 서로 다르다.

① ㄱ ② ㄴ ③ ㄱ, ㄷ ④ ㄴ, ㄷ ⑤ ㄱ, ㄴ, ㄷ

K05 ✽✽✽ 2022 실시 3월 학평 8

그림은 어떤 동물($2n=4$)의 세포 분열 과정에서 관찰되는 세포 (가)를 나타낸 것이다. 이 동물의 특정 형질의 유전자형은 Aa이다.

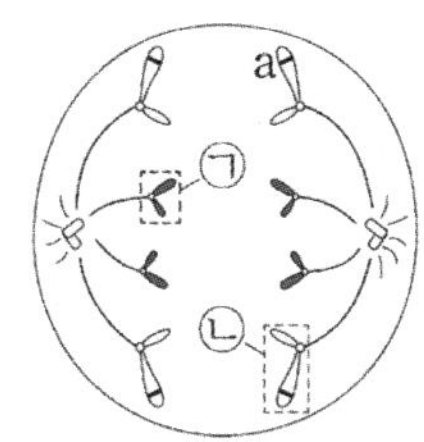

이에 대한 옳은 설명만을 〈보기〉에서 있는 대로 고른 것은? (단, 돌연변이와 교차는 고려하지 않는다.)

[보기]
- ㄱ. (가)는 감수 분열 과정에서 관찰된다.
- ㄴ. ㉠에 뉴클레오솜이 있다.
- ㄷ. ㉡에 A가 있다.

① ㄱ ② ㄴ ③ ㄷ ④ ㄱ, ㄴ ⑤ ㄴ, ㄷ

K06 ✽✽✽ 2020 실시 3월 학평 13

그림 (가)는 어떤 동물($2n=4$)의 세포 주기를, (나)는 이 동물의 분열 중인 세포를 나타낸 것이다. ㉠과 ㉡은 각각 G_1기와 G_2기 중 하나이며, 이 동물의 특정 형질에 대한 유전자형은 Rr이다.

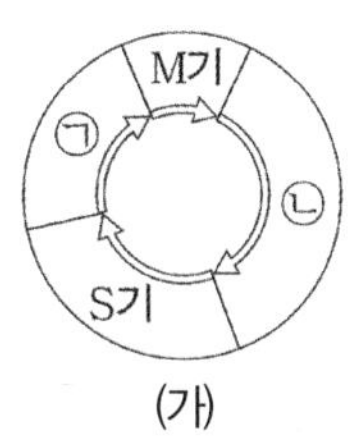

(가)

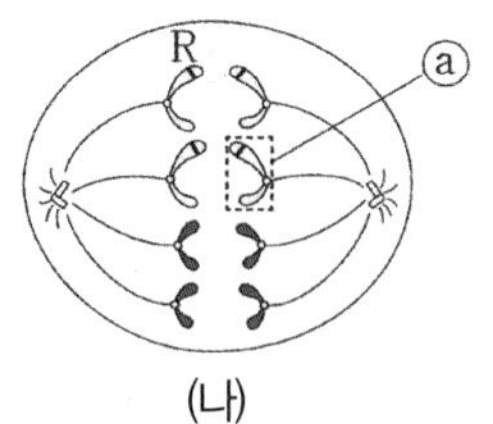

(나)

이에 대한 옳은 설명만을 〈보기〉에서 있는 대로 고른 것은? (단, 돌연변이와 교차는 고려하지 않는다.)

[보기]
- ㄱ. ㉠은 G_2기이다.
- ㄴ. (나)가 관찰되는 시기는 ㉡이다.
- ㄷ. 염색체 ⓐ에 R가 있다.

① ㄱ ② ㄴ ③ ㄷ ④ ㄱ, ㄷ ⑤ ㄴ, ㄷ

유형 02 상대량 그래프를 이용한 분열 세포 구분

(단서) S기에서 DNA양이 2배로 증가하고 체세포 분열시 DNA 상대량이 1회 반감되는 그래프가 제시되어 있다.

(발상) 염색 분체가 분리되므로 분열 결과 형성되는 딸세포의 염색체 수는 모세포와 같다는 점을 이용해야 한다.

K07 ✽✽✽ 2021 대비 9월 모평 13

그림 (가)는 어떤 동물의 체세포 Q를 배양한 후 세포당 DNA 양에 따른 세포 수를, (나)는 Q의 체세포 분열 과정 중 ㉠ 시기에서 관찰되는 세포를 나타낸 것이다.

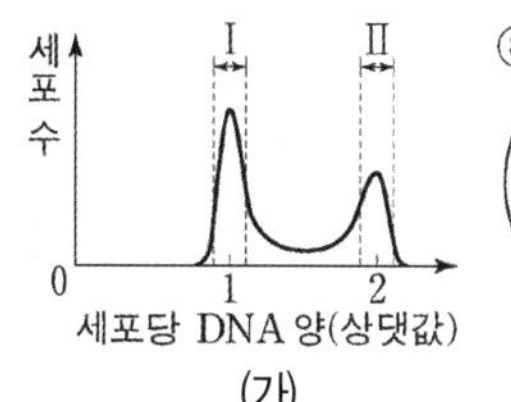

(가)

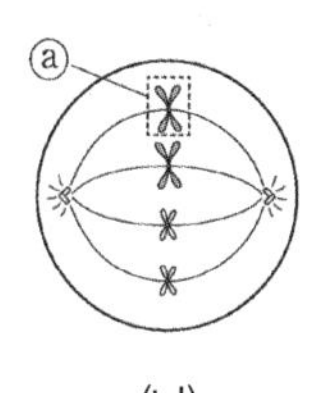

(나)

이에 대한 설명으로 옳은 것만을 〈보기〉에서 있는 대로 고른 것은?

[보기]
- ㄱ. ⓐ에는 히스톤 단백질이 있다.
- ㄴ. 구간 Ⅱ에는 ㉠ 시기의 세포가 있다.
- ㄷ. G_1기의 세포 수는 구간 Ⅱ에서가 구간 Ⅰ에서보다 많다.

① ㄱ ② ㄷ ③ ㄱ, ㄴ ④ ㄴ, ㄷ ⑤ ㄱ, ㄴ, ㄷ

K08 ✽✽✽ 2024 대비 9월 모평 3

그림 (가)는 동물 P($2n=4$)의 체세포가 분열하는 동안 핵 1개당 DNA 양을, (나)는 P의 체세포 분열 과정의 어느 한 시기에서 관찰되는 세포를 나타낸 것이다.

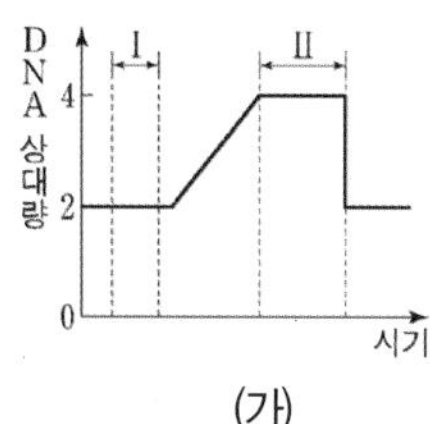

(가)

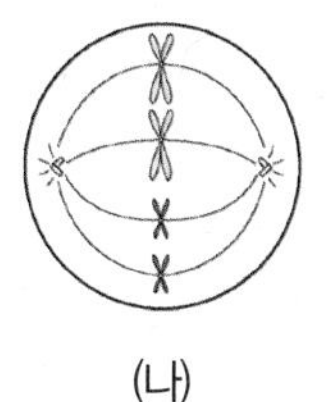

(나)

이에 대한 설명으로 옳은 것만을 〈보기〉에서 있는 대로 고른 것은? (단, 돌연변이는 고려하지 않는다.)

[보기]
- ㄱ. 구간 Ⅰ의 세포는 핵상이 $2n$이다.
- ㄴ. 구간 Ⅱ에는 (나)가 관찰되는 시기가 있다.
- ㄷ. (나)에서 상동 염색체의 접합이 일어났다.

① ㄱ ② ㄷ ③ ㄱ, ㄴ ④ ㄴ, ㄷ ⑤ ㄱ, ㄴ, ㄷ

❖ 정답 및 해설 275~278p

K09 ✿❀❀ 2023 대비 6월 모평 4

그림 (가)는 동물 P($2n=4$)의 체세포가 분열하는 동안 핵 1개당 DNA 양을, (나)는 P의 체세포 분열 과정의 어느 한 시기에서 관찰되는 세포를 나타낸 것이다.

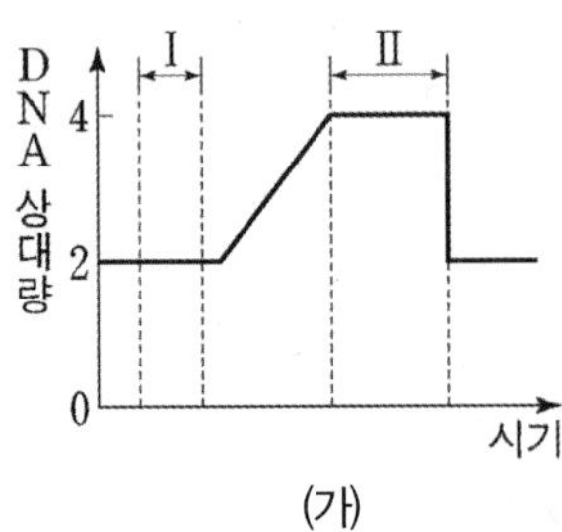

(가)

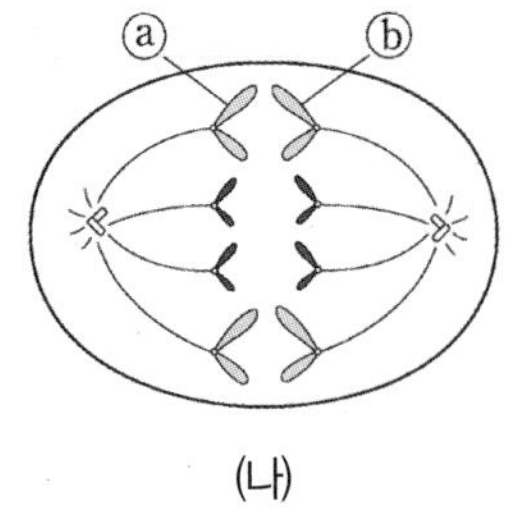

(나)

이에 대한 설명으로 옳은 것만을 〈보기〉에서 있는 대로 고른 것은? (단, 돌연변이는 고려하지 않는다.)

[보기]

ㄱ. 구간 Ⅰ에는 2개의 염색 분체로 구성된 염색체가 있다.
ㄴ. 구간 Ⅱ에는 (나)가 관찰되는 시기가 있다.
ㄷ. ⓐ와 ⓑ는 부모에게서 각각 하나씩 물려받은 것이다.

① ㄱ ② ㄴ ③ ㄱ, ㄷ ④ ㄴ, ㄷ ⑤ ㄱ, ㄴ, ㄷ

K10 ✿❀❀ 2021 대비 수능 9

그림 (가)는 사람 A의 체세포를 배양한 후 세포당 DNA 양에 따른 세포 수를, (나)는 A의 체세포 분열 과정 중 ㉠시기의 세포로부터 얻은 핵형 분석 결과의 일부를 나타낸 것이다.

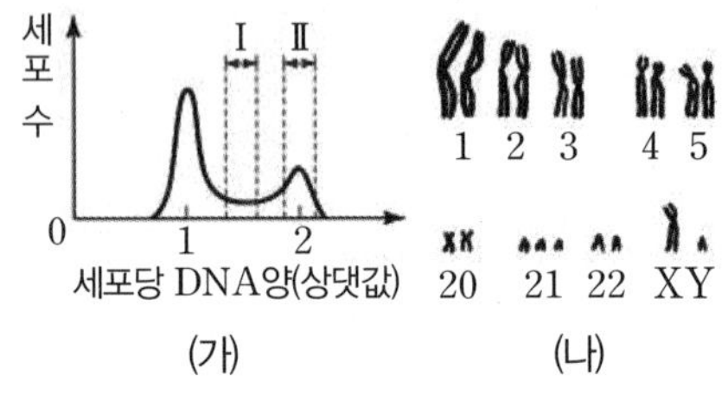

(가) (나)

이에 대한 설명으로 옳은 것만을 〈보기〉에서 있는 대로 고른 것은?

[보기]

ㄱ. 구간 Ⅰ에는 핵막을 갖는 세포가 있다.
ㄴ. (나)에서 다운 증후군의 염색체 이상이 관찰된다.
ㄷ. 구간 Ⅱ에는 ㉠ 시기의 세포가 있다.

① ㄱ ② ㄴ ③ ㄱ, ㄷ ④ ㄴ, ㄷ ⑤ ㄱ, ㄴ, ㄷ

K11 ✿✿❀ 2022 대비 수능 3

그림 (가)는 식물 P($2n$)의 체세포가 분열하는 동안 핵 1개당 DNA양을, (나)는 P의 체세포 분열 과정에서 관찰되는 세포 ⓐ와 ⓑ를 나타낸 것이다. ⓐ와 ⓑ는 분열기의 전기 세포와 중기 세포를 순서 없이 나타낸 것이다.

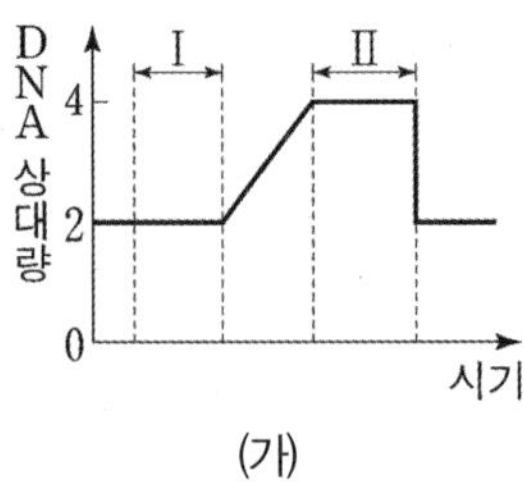

(가)

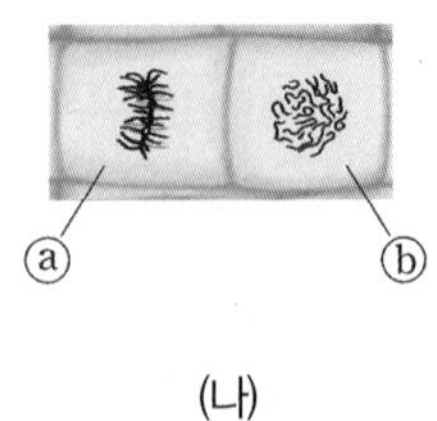

(나)

이에 대한 설명으로 옳은 것만을 〈보기〉에서 있는 대로 고른 것은?

[보기]

ㄱ. Ⅰ과 Ⅱ 시기의 세포에는 모두 뉴클레오솜이 있다.
ㄴ. ⓐ에서 상동 염색체의 접합이 일어났다.
ㄷ. ⓑ는 Ⅰ 시기에 관찰된다.

① ㄱ ② ㄷ ③ ㄱ, ㄴ
④ ㄴ, ㄷ ⑤ ㄱ, ㄴ, ㄷ

K12 ✿❀❀ 2019 실시 10월 학평 3

그림 (가)는 어떤 동물($2n=4$)의 체세포 분열에서 세포 1개당 DNA 상대량 변화를, (나)는 t_1과 t_2 중 한 시점일 때 관찰되는 세포에 들어 있는 모든 염색체를 나타낸 것이다. 이 세포의 DNA 상대량은 2이다.

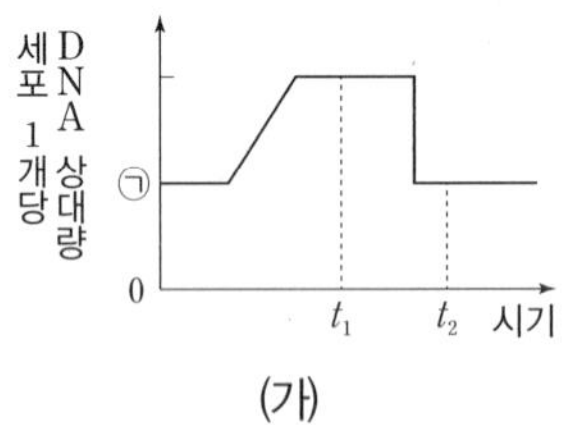

(가)

(나)

이에 대한 옳은 설명만을 〈보기〉에서 있는 대로 고른 것은? (단, 돌연변이는 고려하지 않는다.)

[보기]

ㄱ. ㉠은 2이다.
ㄴ. 세포의 핵상은 t_1과 t_2일 때 모두 $2n$이다.
ㄷ. t_1과 t_2 사이에서 염색 분체의 분리가 일어난다.

① ㄱ ② ㄴ ③ ㄱ, ㄷ
④ ㄴ, ㄷ ⑤ ㄱ, ㄴ, ㄷ

K13 ✲✲✲

2018 대비 9월 모평 12

그림 (가)는 핵상이 $2n$인 식물 P에서 체세포가 분열하는 동안 핵 1개당 DNA양을, (나)는 P의 체세포 분열 과정 중에 있는 세포들을 나타낸 것이다. P의 특정 형질에 대한 유전자형은 Rr이며, R와 r는 대립유전자이다.

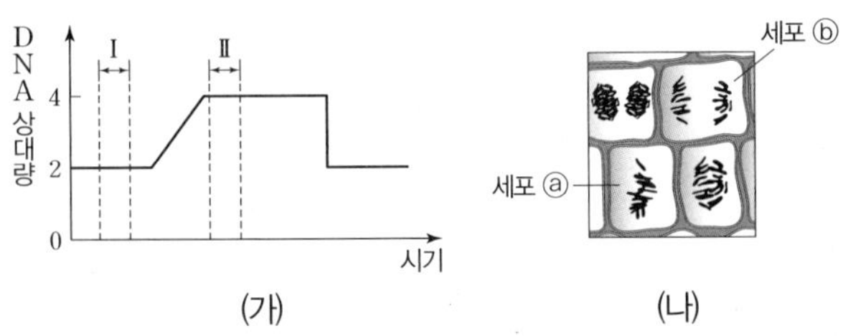

(가) (나)

이에 대한 설명으로 옳은 것만을 〈보기〉에서 있는 대로 고른 것은? (단, 돌연변이는 고려하지 않는다.)

[보기]

ㄱ. 세포 1개당 R의 수는 Ⅰ 시기의 세포와 ⓑ가 같다.

ㄴ. Ⅱ 시기에서 핵상이 $2n$인 세포가 관찰된다.

ㄷ. ⓐ에는 2가 염색체가 있다.

① ㄱ ② ㄴ ③ ㄷ ④ ㄱ, ㄴ ⑤ ㄴ, ㄷ

K14 ✲✲✲

2024 대비 수능 15

사람의 유전 형질 (가)는 서로 다른 상염색체에 있는 2쌍의 대립 유전자 H와 h, T와 t에 의해 결정된다. 표는 어떤 사람의 세포 ㉠~㉢에서 H와 t의 유무를, 그림은 ㉠~㉢에서 대립유전자 ⓐ~ⓓ의 DNA 상대량을 나타낸 것이다. ⓐ~ⓓ는 H, h, T, t를 순서 없이 나타낸 것이다.

대립유전자	세포 ㉠	세포 ㉡	세포 ㉢
H	○	?	×
t	?	×	×

(○: 있음, ×: 없음)

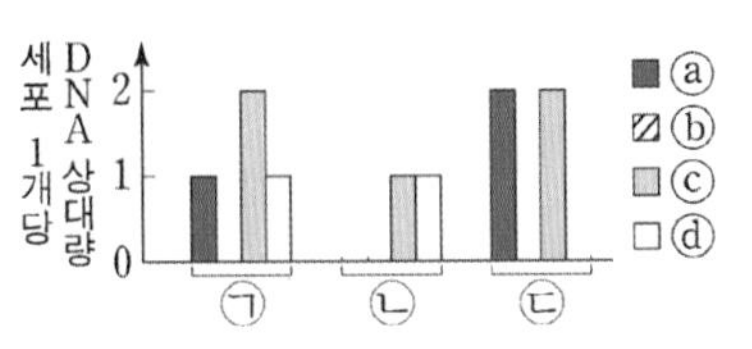

이에 대한 설명으로 옳은 것만을 〈보기〉에서 있는 대로 고른 것은? (단, 돌연변이와 교차는 고려하지 않으며, H, h, T, t 각각의 1개당 DNA 상대량은 1이다.)

[보기]

ㄱ. ⓐ는 ⓒ와 대립유전자이다.

ㄴ. ⓓ는 H이다.

ㄷ. 이 사람에게서 h와 t를 모두 갖는 생식세포가 형성될 수 있다.

① ㄱ ② ㄴ ③ ㄷ ④ ㄱ, ㄴ ⑤ ㄴ, ㄷ

K15 ✲✲✲

2017 실시 3월 학평 7

그림 (가)는 어떤 동물($2n=4$)의 체세포 분열 과정에서 세포 1개당 DNA양을, (나)는 t_1과 t_2 중 한 시점의 세포를 나타낸 것이다.

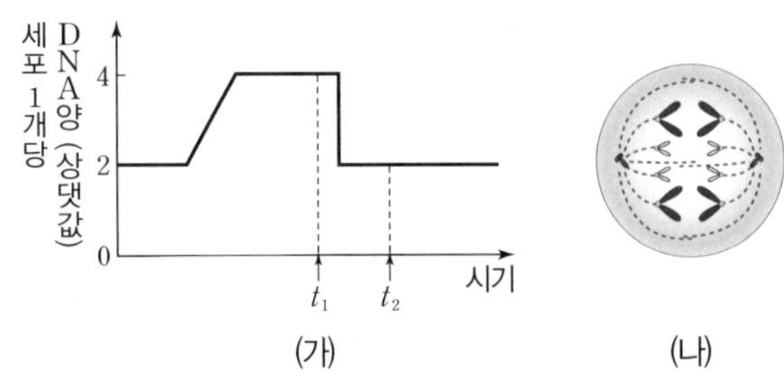

(가) (나)

이에 대한 설명으로 옳은 것만을 〈보기〉에서 있는 대로 고른 것은? (단, 돌연변이는 고려하지 않는다.)

[보기]

ㄱ. t_2일 때 핵막이 관찰된다.

ㄴ. (나)는 t_1일 때의 세포이다.

ㄷ. (나)로부터 생성되는 두 딸세포의 유전자 구성은 같다.

① ㄱ ② ㄴ ③ ㄱ, ㄷ ④ ㄴ, ㄷ ⑤ ㄱ, ㄴ, ㄷ

2 감수 분열

유형 01 핵 1개당 DNA 상대량 그래프를 이용한 분열 세포 구분

단서 세포가 분열하는 동안 DNA 상대량이 모세포의 상대량이 딸세포의 2배인 그래프가 제시되어 있다.

발상 생식 세포 분열에서의 DNA 상대량임을 추론할 수 있다.

K16 ✲✲✲

2018 실시 10월 학평 13

그림 (가)는 사람의 세포 분열 과정에서 핵 1개당 DNA 상대량을, (나)는 t_1~t_3 중 한 시점에 관찰된 세포를 나타낸 것이다. t_2와 t_3은 중기의 한 시점이며, (나)는 일부 염색체만을 나타냈다.

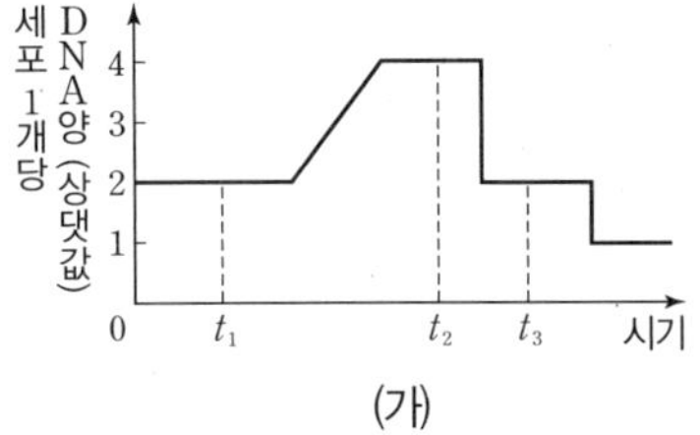

(가) (나)

이에 대한 옳은 설명만을 〈보기〉에서 있는 대로 고른 것은? (단, 돌연변이는 고려하지 않는다.)

[보기]

ㄱ. t_1일 때의 세포에 핵막이 있다.

ㄴ. (나)가 관찰된 시점은 t_2이다.

ㄷ. t_3일 때의 세포와 난자는 핵상이 다르다.

① ㄱ ② ㄴ ③ ㄱ, ㄴ ④ ㄱ, ㄷ ⑤ ㄴ, ㄷ

❖ 정답 및 해설 279 ~ 282p

K17 ✲✲❀ 2020 실시 7월 학평 17

그림 (가)는 어떤 동물($2n=?$)의 G_1기 세포로부터 생식 세포가 형성되는 동안 핵 1개당 DNA 상대량을, (나)는 이 세포 분열 과정 중 일부를 나타낸 것이다. 이 동물의 특정 형질에 대한 유전자형은 Aa이며, A는 a와 대립유전자이다. ⓐ와 ⓑ의 핵상은 다르다.

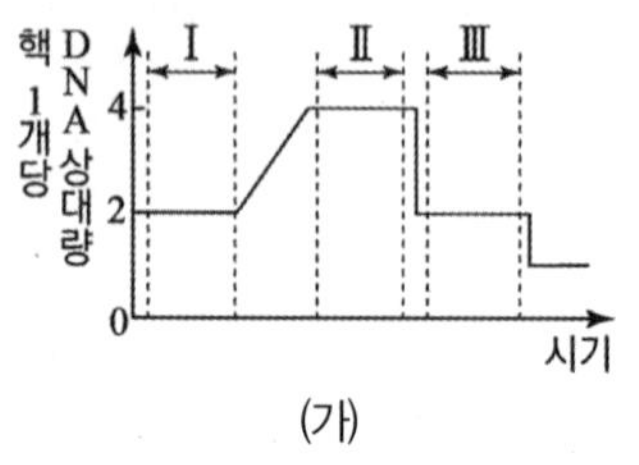

(가)

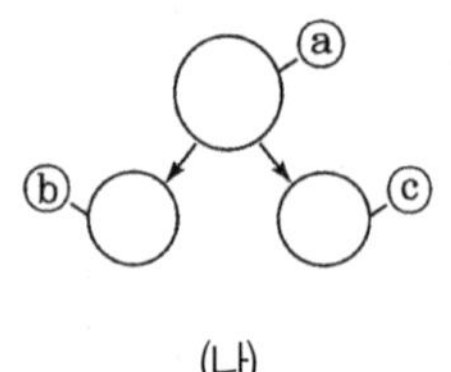

(나)

이에 대한 설명으로 옳은 것만을 〈보기〉에서 있는 대로 고른 것은? (단, 돌연변이는 고려하지 않는다.)

[보기]

ㄱ. ⓐ는 구간 Ⅲ에서 관찰된다.
ㄴ. ⓑ와 ⓒ의 유전자 구성은 동일하다.
ㄷ. 구간 Ⅰ에는 핵막을 가진 세포가 있다.

① ㄱ ② ㄷ ③ ㄱ, ㄴ ④ ㄴ, ㄷ ⑤ ㄱ, ㄴ, ㄷ

K18 ✲✲❀ 2019 실시 3월 학평 13

그림 (가)는 유전자형이 AaBb인 사람의 감수 분열 과정에서 세포 1개당 DNA 상대량의 변화를, (나)는 세포 ㉠~㉣이 가지는 세포 1개당 유전자 A와 b의 수를 나타낸 것이다. ㉠~㉣은 Ⅰ~Ⅳ 중 서로 다른 한 시기의 세포이다. A는 a와 대립유전자이며, B는 b와 대립유전자이다.

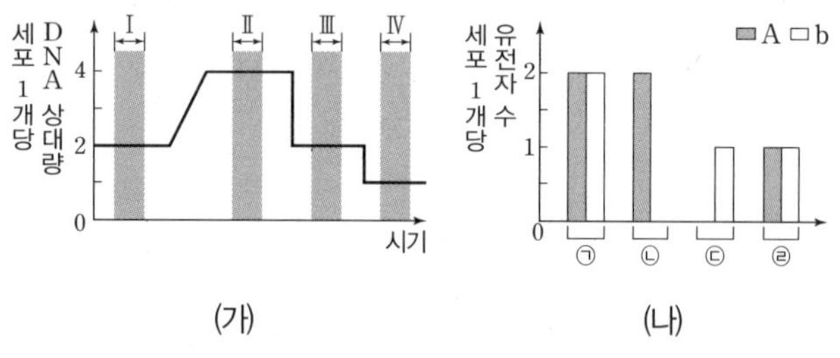

(가) (나)

이에 대한 옳은 설명만을 〈보기〉에서 있는 대로 고른 것은? (단, 돌연변이와 교차는 고려하지 않는다.) (3점)

[보기]

ㄱ. ㉠은 Ⅱ 시기의 세포이다.
ㄴ. ㉣의 핵상은 $2n$이다.
ㄷ. Ⅲ 시기의 세포에 2가 염색체가 있다.

① ㄱ ② ㄴ ③ ㄱ, ㄴ ④ ㄱ, ㄷ ⑤ ㄴ, ㄷ

K19 ✲✲❀ 2020 대비 6월 모평 5

그림 (가)는 어떤 동물($2n=6$)의 세포가 분열하는 동안 핵 1개당 DNA양을, (나)는 이 세포 분열 과정의 어느 한 시기에서 관찰되는 세포를 나타낸 것이다. 이 동물의 특정 형질에 대한 유전자형은 Rr이며, R와 r는 대립유전자이다.

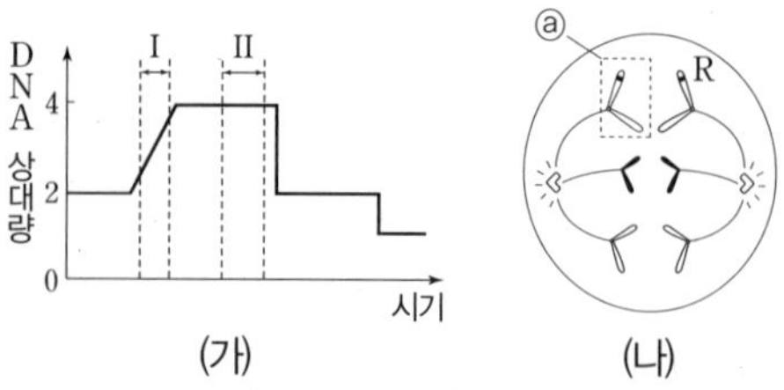

(가) (나)

이에 대한 설명으로 옳은 것만을 〈보기〉에서 있는 대로 고른 것은? (단, 돌연변이와 교차는 고려하지 않는다.) (3점)

[보기]

ㄱ. ⓐ에는 R가 있다.
ㄴ. 구간 Ⅰ에서 2가 염색체가 관찰된다.
ㄷ. (나)는 구간 Ⅱ에서 관찰된다.

① ㄱ ② ㄴ ③ ㄷ ④ ㄱ, ㄴ ⑤ ㄱ, ㄷ

K20 ✲✲❀ 2019 실시 7월 학평 10

그림 (가)는 어떤 동물($2n=?$)의 세포 분열 과정 일부에서 시간에 따른 핵 1개당 DNA 상대량을, (나)는 구간 Ⅰ과 Ⅱ 중 한 구간에서 관찰되는 세포에 들어 있는 모든 염색체를 나타낸 것이다. Ⅰ과 Ⅱ에서 관찰되는 세포의 핵상은 같다.

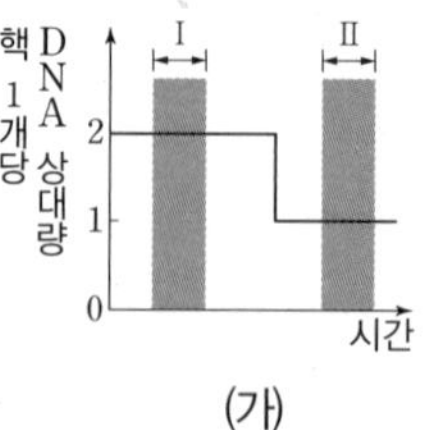

(가)

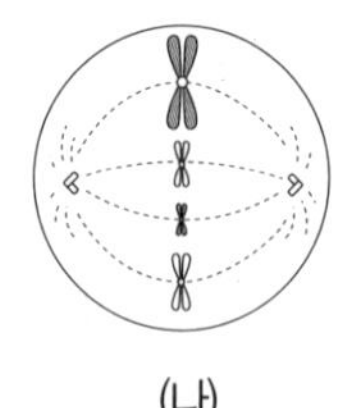

(나)

이에 대한 설명으로 옳은 것만을 〈보기〉에서 있는 대로 고른 것은? (단, 돌연변이는 고려하지 않는다.) (3점)

[보기]

ㄱ. (나)는 Ⅱ에서 관찰된다.
ㄴ. 이 동물의 G_1기 체세포와 Ⅰ에서 관찰되는 세포의 핵상은 같다.
ㄷ. 이 동물의 체세포 분열 중기의 세포 1개당 염색 분체 수는 16이다.

① ㄱ ② ㄷ ③ ㄱ, ㄴ ④ ㄴ, ㄷ ⑤ ㄱ, ㄴ, ㄷ

유형 02 DNA 상대량 및 염색체 수를 이용한 분열 세포 구분

(단서) ㉡과 ㉢에서 a와 B의 DNA 상대량이 각각 1임이 제시되어 있다.

(발상) Ⅱ와 Ⅳ는 중기의 세포이므로 ㉡과 ㉢은 Ⅰ 또는 Ⅲ임을 추론할 수 있다.

K21 ✿✿✿ 2024 실시 10월 학평 9

사람의 유전 형질 (가)는 대립유전자 A와 a에 의해, (나)는 대립유전자 B와 b에 의해 결정된다. (가)와 (나)의 유전자는 서로 다른 염색체에 있다. 그림은 어떤 남자의 G_1기 세포 Ⅰ로부터 정자가 형성되는 과정과, 세포 Ⅲ으로부터 형성된 정자가 난자와 수정되어 만들어진 수정란을 나타낸 것이다. 표는 세포 ㉠~㉣이 갖는 A, a, B, b의 DNA 상대량을 나타낸 것이다. ㉠~㉣은 Ⅰ~Ⅳ를 순서 없이 나타낸 것이고, Ⅱ와 Ⅳ는 모두 중기의 세포이다.

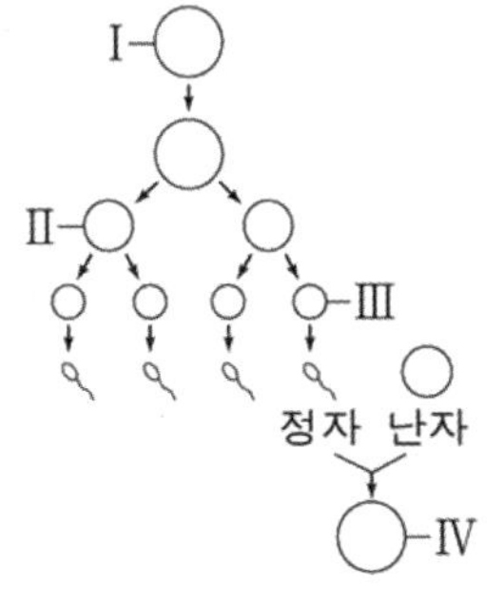

세포	DNA 상대량			
	A	a	B	b
㉠	2	ⓐ	?	2
㉡	0	?	1	0
㉢	?	1	1	?
㉣	?	2	0	2

이에 대한 옳은 설명만을 〈보기〉에서 있는 대로 고른 것은? (단, 돌연변이와 교차는 고려하지 않으며, A, a, B, b 각각의 1개당 DNA 상대량은 1이다.) (3점)

[보기]

ㄱ. ㉡은 Ⅲ이다.
ㄴ. ⓐ는 2이다.
ㄷ. $\frac{\text{Ⅱ의 염색 분체 수}}{\text{Ⅳ의 X 염색체 수}}=46$이다.

① ㄱ ② ㄴ ③ ㄱ, ㄴ ④ ㄱ, ㄷ ⑤ ㄴ, ㄷ

K22 ✿✿✿ 2024 실시 3월 학평 12

사람의 유전 형질 (가)는 Y 염색체에 있는 대립유전자 A와 a에 의해, (나)는 X 염색체에 있는 대립유전자 B와 b에 의해 결정된다. 그림은 어떤 남자와 여자의 G_1기 세포로부터 생식세포가 형성되는 과정을, 표는 세포 ㉠~㉢에서 A와 b의 DNA 상대량을 나타낸 것이다. ㉠~㉢은 Ⅰ~Ⅲ을 순서 없이 나타낸 것이다.

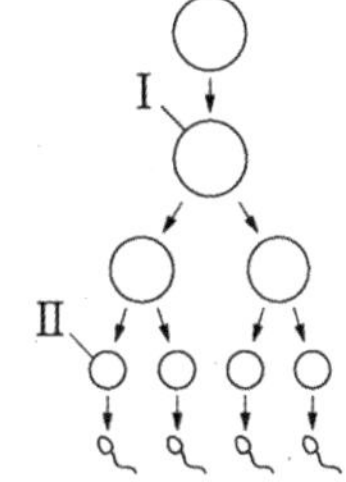

세포	DNA 상대량	
	A	b
㉠	?	4
㉡	ⓐ	2
㉢	1	0

이에 대한 옳은 설명만을 〈보기〉에서 있는 대로 고른 것은? (단, 돌연변이와 교차는 고려하지 않으며, A, a, B, b 각각의 1개당 DNA 상대량은 1이다. Ⅰ과 Ⅲ은 중기의 세포이다.) (3점)

[보기]

ㄱ. ⓐ는 2이다.
ㄴ. ㉠에 2가 염색체가 있다.
ㄷ. Ⅱ에서 상염색체 수와 X 염색체 수를 더한 값은 23이다.

① ㄱ ② ㄷ ③ ㄱ, ㄴ ④ ㄴ, ㄷ ⑤ ㄱ, ㄴ, ㄷ

K23 ✿✿✿ 2020 실시 4월 학평 13

표는 유전자형이 Tt인 어떤 사람의 세포 P가 생식세포로 되는 과정에서 관찰되는 서로 다른 시기의 세포 ㉠~㉢의 염색체 수와 t의 DNA 상대량을 나타낸 것이다. T와 t는 서로 대립유전자이다.

세포	염색체 수	t의 DNA 상대량
㉠	?	2
㉡	23	1
㉢	46	2

이에 대한 설명으로 옳은 것만을 〈보기〉에서 있는 대로 고른 것은? (단, 돌연변이와 교차는 고려하지 않으며, ㉠과 ㉢은 중기의 세포이다. T, t 각각의 1개당 DNA 상대량은 1이다.) (3점)

[보기]

ㄱ. ㉠의 염색체 수는 23이다.
ㄴ. ㉢에서 T의 DNA 상대량은 2이다.
ㄷ. ㉠이 ㉡으로 되는 과정에서 염색 분체가 분리된다.

① ㄱ ② ㄴ ③ ㄱ, ㄷ ④ ㄴ, ㄷ ⑤ ㄱ, ㄴ, ㄷ

❖ 정답 및 해설 283~284p

K24 ✿✿❀ 2023 실시 4월 학평 18

사람의 유전 형질 ㉮는 대립유전자 T와 t에 의해 결정된다. 그림 (가)는 남자 P의, (나)는 여자 Q의 G_1기 세포로부터 생식세포가 형성되는 과정을 나타낸 것이다. 표는 세포 ㉠~㉣의 8번 염색체 수와 X 염색체 수를 더한 값, T의 DNA 상대량을 나타낸 것이다. ㉮의 유전자형은 P에서가 TT이고, Q에서가 Tt이다. ㉠~㉣은 Ⅰ~Ⅳ를 순서 없이 나타낸 것이고, ⓐ~ⓓ는 1, 2, 3, 4를 순서 없이 나타낸 것이다.

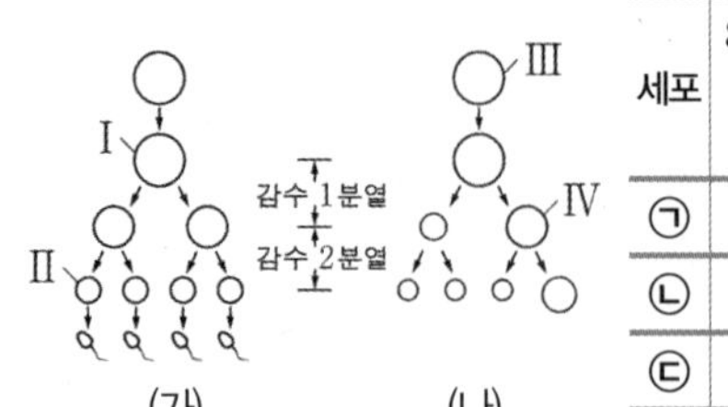

세포	8번 염색체 수와 X 염색체 수를 더한 값	T의 DNA 상대량
㉠	ⓐ	ⓓ
㉡	ⓑ	ⓑ
㉢	ⓒ	ⓒ
㉣	ⓓ	ⓑ

이에 대한 설명으로 옳은 것만을 〈보기〉에서 있는 대로 고른 것은? (단, 돌연변이는 고려하지 않으며, T와 t 각각의 1개당 DNA 상대량은 1이다. Ⅰ과 Ⅳ는 중기의 세포이다.) (3점)

[보기]
ㄱ. ㉣은 Ⅲ이다.
ㄴ. ⓐ+ⓒ=4이다.
ㄷ. Ⅱ에 Y 염색체가 있다.

① ㄱ ② ㄴ ③ ㄱ, ㄷ ④ ㄴ, ㄷ ⑤ ㄱ, ㄴ, ㄷ

K25 ✿❀❀ 2020 실시 3월 학평 8

표는 어떤 동물($2n=6$)의 감수 분열 과정에서 형성되는 세포 (가)와 (나)의 세포 1개당 DNA 상대량과 염색체 수를 나타낸 것이다. (가)와 (나)는 모두 중기 세포이다.

세포	세포 1개당 DNA 상대량	세포 1개당 염색체 수
(가)	2	3
(나)	4	6

이에 대한 옳은 설명만을 〈보기〉에서 있는 대로 고른 것은? (단, 돌연변이는 고려하지 않는다.) (3점)

[보기]
ㄱ. (가)의 핵상은 n이다.
ㄴ. (나)에 2가 염색체가 있다.
ㄷ. 이 동물의 G_1기 세포 1개당 DNA 상대량은 4이다.

① ㄱ ② ㄷ ③ ㄱ, ㄴ ④ ㄴ, ㄷ ⑤ ㄱ, ㄴ, ㄷ

K26 ✿✿✿ 2021 실시 3월 학평 12

사람의 유전 형질 ㉠은 서로 다른 상염색체에 있는 3쌍의 대립유전자 E와 e, F와 f, G와 g에 의해 결정된다. 표는 어떤 사람의 세포 Ⅰ~Ⅲ에서 E, f, g의 유무와, F와 G의 DNA 상대량을 더한 값(F+G)을 나타낸 것이다.

세포	대립유전자			F+G
	E	f	g	
Ⅰ	×	○	×	2
Ⅱ	○	○	○	1
Ⅲ	○	○	×	1

(○: 있음, ×: 없음)

이에 대한 옳은 설명만을 〈보기〉에서 있는 대로 고른 것은? (단, 돌연변이와 교차는 고려하지 않으며, E, e, F, f, G, g 각각의 1개당 DNA 상대량은 1이다.) (3점)

[보기]
ㄱ. 이 사람의 ㉠에 대한 유전자형은 EeffGg이다.
ㄴ. Ⅰ에서 e의 DNA 상대량은 1이다.
ㄷ. Ⅱ와 Ⅲ의 핵상은 같다.

① ㄱ ② ㄷ ③ ㄱ, ㄴ ④ ㄱ, ㄷ ⑤ ㄴ, ㄷ

K27 ✿✿✿ 2024 대비 9월 모평 11

사람의 유전 형질 (가)는 대립유전자 A와 a에 의해, (나)는 대립유전자 B와 b에 의해 결정된다. (가)의 유전자와 (나)의 유전자는 서로 다른 염색체에 있다. 그림은 어떤 사람의 G_1기 세포 Ⅰ로부터 정자가 형성되는 과정을, 표는 세포 ㉠~㉣에서 A, a, B, b의 DNA 상대량을 더한 값(A+a+B+b)을 나타낸 것이다. ㉠~㉣은 Ⅰ~Ⅳ를 순서 없이 나타낸 것이고, ⓐ는 ⓑ보다 작다.

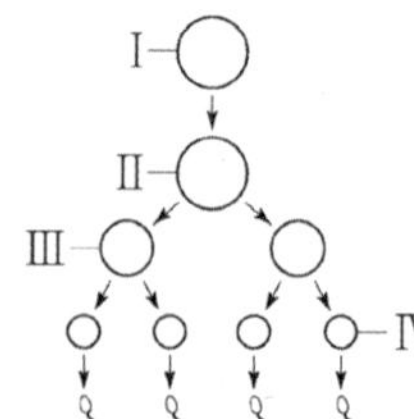

세포	A+a+B+b
㉠	ⓐ
㉡	ⓑ
㉢	1
㉣	4

이에 대한 설명으로 옳은 것만을 〈보기〉에서 있는 대로 고른 것은? (단, 돌연변이는 고려하지 않으며, A, a, B, b 각각의 1개당 DNA 상대량은 1이다. Ⅱ와 Ⅲ은 중기의 세포이다.) (3점)

[보기]
ㄱ. ⓐ는 3이다.
ㄴ. ㉡은 Ⅲ이다.
ㄷ. ㉣의 염색체 수는 46이다.

① ㄱ ② ㄴ ③ ㄷ ④ ㄱ, ㄴ ⑤ ㄱ, ㄷ

K28 ✿✿❀

2023 실시 3월 학평 14

그림은 어떤 남자 P의 G_1기 세포 Ⅰ로부터 정자가 형성되는 과정을, 표는 세포 ㉠~㉢에서 a와 B의 DNA 상대량을 나타낸 것이다. A는 a, B는 b와 각각 대립유전자이며 모두 상염색체에 있다. ㉠~㉢은 Ⅰ~Ⅲ을 순서 없이 나타낸 것이고, ⓐ와 ⓑ는 0과 2를 순서 없이 나타낸 것이다.

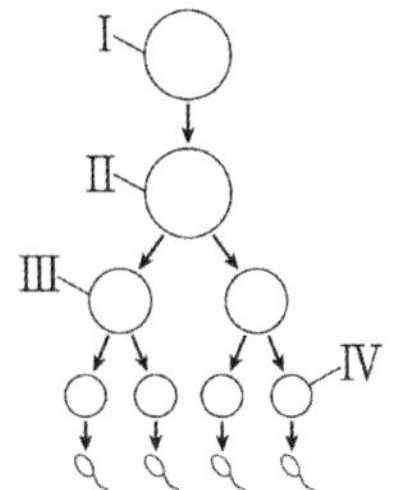

세포	DNA 상대량	
	a	B
㉠	2	ⓑ
㉡	ⓐ	1
㉢	4	?

이에 대한 옳은 설명만을 〈보기〉에서 있는 대로 고른 것은? (단, 돌연변이와 교차는 고려하지 않으며, A, a, B, b 각각의 1개당 DNA 상대량은 1이다. Ⅱ와 Ⅲ은 중기의 세포이다.) (3점)

[보기]

ㄱ. ㉠은 Ⅲ이다.
ㄴ. P의 유전자형은 aaBb이다.
ㄷ. 세포 Ⅳ에 B가 있다.

① ㄱ ② ㄷ ③ ㄱ, ㄴ ④ ㄴ, ㄷ ⑤ ㄱ, ㄴ, ㄷ

K29 ✿✿❀

2024 대비 6월 모평 8

표는 특정 형질에 대한 유전자형이 RR인 어떤 사람의 세포 (가)~(라)에서 핵막 소실 여부, 핵상, R의 DNA 상대량을 나타낸 것이다. (가)~(라)는 G_1기 세포, G_2기 세포, 감수 1분열 중기 세포, 감수 2분열 중기 세포를 순서 없이 나타낸 것이다. ㉠은 '소실됨'과 '소실 안 됨' 중 하나이다.

세포	핵막 소실 여부	핵상	R의 DNA 상대량
(가)	소실됨	n	2
(나)	소실 안 됨	$2n$	?
(다)	?	$2n$	2
(라)	㉠	?	4

이에 대한 설명으로 옳은 것만을 〈보기〉에서 있는 대로 고른 것은? (단, 돌연변이는 고려하지 않으며, R의 1개당 DNA 상대량은 1이다.)

[보기]

ㄱ. (가)에서 2가 염색체가 관찰된다.
ㄴ. (나)는 G_2기 세포이다.
ㄷ. ㉠은 '소실됨'이다.

① ㄱ ② ㄴ ③ ㄱ, ㄷ ④ ㄴ, ㄷ ⑤ ㄱ, ㄴ, ㄷ

K30 ✿✿✿

2023 실시 10월 학평 16

사람의 유전 형질 (가)는 대립유전자 E와 e에 의해, (나)는 대립유전자 F와 f에 의해, (다)는 대립유전자 G와 g에 의해 결정되며, (가)~(다)의 유전자 중 2개는 서로 다른 상염색체에, 나머지 1개는 X 염색체에 있다. 표는 어떤 사람의 세포 Ⅰ~Ⅲ에서 E, e, G, g의 유무를, 그림은 ㉠~㉢에서 F와 g의 DNA 상대량을 더한 값(F+g)을 나타낸 것이다. ㉠~㉢은 Ⅰ~Ⅲ을 순서 없이 나타낸 것이고, ㉡에는 X 염색체가 있다.

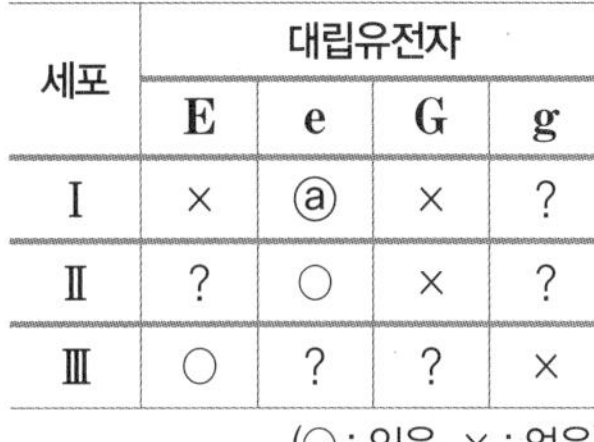

세포	대립유전자			
	E	e	G	g
Ⅰ	×	ⓐ	×	?
Ⅱ	?	○	×	?
Ⅲ	○	?	?	×

(○ : 있음, × : 없음)

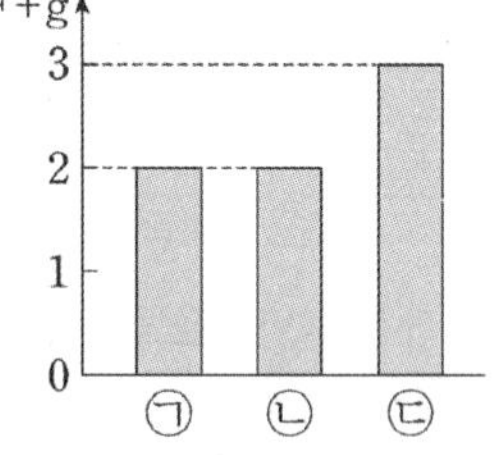

이에 대한 옳은 설명만을 〈보기〉에서 있는 대로 고른 것은? (단, 돌연변이와 교차는 고려하지 않으며, E, e, F, f, G, g 각각의 1개당 DNA 상대량은 1이다.) (3점)

[보기]

ㄱ. ⓐ는 '○'이다.
ㄴ. ㉡은 Ⅲ이다.
ㄷ. Ⅱ에서 e, F, g의 DNA 상대량을 더한 값은 3이다.

① ㄱ ② ㄴ ③ ㄱ, ㄷ ④ ㄴ, ㄷ ⑤ ㄱ, ㄴ, ㄷ

K31 ✿✿❀

2020 실시 7월 학평 9

그림은 같은 종인 동물($2n=6$) Ⅰ과 Ⅱ의 세포 (가)~(다) 각각에 들어 있는 모든 염색체를, 표는 세포 A~C가 갖는 유전자 H, h, T, t의 유무를 나타낸 것이다. H는 h와 대립유전자이며, T는 t와 대립유전자이다. Ⅰ은 수컷, Ⅱ는 암컷이며, 이 동물의 성염색체는 수컷이 XY, 암컷이 XX이다. A~C는 (가)~(다)를 순서 없이 나타낸 것이다.

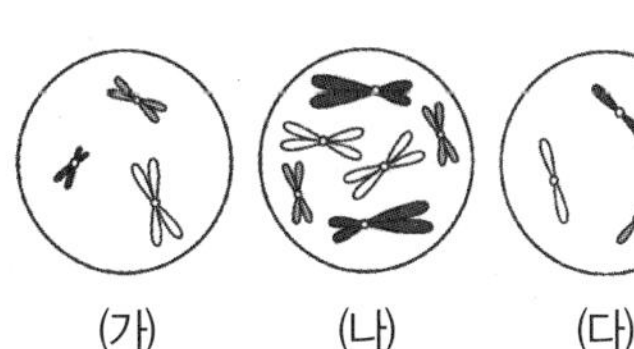

유전자 \ 세포	A	B	C
H	○	×	○
h	×	○	○
T	×	×	○
t	×	○	×

(○: 있음, ×: 없음)

이에 대한 설명으로 옳은 것만을 〈보기〉에서 있는 대로 고른 것은? (단, 돌연변이는 고려하지 않는다.) (3점)

[보기]

ㄱ. (다)는 Ⅱ의 세포이다.
ㄴ. A와 B의 핵상은 같다.
ㄷ. Ⅰ과 Ⅱ 사이에서 자손(F_1)이 태어날 때, 이 자손이 H와 t를 모두 가질 확률은 $\frac{3}{8}$이다.

① ㄱ ② ㄴ ③ ㄱ, ㄷ ④ ㄴ, ㄷ ⑤ ㄱ, ㄴ, ㄷ

❖ 정답 및 해설 287~290p

K32 ✽✽✽ 2020 대비 수능 7

사람의 유전 형질 ⓐ는 2쌍의 대립유전자 H와 h, T와 t에 의해 결정된다. 표는 어떤 사람의 난자 형성 과정에서 나타나는 세포 (가)~(다)에서 유전자 ㉠~㉢의 유무를, 그림은 (가)~(다)가 갖는 H와 t의 DNA 상대량을 나타낸 것이다. (가)~(다)는 중기의 세포이고, ㉠~㉢은 h, T, t를 순서 없이 나타낸 것이다.

유전자	세포		
	(가)	(나)	(다)
㉠	○	○	×
㉡	○	×	○
㉢	×	?	×

(○: 있음, ×: 없음)

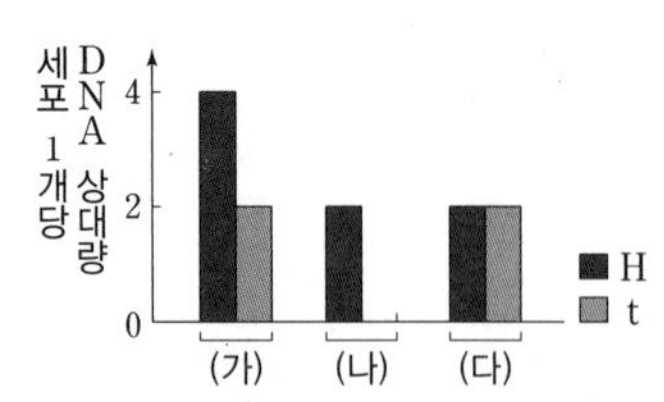

이에 대한 설명으로 옳은 것만을 〈보기〉에서 있는 대로 고른 것은? (단, 돌연변이와 교차는 고려하지 않으며, H, h, T, t 각각의 1개당 DNA 상대량은 1이다.)

[보기]

ㄱ. ㉡은 T이다.
ㄴ. (나)와 (다)의 핵상은 같다.
ㄷ. 이 사람의 ⓐ에 대한 유전자형은 HhTt이다.

① ㄱ ② ㄴ ③ ㄷ ④ ㄱ, ㄴ ⑤ ㄱ, ㄷ

K33 ✽✽✽ 2024 대비 6월 모평 14

어떤 동물 종($2n=6$)의 유전 형질 ㉮는 2쌍의 대립유전자 A와 a, B와 b에 의해 결정된다. 그림은 이 동물 종의 개체 Ⅰ과 Ⅱ의 세포 (가)~(라) 각각에 들어 있는 모든 염색체를, 표는 (가)~(라)에서 A, a, B, b의 유무를 나타낸 것이다. (가)~(라) 중 2개는 Ⅰ의 세포이고, 나머지 2개는 Ⅱ의 세포이다. Ⅰ은 암컷이고 성염색체는 XX이며, Ⅱ는 수컷이고 성염색체는 XY이다.

(가)

(나)

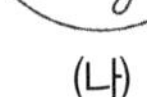

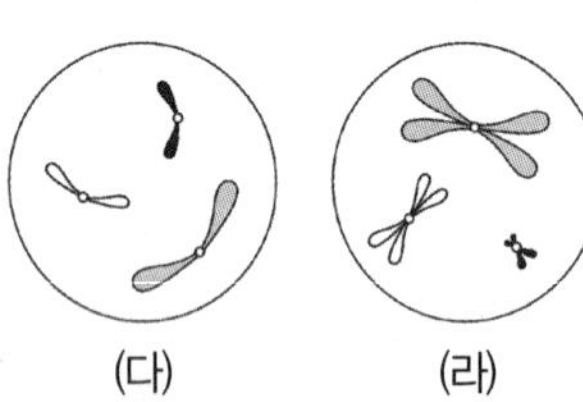

(다) (라)

세포	대립유전자			
	A	a	B	b
(가)	○	?	?	?
(나)	?	○	○	×
(다)	○	×	×	○
(라)	?	○	×	×

(○: 있음, ×: 없음)

이에 대한 설명으로 옳은 것만을 〈보기〉에서 있는 대로 고른 것은? (단, 돌연변이와 교차는 고려하지 않는다.) (3점)

[보기]

ㄱ. (가)는 Ⅱ의 세포이다.
ㄴ. Ⅰ의 유전자형은 AaBB이다.
ㄷ. (다)에서 b는 상염색체에 있다.

① ㄱ ② ㄴ ③ ㄷ ④ ㄱ, ㄴ ⑤ ㄴ, ㄷ

K34 ✽✽✽ 2020 실시 10월 학평 8

사람의 유전 형질 (가)는 대립유전자 H와 h에 의해, (나)는 대립유전자 T와 t에 의해 결정된다. 그림은 어떤 사람에서 G_1기 세포 Ⅰ로부터 정자가 형성되는 과정을, 표는 세포 ㉠~㉢이 갖는 H, h, T, t의 DNA 상대량을 나타낸 것이다. ㉠~㉢은 세포 Ⅰ~Ⅲ을 순서 없이 나타낸 것이다.

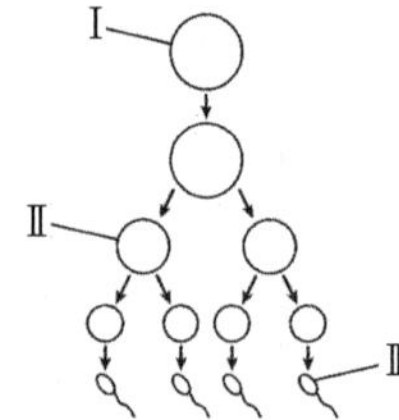

세포	DNA 상대량			
	H	h	T	t
㉠	2	?	0	ⓐ
㉡	0	ⓑ	1	0
㉢	?	0	?	1

이에 대한 옳은 설명만을 〈보기〉에서 있는 대로 고른 것은? (단, 돌연변이와 교차는 고려하지 않으며, H, h, T, t 각각의 1개당 DNA 상대량은 1이다.) (3점)

[보기]

ㄱ. ㉢은 Ⅰ이다.
ㄴ. ⓐ+ⓑ=2이다.
ㄷ. ㉠에서 H는 성염색체에 있다.

① ㄱ ② ㄷ ③ ㄱ, ㄴ ④ ㄴ, ㄷ ⑤ ㄱ, ㄴ, ㄷ

K35 ✽✽✽ 2019 실시 7월 학평 7

그림은 철수네 가족 구성원 중 한 명의 세포 (가)에 들어 있는 염색체 중 일부를, 표는 철수네 가족 구성원에서 G_1기의 체세포 1개당 유전자 A, A*, B, B*의 DNA 상대량을 나타낸 것이다. A의 대립유전자는 A*만 있으며, B의 대립유전자는 B*만 있다.

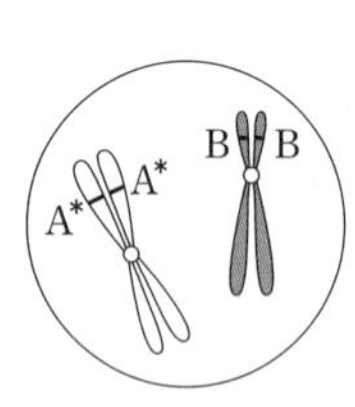

구성원	DNA 상대량			
	A	A*	B	B*
아버지	1	0	㉠	㉡
어머니	?	?	1	?
형	1	?	㉢	0
철수	0	㉣	?	2

이에 대한 설명으로 옳은 것만을 〈보기〉에서 있는 대로 고른 것은? (단, 돌연변이는 고려하지 않으며, A, A*, B, B* 각각의 1개당 DNA 상대량은 같다.)

[보기]

ㄱ. ㉠+㉡+㉢+㉣=5이다.
ㄴ. (가)는 어머니의 세포이다.
ㄷ. A*는 성염색체에 존재한다.

① ㄱ ② ㄷ ③ ㄱ, ㄴ ④ ㄴ, ㄷ ⑤ ㄱ, ㄴ, ㄷ

K36 ✲✲✲ 2021 대비 9월 모평 18

그림은 유전자형이 Aa인 어떤 동물($2n$=?)의 G_1기 세포 Ⅰ로부터 생식세포가 형성되는 과정을, 표는 세포 ㉠~㉣의 상염색체 수와 대립유전자 A와 a의 DNA 상대량을 더한 값을 나타낸 것이다. ㉠~㉣은 Ⅰ~Ⅳ를 순서 없이 나타낸 것이고, 이 동물의 성염색체는 XX이다.

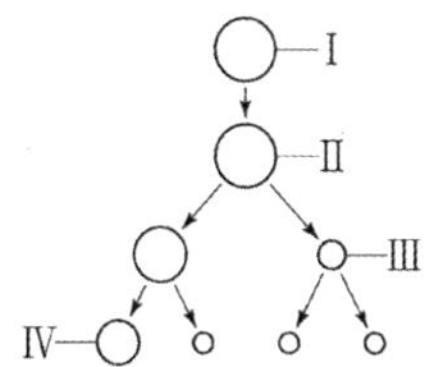

세포	상염색체 수	A와 a의 DNA 상대량을 더한 값
㉠	8	?
㉡	4	2
㉢	ⓐ	ⓑ
㉣	?	4

이에 대한 설명으로 옳은 것만을 〈보기〉에서 있는 대로 고른 것은? (단, 돌연변이는 고려하지 않으며, A와 a 각각의 1개당 DNA 상대량은 1이다. Ⅱ와 Ⅲ은 중기의 세포이다.) (3점)

[보기]

ㄱ. ㉠은 Ⅰ이다.
ㄴ. ⓐ+ⓑ=5이다.
ㄷ. Ⅱ의 2가 염색체 수는 5이다.

① ㄱ ② ㄷ ③ ㄱ, ㄴ ④ ㄴ, ㄷ ⑤ ㄱ, ㄴ, ㄷ

K37 ✲✲✲ 2018 대비 9월 모평 7

그림은 핵상이 $2n$인 어떤 동물에서 G_1기의 세포 ㉠으로부터 정자가 형성되는 과정을, 표는 세포 ⓐ~ⓓ에 들어 있는 세포 1개당 대립유전자 H와 t의 DNA 상대량을 나타낸 것이다. ⓐ~ⓓ는 ㉠~㉣을 순서 없이 나타낸 것이고, H는 h와 대립유전자이며, T는 t와 대립유전자이다.

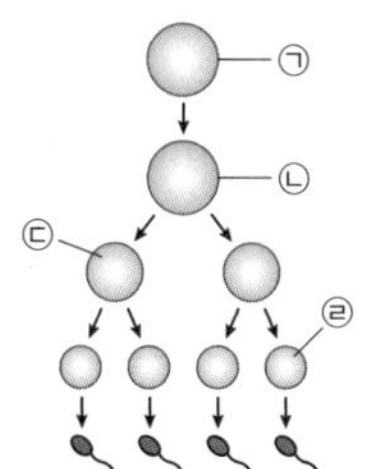

세포	DNA 상대량	
	H	t
ⓐ	2	0
ⓑ	2	2
ⓒ	?	?
ⓓ	1	1

이에 대한 설명으로 옳은 것만을 〈보기〉에서 있는 대로 고른 것은? (단, 돌연변이와 교차는 고려하지 않으며, H, h, T, t 각각의 1개당 DNA 상대량은 같다.) (3점)

[보기]

ㄱ. ㉡은 ⓑ이다.
ㄴ. 세포의 핵상은 ㉢과 ⓓ에서 같다.
ㄷ. ⓒ에 들어 있는 H의 DNA 상대량은 1이다.

① ㄱ ② ㄴ ③ ㄱ, ㄷ ④ ㄴ, ㄷ ⑤ ㄱ, ㄴ, ㄷ

K38 ✲✲✲ 2021 대비 수능 10

사람의 유전 형질 ⓐ는 3쌍의 대립유전자 H와 h, R와 r, T와 t에 의해 결정되며, ⓐ의 유전자는 서로 다른 3개의 상염색체에 있다. 표는 사람 (가)의 세포 Ⅰ~Ⅲ에서 h, R, t의 유무를, 그림은 세포 ㉠~㉢의 세포 1개당 H와 T의 DNA 상대량을 더한 값(H+T)을 각각 나타낸 것이다. ㉠~㉢은 Ⅰ~Ⅲ을 순서 없이 나타낸 것이다.

세포	대립유전자		
	h	R	t
Ⅰ	?	○	×
Ⅱ	○	×	?
Ⅲ	×	×	?

(○: 있음, ×: 없음)

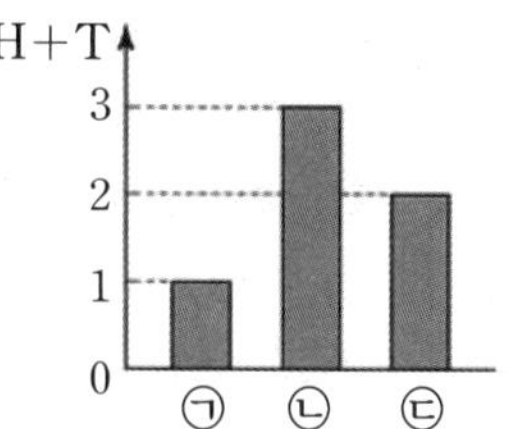

이에 대한 설명으로 옳은 것만을 〈보기〉에서 있는 대로 고른 것은? (단, 돌연변이는 고려하지 않으며, H, h, R, r, T, t 각각의 1개당 DNA 상대량은 1이다.) (3점)

[보기]

ㄱ. (가)에는 h, R, t를 모두 갖는 세포가 있다.
ㄴ. Ⅱ는 ㉠이다.
ㄷ. Ⅲ의 $\frac{\text{T의 DNA 상대량}}{\text{H의 DNA 상대량}+\text{r의 DNA 상대량}}=1$이다.

① ㄱ ② ㄴ ③ ㄱ, ㄷ ④ ㄴ, ㄷ ⑤ ㄱ, ㄴ, ㄷ

K39 ✲✲✲ 2020 대비 9월 모평 3

어떤 동물 종($2n=6$)의 특정 형질은 2쌍의 대립유전자 H와 h, T와 t에 의해 결정된다. 표는 이 동물 종의 개체 Ⅰ의 세포 ㉠~㉣이 갖는 H, h, T, t의 DNA 상대량을, 그림은 Ⅰ의 세포 P를 나타낸 것이다. P는 ㉠~㉣ 중 하나이다.

세포	DNA 상대량			
	H	h	T	t
㉠	1	?	1	1
㉡	2	2	ⓐ	2
㉢	2	0	0	?
㉣	1	ⓑ	1	0

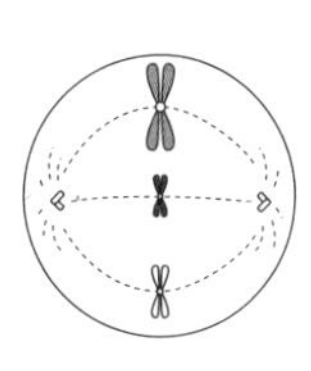

이에 대한 설명으로 옳은 것만을 〈보기〉에서 있는 대로 고른 것은? (단, 돌연변이와 교차는 고려하지 않으며, H, h, T, t 각각의 1개당 DNA 상대량은 같다.)

[보기]

ㄱ. P는 ㉢이다.
ㄴ. ⓐ+ⓑ=3이다.
ㄷ. Ⅰ의 감수 1분열 중기 세포 1개당 염색 분체 수는 12이다.

① ㄱ ② ㄴ ③ ㄱ, ㄷ ④ ㄴ, ㄷ ⑤ ㄱ, ㄴ, ㄷ

K

❖ 정답 및 해설 291 ~ 294p

K40 ✿✿✿ 2023 대비 수능 7

사람의 유전 형질 ㉮는 2쌍의 대립유전자 A와 a, B와 b에 의해 결정된다. 그림은 사람 P의 G_1기 세포 Ⅰ로부터 정자가 형성되는 과정을, 표는 세포 (가)~(라)에서 대립유전자 ㉠~㉢의 유무와 a와 B의 DNA 상대량을 나타낸 것이다. (가)~(라)는 Ⅰ~Ⅳ를 순서 없이 나타낸 것이고, ㉠~㉢은 A, a, b를 순서 없이 나타낸 것이다.

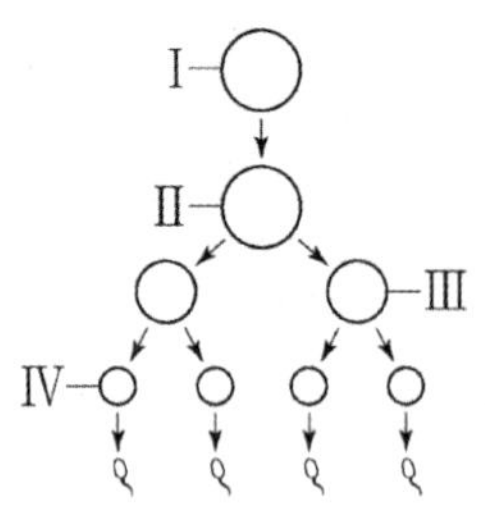

세포	대립유전자			DNA 상대량	
	㉠	㉡	㉢	a	B
(가)	×	×	○	?	2
(나)	○	?	○	2	?
(다)	?	?	×	1	1
(라)	○	?	?	1	?

(○: 있음, ×: 없음)

이에 대한 설명으로 옳은 것만을 〈보기〉에서 있는 대로 고른 것은? (단, 돌연변이와 교차는 고려하지 않으며, A, a, B, b 각각의 1개당 DNA 상대량은 1이다. Ⅱ와 Ⅲ은 중기의 세포이다.) (3점)

[보기]

ㄱ. Ⅳ에 ㉠이 있다.
ㄴ. (나)의 핵상은 $2n$이다.
ㄷ. P의 유전자형은 AaBb이다.

① ㄱ ② ㄴ ③ ㄷ ④ ㄱ, ㄴ ⑤ ㄴ, ㄷ

K41 ✿✿✿ 2023 대비 6월 모평 7

어떤 동물 종($2n$)의 유전 형질 (가)는 대립유전자 A와 a에 의해, (나)는 대립유전자 B와 b에 의해, (다)는 대립유전자 D와 d에 의해 결정된다. 표는 이 동물 종의 개체 ㉠과 ㉡의 세포 Ⅰ~Ⅳ 각각에 들어있는 A, a, B, b, D, d의 DNA 상대량을 나타낸 것이다. Ⅰ~Ⅳ 중 2개는 ㉠의 세포이고, 나머지 2개는 ㉡의 세포이다. ㉠은 암컷이고 성염색체가 XX이며, ㉡은 수컷이고 성염색체가 XY이다.

세포	DNA 상대량					
	A	a	B	b	D	d
Ⅰ	0	?	2	?	4	0
Ⅱ	0	2	0	2	?	2
Ⅲ	?	1	1	1	2	?
Ⅳ	?	0	1	?	1	0

이에 대한 설명으로 옳은 것만을 〈보기〉에서 있는 대로 고른 것은? (단, 돌연변이와 교차는 고려하지 않으며, A, a, B, b, D, d 각각의 1개당 DNA 상대량은 1이다.) (3점)

[보기]

ㄱ. Ⅳ의 핵상은 $2n$이다.
ㄴ. (가)의 유전자는 X 염색체에 있다.
ㄷ. ㉠의 (나)와 (다)에 대한 유전자형은 BbDd이다.

① ㄱ ② ㄴ ③ ㄱ, ㄷ ④ ㄴ, ㄷ ⑤ ㄱ, ㄴ, ㄷ

K42 ✿✿✿ 2022 실시 3월 학평 14

사람의 유전 형질 (가)는 대립유전자 A와 a에 의해 결정된다. 그림은 어떤 남자의 G_1기 세포 Ⅰ로부터 정자가 형성되는 과정을, 표는 세포 ㉠~㉢과 Ⅳ에서 A와 a의 DNA 상대량을 더한 값을 나타낸 것이다. ㉠~㉢은 각각 Ⅰ~Ⅲ 중 하나이다.

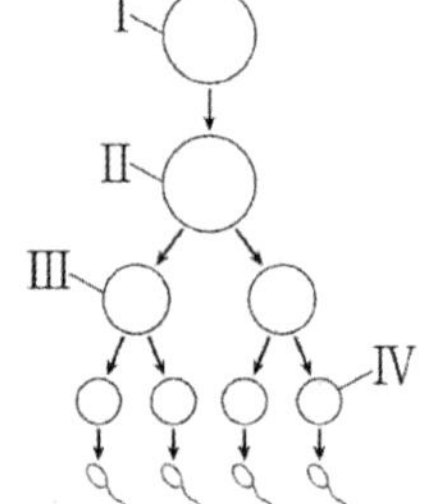

세포	A와 a의 DNA 상대량을 더한 값
㉠	1
㉡	0
㉢	2
Ⅳ	ⓐ

이에 대한 옳은 설명만을 〈보기〉에서 있는 대로 고른 것은? (단, 돌연변이와 교차는 고려하지 않으며, A와 a 각각의 1개당 DNA 상대량은 1이다. Ⅱ와 Ⅲ은 중기의 세포이다.) (3점)

[보기]

ㄱ. ㉡은 Ⅲ이다.
ㄴ. ⓐ는 1이다.
ㄷ. (가)의 유전자는 상염색체에 있다.

① ㄱ ② ㄷ ③ ㄱ, ㄴ ④ ㄴ, ㄷ ⑤ ㄱ, ㄴ, ㄷ

K43 ✿✿❀ 2021 실시 10월 학평 9

사람의 특정 형질은 상염색체에 있는 3쌍의 대립유전자 D와 d, E와 e, F와 f에 의해 결정된다. 그림은 하나의 G_1기 세포로부터 정자가 형성될 때 나타나는 세포 Ⅰ~Ⅳ가 갖는 D, E, F의 DNA 상대량을, 표는 세포 ㉠~㉣이 갖는 d, e, f의 DNA 상대량을 나타낸 것이다. ㉠~㉣은 Ⅰ~Ⅳ를 순서 없이 나타낸 것이다.

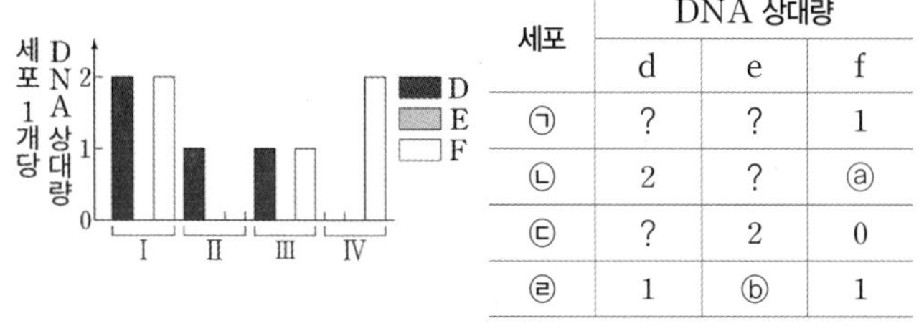

세포	DNA 상대량		
	d	e	f
㉠	?	?	1
㉡	2	?	ⓐ
㉢	?	2	0
㉣	1	ⓑ	1

이에 대한 설명으로 옳은 것만을 <보기>에서 있는 대로 고른 것은? (단, 돌연변이는 고려하지 않으며, D, d, E, e, F, f 각각의 1개당 DNA 상대량은 1이다.) (3점)

[보기]

ㄱ. ㉢은 Ⅰ이다.
ㄴ. ⓐ+ⓑ=4이다.
ㄷ. ㉠과 ㉡의 핵상은 같다.

① ㄱ ② ㄴ ③ ㄱ, ㄷ ④ ㄴ, ㄷ ⑤ ㄱ, ㄴ, ㄷ

K44 ✿✿❀ 2020 대비 6월 모평 8

표는 같은 종인 동물($2n=6$) Ⅰ의 세포 (가)와 (나), Ⅱ의 세포 (다)와 (라)에서 유전자 ㉠~㉣의 유무를, 그림은 세포 A와 B 각각에 들어 있는 모든 염색체를 나타낸 것이다. 이 동물 종의 특정 형질은 2쌍의 대립유전자 H와 h, T와 t에 의해 결정되며, ㉠~㉣은 H, h, T, t를 순서 없이 나타낸 것이다. A와 B는 각각 Ⅰ과 Ⅱ의 세포 중 하나이고, Ⅰ과 Ⅱ의 성염색체는 암컷이 XX, 수컷이 XY이다.

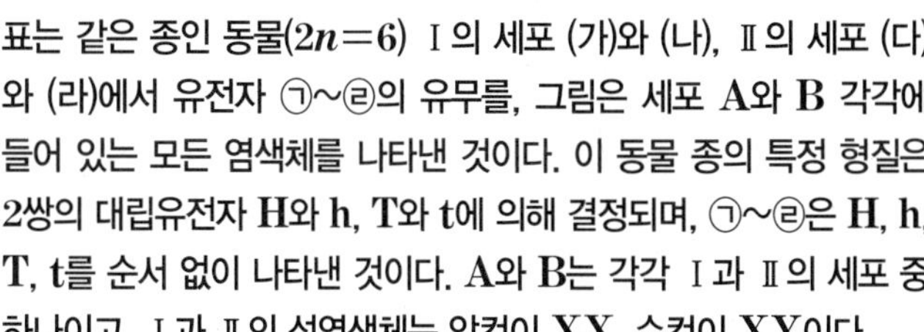

유전자	Ⅰ의 세포		Ⅱ의 세포	
	(가)	(나)	(다)	(라)
㉠	×	○	×	×
㉡	×	×	×	○
㉢	○	○	×	○
㉣	○	○	○	×

(○: 있음, ×: 없음)

A

B

이에 대한 설명으로 옳은 것만을 <보기>에서 있는 대로 고른 것은? (단, 돌연변이와 교차는 고려하지 않는다.) (3점)

[보기]

ㄱ. ㉠은 ㉣과 대립유전자이다.
ㄴ. A는 Ⅱ의 세포이다.
ㄷ. (라)에는 X 염색체가 있다.

① ㄱ ② ㄴ ③ ㄱ, ㄷ ④ ㄴ, ㄷ ⑤ ㄱ, ㄴ, ㄷ

K45 ✿✿❀ 2020 대비 6월 모평 16

사람의 유전 형질 ⓐ는 3쌍의 대립유전자 E와 e, F와 f, G와 g에 의해 결정되며, ⓐ를 결정하는 유전자는 서로 다른 3개의 상염색체에 존재한다. 그림 (가)는 어떤 사람의 G_1기 세포 Ⅰ로부터 정자가 형성되는 과정을, (나)는 이 사람의 세포 ㉠~㉢이 갖는 대립유전자 E, f, G의 DNA 상대량을 나타낸 것이다. ㉠~㉢은 Ⅰ~Ⅲ을 순서 없이 나타낸 것이고, Ⅱ는 중기의 세포이다.

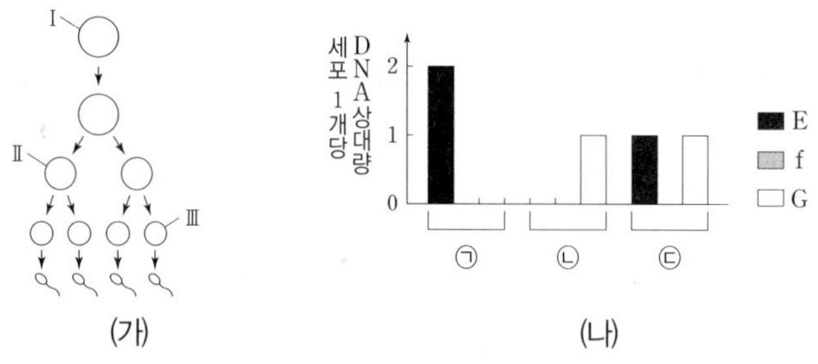

(가) (나)

이에 대한 설명으로 옳은 것만을 <보기>에서 있는 대로 고른 것은? (단, 돌연변이와 교차는 고려하지 않으며, E, e, F, f, G, g 각각의 1개당 DNA 상대량은 같다.) (3점)

[보기]

ㄱ. Ⅰ에서 세포 1개당 $\frac{\text{E의 DNA 상대량}+\text{G의 DNA 상대량}}{\text{F의 DNA 상대량}}$은 1이다.
ㄴ. Ⅱ의 염색 분체 수는 23이다.
ㄷ. Ⅲ은 ㉢이다.

① ㄱ ② ㄴ ③ ㄷ ④ ㄱ, ㄴ ⑤ ㄴ, ㄷ

❖ 정답 및 해설 295~298p

감수 분열 문제

• 이 유형은 DNA의 상대량을 통해 세포에서 감수 분열 과정의 시기를 묻는 형태로 주로 출제된다.

사람의 유전 형질 (가)는 같은 염색체에 있는 3쌍의 대립유전자 A와 a, B와 b, D와 d에 의해 결정된다. 표는 어떤 가족 구성원의 세포 Ⅰ~Ⅳ가 갖는 A, a, B, b, D, d의 DNA 상대량을 나타낸 것이다. Ⅰ은 G_1기 세포이고, Ⅱ~Ⅳ는 감수 1분열 중기 세포, 감수 2분열 중기 세포, 생식세포를 순서 없이 나타낸 것이다.

세포	DNA 상대량					
	A	a	B	b	D	d
아버지의 세포 Ⅰ	1	0	1	?	?	1
어머니의 세포 Ⅱ	2	2	ⓐ	0	?	2
아들의 세포 Ⅲ	?	1	1	0	0	?
㉠ 딸의 세포 Ⅳ	ⓑ	0	2	?	?	0

이에 대한 설명으로 옳은 것만을 〈보기〉에서 있는 대로 고른 것은? (단, 돌연변이와 교차는 고려하지 않으며, A, a, B, b, D, d 각각의 1개당 DNA 상대량은 1이다.) (3점) 2025 대비 6월 모평 12

[보기]

ㄱ. ⓐ+ⓑ=4이다.

ㄴ. $\frac{\text{Ⅱ의 염색 분체 수}}{\text{Ⅳ의 염색 분체 수}}=2$이다.

ㄷ. ㉠의 (가)의 유전자형은 AABBDd이다.

① ㄱ ② ㄴ ③ ㄷ ④ ㄱ, ㄴ ⑤ ㄴ, ㄷ

단서+발상

(단서) 아버지, 어머니, 아들, 딸의 세포 Ⅰ~Ⅳ에서 A, a, B, b, D, d의 DNA 상대량과 세포에서 감수 분열 과정의 세포 주기 시기가 제시되어 있다.

(발상) 핵상이 $2n$인 아버지의 G_1기 세포 Ⅰ에 A가 1개만 있고, 어머니의 세포 Ⅱ에는 A와 a가 모두 있으므로 해당 유전자는 X 염색체에 존재함을 추론할 수 있다.

(적용) 딸은 아버지에게서 ABd가 있는 X 염색체와 어머니에게서 ABD가 있는 X 염색체를 물려받았고, 어머니는 ABD가 있는 X 염색체와 aBd가 있는 X 염색체를 가지고 있다는 것을 구하는 것부터 문제 풀이를 시작해야 한다.

| 문제 해결 과정 |

step 1 아버지의 세포를 통해 유전자가 존재하는 염색체 파악하기

• 핵상이 $2n$인 아버지의 G_1기 세포 Ⅰ에 A가 1개만 있고, 어머니의 세포 Ⅱ에는 A와 a가 모두 있으므로 같은 염색체에 있는 A, a, B, b, D, d는 모두 X 염색체에 존재한다.
따라서 아버지는 ABd가 있는 X 염색체 1개와 Y 염색체를 갖는다.

step 2 세포 Ⅱ와 Ⅲ의 DNA 상대량 파악하기

• 어머니의 세포 Ⅱ에 A가 2개, a가 2개 있으므로 Ⅱ는 핵상이 $2n$인 감수 1분열 중기 세포이다. b가 0개 있으므로 B는 [1](ⓐ)개 있고, d가 2개 있으므로 D는 [2]개 있다.

• X 염색체를 1개 갖는 아들의 세포 Ⅲ에 a와 B가 1이고, D가 0이므로 d를 1개 가지고 있다. Ⅲ은 X 염색체 1개를 갖는 생식세포이고, 아들은 aBd가 있는 X 염색체를 1개 갖는다.

step 3 딸과 어머니에서 유전자가 존재하는 염색체 파악하기

• 딸의 세포 Ⅳ는 핵상이 n, X 염색체가 1개인 감수 2분열 중기 세포이고, a가 0개 있으므로 A는 2(ⓑ)개, B가 2개 있으므로 b는 0개, d가 0개 있으므로 D는 2개 있다.

• 딸은 ABD가 있는 X 염색체가 존재하고 아버지는 ABd가 있는 X 염색체를 1개 가지므로 딸이 가진 ABD가 있는 X 염색체는 어머니로부터 물려받은 것이다. 아버지에게 X 염색체를 물려받아야 여자인 딸이 태어나므로 딸은 아버지에게 ABd가 있는 X 염색체와 어머니에게 ABD가 있는 X 염색체를 물려받았다. 따라서 어머니는 ABD가 있는 X 염색체와 aBd가 있는 X 염색체를 가지고 있다.

| 보기 분석 |

ㄱ. ⓐ+ⓑ=4이다. (×)

• 감수 1분열 중기 세포 Ⅱ에서 b가 0개 있으므로 B는 4(ⓐ)개 있고, 감수 2분열 중기 세포 Ⅳ에서 a가 0개 있으므로 A는 2(ⓑ)개 있다.
따라서 ⓐ+ⓑ=6이다.

ㄴ. $\frac{\text{Ⅱ의 염색 분체 수}}{\text{Ⅳ의 염색 분체 수}}=2$이다. (○)

• 감수 1분열 중기 세포인 Ⅱ에서 염색체 수는 [3]이고 염색체 1개에 2개의 염색 분체가 존재한다. 감수 2분열 중기 세포인 Ⅳ에서 염색체 수는 [4]이고 염색체 1개에 2개의 염색 분체가 존재한다.
따라서 $\frac{\text{Ⅱ의 염색 분체 수}}{\text{Ⅳ의 염색 분체 수}}=$ [5] $=2$이다.

ㄷ. ㉠의 (가)의 유전자형은 AABBDd이다. (○)

• 딸에게 ABD가 있는 X 염색체가 존재하고 아버지는 ABd가 있는 X 염색체 1개를 가지므로 딸(㉠)은 아버지에게서 ABd가 있는 X 염색체와 어머니에게서 ABD가 있는 X 염색체를 물려받았다.
㉠의 (가)의 유전자형은 AABBDd이다.

∴ 정답은 ⑤ ㄴ, ㄷ이다.

이 유형을 대비하기 위해서는 핵상이 $2n$인 세포에서의 DNA 상대량을 통해 특정 유전자의 위치가 상염색체에 있는지 X 염색체에 있는지를 파악해야 한다.

[정답] 1 4 2 2 3 46 4 23 5 $\frac{92}{46}$

3 개념 복합 문제

K46 고난도 2025 대비 9월 모평 16

사람의 유전 형질 ㉮는 서로 다른 3개의 상염색체에 있는 3쌍의 대립유전자 A와 a, B와 b, D와 d에 의해 결정된다. 표는 사람 P의 세포 (가)~(다)에서 대립유전자 ㉠~㉣의 유무와 A와 B의 DNA 상대량을 나타낸 것이다. (가)~(다)는 생식세포 형성 과정에서 나타나는 중기의 세포이고, (가)~(다) 중 2개는 G_1기 세포 Ⅰ로부터 형성되었으며, 나머지 1개는 G_1기 세포 Ⅱ로부터 형성되었다. ㉠~㉣은 A, a, b, D를 순서 없이 나타낸 것이다.

세포	대립유전자				DNA 상대량	
	㉠	㉡	㉢	㉣	A	B
(가)	×	?	○	○	?	2
(나)	○	×	?	×	?	2
(다)	×	×	○	×	2	?

(○: 있음, ×: 없음)

이에 대한 설명으로 옳은 것만을 〈보기〉에서 있는 대로 고른 것은? (단, 돌연변이와 교차는 고려하지 않으며, A, a, B, b, D, d 각각의 1개당 DNA 상대량은 1이다.) (3점)

[보기]

ㄱ. ㉡은 b이다.
ㄴ. Ⅰ로부터 (다)가 형성되었다.
ㄷ. P의 ㉮의 유전자형은 AaBbDd이다.

① ㄱ ② ㄷ ③ ㄱ, ㄴ ④ ㄴ, ㄷ ⑤ ㄱ, ㄴ, ㄷ

K47 고난도 2024 대비 수능 11

어떤 동물 종($2n=6$)의 유전 형질 ㉠은 대립유전자 A와 a에 의해, ㉡은 대립유전자 B와 b에 의해, ㉢은 대립유전자 D와 d에 의해 결정된다. ㉠~㉢의 유전자 중 2개는 서로 다른 상염색체에, 나머지 1개는 X 염색체에 있다. 표는 이 동물 종의 개체 P와 Q의 세포 Ⅰ~Ⅳ에서 A, a, B, b, D, d의 DNA 상대량을, 그림은 세포 (가)와 (나) 각각에 들어 있는 모든 염색체를 나타낸 것이다. (가)와 (나)는 각각 Ⅰ~Ⅳ 중 하나이다. P는 수컷이고 성염색체는 XY이며, Q는 암컷이고 성염색체는 XX이다.

세포	DNA 상대량					
	A	a	B	b	D	d
Ⅰ	0	ⓐ	?	2	4	0
Ⅱ	2	0	ⓑ	2	?	2
Ⅲ	0	0	1	?	1	ⓒ
Ⅳ	0	2	?	1	2	0

(가)

(나)

이에 대한 설명으로 옳은 것만을 〈보기〉에서 있는 대로 고른 것은? (단, 돌연변이와 교차는 고려하지 않으며, A, a, B, b, D, d 각각의 1개당 DNA 상대량은 1이다.) (3점)

[보기]

ㄱ. (가)는 Ⅰ이다.
ㄴ. Ⅳ는 Q의 세포이다.
ㄷ. ⓐ+ⓑ+ⓒ=6이다.

① ㄱ ② ㄴ ③ ㄱ, ㄷ ④ ㄴ, ㄷ ⑤ ㄱ, ㄴ, ㄷ

K48 고난도 2025 대비 수능 14

사람의 유전 형질 ㉮는 서로 다른 3개의 상염색체에 있는 3쌍의 대립유전자 A와 a, B와 b, D와 d에 의해 결정된다. 표는 사람 P의 세포 (가)~(라)에서 대립유전자 ㉠~㉣의 유무와 a, B, D의 DNA 상대량을 더한 값(a+B+D)을 나타낸 것이고, 그림은 정자가 형성되는 과정을 나타낸 것이다. (가)~(라)는 생식세포 형성 과정에서 나타나는 세포이고, (가)~(라) 중 2개는 G_1기 세포 Ⅰ로부터 형성되었으며, 나머지 2개는 각각 G_1기 세포 Ⅱ와 Ⅲ으로부터 형성되었다. ㉠~㉣은 A, a, b, D를 순서 없이 나타낸 것이고, ⓐ와 ⓑ는 Ⅱ로부터 형성된 중기의 세포이며, ⓐ는 (가)~(라) 중 하나이다.

세포	대립유전자				a+B+D
	㉠	㉡	㉢	㉣	
(가)	×	○	×	×	4
(나)	×	?	○	×	3
(다)	○	×	○	×	2
(라)	×	?	?	○	1

(○: 있음, ×: 없음)

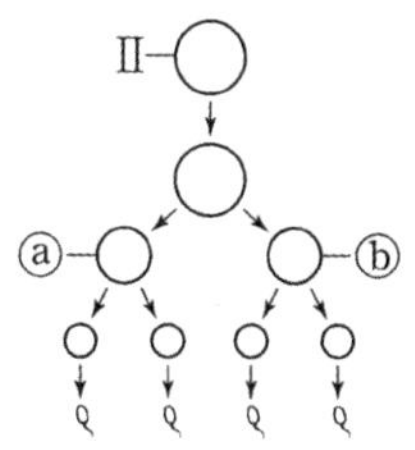

이에 대한 설명으로 옳은 것만을 〈보기〉에서 있는 대로 고른 것은? (단, 돌연변이와 교차는 고려하지 않으며, A, a, B, b, D, d 각각의 1개당 DNA 상대량은 1이다.) (3점)

[보기]

ㄱ. ㉣은 A이다.
ㄴ. Ⅰ로부터 (다)가 형성되었다.
ㄷ. ⓑ에서 a, b, D의 DNA 상대량을 더한 값은 4이다.

① ㄱ ② ㄴ ③ ㄷ ④ ㄱ, ㄴ ⑤ ㄴ, ㄷ

❖ 정답 및 해설 299～301p

K49 ✪ 고난도 2022 실시 10월 학평 9

사람의 특정 유전 형질은 2쌍의 대립유전자 A와 a, B와 b에 의해 결정된다. 표는 사람 P와 Q의 세포 Ⅰ~Ⅲ에서 대립유전자 ⓐ~ⓓ의 유무를, 그림은 P와 Q 중 한 명의 생식세포에 있는 일부 염색체와 유전자를 나타낸 것이다. ⓐ~ⓓ는 A, a, B, b를 순서 없이 나타낸 것이고, P는 남자이다.

세포	대립유전자			
	ⓐ	ⓑ	ⓒ	ⓓ
Ⅰ	○	○	×	○
Ⅱ	○	×	○	○
Ⅲ	×	×	○	×

(○: 있음, ×: 없음)

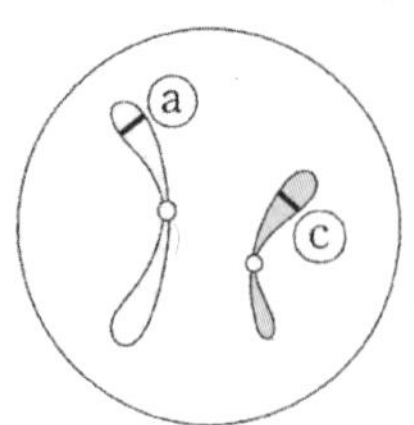

이에 대한 옳은 설명만을 〈보기〉에서 있는 대로 고른 것은? (단, 돌연변이는 고려하지 않는다.) (3점)

[보기]

ㄱ. Ⅱ는 P의 세포이다.
ㄴ. ⓑ는 ⓒ의 대립유전자이다.
ㄷ. Q는 여자이다.

① ㄱ ② ㄷ ③ ㄱ, ㄴ ④ ㄱ, ㄷ ⑤ ㄴ, ㄷ

K50 ✪ 고난도 2024 실시 7월 학평 8

사람의 유전 형질 (가)는 대립유전자 A와 a, (나)는 대립유전자 B와 b에 의해 결정된다. 그림은 어떤 사람의 G_1기 세포 Ⅰ로부터 정자가 형성되는 과정을, 표는 세포 ⓐ~ⓒ에서 대립유전자 ㉠~㉢의 유무, A와 B의 DNA 상대량을 더한 값(A+B), a와 b의 DNA 상대량을 더한 값(a+b)을 나타낸 것이다. ⓐ~ⓒ는 Ⅰ~Ⅲ을 순서 없이 나타낸 것이고, ㉠~㉢은 A, a, B를 순서 없이 나타낸 것이다.

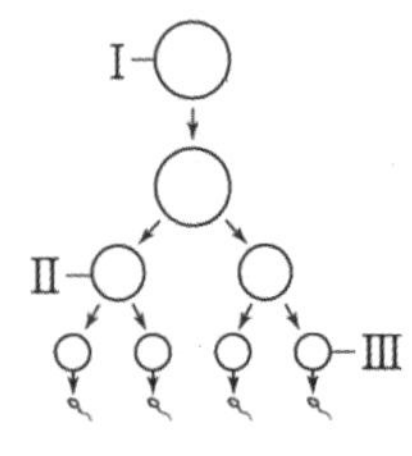

세포	대립유전자			A+B	a+b
	㉠	㉡	㉢		
ⓐ	○	○	×	?	㉮
ⓑ	×	?	×	1	1
ⓒ	?	×	?	㉯	2

(○: 있음, ×: 없음)

이에 대한 설명으로 옳은 것만을 〈보기〉에서 있는 대로 고른 것은? (단, 돌연변이와 교차는 고려하지 않으며, A, a, B, b 각각의 1개당 DNA 상대량은 1이다. Ⅱ는 중기의 세포이다.)

[보기]

ㄱ. ㉠은 B이다.
ㄴ. Ⅱ에는 b가 있다.
ㄷ. ㉮와 ㉯를 더한 값은 2이다.

① ㄱ ② ㄴ ③ ㄷ ④ ㄱ, ㄴ ⑤ ㄱ, ㄷ

K51 ✪ 고난도 2022 대비 수능 7

사람의 유전 형질 (가)는 2쌍의 대립유전자 H와 h, R와 r에 의해 결정되며, (가)의 유전자는 7번 염색체와 8번 염색체에 있다. 그림은 어떤 사람의 7번 염색체와 8번 염색체를, 표는 이 사람의 세포 Ⅰ~Ⅳ에서 염색체 ㉠~㉢의 유무와 H와 r의 DNA 상대량을 나타낸 것이다. ㉠~㉢은 염색체 ⓐ~ⓒ를 순서 없이 나타낸 것이다.

세포	염색체			DNA 상대량	
	㉠	㉡	㉢	H	r
Ⅰ	×	○	?	1	1
Ⅱ	?	○	○	?	1
Ⅲ	○	×	○	2	0
Ⅳ	○	○	×	?	2

(○: 있음, ×: 없음)

이에 대한 설명으로 옳은 것만을 〈보기〉에서 있는 대로 고른 것은? (단, 돌연변이와 교차는 고려하지 않으며, H, h, R, r 각각의 1개당 DNA 상대량은 1이다.) (3점)

[보기]

ㄱ. Ⅰ과 Ⅱ의 핵상은 같다.
ㄴ. ㉡과 ㉢은 모두 7번 염색체이다.
ㄷ. 이 사람의 유전자형은 HhRr이다.

① ㄱ ② ㄴ ③ ㄷ ④ ㄱ, ㄴ ⑤ ㄴ, ㄷ

K52 ✪ 고난도 2023 대비 9월 모평 11

사람의 어떤 유전 형질은 2쌍의 대립유전자 H와 h, T와 t에 의해 결정된다. 그림 (가)는 사람 Ⅰ의, (나)는 사람 Ⅱ의 감수 분열 과정의 일부를, 표는 Ⅰ의 세포 ⓐ와 Ⅱ의 세포 ⓑ에서 대립유전자 ㉠, ㉡, ㉢, ㉣ 중 2개의 DNA 상대량을 더한 값을 나타낸 것이다. ㉠~㉣은 H, h, T, t를 순서 없이 나타낸 것이고, Ⅰ의 유전자형은 HHtt이며, Ⅱ의 유전자형은 hhTt이다.

(가) (나)

세포	DNA 상대량을 더한 값			
	㉠+㉡	㉠+㉢	㉡+㉢	㉢+㉣
ⓐ	0	?	2	㉮
ⓑ	2	4	㉯	2

이에 대한 설명으로 옳은 것만을 〈보기〉에서 있는 대로 고른 것은? (단, 돌연변이와 교차는 고려하지 않으며, H, h, T, t 각각의 1개당 DNA 상대량은 1이다. ⓐ~ⓒ는 중기의 세포이다.) (3점)

[보기]

ㄱ. ㉮+㉯=6이다.

ㄴ. ⓐ의 $\frac{\text{염색 분체 수}}{\text{성염색체 수}}$=46이다.

ㄷ. ⓒ에는 t가 있다.

① ㄱ ② ㄷ ③ ㄱ, ㄴ ④ ㄴ, ㄷ ⑤ ㄱ, ㄴ, ㄷ

K53 ✪ 고난도 2022 대비 6월 모평 19

어떤 동물 종($2n=4$)의 유전 형질 ㉮는 2쌍의 대립유전자 A와 a, B와 b에 의해 결정된다. 그림은 이 동물 종의 개체 Ⅰ의 세포 (가)와 개체 Ⅱ의 세포 (나) 각각에 들어 있는 모든 염색체를, 표는 (가)와 (나)에서 대립유전자 ㉠, ㉡, ㉢, ㉣ 중 2개의 DNA 상대량을 더한 값을 나타낸 것이다. ㉠~㉣은 A, a, B, b를 순서 없이 나타낸 것이고, Ⅰ과 Ⅱ의 ㉮의 유전자형은 각각 AaBb와 Aabb 중 하나이다.

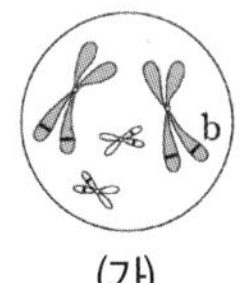

(가)

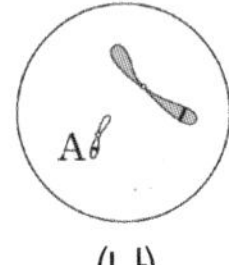

(나)

세포	DNA 상대량을 더한 값			
	㉠+㉡	㉠+㉢	㉡+㉢	㉢+㉣
(가)	6	ⓐ	6	?
(나)	?	1	ⓑ	2

이에 대한 설명으로 옳은 것만을 〈보기〉에서 있는 대로 고른 것은? (단, 돌연변이는 고려하지 않으며, A, a, B, b 각각의 1개당 DNA 상대량은 1이다.)

[보기]

ㄱ. Ⅰ의 유전자형은 AaBb이다.

ㄴ. ⓐ+ⓑ=5이다.

ㄷ. (나)에 b가 있다.

① ㄱ ② ㄴ ③ ㄱ, ㄷ ④ ㄴ, ㄷ ⑤ ㄱ, ㄴ, ㄷ

K54 ✪ 고난도 2022 실시 7월 학평 14

어떤 동물 종($2n=6$)의 유전 형질 ㉠은 2쌍의 대립유전자 H와 h, R와 r에 의해 결정된다. 그림은 이 동물 종의 수컷 P와 암컷 Q의 세포 (가)~(다) 각각에 들어 있는 모든 염색체를, 표는 (가)~(다)가 갖는 H와 h의 DNA 상대량을 나타낸 것이다. (가)~(다) 중 2개는 P의 세포이고 나머지 1개는 Q의 세포이며, 이 동물의 성염색체는 암컷이 XX, 수컷이 XY이다. ⓐ~ⓒ는 0, 1, 2를 순서 없이 나타낸 것이다.

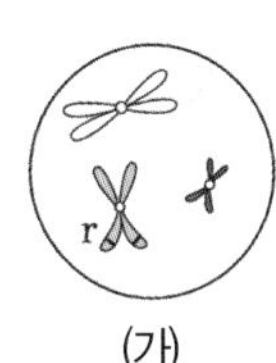

(가)

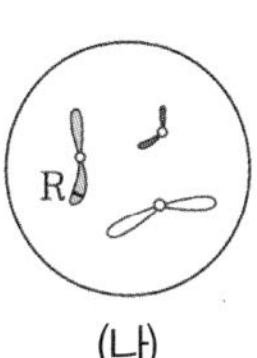

(나)

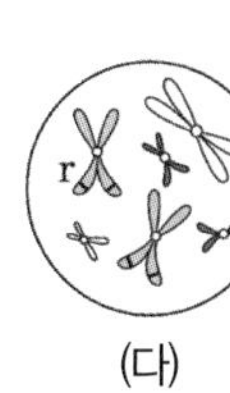

(다)

세포	DNA 상대량	
	H	h
(가)	ⓐ	ⓑ
(나)	ⓒ	ⓐ
(다)	ⓑ	ⓐ

이에 대한 설명으로 옳은 것만을 〈보기〉에서 있는 대로 고른 것은? (단, 돌연변이는 고려하지 않으며, H, h, R, r 각각의 1개당 DNA 상대량은 1이다.) (3점)

[보기]

ㄱ. ⓒ는 1이다.

ㄴ. (가)는 Q의 세포이다.

ㄷ. 세포 1개당 $\frac{\text{H의 DNA 상대량}}{\text{R의 DNA 상대량}}$은 (나)와 (다)가 같다.

① ㄱ ② ㄷ ③ ㄱ, ㄴ ④ ㄴ, ㄷ ⑤ ㄱ, ㄴ, ㄷ

❖ 정답 및 해설 302~306p

K55 ✪ 고난도 2024 실시 10월 학평 19

사람의 유전 형질 (가)는 2쌍의 대립유전자 H와 h, R과 r에 의해, (나)는 대립유전자 T와 t에 의해 결정된다. (가)의 유전자는 7번 염색체에, (나)의 유전자는 X 염색체에 있다. 표는 남자 P의 세포 Ⅰ~Ⅳ에서 대립유전자 ㉠~㉣의 유무를 나타낸 것이다. ㉠~㉣은 H, h, R, t를 순서 없이 나타낸 것이다.

세포	대립유전자			
	㉠	㉡	㉢	㉣
Ⅰ	○	×	○	×
Ⅱ	×	?	○	○
Ⅲ	?	×	×	○
Ⅳ	○	×	○	○

(○: 있음, ×: 없음)

이에 대한 옳은 설명만을 〈보기〉에서 있는 대로 고른 것은? (단, 돌연변이와 교차는 고려하지 않는다.) (3점)

[보기]

ㄱ. ㉡은 t이다.
ㄴ. Ⅲ과 Ⅳ에는 모두 Y 염색체가 있다.
ㄷ. P의 (가)의 유전자형은 HhRr이다.

① ㄱ ② ㄴ ③ ㄷ ④ ㄱ, ㄴ ⑤ ㄴ, ㄷ

K56 ✪ 고난도 2023 대비 9월 모평 8

사람의 유전 형질 ㉮는 1쌍의 대립유전자 A와 a에 의해, ㉯는 2쌍의 대립유전자 B와 b, D와 d에 의해 결정된다. ㉮의 유전자는 상염색체에, ㉯의 유전자는 X 염색체에 있다. 표는 남자 P의 세포 (가)~(다)와 여자 Q의 세포 (라)~(바)에서 대립유전자 ㉠~㉥의 유무를 나타낸 것이다. ㉠~㉥은 A, a, B, b, D, d를 순서 없이 나타낸 것이다.

대립유전자	P의 세포			Q의 세포		
	(가)	(나)	(다)	(라)	(마)	(바)
㉠	×	?	○	?	○	×
㉡	×	×	×	○	○	×
㉢	?	○	○	○	○	○
㉣	×	ⓐ	○	○	×	○
㉤	○	○	×	×	×	×
㉥	×	×	×	?	×	○

(○ : 있음, × : 없음)

이에 대한 설명으로 옳은 것만을 〈보기〉에서 있는 대로 고른 것은? (단, 돌연변이와 교차는 고려하지 않는다.)

[보기]

ㄱ. ㉠은 ㉥과 대립유전자이다.
ㄴ. ⓐ는 '×'이다.
ㄷ. Q의 ㉯의 유전자형은 BbDd이다.

① ㄱ ② ㄴ ③ ㄱ, ㄷ
④ ㄴ, ㄷ ⑤ ㄱ, ㄴ, ㄷ

K57 ✪ 고난도 2022 실시 4월 학평 11

사람의 유전 형질 ㉮는 2쌍의 대립유전자 A와 a, B와 b에 의해 결정된다. 그림은 어떤 사람의 G_1기 세포 Ⅰ로부터 정자가 형성되는 과정을, 표는 이 과정에서 나타나는 세포 (가)와 (나)에서 대립유전자 A, B, ㉠, ㉡ 중 2개의 DNA 상대량을 더한 값을 나타낸 것이다. (가)와 (나)는 Ⅱ와 Ⅲ을 순서 없이 나타낸 것이고, ㉠과 ㉡은 a와 b를 순서 없이 나타낸 것이다.

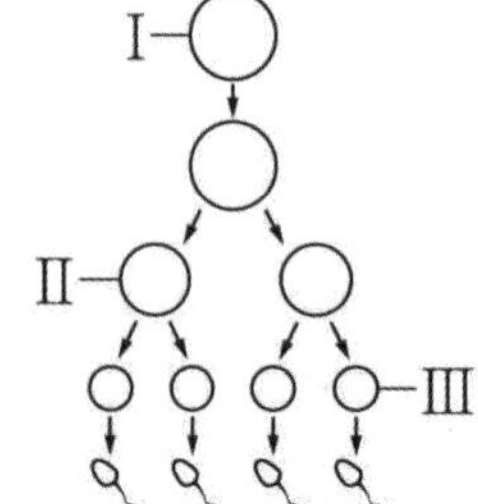

세포	DNA 상대량을 더한 값		
	A+B	B+㉠	㉠+㉡
(가)	0	2	2
(나)	?	2	1

이에 대한 설명으로 옳은 것만을 〈보기〉에서 있는 대로 고른 것은? (단, 돌연변이와 교차는 고려하지 않으며, A, a, B, b 각각의 1개당 DNA 상대량은 1이다.) (3점)

[보기]

ㄱ. (나)는 Ⅲ이다.
ㄴ. ㉠은 성염색체에 있다.
ㄷ. Ⅰ에서 A와 b의 DNA 상대량을 더한 값은 1이다.

① ㄱ ② ㄴ ③ ㄱ, ㄷ
④ ㄴ, ㄷ ⑤ ㄱ, ㄴ, ㄷ

K58 ✪ 고난도 2024 실시 5월 학평 14

사람의 유전 형질 ㉮는 2쌍의 대립유전자 A와 a, B와 b에 의해 결정된다. 그림은 어떤 사람의 G_1기 세포로부터 생식세포가 형성되는 과정의 일부를, 표는 이 사람의 세포 (가)~(다)에서 A와 a의 DNA 상대량을 더한 값(A+a)과 B와 b의 DNA 상대량을 더한 값(B+b)을 나타낸 것이다. (가)~(다)는 Ⅰ~Ⅲ을 순서 없이 나타낸 것이고, ㉠~㉢은 1, 2, 4를 순서 없이 나타낸 것이다.

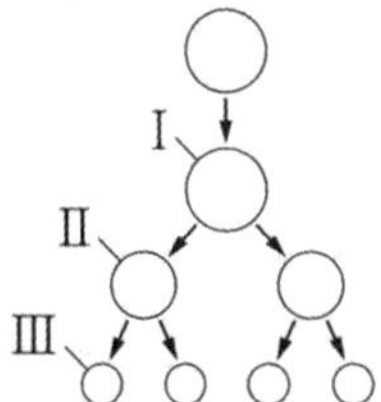

세포	DNA 상대량을 더한 값	
	A+a	B+b
(가)	㉠	㉠
(나)	㉡	㉡
(다)	㉢	㉠

이에 대한 설명으로 옳은 것만을 〈보기〉에서 있는 대로 고른 것은? (단, 돌연변이와 교차는 고려하지 않으며, A, a, B, b 각각의 1개당 DNA 상대량은 1이다. Ⅰ과 Ⅱ는 중기의 세포이다.) (3점)

[보기]

ㄱ. ㉠은 2이다.
ㄴ. (나)는 Ⅱ이다.
ㄷ. $\frac{\text{(다)의 염색체 수}}{\text{(가)의 염색 분체 수}} = \frac{1}{2}$ 이다.

① ㄱ ② ㄴ ③ ㄷ ④ ㄱ, ㄷ ⑤ ㄴ, ㄷ

K59 ✪ 고난도 2021 대비 6월 모평 19

그림은 유전자형이 **AaBbDD**인 어떤 사람의 G_1기 세포 Ⅰ로부터 생식 세포가 형성되는 과정을, 표는 세포 (가)~(라)가 갖는 대립유전자 **A, B, D**의 **DNA** 상대량을 나타낸 것이다. (가)~(라)는 Ⅰ~Ⅳ를 순서 없이 나타낸 것이고, ㉠+㉡+㉢=4이다.

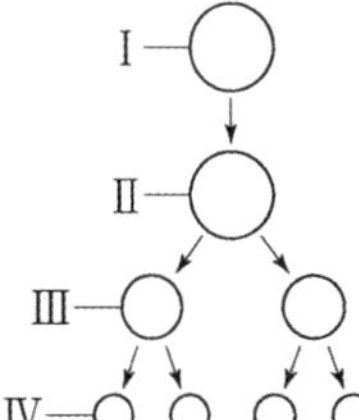

세포	DNA 상대량		
	A	B	D
(가)	2	㉠	?
(나)	2	㉡	㉢
(다)	?	1	2
(라)	?	0	?

이에 대한 옳은 설명만을 〈보기〉에서 있는 대로 고른 것은? (단, 돌연변이와 교차는 고려하지 않으며, **A, a, B, b, D** 각각의 **1**개당 **DNA** 상대량은 **1**이다. Ⅱ와 Ⅲ은 중기의 세포이다.) (3점)

[보기]

ㄱ. (가)는 Ⅱ이다.
ㄴ. ㉡은 2이다.
ㄷ. 세포 1개당 a의 DNA 상대량은 (다)와 (라)가 같다.

① ㄱ ② ㄴ ③ ㄱ, ㄷ ④ ㄴ, ㄷ ⑤ ㄱ, ㄴ, ㄷ

K60 ✪ 고난도 2019 실시 10월 학평 10

표는 유전자형이 **DdHhRr**인 어떤 동물($2n=6$)의 세포 (가)~(다)에서 염색체 ㉠~㉣과 유전자 ⓐ~ⓓ의 유무를 나타낸 것이다. ⓐ~ⓓ는 각각 **D, d, H, h, R, r** 중 하나이며, 3쌍의 대립유전자는 서로 다른 염색체에 있다. (가)~(다)는 모두 중기의 세포이다.

구분	염색체				유전자			
	㉠	㉡	㉢	㉣	ⓐ	ⓑ	ⓒ	ⓓ
(가)	○	○	○	×	○	×	○	○
(나)	×	×	?	○	×	○	?	○
(다)	○	×	○	○	×	×	○	○

(○: 있음, ×: 없음)

이에 대한 옳은 설명만을 〈보기〉에서 있는 대로 고른 것은? (단, 돌연변이와 교차는 고려하지 않으며, **D**는 **d**와, **H**는 **h**와, **R**는 **r**와 각각 대립유전자이다.) (3점)

[보기]

ㄱ. ㉠에 ⓒ가 있다.
ㄴ. (나)에 ㉢이 있다.
ㄷ. ⓑ는 ⓒ와 대립유전자이다.

① ㄱ ② ㄷ ③ ㄱ, ㄴ ④ ㄴ, ㄷ ⑤ ㄱ, ㄴ, ㄷ

❖ 정답 및 해설 307~312p

K61 ✪ 고난도 2022 대비 6월 모평 16

다음은 사람 P의 세포 (가)~(다)에 대한 자료이다.

- 유전 형질 ⓐ는 2쌍의 대립유전자 H와 h, T와 t에 의해 결정되며, ⓐ의 유전자는 서로 다른 2개의 염색체에 있다.
- (가)~(다)는 생식세포 형성 과정에서 나타나는 중기의 세포이다. (가)~(다) 중 2개는 G_1기 세포 Ⅰ로부터 형성되었고, 나머지 1개는 G_1기 세포 Ⅱ로부터 형성되었다.
- 표는 (가)~(다)에서 대립유전자 ㉠~㉣의 유무를 나타낸 것이다. ㉠~㉣은 H, h, T, t를 순서 없이 나타낸 것이다.

대립유전자	세포		
	(가)	(나)	(다)
㉠	×	×	○
㉡	○	○	×
㉢	×	×	×
㉣	×	○	○

(○: 있음, ×: 없음)

이에 대한 설명으로 옳은 것만을 〈보기〉에서 있는 대로 고른 것은? (단, 돌연변이와 교차는 고려하지 않는다.) (3점)

[보기]

ㄱ. P에게서 ㉠과 ㉢을 모두 갖는 생식세포가 형성될 수 있다.
ㄴ. (가)와 (다)의 핵상은 같다.
ㄷ. Ⅰ로부터 (나)가 형성되었다.

① ㄱ ② ㄴ ③ ㄷ ④ ㄱ, ㄷ ⑤ ㄴ, ㄷ

K62 ✪ 고난도  2021 실시 4월 학평 11

표는 사람 A의 세포 ⓐ와 ⓑ, 사람 B의 세포 ⓒ와 ⓓ에서 유전자 ㉠~㉣의 유무를 나타낸 것이고, 그림 (가)와 (나)는 각각 정자 형성 과정과 난자 형성 과정을 나타낸 것이다. 사람의 특정 형질은 2쌍의 대립유전자 E와 e, F와 f에 의해 결정되며, ㉠~㉣은 E, e, F, f를 순서 없이 나타낸 것이다. Ⅰ~Ⅳ는 ⓐ~ⓓ를 순서 없이 나타낸 것이다.

유전자	A의 세포		B의 세포	
	ⓐ	ⓑ	ⓒ	ⓓ
㉠	○	○	×	○
㉡	×	○	×	×
㉢	○	○	○	○
㉣	×	×	×	○

(○: 있음, ×: 없음)

(가) (나)

이에 대한 설명으로 옳은 것만을 〈보기〉에서 있는 대로 고른 것은? (단, 돌연변이와 교차는 고려하지 않는다.) (3점)

[보기]

ㄱ. ⓓ는 Ⅰ이다.
ㄴ. ㉣은 X 염색체에 있다.
ㄷ. ㉠은 ㉢의 대립유전자이다.

① ㄱ ② ㄷ ③ ㄱ, ㄴ ④ ㄴ, ㄷ ⑤ ㄱ, ㄴ, ㄷ

K63 ✪ 고난도 2022 대비 9월 모평 10

사람의 유전 형질 (가)는 상염색체에 있는 대립유전자 H와 h에 의해, (나)는 X 염색체에 있는 대립유전자 T와 t에 의해 결정된다. 표는 세포 Ⅰ~Ⅳ가 갖는 H, h, T, t의 DNA 상대량을 나타낸 것이다. Ⅰ~Ⅳ 중 2개는 남자 P의, 나머지 2개는 여자 Q의 세포이다. ㉠~㉢은 0, 1, 2를 순서 없이 나타낸 것이다.

세포	DNA 상대량			
	H	h	T	t
Ⅰ	㉢	0	㉠	?
Ⅱ	㉡	㉠	0	㉡
Ⅲ	?	㉢	㉠	㉡
Ⅳ	4	0	2	㉠

이에 대한 설명으로 옳은 것만을 〈보기〉에서 있는 대로 고른 것은? (단, 돌연변이와 교차는 고려하지 않으며, H, h, T, t 각각의 1개당 DNA 상대량은 1이다.) (3점)

[보기]

ㄱ. ㉡은 2이다.
ㄴ. Ⅱ는 Q의 세포이다.
ㄷ. Ⅰ이 갖는 t의 DNA 상대량과 Ⅲ이 갖는 H의 DNA 상대량은 같다.

① ㄱ ② ㄷ ③ ㄱ, ㄴ ④ ㄴ, ㄷ ⑤ ㄱ, ㄴ, ㄷ

❖ 정답 및 해설 313~315p

L 사람의 유전

1등급 대비 단원

★ 2025 수능 출제 분석

- **사람의 유전** : 독립된 두 종류의 단일 인자 유전 형질을 분석하여 우열 관계를 찾는 문제가 평이하게 출제되었다.
- **가계도** : 연관된 두 종류의 유전 형질이 발현된 가계도와 구성원의 체세포당 DNA 상대량 합을 분석하여 유전자형을 구하는 문제가 고난도로 출제되었다.

대비년도	출제 개념	난이도
2025 수능	사람의 유전(단일인자유전), 가계도	✲✲✲
2025 9월	사람의 유전(단일인자유전), 가계도	✲✲✲
2025 6월	사람의 유전, 사람의 유전	✲✲✲
2024 수능	가계도 분석과 단일 인자 유전	✲✲✲

1 단일 인자 유전

1. **단일 인자 유전❶**: 한 가지 형질에 대해 한 쌍의 대립 유전자가 영향을 미쳐 형질이 결정되는 유전 현상 예 귓불 모양, ABO식 혈액형, 적록 색맹 등
2. **상염색체 유전❷**: 형질을 결정하는 유전자가 상염색체에 있는 유전이다.

(1) 형질 결정 대립유전자가 2가지인 경우

① 하나의 유전 형질 발현에 1쌍의 대립유전자가 관여한다.

② 1쌍의 대립유전자 구성에 따라 대립 형질이 명확하게 구분된다.

예 이마선 모양, 보조개 유무, 혀 말기

(2) 형질 결정 대립유전자가 3가지 이상인 경우(복대립 유전)

① 하나의 형질을 결정하는 데 3가지 이상의 대립유전자가 관여한다.

② 하나의 형질에 대한 대립유전자가 3가지 이상이기 때문에 유전자형과 표현형이 다양하다. 예 ABO식 혈액형

✿ ABO식 혈액형

① **대립유전자**: I^A, I^B, i의 3가지로, 상염색체에 위치한다.

② **우열 관계**: 대립유전자 i는 I^A와 I^B에 대해 열성이고, I^A와 I^B는 우열 관계가 없는 공동 우성이다. ➡ $I^A = I^B > i$

③ **혈액형의 결정**: 한 쌍의 대립유전자가 적혈구 표면에 형성되는 응집원을 결정한다.

④ **표현형과 유전자형**: 유전자형은 6가지, 표현형은 4가지이다.

표현형	AB형	A형		B형		O형
유전자형	I^AI^B	I^AI^A	I^Ai	I^BI^B	I^Bi	ii

3. **성염색체 유전**

성염색체(X 염색체, Y 염색체) 상에 있는 유전자에 의해 일어나며, 남녀에 따라 형질이 나타나는 빈도가 달라진다.

(1) X 염색체 유전

① 남녀에 따라 발현 비율 차이가 나타난다.

② 형질을 결정하는 유전자가 정상에 대해 우성인 경우에는 남자에 비해 여자에게서 형질 발현 비율이 높고, 열성인 경우에는 여자에 비해 남자에게서 형질 발현 비율이 높다.

③ 적록 색맹 유전

- 색을 구별하는 시각 세포에 이상이 생겨 빨간색과 초록색을 잘 구별하지 못하는 유전병이다.
- X 염색체에 있으며 정상 대립유전자에 대해 열성이다.

❶ 유전 용어

- **표현형**: 겉으로 드러나는 형질이다.
- **유전자형**: 형질을 나타내는 유전자의 조합을 기호로 나타낸 것이다.
- **동형 접합성(순종)**: 한 형질에 대한 대립유전자 구성이 같은 것 예 RR, rr, yy
- **이형 접합성(잡종)**: 한 형질에 대한 대립유전자의 구성이 다른 것 예 Rr, Yy
- **우성**: 대립유전자가 서로 다를 때 표현형으로 나타나는 형질
- **열성**: 대립유전자가 서로 다를 때 표현형으로 나타나지 않는 형질

❷ 상염색체 유전 형질의 우열 관계

형질	우성	열성
보조개	있음	없음
귓불	분리형	부착형
혀 말기	가능	불가능
눈꺼풀	쌍꺼풀	외꺼풀
이마선	M자형	일자형

출제 2025 대비 수능 15번

★ 수능에서는 독립된 두 종류의 단일인자 유전형질을 분석하여 우열관계를 찾는 문제가 보통 난이도로 출제되었다.

- 여자보다 남자에게서 적록 색맹의 발현 빈도가 높다.

구분	남자		여자		
유전자형	XY	X′Y	XX	XX′	X′X′
표현형	정상	적록 색맹	정상	정상(보인자[3])	적록 색맹

④ 혈우병 유전

- 혈액 응고에 관여하는 단백질이 결핍됨으로써 혈액 응고가 지연되어 출혈이 지속되는 유전병이다.
- X 염색체에[4] 있으며 정상 대립유전자에 대해 열성이다.
- 남자에게서 혈우병이 더 많이 나타난다.

구분	남자		여자		
유전자형	XY	X′Y	XX	XX′	X′X′
표현형	정상	혈우병	정상	정상(보인자)	대부분 치사

2 다인자 유전

1. **다인자 유전**[5]: 여러 쌍의 대립유전자에 의해 하나의 형질이 결정되는 유전 현상

(1) **연속적인 형질 분포**: 다양한 유전자 조합이 가능하여 표현형이 다양하고, 대립 형질이 뚜렷하지 않다.

(2) 환경의 영향을 받으며, 형질에 따른 개체 수 분포는 정규 분포 곡선 형태로 나타난다.

예 피부색, 키, 몸무게 등

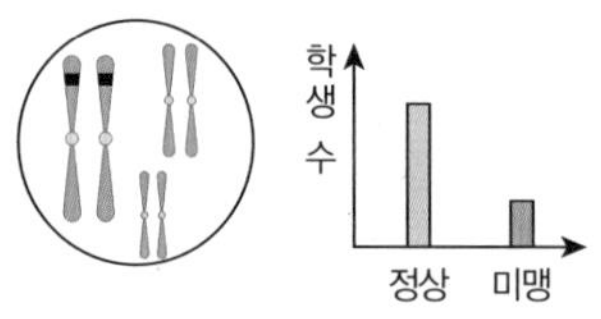

▲ 단일 인자 유전의 형질 분포

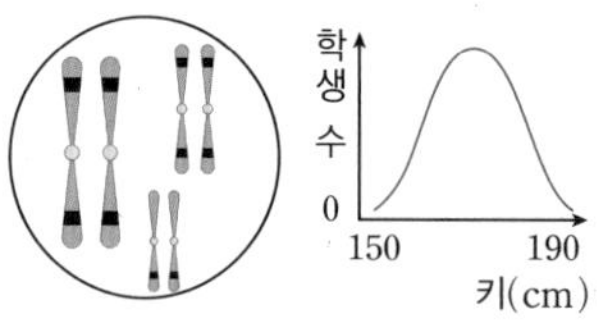

▲ 다인자 유전의 형질 분포

③ **보인자**

열성으로 유전되는 형질에서 표현형이 정상이고, 유전자형이 이형 접합성인 사람

④ **X 염색체 열성 유전과 우성 유전**

- **X 염색체 열성 유전**: 형질을 결정하는 대립유전자가 2개 있어야 형질이 나타난다. ➡ 여자보다 남자에게서 더 많이 나타난다.
- **X 염색체 우성 유전**: 형질을 결정하는 대립유전자가 1개만 있어도 형질이 나타난다. ➡ 남자보다 여자에게서 더 많이 나타난다.

⑤ **다인자 유전과 복대립 유전**

- **다인자 유전**: 여러 쌍의 대립유전자가 하나의 형질을 결정한다.
- **복대립 유전**: 한 형질에 대한 대립유전자가 3개 이상이지만, 한 쌍의 대립유전자에 의해 형질이 결정되므로 단일 인자 유전이다.

출제 2025 대비 9월 모평 19번
2025 대비 6월 모평 14번

★ 6월 모평에는 다인자유전과 복대립유전을 결합시킨 문제가 나왔으며 표현형을 이용해 부모의 유전자형과 복대립유전 우열관계를 추론하는 문제가 보통으로 출제되었다. 9월에는 주어진 여러 정보들을 분석하여 연관된 유전형질을 찾고 우열관계가 뚜렷한 형질과 아닌 것을 구분하는 문제를 어렵게 출제하였다.

사람의 피부색 유전

- 사람의 피부색은 3쌍의 대립유전자 A와 a, B와 b, D와 d에 의해 결정되며, 피부색을 검게 만드는 대립유전자인 A, B, D의 수에 따라 정해진다고 가정한다.
- 피부는 유전자형이 AABBDD일 때 가장 검고, aabbdd일 때 가장 희며, 그 사이에는 대문자 대립유전자 수가 많을수록 피부가 검게 된다.
- 피부색 유전자형이 AaBbDd인 남녀 사이에서 자손이 태어날 경우 이 자손에서 피부색을 검게 만드는 대립유전자 수가 0개~6개까지 가능하므로 피부색 표현형은 최대 7가지이다.

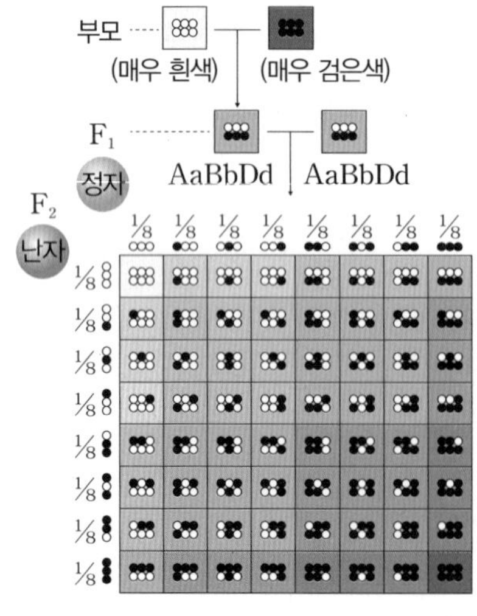

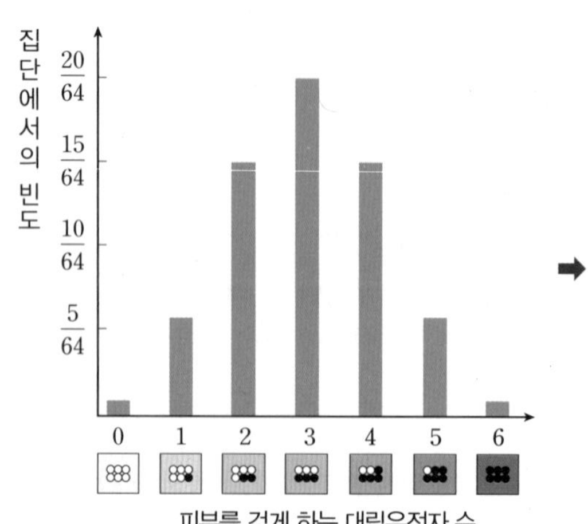

➡ 하나의 형질을 결정하는 대립유전자 쌍이 많아지면 나타날 수 있는 표현형의 종류가 다양해진다. 형질에 따른 개체 수 분포는 중간값이 큰 곡선 형태로 나타난다.

3 가계도 분석 

1. **가계도 분석**: 특정 유전 형질을 가지는 집안의 가계도를 조사하여 그 형질의 우열 관계와 유전자의 전달 경로를 알아낼 수 있다.

2. **가계도 분석 방법**

1단계: 우열 관계 분석하기	부모의 표현형이 서로 같고 자손의 표현형이 부모와는 다른 경우 부모의 표현형이 우성이며 자손의 표현형이 열성이다. ➡ 우성 표현형에게서 열성 표현형은 나올 수 있지만 열성 표현형에게서 우성 표현형은 나올 수 없다.
2단계: 상염색체 유전인지 성염색체 유전인지 판단하기	• 유전 형질을 성염색체 유전이라고 가정하고 성염색체가 될 수 없는 모순을 찾아 성염색체 유전인지 상염색체 유전인지 파악한다. ① **유전 형질을 결정하는 대립유전자가 X 염색체에 존재하고, 우성일 경우 형질이 발현된 남자 구성원의 어머니와 딸은 모두 형질을 발현해야 한다.** ➡ 남자 구성원은 성염색체로 XY를 가진다. 남자가 가지고 있는 우성 대립유전자(X^A)는 어머니로부터 받은 것이며, 이 유전자는 딸에게 전달된다. 따라서 어머니와 딸 모두 형질이 발현된다. ② **유전 형질을 결정하는 대립유전자가 X 염색체에 존재하고, 열성일 경우 형질이 발현된 여자 구성원의 아버지와 아들은 모두 형질을 발현해야 한다.** ➡ 여자 구성원은 성염색체로 XX를 가지며, 2개의 X 염색체 모두 열성 대립유전자(X^aX^a)를 가진다. 따라서 이 열성 대립유전자(X^a)는 아버지로부터 받은 것이므로 아버지는 열성 형질이 발현된다. ③ **위의 ①과 ②를 모두 만족하지 않는 구성원이 있을 경우 이 형질은 상염색체 유전으로 확정된다.**
3단계: 가족 구성원의 유전자형 표시하기	① 상염색체 유전인 경우: A, a 또는 B, b 등으로 표시 ② X 염색체 유전일 경우: X^A, X^a로 표시 ➡ 열성 표현형은 동형 접합성을 나타내므로 열성 표현형인 구성원을 먼저 표시하면 쉽다.

2025 대비 수능 19번
2025 대비 9월 모평 17번
2025 대비 6월 모평 19번

★ 6월 모평에는 가계도를 분석하여 상염색체 유전과 성염색체 유전을 파악하고 DNA 상대량을 추론하는 문제가 어렵게 출제되었다. 9월 모평에는 구성원들의 DNA 상대량을 더한 값을 통해 각 구성원의 유전자형을 추론하는 문제가 나왔으며 어렵게 출제되었다. 수능에는 연관된 두 종류의 유전형질이 발현된 가계도와 구성원의 체세포당 DNA 상대량 합을 분석하여 유전자형을 구하는 문제가 어렵게 출제되었다.

✿ 가계도 분석 연습

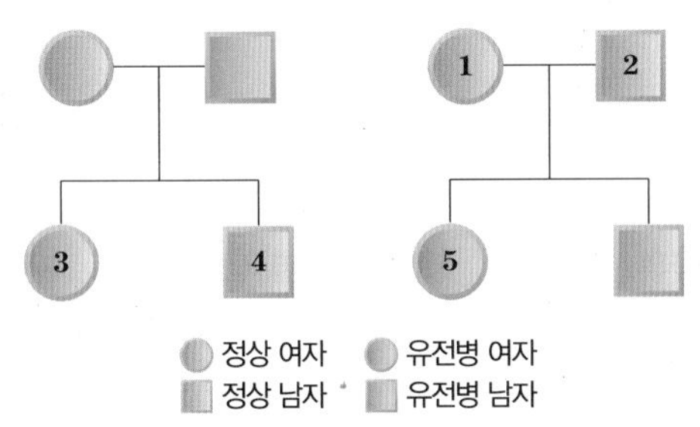

1 단계: 유전자의 우열 관계 분석하기

➡ 부모 1과 2의 표현형이 정상으로 같은데 5가 부모와 다른 형질인 유전병을 나타내므로, 이 유전병은 정상에 대해 열성 형질이다.

2 단계: 상염색체 유전인지 성염색체 유전인지 판단하기

➡ 유전병이 성염색체 유전이라고 가정한다.

➡ 딸이 열성 표현형이면 아버지도 열성 표현형이어야 하는데, 딸인 5는 유전병을 나타내는데 아버지 2는 정상이므로 유전병 유전자는 X 염색체에 있지 않다. 따라서 이 유전병은 상염색체 유전이다.

3 단계: 가족 구성원의 유전자형 표시하기

➡ 이 유전병은 상염색체 유전이므로 대립유전자를 A, a 표시한다.

예 구성원 4의 아버지와 5는 aa, 구성원 1~4는 Aa로 표시

꼭 외워!

* ABO식 혈액형 유전

표현형	A형	B형	AB형	O형
유전자형	AA, AO	BB, BO	AB	OO

* 다인자 유전

- 여러 쌍의 대립유전자에 의해 형질(피부색)이 결정됨
- 대립유전자 중 대문자 수에 의해 표현형이 결정됨

* 가계도 분석

1. 우열 관계 판단	표현형이 같은 부모에게서 부모와 다른 표현형의 자손이 태어날 경우 ⇨ 자손의 표현형 열성
2. 상/성염색체 유전 판단	① X 염색체, 우성 형질일 경우 형질이 발현된 남자 구성원의 어머니와 딸은 모두 형질을 발현해야한다. ② X 염색체, 열성 형질일 경우 형질이 발현된 여자 구성원의 아버지와 아들은 모두 형질을 발현해야 한다. ⇨ ①과 ②를 모두 만족하지 않을 경우 이 형질은 상염색체 유전
3. 유전자형 표시	열성 표현형인 구성원 먼저 표시하기

1 단일 인자 유전

01 다음은 ABO식 혈액형 유전에 대한 설명이다. 빈칸에 알맞은 말을 쓰시오.

(1) I^A, I^B, i는 (1) 염색체에 위치한다.

(2) 대립유전자 i는 I^A와 I^B에 대해 (2)(이)고, I^A와 I^B는 우열 관계가 없다.

(3) 유전자형이 이형 접합성일 때 두 형질이 모두 겉으로 드러나는 것을 (3)(이)라고 한다.

(4) 3개의 대립유전자가 만들어낼 수 있는 유전자형은 (4)가지이며, 우열 관계에 따라 표현형은 (5)가지로 나타난다.

2 다인자 유전

02 다음은 사람의 유전 형질 (가)에 대한 자료이다. 이에 대한 설명으로 옳은 것은 ○, 옳지 않은 것은 × 표시하시오. 〈2021 실시 11월 학평 11 (고2)〉

> • (가)는 상염색체에 있는 1쌍의 대립유전자에 의해 결정되며, 대립유전자에는 B, D, E가 있고, 각 대립유전자 사이의 우열 관계는 분명하다.
> • (가)의 표현형은 3가지이며, (가)의 유전자형이 BD인 사람과 DD인 사람의 표현형은 같고, ㉠ 유전자형이 DE인 사람과 EE인 사람의 표현형은 같다.

(1) (가)의 유전은 복대립 유전이다. 6(○, ×)

(2) E는 B에 대해 우성이다. 7(○, ×)

(3) 유전자형이 BD인 남자와 BE인 여자 사이에서 아이가 태어날 때, 이 아이의 표현형이 ㉠과 같을 확률은 $\frac{1}{2}$이다. 8(○, ×)

03 다음은 사람의 피부색에 대한 설명이다. 물음에 답하시오.

> 사람의 피부색은 3쌍의 대립유전자 A와 a, B와 b, C와 c에 의해 결정되며, 피부색을 검게 만드는 대립유전자인 A, B, C의 수에 따라 정해진다.

(1) 유전자형이 AaBbCc인 남녀 사이에서 자손이 태어날 경우 이 자손의 피부색 표현형은 최대 몇 가지인지 쓰시오. (9)

(2) 부모 중 한 사람의 피부는 매우 흰색(aabbcc)이고 다른 한 사람의 피부는 매우 검은색(AABBCC)일 때, 자손(F_1)의 피부색 유전자형을 쓰시오. (10)

3 가계도 분석

04 다음은 어떤 집안의 유전 형질 (가)와 (나)에 대한 자료이다. 이에 대한 설명으로 옳은 것은 ○, 옳지 않은 것은 × 표시하시오. 〈2021 실시 3월 학평 19 변형〉

> ○ (가)는 대립유전자 A와 a에 의해, (나)는 대립유전자 B와 b에 의해 결정된다. A는 a에 대해, B는 b에 대해 각각 완전 우성이다.
> ○ (가)와 (나)의 유전자는 서로 다른 염색체에 있고, 8의 (가)의 유전자형은 이형 접합성이다.
> ○ 가계도는 구성원 ㉠을 제외한 구성원 1~8에게서 (가)와 (나)의 발현 여부를 나타낸 것이다.

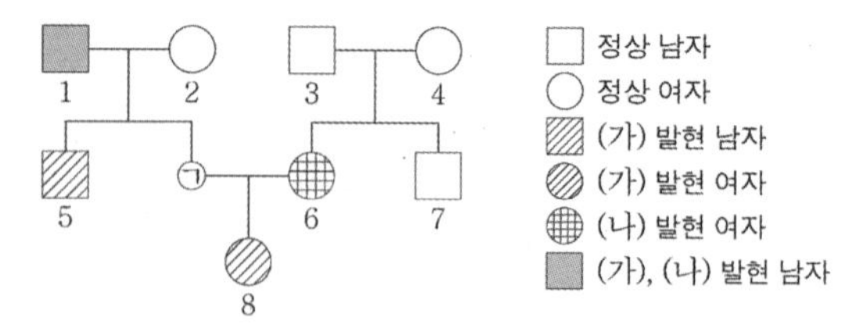

(1) (가)와 (나)는 모두 열성 형질이다. 11(○, ×)

(2) (가)의 유전자는 X 염색체에 있다. 12(○, ×)

(3) 2와 ㉠의 (가)에 대한 유전자형이 같다. 13(○, ×)

정답

1 상 2 열성 3 공동 우성 4 6 5 4 6 ○ 7 ○ (우열 관계 E>D>B) 8 ○ (BB, BE, BD, DE 중 BE, DE이므로 $\frac{1}{2}$) 9 7가지 10 AaBbCc 11 × ((가)의 유전자형이 이형 접합성인 8은 (가)가 발현되므로 (가)는 우성임. 반면 (나)가 발현되지 않은 부모 3과 4 사이에서 (나)가 발현된 6이 태어났으므로 (나)는 열성임) 12 × (우성인 (가)가 X 염색체 유전이라면 아들인 5는 (가)가 발현되지만 어머니인 2는 (가)가 발현되지 않으므로 모순임) 13 × (2는 aa, ㉠은 Aa)

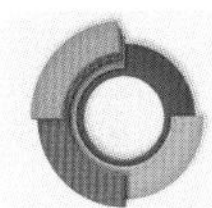

유형별 기출 문제 [2점, 3점]

PRACTICE QUESTION

1 단일 인자 유전

L01 ✿✿✿ 2024 실시 3월 학평 17

다음은 어떤 집안의 유전 형질 (가)에 대한 자료이다.

- (가)는 상염색체에 있는 1쌍의 대립유전자에 의해 결정되며, 대립유전자에는 D, E, F가 있다. E는 D와 F에 대해 각각 완전 우성이다.
- (가)의 표현형은 3가지이고, ㉠, ㉡, ㉢이다.
- 가계도는 구성원 ⓐ와 ⓑ를 제외한 구성원 1～7에서 (가)의 표현형을, 표는 3, 6, 7에서 체세포 1개당 D의 DNA 상대량을 나타낸 것이다.

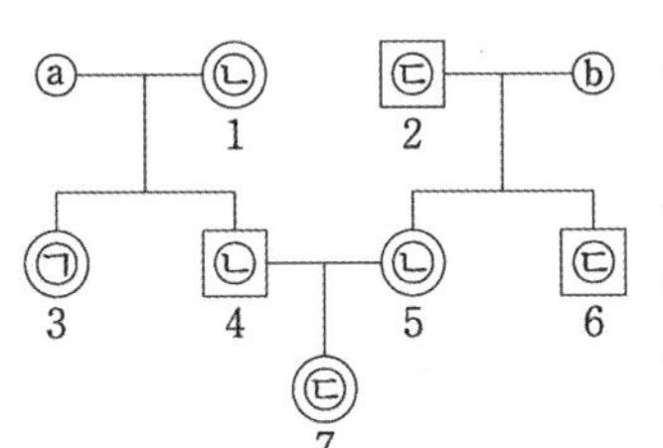

구성원	D의 DNA 상대량
3	2
6	1
7	0

이에 대한 옳은 설명만을 〈보기〉에서 있는 대로 고른 것은? (단, 돌연변이와 교차는 고려하지 않으며, D, E, F 각각의 1개당 DNA 상대량은 1이다.) (3점)

[보기]

ㄱ. D는 F에 대해 완전 우성이다.
ㄴ. ⓑ의 표현형은 ㉡이다.
ㄷ. 7의 동생이 태어날 때, 이 아이가 ⓐ와 표현형이 같을 확률은 $\frac{1}{4}$이다.

① ㄱ ② ㄴ ③ ㄱ, ㄷ ④ ㄴ, ㄷ ⑤ ㄱ, ㄴ, ㄷ

L02 ✿✿✿ 2024 대비 9월 모평 13

다음은 사람의 유전 형질 (가)～(다)에 대한 자료이다.

- (가)～(다)의 유전자는 서로 다른 2개의 상염색체에 있다.
- (가)는 대립유전자 A와 a에 의해 결정되며, A는 a에 대해 완전 우성이다.
- (나)는 대립유전자 B와 b에 의해 결정되며, 유전자형이 다르면 표현형이 다르다.
- (다)는 1쌍의 대립유전자에 의해 결정되며, 대립유전자에는 D, E, F가 있다. D는 E, F에 대해, E는 F에 대해 각각 완전 우성이다.
- (가)와 (나)의 유전자형이 AaBb인 남자 P와 AaBB인 여자 Q 사이에서 ⓐ가 태어날 때, ⓐ에게서 나타날 수 있는 (가)와 (나)의 표현형은 최대 3가지이고, ⓐ가 가질 수 있는 (가)～(다)의 유전자형 중 AABBFF가 있다.
- ⓐ의 (가)～(다)의 표현형이 모두 Q와 같을 확률은 $\frac{1}{8}$이다.

ⓐ의 (가)～(다)의 표현형이 모두 P와 같을 확률은? (단, 돌연변이와 교차는 고려하지 않는다.) (3점)

① $\frac{1}{16}$ ② $\frac{1}{8}$ ③ $\frac{3}{16}$ ④ $\frac{1}{4}$ ⑤ $\frac{3}{8}$

L

L03 ✿✿✿ 2023 실시 3월 학평 13

다음은 사람의 유전 형질 (가)에 대한 자료이다.

- 상염색체에 있는 1쌍의 대립유전자에 의해 결정된다. 대립유전자에는 A, B, D가 있으며, 표현형은 4가지이다.
- 유전자형이 AA인 사람과 AB인 사람은 표현형이 같고, 유전자형이 AD인 사람과 DD인 사람은 표현형이 다르다.
- 유전자형이 AB인 아버지와 BD인 어머니 사이에서 ㉠이 태어날 때, ㉠의 표현형이 아버지와 같을 확률과 어머니와 같을 확률은 각각 $\frac{1}{4}$이다.
- 유전자형이 BD인 아버지와 AD인 어머니 사이에서 ㉡이 태어날 때, ㉡에서 나타날 수 있는 표현형은 최대 ⓐ가지이다.

이에 대한 옳은 설명만을 〈보기〉에서 있는 대로 고른 것은? (단, 돌연변이는 고려하지 않는다.) (3점)

[보기]

ㄱ. (가)는 복대립 유전 형질이다.
ㄴ. A는 D에 대해 완전 우성이다.
ㄷ. ⓐ는 3이다.

① ㄱ ② ㄷ ③ ㄱ, ㄴ ④ ㄱ, ㄷ ⑤ ㄴ, ㄷ

❖ 정답 및 해설 316～317p

L04 ✽✽✽

2021 대비 9월 모평 11

다음은 사람의 유전 형질 (가)~(다)에 대한 자료이다.

- (가)~(다)의 유전자는 서로 다른 3개의 상염색체에 있다.
- (가)는 대립유전자 A와 A*에 의해 결정되며, A는 A*에 대해 완전 우성이다.
- (나)는 대립유전자 B와 B*에 의해 결정되며, 유전자형이 다르면 표현형이 다르다.
- (다)는 1쌍의 대립유전자에 의해 결정되며, 대립유전자에는 D, E, F, G가 있고, 각 대립유전자 사이의 우열 관계는 분명하다. (다)의 표현형은 4가지이다.
- 유전자형이 ㉠ AA*BB*DE인 아버지와 AA*BB*FG인 어머니 사이에서 아이가 태어날 때, 이 아이에게서 나타날 수 있는 표현형은 최대 12가지이다.
- 유전자형이 AABB*DF인 아버지와 AA*BBDE인 어머니 사이에서 아이가 태어날 때, 이 아이의 표현형이 어머니와 같을 확률은 $\frac{3}{8}$이다.

유전자형이 AA*BB*DF인 아버지와 AA*BB*EG인 어머니 사이에서 아이가 태어날 때, 이 아이의 표현형이 ㉠과 같을 확률은? (단, 돌연변이는 고려하지 않는다.)

① $\frac{1}{8}$ ② $\frac{3}{16}$ ③ $\frac{1}{4}$ ④ $\frac{9}{32}$ ⑤ $\frac{5}{16}$

L05 ✽✽❀

2021(3월)/교육청 17

다음은 사람의 유전 형질 (가)에 대한 자료이다.

- (가)는 상염색체에 있는 1쌍의 대립유전자에 의해 결정된다. 대립유전자에는 A, B, C가 있으며, 각 대립유전자 사이의 우열 관계는 분명하다.
- 유전자형이 BC인 아버지와 AB인 어머니 사이에서 ㉠이 태어날 때, ㉠의 (가)에 대한 표현형이 아버지와 같을 확률은 $\frac{3}{4}$이다.
- 유전자형이 AB인 아버지와 AC인 어머니 사이에서 ㉡이 태어날 때, ㉡에게서 나타날 수 있는 (가)에 대한 표현형은 최대 3가지이다.

이에 대한 옳은 설명만을 〈보기〉에서 있는 대로 고른 것은? (단, 돌연변이는 고려하지 않는다.) (3점)

[보기]

ㄱ. (가)는 다인자 유전 형질이다.
ㄴ. B는 A에 대해 완전 우성이다.
ㄷ. ㉡의 (가)에 대한 표현형이 어머니와 같을 확률은 $\frac{1}{2}$이다.

① ㄱ ② ㄴ ③ ㄷ ④ ㄱ, ㄷ ⑤ ㄴ, ㄷ

L06 ✽✽❀

2021 대비 수능 13

다음은 사람의 유전 형질 (가)~(다)에 대한 자료이다.

- (가)~(다)의 유전자는 서로 다른 3개의 상염색체에 있다.
- (가)는 대립유전자 A와 A*에 의해 결정되며, A는 A*에 대해 완전 우성이다.
- (나)는 대립유전자 B와 B*에 의해 결정되며, 유전자형이 다르면 표현형이 다르다.
- (다)는 1쌍의 대립유전자에 의해 결정되며, 대립유전자에는 D, E, F가 있고, 각 대립유전자 사이의 우열 관계는 분명하다.
- (나)와 (다)의 유전자형이 BB*DF인 아버지와 BB*EF인 어머니 사이에서 ㉠이 태어날 때, ㉠에게서 나타날 수 있는 (가)~(다)의 표현형은 최대 12가지이고, (가)~(다)의 표현형이 모두 아버지와 같을 확률은 $\frac{3}{16}$이다.
- 유전자형이 AA*BBDE인 아버지와 A*A*BB*DF인 어머니 사이에서 ㉡이 태어날 때, ㉡의 (가)~(다)의 표현형이 모두 어머니와 같을 확률은 $\frac{1}{16}$이다.

이에 대한 설명으로 옳은 것만을 〈보기〉에서 있는 대로 고른 것은? (단, 돌연변이는 고려하지 않는다.)

[보기]

ㄱ. D는 E에 대해 완전 우성이다.
ㄴ. ㉠이 가질 수 있는 (가)의 유전자형은 최대 3가지이다.
ㄷ. ㉡의 (가)~(다)의 표현형이 모두 아버지와 같을 확률은 $\frac{1}{8}$이다.

① ㄱ ② ㄴ ③ ㄱ, ㄷ
④ ㄴ, ㄷ ⑤ ㄱ, ㄴ, ㄷ

L07 ✪ 고난도

2024 대비 수능 13

다음은 사람의 유전 형질 (가)~(다)에 대한 자료이다.

- (가)~(다)의 유전자는 서로 다른 3개의 상염색체에 있다.
- (가)는 대립유전자 A와 a에 의해 결정되며, A는 a에 대해 완전 우성이다.
- (나)는 대립유전자 B와 b에 의해 결정되며, 유전자형이 다르면 표현형이 다르다.
- (다)는 1쌍의 대립유전자에 의해 결정되며, 대립유전자에는 D, E, F가 있다. D는 E, F에 대해, E는 F에 대해 각각 완전 우성이다.
- P의 유전자형은 AaBbDF이고, P와 Q는 (나)의 표현형이 서로 다르다.
- P와 Q 사이에서 ⓐ가 태어날 때, ⓐ가 P와 (가)~(다)의 표현형이 모두 같을 확률은 $\frac{3}{16}$이다.
- ⓐ가 유전자형이 AAbbFF인 사람과 (가)~(다)의 표현형이 모두 같을 확률은 $\frac{3}{32}$이다.

ⓐ의 유전자형이 aabbDF일 확률은? (단, 돌연변이는 고려하지 않는다.) (3점)

① $\frac{1}{4}$ ② $\frac{1}{8}$ ③ $\frac{1}{16}$ ④ $\frac{1}{32}$ ⑤ $\frac{1}{64}$

L08 ✪ 고난도

2025 대비 9월 모평 19

다음은 사람의 유전 형질 (가)~(다)에 대한 자료이다.

- (가)~(다)의 유전자는 서로 다른 2개의 상염색체에 있으며, (가)의 유전자는 (다)의 유전자와 서로 다른 상염색체에 있다.
- (가)는 대립유전자 A와 a에 의해 결정되며, 유전자형이 다르면 표현형이 다르다.
- (나)는 대립유전자 B와 b에 의해, (다)는 대립유전자 D와 d에 의해 결정된다.
- (나)와 (다) 중 하나는 대문자로 표시되는 대립유전자가 소문자로 표시되는 대립유전자에 대해 완전 우성이고, 나머지 하나는 유전자형이 다르면 표현형이 다르다.
- 유전자형이 AaBbDD인 남자 P와 AaBbDd인 여자 Q 사이에서 ⓐ가 태어날 때, ⓐ에게서 나타날 수 있는 (가)~(다)의 표현형은 최대 8가지이다.

유전자형이 AabbDd인 아버지와 AaBBDd인 어머니 사이에서 아이가 태어날 때, 이 아이의 (가)~(다)의 표현형이 모두 Q와 같을 확률은? (단, 돌연변이와 교차는 고려하지 않는다.) [3점]

① $\frac{1}{16}$ ② $\frac{1}{8}$ ③ $\frac{3}{16}$ ④ $\frac{1}{4}$ ⑤ $\frac{3}{8}$

L09 ✪ 고난도

2025 대비 수능 15

다음은 사람의 유전 형질 (가)와 (나)에 대한 자료이다.

- (가)는 1쌍의 대립유전자에 의해 결정되며, 대립유전자에는 D, E, F가 있다. (가)의 표현형은 3가지이며, 각 대립유전자 사이의 우열 관계는 분명하다.
- (나)는 1쌍의 대립유전자에 의해 결정되며, 대립유전자에는 H, R, T가 있다. (나)의 표현형은 3가지이며, 각 대립유전자 사이의 우열 관계는 분명하다.
- 그림은 남자 Ⅰ, Ⅱ와 여자 Ⅲ, Ⅳ의 체세포 각각에 들어 있는 일부 염색체와 유전자를 나타낸 것이다. ㉠~㉢은 D, E, F를 순서 없이 나타낸 것이고, ㉣과 ㉤은 각각 H, R, T 중 하나이다.

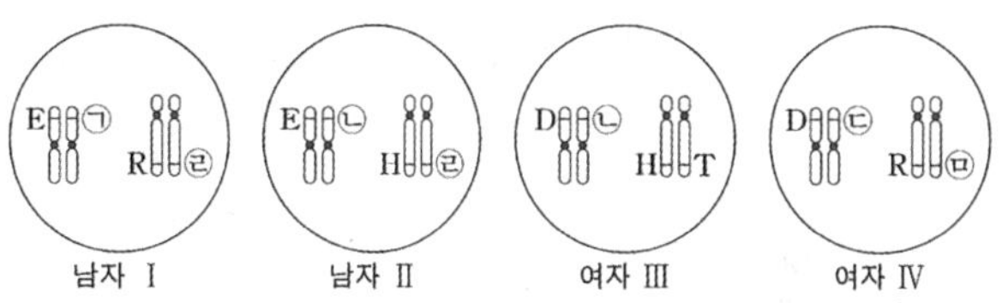

- Ⅰ과 Ⅲ 사이에서 아이가 태어날 때, 이 아이가 유전자형이 DDTT인 사람과 (가)와 (나)의 표현형이 모두 같을 확률은 $\frac{9}{16}$이다.
- Ⅱ와 Ⅳ 사이에서 ⓐ가 태어날 때, ⓐ에게서 나타날 수 있는 (가)와 (나)의 표현형은 최대 9가지이다.

이에 대한 설명으로 옳은 것만을 <보기>에서 있는 대로 고른 것은? (단, 돌연변이와 교차는 고려하지 않는다.)

[보기]

ㄱ. ㉠은 D이다.
ㄴ. H는 R에 대해 완전 우성이다.
ㄷ. ⓐ의 (가)와 (나)의 표현형이 모두 Ⅱ와 같을 확률은 $\frac{1}{4}$이다.

① ㄱ ② ㄴ ③ ㄱ, ㄷ ④ ㄴ, ㄷ ⑤ ㄱ, ㄴ, ㄷ

❖ 정답 및 해설 318 ~ 321p

L10 ✪ 고난도

2023 대비 6월 모평 15

다음은 사람의 유전 형질 (가)~(다)에 대한 자료이다.

- (가)~(다)의 유전자는 서로 다른 3개의 상염색체에 있다.
- (가)는 대립유전자 A와 a에 의해, (나)는 대립유전자 B와 b에 의해, (다)는 대립유전자 D와 d에 의해 결정된다. A, B, D는 a, b, d에 대해 각각 완전 우성이며, (가)~(다)는 모두 열성 형질이다.
- 표는 남자 P와 여자 Q의 유전자형에서 B, D, d의 유무를 나타낸 것이고, 그림은 P와 Q 사이에서 태어난 자녀 Ⅰ~Ⅲ에서 체세포 1개당 A, B, D의 DNA 상대량을 더한 값(A+B+D)을 나타낸 것이다.

사람	대립유전자		
	B	D	d
P	×	×	○
Q	?	○	×

(○ : 있음, × : 없음)

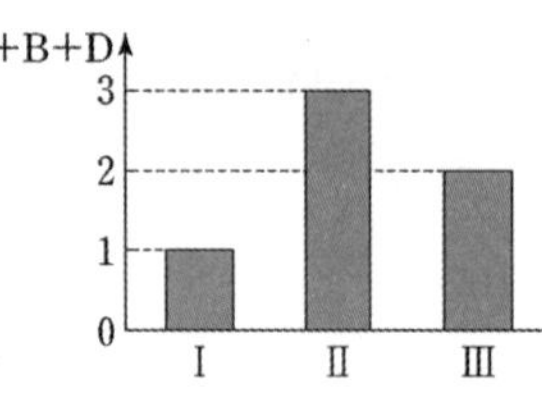

- (가)와 (나) 중 한 형질에 대해서만 P와 Q의 유전자형이 서로 같다.
- 자녀 Ⅱ와 Ⅲ은 (가)~(다)의 표현형이 모두 같다.

이에 대한 설명으로 옳은 것만을 〈보기〉에서 있는 대로 고른 것은? (단, 돌연변이는 고려하지 않으며, A, a, B, b, D, d 각각의 1개당 DNA 상대량은 1이다.) (3점)

[보기]

ㄱ. P와 Q는 (나)의 유전자형이 서로 같다.

ㄴ. Ⅱ의 (가)~(다)에 대한 유전자형은 AAbbDd이다.

ㄷ. Ⅲ의 동생이 태어날때, 이 아이의 (가)~(다)의 표현형이 모두 Ⅲ과 같을 확률은 $\frac{3}{8}$이다.

① ㄱ ② ㄴ ③ ㄱ, ㄷ ④ ㄴ, ㄷ ⑤ ㄱ, ㄴ, ㄷ

L11 ✪ 고난도

2020 대비 9월 모평 17

다음은 사람의 유전 형질 ㉠~㉢에 대한 자료이다.

- ㉠~㉢을 결정하는 유전자는 모두 상염색체에 있다.
- ㉠은 대립유전자 A와 A*에 의해 결정되며, A는 A*에 대해 완전 우성이다.
- ㉡은 대립유전자 B와 B*에 의해 결정되며, B와 B* 사이의 우열 관계는 분명하지 않고 3가지 유전자형에 따른 표현형은 모두 다르다.
- ㉢은 1쌍의 대립유전자에 의해 결정되며, 대립유전자에는 D, E, F가 있다. ㉢의 표현형은 4가지이며, ㉢의 유전자형이 DD인 사람과 DE인 사람의 표현형은 같고, 유전자형이 EF인 사람과 FF인 사람의 표현형은 같다.
- ㉠~㉢의 유전자형이 각각 AA*BB*DE와 AA*BB*EF인 부모 사이에서 ⓐ가 태어날 때, ⓐ에서 ㉠~㉢의 유전자형이 모두 이형 접합성일 확률은 $\frac{3}{16}$이다.

이에 대한 설명으로 옳은 것만을 〈보기〉에서 있는 대로 고른 것은? (단, 돌연변이와 교차는 고려하지 않는다.)

[보기]

ㄱ. 유전자형이 DE인 사람과 DF인 사람의 ㉢에 대한 표현형은 같다.

ㄴ. ㉠의 유전자와 ㉡의 유전자는 서로 다른 염색체에 존재한다.

ㄷ. ⓐ에게서 나타날 수 있는 ㉠~㉢의 표현형은 최대 24가지이다.

① ㄱ ② ㄷ ③ ㄱ, ㄴ ④ ㄴ, ㄷ ⑤ ㄱ, ㄴ, ㄷ

L12 ✪ 고난도 2024 실시 5월 학평 11

다음은 사람의 유전 형질 (가)~(다)에 대한 자료이다.

- (가)는 대립유전자 A와 a에 의해, (나)는 대립유전자 B와 b에 의해, (다)는 대립유전자 D와 d에 의해 결정된다.
- (가)~(다)의 유전자 중 2개는 5번 염색체에, 나머지 1개는 7번 염색체에 있다.
- 표는 세포 Ⅰ~Ⅲ에서 대립유전자 A, a, B, b, D, d의 유무를 나타낸 것이다. Ⅰ~Ⅲ 중 2개는 남자 P의, 나머지 1개는 여자 Q의 세포이다.

세포	대립유전자					
	A	a	B	b	D	d
Ⅰ	×	○	○	×	×	○
Ⅱ	○	×	○	○	○	×
Ⅲ	×	○	○	○	○	○

(○: 있음, ×: 없음)

- P와 Q 사이에서 ⓐ가 태어날 때, ⓐ가 가질 수 있는 (가)~(다)의 유전자형은 최대 4가지이다.

이에 대한 설명으로 옳은 것만을 〈보기〉에서 있는 대로 고른 것은? (단, 돌연변이와 교차는 고려하지 않는다.) (3점)

[보기]

ㄱ. Ⅰ에서 B와 d는 모두 5번 염색체에 있다.
ㄴ. Ⅱ는 P의 세포이다.
ㄷ. ⓐ가 (가)~(다) 중 적어도 2가지 형질의 유전자형을 이형 접합성으로 가질 확률은 $\frac{3}{4}$이다.

① ㄱ ② ㄴ ③ ㄷ ④ ㄱ, ㄷ ⑤ ㄴ, ㄷ

2 다인자 유전

2025 6월 출제

유형 01 다인자 유전

(단서) 여러 쌍의 대립유전자에 의해 하나의 형질이 결정된다고 제시되어 있다.

(발상) 공동 우성 조건을 찾아서 최대 표현형을 찾아야 한다.

L13 ✿✿✿ 2025 대비 6월 모평 14

다음은 사람의 유전 형질 (가)와 (나)에 대한 자료이다.

- (가)의 유전자는 6번 염색체에, (나)의 유전자는 7번 염색체에 있다.
- (가)는 1쌍의 대립유전자에 의해 결정되며, 대립유전자에는 A, B, D가 있다. (가)의 표현형은 4가지이며, (가)의 유전자형이 AA인 사람과 AB인 사람의 표현형은 같고, 유전자형이 BD인 사람과 DD인 사람의 표현형은 같다.
- (나)는 2쌍의 대립유전자 E와 e, F와 f에 의해 결정된다.
- (나)의 표현형은 유전자형에서 대문자로 표시되는 대립유전자의 수에 의해서만 결정되며, 이 대립유전자의 수가 다르면 표현형이 다르다.
- P의 유전자형은 ABEeFf이고, P와 Q는 (나)의 표현형이 서로 같다.
- P와 Q 사이에서 ⓐ가 태어날 때, ⓐ에게서 나타날 수 있는 (가)와 (나)의 표현형은 최대 12가지이다.

ⓐ의 (가)와 (나)의 표현형이 모두 Q와 같을 확률은? (단, 돌연변이와 교차는 고려하지 않는다.)

① $\frac{3}{8}$ ② $\frac{1}{4}$ ③ $\frac{3}{16}$ ④ $\frac{1}{8}$ ⑤ $\frac{1}{16}$

❖ 정답 및 해설 322~325p

L14 ✿✿❀ 2024 실시 3월 학평 13

다음은 사람의 유전 형질 (가)와 (나)에 대한 자료이다.

> ○ (가)는 서로 다른 3개의 상염색체에 있는 3쌍의 대립유전자 A와 a, B와 b, D와 d에 의해 결정된다.
> ○ (가)의 표현형은 유전자형에서 대문자로 표시되는 대립유전자의 수에 의해서만 결정되며, 이 대립유전자의 수가 다르면 표현형이 다르다.
> ○ (나)는 대립유전자 E와 e에 의해 결정되며, 유전자형이 다르면 표현형이 다르다. (나)의 유전자는 (가)의 유전자와 서로 다른 상염색체에 있다.
> ○ P의 유전자형은 AaBbDDEe이고, P와 Q는 (가)의 표현형이 서로 같다.
> ○ P와 Q 사이에서 ⓐ가 태어날 때, ⓐ가 유전자형이 AABbDdEE인 사람과 (가)와 (나)의 표현형이 모두 같을 확률은 $\frac{1}{8}$이다.

ⓐ가 유전자형이 AaBbDdEe인 사람과 (가)와 (나)의 표현형이 모두 같을 확률은? (단, 돌연변이는 고려하지 않는다.)

① $\frac{1}{16}$　② $\frac{1}{8}$　③ $\frac{3}{16}$　④ $\frac{1}{4}$　⑤ $\frac{3}{8}$

L15 ✿✿❀ 2024 실시 7월 학평 16

사람의 유전 형질 (가)는 대립유전자 H와 H*에 의해, (나)는 대립유전자 T와 T*에 의해 결정된다. (가)의 유전자와 (나)의 유전자 중 하나만 X염색체에 있다. 표는 어떤 가족 구성원의 성별과 체세포 1개당 대립유전자 H와 T의 DNA 상대량을 나타낸 것이다. ㉠~㉢은 0, 1, 2를 순서 없이 나타낸 것이다.

구성원	성별	DNA 상대량	
		H	T
아버지	남	㉠	㉡
어머니	여	㉡	㉢
자녀 1	남	2	0
자녀 2	여	1	?

이에 대한 설명으로 옳은 것만을 〈보기〉에서 있는 대로 고른 것은? (단, 돌연변이와 교차는 고려하지 않으며, H, H*, T, T* 각각의 1개당 DNA 상대량은 1이다.) (3점)

[보기]
ㄱ. ㉠은 2이다.
ㄴ. 자녀 2는 H를 아버지로부터 물려받았다.
ㄷ. 어머니의 (나)의 유전자형은 동형 접합성이다.

① ㄱ　② ㄴ　③ ㄱ, ㄷ　④ ㄴ, ㄷ　⑤ ㄱ, ㄴ, ㄷ

L16 ✿✿❀ 2020 실시 3월 학평 15

다음은 어떤 동물의 피부색 유전에 대한 자료이다.

> • 피부색은 서로 다른 상염색체에 있는 3쌍의 대립유전자 A와 a, B와 b, D와 d에 의해 결정된다.
> • 피부색은 유전자형에서 대문자로 표시되는 대립유전자의 수에 의해서만 결정되며, 이 수가 다르면 피부색이 다르다.
> • 개체 Ⅰ의 유전자형은 aabbDD이다.
> • 개체 Ⅰ과 Ⅱ 사이에서 ㉠자손(F_1)이 태어날 때, ㉠의 유전자형이 AaBbDd일 확률은 $\frac{1}{8}$이다.

이에 대한 옳은 설명만을 〈보기〉에서 있는 대로 고른 것은? (단, 돌연변이는 고려하지 않는다.) (3점)

[보기]
ㄱ. Ⅰ과 Ⅱ는 피부색이 서로 다르다.
ㄴ. Ⅱ에서 A, B, D가 모두 있는 생식세포가 형성된다.
ㄷ. ㉠의 피부색이 Ⅰ과 같을 확률은 $\frac{3}{8}$이다.

① ㄱ　② ㄷ　③ ㄱ, ㄴ　④ ㄴ, ㄷ　⑤ ㄱ, ㄴ, ㄷ

L17 ✪ 고난도 2022 대비 6월 모평 14

다음은 사람의 유전 형질 (가)에 대한 자료이다.

> ○ (가)는 서로 다른 2개의 상염색체에 있는 3쌍의 대립유전자 A와 a, B와 b, D와 d에 의해 결정되며, A, a, B, b는 7번 염색체에 있다.
> ○ (가)의 표현형은 유전자형에서 대문자로 표시되는 대립유전자의 수에 의해서만 결정되며, 이 대립유전자의 수가 다르면 표현형이 다르다.
> ○ (가)의 표현형이 서로 같은 P와 Q 사이에서 ⓐ가 태어날 때, ⓐ에게서 나타날 수 있는 표현형은 최대 5가지이고, ⓐ의 표현형이 부모와 같을 확률은 $\frac{3}{8}$이며, ⓐ의 유전자형이 AABbDD일 확률은 $\frac{1}{8}$이다.

ⓐ가 유전자형이 AaBbDd인 사람과 동일한 표현형을 가질 확률은? (단, 돌연변이와 교차는 고려하지 않는다.)

① $\frac{1}{8}$　② $\frac{1}{4}$　③ $\frac{3}{8}$　④ $\frac{1}{2}$　⑤ $\frac{5}{8}$

L18 ✪ 고난도 2020 실시 10월 학평 16

다음은 사람의 유전 형질 (가)에 대한 자료이다.

- (가)는 3쌍의 대립유전자 A와 a, B와 b, D와 d에 의해 결정된다. 이 중 1쌍의 대립유전자는 7번 염색체에, 나머지 2쌍의 대립유전자는 9번 염색체에 있다.
- (가)의 표현형은 ⓐ 유전자형에서 대문자로 표시된 대립유전자의 수에 의해서만 결정된다.
- ⓐ가 3인 남자 Ⅰ과 ⓐ가 4인 여자 Ⅱ 사이에서 ⓐ가 6인 아이 Ⅲ이 태어났다.
- Ⅱ에서 난자가 형성될 때, 이 난자가 a, b, D를 모두 가질 확률은 $\frac{1}{2}$이다.
- Ⅰ과 Ⅱ 사이에서 Ⅲ의 동생이 태어날 때, 이 아이에게서 나타날 수 있는 표현형은 최대 [㉠]가지이고, 이 아이의 ⓐ가 5일 확률은 [㉡]이다.

이에 대한 옳은 설명만을 〈보기〉에서 있는 대로 고른 것은? (단, 돌연변이와 교차는 고려하지 않는다.) (3점)

[보기]

ㄱ. Ⅲ에서 A와 B는 모두 9번 염색체에 있다.
ㄴ. ㉠은 6이다.
ㄷ. ㉡은 $\frac{1}{8}$이다.

① ㄱ ② ㄷ ③ ㄱ, ㄴ ④ ㄴ, ㄷ ⑤ ㄱ, ㄴ, ㄷ

유형 02 다인자 유전과 단일 인자 유전 복합

(단서) 자녀에게서 나타날 수 있는 유전 형질의 최대 표현형의 수가 제시되어 있다.
(발상) 유전 형질 각각의 표현형의 가짓수를 구하여 부모의 유전자형을 구해야 한다.

L19 ✲✲❀ 2023 실시 7월 학평 10

다음은 어떤 가족의 유전 형질 (가)와 (나)에 대한 자료이다.

- (가)는 2쌍의 대립유전자 A와 a, B와 b에 의해 결정되며, (가)의 유전자는 서로 다른 2개의 상염색체에 있다.
- (가)의 표현형은 유전자형에서 대문자로 표시되는 대립유전자 수에 의해서만 결정되며, 이 대립유전자의 수가 다르면 표현형이 다르다.
- (나)는 대립유전자 D와 d에 의해 결정되며, D는 d에 대해 완전 우성이다. (나)의 유전자는 (가)의 유전자와 서로 다른 상염색체에 있다.
- 어머니와 자녀 1은 (가)와 (나)의 표현형이 모두 같고, 아버지와 자녀 2는 (가)와 (나)의 표현형이 모두 같다.
- 표는 자녀 2를 제외한 나머지 가족 구성원의 체세포 1개당 대립유전자 ㉠~㉥의 DNA 상대량을 나타낸 것이다. ㉠~㉥은 A, a, B, b, D, d를 순서 없이 나타낸 것이다.

구성원	DNA 상대량					
	㉠	㉡	㉢	㉣	㉤	㉥
아버지	2	0	1	0	2	1
어머니	0	1	0	2	1	2
자녀 1	1	1	1	1	1	1

- 자녀 2의 유전자형은 AaBBDd이다.

이에 대한 설명으로 옳은 것만을 〈보기〉에서 있는 대로 고른 것은? (단, 돌연변이와 교차는 고려하지 않으며, A, a, B, b, D, d 각각의 1개당 DNA 상대량은 1이다.) (3점)

[보기]

ㄱ. ㉠은 A이다.
ㄴ. ㉡과 ㉤은 (나)의 대립유전자이다.
ㄷ. 자녀 2의 동생이 태어날 때, 이 아이의 (가)와 (나)의 표현형이 모두 어머니와 같을 확률은 $\frac{1}{4}$이다.

① ㄱ ② ㄷ ③ ㄱ, ㄴ ④ ㄴ, ㄷ ⑤ ㄱ, ㄴ, ㄷ

❖ 정답 및 해설 326 ~ 330p

L20 ✱✱✱ 2023 실시 10월 학평 13

다음은 사람의 유전 형질 (가)와 (나)에 대한 자료이다.

- (가)는 서로 다른 3개의 상염색체에 있는 3쌍의 대립유전자 A와 a, B와 b, D와 d에 의해 결정된다.
- (가)의 표현형은 유전자형에서 대문자로 표시되는 대립유전자의 수에 의해서만 결정되며, 이 대립유전자의 수가 다르면 표현형이 다르다.
- (나)는 대립유전자 E, F, G에 의해 결정되고, 표현형은 4가지이다. 유전자형이 EE인 사람과 EG인 사람의 표현형은 같고, 유전자형이 FF인 사람과 FG인 사람의 표현형은 같다.
- (가)와 (나)의 유전자는 서로 다른 상염색체에 있다.
- P의 유전자형은 AaBbDdEF이고 P와 Q 사이에서 ⓐ가 태어날 때, ⓐ에게서 나타날 수 있는 (가)와 (나)의 표현형은 최대 8가지이다.
- ⓐ가 유전자형이 AABBDDEG인 사람과 같은 표현형을 가질 확률과 AABBDDFG인 사람과 같은 표현형을 가질 확률은 각각 0보다 크다.

ⓐ가 유전자형이 AaBBDdFG인 사람과 (가)와 (나)의 표현형이 모두 같을 확률은? (단, 돌연변이는 고려하지 않는다.)

① $\frac{1}{16}$ ② $\frac{1}{8}$ ③ $\frac{3}{16}$ ④ $\frac{1}{4}$ ⑤ $\frac{3}{8}$

L21 ✱✱✱ 2021 실시 10월 학평 15 오답 이의제기

다음은 어떤 가족의 유전 형질 (가)와 (나)에 대한 자료이다.

- (가)와 (나)의 유전자는 2개의 상염색체에 있다.
- (가)는 3쌍의 대립유전자 A와 a, B와 b, D와 d에 의해 결정된다.
- (가)의 표현형은 ㉠(가)의 유전자형에서 대문자로 표시되는 대립유전자의 수에 의해서만 결정되며, ㉠이 다르면 표현형이 다르다.
- (나)는 대립유전자 E와 e에 의해 결정되며, 유전자형이 다르면 표현형이 다르다.
- ㉠이 3이고, (나)의 유전자형이 Ee인 어떤 부모 사이에서 아이가 태어날 때, 이 아이에게서 나타날 수 있는 (가)와 (나)의 표현형은 최대 4가지이며, 이들 사이에서 (가)의 유전자형이 AaBbDD인 딸 ⓐ가 태어났다.

유전자형이 AabbDDEe인 남자와 ⓐ 사이에서 아이가 태어날 때, 이 아이에게서 나타날 수 있는 (가)와 (나)의 표현형은 최대 몇 가지인가? (단, 돌연변이와 교차는 고려하지 않는다.) (3점)

① 4 ② 6 ③ 8 ④ 12 ⑤ 16

L22 ✪ 고난도 2022 실시 7월 학평 10

다음은 사람의 유전 형질 ㉠에 대한 자료이다.

- ㉠을 결정하는 3개의 유전자는 각각 대립유전자 A와 a, B와 b, D와 d를 갖는다.
- ㉠의 유전자 중 A와 a, B와 b는 상염색체에, D와 d는 X 염색체에 있다.
- ㉠의 표현형은 유전자형에서 대문자로 표시되는 대립유전자의 수에 의해서만 결정되며, 이 대립유전자의 수가 다르면 표현형이 다르다.
- 그림은 철수네 가족에서 아버지의 생식세포에 들어 있는 일부 염색체와 유전자를, 표는 이 가족의 ㉠의 유전자형에서 대문자로 표시되는 대립유전자의 수를 나타낸 것이다. ⓐ~ⓒ는 아버지, 어머니, 누나를 순서 없이 나타낸 것이다.

A
d
B

구성원	㉠의 유전자형에서 대문자로 표시되는 대립유전자의 수
ⓐ	4
ⓑ	3
ⓒ	2
철수	0

이에 대한 설명으로 옳은 것만을 <보기>에서 있는 대로 고른 것은? (단, 돌연변이는 고려하지 않는다.) (3점)

[보기]

ㄱ. 어머니는 ⓑ이다.
ㄴ. 누나의 체세포에는 a와 b가 모두 있다.
ㄷ. 철수의 동생이 태어날 때, 이 아이의 ㉠에 대한 표현형이 아버지와 같을 확률은 $\frac{5}{16}$이다.

① ㄱ ② ㄴ ③ ㄱ, ㄷ
④ ㄴ, ㄷ ⑤ ㄱ, ㄴ, ㄷ

L23 ✪ 고난도

2024 대비 6월 모평 19

다음은 사람의 유전 형질 (가)와 (나)에 대한 자료이다.

- (가)는 서로 다른 3개의 상염색체에 있는 3쌍의 대립유전자 A와 a, B와 b, D와 d에 의해 결정된다.
- (가)의 표현형은 유전자형에서 대문자로 표시되는 대립유전자의 수에 의해서만 결정되며, 이 대립유전자의 수가 다르면 표현형이 다르다.
- (나)는 대립유전자 E와 e에 의해 결정되며, 유전자형이 다르면 표현형이 다르다. (나)의 유전자는 (가)의 유전자와 서로 다른 상염색체에 있다.
- P의 유전자형은 AaBbDdEe이고, P와 Q는 (가)의 표현형이 서로 같다.
- P와 Q 사이에서 ⓐ가 태어날 때, ⓐ에게서 나타날 수 있는 (가)와 (나)의 표현형은 최대 15가지이다.

ⓐ가 유전자형이 AabbDdEe인 사람과 (가)와 (나)의 표현형이 모두 같을 확률은? (단, 돌연변이는 고려하지 않는다.)

① $\frac{1}{16}$ ② $\frac{1}{8}$ ③ $\frac{3}{16}$ ④ $\frac{1}{4}$ ⑤ $\frac{5}{16}$

L24 ✪ 고난도

2020 대비 수능 12

다음은 사람의 유전 형질 (가)~(다)에 대한 자료이다.

- (가)~(다)를 결정하는 유전자는 모두 상염색체에 있다.
- (가)는 대립유전자 A와 a에 의해, (나)는 대립유전자 B와 b에 의해, (다)는 대립유전자 D와 d에 의해 결정된다.
- (가)~(다) 중 2가지 형질은 각 유전자형에서 대문자로 표시되는 대립유전자가 소문자로 표시되는 대립유전자에 대해 완전 우성이다. 나머지 한 형질을 결정하는 대립유전자 사이의 우열 관계는 분명하지 않고, 3가지 유전자형에 따른 표현형이 모두 다르다.
- 유전자형이 ㉠AaBbDd인 아버지와 AaBBdd인 어머니 사이에서 ⓐ가 태어날 때, ⓐ에게서 나타날 수 있는 표현형은 최대 8가지이다.

ⓐ에서 (가)~(다) 중 적어도 2가지 형질에 대한 표현형이 ㉠과 같을 확률은? (단, 돌연변이와 교차는 고려하지 않는다.)

① $\frac{3}{4}$ ② $\frac{5}{8}$ ③ $\frac{1}{2}$ ④ $\frac{3}{8}$ ⑤ $\frac{1}{4}$

L25 ✪ 고난도

2023 실시 4월 학평 16

다음은 사람의 유전 형질 (가)와 (나)에 대한 자료이다.

- (가)와 (나)의 유전자는 서로 다른 상염색체에 있다.
- (가)는 1쌍의 대립유전자에 의해 결정되며, 대립유전자에는 A, B, D가 있다. A는 B와 D에 대해, B는 D에 대해 각각 완전 우성이다.
- (나)는 서로 다른 상염색체에 있는 2쌍의 대립유전자 E와 e, F와 f에 의해 결정된다. (나)의 표현형은 유전자형에서 대문자로 표시되는 대립유전자의 수에 의해서만 결정되며, 이 대립유전자의 수가 다르면 표현형이 다르다.
- 표는 사람 Ⅰ~Ⅳ에서 성별, (가)와 (나)의 유전자형을 나타낸 것이다.
- P와 Q 사이에서 ⓐ가 태어날 때, ⓐ에게서 나타날 수 있는 (가)와 (나)의 표현형은 최대 9가지이다.

사람	성별	유전자형
Ⅰ	남	ABEeFf
Ⅱ	남	ADEeFf
Ⅲ	여	BDEEff
Ⅳ	여	DDEeFF

- R와 S 사이에서 ⓑ가 태어날 때, ⓑ에게서 나타날 수 있는 (가)와 (나)의 표현형은 최대 ㉠가지이다.
- P와 R는 Ⅰ과 Ⅱ를 순서 없이 나타낸 것이고, Q와 S는 Ⅲ과 Ⅳ를 순서 없이 나타낸 것이다.

이에 대한 설명으로 옳은 것만을 <보기>에서 있는 대로 고른 것은? (단, 돌연변이는 고려하지 않는다.)

[보기]

ㄱ. (가)의 유전은 단일 인자 유전이다.
ㄴ. ㉠은 6이다.
ㄷ. ⓑ의 (가)와 (나)의 표현형이 모두 R와 같을 확률은 $\frac{3}{8}$이다.

① ㄱ ② ㄴ ③ ㄱ, ㄷ ④ ㄴ, ㄷ ⑤ ㄱ, ㄴ, ㄷ

❖ 정답 및 해설 331 ~ 335p

L26 ✪ 고난도 2022 실시 3월 학평 16

다음은 사람의 유전 형질 (가)에 대한 자료이다.

- (가)는 서로 다른 상염색체에 있는 2쌍의 대립유전자 D와 d, E와 e에 의해 결정된다.
- (가)의 표현형은 유전자형에서 대문자로 표시되는 대립유전자의 수에 의해서만 결정되며, 이 대립유전자의 수가 다르면 표현형이 다르다.
- 그림은 남자 P의 체세포와 여자 Q의 체세포에 들어 있는 일부 염색체와 유전자를 나타낸 것이다. ㉠은 E와 e 중 하나이다.

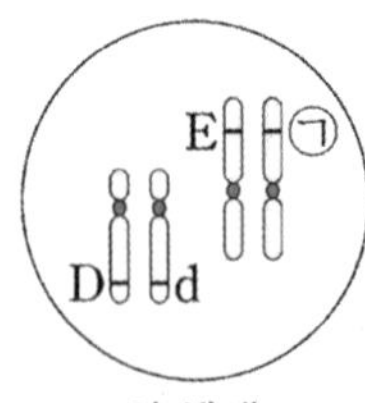

P의 체세포

e ㉠ D D

Q의 체세포

- P와 Q 사이에서 ⓐ가 태어날 때, ⓐ가 유전자형이 DdEe인 사람과 (가)의 표현형이 같을 확률은 $\frac{1}{4}$이다.

이에 대한 옳은 설명만을 〈보기〉에서 있는 대로 고른 것은? (단, 돌연변이는 고려하지 않는다.)

[보기]

ㄱ. (가)는 다인자 유전 형질이다.
ㄴ. ㉠은 E이다.
ㄷ. ⓐ의 (가)의 표현형이 P와 같을 확률은 $\frac{1}{4}$이다.

① ㄱ ② ㄷ ③ ㄱ, ㄴ
④ ㄴ, ㄷ ⑤ ㄱ, ㄴ, ㄷ

L27 ✪ 고난도 2021 실시 7월 학평 16

다음은 사람의 유전 형질 ㉠과 ㉡에 대한 자료이다.

- ㉠은 2쌍의 대립유전자 A와 a, B와 b에 의해 결정된다.
- ㉠의 표현형은 유전자형에서 대문자로 표시되는 대립유전자의 수에 의해서만 결정되며, 이 대립유전자의 수가 다르면 표현형이 다르다.
- ㉡은 1쌍의 대립유전자에 의해 결정되며, 대립유전자에는 E, F, G가 있다.
- 그림 (가)는 남자 P의, (나)는 여자 Q의 체세포에 들어 있는 일부 염색체와 유전자를 나타낸 것이다.

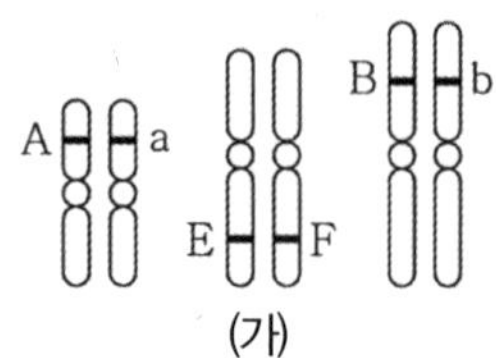

(가)

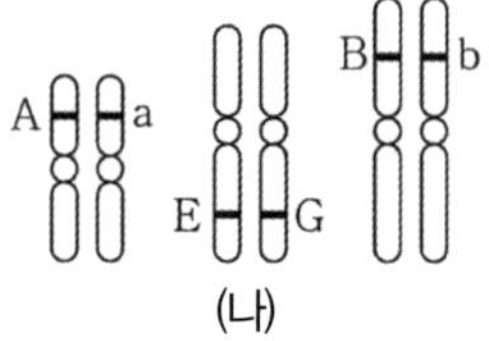

(나)

- P와 Q 사이에서 ⓐ가 태어날 때, ⓐ에게서 나타날 수 있는 표현형은 최대 20가지이다.

이에 대한 설명으로 옳은 것만을 〈보기〉에서 있는 대로 고른 것은? (단, 돌연변이는 고려하지 않는다.) (3점)

[보기]

ㄱ. ㉠의 유전은 다인자 유전이다.
ㄴ. 유전자형이 EF인 사람과 FG인 사람의 표현형은 같다.
ㄷ. ⓐ에서 ㉠과 ㉡의 표현형이 모두 P와 같을 확률은 $\frac{3}{16}$이다.

① ㄱ ② ㄴ ③ ㄱ, ㄷ
④ ㄴ, ㄷ ⑤ ㄱ, ㄴ, ㄷ

L28 ✪ 고난도 2021 실시 4월 학평 16

다음은 사람의 유전 형질 ㉠과 ㉡에 대한 자료이다.

- ㉠을 결정하는 2개의 유전자는 각각 대립유전자 A와 a, B와 b를 가진다. ㉠의 표현형은 유전자형에서 대문자로 표시되는 대립유전자의 수에 의해서만 결정되며, 이 대립유전자의 수가 다르면 표현형이 다르다.
- ㉡은 대립유전자 H와 H*에 의해 결정된다.
- 그림 (가)는 남자 P의, (나)는 여자 Q의 체세포에 들어 있는 일부 염색체와 유전자를 나타낸 것이다.

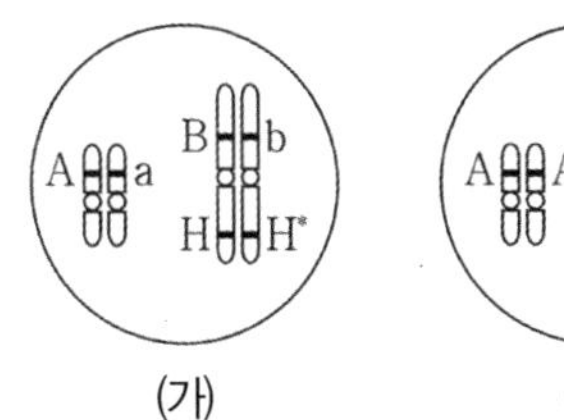

(가) (나)

- P와 Q 사이에서 ⓐ가 태어날 때, ⓐ에게서 나타날 수 있는 표현형은 최대 6가지이다.

ⓐ에서 ㉠과 ㉡의 표현형이 모두 Q와 같을 확률은? (단, 돌연변이와 교차는 고려하지 않는다.)

① $\frac{1}{16}$ ② $\frac{1}{8}$ ③ $\frac{3}{16}$ ④ $\frac{1}{4}$ ⑤ $\frac{3}{8}$

L29 ✪ 고난도 2020 대비 9월 모평 14

다음은 사람의 유전 형질 ㉠과 ㉡에 대한 자료이다.

- ㉠을 결정하는 데 관여하는 3개의 유전자는 상염색체에 있으며, 3개의 유전자는 각각 대립유전자 A와 a, B와 b, D와 d를 가진다.
- ㉠의 표현형은 유전자형에서 대문자로 표시되는 대립유전자의 수에 의해서만 결정되며, 이 대립유전자의 수가 다르면 표현형이 다르다.
- ㉡은 대립유전자 E와 e에 의해 결정되며, E는 e에 대해 완전 우성이다.
- ㉠과 ㉡의 유전자형이 AaBbDdEe인 부모 사이에서 ⓐ가 태어날 때, ⓐ에게서 나타날 수 있는 표현형은 최대 11가지이고, ⓐ가 가질 수 있는 유전자형 중 aabbddee가 있다.

ⓐ에서 ㉠과 ㉡의 표현형이 모두 부모와 같을 확률은? (단, 돌연변이와 교차는 고려하지 않는다.) (3점)

① $\frac{3}{11}$ ② $\frac{1}{4}$ ③ $\frac{1}{8}$ ④ $\frac{3}{32}$ ⑤ $\frac{1}{16}$

L30 ✪ 고난도 2022 대비 9월 모평 15

다음은 사람의 유전 형질 (가)와 (나)에 대한 자료이다.

- (가)는 서로 다른 3개의 상염색체에 있는 3쌍의 대립유전자 A와 a, B와 b, D와 d에 의해 결정된다.
- (가)의 표현형은 유전자형에서 대문자로 표시되는 대립유전자의 수에 의해서만 결정되며, 이 대립유전자의 수가 다르면 표현형이 다르다.
- (나)는 대립유전자 E와 e에 의해 결정되며, 유전자형이 다르면 표현형이 다르다. (나)의 유전자는 (가)의 유전자와 서로 다른 상염색체에 있다.
- P와 Q는 (가)의 표현형이 서로 같고, (나)의 표현형이 서로 다르다.
- P와 Q 사이에서 ⓐ가 태어날 때, ⓐ의 표현형이 P와 같을 확률은 $\frac{3}{16}$이다.
- ⓐ는 유전자형이 AABBDDEE인 사람과 같은 표현형을 가질 수 있다.

ⓐ에게서 나타날 수 있는 표현형의 최대 가짓수는? (단, 돌연변이는 고려하지 않는다.) (3점)

① 5 ② 6 ③ 7 ④ 10 ⑤ 14

L31 ✪ 고난도 2021 대비 6월 모평 14

다음은 사람의 유전 형질 ㉠과 ㉡에 대한 자료이다.

- ㉠은 대립유전자 A와 a에 의해 결정되며, 유전자형이 다르면 표현형이 다르다.
- ㉡을 결정하는 3개의 유전자는 각각 대립유전자 B와 b, D와 d, E와 e를 갖는다
- ㉡의 표현형은 유전자형에서 대문자로 표시되는 대립유전자의 수에 의해서만 결정되며, 이 대립유전자의 수가 다르면 표현형이 다르다.
- 그림 (가)는 남자 P의, (나)는 여자 Q의 체세포에 들어 있는 일부 염색체와 유전자를 나타낸 것이다.

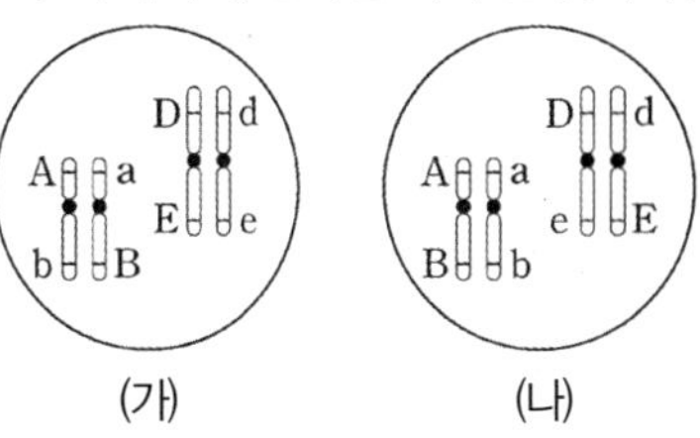

(가) (나)

P와 Q 사이에서 아이가 태어날 때, 이 아이에게서 나타날 수 있는 표현형의 최대 가짓수는? (단, 돌연변이와 교차는 고려하지 않는다.)

① 5 ② 6 ③ 7 ④ 8 ⑤ 9

❖ 정답 및 해설 336 ~ 341p

3 가계도 분석

유형 01 가계도 분석

단서 구성원의 유전 형질 발현 여부가 제시되어 있다.
발상 유전 형질의 우열 관계를 파악해야 한다.

L32 ✽✽✽ 2020 실시 3월 학평 16

다음은 어떤 집안의 유전 형질 (가)와 ABO식 혈액형에 대한 자료이다.

- (가)는 대립유전자 T와 t에 의해 결정되며, T는 t에 대해 완전 우성이다.
- 가계도는 구성원 1~10에게서 (가)의 발현 여부를 나타낸 것이다.

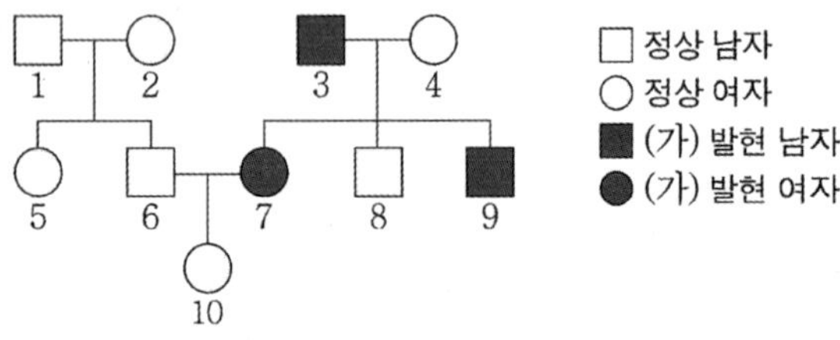

- 7, 8, 9 각각의 체세포 1개당 t의 DNA 상대량을 더한 값은 4의 체세포 1개당 t의 DNA 상대량의 3배이다.
- 1, 2, 5, 6의 혈액형은 서로 다르며, 1의 혈액과 항 A 혈청을 섞으면 응집 반응이 일어난다.
- 1과 10의 혈액형은 같으며, 6과 7의 혈액형은 같다.

이에 대한 옳은 설명만을 〈보기〉에서 있는 대로 고른 것은? (단, 돌연변이와 교차는 고려하지 않는다.) (3점)

[보기]

ㄱ. (가)는 우성 형질이다.
ㄴ. 2의 ABO식 혈액형에 대한 유전자형은 이형 접합성이다.
ㄷ. 10의 동생이 태어날 때, 이 아이에게서 (가)가 발현되고 이 아이의 ABO식 혈액형이 10과 같을 확률은 $\frac{1}{4}$이다.

① ㄱ ② ㄴ ③ ㄷ
④ ㄱ, ㄴ ⑤ ㄴ, ㄷ

L33 ✽✽❀ 2022 실시 3월 학평 17

다음은 어떤 집안의 유전 형질 (가)와 (나)에 대한 자료이다.

- (가)는 대립유전자 H와 h에 의해, (나)는 대립유전자 T와 t에 의해 결정된다. H는 h에 대해, T는 t에 대해 각각 완전 우성이다.
- (가)와 (나) 중 하나는 우성 형질이고, 다른 하나는 열성 형질이다.
- (가)의 유전자와 (나)의 유전자 중 하나는 상염색체에 있고, 다른 하나는 X 염색체에 있다.
- 가계도는 구성원 1~8에게서 (가)와 (나)의 발현 여부를 나타낸 것이다.

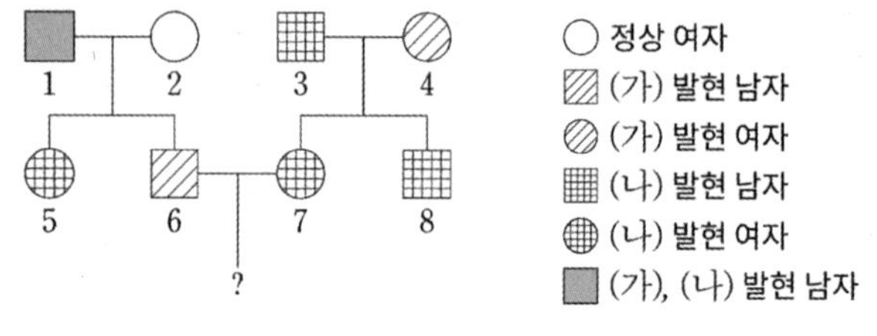

이에 대한 옳은 설명만을 〈보기〉에서 있는 대로 고른 것은? (단, 돌연변이는 고려하지 않는다.) (3점)

[보기]

ㄱ. (가)는 우성 형질이다.
ㄴ. (나)의 유전자는 상염색체에 있다.
ㄷ. 6과 7 사이에서 아이가 태어날 때, 이 아이에게서 (가)와 (나)가 모두 발현될 확률은 $\frac{1}{2}$이다.

① ㄱ ② ㄴ ③ ㄱ, ㄷ
④ ㄴ, ㄷ ⑤ ㄱ, ㄴ, ㄷ

L34 ✿✿❀ 2019 실시 7월 학평 12

그림은 어떤 집안의 유전병 ㉠에 대한 가계도를 나타낸 것이다. ㉠은 대립유전자 T와 T*에 의해 결정되며, T는 T*에 대해 완전 우성이다.

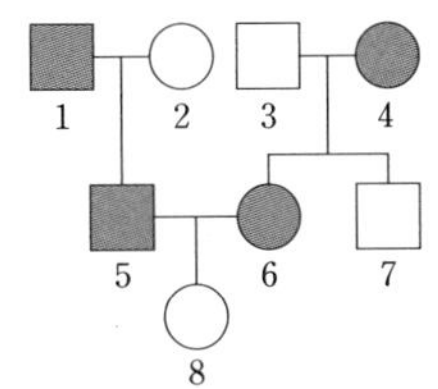

□정상 남자 ■유전병 ㉠ 남자
○정상 여자 ●유전병 ㉠ 여자

이에 대한 설명으로 옳은 것만을 〈보기〉에서 있는 대로 고른 것은? (단, 돌연변이는 고려하지 않는다.)

[보기]

ㄱ. ㉠은 우성 형질이다.
ㄴ. 1~8 중 T*를 가지고 있는 사람은 6명이다.
ㄷ. 8의 동생이 한 명 태어날 때, 이 아이가 ㉠일 확률은 $\frac{1}{4}$이다.

① ㄱ ② ㄷ ③ ㄱ, ㄴ ④ ㄴ, ㄷ ⑤ ㄱ, ㄴ, ㄷ

L35 ✿✿✿ 2021 실시 3월 학평 19

다음은 어떤 집안의 유전 형질 (가)와 (나)에 대한 자료이다.

- (가)는 대립유전자 A와 a에 의해, (나)는 대립유전자 B와 b에 의해 결정된다. A는 a에 대해, B는 b에 대해 각각 완전 우성이다.
- (가)와 (나)의 유전자 중 하나는 상염색체에, 나머지 하나는 X 염색체에 있다.
- 가계도는 구성원 ㉠을 제외한 구성원 1~8에게서 (가)와 (나)의 발현 여부를 나타낸 것이다.

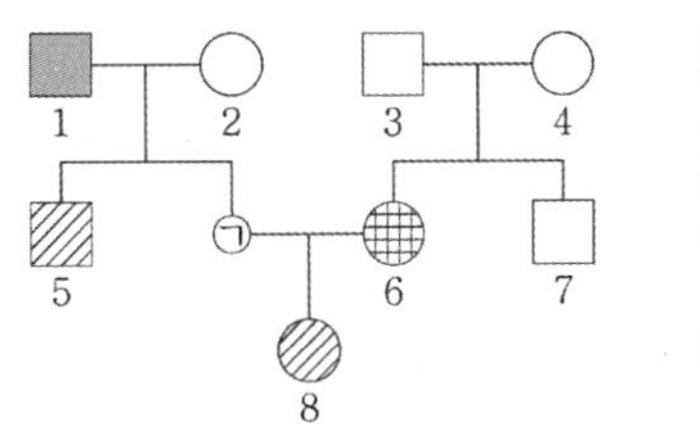

□ 정상 남자
○ 정상 여자
(가) 발현 남자
(가) 발현 여자
(나) 발현 여자
(가), (나) 발현 남자

이에 대한 옳은 설명만을 〈보기〉에서 있는 대로 고른 것은? (단, 돌연변이는 고려하지 않는다.) (3점)

[보기]

ㄱ. (나)의 유전자는 상염색체에 있다.
ㄴ. ㉠에게서 (가)가 발현되었다.
ㄷ. 8의 동생이 태어날 때, 이 아이에게서 (가)와 (나)가 모두 발현될 확률은 $\frac{1}{4}$이다.

① ㄱ ② ㄷ ③ ㄱ, ㄴ
④ ㄴ, ㄷ ⑤ ㄱ, ㄴ, ㄷ

L36 ✿✿❀ 2018 실시 7월 학평 11

그림은 영희 집안의 유전병 ㉠과 ㉡에 대한 가계도를 나타낸 것이다. ㉠은 대립유전자 A와 A*에 의해, ㉡은 대립유전자 B와 B*에 의해 결정되며, A는 A*에 대해, B는 B*에 대해 각각 완전 우성이다. 영희의 ㉠과 ㉡의 유전자형은 모두 동형 접합성이고, ㉠과 ㉡ 중 하나는 반성유전된다.

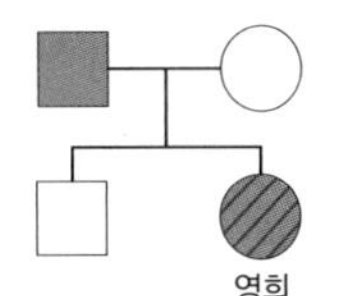

□ 정상 남자
○ 정상 여자
■ ㉠ 발현 남자
㉠, ㉡ 발현 여자

이에 대한 설명으로 옳은 것만을 〈보기〉에서 있는 대로 고른 것은? (단, 돌연변이는 고려하지 않는다.)

[보기]

ㄱ. ㉠을 결정하는 대립유전자는 X 염색체에 존재한다.
ㄴ. ㉠과 ㉡은 모두 단일 인자 유전이다.
ㄷ. 영희의 동생이 한 명 태어날 때, 이 아이가 유전병 ㉠과 ㉡을 모두 갖는 남자 아이일 확률은 $\frac{1}{16}$이다.

① ㄱ ② ㄷ ③ ㄱ, ㄴ ④ ㄴ, ㄷ ⑤ ㄱ, ㄴ, ㄷ

❖ 정답 및 해설 342~345p

L37 ✪ 고난도 2024 실시 10월 학평 15

다음은 어떤 집안의 유전 형질 (가)와 (나)에 대한 자료이다.

- (가)는 대립유전자 H와 h에 의해, (나)는 대립유전자 T와 t에 의해 결정된다. H는 h에 대해, T는 t에 대해 각각 완전 우성이다.
- (가)의 유전자와 (나)의 유전자는 서로 다른 염색체에 있다.
- 가계도는 구성원 1~7에게서 (가)와 (나)의 발현 여부를, 표는 구성원 1, 2, 5에서 체세포 1개당 H와 t의 DNA 상대량을 나타낸 것이다. ㉠~㉢은 0, 1, 2를 순서 없이 나타낸 것이다.

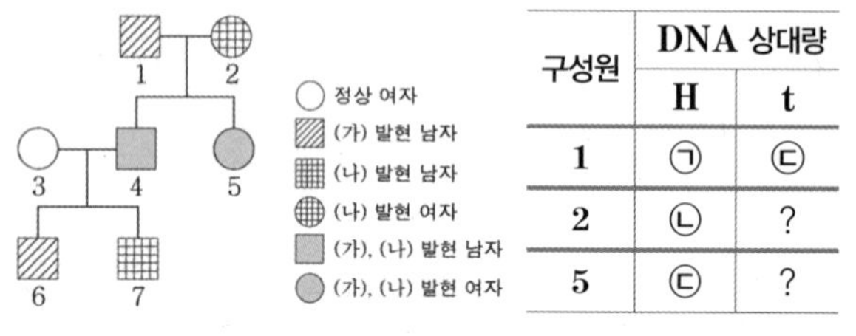

구성원	DNA 상대량	
	H	t
1	㉠	㉢
2	㉡	?
5	㉢	?

이에 대한 옳은 설명만을 〈보기〉에서 있는 대로 고른 것은? (단, 돌연변이와 교차는 고려하지 않으며, H, h, T, t 각각의 1개당 DNA 상대량은 1이다.) (3점)

[보기]

ㄱ. ㉢은 1이다.
ㄴ. (가)와 (나)는 모두 우성 형질이다.
ㄷ. 이 가계도 구성원 중 (가)와 (나)의 유전자형이 모두 동형 접합성인 사람은 1명이다.

① ㄱ ② ㄴ ③ ㄱ, ㄷ ④ ㄴ, ㄷ ⑤ ㄱ, ㄴ, ㄷ

L38 ✪ 고난도 2021 실시 4월 학평 17

다음은 어떤 집안의 유전 형질 (가)와 (나)에 대한 자료이다.

- (가)는 대립유전자 R와 r에 의해, (나)는 대립유전자 T와 t에 의해 결정된다. R는 r에 대해, T는 t에 대해 각각 완전 우성이다.
- (가)의 유전자와 (나)의 유전자는 모두 X 염색체에 있다.
- 가계도는 구성원 ⓐ와 ⓑ를 제외한 구성원 1~7에게서 (가)와 (나)의 발현 여부를 나타낸 것이다.

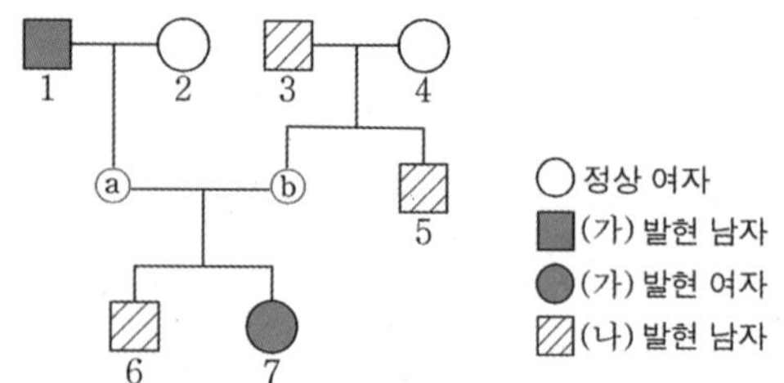

- 2와 7의 (가)의 유전자형은 모두 동형 접합성이다.

이에 대한 설명으로 옳은 것만을 〈보기〉에서 있는 대로 고른 것은? (단, 돌연변이와 교차는 고려하지 않는다.) (3점)

[보기]

ㄱ. (가)는 우성 형질이다.
ㄴ. ⓐ는 여자이다.
ㄷ. ⓑ에게서 (가)와 (나) 중 (가)만 발현되었다.

① ㄱ ② ㄴ ③ ㄷ
④ ㄱ, ㄴ ⑤ ㄴ, ㄷ

L39 ✪ 고난도 2021 대비 9월 모평 19

다음은 어떤 집안의 유전 형질 (가)와 (나)에 대한 자료이다.

- (가)는 대립유전자 H와 h에 의해, (나)는 대립유전자 R와 r에 의해 결정된다. H는 h에 대해, R는 r에 대해 각각 완전 우성이다
- (가)와 (나)의 유전자는 모두 X 염색체에 있다.
- 가계도는 구성원 ⓐ와 ⓑ를 제외한 구성원 1~9에게서 (가)와 (나)의 발현 여부를 나타낸 것이다.

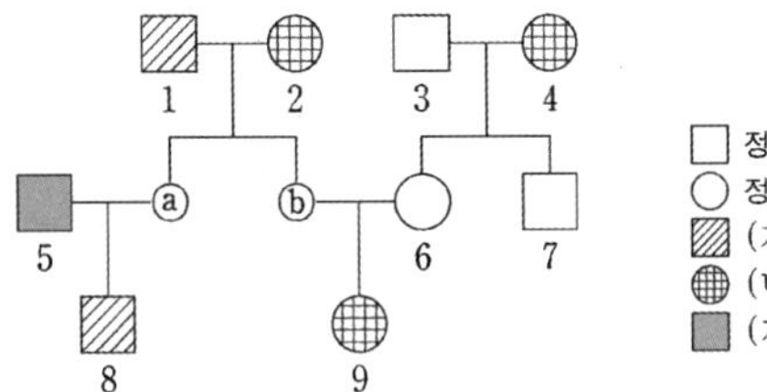

- ⓐ와 ⓑ 중 한 사람은 (가)와 (나)가 모두 발현되었고, 나머지 한 사람은 (가)와 (나)가 모두 발현되지 않았다.

이에 대한 설명으로 옳은 것만을 〈보기〉에서 있는 대로 고른 것은? (단, 돌연변이와 교차는 고려하지 않는다.) (3점)

[보기]

ㄱ. ⓐ에게서 (가)와 (나)가 모두 발현되었다.
ㄴ. 2의 (가)에 대한 유전자형은 이형 접합성이다.
ㄷ. 8의 동생이 태어날 때, 이 아이에게서 나타날 수 있는 표현형은 최대 4가지이다.

① ㄱ ② ㄴ ③ ㄱ, ㄷ ④ ㄴ, ㄷ ⑤ ㄱ, ㄴ, ㄷ

L40 ✪ 고난도 2021 실시 10월 학평 17

다음은 어떤 집안의 유전 형질 (가)와 (나)에 대한 자료이다.

- (가)는 대립유전자 A와 a에 의해, (나)는 대립유전자 B와 b에 의해 결정된다. A는 a에 대해, B는 b에 대해 각각 완전 우성이다.
- 가계도는 구성원 1~10에게서 (가)와 (나)의 발현 여부를 나타낸 것이다.

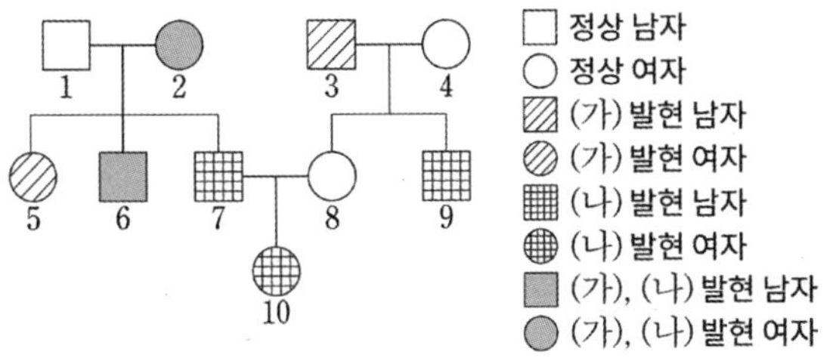

- 1, 2, 3, 4 각각의 체세포 1개당 a의 DNA 상대량을 더한 값은 1, 2, 3, 4 각각의 체세포 1개당 b의 DNA 상대량을 더한 값과 같다.

이에 대한 설명으로 옳은 것만을 〈보기〉에서 있는 대로 (단, 돌연변이는 고려하지 않으며, a와 b 각각의 1개당 DNA 상대량은 1이다.)

[보기]

ㄱ. (가)는 열성 형질이다.
ㄴ. 4는 (가)와 (나)의 유전자형이 모두 이형 접합성이다.
ㄷ. 10의 동생이 태어날 때, 이 아이가 (가)와 (나)에 대해 모두 정상일 확률은 $\frac{1}{4}$이다.

① ㄱ ② ㄴ ③ ㄱ, ㄷ ④ ㄴ, ㄷ ⑤ ㄱ, ㄴ, ㄷ

L41 ✪ 고난도 2023 실시 7월 학평 15

다음은 어떤 집안의 유전 형질 (가)와 (나)에 대한 자료이다.

- (가)는 대립유전자 H와 h에 의해 결정되며, H는 h에 대해 완전 우성이다.
- (나)는 대립유전자 T와 t에 의해 결정되며, 유전자형이 다르면 표현형이 다르다. (나)의 표현형은 3가지이고, ㉠, ㉡, ㉢이다.
- (가)와 (나)의 유전자는 같은 상염색체에 있다.
- 그림은 구성원 1~9의 가계도를, 표는 1~9를 (가)와 (나)의 표현형에 따라 분류한 것이다. ⓐ~ⓓ는 2, 3, 4, 7을 순서 없이 나타낸 것이다.

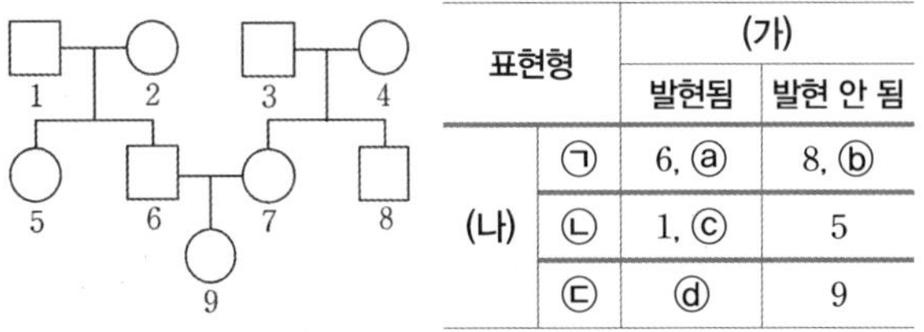

표현형		(가) 발현됨	(가) 발현 안 됨
(나)	㉠	6, ⓐ	8, ⓑ
	㉡	1, ⓒ	5
	㉢	ⓓ	9

- 3과 6은 각각 h와 T를 모두 갖는 생식세포를 형성할 수 있다.

이에 대한 설명으로 옳은 것만을 〈보기〉에서 있는 대로 고른 것은? (단, 돌연변이와 교차는 고려하지 않는다.) (3점)

[보기]

ㄱ. ⓐ는 7이다.
ㄴ. (나)의 표현형이 ㉠인 사람의 유전자형은 TT이다.
ㄷ. 9의 동생이 태어날 때, 이 아이의 (가)와 (나)의 표현형이 모두 3과 같을 확률은 $\frac{1}{4}$이다.

① ㄱ ② ㄴ ③ ㄷ ④ ㄱ, ㄴ ⑤ ㄱ, ㄷ

❖ 정답 및 해설 346~350p

L42 ✪ 고난도 2021 대비 수능 15

다음은 어떤 집안의 유전 형질 (가)~(다)에 대한 자료이다.

- (가)는 대립유전자 H와 h에 의해, (나)는 대립유전자 R와 r에 의해, (다)는 대립유전자 T와 t에 의해 결정된다. H는 h에 대해, R는 r에 대해, T는 t에 대해 각각 완전 우성이다.
- (가)~(다)의 유전자 중 2개는 X 염색체에, 나머지 1개는 상염색체에 있다.
- 가계도는 구성원 ⓐ를 제외한 구성원 1~8에게서 (가)~(다) 중 (가)와 (나)의 발현 여부를 나타낸 것이다.

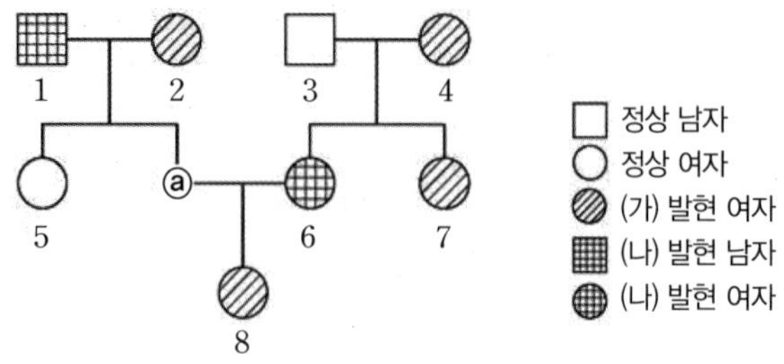

- 2, 7에서는 (다)가 발현되었고, 4, 5, 8에서는 (다)가 발현되지 않았다.

이에 대한 설명으로 옳은 것만을 〈보기〉에서 있는 대로 고른 것은? (단, 돌연변이와 교차는 고려하지 않는다.) (3점)

[보기]

ㄱ. (나)의 유전자는 X 염색체에 있다.
ㄴ. 4의 (가)~(다)의 유전자형은 모두 이형 접합성이다.
ㄷ. 8의 동생이 태어날 때, 이 아이에게서 (가)~(다) 중 (가)만 발현될 확률은 $\frac{1}{4}$이다.

① ㄱ ② ㄴ ③ ㄷ
④ ㄱ, ㄴ ⑤ ㄴ, ㄷ

유형 02 가계도와 DNA 상대량 분석

단서 구성원의 유전 형질의 발현 여부와 DNA 상대량이 제시되어 있다.

발상 DNA 상대량을 이용하여 유전 형질의 우열 관계를 파악해야 한다.

L43 ✪ 고난도 2025 대비 9월 모평 17

다음은 어떤 집안의 유전 형질 (가)~(다)에 대한 자료이다.

- (가)의 유전자는 9번 염색체에 있고, (나)와 (다)의 유전자 중 하나는 X 염색체에, 나머지 하나는 9번 염색체에 있다.
- (가)는 대립유전자 H와 h에 의해, (나)는 대립유전자 R와 r에 의해, (다)는 대립유전자 T와 t에 의해 결정된다. H는 h에 대해, R는 r에 대해, T는 t에 대해 각각 완전 우성이다.
- 가계도는 구성원 1~8에게서 (가)와 (나)의 발현 여부를 나타낸 것이다.

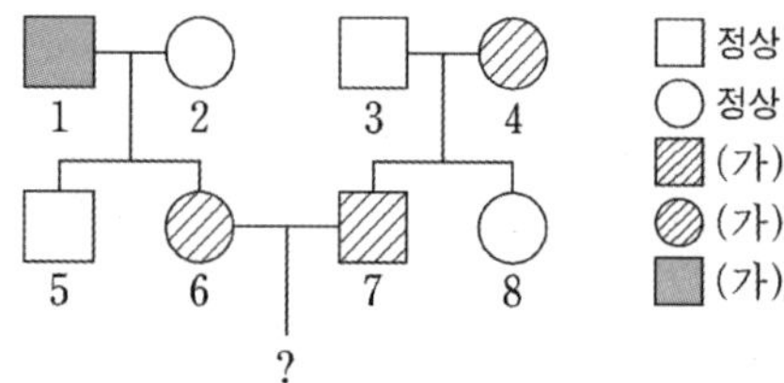

- 표는 구성원 2, 3, 5, 7, 8에서 체세포 1개당 H와 r의 DNA 상대량을 더한 값(H+r)과 체세포 1개당 R와 t의 DNA 상대량을 더한 값(R+t)을 나타낸 것이다.

구성원		2	3	5	7	8
DNA 상대량을 더한 값	H+r	1	0	1	1	1
	R+t	3	2	2	2	2

- 2와 5에서 (다)가 발현되었고, 4와 6의 (다)의 유전자형은 서로 같다.

이에 대한 설명으로 옳은 것만을 〈보기〉에서 있는 대로 고른 것은? (단, 돌연변이와 교차는 고려하지 않으며, H, h, R, r, T, t 각각의 1개당 DNA 상대량은 1이다.) (3점)

[보기]

ㄱ. (다)의 유전자는 X 염색체에 있다.
ㄴ. 4의 (가)~(다)의 유전자형은 모두 이형 접합성이다.
ㄷ. 6과 7 사이에서 아이가 태어날 때, 이 아이의 (가)~(다)의 표현형이 모두 6과 같을 확률은 $\frac{3}{16}$이다.

① ㄱ ② ㄷ ③ ㄱ, ㄴ ④ ㄴ, ㄷ ⑤ ㄱ, ㄴ, ㄷ

L44 ✪ 고난도

2024 대비 6월 모평 16

다음은 어떤 집안의 유전 형질 (가)와 (나)에 대한 자료이다.

- (가)는 대립유전자 A와 a에 의해, (나)는 대립유전자 B와 b에 의해 결정된다. A는 a에 대해, B는 b에 대해 각각 완전 우성이다.
- (가)와 (나)는 모두 우성 형질이고, (가)의 유전자와 (나)의 유전자는 서로 다른 염색체에 있다.
- 가계도는 구성원 1~8에게서 (가)와 (나)의 발현 여부를 나타낸 것이다.

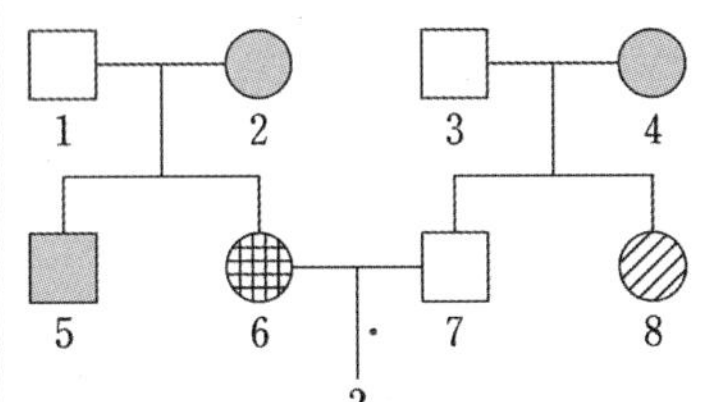

- 표는 구성원 1, 2, 5, 8에서 체세포 1개당 a와 B의 DNA 상대량을 나타낸 것이다. ㉠~㉢은 0, 1, 2를 순서 없이 나타낸 것이다.

구성원		1	2	5	8
DNA 상대량	a	1	㉠	㉡	?
	B	?	㉢	㉠	㉡

이에 대한 설명으로 옳은 것만을 〈보기〉에서 있는 대로 고른 것은? (단, 돌연변이와 교차는 고려하지 않으며, A, a, B, b 각각의 1개당 DNA 상대량은 1이다.) (3점)

[보기]

ㄱ. (가)의 유전자는 X 염색체에 있다.
ㄴ. ㉢은 2이다.
ㄷ. 6과 7 사이에서 아이가 태어날 때, 이 아이에게서 (가)와 (나) 중 (나)만 발현될 확률은 $\frac{1}{2}$이다.

① ㄱ ② ㄷ ③ ㄱ, ㄴ ④ ㄴ, ㄷ ⑤ ㄱ, ㄴ, ㄷ

L45 ✪ 고난도

2023 실시 3월 학평 17

다음은 어떤 집안의 유전 형질 (가)와 (나)에 대한 자료이다.

- (가)는 1쌍의 대립유전자 A와 a에 의해 결정되며, A는 a에 대해 완전 우성이다.
- (나)는 1쌍의 대립유전자에 의해 결정되며, 대립유전자에는 E, F, G가 있다. E는 F와 G에 대해, F는 G에 대해 각각 완전 우성이며, (나)의 표현형은 3가지이다.
- 가계도는 구성원 1~8에서 (가)의 발현 여부를 나타낸 것이다.

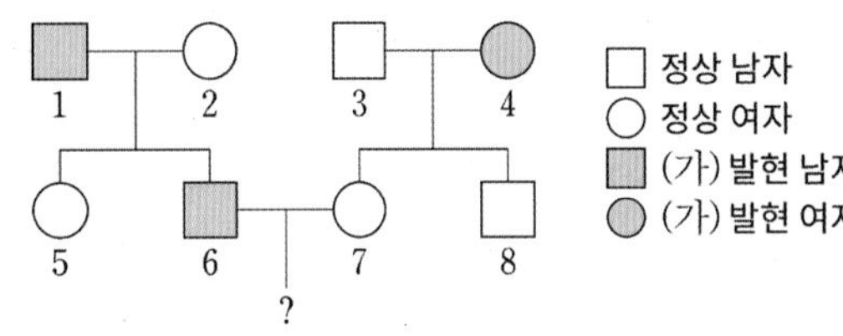

- 표는 5~8에서 체세포 1개당 F의 DNA 상대량을 나타낸 것이다.

구성원	5	6	7	8
F의 DNA 상대량	1	2	0	2

- 5와 7에서 (나)의 표현형은 같다.
- 5, 6, 7 각각의 체세포 1개당 A의 DNA 상대량을 더한 값은 5, 6, 7 각각의 체세포 1개당 G의 DNA 상대량을 더한 값과 같다.

이에 대한 옳은 설명만을 〈보기〉에서 있는 대로 고른 것은? (단, 돌연변이와 교차는 고려하지 않으며, A, a, E, F, G 각각의 1개당 DNA 상대량은 1이다.) (3점)

[보기]

ㄱ. (가)는 우성 형질이다.
ㄴ. (가)의 유전자는 (나)의 유전자와 같은 염색체에 있다.
ㄷ. 6과 7 사이에서 아이가 태어날 때, 이 아이에서 (가)와 (나)의 표현형이 모두 7과 같을 확률은 $\frac{1}{4}$이다.

① ㄱ ② ㄴ ③ ㄷ ④ ㄱ, ㄷ ⑤ ㄴ, ㄷ

❖ 정답 및 해설 351~354p

L46 ✪ 고난도 2023 실시 4월 학평 19

다음은 어떤 집안의 유전 형질 (가)와 (나)에 대한 자료이다.

- (가)는 대립유전자 H와 h에 의해, (나)는 대립유전자 T와 t에 의해 결정된다. H는 h에 대해, T는 t에 대해 각각 완전 우성이다.
- (가)와 (나)의 유전자는 서로 다른 상염색체에 있다.
- 가계도는 구성원 1~6에게서 (가)와 (나)의 발현 여부를 나타낸 것이다.

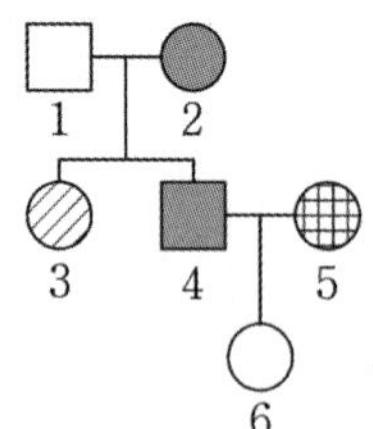

□ 정상 남자
○ 정상 여자
(가) 발현 여자
(나) 발현 여자
(가), (나) 발현 남자
(가), (나) 발현 여자

- 표는 구성원 3, 4, 5에서 체세포 1개당 H와 T의 DNA 상대량을 더한 값을 나타낸 것이다. ㉠~㉢은 0, 1, 2를 순서 없이 나타낸 것이다.

구성원	3	4	5
H와 T의 DNA 상대량을 더한 값	㉠	㉡	㉢

이에 대한 설명으로 옳은 것만을 〈보기〉에서 있는 대로 고른 것은? (단, 돌연변이는 고려하지 않으며, H, h, T, t 각각의 1개당 DNA 상대량은 1이다.)

[보기]

ㄱ. (가)는 우성 형질이다.
ㄴ. 1에서 체세포 1개당 h의 DNA 상대량은 ㉡이다.
ㄷ. 6의 동생이 태어날 때, 이 아이에게서 (가)와 (나)가 모두 발현될 확률은 $\frac{1}{8}$이다.

① ㄱ ② ㄴ ③ ㄷ ④ ㄱ, ㄴ ⑤ ㄴ, ㄷ

L47 ✪ 고난도 2023 실시 10월 학평 20

다음은 어떤 집안의 유전 형질 (가)와 (나)에 대한 자료이다.

- (가)는 대립유전자 A와 a에 의해, (나)는 대립유전자 B와 b에 의해 결정된다. A는 a에 대해, B는 b에 대해 각각 완전 우성이다.
- (가)와 (나)의 유전자 중 1개는 상염색체에 있고, 나머지 1개는 X 염색체에 있다.
- 가계도는 구성원 1~7에게서 (가)와 (나)의 발현 여부를 나타낸 것이다.

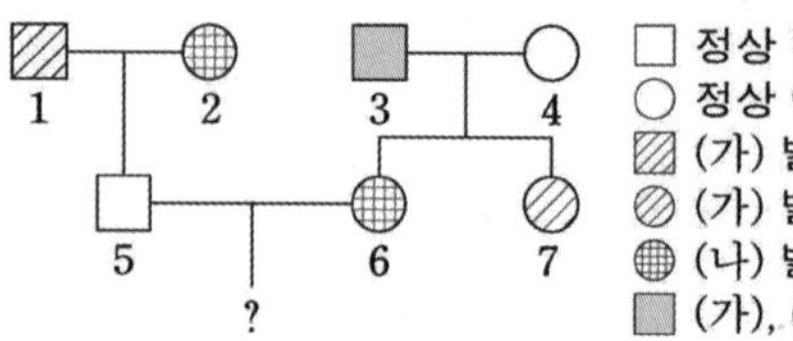

□ 정상 남자
○ 정상 여자
(가) 발현 남자
(가) 발현 여자
(나) 발현 여자
(가), (나) 발현 남자

- 표는 구성원 2, 3, 5, 7의 체세포 1개당 A와 b의 DNA 상대량을 더한 값을 나타낸 것이다. ⓐ~ⓒ는 1, 2, 3을 순서 없이 나타낸 것이다.

구성원	2	3	5	7
A와 b의 DNA 상대량을 더한 값	ⓐ	ⓑ	ⓒ	ⓐ

이에 대한 옳은 설명만을 〈보기〉에서 있는 대로 고른 것은? (단, 돌연변이와 교차는 고려하지 않으며, A, a, B, b 각각의 1개당 DNA 상대량은 1이다.) (3점)

[보기]

ㄱ. (나)는 우성 형질이다.
ㄴ. 1의 체세포 1개당 a와 B의 DNA 상대량을 더한 값은 ⓐ이다.
ㄷ. 5와 6 사이에서 아이가 태어날 때, 이 아이에게서 (가)와 (나) 중 (가)만 발현될 확률은 $\frac{1}{4}$이다.

① ㄱ ② ㄴ ③ ㄱ, ㄷ ④ ㄴ, ㄷ ⑤ ㄱ, ㄴ, ㄷ

❖ 정답 및 해설 355~356p

가계도 분석 문제

• 이 유형은 대립유전자의 DNA 상대량의 합을 이용하여 각 구성원을 매칭하고 유전자의 위치와 우열 관계를 묻는 형태로 주로 출제된다.

다음은 어떤 집안의 유전 형질 (가)와 (나)에 대한 자료이다.

○ (가)는 대립유전자 A와 a에 의해, (나)는 대립유전자 B와 b에 의해 결정된다. A는 a에 대해, B는 b에 대해 각각 완전 우성이다.

○ 가계도는 구성원 1~8에게서 (가)와 (나)의 발현 여부를 나타낸 것이다.

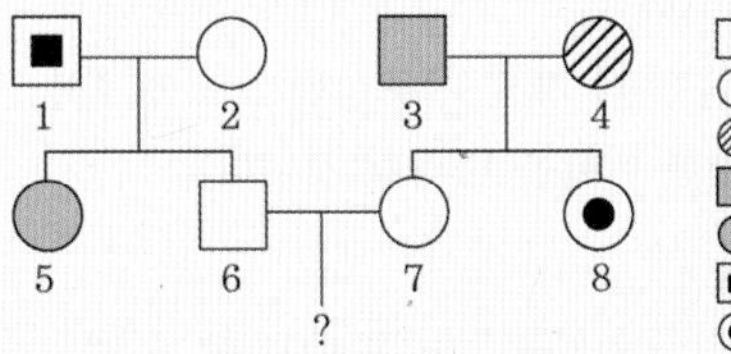

□ 정상 남자
○ 정상 여자
(가) 발현 여자
(나) 발현 남자
(나) 발현 여자
(가), (나) 발현 남자
(가), (나) 발현 여자

○ 표는 구성원 Ⅰ~Ⅲ에서 체세포 1개당 ㉠과 ㉢, ㉡과 ㉣의 DNA 상대량을 각각 더한 값을 나타낸 것이다. Ⅰ~Ⅲ은 3, 6, 8을 순서 없이 나타낸 것이고, ㉠과 ㉡은 A와 a를, ㉢과 ㉣은 B와 b를 각각 순서 없이 나타낸 것이다.

구성원	Ⅰ	Ⅱ	Ⅲ
㉠과 ㉢의 DNA 상대량을 더한 값	3	1	2
㉡과 ㉣의 DNA 상대량을 더한 값	0	3	1

이에 대한 설명으로 옳은 것만을 〈보기〉에서 있는 대로 고른 것은? (단, 돌연변이는 고려하지 않으며, A, a, B, b, D, d 각각의 1개당 DNA 상대량은 1이다.) (3점) 2022 실시 7월 학평 15

[보기]

ㄱ. (가)는 우성 형질이다.
ㄴ. 1과 5의 체세포 1개당 b의 DNA 상대량은 같다.
ㄷ. 6과 7 사이에서 아이가 태어날 때, 이 아이에게서 (가)와 (나) 중 한 형질만 발현될 확률은 $\frac{3}{4}$이다.

① ㄱ ② ㄴ ③ ㄱ, ㄷ ④ ㄴ, ㄷ ⑤ ㄱ, ㄴ, ㄷ

단서+발상

(단서) 표에서 구성원 Ⅰ~Ⅲ에서 체세포 1개당 ㉠과 ㉢, ㉡과 ㉣의 DNA 상대량을 각각 더한 값에 주목한다.

(발상) (가)가 상염색체 유전임을 파악한 상태에서 ㉠+㉡(A+a)의 값은 모두 2임을 생각한다.

(해결) 표에서 ㉠+㉡+㉢+㉣의 값이 3인 Ⅰ과 Ⅲ은 ㉢+㉣(B+b)의 값이 1이기 때문에 B와 b는 X 염색체에 존재하는 대립유전자이며, Ⅰ과 Ⅲ은 남자, Ⅱ는 여자임을 파악할 수 있어야 고난도 문제를 해결할 수 있다.

| 문제 해결 과정 |

step 1 (가)의 유전자 위치 파악하기

• ① 만약 (가)가 X 염색체 유전, 우성 형질이라면 (가)가 발현된 아버지 1은 딸에게 우성인 (가) 유전자를 물려주므로 딸도 (가)가 발현되어야 한다. 하지만 딸인 5는 (가)가 발현되지 않으므로 모순이다.

• ② 만약 (가)가 X 염색체 유전, 열성 형질이라면 (가)가 발현된 8의 아버지 3도 (가) 유전자를 갖기 때문에 (가)가 발현되어야 한다. 하지만 아버지 8은 (가)가 발현되지 않으므로 모순이다.

• ①과 ② 모두 모순이 나타나므로 (가)는 상염색체 유전이다.

step 2 Ⅱ 확정하기 및 (나)에 대해 분석하기

• (가)가 상염색체 유전이므로 ㉠+㉡(A+a)의 값은 모두 2이다. 따라서 주어진 표에서 ㉠+㉡+㉢+㉣의 값이 3인 Ⅰ과 Ⅲ은 ㉢+㉣(B+b)의 값이 1이기 때문에 B와 b는 X 염색체에 존재하는 대립유전자이며, Ⅰ과 Ⅲ은 남자, Ⅱ는 여자이다.

• 만약 (나)가 우성 형질이라면 (나)가 발현된 아버지 3은 딸에게 우성인 (나) 유전자를 물려주므로 딸은 무조건 (나)가 발현되어야 하는데, 딸 7은 (나)가 발현되지 않으므로 모순이다. 따라서 (나)는 [1] 형질이다.

step 3 ㉠, ㉡, ㉢, ㉣과 Ⅰ, Ⅱ, Ⅲ 확정하기 및 (가)의 우열 파악하기

• (나)가 발현된 8(Ⅱ)의 유전자형은 bb이므로 Ⅱ에서 DNA 상대량이 2인 ㉣은 b이며, DNA 상대량이 0인 ㉢은 [2]이다.

• (나)가 발현된 3은 bY, (나)가 발현되지 않은 6은 BY이다. 따라서 Ⅰ은 6이고, Ⅲ은 3이다. (참고로 Ⅰ에서 ㉢의 DNA 상대량이 1, ㉣의 DNA 상대량이 0이므로 Ⅲ에서 ㉢의 DNA 상대량이 0, ㉣의 DNA 상대량이 1이 된다.)

• Ⅱ에서 ㉠과 ㉡의 DNA 상대량이 모두 1이므로 Ⅱ의 유전자형은 Aabb이다. 8(Ⅱ)은 유전자형이 Aa로 이형 접합성이고, (가)가 발현되므로 (가)는 [3] 형질이다.

• 3과 6 모두 (가)의 유전자형이 aa이므로 Ⅰ과 Ⅲ에서 DNA 상대량이 2인 ㉠은 [4]이며, DNA 상대량이 0인 ㉡이 [5]이다.

구성원	Ⅰ (6)	Ⅱ (8)	Ⅲ (3)
a ㉠+㉢ B	2+1	1+0	2+0
A ㉡+㉣ b	0+0	1+2	0+1

| 보기 분석 |

ㄱ. (가)는 우성 형질이다. (○)

• 문제 해결 과정의 **step 3**를 참고하면, (가)는 우성 형질이다.

ㄴ. 1과 5의 체세포 1개당 b의 DNA 상대량은 같다. (×)

• (나)가 발현된 남자 1의 유전자형은 bY, (나)가 발현된 여자 5의 유전자형은 bb이다. 따라서 1과 5의 체세포 1개당 b의 DNA상대량은 각각 1과 2로 서로 다르다.

ㄷ. 6과 7 사이에서 아이가 태어날 때, 이 아이에게서 (가)와 (나) 중 한 형질만 발현될 확률은 $\frac{3}{4}$이다. (×)

• 6(aaBY)과 7(aaBb) 사이에서 아이가 태어날 때, (가)는 발현되지 않는다. 따라서 (나)가 발현될 확률을 구하면 6으로부터 Y($\frac{1}{2}$)를 받을 확률 × 7로부터 b($\frac{1}{2}$)를 받을 확률이므로 [6]이다.

∴ **정답은 ① ㄱ이다.**

☑ 이 유형을 대비하기 위해서는 두 대립유전자 쌍을 비교했을 때 A+a=2, B+b=1일 경우 B(b)는 성염색체 유전자인 것을 알아야 한다.

[정답] 1 열성 2 B 3 우성 4 a 5 A 6 $\frac{1}{4}$

1등급 대비 기출 문제

FOR THE FIRST CLASS LEVEL

L48 ✪ 1등급 대비

2025 대비 수능 19

다음은 어떤 집안의 유전 형질 (가)와 (나)에 대한 자료이다.

- (가)의 유전자와 (나)의 유전자는 같은 염색체에 있다.
- (가)는 대립유전자 A와 a에 의해, (나)는 대립유전자 B와 b에 의해 결정된다. A는 a에 대해, B는 b에 대해 각각 완전 우성이다.
- 가계도는 구성원 ⓐ~ⓒ를 제외한 구성원 1~6에게서 (가)와 (나)의 발현 여부를 나타낸 것이다. ⓒ는 남자이다.

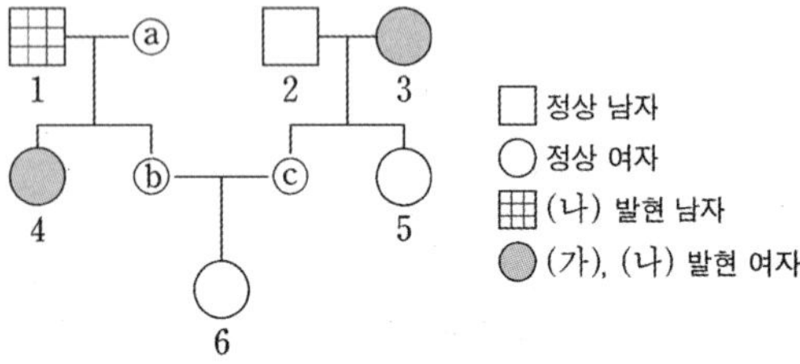

- 표는 구성원 ⓐ, 2, 4, 5에서 체세포 1개당 a와 B의 DNA 상대량을 나타낸 것이다. ㉠~㉢은 0, 1, 2를 순서 없이 나타낸 것이다.

구성원		ⓐ	2	4	5
DNA 상대량	a	?	?	?	㉠
	B	㉡	1	㉡	㉢

- ⓐ~ⓒ 중 한 사람은 (가)와 (나) 중 (가)만 발현되었고, 다른 한 사람은 (가)와 (나) 중 (나)만 발현되었으며, 나머지 한 사람은 (가)와 (나)가 모두 발현되었다.

이에 대한 설명으로 옳은 것만을 <보기>에서 있는 대로 고른 것은? (단, 돌연변이와 교차는 고려하지 않으며, A, a, B, b 각각의 1개당 DNA 상대량은 1이다.) (3점)

[보기]

ㄱ. (가)는 우성 형질이다.
ㄴ. 이 가계도 구성원 중 체세포 1개당 b의 DNA 상대량이 ㉠인 사람은 4명이다.
ㄷ. 6의 동생이 태어날 때, 이 아이에게서 (가)와 (나)가 모두 발현될 확률은 $\frac{1}{4}$이다.

① ㄱ ② ㄴ ③ ㄷ ④ ㄱ, ㄴ ⑤ ㄱ, ㄷ

L49 ✪ 1등급 대비

2025 대비 6월 모평 19

다음은 어떤 집안의 유전 형질 (가)와 (나)에 대한 자료이다.

- (가)의 유전자와 (나)의 유전자 중 하나만 X 염색체에 있다.
- (가)는 대립유전자 A와 a에 의해, (나)는 대립유전자 B와 b에 의해 결정된다. A는 a에 대해, B는 b에 대해 각각 완전 우성이다.
- 가계도는 구성원 ⓐ를 제외한 구성원 1~6에게서 (가)와 (나)의 발현 여부를 나타낸 것이다.

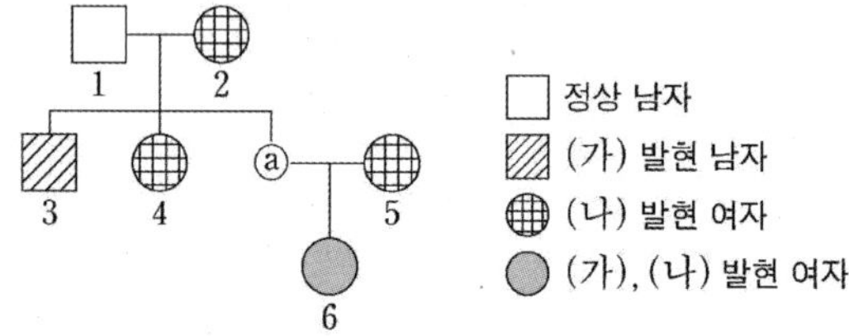

- 표는 구성원 3, 4, ⓐ, 6에서 체세포 1개당 a, B, b의 DNA 상대량을 나타낸 것이다. ㉠~㉢은 0, 1, 2를 순서 없이 나타낸 것이다.

구성원		3	4	ⓐ	6
DNA 상대량	a	?	㉠	?	?
	B	㉠	?	㉠	㉡
	b	?	㉢	㉠	?

이에 대한 설명으로 옳은 것만을 <보기>에서 있는 대로 고른 것은? (단, 돌연변이와 교차는 고려하지 않으며, A, a, B, b 각각의 1개당 DNA 상대량은 1이다.) (3점)

[보기]

ㄱ. (가)의 유전자는 X 염색체에 있다.
ㄴ. 이 가계도 구성원 중 체세포 1개당 a의 DNA 상대량이 ㉢인 사람은 3명이다.
ㄷ. 6의 동생이 태어날 때, 이 아이에게서 (가)와 (나) 중 (나)만 발현될 확률은 $\frac{1}{8}$이다.

① ㄱ ② ㄴ ③ ㄱ, ㄷ ④ ㄴ, ㄷ ⑤ ㄱ, ㄴ, ㄷ

L50 ✪ 1등급 대비 2024 실시 5월 학평 19

다음은 어떤 집안의 유전 형질 (가)와 (나)에 대한 자료이다.

- (가)는 대립유전자 A와 a에 의해 결정되며, A는 a에 대해 완전 우성이다.
- (나)는 상염색체에 있는 1쌍의 대립유전자에 의해 결정되며, 대립유전자에는 D, E, F가 있다. D는 E와 F에 대해, E는 F에 대해 각각 완전 우성이다.
- 가계도는 구성원 ⓐ를 제외한 구성원 1~5에게서 (가)의 발현 여부를 나타낸 것이다. ⓐ는 남자이다.

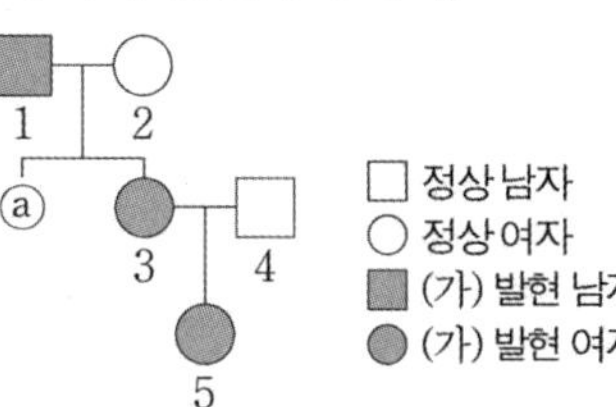

- 1, 2, ⓐ는 (나)의 표현형이 각각 서로 다르며, 3, 4, 5는 (나)의 표현형이 각각 서로 다르다.
- 표는 1, ⓐ, 3, 5에서 체세포 1개당 A와 E의 DNA 상대량을 더한 값을 나타낸 것이다.

구성원	1	ⓐ	3	5
A와 E의 DNA 상대량을 더한 값	1	1	2	2

이에 대한 설명으로 옳은 것만을 〈보기〉에서 있는 대로 고른 것은? (단, 돌연변이와 교차는 고려하지 않으며, A, a, D, E, F 각각의 1개당 DNA 상대량은 1이다.) (3점)

[보기]

ㄱ. ⓐ에게서 (가)가 발현되었다.
ㄴ. 1과 4의 (나)의 유전자형은 같다.
ㄷ. 5의 동생이 태어날 때, 이 아이의 (가)와 (나)의 표현형이 모두 3과 같을 확률은 $\frac{1}{4}$이다.

① ㄱ ② ㄴ ③ ㄷ ④ ㄱ, ㄷ ⑤ ㄴ, ㄷ

L51 ✪ 1등급 대비 2024 실시 7월 학평 11

다음은 사람의 유전 형질 (가)~(다)에 대한 자료이다.

- (가)는 대립유전자 A와 a에 의해 결정되며, A는 a에 대해 완전 우성이다.
- (나)는 대립유전자 B와 b에 의해 결정되며, 유전자형이 다르면 표현형이 다르다.
- (다)는 1쌍의 대립유전자에 의해 결정되며, 대립유전자에는 D, E, F가 있다. D는 E, F에 대해, E는 F에 대해 각각 완전 우성이다.
- Ⅰ과 Ⅱ는 (가)와 (나)의 표현형이 서로 같고, (다)의 표현형은 서로 다르다.
- Ⅰ과 Ⅱ 사이에서 ⓐ가 태어날 때, ⓐ의 (가)~(다)의 표현형이 모두 Ⅱ와 같을 확률은 0이고, ⓐ의 (가)~(다)의 표현형이 모두 Ⅲ과 같을 확률과 ⓐ의 (가)~(다)의 유전자형이 모두 Ⅲ과 같을 확률은 각각 $\frac{1}{16}$이다.
- 그림은 Ⅲ의 체세포에 들어 있는 일부 상염색체와 유전자를 나타낸 것이다.

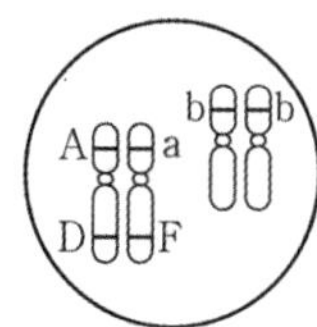

ⓐ에게서 나타날 수 있는 (가)~(다)의 표현형의 최대 가짓수는? (단, 돌연변이와 교차는 고려하지 않는다.) (3점)

① 6 ② 8 ③ 9 ④ 12 ⑤ 16

❖ 정답 및 해설 357~360p

L52 ✪ 1등급 대비 2024 실시 7월 학평 20

다음은 어떤 집안의 유전 형질 (가)와 (나)에 대한 자료이다.

- (가)는 대립유전자 A와 a에 의해, (나)는 대립유전자 B와 b에 의해 결정된다. A는 a에 대해, B는 b에 대해 각각 완전 우성이다.
- (가)의 유전자와 (나)의 유전자는 서로 다른 염색체에 있다.
- 가계도는 구성원 1~7에게서 (가)와 (나)의 발현 여부를, 표는 구성원 3, 5, 6에서 체세포 1개당 a와 b의 DNA 상대량을 더한 값(a+b)을 나타낸 것이다. ㉠, ㉡, ㉢을 모두 더한 값은 5이다.

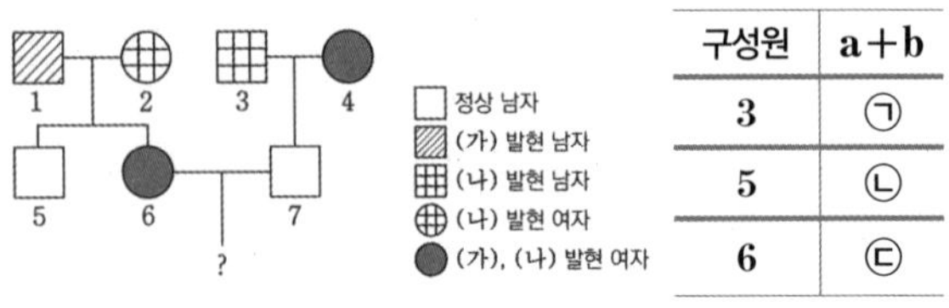

구성원	a+b
3	㉠
5	㉡
6	㉢

이에 대한 설명으로 옳은 것만을 〈보기〉에서 있는 대로 고른 것은? (단, 돌연변이와 교차는 고려하지 않으며, A, a, B, b 각각의 1개당 DNA 상대량은 1이다.) (3점)

[보기]

ㄱ. ㉠은 1이다.
ㄴ. (가)의 유전자는 상염색체에 있다.
ㄷ. 6과 7 사이에서 아이가 태어날 때, 이 아이에게서 (가)와 (나)가 모두 발현될 확률은 $\frac{1}{4}$이다.

① ㄱ ② ㄴ ③ ㄱ, ㄷ ④ ㄴ, ㄷ ⑤ ㄱ, ㄴ, ㄷ

L53 ✪ 1등급 대비 2023 대비 수능 9

다음은 사람의 유전 형질 (가)~(라)에 대한 자료이다.

- (가)는 대립유전자 A와 a에 의해, (나)는 대립유전자 B와 b에 의해, (다)는 대립유전자 D와 d에 의해, (라)는 대립유전자 E와 e에 의해 결정된다. A는 a에 대해, B는 b에 대해, D는 d에 대해, E는 e에 대해 각각 완전 우성이다.
- (가)~(라)의 유전자는 서로 다른 2개의 상염색체에 있고, (가)~(다)의 유전자는 (라)의 유전자와 다른 염색체에 있다.
- (가)~(라)의 표현형이 모두 우성인 부모 사이에서 ⓐ가 태어날 때, ⓐ의 (가)~(라)의 표현형이 모두 부모와 같을 확률은 $\frac{3}{16}$이다.

ⓐ가 (가)~(라) 중 적어도 2가지 형질의 유전자형을 이형 접합성으로 가질 확률은? (단, 돌연변이와 교차는 고려하지 않는다.)

① $\frac{7}{8}$ ② $\frac{3}{4}$ ③ $\frac{5}{8}$ ④ $\frac{1}{2}$ ⑤ $\frac{3}{8}$

L54 ✪ 1등급 대비 2022 실시 4월 학평 13

다음은 사람의 유전 형질 (가)에 대한 자료이다.

- (가)는 서로 다른 2개의 상염색체에 있는 3쌍의 대립유전자 A와 a, B와 b, D와 d에 의해 결정되며, A, a, B, b는 7번 염색체에 있다.
- (가)의 표현형은 ㉠ 유전자형에서 대문자로 표시되는 대립유전자의 수에 의해서만 결정되며, 이 대립유전자의 수가 다르면 표현형이 다르다.
- 남자 P의 ㉠과 여자 Q의 ㉠의 합은 6이다. P는 d를 갖는다.
- P와 Q 사이에서 ⓐ가 태어날 때, ⓐ에게서 나타날 수 있는 표현형은 최대 3가지이고, ⓐ가 가질 수 있는 ㉠은 1, 3, 5 중 하나이다.

이에 대한 설명으로 옳은 것만을 〈보기〉에서 있는 대로 고른 것은? (단, 돌연변이와 교차는 고려하지 않는다.)

[보기]

ㄱ. (가)의 유전은 다인자 유전이다.

ㄴ. $\frac{\text{P의 ㉠}}{\text{Q의 ㉠}}$은 2이다.

ㄷ. ⓐ의 ㉠이 3일 확률은 $\frac{1}{4}$이다.

① ㄱ ② ㄴ ③ ㄱ, ㄷ ④ ㄴ, ㄷ ⑤ ㄱ, ㄴ, ㄷ

L55 ✪ 1등급 대비 2023 대비 9월 모평 17

다음은 사람의 유전 형질 ㉠~㉢에 대한 자료이다.

- ㉠~㉢의 유전자는 서로 다른 3개의 상염색체에 있다.
- ㉠은 1쌍의 대립유전자에 의해 결정되며, 대립유전자에는 A, B, D가 있다. ㉠의 표현형은 4가지이며, ㉠의 유전자형이 AD인 사람과 AA인 사람의 표현형은 같고, 유전자형이 BD인 사람과 BB인 사람의 표현형은 같다.
- ㉡은 대립유전자 E와 E*에 의해 결정되며, 유전자형이 다르면 표현형이 다르다.
- ㉢은 대립유전자 F와 F*에 의해 결정되며, F는 F*에 대해 완전 우성이다.
- 표는 사람 Ⅰ~Ⅳ의 ㉠~㉢의 유전자형을 나타낸 것이다.

사람	Ⅰ	Ⅱ	Ⅲ	Ⅳ
유전자형	ABEEFF*	ADE*E*FF	BDEE*FF	BDEE*F*F*

- 남자 P와 여자 Q 사이에서 ⓐ가 태어날 때, ⓐ에게서 나타날 수 있는 ㉠~㉢의 표현형은 최대 12가지이다. P와 Q는 각각 Ⅰ~Ⅳ 중 하나이다.

ⓐ의 ㉠~㉢의 표현형이 모두 Ⅰ과 같을 확률은? (단, 돌연변이는 고려하지 않는다.)

① $\frac{1}{16}$ ② $\frac{1}{8}$ ③ $\frac{3}{16}$ ④ $\frac{1}{4}$ ⑤ $\frac{3}{8}$

❖ 정답 및 해설 361 ~ 364p

L56 ✪ 1등급 대비 2022 대비 수능 16

다음은 사람의 유전 형질 ㉠~㉢에 대한 자료이다.

○ ㉠은 대립유전자 A와 a에 의해, ㉡은 대립유전자 B와 b에 의해 결정된다.
○ 표 (가)와 (나)는 ㉠과 ㉡에서 유전자형이 서로 다를 때 표현형의 일치 여부를 각각 나타낸 것이다.

㉠의 유전자형		표현형 일치 여부
사람 1	사람 2	
AA	Aa	?
AA	aa	×
Aa	aa	×

(○: 일치함, ×: 일치하지 않음)

(가)

㉡의 유전자형		표현형 일치 여부
사람 1	사람 2	
BB	Bb	?
BB	bb	×
Bb	bb	×

(○: 일치함, ×: 일치하지 않음)

(나)

○ ㉢은 1쌍의 대립유전자에 의해 결정되며, 대립유전자에는 D, E, F가 있다.
○ ㉢의 표현형은 4가지이며, ㉢의 유전자형이 DE인 사람과 EE인 사람의 표현형은 같고, 유전자형이 DF인 사람과 FF인 사람의 표현형은 같다.
○ 여자 P는 남자 Q와 ㉠~㉢의 표현형이 모두 같고, P의 체세포에 들어 있는 일부 상염색체와 유전자는 그림과 같다.

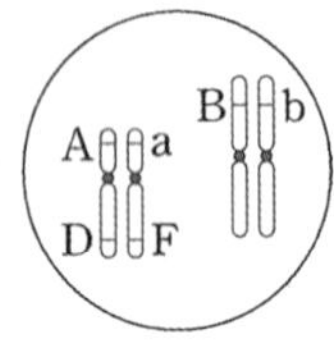

○ P와 Q 사이에서 ⓐ가 태어날 때, ⓐ의 ㉠~㉢의 표현형 중 한 가지만 부모와 같을 확률은 $\frac{3}{8}$이다.

이에 대한 설명으로 옳은 것만을 〈보기〉에서 있는 대로 고른 것은? (단, 돌연변이와 교차는 고려하지 않는다.) (3점)

[보기]
ㄱ. ㉡의 표현형은 BB인 사람과 Bb인 사람이 서로 다르다.
ㄴ. Q에서 A, B, D를 모두 갖는 정자가 형성될 수 있다.
ㄷ. ⓐ에게서 나타날 수 있는 표현형은 최대 12가지이다.

① ㄱ ② ㄴ ③ ㄷ
④ ㄱ, ㄴ ⑤ ㄱ, ㄷ

L57 ✪ 1등급 대비 2024 실시 10월 학평 20

다음은 사람의 유전 형질 (가)와 (나)에 대한 자료이다.

○ (가)는 1쌍의 대립유전자에 의해 결정되며, 대립유전자에는 A, B, D가 있다. ㉠은 ㉡, ㉢에 대해, ㉡은 ㉢에 대해 각각 완전 우성이다. ㉠~㉢은 각각 A, B, D 중 하나이다.
○ (나)는 서로 다른 3개의 상염색체에 있는 3쌍의 대립유전자 E와 e, F와 f, G와 g에 의해 결정된다.
○ (나)의 표현형은 유전자형에서 대문자로 표시되는 대립유전자의 수에 의해서만 결정되며, 이 대립유전자의 수가 다르면 표현형이 다르다.
○ (가)와 (나)의 유전자는 서로 다른 상염색체에 있다.
○ P의 유전자형은 ABEeFfGg이고, P와 Q는 (나)의 표현형이 서로 같다.
○ P와 Q 사이에서 ⓐ가 태어날 때, ⓐ가 (가)의 유전자형이 BD인 사람과 (가)의 표현형이 같을 확률은 $\frac{3}{4}$이다.
○ ⓐ가 유전자형이 DDEeffGg인 사람과 (가)와 (나)의 표현형이 모두 같을 확률은 $\frac{1}{16}$이다.

이에 대한 옳은 설명만을 〈보기〉에서 있는 대로 고른 것은? (단, 돌연변이는 고려하지 않는다.) (3점)

[보기]
ㄱ. ㉢은 A이다.
ㄴ. ⓐ에게서 나타날 수 있는 (나)의 표현형은 최대 5가지이다.
ㄷ. ⓐ의 (가)와 (나)의 표현형이 모두 P와 같을 확률은 $\frac{9}{32}$이다.

① ㄱ ② ㄷ ③ ㄱ, ㄴ ④ ㄴ, ㄷ ⑤ ㄱ, ㄴ, ㄷ

L58 ✪ 1등급 대비 2022 실시 10월 학평 16

다음은 사람의 유전 형질 (가)와 (나)에 대한 자료이다.

- (가)는 3쌍의 대립유전자 A와 a, B와 b, D와 d에 의해 결정된다.
- (가)의 표현형은 유전자형에서 대문자로 표시되는 대립유전자의 수에 의해서만 결정되고, 이 대립유전자의 수가 다르면 표현형이 다르다.
- (나)는 1쌍의 대립유전자에 의해 결정되고, 대립유전자에는 E, F, G가 있다. 각 대립유전자 사이의 우열 관계는 분명하고, (나)의 유전자형이 FF인 사람과 FG인 사람은 (나)의 표현형이 같다.
- 그림은 남자 ㉠과 여자 ㉡의 세포에 있는 일부 염색체와 유전자를 나타낸 것이다.

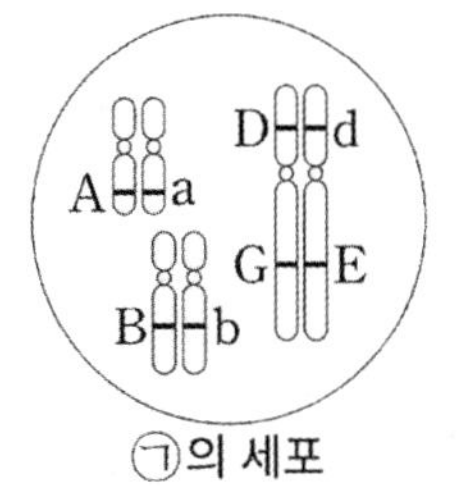

㉠의 세포

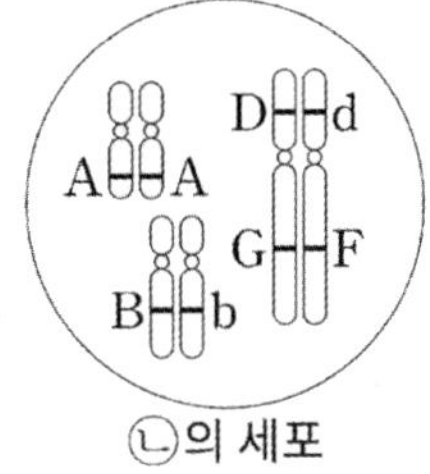

㉡의 세포

- ㉠과 ㉡ 사이에서 ⓐ가 태어날 때, ⓐ에게서 (가)와 (나)의 표현형이 모두 ㉠과 같을 확률은 $\frac{3}{32}$이다.

ⓐ에게서 (가)와 (나)의 표현형이 모두 ㉡과 같을 확률은? (단, 돌연변이와 교차는 고려하지 않는다.)

① $\frac{1}{32}$ ② $\frac{1}{16}$ ③ $\frac{3}{32}$ ④ $\frac{1}{8}$ ⑤ $\frac{3}{16}$

L59 ✪ 1등급 대비 2020 실시 7월 학평 10

다음은 사람의 유전 형질 ㉠에 대한 자료이다.

- ㉠은 서로 다른 4개의 상염색체에 있는 4쌍의 대립유전자 A와 a, B와 b, D와 d, E와 e에 의해 결정된다.
- ㉠의 표현형은 ㉠에 대한 유전자형에서 대문자로 표시되는 대립유전자의 수에 의해서만 결정된다.
- 표는 사람 (가)~(마)의 ㉠에 대한 유전자형에서 대문자로 표시되는 대립유전자의 수와 동형접합을 이루는 대립유전자 쌍의 수를 나타낸 것이다.

사람	대문자로 표시되는 대립유전자 수	동형접합을 이루는 대립유전자 쌍의 수
(가)	2	?
(나)	4	2
(다)	3	1
(라)	7	?
(마)	5	3

- (가)~(라) 중 2명은 (마)의 부모이다.
- (가)~(마)는 B와 b 중 한 종류만 갖는다.
- (가)와 (나)는 e를 갖지 않고, (라)는 e를 갖는다.

이에 대한 설명으로 옳은 것만을 〈보기〉에서 있는 대로 고른 것은? (단, 돌연변이는 고려하지 않는다.) (3점)

[보기]

ㄱ. (마)의 부모는 (나)와 (다)이다.
ㄴ. (가)에서 생성될 수 있는 생식 세포의 ㉠에 대한 유전자형은 최대 2가지이다.
ㄷ. (마)의 동생이 태어날 때, 이 아이의 ㉠에 대한 표현형이 (나)와 같을 확률은 $\frac{3}{16}$이다.

① ㄱ ② ㄴ ③ ㄷ
④ ㄱ, ㄷ ⑤ ㄴ, ㄷ

❖ 정답 및 해설 365 ~ 368p

L60 ✪ 1등급 대비 2020 실시 4월 학평 10

다음은 어떤 사람의 유전 형질 (가)와 (나)에 대한 자료이다.

- (가)와 (나)를 결정하는 유전자는 서로 다른 상염색체에 있다.
- (가)는 1쌍의 대립유전자에 의해 결정되고, 대립유전자에는 A, B, D가 있으며, (가)의 표현형은 3가지이다.
- (나)를 결정하는 데 관여하는 3개의 유전자는 서로 다른 상염색체에 있으며, 3개의 유전자는 각각 대립유전자 E와 e, F와 f, G와 g를 가진다.
- (나)의 표현형은 유전자형에서 대문자로 표시되는 대립유전자의 수에 의해서만 결정되며, 이 대립유전자의 수가 다르면 표현형이 다르다.
- 유전자형이 ㉠ABEeFfGg인 아버지와 ㉡BDEeFfGg인 어머니 사이에서 아이가 태어날 때, 이 아이에게서 (가)와 (나)의 표현형이 모두 ㉠과 같을 확률은 $\frac{5}{64}$이다.

이에 대한 설명으로 옳은 것만을 〈보기〉에서 있는 대로 고른 것은? (단, 돌연변이와 교차는 고려하지 않는다.) (3점)

[보기]

ㄱ. ㉠과 ㉡의 (가)에 대한 표현형은 같다.
ㄴ. ㉠에서 생성될 수 있는 (가)와 (나)에 대한 생식세포의 유전자형은 16가지이다.
ㄷ. 유전자형이 AAEeFFGg인 아버지와 BDeeffgg인 어머니 사이에서 아이가 태어날 때, 이 아이에게서 나타날 수 있는 (가)와 (나)의 표현형은 최대 6가지이다.

① ㄱ ② ㄴ ③ ㄱ, ㄷ
④ ㄴ, ㄷ ⑤ ㄱ, ㄴ, ㄷ

L61 ✪ 1등급 대비 2022 실시 7월 학평 15

다음은 어떤 집안의 유전 형질 (가)와 (나)에 대한 자료이다.

○ (가)는 대립유전자 A와 a에 의해, (나)는 대립유전자 B와 b에 의해 결정된다. A는 a에 대해, B는 b에 대해 각각 완전 우성이다.
○ 가계도는 구성원 1~8에게서 (가)와 (나)의 발현 여부를 나타낸 것이다.

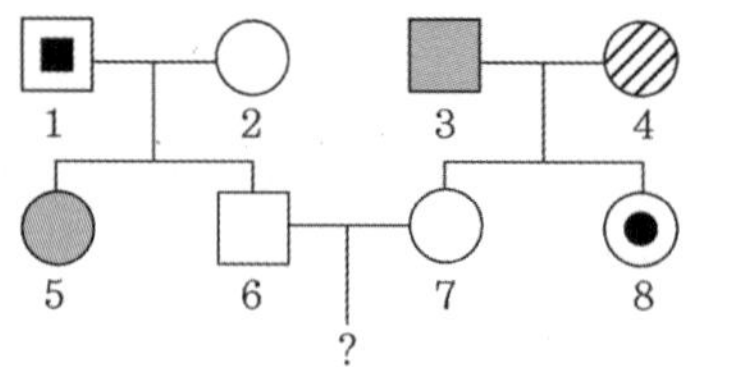

○ 표는 구성원 Ⅰ~Ⅲ에서 체세포 1개당 ㉠과 ㉢, ㉡과 ㉣의 DNA 상대량을 각각 더한 값을 나타낸 것이다. Ⅰ~Ⅲ은 3, 6, 8을 순서 없이 나타낸 것이고, ㉠과 ㉡은 A와 a를, ㉢과 ㉣은 B와 b를 각각 순서 없이 나타낸 것이다.

구성원	Ⅰ	Ⅱ	Ⅲ
㉠과 ㉢의 DNA 상대량을 더한 값	3	1	2
㉡과 ㉣의 DNA 상대량을 더한 값	0	3	1

이에 대한 설명으로 옳은 것만을 〈보기〉에서 있는 대로 고른 것은? (단, 돌연변이는 고려하지 않으며, A, a, B, b, D, d 각각의 1개당 DNA 상대량은 1이다.) (3점)

[보기]

ㄱ. (가)는 우성 형질이다.
ㄴ. 1과 5의 체세포 1개당 b의 DNA 상대량은 같다.
ㄷ. 6과 7 사이에서 아이가 태어날 때, 이 아이에게서 (가)와 (나) 중 한 형질만 발현될 확률은 $\frac{3}{4}$이다.

① ㄱ ② ㄴ ③ ㄱ, ㄷ
④ ㄴ, ㄷ ⑤ ㄱ, ㄴ, ㄷ

L62 ✪ 1등급 대비

2022 실시 10월 학평 19

다음은 어떤 집안의 유전 형질 (가)~(다)에 대한 자료이다.

- (가)는 대립유전자 A와 a에 의해, (나)는 대립유전자 B와 b에 의해, (다)는 대립유전자 D와 d에 의해 결정된다. A는 a에 대해, B는 b에 대해, D는 d에 대해 각각 완전 우성이다.
- (가)~(다)의 유전자 중 2개는 X 염색체에, 나머지 1개는 상염색체에 있다.
- 가계도는 구성원 ⓐ와 ⓑ를 제외한 구성원 1~6에게서 (가)~(다)의 발현 여부를 나타낸 것이다.

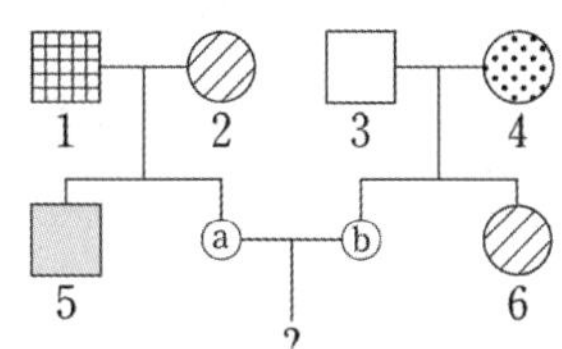

□ 정상 남자
(가) 발현 여자
(나) 발현 남자
(다) 발현 여자
(가), (나) 발현 남자

- 표는 5, ⓐ, ⓑ, 6에서 체세포 1개당 대립유전자 ㉠~㉢의 DNA 상대량을 나타낸 것이다. ㉠~㉢은 각각 A, B, d 중 하나이다.

구성원		5	ⓐ	ⓑ	6
DNA 상대량	㉠	1	2	0	2
	㉡	0	1	1	0
	㉢	0	1	1	1

이에 대한 옳은 설명만을 〈보기〉에서 있는 대로 고른 것은? (단, 돌연변이와 교차는 고려하지 않으며, A, a, B, b, D, d 각각의 1개당 DNA 상대량은 1이다.) (3점)

[보기]

ㄱ. (다)는 우성 형질이다.
ㄴ. 3은 ㉡과 ㉢을 모두 갖는다.
ㄷ. ⓐ와 ⓑ 사이에서 아이가 태어날 때, 이 아이에게서 (가)~(다) 중 (가)만 발현될 확률은 $\frac{1}{16}$이다.

① ㄱ ② ㄷ ③ ㄱ, ㄴ ④ ㄴ, ㄷ ⑤ ㄱ, ㄴ, ㄷ

L63 ✪ 1등급 대비

2022 대비 수능 19

다음은 어떤 집안의 유전 형질 (가)와 (나)에 대한 자료이다.

- (가)는 대립유전자 H와 h에 의해, (나)는 대립유전자 T와 t에 의해 결정된다. H는 h에 대해, T는 t에 대해 각각 완전 우성이다.
- 가계도는 구성원 ⓐ를 제외한 구성원 1~7에게서 (가)와 (나)의 발현 여부를 나타낸 것이다.

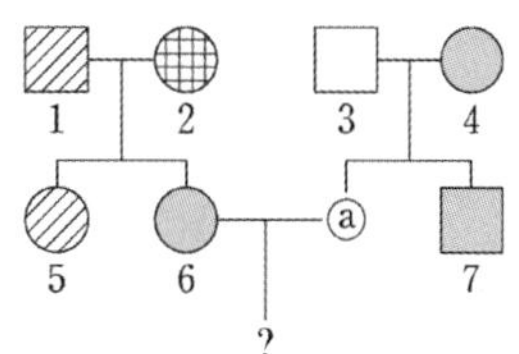

□ 정상 남자
(가) 발현 남자
(가) 발현 여자
(나) 발현 여자
(가), (나) 발현 남자
(가), (나) 발현 여자

- 표는 구성원 1, 3, 6, ⓐ에서 체세포 1개당 ㉠과 ㉡의 DNA 상대량을 더한 값을 나타낸 것이다. ㉠은 H와 h 중 하나이고, ㉡은 T와 t 중 하나이다.

구성원	1	3	6	ⓐ
㉠과 ㉡의 DNA 상대량을 더한 값	1	0	3	1

이에 대한 설명으로 옳은 것만을 〈보기〉에서 있는 대로 고른 것은? (단, 돌연변이와 교차는 고려하지 않으며, H, h, T, t 각각의 1개당 DNA 상대량은 1이다.) (3점)

[보기]

ㄱ. (나)의 유전자는 X 염색체에 있다.
ㄴ. 4에서 체세포 1개당 ㉡의 DNA 상대량은 1이다.
ㄷ. 6과 ⓐ 사이에서 아이가 태어날 때, 이 아이에게서 (가)와 (나)가 모두 발현될 확률은 $\frac{1}{2}$이다.

① ㄱ ② ㄴ ③ ㄱ, ㄷ
④ ㄴ, ㄷ ⑤ ㄱ, ㄴ, ㄷ

L

❖ 정답 및 해설 369 ~ 372p

L64 ✪ 1등급 대비

2022 대비 9월 모평 17

다음은 어떤 집안의 유전 형질 (가)와 (나)에 대한 자료이다.

- (가)는 대립유전자 A와 a에 의해, (나)는 대립유전자 B와 b에 의해 결정된다. A는 a에 대해, B는 b에 대해 각각 완전 우성이다.
- 가계도는 구성원 1~8에게서 (가)와 (나)의 발현 여부를 나타낸 것이다.

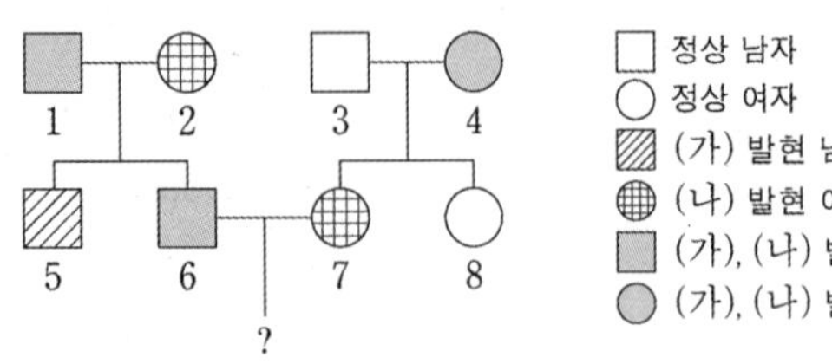

- 표는 구성원 ㉠~㉥에서 체세포 1개당 A와 b의 DNA 상대량을 더한 값을 나타낸 것이다. ㉠~㉢은 1, 2, 5를 순서 없이 나타낸 것이고, ㉣~㉥은 3, 4, 8을 순서 없이 나타낸 것이다.

구성원	㉠	㉡	㉢	㉣	㉤	㉥
A와 b의 DNA 상대량을 더한 값	0	1	2	1	2	3

이에 대한 설명으로 옳은 것만을 〈보기〉에서 있는 대로 고른 것은? (단, 돌연변이와 교차는 고려하지 않으며, A, a, B, b 각각의 1개당 DNA 상대량은 1이다.) (3점)

[보기]

ㄱ. (가)의 유전자는 상염색체에 있다.
ㄴ. 8은 ㉤이다.
ㄷ. 6과 7 사이에서 아이가 태어날 때, 이 아이의 (가)와 (나)의 표현형이 모두 ㉡과 같을 확률은 $\frac{1}{8}$이다.

① ㄱ ② ㄴ ③ ㄱ, ㄷ ④ ㄴ, ㄷ ⑤ ㄱ, ㄴ, ㄷ

L65 ✪ 1등급 대비

2024 대비 9월 모평 19

다음은 어떤 집안의 유전 형질 (가)와 (나)에 대한 자료이다.

- (가)는 대립유전자 A와 a에 의해, (나)는 대립유전자 B와 b에 의해 결정된다. A는 a에 대해, B는 b에 대해 각각 완전 우성이다.
- (가)의 유전자와 (나)의 유전자는 서로 다른 염색체에 있다.
- 가계도는 구성원 1~7에게서 (가)와 (나)의 발현 여부를, 표는 구성원 1, 3, 6에서 체세포 1개당 ㉠과 B의 DNA 상대량을 더한 값(㉠+B)을 나타낸 것이다. ㉠은 A와 a 중 하나이다.

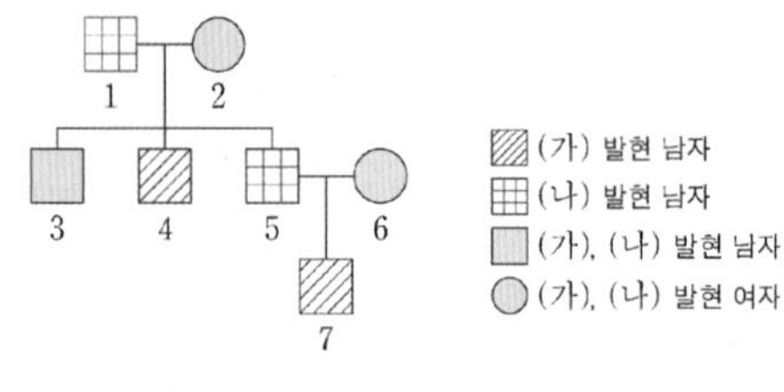

구성원	㉠+B
1	2
3	1
6	2

이에 대한 설명으로 옳은 것만을 〈보기〉에서 있는 대로 고른 것은? (단, 돌연변이와 교차는 고려하지 않으며, A, a, B, b 각각의 1개당 DNA 상대량은 1이다.)

[보기]

ㄱ. ㉠은 A이다.
ㄴ. (나)의 유전자는 상염색체에 있다.
ㄷ. 7의 동생이 태어날 때, 이 아이에게서 (가)와 (나)가 모두 발현될 확률은 $\frac{3}{8}$이다.

① ㄱ ② ㄴ ③ ㄱ, ㄷ ④ ㄴ, ㄷ ⑤ ㄱ, ㄴ, ㄷ

L66 ✪ 1등급 대비
2024 대비 수능 19

다음은 어떤 집안의 유전 형질 (가)와 (나)에 대한 자료이다.

- (가)의 유전자와 (나)의 유전자는 같은 염색체에 있다.
- (가)는 대립유전자 H와 h에 의해, (나)는 대립유전자 T와 t에 의해 결정된다. H는 h에 대해, T는 t에 대해 각각 완전 우성이다.
- 가계도는 구성원 ⓐ~ⓒ를 제외한 구성원 1~6에게서 (가)와 (나)의 발현 여부를 나타낸 것이다. ⓑ는 남자이다.

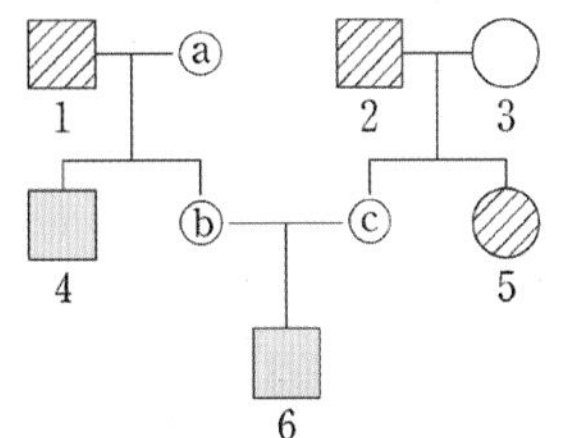

- ⓐ~ⓒ 중 (가)가 발현된 사람은 1명이다.
- 표는 ⓐ~ⓒ에서 체세포 1개당 h의 DNA 상대량을 나타낸 것이다. ㉠~㉢은 0, 1, 2를 순서 없이 나타낸 것이다.

구성원	ⓐ	ⓑ	ⓒ
h의 DNA 상대량	㉠	㉡	㉢

- ⓐ와 ⓒ의 (나)의 유전자형은 서로 같다.

이에 대한 설명으로 옳은 것만을 〈보기〉에서 있는 대로 고른 것은? (단, 돌연변이와 교차는 고려하지 않으며, H, h, T, t 각각의 1개당 DNA 상대량은 1이다.) (3점)

[보기]

ㄱ. (가)는 열성 형질이다.
ㄴ. ⓐ~ⓒ 중 (나)가 발현된 사람은 2명이다.
ㄷ. 6의 동생이 태어날 때, 이 아이에게서 (가)와 (나)가 모두 발현될 확률은 $\frac{1}{4}$이다.

① ㄱ ② ㄴ ③ ㄱ, ㄷ ④ ㄴ, ㄷ ⑤ ㄱ, ㄴ, ㄷ

L67 ✪ 1등급 대비
2022 대비 6월 모평 17

다음은 어떤 집안의 유전 형질 (가)~(다)에 대한 자료이다.

- (가)는 대립유전자 A와 a에 의해, (나)는 대립유전자 B와 b에 의해, (다)는 대립유전자 D와 d에 의해 결정된다. A는 a에 대해, B는 b에 대해, D는 d에 대해 각각 완전 우성이다.
- (가)~(다)의 유전자 중 2개는 X 염색체에, 나머지 1개는 상염색체에 있다.
- 가계도는 구성원 ⓐ를 제외한 구성원 1~7에게서 (가)~(다) 중 (가)와 (나)의 발현 여부를 나타낸 것이다.

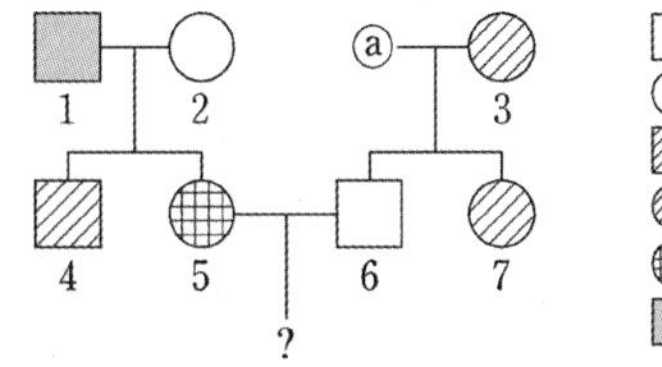

- 표는 ⓐ와 1~3에서 체세포 1개당 대립유전자 ㉠~㉢의 DNA 상대량을 나타낸 것이다. ㉠~㉢은 A, B, d를 순서 없이 나타낸 것이다.

구성원		1	2	ⓐ	3
DNA 상대량	㉠	0	1	0	1
	㉡	0	1	1	0
	㉢	1	1	0	2

- 3, 6, 7 중 (다)가 발현된 사람은 1명이고, 4와 7의 (다)의 표현형은 서로 같다.

이에 대한 설명으로 옳은 것만을 〈보기〉에서 있는 대로 고른 것은? (단, 돌연변이와 교차는 고려하지 않으며, A, a, B, b, D, d 각각의 1개당 DNA 상대량은 1이다.) (3점)

[보기]

ㄱ. ㉠은 B이다.
ㄴ. 7의 (가)~(다)의 유전자형은 모두 이형 접합성이다.
ㄷ. 5와 6 사이에서 아이가 태어날 때, 이 아이에게서 (가)~(다) 중 한 가지 형질만 발현될 확률은 $\frac{1}{2}$이다.

① ㄱ ② ㄴ ③ ㄷ
④ ㄱ, ㄷ ⑤ ㄴ, ㄷ

❖ 정답 및 해설 373~377p

L68 ✪ 1등급 대비 2021 실시 7월 학평 20

다음은 어떤 집안의 유전 형질 (가)~(다)에 대한 자료이다.

- (가)는 대립유전자 H와 h에 의해, (나)는 대립유전자 R와 r에 의해, (다)는 대립유전자 T와 t에 의해 결정된다. H는 h에 대해, R는 r에 대해, T는 t에 대해 각각 완전 우성이다.
- (가)~(다)를 결정하는 유전자 중 2가지는 같은 염색체에 있다.
- 가계도는 구성원 1~10에서 (가)~(다) 중 (가)와 (나)의 발현 여부를 나타낸 것이다.

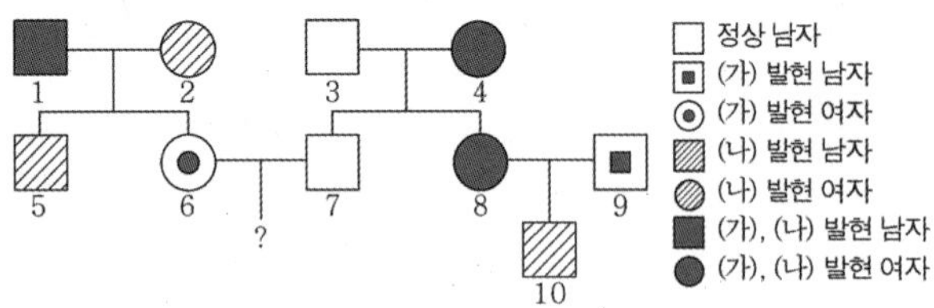

- 구성원 1~10 중 2, 3, 5, 10에서만 (다)가 발현되었다.
- 표는 구성원 1~10에서 체세포 1개당 H, R, t 개수의 합을 나타낸 것이다.

대립유전자	H	R	t
대립유전자 개수의 합	ⓐ	ⓑ	ⓑ

이에 대한 설명으로 옳은 것만을 〈보기〉에서 있는 대로 고른 것은? (단, 돌연변이는 고려하지 않는다.) (3점)

[보기]

ㄱ. (가)를 결정하는 유전자는 성염색체에 있다.
ㄴ. 4의 (다)에 대한 유전자형은 이형 접합성이다.
ㄷ. 6과 7 사이에서 아이가 태어날 때, 이 아이에게서 (가)~(다) 중 1가지 형질만 발현될 확률은 $\frac{3}{4}$이다.

① ㄱ ② ㄴ ③ ㄷ
④ ㄱ, ㄴ ⑤ ㄱ, ㄷ

L69 ✪ 1등급 대비 2020 실시 4월 학평 19

다음은 어떤 집안의 유전 형질 (가)~(다)에 대한 자료이다.

- (가)는 대립유전자 H와 h에 의해, (나)는 대립유전자 R와 r에 의해, (다)는 대립유전자 T와 t에 의해 결정된다. H는 h에 대해, R는 r에 대해, T는 t에 대해 각각 완전 우성이다.
- (가)~(다) 중 1가지 형질을 결정하는 유전자는 상염색체에, 나머지 2가지 형질을 결정하는 유전자는 성염색체에 존재한다.
- 가계도는 구성원 1~9에게서 (가)와 (나)의 발현 여부를 나타낸 것이다.

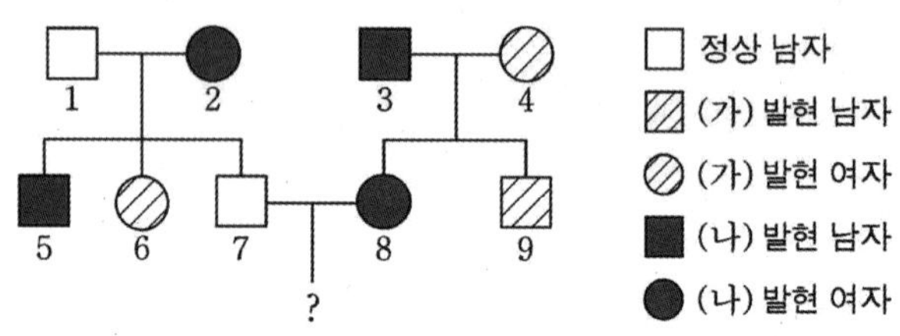

- 5~9 중 7, 9에서만 (다)가 발현되었고, 5~9 중 4명만 t를 가진다.
- $\frac{\text{3, 4 각각의 체세포 1개당 T의 상대량을 더한 값}}{\text{5, 7 각각의 체세포 1개당 H의 상대량을 더한 값}}=1$이다.

이에 대한 설명으로 옳은 것만을 〈보기〉에서 있는 대로 고른 것은? (단, 돌연변이와 교차는 고려하지 않으며, H, h, R, r, T, t 각각의 1개당 DNA 상대량은 1이다.) (3점)

[보기]

ㄱ. (나)와 (다)는 모두 열성 형질이다.
ㄴ. 1과 5에서 (가)의 유전자형은 같다.
ㄷ. 7과 8 사이에서 아이가 태어날 때, 이 아이에게서 (가)~(다) 중 (가)와 (나)만 발현될 확률은 $\frac{1}{8}$이다.

① ㄱ ② ㄴ ③ ㄷ
④ ㄱ, ㄴ ⑤ ㄴ, ㄷ

L70 ✪ 1등급 대비 2020 실시 7월 학평 15

어떤 집안의 유전 형질 (가)~(다)에 대한 자료이다.

- (가)는 대립유전자 H와 H*에 의해, (나)는 대립유전자 R와 R*에 의해, (다)는 대립유전자 T와 T*에 의해 결정된다. H는 H*에 대해, R는 R*에 대해, T는 T*에 대해 각각 완전 우성이다.
- (가)~(다)의 유전자는 모두 서로 다른 염색체에 있고, (가)와 (나) 중 한 형질을 결정하는 유전자는 X염색체에 존재한다.
- 가계도는 (가)~(다) 중 (가)의 발현 여부를 나타낸 것이다.

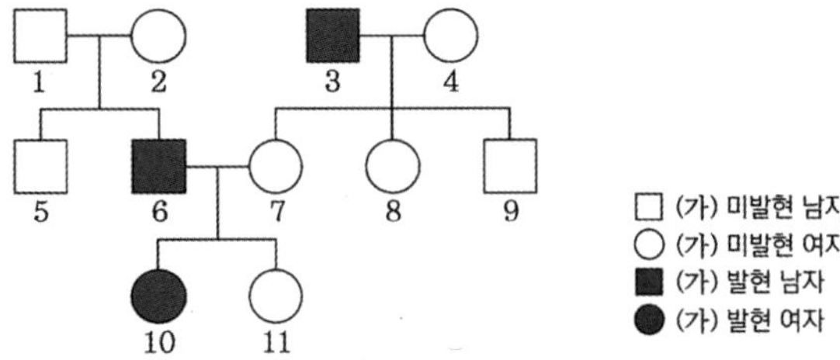

- 구성원 1~11 중 (가)만 발현된 사람은 6이고, (나)만 발현된 사람은 5, 8, 9이고, (다)만 발현된 사람은 7이다.
- 1과 11에서만 (나)와 (다)가 모두 발현되었다.
- 4와 10은 (나)에 대한 유전자형이 서로 다르며 두 사람에서 모두 (나)가 발현되지 않았다.
- 2와 3은 (다)에 대한 유전자형이 서로 다르며 각각 T와 T* 중 한 종류만 갖는다.

이에 대한 설명으로 옳은 것만을 〈보기〉에서 있는 대로 고른 것은? (단, 돌연변이는 고려하지 않는다.) (3점)

[보기]

ㄱ. (가)를 결정하는 유전자는 X염색체에 있다.
ㄴ. 1~11 중 R*와 T*를 모두 갖는 사람은 총 9명이다.
ㄷ. 6과 7 사이에서 남자 아이가 태어날 때, 이 아이에게서 (가)와 (다)만 발현될 확률은 $\frac{3}{8}$이다.

① ㄴ ② ㄷ ③ ㄱ, ㄴ
④ ㄱ, ㄷ ⑤ ㄱ, ㄴ, ㄷ

L71 ✪ 1등급 대비 2023 대비 6월 모평 17

다음은 어떤 집안의 유전 형질 (가)와 (나)에 대한 자료이다.

- (가)는 대립유전자 E와 e에 의해 결정되며, 유전자형이 다르면 표현형이 다르다. (가)의 3가지 표현형은 각각 ㉠, ㉡, ㉢이다.
- (나)는 3쌍의 대립유전자 H와 h, R와 r, T와 t에 의해 결정된다. (나)의 표현형은 유전자형에서 대문자로 표시되는 대립유전자의 수에 의해서만 결정되며, 이 대립유전자의 수가 다르면 표현형이 다르다.
- 가계도는 구성원 1~8에게서 발현된 (가)의 표현형을, 표는 구성원 1, 2, 3, 6, 7에서 체세포 1개당 E, H, R, T의 DNA 상대량을 더한 값(E+H+R+T)을 나타낸 것이다.

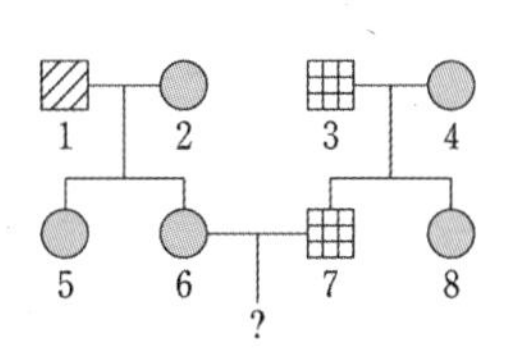

구성원	E+H+R+T
1	6
2	ⓐ
3	2
6	5
7	3

- 구성원 1에서 e, H, R는 7번 염색체에 있고, T는 8번 염색체에 있다.
- 구성원 2, 4, 5, 8은 (나)의 표현형이 모두 같다.

이에 대한 설명으로 옳은 것만을 〈보기〉에서 있는 대로 고른 것은? (단, 돌연변이와 교차는 고려하지 않으며, E, e, H, h, R, r, T, t 각각의 1개당 DNA 상대량은 1이다.) (3점)

[보기]

ㄱ. ⓐ는 4이다.
ㄴ. 구성원 4에서 E, h, r, T를 모두 갖는 생식세포가 형성될 수 있다.
ㄷ. 구성원 6과 7 사이에서 아이가 태어날 때, 이 아이에게서 나타날 수 있는 (나)의 표현형은 최대 5가지이다.

① ㄱ ② ㄷ ③ ㄱ, ㄴ
④ ㄴ, ㄷ ⑤ ㄱ, ㄴ, ㄷ

L72 ✪ 1등급 대비 2020 대비 6월 모평 19

다음은 어떤 집안의 유전 형질 (가)~(다)에 대한 자료이다.

- (가)는 대립유전자 H와 H^*에 의해, (나)는 대립유전자 R와 R^*에 의해, (다)는 대립유전자 T와 T^*에 의해 결정된다. H는 H^*에 대해, R는 R^*에 대해, T는 T^*에 대해 각각 완전 우성이다.
- (가)의 유전자와 (나)의 유전자 중 하나만 X 염색체에 있다.
- (다)의 유전자는 X 염색체에 있고, (다)는 열성 형질이다.
- 가계도는 구성원 ⓐ를 제외한 나머지 구성원 1~9에게서 (가)와 (나)의 발현 여부를 나타낸 것이다.

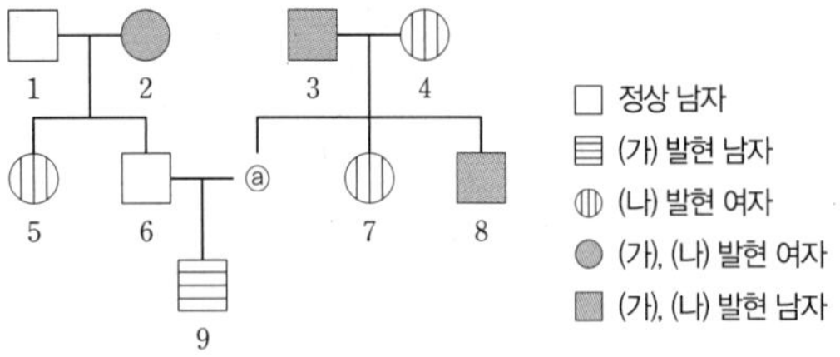

- ⓐ를 제외한 나머지 1~9 중 3, 6, 9에서만 (다)가 발현되었다.
- 체세포 1개당 H의 DNA 상대량은 1과 ⓐ가 서로 같다.

이에 대한 설명으로 옳은 것만을 <보기>에서 있는 대로 고른 것은? (단, 돌연변이와 교차는 고려하지 않으며, H와 H^* 각각의 1개당 DNA 상대량은 1이다.)

[보기]

ㄱ. (가)는 우성 형질이다.
ㄴ. ⓐ에서 (다)가 발현되었다.
ㄷ. 9의 동생이 태어날 때, 이 아이에게서 (가)~(다)가 모두 발현될 확률은 $\frac{1}{4}$이다.

① ㄱ ② ㄴ ③ ㄷ
④ ㄱ, ㄴ ⑤ ㄴ, ㄷ

L73 ✪ 1등급 대비 2020 실시 10월 학평 18

다음은 어떤 집안의 유전 형질 (가)와 (나)에 대한 자료이다.

- (가)는 대립유전자 E와 e에 의해 결정되고, E는 e에 대해 완전 우성이다.
- (나)는 대립유전자 H, R, T에 의해 결정된다. H는 R와 T에 대해 각각 완전 우성이고, R는 T에 대해 완전 우성이다.
- (나)의 표현형은 3가지이고, ㉠, ㉡, ㉢이다.
- (가)와 (나)의 유전자는 모두 X 염색체에 있다.
- 가계도는 구성원 ⓐ와 ⓑ를 제외한 구성원 1 ~ 11에게서 (가)의 발현 여부를 나타낸 것이다.

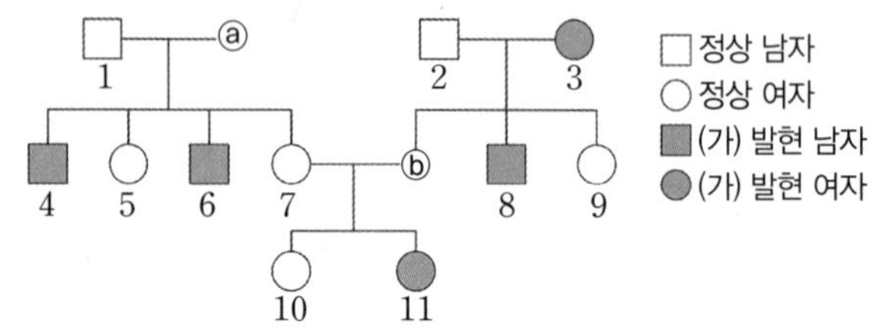

- 1의 (나)의 표현형은 ㉠이고, 2와 11의 (나)의 표현형은 ㉡이며, 3의 (나)의 표현형은 ㉢이다.
- 4, 6, 10의 (나)의 표현형은 모두 다르고, ⓑ, 8, 9의 (나)의 표현형도 모두 다르다.
- 9의 (나)의 유전자형은 RT이다.

이에 대한 옳은 설명만을 <보기>에서 있는 대로 고른 것은? (단, 돌연변이와 교차는 고려하지 않는다.) (3점)

[보기]

ㄱ. (가)는 열성 형질이다.
ㄴ. ⓐ와 8의 (나)의 표현형은 다르다.
ㄷ. 이 집안에서 E와 T를 모두 갖는 구성원은 4명이다.

① ㄱ ② ㄴ ③ ㄱ, ㄷ
④ ㄴ, ㄷ ⑤ ㄱ, ㄴ, ㄷ

L74 ✪ 1등급 대비

2023 대비 9월 모평 16

다음은 어떤 집안의 유전 형질 (가)와 (나)에 대한 자료이다.

- (가)의 유전자와 (나)의 유전자 중 하나만 X 염색체에 있다.
- (가)는 대립유전자 H와 h에 의해, (나)는 대립유전자 T와 t에 의해 결정된다. H는 h에 대해, T는 t에 대해 각각 완전 우성이다.
- 가계도는 구성원 1~6에게서 (가)와 (나)의 발현 여부를 나타낸 것이다.

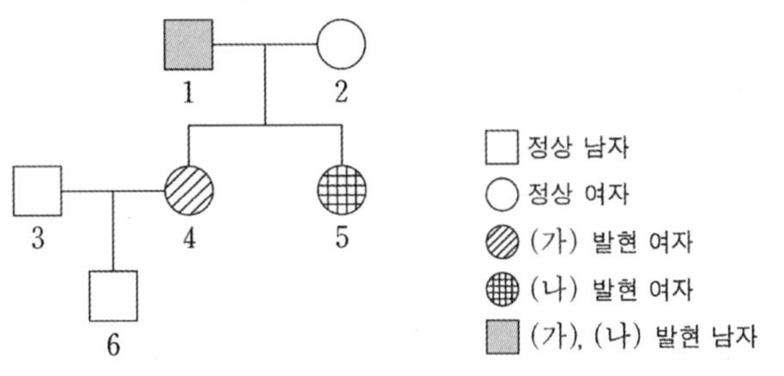

- 표는 구성원 Ⅰ~Ⅲ에서 체세포 1개당 H와 ㉠의 DNA 상대량을 나타낸 것이다. Ⅰ~Ⅲ은 각각 구성원 1, 2, 5 중 하나이고, ㉠은 T와 t 중 하나이며, ⓐ~ⓒ는 0, 1, 2를 순서 없이 나타낸 것이다.

구성원		Ⅰ	Ⅱ	Ⅲ
DNA 상대량	H	ⓑ	ⓒ	ⓑ
	㉠	ⓒ	ⓒ	ⓐ

이에 대한 설명으로 옳은 것만을 〈보기〉에서 있는 대로 고른 것은? (단, 돌연변이와 교차는 고려하지 않으며, H, h, T, t 각각의 1개당 DNA 상대량은 1이다.) (3점)

[보기]

ㄱ. (가)는 열성 형질이다.
ㄴ. Ⅲ의 (가)와 (나)의 유전자형은 모두 동형 접합성이다.
ㄷ. 6의 동생이 태어날 때, 이 아이에게서 (가)와 (나)가 모두 발현될 확률은 $\frac{1}{4}$이다.

① ㄱ ② ㄴ ③ ㄱ, ㄴ
④ ㄱ, ㄷ ⑤ ㄴ, ㄷ

L75 ✪ 1등급 대비

2022 실시 4월 학평 18

다음은 어떤 집안의 유전 형질 (가), (나), ABO식 혈액형에 대한 자료이다.

- (가)는 대립유전자 G와 g에 의해, (나)는 대립유전자 H와 h에 의해 결정된다. G는 g에 대해, H는 h에 대해 각각 완전 우성이다.
- (가), (나), ABO식 혈액형의 유전자 중 2개는 9번 염색체에, 나머지 1개는 X 염색체에 있다.
- 가계도는 구성원 ⓐ를 제외한 구성원 1~9에게서 (가)와 (나)의 발현 여부를 나타낸 것이다.

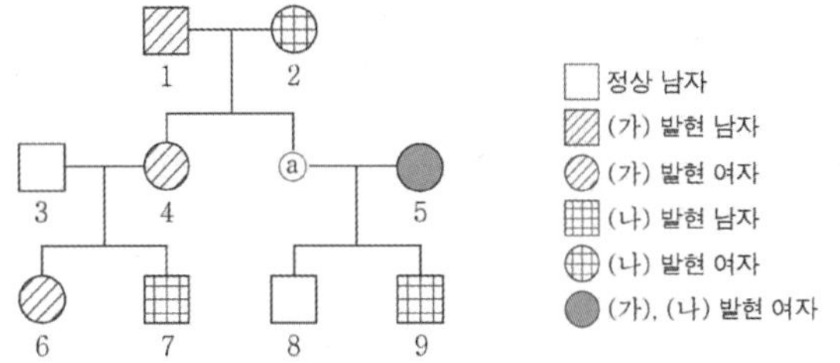

- ⓐ, 5, 8, 9의 혈액형은 각각 서로 다르다.
- 1, 5, 6은 모두 A형이고, 3과 7의 혈액형은 8과 같다.

이에 대한 설명으로 옳은 것만을 〈보기〉에서 있는 대로 고른 것은? (단, 돌연변이와 교차는 고려하지 않는다.) (3점)

[보기]

ㄱ. (가)의 유전자는 X 염색체에 있다.
ㄴ. ⓐ는 1과 (나)의 유전자형이 같다.
ㄷ. 7의 동생이 태어날 때, 이 아이의 (가), (나), ABO식 혈액형의 표현형이 모두 4와 같을 확률은 $\frac{1}{4}$이다.

① ㄱ ② ㄴ ③ ㄷ
④ ㄱ, ㄴ ⑤ ㄱ, ㄷ

L

L76 ✪ 1등급 대비 2023 대비 수능 19

다음은 어떤 집안의 유전 형질 (가)와 (나)에 대한 자료이다.

- (가)의 유전자와 (나)의 유전자는 같은 염색체에 있다.
- (가)는 대립유전자 A와 a에 의해 결정되며, A는 a에 대해 완전 우성이다.
- (나)는 대립유전자 E, F, G에 의해 결정되며, E는 F, G에 대해, F는 G에 대해 각각 완전 우성이다. (나)의 표현형은 3가지이다.
- 가계도는 구성원 ⓐ를 제외한 구성원 1~5에게서 (가)의 발현 여부를 나타낸 것이다.

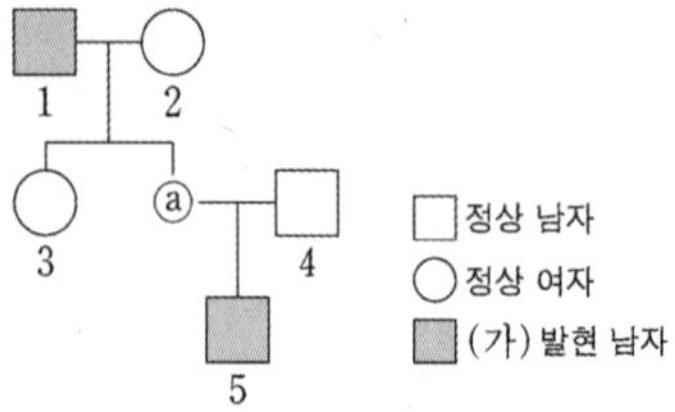

- 표는 구성원 1~5와 ⓐ에서 체세포 1개당 E와 F의 DNA 상대량을 더한 값(E+F)과 체세포 1개당 F와 G의 DNA 상대량을 더한 값(F+G)을 나타낸 것이다. ㉠~㉢은 0, 1, 2를 순서 없이 나타낸 것이다.

구성원		1	2	3	ⓐ	4	5
DNA 상대량을 더한 값	E+F	?	?	1	㉡	0	1
	F+G	㉠	?	1	1	1	㉢

이에 대한 설명으로 옳은 것만을 〈보기〉에서 있는 대로 고른 것은? (단, 돌연변이와 교차는 고려하지 않으며, E, F, G 각각의 1개당 DNA 상대량은 1이다.) (3점)

[보기]

ㄱ. ⓐ의 (가)의 유전자형은 동형 접합성이다.

ㄴ. 이 가계도 구성원 중 A와 G를 모두 갖는 사람은 2명이다.

ㄷ. 5의 동생이 태어날 때, 이 아이의 (가)와 (나)의 표현형이 모두 2와 같을 확률은 $\frac{1}{2}$이다.

① ㄱ ② ㄴ ③ ㄱ, ㄷ
④ ㄴ, ㄷ ⑤ ㄱ, ㄴ, ㄷ

L77 ✪ 1등급 대비 2020 대비 수능 17

다음은 어떤 집안의 유전 형질 (가)와 (나)에 대한 자료이다.

- (가)는 대립유전자 H와 H*에 의해, (나)는 대립유전자 T와 T*에 의해 결정된다. H는 H*에 대해, T는 T*에 대해 각각 완전 우성이다.
- (가)의 유전자와 (나)의 유전자는 X 염색체에 함께 있다.
- 가계도는 구성원 ⓐ와 ⓑ를 제외한 구성원 1~8에게서 (가)와 (나)의 발현 여부를 나타낸 것이다.

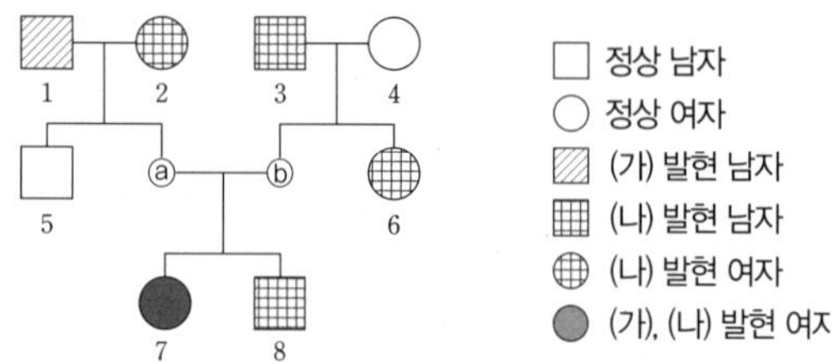

- 표는 구성원 1, 2, 6에서 체세포 1개당 H의 DNA 상대량과 구성원 3, 4, 5에서 체세포 1개당 T*의 DNA 상대량을 나타낸 것이다. ㉠~㉢은 0, 1, 2를 순서 없이 나타낸 것이다.

구성원	H의 DNA 상대량	구성원	T*의 DNA 상대량
1	㉠	3	㉠
2	㉡	4	㉢
6	㉢	5	㉡

이에 대한 설명으로 옳은 것만을 〈보기〉에서 있는 대로 고른 것은? (단, 돌연변이와 교차는 고려하지 않으며, H, H*, T, T* 각각의 1개당 DNA 상대량은 1이다.) (3점)

[보기]

ㄱ. (가)는 열성 형질이다.

ㄴ. $\frac{\text{7, ⓐ 각각의 체세포 1개당 T의 DNA 상대량을 더한 값}}{\text{4, ⓑ 각각의 체세포 1개당 H*의 DNA 상대량을 더한 값}}$ =1이다.

ㄷ. 8의 동생이 태어날 때, 이 아이에게서 (가)와 (나) 중 (나)만 발현될 확률은 $\frac{1}{2}$이다.

① ㄴ ② ㄷ ③ ㄱ, ㄴ
④ ㄱ, ㄷ ⑤ ㄱ, ㄴ, ㄷ

L78 ✪ 1등급 대비 2021 대비 6월 모평 17

다음은 어떤 집안의 유전 형질 (가)와 (나)에 대한 자료이다.

- (가)는 대립유전자 R와 r에 의해 결정되며, R는 r에 대해 완전 우성이다.
- (나)는 상염색체에 있는 1쌍의 대립유전자에 의해 결정되며, 대립유전자에는 E, F, G가 있다.
- (나)의 표현형은 4가지이며, (나)의 유전자형이 EG인 사람과 EE인 사람의 표현형은 같고, 유전자형이 FG인 사람과 FF인 사람의 표현형은 같다.
- 가계도는 구성원 1~9에게서 (가)의 발현 여부를 나타낸 것이다.

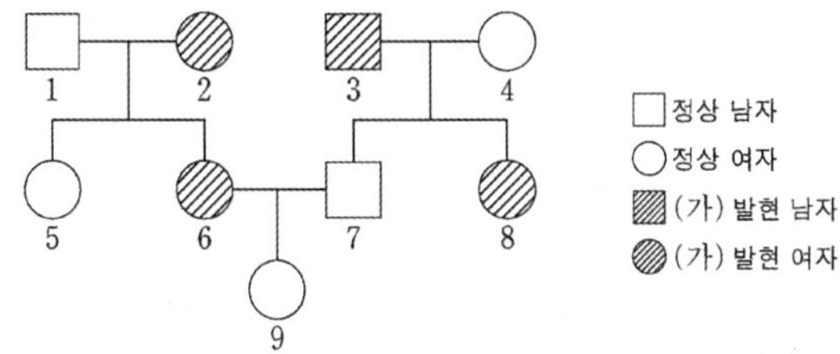

- $\dfrac{\text{1,2,5,6 각각의 체세포 1개당 E의 DNA 상대량을 더한 값}}{\text{3,4,7,8 각각의 체세포 1개당 r의 DNA 상대량을 더한 값}} = \dfrac{3}{2}$
- 1, 2, 3, 4의 (나)의 표현형은 모두 다르고, 2, 6, 7, 9의 (나)의 표현형도 모두 다르다.
- 3과 8의 (나)의 유전자형은 이형 접합성이다.

이에 대한 옳은 설명만을 〈보기〉에서 있는 대로 고른 것은? (단, 돌연변이와 교차는 고려하지 않으며, E, F, G, R, r 각각의 1개당 DNA 상대량은 1이다.) (3점)

[보기]

ㄱ. (가)의 유전자는 상염색체에 있다.
ㄴ. 7의 (나)의 유전자형은 동형 접합성이다.
ㄷ. 9의 동생이 태어날 때, 이 아이의 (가)와 (나)의 표현형이 8과 같을 확률은 $\frac{1}{8}$이다.

① ㄱ ② ㄴ ③ ㄷ
④ ㄱ, ㄴ ⑤ ㄴ, ㄷ

❖ 정답 및 해설 389 ~ 393p

M 유전병

1등급 대비 단원

★ 2025 수능 출제 분석

- **염색체 돌연변이** : 가족 구성원의 성별과 3가지 대립 유전자에 대한 DNA 상대량을 분석하여 어머니의 난자 형성 과정에서 염색체 비분리가 일어난 시기를 구하는 문제가 고난도로 출제되었다.

대비년도	출제 개념	난이도
2025 수능	염색체 돌연변이	★★★
2025 9월	돌연변이	★★★
2025 6월	돌연변이	★★★
2024 수능	염색체 비분리	★★★

1 염색체 이상에 의한 유전병

1. 염색체 돌연변이[1]

(1) 염색체 구조 이상과 염색체 수 이상으로 구분된다.

(2) 형질 발현에 영향을 주어 부모에게 없던 이상 형질이 자손에게 나타난다.

2. 염색체 수 이상

(1) **원인:** 감수 분열 과정에서 일어나는 염색체 비분리에[2] 의해 나타난다.

(2) 염색체 수가 정상보다 많거나 적은 생식세포가 형성될 수 있다.

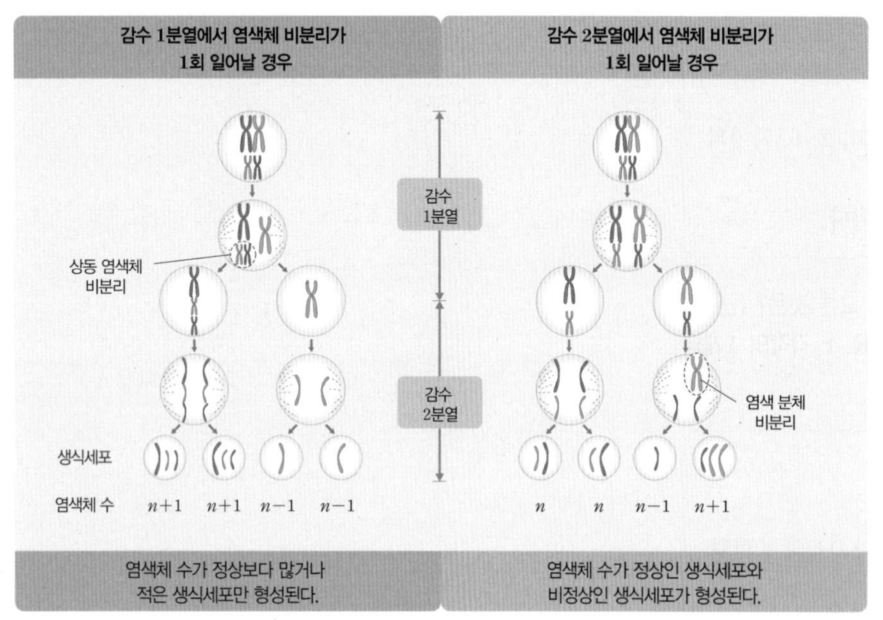

(3) 염색체 수 이상[3] 의한 유전병의 예

구분		염색체 구성	특징
상염색체 수 이상	다운 증후군	$2n+1$ $=45+XY(XX)$	• 21번 염색체를 3개 가진다. • 정신 지체, 머리가 작고 눈 사이가 멀다.
	에드워드 증후군	$2n+1$ $=45+XY(XX)$	• 18번 염색체를 3개 가진다. • 지적 장애, 심장 등 여러 장기 기형이 있다.
성염색체 수 이상	터너 증후군	$2n-1=44+X$	• 성염색체가 X 염색체 1개뿐이다. • 외관상 여자이나 난소의 발달이 불완전하다.
	클라인펠터 증후군	$2n+1=44+XXY$	• 성염색체로 X 염색체 2개와 Y 염색체 1개를 가진다. • 외관상 남자이나 정소의 발달이 불완전하다.

1 돌연변이
DNA 복제 과정 등에서 우연히 발생하는데 그 결과 새로운 대립유전자가 만들어져 집단의 유전적 다양성을 증가시키기도 한다.

2 염색체 비분리
세포 분열 과정에서 염색체가 제대로 분리되지 않는 현상

출제 2025 대비 수능 17번
2025 대비 6월 모평 17번

★ 6월 모평에는 가족구성원의 유전 형질 발현 여부를 분석하여 우열관계과 유전자형을 찾고 염색체 비분리가 일어난 시기를 파악하는 문제가 어렵게 출제되었다.
수능에서는 가족 구성원의 성별과 3가지 대립 유전자에 대한 DNA 상대량을 분석하여 어머니의 난자 형성 과정에서 염색체 비분리가 일어난 시기를 구하는 문제가 어렵게 출제되었다.

3 염색체 수 이상 돌연변이의 종류

- **이수성 돌연변이:** 일부 염색체가 분리되지 않아 $2n\pm1$, $2n\pm2$와 같은 염색체 수를 가지는 돌연변이이다. 감수 1분열, 감수 2분열 중 염색체 비분리가 일어나는 시기에 따라 염색체 구성이 달라진다.
- **배수성 돌연변이:** 모든 염색체가 분리되지 않고 하나의 딸세포로 이동하여 $3n$, $4n$과 같은 염색체 수를 가지는 돌연변이이다. 주로 식물에서 일어나며, 인위적으로 돌연변이를 일으켜 육종에 사용하기도 한다.
  예 씨 없는 수박($3n$), 통밀($4n$, $6n$ 등)

3. 염색체 구조 이상

(1) **원인**: 다양한 원인으로 염색체의 일부가 끊어진 후 재배열되거나 다른 염색체로 전달되어 염색체의 수는 정상이지만 부분적인 구조 변화가 생긴다.

(2) **염색체 구조 이상 돌연변이의 종류**

① **결실**: 염색체 일부가 떨어져 없어진다.

② **중복**: 염색체 일부가 염색 분체나 상동 염색체에 연결되어 반복된다.

③ **역위**: 염색체 일부가 떨어진 다음 원래 염색체에 반대 방향으로 연결된다.

④ **전좌**: 염색체 일부가 떨어져 상동 염색체가 아닌 다른 염색체에 연결된다.

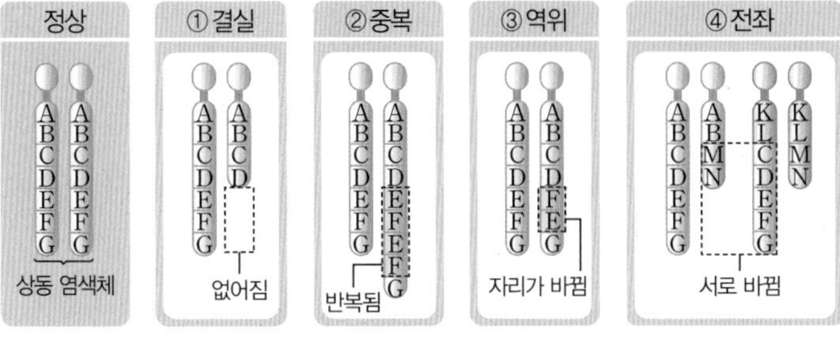

▲ 염색체 구조 이상 돌연변이의 종류

(3) **염색체 구조 이상에 의한 유전병의 예**

고양이 울음 증후군	5번 염색체의 일부가 결실되어 안면 기형, 지적 장애를 보이는 것과 더불어 고양이 울음소리와 비슷한 소리를 내는 증상을 보이고 대개 유아기에 사망한다.
만성 골수성 백혈병	조혈 모세포에서 9번 염색체와 22번 염색체 사이에 전좌가 일어나 백혈구가 비정상적으로 과도하게 증식한다.

출제 **2025 대비 9월 모평 15번**

★ 9월 모평에는 제시된 DNA 상대량 표를 분석하여 부모 중 한 명의 생식세포 형성 과정에서 발생한 염색체 비분리와 나머지 한 명의 생식세포 형성과정에서 생긴 돌연변이를 찾는 문제를 어렵게 출제하였다.

2 유전자 이상에 의한 유전병

1. **원인**: DNA 복제 과정에서 자연적으로 생기거나 방사선 노출, 발암 물질 등으로 인해 DNA 염기 서열이 변해 나타난다.
2. 유전자 돌연변이에 의한 유전병은 대개 열성 형질이지만 우성 형질인 것도 있다.
3. 유전자 돌연변이는 핵형 분석으로 확인하기 어렵다.
4. **유전자 돌연변이에 의한 유전병의 예**[4]: 낫 모양 적혈구 빈혈증, 페닐케톤뇨증, 알비노증, 낭성 섬유증, 헌팅턴 무도병

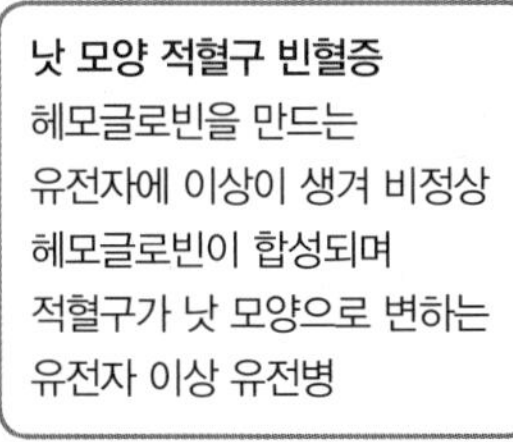

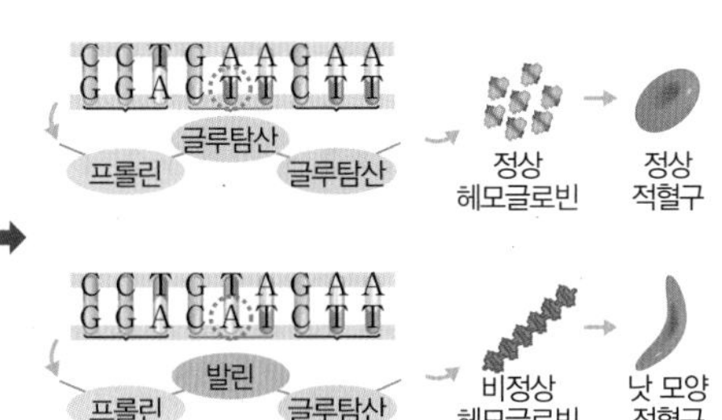

▲ 낫 모양 적혈구 빈혈증이 나타나는 과정

4 유전자 돌연변이에 의한 유전병의 예

낫 모양 적혈구 빈혈증	헤모글로빈을 만드는 유전자에 이상이 생겨 비정상 헤모글로빈이 합성되며 적혈구가 낫 모양으로 변한다. 상염색체 열성 유전된다.
페닐케톤뇨증	페닐알라닌을 타이로신으로 전환시키는 효소 유전자에 이상이 생겨 페닐알라닌이 체내에 축적되어 중추 신경계를 손상시킨다. 상염색체 열성 유전된다.
알비노증	멜라닌 합성 효소를 만드는 유전자에 이상이 생겨 피부, 홍채 등에 멜라닌 색소가 결핍되어 자외선에 대한 방어 능력이 떨어진다. 상염색체 열성 유전된다.
낭성 섬유증	상피 세포의 세포막에서 물질 수송을 담당하는 단백질을 만드는 유전자에 이상이 생겨 과도한 점액질로 기관지의 기능이 떨어진다. 상염색체 열성 유전된다.
헌팅턴 무도병	중년 이후에 신경계가 퇴화되어 몸의 움직임을 통제할 수 없다. 상염색체 우성 유전된다.

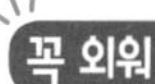

＊유전병

염색체 수 이상	다운 증후군(21번 염색체 3개), 에드워드 증후군(18번 염색체 3개) 클라인펠터 증후군(44+XXY), 터너 증후군(44+X)	**염색체 구조 이상**	종류: 결실, 중복, 역위, 전좌
		유전자 이상	원인: DNA 염기 서열이 변함

1 염색체 이상에 의한 유전병

01 표는 염색체 수 이상으로 생기는 유전병을 나타낸 것이다. 빈칸에 알맞은 말을 쓰시오.

유전병	염색체 구성	특징
다운 증후군	$2n+1$ $=45+XY(XX)$	• (1)을/를 3개 가진다. • 지적 장애, 눈 사이가 멀다.
(2)	$2n+1$ $=45+XY(XX)$	• 18번 염색체를 3개 가진다. • 지적 장애, 심장 등 여러 장기 기형이 있다.
터너 증후군	$2n-1=$ (3)	• 성염색체가 X 염색체 1개뿐이다. • 외관상 여자이나 난소의 발달이 불완전하다.
(4)	$2n+1=$ $44+XXY$	• 성염색체로 X 염색체 (5)개와 Y 염색체 (6)개를 가진다. • 외관상 남자이나 정소의 발달이 불완전하다.

02 그림은 어떤 남자의 정자 형성 과정을 나타낸 것이며, 정자 형성 과정에서 염색체 비분리가 1회 일어났다. ㉠에는 X 염색체와 Y 염색체가 모두 있고, Ⅰ은 중기의 세포이다. 이에 대한 설명으로 옳은 것은 ○, 옳지 않은 것은 × 표시하시오.

〈2021 실시 3월 학평 16 (변형)〉

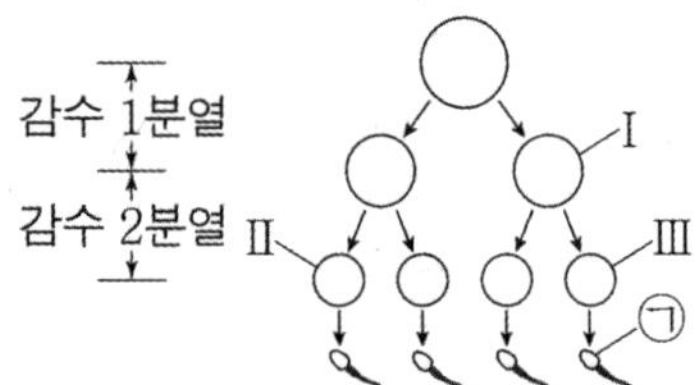

(1) 염색체 비분리는 감수 2분열에서 일어났다. 7(○, ×)
(2) Ⅰ과 Ⅲ의 성염색체 수는 같다. 8(○, ×)
(3) Ⅱ의 염색체 수는 22이다. 9(○, ×)
(4) Ⅱ와 정상 난자가 수정되어 태어난 아이에게서 터너 증후군이 나타난다. 10(○, ×)

03 다음 그림에 해당하는 염색체 구조 이상을 빈칸에 쓰시오.

(11) (12) (13) (14)

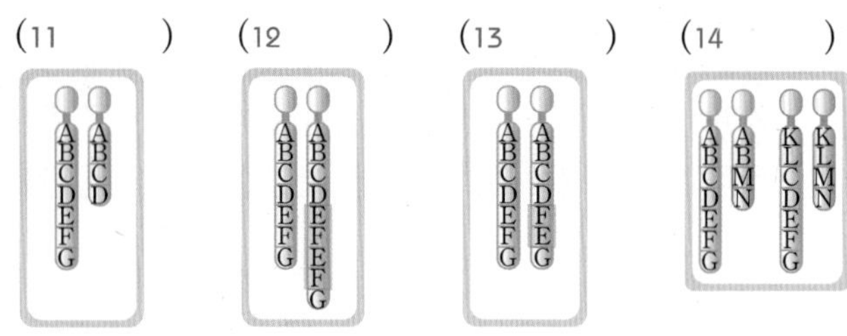

04 표는 사람 (가)와 (나)의 유전병과 특징을 나타낸 것이다. 이에 대한 설명으로 옳은 것은 ○, 옳지 않은 것은 × 표시하시오.

〈2020 실시 11월 학평 20 (고2)〉

사람	유전병	특징
(가)	㉠ 고양이 울음 증후군	5번 염색체의 일부가 결실되었다.
(나)	클라인펠터 증후군	㉡ 성염색체의 수가 3이다.

(1) (나)에는 Y 염색체가 있다. 15(○, ×)
(2) ㉠은 염색체 구조 이상에 의한 유전병이다. 16(○, ×)
(3) 핵형 분석을 통해 ㉡을 확인할 수 있다. 17(○, ×)

2 유전자 이상에 의한 유전병

05 다음은 유전자 돌연변이에 대한 설명이다. 빈칸에 알맞은 말을 쓰시오.

(1) 유전자를 구성하는 (18) 염기 서열에 이상이 생겨 정상과 다른 형질을 발현하는 돌연변이이다.
(2) 유전자 돌연변이는 염색체의 수나 구조는 정상이므로 (19)(으)로 확인하기 어렵다.
(3) 적혈구의 β 사슬을 만드는 유전자의 염기 하나가 바뀌어 6번 아미노산이 글루탐산에서 발린으로 바뀌면 (20)이/가 유발된다.

정답

1 21번 염색체 2 에드워드 증후군 3 44+X 4 클라인펠터 증후군 5 2 6 1 7 × (감수 1분열에서 성염색체 비분리 일어남) 8 ○ 9 ○ 10 ○ (Ⅱ는 성염색체가 없음) 11 결실 12 중복 13 역위 14 전좌 15 ○ (클라인펠터 증후군인 사람은 성염색체 XXY를 가짐) 16 ○ 17 ○ 18 DNA 19 핵형 분석 20 낫 모양 적혈구 빈혈증

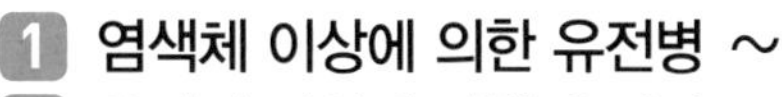

1 염색체 이상에 의한 유전병 ~ 2 유전자 이상에 의한 유전병

2025 6월 출제

유형 01 염색체 수 이상(염색체 비분리)

(단서) 염색체의 비분리가 일어났다고 제시되어 있다.
(발상) 염색체 비분리가 감수 1분열 또는 감수 2분열에서 일어났을 때 생성되는 염색체의 개수 및 유전자 구성을 이용한다.

M01 2020 실시 3월 학평 12

그림은 어떤 사람에서 정자가 형성되는 과정과 각 정자의 핵상을 나타낸 것이다. 감수 1분열에서 성염색체의 비분리가 1회 일어났다.
이에 대한 옳은 설명만을 〈보기〉에서 있는 대로 고른 것은? (단, 제시된 염색체 비분리 이외의 돌연변이는 고려하지 않는다.) (3점)

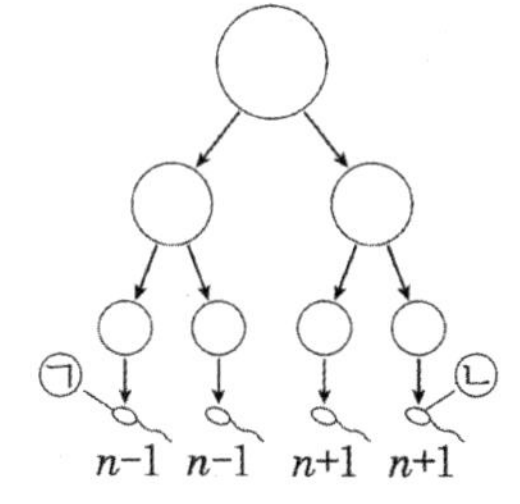

[보기]
ㄱ. ㉠에 X염색체가 있다.
ㄴ. ㉡에 22개의 상염색체가 있다.
ㄷ. ㉡과 정상 난자가 수정되어 태어난 아이에게서 터너 증후군이 나타난다.

① ㄱ ② ㄴ ③ ㄱ, ㄴ ④ ㄱ, ㄷ ⑤ ㄴ, ㄷ

M02 2021 실시 3월 학평 16

그림 (가)는 유전자형이 Tt인 어떤 남자의 정자 형성 과정을, (나)는 세포 Ⅲ에 있는 21번 염색체를 모두 나타낸 것이다. (가)에서 염색체 비분리가 1회 일어났고, Ⅰ은 중기의 세포이다.

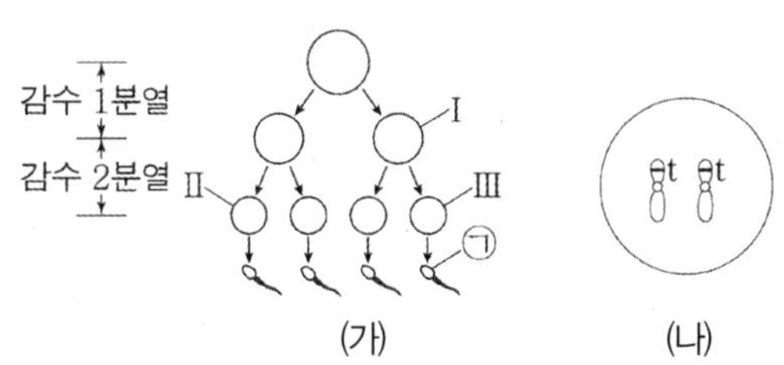

이에 대한 옳은 설명만을 〈보기〉에서 있는 대로 고른 것은? (단, 제시된 염색체 비분리 이외의 돌연변이와 교차는 고려하지 않는다.)

[보기]
ㄱ. Ⅰ과 Ⅱ의 성염색체 수는 같다.
ㄴ. (가)에서 염색체 비분리는 감수 1분열에서 일어났다.
ㄷ. ㉠과 정상 난자가 수정되어 아이가 태어날 때, 이 아이는 다운 증후군의 염색체 이상을 보인다.

① ㄱ ② ㄴ ③ ㄱ, ㄷ ④ ㄴ, ㄷ ⑤ ㄱ, ㄴ, ㄷ

M03 2019 실시 10월 학평 16

그림은 어떤 동물($2n=6$)에서 정자가 형성되는 과정을, 표는 세포 Ⅰ~Ⅲ의 총염색체 수와 X 염색체 수를 비교하여 나타낸 것이다. 감수 1분열과 감수 2분열에서 염색체 비분리가 각각 1회씩 일어났다. 이 동물의 성염색체는 암컷이 XX, 수컷이 XY이며, Ⅲ에 Y 염색체가 있다. Ⅰ은 중기의 세포이다.

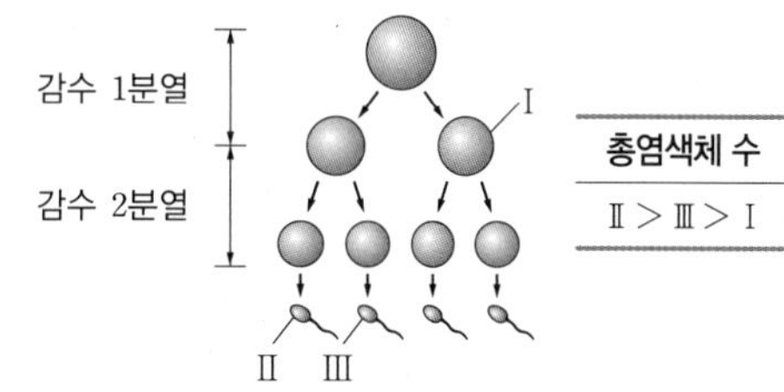

총염색체 수	X 염색체 수
Ⅱ > Ⅲ > Ⅰ	Ⅱ = Ⅲ > Ⅰ

이에 대한 옳은 설명만을 〈보기〉에서 있는 대로 고른 것은? (단, 제시된 염색체 비분리 이외의 돌연변이는 고려하지 않는다.)

[보기]
ㄱ. Ⅰ의 상염색체 수와 Ⅱ의 성염색체 수의 합은 4이다.
ㄴ. 감수 1분열에서 상염색체 비분리가 일어났다.
ㄷ. $\frac{\text{X 염색체 수}}{\text{총염색체 수}}$는 Ⅱ가 Ⅲ보다 크다.

① ㄱ ② ㄴ ③ ㄱ, ㄴ ④ ㄱ, ㄷ ⑤ ㄴ, ㄷ

M04 2019 실시 3월 학평 9

그림은 어떤 동물($2n=6$)의 정자 형성 과정을 나타낸 것이다. 이 동물의 성염색체는 XY이고, 정자 형성 과정에서 성염색체 비분리가 1회 일어났다. 정자 ㉠~㉢ 각각의 총 염색체 수는 서로 다르고, ㉡의 X 염색체 수와 ㉢의 총 염색체 수를 더한 값은 5이다.

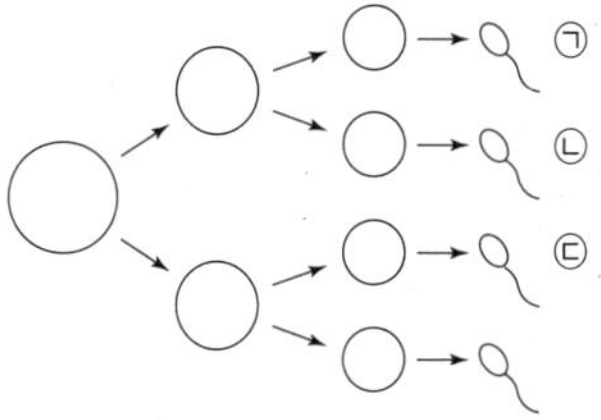

이에 대한 옳은 설명만을 〈보기〉에서 있는 대로 고른 것은? (단, 제시된 염색체 비분리 이외의 돌연변이는 고려하지 않는다.)

[보기]
ㄱ. 성염색체 비분리는 감수 1분열에서 일어났다.
ㄴ. ㉠의 총 염색체 수는 2이다.
ㄷ. ㉢의 Y 염색체 수는 1이다.

① ㄱ ② ㄷ ③ ㄱ, ㄴ ④ ㄴ, ㄷ ⑤ ㄱ, ㄴ, ㄷ

❖ 정답 및 해설 394~395p

M05 ✿✿❀ 2021 실시 11월 학평 16(고2)

그림은 핵형이 정상인 어떤 사람의 G_1기 세포로부터 정자가 형성되는 과정을, 표는 세포 Ⅰ~Ⅳ의 상염색체 수를 나타낸 것이다. 이 정자 형성 과정에서 염색체 비분리가 1회 일어났으며, Ⅰ과 Ⅱ는 중기의 세포이다.

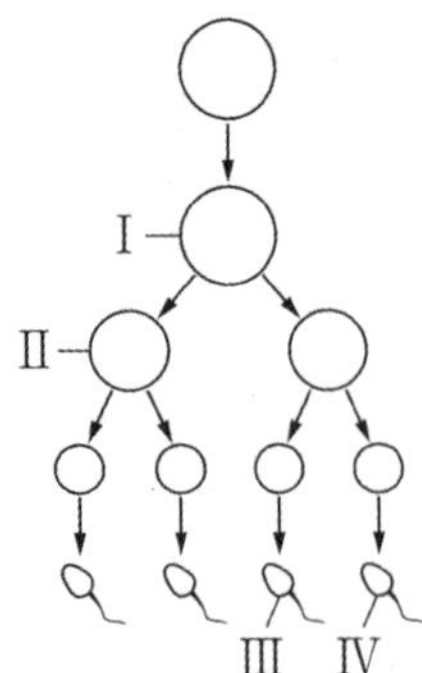

세포	상염색체 수
Ⅰ	?
Ⅱ	22
Ⅲ	23
Ⅳ	?

이에 대한 설명으로 옳은 것만을 〈보기〉에서 있는 대로 고른 것은? (단, 제시된 염색체 비분리 이외의 돌연변이는 고려하지 않는다.) (3점)

[보기]

ㄱ. Ⅰ의 염색 분체 수는 46이다.
ㄴ. 염색체 비분리는 감수 2분열에서 일어났다.
ㄷ. Ⅳ와 정상 난자가 수정되어 태어난 아이는 터너 증후군을 나타낸다.

① ㄱ ② ㄴ ③ ㄷ ④ ㄱ, ㄷ ⑤ ㄴ, ㄷ

M06 ✿✿❀ 2020 대비 9월 모평 15

사람의 유전 형질 ⓐ는 3쌍의 대립유전자 A와 a, B와 b, D와 d에 의해 결정되며, ⓐ를 결정하는 유전자는 서로 다른 2개의 상염색체에 있다. 그림 (가)는 유전자형이 AaBbDd인 G_1기의 세포 Q로부터 정자가 형성되는 과정을, (나)는 세포 ㉠~㉢의 세포 1개당 a, B, D의 DNA 상대량을 나타낸 것이다. ㉠~㉢은 Ⅰ~Ⅲ을 순서 없이 나타낸 것이다. (가)에서 염색체 비분리는 1회 일어났고, Ⅰ~Ⅲ 중 1개의 세포만 A를 가지며, Ⅰ은 중기의 세포이다.

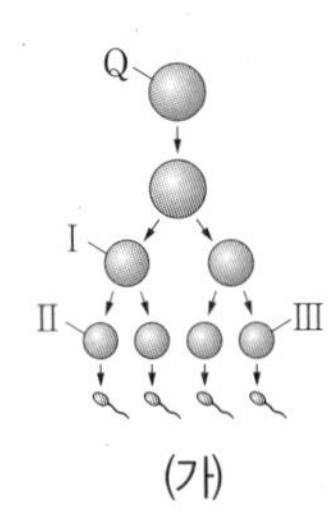

(가)

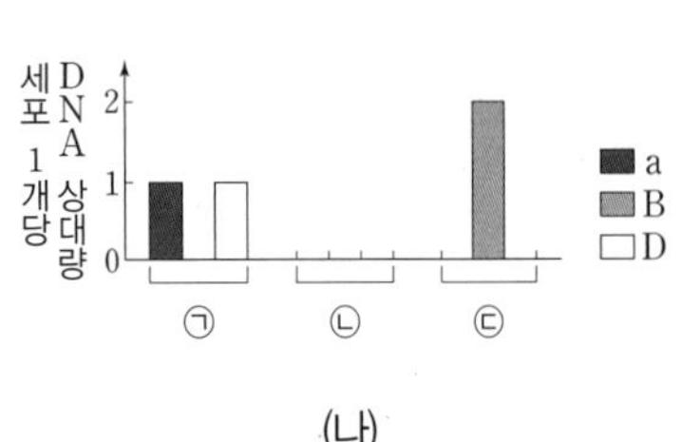

(나)

이에 대한 설명으로 옳은 것만을 〈보기〉에서 있는 대로 고른 것은? (단, 제시된 염색체 비분리 이외의 돌연변이와 교차는 고려하지 않으며, A, a, B, b, D, d 각각의 1개당 DNA 상대량은 1이다.)

[보기]

ㄱ. Q에서 A와 b는 같은 염색체에 있다.
ㄴ. 염색체 비분리는 감수 2분열에서 일어났다.
ㄷ. 세포 1개당 a, b, d의 DNA 상대량을 더한 값은 Ⅱ에서와 Ⅲ에서가 서로 같다.

① ㄱ ② ㄴ ③ ㄷ ④ ㄱ, ㄴ ⑤ ㄴ, ㄷ

M07 ✿✿❀ 2020 실시 11월 학평 16(고2)

사람의 유전 형질 ⓐ는 서로 다른 상염색체에 있는 2쌍의 대립유전자 A와 a, B와 b에 의해 결정된다. 그림은 어떤 사람의 G_1기 세포 Ⅰ로부터 정자가 형성되는 과정을, 표는 세포 (가)~(라)의 염색체 수와 A, b의 DNA 상대량을 나타낸 것이다. 이 정자 형성 과정에서 염색체 비분리가 1회 일어났고, (가)~(라)는 Ⅰ~Ⅳ를 순서 없이 나타낸 것이며, Ⅳ에는 a가 있다.

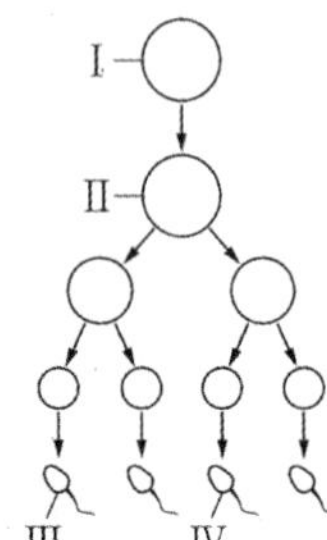

세포	염색체 수	DNA 상대량	
		A	b
(가)	?	㉠	0
(나)	24	2	?
(다)	46	1	㉡
(라)	23	?	?

이에 대한 설명으로 옳은 것만을 〈보기〉에서 있는 대로 고른 것은? (단, 제시된 염색체 비분리 이외의 돌연변이는 고려하지 않으며, A, a, B, b 각각의 1개당 DNA 상대량은 1이고, Ⅱ는 중기의 세포이다.)

[보기]

ㄱ. 염색체 비분리는 감수 1분열에서 일어났다.
ㄴ. ㉠+㉡=3이다.
ㄷ. Ⅲ에서 $\frac{\text{상염색체 수}}{\text{성염색체 수}}$=23이다.

① ㄱ ② ㄴ ③ ㄷ ④ ㄱ, ㄴ ⑤ ㄴ, ㄷ

M08 ✲✲❀ 2017 실시 3월 학평 15

다음은 영희네 가족의 유전병 ㉠에 대한 자료이다.

- ㉠은 X 염색체에 있는 대립유전자 R와 r에 의해 결정되며, R는 r에 대해 완전 우성이다.
- 영희네 가족 구성원은 아버지, 어머니, 오빠, 영희이다.
- 부모에게서 ㉠이 나타나지 않고, 오빠와 영희에게서 ㉠이 나타난다.
- 오빠와 영희에게서 염색체 수 이상이 나타나고, 체세포 1개당 X 염색체 수는 오빠가 영희보다 많다.
- 오빠와 영희가 태어날 때 각각 부모 중 한 사람의 감수 분열에서 성염색체 비분리가 1회 일어났다.

이에 대한 옳은 설명만을 〈보기〉에서 있는 대로 고른 것은? (단, 제시된 염색체 비분리 이외의 돌연변이와 교차는 고려하지 않는다.) (3점)

[보기]

ㄱ. 오빠는 감수 1분열에서 염색체 비분리가 일어나 형성된 난자가 수정되어 태어났다.
ㄴ. 영희가 태어날 때 아버지의 감수 분열에서 염색체 비분리가 일어났다.
ㄷ. 체세포 1개당 r의 수는 어머니가 영희보다 많다.

① ㄴ ② ㄷ ③ ㄱ, ㄴ ④ ㄱ, ㄷ ⑤ ㄴ, ㄷ

M09 ✪ 고난도 2024 실시 3월 학평 20

다음은 어떤 가족의 ABO식 혈액형과 유전 형질 (가)에 대한 자료이다.

- ABO식 혈액형을 결정하는 유전자는 9번 염색체에 있다.
- (가)는 2쌍의 대립유전자 R과 r, T와 t에 의해 결정된다. (가)의 표현형은 유전자형에서 대문자로 표시되는 대립유전자의 수에 의해서만 결정되며, 이 대립유전자의 수가 다르면 표현형이 다르다.
- R과 r은 9번 염색체에, T와 t는 X 염색체에 있다.
- 아버지의 정자 형성 과정과 ㉠ 어머니의 난자 형성 과정에서 각각 9번 염색체 비분리가 1회 일어나 형성된 정자와 난자가 수정되어 핵형이 정상인 ⓐ 아들이 태어났다.
- 표는 모든 구성원의 ABO식 혈액형과 체세포 1개당 R과 T의 DNA 상대량을 더한 값을 나타낸 것이다.

구성원	아버지	어머니	아들
ABO식 혈액형	AB형	B형	O형
R과 T의 DNA 상대량을 더한 값	3	1	2

이에 대한 옳은 설명만을 〈보기〉에서 있는 대로 고른 것은? (단, 제시된 염색체 비분리 이외의 돌연변이와 교차는 고려하지 않으며, R, r, T, t 각각의 1개당 DNA 상대량은 1이다.) (3점)

[보기]

ㄱ. ㉠의 감수 1분열에서 염색체 비분리가 발생했다.
ㄴ. 어머니에서 (가)의 유전자형은 RrX^tX^t이다.
ㄷ. ⓐ의 동생이 태어날 때, 이 아이가 아버지와 (가)의 표현형이 같을 확률은 $\frac{1}{2}$이다.

① ㄱ ② ㄴ ③ ㄷ ④ ㄱ, ㄷ ⑤ ㄴ, ㄷ

❖ 정답 및 해설 396 ~ 398p

M10 ✪ 고난도 2025 대비 6월 모평 17

다음은 어떤 가족의 유전 형질 (가)~(다)에 대한 자료이다.

- (가)~(다)의 유전자 중 2개는 13번 염색체에, 나머지 1개는 X 염색체에 있다.
- (가)는 대립유전자 H와 h에 의해, (나)는 대립유전자 R와 r에 의해, (다)는 대립유전자 T와 t에 의해 결정된다. H는 h에 대해, R는 r에 대해, T는 t에 대해 각각 완전 우성이다.
- (가)~(다) 중 2개는 우성 형질이고, 나머지 1개는 열성 형질이다.
- 표는 이 가족 구성원의 성별과 (가)~(다)의 발현 여부를 나타낸 것이다.

구성원	성별	(가)	(나)	(다)
아버지	남	○	×	×
어머니	여	○	○	○
자녀 1	남	○	○	○
자녀 2	여	×	×	×
자녀 3	남	×	×	○
자녀 4	여	×	○	○

(○: 발현됨, ×: 발현 안 됨)

- 이 가족 구성원의 핵형은 모두 정상이다.
- 염색체 수가 22인 생식세포 ㉠과 염색체 수가 24인 생식세포 ㉡이 수정되어 자녀 4가 태어났다. ㉠과 ㉡의 형성 과정에서 각각 13번 염색체 비분리가 1회 일어났다.

이에 대한 설명으로 옳은 것만을 〈보기〉에서 있는 대로 고른 것은? (단, 제시된 염색체 비분리 이외의 돌연변이와 교차는 고려하지 않는다.) (3점)

[보기]

ㄱ. (나)는 우성 형질이다.

ㄴ. 아버지에게서 h, R, t를 모두 갖는 정자가 형성될 수 있다.

ㄷ. ㉡은 감수 1분열에서 염색체 비분리가 일어나 형성된 난자이다.

① ㄱ ② ㄴ ③ ㄷ ④ ㄱ, ㄴ ⑤ ㄴ, ㄷ

M11 ✪ 고난도 2018 대비 9월 모평 15

다음은 어떤 가족의 유전 형질 ㉠, ㉡, ㉢에 대한 자료이다.

- ㉠은 대립유전자 A, B, C에 의해, ㉡은 대립유전자 D, E, F에 의해, ㉢은 대립유전자 G와 g에 의해 결정된다.
- ㉠~㉢을 결정하는 유전자는 모두 21번 염색체에 있다.
- 감수 분열 시 부모 중 한 사람에게서만 염색체 비분리가 1회 일어나 ⓐ염색체 수가 비정상적인 생식세포가 형성되었다. ⓐ가 정상 생식세포와 수정되어 아이가 태어났다. 이 아이는 자녀 2와 자녀 3 중 하나이며, 다운 증후군을 나타낸다. 이 아이를 제외한 나머지 구성원의 핵형은 모두 정상이다.
- 표는 이 가족 구성원에서 ㉠~㉢을 결정하는 대립유전자의 유무를 나타낸 것이다.

구성원	대립유전자							
	A	B	C	D	E	F	G	g
부	○	×	○	○	×	○	○	○
모	○	○	×	×	○	○	×	○
자녀 1	×	○	○	○	×	○	○	○
자녀 2	○	○	×	×	○	○	×	○
자녀 3	○	×	○	○	○	×	○	○

(○: 있음, ×: 없음)

이에 대한 설명으로 옳은 것만을 〈보기〉에서 있는 대로 고른 것은? (단, 제시된 염색체 비분리 이외의 돌연변이와 교차는 고려하지 않는다.)

[보기]

ㄱ. 자녀 1은 C, D, G가 함께 있는 염색체를 갖는다.

ㄴ. 다운 증후군을 나타내는 구성원은 자녀 2이다.

ㄷ. ⓐ는 감수 1분열에서 염색체 비분리가 일어나 형성된 정자이다.

① ㄱ ② ㄷ ③ ㄱ, ㄴ
④ ㄴ, ㄷ ⑤ ㄱ, ㄴ, ㄷ

M12 ✪ 고난도

2020 실시 7월 학평 20

다음은 어떤 가족의 유전 형질 (가)와 (나)에 대한 자료이다.

- (가)는 대립유전자 A와 a에 의해, (나)는 대립유전자 B와 b에 의해 결정된다. A는 a에 대해, B는 b에 대해 각각 완전 우성이다.
- (가)를 결정하는 유전자와 (나)를 결정하는 유전자 중 하나는 X염색체에 존재한다.
- 표는 이 가족 구성원의 성별, 체세포 1개에 들어 있는 대립유전자 A와 b의 DNA 상대량, 유전 형질 (가)와 (나)의 발현 여부를 나타낸 것이다. ㉠~㉤은 아버지, 어머니, 자녀 1, 자녀 2, 자녀 3을 순서 없이 나타낸 것이다.

구성원	성별	DNA 상대량		유전 형질	
		A	b	(가)	(나)
㉠	남	2	1	×	○
㉡	여	1	2	×	×
㉢	남	1	0	×	○
㉣	여	2	1	×	○
㉤	남	0	1	○	×

(○: 발현됨, ×: 발현 안 됨)

- 감수 분열 시 부모 중 한 사람에게서만 염색체 비분리가 1회 일어나 ⓐ염색체 수가 비정상적인 생식 세포가 형성되었다. ⓐ가 정상 생식 세포와 수정되어 자녀 3이 태어났다. 자녀 3을 제외한 나머지 구성원의 핵형은 모두 정상이다.

이에 대한 설명으로 옳은 것만을 〈보기〉에서 있는 대로 고른 것은? (단, 제시된 염색체 비분리 이외의 돌연변이와 교차는 고려하지 않으며, A, a, B, b 각각의 1개당 DNA 상대량은 1이다.) (3점)

[보기]

ㄱ. 아버지와 어머니는 (가)에 대한 유전자형이 같다.
ㄴ. 자녀 3은 터너 증후군을 나타낸다.
ㄷ. ⓐ가 형성될 때 감수 1분열에서 염색체 비분리가 일어났다.

① ㄱ ② ㄴ ③ ㄱ, ㄷ ④ ㄴ, ㄷ ⑤ ㄱ, ㄴ, ㄷ

M13 ✪ 고난도

2020 대비 6월 모평 10

다음은 어떤 가족의 유전 형질 (가)에 대한 자료이다.

- (가)를 결정하는 3개의 유전자는 각각 대립유전자 A와 a, B와 b, D와 d를 가진다.
- (가)의 표현형은 유전자형에서 대문자로 표시되는 대립유전자의 수에 의해서만 결정되며, 이 대립유전자의 수가 다르면 표현형이 다르다.
- (가)의 유전자형이 AaBbDd인 부모 사이에서 아이가 태어날 때, 이 아이에게서 나타날 수 있는 (가)의 표현형은 최대 5가지이다.
- 감수 분열 시 염색체 비분리가 1회 일어나 ⓐ염색체 수가 비정상적인 난자가 형성되었다. ⓐ와 정상 정자가 수정되어 아이가 태어났고, 이 아이는 자녀 1과 2 중 한 명이다.
- 표는 이 가족 구성원 중 자녀 1과 2의 (가)에 대한 유전자형에서 대문자로 표시되는 대립유전자의 수를 나타낸 것이다.

구성원	대문자로 표시되는 대립유전자의 수
자녀 1	4
자녀 2	7

이에 대한 설명으로 옳은 것만을 〈보기〉에서 있는 대로 고른 것은? (단, 제시된 염색체 비분리 이외의 돌연변이와 교차는 고려하지 않는다.)

[보기]

ㄱ. (가)의 유전은 다인자 유전이다.
ㄴ. 아버지에서 A, B, D를 모두 갖는 정자가 형성될 수 있다.
ㄷ. ⓐ의 형성 과정에서 염색체 비분리는 감수 2분열에서 일어났다.

① ㄱ ② ㄴ ③ ㄱ, ㄷ ④ ㄴ, ㄷ ⑤ ㄱ, ㄴ, ㄷ

M

❖ 정답 및 해설 399 ~ 402p

M14 ✪ 고난도 2022 실시 3월 학평 19

다음은 어떤 가족의 유전 형질 (가)와 (나)에 대한 자료이다.

- (가)는 대립유전자 A와 a에 의해, (나)는 대립유전자 B와 b에 의해 결정된다. A는 a에 대해, B는 b에 대해 각각 완전 우성이다.
- (가)와 (나)의 유전자는 모두 X 염색체에 있다.
- 표는 가족 구성원의 성별, (가)와 (나)의 발현 여부를 나타낸 것이다.

구분	아버지	어머니	자녀 1	자녀 2	자녀 3
성별	남	여	여	남	남
(가)	?	×	○	○	×
(나)	○	×	○	×	○

(○ : 발현됨, × : 발현 안 됨)

- 성염색체 비분리가 1회 일어나 형성된 생식세포 ㉠과 정상 생식세포가 수정되어 자녀 3이 태어났다.

이에 대한 옳은 설명만을 〈보기〉에서 있는 대로 고른 것은? (단, 제시된 돌연변이 이외의 돌연변이와 교차는 고려하지 않는다.) (3점)

[보기]

ㄱ. 아버지에게서 (가)가 발현되었다.
ㄴ. (나)는 우성 형질이다.
ㄷ. ㉠의 형성 과정에서 성염색체 비분리는 감수 1분열에서 일어났다.

① ㄱ ② ㄷ ③ ㄱ, ㄴ ④ ㄴ, ㄷ ⑤ ㄱ, ㄴ, ㄷ

M15 ✪ 고난도 2023 실시 10월 학평 18

사람의 특정 형질은 1번 염색체에 있는 3쌍의 대립유전자 A와 a, B와 b, D와 d에 의해 결정된다. 그림은 어떤 사람의 G_1기 세포 Ⅰ로부터 생식세포가 형성되는 과정을, 표는 세포 ㉠~㉤에서 A, a, B, b, D의 DNA 상대량을 나타낸 것이다. 이 생식세포 형성 과정에서 염색체 비분리가 1회 일어났다. ㉠~㉤은 Ⅰ~Ⅴ를 순서 없이 나타낸 것이고, Ⅱ와 Ⅲ은 중기 세포이다.

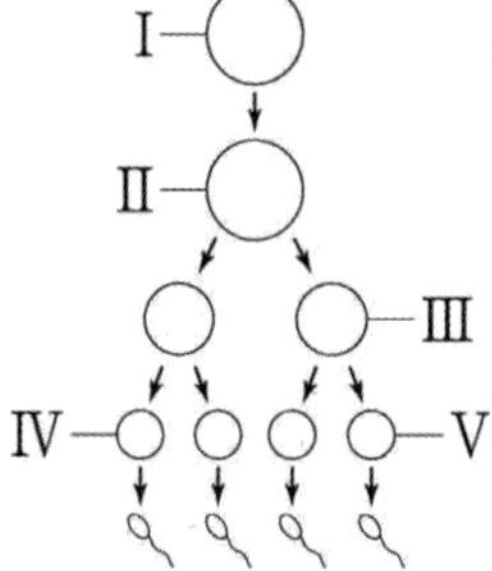

세포	DNA 상대량				
	A	a	B	b	D
㉠	2	0	0	2	ⓐ
㉡	?	ⓑ	1	1	?
㉢	0	2	2	0	?
㉣	?	?	?	?	4
㉤	?	1	1	?	1

이에 대한 옳은 설명만을 〈보기〉에서 있는 대로 고른 것은? (단, 제시된 염색체 비분리 이외의 돌연변이와 교차는 고려하지 않으며, A, a, B, b, D, d 각각의 1개당 DNA 상대량은 1이다.) (3점)

[보기]

ㄱ. ㉠은 Ⅲ이다.
ㄴ. ⓐ+ⓑ=3이다.
ㄷ. Ⅴ의 염색체 수는 24이다.

① ㄱ ② ㄴ ③ ㄷ ④ ㄱ, ㄴ ⑤ ㄴ, ㄷ

유형 02 **염색체 구조 이상**

단서 결실, 중복, 역위, 전좌 등의 상황이 제시되어 있다.

발상 문제가 되는 자녀 유전자형을 통해 염색체 구조에 이상이 일어난 부모 염색체(유전자)를 찾는다.

M16 ✪ 고난도 2024 실시 5월 학평 15

다음은 어떤 가족의 유전 형질 (가)와 (나)에 대한 자료이다.

- (가)는 2쌍의 대립유전자 H와 h, R와 r에 의해 결정된다. (가)의 표현형은 유전자형에서 ㉠ 대문자로 표시되는 대립유전자의 수에 의해서만 결정되며, 이 대립유전자의 수가 다르면 표현형이 다르다.
- (나)는 대립유전자 T와 t에 의해 결정되며, T는 t에 대해 완전 우성이다.
- 아버지와 어머니 사이에서 아이가 태어날 때, 이 아이의 (가)와 (나)의 유전자형이 HHrrTt일 확률은 $\frac{1}{8}$이다.
- 그림은 아버지의 체세포에 들어 있는 일부 염색체와 유전자를, 표는 아버지를 제외한 나머지 가족 구성원의 (가)의 유전자형에서 ㉠과 (나)의 발현 여부를 나타낸 것이다.

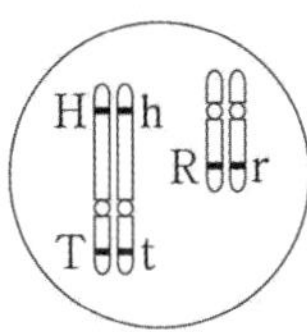

구성원	(가)의 유전자형에서 ㉠	(나)
어머니	3	발현됨
자녀 1	3	발현됨
자녀 2	2	발현 안 됨
자녀 3	1	발현 안 됨

- 아버지의 생식세포 형성 과정에서 대립유전자 ㉮가 포함된 염색체의 일부가 결실된 정자 P가 형성되었다. ㉮는 H, h, R, r 중 하나이다.
- P와 정상 난자가 수정되어 ⓐ가 태어났다. ⓐ는 자녀 1~3 중 하나이다. ⓐ를 제외한 이 가족 구성원의 핵형은 모두 정상이다.

이에 대한 설명으로 옳은 것만을 〈보기〉에서 있는 대로 고른 것은? (단, 제시된 돌연변이 이외의 돌연변이와 교차는 고려하지 않는다.)

[보기]

ㄱ. (나)는 우성 형질이다.
ㄴ. ㉮는 H이다.
ㄷ. 자녀 2는 R를 갖는다.

① ㄱ ② ㄴ ③ ㄷ ④ ㄱ, ㄴ ⑤ ㄱ, ㄷ

M17 ✪ 고난도 2023 실시 3월 학평 19

다음은 사람의 유전 형질 (가)에 대한 자료이다.

- 서로 다른 3개의 상염색체에 있는 3쌍의 대립유전자 A와 a, B와 b, D와 d에 의해 결정된다.
- 표는 사람 P의 세포 Ⅰ~Ⅲ 각각에 들어있는 A, a, B, b, D, d의 DNA 상대량을 나타낸 것이다. ㉠과 ㉡은 1과 2를 순서 없이 나타낸 것이다.

세포	DNA 상대량					
	A	a	B	b	D	d
Ⅰ	㉠	1	0	2	?	㉠
Ⅱ	1	0	?	㉡	㉠	0
Ⅲ	?	㉡	0	?	0	㉡

- Ⅰ~Ⅲ 중 2개에는 돌연변이가 일어난 염색체가 없고, 나머지에는 중복이 일어나 대립유전자 ⓐ의 DNA 상대량이 증가한 염색체가 있다. ⓐ는 A와 b 중 하나이다.

이에 대한 옳은 설명만을 〈보기〉에서 있는 대로 고른 것은? (단, 제시된 돌연변이 이외의 돌연변이와 교차는 고려하지 않으며, A, a, B, b, D, d 각각의 1개당 DNA 상대량은 1이다.) (3점)

[보기]

ㄱ. ㉠은 2이다.
ㄴ. ⓐ는 b이다.
ㄷ. P에서 (가)의 유전자형은 AaBbDd이다.

① ㄱ ② ㄴ ③ ㄷ ④ ㄱ, ㄴ ⑤ ㄴ, ㄷ

❖ 정답 및 해설 403~406p

M18 ✪ 고난도 2023 실시 4월 학평 17

다음은 어떤 가족의 유전 형질 (가)~(다)에 대한 자료이다.

- (가)는 대립유전자 A와 a에 의해, (나)는 대립유전자 B와 b에 의해, (다)는 대립유전자 D와 d에 의해 결정된다.
- (가)~(다)의 유전자 중 2개는 7번 염색체에, 나머지 1개는 X 염색체에 있다.
- 표는 이 가족 구성원 ㉠~㉤의 성별, 체세포 1개에 들어 있는 A, b, D의 DNA 상대량을 나타낸 것이다. ㉠~㉤은 아버지, 어머니, 자녀 1, 자녀 2, 자녀 3을 순서 없이 나타낸 것이다.

구성원	성별	DNA 상대량		
		A	b	D
㉠	여	1	1	1
㉡	여	2	2	0
㉢	남	1	0	2
㉣	남	2	0	2
㉤	남	2	1	1

- ㉠~㉤의 핵형은 모두 정상이다. 자녀 1과 2는 각각 정상 정자와 정상 난자가 수정되어 태어났다.
- 자녀 3은 염색체 수가 비정상적인 정자 ⓐ와 염색체 수가 비정상적인 난자 ⓑ가 수정되어 태어났으며, ⓐ와 ⓑ의 형성 과정에서 각각 염색체 비분리가 1회 일어났다.

이에 대한 설명으로 옳은 것만을 〈보기〉에서 있는 대로 고른 것은? (단, 제시된 염색체 비분리 이외의 돌연변이와 교차는 고려하지 않으며, A, a, B, b, D, d 각각의 1개당 DNA 상대량은 1이다.) (3점)

[보기]

ㄱ. (나)의 유전자는 X 염색체에 있다.
ㄴ. 어머니에게서 A, b, d를 모두 갖는 난자가 형성될 수 있다.
ㄷ. ⓐ의 형성 과정에서 염색체 비분리는 감수 1분열에서 일어났다.

① ㄱ ② ㄷ ③ ㄱ, ㄴ ④ ㄴ, ㄷ ⑤ ㄱ, ㄴ, ㄷ

M19 ✪ 고난도 2023 대비 9월 모평 18

다음은 어떤 가족의 유전 형질 (가)~(다)에 대한 자료이다.

- (가)는 대립유전자 A와 A*에 의해, (나)는 대립유전자 B와 B*에 의해, (다)는 대립유전자 D와 D*에 의해 결정된다.
- (가)와 (나)의 유전자는 7번 염색체에, (다)의 유전자는 9번 염색체에 있다.
- 표는 이 가족 구성원의 세포 Ⅰ~Ⅴ 각각에 들어 있는 A, A*, B, B*, D, D*의 DNA 상대량을 나타낸 것이다.

구분	세포	DNA 상대량					
		A	A*	B	B*	D	D*
아버지	Ⅰ	?	?	1	0	1	?
어머니	Ⅱ	0	?	?	0	0	2
자녀 1	Ⅲ	2	?	?	1	?	0
자녀 2	Ⅳ	0	?	0	?	?	2
자녀 3	Ⅴ	?	0	?	2	?	3

- 아버지의 생식세포 형성 과정에서 7번 염색체에 있는 대립유전자 ㉠이 9번 염색체로 이동하는 돌연변이가 1회 일어나 9번 염색체에 ㉠이 있는 정자 P가 형성되었다. ㉠은 A, A*, B, B* 중 하나이다.
- 어머니의 생식세포 형성 과정에서 염색체 비분리가 1회 일어나 염색체 수가 비정상적인 난자 Q가 형성되었다.
- P와 Q가 수정되어 자녀 3이 태어났다. 자녀 3을 제외한 나머지 구성원의 핵형은 모두 정상이다.

이에 대한 설명으로 옳은 것만을 〈보기〉에서 있는 대로 고른 것은? (단, 제시된 돌연변이 이외의 돌연변이와 교차는 고려하지 않으며, A, A*, B, B*, D, D* 각각의 1개당 DNA 상대량은 1이다.) (3점)

[보기]

ㄱ. ㉠은 B*이다.
ㄴ. 어머니에게서 A, B, D를 모두 갖는 난자가 형성될 수 있다.
ㄷ. 염색체 비분리는 감수 2분열에서 일어났다.

① ㄱ ② ㄷ ③ ㄱ, ㄴ ④ ㄱ, ㄷ ⑤ ㄴ, ㄷ

❖ 정답 및 해설 407~408p

돌연변이 문제

• 이 유형은 돌연변이가 일어난 대립유전자와 염색체 비분리가 일어난 부모가 누군지 묻는 형태로 주로 출제된다.

다음은 어떤 가족의 유전 형질 (가)~(다)에 대한 자료이다.

- (가)~(다)의 유전자 중 2개는 X 염색체에 있고, 나머지 1개는 상염색체에 있다.
- (가)는 대립유전자 A와 a에 의해, (나)는 대립유전자 B와 b에 의해, (다)는 대립유전자 D와 d에 의해 결정된다.
- 표는 이 가족 구성원에서 체세포 1개당 A, b, d의 DNA 상대량을 나타낸 것이다.

구성원	DNA 상대량		
	A	b	d
아버지	1	1	1
어머니	0	1	1
자녀 1	?	1	0
자녀 2	0	1	1
자녀 3	1	0	2
자녀 4	2	3	2

- 부모 중 한 명의 생식세포 형성 과정에서 염색체 비분리가 1회 일어나 염색체 수가 비정상적인 생식세포 P가 형성되었고, 나머지 한 명의 생식세포 형성 과정에서 대립유전자 ㉠이 대립유전자 ㉡으로 바뀌는 돌연변이가 1회 일어나 ㉡을 갖는 생식세포 Q가 형성되었다. ㉠과 ㉡은 (가)~(다) 중 한 가지 형질을 결정하는 서로 다른 대립유전자이다.
- P와 Q가 수정되어 자녀 4가 태어났다. 자녀 4를 제외한 이 가족 구성원의 핵형은 모두 정상이다.

이에 대한 설명으로 옳은 것만을 〈보기〉에서 있는 대로 고른 것은? (단, 제시된 돌연변이 이외의 돌연변이와 교차는 고려하지 않으며, A, a, B, b, D, d 각각의 1개당 DNA 상대량은 1이다.)

2025 대비 9월 모평 15

[보기]

ㄱ. 자녀 1~3 중 여자는 2명이다.
ㄴ. Q는 어머니에게서 형성되었다.
ㄷ. 자녀 3에게서 A, B, d를 모두 갖는 생식세포가 형성될 수 있다.

① ㄱ ② ㄴ ③ ㄷ ④ ㄱ, ㄴ ⑤ ㄴ, ㄷ

단서+발상

(단서) 어머니의 A의 DNA 상대량이 0인데 자녀 4의 A의 DNA 상대량이 2이며, 자녀 4의 b의 DNA 상대량이 3임이 제시되어 있다.

(발상) 자녀 4의 b의 DNA 상대량이 3인 것은 염색체 비분리 돌연변이가 일어난 것임을 추론할 수 있다.

(적용) 부모 중 한 명의 DNA 상대량이 0일 때 자녀의 DNA 상대량이 2가 될 수 없음을 적용해서 돌연변이가 일어난 P와 Q를 파악하는 것부터 문제 풀이를 시작해야 한다.

| 문제 해결 과정 |

step 1 P와 Q 파악하기

- 자녀 4의 b의 DNA 상대량이 3인 것은 염색체 비분리 돌연변이가 생식세포 P에 의해 염색체를 1개 더 가진 것이다.
- 자녀 4의 A의 DNA 상대량이 2인 것은 아버지, 어머니로부터 A를 각각 물려받은 것인데, 어머니의 A의 DNA 상대량이 0이므로 어머니의 대립유전자 a가 A로 바뀌는 돌연변이 생식세포 Q가 수정된 결과이다.

step 2 (가)~(다)의 유전자가 존재하는 염색체 파악하기

- 자녀 4에서 b의 DNA 상대량이 3인데, A와 d의 DNA 상대량은 2이므로 b가 한 염색체에 존재하고, A와 d가 다른 한 염색체에 존재한다.
- (가)와 (다)의 유전자는 X 염색체에 있고, (나)의 유전자는 상염색체에 있다.

step 3 모든 구성원의 유전자 파악하기

- DNA 상대량 표에 따라 구성원의 유전자를 파악하면, 아버지는 Ad와 Y 염색체, Bb를 가지고, 어머니는 aD/ad와 Bb를 가진다.
- 자녀 1은 d의 DNA 상대량이 0이므로 아버지로부터 [1　　] 염색체를 물려받고, 어머니로부터 [2　　]를 물려받은 아들이며, Bb를 가진다.
- 자녀 2는 A의 DNA 상대량이 0이므로 아버지로부터 Y 염색체를 물려받았고, d의 DNA 상대량이 1이므로 어머니로부터 [3　　]를 물려받았으며, Bb를 가진다.
- 자녀 3은 d의 DNA 상대량이 2이므로 아버지로부터 [4　　], 어머니로부터 [5　　]를 물려받은 딸이고, BB를 가진다.

| 보기 분석 |

ㄱ. 자녀 1~3 중 여자는 2명이다. (×)

- 문제 해결 과정 step 3에 따라서 자녀 1과 자녀 2는 남자, 자녀 3은 여자이므로 자녀 1~3 중 여자는 1명이다.

ㄴ. Q는 어머니에게서 형성되었다. (○)

- 문제 해결 과정 step 1에 의해 Q는 어머니에게서 형성된 유전자 이상 돌연변이인 생식세포이다.

ㄷ. 자녀 3에게서 A, B, d를 모두 갖는 생식세포가 형성될 수 있다. (○)

- 자녀 3은 Ad/ad, BB를 가지므로 A, B, d를 모두 갖는 생식세포가 형성될 수 있다.

∴ 정답은 ⑤ ㄴ, ㄷ이다.

이 유형을 대비하기 위해서는 부모와 정상인 자녀의 DNA 상대량을 비교하며 구성원의 유전자형을 추론하는 연습을 해야 한다.

[정답] 1 Y 2 aD 3 ad 4 Ad 5 ad

3 유전 복합 문제

M20 ✪ 1등급 대비 2025 대비 수능 17

다음은 어떤 가족의 유전 형질 (가)~(다)에 대한 자료이다.

- (가)~(다)의 유전자 중 2개는 X 염색체에 있고, 나머지 1개는 상염색체에 있다.
- (가)는 대립유전자 A와 a에 의해, (나)는 대립유전자 B와 b에 의해, (다)는 대립유전자 D와 d에 의해 결정된다.
- 표는 이 가족 구성원 ㉠~㉥의 성별과 체세포 1개당 a, B, D의 DNA 상대량을 나타낸 것이다. ㉠~㉥은 아버지, 어머니, 자녀 1, 자녀 2, 자녀 3, 자녀 4를 순서 없이 나타낸 것이다.

구성원	성별	DNA 상대량		
		a	B	D
㉠	여	1	0	1
㉡	여	1	1	1
㉢	남	1	2	0
㉣	남	0	1	1
㉤	남	1	1	1
㉥	남	0	0	1

- 어머니의 난자 형성 과정에서 성염색체 비분리가 1회 일어나 염색체 수가 비정상적인 난자 P가 형성되었다. P가 정상 정자와 수정되어 자녀 4가 태어났으며, 자녀 4는 클라인펠터 증후군의 염색체 이상을 보인다.
- 자녀 4를 제외한 이 가족 구성원의 핵형은 모두 정상이다.

이에 대한 설명으로 옳은 것만을 〈보기〉에서 있는 대로 고른 것은? (단, 제시된 염색체 비분리 이외의 돌연변이와 교차는 고려하지 않으며, A, a, B, b, D, d 각각의 1개당 DNA 상대량은 1이다.) (3점)

[보기]

ㄱ. ㉤은 아버지이다.
ㄴ. 염색체 비분리는 감수 1분열에서 일어났다.
ㄷ. ㉠에게서 a, b, D를 모두 갖는 생식세포가 형성될 수 있다.

① ㄱ ② ㄴ ③ ㄷ ④ ㄱ, ㄴ ⑤ ㄴ, ㄷ

M21 ✪ 1등급 대비 2024 실시 10월 학평 17

다음은 어떤 가족의 유전 형질 (가)와 (나)에 대한 자료이다.

- (가)는 대립유전자 A와 a에 의해, (나)는 대립유전자 B와 b에 의해 결정된다. A는 a에 대해, B는 b에 대해 각각 완전 우성이다.
- (가)와 (나)의 유전자 중 하나는 상염색체에 있고, 나머지 하나는 X 염색체에 있다.
- 표는 이 가족 구성원의 성별, (가)와 (나)의 발현 여부, 체세포 1개당 A와 B의 DNA 상대량을 더한 값(A+B)을 나타낸 것이다.

구성원	성별	(가)	(나)	A+B
아버지	남	?	×	0
어머니	여	○	?	2
자녀 1	남	×	○	?
자녀 2	여	?	○	1
자녀 3	남	○	?	3

(○: 발현됨, ×: 발현 안됨)

- 부모 중 한 명의 생식세포 형성 과정에서 성염색체 비분리가 1회 일어나 생식세포 P가 형성되었고, 나머지 한 명의 생식세포 형성 과정에서 대립유전자 ㉠이 대립유전자 ㉡으로 바뀌는 돌연변이가 1회 일어나 ㉡을 갖는 생식세포 Q가 형성되었다. ㉠과 ㉡은 (가)와 (나) 중 한 가지 형질을 결정하는 서로 다른 대립유전자이다.
- P와 정상 생식세포가 수정되어 자녀 2가, Q와 정상 생식세포가 수정되어 자녀 3이 태어났다.
- 자녀 2는 터너 증후군의 염색체 이상을 보이고, 자녀 2를 제외한 이 가족 구성원의 핵형은 모두 정상이다.

이에 대한 옳은 설명만을 〈보기〉에서 있는 대로 고른 것은? (단, 제시된 돌연변이 이외의 돌연변이와 교차는 고려하지 않으며, A, a, B, b 각각의 1개당 DNA 상대량은 1이다.) (3점)

[보기]

ㄱ. (가)의 유전자는 상염색체에 있다.
ㄴ. ㉡은 B이다.
ㄷ. 자녀 1의 체세포 1개당 a와 b의 DNA 상대량을 더한 값은 2이다.

① ㄱ ② ㄴ ③ ㄱ, ㄷ ④ ㄴ, ㄷ ⑤ ㄱ, ㄴ, ㄷ

M22 ✪ 1등급 대비

2024 실시 7월 학평 13

다음은 어떤 가족의 유전 형질 (가)와 (나)에 대한 자료이다.

- (가)는 대립유전자 A와 a에 의해 결정되며, A는 a에 대해 완전 우성이다.
- (나)는 2쌍의 대립유전자 B와 b, D와 d에 의해 결정된다. (나)의 표현형은 유전자형에서 대문자로 표시되는 대립유전자의 수에 의해서만 결정되며, 이 대립유전자의 수가 다르면 표현형이 다르다.
- 표는 이 가족 구성원에게서 (가)의 발현 여부와 (나)의 표현형을 나타낸 것이고, 그림은 자녀 1~3 중 한 명의 체세포에 들어 있는 일부 상염색체와 유전자를 나타낸 것이다. ⓐ~ⓓ는 서로 다른 4가지 표현형이다.

구성원	유전 형질	
	(가)	(나)
아버지	발현 안 됨	ⓐ
어머니	?	ⓑ
자녀 1	발현 안 됨	ⓒ
자녀 2	발현 안 됨	ⓓ
자녀 3	발현됨	ⓐ

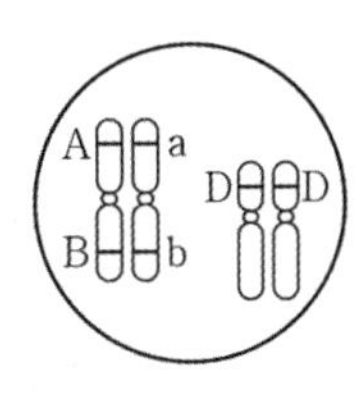

- 어머니와 자녀 2의 (나)에 대한 유전자형에서 대립유전자 D의 수는 서로 같다.
- 아버지의 생식세포 형성 과정에서 대립유전자 ㉠이 대립유전자 ㉡으로 바뀌는 돌연변이가 1회 일어나 ㉡을 갖는 정자가 형성되었다. 이 정자가 정상 난자와 수정되어 자녀 3이 태어났다. ㉠과 ㉡은 각각 A와 a 중 하나이다.

이에 대한 설명으로 옳은 것만을 〈보기〉에서 있는 대로 고른 것은? (단, 제시된 돌연변이 이외의 돌연변이와 교차는 고려하지 않는다.) (3점)

[보기]

ㄱ. ㉠은 a이다.
ㄴ. (가)는 열성 형질이다.
ㄷ. 어머니는 A, B, d를 모두 갖는다.

① ㄱ ② ㄴ ③ ㄱ, ㄷ ④ ㄴ, ㄷ ⑤ ㄱ, ㄴ, ㄷ

M23 ✪ 1등급 대비

2024 대비 수능 17

다음은 어떤 가족의 유전 형질 (가)~(다)에 대한 자료이다.

- (가)는 대립유전자 A와 a에 의해, (나)는 대립유전자 B와 b에 의해, (다)는 대립유전자 D와 d에 의해 결정된다. A는 a에 대해, B는 b에 대해, D는 d에 대해 각각 완전 우성이다.
- (가)와 (나)는 모두 우성 형질이고, (다)는 열성 형질이다. (가)의 유전자는 상염색체에 있고, (나)와 (다)의 유전자는 모두 X 염색체에 있다.
- 표는 이 가족 구성원의 성별과 ㉠~㉢의 발현 여부를 나타낸 것이다. ㉠~㉢은 각각 (가)~(다) 중 하나이다.

구성원	성별	㉠	㉡	㉢
아버지	남	○	×	×
어머니	여	×	○	ⓐ
자녀 1	남	×	○	○
자녀 2	여	○	○	×
자녀 3	남	○	×	○
자녀 4	남	×	×	×

(○: 발현됨, ×: 발현 안 됨)

- 부모 중 한 명의 생식세포 형성 과정에서 성염색체 비분리가 1회 일어나 염색체 수가 비정상적인 생식세포 G가 형성되었다. G가 정상 생식세포와 수정되어 자녀 4가 태어났으며, 자녀 4는 클라인펠터 증후군의 염색체 이상을 보인다.
- 자녀 4를 제외한 이 가족 구성원의 핵형은 모두 정상이다.

이에 대한 설명으로 옳은 것만을 〈보기〉에서 있는 대로 고른 것은? (단, 제시된 염색체 비분리 이외의 돌연변이와 교차는 고려하지 않는다.)

[보기]

ㄱ. ⓐ는 '○'이다.
ㄴ. 자녀 2는 A, B, D를 모두 갖는다.
ㄷ. G는 아버지에게서 형성되었다.

① ㄱ ② ㄴ ③ ㄱ, ㄷ ④ ㄴ, ㄷ ⑤ ㄱ, ㄴ, ㄷ

❖ 정답 및 해설 409 ~ 412p

M24 ✪ 1등급 대비 2024 대비 9월 모평 17

다음은 어떤 가족의 유전 형질 (가)에 대한 자료이다.

- (가)는 21번 염색체에 있는 2쌍의 대립유전자 H와 h, T와 t에 의해 결정된다. (가)의 표현형은 유전자형에서 대문자로 표시되는 대립유전자의 수에 의해서만 결정되며, 이 대립 유전자의 수가 다르면 표현형이 다르다.
- 어머니의 난자 형성 과정에서 21번 염색체 비분리가 1회 일어나 염색체 수가 비정상적인 난자 Q가 형성되었다. Q와 아버지의 정상 정자가 수정되어 ⓐ가 태어났으며, 부모의 핵형은 모두 정상이다.
- 어머니의 (가)의 유전자형은 HHTt이고, ⓐ의 (가)의 유전자형에서 대문자로 표시되는 대립유전자의 수는 4이다.
- ⓐ의 동생이 태어날 때, 이 아이에게서 나타날 수 있는 (가)의 표현형은 최대 2가지이고, ㉠이 아이가 가질 수 있는 (가)의 유전자형은 최대 4가지이다.

이에 대한 설명으로 옳은 것만을 〈보기〉에서 있는 대로 고른 것은? (단, 제시된 염색체 비분리 이외의 돌연변이와 교차는 고려하지 않는다.) (3점)

[보기]

ㄱ. 아버지의 (가)의 유전자형에서 대문자로 표시되는 대립 유전자의 수는 2이다.
ㄴ. ㉠ 중에는 HhTt가 있다.
ㄷ. 염색체 비분리는 감수 1분열에서 일어났다.

① ㄱ ② ㄷ ③ ㄱ, ㄴ ④ ㄴ, ㄷ ⑤ ㄱ, ㄴ, ㄷ

M25 ✪ 1등급 대비 2023 대비 수능 17

다음은 어떤 가족의 유전 형질 (가)에 대한 자료이다.

- (가)는 서로 다른 상염색체에 있는 2쌍의 대립유전자 H와 h, T와 t에 의해 결정된다. (가)의 표현형은 유전자형에서 대문자로 표시되는 대립유전자의 수에 의해서만 결정되며, 이 대립유전자의 수가 다르면 표현형이 다르다.
- 표는 이 가족 구성원의 체세포에서 대립유전자 ⓐ~ⓓ의 유무와 (가)의 유전자형에서 대문자로 표시되는 대립유전자의 수를 나타낸 것이다. ⓐ~ⓓ는 H, h ,T, t를 순서 없이 나타낸 것이고, ㉠~㉤은 0, 1, 2, 3, 4를 순서 없이 나타낸 것이다.

구분	대립유전자				대문자로 표시되는 대립유전자의 수
	ⓐ	ⓑ	ⓒ	ⓓ	
아버지	○	○	×	○	㉠
어머니	○	○	○	○	㉡
자녀 1	?	×	×	○	㉢
자녀 2	○	○	?	×	㉣
자녀 3	○	?	○	×	㉤

(○: 있음, ×: 없음)

- 아버지의 정자 형성 과정에서 염색체 비분리가 1회 일어나 염색체 수가 비정상적인 정자 P가 형성되었다. P와 정상 난자가 수정되어 자녀 3이 태어났다.
- 자녀 3을 제외한 이 가족 구성원의 핵형은 모두 정상이다.

이에 대한 설명으로 옳은 것만을 〈보기〉에서 있는 대로 고른 것은? (단, 제시된 염색체 비분리 이외의 돌연변이와 교차는 고려하지 않는다.) (3점)

[보기]

ㄱ. 아버지는 t를 갖는다.
ㄴ. ⓐ는 ⓒ와 대립유전자이다.
ㄷ. 염색체 비분리는 감수 1분열에서 일어났다.

① ㄱ ② ㄴ ③ ㄷ ④ ㄱ, ㄴ ⑤ ㄱ, ㄷ

M26 ✪ 1등급 대비

2022 실시 10월 학평 18

다음은 어떤 가족의 ABO식 혈액형과 적록 색맹에 대한 자료이다.

- 표는 구성원의 성별과 각각의 혈청을 자녀 1의 적혈구와 혼합했을 때 응집 여부를 나타낸 것이다. ⓐ와 ⓑ는 각각 '응집됨'과 '응집 안 됨' 중 하나이다.

구성원	성별	응집 여부
아버지	남	ⓐ
어머니	여	ⓐ
자녀 1	남	응집 안 됨
자녀 2	여	ⓑ
자녀 3	여	ⓑ

- 아버지, 어머니, 자녀 2, 자녀 3의 ABO식 혈액형은 서로 다르고, 자녀 1의 ABO식 혈액형은 A형이다.
- 구성원의 핵형은 모두 정상이다.
- 구성원 중 자녀 2만 적록 색맹이 나타난다.
- 자녀 2는 정자 Ⅰ과 난자 Ⅱ가 수정되어 태어났고, 자녀 3은 정자 Ⅲ과 난자 Ⅳ가 수정되어 태어났다. Ⅰ~Ⅳ가 형성될 때 각각 염색체 비분리가 1회 일어났다.
- 세포 1개당 염색체 수는 Ⅰ과 Ⅲ이 같다.

이에 대한 옳은 설명만을 〈보기〉에서 있는 대로 고른 것은? (단, ABO식 혈액형 이외의 혈액형은 고려하지 않으며, 제시된 돌연변이 이외의 돌연변이는 고려하지 않는다.) (3점)

[보기]

ㄱ. 세포 1개당 X 염색체 수는 Ⅲ이 Ⅰ보다 크다.
ㄴ. 아버지의 ABO식 혈액형은 A형이다.
ㄷ. Ⅳ가 형성될 때 염색체 비분리는 감수 2분열에서 일어났다.

① ㄱ ② ㄴ ③ ㄱ, ㄷ ④ ㄴ, ㄷ ⑤ ㄱ, ㄴ, ㄷ

M27 ✪ 1등급 대비

2022 실시 4월 학평 19

다음은 어떤 가족의 유전 형질 (가)에 대한 자료이다.

- (가)는 상염색체에 있는 한 쌍의 대립유전자에 의해 결정되며, 대립유전자에는 D, E, F가 있다.
- D는 E, F에 대해, E는 F에 대해 각각 완전 우성이다.
- 표는 이 가족 구성원의 (가)의 3가지 표현형 ⓐ~ⓒ와 체세포 1개당 ㉠~㉢의 DNA 상대량을 나타낸 것이다. ㉠, ㉡, ㉢은 D, E, F를 순서 없이 나타낸 것이다.

구성원		아버지	어머니	자녀 1	자녀 2	자녀 3
표현형		ⓐ	ⓑ	ⓐ	ⓑ	ⓒ
DNA 상대량	㉠	1	1	0	2	2
	㉡	1	0	?	0	?
	㉢	0	?	1	?	0

- 정상 난자와 생식세포 형성 과정에서 염색체 비분리가 1회 일어나 형성된 정자 P가 수정되어 자녀 ㉮가 태어났다. ㉮는 자녀 1~3 중 하나이다.

이에 대한 설명으로 옳은 것만을 〈보기〉에서 있는 대로 고른 것은? (단, 제시된 염색체 비분리 이외의 돌연변이와 교차는 고려하지 않으며, D, E, F 각각의 1개당 DNA 상대량은 1이다.) (3점)

[보기]

ㄱ. ㉡은 D이다.
ㄴ. 자녀 2에서 체세포 1개당 ㉢의 DNA 상대량은 0이다.
ㄷ. P가 형성될 때 염색체 비분리는 감수 1분열에서 일어났다.

① ㄱ ② ㄴ ③ ㄱ, ㄷ ④ ㄴ, ㄷ ⑤ ㄱ, ㄴ, ㄷ

❖ 정답 및 해설 413~416p

M28 ✪ 1등급 대비

2022 대비 9월 모평 19

다음은 어떤 가족의 유전 형질 (가)~(다)에 대한 자료이다.

- (가)는 대립유전자 H와 h에 의해, (나)는 대립유전자 R와 r에 의해, (다)는 대립유전자 T와 t에 의해 결정된다. H는 h에 대해, R는 r에 대해, T는 t에 대해 각각 완전 우성이다.
- (가)~(다)의 유전자는 모두 X 염색체에 있다.
- 표는 어머니를 제외한 나머지 가족 구성원의 성별과 (가)~(다)의 발현 여부를 나타낸 것이다. 자녀 3과 4의 성별은 서로 다르다.

구성원	성별	(가)	(나)	(다)
아버지	남	○	○	?
자녀 1	여	×	○	○
자녀 2	남	×	×	×
자녀 3	?	○	×	○
자녀 4	?	×	×	○

(○: 발현됨, ×: 발현 안 됨)

- 이 가족 구성원의 핵형은 모두 정상이다.
- 염색체 수가 22인 생식세포 ㉠과 염색체 수가 24인 생식세포 ㉡이 수정되어 ⓐ가 태어났으며, ⓐ는 자녀 3과 4 중 하나이다. ㉠과 ㉡의 형성 과정에서 각각 성염색체 비분리가 1회 일어났다.

이에 대한 설명으로 옳은 것만을 <보기>에서 있는 대로 고른 것은? (단, 제시된 염색체 비분리 이외의 돌연변이와 교차는 고려하지 않는다.)

[보기]

ㄱ. ⓐ는 자녀 4이다.

ㄴ. ㉡은 감수 1분열에서 염색체 비분리가 일어나 형성된 난자이다.

ㄷ. (나)와 (다)는 모두 우성 형질이다.

① ㄱ ② ㄷ ③ ㄱ, ㄴ ④ ㄴ, ㄷ ⑤ ㄱ, ㄴ, ㄷ

M29 ✪ 1등급 대비

2021 실시 7월 학평 18

다음은 어떤 가족의 유전 형질 (가)와 (나)에 대한 자료이다.

- (가)는 대립유전자 A와 a에 의해, (나)는 대립유전자 B와 b에 의해 결정된다. A는 a에 대해, B는 b에 대해 각각 완전 우성이다.
- (가)와 (나)를 결정하는 유전자 중 1개는 X 염색체에, 나머지 1개는 상염색체에 존재한다.
- 표는 이 가족 구성원의 성별과 체세포 1개당 A와 B의 DNA 상대량을 나타낸 것이다.

구성원	성별	A	B
아버지	남	?	1
어머니	여	0	?
자녀 1	남	?	1
자녀 2	여	?	0
자녀 3	남	2	2

- 부모의 생식세포 형성 과정 중 한 명에게서 대립유전자 ㉠이 대립유전자 ㉡으로 바뀌는 돌연변이가 1회 일어나 ㉡을 갖는 생식세포가, 나머지 한 명에게서 ⓐ염색체 비분리가 1회 일어나 염색체 수가 비정상적인 생식세포가 형성되었다. 이 두 생식세포가 수정되어 클라인펠터 증후군을 나타내는 자녀 3이 태어났다. ㉠과 ㉡은 각각 A, a, B, b 중 하나이다.

이에 대한 설명으로 옳은 것만을 <보기>에서 있는 대로 고른 것은? (단, 제시된 돌연변이 이외의 돌연변이는 고려하지 않으며, A, a, B, b 각각의 1개당 DNA 상대량은 1이다.) (3점)

[보기]

ㄱ. ㉡은 A이다.

ㄴ. ⓐ가 형성될 때 염색체 비분리는 감수 2분열에서 일어났다.

ㄷ. 체세포 1개당 $\frac{\text{a의 DNA상대량}}{\text{b의 DNA상대량}}$은 자녀 1이 자녀 2보다 크다.

① ㄴ ② ㄷ ③ ㄱ, ㄴ ④ ㄱ, ㄷ ⑤ ㄱ, ㄴ, ㄷ

M30 ✪ 1등급 대비 2023 실시 7월 학평 20

다음은 어떤 가족의 유전 형질 (가)~(다)에 대한 자료이다.

- (가)는 대립유전자 A와 a에 의해, (나)는 대립유전자 B와 b에 의해, (다)는 대립유전자 D와 d에 의해 결정된다.
- 그림은 아버지와 어머니의 체세포에 들어있는 일부 염색체와 유전자를 나타낸 것이다. ㉮~㉱는 각각 ㉮′~㉱′의 상동 염색체이다.

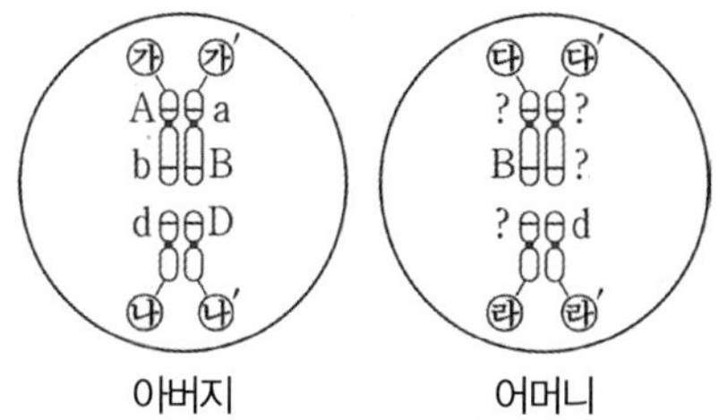

- 표는 이 가족 구성원의 세포 Ⅰ~Ⅳ에서 염색체 ㉠~㉣의 유무와 A, b, D의 DNA 상대량을 더한 값(A+b+D)을 나타낸 것이다. ㉠~㉣은 ㉮~㉱를 순서 없이 나타낸 것이다.

구성원	세포	염색체				A+b+D
		㉠	㉡	㉢	㉣	
아버지	Ⅰ	○	×	×	×	0
어머니	Ⅱ	×	○	×	○	3
자녀 1	Ⅲ	○	×	○	○	3
자녀 2	Ⅳ	○	×	×	○	3

(○: 있음, ×: 없음)

- 감수 분열 시 부모 중 한 사람에게서만 염색체 비분리가 1회 일어나 염색체 수가 비정상적인 생식세포 ⓐ가 형성되었다.
- ⓐ와 정상 생식세포가 수정되어 자녀 2가 태어났다.
- 자녀 2를 제외한 이 가족 구성원의 핵형은 모두 정상이다.

이에 대한 설명으로 옳은 것만을 〈보기〉에서 있는 대로 고른 것은? (단, 제시된 돌연변이 이외의 돌연변이와 교차는 고려하지 않으며, A, a, B, b, D, d 각각의 1개당 DNA 상대량은 1이다.) (3점)

[보기]

ㄱ. ㉡은 ㉱이다.

ㄴ. 어머니의 (가)~(다)에 대한 유전자형은 AABBDd이다.

ㄷ. ⓐ는 감수 2분열에서 염색체 비분리가 일어나 형성된 난자이다.

① ㄱ ② ㄷ ③ ㄱ, ㄴ ④ ㄴ, ㄷ ⑤ ㄱ, ㄴ, ㄷ

M31 ✪ 1등급 대비 2020 대비 수능 19

다음은 어떤 가족의 유전 형질 ㉠에 대한 자료이다.

- ㉠을 결정하는 데 관여하는 3개의 유전자는 모두 상염색체에 있으며, 3개의 유전자는 각각 대립유전자 A와 a, B와 b, D와 d를 갖는다.
- ㉠의 표현형은 유전자형에서 대문자로 표시되는 대립유전자의 수에 의해서만 결정되며, 이 대립유전자의 수가 다르면 표현형이 다르다.
- 표 (가)는 이 가족 구성원의 ㉠에 대한 유전자형에서 대문자로 표시되는 대립유전자의 수를, (나)는 아버지로부터 형성된 정자 Ⅰ~Ⅲ이 갖는 A, a, B, D의 DNA 상대량을 나타낸 것이다. Ⅰ~Ⅲ 중 1개는 세포 P의 감수 1분열에서 염색체 비분리가 1회, 나머지 2개는 세포 Q의 감수 2분열에서 염색체 비분리가 1회 일어나 형성된 정자이다. P와 Q는 모두 G_1기 세포이다.

구성원	대문자로 표시되는 대립유전자의 수
아버지	3
어머니	3
자녀 1	8

(가)

정자	DNA 상대량			
	A	a	B	D
Ⅰ	0	?	1	0
Ⅱ	1	1	1	1
Ⅲ	2	?	?	?

(나)

- Ⅰ~Ⅲ 중 1개의 정자와 정상 난자가 수정되어 자녀 1이 태어났다. 자녀 1을 제외한 나머지 가족 구성원의 핵형은 모두 정상이다.

이에 대한 설명으로 옳은 것만을 〈보기〉에서 있는 대로 고른 것은? (단, 제시된 염색체 비분리 이외의 돌연변이와 교차는 고려하지 않으며, A, a, B, b, D, d 각각의 1개당 DNA 상대량은 1이다.)

[보기]

ㄱ. Ⅰ은 감수 2분열에서 염색체 비분리가 일어나 형성된 정자이다.

ㄴ. 자녀 1의 체세포 1개당 $\frac{\text{B의 DNA 상대량}}{\text{A의 DNA 상대량}}=1$이다.

ㄷ. 자녀 1의 동생이 태어날 때, 이 아이에게서 나타날 수 있는 ㉠의 표현형은 최대 5가지이다.

① ㄱ ② ㄴ ③ ㄷ ④ ㄱ, ㄴ ⑤ ㄱ, ㄷ

❖ 정답 및 해설 417~420p

M32 ✪ 1등급 대비 2021 대비 9월 모평 17

다음은 어떤 가족의 유전 형질 (가)~(다)에 대한 자료이다.

- (가)는 대립유전자 A와 a에 의해, (나)는 대립유전자 B와 b에 의해, (다)는 대립유전자 D와 d에 의해 결정된다.
- (가)~(다)의 유전자 중 2개는 서로 다른 상염색체에, 나머지 1개는 X 염색체에 있다.
- 표는 아버지의 정자 Ⅰ과 Ⅱ, 어머니의 난자 Ⅲ과 Ⅳ, 딸의 체세포 Ⅴ가 갖는 A, a, B, b, D, d의 DNA 상대량을 나타낸 것이다.

구분	세포	DNA 상대량					
		A	a	B	b	D	d
아버지의 정자	Ⅰ	1	0	?	0	0	?
	Ⅱ	0	1	0	0	?	1
어머니의 난자	Ⅲ	?	1	0	?	㉠	?
	Ⅳ	0	?	1	?	0	?
딸의 체세포	Ⅴ	1	?	?	㉡	?	0

- Ⅰ과 Ⅱ 중 하나는 염색체 비분리가 1회 일어나 형성된 ⓐ 염색체 수가 비정상적인 정자이고, 나머지 하나는 정상 정자이다. Ⅲ과 Ⅳ 중 하나는 염색체 비분리가 1회 일어나 형성된 ⓑ 염색체 수가 비정상적인 난자이고, 나머지 하나는 정상 난자이다.
- Ⅴ는 ⓐ와 ⓑ가 수정되어 태어난 딸의 체세포이며, 이 가족 구성원의 핵형은 모두 정상이다.

이에 대한 설명으로 옳은 것만을 〈보기〉에서 있는 대로 고른 것은? (단, 제시된 염색체 비분리 이외의 돌연변이는 고려하지 않으며, A, a, B, b, D, d 각각의 1개당 DNA 상대량은 1이다.) (3점)

[보기]

ㄱ. (나)의 유전자는 X 염색체에 있다.

ㄴ. ㉠+㉡=2이다.

ㄷ. $\frac{\text{아버지의 체세포 1개당 B의 DNA 상대량}}{\text{어머니의 체세포 1개당 D의 DNA 상대량}}=\frac{1}{2}$이다.

① ㄱ ② ㄴ ③ ㄱ, ㄷ ④ ㄴ, ㄷ ⑤ ㄱ, ㄴ, ㄷ

M33 ✪ 1등급 대비 2021 실시 4월 학평 19

다음은 어떤 집안의 유전 형질 (가)와 (나)에 대한 자료이다.

- (가)는 21번 염색체에 있는 대립유전자 A와 a에 의해 결정되며, A는 a에 대해 완전 우성이다.
- (나)는 7번 염색체에 있는 1쌍의 대립유전자에 의해 결정되며, 대립유전자에는 E, F, G가 있다. E는 F, G에 대해, F는 G에 대해 각각 완전 우성이다.
- 가계도는 구성원 1~7에게서 (가)의 발현 여부를 나타낸 것이다.

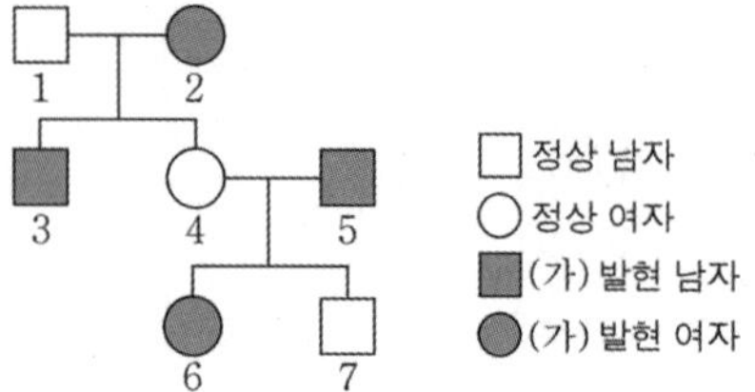

- 1, 2, 4, 5, 6, 7의 (나)의 유전자형은 모두 다르다.
- 1, 7의 (나)의 표현형은 다르고, 2, 4, 6의 (나)의 표현형은 같다.
- $\frac{\text{1, 7 각각의 체세포 1개당 a의 DNA 상대량을 더한 값}}{\text{3, 7 각각의 체세포 1개당 E의 DNA 상대량을 더한 값}}=1$이다.
- 7은 염색체 수가 비정상적인 난자 ㉠과 염색체 수가 비정상적인 정자 ㉡이 수정되어 태어났으며, ㉠과 ㉡의 형성 과정에서 각각 염색체 비분리가 1회 일어났다. 1~7의 핵형은 모두 정상이다.

이에 대한 설명으로 옳은 것만을 〈보기〉에서 있는 대로 고른 것은? (단, 제시된 염색체 비분리 이외의 돌연변이는 고려하지 않으며, A, a, E, F, G 각각의 1개당 DNA 상대량은 1이다.) (3점)

[보기]

ㄱ. (가)는 열성 형질이다.

ㄴ. 5의 (나)의 유전자형은 동형 접합성이다.

ㄷ. ㉠의 형성 과정에서 염색체 비분리는 감수 2분열에서 일어났다.

① ㄱ ② ㄷ ③ ㄱ, ㄴ ④ ㄴ, ㄷ ⑤ ㄱ, ㄴ, ㄷ

M34 ✪ 1등급 대비 2021 실시 10월 학평 19

다음은 어떤 가족의 유전 형질 (가)와 (나)에 대한 자료이다.

- (가)는 대립유전자 H와 h에 의해, (나)는 대립유전자 R와 r에 의해 결정된다. H는 h에 대해, R는 r에 대해 각각 완전 우성이다.
- (가)와 (나)의 유전자는 모두 X 염색체에 있다.
- (가)는 아버지와 아들 ⓐ에게서만, (나)는 ⓐ에게서만 발현되었다.
- 그림은 아버지의 G_1기 세포 Ⅰ로부터 정자가 형성되는 과정을, 표는 세포 ㉠~㉣에서 세포 1개당 H와 R의 DNA 상대량을 나타낸 것이다. ㉠~㉣은 Ⅰ~Ⅳ를 순서 없이 나타낸 것이다.

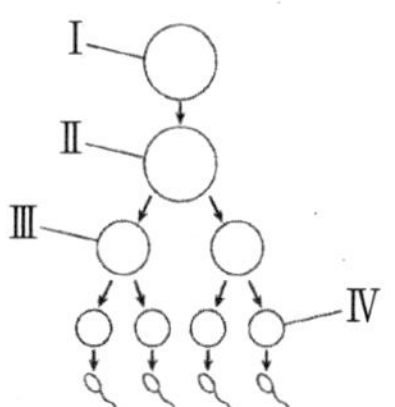

세포	DNA 상대량	
	H	R
㉠	1	0
㉡	?	1
㉢	2	?
㉣	0	?

- 그림과 같이 Ⅱ에서 전좌가 일어나 X 염색체에 있는 2개의 ㉮ 중 하나가 22번 염색체로 옮겨졌다. ㉮는 H와 R 중 하나이다.

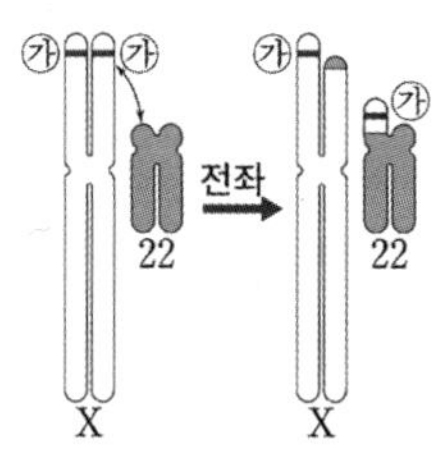

- ⓐ는 Ⅲ으로부터 형성된 정자와 정상 난자가 수정되어 태어났다.

이에 대한 설명으로 옳은 것만을 〈보기〉에서 있는 대로 고른 것은? (단, 돌연변이와 교차는 고려하지 않으며, H와 R 각각의 1개당 DNA 상대량은 1이다.) (3점)

[보기]

ㄱ. ㉠은 Ⅲ이다.
ㄴ. ㉮는 R이다.
ㄷ. ⓐ는 H와 h를 모두 갖는다.

① ㄱ ② ㄴ ③ ㄷ ④ ㄱ, ㄷ ⑤ ㄴ, ㄷ

M35 ✪ 1등급 대비 2022 대비 수능 17

다음은 사람의 유전 형질 (가)~(다)에 대한 자료이다.

- (가)~(다)의 유전자는 서로 다른 2개의 상염색체에 있다.
- (가)는 대립유전자 A와 a에 의해, (나)는 대립유전자 B와 b에 의해, (다)는 대립유전자 D와 d에 의해 결정된다.
- P의 유전자형은 AaBbDd이고, Q의 유전자형은 AabbDd이며, P와 Q의 핵형은 모두 정상이다.
- 표는 P의 세포 Ⅰ~Ⅲ과 Q의 세포 Ⅳ~Ⅵ 각각에 들어 있는 A, a, B, b, D, d의 DNA 상대량을 나타낸 것이다. ㉠~㉢은 0, 1, 2를 순서 없이 나타낸 것이다.

사람	세포	DNA 상대량					
		A	a	B	b	D	d
P	Ⅰ	0	1	?	㉢	0	㉡
	Ⅱ	㉠	㉡	㉠	?	㉠	?
	Ⅲ	?	㉡	0	㉢	㉢	㉡
Q	Ⅳ	㉢	?	?	2	㉢	㉢
	Ⅴ	㉡	㉢	0	㉠	㉢	?
	Ⅵ	㉠	?	?	㉠	㉡	㉠

- 세포 ⓐ와 ⓑ중 하나는 염색체의 일부가 결실된 세포이고, 나머지 하나는 염색체 비분리가 1회 일어나 형성된 염색체 수가 비정상적인 세포이다. ⓐ는 Ⅰ~Ⅲ 중 하나이고, ⓑ는 Ⅳ~Ⅵ 중 하나이다.
- Ⅰ~Ⅵ 중 ⓐ와 ⓑ를 제외한 나머지 세포는 모두 정상 세포이다.

이에 대한 설명으로 옳은 것만을 〈보기〉에서 있는 대로 고른 것은? (단, 제시된 돌연변이 이외의 돌연변이와 교차는 고려하지 않으며, A, a, B, b, D, d 각각의 1개당 DNA 상대량은 1이다.)

[보기]

ㄱ. (가)의 유전자와 (다)의 유전자는 같은 염색체에 있다.
ㄴ. Ⅳ는 염색체 수가 비정상적인 세포이다.
ㄷ. ⓐ에서 a의 DNA 상대량은 ⓑ에서 d의 DNA 상대량과 같다.

① ㄱ ② ㄴ ③ ㄷ ④ ㄱ, ㄴ ⑤ ㄱ, ㄷ

❖ 정답 및 해설 421 ~ 425p

M36 ✪ 1등급 대비 .... 2022 대비 6월 모평 15

다음은 어떤 가족의 유전 형질 (가)에 대한 자료이다.

○ (가)를 결정하는 데 관여하는 3개의 유전자는 모두 상염색체에 있으며, 3개의 유전자는 각각 대립유전자 H와 H*, R와 R*, T와 T*를 갖는다.

○ 그림은 아버지와 어머니의 체세포 각각에 들어 있는 일부 염색체와 유전자를 나타낸 것이다. 아버지와 어머니의 핵형은 모두 정상이다.

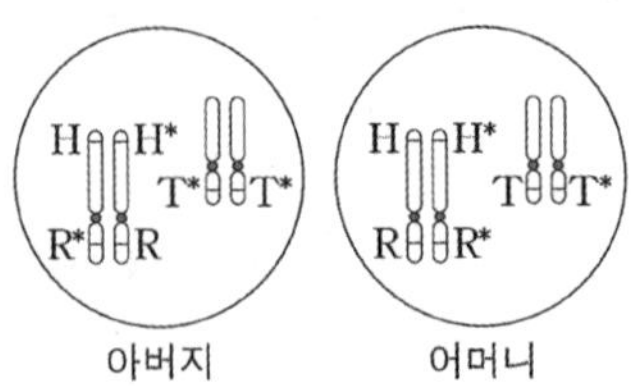

○ 아버지의 생식세포 형성 과정에서 ㉠이 1 회 일어나 형성된 정자 P와 어머니의 생식세포 형성 과정에서 ㉡이 1회 일어나 형성된 난자 Q가 수정되어 자녀 ⓐ가 태어났다. ㉠과 ㉡은 염색체 비분리와 염색체 결실을 순서 없이 나타낸 것이다.

○ 그림은 ⓐ의 체세포 1개당 H*, R, T, T*의 DNA 상대량을 나타낸 것이다.

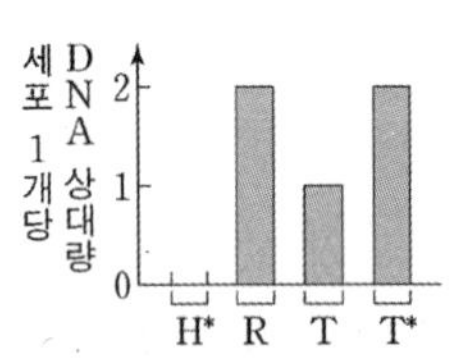

이에 대한 설명으로 옳은 것만을 〈보기〉에서 있는 대로 고른 것은? (단, 제시된 돌연변이 이외의 돌연변이와 교차는 고려하지 않으며, H, H*, R, R*, T, T* 각각의 1개당 DNA 상대량은 1이다.) (3점)

[보기]

ㄱ. 난자 Q에는 H가 있다.

ㄴ. 생식세포 형성 과정에서 염색체 비분리는 감수 2분열에서 일어났다.

ㄷ. ⓐ의 체세포 1개당 상염색체 수는 43이다.

① ㄱ ② ㄴ ③ ㄷ ④ ㄱ, ㄴ ⑤ ㄱ, ㄷ

M37 ✪ 1등급 대비 .... 2020 실시 10월 학평 20

다음은 어떤 가족의 유전 형질 (가)와 (나)에 대한 자료이다.

○ (가)는 대립유전자 A와 A*에 의해, (나)는 대립유전자 B와 B*에 의해 결정되며, 각 대립유전자 사이의 우열 관계는 분명하다.

○ (가)와 (나)의 유전자 중 하나는 상염색체에, 나머지 하나는 X 염색체에 있다.

○ 표는 이 가족 구성원의 (가)와 (나)의 발현 여부와 A, A*, B, B*의 유무를 나타낸 것이다.

구분	형질		대립유전자			
	(가)	(나)	A	A*	B	B*
아버지	−	+	×	○	○	×
어머니	+	−	○	?	?	○
형	+	−	?	○	×	○
누나	−	+	×	○	○	?
㉠	+	+	○	?	?	○

(+: 발현됨, −: 발현 안 됨, ○: 있음, ×: 없음)

○ 감수 분열 시 부모 중 한 사람에게서만 염색체 비분리가 1회 일어나 ⓐ 염색체 수가 비정상적인 생식세포가 형성되었다. ⓐ가 정상 생식세포와 수정되어 태어난 ㉠에게서 클라인펠터 증후군이 나타난다. ㉠을 제외한 나머지 구성원의 핵형은 모두 정상이다.

이에 대한 옳은 설명만을 〈보기〉에서 있는 대로 고른 것은? (단, 제시된 염색체 비분리 이외의 돌연변이와 교차는 고려하지 않는다.)

[보기]

ㄱ. (가)의 유전자는 X 염색체에 있다.

ㄴ. ⓐ는 감수 1분열에서 성염색체 비분리가 일어나 형성된 정자이다.

ㄷ. ㉠의 동생이 태어날 때, 이 아이에게서 (가)와 (나)가 모두 발현될 확률은 $\frac{1}{4}$이다.

① ㄱ ② ㄴ ③ ㄱ, ㄷ ④ ㄴ, ㄷ ⑤ ㄱ, ㄴ, ㄷ

M38 ✪ 1등급 대비

2022 실시 7월 학평 20

다음은 어떤 가족의 유전 형질 (가)와 (나)에 대한 자료이다.

- (가)는 대립유전자 A와 a에 의해 결정되며, 유전자형이 다르면 표현형이 다르다.
- (나)는 1쌍의 대립유전자에 의해 결정되며 대립유전자에는 B, D, E, F가 있다. B, D, E, F 사이의 우열 관계는 분명하다.
- (나)의 표현형은 4가지이며, ㉠, ㉡, ㉢, ㉣이다.
- (나)에서 유전자형이 BF, DF, EF, FF인 개체의 표현형은 같고, 유전자형이 BE, DE, EE인 개체의 표현형은 같고, 유전자형이 BD, DD인 개체의 표현형은 같다.
- (가)와 (나)의 유전자는 같은 상염색체에 있다.
- 표는 아버지, 어머니, 자녀 Ⅰ~Ⅳ에서 (나)에 대한 표현형과 체세포 1개당 A의 DNA 상대량을 나타낸 것이다.

구분	아버지	어머니	자녀 Ⅰ	자녀 Ⅱ	자녀 Ⅲ	자녀 Ⅳ
(나)에 대한 표현형	㉠	㉡	㉠	㉠	㉢	㉣
A의 DNA 상대량	?	1	2	?	1	0

- 자녀 Ⅳ는 생식세포 형성 과정에서 대립유전자 ⓐ가 결실된 염색체를 가진 정자와 정상 난자가 수정되어 태어났다. ⓐ는 B, D, E, F 중 하나이다.

이에 대한 설명으로 옳은 것만을 〈보기〉에서 있는 대로 고른 것은? (단, 제시된 돌연변이 이외의 돌연변이와 교차는 고려하지 않으며, A, a 각각의 1개당 DNA 상대량은 1이다.) (3점)

[보기]

ㄱ. ⓐ는 E이다.
ㄴ. 자녀 Ⅱ의 (가)에 대한 유전자형은 aa이다.
ㄷ. 자녀 Ⅳ의 동생이 태어날 때, 이 아이의 (가)와 (나)에 대한 표현형이 모두 아버지와 같을 확률은 $\frac{1}{4}$이다.

① ㄱ ② ㄴ ③ ㄷ ④ ㄱ, ㄴ ⑤ ㄱ, ㄷ

M39 ✪ 1등급 대비

2020 실시 4월 학평 17

다음은 사람 P의 정자 형성 과정에 대한 자료이다.

- 그림은 P의 세포 Ⅰ로부터 정자가 형성되는 과정을, 표는 세포 ㉠~㉣에서 세포 1개당 대립유전자 A, a, B, b, D, d의 DNA 상대량을 나타낸 것이다. A는 a와, B는 b와, D는 d와 각각 대립유전자이고, ㉠~㉣은 Ⅰ~Ⅳ를 순서 없이 나타낸 것이다.

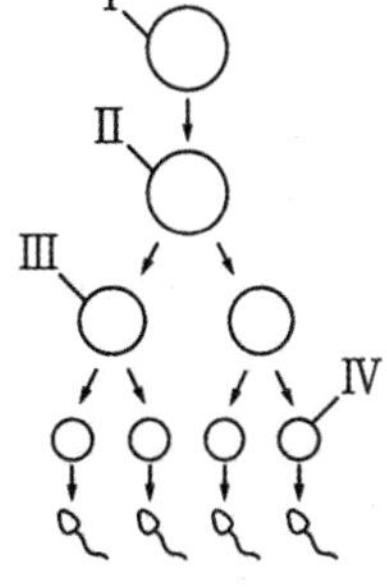

세포	DNA 상대량					
	A	a	B	b	D	d
㉠	0	?	ⓐ	0	0	0
㉡	ⓑ	2	0	1	?	1
㉢	?	1	2	ⓒ	?	1
㉣	0	?	4	?	2	ⓓ

- Ⅰ은 G_1기 세포이며, Ⅰ에는 중복이 일어난 염색체가 1개만 존재한다. Ⅰ이 Ⅱ가 되는 과정에서 DNA는 정상적으로 복제되었다.
- 이 정자 형성 과정의 감수 1분열에서는 상염색체에서 비분리가 1회, 감수 2분열에서는 성염색체에서 비분리가 1회 일어났다.

이에 대한 설명으로 옳은 것만을 〈보기〉에서 있는 대로 고른 것은? (단, 제시된 중복과 염색체 비분리 이외의 돌연변이와 교차는 고려하지 않으며, Ⅱ와 Ⅲ은 중기의 세포이다. A, a, B, b, D, d 각각의 1개당 DNA 상대량은 1이다.) (3점)

[보기]

ㄱ. ⓐ+ⓑ+ⓒ+ⓓ=5이다.
ㄴ. P에서 a는 성염색체에 있다.
ㄷ. Ⅳ에는 중복이 일어난 염색체가 있다.

① ㄱ ② ㄴ ③ ㄱ, ㄷ
④ ㄴ, ㄷ ⑤ ㄱ, ㄴ, ㄷ

❖ 정답 및 해설 426~431p

M40 ✪ 1등급 대비 2024 대비 6월 모평 17

다음은 어떤 가족의 유전 형질 (가)~(다)에 대한 자료이다.

- (가)는 대립유전자 A와 a에 의해, (나)는 대립유전자 B와 b에 의해, (다)는 대립유전자 D와 d에 의해 결정된다.
- (가)와 (나)의 유전자는 7번 염색체에, (다)의 유전자는 13번 염색체에 있다.
- 그림은 어머니와 아버지의 체세포 각각에 들어 있는 7번 염색체, 13번 염색체와 유전자를 나타낸 것이다.

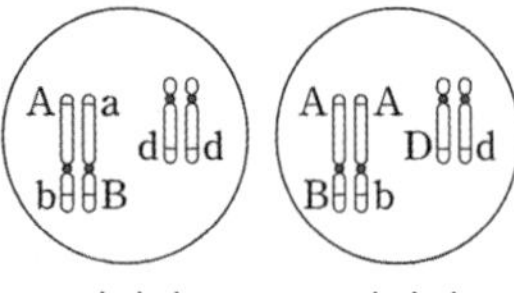

- 표는 이 가족 구성원 중 자녀 1~3에서 체세포 1개당 A, b, D의 DNA 상대량을 더한 값(A+b+D)과 체세포 1개당 a, b, d의 DNA 상대량을 더한 값(a+b+d)을 나타낸 것이다.

구성원		자녀 1	자녀 2	자녀 3
DNA 상대량을 더한 값	A+b+D	5	3	4
	a+b+d	3	3	1

- 자녀 1~3은 (가)의 유전자형이 모두 같다.
- 어머니의 생식세포 형성 과정에서 ㉠이 1회 일어나 형성된 난자 P와 아버지의 생식세포 형성 과정에서 ㉡이 1회 일어나 형성된 정자 Q가 수정되어 자녀 3이 태어났다. ㉠과 ㉡은 7번 염색체 결실과 13번 염색체 비분리를 순서 없이 나타낸 것이다.
- 자녀 3의 체세포 1개당 염색체 수는 47이고, 자녀 3을 제외한 이 가족 구성원의 핵형은 모두 정상이다.

이에 대한 설명으로 옳은 것만을 〈보기〉에서 있는 대로 고른 것은? (단, 제시된 돌연변이 이외의 돌연변이와 교차는 고려하지 않으며, A, a, B, b, D, d 각각의 1개당 DNA 상대량은 1이다.) (3점)

[보기]

ㄱ. 자녀 2에게서 A, B, D를 모두 갖는 생식세포가 형성될 수 있다.
ㄴ. ㉠은 7번 염색체 결실이다.
ㄷ. 염색체 비분리는 감수 2분열에서 일어났다.

① ㄱ ② ㄴ ③ ㄱ, ㄷ ④ ㄴ, ㄷ ⑤ ㄱ, ㄴ, ㄷ

M41 ✪ 1등급 대비 2021 대비 6월 모평 16

다음은 영희네 가족의 유전 형질 (가)~(다)에 대한 자료이다.

- (가)는 대립유전자 A와 A*에 의해, (나)는 대립유전자 B와 B*에 의해, (다)는 대립유전자 D와 D*에 의해 결정된다.
- (가)와 (나)의 유전자는 7번 염색체에, (다)의 유전자는 X 염색체에 있다.
- 그림은 영희네 가족 구성원 중 어머니, 오빠, 영희, ⓐ남동생의 세포 Ⅰ~Ⅳ가 갖는 A, B, D*의 DNA 상대량을 나타낸 것이다.

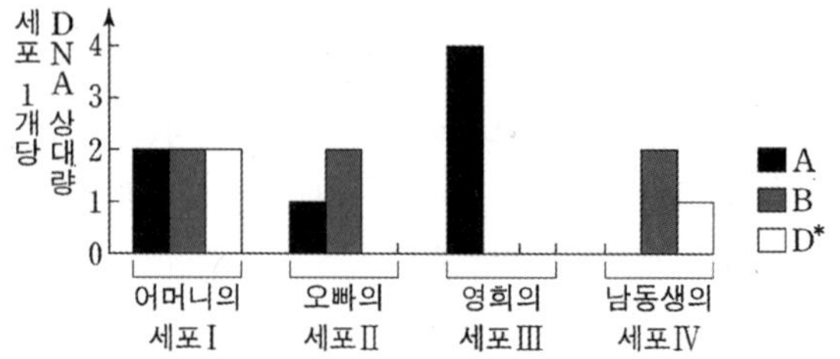

- 어머니의 생식 세포 형성 과정에서 대립유전자 ㉠이 대립유전자 ㉡으로 바뀌는 돌연변이가 1회 일어나 ㉡을 갖는 생식 세포가 형성되었다. 이 생식 세포가 정상 생식 세포와 수정되어 ⓐ가 태어났다. ㉠과 ㉡은 (가)~(다) 중 한 가지 형질을 결정하는 서로 다른 대립유전자이다.

이에 대한 옳은 설명만을 〈보기〉에서 있는 대로 고른 것은? (단, 제시된 돌연변이 이외의 돌연변이와 교차는 고려하지 않으며, A, A*, B, B* 각각의 1개당 DNA 상대량은 1이다.) (3점)

[보기]

ㄱ. Ⅰ은 G_1기 세포이다.
ㄴ. ㉠은 A이다.
ㄷ. 아버지에서 A*, B, D를 모두 갖는 정자가 형성될 수 있다.

① ㄱ ② ㄴ ③ ㄷ
④ ㄱ, ㄷ ⑤ ㄴ, ㄷ

M42 ✪ 1등급 대비

2023 대비 6월 모평 19

다음은 어떤 가족의 ABO식 혈액형과 유전 형질 (가), (나)에 대한 자료이다.

- (가)는 대립유전자 H와 h에 의해, (나)는 대립유전자 T와 t에 의해 결정된다. H는 h에 대해, T는 t에 대해 각각 완전 우성이다.
- (가)의 유전자와 (나)의 유전자 중 하나는 ABO식 혈액형 유전자와 같은 염색체에 있고, 나머지 하나는 X 염색체에 있다.
- 표는 구성원의 성별, ABO식 혈액형과 (가), (나)의 발현 여부를 나타낸 것이다.

구분	성별	혈액형	(가)	(나)
아버지	남	A형	×	×
어머니	여	B형	×	○
자녀 1	남	AB형	○	×
자녀 2	여	B형	○	×
자녀 3	여	A형	×	○

(○ : 발현됨, × : 발현 안 됨)

- 아버지와 어머니 중 한 명의 생식세포 형성 과정에서 대립유전자 ㉠이 대립유전자 ㉡으로 바뀌는 돌연변이가 1회 일어나 ㉡을 갖는 생식세포가 형성되었다. 이 생식세포가 정상 생식세포와 수정되어 자녀 1이 태어났다. ㉠과 ㉡은 (가)와 (나) 중 한 가지 형질을 결정하는 서로 다른 대립유전자이다.

이에 대한 설명으로 옳은 것만을 〈보기〉에서 있는 대로 고른 것은? (단, 제시된 돌연변이 이외의 돌연변이와 교차는 고려하지 않는다.)

[보기]

ㄱ. (나)는 열성 형질이다.

ㄴ. ㉠은 H이다.

ㄷ. 자녀 3의 동생이 태어날 때, 이 아이의 혈액형이 O형이면서 (가)와 (나)가 모두 발현되지 않을 확률은 $\frac{1}{8}$이다.

① ㄱ ② ㄴ ③ ㄷ ④ ㄱ, ㄴ ⑤ ㄴ, ㄷ

M43 ✪ 1등급 대비

2021 대비 수능 17

다음은 어떤 집안의 유전 형질 (가)에 대한 자료이다.

- (가)는 상염색체에 있는 1쌍의 대립유전자에 의해 결정되며, 대립유전자에는 D, E, F, G가 있다.
- D는 E, F, G에 대해, E는 F, G에 대해, F는 G에 대해 각각 완전 우성이다.
- 그림은 구성원 1~8의 가계도를, 표는 1, 3, 4, 5의 체세포 1개당 G의 DNA 상대량을 나타낸 것이다. 가계도에 (가)의 표현형은 나타내지 않았다.

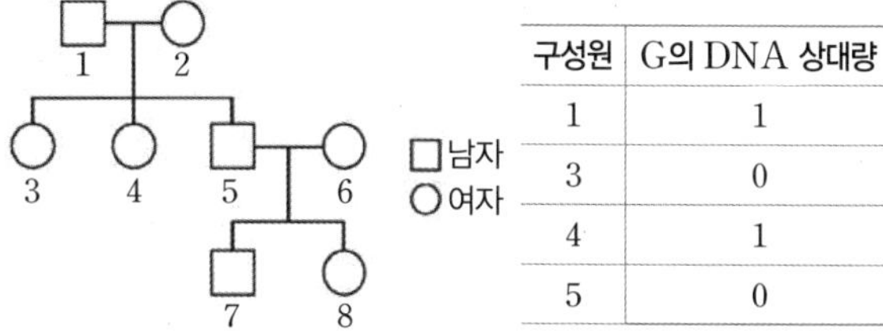

구성원	G의 DNA 상대량
1	1
3	0
4	1
5	0

- 1~8의 유전자형은 각각 서로 다르다.
- 3, 4, 5, 6의 표현형은 모두 다르고, 2와 8의 표현형은 같다.
- 5와 6 중 한 명의 생식세포 형성 과정에서 ⓐ 대립유전자 ㉠이 대립유전자 ㉡으로 바뀌는 돌연변이가 1회 일어나 ㉡을 갖는 생식세포가 형성되었다. 이 생식세포가 정상 생식세포와 수정되어 8이 태어났다. ㉠과 ㉡은 각각 D, E, F, G 중 하나이다.

이에 대한 설명으로 옳은 것만을 〈보기〉에서 있는 대로 고른 것은? (단, 제시된 돌연변이 이외의 돌연변이는 고려하지 않으며, D, E, F, G 각각의 1개당 DNA 상대량은 1이다.) (3점)

[보기]

ㄱ. 5와 7의 표현형은 같다.

ㄴ. ⓐ는 5에서 형성되었다.

ㄷ. 2~8 중 1과 표현형이 같은 사람은 2명이다.

① ㄱ ② ㄴ ③ ㄷ
④ ㄱ, ㄴ ⑤ ㄱ, ㄷ

M

❖ 정답 및 해설 431 ~ 436p

JDA

성균관대학교 댄스 동아리

춤을 좋아하는 사람들이 모여 함께 즐기는 JDA(제이다)는 제일 좋아서 제이다!

JDA는 성균관대학교 인문사회과학캠퍼스 중앙 댄스 동아리입니다.

JDA는 Jazz Dance Association의 약자이며, 재즈 댄스를 중심으로 시작했지만
지금은 얼반(Urban), 코리오(Choreo), 방송 댄스 등 다양한 댄스 커버를 진행하고 있습니다.

JDA에서는 정기 공연, 입학식, 새내기 배움터, 드림 클래스, 대학생 거리축제 등
다양한 공연들을 진행하고 있습니다.

춤에 대한 관심과 열정이 있으신 분이라면,
춤을 춰본 적이 없더라도 춤을 좋아하기만 한다면
모두 환영입니다!

생태계와 상호 작용

N 생태계의 구성과 기능

O 개체군

1 개체군

P 군집

1 군집

2 군집의 천이

3 군집 내 개체군의 상호 작용

Q 에너지와 물질의 순환

1 에너지 흐름

2 물질의 생산과 소비

3 물질 순환

R 생물의 다양성과 보존

N 생태계의 구성과 기능

★ 2025 수능 출제 분석

- **생태계 구성 요소 사이의 상호 관계** : 개체군의 상호 작용과 군집의 상호 작용을 구분하는 문제가 쉽게 출제되었다.

대비년도	출제 개념	난이도
2025 수능	생태계 구성 요소 사이의 상호 관계	✲
2025 9월	–	–
2025 6월	생태계 구성 요소	✲
2024 수능	생태계 구성 요소 사이의 상호 관계	✲

1. 개체, 개체군, 군집, 생태계의 관계: 개체 → 개체군 → 군집 → 생태계

개체	독립적인 생명 활동이 가능한 하나의 생명체
개체군	일정한 지역에서 생활하는 같은 종에 속하는 개체들의 집단
군집	일정한 지역에서 생활하는 모든 개체군들의 집합
생태계	군집을 이루는 각 개체군이 다른 개체군 및 비생물적 요인과 영향을 주고받는 체계

2. 생태계의 구성 요소: 생물적 요인과 비생물적 요인으로 구분된다. 

생물적 요인	역할에 따라 생산자, 소비자, 분해자로 구분된다.	
	생산자	광합성을 하여 스스로 양분을 만드는 생물 예 식물, 조류[1]
	소비자[2]	다른 생물을 먹이로 섭취하는 생물 예 1차 소비자(초식 동물), 2차 소비자(육식 동물)
	분해자	다른 생물의 사체나 배설물을 분해하는 생물 예 세균, 곰팡이, 버섯
비생물적 요인	생물을 둘러싼 무기 환경 요소로, 생물의 생장과 생존에 필요한 장소를 제공한다. 예 빛, 온도, 물, 공기, 토양	

3. 생태계 구성 요소 사이의 상호 관계: 생태계의 구성 요소들은 서로 영향을 주고받는다.

(1) **작용:** 비생물적 요인이 생물적 요인에 영향을 주는 것이다.
예 빛의 세기에 따라 식물 잎의 두께가 달라진다, 가을에 토끼가 털갈이를 한다.

(2) **반작용:** 생물적 요인이 비생물적 요인에 영향을 주는 것이다.
예 낙엽이 분해되면 토양이 비옥해진다, 식물의 광합성으로 대기의 산소 농도가 증가한다.

(3) **상호 작용:** 생물적 요인 사이에 서로 영향을 주고 받는 것이다.
예 스라소니의 개체 수가 증가하면 토끼의 개체 수가 감소한다.

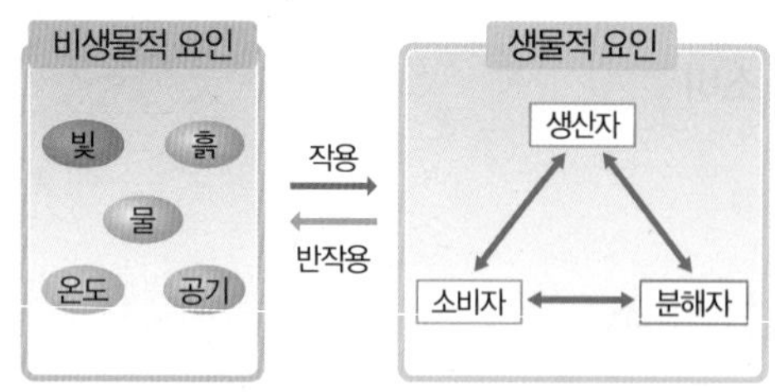

▲ 생태계 구성 요소 사이의 상호 관계

4. 환경과 생물의 상호 관계

(1) **빛과 생물**

빛의 세기	양엽은 음엽에 비해 울타리 조직이 발달하여 잎이 두껍다.
일조 시간	단일 식물은 낮의 길이가 짧아지고 밤의 길이가 길어지면 개화하며, 장일 식물은 낮의 길이가 길어지고 밤의 길이가 짧아지면 개화한다.
빛의 파장	빛의 파장에 따라 바닷속에 서식하는 해조류 분포가[3] 달라진다.

❶ **조류**
광합성을 하는 원생생물로, 생태계에서 생산자의 역할을 한다.

❷ **소비자의 구분**
- **1차 소비자:** 생산자인 식물을 먹는 초식 동물이다.
- **2차 소비자:** 1차 소비자인 초식 동물을 먹는 육식 동물이다.
- **3차 소비자:** 2차 소비자를 먹는 육식 동물이다.
- **최종 소비자:** 먹이 사슬에서 마지막 단계에 있는 동물이다.

출제 2025 대비 수능 6번
2025 대비 6월 모평 16번

★ 6월은 생태계를 구성하는 요소의 상호 관계를 나타내는 문제를 쉽게 출제하였다.
수능은 생태계를 구성하는 요소의 상호 관계를 나타내는 문제를 쉽게 출제하였다.

❸ **해조류의 수직 분포**

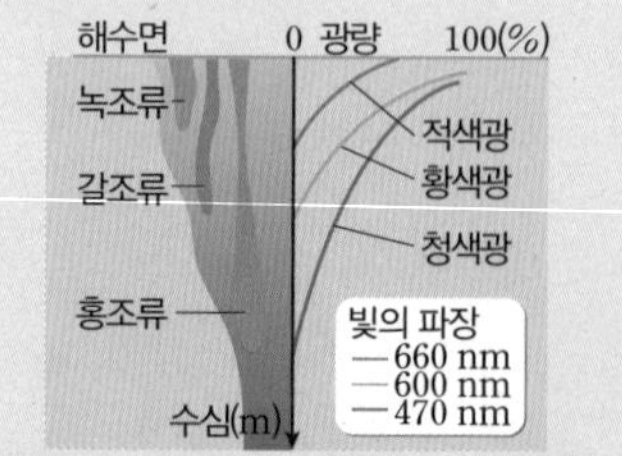

바다 얕은 곳까지만 도달하는 적색광을 주로 이용하는 녹조류는 바다 얕은 곳에 분포하고, 바다 깊은 곳까지 도달하는 청색광을 주로 이용하는 홍조류는 바다 깊은 곳까지 분포한다.

(2) 온도, 물, 토양, 공기와 생물

온도	북극여우는 사막여우보다 귀가 작고 몸집이 크다.
물	사막에 서식하는 선인장은 물을 저장하는 저수 조직이 있다.
토양	세균과 버섯에 의해 토양 속 유기물이 무기물로 분해된다.
공기	고산 지대에 사는 사람은 평지에 사는 사람보다 적혈구 수가 많다.

꼭 외워!

＊생물적 요인의 예

생산자	식물, 조류
소비자	초식 동물, 육식 동물
분해자	세균, 곰팡이, 버섯

＊생태계의 구성 요소 사이의 상호 관계

작용	비생물적 요인 → 생물적 요인
반작용	생물적 요인 → 비생물적 요인
상호 작용	생물적 요인 ↔ 생물적 요인

기출 자료로 개념 체크

01 다음은 생태계에 대한 설명이다. 빈칸에 알맞은 말을 쓰시오.

(1) 생물적 요인과 비생물적 요인으로 구분되며, 이들 요인들이 서로 밀접한 관계를 맺고 유지되는 하나의 체계이다. (1)

(2) 일정한 지역에 같은 종의 개체가 무리를 이루어 사는 것이다. (2)

(3) 여러 개체군이 같은 서식지에 모여 살아가는 것이다. (3)

(4) 생물을 둘러싼 무기 환경 요소이며, 생물의 생장과 생존에 필요한 장소를 제공한다. (4)

02 그림은 생태계를 구성하는 요소 사이의 상호 관계를 나타낸 것이다. 다음 예시는 ㉠~㉢ 중 무엇에 해당하는지 쓰시오.

〈2023 대비 9월 모평 3〉

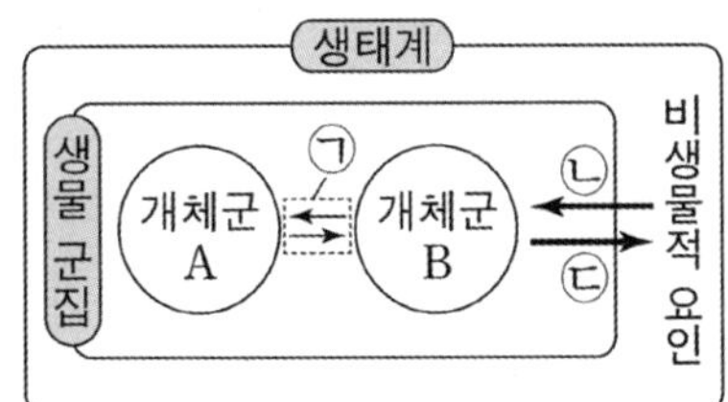

(1) 날씨가 추워지면 낙엽이 떨어진다. (5)

(2) 낙엽이 쌓이면 토양이 비옥해진다. (6)

(3) 비옥한 토양에서 식물이 잘 자란다. (7)

(4) 사슴의 개체 수가 증가하면 풀의 개체 수가 감소한다. (8)

03 다음은 빛과 생물의 관계에 대한 설명이다. 빈칸에 알맞은 말을 쓰거나 고르시오.

(1) 빛을 많이 받는 양엽은 광합성이 활발한 9 (울타리 조직 / 해면 조직)이 발달하여 빛을 적게 받는 음엽보다 10 (얇다 / 두껍다).

(2) 바다의 깊이에 따라 서식하는 해조류의 종류가 다른 것은 깊이에 따라 빛의 (11)와/과 양이 다르기 때문이다.

(3) (12)의 변화에 따라 꽃이 피는 시기, 새가 알을 낳는 시기가 정해진다.

04 다음은 생물이 비생물적 요인에 따라 환경에 적응한 예시이다. 해당하는 비생물적 요인을 [보기]에서 골라 쓰시오.

[보기]
온도 빛 물 토양 공기

(1) 은행나무는 가을이 되면 단풍이 들고 낙엽이 진다. (13)

(2) 선인장의 잎은 가시로 변하였다. (14)

(3) 지렁이는 토양 속을 파헤치며 이동하여 토양의 통기성을 높인다. (15)

(4) 가을보리는 추운 겨울을 지내야 결실을 맺을 수 있다. (16)

(5) 꾀꼬리는 봄에 산란한다. (17)

(6) 고산 지대에 사는 사람들은 평지에 사는 사람들에 비해 폐의 표면적이 넓다. (18)

정답

1 생태계 2 개체군 3 군집 4 비생물적 요인 5 ㉢ 6 ㉢ 7 ㉡ 8 ㉠ 9 울타리 조직 10 두껍다 11 파장 12 일조 시간 13 온도 14 물 15 토양 16 온도 17 빛 18 공기

N01

2025 대비 6월 모평 16

그림은 생태계를 구성하는 요소 사이의 상호 관계를 나타낸 것이다.

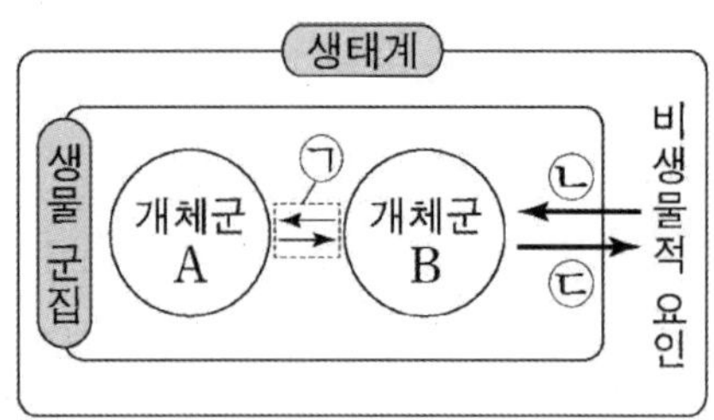

이에 대한 설명으로 옳은 것만을 <보기>에서 있는 대로 고른 것은?

[보기]

ㄱ. 늑대가 말코손바닥사슴을 잡아먹는 것은 ㉠의 예에 해당한다.
ㄴ. 지의류에 의해 암석의 풍화가 촉진되어 토양이 형성되는 것은 ㉡의 예에 해당한다.
ㄷ. 분해자는 비생물적 요인에 해당한다.

① ㄱ ② ㄷ ③ ㄱ, ㄴ ④ ㄴ, ㄷ ⑤ ㄱ, ㄴ, ㄷ

N02

2022 대비 9월 모평 6

다음은 생태계의 구성 요소에 대한 학생 A~C의 발표 내용이다.

제시한 내용이 옳은 학생만을 있는 대로 고른 것은?

① A ② C ③ A, B ④ B, C ⑤ A, B, C

N03

2025 대비 수능 6

그림은 생태계를 구성하는 요소 사이의 상호 관계를, 표는 상호 작용의 예를 나타낸 것이다. (가)와 (나)는 순위제의 예와 텃세의 예를 순서 없이 나타낸 것이다.

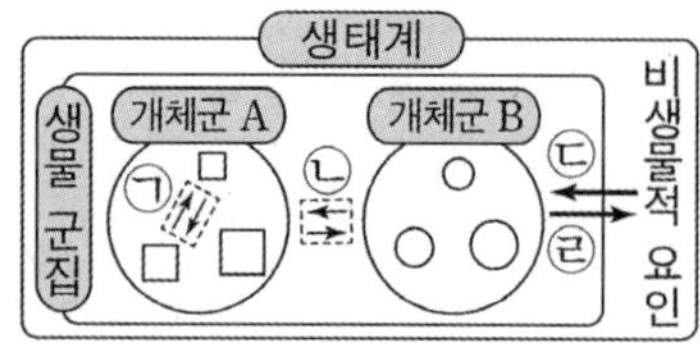

(가) 갈색벌새는 꿀을 확보하기 위해 다른 갈색벌새가 서식 공간에 접근하는 것을 막는다.
(나) 유럽산비둘기 무리에서는 서열이 높은 개체일수록 무리의 가운데 위치를 차지한다.

이에 대한 설명으로 옳은 것만을 <보기>에서 있는 대로 고른 것은?

[보기]

ㄱ. (가)는 텃세의 예이다.
ㄴ. (나)의 상호 작용은 ㉠에 해당한다.
ㄷ. 거북이의 성별이 발생 시기 알의 주변 온도에 의해 결정되는 것은 ㉣의 예에 해당한다.

① ㄱ ② ㄷ ③ ㄱ, ㄴ ④ ㄴ, ㄷ ⑤ ㄱ, ㄴ, ㄷ

N04

2024 대비 수능 6

그림은 생태계를 구성하는 요소 사이의 상호 관계를 나타낸 것이다.

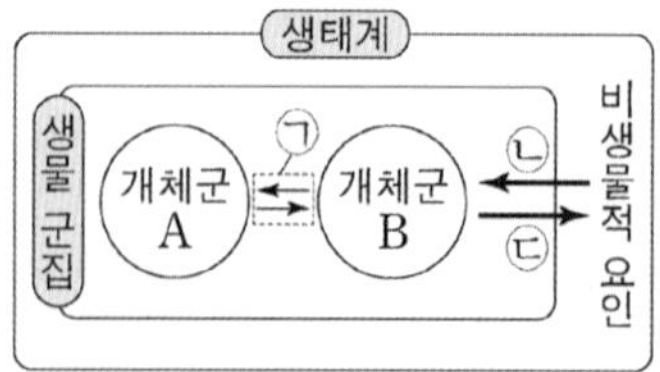

이에 대한 설명으로 옳은 것만을 <보기>에서 있는 대로 고른 것은?

[보기]

ㄱ. 곰팡이는 생물 군집에 속한다.
ㄴ. 같은 종의 개미가 일을 분담하며 협력하는 것은 ㉠의 예에 해당한다.
ㄷ. 빛의 세기가 참나무의 생장에 영향을 미치는 것은 ㉡의 예에 해당한다.

① ㄱ ② ㄴ ③ ㄷ ④ ㄱ, ㄷ ⑤ ㄴ, ㄷ

N05 ✿❀❀ 2023 대비 9월 모평 3

그림은 생태계를 구성하는 요소 사이의 상호 관계를, 표는 상호 관계 (가)~(다)의 예를 나타낸 것이다. (가)~(다)는 ㉠~㉢을 순서 없이 나타낸 것이다.

상호 관계	예
(가)	식물의 광합성으로 대기의 산소 농도가 증가한다.
(나)	ⓐ 영양염류의 유입으로 식물성 플랑크톤의 개체 수가 증가한다.
(다)	?

이에 대한 설명으로 옳은 것만을 〈보기〉에서 있는 대로 고른 것은?

[보기]

ㄱ. (가)는 ㉡이다.
ㄴ. ⓐ는 비생물적 요인에 해당한다.
ㄷ. 생태적 지위가 비슷한 서로 다른 종의 새가 경쟁을 피해 활동 영역을 나누어 살아가는 것은 (다)의 예에 해당한다.

① ㄱ ② ㄷ ③ ㄱ, ㄴ ④ ㄴ, ㄷ ⑤ ㄱ, ㄴ, ㄷ

N06 ✿❀❀ 2024 대비 9월 모평 20

그림은 생태계를 구성하는 요소 사이의 상호 관계를 나타낸 것이고, 표는 습지에 서식하는 식물 종 X에 대한 자료이다.

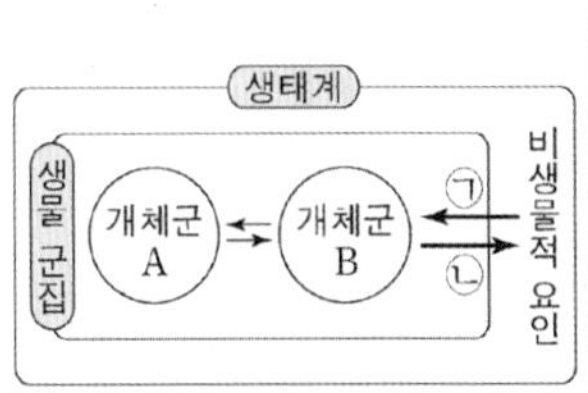

- ⓐ X는 그늘을 만들어 수분 증발을 감소시켜 토양 속 염분 농도를 낮춘다.
- X는 습지의 토양 성분을 변화시켜 습지에 서식하는 생물의 ⓑ 종 다양성을 높인다.

이에 대한 설명으로 옳은 것만을 〈보기〉에서 있는 대로 고른 것은? (3점)

[보기]

ㄱ. X는 생물 군집에 속한다.
ㄴ. ⓐ는 ㉠에 해당한다.
ㄷ. ⓑ는 동일한 생물 종이라도 형질이 각 개체 간에 다르게 나타나는 것을 의미한다.

① ㄱ ② ㄴ ③ ㄷ ④ ㄱ, ㄴ ⑤ ㄱ, ㄷ

N07 ✿❀❀ 2023 대비 6월 모평 14

그림은 생태계를 구성하는 요소 사이의 상호 관계를 나타낸 것이다.

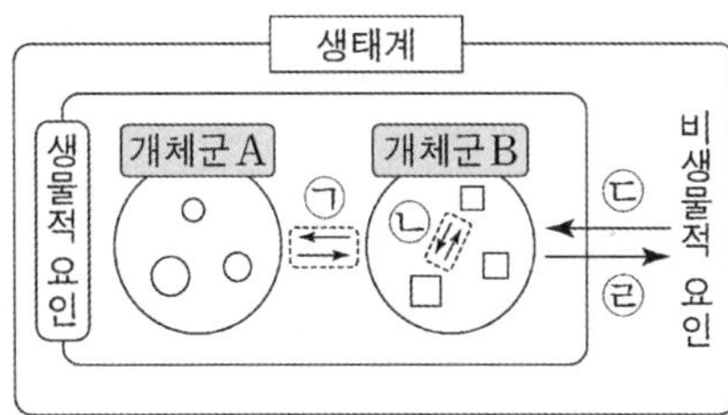

이에 대한 설명으로 옳은 것만을 〈보기〉에서 있는 대로 고른 것은?

[보기]

ㄱ. 같은 종의 기러기가 무리를 지어 이동할 때 리더를 따라 이동하는 것은 ㉠에 해당한다.
ㄴ. 빛의 세기가 소나무의 생장에 영향을 미치는 것은 ㉢에 해당한다.
ㄷ. 군집에는 비생물적 요인이 포함된다.

① ㄱ ② ㄴ ③ ㄷ ④ ㄱ, ㄴ ⑤ ㄱ, ㄷ

N08 ✿✿❀ 2023 실시 10월 학평 4

그림은 생태계 구성 요소 사이의 상호 관계를 나타낸 것이다.

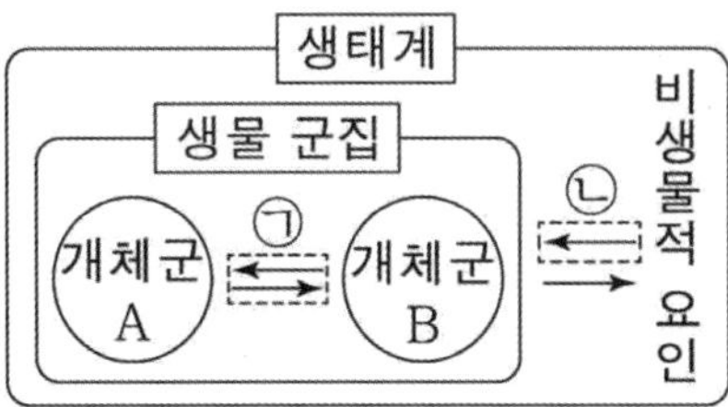

이에 대한 옳은 설명만을 〈보기〉에서 있는 대로 고른 것은? (3점)

[보기]

ㄱ. A는 여러 종으로 구성되어 있다.
ㄴ. 분서(생태 지위 분화)는 ㉠의 예이다.
ㄷ. 음수림에서 층상 구조의 발달이 높이에 따른 빛의 세기에 영향을 주는 것은 ㉡에 해당한다.

① ㄱ ② ㄴ ③ ㄱ, ㄷ ④ ㄴ, ㄷ ⑤ ㄱ, ㄴ, ㄷ

❖ 정답 및 해설 437 ~ 440p

N09 ✽✽✽ 2019 대비 6월 모평 11

일조 시간이 식물의 개화에 미치는 영향을 알아보기 위하여, 식물 종 A의 개체 ㉠~㉣에 빛 조건을 달리하여 개화 여부를 관찰하였다. 그림은 빛 조건 Ⅰ~Ⅳ를, 표는 Ⅰ~Ⅳ에서 ㉠~㉣의 개화 여부를 나타낸 것이다. ⓐ는 종 A가 개화하는 데 필요한 최소한의 '연속적인 빛 없음' 기간이다.

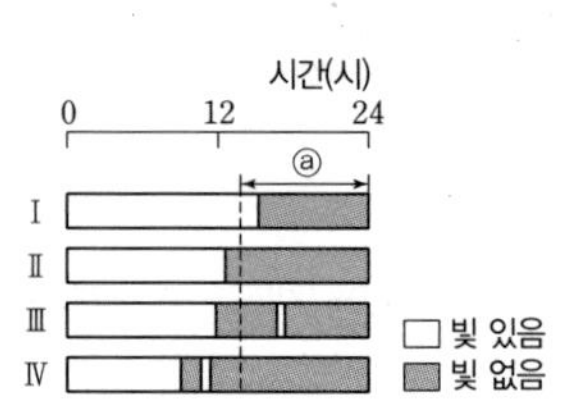

조건	개체	개화 여부
Ⅰ	㉠	×
Ⅱ	㉡	○
Ⅲ	㉢	×
Ⅳ	㉣	?

(○: 개화함, ×: 개화 안 함)

이 자료에 대한 설명으로 옳은 것만을 〈보기〉에서 있는 대로 고른 것은? (단, 제시된 조건 이외는 고려하지 않는다.) (3점)

[보기]

ㄱ. Ⅳ에서 ㉣은 개화한다.
ㄴ. 일조 시간은 비생물적 요인이다.
ㄷ. 종 A는 '빛 없음' 시간의 합이 ⓐ보다 길 때 항상 개화한다.

① ㄱ ② ㄷ ③ ㄱ, ㄴ ④ ㄴ, ㄷ ⑤ ㄱ, ㄴ, ㄷ

N10 ✽✽✽ 2021 실시 4월 학평 6

그림은 생태계를 구성하는 요소 사이의 상호 관계를, 표는 상호 관계 (가)와 (나)의 예를 나타낸 것이다. (가)와 (나)는 ㉠과 ㉡을 순서 없이 나타낸 것이다.

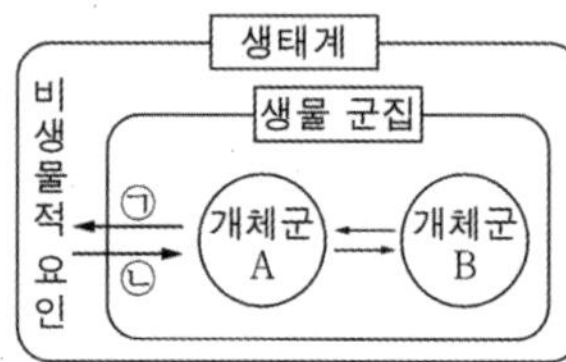

상호 관계	예
(가)	빛의 파장에 따라 해조류의 분포가 달라진다.
(나)	?

이에 대한 설명으로 옳은 것만을 〈보기〉에서 있는 대로 고른 것은? (3점)

[보기]

ㄱ. 개체군 A는 동일한 종으로 구성된다.
ㄴ. (가)는 ㉠이다.
ㄷ. 지렁이에 의해 토양의 통기성이 증가하는 것은 (나)의 예에 해당한다.

① ㄱ ② ㄴ ③ ㄱ, ㄷ ④ ㄴ, ㄷ ⑤ ㄱ, ㄴ, ㄷ

N11 ✽✽✽ 2020 실시 3월 학평 17

그림은 생태계 구성 요소 사이의 상호 관계와 물질 이동의 일부를 나타낸 것이다. A와 B는 생산자와 소비자를 순서 없이 나타낸 것이다.

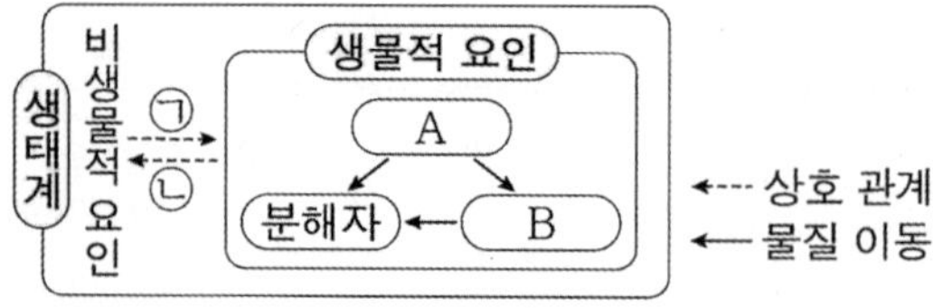

이에 대한 옳은 설명만을 〈보기〉에서 있는 대로 고른 것은?

[보기]

ㄱ. 사람은 A에 속한다.
ㄴ. A에서 B로 유기물 형태의 탄소가 이동한다.
ㄷ. 지렁이에 의해 토양의 통기성이 증가하는 것은 ㉠에 해당한다.

① ㄱ ② ㄴ ③ ㄷ ④ ㄱ, ㄴ ⑤ ㄴ, ㄷ

N12 ✽✽✽ 2020 실시 4월 학평 9

그림은 생태계를 구성하는 요소 사이의 상호 관계를 나타낸 것이다.

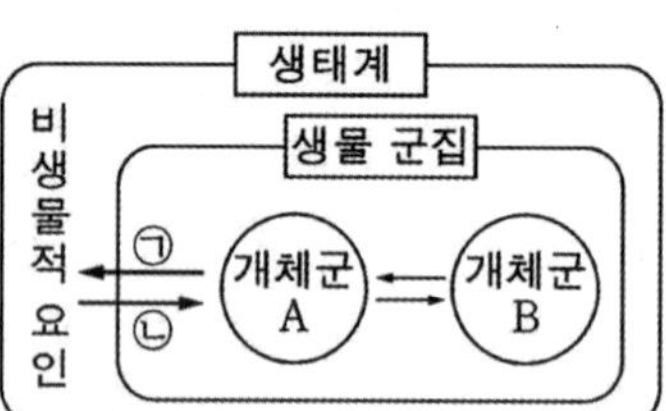

이에 대한 설명으로 옳은 것만을 〈보기〉에서 있는 대로 고른 것은?

[보기]

ㄱ. 개체군 A는 동일한 종으로 구성된다.
ㄴ. 수온이 돌말의 개체 수에 영향을 미치는 것은 ㉠에 해당한다.
ㄷ. 식물의 낙엽으로 인해 토양이 비옥해지는 것은 ㉡에 해당한다.

① ㄱ ② ㄷ ③ ㄱ, ㄴ ④ ㄴ, ㄷ ⑤ ㄱ, ㄴ, ㄷ

N13 ✿❀❀ 2020 실시 10월 학평 11

그림은 생태계를 구성하는 요소 사이의 상호 관계를 나타낸 것이다.

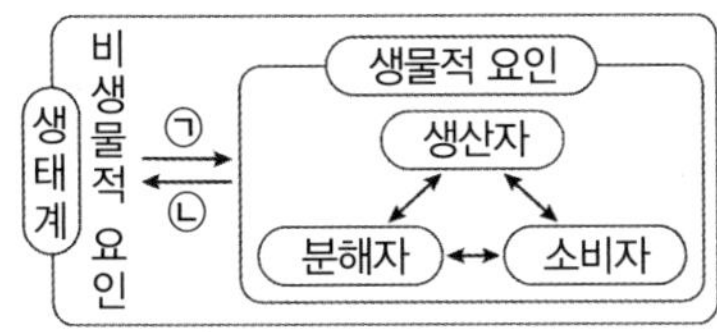

이에 대한 옳은 설명만을 〈보기〉에서 있는 대로 고른 것은? (3점)

[보기]

ㄱ. 소나무는 생산자에 해당한다.
ㄴ. 소비자에서 분해자로 유기물이 이동한다.
ㄷ. 질소 고정 세균에 의해 토양의 암모늄 이온이 증가하는 것은 ㉠에 해당한다.

① ㄱ ② ㄷ ③ ㄱ, ㄴ ④ ㄴ, ㄷ ⑤ ㄱ, ㄴ, ㄷ

N14 ✿❀❀ 2019 실시 3월 학평 4

그림은 생물 군집을 구성하는 요소 사이의 상호 관계를 나타낸 것이다.

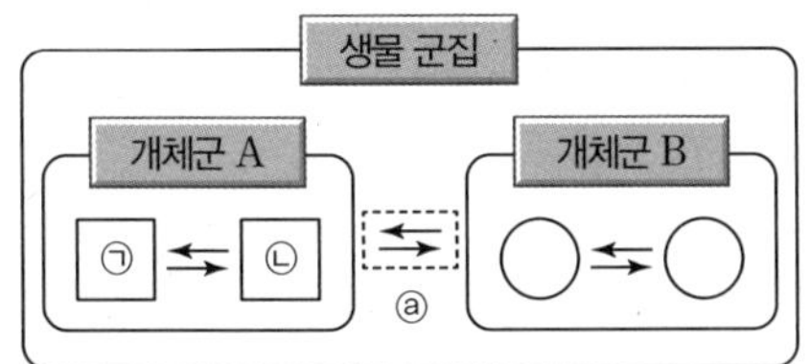

이에 대한 옳은 설명만을 〈보기〉에서 있는 대로 고른 것은?

[보기]

ㄱ. ㉠과 ㉡은 같은 종이다.
ㄴ. ⓐ의 예로 리더제가 있다.
ㄷ. 버섯은 생물 군집에 속한다.

① ㄱ ② ㄴ ③ ㄱ, ㄷ
④ ㄴ, ㄷ ⑤ ㄱ, ㄴ, ㄷ

N15 ✿❀❀ 2019 실시 4월 학평 8

그림 (가)는 생태계를 구성하는 요소 사이의 상호 관계를, (나)는 빛이 비치는 방향으로 식물이 굽어 자라는 모습을 나타낸 것이다.

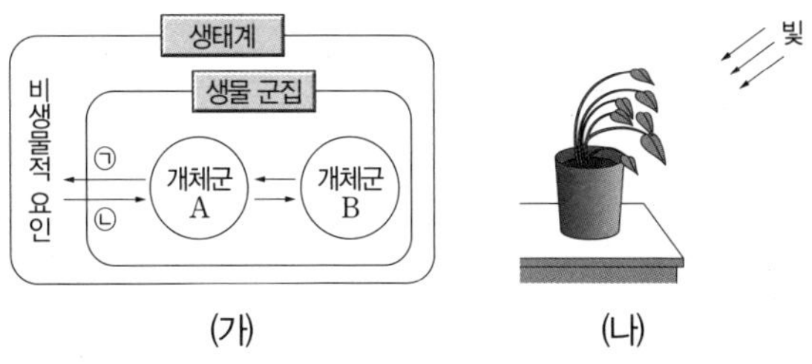

(가) (나)

이에 대한 설명으로 옳은 것만을 〈보기〉에서 있는 대로 고른 것은?

[보기]

ㄱ. 개체군 A는 동일한 종으로 구성된다.
ㄴ. 탈질산화 세균에 의해 질산 이온이 질소 기체로 되는 것은 ㉠에 해당한다.
ㄷ. (나)는 ㉡에 해당한다.

① ㄱ ② ㄴ ③ ㄱ, ㄷ
④ ㄴ, ㄷ ⑤ ㄱ, ㄴ, ㄷ

N16 ✿❀❀ 2020 대비 6월 모평 13

그림은 생태계를 구성하는 요소 사이의 상호 관계를 나타낸 것이다.

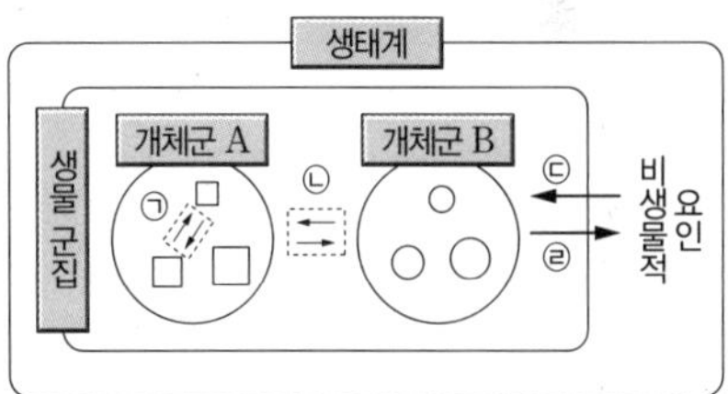

이에 대한 설명으로 옳은 것만을 〈보기〉에서 있는 대로 고른 것은?

[보기]

ㄱ. 스라소니가 눈신토끼를 잡아먹는 것은 ㉠에 해당한다.
ㄴ. 분서는 ㉡에 해당한다.
ㄷ. 질소 고정 세균에 의해 토양의 암모늄 이온(NH_4^+)이 증가하는 것은 ㉣에 해당한다.

① ㄱ ② ㄷ ③ ㄱ, ㄴ
④ ㄴ, ㄷ ⑤ ㄱ, ㄴ, ㄷ

❖ 정답 및 해설 441 ~ 444p

N17 ✿✿✿ 2019 실시 7월 학평 8

그림은 생태계를 구성하는 요소 사이의 상호 관계와 생물 군집 내 탄소의 이동을, 표는 A~C의 예를 나타낸 것이다. A~C는 생산자, 소비자, 분해자를 순서 없이 나타낸 것이다.

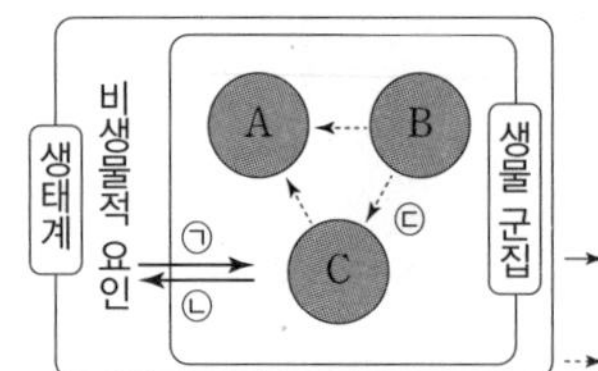

구분	예
A	곰팡이
B	?
C	사슴

이에 대한 설명으로 옳은 것만을 〈보기〉에서 있는 대로 고른 것은?

[보기]

ㄱ. B는 생산자이다.
ㄴ. 대기 오염의 정도에 따라 지의류의 분포가 달라지는 것은 ㉠에 해당한다.
ㄷ. ㉢ 과정에서 유기물의 형태로 탄소가 이동한다.

① ㄱ ② ㄷ ③ ㄱ, ㄴ
④ ㄴ, ㄷ ⑤ ㄱ, ㄴ, ㄷ

N18 ✿✿✿ 2020 대비 수능 20

그림은 생태계를 구성하는 요소 사이의 상호 관계를 나타낸 것이다.

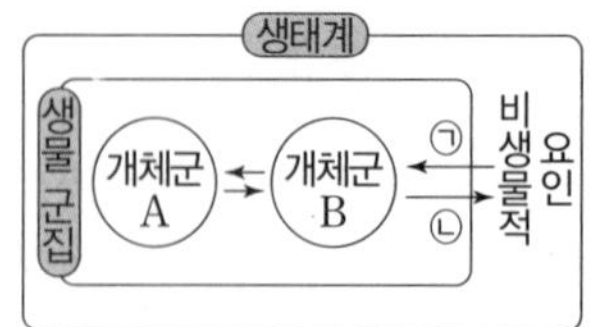

이에 대한 설명으로 옳은 것만을 〈보기〉에서 있는 대로 고른 것은?

[보기]

ㄱ. 뿌리혹박테리아는 비생물적 요인에 해당한다.
ㄴ. 기온이 나뭇잎의 색 변화에 영향을 미치는 것은 ㉠에 해당한다.
ㄷ. 숲의 나무로 인해 햇빛이 차단되어 토양 수분의 증발량이 감소되는 것은 ㉡에 해당한다.

① ㄱ ② ㄷ ③ ㄱ, ㄴ
④ ㄴ, ㄷ ⑤ ㄱ, ㄴ, ㄷ

N19 ✿✿✿ 2020 대비 9월 모평 18

일조 시간이 식물의 개화에 미치는 영향을 알아보기 위하여, 식물 종 A의 개체 Ⅰ~Ⅴ에 빛 조건을 달리하여 개화 여부를 관찰하였다. 표는 Ⅰ~Ⅴ에 '빛 있음', '빛 없음', ⓐ, ⓑ 순으로 처리한 기간과 Ⅰ~Ⅴ의 개화 여부를 나타낸 것이다. ⓐ와 ⓑ는 각각 '빛 있음'과 '빛 없음' 중 하나이고, 이 식물이 개화하는 데 필요한 최소한의 '연속적인 빛 없음' 기간은 8시간이다.

0 ———— 24(시)

개체	처리 기간(시간)				개화 여부
	빛 있음	빛 없음	ⓐ	ⓑ	
Ⅰ	12	0	0	12	개화함
Ⅱ	12	4	1	7	개화 안 함
Ⅲ	14	4	1	5	개화 안 함
Ⅳ	7	1	4	12	개화함
Ⅴ	5	1	9	9	㉠

이 자료에 대한 설명으로 옳은 것만을 〈보기〉에서 있는 대로 고른 것은? (단, 제시된 조건 이외는 고려하지 않는다.) (3점)

[보기]

ㄱ. ⓐ는 '빛 있음' 이다.
ㄴ. ㉠은 '개화 안 함' 이다.
ㄷ. 일조 시간은 비생물적 요인이다.

① ㄱ ② ㄴ ③ ㄱ, ㄷ
④ ㄴ, ㄷ ⑤ ㄱ, ㄴ, ㄷ

❖ 정답 및 해설 445 ~ 446p

0 개체군

★ 2025 수능 출제 분석

- 2025, 2024 수능에는 출제되지 않았지만 2023 수능에는 방형구법, 천이, 종 사이의 상호 작용을 묻는 문제가 출제되었다.

대비년도	출제 개념	난이도
2025 수능	–	–
2025 9월	–	–
2025 6월	–	–
2024 수능	–	–

1. 개체군의 특성

(1) **개체군의 밀도**❶: 일정한 공간에 서식하는 개체군의 개체 수이다.

$$\text{개체군의 밀도} = \frac{\text{개체군을 구성하는 개체 수}}{\text{개체군이 서식하는 공간의 면적}}$$

(2) **개체군의 생장 곡선과 생존 곡선**

개체군의 생장 곡선	개체군의 생존 곡선
• **이론적 생장 곡선**: 생식 활동에 제약이 없어 개체 수가 계속 증가 ➡ J자 모양 • **실제 생장 곡선**: 개체군의 밀도가 증가할수록 환경 저항이 증가 ➡ S자 모양 • **환경 저항**: 개체군의 생장을 억제하는 요인 • **환경 수용력**: 주어진 환경 조건에서 서식할 수 있는 개체군의 최대 크기	• Ⅰ형: 부모의 보호를 받아 초기 사망률이 낮음 ➡ 사람, 코끼리 등 • Ⅱ형: 각 연령층에서 사망률이 일정 ➡ 히드라, 설치류 등 • Ⅲ형: 부모의 보호를 받지 못해 초기 사망률이 높음 ➡ 굴, 어류 등

(3) **개체군의 연령 분포**❷: 연령 분포는 한 개체군 내에서 전체 개체 수에 대한 각 연령별 개체 수의 비율을 나타낸 것이다.

2. 개체군 내 상호 작용

종류	특징	예
세력권(텃세)	일정한 공간을 차지하고 다른 개체의 침입을 막는다.	물개, 까치, 은어
순위제	힘의 서열에 따라 먹이와 배우자를 얻는다.	닭, 사슴, 큰뿔양
리더제	리더 한 마리가 개체군의 행동을 지휘한다.	기러기, 순록
사회생활	개체들의 분업을 통해 조화를 이루어 살아간다.	개미, 꿀벌 등
가족생활	혈연 관계의 개체들이 무리지어 생활한다.	사자, 호랑이

3. 개체군의 주기적 변동

(1) **계절적 변동**: 환경 요인이 계절에 따라 주기적으로 변하면, 개체군의 크기도 계절에 따라 주기적으로 변동한다. 예 돌말 개체군의 주기적 변동

❶ **개체군의 밀도를 변화시키는 요인**
- **밀도 증가**: 출생, 이입
- **밀도 감소**: 사망, 이출

❷ **개체군의 연령 피라미드**

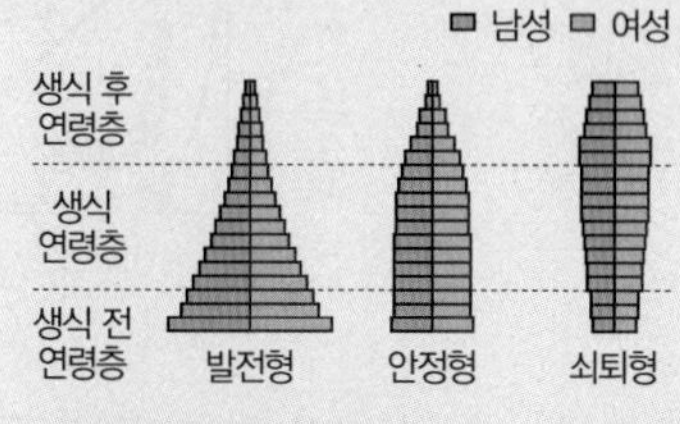

➡ 개체군의 연령층에 따른 비율을 차례로 쌓아올린 것으로 발전형, 안정형, 쇠퇴형이 있다.
- **발전형**: 생식 전 연령층의 비율이 높아 개체 수가 증가할 것으로 예상된다.
- **안정형**: 생식 전 연령층과 생식 연령층의 개체 수 비율이 비슷하여 개체 수가 유지될 것으로 예상된다.
- **쇠퇴형**: 생식 전 연령층의 비율이 생식 연령층보다 낮아 개체 수가 감소할 것으로 예상된다. 우리나라가 여기에 해당한다.

기출 자료로 개념 체크

01 다음은 개체군의 밀도와 변화 요인에 대한 설명이다. 빈칸에 알맞은 말을 쓰시오.

(1) 개체군의 밀도 $= \dfrac{\text{개체군을 구성하는 (1 \qquad)}}{\text{개체군이 서식하는 공간의 (2 \qquad)}}$

(2) 출생과 이입은 개체군의 밀도를 (3)시키고, 사망과 이출은 개체군의 밀도를 (4)시킨다.

02 그림은 개체군의 생장 곡선을 나타낸 것이다. 빈칸에 알맞은 말을 쓰시오.

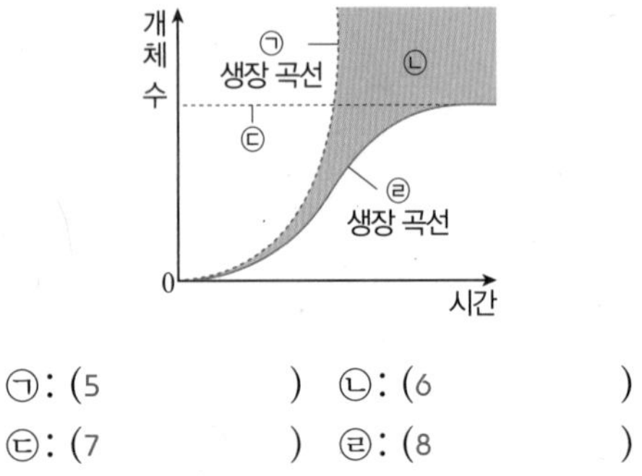

㉠: (5) ㉡: (6)
㉢: (7) ㉣: (8)

03 그림은 생존 곡선 Ⅰ형, Ⅱ형, Ⅲ형을 나타낸 것이다. 이에 대한 설명으로 옳은 것은 ○, 옳지 않은 것은 × 표시하시오.

〈2022 대비 9월 모평 20〉

(1) 출생 수는 적지만 부모의 보호를 받아 초기 사망률이 낮은 동물 종의 생존 곡선은 Ⅱ형에 해당한다. 9 (○, ×)

(2) 사람과 다람쥐의 생존 곡선은 모두 Ⅰ형에 해당한다. 10 (○, ×)

(3) Ⅲ형의 생존 곡선을 나타내는 종의 사망률은 구간 A에서가 구간 B에서보다 높다. 11 (○, ×)

04 그림은 눈신토끼와 스라소니의 주기적 변동을 나타낸 것이다. 빈칸에 알맞은 말을 쓰시오.

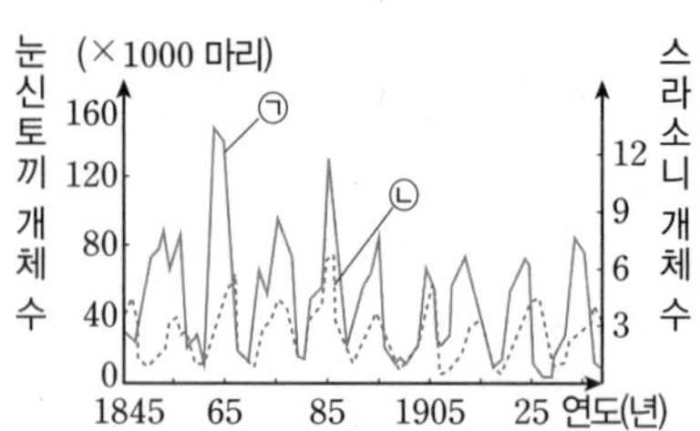

(1) ㉠: (12), ㉡: (13)

(2) 눈신토끼의 개체 수가 증가하면 포식자인 스라소니의 개체 수는 (14)한다.

05 다음은 개체군 내에서 일어나는 여러 가지 상호 작용에 대한 예이다. 각 예에 해당하는 알맞은 상호 작용을 [보기]에서 골라 쓰시오.

[보기]
텃세 순위제 리더제 사회생활 가족생활

(1) 큰뿔양의 숫양은 뿔의 크기와 뿔 치기로 순위를 정하여 먹이를 얻는다. (15)

(2) 여왕개미는 생식, 병정개미는 방어, 일개미는 먹이 획득을 담당한다. (16)

(3) 일정한 서식 공간을 차지하고 다른 개체가 접근하는 것을 막는다. (17)

(4) 개체들이 일을 분담하고 협력하여 개체군을 유지한다. (18)

(5) 우두머리만 무리를 통솔할 수 있다. (19)

(6) 호랑이는 배설물로 자기 영역을 표시한다. (20)

(7) 개체들 사이에서 힘의 세기에 따라 서열이 정해진다. (21)

(8) 양떼가 목초지를 이동할 때 한 개체가 무리 전체를 이끌며 이동한다. (22)

(9) 사자는 혈연관계인 가족끼리 무리를 이루고 함께 새끼를 돌본다. (23)

정답

1 개체 수 2 면적 3 증가 4 감소 5 이론적 6 환경 저항 7 환경 수용력 8 실제 9 ×(Ⅰ형에 해당함) 10 ×(사람의 생존 곡선은 Ⅰ형, 다람쥐는 Ⅱ형에 해당함) 11 ○ 12 눈신토끼 13 스라소니 14 증가 15 순위제 16 사회생활 17 텃세 18 사회생활 19 리더제 20 텃세 21 순위제 22 리더제 23 가족생활

개념별 기출 문제 [2점, 3점]

PRACTICE QUESTION

001 ✽✽✽ 2024 대비 6월 모평 12

그림은 생존 곡선 Ⅰ형, Ⅱ형, Ⅲ형을, 표는 동물 종 ㉠, ㉡, ㉢의 특징과 생존 곡선 유형을 나타낸 것이다. ⓐ와 ⓑ는 Ⅰ형과 Ⅲ형을 순서 없이 나타낸 것이며, 특정 시기의 사망률은 그 시기 동안 사망한 개체 수를 그 시기가 시작된 시점의 총개체 수로 나눈 값이다.

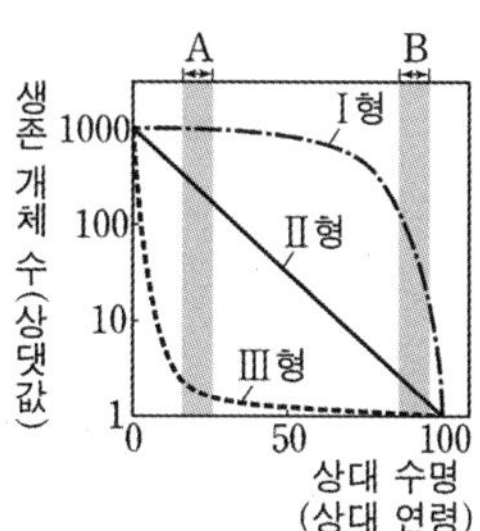

종	특징	유형
㉠	한 번에 많은 수의 자손을 낳으며 초기 사망률이 후기 사망률보다 높다.	ⓐ
㉡	한 번에 적은 수의 자손을 낳으며 초기 사망률이 후기 사망률보다 낮다.	ⓑ
㉢	?	Ⅱ형

이에 대한 설명으로 옳은 것만을 〈보기〉에서 있는 대로 고른 것은?

[보기]

ㄱ. ⓑ는 Ⅰ형이다.

ㄴ. ㉢에서 $\frac{\text{A 시기 동안 사망한 개체 수}}{\text{B 시기 동안 사망한 개체 수}}$는 1이다.

ㄷ. 대형 포유류와 같이 대부분의 개체가 생리적 수명을 다하고 죽는 종의 생존 곡선 유형은 Ⅲ형에 해당한다.

① ㄱ ② ㄴ ③ ㄷ ④ ㄱ, ㄴ ⑤ ㄴ, ㄷ

002 ✽✽✽ 2018 실시 10월 학평 20

그림은 어떤 개체군의 생장 곡선을 나타낸 것이다.

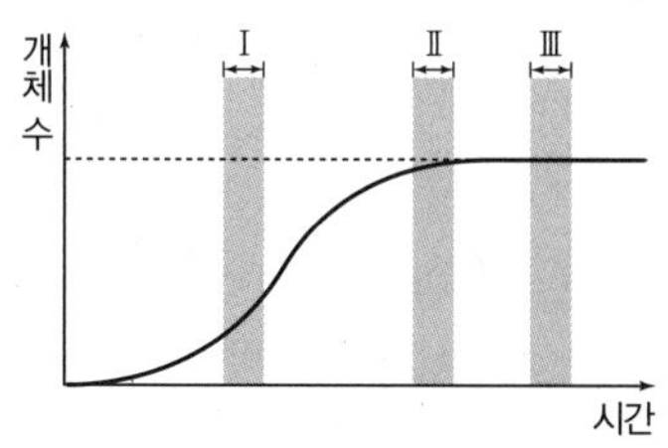

이에 대한 옳은 설명만을 〈보기〉에서 있는 대로 고른 것은? (단, 이입과 이출은 고려하지 않으며, 서식지의 크기는 일정하다.)

[보기]

ㄱ. $\frac{\text{출생한 개체 수}}{\text{사망한 개체 수}}$는 구간 Ⅰ에서가 구간 Ⅱ에서보다 크다.

ㄴ. 개체군의 밀도는 구간 Ⅰ에서가 구간 Ⅲ에서보다 높다.

ㄷ. 구간 Ⅲ에서 환경 저항이 작용하지 않는다.

① ㄱ ② ㄴ ③ ㄱ, ㄷ ④ ㄴ, ㄷ ⑤ ㄱ, ㄴ, ㄷ

003 ✽✽✽ 2022 실시 10월 학평 7

그림은 동물 종 A와 B를 같은 공간에서 혼합 배양하였을 때 개체 수 변화를 나타낸 것이다. A와 B 중 하나는 다른 하나를 잡아먹는 포식자이다.

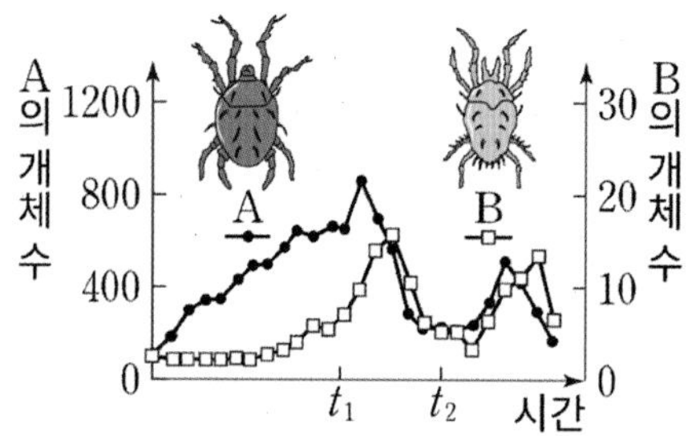

이에 대한 옳은 설명만을 〈보기〉에서 있는 대로 고른 것은?

[보기]

ㄱ. B는 포식자이다.

ㄴ. t_1일 때 A는 환경 저항을 받지 않는다.

ㄷ. t_1일 때 B의 개체군 밀도는 t_2일 때 A의 개체군 밀도보다 크다.

① ㄱ ② ㄴ ③ ㄱ, ㄴ ④ ㄱ, ㄷ ⑤ ㄴ, ㄷ

004 ✽✽✽ 2024 실시 5월 학평 18

그림 (가)는 생태계를 구성하는 요소 사이의 상호 관계를, (나)는 영양염류를 이용하는 종 X를 배양했을 때 시간에 따른 X의 개체 수와 영양염류의 농도를 나타낸 것이다.

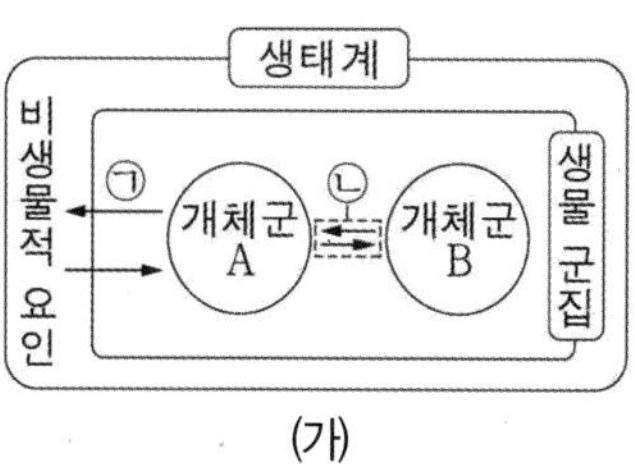

(가)

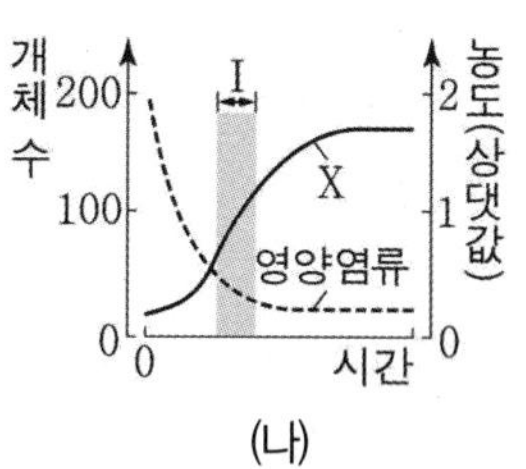

(나)

이에 대한 설명으로 옳은 것만을 〈보기〉에서 있는 대로 고른 것은?

[보기]

ㄱ. 개체군 A는 동일한 종으로 구성된다.

ㄴ. 구간 Ⅰ에서 X에 환경 저항이 작용한다.

ㄷ. X에 의해 영양염류의 농도가 감소하는 것은 ㉡에 해당한다.

① ㄱ ② ㄴ ③ ㄷ ④ ㄱ, ㄴ ⑤ ㄱ, ㄷ

❖ 정답 및 해설 447 ~ 448p

005 ✲✲✲ 2020 대비 6월 모평 20

그림은 먹이의 양이 서로 다른 두 조건 A와 B에서 종 ⓐ를 각각 단독 배양했을 때 시간에 따른 개체 수를 나타낸 것이다. 먹이의 양은 A가 B보다 많다.

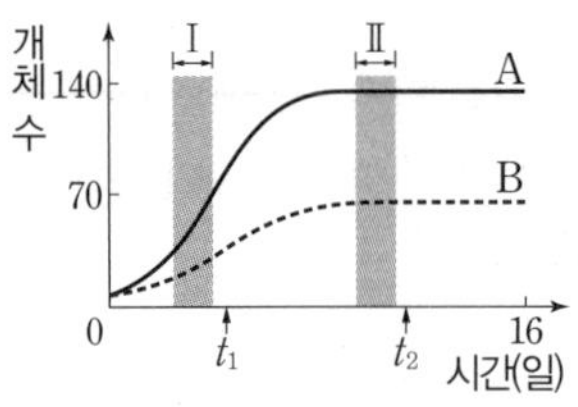

이 자료에 대한 설명으로 옳은 것만을 〈보기〉에서 있는 대로 고른 것은? (단, 제시된 조건 이외는 고려하지 않는다.) (3점)

[보기]

ㄱ. 구간 Ⅰ에서 증가한 ⓐ의 개체 수는 A에서가 B에서보다 많다.
ㄴ. A의 구간 Ⅱ에서 ⓐ에게 환경 저항이 작용한다.
ㄷ. B의 개체 수는 t_2일 때가 t_1일 때보다 많다.

① ㄱ ② ㄴ ③ ㄱ, ㄷ ④ ㄴ, ㄷ ⑤ ㄱ, ㄴ, ㄷ

006 ✲✲✲ 2022 대비 9월 모평 20

그림은 생존 곡선 Ⅰ형, Ⅱ형, Ⅲ형을, 표는 동물 종 ㉠의 특징을 나타낸 것이다. 특정 시기의 사망률은 그 시기 동안 사망한 개체 수를 그 시기가 시작된 시점의 총개체 수로 나눈 값이다.

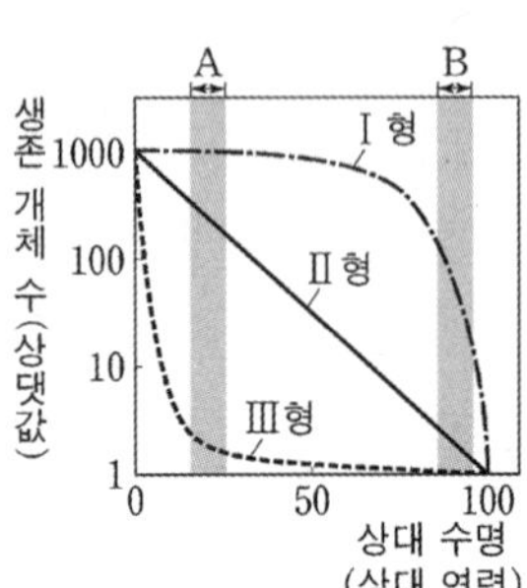

ㅇ ㉠은 한 번에 많은 수의 자손을 낳으며, 초기 사망률이 후기 사망률보다 높다.
ㅇ ㉠의 생존 곡선은 Ⅰ형, Ⅱ형, Ⅲ형 중 하나에 해당한다.

이에 대한 설명으로 옳은 것만을 〈보기〉에서 있는 대로 고른 것은?

[보기]

ㄱ. Ⅰ형의 생존 곡선을 나타내는 종에서 A시기의 사망률은 B시기의 사망률보다 높다.
ㄴ. Ⅱ형의 생존 곡선을 나타내는 종에서 A시기 동안 사망한 개체 수는 B 시기 동안 사망한 개체 수와 같다.
ㄷ. ㉠의 생존 곡선은 Ⅲ형에 해당한다.

① ㄱ ② ㄴ ③ ㄷ ④ ㄱ, ㄴ ⑤ ㄱ, ㄷ

007 ✲✲✲ 2022 실시 3월 학평 12

그림은 어떤 식물 개체군의 시간에 따른 개체 수를 나타낸 것이다.

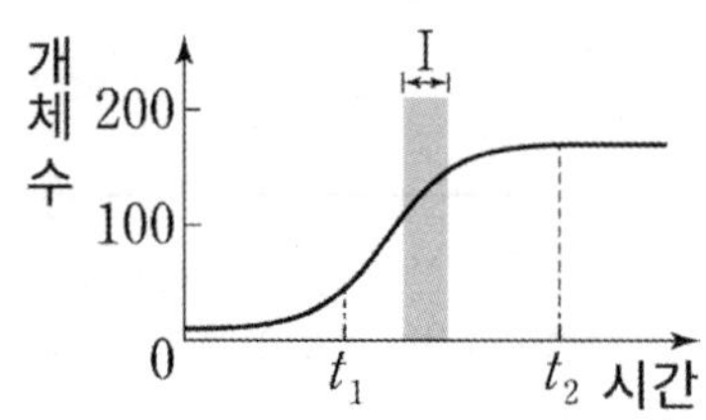

이에 대한 옳은 설명만을 〈보기〉에서 있는 대로 고른 것은? (단, 이입과 이출은 없으며, 서식지의 면적은 일정하다.)

[보기]

ㄱ. 환경 저항은 t_1일 때가 t_2일 때보다 크다.
ㄴ. 구간 Ⅰ에서 개체군 밀도는 시간에 따라 증가한다.
ㄷ. 환경 수용력은 100보다 크다.

① ㄱ ② ㄴ ③ ㄱ, ㄷ ④ ㄴ, ㄷ ⑤ ㄱ, ㄴ, ㄷ

008 ✲✲✲ 2022 실시 4월 학평 20

그림 (가)는 동물 종 A의 시간에 따른 개체 수를, (나)는 A의 상대 수명에 따른 생존 개체 수를 나타낸 것이다. 특정 구간의 사망률은 그 구간 동안 사망한 개체 수를 그 구간이 시작된 시점의 총개체 수로 나눈 값이다.

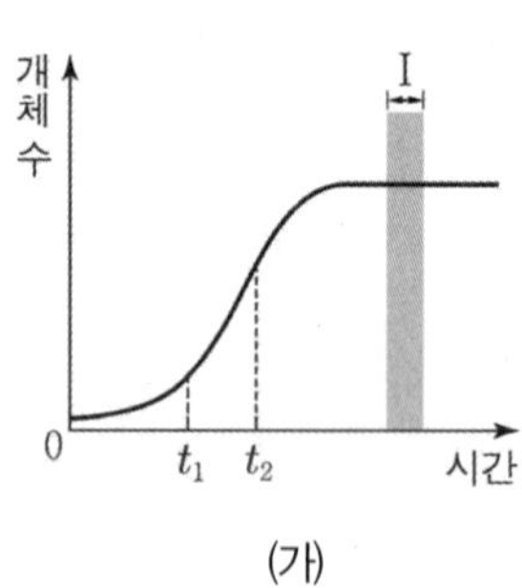

(가)

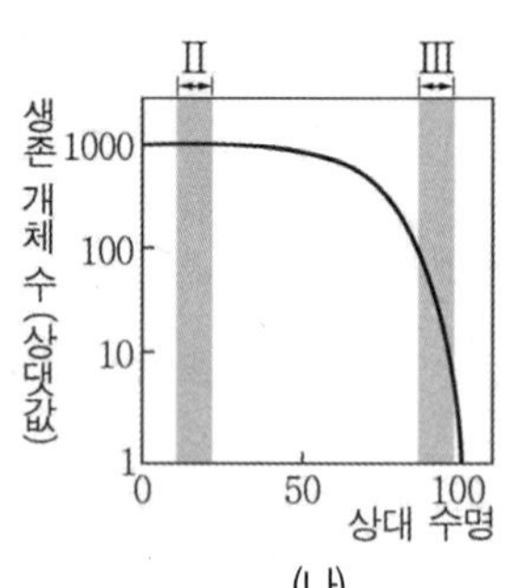

(나)

이에 대한 설명으로 옳은 것만을 〈보기〉에서 있는 대로 고른 것은? (단, 이입과 이출은 없으며, 서식지의 면적은 일정하다.)

[보기]

ㄱ. 구간 Ⅰ에서 A에게 환경 저항이 작용하지 않는다.
ㄴ. A의 개체군 밀도는 t_1일 때가 t_2일 때보다 작다.
ㄷ. A의 사망률은 구간 Ⅱ에서가 구간 Ⅲ에서보다 높다.

① ㄱ ② ㄴ ③ ㄷ ④ ㄱ, ㄴ ⑤ ㄴ, ㄷ

❖ 정답 및 해설 449~450p

P 군집

★ 2025 수능 출제 분석

- **식물 군집 조사** : 식물 군집의 천이 과정을 보여주며 이 군집의 우점종을 찾는 문제가 쉽게 출제되었다.

대비년도	출제 개념	난이도
2025 수능	식물 군집 조사	☆
2025 9월	습성천이, 개체군 사이 상호작용	☆/☆
2025 6월	우점종	☆☆
2024 수능	–	–

1 군집 

1. 군집의 구성: 군집을 이루는 개체군은 생산자, 소비자, 분해자로 구분된다.

2. 군집의 종 구성[1]

우점종	군집에서 개체 수가 많고 넓은 면적을 차지하여 그 군집을 대표하는 개체군
핵심종	우점종은 아니지만 군집의 구조를 유지하는 데 결정적인 역할을 하는 개체군

3. 방형구를 이용한 식물 군집 조사: 조사하는 지역에 여러 개의 방형구를[2] 설치하고, 방형구 안에 있는 식물의 밀도, 빈도, 피도를 구하여 우점종을 결정한다.

- **밀도** $= \dfrac{\text{특정 종의 개체 수}}{\text{방형구 전체의 면적}(m^2)}$
- **상대 밀도(%)** $= \dfrac{\text{특정 종의 밀도}}{\text{조사한 모든 종의 밀도의 합}} \times 100$
- **빈도** $= \dfrac{\text{특정 종이 출현한 방형구 수}}{\text{전체 방형구 수}}$
- **상대 빈도(%)** $= \dfrac{\text{특정 종의 빈도}}{\text{조사한 모든 종의 빈도의 합}} \times 100$
- **피도** $= \dfrac{\text{특정 종이 차지한 면적}(m^2)}{\text{방형구 전체의 면적}(m^2)}$
- **상대 피도(%)** $= \dfrac{\text{특정 종의 피도}}{\text{조사한 모든 종의 피도의 합}} \times 100$

4. 중요치: 군집 내에서 특정 종의 상대 밀도, 상대 빈도, 상대 피도를 합한 값이다.
➡ 중요치가 가장 높은 종이 군집의 우점종이다.

출제 2025 대비 수능 16번
2025 대비 6월 모평 18번

★ 6월 모평에는 식물 군집의 개체수, 상대빈도, 상대빈도, 중요치를 제시하고 우점종을 묻는 문제가 보통으로 출제되었다.
수능에서는 식물 군집의 천이 과정을 보여주며 이 군집의 우점종을 찾는 문제가 쉽게 출제되었다.

❶ 지표종과 희소종
- **지표종:** 특정 환경 조건에서만 볼 수 있는 개체군 ⓔ 지의류, 에델바이스
- **희소종:** 군집을 구성하는 개체군 중 개체 수가 매우 적은 종

❷ 방형구
군집 조사에 이용하는 정사각형이나 직사각형 모양의 표본으로, 식물 군집뿐만 아니라 따개비 등 부착 생물 군집을 조사할 때도 쓰인다.

2 군집의 천이

1. 1차 천이: 토양이 없는 불모지에서 시작되어 안정된 군집이 될 때까지의 과정이다.

건성 천이	• 건조한 환경(용암 대지와 같은 불모지)에서 시작되는 천이 • **천이 과정:** 지의류(개척자)에 의해 토양 형성 → 토양의 수분과 양분 증가로 초원 형성 → 관목이 우점하는 군집이 됨 → 강한 빛에서 빠르게 자라는 양수가 우점하는 양수림 형성 → 양수림 형성으로 하층에 도달하는 빛의 세기가 약해져 약한 빛에서도 잘 자라는 음수의 묘목이 자람 → 양수와 음수의 혼합림이 형성 → 음수가 번성하여 혼합림이 음수림(극상[3])으로 전환
습성 천이	• 습한 곳(연못, 호수)에서 시작되는 천이 • **천이 과정:** 빈영양호에 유기물과 퇴적물이 쌓여 습원(습지) 형성 → 초원을 거쳐 건성 천이와 같은 과정 거침

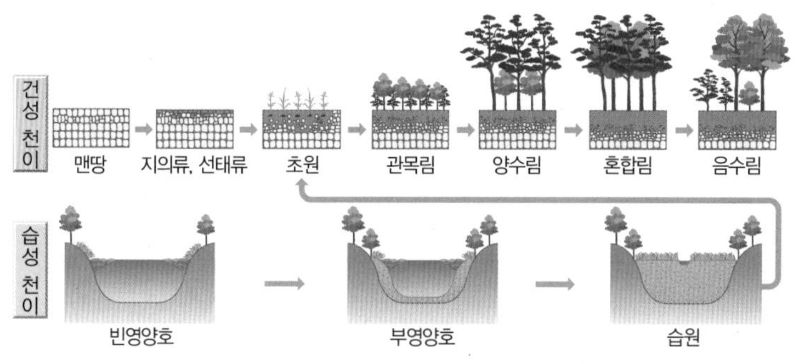

출제 2025 대비 9월 모평 3번

★ 9월 모평에는 호수로부터 시작된 식물 군집의 천이 과정을 묻는 문제가 쉽게 출제되었다.

❸ 극상
천이의 마지막에 안정된 상태를 이룬 군집을 말한다. 생물의 다양성과 생물량이 최대이며, 먹이 사슬이 복잡하게 얽혀 먹이 그물을 형성한다.

P

2. 2차 천이: 산불이나 산사태 등으로 군집이 파괴된 후, 기존에 남아 있던 토양에서 시작하는 천이이다. 토양이 이미 형성되어 있어서 1차 천이보다 빠른 속도로 진행된다.

초본(개척자) ➡ 관목림 ➡ 양수림 ➡ 혼합림 ➡ 음수림(극상)

▲ 2차 천이의 과정

3 군집 내 개체군의 상호 작용 꼭 외워!

종간 경쟁	• 생태적 지위가 유사한 두 개체군들이 같은 공간에서 서식할 경우 일어나는 상호 작용 • 경쟁 배타 원리: 두 개체군이 경쟁한 결과 한쪽 개체군만 살아남고, 다른 개체군은 사라지는 현상 예 두 종의 짚신벌레 카우다툼과 아우렐리아의 경쟁	
분서(생태적 지위 분화)	생태적 지위가[4] 비슷한 개체군들이 먹이, 서식지 등을 달리하여 경쟁을 피하는 현상 예 한 그루 나무에 서식하는 여러 종의 솔새가 경쟁을 피하기 위해 서로 다른 공간에서 살아감	
공생	두 개체군이 서로 밀접하게 관계를 맺고 함께 살아가는 것	
	편리 공생	한 개체군은 이익을 얻지만, 다른 개체군은 이익도 손해도 없는 경우 예 빨판상어와 거북, 황로와 물소
	상리 공생	두 개체군이 서로 이익을 얻는 경우 예 흰동가리와 말미잘[5]
포식과 피식	두 개체군 사이의 먹고 먹히는 관계 예 스라소니(포식자)와 눈신토끼(피식자)	
기생	한 개체군이 다른 개체군에 피해를 주면서 생활하는 것 예 동물의 몸에 사는 기생충	

출제 2025 대비 9월 모평 14번

★ 9월 모평에는 개체군 사이 상호작용 중 경쟁과 공생에 대한 문제가 쉽게 출제되었다.

4 생태적 지위
군집 내에서 개체군이 갖는 위치와 역할을 말한다. 개체군이 먹이 그물에서 차지하는 먹이 지위와 서식 공간인 공간 지위 등이 있다.

5 흰동가리와 말미잘

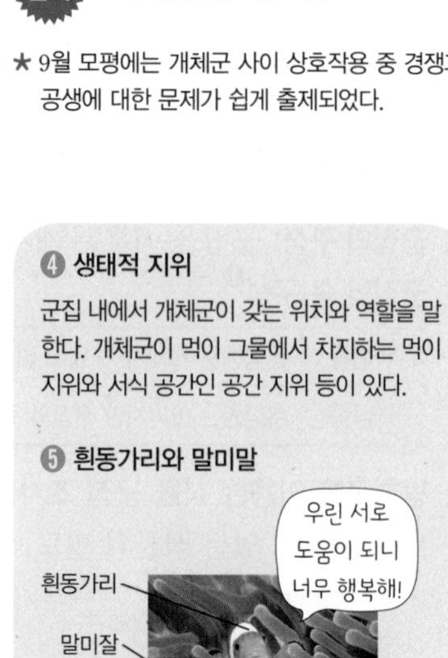

기출 자료로 개념 체크

1 군집

01 밀도의 계산식을 쓰시오.

• 밀도 = 특정 종의 (1　　　　) / 방형구 전체의 면적

2 군집의 천이

02 그림은 어떤 지역에서의 식물 군집의 천이 과정 일부를 나타낸 것이다. 빈칸에 알맞은 말을 쓰거나 고르시오.

〈2020 실시 7월 학평 7(고3)〉

용암 대지 → A → B → 관목림

(1) A: (2　　　　) B: (3　　　　)
(2) 개척자는 (4　　　　)(이)다.
(3) 이 식물 군집은 5 (1차 / 2차) 천이이다.

3 군집 내 개체군의 상호 작용

03 그림은 개체군 사이의 상호 작용을 나타낸 것이다. 빈칸에 해당하는 상호 작용을 쓰시오.

기생	㉠
개체 수 / 시간 (A종, B종)	개체 수 / 시간 (A종, B종)
㉡	㉢
개체 수 / 시간 (A종, B종)	개체 수 / 시간 (A종, B종)

㉠: (6　　　　) ㉡: (7　　　　) ㉢: (8　　　　)

정답

1 개체 수 2 지의류 3 초원 4 지의류 5 1차 6 종간 경쟁 7 편리공생 8 상리 공생

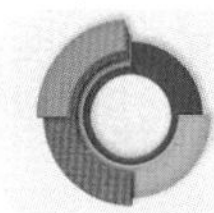

개념별 기출 문제 [2점, 3점]

PRACTICE QUESTION

1 군집

P01

2025 대비 6월 모평 18

다음은 서로 다른 지역 Ⅰ과 Ⅱ의 식물 군집에서 우점종을 알아보기 위한 탐구이다.

(가) Ⅰ과 Ⅱ 각각에 방형구를 설치하여 식물 종 A~C의 분포를 조사했다.
(나) 조사한 자료를 바탕으로 각각의 지역에서 A~C의 개체 수와 상대 빈도, 상대 피도, 중요치(중요도)를 구한 결과는 표와 같다.

지역	종	개체 수	상대 빈도(%)	상대 피도(%)	중요치
Ⅰ	A	10	?	30	?
	B	5	40	25	90
	C	?	40	45	110
Ⅱ	A	30	40	?	125
	B	15	30	?	?
	C	?	?	35	75

이 자료에 대한 설명으로 옳은 것만을 〈보기〉에서 있는 대로 고른 것은? (단, A~C 이외의 종은 고려하지 않는다.) (3점)

[보기]
ㄱ. Ⅰ에서 C의 상대 밀도는 25 %이다.
ㄴ. Ⅱ에서 지표를 덮고 있는 면적이 가장 큰 종은 B이다.
ㄷ. Ⅰ에서의 우점종과 Ⅱ에서의 우점종은 모두 A이다.

① ㄱ ② ㄷ ③ ㄱ, ㄴ ④ ㄴ, ㄷ ⑤ ㄱ, ㄴ, ㄷ

P02

고난도 2024 실시 3월 학평 18

표는 어떤 지역에 면적이 1 m^2인 방형구를 200개 이용한 식물 군집 조사 결과를 나타낸 것이다.

종	개체 수	1개체당 지표를 덮는 면적(m^2)	상대 빈도(%)
A	30	0.8	30
B	60	0.4	㉠
C	40	0.6	35
D	70	0.4	20

이에 대한 옳은 설명만을 〈보기〉에서 있는 대로 고른 것은? (단, 각 개체는 서로 겹쳐 있지 않으며, A~D 이외의 종은 고려하지 않는다.) (3점)

[보기]
ㄱ. ㉠은 15이다.
ㄴ. A의 상대 밀도는 D의 상대 피도보다 크다.
ㄷ. 우점종은 C이다.

① ㄱ ② ㄷ ③ ㄱ, ㄴ ④ ㄱ, ㄷ ⑤ ㄴ, ㄷ

P03

2025 대비 수능 16

그림은 어떤 식물 군집의 천이 과정 일부를, 표는 이 과정 중 ㉠에서 방형구법을 이용하여 식물 군집을 조사한 결과를 나타낸 것이다. ㉠은 A와 B 중 하나이고, A와 B는 양수림과 음수림을 순서 없이 나타낸 것이다. 종 Ⅰ과 Ⅱ는 침엽수(양수)에 속하고, 종 Ⅲ과 Ⅳ는 활엽수(음수)에 속한다. ㉠에서 Ⅳ의 상대 밀도는 5 %이다.

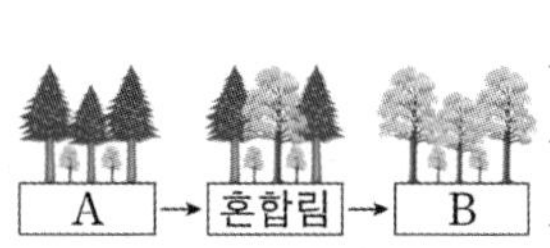

구분	Ⅰ	Ⅱ	Ⅲ	Ⅳ
빈도	0.39	0.32	0.22	0.07
개체 수	ⓐ	36	18	6
상대 피도(%)	37	53	ⓑ	5

이 자료에 대한 설명으로 옳은 것만을 〈보기〉에서 있는 대로 고른 것은? (단, Ⅰ~Ⅳ 이외의 종은 고려하지 않는다.) (3점)

[보기]
ㄱ. ㉠은 B이다.
ㄴ. ⓐ+ⓑ=65이다.
ㄷ. ㉠에서 중요치(중요도)가 가장 큰 종은 Ⅰ이다.

① ㄱ ② ㄴ ③ ㄱ, ㄷ ④ ㄴ, ㄷ ⑤ ㄱ, ㄴ, ㄷ

❖ 정답 및 해설 451 ~ 452p

P04 ✻✻❀ 2023 실시 4월 학평 20

표는 어떤 지역에 면적이 $1\,m^2$인 방형구를 10개 설치한 후 식물 군집을 조사한 결과를 나타낸 것이다.

종	개체 수	출현한 방형구 수	점유한 면적 (m^2)
A	30	5	0.5
B	20	6	1.5
C	40	4	2.0
D	10	5	1.0

이에 대한 설명으로 옳은 것만을 〈보기〉에서 있는 대로 고른 것은? (단, A~D 이외의 종은 고려하지 않는다.) (3점)

[보기]
ㄱ. B의 빈도는 0.6이다.
ㄴ. A는 D와 한 개체군을 이룬다.
ㄷ. 중요치가 가장 큰 종은 C이다.

① ㄱ ② ㄴ ③ ㄷ ④ ㄱ, ㄷ ⑤ ㄴ, ㄷ

P05 ✻✻❀ 2024 대비 9월 모평 18

다음은 어떤 지역의 식물 군집에서 우점종을 알아보기 위한 탐구이다.

(가) 이 지역에 방형구를 설치하여 식물 종 A~E의 분포를 조사했다. 표는 조사한 자료 중 A~E의 개체 수와 A~E가 출현한 방형구 수를 나타낸 것이다.

구분	A	B	C	D	E
개체 수	96	48	18	48	30
출현한 방형구 수	22	20	10	16	12

(나) 표는 A~E의 분포를 조사한 자료를 바탕으로 각 식물 종의 ㉠~㉢을 구한 결과를 나타낸 것이다. ㉠~㉢은 상대 밀도, 상대 빈도, 상대 피도를 순서 없이 나타낸 것이다.

구분	A	B	C	D	E
㉠ (%)	27.5	?	ⓐ	20	15
㉡ (%)	40	?	7.5	20	12.5
㉢ (%)	36	17	13	?	10

이 자료에 대한 설명으로 옳은 것만을 〈보기〉에서 있는 대로 고른 것은? (단, A~E 이외의 종은 고려하지 않는다.) (3점)

[보기]
ㄱ. ⓐ는 12.5이다.
ㄴ. 지표를 덮고 있는 면적이 가장 작은 종은 E이다.
ㄷ. 우점종은 A이다.

① ㄱ ② ㄴ ③ ㄱ, ㄷ ④ ㄴ, ㄷ ⑤ ㄱ, ㄴ, ㄷ

P06 ✻✻❀ 2023 실시 3월 학평 9

표는 방형구법을 이용하여 어떤 지역의 식물 군집을 조사한 결과를 나타낸 것이다.

종	개체 수	빈도	상대 피도 (%)	중요치 (중요도)
A	36	0.8	38	?
B	?	0.5	27	72
C	12	0.7	35	90

이에 대한 옳은 설명만을 〈보기〉에서 있는 대로 고른 것은? (단, A~C 이외의 종은 고려하지 않는다.) (3점)

[보기]
ㄱ. A의 상대 빈도는 40%이다.
ㄴ. B의 개체 수는 20이다.
ㄷ. 우점종은 C이다.

① ㄱ ② ㄴ ③ ㄷ ④ ㄱ, ㄴ ⑤ ㄴ, ㄷ

P07 ✻✻❀ 2022 대비 6월 모평 18

다음은 어떤 지역의 식물 군집에서 우점종을 알아보기 위한 탐구이다.

(가) 이 지역에 방형구를 설치하여 식물 종 A~E의 분포를 조사했다.
(나) 표는 조사한 자료를 바탕으로 각 식물 종의 상대 밀도, 상대 빈도, 상대 피도를 구한 결과를 나타낸 것이다.

종	상대 밀도(%)	상대 빈도(%)	상대 피도(%)
A	30	20	20
B	5	24	26
C	25	25	10
D	10	26	24
E	30	5	20

(다) 이 지역의 우점종이 A임을 확인했다.

이 자료에 대한 설명으로 옳은 것만을 〈보기〉에서 있는 대로 고른 것은? (단, A~E 이외의 종은 고려하지 않는다.) (3점)

[보기]
ㄱ. 중요치(중요도)가 가장 큰 종은 A이다.
ㄴ. 지표를 덮고 있는 면적이 가장 큰 종은 B이다.
ㄷ. E가 출현한 방형구의 수는 D가 출현한 방형구의 수보다 많다.

① ㄱ ② ㄴ ③ ㄷ ④ ㄱ, ㄴ ⑤ ㄱ, ㄷ

P08 ✽✽✽ 2023 대비 9월 모평 12

표는 방형구법을 이용하여 어떤 지역의 식물 군집을 조사한 결과를 나타낸 것이다.

종	개체 수	상대 밀도(%)	빈도	상대 빈도(%)	상대 피도(%)
A	?	20	0.4	20	16
B	36	30	0.7	?	24
C	12	?	0.2	10	?
D	㉠	?	?	?	30

이 자료에 대한 설명으로 옳은 것만을 〈보기〉에서 있는 대로 고른 것은? (단, A~D 이외의 종은 고려하지 않는다.) (3점)

[보기]

ㄱ. ㉠은 24이다.
ㄴ. 지표를 덮고 있는 면적이 가장 작은 종은 A이다.
ㄷ. 우점종은 B이다.

① ㄱ ② ㄴ ③ ㄷ ④ ㄱ, ㄴ ⑤ ㄴ, ㄷ

P09 ✽✽✽ 2024 실시 7월 학평 15

표 (가)는 어떤 지역에 방형구를 설치하여 식물 군집을 조사한 자료의 일부를, (나)는 이 자료를 바탕으로 종 A와 ㉠의 상대 밀도, 상대 빈도, 상대 피도를 구한 결과를 나타낸 것이다. ㉠은 종 B~D 중 하나이다.

구분	A	B	C	D
개체 수	42	120	?	90
출현한 방형구 수	?	24	16	22

(가)

구분	A	㉠
상대 밀도(%)	14.0	40.0
상대 빈도(%)	22.5	30.0
상대 피도(%)	17.0	41.0

(나)

이 자료에 대한 설명으로 옳은 것만을 〈보기〉에서 있는 대로 고른 것은? (단, A~D 이외의 종은 고려하지 않는다.) (3점)

[보기]

ㄱ. C의 개체 수는 48이다.
ㄴ. 이 지역의 우점종은 B이다.
ㄷ. A가 출현한 방형구 수는 38이다.

① ㄱ ② ㄷ ③ ㄱ, ㄴ ④ ㄴ, ㄷ ⑤ ㄱ, ㄴ, ㄷ

P10 ✽✽✽ 2022 실시 7월 학평 4

표 (가)는 어떤 지역에서 시점 t_1과 t_2일 때 서식하는 식물 종 A~C의 개체 수를 나타낸 것이고, (나)는 C에 대한 설명이다. t_1일 때 A~C의 개체 수의 합과 B의 상대 밀도는 t_2일 때와 같고, t_1과 t_2일 때 이 지역의 면적은 변하지 않았다.

구분	개체 수		
	A	B	C
t_1	16	17	?
t_2	28	㉠	5

(가)

C는 대기 중 오염 물질의 농도가 높아지면 개체 수가 감소하므로, C의 개체 수를 통해 대기 오염 정도를 알 수 있다.

(나)

이에 대한 설명으로 옳은 것만을 〈보기〉에서 있는 대로 고른 것은? (단, A~C 이외의 다른 종은 고려하지 않고, 대기 오염 외에 C의 개체 수 변화에 영향을 주는 요인은 없다.) (3점)

[보기]

ㄱ. ㉠은 17이다.
ㄴ. 식물의 종 다양성은 t_1일 때가 t_2일 때보다 높다.
ㄷ. 대기 중 오염 물질의 농도는 t_1일 때가 t_2일 때보다 높다.

① ㄱ ② ㄷ ③ ㄱ, ㄴ ④ ㄴ, ㄷ ⑤ ㄱ, ㄴ, ㄷ

P

P11 ✽✽✽ 2021 실시 4월 학평 12

표는 서로 다른 지역 (가)와 (나)의 식물 군집을 조사한 결과를 나타낸 것이다. (가)의 면적은 (나)의 면적의 2배이다.

지역	종	개체 수	상대 빈도(%)	총개체 수
(가)	A	?	29	100
	B	33	41	
	C	27	?	
(나)	A	25	32	100
	B	?	35	
	C	44	?	

이에 대한 설명으로 옳은 것만을 〈보기〉에서 있는 대로 고른 것은? (단, A~C 이외의 종은 고려하지 않는다.) (3점)

[보기]

ㄱ. A의 개체군 밀도는 (가)에서가 (나)에서보다 크다.
ㄴ. (나)에서 B의 상대 밀도는 31%이다.
ㄷ. C의 상대 빈도는 (가)에서가 (나)에서보다 작다.

① ㄱ ② ㄷ ③ ㄱ, ㄴ ④ ㄴ, ㄷ ⑤ ㄱ, ㄴ, ㄷ

P12 ✽✽✽ 2021 대비 6월 모평 11

표 (가)는 어떤 지역의 식물 군집을 조사한 결과를 나타낸 것이고, (나)는 우점종에 대한 자료이다.

종	개체 수	빈도	상대 피도(%)
A	198	0.32	㉠
B	81	0.16	23
C	171	0.32	45

(가)

• 어떤 군집의 우점종은 중요치가 가장 높아 그 군집을 대표할 수 있는 종을 의미하며, 각 종의 중요치는 상대 밀도, 상대 빈도, 상대 피도를 더한값이다.

(나)

이에 대한 설명으로 옳은 것만을 〈보기〉에서 있는 대로 고른 것은? (단, A~C 이외의 종은 고려하지 않는다.) (3점)

[보기]

ㄱ. ㉠은 32이다.
ㄴ. B의 상대 빈도는 20 %이다.
ㄷ. 이 식물 군집의 우점종은 C이다.

① ㄱ ② ㄷ ③ ㄱ, ㄴ
④ ㄴ, ㄷ ⑤ ㄱ, ㄴ, ㄷ

P13 ✽✽✽ 2020 실시 10월 학평 19

표는 지역 (가)와 (나)에 서식하는 식물 종 A~C의 개체 수를 나타낸 것이다. 면적은 (나)가 (가)의 2배이다.

지역 \ 종	A	B	C
(가)	11	24	15
(나)	46	24	30

이에 대한 옳은 설명만을 〈보기〉에서 있는 대로 고른 것은? (단, A~C 이외의 종은 고려하지 않는다.)

[보기]

ㄱ. (가)에서 A는 B와 한 개체군을 이룬다.
ㄴ. B의 밀도는 (가)에서가 (나)에서의 2배이다.
ㄷ. C의 상대 밀도는 (나)에서가 (가)에서의 2배이다.

① ㄱ ② ㄴ ③ ㄷ ④ ㄱ, ㄴ ⑤ ㄴ, ㄷ

P14 ✽✽✽ 2021 대비 수능 20

표 (가)는 면적이 동일한 서로 다른 지역 Ⅰ과 Ⅱ의 식물 군집을 조사한 결과를 나타낸 것이고, (나)는 우점종에 대한 자료이다.

(가)

지역	종	상대 밀도(%)	상대 빈도(%)	상대 피도(%)	총 개체 수
Ⅰ	A	30	?	19	100
	B	?	24	22	
	C	29	31	?	
Ⅱ	A	5	?	13	120
	B	?	13	25	
	C	70	42	?	

(나)

○ 어떤 군집의 우점종은 중요치가 가장 높아 그 군집을 대표할 수 있는 종을 의미하며, 각 종의 중요치는 상대 밀도, 상대 빈도, 상대 피도를 더한 값이다.

이에 대한 설명으로 옳은 것만을 〈보기〉에서 있는 대로 고른 것은? (단, A~C 이외의 종은 고려하지 않는다.)

[보기]

ㄱ. Ⅰ의 식물 군집에서 우점종은 C이다.
ㄴ. 개체군 밀도는 Ⅰ의 A가 Ⅱ의 B보다 크다.
ㄷ. 종 다양성은 Ⅰ에서가 Ⅱ에서보다 높다.

① ㄱ ② ㄴ ③ ㄱ, ㄷ ④ ㄴ, ㄷ ⑤ ㄱ, ㄴ, ㄷ

P15 ✽✽✽ 2021 실시 7월 학평 17

표 (가)는 어떤 지역의 식물 군집을 조사한 결과를 나타낸 것이고, (나)는 종 A와 B의 상대 피도와 상대 빈도에 대한 자료이다.

종	개체 수	빈도
A	240	0.20
B	60	㉠
C	200	0.32

(가)

○ A의 상대 피도는 55 %이다.
○ B의 상대 빈도는 35 %이다.

(나)

이에 대한 설명으로 옳은 것만을 〈보기〉에서 있는 대로 고른 것은? (단, A~C 이외의 종은 고려하지 않는다.)

[보기]

ㄱ. ㉠은 0.35이다.
ㄴ. B의 상대 밀도는 12 %이다.
ㄷ. 중요치는 A가 C보다 낮다.

① ㄱ ② ㄴ ③ ㄷ ④ ㄱ, ㄴ ⑤ ㄴ, ㄷ

P16 ✿✿✿ 2023 대비 수능 11

표는 방형구법을 이용하여 어떤 지역의 식물 군집을 두 시점 t_1과 t_2일 때 조사한 결과를 나타낸 것이다.

시점	종	개체 수	상대 빈도(%)	상대 피도(%)	중요치(중요도)
t_1	A	9	?	30	68
	B	19	20	20	?
	C	?	20	15	49
	D	15	40	?	?
t_2	A	0	?	?	?
	B	33	?	39	?
	C	?	20	24	?
	D	21	40	?	112

이 자료에 대한 설명으로 옳은 것만을 〈보기〉에서 있는 대로 고른 것은? (단, A~D 이외의 종은 고려하지 않는다.) (3점)

[보기]

ㄱ. t_1일 때 우점종은 D이다.
ㄴ. t_2일 때 지표를 덮고 있는 면적이 가장 큰 종은 B이다.
ㄷ. C의 상대 밀도는 t_1일 때가 t_2일 때보다 작다.

① ㄱ ② ㄷ ③ ㄱ, ㄴ ④ ㄴ, ㄷ ⑤ ㄱ, ㄴ, ㄷ

P17 ✿❀❀ 2020 실시 7월 학평 18

표 (가)는 면적이 동일한 서로 다른 지역 Ⅰ과 Ⅱ에 서식하는 식물 종 A~E의 개체수를, (나)는 Ⅰ과 Ⅱ 중 한 지역에서 ㉠과 ㉡의 상대 밀도를 나타낸 것이다. ㉠과 ㉡은 각각 A~E 중 하나이다.

구분	A	B	C	D	E
Ⅰ	9	10	12	8	11
Ⅱ	18	10	20	0	2

(가)

구분	상대 밀도(%)
㉠	18
㉡	20

(나)

이에 대한 설명으로 옳은 것만을 〈보기〉에서 있는 대로 고른 것은? (단, A~E 이외의 종은 고려하지 않는다.) (3점)

[보기]

ㄱ. ㉡은 C이다.
ㄴ. B의 개체군 밀도는 Ⅰ과 Ⅱ에서 같다.
ㄷ. 식물의 종 다양성은 Ⅰ에서가 Ⅱ에서보다 낮다.

① ㄱ ② ㄴ ③ ㄷ ④ ㄱ, ㄴ ⑤ ㄱ, ㄷ

P18 ✪ 고난도 2022 실시 3월 학평 18

다음은 어떤 지역에서 방형구를 이용해 식물 군집을 조사한 자료이다.

○ 면적이 같은 4개의 방형구 A~D를 설치하여 조사한 질경이, 토끼풀, 강아지풀의 분포는 그림과 같으며, D에서의 분포는 나타내지 않았다.

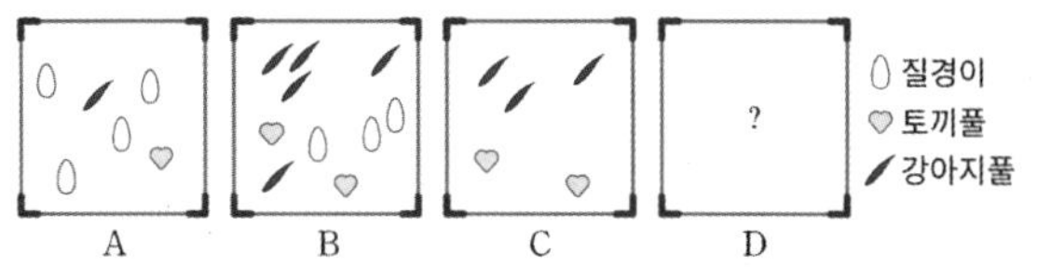

○ 토끼풀의 빈도는 $\frac{3}{4}$이다.
○ 질경이의 밀도는 강아지풀의 밀도와 같고, 토끼풀의 밀도의 2배이다.
○ 중요치가 가장 큰 종은 질경이다.

이에 대한 옳은 설명만을 〈보기〉에서 있는 대로 고른 것은? (단, 방형구에 나타낸 각 도형은 식물 1개체를 의미하며, 제시된 종 이외의 종은 고려하지 않는다.) (3점)

[보기]

ㄱ. D에 질경이가 있다.
ㄴ. 토끼풀의 상대 밀도는 20 %이다.
ㄷ. 상대 피도는 질경이가 강아지풀보다 크다.

① ㄱ ② ㄷ ③ ㄱ, ㄴ ④ ㄴ, ㄷ ⑤ ㄱ, ㄴ, ㄷ

P19 ✿✿❀ 2023 실시 7월 학평 12

표는 방형구법을 이용하여 어떤 지역의 식물 군집을 조사한 결과를 나타낸 것이다. A~C의 개체 수의 합은 100이고, 순위 1, 2, 3은 값이 큰 것부터 순서대로 나타낸 것이다.

종	상대 밀도(%)		상대 빈도(%)		상대 피도(%)		중요치(%)	
	값	순위	값	순위	값	순위	값	순위
A	32	2	38	1	?	?	?	?
B	㉠	1	?	3	?	?	97	?
C	?	3	㉠	2	26	?	?	?

이에 대한 설명으로 옳은 것만을 〈보기〉에서 있는 대로 고른 것은? (단, A~C 이외의 종은 고려하지 않는다.) (3점)

[보기]

ㄱ. 지표를 덮고 있는 면적이 가장 큰 종은 A이다.
ㄴ. B의 상대 빈도 값은 26이다.
ㄷ. C의 중요치(중요도) 값은 96이다.

① ㄱ ② ㄴ ③ ㄷ ④ ㄱ, ㄴ ⑤ ㄴ, ㄷ

❖ 정답 및 해설 457~460p

P20 ✽✽✽ 2024 실시 5월 학평 17

표는 방형구법을 이용하여 어떤 지역의 식물 군집을 조사한 결과를 나타낸 것이다.

종	상대 밀도(%)	상대 빈도(%)	상대 피도(%)	중요치
A	18	㉠	?	73
B	38	㉠	㉡	83
C	?	15	㉡	?
D	30	?	30	?

이 자료에 대한 설명으로 옳은 것만을 〈보기〉에서 있는 대로 고른 것은? (단, A~D 이외의 종은 고려하지 않는다.) (3점)

[보기]

ㄱ. C의 상대 밀도는 14 %이다.
ㄴ. A가 출현한 방형구의 수는 D가 출현한 방형구의 수보다 많다.
ㄷ. 우점종은 B이다.

① ㄱ ② ㄷ ③ ㄱ, ㄴ ④ ㄱ, ㄷ ⑤ ㄴ, ㄷ

P22 ✽✽✽ 2023 실시 7월 학평 8

다음은 어떤 지역에서 일어나는 식물 군집의 1차 천이 과정을 순서대로 나타낸 자료이다. ㉠~㉢은 음수림, 양수림, 관목림을 순서 없이 나타낸 것이다.

(가) 용암 대지에서 지의류에 의해 암석의 풍화가 촉진되어 토양이 형성되었다.
(나) 식물 군집의 천이가 진행됨에 따라 초원에서 ㉠을 거쳐 ㉡이 형성되었다.
(다) 이 지역에 ㉢이 형성된 후 식물 군집의 변화 없이 안정적으로 ㉢이 유지되고 있다.

이에 대한 설명으로 옳은 것만을 〈보기〉에서 있는 대로 고른 것은?

[보기]

ㄱ. ㉢은 관목림이다.
ㄴ. 이 지역의 천이는 건성 천이이다.
ㄷ. 이 지역의 식물 군집은 ㉡에서 극상을 이룬다.

① ㄱ ② ㄴ ③ ㄱ, ㄷ ④ ㄴ, ㄷ ⑤ ㄱ, ㄴ, ㄷ

2 군집의 천이

P21 ✽✽✽ 2025 대비 9월 모평 3

그림은 어떤 지역에서 호수(습지)로부터 시작된 식물 군집의 1차 천이 과정을 나타낸 것이다. A와 B는 관목림과 혼합림을 순서 없이 나타낸 것이다.

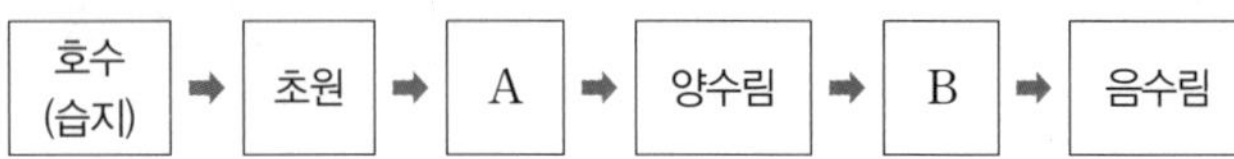

이에 대한 설명으로 옳은 것만을 〈보기〉에서 있는 대로 고른 것은? (3점)

[보기]

ㄱ. A는 관목림이다.
ㄴ. 이 지역에서 일어난 천이는 습성 천이이다.
ㄷ. 이 식물 군집은 B에서 극상을 이룬다.

① ㄱ ② ㄴ ③ ㄷ ④ ㄱ, ㄴ ⑤ ㄴ, ㄷ

P23 ✽✽✽ 2024 대비 6월 모평 9

그림은 어떤 지역의 식물 군집에서 산불이 난 후의 천이 과정 일부를, 표는 이 과정 중 ㉠에서 방형구법을 이용하여 식물 군집을 조사한 결과를 나타낸 것이다. ㉠은 A와 B 중 하나이고, A와 B는 양수림과 음수림을 순서 없이 나타낸 것이다. 종 Ⅰ과 Ⅱ는 침엽수(양수)에 속하고, 종 Ⅲ과 Ⅳ는 활엽수(음수)에 속한다.

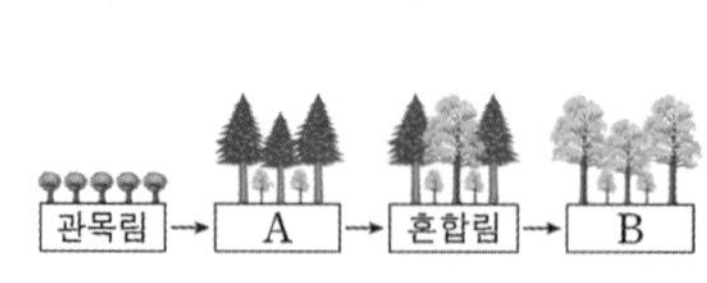

구분	침엽수		활엽수	
	Ⅰ	Ⅱ	Ⅲ	Ⅳ
상대 밀도(%)	30	42	12	16
상대 빈도(%)	32	38	16	14
상대 피도(%)	34	38	17	11

이에 대한 설명으로 옳은 것만을 〈보기〉에서 있는 대로 고른 것은? (단, Ⅰ~Ⅳ 이외의 종은 고려하지 않는다.) (3점)

[보기]

ㄱ. ㉠은 B이다.
ㄴ. 이 지역에서 일어난 천이는 2차 천이이다.
ㄷ. 이 식물 군집은 혼합림에서 극상을 이룬다.

① ㄱ ② ㄴ ③ ㄷ ④ ㄱ, ㄴ ⑤ ㄱ, ㄷ

P24 ✿❀❀ 2020 실시 7월 학평 7

그림 (가)와 (나)는 서로 다른 두 지역에서 일어나는 천이 과정의 일부를 나타낸 것이다. A~C는 초원, 양수림, 지의류를 순서 없이 나타낸 것이다.

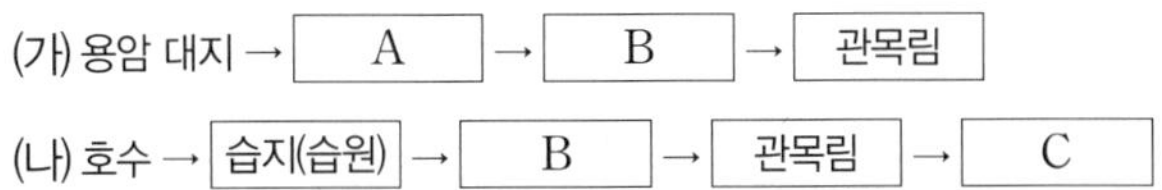

이에 대한 설명으로 옳은 것만을 〈보기〉에서 있는 대로 고른 것은?

[보기]
ㄱ. C는 양수림이다.
ㄴ. (가)의 개척자는 지의류이다.
ㄷ. (나)는 습성 천이 과정의 일부이다.

① ㄱ ② ㄴ ③ ㄱ, ㄷ
④ ㄴ, ㄷ ⑤ ㄱ, ㄴ, ㄷ

P25 ✿✿❀ 2020 실시 4월 학평 5

그림 (가)와 (나)는 1차 천이 과정과 2차 천이 과정을 순서 없이 나타낸 것이다. ㉠~㉢은 양수림, 지의류, 초원을 순서 없이 나타낸 것이다.

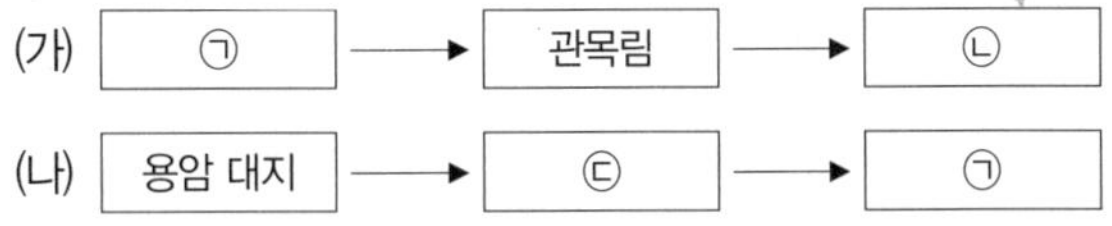

이에 대한 설명으로 옳은 것만을 〈보기〉에서 있는 대로 고른 것은? (3점)

[보기]
ㄱ. (가)에서 개척자는 지의류이다.
ㄴ. (나)는 1차 천이를 나타낸 것이다.
ㄷ. ㉡은 양수림이다.

① ㄱ ② ㄷ ③ ㄱ, ㄴ
④ ㄴ, ㄷ ⑤ ㄱ, ㄴ, ㄷ

P26 ✿✿❀ 2021 대비 9월 모평 14

그림 (가)는 어떤 식물 군집의 천이 과정 일부를, (나)는 이 과정 중 ㉠에서 조사한 침엽수(양수)와 활엽수(음수)의 크기(높이)에 따른 개체 수를 나타낸 것이다. ㉠은 A와 B 중 하나이며, A와 B는 양수림과 음수림을 순서 없이 나타낸 것이다.

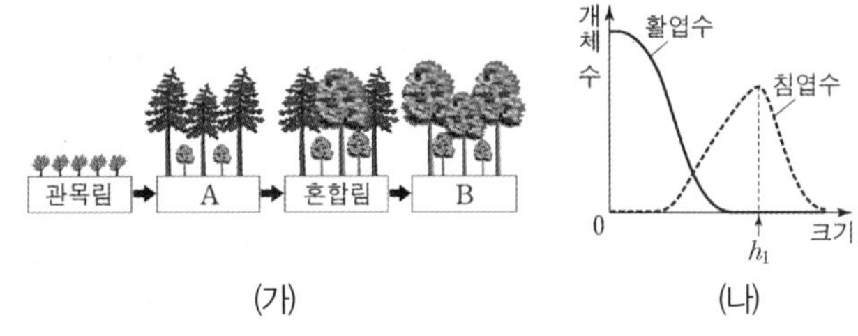

이에 대한 설명으로 옳은 것만을 〈보기〉에서 있는 대로 고른 것은? (3점)

[보기]
ㄱ. ㉠은 양수림이다.
ㄴ. ㉠에서 h_1보다 작은 활엽수는 없다.
ㄷ. 이 식물 군집은 혼합림에서 극상을 이룬다.

① ㄱ ② ㄴ ③ ㄷ ④ ㄱ, ㄴ ⑤ ㄴ, ㄷ

P27 ✿❀❀ 2021 실시 7월 학평 6

그림은 어떤 지역의 식물 군집에 산불이 일어나기 전과 후 천이 과정의 일부를 나타낸 것이다. A~C는 초원(초본), 양수림, 음수림을 순서 없이 나타낸 것이다.

이에 대한 설명으로 옳은 것만을 〈보기〉에서 있는 대로 고른 것은?

[보기]
ㄱ. B는 초원(초본)이다.
ㄴ. 이 지역의 식물 군집은 A에서 극상을 이룬다.
ㄷ. 산불이 일어난 후 진행되는 식물 군집의 천이 과정은 1차 천이이다.

① ㄱ ② ㄴ ③ ㄱ, ㄷ ④ ㄴ, ㄷ ⑤ ㄱ, ㄴ, ㄷ

❖ 정답 및 해설 461 ~ 464p

P28 ✿✿✿ 2022 실시 4월 학평 15

그림은 빙하가 사라져 맨땅이 드러난 어떤 지역에서 일어나는 식물 군집 X의 천이 과정에서 A~C의 피도 변화를 나타낸 것이다. A~C는 관목, 교목, 초본을 순서 없이 나타낸 것이다.

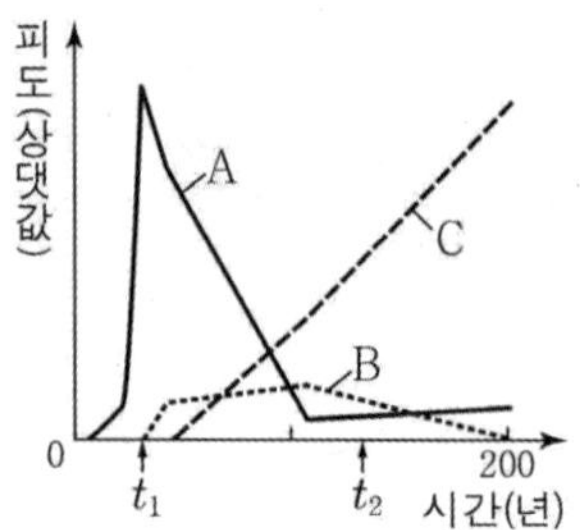

이 자료에 대한 설명으로 옳은 것만을 〈보기〉에서 있는 대로 고른 것은? (3점)

[보기]

ㄱ. A는 초본이다.
ㄴ. t_1일 때 X는 극상을 이룬다.
ㄷ. X의 평균 높이는 t_1일 때가 t_2일 때보다 높다.

① ㄱ ② ㄴ ③ ㄱ, ㄷ ④ ㄴ, ㄷ ⑤ ㄱ, ㄴ, ㄷ

P29 ✿✿✿ 2024 실시 7월 학평 18

다음은 어떤 지역 X의 식물 군집에 대한 자료이다.

○ 그림은 X에서 산불이 일어나기 전과 일어난 후 천이 과정의 일부를 나타낸 것이다. A~C는 양수림, 음수림, 초원을 순서 없이 나타낸 것이다.

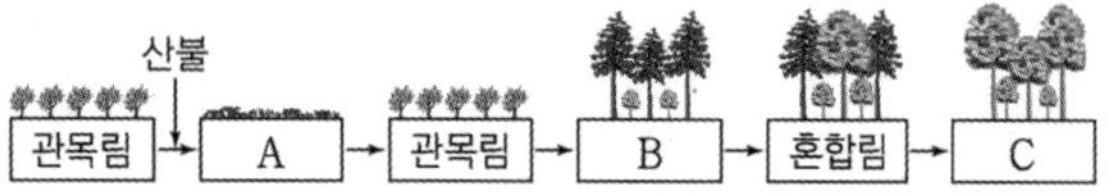

○ X에서의 ⓐ 종 다양성은 천이 중기에서 가장 높게 나타났고, 이후에 다시 감소하였다.

이에 대한 설명으로 옳은 것만을 〈보기〉에서 있는 대로 고른 것은?

[보기]

ㄱ. A는 초원이다.
ㄴ. X의 식물 군집은 양수림에서 극상을 이룬다.
ㄷ. ⓐ는 동일한 생물 종이라도 형질이 각 개체 간에 다르게 나타나는 것을 의미한다.

① ㄱ ② ㄴ ③ ㄷ ④ ㄱ, ㄴ ⑤ ㄴ, ㄷ

3 군집 내 개체군의 상호 작용

P30 ✿✿✿ 2024 실시 3월 학평 19

그림은 동일한 배양 조건에서 종 A와 B를 혼합 배양했을 때와 B를 단독 배양했을 때 시간에 따른 B의 개체 수를 나타낸 것이다.

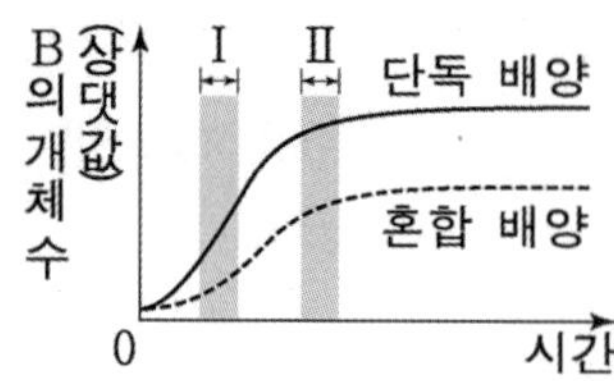

이에 대한 옳은 설명만을 〈보기〉에서 있는 대로 고른 것은?

[보기]

ㄱ. 혼합 배양했을 때 구간 Ⅰ에서 A와 B는 한 군집을 이룬다.
ㄴ. 구간 Ⅱ에서 B에 작용하는 환경 저항은 단독 배양했을 때가 혼합 배양했을 때보다 크다.
ㄷ. A와 B 사이의 상호 작용은 상리 공생이다.

① ㄱ ② ㄴ ③ ㄱ, ㄷ ④ ㄴ, ㄷ ⑤ ㄱ, ㄴ, ㄷ

P31 ✿✿✿ 2025 대비 9월 모평 14

다음은 종 사이의 상호 작용에 대한 자료이다. (가)와 (나)는 분서와 상리 공생의 예를 순서 없이 나타낸 것이다.

(가) 꿀잡이새는 꿀잡이오소리를 벌집으로 유도해 꿀을 얻도록 돕고, 자신은 벌의 공격에서 벗어나 먹이인 벌집을 얻는다.
(나) 붉은빰솔새와 밤색가슴솔새는 서로 ㉠ 경쟁을 피하기 위해 한 나무에서 서식 공간을 달리하여 산다.

이에 대한 설명으로 옳은 것만을 〈보기〉에서 있는 대로 고른 것은?

[보기]

ㄱ. (가)는 상리 공생의 예이다.
ㄴ. (나)의 결과 붉은빰솔새에 환경 저항이 작용하지 않는다.
ㄷ. '서로 다른 종의 새가 번식 장소를 차지하기 위해 서로 다툰다.'는 ㉠의 예에 해당한다.

① ㄱ ② ㄴ ③ ㄱ, ㄷ ④ ㄴ, ㄷ ⑤ ㄱ, ㄴ, ㄷ

P32 ✿❀❀ 2024 실시 7월 학평 12

표 (가)는 종 사이의 상호 작용을 나타낸 것이고, (나)는 ㉠에 대한 자료이다. Ⅰ~Ⅲ은 경쟁, 상리 공생, 포식과 피식을 순서 없이 나타낸 것이고, ㉠은 Ⅰ~Ⅲ 중 하나이다.

상호 작용	종 1	종 2
Ⅰ	ⓐ	?
Ⅱ	?	손해
Ⅲ	손해	이익

(가)

㉠은 하나의 군집 내에서 동일한 먹이 등 한정된 자원을 서로 차지하기 위해 두 종 사이에서 일어나는 상호 작용으로, 생태적 지위가 비슷할수록 일어나기 쉽다.

(나)

이에 대한 설명으로 옳은 것만을 〈보기〉에서 있는 대로 고른 것은?

[보기]

ㄱ. ㉠은 Ⅱ이다.
ㄴ. ⓐ는 '손해'이다.
ㄷ. 스라소니가 눈신토끼를 잡아먹는 것은 Ⅲ의 예에 해당한다.

① ㄱ ② ㄴ ③ ㄷ ④ ㄱ, ㄴ ⑤ ㄱ, ㄷ

P33 ✿❀❀ 2024 실시 7월 학평 1

다음은 전등물고기(*Photoblepharon palpebratus*)에 대한 자료이다.

전등물고기는 눈 아래에 발광 기관이 있고, 이 발광 기관 안에는 빛을 내는 세균이 서식한다. ㉠ 전등물고기는 세균이 내는 빛으로 먹이를 유인하여 잡아먹고, ㉡ 세균은 전등물고기로부터 서식 공간과 영양 물질을 제공받아 ⓐ 생명 활동에 필요한 에너지를 얻는다.

이 자료에 대한 설명으로 옳은 것만을 〈보기〉에서 있는 대로 고른 것은?

[보기]

ㄱ. ㉠은 세포로 구성되어 있다.
ㄴ. ㉠과 ㉡ 사이의 상호 작용은 분서에 해당한다.
ㄷ. ⓐ 과정에서 물질대사가 일어난다.

① ㄱ ② ㄴ ③ ㄱ, ㄷ ④ ㄴ, ㄷ ⑤ ㄱ, ㄴ, ㄷ

P34 ✿❀❀ 2023 실시 10월 학평 1

다음은 심해 열수구에 서식하는 관벌레에 대한 자료이다.

(가) 붓 모양의 ㉠ 관벌레에는 세균이 서식하는 영양체라는 기관이 있다.
(나) 관벌레는 영양체 내 세균에게 서식 공간을 제공하고, 세균이 합성한 ㉡ 유기물을 섭취하여 에너지를 얻는다.

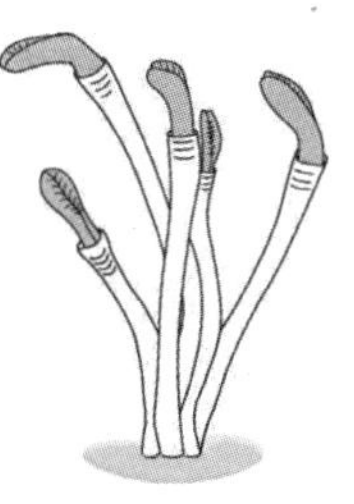

이에 대한 옳은 설명만을 〈보기〉에서 있는 대로 고른 것은?

[보기]

ㄱ. ㉠은 세포로 구성된다.
ㄴ. ㉡ 과정에서 이화 작용이 일어난다.
ㄷ. (나)는 상리 공생의 예이다.

① ㄱ ② ㄷ ③ ㄱ, ㄴ ④ ㄴ, ㄷ ⑤ ㄱ, ㄴ, ㄷ

P35 ✿❀❀ 2023 대비 6월 모평 20

표는 종 사이의 상호 작용과 예를 나타낸 것이다. (가)와 (나)는 기생과 상리 공생을 순서 없이 나타낸 것이다.

상호 작용	종 1	종 2	예
(가)	손해	?	촌충은 숙주의 소화관에 서식하며 영양분을 흡수한다.
(나)	이익	이익	?
경쟁	㉠	손해	캥거루쥐와 주머니쥐는 같은 종류의 먹이를 두고 서로 다툰다.

이에 대한 설명으로 옳은 것만을 〈보기〉에서 있는 대로 고른 것은? (3점)

[보기]

ㄱ. (가)는 상리 공생이다.
ㄴ. ㉠은 '이익'이다.
ㄷ. '꽃은 벌새에게 꿀을 제공하고, 벌새는 꽃의 수분을 돕는다.'는 (나)의 예에 해당한다.

① ㄱ ② ㄷ ③ ㄱ, ㄴ ④ ㄴ, ㄷ ⑤ ㄱ, ㄴ, ㄷ

P

P36 ✿❀❀ 2023 실시 10월 학평 14

다음은 학생 A와 B가 면적이 서로 다른 방형구를 이용해 어떤 지역에서 같은 식물 군집을 각각 조사한 자료이다.

- 이 지역에는 토끼풀, 민들레, 꽃잔디가 서식한다.
- 그림 (가)는 A가 면적이 같은 8개의 방형구를, (나)는 B가 면적이 같은 2개의 방형구를 설치한 모습을 나타낸 것이다.

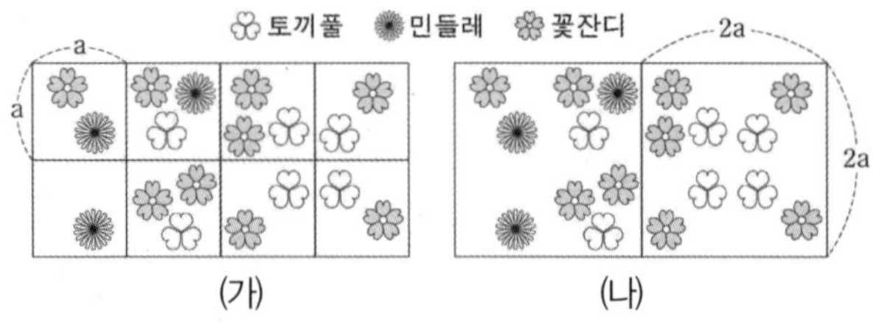

- 표는 B가 구한 각 종의 상대 피도를 나타낸 것이다.

종	토끼풀	민들레	꽃잔디
상대 피도(%)	27	?	52

이에 대한 옳은 설명만을 〈보기〉에서 있는 대로 고른 것은? (단, 방형구에 나타낸 각 도형은 식물 1개체를 의미하며, 제시된 종 이외의 종은 고려하지 않는다.) (3점)

[보기]

ㄱ. A가 구한 꽃잔디의 상대 밀도는 50%이다.
ㄴ. B가 구한 민들레의 상대 피도는 21%이다.
ㄷ. A와 B가 구한 토끼풀의 상대 빈도는 서로 같다.

① ㄱ ② ㄷ ③ ㄱ, ㄴ ④ ㄴ, ㄷ ⑤ ㄱ, ㄴ, ㄷ

P37 ✿❀❀ 2023 실시 3월 학평 18

다음은 상호 작용 (가)와 (나)에 대한 자료이다. (가)와 (나)는 텃세와 종간 경쟁을 순서 없이 나타낸 것이다.

(가) 은어 개체군에서 한 개체가 일정한 생활 공간을 차지하면서 다른 개체의 접근을 막았다.
(나) 같은 곳에 서식하던 ㉠ 애기짚신벌레와 ㉡ 짚신벌레 중 애기짚신벌레만 살아남았다.

이에 대한 옳은 설명만을 〈보기〉에서 있는 대로 고른 것은?

[보기]

ㄱ. (가)는 종간 경쟁이다.
ㄴ. ㉠은 ㉡과 다른 종이다.
ㄷ. (나)가 일어나 ㉠과 ㉡이 모두 이익을 얻는다.

① ㄱ ② ㄴ ③ ㄷ ④ ㄱ, ㄴ ⑤ ㄴ, ㄷ

P38 ✿❀❀ 2023 실시 7월 학평 5

다음은 식물 종 A, B와 토양 세균 X의 상호 작용을 알아보기 위한 실험이다.

- A와 X 사이의 상호 작용은 ㉠, B와 X 사이의 상호 작용은 ㉡이다. ㉠과 ㉡은 각각 기생과 상리 공생 중 하나이다.

[실험 과정 및 결과]

(가) ⓐ 멸균된 토양을 넣은 화분 Ⅰ~Ⅳ에 표와 같이 Ⅲ과 Ⅳ에만 X를 접종한 후 Ⅰ과 Ⅲ에는 A의 식물을 심고, Ⅱ와 Ⅳ에는 B의 식물을 심는다.

화분	X의 접종 여부	식물 종
Ⅰ	접종 안 함	A
Ⅱ	접종 안 함	B
Ⅲ	접종 함	A
Ⅳ	접종 함	B

(나) 일정 시간이 지난 후, Ⅰ~Ⅳ에서 식물의 증가한 질량을 측정한 결과는 그림과 같다.

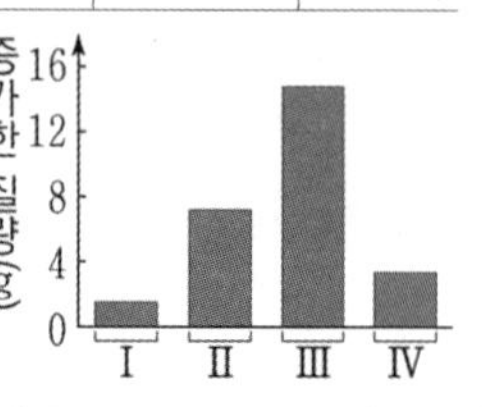

이에 대한 설명으로 옳은 것만을 〈보기〉에서 있는 대로 고른 것은? (단, 제시된 조건 이외는 고려하지 않는다.) (3점)

[보기]

ㄱ. ㉠은 상리 공생이다.
ㄴ. ⓐ는 생태계의 구성 요소 중 비생물적 요인에 해당한다.
ㄷ. (나)의 Ⅳ에서 B와 X는 한 개체군을 이룬다.

① ㄱ ② ㄴ ③ ㄷ ④ ㄱ, ㄴ ⑤ ㄴ, ㄷ

P39 ✿❀❀ 2023 실시 4월 학평 3

표는 생태계를 구성하는 요소 사이의 상호 관계 (가)~(다)의 예를 나타낸 것이다.

상호 관계	예
(가)	㉠ 물 부족은 식물의 생장에 영향을 준다.
(나)	㉡ 스라소니가 ㉢ 눈신토끼를 잡아먹는다.
(다)	같은 종의 큰뿔양은 뿔 치기를 통해 먹이를 먹는 순위를 정한다.

이에 대한 설명으로 옳은 것만을 〈보기〉에서 있는 대로 고른 것은?

[보기]

ㄱ. ㉠은 비생물적 요인에 해당한다.
ㄴ. ㉡과 ㉢의 상호 작용은 포식과 피식에 해당한다.
ㄷ. (다)는 개체군 내의 상호 작용에 해당한다.

① ㄱ ② ㄷ ③ ㄱ, ㄴ ④ ㄴ, ㄷ ⑤ ㄱ, ㄴ, ㄷ

P40 ✿❀❀

2020 실시 4월 학평 20

표는 종 사이의 상호 작용을 나타낸 것이다. ㉠과 ㉡은 상리 공생, 포식과 피식을 순서 없이 나타낸 것이다.

상호 작용	종 1	종 2
㉠	손해	?
㉡	ⓐ	이익

이에 대한 설명으로 옳은 것만을 〈보기〉에서 있는 대로 고른 것은?

[보기]

ㄱ. ⓐ는 '이익'이다.
ㄴ. ㉠은 포식과 피식이다.
ㄷ. 뿌리혹박테리아와 콩과식물 사이의 상호 작용은 ㉡에 해당한다.

① ㄱ ② ㄷ ③ ㄱ, ㄴ
④ ㄴ, ㄷ ⑤ ㄱ, ㄴ, ㄷ

P41 ✿❀❀

2021 대비 6월 모평 18

표 (가)는 종 사이의 상호 작용을 나타낸 것이고, (나)는 바다에 서식하는 산호와 조류 간의 상호 작용에 대한 자료이다. Ⅰ과 Ⅱ는 경쟁과 상리 공생을 순서 없이 나타낸 것이다.

상호 작용	종 1	종 2
Ⅰ	이익	ⓐ
Ⅱ	ⓑ	손해

(가)

• 산호와 함께 사는 조류는 산호에게 산소와 먹이를 공급하고, 산호는 조류에게 서식지와 영양소를 제공한다.

(나)

이에 대한 설명으로 옳은 것만을 〈보기〉에서 있는 대로 고른 것은?

[보기]

ㄱ. ⓐ와 ⓑ는 모두 '손해'이다.
ㄴ. (나)의 상호 작용은 Ⅰ의 예에 해당한다.
ㄷ. (나)에서 산호는 조류와 한 개체군을 이룬다.

① ㄱ ② ㄴ ③ ㄷ
④ ㄱ, ㄷ ⑤ ㄴ, ㄷ

P42 ✿❀❀

2020 실시 7월 학평 14

표는 종 사이의 상호 작용과 예를 나타낸 것이다. (가)~(다)는 기생, 상리 공생, 포식과 피식을 순서 없이 나타낸 것이다. ⓐ와 ⓑ는 각각 '손해'와 '이익' 중 하나이다.

구분	(가)		(나)		(다)	
상호 작용	종 Ⅰ	종 Ⅱ	종 Ⅰ	종 Ⅱ	종 Ⅰ	종 Ⅱ
	이익	?	ⓐ	손해	ⓑ	손해
예	흰동가리는 말미잘의 보호를 받고, 말미잘은 흰동가리로부터 먹이를 얻는다.		겨우살이는 숙주 식물로부터 영양소와 물을 흡수하여 살아간다.		?	

이에 대한 설명으로 옳은 것만을 〈보기〉에서 있는 대로 고른 것은?

[보기]

ㄱ. (가)는 기생이다.
ㄴ. ⓐ와 ⓑ는 모두 '이익' 이다.
ㄷ. '스라소니는 눈신토끼를 잡아먹는다.'는 (다)의 예이다.

① ㄱ ② ㄴ ③ ㄱ, ㄷ
④ ㄴ, ㄷ ⑤ ㄱ, ㄴ, ㄷ

P43 ✿❀❀

2024 실시 10월 학평 14

표는 종 사이의 상호 작용을 나타낸 것이다. ㉠과 ㉡은 경쟁과 기생을 순서 없이 나타낸 것이다.

상호 작용	종 1	종 2
㉠	손해	?
㉡	이익	ⓐ

이에 대한 옳은 설명만을 〈보기〉에서 있는 대로 고른 것은?

[보기]

ㄱ. ㉠은 경쟁이다.
ㄴ. ⓐ는 '손해'이다.
ㄷ. '촌충은 숙주의 소화관에 서식하며 영양분을 흡수한다.'는 ㉡의 예에 해당한다.

① ㄱ ② ㄷ ③ ㄱ, ㄴ ④ ㄴ, ㄷ ⑤ ㄱ, ㄴ, ㄷ

P

❖ 정답 및 해설 469 ~ 472p

P44 ✿✿✿ 2020 실시 3월 학평 19

다음은 하와이 주변의 얕은 바다에 서식하는 하와이짧은꼬리오징어에 대한 자료이다.

㉠하와이짧은꼬리오징어는 주로 밤에 활동하는데, 달빛이 비치면 그림자가 생겨 ㉡포식자의 눈에 잘 띄게 된다. 하지만 오징어의 몸에 사는 ㉢발광 세균이 달빛과 비슷한 빛을 내면 그림자가 사라져 포식자에게 쉽게 발견되지 않는다. 이렇게 오징어에게 도움을 주는 발광 세균은 오징어로부터 영양분을 얻는다.

하와이짧은 꼬리오징어

이에 대한 옳은 설명만을 〈보기〉에서 있는 대로 고른 것은?

[보기]

ㄱ. ㉠과 ㉡은 같은 군집에 속한다.
ㄴ. ㉠과 ㉢ 사이의 상호 작용은 상리 공생이다.
ㄷ. ㉡을 제거하면 ㉠의 개체군 밀도가 일시적으로 증가한다.

① ㄱ ② ㄴ ③ ㄱ, ㄷ
④ ㄴ, ㄷ ⑤ ㄱ, ㄴ, ㄷ

P45 ✿✿✿ 2020 실시 10월 학평 17

그림 (가)~(다)는 동물 종 A와 B의 시간에 따른 개체 수를 나타낸 것이다. (가)는 고온 다습한 환경에서 단독 배양한 결과이고, (나)는 (가)와 같은 환경에서 혼합 배양한 결과이며, (다)는 저온 건조한 환경에서 혼합 배양한 결과이다.

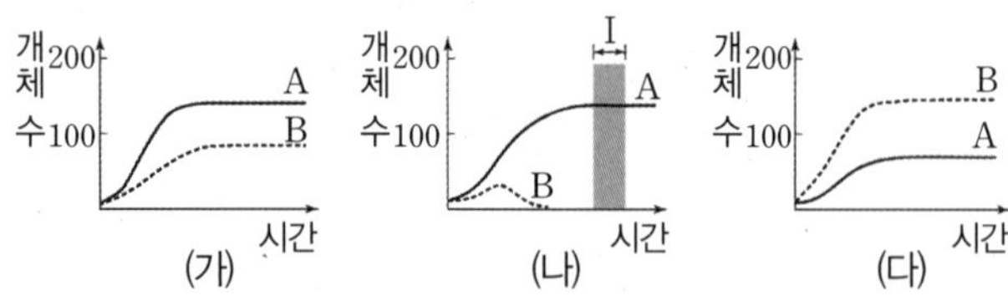

이에 대한 옳은 설명만을 〈보기〉에서 있는 대로 고른 것은? (3점)

[보기]

ㄱ. 구간 Ⅰ에서 A는 환경 저항을 받는다.
ㄴ. (나)에서 A와 B 사이에 상리 공생이 일어났다.
ㄷ. B에 대한 환경 수용력은 (가)에서가 (다)에서보다 작다.

① ㄱ ② ㄴ ③ ㄷ ④ ㄱ, ㄷ ⑤ ㄴ, ㄷ

P46 ✿✿✿ 2022 대비 6월 모평 13

그림 (가)는 어떤 지역에서 일정 기간 동안 조사한 종 A~C의 단위 면적당 생물량(생체량) 변화를, (나)는 A~C 사이의 먹이 사슬을 나타낸 것이다. A~C는 생산자, 1차 소비자, 2차 소비자를 순서 없이 나타낸 것이다.

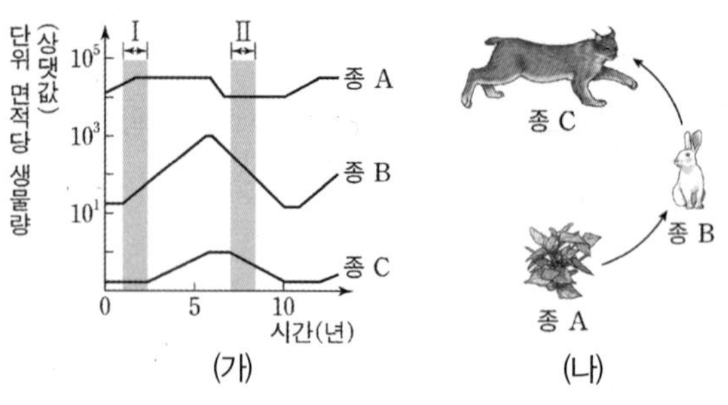

이 자료에 대한 설명으로 옳은 것만을 〈보기〉에서 있는 대로 고른 것은?

[보기]

ㄱ. Ⅰ 시기 동안 $\frac{\text{B의 생물량}}{\text{C의 생물량}}$은 증가했다.
ㄴ. C는 1차 소비자이다.
ㄷ. Ⅱ 시기에 A와 B 사이에 경쟁 배타가 일어났다.

① ㄱ ② ㄷ ③ ㄱ, ㄴ ④ ㄴ, ㄷ ⑤ ㄱ, ㄴ, ㄷ

P47 ✿✿✿ 2021 실시 10월 학평 18

그림 (가)는 영양염류를 이용하는 종 A와 B를 각각 단독 배양했을 때 시간에 따른 개체 수와 영양염류의 농도를, (나)는 (가)와 같은 조건에서 A와 B를 혼합 배양했을 때 시간에 따른 개체 수를 나타낸 것이다.

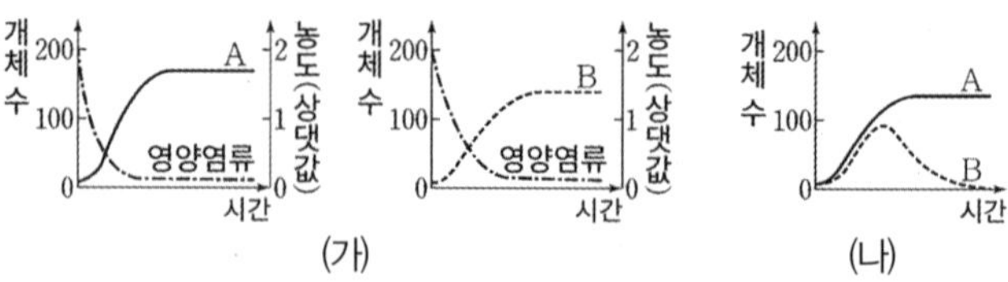

이에 대한 설명으로 옳은 것만을 〈보기〉에서 있는 대로 고른 것은?

[보기]

ㄱ. (가)에서 영양염류의 농도 감소는 환경 저항에 해당한다.
ㄴ. (가)에서 환경 수용력은 B가 A보다 크다.
ㄷ. (나)에서 경쟁·배타가 일어났다.

① ㄱ ② ㄴ ③ ㄱ, ㄷ ④ ㄴ, ㄷ ⑤ ㄱ, ㄴ, ㄷ

P48

2021 대비 9월 모평 9

그림은 서로 다른 종으로 구성된 개체군 A와 B를 각각 단독 배양했을 때와 혼합 배양했을 때, A와 B가 서식하는 온도의 범위를 나타낸 것이다. 혼합 배양했을 때 온도의 범위가 T_1~T_2인 구간에서 A와 B 사이의 경쟁이 일어났다.

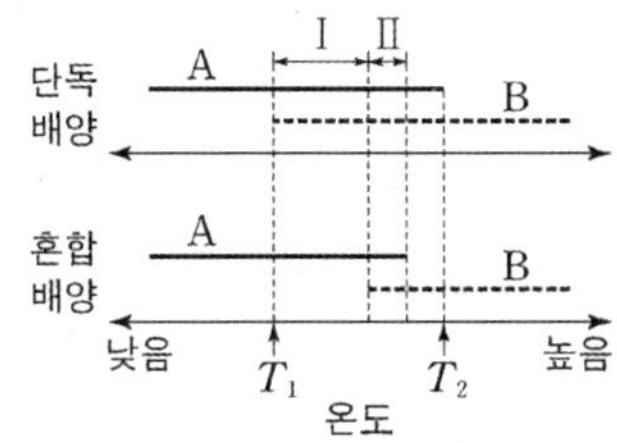

이에 대한 설명으로 옳은 것만을 〈보기〉에서 있는 대로 고른 것은? (단, 제시된 조건 이외는 고려하지 않는다.) (3점)

[보기]

ㄱ. A가 서식하는 온도의 범위는 단독 배양했을 때가 혼합 배양했을 때보다 넓다.
ㄴ. 혼합 배양했을 때, 구간 Ⅰ에서 B가 생존하지 못한 것은 경쟁·배타의 결과이다.
ㄷ. 혼합 배양했을 때, 구간 Ⅱ에서 A는 B와 군집을 이룬다.

① ㄱ ② ㄷ ③ ㄱ, ㄴ ④ ㄴ, ㄷ ⑤ ㄱ, ㄴ, ㄷ

P49

2024 대비 9월 모평 14

다음은 종 사이의 상호 작용에 대한 자료이다. (가)와 (나)는 경쟁과 상리 공생의 예를 순서 없이 나타낸 것이다.

(가) 캥거루쥐와 주머니쥐는 같은 종류의 먹이를 두고 서로 다툰다.
(나) 꽃은 벌새에게 꿀을 제공하고, 벌새는 꽃의 수분을 돕는다.

이에 대한 설명으로 옳은 것만을 〈보기〉에서 있는 대로 고른 것은?

[보기]

ㄱ. (가)에서 캥거루쥐는 주머니쥐와 한 개체군을 이룬다.
ㄴ. (나)는 상리 공생의 예이다.
ㄷ. 스라소니가 눈신토끼를 잡아먹는 것은 경쟁의 예에 해당한다.

① ㄱ ② ㄴ ③ ㄷ ④ ㄱ, ㄴ ⑤ ㄴ, ㄷ

P50

2021 실시 3월 학평 9

표는 생물 사이의 상호 작용을 (가)와 (나)로 구분하여 나타낸 것이다.

구분	상호 작용
(가)	㉠ 기생, 포식과 피식
(나)	순위제, ㉡ 사회생활

이에 대한 옳은 설명만을 〈보기〉에서 있는 대로 고른 것은?

[보기]

ㄱ. (가)는 개체군 사이의 상호 작용이다.
ㄴ. ㉠의 관계인 두 종에서는 손해를 입는 종이 있다.
ㄷ. 꿀벌이 일을 분담하며 협력하는 것은 ㉡의 예이다.

① ㄱ ② ㄴ ③ ㄱ, ㄷ ④ ㄴ, ㄷ ⑤ ㄱ, ㄴ, ㄷ

P

P51

2021 대비 수능 12

다음은 종 사이의 상호 작용에 대한 자료이다. (가)와 (나)는 기생과 상리 공생의 예를 순서 없이 나타낸 것이다.

(가) 겨우살이는 다른 식물의 줄기에 뿌리를 박아 물과 양분을 빼앗는다.
(나) 뿌리혹박테리아는 콩과식물에게 질소 화합물을 제공하고, 콩과식물은 뿌리혹박테리아에게 양분을 제공한다.

이에 대한 설명으로 옳은 것만을 〈보기〉에서 있는 대로 고른 것은?

[보기]

ㄱ. (가)는 기생의 예이다.
ㄴ. (가)와 (나) 각각에는 이익을 얻는 종이 있다.
ㄷ. 꽃이 벌새에게 꿀을 제공하고, 벌새가 꽃의 수분을 돕는 것은 상리 공생의 예에 해당한다.

① ㄱ ② ㄷ ③ ㄱ, ㄴ ④ ㄴ, ㄷ ⑤ ㄱ, ㄴ, ㄷ

❖ 정답 및 해설 473~476p

P52 ✿❀❀ 2024 대비 6월 모평 18

다음은 동물 종 A와 B 사이의 상호 작용에 대한 자료이다.

- A와 B 사이의 상호 작용은 경쟁과 상리 공생 중 하나에 해당한다.
- A와 B가 함께 서식하는 지역을 ㉠과 ㉡으로 나눈 후, ㉠에서만 A를 제거하였다. 그림은 지역 ㉠과 ㉡에서 B의 개체 수 변화를 나타낸 것이다.

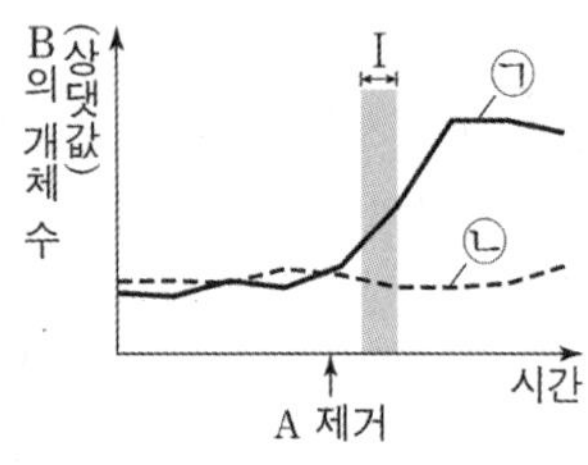

이 자료에 대한 설명으로 옳은 것만을 〈보기〉에서 있는 대로 고른 것은? (단, 제시된 조건 이외는 고려하지 않는다.) (3점)

[보기]

ㄱ. A와 B 사이의 상호 작용은 경쟁에 해당한다.
ㄴ. ㉡에서 A는 B와 한 개체군을 이룬다.
ㄷ. 구간 Ⅰ에서 B에 작용하는 환경 저항은 ㉠에서가 ㉡에서보다 크다.

① ㄱ ② ㄷ ③ ㄱ, ㄴ ④ ㄴ, ㄷ ⑤ ㄱ, ㄴ, ㄷ

P53 ✿✿✿ 2021 실시 7월 학평 12

그림 (가)는 고도에 따른 지역 Ⅰ~Ⅲ에 서식하는 종 A와 B의 분포를 나타낸 것이다. 그림 (나)는 (가)에서 A를, (다)는 (가)에서 B를 각각 제거했을 때 A와 B의 분포를 나타낸 것이다.

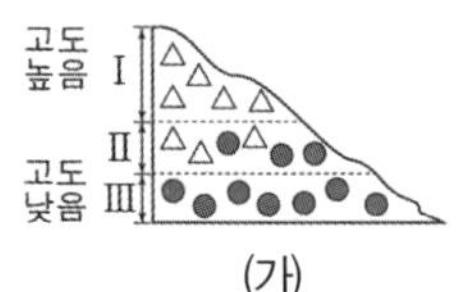

(가)

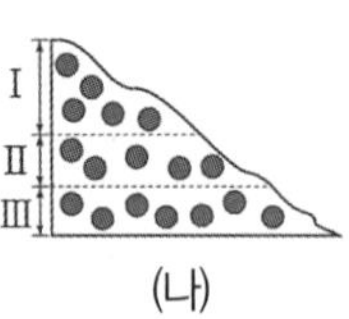

(나)

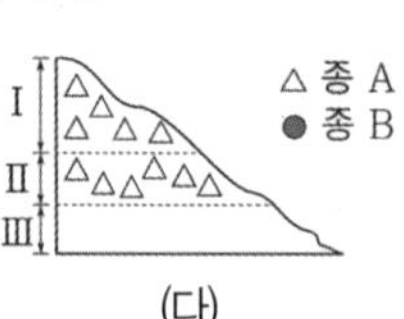

(다)

이에 대한 설명으로 옳은 것만을 〈보기〉에서 있는 대로 고른 것은? (3점)

[보기]

ㄱ. (가)의 Ⅱ에서 A는 B와 한 군집을 이룬다.
ㄴ. (가)의 Ⅲ에서 A와 B 사이에 경쟁 배타가 일어났다.
ㄷ. (나)의 Ⅰ에서 B는 환경 저항을 받지 않는다.

① ㄱ ② ㄴ ③ ㄷ ④ ㄱ, ㄴ ⑤ ㄱ, ㄷ

P54 ✿❀❀ 2023 대비 수능 20

표는 종 사이의 상호 작용 (가)~(다)의 예를, 그림은 동일한 배양 조건에서 종 A와 B를 각각 단독 배양했을 때와 혼합 배양했을 때 시간에 따른 개체 수를 나타낸 것이다. (가)~(다)는 경쟁, 상리 공생, 포식과 피식을 순서 없이 나타낸 것이고, A와 B 사이의 상호 작용은 (가)~(다) 중 하나에 해당한다.

상호 작용	예
(가)	ⓐ 늑대는 말코손바닥사슴을 잡아먹는다.
(나)	캥거루쥐와 주머니쥐는 같은 종류의 먹이를 두고 서로 다툰다.
(다)	딱총새우는 산호를 천적으로부터 보호하고, 산호는 딱총새우에게 먹이를 제공한다.

단독 배양 / 혼합 배양 (개체 수 N_2, N_1, A, B, 0, 시간, Ⅰ)

이에 대한 설명으로 옳은 것만을 〈보기〉에서 있는 대로 고른 것은?

[보기]

ㄱ. ⓐ에서 늑대는 말코손바닥사슴과 한 개체군을 이룬다.
ㄴ. 구간 Ⅰ에서 A에 환경 저항이 작용한다.
ㄷ. A와 B 사이의 상호 작용은 (다)에 해당한다.

① ㄱ ② ㄷ ③ ㄱ, ㄴ
④ ㄴ, ㄷ ⑤ ㄱ, ㄴ, ㄷ

P55 ✿✿❀ 2019 실시 4월 학평 20

표 (가)는 종 사이의 상호 작용을 나타낸 것이며, (나)는 콩과식물과 뿌리혹박테리아 사이의 상호 작용에 대한 설명이다. A~C는 종간 경쟁, 기생, 상리 공생을 순서 없이 나타낸 것이다.

상호 작용	종 1	종 2
A	손해	손해
B	이익	㉠
C	?	손해

(가)

콩과식물의 뿌리에 사는 뿌리혹박테리아는 콩과식물에게 질소 화합물을 공급하고, 콩과식물은 뿌리혹박테리아에게 영양분을 공급한다.

(나)

이에 대한 설명으로 옳은 것만을 〈보기〉에서 있는 대로 고른 것은? (3점)

[보기]

ㄱ. A는 종간 경쟁이다.
ㄴ. ㉠은 '손해'이다.
ㄷ. (나)에서 콩과식물과 뿌리혹박테리아 사이의 상호 작용은 C에 해당한다.

① ㄱ ② ㄷ ③ ㄱ, ㄴ
④ ㄴ, ㄷ ⑤ ㄱ, ㄴ, ㄷ

P56 ✿❀❀ 2022 대비 수능 18

그림은 어떤 지역에서 늑대의 개체 수를 인위적으로 감소시켰을 때 늑대, 사슴의 개체 수와 식물 군집의 생물량 변화를, 표는 (가)와 (나) 시기 동안 이 지역의 사슴과 식물 군집 사이의 상호 작용을 나타낸 것이다. (가)와 (나)는 Ⅰ과 Ⅱ를 순서 없이 나타낸 것이다.

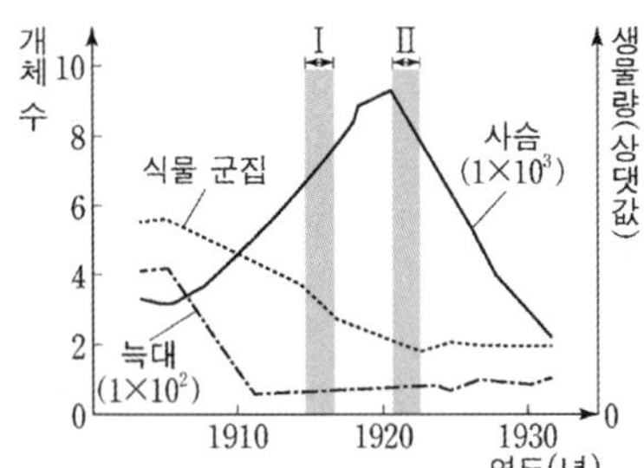

시기	상호 작용
(가)	식물 군집의 생물량이 감소하여 사슴의 개체 수가 감소한다.
(나)	사슴의 개체 수가 증가하여 식물 군집의 생물량이 감소한다.

이 자료에 대한 설명으로 옳은 것만을 〈보기〉에서 있는 대로 고른 것은? (3점)

[보기]

ㄱ. (가)는 Ⅱ이다.
ㄴ. Ⅰ 시기 동안 사슴 개체군에 환경 저항이 작용하였다.
ㄷ. 사슴의 개체 수는 포식자에 의해서만 조절된다.

① ㄱ ② ㄴ ③ ㄷ ④ ㄱ, ㄴ ⑤ ㄱ, ㄷ

P57 ✿❀❀ 2020 대비 9월 모평 20

표는 종 사이의 상호 작용을 나타낸 것이다. ㉠과 ㉡은 기생과 상리 공생을 순서 없이 나타낸 것이다.

상호 작용	종 1	종 2
㉠	손해	ⓐ
㉡	이익	?
포식과 피식	손해	이익

이에 대한 설명으로 옳은 것만을 〈보기〉에서 있는 대로 고른 것은?

[보기]

ㄱ. ⓐ는 '손해'이다.
ㄴ. ㉡은 상리 공생이다.
ㄷ. 스라소니가 눈신토끼를 잡아먹는 것은 포식과 피식에 해당한다.

① ㄱ ② ㄴ ③ ㄷ ④ ㄱ, ㄷ ⑤ ㄴ, ㄷ

P58 ✿❀❀ 2019 실시 10월 학평 19

그림은 상호 작용 A와 B의 공통점과 차이점을 나타낸 것이다. ㉠은 '상호 작용하는 생물이 모두 이익을 얻는다.'이며, A와 B는 각각 상리 공생, 포식과 피식 중 하나이다.

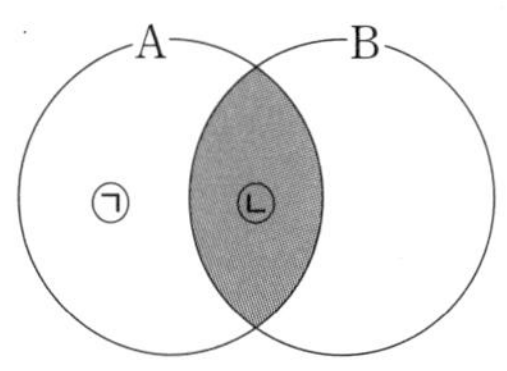

이에 대한 옳은 설명만을 〈보기〉에서 있는 대로 고른 것은?

[보기]

ㄱ. A는 상리 공생이다.
ㄴ. 콩과식물과 뿌리혹박테리아의 상호 작용은 B의 예이다.
ㄷ. '개체군 내의 상호 작용이다.'는 ㉡에 해당한다.

① ㄱ ② ㄴ ③ ㄱ, ㄴ ④ ㄱ, ㄷ ⑤ ㄴ, ㄷ

P59 ✿✿✿ 2022 대비 9월 모평 11

다음은 어떤 섬에 서식하는 동물 종 A~C 사이의 상호 작용에 대한 자료이다.

- A와 B는 같은 먹이를 먹고, C는 A와 B의 천적이다.
- 그림은 Ⅰ~Ⅳ 시기에 서로 다른 영역 (가)와 (나) 각각에 서식하는 종의 분포 변화를 나타낸 것이다.

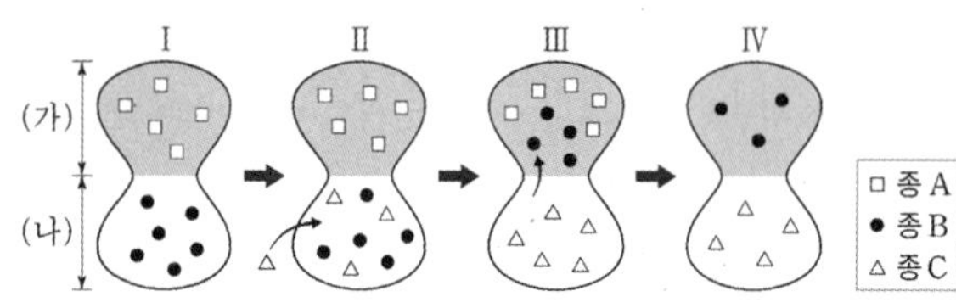

- Ⅰ 시기에 ㉠A와 B는 서로 경쟁을 피하기 위해 A는 (가)에, B는 (나)에 서식하였다.
- Ⅱ 시기에 C가 (나)로 유입되었고, C가 B를 포식하였다.
- Ⅲ 시기에 B는 C를 피해 (가)로 이주하였다.
- Ⅳ 시기에 (가)에서 A와 B 사이의 경쟁의 결과로 A가 사라졌다.

이 자료에 대한 설명으로 옳은 것만을 〈보기〉에서 있는 대로 고른 것은? (단, 제시된 조건 이외는 고려하지 않는다.) (3점)

[보기]

ㄱ. ㉠에서 A와 B 사이의 상호 작용은 분서에 해당한다.
ㄴ. Ⅱ 시기에 (나)에서 C는 B와 한 개체군을 이루었다.
ㄷ. Ⅳ 시기에 (가)에서 A와 B 사이에 경쟁·배타가 일어났다.

① ㄱ ② ㄴ ③ ㄱ, ㄷ ④ ㄴ, ㄷ ⑤ ㄱ, ㄴ, ㄷ

❖ 정답 및 해설 477 ~ 480p

P60 ✲✲❀ 2019 대비 9월 모평 14

다음은 생물 사이의 상호 작용에 대한 자료이다.

- 새 3종 A~C는 생태적 지위가 중복된다.
- 어떤 숲에 서식하는 ㉠ A~C는 경쟁을 피하기 위해 활동 영역을 나누어 나무의 서로 다른 구역에서 산다.

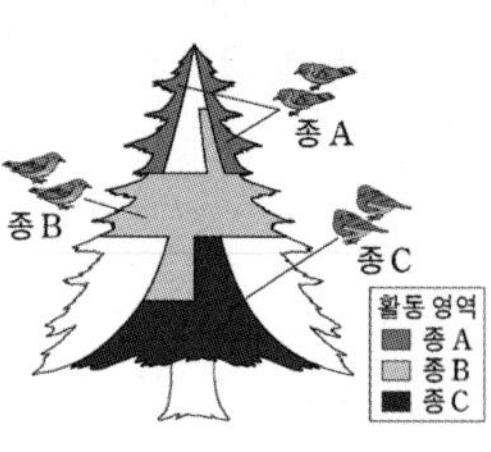

이에 대한 설명으로 옳은 것만을 〈보기〉에서 있는 대로 고른 것은? (3점)

[보기]

ㄱ. ㉠에서 A와 B 사이의 상호 작용은 분서에 해당한다.
ㄴ. B는 C와 한 개체군을 이룬다.
ㄷ. 꿀벌이 일을 분담하며 협력하는 것은 ㉠의 상호 작용에 해당한다.

① ㄱ ② ㄴ ③ ㄱ, ㄷ ④ ㄴ, ㄷ ⑤ ㄱ, ㄴ, ㄷ

❖ 정답 및 해설 481p

Q 에너지와 물질의 순환

★ 2025 수능 출제 분석

• **질소 순환** : 질소 순환 과정의 특징에 대해 묻는 문제가 쉽게 출제되었다.

대비년도	출제 개념	난이도
2025 수능	질소 순환	✲
2025 9월	생태계 평형	✲✲
2025 6월	–	–
2024 수능	천이와 식물 군집의 생산과 소비/물질의 순환	✲/✲✲

1 에너지 흐름 

1. 에너지 흐름: 생태계의 에너지는 순환하지 않고 형태가 전환되며 한 방향으로 이동하다가 빠져나가므로 생태계가 유지되려면 에너지가 계속 공급되어야 한다.

2. 에너지 흐름의 과정

(1) 생태계에 공급되는 에너지의 근원은 태양의 빛에너지이다.

(2) 빛에너지는 생산자의 광합성에 의해 화학 에너지 형태로 유기물에 저장된다.

(3) 유기물에 저장된 화학 에너지는 생산자, 소비자, 분해자가 생활하는 데 필요한 에너지로 이용되고, 나머지는 열에너지의 형태로 방출되어 생태계 밖으로 빠져나간다.

3. 에너지 효율: 한 영양 단계에서 다음 영양 단계로 이동하는 에너지의 비율이다.

➡ 상위 영양 단계로 갈수록 에너지 효율이 증가한다.[1]

$$\text{에너지 효율(\%)} = \frac{\text{현 영양 단계가 보유한 에너지 총량}}{\text{전 영양 단계가 보유한 에너지 총량}} \times 100$$

4. 생태 피라미드[2]: 먹이 사슬에서 각 영양 단계의 개체 수, 생체량, 에너지양의 상대적인 양을 하위 영양 단계에서부터 상위 영양 단계로 순서대로 쌓아올린 것이다.

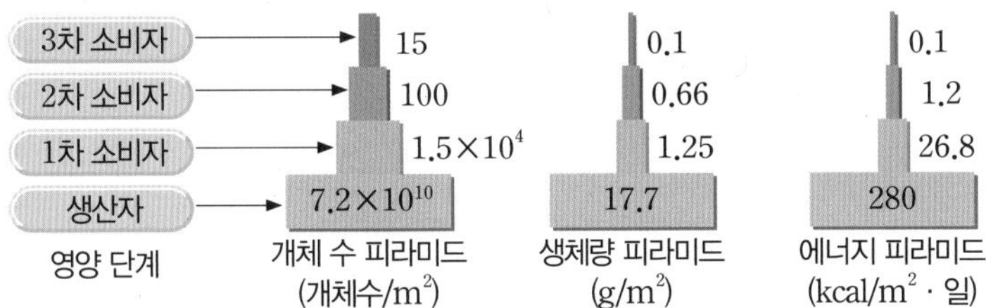

▲ 생태 피라미드

5. 생태계 평형: 군집의 구성, 개체 수, 물질의 양, 에너지 흐름 등이 안정된 상태를 유지하여 생태계가 균형을 이루고 있는 상태이다.

(1) 생태계 평형 유지의 원리: 안정된 생태계는 어느 한 영양 단계의 개체 수가 일시적으로 변화하더라도 시간이 지나면 먹이 사슬에 의해 다시 평형을 유지한다.

(2) 생태계 평형 파괴와[3] 회복 과정: 1차 소비자 증가 → 2차 소비자 증가, 생산자 감소 → 1차 소비자 감소 → 2차 소비자 감소, 생산자 증가 → 회복된 상태

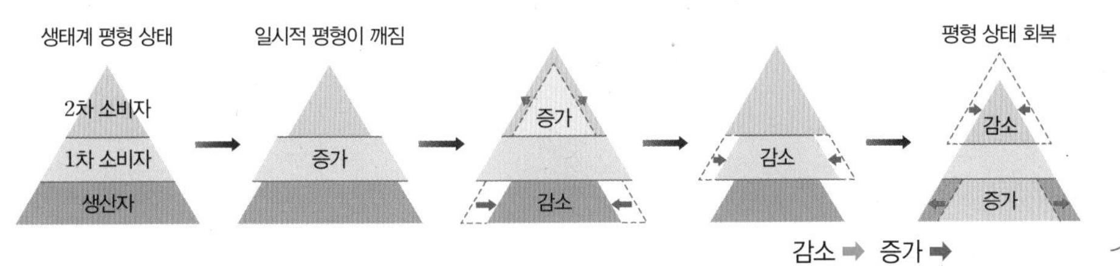

❶ 상위 영양 단계로 갈수록 에너지 효율이 증가하는 이유

상위 영양 단계로 갈수록 개체의 몸집이 커지므로 단위 무게당 에너지 소모량이 적고, 동물성 먹이의 섭취 비율이 높기 때문이다.

❷ 생태 피라미드의 종류

개체 수 피라미드	먹이 사슬의 각 영양 단계의 개체 수를 그림으로 나타낸 것이다.
생체량 피라미드	먹이 사슬의 각 영양 단계에 속하는 생물의 총 질량을 그림으로 나타낸 것이다.
에너지 피라미드	먹이 사슬의 각 영양 단계의 에너지양을 그림으로 나타낸 것이다.

❸ 생태계 평형의 파괴

• **원인**: 개발 등과 같은 인간의 활동, 환경 오염, 외래종의 무분별한 유입 등

• **외래종**: 원래 서식하던 지역에서 다른 지역으로 이동한 후 정착하여 살아가는 생물이다. 천적이나 경쟁 관계의 생물이 없기 때문에 먹이 그물을 변화시키고 생태계 평형을 파괴할 수 있다.

• 생태계의 자기 조절 능력의 한계를 넘는 파괴가 일어날 경우 생태계 평형을 회복하는 데에 오랜 시간이 걸리거나 회복하지 못할 수 있다.

출제 2025 대비 9월 모평 20번

★ 9월 모평에는 생태계 평형 유지 원리에 대한 문제가 보통으로 출제되었다.

2 물질의 생산과 소비

1. 식물(생산자)의 생산과 소비[4]

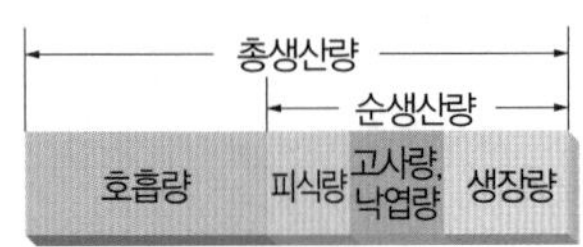

- 총생산량=호흡량+순생산량
- 순생산량=총생산량−호흡량
- 생장량=순생산량−(피식량, 고사 · 낙엽량[5])

총생산량	생산자가 광합성을 통해 합성한 유기물의 총량
호흡량	생산자가 호흡에 소비한 유기물의 양
순생산량	총생산량에서 호흡량을 제외한 유기물의 양 (총생산량−호흡량)
생장량	순생산량에서 피식량, 고사 · 낙엽량을 제외하고 생물체에 남아 있는 유기물의 양

2. 초식 동물(1차 소비자)의 물질 생산과 소비

호흡량 | 피식량, 자연사 | 생장량 | 배출량
동화량
섭식량

섭식량	• 소비자가 섭취한 유기물의 총량 • 식물의 피식량과 같음
동화량	섭식량에서 배출량을 제외한 유기물의 양

❹ 숲의 생산량과 소비량

- **천이가 진행 중인 군집**: 생체량은 적고 순생산량이 많다.
- **극상에 도달한 군집**: 생체량은 많고 순생산량이 적다.

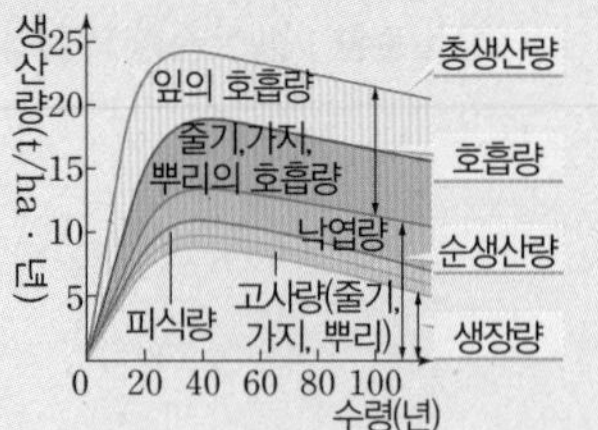

❺ 피식량과 고사·낙엽량

- **피식량**: 동물에게 먹히는 유기물의 양
- **고사·낙엽량**: 말라죽거나 잎이나 줄기가 식물체에서 떨어져 나가 식물이 잃어버리는 유기물의 양

3 물질 순환

2025 대비 수능 20번

수능에는 질소 순환 과정의 특징에 대해 묻는 문제가 쉽게 출제되었다.

탄소 순환	질소 순환
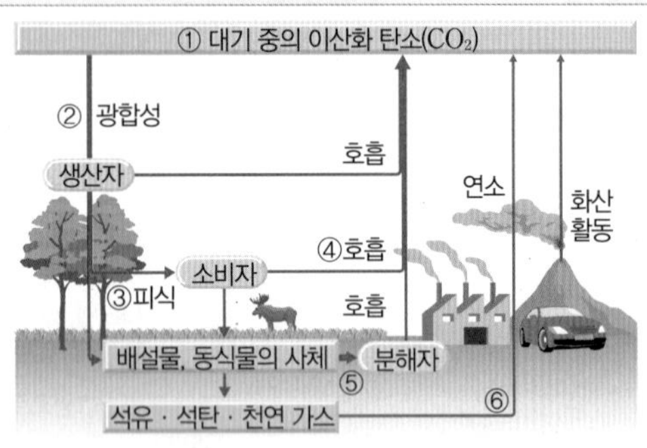	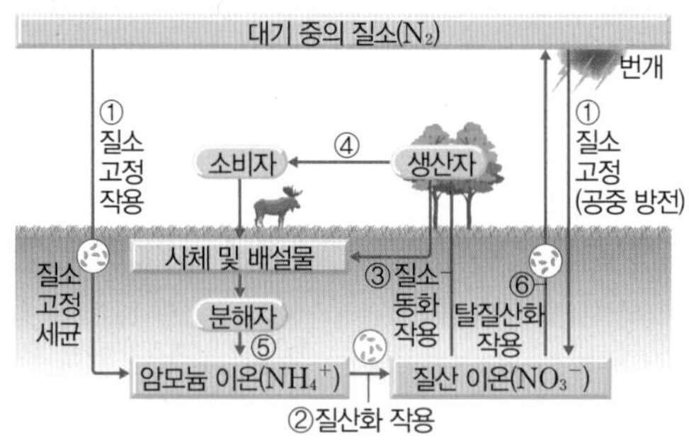

탄소 순환

탄소는 생산자의 광합성을 통해 유기물로 합성되고, 유기물은 생물의 호흡을 통해 분해되어 이산화 탄소 형태로 대기나 물속으로 되돌아간다.

① 탄소는 대기 중에 이산화 탄소(CO_2)로, 물속에 탄산 수소 이온(HCO_3^-)으로 존재한다.
② 생산자의 광합성을 통해 유기물로 합성된다.
③ 합성된 유기물은 먹이 사슬을 통해 소비자로 이동한다.
④ 유기물 중 일부는 호흡을 통해 이산화 탄소로 분해되어 대기로 돌아간다.
⑤ 나머지 유기물은 사체나 배설물의 형태로 토양에 유입, 일부는 분해자에 의해 분해되어 이산화 탄소 형태로 대기나 물속으로 돌아간다.
⑥ 분해되지 않은 유기물은 오랜 기간을 거쳐 화석 연료가 되었다가 연소에 의해 이산화 탄소 형태로 대기중으로 돌아간다.

질소 순환

질소는 생명체를 구성하는 단백질과 핵산을 이루며, 대기에 풍부하게 존재하나 질소 고정 세균에 의해 이온 형태로 전환되어야 생명체가 이용할 수 있다.

① **질소 고정**: 대기 중의 질소는 질소 고정 세균(뿌리혹박테리아[6], 아조토박터)에 의해 암모늄 이온(NH_4^+)이 되거나, 공중 방전에 의해 질산 이온으로 고정된다.
② **질산화 작용**: 질산화 세균(아질산균, 질산균)에 의해 암모늄 이온(NH_4^+)이 질산 이온(NO_3^-)으로 전환된다.
③ **질소 동화 작용**: 생산자는 암모늄 이온, 질산 이온을 흡수하여 질소 화합물을 합성한다.
④ 질소 화합물은 소비자에게로 이동한다.
⑤ 사체 및 배설물 속의 질소 화합물은 분해자에 의해 암모늄 이온으로 분해되고 토양으로 돌아간다.
⑥ **탈질산화 작용**: 탈질산화 세균에 의해 질산 이온은 질소 기체로 전환되어 대기로 돌아간다.

꼭 외워!

＊ 에너지 효율(%): $\dfrac{\text{현 영양 단계가 보유한 에너지 총량}}{\text{전 영양 단계가 보유한 에너지 총량}} \times 100$

＊ 식물 군집의 물질 생산과 소비

총생산량=호흡량+순생산량(피식량+고사 · 낙엽량+생장량)

＊ 질소 순환

- **질소 고정 세균**: 뿌리혹박테리아, 아조토박터
- **질산화 작용**: 암모늄 이온(NH_4^+) → 질산 이온(NO_3^-)
- **탈질산화 작용**: 질산 이온(NO_3^-) → 질소 기체(N_2)

❻ 뿌리혹박테리아

콩과식물의 뿌리에 있는 혹에 서식하며, 질소 고정으로 합성한 암모늄 이온(NH_4^+)을 콩과식물에 전달하고, 콩과식물로부터 유기물을 제공받는다.

1 에너지 흐름

01 그림은 어떤 생태계에서 각 영양 단계에 따른 에너지의 이동량을 상댓값으로 나타낸 것이다. 빈칸에 알맞은 말을 고르시오.

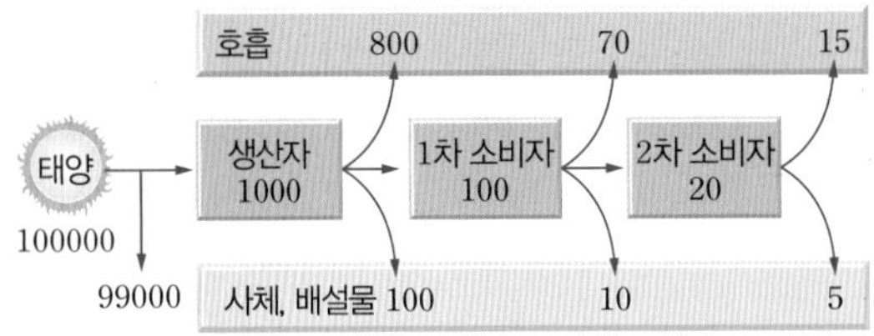

(1) 상위 영양 단계로 갈수록 에너지양이 1 (증가 / 감소)한다.
(2) 1차 소비자의 에너지 효율은 2 (10 / 20)%이다.
(3) 2차 소비자의 에너지 효율은 3 (10 / 20)%이다.

02 다음은 생태계 평형 유지 원리에 대한 설명이다. 빈칸에 알맞은 말을 고르시오.

피식자 증가 → 포식자 4 (증가 / 감소) → 피식자 5 (증가 / 감소) → 포식자 6 (증가 / 감소) → 피식자 7 (증가 / 감소)의 순서로 생태계 평형이 회복된다.

2 물질의 생산과 소비

03 그림은 어떤 식물 군집에서 총생산량, 순생산량, 생장량의 관계를 나타낸 것이다. 이에 대한 설명으로 옳은 것은 ○, 옳지 않은 것은 × 표시하시오. 〈2020 대비 수능 18〉

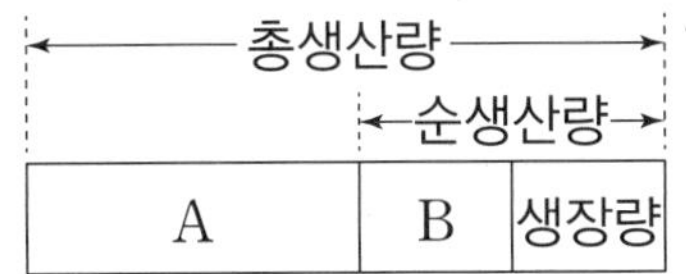

(1) A는 호흡량이다. 8 (○, ×)
(2) 1차 소비자의 호흡량은 B에 포함된다. 9 (○, ×)
(3) 식물 군집의 물질 생산량에서 태양의 빛에너지를 이용해 식물이 합성한 유기물의 총량을 순생산량이라고 한다. 10 (○, ×)
(4) 순생산량에서 피식량, 고사 · 낙엽량을 뺀 유기물의 양을 생장량이라고 한다. 11 (○, ×)
(5) 1차 소비자의 섭식량은 생산자의 피식량과 같다. 12 (○, ×)

3 물질 순환

04 그림은 생태계에서의 질소 순환 과정을 나타낸 것이다. 빈칸에 알맞은 말을 쓰시오.

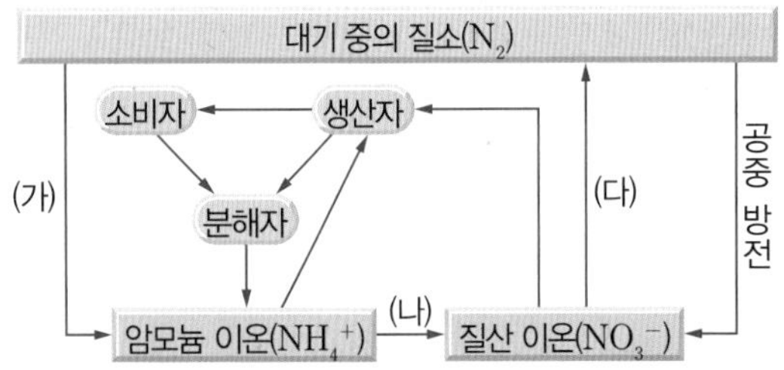

(1) (가): 뿌리혹박테리아 등의 (13 　　　　)에 의해 일어나는 (14 　　　　) 작용이다.
(2) (나): (15 　　　　) 작용으로, 암모늄 이온이 (16 　　　　)에 의해 질산 이온으로 전환된다.
(3) (다): (17 　　　　) 작용으로, 질산 이온의 일부가 질소로 전환되어 대기로 돌아간다.
(4) 암모늄 이온, 질산 이온을 흡수하여 유기 질소 화합물을 합성하는 생물은 (18 　　　　)(이)다.
(5) 사체나 배설물의 형태로 토양으로 이동한 후 (19 　　　　)에 의해 암모늄 이온으로 분해된다.

05 그림은 어떤 생태계에서 탄소 순환 과정의 일부를 나타낸 것이다. A와 B는 각각 생산자와 소비자 중 하나이다. 이에 대한 설명으로 옳은 것은 ○, 옳지 않은 것은 × 표시하시오. 〈2022 실시 10월 학평 14 (고3)〉

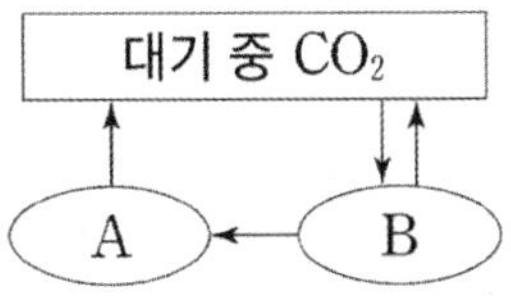

(1) 대기 중의 CO_2는 A의 광합성을 통해 유기물로 합성된다. 20 (○, ×)
(2) B에서 A로 유기물이 이동한다. 21 (○, ×)
(3) A와 B는 모두 호흡을 통해 CO_2를 방출한다. 22 (○, ×)

정답

1 감소 2 10 3 20 4 증가 5 감소 6 감소 7 증가 8 ○ (A는 호흡량, B는 피식량+고사 · 낙엽량) 9 ○ (1차 소비자는 생산자를 섭취하여 얻은 유기물을 호흡을 통해 분해하여 에너지를 얻음) 10 × (총생산량) 11 ○ 12 ○ 13 질소 고정 세균 14 질소 고정 15 질산화 16 질산화 세균 17 탈질산화 18 생산자 19 분해자 20 × (대기 중의 CO_2는 생산자인 B의 광합성을 통해 유기물로 합성됨) 21 ○ (소비자인 A가 생산자인 B를 먹음으로써 생산자가 합성한 유기물이 소비자 A에게 전달됨) 22 ○

1 에너지 흐름

Q01

2023 실시 3월 학평 5

다음은 생태계에서 일어나는 에너지 흐름에 대한 학생 A~C의 발표 내용이다.

제시한 내용이 옳은 학생만을 있는 대로 고른 것은?

① A ② B ③ A, C ④ B, C ⑤ A, B, C

Q02

2022 실시 3월 학평 20

그림은 어떤 안정된 생태계의 에너지 흐름을 나타낸 것이다. A~C는 각각 생산자, 1차 소비자, 2차 소비자 중 하나이며, 에너지양은 상댓값이다.

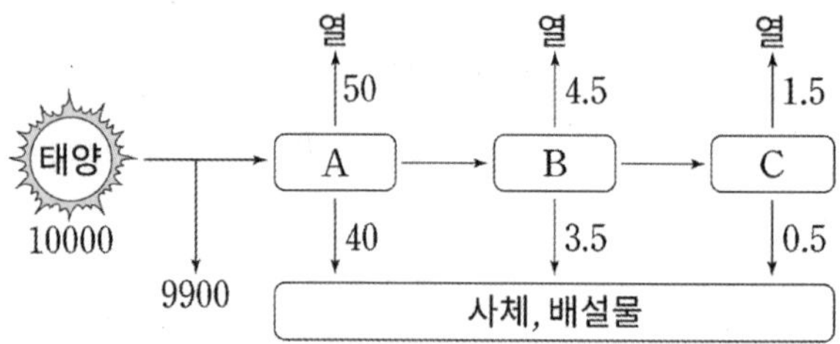

이에 대한 옳은 설명만을 〈보기〉에서 있는 대로 고른 것은?

[보기]

ㄱ. 곰팡이는 A에 속한다.
ㄴ. B에서 C로 유기물이 이동한다.
ㄷ. A에 B로 이동한 에너지양은 B에서 C로 이동한 에너지양보다 적다.

① ㄱ ② ㄴ ③ ㄷ ④ ㄱ, ㄴ ⑤ ㄴ, ㄷ

Q03

2022 실시 7월 학평 13

그림은 어떤 안정된 생태계에서 포식과 피식 관계인 개체군 ㉠과 ㉡의 시간에 따른 개체 수를, 표는 이 생태계에서 각 영양 단계의 에너지양을 나타낸 것이다. ㉠과 ㉡은 각각 1차 소비자와 2차 소비자 중 하나이고, A~C는 각각 1차 소비자, 2차 소비자, 3차 소비자 중 하나이다. 1차 소비자의 에너지 효율은 15 %이다.

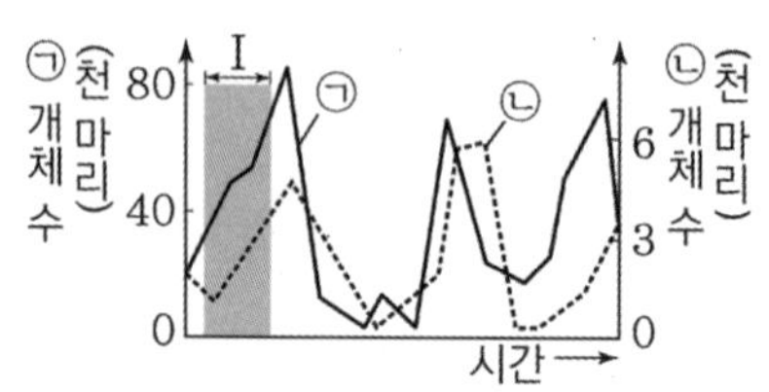

구분	에너지양 (상댓값)
A	5
B	15
C	?
생산자	500

이에 대한 설명으로 옳은 것만을 〈보기〉에서 있는 대로 고른 것은?

[보기]

ㄱ. ㉡은 B이다.
ㄴ. I 시기 동안 ㉠에 환경 저항이 작용하지 않았다.
ㄷ. 이 생태계에서 2차 소비자의 에너지 효율은 20 %이다.

① ㄱ ② ㄴ ③ ㄱ, ㄷ ④ ㄴ, ㄷ ⑤ ㄱ, ㄴ, ㄷ

Q04

2021 실시 10월 학평 14

그림은 어떤 생태계에서 각 영양 단계의 에너지양을 나타낸 것이다. 에너지 효율은 3차 소비자가 1차 소비자의 2배이다.

영양 단계	에너지양(상댓값)
생산자	1000
1차 소비자	ⓐ
2차 소비자	15
3차 소비자	3

이에 대한 설명으로 옳은 것만을 〈보기〉에서 있는 대로 고른 것은? (3점)

[보기]

ㄱ. ⓐ는 100이다.
ㄴ. 1차 소비자의 에너지는 모두 2차 소비자에게 전달된다.
ㄷ. 소비자에서 상위 영양 단계로 갈수록 에너지 효율은 증가한다.

① ㄱ ② ㄴ ③ ㄱ, ㄷ ④ ㄴ, ㄷ ⑤ ㄱ, ㄴ, ㄷ

Q05 ✽✽✽ 2020 대비 6월 모평 18

그림 (가)와 (나)는 각각 서로 다른 생태계에서 생산자, 1차 소비자, 2차 소비자, 3차 소비자의 에너지양을 상댓값으로 나타낸 생태 피라미드이다. (가)에서 2차 소비자의 에너지 효율은 15 %이고, (나)에서 1차 소비자의 에너지 효율은 10 %이다.

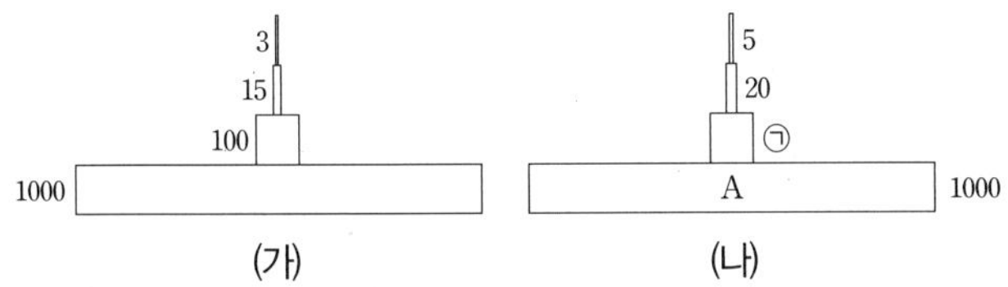

이 자료에 대한 설명으로 옳은 것만을 〈보기〉에서 있는 대로 고른 것은? (단, 에너지 효율은 전 영양 단계의 에너지양에 대한 현 영양 단계의 에너지양을 백분율로 나타낸 것이다.)

[보기]

ㄱ. A는 3차 소비자이다.
ㄴ. ㉠은 100이다.
ㄷ. (가)에서 에너지 효율은 상위 영양 단계로 갈수록 증가한다.

① ㄱ ② ㄷ ③ ㄱ, ㄴ
④ ㄴ, ㄷ ⑤ ㄱ, ㄴ, ㄷ

Q06 ✽✽✽ 2019 실시 10월 학평 18

그림은 어떤 안정된 생태계의 에너지 흐름을 나타낸 것이다. A~C는 각각 1차 소비자, 2차 소비자, 생산자 중 하나이다. A에서 B로 전달되는 에너지양은 B에서 C로 전달되는 에너지양의 5배이며, 에너지양은 상댓값이다.

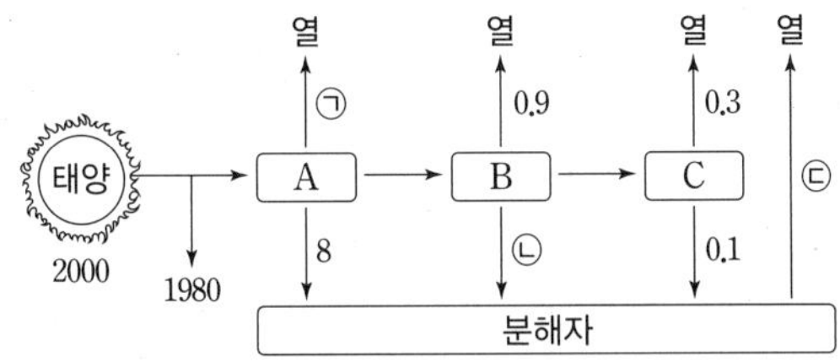

이에 대한 옳은 설명만을 〈보기〉에서 있는 대로 고른 것은? (3점)

[보기]

ㄱ. ㉡과 ㉢의 합은 ㉠보다 크다.
ㄴ. A는 빛에너지를 화학 에너지로 전환한다.
ㄷ. B에서 C로 유기물이 이동한다.

① ㄱ ② ㄷ ③ ㄱ, ㄴ
④ ㄴ, ㄷ ⑤ ㄱ, ㄴ, ㄷ

2 물질의 생산과 소비

Q07 ✽✽✽ 2025 대비 9월 모평 20

그림은 평형 상태인 생태계 S에서 1차 소비자의 개체 수가 일시적으로 증가한 후 평형 상태로 회복되는 과정의 시점 t_1~t_5에서의 개체 수 피라미드를, 표는 구간 Ⅰ~Ⅳ에서의 생산자, 1차 소비자, 2차 소비자의 개체 수 변화를 나타낸 것이다. ㉠은 '증가'와 '감소' 중 하나이다.

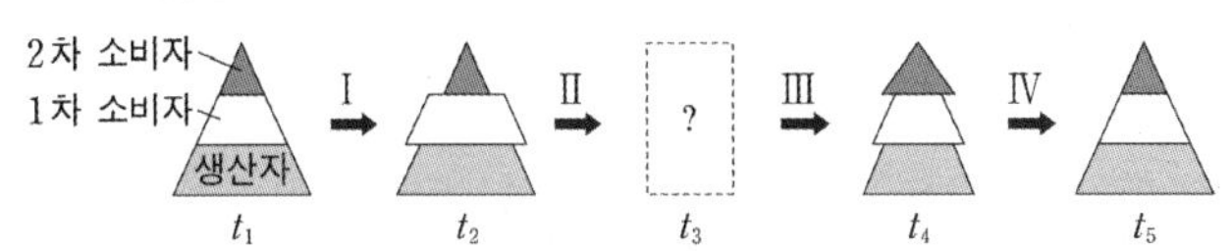

영양 단계 \ 구간	Ⅰ	Ⅱ	Ⅲ	Ⅳ
2차 소비자	변화 없음	증가	?	㉠
1차 소비자	증가	?	감소	?
생산자	변화 없음	감소	?	증가

이에 대한 설명으로 옳은 것만을 〈보기〉에서 있는 대로 고른 것은? (단, 제시된 조건 이외는 고려하지 않는다.)

[보기]

ㄱ. ㉠은 '감소'이다.
ㄴ. $\frac{\text{2차 소비자의 개체 수}}{\text{생산자의 개체 수}}$는 t_2일 때가 t_3일 때보다 크다.
ㄷ. t_5일 때, 상위 영양 단계로 갈수록 각 영양 단계의 에너지양은 증가한다.

① ㄱ ② ㄴ ③ ㄷ ④ ㄱ, ㄴ ⑤ ㄱ, ㄷ

Q08 ✽✽✽ 2023 실시 4월 학평 9

그림 (가)는 어떤 식물 군집에서 총생산량, 순생산량, 생장량의 관계를, (나)는 이 식물 군집에서 시간에 따른 A와 B를 나타낸 것이다. A와 B는 총생산량과 호흡량을 순서 없이 나타낸 것이다.

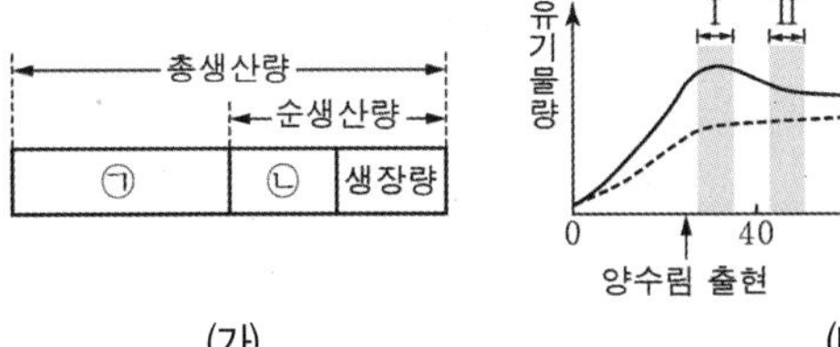

이에 대한 설명으로 옳은 것만을 〈보기〉에서 있는 대로 고른 것은?

[보기]

ㄱ. B는 ㉡에 해당한다.
ㄴ. 구간 Ⅰ에서 이 식물 군집은 극상을 이룬다.
ㄷ. 구간 Ⅱ에서 순생산량은 시간에 따라 감소한다.

① ㄱ ② ㄴ ③ ㄷ ④ ㄱ, ㄴ ⑤ ㄱ, ㄷ

❖ 정답 및 해설 482~485p

Q09 ✽✽✽ 2024 대비 수능 8

그림 (가)는 천이 A와 B의 과정 일부를, (나)는 식물 군집 K의 시간에 따른 총생산량과 호흡량을 나타낸 것이다. A와 B는 1차 천이와 2차 천이를 순서 없이 나타낸 것이고, ㉠과 ㉡은 양수림과 지의류를 순서 없이 나타낸 것이다.

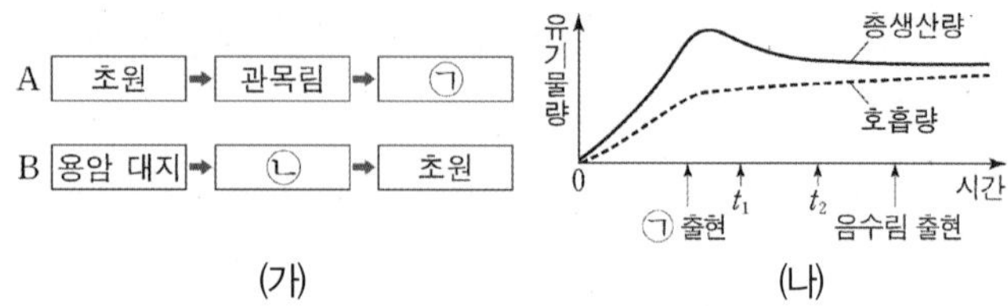

(가) (나)

이에 대한 설명으로 옳은 것만을 〈보기〉에서 있는 대로 고른 것은?

[보기]

ㄱ. B는 2차 천이이다.
ㄴ. ㉠은 양수림이다.
ㄷ. K의 $\frac{순생산량}{호흡량}$은 t_2일 때가 t_1일 때보다 크다.

① ㄱ ② ㄴ ③ ㄱ, ㄷ ④ ㄴ, ㄷ ⑤ ㄱ, ㄴ, ㄷ

Q10 ✽✽✽ 2024 실시 10월 학평 16

그림은 식물 군집 A의 시간에 따른 총생산량과 호흡량을 나타낸 것이다.

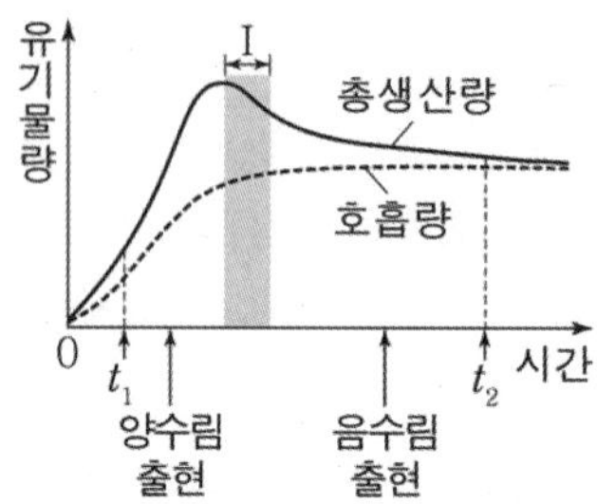

이에 대한 옳은 설명만을 〈보기〉에서 있는 대로 고른 것은?

[보기]

ㄱ. A의 생장량은 호흡량에 포함된다.
ㄴ. A에서 우점종의 평균 키는 t_2일 때가 t_1일 때보다 크다.
ㄷ. 구간 Ⅰ에서 A의 순생산량은 시간에 따라 증가한다.

① ㄱ ② ㄴ ③ ㄱ, ㄷ ④ ㄴ, ㄷ ⑤ ㄱ, ㄴ, ㄷ

Q11 ✽✽✽ 2019 대비 6월 모평 20

그림은 식물 군집 A의 시간에 따른 총생산량과 순생산량을 나타낸 것이다. ㉠과 ㉡은 각각 총생산량과 순생산량 중 하나이다.

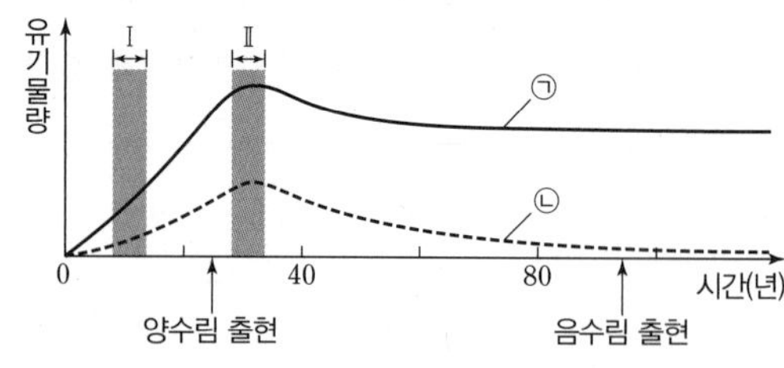

이 자료에 대한 설명으로 옳은 것만을 〈보기〉에서 있는 대로 고른 것은?

[보기]

ㄱ. A의 호흡량은 구간 Ⅰ에서가 구간 Ⅱ에서보다 많다.
ㄴ. 구간 Ⅱ에서 A의 고사량은 순생산량에 포함된다.
ㄷ. ㉡은 생산자가 광합성을 통해 생산한 유기물의 총량이다.

① ㄱ ② ㄴ ③ ㄱ, ㄴ
④ ㄱ, ㄷ ⑤ ㄴ, ㄷ

Q12 ✽✽✽ 2018 실시 4월 학평 19

그림은 어떤 식물 군집의 시간에 따른 총생산량과 순생산량을 나타낸 것이다.

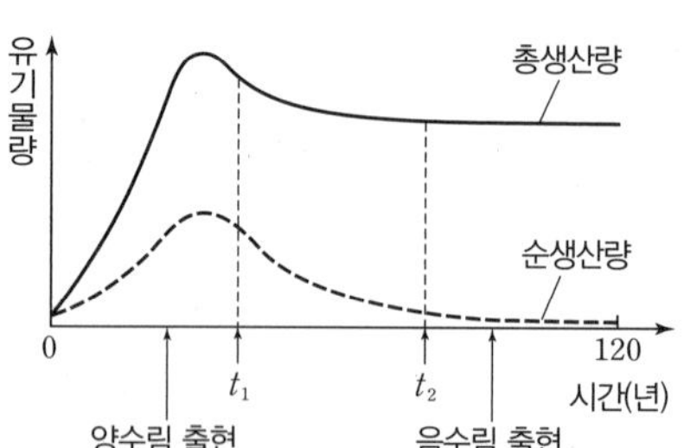

이에 대한 설명으로 옳은 것만을 〈보기〉에서 있는 대로 고른 것은? (3점)

[보기]

ㄱ. 총생산량은 이 식물 군집이 광합성을 통해 생산한 유기물의 총량이다.
ㄴ. 이 식물 군집의 생장량은 순생산량에 포함된다.
ㄷ. 이 식물 군집의 호흡량은 t_1일 때보다 t_2일 때가 크다.

① ㄱ ② ㄷ ③ ㄱ, ㄴ
④ ㄴ, ㄷ ⑤ ㄱ, ㄴ, ㄷ

Q13 ✿✿✿ 2018 대비 수능 20

그림은 어떤 식물 군집의 시간에 따른 총생산량과 호흡량을 나타낸 것이다. A와 B는 각각 총생산량과 호흡량 중 하나이다.

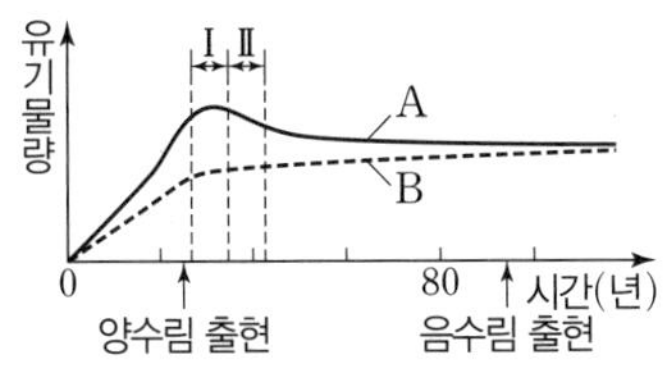

이 자료에 대한 설명으로 옳은 것만을 〈보기〉에서 있는 대로 고른 것은? (3점)

[보기]

ㄱ. A는 총생산량이다.
ㄴ. 구간 Ⅰ에서 이 식물 군집은 극상을 이룬다.
ㄷ. 구간 Ⅱ에서 $\frac{\text{B}}{\text{순생산량}}$는 시간에 따라 증가한다.

① ㄱ ② ㄴ ③ ㄱ, ㄷ
④ ㄴ, ㄷ ⑤ ㄱ, ㄴ, ㄷ

Q15 ✿✿✿ 2024 실시 3월 학평 5

그림은 어떤 생태계의 식물 군집에서 물질 생산과 소비의 관계를 나타낸 것이다. ㉠과 ㉡은 각각 순생산량과 피식량 중 하나이다.

총생산량			
	㉡		
호흡량	㉠	고사량, 낙엽량	생장량

이에 대한 옳은 설명만을 〈보기〉에서 있는 대로 고른 것은?

[보기]

ㄱ. 식물 군집의 광합성량이 증가하면 총생산량이 증가한다.
ㄴ. 1차 소비자의 생장량은 ㉠과 같다.
ㄷ. 분해자의 호흡량은 ㉡에 포함된다.

① ㄱ ② ㄴ ③ ㄷ ④ ㄱ, ㄷ ⑤ ㄴ, ㄷ

Q14 ✿✿✿ 2018 실시 7월 학평 19

그림 (가)는 어떤 지역의 2차 천이 과정에서 식물 군집의 높이 변화를, (나)는 (가)의 t_1과 t_2일 때 이 식물 군집의 총생산량과 호흡량을 나타낸 것이다. A~C는 각각 양수림, 음수림, 초원 중 하나이며, ㉠과 ㉡은 각각 총생산량과 호흡량 중 하나이다.

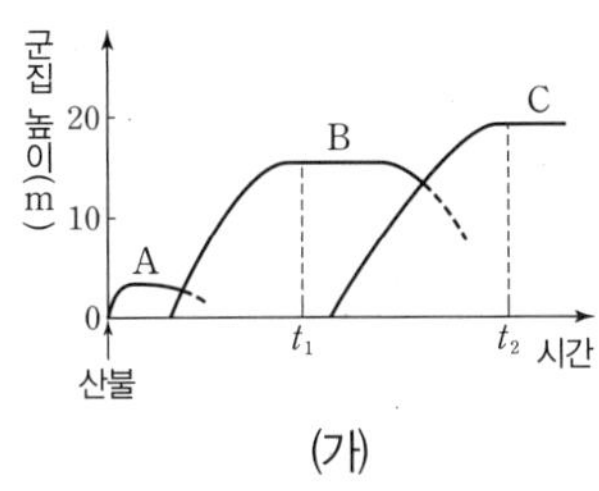

(가)

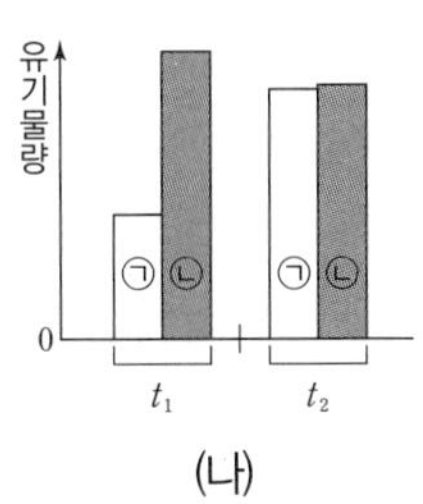

(나)

이에 대한 설명으로 옳은 것만을 〈보기〉에서 있는 대로 고른 것은?

[보기]

ㄱ. C는 음수림이다.
ㄴ. t_1일 때 군집의 우점종은 초본이다.
ㄷ. 군집의 순생산량은 t_2일 때가 t_1일 때보다 많다.

① ㄱ ② ㄴ ③ ㄷ
④ ㄱ, ㄴ ⑤ ㄱ, ㄷ

Q16 ✿✿✿ 2018 대비 6월 모평 11

표는 동일한 면적을 차지하고 있는 식물 군집 Ⅰ과 Ⅱ에서 1년 동안 조사한 총생산량에 대한 호흡량, 고사량, 낙엽량, 생장량, 피식량의 백분율을 나타낸 것이다. Ⅰ의 총생산량은 Ⅱ의 총생산량의 2배이다.

(단위: %)

구분	식물 군집	
	Ⅰ	Ⅱ
호흡량	74.0	67.1
고사량, 낙엽량	19.7	24.7
생장량	6.0	8.0
피식량	0.3	0.2
합계	100.0	100.0

이 자료에 대한 설명으로 옳은 것만을 〈보기〉에서 있는 대로 고른 것은? (3점)

[보기]

ㄱ. Ⅰ과 Ⅱ의 호흡량에는 초식 동물의 호흡량이 포함된다.
ㄴ. Ⅱ에서 총생산량에 대한 순생산량의 백분율은 32.9 %이다.
ㄷ. 생장량은 Ⅰ에서가 Ⅱ에서보다 크다.

① ㄱ ② ㄴ ③ ㄷ ④ ㄱ, ㄴ ⑤ ㄴ, ㄷ

❖ 정답 및 해설 486~489p

Q17 ✽❀❀ 2020 실시 4월 학평 14

그림은 어떤 생태계에서 생산자와 A~C의 에너지양을 나타낸 생태 피라미드이고, 표는 이 생태계를 구성하는 영양 단계에서 에너지양과 에너지 효율을 나타낸 것이다. A~C는 각각 1차 소비자, 2차 소비자, 3차 소비자 중 하나이고, Ⅰ~Ⅲ은 A~C를 순서 없이 나타낸 것이다. 에너지 효율은 C가 A의 2배이다.

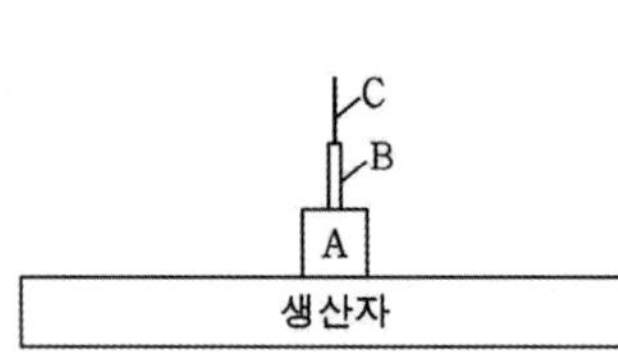

영양 단계	에너지 양 (상댓값)	에너지 효율(%)
Ⅰ	3	?
Ⅱ	?	10
Ⅲ	㉠	15
생산자	1000	?

이에 대한 설명으로 옳은 것만을 〈보기〉에서 있는 대로 고른 것은? (3점)

[보기]

ㄱ. Ⅱ는 A이다.
ㄴ. ㉠은 150이다.
ㄷ. C의 에너지 효율은 30 %이다.

① ㄱ ② ㄴ ③ ㄷ
④ ㄱ, ㄷ ⑤ ㄴ, ㄷ

Q18 ✽❀❀ 2021 실시 3월 학평 11

그림은 어떤 식물 군집의 시간에 따른 총생산량과 순생산량을 나타낸 것이다. ㉠과 ㉡은 각각 양수림과 음수림 중 하나이다.
이에 대한 옳은 설명만을 〈보기〉에서 있는 대로 고른 것은? (3점)

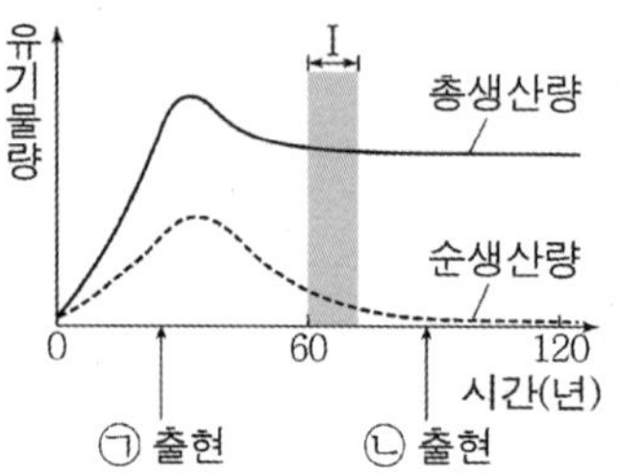

[보기]

ㄱ. ㉠은 음수림이다.
ㄴ. 구간 Ⅰ에서 호흡량은 시간에 따라 증가한다.
ㄷ. 순생산량은 생산자가 광합성으로 생산한 유기물의 총량이다.

① ㄱ ② ㄴ ③ ㄷ ④ ㄱ, ㄴ ⑤ ㄴ, ㄷ

Q19 ✽✽✽ 2017 대비 6월 모평 11

그림 (가)는 어떤 지역의 식물 군집에서 산불이 난 후의 천이 과정을, (나)는 이 과정 중 일정 기간 조사한 어떤 식물 군집의 총생산량을 나타낸 것이다. A와 B는 각각 양수림과 음수림 중 하나이다.

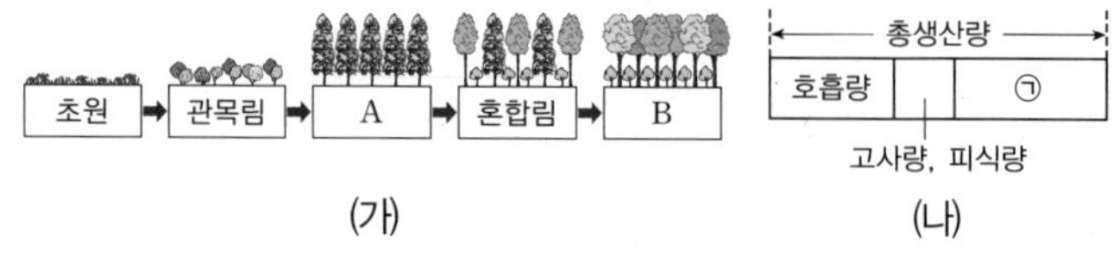

(가) (나)

이에 대한 설명으로 옳은 것만을 〈보기〉에서 있는 대로 고른 것은? (3점)

[보기]

ㄱ. A는 음수림이다.
ㄴ. ㉠은 순생산량이다.
ㄷ. (가)는 2차 천이를 나타낸 것이다.

① ㄱ ② ㄴ ③ ㄷ
④ ㄱ, ㄷ ⑤ ㄴ, ㄷ

Q20 ✽❀❀ 2022 실시 7월 학평 19

그림 (가)는 산불이 난 지역의 식물 군집에서 천이 과정을, (나)는 식물 군집의 시간에 따른 총생산량과 호흡량을 나타낸 것이다. A~C는 음수림, 양수림, 초원을 순서 없이 나타낸 것이다.

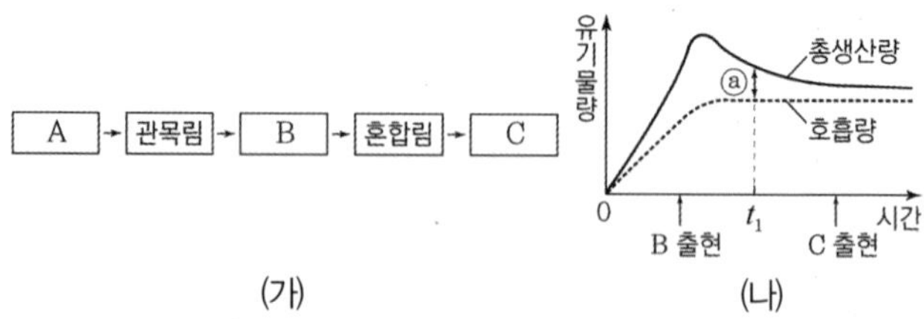

(가) (나)

이에 대한 설명으로 옳은 것만을 〈보기〉에서 있는 대로 고른 것은? (3점)

[보기]

ㄱ. (가)는 2차 천이를 나타낸 것이다.
ㄴ. t_1일 때 ⓐ는 순생산량이다.
ㄷ. 이 식물 군집의 호흡량은 양수림이 출현했을 때가 음수림이 출현했을 때보다 크다.

① ㄱ ② ㄷ ③ ㄱ, ㄴ ④ ㄴ, ㄷ ⑤ ㄱ, ㄴ, ㄷ

Q21 ✿❀❀ 2022 실시 10월 학평 20

그림은 식물 군집 A의 60년 전과 현재의 ㉠과 ㉡을 나타낸 것이다. ㉠과 ㉡은 각각 총생산량과 호흡량 중 하나이다.

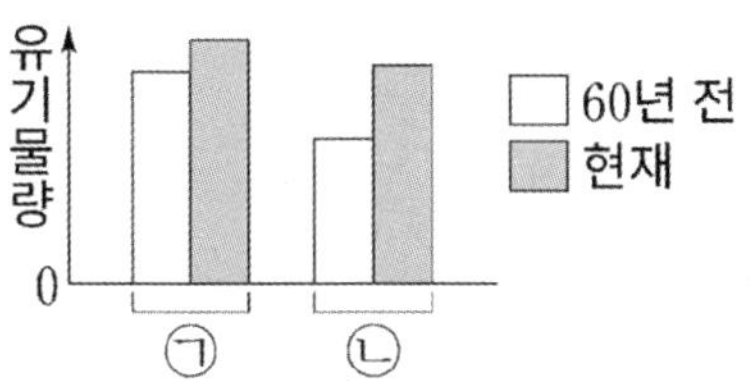

이에 대한 옳은 설명만을 〈보기〉에서 있는 대로 고른 것은?

[보기]
ㄱ. ㉠은 총생산량이다.
ㄴ. A의 생장량은 ㉡에 포함된다.
ㄷ. A의 순생산량은 현재가 60년 전보다 많다.

① ㄱ ② ㄴ ③ ㄱ, ㄷ
④ ㄴ, ㄷ ⑤ ㄱ, ㄴ, ㄷ

Q22 ✿✿❀ 2019 실시 7월 학평 13

그림은 어떤 생태계에서 생산자의 물질 생산과 소비를, 표는 이 생태계를 구성하는 생산자, 1차 소비자, 2차 소비자의 에너지양을 나타낸 것이다. ㉠~㉢은 각각 생장량, 호흡량, 순생산량 중 하나이고, ⓐ와 ⓑ는 각각 1차 소비자와 2차 소비자 중 하나이다. 1차 소비자의 에너지 효율은 10 %이다.

총생산량
㉡
㉠ | 피식량 | 고사·낙엽량 | ㉢

구분	에너지양(상댓값)
ⓐ	?
ⓑ	10
생산자	500

이에 대한 설명으로 옳은 것만을 〈보기〉에서 있는 대로 고른 것은? (단, 에너지 효율은 전 영양 단계의 에너지양에 대한 현 영양 단계의 에너지양을 백분율로 나타낸 것이다.) (3점)

[보기]
ㄱ. ㉡은 순생산량이다.
ㄴ. ⓐ의 호흡량은 ㉠에 포함된다.
ㄷ. 2차 소비자의 에너지 효율은 20 %이다.

① ㄱ ② ㄴ ③ ㄱ, ㄷ
④ ㄴ, ㄷ ⑤ ㄱ, ㄴ, ㄷ

Q23 ✿❀❀ 2023 대비 수능 12

그림은 어떤 생태계를 구성하는 생물 군집의 단위 면적당 생물량(생체량)의 변화를 나타낸 것이다. t_1일 때 이 군집에 산불에 의한 교란이 일어났고, t_2일 때 이 생태계의 평형이 회복되었다. ㉠은 1차 천이와 2차 천이 중 하나이다.

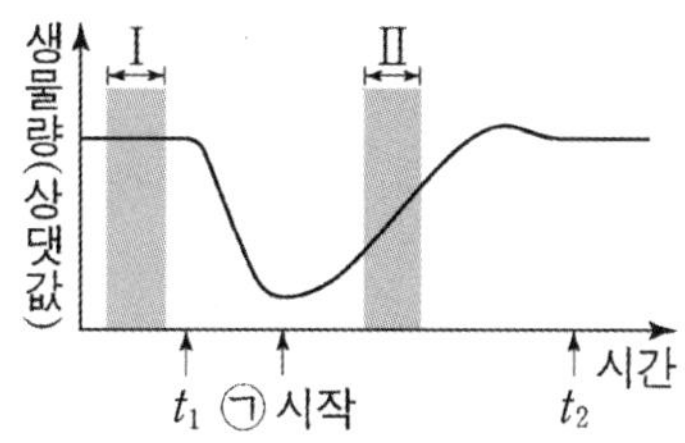

이 자료에 대한 설명으로 옳은 것만을 〈보기〉에서 있는 대로 고른 것은? (3점)

[보기]
ㄱ. ㉠은 1차 천이다.
ㄴ. Ⅰ 시기에 이 생물 군집의 호흡량은 0이다.
ㄷ. Ⅱ 시기에 생산자의 총생산량은 순생산량보다 크다.

① ㄱ ② ㄷ ③ ㄱ, ㄴ
④ ㄴ, ㄷ ⑤ ㄱ, ㄴ, ㄷ

Q24 ✿✿❀ 2019 실시 10월 학평 11

그림은 어떤 식물 군집에서 유기물량의 변화를 나타낸 것이다. A와 B는 각각 호흡량과 총생산량 중 하나이다.

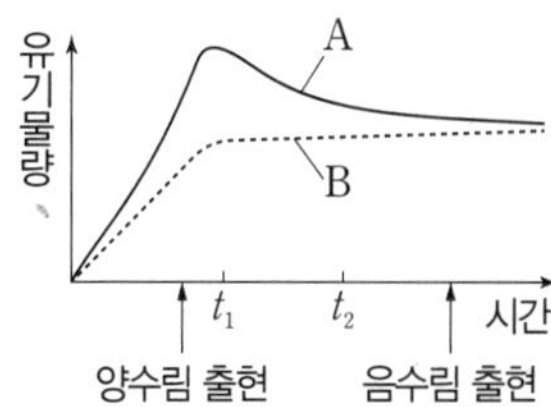

이 식물 군집에 대한 옳은 설명만을 〈보기〉에서 있는 대로 고른 것은? (3점)

[보기]
ㄱ. 고사량은 B에 포함된다.
ㄴ. 순생산량은 t_1일 때가 t_2일 때보다 크다.
ㄷ. t_2일 때 극상을 이룬다.

① ㄱ ② ㄴ ③ ㄷ
④ ㄱ, ㄴ ⑤ ㄴ, ㄷ

Q25 ✿✿✿ 2020 대비 수능 18

그림 (가)는 어떤 식물 군집에서 총생산량, 순생산량, 생장량의 관계를, (나)는 이 식물 군집의 시간에 따른 생물량(생체량), ㉠, ㉡을 나타낸 것이다. ㉠과 ㉡은 각각 총생산량과 호흡량 중 하나이다.

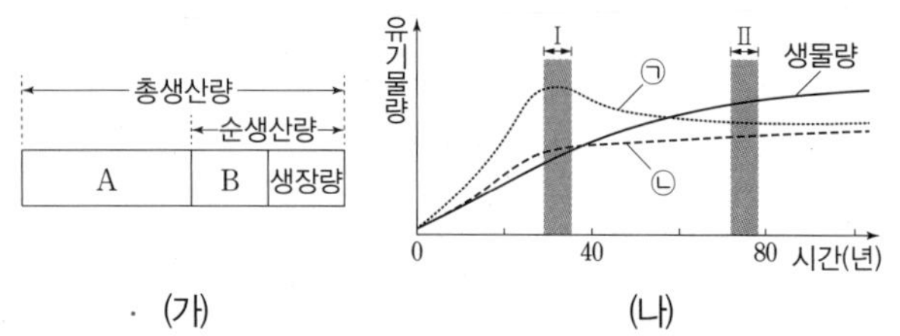

(가) (나)

이에 대한 설명으로 옳은 것만을 〈보기〉에서 있는 대로 고른 것은? (3점)

[보기]

ㄱ. ㉠은 총생산량이다.
ㄴ. 초식 동물의 호흡량은 A에 포함된다.
ㄷ. $\frac{\text{순생산량}}{\text{생물량}}$은 구간 Ⅱ에서가 구간 Ⅰ에서보다 크다.

① ㄱ ② ㄴ ③ ㄷ
④ ㄱ, ㄴ ⑤ ㄴ, ㄷ

Q26 ✿✿✿ 2021 대비 수능 5

그림은 평균 기온이 서로 다른 계절 Ⅰ과 Ⅱ에 측정한 식물 A의 온도에 따른 순생산량을 나타낸 것이다.

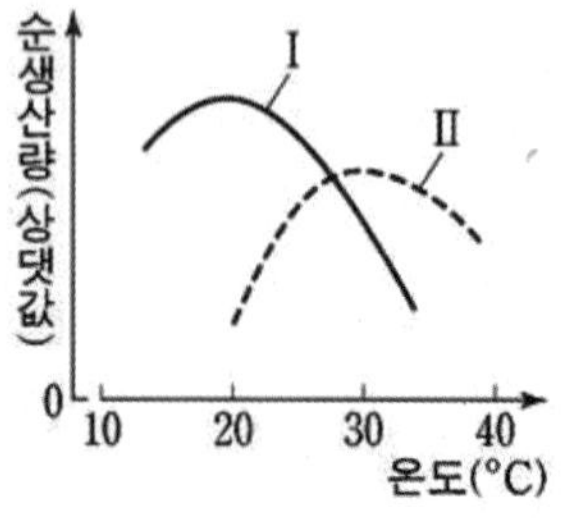

이에 대한 설명으로 옳은 것만을 〈보기〉에서 있는 대로 고른 것은? (3점)

[보기]

ㄱ. 순생산량은 총생산량에서 호흡량을 제외한 양이다.
ㄴ. A의 순생산량이 최대가 되는 온도는 Ⅰ일 때가 Ⅱ일 때보다 높다.
ㄷ. 계절에 따라 A의 순생산량이 최대가 되는 온도가 달라지는 것은 비생물적 요인이 생물에 영향을 미치는 예에 해당한다.

① ㄱ ② ㄴ ③ ㄱ, ㄷ
④ ㄴ, ㄷ ⑤ ㄱ, ㄴ, ㄷ

Q27 ✿✿✿ 2021 대비 9월 모평 20

그림 (가)는 어떤 생태계에서 영양 단계의 생체량(생물량)과 에너지양을 상댓값으로 나타낸 생태 피라미드를, (나)는 이 생태계에서 생산자의 총생산량, 순생산량, 생장량의 관계를 나타낸 것이다.

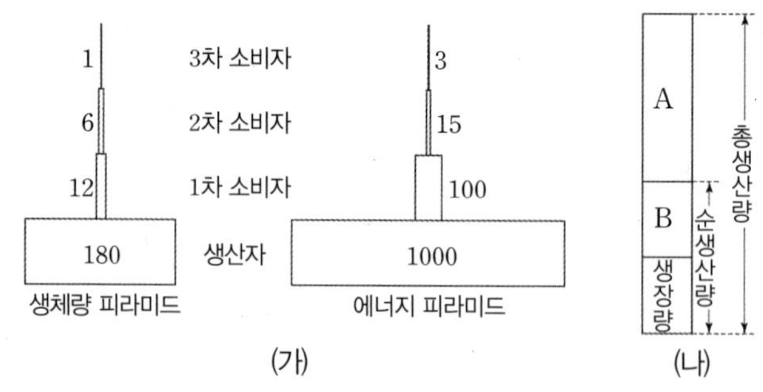

(가) (나)

이 자료에 대한 설명으로 옳은 것만을 〈보기〉에서 있는 대로 고른 것은?

[보기]

ㄱ. 1차 소비자의 생체량은 A에 포함된다.
ㄴ. 2차 소비자의 에너지 효율은 20%이다.
ㄷ. 상위 영양 단계로 갈수록 에너지양은 감소한다.

① ㄱ ② ㄷ ③ ㄱ, ㄴ ④ ㄴ, ㄷ ⑤ ㄱ, ㄴ, ㄷ

3 물질 순환

Q28 ✿✿✿ 2025 대비 수능 20

표 (가)는 질소 순환 과정에서 나타나는 두 가지 특징을, (나)는 (가)의 특징 중 A와 B가 갖는 특징의 개수를 나타낸 것이다. A와 B는 질소 고정 작용과 탈질산화 작용을 순서 없이 나타낸 것이다.

특징
• 세균이 관여한다. • 대기 중의 질소 기체가 ㉠ 암모늄 이온(NH_4^+)으로 전환된다.

(가)

구분	특징의 개수
A	2
B	1

(나)

이에 대한 설명으로 옳은 것만을 〈보기〉에서 있는 대로 고른 것은?

[보기]

ㄱ. B는 탈질산화 작용이다.
ㄴ. 뿌리혹박테리아는 A에 관여한다.
ㄷ. 질산화 세균은 ㉠이 질산 이온(NO_3^-)으로 전환되는 과정에 관여한다.

① ㄱ ② ㄷ ③ ㄱ, ㄴ ④ ㄴ, ㄷ ⑤ ㄱ, ㄴ, ㄷ

Q29 ✲✲✲ 2024 실시 7월 학평 3

표는 생태계의 질소 순환 과정에서 일어나는 물질의 전환을 나타낸 것이다. Ⅰ~Ⅲ은 질산화 작용, 질소 고정 작용, 탈질산화 작용을 순서 없이 나타낸 것이고, ⓐ와 ⓑ는 암모늄 이온(NH_4^+)과 대기 중의 질소 기체(N_2)를 순서 없이 나타낸 것이다.

구분	물질의 전환
Ⅰ	ⓐ → ⓑ
Ⅱ	ⓑ → 질산 이온(NO_3^-)
Ⅲ	질산 이온(NO_3^-) → ⓐ

이에 대한 설명으로 옳은 것만을 〈보기〉에서 있는 대로 고른 것은?

[보기]

ㄱ. Ⅱ는 질소 고정 작용이다.
ㄴ. ⓐ는 암모늄 이온(NH_4^+)이다.
ㄷ. 탈질산화 세균은 Ⅲ에 관여한다.

① ㄱ ② ㄷ ③ ㄱ, ㄴ ④ ㄴ, ㄷ ⑤ ㄱ, ㄴ, ㄷ

Q30 ✲✲✲ 2024 실시 10월 학평 8

그림은 생태계에서 일어나는 질소 순환 과정의 일부를 나타낸 것이다. Ⅰ과 Ⅱ는 질산화 작용과 질소 고정 작용을 순서 없이 나타낸 것이고, ㉠과 ㉡은 암모늄 이온(NH_4^+)과 질산 이온(NO_3^-)을 순서 없이 나타낸 것이다.

이에 대한 옳은 설명만을 〈보기〉에서 있는 대로 고른 것은?

[보기]

ㄱ. 뿌리혹박테리아는 Ⅰ에 관여한다.
ㄴ. Ⅱ는 질소 고정 작용이다.
ㄷ. ㉡은 암모늄 이온(NH_4^+)이다.

① ㄱ ② ㄴ ③ ㄱ, ㄷ ④ ㄴ, ㄷ ⑤ ㄱ, ㄴ, ㄷ

Q31 ✲✲✲ 2024 대비 수능 20

표는 생태계의 물질 순환 과정 (가)와 (나)에서 특징의 유무를 나타낸 것이다. (가)와 (나)는 질소 순환 과정과 탄소 순환 과정을 순서 없이 나타낸 것이다.

특징 \ 물질 순환 과정	(가)	(나)
토양 속의 ㉠ 암모늄 이온(NH_4^+)이 질산 이온(NO_3^-)으로 전환된다.	×	○
식물의 광합성을 통해 대기 중의 이산화 탄소(CO_2)가 유기물로 합성된다.	○	×
ⓐ	○	○

(○: 있음, ×: 없음)

이에 대한 설명으로 옳은 것만을 〈보기〉에서 있는 대로 고른 것은? (3점)

[보기]

ㄱ. (나)는 탄소 순환 과정이다.
ㄴ. 질산화 세균은 ㉠에 관여한다.
ㄷ. '물질이 생산자에서 소비자로 먹이 사슬을 따라 이동한다.'는 ⓐ에 해당한다.

① ㄱ ② ㄷ ③ ㄱ, ㄴ ④ ㄴ, ㄷ ⑤ ㄱ, ㄴ, ㄷ

Q32 ✲✲✲ 2024 대비 9월 모평 16

표는 생태계의 질소 순환 과정에서 일어나는 물질의 전환을 나타낸 것이다. Ⅰ과 Ⅱ는 탈질산화 작용과 질소 고정 작용을 순서 없이 나타낸 것이고, ㉠과 ㉡은 질산 이온(NO_3^-)과 암모늄 이온(NH_4^+)을 순서 없이 나타낸 것이다.

구분	물질의 전환
질산화 작용	㉠ → ㉡
Ⅰ	대기 중의 질소(N_2) → ㉠
Ⅱ	㉡ → 대기 중의 질소(N_2)

이에 대한 설명으로 옳은 것만을 〈보기〉에서 있는 대로 고른 것은?

[보기]

ㄱ. ㉠은 질산 이온(NO_3^-)이다.
ㄴ. Ⅰ은 질소 고정 작용이다.
ㄷ. 탈질산화 세균은 Ⅱ에 관여한다.

① ㄱ ② ㄴ ③ ㄱ, ㄷ ④ ㄴ, ㄷ ⑤ ㄱ, ㄴ, ㄷ

❖ 정답 및 해설 494~497p

Q33 ✲✲✲ 2020 실시 3월 학평 18

그림은 생태계에서 일어나는 질소 순환 과정의 일부를 나타낸 것이다.

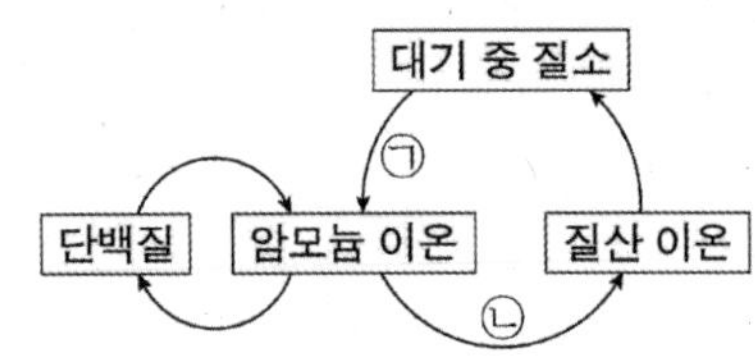

이에 대한 옳은 설명만을 〈보기〉에서 있는 대로 고른 것은?

[보기]

ㄱ. 뿌리혹박테리아는 ㉠에 관여한다.
ㄴ. ㉡은 탈질산화 작용이다.
ㄷ. 식물은 암모늄 이온을 이용하여 단백질을 합성한다.

① ㄱ ② ㄴ ③ ㄱ, ㄴ
④ ㄱ, ㄷ ⑤ ㄴ, ㄷ

Q34 ✲✲✲ 2020 실시 7월 학평 12

그림은 생태계에서 일어나는 질소 순환 과정의 일부를 나타낸 것이다.

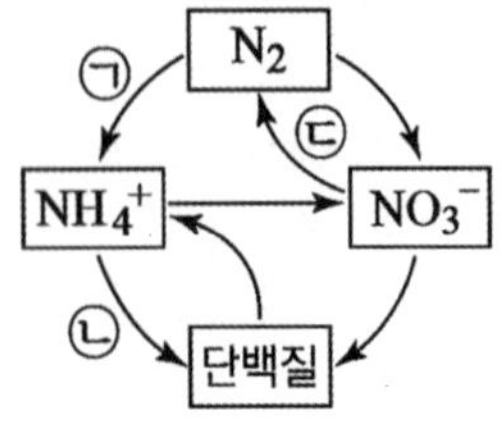

이에 대한 설명으로 옳은 것만을 〈보기〉에서 있는 대로 고른 것은?

[보기]

ㄱ. 과정 ㉠은 탈질산화 작용이다.
ㄴ. 과정 ㉡에서 동화 작용이 일어난다.
ㄷ. 과정 ㉢은 질소 고정 작용이다.

① ㄱ ② ㄴ ③ ㄱ, ㄷ
④ ㄴ, ㄷ ⑤ ㄱ, ㄴ, ㄷ

Q35 ✲✲✲ 2022 실시 10월 학평 14

그림 (가)는 어떤 생태계에서 탄소 순환 과정의 일부를, (나)는 이 생태계에서 각 영양 단계의 에너지양을 상댓값으로 나타낸 생태 피라미드를 나타낸 것이다. Ⅰ～Ⅲ은 각각 1차 소비자, 3차 소비자, 생산자 중 하나이고, A와 B는 각각 생산자와 소비자 중 하나이다.

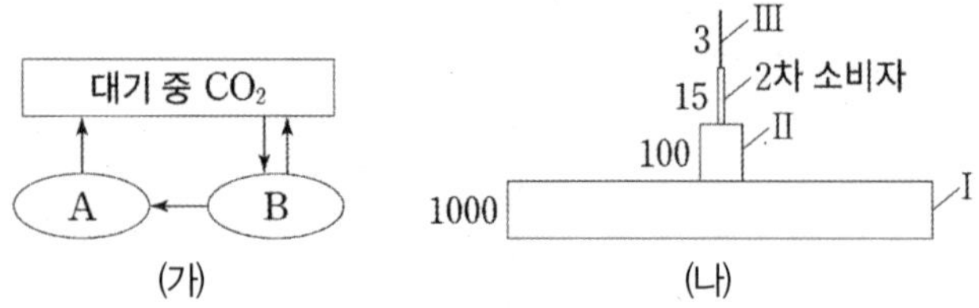

이에 대한 옳은 설명만을 〈보기〉에서 있는 대로 고른 것은? (3점)

[보기]

ㄱ. Ⅲ은 B에 해당한다.
ㄴ. Ⅰ에서 Ⅱ로 유기물 형태의 탄소가 이동한다.
ㄷ. (나)에서 1차 소비자의 에너지 효율은 10%이다.

① ㄱ ② ㄴ ③ ㄱ, ㄴ ④ ㄱ, ㄷ ⑤ ㄴ, ㄷ

Q36 ✲✲✲ 2022 실시 4월 학평 9

다음은 생태계에서 일어나는 질소 순환 과정에 대한 자료이다. ㉠～㉢은 암모늄 이온(NH_4^+), 질산 이온(NO_3^-), 질소 기체(N_2)를 순서 없이 나타낸 것이다.

(가) 뿌리혹박테리아의 질소 고정 작용에 의해 ㉠이 ㉡으로 전환된다.
(나) 생산자는 ㉡, ㉢을 이용하여 단백질과 같은 질소 화합물을 합성한다.
(다) 탈질산화 세균에 의해 ㉢이 ㉠으로 전환된다.

이에 대한 설명으로 옳은 것만을 〈보기〉에서 있는 대로 고른 것은?

[보기]

ㄱ. ㉠은 질산 이온이다.
ㄴ. (나)는 질소 동화 작용에 해당한다.
ㄷ. 질산화 세균은 ㉡이 ㉢으로 전환되는 과정에 관여한다.

① ㄱ ② ㄴ ③ ㄱ, ㄷ ④ ㄴ, ㄷ ⑤ ㄱ, ㄴ, ㄷ

Q37 ✲✲✲

2023 대비 9월 모평 9

표 (가)는 질소 순환 과정의 작용 A와 B에서 특징 ㉠과 ㉡의 유무를 나타낸 것이고, (나)는 ㉠과 ㉡을 순서 없이 나타낸 것이다. A와 B는 질산화 작용과 질소 고정 작용을 순서 없이 나타낸 것이다.

작용 \ 특징	㉠	㉡
A	○	×
B	○	?

(○ : 있음, × : 없음)

(가)

특징 (㉠, ㉡)
• 암모늄 이온(NH_4^+)이 ⓐ 질산 이온(NO_3^-)으로 전환된다.
• 세균이 관여한다.

(나)

이에 대한 설명으로 옳은 것만을 〈보기〉에서 있는 대로 고른 것은? (3점)

[보기]

ㄱ. B는 질산화 작용이다.

ㄴ. ㉡은 '세균이 관여한다.'이다.

ㄷ. 탈질산화 세균은 ⓐ가 질소 기체로 전환되는 과정에 관여한다.

① ㄱ ② ㄴ ③ ㄱ, ㄷ ④ ㄴ, ㄷ ⑤ ㄱ, ㄴ, ㄷ

Q38 ✲✲✲

2022 실시 7월 학평 8

그림은 생태계를 구성하는 요소 사이의 상호 관계를, 표는 세균 ⓐ와 ⓑ에 의해 일어나는 물질 전환 과정의 일부를 나타낸 것이다. ⓐ와 ⓑ는 탈질소 세균과 질소 고정 세균을 순서 없이 나타낸 것이다.

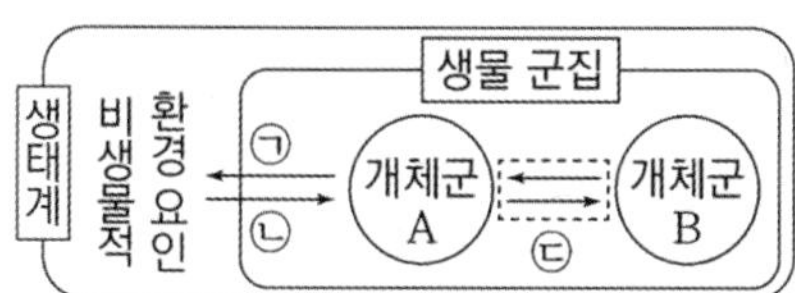

세균	물질 전환 과정
ⓐ	$N_2 \rightarrow NH_4^+$
ⓑ	$NO_3^- \rightarrow N_2$

이에 대한 설명으로 옳은 것만을 〈보기〉에서 있는 대로 고른 것은?

[보기]

ㄱ. 순위제는 ㉢에 해당한다.

ㄴ. ⓑ는 탈질소 세균이다.

ㄷ. ⓐ에 의해 토양의 NH_4^+ 양이 증가하는 것은 ㉡에 해당한다.

① ㄱ ② ㄴ ③ ㄷ ④ ㄱ, ㄴ ⑤ ㄴ, ㄷ

Q39 ✲✲✲

2021 실시 3월 학평 14

그림은 생태계에서 탄소 순환 과정의 일부를 나타낸 것이다. A와 B는 각각 분해자와 생산자 중 하나이다.

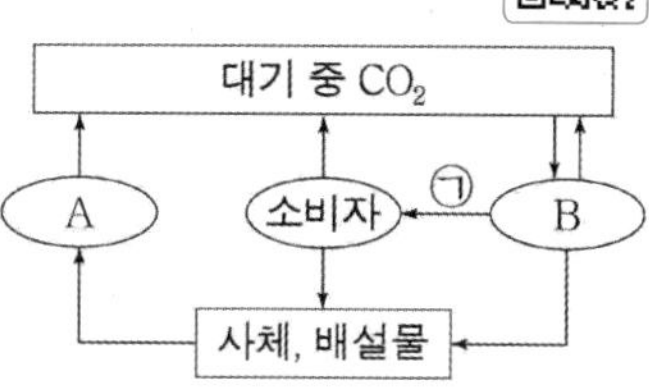

이에 대한 옳은 설명만을 〈보기〉에서 있는 대로 고른 것은?

[보기]

ㄱ. A는 생산자이다.

ㄴ. B는 호흡을 통해 CO_2를 방출한다.

ㄷ. 과정 ㉠에서 유기물이 이동한다.

① ㄱ ② ㄴ ③ ㄱ, ㄷ

④ ㄴ, ㄷ ⑤ ㄱ, ㄴ, ㄷ

Q40 ✲✲✲

2021 실시 4월 학평 20

그림은 생태계에서 일어나는 질소 순환 과정의 일부를 나타낸 것이다. (가)와 (나)는 질소 고정과 탈질산화 작용을 순서 없이 나타낸 것이고, ⓐ와 ⓑ는 각각 암모늄 이온과 질산 이온 중 하나이다.

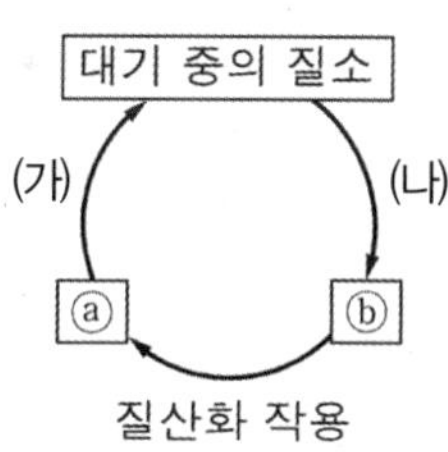

이에 대한 설명으로 옳은 것만을 〈보기〉에서 있는 대로 고른 것은?

[보기]

ㄱ. ⓑ는 질산 이온이다.

ㄴ. (가)는 탈질산화 작용이다.

ㄷ. 뿌리혹박테리아는 (나)에 관여한다.

① ㄱ ② ㄴ ③ ㄱ, ㄷ

④ ㄴ, ㄷ ⑤ ㄱ, ㄴ, ㄷ

Q

❖ 정답 및 해설 498 ~ 501p

Q41 ✿❀❀ 2022 대비 6월 모평 6

다음은 생태계에서 물질의 순환에 대한 학생 A~C의 발표 내용이다.

제시한 내용이 옳은 학생만을 있는 대로 고른 것은?

① A ② C ③ A, B
④ B, C ⑤ A, B, C

Q42 ✿❀❀ 2021 실시 7월 학평 9

표는 생태계에서 일어나는 질소 순환 과정과 탄소 순환 과정의 일부를 나타낸 것이다. (가)~(다)는 세포 호흡, 질산화 작용, 질소 고정 작용을 순서 없이 나타낸 것이다.

구분	과정
(가)	$N_2 \rightarrow NH_4^+$
(나)	$NH_4^+ \rightarrow NO_3^-$
(다)	유기물 $\rightarrow CO_2$

이에 대한 설명으로 옳은 것만을 〈보기〉에서 있는 대로 고른 것은?

[보기]

ㄱ. 뿌리혹박테리아에 의해 (가)가 일어난다.
ㄴ. (나)는 질소 고정 작용이다.
ㄷ. (다)에 효소가 관여한다.

① ㄱ ② ㄴ ③ ㄱ, ㄷ
④ ㄴ, ㄷ ⑤ ㄱ, ㄴ, ㄷ

Q43 ✿❀❀ 2022 대비 수능 12

다음은 생태계에서 일어나는 질소 순환 과정에 대한 자료이다. ㉠과 ㉡은 질소 고정 세균과 탈질산화 세균을 순서 없이 나타낸 것이다.

(가) 토양 속 ⓐ 질산 이온(NO_3^-)의 일부는 ㉠에 의해 질소 기체로 전환되어 대기 중으로 돌아간다.
(나) ㉡에 의해 대기 중의 질소 기체가 ⓑ 암모늄 이온(NH_4^+)으로 전환된다.

이에 대한 설명으로 옳은 것만을 〈보기〉에서 있는 대로 고른 것은?

[보기]

ㄱ. (가)는 질소 고정 작용이다.
ㄴ. 질산화 세균은 ⓑ가 ⓐ로 전환되는 과정에 관여한다.
ㄷ. ㉠과 ㉡은 모두 생태계의 구성 요소 중 비생물적 요인에 해당한다.

① ㄱ ② ㄴ ③ ㄷ
④ ㄱ, ㄴ ⑤ ㄱ, ㄷ

Q44 ✿✿❀ 2021 실시 10월 학평 12

그림은 식물 X의 뿌리혹에 서식하는 세균 Y를 나타낸 것이다. Y는 N_2를 이용해 합성한 NH_4^+을 X에게 제공하며, X는 양분을 Y에게 제공한다.
이에 대한 설명으로 옳은 것만을 〈보기〉에서 있는 대로 고른 것은? (3점)

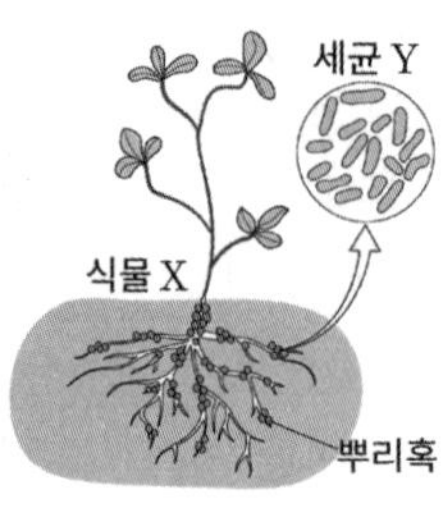

[보기]

ㄱ. X는 단백질 합성에 NH_4^+을 이용한다.
ㄴ. Y에서 질소 고정이 일어난다.
ㄷ. X와 Y 사이의 상호 작용은 상리 공생이다.

① ㄱ ② ㄷ ③ ㄱ, ㄴ ④ ㄴ, ㄷ ⑤ ㄱ, ㄴ, ㄷ

Q45 ✲✲✲ 2023 실시 7월 학평 11

그림은 생태계에서 일어나는 질소 순환 과정 일부를 나타낸 것이다. ㉠~㉢은 암모늄 이온(NH_4^+), 질소 기체(N_2), 질산 이온(NO_3^-)을 순서 없이 나타낸 것이고, 과정 Ⅰ과 Ⅱ는 각각 질소 고정 작용과 탈질산화 작용 중 하나이다.

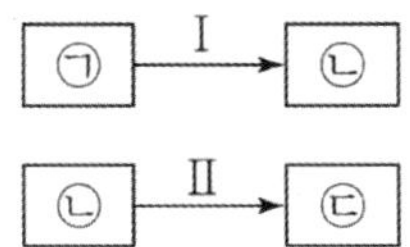

이에 대한 설명으로 옳은 것만을 〈보기〉에서 있는 대로 고른 것은?

[보기]

ㄱ. ㉡은 암모늄 이온(NH_4^+)이다.
ㄴ. 뿌리혹박테리아에 의해 Ⅱ가 일어난다.
ㄷ. 식물은 ㉠을 이용하여 단백질과 같은 질소 화합물을 합성할 수 있다.

① ㄱ ② ㄴ ③ ㄱ, ㄷ ④ ㄴ, ㄷ ⑤ ㄱ, ㄴ, ㄷ

Q46 ✲✲✲ 2023 실시 10월 학평 11

다음은 생태계에서 일어나는 탄소 순환 과정에 대한 자료이다. ㉠과 ㉡은 생산자와 소비자를 순서 없이 나타낸 것이고, ⓐ와 ⓑ는 유기물과 CO_2를 순서 없이 나타낸 것이다.

- 탄소는 먹이 사슬을 따라 ㉠에서 ㉡으로 이동한다.
- 식물은 광합성을 통해 대기 중 ⓐ로부터 ⓑ를 합성한다.

이에 대한 옳은 설명만을 〈보기〉에서 있는 대로 고른 것은?

[보기]

ㄱ. 식물은 ㉠에 해당한다.
ㄴ. 대기에서 탄소는 주로 ⓐ의 형태로 존재한다.
ㄷ. 분해자는 사체나 배설물에 포함된 ⓑ를 분해한다.

① ㄱ ② ㄷ ③ ㄱ, ㄴ ④ ㄴ, ㄷ ⑤ ㄱ, ㄴ, ㄷ

❖ 정답 및 해설 502 ~ 504p

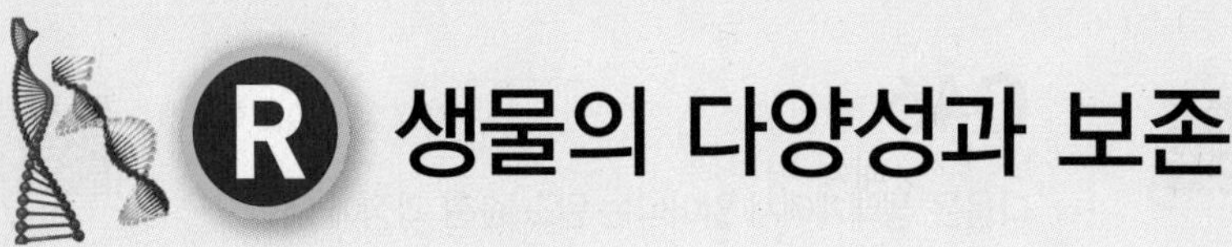

R 생물의 다양성과 보존

★ 2025 수능 출제 분석

- 2024, 2025 수능에는 출제되지 않았으나 2025 6월 모평에서 생물 다양성에 대해 묻는 문제가 출제되었다.

대비년도	출제 개념	난이도
2025 수능	–	–
2025 9월	–	–
2025 6월	생물 다양성	✲
2024 수능	–	–

1. 생물 다양성: 생태계 내에 존재하는 생물의 다양한 정도를 의미하며 유전적 다양성, 종[1] 다양성, 생태계 다양성을 포함한다.

▲ 생물 다양성의 의미

유전적 다양성[2]	• 개체군 내의 개체들이 유전자 변이로 인해 다양한 형질이 나타나는 것 예 아시아무당벌레의 다양한 무늬와 색, 기린의 다양한 털 무늬 • 유전적 다양성이 높은 종은 개체들의 형질이 다양하다. → 멸종될 확률이 낮다.
종 다양성[3]	• 한 생태계에 다양한 생물종이 살고 있는 정도를 의미한다. • 종의 수가 많을수록, 전체 개체 수에서 각 종이 차지하는 비율이 고를수록 종 다양성이 높다. • 종 다양성이 높을수록 생태계가 안정적으로 유지된다.
생태계 다양성	• 사막, 초원, 삼림, 습지, 강, 호수 등 생태계의 다양함을 의미한다. • 생태계를 구성하는 생물과 환경 사이의 관계에 관한 다양성을 포함한다. • 생태계 다양성이 높을수록 유전적 다양성과 종 다양성이 높아진다.

① 종

생물 분류의 기본 단위로, 서로 교배하여 생식 능력이 있는 자손을 낳을 수 있는 개체의 집단을 말한다.

② 유전적 다양성의 중요성

단일 품종만을 재배하는 경작지는 개체 사이에 유전적 차이가 거의 없어 전염병이 유행할 때 살아남는 개체가 있을 확률이 낮다. 야생 식물 종은 재배종에 비해 다양한 유전자를 지니고 있으므로 이를 이용해 농작물의 품종을 개량하기도 한다.

출제 2025 대비 6월 모평 20번

★ 6월 모평에는 생물 다양성에 대해 묻는 문제가 쉽게 출제되었다.

✿ 군집의 종 다양성 비교

다음은 면적이 동일한 서로 다른 세 군집 (가)~(다)에 서식하는 식물 종을 조사한 결과이다.

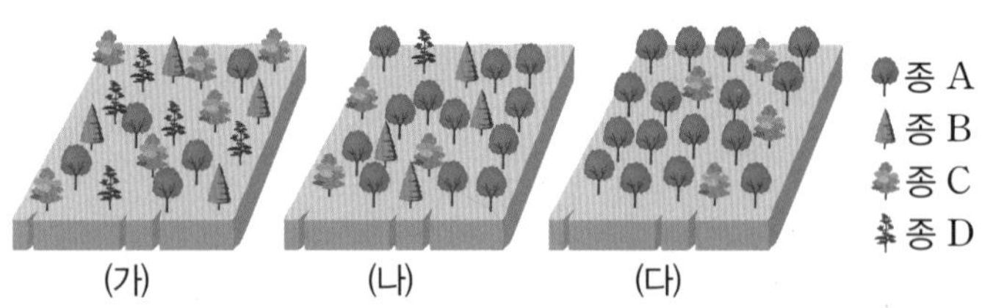

군집	(가)				(나)				(다)			
종	A	B	C	D	A	B	C	D	A	B	C	D
개체 수	5	4	6	5	12	4	3	1	16	0	4	0

(1) (가)와 (나)는 4종, (다)는 2종의 식물로 이루어져 있다.
(2) 식물 중 A~D의 분포 비율은 (가)에서가 (나)에서보다 균등하다.
(3) 종 다양성은 (가) > (나) > (다) 순으로 높다.

③ 종 다양성과 생태계 평형

- **종 다양성이 높은 생태계**
  먹이 사슬 다양하고 복잡하다. → 생태계 평형이 쉽게 깨지지 않는다.
- **종 다양성이 낮은 생태계**
  먹이 사슬이 단순하다. → 생태계 평형이 쉽게 깨진다.

2. 생물 다양성의 중요성

(1) **생태계 안정성 유지**: 생물 다양성이 유지되는 생태계는 교란이 있어도 생태계 평형이 유지될 가능성이 높다.

(2) **생물 자원**[4]: 인간의 생활에 이용하는 자원중 생물로부터 얻은 것이다.

3. 생물 다양성 보존

(1) 생물 다양성 감소의 원인

서식지 파괴	숲의 벌채, 경작지 확대 등으로 서식지 면적이 감소되면 그 서식지에 살아가는 생물종의 수가 감소한다.
서식지 단편화	대규모의 연속된 서식지가 소규모로 분할되면서 개체군의 크기가 작아지고 생물의 이동이 제한되어 고립된다.
불법 포획과 남획[5]	개체군의 크기가 크게 감소하여 먹이 사슬에 변화를 일으켜 다시 회복하지 못하거나 멸종할 수 있다.
외래종의[6] 도입	고유종의 서식지를 차지하고 먹이 사슬에 변화를 일으켜 생태계에 교란을 일으킬 수 있다.
환경 오염과 기후 변화	담수나 바다에 유입된 중금속이 생물 농축을 일으켜 생태계 평형을 깨뜨리거나 기후 변화에 의해 생태계가 교란될 수 있다.

(2) **생물 다양성 보존 대책**: 서식지 보호, 생태 통로 설치, 보호 구역 지정, 종자은행, 국제 협약 등이 있다.

꼭 외워!

* 생물 다양성

유전적 다양성	개체군 내의 대립유전자의 다양한 정도
종 다양성	군집 내의 생물종의 다양한 정도
생태계 다양성	생태계의 다양한 정도

4 생물 자원의 예

의식주 자원	직물-목화, 식량-쌀, 밀, 주택 재료-나무 등
의약품 자원	항생제 페니실린의 원료-푸른곰팡이 등
환경 조절 자원	홍수나 산사태를 예방-방풍림, 오염 물질을 정화-습지 등
지표종 자원	특정 지역의 환경 상태를 알려주는 지의류 등
관광 자원	여가 활동 장소-휴양림, 생태 체험 학습장-갯벌 등

5 남획

개체군의 크기가 회복되지 못할 전도로 과도하게 생물을 포획하는 행위로, 특히 코끼리, 고래와 같이 자손을 적게 낳고 세대가 긴 동물을 남획하면 단시간 안에 멸종할 수 있다.

6 외래종

원래 서식하던 곳에서 다른 지역으로 이주하여 생활하는 생물을 말한다.

예 블루길, 뉴트리아, 가시박

R

기출 자료로 개념 체크

01 생물 다양성에 대한 설명으로 옳은 것은 ○, 옳지 않은 것은 × 표시하시오.

(1) 생물 다양성에는 유전적 다양성, 종 다양성, 생태계 다양성이 있다. 1 (○, ×)

(2) 생물 다양성 중 한 지역 내 종의 다양한 정도를 종 다양성이라고 한다. 2 (○, ×)

(3) 종 다양성이 낮을수록 복잡한 먹이 그물이 형성되어 생태계는 안정적으로 유지된다. 3 (○, ×)

(4) 급격한 환경 변화 시 유전적 다양성이 높은 종은 낮은 종보다 생존 확률이 높다. 4 (○, ×)

(5) 아시아무당벌레의 다양한 무늬와 색이 다양한 것은 종 다양성의 예이다. 5 (○, ×)

(6) 생물종의 수가 많고, 각 생물종의 분포 비율이 균등한 군집일수록 종 다양성이 낮다. 6 (○, ×)

(7) 유전적 다양성은 서로 같은 생물종 사이에서 나타나는 대립유전자의 다양한 정도이다. 7 (○, ×)

02 다음은 생물 다양성에 대한 학생 A~C의 발표 내용이다.

〈2020 실시 3월 학평 18 (고2)〉

제시한 내용이 옳은 학생만을 있는 대로 고른 것은?

(8)

정답

1 ○ 2 ○ 3 ×(종 다양성이 높을수록) 4 ○ 5 ×(유전적 다양성의 예) 6 ×(종 다양성이 높다) 7 ○ 8 C(A : 생태 통로는 생물 다양성을 보전하기 위한 방안임, B : 생물 다양성이 감소하면 생물 자원의 종류 감소)

개념별 기출 문제 [2점, 3점]

PRACTICE QUESTION

R01

2025 대비 6월 모평 20

다음은 생물 다양성에 대한 자료이다. A와 B는 유전적 다양성과 종 다양성을 순서 없이 나타낸 것이다.

- A는 한 생태계 내에 존재하는 생물종의 다양한 정도를 의미한다.
- 같은 종의 개체들이 서로 다른 대립유전자를 가져 형질이 다양하게 나타나는 것은 B에 해당한다.

이에 대한 설명으로 옳은 것만을 〈보기〉에서 있는 대로 고른 것은?

[보기]

ㄱ. A는 종 다양성이다.
ㄴ. A가 감소하는 원인 중에는 서식지 파괴가 있다.
ㄷ. B가 높은 종은 환경이 급격히 변했을 때 멸종될 확률이 높다.

① ㄱ ② ㄷ ③ ㄱ, ㄴ ④ ㄴ, ㄷ ⑤ ㄱ, ㄴ, ㄷ

R02

2024 실시 5월 학평 20

다음은 어떤 꿀벌 종에 대한 자료이다.

(가) 꿀벌은 여왕벌, 수벌, 일벌이 서로 일을 분담하여 협력한다.
(나) 꿀벌이 벌집을 만들기 위해 분비하는 물질인 밀랍은 광택제, 모형 제작, 방수제, 화장품 등에 사용된다.
(다) 환경이 급격하게 변화하였을 때 ㉠ 유전적 다양성이 높은 집단에서가 낮은 집단에서보다 더 많은 수의 개체가 살아남았다.

이에 대한 설명으로 옳은 것만을 〈보기〉에서 있는 대로 고른 것은? (3점)

[보기]

ㄱ. (가)는 개체군 내의 상호 작용의 예에 해당한다.
ㄴ. (나)에서 생물 자원이 활용되었다.
ㄷ. 동일한 종의 무당벌레에서 반점 무늬가 다양하게 나타나는 것은 ㉠의 예에 해당한다.

① ㄱ ② ㄴ ③ ㄱ, ㄷ ④ ㄴ, ㄷ ⑤ ㄱ, ㄴ, ㄷ

R03

2020 실시 3월 학평 20

생물 다양성에 대한 옳은 설명만을 〈보기〉에서 있는 대로 고른 것은? (3점)

[보기]

ㄱ. 생물 다양성이 낮을수록 생태계의 평형이 깨지기 쉽다.
ㄴ. 사람의 눈동자 색깔이 다양한 것은 유전적 다양성에 해당한다.
ㄷ. 한 지역에서 종의 수가 일정할 때, 각 종의 개체 수 비율이 균등할수록 종 다양성이 낮다.

① ㄱ ② ㄷ ③ ㄱ, ㄴ
④ ㄴ, ㄷ ⑤ ㄱ, ㄴ, ㄷ

R04

2023 실시 4월 학평 5

생물 다양성에 대한 설명으로 옳은 것만을 〈보기〉에서 있는 대로 고른 것은?

[보기]

ㄱ. 한 생태계 내에 존재하는 생물종의 다양한 정도를 생태계 다양성이라고 한다.
ㄴ. 남획은 생물 다양성을 감소시키는 원인에 해당한다.
ㄷ. 서식지 단편화에 의한 피해를 줄이기 위한 방법에 생태 통로 설치가 있다.

① ㄱ ② ㄴ ③ ㄱ, ㄷ ④ ㄴ, ㄷ ⑤ ㄱ, ㄴ, ㄷ

R05 ✿❀❀ 2019 실시 4월 학평 12

다음은 습지 A에 대한 자료이다.

> A는 강과 육지 사이에 위치하는 습지이다. ㉠A에는 340종의 식물, 62종의 조류, 28종의 어류 등 다양한 생물종이 서식하고 있다. A는 ㉡지구상에 존재하는 생태계 중 하나이며, 다양한 종류의 식물과 동물로 구성되어 있어 특이한 자연 경관을 만들어낸다. 또한 인간의 의식주에 필요한 각종 자원을 제공한다.

이에 대한 설명으로 옳은 것만을 〈보기〉에서 있는 대로 고른 것은?

[보기]

ㄱ. ㉠은 생물 다양성의 3가지 의미 중 종 다양성에 해당한다.

ㄴ. ㉡이 다양할수록 생물 다양성은 증가한다.

ㄷ. A로부터 다양한 생물 자원을 얻을 수 있다.

① ㄱ ② ㄷ ③ ㄱ, ㄴ
④ ㄴ, ㄷ ⑤ ㄱ, ㄴ, ㄷ

R06 ✿❀❀ 2021 실시 4월 학평 4

다음은 생물 다양성에 대한 학생 A~C의 발표 내용이다.

제시한 내용이 옳은 학생만을 있는 대로 고른 것은?

① A ② B ③ A, C ④ B, C ⑤ A, B, C

R07 ✿❀❀ 2021 실시 3월 학평 20

다음은 생물 다양성에 대한 학생 A~C의 대화 내용이다.

제시한 내용이 옳은 학생만을 있는 대로 고른 것은?

① A ② C ③ A, B ④ B, C ⑤ A, B, C

R08 ✿❀❀ 2022 대비 수능 20

그림 (가)는 어떤 숲에 사는 새 5종 ㉠~㉤이 서식하는 높이 범위를, (나)는 숲을 이루는 나무 높이의 다양성에 따른 새의 종 다양성을 나타낸 것이다. 나무 높이의 다양성은 숲을 이루는 나무의 높이가 다양할수록, 각 높이의 나무가 차지하는 비율이 균등할수록 높아진다.

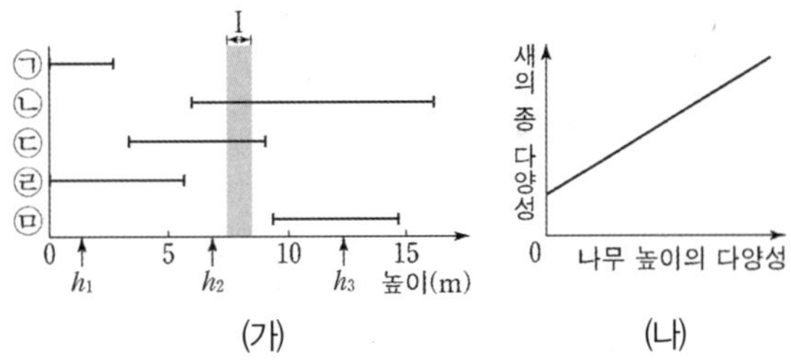

(가) (나)

이 자료에 대한 설명으로 옳은 것만을 〈보기〉에서 있는 대로 고른 것은?

[보기]

ㄱ. ㉠이 서식하는 높이는 ㉤이 서식하는 높이보다 낮다.

ㄴ. 구간 Ⅰ에서 ㉡은 ㉢과 한 개체군을 이루어 서식한다.

ㄷ. 새의 종 다양성은 높이가 h_3인 나무만 있는 숲에서가 높이가 h_1, h_2, h_3인 나무가 고르게 분포하는 숲에서보다 높다.

① ㄱ ② ㄴ ③ ㄷ
④ ㄱ, ㄴ ⑤ ㄴ, ㄷ

R09 ✿❀❀ 2022 실시 4월 학평 17

그림 (가)는 서대서양에서 위도에 따른 해양 달팽이의 종 수를, (나)는 이 해양에서 평균 해수면 온도에 따른 해양 달팽이의 종 수를 나타낸 것이다.

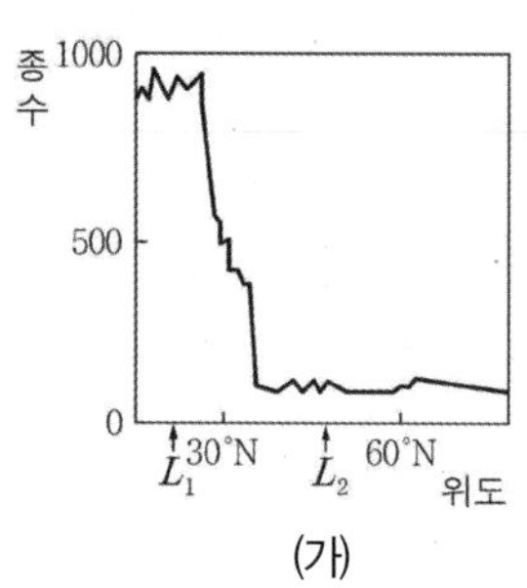

(가)

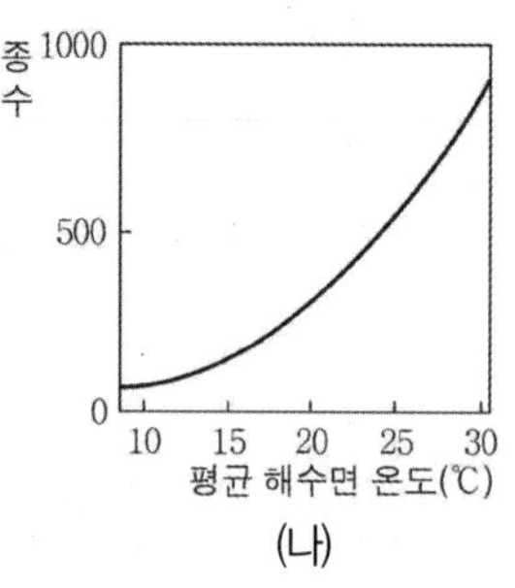

(나)

이에 대한 설명으로 옳은 것만을 〈보기〉에서 있는 대로 고른 것은? (3점)

[보기]

ㄱ. 해양 달팽이의 종 수는 위도 L_2에서가 L_1에서보다 많다.
ㄴ. (나)에서 평균 해수면 온도가 높을수록 해양 달팽이의 종 수가 증가하는 것은 비생물적 요인이 생물에 영향을 미치는 예에 해당한다.
ㄷ. 종 다양성이 높을수록 생태계가 안정적으로 유지된다.

① ㄱ ② ㄷ ③ ㄱ, ㄴ ④ ㄴ, ㄷ ⑤ ㄱ, ㄴ, ㄷ

R10 ✿❀❀ 2023 대비 6월 모평 9

다음은 생물 다양성에 대한 학생 A~C의 대화 내용이다.

학생 A: 같은 종의 무당벌레에서 색과 무늬가 다양하게 나타나는 것은 유전적 다양성에 해당해.
학생 B: 한 생태계 내에 존재하는 생물 종의 다양한 정도를 생태계 다양성이라고 해.
학생 C: 종 수가 같을 때 전체 개체 수에서 각 종이 차지하는 비율이 균등할수록 종 다양성은 낮아져.

제시한 내용이 옳은 학생만을 있는 대로 고른 것은?

① A ② B ③ A, C ④ B, C ⑤ A, B, C

R11 ✿✿❀ 2020 대비 수능 16

그림은 서로 다른 지역 (가)~(다)에 서식하는 식물 종 A~C를 나타낸 것이고, 표는 종 다양성에 대한 자료이다. (가)~(다)의 면적은 모두 같다.

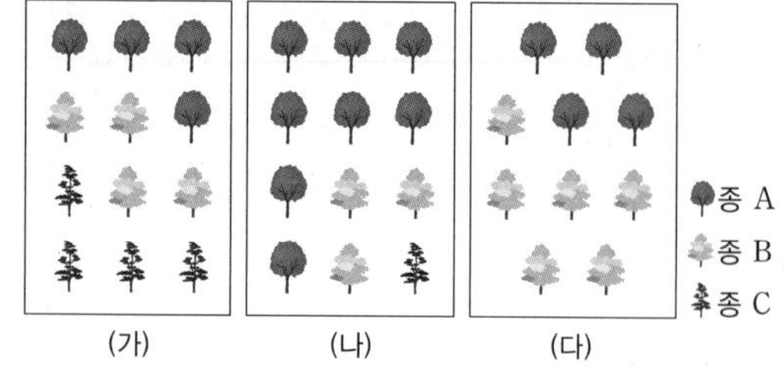

• 어떤 지역의 종 다양성은 종 수가 많을수록, 전체 개체 수에서 각 종이 차지하는 비율이 균등할수록 높아진다.

이 자료에 대한 설명으로 옳은 것만을 〈보기〉에서 있는 대로 고른 것은? (단, A~C 이외의 종은 고려하지 않는다.) (3점)

[보기]

ㄱ. 식물의 종 다양성은 (가)에서가 (나)에서보다 높다.
ㄴ. A의 개체군 밀도는 (가)에서가 (다)에서보다 낮다.
ㄷ. (다)에서 A는 B와 한 개체군을 이룬다.

① ㄱ ② ㄷ ③ ㄱ, ㄴ
④ ㄴ, ㄷ ⑤ ㄱ, ㄴ, ㄷ

R12 ✿❀❀ 2021 실시 7월 학평 19

생물 다양성에 대한 설명으로 옳은 것만을 〈보기〉에서 있는 대로 고른 것은?

[보기]

ㄱ. 불법 포획과 남획에 의한 멸종은 생물 다양성 감소의 원인이 된다.
ㄴ. 생태계 다양성은 어느 한 군집에 서식하는 생물종의 다양한 정도를 의미한다.
ㄷ. 같은 종의 기린에서 털 무늬가 다양하게 나타나는 것은 유전적 다양성에 해당한다.

① ㄱ ② ㄴ ③ ㄱ, ㄷ ④ ㄴ, ㄷ ⑤ ㄱ, ㄴ, ㄷ

❖ 정답 및 해설 509 ~ 510p

★ 생명과학 I 등급컷

❖ 컷 구분 원점수는 실제 점수와 약간의 차이가 있을 수 있습니다.

1회 [2024년 실시 3월 학평]

등급	원점수	표준점수
1	45	69
2	39	64
3	33	58
4	25	51
5	19	46
6	14	41
7	11	39
8	8	36

2회 [2024년 실시 5월 학평]

등급	원점수	표준점수
1	43	68
2	39	64
3	33	58
4	27	52
5	22	47
6	18	42
7	13	37
8	10	34

3회 [2024년 대비 6월 모평]

등급	원점수	표준점수
1	48	66
2	44	62
3	39	58
4	34	53
5	28	48
6	22	42
7	16	36
8	11	32

4회 [2025년 대비 6월 모평]

등급	원점수	표준점수
1	48	66
2	44	62
3	39	58
4	34	53
5	28	48
6	22	42
7	16	36
8	11	32

5회 [2024년 실시 7월 학평]

등급	원점수	표준점수
1	40	67
2	36	62
3	32	58
4	27	53
5	21	47
6	15	41
7	12	37
8	8	33

6회 [2024년 대비 9월 모평]

등급	원점수	표준점수
1	46	65
2	41	61
3	39	59
4	34	54
5	27	48
6	21	42
7	15	36
8	10	32

7회 [2025년 대비 9월 모평]

등급	원점수	표준점수
1	46	65
2	41	61
3	39	59
4	34	54
5	27	48
6	21	42
7	15	36
8	10	32

8회 [2024년 실시 10월 학평]

등급	원점수	표준점수
1	44	67
2	39	63
3	35	59
4	28	53
5	21	47
6	13	40
7	10	37
8	8	35

9회 [2024년 대비 수능]

등급	원점수	표준점수
1	47	66
2	42	62
3	39	59
4	32	53
5	27	48
6	20	42
7	14	36
8	9	32

10회 [2025년 대비 수능]

등급	원점수	표준점수
1	45	67
2	41	63
3	37	60
4	30	53
5	22	46
6	16	41
7	12	37
8	9	35

★ 최신 연도별 모의고사 10회

[제한시간 : 30분]

2024학년도 3월 고3 전국연합학력평가 문제지

날짜 : 월 일
소요시간 : 분

제1회 과학탐구 영역(생명과학 Ⅰ)

*정답 및 해설 511~512p

1. 다음은 사막에 서식하는 식물 X에 대한 자료이다.

> X는 낮과 밤의 기온 차이로 인해 생기는 이슬을 흡수하여 ㉠ 광합성에 이용한다. ㉡ X는 주변의 돌과 모양이 비슷하여 초식 동물의 눈에 잘 띄지 않는다.

이에 대한 옳은 설명만을 <보기>에서 있는 대로 고른 것은?

< 보 기 >
ㄱ. X는 세포로 구성된다.
ㄴ. ㉠에 효소가 이용된다.
ㄷ. ㉡은 적응과 진화의 예이다.

① ㄱ ② ㄷ ③ ㄱ, ㄴ ④ ㄴ, ㄷ ⑤ ㄱ, ㄴ, ㄷ

2. 다음은 사람에서 일어나는 물질대사에 대한 자료이다. ㉠~㉢은 ADP, ATP, 단백질을 순서 없이 나타낸 것이다.

> (가) ㉠은 세포 호흡을 통해 물, 이산화 탄소, 암모니아로 분해된다.
> (나) 미토콘드리아에서 일어나는 세포 호흡을 통해 ㉡이 ㉢으로 전환된다.

이에 대한 옳은 설명만을 <보기>에서 있는 대로 고른 것은?

< 보 기 >
ㄱ. ㉠은 ATP이다.
ㄴ. (가)에서 이화 작용이 일어난다.
ㄷ. ㉢에 저장된 에너지는 생명 활동에 사용된다.

① ㄱ ② ㄴ ③ ㄱ, ㄷ ④ ㄴ, ㄷ ⑤ ㄱ, ㄴ, ㄷ

3. 다음은 사람의 질환 A에 대한 자료이다. A는 고지혈증과 당뇨병 중 하나이다.

> A는 혈액 속에 콜레스테롤과 중성 지방 등이 많은 질환이다. 콜레스테롤이 혈관 내벽에 쌓이면 혈관이 좁아져 ㉠ 고혈압이 발생할 수 있다. 그림은 비만도에 따른 A의 발병 비율을 나타낸 것이다.

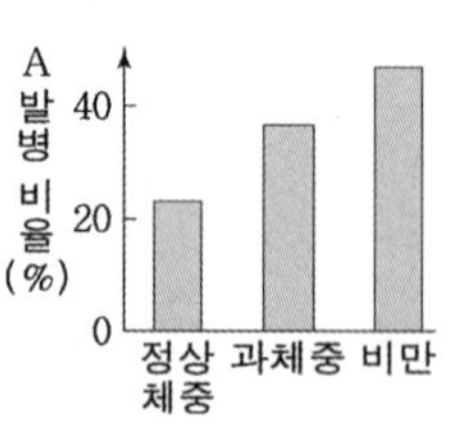

이에 대한 옳은 설명만을 <보기>에서 있는 대로 고른 것은?

< 보 기 >
ㄱ. A는 고지혈증이다.
ㄴ. A의 발병 비율은 비만에서가 정상 체중에서보다 높다.
ㄷ. 대사성 질환 중에는 ㉠이 있다.

① ㄱ ② ㄷ ③ ㄱ, ㄴ ④ ㄴ, ㄷ ⑤ ㄱ, ㄴ, ㄷ

4. 그림은 어떤 동물의 체세포를 배양한 후 세포당 DNA 양에 따른 세포 수를 나타낸 것이다.

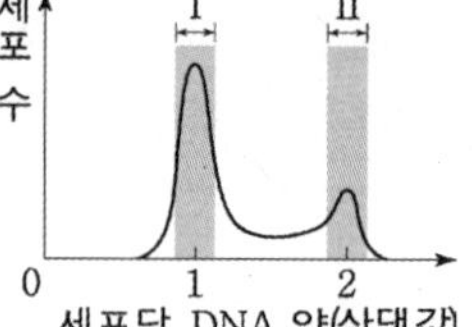

이에 대한 옳은 설명만을 <보기>에서 있는 대로 고른 것은? [3점]

< 보 기 >
ㄱ. 구간 Ⅰ에는 간기의 세포가 있다.
ㄴ. 구간 Ⅱ에는 염색 분체가 분리되는 세포가 있다.
ㄷ. 핵막이 소실된 세포는 구간 Ⅱ에서가 구간 Ⅰ에서보다 많다.

① ㄱ ② ㄷ ③ ㄱ, ㄴ ④ ㄴ, ㄷ ⑤ ㄱ, ㄴ, ㄷ

5. 그림은 어떤 생태계의 식물 군집에서 물질 생산과 소비의 관계를 나타낸 것이다. ㉠과 ㉡은 각각 순생산량과 피식량 중 하나이다.

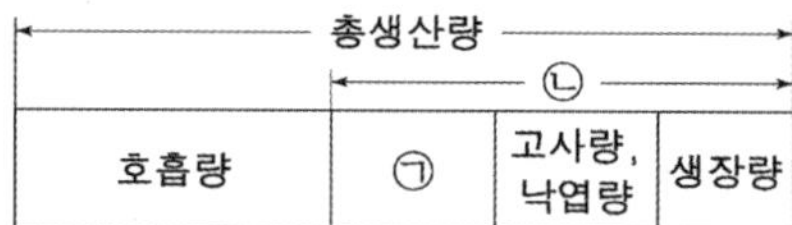

이에 대한 옳은 설명만을 <보기>에서 있는 대로 고른 것은?

< 보 기 >
ㄱ. 식물 군집의 광합성량이 증가하면 총생산량이 증가한다.
ㄴ. 1차 소비자의 생장량은 ㉠과 같다.
ㄷ. 분해자의 호흡량은 ㉡에 포함된다.

① ㄱ ② ㄴ ③ ㄷ ④ ㄱ, ㄷ ⑤ ㄴ, ㄷ

6. 그림은 좌우 대칭인 근육 원섬유 마디 X의 구조를, 표는 시점 t_1과 t_2일 때 H대, ㉠, ㉡ 각각의 길이를 나타낸 것이다. 구간 ㉠은 액틴 필라멘트와 마이오신 필라멘트가 겹치는 부분이고, ㉡은 액틴 필라멘트만 있는 부분이다.

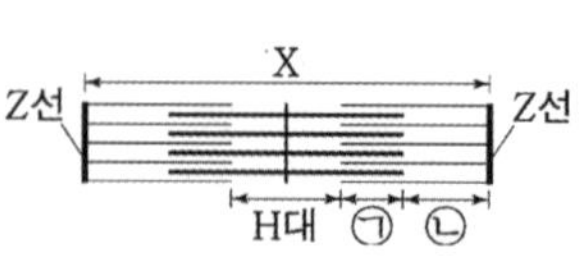

시점	길이(㎛)		
	H대	㉠	㉡
t_1	?	0.6	0.2
t_2	0.8	ⓐ	ⓐ

이에 대한 옳은 설명만을 <보기>에서 있는 대로 고른 것은? [3점]

< 보 기 >
ㄱ. ⓐ는 0.4이다.
ㄴ. t_1일 때 X의 길이는 2.2 ㎛이다.
ㄷ. H대의 길이는 t_1일 때가 t_2일 때보다 길다.

① ㄱ ② ㄴ ③ ㄱ, ㄷ ④ ㄴ, ㄷ ⑤ ㄱ, ㄴ, ㄷ

7. 그림은 사람의 중추 신경계와 위가 자율 신경으로 연결된 경로를 나타낸 것이다. A와 B는 각각 간뇌와 대뇌 중 하나이다.

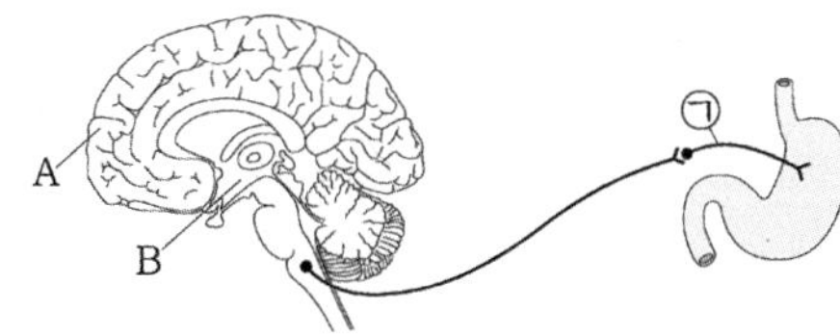

이에 대한 옳은 설명만을 <보기>에서 있는 대로 고른 것은?

< 보 기 >

ㄱ. A의 겉질은 회색질이다.
ㄴ. B는 뇌줄기에 속한다.
ㄷ. ㉠의 활동 전위 발생 빈도가 증가하면 위액 분비가 억제된다.

① ㄱ ② ㄷ ③ ㄱ, ㄴ ④ ㄴ, ㄷ ⑤ ㄱ, ㄴ, ㄷ

8. 사람의 질병에 대한 옳은 설명만을 <보기>에서 있는 대로 고른 것은?

< 보 기 >

ㄱ. 결핵은 감염성 질병이다.
ㄴ. 말라리아의 병원체는 원생생물이다.
ㄷ. 독감의 병원체는 세포 분열을 통해 증식한다.

① ㄱ ② ㄷ ③ ㄱ, ㄴ ④ ㄴ, ㄷ ⑤ ㄱ, ㄴ, ㄷ

9. 그림 (가)는 정상인이 탄수화물을 섭취한 후 시간에 따른 혈중 호르몬 X의 농도를, (나)는 이 사람에서 혈중 X의 농도에 따른 단위 시간당 혈액에서 조직 세포로의 포도당 유입량을 나타낸 것이다. X는 인슐린과 글루카곤 중 하나이다.

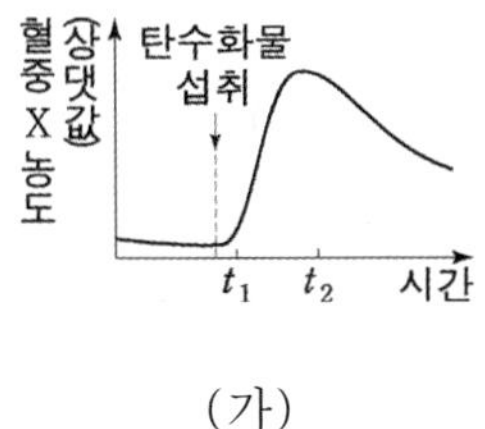

(가)

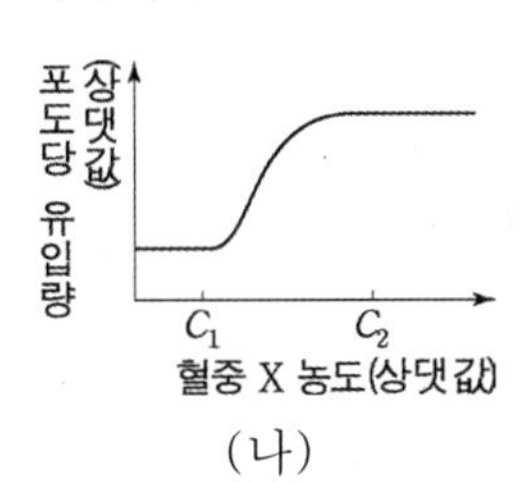

(나)

이에 대한 옳은 설명만을 <보기>에서 있는 대로 고른 것은? (단, 제시된 조건 이외는 고려하지 않는다.) [3점]

< 보 기 >

ㄱ. X는 이자의 β 세포에서 분비된다.
ㄴ. 단위 시간당 혈액에서 조직 세포로의 포도당 유입량은 t_2일 때가 t_1일 때보다 많다.
ㄷ. 간에서 글리코젠의 분해는 C_2에서가 C_1에서보다 활발하다.

① ㄱ ② ㄷ ③ ㄱ, ㄴ ④ ㄴ, ㄷ ⑤ ㄱ, ㄴ, ㄷ

10. 다음은 어떤 학생이 수행한 탐구의 일부이다.

(가) 밀웜이 스티로폼을 먹을 것이라고 생각했다.
(나) 상자 A와 B에 각각 스티로폼 50.00 g을 넣고 표와 같이 밀웜을 넣었다.

상자	A	B
밀웜의 수 (마리)	100	0

(다) 한 달간 매일 ㉠스티로폼의 질량을 측정한 결과, A에서만 ㉠이 하루 평균 0.03 g씩 감소했다.

이에 대한 옳은 설명만을 <보기>에서 있는 대로 고른 것은?

< 보 기 >

ㄱ. 연역적 탐구 방법이 이용되었다.
ㄴ. 대조 실험이 수행되었다.
ㄷ. ㉠은 조작 변인이다.

① ㄱ ② ㄷ ③ ㄱ, ㄴ ④ ㄴ, ㄷ ⑤ ㄱ, ㄴ, ㄷ

11. 다음은 민말이집 신경 A와 B의 흥분 전도와 전달에 대한 자료이다.

○ A와 B는 각각 2개의 뉴런으로 구성되고, 각 뉴런의 흥분 전도 속도는 ⓐ로 같다.
○ 그림은 A와 B에서 지점 d_1 ~ d_3의 위치를, 표는 A와 B의 d_1에 역치 이상의 자극을 동시에 1회 주고 경과된 시간이 4 ms일 때 Ⅰ과 Ⅱ에서의 막전위를 나타낸 것이다. Ⅰ과 Ⅱ는 d_2와 d_3을 순서 없이 나타낸 것이다.

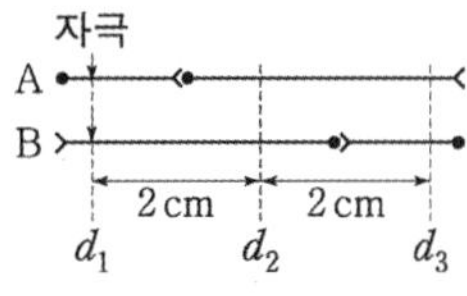

신경	막전위(mV)	
	Ⅰ	Ⅱ
A	−50	㉠
B	?	−80

○ A와 B에서 활동 전위가 발생했을 때, 각 지점에서의 막전위 변화는 그림과 같다.

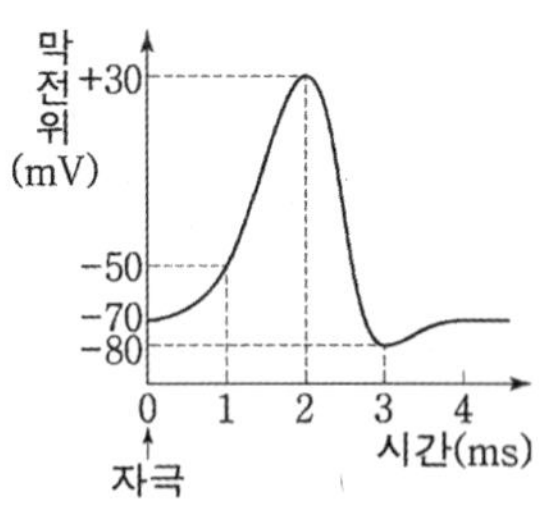

이에 대한 옳은 설명만을 <보기>에서 있는 대로 고른 것은? (단, A와 B에서 흥분의 전도는 각각 1회 일어났고, 휴지 전위는 −70 mV이다.) [3점]

< 보 기 >

ㄱ. Ⅰ은 d_3이다.
ㄴ. ⓐ는 2 cm/ms이다.
ㄷ. ㉠은 +30이다.

① ㄱ ② ㄷ ③ ㄱ, ㄴ ④ ㄴ, ㄷ ⑤ ㄱ, ㄴ, ㄷ

12. 사람의 유전 형질 (가)는 Y 염색체에 있는 대립유전자 A와 a에 의해, (나)는 X 염색체에 있는 대립유전자 B와 b에 의해 결정된다. 그림은 어떤 남자와 여자의 G_1기 세포로부터 생식세포가 형성되는 과정을, 표는 세포 ㉠~㉢에서 A와 b의 DNA 상대량을 나타낸 것이다. ㉠~㉢은 Ⅰ~Ⅲ을 순서 없이 나타낸 것이다.

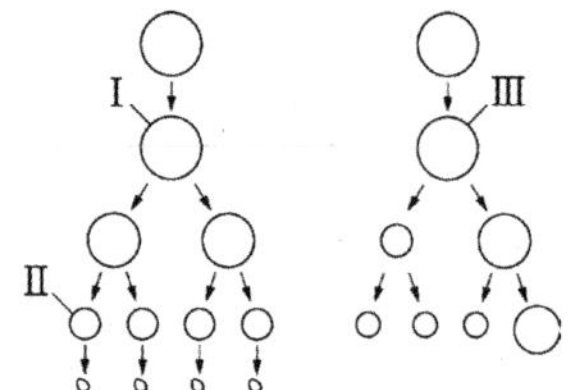

세포	DNA 상대량	
	A	b
㉠	?	4
㉡	ⓐ	2
㉢	1	0

이에 대한 옳은 설명만을 <보기>에서 있는 대로 고른 것은? (단, 돌연변이와 교차는 고려하지 않으며, A, a, B, b 각각의 1개당 DNA 상대량은 1이다. Ⅰ과 Ⅲ은 중기의 세포이다.) [3점]

< 보 기 >

ㄱ. ⓐ는 2이다.
ㄴ. ㉠에 2가 염색체가 있다.
ㄷ. Ⅱ에서 상염색체 수와 X 염색체 수를 더한 값은 23이다.

① ㄱ ② ㄷ ③ ㄱ, ㄴ ④ ㄴ, ㄷ ⑤ ㄱ, ㄴ, ㄷ

13. 다음은 사람의 유전 형질 (가)와 (나)에 대한 자료이다.

- (가)는 서로 다른 3개의 상염색체에 있는 3쌍의 대립유전자 A와 a, B와 b, D와 d에 의해 결정된다.
- (가)의 표현형은 유전자형에서 대문자로 표시되는 대립유전자의 수에 의해서만 결정되며, 이 대립유전자의 수가 다르면 표현형이 다르다.
- (나)는 대립유전자 E와 e에 의해 결정되며, 유전자형이 다르면 표현형이 다르다. (나)의 유전자는 (가)의 유전자와 서로 다른 상염색체에 있다.
- P의 유전자형은 AaBbDDEe이고, P와 Q는 (가)의 표현형이 서로 같다.
- P와 Q 사이에서 ⓐ가 태어날 때, ⓐ가 유전자형이 AABbDdEE인 사람과 (가)와 (나)의 표현형이 모두 같을 확률은 $\frac{1}{8}$이다.

ⓐ가 유전자형이 AaBbDdEe인 사람과 (가)와 (나)의 표현형이 모두 같을 확률은? (단, 돌연변이는 고려하지 않는다.)

① $\frac{1}{16}$ ② $\frac{1}{8}$ ③ $\frac{3}{16}$ ④ $\frac{1}{4}$ ⑤ $\frac{3}{8}$

14. 그림 (가)는 항원 X와 Y에 노출된 적이 없는 생쥐 A에게 ⓐ를 주사했을 때 일어나는 면역 반응의 일부를, (나)는 일정 시간이 지난 후 A에게 X와 Y를 함께 주사했을 때 A에서 X와 Y에 대한 혈중 항체 농도 변화를 나타낸 것이다. ⓐ는 X와 Y 중 하나이고, ㉠~㉢은 각각 항체, 기억 세포, 형질 세포 중 하나이다.

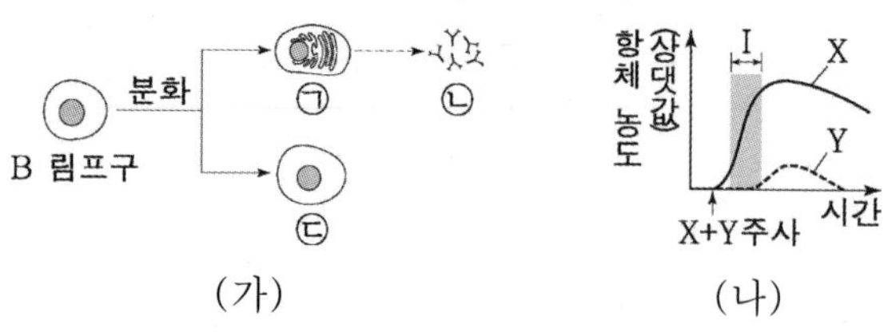

(가) (나)

이에 대한 옳은 설명만을 <보기>에서 있는 대로 고른 것은? [3점]

< 보 기 >

ㄱ. ㉡에 의한 방어 작용은 체액성 면역에 해당한다.
ㄴ. ⓐ는 X이다.
ㄷ. 구간 Ⅰ에서 ㉠이 ㉢으로 분화한다.

① ㄱ ② ㄴ ③ ㄷ ④ ㄱ, ㄴ ⑤ ㄴ, ㄷ

15. 그림은 어떤 사람에서 세포 A의 핵형 분석 결과 관찰된 10번 염색체와 성염색체를 나타낸 것이다.

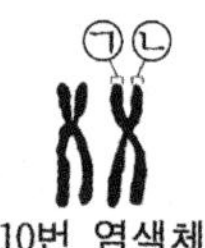

이에 대한 옳은 설명만을 <보기>에서 있는 대로 고른 것은? (단, 돌연변이와 교차는 고려하지 않는다.)

< 보 기 >

ㄱ. 이 사람은 여자이다.
ㄴ. A는 22쌍의 상염색체를 가진다.
ㄷ. ㉠과 ㉡의 유전 정보는 서로 다르다.

① ㄱ ② ㄴ ③ ㄷ ④ ㄱ, ㄴ ⑤ ㄱ, ㄷ

16. 그림은 정상인에서 티록신 분비량이 일시적으로 증가했다가 회복되는 과정에서 측정한 혈중 티록신과 TSH의 농도를 시간에 따라 나타낸 것이다.

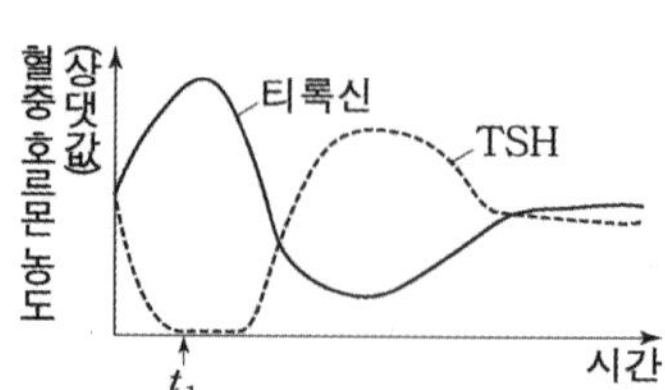

이에 대한 옳은 설명만을 <보기>에서 있는 대로 고른 것은? (단, 제시된 조건 이외는 고려하지 않는다.) [3점]

< 보 기 >

ㄱ. t_1일 때 이 사람에게 TSH를 투여하면 투여 전보다 티록신의 분비가 억제된다.
ㄴ. 티록신의 분비는 음성 피드백에 의해 조절된다.
ㄷ. 갑상샘은 TSH의 표적 기관이다.

① ㄱ ② ㄷ ③ ㄱ, ㄴ ④ ㄴ, ㄷ ⑤ ㄱ, ㄴ, ㄷ

17. 다음은 어떤 집안의 유전 형질 (가)에 대한 자료이다.

- (가)는 상염색체에 있는 1쌍의 대립유전자에 의해 결정되며, 대립유전자에는 D, E, F가 있다. E는 D와 F에 대해 각각 완전 우성이다.
- (가)의 표현형은 3가지이고, ㉠, ㉡, ㉢이다.
- 가계도는 구성원 ⓐ와 ⓑ를 제외한 구성원 1~7에서 (가)의 표현형을, 표는 3, 6, 7에서 체세포 1개당 D의 DNA 상대량을 나타낸 것이다.

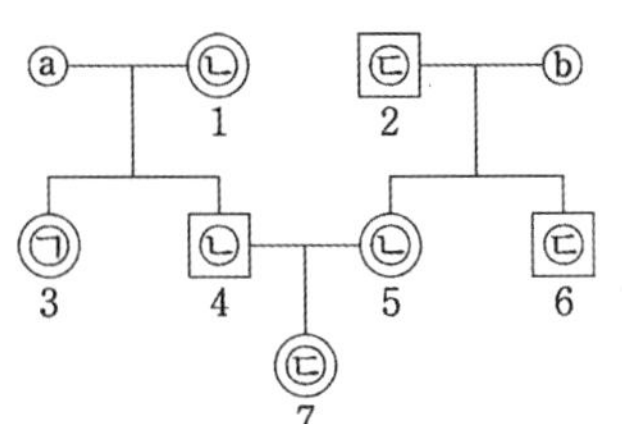

구성원	D의 DNA 상대량
3	2
6	1
7	0

이에 대한 옳은 설명만을 <보기>에서 있는 대로 고른 것은? (단, 돌연변이와 교차는 고려하지 않으며, D, E, F 각각의 1개당 DNA 상대량은 1이다.) [3점]

< 보 기 >

ㄱ. D는 F에 대해 완전 우성이다.
ㄴ. ⓑ의 표현형은 ㉡이다.
ㄷ. 7의 동생이 태어날 때, 이 아이가 ⓐ와 표현형이 같을 확률은 $\frac{1}{4}$이다.

① ㄱ ② ㄴ ③ ㄱ, ㄷ ④ ㄴ, ㄷ ⑤ ㄱ, ㄴ, ㄷ

18. 표는 어떤 지역에 면적이 1 m^2인 방형구를 200개 이용한 식물 군집 조사 결과를 나타낸 것이다.

종	개체 수	1개체당 지표를 덮는 면적(m^2)	상대 빈도(%)
A	30	0.8	30
B	60	0.4	㉠
C	40	0.6	35
D	70	0.4	20

이에 대한 옳은 설명만을 <보기>에서 있는 대로 고른 것은? (단, 각 개체는 서로 겹쳐 있지 않으며, A~D 이외의 종은 고려하지 않는다.) [3점]

< 보 기 >

ㄱ. ㉠은 15이다.
ㄴ. A의 상대 밀도는 D의 상대 피도보다 크다.
ㄷ. 우점종은 C이다.

① ㄱ ② ㄷ ③ ㄱ, ㄴ ④ ㄱ, ㄷ ⑤ ㄴ, ㄷ

19. 그림은 동일한 배양 조건에서 종 A와 B를 혼합 배양했을 때와 B를 단독 배양했을 때 시간에 따른 B의 개체 수를 나타낸 것이다.

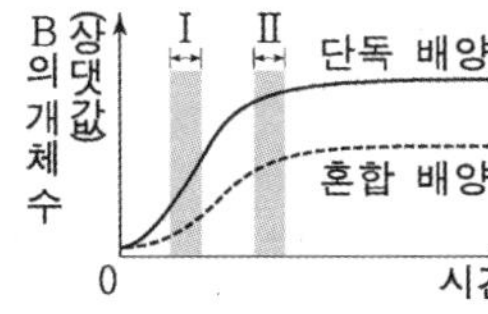

이에 대한 옳은 설명만을 <보기>에서 있는 대로 고른 것은?

< 보 기 >

ㄱ. 혼합 배양했을 때 구간 Ⅰ에서 A와 B는 한 군집을 이룬다.
ㄴ. 구간 Ⅱ에서 B에 작용하는 환경 저항은 단독 배양했을 때가 혼합 배양했을 때보다 크다.
ㄷ. A와 B 사이의 상호 작용은 상리 공생이다.

① ㄱ ② ㄴ ③ ㄱ, ㄷ ④ ㄴ, ㄷ ⑤ ㄱ, ㄴ, ㄷ

20. 다음은 어떤 가족의 ABO식 혈액형과 유전 형질 (가)에 대한 자료이다.

- ABO식 혈액형을 결정하는 유전자는 9번 염색체에 있다.
- (가)는 2쌍의 대립유전자 R과 r, T와 t에 의해 결정된다. (가)의 표현형은 유전자형에서 대문자로 표시되는 대립유전자의 수에 의해서만 결정되며, 이 대립유전자의 수가 다르면 표현형이 다르다.
- R과 r은 9번 염색체에, T와 t는 X 염색체에 있다.
- 아버지의 정자 형성 과정과 ㉠ 어머니의 난자 형성 과정에서 각각 9번 염색체 비분리가 1회 일어나 형성된 정자와 난자가 수정되어 핵형이 정상인 ⓐ 아들이 태어났다.
- 표는 모든 구성원의 ABO식 혈액형과 체세포 1개당 R과 T의 DNA 상대량을 더한 값을 나타낸 것이다.

구성원	아버지	어머니	아들
ABO식 혈액형	AB형	B형	O형
R과 T의 DNA 상대량을 더한 값	3	1	2

이에 대한 옳은 설명만을 <보기>에서 있는 대로 고른 것은? (단, 제시된 염색체 비분리 이외의 돌연변이와 교차는 고려하지 않으며, R, r, T, t 각각의 1개당 DNA 상대량은 1이다.) [3점]

< 보 기 >

ㄱ. ㉠의 감수 1분열에서 염색체 비분리가 발생했다.
ㄴ. 어머니에서 (가)의 유전자형은 RrX^tX^t이다.
ㄷ. ⓐ의 동생이 태어날 때, 이 아이가 아버지와 (가)의 표현형이 같을 확률은 $\frac{1}{2}$이다.

① ㄱ ② ㄴ ③ ㄷ ④ ㄱ, ㄷ ⑤ ㄴ, ㄷ

*** 확인 사항**

- **답안지의 해당란에 필요한 내용을 정확히 기입(표기)했는지 확인하시오.**

2024학년도 5월 고3 전국연합학력평가 문제지

날짜: 월 일
소요시간: 분

제2회

과학탐구 영역(생명과학 Ⅰ)

*정답 및 해설 513~514p

1. 다음은 민달팽이 A에 대한 설명이다.

> 바다에 사는 A는 배에 공기주머니가 있어 뒤집혀서 수면으로 떠오를 수 있다. ㉠A의 배 쪽은 푸른색을, 등 쪽은 은회색을 띠어 수면 위와 아래에 있는 천적에게 잘 발견되지 않는다.

㉠에 나타난 생물의 특성과 가장 관련이 깊은 것은?

① 아메바는 분열법으로 번식한다.
② 식물은 빛에너지를 이용하여 포도당을 합성한다.
③ 적록 색맹인 어머니로부터 적록 색맹인 아들이 태어난다.
④ 장수풍뎅이의 알은 애벌레와 번데기 시기를 거쳐 성체가 된다.
⑤ 더운 지역에 사는 사막여우는 열 방출에 효과적인 큰 귀를 갖는다.

2. 그림은 사람 몸에 있는 각 기관계의 통합적 작용을, 표는 기관계의 특징을 나타낸 것이다. (가)~(다)는 배설계, 소화계, 호흡계를 순서 없이 나타낸 것이다.

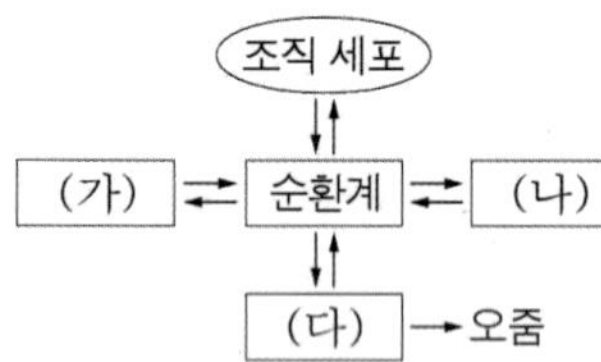

기관계	특징
(가)	㉠
(나)	음식물을 분해하여 영양소를 흡수한다.

이에 대한 설명으로 옳은 것만을 <보기>에서 있는 대로 고른 것은? [3점]

〈보 기〉

ㄱ. (가)는 호흡계이다.
ㄴ. (나)에서 흡수된 영양소 중 일부는 (다)에서 사용된다.
ㄷ. '이산화 탄소를 몸 밖으로 배출한다.'는 ㉠에 해당한다.

① ㄱ ② ㄷ ③ ㄱ, ㄴ ④ ㄴ, ㄷ ⑤ ㄱ, ㄴ, ㄷ

3. 그림은 중추 신경계의 구조를, 표는 반사의 중추를 나타낸 것이다. A와 B는 중간뇌와 척수를 순서 없이 나타낸 것이고, ㉠과 ㉡은 A와 B를 순서 없이 나타낸 것이다.

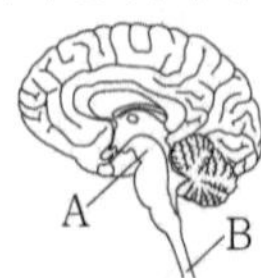

반사	중추
무릎 반사	㉠
동공 반사	㉡

이에 대한 설명으로 옳은 것만을 <보기>에서 있는 대로 고른 것은? [3점]

〈보 기〉

ㄱ. ㉠은 B이다.
ㄴ. ㉡에 교감 신경의 신경절 이전 뉴런의 신경 세포체가 있다.
ㄷ. A와 B는 모두 뇌줄기에 속한다.

① ㄱ ② ㄴ ③ ㄱ, ㄷ ④ ㄴ, ㄷ ⑤ ㄱ, ㄴ, ㄷ

4. 표는 사람의 체세포 세포 주기 Ⅰ~Ⅲ에서 특징의 유무를 나타낸 것이다. Ⅰ~Ⅲ은 G_1기, M기, S기를 순서 없이 나타낸 것이다.

특징 \ 세포 주기	Ⅰ	Ⅱ	Ⅲ
핵막이 소실된다.	×	?	×
뉴클레오솜이 있다.	○	○	ⓐ
핵에서 DNA 복제가 일어난다.	○	×	?

(○: 있음, ×: 없음)

이에 대한 설명으로 옳은 것만을 <보기>에서 있는 대로 고른 것은?

〈보 기〉

ㄱ. ⓐ는 '×'이다.
ㄴ. Ⅱ 시기에 염색 분체의 분리가 일어난다.
ㄷ. Ⅰ과 Ⅲ 시기는 모두 간기에 속한다.

① ㄱ ② ㄴ ③ ㄱ, ㄷ ④ ㄴ, ㄷ ⑤ ㄱ, ㄴ, ㄷ

5. 그림은 사람에서 일어나는 물질대사 과정 Ⅰ과 Ⅱ를 나타낸 것이다.

녹말 —Ⅰ→ ㉠포도당
아미노산 —Ⅱ→ 단백질

이에 대한 설명으로 옳은 것만을 <보기>에서 있는 대로 고른 것은?

〈보 기〉

ㄱ. Ⅰ에서 이화 작용이 일어난다.
ㄴ. Ⅰ과 Ⅱ에서 모두 효소가 이용된다.
ㄷ. ㉠이 세포 호흡에 사용된 결과 생성되는 노폐물에는 암모니아가 있다.

① ㄱ ② ㄴ ③ ㄷ ④ ㄱ, ㄴ ⑤ ㄱ, ㄷ

6. 그림은 정상인 A와 당뇨병 환자 B가 운동을 하는 동안 혈중 포도당 농도 변화를 나타낸 것이다. ㉠과 ㉡은 A와 B를 순서 없이 나타낸 것이다. B는 이자의 β세포가 파괴되어 인슐린이 정상적으로 생성되지 못한다.

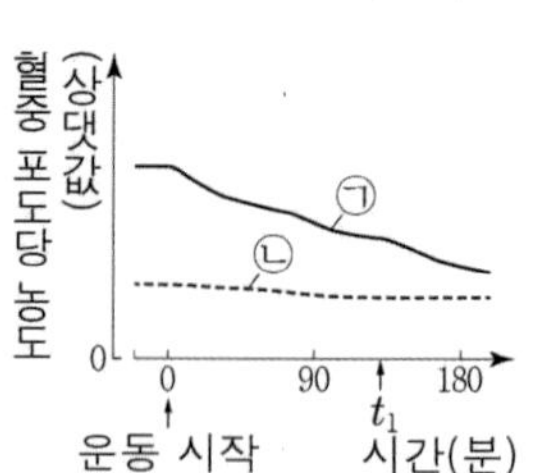

이에 대한 설명으로 옳은 것만을 <보기>에서 있는 대로 고른 것은? (단, 제시된 조건 이외는 고려하지 않는다.) [3점]

〈보 기〉

ㄱ. ㉠은 B이다.
ㄴ. 인슐린은 세포로의 포도당 흡수를 촉진한다.
ㄷ. A의 간에서 단위 시간당 생성되는 포도당의 양은 운동 시작 시점일 때가 t_1일 때보다 많다.

① ㄱ ② ㄷ ③ ㄱ, ㄴ ④ ㄱ, ㄷ ⑤ ㄴ, ㄷ

7. 그림은 정상인에게 ㉠을 투여하고 일정 시간이 지난 후 ㉡을 투여했을 때 측정한 혈장 삼투압을 시간에 따라 나타낸 것이다. ㉠과 ㉡은 물과 소금물을 순서 없이 나타낸 것이다.

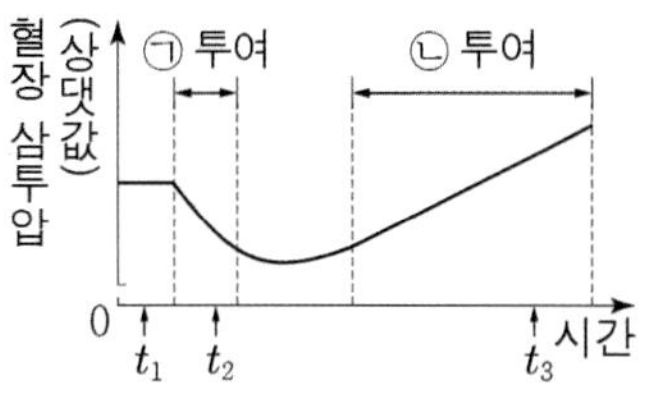

이에 대한 설명으로 옳은 것만을 <보기>에서 있는 대로 고른 것은? (단, 제시된 조건 이외는 고려하지 않는다.)

〈보 기〉

ㄱ. ㉠은 소금물이다.
ㄴ. 혈중 ADH의 농도는 t_1일 때가 t_2일 때보다 낮다.
ㄷ. 단위 시간당 오줌 생성량은 t_2일 때가 t_3일 때보다 많다.

① ㄱ ② ㄷ ③ ㄱ, ㄴ ④ ㄴ, ㄷ ⑤ ㄱ, ㄴ, ㄷ

8. 표는 사람 질병의 특징을 나타낸 것이다. (가)와 (나)는 말라리아와 독감을 순서 없이 나타낸 것이다.

질병	특징
(가)	병원체는 바이러스이다.
(나)	모기를 매개로 전염된다.
결핵	㉠

이에 대한 설명으로 옳은 것만을 <보기>에서 있는 대로 고른 것은?

〈보 기〉

ㄱ. (가)는 독감이다.
ㄴ. (가)와 (나)의 병원체는 모두 유전 물질을 갖는다.
ㄷ. '치료에 항생제가 사용된다.'는 ㉠에 해당한다.

① ㄱ ② ㄴ ③ ㄱ, ㄷ ④ ㄴ, ㄷ ⑤ ㄱ, ㄴ, ㄷ

9. 다음은 어떤 과학자가 수행한 탐구이다.

(가) 유채가 꽃을 피우는 기간에 기온이 높으면 유채꽃에 곤충이 덜 오는 것을 관찰하였다.
(나) ㉠ 유채가 꽃을 피우는 기간에 평균 기온보다 온도가 높으면 유채꽃에서 곤충을 유인하는 물질의 방출량이 감소할 것이라고 생각하였다.
(다) 유채를 집단 A와 B로 나눠 꽃을 피우는 기간 동안 온도 조건을 A는 ⓐ로, B는 ⓑ로 한 후, A와 B 각각에서 곤충을 유인하는 물질의 방출량을 측정하여 그래프로 나타내었다. ⓐ와 ⓑ는 '평균 기온과 같음'과 '평균 기온보다 높음'을 순서 없이 나타낸 것이다.
(라) 유채가 꽃을 피우는 기간에 평균 기온보다 온도가 높으면 유채꽃에서 곤충을 유인하는 물질의 방출량이 감소한다는 결론을 내렸다.

이에 대한 설명으로 옳은 것만을 <보기>에서 있는 대로 고른 것은? [3점]

〈보 기〉

ㄱ. ㉠은 (가)에서 관찰한 현상을 설명할 수 있는 잠정적인 결론에 해당한다.
ㄴ. ⓐ는 '평균 기온보다 높음'이다.
ㄷ. 연역적 탐구 방법이 이용되었다.

① ㄱ ② ㄴ ③ ㄱ, ㄷ ④ ㄴ, ㄷ ⑤ ㄱ, ㄴ, ㄷ

10. 다음은 골격근의 수축 과정에 대한 자료이다.

○ 그림은 근육 원섬유 마디 X의 구조를, 표는 골격근 수축 과정의 두 시점 t_1과 t_2일 때 ㉠의 길이와 ㉢의 길이를 더한 값(㉠+㉢)과 X의 길이를 나타낸 것이다. X는 좌우 대칭이고, Z_1과 Z_2는 X의 Z선이다.

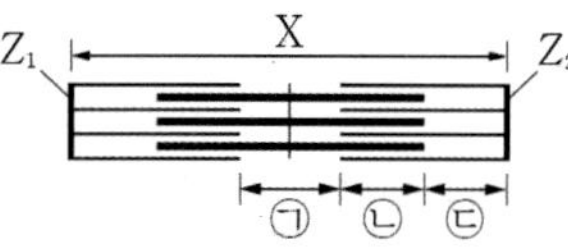

시점	㉠+㉢	X의 길이
t_1	1.4 ㎛	?
t_2	ⓐ	2.6 ㎛

○ 구간 ㉠은 마이오신 필라멘트만 있는 부분이고, ㉡은 액틴 필라멘트와 마이오신 필라멘트가 겹치는 부분이며, ㉢은 액틴 필라멘트만 있는 부분이다.
○ t_1일 때 ㉡의 길이는 $2d$, ㉢의 길이는 $3d$이다.
○ t_2일 때 A대의 길이는 1.6 ㎛이다.

이에 대한 설명으로 옳은 것만을 <보기>에서 있는 대로 고른 것은?

〈보 기〉

ㄱ. ⓐ는 1.1 ㎛이다.
ㄴ. H대의 길이는 t_1일 때가 t_2일 때보다 0.2 ㎛ 길다.
ㄷ. t_1일 때 Z_1로부터 Z_2 방향으로 거리가 1.9 ㎛인 지점은 ㉠에 해당한다.

① ㄱ ② ㄷ ③ ㄱ, ㄴ ④ ㄴ, ㄷ ⑤ ㄱ, ㄴ, ㄷ

11. 다음은 사람의 유전 형질 (가)~(다)에 대한 자료이다.

○ (가)는 대립유전자 A와 a에 의해, (나)는 대립유전자 B와 b에 의해, (다)는 대립유전자 D와 d에 의해 결정된다.
○ (가)~(다)의 유전자 중 2개는 5번 염색체에, 나머지 1개는 7번 염색체에 있다.
○ 표는 세포 Ⅰ~Ⅲ에서 대립유전자 A, a, B, b, D, d의 유무를 나타낸 것이다. Ⅰ~Ⅲ 중 2개는 남자 P의, 나머지 1개는 여자 Q의 세포이다.

세포	대립유전자					
	A	a	B	b	D	d
Ⅰ	×	○	○	×	×	○
Ⅱ	○	×	○	○	○	×
Ⅲ	×	○	○	○	○	○

(○: 있음, ×: 없음)

○ P와 Q 사이에서 ⓐ가 태어날 때, ⓐ가 가질 수 있는 (가)~(다)의 유전자형은 최대 4가지이다.

이에 대한 설명으로 옳은 것만을 <보기>에서 있는 대로 고른 것은? (단, 돌연변이와 교차는 고려하지 않는다.) [3점]

〈보 기〉

ㄱ. Ⅰ에서 B와 d는 모두 5번 염색체에 있다.
ㄴ. Ⅱ는 P의 세포이다.
ㄷ. ⓐ가 (가)~(다) 중 적어도 2가지 형질의 유전자형을 이형 접합성으로 가질 확률은 $\frac{3}{4}$이다.

① ㄱ ② ㄴ ③ ㄷ ④ ㄱ, ㄷ ⑤ ㄴ, ㄷ

12. 다음은 민말이집 신경 A와 B의 흥분 전도와 전달에 대한 자료이다.

○ 그림은 A와 B의 지점 d_1 ~ d_4의 위치를, 표는 ㉮ A와 B의 d_1에 역치 이상의 자극을 동시에 1회 주고 경과된 시간이 5 ms일 때 d_2 ~ d_4에서의 막전위를 나타낸 것이다. (가)와 (나) 중 한 곳에만 시냅스가 있으며, ㉠과 ㉡은 각각 −80과 +30 중 하나이다.

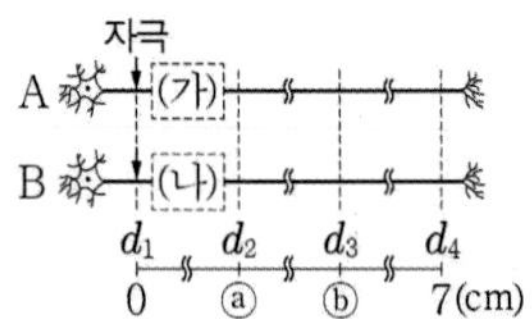

신경	5 ms일 때 막전위(mV)		
	d_2	d_3	d_4
A	㉠	㉡	−10
B	㉡	?	?

○ A와 B 중 1개의 신경은 한 뉴런으로 구성되며, 나머지 1개의 신경은 두 뉴런으로 구성된다. A와 B를 구성하는 뉴런의 흥분 전도 속도는 모두 같다.

○ A와 B 각각에서 활동 전위가 발생하였을 때, 각 지점에서의 막전위 변화는 그림과 같다.

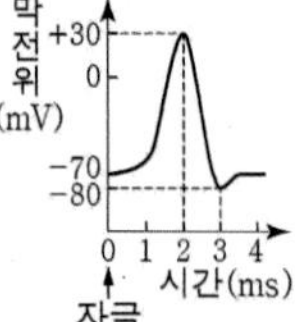

이에 대한 설명으로 옳은 것만을 <보기>에서 있는 대로 고른 것은? (단, A와 B에서 흥분의 전도는 각각 1회 일어났고, 휴지 전위는 −70 mV이다.) [3점]

〈 보 기 〉

ㄱ. 시냅스는 (나)에 있다.

ㄴ. $\frac{ⓐ}{ⓑ} = \frac{1}{2}$이다.

ㄷ. ㉮가 6 ms일 때 B의 d_4에서 재분극이 일어나고 있다.

① ㄱ ② ㄴ ③ ㄷ ④ ㄱ, ㄷ ⑤ ㄴ, ㄷ

13. 다음은 병원체 P에 대한 백신을 개발하기 위한 실험이다.

[실험 과정 및 결과]

(가) P로부터 백신 후보 물질 ㉠을 얻는다.

(나) P와 ㉠에 노출된 적이 없고, 유전적으로 동일한 생쥐 Ⅰ ~ Ⅴ를 준비한다.

(다) Ⅰ과 Ⅱ에게 각각 ㉠을 주사한다. Ⅰ에서 ㉠에 대한 혈중 항체 농도 변화는 그림과 같다.

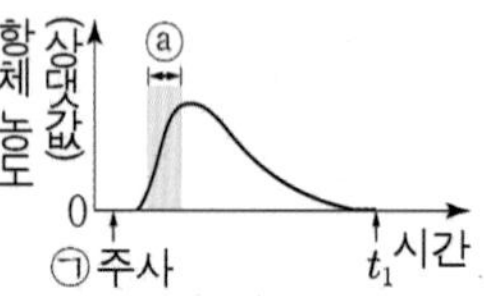

(라) t_1일 때 Ⅰ에서 혈장과 ㉠에 대한 B 림프구가 분화한 기억 세포를 분리한다. 표와 같이 주사액을 Ⅱ ~ Ⅴ에게 주사하고 일정 시간이 지난 후, 생쥐의 생존 여부를 확인한다.

생쥐	주사액 조성	생존 여부
Ⅱ	P	산다
Ⅲ	P	죽는다
Ⅳ	Ⅰ의 혈장 + P	죽는다
Ⅴ	Ⅰ의 기억 세포 + P	산다

이에 대한 설명으로 옳은 것만을 <보기>에서 있는 대로 고른 것은? (단, 제시된 조건 이외는 고려하지 않는다.)

〈 보 기 〉

ㄱ. ㉠은 (다)의 Ⅰ에서 항원으로 작용하였다.

ㄴ. 구간 ⓐ에서 체액성 면역 반응이 일어났다.

ㄷ. (라)의 Ⅴ에서 형질 세포가 기억 세포로 분화되었다.

① ㄱ ② ㄷ ③ ㄱ, ㄴ ④ ㄴ, ㄷ ⑤ ㄱ, ㄴ, ㄷ

14. 사람의 유전 형질 ㉮는 2쌍의 대립유전자 A와 a, B와 b에 의해 결정된다. 그림은 어떤 사람의 G_1기 세포로부터 생식세포가 형성되는 과정의 일부를, 표는 이 사람의 세포 (가) ~ (다)에서 A와 a의 DNA 상대량을 더한 값(A + a)과 B와 b의 DNA 상대량을 더한 값(B + b)을 나타낸 것이다. (가) ~ (다)는 Ⅰ ~ Ⅲ을 순서 없이 나타낸 것이고, ㉠ ~ ㉢은 1, 2, 4를 순서 없이 나타낸 것이다.

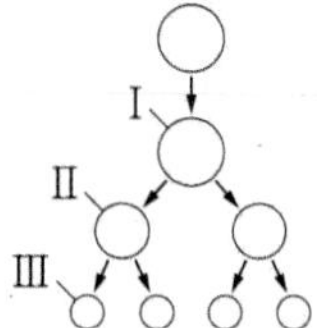

세포	DNA 상대량을 더한 값	
	A + a	B + b
(가)	㉠	㉠
(나)	㉡	㉡
(다)	㉢	㉠

이에 대한 설명으로 옳은 것만을 <보기>에서 있는 대로 고른 것은? (단, 돌연변이와 교차는 고려하지 않으며, A, a, B, b 각각의 1개당 DNA 상대량은 1이다. Ⅰ과 Ⅱ는 중기의 세포이다.) [3점]

〈 보 기 〉

ㄱ. ㉠은 2이다.

ㄴ. (나)는 Ⅱ이다.

ㄷ. $\frac{\text{(다)의 염색체 수}}{\text{(가)의 염색 분체 수}} = \frac{1}{2}$이다.

① ㄱ ② ㄴ ③ ㄷ ④ ㄱ, ㄷ ⑤ ㄴ, ㄷ

15. 다음은 어떤 가족의 유전 형질 (가)와 (나)에 대한 자료이다.

○ (가)는 2쌍의 대립유전자 H와 h, R와 r에 의해 결정된다. (가)의 표현형은 유전자형에서 ㉠ 대문자로 표시되는 대립유전자의 수에 의해서만 결정되며, 이 대립유전자의 수가 다르면 표현형이 다르다.

○ (나)는 대립유전자 T와 t에 의해 결정되며, T는 t에 대해 완전 우성이다.

○ 아버지와 어머니 사이에서 아이가 태어날 때, 이 아이의 (가)와 (나)의 유전자형이 HHrrTt일 확률은 $\frac{1}{8}$이다.

○ 그림은 아버지의 체세포에 들어 있는 일부 염색체와 유전자를, 표는 아버지를 제외한 나머지 가족 구성원의 (가)의 유전자형에서 ㉠과 (나)의 발현 여부를 나타낸 것이다.

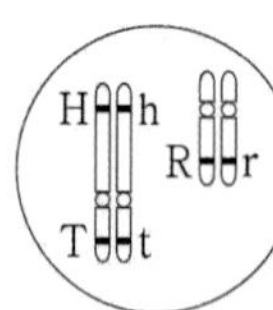

구성원	(가)의 유전자형에서 ㉠	(나)
어머니	3	발현됨
자녀 1	3	발현됨
자녀 2	2	발현 안 됨
자녀 3	1	발현 안 됨

○ 아버지의 생식세포 형성 과정에서 대립유전자 ㉮가 포함된 염색체의 일부가 결실된 정자 P가 형성되었다. ㉮는 H, h, R, r 중 하나이다.

○ P와 정상 난자가 수정되어 ⓐ가 태어났다. ⓐ는 자녀 1 ~ 3 중 하나이다. ⓐ를 제외한 이 가족 구성원의 핵형은 모두 정상이다.

이에 대한 설명으로 옳은 것만을 <보기>에서 있는 대로 고른 것은? (단, 제시된 돌연변이 이외의 돌연변이와 교차는 고려하지 않는다.)

〈 보 기 〉

ㄱ. (나)는 우성 형질이다.

ㄴ. ㉮는 H이다.

ㄷ. 자녀 2는 R를 갖는다.

① ㄱ ② ㄴ ③ ㄷ ④ ㄱ, ㄴ ⑤ ㄱ, ㄷ

16. 어떤 동물 종($2n=6$)의 유전 형질 ㉮는 2쌍의 대립유전자 A와 a, B와 b에 의해 결정된다. 표는 이 동물 종의 개체 P와 Q의 세포 Ⅰ~Ⅳ에서 대립유전자 ㉠~㉣의 DNA 상대량을, 그림은 세포 (가)와 (나) 각각에 들어 있는 모든 염색체를 나타낸 것이다. (가)와 (나)는 각각 Ⅰ~Ⅳ 중 하나이고, ㉠~㉣은 A, a, B, b를 순서 없이 나타낸 것이다. P는 수컷이고 성염색체는 XY이며, Q는 암컷이고 성염색체는 XX이다.

세포	DNA 상대량			
	㉠	㉡	㉢	㉣
Ⅰ	0	0	?	1
Ⅱ	1	?	0	0
Ⅲ	0	0	4	2
Ⅳ	?	1	1	0

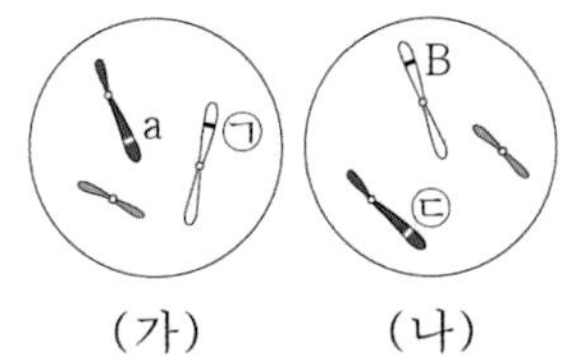

(가) (나)

이에 대한 설명으로 옳은 것만을 <보기>에서 있는 대로 고른 것은? (단, 돌연변이와 교차는 고려하지 않으며, A, a, B, b 각각의 1개당 DNA 상대량은 1이다.)

〈보 기〉
ㄱ. (가)는 P의 세포이다.
ㄴ. Ⅳ에 B가 있다.
ㄷ. Ⅲ과 Ⅳ의 핵상은 같다.

① ㄱ ② ㄷ ③ ㄱ, ㄴ ④ ㄴ, ㄷ ⑤ ㄱ, ㄴ, ㄷ

17. 표는 방형구법을 이용하여 어떤 지역의 식물 군집을 조사한 결과를 나타낸 것이다.

종	상대 밀도(%)	상대 빈도(%)	상대 피도(%)	중요치
A	18	㉠	?	73
B	38	㉠	㉡	83
C	?	15	㉡	?
D	30	?	30	?

이 자료에 대한 설명으로 옳은 것만을 <보기>에서 있는 대로 고른 것은? (단, A~D 이외의 종은 고려하지 않는다.) [3점]

〈보 기〉
ㄱ. C의 상대 밀도는 14 %이다.
ㄴ. A가 출현한 방형구의 수는 D가 출현한 방형구의 수보다 많다.
ㄷ. 우점종은 B이다.

① ㄱ ② ㄷ ③ ㄱ, ㄴ ④ ㄱ, ㄷ ⑤ ㄴ, ㄷ

18. 그림 (가)는 생태계를 구성하는 요소 사이의 상호 관계를, (나)는 영양염류를 이용하는 종 X를 배양했을 때 시간에 따른 X의 개체 수와 영양염류의 농도를 나타낸 것이다.

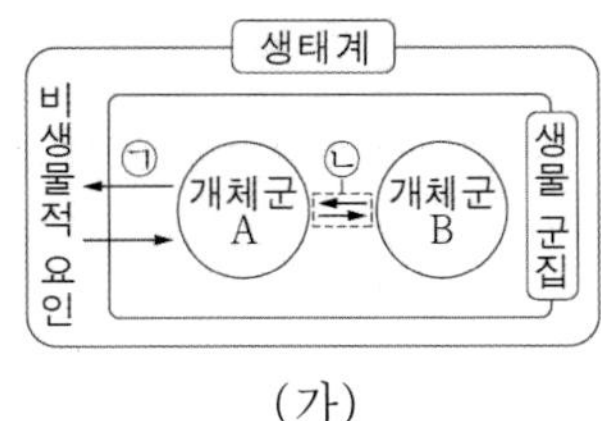

(가)

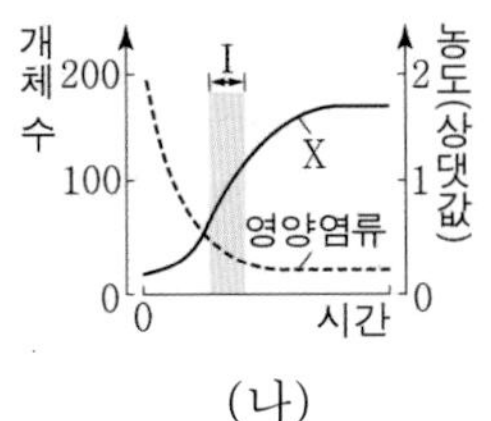

(나)

이에 대한 설명으로 옳은 것만을 <보기>에서 있는 대로 고른 것은?

〈보 기〉
ㄱ. 개체군 A는 동일한 종으로 구성된다.
ㄴ. 구간 Ⅰ에서 X에 환경 저항이 작용한다.
ㄷ. X에 의해 영양염류의 농도가 감소하는 것은 ㉡에 해당한다.

① ㄱ ② ㄴ ③ ㄷ ④ ㄱ, ㄴ ⑤ ㄱ, ㄷ

19. 다음은 어떤 집안의 유전 형질 (가)와 (나)에 대한 자료이다.

○ (가)는 대립유전자 A와 a에 의해 결정되며, A는 a에 대해 완전 우성이다.
○ (나)는 상염색체에 있는 1쌍의 대립유전자에 의해 결정되며, 대립유전자에는 D, E, F가 있다. D는 E와 F에 대해, E는 F에 대해 각각 완전 우성이다.
○ 가계도는 구성원 ⓐ를 제외한 구성원 1~5에게서 (가)의 발현 여부를 나타낸 것이다. ⓐ는 남자이다.

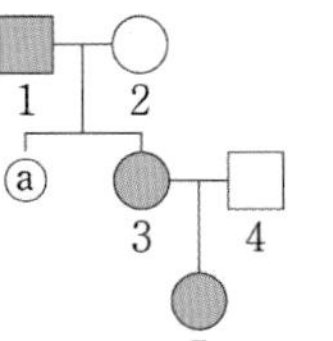

○ 1, 2, ⓐ는 (나)의 표현형이 각각 서로 다르며, 3, 4, 5는 (나)의 표현형이 각각 서로 다르다.
○ 표는 1, ⓐ, 3, 5에서 체세포 1개당 A와 E의 DNA 상대량을 더한 값을 나타낸 것이다.

구성원	1	ⓐ	3	5
A와 E의 DNA 상대량을 더한 값	1	1	2	2

이에 대한 설명으로 옳은 것만을 <보기>에서 있는 대로 고른 것은? (단, 돌연변이와 교차는 고려하지 않으며, A, a, D, E, F 각각의 1개당 DNA 상대량은 1이다.) [3점]

〈보 기〉
ㄱ. ⓐ에게서 (가)가 발현되었다.
ㄴ. 1과 4의 (나)의 유전자형은 같다.
ㄷ. 5의 동생이 태어날 때, 이 아이의 (가)와 (나)의 표현형이 모두 3과 같을 확률은 $\frac{1}{4}$이다.

① ㄱ ② ㄴ ③ ㄷ ④ ㄱ, ㄷ ⑤ ㄴ, ㄷ

20. 다음은 어떤 꿀벌 종에 대한 자료이다.

(가) 꿀벌은 여왕벌, 수벌, 일벌이 서로 일을 분담하여 협력한다.
(나) 꿀벌이 벌집을 만들기 위해 분비하는 물질인 밀랍은 광택제, 모형 제작, 방수제, 화장품 등에 사용된다.
(다) 환경이 급격하게 변화하였을 때 ㉠유전적 다양성이 높은 집단에서가 낮은 집단에서보다 더 많은 수의 개체가 살아남았다.

이에 대한 설명으로 옳은 것만을 <보기>에서 있는 대로 고른 것은? [3점]

〈보 기〉
ㄱ. (가)는 개체군 내의 상호 작용의 예에 해당한다.
ㄴ. (나)에서 생물 자원이 활용되었다.
ㄷ. 동일한 종의 무당벌레에서 반점 무늬가 다양하게 나타나는 것은 ㉠의 예에 해당한다.

① ㄱ ② ㄴ ③ ㄱ, ㄷ ④ ㄴ, ㄷ ⑤ ㄱ, ㄴ, ㄷ

※ 확인 사항
○ 답안지의 해당란에 필요한 내용을 정확히 기입(표기)했는지 확인하시오.

2024학년도 대학수학능력시험 6월 모의평가 문제지

날짜: 월 일
소요시간: 분

제3회

과학탐구 영역(생명과학 Ⅰ)

*정답 및 해설 515~516p

1. 다음은 어떤 기러기에 대한 자료이다.

○ 화산섬에 서식하는 이 기러기는 풀과 열매를 섭취하여 ㉠활동에 필요한 에너지를 얻는다.
○ 이 기러기는 ㉡발생과 생장 과정에서 물갈퀴가 완전하게 발달하지는 않지만, ㉢길고 강한 발톱과 두꺼운 발바닥을 가져 화산섬에 서식하기에 적합하다.

이 자료에 대한 설명으로 옳은 것만을 <보기>에서 있는 대로 고른 것은?

<보 기>
ㄱ. ㉠ 과정에서 물질대사가 일어난다.
ㄴ. ㉡ 과정에서 세포 분열이 일어난다.
ㄷ. ㉢은 적응과 진화의 예에 해당한다.

① ㄱ ② ㄷ ③ ㄱ, ㄴ ④ ㄴ, ㄷ ⑤ ㄱ, ㄴ, ㄷ

2. 다음은 사람에서 일어나는 물질대사에 대한 자료이다.

(가) 단백질은 소화 과정을 거쳐 아미노산으로 분해된다.
(나) 포도당이 세포 호흡을 통해 분해된 결과 생성되는 노폐물에는 ㉠이 있다.

이에 대한 설명으로 옳은 것만을 <보기>에서 있는 대로 고른 것은? [3점]

<보 기>
ㄱ. (가)에서 이화 작용이 일어난다.
ㄴ. 이산화 탄소는 ㉠에 해당한다.
ㄷ. (가)와 (나)에서 모두 효소가 이용된다.

① ㄱ ② ㄷ ③ ㄱ, ㄴ ④ ㄴ, ㄷ ⑤ ㄱ, ㄴ, ㄷ

3. 다음은 호르몬 X에 대한 자료이다.

X는 이자의 β 세포에서 분비되며, 세포로의 ⓐ포도당 흡수를 촉진한다. X가 정상적으로 생성되지 못하거나 X의 표적 세포가 X에 반응하지 못하면, 혈중 포도당 농도가 정상적으로 조절되지 못한다.

이에 대한 설명으로 옳은 것만을 <보기>에서 있는 대로 고른 것은?

<보 기>
ㄱ. X는 간에서 ⓐ가 글리코젠으로 전환되는 과정을 촉진한다.
ㄴ. 순환계를 통해 X가 표적 세포로 운반된다.
ㄷ. 혈중 포도당 농도가 증가하면 X의 분비가 억제된다.

① ㄱ ② ㄷ ③ ㄱ, ㄴ ④ ㄴ, ㄷ ⑤ ㄱ, ㄴ, ㄷ

4. 사람의 질병에 대한 설명으로 옳은 것만을 <보기>에서 있는 대로 고른 것은?

<보 기>
ㄱ. 독감의 병원체는 바이러스이다.
ㄴ. 결핵의 병원체는 독립적으로 물질대사를 한다.
ㄷ. 낫 모양 적혈구 빈혈증은 비감염성 질병에 해당한다.

① ㄱ ② ㄴ ③ ㄱ, ㄷ ④ ㄴ, ㄷ ⑤ ㄱ, ㄴ, ㄷ

5. 그림은 조건 Ⅰ~Ⅲ에서 뉴런 P의 한 지점에 역치 이상의 자극을 주고 측정한 시간에 따른 막전위를 나타낸 것이고, 표는 Ⅰ~Ⅲ에 대한 자료이다. ㉠과 ㉡은 Na^+과 K^+을 순서 없이 나타낸 것이다.

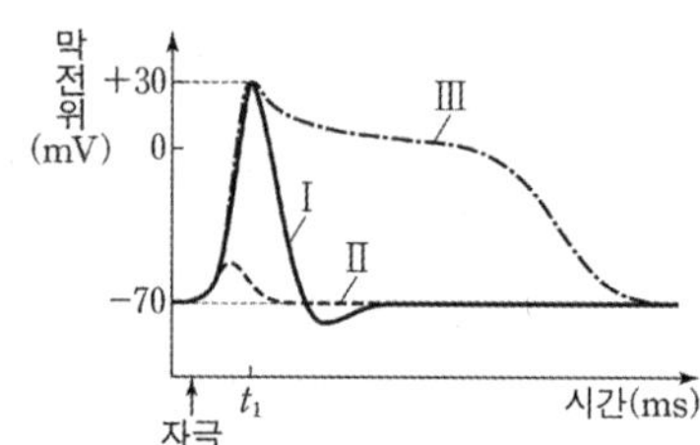

구분	조건
Ⅰ	물질 A와 B를 처리하지 않음
Ⅱ	물질 A를 처리하여 세포막에 있는 이온 통로를 통한 ㉠의 이동을 억제함
Ⅲ	물질 B를 처리하여 세포막에 있는 이온 통로를 통한 ㉡의 이동을 억제함

이에 대한 설명으로 옳은 것만을 <보기>에서 있는 대로 고른 것은? (단, 제시된 조건 이외는 고려하지 않는다.) [3점]

<보 기>
ㄱ. ㉠은 Na^+이다.
ㄴ. t_1일 때, Ⅰ에서 ㉡의 $\frac{\text{세포 안의 농도}}{\text{세포 밖의 농도}}$는 1보다 작다.
ㄷ. 막전위가 +30mV에서 −70mV가 되는 데 걸리는 시간은 Ⅲ에서가 Ⅰ에서보다 짧다.

① ㄱ ② ㄴ ③ ㄷ ④ ㄱ, ㄴ ⑤ ㄴ, ㄷ

6. 그림 (가)는 사람 H의 체세포 세포 주기를, (나)는 H의 핵형 분석 결과의 일부를 나타낸 것이다. ㉠~㉢은 G_1기, M기(분열기), S기를 순서 없이 나타낸 것이다.

(가)

1 2 3 4 5
20 21 22 XY

(나)

이에 대한 설명으로 옳은 것만을 <보기>에서 있는 대로 고른 것은?

<보 기>
ㄱ. ㉠ 시기에 DNA 복제가 일어난다.
ㄴ. ㉢ 시기에 (나)의 염색체가 관찰된다.
ㄷ. (나)에서 다운 증후군의 염색체 이상이 관찰된다.

① ㄱ ② ㄴ ③ ㄷ ④ ㄱ, ㄴ ⑤ ㄱ, ㄷ

7. 그림은 사람에서 혈중 티록신 농도에 따른 물질대사량을, 표는 갑상샘 기능에 이상이 있는 사람 A와 B의 혈중 티록신 농도, 물질대사량, 증상을 나타낸 것이다. ㉠과 ㉡은 '정상보다 높음'과 '정상보다 낮음'을 순서 없이 나타낸 것이다.

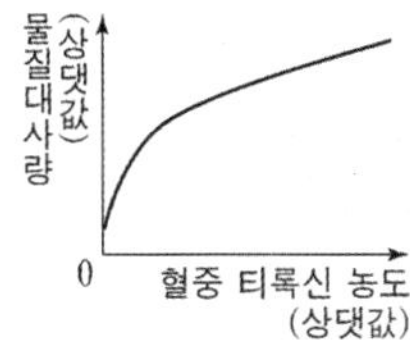

사람	티록신 농도	물질대사량	증상
A	㉠	정상보다 증가함	심장 박동 수가 증가하고 더위에 약함
B	㉡	정상보다 감소함	체중이 증가하고 추위를 많이 탐

이에 대한 설명으로 옳은 것만을 <보기>에서 있는 대로 고른 것은? (단, 제시된 조건 이외는 고려하지 않는다.)

<보 기>
ㄱ. 갑상샘에서 티록신이 분비된다.
ㄴ. ㉠은 '정상보다 높음'이다.
ㄷ. B에게 티록신을 투여하면 투여 전보다 물질대사량이 감소한다.

① ㄱ ② ㄷ ③ ㄱ, ㄴ ④ ㄱ, ㄷ ⑤ ㄴ, ㄷ

8. 표는 특정 형질에 대한 유전자형이 RR인 어떤 사람의 세포 (가)~(라)에서 핵막 소실 여부, 핵상, R의 DNA 상대량을 나타낸 것이다. (가)~(라)는 G_1기 세포, G_2기 세포, 감수 1분열 중기 세포, 감수 2분열 중기 세포를 순서 없이 나타낸 것이다. ㉠은 '소실됨'과 '소실 안 됨' 중 하나이다.

세포	핵막 소실 여부	핵상	R의 DNA 상대량
(가)	소실됨	n	2
(나)	소실 안 됨	$2n$	?
(다)	?	$2n$	2
(라)	㉠	?	4

이에 대한 설명으로 옳은 것만을 <보기>에서 있는 대로 고른 것은? (단, 돌연변이는 고려하지 않으며, R의 1개당 DNA 상대량은 1이다.)

<보 기>
ㄱ. (가)에서 2가 염색체가 관찰된다.
ㄴ. (나)는 G_2기 세포이다.
ㄷ. ㉠은 '소실됨'이다.

① ㄱ ② ㄴ ③ ㄱ, ㄷ ④ ㄴ, ㄷ ⑤ ㄱ, ㄴ, ㄷ

9. 그림은 어떤 지역의 식물 군집에서 산불이 난 후의 천이 과정 일부를, 표는 이 과정 중 ㉠에서 방형구법을 이용하여 식물 군집을 조사한 결과를 나타낸 것이다. ㉠은 A와 B 중 하나이고, A와 B는 양수림과 음수림을 순서 없이 나타낸 것이다. 종 Ⅰ과 Ⅱ는 침엽수(양수)에 속하고, 종 Ⅲ과 Ⅳ는 활엽수(음수)에 속한다.

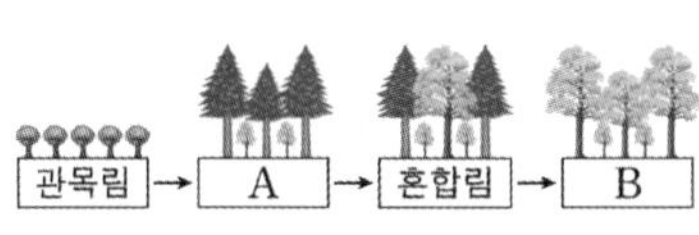

구분	침엽수		활엽수	
	Ⅰ	Ⅱ	Ⅲ	Ⅳ
상대 밀도(%)	30	42	12	16
상대 빈도(%)	32	38	16	14
상대 피도(%)	34	38	17	11

이에 대한 설명으로 옳은 것만을 <보기>에서 있는 대로 고른 것은? (단, Ⅰ~Ⅳ 이외의 종은 고려하지 않는다.) [3점]

<보 기>
ㄱ. ㉠은 B이다.
ㄴ. 이 지역에서 일어난 천이는 2차 천이이다.
ㄷ. 이 식물 군집은 혼합림에서 극상을 이룬다.

① ㄱ ② ㄴ ③ ㄷ ④ ㄱ, ㄴ ⑤ ㄱ, ㄷ

10. 그림은 중추 신경계의 구조를 나타낸 것이다. ㉠~㉣은 간뇌, 소뇌, 연수, 중간뇌를 순서 없이 나타낸 것이다.

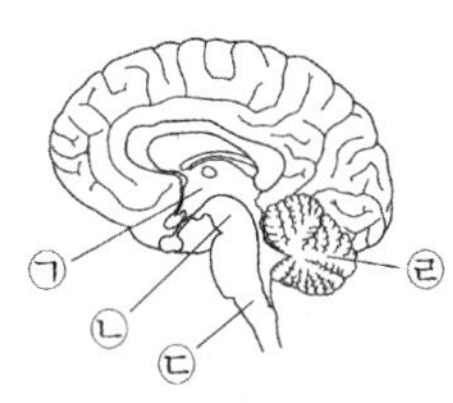

이에 대한 설명으로 옳은 것만을 <보기>에서 있는 대로 고른 것은?

<보 기>
ㄱ. ㉠에 시상 하부가 있다.
ㄴ. ㉡과 ㉣은 모두 뇌줄기에 속한다.
ㄷ. ㉢은 호흡 운동을 조절한다.

① ㄱ ② ㄴ ③ ㄱ, ㄷ ④ ㄴ, ㄷ ⑤ ㄱ, ㄴ, ㄷ

11. 그림 (가)는 정상인의 혈중 항이뇨 호르몬(ADH) 농도에 따른 ㉠을, (나)는 정상인 A와 B 중 한 사람에게만 수분 공급을 중단하고 측정한 시간에 따른 ㉠을 나타낸 것이다. ㉠은 오줌 삼투압과 단위 시간당 오줌 생성량 중 하나이다.

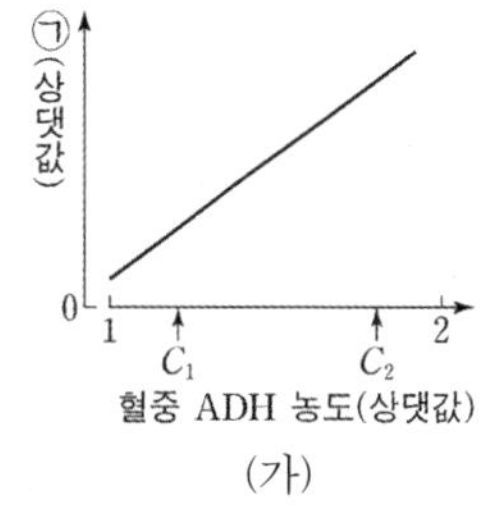

(가)

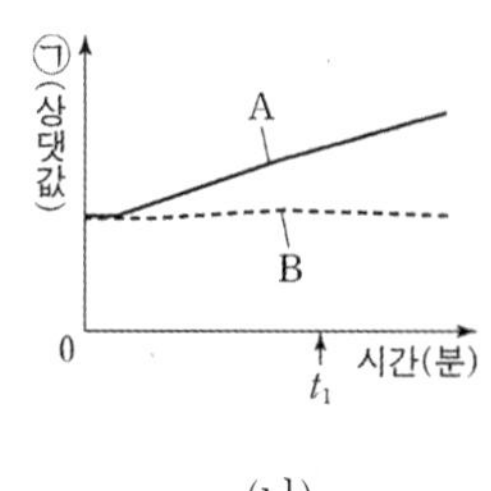

(나)

이에 대한 설명으로 옳은 것만을 <보기>에서 있는 대로 고른 것은? (단, 제시된 조건 이외는 고려하지 않는다.) [3점]

<보 기>
ㄱ. 단위 시간당 오줌 생성량은 C_2일 때가 C_1일 때보다 많다.
ㄴ. t_1일 때 $\frac{\text{B의 혈중 ADH 농도}}{\text{A의 혈중 ADH 농도}}$는 1보다 크다.
ㄷ. 콩팥은 ADH의 표적 기관이다.

① ㄱ ② ㄷ ③ ㄱ, ㄴ ④ ㄴ, ㄷ ⑤ ㄱ, ㄴ, ㄷ

12. 그림은 생존 곡선 Ⅰ형, Ⅱ형, Ⅲ형을, 표는 동물 종 ㉠, ㉡, ㉢의 특징과 생존 곡선 유형을 나타낸 것이다. ⓐ와 ⓑ는 Ⅰ형과 Ⅲ형을 순서 없이 나타낸 것이며, 특정 시기의 사망률은 그 시기 동안 사망한 개체 수를 그 시기가 시작된 시점의 총개체 수로 나눈 값이다.

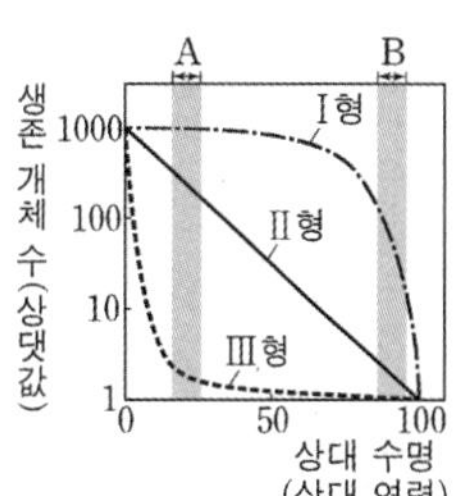

종	특징	유형
㉠	한 번에 많은 수의 자손을 낳으며 초기 사망률이 후기 사망률보다 높다.	ⓐ
㉡	한 번에 적은 수의 자손을 낳으며 초기 사망률이 후기 사망률보다 낮다.	ⓑ
㉢	?	Ⅱ형

이에 대한 설명으로 옳은 것만을 <보기>에서 있는 대로 고른 것은?

<보 기>
ㄱ. ⓑ는 Ⅰ형이다.
ㄴ. ㉢에서 $\frac{\text{A 시기 동안 사망한 개체 수}}{\text{B 시기 동안 사망한 개체 수}}$는 1이다.
ㄷ. 대형 포유류와 같이 대부분의 개체가 생리적 수명을 다하고 죽는 종의 생존 곡선 유형은 Ⅲ형에 해당한다.

① ㄱ ② ㄴ ③ ㄷ ④ ㄱ, ㄴ ⑤ ㄴ, ㄷ

13. 다음은 검사 키트를 이용하여 병원체 P와 Q의 감염 여부를 확인하기 위한 실험이다.

> ○ 사람으로부터 채취한 시료를 검사 키트에 떨어뜨리면 시료는 물질 ⓐ와 함께 이동한다. ⓐ는 P와 Q에 각각 결합할 수 있고, 색소가 있다.
>
> 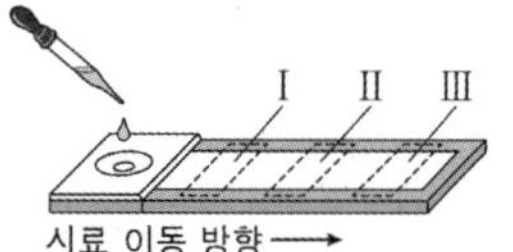
>
>
> ○ 검사 키트의 Ⅰ에는 'P에 대한 항체'가, Ⅱ에는 'Q에 대한 항체'가, Ⅲ에는 'ⓐ에 대한 항체'가 각각 부착되어 있다. Ⅰ~Ⅲ의 항체에 각각 항원이 결합하면, ⓐ의 색소에 의해 띠가 나타난다.
>
> 〔실험 과정 및 결과〕
>
> (가) 사람 A와 B로부터 시료를 각각 준비한 후, 검사 키트에 각 시료를 떨어뜨린다.
>
> (나) 일정 시간이 지난 후 검사 키트를 확인한 결과는 표와 같다.
>
> (다) A는 P와 Q에 모두 감염되지 않았고, B는 Q에만 감염되었다.
>
> | 사람 | 검사 결과 |
> |---|---|
> | A | Ⅰ Ⅱ Ⅲ |
> | B | ? |

B의 검사 결과로 가장 적절한 것은? (단, 제시된 조건 이외는 고려하지 않는다.) [3점]

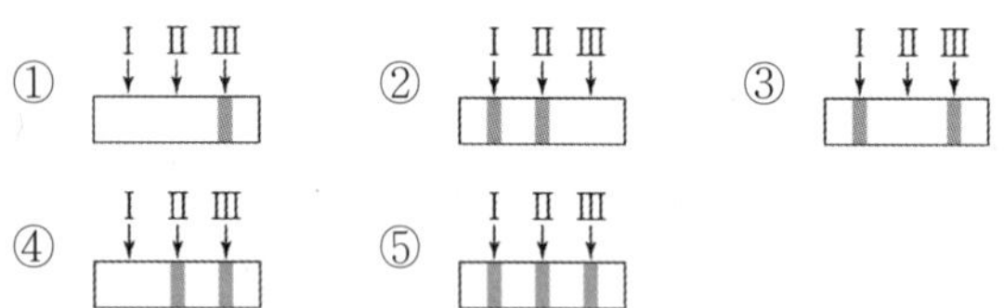

14. 어떤 동물 종($2n=6$)의 유전 형질 ㉮는 2쌍의 대립유전자 A와 a, B와 b에 의해 결정된다. 그림은 이 동물 종의 개체 Ⅰ과 Ⅱ의 세포 (가)~(라) 각각에 들어 있는 모든 염색체를, 표는 (가)~(라)에서 A, a, B, b의 유무를 나타낸 것이다. (가)~(라) 중 2개는 Ⅰ의 세포이고, 나머지 2개는 Ⅱ의 세포이다. Ⅰ은 암컷이고 성염색체는 XX이며, Ⅱ는 수컷이고 성염색체는 XY이다.

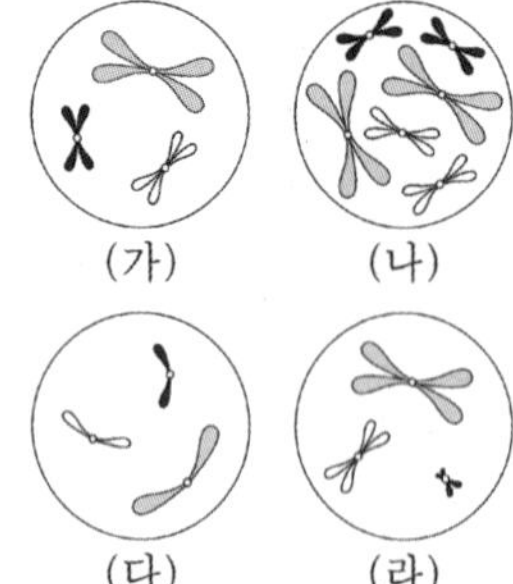

세포	대립유전자			
	A	a	B	b
(가)	○	?	?	?
(나)	?	○	○	×
(다)	○	×	×	○
(라)	?	○	×	×

(○: 있음, ×: 없음)

이에 대한 설명으로 옳은 것만을 <보기>에서 있는 대로 고른 것은? (단, 돌연변이와 교차는 고려하지 않는다.) [3점]

> <보 기>
>
> ㄱ. (가)는 Ⅱ의 세포이다.
>
> ㄴ. Ⅰ의 유전자형은 AaBB이다.
>
> ㄷ. (다)에서 b는 상염색체에 있다.

① ㄱ ② ㄴ ③ ㄷ ④ ㄱ, ㄴ ⑤ ㄴ, ㄷ

15. 다음은 골격근의 수축 과정에 대한 자료이다.

> ○ 그림은 근육 원섬유 마디 X의 구조를 나타낸 것이다. X는 좌우 대칭이다.
>
> ○ 구간 ㉠은 액틴 필라멘트만 있는 부분이고, ㉡은 액틴 필라멘트와 마이오신 필라멘트가 겹치는 부분이며, ㉢은 마이오신 필라멘트만 있는 부분이다.
>
> ○ 골격근 수축 과정의 두 시점 t_1과 t_2 중 t_1일 때 ㉠의 길이와 ㉡의 길이를 더한 값은 1.0㎛이고, X의 길이는 3.2㎛이다.
>
> ○ t_1일 때 $\frac{ⓐ\text{의 길이}}{㉢\text{의 길이}}=\frac{2}{3}$이고, t_2일 때 $\frac{ⓐ\text{의 길이}}{㉢\text{의 길이}}=1$이며, $\frac{t_1\text{일 때 ⓑ의 길이}}{t_2\text{일 때 ⓑ의 길이}}=\frac{1}{3}$이다. ⓐ와 ⓑ는 ㉠과 ㉡을 순서 없이 나타낸 것이다.

이에 대한 설명으로 옳은 것만을 <보기>에서 있는 대로 고른 것은?

> <보 기>
>
> ㄱ. ⓑ는 ㉠이다.
>
> ㄴ. t_1일 때 A대의 길이는 1.6㎛이다.
>
> ㄷ. X의 길이는 t_1일 때가 t_2일 때보다 0.8㎛ 길다.

① ㄱ ② ㄷ ③ ㄱ, ㄴ ④ ㄴ, ㄷ ⑤ ㄱ, ㄴ, ㄷ

16. 다음은 어떤 집안의 유전 형질 (가)와 (나)에 대한 자료이다.

> ○ (가)는 대립유전자 A와 a에 의해, (나)는 대립유전자 B와 b에 의해 결정된다. A는 a에 대해, B는 b에 대해 각각 완전 우성이다.
>
> ○ (가)와 (나)는 모두 우성 형질이고, (가)의 유전자와 (나)의 유전자는 서로 다른 염색체에 있다.
>
> ○ 가계도는 구성원 1~8에게서 (가)와 (나)의 발현 여부를 나타낸 것이다.
>
> 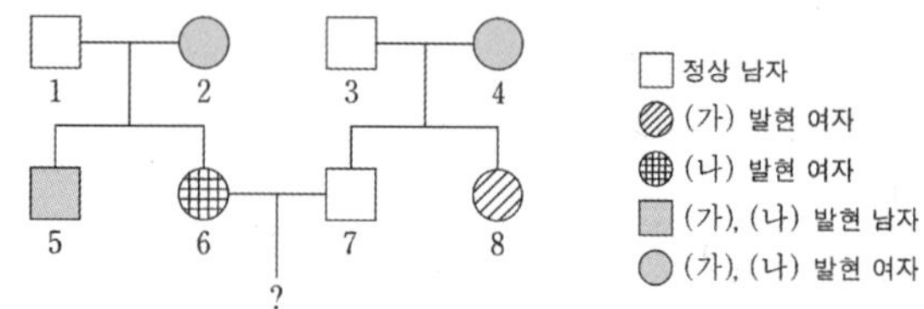
>
>
> ○ 표는 구성원 1, 2, 5, 8에서 체세포 1개당 a와 B의 DNA 상대량을 나타낸 것이다. ㉠~㉢은 0, 1, 2를 순서 없이 나타낸 것이다.
>
> | 구성원 | | 1 | 2 | 5 | 8 |
> |---|---|---|---|---|---|
> | DNA 상대량 | a | 1 | ㉠ | ㉡ | ? |
> | | B | ? | ㉢ | ㉠ | ㉡ |

이에 대한 설명으로 옳은 것만을 <보기>에서 있는 대로 고른 것은? (단, 돌연변이와 교차는 고려하지 않으며, A, a, B, b 각각의 1개당 DNA 상대량은 1이다.) [3점]

> <보 기>
>
> ㄱ. (가)의 유전자는 X 염색체에 있다.
>
> ㄴ. ㉢은 2이다.
>
> ㄷ. 6과 7 사이에서 아이가 태어날 때, 이 아이에게서 (가)와 (나) 중 (나)만 발현될 확률은 $\frac{1}{2}$이다.

① ㄱ ② ㄷ ③ ㄱ, ㄴ ④ ㄴ, ㄷ ⑤ ㄱ, ㄴ, ㄷ

17. 다음은 어떤 가족의 유전 형질 (가)~(다)에 대한 자료이다.

- (가)는 대립유전자 A와 a에 의해, (나)는 대립유전자 B와 b에 의해, (다)는 대립유전자 D와 d에 의해 결정된다.
- (가)와 (나)의 유전자는 7번 염색체에, (다)의 유전자는 13번 염색체에 있다.
- 그림은 어머니와 아버지의 체세포 각각에 들어 있는 7번 염색체, 13번 염색체와 유전자를 나타낸 것이다.

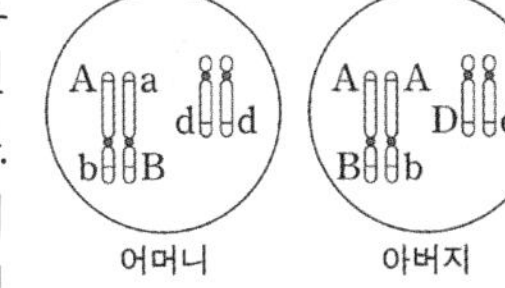

- 표는 이 가족 구성원 중 자녀 1~3에서 체세포 1개당 A, b, D의 DNA 상대량을 더한 값(A+b+D)과 체세포 1개당 a, b, d의 DNA 상대량을 더한 값(a+b+d)을 나타낸 것이다.

구성원		자녀 1	자녀 2	자녀 3
DNA 상대량을 더한 값	A+b+D	5	3	4
	a+b+d	3	3	1

- 자녀 1~3은 (가)의 유전자형이 모두 같다.
- 어머니의 생식세포 형성 과정에서 ㉠이 1회 일어나 형성된 난자 P와 아버지의 생식세포 형성 과정에서 ㉡이 1회 일어나 형성된 정자 Q가 수정되어 자녀 3이 태어났다. ㉠과 ㉡은 7번 염색체 결실과 13번 염색체 비분리를 순서 없이 나타낸 것이다.
- 자녀 3의 체세포 1개당 염색체 수는 47이고, 자녀 3을 제외한 이 가족 구성원의 핵형은 모두 정상이다.

이에 대한 설명으로 옳은 것만을 <보기>에서 있는 대로 고른 것은? (단, 제시된 돌연변이 이외의 돌연변이와 교차는 고려하지 않으며, A, a, B, b, D, d 각각의 1개당 DNA 상대량은 1이다.) [3점]

<보 기>

ㄱ. 자녀 2에게서 A, B, D를 모두 갖는 생식세포가 형성될 수 있다.
ㄴ. ㉠은 7번 염색체 결실이다.
ㄷ. 염색체 비분리는 감수 2분열에서 일어났다.

① ㄱ ② ㄴ ③ ㄱ, ㄷ ④ ㄴ, ㄷ ⑤ ㄱ, ㄴ, ㄷ

18. 다음은 동물 종 A와 B 사이의 상호 작용에 대한 자료이다.

- A와 B 사이의 상호 작용은 경쟁과 상리 공생 중 하나에 해당한다.
- A와 B가 함께 서식하는 지역을 ㉠과 ㉡으로 나눈 후, ㉠에서만 A를 제거하였다. 그림은 지역 ㉠과 ㉡에서 B의 개체 수 변화를 나타낸 것이다.

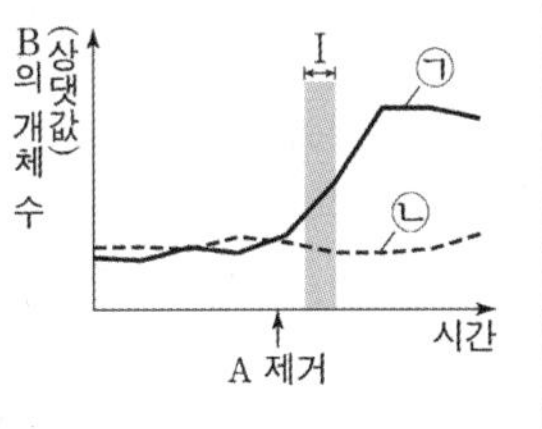

이 자료에 대한 설명으로 옳은 것만을 <보기>에서 있는 대로 고른 것은? (단, 제시된 조건 이외는 고려하지 않는다.) [3점]

<보 기>

ㄱ. A와 B 사이의 상호 작용은 경쟁에 해당한다.
ㄴ. ㉡에서 A는 B와 한 개체군을 이룬다.
ㄷ. 구간 I에서 B에 작용하는 환경 저항은 ㉠에서가 ㉡에서보다 크다.

① ㄱ ② ㄷ ③ ㄱ, ㄴ ④ ㄴ, ㄷ ⑤ ㄱ, ㄴ, ㄷ

19. 다음은 사람의 유전 형질 (가)와 (나)에 대한 자료이다.

- (가)는 서로 다른 3개의 상염색체에 있는 3쌍의 대립유전자 A와 a, B와 b, D와 d에 의해 결정된다.
- (가)의 표현형은 유전자형에서 대문자로 표시되는 대립유전자의 수에 의해서만 결정되며, 이 대립유전자의 수가 다르면 표현형이 다르다.
- (나)는 대립유전자 E와 e에 의해 결정되며, 유전자형이 다르면 표현형이 다르다. (나)의 유전자는 (가)의 유전자와 서로 다른 상염색체에 있다.
- P의 유전자형은 AaBbDdEe이고, P와 Q는 (가)의 표현형이 서로 같다.
- P와 Q 사이에서 ⓐ가 태어날 때, ⓐ에게서 나타날 수 있는 (가)와 (나)의 표현형은 최대 15가지이다.

ⓐ가 유전자형이 AabbDdEe인 사람과 (가)와 (나)의 표현형이 모두 같을 확률은? (단, 돌연변이는 고려하지 않는다.)

① $\frac{1}{16}$ ② $\frac{1}{8}$ ③ $\frac{3}{16}$ ④ $\frac{1}{4}$ ⑤ $\frac{5}{16}$

20. 다음은 동물 종 A에 대해 어떤 과학자가 수행한 탐구이다.

(가) A의 수컷 꼬리에 긴 장식물이 있는 것을 관찰하고, ㉠ <u>A의 암컷은 꼬리 장식물의 길이가 긴 수컷을 배우자로 선호할 것</u>이라는 가설을 세웠다.
(나) 꼬리 장식물의 길이가 긴 수컷 집단 I과 꼬리 장식물의 길이가 짧은 수컷 집단 II에서 각각 한 마리씩 골라 암컷 한 마리와 함께 두고, 암컷이 어떤 수컷을 배우자로 선택하는지 관찰하였다.
(다) (나)의 과정을 반복하여 얻은 결과, I의 개체가 선택된 비율이 II의 개체가 선택된 비율보다 높았다.
(라) A의 암컷은 꼬리 장식물의 길이가 긴 수컷을 배우자로 선호한다는 결론을 내렸다.

이 자료에 대한 설명으로 옳은 것만을 <보기>에서 있는 대로 고른 것은? [3점]

<보 기>

ㄱ. ㉠은 관찰한 현상을 설명할 수 있는 잠정적인 결론(잠정적인 답)에 해당한다.
ㄴ. 조작 변인은 암컷이 I의 개체를 선택한 비율이다.
ㄷ. (라)는 탐구 과정 중 결론 도출 단계에 해당한다.

① ㄱ ② ㄴ ③ ㄱ, ㄷ ④ ㄴ, ㄷ ⑤ ㄱ, ㄴ, ㄷ

* 확인 사항

- 답안지의 해당란에 필요한 내용을 정확히 기입(표기)했는지 확인 하시오.

제4회 과학탐구 영역(생명과학 Ⅰ)

날짜 : 월 일
소요시간 : 분

*정답 및 해설 517~518p

1. 표는 생물의 특성의 예를 나타낸 것이다. (가)와 (나)는 발생과 생장, 항상성을 순서 없이 나타낸 것이다.

생물의 특성	예
(가)	사람은 더울 때 땀을 흘려 체온을 일정하게 유지한다.
(나)	달걀은 병아리를 거쳐 닭이 된다.
적응과 진화	ⓐ

이에 대한 설명으로 옳은 것만을 <보기>에서 있는 대로 고른 것은?

<보 기>

ㄱ. (가)는 항상성이다.
ㄴ. (나) 과정에서 세포 분열이 일어난다.
ㄷ. '더운 지역에 사는 사막여우는 열 방출에 효과적인 큰 귀를 갖는다.'는 ⓐ에 해당한다.

① ㄱ ② ㄷ ③ ㄱ, ㄴ ④ ㄴ, ㄷ ⑤ ㄱ, ㄴ, ㄷ

2. 그림은 사람에서 일어나는 물질대사 과정 Ⅰ과 Ⅱ를 나타낸 것이다. ㉠과 ㉡은 암모니아와 이산화 탄소를 순서 없이 나타낸 것이다.

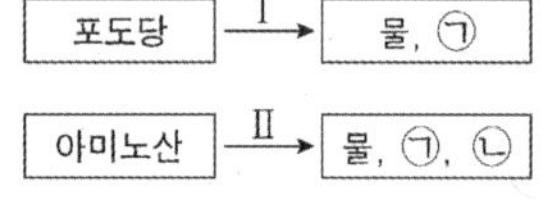

이에 대한 설명으로 옳은 것만을 <보기>에서 있는 대로 고른 것은?

<보 기>

ㄱ. ㉠은 이산화 탄소이다.
ㄴ. 간에서 ㉡이 요소로 전환된다.
ㄷ. Ⅰ과 Ⅱ에서 모두 이화 작용이 일어난다.

① ㄱ ② ㄷ ③ ㄱ, ㄴ ④ ㄴ, ㄷ ⑤ ㄱ, ㄴ, ㄷ

3. 그림 (가)는 어떤 사람이 병원체 X에 감염되었을 때 생성된 X에 대한 항체 Y의 구조를, (나)는 X와 Y의 항원 항체 반응을 나타낸 것이다. ㉠과 ㉡ 중 하나는 항원 결합 부위이다.

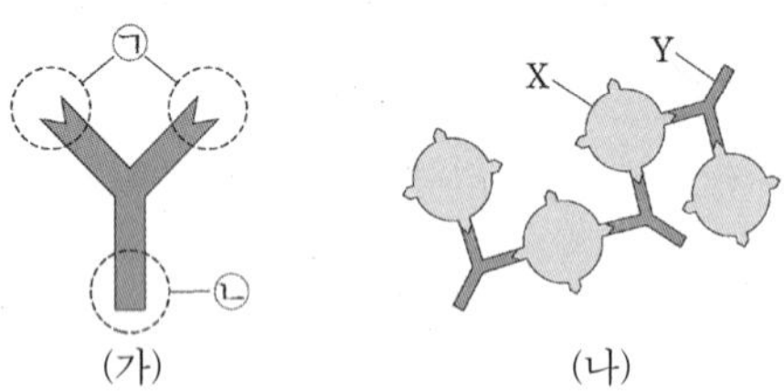

(가) (나)

이에 대한 설명으로 옳은 것만을 <보기>에서 있는 대로 고른 것은? [3점]

<보 기>

ㄱ. Y는 형질 세포로부터 생성된다.
ㄴ. ㉡은 X에 특이적으로 결합하는 부위이다.
ㄷ. X에 대한 체액성 면역 반응에서 (나)가 일어난다.

① ㄱ ② ㄴ ③ ㄱ, ㄷ ④ ㄴ, ㄷ ⑤ ㄱ, ㄴ, ㄷ

4. 표는 사람의 내분비샘 ㉠과 ㉡에서 분비되는 호르몬과 표적 기관을 나타낸 것이다. ㉠과 ㉡은 뇌하수체 전엽과 뇌하수체 후엽을 순서 없이 나타낸 것이다.

내분비샘	호르몬	표적 기관
㉠	갑상샘 자극 호르몬 (TSH)	갑상샘
㉡	항이뇨 호르몬 (ADH)	?

이에 대한 설명으로 옳은 것만을 <보기>에서 있는 대로 고른 것은? [3점]

<보 기>

ㄱ. ㉠은 뇌하수체 후엽이다.
ㄴ. ADH는 콩팥에서 물의 재흡수를 촉진한다.
ㄷ. TSH와 ADH는 모두 혈액을 통해 표적 기관으로 운반된다.

① ㄱ ② ㄷ ③ ㄱ, ㄴ ④ ㄴ, ㄷ ⑤ ㄱ, ㄴ, ㄷ

5. 그림은 핵상이 $2n$인 식물 P의 체세포 분열 과정에서 관찰되는 세포 Ⅰ~Ⅲ을 나타낸 것이다. Ⅰ~Ⅲ은 분열기의 전기, 중기, 후기의 세포를 순서 없이 나타낸 것이다.

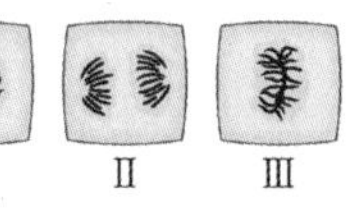

이에 대한 설명으로 옳은 것만을 <보기>에서 있는 대로 고른 것은?

<보 기>

ㄱ. Ⅰ은 전기의 세포이다.
ㄴ. Ⅲ에서 상동 염색체의 접합이 일어났다.
ㄷ. Ⅰ~Ⅲ에는 모두 히스톤 단백질이 있다.

① ㄱ ② ㄴ ③ ㄱ, ㄷ ④ ㄴ, ㄷ ⑤ ㄱ, ㄴ, ㄷ

6. 다음은 어떤 과학자가 수행한 탐구이다.

(가) 암이 있는 생쥐에서 면역 세포가 암세포를 인식하지 못해 암세포를 제거하지 못하는 것을 관찰하고, 면역 세포가 암세포를 인식하도록 도우면 암세포의 수가 줄어들 것이라고 생각했다.
(나) 동일한 암이 있는 생쥐 집단 Ⅰ과 Ⅱ를 준비하고, Ⅱ에만 ㉠ <u>면역 세포가 암세포를 인식하도록 돕는 물질</u>을 주사했다.
(다) 일정 시간이 지난 후 Ⅰ과 Ⅱ에서 암세포의 수를 측정한 결과, ⓐ에서만 암세포의 수가 줄어들었다. ⓐ는 Ⅰ과 Ⅱ 중 하나이다.
(라) 암이 있는 생쥐에서 면역 세포가 암세포를 인식하도록 도우면 암세포의 수가 줄어든다는 결론을 내렸다.

이 자료에 대한 설명으로 옳은 것만을 <보기>에서 있는 대로 고른 것은? [3점]

<보 기>

ㄱ. 조작 변인은 ㉠의 주사 여부이다.
ㄴ. ⓐ는 Ⅱ이다.
ㄷ. (라)는 탐구 과정 중 결론 도출 단계에 해당한다.

① ㄱ ② ㄴ ③ ㄱ, ㄷ ④ ㄴ, ㄷ ⑤ ㄱ, ㄴ, ㄷ

7. 그림은 중추 신경계로부터 자율 신경 A와 B가 방광에 연결된 경로를, 표는 A와 B가 각각 방광에 작용할 때의 반응을 나타낸 것이다.

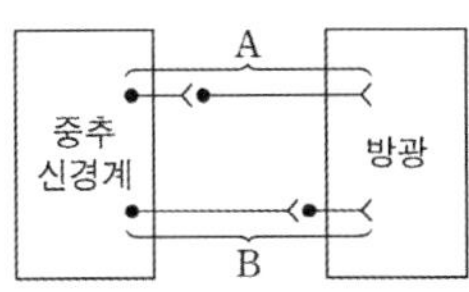

자율 신경	반응
A	방광 확장(이완)
B	방광 수축

이에 대한 설명으로 옳은 것만을 <보기>에서 있는 대로 고른 것은? [3점]

<보 기>

ㄱ. A의 신경절 이후 뉴런의 축삭 돌기 말단에서 노르에피네프린이 분비된다.
ㄴ. B의 신경절 이전 뉴런의 신경 세포체는 척수에 있다.
ㄷ. A와 B는 모두 말초 신경계에 속한다.

① ㄱ ② ㄴ ③ ㄱ, ㄷ ④ ㄴ, ㄷ ⑤ ㄱ, ㄴ, ㄷ

8. 다음은 사람 몸을 구성하는 기관계에 대한 자료이다. A와 B는 배설계와 소화계를 순서 없이 나타낸 것이다.

- A에서 음식물을 분해하여 영양소를 흡수한다.
- B에서 오줌을 통해 노폐물을 몸 밖으로 내보낸다.

이에 대한 설명으로 옳은 것만을 <보기>에서 있는 대로 고른 것은? [3점]

<보 기>

ㄱ. A는 소화계이다.
ㄴ. 소장은 B에 속한다.
ㄷ. A에서 흡수된 영양소의 일부는 순환계를 통해 조직 세포로 운반된다.

① ㄱ ② ㄴ ③ ㄱ, ㄷ ④ ㄴ, ㄷ ⑤ ㄱ, ㄴ, ㄷ

9. 그림은 핵상이 $2n$인 동물 A~C의 세포 (가)~(라) 각각에 들어 있는 모든 상염색체와 ㉠을 나타낸 것이다. A~C는 2가지 종으로 구분되고, ㉠은 X 염색체와 Y 염색체 중 하나이다. (가)~(라) 중 2개는 A의 세포이고, A와 C의 성은 같다. A~C의 성염색체는 암컷이 XX, 수컷이 XY이다.

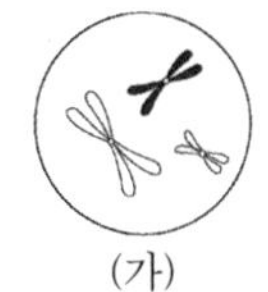
(가)

(나)

(다)

(라)

이에 대한 설명으로 옳은 것만을 <보기>에서 있는 대로 고른 것은? (단, 돌연변이는 고려하지 않는다.)

<보 기>

ㄱ. ㉠은 X 염색체이다.
ㄴ. (가)는 A의 세포이다.
ㄷ. 체세포 분열 중기의 세포 1개당 $\frac{\text{X 염색체 수}}{\text{상염색체 수}}$는 B가 C보다 작다.

① ㄱ ② ㄴ ③ ㄷ ④ ㄱ, ㄴ ⑤ ㄴ, ㄷ

10. 표는 사람의 질병 A~C의 병원체에서 특징의 유무를 나타낸 것이다. A~C는 결핵, 독감, 말라리아를 순서 없이 나타낸 것이다.

특징 \ 병원체	A의 병원체	B의 병원체	C의 병원체
유전 물질을 갖는다.	㉠	?	○
스스로 물질대사를 한다.	○	?	×
원생생물에 속한다.	×	○	×

(○: 있음, ×: 없음)

이에 대한 설명으로 옳은 것만을 <보기>에서 있는 대로 고른 것은?

<보 기>

ㄱ. ㉠은 '×'이다.
ㄴ. B는 비감염성 질병이다.
ㄷ. C의 병원체는 바이러스이다.

① ㄱ ② ㄷ ③ ㄱ, ㄴ ④ ㄴ, ㄷ ⑤ ㄱ, ㄴ, ㄷ

11. 그림은 정상인이 탄수화물을 섭취한 후 시간에 따른 혈중 호르몬 ㉠과 ㉡의 농도를 나타낸 것이다. ㉠과 ㉡은 글루카곤과 인슐린을 순서 없이 나타낸 것이다.

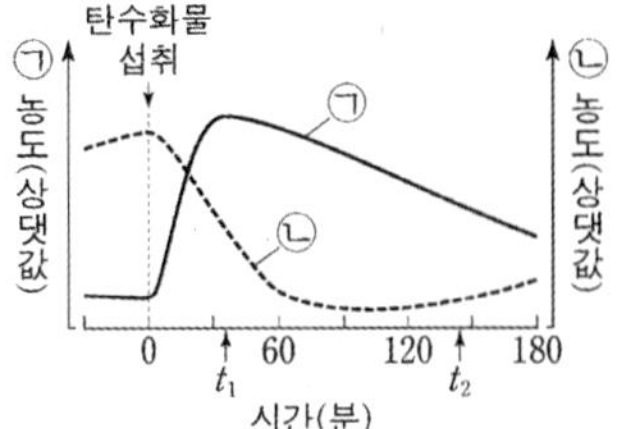

이에 대한 설명으로 옳은 것만을 <보기>에서 있는 대로 고른 것은?

<보 기>

ㄱ. ㉠은 세포로의 포도당 흡수를 촉진한다.
ㄴ. 혈중 포도당 농도는 t_2일 때가 t_1일 때보다 높다.
ㄷ. ㉠과 ㉡의 분비를 조절하는 중추는 중간뇌이다.

① ㄱ ② ㄴ ③ ㄱ, ㄷ ④ ㄴ, ㄷ ⑤ ㄱ, ㄴ, ㄷ

12. 사람의 유전 형질 (가)는 같은 염색체에 있는 3쌍의 대립유전자 A와 a, B와 b, D와 d에 의해 결정된다. 표는 어떤 가족 구성원의 세포 Ⅰ~Ⅳ가 갖는 A, a, B, b, D, d의 DNA 상대량을 나타낸 것이다. Ⅰ은 G_1기 세포이고, Ⅱ~Ⅳ는 감수 1분열 중기 세포, 감수 2분열 중기 세포, 생식세포를 순서 없이 나타낸 것이다.

세포	DNA 상대량					
	A	a	B	b	D	d
아버지의 세포 Ⅰ	1	0	1	?	?	1
어머니의 세포 Ⅱ	2	2	ⓐ	0	?	2
아들의 세포 Ⅲ	?	1	1	0	0	?
㉠딸의 세포 Ⅳ	ⓑ	0	2	?	?	0

이에 대한 설명으로 옳은 것만을 <보기>에서 있는 대로 고른 것은? (단, 돌연변이와 교차는 고려하지 않으며, A, a, B, b, D, d 각각의 1개당 DNA 상대량은 1이다.) [3점]

<보 기>

ㄱ. ⓐ+ⓑ=4이다.
ㄴ. $\frac{\text{Ⅱ의 염색 분체 수}}{\text{Ⅳ의 염색 분체 수}}=2$이다.
ㄷ. ㉠의 (가)의 유전자형은 AABBDd이다.

① ㄱ ② ㄴ ③ ㄷ ④ ㄱ, ㄴ ⑤ ㄴ, ㄷ

13. 다음은 골격근의 수축 과정에 대한 자료이다.

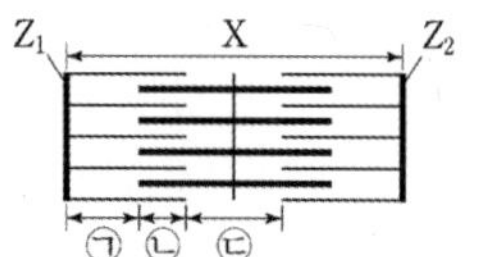

- 그림은 근육 원섬유 마디 X의 구조를 나타낸 것이다. X는 좌우 대칭이고, Z_1과 Z_2는 X의 Z선이다.
- 구간 ㉠은 액틴 필라멘트만 있는 부분이고, ㉡은 액틴 필라멘트와 마이오신 필라멘트가 겹치는 부분이며, ㉢은 마이오신 필라멘트만 있는 부분이다.
- 표는 골격근 수축 과정의 두 시점 t_1과 t_2일 때, ㉠의 길이와 ㉢의 길이를 더한 값(㉠+㉢), ㉡의 길이와 ㉢의 길이를 더한 값(㉡+㉢), X의 길이를 나타낸 것이다.

시점	㉠+㉢	㉡+㉢	X의 길이
t_1	?	1.4	?
t_2	1.4	?	2.8

(단위: ㎛)

- t_1일 때 X의 길이는 L이고, A대의 길이는 1.6 ㎛이다.

이에 대한 설명으로 옳은 것만을 <보기>에서 있는 대로 고른 것은?

<보 기>

ㄱ. X의 길이는 t_1일 때가 t_2일 때보다 0.2 ㎛ 길다.
ㄴ. t_1일 때 ㉡의 길이와 t_2일 때 ㉢의 길이를 더한 값은 1.0 ㎛이다.
ㄷ. t_1일 때 X의 Z_1로부터 Z_2 방향으로 거리가 $\frac{3}{8}$L인 지점은 ㉢에 해당한다.

① ㄱ ② ㄴ ③ ㄱ, ㄷ ④ ㄴ, ㄷ ⑤ ㄱ, ㄴ, ㄷ

14. 다음은 사람의 유전 형질 (가)와 (나)에 대한 자료이다.

- (가)의 유전자는 6번 염색체에, (나)의 유전자는 7번 염색체에 있다.
- (가)는 1쌍의 대립유전자에 의해 결정되며, 대립유전자에는 A, B, D가 있다. (가)의 표현형은 4가지이며, (가)의 유전자형이 AA인 사람과 AB인 사람의 표현형은 같고, 유전자형이 BD인 사람과 DD인 사람의 표현형은 같다.
- (나)는 2쌍의 대립유전자 E와 e, F와 f에 의해 결정된다.
- (나)의 표현형은 유전자형에서 대문자로 표시되는 대립유전자의 수에 의해서만 결정되며, 이 대립유전자의 수가 다르면 표현형이 다르다.
- P의 유전자형은 ABEeFf이고, P와 Q는 (나)의 표현형이 서로 같다.
- P와 Q 사이에서 ⓐ가 태어날 때, ⓐ에게서 나타날 수 있는 (가)와 (나)의 표현형은 최대 12가지이다.

ⓐ의 (가)와 (나)의 표현형이 모두 Q와 같을 확률은? (단, 돌연변이와 교차는 고려하지 않는다.)

① $\frac{3}{8}$ ② $\frac{1}{4}$ ③ $\frac{3}{16}$ ④ $\frac{1}{8}$ ⑤ $\frac{1}{16}$

15. 다음은 민말이집 신경의 흥분 전도와 전달에 대한 자료이다.

- 그림은 뉴런 A~C의 지점 P, Q와 d_1~d_6의 위치를, 표는 P와 Q에 역치 이상의 자극을 동시에 1회 주고 경과된 시간이 3 ms일 때 d_1과 d_2, 6 ms일 때 d_3과 d_4, 7 ms일 때 d_5와 d_6의 막전위를 나타낸 것이다. t_1과 t_2는 3 ms와 7 ms를 순서 없이 나타낸 것이고, ㉠~㉣은 d_1, d_2, d_5, d_6을 순서 없이 나타낸 것이다.
- P와 d_1 사이의 거리는 1 cm이다.

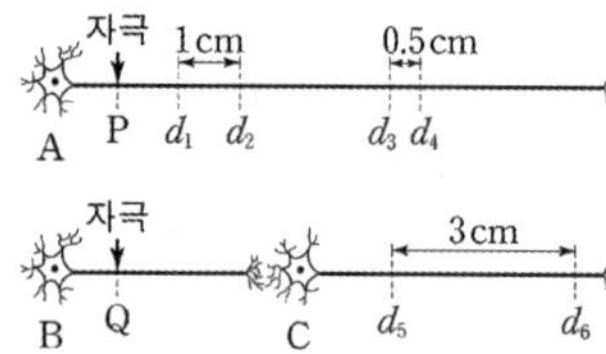

시간	6 ms		t_1		t_2	
지점	d_3	d_4	㉠	㉡	㉢	㉣
막전위(mV)	x	y	−80	y	y	0

- x와 y는 +30과 −60을 순서 없이 나타낸 것이다.
- A와 B의 흥분 전도 속도는 1 cm/ms이고, C의 흥분 전도 속도는 2 cm/ms이다.
- A와 C 각각에서 활동 전위가 발생하였을 때, A의 각 지점에서의 막전위 변화는 그림 (가)와 (나) 중 하나이고, C의 각 지점에서의 막전위 변화는 나머지 하나이다.

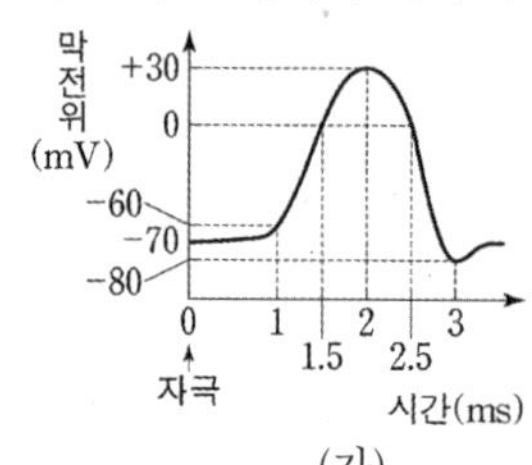

(가)

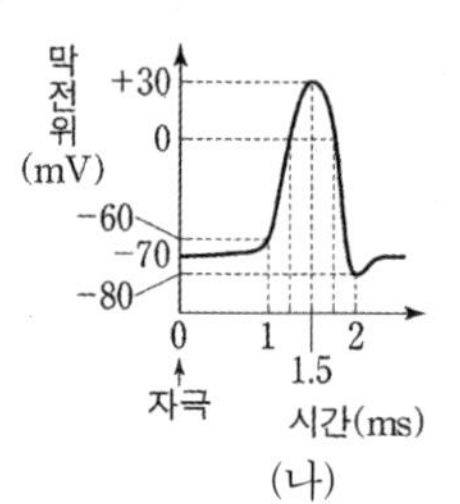

(나)

이에 대한 설명으로 옳은 것만을 <보기>에서 있는 대로 고른 것은? (단, A~C에서 흥분의 전도는 각각 1회 일어났고, 휴지 전위는 −70 mV이다.) [3점]

<보 기>

ㄱ. x는 +30이다.
ㄴ. ㉣은 d_6이다.
ㄷ. Q에 역치 이상의 자극을 1회 주고 경과된 시간이 6 ms일 때 d_5에서 탈분극이 일어나고 있다.

① ㄱ ② ㄴ ③ ㄷ ④ ㄱ, ㄷ ⑤ ㄴ, ㄷ

16. 그림은 생태계를 구성하는 요소 사이의 상호 관계를 나타낸 것이다.

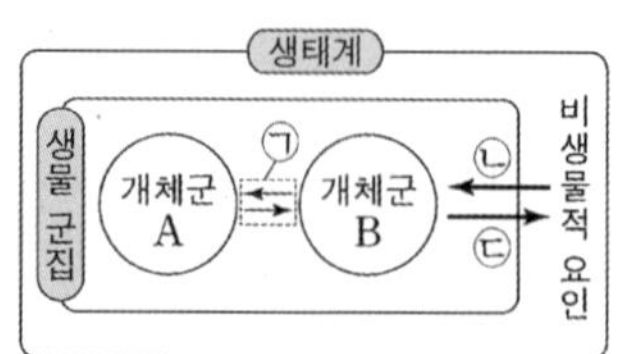

이에 대한 설명으로 옳은 것만을 <보기>에서 있는 대로 고른 것은?

<보 기>

ㄱ. 늑대가 말코손바닥사슴을 잡아먹는 것은 ㉠의 예에 해당한다.
ㄴ. 지의류에 의해 암석의 풍화가 촉진되어 토양이 형성되는 것은 ㉡의 예에 해당한다.
ㄷ. 분해자는 비생물적 요인에 해당한다.

① ㄱ ② ㄷ ③ ㄱ, ㄴ ④ ㄴ, ㄷ ⑤ ㄱ, ㄴ, ㄷ

17. 다음은 어떤 가족의 유전 형질 (가)~(다)에 대한 자료이다.

○ (가)~(다)의 유전자 중 2개는 13번 염색체에, 나머지 1개는 X 염색체에 있다.
○ (가)는 대립유전자 H와 h에 의해, (나)는 대립유전자 R와 r에 의해, (다)는 대립유전자 T와 t에 의해 결정된다. H는 h에 대해, R는 r에 대해, T는 t에 대해 각각 완전 우성이다.
○ (가)~(다) 중 2개는 우성 형질이고, 나머지 1개는 열성 형질이다.
○ 표는 이 가족 구성원의 성별과 (가)~(다)의 발현 여부를 나타낸 것이다.

구성원	성별	(가)	(나)	(다)
아버지	남	○	×	×
어머니	여	○	○	○
자녀 1	남	○	○	○
자녀 2	여	×	×	×
자녀 3	남	×	×	○
자녀 4	여	×	○	○

(○: 발현됨, ×: 발현 안 됨)

○ 이 가족 구성원의 핵형은 모두 정상이다.
○ 염색체 수가 22인 생식세포 ㉠과 염색체 수가 24인 생식세포 ㉡이 수정되어 자녀 4가 태어났다. ㉠과 ㉡의 형성 과정에서 각각 13번 염색체 비분리가 1회 일어났다.

이에 대한 설명으로 옳은 것만을 <보기>에서 있는 대로 고른 것은? (단, 제시된 염색체 비분리 이외의 돌연변이와 교차는 고려하지 않는다.) [3점]

<보 기>

ㄱ. (나)는 우성 형질이다.
ㄴ. 아버지에게서 h, R, t를 모두 갖는 정자가 형성될 수 있다.
ㄷ. ㉡은 감수 1분열에서 염색체 비분리가 일어나 형성된 난자이다.

① ㄱ ② ㄴ ③ ㄷ ④ ㄱ, ㄴ ⑤ ㄴ, ㄷ

18. 다음은 서로 다른 지역 Ⅰ과 Ⅱ의 식물 군집에서 우점종을 알아보기 위한 탐구이다.

(가) Ⅰ과 Ⅱ 각각에 방형구를 설치하여 식물 종 A~C의 분포를 조사했다.
(나) 조사한 자료를 바탕으로 각각의 지역에서 A~C의 개체 수와 상대 빈도, 상대 피도, 중요치(중요도)를 구한 결과는 표와 같다.

지역	종	개체 수	상대 빈도(%)	상대 피도(%)	중요치
Ⅰ	A	10	?	30	?
	B	5	40	25	90
	C	?	40	45	110
Ⅱ	A	30	40	?	125
	B	15	30	?	?
	C	?	?	35	75

이 자료에 대한 설명으로 옳은 것만을 <보기>에서 있는 대로 고른 것은? (단, A~C 이외의 종은 고려하지 않는다.) [3점]

<보 기>

ㄱ. Ⅰ에서 C의 상대 밀도는 25%이다.
ㄴ. Ⅱ에서 지표를 덮고 있는 면적이 가장 큰 종은 B이다.
ㄷ. Ⅰ에서의 우점종과 Ⅱ에서의 우점종은 모두 A이다.

① ㄱ ② ㄷ ③ ㄱ, ㄴ ④ ㄴ, ㄷ ⑤ ㄱ, ㄴ, ㄷ

19. 다음은 어떤 집안의 유전 형질 (가)와 (나)에 대한 자료이다.

○ (가)의 유전자와 (나)의 유전자 중 하나만 X 염색체에 있다.
○ (가)는 대립유전자 A와 a에 의해, (나)는 대립유전자 B와 b에 의해 결정된다. A는 a에 대해, B는 b에 대해 각각 완전 우성이다.
○ 가계도는 구성원 ⓐ를 제외한 구성원 1~6에게서 (가)와 (나)의 발현 여부를 나타낸 것이다.

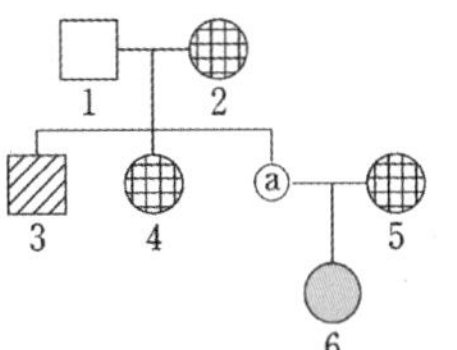

□ 정상 남자
▨ (가) 발현 남자
⊞ (나) 발현 여자
● (가), (나) 발현 여자

○ 표는 구성원 3, 4, ⓐ, 6에서 체세포 1개당 a, B, b의 DNA 상대량을 나타낸 것이다. ㉠~㉢은 0, 1, 2를 순서 없이 나타낸 것이다.

구성원		3	4	ⓐ	6
DNA 상대량	a	?	㉠	?	?
	B	㉠	?	㉠	㉡
	b	?	㉢	㉠	?

이에 대한 설명으로 옳은 것만을 <보기>에서 있는 대로 고른 것은? (단, 돌연변이와 교차는 고려하지 않으며, A, a, B, b 각각의 1개당 DNA 상대량은 1이다.) [3점]

<보 기>

ㄱ. (가)의 유전자는 X 염색체에 있다.
ㄴ. 이 가계도 구성원 중 체세포 1개당 a의 DNA 상대량이 ㉢인 사람은 3명이다.
ㄷ. 6의 동생이 태어날 때, 이 아이에게서 (가)와 (나) 중 (나)만 발현될 확률은 $\frac{1}{8}$이다.

① ㄱ ② ㄴ ③ ㄱ, ㄷ ④ ㄴ, ㄷ ⑤ ㄱ, ㄴ, ㄷ

20. 다음은 생물 다양성에 대한 자료이다. A와 B는 유전적 다양성과 종 다양성을 순서 없이 나타낸 것이다.

○ A는 한 생태계 내에 존재하는 생물종의 다양한 정도를 의미한다.
○ 같은 종의 개체들이 서로 다른 대립유전자를 가져 형질이 다양하게 나타나는 것은 B에 해당한다.

이에 대한 설명으로 옳은 것만을 <보기>에서 있는 대로 고른 것은?

<보 기>

ㄱ. A는 종 다양성이다.
ㄴ. A가 감소하는 원인 중에는 서식지 파괴가 있다.
ㄷ. B가 높은 종은 환경이 급격히 변했을 때 멸종될 확률이 높다.

① ㄱ ② ㄷ ③ ㄱ, ㄴ ④ ㄴ, ㄷ ⑤ ㄱ, ㄴ, ㄷ

＊ 확인 사항
○ 답안지의 해당란에 필요한 내용을 정확히 기입(표기)했는지 확인하시오.

2024학년도 7월 고3 전국연합학력평가 문제지

제5회

과학탐구 영역(생명과학 Ⅰ)

날짜 : 월 일
소요시간 : 분

*정답 및 해설 519~520p

1. 다음은 전등물고기(*Photoblepharon palpebratus*)에 대한 자료이다.

> 전등물고기는 눈 아래에 발광 기관이 있고, 이 발광 기관 안에는 빛을 내는 세균이 서식한다. ㉠ 전등물고기는 세균이 내는 빛으로 먹이를 유인하여 잡아먹고, ㉡ 세균은 전등물고기로부터 서식 공간과 영양 물질을 제공받아 ⓐ 생명 활동에 필요한 에너지를 얻는다.

이 자료에 대한 설명으로 옳은 것만을 <보기>에서 있는 대로 고른 것은?

<보 기>
ㄱ. ㉠은 세포로 구성되어 있다.
ㄴ. ㉠과 ㉡ 사이의 상호 작용은 분서에 해당한다.
ㄷ. ⓐ 과정에서 물질대사가 일어난다.

① ㄱ ② ㄴ ③ ㄱ, ㄷ ④ ㄴ, ㄷ ⑤ ㄱ, ㄴ, ㄷ

2. 그림 (가)는 중추 신경계의 구조를, (나)는 동공의 크기 조절에 관여하는 자율 신경이 중추 신경계에 연결된 경로를 나타낸 것이다. A와 B는 대뇌와 중간뇌를 순서 없이 나타낸 것이다.

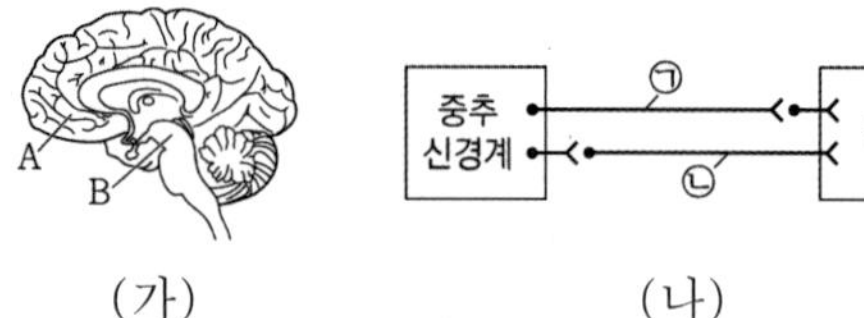

(가) (나)

이에 대한 설명으로 옳은 것만을 <보기>에서 있는 대로 고른 것은?

<보 기>
ㄱ. A는 뇌줄기를 구성한다.
ㄴ. ㉠의 신경 세포체는 B에 있다.
ㄷ. ㉡의 말단에서 노르에피네프린이 분비된다.

① ㄱ ② ㄴ ③ ㄱ, ㄷ ④ ㄴ, ㄷ ⑤ ㄱ, ㄴ, ㄷ

3. 표는 생태계의 질소 순환 과정에서 일어나는 물질의 전환을 나타낸 것이다. Ⅰ~Ⅲ은 질산화 작용, 질소 고정 작용, 탈질산화 작용을 순서 없이 나타낸 것이고, ⓐ와 ⓑ는 암모늄 이온(NH_4^+)과 대기 중의 질소 기체(N_2)를 순서 없이 나타낸 것이다.

구분	물질의 전환
Ⅰ	ⓐ → ⓑ
Ⅱ	ⓑ → 질산 이온(NO_3^-)
Ⅲ	질산 이온(NO_3^-) → ⓐ

이에 대한 설명으로 옳은 것만을 <보기>에서 있는 대로 고른 것은?

<보 기>
ㄱ. Ⅱ는 질소 고정 작용이다.
ㄴ. ⓐ는 암모늄 이온(NH_4^+)이다.
ㄷ. 탈질산화 세균은 Ⅲ에 관여한다.

① ㄱ ② ㄷ ③ ㄱ, ㄴ ④ ㄴ, ㄷ ⑤ ㄱ, ㄴ, ㄷ

4. 다음은 어떤 과학자가 수행한 탐구이다.

(가) 개미가 서식하는 쇠뿔아카시아에서는 쇠뿔아카시아를 먹는 곤충 X가 적게 관찰되는 것을 보고, 개미가 X의 접근을 억제할 것이라고 생각했다.
(나) 같은 지역에 있는 쇠뿔아카시아를 집단 A와 B로 나눈 후 A에서만 개미를 지속적으로 제거하였다.
(다) 일정 시간이 지난 후 ㉠과 ㉡에서 관찰되는 X의 수를 조사한 결과는 그림과 같다. ㉠과 ㉡은 A와 B를 순서 없이 나타낸 것이다.

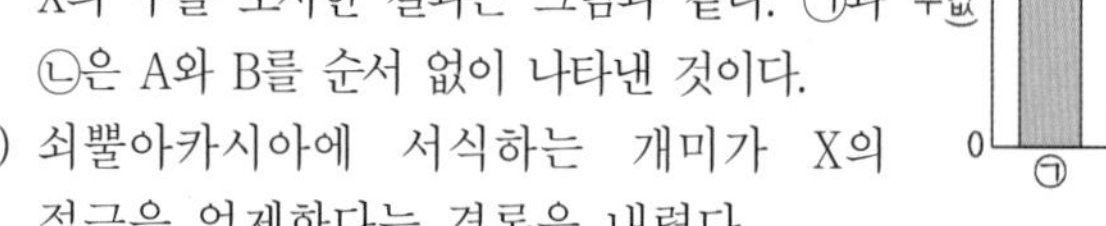

(라) 쇠뿔아카시아에 서식하는 개미가 X의 접근을 억제한다는 결론을 내렸다.

이 자료에 대한 설명으로 옳은 것만을 <보기>에서 있는 대로 고른 것은? [3점]

<보 기>
ㄱ. ㉠은 A이다.
ㄴ. (나)에서 대조 실험이 수행되었다.
ㄷ. (다)에서 X의 수는 조작 변인이다.

① ㄱ ② ㄴ ③ ㄷ ④ ㄱ, ㄴ ⑤ ㄴ, ㄷ

5. 그림 (가)는 사람에서 일어나는 물질대사 과정 Ⅰ과 Ⅱ를, (나)는 ATP와 ADP 사이의 전환 과정 Ⅲ과 Ⅳ를 나타낸 것이다.

아미노산 ⇄(Ⅰ, Ⅱ) 단백질 　　 ⓟⓟⓟ ⇄(Ⅲ, Ⅳ) ⓟⓟ+ⓟ

(가) (나)

이에 대한 설명으로 옳은 것만을 <보기>에서 있는 대로 고른 것은? [3점]

<보 기>
ㄱ. Ⅰ에서 효소가 이용된다.
ㄴ. 미토콘드리아에서 Ⅳ가 일어난다.
ㄷ. Ⅱ와 Ⅲ에서 모두 에너지가 방출된다.

① ㄱ ② ㄷ ③ ㄱ, ㄴ ④ ㄴ, ㄷ ⑤ ㄱ, ㄴ, ㄷ

6. 표 (가)는 질병의 특징을, (나)는 (가) 중에서 질병 A, B, 말라리아가 갖는 특징의 개수를 나타낸 것이다. A와 B는 독감과 무좀을 순서 없이 나타낸 것이다.

특징
○ 모기를 매개로 전염된다.
○ 병원체가 유전 물질을 갖는다.
○ ⓐ 병원체는 독립적으로 물질대사를 한다.

(가)

질병	특징의 개수
A	?
B	2
말라리아	㉠

(나)

이에 대한 설명으로 옳은 것만을 <보기>에서 있는 대로 고른 것은?

<보 기>
ㄱ. A의 병원체는 곰팡이다.
ㄴ. B는 특징 ⓐ를 갖는다.
ㄷ. ㉠은 2이다.

① ㄱ ② ㄴ ③ ㄷ ④ ㄱ, ㄴ ⑤ ㄴ, ㄷ

7. 그림 (가)는 어떤 사람이 항원 X에 감염되었을 때 일어나는 방어 작용의 일부를, (나)는 이 사람에서 X의 침입에 의해 생성되는 X에 대한 혈중 항체 농도 변화를 나타낸 것이다. 세포 ㉠과 ㉡은 형질 세포와 B 림프구를 순서 없이 나타낸 것이다.

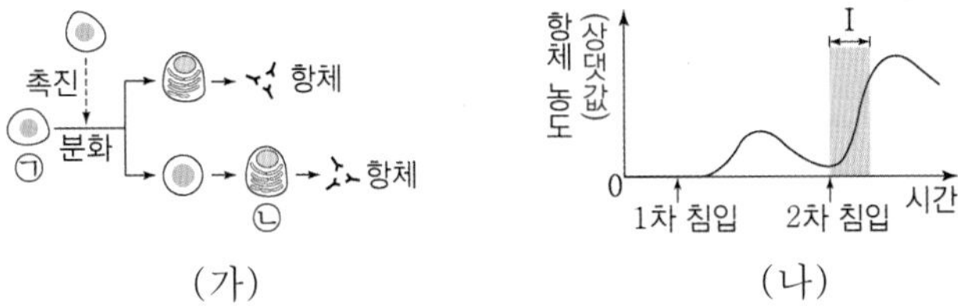

(가) (나)

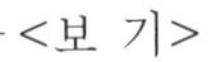

이에 대한 설명으로 옳은 것만을 <보기>에서 있는 대로 고른 것은? [3점]

<보 기>

ㄱ. ㉠은 B 림프구이다.
ㄴ. 구간 Ⅰ에는 X에 대한 기억 세포가 있다.
ㄷ. ㉡에서 분비되는 항체에 의한 방어 작용은 체액성 면역에 해당한다.

① ㄱ ② ㄴ ③ ㄱ, ㄷ ④ ㄴ, ㄷ ⑤ ㄱ, ㄴ, ㄷ

8. 사람의 유전 형질 (가)는 대립유전자 A와 a, (나)는 대립유전자 B와 b에 의해 결정된다. 그림은 어떤 사람의 G_1기 세포 Ⅰ로부터 정자가 형성되는 과정을, 표는 세포 ⓐ~ⓒ에서 대립유전자 ㉠~㉢의 유무, A와 B의 DNA 상대량을 더한 값(A + B), a와 b의 DNA 상대량을 더한 값(a + b)을 나타낸 것이다. ⓐ~ⓒ는 Ⅰ~Ⅲ을 순서 없이 나타낸 것이고, ㉠~㉢은 A, a, B를 순서 없이 나타낸 것이다.

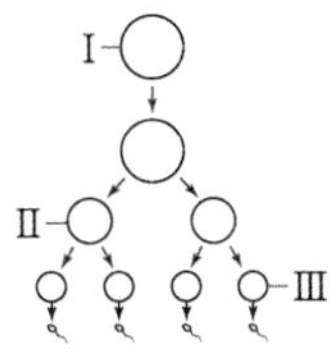

세포	대립유전자			A + B	a + b
	㉠	㉡	㉢		
ⓐ	○	○	×	?	㉮
ⓑ	×	?	×	1	1
ⓒ	?	×	?	㉯	2

(○: 있음, ×: 없음)

이에 대한 설명으로 옳은 것만을 <보기>에서 있는 대로 고른 것은? (단, 돌연변이와 교차는 고려하지 않으며, A, a, B, b 각각의 1개당 DNA 상대량은 1이다. Ⅱ는 중기의 세포이다.)

<보 기>

ㄱ. ㉠은 B이다.
ㄴ. Ⅱ에는 b가 있다.
ㄷ. ㉮와 ㉯를 더한 값은 2이다.

① ㄱ ② ㄴ ③ ㄷ ④ ㄱ, ㄴ ⑤ ㄱ, ㄷ

9. 표는 사람 몸을 구성하는 기관계 A와 B에서 특징의 유무를 나타낸 것이다. A와 B는 배설계와 소화계를 순서 없이 나타낸 것이다.

구분	A	B
음식물을 분해하여 영양소를 흡수한다.	있음	없음
오줌을 통해 요소를 몸 밖으로 내보낸다.	?	있음
ⓐ	있음	있음

이에 대한 설명으로 옳은 것만을 <보기>에서 있는 대로 고른 것은?

<보 기>

ㄱ. A는 소화계이다.
ㄴ. 소장은 B에 속한다.
ㄷ. '자율 신경이 작용하는 기관이 있다.'는 ⓐ에 해당한다.

① ㄱ ② ㄴ ③ ㄱ, ㄷ ④ ㄴ, ㄷ ⑤ ㄱ, ㄴ, ㄷ

10. 다음은 골격근의 수축 과정에 대한 자료이다.

○ 그림은 근육 원섬유 마디 X의 구조를 나타낸 것이다. X는 좌우 대칭이다.

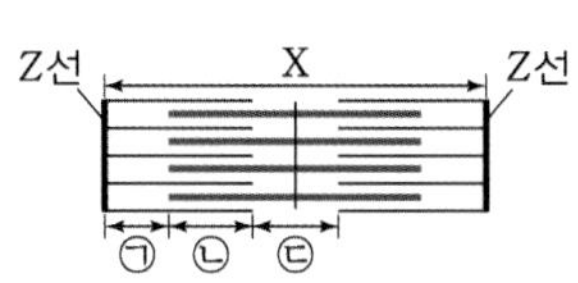

○ 구간 ㉠은 액틴 필라멘트만 있는 부분이고, ㉡은 액틴 필라멘트와 마이오신 필라멘트가 겹치는 부분이며, ㉢은 마이오신 필라멘트만 있는 부분이다.
○ 골격근 수축 과정의 두 시점 t_1과 t_2 중, t_1일 때 X의 길이는 3.2 ㎛이고, $\frac{ⓐ}{ⓑ}$는 $\frac{1}{4}$, $\frac{ⓐ}{ⓒ}$는 $\frac{1}{6}$이다.
○ t_2일 때 $\frac{ⓐ}{ⓑ}$는 $\frac{3}{2}$, $\frac{ⓑ}{ⓒ}$는 1이다.
○ ⓐ~ⓒ는 ㉠~㉢의 길이를 순서 없이 나타낸 것이다.

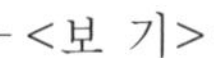

이에 대한 설명으로 옳은 것만을 <보기>에서 있는 대로 고른 것은?

<보 기>

ㄱ. ⓐ는 ㉠의 길이이다.
ㄴ. t_2일 때 H대의 길이는 0.4 ㎛이다.
ㄷ. X의 길이가 2.8 ㎛일 때 $\frac{ⓒ}{ⓐ}$는 2이다.

① ㄱ ② ㄴ ③ ㄷ ④ ㄱ, ㄴ ⑤ ㄴ, ㄷ

11. 다음은 사람의 유전 형질 (가)~(다)에 대한 자료이다.

○ (가)는 대립유전자 A와 a에 의해 결정되며, A는 a에 대해 완전 우성이다.
○ (나)는 대립유전자 B와 b에 의해 결정되며, 유전자형이 다르면 표현형이 다르다.
○ (다)는 1쌍의 대립유전자에 의해 결정되며, 대립유전자에는 D, E, F가 있다. D는 E, F에 대해, E는 F에 대해 각각 완전 우성이다.
○ Ⅰ과 Ⅱ는 (가)와 (나)의 표현형이 서로 같고, (다)의 표현형은 서로 다르다.
○ Ⅰ과 Ⅱ 사이에서 ⓐ가 태어날 때, ⓐ의 (가)~(다)의 표현형이 모두 Ⅱ와 같을 확률은 0이고, ⓐ의 (가)~(다)의 표현형이 모두 Ⅲ과 같을 확률과 ⓐ의 (가)~(다)의 유전자형이 모두 Ⅲ과 같을 확률은 각각 $\frac{1}{16}$이다.
○ 그림은 Ⅲ의 체세포에 들어 있는 일부 상염색체와 유전자를 나타낸 것이다.

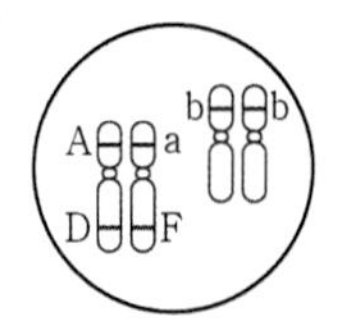

ⓐ에게서 나타날 수 있는 (가)~(다)의 표현형의 최대 가짓수는? (단, 돌연변이와 교차는 고려하지 않는다.) [3점]

① 6 ② 8 ③ 9 ④ 12 ⑤ 16

12. 표 (가)는 종 사이의 상호 작용을 나타낸 것이고, (나)는 ㉠에 대한 자료이다. Ⅰ~Ⅲ은 경쟁, 상리 공생, 포식과 피식을 순서 없이 나타낸 것이고, ㉠은 Ⅰ~Ⅲ 중 하나이다.

상호 작용	종 1	종 2
Ⅰ	ⓐ	?
Ⅱ	?	손해
Ⅲ	손해	이익

(가)

㉠은 하나의 군집 내에서 동일한 먹이 등 한정된 자원을 서로 차지하기 위해 두 종 사이에서 일어나는 상호 작용으로, 생태적 지위가 비슷할수록 일어나기 쉽다.

(나)

이에 대한 설명으로 옳은 것만을 <보기>에서 있는 대로 고른 것은?

<보 기>

ㄱ. ㉠은 Ⅱ이다.
ㄴ. ⓐ는 '손해'이다.
ㄷ. 스라소니가 눈신토끼를 잡아먹는 것은 Ⅲ의 예에 해당한다.

① ㄱ ② ㄴ ③ ㄷ ④ ㄱ, ㄴ ⑤ ㄱ, ㄷ

13. 다음은 어떤 가족의 유전 형질 (가)와 (나)에 대한 자료이다.

- (가)는 대립유전자 A와 a에 의해 결정되며, A는 a에 대해 완전 우성이다.
- (나)는 2쌍의 대립유전자 B와 b, D와 d에 의해 결정된다. (나)의 표현형은 유전자형에서 대문자로 표시되는 대립유전자의 수에 의해서만 결정되며, 이 대립유전자의 수가 다르면 표현형이 다르다.
- 표는 이 가족 구성원에게서 (가)의 발현 여부와 (나)의 표현형을 나타낸 것이고, 그림은 자녀 1~3 중 한 명의 체세포에 들어 있는 일부 상염색체와 유전자를 나타낸 것이다. ⓐ~ⓓ는 서로 다른 4가지 표현형이다.

구성원	유전 형질	
	(가)	(나)
아버지	발현 안 됨	ⓐ
어머니	?	ⓑ
자녀 1	발현 안 됨	ⓒ
자녀 2	발현 안 됨	ⓓ
자녀 3	발현됨	ⓐ

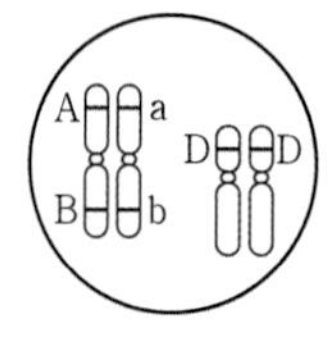

- 어머니와 자녀 2의 (나)에 대한 유전자형에서 대립유전자 D의 수는 서로 같다.
- 아버지의 생식세포 형성 과정에서 대립유전자 ㉠이 대립유전자 ㉡으로 바뀌는 돌연변이가 1회 일어나 ㉡을 갖는 정자가 형성되었다. 이 정자가 정상 난자와 수정되어 자녀 3이 태어났다. ㉠과 ㉡은 각각 A와 a 중 하나이다.

이에 대한 설명으로 옳은 것만을 <보기>에서 있는 대로 고른 것은? (단, 제시된 돌연변이 이외의 돌연변이와 교차는 고려하지 않는다.) [3점]

<보 기>

ㄱ. ㉠은 a이다.
ㄴ. (가)는 열성 형질이다.
ㄷ. 어머니는 A, B, d를 모두 갖는다.

① ㄱ ② ㄴ ③ ㄱ, ㄷ ④ ㄴ, ㄷ ⑤ ㄱ, ㄴ, ㄷ

14. 그림 (가)는 이자에서 분비되는 호르몬 ㉠과 ㉡의 분비 조절 과정 일부를, (나)는 정상인이 탄수화물을 섭취한 후 시간에 따른 혈중 호르몬 X의 농도를 나타낸 것이다. ㉠과 ㉡은 인슐린과 글루카곤을 순서 없이 나타낸 것이고, X는 ㉠과 ㉡ 중 하나이다.

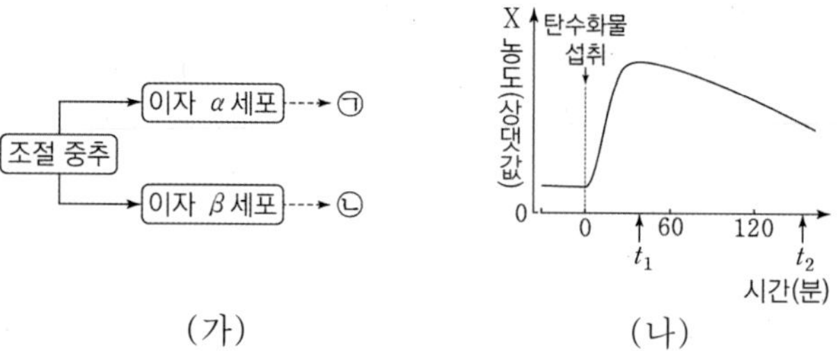

(가) (나)

이에 대한 설명으로 옳은 것만을 <보기>에서 있는 대로 고른 것은? (단, 제시된 조건 이외는 고려하지 않는다.) [3점]

<보 기>

ㄱ. X는 ㉡이다.
ㄴ. ㉠은 세포로의 포도당 흡수를 촉진한다.
ㄷ. 혈중 포도당 농도는 t_1일 때가 t_2일 때보다 낮다.

① ㄱ ② ㄴ ③ ㄱ, ㄷ ④ ㄴ, ㄷ ⑤ ㄱ, ㄴ, ㄷ

15. 표 (가)는 어떤 지역에 방형구를 설치하여 식물 군집을 조사한 자료의 일부를, (나)는 이 자료를 바탕으로 종 A와 ㉠의 상대 밀도, 상대 빈도, 상대 피도를 구한 결과를 나타낸 것이다. ㉠은 종 B~D 중 하나이다.

구분	A	B	C	D
개체 수	42	120	?	90
출현한 방형구 수	?	24	16	22

(가)

구분	A	㉠
상대 밀도(%)	14.0	40.0
상대 빈도(%)	22.5	30.0
상대 피도(%)	17.0	41.0

(나)

이 자료에 대한 설명으로 옳은 것만을 <보기>에서 있는 대로 고른 것은? (단, A~D 이외의 종은 고려하지 않는다.) [3점]

<보 기>

ㄱ. C의 개체 수는 48이다.
ㄴ. 이 지역의 우점종은 B이다.
ㄷ. A가 출현한 방형구 수는 38이다.

① ㄱ ② ㄷ ③ ㄱ, ㄴ ④ ㄴ, ㄷ ⑤ ㄱ, ㄴ, ㄷ

16. 사람의 유전 형질 (가)는 대립유전자 H와 H*에 의해, (나)는 대립유전자 T와 T*에 의해 결정된다. (가)의 유전자와 (나)의 유전자 중 하나만 X 염색체에 있다. 표는 어떤 가족 구성원의 성별과 체세포 1개당 대립유전자 H와 T의 DNA 상대량을 나타낸 것이다. ㉠~㉢은 0, 1, 2를 순서 없이 나타낸 것이다.

구성원	성별	DNA 상대량	
		H	T
아버지	남	㉠	㉡
어머니	여	㉡	㉢
자녀 1	남	2	0
자녀 2	여	1	?

이에 대한 설명으로 옳은 것만을 <보기>에서 있는 대로 고른 것은? (단, 돌연변이와 교차는 고려하지 않으며, H, H*, T, T* 각각의 1개당 DNA 상대량은 1이다.) [3점]

<보 기>

ㄱ. ㉠은 2이다.
ㄴ. 자녀 2는 H를 아버지로부터 물려받았다.
ㄷ. 어머니의 (나)의 유전자형은 동형 접합성이다.

① ㄱ ② ㄴ ③ ㄱ, ㄷ ④ ㄴ, ㄷ ⑤ ㄱ, ㄴ, ㄷ

17. 다음은 민말이집 신경 A와 B의 흥분 전도와 전달에 대한 자료이다.

○ 그림은 A와 B의 지점 $d_1 \sim d_4$의 위치를, 표는 A와 B의 지점 P에 역치 이상의 자극을 동시에 1회 주고 경과된 시간이 4 ms와 6 ms일 때 $d_1 \sim d_4$에서의 막전위를 각각 나타낸 것이다. P는 $d_1 \sim d_4$ 중 하나이고, Ⅰ과 Ⅱ는 A와 B를 순서 없이 나타낸 것이다.

신경	4 ms일 때 측정한 막전위(mV)				6 ms일 때 측정한 막전위(mV)			
	d_1	d_2	d_3	d_4	d_1	d_2	d_3	d_4
Ⅰ	㉠	?	−80	−68	?	?	?	−60
Ⅱ	−80	?	−60	?	?	?	−80	㉠

○ A와 B를 구성하는 4개의 뉴런 중 3개 뉴런의 흥분 전도 속도는 ⓐ cm/ms로 같고, 나머지 1개 뉴런의 흥분 전도 속도는 ⓑ cm/ms이다. ⓐ와 ⓑ는 서로 다르다.

○ A와 B의 시냅스에서 흥분 전달 시간은 서로 다르다.

○ A와 B 각각에서 활동 전위가 발생하였을 때, 각 지점에서의 막전위 변화는 그림과 같다. 휴지 전위는 −70 mV이다.

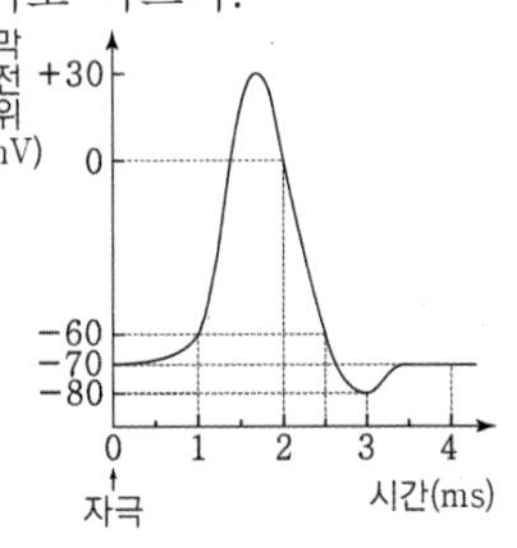

이에 대한 설명으로 옳은 것만을 <보기>에서 있는 대로 고른 것은? (단, A와 B에서 흥분의 전도는 각각 1회 일어났고, 제시된 조건 이외의 다른 조건은 동일하다.) [3점]

<보 기>

ㄱ. ㉠은 −70이다.
ㄴ. A를 구성하는 뉴런의 흥분 전도 속도는 모두 2 cm/ms이다.
ㄷ. B의 d_3에 역치 이상의 자극을 주고 경과된 시간이 5 ms 일 때 d_4에서 탈분극이 일어난다.

① ㄱ ② ㄴ ③ ㄷ ④ ㄱ, ㄴ ⑤ ㄴ, ㄷ

18. 다음은 어떤 지역 X의 식물 군집에 대한 자료이다.

○ 그림은 X에서 산불이 일어나기 전과 일어난 후 천이 과정의 일부를 나타낸 것이다. A~C는 양수림, 음수림, 초원을 순서 없이 나타낸 것이다.

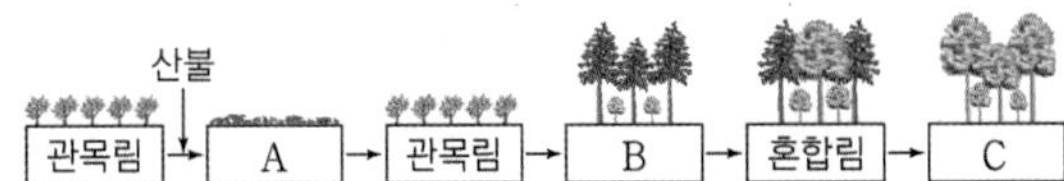

○ X에서의 ⓐ종 다양성은 천이 중기에서 가장 높게 나타났고, 이후에 다시 감소하였다.

이에 대한 설명으로 옳은 것만을 <보기>에서 있는 대로 고른 것은?

<보 기>

ㄱ. A는 초원이다.
ㄴ. X의 식물 군집은 양수림에서 극상을 이룬다.
ㄷ. ⓐ는 동일한 생물 종이라도 형질이 각 개체 간에 다르게 나타나는 것을 의미한다.

① ㄱ ② ㄴ ③ ㄷ ④ ㄱ, ㄴ ⑤ ㄱ, ㄷ

19. 다음은 비만에 대한 자료이다.

(가) 그림은 사람 Ⅰ과 Ⅱ의 에너지 섭취량과 에너지 소비량을 나타낸 것이다. Ⅰ과 Ⅱ에서 에너지양이 일정 기간 동안 그림과 같이 지속되었을 때 Ⅰ은 체중이 변하지 않았고, Ⅱ는 영양 과잉으로 비만이 되었다. ㉠과 ㉡은 각각 에너지 섭취량과 에너지 소비량 중 하나이다.

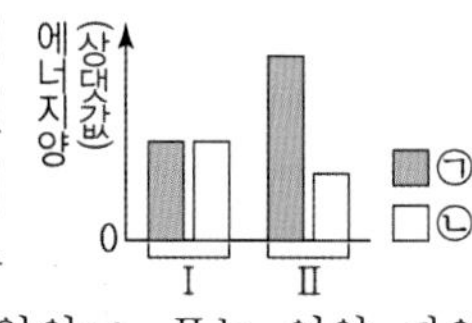

(나) 비만은 영양 과잉이 지속되어 체지방이 과다하게 축적된 상태를 의미하며, ⓐ가 발생할 가능성을 높인다. ⓐ는 혈액 속에 콜레스테롤이나 중성 지방이 많은 상태로 동맥 경화 등 심혈관계 질환의 원인이 된다. ⓐ는 당뇨병과 고지혈증 중 하나이다.

이 자료에 대한 설명으로 옳은 것만을 <보기>에서 있는 대로 고른 것은?

<보 기>

ㄱ. ⓐ는 당뇨병이다.
ㄴ. ㉠은 에너지 섭취량이다.
ㄷ. 당뇨병과 고지혈증은 모두 대사성 질환에 해당한다.

① ㄱ ② ㄷ ③ ㄱ, ㄴ ④ ㄴ, ㄷ ⑤ ㄱ, ㄴ, ㄷ

20. 다음은 어떤 집안의 유전 형질 (가)와 (나)에 대한 자료이다.

○ (가)는 대립유전자 A와 a에 의해, (나)는 대립유전자 B와 b에 의해 결정된다. A는 a에 대해, B는 b에 대해 각각 완전 우성이다.

○ (가)의 유전자와 (나)의 유전자는 서로 다른 염색체에 있다.

○ 가계도는 구성원 1~7에게서 (가)와 (나)의 발현 여부를, 표는 구성원 3, 5, 6에서 체세포 1개당 a와 b의 DNA 상대량을 더한 값(a + b)을 나타낸 것이다. ㉠, ㉡, ㉢을 모두 더한 값은 5이다.

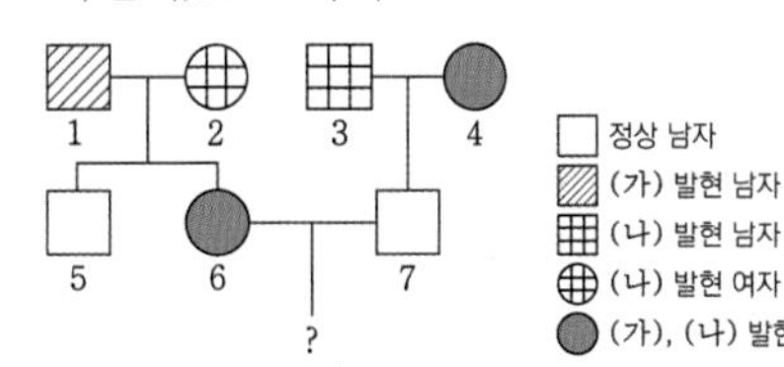

구성원	a + b
3	㉠
5	㉡
6	㉢

이에 대한 설명으로 옳은 것만을 <보기>에서 있는 대로 고른 것은? (단, 돌연변이와 교차는 고려하지 않으며, A, a, B, b 각각의 1개당 DNA 상대량은 1이다.) [3점]

<보 기>

ㄱ. ㉠은 1이다.
ㄴ. (가)의 유전자는 상염색체에 있다.
ㄷ. 6과 7 사이에서 아이가 태어날 때, 이 아이에게서 (가)와 (나)가 모두 발현될 확률은 $\frac{1}{4}$이다.

① ㄱ ② ㄴ ③ ㄱ, ㄷ ④ ㄴ, ㄷ ⑤ ㄱ, ㄴ, ㄷ

* 확인 사항

○ 답안지의 해당란에 필요한 내용을 정확히 기입(표기)했는지 확인하시오.

2024학년도 대학수학능력시험 9월 모의평가 문제지

날짜 : 월 일
소요시간 : 분

제6회

과학탐구 영역(생명과학 Ⅰ)

* 정답 및 해설 521~522p

1. 표는 생물의 특성의 예를 나타낸 것이다. (가)와 (나)는 생식과 유전, 적응과 진화를 순서 없이 나타낸 것이다.

생물의 특성	예
(가)	아메바는 분열법으로 번식한다.
(나)	㉠ 뱀은 큰 먹이를 먹기에 적합한 몸의 구조를 갖는다.
자극에 대한 반응	ⓐ

이에 대한 설명으로 옳은 것만을 <보기>에서 있는 대로 고른 것은? [3점]

<보 기>

ㄱ. (가)는 생식과 유전이다.
ㄴ. ㉠은 세포로 구성되어 있다.
ㄷ. '뜨거운 물체에 손이 닿으면 반사적으로 손을 뗀다.'는 ⓐ에 해당한다.

① ㄱ ② ㄷ ③ ㄱ, ㄴ ④ ㄴ, ㄷ ⑤ ㄱ, ㄴ, ㄷ

2. 다음은 사람에서 일어나는 물질대사에 대한 자료이다.

(가) 암모니아가 ㉠ 요소로 전환된다.
(나) 지방은 세포 호흡을 통해 물과 이산화 탄소로 분해된다.

이에 대한 설명으로 옳은 것만을 <보기>에서 있는 대로 고른 것은?

<보 기>

ㄱ. 간에서 (가)가 일어난다.
ㄴ. (나)에서 효소가 이용된다.
ㄷ. 배설계를 통해 ㉠이 몸 밖으로 배출된다.

① ㄱ ② ㄷ ③ ㄱ, ㄴ ④ ㄴ, ㄷ ⑤ ㄱ, ㄴ, ㄷ

3. 그림 (가)는 동물 P($2n=4$)의 체세포가 분열하는 동안 핵 1개당 DNA 양을, (나)는 P의 체세포 분열 과정의 어느 한 시기에서 관찰되는 세포를 나타낸 것이다.

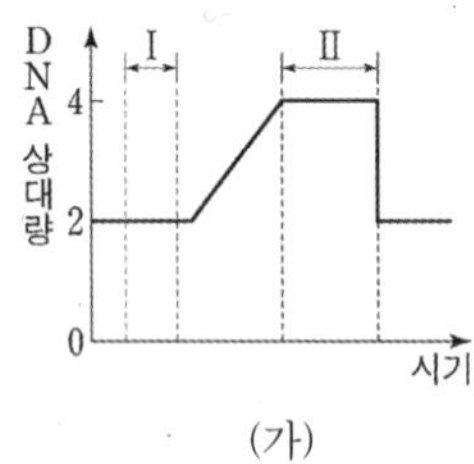

(가)

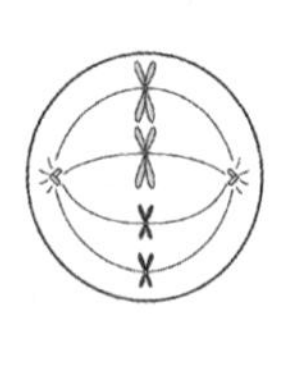
(나)

이에 대한 설명으로 옳은 것만을 <보기>에서 있는 대로 고른 것은? (단, 돌연변이는 고려하지 않는다.)

<보 기>

ㄱ. 구간 Ⅰ의 세포는 핵상이 $2n$이다.
ㄴ. 구간 Ⅱ에는 (나)가 관찰되는 시기가 있다.
ㄷ. (나)에서 상동 염색체의 접합이 일어났다.

① ㄱ ② ㄷ ③ ㄱ, ㄴ ④ ㄴ, ㄷ ⑤ ㄱ, ㄴ, ㄷ

4. 다음은 사람의 몸을 구성하는 기관계에 대한 자료이다. A와 B는 소화계와 순환계를 순서 없이 나타낸 것이고, ㉠은 인슐린과 글루카곤 중 하나이다.

○ A는 음식물을 분해하여 포도당을 흡수한다. 그 결과 혈중 포도당 농도가 증가하면 ㉠의 분비가 촉진된다.
○ B를 통해 ㉠이 표적 기관으로 운반된다.

이에 대한 설명으로 옳은 것만을 <보기>에서 있는 대로 고른 것은? [3점]

<보 기>

ㄱ. A에서 이화 작용이 일어난다.
ㄴ. 심장은 B에 속한다.
ㄷ. ㉠은 세포로의 포도당 흡수를 촉진한다.

① ㄱ ② ㄷ ③ ㄱ, ㄴ ④ ㄴ, ㄷ ⑤ ㄱ, ㄴ, ㄷ

5. 그림은 동공의 크기 조절에 관여하는 자율 신경 X가 중추 신경계에 연결된 경로를 나타낸 것이다. A~C는 대뇌, 연수, 중간뇌를 순서 없이 나타낸 것이고, ㉠에 하나의 신경절이 있다.

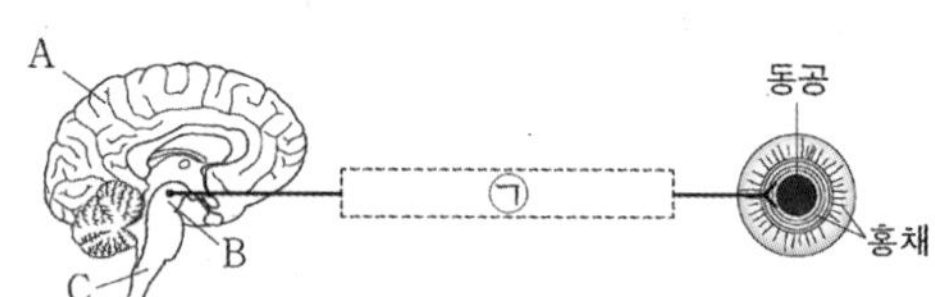

이에 대한 설명으로 옳은 것만을 <보기>에서 있는 대로 고른 것은?

<보 기>

ㄱ. X는 신경절 이전 뉴런이 신경절 이후 뉴런보다 짧다.
ㄴ. A의 겉질은 회색질이다.
ㄷ. B와 C는 모두 뇌줄기에 속한다.

① ㄱ ② ㄷ ③ ㄱ, ㄴ ④ ㄴ, ㄷ ⑤ ㄱ, ㄴ, ㄷ

6. 그림은 어떤 동물 종의 개체 A와 B를 고온 환경에 노출시켜 같은 양의 땀을 흘리게 하면서 측정한 혈장 삼투압을 시간에 따라 나타낸 것이다. A와 B는 '항이뇨 호르몬(ADH)이 정상적으로 분비되는 개체'와 '항이뇨 호르몬(ADH)이 정상보다 적게 분비되는 개체'를 순서 없이 나타낸 것이다.

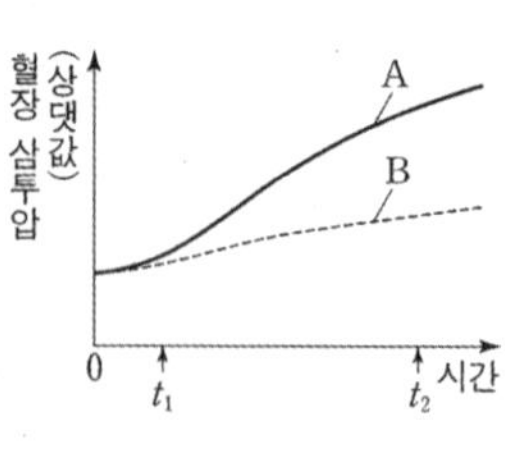

이에 대한 설명으로 옳은 것만을 <보기>에서 있는 대로 고른 것은? (단, 제시된 조건 이외는 고려하지 않는다.) [3점]

<보 기>

ㄱ. ADH는 콩팥에서 물의 재흡수를 촉진한다.
ㄴ. A는 'ADH가 정상적으로 분비되는 개체'이다.
ㄷ. B에서 생성되는 오줌의 삼투압은 t_1일 때가 t_2일 때보다 높다.

① ㄱ ② ㄴ ③ ㄷ ④ ㄱ, ㄴ ⑤ ㄱ, ㄷ

7. 표는 사람의 질병 A~C의 병원체에서 특징의 유무를 나타낸 것이다. A~C는 결핵, 무좀, 후천성 면역 결핍증(AIDS)을 순서 없이 나타낸 것이다.

특징 \ 병원체	A의 병원체	B의 병원체	C의 병원체
스스로 물질대사를 한다.	○	○	×
세균에 속한다.	×	○	×

(○: 있음, ×: 없음)

이에 대한 설명으로 옳은 것만을 <보기>에서 있는 대로 고른 것은?

<보 기>

ㄱ. A는 후천성 면역 결핍증이다.
ㄴ. B의 치료에 항생제가 사용된다.
ㄷ. C의 병원체는 유전 물질을 갖는다.

① ㄱ ② ㄷ ③ ㄱ, ㄴ ④ ㄴ, ㄷ ⑤ ㄱ, ㄴ, ㄷ

8. 사람 A와 B는 모두 혈중 티록신 농도가 정상보다 낮다. 표 (가)는 A와 B의 혈중 티록신 농도가 정상보다 낮은 원인을, (나)는 사람 ㉠과 ㉡의 TSH 투여 전과 후의 혈중 티록신 농도를 나타낸 것이다. ㉠과 ㉡은 A와 B를 순서 없이 나타낸 것이다.

사람	원인
A	TSH가 분비되지 않음
B	TSH의 표적 세포가 TSH에 반응하지 못함

(가)

사람	티록신 농도	
	TSH 투여 전	TSH 투여 후
㉠	정상보다 낮음	정상
㉡	정상보다 낮음	정상보다 낮음

(나)

이에 대한 설명으로 옳은 것만을 <보기>에서 있는 대로 고른 것은? (단, 제시된 조건 이외는 고려하지 않는다.)

<보 기>

ㄱ. ㉠은 B이다.
ㄴ. TSH 투여 후, A의 갑상샘에서 티록신이 분비된다.
ㄷ. 정상인에서 혈중 티록신 농도가 증가하면 TSH의 분비가 촉진된다.

① ㄱ ② ㄴ ③ ㄷ ④ ㄱ, ㄴ ⑤ ㄱ, ㄷ

9. 다음은 항원 X에 대한 생쥐의 방어 작용 실험이다.

〔실험 과정 및 결과〕

(가) 정상 생쥐 A와 가슴샘이 없는 생쥐 B를 준비한다. A와 B는 유전적으로 동일하고 X에 노출된 적이 없다.

(나) A와 B에 X를 각각 2회에 걸쳐 주사한다. A와 B에서 X에 대한 혈중 항체 농도 변화는 그림과 같다.

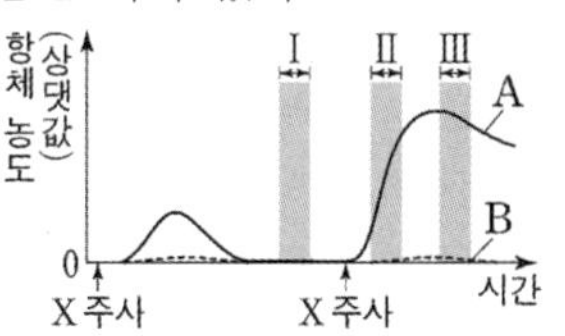

이에 대한 설명으로 옳은 것만을 <보기>에서 있는 대로 고른 것은? (단, 제시된 조건 이외는 고려하지 않는다.) [3점]

<보 기>

ㄱ. 구간 Ⅰ의 A에는 X에 대한 기억 세포가 있다.
ㄴ. 구간 Ⅱ의 A에서 X에 대한 2차 면역 반응이 일어났다.
ㄷ. 구간 Ⅲ의 A에서 X에 대한 항체는 세포독성 T 림프구에서 생성된다.

① ㄱ ② ㄴ ③ ㄱ, ㄴ ④ ㄱ, ㄷ ⑤ ㄴ, ㄷ

10. 다음은 골격근의 수축과 이완 과정에 대한 자료이다.

○ 그림 (가)는 팔을 구부리는 과정의 두 시점 t_1과 t_2일 때 팔의 위치와 이 과정에 관여하는 골격근 P와 Q를, (나)는 P와 Q 중 한 골격근의 근육 원섬유 마디 X의 구조를 나타낸 것이다. X는 좌우 대칭이고, Z_1과 Z_2는 X의 Z선이다.

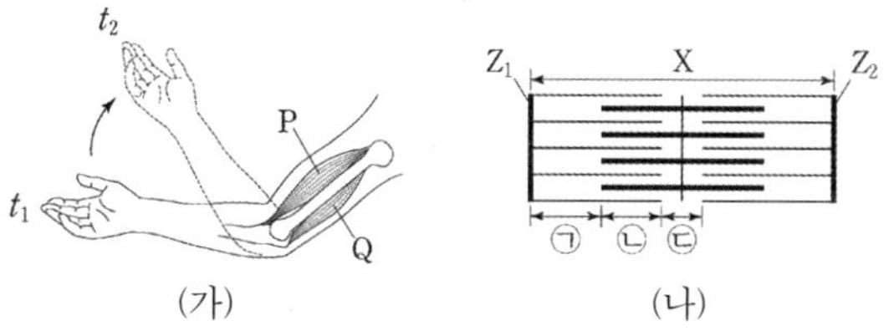

(가) (나)

○ 구간 ㉠은 액틴 필라멘트만 있는 부분이고, ㉡은 액틴 필라멘트와 마이오신 필라멘트가 겹치는 부분이며, ㉢은 마이오신 필라멘트만 있는 부분이다.

○ 표는 t_1과 t_2일 때 각 시점의 Z_1로부터 Z_2 방향으로 거리가 각각 l_1, l_2, l_3인 세 지점이 ㉠~㉢ 중 어느 구간에 해당하는지를 나타낸 것이다. ⓐ~ⓒ는 ㉠~㉢을 순서 없이 나타낸 것이다.

거리	지점이 해당하는 구간	
	t_1	t_2
l_1	ⓐ	?
l_2	ⓑ	ⓐ
l_3	ⓒ	㉢

○ ⓒ의 길이는 t_1일 때가 t_2일 때보다 짧다.

○ t_1과 t_2일 때 각각 l_1~l_3은 모두 $\frac{\text{X의 길이}}{2}$보다 작다.

이에 대한 설명으로 옳은 것만을 <보기>에서 있는 대로 고른 것은?

<보 기>

ㄱ. $l_1 > l_2$이다.
ㄴ. X는 P의 근육 원섬유 마디이다.
ㄷ. t_2일 때 Z_1로부터 Z_2 방향으로 거리가 l_1인 지점은 ㉠에 해당한다.

① ㄱ ② ㄴ ③ ㄷ ④ ㄱ, ㄴ ⑤ ㄱ, ㄷ

11. 사람의 유전 형질 (가)는 대립유전자 A와 a에 의해, (나)는 대립유전자 B와 b에 의해 결정된다. (가)의 유전자와 (나)의 유전자는 서로 다른 염색체에 있다. 그림은 어떤 사람의 G_1기 세포 Ⅰ로부터 정자가 형성되는 과정을, 표는 세포 ㉠~㉣에서 A, a, B, b의 DNA 상대량을 더한 값(A+a+B+b)을 나타낸 것이다. ㉠~㉣은 Ⅰ~Ⅳ를 순서 없이 나타낸 것이고, ⓐ는 ⓑ보다 작다.

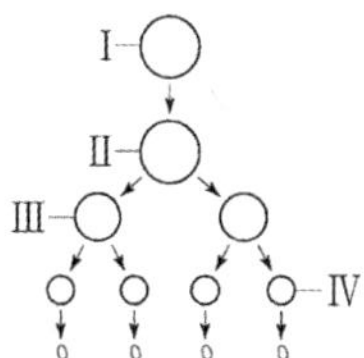

세포	A+a+B+b
㉠	ⓐ
㉡	ⓑ
㉢	1
㉣	4

이에 대한 설명으로 옳은 것만을 <보기>에서 있는 대로 고른 것은? (단, 돌연변이는 고려하지 않으며, A, a, B, b 각각의 1개당 DNA 상대량은 1이다. Ⅱ와 Ⅲ은 중기의 세포이다.) [3점]

<보 기>

ㄱ. ⓐ는 3이다.
ㄴ. ㉡은 Ⅲ이다.
ㄷ. ㉣의 염색체 수는 46이다.

① ㄱ ② ㄴ ③ ㄷ ④ ㄱ, ㄴ ⑤ ㄱ, ㄷ

12. 다음은 민말이집 신경 A~C의 흥분 전도와 전달에 대한 자료이다.

○ 그림은 A~C의 지점 d_1~d_5의 위치를, 표는 ㉠<u>A~C의 P에 역치 이상의 자극을 동시에 1회 주고 경과된 시간</u>이 4 ms일 때 d_1~d_5에서의 막전위를 나타낸 것이다. P는 d_1~d_5 중 하나이고, (가)~(다) 중 두 곳에만 시냅스가 있다. Ⅰ~Ⅲ은 d_2~d_4를 순서 없이 나타낸 것이다.

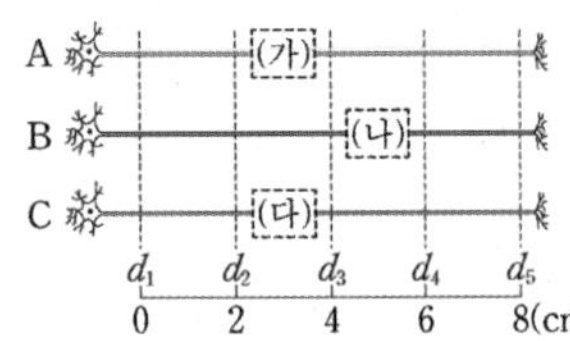

신경	4 ms일 때 막전위(mV)				
	d_1	Ⅰ	Ⅱ	Ⅲ	d_5
A	?	?	+30	+30	−70
B	+30	−70	?	+30	?
C	?	?	?	−80	+30

○ A~C 중 2개의 신경은 각각 두 뉴런으로 구성되고, 각 뉴런의 흥분 전도 속도는 ⓐ로 같다. 나머지 1개의 신경의 흥분 전도 속도는 ⓑ이다. ⓐ와 ⓑ는 서로 다르다.

○ A~C 각각에서 활동 전위가 발생하였을 때, 각 지점에서의 막전위 변화는 그림과 같다.

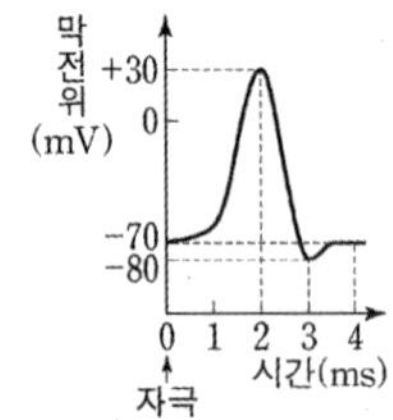

이에 대한 설명으로 옳은 것만을 <보기>에서 있는 대로 고른 것은? (단, A~C에서 흥분의 전도는 각각 1회 일어났고, 휴지 전위는 −70 mV이다.) [3점]

<보 기>

ㄱ. Ⅱ는 d_2이다.
ㄴ. ⓐ는 1 cm/ms이다.
ㄷ. ㉠이 5 ms일 때 B의 d_5에서의 막전위는 −80 mV이다.

① ㄱ ② ㄴ ③ ㄱ, ㄷ ④ ㄴ, ㄷ ⑤ ㄱ, ㄴ, ㄷ

13. 다음은 사람의 유전 형질 (가)~(다)에 대한 자료이다.

○ (가)~(다)의 유전자는 서로 다른 2개의 상염색체에 있다.
○ (가)는 대립유전자 A와 a에 의해 결정되며, A는 a에 대해 완전 우성이다.
○ (나)는 대립유전자 B와 b에 의해 결정되며, 유전자형이 다르면 표현형이 다르다.
○ (다)는 1쌍의 대립유전자에 의해 결정되며, 대립유전자에는 D, E, F가 있다. D는 E, F에 대해, E는 F에 대해 각각 완전 우성이다.
○ (가)와 (나)의 유전자형이 AaBb인 남자 P와 AaBB인 여자 Q 사이에서 ⓐ가 태어날 때, ⓐ에게서 나타날 수 있는 (가)와 (나)의 표현형은 최대 3가지이고, ⓐ가 가질 수 있는 (가)~(다)의 유전자형 중 AABBFF가 있다.
○ ⓐ의 (가)~(다)의 표현형이 모두 Q와 같을 확률은 $\frac{1}{8}$이다.

ⓐ의 (가)~(다)의 표현형이 모두 P와 같을 확률은? (단, 돌연변이와 교차는 고려하지 않는다.) [3점]

① $\frac{1}{16}$ ② $\frac{1}{8}$ ③ $\frac{3}{16}$ ④ $\frac{1}{4}$ ⑤ $\frac{3}{8}$

14. 다음은 종 사이의 상호 작용에 대한 자료이다. (가)와 (나)는 경쟁과 상리 공생의 예를 순서 없이 나타낸 것이다.

(가) 캥거루쥐와 주머니쥐는 같은 종류의 먹이를 두고 서로 다툰다.
(나) 꽃은 벌새에게 꿀을 제공하고, 벌새는 꽃의 수분을 돕는다.

이에 대한 설명으로 옳은 것만을 <보기>에서 있는 대로 고른 것은?

<보 기>

ㄱ. (가)에서 캥거루쥐는 주머니쥐와 한 개체군을 이룬다.
ㄴ. (나)는 상리 공생의 예이다.
ㄷ. 스라소니가 눈신토끼를 잡아먹는 것은 경쟁의 예에 해당한다.

① ㄱ ② ㄴ ③ ㄷ ④ ㄱ, ㄴ ⑤ ㄴ, ㄷ

15. 다음은 핵상이 $2n$인 동물 A~C의 세포 (가)~(다)에 대한 자료이다.

○ A와 B는 서로 같은 종이고, B와 C는 서로 다른 종이며, B와 C의 체세포 1개당 염색체 수는 서로 다르다.
○ B는 암컷이고, A~C의 성염색체는 암컷이 XX, 수컷이 XY이다.
○ 그림은 세포 (가)~(다) 각각에 들어 있는 모든 상염색체와 ㉠을 나타낸 것이다. (가)~(다)는 각각 서로 다른 개체의 세포이고, ㉠은 X 염색체와 Y 염색체 중 하나이다.

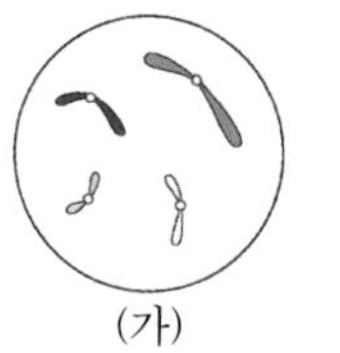
(가)

(나)

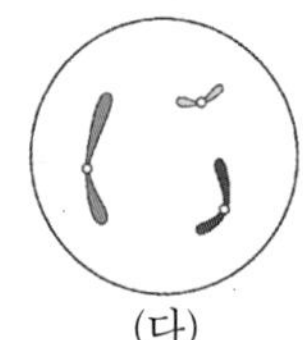
(다)

이에 대한 설명으로 옳은 것만을 <보기>에서 있는 대로 고른 것은? (단, 돌연변이는 고려하지 않는다.)

<보 기>

ㄱ. ㉠은 X 염색체이다.
ㄴ. (가)와 (나)는 모두 암컷의 세포이다.
ㄷ. C의 체세포 분열 중기의 세포 1개당 $\frac{\text{상염색체 수}}{\text{X 염색체 수}}=3$이다.

① ㄱ ② ㄷ ③ ㄱ, ㄴ ④ ㄴ, ㄷ ⑤ ㄱ, ㄴ, ㄷ

16. 표는 생태계의 질소 순환 과정에서 일어나는 물질의 전환을 나타낸 것이다. Ⅰ과 Ⅱ는 탈질산화 작용과 질소 고정 작용을 순서 없이 나타낸 것이고, ㉠과 ㉡은 질산 이온(NO_3^-)과 암모늄 이온(NH_4^+)을 순서 없이 나타낸 것이다.

구분	물질의 전환
질산화 작용	㉠ → ㉡
Ⅰ	대기 중의 질소(N_2) → ㉠
Ⅱ	㉡ → 대기 중의 질소(N_2)

이에 대한 설명으로 옳은 것만을 <보기>에서 있는 대로 고른 것은?

<보 기>

ㄱ. ㉠은 질산 이온(NO_3^-)이다.
ㄴ. Ⅰ은 질소 고정 작용이다.
ㄷ. 탈질산화 세균은 Ⅱ에 관여한다.

① ㄱ ② ㄴ ③ ㄱ, ㄷ ④ ㄴ, ㄷ ⑤ ㄱ, ㄴ, ㄷ

17. 다음은 어떤 가족의 유전 형질 (가)에 대한 자료이다.

- (가)는 21번 염색체에 있는 2쌍의 대립유전자 H와 h, T와 t에 의해 결정된다. (가)의 표현형은 유전자형에서 대문자로 표시되는 대립유전자의 수에 의해서만 결정되며, 이 대립유전자의 수가 다르면 표현형이 다르다.
- 어머니의 난자 형성 과정에서 21번 염색체 비분리가 1회 일어나 염색체 수가 비정상적인 난자 Q가 형성되었다. Q와 아버지의 정상 정자가 수정되어 ⓐ가 태어났으며, 부모의 핵형은 모두 정상이다.
- 어머니의 (가)의 유전자형은 HHTt이고, ⓐ의 (가)의 유전자형에서 대문자로 표시되는 대립유전자의 수는 4이다.
- ⓐ의 동생이 태어날 때, 이 아이에게서 나타날 수 있는 (가)의 표현형은 최대 2가지이고, ㉠이 아이가 가질 수 있는 (가)의 유전자형은 최대 4가지이다.

이에 대한 설명으로 옳은 것만을 <보기>에서 있는 대로 고른 것은? (단, 제시된 염색체 비분리 이외의 돌연변이와 교차는 고려하지 않는다.) [3점]

<보 기>

ㄱ. 아버지의 (가)의 유전자형에서 대문자로 표시되는 대립유전자의 수는 2이다.
ㄴ. ㉠ 중에는 HhTt가 있다.
ㄷ. 염색체 비분리는 감수 1분열에서 일어났다.

① ㄱ ② ㄷ ③ ㄱ, ㄴ ④ ㄴ, ㄷ ⑤ ㄱ, ㄴ, ㄷ

18. 다음은 어떤 지역의 식물 군집에서 우점종을 알아보기 위한 탐구이다.

(가) 이 지역에 방형구를 설치하여 식물 종 A~E의 분포를 조사했다. 표는 조사한 자료 중 A~E의 개체 수와 A~E가 출현한 방형구 수를 나타낸 것이다.

구분	A	B	C	D	E
개체 수	96	48	18	48	30
출현한 방형구 수	22	20	10	16	12

(나) 표는 A~E의 분포를 조사한 자료를 바탕으로 각 식물 종의 ㉠~㉢을 구한 결과를 나타낸 것이다. ㉠~㉢은 상대 밀도, 상대 빈도, 상대 피도를 순서 없이 나타낸 것이다.

구분	A	B	C	D	E
㉠(%)	27.5	?	ⓐ	20	15
㉡(%)	40	?	7.5	20	12.5
㉢(%)	36	17	13	?	10

이 자료에 대한 설명으로 옳은 것만을 <보기>에서 있는 대로 고른 것은? (단, A~E 이외의 종은 고려하지 않는다.) [3점]

<보 기>

ㄱ. ⓐ는 12.5이다.
ㄴ. 지표를 덮고 있는 면적이 가장 작은 종은 E이다.
ㄷ. 우점종은 A이다.

① ㄱ ② ㄴ ③ ㄱ, ㄷ ④ ㄴ, ㄷ ⑤ ㄱ, ㄴ, ㄷ

19. 다음은 어떤 집안의 유전 형질 (가)와 (나)에 대한 자료이다.

- (가)는 대립유전자 A와 a에 의해, (나)는 대립유전자 B와 b에 의해 결정된다. A는 a에 대해, B는 b에 대해 각각 완전 우성이다.
- (가)의 유전자와 (나)의 유전자는 서로 다른 염색체에 있다.
- 가계도는 구성원 1~7에게서 (가)와 (나)의 발현 여부를, 표는 구성원 1, 3, 6에서 체세포 1개당 ㉠과 B의 DNA 상대량을 더한 값(㉠+B)을 나타낸 것이다. ㉠은 A와 a 중 하나이다.

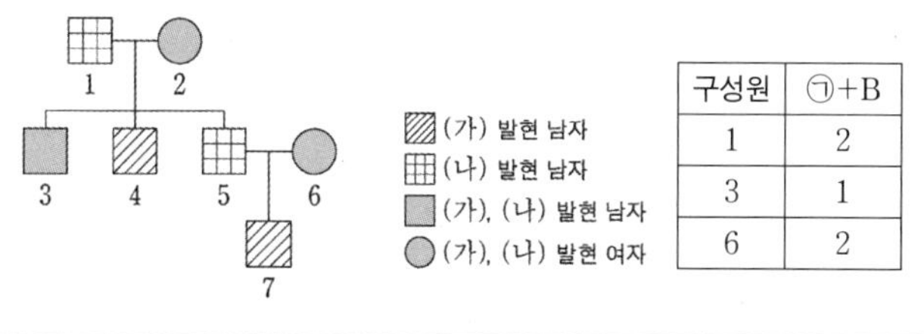

구성원	㉠+B
1	2
3	1
6	2

이에 대한 설명으로 옳은 것만을 <보기>에서 있는 대로 고른 것은? (단, 돌연변이와 교차는 고려하지 않으며, A, a, B, b 각각의 1개당 DNA 상대량은 1이다.)

<보 기>

ㄱ. ㉠은 A이다.
ㄴ. (나)의 유전자는 상염색체에 있다.
ㄷ. 7의 동생이 태어날 때, 이 아이에게서 (가)와 (나)가 모두 발현될 확률은 $\frac{3}{8}$이다.

① ㄱ ② ㄴ ③ ㄱ, ㄷ ④ ㄴ, ㄷ ⑤ ㄱ, ㄴ, ㄷ

20. 그림은 생태계를 구성하는 요소 사이의 상호 관계를 나타낸 것이고, 표는 습지에 서식하는 식물 종 X에 대한 자료이다.

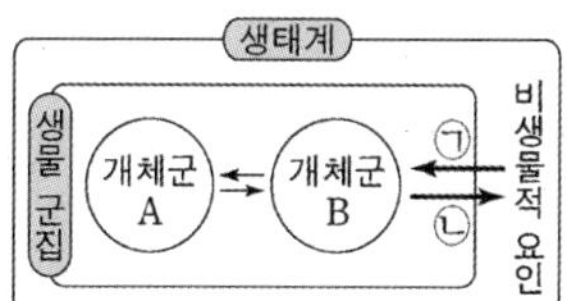

- ⓐX는 그늘을 만들어 수분 증발을 감소시켜 토양 속 염분 농도를 낮춘다.
- X는 습지의 토양 성분을 변화시켜 습지에 서식하는 생물의 ⓑ종 다양성을 높인다.

이에 대한 설명으로 옳은 것만을 <보기>에서 있는 대로 고른 것은? [3점]

<보 기>

ㄱ. X는 생물 군집에 속한다.
ㄴ. ⓐ는 ㉠에 해당한다.
ㄷ. ⓑ는 동일한 생물 종이라도 형질이 각 개체 간에 다르게 나타나는 것을 의미한다.

① ㄱ ② ㄴ ③ ㄷ ④ ㄱ, ㄴ ⑤ ㄱ, ㄷ

* 확인 사항

- 답안지의 해당란에 필요한 내용을 정확히 기입(표기)했는지 확인하시오.

2025학년도 대학수학능력시험 9월 모의평가 문제지

날짜 : 월 일
소요시간 : 분

제 7 회 과학탐구 영역(생명과학 Ⅰ)

*정답 및 해설 523～524p

1. 다음은 생물의 특성에 대한 자료이다.

> ○ ㉠발생 과정에서 포식자를 감지한 물벼룩 A는 머리와 꼬리에 뾰족한 구조를 형성하여 방어에 적합한 몸의 형태를 갖는다.
> ○ ㉡메뚜기 B는 주변 환경과 유사하게 몸의 색을 변화시켜 포식자의 눈에 띄지 않는다.

이에 대한 설명으로 옳은 것만을 <보기>에서 있는 대로 고른 것은? [3점]

<보 기>
ㄱ. ㉠ 과정에서 세포 분열이 일어난다.
ㄴ. ㉡은 생물적 요인이 비생물적 요인에 영향을 미치는 예에 해당한다.
ㄷ. '펭귄은 물속에서 빠른 속도로 움직이는 데 적합한 몸의 형태를 갖는다.'는 적응과 진화의 예에 해당한다.

① ㄱ ② ㄴ ③ ㄷ ④ ㄱ, ㄷ ⑤ ㄴ, ㄷ

2. 표는 사람에서 영양소 (가)와 (나)가 세포 호흡에 사용된 결과 생성되는 노폐물을 나타낸 것이다. (가)와 (나)는 단백질과 탄수화물을 순서 없이 나타낸 것이고, ㉠과 ㉡은 암모니아와 이산화 탄소를 순서 없이 나타낸 것이다.

영양소	노폐물
(가)	물, ㉠
(나)	물, ㉠, ㉡

이에 대한 설명으로 옳은 것만을 <보기>에서 있는 대로 고른 것은?

<보 기>
ㄱ. (가)는 단백질이다.
ㄴ. 호흡계를 통해 ㉠이 몸 밖으로 배출된다.
ㄷ. 사람에서 지방이 세포 호흡에 사용된 결과 생성되는 노폐물에는 ㉡이 있다.

① ㄱ ② ㄴ ③ ㄷ ④ ㄱ, ㄴ ⑤ ㄱ, ㄷ

3. 그림은 어떤 지역에서 호수(습지)로부터 시작된 식물 군집의 1차 천이 과정을 나타낸 것이다. A와 B는 관목림과 혼합림을 순서 없이 나타낸 것이다.

호수(습지) → 초원 → A → 양수림 → B → 음수림

이에 대한 설명으로 옳은 것만을 <보기>에서 있는 대로 고른 것은? [3점]

<보 기>
ㄱ. A는 관목림이다.
ㄴ. 이 지역에서 일어난 천이는 습성 천이이다.
ㄷ. 이 식물 군집은 B에서 극상을 이룬다.

① ㄱ ② ㄴ ③ ㄷ ④ ㄱ, ㄴ ⑤ ㄴ, ㄷ

4. 그림은 같은 수의 정상 적혈구 R와 낫 모양 적혈구 S를 각각 말라리아 병원체와 혼합하여 배양한 후, 말라리아 병원체에 감염된 R와 S의 빈도를 나타낸 것이다.

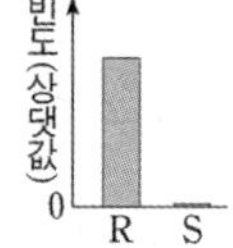

이에 대한 설명으로 옳은 것만을 <보기>에서 있는 대로 고른 것은? (단, 제시된 조건 이외는 고려하지 않는다.)

<보 기>
ㄱ. 말라리아 병원체는 원생생물이다.
ㄴ. 낫 모양 적혈구 빈혈증은 비감염성 질병에 해당한다.
ㄷ. 말라리아 병원체에 노출되었을 때, S를 갖는 사람은 R만 갖는 사람보다 말라리아가 발병할 확률이 높다.

① ㄱ ② ㄷ ③ ㄱ, ㄴ ④ ㄴ, ㄷ ⑤ ㄱ, ㄴ, ㄷ

5. 다음은 어떤 연못에 서식하는 동물 종 ㉠~㉢ 사이의 상호 작용에 대한 실험이다.

> ○ ㉠과 ㉡은 같은 먹이를 두고 경쟁하며, ㉢은 ㉠과 ㉡의 천적이다.
>
> [실험 과정 및 결과]
> (가) 인공 연못 A와 B 각각에 같은 개체 수의 ㉠과 ㉡을 넣고, A에만 ㉢을 추가한다.
> (나) 일정 시간이 지난 후, A와 B 각각에서 ㉠과 ㉡의 개체 수를 조사한 결과는 그림과 같다.

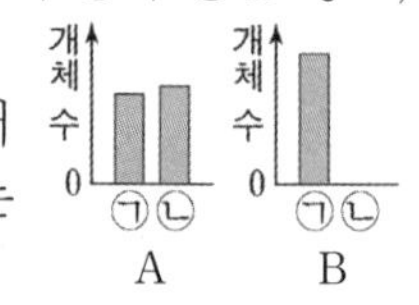

이 자료에 대한 설명으로 옳은 것만을 <보기>에서 있는 대로 고른 것은? (단, 제시된 조건 이외는 고려하지 않는다.)

<보 기>
ㄱ. 조작 변인은 ㉢의 추가 여부이다.
ㄴ. A에서 ㉠은 ㉡과 한 개체군을 이룬다.
ㄷ. B에서 ㉠과 ㉡ 사이에 경쟁 배타가 일어났다.

① ㄱ ② ㄴ ③ ㄷ ④ ㄱ, ㄴ ⑤ ㄱ, ㄷ

6. 그림은 어떤 동물에게 호르몬 X를 투여한 후 시간에 따른 ⓐ와 ⓑ를 나타낸 것이다. X는 글루카곤과 인슐린 중 하나이고, ⓐ와 ⓑ는 '간에서 단위 시간당 글리코젠으로부터 생성되는 포도당의 양'과 '혈중 포도당 농도'를 순서 없이 나타낸 것이다.

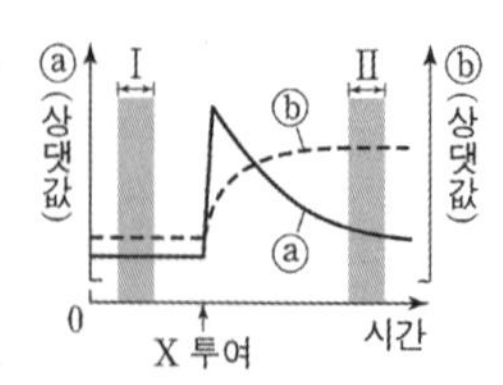

이에 대한 설명으로 옳은 것만을 <보기>에서 있는 대로 고른 것은? (단, 제시된 조건 이외는 고려하지 않는다.)

<보 기>
ㄱ. ⓑ는 '혈중 포도당 농도'이다.
ㄴ. 혈중 인슐린 농도는 구간 Ⅰ에서가 구간 Ⅱ에서보다 높다.
ㄷ. 혈중 포도당 농도가 증가하면 X의 분비가 촉진된다.

① ㄱ ② ㄴ ③ ㄷ ④ ㄱ, ㄴ ⑤ ㄴ, ㄷ

7. 표 (가)는 특정 형질의 유전자형이 RR인 어떤 사람의 세포 Ⅰ~Ⅲ에서 핵막 소실 여부를, (나)는 Ⅰ~Ⅲ 중 2개의 세포에서 R의 DNA 상대량을 더한 값을 나타낸 것이다. Ⅰ~Ⅲ은 체세포의 세포 주기 중 M기(분열기)의 중기, G_1기, G_2기에 각각 관찰되는 세포를 순서 없이 나타낸 것이다. ㉠은 '소실됨'과 '소실 안 됨' 중 하나이다.

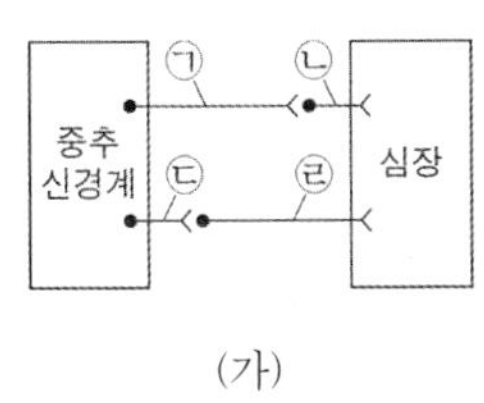

세포	핵막 소실 여부
Ⅰ	?
Ⅱ	소실됨
Ⅲ	㉠

(가)

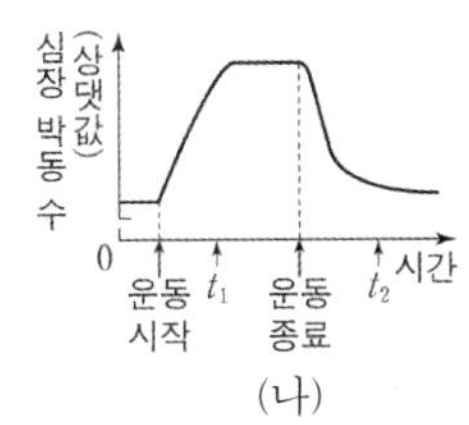

구분	R의 DNA 상대량을 더한 값
Ⅰ, Ⅱ	8
Ⅰ, Ⅲ	?
Ⅱ, Ⅲ	?

(나)

이에 대한 설명으로 옳은 것만을 <보기>에서 있는 대로 고른 것은? (단, 돌연변이는 고려하지 않으며, R의 1개당 DNA 상대량은 1이다.)

<보 기>

ㄱ. ㉠은 '소실 안 됨'이다.
ㄴ. Ⅰ은 G_1기의 세포이다.
ㄷ. R의 DNA 상대량은 Ⅱ에서와 Ⅲ에서가 서로 같다.

① ㄱ ② ㄴ ③ ㄷ ④ ㄱ, ㄴ ⑤ ㄴ, ㄷ

8. 그림 (가)는 중추 신경계로부터 자율 신경이 심장에 연결된 경로를, (나)는 정상인에서 운동에 의한 심장 박동 수 변화를 나타낸 것이다.

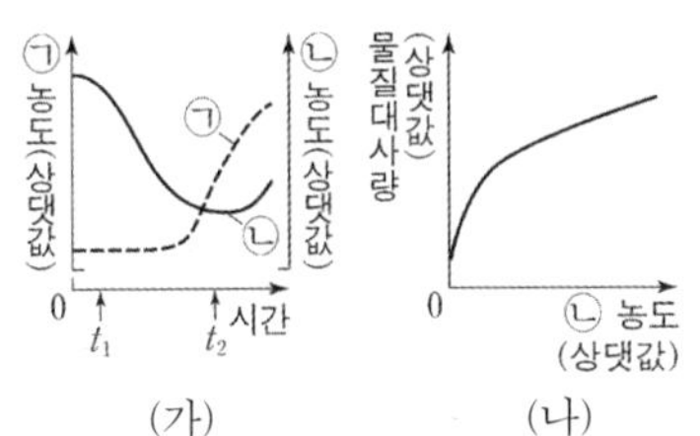

(가) (나)

이에 대한 설명으로 옳은 것만을 <보기>에서 있는 대로 고른 것은? [3점]

<보 기>

ㄱ. ㉠의 신경 세포체는 연수에 있다.
ㄴ. ㉡과 ㉢의 말단에서 아세틸콜린이 분비된다.
ㄷ. ㉣의 말단에서 분비되는 신경 전달 물질의 양은 t_2일 때가 t_1일 때보다 많다.

① ㄱ ② ㄷ ③ ㄱ, ㄴ ④ ㄴ, ㄷ ⑤ ㄱ, ㄴ, ㄷ

9. 그림 (가)는 사람에서 시간에 따른 혈중 호르몬 ㉠과 ㉡의 농도를, (나)는 혈중 ㉡의 농도에 따른 물질대사량을 나타낸 것이다. ㉠과 ㉡은 티록신과 TSH를 순서 없이 나타낸 것이다.

(가) (나)

이에 대한 설명으로 옳은 것만을 <보기>에서 있는 대로 고른 것은? (단, 제시된 조건 이외는 고려하지 않는다.) [3점]

<보 기>

ㄱ. ㉠은 티록신이다.
ㄴ. ㉡의 분비는 음성 피드백에 의해 조절된다.
ㄷ. $\frac{\text{물질대사량}}{\text{혈중 TSH 농도}}$은 t_1일 때가 t_2일 때보다 크다.

① ㄱ ② ㄴ ③ ㄱ, ㄷ ④ ㄴ, ㄷ ⑤ ㄱ, ㄴ, ㄷ

10. 다음은 민말이집 신경 A~C의 흥분 전도와 전달에 대한 자료이다.

○ 그림은 A~C의 지점 d_1~d_5의 위치를, 표는 ㉠ A와 B의 P에, C의 Q에 역치 이상의 자극을 동시에 1회 주고 경과된 시간이 t_1일 때 d_1~d_5에서의 막전위를 나타낸 것이다. P와 Q는 각각 d_1~d_5 중 하나이고, ㉮와 ㉯ 중 한 곳에만 시냅스가 있다.
○ Ⅰ~Ⅲ은 A~C를 순서 없이 나타낸 것이고, ⓐ~ⓒ는 −80, −70, +30을 순서 없이 나타낸 것이다.

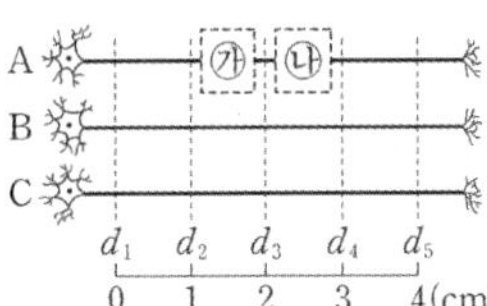

신경	t_1일 때 막전위(mV)				
	d_1	d_2	d_3	d_4	d_5
Ⅰ	?	ⓑ	ⓒ	ⓑ	?
Ⅱ	ⓐ	?	ⓑ	?	ⓒ
Ⅲ	?	ⓒ	ⓐ	ⓑ	ⓒ

○ A를 구성하는 두 뉴런의 흥분 전도 속도는 1 cm/ms로 같고, B와 C의 흥분 전도 속도는 각각 1 cm/ms와 2 cm/ms 중 하나이다.
○ A~C 각각에서 활동 전위가 발생하였을 때, 각 지점에서의 막전위 변화는 그림과 같다.

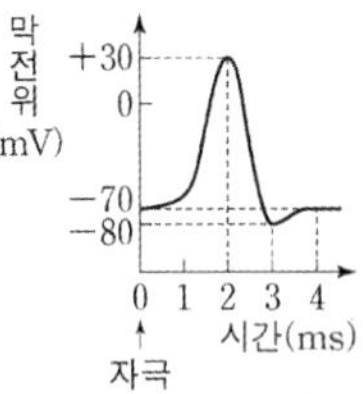

이에 대한 설명으로 옳은 것만을 <보기>에서 있는 대로 고른 것은? (단, A~C에서 흥분의 전도는 각각 1회 일어났고, 휴지 전위는 −70 mV이다.) [3점]

<보 기>

ㄱ. ⓐ는 −70이다.
ㄴ. ㉮에 시냅스가 있다.
ㄷ. ㉠이 3 ms일 때, B의 d_2에서 재분극이 일어나고 있다.

① ㄱ ② ㄴ ③ ㄱ, ㄷ ④ ㄴ, ㄷ ⑤ ㄱ, ㄴ, ㄷ

11. 다음은 골격근의 수축 과정에 대한 자료이다.

○ 그림은 근육 원섬유 마디 X의 구조를 나타낸 것이다. X는 좌우 대칭이고, Z_1과 Z_2는 X의 Z선이다.

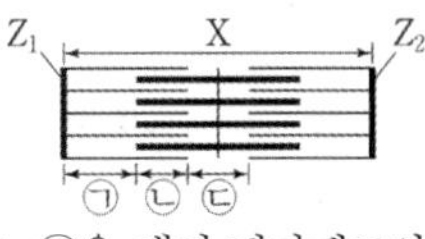

○ 구간 ㉠은 액틴 필라멘트만 있는 부분이고, ㉡은 액틴 필라멘트와 마이오신 필라멘트가 겹치는 부분이며, ㉢은 마이오신 필라멘트만 있는 부분이다.
○ 표는 골격근 수축 과정의 두 시점 t_1과 t_2일 때 ⓐ의 길이를 ⓑ의 길이로 나눈 값($\frac{ⓐ}{ⓑ}$), H대의 길이, X의 길이를 나타낸 것이다. ⓐ와 ⓑ는 ㉠과 ㉡을 순서 없이 나타낸 것이고, d는 0보다 크다.

시점	$\frac{ⓐ}{ⓑ}$	H대의 길이	X의 길이
t_1	2	$2d$	$8d$
t_2	1	d	?

이에 대한 설명으로 옳은 것만을 <보기>에서 있는 대로 고른 것은?

<보 기>

ㄱ. ⓐ는 ㉠이다.
ㄴ. t_1일 때, ㉠의 길이와 ㉢의 길이는 서로 같다.
ㄷ. t_2일 때, Z_1로부터 Z_2 방향으로 거리가 $2d$인 지점은 ㉡에 해당한다.

① ㄱ ② ㄷ ③ ㄱ, ㄴ ④ ㄴ, ㄷ ⑤ ㄱ, ㄴ, ㄷ

12. 그림 (가)는 같은 종의 동물 A와 B 중 A에게는 충분히 먹이를 섭취하게 하고, B에게는 구간 Ⅰ에서만 적은 양의 먹이를 섭취하게 하면서 측정한 체중의 변화를, (나)는 시점 t_1과 t_2일 때 A와 B에서 측정한 체지방량을 나타낸 것이다. ㉠과 ㉡은 A와 B를 순서 없이 나타낸 것이다.

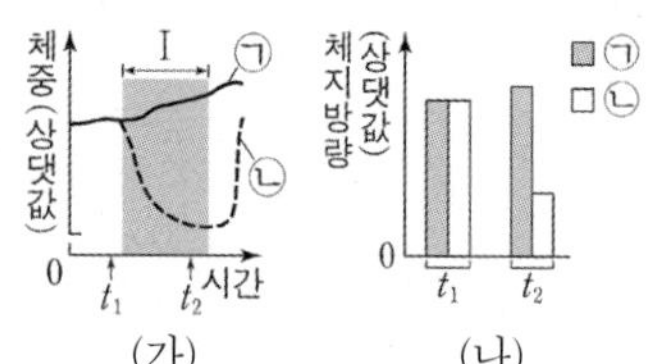

(가) (나)

이 자료에 대한 설명으로 옳은 것만을 <보기>에서 있는 대로 고른 것은? (단, 제시된 조건 이외는 고려하지 않는다.) [3점]

<보 기>

ㄱ. ㉠은 A이다.
ㄴ. 구간 Ⅰ에서 ㉡은 에너지 소비량이 에너지 섭취량보다 많다.
ㄷ. B의 체지방량은 t_1일 때가 t_2일 때보다 적다.

① ㄱ ② ㄴ ③ ㄷ ④ ㄱ, ㄴ ⑤ ㄱ, ㄷ

13. 그림은 세포 (가)~(다) 각각에 들어 있는 모든 염색체를 나타낸 것이다. (가)~(다)는 개체 A~C의 세포를 순서 없이 나타낸 것이고, A~C의 핵상은 모두 $2n$이다. A와 B는 서로 같은 종이고, B와 C는 서로 다른 종이다. A~C 중 B만 암컷이고, A~C의 성염색체는 암컷이 XX, 수컷이 XY이다. 염색체 ㉠과 ㉡ 중 하나는 성염색체이고, 나머지 하나는 상염색체이다. ㉠과 ㉡의 모양과 크기는 나타내지 않았다.

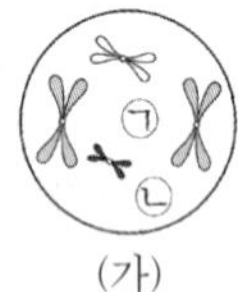

(가)

(나)

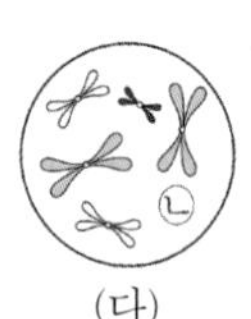

(다)

이에 대한 설명으로 옳은 것만을 <보기>에서 있는 대로 고른 것은? (단, 돌연변이는 고려하지 않는다.)

<보 기>

ㄱ. ㉠은 X 염색체이다.
ㄴ. (나)와 (다)의 핵상은 같다.
ㄷ. (가)의 $\frac{\text{염색 분체 수}}{\text{X 염색체 수}}=6$이다.

① ㄱ ② ㄴ ③ ㄱ, ㄷ ④ ㄴ, ㄷ ⑤ ㄱ, ㄴ, ㄷ

14. 다음은 종 사이의 상호 작용에 대한 자료이다. (가)와 (나)는 분서와 상리 공생의 예를 순서 없이 나타낸 것이다.

(가) 꿀잡이새는 꿀잡이오소리를 벌집으로 유도해 꿀을 얻도록 돕고, 자신은 벌의 공격에서 벗어나 먹이인 벌집을 얻는다.
(나) 붉은빰솔새와 밤색가슴솔새는 서로 ㉠경쟁을 피하기 위해 한 나무에서 서식 공간을 달리하여 산다.

이에 대한 설명으로 옳은 것만을 <보기>에서 있는 대로 고른 것은?

<보 기>

ㄱ. (가)는 상리 공생의 예이다.
ㄴ. (나)의 결과 붉은빰솔새에 환경 저항이 작용하지 않는다.
ㄷ. '서로 다른 종의 새가 번식 장소를 차지하기 위해 서로 다툰다.'는 ㉠의 예에 해당한다.

① ㄱ ② ㄴ ③ ㄱ, ㄷ ④ ㄴ, ㄷ ⑤ ㄱ, ㄴ, ㄷ

15. 다음은 어떤 가족의 유전 형질 (가)~(다)에 대한 자료이다.

○ (가)~(다)의 유전자 중 2개는 X 염색체에 있고, 나머지 1개는 상염색체에 있다.
○ (가)는 대립유전자 A와 a에 의해, (나)는 대립유전자 B와 b에 의해, (다)는 대립유전자 D와 d에 의해 결정된다.
○ 표는 이 가족 구성원에서 체세포 1개당 A, b, d의 DNA 상대량을 나타낸 것이다.

구성원	DNA 상대량		
	A	b	d
아버지	1	1	1
어머니	0	1	1
자녀 1	?	1	0
자녀 2	0	1	1
자녀 3	1	0	2
자녀 4	2	3	2

○ 부모 중 한 명의 생식세포 형성 과정에서 염색체 비분리가 1회 일어나 염색체 수가 비정상적인 생식세포 P가 형성되었고, 나머지 한 명의 생식세포 형성 과정에서 대립유전자 ㉠이 대립유전자 ㉡으로 바뀌는 돌연변이가 1회 일어나 ㉡을 갖는 생식세포 Q가 형성되었다. ㉠과 ㉡은 (가)~(다) 중 한 가지 형질을 결정하는 서로 다른 대립유전자이다.
○ P와 Q가 수정되어 자녀 4가 태어났다. 자녀 4를 제외한 이 가족 구성원의 핵형은 모두 정상이다.

이에 대한 설명으로 옳은 것만을 <보기>에서 있는 대로 고른 것은? (단, 제시된 돌연변이 이외의 돌연변이와 교차는 고려하지 않으며, A, a, B, b, D, d 각각의 1개당 DNA 상대량은 1이다.)

<보 기>

ㄱ. 자녀 1~3 중 여자는 2명이다.
ㄴ. Q는 어머니에게서 형성되었다.
ㄷ. 자녀 3에게서 A, B, d를 모두 갖는 생식세포가 형성될 수 있다.

① ㄱ ② ㄴ ③ ㄷ ④ ㄱ, ㄴ ⑤ ㄴ, ㄷ

16. 사람의 유전 형질 ㉮는 서로 다른 3개의 상염색체에 있는 3쌍의 대립유전자 A와 a, B와 b, D와 d에 의해 결정된다. 표는 사람 P의 세포 (가)~(다)에서 대립유전자 ㉠~㉣의 유무와 A와 B의 DNA 상대량을 나타낸 것이다. (가)~(다)는 생식세포 형성 과정에서 나타나는 중기의 세포이고, (가)~(다) 중 2개는 G_1기 세포 Ⅰ로부터 형성되었으며, 나머지 1개는 G_1기 세포 Ⅱ로부터 형성되었다. ㉠~㉣은 A, a, b, D를 순서 없이 나타낸 것이다.

세포	대립유전자				DNA 상대량	
	㉠	㉡	㉢	㉣	A	B
(가)	×	?	○	○	?	2
(나)	○	×	?	×	?	2
(다)	×	×	○	×	2	?

(○: 있음, ×: 없음)

이에 대한 설명으로 옳은 것만을 <보기>에서 있는 대로 고른 것은? (단, 돌연변이와 교차는 고려하지 않으며, A, a, B, b, D, d 각각의 1개당 DNA 상대량은 1이다.) [3점]

<보 기>

ㄱ. ㉡은 b이다.
ㄴ. Ⅰ로부터 (다)가 형성되었다.
ㄷ. P의 ㉮의 유전자형은 AaBbDd이다.

① ㄱ ② ㄷ ③ ㄱ, ㄴ ④ ㄴ, ㄷ ⑤ ㄱ, ㄴ, ㄷ

17. 다음은 어떤 집안의 유전 형질 (가)~(다)에 대한 자료이다.

- (가)의 유전자는 9번 염색체에 있고, (나)와 (다)의 유전자 중 하나는 X 염색체에, 나머지 하나는 9번 염색체에 있다.
- (가)는 대립유전자 H와 h에 의해, (나)는 대립유전자 R와 r에 의해, (다)는 대립유전자 T와 t에 의해 결정된다. H는 h에 대해, R는 r에 대해, T는 t에 대해 각각 완전 우성이다.
- 가계도는 구성원 1~8에게서 (가)와 (나)의 발현 여부를 나타낸 것이다.

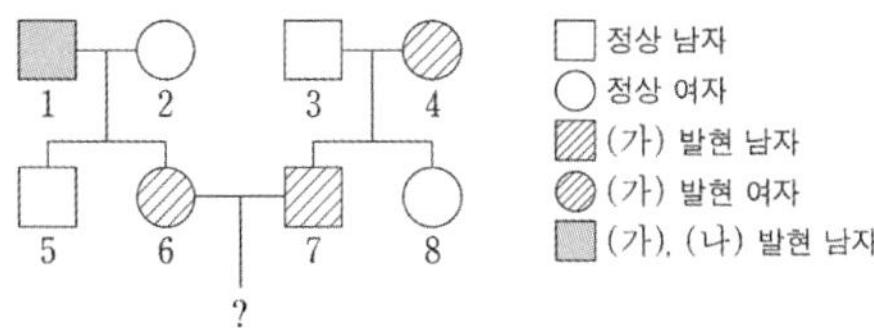

- 표는 구성원 2, 3, 5, 7, 8에서 체세포 1개당 H와 r의 DNA 상대량을 더한 값(H+r)과 체세포 1개당 R와 t의 DNA 상대량을 더한 값(R+t)을 나타낸 것이다.

구성원		2	3	5	7	8
DNA 상대량을 더한 값	H+r	1	0	1	1	1
	R+t	3	2	2	2	2

- 2와 5에서 (다)가 발현되었고, 4와 6의 (다)의 유전자형은 서로 같다.

이에 대한 설명으로 옳은 것만을 <보기>에서 있는 대로 고른 것은? (단, 돌연변이와 교차는 고려하지 않으며, H, h, R, r, T, t 각각의 1개당 DNA 상대량은 1이다.) [3점]

<보 기>

ㄱ. (다)의 유전자는 X 염색체에 있다.
ㄴ. 4의 (가)~(다)의 유전자형은 모두 이형 접합성이다.
ㄷ. 6과 7 사이에서 아이가 태어날 때, 이 아이의 (가)~(다)의 표현형이 모두 6과 같을 확률은 $\frac{3}{16}$이다.

① ㄱ ② ㄷ ③ ㄱ, ㄴ ④ ㄴ, ㄷ ⑤ ㄱ, ㄴ, ㄷ

18. 다음은 사람의 방어 작용에 대한 실험이다.

- 침과 눈물에는 ㉠ 세균의 증식을 억제하는 물질이 있다.

[실험 과정 및 결과]

(가) 사람의 침과 눈물을 각각 표와 같은 농도로 준비한다.

(나) (가)에서 준비한 침과 눈물에 같은 양의 세균 G를 각각 넣고 일정 시간 동안 배양한 후, G의 증식 여부를 확인한 결과는 표와 같다.

농도 (상댓값)	침	눈물
1	ⓐ	×
0.1	×	?
0.01	○	×

(○: 증식됨, ×: 증식 안 됨)

이에 대한 설명으로 옳은 것만을 <보기>에서 있는 대로 고른 것은? (단, 제시된 조건 이외는 고려하지 않는다.) [3점]

<보 기>

ㄱ. 라이소자임은 ㉠에 해당한다.
ㄴ. ⓐ는 '×'이다.
ㄷ. 사람의 침과 눈물은 비특이적 방어 작용에 관여한다.

① ㄱ ② ㄷ ③ ㄱ, ㄴ ④ ㄴ, ㄷ ⑤ ㄱ, ㄴ, ㄷ

19. 다음은 사람의 유전 형질 (가)~(다)에 대한 자료이다.

- (가)~(다)의 유전자는 서로 다른 2개의 상염색체에 있으며, (가)의 유전자는 (다)의 유전자와 서로 다른 상염색체에 있다.
- (가)는 대립유전자 A와 a에 의해 결정되며, 유전자형이 다르면 표현형이 다르다.
- (나)는 대립유전자 B와 b에 의해, (다)는 대립유전자 D와 d에 의해 결정된다.
- (나)와 (다) 중 하나는 대문자로 표시되는 대립유전자가 소문자로 표시되는 대립유전자에 대해 완전 우성이고, 나머지 하나는 유전자형이 다르면 표현형이 다르다.
- 유전자형이 AaBbDD인 남자 P와 AaBbDd인 여자 Q 사이에서 ⓐ가 태어날 때, ⓐ에게서 나타날 수 있는 (가)~(다)의 표현형은 최대 8가지이다.

유전자형이 AabbDd인 아버지와 AaBBDd인 어머니 사이에서 아이가 태어날 때, 이 아이의 (가)~(다)의 표현형이 모두 Q와 같을 확률은? (단, 돌연변이와 교차는 고려하지 않는다.) [3점]

① $\frac{1}{16}$ ② $\frac{1}{8}$ ③ $\frac{3}{16}$ ④ $\frac{1}{4}$ ⑤ $\frac{3}{8}$

20. 그림은 평형 상태인 생태계 S에서 1차 소비자의 개체 수가 일시적으로 증가한 후 평형 상태로 회복되는 과정의 시점 t_1~t_5에서의 개체 수 피라미드를, 표는 구간 Ⅰ~Ⅳ에서의 생산자, 1차 소비자, 2차 소비자의 개체 수 변화를 나타낸 것이다. ㉠은 '증가'와 '감소' 중 하나이다.

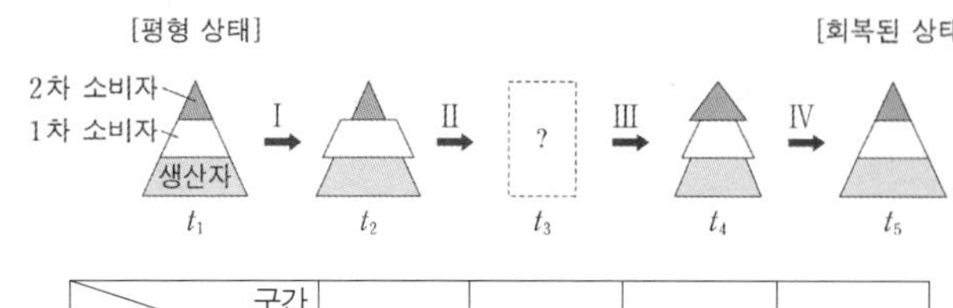

영양 단계 \ 구간	Ⅰ	Ⅱ	Ⅲ	Ⅳ
2차 소비자	변화 없음	증가	?	㉠
1차 소비자	증가	?	감소	?
생산자	변화 없음	감소	?	증가

이에 대한 설명으로 옳은 것만을 <보기>에서 있는 대로 고른 것은? (단, 제시된 조건 이외는 고려하지 않는다.)

<보 기>

ㄱ. ㉠은 '감소'이다.
ㄴ. $\frac{\text{2차 소비자의 개체 수}}{\text{생산자의 개체 수}}$는 t_2일 때가 t_3일 때보다 크다.
ㄷ. t_5일 때, 상위 영양 단계로 갈수록 각 영양 단계의 에너지양은 증가한다.

① ㄱ ② ㄴ ③ ㄷ ④ ㄱ, ㄴ ⑤ ㄱ, ㄷ

* 확인 사항

- 답안지의 해당란에 필요한 내용을 정확히 기입(표기)했는지 확인하시오.

2024학년도 10월 고3 전국연합학력평가 문제지

날짜: 월 일
소요시간: 분

제8회

과학탐구 영역(생명과학 Ⅰ)

*정답 및 해설 525~526p

1. 표는 사람이 갖는 생물의 특성과 예를 나타낸 것이다. (가)와 (나)는 물질대사, 자극에 대한 반응을 순서 없이 나타낸 것이다.

생물의 특성	예
(가)	ⓐ 뜨거운 물체에 손이 닿으면 자신도 모르게 손을 떼는 반사가 일어난다.
(나)	ⓑ 소화 과정을 통해 녹말을 포도당으로 분해한다.

이에 대한 옳은 설명만을 <보기>에서 있는 대로 고른 것은?

< 보 기 >

ㄱ. (가)는 자극에 대한 반응이다.
ㄴ. ⓐ의 중추는 연수이다.
ㄷ. ⓑ에서 이화 작용이 일어난다.

① ㄱ ② ㄴ ③ ㄱ, ㄷ ④ ㄴ, ㄷ ⑤ ㄱ, ㄴ, ㄷ

2. 표 (가)는 사람의 질병 A~C의 병원체가 갖는 특징을 나타낸 것이고, (나)는 특징 ㉠~㉢을 순서 없이 나타낸 것이다. A~C는 독감, 무좀, 말라리아를 순서 없이 나타낸 것이다.

질병	병원체가 갖는 특징
A	㉠
B	㉠, ㉡
C	㉠, ㉡, ㉢

(가)

특징(㉠~㉢)
• 단백질을 갖는다. • 원생생물에 속한다. • 스스로 물질대사를 한다.

(나)

이에 대한 옳은 설명만을 <보기>에서 있는 대로 고른 것은?

< 보 기 >

ㄱ. A는 독감이다.
ㄴ. C는 모기를 매개로 전염된다.
ㄷ. ㉢은 '스스로 물질대사를 한다.'이다.

① ㄱ ② ㄷ ③ ㄱ, ㄴ ④ ㄴ, ㄷ ⑤ ㄱ, ㄴ, ㄷ

3. 그림은 중추 신경계로부터 말초 신경이 심장과 다리 골격근에 연결된 경로를 나타낸 것이다.

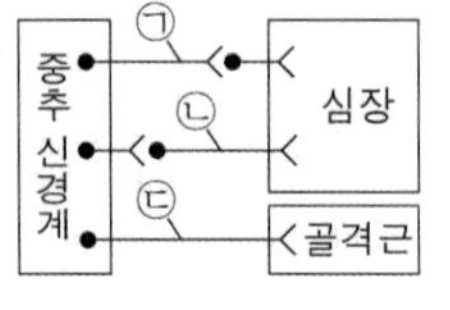

이에 대한 옳은 설명만을 <보기>에서 있는 대로 고른 것은? [3점]

< 보 기 >

ㄱ. ㉠의 신경 세포체는 뇌줄기에 있다.
ㄴ. ㉡의 말단에서 심장 박동을 억제하는 신경 전달 물질이 분비된다.
ㄷ. ㉢은 구심성 신경이다.

① ㄱ ② ㄴ ③ ㄷ ④ ㄱ, ㄴ ⑤ ㄴ, ㄷ

4. 그림은 사람 Ⅰ~Ⅲ의 에너지 섭취량과 에너지 소비량을, 표는 Ⅰ~Ⅲ의 에너지 섭취량과 에너지 소비량이 그림과 같이 일정 기간 동안 지속되었을 때 Ⅰ~Ⅲ의 체중 변화를 나타낸 것이다. ㉠과 ㉡은 Ⅱ와 Ⅲ을 순서 없이 나타낸 것이며, Ⅲ에게서 고지혈증이 나타난다.

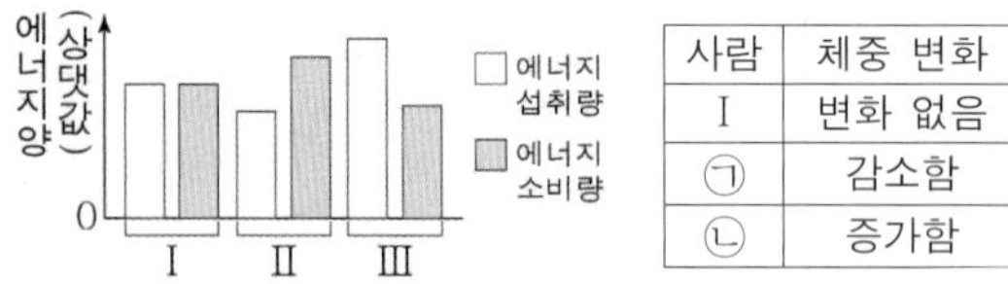

사람	체중 변화
Ⅰ	변화 없음
㉠	감소함
㉡	증가함

이에 대한 옳은 설명만을 <보기>에서 있는 대로 고른 것은?

< 보 기 >

ㄱ. ㉡은 Ⅱ이다.
ㄴ. 고지혈증은 대사성 질환에 해당한다.
ㄷ. Ⅰ은 에너지 섭취량과 에너지 소비량이 균형을 이루고 있다.

① ㄱ ② ㄴ ③ ㄱ, ㄷ ④ ㄴ, ㄷ ⑤ ㄱ, ㄴ, ㄷ

5. 사람의 몸을 구성하는 기관계에 대한 옳은 설명만을 <보기>에서 있는 대로 고른 것은?

< 보 기 >

ㄱ. 소화계에서 암모니아가 요소로 전환된다.
ㄴ. 배설계를 통해 물이 몸 밖으로 배출된다.
ㄷ. 호흡계로 들어온 산소의 일부는 순환계를 통해 콩팥으로 운반된다.

① ㄱ ② ㄴ ③ ㄱ, ㄷ ④ ㄴ, ㄷ ⑤ ㄱ, ㄴ, ㄷ

6. 다음은 물질 X에 대해 어떤 과학자가 수행한 탐구의 일부이다.

(가) X가 개미의 학습 능력을 향상시킬 것이라고 생각했다.
(나) 개미를 두 집단 A와 B로 나누고, A는 X가 함유되지 않은 설탕물을, B는 X가 함유된 설탕물을 먹였다.
(다) A와 B의 개미가 일정한 위치에 있는 먹이를 찾아가는 실험을 여러 번 반복 수행하면서 먹이에 도달하기까지 걸린 시간을 측정하였다.
(라) (다)의 결과 먹이에 도달하기까지 걸린 시간이 ㉠에서는 점점 감소하였고, ㉡에서는 변화가 없었다. ㉠과 ㉡은 A와 B를 순서 없이 나타낸 것이다.
(마) X가 개미의 학습 능력을 향상시킨다는 결론을 내렸다.

이 자료에 대한 옳은 설명만을 <보기>에서 있는 대로 고른 것은? [3점]

< 보 기 >

ㄱ. ㉠은 A이다.
ㄴ. 조작 변인은 먹이에 도달하기까지 걸린 시간이다.
ㄷ. 연역적 탐구 방법이 이용되었다.

① ㄱ ② ㄷ ③ ㄱ, ㄴ ④ ㄱ, ㄷ ⑤ ㄴ, ㄷ

7. 그림은 사람 체세포의 세포 주기를 나타낸 것이다. ㉠~㉣은 각각 G_1기, G_2기, M기, S기 중 하나이다. 핵 1개당 DNA 양은 ㉣ 시기 세포가 ㉡ 시기 세포의 2배이다.

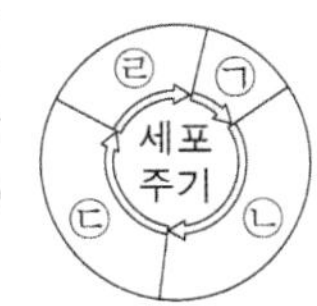

이에 대한 옳은 설명만을 <보기>에서 있는 대로 고른 것은?

< 보 기 >

ㄱ. ㉠ 시기에 2가 염색체가 형성된다.
ㄴ. ㉢ 시기에 DNA 복제가 일어난다.
ㄷ. ㉡ 시기 세포와 ㉣ 시기 세포는 핵상이 서로 다르다.

① ㄱ ② ㄴ ③ ㄱ, ㄷ ④ ㄴ, ㄷ ⑤ ㄱ, ㄴ, ㄷ

8. 그림은 생태계에서 일어나는 질소 순환 과정의 일부를 나타낸 것이다. Ⅰ과 Ⅱ는 질산화 작용과 질소 고정 작용을 순서 없이 나타낸 것이고, ㉠과 ㉡은 암모늄 이온(NH_4^+)과 질산 이온(NO_3^-)을 순서 없이 나타낸 것이다.

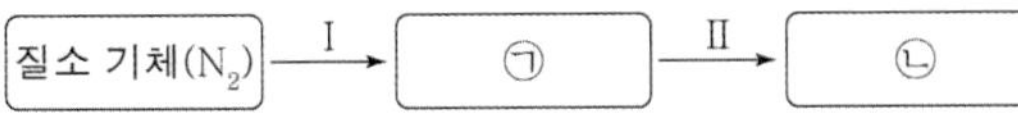

이에 대한 옳은 설명만을 <보기>에서 있는 대로 고른 것은?

< 보 기 >

ㄱ. 뿌리혹박테리아는 Ⅰ에 관여한다.
ㄴ. Ⅱ는 질소 고정 작용이다.
ㄷ. ㉡은 암모늄 이온(NH_4^+)이다.

① ㄱ ② ㄴ ③ ㄱ, ㄷ ④ ㄴ, ㄷ ⑤ ㄱ, ㄴ, ㄷ

9. 사람의 유전 형질 (가)는 대립유전자 A와 a에 의해, (나)는 대립유전자 B와 b에 의해 결정된다. (가)와 (나)의 유전자는 서로 다른 염색체에 있다. 그림은 어떤 남자의 G_1기 세포 Ⅰ로부터 정자가 형성되는 과정과, 세포 Ⅲ으로부터 형성된 정자가 난자와 수정되어 만들어진 수정란을 나타낸 것이다. 표는 세포 ㉠~㉣이 갖는 A, a, B, b의 DNA 상대량을 나타낸 것이다. ㉠~㉣은 Ⅰ~Ⅳ를 순서 없이 나타낸 것이고, Ⅱ와 Ⅳ는 모두 중기의 세포이다.

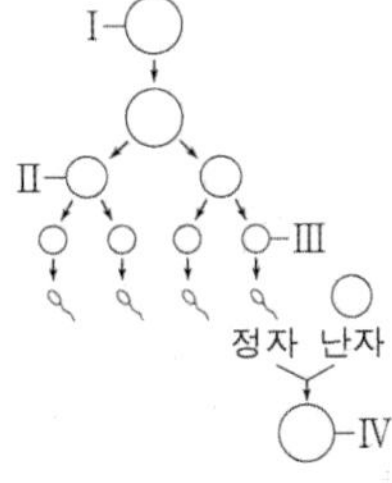

세포	DNA 상대량			
	A	a	B	b
㉠	2	ⓐ	?	2
㉡	0	?	1	0
㉢	?	1	1	?
㉣	?	2	0	2

이에 대한 옳은 설명만을 <보기>에서 있는 대로 고른 것은? (단, 돌연변이와 교차는 고려하지 않으며, A, a, B, b 각각의 1개당 DNA 상대량은 1이다.) [3점]

< 보 기 >

ㄱ. ㉡은 Ⅲ이다.
ㄴ. ⓐ는 2이다.
ㄷ. $\frac{\text{Ⅱ의 염색 분체 수}}{\text{Ⅳ의 X 염색체 수}}=46$이다.

① ㄱ ② ㄴ ③ ㄱ, ㄴ ④ ㄱ, ㄷ ⑤ ㄴ, ㄷ

10. 다음은 골격근의 수축 과정에 대한 자료이다.

○ 그림은 근육 원섬유 마디 X의 구조를 나타낸 것이다. X는 좌우 대칭이고, Z_1과 Z_2는 X의 Z선이다.

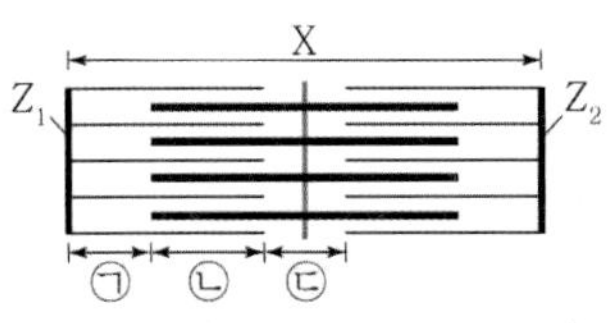

○ 구간 ㉠은 액틴 필라멘트만 있는 부분이고, ㉡은 액틴 필라멘트와 마이오신 필라멘트가 겹치는 부분이며, ㉢은 마이오신 필라멘트만 있는 부분이다.

○ 표는 골격근 수축 과정의 두 시점 t_1과 t_2일 때, 각 시점의 Z_1로부터 Z_2 방향으로 거리가 각각 l_1, l_2, l_3인 세 지점이 ㉠~㉢ 중 어느 구간에 해당하는지를 나타낸 것이다. ⓐ~ⓒ는 ㉠~㉢을 순서 없이 나타낸 것이다.

거리	지점이 해당하는 구간	
	t_1	t_2
l_1	?	ⓐ
l_2	ⓑ	ⓒ
l_3	ⓒ	㉡

○ t_1일 때 ⓐ의 길이는 $4d$이고 X의 길이는 $14d$이며, t_2일 때 X의 길이는 L이다. t_1과 t_2일 때 ⓑ의 길이는 각각 $2d$와 $3d$ 중 하나이고, d는 0보다 크다.

○ t_1과 t_2일 때 각각 l_1~l_3은 모두 $\frac{\text{X의 길이}}{2}$보다 작다.

이에 대한 옳은 설명만을 <보기>에서 있는 대로 고른 것은? [3점]

< 보 기 >

ㄱ. ⓑ는 ㉠이다.
ㄴ. t_2일 때 H대의 길이는 t_1일 때 ㉡의 길이의 2배이다.
ㄷ. t_2일 때 Z_1로부터 Z_2 방향으로 거리가 $\frac{2}{5}L$인 지점은 ⓒ에 해당한다.

① ㄱ ② ㄴ ③ ㄷ ④ ㄱ, ㄴ ⑤ ㄱ, ㄷ

11. 표 (가)는 사람 몸에서 분비되는 호르몬 A~C에서 특징 ㉠~㉢의 유무를 나타낸 것이고, (나)는 ㉠~㉢을 순서 없이 나타낸 것이다. A~C는 TSH, 티록신, 항이뇨 호르몬을 순서 없이 나타낸 것이다.

호르몬 \ 특징	㉠	㉡	㉢
A	×	×	○
B	?	ⓐ	?
C	×	○	ⓑ

(○: 있음, ×: 없음)

(가)

특징(㉠~㉢)
• 표적 기관에 작용한다. • 뇌하수체에서 분비된다. • 콩팥에서 물의 재흡수를 촉진한다.

(나)

이에 대한 옳은 설명만을 <보기>에서 있는 대로 고른 것은?

< 보 기 >

ㄱ. ⓐ와 ⓑ는 모두 '○'이다.
ㄴ. ㉠은 '뇌하수체에서 분비된다.'이다.
ㄷ. A의 분비는 음성 피드백에 의해 조절된다.

① ㄱ ② ㄴ ③ ㄱ, ㄷ ④ ㄴ, ㄷ ⑤ ㄱ, ㄴ, ㄷ

12. 다음은 민말이집 신경 A와 B의 흥분 전도와 전달에 대한 자료이다.

- 그림은 A와 B에서 지점 $d_1 \sim d_4$의 위치를, 표는 A와 B의 d_1에 역치 이상의 자극을 동시에 1회 주고 경과한 시간이 5 ms일 때 $d_1 \sim d_4$에서의 막전위를 나타낸 것이다. Ⅰ~Ⅳ는 $d_1 \sim d_4$를 순서 없이 나타낸 것이고, ㉠~㉣은 −80, −70, −60, 0을 순서 없이 나타낸 것이다.

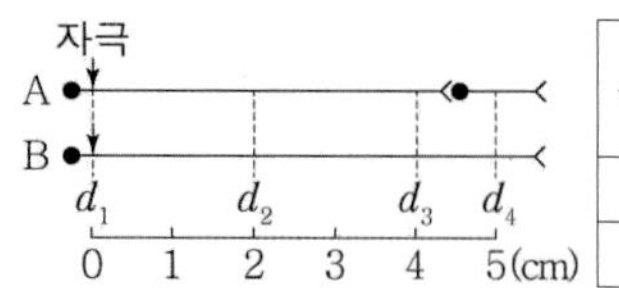

신경	5 ms일 때 막전위(mV)			
	Ⅰ	Ⅱ	Ⅲ	Ⅳ
A	㉠	㉡	?	㉢
B	?	㉣	㉢	㉡

- A를 구성하는 두 뉴런의 흥분 전도 속도는 ⓐ로 같고, B의 흥분 전도 속도는 ⓑ이다. ⓐ와 ⓑ는 1 cm/ms와 2 cm/ms를 순서 없이 나타낸 것이다.
- A와 B 각각에서 활동 전위가 발생하였을 때, 각 지점에서의 막전위 변화는 그림과 같다.

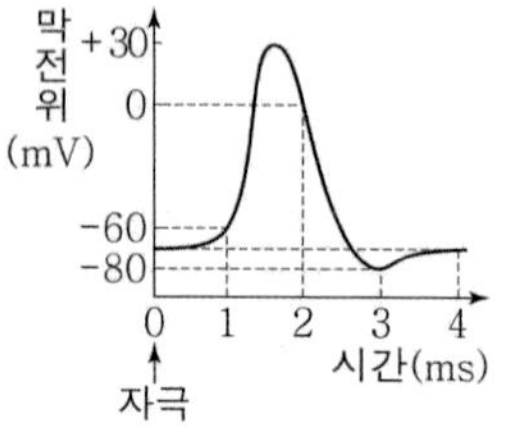

이에 대한 옳은 설명만을 <보기>에서 있는 대로 고른 것은? (단, A와 B에서 흥분 전도는 각각 1회 일어났고, 휴지 전위는 −70 mV이다.) [3점]

< 보 기 >

ㄱ. Ⅳ는 d_2이다.

ㄴ. ㉠은 −60이다.

ㄷ. 5 ms일 때 B의 Ⅱ에서 탈분극이 일어나고 있다.

① ㄱ ② ㄴ ③ ㄱ, ㄷ ④ ㄴ, ㄷ ⑤ ㄱ, ㄴ, ㄷ

13. 병원체 X에는 항원 ㉠과 ㉡이 모두 있고, 병원체 Y에는 ㉠과 ㉡ 중 하나만 있다. 그림은 X와 Y에 노출된 적이 없는 어떤 생쥐에게 ⓐ를 주사하고, 일정 시간이 지난 후 ⓑ를 주사했을 때 ㉠과 ㉡에 대한 혈중 항체 농도의 변화를 나타낸 것이다. ⓐ와 ⓑ는 X와 Y를 순서 없이 나타낸 것이다.

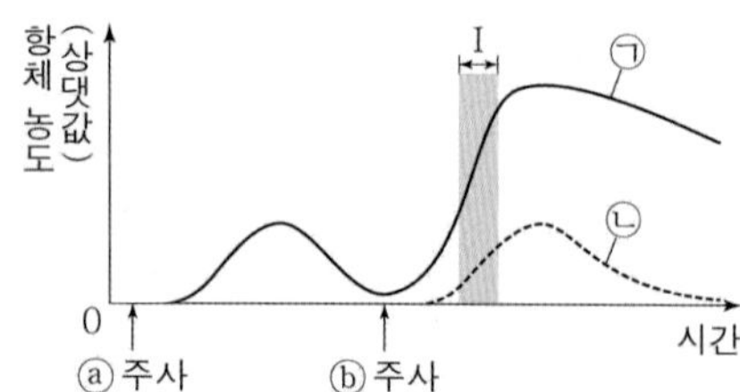

이에 대한 옳은 설명만을 <보기>에서 있는 대로 고른 것은? [3점]

< 보 기 >

ㄱ. ⓑ는 X이다.

ㄴ. Y에는 ㉠이 있다.

ㄷ. 구간 Ⅰ에서 ㉠에 대한 체액성 면역 반응이 일어났다.

① ㄱ ② ㄴ ③ ㄱ, ㄷ ④ ㄴ, ㄷ ⑤ ㄱ, ㄴ, ㄷ

14. 표는 종 사이의 상호 작용을 나타낸 것이다. ㉠과 ㉡은 경쟁과 기생을 순서 없이 나타낸 것이다.

상호 작용	종 1	종 2
㉠	손해	?
㉡	이익	ⓐ

이에 대한 옳은 설명만을 <보기>에서 있는 대로 고른 것은?

< 보 기 >

ㄱ. ㉠은 경쟁이다.

ㄴ. ⓐ는 '손해'이다.

ㄷ. '촌충은 숙주의 소화관에 서식하며 영양분을 흡수한다.'는 ㉡의 예에 해당한다.

① ㄱ ② ㄷ ③ ㄱ, ㄴ ④ ㄴ, ㄷ ⑤ ㄱ, ㄴ, ㄷ

15. 다음은 어떤 집안의 유전 형질 (가)와 (나)에 대한 자료이다.

- (가)는 대립유전자 H와 h에 의해, (나)는 대립유전자 T와 t에 의해 결정된다. H는 h에 대해, T는 t에 대해 각각 완전 우성이다.
- (가)의 유전자와 (나)의 유전자는 서로 다른 염색체에 있다.
- 가계도는 구성원 1~7에게서 (가)와 (나)의 발현 여부를, 표는 구성원 1, 2, 5에서 체세포 1개당 H와 t의 DNA 상대량을 나타낸 것이다. ㉠~㉢은 0, 1, 2를 순서 없이 나타낸 것이다.

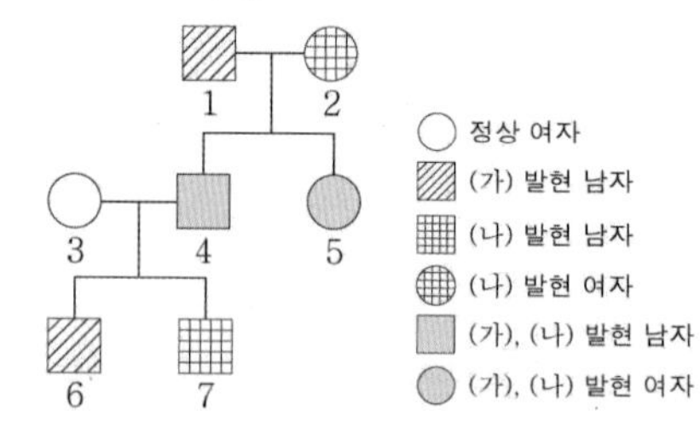

구성원	DNA 상대량	
	H	t
1	㉠	㉢
2	㉡	?
5	㉢	?

이에 대한 옳은 설명만을 <보기>에서 있는 대로 고른 것은? (단, 돌연변이와 교차는 고려하지 않으며, H, h, T, t 각각의 1개당 DNA 상대량은 1이다.) [3점]

< 보 기 >

ㄱ. ㉢은 1이다.

ㄴ. (가)와 (나)는 모두 우성 형질이다.

ㄷ. 이 가계도 구성원 중 (가)와 (나)의 유전자형이 모두 동형 접합성인 사람은 1명이다.

① ㄱ ② ㄴ ③ ㄱ, ㄷ ④ ㄴ, ㄷ ⑤ ㄱ, ㄴ, ㄷ

16. 그림은 식물 군집 A의 시간에 따른 총생산량과 호흡량을 나타낸 것이다.

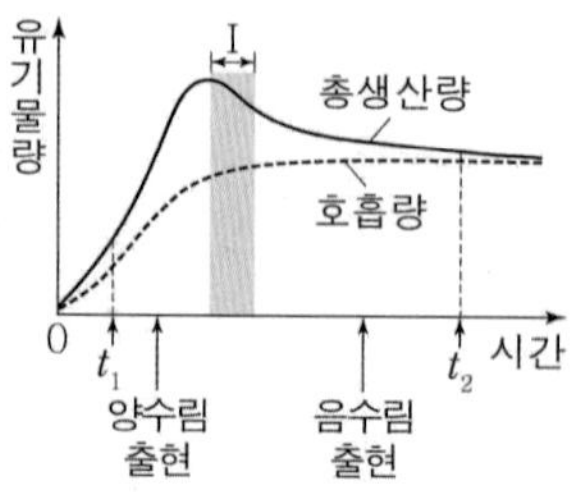

이에 대한 옳은 설명만을 <보기>에서 있는 대로 고른 것은?

< 보 기 >

ㄱ. A의 생장량은 호흡량에 포함된다.

ㄴ. A에서 우점종의 평균 키는 t_2일 때가 t_1일 때보다 크다.

ㄷ. 구간 Ⅰ에서 A의 순생산량은 시간에 따라 증가한다.

① ㄱ ② ㄴ ③ ㄱ, ㄷ ④ ㄴ, ㄷ ⑤ ㄱ, ㄴ, ㄷ

17. 다음은 어떤 가족의 유전 형질 (가)와 (나)에 대한 자료이다.

- (가)는 대립유전자 A와 a에 의해, (나)는 대립유전자 B와 b에 의해 결정된다. A는 a에 대해, B는 b에 대해 각각 완전 우성이다.
- (가)와 (나)의 유전자 중 하나는 상염색체에 있고, 나머지 하나는 X 염색체에 있다.
- 표는 이 가족 구성원의 성별, (가)와 (나)의 발현 여부, 체세포 1개당 A와 B의 DNA 상대량을 더한 값(A+B)을 나타낸 것이다.

구성원	성별	(가)	(나)	A+B
아버지	남	?	×	0
어머니	여	○	?	2
자녀 1	남	×	○	?
자녀 2	여	?	○	1
자녀 3	남	○	?	3

(○: 발현됨, ×: 발현 안 됨)

- 부모 중 한 명의 생식세포 형성 과정에서 성염색체 비분리가 1회 일어나 생식세포 P가 형성되었고, 나머지 한 명의 생식세포 형성 과정에서 대립유전자 ㉠이 대립유전자 ㉡으로 바뀌는 돌연변이가 1회 일어나 ㉡을 갖는 생식세포 Q가 형성되었다. ㉠과 ㉡은 (가)와 (나) 중 한 가지 형질을 결정하는 서로 다른 대립유전자이다.
- P와 정상 생식세포가 수정되어 자녀 2가, Q와 정상 생식세포가 수정되어 자녀 3이 태어났다.
- 자녀 2는 터너 증후군의 염색체 이상을 보이고, 자녀 2를 제외한 이 가족 구성원의 핵형은 모두 정상이다.

이에 대한 옳은 설명만을 <보기>에서 있는 대로 고른 것은? (단, 제시된 돌연변이 이외의 돌연변이와 교차는 고려하지 않으며, A, a, B, b 각각의 1개당 DNA 상대량은 1이다.) [3점]

< 보 기 >

ㄱ. (가)의 유전자는 상염색체에 있다.
ㄴ. ㉡은 B이다.
ㄷ. 자녀 1의 체세포 1개당 a와 b의 DNA 상대량을 더한 값은 2이다.

① ㄱ ② ㄴ ③ ㄱ, ㄷ ④ ㄴ, ㄷ ⑤ ㄱ, ㄴ, ㄷ

18. 다음은 사람의 항상성에 대한 자료이다.

- 혈중 포도당 농도가 감소하면 ㉠의 분비가 촉진된다. ㉠은 글루카곤과 인슐린 중 하나이다.
- 체온 조절 중추에 ⓐ를 주면 피부 근처 혈관을 흐르는 단위 시간당 혈액량이 증가한다. ⓐ는 고온 자극과 저온 자극 중 하나이다.

이에 대한 옳은 설명만을 <보기>에서 있는 대로 고른 것은?

< 보 기 >

ㄱ. ㉠은 간에서 글리코젠 합성을 촉진한다.
ㄴ. 간뇌에 체온 조절 중추가 있다.
ㄷ. ⓐ는 고온 자극이다.

① ㄱ ② ㄴ ③ ㄱ, ㄷ ④ ㄴ, ㄷ ⑤ ㄱ, ㄴ, ㄷ

19. 사람의 유전 형질 (가)는 2쌍의 대립유전자 H와 h, R과 r에 의해, (나)는 대립유전자 T와 t에 의해 결정된다. (가)의 유전자는 7번 염색체에, (나)의 유전자는 X 염색체에 있다. 표는 남자 P의 세포 Ⅰ~Ⅳ에서 대립유전자 ㉠~㉣의 유무를 나타낸 것이다. ㉠~㉣은 H, h, R, t를 순서 없이 나타낸 것이다.

세포	대립유전자			
	㉠	㉡	㉢	㉣
Ⅰ	○	×	○	×
Ⅱ	×	?	○	○
Ⅲ	?	×	×	○
Ⅳ	○	×	○	○

(○: 있음, ×: 없음)

이에 대한 옳은 설명만을 <보기>에서 있는 대로 고른 것은? (단, 돌연변이와 교차는 고려하지 않는다.) [3점]

< 보 기 >

ㄱ. ㉡은 t이다.
ㄴ. Ⅲ과 Ⅳ에는 모두 Y 염색체가 있다.
ㄷ. P의 (가)의 유전자형은 HhRr이다.

① ㄱ ② ㄴ ③ ㄷ ④ ㄱ, ㄴ ⑤ ㄴ, ㄷ

20. 다음은 사람의 유전 형질 (가)와 (나)에 대한 자료이다.

- (가)는 1쌍의 대립유전자에 의해 결정되며, 대립유전자에는 A, B, D가 있다. ㉠은 ㉡, ㉢에 대해, ㉡은 ㉢에 대해 각각 완전 우성이다. ㉠~㉢은 각각 A, B, D 중 하나이다.
- (나)는 서로 다른 3개의 상염색체에 있는 3쌍의 대립유전자 E와 e, F와 f, G와 g에 의해 결정된다.
- (나)의 표현형은 유전자형에서 대문자로 표시되는 대립유전자의 수에 의해서만 결정되며, 이 대립유전자의 수가 다르면 표현형이 다르다.
- (가)와 (나)의 유전자는 서로 다른 상염색체에 있다.
- P의 유전자형은 ABEeFfGg이고, P와 Q는 (나)의 표현형이 서로 같다.
- P와 Q 사이에서 ⓐ가 태어날 때, ⓐ가 (가)의 유전자형이 BD인 사람과 (가)의 표현형이 같을 확률은 $\frac{3}{4}$이다.
- ⓐ가 유전자형이 DDEeffGg인 사람과 (가)와 (나)의 표현형이 모두 같을 확률은 $\frac{1}{16}$이다.

이에 대한 옳은 설명만을 <보기>에서 있는 대로 고른 것은? (단, 돌연변이는 고려하지 않는다.) [3점]

< 보 기 >

ㄱ. ㉢은 A이다.
ㄴ. ⓐ에게서 나타날 수 있는 (나)의 표현형은 최대 5가지이다.
ㄷ. ⓐ의 (가)와 (나)의 표현형이 모두 P와 같을 확률은 $\frac{9}{32}$이다.

① ㄱ ② ㄷ ③ ㄱ, ㄴ ④ ㄴ, ㄷ ⑤ ㄱ, ㄴ, ㄷ

*** 확인 사항**

○ 답안지의 해당란에 필요한 내용을 정확히 기입(표기)했는지 확인하시오.

제9회

과학탐구 영역(생명과학 Ⅰ)

날짜 : 월 일
소요시간 : 분

*정답 및 해설 527 ~ 528p

1. 다음은 식물 X에 대한 자료이다.

> X는 ㉠ 잎에 있는 털에서 달콤한 점액을 분비하여 곤충을 유인한다. ㉡ X는 털에 곤충이 닿으면 잎을 구부려 곤충을 잡는다. X는 효소를 분비하여 곤충을 분해하고 영양분을 얻는다.

이 자료에 대한 설명으로 옳은 것만을 <보기>에서 있는 대로 고른 것은?

<보 기>

ㄱ. ㉠은 세포로 구성되어 있다.
ㄴ. ㉡은 자극에 대한 반응의 예에 해당한다.
ㄷ. X와 곤충 사이의 상호 작용은 상리 공생에 해당한다.

① ㄱ ② ㄷ ③ ㄱ, ㄴ ④ ㄴ, ㄷ ⑤ ㄱ, ㄴ, ㄷ

2. 다음은 사람에서 일어나는 물질대사에 대한 자료이다.

> (가) 녹말이 소화 과정을 거쳐 ㉠ 포도당으로 분해된다.
> (나) 포도당이 세포 호흡을 통해 물과 이산화 탄소로 분해된다.
> (다) ㉡ 포도당이 글리코젠으로 합성된다.

이에 대한 설명으로 옳은 것만을 <보기>에서 있는 대로 고른 것은?

<보 기>

ㄱ. 소화계에서 ㉠이 흡수된다.
ㄴ. (가)와 (나)에서 모두 이화 작용이 일어난다.
ㄷ. 글루카곤은 간에서 ㉡을 촉진한다.

① ㄱ ② ㄷ ③ ㄱ, ㄴ ④ ㄴ, ㄷ ⑤ ㄱ, ㄴ, ㄷ

3. 다음은 플랑크톤에서 분비되는 독소 ㉠과 세균 S에 대해 어떤 과학자가 수행한 탐구이다.

> (가) S의 밀도가 낮은 호수에서보다 높은 호수에서 ㉠의 농도가 낮은 것을 관찰하고, S가 ㉠을 분해할 것이라고 생각했다.
> (나) 같은 농도의 ㉠이 들어 있는 수조 Ⅰ과 Ⅱ를 준비하고 한 수조에만 S를 넣었다. 일정 시간이 지난 후 Ⅰ과 Ⅱ 각각에 남아 있는 ㉠의 농도를 측정했다.
> (다) 수조에 남아 있는 ㉠의 농도는 Ⅰ에서가 Ⅱ에서보다 높았다.
> (라) S가 ㉠을 분해한다는 결론을 내렸다.

이 자료에 대한 설명으로 옳은 것만을 <보기>에서 있는 대로 고른 것은? [3점]

<보 기>

ㄱ. (나)에서 대조 실험이 수행되었다.
ㄴ. 조작 변인은 수조에 남아 있는 ㉠의 농도이다.
ㄷ. S를 넣은 수조는 Ⅰ이다.

① ㄱ ② ㄴ ③ ㄱ, ㄷ ④ ㄴ, ㄷ ⑤ ㄱ, ㄴ, ㄷ

4. 그림 (가)는 사람 P의 체세포 세포 주기를, (나)는 P의 핵형 분석 결과의 일부를 나타낸 것이다. ㉠~㉢은 G_1기, G_2기, M기(분열기)를 순서 없이 나타낸 것이다.

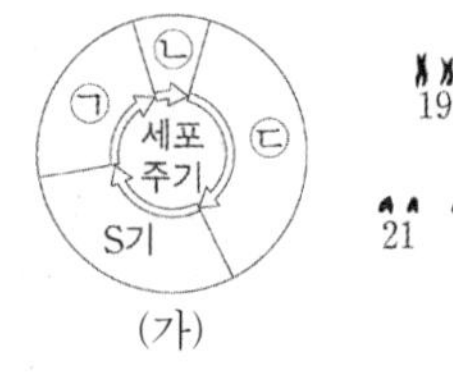

(가)

19 20
21 22 X Y

(나)

이에 대한 설명으로 옳은 것만을 <보기>에서 있는 대로 고른 것은?

<보 기>

ㄱ. ㉠은 G_2기이다.
ㄴ. ㉡ 시기에 상동 염색체의 접합이 일어난다.
ㄷ. ㉢ 시기에 (나)의 염색체가 관찰된다.

① ㄱ ② ㄷ ③ ㄱ, ㄴ ④ ㄴ, ㄷ ⑤ ㄱ, ㄴ, ㄷ

5. 다음은 에너지 섭취와 소비에 대한 실험이다.

> [실험 과정 및 결과]
> (가) 유전적으로 동일하고 체중이 같은 생쥐 A~C를 준비한다.
> (나) A와 B에게 고지방 사료를, C에게 일반 사료를 먹이면서 시간에 따른 A~C의 체중을 측정한다. t_1일 때부터 B에게만 운동을 시킨다.
> (다) t_2일 때 A~C의 혈중 지질 농도를 측정한다.
> (라) (나)와 (다)에서 측정한 결과는 그림과 같다. ㉠과 ㉡은 A와 B를 순서 없이 나타낸 것이다.

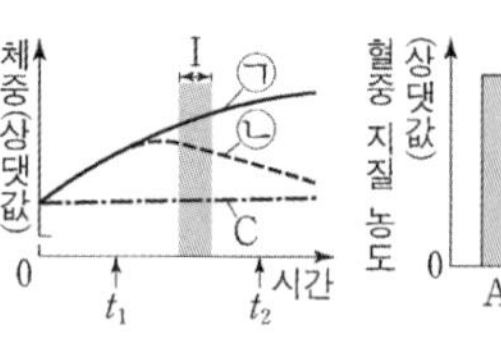

혈중 지질 농도(상댓값)
0
A B C

이에 대한 설명으로 옳은 것만을 <보기>에서 있는 대로 고른 것은? (단, 제시된 조건 이외는 고려하지 않는다.) [3점]

<보 기>

ㄱ. ㉠은 A이다.
ㄴ. 구간 Ⅰ에서 B는 에너지 소비량이 에너지 섭취량보다 많다.
ㄷ. 대사성 질환 중에는 고지혈증이 있다.

① ㄱ ② ㄴ ③ ㄱ, ㄷ ④ ㄴ, ㄷ ⑤ ㄱ, ㄴ, ㄷ

6. 그림은 생태계를 구성하는 요소 사이의 상호 관계를 나타낸 것이다.

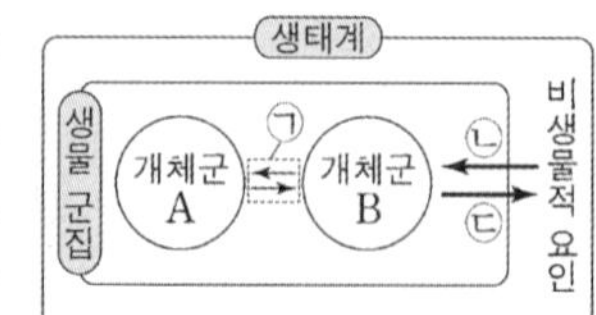

이에 대한 설명으로 옳은 것만을 <보기>에서 있는 대로 고른 것은?

<보 기>

ㄱ. 곰팡이는 생물 군집에 속한다.
ㄴ. 같은 종의 개미가 일을 분담하며 협력하는 것은 ㉠의 예에 해당한다.
ㄷ. 빛의 세기가 참나무의 생장에 영향을 미치는 것은 ㉡의 예에 해당한다.

① ㄱ ② ㄴ ③ ㄷ ④ ㄱ, ㄷ ⑤ ㄴ, ㄷ

7. 표는 사람의 자율 신경 Ⅰ~Ⅲ의 특징을 나타낸 것이다. (가)와 (나)는 척수와 뇌줄기를 순서 없이 나타낸 것이고, ㉠은 아세틸콜린과 노르에피네프린 중 하나이다.

자율 신경	신경절 이전 뉴런의 신경 세포체 위치	신경절 이후 뉴런의 축삭 돌기 말단에서 분비되는 신경 전달 물질	연결된 기관
Ⅰ	(가)	아세틸콜린	위
Ⅱ	(가)	㉠	심장
Ⅲ	(나)	㉠	방광

이에 대한 설명으로 옳은 것만을 <보기>에서 있는 대로 고른 것은? [3점]

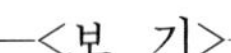

<보 기>

ㄱ. (가)는 뇌줄기이다.
ㄴ. ㉠은 노르에피네프린이다.
ㄷ. Ⅲ은 부교감 신경이다.

① ㄱ ② ㄴ ③ ㄷ ④ ㄱ, ㄴ ⑤ ㄱ, ㄷ

8. 그림 (가)는 천이 A와 B의 과정 일부를, (나)는 식물 군집 K의 시간에 따른 총생산량과 호흡량을 나타낸 것이다. A와 B는 1차 천이와 2차 천이를 순서 없이 나타낸 것이고, ㉠과 ㉡은 양수림과 지의류를 순서 없이 나타낸 것이다.

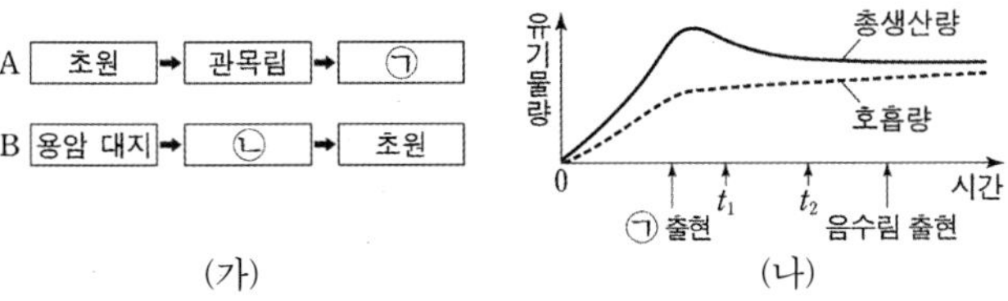

(가) (나)

이에 대한 설명으로 옳은 것만을 <보기>에서 있는 대로 고른 것은?

<보 기>

ㄱ. B는 2차 천이이다.
ㄴ. ㉠은 양수림이다.
ㄷ. K의 $\frac{\text{순생산량}}{\text{호흡량}}$은 t_2일 때가 t_1일 때보다 크다.

① ㄱ ② ㄴ ③ ㄱ, ㄷ ④ ㄴ, ㄷ ⑤ ㄱ, ㄴ, ㄷ

9. 그림 (가)는 정상인에서 갈증을 느끼는 정도를 ⓐ의 변화량에 따라 나타낸 것이다. 그림 (나)는 정상인 A에게는 소금과 수분을, 정상인 B에게는 소금만 공급하면서 측정한 ⓐ를 시간에 따라 나타낸 것이다. ⓐ는 전체 혈액량과 혈장 삼투압 중 하나이다.

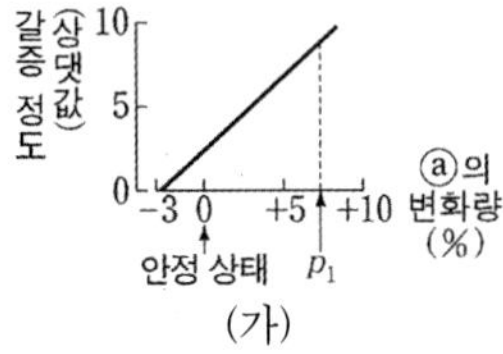

(가)

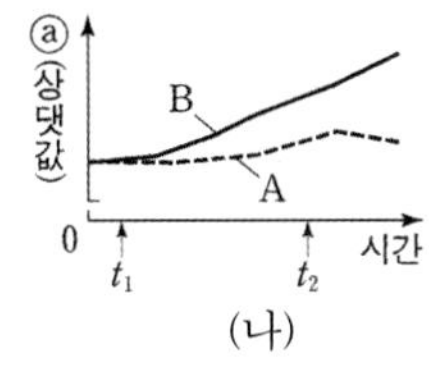

(나)

이에 대한 설명으로 옳은 것만을 <보기>에서 있는 대로 고른 것은? (단, 제시된 조건 이외는 고려하지 않는다.)

<보 기>

ㄱ. 생성되는 오줌의 삼투압은 안정 상태일 때가 p_1일 때보다 높다.
ㄴ. t_2일 때 갈증을 느끼는 정도는 B에서가 A에서보다 크다.
ㄷ. B의 혈중 항이뇨 호르몬(ADH) 농도는 t_1일 때가 t_2일 때보다 높다.

① ㄱ ② ㄴ ③ ㄷ ④ ㄱ, ㄴ ⑤ ㄴ, ㄷ

10. 다음은 민말이집 신경 A의 흥분 전도와 전달에 대한 자료이다.

○ A는 2개의 뉴런으로 구성되고, 각 뉴런의 흥분 전도 속도는 ㉮로 같다. 그림은 A의 지점 d_1~d_5의 위치를, 표는 ㉠ d_1에 역치 이상의 자극을 1회 주고 경과된 시간이 2 ms, 4 ms, 8 ms일 때 d_1~d_5에서의 막전위를 나타낸 것이다. Ⅰ~Ⅲ은 2 ms, 4 ms, 8 ms를 순서 없이 나타낸 것이다.

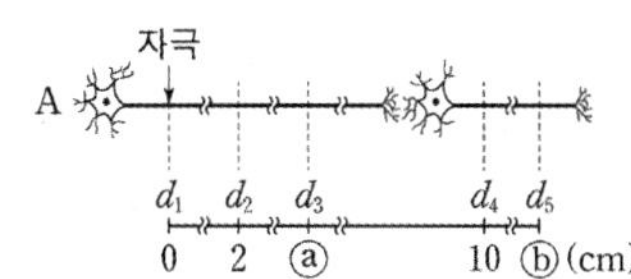

시간	막전위(mV)				
	d_1	d_2	d_3	d_4	d_5
Ⅰ	?	−70	?	+30	0
Ⅱ	+30	?	−70	?	?
Ⅲ	?	−80	+30	?	?

○ A에서 활동 전위가 발생하였을 때, 각 지점에서의 막전위 변화는 그림과 같다.

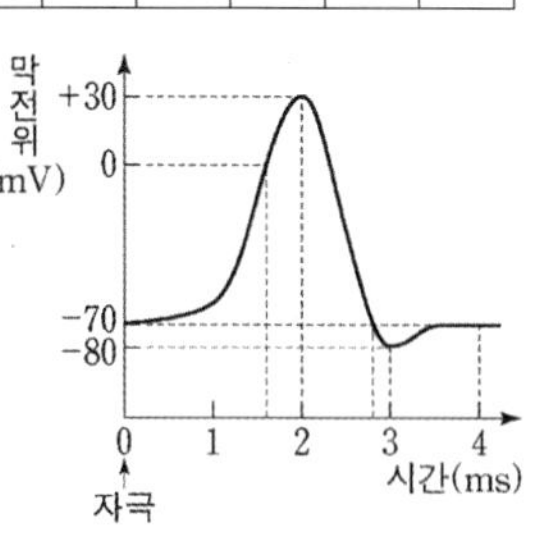

이에 대한 설명으로 옳은 것만을 <보기>에서 있는 대로 고른 것은? (단, A에서 흥분의 전도는 1회 일어났고, 휴지 전위는 −70 mV이다.)

<보 기>

ㄱ. ㉮는 2 cm/ms이다.
ㄴ. ⓐ는 4이다.
ㄷ. ㉠이 9 ms일 때 d_5에서 재분극이 일어나고 있다.

① ㄱ ② ㄷ ③ ㄱ, ㄴ ④ ㄴ, ㄷ ⑤ ㄱ, ㄴ, ㄷ

11. 어떤 동물 종($2n=6$)의 유전 형질 ㉠은 대립유전자 A와 a에 의해, ㉡은 대립유전자 B와 b에 의해, ㉢은 대립유전자 D와 d에 의해 결정된다. ㉠~㉢의 유전자 중 2개는 서로 다른 상염색체에, 나머지 1개는 X 염색체에 있다. 표는 이 동물 종의 개체 P와 Q의 세포 Ⅰ~Ⅳ에서 A, a, B, b, D, d의 DNA 상대량을, 그림은 세포 (가)와 (나) 각각에 들어 있는 모든 염색체를 나타낸 것이다. (가)와 (나)는 각각 Ⅰ~Ⅳ 중 하나이다. P는 수컷이고 성염색체는 XY이며, Q는 암컷이고 성염색체는 XX이다.

세포	DNA 상대량					
	A	a	B	b	D	d
Ⅰ	0	ⓐ	?	2	4	0
Ⅱ	2	0	ⓑ	2	?	2
Ⅲ	0	0	1	?	1	ⓒ
Ⅳ	0	2	?	1	2	0

(가)

(나)

이에 대한 설명으로 옳은 것만을 <보기>에서 있는 대로 고른 것은? (단, 돌연변이와 교차는 고려하지 않으며, A, a, B, b, D, d 각각의 1개당 DNA 상대량은 1이다.) [3점]

<보 기>

ㄱ. (가)는 Ⅰ이다.
ㄴ. Ⅳ는 Q의 세포이다.
ㄷ. ⓐ+ⓑ+ⓒ=6이다.

① ㄱ ② ㄴ ③ ㄱ, ㄷ ④ ㄴ, ㄷ ⑤ ㄱ, ㄴ, ㄷ

12. 다음은 골격근의 수축 과정에 대한 자료이다.

- 그림은 근육 원섬유 마디 X의 구조를 나타낸 것이다. X는 좌우 대칭이고, Z_1과 Z_2는 X의 Z선이다.

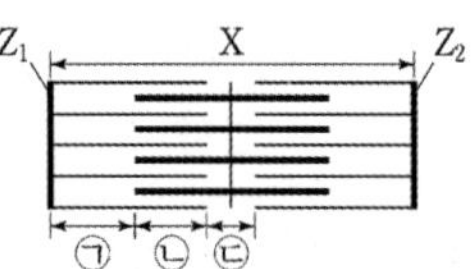

- 구간 ㉠은 액틴 필라멘트만 있는 부분이고, ㉡은 액틴 필라멘트와 마이오신 필라멘트가 겹치는 부분이며, ㉢은 마이오신 필라멘트만 있는 부분이다.
- 표는 골격근 수축 과정의 두 시점 t_1과 t_2일 때 각 시점의 Z_1로부터 Z_2 방향으로 거리가 각각 l_1, l_2, l_3인 세 지점이 ㉠~㉢ 중 어느 구간에 해당하는지를 나타낸 것이다. ⓐ~ⓒ는 ㉠~㉢을 순서 없이 나타낸 것이다.

거리	지점이 해당하는 구간	
	t_1	t_2
l_1	ⓐ	㉡
l_2	ⓑ	?
l_3	?	ⓒ

- t_1일 때 ⓐ~ⓒ의 길이는 순서 없이 $5d$, $6d$, $8d$이고, t_2일 때 ⓐ~ⓒ의 길이는 순서 없이 $2d$, $6d$, $7d$이다. d는 0보다 크다.
- t_1일 때, A대의 길이는 ⓒ의 길이의 2배이다.
- t_1과 t_2일 때 각각 l_1~l_3은 모두 $\frac{\text{X의 길이}}{2}$보다 작다.

이에 대한 설명으로 옳은 것만을 <보기>에서 있는 대로 고른 것은? [3점]

<보 기>

ㄱ. $l_2 > l_1$이다.
ㄴ. t_1일 때, Z_1로부터 Z_2 방향으로 거리가 l_3인 지점은 ㉡에 해당한다.
ㄷ. t_2일 때, ⓐ의 길이는 H대의 길이의 3배이다.

① ㄱ ② ㄴ ③ ㄷ ④ ㄱ, ㄴ ⑤ ㄱ, ㄷ

13. 다음은 사람의 유전 형질 (가)~(다)에 대한 자료이다.

- (가)~(다)의 유전자는 서로 다른 3개의 상염색체에 있다.
- (가)는 대립유전자 A와 a에 의해 결정되며, A는 a에 대해 완전 우성이다.
- (나)는 대립유전자 B와 b에 의해 결정되며, 유전자형이 다르면 표현형이 다르다.
- (다)는 1쌍의 대립유전자에 의해 결정되며, 대립유전자에는 D, E, F가 있다. D는 E, F에 대해, E는 F에 대해 각각 완전 우성이다.
- P의 유전자형은 AaBbDF이고, P와 Q는 (나)의 표현형이 서로 다르다.
- P와 Q 사이에서 ⓐ가 태어날 때, ⓐ가 P와 (가)~(다)의 표현형이 모두 같을 확률은 $\frac{3}{16}$이다.
- ⓐ가 유전자형이 AAbbFF인 사람과 (가)~(다)의 표현형이 모두 같을 확률은 $\frac{3}{32}$이다.

ⓐ의 유전자형이 aabbDF일 확률은? (단, 돌연변이는 고려하지 않는다.) [3점]

① $\frac{1}{4}$ ② $\frac{1}{8}$ ③ $\frac{1}{16}$ ④ $\frac{1}{32}$ ⑤ $\frac{1}{64}$

14. 사람 A~C는 모두 혈중 티록신 농도가 정상적이지 않다. 표 (가)는 A~C의 혈중 티록신 농도가 정상적이지 않은 원인을, (나)는 사람 ㉠~㉢의 혈중 티록신과 TSH의 농도를 나타낸 것이다. ㉠~㉢은 A~C를 순서 없이 나타낸 것이고, ⓐ는 '+'와 '−' 중 하나이다.

사람	원인
A	뇌하수체 전엽에 이상이 생겨 TSH 분비량이 정상보다 적음
B	갑상샘에 이상이 생겨 티록신 분비량이 정상보다 많음
C	갑상샘에 이상이 생겨 티록신 분비량이 정상보다 적음

(가)

사람	혈중 농도	
	티록신	TSH
㉠	−	+
㉡	+	ⓐ
㉢	−	−

(+: 정상보다 높음, −: 정상보다 낮음)

(나)

이에 대한 설명으로 옳은 것만을 <보기>에서 있는 대로 고른 것은? (단, 제시된 조건 이외는 고려하지 않는다.) [3점]

<보 기>

ㄱ. ⓐ는 '−'이다.
ㄴ. ㉠에게 티록신을 투여하면 투여 전보다 TSH의 분비가 촉진된다.
ㄷ. 정상인에서 뇌하수체 전엽에 TRH의 표적 세포가 있다.

① ㄱ ② ㄴ ③ ㄷ ④ ㄱ, ㄷ ⑤ ㄴ, ㄷ

15. 사람의 유전 형질 (가)는 서로 다른 상염색체에 있는 2쌍의 대립유전자 H와 h, T와 t에 의해 결정된다. 표는 어떤 사람의 세포 ㉠~㉢에서 H와 t의 유무를, 그림은 ㉠~㉢에서 대립유전자 ⓐ~ⓓ의 DNA 상대량을 나타낸 것이다. ⓐ~ⓓ는 H, h, T, t를 순서 없이 나타낸 것이다.

대립유전자	세포		
	㉠	㉡	㉢
H	○	?	×
t	?	×	×

(○: 있음, ×: 없음)

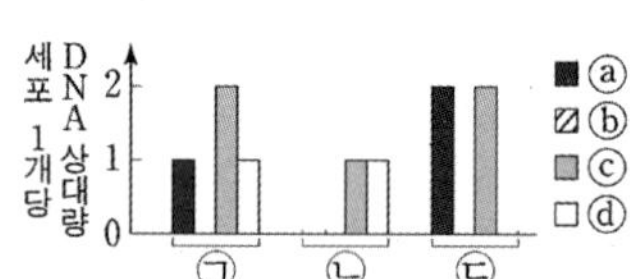

이에 대한 설명으로 옳은 것만을 <보기>에서 있는 대로 고른 것은? (단, 돌연변이와 교차는 고려하지 않으며, H, h, T, t 각각의 1개당 DNA 상대량은 1이다.)

<보 기>

ㄱ. ⓐ는 ⓒ와 대립유전자이다.
ㄴ. ⓓ는 H이다.
ㄷ. 이 사람에게서 h와 t를 모두 갖는 생식세포가 형성될 수 있다.

① ㄱ ② ㄴ ③ ㄷ ④ ㄱ, ㄴ ⑤ ㄴ, ㄷ

16. 표는 사람 Ⅰ~Ⅲ 사이의 ABO식 혈액형에 대한 응집 반응 결과를 나타낸 것이다. ㉠~㉢은 Ⅰ~Ⅲ의 혈장을 순서 없이 나타낸 것이다. Ⅰ~Ⅲ의 ABO식 혈액형은 각각 서로 다르며, A형, AB형, O형 중 하나이다.

적혈구 \ 혈장	㉠	㉡	㉢
Ⅰ의 적혈구	?	−	+
Ⅱ의 적혈구	−	?	−
Ⅲ의 적혈구	?	+	?

(+: 응집됨, −: 응집 안 됨)

이에 대한 설명으로 옳은 것만을 <보기>에서 있는 대로 고른 것은?

<보 기>

ㄱ. Ⅰ의 ABO식 혈액형은 A형이다.
ㄴ. ㉡은 Ⅱ의 혈장이다.
ㄷ. Ⅲ의 적혈구와 ㉢을 섞으면 항원 항체 반응이 일어난다.

① ㄱ ② ㄴ ③ ㄱ, ㄷ ④ ㄴ, ㄷ ⑤ ㄱ, ㄴ, ㄷ

17. 다음은 어떤 가족의 유전 형질 (가)~(다)에 대한 자료이다.

- (가)는 대립유전자 A와 a에 의해, (나)는 대립유전자 B와 b에 의해, (다)는 대립유전자 D와 d에 의해 결정된다. A는 a에 대해, B는 b에 대해, D는 d에 대해 각각 완전 우성이다.
- (가)와 (나)는 모두 우성 형질이고, (다)는 열성 형질이다. (가)의 유전자는 상염색체에 있고, (나)와 (다)의 유전자는 모두 X 염색체에 있다.
- 표는 이 가족 구성원의 성별과 ㉠~㉢의 발현 여부를 나타낸 것이다. ㉠~㉢은 각각 (가)~(다) 중 하나이다.

구성원	성별	㉠	㉡	㉢
아버지	남	○	×	×
어머니	여	×	○	ⓐ
자녀 1	남	×	○	○
자녀 2	여	○	○	×
자녀 3	남	○	×	○
자녀 4	남	×	×	×

(○: 발현됨, ×: 발현 안 됨)

- 부모 중 한 명의 생식세포 형성 과정에서 성염색체 비분리가 1회 일어나 염색체 수가 비정상적인 생식세포 G가 형성되었다. G가 정상 생식세포와 수정되어 자녀 4가 태어났으며, 자녀 4는 클라인펠터 증후군의 염색체 이상을 보인다.
- 자녀 4를 제외한 이 가족 구성원의 핵형은 모두 정상이다.

이에 대한 설명으로 옳은 것만을 <보기>에서 있는 대로 고른 것은? (단, 제시된 염색체 비분리 이외의 돌연변이와 교차는 고려하지 않는다.)

<보 기>

ㄱ. ⓐ는 '○'이다.
ㄴ. 자녀 2는 A, B, D를 모두 갖는다.
ㄷ. G는 아버지에게서 형성되었다.

① ㄱ ② ㄴ ③ ㄱ, ㄷ ④ ㄴ, ㄷ ⑤ ㄱ, ㄴ, ㄷ

18. 다음은 바이러스 X에 대한 생쥐의 방어 작용 실험이다.

〔실험 과정 및 결과〕
(가) 유전적으로 동일하고 X에 노출된 적이 없는 생쥐 A~D를 준비한다. A와 B는 ㉠이고, C와 D는 ㉡이다. ㉠과 ㉡은 '정상 생쥐'와 '가슴샘이 없는 생쥐'를 순서 없이 나타낸 것이다.
(나) A~D 중 B와 D에 X를 각각 주사한 후 A~D에서 ⓐ X에 감염된 세포의 유무를 확인한 결과, B와 D에서만 ⓐ가 있었다.
(다) 일정 시간이 지난 후, 각 생쥐에 대해 조사한 결과는 표와 같다.

구분	㉠		㉡	
	A	B	C	D
X에 대한 세포성 면역 반응 여부	일어나지 않음	일어남	일어나지 않음	일어나지 않음
생존 여부	산다	산다	산다	죽는다

이에 대한 설명으로 옳은 것만을 <보기>에서 있는 대로 고른 것은? (단, 제시된 조건 이외는 고려하지 않는다.) [3점]

<보 기>

ㄱ. X는 유전 물질을 갖는다.
ㄴ. ㉡은 '가슴샘이 없는 생쥐'이다.
ㄷ. (다)의 B에서 세포독성 T 림프구가 ⓐ를 파괴하는 면역 반응이 일어났다.

① ㄱ ② ㄷ ③ ㄱ, ㄴ ④ ㄴ, ㄷ ⑤ ㄱ, ㄴ, ㄷ

19. 다음은 어떤 집안의 유전 형질 (가)와 (나)에 대한 자료이다.

- (가)의 유전자와 (나)의 유전자는 같은 염색체에 있다.
- (가)는 대립유전자 H와 h에 의해, (나)는 대립유전자 T와 t에 의해 결정된다. H는 h에 대해, T는 t에 대해 각각 완전 우성이다.
- 가계도는 구성원 ⓐ~ⓒ를 제외한 구성원 1~6에게서 (가)와 (나)의 발현 여부를 나타낸 것이다. ⓑ는 남자이다.

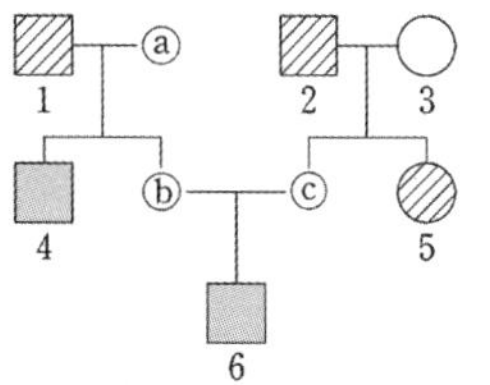

- ⓐ~ⓒ 중 (가)가 발현된 사람은 1명이다.
- 표는 ⓐ~ⓒ에서 체세포 1개당 h의 DNA 상대량을 나타낸 것이다. ㉠~㉢은 0, 1, 2를 순서 없이 나타낸 것이다.

구성원	ⓐ	ⓑ	ⓒ
h의 DNA 상대량	㉠	㉡	㉢

- ⓐ와 ⓒ의 (나)의 유전자형은 서로 같다.

이에 대한 설명으로 옳은 것만을 <보기>에서 있는 대로 고른 것은? (단, 돌연변이와 교차는 고려하지 않으며, H, h, T, t 각각의 1개당 DNA 상대량은 1이다.) [3점]

<보 기>

ㄱ. (가)는 열성 형질이다.
ㄴ. ⓐ~ⓒ 중 (나)가 발현된 사람은 2명이다.
ㄷ. 6의 동생이 태어날 때, 이 아이에게서 (가)와 (나)가 모두 발현될 확률은 $\frac{1}{4}$이다.

① ㄱ ② ㄴ ③ ㄱ, ㄷ ④ ㄴ, ㄷ ⑤ ㄱ, ㄴ, ㄷ

20. 표는 생태계의 물질 순환 과정 (가)와 (나)에서 특징의 유무를 나타낸 것이다. (가)와 (나)는 질소 순환 과정과 탄소 순환 과정을 순서 없이 나타낸 것이다.

특징 \ 물질 순환 과정	(가)	(나)
토양 속의 ㉠ 암모늄 이온(NH_4^+)이 질산 이온(NO_3^-)으로 전환된다.	×	○
식물의 광합성을 통해 대기 중의 이산화 탄소(CO_2)가 유기물로 합성된다.	○	×
ⓐ	○	○

(○: 있음, ×: 없음)

이에 대한 설명으로 옳은 것만을 <보기>에서 있는 대로 고른 것은? [3점]

<보 기>

ㄱ. (나)는 탄소 순환 과정이다.
ㄴ. 질산화 세균은 ㉠에 관여한다.
ㄷ. '물질이 생산자에서 소비자로 먹이 사슬을 따라 이동한다.'는 ⓐ에 해당한다.

① ㄱ ② ㄷ ③ ㄱ, ㄴ ④ ㄴ, ㄷ ⑤ ㄱ, ㄴ, ㄷ

* 확인 사항

- 답안지의 해당란에 필요한 내용을 정확히 기입(표기)했는지 확인하시오.

날짜 :	월	일
소요시간 :		분

제10회 과학탐구 영역(생명과학 Ⅰ)

*정답 및 해설 529 ~ 530p

1. 다음은 넓적부리도요에 대한 자료이다.

> 넓적부리도요는 겨울을 따뜻한 남쪽 지역에서 보내고 봄에는 북쪽 지역으로 이동하여 ㉠ 번식한다. 이 새는 작은 해양 생물을 많이 먹어 ㉡ 장거리 비행에 필요한 에너지를 얻으며, ㉢ 갯벌에서 먹이를 잡기에 적합한 순가락 모양의 부리를 갖는다.

이 자료에 대한 설명으로 옳은 것만을 <보기>에서 있는 대로 고른 것은?

<보 기>
ㄱ. ㉠ 과정에서 유전 물질이 자손에게 전달된다.
ㄴ. ㉡ 과정에서 물질대사가 일어난다.
ㄷ. ㉢은 적응과 진화의 예에 해당한다.

① ㄱ ② ㄴ ③ ㄱ, ㄷ ④ ㄴ, ㄷ ⑤ ㄱ, ㄴ, ㄷ

2. 그림 (가)는 정상인 A와 B에서 시간에 따라 측정한 체중을, (나)는 시점 t_1과 t_2일 때 A와 B에서 측정한 혈중 지질 농도를 나타낸 것이다. A와 B는 '규칙적으로 운동을 한 사람'과 '운동을 하지 않은 사람'을 순서 없이 나타낸 것이다.

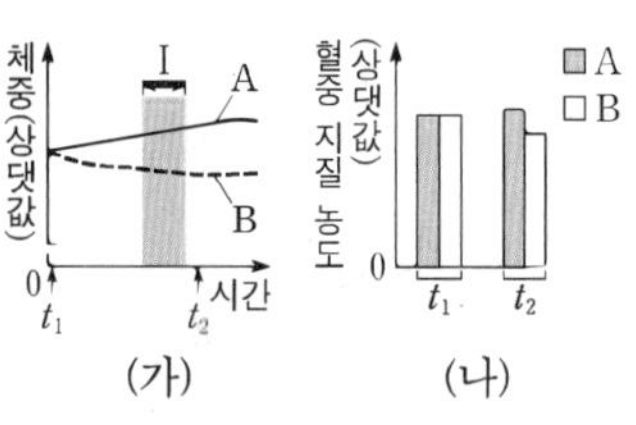

이 자료에 대한 설명으로 옳은 것만을 <보기>에서 있는 대로 고른 것은? (단, 제시된 조건 이외의 다른 조건은 동일하다.) [3점]

<보 기>
ㄱ. B는 '규칙적으로 운동을 한 사람'이다.
ㄴ. 구간 Ⅰ에서 $\frac{\text{에너지 섭취량}}{\text{에너지 소비량}}$은 A에서가 B에서보다 작다.
ㄷ. t_2일 때 혈중 지질 농도는 A에서가 B에서보다 낮다.

① ㄱ ② ㄷ ③ ㄱ, ㄴ ④ ㄴ, ㄷ ⑤ ㄱ, ㄴ, ㄷ

3. 표는 사람의 중추 신경계에 속하는 구조 A~C에서 특징의 유무를 나타낸 것이다. A~C는 간뇌, 소뇌, 연수를 순서 없이 나타낸 것이다.

특징 \ 구조	A	B	C
시상 하부가 있다.	×	○	×
뇌줄기를 구성한다.	○	?	ⓐ
(가)	○	×	×

(○: 있음, ×: 없음)

이에 대한 설명으로 옳은 것만을 <보기>에서 있는 대로 고른 것은?

<보 기>
ㄱ. ⓐ는 '○'이다.
ㄴ. B는 간뇌이다.
ㄷ. '심장 박동을 조절하는 부교감 신경의 신경절 이전 뉴런의 신경 세포체가 있다.'는 (가)에 해당한다.

① ㄱ ② ㄴ ③ ㄱ, ㄷ ④ ㄴ, ㄷ ⑤ ㄱ, ㄴ, ㄷ

4. 다음은 숲 F에서 새와 박쥐가 곤충 개체 수 감소에 미치는 영향을 알아보기 위한 탐구이다.

> (가) F를 동일한 조건의 구역 ⓐ~ⓒ로 나눈 후, ⓐ에는 새와 박쥐의 접근을 차단하지 않았고, ⓑ에는 새의 접근만 차단하였으며, ⓒ에는 박쥐의 접근만 차단하였다.
> (나) 일정 시간이 지난 후, ⓐ~ⓒ에서 곤충 개체 수를 조사한 결과는 그림과 같다.

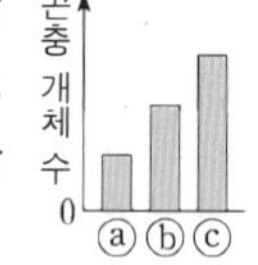

이 자료에 대한 설명으로 옳은 것만을 <보기>에서 있는 대로 고른 것은? (단, 제시된 조건 이외는 고려하지 않는다.) [3점]

<보 기>
ㄱ. 조작 변인은 곤충 개체 수이다.
ㄴ. ⓒ에서 곤충에 환경 저항이 작용하였다.
ㄷ. 곤충 개체 수 감소에 미치는 영향은 새가 박쥐보다 크다.

① ㄱ ② ㄴ ③ ㄷ ④ ㄱ, ㄷ ⑤ ㄴ, ㄷ

5. 그림은 동물 종 X에서 ㉠ 섭취량에 따른 혈장 삼투압을 나타낸 것이다. ㉠은 물과 소금 중 하나이고, Ⅰ과 Ⅱ는 '항이뇨 호르몬(ADH)이 정상적으로 분비되는 개체'와 '항이뇨 호르몬(ADH)이 정상보다 적게 분비되는 개체'를 순서 없이 나타낸 것이다.

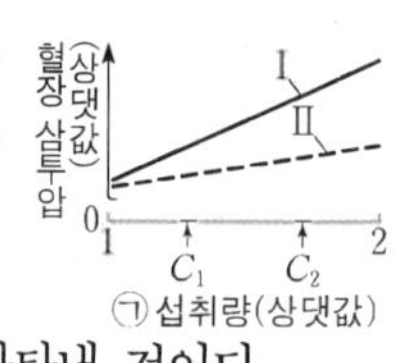

이에 대한 설명으로 옳은 것만을 <보기>에서 있는 대로 고른 것은? (단, 제시된 조건 이외는 고려하지 않는다.) [3점]

<보 기>
ㄱ. 콩팥은 ADH의 표적 기관이다.
ㄴ. Ⅰ은 'ADH가 정상적으로 분비되는 개체'이다.
ㄷ. Ⅱ에서 단위 시간당 오줌 생성량은 C_1일 때가 C_2일 때보다 적다.

① ㄱ ② ㄴ ③ ㄱ, ㄷ ④ ㄴ, ㄷ ⑤ ㄱ, ㄴ, ㄷ

6. 그림은 생태계를 구성하는 요소 사이의 상호 관계를, 표는 상호 작용의 예를 나타낸 것이다. (가)와 (나)는 순위제의 예와 텃세의 예를 순서 없이 나타낸 것이다.

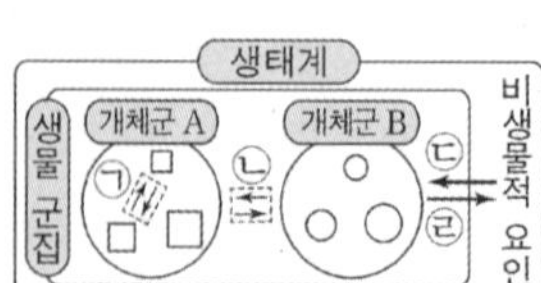

> (가) 갈색벌새는 꿀을 확보하기 위해 다른 갈색벌새가 서식 공간에 접근하는 것을 막는다.
> (나) 유럽산비둘기 무리에서는 서열이 높은 개체일수록 무리의 가운데 위치를 차지한다.

이에 대한 설명으로 옳은 것만을 <보기>에서 있는 대로 고른 것은?

<보 기>
ㄱ. (가)는 텃세의 예이다.
ㄴ. (나)의 상호 작용은 ㉠에 해당한다.
ㄷ. 거북이의 성별이 발생 시기 알의 주변 온도에 의해 결정되는 것은 ㉣의 예에 해당한다.

① ㄱ ② ㄷ ③ ㄱ, ㄴ ④ ㄴ, ㄷ ⑤ ㄱ, ㄴ, ㄷ

7. 그림은 사람 면역 결핍 바이러스(HIV)에 감염된 사람에서 체내 HIV의 수(ⓐ)와 HIV에 감염된 사람이 결핵의 병원체에 노출되었을 때 결핵 발병 확률(ⓑ)을 시간에 따라 각각 나타낸 것이다.

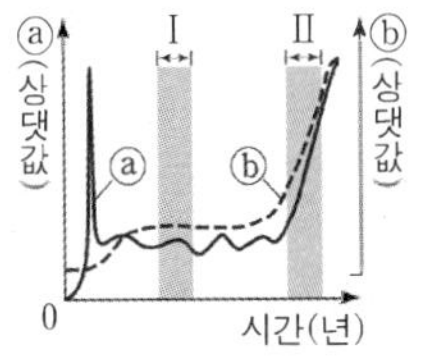

이에 대한 설명으로 옳은 것만을 <보기>에서 있는 대로 고른 것은?

<보 기>

ㄱ. 결핵의 치료에 항생제가 사용된다.
ㄴ. HIV는 살아 있는 숙주 세포 안에서만 증식할 수 있다.
ㄷ. ⓑ는 구간 Ⅰ에서가 구간 Ⅱ에서보다 높다.

① ㄱ ② ㄷ ③ ㄱ, ㄴ ④ ㄴ, ㄷ ⑤ ㄱ, ㄴ, ㄷ

8. 그림은 사람의 체세포 세포 주기를, 표는 이 사람의 체세포 세포 주기의 ㉠~㉢에서 나타나는 특징을 나타낸 것이다. ㉠~㉢은 G_2기, M기(분열기), S기를 순서 없이 나타낸 것이다.

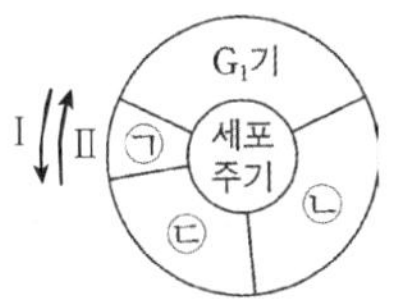

구분	특징
㉠	?
㉡	핵에서 DNA 복제가 일어난다.
㉢	핵막이 관찰된다.

이에 대한 설명으로 옳은 것만을 <보기>에서 있는 대로 고른 것은?

<보 기>

ㄱ. 세포 주기는 Ⅰ 방향으로 진행된다.
ㄴ. ㉠ 시기에 상동 염색체의 접합이 일어난다.
ㄷ. ㉡과 ㉢은 모두 간기에 속한다.

① ㄱ ② ㄷ ③ ㄱ, ㄴ ④ ㄴ, ㄷ ⑤ ㄱ, ㄴ, ㄷ

9. 다음은 병원체 ㉠과 ㉡에 대한 생쥐의 방어 작용 실험이다.

[실험 과정 및 결과]

(가) 유전적으로 동일하고 가슴샘이 없는 생쥐 Ⅰ~Ⅵ을 준비한다. Ⅰ~Ⅵ은 ㉠과 ㉡에 노출된 적이 없다.
(나) Ⅰ과 Ⅱ에 ㉠을, Ⅲ과 Ⅳ에 ㉡을, Ⅴ와 Ⅵ에 ㉠과 ㉡ 모두를 감염시키고, Ⅱ, Ⅳ, Ⅵ에 ⓐ에 대한 보조 T 림프구를 각각 주사한다. ⓐ는 ㉠과 ㉡ 중 하나이다.
(다) 일정 시간이 지난 후, Ⅰ~Ⅵ에서 ⓐ에 대한 항원 항체 반응 여부와 생존 여부를 확인한 결과는 표와 같다.

생쥐	Ⅰ	Ⅱ	Ⅲ	Ⅳ	Ⅴ	Ⅵ
항원 항체 반응 여부	일어나지 않음	일어나지 않음	?	일어남	?	일어남
생존 여부	죽는다	?	죽는다	산다	죽는다	죽는다

이에 대한 설명으로 옳은 것만을 <보기>에서 있는 대로 고른 것은? (단, 제시된 조건 이외는 고려하지 않는다.) [3점]

<보 기>

ㄱ. ⓐ는 ㉠이다.
ㄴ. (다)의 Ⅳ에서 B 림프구로부터 형질 세포로의 분화가 일어났다.
ㄷ. (다)의 Ⅵ에서 ㉡에 대한 특이적 방어 작용이 일어났다.

① ㄱ ② ㄴ ③ ㄱ, ㄷ ④ ㄴ, ㄷ ⑤ ㄱ, ㄴ, ㄷ

10. 그림은 어떤 동물에게 호르몬 X를 투여한 후 시간에 따른 ⓐ와 ⓑ를 나타낸 것이다. X는 글루카곤과 인슐린 중 하나이고, ⓐ와 ⓑ는 '간에서 단위 시간당 글리코젠으로부터 생성되는 포도당의 양'과 '혈중 포도당 농도'를 순서 없이 나타낸 것이다.

ⓐ(상댓값) Ⅰ Ⅱ Ⅲ ⓑ(상댓값) ⓐ ⓑ 0 X 투여 시간

이 자료에 대한 설명으로 옳은 것만을 <보기>에서 있는 대로 고른 것은? (단, 제시된 조건 이외는 고려하지 않는다.) [3점]

<보 기>

ㄱ. 혈중 포도당 농도는 구간 Ⅰ에서가 구간 Ⅲ에서보다 낮다.
ㄴ. 혈중 인슐린 농도는 구간 Ⅰ에서가 구간 Ⅱ에서보다 낮다.
ㄷ. 혈중 글루카곤 농도는 구간 Ⅱ에서가 구간 Ⅲ에서보다 높다.

① ㄱ ② ㄴ ③ ㄷ ④ ㄱ, ㄴ ⑤ ㄴ, ㄷ

11. 사람에서 일어나는 물질대사에 대한 설명으로 옳은 것만을 <보기>에서 있는 대로 고른 것은?

<보 기>

ㄱ. 녹말이 포도당으로 분해되는 과정에서 이화 작용이 일어난다.
ㄴ. 암모니아가 요소로 전환되는 과정에서 효소가 이용된다.
ㄷ. 지방이 세포 호흡에 사용된 결과 생성되는 노폐물에는 물과 이산화 탄소가 있다.

① ㄱ ② ㄴ ③ ㄱ, ㄷ ④ ㄴ, ㄷ ⑤ ㄱ, ㄴ, ㄷ

12. 다음은 민말이집 신경 A~C의 흥분 전도와 전달에 대한 자료이다.

○ 그림은 A~C의 지점 d_1~d_5의 위치를, 표는 ㉮ A와 B의 P에, C의 Q에 역치 이상의 자극을 동시에 1회 주고 경과된 시간이 4ms일 때 d_1, d_3, d_5에서의 막전위를 나타낸 것이다. P와 Q는 각각 d_2, d_3, d_4 중 하나이고, ㉠~㉥ 중 세 곳에만 시냅스가 있다.

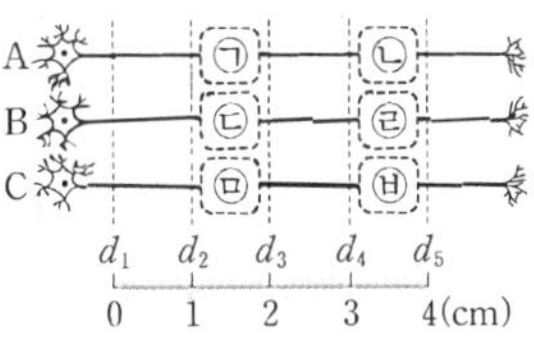

신경	4ms일 때 막전위(mV)		
	d_1	d_3	d_5
A	+30	−70	−60
B	ⓐ	?	+30
C	−70	−80	−80

○ A를 구성하는 모든 뉴런의 흥분 전도 속도는 1cm/ms로 같다. B를 구성하는 모든 뉴런의 흥분 전도 속도는 x로 같고, C를 구성하는 모든 뉴런의 흥분 전도 속도는 y로 같다. x와 y는 1cm/ms와 2cm/ms를 순서 없이 나타낸 것이다.
○ A~C 각각에서 활동 전위가 발생하였을 때, 각 지점에서의 막전위 변화는 그림과 같다.

막전위(mV) +30 0 −60 −70 −80 0 1 2 3 4 자극 시간(ms)

이에 대한 설명으로 옳은 것만을 <보기>에서 있는 대로 고른 것은? (단, A~C에서 흥분의 전도는 각각 1회 일어났고, 휴지 전위는 −70mV이다.) [3점]

<보 기>

ㄱ. ⓐ는 +30이다.
ㄴ. ㉤에 시냅스가 있다.
ㄷ. ㉮가 3ms일 때, B의 d_5에서 탈분극이 일어나고 있다.

① ㄱ ② ㄴ ③ ㄱ, ㄷ ④ ㄴ, ㄷ ⑤ ㄱ, ㄴ, ㄷ

13. 다음은 골격근의 수축 과정에 대한 자료이다.

○ 그림은 근육 원섬유 마디 X의 구조를 나타낸 것이다. X는 좌우 대칭이고, Z_1과 Z_2는 X의 Z선이다.

○ 구간 ㉠은 액틴 필라멘트만 있는 부분이고, ㉡은 액틴 필라멘트와 마이오신 필라멘트가 겹치는 부분이며, ㉢은 마이오신 필라멘트만 있는 부분이다.

○ 표는 골격근 수축 과정의 세 시점 t_1, t_2, t_3일 때, ㉠의 길이에서 ㉡의 길이를 뺀 값을 ㉢의 길이로 나눈 값($\frac{㉠-㉡}{㉢}$)과 X의 길이를 나타낸 것이다.

○ t_3일 때 A대의 길이는 1.6 ㎛이다.

시점	$\frac{㉠-㉡}{㉢}$	X의 길이
t_1	$\frac{5}{8}$	3.4 ㎛
t_2	$\frac{1}{2}$	?
t_3	$\frac{1}{4}$	L

이에 대한 설명으로 옳은 것만을 <보기>에서 있는 대로 고른 것은?

<보 기>

ㄱ. H대의 길이는 t_3일 때가 t_1일 때보다 0.2 ㎛ 짧다.
ㄴ. t_2일 때 ㉠의 길이는 t_1일 때 ㉡의 길이의 2배이다.
ㄷ. t_3일 때 Z_1로부터 Z_2 방향으로 거리가 $\frac{1}{4}$L인 지점은 ㉠에 해당한다.

① ㄱ ② ㄴ ③ ㄷ ④ ㄱ, ㄴ ⑤ ㄴ, ㄷ

14. 사람의 유전 형질 ㉮는 서로 다른 3개의 상염색체에 있는 3쌍의 대립유전자 A와 a, B와 b, D와 d에 의해 결정된다. 표는 사람 P의 세포 (가)~(라)에서 대립유전자 ㉠~㉣의 유무와 a, B, D의 DNA 상대량을 더한 값(a+B+D)을 나타낸 것이고, 그림은 정자가 형성되는 과정을 나타낸 것이다. (가)~(라)는 생식세포 형성 과정에서 나타나는 세포이고, (가)~(라) 중 2개는 G_1기 세포 Ⅰ로부터 형성되었으며, 나머지 2개는 각각 G_1기 세포 Ⅱ와 Ⅲ으로부터 형성되었다. ㉠~㉣은 A, a, b, D를 순서 없이 나타낸 것이고, ⓐ와 ⓑ는 Ⅱ로부터 형성된 중기의 세포이며, ⓐ는 (가)~(라) 중 하나이다.

세포	대립유전자				a+B+D
	㉠	㉡	㉢	㉣	
(가)	×	○	×	×	4
(나)	×	?	○	×	3
(다)	○	×	○	×	2
(라)	×	?	?	○	1

(○: 있음, ×: 없음)

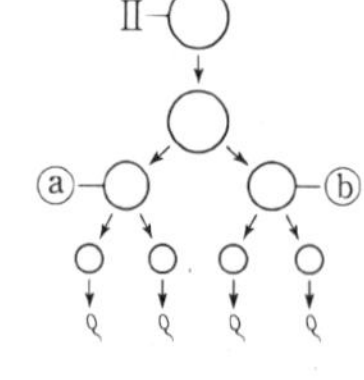

이에 대한 설명으로 옳은 것만을 <보기>에서 있는 대로 고른 것은? (단, 돌연변이와 교차는 고려하지 않으며, A, a, B, b, D, d 각각의 1개당 DNA 상대량은 1이다.) [3점]

<보 기>

ㄱ. ㉣은 A이다.
ㄴ. Ⅰ로부터 (다)가 형성되었다.
ㄷ. ⓑ에서 a, b, D의 DNA 상대량을 더한 값은 4이다.

① ㄱ ② ㄴ ③ ㄷ ④ ㄱ, ㄴ ⑤ ㄴ, ㄷ

15. 다음은 사람의 유전 형질 (가)와 (나)에 대한 자료이다.

○ (가)는 1쌍의 대립유전자에 의해 결정되며, 대립유전자에는 D, E, F가 있다. (가)의 표현형은 3가지이며, 각 대립유전자 사이의 우열 관계는 분명하다.

○ (나)는 1쌍의 대립유전자에 의해 결정되며, 대립유전자에는 H, R, T가 있다. (나)의 표현형은 3가지이며, 각 대립유전자 사이의 우열 관계는 분명하다.

○ 그림은 남자 Ⅰ, Ⅱ와 여자 Ⅲ, Ⅳ의 체세포 각각에 들어 있는 일부 염색체와 유전자를 나타낸 것이다. ㉠~㉢은 D, E, F를 순서 없이 나타낸 것이고, ㉣과 ㉤은 각각 H, R, T 중 하나이다.

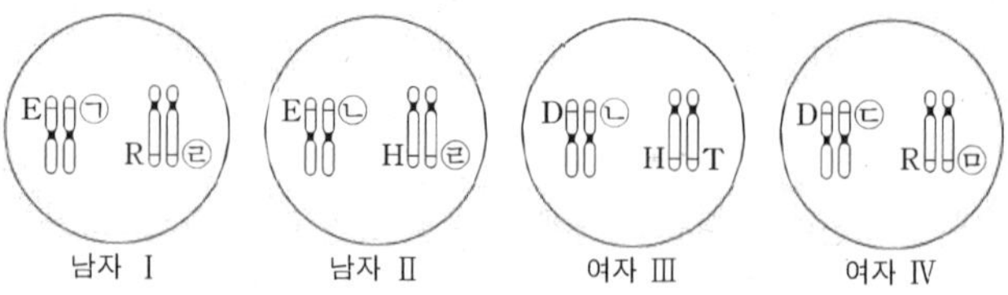

○ Ⅰ과 Ⅲ 사이에서 아이가 태어날 때, 이 아이가 유전자형이 DDTT인 사람과 (가)와 (나)의 표현형이 모두 같을 확률은 $\frac{9}{16}$이다.

○ Ⅱ와 Ⅳ 사이에서 ⓐ가 태어날 때, ⓐ에게서 나타날 수 있는 (가)와 (나)의 표현형은 최대 9가지이다.

이에 대한 설명으로 옳은 것만을 <보기>에서 있는 대로 고른 것은? (단, 돌연변이와 교차는 고려하지 않는다.)

<보 기>

ㄱ. ㉠은 D이다.
ㄴ. H는 R에 대해 완전 우성이다.
ㄷ. ⓐ의 (가)와 (나)의 표현형이 모두 Ⅱ와 같을 확률은 $\frac{1}{4}$이다.

① ㄱ ② ㄴ ③ ㄱ, ㄷ ④ ㄴ, ㄷ ⑤ ㄱ, ㄴ, ㄷ

16. 그림은 어떤 식물 군집의 천이 과정 일부를, 표는 이 과정 중 ㉠에서 방형구법을 이용하여 식물 군집을 조사한 결과를 나타낸 것이다. ㉠은 A와 B 중 하나이고, A와 B는 양수림과 음수림을 순서 없이 나타낸 것이다. 종 Ⅰ과 Ⅱ는 침엽수(양수)에 속하고, 종 Ⅲ과 Ⅳ는 활엽수(음수)에 속한다. ㉠에서 Ⅳ의 상대 밀도는 5%이다.

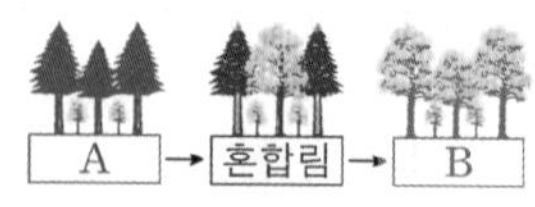

구분	Ⅰ	Ⅱ	Ⅲ	Ⅳ
빈도	0.39	0.32	0.22	0.07
개체 수	ⓐ	36	18	6
상대 피도(%)	37	53	ⓑ	5

이 자료에 대한 설명으로 옳은 것만을 <보기>에서 있는 대로 고른 것은? (단, Ⅰ~Ⅳ 이외의 종은 고려하지 않는다.) [3점]

<보 기>

ㄱ. ㉠은 B이다.
ㄴ. ⓐ+ⓑ=65이다.
ㄷ. ㉠에서 중요치(중요도)가 가장 큰 종은 Ⅰ이다.

① ㄱ ② ㄴ ③ ㄱ, ㄷ ④ ㄴ, ㄷ ⑤ ㄱ, ㄴ, ㄷ

17. 다음은 어떤 가족의 유전 형질 (가)~(다)에 대한 자료이다.

○ (가)~(다)의 유전자 중 2개는 X 염색체에 있고, 나머지 1개는 상염색체에 있다.
○ (가)는 대립유전자 A와 a에 의해, (나)는 대립유전자 B와 b에 의해, (다)는 대립유전자 D와 d에 의해 결정된다.
○ 표는 이 가족 구성원 ㉠~㉥의 성별과 체세포 1개당 a, B, D의 DNA 상대량을 나타낸 것이다. ㉠~㉥은 아버지, 어머니, 자녀1, 자녀2, 자녀3, 자녀4를 순서 없이 나타낸 것이다.
○ 어머니의 난자 형성 과정에서 성염색체 비분리가 1회 일어나 염색체 수가 비정상적인 난자 P가 형성되었다. P가 정상 정자와 수정되어 자녀 4가 태어났으며, 자녀 4는 클라인펠터 증후군의 염색체 이상을 보인다.

구성원	성별	DNA 상대량		
		a	B	D
㉠	여	1	0	1
㉡	여	1	1	1
㉢	남	1	2	0
㉣	남	0	1	1
㉤	남	1	1	1
㉥	남	0	0	1

○ 자녀 4를 제외한 이 가족 구성원의 핵형은 모두 정상이다.

이에 대한 설명으로 옳은 것만을 <보기>에서 있는 대로 고른 것은? (단, 제시된 염색체 비분리 이외의 돌연변이와 교차는 고려하지 않으며, A, a, B, b, D, d 각각의 1개당 DNA 상대량은 1이다.) [3점]

<보 기>

ㄱ. ㉤은 아버지이다.
ㄴ. 염색체 비분리는 감수 1분열에서 일어났다.
ㄷ. ㉠에게서 a, b, D를 모두 갖는 생식세포가 형성될 수 있다.

① ㄱ ② ㄴ ③ ㄷ ④ ㄱ, ㄴ ⑤ ㄴ, ㄷ

18. 어떤 동물 종($2n=6$)의 유전 형질 ㉮는 2쌍의 대립유전자 H와 h, T와 t에 의해 결정된다. 표는 이 동물 종의 개체 P와 Q의 세포 Ⅰ~Ⅳ에서 H와 t의 DNA 상대량을 더한 값(H+t)과 h와 t의 DNA 상대량을 더한 값(h+t)을, 그림은 세포 (가)와 (나) 각각에 들어 있는 모든 염색체를 나타낸 것이다. (가)와 (나)는 각각 Ⅰ~Ⅳ 중 하나이고, ㉠과 ㉡은 X 염색체와 Y 염색체를 순서 없이 나타낸 것이며, ㉠과 ㉡의 모양과 크기는 나타내지 않았다. P는 수컷이고 성염색체는 XY이며, Q는 암컷이고 성염색체는 XX이다.

세포	H+t	h+t
Ⅰ	3	1
Ⅱ	0	2
Ⅲ	?	0
Ⅳ	4	?

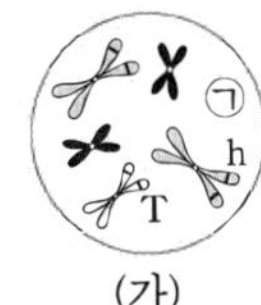

(가)

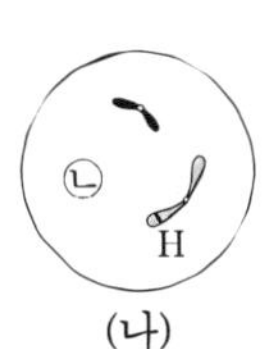

(나)

이에 대한 설명으로 옳은 것만을 <보기>에서 있는 대로 고른 것은? (단, 돌연변이와 교차는 고려하지 않으며, H, h, T, t 각각의 1개당 DNA 상대량은 1이다.)

<보 기>

ㄱ. (나)는 P의 세포이다.
ㄴ. Ⅰ과 Ⅲ의 핵상은 같다.
ㄷ. T의 DNA 상대량은 Ⅱ에서와 Ⅳ에서가 서로 같다.

① ㄱ ② ㄴ ③ ㄱ, ㄷ ④ ㄴ, ㄷ ⑤ ㄱ, ㄴ, ㄷ

19. 다음은 어떤 집안의 유전 형질 (가)와 (나)에 대한 자료이다.

○ (가)의 유전자와 (나)의 유전자는 같은 염색체에 있다.
○ (가)는 대립유전자 A와 a에 의해, (나)는 대립유전자 B와 b에 의해 결정된다. A는 a에 대해, B는 b에 대해 각각 완전 우성이다.
○ 가계도는 **구성원 ⓐ~ⓒ를 제외한** 구성원 1~6에게서 (가)와 (나)의 **발현 여부를 나타낸 것이다.** ⓒ는 남자이다.

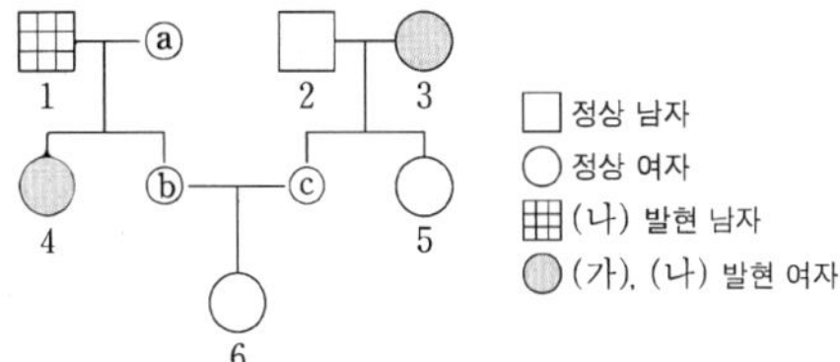

○ 표는 구성원 ⓐ, 2, 4, **5에서 체세포** 1개당 a와 B의 DNA 상대량을 나타낸 것이다. ㉠~㉢은 0, 1, 2를 순서 없이 나타낸 것이다.

구성원		ⓐ	2	4	5
DNA 상대량	a	?	?	?	㉠
	B	㉡	1	㉡	㉢

○ ⓐ~ⓒ 중 한 사람은 (가)와 (나) 중 (가)만 발현되었고, 다른 한 사람은 (가)와 (나) 중 (나)만 발현되었으며, 나머지 한 사람은 (가)와 (나)가 모두 발현되었다.

이에 대한 설명으로 옳은 것만을 <보기>에서 있는 대로 고른 것은? (단, 돌연변이와 교차는 고려하지 않으며, A, a, B, b 각각의 1개당 DNA 상대량은 1이다.) [3점]

<보 기>

ㄱ. (가)는 우성 형질이다.
ㄴ. 이 가계도 구성원 중 체세포 1개당 b의 DNA 상대량이 ㉠인 사람은 4명이다.
ㄷ. 6의 동생이 태어날 때, 이 아이에게서 (가)와 (나)가 모두 발현될 확률은 $\frac{1}{4}$이다.

① ㄱ ② ㄴ ③ ㄷ ④ ㄱ, ㄴ ⑤ ㄱ, ㄷ

20. 표 (가)는 질소 순환 과정에서 나타나는 두 가지 특징을, (나)는 (가)의 특징 중 A와 B가 갖는 특징의 개수를 나타낸 것이다. A와 B는 질소 고정 작용과 탈질산화 작용을 순서 없이 나타낸 것이다.

특징
• 세균이 관여한다. • 대기 중의 질소 기체가 ㉠<u>암모늄 이온(NH_4^+)</u>으로 전환된다.

(가)

구분	특징의 개수
A	2
B	1

(나)

이에 대한 설명으로 옳은 것만을 <보기>에서 있는 대로 고른 것은?

<보 기>

ㄱ. B는 탈질산화 작용이다.
ㄴ. 뿌리혹박테리아는 A에 관여한다.
ㄷ. 질산화 세균은 ㉠이 질산 이온(NO_3^-)으로 전환되는 과정에 관여한다.

① ㄱ ② ㄷ ③ ㄱ, ㄴ ④ ㄴ, ㄷ ⑤ ㄱ, ㄴ, ㄷ

＊ 확인 사항

○ 답안지의 해당란에 필요한 내용을 정확히 기입(표기)했는지 확인하시오.

memo

memo

memo

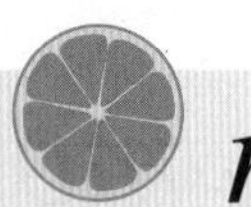

memo

memo

memo

A 생물의 특성과 생명 과학의 탐구 방법

01 ⑤ 02 ④ 03 ⑤ 04 ③ 05 ⑤ 06 ⑤ 07 ② 08 ③ 09 ⑤ 10 ②
11 ⑤ 12 ⑤ 13 ③ 14 ⑤ 15 ④ 16 ⑤ 17 ⑤ 18 ① 19 ⑤ 20 ⑤
21 ② 22 ⑤ 23 ② 24 ⑤ 25 ⑤ 26 ① 27 ⑤ 28 ⑤ 29 ③ 30 ⑤
31 ⑤ 32 ② 33 ③ 34 ③ 35 ④ 36 ② 37 ⑤ 38 ② 39 ⑤ 40 ③
41 ① 42 ② 43 ② 44 ③ 45 ④ 46 ④ 47 ⑤ 48 ① 49 ④ 50 ③
51 ④ 52 ⑤ 53 ③ 54 ③ 55 ⑤ 56 ④ 57 ① 58 ② 59 ① 60 ②
61 ③

B 생명 활동과 에너지

01 ④ 02 ③ 03 ④ 04 ④ 05 ⑤ 06 ③ 07 ⑤ 08 ⑤ 09 ⑤ 10 ④
11 ③ 12 ⑤ 13 ④ 14 ⑤ 15 ⑤ 16 ⑤ 17 ⑤ 18 ④ 19 ⑤ 20 ⑤
21 ④ 22 ⑤ 23 ③ 24 ③

C 물질대사와 건강

01 ② 02 ⑤ 03 ⑤ 04 ⑤ 05 ③ 06 ⑤ 07 ④ 08 ⑤ 09 ⑤ 10 ④
11 ⑤ 12 ⑤ 13 ③ 14 ⑤ 15 ③ 16 ⑤ 17 ③ 18 ⑤ 19 ⑤ 20 ④
21 ⑤ 22 ④ 23 ⑤ 24 ⑤ 25 ⑤ 26 ⑤ 27 ⑤ 28 ④ 29 ⑤ 30 ⑤
31 ⑤ 32 ④ 33 ⑤ 34 ① 35 ③ 36 ⑤ 37 ④ 38 ④ 39 ② 40 ⑤
41 ④ 42 ② 43 ③ 44 ③ 45 ④ 46 ④

D 자극의 전달

01 ④ 02 ⑤ 03 ⑤ 04 ③ 05 ⑤ 06 ① 07 ⑤ 08 ① 09 ① 10 ②
11 ① 12 ① 13 ① 14 ① 15 ④ 16 ① 17 ⑤ 18 ⑤ 19 ① 20 ④
21 ③ 22 ⑤ 23 ① 24 ④ 25 ④ 26 ⑤ 27 ④ 28 ③ 29 ③ 30 ①
31 ② 32 ④ 33 ② 34 ① 35 ⑤ 36 ⑤ 37 ① 38 ③ 39 ⑤ 40 ③
41 ⑤ 42 ① 43 ④ 44 ⑤ 45 ② 46 ① 47 ② 48 ① 49 ② 50 ②

E 근수축 운동

01 ② 02 ⑤ 03 ④ 04 ④ 05 ① 06 ① 07 ④ 08 ③ 09 ⑤ 10 ③
11 ④ 12 ④ 13 ② 14 ③ 15 ① 16 ③ 17 ⑤ 18 ③ 19 ③ 20 ⑤
21 ④ 22 ① 23 ④ 24 ② 25 ② 26 ② 27 ⑤ 28 ③ 29 ③ 30 ③
31 ③ 32 ① 33 ⑤ 34 ⑤ 35 ① 36 ② 37 ⑤ 38 ⑤ 39 ③ 40 ④

F 신경계

01 ① 02 ① 03 ③ 04 ④ 05 ④ 06 ① 07 ④ 08 ③ 09 ① 10 ③
11 ① 12 ⑤ 13 ① 14 ⑤ 15 ③ 16 ⑤ 17 ④ 18 ① 19 ⑤ 20 ③
21 ⑤ 22 ② 23 ⑤ 24 ④ 25 ② 26 ① 27 ① 28 ③ 29 ③ 30 ①
31 ④ 32 ① 33 ③ 34 ① 35 ② 36 ③ 37 ③ 38 ③ 39 ① 40 ①
41 ② 42 ② 43 ① 44 ③ 45 ① 46 ③ 47 ① 48 ③ 49 ① 50 ③

G 항상성 유지

01 ④ 02 ④ 03 ③ 04 ④ 05 ① 06 ③ 07 ② 08 ⑤ 09 ⑤ 10 ③
11 ⑤ 12 ③ 13 ④ 14 ③ 15 ③ 16 ② 17 ① 18 ① 19 ① 20 ①
21 ③ 22 ③ 23 ① 24 ③ 25 ④ 26 ② 27 ② 28 ① 29 ② 30 ④
31 ③ 32 ① 33 ③ 34 ③ 35 ① 36 ④ 37 ② 38 ⑤ 39 ④ 40 ④
41 ② 42 ① 43 ④ 44 ② 45 ③ 46 ① 47 ④ 48 ⑤ 49 ③ 50 ⑤
51 ② 52 ① 53 ② 54 ① 55 ① 56 ② 57 ② 58 ① 59 ⑤ 60 ②
61 ① 62 ① 63 ① 64 ③ 65 ③ 66 ② 67 ① 68 ① 69 ① 70 ⑤
71 ③ 72 ② 73 ① 74 ①

H 질병과 병원체

01 ③ 02 ③ 03 ⑤ 04 ② 05 ③ 06 ④ 07 ⑤ 08 ① 09 ⑤ 10 ⑤
11 ④ 12 ② 13 ④ 14 ④ 15 ⑤ 16 ④ 17 ③ 18 ② 19 ③ 20 ②
21 ③ 22 ④ 23 ⑤ 24 ② 25 ④ 26 ④ 27 ③ 28 ② 29 ⑤ 30 ⑤
31 ④ 32 ③ 33 ② 34 ④

I 우리 몸의 방어 작용

01 ③ 02 ③ 03 ⑤ 04 ④ 05 ⑤ 06 ⑤ 07 ① 08 ① 09 ③ 10 ③
11 ④ 12 ③ 13 ② 14 ② 15 ⑤ 16 ④ 17 ⑤ 18 ④ 19 ⑤ 20 ④
21 ④ 22 ③ 23 ⑤ 24 ④ 25 ③ 26 ⑤ 27 ⑤ 28 ② 29 ⑤ 30 ④
31 ③ 32 ⑤ 33 ④ 34 ④ 35 ① 36 ③ 37 ① 38 ④ 39 ④ 40 ④
41 ③ 42 ② 43 ④ 44 ⑤ 45 ③ 46 ⑤ 47 ④ 48 ① 49 ⑤ 50 ③

J 염색체와 세포 주기

01 ⑤ 02 ② 03 ⑤ 04 ② 05 ② 06 ③ 07 ③ 08 ④ 09 ③ 10 ②
11 ② 12 ③ 13 ④ 14 ① 15 ④ 16 ① 17 ② 18 ① 19 ② 20 ③
21 ③ 22 ② 23 ② 24 ③ 25 ③ 26 ③ 27 ① 28 ① 29 ⑤ 30 ①
31 ① 32 ② 33 ④ 34 ① 35 ⑤ 36 ① 37 ③ 38 ③ 39 ⑤ 40 ④
41 ② 42 ④ 43 ① 44 ② 45 ② 46 ③ 47 ② 48 ⑤ 49 ② 50 ⑤
51 ① 52 ④ 53 ④ 54 ① 55 ③ 56 ④ 57 ② 58 ⑤ 59 ② 60 ④
61 ④

K 세포 분열

01 ③ 02 ④ 03 ④ 04 ② 05 ⑤ 06 ① 07 ③ 08 ③ 09 ② 10 ⑤
11 ① 12 ④ 13 ② 14 ② 15 ⑤ 16 ③ 17 ② 18 ③ 19 ① 20 ②
21 ④ 22 ③ 23 ⑤ 24 ③ 25 ③ 26 ① 27 ① 28 ⑤ 29 ④ 30 ①
31 ④ 32 ② 33 ② 34 ⑤ 35 ⑤ 36 ⑤ 37 ① 38 ② 39 ③ 40 ④
41 ④ 42 ③ 43 ② 44 ④ 45 ① 46 ① 47 ④ 48 ⑤ 49 ④ 50 ③
51 ② 52 ③ 53 ② 54 ⑤ 55 ② 56 ③ 57 ① 58 ① 59 ① 60 ⑤
61 ② 62 ① 63 ③

L 사람의 유전

01 ④ 02 ② 03 ④ 04 ② 05 ② 06 ④ 07 ④ 08 ④ 09 ① 10 ④
11 ④ 12 ④ 13 ④ 14 ② 15 ⑤ 16 ⑤ 17 ② 18 ⑤ 19 ③ 20 ③
21 모두정답 22 ③ 23 ② 24 ② 25 ① 26 ③ 27 ① 28 ④ 29 ②
30 ④ 31 ③ 32 ② 33 ① 34 ① 35 ⑤ 36 ⑤ 37 ① 38 ⑤ 39 ④
40 ① 41 ① 42 ② 43 ③ 44 ⑤ 45 ④ 46 ② 47 ① 48 ① 49 ①
50 ④ 51 ③ 52 ④ 53 ② 54 ① 55 ① 56 ⑤ 57 ⑤ 58 ④ 59 ①
60 ④ 61 ① 62 ⑤ 63 ④ 64 ③ 65 ④ 66 ③ 67 ④ 68 ⑤ 69 ⑤
70 ③ 71 ③ 72 ② 73 ① 74 ② 75 ⑤ 76 ① 77 ⑤ 78 ②

M 유전병

01 ② 02 ③ 03 ① 04 ④ 05 ② 06 ② 07 ③ 08 ① 09 ② 10 ②
11 ③ 12 ③ 13 ③ 14 ⑤ 15 ② 16 ② 17 ② 18 ③ 19 ④ 20 ②
21 ④ 22 ① 23 ⑤ 24 ⑤ 25 ④ 26 ③ 27 ① 28 ⑤ 29 ④ 30 ①
31 ① 32 ① 33 ⑤ 34 ④ 35 ① 36 ① 37 ④ 38 ⑤ 39 ② 40 ④
41 ⑤ 42 ⑤ 43 ①

N 생태계의 구성과 기능

01 ① 02 ⑤ 03 ③ 04 ④ 05 ④ 06 ① 07 ② 08 ② 09 ③ 10 ③
11 ② 12 ① 13 ③ 14 ③ 15 ⑤ 16 ④ 17 ⑤ 18 ④ 19 ③

O 개체군

01 ① 02 ① 03 ① 04 ④ 05 ⑤ 06 ③ 07 ④ 08 ②

P 군집

01 ③ 02 ① 03 ④ 04 ④ 05 ⑤ 06 ① 07 ④ 08 ② 09 ③ 10 ③
11 ④ 12 ⑤ 13 ② 14 ③ 15 ② 16 ③ 17 ② 18 ⑤ 19 ① 20 ①
21 ④ 22 ② 23 ② 24 ⑤ 25 ④ 26 ① 27 ① 28 ① 29 ① 30 ①
31 ③ 32 ⑤ 33 ③ 34 ⑤ 35 ② 36 ③ 37 ② 38 ④ 39 ⑤ 40 ⑤
41 ② 42 ④ 43 ⑤ 44 ⑤ 45 ④ 46 ① 47 ③ 48 ⑤ 49 ② 50 ⑤
51 ⑤ 52 ① 53 ① 54 ④ 55 ① 56 ④ 57 ⑤ 58 ① 59 ③ 60 ①

Q 에너지와 물질의 순환

01 ③ 02 ② 03 ③ 04 ③ 05 ④ 06 ④ 07 ① 08 ③ 09 ② 10 ②
11 ② 12 ⑤ 13 ③ 14 ① 15 ④ 16 ⑤ 17 ① 18 ② 19 ③ 20 ③
21 ① 22 ③ 23 ② 24 ② 25 ① 26 ③ 27 ② 28 ⑤ 29 ② 30 ①
31 ④ 32 ④ 33 ④ 34 ② 35 ⑤ 36 ④ 37 ③ 38 ② 39 ④ 40 ④
41 ④ 42 ③ 43 ② 44 ⑤ 45 ④ 46 ⑤

R 생물의 다양성과 보존

01 ③ 02 ⑤ 03 ③ 04 ④ 05 ⑤ 06 ⑤ 07 ④ 08 ① 09 ④ 10 ①
11 ① 12 ③

〈최신 연도별 모의고사〉

1회 2024 실시 3월 학력평가

01 ⑤ 02 ④ 03 ⑤ 04 ⑤ 05 ④ 06 ① 07 ① 08 ③ 09 ③ 10 ③
11 ⑤ 12 ③ 13 ② 14 ④ 15 ② 16 ④ 17 ④ 18 ① 19 ① 20 ②

2회 2024 실시 5월 학력평가

01 ⑤ 02 ⑤ 03 ① 04 ④ 05 ④ 06 ③ 07 ② 08 ⑤ 09 ③ 10 ③
11 ④ 12 ① 13 ③ 14 ① 15 ② 16 ② 17 ① 18 ④ 19 ④ 20 ⑤

3회 2024 대비 6월 모의평가

01 ⑤ 02 ⑤ 03 ③ 04 ⑤ 05 ① 06 ⑤ 07 ③ 08 ④ 09 ② 10 ③
11 ② 12 ① 13 ④ 14 ② 15 ④ 16 ⑤ 17 ④ 18 ① 19 ② 20 ③

4회 2025 대비 6월 모의평가

01 ⑤ 02 ⑤ 03 ③ 04 ④ 05 ③ 06 ⑤ 07 ⑤ 08 ③ 09 ② 10 ②
11 ① 12 ⑤ 13 ④ 14 ④ 15 ④ 16 ① 17 ② 18 ③ 19 ① 20 ③

5회 2024 실시 7월 학력평가

01 ③ 02 ④ 03 ② 04 ④ 05 ⑤ 06 ② 07 ⑤ 08 ③ 09 ③ 10 ⑤
11 ③ 12 ⑤ 13 ① 14 ① 15 ③ 16 ⑤ 17 ② 18 ① 19 ④ 20 ④

6회 2024 대비 9월 모의평가

01 ⑤ 02 ⑤ 03 ③ 04 ⑤ 05 ④ 06 ① 07 ④ 08 ② 09 ③ 10 ③
11 ① 12 ① 13 ② 14 ② 15 ③ 16 ④ 17 ⑤ 18 ⑤ 19 ④ 20 ①

7회 2025 대비 9월 모의평가

01 ④ 02 ② 03 ④ 04 ③ 05 ⑤ 06 ① 07 ① 08 ③ 09 ④ 10 ②
11 ⑤ 12 ④ 13 ② 14 ③ 15 ⑤ 16 ① 17 ③ 18 ⑤ 19 ④ 20 ①

8회 2024 실시 10월 학력평가

01 ③ 02 ③ 03 ① 04 ④ 05 ⑤ 06 ② 07 ② 08 ① 09 ④ 10 ⑤
11 ③ 12 ③ 13 ⑤ 14 ⑤ 15 ① 16 ② 17 ④ 18 ④ 19 ② 20 ⑤

9회 2024 대비 대학수학능력시험

01 ③ 02 ③ 03 ① 04 ① 05 ⑤ 06 ④ 07 ⑤ 08 ② 09 ② 10 ⑤
11 ④ 12 ① 13 ④ 14 ④ 15 ② 16 ③ 17 ⑤ 18 ⑤ 19 ③ 20 ④

10회 2025 대비 대학수학능력시험

01 ⑤ 02 ① 03 ④ 04 ② 05 ① 06 ③ 07 ③ 08 ② 09 ④ 10 ②
11 ⑤ 12 ④ 13 ② 14 ⑤ 15 ① 16 ④ 17 ② 18 ③ 19 ① 20 ⑤

Xi story

대한민국 No.1 수능 기출 문제집

국어
- 비문학 독해 1(고1), 2(고2)
- 문학 독해 1(고1), 2(고2)
- 국어 기본(고1) ★
- 언어(문법) 기본
- 언어와 매체 실전(고3)
- 화법과 작문 실전(고3)
- 독서 기본(고1)
- 독서 완성(고2)
- 독서 실전(고3) ★
- 문학 기본(고1)
- 문학 완성(고2)
- 문학 실전(고3) ★
- 개념어 총정리
- 고전 시가 총정리 ★
- 고등 국어 문법 총정리 ★
- 고난도 국어 독서 · 문학
- 전국연합 모의고사 고1 국어 ★
- 전국연합 모의고사 고2 국어 ★
- 연도별 모의고사 고3 국어(화법과 작문)
- 연도별 모의고사 고3 국어(언어와 매체)

영어
- 독해 기본(고1) ★
- 독해 완성(고2) ★
- 독해 실전(고3) ★
- 고난도 영어 독해
- 고등 영문법 기본
- 어법 · 어휘 기본(고1) ★
- 어법 · 어휘 완성(고2)
- 어법 · 어휘 실전(고3) ★
- 듣기 기본(고1 전국연합 모의고사 24회)
- 듣기 완성(고2 전국연합 모의고사 24회)
- 듣기 실전(고3 수능 대비 모의고사 35회)
- 전국연합 모의고사 고1 영어
- 전국연합 모의고사 고2 영어
- 연도별 모의고사 고3 영어

★는 강남인강 강의교재

수학
- 공통수학 1 ★
- 공통수학 2 ★
- 고2 수학 Ⅰ ★
- 고2 수학 Ⅱ ★
- 고2 미적분
- 고2 확률과 통계
- 고3 수학 Ⅰ ★
- 고3 수학 Ⅱ ★
- 고3 미적분 ★
- 고3 확률과 통계 ★
- 고3 기하
- 고난도 1등급 수학
  (수학 Ⅰ, 수학 Ⅱ, 확률과 통계)
  (수학 Ⅰ, 수학 Ⅱ, 미적분)
- 전국연합 모의고사 고1 공통수학
- 연도별 모의고사 고3 수학
- 내신 핵심 기출 1000제 공통수학 1
- 내신 핵심 기출 1000제 공통수학 2

사회
- 통합사회 1, 2 ★
- 내신 한국사 1, 2
- 사회 · 문화 ★
- 한국지리
- 세계지리
- 윤리와 사상
- 생활과 윤리 ★
- 수능 한국사 ★
- 동아시아사
- 전국연합 모의고사 고1 통합사회

과학
- 통합과학 1, 2 ★
- 개념 화학 Ⅰ
- 개념 생명과학 Ⅰ
- 개념 물리학 Ⅰ
- 개념 지구과학 Ⅰ
- 화학 Ⅰ ★
- 화학 Ⅱ
- 생명과학 Ⅰ ★
- 생명과학 Ⅱ
- 물리학 Ⅰ ★
- 지구과학 Ⅰ ★
- 지구과학 Ⅱ
- 전국연합 모의고사 고1 통합과학

학교 시험+수능 1등급을 위한 고품격 유형서!

일등급 수학
- 공통수학 1 ★
- 공통수학 2 ★

- 수학 Ⅰ ★
- 수학 Ⅱ ★
- 확률과 통계 ★
- 미적분 ★
- 기하 ★

Xistory stands for eXtra Intensive story for the University Entrance Examination.
Xistory는 eXtra Intensive story의 약자로 [특별한 수능 단련 이야기]라는 의미입니다.

자이스토리는...
수능 문제 은행 최고의 교재입니다.

수능 공부는 자이스토리가 제일 중요합니다. 자이스토리에 수록된 수능 기출문제는 일반 문제와 달리 출제위원들이 심혈을 기울여 만든 고품격의 문제들이면서, 수능에 또다시 출제될 수 있기 때문입니다. 그래서 일반 문제집 10권을 푸는 것보다 자이스토리를 한 번 더 푸는 게 훨씬 효과적입니다.

자이스토리는...
수능 유형 분석이 쉽고 빠릅니다.

자이스토리는 수능 문제와 평가원 모의고사 문제를 유형별, 단원별로 수록했습니다. 문제를 풀면서 답을 구하는 과정을 통해 출제자의 의도와 유형을 쉽게 파악할 수 있습니다. 더불어 자주 출제되는 유형, 정답을 빨리 찾는 방법, 매력적인 오답을 피하는 방법 등도 자연스럽게 체득할 수 있습니다.

자이스토리는...
수능 문제를 수험생 스스로 예측합니다.

단원별, 유형별, 난이도별로 분류된 자이스토리를 차례대로 풀어 가면 난이도의 흐름, 출제 빈도의 흐름, 신유형 문제의 출제 변화 양상 등을 쉽게 파악할 수 있습니다. 그래서 '이번 수능에는 이런 문제들이 반드시 출제될 거야.'라는 예측을 수험생 스스로 할 수 있습니다.

검색 수경출판사 · 자이스토리 | ID: xistory_insta

등록번호 제2013-000088호 **발행처** (주)수경출판사 **발행인** 박영란 **발행일** 2025년 1월 10일(제2쇄)
홈페이지 www.book-sk.co.kr **대표전화** 02-333-6080 **구입문의** 02-333-7812 **팩스** 02-333-7197
주소 서울시 영등포구 양평로 21길 26(양평동 5가) IS비즈타워 807호(우07207)
내용문의 02-6968-1552 **편집책임** 이진경/김재이
디자인 박지영/전찬우 **마케팅** 임순규/손형관/서정훈/김민주 **제작물류** 조인호/류혜리/임영훈

자이스토리 • 생명과학 Ⅰ

ISBN 979-11-6240-710-3

정가 22,000원

Xi story

대한민국 **No.1** 수능 기출 문제집

Xistory stands for e**X**tra **I**ntensive story for the University Entrance Examination.

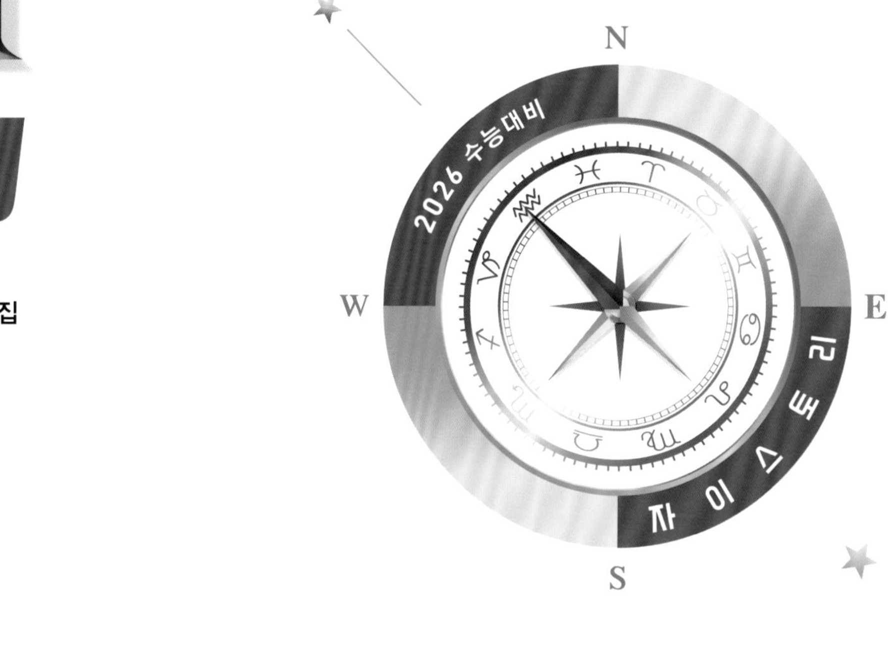

해설편

생명과학 I

수경출판사

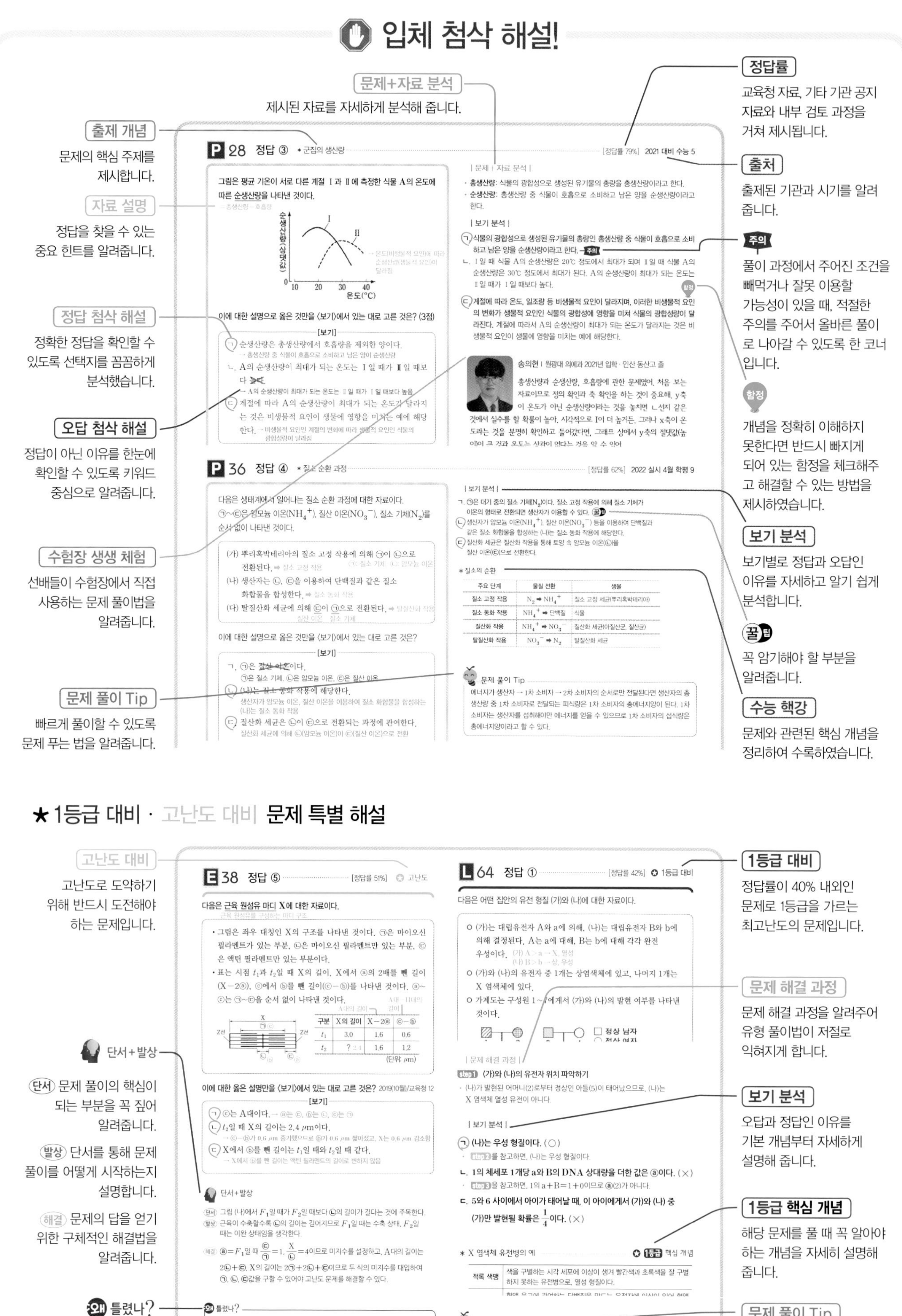

입체 첨삭 해설!
문제+자료 분석
제시된 자료를 자세하게 분석해 줍니다.
출제 개념
문제의 핵심 주제를 제시합니다.
자료 설명
정답을 찾을 수 있는 중요 힌트를 알려줍니다.
정답 첨삭 해설
정확한 정답을 확인할 수 있도록 선택지를 꼼꼼하게 분석했습니다.
오답 첨삭 해설
정답이 아닌 이유를 한눈에 확인할 수 있도록 키워드 중심으로 알려줍니다.
수험장 생생 체험
선배들이 수험장에서 직접 사용하는 문제 풀이법을 알려줍니다.
문제 풀이 Tip
빠르게 풀이할 수 있도록 문제 푸는 법을 알려줍니다.
정답률
교육청 자료, 기타 기관 공지 자료와 내부 검토 과정을 거쳐 제시됩니다.
출처
출제된 기관과 시기를 알려 줍니다.
주의
풀이 과정에서 주어진 조건을 빠먹거나 잘못 이용할 가능성이 있을 때, 적절한 주의를 주어서 올바른 풀이로 나아갈 수 있도록 한 코너입니다.
함정
개념을 정확히 이해하지 못한다면 반드시 빠지게 되어 있는 함정을 체크해주고 해결할 수 있는 방법을 제시하였습니다.
보기 분석
보기별로 정답과 오답인 이유를 자세하고 알기 쉽게 분석합니다.
꿀팁
꼭 암기해야 할 부분을 알려줍니다.
수능 핵강
문제와 관련된 핵심 개념을 정리하여 수록하였습니다.
★1등급 대비 · 고난도 대비 문제 특별 해설
고난도 대비
고난도로 도약하기 위해 반드시 도전해야 하는 문제입니다.
단서+발상
단서 문제 풀이의 핵심이 되는 단서를 꼭 짚어 알려줍니다.
발상 단서를 통해 문제 풀이를 어떻게 시작하는지 설명합니다.
해결 문제의 답을 얻기 위한 구체적인 해결법을 알려줍니다.
왜 틀렸나?
학생들이 많이 틀린 이유를 분석했습니다.
1등급 대비
정답률이 40% 내외인 문제로 1등급을 가르는 최고난도의 문제입니다.
문제 해결 과정
문제 해결 과정을 알려주어 유형 풀이법이 저절로 익혀지게 합니다.
보기 분석
오답과 정답인 이유를 기본 개념부터 자세하게 설명해 줍니다.
1등급 핵심 개념
해당 문제를 풀 때 꼭 알아야 하는 개념을 자세히 설명해 줍니다.
문제 풀이 Tip
쉽게 풀이할 수 있도록 문제 푸는 법을 알려줍니다.

차 례

☆ 고2 정답률 표시 :
고2 학생들의 정답률임.

생물의 특성과 생명 과학의 탐구 방법

A 01 정답 ⑤ ＊생물의 특성 ······ [정답률 98%] 2025 대비 6월 모평 1

표는 생물의 특성의 예를 나타낸 것이다. (가)와 (나)는 발생과 생장, 항상성을 순서 없이 나타낸 것이다.

생물의 특성	예 (단서)
(가) 항상성	사람은 더울 때 땀을 흘려 체온을 일정하게 유지한다.
(나) 발생과 생장	달걀은 병아리를 거쳐 닭이 된다.
적응과 진화	ⓐ 더운 지역에 사는 사막여우는 열 방출에 효과적인 큰 귀를 갖는다.

이에 대한 설명으로 옳은 것만을 〈보기〉에서 있는 대로 고른 것은?

[보기]

ㄱ. (가)는 항상성이다.
체온을 일정하게 유지하기 위한 우리 몸의 작용이므로 (가)는 항상성임

ㄴ. (나) 과정에서 세포 분열이 일어난다.
세포 분열과 생장을 통해 개체가 되는 발생과 생장에 해당함

ㄷ. '더운 지역에 사는 사막여우는 열 방출에 효과적인 큰 귀를 갖는다.'는 ⓐ에 해당한다.
사막여우가 더운 지역에서 큰 귀를 가지게 된 것은 고온 환경에 대한 적응과 진화의 예임

① ㄱ ② ㄷ ③ ㄱ, ㄴ ④ ㄴ, ㄷ ⑤ ㄱ, ㄴ, ㄷ

| 문제+자료 분석 |

- **항상성:** 생물은 환경이 변해도 체내 상태를 항상 일정하게 유지하려는 성질
- **발생:** 다세포 생물은 하나의 수정란이 세포 분열을 하여 세포 수를 늘리고 세포의 구조와 기능이 다양해지면서 하나의 개체가 되는 것
- **적응:** 생물은 서식하는 환경 조건에 따라 다양한 특징을 나타낸다. 생물이 환경과 상호 작용하면서 구조와 기능, 생활 습성 등이 변하는 현상
- **진화:** 오랜 세월에 걸쳐 환경 변화에 적응하면서 유전자가 변화되어 생물의 구조와 기능이 변할 뿐만 아니라 새로운 종이 나타나는 현상
- **(가):** 기온이 올라가거나 운동을 하면 땀이 나는 것은 체온을 일정하게 유지하기 위한 우리 몸의 작용이다. ➡ (가)는 항상성의 예이다.
- **(나):** 발생 과정을 거쳐 생긴 어린 개체는 세포 분열을 하여 세포 수를 늘려감으로써 몸집이 커지는 생장을 한다.
➡ (나)에서 달걀이 병아리를 거쳐 닭이 되는 예는 발생과 생장에 해당한다.

| 보기 분석 |

ㄱ. 더울 때 땀이 나는 것은 체온을 일정하게 유지하기 위한 우리 몸의 작용이므로 (가)는 항상성이다.

ㄴ. (나)에서 달걀이 병아리를 거쳐 닭이 되는 예는 다세포 생물의 발생과 생장을 보여주는 사례이다. 하나의 수정란이 세포 분열을 통해 개체가 되고, 이후 세포 수를 늘려 몸집이 커지는 과정을 설명하는 발생과 생장에 해당한다.

ㄷ. 사막여우가 더운 지역에서 생존하기 위해 열 방출에 효과적인 큰 귀를 가지게 된 것은 고온의 환경과 상호 작용하면서 귀의 구조가 변하는 적응에 해당한다.

＊ 자연 선택과 진화

- 생물 집단에서는 환경에 적합한 유전 형질을 가진 개체가 더 많이 살아남아 자손을 남기는 자연 선택이 일어난다. 살아남은 개체는 환경에 적합한 형질을 자손에게 전달하고, 이러한 과정이 누적되면 집단의 유전적 구성이 변화하여 새로운 종이 나타난다.

A 02 정답 ④ ＊생물의 특성 ······ [정답률 96%] 2025 대비 9월 모평 1

다음은 생물의 특성에 대한 자료이다.

- ㉠ 발생 과정에서 포식자를 감지한 물벼룩 A는 머리와 꼬리에 뾰족한 구조를 형성하여 방어에 적합한 몸의 형태를 갖는다. ➡ 적응과 진화
- (단서) ㉡ 메뚜기 B는 주변 환경과 유사하게 몸의 색을 변화시켜 포식자의 눈에 띄지 않는다. ➡ 적응과 진화

이에 대한 설명으로 옳은 것만을 〈보기〉에서 있는 대로 고른 것은? (3점)

[보기]

ㄱ. ㉠ 과정에서 세포 분열이 일어난다.
㉠ 과정에서 체세포 분열이 일어남

ㄴ. ㉡은 생물적 요인이 비생물적 요인에 영향을 미치는 예에 해당한다.
㉡은 비생물적 요인이 생물적 요인에 영향을 미치는 예임

ㄷ. '펭귄은 물속에서 빠른 속도로 움직이는 데 적합한 몸의 형태를 갖는다.'는 적응과 진화의 예에 해당한다.
펭귄이 환경에 적합한 형태로 적응하고 진화한 예임

① ㄱ ② ㄴ ③ ㄷ ④ ㄱ, ㄷ ⑤ ㄴ, ㄷ

단서+발상

(단서) 포식자에 방어하기 위해 몸의 형태를 바꾸는 사례, 주변 환경에 적합하도록 몸의 색을 변화시키는 사례가 제시되어 있다.

(발상) 제시된 사례는 환경에 적합한 몸의 구조와 기능을 가지는 생물종의 변화이므로 적응과 진화의 결과임을 추론할 수 있다.

(적용) 생물의 특성을 적용해서 제시된 자료가 적응과 진화의 예임을 파악하는 것부터 문제 풀이를 시작해야 한다.

| 문제+자료 분석 |

- 생식을 통해 만들어진 생명체가 체세포 분열을 통해 성체가 되면서 형태가 달라지는 과정을 발생과 생장이라 한다.
- 포식자를 감지한 A가 방어에 적합한 몸의 형태를 가지는 것은 환경에 살아남기 적합한 몸의 형태를 가지도록 생물종이 변화한 적응과 진화의 예이다.
- B가 주변 환경과 유사한 몸의 색을 가지는 것은 환경에 살아남기에 적합한 몸의 형태를 가지도록 생물종이 변화한 적응과 진화의 예이다.

| 보기 분석 |

ㄱ. 발생(㉠)과 생장 과정에서 체세포 분열이 일어난다. 체세포 분열을 통해 몸이 자랄 뿐만 아니라 몸의 구조가 복잡하게 분화하여 완전한 개체가 된다.

ㄴ. 메뚜기가 주변 환경과 유사하게 몸의 색을 변화시키는 것은 비생물적 요인인 주변 환경이 생물적 요인인 메뚜기 몸의 색에 영향을 미치는 예에 해당한다.

ㄷ. 펭귄이 물속에서 빠른 속도로 움직이는 데 적합한 몸의 형태를 가지는 것은 환경에 살아남기에 적합한 몸의 형태를 가지도록 적응하고 진화한 예에 해당한다.

A 03 정답 ⑤ ＊생물의 특성 [정답률 98%] 2025 대비 수능 1

다음은 넓적부리도요에 대한 자료이다.

넓적부리도요는 겨울을 따뜻한 남쪽 지역에서 보내고 봄에는 북쪽 지역으로 이동하여 ㉠ 번식한다. (생식과 유전) 이 새는 작은 해양 생물을 많이 먹어 ㉡ 장거리 비행에 필요한 에너지를 얻으며, (물질대사) ㉢ 갯벌에서 먹이를 잡기에 적합한 숟가락 모양의 부리를 갖는다. (적응과 진화)

이 자료에 대한 설명으로 옳은 것만을 〈보기〉에서 있는 대로 고른 것은?

[보기]

ㄱ. ㉠ 과정에서 유전 물질이 자손에게 전달된다.
㉠은 생식과 유전으로 유전 물질이 전달됨

ㄴ. ㉡ 과정에서 물질대사가 일어난다.
㉡에서 에너지 대사와 물질대사가 일어남

ㄷ. ㉢은 적응과 진화의 예에 해당한다.
㉢은 환경에 적합하게 적응과 진화한 예에 해당함

① ㄱ ② ㄴ ③ ㄱ, ㄷ ④ ㄴ, ㄷ ⑤ ㄱ, ㄴ, ㄷ

단서+발상

단서 넓적부리도요의 특성이 제시되어 있다.

발상 제시된 특성이 생식과 유전, 물질대사, 적응과 진화임을 추론할 수 있다.

적용 생물의 특성을 적용해서 주어진 자료를 파악하는 것부터 문제 풀이를 시작해야 한다.

| 문제+자료 분석 |

- 넓적부리도요는 계절에 따라 지역을 이동하여 번식한다.
  ➡ 번식은 자신과 닮은 새로운 개체를 만들어 종족을 유지하는 현상이다.
- 넓적부리도요는 해양 생물을 섭취하여 에너지를 얻고, 이 에너지를 장거리 비행에 이용한다.
  ➡ 생명 활동에 필요한 에너지를 얻기 위해 양분을 분해하고 에너지를 사용하는 과정을 통틀어 물질대사라고 한다.
- 넓적부리도요는 갯벌에서 먹이를 잡기에 적합한 형태의 부리를 가진다.
  ➡ 살고 있는 환경에 적합한 몸의 구조와 기능을 가지는 것을 적응이라 한다.
  ➡ 여러 세대에 걸쳐 집단 전체의 특성이 이와 같이 변화한 것을 진화라 한다.

| 보기 분석 |

ㄱ. ㉠은 생식과 유전을 나타낸 것이다. 생식을 통해 만들어진 새로운 개체는 어버이의 형질을 물려받는데, 유전 물질이 자손에게 전달되기 때문이다.

ㄴ. 먹이를 섭취해 생명 활동에 필요한 에너지를 얻는 ㉡ 과정에서 물질대사가 일어난다.

ㄷ. 넓적부리도요는 갯벌이라는 서식 환경에 적합한 부리의 구조를 가진다. 이것은 적응과 진화의 예이다.

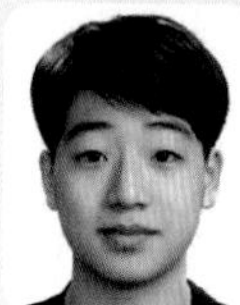

윤혁준 | 2025 수능 응시 · 서울 강서고 졸

1번 문제는 최대한 필요한 단어들만 보고 빠르게 넘어가는 것이 중요해. ㉠은 바로 '생식과 유전'임을 알 수 있고, ㉡은 '에너지'라는 단어에서 '물질대사'라고 생각하면 되고, ㉢은 '적합한'이라는 단어에서 '적응과 진화'를 생각했다면 금방 풀 수 있는 문제였어.

A 04 정답 ③ ＊생물의 특성 [정답률 93%] 2024 대비 수능 1

다음은 식물 X에 대한 자료이다.

X는 ㉠ 잎에 있는 털에서 달콤한 점액을 분비하여 곤충을 유인한다. ㉡ X는 털에 곤충이 닿으면 잎을 구부려 곤충을 잡는다. X는 효소를 분비하여 곤충을 분해하고 영양분을 얻는다.

이 자료에 대한 설명으로 옳은 것만을 〈보기〉에서 있는 대로 고른 것은?

[보기]

ㄱ. ㉠은 세포로 구성되어 있다.
㉠(잎)은 기관이므로 다양한 세포로 구성됨

ㄴ. ㉡은 자극에 대한 반응의 예에 해당한다.
㉡은 자극에 대한 반응의 예임

ㄷ. X와 곤충 사이의 상호 작용은 ~~상리 공생~~에 해당한다.
X와 곤충 사이의 상호 작용은 포식과 피식에 해당함

① ㄱ ② ㄷ ③ ㄱ, ㄴ ④ ㄴ, ㄷ ⑤ ㄱ, ㄴ, ㄷ

| 문제+자료 분석 |

- ㉠: 잎은 식물의 기관이므로 표피 세포, 엽육 세포 등 다양한 세포로 구성된다.
- ㉡: 'X의 털에 곤충이 닿은 것'은 자극에 해당하고, '잎을 구부려 곤충을 잡는 것'은 반응에 해당한다.

| 보기 분석 |

ㄱ. 다세포 생물은 세포 → 조직 → 기관 → 개체의 구성 단계를 가진다. 잎(㉠)은 식물의 기관이므로 다양한 세포로 구성된다.

ㄴ. 'X의 털에 곤충이 닿은 것'은 자극에 해당하고, '잎을 구부려 곤충을 잡는 것'은 반응에 해당하므로 ㉡은 자극에 대한 반응의 예에 해당한다.

ㄷ. 상리 공생은 두 개체군이 서로 이익을 얻는 상호 작용이다. X는 곤충을 잡아 효소를 분비하고 곤충을 분해하여 영양분을 얻으므로 포식자에 해당하고, 곤충은 X에게 잡아먹히는 피식자에 해당하므로 X와 곤충 사이의 상호 작용은 상리 공생이 아니라 포식과 피식이다.

권민재 | 강릉원주대 치의예과 2024년 입학 · 서울 광영여고 졸

ㄴ 선지의 'X는 털에 곤충이 닿으면~'을 보고 생물의 특성 중 자극에 대한 반응을 바로 연상할 수 있어야 해. ㄱ 선지도 역시 생물의 특성에 대한 이해를 물어보는 선지라고 할 수 있어. 그 중에서도 '세포로 구성되어 있다.'라는 조건을 제시한 거야. 또, 주어진 제시문에서 X가 곤충을 통해 영양분을 얻는다고 했으니까 X는 곤충을 잡아먹는, 포식과 피식 관계에 있다는 사실을 알 수 있지.

A 05 정답 ⑤ ＊생물의 특성 [정답률 94%] 2024 실시 3월 학평 1

다음은 사막에 서식하는 식물 X에 대한 자료이다.

> X는 낮과 밤의 기온 차이로 인해 생기는 이슬을 흡수하여 ㉠ 광합성에 이용한다. ㉡ X는 주변의 돌과 모양이 비슷하여 초식 동물의 눈에 잘 띄지 않는다.
> (㉠ 물질대사) (단서 ㉡ 적응과 진화의 예)

이에 대한 옳은 설명만을 〈보기〉에서 있는 대로 고른 것은?

[보기]

ㄱ. X는 세포로 구성된다.
식물 X는 생물이므로 세포로 구성됨

ㄴ. ㉠에 효소가 이용된다.
광합성(㉠)은 물질대사 과정으로 효소가 이용됨

ㄷ. ㉡은 적응과 진화의 예이다.
㉡은 식물 X가 주변의 돌과 모양이 비슷하여 초식 동물의 눈에 잘 띄지 않도록 형태가 변한 적응과 진화의 예에 해당함

① ㄱ ② ㄷ ③ ㄱ, ㄴ ④ ㄴ, ㄷ ⑤ ㄱ, ㄴ, ㄷ

| 문제+자료 분석 |

- 생명체 내에서 일어나는 모든 화학 반응을 물질대사라고 한다. 물질대사 과정에는 생체 촉매인 효소가 관여하고, 에너지 출입이 함께 일어난다. 물질대사는 동화 작용과 이화 작용으로 구분할 수 있다.
  ➡ 광합성(㉠)은 동화 작용에 속하는 물질대사이다.
- 적응은 생물이 서식 환경에 적합하도록 몸의 형태와 기능, 생활 습성 등이 변화하는 현상이며, 진화는 생물이 오랜 시간에 걸쳐 환경 변화에 적응하면서 집단의 유전적 구성이 변하고 새로운 종이 나타나는 현상이다.
  ➡ ㉡에서 식물 X는 주변의 돌과 모양이 비슷하여 초식 동물의 눈에 잘 띄지 않도록 형태가 변한 적응과 진화의 예이다.

| 보기 분석 |

ㄱ 식물 X는 생물이다. 모든 생물은 세포로 구성되어 있으므로 X는 세포로 구성된다.

ㄴ 광합성(㉠)은 동화 작용에 속하는 물질대사 과정이다. 물질대사 과정에는 생체 촉매인 효소가 이용된다.

ㄷ 적응은 생물이 서식 환경에 적합하도록 몸의 형태와 기능, 생활 습성 등이 변화하는 현상이다. ㉡은 식물 X가 주변의 돌과 모양이 비슷하여 초식 동물의 눈에 잘 띄지 않도록 형태가 변한 적응과 진화의 예이다.

＊ 생물의 특성

- 세포로 구성된다.
- 물질대사가 일어난다.
- 자극에 대해 반응하고 항상성이 있다.
- 발생과 생장을 한다.
- 생식과 유전을 한다.
- 환경에 적응하고 진화한다.

A 06 정답 ⑤ ＊생물의 특성 [정답률 98%] 2024 실시 5월 학평 1

다음은 민달팽이 A에 대한 설명이다.

> 바다에 사는 A는 배에 공기주머니가 있어 뒤집혀서 수면으로 떠오를 수 있다. ㉠ A의 배 쪽은 푸른색을, 등 쪽은 은회색을 띠어 수면 위와 아래에 있는 천적에게 잘 발견되지 않는다. 단서 ➡ 적응과 진화

㉠에 나타난 생물의 특성과 가장 관련이 깊은 것은?

① 아메바는 분열법으로 번식한다. 생식과 유전
② 식물은 빛에너지를 이용하여 포도당을 합성한다. 물질대사
③ 적록 색맹인 어머니로부터 적록 색맹인 아들이 태어난다. 생식과 유전
④ 장수풍뎅이의 알은 애벌레와 번데기 시기를 거쳐 성체가 된다. 발생과 생장
⑤ 더운 지역에 사는 사막여우는 열 방출에 효과적인 큰 귀를 갖는다. 적응과 진화

단서+발상

단서 민달팽이 A가 배 쪽은 푸른색을, 등 쪽은 은회색을 띠어 수면 위와 아래에 있는 천적에게 잘 발견되지 않는 사례가 제시되어 있다.

발상 천적에게 잘 발견되지 않도록 바다 환경에 적응한 사례임을 추론할 수 있다.

| 문제+자료 분석 |

- 생물이 환경과 상호 작용하면서 구조와 기능, 생활 습성 등이 변하는 현상 ➡ 적응
- 생물은 오랜 세월에 걸쳐 환경 변화에 적응하면서 유전자가 변화되어 생물의 구조와 기능이 변할 뿐만 아니라 새로운 종이 나타나기도 하는 현상 ➡ 진화
- 'A의 배 쪽은 푸른색을, 등 쪽은 은회색을 띠어 수면 위와 아래에 있는 천적에게 잘 발견되지 않는다.'는 천적에게 잘 발견되지 않도록 바다 환경에 적응한 사례에 해당한다.

| 선택지 분석 |

① '아메바는 분열법으로 번식한다.'는 생물이 자신과 닮은 자손을 만드는 현상인 생식에 해당한다.
② '식물은 빛에너지를 이용하여 포도당을 합성한다.'는 생명체에서 일어나는 화학 반응인 물질대사에 해당한다.
③ '적록 색맹인 어머니로부터 적록 색맹인 아들이 태어난다.'는 자손이 어버이의 형질을 물려받아 어버이의 형질이 다음 세대로 전해지는 현상인 유전에 해당한다.
④ '장수풍뎅이의 알은 애벌레와 번데기 시기를 거쳐 성체가 된다.'는 세포 분열을 하여 세포 수를 늘리고 세포의 구조와 기능이 다양해지면서 몸의 구조를 완성하여 하나의 개체가 되는 발생에 해당한다.
⑤ '더운 지역에 사는 사막여우는 열 방출에 효과적인 큰 귀를 갖는다.'는 생물이 환경과 상호 작용하면서 구조와 기능, 생활 습성 등이 변하는 적응과 진화에 해당한다.

A 07 정답 ② * 생물의 특성 ······ [정답률 94%] 2022 실시 3월 학평 1

다음은 가랑잎벌레에 대한 자료이다.

생물이 살아가는 환경에 적합한 몸 형태로 변화 (적응과 진화의 예)

㉠ 몸의 형태가 주변의 잎과 비슷하여 포식자의 눈에 잘 띄지 않는 가랑잎벌레는 참나무나 산딸기 등의 잎을 먹어 ㉡ 생명 활동에 필요한 에너지를 얻는다. 세포 호흡 과정 (물질대사의 예)

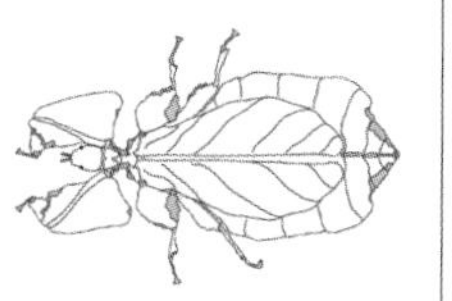

㉠과 ㉡에 나타난 생물의 특성으로 가장 적절한 것은?

	㉠	㉡
①	적응과 진화	발생과 생장
②	적응과 진화	물질대사
③	물질대사	적응과 진화
④	항상성	적응과 진화
⑤	항상성	물질대사

| 문제+자료 분석 |

- ㉠: 포식자를 피하기 위해 주변 환경의 잎과 유사한 몸의 형태를 가지게 되는 것은 포식자가 있는 환경에 적응하고, 이 환경 변화에 맞추어 진화함을 의미하므로 이는 적응과 진화의 예이다.
- ㉡: 먹이에 포함된 영양소로부터 생명 활동에 필요한 에너지를 얻는 과정은 세포 호흡이며, 세포 호흡은 물질대사 중 이화 작용의 예이다.

| 선택지 분석 |

② 가랑잎벌레의 몸 형태가 주변의 잎과 비슷하여 포식자의 눈에 잘 띄지 않는 것(㉠)은 적응과 진화의 예이고, 가랑잎벌레가 먹은 먹이로부터 생명 활동에 필요한 에너지를 얻는 것(㉡)은 물질대사의 예이다.

*** 적응과 진화의 예**

- 선인장은 사막에 적응하여 잎이 변한 가시를 가진다.
- 크고 단단한 종자를 먹는 핀치는 턱 근육이 발달되어 있다.
- 살충제를 사용한 후 살충제 저항성이 있는 바퀴벌레가 나타났다.

A 08 정답 ③ * 생물의 특성 ······ [정답률 81%] 2024 실시 10월 학평 1

표는 사람이 갖는 생물의 특성과 예를 나타낸 것이다. (가)와 (나)는 물질대사, 자극에 대한 반응을 순서 없이 나타낸 것이다.

생물의 특성	예
(가) 자극에 대한 반응	ⓐ 뜨거운 물체에 손이 닿으면 자신도 모르게 손을 떼는 반사가 일어난다. 척수 반사(회피 반사)
(나) 물질대사	ⓑ 소화 과정을 통해 녹말을 포도당으로 분해한다. 단서 이화 작용

이에 대한 옳은 설명만을 <보기>에서 있는 대로 고른 것은?

[보기]

ㄱ. (가)는 자극에 대한 반응이다.
(가)의 예: 척수 반사 ➡ (가)는 자극에 대한 반응

ㄴ. ⓐ의 중추는 연수이다. 척수

ㄷ. ⓑ에서 이화 작용이 일어난다.
큰 분자인 녹말이 작은 분자인 포도당으로 분해됨

① ㄱ ② ㄴ ③ ㄱ, ㄷ ④ ㄴ, ㄷ ⑤ ㄱ, ㄴ, ㄷ

단서+발상

단서 녹말을 포도당으로 분해하는 생물의 특성이 제시되어 있다.

발상 큰 분자를 작은 분자로 분해하는 것은 물질대사(이화 작용)임을 추론할 수 있다.

적용 생물의 특성을 적용해서 주어진 예를 파악하는 것부터 문제 풀이를 시작해야 한다.

| 문제+자료 분석 |

- ⓐ는 척수가 중추인 회피 반사이다.
  ➡ 뜨거운 물체나 뾰족한 물체 등에 신체가 닿는 자극이 주어졌을 때 즉각적으로 근육이 수축하여 위험한 물체로부터 회피하는 반응이다.
- ⓑ는 생명체 내에서 물질을 합성하거나 분해하는 물질대사의 예이다.
  ➡ 큰 분자인 녹말이 작은 분자인 포도당으로 분해되는 것은 물질대사 중 이화 작용에 해당한다.

| 보기 분석 |

ㄱ. (가)는 자극에 대한 반응이다. 신경계와 내분비계는 자극에 대해 적절히 반응하도록 함으로써 우리 몸의 항상성을 유지하는 데 중요한 역할을 한다.

ㄴ. ⓐ의 중추는 척수이다. 척수는 무릎 반사, 배뇨 반사, 회피 반사 등을 조절하는 중추 신경이다.

ㄷ. ⓑ에서 큰 분자인 녹말이 작은 분자인 포도당으로 분해되는 이화 작용이 일어난다. 이화 작용은 에너지를 방출하는 발열 반응이며, 이렇게 방출된 에너지를 생명 활동에 이용한다.

*** 생물의 특성**

- **세포로 구성됨:** 구조적·기능적 기본 단위
- **물질대사:** 물질을 합성하는 동화 작용, 물질을 분해하는 이화 작용
- **자극에 대한 반응과 항상성**
- **생식과 유전:** 어버이의 형질을 물려받은 자손을 만듦
- **발생과 생장:** 성체가 되며 몸의 구조가 복잡하게 분화됨
- **적응과 진화:** 환경에 적합한 몸의 구조와 기능을 갖추고, 오랜 시간에 걸쳐 집단 전체의 변화가 일어남

A 09 정답 ⑤ ＊생물의 특성 [정답률 95%] 2024 대비 9월 모평 1

표는 생물의 특성의 예를 나타낸 것이다. (가)와 (나)는 생식과 유전, 적응과 진화를 순서 없이 나타낸 것이다.

생물의 특성	예
(가) 생식과 유전	아메바는 분열법으로 번식한다.
(나) 적응과 진화	㉠ 뱀은 큰 먹이를 먹기에 적합한 몸의 구조를 갖는다.
자극에 대한 반응	ⓐ

이에 대한 설명으로 옳은 것만을 〈보기〉에서 있는 대로 고른 것은? (3점)

[보기]

ㄱ. (가)는 생식과 유전이다.
생물이 종족을 유지하기 위해 자신과 닮은 자손을 만드는 현상인 생식과 유전에 해당함

ㄴ. ㉠은 세포로 구성되어 있다. 뱀(㉠)은 세포로 구성된 생물

ㄷ. '뜨거운 물체에 손이 닿으면 반사적으로 손을 뗀다.'는 ⓐ에 해당한다.
온도 변화를 자극으로 받아들이고 손을 떼는 반응을 하는 것은 자극에 대한 반응의 예에 해당함

① ㄱ ② ㄷ ③ ㄱ, ㄴ ④ ㄴ, ㄷ ⑤ ㄱ, ㄴ, ㄷ

| 문제+자료 분석 |

- **(가) 생식과 유전**: 생물이 종족을 유지하기 위해 자신과 닮은 자손을 만드는 현상은 생식, 어버이의 형질이 자손에게 전해지는 현상은 유전이다. '아메바는 분열법으로 번식한다.'는 생식과 유전에 해당한다.
- **(나) 적응과 진화**: 생물이 서식 환경에 적합하도록 몸의 형태와 기능, 생활 습성 등이 변화하는 현상은 적응, 오랜 시간에 걸쳐 환경 변화에 적응하면서 집단의 유전적 구성이 변화하는 것은 진화이다. '뱀은 큰 먹이를 먹기에 적합한 몸의 구조를 갖는다.'는 적응과 진화에 해당한다. 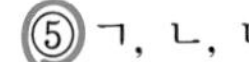
- **자극에 대한 반응**: 생물은 빛, 온도, 소리, 접촉 등 환경 변화를 자극으로 받아들이고, 이에 대해 적절히 반응함으로써 생명을 유지한다.

| 보기 분석 |

ㄱ '아메바는 분열법으로 번식한다.'는 생물이 종족을 유지하기 위해 자신과 닮은 자손을 만드는 현상인 생식과 유전에 해당한다.

ㄴ 뱀(㉠)은 세포로 구성된 생물이다.

ㄷ '뜨거운 물체에 손이 닿으면 반사적으로 손을 뗀다.'는 온도 변화를 자극으로 받아들이고 손을 떼는 반응을 하는 것이므로 자극에 대한 반응의 예에 해당한다.

＊생물의 특성

물질대사	생명을 유지하기 위해 생물체에서 일어나는 모든 화학 반응
적응과 진화	환경에 맞게 변화하고 환경에 적응하여 진화
생식과 유전	자신을 닮은 자손을 낳아 종족을 보존
자극에 대한 반응	외부 자극을 받아들이고 적절히 반응
발생과 생장	수정란으로부터 하나의 개체로 발생하고 생장

A 10 정답 ② ＊생물의 특성 [정답률 95%] 2023 실시 3월 학평 1

다음은 히말라야산양에 대한 자료이다.

(가) 털이 길고 발굽이 갈라져 있어 춥고 험준한 히말라야 산악 지대에서 살아가는 데 적합하다.
➡ 적응과 진화

(나) 수컷은 단독 생활을 하지만 번식 시기에는 무리로 들어가 암컷과 함께 자신과 닮은 새끼를 만든다.
➡ 생식과 유전

(가)와 (나)에 나타난 생물의 특성으로 가장 적절한 것은?

	(가)	(나)
①	적응과 진화	물질대사
②	적응과 진화	생식과 유전
③	발생과 생장	항상성
④	발생과 생장	생식과 유전
⑤	물질대사	항상성

| 문제+자료 분석 |

- **(가)**: 춥고 험준한 히말라야 산악 지대라는 환경에서 살아가기 위해 털이 길고 발굽이 갈라져 있도록 적응과 진화를 한 예에 해당한다.
- **(나)**: 생물이 종족을 유지하기 위해 자신과 닮은 자손을 만드는 현상은 생식과 유전에 해당한다.

| 선택지 분석 |

② (가)에서 '털이 길고 발굽이 갈라져 있어 춥고 험준한 히말라야 산악 지대에서 살아가는 데 적합하다.'는 적응과 진화의 예에 해당한다.
(나)에서 '자신과 닮은 새끼를 만든다.'는 생식과 유전의 예에 해당한다.

＊생물의 특성

- 생물이 서식 환경에 적합하도록 몸의 형태와 기능, 생활 습성 등이 변화하는 현상은 적응이다. 생물이 오랜 시간에 걸쳐 환경 변화에 적응하면서 집단의 유전적 구성이 변화하여 새로운 종이 나타나는 현상은 진화이다.
- 생물이 종족을 유지하기 위하여 자신과 닮은 자손을 만드는 현상은 생식이다. 어버이의 형질이 자손에게 전해지는 현상은 유전이다.

A 11 정답 ⑤ ＊생물의 특성 [정답률 97%] 2023 실시 4월 학평 1

다음은 누에나방에 대한 자료이다.

(가) 누에나방은 알, 애벌레, 번데기 시기를 거쳐 성충이 된다. ➡ 발생과 생장

(나) 누에나방의 ㉠ 애벌레는 뽕나무 잎을 먹고 생명 활동에 필요한 에너지를 얻는다. ➡ 물질대사

(다) 인간은 누에나방의 애벌레가 만든 고치에서 실을 얻어 의복의 재료로 사용한다. ➡ 생물 자원을 활용한 예

이에 대한 설명으로 옳은 것만을 〈보기〉에서 있는 대로 고른 것은?

[보기]

ㄱ. (가)는 생물의 특성 중 발생과 생장의 예에 해당한다.
세포 분열을 통해 완전한 개체가 되는 과정이므로 (가)는 발생과 생장의 예임

ㄴ. ㉠은 세포로 되어 있다. 모든 생물은 세포로 되어 있음

ㄷ. (다)는 생물 자원을 활용한 예이다.
생물을 의식주에 이용하는 (다)는 생물 자원을 활용한 예임

① ㄱ ② ㄴ ③ ㄱ, ㄷ ④ ㄴ, ㄷ ⑤ ㄱ, ㄴ, ㄷ

| 문제+자료 분석 |

- **(가)**: 누에나방의 알(수정란)이 세포 분열을 통해 애벌레, 번데기 시기를 거쳐 성충이 되는 과정은 발생과 생장의 예에 해당한다.
- **(나)**: 누에나방의 애벌레가 뽕나무 잎을 먹고 생명 활동에 필요한 에너지를 얻는 것은 물질대사 중 이화 작용의 예이다.
- **(다)**: 인간이 누에나방의 애벌레가 만든 고치에서 실을 얻어 의복의 재료로 사용하는 것은 생물 자원을 직접 활용한 예에 해당한다.

| 보기 분석 |

ㄱ. 누에나방의 알(수정란)이 세포 분열을 통해 애벌레, 번데기 시기를 거쳐 완전한 개체인 성충이 되는 것은 발생과 생장의 예에 해당한다.

ㄴ. 애벌레(㉠)는 생물이며, 생물은 생물체를 이루는 기본 단위인 세포로 되어 있다.

ㄷ. 생물 자원은 의식주, 의약품, 기타 자원으로 직접 활용되거나, 환경 조절자, 지표종, 관광 자원으로 간접 활용된다. 누에나방의 애벌레가 만든 고치에서 실을 얻어 의복의 재료로 사용하는 것은 생물을 의식주에 이용하는 것이므로 (다)는 생물 자원을 직접 활용한 예에 해당한다.

A 12 정답 ⑤ ＊생물의 특성 [정답률 98%] 2024 대비 6월 모평 1

다음은 어떤 기러기에 대한 자료이다.

○ 화산섬에 서식하는 이 기러기는 풀과 열매를 섭취하여 ㉠ 활동에 필요한 에너지를 얻는다. ➡ 물질대사

○ 이 기러기는 ㉡ 발생과 생장 과정에서 (세포 분열이 일어남) 물갈퀴가 완전하게 발달하지는 않지만, ㉢ 길고 강한 발톱과 두꺼운 발바닥을 가져 화산섬에 서식하기에 적합하다. ➡ 적응과 진화

이 자료에 대한 설명으로 옳은 것만을 〈보기〉에서 있는 대로 고른 것은?

[보기]

ㄱ. ㉠ 과정에서 물질대사가 일어난다.
생물은 물질대사를 통해 몸에 필요한 물질과 에너지를 얻어 생명을 유지하므로 ㉠에서 물질대사가 일어남

ㄴ. ㉡ 과정에서 세포 분열이 일어난다.
다세포 생물인 기러기의 발생과 생장 과정에서 세포 수를 늘리는 데 세포 분열이 일어남

ㄷ. ㉢은 적응과 진화의 예에 해당한다.
화산섬이라는 환경에 적합한 길고 강한 발톱과 두꺼운 발바닥을 가졌기 때문에 ㉢은 적응과 진화의 예에 해당함

① ㄱ ② ㄷ ③ ㄱ, ㄴ ④ ㄴ, ㄷ ⑤ ㄱ, ㄴ, ㄷ

| 문제+자료 분석 |

- **물질대사**: 생명체 내에서 일어나는 모든 화학 반응을 물질대사라고 하며, 생물은 물질대사를 통해 몸에 필요한 물질과 에너지를 얻어 생명을 유지한다. ㉠에서 '활동에 필요한 에너지를 얻는다.'는 물질대사에 해당한다.
- **발생과 생장**: 다세포 생물에서 하나의 수정란이 세포 분열을 하여 세포 수를 늘리고 세포의 구조와 기능이 다양해지며 조직과 기관을 형성하여 완전한 개체가 되는 과정이다.
- **적응과 진화**: 생물이 서식 환경에 적합하도록 몸의 형태와 기능, 생활 습성 등이 변화하는 현상이 적응, 오랜 시간에 걸쳐 환경 변화에 적응하면서 집단의 유전적 구성이 변화하는 것이 진화이다. ㉢에서 '길고 강한 발톱과 두꺼운 발바닥을 가져 화산섬에 서식하기에 적합하다.'는 적응과 진화에 해당한다. — 주의

| 보기 분석 |

ㄱ. 기러기는 풀과 열매를 섭취하여 물질대사를 통해 활동에 필요한 에너지를 얻는다. 따라서 ㉠ 과정에서 물질대사가 일어난다.

ㄴ. 발생과 생장(㉡) 과정에서 세포 분열이 일어나 길고 강한 발톱과 두꺼운 발바닥을 갖는다.

ㄷ. 화산섬이라는 환경에 서식하기에 적합한 길고 강한 발톱과 두꺼운 발바닥을 가졌기 때문에 ㉢은 적응과 진화의 예에 해당한다.

＊ 생물의 특성

물질대사	생명을 유지하기 위해 생물체에서 일어나는 모든 화학 반응
적응과 진화	환경에 맞게 변화하고 환경에 적응하여 진화
생식과 유전	자신을 닮은 자손을 낳아 종족을 보존
자극에 대한 반응	외부 자극을 받아들이고 적절히 반응
발생과 생장	수정란으로부터 하나의 개체로 발생하고 생장

A 13 정답 ③ *생물의 특성 [정답률 92%] 2021 실시 7월 학평 1

표는 강아지와 강아지 로봇의 특징을 나타낸 것이다.

구분	특징
강아지 (생물)	○ ㉠낯선 사람이 다가오는 것을 보면 짖는다. → 자극에 대한 반응의 예 ○ 사료를 소화·흡수하여 생활에 필요한 에너지를 얻는다. → 물질대사의 예
강아지 로봇 (비생물)	○ 금속과 플라스틱으로 구성된다. ○ 건전지에 저장된 에너지를 통해 움직인다.

이에 대한 설명으로 옳은 것만을 〈보기〉에서 있는 대로 고른 것은?

[보기]

ㄱ. 강아지는 세포로 되어 있다.
→ 강아지를 포함한 모든 생물은 세포로 이루어짐

ㄴ. 강아지 로봇은 ~~물질대사를 통해 에너지를 얻는다~~.
→ 강아지 로봇은 비생물이므로 물질대사를 통해 에너지를 얻지 않음

ㄷ. ㉠과 가장 관련이 깊은 생물의 특성은 자극에 대한 반응이다.
→ ㉠은 외부 자극에 적절한 반응을 나타내는 자극에 대한 반응의 예

① ㄱ ② ㄴ ③ ㄱ, ㄷ ④ ㄴ, ㄷ ⑤ ㄱ, ㄴ, ㄷ

| 문제+자료 분석 |

• ㉠: 강아지가 낯선 사람이 다가오는 것을 보는 자극에 대해 짖는다는 반응을 하는 자극에 대한 반응의 예이다.
• 사료에 포함된 영양소의 소화와 흡수한 영양소로부터 생활에 필요한 에너지를 얻는 세포 호흡 과정은 모두 물질대사 중 이화 작용의 예이다.
• 강아지 로봇은 비생물이므로 생물의 특성을 모두 만족시키지는 못한다.

| 보기 분석 |

ㄱ. 강아지는 생물이며, 강아지를 포함한 모든 생물은 세포로 이루어져 있다.
ㄴ. 강아지를 포함한 생물은 물질대사를 통해 생명 활동에 필요한 물질과 에너지를 얻는다. 하지만 강아지 로봇은 비생물이며 건전지를 통해 에너지를 얻는다.
ㄷ. ㉠은 강아지가 낯선 사람이 다가오는 것을 보는 자극에 대해 짖는다는 반응을 하는 자극에 대한 반응의 예이다.

* 자극에 대한 반응과 물질대사

자극에 대한 반응	생물은 환경 변화를 자극으로 받아들이고, 그 자극에 적절히 반응하여 생명을 보호한다.
물질대사	생명을 유지하기 위해 생물체에서 일어나는 모든 화학 반응으로, 생물체는 물질대사를 통해 생명 활동에 필요한 물질과 에너지를 얻는다.

A 14 정답 ⑤ *생물의 특성 [정답률 91%] 2023 실시 7월 학평 1

다음은 습지에 서식하는 식물 A에 대한 자료이다.

(가) A는 물 밖으로 나와 있는 뿌리를 통해 산소를 흡수할 수 있어 산소가 부족한 습지에서 살기에 적합하다. ➡ 적응과 진화

(나) A의 씨앗이 물이나 진흙에 떨어져 어린 개체가 된다. ➡ 발생과 생장

이에 대한 설명으로 옳은 것만을 〈보기〉에서 있는 대로 고른 것은?

[보기]

ㄱ. A에서 물질대사가 일어난다.
A를 구성하는 세포에서 세포 호흡 등의 물질대사가 일어남

ㄴ. (가)는 적응과 진화의 예에 해당한다.
(가)에서 A는 서식 환경에 따라 생물의 특성이 변화하였으므로 적응과 진화의 예임

ㄷ. (나)에서 세포 분열이 일어난다.
발생 과정에서 A의 씨앗은 세포 분열을 통해 어린 개체가 됨

① ㄱ ② ㄷ ③ ㄱ, ㄴ ④ ㄴ, ㄷ ⑤ ㄱ, ㄴ, ㄷ

| 문제+자료 분석 |

• (가): A가 산소가 부족한 습지에서 살아남기 위해 물 밖으로 뿌리가 나와 있는 것이므로 서식 환경에 따라 생물의 특성이 변화한 적응과 진화의 예에 해당한다.
• (나): A의 씨앗이 세포 분열을 통해 완전한 개체가 되는 과정이므로 발생과 생장의 예에 해당한다.

| 보기 분석 |

ㄱ. A를 이루고 있는 세포에서 세포 호흡, 물질 합성 등의 물질대사가 일어난다.
ㄴ. (가)에서 A가 산소가 부족한 습지에서 살기에 적합하도록 뿌리가 변형된 것이므로 적응과 진화의 예에 해당한다.
ㄷ. (나)에서 A의 씨앗이 발생 과정 중에 세포 분열을 통해 완전한 개체가 된다.

* 생물의 특성

세포로 구성	모든 생물은 세포로 구성된다.
물질대사	생명 현상을 위해서 일어나는 생물체의 모든 물질의 합성과 분해를 말한다.
발생과 생장	수정란으로부터 하나의 개체가 되고 성체가 된다.
생식과 유전	자신을 닮은 자손을 낳아 종족을 보존한다.
자극에 대한 반응	외부 환경의 자극을 받아들이고 안정된 생물체 내부 환경을 위해 적절히 반응한다.
항상성	체내 상태를 일정하게 유지한다.
적응과 진화	환경에 적합한 형태를 가지고, 집단 내에서 그러한 형태를 가지는 유전적 구성 비율이 변한다.

A 15 정답 ④ * 생명 현상의 특성 [정답률 95%] 2020 실시 7월 학평 1

다음은 아프리카에 사는 어떤 도마뱀에 대한 설명이다.

이 도마뱀은 나뭇잎과 비슷한 외형을 갖고 있어 포식자에게 발견되기 어려우므로 나무가 많은 환경에 살기 적합하다. → 환경에 적응

이 자료에 나타난 생명 현상의 특성과 가장 관련이 깊은 것은?

① 올챙이가 자라서 개구리가 된다.
→ 생장

② 짚신벌레는 분열법으로 번식한다.
→ 생식

③ 소나무는 빛을 흡수하여 포도당을 합성한다.
→ 물질대사 중 동화 작용

④ 핀치새는 먹이의 종류에 따라 부리 모양이 다르다.
→ 환경에 적응

⑤ 적록 색맹인 어머니에게서 적록 색맹인 아들이 태어난다.
→ 유전

| 문제+자료 분석 |

- 나무가 많은 환경에서 도마뱀이 포식자를 피하기 위해 나뭇잎과 비슷한 외형을 가지고 있는 것은 생명 현상의 특성 중 적응에 해당한다.

| 선택지 분석 |

① 올챙이가 자라서 개구리가 되는 것은 생명 현상의 특성 중 생장에 해당한다.
② 짚신벌레가 분열법으로 번식하는 것은 생명 현상의 특성 중 생식에 해당한다. 짚신벌레와 같은 단세포 생물은 체세포 분열을 하는 것이 자손을 번식하는 생식 과정이다.
③ 소나무가 빛을 흡수하여 포도당을 합성하는 것은 생명 현상의 특성 중 물질대사에 해당한다. 이산화 탄소와 같은 저분자로부터 포도당과 같은 고분자 유기화합물을 합성하는 과정이므로 물질대사 중 동화 과정이다.
④ 핀치새가 사는 환경에 따라 먹이가 다르며, 먹이의 종류에 따라 부리의 모양이 다른 것은 생명 현상의 특성 중 적응에 해당한다.
생명체는 다양한 방향성으로 형질의 변화가 일어나는데 주변 환경에서 살아남기 유리한 방향으로 형질의 변화가 일어나는 경우를 적응이라고 한다.
⑤ 적록 색맹인 어머니에게서 적록 색맹인 아들이 태어나는 것은 생명 현상의 특성 중 유전에 해당한다. 적록 색맹은 반성 유전되는 형질로 어머니가 적록 색맹이면 아들은 항상 적록 색맹의 형질을 가지고 태어나게 된다.

A 16 정답 ⑤ * 생물의 특성 [정답률 92%] 2023 대비 9월 모평 1

다음은 소가 갖는 생물의 특성에 대한 자료이다.

소는 식물의 섬유소를 직접 분해할 수 없지만 소화 기관에 섬유소를 분해하는 세균이 있어 세균의 대사산물을 에너지원으로 이용한다. ㉠ 세균에 의한 섬유소 분해 과정(효소 이용됨)은 소의 되새김질에 의해 촉진된다. 되새김질은 삼킨 음식물을 위에서 입으로 토해내 씹고 삼키는 것을 반복하는 것으로, ㉡ 소는 되새김질에 적합한 구조의 소화 기관을 갖는다. ➡ 적응과 진화

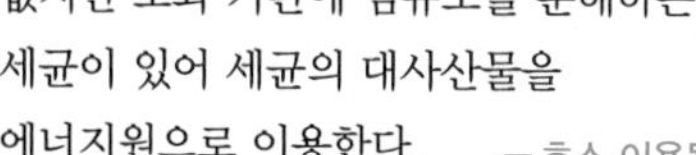

이 자료에 대한 설명으로 옳은 것만을 〈보기〉에서 있는 대로 고른 것은?

[보기]

ㄱ. ㉠에 효소가 이용된다.
㉠에 효소가 이용됨

ㄴ. ㉡은 적응과 진화의 예에 해당한다.
㉡은 적응과 진화의 예에 해당함

ㄷ. 소는 세균과의 상호 작용을 통해 이익을 얻는다.
소와 세균은 상리 공생 관계로 서로 이익을 얻음

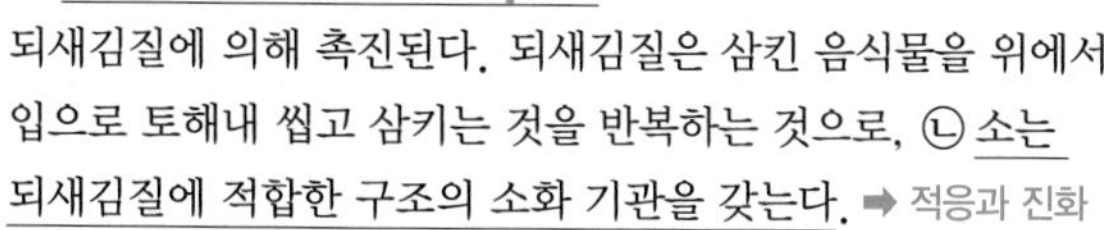

① ㄱ ② ㄷ ③ ㄱ, ㄴ ④ ㄴ, ㄷ ⑤ ㄱ, ㄴ, ㄷ

| 문제+자료 분석 |

- ㉠: 소의 소화 기관에 서식하는 세균은 섬유소를 분해할 수 있는 효소를 가지고 있어 소가 먹은 식물의 섬유소를 분해한다.
- ㉡: 소는 식물의 섬유소를 분해하는 효소를 직접 가지고 있지 않지만 소화 기관에 서식하는 세균의 대사산물을 이용한다. 세균의 섬유소 분해 과정을 촉진하기 위해 소가 되새김질에 적합한 소화 기관 구조를 가지는 것은 적응과 진화의 예에 해당한다.

| 보기 분석 |

ㄱ. 물질을 합성하고 분해하는 등 생물체에서 일어나는 모든 화학 반응을 물질대사라고 하며, 물질대사는 효소에 의해 촉매된다. 세균에 의한 섬유소 분해 과정 ㉠은 물질대사에 해당하므로 ㉠에 효소가 이용된다.
ㄴ. 소가 되새김질에 적합한 구조의 소화 기관을 가져 소화 기관에 서식하는 세균의 섬유소 분해 과정을 돕는 것은 적응과 진화의 예이다.
ㄷ. 소는 세균으로부터 대사산물을 얻고 세균은 소로부터 충분히 씹은 식물을 제공받는다. 따라서 소와 세균은 상호 작용을 통해 서로 이익을 얻는다.

* 생물의 특성

세포로 구성	모든 생물은 세포로 구성된다.
물질대사	생명 현상을 위해서 일어나는 생물체의 모든 물질의 합성과 분해를 말한다.
발생과 생장	수정란으로부터 하나의 개체가 되고 성체가 된다.
생식과 유전	자신을 닮은 자손을 낳아 종족을 보존한다.
자극에 대한 반응	외부 환경의 자극을 받아들이고 안정된 생물체 내부 환경을 위해 적절히 반응한다.
항상성	체내 상태를 일정하게 유지한다.
적응과 진화	환경에 적합한 형태를 가지고, 집단 내에서 그러한 형태를 가지는 유전적 구성 비율이 변한다.

A 17 정답 ⑤ * 생물의 특성 [정답률 96%] 2023 대비 6월 모평 1

다음은 곤충 X에 대한 자료이다.

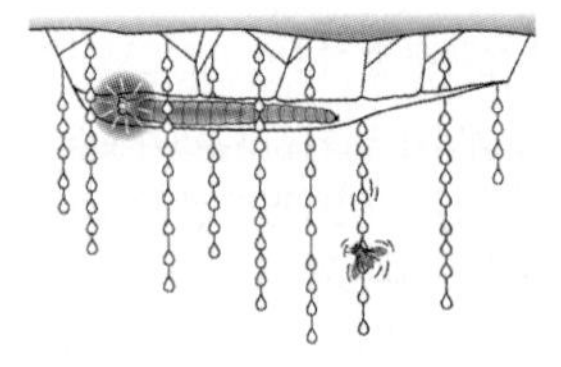

(가) 암컷 X는 짝짓기 후 알을 낳는다. ➡ 생식과 유전
(나) 알에서 깨어난 애벌레는 동굴 천장에 둥지를 짓고 끈적끈적한 실을 늘어뜨려 덫을 만든다.
(다) 애벌레는 ATP를 분해하여 얻은 에너지로 청록색 빛을 낸다. ➡ 물질대사
(라) 빛에 유인된 먹이가 덫에 걸리면 애벌레는 움직임을 감지하여 실을 끌어 올린다. ➡ 자극에 대한 반응

이에 대한 설명으로 옳은 것만을 〈보기〉에서 있는 대로 고른 것은?

[보기]

ㄱ. (가)에서 유전 물질이 자손에게 전달된다.
생식을 통해 부모로부터 자손에게 유전 물질이 전달됨
ㄴ. (다)에서 물질대사가 일어난다.
ATP의 분해는 물질대사에 해당함
ㄷ. (라)는 자극에 대한 반응의 예에 해당한다.
덫에 걸려 움직이는 먹이를 끌어 올리는 것은 자극에 대한 반응의 예임

① ㄱ ② ㄴ ③ ㄱ, ㄷ ④ ㄴ, ㄷ ⑤ ㄱ, ㄴ, ㄷ

| 문제+자료 분석 |

- (가)에서 생식을 통해 알을 낳는 것은 생물의 특성 중 생식과 유전의 예에 해당한다.
- (다)에서 ATP를 분해하여 에너지를 얻는 과정은 물질대사 중 이화 작용에 해당한다.
- (라)에서 덫에 걸린 먹이가 움직이는 것은 자극, 애벌레가 실을 끌어 올리는 것은 반응이므로 자극에 대한 반응의 예에 해당한다.

| 보기 분석 |

ㄱ. (가)의 생식 과정에서 부모 세대에서 만들어진 생식세포에 포함된 유전 물질이 자손에게 전달된다.
ㄴ. (다)에서 ATP가 분해되어 방출되는 에너지를 이용하는 것은 물질대사 중 이화 작용의 예이다.
ㄷ. (라)에서 덫에 걸린 먹이가 움직이는 것은 자극, 애벌레가 실을 끌어 올리는 것은 반응이다. 따라서 (라)는 생물의 특성 중 자극에 대한 반응의 예이다.

* 자극에 대한 반응의 예(기출)
- 새가 총소리에 놀라 날아간다.
- 미모사의 잎은 손을 대면 오그라든다.
- 신맛이 나는 레몬 사진을 보았더니 입 안에 침이 고인다.
- 빛을 비추었더니 짚신벌레가 빛이 있는 곳으로 이동하였다.
- 신경 세포에 전기 충격을 주었더니 아세틸콜린이 분비되었다.

A 18 정답 ① * 생물의 특성 [정답률 90%] 2022 실시 7월 학평 1

표는 생물의 특성 (가)와 (나)의 예를, 그림은 애벌레가 번데기를 거쳐 나비가 되는 과정을 나타낸 것이다. (가)와 (나)는 항상성, 발생과 생장을 순서 없이 나타낸 것이다.

구분	예
(가) 발생과 생장	㉠
(나) 항상성	더운 날씨에 체온 유지를 위해 땀을 흘린다.

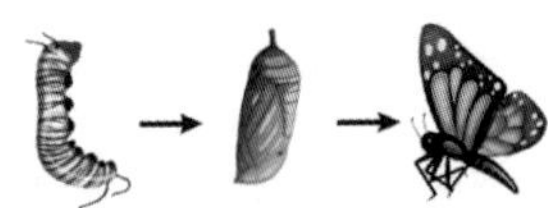

세포 분열을 통해 완전한 개체가 되는 과정 ➡ 발생과 생장

이에 대한 설명으로 옳은 것만을 〈보기〉에서 있는 대로 고른 것은?

[보기]

ㄱ. (가)는 발생과 생장이다.
(가)는 발생과 생장, (나)는 항상성
ㄴ. 그림에 나타난 생물의 특성은 ~~(가)보다 (나)와 관련이 깊다.~~
그림에 나타난 생물의 특성은 (가) (발생과 생장)의 예
ㄷ. '북극토끼는 겨울이 되면 털 색깔이 흰색으로 변하여 천적의 눈에 띄지 않는다.'는 ㉠에 해당한다.
환경에 따라 생물의 특성이 변화한 것이므로 적응과 진화의 예

① ㄱ ② ㄴ ③ ㄷ ④ ㄱ, ㄴ ⑤ ㄱ, ㄷ

| 문제+자료 분석 |

- (가) 발생과 생장: 다세포 생물은 세포 분열을 통해 구조적 · 기능적으로 완전한 개체가 된다.
- (나) 항상성: 더운 날씨에 땀을 흘림으로써 체온을 일정하게 유지하는 것은 항상성에 해당한다. 항상성은 체내 · 외 환경의 변화와 관계없이 체온, 혈당량, 삼투압 등의 체내 상태를 일정하게 유지하려는 성질이다.
- 애벌레가 번데기를 거쳐 나비가 되는 과정은 세포 분열을 통해 완전한 개체(나비)가 되는 과정이므로 발생과 생장인 (가)와 관련이 깊다.

| 보기 분석 |

ㄱ. (나)의 예는 체온을 일정하게 유지하기 위한 항상성의 예이며, (가)와 (나)는 각각 발생과 생장, 항상성 중의 하나이므로 (가)는 발생과 생장이다.
ㄴ. 애벌레가 번데기를 거쳐 나비가 되는 과정은 세포 분열을 통해 완전한 개체(나비)가 되는 과정이므로 발생과 생장인 (가)와 관련이 깊다.
ㄷ. 북극토끼는 천적의 눈에 띄지 않도록 겨울이 되면 주변 환경의 변화에 따라 생물의 특성인 털 색깔을 변화시키므로 적응과 진화의 예에 해당한다.

문제 풀이 Tip

생겨나는 것은 발생, 자라는 것은 생장으로 이해하자.

A 19 정답 ⑤ * 생물의 특성 [정답률 97%] 2022 실시 4월 학평 1

다음은 어떤 문어에 대한 설명이다.

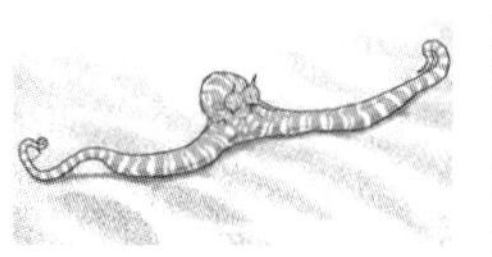

문어는 자리돔이 서식하는 곳에서 6개의 다리를 땅속에 숨기고 2개의 다리로 자리돔의 포식자인 줄무늬 바다뱀을 흉내 낸다. ㉠ 문어의 이러한 특성은 자리돔으로부터 자신을 보호하기에 적합하다.
생존하기 적합한 형태로 생활 방식을 변화 ➡ 적응과 진화

㉠에 나타난 생물의 특성과 가장 관련이 깊은 것은?

① 짚신벌레는 분열법으로 번식한다. 생식
② 개구리알은 올챙이를 거쳐 개구리가 된다. 발생과 생장
③ 식물은 빛에너지를 이용하여 포도당을 합성한다. 물질대사
④ 적록 색맹인 어머니로부터 적록 색맹인 아들이 태어난다. 유전
⑤ 핀치는 서식 환경에 따라 서로 다른 모양의 부리를 갖게 되었다. 적응과 진화

| 문제+자료 분석 |

- 문어가 자리돔으로부터 자신을 보호하기 위해 자리돔의 천적을 흉내 내는 것처럼 어떤 환경에서 생존하기 적합한 형태로 생활 방식이나 몸의 구조 등이 변화하고, 집단 내에서 그러한 형태의 유전자 구성 비율이 변화하는 것을 적응과 진화라 한다.

| 선택지 분석 |

① 짚신벌레가 분열법으로 번식하는 것은 생식에 해당한다.
② 개구리알이 올챙이를 거쳐 개구리가 되는 것은 발생과 생장에 해당한다. 생겨나는 것은 발생, 자라는 것은 생장으로 이해하도록 한다. 꿀팁
③ 식물이 빛에너지를 이용해 포도당을 합성하는 것은 물질대사에 해당한다.
④ 적록 색맹인 어머니로부터 적록 색맹인 아들이 태어나는 것은 유전 현상에 해당한다.
⑤ 핀치가 서식 환경에 따라 서로 다른 모양의 부리를 갖게된 것은 환경에 생존하기 적합한 형태로 몸의 구조가 변화한 것으로 적응과 진화에 해당한다.

A 20 정답 ⑤ * 생물의 특성 [정답률 90%] 2022 대비 6월 모평 1

표는 생물의 특성의 예를 나타낸 것이다. (가)와 (나)는 생식과 유전, 항상성을 순서 없이 나타낸 것이다.

생물의 특성	예
(가) 항상성	혈중 포도당 농도가 증가하면 ⓐ인슐린의 분비가 촉진된다.
(나) 생식과 유전	짚신벌레는 분열법으로 번식한다.
적응과 진화	고산 지대에 사는 사람은 낮은 지대에 사는 사람보다 적혈구 수가 많다.

이에 대한 설명으로 옳은 것만을 〈보기〉에서 있는 대로 고른 것은?

[보기]

ㄱ. ⓐ는 이자의 β 세포에서 분비된다.
→ 인슐린은 이자의 β 세포에서 분비되어 혈당량을 낮춤
ㄴ. (나)는 생식과 유전이다.
→ (나)의 분열법은 단세포 생물의 생식 방법
ㄷ. '더운 지역에 사는 사막여우는 열 방출에 효과적인 큰 귀를 갖는다.'는 적응과 진화의 예에 해당한다.
→ 사막여우의 큰 귀는 더운 환경에서 생존할 수 있도록 적응한 것

① ㄱ ② ㄴ ③ ㄱ, ㄷ ④ ㄴ, ㄷ ⑤ ㄱ, ㄴ, ㄷ

| 문제+자료 분석 |

- (가): 혈중 포도당 농도가 증가하면 이자에서 인슐린이 분비되어 혈당량이 낮아진다. 이는 항상성 조절의 예이다.
- (나): 짚신벌레가 분열법으로 번식하는 것은 단세포 생물의 생식 방법의 일종으로 유전적으로 동일한 자손을 번식해 종족을 보존하는 생식과 유전의 예이다.
- **적응과 진화**: 서식하는 환경에서 유리하게 살아남도록 몸의 구조 등이 변화하는 과정을 적응이라 하며, 여러 세대를 거친 변화를 통해 집단 전체에서 특정 유전자의 비율이 달라지는 것을 진화라 한다.

| 보기 분석 |

ㄱ. 인슐린은 이자의 β 세포에서 분비되는 호르몬으로 혈당량이 높을 때 분비되어 혈당량을 낮추는 역할을 한다.
ㄴ. 단세포 생물인 짚신벌레는 분열법을 통해 유전적으로 동일한 자손을 번식하여 종족을 유지한다. 이는 생물의 특성 중 생식과 유전에 해당한다.
ㄷ. 사막여우가 열 방출에 효과적인 큰 귀를 가지는 것은 적응과 진화의 예에 해당한다. 더운 환경에서 유리하게 살아남도록 열 방출에 효과적인 큰 귀를 가지게 된 것을 적응이라 하며, 사막에 사는 여우 집단에서 큰 귀에 대한 유전자의 비율이 높아지는 것을 진화라 한다.

A 21 정답 ② * 생물의 특성 [정답률 97%] 2022 실시 10월 학평 1

다음은 문어가 갖는 생물의 특성에 대한 자료이다.

(가) 게, 조개 등의 먹이를 섭취하여 생명 활동에 필요한 에너지를 얻는다. ➡ 물질대사

(나) 반응 속도가 빠르고 몸이 유연하여 주변 환경에 따라 피부색과 체형을 바꾸어 천적을 피하는 데 유리하다. ➡ 적응과 진화

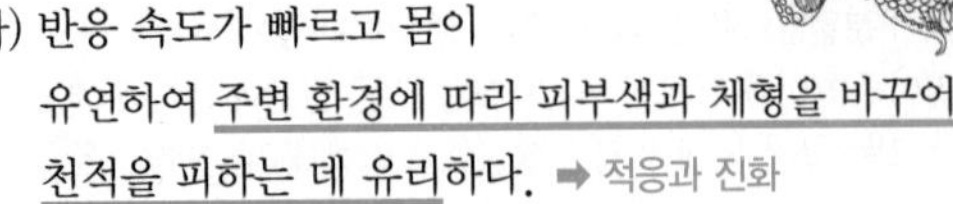

(가)와 (나)에 나타난 생물의 특성으로 가장 적절한 것은?

	(가)	(나)
①	물질대사	생식과 유전
②	물질대사	적응과 진화
③	물질대사	항상성
④	항상성	생식과 유전
⑤	항상성	적응과 진화

| 문제+자료 분석 |

- **(가)** 물질대사: 생명을 유지하기 위해 생명체에서 일어나는 모든 화학 반응을 물질대사라고 한다. 먹이를 섭취하여 생명 활동에 필요한 에너지를 얻는다고 하였으므로 물질대사에 해당하며, 물질대사 중 이화 작용에 해당한다.
- **(나)** 적응과 진화: 생물이 환경에 적응하는 과정에서 유리한 형질을 가진 개체가 자연 선택되어 축적됨으로써 진화가 일어나는 것을 적응과 진화라고 한다. 주변 환경에 따라 피부색과 체형을 바꾸어 천적을 피하는 데 유리하다고 하였으므로 적응과 진화에 해당한다.

| 선택지 분석 |

② (가)는 생명 활동에 필요한 에너지를 얻는다고 하였으므로 물질대사이다. (나)는 주변 환경에 따라 피부색과 체형을 바꾸어 천적을 피하는 데 유리하다고 하였으므로 적응과 진화이다.

* 생물의 특성

세포로 구성	모든 생물은 세포로 이루어져 있다.
물질대사	생명을 유지하기 위해 생명체 내에서 일어나는 모든 화학 반응으로 효소가 관여한다.
자극에 대한 반응	생물이 빛, 온도, 소리 등의 환경 변화를 자극으로 받아들여 그 자극에 적절히 반응하여 생명체를 보호하는 것이다.
항상성	생물이 체내·외의 환경 변화에 대해 체내 상태를 일정하게 유지하려는 성질이다.
발생과 생장	다세포 생물은 발생과 생장을 통해 구조적·기능적으로 완전한 개체가 된다.
생식과 유전	생물은 생식과 유전을 통해 종족을 유지한다.
적응과 진화	생물은 환경에 적응해 나가면서 새로운 종으로 진화할 수 있다. 생물이 환경에 적응하는 과정에서 유리한 형질을 가진 개체가 자연 선택되어 축적됨으로써 진화가 일어난다.

A 22 정답 ⑤ * 생물의 특성 [정답률 94%] 2022 대비 수능 1

다음은 벌새가 갖는 생물의 특성에 대한 자료이다.

(가) 벌새의 날개 구조는 공중에서 정지한 상태로 꿀을 빨아먹기에 적합하다. → 적응과 진화

(나) 벌새는 자신의 체중보다 많은 양의 꿀을 섭취하여 ㉠ 활동에 필요한 에너지를 얻는다. → 물질대사

(다) 짝짓기 후 암컷이 낳은 알은 ㉡ 발생과 생장 과정을 거쳐 성체가 된다.

이에 대한 설명으로 옳은 것만을 〈보기〉에서 있는 대로 고른 것은?

[보기]

ㄱ. (가)는 적응과 진화의 예에 해당한다.
→ 벌새의 날개 구조는 적응과 진화의 예

ㄴ. ㉠ 과정에서 물질대사가 일어난다.
→ 꿀을 섭취해 에너지를 얻는 것은 물질대사 과정

ㄷ. '개구리알은 올챙이를 거쳐 개구리가 된다.'는 ㉡의 예에 해당한다.
→ 개구리알이 성체가 되는 것은 발생과 생장의 예

① ㄱ ② ㄷ ③ ㄱ, ㄴ ④ ㄴ, ㄷ ⑤ ㄱ, ㄴ, ㄷ

| 문제+자료 분석 |

- **(가)** (적응과 진화): 환경에서 생존하기에 적합한 특성을 가지고 집단 내에서 특정 유전자 비율이 변화하는 것이다.
- **(나)** (물질대사): 생명 현상을 위해서 일어나는 모든 물질의 합성과 분해 과정을 뜻한다. 복잡한 물질을 단순한 물질로 분해해 에너지를 얻는 이화 작용과 에너지를 들여 단순한 물질을 이용해 복잡한 물질을 합성하는 동화 작용이 포함된다.
- **(다)** (발생과 생장): 수정란으로부터 하나의 개체가 태어나 성체가 되는 과정을 뜻한다.

| 보기 분석 |

ㄱ. (가)는 꿀을 빨아먹기에 적합한 벌새의 날개 구조를 나타낸 것이다. 생존에 적합한 방식으로 신체 구조나 생활 습성 등이 변화하는 적응과 진화의 예에 해당한다.

ㄴ. 섭취한 꿀을 분해하여 생명 활동에 필요한 에너지를 얻는 것은 물질대사 중 이화 작용의 예에 해당한다.

ㄷ. 개구리알이 올챙이를 거쳐 성체인 개구리가 되는 것은 발생과 생장의 예에 해당한다.

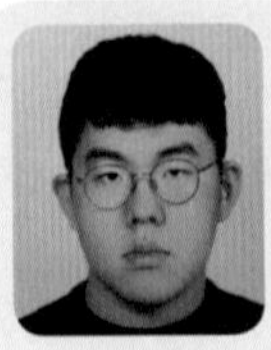

강민성 | 성균관대 의예과 2022년 입학 · 부산 해운대고 졸

이런 종류의 문제는 여러번 확인하지 않고 빠르게 푸는 게 중요해. 기출 문제를 많이 풀어서 자주 출제되는 예들을 외워두도록 하자.

A 23 정답 ② * 생물의 특성 ······ [정답률 93%] 2021 실시 4월 학평 1

다음은 어떤 지역에 서식하는 소에 대한 설명이다.

이 소는 크고 긴 뿔을 가질수록 포식자의 공격을 잘 방어할 수 있어 포식자가 많은 이 지역에서 살기에 적합하다.

→ 서식하는 환경에 적합한 형태

이 자료에 나타난 생물의 특성과 가장 관련이 깊은 것은?

① 물질대사
② 적응과 진화 → 환경에 적합한 형태를 가지고, 집단 내에서 그러한 형태를 가지는 유전적 구성 비율이 변하는 과정
③ 발생과 생장
④ 생식과 유전
⑤ 자극에 대한 반응

| 문제+자료 분석 |

- **적응**: 서식하는 환경에 적합하게 몸의 형태나 기능, 행동 양식 등이 변하는 것이다.
- **진화**: 오랜 시간에 걸쳐 집단 내에서 유전적 구성 비율이 변하는 것이다.

| 선택지 분석 |

② 포식자가 많은 지역에서는 포식자의 공격으로부터 살아남을 수 있는 형태를 가진 생물의 비율이 높아진다. 긴 뿔을 가져 포식자의 공격을 잘 방어할 수 있는 소가 이 지역에서 살아남는 것은 적응과 진화의 예이다.

* 생물의 특성

물질대사	생명 현상을 위해서 일어나는 생물체의 모든 물질의 합성과 분해
발생과 생장	수정란으로부터 하나의 개체가 되고 성체가 되어가는 과정
생식과 유전	자신을 닮은 자손을 낳아 종족을 보존하는 과정
자극에 대한 반응	외부 환경의 자극을 받아들이고 안정된 생물체 내부 환경을 위해 적절히 반응
적응과 진화	환경에 적합한 형태를 가지고, 집단 내에서 그러한 형태를 가지는 유전적 구성 비율이 변하는 과정

A 24 정답 ⑤ * 생물의 특성 ······ [정답률 93%] 2023 대비 수능 1

다음은 어떤 해파리에 대한 자료이다.

이 해파리의 유생은 ㉠ 발생과 생장(세포 분열 일어남) 과정을 거쳐 성체가 된다. 성체의 촉수에는 독이 있는 세포 ⓐ가 분포하는데, ㉡ 촉수에 물체가 닿으면 ⓐ에서 독이 분비된다. ➡ 자극과 반응

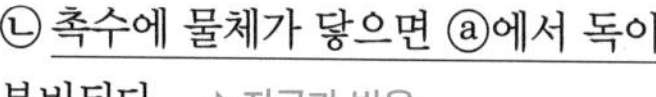

이 자료에 대한 설명으로 옳은 것만을 <보기>에서 있는 대로 고른 것은? (3점)

[보기]

ㄱ. ㉠ 과정에서 세포 분열이 일어난다.
발생과 생장 과정 중에 반드시 세포 분열이 일어남

ㄴ. ⓐ에서 물질대사가 일어난다.
세포에서 독을 만들 때 화학 반응인 물질대사가 일어남

ㄷ. ㉡은 자극에 대한 반응의 예이다.
촉수에 물체가 닿은 자극으로 인해 세포에서 독이 분비되는 반응이 일어남

① ㄱ ② ㄴ ③ ㄱ, ㄷ ④ ㄴ, ㄷ ⑤ ㄱ, ㄴ, ㄷ

| 문제+자료 분석 |

- ㉠: 하나의 수정란이 세포 분열을 하여 세포 수가 늘어나고 세포의 종류와 기능이 다양해지는 것이 발생, 어린 개체가 세포 분열을 통해 몸이 커지며 성체로 자라는 것이 생장이다.
- ㉡: 생물은 환경 변화를 자극으로 받아들이고 그 자극에 적절히 반응하여 생명체를 보호하며, 이를 자극과 반응이라고 한다.

| 보기 분석 |

ㄱ. 다세포 생물은 세포 분열을 통해 ㉠(발생과 생장)이 일어난다.
ㄴ. 생명을 유지하기 위해 일어나는 모든 화학 반응을 물질대사라 한다. 독이 있는 세포 ⓐ에서 독을 만들 때 화학 반응인 물질대사가 일어난다.
ㄷ. 촉수에 물체가 닿은 자극으로 인해 세포에서 독이 분비되는 반응이 일어나므로 ㉡은 자극에 대한 반응의 예이다.

김보겸 | 연세대 지구시스템과학과 2023년 입학 · 광주 서석고졸

이러한 문제는 흔한 개념 문제니 실수 없이 빠르게 푸는 게 중요해. 자료를 읽고 단번에 어떤 생물의 특성에 해당하는지 떠올릴 수 있어야 하고, 매우 기본적인 내용이라 꼭 알고 있어야겠지. 또한 '세포 ⓐ'라는 발문에서 물질대사를 한다는 힌트를 뽑아내야 돼.

A 25 정답 ⑤ ＊생물의 특성 [정답률 94%] 2021 실시 10월 학평 1

다음은 어떤 산에 서식하는 도마뱀 A에 대한 자료이다.

A는 고도가 낮은 지역에서는 주로 음지에서, 높은 지역에서는 주로 양지에서 관찰된다.

㉠ 두 지역의 기온 차이는 약 4℃이지만, 두 지역에 서식하는 A의 체온 차이는 약 1℃이다.

→ 환경에 관계없이 일정한 체내 상태를 유지

㉠과 가장 관련이 깊은 생물의 특성은?

① 발생 ② 생식 ③ 생장
④ 유전 ⑤ 항상성

| 문제+자료 분석 |

• 주변 환경의 기온에 큰 차이가 있으나 생명체의 체온은 일정한 수준으로 유지되는 것은 생물의 특성 중 항상성에 해당한다.

| 선택지 분석 |

⑤ 두 지역의 기온 차이가 약 4℃이지만 이러한 환경 변화에 관계없이 체온이 1℃ 차이나는 것은 체내 상태를 일정하게 유지하려는 생물의 특성인 항상성에 해당한다.

＊생물의 특성

세포로 구성	모든 생물은 세포로 구성된다.
물질대사	생명 현상을 위해서 일어나는 생물체의 모든 물질의 합성과 분해를 말한다.
발생과 생장	수정란으로부터 하나의 개체가 되고 성체가 된다.
생식과 유전	자신을 닮은 자손을 낳아 종족을 보존한다.
자극에 대한 반응	외부 환경의 자극을 받아들이고 안정된 생물체 내부 환경을 위해 적절히 반응한다.
항상성	체내 상태를 일정하게 유지한다.
적응과 진화	환경에 적합한 형태를 가지고, 집단 내에서 그러한 형태를 가지는 유전적 구성 비율이 변한다.

A 26 정답 ① ＊생명 현상의 특성 [정답률 93%] 2020 실시 10월 학평 1

다음은 항생제 내성 세균에 대한 자료이다.

→ 적응과 진화

㉠ 항생제 과다 사용으로 항생제 내성 세균의 비율이 증가하고 있다. 항생제 내성 세균은 항생제 작용 부위가 변형되거나 ㉡ 항생제를 분해하는 단백질을 합성하기 때문에 항생제에 죽지 않는다. → 물질대사

㉠과 ㉡에 나타난 생물의 특성으로 가장 적절한 것은?

	㉠	㉡
①	적응과 진화	물질대사
②	적응과 진화	항상성
③	물질대사	생식과 유전
④	물질대사	항상성
⑤	항상성	물질대사

| 문제+자료 분석 |

• ㉠(적응과 진화): 항생제 과다 사용으로 항생제에 내성을 갖는 세균의 비율이 증가하는 것은 세균이 '인간의 항생제 사용'이라는 환경의 변화에 적응하고 이 환경의 변화에 맞추어 진화함을 의미한다.
• ㉡(물질대사): 항생제를 분해하는 단백질을 합성하는 것은 세균 내에서 화학 반응이 일어나는 것으로 물질대사가 일어났음을 의미한다.

| 선택지 분석 |

① 항생제 과다 사용으로 항생제 내성 세균의 비율이 증가하는 것(㉠)은 '적응과 진화'의 예이다.
항생제를 분해하는 단백질을 합성하는 것(㉡)은 '물질대사'의 예이다.

＊생물의 특성

물질대사	생명을 유지하기 위해 생물체에서 일어나는 모든 화학 반응
적응과 진화	환경에 맞게 변화하고 환경에 적응하여 진화
생식과 유전	자신을 닮은 자손을 낳아 종족을 보존
자극에 대한 반응	외부 자극을 받아들이고 적절히 반응
발생과 생장	수정란으로부터 하나의 개체로 발생하고 생장

A 27 정답 ⑤ * 생물의 특성 [정답률 89%] 2020 실시 3월 학평 1

표는 생물의 특성 (가)와 (나)의 예를 나타낸 것이다. (가)와 (나)는 적응과 물질대사를 순서 없이 나타낸 것이다.

특성	예
물질대사 (가)	ⓐ 강낭콩이 발아할 때 영양소가 분해되면서 열이 발생한다. (이화 작용이 일어날 때 열 생성)
적응 (나)	ⓑ 하마는 콧구멍이 코 윗부분에 있어 몸이 물에 잠긴 상태에서도 숨을 쉴 수 있다.

이에 대한 옳은 설명만을 〈보기〉에서 있는 대로 고른 것은?

[보기]

ㄱ. (가)는 물질대사이다.
→ 고분자인 영양소가 분해되는 것은 물질대사에 해당

ㄴ. ⓐ와 ⓑ는 모두 세포로 구성된다.
→ 강낭콩과 하마는 모두 생물이고, 세포로 구성

ㄷ. 사막에 서식하는 선인장이 가시 형태의 잎을 갖는 것은 (나)의 예에 해당한다. → 선인장의 가시는 환경에 대한 적응의 결과

① ㄱ ② ㄷ ③ ㄱ, ㄴ
④ ㄴ, ㄷ ⑤ ㄱ, ㄴ, ㄷ

| 문제+자료 분석 |

- **물질대사**: 생명을 유지하기 위해 생물체에서 일어나는 모든 화학 반응이다.
- **적응**: 생물이 자신이 살아가는 환경에 적합한 몸의 형태와 기능, 생활 습성 등을 갖게 되는 것이다.

| 보기 분석 |

ㄱ. 강낭콩이 발아할 때 영양소가 분해되는 것은 고분자 물질이 저분자 물질로 분해되는 이화 작용이고, 이화 작용은 물질대사에 속한다.

ㄴ. ⓐ(강낭콩)와 ⓑ(하마)는 모두 생물이므로 세포로 구성된다.

ㄷ. 사막에 서식하는 선인장이 가시 형태의 잎을 갖는 것은 적응인 (나)의 예에 해당한다. 가시 형태의 잎은 건조한 사막 기후에서 수분 증발을 최소화하여 생존할 수 있게 한다.

* 생물의 특성

물질대사	생명을 유지하기 위해 생물체에서 일어나는 모든 화학 반응
적응과 진화	환경에 맞게 변화하고 환경에 적응하여 진화
생식과 유전	자신을 닮은 자손을 낳아 종족을 보존
자극에 대한 반응	외부 자극을 받아들이고 적절히 반응
발생과 생장	수정란으로부터 하나의 개체로 발생하고 생장

A 28 정답 ⑤ * 생물의 특성 [정답률 92%] 2021 대비 6월 모평 1

표는 생물의 특성의 예를 나타낸 것이다. (가)와 (나)는 물질대사, 발생과 생장을 순서 없이 나타낸 것이다.

생물의 특성	예
발생과 생장 (가)	개구리 알은 올챙이를 거쳐 개구리가 된다.
물질대사 (나)	ⓐ 식물은 빛에너지를 이용하여 포도당을 합성한다.
적응과 진화	㉠

이에 대한 옳은 설명만을 〈보기〉에서 있는 대로 고른 것은?

[보기]

ㄱ. (가)는 발생과 생장이다.
→ 개구리는 '발생과 생장'을 통해 올챙이에서 개구리가 된다.

ㄴ. ⓐ에서 효소가 이용된다.
→ 모든 물질대사 과정에서는 효소가 사용된다.

ㄷ. '가랑잎벌레의 몸의 형태가 주변의 잎과 비슷하여 포식자의 눈에 띄지 않는다.'는 ㉠에 해당한다.
→ 가랑잎벌레는 주변의 환경에 적응하고 이에 맞춰 진화하였다.

① ㄱ ② ㄷ ③ ㄱ, ㄴ ④ ㄴ, ㄷ ⑤ ㄱ, ㄴ, ㄷ

| 문제+자료 분석 |

◈ **생물의 특성**

- 세포로 구성, 발생과 생장, 물질대사, 적응과 진화, 자극에 대한 반응, 생식과 유전, 적응과 진화 등이 있다.
- **(가) 발생과 생장**: 다세포 생물은 세포 분열에 의한 발생과 생장을 통해 구조적, 기능적으로 완전한 개체가 된다.
- **(나) 물질대사**: 생명을 유지하기 위해 생물체에서 일어나는 모든 화학 반응이다.
- **적응과 진화**: 생물은 주변의 환경에 적응하고 이에 맞추어 진화한다.

| 보기 분석 |

ㄱ. 개구리 알은 올챙이를 거쳐 개구리가 되는 과정에서 세포 분열을 통해 조직과 기관의 분화, 세포 수의 증가가 일어나게 되므로 (가)는 발생과 생장에 해당한다.

ㄴ. ⓐ는 물질대사인 광합성이다. 생물의 물질대사 과정에는 효소가 사용된다. 효소는 반응물과 결합하여 활성화 에너지를 낮춤으로써 화학 반응을 촉진하는 작용을 한다.

ㄷ. '적응과 진화'는 생물이 주변 환경에 적응하여 생존에 유리한 방향으로 진화하는 생물만의 특성이다.
가랑잎벌레는 포식자에게 잡아먹히는 환경에서 살아남기 위하여 몸의 형태가 주변의 잎과 비슷하도록 진화한 것이므로 ㉠에 해당한다.

A 29 정답 ③ * 생물과 바이러스의 특징 ········· [정답률 83%] 2020 실시 4월 학평 1

단세포 생물

아메바와 박테리오파지에 대한 설명으로 옳은 것만을 〈보기〉에서 있는 대로 고른 것은? 바이러스

[보기]

ㄱ. 아메바는 물질대사를 한다.
→ 생물은 필요한 물질과 에너지를 얻기 위해 물질대사를 함

ㄴ. 박테리오파지는 핵산을 가진다.
→ 바이러스의 구성 물질은 핵산과 단백질

ㄷ. 아메바와 박테리오파지는 모두 세포 분열로 증식한다.
→ 바이러스는 세포 분열로 증식하지 않음

① ㄱ ② ㄷ ③ ㄱ, ㄴ ④ ㄴ, ㄷ ⑤ ㄱ, ㄴ, ㄷ

| 문제+자료 분석 |

- 아메바는 단세포 생물이다.
- 박테리오파지는 DNA를 핵산으로 가지는 바이러스이다.

| 보기 분석 |

ㄱ. 아메바는 단세포 생물이며, 생명 활동에 필요한 물질과 에너지를 물질대사를 통해 얻는다.

ㄴ. 박테리오파지는 DNA를 핵산으로 가지는 바이러스이다. 바이러스를 구성하는 물질은 핵산과 단백질이다.

ㄷ. 아메바는 세포 구조로 되어 있으며, 세포 분열을 통해 분열법으로 증식한다. 하지만 박테리오파지는 세포 구조를 가지지 않는 바이러스이므로 세포 분열을 통해 증식하지 못한다. 주의
바이러스는 숙주 세포 안에서 유전 물질인 핵산이 복제되고, 단백질이 합성된 후 구성 물질이 조립되어 증식한다.

A 30 정답 ⑤ * 연역적 탐구 방법 ········· [정답률 90%] 2025 대비 9월 모평 5

다음은 어떤 연못에 서식하는 동물 종 ㉠~㉢ 사이의 상호 작용에 대한 실험이다.

ㅇ ㉠과 ㉡은 같은 먹이를 두고 경쟁하며, ㉢은 ㉠과 ㉡의 천적이다.

[실험 과정 및 결과]

(가) 인공 연못 A와 B 각각에 같은 개체 수의 ㉠과 ㉡을 넣고, A에만 ㉢을 추가한다. 통제 변인 / 조작 변인

(나) 일정 시간이 지난 후, A와 B 각각에서 ㉠과 ㉡의 개체 수를 조사한 결과는 그림과 같다. 종속변인

개체 수 (A: ㉠ ㉡, 단서) / 개체 수 (B: ㉠ ㉡)

A — A에 천적 ㉢을 추가
B — B에 천적 ㉢이 없음 ➡ ㉡ 멸종

이 자료에 대한 설명으로 옳은 것만을 〈보기〉에서 있는 대로 고른 것은? (단, 제시된 조건 이외는 고려하지 않는다.)

[보기]

ㄱ. 조작 변인은 ㉢의 추가 여부이다.
조작 변인은 ㉢의 추가 여부임

ㄴ. A에서 ㉠은 ㉡과 한 개체군을 이룬다.
㉠과 ㉡은 서로 다른 개체군으로 한 군집을 이룸

ㄷ. B에서 ㉠과 ㉡ 사이에 경쟁 배타가 일어났다.
B에서 경쟁 배타가 일어나 ㉡이 멸종

① ㄱ ② ㄴ ③ ㄷ ④ ㄱ, ㄴ ⑤ ㄱ, ㄷ

| 문제+자료 분석 |

- A와 B에 같은 개체 수의 ㉠과 ㉡을 넣은 것은 이 탐구의 통제 변인이다.
- A에만 ㉢을 추가하고 B에는 추가하지 않은 것은 이 탐구의 조작 변인이다.
- 시간이 지난 후 조사한 ㉠과 ㉡의 개체 수는 이 탐구의 종속변인이다. A에는 ㉠과 ㉡이 비슷한 개체 수로 공존하고 있지만, B에는 ㉡이 멸종하고 ㉠만 살아남았다.

| 보기 분석 |

ㄱ. A에만 천적인 ㉢을 추가하고 B에는 ㉢을 추가하지 않았으므로 ㉢의 추가 여부는 조작 변인이다.

ㄴ. ㉠과 ㉡은 같은 먹이를 두고 경쟁하는 서로 다른 종이다. ㉠과 ㉡은 서로 다른 두 개체군으로 A에서 한 군집을 이룬다.

ㄷ. 군집에서 여러 개체군의 생태적 지위가 비슷하면 종간 경쟁이 일어나 우세한 개체군이 다른 개체군의 자원 이용을 막아 경쟁자가 공존하지 못하는 것을 경쟁 배타라고 한다. 천적이 없는 상태인 B에서 ㉡이 멸종한 것으로 보아 ㉠과 ㉡ 사이에 경쟁 배타가 일어났다.

문제 풀이 꿀팁

- 한 지역 내에 서식하고 있는 같은 개체들의 집단을 개체군, 특정 지역에서 서식하는 모든 개체군의 집단을 군집이라 한다.
- B에서 ㉠과 ㉡이 경쟁한 결과 ㉡의 개체 수가 0이 된 것으로 보아 ㉠과 ㉡은 생태적 지위가 비슷한 서로 다른 종이다. ㉠과 ㉡은 서로 다른 두 개체군으로 하나의 군집을 이룬다.

A 31 정답 ⑤ *연역적 탐구 방법 ······ [정답률 97%] 2025 대비 6월 모평 6

다음은 어떤 과학자가 수행한 탐구이다.

(가) 암이 있는 생쥐에서 면역 세포가 암세포를 인식하지 못해 암세포를 제거하지 못하는 것을 관찰하고, 면역 세포가 암세포를 인식하도록 도우면 암세포의 수가 줄어들 것이라고 생각했다. ➡ 관찰과 문제 인식, 가설 설정

(나) 동일한 암이 있는 생쥐 집단 Ⅰ과 Ⅱ를 준비하고, Ⅱ에만 ㉠ 면역 세포가 암세포를 인식하도록 돕는 물질을 주사했다. ➡ 탐구 설계 및 수행

(다) 일정 시간이 지난 후 Ⅰ과 Ⅱ에서 암세포의 수를 측정한 결과, ⓐ에서만 암세포의 수가 줄어들었다. ⓐ는 Ⅰ과 Ⅱ 중 하나이다. ➡ 결과 정리 및 분석 단서

(라) 암이 있는 생쥐에서 면역 세포가 암세포를 인식하도록 도우면 암세포의 수가 줄어든다는 결론을 내렸다. ➡ 결론 도출

이 자료에 대한 설명으로 옳은 것만을 〈보기〉에서 있는 대로 고른 것은? (3점)

[보기]

ㄱ. 조작 변인은 ㉠의 주사 여부이다.
조작 변인은 가설 검증을 위해 의도적으로 변화시킨 요인으로, 면역 세포가 암세포를 인식하도록 돕는 물질(㉠)의 주사 여부임

ㄴ. ⓐ는 Ⅱ이다.
실험 결과가 가설과 일치하므로 ⓐ는 면역 세포가 암세포를 인식하도록 돕는 물질(㉠)을 주사한 Ⅱ임

ㄷ. (라)는 탐구 과정 중 결론 도출 단계에 해당한다.
수행한 탐구의 결론을 내린 (라)는 결론 도출 단계에 해당함

① ㄱ ② ㄴ ③ ㄱ, ㄷ ④ ㄴ, ㄷ ⑤ ㄱ, ㄴ, ㄷ

| 문제+자료 분석 |

- **연역적 탐구 방법:** 자연 현상을 관찰하면서 생긴 의문점을 해결하기 위해 가설을 세우고 이를 실험을 통해 검증하는 탐구 방법
- **(가):** 생쥐에서 면역 세포가 암세포를 인식하지 못해 암세포를 제거하지 못하는 것을 관찰하고, 면역 세포가 암세포를 인식하도록 도우면 암세포의 수가 줄어들 것이라는 가설을 설정하였다.
➡ (가)는 관찰과 문제 인식, 가설 설정 단계이다.
- **(나):** 암이 있는 생쥐를 통해 가설을 검증하는 탐구 설계 및 수행 단계이다.
➡ 조작 변인은 면역 세포가 암세포를 인식하도록 돕는 물질(㉠)의 주사 여부, 종속변인은 암세포의 수 변화이다.
- **(다):** (나)에서 수행한 탐구의 결과를 정리하고 분석하는 단계이다.
- ⓐ에서만 암세포의 수가 줄어들었고, (라)에서 암이 있는 생쥐에서 면역 세포가 암세포를 인식하도록 도우면 암세포의 수가 줄어든다는 결론을 내렸다. 따라서 ⓐ는 면역 세포가 암세포를 인식하도록 돕는 물질(㉠)을 주사한 Ⅱ이다.

| 보기 분석 |

ㄱ. 조작 변인은 가설 검증을 위해 실험에서 의도적으로 변화시키는 변인이다. 이 실험에서 조작 변인은 면역 세포가 암세포를 인식하도록 돕는 물질(㉠)의 주사 여부이다.

ㄴ. 실험 결과 ⓐ에서만 암세포의 수가 줄어들었고, 암이 있는 생쥐에서 면역 세포가 암세포를 인식하도록 도우면 암세포의 수가 줄어든다는 결론을 내렸다. 따라서 ⓐ는 면역 세포가 암세포를 인식하도록 돕는 물질(㉠)을 주사한 Ⅱ이다.

ㄷ. (라)에서 암이 있는 생쥐에서 면역 세포가 암세포를 인식하도록 도우면 암세포의 수가 줄어든다는 결론을 내렸다. 따라서 (라)는 결론 도출 단계에 해당한다.

A 32 정답 ② *생명 과학의 연역적 탐구 ······ [정답률 68%] 2025 대비 수능 4

다음은 숲 F에서 새와 박쥐가 곤충 개체 수 감소에 미치는 영향을 알아보기 위한 탐구이다. 단서

(가) F를 동일한 조건의 구역 ⓐ~ⓒ로 나눈 후, ⓐ에는 새와 박쥐의 접근을 차단하지 않았고, ⓑ에는 새의 접근만 차단하였으며, ⓒ에는 박쥐의 접근만 차단하였다. (조작 변인)

(나) 일정 시간이 지난 후, ⓐ~ⓒ에서 곤충 개체 수를 조사한 결과는 그림과 같다. (종속변인)

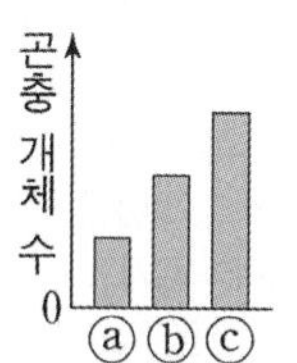

이 자료에 대한 설명으로 옳은 것만을 〈보기〉에서 있는 대로 고른 것은? (단, 제시된 조건 이외는 고려하지 않는다.) (3점)

[보기]

ㄱ. 조작 변인은 ~~곤충 개체 수~~이다. 박쥐와 새의 차단 여부

ㄴ. ⓒ에서 곤충에 환경 저항이 작용하였다.
ⓐ~ⓒ 모두에서 곤충에 환경 저항이 작용함

ㄷ. 곤충 개체 수 감소에 미치는 영향은 새가 박쥐보다 ~~크다~~. 작다

① ㄱ ② ㄴ ③ ㄷ ④ ㄱ, ㄷ ⑤ ㄴ, ㄷ

단서+발상

단서 새와 박쥐가 곤충 개체 수에 미치는 영향을 알아보는 탐구가 제시되어 있다.
발상 새와 박쥐의 차단 여부가 조작 변인, 곤충 개체 수가 종속변인임을 추론할 수 있다.
적용 연역적 탐구 방법을 적용해서 변인을 구하는 것부터 문제 풀이를 시작해야 한다.

| 문제+자료 분석 |

- 새와 박쥐가 곤충 개체 수 감소에 미치는 영향을 알아보기 위한 탐구이다. 새와 박쥐의 차단 여부가 조작 변인, 곤충 개체 수가 종속변인이다.
- 새와 박쥐의 접근을 차단하지 않은 ⓐ에서 곤충의 개체 수가 가장 적으므로 새와 박쥐는 곤충의 천적이다.
- 박쥐의 접근만 차단한 ⓒ에서가 새의 접근만 차단한 ⓑ에서보다 곤충의 개체 수가 많으므로 박쥐가 새보다 곤충 개체 수 감소에 미치는 영향이 크다.

| 보기 분석 |

ㄱ. 실험에서 체계적으로 변화시키는 조작 변인은 박쥐와 새의 차단 여부이고, 조작 변인에 따라 변하는 종속변인은 곤충 개체 수이다.

ㄴ. ⓐ~ⓒ 모두에서 곤충에 환경 저항이 작용하였다. 함정

ㄷ. 곤충 개체 수 감소에 미치는 영향은 박쥐가 새보다 크다. 박쥐의 접근만 차단한 ⓒ에서 곤충 개체 수가 감소한 정도가 가장 적기 때문이다.

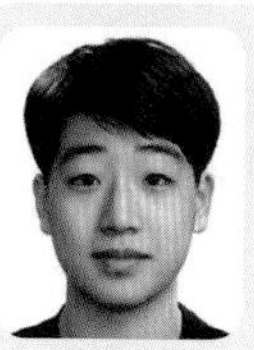

윤혁준 | 2025 수능 응시 · 서울 강서고 졸

주어진 조건만 꼼꼼히 확인하고 급하게만 풀지 않았다면 어렵지 않은 문제였어. ⓑ에서는 박쥐의 영향만 있고 ⓒ에서는 새의 영향만 있다고 생각하고 풀면 해결할 수 있어.

A 33 정답 ③ ＊연역적 탐구

[정답률 90%] **2024 실시 3월 학평 10**

다음은 어떤 학생이 수행한 탐구의 일부이다.

(가) 밀웜이 스티로폼을 먹을 것이라고 생각했다. 단서 가설 설정

(나) 상자 A와 B에 각각 스티로폼 50.00 g을 넣고 표와 같이 밀웜을 넣었다. 종속변인

상자	A	B
밀웜의 수 (마리)	100	0
	실험군	대조군

(조작 변인: 밀웜의 수)

(다) 한 달간 매일 ㉠ 스티로폼의 질량을 측정한 결과, A에서만 ㉠이 하루 평균 0.03 g씩 감소했다. ➡ 실험 결과가 가설을 지지함

이에 대한 옳은 설명만을 〈보기〉에서 있는 대로 고른 것은?

[보기]

ㄱ. 연역적 탐구 방법이 이용되었다.
가설 설정 후 실험을 통해 검증하는 연역적 탐구 방법이 이용됨

ㄴ. 대조 실험이 수행되었다.
A는 실험군, B는 대조군으로 대조 실험이 수행됨

ㄷ. ㉠은 ~~조작 변인~~이다.
스티로폼의 질량(㉠)은 실험 결과에 해당하는 종속변인임

① ㄱ ② ㄷ ③ ㄱ, ㄴ ④ ㄴ, ㄷ ⑤ ㄱ, ㄴ, ㄷ

단서+발상

단서 '밀웜이 스티로폼을 먹을 것이다.'라는 가설을 검증하기 위한 연역적 탐구 방법이 제시되어 있다.

발상 A는 실험군, B는 대조군이며, 밀웜의 수는 조작 변인, 스티로폼의 질량은 종속변인임을 추론할 수 있다.

| 문제+자료 분석 |

- 연역적 탐구 방법은 자연 현상을 관찰하면서 생긴 의문점을 해결하기 위해 가설을 세우고 이를 실험을 통해 검증하는 탐구 방법이다.
➡ 이 학생이 수행한 탐구는 연역적 탐구 방법에 해당한다.
- 관찰 및 문제 인식에서 자연 현상을 관찰하여 '왜 그럴까?'라는 의문을 제기하고 가설 설정 단계에서 의문에 대한 잠정적인 답인 가설을 세운다.
➡ '밀웜이 스티로폼을 먹을 것이다.'는 이 탐구의 가설이다.
- 가설을 검증하기 위해 탐구를 설계하고 수행한다. 대조 실험은 실험 결과의 타당성을 높이기 위해 대조군을 설정하여 실험군과 비교하는 것이다. 실험군은 실험 조건(검증하려는 요인)을 인위적으로 변화시킨 집단이고, 대조군은 실험군과 비교하기 위해 실험 조건을 변화시키지 않은 집단이다.
➡ A는 실험 조건인 밀웜의 수를 인위적으로 변화시킨 실험군이고, B는 A와 비교하기 위해 밀웜의 수를 변화시키지 않은 대조군이다.
- 변인은 실험에 관계되는 모든 요인으로, 독립변인과 종속변인이 있다. 독립변인은 실험 결과에 영향을 줄 수 있는 요인으로 조작 변인과 통제 변인이 있다. 조작 변인은 가설 검증을 위해 실험에서 의도적으로 변화시키는 변인이고, 통제 변인은 실험에서 일정하게 유지시키는 변인이다. 종속변인은 독립변인에 따라 변화되는 요인으로, 실험 결과에 해당한다.
➡ 이 실험에서 조작 변인은 밀웜의 수이고, 종속변인은 스티로폼의 질량이다.

| 보기 분석 |

ㄱ. 가설을 세우고 이를 실험을 통해 검증하는 탐구 방법인 연역적 탐구 방법이 이용되었다.

ㄴ. A는 실험 조건인 밀웜의 수를 인위적으로 변화시킨 실험군이고, B는 A와 비교하기 위해 밀웜의 수를 변화시키지 않은 대조군으로 대조 실험이 수행되었다.

ㄷ. 조작 변인은 가설 검증을 위해 실험에서 의도적으로 변화시키는 변인이고, 종속변인은 독립변인에 따라 변화되는 요인으로, 실험 결과에 해당한다. 이 실험에서 조작 변인은 밀웜의 수이고, 종속변인은 스티로폼의 질량이다.

A 34 정답 ③ ＊생명 과학의 탐구 방법

[정답률 91%] **2024 실시 5월 학평 9**

다음은 어떤 과학자가 수행한 탐구이다.

(가) 유채가 꽃을 피우는 기간에 기온이 높으면 유채꽃에 곤충이 덜 오는 것을 관찰하였다. ➡ 관찰 및 문제 인식

(나) ㉠ 유채가 꽃을 피우는 기간에 평균 기온보다 온도가 높으면 유채꽃에서 곤충을 유인하는 물질의 방출량이 감소할 것이라고 생각하였다. ➡ 가설 설정

(다) 유채를 집단 A와 B로 나눠 꽃을 피우는 기간 동안 온도 조건을 A는 ⓐ로, B는 ⓑ로 한 후, A와 B 각각에서 곤충을 유인하는 물질의 방출량을 측정하여 그래프로 나타내었다. ⓐ와 ⓑ는 '평균 기온과 같음'과 '평균 기온보다 높음'을 순서 없이 나타낸 것이다. ➡ 탐구 수행 및 결과 정리

(라) 유채가 꽃을 피우는 기간에 평균 기온보다 온도가 높으면 유채꽃에서 곤충을 유인하는 물질의 방출량이 감소한다는 결론을 내렸다. ➡ 결론 도출

이에 대한 설명으로 옳은 것만을 〈보기〉에서 있는 대로 고른 것은? (3점)

[보기]

ㄱ. ㉠은 (가)에서 관찰한 현상을 설명할 수 있는 잠정적인 결론에 해당한다. ㉠은 (가)에서 관찰한 현상을 설명하는 잠정적인 결론인 가설임

ㄴ. ⓐ는 '평균 기온보다 ~~높음~~'이다. 같음

ㄷ. 연역적 탐구 방법이 이용되었다.
의문점을 해결하기 위해 가설을 세우고 이를 실험을 통해 검증하는 연역적 탐구 방법이 이용됨

① ㄱ ② ㄴ ③ ㄱ, ㄷ ④ ㄴ, ㄷ ⑤ ㄱ, ㄴ, ㄷ

| 문제+자료 분석 |

- **연역적 탐구 방법:** 자연 현상을 관찰하면서 생긴 의문점을 해결하기 위해 가설을 세우고, 이를 실험을 통해 검증하는 탐구 방법 꿀팁
- **(가):** 자연 현상인 '유채가 꽃을 피우는 기간에 기온이 높으면 유채꽃에 곤충이 덜 오는 것'을 관찰하여 의문을 제기하였다. ➡ 관찰 및 문제 인식 단계
- **(나):** 의문에 대한 잠정적인 답인 '유채가 꽃을 피우는 기간에 평균 기온보다 온도가 높으면 유채꽃에서 곤충을 유인하는 물질의 방출량이 감소할 것이다.'라는 가설을 세웠다. ➡ 가설 설정 단계
- **(다):** 가설을 검증하기 위해 탐구를 수행하고 실험에서 얻은 결과를 해석하는 단계이다. ➡ 탐구 수행 및 결과 정리
➡ 조작 변인은 온도 조건, 종속변인은 곤충을 유인하는 물질의 방출량이다.
- **(라):** '유채가 꽃을 피우는 기간에 평균 기온보다 온도가 높으면 유채꽃에서 곤충을 유인하는 물질의 방출량이 감소한다.'라는 가설이 타당하다는 결론을 도출하였다.
➡ 방출량이 높은 A의 온도 조건은 '평균 기온과 같음(ⓐ)'이고, 방출량이 낮은 B의 온도 조건은 '평균 기온보다 높음(ⓑ)'이다.

| 보기 분석 |

ㄱ. ㉠은 (가)에서 관찰한 현상을 설명할 수 있는 잠정적인 결론인 가설에 해당한다.

ㄴ. (라)에서 가설이 타당하다는 결론을 도출하였으므로 방출량이 높은 A의 온도 조건은 '평균 기온과 같음(ⓐ)'이고, 방출량이 낮은 B의 온도 조건은 '평균 기온보다 높음(ⓑ)'이다.

ㄷ. 자연 현상을 관찰하면서 생긴 의문점을 해결하기 위해 가설을 세우고 이를 실험을 통해 검증하는 탐구 방법인 연역적 탐구 방법이 이용되었다.

A 35 정답 ④ ＊생명 과학의 탐구 방법 [정답률 85%] 2024 실시 7월 학평 4

다음은 어떤 과학자가 수행한 탐구이다.

(가) 개미가 서식하는 쇠뿔아카시아에서는 쇠뿔아카시아를 먹는 곤충 X가 적게 관찰되는 것을 보고, 개미가 X의 접근을 억제할 것이라고 생각했다.

(나) 같은 지역에 있는 쇠뿔아카시아를 집단 A와 B로 나눈 후 A에서만 개미를 지속적으로 제거하였다. 조작 변인

(다) 일정 시간이 지난 후 ㉠과 ㉡에서 관찰되는 X의 수를 조사한 결과는 그림과 같다. ㉠과 ㉡은 A와 B를 순서 없이 나타낸 것이다.

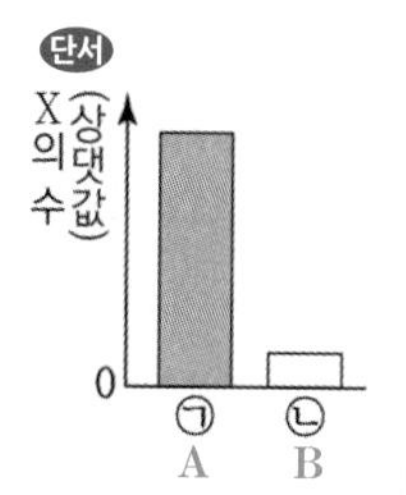

(라) 쇠뿔아카시아에 서식하는 개미가 X의 접근을 억제한다는 결론을 내렸다.
A: 개미를 제거한 집단 ➡ X의 수 증가

이 자료에 대한 설명으로 옳은 것만을 <보기>에서 있는 대로 고른 것은? (3점)

[보기]

ㄱ. ㉠은 A이다. ㉠은 A, ㉡은 B임

ㄴ. (나)에서 대조 실험이 수행되었다.
A는 실험군, B는 대조군의 대조 실험이 수행됨

ㄷ. (다)에서 X의 수는 조작 변인이다. X의 수는 종속변인임

① ㄱ ② ㄴ ③ ㄷ ④ ㄱ, ㄴ ⑤ ㄴ, ㄷ

단서+발상

단서 A에서만 개미를 지속적으로 제거하였으며, 그 결과 ㉠에서 관찰되는 X의 수가 많고 ㉡에서 관찰되는 X의 수가 적은 결과가 제시되어 있다.

발상 탐구 결과 개미가 X의 접근을 억제한다는 결론을 내렸으므로 개미를 제거하면 X의 수가 증가함을 추론할 수 있다.

적용 가설에 따른 탐구 결과를 적용해서 X의 수가 많은 ㉠이 A이고, X의 수가 적은 ㉡이 B임을 구하는 것부터 문제 풀이를 시작해야 한다.

| 문제+자료 분석 |

- **(가):** 연역적 탐구 과정으로 개미가 X의 접근을 억제할 것이라는 가설이 제시되어 있다.
- **(나):** 집단 A는 개미를 제거한 실험군, 집단 B는 개미를 제거하지 않은 대조군으로 대조 실험이 수행되었다.
- **(다):** 개미의 제거 여부가 조작 변인, X의 수가 종속변인이다.
- **(라):** 개미가 X의 접근을 억제한다는 결론을 내렸으므로 X의 수가 많은 ㉠은 개미를 제거한 A이고, X의 수가 적은 ㉡은 개미를 제거하지 않은 B이다.

| 보기 분석 |

ㄱ. A에서만 개미를 제거한다면 A에서는 B에서보다 X의 수가 증가하게 되므로 X의 수가 많은 ㉠이 A, ㉡이 B이다.

ㄴ. (나)에서 A에서만 개미를 제거했으므로 개미를 제거한 실험군 A와 개미를 제거하지 않은 대조군 B를 비교하는 대조 실험이 수행되었다.

ㄷ. (다)에서 X의 수는 개미의 제거 여부에 따라 변하는 종속변인이다.

A 36 정답 ② ＊생명 과학의 탐구 방법 [정답률 90%] 2024 실시 10월 학평 6

다음은 물질 X에 대해 어떤 과학자가 수행한 탐구의 일부이다.

(가) X가 개미의 학습 능력을 향상시킬 것이라고 생각했다.
가설 설정

(나) 개미를 두 집단 A와 B로 나누고, A는 X가 함유되지 않은 설탕물을, B는 X가 함유된 설탕물을 먹였다.
A: 대조군, B: 실험군, 조작 변인: X의 함유 여부

(다) A와 B의 개미가 일정한 위치에 있는 먹이를 찾아가는 실험을 여러 번 반복 수행하면서 먹이에 도달하기까지 걸린 시간을 측정하였다. 종속변인: 먹이에 도달하기까지 걸린 시간

(라) (다)의 결과 먹이에 도달하기까지 걸린 시간이 ㉠에서는 점점 감소하였고, ㉡에서는 변화가 없었다. ㉠과 ㉡은 A와 B를 순서 없이 나타낸 것이다. ㉠: B ㉡: A

(마) X가 개미의 학습 능력을 향상시킨다는 결론을 내렸다.
 실험 결과가 가설을 지지함

이 자료에 대한 옳은 설명만을 <보기>에서 있는 대로 고른 것은? (3점)

[보기]

ㄱ. ㉠은 A이다. B

ㄴ. 조작 변인은 먹이에 도달하기까지 걸린 시간이다.
종속변인

ㄷ. 연역적 탐구 방법이 이용되었다.
가설을 설정한 후 검증하는 연역적 탐구 방법이 이용됨

① ㄱ ② ㄷ ③ ㄱ, ㄴ ④ ㄱ, ㄷ ⑤ ㄴ, ㄷ

단서+발상

단서 가설이 맞는지 탐구한 결과, 가설을 지지했음이 제시되어 있다.

발상 가설에 따른 조작 변인과 실험군, 대조군을 추론할 수 있다.

적용 연역적 탐구 방법에서 가설 설정과 변인 통제 과정을 적용해서 실험군, 대조군, 변인을 구하는 것부터 문제 풀이를 시작해야 한다.

| 문제+자료 분석 |

- **가설:** X가 개미의 학습 능력을 향상시킬 것이다.
- **조작 변인:** X의 함유 여부
- **통제 변인:** 개미 집단, 설탕물 등
- **대조군:** X가 함유되지 않은 설탕물을 먹인 집단 A
- **실험군:** X가 함유된 설탕물을 먹인 집단 B
- **종속변인:** 먹이에 도달하기까지 걸린 시간
- 실험 결과가 가설을 지지한다면 X가 함유된 설탕물을 먹인 집단 B에서 학습 능력이 향상되어 먹이에 도달하기까지 걸린 시간이 감소할 것이다.
➡ ㉠이 B, ㉡이 A이다.

| 보기 분석 |

ㄱ. 먹이에 도달하기까지 걸린 시간이 짧아진 ㉠이 B, 먹이에 도달하기까지 걸린 시간에 변화가 없는 ㉡이 A이다.

ㄴ. 조작 변인은 X의 함유 여부이고, 종속변인은 먹이에 도달하기까지 걸린 시간이다.

ㄷ. 잠정적인 결론인 가설을 설정하고 이 가설이 맞는지 검증하는 탐구가 진행되었으므로 연역적 탐구 방법이 이용되었다.

＊ 연역적 탐구 방법

- **조작 변인:** 실험에서 체계적으로 변화시키는 변인
- **통제 변인:** 조작 변인을 제외한 독립변인으로 실험에서 일정하게 유지하는 변인
- **종속변인:** 조작 변인에 따라 변하는 결과 변인

A 37 정답 ⑤ ＊연역적 탐구 방법 [정답률 77%] 2023 실시 3월 학평 6

다음은 어떤 과학자가 수행한 탐구이다.

(가) 뒷날개에 긴 꼬리가 있는 나방이 박쥐에게 잡히지 않는 것을 보고, 긴 꼬리는 이 나방이 박쥐에게 잡히지 않는 데 도움이 된다고 생각했다. ➡ 가설 설정

(나) 이 나방을 집단 A와 B로 나눈 후 A에서는 긴 꼬리를 그대로 두고, B에서는 긴 꼬리를 제거했다. ➡ 탐구 설계 및 수행

(다) 일정 시간 박쥐에게 잡힌 나방의 비율은 ㉠이 ㉡보다 높았다. ㉠과 ㉡은 A와 B를 순서 없이 나타낸 것이다.
(㉠: B, ㉡: A, 박쥐에게 잡힌 나방의 비율: 종속변인)
➡ 탐구 결과 분석

(라) 긴 꼬리는 이 나방이 박쥐에게 잡히지 않는 데 도움이 된다는 결론을 내렸다. ➡ 결론 도출

이 자료에 대한 옳은 설명만을 <보기>에서 있는 대로 고른 것은? (3점)

[보기]

ㄱ. ㉠은 B이다. ㉠은 B, ㉡은 A

ㄴ. 연역적 탐구 방법이 이용되었다.
가설을 설정한 후 이를 실험을 통해서 검증하고 결론을 도출하였기 때문에 연역적 탐구 방법이 이용되었음

ㄷ. 박쥐에게 잡힌 나방의 비율은 종속변인이다.
박쥐에게 잡힌 나방의 비율은 종속변인임

① ㄱ ② ㄷ ③ ㄱ, ㄴ ④ ㄴ, ㄷ ⑤ ㄱ, ㄴ, ㄷ

| 문제+자료 분석 |

- **(가)**: 의문에 대한 답을 추측하여 잠정적인 결론인 가설을 설정하는 단계이다. 가설 설정 단계가 있으므로 이 탐구는 연역적 탐구 방법이다. 가설은 '긴 꼬리는 이 나방이 박쥐에게 잡히지 않는 데 도움이 된다.'이다.
- **(나)**: 가설을 검증하기 위해 탐구를 설계하고 수행하는 단계이다.
- **(다)**: 실험에서 얻은 결과를 해석하고 가설이 타당한지 탐구 결과를 분석하는 단계이다.
- **(라)**: 결론 도출 단계이다. 나방의 긴 꼬리는 박쥐에게 잡히지 않는 데 도움이 된다는 결론을 도출하였기 때문에 박쥐에게 잡힌 나방의 비율은 긴 꼬리를 제거한 B(㉠)가 제거하지 않은 A(㉡)보다 높다.

| 보기 분석 |

ㄱ. (라)에서 나방의 긴 꼬리가 박쥐에게 잡히지 않는 데 도움이 된다는 결론을 내렸기 때문에 박쥐에게 잡힌 나방의 비율은 긴 꼬리를 제거한 B(㉠)가 긴 꼬리를 제거하지 않은 A(㉡)보다 높다.

ㄴ. (가)에서 가설을 설정한 후 이를 실험을 통해서 검증하고 결론을 도출하였기 때문에 연역적 탐구 방법이 이용되었다.
연역적 탐구 방법은 귀납적 탐구 방법과 달리 가설을 설정하고 이를 실험을 통해 검증한다. 꿀팁

ㄷ. 실험 결과로 박쥐에게 잡힌 나방의 비율을 조사하였기 때문에 박쥐에게 잡힌 나방의 비율은 종속변인이다.

문제 풀이 꿀팁

귀납적 탐구 방법은 관찰을 통해 문제에 대한 결론을 얻지만 연역적 탐구 방법은 문제에 대한 잠정적인 답(가설)을 먼저 설정하고 이를 검증하기 위해 실험한다. 즉, 두 탐구 방법의 가장 큰 차이점은 '가설 설정 단계의 유무'이다.

A 38 정답 ② ＊연역적 탐구 방법 [정답률 83%] 2023 실시 4월 학평 4

다음은 어떤 과학자가 수행한 탐구 과정의 일부이다.

(가) 비둘기가 포식자인 참매가 있는 지역에서 무리지어 활동하는 모습을 관찰하였다. ➡ 관찰

(나) 비둘기 무리의 개체 수가 많을수록, 비둘기 무리가 참매를 발견했을 때의 거리(d)가 클 것이라고 생각하였다.
(비둘기 무리의 개체 수: 조작 변인, 비둘기 무리가 참매를 발견했을 때의 거리(d): 종속변인)
➡ 가설 설정

d 참매

(다) 비둘기 무리의 개체 수를 표와 같이 달리하여 집단 A~C로 나눈 후, 참매를 풀어놓았다. ➡ 탐구 설계 및 수행

집단	A	B	C
개체 수	5	25	50

(라) 그림은 A~C에서 ㉠ 비둘기 무리가 참매를 발견했을 때의 거리(d)를 나타낸 것이다. ➡ 결과 분석

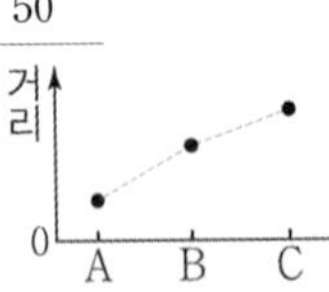

이 자료에 대한 설명으로 옳은 것만을 <보기>에서 있는 대로 고른 것은? (3점)

[보기]

ㄱ. (가)는 관찰한 현상을 설명할 수 있는 잠정적인 결론을 설정하는 단계이다. (가)는 자연 현상을 관찰하는 단계이며, (나)가 가설 설정 단계임

ㄴ. ㉠은 조작 변인이다. ㉠은 종속변인임

ㄷ. (다)의 C에 환경 저항이 작용한다.
C에서 먹이 부족, 서식 공간 부족 등의 환경 저항이 작용함

① ㄱ  ② ㄷ ③ ㄱ, ㄴ ④ ㄴ, ㄷ ⑤ ㄱ, ㄴ, ㄷ

| 문제+자료 분석 |

- **(가)**: 자연 현상을 관찰하는 단계이다.
- **(나)**: 의문에 대한 답을 추측하여 잠정적인 결론인 가설을 설정하는 단계이다.
- **(다)**: 탐구를 설계하고 수행하는 단계이다.
- **(라)**: 탐구 결과를 분석하는 단계이다. ㉠은 조작 변인인 비둘기 무리의 개체 수의 영향을 받아 변하는 요인이므로 종속변인에 해당한다.

| 보기 분석 |

ㄱ. (가)는 자연 현상을 관찰하는 단계이고, 관찰한 현상을 설명할 수 있는 잠정적인 결론(가설)을 설정하는 단계는 (나)이다.

ㄴ. (라)에서 비둘기 무리의 개체 수가 많을수록, ㉠에 해당하는 비둘기 무리가 참매를 발견했을 때의 거리(d)가 증가함을 알 수 있다. 따라서 이 탐구에서 의도적으로 변화시키는 변인인 조작 변인은 비둘기 무리의 개체 수이고, ㉠은 조작 변인의 영향을 받아 변하는 요인이므로 종속변인에 해당한다.

ㄷ. (다)의 집단 C를 구성하는 개체들 사이에서 제한된 먹이와 서식 공간을 차지하기 위해 경쟁이 일어나므로 환경 저항이 작용하게 된다.

문제 풀이 꿀팁

조작 변인은 실험에서 변화시키는 요인이므로 '**원인**'에 해당하는 요인이고, **종속 변인**은 조작 변인의 영향을 받아 나타나는 요인이므로 가설에서 '**결과**'에 해당하는 요인이다.

A 39 정답 ⑤ ＊생명 과학의 탐구 방법

[정답률 94%] 2023 실시 10월 학평 3

그림 (가)와 (나)는 연역적 탐구 방법과 귀납적 탐구 방법을 순서 없이 나타낸 것이다.

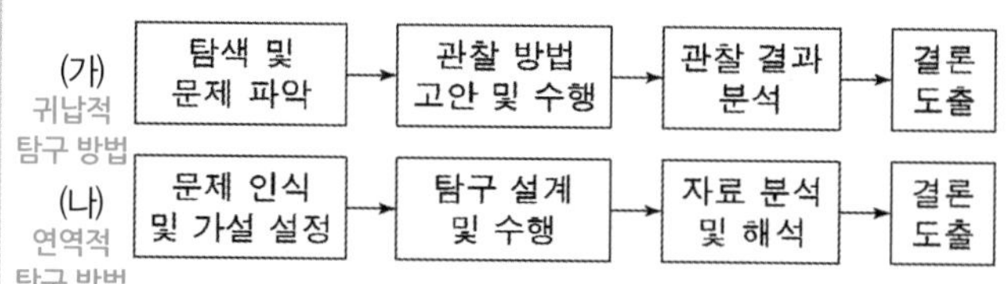

이에 대한 옳은 설명만을 〈보기〉에서 있는 대로 고른 것은?

[보기]

ㄱ. (가)는 귀납적 탐구 방법이다.
(가)는 귀납적 탐구 방법임

ㄴ. 여러 과학자가 생물을 관찰하여 생물은 세포로 이루어져 있다는 결론을 내리는 과정에 (가)가 사용되었다.
세포설에는 귀납적 탐구 방법이 사용됨

ㄷ. (나)에서는 대조 실험을 하여 결과의 타당성을 높인다.
(나)(연역적 탐구 방법)는 대조 실험을 통해 결과의 타당성과 신뢰성을 높임

① ㄱ ② ㄷ ③ ㄱ, ㄴ ④ ㄴ, ㄷ ⑤ ㄱ, ㄴ, ㄷ

| 문제+자료 분석 |

- **(가)**: 가설 설정 단계 없이 자연 현상을 관찰하여 얻은 자료를 종합하고 분석한 후 일반적인 원리를 도출해내는 탐구 방법이므로 귀납적 탐구 방법이다.
- **(나)**: 자연 현상을 관찰하면서 인식한 문제를 해결하기 위해 가설을 설정하고 가설의 옳고 그름을 실험을 통해 검증하는 탐구 방법이므로 연역적 탐구 방법이다.

| 보기 분석 |

ㄱ. (가)는 가설 설정 단계 없이 관찰을 통해 일반적인 원리를 도출해내는 탐구 방법이므로 귀납적 탐구 방법이다.

ㄴ. 여러 과학자가 생물을 관찰하여 생물은 세포로 이루어져 있다는 결론을 내리는 과정에는 가설 설정이나 대조 실험 없이 자료를 종합하고 분석한 후 일반적인 원리를 도출하므로 귀납적 탐구 방법이 사용되었다.

ㄷ. 연역적 탐구 방법(나)에서는 대조군과 실험군을 설정하여 대조 실험을 함으로써 실험 결과의 타당성과 신뢰성을 높일 수 있다.

＊ 귀납적 탐구 방법 VS 연역적 탐구 방법

구분	관찰 단계	가설 설정 단계	대조 실험 단계
귀납적 탐구 방법	○	×	×
연역적 탐구 방법	○	○	○

(○: 있음, ×: 없음)

A 40 정답 ③ ＊생명 과학의 탐구 방법

[정답률 92%] 2024 대비 6월 모평 20

다음은 동물 종 A에 대해 어떤 과학자가 수행한 탐구이다.

(가) A의 수컷 꼬리에 긴 장식물이 있는 것을 관찰하고, ㉠ A의 암컷은 꼬리 장식물의 길이가 긴 수컷을 배우자로 선호할 것이라는 가설을 세웠다. ➡ 가설 설정

(나) 꼬리 장식물의 길이가 긴 수컷 집단 Ⅰ과 꼬리 장식물의 길이가 짧은 수컷 집단 Ⅱ에서 각각 한 마리씩 골라 암컷 한 마리와 함께 두고, 암컷이 어떤 수컷을 배우자로 선택하는지 관찰하였다. ➡ 탐구 설계 및 수행

(다) (나)의 과정을 반복하여 얻은 결과, Ⅰ의 개체가 선택된 비율이 Ⅱ의 개체가 선택된 비율보다 높았다. ➡ 탐구 결과 분석

(라) A의 암컷은 꼬리 장식물의 길이가 긴 수컷을 배우자로 선호한다는 결론을 내렸다. ➡ 결론 도출

이 자료에 대한 설명으로 옳은 것만을 〈보기〉에서 있는 대로 고른 것은? (3점)

[보기]

ㄱ. ㉠은 관찰한 현상을 설명할 수 있는 잠정적인 결론(잠정적인 답)에 해당한다. ㉠(가설)은 관찰한 현상을 설명할 수 있는 잠정적인 결론임

ㄴ. 조작 변인은 ~~암컷이 Ⅰ의 개체를 선택한 비율~~이다.
조작 변인은 꼬리 장식물의 길이이고, 암컷이 Ⅰ의 개체를 선택한 비율은 종속변인임

ㄷ. (라)는 탐구 과정 중 결론 도출 단계에 해당한다.
(라)에서 가설이 타당하다는 결론을 도출하였음

① ㄱ ② ㄴ ③ ㄱ, ㄷ ④ ㄴ, ㄷ ⑤ ㄱ, ㄴ, ㄷ

| 문제+자료 분석 |

- (가)는 의문에 대한 잠정적인 답인 가설을 설정하는 가설 설정 단계, (나)는 가설을 검증하기 위해 탐구를 설계하고 수행하는 탐구 설계 및 수행 단계, (다)는 실험에서 얻은 결과를 정리하는 탐구 결과 분석 단계, (라)는 가설이 타당하다고 검증하고 결론을 도출하는 결론 도출 단계이다. ㉠은 관찰한 현상을 설명할 수 있는 잠정적인 결론(잠정적인 답)인 가설이다.
- 조작 변인은 가설 검증을 위해 실험에서 의도적으로 변화시키는 변인으로 '꼬리 장식물의 길이'이다. 종속변인은 독립변인에 따라 변화되는 요인이고 실험 결과에 해당하는 변인으로 '암컷이 수컷 개체를 선택한 비율'에 해당한다.

| 보기 분석 |

ㄱ. 수컷 꼬리에 긴 장식물이 있는 것을 관찰하고 이를 설명할 수 있는 잠정적인 결론인 'A의 암컷은 꼬리 장식물의 길이가 긴 수컷을 배우자로 선호할 것(㉠)'이라는 가설을 설정하였다.

ㄴ. 조작 변인은 가설 검증을 위해 실험에서 의도적으로 변화시키는 변인으로 '꼬리 장식물의 길이'이다.

ㄷ. (라)에서 A의 암컷은 꼬리 장식물의 길이가 긴 수컷을 배우자로 선호한다는 결론을 도출함으로써 (가)에서 설정한 가설이 타당하다는 결론을 도출하였다.

＊ 연역적 탐구 방법

귀납적 탐구 방법과 달리 가설 설정 단계가 있다.

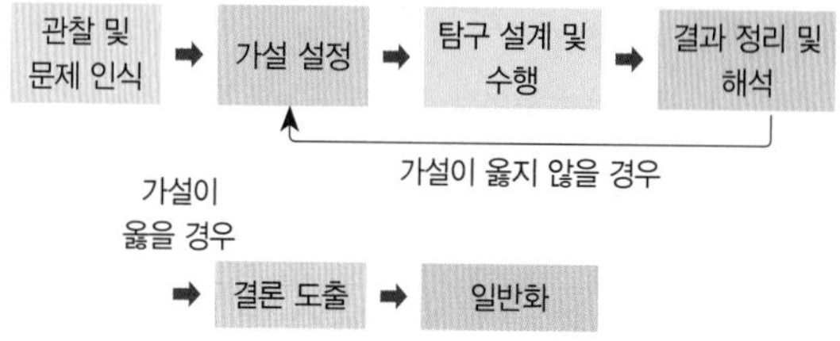

A 41 정답 ① * 생명 과학의 탐구 방법 [정답률 92%] 2024 대비 수능 3

다음은 플랑크톤에서 분비되는 독소 ㉠과 세균 S에 대해 어떤 과학자가 수행한 탐구이다.

(가) S의 밀도가 낮은 호수에서보다 높은 호수에서 ㉠의 농도가 낮은 것을 관찰하고, S가 ㉠을 분해할 것이라고 생각했다. ➡ 가설 설정

(나) 같은 농도의 ㉠이 들어 있는 수조 Ⅰ과 Ⅱ를 준비하고 한 수조에만 S를 넣었다. 일정 시간이 지난 후 Ⅰ과 Ⅱ 각각에 남아 있는 ㉠의 농도를 측정했다. ➡ 탐구 설계 및 수행 (종속변인)

(다) 수조에 남아 있는 ㉠의 농도는 Ⅰ에서가 Ⅱ에서보다 높았다. ➡ 탐구 결과 분석

(라) S가 ㉠을 분해한다는 결론을 내렸다. ➡ 결론 도출

이 자료에 대한 설명으로 옳은 것만을 〈보기〉에서 있는 대로 고른 것은? (3점)

[보기]

ㄱ. (나)에서 대조 실험이 수행되었다. (나)에서 대조 실험이 수행됨

ㄴ. 조작 변인은 ~~수조에 남아 있는 ㉠의 농도~~이다. 조작 변인은 S를 넣었는지의 여부임

ㄷ. S를 넣은 수조는 ~~Ⅰ이다~~. S를 넣은 수조는 Ⅱ임

① ㄱ ② ㄴ ③ ㄱ, ㄷ ④ ㄴ, ㄷ ⑤ ㄱ, ㄴ, ㄷ

| 문제+자료 분석 |

- (가): 'S가 ㉠을 분해할 것이다.'라는 잠정적인 결론을 설정하고 있으므로 가설 설정 단계이다.
- (나): 수조 Ⅰ과 Ⅱ 중 한 수조에만 S를 넣어 대조 실험을 수행하고 있으므로 탐구 설계 및 수행 단계이다.
- (다): 수조에 남아 있는 ㉠의 농도를 측정하여 분석하고 있으므로 탐구 결과 분석 단계이다.
- (라): 'S가 ㉠을 분해한다.'라는 결론을 내리고 있으므로 결론 도출 단계이다.

| 보기 분석 |

ㄱ. (나)에서 수조 Ⅰ과 Ⅱ 중 S를 넣은 수조는 실험군, S를 넣지 않은 수조는 대조군으로 설정하여 실험하였으므로 대조 실험이 수행되었다.

ㄴ. 조작 변인은 대조군과 실험군의 차이에 해당한다. 따라서 이 탐구에서 조작 변인은 S를 넣었는지의 여부이다. 수조에 남아 있는 ㉠의 농도는 조작 변인의 영향을 받아 나타난 실험 결과이므로 종속변인에 해당한다.

ㄷ. (라)에서 S가 ㉠을 분해한다는 결론을 내렸으므로, S를 넣은 수조에서 남아 있는 ㉠의 농도가 더 낮아야 한다. (다)에서 ㉠의 농도는 Ⅰ에서가 Ⅱ에서보다 높았으므로 S를 넣은 수조는 Ⅱ이다.

권민재 | 강릉원주대 치의예과 2024년 입학·서울 광영여고 졸

(가)에서 '~할 것이라고 생각했다.'는 이 실험의 가설에 대한 내용이고, 이 문장을 보고 '아! 연역적 탐구 방법에 대한 문제구나!'라고 생각했어. 이런 유형은 한 문제씩 꼭 출제되는데 실험 결과를 주고 대조군과 실험군을 알아내는 경우가 많으니 이에 유의하고 문제를 꼼꼼히 읽도록 하자.

A 42 정답 ② * 연역적 탐구 과정 [정답률 61%] 2023 실시 7월 학평 4

다음은 어떤 과학자가 수행한 탐구이다.

(가) 해조류를 먹지 않는 돌돔이 서식하는 지역에서 해조류를 먹는 성게의 개체 수가 적게 관찰되는 것을 보고, 돌돔이 있으면 성게에게 먹히는 해조류의 양이 감소할 것이라고 생각했다. ➡ 가설 설정

(나) 같은 양의 해조류가 있는 지역 A와 B에 동일한 개체 수의 성게를 각각 넣은 후 ㉠에만 돌돔을 넣었다. ㉠은 A와 B 중 하나이다. ➡ 탐구 설계 및 수행 (A)

(다) 일정 시간이 지난 후 남아 있는 해조류의 양은 A에서가 B에서보다 많았다. ➡ 탐구 결과 분석

(라) 돌돔이 있으면 성게에게 먹히는 해조류의 양이 감소한다는 결론을 내렸다. ➡ 결론 도출

이 자료에 대한 설명으로 옳은 것만을 〈보기〉에서 있는 대로 고른 것은? (단, 제시된 조건 이외는 고려하지 않는다.)

[보기]

ㄱ. ㉠은 ~~B~~이다. ㉠은 A임

ㄴ. 종속변인은 ~~돌돔의 유무~~이다. 종속변인은 남아 있는 해조류의 양임

ㄷ. 연역적 탐구 방법이 이용되었다. 가설을 설정하고 이를 검증하기 위해 실험을 수행했으므로 연역적 탐구 방법이 이용됨

① ㄱ ② ㄷ ③ ㄱ, ㄴ ④ ㄱ, ㄷ ⑤ ㄴ, ㄷ

| 문제+자료 분석 |

- (가): '돌돔이 있으면 성게에게 먹히는 해조류의 양이 감소할 것이다.'는 이 탐구의 제기된 문제에 대한 잠정적인 결론이므로 (가)는 가설 설정 단계이다. 실험에서 변화시키는 요인인 돌돔의 유무는 조작 변인이고, 실험 결과에 해당하는 해조류의 양은 종속변인이다.
- (나): 대조군과 실험군을 설정하여 탐구를 수행하고 있으므로 탐구 설계 및 수행 단계이다.
- (다): A와 B에서의 해조류의 양을 비교하고 있으므로 탐구 결과 분석 단계이다.
- (라): '돌돔이 있으면 성게에게 먹히는 해조류의 양이 감소한다.'는 결론을 도출하였으므로, 결론 도출 단계이다.

| 보기 분석 |

ㄱ. (라)의 결론을 참고하면, 돌돔을 넣은 ㉠에서 성게에게 먹히는 해조류의 양이 감소(남아 있는 해조류의 양은 증가)해야 하므로, 남아 있는 해조류의 양이 더 많은 A가 돌돔을 넣은 ㉠에 해당한다. 성게에게 먹히는 해조류의 양이 감소한다는 것은 남아 있는 해조류의 양은 증가한다는 것을 의미한다.  함정

ㄴ. 조작 변인에 따라 변화하는 종속변인은 남아 있는 해조류의 양이다.

ㄷ. (가)에서 가설을 설정하고, 이를 검증하기 위해 (나)에서 대조 실험을 수행하여 결과 분석 후 결론을 도출하였으므로, 연역적 탐구 방법이 이용되었다.

A 43 정답 ② * 연역적 탐구 방법 ······ [정답률 90%] 2023 대비 수능 18

다음은 어떤 과학자가 수행한 탐구이다.

(가) 갑오징어가 먹이의 많고 적음을 구분하여 먹이가 더 많은 곳으로 이동할 것이라고 생각했다. ➡ 가설 설정

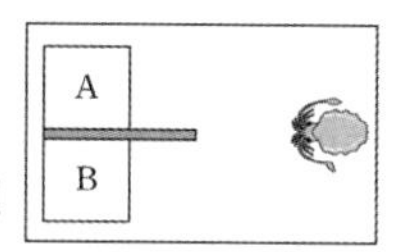

(나) 그림과 같이 대형 수조 안에 서로 다른 양의 먹이가 들어 있는 수조 A와 B를 준비했다. ➡ 탐구 설계 (조작 변인)

(다) 갑오징어 1마리를 대형 수조에 넣고 A와 B 중 어느 수조로 이동하는지 관찰했다. ➡ 탐구 수행

(라) 여러 마리의 갑오징어로 (다)의 과정을 반복하여 ⓐ A와 B 각각으로 이동한 갑오징어 개체의 빈도를 조사한 결과는 그림과 같다. (종속변인)
➡ 탐구 결과 정리 및 해석

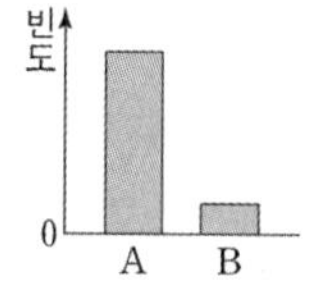

(마) 갑오징어가 먹이의 많고 적음을 구분하여 먹이가 더 많은 곳으로 이동한다는 결론을 내렸다. ➡ 결론 도출

이 자료에 대한 설명으로 옳은 것만을 〈보기〉에서 있는 대로 고른 것은?

[보기]

ㄱ. ⓐ는 ~~조작 변인~~이다. ⓐ는 종속변인임

ㄴ. 먹이의 양은 B에서가 A에서보다 ~~많다~~. 적음

ㄷ. (마)는 탐구 과정 중 결론 도출 단계에 해당한다.
(마)는 실험 해석을 통해 결론을 내리는 단계이므로 결론 도출 단계임

① ㄱ ② ㄷ ③ ㄱ, ㄴ ④ ㄱ, ㄷ ⑤ ㄴ, ㄷ

| 문제+자료 분석 |

- **(가)**: 의문에 대한 잠정적인 답인 가설을 설정하는 단계이며, 가설을 설정하였으므로 연역적 탐구 방법이 이용되었다.
- **(나), (다)**: 탐구 설계 및 수행 단계이며, A와 B에 서로 다른 양의 먹이가 들어 있으므로 먹이의 양은 조작 변인이다.
- **(라)**: 탐구 결과 정리 및 해석 단계이다. 갑오징어는 조작 변인인 먹이의 양에 따라 A와 B 각각으로 이동하였으므로 ⓐ는 실험 결과인 종속변인이다.
- **(마)**: 결론 도출 단계이며, 갑오징어는 먹이가 더 많은 곳으로 이동한다는 결론을 내렸으므로 갑오징어 개체의 빈도가 높은 A는 먹이가 많은 곳, 개체의 빈도가 낮은 B는 먹이가 적은 곳임을 알 수 있다.

| 보기 분석 |

ㄱ. ⓐ는 서로 다른 먹이가 있는 장소로 각각 이동한 갑오징어 개체의 빈도 즉, 실험 결과이므로 ⓐ는 종속변인이다.

ㄴ. 갑오징어는 먹이가 많은 곳으로 이동한다는 결론을 내렸으므로 갑오징어 개체의 빈도가 더 많은 A에서가 B에서보다 먹이의 양이 더 많다.

ㄷ. 가설을 실험적으로 검증하여 갑오징어는 먹이가 더 많은 곳으로 이동한다는 결론을 내렸으므로, (마)는 결론 도출 단계에 해당한다.

김보겸 | 연세대 지구시스템과학과 2023년 입학 · 광주 서석고졸

이러한 연역적 탐구 실험에서는 각각이 어떤 변인에 속하는지 보고 아는 게 중요해. 결론이 가설을 뒷받침 하는지 여부도 꼭 살피자.

A 44 정답 ③ * 연역적 탐구 방법 ······ [정답률 83%] 2023 대비 6월 모평 18

다음은 어떤 과학자가 수행한 탐구이다. (가설을 설정하였으므로 연역적 탐구 방법이 이용됨)

(가) 벼가 잘 자라지 못하는 논에 벼를 갉아먹는 왕우렁이의 개체 수가 많은 것을 관찰하고, 왕우렁이의 포식자인 자라를 논에 넣어주면 벼의 생물량이 증가할 것이라고 생각했다. ➡ 관찰 및 문제 인식+가설 설정

(나) 같은 지역의 면적이 동일한 논 A와 B에 각각 같은 수의 왕우렁이(통제 변인)를 넣은 후, A에만 자라(조작 변인)를 풀어놓았다. ➡ 탐구 설계 및 수행

(다) 일정 시간이 지난 후 조사한 왕우렁이의 개체 수는 ㉠에서가 ㉡에서보다 적었고, 벼의 생물량은 ㉠에서가 ㉡에서보다 많았다. ㉠(A)과 ㉡(B)은 A와 B를 순서 없이 나타낸 것이다. ➡ 결과 정리 및 해석

(라) 자라가 왕우렁이의 개체 수를 감소시켜 벼의 생물량(종속 변인)이 증가한다는 결론을 내렸다. ➡ 결론 도출 단계

이 자료에 대한 설명으로 옳은 것만을 〈보기〉에서 있는 대로 고른 것은? (3점)

[보기]

ㄱ. ㉡은 B이다. ㉠은 A이고, ㉡은 B

ㄴ. 조작 변인은 ~~벼의 생물량~~이다. 조작 변인은 자라의 유무

ㄷ. ㉠에서 왕우렁이 개체군에 환경 저항이 작용하였다.
포식자인 자라가 ㉠(A)에서 왕우렁이 개체군에 환경 저항으로 작용

① ㄱ ② ㄴ ③ ㄱ, ㄷ ④ ㄴ, ㄷ ⑤ ㄱ, ㄴ, ㄷ

| 문제+자료 분석 |

- **(가)**: 관찰 과정에서 의문을 가지고 가설을 설정하는 단계에 해당한다. 가설을 설정하였으므로 이 탐구는 연역적 탐구 방법이다. 꿀팁
- **(나)**: 탐구를 설계하고 수행하는 단계에 해당한다. A와 B에 모두 같은 수의 왕우렁이를 넣은 것은 실험에서 일정하게 유지하는 통제 변인에 해당한다. 또한 A에만 자라를 풀어놓았으므로 자라의 유무는 실험에서 의도적으로 변화시키는 조작 변인에 해당한다.
- **(다)**: 결과를 정리하고 해석하는 단계에 해당한다. 자라는 왕우렁이의 개체 수를 감소시켜 벼의 생물량 증가를 일으킨다는 (라)의 결론을 통해 벼의 생물량이 많은 ㉠은 자라를 풀어 놓은 A이며, ㉡은 B인 것을 알 수 있다.
- **(라)**: 결론을 도출하는 단계에 해당한다. 조작 변인인 자라의 유무에 따라 변하는 벼의 생물량은 실험 결과인 종속 변인에 해당한다.

| 보기 분석 |

ㄱ. 자라가 왕우렁이의 개체 수를 감소시켜 벼의 생물량이 증가한다는 결론을 내렸으므로 자라를 풀어놓은 A는 왕우렁이의 개체 수가 적고, 벼의 생물량이 많은 ㉠임을 유추할 수 있다. 따라서 B가 ㉡이다.

ㄴ. 조작 변인은 자라의 유무이고, 종속 변인은 벼의 생물량이다.

ㄷ. 환경 저항이란 개체군의 생장을 억제하는 요인으로 먹이 부족, 서식 공간 부족, 노폐물의 축적, 질병의 발병, 포식자에 의한 포식 등이 있다. 포식자인 자라를 풀어놓은 ㉠(A)에서 자라가 왕우렁이를 포식하게 되므로 왕우렁이 개체군에 환경 저항이 작용하였다.

A 45 정답 ④ * 연역적 탐구 방법 ······ [정답률 90%] 2022 실시 7월 학평 16

다음은 어떤 과학자가 수행한 탐구 과정의 일부이다.

(가) 동물 X는 사료 외에 플라스틱도 먹이로 섭취하여 에너지를 얻을 수 있을 것이라고 생각했다. ➡ 가설 설정

(나) 동일한 조건의 X를 각각 20마리씩 세 집단 A, B, C로 나눈 후 A에는 물과 사료를, B에는 물과 플라스틱을, C에는 물만 주었다. ➡ 탐구 설계 및 수행

(다) 일정 기간이 지난 후 ㉠ X의 평균 체중을 확인한 결과 A에서는 증가했고, B에서는 유지되었으며, C에서는 감소했다. ➡ 결과 분석

이 자료에 대한 설명으로 옳은 것만을 〈보기〉에서 있는 대로 고른 것은?

[보기]

ㄱ. ㉠은 조작 변인이다. ㉠은 종속 변인

ㄴ. 연역적 탐구 방법이 이용되었다.
가설 설정 단계가 있으므로 연역적 탐구 방법

ㄷ. (나)에서 대조 실험이 수행되었다.
(나)에서 대조군과 실험군을 설정한 대조 실험이 수행됨

① ㄱ ② ㄴ ③ ㄱ, ㄷ ④ ㄴ, ㄷ ⑤ ㄱ, ㄴ, ㄷ

| 문제+자료 분석 |

- **(가)** 가설 설정: 가설을 설정하였으므로 연역적 탐구 방법이 사용되었다.
- **(나)** 탐구 설계 및 수행: A, B, C 세 집단으로 나누어 먹이의 종류를 다르게 하여 대조 실험을 수행하였다. 또한 A, B, C 세 집단의 먹이가 서로 다르므로 먹이의 종류는 조작 변인이다.
- **(다)** 결과 분석 단계: 먹이의 종류에 따라 A, B, C에서 X의 평균 체중이 달라짐을 확인할 수 있다. 실험 결과인 종속 변인은 X의 평균 체중에 해당된다.

| 보기 분석 |

ㄱ. 조작 변인은 실험에서 변화시킨 변인으로 먹이의 종류가 이 실험의 조작 변인이다. ㉠(X의 평균 체중)은 실험 결과에 해당하므로 종속 변인이다.

ㄴ. 이 탐구 활동에서는 가설을 설정하고 이를 검증하기 위해 실험을 수행하므로 연역적 탐구 방법이 이용되었다.

ㄷ. (나)에서 기존에 주던 먹이대로 물과 사료를 먹인 A와 물만 먹인 C는 대조군이며, 물과 플라스틱을 먹인 B는 검증하고자 하는 요인을 변화시킨 실험군이다. 즉, (나)에서 대조군과 실험군을 설정하여 실험하였으므로 대조 실험이 수행되었다.

문제 풀이 Tip

1. 귀납적 탐구에서는 가설 설정 단계가 없고, 연역적 탐구에서는 가설 설정 단계가 있다.
2. 조작 변인은 실험에서 '변화'시킨 변인이고, 종속 변인은 조작 변인의 영향을 받아 변하는 요인으로 '실험 결과'에 해당한다.

A 46 정답 ④ * 연역적 탐구 방법 ······ [정답률 86%] 2023 대비 9월 모평 20

다음은 어떤 과학자가 수행한 탐구이다.

(가) 물질 X가 살포된 지역에서 비정상적인 생식 기관을 갖는 수컷 개구리가 많은 것을 관찰하고, X가 수컷 개구리의 생식 기관에 기형을 유발할 것이라고 생각했다. ➡ 가설 설정

(나) X에 노출된 적이 없는 올챙이를 집단 A와 B로 나눈 후 A에만 X를 처리했다. A는 실험군, B는 대조군

(다) 일정 시간이 지난 후, ㉠과 ㉡ 각각의 수컷 개구리 중 비정상적인 생식 기관을 갖는 개체의 빈도를 조사한 결과는 그림과 같다. ㉠과 ㉡은 A와 B를 순서 없이 나타낸 것이다.

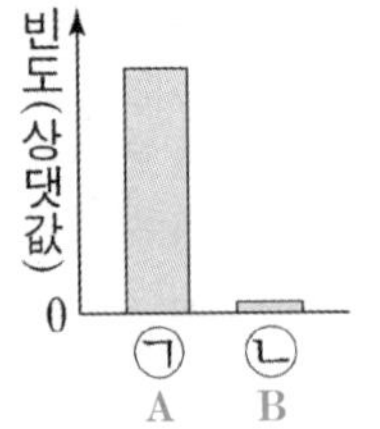

(라) X가 수컷 개구리의 생식 기관에 기형을 유발한다는 결론을 내렸다.

이 자료에 대한 설명으로 옳은 것만을 〈보기〉에서 있는 대로 고른 것은? (3점)

[보기]

ㄱ. ㉠은 B이다. ㉠은 A

ㄴ. 연역적 탐구 방법이 이용되었다.
가설을 설정하고 검증하는 연역적 탐구 방법이 이용됨

ㄷ. (나)에서 조작 변인은 X의 처리 여부이다.
(나)에서 조작 변인은 X의 처리 여부

① ㄱ ② ㄴ ③ ㄱ, ㄷ ④ ㄴ, ㄷ ⑤ ㄱ, ㄴ, ㄷ

| 문제+자료 분석 |

- **(가)**: 관찰을 통해 X가 수컷 개구리의 생식 기관에 기형을 유발할 것이라는 가설을 설정했다.
- **(나)**: X에 노출된 적 없는 올챙이를 수집한 것이 통제 변인이며, X의 처리 여부는 조작 변인이다. X를 처리한 A가 실험군, 처리하지 않은 B가 대조군이다.
- **(다)**: ㉠은 비정상적인 생식 기관을 갖는 개체의 빈도가 높으므로 생식 기관에 기형이 유발된 집단이다. 결론이 가설을 지지한다면 ㉠은 X를 처리한 실험군인 A이며, 실험 결과인 생식 기관의 기형 여부는 종속 변인이다.
- **(라)**: 실험 결과 얻은 결론이 가설을 지지한다.

| 보기 분석 |

ㄱ. ㉠은 X를 처리한 실험군인 A로 가설과 부합하게 생식 기관에 기형이 유발되었다.

ㄴ. 가설을 설정한 후 이를 검증하는 탐구를 설계하고 수행하는 연역적 탐구 방법이 이용되었다.

ㄷ. 조작 변인은 가설을 검증하기 위해 의도적으로 변화시키는 변인이며, (나)에서 조작 변인은 X의 처리 여부이다.

A 47 정답 ⑤ * 생물의 특성 [정답률 93%] 2021 실시 3월 학평 1

다음은 어떤 과학자가 수행한 탐구의 일부이다.

(가) ㉠ 도마뱀 알 20개 중 10개는 27 ℃에, 나머지 10개는 33 ℃에 두었다. 알을 둔 온도를 달리함 (조작 변인=원인)

(나) ㉡ 일정 시간이 지난 후 알에서 자란 새끼가 부화하면, 알을 둔 온도별로 새끼의 성별을 확인하였다. 부화 시 새끼의 성별 (종속 변인=결과)

이에 대한 옳은 설명만을 〈보기〉에서 있는 대로 고른 것은?

[보기]

ㄱ. ㉠은 세포로 구성된다. → 모든 생물은 세포로 구성

ㄴ. 알을 둔 온도는 조작 변인이다. → 알을 둔 온도를 달리하였으므로 알을 둔 온도가 조작변인

ㄷ. ㉡은 생물의 특성 중 발생의 예이다. → 수정란이 세포 분열을 통해 완전한 하나의 개체가 되는 과정이 발생

① ㄱ ② ㄴ ③ ㄱ, ㄷ ④ ㄴ, ㄷ ⑤ ㄱ, ㄴ, ㄷ

| 문제+자료 분석 |

- (가): 가설을 검증하기 위해 실험에서 의도적으로 변화시키는 변인이 조작 변인인데 도마뱀 알을 둔 온도를 달리하였으므로 알을 둔 온도가 조작 변인이다.
- (나): 조작 변인의 영향을 받아 변하는 변인이 종속 변인인데 알을 둔 온도별로 부화 시 새끼의 성별을 확인하였으므로 부화 시 새끼의 성별이 종속 변인이다.

| 보기 분석 |

ㄱ. 모든 생물은 세포로 이루어져 있다. 도마뱀은 여러 개의 세포로 이루어져 정교한 체제를 이루는 다세포 생물이다.

ㄴ. 가설을 검증하기 위해 실험에서 의도적이고 체계적으로 변화시키는 변인이 조작 변인이다.

ㄷ. 수정란이 세포 분열을 통해 세포 수가 증가하고, 세포의 구조와 기능이 다양해져 여러 조직과 기관을 형성함으로써 완전한 하나의 개체가 되는 과정을 발생이라 한다.

＊ 변인

독립변인	실험 결과에 영향을 줄 수 있는 변인 • 조작 변인: 가설을 검증하기 위해 실험에서 의도적이고 체계적으로 변화시키는 변인(원인) • 통제 변인: 실험군과 대조군에서 일정하게 유지해야 하는 변인
종속변인	조작 변인의 영향을 받아 변하는 변인(결과)

A 48 정답 ① * 연역적 탐구 방법 [정답률 90%] 2022 대비 9월 모평 3

다음은 어떤 과학자가 수행한 탐구이다.

(가) 초파리는 짝짓기 상대로 서로 다른 종류의 먹이를 먹고 자란 개체보다 같은 먹이를 먹고 자란 개체를 선호할 것이라고 생각했다. → 가설 설정 단계

(나) 초파리를 두 집단 A와 B로 나눈 후 A는 먹이 ⓐ를, B는 먹이 ⓑ를 주고 배양했다. ⓐ와 ⓑ는 서로 다른 종류의 먹이다. → 탐구 설계

(다) 여러 세대를 배양한 후, ㉠같은 먹이를 먹고 자란 초파리 사이에서의 짝짓기 빈도와 ㉡서로 다른 종류의 먹이를 먹고 자란 초파리 사이에서의 짝짓기 빈도를 관찰했다. → 대조 실험 수행

(라) (다)의 결과, Ⅰ(㉠)이 Ⅱ(㉡)보다 높게 나타났다. Ⅰ과 Ⅱ는 ㉠과 ㉡을 순서 없이 나타낸 것이다. → 결과 분석

(마) 초파리는 짝짓기 상대로 서로 다른 종류의 먹이를 먹고 자란 개체보다 같은 먹이를 먹고 자란 개체를 선호한다는 결론을 내렸다. → 결론 도출

이 자료에 대한 설명으로 옳은 것만을 〈보기〉에서 있는 대로 고른 것은? (3점)

[보기]

ㄱ. 연역적 탐구 방법이 이용되었다. → 가설을 세워 인식한 문제를 실험적으로 검증하는 연역적 탐구 방법이 이용됨

ㄴ. 조작 변인은 ~~짝짓기 빈도~~이다. → 조작 변인은 먹이의 종류

ㄷ. Ⅰ은 ㉡이다. → Ⅰ은 ㉠, Ⅱ는 ㉡

① ㄱ ② ㄴ ③ ㄷ ④ ㄱ, ㄴ ⑤ ㄱ, ㄷ

| 문제+자료 분석 |

- (가) : 잠정적인 결론을 내리는 가설 설정 단계
- (나), (다) : 탐구 설계 및 대조 실험 수행
- (라) : 결과 분석
- (마) : 결론 도출
- 가설 설정 단계와 대조 실험이 이루어졌으므로 이 탐구는 연역적 탐구 방법이다.
- 조작 변인은 대조군과 달리 실험군에서 의도적으로 변화시키는 변인이고, 종속 변인은 조작 변인의 영향을 받아 변하는 요인이다.

| 보기 분석 |

ㄱ. 초파리가 먹는 먹이의 종류에 따른 짝짓기 선호도를 알아보기 위해 가설을 설정하고, 이를 검증하기 위해 탐구 설계 및 대조 실험을 수행하였으므로 연역적 탐구 방법이 이용되었다.

ㄴ. 이 실험에서 조작 변인은 먹이의 종류, 종속변인은 짝짓기 빈도이다.

ㄷ. 이 실험의 결과에서 짝짓기의 빈도는 Ⅰ이 Ⅱ보다 높게 나타났고, 초파리의 짝짓기 상대로 같은 먹이를 먹고 자란 개체를 선호한다는 결론을 내렸다. 따라서 Ⅰ은 ㉠이며, Ⅱ는 ㉡이다.

문제 풀이 Tip

가설 설정 단계에서 조작 변인과 종속변인의 힌트를 얻을 수 있다. 가설의 원인에 해당하는 것은 조작 변인에 해당하고, 가설을 구성하는 결과에 해당하는 것은 종속변인에 해당한다.

A 49 정답 ④ * 생명 과학의 탐구 방법 [정답률 90%] 2021 실시 10월 학평 2

다음은 곰팡이 ㉠과 옥수수를 이용한 탐구의 일부를 순서 없이 나타낸 것이다. 연역적 탐구

(가) '㉠이 옥수수의 생장을 촉진한다.'라고 결론을 내렸다. → 결론 도출

(나) 생장이 빠른 옥수수의 뿌리에 ㉠이 서식하는 것을 관찰하고, ㉠이 옥수수의 생장에 영향을 미칠 것으로 생각했다. → 문제 인식과 가설 설정

(다) ㉠이 서식하는 옥수수 10 개체와 ㉠이 제거된 옥수수 10 개체를 같은 조건에서 배양하면서 질량 변화를 측정했다. → 탐구 수행

이에 대한 설명으로 옳은 것만을 <보기>에서 있는 대로 고른 것은? (3점)

[보기]

ㄱ. 옥수수에서 ㉠의 제거 여부는 ~~종속변인이다~~. → 옥수수에서 ㉠의 제거 여부는 조작 변인

ㄴ. 이 탐구에서는 대조 실험이 수행되었다. → ㉠이 제거된 옥수수를 대조군으로 설정한 대조 실험이 수행됨

ㄷ. 탐구는 (나) → (다) → (가)의 순으로 진행되었다. → 탐구는 (나) → (다) → (가)의 순으로 진행됨

① ㄱ ② ㄷ ③ ㄱ, ㄴ ④ ㄴ, ㄷ ⑤ ㄱ, ㄴ, ㄷ

| 문제+자료 분석 |

- **연역적 탐구 방법**: ㉠이 옥수수의 생장에 영향을 미칠 것이라고 생각한 것처럼 잠정적인 결론을 설정하고, 이 잠정적인 결론이 맞는지 검증하는 탐구 방법을 말한다.
- **대조 실험**: 실험 결과에 대한 타당성을 높이기 위해 대조군을 설정하여 실험군과 비교하는 대조 실험을 해야 한다. ㉠이 서식하는 옥수수 10개체가 실험군이라면 ㉠이 제거된 옥수수 10개체가 대조군이다.
- **조작 변인**: 옥수수에서 ㉠의 제거 여부를 다르게 하는 것처럼 탐구에서 계획에 따라 인위적으로 변화시키는 변인을 말한다.
- **종속변인**: 옥수수의 질량 변화처럼 설정한 조작 변인에 따라서 변하는 변인을 말한다.

| 보기 분석 |

ㄱ. 옥수수에서 ㉠의 제거 여부는 가설을 검증하기 위해 계획에 따라 인위적으로 변화시키는 조작 변인을 말한다. 종속변인은 조작 변인에 따라 변하는 옥수수의 질량 변화이다.

ㄴ. ㉠이 서식하는 옥수수를 실험군으로, ㉠이 제거된 옥수수를 대조군으로 설정하여 종속변인을 비교하는 대조 실험이 수행되었다.

ㄷ. 탐구는 문제를 인식하고 가설을 설정하는 (나)로 시작하여 실제 탐구를 수행하는 (다)를 거쳐 결론을 도출하는 (가)의 순으로 진행되었다.

A 50 정답 ③ * 연역적 탐구 방법 [정답률 88%] 2022 대비 6월 모평 20

다음은 초식 동물 종 A와 식물 종 P의 상호 작용에 대해 어떤 과학자가 수행한 탐구이다.

(가) P가 사는 지역에 A가 유입된 후 P의 가시의 수가 많아진 것을 관찰하고, A가 P를 뜯어 먹으면 P의 가시의 수가 많아질 것이라고 생각했다. → 가설 설정

(나) 같은 지역에 서식하는 P를 집단 ㉠과 ㉡으로 나눈 후, ㉠에만 A의 접근을 차단하여 P를 뜯어 먹지 못하도록 했다. → 조작 변인

(다) 일정 시간이 지난 후, P의 가시의 수는 Ⅰ에서가 Ⅱ에서보다 많았다. Ⅰ과 Ⅱ는 ㉠과 ㉡을 순서 없이 나타낸 것이다. → Ⅰ에서 A가 P를 뜯어 먹어 가시의 수가 많아짐: ㉡

(라) A가 P를 뜯어 먹으면 P의 가시의 수가 많아진다는 결론을 내렸다. → 결론이 가설을 지지함

이 자료에 대한 설명으로 옳은 것만을 <보기>에서 있는 대로 고른 것은? (3점)

[보기]

ㄱ. Ⅱ는 ㉠이다. → Ⅱ는 ㉠, Ⅰ은 ㉡

ㄴ. 연역적 탐구 방법이 이용되었다. → 가설을 검증하는 연역적 탐구 방법이 이용됨

ㄷ. 조작 변인은 ~~P의 가시의 수이다~~. → 조작 변인은 A의 접근 차단 유무

① ㄱ ② ㄷ ③ ㄱ, ㄴ ④ ㄴ, ㄷ ⑤ ㄱ, ㄴ, ㄷ

| 문제+자료 분석 |

- **(가)**: A가 P를 뜯어 먹으면 P의 가시의 수가 많아질 것이라고 가설을 설정했다.
- **(나)**: 집단 ㉠에서 A의 접근을 차단하고 집단 ㉡에서 A의 접근을 허용한 것이 이 실험의 조작 변인이다.
- **(다)**: Ⅰ에서가 Ⅱ에서보다 P의 가시 수가 많아진 것이 이 실험의 종속 변인이다.
- **(라)**: 실험 결론이 가설을 지지하므로 P의 가시 수가 많아진 Ⅰ이 집단 ㉡이다.

| 보기 분석 |

ㄱ. 실험의 결론이 가설을 지지하므로 A의 접근이 허용된 지역 ㉡에서 P의 가시의 수가 증가한다. Ⅰ에서가 Ⅱ에서보다 P의 가시 수가 많아졌으므로 Ⅰ이 ㉡이며, Ⅱ가 ㉠이다.

ㄴ. A가 P를 뜯어 먹으면 P의 가시의 수가 많아질 것이라는 가설을 세우고, 이를 검증하기 위해 실험을 진행한 연역적 탐구 방법이 이용되었다.

ㄷ. 조작 변인은 대조군과 달리 실험군에서 의도적으로 변화시키는 변인이다. 집단 ㉠과 집단 ㉡ 중 집단 ㉠에만 A의 접근을 차단한 것이 조작 변인이다. P의 가시의 수는 조작 변인의 실험 결과인 종속변인이다.

* 연역적 탐구 과정

단계	내용
문제 인식	자연 현상이나 사물을 관찰하여 의문점을 찾는다.
↓ 가설 설정	의문에 대한 잠정적인 답인 가설을 설정한다.
↓ 탐구 설계 및 수행	가설을 검증하기 위한 탐구 계획을 세우고 변인 통제를 통해 탐구를 수행한다.
↓ 결과 정리 및 해석	실험 결과 얻은 자료에서 경향성과 규칙성을 찾는다.
↓ 결론 도출	가설이 맞는지 파악하여 결론을 도출한다. 실험 결과가 가설과 맞지 않으면 새로운 가설을 설정하여 탐구 과정을 다시 수행한다.

A 51 정답 ④ * 생명 과학의 탐구 방법과 생물의 특성 [정답률 85%] 2021 대비 9월 모평 1

다음은 어떤 과학자가 수행한 탐구이다.

(가) 서식 환경과 비슷한 털색을 갖는 생쥐가 포식자의 눈에 잘 띄지 않아 생존에 유리할 것이라고 생각했다.
→ (가)는 [가설 설정 단계] → 연역적 탐구 방법

(나) ㉠ 갈색 생쥐 모형과 ㉡ 흰색 생쥐 모형을 준비해서 지역 A와 B 각각에 두 모형을 설치했다. A와 B는 각각 갈색 모래 지역과 흰색 모래 지역 중 하나이다.
→ (나)는 [탐구 설계 및 수행 단계]

(다) A에서는 ㉠이 ㉡보다, B에서는 ㉡이 ㉠보다 포식자부터 더 많은 공격을 받았다. → (다)는 [결과 분석 단계]

(라) ⓐ 서식 환경과 비슷한 털색을 갖는 생쥐가 생존에 유리하다는 결론을 내렸다. → (라)는 [결론 도출 단계]

이 자료에 대한 설명으로 옳은 것만을 〈보기〉에서 있는 대로 고른 것은?

[보기]

ㄱ. A는 갈색 모래 지역이다. → A는 흰색 모래 지역, B는 갈색 모래 지역
ㄴ. 연역적 탐구 방법이 이용되었다.
→ 가설이 설정되는 탐구 방법은 연역적 탐구 방법
ㄷ. ⓐ는 생물의 특성 중 적응과 진화의 예에 해당한다.
→ 서식 환경에 적응하여 생존에 유리한 것은 적응과 진화의 예

① ㄱ ② ㄴ ③ ㄱ, ㄷ ④ ㄴ, ㄷ ⑤ ㄱ, ㄴ, ㄷ

| 문제+자료 분석 |

- 서식 환경과 비슷한 털색을 갖는 생쥐가 생존에 유리하다는 결론이 도출되었다는 것은 서식 환경과 비슷한 털색을 갖는 생쥐가 포식자로부터 더 적은 공격을 받은 것이다.
- 또한 서식 환경과 다른 털색을 갖는 생쥐가 포식자로부터 더 많은 공격을 받았다는 의미이다.
- 따라서 갈색 생쥐 모형(㉠)은 흰색 생쥐 모형(㉡)보다 갈색 모래 지역(B)에서 더 적은 공격을 받고 흰색 모래 지역(A)에서 더 많은 공격을 받는다.
- 흰색 생쥐 모형(㉡)은 갈색 생쥐 모형(㉠)보다 흰색 모래 지역(A)에서 더 적은 공격을 받고 갈색 모래 지역(B)에서 더 많은 공격을 받았다.
- 따라서 A는 흰색 모래 지역이고, B는 갈색 모래 지역이다.

| 보기 분석 |

ㄱ. 갈색 생쥐 모형(㉠)이 흰색 생쥐 모형(㉡)보다 더 많이 공격 받는 지역 A는 갈색과 색의 차이가 나는 흰색 모래 지역이며, 흰색 생쥐 모형(㉡)이 갈색 생쥐 모형(㉠)보다 더 많이 공격받는 지역 B는 흰색과 색의 차이가 나는 갈색 모래 지역이다.

ㄴ. 가설 설정 단계에 해당하는 과정 (가)가 포함되어 있으므로 연역적 탐구 방법이 이용되었다.

ㄷ. 서식 환경에 적응하여 비슷한 털색을 갖게 된 생쥐가 포식자의 눈에 띄지 않게 되어 생존에 유리하게 된 것은 적응과 진화의 예에 해당한다.

문제 풀이 Tip

귀납적 탐구 방법에는 연역적 탐구 방법과 달리 가설 설정 단계가 없다.

A 52 정답 ⑤ * 생명과학의 탐구 방법 [정답률 88%] 2020 실시 7월 학평 2

다음은 생명과학의 탐구 방법에 대한 자료이다. (가)는 귀납적 탐구 방법에 대한 사례이고, (나)는 연역적 탐구 방법에 대한 사례이다.

(가) 카로 박사는 오랜 시간 동안 가젤 영양이 공중으로 뛰어오르며 하얀 엉덩이를 치켜드는 뜀뛰기 행동을 다양한 상황에서 관찰하였다. 관찰된 특성을 종합한 결과 가젤 영양은 포식자가 주변에 나타나면 엉덩이를 치켜드는 뜀뛰기 행동을 한다는 결론을 내렸다.
→ 관찰 사실을 종합해 일반적인 원리 도출: 귀납적 탐구 방법

(나) 에이크만은 건강한 닭들을 두 집단으로 나누어 현미와 백미를 각각 먹여 기른 후 각기병 증세의 발생 여부를 관찰하였다. 그 결과 백미를 먹인 닭에서는 각기병 증세가 나타났고, 현미를 먹인 닭에서는 각기병 증세가 나타나지 않았다. 이를 통해 현미에는 각기병을 예방하는 물질이 들어 있다는 결론을 내렸다.
(현미와 백미를 각각 먹여 기른 후 → 독립변인, 각기병 증세의 발생 여부 → 종속변인)
→ 대조 실험은 연역적 탐구 방법의 특징

이에 대한 설명으로 옳은 것만을 〈보기〉에서 있는 대로 고른 것은?

[보기]

ㄱ. (가)의 탐구 방법에서는 여러 가지 관찰 사실을 분석하고 종합하여 일반적인 원리나 법칙을 도출한다.
→ (가)의 귀납적 탐구 방법은 여러 관찰 사례를 바탕으로 일반적인 법칙을 도출하는 방법
ㄴ. (나)에서 대조 실험이 수행되었다.
→ (나)의 연역적 탐구 방법에서는 닭을 두 집단으로 나누어 현미와 백미를 각각 먹이는 대조 실험이 수행됨
ㄷ. (나)에서 각기병 증세의 발생 여부는 종속변인이다.
→ 독립변인인 닭의 먹이에 따른 결과인 각기병 증세의 발생 여부는 종속변인

① ㄱ ② ㄷ ③ ㄱ, ㄴ ④ ㄴ, ㄷ ⑤ ㄱ, ㄴ, ㄷ

| 문제+자료 분석 |

- **귀납적 탐구 방법**: 자연 현상을 관찰해 얻은 자료를 종합하고 분석하는 과정에서 규칙성을 발견하여 일반적인 원리나 법칙을 이끌어 내는 탐구 방법이다.
- **연역적 탐구 방법**: 가설을 세워 인식한 문제를 실험적으로 검증하는 탐구 방법이다.
- **(가)**: 가젤의 행동 양식에 대한 관찰 사실을 바탕으로 포식자에 따른 가젤의 뜀뛰기 행동을 도출한 것으로 귀납적 탐구 방법에 대한 사례이다.
- **(나)**: 각기병 발생의 이유를 설명하기 위한 가설을 설정하고 이를 검증하기 위해 닭의 먹이를 달리한 탐구를 설계하고 수행한 연역적 탐구 방법에 대한 사례이다.

| 보기 분석 |

ㄱ. (가)는 귀납적 탐구 방법의 사례이다. 가젤의 행동 양식에 대한 관찰 사실을 바탕으로 가젤의 뜀뛰기 행동의 원인을 포식자의 등장에 있음을 도출했기 때문이다.

ㄴ. (나)는 연역적 탐구 방법의 사례이다. 각기병 발생의 이유를 설명하기 위한 가설을 설정하고 닭의 먹이를 달리한 탐구를 설계했기 때문이다.
닭을 두 집단으로 나누어 현미와 백미를 각각 먹여 기른 후 각기병 증세 발생 여부를 확인한 대조 실험이 수행되었다.

ㄷ. (나)에서 수행한 탐구에서 닭의 먹이를 현미와 백미로 달리한 것은 조작변인이며, 이에 따른 결과인 각기병 증세의 발생 여부는 종속변인에 해당한다.

* 독립변인과 종속변인

독립변인	• 실험 결과에 영향을 주는 요인이다. • 실험의 목적을 위해 변화시키는 조작 변인과 실험하는 동안 일정하게 유지시키는 통제 변인이 있다.
종속변인	• 조작 변인의 영향을 받아 변하는 변인이다. • 실험의 결과에 해당한다.

A 53 정답 ③ * 연역적 탐구 방법 [정답률 84%] 2020 실시 3월 학평 2

다음은 어떤 학생이 수행한 탐구 활동이다.

┌ '가설 설정 단계'가 존재하므로 연역적 탐구 방법

(가) 식물의 싹이 빛을 향해 구부러져 자라는 것을 관찰하고, 싹의 윗부분에 빛의 방향을 감지하는 부위가 있다고 가설을 세웠다. 가설은 의문에 대한 답을 추측하여 내린 잠정적인 결론

(나) 암실에서 싹을 틔운 같은 종의 식물 A와 B를 꺼내 B에만 덮개를 씌워 윗부분에 빛이 닿지 못하도록 했다. → 조작 변인: 덮개 유무

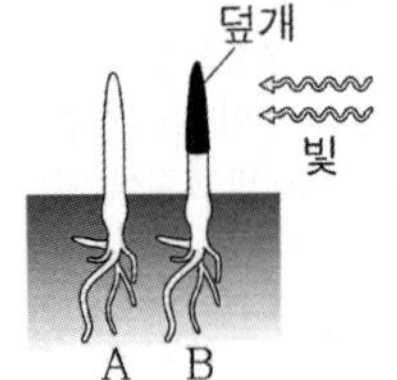

(다) A와 B의 측면에서 빛을 비추고 생장 과정을 관찰했다.
→ 종속 변인

이에 대한 옳은 설명만을 〈보기〉에서 있는 대로 고른 것은? (3점)

[보기]

ㄱ. 연역적 탐구 방법이 사용되었다.
→ 연역적 탐구 방법에는 가설 설정 단계가 있음

ㄴ. (나)에서 대조군과 실험군이 설정되었다.
→ 대조 실험은 탐구를 수행할 때 대조군을 설정하고 실험군과 비교하는 것을 의미

ㄷ. 덮개를 씌우는지의 여부는 ~~종속변인~~이다.
→ 조작 변인은 덮개를 씌우는지 여부, 종속변인은 싹의 생장 과정

① ㄴ ② ㄷ ③ ㄱ, ㄴ ④ ㄱ, ㄷ ⑤ ㄱ, ㄴ, ㄷ

| 문제+자료 분석 |

- (가)에서 가설을 설정했으므로 이 탐구 활동은 연역적 탐구 방법이 사용되었다.
- 이 탐구 활동에서 조작 변인은 덮개의 유무, 종속변인은 싹의 생장 과정이다.

| 보기 분석 |

ㄱ. 연역적 탐구 방법에는 가설 설정 단계와 대조 실험 단계가 있고, 귀납적 탐구 방법에는 가설 설정 단계와 대조 실험 단계가 모두 없다.
(가)에는 가설 설정 단계가 있고, (나)에는 대조 실험 단계가 있으므로 자료의 탐구 활동에는 연역적 탐구 방법이 사용되었다.

ㄴ. (나)에는 덮개를 씌운 실험군과 덮개를 씌우지 않은 대조군이 있는 대조 실험이 설정되었다.

ㄷ. 조작 변인은 대조군과 달리 실험군에서 의도적으로 변화시키는 변인이고, 종속 변인은 조작 변인의 영향을 받아 변하는 요인으로 탐구에서 측정되는 값이다. 조작 변인은 덮개의 유무, 종속변인은 싹의 생장 과정이다.

* 연역적 탐구 과정

단계	내용
문제 인식	자연 현상이나 사물을 관찰하여 의문점을 찾는다.
가설 설정	의문에 대한 잠정적인 답인 가설을 설정한다.
탐구 설계 및 수행	가설을 검증하기 위한 탐구 계획을 세우고 변인 통제를 통해 탐구를 수행한다.
결과 정리 및 해석	실험 결과 얻은 자료에서 경향성과 규칙성을 찾는다.
결론 도출	가설이 맞는지 파악하여 결론을 도출한다. 실험 결과가 가설과 맞지 않으면 새로운 가설을 설정하여 탐구 과정을 다시 수행한다.

A 54 정답 ③ * 연역적 탐구 방법 [정답률 91%] 2022 대비 수능 6

다음은 어떤 과학자가 수행한 탐구이다. → 연역적 탐구

(가) 바다 달팽이가 갉아 먹던 갈조류를 다 먹지 않고 이동하여 다른 갈조류를 먹는 것을 관찰하였다. → 관찰

(나) ㉠ 바다 달팽이가 갉아 먹은 갈조류에서 바다 달팽이가 기피하는 물질 X의 생성이 촉진될 것이라는 가설을 세웠다.
→ 가설 설정

(다) 갈조류를 두 집단 ⓐ와 ⓑ로 나눠 한 집단만 바다 달팽이가 갉아 먹도록 한 후, ⓐ와 ⓑ 각각에서 X의 양을 측정하였다. → 대조 실험 수행 ┌ 실험군 ┌ 대조군

(라) 단위 질량당 X의 양은 ⓑ에서가 ⓐ에서보다 많았다.

(마) 바다 달팽이가 갉아 먹은 갈조류에서 X의 생성이 촉진된다는 결론을 내렸다. → 가설을 지지함

이 자료에 대한 설명으로 옳은 것만을 〈보기〉에서 있는 대로 고른 것은? (3점)

[보기]

ㄱ. ㉠은 (가)에서 관찰한 현상을 설명할 수 있는 잠정적인 결론(잠정적인 답)에 해당한다.
→ ㉠은 (가)에서 인식한 문제에 대한 잠정적인 결론인 가설

ㄴ. (다)에서 대조 실험이 수행되었다.
→ (다)의 ⓐ는 대조군, ⓑ는 실험군으로 대조 실험을 수행함

ㄷ. ~~(라)의 ⓐ는~~ 바다 달팽이가 갉아 먹은 갈조류 집단이다.
→ 바다 달팽이가 갉아 먹은 갈조류 집단은 (라)의 ⓑ

① ㄱ ② ㄷ ③ ㄱ, ㄴ ④ ㄴ, ㄷ ⑤ ㄱ, ㄴ, ㄷ

| 문제+자료 분석 |

- (가): 바다 달팽이의 갈조류 섭식에 대해 관찰한 현상이다.
- (나): (가)에서 관찰한 현상을 설명할 수 있는 잠정적인 결론인 가설이다.
- (다): 두 집단 ⓐ와 ⓑ 중 한 집단만 바다 달팽이가 갉아 먹도록 하여 대조 실험을 수행했다.
- (라): 실험 결과 바다 달팽이가 기피하는 물질인 X의 양은 두 집단 중 ⓑ에서가 많았다.
- (마): 가설을 지지하는 결론을 도출했으므로 집단 ⓑ가 바다 달팽이가 갉아먹은 실험군이다.

| 보기 분석 |

ㄱ. ㉠은 (가)에서 관찰한 현상을 설명할 수 있는 잠정적인 결론이다. 이를 가설이라 하며 가설을 지지하는 실험 결과가 나오면 이것이 과학적인 결론이 된다.

ㄴ. (다)에서 두 집단 ⓐ와 ⓑ 중 한 집단만 바다 달팽이가 갉아 먹도록 하여 대조 실험이 수행되었다. 바다 달팽이가 갉아 먹지 않은 갈조류 집단이 대조군이며, 바다 달팽이가 갉아 먹은 갈조류 집단이 실험군이다.

ㄷ. (마)에서 가설을 지지하는 결론을 도출했으므로, 바다 달팽이가 갉아 먹은 갈조류 집단은 단위 질량당 X의 양이 많은 집단 ⓑ이다.

강민성 | 성균관대 의예과 2022년 입학 · 부산 해운대고 졸

이런 문제는 일차적으로 이 실험이 귀납적인지 연역적인지 살펴보고(가설이 있는지 없는지 위주로 보면 좋아), 가설이 있다면 맨 마지막 결론으로 가서 결과가 가설을 지지하는지부터 봐야해. 또 (라)와 같이 실험 결과가 나오는 부분에선 ⓐ와 ⓑ 사이에 부등호(>)를 크게 그려두면 헷갈리는 일을 방지할 수 있어.

A 55 정답 ⑤ * 연역적 탐구 방법 [정답률 90%] 2021 실시 7월 학평 7

다음은 철수가 수행한 탐구 과정의 일부를 순서 없이 나타낸 것이다.

(가) 화분 A~C를 준비하여 A에는 염기성 토양을, B에는 중성 토양을, C에는 산성 토양을 각각 500g씩 넣은 후 수국을 심었다. → [탐구 설계 및 수행 단계]

(나) 일정 기간이 지난 후 ㉠수국의 꽃 색깔을 확인하였더니 A에서는 붉은색, B에서는 흰색, C에서는 푸른색으로 나타났다. → [결과 분석 단계]

(다) 서로 다른 지역에 서식하는 수국의 꽃 색깔이 다른 것을 관찰하고 의문이 생겼다. → [문제 인식 단계]

(라) 토양의 pH에 따라 수국의 꽃 색깔이 다를 것이라고 생각하였다. → [가설 설정 단계] → 연역적 탐구 방법

이 자료에 대한 설명으로 옳은 것만을 〈보기〉에서 있는 대로 고른 것은?

[보기]

ㄱ. ㉠은 종속변인이다. → 종속변인은 수국의 꽃 색깔

ㄴ. 연역적 탐구 방법이 이용되었다.
→ 가설이 설정되는 탐구 방법은 연역적 탐구 방법

ㄷ. 탐구는 (다) → (라) → (가) → (나) 순으로 진행되었다.
→ 문제 인식(다) → 가설 설정(라) → 탐구 설계 및 수행(가) → 결과 분석(나) 순으로 진행

① ㄱ ② ㄷ ③ ㄱ, ㄴ ④ ㄴ, ㄷ ⑤ ㄱ, ㄴ, ㄷ

| 문제+자료 분석 |

- (가)는 탐구 설계 및 수행 단계, (나)는 결과 분석 단계, (다)는 문제 인식 단계, (라)는 가설 설정 단계이다.
- 가설 설정 단계가 존재하므로 철수가 수행한 탐구 과정은 연역적 탐구 과정이다.
- **조작 변인**: 탐구 결과에 영향을 미칠 수 있는 독립변인 중 대조군과 달리 실험군에서 의도적으로 변화시키는 요인으로 수국을 심은 토양의 pH이다.
- **종속변인**: 조작 변인의 영향을 받아 변하는 요인으로 수국의 꽃 색깔이다.

| 보기 분석 |

ㄱ. 종속변인은 수국의 꽃 색깔(㉠)이고, 조작 변인은 토양의 산성 정도이다.

ㄴ. 가설 설정 단계에 해당하는 과정 (라)가 포함되어 있으므로 연역적 탐구 방법이 이용되었다. 연역적 탐구 과정은 귀납적 탐구 방법에서와는 달리 가설을 설정한다. 꿀팁

ㄷ. 연역적 탐구 방법은 관찰 및 문제 인식 → 가설 설정 → 탐구 설계 및 수행 → 결과 분석 → 결론 도출 순으로 진행된다. 따라서 자료의 탐구 과정을 순서대로 나열하면 (다) 문제 인식 → (라) 가설 설정 → (가) 탐구 설계 및 수행 → (나) 결과 분석이다.

*** 대조 실험**

대조 실험	실험군	인위적으로 실험 조건을 변경 또는 제거시킨 집단
	대조군	실험군과 비교하기 위해 실험 조건을 변화시키지 않은 집단
변인	독립변인	실험 결과에 영향을 줄 수 있는 변인으로, 의도적으로 변화시키는 조작 변인과 일정하게 유지하는 통제 변인으로 구분
	종속변인	조작 변인의 영향을 받아 변하는 요인

A 56 정답 ④ * 생명 과학의 탐구 [정답률 87%] 2021 대비 수능 18

다음은 어떤 과학자가 수행한 탐구이다.

(가) 딱총새우가 서식하는 산호의 주변에는 산호의 천적인 불가사리가 적게 관찰되는 것을 보고, 딱총새우가 산호를 불가사리로부터 보호해 줄 것이라고 생각했다. → 가설 설정

(나) 같은 지역에 있는 산호들을 집단 A와 B로 나눈 후, A에서는 딱총새우를 그대로 두고, B에서는 딱총새우를 제거하였다. 조작 변인: 딱총새우 제거 여부

(다) 일정 시간 동안 불가사리에게 잡아먹힌 산호의 비율은 ㉠에서가 ㉡에서보다 높았다. ㉠과 ㉡은 A와 B를 순서 없이 나타낸 것이다. → ㉠은 B, ㉡은 A (종속 변인)

(라) 산호에 서식하는 딱총새우가 산호를 불가사리로부터 보호해 준다는 결론을 내렸다. → 실험 결과가 가설을 지지함

이 자료에 대한 설명으로 옳은 것만을 〈보기〉에서 있는 대로 고른 것은? (3점)

[보기]

ㄱ. ㉠은 A이다. → ㉠은 B

ㄴ. (나)에서 조작 변인은 딱총새우의 제거 여부이다.
→ 조작 변인은 딱총새우의 제거 여부, 종속 변인은 불가사리에게 잡아먹힌 산호의 비율

ㄷ. (다)에서 불가사리와 산호 사이의 상호 작용은 포식과 피식에 해당한다. → 불가사리는 포식자, 산호는 피식자

① ㄱ ② ㄷ ③ ㄱ, ㄴ ④ ㄴ, ㄷ ⑤ ㄱ, ㄴ, ㄷ

| 문제+자료 분석 |

- **(가)**: 딱총새우가 산호를 불가사리로부터 보호해 줄 것이라는 가설을 설정했다.
- **(나)**: (가)의 가설을 검증하기 위해 탐구를 진행하는 단계이다. 조작 변인은 딱총새우의 제거 여부이고 그에 따른 종속 변인은 불가사리에게 잡아먹힌 산호의 비율이다.
- **(다)**: 탐구 결과 ㉡에서보다 ㉠에서가 불가사리에게 잡아먹힌 산호의 비율이 높았다.
- **(라)**: 가설을 지지하는 결론을 내렸으므로 불가사리에게 잡아먹힌 산호의 비율이 높은 ㉠은 딱총새우를 제거한 B이다.

| 보기 분석 |

ㄱ. ㉠은 산호를 보호해주는 딱총새우를 제거한 B이다.

ㄴ. (가)의 가설을 검증하기 위해 탐구를 진행하는 (나)에서 조작 변인은 딱총새우의 제거 여부이고, 종속 변인은 불가사리에게 잡아먹힌 산호의 비율이다.

ㄷ. (다)에서 불가사리는 포식자, 산호는 피식자로 불가사리와 산호 사이의 상호 작용은 포식과 피식에 해당한다.

송의현 | 원광대 의예과 2021년 입학 · 안산 동산고 졸

연역적 탐구 문제야. 연역적 탐구는 항상 새로운 상황을 제시하니까 정신 바짝 차려야 해. 나는 결론-변인 설정 순으로 보는 편이야. 우리는 실제 실험을 많이 해보지 않았기 때문에 변인 설정 단계를 보고는 실험의 목적을 바로 캐치하기 힘들기 때문이지.

A 57 정답 ① * 연역적 탐구 방법 [정답률 79%] 2022 실시 10월 학평 6

다음은 어떤 과학자가 수행한 탐구의 일부이다.

(가) 식물 주변 O_2 농도가 높을수록 식물의 CO_2 흡수량이 많을 것으로 생각하였다. ➡ 가설 설정

(나) 같은 종의 식물 집단 A와 B를 준비하고, 표와 같은 조건에서 일정 기간 기르면서 측정한 CO_2 흡수량은 그림과 같았다. ㉠과 ㉡은 각각 A와 B 중 하나이다. ➡ 탐구 설계 및 수행 통제 변인

집단	주변 O_2 농도
A	1%
B	21%

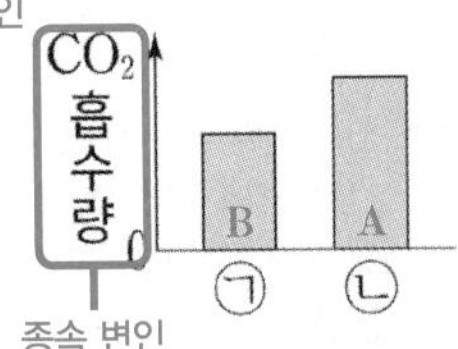

(다) 가설과 맞지 않는 결과가 나와 가설을 수정하였다.

이에 대한 옳은 설명만을 〈보기〉에서 있는 대로 고른 것은? (3점)

[보기]

ㄱ. 연역적 탐구 방법이 이용되었다.
가설 설정 단계부터 가설 검증 단계까지 이뤄졌으므로 연역적 탐구 방법이 이용됨

ㄴ. 주변 O_2 농도는 종속변인이다. 주변 O_2 농도는 조작 변인임

ㄷ. ㉠은 A이다. ㉠은 B임

① ㄱ ② ㄴ ③ ㄷ ④ ㄱ, ㄴ ⑤ ㄱ, ㄷ

| 문제+자료 분석 |

- **(가)** 가설 설정: 의문에 대한 잠정적인 답인 가설을 설정하는 단계가 있으면 연역적 탐구 방법에 해당된다. 꿀팁
- **(나)** 탐구 설계 및 수행: 통제 변인은 대조군과 실험군에서 모두 일정하게 유지시키는 변인으로 같은 종의 식물 집단 A와 B를 같은 조건에서 일정 기간 기르는 것은 통제 변인에 해당한다. 조작 변인은 실험에서 의도적으로 변화시키는 변인으로 식물 주변의 O_2 농도는 조작 변인에 해당한다. 종속 변인은 조작 변인의 영향을 받아 변하는 요인으로 '실험 결과'에 해당하기 때문에 식물의 CO_2 흡수량은 종속 변인에 해당한다. 꿀팁
- **(다)** 가설 검증: 가설이 맞지 않기 때문에 식물 주변 O_2 농도가 높을수록 식물의 CO_2 흡수량이 적음을 알 수 있다. 따라서 주변 O_2 농도가 높은 B는 CO_2 흡수량이 적어야 하므로 ㉠은 B이며, ㉡은 A이다.

| 보기 분석 |

ㄱ. 가설 설정 단계부터 가설을 검증하는 단계까지 이루어졌으므로 연역적 탐구 방법이 이용되었다.

ㄴ. 주변 O_2 농도는 실험에서 의도적으로 변화시키는 변인이므로 조작 변인이다. 종속 변인은 실험 결과인 식물의 CO_2 흡수량이다.

ㄷ. 가설과 맞지 않은 결과가 나왔다고 하였으므로 식물 주변 O_2 농도가 높을수록 식물의 CO_2 흡수량이 적은 것이다. 따라서 주변 O_2 농도가 높은 B는 CO_2 흡수량이 적어야 하므로 ㉠은 B이다.

A 58 정답 ② * 연역적 탐구 방법 [정답률 85%] 2021 대비 6월 모평 20

다음은 먹이 섭취량이 동물 종 ⓐ의 생존에 미치는 영향을 알아보기 위한 실험이다.

[실험 과정]

(가) 유전적으로 동일하고 같은 시기에 태어난 ⓐ의 수컷 개체 200마리를 준비하여, 100마리씩 집단 A와 B로 나눈다. (대조군, 실험군)

(나) A에는 충분한 양의 먹이를 제공하고 B에는 먹이 섭취량을 제한하면서 배양한다. 한 개체당 먹이 섭취량은 A의 개체가 B의 개체보다 많다. (조작 변인)

(다) A와 B에서 시간에 따른 ⓐ의 생존 개체 수를 조사한다. (종속변인)

[실험 결과]

그림은 A와 B에서 시간에 따른 ⓐ의 생존 개체 수를 나타낸 것이다.

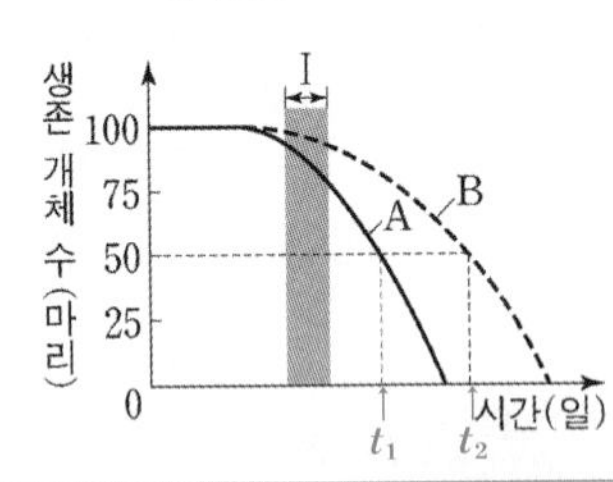

이 자료에 대한 설명으로 옳은 것만을 〈보기〉에서 있는 대로 고른 것은? (단, 제시된 조건 이외는 고려하지 않는다.) (3점)

[보기]

ㄱ. 이 실험에서의 조작 변인은 ⓐ의 생존 개체 수이다.
→ 이 실험에서의 조작 변인은 한 개체당 먹이 섭취량이다.

ㄴ. 구간 Ⅰ에서 사망한 ⓐ의 개체 수는 A에서가 B에서보다 많다. → 구간 Ⅰ에서 생존 개체 수는 A에서가 B에서보다 적으므로 사망한 개체 수는 A에서가 B에서보다 많다.

ㄷ. 각 집단에서 ⓐ의 생존 개체 수가 50마리가 되는 데 걸린 시간은 A에서가 B에서보다 길다.
→ 각 집단에서 ⓐ의 생존 개체 수가 50마리가 되는 데 걸리는 시간은 A가 t_1이고, B가 t_2이므로 A에서가 B에서보다 짧다.

① ㄱ ② ㄴ ③ ㄷ ④ ㄱ, ㄴ ⑤ ㄴ, ㄷ

| 문제+자료 분석 |

- 연역적 탐구 방법은 가설의 옳고 그름을 검증하기 위해 대조 실험을 수행한다.
- 집단 A는 먹이 섭취량을 충분하게 제공하였으므로 대조군, 집단 B는 먹이 섭취량을 제한하면서 배양하였으므로 실험군이다.
- 한 개체당 먹이 섭취량을 조절하여 ⓐ의 생존 개체 수를 관찰하였으므로 한 개체당 먹이 섭취량은 조작 변인, ⓐ의 생존 개체 수는 종속 변인이다.
- A보다 B의 생존 개체 수가 더 많으므로 한 개체당 먹이 섭취량을 제한하는 것은 ⓐ가 더 잘 생존하도록 한다는 것으로 증명된다.

| 보기 분석 |

ㄱ. 이 실험에서의 조작 변인은 한 개체당 먹이 섭취량이다. ⓐ의 생존 개체 수는 이 실험에서 관찰하고자 하는 종속 변인에 해당한다.

ㄴ. 구간 Ⅰ을 보면, 집단 A보다 집단 B의 ⓐ가 더 많이 생존해 있음을 관찰할 수 있다. 이는 집단 B보다 집단 A에서 더 많은 ⓐ가 사망한 것이므로 구간 Ⅰ에서 사망한 ⓐ의 개체 수는 집단 A에서가 집단 B에서보다 많다.

ㄷ. 집단 A의 생존 개체 수가 50마리가 되는 시간을 t_1, 집단 B의 생존 개체 수가 50마리가 되는 시간을 t_2이라고 할 때, $t_2 > t_1$이므로 각 집단에서 ⓐ의 생존 개체 수가 50마리가 되는 데 걸린 시간은 A에서가 B에서보다 짧다.

A 59 정답 ① * 연역적 탐구 방법 [정답률 79%] 2022 실시 3월 학평 2

다음은 어떤 과학자가 수행한 탐구이다.

(가) 아스피린은 사람의 세포에서 통증을 유발하는 물질 X의 생성을 억제할 것으로 생각하였다. ➡ 가설 설정 단계

(나) 사람에서 얻은 세포를 집단 ㉠과 ㉡으로 나눈 후 둘 중 하나에 아스피린 처리를 하였다. ➡ 탐구 설계 및 수행 단계
아스피린 처리 여부는 조작 변인

(다) ㉠과 ㉡에서 단위 시간당 X의 생성량을 측정한 결과는 그림과 같았다. ➡ 결과 분석 단계

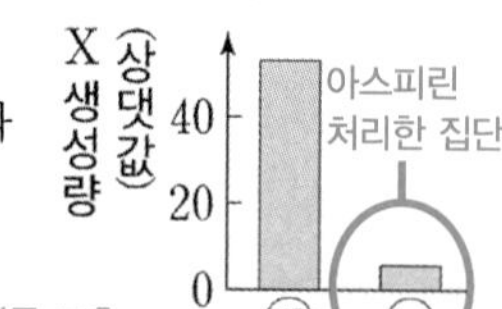

(라) 아스피린은 X의 생성을 억제한다는 결론을 내렸다. ➡ 결론 도출

이에 대한 옳은 설명만을 〈보기〉에서 있는 대로 고른 것은? (단, 아스피린 처리의 여부 이외의 조건은 같다.) (3점)

[보기]

ㄱ. 대조 실험이 수행되었다. ㉠은 대조군, ㉡은 실험군

ㄴ. 아스피린 처리의 여부는 종속변인이다. 조작 변인

ㄷ. 아스피린 처리를 한 집단은 ㉠이다. X의 생성량이 감소한 ㉡이 아스피린 처리 집단

① ㄱ ② ㄴ ③ ㄷ ④ ㄱ, ㄴ ⑤ ㄱ, ㄷ

| 문제+자료 분석 |

- **(가)** 가설 설정: 탐구 과정에서 가설 설정 단계가 있으면 연역적 탐구 방법에 해당되므로 이 탐구 과정은 연역적 탐구 방법이 사용되었다.
- **(나)** 탐구 설계 및 수행: 대조군과 달리 실험군에서 의도적으로 변화시키는 요인을 조작 변인이라고 하며, 이 탐구에서의 조작 변인은 아스피린 처리 여부이다.
- **(다)** 결과 분석: 통증 유발 물질 X의 생성이 아스피린에 의해 억제되므로 X의 생성량이 감소한 집단 ㉡(실험군)이 아스피린을 처리한 집단이고, 감소하지 않은 집단 ㉠(대조군)이 아스피린을 처리하지 않은 집단이다.
- **(라)** 결론 도출: 조작 변인의 영향을 받아 변하는 요인을 종속변인이라고 하며, 이 탐구에서의 종속변인은 단위 시간당 물질 X의 생성량이다.

| 보기 분석 |

ㄱ. (나)에서 아스피린을 처리하지 않은 집단 ㉠이 대조군으로, 아스피린을 처리한 집단 ㉡이 실험군으로 설정되었다. 따라서 대조군을 실험군과 비교하는 대조 실험이 수행되었다.

ㄴ. 종속변인은 단위 시간당 물질 X의 생성량이고, 조작 변인이 아스피린 처리 여부이다.

ㄷ. 도출된 결론을 통해 아스피린 처리 집단에서는 아스피린에 의해 X의 생성이 억제되어 생성량이 감소함을 알 수 있다. 따라서 아스피린 처리를 한 집단은 ㉠에 비해 X의 생성량이 적은 ㉡이다.

A 60 정답 ② * 생명 과학의 탐구 방법 [정답률 77%] 2020 실시 4월 학평 2

다음은 어떤 학생이 수행한 탐구 과정의 일부이다.

(가) 콩에는 오줌 속의 요소를 분해하는 물질이 있을 것이라고 생각하였다. (가)는 [가설 설정 단계] → 연역적 탐구 방법

(나) 비커 Ⅰ과 Ⅱ에 표와 같이 물질을 넣은 후 BTB 용액을 첨가한다.

비커	물질
대조군 Ⅰ	오줌 20 mL+증류수 3 mL
실험군 Ⅱ	오줌 20 mL+증류수 1 mL+생콩즙 2 mL

(다) 일정 시간 간격으로 Ⅰ과 Ⅱ에 들어 있는 용액의 색깔 변화를 관찰한다. (나)와 (다)는 [탐구 설계 및 수행 단계]

이에 대한 설명으로 옳은 것만을 〈보기〉에서 있는 대로 고른 것은?

[보기]

ㄱ. 이 탐구 과정은 귀납적 탐구 방법이다.
→ 가설이 설정되는 탐구 방법은 연역적 탐구 방법

ㄴ. (나)에서 대조 실험을 수행하였다.
→ 비커 Ⅰ은 대조군이고, 비커 Ⅱ는 실험군

ㄷ. 생콩즙의 첨가 유무는 종속변인에 해당한다.
→ 생콩즙의 첨가 유무는 조작 변인

① ㄱ ② ㄴ ③ ㄷ ④ ㄱ, ㄴ ⑤ ㄴ, ㄷ

| 문제+자료 분석 |

- **실험군**: 실험에서 검증하려고 하는 요인을 의도적으로 변화시킨 집단으로 비커 Ⅱ(요소 분해 물질이 들어 있을 것으로 생각되는 생콩즙을 첨가)가 해당된다.
- **대조군**: 실험군과 비교하기 위해 조건을 변화시키지 않은 집단으로 비커 Ⅰ(생콩즙의 부피만큼 증류수를 첨가)이 해당된다.
- **조작 변인**: 탐구 결과에 영향을 미칠 수 있는 독립변인 중 대조군과 달리 실험군에서 의도적으로 변화시키는 요인으로 생콩즙(오줌 속 요소 분해 물질)의 첨가 여부가 해당된다.
- **종속 변인**: 조작 변인의 영향을 받아 변하는 요인으로 오줌 속 요소의 분해 여부(용액의 색깔 변화 여부)가 해당된다.

| 보기 분석 |

ㄱ. 가설 설정 단계에 해당하는 과정 (가)가 포함되어 있으므로 연역적 탐구 방법이 이용되었다.

ㄴ. 조작 변인인 생콩즙(오줌 속 요소 분해 물질)을 인위적으로 첨가시킨 비커 Ⅱ는 실험군이고, 첨가하지 않은 비커 Ⅰ은 대조군이다. (나)에서 실험군과 대조군을 설정하여 대조 실험이 수행되었다.

ㄷ. 생콩즙의 첨가 유무는 조작 변인이며, 오줌 속 요소의 분해 여부(용액의 색깔 변화 여부)가 종속변인이다.

문제 풀이 Tip

귀납적 탐구 방법에는 연역적 탐구 방법과 달리 가설 설정 단계가 없다.

A 61 정답 ③ * 생명과학의 탐구 방법 [정답률 84%] 2022 실시 4월 학평 8

다음은 어떤 과학자가 수행한 탐구 과정의 일부이다.

(가) '황조롱이는 양육하는 새끼 수가 많을수록 부모 새의 생존율이 낮아질 것이다.'라고 생각하였다.
가설 설정 ➡ 연역적 탐구 방법 이용

(나) 황조롱이를 세 집단 A~C로 나눈 후 표와 같이 각 집단의 둥지당 새끼 수를 다르게 하였다.

집단	A	B	C
조작 변인 둥지당 새끼 수	3	5	7

(다) 일정 시간이 지난 후 A~C에서 ㉠ 부모 새의 생존율을 조사하여 그래프로 나타내었다. Ⅰ~Ⅲ은 A~C를 순서 없이 나타낸 것이다.

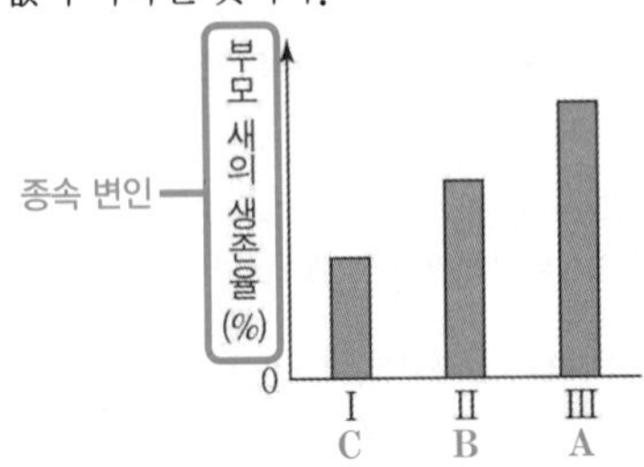

(라) 황조롱이는 양육하는 새끼 수가 많을수록 부모 새의 생존율이 낮아진다는 결론을 내렸다. ➡ 가설 지지

이에 대한 설명으로 옳은 것만을 〈보기〉에서 있는 대로 고른 것은? (3점)

[보기]

ㄱ. (가)는 가설 설정 단계이다.
(가)는 잠정적인 결론인 가설을 설정하는 단계

ㄴ. ㉠은 종속변인이다.
㉠은 종속변인

ㄷ. Ⅲ은 C이다.
Ⅲ은 A, Ⅱ는 B, Ⅰ은 C

① ㄱ ② ㄷ ③ ㄱ, ㄴ
④ ㄴ, ㄷ ⑤ ㄱ, ㄴ, ㄷ

| 문제+자료 분석 |

- **(가)**: 의문에 대한 잠정적인 답인 가설을 설정하는 단계이며, 가설 설정 단계가 있으면 연역적 탐구 방법에 해당된다.  주의
- **(나)**: 각 집단의 둥지당 새끼 수는 가설을 검증하기 위해 서로 다르게 조절한 것으로, 실험에서 의도적으로 변화시키는 조작 변인이다.
- **(다)**: 부모 새의 생존율은 조작 변인인 양육하는 새끼 수에 따라서 결정되는 종속변인이다. 종속 변인은 실험 결과에 해당한다. 꿀팁
- **(라)**: 실험 결론이 (가)의 가설을 지지하므로 부모 새의 생존율이 가장 낮은 Ⅰ은 둥지당 새끼 수가 가장 많은 집단 C이며, 부모 새의 생존율이 가장 높은 Ⅲ은 둥지당 새끼 수가 가장 적은 집단 A이다. 나머지 Ⅱ는 B이다.

| 보기 분석 |

ㄱ. (가)는 황조롱이가 양육하는 새끼 수에 따른 부모 새의 생존율에 대해 잠정적인 결론을 설정하는 가설 설정 단계이다.

ㄴ. ㉠(부모 새의 생존율)은 양육하는 새끼 수에 따라서 결정되는 실험 결과인 종속변인이다.

ㄷ. 실험 결과가 가설을 지지했으므로 부모 새의 생존율이 가장 높은 Ⅲ은 둥지당 새끼 수가 가장 적은 집단 A이다.

문제 풀이 Tip

1. 귀납적 탐구에서는 가설 설정 단계가 없고, 연역적 탐구에서는 가설 설정 단계가 있다.
2. 조작 변인은 실험에서 '변화'시킨 변인이고, 종속 변인은 조작 변인의 영향을 받아 변하는 요인으로 '실험 결과'에 해당한다.

* 연역적 탐구 과정

단계	내용
문제 인식	자연 현상이나 사물을 관찰하여 의문점을 찾는다.
가설 설정	의문에 대한 잠정적인 답인 가설을 설정한다.
탐구 설계 및 수행	가설을 검증하기 위한 탐구 계획을 세우고 변인 통제를 통해 탐구를 수행한다.
결과 정리 및 해석	실험 결과 얻은 자료에서 경향성과 규칙성을 찾는다.
결론 도출	가설이 맞는지 파악하여 결론을 도출한다. 실험 결과가 가설과 맞지 않으면 새로운 가설을 설정하여 탐구 과정을 다시 수행한다.

B 생명 활동과 에너지

B 01 정답 ④ ＊물질대사 [정답률 91%] 2024 실시 5월 학평 5

그림은 사람에서 일어나는 물질대사 과정 Ⅰ과 Ⅱ를 나타낸 것이다.

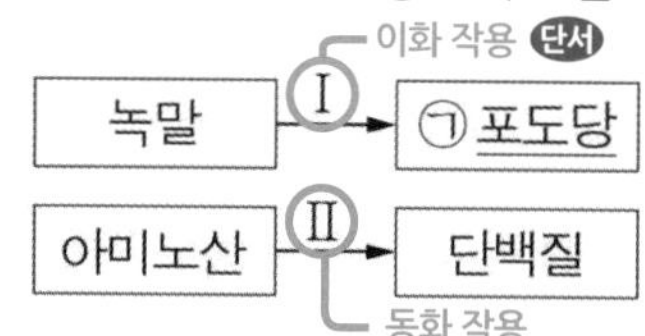

이에 대한 설명으로 옳은 것만을 〈보기〉에서 있는 대로 고른 것은?

[보기]

ㄱ. Ⅰ에서 이화 작용이 일어난다.
Ⅰ은 녹말이 포도당으로 분해되는 이화 작용임

ㄴ. Ⅰ과 Ⅱ에서 모두 효소가 이용된다.
동화 작용, 이화 작용과 같은 물질대사가 일어날 때 효소가 이용됨

ㄷ. ㉠이 세포 호흡에 사용된 결과 생성되는 노폐물에는 암모니아가 있다. 포도당이 세포 호흡에 사용된 결과 암모니아는 생성되지 않고, 물과 이산화 탄소만 생성됨

① ㄱ ② ㄴ ③ ㄷ ④ ㄱ, ㄴ ⑤ ㄴ, ㄷ

단서+발상

단서 녹말이 포도당으로 분해되는 물질대사 과정, 아미노산이 단백질로 합성되는 물질대사 과정이 제시되어 있다.

발상 크고 복잡한 물질이 작고 간단한 물질로 분해되는 Ⅰ은 이화 작용, 작고 간단한 물질이 결합하여 크고 복잡한 물질로 합성되는 Ⅱ는 동화 작용임을 추론할 수 있다.

| 문제+자료 분석 |

- 물질대사는 동화 작용과 이화 작용으로 나눌 수 있다.
  ➡ 동화작용은 작고 간단한 물질을 결합하여 크고 복잡한 물질로 합성하는 과정이며, 예로 단백질 합성이 있다.
  ➡ 이화작용은 크고 복잡한 물질을 작고 간단한 물질로 분해하는 과정이며, 예로 녹말의 분해와 세포 호흡이 있다.
- 물질대사에는 효소(생체 촉매)가 관여하고, 에너지의 출입이 따른다. 단백질 합성과 같은 동화 작용이 일어날 때에는 에너지가 흡수되고, 세포 호흡과 같은 이화 작용이 일어날 때에는 에너지가 방출된다.
  ➡ Ⅰ은 녹말이 포도당으로 분해되는 이화 작용이고, Ⅱ는 아미노산이 단백질로 합성되는 동화 작용이다.
- 탄수화물인 포도당의 구성 원소는 탄소(C), 수소(H), 산소(O)이다. 포도당이 세포 호흡에 사용된 결과 생성되는 노폐물에는 물과 이산화 탄소가 있다.

| 보기 분석 |

ㄱ. Ⅰ은 녹말이 포도당으로 분해되는 이화 작용이다.
ㄴ. 이화 작용(Ⅰ), 동화 작용(Ⅱ)과 같은 물질대사에는 효소가 이용된다.
ㄷ. 탄수화물인 포도당의 구성 원소는 탄소(C), 수소(H), 산소(O)이므로 포도당이 세포 호흡에 사용된 결과 생성되는 노폐물은 물과 이산화 탄소이다. 암모니아는 단백질이 세포 호흡에 사용된 결과 생성되는 노폐물이다. 꿀팁

문제 풀이 꿀팁

암모니아

- 단백질과 같이 질소(N)를 포함한 영양소가 분해될 때 생성된다.
- 물에 잘 녹고 독성이 있어 체내에 축적되면 세포에 손상을 입힌다. 따라서 간에서 독성이 약한 요소로 전환된 후 콩팥을 통해 오줌으로 나간다.

B 02 정답 ③ ＊세포 호흡과 에너지 [정답률 72%] 2023 실시 3월 학평 2

다음은 사람에서 일어나는 세포 호흡에 대한 자료이다. ㉠은 포도당과 아미노산 중 하나이다.

- 세포 호흡 과정에서 방출되는 에너지의 일부는 ⓐ ATP 합성에 이용된다. (미토콘드리아에서 일어남)
- ㉠(아미노산)이 세포 호흡에 이용된 결과 ⓑ 질소(N)가 포함된 노폐물(암모니아)이 만들어진다.

이에 대한 옳은 설명만을 〈보기〉에서 있는 대로 고른 것은?

[보기]

ㄱ. 미토콘드리아에서 ⓐ가 일어난다.
미토콘드리아에서 세포 호흡을 통해 ATP 합성(ⓐ)이 일어남

ㄴ. 암모니아는 ⓑ에 해당한다.
암모니아(NH_3)는 ⓑ(질소가 포함된 노폐물)에 해당함

ㄷ. ㉠은 포도당이다. ㉠은 아미노산임

① ㄱ ② ㄷ ③ ㄱ, ㄴ ④ ㄴ, ㄷ ⑤ ㄱ, ㄴ, ㄷ

| 문제+자료 분석 |

- 포도당이 이산화 탄소와 물로 분해되는 세포 호흡 과정에서 방출되는 에너지로 ATP를 합성(ⓐ)하고 나머지는 열로 방출된다.
- 아미노산과 같이 질소(N)를 포함한 영양소가 세포 호흡에 사용되면 질소(N)가 포함된 노폐물인 암모니아(ⓑ)가 생성된다.

| 보기 분석 |

ㄱ. 미토콘드리아에서 세포 호흡이 일어나 영양소를 분해하여 얻은 에너지로 ADP와 무기 인산(P_i)이 결합하여 ATP 합성(ⓐ)이 일어난다.
ㄴ. 아미노산이 세포 호흡에 이용된 결과 질소(N)가 포함된 노폐물인 암모니아(ⓑ)가 만들어진다. 꿀팁
ㄷ. ㉠이 세포 호흡에 사용된 결과 질소(N)를 포함한 노폐물이 만들어졌기 때문에 ㉠은 질소(N)를 포함한 영양소인 아미노산이다. 포도당의 구성 원소는 탄소(C), 수소(H), 산소(O)이며, 질소(N)가 없다.

문제 풀이 꿀팁

포도당과 중성 지방의 구성 원소는 탄소(C), 수소(H), 산소(O)이다. 아미노산은 포도당이나 중성 지방과 다르게 구성 원소에 질소(N)를 포함하고 있다. 따라서 아미노산이 세포 호흡에 사용되면 질소 노폐물인 암모니아(NH_3)가 생성되는데, 암모니아는 독성이 많아 간에서 독성이 적은 요소로 전환된 후 오줌을 통해 배설된다.

B 03 정답 ④ * 물질대사 [정답률 89%] 2022 대비 수능 2

그림은 사람에서 일어나는 물질대사 과정 (가)와 (나)를 나타낸 것이다.

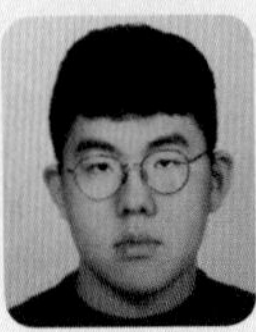

이에 대한 설명으로 옳은 것만을 〈보기〉에서 있는 대로 고른 것은?

[보기]

ㄱ. (가)에서 동화 작용이 일어난다.
→ 아미노산이 단백질로 합성되는 것은 동화 작용

ㄴ. 간에서 (나)가 일어난다.
→ 간에서 암모니아가 독성이 적은 요소로 전환

ㄷ. 포도당이 세포 호흡에 사용된 결과 생성되는 노폐물에는 ㉠이 있다.
→ 포도당이 세포 호흡에 사용된 결과 생성되는 노폐물에는 질소 노폐물인 ㉠이 없음

① ㄱ ② ㄴ ③ ㄷ ④ ㄱ, ㄴ ⑤ ㄴ, ㄷ

| 문제+자료 분석 |

- (가): 단순한 물질인 아미노산이 복잡한 물질인 단백질로 합성되는 동화 작용의 예이다.
- (나): 독성이 강한 질소 노폐물인 암모니아가 독성이 약한 요소로 전환되는 과정으로 간에서 일어난다.

| 보기 분석 |

ㄱ. 단순한 물질인 아미노산이 복잡한 물질인 단백질로 합성되는 (가) 과정은 에너지를 흡수하는 동화 작용이다.

ㄴ. 독성이 강한 암모니아가 독성이 적은 요소로 전환되는 (나) 과정은 간에서 일어난다.

ㄷ. 암모니아는 질소 노폐물로 질소를 포함한 단백질 등을 세포 호흡에 사용한 결과 생성되는 노폐물이다. 포도당은 탄소, 수소, 산소로 이루어진 화합물이므로 포도당을 세포 호흡에 사용한 결과 질소 노폐물인 암모니아가 생성되지 않는다.

강민성 | 성균관대 의예과 2022년 입학 · 부산 해운대고 졸

암모니아의 경우에는 3대 영양소 중에서 단백질의 물질대사로만 생성되는 산물이기 때문에 자주 빈출되는 주제야. 기본적인 내용이지만 탄수화물, 지방, 단백질의 물질대사에 대해서 자세히 알아두는 게 중요해.

B 04 정답 ④ * 물질대사 [정답률 80%] 2021 실시 10월 학평 20

그림은 체내에서 일어나는 어떤 물질대사 과정을 나타낸 것이다.

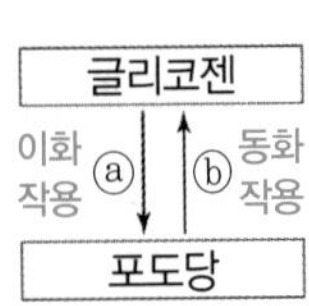

이에 대한 설명으로 옳은 것만을 〈보기〉에서 있는 대로 고른 것은?

[보기]

ㄱ. 인슐린에 의해 ⓐ가 촉진된다.
→ 인슐린에 의해 포도당이 글리코젠으로 합성되는 ⓑ가 촉진됨

ㄴ. ⓑ에서 동화 작용이 일어난다.
→ ⓑ는 간단한 화합물이 복잡한 화합물로 합성되는 동화 작용

ㄷ. ⓐ와 ⓑ에 모두 효소가 관여한다.
→ 글리코젠을 합성하거나 분해할 때 모두 효소가 관여함

① ㄱ ② ㄷ ③ ㄱ, ㄴ ④ ㄴ, ㄷ ⑤ ㄱ, ㄴ, ㄷ

| 문제+자료 분석 |

- 글리코젠은 다당류로 포도당 여러 분자가 연결된 고분자 화합물이며, 포도당은 단당류로 간단한 화합물이다.
- ⓐ(이화 작용): 복잡한 물질을 간단한 물질로 분해하는 물질대사로 이 과정에서 열이 방출된다. 글리코젠이 포도당으로 분해되는 것은 이화 작용의 예시이다.
- ⓑ(동화 작용): 간단한 물질을 복잡한 물질로 합성하는 물질대사로 이 과정에서 열을 흡수한다. 포도당이 글리코젠으로 합성되는 것은 동화 작용의 예시이다.

| 보기 분석 |

ㄱ. 인슐린은 혈당량을 낮추는 호르몬으로 간에서 포도당을 글리코젠으로 합성하는 과정을 촉진한다. 인슐린에 의해 ⓑ 과정이 촉진된다.

ㄴ. ⓑ는 간단한 화합물인 포도당이 복잡한 화합물인 글리코젠으로 합성되는 동화 작용의 예시이다.

ㄷ. 글리코젠이 포도당으로 분해되는 ⓐ 과정과 포도당이 글리코젠으로 합성되는 ⓑ 과정 모두 효소가 관여하는 물질대사 과정이다.

B 05 정답 ⑤ ＊물질대사 [정답률 91%] 2023 대비 9월 모평 4

사람에서 일어나는 물질대사에 대한 설명으로 옳은 것만을 〈보기〉에서 있는 대로 고른 것은? 생물체 내에서 일어나는 화학 반응

[보기]

ㄱ. 지방이 분해되는 과정에서 이화 작용이 일어난다.
지방이 분해되는 과정은 이화 작용임

ㄴ. 단백질이 합성되는 과정에서 에너지의 흡수가 일어난다.
단백질이 합성되는 과정은 동화 작용으로 에너지가 흡수됨

ㄷ. 포도당이 세포 호흡에 사용된 결과 생성되는 노폐물에는 이산화 탄소가 있다.
포도당이 세포 호흡에 사용된 결과 이산화 탄소와 물이 노폐물로 생성됨

① ㄱ ② ㄴ ③ ㄱ, ㄷ ④ ㄴ, ㄷ ⑤ ㄱ, ㄴ, ㄷ

| 문제+자료 분석 |

- **물질대사**: 생물체 내에서 일어나는 화학 반응으로 효소가 관여한다. 물질대사의 종류에는 동화 작용, 이화 작용이 있다.
- **동화 작용**: 분자량이 작은 물질을 합성해 분자량이 큰 물질을 생성하는 것으로 이 과정에서 에너지의 흡수가 일어난다. 광합성, 단백질 합성 등은 동화 작용의 예이다.
- **이화 작용**: 분자량이 큰 물질을 분해해 분자량이 작은 물질을 생성하는 것으로 이 과정에서 에너지의 방출이 일어난다. 세포 호흡 등은 이화 작용의 예이다.

| 보기 분석 |

ㄱ. 지방이 분해되는 과정은 분자량이 큰 물질이 작은 물질로 분해되는 이화 작용이다.

ㄴ. 단백질이 합성되는 과정은 분자량이 작은 물질이 큰 물질로 합성되는 동화 작용으로 에너지의 흡수가 일어난다.

ㄷ. 영양소인 포도당은 탄소, 수소, 산소로 이루어진 물질이다. 포도당이 세포 호흡에 사용되면 이산화 탄소와 물이 노폐물로 생성된다.

B 06 정답 ③ ＊물질대사 [정답률 71%] 2022 실시 4월 학평 2

그림 (가)는 간에서 일어나는 물질의 전환 과정 A와 B를, (나)는 A와 B 중 한 과정에서의 에너지 변화를 나타낸 것이다.

이에 대한 설명으로 옳은 것만을 〈보기〉에서 있는 대로 고른 것은? (3점)

[보기]

ㄱ. (나)는 A에서의 에너지 변화이다.
(나)는 A에서의 에너지 변화

ㄴ. 글루카곤에 의해 B가 촉진된다.
글루카곤에 의해 A가 촉진됨

ㄷ. A와 B에서 모두 효소가 이용된다.
A와 B에서 모두 효소가 이용됨

① ㄱ ② ㄴ ③ ㄱ, ㄷ ④ ㄴ, ㄷ ⑤ ㄱ, ㄴ, ㄷ

| 문제+자료 분석 |

- **(가)**: A 과정은 글리코젠이 포도당으로 분해되는 이화 작용이며, 반응물의 에너지가 생성물의 에너지보다 크므로 이 과정에서 에너지가 방출된다. B 과정은 포도당이 글리코젠으로 합성되는 동화 작용이며, 반응물의 에너지가 생성물의 에너지보다 작으므로 이 과정에서 에너지가 흡수된다.
- **(나)**: 에너지가 큰 반응물이 에너지가 작은 생성물로 분해되면서 에너지를 방출하는 과정으로 A 과정에서의 에너지 변화를 나타낸 것이다.

| 보기 분석 |

ㄱ. (나)는 이화 작용에서 에너지를 방출하는 과정을 나타낸 것으로 글리코젠이 포도당으로 분해되는 A에서의 에너지 변화이다.

ㄴ. 글루카곤에 의해 글리코젠이 포도당으로 분해되는 과정인 A가 촉진된다.

ㄷ. 물질이 합성되거나 분해되는 과정 A와 B는 물질대사 과정이다. 물질대사는 생물체 내에서 일어나는 화학 반응으로 반드시 효소가 관여한다. 따라서 A와 B에서 모두 효소가 이용된다.

문제 풀이 Tip

물질이 합성되는 것은 동화 작용이다. 이를 '합동'으로 암기하자.

B 07 정답 ⑤ * 물질대사 [정답률 88%] 2022 실시 3월 학평 3

그림은 사람에서 일어나는 물질대사 과정 ㉠과 ㉡을 나타낸 것이다.

이에 대한 옳은 설명만을 〈보기〉에서 있는 대로 고른 것은?

[보기]

ㄱ. ㉠에서 동화 작용이 일어난다.
아미노산이 단백질로 합성되는 과정은 동화 작용

ㄴ. ㉡에서 에너지가 방출된다.
단백질이 아미노산으로 분해되는 과정은 발열 반응

ㄷ. ㉡에 효소가 관여한다.
모든 물질대사 과정에는 효소가 관여함

① ㄱ ② ㄷ ③ ㄱ, ㄴ ④ ㄴ, ㄷ ⑤ ㄱ, ㄴ, ㄷ

| 문제+자료 분석 |

- ㉠: 아미노산 사이에 펩타이드 결합이 형성되어 단백질이 합성되는 과정에서 동화 작용이 일어난다. 동화 작용은 저분자 물질이 고분자 물질로 합성되므로 에너지가 흡수되는 흡열 반응이 일어난다.
- ㉡: 단백질이 기본 단위인 아미노산으로 분해되는 과정에서 이화 작용이 일어난다. 이화 작용은 고분자 물질이 저분자 물질로 분해되므로 에너지가 방출되는 발열 반응이 일어난다.

| 보기 분석 |

ㄱ. ㉠은 단백질을 구성하는 기본 단위인 아미노산 사이에 펩타이드 결합이 형성됨으로써 단백질이 합성되는 과정이므로 동화 작용이 일어난다.

ㄴ. ㉡은 펩타이드 결합이 끊어져 단백질이 기본 단위인 아미노산으로 분해되는 과정이므로 이화 작용이 일어난다. 이 과정에서 고분자 물질이 저분자 물질로 분해되므로, ㉡에서 에너지가 방출되는 발열 반응이 일어난다.

ㄷ. ㉠(동화 작용)과 ㉡(이화 작용)을 포함하는 모든 물질대사 과정에 효소가 관여하여 반응을 촉매한다.

* 동화 작용과 이화 작용의 비교

구분	동화 작용	이화 작용
과정	저분자 ➡ 고분자 (합성)	고분자 ➡ 저분자 (분해)
에너지 출입	에너지 흡수 (흡열 반응)	에너지 방출 (발열 반응)
예	광합성, 단백질 합성 등	세포 호흡, 소화 등

B 08 정답 ⑤ * 물질대사 [정답률 88%] 2022 실시 7월 학평 3

그림은 사람에서 일어나는 물질대사 과정 Ⅰ~Ⅲ을 나타낸 것이다.

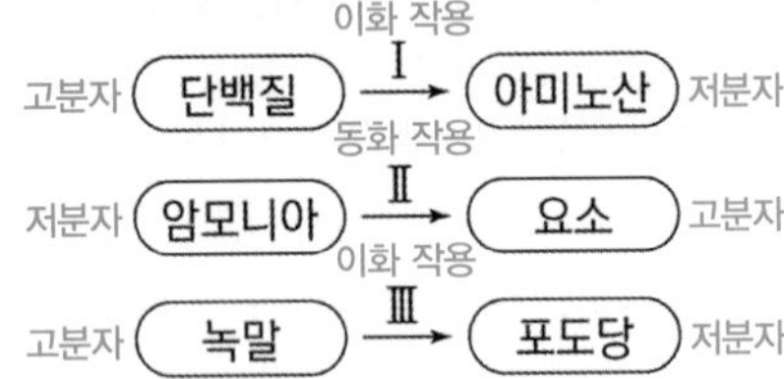

이에 대한 설명으로 옳은 것만을 〈보기〉에서 있는 대로 고른 것은?

[보기]

ㄱ. Ⅰ에서 에너지가 방출된다.
Ⅰ은 이화 작용이며, 에너지가 방출됨

ㄴ. 간에서 Ⅱ가 일어난다.
간에서 암모니아가 요소로 전환되는 과정 Ⅱ가 일어남

ㄷ. Ⅲ에 효소가 관여한다.
물질대사 과정인 Ⅲ에는 효소가 관여함

① ㄱ ② ㄷ ③ ㄱ, ㄴ ④ ㄴ, ㄷ ⑤ ㄱ, ㄴ, ㄷ

| 문제+자료 분석 |

- Ⅰ: 고분자인 단백질을 저분자인 아미노산으로 분해하는 과정으로 이화 작용에 해당한다.
- Ⅱ: 독성이 강한 암모니아로부터 독성이 약한 요소가 합성되는 과정으로 동화 작용에 해당하며, 간에서 일어난다.
- Ⅲ: 다당류인 녹말을 단당류인 포도당으로 분해하는 과정으로 이화 작용에 해당한다.

| 보기 분석 |

ㄱ. Ⅰ은 단백질을 아미노산으로 분해하는 과정이므로 이화 작용에 해당하며, 이화 작용은 에너지가 방출되는 발열 반응이다.

ㄴ. 암모니아는 간으로 이동되어 비교적 독성이 약한 요소로 전환된다. 따라서 간에서 암모니아가 요소로 전환되는 과정 Ⅱ가 일어난다.

ㄷ. 물질대사는 생명체 내에서 일어나는 모든 화학 반응으로, 생체 촉매인 효소가 관여한다. 따라서 물질대사 과정인 Ⅰ, Ⅱ, Ⅲ 모두 효소가 관여한다.

B 09 정답 ⑤ ＊물질대사와 에너지 [정답률 82%] 2024 실시 7월 학평 5

그림 (가)는 사람에서 일어나는 물질대사 과정 Ⅰ과 Ⅱ를, (나)는 ATP와 ADP 사이의 전환 과정 Ⅲ과 Ⅳ를 나타낸 것이다.

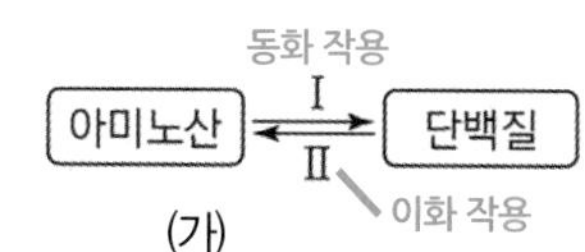

(가)

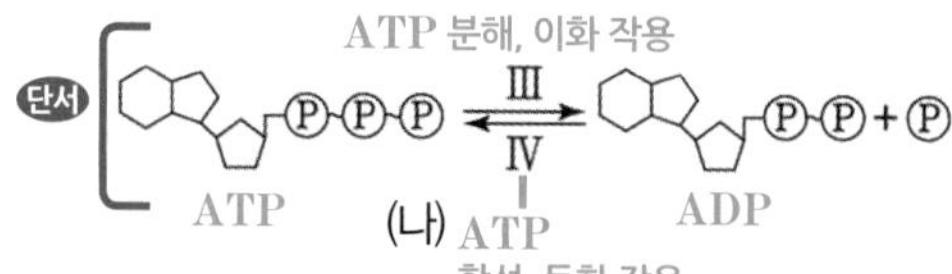

(나)

이에 대한 설명으로 옳은 것만을 〈보기〉에서 있는 대로 고른 것은? (3점)

[보기]

ㄱ. Ⅰ에서 효소가 이용된다.
사람의 물질대사 과정 Ⅰ과 Ⅱ에 효소가 이용됨

ㄴ. 미토콘드리아에서 Ⅳ가 일어난다.
미토콘드리아에서 ATP가 합성되는 과정 Ⅳ가 일어남

ㄷ. Ⅱ와 Ⅲ에서 모두 에너지가 방출된다.
Ⅱ와 Ⅲ은 이화 작용으로 에너지가 방출됨

① ㄱ ② ㄷ ③ ㄱ, ㄴ ④ ㄴ, ㄷ ⑤ ㄱ, ㄴ, ㄷ

단서+발상

(단서) (가)에서 단백질의 합성과 분해, (나)에서 ATP의 합성과 분해 과정이 제시되어 있다.

(발상) Ⅰ은 단백질이 합성되는 동화 작용, Ⅱ는 단백질이 분해되는 이화 작용이며, Ⅲ은 ATP가 ADP로 분해되는 이화 작용, Ⅳ는 ADP가 ATP로 합성되는 동화 작용임을 추론할 수 있다.

(적용) 제시된 물질들의 전환 과정을 적용해서 작고 간단한 물질이 크고 복잡한 물질로 합성되는 동화 작용과 크고 복잡한 물질이 작고 간단한 물질로 분해되는 이화 작용을 파악하는 것부터 문제 풀이를 시작해야 한다.

| 문제+자료 분석 |

- **(가):** Ⅰ은 아미노산이 단백질로 합성되는 동화 작용으로 에너지를 흡수하는 과정이며, Ⅱ는 단백질이 아미노산으로 분해되는 이화 작용으로 에너지를 방출하는 과정이다.
- **(나):** 인산기를 3개 가지고 있는 물질이 ATP이며, 인산기를 2개 가지고 있는 물질이 ADP이다.
- Ⅲ은 ATP가 ADP로 분해되는 이화 작용으로 에너지를 방출하는 과정이고, Ⅳ는 ADP가 ATP로 합성되는 동화 작용으로 에너지를 흡수하는 과정이다.

| 보기 분석 |

ㄱ. Ⅰ과 Ⅱ를 포함하여 사람의 모든 물질대사 과정은 효소의 촉매 작용에 의해 일어난다.

ㄴ. 미토콘드리아에서 세포 호흡이 일어나며 이때 ATP가 합성되는 과정 Ⅳ가 일어난다.

ㄷ. 단백질이 분해되는 Ⅱ와 ATP가 분해되는 Ⅲ은 크고 복잡한 물질이 작고 간단한 물질로 분해되는 이화 작용으로 에너지를 방출하는 과정이다.

B 10 정답 ④ ＊ATP [정답률 86%] 2024 실시 3월 학평 2

다음은 사람에서 일어나는 물질대사에 대한 자료이다. ㉠~㉢은 ADP, ATP, 단백질을 순서 없이 나타낸 것이다.

(가) ㉠은 세포 호흡을 통해 물, 이산화 탄소, 암모니아로 분해된다. (㉠: 단백질 / 단서)

(나) 미토콘드리아에서 일어나는 세포 호흡을 통해 ㉡이 ㉢으로 전환된다. (㉡: ADP, ㉢: ATP)

이에 대한 옳은 설명만을 〈보기〉에서 있는 대로 고른 것은?

[보기]

ㄱ. ㉠은 ATP이다.
㉠은 물, 이산화 탄소, 암모니아로 분해되는 단백질임

ㄴ. (가)에서 이화 작용이 일어난다.
단백질(㉠)이 세포 호흡 과정에서 저분자 물질로 분해되는 이화 작용이 일어남

ㄷ. ㉢에 저장된 에너지는 생명 활동에 사용된다.
ATP(㉢)에 저장된 에너지는 생명 활동에 사용됨

① ㄱ ② ㄴ ③ ㄱ, ㄷ ④ ㄴ, ㄷ ⑤ ㄱ, ㄴ, ㄷ

| 문제+자료 분석 |

- 단백질은 탄소(C), 수소(H), 산소(O), 질소(N)로 구성되어 있어 세포 호흡을 통해 에너지가 생성되고, 이산화 탄소(CO_2), 물(H_2O), 암모니아(NH_3)가 생성된다. ➡ ㉠은 단백질이다.
- 세포 호흡은 세포에서 영양소를 분해하여 생명 활동에 필요한 에너지를 얻는 과정으로, 주로 미토콘드리아에서 일어난다. 세포 호흡 과정에서 포도당이 산소와 반응하여 이산화 탄소와 물로 분해되면서 방출된 에너지의 일부는 ADP와 무기 인산이 결합한 ATP에 저장되고, 나머지는 열로 방출된다. ➡ ㉡은 ADP이고, ㉢은 ATP이다.
- ATP의 화학 에너지가 여러 가지 형태의 에너지로 전환되어 생장, 물질 합성, 근육 운동, 체온 유지 등 다양한 생명 활동에 사용된다.

| 보기 분석 |

ㄱ. 단백질은 탄소(C), 수소(H), 산소(O), 질소(N)로 구성되어 있다. ㉠은 세포 호흡을 통해 물, 이산화 탄소, 암모니아로 분해되는 단백질이다.

ㄴ. 이화 작용은 크고 복잡한 물질을 작고 간단한 물질로 분해하는 과정이다. 세포 호흡은 세포에서 영양소를 분해하여 생명 활동에 필요한 에너지를 얻는 과정으로 이화 작용에 해당한다.

ㄷ. ㉡은 ADP이고, ㉢은 ATP이다. ATP에 저장된 화학 에너지는 생장, 물질 합성, 근육 운동, 체온 유지 등 다양한 생명 활동에 사용된다.

＊ATP

- ATP는 끝에 있는 인산기 사이의 고에너지 인산 결합이 끊어지면서 에너지가 방출되고, ADP와 무기 인산(P_i)으로 분해된다.
- 세포 호흡으로 방출된 에너지는 ADP와 무기 인산(P_i)의 결합에 사용되어 ATP를 합성한다.

B 11 정답 ③ *물질대사 [정답률 81%] 2024 대비 수능 2

다음은 사람에서 일어나는 물질대사에 대한 자료이다.

(가) 녹말이 소화 과정을 거쳐 ㉠ 포도당으로 분해된다. ➡ 이화 작용
(나) 포도당이 세포 호흡을 통해 물과 이산화 탄소로 분해된다. ➡ 이화 작용
(다) ㉡ 포도당이 글리코젠으로 합성된다. ➡ 동화 작용

이에 대한 설명으로 옳은 것만을 〈보기〉에서 있는 대로 고른 것은?

[보기]

ㄱ. 소화계에서 ㉠이 흡수된다.
소화계에 속한 소장에서 ㉠(포도당)이 흡수됨

ㄴ. (가)와 (나)에서 모두 이화 작용이 일어난다.
(가)와 (나)에서 모두 이화 작용이 일어남

ㄷ. 글루카곤은 간에서 ㉡을 촉진한다.
인슐린은 간에서 ㉡을 촉진함

① ㄱ ② ㄷ ③ ㄱ, ㄴ ④ ㄴ, ㄷ ⑤ ㄱ, ㄴ, ㄷ

| 문제+자료 분석 |

- **(가)**: 고분자 물질인 녹말이 소화 과정을 거쳐 저분자 물질인 포도당으로 분해되는 과정이므로 이화 작용에 해당한다.
- **(나)**: 고분자 물질인 포도당이 세포 호흡을 통해 저분자 물질인 물과 이산화 탄소로 분해되고, 이 과정에서 에너지가 방출되므로 이화 작용에 해당한다.
- **(다)**: 단당류인 포도당이 다당류인 글리코젠으로 합성되는 과정이므로 동화 작용에 해당한다. 식사 후 혈당량이 높을 때 인슐린이 분비되어 ㉡ 과정을 촉진한다.

| 보기 분석 |

ㄱ. 소화계에 속하는 소장에서 포도당(㉠)의 흡수가 일어난다.
ㄴ. 녹말이 소화 과정을 거쳐 포도당으로 분해되는 (가)는 이화 작용에 해당하고, 포도당이 세포 호흡을 통해 물과 이산화 탄소로 분해되는 (나)도 이화 작용에 해당한다. 따라서 (가)와 (나)에서 모두 이화 작용이 일어난다.
ㄷ. 혈당량이 정상보다 높을 때, 이자의 β세포에서 인슐린이 분비되어 간에서 포도당이 글리코젠으로 합성(㉡)되는 것을 촉진한다. 혈당량이 정상보다 낮을 때, 이자의 α세포에서 글루카곤이 분비되어 간에서 글리코젠이 포도당으로 분해되는 과정을 촉진한다.

권민재 | 강릉원주대 치의예과 2024년 입학·서울 광영여고 졸

소화계는 음식물을 분해하고, 분해된 영양분을 흡수하는 역할을 수행해. (가)에서 설명한 내용과 완전히 일치하지? 또, (가)와 (나)에서는 녹말과 포도당이 '분해'되는 작용을 설명하고 있기 때문에 이화 작용이라고 할 수 있어. 글루카곤은 혈당량을 높이는 작용을 하기 때문에 글리코젠이 포도당으로 분해되는 과정을 촉진해. 이화 작용과 동화 작용을 정확히 이해하고 비교할 수 있어야 풀 수 있는 문제였던 거지.

B 12 정답 ⑤ *물질대사와 기관계 [정답률 94%] 2024 대비 9월 모평 2

다음은 사람에서 일어나는 물질대사에 대한 자료이다.

(가) 암모니아가 ㉠ 요소로 전환된다.
독성이 강한 암모니아는 간에서 독성이 약한 요소로 전환됨
(나) 지방은 세포 호흡을 통해 물과 이산화 탄소로 분해된다.
탄소(C), 수소(H), 산소(O)로 구성됨

이에 대한 설명으로 옳은 것만을 〈보기〉에서 있는 대로 고른 것은?

[보기]

ㄱ. 간에서 (가)가 일어난다. 간에서 암모니아가 요소로 전환됨
ㄴ. (나)에서 효소가 이용된다. 세포 호흡 과정에는 효소가 관여함
ㄷ. 배설계를 통해 ㉠이 몸 밖으로 배출된다.
요소(㉠)는 배설계인 콩팥에서 오줌으로 배설

① ㄱ ② ㄷ ③ ㄱ, ㄴ ④ ㄴ, ㄷ ⑤ ㄱ, ㄴ, ㄷ

| 문제+자료 분석 |

- **(가)**: 단백질이 분해되면 암모니아가 생성된다. 암모니아는 간에서 독성이 약한 요소로 전환된 후 콩팥에서 오줌으로 배설된다.
- **(나)**: 탄소, 수소, 산소로 구성된 지방은 세포 호흡을 통해 물과 이산화 탄소로 분해된다.

| 보기 분석 |

ㄱ. 암모니아는 간에서 독성이 약한 요소로 전환된다.
ㄴ. 세포 호흡과 같은 물질대사 과정에는 생체 촉매인 효소가 관여한다.
ㄷ. 요소(㉠)는 배설계인 콩팥에서 오줌으로 배설된다.

B 13 정답 ④ * 에너지의 전환과 이용 ······ [정답률 72%] 2023 실시 4월 학평 2

그림 (가)는 미토콘드리아에서 일어나는 세포 호흡을, (나)는 ADP와 ATP 사이의 전환을 나타낸 것이다.

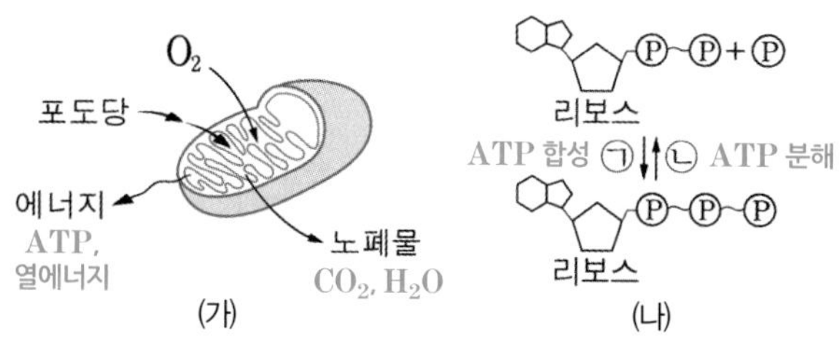

이에 대한 설명으로 옳은 것만을 〈보기〉에서 있는 대로 고른 것은? (3점)

[보기]

ㄱ. 포도당이 세포 호흡에 사용된 결과 생성되는 노폐물에는 암모니아가 있다.
포도당이 세포 호흡에 사용된 결과 생성되는 노폐물은 이산화 탄소와 물임

ㄴ. 과정 ㉡에서 에너지가 방출된다.
ATP의 분해 과정인 ㉡은 에너지가 방출되는 반응이 일어남

ㄷ. (가)에서 과정 ㉠이 일어난다.
(가)에서 세포 호흡 결과 ATP가 합성되는 ㉠이 일어남

① ㄱ ② ㄴ ③ ㄱ, ㄷ ④ ㄴ, ㄷ ⑤ ㄱ, ㄴ, ㄷ

| 문제+자료 분석 |

- (가): 세포 호흡 과정으로, 세포 내에서 포도당을 분해하여 에너지를 얻는 과정이다.
- (나): ㉠은 세포 호흡 결과 발생한 에너지의 일부를 흡수하여 ADP과 무기 인산(P_i)으로부터 ATP를 합성하는 과정이다. ㉡은 ATP를 ADP와 무기 인산(P_i)으로 분해하는 과정으로, 고에너지 인산 결합이 끊어지면서 에너지가 방출된다.

| 보기 분석 |

ㄱ. 포도당이 세포 호흡에 사용된 결과 생성되는 노폐물은 이산화 탄소(CO_2)와 물(H_2O)이다. 암모니아는 단백질이 세포 호흡에 사용된 결과 생성되는 노폐물이다.

ㄴ 과정 ㉡은 ATP가 ADP와 무기 인산(P_i)으로 분해되는 과정으로 고에너지 인산 결합이 끊어지면서 에너지가 방출된다.

ㄷ (가)에서 세포 호흡 결과 방출된 에너지의 일부는 ADP와 무기 인산(P_i)으로부터 ATP를 합성하는 ㉠ 과정에 이용된다.

문제 풀이 꿀팁

세포 호흡 과정은 유기물을 분해하며 에너지를 방출하는 이화 작용이지만, ATP 합성 과정은 세포 호흡 결과 방출된 에너지의 일부를 흡수하여 ADP와 무기 인산(P_i)으로부터 ATP를 합성하는 동화 작용이다. 반대로 ATP를 ADP와 무기 인산(P_i)으로 분해하여 에너지가 방출되는 과정은 이화 작용에 해당하며, 이때 방출된 에너지는 다양한 생명 활동에 사용된다.

B 14 정답 ⑤ * 세포 호흡 ······ [정답률 65%] 2023 실시 7월 학평 6

그림은 사람의 미토콘드리아에서 일어나는 세포 호흡을 나타낸 것이다. ㉠~㉢은 각각 ADP, ATP, CO_2 중 하나이다.

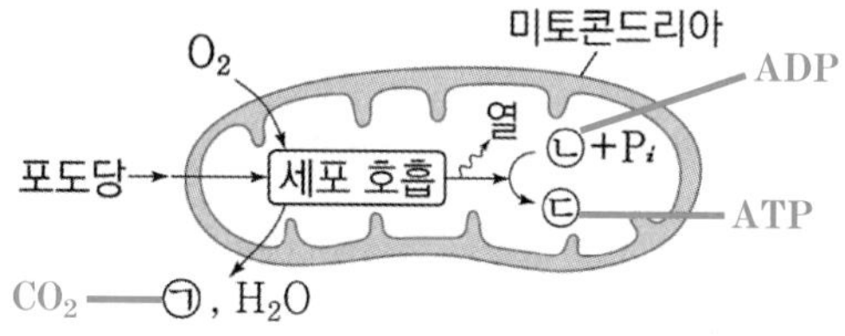

이에 대한 설명으로 옳은 것만을 〈보기〉에서 있는 대로 고른 것은?

[보기]

ㄱ. 순환계를 통해 ㉠이 운반된다.
순환계를 통해 ㉠(CO_2)이 호흡계로 운반됨

ㄴ. ㉡의 구성 원소에는 인(P)이 포함된다.
㉡(ADP)은 아데노신과 2개의 인산이 결합된 물질이므로 구성 원소에 인(P)이 포함됨

ㄷ. 근육 수축 과정에는 ㉢에 저장된 에너지가 사용된다.
㉢(ATP)이 ADP와 무기 인산(P_i)으로 분해되며 방출된 에너지가 근육 수축 과정에 사용됨

① ㄱ ② ㄷ ③ ㄱ, ㄴ ④ ㄴ, ㄷ ⑤ ㄱ, ㄴ, ㄷ

| 문제+자료 분석 |

- 세포 호흡: 산소를 소비하며 포도당을 CO_2(㉠)와 H_2O로 분해하여 에너지를 얻는 과정이다.
- 세포 호흡 결과 방출된 에너지의 일부는 ADP(㉡)와 무기 인산(P_i)으로부터 ATP(㉢)를 합성하는 데 사용된다.

| 보기 분석 |

ㄱ 세포 호흡 결과 방출된 CO_2(㉠)는 순환계를 통해 호흡계로 전달되어 몸 밖으로 배출된다.

ㄴ ADP(㉡)는 아데노신(리보스+아데닌)에 2개의 인산이 결합된 물질로, 구성 원소에는 C(탄소), H(수소), O(산소), N(질소), P(인)이 포함된다.

ㄷ ATP(㉢)에 저장된 에너지는 ATP(㉢)가 ADP(㉡)와 무기 인산(P_i)으로 분해되면서 방출되어 근육 수축, 물질 합성, 체온 유지 등 여러 가지 생명 활동에 사용된다.

* 생명 활동과 에너지

- 미토콘드리아에서 영양소를 분해하여 얻은 에너지로 ADP와 무기 인산을 합성하여 ATP를 생성한다.
- ATP를 ADP와 무기 인산으로 분해할 때 얻어지는 에너지는 물질 합성, 체온 유지, 근육 운동 등 다양한 생명 활동에 이용된다.

B 15 정답 ⑤ ＊물질대사 [정답률 91%] 2024 대비 6월 모평 2

다음은 사람에서 일어나는 물질대사에 대한 자료이다.

(가) 단백질은 소화 과정을 거쳐 아미노산으로 분해된다.
➡ 소화는 이화 작용
(나) 포도당이 세포 호흡을 통해 분해된 결과 생성되는 노폐물에는 ㉠이 있다.
➡ 포도당이 세포 호흡을 통해 분해된 결과 생성되는 노폐물은 이산화 탄소와 물

이에 대한 설명으로 옳은 것만을 〈보기〉에서 있는 대로 고른 것은? (3점)

[보기]

ㄱ. (가)에서 이화 작용이 일어난다.
단백질이 아미노산으로 분해되는 소화 과정은 이화 작용임
ㄴ. 이산화 탄소는 ㉠에 해당한다. 이산화 탄소는 ㉠에 해당함
ㄷ. (가)와 (나)에서 모두 효소가 이용된다.
물질대사에는 효소가 이용됨

① ㄱ ② ㄷ ③ ㄱ, ㄴ ④ ㄴ, ㄷ ⑤ ㄱ, ㄴ, ㄷ

| 문제+자료 분석 |

- (가): 크고 복잡한 단백질이 소화 과정을 거쳐 작고 간단한 아미노산으로 분해되는 이화 작용이다.
- (나): 세포 호흡 과정에서 포도당이 산소와 반응하여 이산화 탄소와 물로 분해되면서 에너지가 방출된다. ㉠은 이산화 탄소와 물이다.

| 보기 분석 |

ㄱ. 크고 복잡한 단백질이 소화 과정을 거쳐 작고 간단한 아미노산으로 분해되는 이화 작용이다. (가)에서 이화 작용이 일어난다.
ㄴ. 세포 호흡 결과 생성된 노폐물은 이산화 탄소와 물이다. 이산화 탄소는 ㉠에 해당한다.
ㄷ. 소화와 세포 호흡은 모두 물질대사에 속한다. 물질대사에는 효소(생체 촉매)가 이용된다. 

문제 풀이 꿀팁 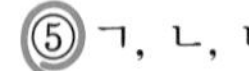

물질대사의 특징
- 반드시 에너지 출입이 함께 일어난다.
- 반응이 단계적으로 일어난다. ➡ 에너지가 여러 단계에 걸쳐 조금씩 출입한다.
- 효소(생체 촉매)가 관여한다. ➡ 체온 정도의 낮은 온도에서 반응이 일어난다.

B 16 정답 ⑤ ＊ATP와 ADP [정답률 68%] 2021 실시 4월 학평 2

그림은 ATP와 ADP 사이의 전환을 나타낸 것이다.

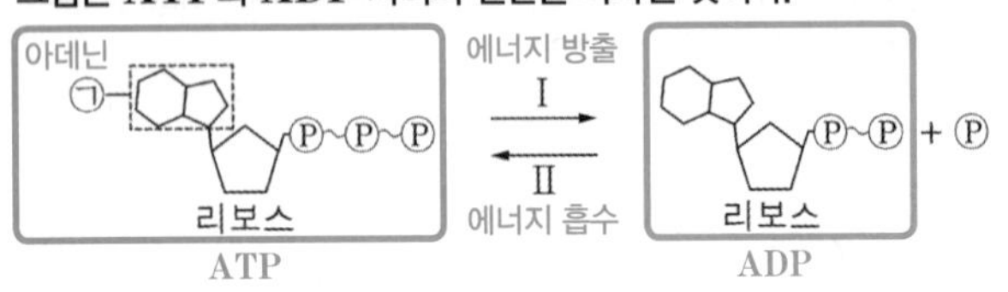

이에 대한 옳은 설명만을 〈보기〉에서 있는 대로 고른 것은?

[보기]

ㄱ. ㉠은 아데닌이다.
→ ATP는 아데닌, 리보스, 삼인산으로 이루어진 물질로 ㉠은 아데닌
ㄴ. 과정 Ⅰ에서 에너지가 방출된다.
→ ATP가 ADP로 분해될 때 에너지 방출
ㄷ. 미토콘드리아에서 과정 Ⅱ가 일어난다.
→ 미토콘드리아에서 ADP가 ATP로 합성되는 과정 Ⅱ가 일어남

① ㄱ ② ㄷ ③ ㄱ, ㄴ
④ ㄴ, ㄷ ⑤ ㄱ, ㄴ, ㄷ

| 문제+자료 분석 |

- ㉠(아데닌): 뉴클레오타이드를 구성하는 염기 중 하나이다.
- ATP: 아데노신삼인산으로 아데닌과 리보스가 결합한 아데노신에 인산기가 세 개 붙어 있다.
- ADP: 아데노신이인산으로 아데닌과 리보스가 결합한 아데노신에 인산기가 두 개 붙어 있다.
- Ⅰ: ATP가 ADP로 분해되는 과정을 나타낸 것으로 인산 결합이 끊어지면서 에너지가 방출된다.
- Ⅱ: ADP가 ATP로 합성되는 과정을 나타낸 것으로 인산 결합을 형성하기 위해서 에너지를 흡수한다.

| 보기 분석 |

ㄱ. ATP는 아데닌과 리보스가 결합한 아데노신에 세 개의 인산기가 결합한 물질이다. 리보스에 결합 되어 있는 염기 ㉠은 아데닌이다.
ㄴ. 과정 Ⅰ은 ATP가 ADP로 분해되는 과정이다. ATP의 고에너지 인산 결합이 끊어지면서 에너지가 방출되며, 이 에너지를 생명 활동에 이용한다.
ㄷ. 과정 Ⅱ는 ADP가 ATP로 합성되는 과정이다. 고에너지 인산 결합이 형성되는 과정으로, 미토콘드리아에서 영양소를 분해하는 세포 호흡 과정에서 발생한 에너지가 과정 Ⅱ에 이용된다.

B 17 정답 ⑤ * 생명 활동과 에너지 [정답률 91%] 2020 실시 7월 학평 3

그림은 ADP와 ATP 사이의 전환을 나타낸 것이다. ㉠과 ㉡은 각각 ADP와 ATP 중 하나이다.

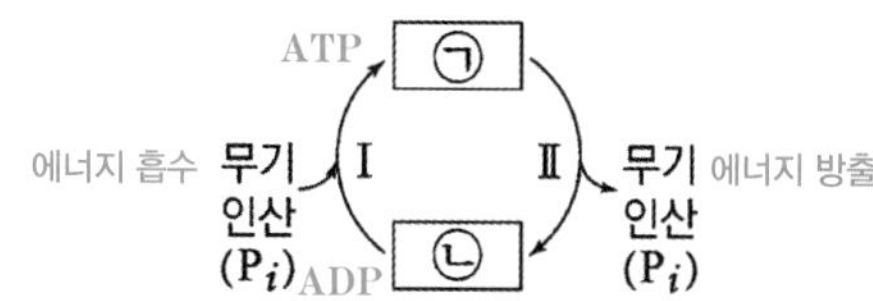

이에 대한 설명으로 옳은 것만을 〈보기〉에서 있는 대로 고른 것은?

[보기]

ㄱ. ㉠은 ATP이다. → ㉠은 ATP이고 ㉡은 ADP

ㄴ. 미토콘드리아에서 과정 I이 일어난다.
→ 미토콘드리아에서 영양소를 분해하여 얻은 에너지로 ATP를 합성하는 과정 I이 일어남

ㄷ. 과정 II에서 에너지가 방출된다.
→ ATP가 ADP로 분해될 때 에너지가 방출

① ㄱ ② ㄷ ③ ㄱ, ㄴ ④ ㄴ, ㄷ ⑤ ㄱ, ㄴ, ㄷ

| 문제+자료 분석 |

- ㉠이 ㉡과 무기 인산으로 분해되고, ㉡과 무기 인산이 ㉠으로 합성되므로 ㉠이 ATP이고 ㉡이 ADP이다.

| 보기 분석 |

ㄱ. ㉡과 무기 인산이 ㉠으로 합성되므로 ㉠은 ATP이다.

ㄴ. 미토콘드리아에서 ADP와 무기 인산을 합성해 ATP를 생성하는 과정 I이 일어난다. 생명체가 섭취한 영양소를 분해할 때 얻은 에너지를 ADP와 무기 인산이 ATP로 합성할 때 이용한다.

ㄷ. 과정 II는 ATP가 ADP와 무기 인산으로 분해되는 과정으로 비교적 높은 에너지가 방출된다. 이때 방출된 에너지는 다양한 생명 활동에 이용된다.

＊ 생명 활동과 에너지

- 미토콘드리아에서 영양소를 분해하여 얻은 에너지로 ADP와 무기 인산을 합성하여 ATP를 생성한다.
- ATP를 ADP와 무기 인산으로 분해할 때 얻어지는 에너지는 물질 합성, 체온 유지, 근육 운동 등 다양한 생명 활동에 이용된다.

B 18 정답 ④ * ATP와 ADP [정답률 81%] 2021 대비 6월 모평 2

그림은 ATP와 ADP 사이의 전환을 나타낸 것이다.

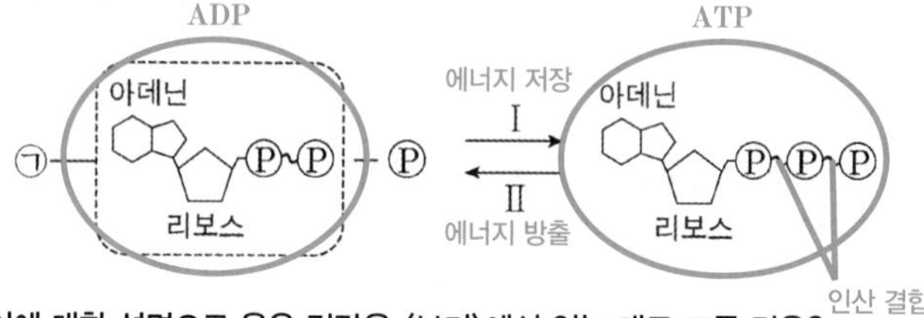

이에 대한 설명으로 옳은 것만을 〈보기〉에서 있는 대로 고른 것은?

[보기]

ㄱ. ㉠은 ATP이다.
→ ㉠은 아데노신에 인산이 2개 결합되어 있으므로 ADP이다.

ㄴ. 미토콘드리아에서 과정 I이 일어난다.
→ 미토콘드리아에서 일어나는 세포 호흡은 ADP를 ATP로 전환시켜 에너지를 ATP에 저장한다.

ㄷ. 과정 II에서 인산 결합이 끊어진다.
→ ATP가 ADP로 분해되는 과정에서 인산과 인산 사이의 인산 결합이 끊어진다.

① ㄱ ② ㄷ ③ ㄱ, ㄴ
④ ㄴ, ㄷ ⑤ ㄱ, ㄴ, ㄷ

| 문제+자료 분석 |

◈ ATP와 ADP

- ATP=아데노신(=아데닌+리보스)+인산+인산+인산
- ADP=아데노신(=아데닌+리보스)+인산+인산
- 과정 I은 ADP에 인산이 결합하는 과정으로 에너지가 ATP에 저장되는 과정이다.
- 과정 II는 ATP에서 인산 결합이 끊어지며 인산이 떨어져 나와 ADP로 되면서 에너지가 방출되는 과정이다.

| 보기 분석 |

ㄱ. ㉠은 아데닌, 리보스, 2개의 인산으로 이루어져 있으므로 ADP이다.

ㄴ. 미토콘드리아에서는 세포 호흡이 일어난다. 세포 호흡은 포도당이 이산화탄소와 물로 분해되는 과정에서 에너지가 방출되고, 방출되는 에너지의 일부는 ATP에 저장되며, 나머지는 열의 형태로 방출된다.
따라서 미토콘드리아에서 ADP와 인산이 결합하여 ATP가 합성되는 과정 I이 일어난다.

ㄷ. 인산과 인산 사이에 형성되는 결합을 인산 결합이라고 한다. ATP가 ADP로 분해되는 과정 II에서는 인산 결합이 끊어지면서 ATP에 저장되어 있었던 에너지가 방출된다.

B 19 정답 ⑤ * 물질대사 [정답률 75%] 2023 대비 6월 모평 2

그림은 사람에서 세포 호흡을 통해 포도당으로부터 생성된 에너지가 생명 활동에 사용되는 과정을 나타낸 것이다. ⓐ와 ⓑ는 H_2O와 O_2를 순서 없이 나타낸 것이고, ㉠과 ㉡은 각각 ADP와 ATP 중 하나이다.

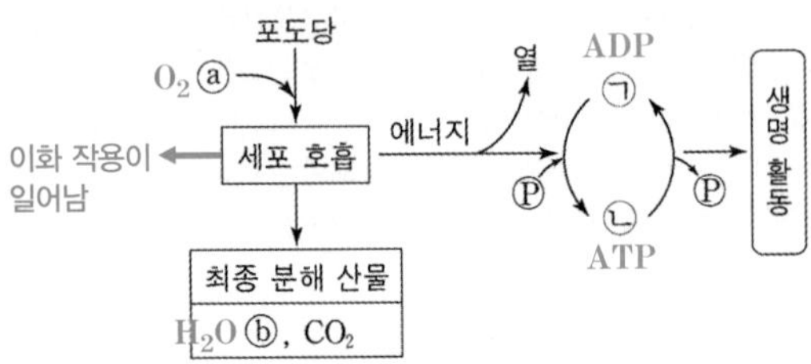

이에 대한 설명으로 옳은 것만을 <보기>에서 있는 대로 고른 것은?

[보기]

ㄱ. 세포 호흡에서 이화 작용이 일어난다.
포도당이 H_2O와 CO_2로 분해되는 반응은 이화 작용임

ㄴ. 호흡계를 통해 ⓑ가 몸 밖으로 배출된다.
세포 호흡 결과 생성된 ⓑ(H_2O)의 일부는 호흡계를 통해 배출됨

ㄷ. 근육 수축 과정에는 ㉡에 저장된 에너지가 사용된다.
근육 수축, 물질 합성, 발성 등 다양한 생명 활동에는 ㉡(ATP)에 저장된 에너지가 사용됨

① ㄱ ② ㄴ ③ ㄱ, ㄷ ④ ㄴ, ㄷ ⑤ ㄱ, ㄴ, ㄷ

| 문제+자료 분석 |

- 세포 호흡 과정에서 포도당이 O_2와 반응하여 H_2O와 CO_2로 분해되며, 이 과정에서 방출된 에너지의 일부는 ATP에 저장되고 나머지는 열로 방출한다. 따라서 ⓐ는 O_2이고, 세포 호흡 결과 생성되는 ⓑ는 H_2O이다.
- ㉠에 인산기가 결합하여 ㉡이 생성되므로 ㉠은 ADP, ㉡은 ATP이다. ATP(㉡)가 ADP(㉠)와 인산기로 분해되면서 방출되는 에너지의 일부가 생명 활동에 사용된다.

| 보기 분석 |

ㄱ. 세포 호흡 과정에서 포도당이 H_2O와 CO_2로 분해되므로 이화 작용이 일어난다.

ㄴ. 세포 호흡 결과 생성된 대부분의 CO_2와 일부 H_2O(ⓑ)는 호흡계를 통해 몸 밖으로 배출된다.

ㄷ. 세포 호흡 과정을 통해 포도당에 저장된 화학 에너지의 일부는 ATP(㉡)에 화학 에너지 형태로 저장된다. ATP(㉡)에 저장된 에너지는 근육 수축, 물질 합성, 발성, 생장 등의 생명 활동에 사용된다.

문제 풀이 Tip

세포 호흡은 대표적인 이화 작용이다.
하지만 ATP의 합성 과정은 저분자인 ADP를 고분자인 ATP로 합성하면서 에너지를 저장하는 동화 작용이므로, ATP 합성 과정까지 이화 작용이라고 착각하지 않도록 주의해야 한다.

B 20 정답 ⑤ * 물질대사와 세포 호흡 [정답률 89%] 2022 대비 9월 모평 7

그림 (가)는 사람에서 녹말(다당류)이 포도당으로 되는 과정을, (나)는 미토콘드리아에서 일어나는 세포 호흡을 나타낸 것이다.

이화 작용
녹말 → 포도당
고분자 저분자
(가)

세포 호흡 결과 포도당이 분해되어 CO_2와 H_2O가 생성
O_2
포도당
에너지
노폐물
(나)

이에 대한 설명으로 옳은 것만을 <보기>에서 있는 대로 고른 것은? (3점)

[보기]

ㄱ. (가)에서 이화 작용이 일어난다.
→ 녹말(고분자)이 포도당(저분자)으로 분해될 때 이화 작용이 일어남

ㄴ. (나)에서 생성된 노폐물에는 CO_2가 있다.
→ 세포 호흡 결과 포도당이 분해되어 CO_2와 H_2O가 생성됨

ㄷ. (가)와 (나)에서 모두 효소가 이용된다.
→ 물질대사에는 모두 효소가 이용됨

① ㄱ ② ㄷ ③ ㄱ, ㄴ ④ ㄴ, ㄷ ⑤ ㄱ, ㄴ, ㄷ

| 문제+자료 분석 |

- (가): 고분자 물질(녹말)을 저분자 물질(포도당)로 분해하는 반응으로 (가)에서는 이화 작용이 일어난다. 이화 작용이 일어날 때 에너지가 방출되며, 이화 작용의 대표적인 예로 소화, 세포 호흡 등이 있다.
- (나): 미토콘드리아에서 일어나는 세포 호흡은 세포에서 영양소를 분해하여 생명 활동에 필요한 에너지를 얻는 과정이다.

| 보기 분석 |

ㄱ. 녹말과 같은 고분자 물질이 포도당과 같은 저분자 물질로 분해될 때 이 과정에서 이화 작용이 일어난다.

ㄴ. 미토콘드리아에서 세포 호흡이 일어날 때 포도당이 분해되어 이산화 탄소(CO_2)와 물(H_2O)이 생성된다. 따라서 (나)에서 생성되는 노폐물에는 CO_2가 있다.

ㄷ. 녹말이 포도당으로 분해되는 반응과 조직 세포에서 일어나는 세포 호흡은 모두 생물체 내에서 일어나는 화학 반응이다. 물질대사는 효소에 의해 촉매되므로, (가)와 (나)에서 모두 효소가 이용된다.

＊ 물질대사
생명체 내에서 일어나는 모든 화학 반응으로, 동화 작용과 이화 작용이 있다.

B 21 정답 ④ * 생명 활동과 에너지 [정답률 82%] 2022 실시 7월 학평 17

그림 (가)는 사람에서 일어나는 물질 이동 과정의 일부와 조직 세포에서 일어나는 물질대사 과정의 일부를, (나)는 ADP와 ATP 사이의 전환을 나타낸 것이다. ㉠과 ㉡은 각각 CO_2와 포도당 중 하나이다.

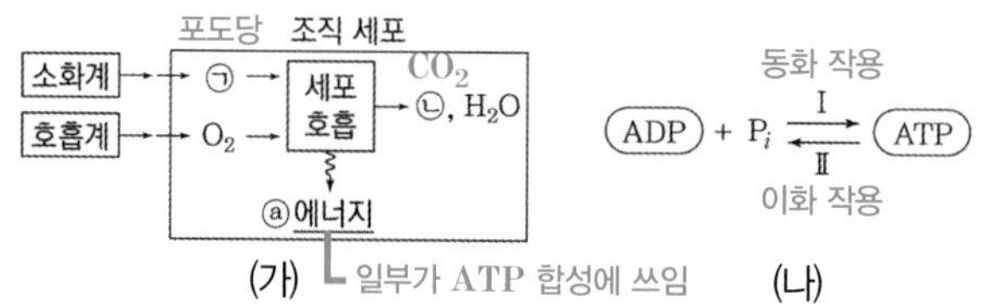

이에 대한 설명으로 옳은 것만을 〈보기〉에서 있는 대로 고른 것은?

[보기]

ㄱ. ㉠은 포도당이다.
㉠은 세포 호흡에 쓰이는 영양소이므로 포도당임

ㄴ. ⓐ의 일부가 과정 Ⅰ에 사용된다.
세포 호흡 결과 방출된 에너지의 일부는 과정 Ⅰ(ATP 합성)에 사용됨

ㄷ. 과정 Ⅱ는 ~~동화 작용~~에 해당한다.
과정 Ⅱ는 ATP를 ADP와 P_i로 분해하는 과정이므로 이화 작용에 해당함

① ㄱ ② ㄴ ③ ㄷ ④ ㄱ, ㄴ ⑤ ㄱ, ㄷ

| 문제+자료 분석 |

- (가): 세포 호흡의 반응물은 포도당(㉠), O_2이고, 생성물은 CO_2(㉡)와 H_2O이다. 세포 호흡 결과 방출된 에너지(ⓐ)의 일부는 ATP 합성에 쓰인다.
- (나): Ⅰ은 ADP와 P_i(무기 인산)으로부터 ATP가 합성되는 동화 작용에 해당한다. Ⅱ는 ATP가 ADP와 P_i(무기 인산)으로 분해되는 과정으로 이화 작용에 해당한다.

| 보기 분석 |

ㄱ. ㉠은 소화계에서 흡수된 영양소이자 세포 호흡의 반응물이므로 포도당이다.
ㄴ. 세포 호흡 결과 방출된 에너지의 일부는 ADP와 P_i(무기 인산)으로부터 ATP를 합성하는 과정 Ⅰ에 쓰인다.
ㄷ. 과정 Ⅱ는 고분자인 ATP를 저분자인 ADP와 P_i로 분해하는 과정이므로 이화 작용에 해당한다. 이 과정에서 방출된 에너지는 근수축 운동, 물질 합성, 생장, 체온 유지 등 다양한 세포의 생명 활동에 쓰인다.

* 동화 작용과 이화 작용의 비교

구분	동화 작용	이화 작용
과정	저분자 ➡ 고분자 (합성)	고분자 ➡ 저분자 (분해)
에너지 출입	에너지 흡수 (흡열 반응)	에너지 방출 (발열 반응)
예	광합성, 단백질 합성 등	세포 호흡, 소화 등

B 22 정답 ⑤ * 세포 호흡과 에너지 [정답률 85%] 2023 대비 수능 3

다음은 세포 호흡에 대한 자료이다. ㉠과 ㉡은 각각 ADP와 ATP 중 하나이다.

(가) 포도당은 세포 호흡을 통해 물과 이산화 탄소로 분해된다. ➡ 이화 작용 일어남
(나) 세포 호흡 과정에서 방출된 에너지의 일부는 ㉠에 저장되며, ㉠(ATP)이 ㉡(ADP)과 무기 인산(P_i)으로 분해될 때 방출된 에너지는 생명 활동에 사용된다.

이에 대한 설명으로 옳은 것만을 〈보기〉에서 있는 대로 고른 것은? (3점)

[보기]

ㄱ. (가)에서 이화 작용이 일어난다.
포도당이 산소와 반응하여 이산화 탄소와 물로 분해되는 세포 호흡은 이화 작용임

ㄴ. 미토콘드리아에서 ㉡이 ㉠으로 전환된다.
미토콘드리아에서 세포 호흡을 통해 ㉡(ADP)이 ㉠(ATP)으로 전환되어 에너지가 저장됨

ㄷ. 포도당이 분해되어 생성된 에너지의 일부는 체온 유지에 사용된다.
세포 호흡 과정에서 생성된 에너지의 일부는 열로 방출되어 체온 유지에 사용됨

① ㄱ ② ㄴ ③ ㄱ, ㄷ ④ ㄴ, ㄷ ⑤ ㄱ, ㄴ, ㄷ

| 문제+자료 분석 |

- (가): 세포 호흡 과정에서 고분자 물질인 포도당이 산소와 반응하여 저분자 물질인 이산화 탄소와 물로 분해되면서 에너지가 방출되는데, 에너지 일부는 ATP에 저장되고 나머지는 열로 방출된다.
- (나): 세포 호흡에 의해 포도당의 화학 에너지 일부는 ㉠(ATP)의 화학 에너지로 저장된다. ATP에 저장된 에너지는 ㉠(ATP)이 ㉡(ADP)과 무기 인산(P_i)으로 분해될 때 방출되어 생명 활동에 이용된다.

| 보기 분석 |

ㄱ. 세포 호흡 과정은 고분자 물질인 포도당이 산소와 반응하여 저분자 물질인 이산화 탄소와 물로 분해되면서 에너지가 방출되는 이화 작용이다.
ㄴ. 미토콘드리아에서 세포 호흡이 일어나며, 세포 호흡을 통해 ㉡(ADP)과 무기 인산(P_i)이 결합하여 ㉠(ATP)으로 합성되면서 에너지가 저장된다.
ㄷ. 세포 호흡 과정에서 생성된 에너지의 일부는 열로 방출되어 체온 유지에 사용된다.

김보겸 | 연세대 지구시스템과학과 2023년 입학 · 광주 서석고졸

(가)에서 '분해된다'라는 말이 있으니 이화 작용이라는 점을 쉽게 눈치 챌 수 있겠지. 또 ATP의 구조는 'ADP+무기 인산'이라는 것은 매우 기본적인 개념 내용이니 헷갈리지 말아야 해.

B 23 정답 ③ * 효모의 호흡 ··· [정답률 84%] 2020 실시 3월 학평 5

다음은 효모를 이용한 실험 과정을 나타낸 것이다.

(가) 증류수에 효모를 넣어 효모액을 만든다.

(나) 발효관 Ⅰ과 Ⅱ에 표와 같이 용액을 넣는다.

발효관	용액
Ⅰ	증류수 15 mL + 효모액 15 mL
Ⅱ	3 % 포도당 용액 15 mL + 효모액 15 mL

(다) Ⅰ과 Ⅱ를 모두 항온기에 넣고 각 발효관에서 10분 동안 발생한 ㉠기체(이산화 탄소)의 부피를 측정한다. 효모가 포도당을 분해하여 이산화 탄소가 생성됨

이에 대한 옳은 설명만을 <보기>에서 있는 대로 고른 것은?

[보기]

ㄱ. ㉠에 이산화 탄소가 있다.
→ 효모는 포도당을 분해하여 에너지를 얻고, 이때 이산화 탄소가 생성됨

ㄴ. Ⅱ에서 이화 작용이 일어난다.
→ 포도당이 분해되는 반응은 이화 작용임

ㄷ. (다)에서 측정한 ㉠의 부피는 Ⅰ에서가 Ⅱ에서보다 크다.
→ ㉠은 이산화 탄소이고, Ⅰ에서는 이산화 탄소가 생성되지 않음

① ㄱ ② ㄷ ③ ㄱ, ㄴ ④ ㄴ, ㄷ ⑤ ㄱ, ㄴ, ㄷ

| 문제+자료 분석 |

• 효모는 포도당을 이용하여 세포 호흡을 하고 물과 이산화 탄소를 방출한다.

| 보기 분석 |

ㄱ. 효모는 포도당을 분해하여 이산화 탄소 기체를 방출하므로 ㉠(기체)에는 이산화 탄소가 있다.

ㄴ. 이화 작용에서는 고분자 물질이 저분자 물질로 전환된다. Ⅱ에 존재하는 포도당 용액은 효모액에 의해 이산화 탄소와 물로 분해되므로 Ⅱ에서 이화 작용이 일어난다.

ㄷ. (다)에서 측정한 ㉠(이산화 탄소)의 부피는 증류수가 들어 있는 Ⅰ에서보다 포도당 용액이 들어 있는 Ⅱ에서 크다.

*** 효모**

효모는 산소가 있을 때는 산소 호흡으로 물과 이산화 탄소를 생성하고, 산소가 없을 때는 발효로 이산화 탄소와 알코올을 생성한다.

문제 풀이 Tip

효모액에는 포도당을 분해할 수 있는 효소가 존재한다.

B 24 정답 ③ * 물질대사 ··· [정답률 94%] 2021 실시 3월 학평 2

그림은 광합성과 세포 호흡에서의 에너지와 물질의 이동을 나타낸 것이다. ㉠과 ㉡은 각각 광합성과 세포 호흡 중 하나이다.

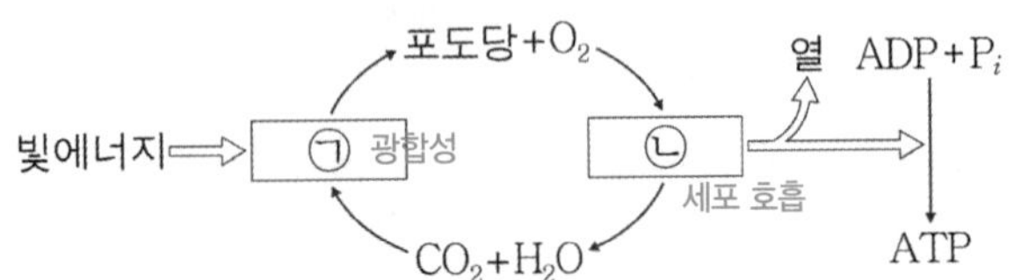

이에 대한 옳은 설명만을 <보기>에서 있는 대로 고른 것은? (3점)

[보기]

ㄱ. ㉠에서 빛에너지가 화학 에너지로 전환된다.
→ 광합성이 일어나면 태양의 빛에너지가 포도당에 화학 에너지로 전환됨

ㄴ. ㉡에서 방출된 에너지는 모두 ATP에 저장된다.
→ 세포 호흡에서 방출된 에너지는 일부만 ATP에 저장됨

ㄷ. ATP에는 인산 결합이 있다.
→ ATP에서 인산기와 인산기는 고에너지 인산 결합으로 연결됨

① ㄱ ② ㄴ ③ ㄱ, ㄷ
④ ㄴ, ㄷ ⑤ ㄱ, ㄴ, ㄷ

| 문제+자료 분석 |

• ㉠(광합성): 태양의 빛에너지를 흡수하여 이산화 탄소와 물을 포도당으로 합성하는 광합성이다.

• ㉡(세포 호흡): 포도당과 산소가 반응하여 이산화 탄소와 물로 분해되면서 에너지가 방출되는 세포 호흡이다.

| 보기 분석 |

ㄱ. 광합성(㉠)이 일어나면 태양의 빛에너지가 흡수되어 포도당에 화학 에너지로 전환되어 저장된다.

ㄴ. 세포 호흡(㉡) 시 포도당은 산소와 반응하여 이산화 탄소와 물로 분해되면서 에너지가 방출되는데 이 에너지의 일부는 ATP에 저장되고 나머지는 열로 방출된다. 주의

ㄷ. ATP는 생명 활동에 직접 이용되는 에너지 저장 물질이다. ATP에서 인산기와 인산기는 고에너지 인산 결합으로 연결되어 있는데, 이 결합이 형성될 때 에너지가 저장되고 끊어질 때 에너지가 방출된다.

*** 물질대사의 구분**

동화 작용	작고 간단한 물질을 크고 복잡한 물질로 합성하는 과정으로 에너지가 흡수되어 생성물에 저장됨 (저장된 에너지양: 반응물 < 생성물) 예 광합성, 단백질 합성
이화 작용	크고 복잡한 물질을 작고 간단한 물질로 분해하는 과정으로 반응물에 저장되어 있던 에너지가 방출됨 (저장된 에너지양: 반응물 > 생성물) 예 세포 호흡, 소화

C 물질대사와 건강

C 01 정답 ② * 사람의 물질대사 [정답률 90%] 2025 대비 9월 모평 2

표는 사람에서 영양소 (가)와 (나)가 세포 호흡에 사용된 결과 생성되는 노폐물을 나타낸 것이다. (가)와 (나)는 단백질과 탄수화물을 순서 없이 나타낸 것이고, ㉠과 ㉡은 암모니아와 이산화 탄소를 순서 없이 나타낸 것이다.

영양소	노폐물
(가) 탄수화물	물, ㉠ 이산화 탄소
(나) 단백질	물, ㉠, ㉡ 이산화 탄소, 암모니아

단서

이에 대한 설명으로 옳은 것만을 〈보기〉에서 있는 대로 고른 것은?

[보기]

ㄱ. (가)는 단백질이다.
(가)는 탄수화물, (나)는 단백질임

ㄴ. 호흡계를 통해 ㉠이 몸 밖으로 배출된다.
호흡계를 통해 물과 이산화 탄소(㉠)가 몸 밖으로 배출됨

ㄷ. 사람에서 지방이 세포 호흡에 사용된 결과 생성되는 노폐물에는 ㉡이 있다. 없다.
지방이 세포 호흡에 사용된 결과 물과 이산화 탄소가 생성됨

① ㄱ ② ㄴ ③ ㄷ ④ ㄱ, ㄴ ⑤ ㄱ, ㄷ

| 문제+자료 분석 |

- 단백질의 세포 호흡 결과 세 종류의 노폐물인 물, 이산화 탄소, 암모니아가 생성되며, 탄수화물의 세포 호흡 결과 두 종류의 노폐물인 물, 이산화 탄소가 생성된다.
- 세포 호흡에 (가)가 사용된 결과 물과 ㉠이 노폐물로, (나)가 사용된 결과 물과 ㉠, ㉡이 노폐물로 생성되었다.
- (가)는 탄수화물, (나)는 단백질이며, 공통으로 생성된 노폐물 ㉠은 이산화 탄소, (나)에서만 생성된 노폐물 ㉡은 암모니아이다.

| 보기 분석 |

ㄱ. (가)는 탄수화물, (나)는 단백질이다.
ㄴ. 호흡계를 통해 물과 이산화 탄소(㉠)가 몸 밖으로 배출되며, 배설계를 통해 물과 암모니아(㉡)가 몸 밖으로 배출된다.
ㄷ. 지방이 세포 호흡에 사용된 결과 물과 이산화 탄소가 생성되므로 노폐물에 암모니아(㉡)는 없다.

*** 노폐물의 배설**

- 탄수화물과 지방은 탄소(C), 수소(H), 산소(O)로 구성되어 있어 세포 호흡 과정에서 완전히 분해되면 이산화 탄소와 물이 생성된다.
- 단백질에는 탄소(C), 수소(H), 산소(O) 외에도 질소(N) 등이 포함되어 있기 때문에 세포 호흡 과정에서 완전히 분해되면 이산화 탄소와 물뿐만 아니라 질소 노폐물인 암모니아도 생성된다.
- 암모니아는 간에서 독성이 약한 요소로 전환된 후 배설계를 통해 배출된다.

C 02 정답 ⑤ * 물질대사 [정답률 94%] 2025 대비 수능 11

사람에게서 일어나는 물질대사에 대한 설명으로 옳은 것만을 〈보기〉에서 있는 대로 고른 것은?  생물체 내에서 일어나는 모든 화학 반응

[보기]

ㄱ. 녹말이 포도당으로 분해되는 과정에서 이화 작용이 일어난다. 녹말이 포도당으로 분해되는 과정은 이화 작용임

ㄴ. 암모니아가 요소로 전환되는 과정에서 효소가 이용된다.
암모니아가 요소로 전환되는 물질대사 과정에서 효소가 이용됨

ㄷ. 지방이 세포 호흡에 사용된 결과 생성되는 노폐물에는 물과 이산화 탄소가 있다.
지방이 세포 호흡에 사용된 결과 물과 이산화 탄소가 생성됨

① ㄱ ② ㄴ ③ ㄱ, ㄷ ④ ㄴ, ㄷ ⑤ ㄱ, ㄴ, ㄷ

| 문제+자료 분석 |

- 생물은 생명 활동을 유지하는 데 필요한 물질과 에너지를 얻기 위해 생명체 내에서 다양한 물질을 합성하고 분해하고 전환한다.
➡ 생물체 내에서 일어나는 모든 화학 반응을 물질대사라고 한다.
- 물질대사는 동화 작용과 이화 작용으로 구분된다.
➡ 동화 작용은 분자량이 작은 물질이 큰 물질로 합성되는 과정이고, 이화 작용은 분자량이 큰 물질이 작은 물질로 분해되는 과정이다.

| 보기 분석 |

ㄱ. 녹말은 포도당이 여러 분자가 결합된 다당류이다. 녹말이 포도당으로 분해되는 과정은 분자량이 큰 물질이 분자량이 작은 물질로 분해되는 이화 작용이다.
ㄴ. 암모니아가 요소로 전환되는 과정은 에너지의 출입을 동반하며, 체내에서 이러한 물질의 변화가 빠르게 일어날 수 있는 것은 효소의 촉매 작용 때문이다.
ㄷ. 지방은 탄소, 수소, 산소로 구성되어 있어 세포 호흡 과정에서 완전히 분해된 결과 이산화 탄소와 물이 생성된다.

*** 사람의 물질대사**

- 소화계에서 분자량이 큰 물질을 분자량이 작은 물질로 분해한 후 체내로 흡수하여 세포 호흡에 이용한다.
- 탄수화물과 지방은 탄소, 수소, 산소로 구성되어 있어 세포 호흡 과정 결과 이산화 탄소와 물이 생성된다.
- 단백질은 탄소, 수소, 산소 외에도 질소 등이 포함되어 있어 세포 호흡 결과 이산화 탄소와 물뿐만 아니라 질소 노폐물인 암모니아도 생성된다.
- 독성이 강한 암모니아는 간에서 독성이 약한 요소로 전환된다.

단서+발상

단서 사람의 물질대사에 대한 설명이 제시되어 있다.
발상 사람에게서 일어나는 물질의 변화를 추론할 수 있다.
적용 사람의 물질대사 특성을 적용해서 [보기]의 진위를 파악하는 것부터 문제 풀이를 시작해야 한다.

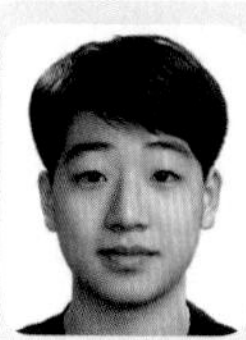

윤혁준 | 2025 수능 응시 · 서울 강서고 졸

단순한 개념 문제였어.
개념만 잘 숙지했다면 어렵지 않았을거야.

C 03 정답 ⑤ * 기관계의 통합적 작용 [정답률 88%] 2021 대비 6월 모평 7

표는 사람의 몸을 구성하는 기관계의 특징을 나타낸 것이다. A와 B는 배설계와 소화계를 순서 없이 나타낸 것이다.

기관계	특징
배설계 A	오줌을 통해 노폐물을 몸 밖으로 내보낸다.
소화계 B	음식물을 분해하여 영양소를 흡수한다.
순환계	? 혈관을 따라 물질을 운반한다.

이에 대한 옳은 설명만을 〈보기〉에서 있는 대로 고른 것은? (3점)

[보기]

ㄱ. A는 배설계이다.
→ 오줌의 배설은 배설계를 통해 이루어진다.

ㄴ. 소장은 B에 속한다.
→ 소장은 소화계의 대표적인 기관이다.

ㄷ. 티록신은 순환계를 통해 표적 기관으로 운반된다.
→ 호르몬인 티록신은 별도의 분비관 없이 혈관으로 분비되어 순환계를 통해 표적 기관으로 운반된다.

① ㄱ ② ㄷ ③ ㄱ, ㄴ ④ ㄴ, ㄷ ⑤ ㄱ, ㄴ, ㄷ

| 문제+자료 분석 |

◈ 기관계

- A(배설계): 콩팥, 오줌관, 방광 등으로 구성되어 있으며, 물질대사 결과 생성된 노폐물을 몸 밖으로 배출한다.
- B(소화계): 위, 간, 소장, 대장, 항문, 이자, 쓸개 등으로 구성되어 있으며, 음식물 속의 영양소를 흡수한다.
- **순환계**: 심장, 혈관 등으로 구성되어 있으며, 혈관을 따라 순환하는 혈액에 의해 영양소와 노폐물을 운반한다.
- **호흡계**: 코, 기관, 기관지, 폐 등으로 구성되어 있으며, 산소를 받아들이고 이산화 탄소를 배출한다.

| 보기 분석 |

ㄱ. 오줌을 통해 노폐물을 몸 밖으로 내보내는 것은 배설계를 통해 이루어진다. 반면에 대변을 통해 흡수되지 않은 찌꺼기를 몸 밖으로 내보내는 것은 배설계가 아니라 소화계를 통해 이루어진다.

ㄴ. 소장은 음식물 속의 영양소를 흡수하며 소화계에 속한다.

ㄷ. 티록신과 같은 호르몬은 별도의 분비관 없이 혈관으로 분비되어 순환계를 통해 표적 기관으로 운반된다. 반면, 소화액, 침 등과 같은 물질은 별도의 분비관을 통해 운반된다.

C 04 정답 ⑤ * 기관계의 통합적 작용 [정답률 70%] 2021 대비 9월 모평 2

그림 (가)와 (나)는 각각 사람의 소화계와 호흡계를 나타낸 것이다. A와 B는 각각 간과 폐 중 하나이다.

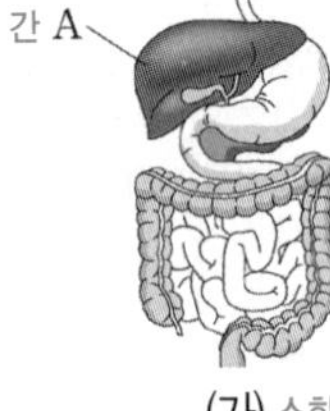

(가) 소화계

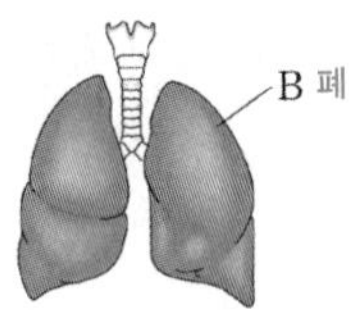

(나) 호흡계

이에 대한 설명으로 옳은 것만을 〈보기〉에서 있는 대로 고른 것은? (3점)

[보기]

ㄱ. A에서 동화 작용이 일어난다.
→ 간(A)에서 요소 합성, 글리코젠 합성 등의 동화 작용이 일어남

ㄴ. B에서 기체 교환이 일어난다.
→ 폐(B)에서 산소와 이산화 탄소의 기체 교환이 일어남

ㄷ. (가)에서 흡수된 영양소 중 일부는 (나)에서 사용된다.
→ 소장에서 흡수된 영양소는 (가)와 (나)를 비롯한 모든 기관계를 구성하는 조직 세포에서의 세포 호흡에 사용됨

① ㄱ ② ㄷ ③ ㄱ, ㄴ ④ ㄴ, ㄷ ⑤ ㄱ, ㄴ, ㄷ

| 문제+자료 분석 |

- **(가)** 소화계: 간(A), 이자, 위, 소장, 대장 등의 기관이 있으며, 소화계는 음식물 속의 영양소를 세포가 흡수할 수 있도록 작게 분해하고 흡수하는 작용을 한다.
- **(나)** 호흡계: 기관지, 폐(B) 등의 기관이 있으며, 세포 호흡에 필요한 산소를 흡수하고, 세포 호흡 결과 발생한 이산화 탄소를 몸 밖으로 내보내는 작용을 한다.

| 보기 분석 |

ㄱ. 동화 작용이란 간단하고 작은 물질을 복잡하고 큰 물질로 합성하는 반응이다. A(간)에서는 암모니아로부터 요소의 합성, 포도당으로부터 글리코젠의 합성 등 다양한 동화 작용이 일어난다.

ㄴ. B(폐)에서는 폐포 내로 들어온 외부 공기와 폐포 주변의 모세 혈관 사이에서 산소와 이산화 탄소의 기체 교환이 일어난다.

ㄷ. 소화계 (가)와 호흡계 (나)를 포함한 모든 기관계를 구성하는 조직 세포는 생명 활동에 에너지가 필요하며, 이러한 에너지 생산을 위한 세포 호흡에 소화계 (가)의 소장에서 흡수된 영양소가 사용된다. 주의

*** 기체의 교환**

(1) 호흡계에서 세포 호흡에 필요한 산소를 흡수하고, 세포 호흡 결과 발생한 이산화 탄소를 방출한다.
(2) 기체의 분압 차이에 의한 확산 현상으로 기체 교환이 일어나므로 에너지가 소모되지 않는다.

C 05 정답 ③ * 기관의 특징 [정답률 89%] 2023 대비 6월 모평 5

그림은 사람의 혈액 순환 경로를 나타낸 것이다. ㉠~㉢은 각각 간, 콩팥, 폐 중 하나이다.

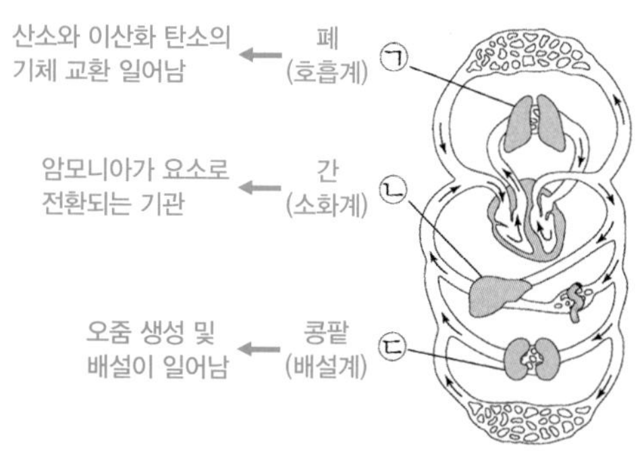

이에 대한 설명으로 옳은 것만을 〈보기〉에서 있는 대로 고른 것은? (3점)

[보기]

ㄱ. ㉠으로 들어온 산소 중 일부는 순환계를 통해 운반된다.
체내에서 물질의 운반은 주로 순환계를 통해 일어남

ㄴ. ㉡에서 암모니아가 요소로 전환된다.
암모니아가 요소로 전환되는 기관은 ㉡(간)

ㄷ. ㉢은 ~~소화계~~에 속한다.
㉢은 콩팥이므로 배설계에 속함

① ㄱ ② ㄷ ③ ㄱ, ㄴ ④ ㄴ, ㄷ ⑤ ㄱ, ㄴ, ㄷ

| 문제+자료 분석 |

- ㉠ 폐: 호흡계에 속하며, 산소와 이산화 탄소의 기체 교환이 일어나는 기관이다.
- ㉡ 간: 소화계에 속하며, 암모니아가 독성이 약한 요소로 전환되고 포도당과 글리코젠 사이의 전환을 통해 혈당량 조절이 일어나는 기관이다.
- ㉢ 콩팥: 배설계에 속하며, 여분의 물과 질소 노폐물을 걸러내 오줌을 만들어 배설하는 기관이다.

| 보기 분석 |

ㄱ. 호흡계에 속한 ㉠(폐)으로 흡수된 산소와 조직 세포의 세포 호흡 결과 생성된 이산화 탄소의 일부는 모두 순환계를 통해 운반된다. 체내에서 물질의 운반은 주로 순환계를 통해 일어난다.

ㄴ. 소화계에 속한 ㉡(간)에서 독성이 강한 암모니아가 독성이 약한 요소로 전환된다.

ㄷ. ㉢은 배설계에 속하는 콩팥이다.

* 기관계의 통합적 작용

영양소 공급	소화계와 순환계가 작용
산소 공급	호흡계와 순환계가 작용
이산화 탄소 배출	순환계와 호흡계가 작용
노폐물 배출	순환계, 배설계, 호흡계가 작용

C 06 정답 ⑤ * 기관계의 특징 [정답률 91%] 2022 대비 9월 모평 4

표는 사람 몸을 구성하는 기관계의 특징을 나타낸 것이다. A~C는 배설계, 소화계, 신경계를 순서 없이 나타낸 것이다.

기관계	특징
A 배설계	오줌을 통해 노폐물을 몸 밖으로 내보낸다.
B 신경계	대뇌, 소뇌, 연수가 속한다.
C 소화계	㉠

이에 대한 설명으로 옳은 것만을 〈보기〉에서 있는 대로 고른 것은? (3점)

[보기]

ㄱ. A는 배설계이다.
→ 오줌의 배설에 배설계(A)가 관여함

ㄴ. '음식물을 분해하여 영양소를 흡수한다.'는 ㉠에 해당한다.
→ 소화계(C)에서 음식물이 분해되고 영양소가 흡수된다.

ㄷ. C에는 B의 조절을 받는 기관이 있다.
→ 소화계(C)에는 신경계(B)의 조절을 받는 위와 같은 기관이 있다.

① ㄱ ② ㄷ ③ ㄱ, ㄴ ④ ㄴ, ㄷ ⑤ ㄱ, ㄴ, ㄷ

| 문제+자료 분석 |

- A(배설계): 조직 세포에서 세포 호흡의 결과 생성된 노폐물을 오줌을 통해 몸 밖으로 내보낸다.
- B(신경계): 중추 신경계와 말초 신경계로 구분된다.
- C(소화계): 크기가 큰 영양소를 세포가 흡수 가능한 크기의 작은 영양소로 분해하고 흡수한다.

| 보기 분석 |

ㄱ. 오줌을 통해 노폐물을 몸 밖으로 내보내는 특징을 갖는 기관계는 배설계(A)이다.

ㄴ. '음식물을 분해하여 영양소를 흡수한다.'는 소화계(C)의 특징에 해당한다.

ㄷ. 소화계의 속하는 위장, 소장 등은 자율 신경에 의해 조절된다. 따라서 소화계(C)에는 신경계(B)의 조절을 받는 기관이 있다.

* 자율 신경의 소화 운동 조절의 예

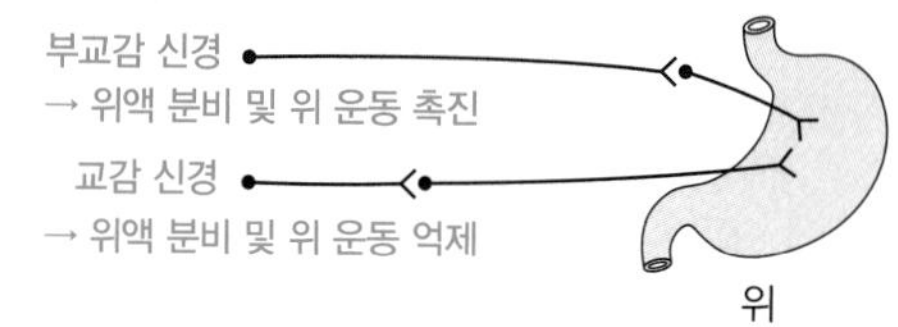

C 07 정답 ④ * 기관계의 통합적 작용 [정답률 72%] 2022 실시 3월 학평 4

표 (가)는 사람의 기관이 가질 수 있는 3가지 특징을, (나)는 (가)의 특징 중 심장과 기관 A, B가 갖는 특징의 개수를 나타낸 것이다. A와 B는 각각 방광과 소장 중 하나이다.

특징
• 오줌을 저장한다. ➡ 방광 • 순환계에 속한다. ➡ 심장 • 자율 신경과 연결된다. ➡ 심장, 방광, 소장

(가)

기관	특징의 개수
심장	㉠ 2
A 방광	2
B 소장	1

(나)

이에 대한 옳은 설명만을 〈보기〉에서 있는 대로 고른 것은? (3점)

[보기]

ㄱ. ㉠은 1이다.
㉠은 2

ㄴ. A는 방광이다.
A는 방광, B는 소장

ㄷ. B에서 아미노산이 흡수된다.
B(소장)에서 단백질로부터 분해된 아미노산이 흡수됨

① ㄱ ② ㄷ ③ ㄱ, ㄴ ④ ㄴ, ㄷ ⑤ ㄱ, ㄴ, ㄷ

| 문제+자료 분석 |

• 심장, 방광, 소장 중 '오줌을 저장한다.'는 방광만이 갖는 특징이고, '순환계에 속한다.'는 심장만이 갖는 특징이며, '자율 신경과 연결된다.'는 심장, 방광, 소장이 모두 갖는 특징이다.
• (가)의 3가지 특징 중 심장이 갖는 특징은 2가지이고, 방광이 갖는 특징은 2가지이며, 소장이 갖는 특징은 1가지이다. 따라서 ㉠은 2이고, A는 방광, B는 소장이다.

| 보기 분석 |

ㄱ. (가)의 특징 3가지 중 심장이 갖는 특징은 '순환계에 속한다.'와 '자율 신경과 연결된다.'이다. 따라서 ㉠은 2이다.
자율 신경은 대뇌의 직접적인 지배를 받지 않으며, 중간뇌, 연수, 척수의 명령을 심장근, 내장근, 분비샘에 전달한다. 따라서 심장, 방광, 소장은 모두 자율 신경과 연결된다. 주의

ㄴ. (가)의 특징 중 방광은 2개의 특징을, 소장은 1개의 특징을 갖는다. 따라서 A는 방광이고, B는 소장이다.

ㄷ. 단백질이 분해되어 생성된 아미노산은 B(소장)의 융털 돌기의 모세혈관으로 흡수된다.

C 08 정답 ⑤ * 영양소와 물질대사 [정답률 91%] 2021 대비 수능 1

그림은 사람에서 일어나는 영양소의 물질대사 과정 일부를 나타낸 것이다. ㉠과 ㉡은 암모니아와 이산화 탄소를 순서 없이 나타낸 것이다.

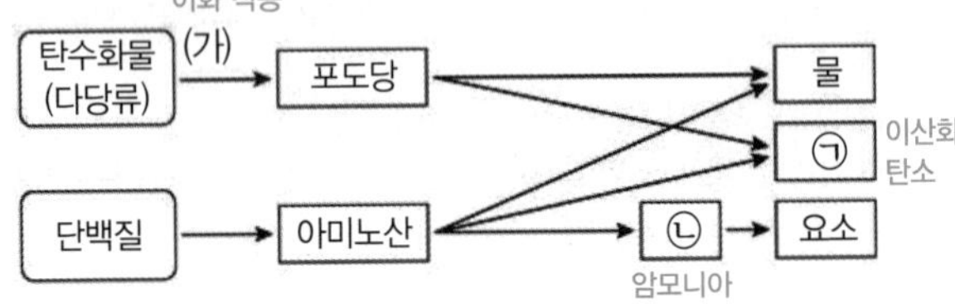

이에 대한 설명으로 옳은 것만을 〈보기〉에서 있는 대로 고른 것은? (3점)

[보기]

ㄱ. 과정 (가)에서 이화 작용이 일어난다.
→ 과정 (가)는 다당류가 단당류로 분해되는 이화 작용

ㄴ. 호흡계를 통해 ㉠이 몸 밖으로 배출된다.
→ ㉠은 이산화 탄소로 호흡계를 통해 몸 밖으로 배출

ㄷ. 간에서 ㉡이 요소로 전환된다.
→ ㉡은 암모니아로 간에서 요소로 전환됨

① ㄱ ② ㄷ ③ ㄱ, ㄴ ④ ㄴ, ㄷ ⑤ ㄱ, ㄴ, ㄷ

| 문제+자료 분석 |

• ㉠(이산화 탄소): 탄수화물과 지방을 분해하면 물과 이산화 탄소가 생성된다.
• ㉡(암모니아): 단백질을 분해하면 물, 이산화 탄소, 암모니아가 생성되며, 암모니아는 간에서 요소로 전환된다.

| 보기 분석 |

ㄱ. 과정 (가)는 다당류의 탄수화물을 단당류인 포도당으로 분해하는 과정이다. 복잡한 물질을 단순한 물질로 분해하는 이화 작용으로 이때 에너지가 방출되어 생명 활동에 이용된다.

ㄴ. 포도당과 같은 탄수화물을 분해할 때 물과 이산화 탄소가 생성된다. 물은 호흡계와 배설계를 통해 몸 밖으로 배출되며 이산화 탄소는 주로 호흡계를 통해 몸 밖으로 배출된다.

ㄷ. 단백질을 분해할 때 물, 이산화 탄소와 함께 암모니아가 생성된다. 암모니아는 독성이 강한 물질로 간에서 요소로 전환된 후에 배설계를 통해 몸 밖으로 배출된다.

송의현 | 원광대 의예과 2021년 입학 · 안산 동산고 졸

물질대사와 그 산물에 대한 문제였어.
(가) 과정은 다당류인 탄수화물이 단당류인 포도당이 되니까 이화 작용이 맞지. 시험장에선 쉽게 풀 수 있는 문제였지만, 여러 가지 분석해 볼 것이 있는 자료야. 먼저, 소화의 산물로서의 아미노산은 간뿐만이 아닌 모든 세포에서 나오는 것이라는 것과, 화살표 개수를 보고 물, 이산화 탄소, 요소를 나눌 수 있다는 것도 생각해 볼 수 있지.

C 09 정답 ⑤ * 기관계의 통합적 작용 [정답률 75%] 2021 실시 3월 학평 3

표는 사람의 기관계 A~C 각각에 속하는 기관 중 하나를 나타낸 것이다. A~C는 각각 소화계, 순환계, 호흡계 중 하나이다.

기관계	A 소화계	B 호흡계	C 순환계
기관	소장	폐	심장

이에 대한 옳은 설명만을 〈보기〉에서 있는 대로 고른 것은?

[보기]

ㄱ. A에서 포도당이 흡수된다.
→ 최종 분해된 영양소는 소장의 융털에서 몸속으로 흡수됨

ㄴ. B에서 기체 교환이 일어난다.
→ 폐포 내의 공기와 모세 혈관 사이에서 기체 교환이 일어남

ㄷ. C를 통해 요소가 배설계로 운반된다.
→ 간에서 생성된 요소는 혈액을 통해 콩팥으로 운반됨

① ㄱ ② ㄷ ③ ㄱ, ㄴ ④ ㄴ, ㄷ ⑤ ㄱ, ㄴ, ㄷ

| 문제+자료 분석 |

- A(소화계): 음식물 속의 영양소를 소화하여 몸속으로 흡수하는 일을 담당한다. ㉮ 입, 식도, 위, 소장, 대장, 항문 등 소화관과 침샘, 위샘, 간, 쓸개, 이자 등의 소화샘
- B(호흡계): 산소를 몸속으로 흡수하고, 이산화 탄소를 몸 밖으로 내보내는 일을 담당한다. ㉮ 코, 기관, 기관지, 폐
- C(순환계): 몸속에서 산소와 이산화 탄소, 영양소와 노폐물을 운반하는 일을 담당한다. ㉮ 심장, 혈관, 혈액

| 보기 분석 |

ㄱ. 최종 분해된 영양소는 소장의 융털에서 몸속으로 흡수된다. 포도당과 아미노산은 융털의 모세 혈관으로 흡수되고, 지방산과 모노글리세리드는 융털의 암죽관으로 흡수된다.

ㄴ. 폐는 수많은 폐포로 이루어져 있으며, 폐포의 바깥 표면은 모세 혈관으로 둘러싸여 있어 폐포 내의 공기와 모세 혈관 사이에서 산소와 이산화 탄소의 교환이 일어난다.

ㄷ. 단백질 분해 시 생성되는 질소 노폐물인 암모니아는 간에서 독성이 약한 요소로 전환되며, 간에서 합성된 요소는 대부분 혈액에 의해 콩팥으로 운반되어 오줌의 형태로 배출된다.

* 기관계의 통합적 작용

영양소 공급	소화계와 순환계가 작용
산소 공급	호흡계와 순환계가 작용
이산화 탄소 배출	순환계와 호흡계가 작용
노폐물 배출	순환계와 배설계가 작용

C 10 정답 ④ * 물질대사 [정답률 80%] 2021 실시 4월 학평 9

그림은 사람에서 일어나는 영양소의 물질대사 과정 일부를, 표는 노폐물 ㉠~㉢에서 탄소(C), 산소(O), 질소(N)의 유무를 나타낸 것이다. (가)와 (나)는 각각 단백질과 지방 중 하나이고, ㉠~㉢은 물, 암모니아, 이산화 탄소를 순서 없이 나타낸 것이다.

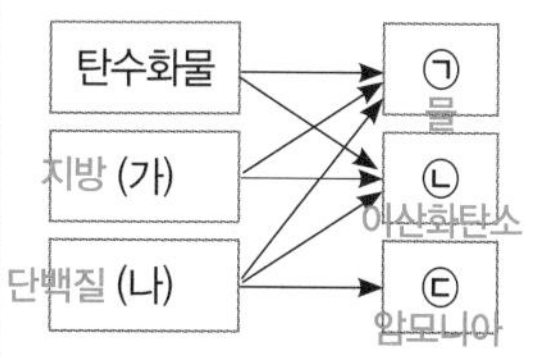

구분	탄소(C)	산소(O)	질소(N)
㉠	×	○	×
㉡	?	○	×
㉢	×	×	○

(○: 있음, ×: 없음)

이에 대한 설명으로 옳은 것만을 〈보기〉에서 있는 대로 고른 것은?

[보기]

ㄱ. (가)는 단백질이다.
→ (가)는 지방, (나)는 단백질

ㄴ. 호흡계를 통해 ㉡이 몸 밖으로 배출된다.
→ 호흡계를 통해 ㉡(이산화 탄소)이 몸 밖으로 배출됨

ㄷ. 간에서 ㉢이 요소로 전환된다.
→ 간에서 ㉢(암모니아)이 독성이 약한 요소로 전환됨

① ㄱ ② ㄴ ③ ㄱ, ㄷ ④ ㄴ, ㄷ ⑤ ㄱ, ㄴ, ㄷ

| 문제+자료 분석 |

- (가): 물질대사 결과 노폐물로 물과 이산화 탄소를 배출하는 지방이다.
- (나): 물질대사 결과 노폐물로 물, 이산화 탄소, 암모니아를 배출하는 단백질이다.
- ㉠: 탄소(C), 질소(N)를 가지고 있지 않은 노폐물로 물이다.
- ㉡: 산소(O)와 탄소(C)를 가지고 있는 노폐물로 이산화 탄소이다.
- ㉢: 질소 노폐물로 암모니아이다.

| 보기 분석 |

ㄱ. (가)는 물질대사 결과 노폐물로 물과 이산화 탄소를 배출하는 지방이다.

ㄴ. ㉡은 산소(O)와 탄소(C)를 가지고 있는 노폐물인 이산화 탄소로 호흡계를 통해 몸 밖으로 배출된다.

ㄷ. ㉢은 질소 노폐물인 암모니아이다. 단백질의 물질대사 결과 발생하는 노폐물인 암모니아는 간에서 독성이 약한 형태의 요소로 전환되어 배설계를 통해 배출된다.

문제 풀이 Tip

단백질은 탄수화물, 지방과 달리 구성 원소로 질소(N)를 가진다. 따라서 물질대사 결과 질소 노폐물인 암모니아가 생성된다.

C 11 정답 ⑤ * 물질대사 [정답률 91%] 2022 대비 6월 모평 2

표는 영양소 (가), (나), 지방이 세포 호흡에 사용된 결과 생성되는 노폐물을 나타낸 것이다. (가)와 (나)는 단백질과 탄수화물을 순서 없이 나타낸 것이다.

영양소	노폐물
(가) 탄수화물	물, 이산화 탄소
(나) 단백질	물, 이산화 탄소, ⓐ암모니아 (질소 노폐물)
지방	? 물, 이산화 탄소

이에 대한 설명으로 옳은 것만을 〈보기〉에서 있는 대로 고른 것은? (3점)

[보기]

ㄱ. (가)는 탄수화물이다.
→ (가)는 탄수화물

ㄴ. 간에서 ⓐ가 요소로 전환된다.
→ 간에서 암모니아가 요소로 전환되어 콩팥을 통해 배설됨

ㄷ. 지방의 노폐물에는 이산화 탄소가 있다.
→ 지방의 노폐물은 물과 이산화 탄소

① ㄱ ② ㄴ ③ ㄱ, ㄷ ④ ㄴ, ㄷ ⑤ ㄱ, ㄴ, ㄷ

| 문제+자료 분석 |

- (가): 탄수화물은 탄소, 수소, 산소로 이루어진 탄소 화합물로 세포 호흡 결과 물과 이산화 탄소가 생성된다.
- (나): 단백질은 탄소, 수소, 질소, 산소로 이루어진 탄소 화합물로 세포 호흡 결과 물, 이산화 탄소와 더불어 질소 노폐물인 암모니아가 생성된다.
- 지방: 중성 지방은 탄소, 수소, 산소로 이루어진 탄소 화합물로 세포 호흡 결과 물과 이산화 탄소가 생성된다.

| 보기 분석 |

ㄱ. 세포 호흡 결과 물과 이산화 탄소만 생성되는 (가)는 탄수화물이며, 질소 노폐물인 암모니아가 생성되는 (나)가 단백질이다.

ㄴ. 질소 노폐물인 암모니아는 독성이 높으므로 간에서 독성이 약한 요소로 전환되어 콩팥을 통해 배설된다.

ㄷ. 중성 지방을 세포 호흡에 사용한 결과 생성되는 노폐물은 물과 이산화 탄소이다.

* 호흡 기질로부터 생성되는 노폐물의 종류

호흡 기질	구성 원소	노폐물
탄수화물	C, H, O	CO_2, H_2O
중성 지방	C, H, O	CO_2, H_2O
단백질	C, H, O, N	CO_2, H_2O, 질소 노폐물(NH_3)

C 12 정답 ⑤ * 영양소와 물질대사 [정답률 90%] 2021 실시 7월 학평 4

그림은 사람에서 일어나는 물질대사 과정의 일부와 노폐물 ㉠~㉢이 기관계 A와 B를 통해 배출되는 경로를 나타낸 것이다. ㉠~㉢은 물, 요소, 이산화 탄소를 순서 없이 나타낸 것이고, A와 B는 호흡계와 배설계를 순서 없이 나타낸 것이다.

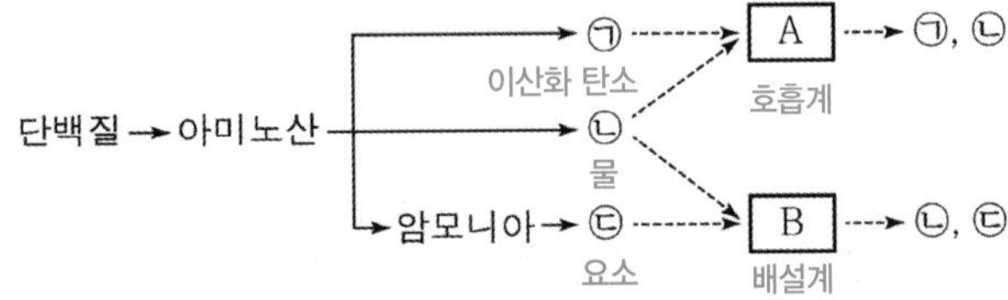

이에 대한 설명으로 옳은 것만을 〈보기〉에서 있는 대로 고른 것은? (3점)

[보기]

ㄱ. 폐는 A에 속한다.
→ 폐는 호흡계(A)에 속한 기관

ㄴ. ㉠은 이산화 탄소이다.
→ 호흡계(A)를 통해 몸 밖으로 배출되는 ㉠은 이산화 탄소

ㄷ. B에서 ㉡의 재흡수가 일어난다.
→ 호흡계(A)와 배설계(B)를 통해 공통적으로 배출되는 물(㉡)의 일부는 배설계(B)의 콩팥에서 재흡수가 일어남

① ㄱ ② ㄷ ③ ㄱ, ㄴ ④ ㄴ, ㄷ ⑤ ㄱ, ㄴ, ㄷ

| 문제+자료 분석 |

- 단백질이 소화되어 생성된 아미노산이 세포 호흡 기질로 이용되면 이산화 탄소, 물, 암모니아가 생성된다.
- 호흡계와 배설계를 통해 공통적으로 배출되는 ㉡은 물이다.
- 간에서 암모니아로부터 전환된 요소(㉢)는 여분의 물(㉡)과 함께 배설계(B)에 속하는 콩팥에서 오줌의 형태로 몸 밖으로 배설된다.
- 이산화 탄소(㉠)와 물(㉡)은 모두 호흡계(A)에 속하는 폐에서 날숨으로 배출된다.

| 보기 분석 |

ㄱ. 이산화 탄소(㉠)와 물(㉡)은 모두 폐에서 날숨으로 배출되며, 폐는 호흡계(A)에 속하는 기관이다.

ㄴ. 호흡계(A)와 배설계(B) 중 주로 호흡계(A)를 통해 배출되는 ㉠은 이산화 탄소이다.

ㄷ. 배설계(B)에 속하는 콩팥의 오줌 생성 과정에서 세뇨관으로부터 모세혈관으로 물(㉡)의 재흡수가 일어난다.

문제 풀이 Tip

간에서 암모니아로부터 전환된 요소는 여분의 물과 함께 배설계에 속하는 콩팥에서 오줌의 형태로 배설됨을 적용하여 ㉢이 요소임을 파악한다.

C 13 정답 ③ * 기관계의 통합적 작용 [정답률 78%] 2023 실시 7월 학평 2

표는 사람의 몸을 구성하는 기관계 A와 B를 통해 노폐물이 배출되는 과정의 일부를 나타낸 것이다. A와 B는 배설계와 호흡계를 순서 없이 나타낸 것이며, ㉠은 H_2O과 요소 중 하나이다.

기관계	과정
A 배설계	아미노산이 세포 호흡에 사용된 결과 생성된 ㉠을 오줌으로 배출 (H_2O)
B 호흡계	물질대사 결과 생성된 ㉠을 날숨으로 배출 (H_2O)

이에 대한 설명으로 옳은 것만을 〈보기〉에서 있는 대로 고른 것은? (3점)

[보기]

ㄱ. ㉠은 H_2O이다.
A(배설계)와 B(호흡계)를 통해 배출되는 노폐물인 ㉠은 H_2O임

ㄴ. 대장은  속한다. 대장은 소화계에 속함

ㄷ. B는 호흡계이다.
물질대사 결과 생성된 노폐물을 날숨으로 배출하는 기관계는 호흡계임

① ㄱ ② ㄴ ③ ㄱ, ㄷ ④ ㄴ, ㄷ ⑤ ㄱ, ㄴ, ㄷ

| 문제+자료 분석 |

- A: 아미노산이 세포 호흡에 사용된 결과 생성된 H_2O(㉠)과 요소를 오줌으로 배출하는 기관계이므로 배설계이다.
- B: 물질대사 결과 생성된 H_2O(㉠)과 이산화 탄소를 날숨으로 배출시키는 기관계이므로 호흡계이다.

| 보기 분석 |

ㄱ. 아미노산이 세포 호흡에 사용된 결과 생성되는 노폐물은 암모니아(간에서 요소로 전환), H_2O, 이산화 탄소이고, 물질대사 결과 생성되며 날숨으로 배출되는 물질은 H_2O과 이산화 탄소이다. ㉠은 배설계와 호흡계를 통해 배출되며 H_2O과 요소 중 하나이므로 H_2O이다.

ㄴ. 대장은 배설계(A)가 아니라 소화계에 속하는 기관이다.

ㄷ. B는 물질대사 결과 생성된 H_2O과 이산화 탄소를 날숨으로 배출하는 기관계인 호흡계이다.

* 노폐물의 생성과 배설

영양소	노폐물	기관	배설 경로
탄수화물, 지방, 단백질	이산화 탄소	폐	날숨으로 배출
	물	폐, 콩팥	날숨, 오줌으로 배출
단백질	암모니아	콩팥	간에서 요소로 전환된 후 오줌으로 배설

C 14 정답 ⑤ * 노폐물의 생성 [정답률 94%] 2025 대비 6월 모평 2

그림은 사람에서 일어나는 물질대사 과정 Ⅰ과 Ⅱ를 나타낸 것이다. ㉠과 ㉡은 암모니아와 이산화 탄소를 순서 없이 나타낸 것이다.

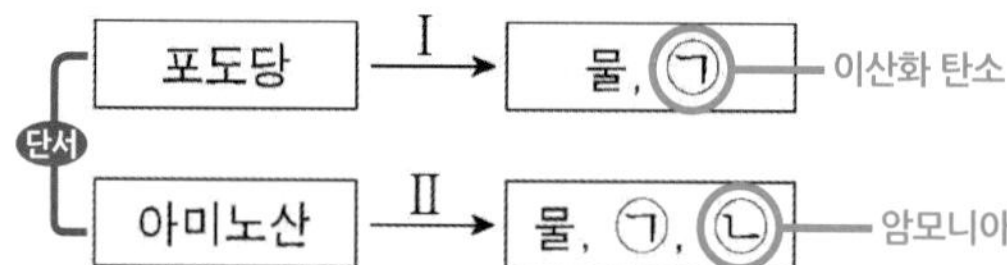

이에 대한 설명으로 옳은 것만을 〈보기〉에서 있는 대로 고른 것은?

[보기]

ㄱ. ㉠은 이산화 탄소이다.
포도당이 세포 호흡에 사용된 결과 물과 이산화 탄소가 생성되므로 ㉠은 이산화 탄소임

ㄴ. 간에서 ㉡이 요소로 전환된다.
독성이 강한 암모니아(㉡)는 간에서 독성이 약한 요소로 전환됨

ㄷ. Ⅰ과 Ⅱ에서 모두 이화 작용이 일어난다.
Ⅰ과 Ⅱ는 모두 크고 복잡한 물질을 작고 간단한 물질로 분해하는 이화 작용이 일어남

① ㄱ ② ㄷ ③ ㄱ, ㄴ ④ ㄴ, ㄷ ⑤ ㄱ, ㄴ, ㄷ

단서+발상

단서 포도당이 물과 ㉠으로 분해되는 과정 Ⅰ과 암모니아가 물, ㉠, ㉡으로 분해되는 과정 Ⅱ가 제시되어 있다.

발상 포도당이 분해되는 과정에서 발생되는 ㉠은 이산화 탄소, 아미노산이 분해되는 과정에서 발생되는 ㉡은 암모니아임을 추론할 수 있다.

적용 포도당이 에너지원으로 사용되면 이산화 탄소와 물이 생성되고, 아미노산이 에너지원으로 사용되면 이산화 탄소, 물과 함께 암모니아가 생성된다는 개념을 통해 ㉠은 이산화 탄소이고, ㉡은 암모니아임을 구하는 것부터 문제 풀이를 시작해야 한다.

| 문제+자료 분석 |

- 세포 호흡에서 에너지원으로 사용되는 영양소는 탄수화물, 지방, 단백질이다.
- 탄수화물과 지방이 에너지원으로 사용되면 이산화 탄소와 물이 생성되고, 단백질이 에너지원으로 사용되면 이산화 탄소, 물과 함께 암모니아가 생성된다.
  ➡ 포도당은 탄수화물이므로 ㉠은 이산화 탄소이고, 아미노산은 단백질의 단위체이므로 ㉡은 암모니아이다.
- 독성이 강한 암모니아는 간에서 독성이 약한 요소로 바뀐 후 주로 콩팥을 통해 오줌으로 나간다.
- 동화 작용은 작고 간단한 물질을 결합하여 크고 복잡한 물질로 합성하는 과정이고, 이화 작용은 크고 복잡한 물질을 작고 간단한 물질로 분해하는 과정이다.
  ➡ Ⅰ과 Ⅱ는 모두 크고 복잡한 물질을 작고 간단한 물질로 분해하는 과정이므로 이화 작용에 해당한다.

| 보기 분석 |

ㄱ. 포도당이 세포 호흡에 사용된 결과 물과 이산화 탄소가 생성된다. ㉠은 이산화 탄소이다.

ㄴ. 독성이 강한 암모니아(㉡)는 간에서 독성이 약한 요소로 전환된다.

ㄷ. Ⅰ과 Ⅱ는 모두 크고 복잡한 물질(포도당, 아미노산)을 작고 간단한 물질(물, 이산화 탄소, 암모니아)로 분해하는 과정이므로 이화 작용에 해당한다.

 15 정답 ③ ＊소화계와 배설계의 기능 [정답률 92%] 2025 대비 6월 모평 8

다음은 사람 몸을 구성하는 기관계에 대한 자료이다. A와 B는 배설계와 소화계를 순서 없이 나타낸 것이다.

단서
- A에서 음식물을 분해하여 영양소를 흡수한다.
  소화계
- B에서 오줌을 통해 노폐물을 몸 밖으로 내보낸다.
  배설계

이에 대한 설명으로 옳은 것만을 〈보기〉에서 있는 대로 고른 것은? (3점)

[보기]

ㄱ. A는 소화계이다.
음식물을 분해하여 영양소를 흡수하는 A는 소화계임

ㄴ. 소장은 B에 속한다.
소장은 소화계(A)에 속함

ㄷ. A에서 흡수된 영양소의 일부는 순환계를 통해 조직 세포로 운반된다.
소화계에서 흡수된 영양소는 순환계를 통해 온몸의 조직 세포로 운반됨

① ㄱ ② ㄴ ③ ㄱ, ㄷ ④ ㄴ, ㄷ ⑤ ㄱ, ㄴ, ㄷ

단서+발상

(단서) 음식물을 분해하여 영양소를 흡수하는 기관계 A, 오줌을 통해 노폐물을 몸 밖으로 내보내는 기관계 B가 제시되어 있다.

(발상) 음식물을 분해하여 영양소를 흡수하는 A는 소화계, 오줌을 통해 노폐물을 몸 밖으로 내보내는 B는 배설계임을 추론할 수 있다.

(적용) 소화계와 배설계의 기능을 적용해서 A는 소화계, B는 배설계임을 구하는 것부터 문제 풀이를 시작해야 한다.

| 문제+자료 분석 |

- 음식물에 들어 있는 녹말, 단백질, 지방과 같은 영양소는 분자의 크기가 커서 세포막을 통과하지 못하므로, 소화계는 이들 영양소를 분자의 크기가 작은 영양소로 분해하여 체내로 흡수한다. ➡ A는 소화계이다.
  입, 식도, 위, 소장, 대장, 간, 쓸개, 이자가 소화계에 속한다. 꿀팁
- 배설계는 세포 호흡으로 생성된 노폐물을 걸러 오줌의 형태로 몸 밖으로 내보낸다. ➡ B는 배설계이다.
- 순환계는 소장에서 흡수한 영양소와 폐에서 흡수한 산소를 혈액을 통해 온몸의 조직 세포로 운반한다.

| 보기 분석 |

ㄱ. 분자의 크기가 큰 영양소를 분자의 크기가 작은 영양소로 분해하여 체내로 흡수하는 A는 소화계이다.
ㄴ. 소장은 소화계(A)에 속한다. B는 배설계이다.
ㄷ. 순환계는 소장에서 흡수한 영양소를 온몸의 조직 세포로 운반한다.

C 16 정답 ⑤ ＊기관계의 통합적 작용 [정답률 98%] 2024 실시 5월 학평 2

그림은 사람 몸에 있는 각 기관계의 통합적 작용을, 표는 기관계의 특징을 나타낸 것이다. (가)~(다)는 배설계, 소화계, 호흡계를 순서 없이 나타낸 것이다.

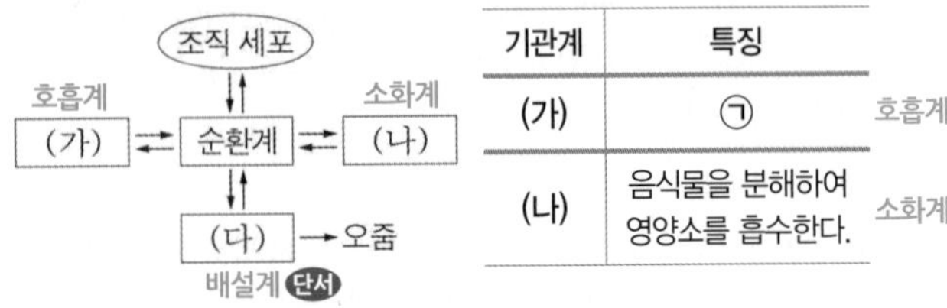

기관계	특징	
(가)	㉠	호흡계
(나)	음식물을 분해하여 영양소를 흡수한다.	소화계

이에 대한 설명으로 옳은 것만을 〈보기〉에서 있는 대로 고른 것은? (3점)

[보기]

ㄱ. (가)는 호흡계이다.
(가)는 호흡계임

ㄴ. (나)에서 흡수된 영양소 중 일부는 (다)에서 사용된다.
소화계(나)에서 흡수된 영양소는 배설계(다)를 포함한 온몸에서 사용됨

ㄷ. '이산화 탄소를 몸 밖으로 배출한다.'는 ㉠에 해당한다.
(가)는 호흡계이므로 '이산화 탄소를 몸 밖으로 배출한다.'는 ㉠에 해당함

① ㄱ ② ㄷ ③ ㄱ, ㄴ ④ ㄴ, ㄷ ⑤ ㄱ, ㄴ, ㄷ

단서+발상

(단서) 사람 몸에 있는 각 기관계의 통합적 작용 및 기관계의 특징이 제시되어 있다.

(발상) 그림에서 (다)는 오줌을 배설하는 배설계, 표에서 (나)는 음식물을 분해하여 영양소를 흡수하는 소화계임을 추론할 수 있다. (나)는 소화계, (다)는 배설계이므로 (가)는 호흡계이다.

(적용) 각 기관계의 작용을 이해하여 (나)는 소화계, (다)는 배설계임을 구하는 것부터 문제 풀이를 시작해야 한다.

| 문제+자료 분석 |

- 음식물에 들어 있는 녹말, 단백질, 지방과 같은 영양소는 분자의 크기가 커서 세포막을 통과하지 못한다. 소화계는 이들 영양소를 분자의 크기가 작은 영양소로 분해하여 체내로 흡수한다. ➡ (나)는 소화계이다.
- 배설계는 세포 호흡으로 생성된 노폐물을 걸러 오줌의 형태로 몸 밖으로 내보낸다. ➡ (다)는 오줌을 배설하는 배설계이다.
- 호흡계는 세포 호흡에 필요한 산소를 몸속으로 흡수하고, 세포 호흡 결과 발생한 이산화 탄소를 몸 밖으로 내보낸다.
  ➡ (나)는 소화계, (다)는 배설계이므로 (가)는 호흡계이다.
- 순환계는 혈액을 통해 소장에서 흡수한 영양소와 폐에서 흡수한 산소를 온몸의 조직 세포로 운반한다.

| 보기 분석 |

ㄱ. (나)는 소화계, (다)는 배설계이므로 (가)는 호흡계이다.
ㄴ. 소화계(나)에서 흡수된 영양소는 순환계에서 조직 세포로 운반하므로 배설계(다)를 포함한 온몸에서 사용된다.
ㄷ. (가)는 호흡계이므로 '이산화 탄소를 몸 밖으로 배출한다.'는 ㉠에 해당한다.

C 17 정답 ③ ＊기관계의 통합적 작용 [정답률 88%] 2024 실시 7월 학평 9

표는 사람 몸을 구성하는 기관계 A와 B에서 특징의 유무를 나타낸 것이다. A와 B는 배설계와 소화계를 순서 없이 나타낸 것이다.

구분	A 소화계	B 배설계
음식물을 분해하여 영양소를 흡수한다.	있음	없음 단서
오줌을 통해 요소를 몸 밖으로 내보낸다.	? 없음	있음
ⓐ 소화계와 배설계의 공통된 특징	있음	있음

이에 대한 설명으로 옳은 것만을 〈보기〉에서 있는 대로 고른 것은?

[보기]

ㄱ. A는 소화계이다.
A는 소화계, B는 배설계임

ㄴ. 소장은 B에 속한다.
소장은 소화계(A)에 속함

ㄷ. '자율 신경이 작용하는 기관이 있다.'는 ⓐ에 해당한다.
소화계, 배설계 모두 자율 신경이 작용하는 기관이 있음

① ㄱ ② ㄴ ③ ㄱ, ㄷ ④ ㄴ, ㄷ ⑤ ㄱ, ㄴ, ㄷ

단서+발상

단서 '음식물을 분해하여 영양소를 흡수한다.'는 A의 특징, '오줌을 통해 요소를 몸 밖으로 내보낸다.'는 B의 특징, ⓐ는 A, B 모두의 특징으로 제시되어 있다.

발상 음식물을 분해하여 영양소를 흡수하는 것은 소화계의 특징이므로 A는 소화계, 오줌을 통해 요소를 몸 밖으로 내보내는 것은 배설계의 특징이므로 B는 배설계임을 추론할 수 있다.

적용 제시된 특징이 소화계와 배설계 중 어떤 기관계의 특징에 해당하는지 적용해서 A와 B를 찾는 것부터 문제 풀이를 시작해야 한다.

| 문제+자료 분석 |

- '음식물을 분해하여 영양소를 흡수한다.'는 소화계만의 특징이며, A가 이 특징을 가지므로 A는 소화계, B는 배설계이다.
- '오줌을 통해 요소를 몸 밖으로 내보낸다.'는 배설계만의 특징으로 B가 이 특징을 가지고, A는 이 특징을 가지지 않는다.
- A와 B 모두 특징 ⓐ를 가지므로 ⓐ는 소화계와 배설계의 공통된 특징이다.

| 보기 분석 |

ㄱ. '음식물을 분해하여 영양소를 흡수한다.'는 특징을 가지는 A는 소화계이다.
ㄴ. 소장은 소화계(A)에 속하는 기관이다.
ㄷ. ⓐ는 소화계와 배설계의 공통된 특징이다. 소화계의 위, 소장 등과 배설계의 콩팥 등은 모두 자율 신경이 작용하는 기관이므로 '자율 신경이 작용하는 기관이 있다.'는 ⓐ에 해당한다.

＊ 기관계

- **소화계:** 소화 과정을 통해 흡수할 수 있는 크기로 음식물을 분해하여 영양소를 흡수하는 기관계이다. 위, 간, 소장 등이 소화계에 속한다.
- **호흡계:** 세포 호흡에 필요한 산소를 얻고, 세포 호흡 결과 발생한 이산화 탄소를 배출하는 기관계이다. 폐, 기관지 등이 호흡계에 속한다.
- **배설계:** 질소 노폐물 등을 콩팥에서 걸러 오줌의 일부로 배출하는 기관계이다. 콩팥, 방광 등이 배설계에 속한다.
- **순환계:** 세포 호흡에 필요한 영양소와 산소를 조직 세포로 운반하고, 세포 호흡 결과 발생한 노폐물을 호흡계, 배설계 등으로 운반하는 기관계이다. 심장과 혈관이 순환계에 속한다.

C 18 정답 ⑤ ＊기관계의 통합적 작용 [정답률 82%] 2024 대비 9월 모평 4

다음은 사람의 몸을 구성하는 기관계에 대한 자료이다. A와 B는 소화계와 순환계를 순서 없이 나타낸 것이고, ㉠은 인슐린과 글루카곤 중 하나이다.

- A는 음식물을 분해하여 포도당을 흡수한다. 그 결과 혈중 포도당 농도가 증가하면 ㉠(인슐린)의 분비가 촉진된다. ➡ A는 소화계
- B를 통해 ㉠이 표적 기관으로 운반된다. ➡ B는 순환계

이에 대한 설명으로 옳은 것만을 〈보기〉에서 있는 대로 고른 것은? (3점)

[보기]

ㄱ. A에서 이화 작용이 일어난다.
소화계(A)에서 영양소를 분해하는 이화 작용이 일어남

ㄴ. 심장은 B에 속한다. 심장은 순환계(B)에 속함

ㄷ. ㉠은 세포로의 포도당 흡수를 촉진한다.
인슐린(㉠)은 혈액에서 세포로의 포도당 흡수를 촉진함

① ㄱ ② ㄷ ③ ㄱ, ㄴ ④ ㄴ, ㄷ ⑤ ㄱ, ㄴ, ㄷ

| 문제+자료 분석 |

- 소화계인 소장에서 포도당을 흡수하고 혈중 포도당 농도가 높아지면 이자의 β세포에서 인슐린의 분비가 촉진되어 혈중 포도당 농도를 정상으로 유지시킨다. A는 소화계이고, ㉠은 인슐린이다.
- 호르몬은 혈액을 통해 온몸에 전달되어 호르몬의 수용체가 있는 모든 표적 세포에 작용한다. B는 순환계이다.

| 보기 분석 |

ㄱ. 소화계(A)에서 영양소를 분해하는 이화 작용이 일어난다.
ㄴ. 심장은 순환계(B)에 속한다.
ㄷ. 인슐린(㉠)은 세포로의 포도당 흡수를 촉진하여 혈중 포도당 농도를 낮춘다.

C 19 정답 ⑤ ＊기관계의 통합적 작용 [정답률 88%] 2024 실시 10월 학평 5

사람의 몸을 구성하는 기관계에 대한 옳은 설명만을 <보기>에서 있는 대로 고른 것은? 단서

[보기]

ㄱ. 소화계에서 암모니아가 요소로 전환된다.
소화계인 간에서 암모니아가 요소로 전환됨

ㄴ. 배설계를 통해 물이 몸 밖으로 배출된다.
물은 배설계와 호흡계를 통해 몸 밖으로 배출됨

ㄷ. 호흡계로 들어온 산소의 일부는 순환계를 통해 콩팥으로 운반된다.
호흡계로 들어온 산소는 순환계를 통해 운반됨

① ㄱ ② ㄴ ③ ㄱ, ㄷ ④ ㄴ, ㄷ ⑤ ㄱ, ㄴ, ㄷ

단서+발상

단서 기관계에 대한 설명이 제시되어 있다.

발상 기관계의 통합적 작용을 추론할 수 있다.

적용 기관계의 작용을 통합적으로 적용해서 소화계, 배설계, 호흡계, 순환계의 작용을 구하는 것부터 문제 풀이를 시작해야 한다.

| 문제+자료 분석 |

- 우리 몸은 여러 기관계로 구성되어 있으며, 각각의 기관계는 다른 기관계와 유기적으로 연결되어 있어 서로 협력하며 생명 활동을 유지하고 있다.
- 소화계, 순환계, 호흡계, 배설계 등이 물질대사와 관련되어 있으며, 이들 중 어느 한 부분이라도 정상적으로 기능을 수행하지 못하면 물질대사 과정이 제대로 일어나지 못한다.

| 보기 분석 |

ㄱ. 단백질의 분해 결과 만들어진 암모니아는 독성이 매우 강한 물질로 간에서 독성이 약한 요소로 전환된다. 간은 소화계의 일부이다. 함정

ㄴ. 탄수화물, 지방, 단백질의 분해 결과 물이 만들어지며, 물은 호흡계와 배설계를 통해 몸 밖으로 배출된다.

ㄷ. 호흡계로 들어온 산소는 모세 혈관으로 확산되며, 순환계를 통해 콩팥, 간 등 몸 곳곳으로 운반된다.

왜 틀렸나?

- 단백질에는 질소가 포함되어 있기 때문에 세포 호흡 결과 질소 노폐물인 암모니아가 생성된다. 암모니아는 독성이 매우 강한 물질이므로 간에서 독성이 약한 요소로 전환된 후 콩팥에서 걸러져 오줌의 일부로 배출된다.
- 간은 질소 노폐물의 배설에 관여하지만, 배설계가 아니라 소화계에 속한다. 소화계에서 단백질을 분해・흡수하고 소화계에서 암모니아를 요소로 전환한다.

C 20 정답 ④ ＊기관계의 통합적 작용 [정답률 85%] 2023 실시 10월 학평 12

그림은 사람의 배설계와 호흡계를 나타낸 것이다. A와 B는 각각 폐와 방광 중 하나이다.

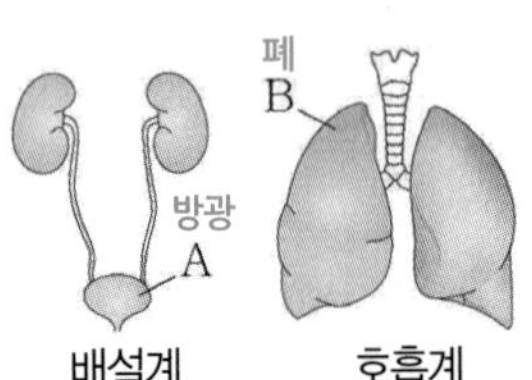

이에 대한 옳은 설명만을 <보기>에서 있는 대로 고른 것은?

[보기]

ㄱ. 간은 배설계에 속한다.
간은 소화계에 속함

ㄴ. B를 통해 H_2O이 몸 밖으로 배출된다.
B(폐)를 통해 H_2O(물)이 몸 밖으로 배출됨

ㄷ. B로 들어온 O_2의 일부는 순환계를 통해 A로 운반된다.
B(폐)로 들어온 O_2의 일부는 순환계를 통해 A(방광)로 운반됨

① ㄱ ② ㄴ ③ ㄱ, ㄷ ④ ㄴ, ㄷ ⑤ ㄱ, ㄴ, ㄷ

| 문제+자료 분석 |

- A : 배설계를 구성하는 기관이며, 오줌관과 연결되어 있으므로 방광이다.
- B : 호흡계를 구성하며 수많은 폐포로 이루어져 있는 폐이다. 폐에서는 폐포와 모세 혈관 사이에서 기체 교환이 일어난다.

| 보기 분석 |

ㄱ. 간은 소화계에 속한다. 소화계에 속하는 기관에는 입, 식도, 위, 소장, 대장, 간, 이자, 쓸개 등이 있다.

ㄴ. 폐(B)를 통해 H_2O과 CO_2가 몸 밖으로 배출된다.

ㄷ. 폐(B)로 들어온 O_2는 순환계를 거쳐 온몸의 조직세포로 공급된다. 따라서 폐(B)로 들어온 O_2의 일부는 순환계를 거쳐 방광(A)을 구성하는 조직 세포로도 공급된다.

＊각 기관계에 속하는 기관

구분	기관
소화계	입, 식도, 위, 소장, 대장, 항문, 간, 이자, 쓸개
호흡계	코, 기관, 기관지, 폐
배설계	콩팥, 요도, 오줌관, 방광

C 29 정답 ⑤ ＊기관계의 통합적 작용 [정답률 91%] 2020 대비 수능 10

그림은 사람 몸에 있는 각 기관계의 통합적 작용을 나타낸 것이다. A와 B는 각각 소화계와 호흡계 중 하나이다.

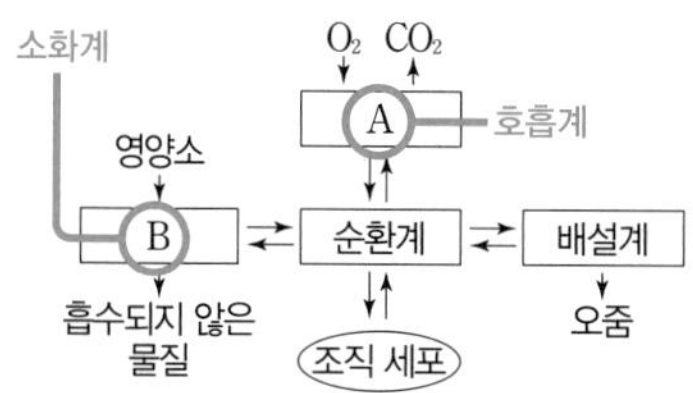

이에 대한 설명으로 옳은 것만을 〈보기〉에서 있는 대로 고른 것은?

[보기]

ㄱ. A는 호흡계이다.
→ 산소와 이산화 탄소를 교환하는 A는 호흡계

ㄴ. B에는 포도당을 흡수하는 기관이 있다.
→ 영양소를 흡수하는 B는 소화계로, 소장에서 포도당을 흡수함

ㄷ. 글루카곤은 순환계를 통해 표적 기관으로 운반된다.
→ 글루카곤은 호르몬으로, 순환계를 통해 운반됨

① ㄱ ② ㄴ ③ ㄱ, ㄷ ④ ㄴ, ㄷ ⑤ ㄱ, ㄴ, ㄷ

| 문제+자료 분석 |

- A(호흡계): 물질대사에 필요한 산소와 노폐물인 이산화 탄소 등 기체를 교환한다.
- B(소화계): 물질대사에 필요한 영양소를 흡수한다.

| 보기 분석 |

ㄱ. A는 세포 호흡에 필요한 산소와 세포 호흡 결과 생성된 노폐물인 이산화 탄소를 교환하는 호흡계이다.

ㄴ. B는 영양소를 흡수하고 흡수되지 않은 물질을 몸 밖으로 내보내는 역할을 하는 소화계이다. 소화계 중 소장에서 포도당 등의 영양소를 흡수한다.

ㄷ. 글루카곤은 혈당량을 증가시키는 호르몬으로 이자에서 분비된다. 분비된 글루카곤은 순환계를 통해 간 등의 표적 기관으로 운반되며, 간에 저장된 글리코젠을 포도당으로 분해하여 혈당량을 높인다. 함정

＊ 영양소, 산소, 이산화 탄소의 이동

순환계는 소장에서 흡수된 영양소와 폐로 들어온 산소를 온몸의 조직 세포로 운반하며, 조직 세포에서 나온 노폐물을 배설 기관으로 운반한다.

영양소의 이동	소장에서 흡수된 영양소는 혈액의 혈장에 포함되어 조직 세포로 이동한다.
산소의 이동	폐로 들어온 산소는 혈액의 적혈구에 의해 조직 세포로 이동한다.
이산화 탄소의 이동	세포 호흡 결과 생성된 이산화 탄소는 혈액의 혈장과 적혈구를 통해 폐로 이동한다.

C 30 정답 ⑤ ＊기관계의 통합적 작용 [정답률 71%] 2020 실시 4월 학평 4

그림은 사람 몸에 있는 각 기관계의 통합적 작용을 나타낸 것이며, 표는 기관계 (가)~(다)에 대한 자료이다. (가)~(다)는 배설계, 소화계, 순환계를 순서 없이 나타낸 것이다.

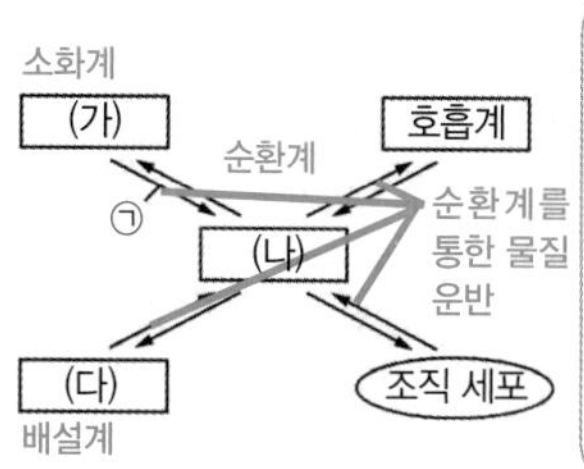

- (가)에서 영양소의 소화와 흡수가 일어난다.
- (나)는 조직 세포에서 생성된 CO_2를 호흡계로 운반한다.
- (다)를 통해 질소성 노폐물이 배설된다.

이에 대한 설명으로 옳은 것만을 〈보기〉에서 있는 대로 고른 것은?

[보기]

ㄱ. ㉠에는 요소의 이동이 포함된다.
→ ㉠에는 소장에서 흡수된 영양소, 간에서 생성된 요소 등의 이동이 포함됨

ㄴ. (나)는 순환계이다.
→ 여러 기관계 사이의 물질 운반을 담당하는 (나)는 순환계

ㄷ. 콩팥은 (다)에 속한다. → 콩팥은 배설계에 속한 기관

① ㄱ ② ㄷ ③ ㄱ, ㄴ ④ ㄴ, ㄷ ⑤ ㄱ, ㄴ, ㄷ

| 문제+자료 분석 |

- (가) 소화계: 음식물 속의 영양소를 세포가 흡수할 수 있도록 작게 분해하고 흡수하는 작용을 하며, 입, 식도, 위, 소장, 대장, 간, 이자 등이 소화계에 속한다.
- (나) 순환계: 소화계를 통해 흡수된 영양소, 호흡계를 통해 흡수된 산소를 조직 세포로 운반하고, 조직 세포에서 발생한 이산화 탄소와 질소성 노폐물(요소) 등의 노폐물을 각각 호흡계와 배설계로 운반하는 작용을 하며, 심장, 혈관 등이 순환계에 속한다.
- (다) 배설계: 조직 세포에서 세포 호흡의 결과 생성된 노폐물을 오줌의 형태로 몸 밖으로 배출하는 작용을 하며, 콩팥, 오줌관, 방광, 요도 등이 배설계에 속한다.

| 보기 분석 |

ㄱ. 요소는 소화계 (가)에 속한 간에서 생성되어 순환계 (나)를 통해 배설계 (다)에 속한 콩팥으로 운반되어 배설된다. 따라서 소화계 (가)로부터 순환계를 통한 물질 운반을 의미하는 ㉠에는 요소의 이동이 포함된다.

ㄴ. 서로 다른 여러 기관계 사이의 물질 운반을 담당하는 (나)는 순환계이다.

ㄷ. 콩팥은 배설계인 (다)에 속한다.

문제 풀이 Tip

요소는 간에서 생성되며, 콩팥에서 배설된다.

C 31 정답 ⑤ * 기관계의 통합적 작용 [정답률 77%] 2023 실시 3월 학평 3

다음은 사람의 기관 A와 B에 대한 자료이다. A와 B는 이자와 콩팥을 순서 없이 나타낸 것이다.

- A에서 생성된 오줌을 통해 요소가 배설된다. (A: 콩팥)
- B에서 분비되는 호르몬 ⓐ의 부족은 ㉠ 대사성 질환인 당뇨병의 원인 중 하나이다. (B: 이자, ⓐ: 인슐린, ㉠: 당뇨병, 고지혈증, 고혈압 등이 해당됨)

이에 대한 옳은 설명만을 <보기>에서 있는 대로 고른 것은? (3점)

[보기]

ㄱ. A는 ~~소화계~~에 속한다. A는 배설계에 속함

ㄴ. ⓐ의 일부는 순환계를 통해 간으로 이동한다.
ⓐ(인슐린)는 순환계를 통해 표적 기관인 간으로 이동함

ㄷ. 고지혈증은 ㉠에 해당한다.
고지혈증은 물질대사에 이상이 생겨 발생하는 대사성 질환임

① ㄱ ② ㄴ ③ ㄷ ④ ㄱ, ㄷ ⑤ ㄴ, ㄷ

| 문제+자료 분석 |

- A: 콩팥이며, 배설 기관인 콩팥은 물질대사 결과 생성된 노폐물을 걸러 몸 밖으로 내보내는 역할을 한다. 요소는 단백질, 아미노산과 같은 질소(N)를 포함한 영양소가 분해될 때 생성되는 노폐물이다. 콩팥에서 생성된 오줌을 통해 요소가 배설된다.
- B: 이자이며, 내분비샘인 이자에서 분비되는 호르몬 중 인슐린(ⓐ)은 혈당량을 낮추는 역할을 한다. 이자의 β세포에서 정상적으로 인슐린이 분비되지 않으면 대사성 질환(㉠)인 당뇨병에 걸리게 된다.

| 보기 분석 |

ㄱ. A는 노폐물 배설 및 오줌 생성 기관인 콩팥이다. 콩팥(A)은 배설계에 속한다.

ㄴ. 이자(B)에서 분비되는 호르몬 ⓐ는 인슐린이고, 인슐린은 혈관과 같은 순환계를 통해 표적 기관인 간까지 이동한다.

ㄷ. 고지혈증은 혈액에 콜레스테롤과 중성 지방 등이 과다하게 들어 있는 상태로, 물질대사에 이상이 생겨 발생하는 질환인 대사성 질환에 속한다.

C 32 정답 ④ * 에너지 섭취량과 소비량 [정답률 94%] 2025 대비 9월 모평 12

그림 (가)는 같은 종의 동물 A와 B 중 A에게는 충분히 먹이를 섭취하게 하고, B에게는 구간 Ⅰ에서만 적은 양의 먹이를 섭취하게 하면서 측정한 체중의 변화를, (나)는 시점 t_1과 t_2일 때 A와 B에서 측정한 체지방량을 나타낸 것이다. ㉠과 ㉡은 A와 B를 순서 없이 나타낸 것이다.

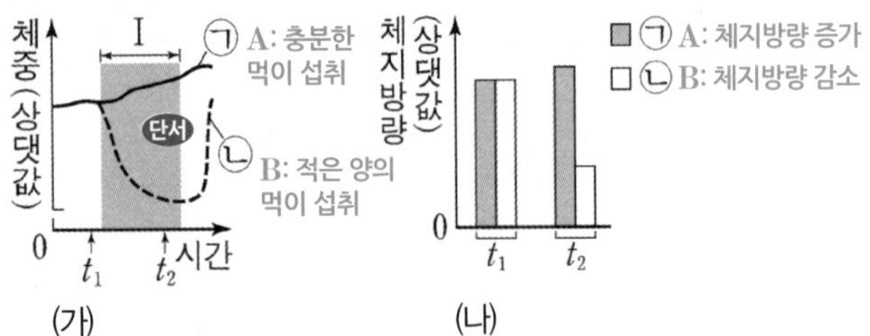

이 자료에 대한 설명으로 옳은 것만을 <보기>에서 있는 대로 고른 것은? (단, 제시된 조건 이외는 고려하지 않는다.) (3점)

[보기]

ㄱ. ㉠은 A이다.
㉠은 A

ㄴ. 구간 Ⅰ에서 ㉡은 에너지 소비량이 에너지 섭취량보다 많다.
구간 Ⅰ에서 ㉡은 에너지 소비량이 에너지 섭취량보다 많음

ㄷ. B의 체지방량은 t_1일 때가 t_2일 때보다 ~~적다~~.
B의 체지방량은 t_2일 때가 t_1일 때보다 적음

① ㄱ ② ㄴ ③ ㄷ ④ ㄱ, ㄴ ⑤ ㄱ, ㄷ

단서+발상

(단서) 구간 Ⅰ에서 ㉠의 체중과 체지방량이 증가하고 ㉡의 체중과 체지방량이 감소했음이 제시되어 있다.

(발상) 체중과 체지방량이 증가한 ㉠은 에너지 섭취량이 많은 A이고, 체중과 체지방량이 감소한 ㉡은 에너지 섭취량을 제한한 B임을 추론할 수 있다.

(적용) 에너지 섭취량이 많으면 체중과 체지방량이 증가함을 적용해서 ㉠과 ㉡을 찾는 것부터 문제 풀이를 시작해야 한다.

| 문제+자료 분석 |

- ㉠은 구간 Ⅰ에서 체중이 증가했으며, ㉡은 구간 Ⅰ에서 체중이 감소했다. ㉠은 충분한 먹이를 섭취한 A이고, ㉡은 적은 양의 먹이를 섭취한 B이다.
- 충분한 먹이를 섭취한 A(㉠)는 t_2일 때가 t_1일 때보다 체지방량이 증가했고, 적은 양의 먹이를 섭취한 B(㉡)는 t_2일 때가 t_1일 때보다 체지방량이 감소했다.

| 보기 분석 |

ㄱ. ㉠은 A, ㉡은 B이다.

ㄴ. 구간 Ⅰ에서 ㉡의 체중이 감소한 것은 에너지 소비량이 에너지 섭취량보다 많았기 때문이다.

ㄷ. 구간 Ⅰ에서 적은 양의 먹이를 섭취한 B는 체지방량이 t_2일 때가 t_1일 때보다 감소했다.

*** 에너지 균형**

- 에너지 균형을 이루기 위해서는 에너지 소비량과 에너지 섭취량이 균형을 이루어야 한다. 에너지 섭취량이란 하루 동안 섭취한 음식에 포함된 열량을 모두 더한 것이고, 에너지 소비량이란 하루 동안의 기초 대사량과 활동 대사량을 더한 것이다.
- 에너지 섭취량이 에너지 소비량보다 많으면 체중과 체지방 축적량이 증가하여 비만이 될 가능성이 높아지며, 에너지 소비량이 에너지 섭취량보다 많으면 체중이 감소하며 영양 결핍이 발생할 가능성이 높아진다.

C 33 정답 ⑤ * 대사성 질환 ······ [정답률 91%] 2024 실시 3월 학평 3

다음은 사람의 질환 A에 대한 자료이다. A는 고지혈증과 당뇨병 중 하나이다.

A는 혈액 속에 콜레스테롤과 중성 지방 등이 많은 질환이다. 콜레스테롤이 혈관 내벽에 쌓이면 혈관이 좁아져 ㉠ 고혈압이 발생할 수 있다. 그림은 비만도에 따른 A(고지혈증)의 발병 비율을 나타낸 것이다.

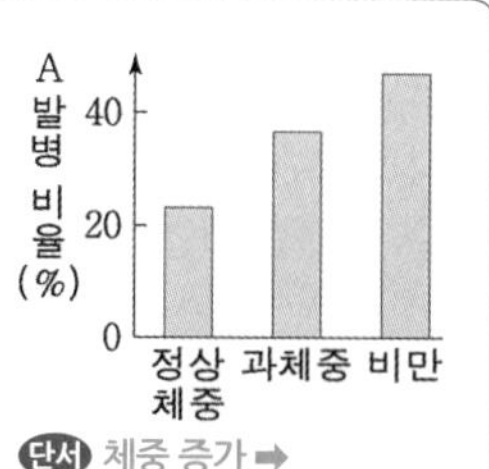

단서 체중 증가 ➡ A의 발병 비율 증가

이에 대한 옳은 설명만을 〈보기〉에서 있는 대로 고른 것은?

[보기]

ㄱ. A는 고지혈증이다.
A는 콜레스테롤과 중성 지방 등이 많은 질환인 고지혈증

ㄴ. A의 발병 비율은 비만에서가 정상 체중에서보다 높다.
체중이 증가할수록 A의 발병 비율이 증가하므로 A의 발병 비율은 비만에서가 정상 체중에서보다 높음

ㄷ. 대사성 질환 중에는 ㉠이 있다.
고혈압은 대사성 질환에 해당함

① ㄱ ② ㄷ ③ ㄱ, ㄴ ④ ㄴ, ㄷ ⑤ ㄱ, ㄴ, ㄷ

| 문제+자료 분석 |

- 고지혈증은 혈액에 콜레스테롤과 중성 지방 등이 많이 들어 있는 상태이므로 A는 고지혈증이다.
- 당뇨병은 이자에서 충분한 인슐린을 만들어 내지 못하거나, 몸의 세포가 인슐린에 적절하게 반응하지 못하여 혈당량이 정상 범위보다 높은 상태가 지속되는 질환이다. 오줌에 당이 섞여 나오며, 소변을 자주 보고, 갈증과 배고픔이 심해지며, 체중이 감소하는 증상이 나타난다.
- 대사성 질환은 우리 몸의 물질대사에 이상이 생겨 발생하는 질환으로 오랜 기간 과도한 영양 섭취, 운동 부족 등 잘못된 생활 습관으로 발생하며, 유전, 스트레스 등에 의해서도 발생한다.
➡ 고혈압, 당뇨병, 고지혈증은 대사성 질환에 해당한다.

| 보기 분석 |

ㄱ. A는 혈액 속에 콜레스테롤과 중성 지방 등이 많은 질환인 고지혈증에 해당한다.
ㄴ. 그래프에서 체중이 증가할수록 A의 발병 비율이 증가하므로 A의 발병 비율은 비만에서가 정상 체중에서보다 높다.
ㄷ. 대사성 질환은 우리 몸의 물질대사에 이상이 생겨 발생하는 질환이다. 고혈압은 대사성 질환에 해당한다.

*** 1형 당뇨병과 2형 당뇨병**

- **1형 당뇨병:** 이자에서 인슐린 분비에 문제가 생긴 경우 발생한다.
- **2형 당뇨병:** 인슐린은 분비되나 세포가 인슐린에 적절하게 반응하지 못한 경우 발생한다.

C 34 정답 ① * 물질대사와 건강 ······ [정답률 94%] 2025 대비 수능 2

그림 (가)는 정상인 A와 B에서 시간에 따라 측정한 체중을, (나)는 시점 t_1과 t_2일 때 A와 B에서 측정한 혈중 지질 농도를 나타낸 것이다. A와 B는 '규칙적으로 운동을 한 사람'과 '운동을 하지 않은 사람'을 순서 없이 나타낸 것이다.

A－체중 증가 단서 A－혈중 지질 농도 증가

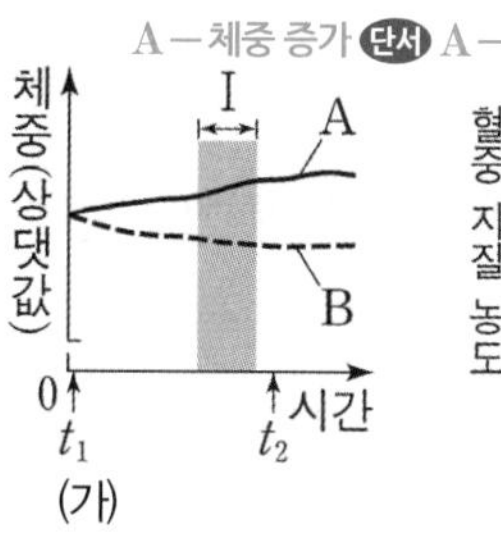

(가)

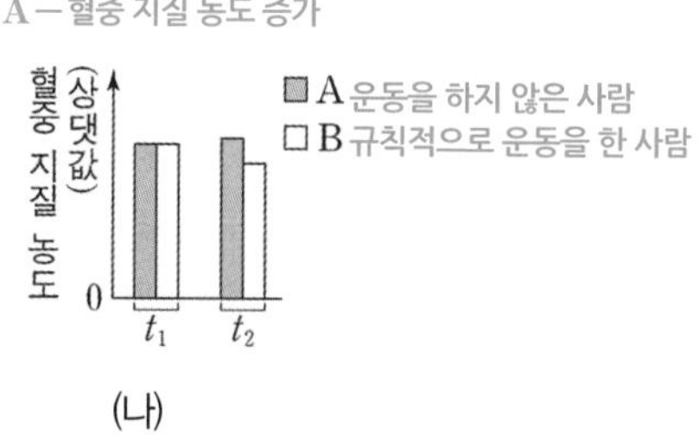

(나)

이 자료에 대한 설명으로 옳은 것만을 〈보기〉에서 있는 대로 고른 것은? (단, 제시된 조건 이외의 다른 조건은 동일하다.) (3점)

[보기]

ㄱ. B는 '규칙적으로 운동을 한 사람'이다.
ㄴ. 구간 Ⅰ에서 $\frac{\text{에너지 섭취량}}{\text{에너지 소비량}}$은 A에서가 B에서보다 작다. (→ 크다)
ㄷ. t_2일 때 혈중 지질 농도는 A에서가 B에서보다 낮다. (→ 높다)

① ㄱ ② ㄷ ③ ㄱ, ㄴ ④ ㄴ, ㄷ ⑤ ㄱ, ㄴ, ㄷ

단서+발상

(단서) A와 B의 체중과 혈중 지질 농도 변화가 제시되어 있다.
(발상) 체중과 혈중 지질 농도가 증가한 A가 운동을 하지 않은 사람임을 추론할 수 있다.
(적용) 에너지 균형을 적용해서 A와 B를 구하는 것부터 문제 풀이를 시작해야 한다.

| 문제+자료 분석 |

- A는 시간에 따라 체중과 혈중 지질 농도가 증가했으므로, 운동을 하지 않은 사람이다.
- B는 시간에 따라 체중과 혈중 지질 농도가 감소했으므로, 규칙적으로 운동을 한 사람이다.

| 보기 분석 |

ㄱ. A는 운동을 하지 않은 사람, B는 규칙적으로 운동을 한 사람이다.
ㄴ. 구간 Ⅰ에서 A는 에너지 섭취량이 에너지 소비량보다 크기 때문에 체중이 증가하고, B는 에너지 소비량이 에너지 섭취량보다 크기 때문에 체중이 감소한다. 구간 Ⅰ에서 $\frac{\text{에너지 섭취량}}{\text{에너지 소비량}}$은 A에서가 B에서보다 크다.
ㄷ. 그림 (나)의 t_2일 때를 참고하면 혈중 지질 농도는 A에서가 B에서보다 높다. 에너지 섭취량이 에너지 소비량보다 큰 A는 체지방 축적량, 혈중 지질 농도, 체중 등이 증가한다.

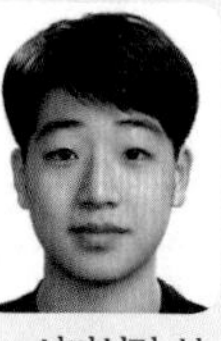

윤혁준 | 2025 수능 응시 · 서울 강서고 졸

그래프 비교를 통해 풀 수 있는 문제야. 그래프의 x, y축이 무엇인지 보고 문제와 어떻게 연결될지 생각하면서 들어가야돼. 그러면 A와 B가 각각 무엇인지 판별할 수 있고, ㄴ선지처럼 분수를 비교할 때는 대부분 분자나 분모끼리만 비교해도 돼.

C 35 정답 ③ ＊대사성 질환 ······ [정답률 92%] 2023 실시 10월 학평 2

다음은 대사성 질환에 대한 자료이다.

에너지 섭취량 > 에너지 소비량 → 에너지 과잉

㉠ 에너지 섭취량이 에너지 소비량보다 많은 상태가 지속되면 비만이 되기 쉽다. 비만이 되면 ㉡ 혈당량 조절 과정에 이상이 생겨 나타나는 당뇨병과 같은 ㉢ 대사성 질환의 발생 가능성이 높아진다.

이에 대한 옳은 설명만을 〈보기〉에서 있는 대로 고른 것은?

[보기]

ㄱ. ㉠은 에너지 균형 상태이다.
㉠은 에너지 과잉 상태임

ㄴ. ㉡에서 혈당량이 감소하면 인슐린 분비가 촉진된다.
혈당량이 감소하면 인슐린의 분비가 억제됨

ㄷ. 고혈압은 ㉢의 예이다.
고혈압은 대사성 질환의 예임

① ㄱ ② ㄴ ③ ㄷ ④ ㄱ, ㄴ ⑤ ㄴ, ㄷ

| 문제+자료 분석 |

- ㉠: 에너지 섭취량이 에너지 소비량보다 많은 상태는 에너지 과잉 상태이고, 이 상태가 지속되면 비만이 되기 쉽다.
- ㉡: 혈당량이 감소하면 이자의 α세포에서 글루카곤의 분비가 촉진되고, 간에서 글리코젠의 분해가 촉진되어 혈당량이 정상 범위로 증가한다. 혈당량이 증가하면 이자의 β세포에서 인슐린의 분비가 촉진되고, 간에서 글리코젠의 합성이 촉진되어 혈당량이 정상 범위로 감소한다.
- ㉢: 대사성 질환이란 물질대사에 이상에 생겨 나타나는 질환으로, 당뇨병, 고혈압, 고지혈증(고지질혈증) 등이 대사성 질환의 예이다.

| 보기 분석 |

ㄱ. ㉠은 에너지 섭취량이 에너지 소비량보다 많은 상태이므로 에너지 과잉 상태이다.

ㄴ. ㉡에서 혈당량이 감소하면 이자의 α세포에서 글루카곤의 분비가 촉진되고, 간에서 글리코젠이 분해되어 혈당량이 정상 범위로 증가한다. 혈당량이 감소하면 글루카곤과 길항 작용을 하는 인슐린은 분비가 억제된다. 

ㄷ. 고혈압은 혈압이 정상 범위보다 높은 상태로, 대사성 질환의 예에 해당한다. 대사성 질환의 예로는 당뇨병, 고혈압, 고지혈증(고지질혈증) 등이 있다.

C 36 정답 ⑤ ＊물질대사와 건강 ······ [정답률 94%] 2024 대비 수능 5

다음은 에너지 섭취와 소비에 대한 실험이다.

[실험 과정 및 결과]

(가) 유전적으로 동일하고 체중이 같은 생쥐 A~C를 준비한다.

(나) A와 B에게 고지방 사료를, C에게 일반 사료를 먹이면서 시간에 따른 A~C의 체중을 측정한다. t_1일 때부터 B에게만 운동을 시킨다.

(다) t_2일 때 A~C의 혈중 지질 농도를 측정한다.

(라) (나)와 (다)에서 측정한 결과는 그림과 같다. ㉠과 ㉡은 A와 B를 순서 없이 나타낸 것이다.

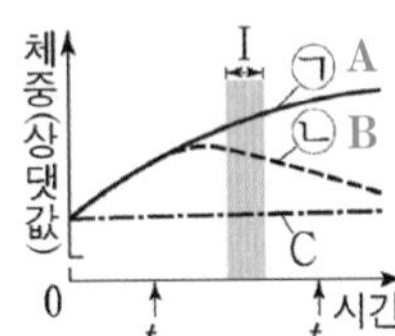

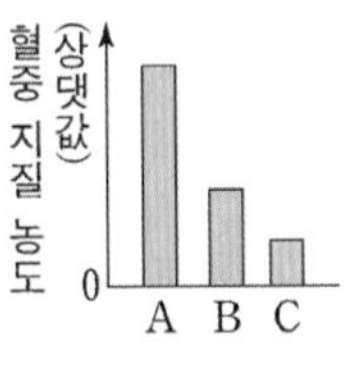

이에 대한 설명으로 옳은 것만을 〈보기〉에서 있는 대로 고른 것은? (단, 제시된 조건 이외는 고려하지 않는다.) (3점)

[보기]

ㄱ. ㉠은 A이다. ㉠은 A, ㉡은 B임

ㄴ. 구간 Ⅰ에서 B는 에너지 소비량이 에너지 섭취량보다 많다. 구간 Ⅰ에서 B는 에너지 소비량이 에너지 섭취량보다 많음

ㄷ. 대사성 질환 중에는 고지혈증이 있다.
대사성 질환 중에는 고지혈증, 당뇨병 등이 있음

① ㄱ ② ㄴ ③ ㄱ, ㄷ ④ ㄴ, ㄷ ⑤ ㄱ, ㄴ, ㄷ

| 문제+자료 분석 |

- t_1 이전에는 A와 B에게 고지방 사료를 먹이고, C에게 일반 사료를 먹였으므로, A와 B의 체중이 증가하였다.
- t_1일 때 B에게만 운동을 시켰으므로 B는 에너지 소비량이 전보다 증가하여 체중이 감소한다.

| 보기 분석 |

ㄱ. A와 B에게 고지방 사료를 먹이고, C에게 일반 사료를 먹였으며, t_1일 때 B에게만 운동을 시켰으므로 체중이 가장 많이 증가한 ㉠은 A, ㉡은 B이다.

ㄴ. 구간 Ⅰ에서 B(㉡)는 체중이 감소했으므로 에너지 소비량이 에너지 섭취량보다 많은 상태이다.

ㄷ. 대사성 질환에는 고지혈증(고지질혈증), 당뇨병, 고혈압 등이 있다.

＊ 대사성 질환

당뇨병	• 이자의 β세포에서 분비되는 인슐린의 분비가 부족하거나 제대로 작용하지 못해 발생한다. • 혈당량이 정상보다 높아 오줌 속에 포도당이 검출되며 여러 가지 합병증을 일으킨다.
고혈압	혈압이 정상보다 높은 만성 질환으로, 심혈관계 질환 및 뇌혈관계 질환의 원인이 된다.
고지혈증(고지질혈증)	• 혈액에 콜레스테롤과 중성 지방 등이 정상 범위 이상으로 많은 상태이다. • 지질 성분이 혈관 내벽에 쌓이면 혈액 순환이 잘 이루어지지 않으며, 혈관의 지름이 좁아지는 동맥 경화 등 심혈관계 질환의 원인이 된다.

권민재 | 강릉원주대 치의예과 2024년 입학·서울 광영여고 졸

t_1 전까지 A, B에게는 고지방 사료를, C에게는 일반 사료를 먹였으니까 A, B는 살이 찌고 C는 비교적으로 덜 찌겠지. (라)의 그래프에서도 확인할 수 있어. 그리고 t_1 이후부터는 B만 운동을 했으니까 B의 체중은 A의 체중에 비해 낮게 측정될 거야. 따라서 체중이 지속적으로 증가하는 ㉠은 A, 점점 체중이 감소하는 ㉡은 B야.

C 37 정답 ④ ＊대사성 질환 ··· [정답률 86%] 2024 실시 7월 학평 19

다음은 비만에 대한 자료이다.

(가) 그림은 사람 Ⅰ과 Ⅱ의 에너지 섭취량과 에너지 소비량을 나타낸 것이다. Ⅰ과 Ⅱ에서 에너지양이 일정 기간 동안 그림과 같이 지속되었을 때 Ⅰ은 체중이 변하지 않았고, Ⅱ는 영양 과잉으로 비만이 되었다. ㉠과 ㉡은 각각 에너지 섭취량과 에너지 소비량 중 하나이다. 단서

에너지양(상댓값) / Ⅰ Ⅱ / ■㉠ 에너지 섭취량 / □㉡ 에너지 소비량

(나) 비만은 영양 과잉이 지속되어 체지방이 과다하게 축적된 상태를 의미하며, ⓐ가 발생할 가능성을 높인다. ⓐ는 혈액 속에 콜레스테롤이나 중성 지방이 많은 상태로 동맥 경화 등 심혈관계 질환의 원인이 된다. ⓐ는 당뇨병과 고지혈증 중 하나이다. (고지혈증)

이 자료에 대한 설명으로 옳은 것만을 〈보기〉에서 있는 대로 고른 것은?

[보기]

ㄱ. ⓐ는 당뇨병이다. ⓐ는 고지혈증임

ㄴ. ㉠은 에너지 섭취량이다.
㉠은 에너지 섭취량, ㉡은 에너지 소비량임

ㄷ. 당뇨병과 고지혈증은 모두 대사성 질환에 해당한다.
당뇨병, 고지혈증, 비만은 모두 대사성 질환에 해당함

① ㄱ ② ㄷ ③ ㄱ, ㄴ ④ ㄴ, ㄷ ⑤ ㄱ, ㄴ, ㄷ

단서+발상

단서 Ⅰ의 ㉠과 ㉡은 비슷하여 체중이 변하지 않았으며, Ⅱ는 ㉠이 ㉡보다 훨씬 많아 비만이 되었음이 제시되어 있다.

발상 Ⅱ는 일정 기간 동안 ㉠이 ㉡보다 훨씬 많아 비만이 되었으므로 ㉠이 에너지 섭취량, ㉡이 에너지 소비량임을 추론할 수 있다.

| 문제+자료 분석 |

- Ⅱ는 일정 기간 동안 ㉠이 ㉡보다 훨씬 많은 상태가 지속되었으며, 그 결과 영양 과잉으로 비만이 되었다.
  ➡ ㉠이 에너지 섭취량이고 ㉡이 에너지 소비량이다.
- 영양 과잉이 지속되어 비만이 되면 고지혈증이 발생할 가능성이 높다.
- ⓐ: 고지혈증은 혈액 속에 콜레스테롤이나 중성 지방 함량이 높아진 상태이다.

| 보기 분석 |

ㄱ. ⓐ는 혈액 속에 콜레스테롤, 중성 지방이 많은 질환으로 고지혈증이다.
ㄴ ㉠이 ㉡보다 많은 상태가 지속될 경우 비만이 되었으므로 ㉠은 에너지 섭취량이다.
ㄷ 물질대사 이상으로 발생하는 질병을 모두 일컬어 대사성 질환이라고 한다. 당뇨병, 고지혈증, 비만 등은 모두 대사성 질환에 해당한다.

＊ 대사성 질환과 대사 증후군

- **대사성 질환:** 체내에서 물질대사 이상에 의해 발생하는 질병을 모두 대사성 질환이라고 한다. 물질대사에 관여하는 효소의 결핍이나 호르몬 분비 이상으로 대사 물질이 축적되거나 부족해지는 질환이다.
- **대사 증후군:** 한 사람에게서 대사성 질환이 동시에 나타나는 증상을 대사 증후군이라고 한다. 에너지 섭취 과다로 당을 과하게 섭취하거나 지방이 과다하게 축적되면 비만, 당뇨병, 고지혈증 등의 대사성 질환이 동시에 나타날 수 있으며 이를 대사 증후군이라 한다.

C 38 정답 ④ ＊대사성 질환 ··· [정답률 74%] 2024 실시 10월 학평 4

그림은 사람 Ⅰ~Ⅲ의 에너지 섭취량과 에너지 소비량을, 표는 Ⅰ~Ⅲ의 에너지 섭취량과 에너지 소비량이 그림과 같이 일정 기간 동안 지속되었을 때 Ⅰ~Ⅲ의 체중 변화를 나타낸 것이다. ㉠과 ㉡은 Ⅱ와 Ⅲ을 순서 없이 나타낸 것이며, Ⅲ에게서 고지혈증이 나타난다.

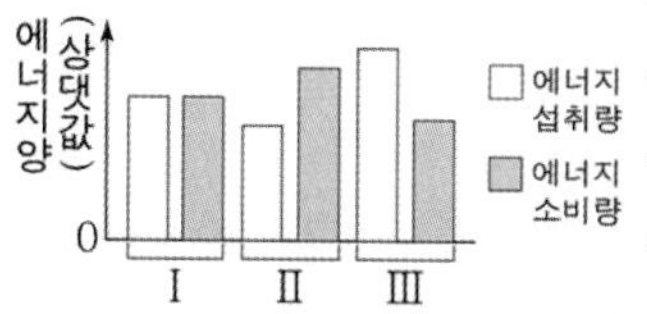

사람	체중 변화
Ⅰ	변화 없음 단서
㉠ Ⅱ	감소함 (에너지 소비량 > 에너지 섭취량)
㉡ Ⅲ	증가함 (에너지 섭취량 > 에너지 소비량)

이에 대한 옳은 설명만을 〈보기〉에서 있는 대로 고른 것은?

[보기]

ㄱ. ㉡은 Ⅱ이다. (Ⅲ)

ㄴ. 고지혈증은 대사성 질환에 해당한다.
고지혈증, 비만, 당뇨병 등은 대사성 질환에 해당함

ㄷ. Ⅰ은 에너지 섭취량과 에너지 소비량이 균형을 이루고 있다.
Ⅰ은 체중 변화가 없음

① ㄱ ② ㄴ ③ ㄱ, ㄷ ④ ㄴ, ㄷ ⑤ ㄱ, ㄴ, ㄷ

단서+발상

단서 사람 Ⅰ~Ⅲ의 체중 변화가 제시되어 있다.

발상 체중이 감소한 사람은 에너지 소비량이 많고, 체중이 증가한 사람은 에너지 섭취량이 많음을 추론할 수 있다.

적용 에너지 균형과 체중 변화를 적용해서 Ⅰ~Ⅲ을 구하는 것부터 문제 풀이를 시작해야 한다.

| 문제+자료 분석 |

- Ⅰ은 에너지 섭취량과 에너지 소비량이 균형을 이루어 체중 변화가 없다.
- Ⅱ는 에너지 소비량이 에너지 섭취량보다 많다. 이와 같은 상황이 일정 기간 지속되면 체중이 감소한다. ➡ Ⅱ는 ㉠이다.
- Ⅲ은 에너지 섭취량이 에너지 소비량보다 많다. 이와 같은 상황이 일정 기간 지속되면 체중이 증가한다. ➡ Ⅲ은 ㉡이다.

| 보기 분석 |

ㄱ. ㉠은 Ⅱ, ㉡은 Ⅲ이다.
ㄴ 고지혈증, 비만, 당뇨병 등 물질대사의 이상에 의해 발생하는 질병을 대사성 질환이라고 한다.
ㄷ Ⅰ은 일정 기간 동안 체중 변화가 없으므로 에너지 섭취량과 에너지 소비량이 균형을 이루고 있는 것이다.

＊ 대사성 질환

- 물질대사 이상에 의해 발생하는 모든 질병이며, 호르몬 이상, 식생활 습관 이상 등에 의해 대사 물질이 체내에 축적되거나 부족해지는 기능 장애
- 에너지 소비량이 에너지 섭취량보다 적으면 체지방 축적, 고지혈증, 당뇨병, 비만 등 대사성 질환이 발병할 수 있음
- 에너지 섭취량과 에너지 소비량이 비슷하게 균형을 이루면 대사성 질환을 예방할 수 있음

C 39 정답 ② * 혈당량 조절 ······ [정답률 72%] 2021 대비 6월 모평 8

그림 (가)와 (나)는 탄수화물을 섭취한 후 시간에 따른 A와 B의 혈중 포도당 농도와 혈중 X의 농도를 각각 나타낸 것이다. A와 B는 정상인과 당뇨병 환자를 순서 없이 나타낸 것이고, X는 인슐린과 글루카곤 중 하나이다.

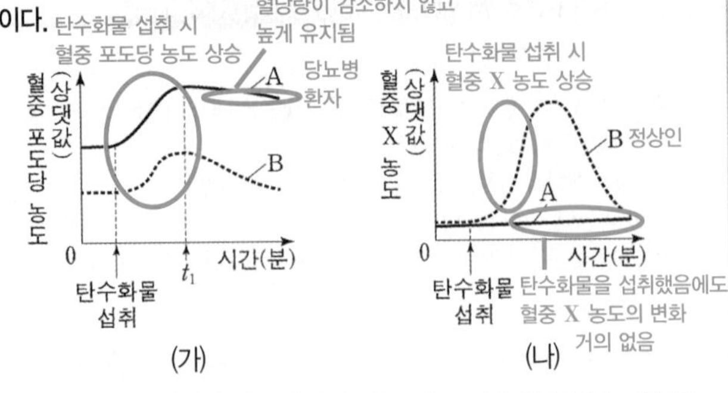

이에 대한 옳은 설명만을 〈보기〉에서 있는 대로 고른 것은? (단, 제시된 조건 이외는 고려하지 않는다.)

[보기]

ㄱ. B는 ~~당뇨병 환자~~이다. → B는 정상인이다.

ㄴ. X는 이자의 β 세포에서 분비된다.
→ X는 인슐린이다. 인슐린은 이자의 β 세포에서 분비된다.

ㄷ. 정상인에서 혈중 글루카곤의 농도는 탄수화물 섭취 시점에서가 t_1에서보다 ~~낮다~~.
→ 혈당량은 탄수화물 섭취 시점에서가 t_1에서보다 낮으므로, 혈중 글루카곤의 농도는 탄수화물 섭취 시점에서가 t_1에서보다 높다.

① ㄱ ② ㄴ ③ ㄷ ④ ㄱ, ㄷ ⑤ ㄴ, ㄷ

| 문제+자료 분석 |

- **고혈당일 때:** 이자의 β세포에서 인슐린의 분비 증가 → 인슐린이 간에 작용하여 포도당이 글리코젠으로 합성되는 과정을 촉진, 혈액에서 조직 세포로의 포도당 흡수 촉진 → 혈당량이 정상 수준으로 감소되면 음성 피드백에 의해 인슐린의 분비량 감소
- 당뇨병 환자는 탄수화물 섭취 시 혈당량이 정상 수준보다 높게 유지되지만 정상인은 정상 수준으로 조절되므로 A는 당뇨병 환자, B는 정상인이다.
- 당뇨병 환자는 인슐린 분비나 작용에 이상이 생겨 혈당량이 높게 유지되므로 X는 인슐린이다.

| 보기 분석 |

ㄱ. 탄수화물 섭취 후 인슐린이 거의 분비되지 않아 혈당량이 높게 유지되는 A는 당뇨병 환자이고, 탄수화물 섭취 후 인슐린의 분비가 증가하여 혈당량이 정상 수준으로 조절되는 B는 정상인이다.

ㄴ. 인슐린은 이자의 β세포에서, 글루카곤은 이자의 α세포에서 분비된다.

ㄷ. 정상인에서 혈당량이 높아지면 혈당량을 증가시키는 호르몬인 글루카곤의 분비가 감소하므로 혈중 글루카곤의 농도는 낮아진다. 주의
따라서 탄수화물을 섭취함으로써 혈당량이 높아진 t_1에서의 혈중 글루카곤 농도는 탄수화물 섭취 시점보다 낮다.

*** 저혈당일 때 혈당량 조절**

이자의 α세포에서 글루카곤의 분비 증가 → 글루카곤이 간에 작용하여 글리코젠이 포도당으로 분해되는 과정을 촉진, 포도당이 혈액으로 방출 → 혈당량이 정상 수준으로 증가하면 음성 피드백에 의해 글루카곤의 분비량 감소

C 40 정답 ⑤ * 대사성 질환 ······ [정답률 96%] 2021 대비 수능 2

표는 성인의 체질량 지수에 따른 분류를, 그림은 이 분류에 따른 고지혈증을 나타내는 사람의 비율을 나타낸 것이다.
└ 혈액에 지질 성분이 증가하여 심혈관계 질환 등을 유발할 수 있는 질환

체질량 지수*	분류
18.5 미만	저체중
18.5 이상 23.0 미만	정상 체중
23.0 이상 25.0 미만	과체중
25.0 이상	비만

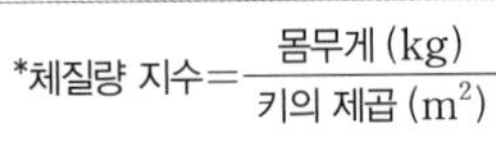
$$*체질량\ 지수 = \frac{몸무게(kg)}{키의\ 제곱(m^2)}$$

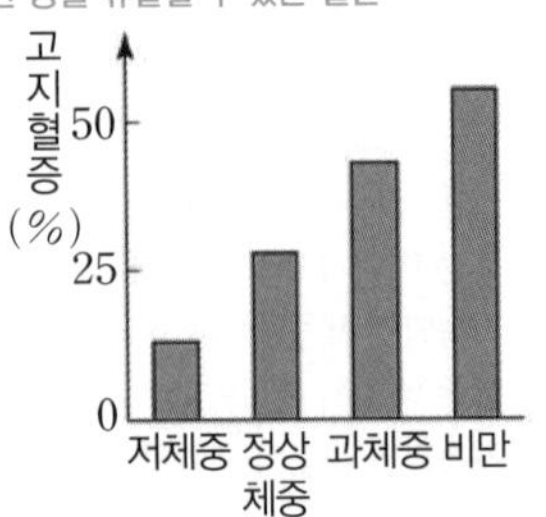

이에 대한 설명으로 옳은 것만을 〈보기〉에서 있는 대로 고른 것은?

[보기]

ㄱ. 체질량 지수가 20.0인 성인은 정상 체중으로 분류된다.
→ 체질량 지수가 18.5 이상 23.0 미만인 성인은 정상 체중

ㄴ. 고지혈증을 나타내는 사람의 비율은 비만인 사람 중에서가 정상 체중인 사람 중에서보다 높다.
→ 체질량 지수가 클수록 고지혈증을 나타내는 사람의 비율이 높음

ㄷ. 대사성 질환 중에는 고지혈증이 있다.
→ 고지혈증은 잘못된 생활 습관으로 인해 물질대사에 이상이 생긴 대사성 질환

① ㄱ ② ㄴ ③ ㄱ, ㄷ ④ ㄴ, ㄷ ⑤ ㄱ, ㄴ, ㄷ

| 문제+자료 분석 |

- **체질량 지수:** 자신의 몸무게를 키의 제곱으로 나눈 값으로 BMI라고도 한다. 체질량 지수에 따라 저체중, 정상 체중, 과체중, 비만을 나누어 분류한다.
- **고지혈증:** 고지혈증은 혈액에 지질 성분이 증가하여 심혈관계 질환 등을 유발할 수 있는 질환이다. 유전적 요인으로 인해 발생할 수도 있지만, 비만, 당뇨와 함께 물질대사에 이상이 생겨 발생할 수도 있다.

| 보기 분석 |

ㄱ. 체질량 지수는 자신의 몸무게를 키의 제곱으로 나눈 값으로 이 값이 18.5 이상 23.0 미만이면 정상 체중으로 분류한다.

ㄴ. 비만인 사람 중 50% 가량이 고지혈증을 나타내며 정상 체중인 사람 중 25% 가량이 고지혈증을 나타낸다. 고지혈증을 나타내는 사람의 비율은 정상 체중인 사람 중에서보다 비만인 사람 중에서가 더 높다.

ㄷ. 체질량 지수가 높을수록 고지혈증을 나타내는 사람의 비율이 높아진다. 고지혈증이 비만 등과 함께 나타나는 경향이 있는 것으로, 고지혈증이 잘못된 생활 습관으로 인해 물질대사에 이상이 생긴 대사성 질환의 예임을 보여준다.

송의현 | 원광대 의예과 2021년 입학 · 안산 동산고 졸

생명과학 1에서 이런 교과서에 없는 자료가 나왔을 때는 두 가지가 중요해. 그래프에서의 축을 잘 보는 것과 용어의 정의를 분명히 인식하는 것이야. 가령 왼쪽의 표에 체질량 지수에 따른 인원수를 제시했고, 오른쪽의 그래프에 비율(%)이 아니라 인원수를 제시해 헷갈리게 했다면 단순히 그래프가 긴 것을 보고 오판을 하게 될 수도 있지.

C 41 정답 ④ * 대사성 질환과 에너지 균형 [정답률 91%] 2021 실시 7월 학평 2

다음은 비만에 대한 자료이다.

생명 현상을 유지하는 데 필요한 최소한의 에너지양

기초 대사량 외에 다양한 생명 활동을 하면서 소모되는 에너지양

기초 대사량과 ㉠활동 대사량을 합한 에너지양보다 섭취한 음식물에서 얻은 에너지양이 많은 에너지 불균형 상태가 지속되면 비만이 되기 쉽다. 비만은 ㉡고혈압, 당뇨병, 심혈관계 질환이 발생할 가능성을 높인다. 혈압이 정상보다 높은 만성 질환

이에 대한 설명으로 옳은 것만을 〈보기〉에서 있는 대로 고른 것은?

[보기]

ㄱ. ~~㉠은~~ 생명 활동을 유지하는 데 필요한 최소한의 에너지양이다.
→ 생명 활동을 유지하는 데 필요한 최소한의 에너지양은 기초 대사량

ㄴ. ㉡은 대사성 질환에 해당한다.
→ 대사성 질환에는 당뇨병, 고혈압(㉡), 고지질 혈증(고지혈증), 심혈관 질환, 뇌혈관 질환 등이 있음

ㄷ. 규칙적인 운동은 비만을 예방하는 데 도움이 된다.
→ 규칙적인 운동을 통해 에너지 섭취량과 에너지 소비량의 균형을 유지하면 비만을 예방할 수 있음

① ㄱ ② ㄷ ③ ㄱ, ㄴ ④ ㄴ, ㄷ ⑤ ㄱ, ㄴ, ㄷ

| 문제+자료 분석 |

- **기초 대사량**: 체온 조절, 심장 박동, 혈액 순환, 호흡 활동과 같은 생명 현상을 유지하는 데 필요한 최소한의 에너지양이다.
- ㉠(활동 대사량): 밥 먹기, 공부하기, 운동하기 등 다양한 생명 활동을 하면서 소모되는 에너지양이다.
- ㉡(고혈압): 대사성 질환에 해당하며, 혈압이 정상보다 높은 만성 질환으로, 심혈관계 질환 및 뇌혈관계 질환의 원인이 된다.

| 보기 분석 |

ㄱ. 생명 활동을 유지하는 데 필요한 최소한의 에너지양은 기초 대사량이며, 활동 대사량(㉠)은 기초 대사량 외에 다양한 생명 활동을 하면서 소모되는 에너지양이다.

ㄴ. 물질대사 장애에 의해 발생하는 질환인 대사성 질환에는 당뇨병, 고혈압(㉡), 고지질 혈증(고지혈증), 심혈관 질환, 뇌혈관 질환 등이 있다.

ㄷ. 에너지 섭취량이 에너지 소비량보다 많을 때 사용하고 남은 에너지가 체내에 축적되어 비만이 될 수 있다. 비만을 예방하기 위해서는 에너지 섭취량과 에너지 소비량의 균형이 이루어져야 하며, 규칙적인 운동이 충분한 에너지 소비량을 유지할 수 있게 한다.

＊ 에너지 섭취량과 소비량의 균형

에너지 섭취량>에너지 소비량	사용하고 남은 에너지가 체내에 축적되어 비만이 될 수 있음
에너지 소비량>에너지 섭취량	에너지가 부족하여 몸에 저장된 지방이나 단백질로부터 에너지를 얻게 되어 체중이 감소하고 영양 부족 상태가 됨

C 42 정답 ② * 에너지 대사 [정답률 94%] 2022 대비 6월 모평 4

그림은 사람 Ⅰ~Ⅲ의 에너지 소비량과 에너지 섭취량을, 표는 Ⅰ~Ⅲ의 에너지 소비량과 에너지 섭취량이 그림과 같이 일정 기간 동안 지속되었을 때 Ⅰ~Ⅲ의 체중 변화를 나타낸 것이다. ㉠과 ㉡은 에너지 소비량과 에너지 섭취량을 순서 없이 나타낸 것이다. 사람 Ⅰ: 체중 증가 에너지 섭취량>에너지 소비량

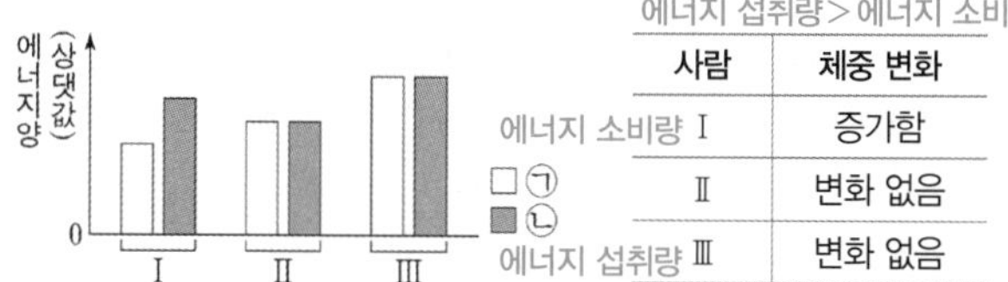

사람	체중 변화
Ⅰ	증가함
Ⅱ	변화 없음
Ⅲ	변화 없음

이에 대한 설명으로 옳은 것만을 〈보기〉에서 있는 대로 고른 것은?

[보기]

ㄱ. ㉠은 ~~에너지 섭취량~~이다.
→ ㉠은 에너지 소비량

ㄴ. Ⅲ은 에너지 소비량과 에너지 섭취량이 균형을 이루고 있다.
→ 에너지 소비량과 섭취량이 비슷하여 체중 변화 없음

ㄷ. 에너지 섭취량이 에너지 소비량보다 ~~적은 상태~~가 지속되면 체중이 증가한다.
→ 에너지 섭취량이 에너지 소비량보다 많은 상태가 지속되면 체중 증가

① ㄱ ② ㄴ ③ ㄷ ④ ㄱ, ㄷ ⑤ ㄴ, ㄷ

| 문제+자료 분석 |

- 사람 Ⅰ의 체중이 증가하는 것은 에너지 섭취량이 에너지 소비량보다 많은 상태가 지속되기 때문이다.
- 사람 Ⅰ에서 ㉡이 ㉠보다 많으므로 ㉠은 에너지 소비량, ㉡은 에너지 섭취량을 나타낸 것이다.

| 보기 분석 |

ㄱ. 체중이 증가한 사람 Ⅰ에서 ㉠보다 ㉡이 많으므로 ㉠은 에너지 소비량이다.

ㄴ. 사람 Ⅲ은 에너지 소비량과 에너지 섭취량이 거의 비슷하게 균형을 이루고 있어 체중의 변화가 없다.

ㄷ. 사람 Ⅰ과 같이 에너지 섭취량이 에너지 소비량보다 많은 상태가 지속되면 체중이 증가한다. 반대로 에너지 섭취량이 에너지 소비량보다 적은 상태가 지속되면 체중이 감소한다.

＊ 에너지의 균형

생명 활동을 정상적으로 유지하고 건강한 생활을 하기 위해서는 음식물 섭취로부터 얻는 에너지양(에너지 섭취량)과 활동으로 소비하는 에너지양(에너지 소비량) 사이에 균형이 잘 이루어져야 한다.

C 43 정답 ③ * 대사성 질환 [정답률 95%] 2021 대비 9월 모평 4

그림 (가)와 (나)는 각각 사람 A와 B의 수축기 혈압과 이완기 혈압의 변화를 나타낸 것이다. A와 B는 정상인과 고혈압 환자를 순서 없이 나타낸 것이다.

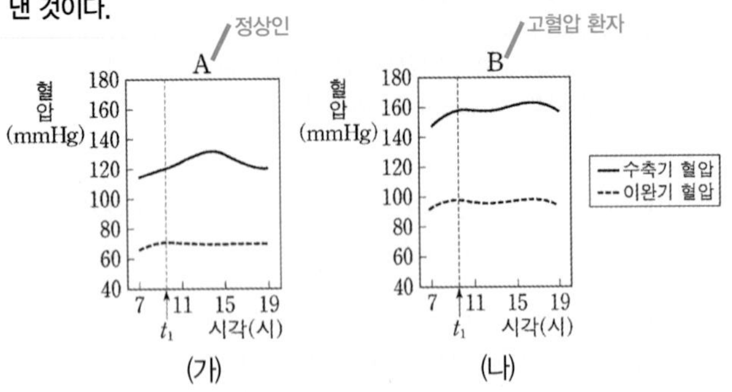

이에 대한 설명으로 옳은 것만을 <보기>에서 있는 대로 고른 것은?

[보기]

ㄱ. 대사성 질환 중에는 고혈압이 있다.
→ 대사성 질환에는 고혈압, 당뇨병, 고지질 혈증(고지혈증) 등이 있음

ㄴ. t_1일 때 수축기 혈압은 A가 B보다 ~~높다~~.
→ t_1일 때 수축기 혈압은 A가 약 120mmHg, B가 약 160mmHg

ㄷ. B는 고혈압 환자이다.
→ 수축기 혈압과 이완기 혈압이 모두 B가 A보다 높음

① ㄱ ② ㄴ ③ ㄱ, ㄷ ④ ㄴ, ㄷ ⑤ ㄱ, ㄴ, ㄷ

| 문제+자료 분석 |

- 고혈압은 혈압이 정상보다 높은 만성 질환으로, 심혈관계 질환 및 뇌혈관계 질환의 원인이 된다.
- 수축기 혈압 120mmHg/이완기 혈압 80mmHg 미만인 정상인(A)에 비해 고혈압 환자(B)는 수축기 혈압 140mmHg/이완기 혈압 90mmHg 이상으로 혈압이 높아진 상태이다.

| 보기 분석 |

ㄱ. 대사성 질환이란 우리 몸에서 물질대사 이상으로 발생하는 모든 질환으로 당뇨병, 고혈압, 고지질 혈증(고지혈증), 심혈관 질환, 뇌혈관 질환 등이 있다.

ㄴ. t_1일 때 A의 수축기 혈압은 약 120mmHg이고, B의 수축기 혈압은 약 160mmHg이다. 따라서 t_1일 때 수축기 혈압은 A가 B보다 낮다.

ㄷ. A의 혈압은 대략 수축기 혈압 120mmHg/이완기 혈압 70mmHg이며, B의 혈압은 대략 수축기 혈압 160mmHg/이완기 혈압 100mmHg이다. 수축기 혈압과 이완기 혈압이 모두 B가 A보다 높으므로 B가 고혈압 환자이다.

* 대사성 질환의 종류와 증상

당뇨병	혈당 조절에 필요한 인슐린의 분비가 부족하거나 인슐린이 제대로 작용하지 못해 발생한다.
고혈압	혈압이 정상보다 높은 만성 질환으로, 심혈관계 질환 및 뇌혈관계 질환의 원인이 된다.
고지혈증	혈액 속에 콜레스테롤이나 중성 지방이 등이 과다하게 들어 있는 상태를 말하며, 심혈관계 질환의 원인이 된다.

C 44 정답 ③ * 대사량과 대사성 질환 [정답률 94%] 2022 실시 10월 학평 5

다음은 대사량과 대사성 질환에 대한 학생 A~C의 발표 내용이다.
당뇨병, 고혈압, 고지혈증 등이 있음

혈당량이 비정상적으로 높은 상태가 지속되는 질환

기초 대사량은 생명을 유지하기 위해 필요한 최소한의 에너지양입니다.

에너지 소비량이 에너지 섭취량보다 많은 상태가 지속되면 비만이 될 확률이 ~~높습니다~~. 낮음

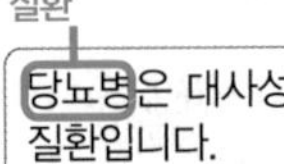

당뇨병은 대사성 질환입니다.

제시한 내용이 옳은 학생만을 있는 대로 고른 것은?

① A ② B ③ A, C ④ B, C ⑤ A, B, C

| 문제+자료 분석 |

- **대사량**: 대사량에는 기초 대사량, 활동 대사량이 있다. 기초 대사량은 생명을 유지하기 위해 필요한 최소한의 에너지양이며, 활동 대사량은 기초 대사량을 제외하고 공부나 운동 등 육체적 활동에 필요한 에너지양이다.
- **대사성 질환**: 우리 몸의 물질대사에 이상이 생겨 발생하는 질병으로 당뇨병, 고혈압, 고지혈증 등이 있다.

| 선택지 분석 |

A. 기초 대사량은 생명을 유지하기 위해 필요한 최소한의 에너지양이다.

B. 에너지 소비량이 에너지 섭취량보다 많은 상태가 지속되면 비만이 될 확률은 낮아진다.

C. 당뇨병은 대사성 질환에 속하며, 혈당량이 비정상적으로 높은 상태가 지속되는 질환으로 오줌에 당이 섞여 나오는 것이 특징이다.

C 45 정답 ④ * 에너지 대사 ········ [정답률 77%] 2022 실시 7월 학평 18

표는 대사량 ㉠과 ㉡의 의미를, 그림은 사람 Ⅰ과 Ⅱ에서 하루 동안 소비한 에너지 총량과 섭취한 에너지 총량을 나타낸 것이다. ㉠과 ㉡은 기초 대사량과 활동 대사량을 순서 없이 나타낸 것이다. Ⅰ과 Ⅱ에서 에너지양이 일정 기간 동안 그림과 같이 지속되었을 때, Ⅰ은 체중이 증가했고 Ⅱ는 체중이 감소했다.

대사량	의미
㉠ 기초 대사량	생명을 유지하는 데 필요한 최소한의 에너지양
㉡ 활동 대사량	?

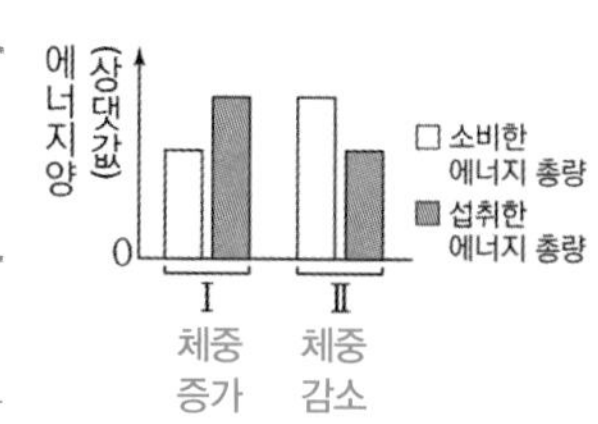

이에 대한 설명으로 옳은 것만을 〈보기〉에서 있는 대로 고른 것은?

[보기]

ㄱ. ㉡은 기초 대사량이다.
㉠은 기초 대사량, ㉡은 활동 대사량

ㄴ. Ⅱ의 하루 동안 소비한 에너지 총량에 ㉠이 포함되어 있다.
하루 동안 소비한 에너지 총량에 ㉠(기초 대사량)과 ㉡(활동 대사량)이 모두 포함됨

ㄷ. 하루 동안 섭취한 에너지 총량이 소비한 에너지 총량보다 적은 상태가 지속되면 체중이 감소한다.
에너지 섭취량이 에너지 소비량보다 적은 상태가 지속되면 체중 감소함

① ㄱ ② ㄴ ③ ㄱ, ㄷ ④ ㄴ, ㄷ ⑤ ㄱ, ㄴ, ㄷ

| 문제+자료 분석 |

- ㉠ 기초 대사량: 생명을 유지하는데 필요한 최소한의 에너지양이다.
- ㉡ 활동 대사량: 밥 먹기, 공부하기, 운동하기 등 다양한 생명 활동을 하는데 필요한 에너지양이다.
- Ⅰ: 에너지 소비량 < 에너지 섭취량 ➡ 체중 증가
- Ⅱ: 에너지 소비량 > 에너지 섭취량 ➡ 체중 감소

| 보기 분석 |

ㄱ. 기초 대사량은 생명을 유지하는 데 필요한 최소한의 에너지양이므로 ㉠에 해당하고, ㉡은 활동 대사량이다.

ㄴ. 하루 동안 소비한 에너지 총량(1일 대사량)은 기초 대사량, 활동 대사량, 음식물의 소화와 흡수에 필요한 에너지양 등을 더한 값이므로 Ⅱ의 하루 동안 소비한 에너지 총량에 ㉠(기초 대사량)이 포함되어 있다.

ㄷ. 에너지 섭취량이 에너지 소비량보다 적으면 에너지가 부족하여 우리 몸에 저장된 지방이나 단백질로부터 에너지를 얻게 된다. 따라서 이 상태가 지속되면 체중이 감소하고 영양 부족 상태가 된다.

* 에너지 섭취량과 소비량의 균형

에너지 섭취량=에너지 소비량	체중 유지
에너지 섭취량 < 에너지 소비량	체중 감소, 영양 실조, 질병에 대한 저항성 감소 등
에너지 섭취량 > 에너지 소비량	체중 증가(비만), 당뇨병 등

C 46 정답 ④ * 대사성 질환 ········ [정답률 85%] 2020 실시 3월 학평 7

표는 사람의 질환 (가)와 (나)의 특징을 나타낸 것이다. (가)와 (나)는 당뇨병과 고지혈증을 순서 없이 나타낸 것이다.

질환	특징
고지혈증 (가)	혈액에 콜레스테롤과 중성 지방 등이 정상 범위 이상으로 많이 들어 있다. 심혈관계 질환을 일으킴
당뇨병 (나)	호르몬 ㉠의 분비 부족이나 작용 이상으로 혈당량이 조절되지 못하고 오줌에서 포도당이 검출된다.

㉠은 혈당량을 낮추는 인슐린

이에 대한 옳은 설명만을 〈보기〉에서 있는 대로 고른 것은?

[보기]

ㄱ. (가)는 당뇨병이다.
→ 혈액에 콜레스테롤과 중성 지방 등이 쌓이는 질환은 고지혈증

ㄴ. ㉠은 이자에서 분비된다.
→ ㉠은 인슐린으로 이자의 β세포에서 분비

ㄷ. (가)와 (나)는 모두 대사성 질환이다.
→ 대사성 질환은 우리 몸에서 물질대사 장애에 의해 발생하는 질환

① ㄱ ② ㄴ ③ ㄱ, ㄷ ④ ㄴ, ㄷ ⑤ ㄱ, ㄴ, ㄷ

| 문제+자료 분석 |

- 대사성 질환의 종류에는 당뇨병, 고혈압, 고지혈증 등이 있다.
- (가): 고지혈증은 혈액 속에 콜레스테롤이나 중성 지방이 많은 상태로 지질 성분이 혈관 내벽에 쌓이면 혈관이 막히거나 탄력이 떨어져 심혈관계 질환이 나타난다.
- (나): 당뇨병은 혈당량을 낮추는 인슐린 분비의 이상이나 인슐린 작용의 이상에 의해 혈당이 정상보다 높아지고, 오줌 속에 포도당이 섞여 나오는 질환이다.

| 보기 분석 |

ㄱ. (가)는 고지혈증, (나)는 당뇨병이다.

ㄴ. 당뇨병은 인슐린의 분비 부족이나 작용 이상으로 혈당량이 조절되지 않는 질환이고, 인슐린은 부교감 신경에 의해 이자의 β세포에서 분비된다. ㉠은 인슐린이므로 ㉠(인슐린)은 이자에서 분비된다.

ㄷ. 대사성 질환은 물질대사 장애에 의해 발생하는 질환으로 고지혈증(가), 당뇨병(나), 고혈압 등이 있다.

* 대사 증후군의 예방

대사 증후군을 방치하면 당뇨병, 심혈관 질환 등 심각한 질환으로 발전할 가능성이 높으므로 대사 증후군이 발생하지 않도록 예방하는 것이 필요하다.

D 자극의 전달

D 01 정답 ④ ＊뉴런의 구조 ········ [정답률 60%] 2022 실시 6월 학평 9(고2)

그림은 어떤 뉴런의 구조를 나타낸 것이다. ㉠ ~ ㉢은 각각 가지 돌기, 말이집, 신경 세포체 중 하나이다.

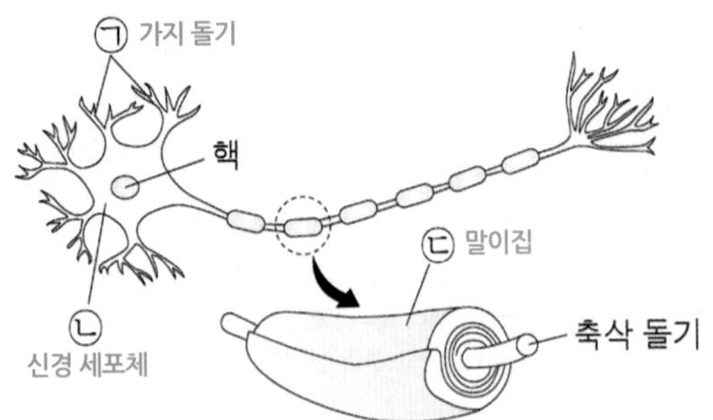

이에 대한 설명으로 옳은 것만을 〈보기〉에서 있는 대로 고른 것은?

[보기]

ㄱ. ㉠은 ~~신경 세포체~~이다. 가지 돌기

ㄴ. ㉡에서 생명 활동에 필요한 에너지가 생성된다. 다양한 물질 대사가 일어남

ㄷ. ㉢은 절연체 역할을 한다. 이온의 이동을 막음

① ㄱ ② ㄷ ③ ㄱ, ㄴ ④ ㄴ, ㄷ ⑤ ㄱ, ㄴ, ㄷ

| 문제+자료 분석 |

- ㉠ **가지 돌기**: 다른 뉴런이나 감각기에서 오는 신호를 받아들이기 위해 신경 세포체에서 뻗어 나온 짧은 돌기이다.
- ㉡ **신경 세포체**: 신경 세포의 생명 활동에 필요한 다양한 물질대사가 일어난다.
- ㉢ **말이집**: 슈반 세포의 세포막이 길게 늘어나 축삭을 여러 겹으로 감아서 형성된 것이다.

| 보기 분석 |

ㄱ. ㉠은 가지 돌기이다.

ㄴ. ㉡(신경 세포체)에서 생명 활동에 필요한 에너지가 생성된다.

ㄷ. ㉢(말이집)은 축삭 돌기를 통한 신호 전달 과정에서 막을 통한 이온의 이동을 막는 절연체 역할을 한다.

＊ 뉴런의 구조

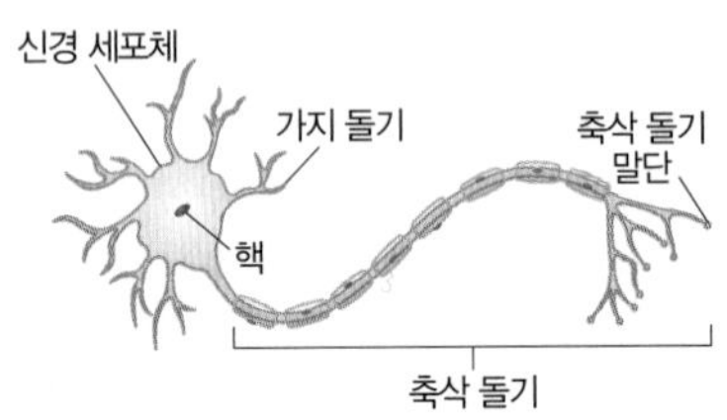

D 02 정답 ⑤ ＊뉴런의 구조 ········ [정답률 79%] 2020 실시 9월 학평 13(고2)

그림은 어떤 뉴런의 일부를 나타낸 것이다. ㉠과 ㉡은 각각 가지 돌기와 축삭 돌기 중 하나이다.

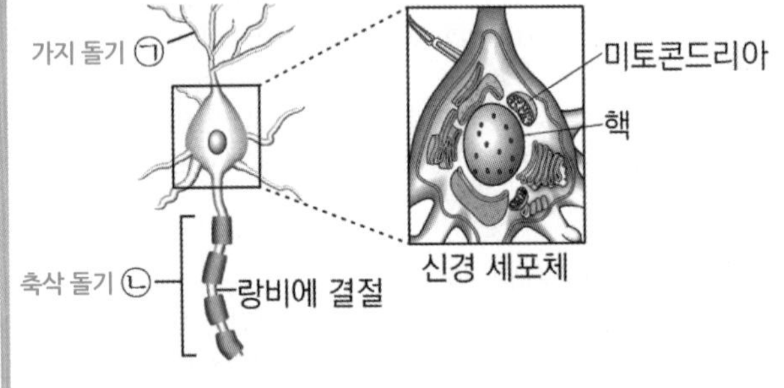

이에 대한 설명으로 옳은 것만을 〈보기〉에서 있는 대로 고른 것은?

[보기]

ㄱ. ㉠은 가지 돌기이다. 신경 세포체에서 뻗어 나온 짧은 돌기

ㄴ. ㉡에서 흥분이 이동할 때 도약전도가 일어난다. ㉡은 축삭 돌기

ㄷ. 신경 세포체에서 물질대사가 일어난다. 뉴런은 하나의 세포임

① ㄱ ② ㄷ ③ ㄱ, ㄴ ④ ㄴ, ㄷ ⑤ ㄱ, ㄴ, ㄷ

| 문제+자료 분석 |

- 뉴런은 가지 돌기, 축삭 돌기, 신경 세포체로 구성된다.
- ㉠ **가지 돌기**: 다른 뉴런이나 감각기에서 오는 신호를 받아들이기 위해 신경 세포체에서 뻗어 나온 짧은 돌기이다.
- ㉡ **축삭 돌기**: 다른 뉴런이나 반응기에서 오는 신호를 전달하기 위해 신경 세포체에서 뻗어 나온 긴 돌기이다.

| 보기 분석 |

ㄱ. ㉠은 가지 돌기이다.

ㄴ. 말이집 신경에서 말이집으로 싸여 있지 않아 축삭 돌기가 노출된 부분을 랑비에 결절이라고 한다. 말이집 신경의 축삭 돌기에서 흥분은 한 랑비에 결절에서 다음 랑비에 결절로 건너뛰듯이 이동하는데, 이를 도약전도라고 한다. 따라서 ㉡(축삭 돌기)에서 흥분이 이동할 때 도약전도가 일어난다.

ㄷ. 뉴런은 하나의 세포이고, 물질대사는 생명체 내에서 일어나는 모든 화학 반응이다. 따라서 신경 세포체에서 물질대사가 일어난다.

D 03 정답 ⑤ *뉴런의 활동 전위 ······ [정답률 84%] 2021 대비 수능 11

그림은 어떤 뉴런에 역치 이상의 자극을 주었을 때, 이 뉴런 세포막의 한 지점 P에서 측정한 이온 ㉠과 ㉡의 막 투과도를 시간에 따라 나타낸 것이다. ㉠과 ㉡은 각각 Na^+과 K^+ 중 하나이다.

역치 이상의 자극이 주어진 후 Na^+ 이온 통로가 먼저 열려 막 투과도가 높아진다

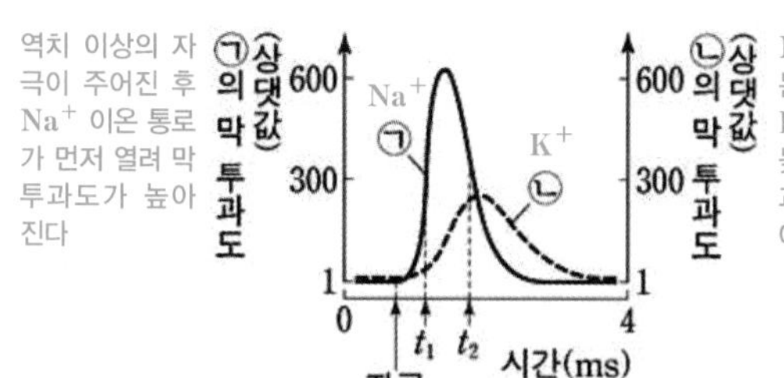

Na^+을 투과시키는 이온 통로보다 K^+ 이온 통로가 늦게 열려 막 투과도가 천천히 높아진다.

이에 대한 설명으로 옳은 것만을 〈보기〉에서 있는 대로 고른 것은?

[보기]

ㄱ. t_1일 때, P에서 탈분극이 일어나고 있다.
→ 역치 이상의 자극이 주어진 후 Na^+이 유입되며 탈분극이 일어남

ㄴ. t_2일 때, ㉡의 농도는 세포 안에서가 세포 밖에서보다 높다.
→ K^+의 농도는 세포 안에서가 세포 밖에서보다 항상 높음

ㄷ. 뉴런 세포막의 이온 통로를 통한 ㉠의 이동을 차단하고 역치 이상의 자극을 주었을 때, 활동 전위가 생성되지 않는다.
→ Na^+이 유입이 차단되면 탈분극이 일어나지 않고 활동 전위가 생성되지 않음

① ㄱ ② ㄴ ③ ㄱ, ㄷ
④ ㄴ, ㄷ ⑤ ㄱ, ㄴ, ㄷ

| 문제+자료 분석 |

- ㉠(Na^+): 역치 이상의 자극이 주어진 후 Na^+ 이온 통로가 먼저 열려 막 투과도가 높아진다. Na^+이 세포 밖에서 세포 안으로 유입되며, 세포 안의 막전위가 높아지는 탈분극이 일어난다.
- ㉡(K^+): Na^+을 투과시키는 이온 통로보다 K^+ 이온 통로가 늦게 열려 막 투과도가 천천히 높아진다. K^+이 세포 안에서 세포 밖으로 유출되며, 세포 안의 막전위가 다시 낮아지는 재분극이 일어난다.

| 보기 분석 |

ㄱ. 역치 이상의 자극을 준 후 t_1에서 Na^+ 이온 통로가 열려 세포 밖에서 세포 안으로 Na^+이 유입되어 세포 안의 막전위가 높아지는 탈분극이 일어나고 있다.

ㄴ. ㉡은 K^+이며, K^+의 농도는 세포 안에서가 세포 밖에서보다 항상 높다. 주의

ㄷ. 역치 이상의 자극이 주어지면 Na^+ 이온 통로가 열려 Na^+이 세포 밖에서 세포 안으로 유입되면서 탈분극이 일어난다. Na^+인 ㉠이 이온 통로를 통해 이동하지 못하도록 차단하면, 역치 이상의 자극이 주어져도 탈분극이 일어나지 않아 활동 전위가 생성되지 않는다.

송의현 | 원광대 의예과 2021년 입학 · 안산 동산고 졸

흥분의 전도 문제야. 흥분의 전도 속도 계산 문제를 정말 열심히 연습했는데 쉬운 문항이 나와서 아쉬웠어.
먼저 올라가는 것이 Na^+인 것은 다들 알지? 이런 문제에서는 Na^+, K^+를 기호로 제시하고 세포막 밖/안에서의 농도를 물어보니, 기호 매칭만 헷갈리지 않게 주의하면 무난하게 맞출거야. 어느 선생님께 배운건데, 나(Na^+) '밖'에 나갈래/ 그(K^+)건 '안'돼 라는 문구를 외운다면 어느 이온이 어디에 많은지 절대 헷갈리지 않을거야!

D 04 정답 ③ *흥분 전도 ······ [정답률 73%] 2019 대비 9월 모평 15

그림은 어떤 뉴런에 역치 이상의 자극을 주었을 때, 이 뉴런 세포막의 한 지점에서 이온 ㉠과 ㉡의 막 투과도를 시간에 따라 나타낸 것이다. ㉠과 ㉡은 각각 Na^+과 K^+ 중 하나이다. Na^+이 먼저 이동하고 K^+이 나중에 이동

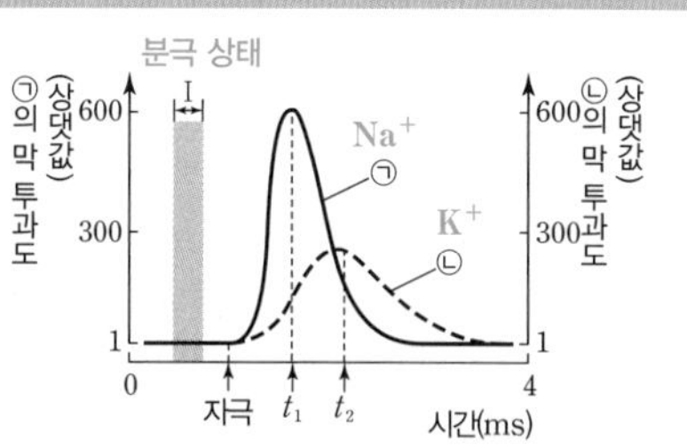

이에 대한 옳은 설명만을 〈보기〉에서 있는 대로 고른 것은? (3점)

[보기]

ㄱ. Na^+의 막 투과도는 t_1일 때가 t_2일 때보다 크다.
→ ㉠이 Na^+이므로 막 투과도는 t_1일 때가 t_2일 때보다 큼

ㄴ. t_2일 때, K^+은 K^+ 통로를 통해 세포 밖으로 확산된다.
→ t_2일 때, K^+은 K^+ 통로를 통해 세포 밖으로 확산

ㄷ. 구간 Ⅰ에서 Na^+-K^+ 펌프를 통해 ㉠이 세포 안으로 들어온다.
→ Na^+-K^+ 펌프를 통해 Na^+은 세포 밖으로, K^+은 세포 안으로 이동

① ㄱ ② ㄷ ③ ㄱ, ㄴ ④ ㄴ, ㄷ ⑤ ㄱ, ㄴ, ㄷ

| 문제+자료 분석 |

◈ Na^+-K^+ 펌프

- ATP를 이용하여 Na^+(㉠)을 세포 밖으로 내보내고 K^+(㉡)을 세포 안으로 이동시키는 능동 수송을 한다.
- Na^+ 통로와 K^+ 통로를 통한 확산에서는 에너지가 필요 없다.

| 보기 분석 |

ㄱ. 자극을 받았을 때 뉴런의 세포막에서 Na^+의 막 투과도가 먼저 상승한 후 K^+의 막 투과도가 상승하므로 ㉠은 Na^+이고, ㉡은 K^+이다. 따라서 Na^+의 막 투과도는 t_1일 때가 t_2일 때보다 크다.

ㄴ. t_1일 때 Na^+은 Na^+ 통로를 통해 세포 밖에서 안으로 확산되고, t_2일 때 K^+은 K^+ 통로를 통해 세포 안에서 밖으로 확산된다.

ㄷ. Na^+-K^+ 펌프는 ATP의 에너지를 소모하여 Na^+은 세포 안에서 밖으로, K^+은 세포 밖에서 안으로 이동시키는 작용을 한다. 따라서 구간 Ⅰ에서 Na^+-K^+ 펌프를 통해 ㉠(Na^+)이 세포 밖으로 나간다.

* 흥분 전도 과정의 막전위 변화

분극	ATP를 소모하는 Na^+-K^+ 펌프의 작용으로 막의 안쪽은 (−)전하, 바깥쪽은 (+)전하를 띠는 상태로 유지 ➡ 휴지 전위 약 −70 mV
탈분극	Na^+ 통로가 열려 막의 바깥쪽에서 안쪽으로 Na^+이 유입되어 막의 안쪽은 (+)전하, 바깥쪽은 (−)전하를 띠는 상태로 전환
재분극	K^+ 통로가 열려 막의 안쪽에서 바깥쪽으로 K^+이 유출되어 막의 안쪽은 (−)전하, 바깥쪽은 (+)전하를 띠는 원래의 분극 상태 회복

다음은 민말이집 신경 A의 흥분 전도에 대한 자료이다.

○ 그림은 A의 지점 d_1~d_4의 위치를 나타낸 것이다. A는 1개의 뉴런이다.

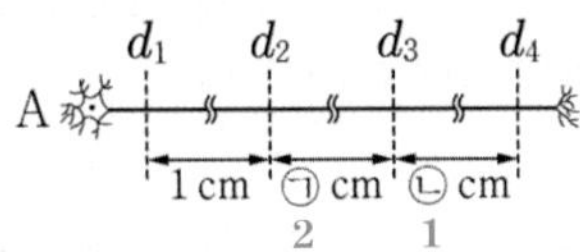

○ 표 (가)는 d_2에 역치 이상의 자극 Ⅰ을 주고 경과된 시간이 4ms일 때 d_1~d_4에서의 막전위를, (나)는 d_3에 역치 이상의 자극 Ⅱ를 주고 경과된 시간이 4ms일 때 d_1~d_4에서의 막전위를 나타낸 것이다. A에서 활동 전위가 발생하였을 때, 각 지점에서의 막전위 변화는 그림과 같다.

	지점	d_1	d_2	d_3	d_4
(가)	막전위 (mV)	−80	?	?	−60
	흥분이 도달하는 데 걸린 시간	1			3
	흥분이 도달한 후 막전위 변화 시간	3			1

	지점	d_1	d_2	d_3	d_4
(나)	막전위 (mV)	−60	0	?	?
	흥분이 도달하는 데 걸린 시간	3	2		
	흥분이 도달한 후 막전위 변화 시간	1	2		

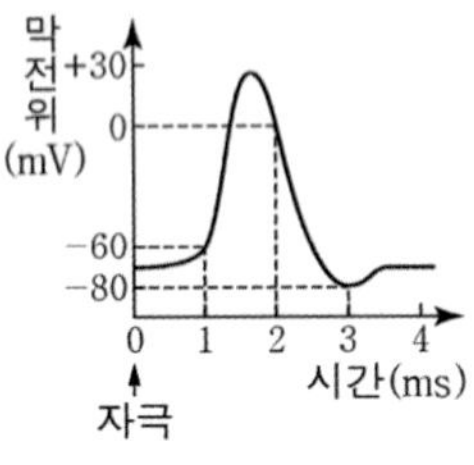

이에 대한 설명으로 옳은 것만을 〈보기〉에서 있는 대로 고른 것은? (단, Ⅰ과 Ⅱ에 의해 흥분의 전도는 각각 1회 일어났고, 휴지 전위는 −70mV이다.) (3점)

[보기]

ㄱ. ㉡이 ㉠보다 크다.
㉠(2 cm)이 ㉡(1 cm)보다 큼

ㄴ. A의 흥분 전도 속도는 1cm/ms이다.
흥분 전도 속도는 1 cm/ms임

ㄷ. d_1에 역치 이상의 자극을 주고 경과된 시간이 5ms일 때 d_4에서 탈분극이 일어나고 있다.
d_1에 역치 이상의 자극을 주고 경과된 시간이 5 ms일 때 d_4의 막전위는 −60 mV로 탈분극 상태임

① ㄱ ② ㄴ ③ ㄷ ④ ㄱ, ㄴ ⑤ ㄴ, ㄷ

단서+발상

단서 다른 지점과는 달리 d_1과 d_2 사이의 거리가 제시된 것에 주목한다.

발상 (나)에서 d_1의 막전위를 통해 d_2에서 d_1까지 가는 데 걸린 시간을 구하고, d_1과 d_2 사이의 거리를 이용하여 흥분의 전도 속도부터 구하는 것이 핵심이다.

해결 '자극을 주고 경과된 시간=흥분이 각 지점에 도달하는 데 걸린 시간+흥분이 도달한 후 막전위 변화 시간'을 이용하여 각 지점 사이를 가는 데 걸린 시간을 구할 수 있어야 고난도 문제를 해결할 수 있다.

| 문제+자료 분석 |

step 1 (가)의 속도 구하기

- 자극을 주고 경과된 시간(4 ms)=흥분이 각 지점에 도달하는 데 걸린 시간+흥분이 도달한 후 막전위 변화 시간이다.
- (가)에서 d_2에 역치 이상의 자극 Ⅰ을 주고 경과된 시간이 4 ms일 때, d_1에서의 막전위가 −80 mV이므로 흥분이 도달한 후 막전위 변화 시간은 3 ms이고, 흥분이 d_2에서 d_1까지 도달하는 데 걸린 시간은 1 ms이다.
- d_1과 d_2 사이의 거리가 1 cm이고, 흥분이 d_2에서 d_1에 도달하는 데 걸린 시간이 1 ms이므로 흥분의 전도 속도는 1 cm/ms이다.

step 2 ㉠과 ㉡ 구하기

- (나)에서 d_1이 d_2보다 자극이 늦게 도달하여 0보다 왼쪽에 위치하므로 이는 탈분극인 −60 mV이다. d_3에서 d_1까지 자극이 도달하는 데 3 ms이므로 ㉠은 2이다.
- ㉠이 2이므로 (가)의 d_2에서 d_3까지 이동하는 데 걸리는 시간이 2 ms이다. d_4에서 막전위 변화 시간은 2보다 작으므로 d_4에서 탈분극이 일어나고 있다. d_4에서 막전위 변화 시간은 1 ms이며, d_2에서 d_4까지 흥분이 이동하는 데 걸리는 시간이 4−1=3 ms이므로 ㉡은 1이다.

| 보기 분석 |

ㄱ. ㉡이 ㉠보다 크다. (×)

- (가)의 d_4에서의 막전위가 −60 mV이므로 흥분이 도달한 후 막전위가 변한 시간은 1 ms이고, 흥분이 d_2에서 d_4까지 도달하는 데 걸린 시간은 3 ms이므로, d_2에서 d_4까지의 거리는 3 cm이다. (나)의 d_2에서의 막전위가 0 mV이므로 흥분이 도달한 후 막전위 변화 시간은 2 ms이고, 흥분이 d_3에서 d_2까지 도달하는 데 걸린 시간은 2 ms이다. 따라서 d_2에서 d_3까지의 거리(㉠)는 2 cm이다.
㉡은 3 cm−2 cm=1 cm이므로 ㉠이 ㉡보다 크다.

ㄴ. A의 흥분 전도 속도는 1 cm/ms이다. (○)

- d_1과 d_2 사이의 거리가 1 cm이고 d_2에서 d_1까지 흥분이 도달하는 데 걸린 시간이 1 ms이므로 흥분의 전도 속도는 1 cm/ms이다.

ㄷ. d_1에 역치 이상의 자극을 주고 경과된 시간이 5 ms일 때 d_4에서 탈분극이 일어나고 있다. (○)

- d_1에 역치 이상의 자극을 주고 경과된 시간이 5 ms일 때, 흥분이 d_1에서 d_4까지 도달하는 데 걸린 시간은 4 ms이므로, 흥분이 도달한 후 막전위 변화 시간은 1 ms이다. 이때, d_4에서의 막전위는 −60 mV로 탈분극 상태이다.

✪ 정답은 ⑤ ㄴ, ㄷ이다.

문제 풀이 Tip

1. **흥분 전도에 대한 문제에 접근할 때는 막전위가 −80mV인 지점을 먼저 분석한다.**
−80mV는 막전위 변화 그래프의 한 시점에서만 나타나기 때문에 어느 시점인지 바로 특정 지을 수 있다.
2. **흥분이 전달되는 구간은 속도가 아닌 시간의 개념으로 접근한다.**
흥분의 전달 속도는 특정하기 어렵기 때문에 시냅스 이전 뉴런의 한 지점에서 시냅스 이후 뉴런의 한 지점까지 흥분이 이동하는 데에 걸리는 시간을 알아내야한다.

D 06 정답 ① ＊흥분의 전도 ······ [정답률 67%] 2020 실시 3월 학평 14

다음은 어떤 민말이집 신경의 흥분 전도에 대한 자료이다.

- 이 신경의 흥분 전도 속도는 2 cm/ms이다.
- 그림 (가)는 이 신경의 지점 P_1~ P_3 중 ㉠P_2에 역치 이상의 자극을 1회 주고 경과된 시간이 3 ms일 때 P_3에서의 막전위를, (나)는 P_1~ P_3에서 활동 전위가 발생하였을 때 각 지점에서의 막전위 변화를 나타낸 것이다.

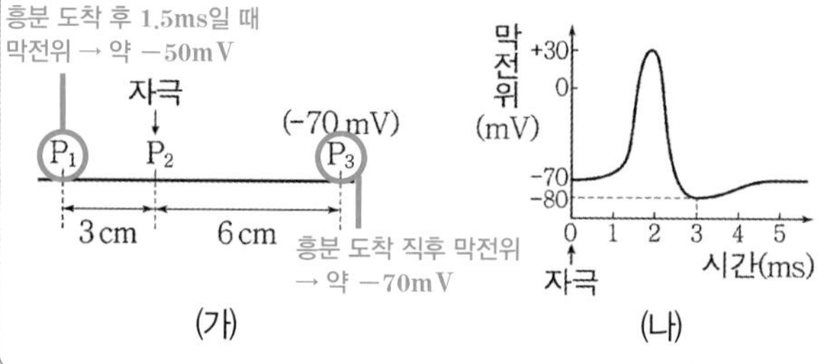

(가)

막전위 (mV) +30, 0, −70, −80 / 0 1 2 3 4 5 시간(ms) / 자극

(나)

㉠일 때, 이에 대한 옳은 설명만을 〈보기〉에서 있는 대로 고른 것은? (단, 이 신경에서 흥분 전도는 1회 일어났다.) (3점)

[보기]

ㄱ. P_1에서 탈분극이 일어나고 있다.
→ 흥분 도착 후 1.5ms가 경과했을 때 → 탈분극 진행 중

ㄴ. P_2에서의 막전위는 −70mV이다.
→ 흥분 발생 후 3ms가 경과했을 때 → 막전위 −80mV

ㄷ. P_3에서 Na^+-K^+ 펌프를 통해 K^+이 세포 밖으로 이동한다. → Na^+-K^+ 펌프를 통해 Na^+은 세포밖, K^+은 세포안으로 이동

①ㄱ ② ㄴ ③ ㄱ, ㄴ ④ ㄱ, ㄷ ⑤ ㄴ, ㄷ

| 문제+자료 분석 |

- 이 신경의 흥분 전도 속도는 2 cm/ms이고, P_1과 P_2 사이의 거리가 3 cm이므로 P_2에서 발생한 흥분이 P_1까지 도착하는 데 걸리는 시간은 1.5 ms이다.
- P_2와 P_3 사이의 거리가 6 cm이므로 P_2에서 발생한 흥분이 P_3까지 도착하는 데 걸리는 시간은 3 ms이다.
- 자극을 준 후 1.5 ms가 경과되었을 때 Na^+의 유입으로 탈분극이 일어나고 있고, 자극 도착 직후의 막전위는 −70mV이다.

| 보기 분석 |

ㄱ. P_2에 역치 이상의 자극을 1회 주고 경과된 시간이 3 ms일 때, P_1에서는 흥분 도착 후 1.5 ms가 흘렀을 때의 막전위가 나타나고 있다. (나)에서 1.5 ms일 때의 막전위는 약 −50mV이고, 이 막전위는 탈분극이 일어날 때의 막전위이다.

ㄴ. P_2에서 역치 이상의 자극을 1회 주고 경과된 시간이 3 ms일 때의 막전위는 (나)에서 3 ms일 때의 막전위인 −80mV이다.

함정

ㄷ. P_3에 존재하는 Na^+-K^+ 펌프는 활동 전위 발생 여부와 상관없이 항상 작동하고 있다. Na^+-K^+ 펌프에 의해 Na^+은 세포 밖으로, K^+은 세포 안으로 능동 수송된다.

문제 풀이 Tip

- 막전위 +30mV, −80mV는 활동 전위 발생 중 1번만 일어나고, +30mV가 −80mV보다 먼저 나타난다. ⇨ −80mV가 먼저 나타난 지점이 자극을 준 지점과 가깝다.
- 활동 전위 발생 여부와 상관없이 Na^+-K^+ 펌프는 항상 작동하여 Na^+은 세포 밖으로, K^+은 세포 안으로 능동 수송된다.
- 활동 전위 발생 여부와 상관없이 Na^+의 농도는 세포 밖이 높고, K^+의 농도는 세포 안이 높다.

D 07 정답 ⑤ ＊흥분의 전도 ······ [정답률 57%] 2019 실시 3월 학평 15

그림 (가)는 민말이집 신경 A와 B에 역치 이상의 자극을 동시에 1회 주고 경과된 시간이 t_1일 때 지점 P_1~P_4에서 측정한 막전위를, (나)는 P_1~P_4에서 활동 전위가 발생하였을 때 각 지점에서의 막전위 변화를 나타낸 것이다. B의 흥분 전도 속도는 3 cm/ms이다.

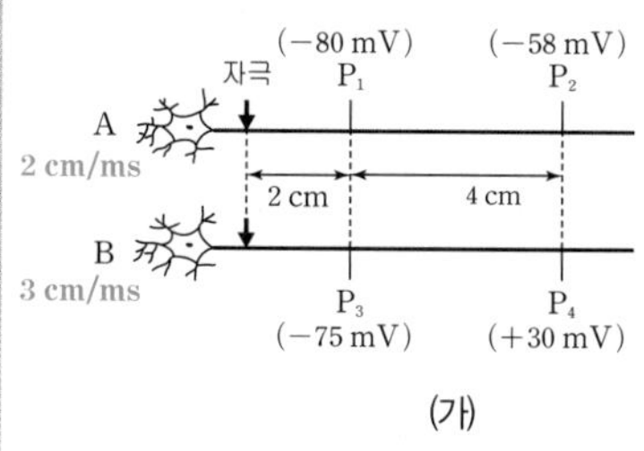

(가)

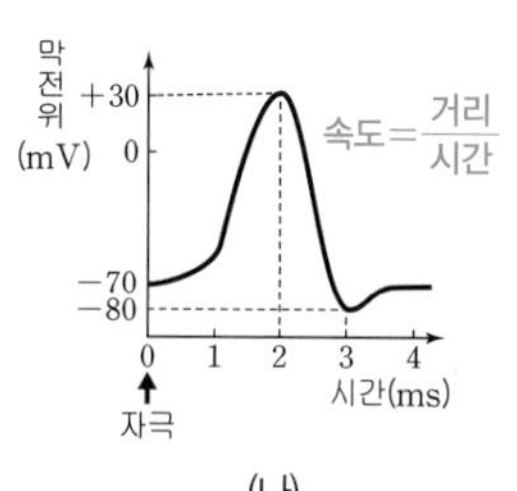

(나)

이에 대한 옳은 설명만을 〈보기〉에서 있는 대로 고른 것은? (단, A와 B에서 흥분의 전도는 각각 1회 일어났고, 휴지 전위는 −70 mV이다.) (3점)

[보기]

ㄱ. t_1은 4 ms이다. → 2ms+2ms=4ms

ㄴ. A의 흥분 전도 속도는 2 cm/ms이다.
→ A에서 P_1에 흥분 도착 후 3 ms 후의 막전위는 −80 mV

ㄷ. t_1일 때 P_2에서 Na^+ 통로를 통해 Na^+이 유입된다.
→ t_1일 때 P_2에서는 탈분극이 일어나고 있음

① ㄱ ② ㄷ ③ ㄱ, ㄴ ④ ㄴ, ㄷ ⑤ㄱ, ㄴ, ㄷ

| 문제+자료 분석 |

1st t_1 구하기

- 흥분의 전도에 대한 문항에서는 막전위가 +30 mV와 −80 mV일 때를 중심으로 자료를 해석하면 쉽게 해결할 수 있다.
- 자극을 준 지점으로부터 P_4까지의 거리는 6cm이고, B의 흥분 전도 속도는 3cm/ms이므로 흥분이 P_4에 도달하기까지 2ms가 걸린다. 그런데 P_4의 막전위는 +30mV이므로, t_1=2+2=4ms이다.

2nd A의 흥분 전도 속도 구하기

P_1의 막전위가 −80mV이므로, 자극이 P_1에 도달하는데 1ms 걸렸다. 자극을 준 지점으로부터 P_1까지 2cm이므로, A의 흥분 전도 속도는 2cm/ms이다.

| 보기 분석 |

ㄱ. P_4에 흥분 도착 후 2 ms가 지났을 때의 막전위가 +30 mV이므로 t_1은 2 ms+2 ms=4 ms이다.

ㄴ. P_1까지 흥분이 이동하는 데 걸린 시간은 1 ms이다. 따라서 A의 흥분 전도 속도는 $\frac{2\text{ cm}}{1\text{ ms}}$=2 cm/ms이다.

ㄷ. t_1(4 ms)일 때 P_2는 흥분 도착 후 1 ms가 지난 시점으로 P_2에서는 탈분극이 일어나 Na^+ 통로를 통해 Na^+이 유입되고 있다.

D 08 정답 ① ＊흥분 전도와 이온 이동 [정답률 83%] 2024 대비 6월 모평 5

그림은 조건 Ⅰ~Ⅲ에서 뉴런 P의 한 지점에 역치 이상의 자극을 주고 측정한 시간에 따른 막전위를 나타낸 것이고, 표는 Ⅰ~Ⅲ에 대한 자료이다. ㉠과 ㉡은 Na^+과 K^+을 순서 없이 나타낸 것이다.

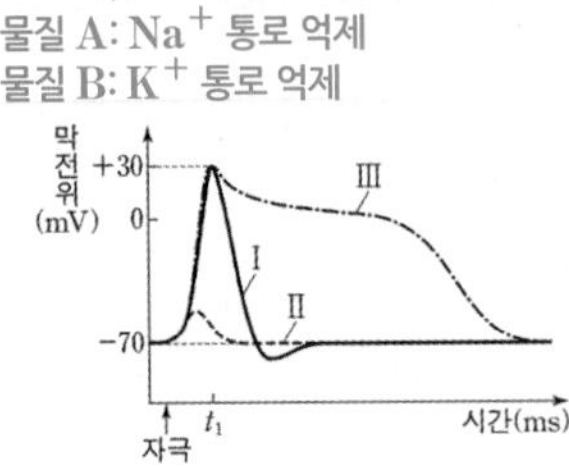

구분	조건
Ⅰ	물질 A와 B를 처리하지 않음
Ⅱ (Na^+ 통로 억제)	물질 A를 처리하여 세포막에 있는 이온 통로를 통한 ㉠의 이동을 억제함 (Na^+)
Ⅲ (K^+ 통로 억제)	물질 B를 처리하여 세포막에 있는 이온 통로를 통한 ㉡의 이동을 억제함 (K^+)

이에 대한 설명으로 옳은 것만을 〈보기〉에서 있는 대로 고른 것은? (단, 제시된 조건 이외는 고려하지 않는다.) (3점)

[보기]

ㄱ. ㉠은 Na^+이다. 물질 A가 ㉠(Na^+)의 이동을 억제

ㄴ. t_1일 때, Ⅰ에서 ㉡의 $\frac{\text{세포 안의 농도}}{\text{세포 밖의 농도}}$는 1보다 ~~작다~~.
막전위 변화 시점과 상관없이 K^+의 세포 안의 농도는 세포 밖의 농도보다 높음

ㄷ. 막전위가 $+30$ mV에서 -70 mV가 되는 데 걸리는 시간은 Ⅲ에서가 Ⅰ에서보다 ~~짧다~~. 분극 상태로 돌아오는 시간은 Ⅲ에서가 Ⅰ에서보다 오래 걸림

① ㄱ ② ㄴ ③ ㄷ ④ ㄱ, ㄴ ⑤ ㄴ, ㄷ

| 문제+자료 분석 |

- Ⅰ: 물질 A와 B를 처리하지 않았을 때의 정상적인 막전위 변화이다.
- Ⅱ: 물질 A가 이온 통로를 통한 ㉠의 이동을 억제하여 탈분극이 억제되었다. 따라서 ㉠은 Na^+이다.
- Ⅲ: 물질 B가 이온 통로를 통한 ㉡의 이동을 억제하여 재분극이 억제되어 분극 상태로 늦게 되돌아온다. 따라서 ㉡은 K^+이다.
- 막전위 변화 시점과 상관없이 Na^+은 세포 안보다 세포 밖의 농도가 높고, K^+은 세포 밖보다 세포 안의 농도가 높다. 함정

| 보기 분석 |

ㄱ. 물질 A가 Na^+ 통로를 통한 Na^+의 이동을 억제하여 Ⅱ는 탈분극이 억제되었다. 따라서 ㉠은 Na^+이다.

ㄴ. ㉡은 K^+이다. 막전위 변화 시점과 상관없이 K^+의 세포 안의 농도는 세포 밖의 농도보다 높다. 따라서 t_1일 때, Ⅰ에서 K^+(㉡)의 $\frac{\text{세포 안의 농도}}{\text{세포 밖의 농도}}$는 1보다 크다.

ㄷ. 막전위가 $+30$ mV가 되는 시간은 Ⅰ과 Ⅲ이 같지만, -70 mV가 되는 데 걸리는 시간은 Ⅰ보다 Ⅲ이 길다. 따라서 $+30$ mV에서 -70 mV가 되는 데 걸리는 시간은 Ⅲ에서가 Ⅰ에서보다 길다.

D 09 정답 ① ＊흥분의 전도 [정답률 55%] 2021 실시 11월 학평 15(고2)

다음은 민말이집 신경 A와 B의 흥분 전도에 대한 자료이다.

- 그림은 A와 B의 축삭 돌기 일부를, 표는 A와 B 중 하나는 P지점에, 나머지 하나는 Q지점에 각각 역치 이상의 자극을 동시에 1회 주고 경과된 시간이 4 ms일 때 지점 d_1~d_3에서의 막전위를 나타낸 것이다.

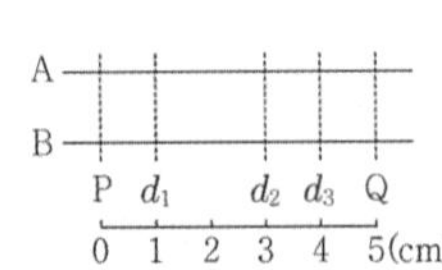

신경	4 ms일 때 막전위(mV)		
	d_1	d_2	d_3
A	0	−80	?
B	−80	−60	?

- A와 B 각각에서 활동 전위가 발생하였을 때, 각 지점에서의 막전위 변화는 그림과 같다.

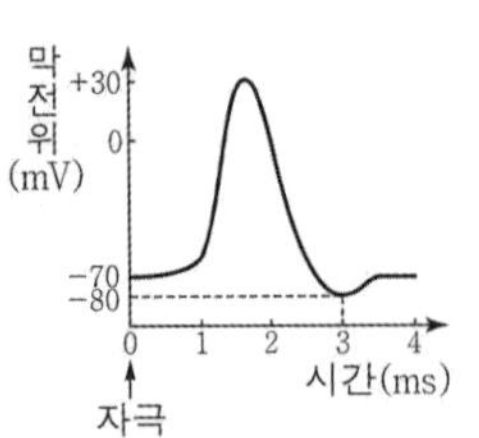

이에 대한 설명으로 옳은 것만을 〈보기〉에서 있는 대로 고른 것은? (단, A와 B에서 흥분의 전도는 각각 1회 일어났고, 휴지 전위는 -70 mV이다.) (3점)

[보기]

ㄱ. A에서 자극을 준 지점은 Q이다.
흥분이 먼저 도착한 지점이 자극을 준 지점과 더 가까움

ㄴ. 흥분의 전도 속도는 ~~B에서가 A에서보다~~ 빠르다.
A에서가 B에서보다 빠름

ㄷ. 4 ms일 때 B의 ~~d_3~~에서 재분극이 일어나고 있다.
d_3의 막전위는 -70 mV이며, 분극 상태임

① ㄱ ② ㄴ ③ ㄷ ④ ㄱ, ㄷ ⑤ ㄴ, ㄷ

| 문제+자료 분석 |

step 1 자극 준 지점 찾기

- -80 mV에 해당하는 막전위를 가지는 지점은 그 지점에 흥분이 도착하고 흥분 전도가 많이 진행되었기 때문에 자극을 준 지점으로부터 가까운 지점이다.
- B에서 d_1의 막전위는 -80 mV이고, d_2의 막전위는 -60 mV이므로 흥분 전도가 더 많이 진행된 d_1에 먼저 흥분이 도착하였다. 흥분이 먼저 도착한 지점이 자극을 준 지점과 더 가깝기 때문에 자극을 준 지점은 P이며, A에서 자극을 준 지점은 Q이다.

step 2 A의 흥분 전도 속도 구하기

- 자극을 주고 경과된 시간은 특정 지점에 흥분이 전도되는데 걸린 시간과 흥분이 그 지점에 도착한 후 막전위가 변한 시간을 합한 것이다.
- A에서 d_2의 막전위는 -80 mV이므로 자극을 주고 경과된 시간이 4 ms일 때 d_2에서 흥분이 도착한 후 막전위가 변한 시간은 3 ms이다. 따라서 자극을 준 지점에서 d_2까지 흥분이 전도되는데 걸린 시간은 1 ms(4 ms−3 ms)이고, 거리는 2 cm 떨어져 있으므로 A의 흥분 전도 속도는 2 cm/ms이다.

step 3 B의 흥분 전도 속도 구하기

- B에서 d_1의 막전위는 -80 mV이므로 자극을 주고 경과된 시간이 4 ms일 때 d_1에서 흥분이 도착한 후 막전위가 변한 시간은 3 ms이다.
- 따라서 자극을 준 지점에서 d_1까지 흥분이 전도되는 데 걸린 시간은 1 ms(4 ms−3 ms)이고, 거리는 1 cm 떨어져 있으므로 B의 흥분 전도 속도는 1 cm/ms이다.

| 보기 분석 |

ㄱ. A의 d_1의 막전위는 0 mV이고, d_2의 막전위는 -80 mV이므로 흥분 전도가 더 많이 진행된 d_2에 먼저 흥분이 도착하였다. 흥분이 먼저 도착한 지점이 자극을 준 지점과 더 가깝기 때문에 자극을 준 지점은 Q이다.

ㄴ. A의 흥분 전도 속도는 2 cm/ms, B의 흥분 전도 속도는 1 cm/ms이다. 따라서 흥분의 전도 속도는 A에서가 B에서보다 빠르다.

ㄷ. 4 ms일 때 B에서 P부터 d_3까지의 거리는 4 cm이고 속도는 1 cm/ms이므로 B의 d_3까지 흥분이 전도되는 데 걸린 시간은 4 ms이다. 따라서 4 ms일 때 B의 d_3 막전위는 -70 mV이며, 분극 상태이다.

D 10 정답 ② * 흥분의 전도 [정답률 72%] 2023 대비 9월 모평 15

다음은 민말이집 신경 A와 B의 흥분 전도에 대한 자료이다.

○ 그림은 A와 B의 지점 d_1~d_4의 위치를, 표는 A의 ㉠과 B의 ㉡에 역치 이상의 자극을 동시에 1회 주고 경과된 시간이 3ms일 때 d_1~d_4에서의 막전위를 나타낸 것이다. ㉠과 ㉡은 각각 d_1~d_4 중 하나이다.

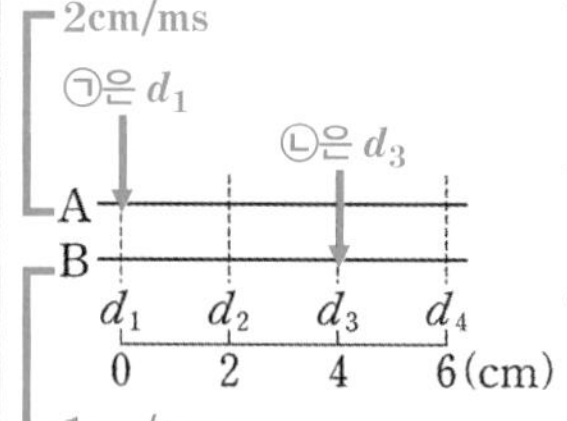

신경	3ms일 때 막전위(mV)			
	d_1	d_2	d_3	d_4
A	ⓒ −80	+10	ⓐ −60	ⓑ −70
B	ⓑ −70	ⓐ −60	ⓒ −80	ⓐ −60

○ A와 B의 흥분 전도 속도는 각각 1cm/ms와 2cm/ms 중 하나이다.

○ A와 B 각각에서 활동 전위가 발생하였을 때, 각 지점에서의 막전위 변화는 그림과 같다.

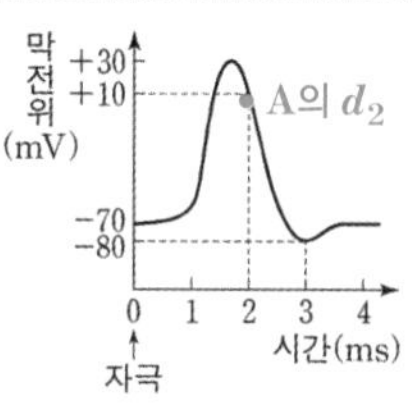

이에 대한 설명으로 옳은 것만을 〈보기〉에서 있는 대로 고른 것은? (단, A와 B에서 흥분의 전도는 각각 1회 일어났고, 휴지 전위는 −70mV이다.) (3점)

[보기]

ㄱ. ㉡은 ~~d_4~~이다. ㉡은 d_3

ㄴ. A의 흥분 전도 속도는 2cm/ms이다.
A의 흥분 전도 속도는 2cm/ms

ㄷ. 3ms일 때 B의 d_2에서 ~~재분극~~이 일어나고 있다.
3ms일 때 B의 d_2에서 탈분극이 일어남

① ㄱ ② ㄴ ③ ㄷ ④ ㄱ, ㄷ ⑤ ㄴ, ㄷ

| 문제+자료 분석 |

1st A와 B의 흥분 전도 속도 파악하기

- A와 B의 흥분 전도 속도는 각각 1cm/ms와 2cm/ms 중 하나이므로 자극 준 지점과 d_2까지 흥분이 전도되는 데 걸린 시간은 정수의 값이다. 따라서 막전위 변화 시간도 정수의 값이 되어야 하므로 A의 d_2의 막전위 +10mV는 막전위 변화 시간이 2ms인 오른쪽의 막전위 +10mV로 확정된다.
- A의 ㉠에 역치 이상의 자극을 주고 경과된 시간이 3ms일 때 d_2의 막전위가 +10mV이므로 ㉠에서 d_2까지 흥분이 전도되는 데 걸린 시간은 1ms이다.
- d_1~d_4의 각 지점 사이의 거리가 2cm이므로 A의 흥분 전도 속도는 2cm/ms이고, ㉠은 d_1 또는 d_3 중 하나이다.
- 나머지 B의 흥분 전도 속도는 1cm/ms이다.

2nd ㉠과 ㉡ 및 ⓐ~ⓒ 확정하기

- 자극을 주고 경과된 시간이 3ms이므로 자극을 준 지점인 A의 ㉠과 B의 ㉡에서의 막전위는 −80mV이다.
- −80mV는 한 지점만 존재하며, B의 d_2와 d_4에서의 막전위가 ⓐ로 같으므로 ⓐ는 −80이 아니다. 따라서 ㉠은 d_1이고, ⓒ는 −80이다. 또한 B는 d_3의 막전위가 −80(ⓒ)mV이므로 ㉡은 d_3이다.
- A의 d_1(㉠)에서 d_4까지 흥분이 이동하는 데 걸린 시간이 3ms이고, 막전위 변화 시간은 0ms이므로 ⓑ는 −70이다.
- A의 d_1(㉠)에서 d_3까지 흥분이 이동하는 데 걸린 시간이 2ms이고, 막전위 변화 시간이 1ms이므로 ⓐ는 −60mV이다.

| 보기 분석 |

ㄱ. B에서 자극을 준 지점인 ㉡은 d_3이다.

ㄴ. A의 흥분 전도 속도는 2cm/ms, B의 흥분 전도 속도는 1cm/ms이다.

ㄷ. B의 d_3(㉡)에 자극을 준 후 경과된 시간이 3ms일 때 B의 d_2에 자극이 도달하고 막전위 변화 시간이 1ms이므로 탈분극이 진행되고 있다.

D 11 정답 ① * 흥분 전도 [정답률 58%] 2018 실시 7월 학평 10

그림은 신경 세포 (가)와 (나)의 일부를, 표는 (가)와 (나)의 P 지점에 역치 이상의 자극을 동시에 1회 주고 일정 시간이 지난 후 t_1일 때 두 지점 A, B에서 측정한 막전위를 나타낸 것이다. (가)와 (나) 중 하나는 민말이집 신경이고, 다른 하나는 말이집 신경이다.

말이집이 없음 / 도약전도

신경 세포	t_1일 때 측정한 막전위(mV)	
	A	B
(가)	−55	−55
(나)	−70	−75

과분극 상태

이에 대한 설명으로 옳은 것만을 〈보기〉에서 있는 대로 고른 것은? (단, (가)와 (나)에서 흥분 전도는 각각 1회 일어났고, 휴지 전위는 −70 mV이며, 말이집 유무를 제외한 나머지 조건은 동일하다.) (3점)

[보기]

ㄱ. (가)는 민말이집 신경이다.
→ 더 늦게 흥분이 전도되는 (가)는 민말이집 신경

ㄴ. t_1일 때 (가)의 A 지점에서 ~~탈분극~~이 일어나고 있다.
→ t_1일 때 (가)의 A 지점에서 재분극이 일어남

ㄷ. t_1일 때 (나)의 B 지점에서 K^+의 농도는 세포 밖이 안보다 ~~높다~~. → K^+의 농도는 항상 세포 밖보다 안이 더 높음

① ㄱ ② ㄴ ③ ㄷ ④ ㄱ, ㄴ ⑤ ㄱ, ㄷ

| 문제+자료 분석 |

- t_1일 때 (나)의 B는 과분극 상태인데, (가)의 B는 탈분극 상태이므로 (가)보다 (나)에서 흥분의 전도 속도가 더 빠르다는 것을 알 수 있다.
⇨ (가)는 민말이집 신경, (나)는 말이집 신경이다.
- t_1일 때 (가)와 (나)의 A, B에서 측정한 막전위 변화는 그림과 같다.

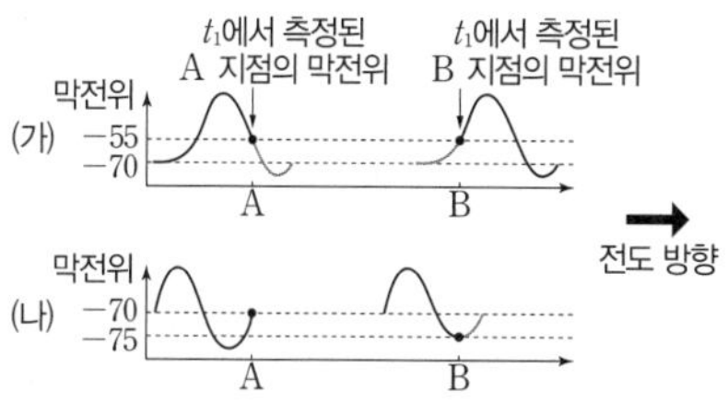

| 보기 분석 |

ㄱ. A에서 (가)는 재분극 상태인데 (나)는 흥분이 전도되고 난 이후 분극 상태이고, B에서 (가)는 탈분극 상태인데 (나)는 과분극 상태이다.
이러한 정보로부터 (가)보다 (나)에서 흥분의 전도 속도가 더 빠르다는 것을 알 수 있다. 따라서 (나)는 말이집 신경, (가)는 민말이집 신경이다.

ㄴ. t_1일 때 (가)의 A와 B 지점에서 막전위가 같다. A 지점이 자극을 준 지점에서 더 가까우므로 흥분이 먼저 도달하여 탈분극 과정을 거친 이후 재분극이 일어나는 지점이고, B 지점에서 탈분극이 일어난다.

ㄷ. 신경 세포의 안과 밖에서 K^+의 농도를 비교해 보면 항상 세포 안에서 세포 밖보다 더 높다.

D 12 정답 ①

다음은 민말이집 신경 (가)와 (나)의 흥분 전도에 대한 자료이다.

- 그림은 (가)와 (나)의 지점 d_1으로부터 세 지점 d_2~d_4까지의 거리를, 표는 ㉠ (가)와 (나)의 d_1에 역치 이상의 자극을 동시에 1회 주고 경과된 시간이 4 ms일 때 d_2~d_4에서의 막전위를 나타낸 것이다.

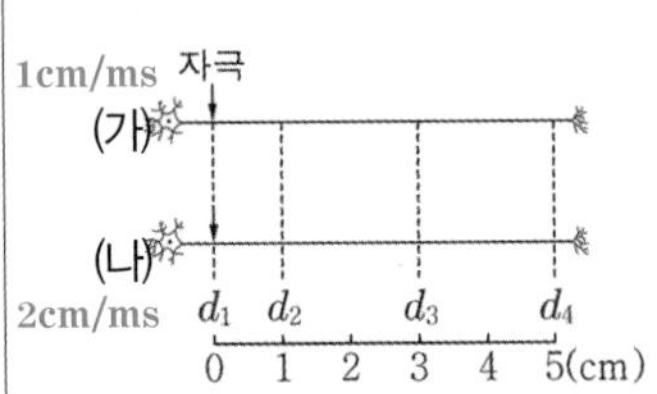

신경	4 ms일 때 막전위(mV)		
	d_2	d_3	d_4
(가)	−80 과분극	−60	ⓐ −70
(나)	−70	−60	ⓑ 탈분극

- (가)와 (나)의 흥분 전도 속도는 각각 1 cm/ms와 2 cm/ms 중 하나이다.
- (가)와 (나) 각각에서 활동 전위가 발생하였을 때, 각 지점에서의 막전위 변화는 그림과 같다.

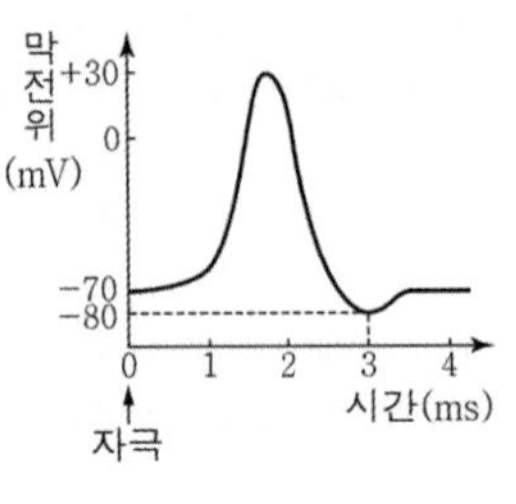

이에 대한 설명으로 옳은 것만을 〈보기〉에서 있는 대로 고른 것은? (단, (가)와 (나)에서 흥분의 전도는 각각 1회 일어났고, 휴지 전위는 −70 mV이다.) (3점)

[보기]

ㄱ. (가)의 흥분 전도 속도는 1 cm/ms이다.
→ (가)의 흥분 전도 속도는 1cm/ms, (나)의 흥분 전도 속도는 2cm/ms

ㄴ. ⓐ와 ⓑ는 ~~같다~~.
→ ⓐ는 분극 상태, ⓑ는 탈분극 상태

ㄷ. ㉠이 3 ms일 때 (나)의 d_3에서 ~~재분극~~이 일어나고 있다.
→ ㉠이 3ms일 때 d_3에서 탈분극이 일어남

① ㄱ　② ㄴ　③ ㄱ, ㄷ　④ ㄴ, ㄷ　⑤ ㄱ, ㄴ, ㄷ

| 문제+자료 분석 |

1st (가)와 (나)의 흥분 전도 속도 구하기

- (가)의 d_2의 막전위가 −80mV인 것은 자극이 온 지 3ms가 지난 후이다.
- ㉠이 4ms일 때이므로 d_1에서 d_2까지 흥분이 전도되는 데 걸리는 시간은 1ms이며, (가)의 흥분 전도 속도는 1cm/ms이다. 나머지 (나)의 흥분 전도 속도는 2cm/ms이다.

2nd ⓐ 구하기

- d_1에서 d_4까지의 거리가 5cm이며 (가)의 흥분 전도 속도는 1cm/ms이다.
- ㉠이 4ms일 때 d_4는 활동 전위가 발생하기 전이다. 따라서 ⓐ는 분극 상태의 막전위인 −70mV이다.

3rd ⓑ 구하기

- d_1에서 d_4까지의 거리가 5cm이며 (나)의 흥분 전도 속도는 2cm/ms이다.
- ㉠이 4ms일 때 d_4는 자극이 온 지 1.5ms가 지난 후이므로 ⓑ는 탈분극 지점의 막전위 값이다.

| 보기 분석 |

ㄱ. (가)의 d_2의 막전위가 −80mV인 것을 통해 d_1에서 d_2까지 흥분이 전도되는 데 걸리는 시간은 1ms임을 알 수 있다. (가)의 흥분 전도 속도는 1cm/ms이다.

ㄴ. (가)에서 d_4는 활동 전위가 발생하기 전이므로 ⓐ는 분극 상태의 막전위인 −70mV이다. (나)에서 d_4는 자극이 온 지 1.5ms가 지난 후이므로 탈분극이 일어나는 중이라 ⓑ와 ⓐ는 같지 않다.

ㄷ. (나)의 흥분 전도 속도가 2cm/ms이므로 ㉠이 3ms일 때 (나)의 d_3은 자극이 온 지 1.5ms가 지난 후이다. 이때 탈분극이 일어나고 있다.

문제 풀이 Tip

1. **자극을 주고 경과된 시간=흥분이 각 지점에 도달하는 데 걸린 시간+흥분이 도달한 후 막전위가 변한 시간으로 나누어 계산한다.**
   이를 '흥분이 도달한 후 막전위가 변한 시간=자극을 주고 경과된 시간−흥분이 각 지점에 도달하는데 걸린 시간'으로 바꾸어 그래프를 통해 막전위를 알아낼 수 있다.
2. **흥분 전도에 대한 문제에 접근할 때는 막전위가 −80mV인 지점을 먼저 분석한다.**
   −80mV는 막전위 변화 그래프의 한 시점에서만 나타나기 때문에 어느 시점인지 바로 특정 지을 수 있다.
3. **자극을 준 후 경과된 시간이 클수록 막전위 그래프에서 오른쪽에 있는 막전위 값을 가진다.**

* 흥분의 전도 과정

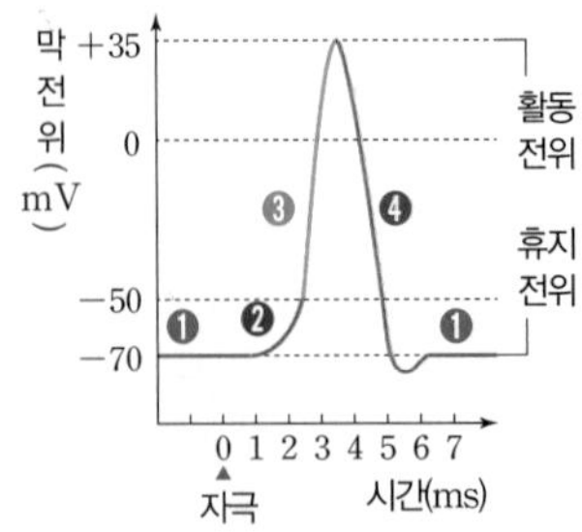

❶ 자극을 받기 전: Na^+ 통로와 대부분의 K^+ 통로가 닫혀 있고, 휴지 전위가 유지된다.
❷ 자극을 받은 후: 일부 Na^+ 통로가 열리고 Na^+이 유입되어 막전위가 상승한다.
❸ 막전위가 역치 이상이 되면 대부분의 Na^+ 통로가 열려 Na^+이 대량으로 유입되어 막전위가 급격히 상승한다.
❹ Na^+ 통로가 닫히고 K^+ 통로가 열려 K^+이 유출되어 막전위가 하강한다. 일부 열려 있는 K^+ 통로를 통해 K^+이 계속 유출되어 막전위가 휴지 전위보다 낮아지지만, 곧 휴지 전위로 돌아간다.

D 13 정답 ① .... [정답률 54%]

다음은 민말이집 신경 A와 B의 흥분 전도에 대한 자료이다.

- 그림 (가)는 A와 B의 지점 d_1으로부터 세 지점 d_2~d_4까지의 거리를, (나)는 A와 B 각각에서 활동 전위가 발생하였을 때 각 지점에서의 막전위 변화를 나타낸 것이다.

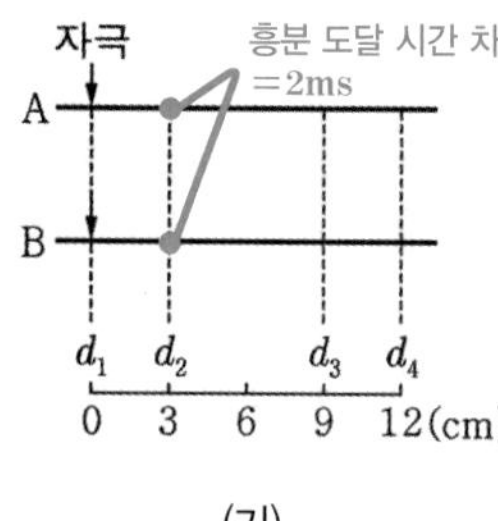

(가)

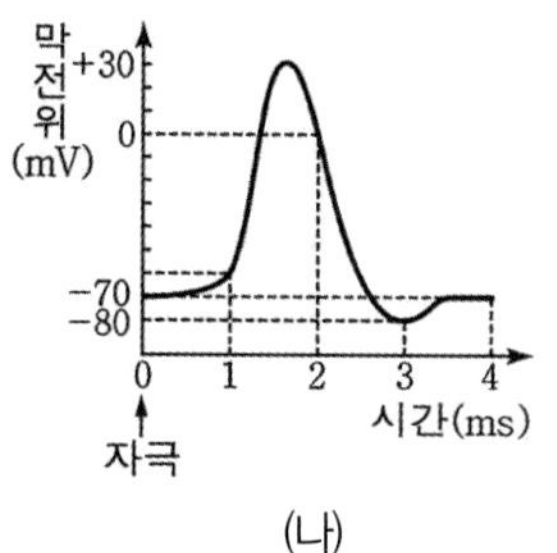

(나)

- A와 B의 흥분 전도 속도는 각각 1 cm/ms와 3 cm/ms 중 하나이다.
- 표는 A와 B의 d_1에 역치 이상의 자극을 동시에 1회 주고, 경과된 시간이 t_1일 때와 t_2일 때 d_2~d_4에서 측정한 막전위를 나타낸 것이다.

신경	t_1일 때 측정한 막전위(mV)			t_2일 때 측정한 막전위(mV)		
	d_2	d_3	d_4	d_2	d_3	d_4
A	?	−70	?	−80	?	−70
B	−70	0	−60	−70	?	0

이에 대한 설명으로 옳은 것만을 〈보기〉에서 있는 대로 고른 것은? (단, A와 B에서 흥분의 전도는 각각 1회 일어났고, 휴지 전위는 −70mV이다.) (3점)

2020 실시 4월 학평 15

[보기]

ㄱ. t_1은 5 ms이다.
→ 표에 제시된 B의 지점 d_2~d_4에서의 막전위가 나타나는 시점 t_1은 5 ms

ㄴ. B의 흥분 전도 속도는 1 cm/ms이다.
→ B의 흥분 전도 속도는 3 cm/ms

ㄷ. t_2일 때 B의 d_3에서 탈분극이 일어나고 있다.
→ t_2일 때 B의 d_3에서 재분극(과분극)이 일어남

① ㄱ ② ㄴ ③ ㄱ, ㄷ ④ ㄴ, ㄷ ⑤ ㄱ, ㄴ, ㄷ

단서+발상

단서 'A와 B의 흥분 전도 속도가 각각 1cm/ms와 3cm/ms 중 하나이다.'라는 조건에 주목한다.

발상 A와 B의 흥분 도달 시간의 차가 2ms이므로 막전위 변화 시간 차도 2ms임을 생각한다.

해결 t_2일 때 A의 d_2에 막전위 값은 −80mV이므로 막전위 변화 시간이 3ms이다. 3ms를 기준으로 +2ms 했을 때 막전위 값이 −70mV이므로 t_2일 때 B의 d_2에 막전위 변화 시간은 5ms임을 파악할 수 있어야 고난도 문제를 해결할 수 있다.

| 문제 해결 과정 |

step 1 A와 B의 흥분 전도 속도 파악하기

- d_2일 때 A와 B의 흥분 도달 시간의 차는 2ms가 된다.
- 표에서 t_2일 때 A의 d_2 지점에서 측정한 막전위가 −80mV이므로 막전위 변화 시간은 3ms이다.
- A와 B의 흥분 도달 시간의 차는 2ms이므로 막전위 변화 시간 차도 2ms가 된다. 따라서 막전위 변화 그림에서 3ms를 기준으로 +2ms, −2ms 했을 때 막전위는 각각 −70mV, 약 −60mV이다.
- 표에서 t_2일 때 B의 d_2 지점에서 측정한 막전위가 −70mV이므로 막전위 변화 시간은 5ms이다.
- 정리하면 막전위 변화 시간은 B는 5ms, A는 3ms이다. 따라서 B는 A보다 시간이 더 경과된 상태이므로 B가 A보다 흥분 전도 속도가 빠르다.
- 즉, A의 흥분 전도 속도는 1cm/ms, B의 흥분 전도 속도는 3cm/ms이다.

step 2 t_1과 t_2 파악하기

1. t_1 파악하기

- t_1일 때 B의 d_3에서 막전위는 0mV, d_4는 −60mV이다. d_3가 d_4보다 자극을 준 지점과 거리가 가깝기 때문에 막전위 변화 시간이 더 많이 경과되어 막전위는 d_3가 d_4보다 더 오른쪽에 위치할 것이다. 따라서 −60mV는 막전위 변화 시간이 1ms로 확정된다.
- B에서 d_4까지 흥분 도달 시간은 4ms이고, t_1일 때 B의 d_4 지점에서 측정한 막전위가 −60mV이므로 막전위 변화 시간은 1ms이다.
- 자극을 주고 경과된 시간=흥분이 각 지점에 도달하는 데 걸린 시간+흥분이 도달한 후 막전위가 변한 시간이다. 따라서 t_1=4ms+1ms=5ms이다.

2. t_2 파악하기

- A에서 d_2까지 도달하는데 흥분 도달 시간은 3ms이고, t_2일 때 A의 d_2 지점에서 측정한 막전위가 −80mV이므로 막전위 변화 시간은 3ms이다.
- 따라서 t_2=3ms+3ms=6 ms이다.

| 보기 분석 |

ㄱ. t_1은 5 ms이다. (○)

- 문제 해결 과정의 step 2를 참고하면, t_1은 5ms, t_2는 6ms이다.

ㄴ. B의 흥분 전도 속도는 1 cm/ms이다. (×)

- 자극을 주고 경과된 시간이 6 ms일 때 A의 d_2에서의 막전위가 −80mV이고, −80mV는 흥분 도달 후 3 ms가 흐른 시점의 막전위이므로 d_1으로부터 d_2까지 흥분이 전도되는데 걸린 시간은 3 ms이다.
- d_1에서 d_2 사이의 거리가 3 cm이므로 A의 흥분 전도 속도는 $\frac{3}{6-3}$=1 cm/ms이다.

ㄷ. t_2일 때 B의 d_3에서 탈분극이 일어나고 있다. (×)

- B에서 자극을 준 지점 방향으로 3 cm 가까운 지점이면 흥분이 1 ms 먼저 도달한다.
- 따라서 t_2일 때 B의 d_4에서의 막전위가 0 mV이므로 d_4로부터 자극을 준 지점 방향으로 3 cm 가까운 d_3에서의 막전위는 d_4에서의 막전위보다 1 ms만큼 더 진행된 −80mV이다. 따라서 t_2일 때 B의 d_3에서 재분극(과분극)이 일어난다.

✪ 정답은 ① ㄱ이다.

문제 풀이 Tip

흥분 전도에 대한 문제에 접근할 때는 막전위가 −80mV인 지점을 먼저 분석한다.

−80mV는 막전위 변화 그래프의 한 시점에서만 나타나기 때문에 어느 시점인지 바로 특정 지을 수 있다.

＊ 흥분의 전도와 속도

- 흥분 전도: 축삭 돌기를 따라 축삭 돌기 말단까지 일정한 활동 전위를 발생시킨다.

분극	Na^+—K^+ 펌프가 작동하며, Na^+ 통로는 대부분 닫혀있고, K^+ 통로는 일부 열려있음
탈분극	역치 이상의 자극을 주면 Na^+ 통로가 열림
재분극	Na^+ 통로가 닫히고 K^+ 통로가 열림

- 흥분 전도 속도= $\frac{\text{해당 지점까지의 거리}}{\text{전도 시간}}$

D 14 정답 ① *흥분의 전도 [정답률 68%] 2021 실시 3월 학평 15

표는 어떤 뉴런의 지점 d_1과 d_2 중 한 지점에 역치 이상의 자극을 1회 주고 경과된 시간이 t_1, t_2, t_3일 때 d_1과 d_2에서의 막전위를, 그림은 d_1과 d_2에서 활동 전위가 발생하였을 때 각 지점에서의 막전위 변화를 나타낸 것이다. ㉠과 ㉡은 0과 −38을 순서 없이 나타낸 것이고, $t_1 < t_2 < t_3$이다. — 자극 지점

경과된 시간	막전위(mV)	
	d_1	d_2
t_1	−10	−33
t_2	㉠−38	㉡ 0
t_3	−80 (과분극)	+25

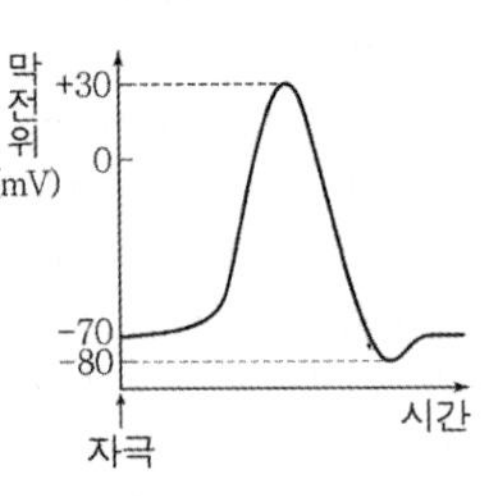

이에 대한 옳은 설명만을 〈보기〉에서 있는 대로 고른 것은? (단, 흥분 전도는 1회 일어났고, 휴지 전위는 −70mV이다.)

[보기]

ㄱ. 자극을 준 지점은 d_1이다. → 자극을 준 지점은 d_1임

ㄴ. ㉠은 0이다. → ㉠은 −38임

ㄷ. t_2일 때 d_2에서 재분극이 일어나고 있다. → t_2일 때 d_2에서는 탈분극이 일어남

① ㄱ ② ㄴ ③ ㄱ, ㄷ ④ ㄴ, ㄷ ⑤ ㄱ, ㄴ, ㄷ

| 문제+자료 분석 |

- 자극이 주어지게 되면 분극 → 탈분극 → 재분극 과정을 거친다.
- 지점 d_1의 t_3 시점을 제외한 나머지는 모두 휴지 전위인 −70mV보다 높으므로 탈분극이 일어나거나 재분극이 일어나는 시기 중 하나이며, d_1 지점의 t_3 시점은 −80mV이므로 과분극 상태이다.
- 따라서 d_1과 d_2 중 먼저 탈분극이 지나간 지점은 d_1이며, 자극을 준 지점은 d_1이다.
- t_3은 t_1보다 시간이 더 경과되었으므로 d_2에서 t_1일 때 막전위 −33mV는 t_3일 때 막전위인 +25mV보다 왼쪽에 위치할 것이다. 따라서 d_2에서 t_2일 때 막전위는 탈분극 시점 −33mV와 +25mV 사이에 위치해야 한다. 따라서 ㉡은 0이며, 나머지 ㉠은 −38이다.

| 보기 분석 |

ㄱ. d_1과 d_2의 t_3 시점에서 막전위를 보면 d_1은 −80mV이고, d_2는 +25mV이다. 이 중 −80mV가 막전위 변화 그래프에서 더 오른쪽에 있는 막전위 값이므로, d_1과 d_2 중 자극이 주어진 후 경과된 시간이 긴 지점은 d_1이 된다. 따라서 자극을 준 지점은 d_1이다.

ㄴ. t_1일 때 d_2에서의 막전위는 −33mV이므로 ㉡이 −38이면 t_3일 때 d_2에서의 막전위는 +25mV일 수 없다. 따라서 ㉠은 −38, ㉡은 0이다.

ㄷ. t_2일 때 d_2에서의 막전위는 −33mV에서 +25mV로 변화하는 중간의 0mV이므로 탈분극이 일어나고 있는 구간이다.

D 15 정답 ④ *흥분의 전도 [정답률 64%] 2022 실시 3월 학평 11

다음은 민말이집 신경 A와 B의 흥분 전도에 대한 자료이다.

- 그림은 A와 B의 지점 d_1~d_3의 위치를, 표는 ㉠ A와 B의 d_1에 역치 이상의 자극을 동시에 1회 주고 경과된 시간이 Ⅰ~Ⅲ일 때 A의 d_2에서의 막전위를 나타낸 것이다. Ⅰ~Ⅲ은 각각 3 ms, 4 ms, 5 ms 중 하나이다.

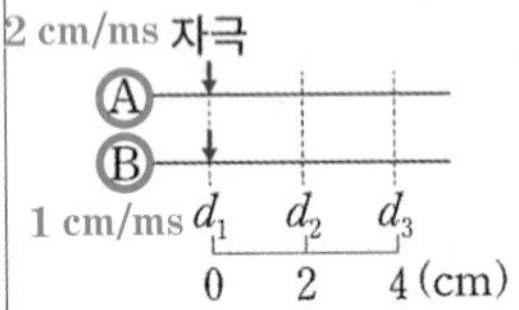

시간	Ⅰ (4ms)	Ⅱ (3ms)	Ⅲ (5ms)
막전위(mV)	−80	+30	−70

(1ms 차이)

- 흥분 전도 속도는 A가 B의 2배이다.
- A와 B 각각에서 활동 전위가 발생하였을 때, 각 지점에서의 막전위 변화는 그림과 같다.

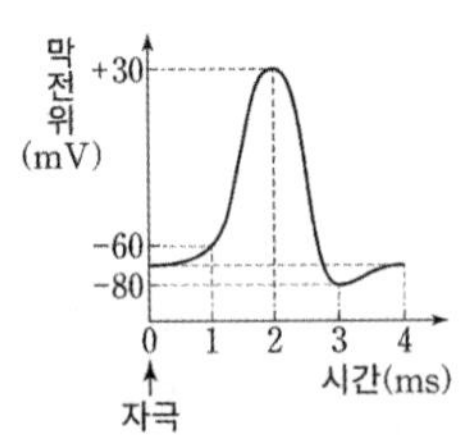

이에 대한 옳은 설명만을 〈보기〉에서 있는 대로 고른 것은? (단, A와 B에서의 흥분의 전도는 각각 1회 일어났고, 휴지 전위는 −70mV이다.) (3점)

[보기]

ㄱ. Ⅲ은 4ms이다. Ⅰ은 4 ms, Ⅱ는 3 ms, Ⅲ은 5 ms

ㄴ. B의 흥분 전도 속도는 1 cm/ms이다. 흥분 전도 속도는 A가 2 cm/ms, B가 1 cm/ms

ㄷ. ㉠이 5ms일 때 B의 d_3에서 탈분극이 일어나고 있다. ㉠이 5ms일 때 B의 d_3에서의 막전위는 탈분극인 −60mV

① ㄱ ② ㄴ ③ ㄱ, ㄷ ④ ㄴ, ㄷ ⑤ ㄱ, ㄴ, ㄷ

| 문제+자료 분석 |

1st Ⅰ, Ⅱ, Ⅲ 파악하기

- Ⅰ일 때의 막전위 −80mV와 Ⅱ일 때의 막전위 +30mV는 막전위 그래프에서 1ms 차이가 나므로 Ⅰ과 Ⅱ는 1ms 차이가 난다.
- 나머지 Ⅲ은 Ⅰ과 Ⅱ 중 하나와 1ms 차이가 난다. −80mV일 때 막전위 변화 시간은 3ms이며, +30mV일 때 막전위 변화 시간은 2ms이므로 Ⅲ일 때 막전위 변화 시간은 4ms 또는 1ms이다.
- 막전위 변화 시간이 4ms일 때 막전위 값은 −70mV이며, 1ms일 때 막전위 값은 −60mV이다. 표에서 Ⅲ의 막전위는 −70mV이므로 Ⅲ일 때 A의 d_2는 흥분이 도달한 후 4ms가 경과한 시점임을 알 수 있다.
- 따라서 Ⅰ~Ⅲ은 Ⅱ(3ms) ➡ Ⅰ(4ms) ➡ Ⅲ(5ms) 순으로 흐른다.

2nd A와 B의 흥분 전도 속도 구하기

- ㉠이 3ms(Ⅱ)일 때 A의 d_2에서의 막전위 +30mV는 흥분이 도달한 후 2ms가 지났을 때의 막전위이므로, 흥분은 1ms 동안 2 cm 간격의 d_1으로부터 d_2로 전도되었다.
- 그러므로 A의 흥분 전도 속도는 $\frac{2\text{ cm}}{1\text{ms}}$=2 cm/ms이고, A의 흥분 전도 속도의 $\frac{1}{2}$인 B의 흥분 전도 속도는 1 cm/ms이다.

| 보기 분석 |

ㄱ. A의 d_2에서 ㉠이 3ms(Ⅱ)일 때의 막전위가 +30mV, ㉠이 4ms(Ⅰ)일 때의 막전위가 −80mV, ㉠이 5ms(Ⅲ)일 때의 막전위가 −70mV이다.

ㄴ. d_1으로부터 d_2까지의 거리는 2 cm이고, A의 d_1으로부터 d_2까지 흥분이 전도되는데 1ms가 걸리므로 A의 흥분 전도 속도는 2 cm/ms이다. 흥분 전도 속도는 A가 B의 2배이므로 B의 흥분 전도 속도는 1 cm/ms이다.

ㄷ. B의 d_1에 자극을 준 후 4 cm 떨어진 B의 d_3에 흥분이 도달하는데 걸리는 시간은 4ms이다. ㉠이 5ms일 때 B의 d_3에 흥분이 도달한 후 막전위 변화 시간은 5−4=1ms이므로 B의 d_3에서의 막전위는 탈분극 과정에서의 −60mV이다.

D 16 정답 ① ＊흥분의 전도 [정답률 49%] 2020 실시 9월 학평 18(고2)

다음은 민말이집 신경 X_1과 X_2에 대한 자료이다.

• 그림 (가)는 X_1과 X_2의 축삭 돌기에서 지점 d_1~d_4의 위치를, (나)는 X_1과 X_2에서 활동 전위가 발생하였을 때 각 지점에서의 막전위 변화를 나타낸 것이다. X_1과 X_2에서 d_1~d_4 사이의 흥분 전도 속도는 각각 일정하다.

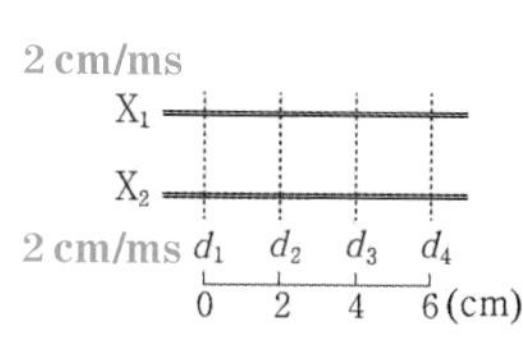

(가)

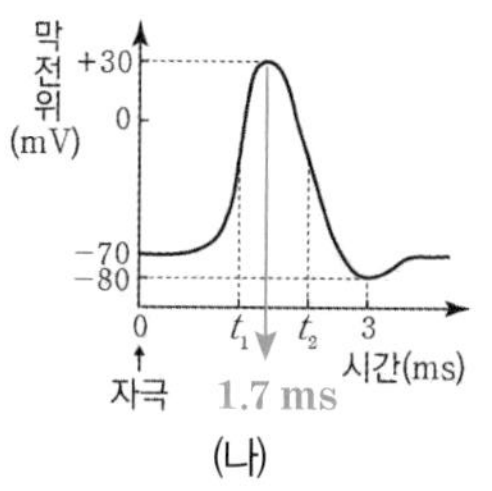

(나)

• X_1의 d_2와 d_3에 각각 역치 이상의 자극을 1회씩 준 후, d_4의 막전위가 +30 mV가 될 때까지 경과한 시간은 표와 같다.

흥분이 각 지점에 도달하는 데 걸린 시간＋흥분이 도달한 후 막전위가 변화한 시간

자극을 준 지점	d_2	d_3
경과한 시간 (ms)	3.7	2.7

• ㉠ X_2의 d_1에 역치 이상의 자극을 1회 주고 경과한 시간이 5 ms일 때, d_3에서 측정한 막전위는 −80 mV이다.

이에 대한 설명으로 옳은 것만을 〈보기〉에서 있는 대로 고른 것은? (단, 자극에 따른 흥분 전도는 각각 1회 일어났고, 휴지 전위는 −70 mV이다.) (3점)

[보기]

ㄱ. (나)에서 Na^+의 막 투과도는 t_1일 때가 t_2일 때보다 크다. t_1은 탈분극 상태, t_2는 재분극 상태임

ㄴ. ㉠이 3 ms일 때, X_2의 d_2에서 탈분극이 일어나고 있다. 재분극

ㄷ. d_1~d_4 사이에서 $\frac{X_1의\ 흥분\ 전도\ 속도}{X_2의\ 흥분\ 전도\ 속도}$는 $\frac{1}{2}$이다. 1임

① ㄱ ② ㄴ ③ ㄱ, ㄷ ④ ㄴ, ㄷ ⑤ ㄱ, ㄴ, ㄷ

| 문제＋자료 분석 |

step 1 X_1의 흥분 전도 속도 구하기

• X_1의 d_2와 d_3에 준 자극이 d_4에 도달하기까지 경과한 시간의 차이가 1 ms이므로 d_2에서 d_3까지 흥분 전도 시간은 1 ms이며, X_1의 d_2와 d_3 사이의 거리는 2 cm이다. 따라서 X_1의 흥분 전도 속도 $= \frac{해당\ 지점까지의\ 거리}{흥분\ 전도\ 시간} = \frac{2}{1}$이므로 2 cm/ms이다.

step 2 X_2의 흥분 전도 속도 구하기

• X_2의 d_1에 역치 이상의 자극을 주고 경과된 시간이 5 ms일 때, d_3의 막전위가 −80 mV이므로 막전위 변화 시간은 3 ms이다.

• d_1에 준 자극이 d_3에 도달하기까지 흥분 전도 시간이 5−3=2 ms이고, X_2의 d_1과 d_3 사이의 거리는 4 cm이므로 X_2의 흥분 전도 속도는 2 cm/ms이다.

| 보기 분석 |

ㄱ. (나)에서 t_1은 탈분극 상태로 Na^+의 막 투과도가 높으며 t_2는 재분극 상태로 Na^+의 막 투과도가 낮다.

ㄴ. X_2의 흥분 전도 속도가 2 cm/ms이므로 ㉠이 3 ms일 때, X_2의 d_1에 준 자극이 d_2에 도달하는 데 걸리는 시간은 1 ms, 막전위 변화 시간은 3−1 =2 ms이다. 1.7 ms일 때 막전위가 +30 mV이므로 2 ms일 때는 재분극이 일어나고 있다.

ㄷ. d_1~d_4 사이에서 X_1과 X_2의 흥분 전도 속도는 모두 2 cm/ms이므로 $\frac{X_1의\ 흥분\ 전도\ 속도}{X_2의\ 흥분\ 전도\ 속도}$는 1이다.

D 17 정답 ⑤ ＊흥분의 전도 [정답률 51%] 2021 실시 6월 학평 15(고2)

표는 민말이집 신경 A의 지점 P에서 d_1~d_3 지점까지의 거리와 P에 역치 이상의 자극을 1회 준 후 d_1~d_3의 막전위가 각각 +30 mV가 될 때까지 경과한 시간을, 그림은 A의 d_1~d_3에서 활동 전위가 발생하였을 때 각 지점에서의 막전위 변화를 나타낸 것이다.

지점	d_1	d_2	d_3
거리(cm)	4	6	㉠
경과한 시간(ms)	4	5	7

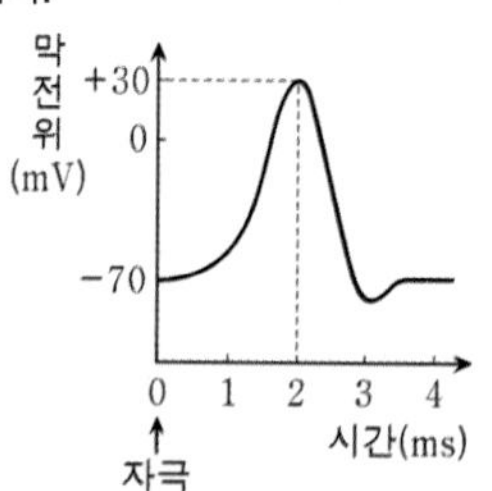

이에 대한 설명으로 옳은 것만을 〈보기〉에서 있는 대로 고른 것은? (단, 흥분의 전도는 1회 일어났고, A의 휴지 전위는 −70 mV이다.) (3점)

[보기]

ㄱ. ㉠은 10이다. 흥분이 d_3에 도달하는 데 걸린 시간은 5 ms임

ㄴ. A에서 흥분의 전도 속도는 2 cm/ms이다. d_1에 흥분이 도착한 후 막전위가 변화한 시간이 2 ms임

ㄷ. P에 역치 이상의 자극을 1회 주고 경과한 시간이 2 ms일 때 d_1에서의 막전위와 d_3에서의 막전위는 같다. 막전위는 −70 mV로 같음

① ㄱ ② ㄷ ③ ㄱ, ㄴ ④ ㄴ, ㄷ ⑤ ㄱ, ㄴ, ㄷ

| 문제＋자료 분석 |

• P에 역치 이상의 자극을 1회 준 후 d_1~d_3의 막전위가 각각 +30 mV이므로 흥분이 d_1~d_3에 도착한 후 막전위가 변화한 시간은 2 ms이다.

• 신경 A의 지점 P에 역치 이상의 자극을 1회 주고 경과한 시간이 4 ms일 때 P에서 d_1까지의 거리는 4 cm이고, d_1에 흥분이 도착 후 막전위가 변화한 시간이 2 ms이므로 흥분이 d_1에 도달하는 데 걸린 시간은 4−2=2 ms이다. 따라서 A의 흥분 전도 속도는 2 cm/ms이다.

| 보기 분석 |

ㄱ. 신경 A의 지점 P에 역치 이상의 자극을 1회 주고 경과한 시간이 7 ms일 때 d_3에 흥분이 도착 후 막전위가 변화한 시간이 2 ms이므로 흥분이 d_3에 도달하는 데 걸린 시간은 7−2=5 ms이다. A의 흥분 전도 속도는 2 cm/ms이므로 P에서 d_3까지의 거리(㉠)는 10 cm이다.

ㄴ. 신경 A의 지점 P에 역치 이상의 자극을 1회 주고 경과한 시간이 4 ms일 때 P에서 d_1까지의 거리는 4 cm이고, d_1에 흥분이 도착 후 막전위가 변화한 시간이 2 ms이므로 흥분이 d_1에 도달하는 데 걸린 시간은 4−2=2 ms이다. A의 흥분 전도 속도는 2 cm/ms이다.

ㄷ. P에 역치 이상의 자극을 1회 주고 경과한 시간이 2 ms일 때 흥분이 d_1까지 이동하는 데 걸린 시간이 2 ms이므로 d_1에서의 막전위는 휴지 전위인 −70 mV이다. d_3에서의 막전위는 경과한 시간이 2 ms일 때 흥분이 d_3에 도착하지 못하므로 휴지 전위인 −70 mV의 값을 갖는다. 따라서 P에 역치 이상의 자극을 1회 주고 경과한 시간이 2 ms일 때 d_1에서의 막전위와 d_3에서의 막전위는 −70 mV로 같다.

D 18 정답 ⑤ * 흥분 전도와 전달 [정답률 62%] 2023 실시 3월 학평 16

다음은 민말이집 신경 A와 B의 흥분 전도와 전달에 대한 자료이다.

- 그림은 A와 B에서 지점 d_1~d_4의 위치를, 표는 ㉠ d_2에 역치 이상의 자극을 1회 주고 경과된 시간이 4 ms와 ⓐ ms일 때 d_3과 d_4의 막전위를 나타낸 것이다.

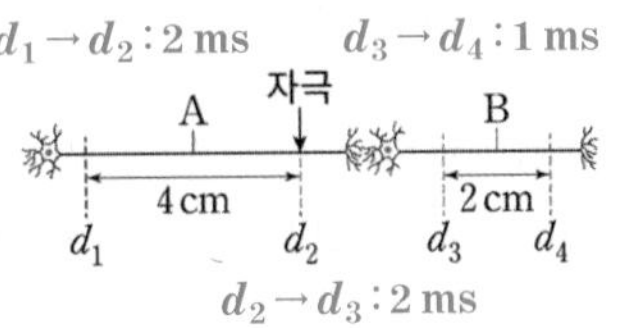

시간 (ms)	막전위 (mV)	
	d_3	d_4
4	+30	? 약 −60
ⓐ 6	?	−80

- A와 B의 흥분 전도 속도는 각각 2 cm/ms이다.
- A와 B 각각에서 활동 전위가 발생했을 때, 각 지점의 막전위 변화는 그림과 같다.

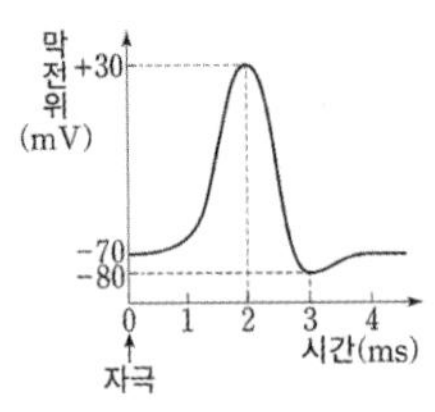

이에 대한 옳은 설명만을 〈보기〉에서 있는 대로 고른 것은? (단, A와 B에서 흥분의 전도는 각각 1회 일어났고, 휴지 전위는 −70 mV이다.) (3점)

[보기]

ㄱ. ⓐ는 6이다. ⓐ ms=3 ms+2 ms+1 ms=6 ms

ㄴ. ㉠이 5ms일 때 d_4의 막전위는 +30 mV이다.
㉠이 5 ms일 때 d_4에서 막전위 변화 시간은 2 ms(+30 mV)임

ㄷ. ㉠이 3ms일 때 d_1과 d_3에서 모두 탈분극이 일어나고 있다.
㉠이 3 ms일 때 d_1과 d_3에서 막전위 변화 시간은 1 ms이므로 d_1과 d_3에서 모두 탈분극이 일어남

① ㄱ ② ㄷ ③ ㄱ, ㄴ ④ ㄴ, ㄷ ⑤ ㄱ, ㄴ, ㄷ

| 문제+자료 분석 |

step 1 흥분 도달 시간 구하기

1. d_2에서 d_3까지 흥분이 도달하는 데 걸리는 시간 구하기

- 자극을 주고 경과된 시간=흥분이 각 지점에 도달하는 데 걸리는 시간+흥분이 도달한 후 막전위 변화 시간 (꿀팁)
- 4 ms일 때 d_3에서 막전위가 +30 mV이므로 막전위 변화 시간인 2 ms를 제외하면 흥분이 d_3에 도달하는 데 걸리는 시간은 2 ms이다.
따라서 d_2의 흥분이 d_3까지 도달하는 데 걸리는 시간은 2 ms이다.

2. d_3에서 d_4까지 흥분이 도달하는 데 걸리는 시간 구하기

- A와 B의 흥분 전도 속도는 2 cm/ms이므로 d_2에서 d_1까지 흥분이 도달하는 데 걸리는 시간은 2 ms이고, d_3에서 d_4까지 흥분이 도달하는 데 걸리는 시간은 1 ms이다.

step 2 ⓐ 구하기

- ⓐ는 d_4에서 막전위가 −80 mV이므로 (막전위 변화 시간)+(d_2에서 d_3까지 흥분 도달 시간)+(d_3에서 d_4까지 흥분 도달 시간)으로 구할 수 있다.

| 보기 분석 |

ㄱ. ⓐ ms=3 ms(d_4에서 막전위가 −80 mV이므로 막전위 변화 시간은 3 ms)+ 2 ms(d_2에서 d_3까지 흥분 도달 시간)+1 ms(d_3에서 d_4까지 흥분 도달 시간)=6 ms이다.

ㄴ. d_2에서 d_4까지 흥분이 도달하는 데 걸리는 시간은 3 ms이므로 ㉠이 5 ms일 때 막전위 변화 시간은 2 ms이다. 따라서 ㉠이 5 ms일 때 d_4의 막전위는 +30 mV이다.

ㄷ. d_2에서 d_1과 d_3까지 도달하는 데 걸리는 시간은 2 ms이므로 ㉠이 3 ms일 때 막전위 변화 시간은 1 ms이다. 따라서 ㉠이 3 ms일 때 d_1과 d_3에서 모두 탈분극이 일어나고 있다.

D 19 정답 ① * 활동 전위와 이온의 막 투과도 [정답률 74%] 2017 대비 6월 모평 15

그림 (가)는 어떤 뉴런에 역치 이상의 자극을 주었을 때 시간에 따른 막전위를, (나)는 이 뉴런에 물질 X를 처리하고 역치 이상의 자극을 주었을 때 시간에 따른 막전위를 나타낸 것이다. X는 세포막에 있는 이온 통로를 통한 Na^+과 K^+의 이동 중 하나를 억제한다.
(활동 전위 형성 ×)
(Na^+의 이동에 의한 탈분극 억제)

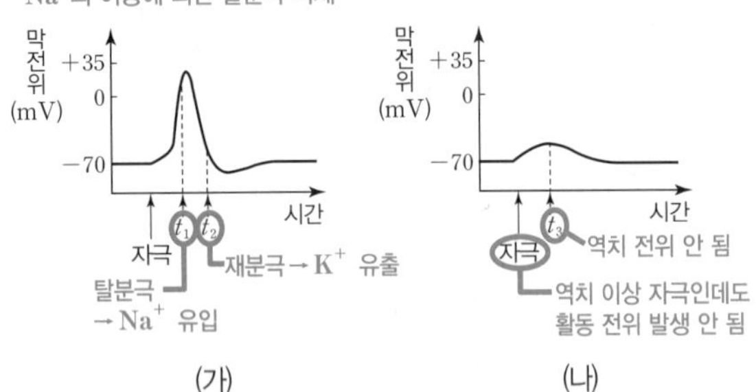

이에 대한 설명으로 옳은 것만을 〈보기〉에서 있는 대로 고른 것은? (3점)

[보기]

ㄱ. (가)에서 $\frac{K^+의\ 막\ 투과도}{Na^+의\ 막\ 투과도}$는 t_2일 때가 t_1일 때보다 크다.
→ t_1은 탈분극, t_2는 재분극이 일어나는 시기이므로 t_2에서 더 큼

ㄴ. X는 K^+의 이동을 억제한다. 역치 이상의 전위가 되지 않음
→ (나)는 활동 전위가 발생하지 않으므로 Na^+의 이동 억제

ㄷ. (나)에서 t_3일 때 Na^+의 농도는 세포 안이 세포 밖보다 높다.
→ Na^+의 농도는 항상 세포 밖이 안보다 높음

① ㄱ ② ㄴ ③ ㄱ, ㄴ ④ ㄱ, ㄷ ⑤ ㄴ, ㄷ

| 문제+자료 분석 |

- 활동 전위의 발생 과정을 분극−탈분극−재분극으로 구분한다.
- 각 단계에서 뉴런 내부와 외부의 이온 배치, 막을 통한 이온의 이동 형태, 이온의 이동에 관여하는 통로(막단백질)의 개폐 여부 등이 문제에 출제되기 때문에 반드시 꼼꼼하게 정리해야 한다.
- 물질 X를 처리하면 활동 전위가 발생하지 않으므로 X는 Na^+의 이동을 억제한다.

| 보기 분석 |

ㄱ. t_1은 Na^+이 유입되면서 탈분극되는 시기이고, t_2는 K^+이 유출되면서 재분극이 일어나는 시기이다. 이온의 막 투과도는 곧 이온의 이동을 의미하므로, t_1에서는 Na^+의 막 투과도가 높고, t_2에서는 K^+의 막 투과도가 높다.
따라서 $\frac{K^+의\ 막\ 투과도}{Na^+의\ 막\ 투과도}$의 값은 t_1에서보다 t_2에서 더 높다.

ㄴ. 물질 X는 Na^+의 이동을 막는 물질이라고 판단할 수 있다.

ㄷ. Na^+의 농도는 활동 전위의 발생과 관계없이 항상 뉴런 내부보다 뉴런 외부가 더 높다. 반대로 K^+의 농도는 항상 뉴런 내부가 뉴런 외부보다 더 높다.
Na^+ 통로나 K^+ 통로를 통한 이온의 이동은 확산인데, 확산은 농도가 높은 곳에서 낮은 곳으로 물질이 이동하는 방식이라는 것을 기억해 두는 것이 좋다.

*** 막을 통한 이온의 이동**

Na^+-K^+ 펌프의 작용에는 세포 호흡에서 생성되는 ATP의 에너지가 사용되지만, Na^+ 통로와 K^+ 통로를 통한 Na^+과 K^+의 확산에는 에너지가 필요 없다.

D 20 정답 ④ * 흥분 전도 속도 [정답률 65%] 2022 대비 6월 모평 11

다음은 민말이집 신경 A의 흥분 전도에 대한 자료이다.

○ 그림은 A의 지점 d_1로부터 네 지점 d_2~d_5까지의 거리를, 표는 d_1과 d_5 중 한 지점에 역치 이상의 자극을 1회 주고 경과된 시간이 4ms, 5ms, 6ms일 때 Ⅰ과 Ⅱ에서의 막전위를 나타낸 것이다. Ⅰ과 Ⅱ는 각각 d_2와 d_4 중 하나이다.

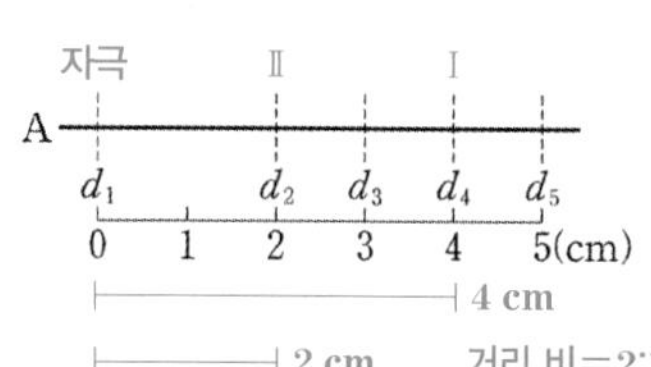

시간	막전위(mV)	
	Ⅰ d_4	Ⅱ d_2
4ms	?−70	+30
5ms	−60	ⓐ−80
6ms	+30	−70

○ A에서 활동 전위가 발생하였을 때, 각 지점에서의 막전위 변화는 그림과 같다.
A속도 → 1cm/ms

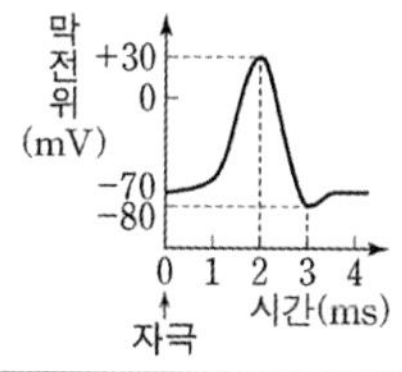

이에 대한 설명으로 옳은 것만을 〈보기〉에서 있는 대로 고른 것은? (단, A에서 흥분의 전도는 1회 일어났고, 휴지 전위는 −70mV이다.) (3점)

[보기]

ㄱ. A의 흥분 전도 속도는 2cm/ms이다.
→ A의 흥분 전도 속도는 1cm/ms

ㄴ. ⓐ는 −80이다.
→ ⓐ는 과분극 상태로 막전위 −80mV

ㄷ. 4 ms일 때 d_3에서 탈분극이 일어나고 있다.
→ d_3에 자극이 도달한 지 1ms 지난 후로 탈분극이 일어남

① ㄱ ② ㄷ ③ ㄱ, ㄷ ④ ㄴ, ㄷ ⑤ ㄱ, ㄴ, ㄷ

| 문제+자료 분석 |

1st +30mV를 통해 Ⅰ과 Ⅱ의 자극 도달 시간 파악하기

- 6ms일 때 Ⅰ의 막전위가 +30mV이므로 막전위 변화 시간은 2ms, Ⅰ에 자극이 도달하는 시간은 4ms이다.
- 4ms일 때 Ⅱ의 막전위가 +30mV이므로 막전위 변화 시간은 2ms, Ⅱ에 자극이 도달하는 시간은 2ms이다.

2nd 자극이 주어진 지점 찾기

- 흥분 전도 속도$=\frac{\text{거리}}{\text{전도 시간}}$이다. A의 속도는 일정하므로 거리 비=전도 시간 비이다.
- 따라서 자극을 준 지점으로부터 Ⅰ까지 자극이 전도되기까지 걸리는 시간은 4ms, Ⅱ까지 자극이 전도되기까지 걸리는 시간은 2ms이므로 전도 시간 비=2 : 1이다. 따라서 거리 비가 2 : 1인 것을 찾으면 된다.
- d_5에 자극이 주어졌다고 가정하면 d_4는 1cm, d_2는 3cm이므로 거리 비가 1:3이므로 모순이다. 따라서 자극을 준 지점은 d_1이다.

3rd Ⅰ과 Ⅱ의 위치 찾기

- Ⅰ은 자극이 주어진 지점으로부터 4cm 떨어진 d_4, Ⅱ는 자극이 주어진 지점으로부터 2cm 떨어진 d_2이다.

| 보기 분석 |

ㄱ. 자극이 주어진 지점인 d_1으로부터 4cm 떨어진 Ⅰ(d_4)까지 자극이 전도되는데 걸리는 시간이 4ms이므로 A의 흥분 전도 속도는 1cm/ms이다.

ㄴ. ⓐ는 Ⅱ에 자극이 도달한 지 3ms가 지난 상태로 막전위가 −80mV인 과분극 상태이다.

ㄷ. A의 흥분 전도 속도가 1cm/ms이므로 4ms일 때 d_3에 자극이 도달한 지 1ms가 지난 상태로 d_3에서 탈분극이 일어나고 있다.

문제 풀이 Tip

하나의 신경만 주어지고 경과된 시간이 여러 개가 주어진 문제가 출제될 경우 거리 비=전도 시간 비를 이용하여 풀어야한다. 흥분 전도 속도$=\frac{\text{거리}}{\text{전도시간}}$이며, 속도는 일정하므로 만약 전도 시간이 1 : 2일 경우 거리의 비도 1 : 2가 성립되어야 한다.

D 21 정답 ③ [정답률 52%]

다음은 민말이집 신경 A의 흥분 전도에 대한 자료이다.

○ 그림은 A의 지점 d_1~d_4의 위치를, 표는 ㉠d_1~d_4 중 한 지점에 역치 이상의 자극을 1회 주고 경과된 시간이 2~5ms일 때 A의 어느 한 지점에서 측정한 막전위를 나타낸 것이다. Ⅰ~Ⅳ는 d_1~d_4를 순서 없이 나타낸 것이다.

각 막전위를 측정한 시간을 확인하면 지점 Ⅰ, Ⅲ, Ⅳ가 자극을 준 지점이 아님을 알 수 있음

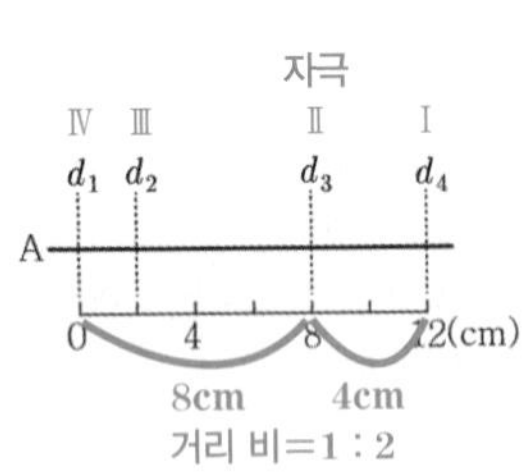

구분	2~5ms일 때 측정한 막전위(mV)			
	2ms	3ms	4ms	5ms
Ⅰ d_4	−60 ← 1ms + 1ms			
Ⅱ d_3		?		
Ⅲ d_2			−60	
Ⅳ d_1		2ms + 3ms →		−80

○ A에서 활동 전위가 발생하였을 때, 각 지점에서의 막전위 변화는 그림과 같다.

$V=\frac{s}{t}$, 속도는 일정하므로 거리의 비=시간의 비

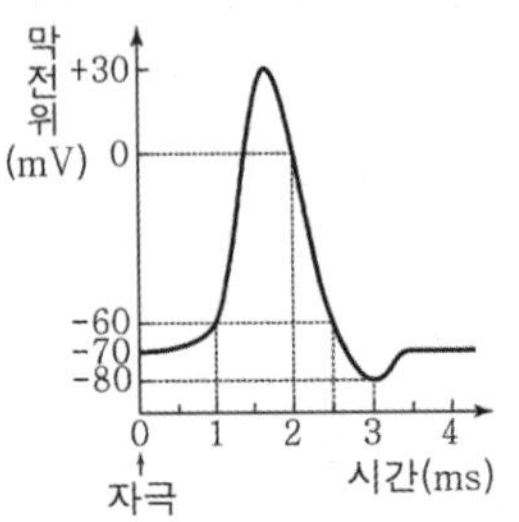

이 자료에 대한 설명으로 옳은 것만을 〈보기〉에서 있는 대로 고른 것은? (단, A에서 흥분의 전도는 1회 일어났고, 휴지 전위는 −70 mV이다.) (3점)

2021 실시 7월 학평 11

[보기]

ㄱ. Ⅳ는 d_1이다.
→ Ⅰ은 d_4, Ⅱ는 d_3, Ⅲ은 d_2, Ⅳ는 d_1

ㄴ. A의 흥분 전도 속도는 ~~2cm/ms이다~~.
→ d_3로부터 d_4까지 흥분 이동에 1ms, 사이의 거리는 4cm이므로 A의 흥분 전도 속도는 4cm/ms

ㄷ. ㉠이 3ms일 때 d_4에서 재분극이 일어나고 있다.
→ ㉠이 3ms일 때 d_4에서의 막전위는 재분극 과정의 0mV

① ㄱ ② ㄴ ③ ㄱ, ㄷ ④ ㄴ, ㄷ ⑤ ㄱ, ㄴ, ㄷ

단서+발상

단서 표에서 여러 경과된 시간에 따라 측정한 막전위 값이 제시된 것에 주목한다.

발상 자극을 준 지점에서는 흥분이 각 지점에 도달하는 데 걸린 시간이 0이므로 자극을 주고 경과된 시간이 곧 막전위 변화 시간임을 생각한다.

해결 자극을 준 지점의 막전위는 자극을 주고 경과한 시간이 2ms일 때 0mV, 3ms일 때 −80mV, 4ms일 때 −70mV, 5ms일 때 −70mV이다. 이를 만족하는 지점은 Ⅱ이므로 자극을 준 지점은 Ⅱ임을 파악할 수 있어야 고난도 문제를 해결할 수 있다.

| 문제 해결 과정 |

step 1 자극을 준 지점 파악하기

- 자극을 주고 경과된 시간=흥분이 각 지점에 도달하는 데 걸린 시간+흥분이 도달한 후 막전위가 변한 시간이다.
- 자극을 준 지점에서는 흥분이 각 지점에 도달하는 데 걸린 시간이 0이므로, 자극을 주고 경과된 시간이 곧 막전위 변화 시간이다.
- 막전위 변화 그래프를 통해 자극을 준 지점의 막전위는 자극을 주고 경과한 시간이 1ms일 때 −60mV, 2ms일 때 0mV, 3ms일 때 −80mV, 4ms일 때 −70mV, 5ms일 때 −70mV임을 알 수 있다.
- 그러므로 표에서 자극을 주고 경과한 시간이 2ms일 때 막전위가 −60mV인 지점 Ⅰ, 4ms일 때 −60mV인 지점 Ⅲ, 5ms일 때 −80mV인 지점 Ⅳ은 모두 자극을 준 지점이 아님을 유추할 수 있다.
- 따라서 자극을 준 지점은 지점 Ⅱ이고, 지점 Ⅱ에 자극을 주고 경과된 시간이 3ms일 때 Ⅱ에서 측정한 막전위는 −80mV이다.

step 2 각 지점의 흥분 도달 시간과 막전위 변화 시간 구하기

- 막전위가 −60mV인 경우는 한 지점에 흥분 도달 후 막전위 변화 시간이 1ms이거나 2.5ms이다.
- 지점 Ⅱ에서 자극을 준 후 경과된 시간이 2ms일 때 지점 Ⅰ에서 측정한 막전위가 −60mV이므로, 지점 Ⅱ로부터 Ⅰ까지 흥분 도달 시간이 1ms, 막전위 변화 시간이 1ms인 것을 알 수 있다.
- 막전위가 −80mV인 경우는 한 지점에 흥분 도달 후 막전위 변화 시간이 3ms이다. 지점 Ⅱ에서 자극을 준 후 경과한 시간이 5ms일 때 지점 Ⅳ에서 측정한 막전위가 −80mV이므로, 지점 Ⅱ로부터 Ⅳ까지 흥분 도달 시간이 2ms, 막전위 변화 시간이 3ms임을 알 수 있다.

step 3 Ⅰ~Ⅳ와 d_1~d_4 매칭하기

- 지점 Ⅱ에 자극을 준 후 지점 Ⅰ까지 흥분 이동에 1ms가 경과되고, 지점 Ⅳ까지 흥분 이동에 2ms가 경과되므로 지점 Ⅱ로부터 Ⅰ까지의 거리와 지점 Ⅱ로부터 Ⅳ까지의 거리의 비는 1 : 2이어야 한다.
- 지점 d_1~d_4 중 이러한 조건을 만족하는 지점 Ⅱ는 d_3이다. 따라서 지점 Ⅰ은 d_4, 지점 Ⅳ는 d_1이며, 나머지 지점 Ⅲ은 d_2이다.

| 보기 분석 |

ㄱ. Ⅳ는 d_1이다. (○)

- 문제 해결 과정의 step 3을 참고하면, Ⅰ은 d_4, Ⅱ는 d_3, Ⅲ은 d_2, Ⅳ는 d_1이다.

ㄴ. A의 흥분 전도 속도는 2cm/ms이다. (×)

- 지점 Ⅱ(d_3)로부터 Ⅰ(d_4)까지 흥분 이동에 1ms가 경과되고, 두 지점 사이의 거리가 4cm이므로 A의 흥분 전도 속도는 4cm/ms이다.

ㄷ. ㉠이 3ms일 때 d_4에서 재분극이 일어나고 있다. (○)

- ㉠이 3ms이면 자극을 준 d_3으로부터 d_4까지 흥분 이동에 1ms가 경과되므로, d_4에 흥분이 도달한 후 2ms 동안 막전위가 변하게 된다.
- 따라서 ㉠이 3ms일 때 d_4에서의 막전위는 재분극 과정의 0mV이다.

✪ 정답은 ③ ㄱ, ㄷ이다.

문제 풀이 Tip

자극을 준 지점에서는 자극을 주고 경과된 시간이 곧 막전위 변화 시간이다.

자극을 주고 경과된 시간=흥분이 각 지점에 도달하는 데 걸린 시간 + 흥분이 도달한 후 막전위가 변한 시간이다.
자극을 준 지점에서는 흥분이 각 지점에 도달하는 데 걸린 시간이 0이므로, 자극을 주고 경과된 시간이 곧 막전위가 변한 시간이다. 그러므로 그래프의 시간에 따른 막전위와 일치한 지점이 자극을 준 지점이다.

＊ 흥분의 전도 과정

① 분극: 뉴런이 자극을 받기 전에는 Na^+-K^+ 펌프의 작용과 열려 있는 K^+ 통로를 통한 K^+ 유출에 의해 분극 상태가 된다.
② 탈분극: 역치 이상의 자극에 의해 Na^+ 통로가 열리고 Na^+이 세포 안으로 확산되어 탈분극이 일어난다.
③ 재분극: 대부분의 K^+ 통로가 열리고 K^+이 세포 밖으로 확산되어 재분극이 일어난다.
④ 분극: 재분극이 일어난 부위는 Na^+-K^+ 펌프의 작용으로 분극 상태가 된다.

D 22 정답 ⑤ ········ [정답률 53%]

다음은 민말이집 신경 A와 B의 흥분 전도에 대한 자료이다.

• 그림은 A와 B의 지점 d_1~d_4의 위치를, 표는 ㉠A와 B의 지점 X에 역치 이상의 자극을 동시에 1회 주고 경과한 시간이 2 ms, 3 ms, 5 ms, 7 ms일 때 d_2에서 측정한 막전위를 나타낸 것이다. X는 d_1과 d_4 중 하나이고, Ⅰ~Ⅳ는 2 ms, 3 ms, 5 ms, 7 ms를 순서 없이 나타낸 것이다. (d_4)

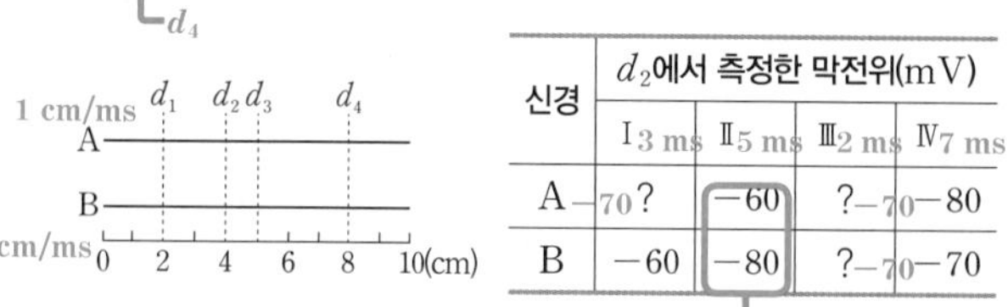

신경	d_2에서 측정한 막전위(mV)			
	Ⅰ 3 ms	Ⅱ 5 ms	Ⅲ 2 ms	Ⅳ 7 ms
A	−70 ?	−60	? −70	−80
B	−60	−80	? −70	−70

B가 A보다 더 오른쪽에 위치하므로 B가 A보다 빠름

• A와 B의 흥분 전도 속도는 각각 1 cm/ms와 2 cm/ms 중 하나이다.

• A와 B 각각에서 활동 전위가 발생하였을 때, 각 지점에서의 막전위 변화는 그림과 같다.

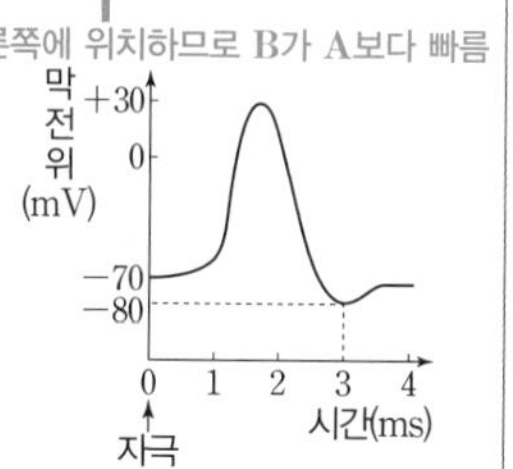

이에 대한 설명으로 옳은 것만을 〈보기〉에서 있는 대로 고른 것은? (단, A와 B에서 흥분의 전도는 각각 1회 일어났고, 휴지 전위는 −70 mV이다.) (3점)

2020 대비 수능 15

[보기]

ㄱ. Ⅱ는 3 ms이다. → Ⅱ는 5 ms

ㄴ. B의 흥분 전도 속도는 2 cm/ms이다.
→ A보다 B의 흥분 전도 속도가 빠르므로 2 cm/ms

ㄷ. ㉠이 4 ms일 때 A의 d_3에서의 막전위는 −60 mV이다.
→ A의 d_3에서의 막전위는 −60 mV임

① ㄱ ② ㄴ ③ ㄷ ④ ㄱ, ㄴ ⑤ ㄴ, ㄷ

단서+발상

(단서) 표에서 막전위 값이 모두 주어진 Ⅱ에 주목한다.

(발상) 두 신경의 동일 지점의 막전위 값을 비교했을 때, 막전위 그래프에서 오른쪽에 있을수록 자극을 먼저 받은 지점이므로 이 지점에 해당하는 신경의 속도가 더 빠르다는 것을 생각한다.

(해결) Ⅱ에서 A는 −60mV, B는 −80mV이므로 막전위 그래프에서 B는 A보다 더 오른쪽에 있는 막전위 값을 가진다. 따라서 A의 d_2보다 B의 d_2에 흥분이 먼저 도달했고, 이는 B의 흥분 전도 속도가 A의 흥분 전도 속도보다 빠르다는 것을 파악할 수 있어야 고난도 문제를 해결할 수 있다.

| 문제 해결 과정 |

step 1 흥분 전도 속도 구하기

• 자극을 주고 경과한 시간이 Ⅱ일 때의 막전위를 보면, A에서 −60mV, B에서 −80mV로 B에서가 A에서보다 막전위 그래프에서 더 오른쪽에 있는 막전위 값을 가진다.

• A의 d_2보다 B의 d_2에 흥분이 먼저 도달했고, 이는 B의 흥분 전도 속도가 A의 흥분 전도 속도보다 빠름을 의미한다.

• A의 흥분 전도 속도는 1 cm/ms, B의 흥분 전도 속도는 2 cm/ms이다.

step 2 자극을 준 지점 구하기

• A와 B의 흥분 전도 속도가 각각 1 cm/ms, 2 cm/ms이므로 흥분이 d_1에서 d_2까지 이동하는 데에 걸리는 시간은 A에서 2 ms, B에서 1 ms이다.

• 따라서 만약 자극을 준 지점이 d_1이라면 흥분은 A의 d_2보다 B의 d_2에 1 ms 먼저 도달하므로, 흥분이 도달한 후 경과된 시간은 B의 d_2에서가 A의 d_2에서보다 1 ms 더 많다.

• 그렇다면 ㉠이 Ⅱ일 때 B의 d_2에서의 막전위가 그래프에서 3 ms에 해당하는 막전위인 −80mV이므로 A의 d_2에서의 막전위는 그래프에서 2 ms에 해당하는 막전위인 약 +10mV이어야 하지만, 그렇지 않으므로 이는 모순이다. 따라서 자극을 준 지점은 d_4이다.

step 3 Ⅰ~Ⅳ와 2 ms, 3 ms, 5 ms, 7 ms 매칭하기

• 자극을 준 지점이 d_4이고 A와 B의 흥분 전도 속도가 각각 1 cm/ms, 2 cm/ms이므로 A와 B의 d_2에 흥분이 도달하기까지 걸리는 시간은 각각 4 ms, 2 ms이다.

• 따라서 ㉠이 2 ms, 3 ms, 5 ms, 7 ms일 때 A의 d_2에서의 막전위는 그래프에서 0 ms, 0 ms, 1 ms, 3 ms에 해당하는 막전위인 −70mV, −70mV, 약 −60mV, −80mV이다.

• B의 d_2에서의 0 ms, 1 ms, 3 ms, 5 ms에 해당하는 막전위인 −70mV, 약 −60mV, −80mV, −70mV이다.

• 이를 통해 Ⅰ은 3 ms, Ⅱ는 5 ms, Ⅲ은 2 ms, Ⅳ는 7 ms임을 알 수 있다.

| 보기 분석 |

ㄱ. Ⅱ는 3 ms이다. (×)

문제 해결 과정의 step 3를 참고하면, Ⅱ는 5 ms이다.

ㄴ. B의 흥분 전도 속도는 2 cm/ms이다. (○)

문제 해결 과정의 step 1을 참고하면, B의 흥분 전도 속도가 A의 흥분 전도 속도보다 빠르므로 B의 흥분 전도 속도는 2 cm/ms이다.

ㄷ. ㉠이 4 ms일 때 A의 d_3에서의 막전위는 −60mV이다. (○)

• ㉠이 Ⅱ일 때 A의 d_2에서 측정한 막전위와 ㉠이 Ⅰ일 때 B의 d_2에서 측정한 막전위를 통해 그래프에서 1 ms 지점에 해당하는 막전위가 −60mV임을 알 수 있다.

• A의 흥분 전도 속도는 1 cm/ms이므로 d_4에 자극을 주고 3 ms가 경과한 후 흥분이 d_3에 도달한다. 따라서 ㉠이 4 ms일 때 A의 d_3에서의 막전위는 그래프에서 1 ms에 해당하는 막전위인 −60mV이다.

✪ 정답은 ⑤ ㄴ, ㄷ이다.

문제 풀이 Tip

1. **자극을 주고 경과된 시간=흥분이 각 지점에 도달하는 데 걸린 시간+흥분이 도달한 후 막전위가 변한 시간으로 나누어 계산한다.**
   이를 '흥분이 도달한 후 막전위가 변한 시간=자극을 주고 경과된 시간−흥분이 각 지점에 도달하는데 걸린 시간'으로 바꾸어 그래프를 통해 막전위를 알아낼 수 있다.
2. **흥분 전도에 대한 문제에 접근할 때는 막전위가 −80mV인 지점을 먼저 분석한다.**
   −80mV는 막전위 변화 그래프의 한 시점에서만 나타나기 때문에 어느 시점인지 바로 특정 지을 수 있다.
3. **자극을 준 후 경과된 시간이 클수록 막전위 그래프에서 오른쪽에 있는 막전위 값을 가진다.**

* 흥분의 전도와 속도

• 흥분 전도: 축삭 돌기를 따라 축삭 돌기 말단까지 일정한 활동 전위를 발생시킨다.

분극	Na^+—K^+ 펌프가 작동하며, Na^+ 통로는 대부분 닫혀있고, K^+ 통로는 일부 열려있음
탈분극	역치 이상의 자극을 주면 Na^+ 통로가 열림
재분극	Na^+ 통로가 닫히고 K^+ 통로가 열림

• 흥분 전도 속도 $= \frac{\text{해당 지점까지의 거리}}{\text{전도 시간}}$

D 23 정답 ① ＊흥분의 전도 ······ [정답률 56%] **2023 실시 10월 학평 15**

다음은 민말이집 신경 A와 B의 흥분 전도에 대한 자료이다.

○ 그림은 A와 B에서 지점 d_1~d_4의 위치를, 표는 A의 d_1과 B의 d_3에 역치 이상의 자극을 동시에 1회 주고 경과한 시간이 t_1~t_4일 때 A의 ㉠과 B의 ㉡에서 측정한 막전위를 나타낸 것이다. ㉠과 ㉡은 d_2와 d_4를 순서 없이 나타낸 것이고, t_1~t_4는 1 ms, 2 ms, 4 ms, 5 ms를 순서 없이 나타낸 것이다.

↓: 자극
A, B
d_1 d_2 d_3 d_4
0 1 2 3(cm)

신경	지점	막전위(mV)			
		t_1 4 ms	t_2 1 ms	t_3 5 ms	t_4 2 ms
A	㉠ d_4	?	ⓐ −70	+20	?
B	㉡ d_2	−80	−70	?	ⓑ 약 −60

○ A와 B의 흥분 전도 속도는 모두 1 cm/ms이다.

○ A와 B 각각에서 활동 전위가 발생하였을 때, 각 지점에서의 막전위 변화는 그림과 같다.

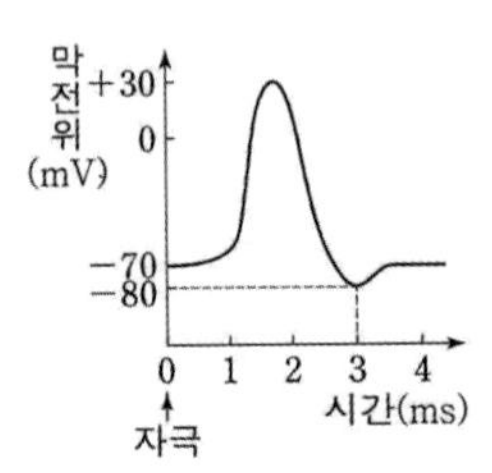

이에 대한 옳은 설명만을 〈보기〉에서 있는 대로 고른 것은? (단, A와 B에서 흥분 전도는 각각 1회 일어났고, 휴지 전위는 −70 mV이다.) (3점)

[보기]

ㄱ. t_3은 5 ms이다.
t_3은 5ms임

ㄴ. ㉡은 d_4이다.
㉡은 d_2임

ㄷ. ⓐ와 ⓑ는 모두 −70이다.
ⓐ는 −70, ⓑ는 약 −60임

① ㄱ ② ㄴ ③ ㄱ, ㄴ ④ ㄱ, ㄷ ⑤ ㄴ, ㄷ

| 문제 해결 과정 |

step 1 A에서 ㉠ 지점 찾기

- A에서 흥분의 전도 속도는 1 cm/ms이므로, A에서 최초 자극을 준 d_1로부터 d_2까지 가는 데 걸린 시간은 1 ms, d_4까지 가는 데 걸린 시간은 3 ms이다.
- 자극을 주고 경과된 시간(t)=흥분이 각 지점에 도달하는 데 걸린 시간(t_{I})+흥분이 도달한 후 막전위가 변한 시간(t_{II})이므로, A의 d_2와 d_4에서 $t_{\text{I}}+t_{\text{II}}$(ms)와 시간에 따른 막전위를 나타내면 다음과 같다. t_{I}은 최초 자극을 준 지점과 막전위를 측정하는 지점 사이를 가는 데 걸린 시간이므로 그림에 나타내고, $t_{\text{II}}(t-t_{\text{I}})$는 그래프의 X축 값에 해당하므로, X축 값이 t_{II}에 해당하는 Y축 값을 읽으면 막전위를 알 수 있다. 꿀팁

신경	지점		1 ms	2 ms	4 ms	5 ms
A	d_2	$t_{\text{I}}+t_{\text{II}}$(ms)	1+0	1+1	1+3	1+4
		막전위(mV)	−70	약 −60	−80	−70
	d_4	$t_{\text{I}}+t_{\text{II}}$(ms)	3−2 (흥분 도달 2초 전)	3−1 (흥분 도달 1초 전)	3+1	3+2
		막전위(mV)	−70	−70	약 −60	+20

- ㉠이 d_2라면, t_3에서 +20 mV의 막전위가 나타날 수 없으므로 ㉠은 d_4이고, ㉡은 d_2이다.
- A의 t_3에서의 막전위가 +20 mV이므로, t_3은 5 ms이다.

step 2 B의 ㉡에서 시간에 따른 막전위 구하기

- B에서 최초 자극을 준 d_3에서 d_2까지 가는 데 걸린 시간은 1 ms이다.
- B의 d_2에서 $t_{\text{I}}+t_{\text{II}}$(ms)와 시간에 따른 막전위를 나타내면 다음과 같다.

신경	지점		1 ms	2 ms	4 ms	5 ms
B	d_2	$t_{\text{I}}+t_{\text{II}}$(ms)	1+0	1+1	1+3	1+4
		막전위(mV)	−70	약 −60	−80	−70

- t_1에서의 막전위는 −80 mV이므로, t_1은 4 ms이다.

step 3 ⓐ, ⓑ 구하기

- t_2와 t_4는 1 ms와 2 ms 중 하나인데, B의 d_2에서 1 ms일 때의 막전위가 −70 mV이므로, t_2는 1 ms, t_4는 2 ms이다.
- step 1을 참고하면, A의 d_4에서 t_2(1 ms)일 때의 막전위는 −70 mV이므로 ⓐ는 −70이다.
- B의 d_2에서 t_4일 때 막전위는 약 −60 mV이므로, ⓑ는 약 −60이다.

| 보기 분석 |

ㄱ. step 1을 참고하면, t_3은 5 ms이다.

ㄴ. step 1을 참고하면, ㉠이 d_2일 때, t_3에서 +20 mV의 막전위가 나타날 수 없으므로 ㉠은 d_4이고, ㉡은 d_2이다.

ㄷ. step 3을 참고하면, ⓐ는 −70이고, ⓑ는 약 −60이다.

D 24 정답 ④ ＊흥분의 전도와 전달 ········· [정답률 53%] 2023 실시 7월 학평 18

다음은 민말이집 신경 A~C의 흥분 전도와 전달에 대한 자료이다.

- 그림은 A, B, C의 지점 d_1~d_6의 위치를, 표는 A의 d_1과 C의 d_2에 역치 이상의 자극을 동시에 1회 주고 경과된 시간이 4 ms와 5 ms일 때 d_3~d_6에서의 막전위를 순서 없이 나타낸 것이다.

A d_1 d_3 B d_5
C d_2 d_4 d_6
0 2 4(cm)

시간(ms)	d_3~d_6에서의 막전위(mV)
4	㉠ −80, −70, 0, +10
5	−80, −70, −60, −50

- A와 B의 흥분 전도 속도는 모두 ⓐ cm/ms, C의 흥분 전도 속도는 ⓑ cm/ms이다. ⓐ와 ⓑ는 각각 1과 2 중 하나이다. (ⓐ: 2, ⓑ: 1)
- A~C에서 활동 전위가 발생하였을 때, 각 지점에서의 막전위 변화는 그림과 같다.

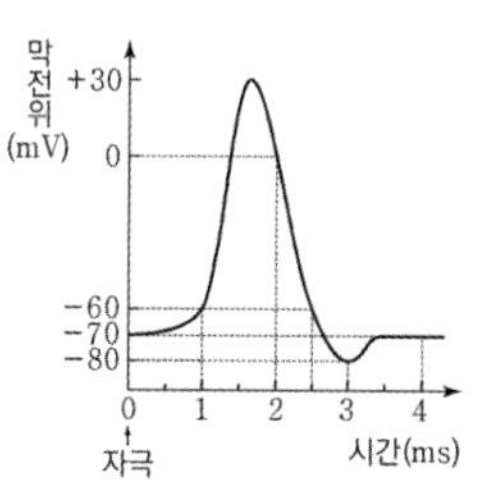

이에 대한 설명으로 옳은 것만을 〈보기〉에서 있는 대로 고른 것은? (단, A~C에서 흥분의 전도는 각각 1회 일어났고, 휴지 전위는 −70 mV이다.) (3점)

[보기]

ㄱ. ⓐ는 ~~1이다~~.
ⓐ는 2임

ㄴ. ㉠은 −80이다.
㉠은 −80임

ㄷ. 4 ms일 때 B의 d_5에서는 탈분극이 일어나고 있다.
4 ms일 때 B의 d_5에서는 탈분극이 일어남

① ㄱ ② ㄴ ③ ㄱ, ㄷ ④ ㄴ, ㄷ ⑤ ㄱ, ㄴ, ㄷ

단서+발상

(단서) A와 B의 흥분 전도 속도가 1 cm/ms이고, C의 흥분 전도 속도가 2 cm/ms라고 가정하면, 일정 시간이 흐른 뒤 d_3과 d_6의 막전위가 동일해야 하는데 5 ms일 때 d_3~d_6에서의 막전위가 모두 다르다는 것에 주목한다.

(발상) A, B, C의 흥분 전도 속도를 구하고, 그림에서 각 지점 사이의 거리를 이용하여 흥분이 각 지점에 도달하는 데 걸린 시간을 구하는 것이 핵심이다.

(해결) 자극을 주고 경과된 시간(t)을 흥분이 각 지점에 도달하는 데 걸린 시간(t_{I})과 흥분이 도달한 후 막전위가 변한 시간(t_{II})으로 나누어서 생각해야 고난도 문제를 해결할 수 있다.

| 문제+자료 분석 |

step 1 A, B, C에서의 속도 파악하기

- A와 B의 흥분 전도 속도가 1 cm/ms이고, C의 흥분 전도 속도가 2 cm/ms라면, A에서 d_1~d_3까지 가는 데 걸린 시간과 C에서 d_2~d_6까지 가는 데 걸린 시간은 각각 2 ms이므로, 일정 시간이 흐른 뒤 d_3과 d_6의 막전위는 동일해야 한다. 그런데 5 ms일 때 d_3~d_6에서의 막전위가 모두 다르다는 모순이 나타나므로, A와 B의 흥분 전도 속도가 2 cm/ms이고, C의 흥분 전도 속도가 1 cm/ms이다.

step 2 d_3~d_6에서의 막전위 매칭하기

- 자극을 주고 경과된 시간(t)=흥분이 각 지점에 도달하는 데 걸린 시간(t_{I})+흥분이 도달한 후 막전위가 변한 시간(t_{II})이므로, 각 지점에서의 t가 4 ms와 5 ms일 때의 $t_{\text{I}}+t_{\text{II}}$와 막전위를 나타내면 표와 같다.
t_{I}은 최초 자극을 준 지점과 막전위를 측정하는 지점 사이를 가는 데 걸린 시간이므로 그림에 나타나지 않고, $t_{\text{II}}(t-t_{\text{I}})$는 그래프의 X축 값에 해당하므로, X축 값이 t_{II}에 해당하는 Y축 값을 읽으면 막전위를 알 수 있다. (꿀팁)

시간(ms)		d_3	d_4	d_5	d_6
4	$t_{\text{I}}+t_{\text{II}}$ (ms)	1+3	2+2	?	4+0
	막전위 (mV)	−80(㉠)	0	+10 (탈분극)	−70
5	$t_{\text{I}}+t_{\text{II}}$ (ms)	1+4	2+3	?	4+1
	막전위 (mV)	−70	−80	−50	−60

| 보기 분석 |

ㄱ. step 1을 참고하면, ⓐ는 2이다.

ㄴ. A의 흥분 전도 속도는 2 cm/ms이므로 d_1~d_3까지 가는 데 걸린 시간은 1이다. $t=t_{\text{I}}+t_{\text{II}}=1\text{ ms}+3\text{ ms}$이므로, t_{II}가 3 ms일 때 그래프에서 막전위는 −80 mV를 나타낸다.

ㄷ. t_{I}(d_1~d_5까지 가는 데 걸린 시간)은 d_1~d_3까지 가는 데 걸린 시간(1 ms)+d_3~d_5까지 가는 데 걸린 시간이다. d_3~d_5까지 가는 데 걸린 시간은 흥분의 전달을 포함하므로 흥분의 전도만 일어났을 때(1 ms)보다는 크다. 따라서 t_{I}(d_1~d_5까지 가는 데 걸린 전체 시간)은 2 ms보다 크고, t_{II}(4 ms$-t_{\text{I}}$)는 2 ms보다 작다. 그래프에서 t_{II}가 2 ms보다 작을 때 막전위가 +10 mV인 지점에서는 탈분극이 일어나고 있다.

D 25 정답 ④ ··································· [정답률 50%] ✪ 고난도

다음은 민말이집 신경 A와 B의 흥분 전도에 대한 자료이다.
하나의 뉴런 내에서 일어나는 흥분의 이동

• 그림은 A와 B의 일부를, 표는 A와 B의 지점 d_1에 역치 이상의 자극을 동시에 1회 주고 경과된 시간이 t_1, t_2, t_3, t_4일 때 지점 d_2에서 측정한 막전위를 나타낸 것이다. Ⅰ~Ⅳ는 t_1~t_4를 순서 없이 나타낸 것이다.

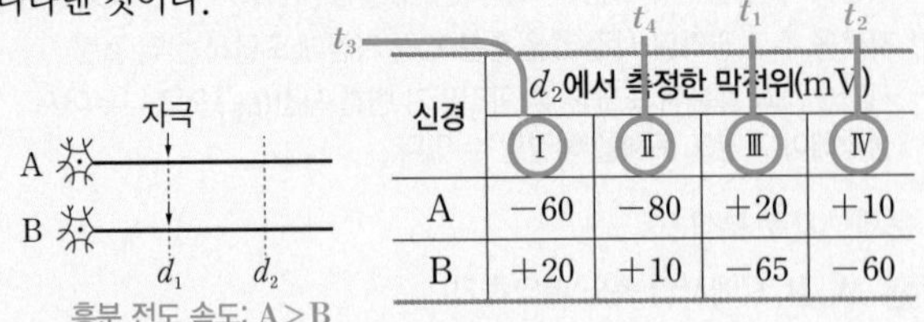

신경	d_2에서 측정한 막전위(mV)			
	Ⅰ	Ⅱ	Ⅲ	Ⅳ
A	−60	−80	+20	+10
B	+20	+10	−65	−60

• A와 B에서 활동 전위가 발생하였을 때, 각 지점에서의 막전위 변화는 그림과 같다.

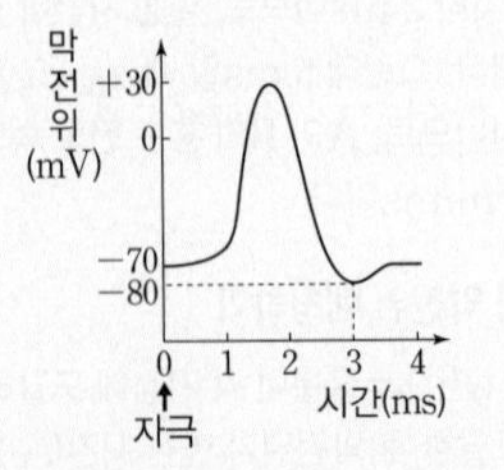

이에 대한 설명으로 옳은 것만을 〈보기〉에서 있는 대로 고른 것은? (단, A와 B에서 흥분 전도는 각각 1회 일어났고, 휴지 전위는 −70 mV이다. 자극을 준 후 경과된 시간은 $t_1 < t_2 < t_3 < t_4$이다.) (3점) 2020 대비 9월 모평 16

[보기]

ㄱ. Ⅲ은 t_1이다. → Ⅲ은 t_1임

ㄴ. t_2일 때, B의 d_2에서 재분극이 일어나고 있다.
→ t_2일 때 B의 d_2에서 탈분극이 일어남

ㄷ. 흥분의 전도 속도는 A에서가 B에서보다 빠르다.
→ 흥분 전도 속도는 A가 B보다 빠름

① ㄱ ② ㄴ ③ ㄷ ④ ㄱ, ㄷ ⑤ ㄴ, ㄷ

단서+발상

(단서) 표에서 Ⅱ일 때 A의 d_2에서 측정한 막전위 값이 −80mV인 것에 주목한다.

(발상) 자극을 주고 경과된 시간이 클수록 막전위 그래프에서 오른쪽에 있는 막전위 값을 가진다는 것을 생각한다.

(해결) A의 d_2에서 측정한 막전위 값을 비교하였을 때, −80mV는 −60mV, +20mV, +10mV보다 막전위 그래프에서 오른쪽에 위치하므로 Ⅱ는 경과된 시간이 가장 큰 t_4임을 파악할 수 있어야 고난도 문제를 해결할 수 있다.

| 문제 해결 과정 |

step 1 A의 막전위 분석하기

• A의 각 시점에서의 막전위를 보면 Ⅰ~Ⅳ에서 각각 −60mV, −80mV, +20mV, +10mV이다.

• 이 중에선 −80mV가 막전위 그래프에서 가장 오른쪽에 있는 막전위 값이므로, Ⅱ가 경과된 시간이 가장 큰 t_4이다.

step 2 B의 막전위 분석하기

• Ⅱ가 t_4이므로, B에서 Ⅱ(t_4)일 때 측정한 막전위인 +10mV는 다른 시점에서 측정한 막전위인 +20mV, −65mV, −60mV보다 막전위 그래프에서 더 오른쪽에 있어야 한다.

• 만약 +10mV가 탈분극 시기에 측정한 막전위라면, +10mV가 +20mV보다 항상 왼쪽에 있으므로 이는 모순이다.

• 따라서 +10mV는 재분극 시기에 측정한 막전위이고, 나머지 막전위들은 모두 이보다 왼쪽에 있어야하므로 −65mV, −60mV는 모두 탈분극 시기에 측정한 막전위이다.

step 3 t_1~t_4와 Ⅰ~Ⅳ 매칭하기

• B에서 Ⅲ과 Ⅳ일 때 측정한 막전위인 −65mV, −60mV가 모두 탈분극 시기에 측정한 막전위이므로 Ⅲ, Ⅳ, Ⅰ, Ⅱ일 때 측정한 막전위 순서대로 그래프에서 왼쪽에 위치한다.

• 따라서 Ⅲ은 t_1, Ⅳ는 t_2, Ⅰ은 t_3, Ⅱ는 t_4이다.

| 보기 분석 |

ㄱ. Ⅲ은 t_1이다. (○)

문제 해결 과정의 step 3를 참고하면, Ⅲ은 t_1이다.

ㄴ. t_2일 때, B의 d_2에서 재분극이 일어나고 있다. (×)

문제 해결 과정의 step 2를 참고하면, t_2(Ⅳ)일 때 B의 d_2에서 측정한 막전위인 −60mV은 탈분극 시기에 측정한 막전위이다. 따라서 t_2 때, B의 d_2에서 탈분극이 일어나고 있다.

ㄷ. 흥분의 전도 속도는 A에서가 B에서보다 빠르다. (○)

• 자극을 주고 경과된 시간이 Ⅱ(t_4)일 때 A의 d_2에서의 막전위는 −80mV, B의 d_2에서의 막전위는 +10mV이므로 A에서가 B에서보다 흥분이 도달한 후 더 오랜 시간이 경과됐다.

• 따라서 동시에 자극을 준 후 B의 d_2보다 A의 d_2에 자극이 먼저 도달했으므로 흥분의 전도 속도는 A에서가 B에서보다 빠르다.

✪ 정답은 ④ ㄱ, ㄷ이다.

문제 풀이 Tip

1. **자극을 주고 경과된 시간=흥분이 각 지점에 도달하는 데 걸린 시간+흥분이 도달한 후 막전위가 변한 시간으로 나누어 계산한다.**
이를 '흥분이 도달한 후 막전위가 변한 시간=자극을 주고 경과된 시간−흥분이 각 지점에 도달하는데 걸린 시간'으로 바꾸어 그래프를 통해 막전위를 알아낼 수 있다.
2. **흥분 전도에 대한 문제에 접근할 때는 막전위가 −80mV인 지점을 먼저 분석한다.**
−80mV는 막전위 변화 그래프의 한 시점에서만 나타나기 때문에 어느 시점인지 바로 특정 지을 수 있다.
3. **자극을 준 후 경과된 시간이 클수록 막전위 그래프에서 오른쪽에 있는 막전위 값을 가진다.**

* 흥분의 전도 과정 ·································· ✪ 고난도 핵심 개념

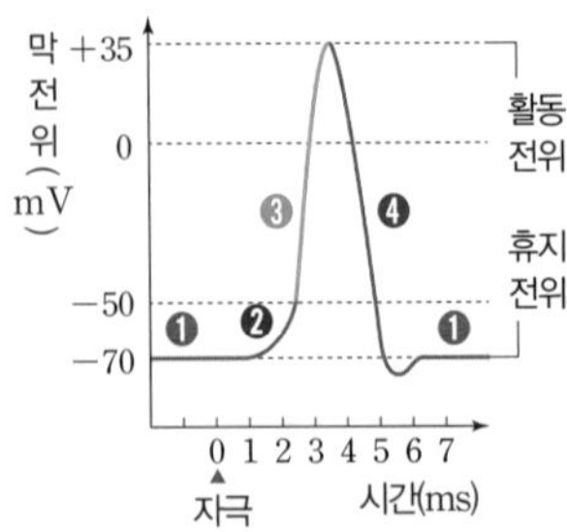

❶ 자극을 받기 전: Na^+ 통로와 대부분의 K^+ 통로가 닫혀 있고, 휴지 전위가 유지된다.

❷ 자극을 받은 후: 일부 Na^+ 통로가 열리고 Na^+이 유입되어 막전위가 상승한다.

❸ 막전위가 역치 이상이 되면 대부분의 Na^+ 통로가 열려 Na^+이 대량으로 유입되어 막전위가 급격히 상승한다.

❹ Na^+ 통로가 닫히고 K^+ 통로가 열려 K^+이 유출되어 막전위가 하강한다. 일부 열려 있는 K^+ 통로를 통해 K^+이 계속 유출되어 막전위가 휴지 전위보다 낮아지지만, 곧 휴지 전위로 돌아간다.

D 26 정답 ⑤ .... [정답률 47%] ✪ 고난도

다음은 민말이집 신경 A와 B의 흥분 전도에 대한 자료이다.

○ 그림은 A와 B의 지점 d_1과 d_2의 위치를, 표는 A의 d_1과 B의 d_2에 역치 이상의 자극을 동시에 1회 준 후 시점 t_1과 t_2일 때 A와 B의 Ⅰ과 Ⅱ에서의 막전위를 나타낸 것이다. Ⅰ과 Ⅱ는 각각 d_1과 d_2 중 하나이고, ㉠과 ㉡은 각각 −10과 +20 중 하나이다. t_2는 t_1 이후의 시점이다.

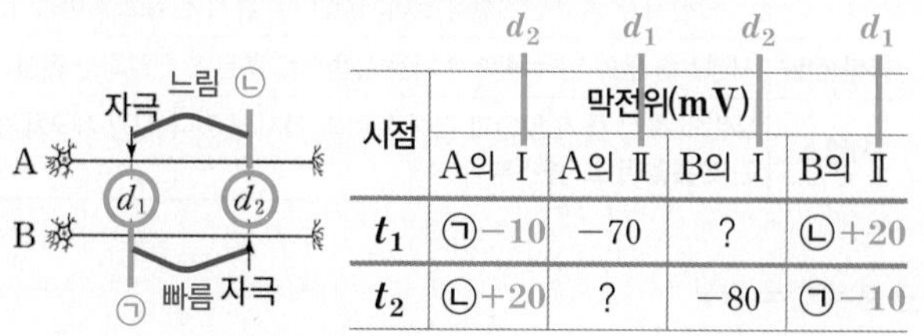

시점	막전위(mV) d_2	d_1	d_2	d_1
	A의 Ⅰ	A의 Ⅱ	B의 Ⅰ	B의 Ⅱ
t_1	㉠−10	−70	?	㉡+20
t_2	㉡+20	?	−80	㉠−10

○ 흥분 전도 속도는 B가 A보다 빠르다.

○ A와 B 각각에서 활동 전위가 발생하였을 때, 각 지점에서의 막전위 변화는 그림과 같다.

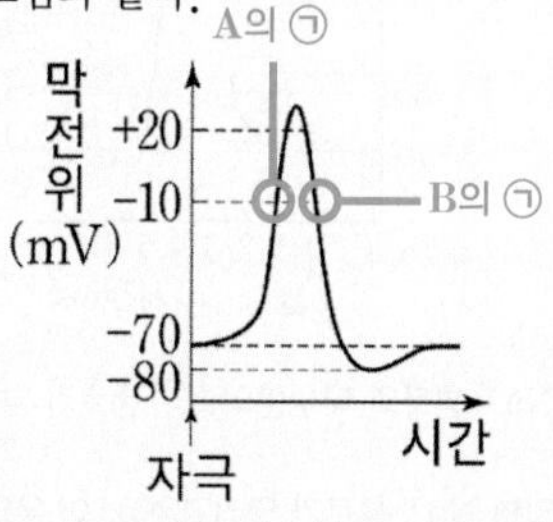

이에 대한 옳은 설명만을 〈보기〉에서 있는 대로 고른 것은? (단, A와 B에서 흥분 전도는 각각 1회 일어났고, 휴지 전위는 −70mV이다.) (3점)

2022 실시 10월 학평 11

[보기]

ㄱ. Ⅰ은 d_1이다.
Ⅰ은 d_2임

ㄴ. ㉡은 +20이다.
㉡은 +20mV임

ㄷ. t_1일 때 A의 d_2에서 탈분극이 일어나고 있다.
t_1일 때 A의 d_2는 −10mV이므로 탈분극이 일어나고 있음

① ㄱ ② ㄴ ③ ㄷ ④ ㄱ, ㄴ ⑤ ㄴ, ㄷ

단서+발상

단서 표에서 t_2일 때 B의 Ⅰ에서의 막전위가 −80mV인 것에 주목한다.

발상 막전위 그래프에서 오른쪽에 있을수록 자극을 먼저 받은 지점임을 생각한다.

해결 표에서 t_2일 때 B의 Ⅰ과 Ⅱ를 비교해보면 ㉠은 −10mV와 +20mV 중 하나이므로 막전위 그래프에서 −80mV보다 왼쪽에 위치한다. 따라서 B의 자극을 준 지점 d_2는 Ⅰ과 Ⅱ 중 Ⅰ임을 파악할 수 있어야 고난도 문제를 해결할 수 있다.

| 문제 해결 과정 |

step 1 Ⅰ, Ⅱ와 지점 d_1, d_2 매칭하기

- t_2일 때 B의 Ⅰ에서의 막전위는 −80mV이고, B의 Ⅱ에서의 막전위 ㉠은 −10mV와 +20mV 중 하나이다.
- 막전위 그래프에서 오른쪽에 있을수록 자극을 먼저 준 지점이므로 −80mV이 자극을 먼저 받은 지점이다. 따라서 B의 d_2에 자극을 주었으므로 Ⅰ이 d_2, Ⅱ가 d_1이다.

step 2 A와 B의 막전위 비교하기

- t_2는 t_1 이후의 시점이므로 t_2가 t_1보다 자극을 먼저 준 시점으로 해석할 수 있다. 따라서 막전위 변화 시간이 t_2일 때가 t_1일 때보다 길기 때문에 각각의 지점에서 t_1일 때보다 t_2일 때의 막전위 값이 더 오른쪽에 위치한다. 주의

1. A의 Ⅰ에서의 막전위 분석하기

- t_1과 t_2일 때 A의 Ⅰ에서의 막전위 ㉠과 ㉡을 비교하면, 막전위 그래프에서 ㉡이 ㉠보다 더 오른쪽에 위치해야 한다.

시점	막전위(mV)
	A의 Ⅰ
t_1	㉠
t_2	㉡

㉡이 ㉠보다 오른쪽

2. t_2일 때 A의 Ⅰ과 B의 Ⅱ에서의 막전위 분석하기

- t_2일 때 A의 Ⅰ(d_2)에서의 막전위 ㉡과 B의 Ⅱ(d_1)에서의 막전위 ㉠을 비교했을 때, B의 흥분 전도 속도는 A보다 빠르다고 하였으므로 아래 그림처럼 B의 d_1(Ⅱ)이 A의 d_2(Ⅰ)보다 먼저 자극을 받게 된다.
- 따라서 막전위 그래프에서 B의 Ⅱ(d_1)에서의 막전위 ㉠이 A의 Ⅰ(d_2)에서의 막전위 ㉡보다 오른쪽에 위치해야 한다.

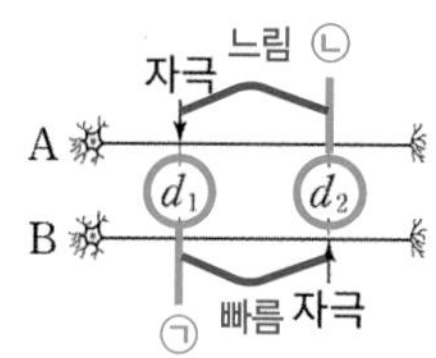

➡ B의 d_1이 A의 d_2보다 자극이 먼저 도달함

시점	막전위(mV)	
	A의 Ⅰ(d_2)	B의 Ⅱ(d_1)
t_1	㉠	㉡
t_2	㉡	㉠

㉠이 ㉡보다 오른쪽

step 3 ㉠, ㉡과 −10, +20 매칭하기

- 정리하면 두 시점의 A의 Ⅰ(d_2)과 B의 Ⅱ(d_1) 중 막전위 변화 시간이 가장 긴 것은 t_2일 때 B의 Ⅱ(d_1)이고, 가장 짧은 것은 t_1일 때 A의 Ⅰ(d_2)이므로 이를 만족하려면 ㉠은 −10, ㉡은 +20이 되어야 한다.
- t_1일 때, A의 Ⅰ에서의 막전위 ㉠은 탈분극 지점의 −10mV이며, t_2일 때 B의 Ⅱ에서의 막전위 ㉠은 재분극 지점의 −10mV이다.
- 또한 A의 Ⅰ에서의 막전위 ㉡과 B의 Ⅱ에서의 막전위 ㉡은 탈분극 지점인지 재분극 지점인지 확정 지을 수 없다.

막전위 변화 시간이 가장 짧음
➡ 탈분극 지점의 −10mV

시점	막전위(mV)			
	A의 Ⅰ(d_2)	A의 Ⅱ(d_1)	B의 Ⅰ(d_2)	B의 Ⅱ(d_1)
t_1	㉠	−70	?	㉡
t_2	㉡	?	−80	㉠

막전위 변화 시간이 가장 김
➡ 재분극 지점의 −10mV

- 참고로 A의 d_1과 B의 d_2는 서로 자극을 준 지점은 다르지만 자극을 동시에 줬기 때문에 t_1일 때와 t_2일 때 막전위 값은 같아야 한다. 따라서 t_1일 때 A의 Ⅱ(d_1)의 막전위 값이 −70mV이므로 B의 Ⅰ(d_2)의 막전위 값도 −70mV이다. 마찬가지로 t_2일 때 B의 Ⅰ(d_2)의 막전위 값이 −80mV이므로 A의 Ⅱ(d_1)의 막전위 값도 −80mV이다.

| 보기 분석 |

ㄱ. Ⅰ은 d_1이다. (×)

- 문제 해결 과정의 step 1을 참고하면, t_2일 때 B의 Ⅰ에서의 막전위는 -80mV이고, B의 Ⅱ에서의 막전위 ㉠은 -10mV와 $+20$mV 중 하나이다.
- 막전위 그래프에서 오른쪽에 있을수록 자극을 먼저 준 지점이므로 -80mV이 자극을 먼저 받은 지점이다. 따라서 B의 d_2에 자극을 주었으므로 Ⅰ이 d_2, Ⅱ가 d_1이다.

ㄴ. ㉡은 +20이다. (○)

- 문제 해결 과정의 step 2를 참고하면, 두 시점의 A의 Ⅰ(d_2)과 B의 Ⅱ(d_1) 중 막전위 변화 시간이 가장 긴 것은 t_2일 때 B의 Ⅱ(d_1)이고, 가장 짧은 것은 t_1일 때 A의 Ⅰ(d_2)이므로 이를 만족하려면 ㉠은 -10, ㉡은 $+20$이 되어야 한다.

ㄷ. t_1일 때 A의 d_2에서 탈분극이 일어나고 있다. (○)

- 문제 해결 과정의 step 3를 참고하면, t_1일 때 A의 d_2(Ⅰ)에서의 막전위 변화 시간은 가장 짧으므로 탈분극 지점인 -10mV이다.

✪ 정답은 ⑤ ㄴ, ㄷ이다.

문제 풀이 Tip

1. 자극을 준 지점에 가까운 순서대로 막전위 그래프에서 오른쪽에 있는 막전위 값을 가진다.

자극을 준 지점에 가까울수록 흥분이 빨리 도달하고 이에 따라 활동 전위가 먼저 발생하기 때문이다.

2. 두 신경의 서로 다른 지점에 자극을 동시에 주었다면 자극을 준 지점을 제외한 지점의 막전위는 흥분 전도 속도가 더 빠른 신경에서가 다른 신경에서보다 막전위 그래프에서 오른쪽에 있는 막전위 값을 가진다.

예를 들어 A의 d_1, B의 d_2에 동시에 자극을 주었고 흥분 전도 속도는 A보다 B가 빠를 경우, B의 d_1이 A의 d_2보다 흥분이 더 빨리 도달하여 막전위 변화 시간이 더 길어진다. 따라서 막전위는 B의 d_1에서가 A의 d_2에서보다 그래프에서 더 오른쪽에 위치한다.

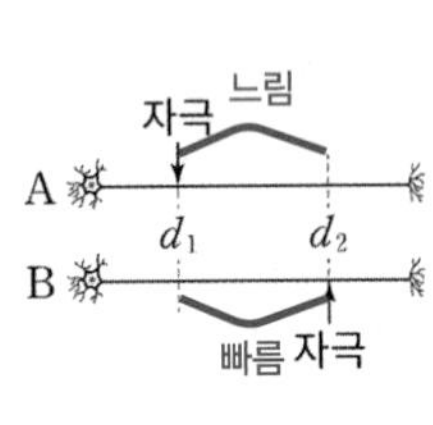

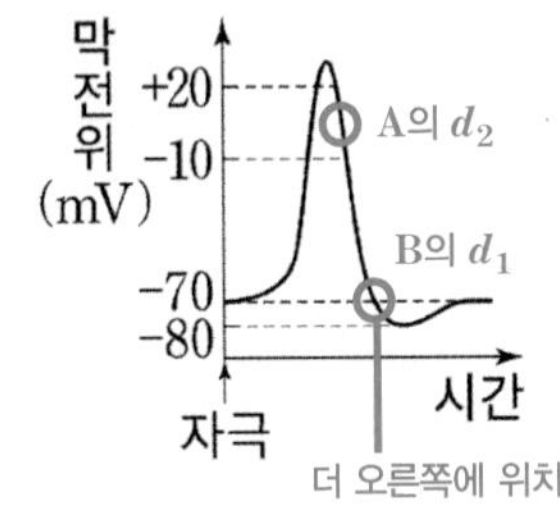

＊ 흥분의 전도와 전달, 시냅스 ✪ 고난도 핵심 개념

흥분 전도	• 한 뉴런 내에서 연속적으로 탈분극을 일으켜 흥분이 이동하는 현상 • 전도 과정 ① 자극을 받기 전: Na^+ 통로와 대부분의 K^+ 통로가 닫혀 있고, 휴지 전위가 유지된다. ② 자극을 받은 후: 일부 Na^+ 통로가 열리고 Na^+이 유입되어 막전위가 상승한다. ③ 막전위가 역치 이상이 되면 대부분의 Na^+ 통로가 열려 Na^+이 대량으로 유입되어 막전위가 급격히 상승한다. ④ Na^+ 통로가 닫히고 K^+ 통로가 열려 K^+이 유출되어 막전위가 하강한다. 일부 열려 있는 K^+ 통로를 통해 K^+이 계속 유출되어 막전위가 휴지 전위보다 낮아지지만, 곧 휴지 전위로 돌아간다.
흥분 전달	시냅스를 통해 한 뉴런에서 다음 뉴런으로 흥분이 전달되는 현상
시냅스	뉴런의 축삭 돌기 말단과 다른 뉴런의 가지 돌기나 신경 세포체가 약간의 틈을 두고 접한 부위

＊ 흥분의 전도 과정

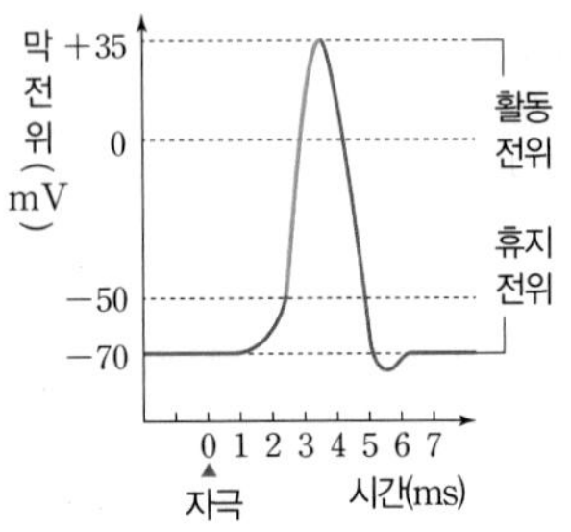

❶ 자극을 받기 전: Na^+ 통로와 대부분의 K^+ 통로가 닫혀 있고, 휴지 전위가 유지된다.
❷ 자극을 받은 후: 일부 Na^+ 통로가 열리고 Na^+이 유입되어 막전위가 상승한다.
❸ 막전위가 역치 이상이 되면 대부분의 Na^+ 통로가 열려 Na^+이 대량으로 유입되어 막전위가 급격히 상승한다.
❹ Na^+ 통로가 닫히고 K^+ 통로가 열려 K^+이 유출되어 막전위가 하강한다. 일부 열려 있는 K^+ 통로를 통해 K^+이 계속 유출되어 막전위가 휴지 전위보다 낮아지지만, 곧 휴지 전위로 돌아간다.

D 27 정답 ④ *흥분의 전달 [정답률 72%] 2020 실시 9월 학평 11(고2)

그림은 시냅스에서 일어나는 흥분 전달 과정을 나타낸 것이다. ㉠과 ㉡은 각각 Na^+과 신경 전달 물질 중 하나이다.

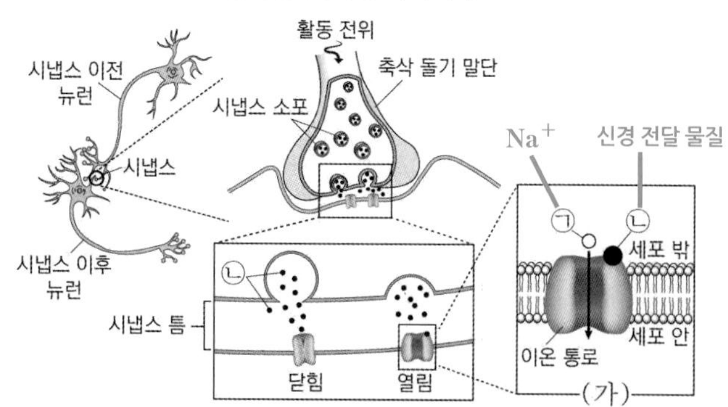

이에 대한 설명으로 옳은 것만을 〈보기〉에서 있는 대로 고른 것은? (3점)

[보기]

ㄱ. (가)에서 ㉠의 농도는 세포 밖보다 세포 안이 더 높다.
세포 안보다 세포 밖이 더 높음

ㄴ. 시냅스 이후 뉴런에 ㉡에 대한 수용체가 존재한다.
시냅스 이후 뉴런의 수용체에 결합하면 이온 통로가 열림

ㄷ. 흥분 전달은 시냅스 이전 뉴런에서 시냅스 이후 뉴런 방향으로 일어난다.
시냅스 이전 뉴런의 축삭 돌기 말단에서 신경 전달 물질이 분비됨

① ㄱ ② ㄴ ③ ㄱ, ㄷ ④ ㄴ, ㄷ ⑤ ㄱ, ㄴ, ㄷ

| 문제+자료 분석 |

- ㉠ Na^+: 신경 전달 물질의 자극에 의해 열린 이온 통로를 통해 세포 밖에서 세포 안으로 들어와 시냅스 이후 뉴런의 활동 전위를 발생시킨다.
- ㉡ **신경 전달 물질**: 시냅스 이전 뉴런의 축삭 돌기 말단에서 분비되는 물질로 시냅스 이후 뉴런의 수용체에 결합하면 이온 통로가 열리게 된다.

| 보기 분석 |

ㄱ. (가)에서 ㉠(Na^+)의 농도는 세포 밖이 세포 안보다 더 높다. 농도 차에 의한 확산 현상에 의해 ㉠(Na^+)이 세포 밖에서 안으로 들어온다.

ㄴ. ㉡(신경 전달 물질)이 시냅스 이후 뉴런에 존재하는 수용체에 결합하면 이온 통로가 열려 활동 전위를 발생시킨다.

ㄷ. 시냅스 이전 뉴런의 축삭 돌기 말단에서 신경 전달 물질이 분비되기 때문에 흥분 전달은 시냅스 이전 뉴런에서 시냅스 이후 뉴런 방향으로 일어난다.

* 시냅스에서의 흥분 전달

시냅스	뉴런과 뉴런 사이의 연결 부위로, 20 nm 가량의 틈이 있다.
시냅스 소포	작은 주머니 모양으로 축삭 돌기 말단에만 분포되어 있으며, 신경 전달 물질을 포함한다.
흥분 전달	흥분이 축삭 돌기 말단까지 전도되면 시냅스 소포에 들어 있는 아세틸콜린과 같은 신경 전달 물질이 시냅스 틈으로 분비되고, 확산에 의해 다음 뉴런에 도달하여 세포막을 탈분극시킨다.
흥분 전달의 방향성	시냅스 소포는 축삭 돌기 말단에만 있고, 신경 전달 물질의 수용체는 시냅스 후 뉴런의 신경 세포체나 가지 돌기에 있으므로 흥분은 시냅스 전 뉴런의 축삭 돌기 말단에서 시냅스 후 뉴런의 신경 세포체나 가지 돌기 쪽으로만 전달된다.

D 28 정답 ③ *흥분의 전달 [정답률 86%] 2021 대비 6월 모평 4

그림 (가)는 시냅스로 연결된 두 뉴런 A와 B를, (나)는 A와 B 사이의 시냅스에서 일어나는 흥분 전달 과정을 나타낸 것이다. X와 Y는 A의 가지 돌기와 B의 축삭 돌기 말단을 순서 없이 나타낸 것이다.

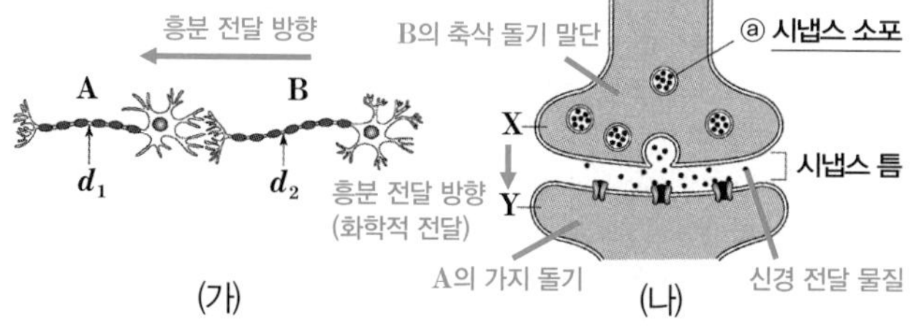

이에 대한 옳은 설명만을 〈보기〉에서 있는 대로 고른 것은? (3점)

[보기]

ㄱ. ⓐ에 신경 전달 물질이 들어있다.
→ 축삭 돌기 말단의 시냅스 소포에 들어 있는 신경 전달 물질은 시냅스 틈으로 분비되어 다음 뉴런으로 흥분을 전달한다.

ㄴ. X는 B의 축삭 돌기 말단이다.
→ 신경 전달 물질이 있는 시냅스 소포는 시냅스 전 뉴런의 축삭 돌기 말단에 있고, 흥분은 B에서 A로 전달되므로 X는 B의 축삭 돌기 말단이다.

ㄷ. 지점 d_1에 역치 이상의 자극을 주면 지점 d_2에서 활동 전위가 발생한다.
→ 흥분이 B에서 A로 전달되므로 지점 d_1에 역치 이상의 자극을 주어도 지점 d_2로 전달되지 않아 지점 d_2에서 활동 전위가 발생하지 않는다.

① ㄱ ② ㄷ ③ ㄱ, ㄴ ④ ㄴ, ㄷ ⑤ ㄱ, ㄴ, ㄷ

| 문제+자료 분석 |

◈ **흥분의 전달**

- 흥분은 시냅스 전 뉴런의 축삭 돌기 말단에서 시냅스 후 뉴런의 가지 돌기 쪽으로 전달되므로 (가)에서 흥분은 B에서 A로 전달된다.
- 축삭 돌기 말단에서는 시냅스 소포에 들어 있는 신경 전달 물질이 시냅스 틈으로 방출되므로 (나)에서 흥분은 X에서 Y로 전달된다.
- 따라서 X는 B의 축삭 돌기 말단, Y는 A의 가지 돌기이다.

| 보기 분석 |

ㄱ. 뉴런의 축삭 돌기 말단에 있는 시냅스 소포에는 신경 전달 물질이 들어있다. 시냅스 소포에 들어 있는 신경 전달 물질은 시냅스 틈으로 분비되어 다음 뉴런으로 흥분을 전달한다.

ㄴ. (가)에서 흥분이 B에서 A로 이동하고, (나)에서 흥분이 X에서 Y로 이동하므로, X는 B의 축삭 돌기 말단이고, Y는 A의 가지 돌기이다.

ㄷ. (가)에서 흥분은 B에서 A로 전달된다. 따라서 지점 d_1에 역치 이상의 자극을 주어도 지점 d_2까지 전달되지 않아 지점 d_2에서는 활동 전위가 발생하지 않는다.

* 시냅스에서의 흥분 전달

시냅스	뉴런과 뉴런 사이의 연결 부위로, 20 nm 가량의 틈이 있다.
시냅스 소포	작은 주머니 모양으로 축삭 돌기 말단에만 분포되어 있으며, 신경 전달 물질을 포함한다.
흥분 전달	흥분이 축삭 돌기 말단까지 전도되면 시냅스 소포에 들어 있는 아세틸콜린과 같은 신경 전달 물질이 시냅스 틈으로 분비되고, 확산에 의해 다음 뉴런에 도달하여 세포막을 탈분극시킨다.
흥분 전달의 방향성	시냅스 소포는 축삭 돌기 말단에만 있고, 신경 전달 물질의 수용체는 시냅스 후 뉴런의 신경 세포체나 가지 돌기에 있으므로 흥분은 시냅스 전 뉴런의 축삭 돌기 말단에서 시냅스 후 뉴런의 신경 세포체나 가지 돌기 쪽으로만 전달된다.

D 29 정답 ③ * 흥분의 전달 ······ [정답률 54%] 2022 실시 6월 학평 15(고2)

그림 (가)는 시냅스에서의 흥분 전달 과정을, (나)는 (가)의 시냅스 이전 뉴런에 역치 이상의 자극을 각각 1회씩 주었을 때 물질 X의 처리 여부에 따른 시냅스 이후 뉴런에서의 막전위 변화를 나타낸 것이다. A와 B는 각각 시냅스 이전 뉴런과 시냅스 이후 뉴런 중 하나이고, ㉠과 ㉡은 물질 X를 처리했을 때와 처리하지 않았을 때를 순서 없이 나타낸 것이다.

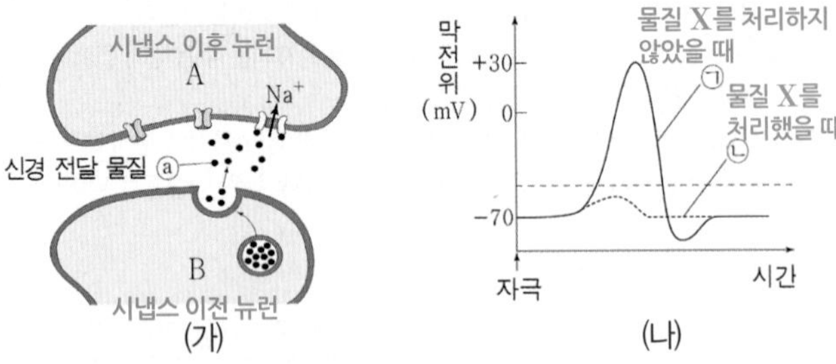

이에 대한 설명으로 옳은 것만을 〈보기〉에서 있는 대로 고른 것은? (단, 물질 X 이외에 시냅스 이후 뉴런의 막전위 변화에 영향을 미치는 요인은 없다.) (3점)

[보기]

ㄱ. A는 시냅스 이후 뉴런이다. B는 시냅스 이전 뉴런
ㄴ. ⓐ는 Na^+의 막 투과도를 ~~감소시킨다~~. 증가함
ㄷ. 물질 X를 처리했을 때의 막전위 변화는 ㉡이다. ㉠은 물질 X를 처리하지 않았을 때임

① ㄱ ② ㄴ ③ ㄱ, ㄷ ④ ㄴ, ㄷ ⑤ ㄴ, ㄷ

| 문제+자료 분석 |

- (가): 시냅스 이전 뉴런(B)의 흥분이 축삭 돌기 말단에 전도되면 시냅스 소포가 세포막과 융합하여 시냅스 소포에 있던 신경 전달 물질이 시냅스 틈으로 분비된다. 신경 전달 물질이 확산되어 인접한 시냅스 이후 뉴런(A)에 있는 수용체에 결합하고 Na^+ 통로를 열리게 한다.
- (나): 뉴런에 역치 이상에 자극을 주게 되면 막전위가 역치 전위까지 상승되어 탈분극이 일어나게 된다. ㉠은 막전위가 크게 상승하였지만 ㉡은 막전위가 크게 상승하지 않은 것을 통해 물질 X는 시냅스 이후 뉴런의 흥분 발생을 억제하는 물질로 추측해볼 수 있다. 따라서 ㉠은 물질 X를 처리하지 않았을 때, ㉡은 물질 X를 처리했을 때이다.

| 보기 분석 |

ㄱ. A는 시냅스 이후 뉴런, B는 시냅스 이전 뉴런이다.
ㄴ. 신경 전달 물질 ⓐ는 시냅스 이후 뉴런(A)에 있는 수용체에 결합하고 Na^+ 통로를 열리게 한다. Na^+ 통로가 열리면 Na^+가 세포 밖에서 세포 안으로 확산되면서 Na^+의 막 투과도가 증가한다.
ㄷ. ㉠은 물질 X를 처리하지 않았을 때, ㉡은 물질 X를 처리했을 때이다.

＊ 시냅스에서의 흥분 전달 과정

① 시냅스 전 뉴런의 흥분이 축삭 돌기 말단에 전도되면 시냅스 소포가 세포막과 융합한다.
② 시냅스 소포에 있던 신경 전달 물질이 시냅스 틈으로 분비된다.
③ 신경 전달 물질이 확산되어 인접한 시냅스 후 뉴런의 가지 돌기 또는 신경 세포체에 있는 수용체에 결합하고 Na^+ 통로를 열리게 한다. 이 열린 Na^+ 통로를 통해 Na^+이 유입되면서 세포막이 탈분극되어 시냅스 후 뉴런의 축삭 돌기에서 활동 전위가 발생한다.

D 30 정답 ① * 흥분의 전달 ······ [정답률 54%] 2019 실시 6월 학평 10(고2)

그림은 민말이집 신경 A~D가 연결된 모습을, 표는 신경 ㉠~㉣ 중 한 지점에 각각 역치 이상의 자극을 1회 주었을 때 활동 전위가 발생한 신경의 수를 나타낸 것이다. ㉠~㉣은 각각 A~D 중 하나이다.

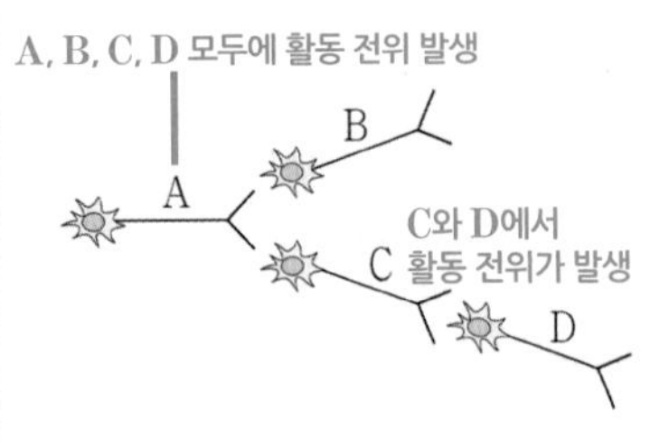

자극을 준 신경	활동 전위가 발생한 신경의 수
㉠	1
㉡=A	ⓐ=4
㉢=C	2
㉣	1

이에 대한 설명으로 옳은 것만을 〈보기〉에서 있는 대로 고른 것은? (3점)

[보기]

ㄱ. ⓐ는 4이다. A, B, C, D의 4개 신경에서 모두 활동 전위가 발생함
ㄴ. ㉢은 ~~B~~에 해당한다. C에 해당함
ㄷ. ㉣을 자극했을 때 A의 축삭 돌기 말단에서 신경 전달 물질이 ~~분비된다~~. 분비되지 않음

① ㄱ ② ㄷ ③ ㄱ, ㄴ ④ ㄱ, ㄷ ⑤ ㄴ, ㄷ

| 문제+자료 분석 |

- 시냅스 소포가 축삭 돌기 말단에만 있으므로 흥분의 전달은 시냅스 이전 뉴런의 축삭 돌기 말단에서 시냅스 이후 뉴런의 가지 돌기나 신경 세포체 쪽으로만 일어난다.
- A에 역치 이상의 자극을 주면 A, B, C, D에서 모두 활동 전위가 발생한다. 활동 전위가 발생한 신경의 수가 4이므로 ⓐ는 4이며, ㉡은 A이다.
- B에 자극을 주면 B에서만, D에 자극을 주면 D에서만 활동 전위가 발생한다. 활동 전위가 발생한 신경의 수가 1이므로 B와 D는 각각 ㉠과 ㉣ 중 하나이다.
- C에 자극을 주면 C와 D에서 모두 활동 전위가 발생하므로 활동 전위가 발생한 신경의 수가 2인 ㉢은 C이다.

| 보기 분석 |

ㄱ. A에 역치 이상의 자극을 주었을 때 A, B, C, D의 4개 신경에서 모두 활동 전위가 발생하므로 ㉡은 A이고, ⓐ는 4이다.
ㄴ. C에 역치 이상의 자극을 주었을 때 C와 D의 2개 신경에서 모두 활동 전위가 발생하므로 ㉢은 C이다.
ㄷ. ㉣은 B와 D 중 하나이다. ㉣을 자극했을 때 다른 신경으로 흥분이 전달되지 않으며, A에도 흥분 전달이 일어나지 않으므로 A의 축삭 돌기 말단에서 신경 전달 물질이 분비되지 않는다.

D 31 정답 ② ＊흥분의 전도와 전달 ...... [정답률 53%] 2025 대비 9월 모평 10

다음은 민말이집 신경 A~C의 흥분 전도와 전달에 대한 자료이다.

- 그림은 A~C의 지점 d_1~d_5의 위치를, 표는 ㉠A와 B의 P에, C의 Q에 역치 이상의 자극을 동시에 1회 주고 경과된 시간이 t_1일 때 d_1~d_5에서의 막전위를 나타낸 것이다. P와 Q는 각각 d_1~d_5 중 하나이고, ㉮와 ㉯ 중 한 곳에만 시냅스가 있다.
  ➡ (4 ms)
- Ⅰ~Ⅲ은 A~C를 순서 없이 나타낸 것이고, ⓐ~ⓒ는 −80, −70, +30을 순서 없이 나타낸 것이다. 자극 준 지점

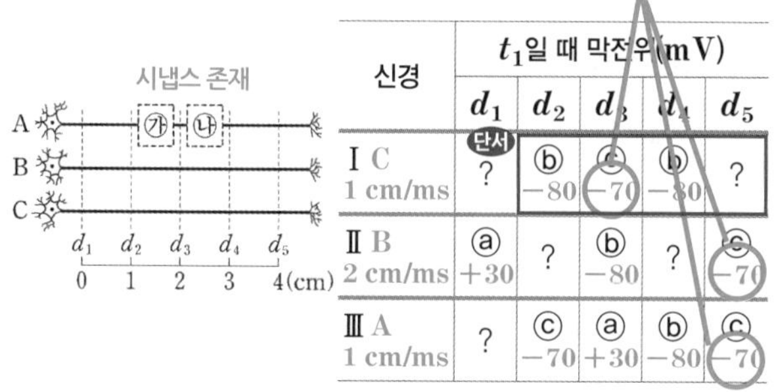

신경	t_1일 때 막전위(mV)				
	d_1	d_2	d_3	d_4	d_5
Ⅰ C 1 cm/ms	단서 ?	ⓑ −80	ⓒ −70	ⓑ −80	?
Ⅱ B 2 cm/ms	ⓐ +30	?	ⓑ −80	?	ⓒ −70
Ⅲ A 1 cm/ms	?	ⓒ −70	ⓐ +30	ⓑ −80	ⓒ −70

- A를 구성하는 두 뉴런의 흥분 전도 속도는 1 cm/ms로 같고, B와 C의 흥분 전도 속도는 각각 1 cm/ms와 2 cm/ms 중 하나이다.
- A~C 각각에서 활동 전위가 발생하였을 때, 각 지점에서의 막전위 변화는 그림과 같다.

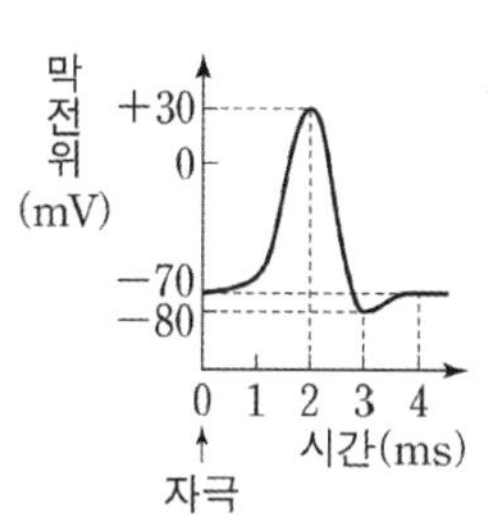

이에 대한 설명으로 옳은 것만을 〈보기〉에서 있는 대로 고른 것은? (단, A~C에서 흥분의 전도는 각각 1회 일어났고, 휴지 전위는 −70 mV이다.) (3점)

[보기]

ㄱ. ⓐ는 −70이다.
  ⓐ는 +30임
ㄴ. ㉮에 시냅스가 있다.
  ㉮에 시냅스에 있음
ㄷ. ㉠이 3 ms일 때, B의 d_2에서 재분극이 일어나고 있다.
  ㉠이 3 ms일 때 B의 d_2에서 탈분극이 일어남

① ㄱ ② ㄴ ③ ㄱ, ㄷ ④ ㄴ, ㄷ ⑤ ㄱ, ㄴ, ㄷ

단서+발상

단서 Ⅰ에서 d_2와 d_4의 막전위가 같으며, Ⅲ에서 d_2와 d_5의 막전위가 같음이 제시되어 있다.

발상 Ⅰ에서 자극이 주어진 지점은 d_2와 d_4의 중앙인 d_3임을 추론할 수 있고, Ⅲ에서 d_2와 d_5의 막전위는 −70 mV임을 추론할 수 있다.

적용 막전위가 −80 mV인 지점은 +30 mV 지점보다 자극이 먼저 도달했음을 적용해서 지점별 막전위를 구하는 것부터 문제 풀이를 시작해야 한다.

| 문제 해결 과정 |

step 1 ⓐ~ⓒ 구하기

- 흥분 전도 속도가 1 cm/ms 또는 2 cm/ms인 상황에 Ⅰ에서 2 cm 떨어져 있는 d_2와 d_4의 막전위가 같으려면 d_2와 d_4 사이의 지점인 d_3에 자극이 주어져야 한다.
- ⓐ~ⓒ는 −80, −70, +30 중 하나이므로, Ⅰ에서 d_3의 막전위(ⓒ)가 −80 mV이고 d_2와 d_4의 막전위(ⓑ)가 +30 mV이거나, d_3의 막전위(ⓒ)가 −70 mV이고 d_2와 d_4의 막전위(ⓑ)가 −80 mV이어야 한다.
- ⓒ가 −80이고 ⓑ가 +30인 경우 막전위가 ⓒ인 지점이 ⓑ인 지점보다 자극이 먼저 도달한 지점이어야 하는데 Ⅲ에서 d_2와 d_5의 막전위가 ⓒ, d_4의 막전위가 ⓑ이므로 모순이다. 꿀팁
- ⓒ는 −70, ⓑ는 −80, ⓐ는 +30이다.

step 2 Ⅰ~Ⅲ의 흥분 전도 속도와 자극을 준 지점 찾기

- Ⅰ의 d_3에서 d_2까지, d_3에서 d_4까지 흥분이 전도되는 시간이 각각 1 ms이므로 흥분 전도 속도는 1 cm/ms이고, Ⅰ에는 시냅스가 없다.
- 자극을 주고 경과된 시간인 t_1은 4 ms이다.
- Ⅱ의 d_1의 막전위가 +30 mV, d_3의 막전위가 −80 mV, d_5의 막전위가 −70 mV이므로 자극이 주어진 지점은 d_5이고 흥분 전도 속도는 2 cm/ms이다.
- 막전위가 −80 mV인 지점은 +30 mV인 지점보다 자극이 먼저 도달한 꿀팁 지점이므로 Ⅲ에서 자극이 주어진 지점은 d_5이다. A~C 중 한 뉴런의 흥분 전도 속도만 2 cm/ms이므로 Ⅲ의 흥분 전도 속도는 1 cm/ms이다.
- Ⅲ의 d_5에서 d_3까지는 1 cm/ms의 속도로 흥분이 전도될 때의 막전위와 일치한다. d_2의 막전위가 −70 mV인 것은 ㉮에 시냅스가 있기 때문에 흥분 전달이 지체되었기 때문이다.
- Ⅲ은 A, Ⅱ는 B, P는 d_5이며, Ⅰ은 C, Q는 d_3이다.

| 보기 분석 |

ㄱ. 문제 해결 과정 step 1 에 따라서 ⓐ는 +30, ⓑ는 −80, ⓒ는 −70이다.
ㄴ. 문제 해결 과정 step 2 에 따라서 d_2와 d_3 사이인 ㉮에 시냅스가 있다.
ㄷ. B의 흥분 전도 속도는 2 cm/ms이다. d_5에서 d_2까지 흥분이 전도되는 시간이 1.5 ms이므로 ㉠이 3 ms일 때, d_2는 자극이 도달한 지 1.5 ms가 지난 후이다. 막전위 변화 그래프에 따르면 이때 d_2에서 탈분극이 일어나고 있다.

문제 풀이 꿀팁

- 막전위가 −80 mV인 지점은 +30 mV인 지점보다 자극이 먼저 도달한 지점임을 이용하면 쉽게 문제를 해결할 수 있다.
- 흥분의 전도가 1회만 일어났으므로 가운데 지점의 막전위가 +30 mV이고, 양옆 지점의 막전위가 −80 mV인 상황은 불가능하다.
- 한 뉴런에서 자극을 주고 경과한 시간이 4 ms일 때 왼쪽 지점부터 차례로 막전위가 +30 mV, −80 mV, −70 mV일 경우 가장 오른쪽 지점에 자극이 주어졌음을 추론할 수 있다.

D 32 정답 ④ ＊흥분 전도와 전달 …… [정답률 71%] 2025 대비 수능 12

다음은 민말이집 신경 A~C의 흥분 전도와 전달에 대한 자료이다.

- 그림은 A~C의 지점 d_1~d_5의 위치를, 표는 ㉮ A와 B의 P에, C의 Q에 역치 이상의 자극을 동시에 1회 주고 경과된 시간이 4 ms일 때 d_1, d_3, d_5에서의 막전위를 나타낸 것이다. P와 Q는 각각 d_2, d_3, d_4 중 하나이고, ㉠~㉥ 중 세 곳에만 시냅스가 있다.

시냅스

A — ㉠ — ㉡
B — ㉢ — ㉣
C — ㉤ — ㉥

d_1 d_2 d_3 d_4 d_5
0 1 2 3 4(cm)
P Q

신경	4 ms일 때 막전위(mV)		
	d_1	d_3	d_5
A	+30	−70	−60
B	ⓐ −80	? −70	+30
C	−70	−80	−80

단서

- A를 구성하는 모든 뉴런의 흥분 전도 속도는 1 cm/ms로 같다. B를 구성하는 모든 뉴런의 흥분 전도 속도는 x로 같고, C를 구성하는 모든 뉴런의 흥분 전도 속도는 y로 같다. x (2 cm/ms) 와 y (1 cm/ms) 는 1 cm/ms와 2 cm/ms를 순서 없이 나타낸 것이다.
- A~C 각각에서 활동 전위가 발생하였을 때, 각 지점에서의 막전위 변화는 그림과 같다.

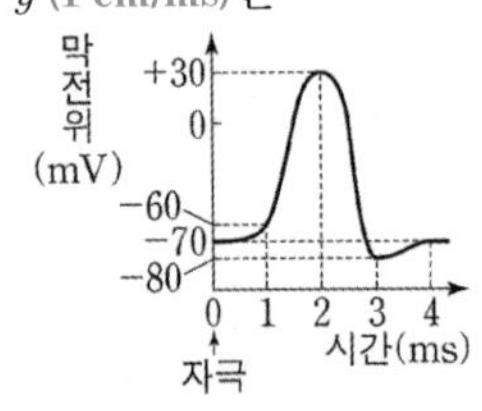

이에 대한 설명으로 옳은 것만을 〈보기〉에서 있는 대로 고른 것은? (단, A~C에서 흥분의 전도는 각각 1회 일어났고, 휴지 전위는 −70 mV이다.) (3점)

[보기]

ㄱ. ⓐ는 −80이다. −80

ㄴ. ㉤에 시냅스가 있다. ㉡, ㉣, ㉤에 시냅스가 있음

ㄷ. ㉮가 3 ms일 때, B의 d_5에서 탈분극이 일어나고 있다. ㉮가 3 ms일 때 B의 $d5$에서 탈분극이 일어나고 있음

① ㄱ ② ㄴ ③ ㄱ, ㄷ ④ ㄴ, ㄷ ⑤ ㄱ, ㄴ, ㄷ

단서+발상

(단서) C에서 d_3과 d_5의 막전위가 모두 −80 mV임이 제시되어 있다.

(발상) C에 자극을 준 지점 Q는 d_4이고 y는 1 cm/ms임을 추론할 수 있다.

(적용) 막전위 변화 그래프를 적용해서 자극을 준 지점을 구하는 것부터 문제 풀이를 시작해야 한다.

| 문제+자료 분석 |

step 1 신경 C 분석하기

- C에서 d_3과 d_5의 막전위가 모두 −80 mV이므로 자극을 준 지점은 그 중간 (꿀팁) 지점인 d_4이고, 흥분 전도 속도 y는 1 cm/ms이며 ㉥에 시냅스는 없다.
- d_4에서 d_1까지의 거리가 3 cm이므로 시냅스가 없다면 자극을 주고 경과된 시간이 4 ms일 때 d_1의 막전위가 −60 mV여야 하는데 −70 mV이므로 ㉤에 시냅스가 있다.

step 2 P의 위치 파악하기

- A의 흥분 전도 속도 x는 1 cm/ms이다.
- A에 자극을 준 지점 P가 d_2라면 d_1의 막전위가 −80 mV여야 하고, P가 d_4라면 d_3의 막전위가 −80 mV여야 하는데 그렇지 않으므로 P는 d_3이다.

step 3 A와 B의 시냅스 위치 파악하기

- A에서 시냅스가 없다면 자극을 주고 경과된 시간이 4 ms일 때 d_3으로부터 2 cm 떨어진 d_1과 d_5의 막전위가 각각 +30 mV여야 한다. A에서 d_1의 막전위는 +30 mV, d_5의 막전위는 −60 mV이므로 ㉠에 시냅스가 없고 ㉡에 시냅스가 있다.
- B의 흥분 전도 속도 x는 2 cm/ms이다. B에서 시냅스가 없다면 자극을 주고 경과된 시간이 4 ms일 때 d_5의 막전위가 −80 mV여야 하는데 +30 mV이므로 ㉣에 시냅스가 있다.

| 보기 분석 |

ㄱ. ㉢에 시냅스가 없으므로 B에서 자극을 주고 경과된 시간이 4 ms일 때 자극을 준 지점 P로부터 2 cm 떨어진 d_1의 막전위는 −80 mV이다. 따라서 ⓐ는 −80이다.

ㄴ. A의 ㉡, B의 ㉣, C의 ㉤에 시냅스가 있다.

ㄷ. ㉮가 4 ms일 때 B의 d_5의 막전위는 +30 mV이므로 ㉮가 3 ms일 때 (자극이 도착한지 1 ms 지난 시점) B의 d_5의 막전위는 −60 mV로 탈분극이 일어나고 있다.

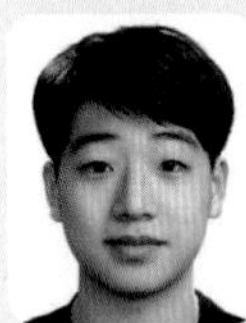

윤혁준 | 2025 수능 응시 · 서울 강서고 졸

생각보다 어렵지 않은 준킬러 전도 문제였어. 전도 문제를 풀 때 주어진 조건이 무엇인지부터 확인해야 되는데, 전체 시간이 주어져 있어. 이를 통해 C의 d_3과 d_5가 대칭임을 발견했다면 B, C의 속도가 확정되고 C의 자극 지점도 확정할 수 있었어. A와 B의 속도와 표의 다른 막전위를 이용하면 문제를 풀 수 있어.

D 33 정답 ② ………………………………………… [정답률 51%]

다음은 민말이집 신경 A와 B의 흥분 전도와 전달에 대한 자료이다.

- 그림은 A와 B의 지점 d_1~d_4의 위치를, 표는 ㉠ A와 B의 지점 X에 역치 이상의 자극을 동시에 1회 주고 경과된 시간이 3ms일 때 d_1~d_4에서의 막전위를 나타낸 것이다. X는 d_1~d_4 중 하나이고, Ⅰ~Ⅳ는 d_1~d_4를 순서 없이 나타낸 것이다.

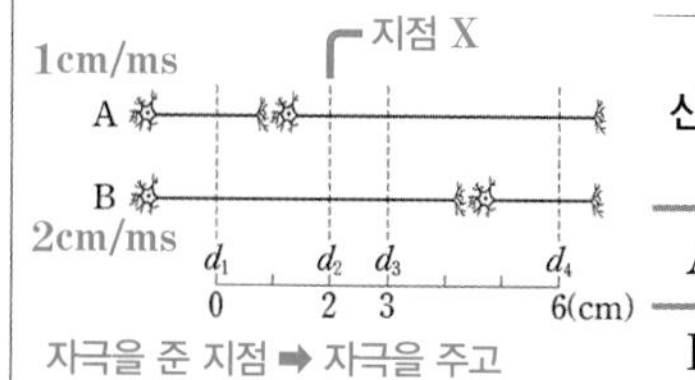

자극을 준 지점 ➡ 자극을 주고 경과된 시간이 곧 막전위 변화 시간

신경	3ms일 때 막전위 (mV)			
	Ⅰ d_3	Ⅱ d_2	Ⅲ d_4	Ⅳ d_1
A	+30	? −80	−70	㉮ −70
B	?	−80	?	+30

자극 준 지점의 막전위는 같음

- A를 구성하는 두 뉴런의 흥분 전도 속도는 ⓐ로 같고, B를 구성하는 두 뉴런의 흥분 전도 속도는 ⓑ로 같다. ⓐ와 ⓑ는 1cm/ms와 2cm/ms를 순서 없이 나타낸 것이다.
- A와 B 각각에서 활동 전위가 발생하였을 때, 각 지점에서의 막전위 변화는 그림과 같다.

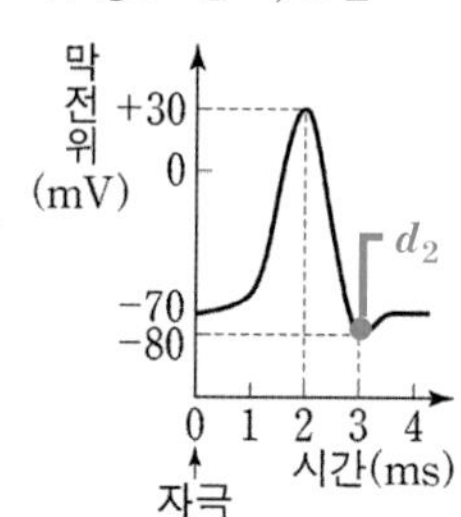

이에 대한 설명으로 옳은 것만을 〈보기〉에서 있는 대로 고른 것은? (단, A와 B에서 흥분의 전도는 각각 1회 일어났고, 휴지 전위는 −70mV이다.) (3점)

2023 대비 6월 모평 11

[보기]

ㄱ. X는 d_3이다.
자극을 준 지점 X는 d_2(Ⅱ)

ㄴ. ㉮는 −70이다.
자극을 준 지점 X로부터 시냅스 이전 뉴런으로 흥분이 전달되지 않으므로 A의 d_1(Ⅳ)은 분극 상태임

ㄷ. ㉠이 5ms일 때 A의 Ⅲ에서 재분극이 일어나고 있다.
㉠이 5ms일 때 A의 Ⅲ(d_4)은 흥분 전도 시간이 4ms, 막전위 변화 시간이 1ms이므로 탈분극이 일어나고 있음

① ㄱ ② ㄴ ③ ㄷ ④ ㄱ, ㄴ ⑤ ㄴ, ㄷ

단서+발상

단서 B의 Ⅱ에서의 막전위가 −80mV이고, 막전위가 −80mV일 때 막전위 변화 시간은 3ms라는 것에 주목한다.

발상 자극을 준 지점에서는 흥분이 각 지점에 도달하는 데 걸린 시간이 0이므로 자극을 주고 경과된 시간이 곧 막전위 변화 시간임을 생각한다.

해결 경과된 시간이 3ms라고 주어졌으므로 A와 B에서 자극을 준 지점 X의 막전위 값은 모두 −80mV로 같아야 한다. 이를 만족하는 것은 Ⅱ이므로 Ⅱ가 X임을 파악할 수 있어야 고난도 문제를 해결할 수 있다.

| 문제 해결 과정 |

step 1 자극을 준 지점 파악하기

- 자극을 주고 경과된 시간=흥분이 각 지점에 도달하는 데 걸린 시간+흥분이 도달한 후 막전위가 변한 시간이다. 이를 이용하면 자극을 준 지점에서는 흥분이 각 지점에 도달하는 데 걸린 시간이 0이므로, 자극을 주고 경과된 시간이 곧 막전위가 변한 시간이다.
- 자극을 준 A와 B의 지점 X에서는 흥분 도달 시간이 0ms, 자극을 주고 경과된 시간이 3ms이므로 막전위 변화 시간은 3ms이다. 따라서 자극을 준 지점의 막전위 값은 모두 −80mV를 나타내어야 하므로 자극을 준 지점 X는 지점 Ⅱ이다.

step 2 Ⅰ~Ⅳ와 d_1~d_4 매칭하기

- A의 Ⅰ과 B의 Ⅳ는 막전위가 +30mV이므로 막전위 변화 시간은 2ms이다. 따라서 자극을 준 지점 X(Ⅱ)로부터 흥분이 이동하는 데 걸린 시간은 3−2=1ms이다.
- 지점 X와 막전위가 +30mV인 지점 사이의 거리를 추론하면 흥분 전도 속도가 1cm/ms인 뉴런에서는 1cm이고, 2cm/ms인 뉴런에서는 2cm가 될 것이다. 이를 만족하려면 자극을 준 지점 X(Ⅱ)는 d_2가 되어야 한다.
- 따라서 막전위가 +30mV인 Ⅰ은 d_3, Ⅳ는 d_1이며, 나머지 Ⅲ은 d_4이다.

step 3 A와 B의 흥분 전도 속도 파악하기

- A에서 자극 지점 d_2와 막전위가 +30mV인 지점 d_3(Ⅰ) 사이의 거리는 1cm, 흥분 이동 시간은 1ms이므로 A의 흥분 전도 속도는 1cm/ms(ⓐ)이다.
- B에서 자극 지점 d_2와 막전위가 +30mV인 지점 d_1(Ⅳ) 사이의 거리는 2cm, 흥분 이동 시간은 1ms이므로 B의 흥분 전도 속도는 2cm/ms(ⓑ)이다.

| 보기 분석 |

ㄱ. X는 d_3이다. (×)

- 문제 해결 과정의 step 1과 step 2를 참고하면, 자극을 준 지점 X는 d_2(Ⅱ)이다.

ㄴ. ㉮는 −70이다. (○)

- 흥분의 전달은 시냅스 이전 뉴런의 축삭 돌기 말단에서 시냅스 이후 뉴런의 가지 돌기나 신경 세포체로만 전달된다.
- A의 d_1(Ⅳ)은 A에서 시냅스 이전 뉴런에 위치한다. A의 d_2(Ⅱ)는 시냅스 이후 뉴런에 위치하므로 A의 d_2(Ⅱ)에 역치 이상의 자극을 주더라도 A의 d_1(Ⅳ)으로 흥분이 전달되지 못한다.
- 따라서 A의 d_1(Ⅳ)은 분극 상태의 휴지 전위이며, ㉮는 −70mV이다.

ㄷ. ㉠이 5ms일 때 A의 Ⅲ에서 재분극이 일어나고 있다. (×)

- A의 d_4(Ⅲ)는 자극을 준 지점 d_2(Ⅱ)로부터 4cm 떨어진 위치에 있다. A의 흥분 전도 속도가 1cm/ms이므로 A의 d_2(Ⅱ)로부터 A의 d_4(Ⅲ)까지 흥분이 도달하는데 4ms가 걸린다.
- 따라서 ㉠이 5ms일 때 A의 Ⅲ(d_4)은 흥분이 도달한 후 1ms가 지난 시점이므로 탈분극이 일어나고 있다.

✪ 정답은 ② ㄴ이다.

문제 풀이 Tip

1. 자극을 준 지점의 막전위는 신경의 흥분 전도 속도와 관계없이 알아낼 수 있다.

- 자극을 주고 경과된 시간=흥분이 각 지점에 도달하는 데 걸린 시간+흥분이 도달한 후 막전위가 변한 시간이다.
- 자극을 준 지점에서는 흥분이 각 지점에 도달하는 데 걸린 시간이 0이므로, 자극을 주고 경과된 시간이 곧 막전위가 변한 시간이다. 따라서 자극을 주고 경과된 시간과 막전위 그래프만으로 자극을 준 지점의 막전위를 알아낼 수 있다.

2. 여러 신경의 동일한 지점에 동시에 자극을 주었다면, 이 지점에서의 막전위는 모두 같다.

단, 이는 그래프를 통해 각 신경의 막전위 변화 양상이 모두 동일하다는 조건이 주어졌을 경우에만 적용할 수 있으니 주의하도록 하자.

D 34 정답 ① ＊흥분의 전도와 전달 [정답률 61%] 2024 실시 5월 학평 12

다음은 민말이집 신경 A와 B의 흥분 전도와 전달에 대한 자료이다.

○ 그림은 A와 B의 지점 d_1~d_4의 위치를, 표는 ㉮ A와 B의 d_1에 역치 이상의 자극을 동시에 1회 주고 경과된 시간이 5 ms일 때 d_2~d_4에서의 막전위를 나타낸 것이다. (가)와 (나) 중 한 곳에만 시냅스가 있으며, ㉠과 ㉡은 각각 −80과 +30 중 하나이다.

단서 A: d_2까지 2 ms, d_3까지 3 ms 걸림
B: d_2까지 3 ms 걸림

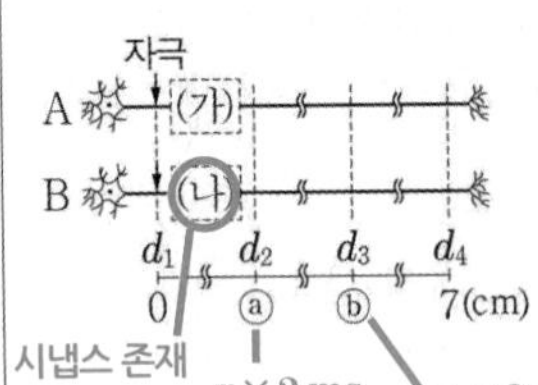

탈분극의 −10 mV

신경	5 ms일 때 막전위(mV)		
	d_2	d_3	d_4
A	㉠−80	㉡+30	−10
B	㉡+30	?	?

○ A와 B 중 1개의 신경은 한 뉴런으로 구성되며, 나머지 1개의 신경은 두 뉴런으로 구성된다. A와 B를 구성하는 뉴런의 흥분 전도 속도는 모두 같다.

○ A와 B 각각에서 활동 전위가 발생하였을 때, 각 지점에서의 막전위 변화는 그림과 같다.

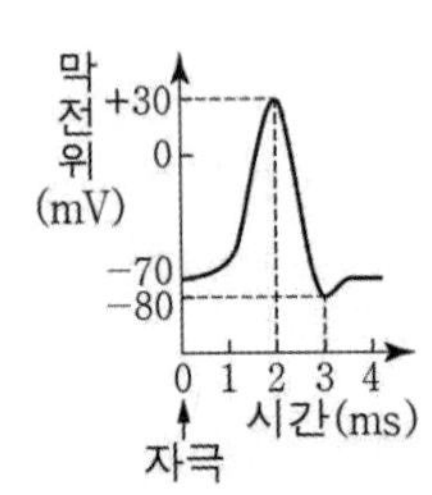

이에 대한 설명으로 옳은 것만을 〈보기〉에서 있는 대로 고른 것은? (단, A와 B에서 흥분의 전도는 각각 1회 일어났고, 휴지 전위는 −70 mV이다.) (3점)

[보기]

ㄱ. 시냅스는 (나)에 있다.
d_2까지 이동 시간이 긴 신경 B의 (나)에 시냅스가 존재함

ㄴ. $\frac{ⓐ}{ⓑ}=\frac{1}{2}$이다.
ⓐ는 흥분 전도 속도의 2배이고, ⓑ는 3배이므로 $\frac{ⓐ}{ⓑ}=\frac{2}{3}$임

ㄷ. ㉮가 6 ms일 때 B의 d_4에서 재분극이 일어나고 있다.
B는 A보다 1 ms 느리게 흥분의 이동이 일어나기 때문에 B의 d_4에서 재분극이 일어날 수 없음

① ㄱ ② ㄴ ③ ㄷ ④ ㄱ, ㄷ ⑤ ㄴ, ㄷ

단서+발상

단서 신경 A와 B의 지점 d_1~d_4의 위치, 5 ms일 때 d_2~d_4의 막전위, 각 지점에서의 막전위 변화 그래프가 제시되어 있다.

발상 '자극을 준 지점과 가까운 지점이 막전위 그래프에서 많은 경로를 지난 상태가 된다.'를 통해 ㉠은 −80, ㉡은 +30임을 추론할 수 있다.

적용 같은 지점 d_2에서 신경 A와 B의 막전위 비교를 통해 (나)에 시냅스가 존재함을 구하는 것부터 문제 풀이를 시작해야 한다.

| 문제+자료 분석 |

• 5 ms일 때 신경 A에서 자극을 준 지점과 가까운 d_2의 막전위는 ㉠이고, d_2보다 거리가 먼 d_3의 막전위는 ㉡이므로 활동 전위 3 ms에 해당하는 −80은 ㉠이고, 활동 전위 2 ms에 해당하는 +30은 ㉡이다.
신경 A에서 d_4에 해당하는 막전위 −10 mV는 탈분극에 해당하는 막전위이다.
➡ A와 B를 구성하는 뉴런의 흥분 전도 속도는 모두 같고, A의 d_2에서의 막전위는 −80 mV, B의 d_2에서의 막전위는 +30 mV이므로 시냅스는 (나)에 존재한다.

• 시냅스가 존재하지 않는 A에서는 d_2까지 5−3=2 ms가 걸리고, d_3까지 5−2=3 ms가 걸린다. ⓐ는 v(신경 A의 흥분 전도 속도)×2 ms이고, ⓑ는 v(신경 A의 흥분 전도 속도)×3 ms이다. ➡ $\frac{ⓐ}{ⓑ}=\frac{2}{3}$이다.

| 보기 분석 |

ㄱ. 신경 A에서 자극을 준 지점과 가까운 d_2의 막전위는 −80(㉠) mV이고, d_2보다 거리가 먼 d_3의 막전위는 +30(㉡) mV이다.
A의 d_2에서의 막전위는 −80 mV, B의 d_2에서의 막전위는 +30 mV이므로 d_2까지 이동 시간이 긴 신경 B의 (나)에 시냅스가 존재한다.

ㄴ. 시냅스가 존재하지 않는 A에서는 d_2까지 2 ms가 걸리고, d_3까지 3 ms가 걸린다. ⓐ는 v(신경 A의 흥분 전도 속도)×2 ms이고, ⓑ는 v(신경 A의 흥분 전도 속도)×3 ms이므로 $\frac{ⓐ}{ⓑ}=\frac{2}{3}$이다.

ㄷ. 활동 전위 2 ms에 해당하는 막전위인 +30 mV가 ㉡이므로 신경 A에서 d_4에 해당하는 막전위 −10 mV는 탈분극에 해당하는 막전위이다.
(나)에 존재하는 시냅스로 인해 B는 A보다 1 ms 느리게 흥분의 이동이 일어나기 때문에 ㉮가 6 ms일 때 B의 d_4에서 재분극이 일어날 수 없다.

문제 풀이 꿀팁

뉴런의 각 지점에서 전체 시간은 흥분이 이동하는 시간과 막전위가 변하는 시간의 합이다. 자극을 준 지점과 가까운 지점이 막전위 그래프에서 많은 경로를 지난 상태가 된다.

다음은 민말이집 신경 A~C의 흥분 전도와 전달에 대한 자료이다.

○ 그림은 A와 B의 지점 d_1으로부터 d_2~d_5까지의 거리를, 표는 A와 B의 d_1에 역치 이상의 자극을 동시에 1회 주고 경과된 시간이 ⓐms일 때 A의 d_2와 d_5, B의 d_2, C의 d_3~ d_5에서의 막전위를 나타낸 것이다. ⓐ는 4와 5 중 하나이다.

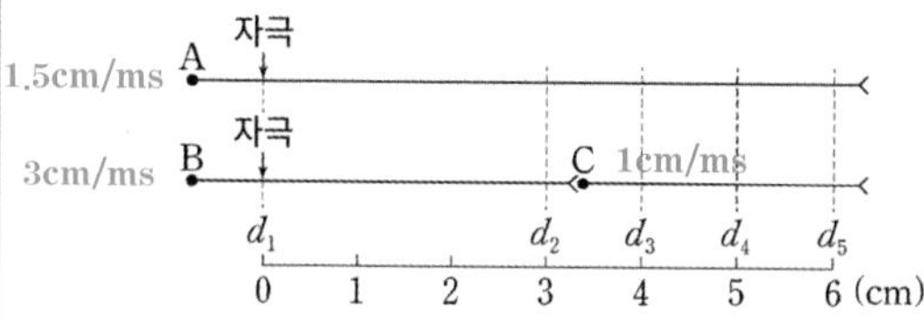

5 ⓐms일 때 막전위

A의 d_2	A의 d_5	B의 d_2	C의 d_3	C의 d_4	C의 d_5
−80	㉠	−70	+30	㉡	−70

막전위 변화 시간이 1ms일 때의 막전위

○ A~C의 흥분 전도 속도는 서로 다르며 각각 1 cm/ms, 1.5 cm/ms, 3 cm/ms 중 하나이다.

○ A~C 각각에서 활동 전위가 발생했을 때 각 지점에서의 막전위 변화는 그림과 같다.

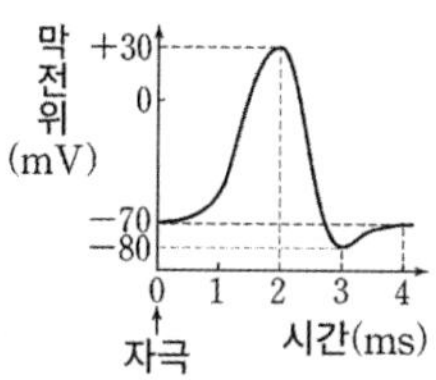

이에 대한 설명으로 옳은 것만을 <보기>에서 있는 대로 고른 것은? (단, A~C에서 흥분의 전도는 각각 1회 일어났고, 휴지 전위는 −70mV 이다.) (3점)

[보기]

ㄱ. ⓐ는 5이다.
→ ⓐ는 5

ㄴ. ㉠과 ㉡은 같다.
→ ㉠과 ㉡은 활동 전위가 시작되고 1ms 지난 후의 막전위로 동일

ㄷ. 흥분 전도 속도는 B가 A의 2배이다.
→ 흥분 전도 속도는 A가 1.5cm/ms, B가 3cm/ms이므로 B가 A의 2배

① ㄱ ② ㄷ ③ ㄱ, ㄴ ④ ㄴ, ㄷ ⑤ ㄱ, ㄴ, ㄷ

| 문제+자료 분석 |

1st ⓐ 구하기

- B의 d_2에서의 막전위가 −70mV이므로 활동 전위가 시작된 후 4ms 이상 지난 시점이다.
- d_2는 d_1으로부터 3cm 떨어져 있으므로 B의 흥분 전도 속도가 1cm/ms라면 ⓐ는 7 이상, 1.5cm/ms라면 ⓐ는 6 이상, 3cm/ms라면 ⓐ는 5 이상이 되어야 한다.
- ⓐ는 4와 5 중 하나라고 문제에 명시되어 있으므로 B의 흥분 전도 속도는 3cm/ms이고 ⓐ는 5다.

2nd A~C의 흥분 전도 속도 파악하기

- A의 d_2에서의 막전위가 −80mV이므로 활동 전위가 시작된 후 3ms가 지난 시점이다. ⓐ가 5이므로 A의 d_1에서 d_2까지 흥분이 전도되는데 걸린 시간은 2ms이다.
- A의 흥분 전도 속도는 $\frac{3\text{cm}}{2\text{ms}}$=1.5cm/ms이다. B의 흥분 전도 속도는 3cm/ms이므로 나머지 C의 흥분 전도 속도는 1cm/ms이다.

3rd ㉠과 ㉡의 막전위 파악하기

- A의 흥분 전도 속도가 1.5cm/ms이고, d_1에서 d_5까지의 거리가 6cm이므로 d_1에서 d_5까지 흥분 도달 시간은 4ms이다. 막전위 변화 시간=경과 시간−흥분 도달 시간이므로 A의 d_5에서 막전위 변화 시간=경과 시간(5ms)−흥분 도달 시간(4ms)= 1ms이다. 따라서 ㉠은 막전위 변화 시간이 1ms일 때의 막전위이다.
- C의 흥분 전도 속도가 1cm/ms이고, 막전위가 +30mV인 d_3에서 d_4까지의 거리가 1cm이므로 ㉡은 막전위 변화 시간이 1ms일 때의 막전위이다.

| 보기 분석 |

ㄱ. ⓐ는 5이다.

ㄴ. ㉠과 ㉡은 막전위 변화 시간이 1ms일 때의 막전위이므로 ㉠과 ㉡의 값은 같다.

ㄷ. B의 흥분 전도 속도는 3cm/ms이고 A의 흥분 전도 속도는 1.5cm/ms이므로 B가 A의 2배이다.

문제 풀이 Tip

자극을 주고 경과된 시간=흥분이 각 지점에 도달하는 데 걸린 시간+흥분이 도달한 후 막전위가 변한 시간으로 나누어 계산한다.
이를 '흥분이 도달한 후 막전위가 변한 시간=자극을 주고 경과된 시간−흥분이 각 지점에 도달하는데 걸린 시간'으로 바꾸어 그래프를 통해 막전위를 알아낼 수 있다.

*** 흥분의 전도 과정**

① 분극: 뉴런이 자극을 받기 전에는 Na^+-K^+ 펌프의 작용과 열려 있는 K^+ 통로를 통한 K^+ 유출에 의해 분극 상태가 된다.
② 탈분극: 역치 이상의 자극에 의해 Na^+ 통로가 열리고 Na^+이 세포 안으로 확산되어 탈분극이 일어난다.
③ 재분극: 대부분의 K^+ 통로가 열리고 K^+이 세포 밖으로 확산되어 재분극이 일어난다.
④ 분극: 재분극이 일어난 부위는 Na^+-K^+ 펌프의 작용으로 분극 상태가 된다.

D 36 정답 ⑤ * 흥분의 전도 ······ [정답률 77%] 2021 대비 9월 모평 10

다음은 민말이집 신경 A~D의 흥분 전도와 전달에 대한 자료이다.

• 그림은 A, C, D의 지점 d_1으로부터 두 지점 d_2, d_3까지의 거리를, 표는 ㉠ A, C, D의 d_1에 역치 이상의 자극을 동시에 1회 주고 경과된 시간이 5ms일 때 d_2와 d_3에서의 막전위를 나타낸 것이다.

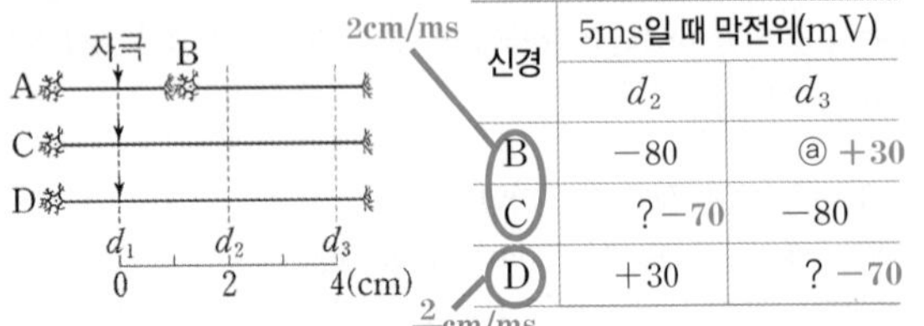

신경	5ms일 때 막전위(mV)	
	d_2	d_3
B	−80	ⓐ +30
C	? −70	−80
D	+30	? −70

• B와 C의 흥분 전도 속도는 같다.

• A~D 각각에서 활동 전위가 발생하였을 때, 각 지점에서의 막전위의 변화는 그림과 같다.

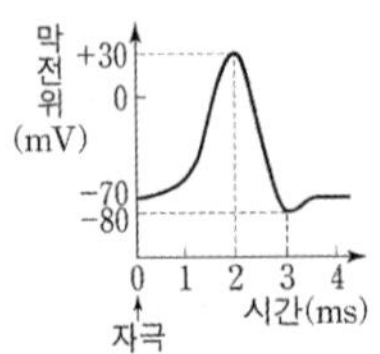

이에 대한 설명으로 옳은 것만을 〈보기〉에서 있는 대로 고른 것은? (단, A~D에서 흥분의 전도는 각각 1회 일어났고, 휴지 전위는 −70 mV이다.) (3점)

[보기]

ㄱ. 흥분의 전도 속도는 C에서가 D에서보다 빠르다.
→ C의 흥분 전도 속도는 2cm/ms, D의 흥분 전도 속도는 $\frac{2}{3}$cm/ms

ㄴ. ⓐ는 +30이다.
→ d_2로부터 2 cm 떨어진 d_3에서의 막전위 ⓐ는 −80mV가 나타나기 1ms 이전의 막전위이므로 +30mV

ㄷ. ㉠이 3ms일 때 C의 d_3에서 탈분극이 일어나고 있다.
→ −80mV가 나타나기 2ms 이전의 막전위이므로 흥분이 도달한 후 1ms 이후의 막전위 변화가 나타나는 시기임

① ㄱ ② ㄷ ③ ㄱ, ㄴ ④ ㄴ, ㄷ ⑤ ㄱ, ㄴ, ㄷ

| 문제+자료 분석 |

1st B와 C의 흥분 전도 속도 구하기

• A, C, D의 지점 d_1에 역치 이상의 자극을 동시에 1회 주고 경과된 시간(㉠)이 5ms일 때 지점 d_1에서의 막전위는 모두 −70mV이다.

• C의 d_1에 역치 이상의 자극을 1회 주고 경과된 시간이 5ms일 때 C의 d_3에서의 막전위가 −80mV이다.

• 흥분이 도달한 후 −80mV가 나타나기까지 3ms가 걸리므로, 4cm만큼 떨어진 d_1으로부터 d_3까지 전도되는데 걸리는 시간은 5−3=2ms이다.

• 따라서 C의 흥분 전도 속도는 $\frac{4cm}{2ms}$=2cm/ms이며, B와 C의 흥분 전도 속도가 같다고 하였으므로 B의 흥분 전도 속도도 2cm/ms이다.

• 그러므로 B의 d_2로부터 2 cm만큼 떨어진 B의 d_3에서의 막전위 변화는 B의 d_2에 대해 1ms만큼 막전위 변화가 늦게 시작된다. 따라서 ⓐ는 흥분이 도달한 후 2ms 이후의 막전위인 +30mV이다.

2nd D의 흥분 전도 속도 구하기

• D의 d_1에 역치 이상의 자극을 1회 주고 경과된 시간이 5ms일 때 D의 d_2에서의 막전위가 +30mV이다.

• 흥분이 도달한 후 +30mV가 나타나기까지 2ms가 걸리므로, 2 cm만큼 떨어진 d_1으로부터 d_2까지 전도되는데 걸리는 시간은 5−2=3ms이다. 따라서 D의 흥분 전도 속도는 $\frac{2cm}{3ms}=\frac{2}{3}$cm/ms이다.

| 보기 분석 |

ㄱ. C의 흥분 전도 속도는 2cm/ms이고, D의 흥분 전도 속도는 $\frac{2}{3}$cm/ms이다. 따라서 흥분의 전도 속도는 C에서가 D에서보다 빠르다.

ㄴ. B의 d_3에서의 막전위 변화는 B의 d_2에서의 막전위 변화에 비해 1ms만큼 막전위 변화가 늦게 시작된다. 따라서 ⓐ는 −80mV가 나타나기 1ms 이전의 막전위인 +30mV이다.

ㄷ. ㉠이 5ms일 때 C의 d_3에서의 막전위가 −80mV이다. 그러므로 ㉠이 3ms일 때 C의 d_3에서의 막전위는 −80mV가 되기 2ms 이전의 막전위, 또는 흥분이 도달한 후 1ms 이후의 막전위로 약 −60mV에 해당한다. 따라서 ㉠이 3ms일 때 C의 d_3에서 탈분극이 일어나고 있다.

D 37 정답 ① * 흥분의 전도와 전달 ······ [정답률 57%] 2024 대비 9월 모평 12

다음은 민말이집 신경 A~C의 흥분 전도와 전달에 대한 자료이다.

○ 그림은 A~C의 지점 d_1~d_5의 위치를, 표는 ㉠ A~C의 P에 역치 이상의 자극을 동시에 1회 주고 경과된 시간이 4 ms일 때 d_1~d_5에서의 막전위를 나타낸 것이다. P는 d_1~d_5 중 하나이고, (가)~(다) 중 두 곳에만 시냅스가 있다. Ⅰ~Ⅲ은 d_2~d_4를 순서 없이 나타낸 것이다.

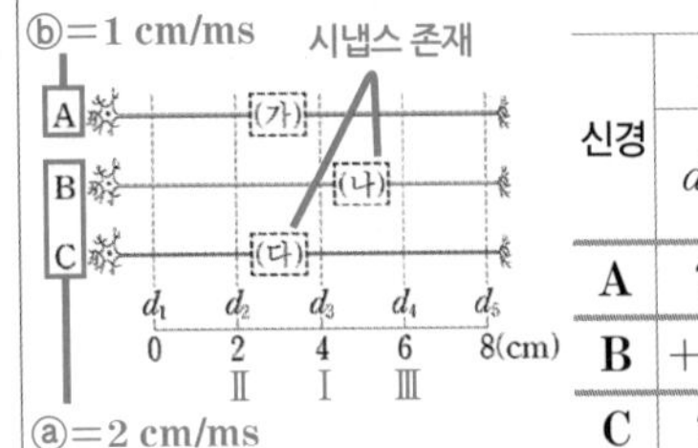

자극을 준 P

신경	4 ms일 때 막전위(mV)				
	d_1	Ⅰ d_3	Ⅱ d_2	Ⅲ d_4	d_5
A	?	? −70	+30	+30	−70
B	+30	−70	? −80	+30	?
C	?	? −70	?	−80	+30

○ A~C 중 2개의 신경은 각각 두 뉴런으로 구성되고, 각 뉴런의 흥분 전도 속도는 ⓐ로 같다. 나머지 1개의 신경의 흥분 전도 속도는 ⓑ이다. ⓐ와 ⓑ는 서로 다르다.

○ A~C 각각에서 활동 전위가 발생하였을 때, 각 지점에서의 막전위 변화는 그림과 같다.

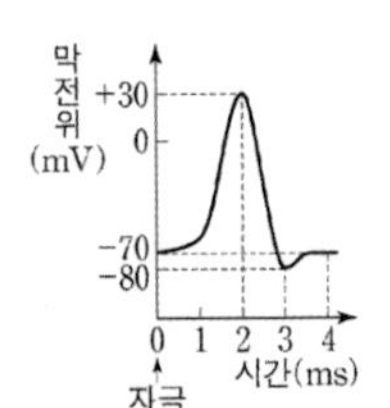

이에 대한 설명으로 옳은 것만을 〈보기〉에서 있는 대로 고른 것은? (단, A~C에서 흥분의 전도는 각각 1회 일어났고, 휴지 전위는 −70 mV이다.) (3점)

[보기]

ㄱ. Ⅱ는 d_2이다. (나)에 시냅스가 존재하고 Ⅱ는 d_2

ㄴ. ⓐ는 ~~1 cm/ms~~이다.
B와 C의 흥분 전도 속도는 2 cm/ms이므로 ⓐ는 2 cm/ms임

ㄷ. ㉠이 5 ms일 때 B의 d_5에서의 막전위는 ~~−80 mV~~이다.
d_3에서 d_5까지 흥분 이동 시간은 3 ms이므로 5 ms일 때 막전위는 +30 mV임

① ㄱ ② ㄴ ③ ㄱ, ㄷ ④ ㄴ, ㄷ ⑤ ㄱ, ㄴ, ㄷ

| 문제+자료 분석 |

- 자극을 준 P에서는 A~C 모두 4 ms일 때 막전위가 -70 mV이어야 하므로 자극을 준 곳은 Ⅰ이다.
- 신경 A의 Ⅱ와 Ⅲ에서 4 ms일 때 막전위가 $+30$ mV이다. $+30$ mV는 활동 전위 2 ms에 해당하는 막전위이므로 P(Ⅰ)에서 Ⅱ와 Ⅲ까지 흥분이 이동하는 데 걸린 시간은 2 ms로 동일하다. 따라서 P(Ⅰ)는 d_3, Ⅱ와 Ⅲ은 d_2와 d_4 중 하나이다. 또한 신경 A의 흥분 전도 속도는 1 cm/ms이고, (가)에는 시냅스가 존재하지 않는다.
- 신경 B의 d_1에 해당하는 막전위가 $+30$ mV이고, d_3에서 d_1까지 흥분이 이동하는 데 걸린 시간이 2 ms이므로 신경 B의 흥분 전도 속도는 2 cm/ms이다. 또한 Ⅲ의 막전위가 $+30$ mV이므로 (나)에 시냅스가 존재하고 Ⅲ은 d_4이며 Ⅱ는 d_2이다.
- 신경 C의 Ⅲ(d_4)의 막전위는 -80 mV, d_5의 막전위는 $+30$ mV이므로 신경 C의 흥분 전도 속도는 2 cm/ms이다. 따라서 ⓐ는 2 cm/ms, ⓑ는 1 cm/ms이다.

| 보기 분석 |

ㄱ. 신경 B의 d_1과 Ⅲ에 해당하는 막전위는 $+30$ mV이므로 자극을 준 Ⅰ(d_3)에서 d_1과 Ⅲ까지 흥분이 이동하는 데 걸린 시간은 2 ms이다. (나)에 시냅스가 존재하며 Ⅲ은 d_4이고 Ⅱ는 d_2이다.

ㄴ. 신경 A의 흥분 전도 속도는 1 cm/ms, 신경 B와 C의 흥분 전도 속도는 2 cm/ms이다. 따라서 ⓐ는 2 cm/ms, ⓑ는 1 cm/ms이다.

ㄷ. B의 d_3에서 d_4까지 흥분이 이동하는 데 걸린 시간은 2 ms이고, d_4에서 d_5까지 흥분이 이동하는 데 걸린 시간은 1 ms이다. 총 이동 시간이 3 ms이므로 5 ms일 때 d_5에서의 막전위는 2 ms에 해당하는 막전위인 $+30$ mV이다.

D

D 38 정답 ③ ＊흥분의 전도와 전달 ······ [정답률 46%] 2021 실시 9월 학평 18(고2)

다음은 민말이집 신경 A와 B의 흥분 이동에 대한 자료이다.

- 그림은 A와 B의 지점 d_1 ~ d_3의 위치를, 표는 A와 B의 d_2에 역치 이상의 자극을 동시에 1회 주고 경과한 시간이 t_1일 때, d_1 ~ d_3에서 측정한 막전위를 나타낸 것이다.

자극을 준 지점에서는 자극을 주고 경과된 시간이 곧 막전위가 변한 시간

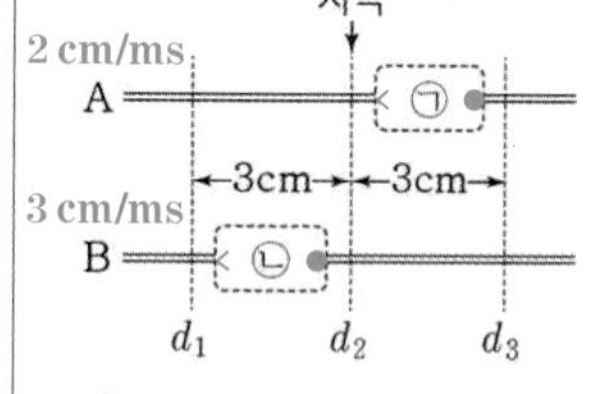

3 ms

신경	t_1일 때 막전위(mV)		
	d_1	d_2	d_3
A	0	-80	-60
B	-70	? -80	ⓐ $+35$

- ㉠과 ㉡에는 각각 하나의 시냅스가 있으며, 시냅스에서 흥분 전달 시간은 같다.
- A에서의 흥분 전도 속도와 B에서의 흥분 전도 속도 중 하나는 2 cm/ms, 다른 하나는 3 cm/ms이다.
- A와 B의 d_1 ~ d_3에서 활동 전위가 발생했을 때, 각 지점에서의 막전위 변화는 그림과 같다. 휴지 전위는 -70 mV이다.

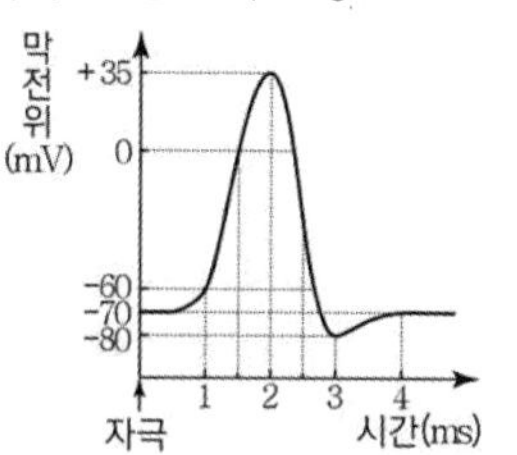

이에 대한 설명으로 옳은 것만을 〈보기〉에서 있는 대로 고른 것은? (단, A와 B의 d_2에서 활동 전위는 각각 1회만 발생했고, 시냅스 틈의 거리는 고려하지 않으며, 제시된 조건 이외의 다른 조건은 동일하다.) (3점)

[보기]

ㄱ. t_1은 3 ms이다. 자극을 준 지점에서는 바로 막전위가 변함

ㄴ. ⓐ는 $+35$이다. B의 흥분 전도 속도는 3 cm/ms

ㄷ. B의 d_1에 역치 이상의 자극을 주고 경과된 시간이 5 ms일 때, d_3는 ~~분극 상태~~이다. 재분극 상태임

① ㄱ ② ㄷ ③ ㄱ, ㄴ ④ ㄴ, ㄷ ⑤ ㄱ, ㄴ, ㄷ

| 문제+자료 분석 |

step 1 t_1 추론하기

- A의 d_2에 역치 이상의 자극을 1회 주고 경과한 시간이 t_1일 때, d_2에서 측정한 막전위가 -80 mV이므로 자극을 주고 3 ms이 경과한 후 측정한 것임을 알 수 있다. 따라서 t_1은 3 ms이다.

step 2 A와 B의 흥분 전도 속도 구하기

- A의 d_2에서 d_1까지 흥분이 전도되는 데 걸리는 시간은 A의 흥분 전도 속도가 2 cm/ms이라면 1.5 ms, A의 흥분 전도 속도가 3 cm/ms이면 1 ms이다.
- A의 d_2의 막전위는 -80 mV이므로 막전위 변화 시간은 3 ms이다. 막전위 변화 시간 3 ms에서 1.5 ms 또는 1 ms를 빼면 1.5 ms 또는 2 ms이다. 1.5 ms일 때 막전위 값이 0이므로 A의 d_1에서 측정한 막전위 값과 일치한다. 따라서 A의 흥분 전도 속도는 2 cm/ms이고 나머지 B의 흥분 전도 속도는 3 cm/ms이다.

step 3 시냅스에서의 흥분 전달 시간 구하기

- A의 d_2와 d_3 사이에 시냅스가 없다면 흥분이 d_3에 도달하는 데 걸린 시간은 1.5 ms이지만 ㉠에는 시냅스가 있고, 흥분 전달 속도는 흥분 전도 속도에 비해 더 느리다. 따라서 흥분이 d_3에 도달하는 데 걸린 시간은 1.5 ms보다 더 소요되고, 막전위 변화 시간은 1.5 ms 미만이다.
- A의 d_3에서 측정한 막전위는 -60 mV이므로 막전위 변화 시간은 1 ms이며, A의 d_2에서 d_3까지 흥분이 이동하는 데 걸린 시간은 2 ms이고 흥분 전달 시간은 0.5 ms임을 알 수 있다.

| 보기 분석 |

ㄱ 자극을 준 지점(d_2)에서는 바로 막전위가 변하고 A의 d_2에서의 막전위 값이 -80 mV이므로 t_1은 3 ms이다.

ㄴ B의 흥분 전도 속도는 3 cm/ms이므로 B의 d_2에 역치 이상의 자극을 주고 흥분이 d_3까지 이동하는 데 걸린 시간은 1 ms이며, 막전위는 흥분이 d_3에 도착 후 $3-1=2$ ms이 지났을 때의 값이다. 따라서 ⓐ는 $+35$ mV이다.

ㄷ. B의 d_2에 역치 이상의 자극을 주고 3 ms이 경과하였을 때 흥분이 d_1에 도달하였다면 ㉡에 있는 시냅스에서 흥분 전달 시간은 ㉠에서의 흥분 전달 시간과 같아 0.5 ms이 소요되므로 d_2에서 d_1까지 흥분이 이동하는 데 걸린 시간은 1.5 ms이다. d_1에 흥분이 도착하고 1.5 ms동안 막전위가 변화하여 막전위 값은 0 mV이어야하는데 -70 mV이므로 흥분이 d_1에 도달하지 않았다는 것을 알 수 있고 B의 흥분 전달 방향은 오른쪽이다. B의 d_1에 역치 이상의 자극을 주고 경과된 시간이 5 ms일 때, 흥분이 d_3에 도달하는 데 걸린 시간은 2.5 ms(d_1에서 d_2까지 흥분이 이동하는 데 걸린 시간 1.5 ms$+d_2$에서 d_3까지 흥분이 전도되는 데 걸린 시간 1 ms)이므로 d_3에 흥분이 도착한 후 막전위 변화 시간이 2.5 ms인 시점에서 d_3는 재분극 상태이다.

D 39 정답 ⑤ .... [정답률 51%]

다음은 민말이집 신경 (가)와 (나)의 흥분 이동에 대한 자료이다.

- 그림은 (가)와 (나)의 지점 d_1~d_4의 위치를, 표는 (가)와 (나)의 ⓐd_1에 역치 이상의 자극을 동시에 1회 주고 경과한 시간이 4ms일 때 d_2~d_4에서 측정한 막전위를 나타낸 것이다. (가)와 (나) 중 한 신경에서만 d_2~d_4 사이에 하나의 시냅스가 있으며, 시냅스 전 뉴런과 시냅스 후 뉴런의 흥분 전도 속도는 서로 같다.

(가)의 d_2와 d_3 사이에 시냅스가 존재

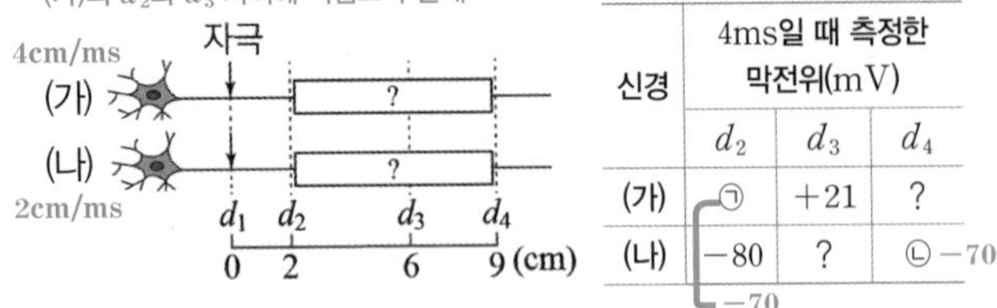

신경	4ms일 때 측정한 막전위(mV)		
	d_2	d_3	d_4
(가)	㉠	+21	?
(나)	−80	?	㉡ −70

−70

(나)의 d_2에 역치 이상의 자극이 온지 3ms가 지남

- (가)와 (나)를 구성하는 뉴런의 흥분 전도 속도는 각각 2cm/ms, 4cm/ms 중 하나이다.
- (가)와 (나)의 d_1~d_4에서 활동 전위가 발생하였을 때, 각 지점에서의 막전위 변화는 그림과 같다. 휴지 전위는 −70mV이다.

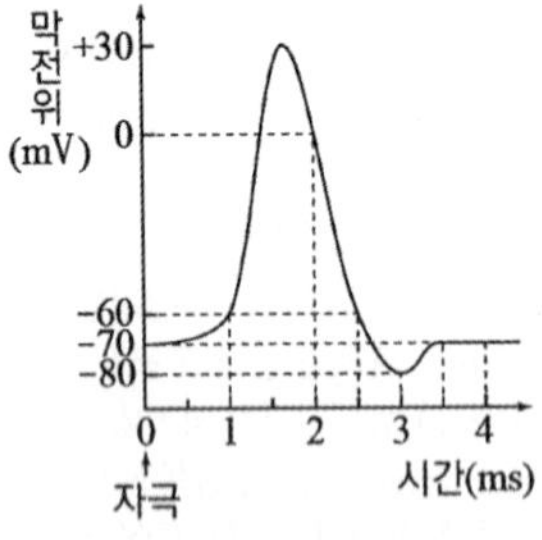

이에 대한 설명으로 옳은 것만을 〈보기〉에서 있는 대로 고른 것은? (단, (가)와 (나)를 구성하는 뉴런에서 흥분의 전도는 각각 1회 일어났고, 제시된 조건 이외의 다른 조건은 동일하다.) (3점) 2020 실시 7월 학평 5

[보기]

ㄱ. ㉠과 ㉡은 모두 −70이다.
→ ㉠은 활동 전위가 발생한 후, ㉡은 활동 전위가 발생하기 전으로 막전위는 모두 −70

ㄴ. 시냅스는 (가)의 d_2와 d_3 사이에 있다.
→ d_3에 활동 전위가 느리게 발생한 것은 (가)의 d_2와 d_3 사이에 시냅스가 있기 때문임

ㄷ. ⓐ가 5ms일 때 (나)의 d_3에서 재분극이 일어나고 있다.
→ (나)의 d_3에 역치 이상의 자극이 온 지 2초가 지난 후로 재분극이 일어남

① ㄱ ② ㄷ ③ ㄱ, ㄴ
④ ㄴ, ㄷ ⑤ ㄱ, ㄴ, ㄷ

단서+발상

단서 (나)의 d_2에서의 막전위가 −80mV인 것에 주목한다.

발상 경과된 시간이 4ms이고 (나)의 d_2에서의 막전위 변화 시간이 3ms이므로 (나)의 d_1에서 d_2까지 흥분이 이동하는 시간은 1ms라는 것을 생각한다.

해결 d_1에서 d_2 사이의 거리가 2cm이므로 속도$=\frac{\text{시간}}{\text{거리}}$를 통해 (나)의 흥분 전도 속도는 2cm/ms임을 파악할 수 있어야 고난도 문제를 해결할 수 있다.

| 문제 해결 과정 |

step 1 각 뉴런의 흥분 전도 속도 파악하기

- ⓐ가 4ms일 때 (나)의 d_2에서 측정한 막전위가 −80mV인 것은 역치 이상의 자극이 온 지 3ms가 지난 후이므로 (나)의 d_1에서 d_2까지 흥분이 이동하는 시간은 1ms이다.
- d_1에서 d_2 사이의 거리가 2cm이므로 (나)의 흥분 전도 속도는 2cm/ms이고, (가)의 흥분 전도 속도는 4cm/ms이다.

step 2 제시된 막전위를 바탕으로 시냅스의 위치 파악하기

- (가)의 흥분 전도 속도가 4cm/ms이므로 A의 d_1에서 발생한 흥분이 d_3에 도달하기까지 걸리는 시간은 $\frac{\text{해당 지점까지의 거리}}{\text{전도 속도}}$이므로 $\frac{6}{4}=1.5$ms이다.
- ⓐ가 4ms일 때 (가)의 d_3에서 역치 이상의 자극이 온 지 2.5ms가 지난 후이므로 이 때 측정한 막전위는 −60mV이어야 하는데 +21mV인 것은 흥분이 지체된 것으로 d_2와 d_3 사이에 시냅스가 존재한다.

step 3 각 지점에서의 흥분 전도 상태 분석하기

- (가)에서 d_1에서 d_2까지 흥분이 이동하는 시간은 $\frac{\text{해당 지점까지의 거리}}{\text{전도 속도}}$이므로 $\frac{2}{4}=0.5$ms이다. ⓐ가 4ms일 때 (가)의 d_1에서 역치 이상의 자극이 온 지 3.5ms가 지난 후이므로 ㉠은 −70이다.
- (나)에서 d_1에서 d_4까지 흥분이 이동하는 시간은 $\frac{\text{해당 지점까지의 거리}}{\text{전도 속도}}$이므로 $\frac{9}{2}=4.5$ms이다. ⓐ가 4ms일 때 (나)의 d_4에는 활동 전위가 발생하기 전이므로 ㉡은 −70이다.

| 보기 분석 |

ㄱ. ㉠과 ㉡은 모두 −70이다. (○)

문제 해결 과정의 step 3 를 참고하면, ㉠은 활동 전위가 발생한 후 다시 분극 상태로 돌아온 시점이고, ㉡은 활동 전위가 발생하기 전의 분극 상태로 막전위는 모두 −70이다.

ㄴ. 시냅스는 (가)의 d_2와 d_3 사이에 있다. (○)

문제 해결 과정의 step 2 를 참고하면, (가)의 d_2와 d_3 사이에 시냅스가 존재한다.

ㄷ. ⓐ가 5ms일 때 (나)의 d_3에서 재분극이 일어나고 있다. (○)

(나)의 d_1에서 d_3까지 흥분이 이동하는 시간은 $\frac{\text{해당 지점까지의 거리}}{\text{전도 속도}}$이므로 $\frac{6}{2}=3$ms이다.
ⓐ가 5ms일 때 (가)의 d_3에서 역치 이상의 자극이 온 지 2ms가 지난 후이므로 재분극이 일어나고 있다.

✪ 정답은 ⑤ ㄱ, ㄴ, ㄷ이다.

문제 풀이 Tip

막전위가 −80mV인 지점을 먼저 파악한다.

흥분의 발생 과정에서 막전위가 −80mV인 순간은 딱 한 번 존재하므로 해당 지점에 역치 이상의 자극이 도달한 지 몇 ms가 지난 후인지 알 수 있다.

* 흥분의 전도

분극	세포막 안쪽은 음전하, 바깥쪽은 양전하를 띠는 평소의 상태이다.
탈분극	역치 이상의 자극을 받으면 나트륨 통로가 열려 나트륨 이온이 세포 안으로 유입되어 막전위가 역전된다.
재분극	나트륨 통로는 닫히고 칼륨 통로가 열리면서 칼륨 이온이 세포 밖으로 유출되어 막전위가 회복된다.

D 40 정답 ③ * 흥분의 전도와 전달 [정답률 63%] 2024 실시 10월 학평 12

다음은 민말이집 신경 A와 B의 흥분 전도와 전달에 대한 자료이다.

- 그림은 A와 B에서 지점 $d_1 \sim d_4$의 위치를, 표는 A와 B의 d_1에 역치 이상의 자극을 동시에 1회 주고 경과한 시간이 5 ms일 때 $d_1 \sim d_4$에서의 막전위를 나타낸 것이다. Ⅰ~Ⅳ는 $d_1 \sim d_4$를 순서 없이 나타낸 것이고, ㉠~㉣은 −80, −70, −60, 0을 순서 없이 나타낸 것이다.

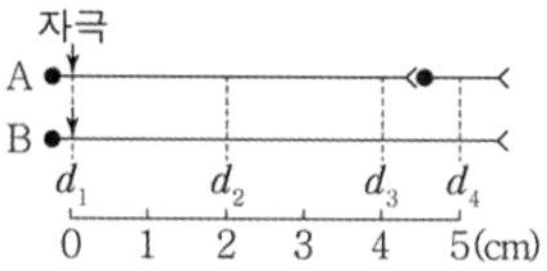

신경	5 ms일 때 막전위(mV)			
	Ⅰ (d_4)	Ⅱ (d_3)	Ⅲ (d_1)	Ⅳ (d_2)
A	㉠ (0)	㉡ (−80)	? (−70)	㉢ (−70)
B	? (−70)	㉣ (−60)	㉢ (−70)	㉡ (−80)

단서

- A를 구성하는 두 뉴런의 흥분 전도 속도는 ⓐ로 같고, B의 흥분 전도 속도는 ⓑ이다. ⓐ와 ⓑ는 1 cm/ms와 2 cm/ms를 순서 없이 나타낸 것이다.
  ⓐ: 2 cm/ms, ⓑ: 1 cm/ms
- A와 B 각각에서 활동 전위가 발생하였을 때, 각 지점에서의 막전위 변화는 그림과 같다.

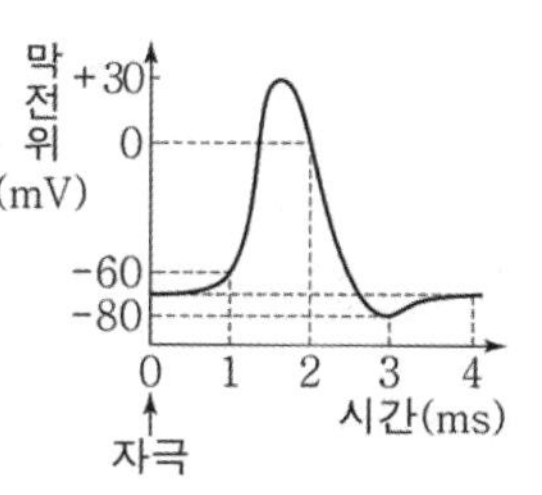

이에 대한 옳은 설명만을 <보기>에서 있는 대로 고른 것은? (단, A와 B에서 흥분 전도는 각각 1회 일어났고, 휴지 전위는 −70 mV이다.) (3점)

[보기]

ㄱ. Ⅳ는 d_2이다.
Ⅰ은 d_4, Ⅱ는 d_3, Ⅲ은 d_1, Ⅳ는 d_2임

ㄴ. ㉠은 ~~−60~~이다.

㉠은 0, ㉡은 −80, ㉢은 −70, ㉣은 −60임

ㄷ. 5 ms일 때 B의 Ⅱ에서 탈분극이 일어나고 있다.
5 ms일 때 B의 Ⅱ (d_3)에서 탈분극이 일어남

① ㄱ ② ㄴ ③ ㄱ, ㄷ ④ ㄴ, ㄷ ⑤ ㄱ, ㄴ, ㄷ

단서+발상

(단서) 5 ms일 때 B의 세 지점 Ⅱ~Ⅳ의 막전위가 서로 다르며 −80, −70, −60, 0 중 하나임이 제시되어 있다.

(발상) B의 흥분 전도 속도가 2 cm/ms라면 세 지점의 막전위가 서로 다를 수 없으므로 흥분 전도 속도가 1 cm/ms임을 추론할 수 있다.

(적용) 시간에 따른 막전위 변화 그래프를 적용해서 B의 흥분 전도 속도를 구하는 것부터 문제 풀이를 시작해야 한다.

| 문제+자료 분석 |

step 1 A와 B의 흥분 전도 속도 파악하기

- 자극을 주고 경과한 시간이 5 ms일 때 B의 Ⅱ~Ⅳ의 막전위는 각각 ㉡, ㉢, ㉣로 서로 다르다.
- B의 흥분 전도 속도가 2 cm/ms라면 d_1, d_2, d_3, d_4의 막전위는 각각 −70 mV, −70 mV, −80 mV, −70 mV로 모순이다. 꿀팁

- B의 흥분 전도 속도는 1 cm/ms(ⓑ)이고, A의 흥분 전도 속도는 2 cm/ms(ⓐ)이다.

step 2 A와 B의 각 지점의 막전위 파악하기

- A의 d_1~d_3의 막전위는 각각 −70, −70, −80이다.
- B의 d_1~d_4의 막전위는 각각 −70, −80, −60, −70이다.

step 3 ㉠~㉣, Ⅰ~Ⅳ 찾기

- B의 막전위인 ㉡~㉣ 중에 0이 없으므로 ㉠은 0이고, Ⅰ은 d_4이다.
- A의 막전위인 ㉠~㉢ 중에 −60이 없으므로 ㉣은 −60이고, Ⅱ는 d_3이다.
- d_3일 때 A의 막전위인 ㉡은 −80이고, B의 막전위가 −80인 지점 Ⅳ는 d_2이다.
- Ⅲ은 d_1이고, ㉢은 −70이다.

| 보기 분석 |

ㄱ. Ⅰ은 d_4, Ⅱ는 d_3, Ⅲ은 d_1, Ⅳ는 d_2이다.
ㄴ. ㉠은 A의 Ⅰ (d_4)의 막전위로 0이다.
ㄷ. 5 ms일 때 B의 Ⅱ (d_3)는 자극이 도달한지 1 ms 지난 후로 탈분극이 일어나고 있다.

문제 풀이 꿀팁

- 주어진 뉴런의 흥분 전도 속도가 1 cm/ms와 2 cm/ms 중 하나로 제시되어 있다면, 각각의 속도일 때 제시된 막전위 조건에 부합하는지를 먼저 확인하여 흥분 전도 속도를 구할 수 있다.

D 41 정답 ⑤ ＊흥분 전도와 전달 [정답률 68%] 2024 실시 3월 학평 11

다음은 민말이집 신경 A와 B의 흥분 전도와 전달에 대한 자료이다.

- A와 B는 각각 2개의 뉴런으로 구성되고, 각 뉴런의 흥분 전도 속도는 ⓐ로 같다. ⓐ는 2 cm/ms
- 그림은 A와 B에서 지점 $d_1 \sim d_3$의 위치를, 표는 A와 B의 d_1에 역치 이상의 자극을 동시에 1회 주고 경과된 시간이 4 ms일 때 Ⅰ과 Ⅱ에서의 막전위를 나타낸 것이다. Ⅰ과 Ⅱ는 d_2와 d_3을 순서 없이 나타낸 것이다.

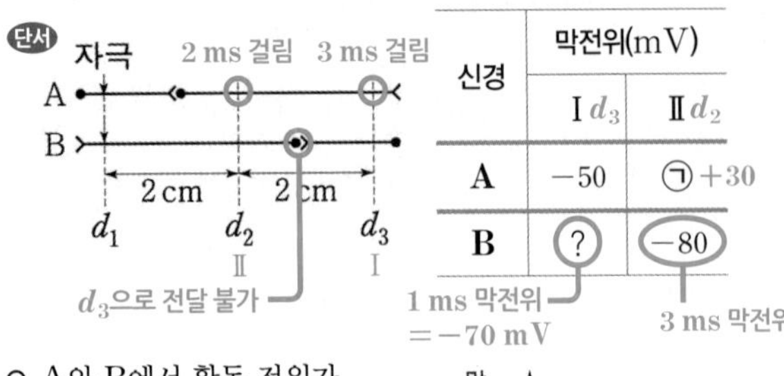

신경	막전위(mV)	
	Ⅰ d_3	Ⅱ d_2
A	−50	㉠ +30
B	?	−80

1 ms 막전위 = −70 mV　3 ms 막전위

- A와 B에서 활동 전위가 발생했을 때, 각 지점에서의 막전위 변화는 그림과 같다.

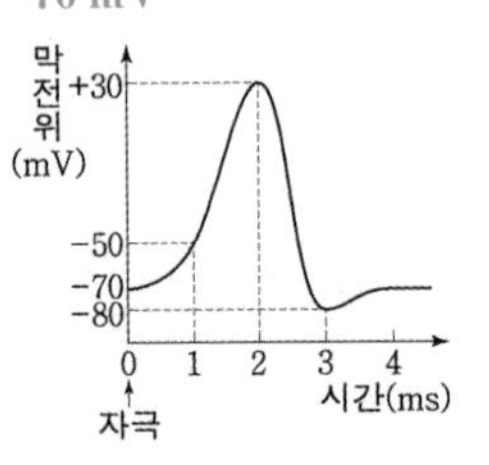

이에 대한 옳은 설명만을 〈보기〉에서 있는 대로 고른 것은? (단, A와 B에서 흥분의 전도는 각각 1회 일어났고, 휴지 전위는 −70 mV이다.) (3점)

[보기]

ㄱ. Ⅰ은 d_3이다.
B의 d_3에는 흥분이 전달되지 않아 막전위가 −70 mV이므로 Ⅰ은 d_3임

ㄴ. ⓐ는 2 cm/ms이다.
B에서 d_2(Ⅱ)까지 이동하는 데 걸린 시간은 1 ms이므로 ⓐ는 2 cm/ms임

ㄷ. ㉠은 +30이다.
A의 d_2(Ⅱ)까지 흥분 이동 시간은 2 ms이므로 ㉠은 +30임

① ㄱ　② ㄷ　③ ㄱ, ㄴ　④ ㄴ, ㄷ　⑤ ㄱ, ㄴ, ㄷ

단서+발상

단서 2개의 뉴런으로 구성된 민말이집 신경 A와 B, 4 ms일 때 Ⅰ과 Ⅱ에서의 막전위 표, A와 B에서 활동 전위가 발생했을 때, 각 지점에서의 막전위 변화 그래프가 제시되어 있다.

발상 흥분은 시냅스 이전 뉴런의 축삭 돌기 말단에서 시냅스 이후 뉴런의 가지돌기나 신경 세포체 쪽으로만 전달되고 B의 Ⅱ가 −80 mV이므로 Ⅰ은 d_3, Ⅱ는 d_2임을 추론할 수 있다.

적용 B의 Ⅱ에서 막전위가 활동 전위 3 ms에 해당하는 −80 mV이므로 B에서 Ⅱ까지 이동하는 데 걸린 시간은 1 ms임을 통해 ⓐ가 2 cm/ms라는 것을 구하는 것부터 문제 풀이를 시작해야 한다.

| 문제+자료 분석 |

- 신경 전달 물질이 들어 있는 시냅스 소포는 시냅스 이전 뉴런의 축삭 돌기 말단에 있고, 신경 전달 물질 수용체는 시냅스 이후 뉴런의 신경 세포체나 가지 돌기에 있다.
  ➡ 흥분은 시냅스 이전 뉴런의 축삭 돌기 말단에서 시냅스 이후 뉴런의 가지돌기나 신경 세포체 쪽으로만 전달된다.
- B의 d_3에는 흥분이 전달되지 않아 막전위가 −70 mV이므로 Ⅰ은 d_3, Ⅱ는 d_2이다. B의 d_2(Ⅱ)에서 막전위가 활동 전위 3 ms에 해당하는 −80 mV이므로 B의 d_1에서 d_2(Ⅱ)까지 흥분이 이동하는 데 걸린 시간은 1 ms이다. 
  ➡ A와 B의 각 뉴런의 흥분 전도 속도는 2 cm/ms(ⓐ)이다.
- A의 d_3(Ⅰ)에서 막전위가 −50 mV이므로, A의 d_3(Ⅰ)까지의 흥분 이동 시간은 3 ms이다.
  ➡ A의 d_2에서 d_3까지의 흥분 이동 시간은 1 ms이므로 A의 d_1에서 d_2(Ⅱ)까지의 흥분 이동 시간은 2 ms이다. 따라서 ㉠은 +30이다.

| 보기 분석 |

ㄱ B의 d_3에는 흥분이 전달되지 않아 막전위가 −70 mV이므로 Ⅰ은 d_3이다.

ㄴ B의 d_2(Ⅱ)에서 막전위가 활동 전위 3 ms에 해당하는 −80 mV이므로 B에서 d_2(Ⅱ)까지 이동하는 데 걸린 시간은 1 ms이다. 따라서 ⓐ는 2 cm/ms이다.

ㄷ A의 d_1에서 d_3(Ⅰ)까지의 흥분 이동 시간은 3 ms이고, A의 d_2에서 d_3까지의 흥분 이동 시간은 1 ms이므로 A의 d_1에서 d_2(Ⅱ)까지의 흥분 이동 시간은 2 ms이다. 따라서 ㉠은 +30이다.

문제 풀이 꿀팁

−80 mV는 막전위 변화 그래프의 한 시점에서만 나타나기 때문에 어느 시점인지 바로 특정 지을 수 있다. 따라서 흥분 전도에 대한 문제에 접근할 때는 막전위가 −80 mV인 지점을 먼저 분석한다.

D 42 정답 ① * 흥분의 전도 ·································· [정답률 67%] 2020 실시 10월 학평 13

다음은 민말이집 신경 A와 B에 대한 자료이다.

○ 그림 (가)는 A와 B에서 지점 p_1~p_4의 위치를, (나)는 A와 B 각각에서 활동 전위가 발생했을 때 각 지점에서의 막전위 변화를 나타낸 것이다.

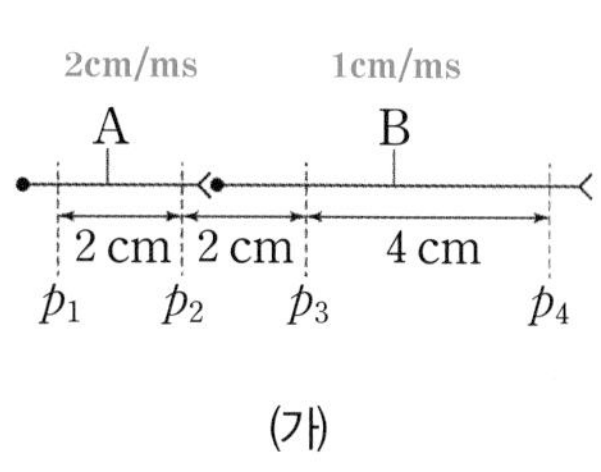

(가)

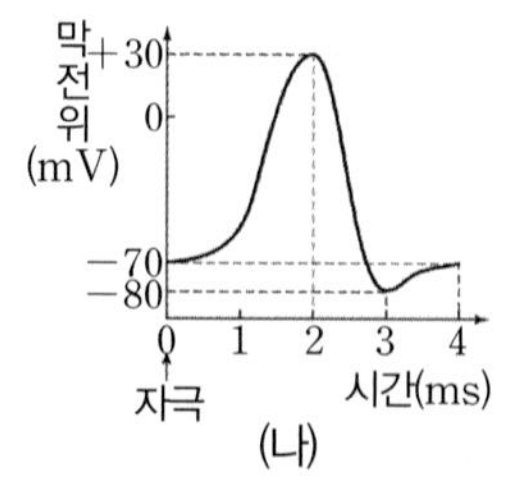

(나)

○ 흥분 전도 속도는 A가 B의 2배이다.

○ ⓐ p_2에 역치 이상의 자극을 주고 경과된 시간이 4 ms일 때 p_1에서의 막전위는 −80 mV이다.
→ p_1에 흥분이 도달한 지 3ms가 지난 후

○ p_2에 준 자극으로 발생한 흥분이 p_4에 도달한 후, ⓑ p_3에 역치 이상의 자극을 주고 경과된 시간이 6 ms일 때 p_4에서의 막전위는 [㉠] mV이다. → p_4에 흥분이 도달한 지 2ms가 지난 후
+30

이에 대한 옳은 설명만을 〈보기〉에서 있는 대로 고른 것은? (단, p_2와 p_3에 준 자극에 의해 흥분의 전도는 각각 1회 일어났고, 휴지 전위는 −70mV이다.) (3점)

[보기]

ㄱ. ㉠은 +30이다.
→ p_4에 흥분이 도달한 지 2ms가 지난 후로 막전위는 +30mV

ㄴ. ⓐ가 3ms일 때 p_3에서 ~~재분극이 일어나고 있다~~.
→ ⓐ가 3ms일 때 p_3에서 탈분극이 진행되거나 흥분이 도달하기 전임

ㄷ. ⓑ가 5ms일 때 ~~p_1과 p_4에서의 막전위는 같다~~.
→ ⓑ가 5ms일 때 p_1은 분극 상태지만 p_4는 탈분극이 진행됨

① ㄱ ② ㄴ ③ ㄱ, ㄴ
④ ㄱ, ㄷ ⑤ ㄴ, ㄷ

| 문제+자료 분석 |

• ⓐ가 4ms일 때 p_1에서의 막전위가 −80mV이므로 p_1에 흥분이 도달한 지 3ms가 지난 후이다.
• A의 p_1에서 p_2까지 2 cm 거리에 흥분이 전도되는 시간은 1ms이므로, A의 흥분 전도 속도는 2cm/ms이다.
• 흥분 전도 속도는 A가 B의 2배이므로, B의 흥분 전도 속도는 1cm/ms이다.

| 보기 분석 |

ㄱ. B의 흥분 전도 속도는 1cm/ms이므로 p_4에 흥분이 도달했다는 것은 4cm 거리의 p_3에 흥분이 발생한 지 4ms가 지난 후이다. p_3에서 활동 전위 발생 후 다시 분극 상태가 되었으므로 역치 이상의 자극에 의한 새로운 흥분이 발생할 수 있다. 주의
이때 ⓑ가 6ms이므로 4cm 떨어진 거리의 p_4에서 흥분이 도달한 지 2ms가 지난 후이며, p_4에서의 막전위는 +30mV이다.

ㄴ. B의 흥분 전도 속도는 1cm/ms이므로, A와 B 사이에 시냅스가 없다면 ⓐ가 3ms일 때 p_3에는 흥분이 도달한 지 1ms가 지난 후로 탈분극이 진행될 것이다. p_2와 p_3 사이에 시냅스가 존재하여 흥분의 전달이 지연되므로, ⓐ가 3ms일 때 p_3에서는 탈분극이 진행되거나 흥분이 도달하기 전이다.

ㄷ. 시냅스 후 뉴런에 주어진 자극에 의해 시냅스 전 뉴런으로 흥분이 전도되지 않으므로 ⓑ가 5ms일 때 p_1은 분극 상태로 막전위가 −70mV이다.
ⓑ가 5ms일 때 p_4에 흥분이 도달한 지 1ms가 지난 후로 탈분극이 진행되는 중이므로 막전위가 −70mV보다 높다.

문제 풀이 Tip

활동 전위가 두 뉴런 사이의 시냅스를 지날 때 흥분의 전달이 지연되며, 시냅스 후 뉴런에서 시냅스 전 뉴런으로는 흥분이 전달될 수 없다.

* 흥분의 전도 과정

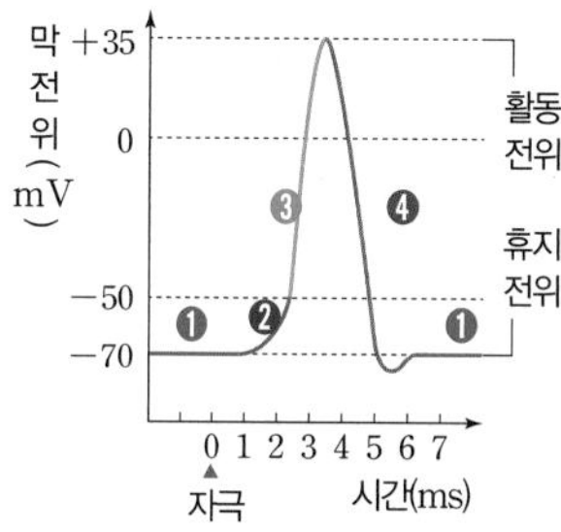

❶ 자극을 받기 전: Na^+ 통로와 대부분의 K^+ 통로가 닫혀 있고, 휴지 전위가 유지된다.
❷ 자극을 받은 후: 일부 Na^+ 통로가 열리고 Na^+이 유입되어 막전위가 상승한다.
❸ 막전위가 역치 이상이 되면 대부분의 Na^+ 통로가 열려 Na^+이 대량으로 유입되어 막전위가 급격히 상승한다.
❹ Na^+ 통로가 닫히고 K^+ 통로가 열려 K^+이 유출되어 막전위가 하강한다. 일부 열려 있는 K^+ 통로를 통해 K^+이 계속 유출되어 막전위가 휴지 전위보다 낮아지지만, 곧 휴지 전위로 돌아간다.

D 43 정답 ④ ＊흥분의 전도와 전달 [정답률 65%] 2025 대비 6월 모평 15

다음은 민말이집 신경의 흥분 전도와 전달에 대한 자료이다.

- 그림은 뉴런 A~C의 지점 P, Q와 d_1~d_6의 위치를, 표는 P와 Q에 역치 이상의 자극을 동시에 1회 주고 경과된 시간이 3 ms일 때 d_1과 d_2, 6 ms일 때 d_3과 d_4, 7 ms일 때 d_5와 d_5의 막전위를 나타낸 것이다. t_1과 t_2는 3 ms와 7 ms를 순서 없이 나타낸 것이고, ㉠~㉣은 d_1, d_2, d_5, d_6을 순서 없이 나타낸 것이다.
- P와 d_1 사이의 거리는 1 cm이다.

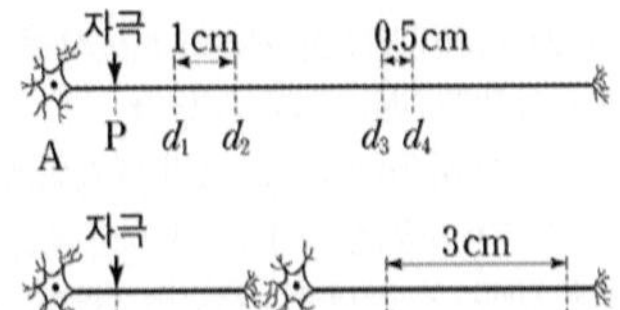

자극 3cm B Q C d_5 d_6

단서 Q 자극 후 d_5까지 4.5 ms 걸림

시간	6 ms		t_1 3 ms		t_2 7 ms	
지점	d_3	d_4	㉠ d_1	㉡ d_2	㉢ d_6	㉣ d_5
막전위 (mV)	x +30	y −60	−80	y −60	y −60	0

- x와 y는 +30과 −60을 순서 없이 나타낸 것이다.
- A와 B의 흥분 전도 속도는 1 cm/ms 이고, C의 흥분 전도 속도는 2 cm/ms 이다.
- A와 C 각각에서 활동 전위가 발생하였을 때, A의 각 지점에서의 막전위 변화는 그림 (가)와 (나) 중 하나이고, C의 각 지점에서의 막전위 변화는 나머지 하나이다.

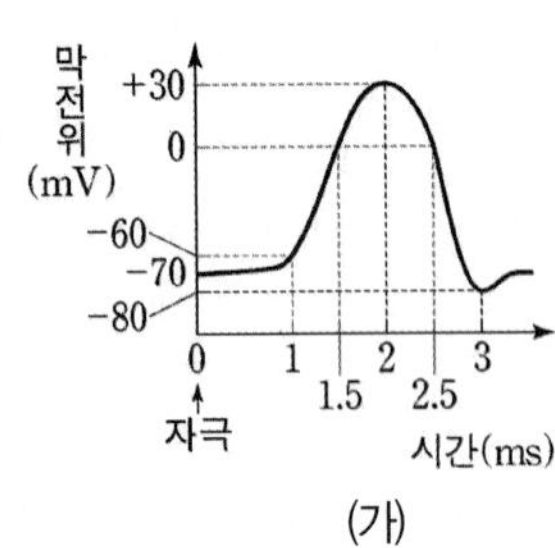

(가)
C의 막전위 변화

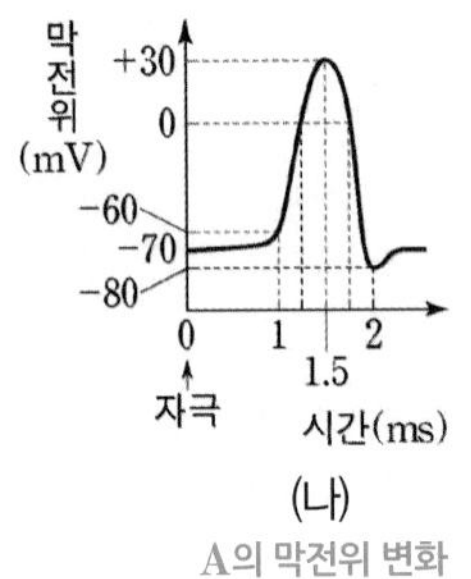

(나)
A의 막전위 변화

이에 대한 설명으로 옳은 것만을 〈보기〉에서 있는 대로 고른 것은? (단, A~C에서 흥분의 전도는 각각 1회 일어났고, 휴지 전위는 −70 mV이다.) (3점)

[보기]

ㄱ. x는 +30이다.
x는 +30, y는 −60임

ㄴ. ㉣은 d_6이다.
㉣은 d_5, ㉢은 d_6임

ㄷ. Q에 역치 이상의 자극을 1회 주고 경과된 시간이 6 ms일 때 d_5에서 탈분극이 일어나고 있다.
d_5의 막전위는 0 mV이고 탈분극이 일어나고 있음

① ㄱ ② ㄴ ③ ㄷ ④ ㄱ, ㄷ ⑤ ㄴ, ㄷ

단서+발상

단서 뉴런 A~C에서 d_1과 d_2, d_3과 d_4, d_5와 d_6 각각의 거리 및 막전위, A와 C의 각각의 흥분 전도 속도와 활동 전위가 발생하였을 때 막전위 변화가 (가)와 (나)로 구분하여 제시되어 있다.

발상 뉴런 A의 흥분 전도 속도는 1 cm/ms이고, d_3과 d_4 사이의 거리가 0.5 cm이므로 d_3에서 d_4까지 흥분 이동 시간이 0.5 ms라는 점을 통해 A의 막전위 변화가 (나)임을 추론할 수 있다.

적용 A의 막전위 변화가 (나)이고, P에 역치 이상의 자극을 주고 경과된 시간이 3 ms일 때 d_1의 막전위는 −80, d_2의 막전위는 −60임을 적용하여 t_1은 3 ms, t_2는 7 ms이고, ㉠은 d_1, ㉡은 d_2이며, x는 +30, y는 −60임을 구하는 것부터 문제 풀이를 시작해야 한다.

| 문제 해결 과정 |

step 1 A와 C에 해당하는 막전위 변화 그래프 파악하기

- A의 흥분 전도 속도는 1 cm/ms이고 d_3과 d_4 사이의 거리는 0.5 cm이므로 d_3에서 d_4까지 흥분 이동 시간은 0.5 ms이다.
- 6 ms일 때 d_3의 막전위는 x, d_4의 막전위는 y이고, x와 y는 +30과 −60 중 하나인데 만약 A의 막전위 변화가 (가)라면 막전위 +30 mV와 −60 mV의 시간 차이가 0.5 ms가 될 수 없으므로 모순이다.
- 따라서 A의 막전위 변화는 (나)이고, C의 막전위 변화는 (가)이다. 꿀팁

step 2 ㉠과 ㉡, x와 y 파악하기

- P와 d_1 사이의 거리는 1 cm이므로 P에 역치 이상의 자극을 주고 경과된 시간이 3 ms일 때 d_1의 막전위는 −80, d_2의 막전위는 −60이다.
  ➡ t_1은 3 ms, t_2는 7 ms이고, ㉠은 d_1, ㉡은 d_2이며, x는 +30, y는 −60이다. 6 ms일 때 d_3의 막전위는 +30 mV, d_4의 막전위는 −60 mV이다.

step 3 ㉢과 ㉣ 파악하기

- Q에 역치 이상의 자극을 주고 경과된 시간이 7 ms일 때 d_5와 d_6의 막전위는 −60(y) mV와 0 mV 중 하나이다.
- C의 흥분 전도 속도는 2 cm/ms이고 d_5와 d_6 사이의 거리는 3 cm이므로 d_5에서 d_6까지 흥분 이동 시간은 1.5 ms이다.
- C의 막전위 변화가 (가)이므로 막전위 −60 mV와 0 mV 간의 시간 차이가 1.5 ms가 되려면 −60 mV는 활동 전위 1 ms에 해당하는 막전위이고, 0 mV는 2.5 ms에 해당하는 막전위가 되어야 한다. 따라서 ㉣은 d_5, ㉢은 d_6이다.
- d_5에 흥분이 도달하는 데 걸린 시간은 4.5 ms이고 막전위가 변화한 시간은 2.5 ms이며, d_6에 흥분이 도달하는 데 걸린 시간은 6 ms이고 막전위가 변화한 시간은 1 ms이다.

| 보기 분석 |

ㄱ. A의 막전위 변화는 (나)이고 P에 역치 이상의 자극을 주고 경과된 시간이 3 ms일 때 d_1의 막전위는 −80, d_2의 막전위는 −60 mV이다. 표에서 −80 mV가 존재하는 곳은 t_1이므로 t_1은 3 ms, y는 −60, x는 +30이다.

ㄴ. C의 막전위 변화가 (가)이고, d_5에서 d_6까지 흥분 이동 시간은 1.5 ms이므로 −60 mV와 0 mV 간의 시간 차이가 1.5 ms가 되려면 −60 mV는 활동 전위 1 ms에 해당하는 막전위이고, 0 mV는 2.5 ms에 해당하는 막전위가 되어야 한다. 따라서 ㉣은 d_5이다.

ㄷ. Q에 역치 이상의 자극을 1회 주고 경과된 시간이 6 ms일 때, d_5에 흥분이 도달하는 데 걸린 시간은 4.5 ms이고 막전위가 변화한 시간은 1.5 ms이다. C의 막전위 변화는 (가)이므로 이때 d_5의 막전위는 0 mV이고 탈분극이 일어나고 있다.

D 44 정답 ⑤ .... [정답률 49%] ✪ 고난도

다음은 민말이집 신경 A와 B의 흥분 이동에 대한 자료이다.

○ 그림은 민말이집 신경 A와 B에서 지점 d_1~d_4의 위치를, 표는 d_1에 역치 이상의 자극을 1회 주고 경과된 시간이 각각 11ms, ⓐms일 때, d_3와 d_4에서 측정한 막전위를 나타낸 것이다.

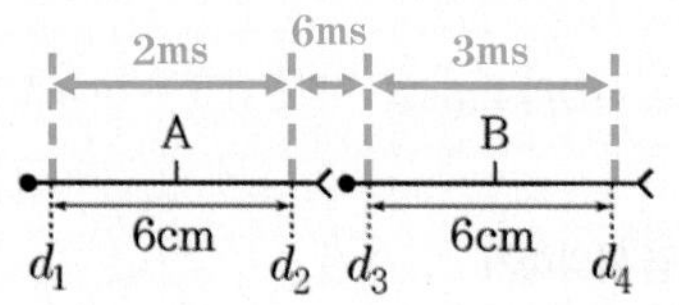

A 흥분 전도 속도 ➡ 3cm/ms

시간 (ms)	막전위 (mV)	
	d_3	d_4
11	−80	? −70
ⓐ 13	? −70	+30

○ ㉠ d_2에 역치 이상의 자극을 1회 주고 경과된 시간이 8ms일 때 d_3의 막전위는 +30 mV이다.

➡ 막전위가 변한 시간=2ms

○ B의 흥분 전도 속도는 2cm/ms이다.

○ A와 B의 d_1~d_4에서 활동 전위가 발생하였을 때, 각 지점에서의 막전위 변화는 그림과 같다. 휴지 전위는 −70mV이다.

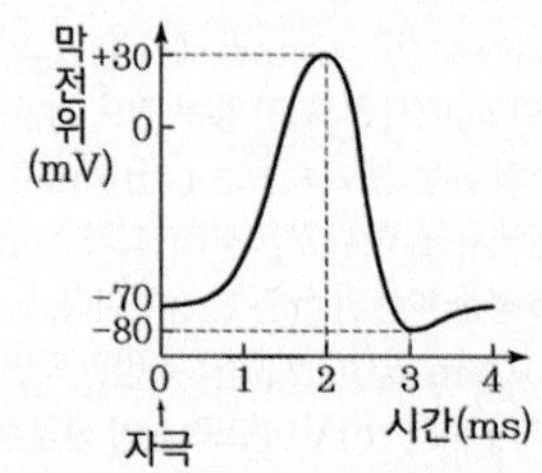

이에 대한 설명으로 옳은 것만을 〈보기〉에서 있는 대로 고른 것은? (단, d_1과 d_2에 준 자극에 의해 A와 B에서 흥분의 전도는 각각 1회 일어났고, 제시된 조건 이외의 다른 조건은 동일하다.) (3점)

2022 실시 7월 학평 5

[보기]

ㄱ. ⓐ는 15이다.
ⓐ는 13

ㄴ. A의 흥분 전도 속도는 3 cm/ms이다.
A의 흥분 전도 속도는 $\frac{거리}{시간}=\frac{6cm}{2ms}$=3cm/ms이다.

ㄷ. ㉠이 10ms일 때 d_4에서 탈분극이 일어나고 있다.
d_4에 흥분이 도달한 후 막전위가 변한 시간은 1ms이며, 이는 탈분극이 일어나는 시점임

① ㄱ ② ㄴ ③ ㄷ
④ ㄱ, ㄴ ⑤ ㄴ, ㄷ

단서+발상

단서 '㉠ d_2에 역치 이상의 자극을 1회 주고 경과된 시간이 8ms일 때 d_3의 막전위는 +30mV이다.'라는 조건에 주목한다.

발상 d_3에 흥분이 도달한 후 막전위가 변한 시간은 2ms이므로 흥분이 d_2에서 d_3까지 도달하는 데 걸린 시간은 8ms−2ms=6ms라는 것을 생각한다.

해결 표에서 경과된 시간이 11ms일 때 d_3에서의 막전위는 −80mV이므로 d_3에 흥분이 도달한 후 막전위가 변한 시간은 3ms이다. 따라서 흥분이 d_1에서 d_2까지 도달하는 데 걸린 시간은 11ms−6ms−3ms=2ms임을 파악할 수 있어야 고난도 문제를 해결할 수 있다.

| 문제 해결 과정 |

step 1 각 지점 사이의 흥분 도달 시간 구하기

1. d_2에서 d_3 사이의 흥분 도달 시간

- 자극을 주고 경과된 시간=흥분이 각 지점에 도달하는 데 걸린 시간+흥분이 도달한 후 막전위가 변한 시간이다. 꿀팁
- ㉠이 8ms일 때 d_3의 막전위는 +30mV이므로 d_3에 흥분이 도달한 후 막전위가 변한 시간은 2ms이다. 따라서 흥분이 d_2에서 d_3까지 도달하는 데 걸린 시간은 8ms−2ms=6ms이다.

2. d_1에서 d_2 사이의 흥분 도달 시간

- d_1에 자극을 주고 경과된 시간이 11ms일 때 d_3에서의 막전위는 −80mV이므로 d_3에 흥분이 도달한 후 막전위가 변한 시간은 3ms이다.
- 따라서 흥분이 d_1에서 d_2까지 도달하는 데 걸린 시간은 11ms−6ms−3ms=2ms이다.

3. d_3에서 d_4 사이의 흥분 도달 시간

- B의 흥분 전도 속도는 2cm/ms이고, d_3과 d_4 사이의 거리가 6cm이므로 d_3에서 d_4까지 흥분이 도달하는 데 걸린 시간=$\frac{거리}{속도}=\frac{6}{2}$=3ms이다.

step 2 A의 흥분 전도 속도 구하기

- A에서 d_1으로부터 d_2까지 흥분 도달 시간은 2ms이고, d_1과 d_2 사이의 거리가 6cm이다.
- 따라서 A의 흥분 전도 속도는 $\frac{거리}{시간}=\frac{6cm}{2ms}$=3cm/ms이다.

step 3 ⓐ 구하기

- d_1에 자극을 준 뒤 경과된 시간이 ⓐ일 때, d_4에서의 막전위가 +30mV이므로, d_4에 흥분이 도달한 후 막전위가 변한 시간은 2ms이다.
- ⓐ=2ms(d_1에서 d_2까지 흥분 도달 시간)
  +6ms(d_2에서 d_3까지 흥분 도달 시간)
  +3ms(d_3에서 d_4까지 흥분 도달 시간)
  +2ms(d_4에 흥분이 도달한 후 막전위가 변한 시간)=13ms이다.

| 보기 분석 |

ㄱ. ⓐ는 15이다. (×)

- 문제 해결 과정의 step 3 를 참고하면, ⓐ는 13이다.

ㄴ. A의 흥분 전도 속도는 3cm/ms이다. (○)

- 문제 해결 과정의 step 2 를 참고하면, A에서 d_1으로부터 d_2까지 흥분 도달 시간은 2ms이고, d_1과 d_2 사이의 거리가 6cm이다. 따라서 A의 흥분 전도 속도는 $\frac{거리}{시간}=\frac{6cm}{2ms}$=3cm/ms이다.

ㄷ. ㉠이 10ms일 때 d_4에서 탈분극이 일어나고 있다. (○)

- d_2에 자극을 주고 경과된 시간 10ms=d_2에서 d_4까지 가는 데 걸린 시간 9ms+d_4에 흥분이 도달한 후 막전위가 변한 시간이다.
- 따라서 d_4에 흥분이 도달한 후 막전위가 변한 시간은 1ms이며, 이는 탈분극이 일어나는 시점이다.

✪ 정답은 ⑤ ㄴ, ㄷ이다.

문제 풀이 Tip

흥분이 전달되는 구간은 속도가 아닌 시간의 개념으로 접근한다.

흥분의 전달 속도는 특정하기 어렵기 때문에 시냅스 이전 뉴런의 한 지점에서 시냅스 이후 뉴런의 한 지점까지 흥분이 이동하는 데에 걸리는 시간을 알아내야 한다.

D 45 정답 ② ＊흥분의 전도와 전달 ✪ 고난도 [① 11% ② 39% ③ 17% ④ 15% ⑤ 16%] 2024 실시 7월 학평 17

다음은 민말이집 신경 A와 B의 흥분 전도와 전달에 대한 자료이다.

○ 그림은 A와 B의 지점 d_1~d_4의 위치를, 표는 A와 B의 지점 P에 역치 이상의 자극을 동시에 1회 주고 경과된 시간이 4 ms와 6 ms일 때 d_1~d_4에서의 막전위를 각각 나타낸 것이다. P는 d_1~d_4 중 하나이고, Ⅰ과 Ⅱ는 A와 B를 순서 없이 나타낸 것이다.

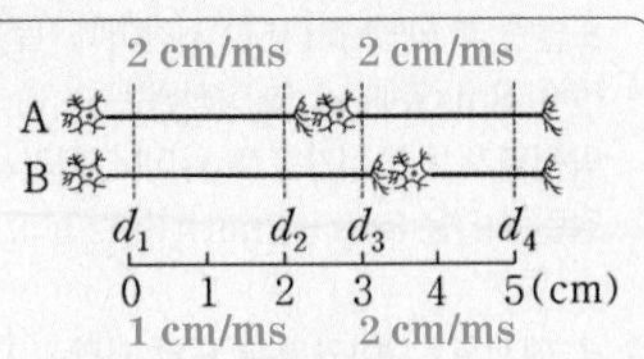

신경	4 ms일 때 측정한 막전위(mV)				6 ms일 때 측정한 막전위(mV)			
	d_1	d_2 P	d_3	d_4	d_1	d_2 P	d_3	d_4
Ⅰ B	㉠ 0	? −70	−80	−68	?	? −70	?	−60
Ⅱ A	−80	? −70	−60	?	?	? −70	−80	㉠ 0

(1 ms, 1 ms, 2 ms)

○ A와 B를 구성하는 4개의 뉴런 중 3개 뉴런의 흥분 전도 속도는 ⓐ cm/ms로 같고, 나머지 1개 뉴런의 흥분 전도 속도는 ⓑ cm/ms이다. ⓐ와 ⓑ는 서로 다르다. ⓐ=2, ⓑ=1

○ A와 B의 시냅스에서 흥분 전달 시간은 서로 다르다.

○ A와 B 각각에서 활동 전위가 발생하였을 때, 각 지점에서의 막전위 변화는 그림과 같다. 휴지 전위는 −70 mV이다.

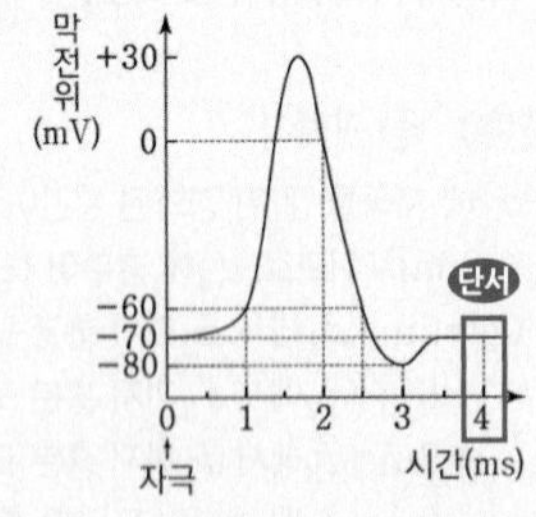

이에 대한 설명으로 옳은 것만을 〈보기〉에서 있는 대로 고른 것은? (단, A와 B에서 흥분의 전도는 각각 1회 일어났고, 제시된 조건 이외의 다른 조건은 동일하다.) (3점)

[보기]

ㄱ. ㉠은 −70이다.
㉠은 0

ㄴ. A를 구성하는 뉴런의 흥분 전도 속도는 모두 2 cm/ms이다.
A를 구성하는 뉴런의 흥분 전도 속도는 모두 2 cm/ms

ㄷ. B의 d_3에 역치 이상의 자극을 주고 경과된 시간이 5 ms일 때 d_4에서 탈분극이 일어난다.
B의 d_3에 자극을 주고 5 ms 후 d_4에서 재분극이 일어남

① ㄱ ② ㄴ ③ ㄷ ④ ㄱ, ㄴ ⑤ ㄴ, ㄷ

단서+발상

단서 P에 역치 이상의 자극을 주고 경과된 시간이 4 ms일 때 P는 휴지 전위로 돌아와 막전위가 −70 mV임이 그래프로 제시되어 있다.

발상 경과된 시간이 4 ms일 때 측정한 막전위가 −70 mV가 아닌 위치는 P가 아니므로 d_2가 P임을 추론할 수 있다.

적용 P의 위치를 알고, 신경 Ⅰ과 Ⅱ가 무엇인지 구분하는 것부터 문제 풀이를 시작해야 한다.

| 문제 해결 과정 |

step 1 P의 위치 추론하기

- 한 지점에서 역치 이상의 자극을 주고 4 ms가 경과하면 다시 휴지 전위로 돌아와 막전위가 −70 mV가 된다.
- P에 역치 이상의 자극을 주고 경과된 시간이 4 ms일 때 각 지점에서 측정한 막전위가 제시되어 있으므로, 이 막전위가 −70 mV가 아닌 지점은 P가 아님을 추론할 수 있다. 꿀팁
- Ⅰ의 d_3, d_4, Ⅱ의 d_1은 경과된 시간이 4 ms일 때 막전위가 −70 mV가 아니므로 P는 d_2이다.

step 2 Ⅰ과 Ⅱ에 해당하는 신경 파악하기

- d_2에 자극을 주고 경과된 시간이 4 ms일 때 Ⅱ의 d_1의 막전위가 −80 mV이므로 Ⅱ의 d_2에서 d_1까지 흥분 전도 시간은 1 ms이다.
- d_2에 자극을 주고 경과된 시간이 6 ms일 때 Ⅱ의 d_3의 막전위가 −80 mV이므로 Ⅱ의 d_2에서 d_3까지 흥분 전도 시간은 3 ms이다.
- 신경 B는 d_2에서 d_3까지 하나의 뉴런이므로 d_2에서 d_1까지의 흥분 전도 시간이 d_2에서 d_3까지의 흥분 전도 시간보다 길어야 한다.
- 따라서 Ⅱ는 신경 A이고, Ⅰ이 신경 B이다.

step 3 흥분 전도 속도 ⓐ와 ⓑ 구하기

- d_2에 자극을 주고 경과된 시간이 4 ms일 때 Ⅰ의 d_3의 막전위가 −80 mV이므로 B의 d_2에서 d_3까지 흥분 전도 시간은 1 ms이다.
- B의 신경절 이전 뉴런의 흥분 전도 속도는 1 cm/ms이다.
- B의 신경절 이전 뉴런에서 d_2에서 d_1까지 거리가 2 cm이므로 자극 후 4 ms일 때 d_1에서 측정한 막전위 ㉠은 0 mV이다.
- Ⅱ의 d_2에 자극을 주고 6 ms일 때 d_3에서 측정한 막전위가 −80 mV이고 d_4에서 측정한 막전위가 0(㉠) mV이므로 A의 신경절 이후 뉴런의 흥분 전도 속도는 2 cm/ms이다.
- A의 d_2에서 d_1까지 흥분 전도 시간은 1 ms이므로 A의 신경절 이전 뉴런의 흥분 전도 속도는 2 cm/ms이다.
- ⓑ는 1 cm/ms이고, ⓐ는 2 cm/ms이다.

| 보기 분석 |

ㄱ. ㉠은 −70이다. (×)

- step 3에 따라서 ㉠은 0이다.

ㄴ. A를 구성하는 뉴런의 흥분 전도 속도는 모두 2 cm/ms이다. (○)

- step 3에 따라서 A의 신경절 이전 뉴런의 흥분 전도 속도와 신경절 이후 뉴런의 흥분 전도 속도는 모두 2 cm/ms이다.

ㄷ. B의 d_3에 역치 이상의 자극을 주고 경과된 시간이 5 ms일 때 d_4에서 탈분극이 일어난다. (×)

- B에서 d_2에 자극을 주고 경과된 시간이 4 ms일 때 d_4의 막전위가 −68 mV이고, 경과된 시간이 6 ms일 때 d_4의 막전위가 −60 mV이므로 경과된 시간이 6 ms일 때 d_4는 재분극이 일어나는 중이다. B의 d_2에서 d_3까지 흥분 전달 속도가 1 cm/ms이므로 d_2에 자극을 주고 경과된 시간이 6 ms일 때 d_4의 막전위와 d_3에 자극을 주고 경과된 시간이 5 ms일 때 d_3의 막전위는 동일하다. B의 d_3에 역치 이상의 자극을 주고 경과된 시간이 5 ms일 때 d_4에서 재분극이 일어난다.

✪ 정답은 ② ㄴ이다.

문제 풀이 꿀팁

한 지점에서 역치 이상의 자극을 주고 4 ms가 경과하면 다시 휴지 전위로 돌아와 막전위가 −70 mV가 된다. P에 역치 이상의 자극을 주고 경과된 시간이 4 ms일 때와 6 ms일 때 P의 막전위는 −70 mV로 돌아와야 하므로, 이 막전위가 −70 mV가 아닌 지점은 P가 아님을 이용하면 쉽게 P의 위치를 찾을 수 있다.

D 46 정답 ① [정답률 35%] ✪ 1등급 대비

다음은 민말이집 신경 Ⅰ~Ⅲ의 흥분 전도와 전달에 대한 자료이다.

○ 그림은 Ⅰ~Ⅲ의 지점 d_1~d_5의 위치를, 표는 ㉠ Ⅰ과 Ⅱ의 P에, Ⅲ의 Q에 역치 이상의 자극을 동시에 1회 주고 경과된 시간이 4ms일 때 d_1~d_5에서의 막전위를 나타낸 것이다. P와 Q는 각각 d_1~d_5 중 하나이다.

신경	4ms일 때 막전위(mV)				
	d_1	d_2	d_3	d_4	d_5
Ⅰ	−70	ⓐ −70	?	ⓑ	?
Ⅱ	ⓒ	ⓐ −70	?	ⓒ	ⓑ
Ⅲ	ⓒ	−80	?	ⓐ −70	?

○ Ⅰ을 구성하는 두 뉴런의 흥분 전도 속도는 $2v$로 같고, Ⅱ와 Ⅲ의 흥분 전도 속도는 각각 $3v$와 $6v$이다.

➡ 흥분 전도 속도는 Ⅰ은 $\frac{2}{3}$cm/ms, Ⅱ는 1cm/ms, Ⅲ은 2cm/ms

○ Ⅰ~Ⅲ 각각에서 활동 전위가 발생하였을 때, 각 지점에서의 막전위 변화는 그림과 같다.

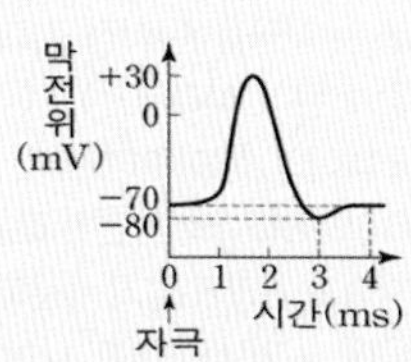

이에 대한 설명으로 옳은 것만을 〈보기〉에서 있는 대로 고른 것은? (단, Ⅰ~Ⅲ에서 흥분의 전도는 각각 1회 일어났고, 휴지 전위는 −70 mV이다.) (3점)

2023 대비 수능 15

[보기]

ㄱ. Q는 d_4이다. P는 d_2, Q는 d_4임

ㄴ. Ⅱ의 흥분 전도 속도는 2cm/ms이다.
Ⅱ의 흥분 전도 속도는 1cm/ms임

ㄷ. ㉠이 5ms일 때 Ⅰ의 d_5에서 재분극이 일어나고 있다.
㉠이 5ms일 때 Ⅰ의 d_5에서 탈분극이 일어나고 있음

① ㄱ ② ㄴ ③ ㄱ, ㄷ ④ ㄴ, ㄷ ⑤ ㄱ, ㄴ, ㄷ

단서+발상

(단서) Ⅰ과 Ⅱ에서 d_2의 막전위 값과 Ⅲ에서 d_4의 막전위 값이 ⓐ로 같다는 것에 주목한다.

(발상) 자극을 준 지점은 흥분이 도달하는 데 걸린 시간이 0이므로 서로 다른 신경이더라도 동시에 자극을 준 지점끼리는 막전위 값이 같아야 함을 생각한다.

(해결) Ⅰ, Ⅱ, Ⅲ에서 자극을 준 지점의 막전위 값은 같으므로 P는 d_2, Q는 d_4라고 추론할 수 있어야 고난도 문제를 해결할 수 있다.

| 문제 해결 과정 |

step 1 자극을 준 지점 P와 Q 찾기

- 이 문제의 경우 시간을 단축하기 위해 직관적으로 문제 풀이를 하는 것이 중요하다.
- 자극을 준 지점에서는 흥분이 각 지점에 도달하는 데 걸린 시간이 0이므로 자극을 주고 경과된 시간이 곧 막전위 변화 시간이다. 따라서 P와 Q의 막전위는 −70mV으로 같다. 꿀팁
- Ⅰ과 Ⅱ에서 d_2의 막전위 값이 ⓐ로 같고, Ⅲ에서 d_4의 막전위 값이 ⓐ이므로 P는 d_2이고, Q는 d_4라고 접근할 수 있다. 또한 Ⅱ에서 자극 지점 d_2를 중심으로 d_1과 d_4의 거리가 같으므로 두 지점의 막전위 값은 동일해야 하는데, d_1과 d_4의 막전위 값이 ⓒ로 같으므로 자극 지점 P는 d_2이고, Q는 d_4라고 확정할 수 있다.

step 2 Ⅰ~Ⅲ의 흥분 전도 속도 구하기

- Ⅲ에서 d_2의 막전위 값이 −80mV이므로 자극 지점 d_4(Q)에서 d_2까지 흥분이 도달한 시간은 $4-3=1$ms이며, d_4에서 d_2까지 거리는 2cm이므로 Ⅲ의 흥분 전도 속도는 $\frac{2}{1}=2$cm/ms이다.
- 흥분 전도 속도는 Ⅲ이 $6v=2$cm/ms이므로 $v=\frac{1}{3}$이다.
  따라서 Ⅰ은 $2v=\frac{2}{3}$cm/ms, Ⅱ는 $3v=1$cm/ms이다.

| 보기 분석 |

ㄱ. Q는 d_4이다. (○)

- 문제 해결 과정의 step 1을 참고하면, 자극을 준 지점에서는 흥분이 각 지점에 도달하는 데 걸린 시간이 0이므로 자극을 주고 경과된 시간이 곧 막전위 변화 시간이다. 따라서 P와 Q의 막전위는 −70mV으로 같다.
- Ⅰ과 Ⅱ에서 d_2의 막전위 값이 ⓐ로 같고, Ⅲ에서 d_4의 막전위 값이 ⓐ이므로 P는 d_2이고, Q는 d_4라고 접근할 수 있다. 또한 Ⅱ에서 자극 지점 d_2를 중심으로 d_1과 d_4의 거리가 같으므로 두 지점의 막전위 값은 동일해야 하는데, d_1과 d_4의 막전위 값이 ⓒ로 같으므로 자극 지점 P는 d_2이고, Q는 d_4라고 확정할 수 있다.

ㄴ. Ⅱ의 흥분 전도 속도는 2cm/ms이다. (×)

- 문제 해결 과정의 step 2를 참고하면, Ⅱ의 흥분 전도 속도는 Ⅲ의 $\frac{1}{2}$배이다. Ⅲ의 흥분 전도 속도는 2cm/ms이므로 Ⅱ의 흥분 전도 속도는 1cm/ms이다.

ㄷ. ㉠이 5ms일 때 Ⅰ의 d_5에서 재분극이 일어나고 있다. (×)

- 문제 해결 과정의 step 2를 참고하면, Ⅰ의 흥분 전도 속도는 $\frac{2}{3}$cm/ms이다.
- ㉠이 5ms일 때, d_2에서 d_5까지 거리는 3cm이므로 Ⅰ의 d_2에서 d_5까지 걸리는 시간은 4.5ms이다. 따라서 막전위 변화 시간은 $5-4.5=0.5$ms이므로 탈분극이 일어나고 있다.

✪ 정답은 ① ㄱ이다.

김보겸 | 연세대 지구시스템과학과 2023년 입학 · 광주 서석고졸

이 문제를 처음 봤을 때 막전위 표에 빈칸이 너무 많아 막막하기만 하고 어려워 보였어. 자극을 주고 경과된 시간을 알려줬고 각 신경의 흥분 전도 속도비를 알려줬으니 하나하나 정보들을 추론해 나갈 수 있어.

Ⅰ과 Ⅱ는 같은 지점에 자극을 줬으니 자극을 주고 경과된 시간이 4ms일 때 자극을 준 지점의 막전위는 −70mV로 같아야겠지. 그런데 d_4는 Ⅰ과 Ⅱ의 막전위 값이 다르니까 P가 될 수 없어. d_5가 P면 ⓑ가 −70mV가 되는데 같은 ⓑ값을 갖는 Ⅰ의 d_4에서 모순이 생기네. 사실 이렇게 표 상에서 Ⅰ과 Ⅱ의 d_2 값이 ⓐ로 같다는 것을 봤다면 P를 d_2라고 먼저 가정해보는 것도 좋아. 일일이 상황을 고려해 한번에 정확한 정보를 얻으려 하는 것도 좋지만 어느정도 가능성을 열어두고 직관을 이용해 푸는 퍼즐 맞추기식 풀이도 시간 단축에 도움이 될 수 있거든. 그렇게 하면 Ⅲ의 d_4가 ⓐ(=−70mV)이므로 Q를 d_4라고 해볼 수 있지. 먼저 논리적 모순으로 안되는 부분을 찾고 그 후에 특이한 부분을 이용해 가정해보는 거야. 그 후 속도비와 Ⅲ의 −80mV를 이용해서 모순이 없다면 맞게 푼거야.

D 47 정답 ② ······························ [정답률 47%] ✪ 1등급 대비

다음은 민말이집 신경 (가)와 (나)의 흥분 전도에 대한 자료이다.

○ 그림은 (가)와 (나)의 지점 d_1~d_5의 위치를, 표는 ⓐ (가)와 (나)의 지점 X에 역치 이상의 자극을 동시에 1회 주고 경과된 시간이 4ms일 때 d_2, A, B에서의 막전위를 나타낸 것이다. X는 d_1과 d_5 중 하나이고, A와 B는 d_3과 d_4를 순서 없이 나타낸 것이다. ㉠~㉢은 0, −70, −80을 순서 없이 나타낸 것이다.

흥분 전도 속도비 1:2이고, (가)와 (나) 모두 −80mV인 지점이 존재 ➡ 거리비가 1:2인 지점은 d_1 ➡ d_1은 지점 X

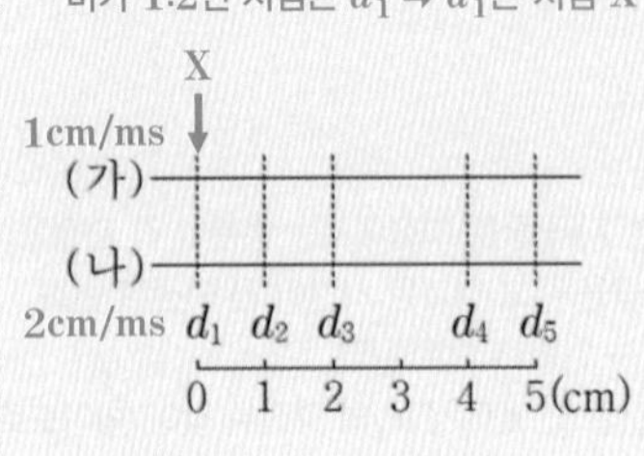

신경	4ms일 때 막전위 (mV)		
	d_2	A (d_4)	B (d_3)
(가)	㉠ −80	㉡ −70	㉢ 0
(나)	㉡ −70	㉢ 0	㉠ −80

○ 흥분 전도 속도는 (나)에서가 (가)에서의 2배이다.

○ (가)와 (나) 각각에서 활동 전위가 발생하였을 때, 각 지점에서의 막전위 변화는 그림과 같다.

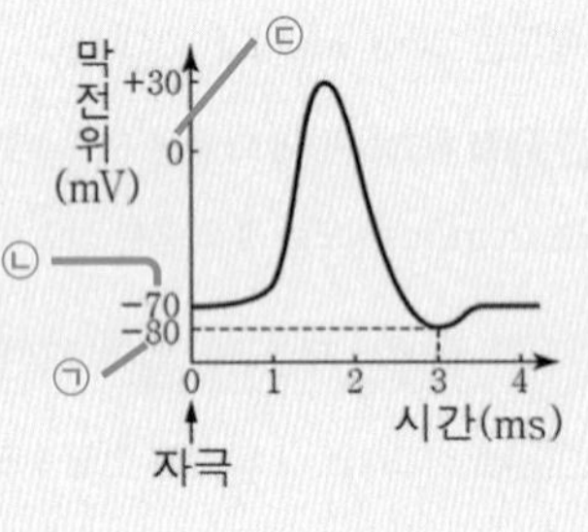

이에 대한 설명으로 옳은 것만을 〈보기〉에서 있는 대로 고른 것은? (단, (가)와 (나)에서 흥분의 전도는 각각 1회 일어났고, 휴지 전위는 −70mV이다.) (3점)

2022 실시 4월 학평 12

[보기]

ㄱ. X는 d_5이다.
X는 d_1

ㄴ. ㉠은 −80이다.
㉠은 −80, ㉡은 −70, ㉢은 0

ㄷ. ⓐ가 5ms일 때 (나)의 B에서 탈분극이 일어나고 있다.
ⓐ가 5ms일 때 (나)의 B는 분극 상태

① ㄱ ② ㄴ ③ ㄷ
④ ㄱ, ㄷ ⑤ ㄴ, ㄷ

단서+발상

단서 두 신경 (가)와 (나)의 서로 다른 지점에서 동일한 막전위 값이 있다는 것에 주목한다.

발상 막전위 값이 같다는 것은 흥분이 도달한 시간이 같다는 것을 의미하며, 속도와 거리는 비례함을 생각한다.

해결 흥분 전도 속도비는 (가) : (나)＝1 : 2이므로 거리비가 1 : 2인 지점을 찾을 수 있어야 고난도 문제를 해결할 수 있다.

| 문제 해결 과정 |

step 1 자극을 준 지점 X 찾기

- 흥분 전도 속도＝$\frac{\text{해당 지점까지의 거리}}{\text{흥분 전도 시간}}$이다. 두 신경에서 막전위 값이 같다는 것은 흥분이 도달한 시간이 같아 막전위 변화 시간이 같다는 것을 의미한다. 따라서 두 신경에서 막전위 값이 같은 지점이 존재할 경우 전도 시간이 같으므로 속도와 거리는 비례함을 알 수 있다. 꿀팁
- 흥분 전도 속도가 (나)에서가 (가)에서의 2배이므로 (가)와 (나)의 흥분 전도 속도비는 1 : 2이다. 또한 (가)와 (나)에서 막전위 값이 −80mV인 지점이 모두 있으므로 거리비가 1 : 2인 지점을 찾으면 된다.
- 만약 지점 X가 d_5일 경우 거리비가 1 : 2로 가능한 지점이 없으므로 모순이다. 따라서 지점 X는 d_1에 해당한다.

step 2 A, B와 d_3, d_4 매칭하기

- (가)의 d_2와 (나)의 d_3의 거리비가 1 : 2이므로 두 지점의 막전위 값이 동일하며, B는 d_3에 해당한다. 또한 (가)의 d_3와 (나)의 d_4의 거리비도 1 : 2이므로 두 지점의 막전위 값이 동일하며, A는 d_4에 해당한다.

step 3 ㉠~㉢의 막전위 찾기 및 (가)와 (나)의 속도 구하기

1. ㉠~㉢의 막전위 찾기

- 자극을 준 지점에 가까울수록 흥분이 빨리 도달되어 흥분 전도가 많이 진행된 상태이므로 막전위 그래프에서 오른쪽에 있는 막전위 값을 가지게 된다. 꿀팁
- d_2는 자극을 준 지점 d_1과 가장 가까우므로 가장 오른쪽에 있는 막전위 값을 갖게 된다. 따라서 ㉠과 ㉡은 0이 될 수 없고 ㉠과 ㉡은 각각 −80과 −70 중 하나이며, ㉢이 0이 된다.
- (가)의 B(d_3)의 막전위 값은 0(㉢)이며, (가)의 A(d_4)는 B(d_3)보다 자극을 준 지점과 거리가 멀기 때문에 0보다 왼쪽에 있는 막전위 값을 가져야 한다. 따라서 ㉡은 −70mV이고, 나머지 ㉠은 −80mV이다.

2. (가)와 (나)의 속도 구하기

- (가)에서 d_2의 막전위 값은 −80mV이므로 막전위 변화 시간은 3ms이며, 흥분이 d_2에 도달한 시간은 4−3＝1ms이다. d_1부터 d_2까지의 거리는 1 cm이므로 A의 흥분 전도 속도는 1 cm/ms이다.
- (나)의 흥분 전도 속도는 (가)의 2배이므로 (나)의 흥분 전도 속도는 2 cm/ms이다.

| 보기 분석 |

ㄱ. X는 d_5이다. (×)

- 흥분 전도 속도가 (나)에서가 (가)에서의 2배이므로 (가)와 (나)의 흥분 전도 속도비는 1 : 2이다. 또한 (가)와 (나)에서 막전위 값이 −80mV인 지점이 모두 있으므로 거리비가 1 : 2인 지점을 찾으면 된다.
- 만약 지점 X가 d_5일 경우 거리비가 1 : 2로 가능한 지점이 없으므로 모순이다. 따라서 지점 X는 d_1에 해당한다.

ㄴ. ㉠은 −80이다. (○)

- 문제 해결 과정의 step 3 을 참고하면, (가)의 B(d_3)의 막전위 값은 0(㉢)이며, (가)의 A(d_4)는 B(d_3)보다 자극을 준 지점과 거리가 멀기 때문에 0보다 왼쪽에 있는 막전위 값을 가져야 한다. 따라서 ㉡은 −70mV이고, 나머지 ㉠은 −80mV이다.

ㄷ. ⓐ가 5ms일 때 (나)의 B에서 탈분극이 일어나고 있다. (×)

- (나)의 흥분 전도 속도는 2cm/ms이고, B는 d_3이다. ⓐ가 5ms일 때, (나)의 d_3에 자극이 도달한 후 막전위 변화 시간이 4ms이므로 막전위 값은 −70mV이다. 따라서 ⓐ가 5ms일 때 (나)의 B는 활동 전위가 끝난 후 휴지 전위로 돌아간 분극 상태이다.

✪ 정답은 ② ㄴ이다.

D 48 정답 ① ······························ [정답률 45%] ✪ 1등급 대비

다음은 민말이집 신경 A~C의 흥분 전도에 대한 자료이다.

- 그림은 A~C의 지점 d_1~d_4의 위치를 나타낸 것이다. A~C의 흥분 전도 속도는 각각 서로 다르다.

자극
A
B
C
d_1 d_2 d_3 d_4
Ⅱ Ⅲ Ⅰ

- 그림은 A~C 각각에서 활동 전위가 발생하였을 때 각 지점에서의 막전위 변화를, 표는 ⓐ A~C의 d_1에 역치 이상의 자극을 동시에 1회 주고 경과된 시간이 4ms일 때 d_2~d_4에서의 막전위가 속하는 구간을 나타낸 것이다. Ⅰ~Ⅲ은 d_2~d_4를 순서 없이 나타낸 것이고, ⓐ일 때 각 지점에서의 막전위는 구간 ㉠~㉢ 중 하나에 속한다. 흥분 전도 속도 비교: A>C>B

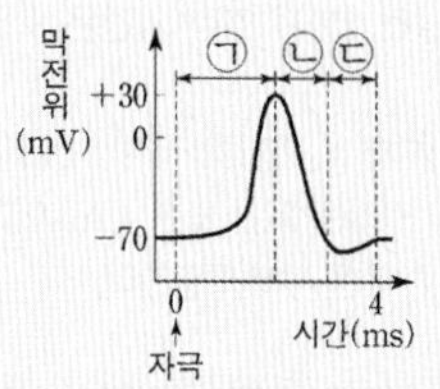

신경	4ms일 때 막전위가 속하는 구간		
	Ⅰ d_4	Ⅱ d_2	Ⅲ d_3
A	㉡	? ㉢	㉢
B	? ㉠	㉠	? ㉠
C	㉡	㉢	㉡

이에 대한 설명으로 옳은 것만을 〈보기〉에서 있는 대로 고른 것은? (단, A~C에서 흥분의 전도는 각각 1회 일어났고, 휴지 전위는 −70mV이다.) (3점)

2022 대비 수능 14

[보기]

ㄱ. ⓐ일 때 A의 Ⅱ에서의 막전위는 ㉢에 속한다.
→ ⓐ일 때 A의 Ⅱ에서의 막전위는 ㉢

ㄴ. ⓐ일 때 B의 d_3에서 재분극이 일어나고 있다.
→ ⓐ일 때 B의 d_3에서 탈분극이 일어남

ㄷ. A~C 중 C의 흥분 전도 속도가 가장 빠르다.
→ A~C 중 A의 흥분 전도 속도가 가장 빠름

① ㄱ ② ㄴ ③ ㄷ ④ ㄱ, ㄴ ⑤ ㄱ, ㄷ

단서+발상

단서 막전위가 속하는 구간이 모두 주어진 신경 C에 주목한다.

발상 C에서 ㉢(과분극)을 가지는 지점은 ㉠(탈분극)과 ㉡(재분극)을 가지는 지점보다 흥분이 빨리 도달하여 흥분의 전도가 많이 진행되었다는 것을 생각한다.

해결 ㉢(과분극)을 가지는 지점 Ⅱ는 자극을 준 지점으로부터 가장 가까운 지점 d_2이고, 마찬가지로 A에서 Ⅰ의 막전위가 ㉡(재분극)이고 Ⅲ의 막전위가 ㉢(과분극)이므로 Ⅰ이 자극으로부터 가장 먼 지점인 d_4임을 파악할 수 있어야 고난도 문제를 해결할 수 있다.

| 문제 해결 과정 |

step 1 Ⅰ~Ⅲ이 d_2~d_4 중 어느 지점에 해당하는지 파악하기

- 신경 C에서 Ⅰ과 Ⅲ일 때 막전위가 재분극 구간인 ㉡이고, Ⅱ일 때 막전위가 과분극 구간인 ㉢이므로 Ⅱ는 자극으로부터 가장 가까운 지점인 d_2이다.
- 신경 A에서 Ⅰ의 막전위가 재분극 구간인 ㉡이고 Ⅲ의 막전위가 과분극 구간인 ㉢이므로 Ⅰ이 자극으로부터 먼 지점인 d_4이고, Ⅲ은 d_3이다.

step 2 A~C의 지점별 막전위 파악하기

- d_2인 Ⅱ가 d_3인 Ⅲ보다 자극을 준 지점으로부터 가까이 있으므로 Ⅱ는 Ⅲ보다 흥분의 전도가 더 많이 진행된 상태여야 한다.
- 신경 A에서 Ⅲ일 때 막전위가 과분극 구간인 ㉢이므로 Ⅱ일 때 막전위도 과분극 구간인 ㉢이어야 한다.
- d_3인 Ⅲ과 d_4인 Ⅰ은 d_2인 Ⅱ보다 자극으로부터 멀리 떨어져 있으므로 Ⅲ과 Ⅰ은 Ⅱ보다 흥분의 전도가 덜 진행된 상태여야 한다.
- 신경 B에서 Ⅱ일 때 막전위가 탈분극 구간인 ㉠이므로 Ⅰ과 Ⅲ일 때 막전위도 모두 탈분극 구간인 ㉠이어야 한다.

step 3 A~C의 흥분 전도 속도 비교하기

- Ⅲ(d_3)에서 비교했을 때 신경 B의 막전위는 탈분극 구간인 ㉠, 신경 C의 막전위는 재분극 구간인 ㉡, 신경 A의 막전위는 과분극 구간인 ㉢이다.
- 흥분의 전도가 가장 많이 진행된 A의 흥분 전도 속도가 가장 빠르며, 흥분의 전도가 가장 덜 진행된 B의 흥분 전도 속도가 가장 느리다.

| 보기 분석 |

ㄱ. ⓐ일 때 A의 Ⅱ에서의 막전위는 ㉢에 속한다. (○)

- 문제 해결 과정의 step 2를 참고하면, ⓐ일 때 A의 Ⅱ에서의 막전위는 과분극 구간인 ㉢에 속한다.

ㄴ. ⓐ일 때 B의 d_3에서 재분극이 일어나고 있다. (×)

- 문제 해결 과정의 step 2를 참고하면, ⓐ일 때 B의 d_3는 Ⅲ이며, ㉠ 구간에 속하므로 탈분극이 일어나고 있다.

ㄷ. A~C 중 C의 흥분 전도 속도가 가장 빠르다. (×)

- 문제 해결 과정의 step 3을 참고하면, 지점 Ⅲ(d_3)에서 흥분의 전도가 가장 많이 진행된 A의 흥분 전도 속도가 가장 빠르다.

✪ 정답은 ① ㄱ이다.

문제 풀이 Tip

1. **자극을 준 지점에 가까운 순서대로 막전위 그래프에서 오른쪽에 있는 막전위 값을 가진다.**
자극을 준 지점에 가까울수록 흥분이 빨리 도달되어 활동 전위가 먼저 발생하여 흥분 전도가 많이 진행되기 때문이다.
2. **자극을 준 지점으로부터의 거리가 동일한 지점을 비교했을 때 막전위 그래프에서 오른쪽에 있는 막전위 값을 가지는 신경의 흥분 전도 속도가 더 빠르다.**
자극을 준 지점으로부터 거리가 동일할 때 흥분 전도 속도가 더 빠른 신경일수록 활동 전위가 먼저 발생하기 때문이다.

강민성 | 성균관대 의예과 2022년 입학 · 부산 해운대고 졸

굉장히 재밌는 문제였어. 뭔가 구체적인 값을 구할 수 없으므로 상대적인 속도 비교를 통해서 모든 것을 해결해야 하는 신선한 문제였어. 먼저 Ⅰ~Ⅲ이 어떤 순서인지부터 파악해야겠지. A에서 Ⅰ이 재분극 중이고 Ⅲ이 과분극 이후의 상황이므로 Ⅰ이 Ⅲ에 비해서는 자극 지점에서 더 멀다고 할 수 있어. 그리고 C에서 Ⅱ만 과분극 이후이므로 Ⅱ가 나머지보다 자극 지점에서 가깝다고 모든 순서를 정할 수 있어. 이제 다른 뉴런에서의 같은 지점에서 막전위를 비교해야 해. A와 C에서 Ⅲ을 비교하면 C는 재분극이고 A는 과분극이므로 A가 C보다 먼저 자극이 더 빨리 도착한 것을 알 수 있어. B와 C에서는 Ⅱ에서 C가 B보다 많이 진행된 상황이므로 B가 C보다 자극이 늦게 Ⅱ에 도착했어야 해. 따라서 흥분의 전도 속도는 A>C>B라는 것을 알 수 있어.

D 49 정답 ② ············ [정답률 41%] ✪ 1등급 대비

다음은 민말이집 신경 A~C의 흥분 전도와 전달에 대한 자료이다.

• 그림은 A와 C의 지점 d_1로부터 세 지점 d_2~d_4까지의 거리를, 표는 ㉠ A와 C의 d_1에 역치 이상의 자극을 동시에 1회 주고 경과된 시간이 6 ms일 때 d_2~d_4에서 측정한 막전위를 나타낸 것이다.

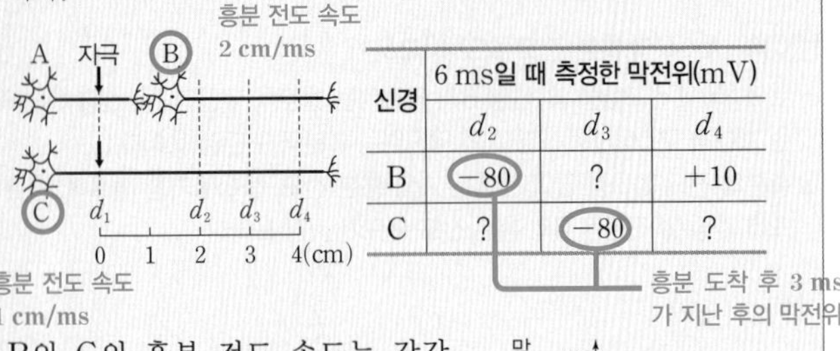

신경	6 ms일 때 측정한 막전위(mV)		
	d_2	d_3	d_4
B	−80	?	+10
C	?	−80	?

• B와 C의 흥분 전도 속도는 각각 1 cm/ms, 2 cm/ms 중 하나이다.

• A~C 각각에서 활동 전위가 발생하였을 때, 각 지점에서의 막전위 변화는 그림과 같다.

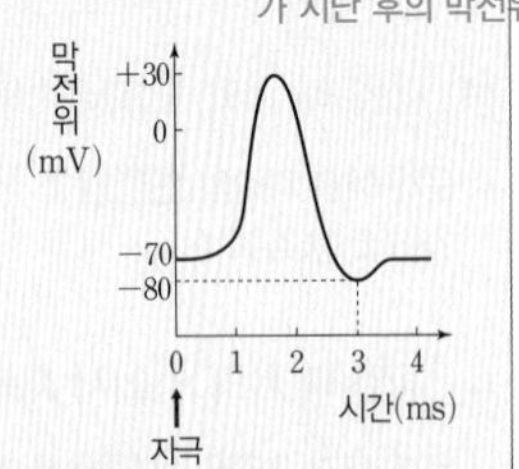

이에 대한 설명으로 옳은 것만을 〈보기〉에서 있는 대로 고른 것은? (단, A, B, C에서 흥분 전도는 각각 1회 일어났고, 휴지 전위는 −70 mV이다.) (3점)

2020 대비 6월 모평 14

[보기]

ㄱ. d_1에서 발생한 흥분은 B의 d_4보다 C의 d_4에 먼저 도달한다.
→ 자극 후 4 ms일 때 흥분은 B의 d_4와 C의 d_4에 동시에 도착

ㄴ. ㉠이 4 ms일 때, C의 d_3에서 Na^+이 세포 안으로 유입된다.
→ ㉠이 4 ms일 때 C의 d_3에서 탈분극이 일어남

ㄷ. ㉠이 5 ms일 때, B의 d_2에서 탈분극이 일어나고 있다.
→ ㉠이 5 ms일 때, B의 d_2에서 재분극이 일어남

① ㄱ  ② ㄴ ③ ㄷ ④ ㄱ, ㄴ ⑤ ㄴ, ㄷ

단서+발상

단서 B의 d_2, C의 d_3에서의 막전위가 −80mV인 것에 주목한다.

발상 막전위가 −80mV일 때 막전위 변화 시간은 3ms이므로 C의 d_1에 자극을 준 후 d3에 흥분이 도달할 때까지 걸린 시간이 3ms임을 생각한다.

해결 C의 d_1과 d_3 사이의 거리가 3cm이므로 속도$=\frac{\text{거리}}{\text{시간}}$를 통해 C의 흥분 전도 속도는 $\frac{3\text{ cm}}{3\text{ ms}}$=1cm/ms임을 파악할 수 있어야 고난도 문제를 해결할 수 있다.

| 문제 해결 과정 |

step 1 그래프 확인하기

• −80mV는 막전위 변화 그래프의 한 시점에서만 나타나기 때문에 어느 시점인지 바로 특정 지을 수 있다. 따라서 흥분 전도에 대한 문제에 접근할 때는 막전위가 −80mV인 지점을 먼저 분석한다.

• 그래프를 통해 한 지점에 흥분이 도달한 후 3 ms가 지났을 때에 이 지점에서의 막전위가 −80mV임을 알 수 있다.

step 2 흥분 전도에 걸리는 시간 파악하기

• 표에서 B의 d_2, C의 d_3의 막전위가 −80mV이고 자극을 준 후 경과된 시간이 6 ms이다.

• 따라서 A의 d_1에 자극을 준 후 B의 d_2에 흥분이 도달할 때까지 걸린 시간이 3 ms, C의 d_1에 자극을 준 후 C의 d_3에 흥분이 도달할 때까지 걸린 시간이 3 ms임을 알 수 있다.

step 3 흥분 전도 속도 파악하기

• C의 d_1에 자극을 준 후 d_3에 흥분이 도달할 때까지 걸린 시간이 3 ms이고 d_1과 d_3 사이의 거리가 3 cm이다.

• 흥분의 전도 속도$=\frac{\text{해당 지점까지의 거리}}{\text{전도 시간}}$이므로 C의 흥분 전도 속도는 $\frac{3}{3}$= 1 cm/ms이다. 따라서 B의 흥분 전도 속도는 2 cm/ms이다.

| 보기 분석 |

ㄱ. d_1에서 발생한 흥분은 B의 d_4보다 C의 d_4에 먼저 도달한다. (×)

• 문제 해결 과정의 step 2를 참고하면, A의 d_1에서 발생한 흥분이 B의 d_2에 도달하기까지 걸리는 시간은 3 ms이다.

• B의 흥분 전도 속도가 2 cm/ms이고, B의 d_2에서부터 d_4까지 거리가 2 cm이므로 d_2에서부터 d_4까지 흥분이 이동하는 데에 걸리는 시간은 1 ms이다.

• 따라서 d_1에서 발생한 흥분이 B의 d_4에 도달하기까지 걸린 시간은 3 ms+1 ms=4 ms이다.

• C의 흥분 전도 속도는 1 cm/ms이고, d_1에서부터 d_4까지 거리가 4 cm이므로 d_1에서 발생한 흥분이 C의 d_4에 도달하기까지 걸리는 시간 또한 4 ms이다.

• 따라서 d_1에서 발생한 흥분은 B의 d_4와 C의 d_4에 동시에 도달한다.

ㄴ. ㉠이 4 ms일 때, C의 d_3에서 Na^+이 세포 안으로 유입된다. (○)

• 문제 해결 과정에서 step 2를 참고하면, C의 d_1에 자극을 준 후 C의 d_3에 흥분이 도달할 때까지 걸린 시간이 3 ms이다.

• 따라서 ㉠이 4 ms일 때, C의 d_3에 흥분이 도달한 후 1 ms가 지났으므로 탈분극이 일어나고 있고, 따라서 Na^+이 세포 안으로 유입된다.

ㄷ. ㉠이 5 ms일 때, B의 d_2에서 탈분극이 일어나고 있다. (×)

• 문제 해결 과정에서 step 2를 참고하면, A의 d_1에서 발생한 흥분이 B의 d_2에 도달하기까지 걸리는 시간은 3 ms이다.

• 따라서 ㉠이 5 ms일 때, B의 d_2에 흥분이 도달한 후 2 ms가 지났으므로 재분극이 일어나고 있다.

✪ 정답은 ② ㄴ이다.

문제 풀이 Tip

1. **흥분 전도에 대한 문제에 접근할 때는 막전위가 −80mV인 지점을 먼저 분석한다.**
−80mV는 막전위 변화 그래프의 한 시점에서만 나타나기 때문에 어느 시점인지 바로 특정 지을 수 있다.
2. **흥분이 전달되는 구간은 속도가 아닌 시간의 개념으로 접근한다.**
흥분의 전달 속도는 특정하기 어렵기 때문에 시냅스 이전 뉴런의 한 지점에서 시냅스 이후 뉴런의 한 지점까지 흥분이 이동하는 데에 걸리는 시간을 알아내야한다.

＊ 흥분의 전도와 전달, 시냅스 ············ ✪ 1등급 핵심 개념

흥분 전도	• 한 뉴런 내에서 연속적으로 탈분극을 일으켜 흥분이 이동하는 현상 • 전도 과정 ① 자극을 받기 전: Na^+ 통로와 대부분의 K^+ 통로가 닫혀 있고, 휴지 전위가 유지된다. ② 자극을 받은 후: 일부 Na^+ 통로가 열리고 Na^+이 유입되어 막전위가 상승한다. ③ 막전위가 역치 이상이 되면 대부분의 Na^+ 통로가 열려 Na^+이 대량으로 유입되어 막전위가 급격히 상승한다. ④ Na^+ 통로가 닫히고 K^+ 통로가 열려 K^+이 유출되어 막전위가 하강한다. 일부 열려 있는 K^+ 통로를 통해 K^+이 계속 유출되어 막전위가 휴지 전위보다 낮아지지만, 곧 휴지 전위로 돌아간다.
흥분 전달	시냅스를 통해 한 뉴런에서 다음 뉴런으로 흥분이 전달되는 현상
시냅스	뉴런의 축삭 돌기 말단과 다른 뉴런의 가지 돌기나 신경 세포체가 약간의 틈을 두고 접한 부위

D 50 정답 ② ······························ [정답률 39%] ✪ 1등급 대비

다음은 민말이집 신경 A와 B의 흥분 전도와 전달에 대한 자료이다.

- 그림은 A와 B의 지점 d_1~d_4의 위치를 나타낸 것이다. B는 2개의 뉴런으로 구성되어 있고, ㉠~㉢ 중 한 곳에만 시냅스가 있다.
- 표는 A와 B의 d_3에 역치 이상의 자극을 동시에 1회 주고 경과된 시간이 t_1일 때 d_1~d_4에서의 막전위를 나타낸 것이다. Ⅰ~Ⅳ는 d_1~d_4를 순서 없이 나타낸 것이다.

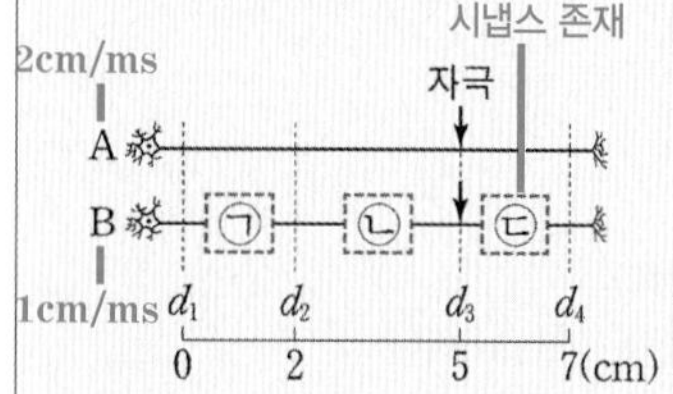

4ms

신경	t_1일 때 막전위(mV)			
	Ⅰ d_4	Ⅱ d_2	Ⅲ d_3	Ⅳ d_1
A	−80	0 재	? −70	0 탈
B	0	−60	? −70	? −70

- B를 구성하는 두 뉴런의 흥분 전도 속도는 1cm/ms로 같다.
- A와 B 각각에서 활동 전위가 발생하였을 때, 각 지점에서의 막전위 변화는 그림과 같다.

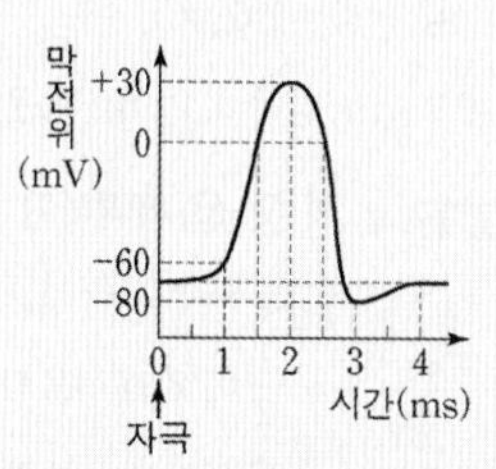

이에 대한 설명으로 옳은 것만을 〈보기〉에서 있는 대로 고른 것은? (단, A와 B에서 흥분의 전도는 각각 1회 일어났고, 휴지 전위는 −70mV이다.) (3점)

2022 대비 9월 모평 16

[보기]

ㄱ. t_1은 5ms이다.
→ t_1은 4ms

ㄴ. 시냅스는 ㉢에 있다.
→ ㉢에 시냅스가 없다면 B의 Ⅰ의 막전위는 +30mV이어야 하지만 0mV이므로 시냅스는 ㉢에 있음

ㄷ. t_1일 때, A의 Ⅱ에서 탈분극이 일어나고 있다.
→ t_1일 때, A의 Ⅱ에서 재분극이 일어나고 있음

① ㄱ  ② ㄴ ③ ㄱ, ㄷ ④ ㄴ, ㄷ ⑤ ㄱ, ㄴ, ㄷ

단서+발상

(단서) 그림에서 신경 A와 B의 d_3에 자극을 동시에 준 것에 주목한다.

(발상) 자극을 준 지점은 흥분이 도달하는 데 걸린 시간이 0이므로 서로 다른 신경이더라도 동시에 자극을 준 지점끼리는 막전위 값이 같아야 함을 생각한다.

(해결) 표의 A와 B를 비교하였을 때, Ⅰ과 Ⅱ에는 서로 동일한 막전위 값이 없으므로 자극을 준 지점 d_3는 Ⅰ과 Ⅱ가 아닌 Ⅲ과 Ⅳ 중에 있음을 파악할 수 있어야 고난도 문제를 해결할 수 있다.

| 문제 해결 과정 |

step 1 막전위를 이용해 지점 매칭하기

- A와 B에 자극을 준 지점에서 활동 전위가 발생하면 t_1일 때 막전위는 같아야 한다. t_1일 때 지점 Ⅰ과 Ⅱ의 막전위는 A와 B가 다르므로 d_3는 Ⅰ과 Ⅱ가 아닌 Ⅲ과 Ⅳ 중 하나이다.
- 자극을 준 지점에서 더 가까운 지점일수록 막전위 그래프에서 더 오른쪽에 있는 막전위 값을 가져야 한다. A에서 Ⅰ의 막전위 값이 −80mV로 0mV보다 더 오른쪽에 있는 막전위를 가지므로 Ⅳ는 자극을 준 지점인 d_3가 될 수 없다. 따라서 d_3는 Ⅲ이다.
- 자극을 준 지점 d_3에서 가장 가까운 거리에 있는 지점은 d_4이다. −80mV가 0mV보다 막전위 그래프에서 더 오른쪽의 막전위 값을 가지므로 A에서 막전위가 −80mV인 Ⅰ이 d_4이다.
- 나머지 Ⅱ와 Ⅳ는 각각 d_1과 d_2 중 하나이다.

step 2 신경 A의 흥분 전도 속도 구하기

- Ⅰ에서 A의 막전위는 −80mV이고, B의 막전위는 0mV이므로 A의 Ⅰ에 흥분이 더 먼저 도착한 것이고, 흥분 전도 속도는 A가 B보다 빠르다는 것을 알 수 있다.
- A에서 Ⅱ와 Ⅳ의 막전위는 모두 0mV이고, Ⅱ와 Ⅳ는 각각 d_1과 d_2 중 하나이므로 막전위는 같지만 각 지점에서 흥분이 발생하고 소요된 막전위 변화 시간이 다른 것임을 알 수 있다.
- 막전위 그래프에서 0mV는 흥분이 발생한 뒤 시간이 1.5ms과 2.5ms 동안 막전위가 변했을 때의 값이므로 A의 d_1에서 d_2까지 전도되는데 걸린 시간은 2.5−1.5=1ms이다. d_1에서 d_2 사이의 거리는 2cm이므로 A의 흥분 전도 속도는 2cm/ms이다.

step 3 t_1과 시냅스가 있는 부분 추론하기

1. t_1 구하기

- A의 d_3에서 d_4까지 2cm 떨어져 있고, 흥분 전도 속도는 2cm/ms이므로 d_3에서 d_4까지 흥분 전도 시간은 1ms이다.
- A의 d_4(Ⅰ)에서 막전위는 −80mV이므로 t_1일 때 d_4에 흥분이 도착하고 막전위가 변화된 시간은 3ms이다. 따라서 t_1은 4ms이다.

2. ㉠~㉢ 중 시냅스가 있는 부분 추론하기

- B의 흥분 전도 속도는 1cm/ms이고, t_1일 때 d_3에서 d_4까지 흥분 전도 시간은 2ms이다. ㉢에 시냅스가 없다면 d_4(Ⅰ)에서 막전위 변화 시간은 2ms이므로 +30mV의 막전위가 나타나야한다. 하지만 0mV이므로 ㉢에 시냅스가 존재하여 흥분이 더 늦게 전달 되었음을 알 수 있다.
- B에서 d_3에 자극을 주고 d_2까지 소요된 시간은 3ms이고, t_1(4ms)일 때 d_2에 흥분이 도착하고 막전위가 변화된 시간은 1ms이므로 막전위는 −60mV이다. 따라서 d_2는 Ⅱ이고, 나머지 Ⅰ은 d_4이다.

| 보기 분석 |

ㄱ. t_1은 5 ms이다. (×)

- t_1은 각 지점까지 흥분이 전도된 시간과 각 지점에서 막전위가 변화한 시간을 포함한다. t_1일 때 A의 d_3에 자극을 주고 d_4까지 흥분이 전도된 시간은 1ms이고, d_4에 흥분이 도착하고 막전위가 변화된 시간은 3ms이다. 따라서 t_1은 4ms이다.

ㄴ. 시냅스는 ㉢에 있다. (○)

- 문제 해결 과정의 step 3를 참고하면, 시냅스는 ㉢에 있다.

ㄷ. t_1일 때, A의 Ⅱ에서 탈분극이 일어나고 있다. (×)

- t_1은 4ms이고 A의 흥분 전도 속도는 2cm/ms이다.
- t_1일 때, A의 d_3에 자극을 주고 d_2까지 흥분이 전도된 시간은 1.5ms이고, d_3에 흥분이 도착하고 막전위가 변한 시간은 2.5ms이므로 막전위가 하강하고 있다. 따라서 A의 Ⅱ에서 재분극이 일어나고 있다.

✪ 정답은 ② ㄴ이다.

문제 풀이 Tip

1. 어떤 지점에 동시에 자극을 주었다면, 이 지점에서의 막전위는 모두 같다.
2. 두 지점을 비교할 때 막전위 그래프에서 더 오른쪽에 있는 막전위 값을 가지는 지점이 자극을 준 지점과 더 가깝다.
자극을 준 지점에 가까울수록 흥분이 먼저 도달하기 때문이다.

E 근수축 운동

E 01 정답 ② *근수축 [정답률 66%] 2025 대비 수능 13

다음은 골격근의 수축 과정에 대한 자료이다.

- 그림은 근육 원섬유 마디 X의 구조를 나타낸 것이다. X는 좌우 대칭이고, Z_1과 Z_2는 X의 Z선이다.

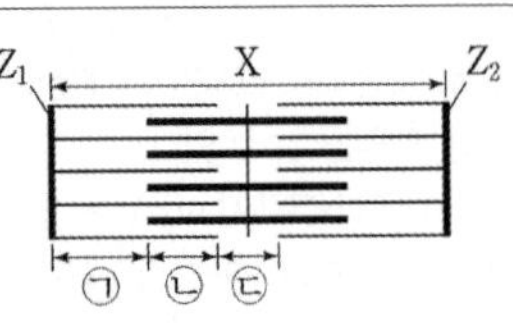

- 구간 ㉠은 액틴 필라멘트만 있는 부분이고, ㉡은 액틴 필라멘트와 마이오신 필라멘트가 겹치는 부분이며, ㉢은 마이오신 필라멘트만 있는 부분이다.
- 표는 골격근 수축 과정의 세 시점 t_1, t_2, t_3일 때, ㉠의 길이에서 ㉡의 길이를 뺀 값을 ㉢의 길이로 나눈 값($\frac{㉠-㉡}{㉢}$)과 X의 길이를 나타낸 것이다.
- t_3일 때 A대의 길이는 1.6 μm이다. 단서

시점	$\frac{㉠-㉡}{㉢}$	X의 길이
t_1	$\frac{5}{8}$ ($\frac{0.9-0.4}{0.8}$)	3.4 μm
t_2	$\frac{1}{2}$ ($\frac{0.8-0.5}{0.6}$)	?
t_3	$\frac{1}{4}$ ($\frac{0.7-0.6}{0.4}$)	L

이에 대한 설명으로 옳은 것만을 〈보기〉에서 있는 대로 고른 것은?

[보기]

ㄱ. H대의 길이는 t_3일 때가 t_1일 때보다 ~~0.2 μm~~ 짧다. 0.4 μm

ㄴ. t_2일 때 ㉠의 길이는 t_1일 때 ㉡의 길이의 2배이다.
t_2일 때 ㉠의 길이(0.8 μm)는 t_1일 때 ㉡의 길이(0.4 μm)의 2배

ㄷ. t_3일 때 Z_1로부터 Z_2 방향으로 거리가 $\frac{1}{4}$L인 지점은 ~~㉠~~에 해당한다. ㉡

① ㄱ ② ㄴ ③ ㄷ ④ ㄱ, ㄴ ⑤ ㄴ, ㄷ

문제 풀이 꿀팁

- 근수축 시 X의 길이가 2d만큼 짧아진다면, ㉠의 길이는 d만큼, ㉢의 길이는 2d만큼 짧아지고, ㉡의 길이는 d만큼 길어진다.
- 한 시점의 ㉠~㉢의 길이를 안다면, 다른 시점의 ㉠~㉢의 길이는 각각 ㉠$-$d, ㉡$+$d, ㉢$-$2d로 표현해 식을 세울 수 있다.

단서+발상

단서 A대의 길이가 1.6 μm임이 제시되어 있다.

발상 A대의 길이는 항상 일정하므로 t_1의 ㉠은 0.9 μm, ㉡은 0.4 μm, ㉢은 0.8 μm임을 추론할 수 있다.

적용 근수축 시 A대, H대, X의 길이 변화를 적용해서 t_1의 ㉠~㉢을 구하는 것부터 문제 풀이를 시작해야 한다.

| 문제+자료 분석 |

step 1 t_1의 ㉠~㉢ 파악하기

- A대의 길이는 1.6 μm로 항상 일정하다.
- t_1일 때 X의 길이가 3.4 μm이므로 ㉠은 0.9 μm이다.
- 2㉡$+$㉢$=$1.6 μm, $\frac{㉠-㉡}{㉢}=\frac{5}{8}$이다. 두 식을 연립하면, t_1의 ㉠은 0.9 μm, ㉡은 0.4 μm, ㉢은 0.8 μm이다.

step 2 t_2의 ㉠~㉢ 파악하기

- t_2의 ㉠~㉢은 각각 0.9$-$d, 0.4$+$d, 0.8$-$2d로 표현할 수 있다. 꿀팁
- $\frac{㉠-㉡}{㉢}=\frac{1}{2}$에 위의 식을 대입하면 d$=$0.1이므로 t_2의 ㉠은 0.8 μm, ㉡은 0.5 μm, ㉢은 0.6 μm, X의 길이는 3.2 μm이다.

step 3 t_3의 ㉠~㉢ 파악하기

- t_3의 ㉠~㉢은 각각 0.9$-$k, 0.4$+$k, 0.8$-$2k로 표현할 수 있다.
- $\frac{㉠-㉡}{㉢}=\frac{1}{4}$에 위의 식을 대입하면 k$=$0.2이므로 t_3의 ㉠은 0.7 μm, ㉡은 0.6 μm, ㉢은 0.4 μm, X의 길이는 3.0 μm이다.

| 보기 분석 |

ㄱ. H대의 길이는 ㉢의 길이이다. t_3일 때 ㉢의 길이(0.4 μm)는 t_1일 때 ㉢의 길이(0.8 μm)보다 0.4 μm 짧다.

ㄴ. t_2일 때 ㉠의 길이(0.8 μm)는 t_1일 때 ㉡의 길이(0.4 μm)의 2배이다.

ㄷ. t_3일 때 X의 길이인 L은 3.0 μm이므로 Z_1로부터 Z_2 방향으로 거리가 $\frac{1}{4}$L인 지점은 Z_1로부터 0.75 μm인 지점이다. t_3일 때 ㉠의 길이는 0.7 μm이므로 0.75 μm인 지점은 ㉡에 해당한다.

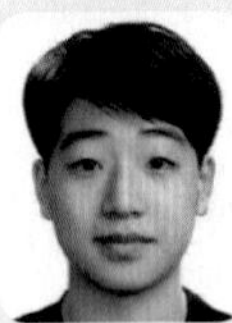

윤혁준 | 2025 수능 응시 · 서울 강서고 졸

㉠, ㉡, ㉢이 주어져서 근수축 문제임에도 어렵지 않은 문제였어. t_1에서 ㉠의 길이를 문제에서 주어진 X의 길이와 A대의 길이를 통해 구하고, ㉡의 길이를 미지수로 둔다면 t_1일 때의 길이를 확정할 수 있어. 그리고 ㉠, ㉡, ㉢의 변화량이 1:$-$1:2임을 통해 t_2일 때와 t_3일 때의 길이도 구하면 문제를 풀 수 있어.

E 02 정답 ⑤ *근수축의 원리 [정답률 53%] 2024 실시 10월 학평 10

다음은 골격근의 수축 과정에 대한 자료이다.

- 그림은 근육 원섬유 마디 X의 구조를 나타낸 것이다. X는 좌우 대칭이고, Z_1과 Z_2는 X의 Z선이다.

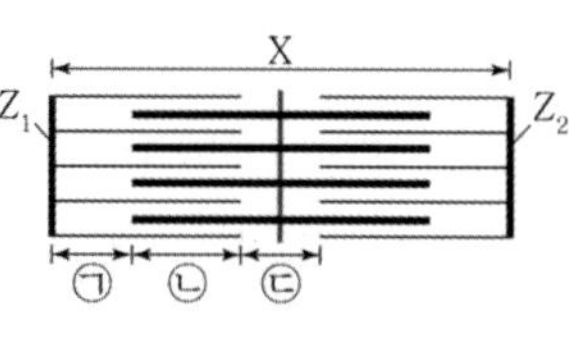

- 구간 ㉠은 액틴 필라멘트만 있는 부분이고, ㉡은 액틴 필라멘트와 마이오신 필라멘트가 겹치는 부분이며, ㉢은 마이오신 필라멘트만 있는 부분이다.
- 표는 골격근 수축 과정의 두 시점 t_1과 t_2일 때, 각 시점의 Z_1로부터 Z_2 방향으로 거리가 각각 l_1, l_2, l_3인 세 지점이 ㉠~㉢ 중 어느 구간에 해당하는지를 나타낸 것이다. ⓐ~ⓒ는 ㉠~㉢을 순서 없이 나타낸 것이다. 단서

거리	지점이 해당하는 구간	
	t_1	t_2
l_1	? ㉢(4d)	ⓐ ㉢(2d)
l_2	ⓑ ㉠(3d)	ⓒ ㉡(3d)
l_3	ⓒ ㉡(2d)	㉡

- t_1일 때 ⓐ의 길이는 $4d$이고 X의 길이는 $14d$이며, t_2일 때 X의 길이는 L(12d) 이다. t_1과 t_2일 때 ⓑ의 길이는 각각 $2d$와 $3d$ 중 하나이고, d는 0보다 크다.
- t_1과 t_2일 때 각각 $l_1 \sim l_3$은 모두 $\frac{\text{X의 길이}}{2}$보다 작다.

이에 대한 옳은 설명만을 〈보기〉에서 있는 대로 고른 것은? (3점)

[보기]

ㄱ. ⓑ는 ㉠이다.
ⓐ는 ㉢, ⓑ는 ㉠, ⓒ는 ㉡

ㄴ. t_2일 때 H대의 길이는 t_1일 때 ㉡의 길이의 2배이다.
1배 → $2d$로 같음

ㄷ. t_2일 때 Z_1로부터 Z_2 방향으로 거리가 $\frac{2}{5}L$인 지점은 ⓒ에 해당한다.
t_2일 때 L은 $12d$로 $\frac{2}{5}L$인 지점은 ⓒ(㉡)에 해당됨

① ㄱ ② ㄴ ③ ㄷ ④ ㄱ, ㄴ ⑤ ㄱ, ㄷ

단서+발상

단서 t_1일 때 l_2가 ⓑ, l_3이 ⓒ에 해당하며, t_2일 때 l_2가 ⓒ, l_3이 ㉡에 해당함이 제시되어 있다.

발상 t_1에서 l_2가 l_3보다 짧다면 t_2에서도 l_2가 l_3보다 짧아야 하므로 ⓐ가 ㉢, ⓑ가 ㉠, ⓒ가 ㉡임을 추론할 수 있다.

적용 근수축 시 각 구간의 길이 변화 규칙을 적용해서 ⓐ~ⓒ를 구하는 것부터 문제 풀이를 시작해야 한다.

| 문제 해결 과정 |

step 1 ⓐ~ⓒ 구하기

- ⓐ는 ㉡이 아니다. ⓑ가 ㉠, ⓒ가 ㉢이라면 t_1일 때 $l_2 < l_3$인데 t_2일 때 $l_3 < l_2$로 모순이며, ⓑ가 ㉢, ⓒ가 ㉠이라면 반대로 모순이기 때문이다.
- ⓐ가 ㉠, ⓑ가 ㉡, ⓒ가 ㉢이라면 t_1일 때 $l_2 < l_3$인데 t_2일 때 $l_3 < l_2$로 모순이며, ⓐ가 ㉢, ⓑ가 ㉡, ⓒ가 ㉠이라면 t_1일 때 $l_3 < l_2$인데 t_2일 때 $l_2 < l_3$으로 모순이다.
- ⓐ가 ㉠, ⓑ가 ㉢, ⓒ가 ㉡인 경우도 모순이다. t_1일 때 ⓑ가 $2d$라면 $l_2 > 6d$(ⓐ+ⓒ$=4d+2d$)인데 t_2일 때 $l_2 < 6d$(ⓐ+ⓒ$=4.5d+1.5d$)로 모순이고, t_1일 때 ⓑ가 $3d$라면 $l_2 > 5.5d$(ⓐ+ⓒ$=4d+1.5d$)인데 t_2일 때 $l_2 < 5.5d$(ⓐ+ⓒ$=3.5d+2d$)로 모순이기 때문이다.
- ⓐ가 ㉢, ⓑ가 ㉠, ⓒ가 ㉡이다.

step 2 t_1과 t_2일 때 ㉠~㉢의 길이 구하기

- t_1일 때 ⓑ(㉠)가 $2d$라면 l_2가 $2d$보다 짧아야 한다. t_2일 때 ⓑ(㉠)가 $3d$여야 하므로 l_2가 ⓒ(㉡)에 해당하려면 $3d$보다 길어야 하므로 모순이다.
- t_1일 때 ⓑ(㉠)는 $3d$이고 ⓐ(㉢)가 $4d$이므로 X의 길이 $14d$를 만족하려면 ⓒ(㉡)는 $2d$이다.
- t_2일 때 ⓑ(㉠)는 $2d$로 t_1일 때보다 d만큼 짧으므로 ⓐ(㉢)는 $2d$만큼 짧아진 $2d$, ⓒ(㉡)는 d만큼 길어진 $3d$이다.

| 보기 분석 |

ㄱ. ⓐ가 ㉢, ⓑ가 ㉠, ⓒ가 ㉡이다.

ㄴ. t_2일 때 H대의 길이는 $2d$이고, t_1일 때 ㉡의 길이도 $2d$이므로 서로 같다.

ㄷ. t_2일 때 X의 길이인 L은 $12d$로 $\frac{2}{5}L$은 $4.8d$이다. ⓑ(㉠)가 $2d$, ⓒ(㉡)가 $3d$이므로 Z_1로부터 $\frac{2}{5}L$인 지점은 ⓒ에 해당한다.

*** 근수축 시 각 구간의 길이 변화**

- 근수축 시 ㉠의 길이가 d만큼 짧아진다면 ㉢의 길이는 $2d$만큼 짧아지고 ㉡의 길이는 d만큼 길어진다.

E 03 정답 ④ *근수축 과정 [정답률 61%] 2023 실시 3월 학평 15

그림은 좌우 대칭인 근육 원섬유 마디 X의 구조를, 표는 시점 t_1과 t_2일 때 X, (가), (나) 각각의 길이를 나타낸 것이다. 구간 ㉠은 액틴 필라멘트만 있는 부분이고, ㉡은 액틴 필라멘트와 마이오신 필라멘트가 겹치는 부분이다. (가)와 (나)는 각각 ㉠과 ㉡ 중 하나이다.

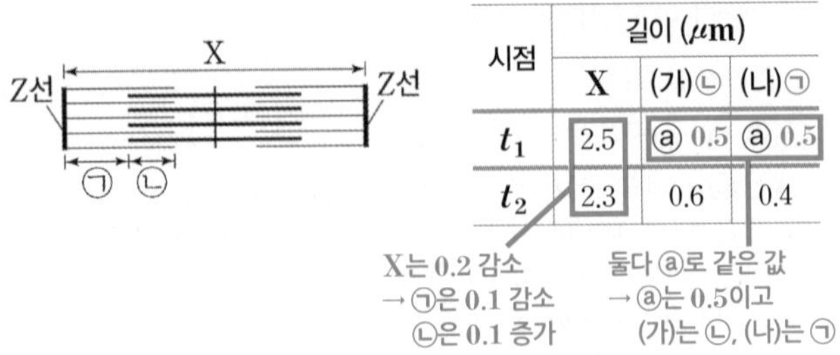

시점	길이 (μm)		
	X	(가)㉡	(나)㉠
t_1	2.5	ⓐ 0.5	ⓐ 0.5
t_2	2.3	0.6	0.4

이에 대한 옳은 설명만을 〈보기〉에서 있는 대로 고른 것은?

[보기]

ㄱ. (가)는 ㉠이다.
ⓐ값은 0.5이고 (가)는 t_1일 때 0.5 μm에서 t_2일 때 0.6 μm로 증가한 ㉡임

ㄴ. t_1일 때 ㉡과 H대의 길이는 같다.
t_1일 때 H대의 길이는 2.5−2(㉠+㉡)=0.5 μm로 ㉡(0.5)과 같음

ㄷ. t_2일 때 A대의 길이는 1.5 μm이다.
t_2일 때 A대의 길이는 2.3−(㉠×2)=1.5임

① ㄱ ② ㄷ ③ ㄱ, ㄴ ④ ㄴ, ㄷ ⑤ ㄱ, ㄴ, ㄷ

| 문제+자료 분석 |

- 시점 t_1에서 t_2로 변할 때, X의 길이는 0.2 μm 줄어들었다. 이때 액틴 필라멘트만 있는 ㉠은 X의 변화량(0.2 μm)의 절반(0.1 μm)만큼 줄어들고 액틴 필라멘트와 마이오신 필라멘트가 겹쳐진 ㉡은 X의 변화량(0.2 μm)의 절반(0.1 μm)만큼 늘어난다.
- 액틴 필라멘트의 길이는 근육의 이완과 수축에 상관없이 동일하므로 2ⓐ=0.6+0.4=1이고 ⓐ=0.5이다.
- ⓐ값이 0.5이므로 (가)는 0.5 μm에서 0.6 μm로 증가한 ㉡이고, (나)는 0.5 μm에서 0.4 μm로 감소한 ㉠이다.
- H대의 길이는 X의 길이에서 액틴 필라멘트의 길이인 2(㉠+㉡)을 뺀 값이다. t_1일 때 X의 길이는 2.5 μm이고 ㉠+㉡은 1이므로 H대의 길이는 2.5−2(㉠+㉡)=0.5 μm이다. 꿀팁
- A대의 길이는 X의 길이에서 액틴 필라멘트만 있는 부분(㉠×2)의 길이를 뺀 값이다. t_2일 때 X의 길이는 2.3 μm이고 ㉠의 길이는 0.4 μm이므로 A대의 길이는 2.3−(㉠×2)=1.5 μm이다.

| 보기 분석 |

ㄱ. ⓐ값이 0.5이므로 (가)는 t_1일 때 0.5 μm에서 t_2일 때 0.6 μm로 증가한 ㉡이다.

ㄴ. t_1일 때 X의 길이는 2.5 μm이고 (㉠+㉡)은 1이므로 H대의 길이는 2.5−2(㉠+㉡)=0.5 μm이다.

ㄷ. t_2일 때 X의 길이는 2.3 μm이고 ㉠의 길이는 0.4 μm이므로 A대의 길이는 2.3−(㉠×2)=1.5 μm이다.

E 04 정답 ④ *근수축 운동 [정답률 81%] 2020 실시 3월 학평 10

그림은 좌우 대칭인 근육 원섬유 마디 X의 구조를, 표는 시점 t_1과 t_2일 때 X와 ㉡의 길이를 나타낸 것이다. ㉠은 마이오신 필라멘트만, ㉡은 액틴 필라멘트만 있는 부분이다.

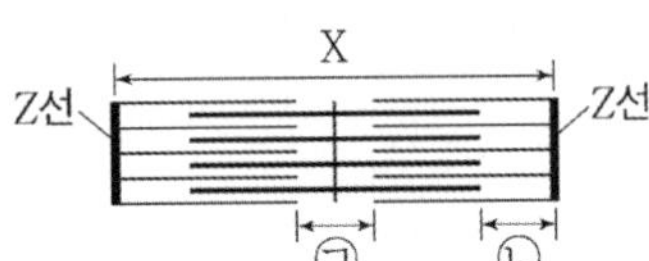

시점	X의 길이	㉡의 길이
t_1	? 2.4 μm	0.4 μm
t_2	2.0 μm	0.2 μm

이에 대한 옳은 설명만을 〈보기〉에서 있는 대로 고른 것은? (3점)

[보기]

ㄱ. ㉠은 H대이다.
→ ㉠은 마이오신 필라멘트만 있는 H대

ㄴ. t_1일 때 X의 길이는 2.4 μm이다.
→ t_1일 때 ㉡의 길이가 0.2 μm 감소하면, X의 길이는 0.4 μm 감소

ㄷ. A대의 길이는 t_1일 때가 t_2일 때보다 길다.
→ A대의 길이는 항상 일정

① ㄱ ② ㄴ ③ ㄷ ④ ㄱ, ㄴ ⑤ ㄴ, ㄷ

| 문제+자료 분석 |

- X가 수축할 때 수축 길이가 d라고 하면 ㉠의 길이는 d만큼 감소하고, ㉡의 길이는 $\frac{1}{2}$d만큼 감소한다.
- t_1에서 t_2가 될 때 ㉡의 길이가 0.2 μm($\frac{1}{2}$d) 감소했으므로 X의 길이는 0.4 μm(d) 감소한다. t_2일 때 X의 길이가 2.0 μm이므로 t_1일 때 X의 길이는 2.4 μm이다.

| 보기 분석 |

ㄱ. 근육 원섬유 마디에서 마이오신 필라멘트가 있는 부분은 A대, 마이오신 필라멘트만 있는 부분은 H대, 액틴 필라멘트만 있는 부분은 I대이다. ㉠은 마이오신 필라멘트만 있는 H대이다.

ㄴ. t_1에서 t_2가 될 때 ㉡의 길이가 감소했으므로 X는 수축하고, t_1일 때 X의 길이는 t_2일 때 X의 길이인 2.0 μm보다 길다.
t_1에서 t_2가 될 때, ㉡의 길이가 0.2 μm 감소했으므로 t_1일 때 X의 길이는 t_2일 때 X의 길이보다 0.4 μm 긴 2.4 μm이다.

ㄷ. 근육 수축 이완 여부와 상관없이 A대의 길이는 항상 일정하다. 따라서 A대의 길이는 t_1일 때와 t_2일 때가 같다. 주의

문제 풀이 Tip

X의 길이가 d만큼 감소할 경우 ⇨ A대 길이 일정, H대 d만큼 감소, I대 d만큼 감소, 액틴 필라멘트와 마이오신 필라멘트가 겹쳐진 부분의 길이 d만큼 증가

E 05 정답 ① *근수축 [정답률 75%] 2024 실시 3월 학평 6

그림은 좌우 대칭인 근육 원섬유 마디 X의 구조를, 표는 시점 t_1과 t_2일 때 H대, ㉠, ㉡ 각각의 길이를 나타낸 것이다. 구간 ㉠은 액틴 필라멘트와 마이오신 필라멘트가 겹치는 부분이고, ㉡은 액틴 필라멘트만 있는 부분이다.

단서 ㉠+㉡의 값은 변하지 않음 0.6+0.2=2ⓐ ⓐ=0.4

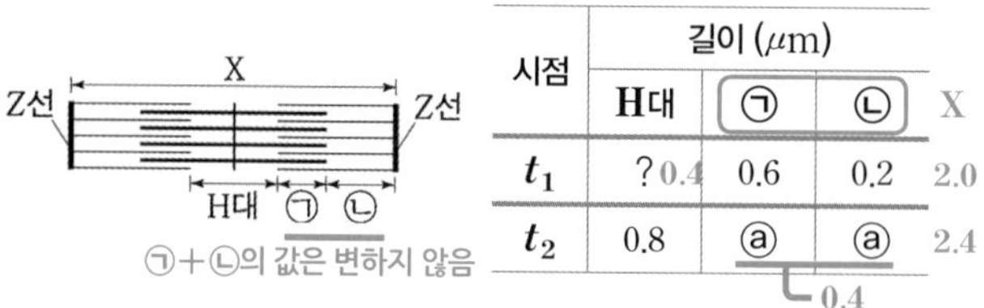

시점	길이 (μm)			
	H대	㉠	㉡	X
t_1	? 0.4	0.6	0.2	2.0
t_2	0.8	ⓐ	ⓐ	2.4

0.4

이에 대한 옳은 설명만을 〈보기〉에서 있는 대로 고른 것은? (3점)

[보기]

ㄱ. ⓐ는 0.4이다.
0.6+0.2=2ⓐ이므로 ⓐ=0.4임

ㄴ. t_1일 때 X의 길이는 2.2 μm이다.
t_1일 때 X의 길이는 2.0 μm임

ㄷ. H대의 길이는 t_1일 때가 t_2일 때보다 길다.
t_1일 때 H대의 길이는 0.4 μm이므로 t_2일 때가 t_1일 때보다 깖

① ㄱ ② ㄴ ③ ㄱ, ㄷ ④ ㄴ, ㄷ ⑤ ㄱ, ㄴ, ㄷ

| 문제+자료 분석 |

- **H대**: 근육 원섬유 중심에 있는 마이오신 필라멘트만 있는 부분이다.
- **A대**(암대): 마이오신 필라멘트가 있는 부분으로, 어둡게 보인다.
- **I대**(명대): 액틴 필라멘트만 있는 부분으로, 밝게 보인다. ㉠은 액틴 필라멘트와 마이오신 필라멘트가 겹치는 부분이고, ㉡은 I대이다.
- 골격근의 수축이 일어나면 마이오신 필라멘트와 액틴 필라멘트의 길이는 변하지 않고 액틴 필라멘트가 마이오신 필라멘트 사이로 미끄러져 들어가 겹치는 부분이 증가하여 근육 원섬유 마디가 짧아진다. 꿀팁
- 액틴 필라멘트의 길이는 변하지 않으므로, ㉠+㉡의 값은 시점에 상관 없이 일정하다. 0.6+0.2=2ⓐ이므로 ⓐ=0.4 μm이다.
t_1에서 t_2로 변화 시 ㉠은 0.2 μm 감소하고, ㉡은 0.2 μm 증가하므로 t_1에서 t_2로 변화 시 X의 길이와 H대의 길이는 0.4 μm 증가한다.
➡ t_1일 때 H대의 길이는 0.4 μm이고 X의 길이는 2.0 μm이다. t_2일 때 X의 길이는 2.4 μm이다.

| 보기 분석 |

ㄱ. ㉠+㉡의 값은 시점에 상관 없이 일정하다.
0.6+0.2=2ⓐ이므로 ⓐ=0.4 μm이다.

ㄴ. t_1에서 t_2로 변화 시 ㉠은 0.2 μm 감소하고, ㉡은 0.2 μm 증가하므로 t_1에서 t_2로 변화 시 X의 길이는 0.4 μm 증가한다.
따라서 t_1일 때 X의 길이는 2.0 μm이다.

ㄷ. t_1에서 t_2로 변화 시 ㉠은 0.2 μm 감소하고, ㉡은 0.2 μm 증가하므로 t_1에서 t_2로 변화 시 H대의 길이는 0.4 μm 증가한다.
t_1일 때 H대의 길이는 0.4 μm이므로 H대의 길이는 t_2일 때가 t_1일 때보다 길다.

E 06 정답 ① *골격근의 수축과 이완 [정답률 79%] 2021 대비 6월 모평 13

다음은 골격근의 수축 과정에 대한 자료이다.

- 그림은 근육 원섬유 마디 X의 구조를, 표는 골격근 수축과정의 두 시점 t_1과 t_2일 때 X의 길이와 ㉠의 길이를 나타낸 것이다. X는 좌우 대칭이다.

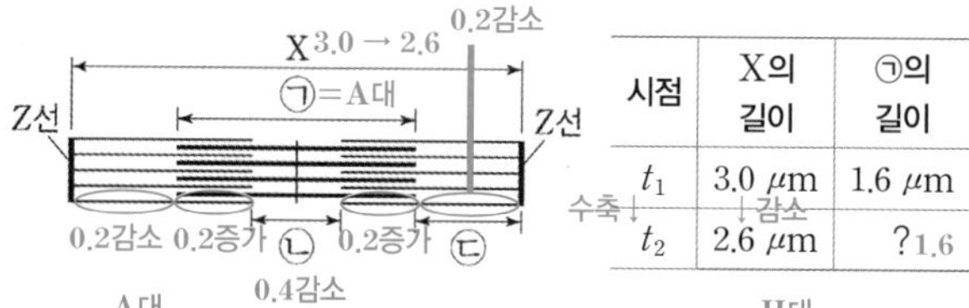

시점	X의 길이	㉠의 길이
t_1	3.0 μm	1.6 μm
t_2	2.6 μm	? 1.6

수축 / 감소

- 구간 ㉠(A대)은 마이오신 필라멘트가 있는 부분이고, ㉡(H대)은 마이오신 필라멘트만 있는 부분이며, ㉢은 액틴 필라멘트만 있는 부분이다. (I대의 $\frac{1}{2}$)

이에 대한 설명으로 옳은 것만을 〈보기〉에서 있는 대로 고른 것은?

[보기]

ㄱ. t_1에서 t_2로 될 때 ATP에 저장된 에너지가 사용된다.
→ t_1에서 t_2로 될 때 골격근은 수축하므로 에너지가 사용된다.

ㄴ. ㉠의 길이에서 ㉡의 길이를 뺀 값은 t_2일 때가 t_1일 때보다 0.2 μm 크다.
→ ㉠의 길이에서 ㉡의 길이를 뺀 값은 t_2일 때가 t_1일 때보다 0.4 μm 크다.

ㄷ. t_2일 때 ㉢의 길이는 0.3 μm이다.
→ t_2일 때 ㉢의 길이는 t_1일 때보다 0.2 μm가 감소하였으므로 0.7 μm−0.2 μm=0.5 μm이다.

① ㄱ ② ㄴ ③ ㄷ ④ ㄱ, ㄴ ⑤ ㄱ, ㄷ

| 문제+자료 분석 |

1st ㉠과 ㉡의 길이 파악하기

- t_1에서보다 t_2의 길이가 0.4 μm만큼 감소하므로 골격근은 0.4 μm만큼 수축한다.
- ㉠의 길이(A대의 길이) 길이는 항상 일정하므로 t_2에서 ㉠의 길이는 t_1에서와 같은 1.6 μm이다.
- 골격근의 길이가 t_1에서 t_2로 될 때 0.4 μm만큼 감소했으므로 H대의 길이인 ㉡의 길이는 0.4 μm만큼 감소한다.

2nd ㉢의 길이 파악하기

- t_1에서 I대 절반의 길이인 ㉢의 길이는 $\frac{3.0-1.6}{2}=0.7$ μm이다.
- t_1에서 t_2로 될 때 ㉢의 길이는 $\frac{0.4}{2}=0.2$ μm만큼 감소한다.
- 따라서 t_2에서 ㉢의 길이는 0.7 μm−0.2 μm=0.5 μm이다.

| 보기 분석 |

ㄱ. t_1에서 t_2가 될 때 X의 길이가 감소했으므로 골격근이 수축했다. 골격근이 수축할 때 에너지가 사용되므로 t_1에서 t_2가 될 때 ATP에 저장된 에너지가 사용된다.

ㄴ. ㉠은 A대이므로 ㉠의 길이는 항상 일정하다. 꿀팁
t_1에서 t_2가 될 때 ㉡의 길이가 0.4 μm만큼 감소하였으므로, 마이오신 필라멘트와 액틴 필라멘트가 겹치는 부분의 길이인 ㉠의 길이−㉡의 길이는 t_2일 때가 t_1일 때보다 0.4 μm 크다.

ㄷ. t_1일 때 ㉢의 길이가 0.7 μm이고, t_2일 때 ㉢의 길이는 t_1일 때보다 0.2 μm가 감소하였으므로 0.5 μm이다.

E 07 정답 ④ *골격근의 수축 과정 [정답률 71%] 2025 대비 6월 모평 13

다음은 골격근의 수축 과정에 대한 자료이다.

○ 그림은 근육 원섬유 마디 X의 구조를 나타낸 것이다. X는 좌우 대칭이고, Z_1과 Z_2는 X의 Z선이다.

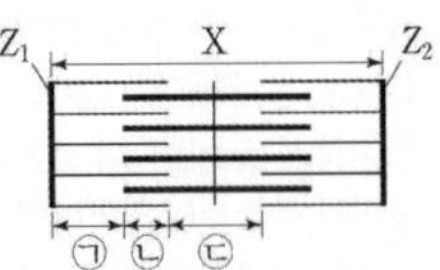

○ 구간 ㉠은 액틴 필라멘트만 있는 부분이고, ㉡은 액틴 필라멘트와 마이오신 필라멘트가 겹치는 부분이며, ㉢은 마이오신 필라멘트만 있는 부분이다.

○ 표는 골격근 수축 과정의 두 시점 t_1과 t_2일 때, ㉠의 길이와 ㉢의 길이를 더한 값(㉠+㉢), ㉡의 길이와 ㉢의 길이를 더한 값(㉡+㉢), X의 길이를 나타낸 것이다.

단서

시점	㉠+㉢	㉡+㉢	X의 길이	㉠	㉡	㉢
t_1	? 2.0	1.4	? 3.2	0.8	0.2	1.2
t_2	1.4	? 1.2	2.8	0.6	0.4	0.8

(단위: μm)

○ t_1일 때 X의 길이는 L이고, A대의 길이는 1.6 μm이다.

이에 대한 설명으로 옳은 것만을 〈보기〉에서 있는 대로 고른 것은?

[보기]

ㄱ. X의 길이는 t_1일 때가 t_2일 때보다 ~~0.2~~ μm 길다.
X의 길이는 t_1일 때 3.2 μm, t_2일 때 2.8 μm이므로 t_1일 때가 t_2일 때보다 0.4 μm 길

ㄴ. t_1일 때 ㉡의 길이와 t_2일 때 ㉢의 길이를 더한 값은 1.0 μm이다.
0.2 μm(t_1일 때 ㉡의 길이)+0.8 μm(t_2일 때 ㉢의 길이)=1.0 μm

ㄷ. t_1일 때 X의 Z_1로부터 Z_2 방향으로 거리가 $\frac{3}{8}$L인 지점은 ㉢에 해당한다. ㉠+㉡은 1.0 μm이므로 X의 Z_1로부터 Z_2 방향으로 거리가 $\frac{3}{8}$L(=1.2 μm)인 지점은 ㉢에 해당함

① ㄱ ② ㄴ ③ ㄱ, ㄷ ④ ㄴ, ㄷ ⑤ ㄱ, ㄴ, ㄷ

| 문제+자료 분석 |

- X에서 ㉠+㉡은 액틴 필라멘트의 길이이고, 2㉡+㉢은 A대(마이오신 필라멘트)에 해당하므로 골격근 수축 과정에서 길이가 변하지 않는다. 꿀팁
- **t_1일 때:** A대(2㉡+㉢)의 길이는 1.6 μm이고 ㉡+㉢의 길이는 1.4 μm이므로 ㉡의 길이는 0.2 μm이고, ㉢의 길이는 1.2 μm이다.
- **t_2일 때:** A대의 길이는 골격근 수축 과정에서 변하지 않고, t_2일 때 X의 길이(A대+2㉠)가 2.8 μm이므로 ㉠의 길이는 0.6 μm이고, ㉠+㉢의 길이는 1.4 μm이므로 ㉢의 길이는 0.8 μm이다.
- t_2일 때도 A대(2㉡+㉢)의 길이는 1.6 μm이므로 ㉡의 길이는 0.4 μm이다. t_2일 때 ㉠+㉡의 길이는 1.0 μm이며, 액틴 필라멘트의 길이인 ㉠+㉡의 길이는 항상 일정하다.
- t_1일 때 ㉠의 길이는 0.8(=1.0−0.2) μm이고, t_1일 때 X의 길이(A대+2㉠)는 3.2(=1.6+1.6) μm이다.

| 보기 분석 |

ㄱ. ㉠+㉡(1.0 μm)은 액틴 필라멘트의 길이이고, 2㉡+㉢(1.6 μm)은 A대의 길이에 해당하므로 골격근 수축 과정에서 길이가 변하지 않는다는 점을 이용하여 t_1과 t_2일 때 ㉠, ㉡, ㉢의 길이와 X의 길이(A대+2㉠)를 구한다.
X의 길이는 t_1일 때 3.2 μm, t_2일 때 2.8 μm이므로 t_1일 때가 t_2일 때보다 0.4 μm 길다.

ㄴ. t_1일 때 ㉡의 길이는 0.2 μm이고, t_2일 때 ㉢의 길이는 0.8 μm이므로 더한 값은 1.0 μm이다.

ㄷ. t_1일 때 X의 길이인 L은 3.2 μm이므로 $\frac{3}{8}$L은 1.2 μm이다. ㉠+㉡은 1.0 μm이고, H대(㉢)의 길이가 0.2 μm보다 크므로 X의 Z_1로부터 Z_2 방향으로 거리가 $\frac{3}{8}$L(=1.2 μm)인 지점은 ㉢에 해당한다.

문제 풀이 꿀팁

골격근의 수축이 일어나면 마이오신 필라멘트와 액틴 필라멘트의 길이는 변하지 않고 액틴 필라멘트가 마이오신 필라멘트 사이로 미끄러져 들어가 겹치는 부분이 증가하여 근육 원섬유 마디가 짧아진다.

E 08 정답 ③ *골격근의 수축 과정 [정답률 67%] 2024 실시 5월 학평 10

다음은 골격근의 수축 과정에 대한 자료이다.

○ 그림은 근육 원섬유 마디 X의 구조를, 표는 골격근 수축 과정의 두 시점 t_1과 t_2일 때 ㉠의 길이와 ㉢의 길이를 더한 값(㉠+㉢)과 X의 길이를 나타낸 것이다. X는 좌우 대칭이고, Z_1과 Z_2는 X의 Z선이다.

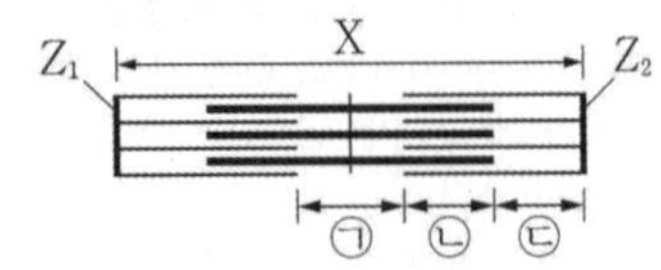

시점	㉠+㉢	X의 길이	㉠	㉡	㉢
t_1	1.4 μm	? 2.8 μm	0.8	0.4	0.6
t_2	ⓐ 1.1 μm	2.6 μm	0.6	0.5	0.5

○ 구간 ㉠은 마이오신 필라멘트만 있는 부분이고, ㉡은 액틴 필라멘트와 마이오신 필라멘트가 겹치는 부분이며, ㉢은 액틴 필라멘트만 있는 부분이다.

○ t_1일 때 ㉡의 길이는 $2d$, ㉢의 길이는 $3d$이다. ㉠=1.4−3d

○ t_2일 때 A대의 길이는 1.6 μm이다. 1.6 μm=㉠+2㉡ 단서

이에 대한 설명으로 옳은 것만을 〈보기〉에서 있는 대로 고른 것은?

[보기]

ㄱ. ⓐ는 1.1 μm이다.
t_2일 때 ㉠=0.6 μm, ㉢=0.5 μm이므로 ⓐ는 1.1 μm임

ㄴ. H대의 길이는 t_1일 때가 t_2일 때보다 0.2 μm 길다.
t_1일 때 H대의 길이는 0.8 μm, t_2일 때 H대의 길이는 0.6 μm임

ㄷ. t_1일 때 Z_1로부터 Z_2 방향으로 거리가 1.9 μm인 지점은 ~~㉠~~에 해당한다.
t_1일 때 ㉠=0.8 μm, ㉡=0.4 μm, ㉢=0.6 μm이므로 Z_1로부터 Z_2 방향으로 거리가 1.9 μm인 지점은 ㉡임

① ㄱ ② ㄷ ③ ㄱ, ㄴ ④ ㄴ, ㄷ ⑤ ㄱ, ㄴ, ㄷ

 단서+발상

(단서) 좌우 대칭인 근육 원섬유 마디 X가 제시되어 있다.

(발상) 시점에 상관 없이 A대의 값은 변하지 않으므로 t_1일 때도 A대의 길이가 1.6 μm임을 통해 d의 값을 추론할 수 있다.

| 문제+자료 분석 |

- H대(㉠)는 근육 원섬유 중심에 있는 마이오신 필라멘트만 있는 부분이다. I대(㉢)는 액틴 필라멘트만 있는 부분으로 밝게 보인다. A대는 마이오신 필라멘트가 있는 부분으로 어둡게 보인다.
  ➡ ㉡은 액틴 필라멘트와 마이오신 필라멘트가 겹치는 부분이고, ㉠+2㉡은 A대의 길이와 같다.
- 골격근의 수축이 일어나면 마이오신 필라멘트와 액틴 필라멘트의 길이는 변하지 않고 액틴 필라멘트가 마이오신 필라멘트 사이로 미끄러져 들어가 겹치는 부분이 증가하여 근육 원섬유 마디가 짧아진다.
- t_1: ㉠+㉢의 길이는 1.4 μm, ㉡의 길이는 $2d$, ㉢의 길이는 $3d$이므로 t_1일 때 ㉠의 길이는 $(1.4-3d)$이다. A대의 길이는 시점과 상관 없이 일정하므로 t_1일 때 1.6 μm=㉠+2㉡=$1.4+d$이므로 $d=0.2$이다.
  ➡ t_1일 때 ㉠의 길이는 0.8 μm, ㉡의 길이는 0.4 μm, ㉢의 길이는 0.6 μm, X의 길이는 2.8 μm이다.
- t_2: X의 길이는 2.6 μm이고, t_1에서 t_2로의 X의 길이 변화량은 −0.2 μm이므로 t_2일 때 ㉠의 길이는 0.6 μm, ㉡의 길이는 0.5 μm, ㉢의 길이는 0.5 μm이다. ➡ ⓐ의 값은 1.1 μm이다.

| 보기 분석 |

ㄱ. t_2일 때 ㉠의 길이는 0.6 μm, ㉢의 길이는 0.5 μm이므로 ⓐ의 값은 1.1 μm이다.

ㄴ. H대의 길이는 ㉠의 길이이다. t_1일 때 H대의 길이는 0.8 μm, t_2일 때 H대의 길이는 0.6 μm이므로 t_1일 때가 t_2일 때보다 0.2 μm 길다.

ㄷ. t_1일 때 ㉠의 길이는 0.8 μm, ㉡의 길이는 0.4 μm, ㉢의 길이는 0.6 μm이므로 Z_1로부터 Z_2 방향으로 거리가 1.9 μm인 지점은 ㉡에 해당한다. 

왜 틀렸나?

t_1일 때 ㉠의 길이는 0.8 μm, ㉡의 길이는 0.4 μm, ㉢의 길이는 0.6 μm이고 Z_1로부터 Z_2까지 ㉢, ㉡, ㉠, ㉡, ㉢ 순서로 배치되어 있다. ㉢=0.6 μm, ㉡=0.4 μm, ㉠=0.8 μm이며, ㉢+㉡+㉠의 값은 1.8이므로 Z_1로부터 Z_2 방향으로 거리가 1.9 μm인 지점은 ㉡에 해당한다.

E 09 정답 ⑤ *골격근 수축

[정답률 75%] 2025 대비 9월 모평 11

다음은 골격근의 수축 과정에 대한 자료이다.

- 그림은 근육 원섬유 마디 X의 구조를 나타낸 것이다. X는 좌우 대칭이고, Z_1과 Z_2는 X의 Z선이다.

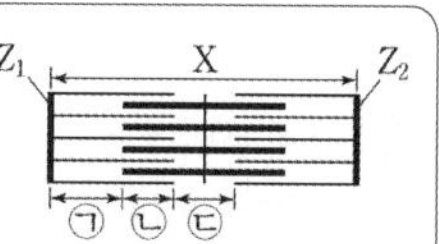

- 구간 ㉠은 액틴 필라멘트만 있는 부분이고, ㉡은 액틴 필라멘트와 마이오신 필라멘트가 겹치는 부분이며, ㉢은 마이오신 필라멘트만 있는 부분이다.
- 표는 골격근 수축 과정의 두 시점 t_1과 t_2일 때 ⓐ의 길이를 ⓑ의 길이로 나눈 값($\frac{ⓐ}{ⓑ}$), H대의 길이, X의 길이를 나타낸 것이다. ⓐ와 ⓑ는 ㉠과 ㉡을 순서 없이 나타낸 것이고, d는 0보다 크다.

시점	$\frac{ⓐ}{ⓑ}$	H대의 길이 (단서)	X의 길이
t_1	2 $\frac{2d}{d}$	$2d$ −d	$8d$ −d
t_2	1 $\frac{1.5d}{1.5d}$	d	? $7d$

이에 대한 설명으로 옳은 것만을 <보기>에서 있는 대로 고른 것은?

[보기]

ㄱ. ⓐ는 ㉠이다. ⓐ는 ㉠, ⓑ는 ㉡임

ㄴ. t_1일 때, ㉠의 길이와 ㉢의 길이는 서로 같다. t_1일 때 ㉠과 ㉢의 길이는 $2d$로 같음

ㄷ. t_2일 때, Z_1로부터 Z_2 방향으로 거리가 $2d$인 지점은 ㉡에 해당한다. t_2일 때 ㉠은 $1.5d$이므로 Z_1로부터 Z_2 방향으로 거리가 $2d$인 지점은 ㉡임

① ㄱ ② ㄷ ③ ㄱ, ㄷ ④ ㄴ, ㄷ ⑤ ㄱ, ㄴ, ㄷ

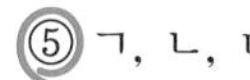

단서+발상

(단서) t_1일 때보다 t_2일 때 H대의 길이가 d만큼 감소했음이 제시되어 있다.

(발상) H대의 길이와 X의 길이의 변화량은 같으므로 t_2일 때 X의 길이는 $7d$이며, t_1일 때보다 t_2일 때 ㉠은 $0.5d$만큼 감소하고, ㉡은 $0.5d$만큼 증가함을 추론할 수 있다.

(적용) 근수축 시 H대의 길이와 X의 길이의 변화량은 같으며, X의 길이의 변화량의 절반만큼 ㉠과 ㉡의 길이가 변화함을 적용해서 각 시점별 ㉠과 ㉡의 길이를 구하는 것부터 문제 풀이를 시작해야 한다.

| 문제+자료 분석 |

- t_1일 때보다 t_2일 때 H대의 길이가 d만큼 감소했으므로 t_2일 때 X의 길이는 $8d$에서 d만큼 감소한 $7d$이다. 꿀팁
- 2(ⓐ+ⓑ)+㉢(H대)=X의 길이이므로 t_1일 때 ⓐ+ⓑ=$3d$, t_2일 때 ⓐ+ⓑ=$3d$이다. t_1일 때 $\frac{ⓐ}{ⓑ}$=2이므로 ⓐ=$2d$, ⓑ=d, t_2일 때 $\frac{ⓐ}{ⓑ}$=1이므로 ⓐ=$1.5d$, ⓑ=$1.5d$이다.
- t_1일 때보다 t_2일 때 X의 길이가 d만큼 감소했으므로 ㉠은 $0.5d$만큼 감소하고 ㉡은 $0.5d$만큼 증가한다. 이에 부합하려면 ⓐ는 ㉠, ⓑ는 ㉡이다.

| 보기 분석 |

ㄱ. ⓐ는 ㉠, ⓑ는 ㉡이다.

ㄴ. t_1일 때 ㉠의 길이는 $2d$이고 ㉢의 길이도 $2d$이므로 서로 같다.

ㄷ. t_2일 때 ㉠의 길이는 $1.5d$, ㉡의 길이는 $1.5d$이므로 Z_1로부터 Z_2 방향으로 거리가 $2d$인 지점은 ㉠을 지나 ㉡에 해당한다.

문제 풀이 꿀팁

- 근수축 시 H대의 길이 변화량과 X의 길이 변화량은 같다. H대의 길이가 $2d$에서 d로 감소하는 동안 X의 길이는 $8d$에서 $7d$로 감소했음을 추론하면 빠르게 문제가 해결된다.
- ㉠과 ㉡을 더한 값은 X의 길이에서 H대의 길이를 뺀 값의 절반이므로 X의 길이와 H대의 길이를 모두 알고 나면 ㉠과 ㉡의 길이를 쉽게 알 수 있다.

다음은 골격근의 수축과 이완 과정에 대한 자료이다.

- 그림 (가)는 팔을 구부리는 과정의 두 시점 t_1과 t_2일 때 팔의 위치와 이 과정에 관여하는 골격근 P와 Q를, (나)는 P와 Q 중 한 골격근의 근육 원섬유 마디 X의 구조를 나타낸 것이다. X는 좌우 대칭이고, Z_1과 Z_2는 X의 Z선이다.

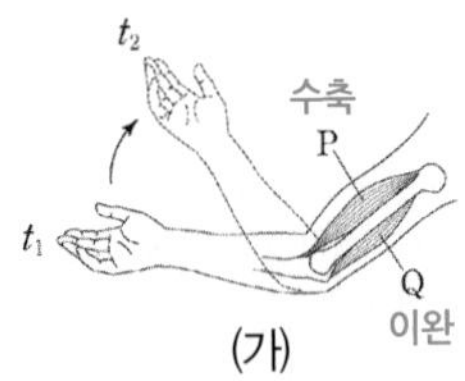

(가)

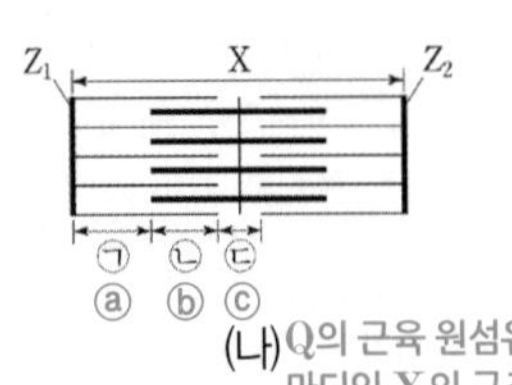

(나) Q의 근육 원섬유 마디인 X의 구조

- 구간 ㉠은 액틴 필라멘트만 있는 부분이고, ㉡은 액틴 필라멘트와 마이오신 필라멘트가 겹치는 부분이며, ㉢은 마이오신 필라멘트만 있는 부분이다.
- 표는 t_1과 t_2일 때 각 시점의 Z_1로부터 Z_2 방향으로 거리가 각각 l_1, l_2, l_3인 세 지점이 ㉠~㉢ 중 어느 구간에 해당하는지를 나타낸 것이다. ⓐ~ⓒ는 ㉠~㉢을 순서 없이 나타낸 것이다.

거리	지점이 해당하는 구간	
	t_1	t_2
l_1	ⓐ㉠	? ㉠
l_2	ⓑ㉡	ⓐ㉠
l_3	ⓒ㉢	㉢

l_1, l_2, l_3에서 액틴 필라멘트의 유무는 변하지 않고 마이오신 필라멘트의 유무만 변함 ➡ ⓒ=㉢

- ⓒ의 길이는 t_1일 때가 t_2일 때보다 짧다.
  ➡ ⓒ는 ㉢이므로 t_1에서 t_2로 변하는 상황에 골격근 이완인 Q가 관계됨
- t_1과 t_2일 때 각각 l_1~l_3은 모두 $\frac{X의\ 길이}{2}$보다 작다.

이에 대한 설명으로 옳은 것만을 〈보기〉에서 있는 대로 고른 것은?

[보기]

ㄱ. ~~l_1>l_2~~이다.
ⓐ=㉠, ⓑ=㉡, ⓒ=㉢이므로 거리는 $l_1 < l_2 < l_3$

ㄴ. X는 ~~P~~의 근육 원섬유 마디이다.
t_1에서 t_2로의 시점 변화 과정에서 근육 원섬유 마디는 이완되므로 X는 Q의 근육 원섬유 마디임

(ㄷ) t_2일 때 Z_1로부터 Z_2 방향으로 거리가 l_1인 지점은 ㉠에 해당한다.
이완 과정에서 t_2일 때 거리가 l_1인 지점은 ㉠임

① ㄱ ② ㄴ ③ ㄷ ④ ㄱ, ㄴ ⑤ ㄱ, ㄷ

| 문제+자료 분석 |

- t_1에서 t_2로 팔을 구부리면 골격근 P는 수축하고, 골격근 Q는 이완한다. 구간 ㉠은 액틴 필라멘트만 있는 $\frac{1}{2}$ I대이고, ㉢은 마이오신 필라멘트만 있는 H대이다.
- Z선에 액틴 필라멘트가 붙어 있기 때문에 고정된 l_1, l_2, l_3 값에서 시점이 변해도 액틴 필라멘트의 유무는 변하지 않고 마이오신 필라멘트의 유무만 변한다. 꿀팁
  시점 t_2의 거리 l_3에 해당하는 구간은 액틴 필라멘트가 없는 ㉢(H대)이므로 시점 t_1의 거리 l_3에 해당하는 구간인 ⓒ도 ㉢에 해당한다.
- ㉢(ⓒ)의 길이는 t_1일 때가 t_2일 때보다 짧기 때문에 t_1에서 t_2로의 시점 변화는 근육 원섬유 마디의 이완 상황인 골격근 Q가 관계되므로 (나)는 Q의 근육 원섬유 마디인 X의 구조이다. t_1에서 t_2로 근육 원섬유 마디가 이완되는 상황에서 ㉡에서 ㉠으로의 변화는 가능하지만 ㉠에서 ㉡으로의 변화는 불가능하다. 따라서 ⓑ는 ㉡이고, ⓐ는 ㉠이다.
- 거리는 $l_1 < l_2 < l_3$이다.

| 보기 분석 |

ㄱ. 골격근 수축이나 이완 어떤 상황에서도 ㉢은 ㉢으로만 변화 가능하므로 ⓒ=㉢이고, (나)는 골격근 Q이다. 근육 원섬유 마디 이완 과정에서 ㉡에서 ㉠으로의 변화는 가능하지만 ㉠에서 ㉡으로의 변화는 불가능하다. 따라서 ⓑ는 ㉡이고, ⓐ는 ㉠이며, 거리는 $l_1 < l_2 < l_3$이다.

ㄴ. ㉢(ⓒ)의 길이는 t_1일 때가 t_2일 때보다 짧기 때문에 X는 Q의 근육 원섬유 마디이다.

(ㄷ) t_1일 때 거리가 l_1인 지점은 ㉠이므로 근육 원섬유 마디의 이완 과정에서 t_2일 때 거리가 l_1인 지점은 ㉠이다.

문제 풀이 Tip

1. **골격근 수축 과정에서 액틴 필라멘트와 마이오신 필라멘트의 길이는 변하지 않는다.**
   액틴 필라멘트의 길이의 절반과 마이오신 필라멘트의 길이의 절반도 변하지 않는다.
2. **골격근 수축 과정에서 근육 원섬유 마디의 길이가 x만큼 변할 때 H대와 I대의 길이는 x만큼, 액틴 필라멘트와 마이오신 필라멘트가 겹치는 두 부분의 길이 합은 $-x$만큼 변한다.**
   I대의 절반에 해당하는 길이는 $\frac{1}{2}x$만큼, 액틴 필라멘트와 마이오신 필라멘트가 겹치는 두 부분 중 한 부분의 길이는 $-\frac{1}{2}x$만큼 변한다.
3. **근수축 시 길이가 변하지 않는 구간**

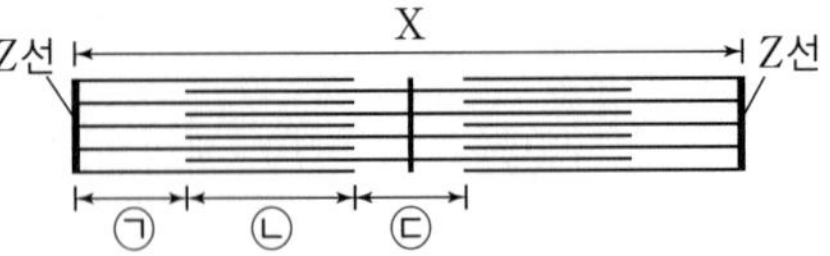

- 액틴 필라멘트의 길이 ⇨ X－㉢
- 액틴 필라멘트의 길이의 절반 ⇨ ㉠+㉡
- 마이오신 필라멘트의 길이 ⇨ X－2㉠, 2㉡+㉢
- 마이오신 필라멘트의 길이의 절반 ⇨ ㉡+$\frac{1}{2}$㉢

E 11 정답 ④ * 골격근의 수축 [정답률 68%] 2022 실시 3월 학평 15

그림은 좌우 대칭인 근육 원섬유 마디 X의 구조를, 표는 시점 t_1과 t_2일 때 X의 길이와 ㉡의 길이를 나타낸 것이다. 구간 ㉠은 액틴 필라멘트와 마이오신 필라멘트가 겹치는 부분이고, ㉡은 액틴 필라멘트만 있는 부분이다.

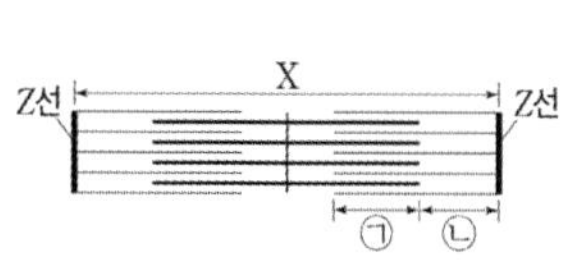

시점	X의 길이	㉡의 길이
t_1 이완	?2.6 μm	0.5 μm
t_2 수축	2.4 μm	0.4 μm

(0.2 감소, 0.1 감소)

이에 대한 옳은 설명만을 〈보기〉에서 있는 대로 고른 것은? (3점)

[보기]

ㄱ. ㉠은 H대의 일부이다. ㉠은 A대의 일부

ㄴ. t_1일 때 A대의 길이는 1.6 μm이다.
A대의 길이는 (X의 길이−I대의 길이)=2.4−2×0.4=1.6 μm

ㄷ. ㉠의 길이와 ㉡의 길이를 더한 값은 t_1일 때와 t_2일 때가 같다.
㉠의 길이와 ㉡의 길이를 더한 값은 액틴 필라멘트의 길이의 절반에 해당하며, 액틴 필라멘트의 길이는 변화하지 않음

① ㄱ ② ㄴ ③ ㄱ, ㄷ ④ ㄴ, ㄷ ⑤ ㄱ, ㄴ, ㄷ

| 문제+자료 분석 |

- 액틴 필라멘트와 마이오신 필라멘트가 겹치는 부분인 ㉠은 A대의 일부이고, 액틴 필라멘트만 있는 부분인 ㉡은 I대의 일부이다.
- ㉡의 길이(I대 길이의 절반)는 골격근이 수축함에 따라 감소한다. ㉡의 길이는 t_1일 때가 t_2일 때보다 길기 때문에 t_1일 때가 t_2일 때보다 이완된 상태이다.
- X의 길이가 2d만큼 증가하면 ㉠의 길이는 d만큼 감소하고, ㉡의 길이는 d만큼 증가한다. 따라서 ㉡의 길이는 t_1일 때가 t_2일 때보다 0.1 μm 증가한 상태이므로 d=0.1이고, t_1일 때 X의 길이는 2.4+0.2=2.6 μm이다. 꿀팁

| 보기 분석 |

ㄱ. 액틴 필라멘트와 마이오신 필라멘트가 겹치는 부분인 ㉠은 A대의 일부이다.

ㄴ. t_2일 때 A대의 길이는 X대의 길이−2×㉡의 길이이므로 주의 2.4 μm−2×0.4 μm=1.6 μm이다. 마이오신 필라멘트의 길이에 해당하는 A대의 길이는 골격근 수축 과정에서 변하지 않으므로 t_1일 때와 t_2일 때 A대의 길이는 모두 1.6 μm이다.

ㄷ. ㉠의 길이와 ㉡의 길이를 더한 값은 액틴 필라멘트 길이의 절반에 해당한다. 액틴 필라멘트의 길이는 골격근 수축 과정에서 변하지 않으므로, ㉠의 길이와 ㉡의 길이를 더한 값은 t_1일 때와 t_2일 때가 같다. 꿀팁

E 12 정답 ④ * 근수축 시 길이 변화 [정답률 61%] 2022 실시 7월 학평 11

다음은 골격근의 수축 과정에 대한 자료이다.

○ 그림은 사람의 골격근을 구성하는 근육 원섬유 마디 X의 구조를 나타낸 것이다. X는 좌우 대칭이다.

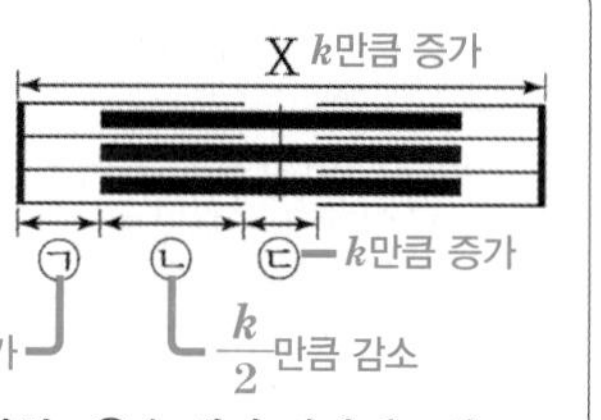

○ ㉠은 액틴 필라멘트만 있는 부분, ㉡은 액틴 필라멘트와 마이오신 필라멘트가 겹쳐진 부분, ㉢은 마이오신 필라멘트만 있는 부분이다.

○ X의 길이가 2.0 μm일 때, ㉠의 길이 : ㉡의 길이=1 : 3이다. ($x : 3x$)

○ X의 길이가 2.4 μm일 때, ㉡의 길이 : ㉢의 길이=1 : 2이다. ($3x-0.2 : 6x-0.4$)

이에 대한 설명으로 옳은 것만을 〈보기〉에서 있는 대로 고른 것은? (3점)

[보기]

ㄱ. X에서 A대의 길이는 1.6 μm이다.
A대의 길이는 2㉡의 길이+㉢의 길이이므로 1.6 μm

ㄴ. X에서 ㉢은 밝게 보이는 부분(명대)이다.
㉢은 마이오신 필라멘트만 있는 H대로 I대(명대)가 아님

ㄷ. X의 길이가 3.0 μm일 때, $\frac{\text{H대의 길이}}{\text{㉠의 길이}}$는 2이다.
X의 길이가 3.0 μm일 때, $\frac{\text{H대의 길이}}{\text{㉠의 길이}}=\frac{1.4}{0.7}=2$임

① ㄱ ② ㄴ ③ ㄷ ④ ㄱ, ㄷ ⑤ ㄴ, ㄷ

| 문제+자료 분석 |

- X의 길이가 2.0 μm일 때, ㉠의 길이 : ㉡의 길이=1 : 3이므로 ㉠의 길이가 x이면 ㉡의 길이는 $3x$이다.
- X의 길이가 k만큼 증가하면 ㉠의 길이는 $\frac{k}{2}$만큼 증가하고, ㉡의 길이는 $\frac{k}{2}$만큼 감소하고, ㉢의 길이는 k만큼 증가한다. 꿀팁
- X의 길이가 2.0 μm에서 2.4 μm가 될 때 X의 길이가 0.4 μm만큼 증가했으므로 k=0.4이며, X의 길이가 2.4 μm일 때 ㉡의 길이는 $3x-0.2$이다. 또한 조건에서 X의 길이가 2.4 μm일 때, ㉡의 길이 : ㉢의 길이=1 : 2이므로 ㉢의 길이는 $6x-0.4$이다.
- X의 길이=2㉠+2㉡+㉢이다. X의 길이 2.0 μm$=2x+2\times3x+6x-0.8$이므로 $x=0.2$이다. 위의 내용을 정리하여 각 구간의 길이를 표로 정리하면 다음과 같다.

X의 길이	㉠의 길이	㉡의 길이	㉢의 길이
2.0 μm	$x=0.2$	$3x=0.6$	$6x-0.8=0.4$
2.4 μm	$x+0.2=0.4$	$3x-0.2=0.4$	$6x-0.4=0.8$

| 보기 분석 |

ㄱ. A대의 길이는 2㉡의 길이+㉢의 길이이며, 근육이 수축하거나 이완해도 변하지 않는다. 따라서 X에서 A대의 길이는 1.6 μm이다.

ㄴ. ㉢은 마이오신 필라멘트만 있는 H대로 명대가 아니다. 액틴 필라멘트로만 이루어진 I대(명대)가 X에서 밝게 보이는 부위이다.

ㄷ. X의 길이가 k만큼 증가하면 ㉠의 길이는 $\frac{k}{2}$만큼 증가하고, ㉡의 길이는 $\frac{k}{2}$만큼 감소하고, ㉢(H대)의 길이는 k만큼 증가한다. X의 길이가 2.0 μm에서 3.0 μm가 될 때 X의 길이가 1.0 μm만큼 증가했으므로 k=1.0이다. 따라서 $\frac{\text{H대의 길이}}{\text{㉠의 길이}}$는 $\frac{0.4+1.0}{0.2+0.5}=\frac{1.4}{0.7}=2$이다.

E 13 정답 ② *골격근의 수축 원리 [정답률 75%] 2021 실시 3월 학평 18

다음은 골격근의 수축 과정에 대한 자료이다.

- 그림은 좌우 대칭인 근육 원섬유 마디 X의 구조를 나타낸 것이다. 구간 ㉠은 액틴 필라멘트와 마이오신 필라멘트가 겹치는 부분이고, ㉡은 마이오신 필라멘트만 있는 부분이다.
- 표는 골격근 수축 과정의 시점 t_1과 t_2일 때 X, ⓐ, ⓑ의 길이를 나타낸 것이다. ⓐ와 ⓑ는 각각 ㉠과 ㉡ 중 하나이다.

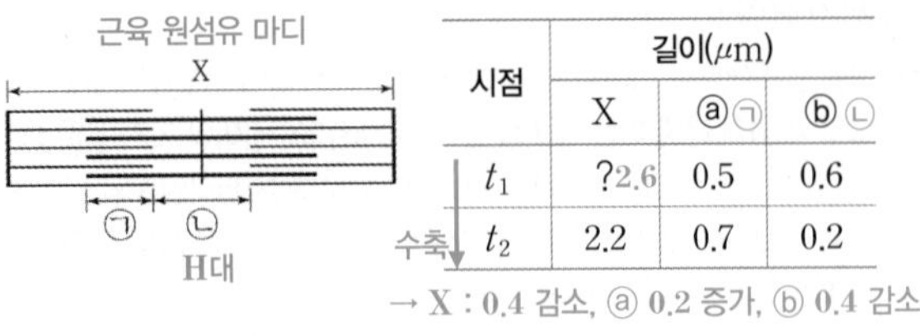

시점	길이(μm)		
	X	ⓐ㉠	ⓑ㉡
t_1	?2.6	0.5	0.6
t_2	2.2	0.7	0.2

→ X : 0.4 감소, ⓐ 0.2 증가, ⓑ 0.4 감소

이에 대한 옳은 설명만을 <보기>에서 있는 대로 고른 것은?

[보기]

ㄱ. ⓑ는 ㉠이다. → ⓑ는 ㉡

ㄴ. t_1일 때 X의 길이는 2.4μm이다. → t_1일 때 X의 길이는 2.6μm

ㄷ. t_2일 때 A대의 길이는 1.6μm이다.

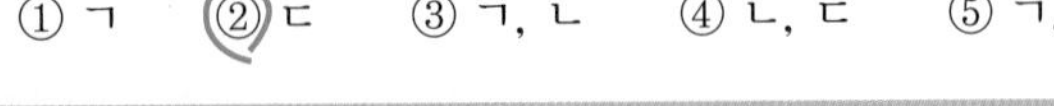

① ㄱ ② ㄷ ③ ㄱ, ㄴ ④ ㄴ, ㄷ ⑤ ㄱ, ㄴ, ㄷ

| 문제+자료 분석 |

- 근육이 수축하면 근육 원섬유 마디 X, H대(㉡), I대의 길이는 감소하고, 마이오신과 액틴 필라멘트가 겹치는 부분의 길이(㉠)는 증가한다. A대의 길이와 액틴 필라멘트의 길이는 변화 없다.
- 근육 원섬유 마디 X의 길이가 a만큼 감소하면 ㉠의 길이는 $\frac{1}{2}a$만큼 증가하고, ㉡은 a만큼 감소한다.

| 보기 분석 |

ㄱ. ㉠의 길이가 x만큼 증가하면 ㉡의 길이는 $2x$만큼 감소한다. t_1에서 t_2로 변할 때 ⓐ는 0.2μm 증가하였고 ⓑ는 0.4μm 감소하였다. 그러므로 ⓐ는 ㉠, ⓑ는 ㉡이다.

ㄴ. ㉠의 길이가 x만큼 증가하면 X의 길이는 $2x$만큼 감소한다. t_1에서 t_2로 변할 때 ㉠인 ⓐ의 길이가 0.2μm 증가하였으므로 X의 길이는 t_1 시점에 비해 0.4μm가 감소한 값인 2.2μm이다. 따라서 t_1 시점에서 X의 길이는 2.2μm+0.4μm=2.6μm이다.

ㄷ. A대는 마이오신 필라멘트가 있어 어둡게 보이는 부분으로 근수축, 이완 시 길이가 변하지 않는다. t_2 시점에서 계산해보면 A대의 길이는 2×㉠+㉡=2×0.7μm+0.2μm=1.6μm이다.

＊ 근육 원섬유 마디의 구조와 특성

A대 (암대)	마이오신 필라멘트가 있어 어둡게 보이는 부분 → 근수축, 이완 시 길이가 변하지 않음
I대 (명대)	액틴 필라멘트만 있어 밝게 보이는 부분 → 근수축, 이완 시 길이가 변함
H대	A대 중 마이오신 필라멘트만 있는 부분 → 근수축, 이완 시 길이가 변함

E 14 정답 ③ *근수축 [정답률 51%] 2022 실시 10월 학평 15

다음은 골격근의 수축 과정에 대한 자료이다.

- 그림은 근육 원섬유 마디 X의 구조를, 표는 시점 t_1과 t_2일 때 X의 길이, Ⅰ의 길이와 Ⅲ의 길이를 더한 값(Ⅰ+Ⅲ), Ⅱ의 길이에서 Ⅰ의 길이를 뺀 값(Ⅱ−Ⅰ)을 나타낸 것이다. X는 좌우 대칭이고, Ⅰ~Ⅲ은 ㉠~㉢을 순서 없이 나타낸 것이다.

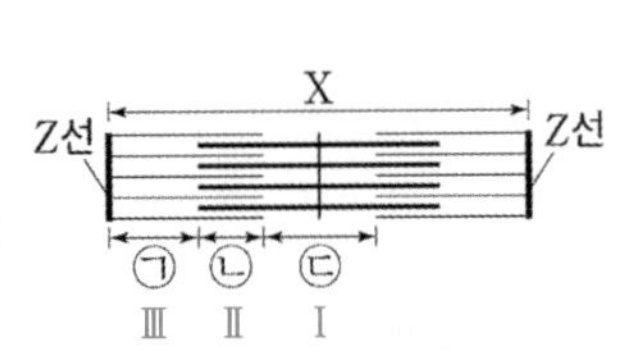

시점	X의 길이	Ⅰ+Ⅲ ㉢+㉠	Ⅱ−Ⅰ ㉡−㉢
t_1	ⓐ 2.4	0.8 μm	0.2 μm
t_2	ⓑ 2.2	ⓒ 0.5	ⓒ 0.5

- 구간 ㉠은 액틴 필라멘트만 있는 부분이고, ㉡은 액틴 필라멘트와 마이오신 필라멘트가 겹치는 부분이며, ㉢은 마이오신 필라멘트만 있는 부분이다.
- ⓐ와 ⓑ는 각각 2.4 μm와 2.2 μm 중 하나이다.

이에 대한 옳은 설명만을 <보기>에서 있는 대로 고른 것은? (3점)

[보기]

ㄱ. Ⅱ는 ㉡이다. Ⅰ은 ㉢, Ⅱ는 ㉡, Ⅲ은 ㉠

ㄴ. t_1일 때 A대의 길이는 1.4 μm이다.
t_1일 때 A대의 길이는 1.6 μm

ㄷ. t_2일 때 ㉠의 길이는 ㉢의 길이보다 길다.
t_2일 때 ㉠의 길이(0.3 μm)는 ㉢의 길이(0.2 μm)로 긺

① ㄱ ② ㄴ ③ ㄱ, ㄷ ④ ㄴ, ㄷ ⑤ ㄱ, ㄴ, ㄷ

| 문제+자료 분석 |

- 만약 Ⅰ+Ⅲ이 ㉠+㉡인 경우 ㉠+㉡은 액틴 필라멘트의 길이이므로 항상 일정하다. 따라서 ⓒ는 0.8이며 Ⅱ+Ⅲ의 변화량은 0.6이다. 하지만 변화량이 0.6인 경우는 없으므로 Ⅰ과 Ⅲ 중 하나는 ㉢에 해당한다.

구분	Ⅰ+Ⅲ	Ⅱ+Ⅲ (Ⅰ+Ⅲ+Ⅱ−Ⅰ)
t_1	0.8	1 (=0.8+0.2)
t_2	ⓒ(=0.8)	2ⓒ (=1.6)

- 만약 Ⅲ이 ㉢이라면 Ⅰ과 Ⅱ는 각각 ㉠과 ㉡ 중 하나이다. Ⅱ가 무엇인지 알 수 없지만 t_1일 때 Ⅱ+Ⅲ의 값이 1이므로 t_2일 때 Ⅱ+Ⅲ의 값은 2ⓒ=1±0.1 또는 2ⓒ=1±0.3이다. 반면 t_2일 때 Ⅰ+Ⅲ의 값은 ⓒ=0.8±0.1 또는 ⓒ=0.8±0.3이므로 ⓒ의 값이 성립하지 않으므로 모순이다. 따라서 Ⅰ은 ㉢으로 확정되고, Ⅱ와 Ⅲ은 각각 ㉠과 ㉡ 중 하나이다.
- Ⅱ+Ⅲ은 액틴 필라멘트의 길이로 항상 일정하므로 2ⓒ=1이며, ⓒ=0.5이다.
- t_1에서 t_2로 될 때 Ⅰ(㉢)+Ⅲ의 변화량이 −0.3이므로 −0.3은 ㉠+㉢의 변화량인 3k에 해당된다.
- 따라서 Ⅲ은 ㉠이며, t_1일 때 X의 길이는 2.4(ⓐ) μm임을 알 수 있다.

구분	X의 길이	Ⅰ(㉢)+Ⅲ(㉠)	Ⅱ(㉡)+Ⅲ(㉠)
t_1	ⓐ (=2.4)	0.8	1
t_2	ⓑ (=2.2)	ⓒ (=0.5)	2ⓒ (=1)

| 보기 분석 |

ㄱ. 조건에 따라 Ⅰ~Ⅲ에 해당하는 부분을 찾으면 Ⅰ은 ㉢, Ⅱ는 ㉡, Ⅲ은 ㉠이다.

ㄴ. t_1일 때 X의 길이는 2.4 μm, ㉠+㉡의 길이는 1 μm이므로 ㉢의 길이는 2.4−(2×1)=0.4 μm이다. 또한 ㉠+㉢=0.8 μm이므로 ㉠은 0.4 μm이다. 따라서 t_1일 때 A대의 길이=X의 길이 −2㉠이므로 2.4−(2×0.4)=1.6 μm이다.

ㄷ. t_1일 때 ㉠의 길이는 0.4 μm이므로 t_2일 때 ㉠의 길이는 0.4−0.1=0.3 μm이다. t_2일 때 ㉠+㉢=0.5 μm이므로 t_2일 때 ㉢의 길이는 0.5−0.3=0.2 μm이다.

E 15 정답 ① * 골격근 수축 과정 [정답률 63%] 2021 실시 4월 학평 10

다음은 골격근의 수축 과정에 대한 자료이다.

○ 그림은 근육 원섬유 마디 X의 구조를 나타낸 것이다. 구간 ㉠은 액틴 필라멘트만 있는 부분이고, ㉡은 액틴 필라멘트와 마이오신 필라멘트가 겹치는 부분이며, ㉢은 마이오신 필라멘트만 있는 부분이다. X는 좌우 대칭이다.

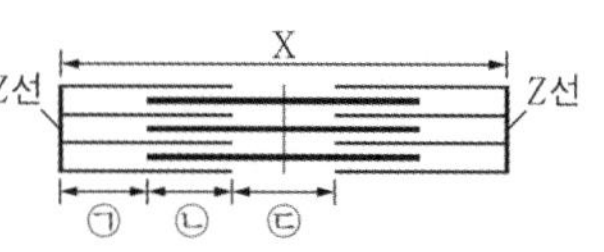

○ 표는 골격근 수축 과정의 시점 t_1과 t_2일 때 X의 길이, A대의 길이, H대의 길이를 나타낸 것이다. ⓐ와 ⓑ는 2.4 μm와 2.8 μm를 순서 없이 나타낸 것이다.

시점	X의 길이	A대의 길이	H대의 길이
t_1	ⓐ 2.8 μm	1.6 μm	? 0.8 μm
t_2	ⓑ 2.4 μm	? 1.6 μm	0.4 μm

→ A대의 길이는 항상 일정

○ t_1일 때 ㉡의 길이와 t_2일 때 ㉠의 길이는 같다. → 0.4 μm

이에 대한 설명으로 옳은 것만을 〈보기〉에서 있는 대로 고른 것은? (3점)

[보기]

ㄱ. ⓐ는 2.8 μm이다. → ⓐ는 2.8 μm, ⓑ는 2.4 μm

ㄴ. t_1일 때 ㉠의 길이는 ~~0.4 μm~~이다. → t_1일 때 ㉠의 길이는 0.6 μm

ㄷ. X에서 $\frac{㉡의\ 길이}{액틴\ 필라멘트의\ 길이}$는 ~~$t_1$일 때가 t_2일 때보다 크다~~.

→ $\frac{㉡의\ 길이}{액틴\ 필라멘트의\ 길이}$는 t_2일 때가 t_1일 때보다 크다.

 ① ㄱ  ② ㄴ  ③ ㄷ ④ ㄱ, ㄷ ⑤ ㄴ, ㄷ

| 문제+자료 분석 |

1st t_2일 때 ㉡의 길이 구하기

- A대의 길이는 항상 변하지 않으므로 t_2일 때 A대의 길이는 1.6 μm이다. t_2일 때 ㉢(H대)의 길이가 0.4 μm이므로 ㉡은 0.6 μm이다.

2nd t_1과 t_2일 때 ㉠의 길이 찾기

- ㉠의 길이는 $\frac{X의\ 길이 - A대의\ 길이}{2}$이므로 X의 길이가 2.4 μm일 때, ㉠은 $\frac{2.4-1.6}{2}$= 0.4 μm이다. 같은 방식으로 X의 길이가 2.8 μm일 때 ㉠은 0.6 μm이다.

3rd ⓐ와 ⓑ 찾기

- t_1일 때 ㉡의 길이와 t_2일 때 ㉠의 길이가 같다고 하였으므로 t_1일 때 ㉠의 길이와 t_2일 때 ㉡의 길이가 같다. (액틴 필라멘트의 길이는 항상 일정하기 때문이다.)
- 따라서 t_2일 때 ㉡의 길이가 0.6 μm이므로 t_1일 때 ㉡의 길이는 0.4 μm이다.
- 이를 표로 정리하면 다음과 같다.

시점	㉠	㉡	㉢	X
t_1	0.6 μm	0.4 μm	0.8 μm	2.8 μm
t_2	0.4 μm	0.6 μm	0.4 μm	2.4 μm

| 보기 분석 |

ㄱ. ⓐ는 t_1일 때 X의 길이로 2.8 μm이다.

ㄴ. t_1일 때 X의 길이가 2.8 μm이고 A대의 길이가 1.6 μm이므로 ㉠의 길이는 0.6 μm이다.

주의

ㄷ. 액틴 필라멘트의 길이는 골격근의 수축 과정 동안 변화하지 않고 일정하다. ㉡의 길이만 비교하면 t_1일 때 ㉡의 길이가 0.4 μm, t_2일 때 ㉡의 길이가 0.6 μm로 t_1일 때가 t_2일 때보다 작다.

E 16 정답 ③ * 골격근의 수축 [정답률 66%] 2023 실시 4월 학평 10

다음은 골격근의 수축 과정에 대한 자료이다.

○ 그림은 근육 원섬유 마디 X의 구조를 나타낸 것이며, X는 좌우 대칭이다. 구간 ㉠은 액틴 필라멘트만 있는 부분이고, ㉡은 액틴 필라멘트와 마이오신 필라멘트가 겹치는 부분이며, ㉢은 마이오신 필라멘트만 있는 부분이다.

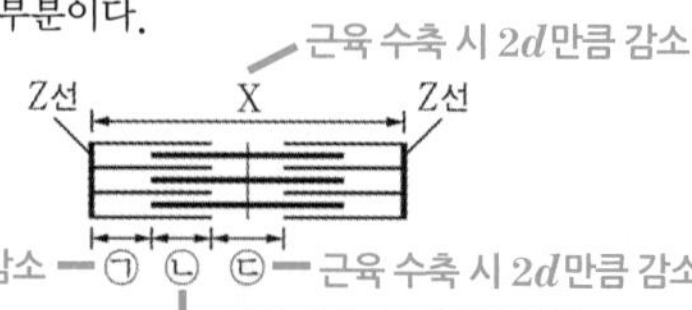

○ 표는 골격근 수축 과정의 두 시점 t_1과 t_2일 때 ㉠의 길이, ㉡의 길이, ㉢의 길이, X의 길이를 나타낸 것이고, ⓐ~ⓒ는 0.4 μm, 0.6 μm, 0.8 μm를 순서 없이 나타낸 것이다.

시점	㉠의 길이	㉡의 길이	㉢의 길이	X의 길이
t_1	ⓐ 0.8 μm	ⓑ 0.4 μm	ⓐ 0.8 μm	? 3.2 μm
t_2	ⓒ 0.6 μm	? 0.6 μm	ⓑ 0.4 μm	2.8 μm

이에 대한 설명으로 옳은 것만을 〈보기〉에서 있는 대로 고른 것은? (3점)

[보기]

ㄱ. t_1일 때 H대의 길이는 0.8 μm이다.
t_1일 때 H대의 길이(㉢의 길이)는 0.8 μm임

ㄴ. X의 길이는 t_2일 때가 t_1일 때보다 0.4 μm ~~길다~~.
X의 길이는 t_2일 때가 t_1일 때보다 0.4 μm 짧음

ㄷ. t_1에서 t_2로 될 때 ATP에 저장된 에너지가 사용된다.
근수축 시 ATP에 저장된 에너지가 사용됨

① ㄱ ② ㄴ  ③ ㄱ, ㄷ ④ ㄴ, ㄷ ⑤ ㄱ, ㄴ, ㄷ

| 문제+자료 분석 |

- **근육 이완 시**: X가 $2d$만큼 증가하면 ㉠은 d만큼 증가, ㉡은 d만큼 감소, ㉢은 $2d$만큼 증가한다.
- **근육 수축 시**: X가 $2d$만큼 감소하면 ㉠은 d만큼 감소, ㉡은 d만큼 증가, ㉢은 $2d$만큼 감소한다.
- t_1과 t_2일 때 근육 수축 시와 이완 시에 ㉠과 ㉢의 길이를 나타내면 표와 같다.

시점	이완 시		수축 시	
	㉠의 길이	㉢의 길이	㉠의 길이	㉢의 길이
t_1일 때	ⓐ	ⓐ	ⓐ	ⓐ
t_2일 때	ⓐ+d =ⓒ	ⓐ+$2d$ =ⓑ	ⓐ−d =ⓒ	ⓐ−$2d$ =ⓑ

- **근육 이완 시**: ⓐ는 가장 작은 값이므로 0.4 μm이고, ⓑ는 가장 큰 값이므로 0.8 μm, ⓒ는 0.6 μm이다. t_1일 때, X의 길이=2㉠의 길이+2㉡의 길이+㉢의 길이=2ⓐ+2ⓑ+ⓐ=2.8 μm이므로, t_2일 때의 X의 길이(2.8 μm)와 동일하여 모순이 발생한다.
  ➡ t_1에서 t_2로 될 때 근육은 수축한다.
- **근육 수축 시**: ⓐ는 가장 큰 값이므로 0.8 μm이고, ⓐ에서 d만큼 뺀 ⓒ는 ⓐ에서 $2d$를 뺀 ⓑ보다는 크므로, ⓒ는 0.6 μm, ⓑ는 0.4 μm이다.
- t_1에서 t_2로 될 때 ㉢이 0.4 μm만큼 감소했으므로, X의 길이도 0.4 μm만큼 감소한다.

| 보기 분석 |

ㄱ. t_1일 때 H대의 길이는 ㉢의 길이이므로 0.8 μm이다.

ㄴ. t_1에서 t_2로 될 때 ㉢이 0.4 μm만큼 감소했으므로, X의 길이도 0.4 μm 만큼 감소한다. 따라서 X의 길이는 t_2일 때가 t_1일 때보다 0.4 μm 짧다.

ㄷ. t_1에서 t_2로 될 때 근육이 수축하므로 이 과정에서 ATP에 저장된 에너지가 사용된다.

E 17 정답 ⑤ *근수축 과정 …… [정답률 52%] 2023 실시 7월 학평 14

다음은 골격근의 수축 과정에 대한 자료이다.

ㅇ 그림은 골격근을 구성하는 근육 원섬유 마디 X의 구조를, 표는 두 시점 t_1과 t_2일 때 ⓐ의 길이와 ⓑ의 길이를 더한 값(ⓐ+ⓑ)과 ⓐ의 길이와 ⓒ의 길이를 더한 값(ⓐ+ⓒ)을 나타낸 것이다. ⓐ~ⓒ는 ㉠~㉢을 순서 없이 나타낸 것이며, X는 M선을 기준으로 좌우 대칭이다. ⓐ에는 액틴 필라멘트가 있다.

㉠ or ㉡

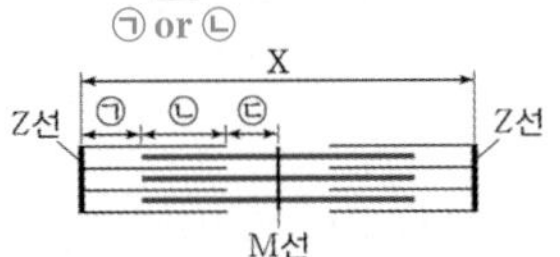

시점	ⓐ+ⓑ (㉠+㉢)	ⓐ+ⓒ (㉠+㉡)
t_1	1.4 μm	1.0 μm
t_2	1.2 μm	1.0 μm

ㅇ 구간 ㉠은 액틴 필라멘트만 있는 부분이고, ㉡은 액틴 필라멘트와 마이오신 필라멘트가 겹치는 부분이며, ㉢은 마이오신 필라멘트만 있는 부분이다.

이에 대한 설명으로 옳은 것만을 <보기>에서 있는 대로 고른 것은?

[보기]

ㄱ. ⓑ는 ~~㉠이다~~. ⓑ는 ㉢임

ㄴ. ⓒ는 A대의 일부이다. ⓒ(㉡)는 A대의 일부임

ㄷ. X의 길이는 t_1일 때가 t_2일 때보다 0.2 μm 길다.
X의 길이는 t_1일 때가 t_2일 때보다 0.2 μm 길

① ㄱ ② ㄴ ③ ㄷ ④ ㄱ, ㄷ ⑤ ㄴ, ㄷ

| 문제+자료 분석 |

- ⓐ에는 액틴 필라멘트가 존재하므로 ㉠ 또는 ㉡이다.
- $t_1 \to t_2$일 때, (ⓐ+ⓒ)는 변하지 않으므로 (ⓐ+ⓒ)는 (㉠+㉡)이고, 나머지 ⓑ는 ㉢이다.
- (ⓐ+ⓑ)가 (㉡+㉢)이라면, 수축하거나 이완해도 (㉡+㉢)의 길이는 변함이 없으므로 모순이다. 따라서 (ⓐ+ⓑ)는 (㉠+㉢)이고, ㉢이 ⓑ이므로 ㉠은 ⓐ, ㉡은 ⓒ이다.
- $t_1 \to t_2$일 때, ⓐ+ⓑ(㉠+㉢)의 값이 감소하므로 $t_1 \to t_2$일 때, 근육은 수축한다.
- 근수축 시 각 부분의 길이 변화를 나타내면 표와 같다.
㉢의 길이는 H대의 길이의 절반이다. 함정

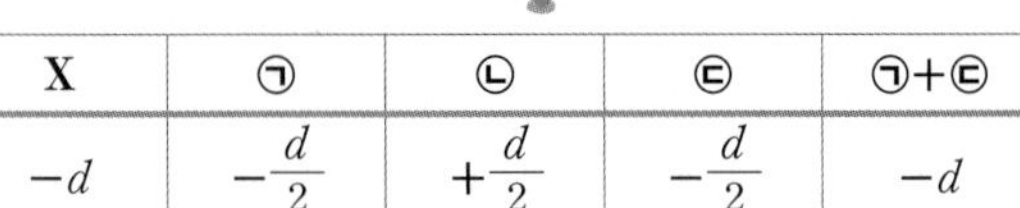

X	㉠	㉡	㉢	㉠+㉢
$-d$	$-\frac{d}{2}$	$+\frac{d}{2}$	$-\frac{d}{2}$	$-d$

- $t_1 \to t_2$일 때, (㉠+㉢)이 0.2 μm만큼 감소(1.4 μm → 1.2 μm)했으므로 d는 0.2 μm이다.

| 보기 분석 |

ㄱ. $t_1 \to t_2$일 때, (ⓐ+ⓒ)는 변하지 않으므로 (ⓐ+ⓒ)는 (㉠+㉡)이고, 나머지 ⓑ는 ㉢이다.

ㄴ. ⓒ는 ㉡이므로 액틴 필라멘트와 마이오신 필라멘트가 겹치는 부분이다. 액틴 필라멘트와 마이오신 필라멘트가 겹치는 부분은 A대에 포함된다.

ㄷ. $t_1 \to t_2$일 때, X의 길이는 d(0.2 μm)만큼 감소하므로 X의 길이는 t_1일 때가 t_2일 때보다 0.2 μm 길다.

E 18 정답 ③ *골격근의 수축 …… [정답률 73%] 2020 대비 수능 14

다음은 골격근의 수축 과정에 대한 자료이다.

• 그림은 근육 원섬유 마디 X의 구조를, 표는 골격근 수축 과정의 두 시점 t_1과 t_2일 때 ㉠의 길이와 ㉡의 길이를 더한 값(㉠+㉡)과 ㉢의 길이를 나타낸 것이다. X는 좌우 대칭이고, t_1일 때 A대의 길이는 1.6 μm이다.

시점	㉠+㉡	㉢의 길이
t_1	1.3 μm	0.7 μm
t_2	?	0.5 μm

1.1 μm

• 구간 ㉠은 마이오신 필라멘트만 있는 부분이고, ㉡은 액틴 필라멘트와 마이오신 필라멘트가 겹치는 부분이며, ㉢은 액틴 필라멘트만 있는 부분이다.

이에 대한 설명으로 옳은 것만을 <보기>에서 있는 대로 고른 것은?

[보기]

ㄱ. t_1일 때 X의 길이는 3.0 μm이다.
→ ㉠=1.0, ㉡=0.3, ㉢=0.7이므로 ㉠+2(㉡+㉢)=3.0

ㄴ. X의 길이에서 ㉠의 길이를 뺀 값은 ~~t_1일 때가 t_2일 때보다 크다~~. → 항상 일정함

ㄷ. t_2일 때 $\frac{\text{H대의 길이}}{\text{㉡의 길이}+\text{㉢의 길이}}=\frac{3}{5}$이다.
→ H대의 길이=㉠=0.6, ㉡=0.5, ㉢=0.5이므로 $\frac{3}{5}$

① ㄱ ② ㄴ ③ ㄱ, ㄷ ④ ㄴ, ㄷ ⑤ ㄱ, ㄴ, ㄷ

| 문제+자료 분석 |

- A대는 마이오신 필라멘트의 길이를 나타내는 것으로 시점에 따라 변화하지 않고 일정하다. A대의 길이를 뜻하는 ㉠+2㉡의 값은 항상 1.6 μm이다.
- **t_1일 때 ㉡의 길이:** t_1에서 ㉡의 길이는 A대−(㉠+㉡)=1.6−1.3=0.3 μm이다. ㉡과 ㉢의 길이를 더한 것은 액틴 필라멘트 길이의 절반으로 시점에 따라 변화하지 않고 일정하다.
- **t_2일 때 ㉡의 길이:** ㉡+㉢의 값은 1.0 μm이므로 시점 t_2에서 ㉡의 길이는 0.5 μm이다. 근육 원섬유 마디인 X, H대인 ㉠ 등은 근육이 수축함에 따라 길이가 짧아진다.

| 보기 분석 |

ㄱ. A대는 마이오신 필라멘트의 길이를 뜻하므로 t_1일 때 ㉡의 길이는 0.3 μm이다. X는 근육 원섬유 마디로 t_1일 때 ㉡의 길이인 0.3 μm의 2배와 ㉢의 길이인 0.7 μm의 2배와 ㉠의 길이인 1.0 μm를 더한 값인 3.0 μm이다.

ㄴ. 근육 원섬유 마디인 X에서 ㉠의 길이를 뺀 값은 액틴 필라멘트의 길이와 같다. 근육이 수축하는 정도나 시점에 관계 없이 액틴 필라멘트의 길이는 항상 일정하다. 주의

ㄷ. H대는 마이오신 필라멘트만 존재하는 부분의 길이를 뜻하므로 ㉠의 길이와 같다. ㉡+㉢의 값은 1.0 μm이고, t_2일 때 ㉢의 길이는 0.5 μm이므로 ㉡의 길이는 0.5 μm이다. 마이오신 필라멘트의 길이인 A대의 길이가 1.6 μm이므로 t_2일 때 ㉠의 길이는 0.6 μm이다.
t_2일 때 $\frac{\text{H대의 길이}}{\text{㉡의 길이}+\text{㉢의 길이}}=\frac{0.6}{0.5+0.5}=\frac{3}{5}$이다.

*근육 원섬유 마디의 구성

I대	액틴 필라멘트로만 구성
A대	마이오신 필라멘트의 길이와 같음
H대	A대 중 마이오신 필라멘트로만 되어 있는 부분
Z선	근육 원섬유 마디를 구분하는 경계선
M선	H대의 가운데 선

E 19 정답 ③ * 근수축 ······ [정답률 59%] 2020 실시 7월 학평 11

다음은 골격근의 수축 과정에 대한 자료이다.

• 그림은 근육 원섬유 마디 X의 구조를 나타낸 것이다. X는 좌우 대칭이며, 구간 ㉠은 액틴 필라멘트만 있는 부분, ㉡은 액틴 필라멘트와 마이오신 필라멘트가 겹치는 부분, ㉢은 마이오신 필라멘트만 있는 부분이다.

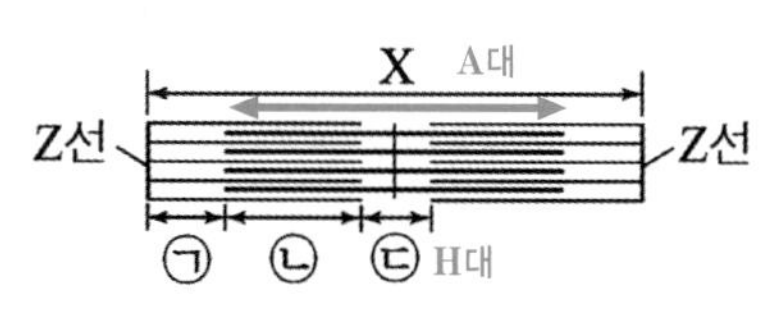

• 표는 골격근 수축 과정의 두 시점 t_1과 t_2일 때 X의 길이, ⓐ의 길이와 ⓒ의 길이를 더한 값(ⓐ+ⓒ), ⓑ의 길이와 ⓒ의 길이를 더한 값(ⓑ+ⓒ)을 나타낸 것이다. ⓐ~ⓒ는 ㉠~㉢을 순서 없이 나타낸 것이다.

시점	X의 길이	ⓐ+ⓒ (㉡+㉢)	ⓑ+ⓒ (㉠+㉢)
t_1	2.4 μm	1.0 μm	0.8 μm
t_2	?	1.3 μm	1.7 μm

이에 대한 설명으로 옳은 것만을 〈보기〉에서 있는 대로 고른 것은? (3점)

[보기]

ㄱ. ⓐ는 ㉡이다. → ⓐ는 ㉡, ⓑ는 ㉠, ⓒ는 ㉢

ㄴ. t_1일 때 $\frac{\text{A대의 길이}}{\text{H대의 길이}}$는 4이다.
→ t_1일 때 $\frac{\text{A대의 길이}}{\text{H대의 길이}} = \frac{1.6}{0.4} = 4$이다.

ㄷ. t_2일 때 X의 길이는 3.2 μm이다. → t_2일 때 X의 길이는 3.0 μm

① ㄱ ② ㄷ ③ ㄱ, ㄴ ④ ㄴ, ㄷ ⑤ ㄱ, ㄴ, ㄷ

| 문제+자료 분석 |

1st ㉠~㉢의 길이 변화 파악하기

• X가 k만큼 늘어난다면, 액틴 필라멘트만 있는 부분 중 절반인 ㉠은 $\frac{k}{2}$만큼 늘어난다.

• 액틴 필라멘트와 마이오신 필라멘트가 겹치는 부분 중 절반인 ㉡은 $\frac{k}{2}$만큼 줄어들고, 마이오신 필라멘트만 있는 ㉢은 k만큼 늘어난다.

2nd ⓐ~ⓒ 중 ㉠~㉢ 찾기

• 액틴 필라멘트의 길이는 일정하므로 ㉠+㉡의 값은 일정하다. ⓐ+ⓒ와 ⓑ+ⓒ의 값은 변화하므로 ⓒ가 ㉢이다.

• ㉢이 k만큼 늘어날 때 ㉡은 $\frac{k}{2}$만큼 줄어들고 ㉠은 $\frac{k}{2}$만큼 늘어나는데, ⓐ+ⓒ가 0.3 μm 늘어날 때 ⓑ+ⓒ가 0.9 μm 늘어났으므로 ⓐ가 ㉡, ⓑ가 ㉠이다.

3rd t_1과 t_2일 때 길이 분석하기

• t_1일 때 X의 길이의 절반인 1.2 μm$=\frac{ⓒ}{2}$+ⓐ+ⓑ, ⓐ+ⓒ=1 μm, ⓑ+ⓒ=0.8 μm이므로 ⓐ=0.6 μm, ⓑ=0.4 μm ⓒ=0.4 μm이다.

• t_1일 때에 비해 t_2일 때 X가 k만큼 늘어났다면, ㉡인 ⓐ는 $\frac{k}{2}$만큼 줄어들고 ㉠인 ⓑ는 $\frac{k}{2}$만큼 늘어나며 ㉢인 ⓒ는 k만큼 늘어난다.

• ⓐ+ⓒ가 0.3 μm 늘어나고 ⓑ+ⓒ가 0.9 μm 늘어났으므로 k는 0.6 μm이다.

• t_1일 때 근절 X의 길이가 2.4 μm이므로 t_2일 때 근절 X의 길이는 0.6 μm가 늘어난 3.0 μm이다.

| 보기 분석 |

ㄱ. ⓐ는 ㉡, ⓑ는 ㉠, ⓒ는 ㉢이다.

ㄴ. t_1일 때 H대의 길이는 ㉢으로 0.4 μm이며, t_1일 때 A대의 길이는 2㉡+㉢으로 1.6 μm이므로 $\frac{\text{A대의 길이}}{\text{H대의 길이}}$는 $\frac{1.6}{0.4}=4$이다.

ㄷ. t_1일 때 근절 X의 길이가 2.4 μm이므로 t_2일 때 근절 X의 길이는 0.6 μm가 늘어난 3.0 μm이다.

E 20 정답 ⑤ * 근수축 과정 ······ [정답률 57%] 2022 대비 수능 13

다음은 골격근의 수축과 이완 과정에 대한 자료이다.

○ 그림 (가)는 팔을 구부리는 과정의 세 시점 t_1, t_2, t_3일 때 팔의 위치와 이 과정에 관여하는 골격근 P와 Q를, (나)는 P와 Q 중 한 골격근의 근육 원섬유 마디 X의 구조를 나타낸 것이다. X는 좌우 대칭이다.

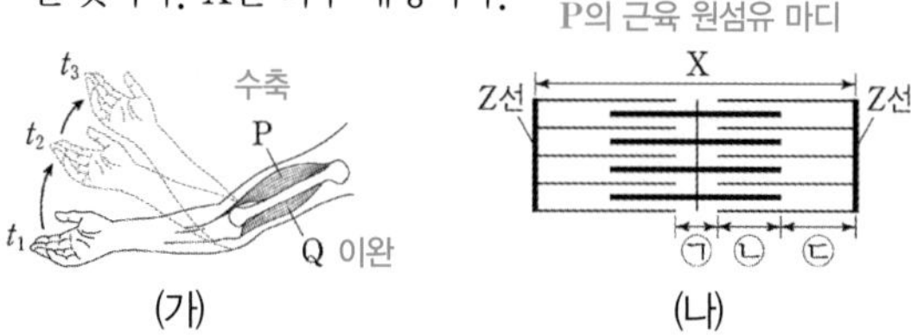

(가) (나)

○ 구간 ㉠은 마이오신 필라멘트만 있는 부분이고, ㉡은 액틴 필라멘트와 마이오신 필라멘트가 겹치는 부분이며, ㉢은 액틴 필라멘트만 있는 부분이다.

○ 표는 t_1~t_3일 때 ㉠의 길이와 ㉡의 길이를 더한 값(㉠+㉡), ㉢의 길이, X의 길이를 나타낸 것이다.

시점	㉠+㉡	㉢의 길이	X의 길이
t_1	1.2	ⓐ0.9	?3.4
t_2	?1.0	0.7	3.0
t_3	ⓐ0.9	0.6	?2.8

(단위: μm)

→ 시점 t_1에서 t_3으로 갈수록 근육이 수축하므로 X는 P의 근육 원섬유 마디

이에 대한 설명으로 옳은 것만을 〈보기〉에서 있는 대로 고른 것은?

[보기]

ㄱ. X는 P의 근육 원섬유 마디이다. → X는 P의 근육 원섬유 마디

ㄴ. X에서 A대의 길이는 t_1일 때가 t_3일 때보다 길다.
→ X에서 A대의 길이는 항상 일정

ㄷ. t_1일 때 ㉡의 길이와 ㉢의 길이를 더한 값은 1.3 μm이다.
→ t_1일 때 ㉡의 길이와 ㉢의 길이를 더한 값은 1.3 μm

① ㄱ ② ㄴ ③ ㄷ ④ ㄱ, ㄴ ⑤ ㄱ, ㄷ

| 문제+자료 분석 |

1st **X의 구조가 P의 근육 원섬유 마디임을 파악하기**

- t_2일 때보다 t_3일 때 ⓒ의 길이가 0.1 μm 줄어들었으므로 이 골격근은 시간이 흐름에 따라 수축하고 있다. 팔을 굽힐 때 P는 수축하고 Q는 이완하므로 X는 P의 근육 원섬유 마디이다.

2nd **A대의 길이 파악하기**

- t_3일 때 X의 길이는 t_1일 때보다 0.6 μm 줄어든 2.8 μm이다. t_3일 때 ⓒ의 길이가 0.6 μm이므로 A대의 길이는 $2.8-(0.6\times2)=1.6$ μm이다.

3rd **ⓐ의 길이 파악하기**

- A대의 길이가 1.6 μm이고 t_1일 때 ㉠+㉡이 1.2 μm이므로 t_1일 때 ㉡의 길이는 0.4 μm, ㉠의 길이는 0.8 μm이다.
- t_1일 때 X의 길이가 t_3일 때 X의 길이보다 2k만큼 길다면, t_3일 때 ㉠+㉡은 1.2 μm보다 k만큼 짧고, t_1일 때 ⓒ의 길이(ⓐ)는 0.6 μm보다 k만큼 길다. k는 0.3 μm이고 ⓐ는 0.9 μm이다.

| 보기 분석 |

ㄱ. 팔을 굽히면서 시점이 지남에 따라 ⓒ의 길이가 줄어들고 있으므로 X는 팔을 굽힐 때 수축하는 근육인 P의 근육 원섬유 마디이다.

ㄴ. A대의 길이는 시점에 따라 항상 일정한 값을 가진다. X의 A대의 길이는 1.6 μm이다.

ㄷ. t_1일 때 ⓒ의 길이는 0.9 μm이고 ㉡의 길이는 0.4 μm이므로 ㉡의 길이와 ⓒ의 길이를 더한 값은 1.3 μm이다.

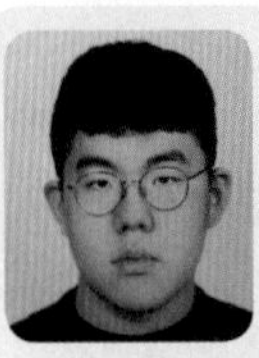

강민성 | 성균관대 의예과 2022년 입학 · 부산 해운대고 졸

이 문제에서는 가장 단서가 많이 주어진 부분이 t_2이니깐 t_2에서 미지수를 두고 식을 세워서 t_1과 t_3에서 공통된 ⓐ값을 정리하면 답이 나오겠구나 하는 식으로 풀이했어. t_2에서 X 길이가 3.0이고 ⓒ이 0.7이니 3−1.4는 A대의 길이로 1.6이고, A대의 길이는 일정하므로 t_1에서 ㉠, ㉡의 길이가 다 나와. ⓒ의 길이는 미지수로 남는데 더 할수 있는 것이 없으므로 그냥 넘어갔어. t_2에서 t_3으로 가면서 ⓒ이 0.1 줄었으니 ㉠+㉡도 0.1이 줄었다고 생각할 수 있어. 이 2개의 식을 이용해 연립하면 ⓐ의 값이 나오고 모든 값이 결정돼.

E 21 정답 ④ * 근수축 [정답률 51%] 2022 대비 9월 모평 9

다음은 골격근의 수축 과정에 대한 자료이다.

○ 그림은 근육 원섬유 마디 X의 구조를 나타낸 것이다. X는 M선을 기준으로 좌우대칭이다.

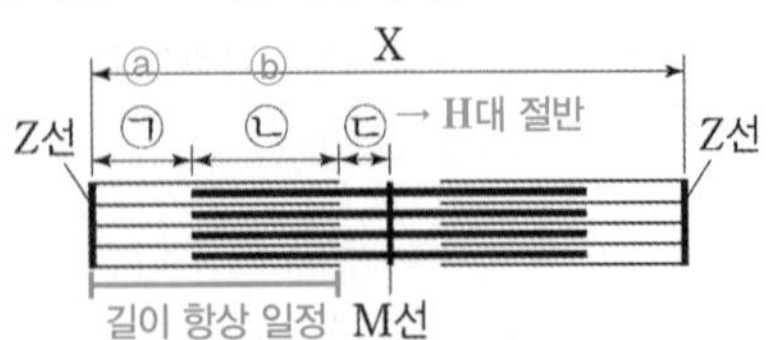

○ 구간 ㉠은 액틴 필라멘트만 있는 부분이고, ㉡은 액틴 필라멘트와 마이오신 필라멘트가 겹치는 부분이며, ㉢은 마이오신 필라멘트만 있는 부분이다.

○ 골격근 수축 과정의 시점 t_1일 때 ⓐ의 길이는 시점 t_2일 때 ⓑ의 길이와 ㉢의 길이를 더한 값과 같다. ⓐ와 ⓑ는 ㉠과 ㉡을 순서 없이 나타낸 것이다.

○ ⓐ의 길이와 ⓑ의 길이를 더한 값은 1.0 μm이다.

○ t_1일 때 ⓑ의 길이는 0.2 μm이고, t_2일 때 ⓐ의 길이는 0.7 μm이다. X의 길이는 t_1과 t_2 중 한 시점일 때 3.0 μm이고, 나머지 한 시점일 때 3.0 μm보다 길다.

→ 근육 원섬유 마디 X가 k만큼 감소할 때 ㉠은 $\frac{k}{2}$만큼 감소, ㉡은 $\frac{k}{2}$만큼 증가, ㉢은 $\frac{k}{2}$만큼 감소

이에 대한 설명으로 옳은 것만을 〈보기〉에서 있는 대로 고른 것은?

[보기]

ㄱ. ⓐ는 ㉠이다. → ⓐ는 ㉠, ⓑ는 ㉡

ㄴ. t_1일 때 H대의 길이는 1.2 μm이다.
→ t_1일 때 ㉢의 길이는 0.6 μm, H대의 길이는 1.2 μm

ㄷ. X의 길이는 t_1일 때가 t_2일 때보다 짧다.
→ X의 길이는 t_1일 때 3.2 μm, t_2일 때 3.0 μm

① ㄱ ② ㄴ ③ ㄷ ④ ㄱ, ㄴ ⑤ ㄴ, ㄷ

| 문제+자료 분석 |

1st **ⓐ와 ⓑ의 길이 구하기**

- ⓐ와 ⓑ는 각각 ㉠과 ㉡ 중 하나이고, ⓐ의 길이와 ⓑ의 길이를 더한 값은 1.0 μm이므로 ㉠+㉡의 값도 1.0 μm이다.
- ㉠+㉡의 길이는 액틴 필라멘트의 길이의 절반이므로 t_1과 t_2일 때 ㉠+㉡의 값은 변하지 않고 같다.
- t_1일 때 ⓑ의 길이는 0.2 μm이므로 ⓐ의 길이는 $1.0-0.2=0.8$ μm이다.
- t_2일 때 ⓐ의 길이는 0.7 μm이므로 ⓑ의 길이는 $1.0-0.7=0.3$ μm이다.

2nd **㉢의 길이와 X의 길이 구하기**

- t_1일 때 ⓐ의 길이(0.8 μm)는 시점 t_2일 때 ⓑ의 길이(0.3 μm)와 ㉢의 길이를 더한 값과 같으므로, t_2일 때 ㉢의 길이는 0.5 μm이다.
- X의 길이는 $2\times$(ⓐ+ⓑ+㉢)의 값과 같으므로 t_2일 때 X의 길이는 $2\times(0.7+0.3+0.5)=3.0$ μm이다.

3rd **근수축시 X의 변화량과 ㉠과 ㉡ 파악하기**

- X의 길이는 t_1과 t_2 중 한 시점일 때 3.0 μm이고, 나머지 한 시점일 때 3.0 μm보다 길다고 했으므로 t_1일 때 X의 길이는 3.0 μm보다 길다.
- $t_1 \rightarrow t_2$일 때 근수축이 일어나며, 근육 원섬유 마디 X가 k만큼 감소할 때 ㉠은 $\frac{k}{2}$만큼 감소하고, ㉡은 $\frac{k}{2}$만큼 증가하므로 ⓐ는 ㉠이고, ⓑ는 ㉡이다.
- 시점 t_1과 t_2일 때 X의 길이와 ㉠~㉢의 길이를 정리하면 다음 표와 같다.

시점	X의 길이	ⓐ(㉠)의 길이	ⓑ(㉡)의 길이	㉢의 길이
t_1	3.2	0.8	0.2	0.6
t_2	3.0	0.7	0.3	0.5

| 보기 분석 |

ㄱ. ⓐ는 ㉠이고, ⓑ는 ㉡이다.

ㄴ. ㉢의 길이는 H대의 절반이므로 t_1일 때 ㉢의 길이는 0.6 μm, H대의 길이는 1.2 μm이다.

ㄷ. X의 길이는 t_1일 때 3.2 μm, t_2일 때 3.0 μm이므로 t_1일 때가 t_2일 때보다 길다.

문제 풀이 Tip

- 근육 원섬유 마디 X가 k만큼 감소할 때 ㉠은 $\frac{k}{2}$만큼 감소하고, ㉡은 $\frac{k}{2}$ 만큼 증가, ㉢은 $\frac{k}{2}$만큼 감소한다.

E 22 정답 ① ＊골격근의 수축과 근육 원섬유 마디의 길이 [정답률 56%] 2021 실시 7월 학평 15

다음은 골격근의 수축 과정에 대한 자료이다.

○ 그림은 근육 원섬유 마디 X의 구조를 나타낸 것이다. X는 좌우 대칭이다.

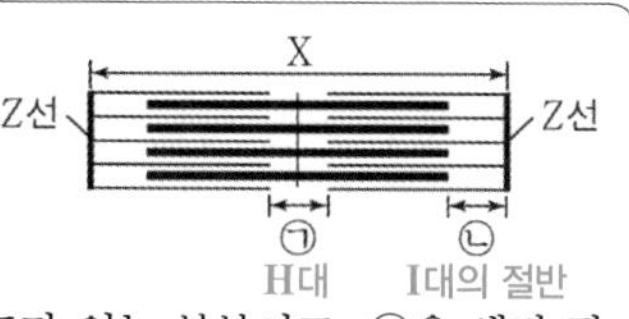

○ 구간 ㉠은 마이오신 필라멘트만 있는 부분이고, ㉡은 액틴 필라멘트만 있는 부분이다.

○ 표는 골격근 수축 과정의 두 시점 t_1과 t_2일 때 ㉠의 길이, ㉡의 길이, A대의 길이에서 ㉠의 길이를 뺀 값(A대−㉠)을 나타낸 것이다.

구분	㉠의 길이	㉡의 길이	A대 − ㉠
t_1 (t_2일 때보다 수축)	? 0.4	0.3	1.2
t_2 (t_1일 때보다 이완)	0.6	0.5+ⓐ =0.4	1.2+2ⓐ =1.0
		ⓐ=−0.1	(단위: μm)

이에 대한 설명으로 옳은 것만을 〈보기〉에서 있는 대로 고른 것은? (3점)

[보기]

ㄱ. ㉠은 H대이다. → ㉠은 A대 중에서 마이오신 필라멘트만 있는 H대

ㄴ. t_1일 때 A대의 길이는 ~~1.4~~ μm이다.
→ t_1일 때와 t_2일 때 A대의 길이는 동일하게 1.6 μm

ㄷ. t_2일 때 ㉠의 길이는 ㉡의 길이보다 ~~짧다~~.
→ t_2일 때 ㉠의 길이는 0.6 μm, ㉡의 길이는 0.4 μm

① ㄱ ② ㄴ ③ ㄷ ④ ㄱ, ㄴ ⑤ ㄱ, ㄷ

| 문제+자료 분석 |

• X의 길이가 k만큼 변할 때 H대(㉠)의 길이는 k만큼, ㉡의 길이는 $\frac{k}{2}$만큼, 마이오신과 액틴 필라멘트가 겹친 부분의 길이의 합은 −k만큼 변한다.

• A대−㉠(H대)은 마이오신과 액틴 필라멘트가 겹친 부분의 길이의 합이며, t_1에서 t_2가 될 때 변화량이 2ⓐ이므로 −k=2ⓐ이다. 따라서 k=−2ⓐ이다.

• t_1에서 t_2가 될 때 ㉡의 길이 변화량은 0.2+ⓐ이므로 $\frac{k}{2}$=0.2+ⓐ이다.

• 따라서 k=−2ⓐ, k=0.4+2ⓐ이므로 두 식을 연립하면 ⓐ=−0.1 μm이다.

• t_1과 t_2일 때 각 부분의 길이를 정리하면 다음과 같다.

구분	㉠의 길이	㉡의 길이	A대 − ㉠	A대
t_1	0.4	0.3	1.2	1.6
t_2	0.6	0.4	1.0	1.6

(단위: μm)

| 보기 분석 |

ㄱ. ㉠은 A대에서 마이오신 필라멘트만 있는 부분으로 H대이다.

ㄴ. A대의 길이는 t_1일 때와 t_2일 때 변함이 없으며, ⓐ가 −0.1 μm이므로 A대의 길이는 1.8+2ⓐ=1.8−0.2=1.6 μm이다.

ㄷ. t_2일 때 ㉠의 길이는 0.6 μm이고, ㉡의 길이는 0.5+ⓐ=0.5−0.1=0.4 μm이다. 따라서 t_2일 때 ㉠의 길이는 ㉡의 길이보다 길다.

E 23 정답 ④ ＊골격근의 수축 과정 [정답률 63%] 2024 대비 6월 모평 15

다음은 골격근의 수축 과정에 대한 자료이다.

○ 그림은 근육 원섬유 마디 X의 구조를 나타낸 것이다. X는 좌우 대칭이다.

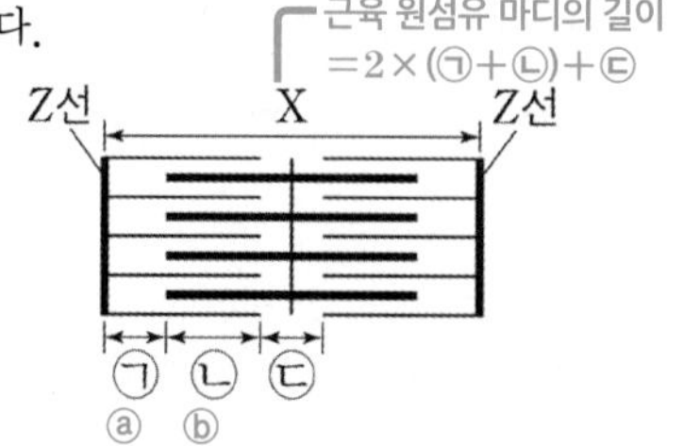

○ 구간 ㉠은 액틴 필라멘트만 있는 부분이고, ㉡은 액틴 필라멘트와 마이오신 필라멘트가 겹치는 부분이며, ㉢은 마이오신 필라멘트만 있는 부분이다.

○ 골격근 수축 과정의 두 시점 t_1과 t_2 중 t_1일 때 ㉠의 길이와 ㉡의 길이를 더한 값은 1.0 μm이고, X의 길이는 3.2 μm이다. ㉠+㉡의 값은 시점에 상관없이 일정

○ t_1일 때 $\frac{ⓐ의\ 길이}{㉢의\ 길이}=\frac{2}{3}$이고, t_2일 때 $\frac{ⓐ의\ 길이}{㉢의\ 길이}=1$이며, $\frac{t_1일\ 때\ ⓑ의\ 길이}{t_2일\ 때\ ⓑ의\ 길이}=\frac{1}{3}$이다. ⓐ와 ⓑ는 ㉠과 ㉡을 순서 없이 나타낸 것이다.

이에 대한 설명으로 옳은 것만을 〈보기〉에서 있는 대로 고른 것은?

[보기]

ㄱ. ⓑ는 ~~㉠~~이다. ⓐ는 액틴 필라멘트만 있는 부분인 ㉠, ⓑ는 액틴과 마이오신이 겹치는 부분인 ㉡

ㄴ. t_1일 때 A대의 길이는 1.6 μm이다.
t_1일 때 A대의 길이는 2㉡+㉢=0.4+1.2=1.6 μm

ㄷ. X의 길이는 t_1일 때가 t_2일 때보다 0.8 μm 길다.
t_1일 때 X의 길이는 3.2 μm, t_2일 때 X의 길이는 2.4 μm이므로 t_1일 때가 t_2일 때보다 0.8 μm 길

① ㄱ ② ㄷ ③ ㄱ, ㄴ ④ ㄴ, ㄷ ⑤ ㄱ, ㄴ, ㄷ

| 문제+자료 분석 |

- 골격근의 수축이 일어나면 마이오신 필라멘트와 액틴 필라멘트의 길이는 변하지 않고 액틴 필라멘트가 마이오신 필라멘트 사이로 미끄러져 들어가 겹치는 부분이 증가하여 근육 원섬유 마디가 짧아진다. (꿀팁)
- 액틴 필라멘트의 길이인 ㉠+㉡=1.0 μm의 값은 시점에 상관없이 일정하다.
- t_1일 때 X의 길이는 3.2 μm이고 ㉠+㉡=1.0 μm이므로 ⓒ의 길이는 1.2 μm이다. t_1일 때 $\frac{\text{ⓐ의 길이}}{\text{ⓒ의 길이}}=\frac{2}{3}$이므로 ⓐ의 길이는 0.8 μm이고 ⓑ의 길이는 0.2 μm이다.
- $\frac{t_1\text{일 때 ⓑ의 길이}}{t_2\text{일 때 ⓑ의 길이}}=\frac{1}{3}$이므로 t_2일 때 ⓑ의 길이는 0.6 μm이고 ⓐ의 길이는 0.4 μm이다. t_2일 때 $\frac{\text{ⓐ의 길이}}{\text{ⓒ의 길이}}=1$이므로 t_2일 때 ⓒ의 길이는 0.4 μm이다.
- 시점 t_1, t_2일 때 각각의 길이를 정리하면 표와 같다.

시점	X의 길이	㉠+㉡	ⓒ	ⓐ=㉠	ⓑ=㉡
t_1	3.2 μm	1.0 μm	1.2 μm	0.8 μm	0.2 μm
t_2	2.4 μm	1.0 μm	0.4 μm	0.4 μm	0.6 μm

- 시점 t_1에서 t_2로 변할 때 ⓒ의 길이는 1.2 μm에서 0.4 μm로 0.8 μm만큼 감소했다. ⓐ의 길이는 0.4 μm 감소했고, ⓑ의 길이는 0.4 μm 증가했기 때문에 ⓐ는 ㉠이고, ⓑ는 ㉡이다.

| 보기 분석 |

ㄱ. 시점 t_1에서 t_2로 변할 때 ⓒ의 길이는 0.8 μm 감소했고 ⓑ의 길이는 0.4 μm 증가했기 때문에 ⓑ는 ㉡이다.

ㄴ. t_1일 때 A대의 길이는 2㉡+ⓒ=0.4+1.2=1.6 μm이다.

ㄷ. X의 길이는 2×(㉠+㉡)+ⓒ이다. t_1일 때 X의 길이는 2×1+1.2=3.2 μm이고, t_2일 때 X의 길이는 2×1+0.4=2.4 μm이므로 t_1일 때가 t_2일 때보다 0.8 μm 길다.

E 24 정답 ② ＊골격근의 수축 ······ [정답률 62%] 2023 대비 6월 모평 10

다음은 골격근의 수축 과정에 대한 자료이다.

- 그림은 근육 원섬유 마디 X의 구조를, 표는 골격근 수축 과정의 두 시점 t_1과 t_2일 때 ㉠의 길이에서 ㉢의 길이를 뺀 값을 ㉡의 길이로 나눈 값($\frac{㉠-㉢}{㉡}$)과 X의 길이를 나타낸 것이다. X는 좌우 대칭이고, t_1일 때 A대의 길이는 1.6 μm이다.
  A대의 길이는 수축, 이완과 관계없이 변하지 않음

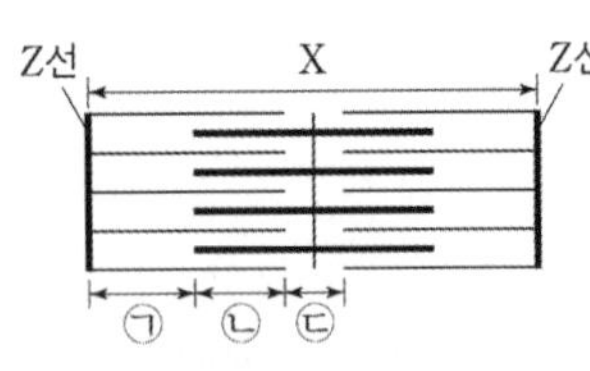

시점	$\frac{㉠-㉢}{㉡}$	X의 길이
t_1 이완	$\frac{1}{4}$	? 3.4 μm
t_2 수축	$\frac{1}{2}$	3.0 μm

- 구간 ㉠은 액틴 필라멘트만 있는 부분이고, ㉡은 액틴 필라멘트와 마이오신 필라멘트가 겹치는 부분이며, ㉢은 마이오신 필라멘트만 있는 부분이다.

이에 대한 설명으로 옳은 것만을 〈보기〉에서 있는 대로 고른 것은?

[보기]

ㄱ. ~~근육 원섬유는 근육 섬유로~~ 구성되어 있다.
근육 섬유에 근육 원섬유 다발이 들어있음

ㄴ. t_2일 때 H대의 길이는 0.4 μm이다.
t_2일 때 H대의 길이는 ㉢의 길이이므로 0.4 μm

ㄷ. X의 길이는 t_1일 때가 t_2일 때보다 ~~0.2 μm~~ 길다.
X의 길이는 t_1일 때 3.4 μm, t_2일 때 3.0 μm

① ㄱ ② ㄴ ③ ㄱ, ㄷ ④ ㄴ, ㄷ ⑤ ㄱ, ㄴ, ㄷ

| 문제+자료 분석 |

1st t_2일 때 ㉠의 길이, ㉡의 길이, ㉢의 길이 구하기

- X의 길이−A대의 길이=2㉠이며, A대의 길이는 골격근의 수축, 이완과 관계없이 일정하므로 t_1일 때와 t_2일 때 모두 1.6 μm이다. 따라서 t_2일 때 ㉠의 길이는 $\frac{3.0-1.6}{2}=0.7$ μm이다.
- t_2일 때 $\frac{0.7-㉢}{㉡}=\frac{1}{2}$이고, A대의 길이는 2㉡+㉢=1.6 μm이므로 두 식을 연립하면 ㉡의 길이는 0.6 μm, ㉢의 길이는 0.4 μm이다.

2nd t_1일 때 ㉠의 길이, ㉡의 길이, ㉢의 길이 구하기

- t_2에서 t_1이 될 때 X의 길이가 2d만큼 변하면 ㉠의 길이는 d만큼, ㉡의 길이는 −d만큼, ㉢의 길이는 2d만큼 변한다. (꿀팁)
  따라서 t_1일 때 $\frac{㉠-㉢}{㉡}=\frac{(0.7+d)-(0.4+2d)}{(0.6-d)}=\frac{1}{4}$이므로 d=0.2 μm이다.
- 골격근 수축 과정의 두 시점 t_1과 t_2일 때 X의 길이, ㉠의 길이, ㉡의 길이, ㉢의 길이를 정리하면 표와 같다.

시점	X의 길이	㉠의 길이	㉡의 길이	㉢의 길이
t_1	3.4 μm	0.9 μm	0.4 μm	0.8 μm
t_2	3.0 μm	0.7 μm	0.6 μm	0.4 μm

| 보기 분석 |

ㄱ. 근육 섬유는 근육을 구성하는 근육 세포이다. 근육 섬유에는 근육 원섬유 다발이 들어있으며, 이 근육 원섬유는 액틴 필라멘트와 마이오신 필라멘트 등으로 구성되어 있다.

ㄴ. t_2일 때 H대의 길이는 ㉢의 길이이므로 0.4 μm이다.

ㄷ. X의 길이는 t_1일 때 3.4 μm이고, t_2일 때 3.0 μm이다. 따라서 X의 길이는 t_1일 때가 t_2일 때보다 0.4 μm 길다.

E 25 정답 ② *근수축 과정 [정답률 65%] 2022 실시 4월 학평 16

다음은 골격근의 수축 과정에 대한 자료이다.

○ 그림은 근육 원섬유 마디 X의 구조를, 표는 골격근 수축 과정의 두 시점 t_1과 t_2일 때 ㉠~㉢의 길이를 나타낸 것이다. X는 M선을 기준으로 좌우 대칭이고, A대의 길이는 1.6 μm이다. t_2일 때 ㉠의 길이와 ㉡의 길이는 같다. A대의 길이는 일정, ㉡+㉢=0.8 μm

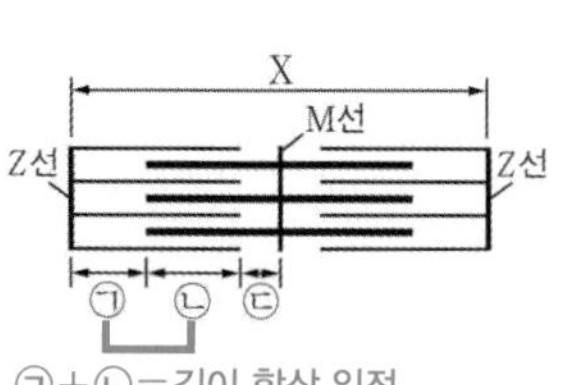

㉠+㉡=길이 항상 일정

시점	㉠의 길이	㉡의 길이	㉢의 길이
t_1	? 0.3	0.7 μm	? 0.1
t_2	? 0.5	? 0.5	0.3 μm

○ 구간 ㉠은 액틴 필라멘트만 있는 부분이고, ㉡은 액틴 필라멘트와 마이오신 필라멘트가 겹치는 부분이며, ㉢은 마이오신 필라멘트만 있는 부분이다.

이에 대한 설명으로 옳은 것만을 〈보기〉에서 있는 대로 고른 것은?

[보기]

ㄱ. X의 길이는 t_1일 때가 t_2일 때보다 길다.
X의 길이는 t_1일 때가 t_2일 때보다 짧음

ㄴ. t_2일 때 ㉡의 길이는 0.5 μm이다. t_2일 때 ㉡의 길이는 0.5 μm

ㄷ. t_1일 때 ㉠의 길이는 t_2일 때 H대의 길이와 같다.
t_1일 때 ㉠의 길이는 0.3 μm, t_2일 때 H대의 길이는 0.6 μm

① ㄱ ② ㄴ ③ ㄱ, ㄷ ④ ㄴ, ㄷ ⑤ ㄱ, ㄴ, ㄷ

| 문제+자료 분석 |

1st 시점에 따른 ㉡과 ㉢의 길이 파악하기

- A대의 길이는 1.6 μm로 항상 일정하며, A대의 절반인 ㉡+㉢은 0.8 μm로 항상 일정하다.
- t_1일 때 ㉢의 길이는 0.8−0.7=0.1 μm이며, t_2일 때 ㉡의 길이는 0.8−0.3=0.5 μm이다.

2nd 시점에 따른 ㉠의 길이 파악하기

- t_2일 때 ㉠의 길이와 ㉡의 길이가 같으므로 t_2일 때 ㉠의 길이는 0.5 μm이다.
- 액틴 필라멘트의 절반인 ㉠+㉡의 길이는 항상 일정하다. 따라서 t_2일 때 ㉠+㉡=1.0 μm이므로 t_1일 때 ㉠+0.7=1.0 μm이므로 ㉠의 길이는 0.3 μm이다.

| 보기 분석 |

ㄱ. 근육 원섬유 마디 X의 길이가 x만큼 변할 때 H대의 길이는 x만큼 변한다. 꿀팁 ㉢의 길이는 H대의 절반이며, t_1일 때가 t_2일 때보다 0.2 μm만큼 짧으므로 X의 길이는 t_1일 때가 t_2일 때보다 0.4 μm만큼 짧다.

ㄴ. t_2일 때 ㉡의 길이와 ㉢의 길이를 더한 값이 0.8 μm여야 하므로 ㉡의 길이는 0.5 μm이다.

ㄷ. t_1일 때 ㉠의 길이는 0.3 μm이고 t_2일 때 H대의 길이는 ㉢의 길이의 2배인 0.6 μm이므로 같지 않다.

*근수축 시 길이 변화

근육 원섬유 마디	A대	H대	I대	액틴 필라멘트와 마이오신 필라멘트가 겹치는 부분
x만큼 감소	변화 없음	x만큼 감소	x만큼 감소	x만큼 증가
x만큼 증가	변화 없음	x만큼 증가	x만큼 증가	x만큼 감소

E 26 정답 ② *근수축 과정 [정답률 53%] 2021 대비 수능 16

다음은 골격근의 수축 과정에 대한 자료이다.

○ 그림은 근육 원섬유 마디 X의 구조를 나타낸 것이다. X는 좌우 대칭이다.

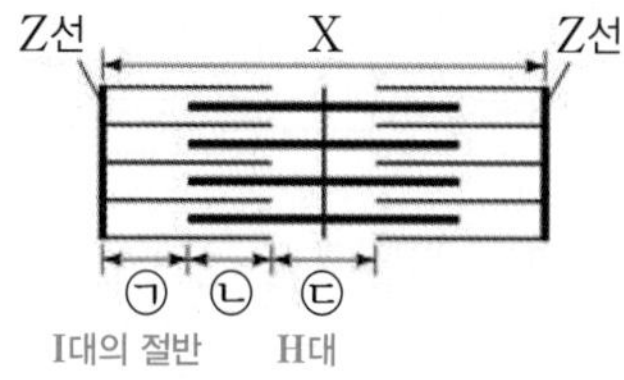

○ 구간 ㉠은 액틴 필라멘트만 있는 부분이고, ㉡은 액틴 필라멘트와 마이오신 필라멘트가 겹치는 부분이며, ㉢은 마이오신 필라멘트만 있는 부분이다.
근육 원섬유 마디 X가 k만큼 증가할 때 ㉠이 $\frac{k}{2}$만큼 증가, ㉡은 $\frac{k}{2}$만큼 감소, ㉢은 k만큼 증가

○ 골격근 수축 과정의 시점 t_1일 때 ㉠~㉢의 길이는 순서 없이 ⓐ, $3d$, $10d$이고, 시점 t_2일 때 ㉠~㉢의 길이는 순서 없이 ⓐ, $2d$, $3d$이다. d는 0보다 크다.
t_1일 때 길이의 합이 t_2일 때보다 길다는 것은 t_1이 이완된 상태

이에 대한 설명으로 옳은 것만을 〈보기〉에서 있는 대로 고른 것은? (3점)

[보기]

ㄱ. 근육 원섬유는 근육 섬유로 구성되어 있다.
→ 근육 섬유가 근육 원섬유로 구성되어 있다.

ㄴ. H대의 길이는 t_1일 때가 t_2일 때보다 길다.
→ t_1일 때가 이완 상태로 H대의 길이는 t_1일 때가 t_2일 때보다 길다.

ㄷ. t_2일 때 ㉠의 길이는 이다.
→ t_2일 때 ㉠의 길이는 $3d$

① ㄱ ② ㄴ ③ ㄷ ④ ㄱ, ㄴ ⑤ ㄴ, ㄷ

| 문제+자료 분석 |

1st t_1과 t_2 중 근육이 이완된 시점 파악하기

- t_1일 때 ㉠~㉢의 길이를 더한 값은 $13d$+ⓐ이고, t_2일 때 ㉠~㉢의 길이를 더한 값은 $5d$+ⓐ이다.
- d가 0보다 크다고 했으므로 ㉠~㉢의 길이를 더한 값은 t_1일 때가 t_2일 때보다 길다. 따라서 t_1이 근육이 이완된 시점이고 t_2는 근육이 수축된 시점이다.

2nd 각 시점에서 ㉠~㉢의 길이 파악하기

- ㉠이 $\frac{k}{2}$만큼 증가할 때 ㉡은 $\frac{k}{2}$만큼 감소하고 ㉢은 k만큼 증가한다.
- ㉠~㉢의 길이를 더한 값의 변화량은 ㉢의 변화량과 같다.
- t_2일 때보다 t_1일 때 ㉠~㉢의 길이를 더한 값이 $8d$만큼 증가했으므로 ㉢은 $8d$만큼 증가, ㉠은 $4d$만큼 증가, ㉡은 $4d$만큼 감소했다.
- ㉢은 t_2일 때 $2d$에서 t_1일 때 $10d$로 $8d$만큼 증가했다.
- ㉠은 t_2일 때 $3d$에서 t_1일 때 ⓐ로 $4d$만큼 증가했으며 ⓐ는 $7d$이다.
- ㉡은 t_2일 때 $7d$인 ⓐ에서 t_1일 때 $3d$로 $4d$만큼 감소했다.

| 보기 분석 |

ㄱ. 근육 섬유는 근육 세포라고도 한다. 근육 세포 안에는 세포 골격에 해당하는 수많은 근육 원섬유가 존재한다. 근육 원섬유는 액틴 필라멘트와 마이오신 필라멘트로 이루어져 있다.
따라서 근육 원섬유가 근육 섬유로 구성된 것이 아니라 근육 섬유가 근육 원섬유로 구성되어 있다.

ㄴ. t_1일 때가 근육이 이완한 상태이고 t_2일 때가 근육이 수축한 상태이다. H대는 마이오신 필라멘트만 있는 부위로 문제의 그림에서는 ㉢에 해당한다.
따라서 근육이 이완했을 때인 t_1일 때가 H대의 길이가 t_2일 때보다 길다.

ㄷ. t_1일 때 $3d$가 ㉠이면 t_2에서 ⓐ가 $-d$가 되므로 모순이다. 따라서 t_2일 때 ㉠의 길이는 $3d$이다.

＊근육 원섬유 마디의 구조

A대(암대)	마이오신이 있는 부분으로 근수축에 따라 길이가 변하지 않는다.
I대(명대)	액틴 필라멘트만 있는 부분으로 근절의 길이가 k만큼 줄면 근절 내 I대 길이도 k만큼 줄어든다.
H대	마이오신만 있는 부분으로 근절의 길이가 k만큼 줄면 근절 내 H대 길이도 k만큼 줄어든다.

E 27 정답 ⑤ ＊근수축

[정답률 68%] 2020 실시 10월 학평 15

다음은 동물 (가)와 (나)의 골격근 수축에 대한 자료이다.

- 그림은 (가)의 근육 원섬유 마디 X와 (나)의 근육 원섬유 마디 Y의 구조를 나타낸 것이다. 구간 ㉠과 ㉢은 액틴 필라멘트만 있는 부분이고, ㉡은 액틴 필라멘트와 마이오신 필라멘트가 겹치는 부분이며, ㉣은 마이오신 필라멘트만 있는 부분이다. X와 Y는 모두 좌우 대칭이다.

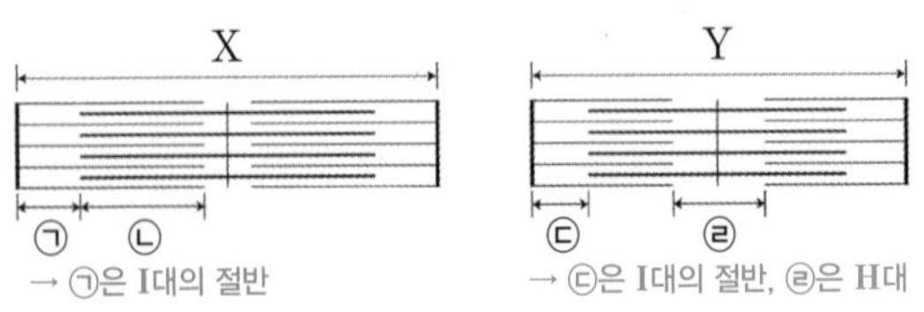

- 표는 시점 t_1과 t_2일 때 X, ㉠, ㉡, Y, ㉢, ㉣의 길이를 나타낸 것이다.

구분	X	㉠	㉡	Y	㉢	㉣
t_1	? 2.4	ⓐ 0.4	0.6	? 2.0	0.3	ⓑ 0.4
t_2	2.6	0.5	0.5	2.6	0.6	1.0

(단위: μm)

이에 대한 옳은 설명만을 〈보기〉에서 있는 대로 고른 것은?

[보기]

ㄱ. ⓐ와 ⓑ는 같다. → ⓐ=0.4 μm, ⓑ=0.4 μm

ㄴ. t_1일 때 X의 H대 길이는 0.4 μm이다.
→ H대 길이는 X−2(㉠+㉡)이므로 0.4 μm

ㄷ. X의 A대 길이에서 Y의 A대 길이를 뺀 값은 0.2 μm이다.
→ X의 A대 길이는 1.6 μm, Y의 A대 길이는 1.4 μm로 뺀 값은 0.2 μm

① ㄱ ② ㄴ ③ ㄱ, ㄷ
④ ㄴ, ㄷ ⑤ ㄱ, ㄴ, ㄷ

| 문제+자료 분석 |

- 시점 t_1에서 t_2로 변화할 때, 액틴과 마이오신이 겹치는 부분의 절반인 ㉡의 길이가 0.1 μm만큼 줄어들었다. I대의 절반인 ㉠의 길이는 반대로 0.1 μm만큼 늘어나야 하므로 ⓐ는 0.4 μm이다.
- 근절인 X의 길이는 그 두 배인 0.2 μm만큼 늘어나야 하므로 t_1일 때 X의 길이는 2.4 μm이다.
- 시점 t_1에서 t_2로 변화할 때, I대의 절반인 ㉢의 길이가 0.3 μm만큼 늘어났다.
- H대(㉣)와 근절인 Y의 길이는 그 두 배인 0.6 μm만큼 늘어나야 하므로 ⓑ는 0.4 μm이고, t_1일 때 Y의 길이는 2.0 μm이다.

| 보기 분석 |

ㄱ. ㉠과 ㉡의 길이 변화량의 절댓값은 같으므로 ⓐ는 t_2일 때의 길이보다 0.1 μm만큼 짧다.
㉣의 길이 변화량은 ㉢의 두 배이므로 ⓑ는 t_2일 때의 길이보다 0.6 μm만큼 짧다. ⓐ와 ⓑ는 모두 0.4 μm로 길이가 같다.

ㄴ. H대 길이는 X의 길이에서 ㉠과 ㉡을 더한 값의 두 배를 뺀 값이다. t_1일 때 X의 길이는 2.4 μm, ㉠의 길이는 0.4 μm, ㉡의 길이는 0.6 μm이다. X의 H대 길이는 2.4−2(0.4+0.6)=0.4로 0.4 μm이다.

ㄷ. A대 길이는 항상 일정하므로 t_1과 t_2 중 어떤 경우든 값이 같다. X의 A대 길이는 X의 길이에서 ㉠의 두 배를 뺀 값으로 1.6 μm이다. Y의 A대 길이는 Y의 길이에서 ㉢의 두 배를 뺀 값으로 1.4 μm이다.
따라서 X의 A대 길이에서 Y의 A대 길이를 뺀 값은 1.6−1.4=0.2 μm이다.

문제 풀이 Tip

근육 원섬유 마디의 길이가 x만큼 변할 때

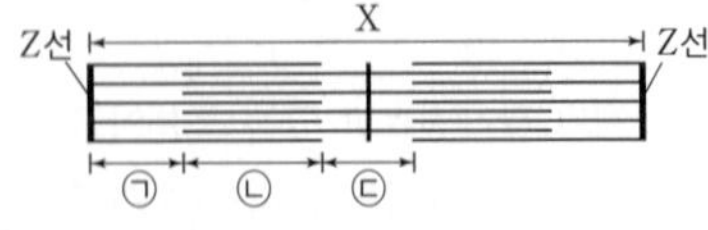

- ㉠의 길이는 $\frac{1}{2}x$만큼 변한다.
- ㉡의 길이는 $-\frac{1}{2}x$만큼 변한다.
- ㉢의 길이는 x만큼 변한다.
- 액틴 필라멘트와 마이오신 필라멘트의 길이는 변하지 않는다.

E 28 정답 ③ ＊골격근의 수축 [정답률 59%] 2023 실시 10월 학평 10

다음은 골격근의 수축 과정에 대한 자료이다.

○ 그림은 근육 원섬유 마디 X의 구조를, 표는 골격근 수축 과정의 시점 t_1~t_3일 때 ㉠의 길이, ㉢의 길이, Ⅰ의 길이와 Ⅱ의 길이를 더한 값(Ⅰ+Ⅱ), Ⅰ의 길이와 Ⅲ의 길이를 더한 값(Ⅰ+Ⅲ)을 나타낸 것이다. X는 좌우 대칭이고, Ⅰ~Ⅲ은 ㉠~㉢을 순서 없이 나타낸 것이다.

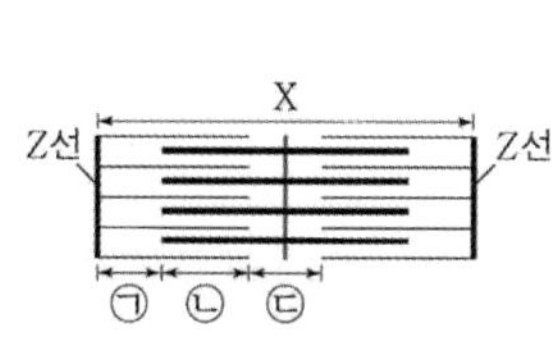

시점	길이(μm)			
	㉠	㉢	Ⅰ+Ⅱ (㉢+㉠)	Ⅰ+Ⅲ (㉢+㉡)
t_1	ⓐ 0.8	ⓐ 0.8	?	1.2
t_2	0.7	ⓑ 0.6	1.3	?
t_3	ⓑ 0.6	0.4	ⓒ 1.0	ⓒ 1.0

○ 구간 ㉠은 액틴 필라멘트만 있는 부분이고, ㉡은 액틴 필라멘트와 마이오신 필라멘트가 겹치는 부분이며, ㉢은 마이오신 필라멘트만 있는 부분이다.

이에 대한 옳은 설명만을 〈보기〉에서 있는 대로 고른 것은? (3점)

[보기]

ㄱ. t_1일 때 ㉡의 길이는 0.4 μm이다. t_1일 때 ㉡의 길이는 0.4 μm임

ㄴ. ⓒ는 1.0이다. ⓒ는 1.0임

ㄷ. Ⅱ는 ㉢이다. Ⅱ는 ㉠임

① ㄱ ② ㄷ ③ ㄱ, ㄴ ④ ㄴ, ㄷ ⑤ ㄱ, ㄴ, ㄷ

| 문제+자료 분석 |

• 근수축 시 각 부분의 길이 변화를 나타내면 다음과 같다.

X	㉠	㉡	㉢
$-d$	$-\frac{d}{2}$	$+\frac{d}{2}$	$-d$

• $t_2 \rightarrow t_3$일 때, ㉠은 $-\frac{d}{2}$만큼 변화하고, ㉢은 $-d$만큼 변화하므로, 2(0.7 μm−ⓑ)=ⓑ−0.4 μm이다. 따라서 ⓑ=0.6 μm이다.

• $t_1 \rightarrow t_2$일 때, ㉠은 $-\frac{d}{2}$만큼 변화하고, ㉢은 $-d$만큼 변화하므로, 2(ⓐ−0.7 μm)=ⓐ−ⓑ이다. 따라서 ⓐ=0.8 μm이다.

• t_2일 때, ㉠+㉢=1.3 μm으로 Ⅰ+Ⅱ의 값과 동일하므로 Ⅰ과 Ⅱ는 ㉠ 또는 ㉢이고, Ⅲ은 ㉡이다.

• t_1일 때, Ⅰ+Ⅲ(㉡)=1.2 μm이고, Ⅰ은 ㉠ 또는 ㉢이므로, 0.8 μm+Ⅲ(㉡) = 1.2 μm이다. 따라서 t_1일 때, ㉡은 0.4 μm이다.

• $t_1 \rightarrow t_3$일 때, ㉠의 길이가 0.2 μm만큼 감소할 때($-\frac{d}{2}$), ㉡의 길이는 0.2 μm만큼 증가해야 하므로($+\frac{d}{2}$) t_3일 때의 ㉡은 0.6 μm이다.

| 보기 분석 |

ㄱ. t_1일 때, Ⅰ+Ⅲ(㉡)=1.2 μm이고, Ⅰ은 ㉠ 또는 ㉢이므로, 0.8 μm+Ⅲ(㉡)=1.2 μm이다. 따라서 t_1일 때, ㉡의 길이는 0.4 μm이다.

ㄴ. t_3일 때, Ⅰ+Ⅱ=㉠+㉢=ⓑ+0.4 μm이므로, ⓒ=0.6 μm+0.4 μm=1.0 μm이다.

ㄷ. t_3일 때, Ⅰ+Ⅲ(㉡)은 1.0 μm(ⓒ)이고, Ⅲ(㉡)은 0.6 μm이므로, Ⅰ의 길이는 0.4 μm이다. 길이가 0.4 μm인 것은 ㉠과 ㉢ 중 ㉢이므로, Ⅰ은 ㉢, 나머지 Ⅱ는 ㉠이다.

E 29 정답 ③ ＊골격근의 수축 [정답률 78%] 2020 실시 4월 학평 8

다음은 골격근의 수축 과정에 대한 자료이다.

• 그림은 근육 원섬유 마디 X의 구조를, 표는 골격근 수축 과정의 두 시점 t_1과 t_2일 때 X의 길이, A대의 길이, ㉡의 길이를 나타낸 것이다. X는 좌우 대칭이고, t_2일 때 H대의 길이는 1.0 μm이다.

X의 길이=(A대의 길이)+2×(㉡의 길이)

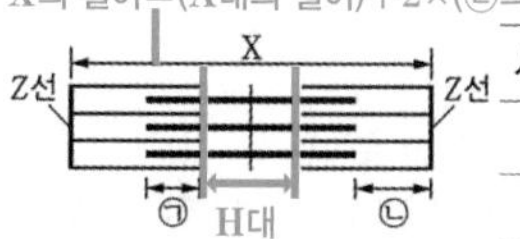

시점	X의 길이	A대의 길이	㉡의 길이
t_1	? 2.0 μm	1.6 μm	0.2 μm
t_2	3.0 μm	? 1.6 μm	? 0.7 μm

A대의 길이는 변화 없음

• 구간 ㉠은 액틴 필라멘트와 마이오신 필라멘트가 겹치는 부분이고, ㉡은 액틴 필라멘트만 있는 부분이다.

이에 대한 설명으로 옳은 것만을 〈보기〉에서 있는 대로 고른 것은? (3점)

[보기]

ㄱ. t_1일 때 X의 길이는 2.0 μm이다.
→ A대의 길이=1.6, ㉡의 길이=0.2이므로 (A대의 길이)+2×(㉡의 길이)=2.0

ㄴ. ㉡의 길이는 t_1일 때가 t_2일 때보다 짧다.
→ t_2일 때가 t_1일 때보다 이완된 상태이므로 ㉡의 길이는 t_1일 때가 t_2일 때보다 짧다.

ㄷ. t_2일 때 $\frac{㉠의\ 길이}{A대의\ 길이}=\frac{3}{8}$이다.
→ t_2일 때 ㉠의 길이는 0.3, A대의 길이는 1.6이므로 $\frac{3}{16}$

① ㄱ ② ㄷ ③ ㄱ, ㄴ ④ ㄴ, ㄷ ⑤ ㄱ, ㄴ, ㄷ

| 문제+자료 분석 |

• A대의 길이는 마이오신 필라멘트의 길이이므로 시점에 따라 변화하지 않고 일정하다. 꿀팁

• X의 길이=(A대의 길이)+2×(㉡의 길이)

• ㉡의 길이=$\frac{(X대의\ 길이)-(A대의\ 길이)}{2}$

• ㉠의 길이=$\frac{(A대의\ 길이)-(H대의\ 길이)}{2}$

• X의 길이, A대의 길이, H대의 길이, ㉠의 길이, ㉡의 길이 사이의 관계를 토대로 시점별로 길이를 제시하면 아래 표와 같다.

시점	X의 길이	A대의 길이	㉠의 길이	㉡의 길이	H대의 길이
t_1	2.0 μm	1.6 μm	0.8 μm	0.2 μm	0 μm
t_2	3.0 μm	1.6 μm	0.3 μm	0.7 μm	1.0 μm

• X의 길이가 d만큼 증가하면 ㉠의 길이는 $\frac{d}{2}$만큼 감소하고, ㉡의 길이는 $\frac{d}{2}$만큼 증가하며, H대의 길이는 d만큼 증가한다. 주의

| 보기 분석 |

ㄱ. t_1일 때 X의 길이=(A대의 길이)+2×(㉡의 길이)이므로 1.6+2×0.2=2.0 μm이다.

ㄴ. X의 길이가 t_1일 때보다 t_2일 때 더 길기 때문에 t_2일 때가 t_1일 때보다 이완된 상태이다. 따라서 ㉡의 길이는 t_1일 때가 t_2일 때보다 짧다.

ㄷ. A대의 길이는 t_1일 때와 t_2일 때가 1.6 μm로 같다. t_2일 때 ㉠의 길이는 $\frac{(A대의\ 길이)-(H대의\ 길이)}{2}=\frac{1.6-1.0}{2}$이므로 0.3 μm이다.
따라서 t_2일 때 $\frac{㉠의\ 길이}{A대의\ 길이}=\frac{0.3}{1.6}=\frac{3}{16}$이다.

E 30 정답 ③ * 근수축 [정답률 85%] 2021 실시 10월 학평 11

표는 좌우 대칭인 근육 원섬유 마디 X가 수축하는 과정에서 시점 t_1과 t_2일 때 X의 길이, A대의 길이, H대의 길이를, 그림은 X의 단면을 나타낸 것이다. ㉠과 ㉡은 각각 액틴 필라멘트와 마이오신 필라멘트 중 하나이다.

A대의 길이는 일정

시점	X의 길이	A대의 길이	H대의 길이
t_1	2.4 μm	? 1.6 μm	0.6 μm
t_2	ⓐ 2.0 μm	1.6 μm	0.2 μm

X의 길이가 줄어든 만큼 H대의 길이도 줄어든다.

액틴 필라멘트 ㉠ / 마이오신 필라멘트 ㉡

이에 대한 설명으로 옳은 것만을 〈보기〉에서 있는 대로 고른 것은? (3점)

[보기]

ㄱ. I대에 ㉠이 있다. → I대에 액틴 필라멘트인 ㉠이 있음

ㄴ. ⓐ는 2.0 μm이다. → ⓐ는 2.0 μm

ㄷ. t_1일 때 X에서 ㉠과 ㉡이 모두 있는 부분의 길이는 1.4 μm이다. → ㉠과 ㉡이 모두 있는 부분의 길이는 1.0 μm

① ㄱ ② ㄷ ③ ㄱ, ㄴ ④ ㄴ, ㄷ ⑤ ㄱ, ㄴ, ㄷ

| 문제+자료 분석 |

- **근육 원섬유 마디**: 근수축의 기본 단위로 Z선에서 Z선까지를 근육 원섬유 마디라고 한다. 근수축 시 근육 원섬유 마디의 길이가 줄어드는 만큼 H대와 I대의 길이도 줄어든다.
- **A대**: 근육 원섬유 마디에서 마이오신 필라멘트가 있는 부분으로 상대적으로 어둡게 보이는 부분이다. 근수축 시 마이오신 필라멘트의 길이는 변화하지 않으므로 A대의 길이는 항상 일정하다.
- **H대**: A대 중 마이오신 필라멘트와 액틴 필라멘트가 겹치지 않고 마이오신 필라멘트만 존재하는 중앙 부분이다.
- **I대**: 액틴 필라멘트만 존재하여 상대적으로 밝게 보이는 부분이다.

| 보기 분석 |

ㄱ. I대는 액틴 필라멘트만으로 이루어진 부분이다. 굵기가 더 가느다란 ㉠이 액틴 필라멘트이므로 I대에는 ㉠이 있다.

ㄴ. 근육이 수축할 때 X의 길이가 줄어든 만큼 H대의 길이도 줄어든다. t_2일 때의 H대의 길이는 t_1일 때보다 0.4 μm만큼 줄어들었으므로 t_2일 때 X의 길이도 t_1일 때보다 0.4 μm만큼 줄어든다. 따라서 ⓐ=2.4−0.4=2.0 μm이다.

ㄷ. ㉠과 ㉡이 모두 있는 부분은 A대에서 H대를 제외한 부분이다. A대의 길이는 항상 일정하므로 t_1일 때 A대의 길이는 1.6 μm이다. t_1일 때 A대에서 H대를 뺀 값은 1.6−0.6=1.0 μm이다.

E 31 정답 ③ * 근육 원섬유의 길이 [정답률 65%] 2018 실시 4월 학평 18

표는 골격근의 근육 원섬유 마디 X가 수축하는 과정에서 두 시점 ⓐ와 ⓑ일 때 X의 길이와 A대의 길이를, 그림은 X의 한 지점에서 관찰되는 단면을 나타낸 것이다. (길이 변화 없음)

X의 길이가 짧아지는 ⓑ가 수축된 상태

시점	X의 길이(μm)	A대의 길이(μm)
이완ⓐ	2.2 (수축 ↓)	? 1.6
수축ⓑ	2.0	1.6

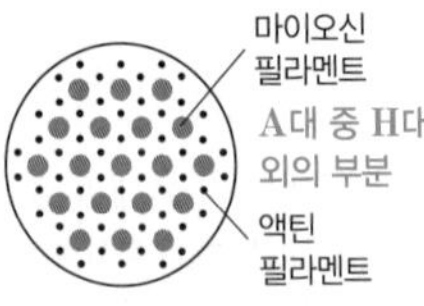

이에 대한 설명으로 옳은 것만을 〈보기〉에서 있는 대로 고른 것은?

[보기]

ㄱ. ⓐ일 때 마이오신 필라멘트의 길이는 1.8 μm이다.
→ ⓐ일 때 마이오신 필라멘트의 길이는 1.6 μm

ㄴ. 그림은 H대에서 관찰되는 단면이다.
→ 그림은 A대 중 H대를 제외한 부분으로 액틴 필라멘트와 마이오신 필라멘트가 함께 있는 부분

ㄷ. I대의 길이는 ⓐ일 때보다 ⓑ일 때가 짧다.
→ I대의 길이는 수축 상태인 ⓑ일 때 더 짧음

① ㄱ ② ㄴ ③ ㄷ ④ ㄱ, ㄷ ⑤ ㄴ, ㄷ

| 문제+자료 분석 |

- 근육 원섬유 마디가 짧은 ⓑ 시점이 상대적으로 수축한 시기이다.
- A대의 길이는 마이오신 필라멘트의 길이와 같으므로 ⓐ 시점에도 변하지 않고 그대로 유지된다. 꿀팁

| 보기 분석 |

ㄱ. 마이오신 필라멘트의 길이는 A대의 길이와 같으며, 수축과 이완이 일어나더라도 변하지 않고 일정하게 유지된다. 따라서 ⓑ일 때 A대의 길이와 같은 1.6 μm가 된다.

ㄴ. 근육 원섬유 마디의 구조에서 A대는 마이오신 필라멘트가 있어 어둡게 보이는 곳이고, I대는 마이오신 필라멘트가 없어 밝게 보이는 곳이다. A대 중 일부가 H대인데, H대는 마이오신 필라멘트만 있는 부분이다. 그림에 나타난 단면에는 마이오신 필라멘트와 액틴 필라멘트가 모두 있으므로 A대 중 H대를 제외한 부분이라고 판단할 수 있다.

ㄷ. 근육이 수축할 때는 겹쳐지는 부분이 많아지기 때문에 I대와 H대의 길이가 짧아지고, 근육이 이완할 때는 상대적으로 I대와 H대의 길이가 길어진다. ⓑ일 때 근육이 더 수축한 상태이기 때문에 I대의 길이가 더 짧다.

* 근수축 과정에서 근육 원섬유 마디에서의 길이 변화

변화 없음	액틴 필라멘트, 마이오신 필라멘트(A대)
짧아짐	I대(명대), H대, Z선과 Z선 사이(근육 원섬유 마디)
길어짐	액틴 필라멘트와 마이오신 필라멘트의 겹치는 부분

E 32 정답 ① * 골격근의 수축 [정답률 57%] 2017 실시 10월 학평 10

다음은 근육 원섬유 마디 X에 대한 자료이다. t_1일 때가 t_2일 때보다 0.4 μm 짧다는 것을 이용

- 그림은 어떤 ⓐ 골격근을 구성하는 근육 원섬유 마디 X의 구조를 나타낸 것이다. X는 좌우 대칭이다.

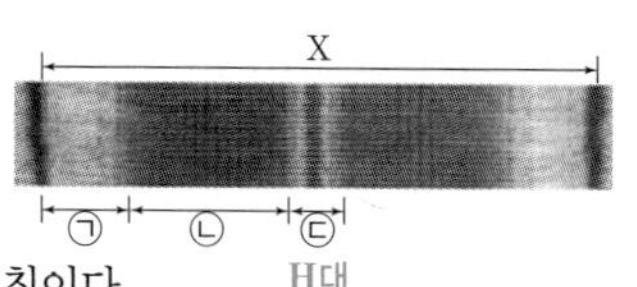

- 구간 ㉠~㉢은 각각 액틴 필라멘트와 마이오신 필라멘트가 겹치는 부분(㉡), 액틴 필라멘트만 있는 부분(㉠), 마이오신 필라멘트만 있는 부분(㉢) 중 하나이다.
- X의 길이는 시점 t_1일 때 2.4 μm, t_2일 때 2.8 μm이다.
- t_1일 때 ㉠~㉢ 각각의 길이의 합과 A대의 길이(2×㉡+㉢)는 모두 1.4 μm이다.

이에 대한 옳은 설명만을 <보기>에서 있는 대로 고른 것은? (3점)

[보기]

ㄱ. 아세틸콜린이 분비되는 뉴런이 ⓐ에 연결되어 있다.
→ 골격근 ⓐ에는 운동 뉴런이 연결

ㄴ. t_2일 때 ㉠의 길이와 ㉡의 길이의 차는 ~~0.2 μm~~이다.
→ t_2일 때 ㉠의 길이는 0.7 μm, ㉡의 길이는 0.3 μm

ㄷ. $\frac{㉢의\ 길이}{㉠의\ 길이}$는 t_1일 때가 t_2일 때보다 ~~크다~~. → t_1일 때 $\frac{0.4}{0.5}$, t_2일 때 $\frac{0.8}{0.7}$

① ㄱ ② ㄴ ③ ㄱ, ㄴ ④ ㄱ, ㄷ ⑤ ㄴ, ㄷ

| 문제+자료 분석 |

- 근육 원섬유 마디에서 A대, I대, H대의 위치를 파악하고, 수식을 세워 각 부위의 길이를 구한다.
- 근육 원섬유 마디 X에서 A대의 길이는 2×㉡+㉢, I대의 길이는 2×㉠, H대의 길이는 ㉢이다.
- 시점 t_1일 때 X=2×㉠+2×㉡+㉢=2.4 μm이고, ㉠+㉡+㉢=A대의 길이(2×㉡+㉢)=1.4 μm이다. 따라서 ㉠의 길이=0.5 μm, ㉡의 길이=0.5 μm, ㉢의 길이=0.4 μm이다.

| 보기 분석 |

ㄱ. 골격근 ⓐ에는 체성 신경계를 구성하는 운동 뉴런이 연결되어 있으며, 운동 뉴런의 말단에서는 아세틸콜린이 분비된다. ← 주의

ㄴ. 시점 t_2일 때 X의 길이가 2.4 μm에서 2.8 μm로 0.4 μm 증가했으므로, ㉠의 길이는 0.2 μm 증가하여 0.7 μm, ㉡의 길이는 0.2 μm 감소하여 0.3 μm, ㉢의 길이는 0.4 μm 증가하여 0.8 μm가 된다. 따라서 t_2일 때 ㉠의 길이와 ㉡의 길이의 차는 0.4 μm이다.

ㄷ. $\frac{㉢의\ 길이}{㉠의\ 길이}$는 t_1일 때 $\frac{0.4}{0.5}$이고, t_2일 때 $\frac{0.8}{0.7}$이므로, t_1일 때가 t_2일 때보다 작다.

문제 풀이 Tip

- X(근육 원섬유 마디)가 a μm만큼 증가할 때 길이 변화
  - → 마이오신 필라멘트만 있는 영역(H대)=a μm만큼 증가
  - → 액틴 필라멘트–마이오신 필라멘트 겹치는 영역=$\frac{a}{2}$ μm만큼 감소
  - → 액틴 필라멘트만 있는 영역(I대의 절반)=$\frac{a}{2}$ μm만큼 증가

E 33 정답 ⑤ * 골격근 수축 과정 [정답률 63%] 2022 대비 6월 모평 8

그림은 골격근 수축 과정의 두 시점 (가)와 (나)일 때 관찰된 근육 원섬유를, 표는 (가)와 (나)일 때 ㉠의 길이와 ㉡의 길이를 나타낸 것이다. ⓐ와 ⓑ는 근육 원섬유에서 각각 어둡게 보이는 부분(암대)과 밝게 보이는 부분(명대)이고, ㉠과 ㉡은 ⓐ와 ⓑ를 순서 없이 나타낸 것이다.

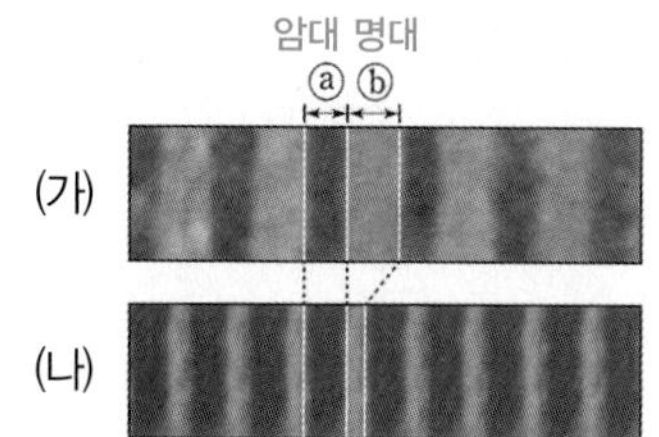

시점 (가)와 (나)에서 ㉠의 길이가 변화하지 않으므로 ㉠은 ⓐ(암대), ㉡은 ⓑ(명대)

시점	㉠의 길이	㉡의 길이
(가) 이완	1.6 μm	1.8 μm
(나) 수축	1.6 μm	0.6 μm

이에 대한 설명으로 옳은 것만을 <보기>에서 있는 대로 고른 것은?

[보기]

ㄱ. (가)일 때 ⓑ에 Z선이 있다. → Z선은 항상 ⓑ(명대)의 중간에 있음

ㄴ. (나)일 때 ㉠에 액틴 필라멘트가 있다.
→ ㉠에는 마이오신 필라멘트와 액틴 필라멘트가 겹친 부위가 있음

ㄷ. (가)에서 (나)로 될 때 ATP에 저장된 에너지가 사용된다.
→ 근육이 수축할 때 ATP에 저장된 에너지가 사용됨

① ㄱ ② ㄴ ③ ㄱ, ㄷ ④ ㄴ, ㄷ ⑤ ㄱ, ㄴ, ㄷ

| 문제+자료 분석 |

- (가): ㉡의 길이가 (나)에서보다 (가)에서 길기 때문에 (가)는 근육이 이완한 상태이다.
- (나): (나)는 근육이 수축한 상태로 근육이 수축할 때 ATP에 저장된 에너지가 사용된다.
- ㉠: 시점 (가)와 (나)에서 ㉠의 길이가 변하지 않았으므로 ㉠은 ⓐ(암대)에 해당한다. 암대의 길이는 마이오신 필라멘트의 길이와 같으며 근수축 과정 중 길이가 변하지 않는다.
- ㉡: 시점 (가)와 (나)에서 길이가 변화한 ㉡은 ⓑ(명대)에 해당한다.

| 보기 분석 |

ㄱ. ⓑ는 명대로 명대의 중앙에 액틴 필라멘트가 결합되어 있는 Z선이 존재한다. Z선은 근육 원섬유 마디의 경계선이다.

ㄴ. (나)는 근육이 수축한 상태로 액틴 필라멘트와 마이오신 필라멘트가 겹쳐 있는 부위가 길어진다. ㉠(암대)에는 마이오신 필라멘트만으로 이루어진 H대와 마이오신 필라멘트와 액틴 필라멘트가 겹친 부위가 함께 존재한다.

ㄷ. (가)는 근육이 이완한 상태, (나)는 근육이 수축한 상태로 근육이 수축할 때 ATP에 저장된 에너지가 사용된다.

*** 근육 원섬유 마디의 구조**

Z선	액틴 필라멘트가 결합해 있는 근육 원섬유 마디의 경계선
A대	마이오신 필라멘트가 존재하는 전체 부위
I대	액틴 필라멘트만으로 이루어져 밝게 보이는 부위
H대	마이오신 필라멘트만으로 이루어진 A대의 중앙부

E 34 정답 ⑤ *골격근 수축 ✪ 고난도 [①9% ②19% ③9% ④14% ⑤48%] 2024 실시 7월 학평 10

다음은 골격근의 수축 과정에 대한 자료이다.

- 그림은 근육 원섬유 마디 X의 구조를 나타낸 것이다. X는 좌우 대칭이다.

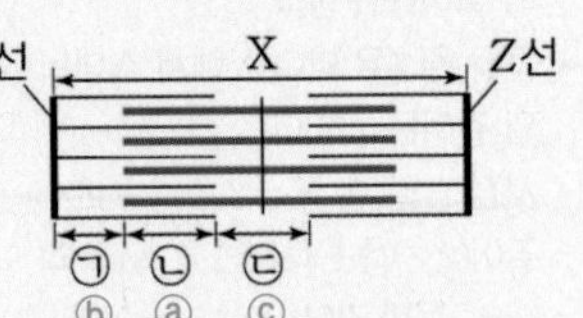

- 구간 ㉠은 액틴 필라멘트만 있는 부분이고, ㉡은 액틴 필라멘트와 마이오신 필라멘트가 겹치는 부분이며, ㉢은 마이오신 필라멘트만 있는 부분이다.
- 골격근 수축 과정의 두 시점 t_1과 t_2 중, t_1일 때 X의 길이는 3.2 μm이고, $\frac{ⓐ}{ⓑ}$는 $\frac{1}{4}$, $\frac{ⓑ}{ⓒ}$는 $\frac{1}{6}$이다. 단서

  t_1일 때 ㉠=0.8 μm, ㉡=0.2 μm, ㉢=1.2 μm
- t_2일 때 $\frac{ⓐ}{ⓑ}$는 $\frac{3}{2}$, $\frac{ⓐ}{ⓒ}$는 1이다.

  t_2일 때 ㉠=0.4 μm, ㉡=0.6 μm, ㉢=0.4 μm
- ⓐ~ⓒ는 ㉠~㉢의 길이를 순서 없이 나타낸 것이다.

이에 대한 설명으로 옳은 것만을 〈보기〉에서 있는 대로 고른 것은?

[보기]

ㄱ. ⓐ는 ㉠의 길이이다.
ⓐ는 ㉡의 길이임

ㄴ. t_2일 때 H대의 길이는 0.4 μm이다.
t_2일 때 H대의 길이는 0.4 μm임

ㄷ. X의 길이가 2.8 μm일 때 $\frac{ⓒ}{ⓐ}$는 2이다.
X의 길이가 2.8 μm일 때 $\frac{ⓒ}{ⓐ}=\frac{0.8}{0.4}=2$임

① ㄱ ② ㄴ ③ ㄷ ④ ㄱ, ㄴ ⑤ ㄴ, ㄷ

단서+발상

(단서) t_1과 t_2일 때 ⓐ~ⓒ의 길이 비가 제시되어 있다.

(발상) ⓐ~ⓒ의 길이 비를 바탕으로 t_1과 t_2일 때 길이 변화에 대한 계산식 $㉠_1-k=㉠_2$, $㉡_1+k=㉡_2$, $㉢_1-2k=㉢_2$를 세우면 ⓐ~ⓒ가 ㉠~㉢ 중 어디에 해당하는지 추론할 수 있다.

(적용) X의 길이가 변하는 만큼 ㉢의 길이가 변하고, ㉠과 ㉡의 길이는 X의 길이 변화의 절반만큼 변함을 적용해서 ⓐ~ⓒ를 ㉠~㉢에 대입하는 것부터 문제 풀이를 시작해야 한다.

| 문제 해결 과정 |

step 1 ㉠~㉢에 해당하는 ⓐ~ⓒ 찾기

- t_1일 때 ㉠~㉢을 $㉠_1$~$㉢_1$, t_2일 때 ㉠~㉢을 $㉠_2$~$㉢_2$로 표현하면, $㉠_1-k=㉠_2$, $㉡_1+k=㉡_2$, $㉢_1-2k=㉢_2$이다.
- 첫 번째와 두 번째 식을 연립하면 $㉠_1+㉡_1=㉠_2+㉡_2$, 두 번째와 세 번째 식을 연립하면 $2㉡_1+㉢_1=2㉡_2+㉢_2$의 두 식이 나온다. 꿀팁
- t_1일 때 ⓐ~ⓒ의 길이 비에 따라서 $ⓐ_1=x$, $ⓑ_1=4x$, $ⓒ_1=6x$로 표현할 수 있고, t_2일 때 ⓐ~ⓒ의 길이 비에 따라서 $ⓐ_2=3y$, $ⓑ_2=2y$, $ⓒ_2=2y$로 표현할 수 있다.
- ⓐ~ⓒ를 ㉠~㉢에 대입했을 때 위의 두 식에 모순이 없으려면 ⓐ는 ㉡, ⓑ는 ㉠, ⓒ는 ㉢이다.

step 2 t_1과 t_2일 때 ㉠~㉢의 길이 구하기

- ⓐ는 ㉡, ⓑ는 ㉠, ⓒ는 ㉢일 때 $4x-k=2y$, $x+k=3y$, $6x-2k=2y$이므로 연립하면 $x=y$이다.
- t_1일 때 X의 길이는 3.2 μm이므로 2(㉠+㉡)+㉢$=16x=3.2$이며, ㉠$=4x=0.8$ μm, ㉡$=x=0.2$ μm, ㉢$=6x=1.2$ μm이다.
- t_2일 때 ㉠$=2y=0.4$ μm, ㉡$=3y=0.6$ μm, ㉢$=2y=0.4$ μm이다.

step 3 t_1과 t_2일 때 X의 길이 변화 구하기

- ㉢의 길이 변화는 X의 길이 변화와 같다. t_1일 때의 ㉢보다 t_2일 때의 ㉢이 0.8 μm만큼 줄어들었으므로, t_1일 때의 X의 길이보다 t_2일 때의 X의 길이가 0.8 μm만큼 짧다.
- t_1일 때 X의 길이는 3.2 μm이므로 t_2일 때 X의 길이는 2.4 μm이다.

| 보기 분석 |

ㄱ. ⓐ는 ㉠의 길이이다. (×)

- step 1에 따라서 ⓐ는 ㉡의 길이, ⓑ는 ㉠의 길이, ⓒ는 ㉢의 길이에 해당한다.

ㄴ. t_2일 때 H대의 길이는 0.4 μm이다. (○)

- H대는 마이오신 필라멘트만 있는 부분으로 H대의 길이는 ㉢의 길이이다. step 2에 따라서 t_2일 때 H대의 길이(㉢의 길이)는 0.4 μm이다.

ㄷ. X의 길이가 2.8 μm일 때 $\frac{ⓒ}{ⓐ}$는 2이다. (○)

- X의 길이가 2.8 μm일 때는 t_1일 때보다 X의 길이가 0.4 μm만큼 줄어든 것이다. X의 길이가 0.4 μm만큼 줄어들면 ㉡의 길이는 0.2 μm만큼 늘어나고, ㉢의 길이는 0.4 μm만큼 줄어든다. 이때 $\frac{ⓒ}{ⓐ}=\frac{0.8}{0.4}=2$이다.

✪ 정답은 ⑤ ㄴ, ㄷ이다.

문제 풀이 꿀팁

- 근수축 시 ㉢의 길이는 X의 길이가 변하는 만큼 변하고, ㉠과 ㉡의 길이는 X의 길이 변화의 절반만큼 변함을 적용하면, t_1과 t_2일 때 ㉠~㉢에 대해 다음과 같은 3가지 식을 세울 수 있다.

  $㉠_1-k=㉠_2$, $㉡_1+k=㉡_2$, $㉢_1-2k=㉢_2$
- 첫 번째와 두 번째 식, 두 번째 식과 세 번째 식을 각각 연립하면 다음과 같은 두 가지 식을 세울 수 있다.

  $㉠_1+㉡_1=㉠_2+㉡_2$, $2㉡_1+㉢_1=2㉡_2+㉢_2$
- 근수축 시 X의 길이가 변한 값이 주어지지 않고 ㉠~㉢의 길이 비만 주어질 때, 위의 두 식을 활용하면 쉽게 문제를 해결할 수 있다.

E 35 정답 ① ＊골격근의 수축 ✪ 고난도 [정답률 46%] 2024 대비 수능 12

다음은 골격근의 수축 과정에 대한 자료이다.

○ 그림은 근육 원섬유 마디 X의 구조를 나타낸 것이다. X는 좌우 대칭이고, Z_1과 Z_2는 X의 Z선이다.

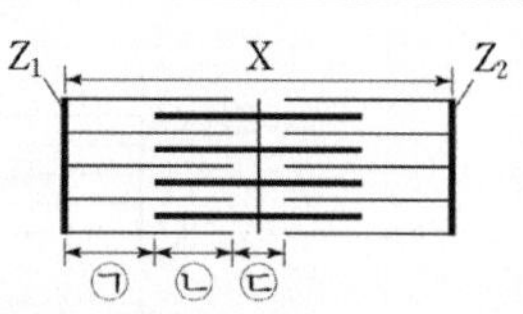

○ 구간 ㉠은 액틴 필라멘트만 있는 부분이고, ㉡은 액틴 필라멘트와 마이오신 필라멘트가 겹치는 부분이며, ㉢은 마이오신 필라멘트만 있는 부분이다.

○ 표는 골격근 수축 과정의 두 시점 t_1과 t_2일 때 각 시점의 Z_1로부터 Z_2 방향으로 거리가 각각 l_1, l_2, l_3인 세 지점이 ㉠~㉢ 중 어느 구간에 해당하는지를 나타낸 것이다. ⓐ~ⓒ는 ㉠~㉢을 순서 없이 나타낸 것이다.

거리	지점이 해당하는 구간	
	t_1	t_2
l_1	ⓐ	㉡
l_2	ⓑ	?
l_3	?	㉢

○ t_1일 때 ⓐ~ⓒ의 길이는 순서 없이 $5d$, $6d$, $8d$이고, t_2일 때 ⓐ~ⓒ의 길이는 순서 없이 $2d$, $6d$, $7d$이다. d는 0보다 크다. (㉠+㉡)의 길이는 t_1과 t_2일 때 같음 단서

○ t_1일 때, A대의 길이는 ⓒ의 길이의 2배이다.

○ t_1과 t_2일 때 각각 l_1~l_3은 모두 $\frac{\text{X의 길이}}{2}$보다 작다.

이에 대한 설명으로 옳은 것만을 〈보기〉에서 있는 대로 고른 것은? (3점)

[보기]

ㄱ. $l_2>l_1$이다. $l_2>l_1$임

ㄴ. t_1일 때, Z_1로부터 Z_2 방향으로 거리가 l_3인 지점은 ㉡에 해당한다. t_1일 때, Z_1로부터 Z_2 방향으로 거리가 l_3인 지점은 ㉠에 해당함

ㄷ. t_2일 때, ⓐ의 길이는 H대의 길이의 3배이다. t_2일 때, ⓐ의 길이($7d$)는 H대의 길이($2d$)의 3.5배임

① ㄱ ② ㄴ ③ ㄷ ④ ㄱ, ㄴ ⑤ ㄱ, ㄷ

| 문제 해결 과정 |

step 1 t_1, t_2일 때 ㉠~㉢의 길이 찾기

- t_1일 때 ㉠~㉢의 길이의 합은 $19d$이고, t_2일 때 ㉠~㉢의 길이의 합은 $15d$이므로, $t_1 \to t_2$일 때 ㉠~㉢의 길이의 합은 $4d$만큼 감소한다.
- 근수축 시 ㉠~㉢의 길이 변화량을 x라 하면 다음과 같으므로, ㉠~㉢의 길이의 합은 $x(4d)$만큼 감소하고, $t_1 \to t_2$일 때 근육은 수축한다.

㉠	㉡	㉢
$-\frac{x}{2}$	$+\frac{x}{2}$	$-x$
$-2d$	$+2d$	$-4d$

- (㉠+㉡)의 길이는 t_1일 때와 t_2일 때가 같으므로 (㉠+㉡)은 $13d$이고 t_1일 때 ㉢의 길이는 $6d$, t_2일 때 ㉢의 길이는 $2d$이다. 따라서 t_1일 때 ㉠의 길이는 $8d$, ㉡의 길이는 $5d$, t_2일 때 ㉠의 길이는 $6d$, ㉡의 길이는 $7d$이다.

step 2 ㉠~㉢과 ⓐ~ⓒ 매칭하기

- t_1일 때, A대의 길이는 $16d$이고, ⓒ의 길이의 2배이므로 ⓒ는 ㉠이다.
- $t_1 \to t_2$일 때 근육이 수축하므로 t_2일 때 거리가 l_1인 지점의 단면이 ㉡이라면, t_1일 때 거리가 l_1인 지점의 단면도 ㉡이므로 ⓐ는 ㉡, ⓑ는 ㉢이다.
- 따라서 $l_2>l_1>l_3$이다.

| 보기 분석 |

ㄱ. step 2에 따르면 $l_2>l_1$이다.

ㄴ. step 2에 따르면 t_1일 때, Z_1로부터 Z_2 방향으로 거리가 l_3인 지점은 ㉠에 해당한다.

ㄷ. t_2일 때, ⓐ의 길이는 $7d$이고, H대의 길이(㉢의 길이)는 $2d$이므로 ⓐ의 길이는 H대의 길이의 3.5배이다.

권민재 | 강릉원주대 치의예과 2024년 입학·서울 광영여고 졸

수축과 이완의 시간 구분이 없는 상황에서 각 구간의 길이를 순서 없이 제시하였다면 이들의 합을 통해 수축, 이완한 시간과 수축한 길이를 추론할 수 있어. t_1일 때 $19d$, t_2일 때 $15d$니까 $t_1 \to t_2$일 때 $4d$만큼 수축한 거야. t_1일 때 ㉠, ㉡, ㉢의 길이는 t_2에서 ㉠$-2d$, ㉡$+2d$, ㉢$-4d$라고 표현할 수 있어. 이를 통해 ㉠, ㉡, ㉢는 순서대로 $8d$, $5d$, $6d$임을 알 수 있고 조건을 통해 ⓒ는 $8d$임을 알 수 있었어.

E 36 정답 ② ······ [정답률 55%] ✪ 고난도

다음은 골격근의 수축 과정에 대한 자료이다.

- 그림 (가)는 근육 원섬유 마디 X의 구조를, (나)의 ㉠~㉢은 X를 ㉮ 방향으로 잘랐을 때 관찰되는 단면의 모양을 나타낸 것이다. X는 좌우 대칭이다.

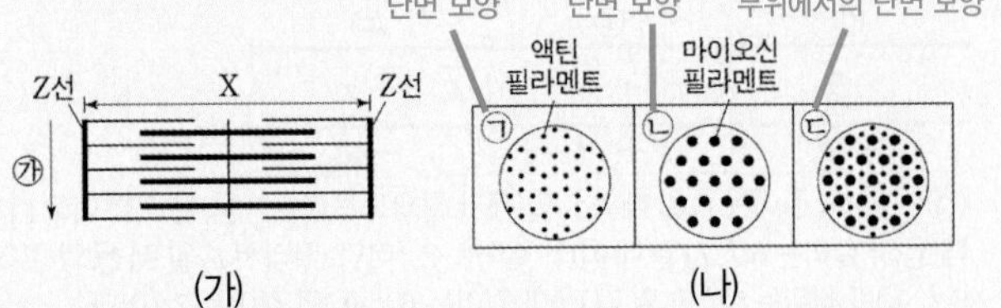

- 표는 골격근 수축 과정의 두 시점 t_1과 t_2일 때 각 시점의 한 쪽 Z선으로부터의 거리가 각각 l_1, l_2, l_3인 세 지점에서 관찰되는 단면의 모양을 나타낸 것이다. ⓐ~ⓒ는 ㉠~㉢을 순서 없이 나타낸 것이며, X의 길이는 t_2일 때가 t_1일 때보다 짧다.

거리	단면의 모양	
	t_1	t_2
l_1 Z선으로부터 거리가 가장 가까운 지점	ⓐ ㉠ (Ⅰ대에 위치)	ⓑ ㉢ (A대에서 H대를 제외한 부위에 위치)
l_2 Z선으로부터 거리가 가장 먼 지점	㉡ (H대에 위치)	ⓒ ㉡ (H대에 위치)
l_3	ⓑ ㉢ (A대에서 H대를 제외한 부위에 위치)	? ㉢ (A대에서 H대를 제외한 부위에 위치)

- l_1~l_3은 모두 $\frac{t_2\text{일 때 X의 길이}}{2}$보다 작다.

이에 대한 설명으로 옳은 것만을 〈보기〉에서 있는 대로 고른 것은? (3점)

2021 대비 9월 모평 15

[보기]

ㄱ. 마이오신 필라멘트의 길이는 ~~t_1일 때가 t_2일 때보다 길다~~.
→ 마이오신 필라멘트의 길이는 t_1일 때와 t_2일 때가 같음

ㄴ. ⓐ는 ㉠이다. → ⓐ는 ㉠, ⓑ는 ㉢, ⓒ는 ㉡

ㄷ. l_3 ~~<~~ l_1이다. → $l_2 > l_3 > l_1$

① ㄱ ② ㄴ ③ ㄷ ④ ㄱ, ㄴ ⑤ ㄴ, ㄷ

단서+발상

(단서) X의 길이는 t_2일 때가 t_1일 때보다 짧다는 조건에 주목한다.

(발상) H대에 위치하는 지점의 경우 근육 수축이 진행되더라도 단면의 모양 변화가 나타나지 않는다는 것을 생각한다.

(해결) l_1은 단면의 모양 변화가 있으므로 H대에 위치하는 지점이 아니며, l_2와 l_3 중에 H대에 위치하는 지점이 있을 것이라고 추론할 수 있어야 고난도 문제를 해결할 수 있다.

| 문제 해결 과정 |

step 1 X의 길이에 따른 시점별 수축 정도 파악하기

- X의 길이는 t_2일 때가 t_1일 때보다 짧으므로 t_2일 때가 t_1일 때보다 더 수축된 상태이다.
- X의 근육 원섬유 마디에서 t_1일 때보다 더 수축된 상태인 t_2일 때 액틴 필라멘트가 마이오신 필라멘트 사이로 미끄러져 들어가서 액틴 필라멘트와 마이오신 필라멘트가 겹치는 부위가 증가하게 된다.

step 2 Z선으로부터 떨어진 거리에 따른 단면 모양 변화 파악하기

- 단면의 모양이 ㉠인 부위는 액틴 필라멘트만 있는 Ⅰ대에 해당하고, ㉡인 부위는 마이오신 필라멘트만 있는 H대에 해당하며, ㉢인 부위는 액틴 필라멘트와 마이오신 필라멘트가 겹치는 A대에서 H대를 제외한 부위에 해당한다.

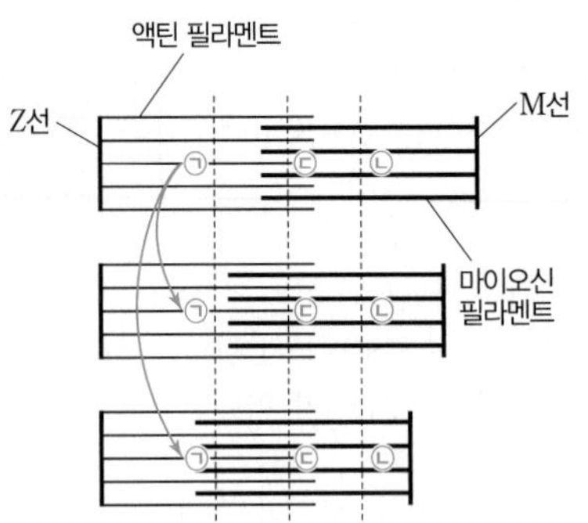

- 위 그림은 골격근 수축 과정에서 나타나는 Z선으로부터 일정한 거리에 떨어진 위치에서의 단면 모양 변화이다. 단면의 모양이 ㉡인 위치와 ㉢인 위치에서는 근육 수축이 진행되더라도 단면의 모양 변화가 나타나지 않는다.
- 하지만 단면의 모양이 ㉠이었던 위치는 수축 정도에 따라 ㉠으로 유지되기도 하지만, ㉢으로 변화하기도 한다.
- t_1에서 t_2로 골격근이 수축하는 과정에서 단면의 모양이 ⓐ에서 ⓑ로 변화하는 l_1이 Z선으로부터 가장 가까운 위치의 지점이며, ⓐ는 ㉠이고, ⓑ는 ㉢이다. 따라서 ⓒ는 ㉡이다.
- t_1에서 t_2로 골격근이 수축하는 과정에서 단면의 모양이 ㉡에서 ㉡으로 변화하지 않는 l_2가 Z선으로부터 가장 먼 위치의 지점이며, ⓒ는 ㉡이다.
- 따라서 Z선으로부터의 거리는 $l_2 > l_3 > l_1$이다.

| 보기 분석 |

ㄱ. 마이오신 필라멘트의 길이는 t_1일 때가 t_2일 때보다 길다. (×)

마이오신 필라멘트의 길이는 시점에 관계 없이 길이의 변화가 없다. 따라서 마이오신 필라멘트의 길이는 t_1일 때와 t_2일 때가 같다.

ㄴ. ⓐ는 ㉠이다. (○)

- t_1에서 t_2로 골격근이 수축하는 과정에서 단면의 모양이 ⓐ에서 ⓑ로 변화하는 l_1이 Z선으로부터 가장 가까운 위치의 지점이다.
- t_1일 때 l_1인 부위는 Ⅰ대에 위치하며 그 단면 ⓐ는 ㉠이고, t_2일 때 l_1인 부위는 A대에서 H대를 제외한 부위에 위치하며 그 단면 ⓑ는 ㉢이다.

ㄷ. $l_3 < l_1$이다. (×)

- t_1에서 t_2로 골격근이 수축하는 과정에서 단면의 모양이 ⓐ에서 ⓑ로 변화하는 l_1이 Z선으로부터 가장 가까운 위치의 지점이다.
- t_1에서 t_2로 골격근이 수축하는 과정에서 단면의 모양이 ㉡에서 ㉡으로 변화하지 않는 l_2가 Z선으로부터 가장 먼 위치의 지점이다.
- 따라서 Z선으로부터의 거리는 $l_2 > l_3 > l_1$이다.

✪ 정답은 ② ㄴ이다.

문제 풀이 Tip

골격근의 수축 과정에서 Z선으로부터 일정한 거리가 떨어진 Ⅰ대에 위치한 부위에서만 단면 모양의 변화가 나타난다.

* 골격근에서 근육 원섬유 마디의 단면 모양 ······ ✪ 고난도 핵심 개념

Ⅰ대의 단면	액틴 필라멘트만 존재
H대의 단면	마이오신 필라멘트만 존재
A대 중 H대를 제외한 부위의 단면	액틴 필라멘트와 마이오신 필라멘트가 모두 존재

E 37 정답 ⑤ [정답률 44%] ✪ 고난도

다음은 골격근 수축 과정에 대한 자료이다.

○ 그림 (가)는 근육 원섬유 마디 X의 구조를, (나)는 구간 ㉡의 길이에 따른 ⓐ X가 생성할 수 있는 힘을 나타낸 것이다. X는 좌우 대칭이고, ⓐ가 F_1일 때 A대의 길이는 1.6 μm이다.

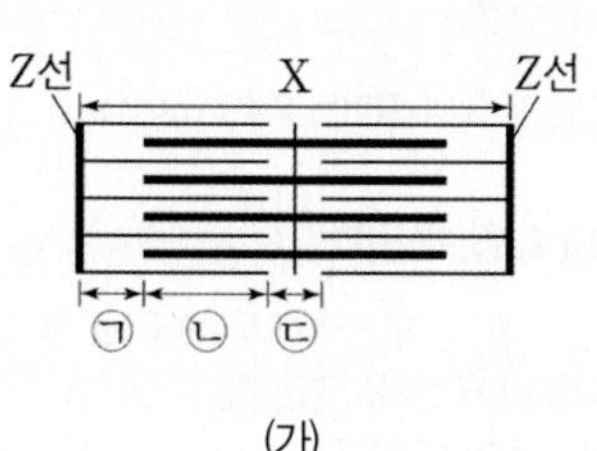

(가)

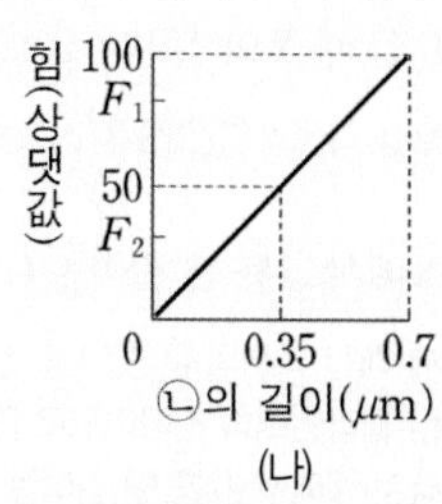

(나)

F_2는 이완 상태, F_1은 수축 상태
㉡이 길고 ㉠, ㉢이 짧을수록 ⓐ가 커짐

○ 구간 ㉠은 액틴 필라멘트만 있는 부분이고, ㉡은 액틴 필라멘트와 마이오신 필라멘트가 겹치는 부분이며, ㉢은 마이오신 필라멘트만 있는 부분이다.

○ 표는 ⓐ가 F_1과 F_2일 때 ㉢의 길이를 ㉠의 길이로 나눈 값($\frac{㉢}{㉠}$)과 X의 길이를 ㉡의 길이로 나눈 값($\frac{X}{㉡}$)을 나타낸 것이다.

힘	$\frac{㉢}{㉠}$	$\frac{X}{㉡}$
F_1	1	4
F_2	$\frac{3}{2}$	? 16

구분	㉠	㉡	㉢	X
ⓐ$=F_1$	0.4	0.6	0.4	2.4
ⓐ$=F_2$	0.8	0.2	1.2	3.2

이 자료에 대한 설명으로 옳은 것만을 〈보기〉에서 있는 대로 고른 것은? (3점)

2023 대비 9월 모평 19

[보기]

ㄱ. ⓐ는 H대의 길이가 0.3 μm일 때가 0.6 μm일 때보다 ~~작다~~.
ⓐ는 H대의 길이가 짧을수록 큼

ㄴ. F_1일 때 ㉠의 길이와 ㉡의 길이를 더한 값은 1.0 μm이다.
F_1일 때 ㉠의 길이 0.4, ㉡의 길이 0.6으로 더한 값은 1.0

ㄷ. F_2일 때 X의 길이는 3.2 μm이다.
F_2일 때 X의 길이는 3.2

① ㄱ ② ㄴ ③ ㄷ
④ ㄱ, ㄴ ⑤ ㄴ, ㄷ

단서+발상

단서 그림 (나)에서 F_1일 때가 F_2일 때보다 ㉡의 길이가 길다는 것에 주목한다.

발상 근육이 수축할수록 ㉡의 길이는 길어지므로 F_1일 때는 수축 상태, F_2일 때는 이완 상태임을 생각한다.

해결 ⓐ$=F_1$일 때 $\frac{㉢}{㉠}=1$, $\frac{X}{㉡}=4$이므로 미지수를 설정하고, A대의 길이는 2㉡+㉢, X의 길이는 2㉠+2㉡+㉢이므로 두 식의 미지수를 대입하여 ㉠, ㉡, ㉢값을 구할 수 있어야 고난도 문제를 해결할 수 있다.

| 문제 해결 과정 |

step 1 ⓐ$=F_1$일 때 ㉠~㉢과 X의 길이 계산하기

- $\frac{㉢}{㉠}=1$이고 $\frac{X}{㉡}=4$이므로 ㉠=a, ㉡=b, ㉢=a, X=4b로 미지수를 설정한다.
- A대의 길이가 1.6 μm이므로 2㉡+㉢=2b+a=1.6이다.
- X대의 길이는 2㉠+2㉡+㉢이므로 4b=2a+2b+a이다.
- 연립 방정식을 이용하여 두 식을 풀면 a=0.4, b=0.6이다.
- ⓐ$=F_1$일 때 ㉠~㉢과 X의 길이는 다음과 같다.

㉠	㉡	㉢	X
0.4 μm	0.6 μm	0.4 μm	2.4 μm

step 2 ⓐ$=F_2$일 때 ㉠~㉢과 X의 길이 계산하기

- ⓐ$=F_2$일 때는 ㉡의 길이가 짧으므로 F_1보다 근육이 이완된 상태이다.
- ⓐ$=F_2$일 때 X의 길이는 ⓐ$=F_1$일 때에 비해 2k만큼 증가했다고 미지수를 설정한다.
- 근절의 길이가 2k만큼 증가할 때 ㉠의 길이는 k만큼, ㉢의 길이는 2k만큼 증가하고 ㉡의 길이는 k만큼 감소한다.
- ㉠=0.4+k, ㉢=0.4+2k이고 $\frac{㉢}{㉠}=\frac{3}{2}$이므로 k=0.4다.
- ⓐ$=F_2$일 때 ㉠~㉢과 X의 길이는 다음과 같다.

㉠	㉡	㉢	X
0.8 μm	0.2 μm	1.2 μm	3.2 μm

| 보기 분석 |

ㄱ. ⓐ는 H대의 길이가 0.3 μm일 때가 0.6 μm일 때보다 작다. (×)

- H대의 길이가 짧을수록 액틴 필라멘트와 마이오신 필라멘트가 겹치는 부분인 ㉡의 길이는 길어지며 이때 ⓐ는 커진다. 따라서 H대의 길이가 0.3 μm일 때가 0.6 μm일 때보다 ⓐ가 크다.

ㄴ. F_1일 때 ㉠의 길이와 ㉡의 길이를 더한 값은 1.0 μm이다. (○)

- 문제 해결 과정의 step 1을 참고하면, F_1일 때 ㉠의 길이는 0.4 μm이고 ㉡의 길이는 0.6 μm이다. 이를 더한 값은 1.0 μm이다.
- 참고로 ㉠의 길이와 ㉡의 길이를 더한 값은 시점에 관계없이 1.0 μm로 일정하다.

ㄷ. F_2일 때 X의 길이는 3.2 μm이다. (○)

- 문제 해결 과정의 step 2를 참고하면, F_2일 때 X의 길이는 3.2 μm이다.

✪ **정답은 ⑤ ㄴ, ㄷ이다.**

문제 풀이 Tip

근육 원섬유 마디의 길이가 x만큼 변할 때

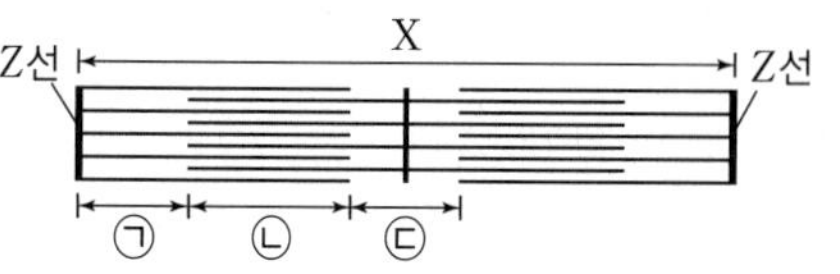

- ㉠의 길이는 $\frac{1}{2}x$만큼 변한다.
- ㉡의 길이는 $-\frac{1}{2}x$만큼 변한다.
- ㉢의 길이는 x만큼 변한다.
- 액틴 필라멘트와 마이오신 필라멘트의 길이는 변하지 않는다.

E 38 정답 ⑤ ······························ [정답률 51%] ✪ 고난도

다음은 근육 원섬유 마디 X에 대한 자료이다.
근육 원섬유를 구성하는 마디 구조

- 그림은 좌우 대칭인 X의 구조를 나타낸 것이다. ㉠은 마이오신 필라멘트가 있는 부분, ㉡은 마이오신 필라멘트만 있는 부분, ㉢은 액틴 필라멘트만 있는 부분이다.
- 표는 시점 t_1과 t_2일 때 X의 길이, X에서 ⓐ의 2배를 뺀 길이(X−2ⓐ), ⓒ에서 ⓑ를 뺀 길이(ⓒ−ⓑ)를 나타낸 것이다. ⓐ~ⓒ는 ㉠~㉢을 순서 없이 나타낸 것이다.

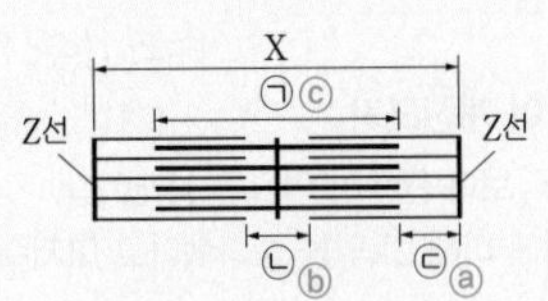

A대의 길이 / A대−H대의 길이

구분	X의 길이	X−2ⓐ	ⓒ−ⓑ
t_1	3.0	1.6	0.6
t_2	? 2.4	1.6	1.2

(단위: μm)

이에 대한 옳은 설명만을 〈보기〉에서 있는 대로 고른 것은? 2019 실시 10월 학평 12

[보기]

ㄱ. ⓒ는 A대이다. → ⓐ는 ㉢, ⓑ는 ㉡, ⓒ는 ㉠

ㄴ. t_2일 때 X의 길이는 2.4 μm이다.
→ ⓒ−ⓑ가 0.6 μm 증가했으므로 ⓑ가 0.6 μm 짧아졌고, X는 0.6 μm 감소함

ㄷ. X에서 ⓑ를 뺀 길이는 t_1일 때와 t_2일 때 같다.
→ X에서 ⓑ를 뺀 길이는 액틴 필라멘트의 길이로 변하지 않음

① ㄱ ② ㄷ ③ ㄱ, ㄴ
④ ㄴ, ㄷ ⑤ ㄱ, ㄴ, ㄷ

✪ 주어진 조건을 통해 각 시점에서의 근육 원섬유 마디의 길이와 각 구간의 길이를 구하는 문제이다.
위와 같은 근육 원섬유 마디의 수축 과정 유형은 수축 과정에서 길이가 변하지 않는 구간이 있음을 이용하는 것이 이 문제 풀이의 핵심 KEY이다.

출제 개념: 근육 원섬유 마디의 수축

| 문제 해결 과정 |

step 1 근수축 과정에서 길이가 변하지 않는 구간 찾기

- t_1과 t_2일 때 ⓒ에서 ⓑ를 뺀 길이(ⓒ−ⓑ)가 서로 다른 것으로 보아 두 시점일 때 X의 길이는 서로 다르다.
- X에서 ⓐ의 2배를 뺀 길이(X−2ⓐ)는 서로 같으므로 X−2ⓐ는 근수축 과정에서 길이가 변하지 않는 액틴 필라멘트 혹은 마이오신 필라멘트의 길이일 것이다. ㉠~㉢ 중 이를 만족할 수 있는 것은 ㉢뿐이므로, ⓐ는 ㉢이다.

step 2 ⓑ와 ⓒ 구분하기

- t_1과 t_2일 때 ⓒ−ⓑ는 모두 양수이다.
- ㉠은 ㉡을 포함하는 구간이므로 ⓒ−ⓑ가 ㉡−㉠일 경우 이 값은 양수가 나올 수 없다. 따라서 ⓑ는 ㉡, ⓒ는 ㉠이다.

step 3 각 시점의 ㉠, ㉡, ㉢ 길이 구하기

- t_1일 때 X의 길이가 3.0 μm이고 X−2ⓐ가 1.6 μm이므로 3.0 μm−2ⓐ =1.6 μm이다. 따라서 ㉢(ⓐ)의 길이는 0.7 μm이다.
- X−2ⓐ는 곧 A대의 길이이므로 ㉠의 길이는 1.6 μm이다.
- t_2일 때 ⓒ−ⓑ=㉠−㉡=1.6−㉡=1.2 μm이므로 ㉡의 길이는 0.4 μm이다.

step 4 t_2일 때 X의 길이 구하기

- ⓒ−ⓑ=㉠−㉡은 액틴 필라멘트와 마이오신 필라멘트가 겹치는 두 구간의 길이 합이고 이는 근육 원섬유 마디의 길이가 x만큼 변할 때 $-x$만큼 변한다.
- 따라서 t_1일 때보다 t_2일 때 ⓒ−ⓑ=㉠−㉡가 0.6 μm 더 크므로, t_1일 때보다 t_2일 때 X의 길이가 0.6 μm 더 작다.
- 따라서 t_2일 때 X의 길이는 3.0 μm−0.6 μm=2.4 μm이다.

| 보기 분석 |

ㄱ. ⓒ는 A대이다. (○)

문제 해결 과정의 step 2를 참고하면, ⓒ는 ㉠이고 이는 A대이다.

ㄴ. t_2일 때 X의 길이는 2.4 μm이다. (○)

문제 해결 과정의 step 4를 참고하면, t_2일 때 X의 길이는 2.4 μm이다.

ㄷ. X에서 ⓑ를 뺀 길이는 t_1일 때와 t_2일 때 같다. (○)

- 문제 해결 과정의 step 2를 참고하면, ⓑ는 ㉡이다. X에서 ⓑ(㉡)를 뺀 길이는 액틴 필라멘트의 길이이므로 근수축 과정에서 변하지 않는다.
- 따라서 X에서 ⓑ를 뺀 길이는 t_1일 때와 t_2일 때 같다.

✪ 정답은 ⑤ ㄱ, ㄴ, ㄷ이다.

문제 풀이 Tip

1. **골격근 수축 과정에서 액틴 필라멘트와 마이오신 필라멘트의 길이는 변하지 않는다.**
   액틴 필라멘트의 길이의 절반과 마이오신 필라멘트의 길이의 절반도 변하지 않는다.
2. **골격근 수축 과정에서 근육 원섬유 마디의 길이가 x만큼 변할 때 H대와 I대의 길이는 x만큼, 액틴 필라멘트와 마이오신 필라멘트가 겹치는 두 부분의 길이 합은 $-x$만큼 변한다.**
   I대의 절반에 해당하는 길이는 $\frac{1}{2}x$만큼, 액틴 필라멘트와 마이오신 필라멘트가 겹치는 두 부분 중 한 부분의 길이는 $-\frac{1}{2}x$만큼 변한다.
3. **근수축 시 길이가 변하지 않는 구간**

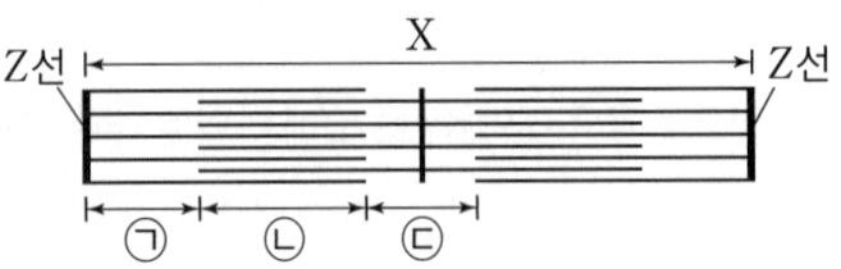

- 액틴 필라멘트의 길이 ⇨ X−㉢
- 액틴 필라멘트의 길이의 절반 ⇨ ㉠+㉡
- 마이오신 필라멘트의 길이 ⇨ X−2㉠, 2㉡+㉢
- 마이오신 필라멘트의 길이의 절반 ⇨ ㉡+$\frac{1}{2}$㉢

＊ 근육 원섬유 마디의 구성 ······························ ✪ 고난도 핵심 개념

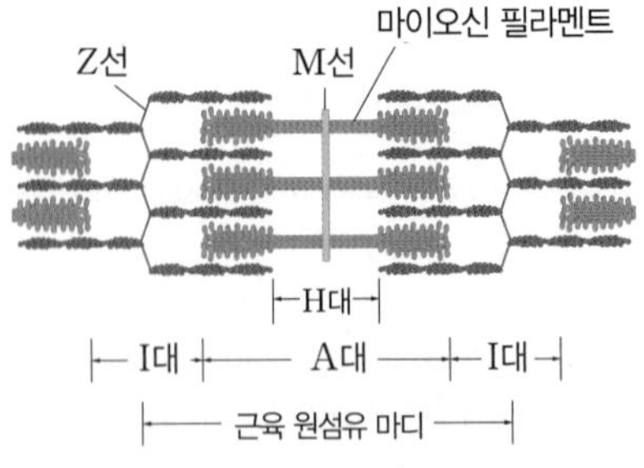

A대	마이오신 필라멘트가 존재하는 부분
I대	마이오신 필라멘트가 존재하지 않는 부분
H대	액틴 필라멘트가 존재하지 않는 부분
Z선	근육 원섬유 마디를 구분하는 경계선
M선	H대의 가운데 선

E 39 정답 ③ [정답률 48%] ✪ 고난도

다음은 골격근의 수축 과정에 대한 자료이다. 2023 대비 수능 13

○ 그림은 근육 원섬유 마디 X의 구조를 나타낸 것이다. X는 좌우 대칭이고, Z_1과 Z_2는 X의 Z선이다.

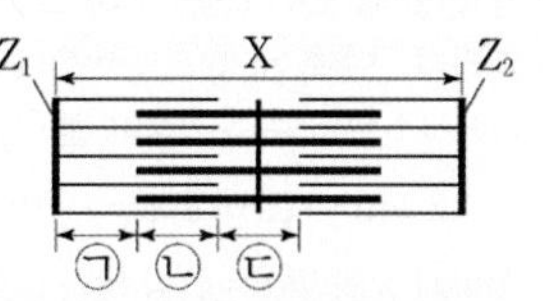

○ 구간 ㉠은 액틴 필라멘트만 있는 부분이고, ㉡은 액틴 필라멘트와 마이오신 필라멘트가 겹치는 부분이며, ㉢은 마이오신 필라멘트만 있는 부분이다.

○ 골격근 수축 과정의 두 시점 t_1과 t_2 중, t_1일 때 X의 길이는 L이고, t_2일 때만 ㉠~㉢의 길이가 모두 같다.
➡ X의 길이가 2d만큼 변할 경우 ㉠은 d만큼, ㉡은 −d만큼, ㉢은 2d만큼 변함

○ $\frac{t_2\text{일 때 ⓐ의 길이}}{t_1\text{일 때 ⓐ의 길이}}$와 $\frac{t_1\text{일 때 ㉡의 길이}}{t_2\text{일 때 ㉡의 길이}}$는 서로 같다. ⓐ는 ㉠과 ㉢ 중 하나이다. ➡ ⓐ는 ㉢

이에 대한 설명으로 옳은 것만을 〈보기〉에서 있는 대로 고른 것은?

[보기]

ㄱ. ⓐ는 ㉢이다. ⓐ는 ㉢임

ㄴ. H대의 길이는 t_1일 때가 t_2일 때보다 짧다.
H대의 길이는 t_1일 때가 t_2일 때보다 길

ㄷ. t_1일 때, X의 Z_1로부터 Z_2 방향으로 거리가 $\frac{3}{10}$L인 지점은 ㉡에 해당한다.
t_1일 때, X의 Z_1로부터 Z_2 방향으로 거리가 $\frac{3}{10}$L인 지점은 ㉠에서 0.6d만큼 더 이동한 ㉡에 해당함

① ㄱ ② ㄴ ③ ㄱ, ㄷ ④ ㄴ, ㄷ ⑤ ㄱ, ㄴ, ㄷ

단서+발상

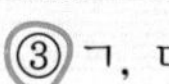

단서 't_2일 때만 ㉠~㉢의 길이가 모두 같다.'라는 조건에 주목한다.

발상 t_2일 때 ㉠~㉢의 길이를 x로 설정하고, t_2에서 t_1으로 될 때 X의 길이가 2d만큼 변할 경우 ㉠은 d만큼, ㉡은 −d만큼, ㉢은 2d만큼 변한다는 것을 생각한다.

해결 t_1일 때 ㉠은 x+d, ㉡은 x−d, ㉢은 x+2d로 설정할 수 있어야 고난도 문제를 해결할 수 있다.

| 문제 해결 과정 |

step 1 t_2일 때 ㉠~㉢의 길이를 미지의 수 x로 두기

- t_2일 때만 ㉠~㉢의 길이가 모두 같다고 하였으므로 ㉠~㉢의 길이를 x로 가정한다.
- t_2에서 t_1으로 되는 과정에서 X의 길이가 2d만큼 변할 경우 ㉠은 d만큼, ㉡은 −d만큼, ㉢은 2d만큼 변한다. 따라서 t_1일 때 ㉠은 x+d, ㉡은 x−d, ㉢은 x+2d이다.
- 또한 t_2일 때 근육 원섬유 마디 X의 길이는 2(㉠+㉡)+㉢=5x이므로 t_1일 때 X의 길이는 L=5x+2d이다. 위의 내용을 토대로 t_1과 t_2일 때 각 구간의 길이를 정리하면 다음과 같다.

구분	X의 길이	㉠의 길이	㉡의 길이	㉢의 길이
t_1	L=5x+2d	x+d	x−d	x+2d
t_2	5x	x	x	x

step 2 ⓐ가 ㉠과 ㉢ 중 어디에 해당하는지 찾기

- ⓐ는 ㉠과 ㉢ 중 하나이므로 먼저 ⓐ를 ㉠으로 가정하여 접근한다.
$\frac{t_2\text{일 때 ⓐ의 길이}}{t_1\text{일 때 ⓐ의 길이}}$와 $\frac{t_1\text{일 때 ㉡의 길이}}{t_2\text{일 때 ㉡의 길이}}$는 서로 같다고 하였으므로 $\frac{x}{x+d}=\frac{x-d}{x}$이다. 이를 계산하면 $x^2-d^2=x^2$이고, $d=0$이다. 이 경우 t_1일 때도 ㉠~㉢의 길이가 같으므로 t_2일 때만 ㉠~㉢의 길이가 같다는 조건에 모순된다. 따라서 ⓐ는 ㉢으로 확정된다.
- ⓐ는 ㉢이므로 $\frac{x}{x+2d}=\frac{x-d}{x}$이다. 이를 계산하면 $x^2=x^2+dx-2d^2$이고 $x=2d$이다.
- 위의 내용을 토대로 t_1과 t_2일 때 각 구간의 길이를 정리하면 다음과 같다. 또한 X의 길이가 t_1일 때가 t_2일 때보다 값이 크므로 t_1에서 t_2로 되는 과정에서 수축이 일어남을 알 수 있다.

구분	X의 길이	㉠의 길이	㉡의 길이	㉢의 길이
t_1 이완	L=5x+2d =12d	x+d =3d	x−d =d	x+2d =4d
t_2 수축	5x =10d	x =2d	x =2d	x =2d

| 보기 분석 |

ㄱ. ⓐ는 ㉢이다. (○)

- 문제 해결 과정의 step 2를 참고하면, ⓐ가 ㉠일 때 $\frac{t_2\text{일 때 ⓐ의 길이}}{t_1\text{일 때 ⓐ의 길이}}=\frac{t_1\text{일 때 ㉡의 길이}}{t_2\text{일 때 ㉡의 길이}}$이므로 $\frac{x}{x+d}=\frac{x-d}{x}$이다. 이를 계산하면 d=0이며, 이 경우 t_1일 때도 ㉠~㉢의 길이가 같으므로 t_2일 때만 ㉠~㉢의 길이가 같다는 조건에 모순된다. 따라서 ⓐ는 ㉢으로 확정된다.

ㄴ. H대의 길이는 t_1일 때가 t_2일 때보다 짧다. (×)

- 문제 해결 과정의 step 2를 참고하면, t_1에서 t_2로 되는 과정에서 수축이 일어난다. H대의 길이는 수축될 때 짧아지므로 t_1(이완)일 때가 t_2(수축)일 때보다 더 길다.

ㄷ. t_1일 때, X의 Z_1로부터 Z_2 방향으로 거리가 $\frac{3}{10}$L인 지점은 ㉡에 해당한다. (○)

- t_1일 때 X의 길이는 L=12d이므로 X의 Z_1로부터 Z_2 방향으로 거리가 $\frac{3}{10}$L인 지점은 곧 $\frac{3}{10}\times 12d=3.6d$이다.
- t_1일 때 ㉠의 길이는 3d이므로 Z_1로부터 Z_2 방향으로 거리가 $\frac{3}{10}$L인 지점은 ㉠에서 0.6d만큼 더 이동한 ㉡에 해당한다는 것을 알 수 있다.

✪ 정답은 ③ ㄱ, ㄷ이다.

김보겸 | 연세대 지구시스템과학과 2023년 입학 · 광주 서석고졸

근수축 과정에서 각 지점이 어떤 비율로 증가/감소하는지 알고 있으면 쉽게 접근할 수 있을 거야. ㉠이 d만큼 감소하면, ㉡은 d만큼 증가, ㉢은 2d만큼 감소해. 만약 ⓐ가 ㉠이라 하면 d값이 0이 되니까 말이 안돼! 그래서 ⓐ가 ㉢임을 알 수 있겠지. 문제에서 ⓐ는 ㉠과 ㉢ 중 하나라 했으니까 하나를 가정하고 모순이 생기면 나머지 하나를 택하는 방법인 '모순 찾기' 방법을 추천할게. 가짓수가 적을수록 이런 식으로 모순을 찾는 방법은 유용하게 쓰여. 모순이 없다면 가정한 정보가 참이니 풀이를 계속하면 돼.

E 40 정답 ④ ······ [정답률 45%] ✪ 고난도

다음은 골격근의 수축 과정에 대한 자료이다.

- 그림은 근육 원섬유 마디 X의 구조를 나타낸 것이다. X는 좌우 대칭이다.

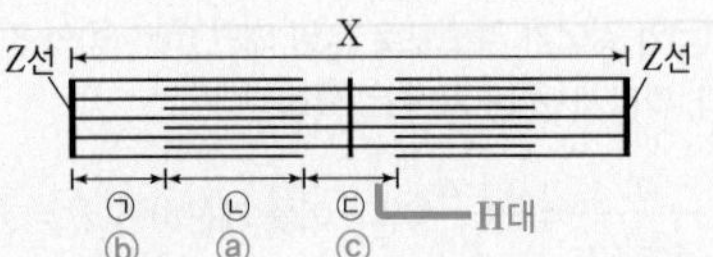

- 구간 ㉠은 액틴 필라멘트만 있는 부분이고, ㉡은 액틴 필라멘트와 마이오신 필라멘트가 겹치는 부분이며, ㉢은 마이오신 필라멘트만 있는 부분이다. (H대)
- 표 (가)는 ⓐ~ⓒ에서 액틴 필라멘트와 마이오신 필라멘트의 유무를, (나)는 골격근 수축 과정의 두 시점 t_1과 t_2일 때 X의 길이에서 ⓒ의 길이를 뺀 값(X−ⓒ)과 ⓑ의 길이와 ⓒ의 길이를 더한 값(ⓑ+ⓒ)을 나타낸 것이다. ⓐ~ⓒ는 ㉠~㉢을 순서 없이 나타낸 것이다.

구간	액틴 필라멘트	마이오신 필라멘트
ⓐ	?	○
ⓑ	○	×
ⓒ	?	○

(○: 있음, ×: 없음)

(가)

ⓒ가 ㉢임을 알 수 있음

시점	X−ⓒ	ⓑ+ⓒ
t_1	2.0 μm	2.0 μm
t_2	2.0 μm	0.8 μm

(나)

이에 대한 설명으로 옳은 것만을 〈보기〉에서 있는 대로 고른 것은?

2019 대비 9월 모평 11

[보기]

ㄱ. ⓒ는 H대이다. → ⓒ는 ㉢으로, H대에 해당

ㄴ. ⓐ의 길이와 ⓒ의 길이를 더한 값은 t_1일 때와 t_2일 때가 같다.
→ t_1일 때가 t_2일 때보다 ⓐ는 0.4 μm 감소, ⓒ는 0.8 μm 증가

ㄷ. X의 길이는 t_1일 때가 t_2일 때보다 0.8 μm 길다.
→ t_1일 때가 t_2일 때보다 ⓑ가 0.4 μm 증가하므로, X는 0.8 μm 증가

① ㄱ ② ㄷ ③ ㄷ ④ ㄱ, ㄷ ⑤ ㄴ, ㄷ

✪ 주어진 조건을 통해 각 시점에서의 근육 원섬유 마디의 길이와 각 구간의 길이를 구하는 문제이다.

위와 같은 골격근의 수축 유형은 각 구간에서 액틴 필라멘트와 마이오신 필라멘트의 유무를 통해 구간을 매칭하고, 근수축 과정에서 길이가 변하지 않는 구간이 있음을 이용하는 것이 이 문제 풀이의 핵심 KEY이다.

출제 개념: 골격근의 수축

| 문제 해결 과정 |

step 1 구간 ⓑ 매칭하기

ⓑ는 액틴 필라멘트와 마이오신 필라멘트 중 액틴 필라멘트만 존재하므로 ㉠이다.

step 2 구간 ⓐ와 ⓒ 매칭하기

- t_1과 t_2일 때 ⓑ의 길이와 ⓒ의 길이를 더한 값(ⓑ+ⓒ)이 서로 다른 것을 통해 t_1과 t_2일 때 근육 원섬유 마디 X의 길이가 서로 다름을 알 수 있다.
- t_1과 t_2일 때 X의 길이에서 ⓒ의 길이를 뺀 값(X−ⓒ)이 서로 같으므로, X−ⓒ는 근수축 과정에서 변하지 않는 액틴 필라멘트의 길이 혹은 마이오신 필라멘트의 길이이다.
- X−㉢이 액틴 필라멘트의 길이에 해당하므로 ⓒ는 ㉢, ⓐ는 ㉡이다.

step 3 t_1과 t_2일 때 길이 변화 파악하기

- ㉠은 I대의 절반에, ㉢은 H대에 해당한다. I대와 H대의 길이는 X의 길이가 x만큼 변할 때 모두 x만큼 변하므로, ㉠과 ㉢의 길이는 각각 $\frac{1}{2}x$, x만큼 변한다.
- 따라서 근수축 시 ⓑ+ⓒ=㉠+㉢의 값은 $\frac{1}{2}x+x=\frac{3}{2}x$만큼 변한다.
- t_1에서 t_2로 근수축 과정이 일어나 ⓑ+ⓒ의 값이 1.2 μm만큼 감소하였으므로, $-1.2\ \mu\text{m}=\frac{3}{2}x$이고 $x=-0.8\ \mu$m이다.
- 따라서 X의 길이는 t_1일 때가 t_2일 때 보다 0.8 μm 더 길다.

| 보기 분석 |

ㄱ. ⓒ는 H대이다. (○)

문제 해결 과정의 step 2를 참고하면, X−㉢이 액틴 필라멘트의 길이에 해당하므로 ⓒ는 ㉢이며, H대이다.

ㄴ. ⓐ의 길이와 ⓒ의 길이를 더한 값은 t_1일 때와 t_2일 때가 같다. (×)

- 근수축 과정 시 변하지 않는 값은 액틴 필라멘트의 길이, 액틴 필라멘트의 길이의 절반, 마이오신 필라멘트의 길이, 마이오신 필라멘트의 길이의 절반뿐이다.
- ⓐ(㉡)의 길이와 ⓒ(㉢)의 길이를 더한 값은 이 모두에 해당되지 않으므로 t_1일 때와 t_2일 때 서로 다르다.

ㄷ. X의 길이는 t_1일 때가 t_2일 때보다 0.8㎛ 길다. (○)

문제 해결 과정의 step 3를 참고하면, X의 길이는 t_1일 때가 t_2일 때보다 0.8 μm 길다.

✪ 정답은 ④ ㄱ, ㄷ이다.

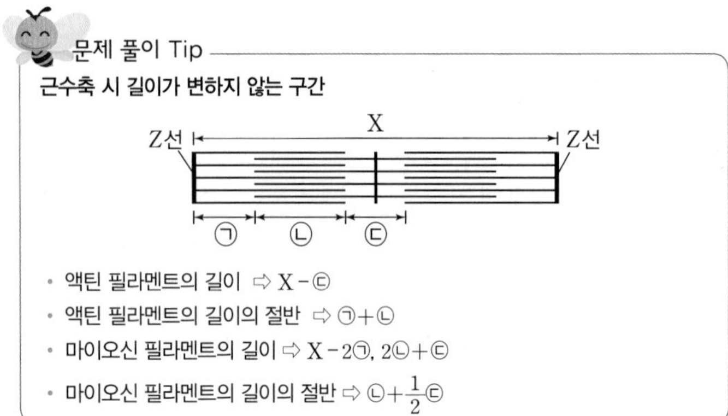

- 액틴 필라멘트의 길이 ⇨ X−㉢
- 액틴 필라멘트의 길이의 절반 ⇨ ㉠+㉡
- 마이오신 필라멘트의 길이 ⇨ X−2㉠, 2㉡+㉢
- 마이오신 필라멘트의 길이의 절반 ⇨ ㉡+$\frac{1}{2}$㉢

＊ 근육 원섬유 마디의 구성 ······ ✪ 고난도 핵심 개념

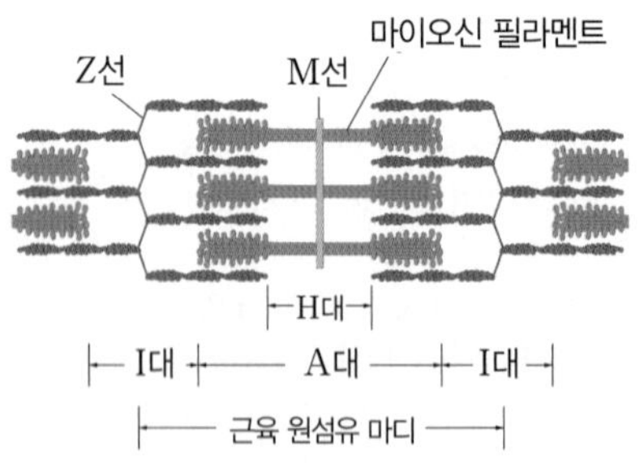

A대	마이오신 필라멘트가 존재하는 부분
I대	마이오신 필라멘트가 존재하지 않는 부분
H대	액틴 필라멘트가 존재하지 않는 부분
Z선	근육 원섬유 마디를 구분하는 경계선
M선	H대의 가운데 선

F 신경계

F 01 정답 ① *중추 신경계와 자율 신경 [정답률 70%] 2024 실시 3월 학평 7

그림은 사람의 중추 신경계와 위가 자율 신경으로 연결된 경로를 나타낸 것이다. A와 B는 각각 간뇌와 대뇌 중 하나이다.

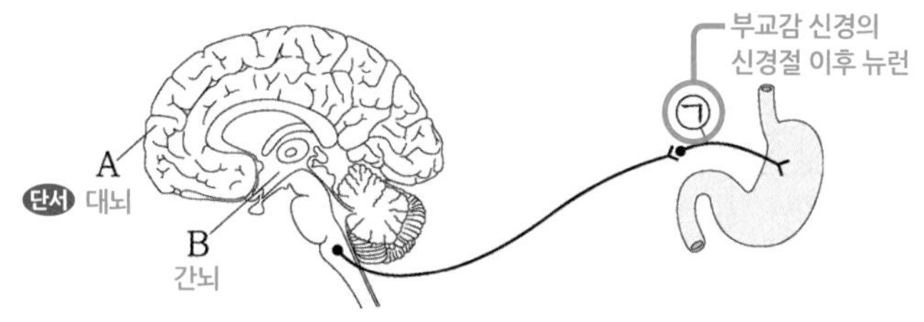

이에 대한 옳은 설명만을 〈보기〉에서 있는 대로 고른 것은?

[보기]

ㄱ. A의 겉질은 회색질이다.
대뇌(A)의 겉질은 회색질임

ㄴ. B는 뇌줄기에 속한다.
중간뇌, 뇌교, 연수가 뇌줄기에 속하므로 간뇌(B)는 뇌줄기에 속하지 않음

ㄷ. ㉠의 활동 전위 발생 빈도가 증가하면 위액 분비가 억제된다. 부교감 신경에서 활동 전위 발생 빈도가 증가하면 위액 등 소화액의 분비가 촉진됨

① ㄱ ② ㄷ ③ ㄱ, ㄴ ④ ㄴ, ㄷ ⑤ ㄱ, ㄴ, ㄷ

단서+발상

단서 대뇌(A), 간뇌(B), 부교감 신경의 신경절 이후 뉴런(㉠)이 연결된 소화 기관인 위가 제시되어 있다.

발상 뇌의 구조와 위치를 통해 A는 대뇌, B는 간뇌임을 추론할 수 있고, 자율 신경의 구조적 특징을 통해 ㉠이 부교감 신경의 신경절 이후 뉴런임을 추론할 수 있다.

| 문제+자료 분석 |

- A(대뇌): 대뇌는 뇌 질량의 약 80 %를 차지하고 좌우 반구로 나누어져 있으며, 표면에는 많은 주름이 있다. 바깥쪽을 싸고 있는 겉질은 주로 신경 세포체가 모인 회색질이고, 안쪽의 속질은 축삭 돌기가 모인 백색질이다.
- B(간뇌): 간뇌는 대뇌와 중간뇌 사이에 있으며, 시상, 시상 하부, 뇌하수체로 구분된다.
- **뇌줄기**: 뇌와 척수를 이어주는 줄기 역할을 하는 부위로 중간뇌, 뇌교, 연수를 합쳐 뇌줄기라 부른다.
- 자율 신경계는 교감 신경과 부교감 신경으로 구성되며, 중추에서 나와 반응기에 이르기까지 뉴런 2개가 신경절에서 시냅스를 형성한다.
- 교감 신경은 신경절 이전 뉴런이 신경절 이후 뉴런보다 짧고, 부교감 신경은 신경절 이전 뉴런이 신경절 이후 뉴런보다 길다.
  ➡ ㉠은 신경절 이전 뉴런보다 짧기 때문에 부교감 신경의 신경절 이후 뉴런이다. 부교감 신경은 위에서 소화관 운동과 소화액 분비를 촉진한다.

| 보기 분석 |

ㄱ. 대뇌(A)의 바깥쪽을 싸고 있는 겉질은 주로 신경 세포체가 모인 회색질이다.
ㄴ. 뇌줄기는 뇌와 척수를 이어주는 줄기 역할을 하는 부위로 중간뇌, 뇌교, 연수를 합쳐 뇌줄기라 부른다. B는 간뇌이므로 뇌줄기에 속하지 않는다.
ㄷ. ㉠은 신경절 이전 뉴런보다 짧기 때문에 부교감 신경의 신경절 이후 뉴런이다. 부교감 신경은 위에서 소화관 운동과 소화액 분비를 촉진한다.

F 02 정답 ① *중추 신경계와 반사 [정답률 79%] 2024 실시 5월 학평 3

그림은 중추 신경계의 구조를, 표는 반사의 중추를 나타낸 것이다. A와 B는 중간뇌와 척수를 순서 없이 나타낸 것이고, ㉠과 ㉡은 A와 B를 순서 없이 나타낸 것이다.

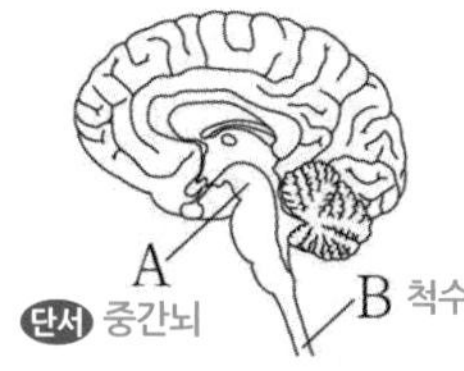

반사	중추
무릎 반사	㉠ 척수
동공 반사	㉡ 중간뇌

이에 대한 설명으로 옳은 것만을 〈보기〉에서 있는 대로 고른 것은? (3점)

[보기]

ㄱ. ㉠은 B이다.
연수 아래 위치한 B와 무릎 반사의 중추인 ㉠은 척수임

ㄴ. ㉡에 교감 신경의 신경절 이전 뉴런의 신경 세포체가 있다.
㉡은 중간뇌이고, 교감 신경은 척수(B)의 가운데 부분에서 뻗어 나옴

ㄷ. A와 B는 모두 뇌줄기에 속한다.
척수(B)는 뇌줄기에 속하지 않음

① ㄱ ② ㄴ ③ ㄱ, ㄷ ④ ㄴ, ㄷ ⑤ ㄱ, ㄴ, ㄷ

단서+발상

단서 중간뇌와 척수의 구조, 무릎 반사와 동공 반사의 중추가 제시되어 있다.

발상 중추 신경계의 구조를 통해 뇌의 중심부에 있는 A는 중간뇌, 연수 밑에 있는 B는 척수임을 추론할 수 있다.

적용 무릎 반사의 중추는 척수이며, 동공 반사의 중추는 중간뇌라는 개념을 적용해서 ㉠은 척수, ㉡은 중간뇌임을 구하는 것부터 문제 풀이를 시작해야 한다.

| 문제+자료 분석 |

- 중간뇌는 간뇌 아래에 있는 가장 작은 뇌로, 감각 정보의 전달 통로이다. 소뇌와 함께 몸의 평형을 조절하고, 안구 운동과 홍채 운동을 조절하며, 동공 반사의 중추이다. ➡ 간뇌 아래인 A와 동공 반사의 중추인 ㉡은 중간뇌이다.
- 척수는 연수에 이어져 척추 속으로 뻗어 있으며, 감각기에서 받아들인 감각 정보를 뇌로 보내고 뇌에서 내린 반응 명령을 반응기로 전달하는 통로 역할을 한다. 척수는 젖 분비, 땀 분비, 배변·배뇨 반사, 무릎 반사, 회피 반사 등의 중추이다. ➡ 연수에 이어져 있는 B와 무릎 반사의 중추인 ㉠은 척수이다.
- 교감 신경은 척수의 가운데 부분에서 뻗어 나오므로 교감 신경의 신경절 이전 뉴런의 신경 세포체는 척수에 있다.
- 중간뇌, 뇌교, 연수를 합쳐 뇌줄기라고 한다.

| 보기 분석 |

ㄱ. 연수에 이어져 있는 B와 무릎 반사의 중추인 ㉠은 척수이다.
ㄴ. 교감 신경은 척수(B, ㉠)의 가운데 부분에서 뻗어 나오므로 교감 신경의 신경절 이전 뉴런의 신경 세포체는 척수(B, ㉠)에 있다.
ㄷ. 중간뇌, 뇌교, 연수를 합쳐 뇌줄기라고 한다. 척수(B)는 뇌줄기에 속하지 않는다.

F 03 정답 ③ * 중추 신경계의 구조 [정답률 81%] 2024 대비 6월 모평 10

그림은 중추 신경계의 구조를 나타낸 것이다. ㉠~㉣은 간뇌, 소뇌, 연수, 중간뇌를 순서 없이 나타낸 것이다.

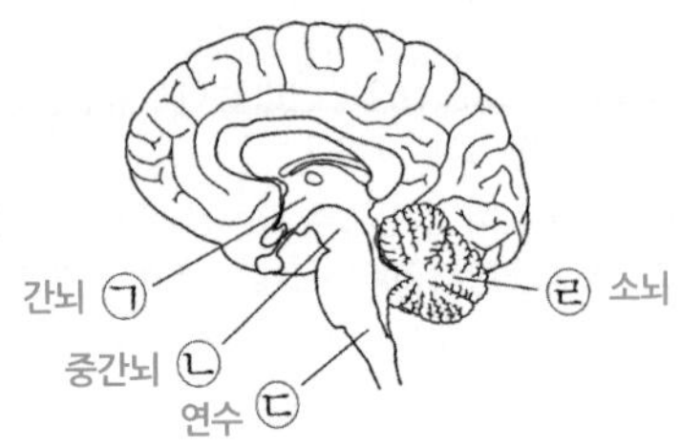

이에 대한 설명으로 옳은 것만을 〈보기〉에서 있는 대로 고른 것은?

[보기]

ㄱ. ㉠에 시상 하부가 있다. ㉠(간뇌)에는 시상과 시상 하부가 있음

ㄴ. ㉡과 ㉣은 모두 뇌줄기에 속한다. ㉣(소뇌)은 뇌줄기에 속하지 않음

ㄷ. ㉢은 호흡 운동을 조절한다. ㉢(연수)은 호흡, 소화, 소화액 분비의 조절 중추

① ㄱ ② ㄴ ③ ㄱ, ㄷ ④ ㄴ, ㄷ ⑤ ㄱ, ㄴ, ㄷ

| 문제+자료 분석 |

- **간뇌**: 시상과 시상 하부로 구분된다. 항상성 유지의 중추로 체온과 삼투압 등을 조절한다.
- **중간뇌**: 소뇌와 함께 몸의 평형을 조절하고, 안구 운동과 홍채 운동을 조절한다.
- **연수**: 심장 박동, 호흡 운동, 소화 운동, 소화액 분비 등의 조절 중추이다.
- **소뇌**: 좌우 2개의 반구로 이루어져 있다. 대뇌와 함께 수의 운동을 조절하고 몸의 평형을 유지한다.
- ㉠은 간뇌, ㉡은 중간뇌, ㉢은 연수, ㉣은 소뇌이다.

| 보기 분석 |

ㄱ. ㉠은 간뇌이다. 간뇌(㉠)에는 시상과 시상 하부가 있다.

ㄴ. 중간뇌, 뇌교, 연수를 합하여 뇌줄기라고 한다. ㉡은 중간뇌, ㉣은 소뇌로, 소뇌(㉣)는 뇌줄기에 속하지 않는다.

ㄷ. ㉢은 연수이다. 연수(㉢)는 심장 박동, 호흡 운동, 소화 운동, 소화액 분비 등의 조절 중추이다.

*** 뇌줄기**

- 중간뇌, 뇌교, 연수를 합하여 뇌줄기(뇌간)라고 한다. 뇌줄기는 생명 유지에 중요한 역할을 하므로 뇌줄기를 다치면 생명을 잃을 수 있다.

F 04 정답 ④ * 중추 신경계 [정답률 89%] 2025 대비 수능 3

표는 사람의 중추 신경계에 속하는 구조 A~C에서 특징의 유무를 나타낸 것이다. A~C는 간뇌, 소뇌, 연수를 순서 없이 나타낸 것이다.

특징 \ 구조	A 연수	B 간뇌	C 소뇌
시상 하부가 있다. 간뇌의 특징	×	○	×
뇌줄기를 구성한다. 연수의 특징	○ 단서	? ×	ⓐ ×
(가) 연수의 특징	○	×	×

(○: 있음, ×: 없음)

이에 대한 설명으로 옳은 것만을 〈보기〉에서 있는 대로 고른 것은?

[보기]

ㄱ. ⓐ는 '○'이다. ⓐ는 'X'

ㄴ. B는 간뇌이다. A는 연수, B는 간뇌, C는 소뇌

ㄷ. '심장 박동을 조절하는 부교감 신경의 신경절 이전 뉴런의 신경 세포체가 있다.'는 (가)에 해당한다. 심장 박동을 조절하는 부교감 신경의 신경절 이전 뉴런의 신경 세포체는 연수에 있으므로 (가)에 해당하는 특징임

① ㄱ ② ㄴ ③ ㄱ, ㄷ ④ ㄴ, ㄷ ⑤ ㄱ, ㄴ, ㄷ

단서+발상

(단서) A와 B가 가지는 특징이 제시되어 있다.

(발상) 시상 하부가 있는 B가 간뇌, 뇌줄기를 구성하는 A가 연수임을 추론할 수 있다.

(적용) 중추 신경계의 구조와 기능을 적용해서 A~C를 구하는 것부터 문제 풀이를 시작해야 한다.

| 문제+자료 분석 |

- '시상 하부가 있다.'는 간뇌만 가지는 특징이므로 B는 간뇌이다.
- '뇌줄기를 구성한다.'는 간뇌, 소뇌, 연수 중 연수만 가지는 특징이므로 A는 연수이다.
- (가)는 간뇌, 소뇌, 연수 중 연수만 가지는 특징이다.

| 보기 분석 |

ㄱ. 사람의 뇌에서 중간뇌, 뇌교, 연수를 뇌줄기라 하므로 소뇌(C)는 뇌줄기를 구성하지 않는다. 따라서 ⓐ는 'X'이다.

ㄴ. 뇌줄기를 구성하는 A는 연수, 시상 하부가 있는 B는 간뇌, C는 소뇌이다.

ㄷ. (가)는 A~C 중 연수(A)만 가지는 특징이다. 심장 박동을 조절하는 부교감 신경의 신경절 이전 뉴런의 신경 세포체는 연수에만 있으므로 '심장 박동을 조절하는 부교감 신경의 신경절 이전 뉴런의 신경 세포체가 있다.'는 (가)에 해당한다.

윤혁준 | 2025 수능 응시 · 서울 강서고 졸

표에서 준 조건으로 A, B, C가 각각 무엇인지 채워나가면 어렵지 않게 풀 수 있어. B만 시상 하부가 존재하니까 B는 간뇌임을 알 수 있고, 주어진 간뇌, 소뇌, 연수 중 뇌줄기를 구성하는 것은 연수니까 A가 연수임을 알았다면 답을 구할 수 있어.

F 05 정답 ④ ＊뇌의 구조 [정답률 66%] 2022 대비 수능 10

그림은 중추 신경계의 구조를 나타낸 것이다. ㉠~㉣은 간뇌, 대뇌, 소뇌, 중간뇌를 순서 없이 나타낸 것이다.

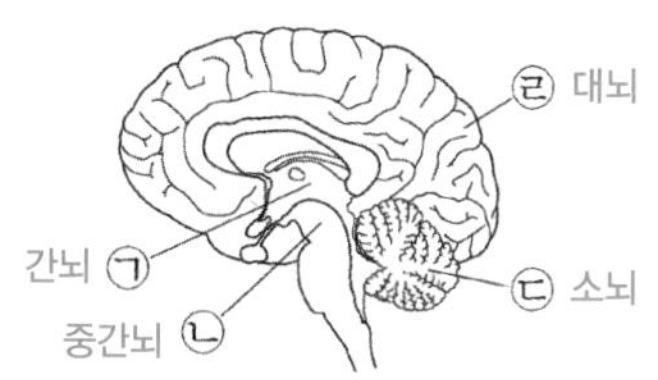

이에 대한 설명으로 옳은 것만을 〈보기〉에서 있는 대로 고른 것은? (3점)

[보기]

ㄱ. ㉠은 중간뇌이다.
→ ㉠은 간뇌

ㄴ. ㉢은 몸의 평형(균형) 유지에 관여한다.
→ ㉢은 소뇌로 몸의 평형 유지에 관여

ㄷ. ㉣에는 시각 기관으로부터 오는 정보를 받아들이는 영역이 있다.
→ ㉣은 대뇌로 시각, 청각 등의 정보를 취합

① ㄱ ② ㄴ ③ ㄱ, ㄷ
④ ㄴ, ㄷ ⑤ ㄱ, ㄴ, ㄷ

| 문제+자료 분석 |

- ㉠(간뇌): 간뇌는 대뇌 사이에 위치하며 항상성 유지와 호르몬 분비를 조절하는 중추이다.
- ㉡(중간뇌): 중간뇌는 간뇌 아래에 위치하며 동공 반사와 안구 운동 등을 담당한다.
- ㉢(소뇌): 소뇌는 뇌줄기의 뒤쪽에 위치하며 몸의 평형 유지 등을 담당한다.
- ㉣(대뇌): 대뇌는 중추 신경계에서 가장 큰 영역을 차지한다. 시각, 청각 등의 다양한 정보를 취합하고 계산, 기억 등 고등 정신 활동을 수행한다.

| 보기 분석 |

ㄱ. 대뇌 사이에 위치한 ㉠은 간뇌이다.
ㄴ. 뇌줄기의 뒤쪽에 위치한 ㉢은 소뇌로 몸의 평형 유지에 관여한다.
ㄷ. 중추 신경계에서 가장 큰 영역인 ㉣은 대뇌로 대뇌의 후두엽에서 시각 기관으로부터 오는 정보를 받아들인다.

＊ 뇌의 구조

대뇌	전두엽, 두정엽, 측두엽, 후두엽 등으로 영역이 나뉘어지며 고등 정신 활동 수행
소뇌	뇌줄기의 뒤쪽에 위치하며 몸의 평형 유지 담당
간뇌	항상성 유지와 호르몬 분비 조절
중간뇌	안구 운동과 홍채 운동을 조절
뇌교	대뇌와 소뇌의 정보를 전달하는 통로
연수	구토, 재채기 등 반사의 중추이며 심장 박동, 호흡 운동, 소화 운동 등을 조절

강민성 | 성균관대 의예과 2022년 입학 · 부산 해운대고 졸

기본적인 내용이야. 다만 이 문제에서는 중간뇌와 연수의 위치를 구분하는 보기가 출제되지 않아서 아주 평이한 문제라고 할 수 있어. 교과서에 나와있는 뇌의 각종 부위들에 대한 위치와 특징들은 반드시 외우고, 뇌줄기에 대해서도 알아두도록 하자.

F 06 정답 ① ＊반사와 흥분 전달 [정답률 59%] 2019 대비 9월 모평 8

그림은 자극에 의한 반사가 일어날 때 흥분 전달 경로를 나타낸 것이다.

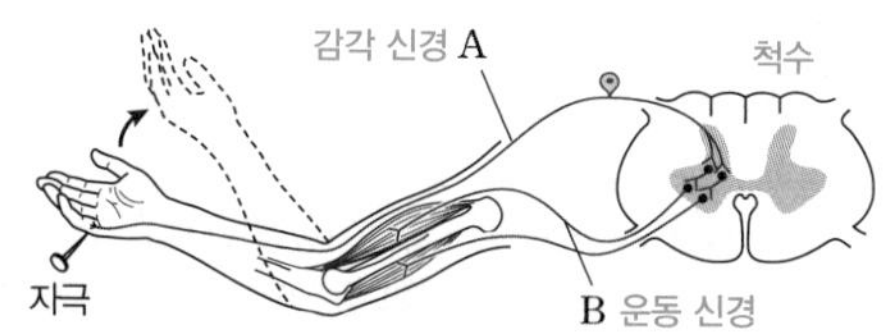

이에 대한 설명으로 옳은 것만을 〈보기〉에서 있는 대로 고른 것은? (3점)

[보기]

ㄱ. A는 척수 신경이다.
→ A와 B는 모두 척수와 연결되어 있는 척수 신경

ㄴ. B는 자율 신경계에 속한다.
→ B는 운동 뉴런으로 체성 신경계에 속함

ㄷ. 이 반사의 조절 중추는 뇌줄기를 구성한다.
→ 이 반사의 중추는 척수이며, 뇌줄기는 중간뇌, 뇌교, 연수로 구성

① ㄱ ② ㄴ ③ ㄷ
④ ㄱ, ㄷ ⑤ ㄴ, ㄷ

| 문제+자료 분석 |

- A(감각 신경): 신경 세포체가 신경 중간에 있다.
- B(운동 신경): 중추 신경계의 명령을 반응 기관으로 전달한다.

| 보기 분석 |

ㄱ. A는 감각 신경이며, 척수와 연결된 말초 신경이므로 척수 신경이다. 척수 신경은 머리 아래의 신체 부위에 광범위하게 분포하여 31쌍으로 이루어진다.
ㄴ. B는 골격근과 연결되어 있는 운동 신경이다. 따라서 체성 신경계에 속한다.
ㄷ. 이 반사의 조절 중추는 척수이며, 척수는 뇌줄기에 해당하지 않는다. 뇌줄기는 중간뇌, 뇌교, 연수로 구성된다. 주의
중간뇌는 안구 운동과 홍채 운동을 조절하고, 뇌교는 대뇌와 소뇌 사이의 정보를 전달하며, 연수는 심장 박동, 호흡 운동, 소화 운동 등을 조절한다.

＊ 원심성 신경의 구분

체성 신경계	• 대뇌의 지배를 받는 원심성 신경 • 감각 기관과 골격근에 분포하여 자극을 받아들이고 명령을 전달함
자율 신경계	• 대뇌의 직접적인 지배를 받지 않으며, 중추의 명령을 반응기로 전달하는 원심성 신경 • 주로 내장 기관에 분포하여 내장의 기능을 자율적으로 조절 • 중추에서 나온 뉴런이 내장 기관에 이르기 전까지 다른 뉴런과 신경절을 이루며, 교감 신경과 부교감 신경으로 구분됨

F 07 정답 ④ * 척수 반사 경로 [정답률 89%] 2023 대비 수능 5

그림은 자극에 의한 반사가 일어날 때 흥분 전달 경로를 나타낸 것이다.

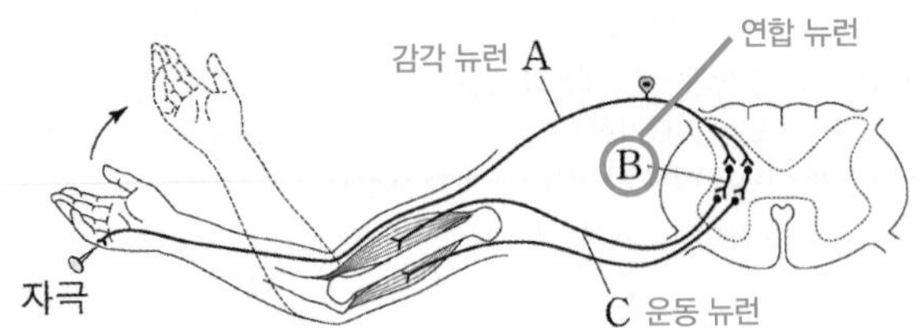

이에 대한 설명으로 옳은 것만을 〈보기〉에서 있는 대로 고른 것은?

[보기]

ㄱ. A는 ~~운동 뉴런~~이다.
A는 감각 뉴런임

ㄴ. C의 신경 세포체는 척수에 있다.
C(운동 뉴런)의 신경 세포체는 척수의 회색질(회백질)에 존재함

ㄷ. 이 반사 과정에서 A에서 B로 흥분의 전달이 일어난다.
자극을 받아 A(감각 뉴런)에서 B(연합 뉴런)로 흥분의 전달이 일어남

① ㄱ ② ㄴ ③ ㄱ, ㄷ ④ ㄴ, ㄷ ⑤ ㄱ, ㄴ, ㄷ

| 문제+자료 분석 |

- 무조건 반사는 의지와 관계없이 일어나는 무의식적인 반응으로, 자극이 대뇌로 전달되기 전에 반응이 빠르게 일어난다. 뾰족한 물체에 손이 닿았을 때 손을 재빨리 떼는 반응을 회피 반사라고 하는데, 이 반사의 중추는 척수이다. 꿀팁
- **A** 감각 뉴런: 자극을 받아들여 연합 뉴런으로 전달한다. 감각 뉴런은 신경 세포체가 축삭 돌기 중간 부분에 있는 것이 특징이다.
- **B** 연합 뉴런: 뇌와 척수를 구성하며 감각 뉴런과 운동 뉴런을 이어준다.
- **C** 운동 뉴런: 뇌와 척수 같은 중추 신경계에서 근육으로 정보를 전달한다.

| 보기 분석 |

ㄱ. A는 자극을 받아들여 연합 뉴런으로 전달하는 감각 뉴런이다. A(감각 뉴런)는 신경 세포체가 축삭 돌기 중간에 있는 것이 특징이다.

ㄴ. C(운동 뉴런)는 척수의 연합 뉴런으로부터 정보를 전달 받는다. C(운동 뉴런)의 신경 세포체는 척수의 속질인 회색질(회백질)에 존재한다. 주의

ㄷ. 이 반사 과정은 '자극 ➡ 감각 뉴런(A) ➡ 연합 뉴런(B) ➡ 운동 뉴런(C) ➡ 근육'의 순서로 반응이 일어난다. 따라서 자극을 받아 A(감각 뉴런)에서 B(연합 뉴런)로 흥분의 전달이 일어난다.

김보겸 | 연세대 지구시스템과학과 2023년 입학 · 광주 서석고졸

척수 반사의 과정에 대해 물어보는 문제야. 각 뉴런의 구조와 역할에 대해 알고 척수 반사의 경로에 대해서는 잘 알고 있어야겠지? 추가로 척수 신경의 신경 세포체는 척수 속질에 있다는 사실도 알아두도록 하자!

F 08 정답 ③ * 척수 반사 경로 [정답률 73%] 2018 대비 9월 모평 13

그림은 자극에 의한 반사가 일어나 근육 ⓐ가 수축할 때 흥분 전달 경로를 나타낸 것이다. 척수가 중추인 회피 반사가 나타남

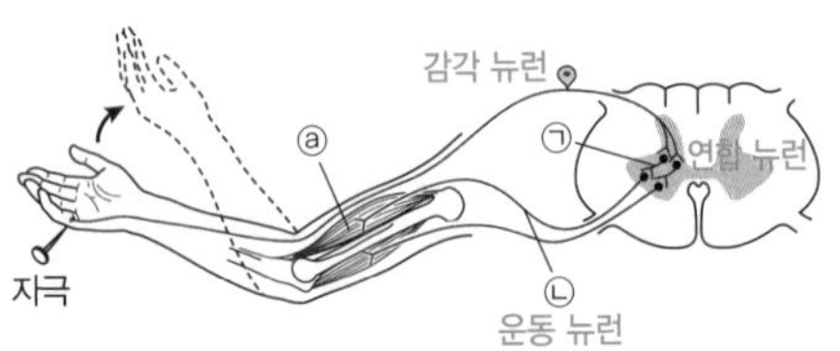

이에 대한 설명으로 옳은 것만을 〈보기〉에서 있는 대로 고른 것은?

[보기]

ㄱ. ㉠은 연합 뉴런이다.
→ ㉠은 감각 뉴런과 운동 뉴런을 연결

ㄴ. ㉡의 신경 세포체는 척수의 회색질(회백질)에 존재한다.
→ ㉡은 운동 뉴런이므로 신경 세포체는 척수의 속질에 존재

ㄷ. ⓐ의 근육 원섬유 마디에서 $\frac{\text{A대의 길이}}{\text{I대의 길이}+\text{H대의 길이}}$가 ~~작아진다~~. ↑
→ A대 길이 불변, I 대와 H대의 길이는 감소

① ㄱ ② ㄷ ③ ㄱ, ㄴ
④ ㄴ, ㄷ ⑤ ㄱ, ㄴ, ㄷ

| 문제+자료 분석 |

- 그림을 보면 뾰족한 물체에 손이 닿았을 때 손을 재빨리 떼는 반응이 일어난다. 이러한 반응을 회피 반사라고 하는데, 이 반사의 중추는 척수이다.
- ㉠(연합 뉴런): 감각 뉴런과 운동 뉴런을 이어준다.
- ㉡(운동 뉴런): 골격근에 연결되어 있다.
- 팔을 굽힐 때 ⓐ는 수축하고 반대쪽 근육은 이완된다.

| 보기 분석 |

ㄱ. ㉠은 감각 뉴런과 운동 뉴런을 이어주는 연합 뉴런이고, ㉡은 골격근에 연결된 운동 뉴런이다. 주의

ㄴ. 신경 세포체가 밀집되어 있는 곳은 회색질(회백질)이고, 축삭 돌기가 밀집되어 있는 곳은 백색질이라는 것을 이용하여 문제에 접근할 수 있다. ㉡은 운동 뉴런으로, 신경 세포체는 척수의 속질에 분포한다. 척수의 속질은 신경 세포체가 밀집되어 있는 회색질(회백질)이고, 척수의 겉질은 축삭 돌기가 밀집되어 있는 백색질이라는 점도 기억해 두어야 한다.

ㄷ. 팔을 굽힐 때 근육 ⓐ는 수축하고 반대쪽 근육은 이완한다. 근육 ⓐ가 수축해도 근육에서 A대의 길이는 변하지 않고, I대와 H대의 길이는 감소한다. 그러므로 $\frac{\text{A대의 길이}}{\text{I대의 길이}+\text{H대의 길이}}$는 커진다.

*** 근육 원섬유 마디의 구조 및 근수축 원리**

운동 뉴런에서 아세틸콜린이 분비되면 액틴 필라멘트가 마이오신 필라멘트 사이로 미끄러져 들어간다. 그 결과 근육 원섬유 마디와 H대, I대의 길이는 짧아지지만, A대의 길이는 변화 없다.

F 09 정답 ① * 무릎 반사 [정답률 66%] 2022 대비 9월 모평 2

그림은 무릎 반사가 일어날 때 흥분 전달 경로를 나타낸 것이다. A와 B는 감각 뉴런과 운동 뉴런을 순서 없이 나타낸 것이다.

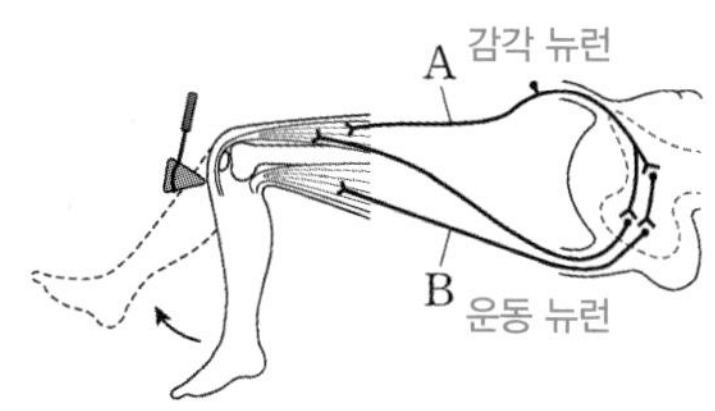

이에 대한 설명으로 옳은 것만을 〈보기〉에서 있는 대로 고른 것은?

[보기]

ㄱ. A는 감각 뉴런이다.
→ A는 감각 뉴런(구심성) 뉴런

ㄴ. B는 자율 신경계에 속한다.
→ B는 골격근에 연결된 체성 신경으로 체성 신경계에 속함

ㄷ. 이 반사의 중추는 뇌줄기를 구성한다.
→ 무릎 반사의 중추는 척수이고, 척수는 뇌줄기를 구성하지 않음

① ㄱ ② ㄴ ③ ㄱ, ㄴ ④ ㄱ, ㄷ ⑤ ㄴ, ㄷ

| 문제+자료 분석 |

- A(감각 뉴런): 구심성 뉴런으로 말초 신경계에 속한다.
- B(운동 뉴런): 원심성 뉴런이고, 골격근에 연결되어있는 체성 운동 뉴런이다.
- 무릎 반사: 고무 망치로 무릎을 때리면 무릎에 가해진 자극에 의해 발생한 흥분이 감각 뉴런을 거쳐 연합 뉴런에 전달되고, 척수를 중추로 하여 다리 근육의 수축 이완이 조절된다.

| 보기 분석 |

ㄱ. A는 중추 신경계로 자극을 전달하는 감각 뉴런이다. 참고로 감각 뉴런의 신경 세포체는 뉴런의 중간에 있다.
ㄴ. B는 골격근에 연결되어있는 체성 운동 뉴런으로 체성 신경계에 속한다.
ㄷ. 무릎 반사의 중추는 척수이다. 중간뇌, 연수, 뇌교가 뇌줄기를 구성한다.

* 무조건 반사

척수 반사	무릎 반사, 회피 반사, 배변 · 배뇨 반사, 땀 분비 등
연수 반사	눈물, 침 분비, 하품, 기침, 재채기 등
중간뇌 반사	동공 반사 등

F 10 정답 ③ * 무릎 반사 [정답률 83%] 2020 대비 수능 9

그림은 무릎 반사가 일어날 때 흥분 전달 경로를 나타낸 것이다.

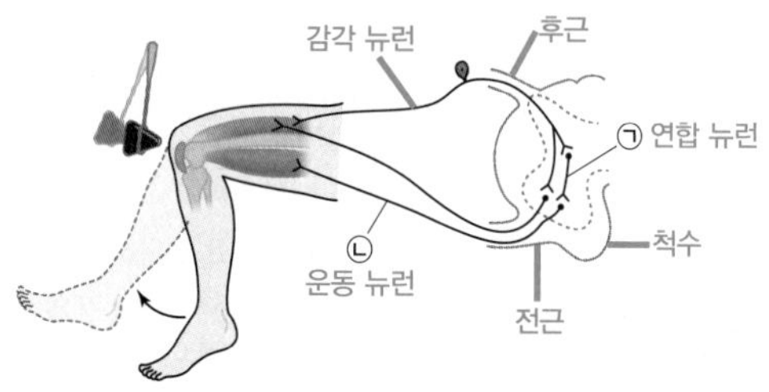

이에 대한 설명으로 옳은 것만을 〈보기〉에서 있는 대로 고른 것은?

[보기]

ㄱ. ㉠은 연합 뉴런이다.
→ 척수 속질에는 감각 뉴런으로 들어온 정보를 통합해 운동 뉴런에 명령을 전달하는 연합 뉴런이 있음

ㄴ. ㉡은 후근을 통해 나온다.
→ ㉡은 전근을 통해 나옴

ㄷ. 이 반사의 조절 중추는 척수이다.
→ 무릎 반사는 척수를 중추로 하여 일어나는 무조건 반사

① ㄱ ② ㄴ ③ ㄱ, ㄷ
④ ㄴ, ㄷ ⑤ ㄱ, ㄴ, ㄷ

| 문제+자료 분석 |

- 무릎 반사: 척수가 중추인 무조건 반사
- 감각기에서 자극을 받아들인 후 감각 뉴런을 따라 전달된 신경 자극은 후근을 통해 척수 속질의 연합 뉴런(㉠)으로 전달된다.
척수를 중추로 하여 전근을 통해 운동 뉴런(㉡)에 신경 자극이 전달되며 최종적으로 다리 근육의 수축과 이완을 조절하여 다리가 올라간다.

| 보기 분석 |

ㄱ. ㉠은 척수 속질에 존재하는 연합 뉴런으로, 감각 뉴런을 통해 들어온 정보를 통합하여 운동 뉴런에 명령을 전달한다.
ㄴ. ㉡은 반응기인 근육과 연결된 운동 뉴런으로 전근을 통해 나온다. ㉡과 연결된 근육은 허벅지 앞쪽의 근육과는 다르게 수축이 억제된다.
ㄷ. 무릎 반사의 조절 중추는 척수이다. 감각 뉴런은 대뇌로 연결되는 뉴런과도 시냅스를 이루고 있어 대뇌에서도 자극을 인지할 수 있으나 척수를 중추로 한 경로보다 반응 경로가 길기 때문에 무조건 반사가 일어난 후에 대뇌에서 자극을 인지하게 된다. 주의

* 의식적인 반응과 무조건 반사

의식적인 반응	대뇌의 판단과 명령에 따라 일어나는 반응이다.
무조건 반사	대뇌의 영향을 받지 않고 척수, 연수 등을 중추로 하여 일어나는 반응으로, 반응 속도가 빨라 위험으로부터 우리 몸을 보호한다. 회피 반사, 무릎 반사 등이 있다.

F 11 정답 ① * 흥분 전달 경로 [정답률 67%] 2019 실시 4월 학평 6

그림은 자극에 의한 반사가 일어날 때 흥분 전달 경로를 나타낸 것이다. ㉠은 골격근이다.

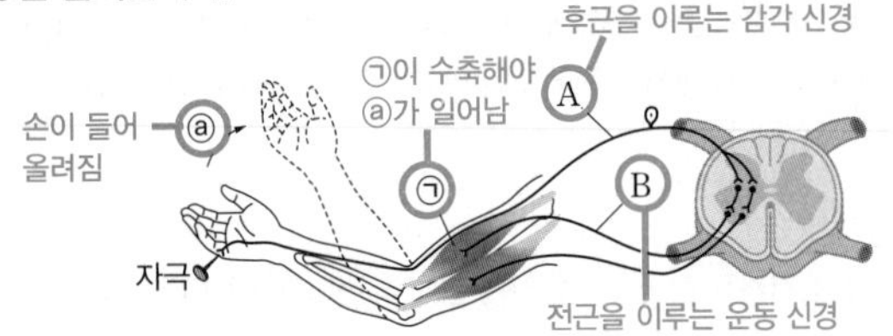

이에 대한 설명으로 옳은 것만을 〈보기〉에서 있는 대로 고른 것은?

[보기]

ㄱ. A는 척수의 후근을 이룬다.
→ A는 감각 신경으로, 척수의 후근을 이룸

ㄴ. B는 자율 신경에 속한다. → B는 체성 신경에 속함

ㄷ. ⓐ가 일어나는 동안 ㉠은 이완한다.
→ ⓐ가 일어나는 동안 골격근인 ㉠은 수축함

① ㄱ ② ㄴ ③ ㄱ, ㄷ
④ ㄴ, ㄷ ⑤ ㄱ, ㄴ, ㄷ

| 문제+자료 분석 |

- A(감각 신경): 신경 세포체가 신경 중간에 있다.
- B(운동 신경): 척수의 명령을 근육으로 전달한다.
- 손이 들어 올려지는 현상(ⓐ)이 일어나는 동안 골격근 ㉠은 수축한다.

| 보기 분석 |

ㄱ. A는 감각 신경으로 척수의 후근을 이루고, B는 운동 신경으로 척수의 전근을 이룬다.
ㄴ. B는 중추 신경계에서 반응기로 흥분을 전달하는 운동 뉴런으로, 체성 신경에 속한다.
ㄷ. 손이 들어 올려지는 ⓐ가 일어나는 동안 골격근 ㉠은 수축한다.

*** 무조건 반사와 의식적인 반응**

무조건 반사는 중추가 대뇌가 아니라 척수, 연수, 중간뇌인 반응이다.

무조건 반사	대뇌의 영향을 받지 않고 척수, 연수, 중간뇌 등을 중추로 하여 일어나는 무의식적 반응 ➡ 반응 속도가 빨라 위험으로부터 우리 몸을 보호할 수 있다. 자극 → 감각기 → 감각 신경 → 중추 신경(척수, 연수, 중간뇌) → 운동 신경 → 반응기 → 반응
의식적인 반응	대뇌의 판단과 명령에 따라 일어나는 반응 자극 → 감각기 → 감각 신경 → 중추 신경(대뇌) → 운동 신경 → 반응기 → 반응

F 12 정답 ⑤ * 척수 반사의 경로 [정답률 80%] 2020 실시 4월 학평 6

그림은 사람에서 자극에 의한 반사가 일어날 때 흥분 전달 경로를 나타낸 것이다. 무조건 반사: 반응 중추가 대뇌가 아니라 중간뇌, 연수, 척수 등인 경우

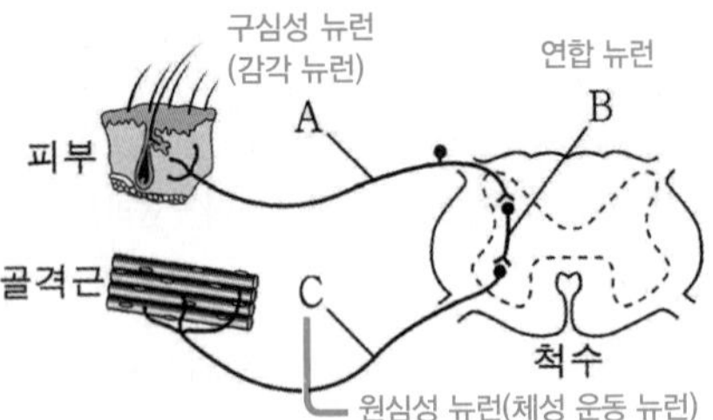

이에 대한 설명으로 옳은 것만을 〈보기〉에서 있는 대로 고른 것은? (3점)

[보기]

ㄱ. A는 구심성 뉴런이다.
→ A는 감각 기관으로부터 발생한 흥분을 연합 뉴런으로 전달하는 구심성 뉴런(감각 뉴런)

ㄴ. B는 연합 뉴런이다. → B는 척수 속질에 있는 연합 뉴런

ㄷ. C의 축삭 돌기 말단에서 분비되는 신경 전달 물질은 아세틸콜린이다. → 체성 운동 뉴런(C)의 축삭 돌기 말단에서 분비되는 신경 전달 물질은 아세틸콜린

① ㄱ ② ㄷ ③ ㄱ, ㄴ
④ ㄴ, ㄷ ⑤ ㄱ, ㄴ, ㄷ

| 문제+자료 분석 |

- 그림은 척수 반사의 경로를 나타낸 것으로, 감각기에서 자극을 받아들인 후 구심성 뉴런(감각 뉴런) A를 따라 전달된 흥분은 후근을 통해 척수 속질의 연합 뉴런으로 전달된다.
- 척수를 중추로 하여 전근을 통해 원심성 뉴런(체성 운동 뉴런) C에 흥분이 전달되어 최종적으로 다리 근육의 수축과 이완이 조절된다.

| 보기 분석 |

ㄱ. 감각 기관에서 수용한 자극을 중추 신경계로 전달하는 감각 뉴런은 구심성 뉴런이고, 중추 신경계의 명령을 골격근으로 내보내는 체성 운동 신경은 원심성 뉴런이다. 따라서 A는 구심성 뉴런(감각 뉴런)이다.
ㄴ. B는 척수의 속질에 있는 연합 뉴런으로, 감각 뉴런을 통해 들어온 정보를 통합하여 운동 뉴런을 통해 명령을 전달한다.
ㄷ. C는 골격근에 연결된 체성 운동 뉴런이며, 체성 운동 뉴런의 축삭 돌기 말단에서는 아세틸콜린이 분비된다.

*** 무조건 반사와 의식적인 반응**

무조건 반사는 중추가 대뇌가 아니라 척수, 연수, 중간뇌인 반응이다.

무조건 반사	대뇌의 영향을 받지 않고 척수, 연수, 중간뇌 등을 중추로 하여 일어나는 무의식적 반응 ➡ 반응 속도가 빨라 위험으로부터 우리 몸을 보호할 수 있다. *자극 → 감각기 → 감각 신경 → 중추 신경(척수, 연수, 중간뇌) → 운동 신경 → 반응기 → 반응
의식적인 반응	대뇌의 판단과 명령에 따라 일어나는 반응 *자극 → 감각기 → 감각 신경 → 중추 신경(대뇌) → 운동 신경 → 반응기 → 반응

F 13 정답 ① * 무릎 반사 [정답률 54%] 2022 실시 10월 학평 13

그림은 무릎 반사가 일어날 때 흥분 전달 경로를 나타낸 것이다.

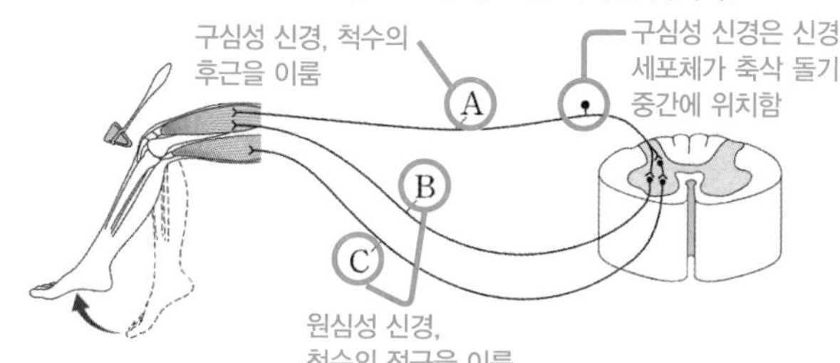

이에 대한 옳은 설명만을 〈보기〉에서 있는 대로 고른 것은?

[보기]

ㄱ. A와 B는 모두 척수 신경이다.
A와 B는 모두 척수 신경

ㄴ. B는 자율 신경계에 속한다.
B는 체성 신경계에 속함

ㄷ. C는 후근을 이룬다.
C는 전근을 이룸

① ㄱ ② ㄴ ③ ㄱ, ㄴ ④ ㄱ, ㄷ ⑤ ㄴ, ㄷ

| 문제+자료 분석 |

- A: 감각기의 정보를 중추 신경계로 전달하는 구심성 신경(감각 신경)이며, 신경 세포체가 축삭 돌기의 중간 부분에 있는 것이 특징이다.
- B: C와 함께 척수의 전근을 이루며 반응기로 정보를 전달하는 원심성 신경(운동 신경)이다. 무릎 반사가 일어날 때 허벅지 앞쪽의 근육을 수축하게 하여 다리가 들리게 한다.
- C: 중추 신경계의 정보를 반응기로 전달하는 원심성 신경으로 척수의 전근을 이룬다. 무릎 반사가 일어날 때 허벅지 뒤쪽의 근육을 이완하게 하여 다리가 들리게 한다.

| 보기 분석 |

ㄱ. A와 B는 모두 말초 신경계에 속하며 척수와 연결된 말초 신경이므로 척수 신경이다.

ㄴ. B는 골격근으로 정보를 전달하는 신경이므로 체성 신경계에 속한다. 체성 신경계는 대뇌의 명령에 따라 의식적으로 조절되기도 하지만 척수에 의해서 반응하는 무릎 반사와 같이 불수의적으로 조절되기도 한다.  주의

ㄷ. B와 C는 골격근으로 정보를 전달하는 원심성 신경으로 척수의 전근을 이룬다.

문제 풀이 Tip

운동 뉴런은 전근을 이룬다. ➡ '운전해'로 암기하자.

F 14 정답 ⑤ * 중추 신경계 [정답률 76%] 2023 대비 6월 모평 8

표는 사람의 중추 신경계에 속하는 A~C의 특징을 나타낸 것이다. A~C는 간뇌, 연수, 척수를 순서 없이 나타낸 것이다.

구분	특징
A 연수	뇌줄기를 구성한다. 중간뇌, 뇌교, 연수
B 간뇌	㉠ 체온 조절 중추가 있다.
C 척수	교감 신경의 신경절 이전 뉴런의 신경 세포체가 있다.

이에 대한 설명으로 옳은 것만을 〈보기〉에서 있는 대로 고른 것은? (3점)

[보기]

ㄱ. A는 호흡 운동을 조절한다.
호흡 운동, 심장 박동, 소화 운동 등을 조절하는 중추는 A(연수)

ㄴ. ㉠은 시상 하부이다.
체온, 혈당량, 혈장 삼투압 조절 등 항상성 조절 중추는 B(간뇌)의 시상 하부

ㄷ. C는 척수이다.
교감 신경은 척수에 연결되어 있음

① ㄱ ② ㄴ ③ ㄱ, ㄷ ④ ㄴ, ㄷ ⑤ ㄱ, ㄴ, ㄷ

| 문제+자료 분석 |

 꿀팁

- A 연수: 중추 신경계에서 뇌줄기를 구성하는 구조는 중간뇌, 뇌교, 연수이므로 A~C 중 뇌줄기를 구성하는 A는 연수이다.
- B 간뇌: 간뇌의 시상 하부는 자율 신경과 내분비샘의 조절 중추로 체온, 혈당량, 혈장 삼투압 조절 등 항상성 조절에 중요한 역할을 한다. 따라서 A~C 중 체온 조절 중추가 있는 B는 간뇌이다.
- C 척수: 교감 신경은 척수와 연결되어 있으며, 부교감 신경은 중간뇌, 연수, 척수와 연결되어 있다. 따라서 A~C 중 교감 신경의 신경절 이전 뉴런의 신경 세포체가 위치한 C는 척수이다.

| 보기 분석 |

ㄱ. 뇌교와 척수 사이에 위치하는 A(연수)에서는 대뇌와 연결된 대부분의 신경이 교차된다. A(연수)는 심장 박동, 호흡 운동, 소화 운동, 소화액 분비 등을 조절하는 중추이며, 기침, 재채기, 하품, 침 분비의 반사 중추이다.

ㄴ. 체온, 혈당량, 혈장 삼투압 등 항상성의 통합 조절 중추는 B(간뇌)의 시상 하부이다. 따라서 ㉠은 시상 하부이다.

ㄷ. 교감 신경은 척수의 가운데 부분에, 부교감 신경은 중간뇌, 연수, 척수의 끝부분에 연결되어 있다. 주의 따라서 교감 신경의 신경절 이전 뉴런의 신경 세포체가 있는 C는 척수이다.

F 15 정답 ③ ＊신경계 [정답률 84%] 2025 대비 9월 모평 8

그림 (가)는 중추 신경계로부터 자율 신경이 심장에 연결된 경로를, (나)는 정상인에서 운동에 의한 심장 박동 수 변화를 나타낸 것이다.

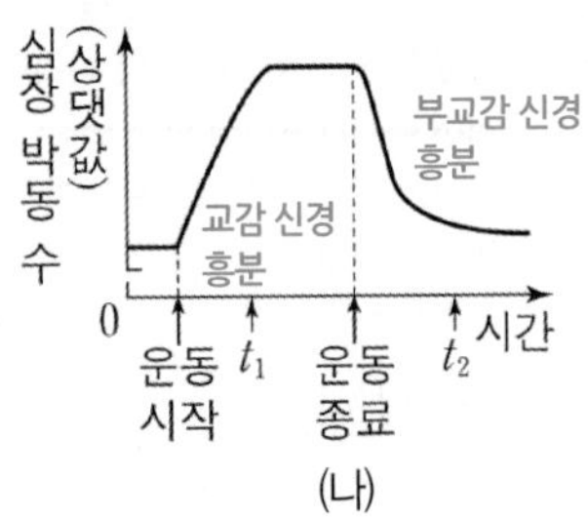

아세틸콜린 분비 아세틸콜린 분비 부교감 신경 ㉠ ㉡ 중추 신경계 심장 ㉢ ㉣ 교감 신경 아세틸콜린 분비 노르에피네프린 분비

(가) 단서 (나)

이에 대한 설명으로 옳은 것만을 〈보기〉에서 있는 대로 고른 것은? (3점)

[보기]

ㄱ. ㉠의 신경 세포체는 연수에 있다.
㉠의 신경 세포체는 연수에 있음

ㄴ. ㉡과 ㉢의 말단에서 아세틸콜린이 분비된다.
㉡과 ㉢의 말단에서 아세틸콜린이 분비됨

ㄷ. ㉣의 말단에서 분비되는 신경 전달 물질의 양은 t_2일 때가 t_1일 때보다 많다.
㉣의 말단에서 분비되는 신경 전달 물질은 t_1일 때가 t_2일 때보다 많음

① ㄱ ② ㄷ ③ ㄱ, ㄴ ④ ㄴ, ㄷ ⑤ ㄱ, ㄴ, ㄷ

| 문제+자료 분석 |

- ㉠이 ㉡보다 길이가 길기 때문에 ㉠은 부교감 신경의 신경절 이전 뉴런, ㉡은 부교감 신경의 신경절 이후 뉴런이다. ㉠과 ㉡의 축삭 돌기 말단에서 모두 아세틸콜린이 분비된다.
- ㉢이 ㉣보다 길이가 짧기 때문에 ㉢은 교감 신경의 신경절 이전 뉴런, ㉣은 교감 신경의 신경절 이후 뉴런이다. ㉢의 축삭 돌기 말단에서 아세틸콜린이, ㉣의 축삭 돌기 말단에서 노르에피네프린이 분비된다.
- 운동 시작 후 심장 박동 수가 증가하고 운동 종료 후 심장 박동 수가 감소한다. 운동 시작 후인 t_1일 때 교감 신경이 흥분하고, 운동 종료 후인 t_2일 때 부교감 신경이 흥분한다.

| 보기 분석 |

ㄱ. ㉠은 부교감 신경의 신경절 이전 뉴런이다. 심장과 연결된 부교감 신경의 신경절 이전 뉴런의 신경 세포체는 연수에 있다.

ㄴ. 부교감 신경의 신경절 이후 뉴런인 ㉡과 교감 신경의 신경절 이전 뉴런인 ㉢의 축삭 돌기 말단에서 모두 아세틸콜린이 분비된다.

ㄷ. ㉣은 교감 신경의 신경절 이후 뉴런으로 운동 시작 후인 t_1일 때가 운동 종료 후인 t_2일 때보다 신경 전달 물질(노르에피네프린)이 많이 분비된다.

＊ 자율 신경계

- 교감 신경은 흥분 또는 긴장 상태에서 작용하며, 부교감 신경은 안정 상태에서 작용한다.
- 교감 신경의 신경절 이전 뉴런의 신경 세포체는 척수에 있고, 부교감 신경의 신경절 이전 뉴런의 신경 세포체는 연수 또는 척수의 아래쪽에 있다. 동공, 심장, 기관지, 위액 등을 조절하는 부교감 신경의 신경 세포체는 연수에, 방광을 조절하는 부교감 신경의 신경 세포체는 척수의 아래쪽에 있다.

F 16 정답 ⑤ ＊자율 신경계 [정답률 72%] 2025 대비 6월 모평 7

그림은 중추 신경계로부터 자율 신경 A와 B가 방광에 연결된 경로를, 표는 A와 B가 각각 방광에 작용할 때의 반응을 나타낸 것이다.

단서 신경절 이전 뉴런이 더 짧음 ➡ 교감 신경

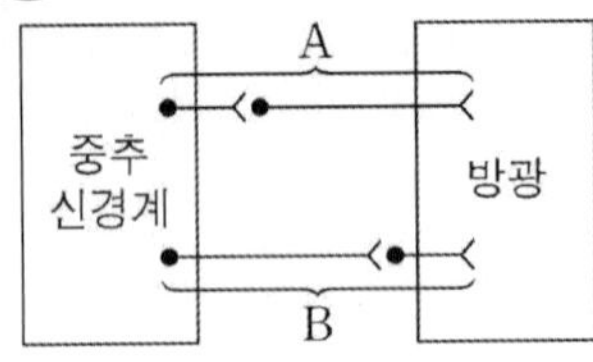

신경절 이전 뉴런이 더 길 ➡ 부교감 신경

자율 신경	반응
A (교감 신경)	방광 확장(이완)
B (부교감 신경)	방광 수축

이에 대한 설명으로 옳은 것만을 〈보기〉에서 있는 대로 고른 것은? (3점)

[보기]

ㄱ. A의 신경절 이후 뉴런의 축삭 돌기 말단에서 노르에피네프린이 분비된다.
교감 신경(A)의 신경절 이후 뉴런의 축삭 돌기 말단에서는 노르에피네프린이 분비됨

ㄴ. B의 신경절 이전 뉴런의 신경 세포체는 척수에 있다.
방광을 조절하는 부교감 신경(B)의 신경절 이전 뉴런의 신경 세포체는 척수에 있음

ㄷ. A와 B는 모두 말초 신경계에 속한다.
A와 B는 모두 중추 신경계와 몸의 각 부분을 연결하는 말초 신경계에 속함

① ㄱ ② ㄴ ③ ㄱ, ㄷ ④ ㄴ, ㄷ ⑤ ㄱ, ㄴ, ㄷ

단서+발상

단서 방광에 연결된 자율 신경 A와 B의 구조와 A와 B에 의한 방광의 반응이 제시되어 있다.

발상 신경절 이전 뉴런이 신경절 이후 뉴런보다 짧은 A는 교감 신경, 신경절 이전 뉴런이 신경절 이후 뉴런보다 긴 B는 부교감 신경임을 추론할 수 있다.

| 문제+자료 분석 |

- 자율 신경계는 교감 신경과 부교감 신경으로 구성되며, 중추에서 나와 반응기에 이르기까지 뉴런 2개가 신경절에서 시냅스를 형성한다.
- 교감 신경은 신경절 이전 뉴런이 신경절 이후 뉴런보다 짧고, 부교감 신경은 신경절 이전 뉴런이 신경절 이후 뉴런보다 길다.
  ➡ A는 신경절 이전 뉴런이 신경절 이후 뉴런보다 짧으므로 교감 신경이고, B는 신경절 이전 뉴런이 신경절 이후 뉴런보다 길므로 부교감 신경이다.
- 교감 신경과 부교감 신경은 같은 기관에 분포하며, 서로 반대 효과를 나타내는 길항 작용으로 기관의 기능을 조절한다.
- 교감 신경과 부교감 신경의 길항 작용은 신경 말단에서 분비되는 신경 전달 물질의 차이로 나타나는데, 교감 신경의 신경절 이후 뉴런의 축삭 돌기 말단에서는 노르에피네프린이 분비되고, 부교감 신경의 신경절 이후 뉴런의 축삭 돌기 말단에서는 아세틸콜린이 분비된다.
  ➡ 교감 신경은 방광을 확장(이완)시키고, 부교감 신경은 방광을 수축시키므로 A는 교감 신경, B는 부교감 신경이다.

| 보기 분석 |

ㄱ. A는 신경절 이전 뉴런이 신경절 이후 뉴런보다 짧으므로 교감 신경이다. 교감 신경(A)의 신경절 이후 뉴런의 축삭 돌기 말단에서는 노르에피네프린이 분비된다.

ㄴ. B는 신경절 이전 뉴런이 신경절 이후 뉴런보다 길기 때문에 부교감 신경이다. 방광을 조절하는 부교감 신경(B)의 신경절 이전 뉴런의 신경 세포체는 척수에 있다. 꿀팁

ㄷ. 교감 신경(A)과 부교감 신경(B)은 자율 신경으로 모두 중추 신경계와 몸의 각 부분을 연결하는 말초 신경계에 속한다.

F 17 정답 ④ ＊신경계 [정답률 87%] 2024 실시 7월 학평 2

그림 (가)는 중추 신경계의 구조를, (나)는 동공의 크기 조절에 관여하는 자율 신경이 중추 신경계에 연결된 경로를 나타낸 것이다. A와 B는 대뇌와 중간뇌를 순서 없이 나타낸 것이다.

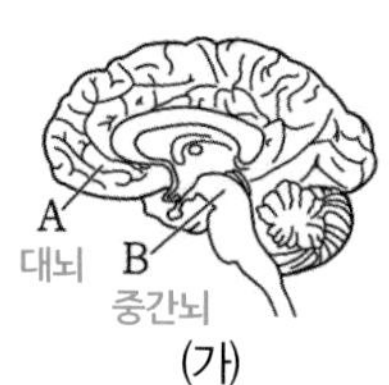

(가)

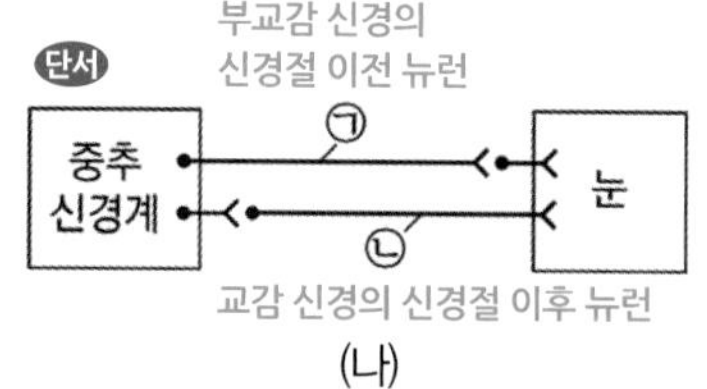

(나)

이에 대한 설명으로 옳은 것만을 〈보기〉에서 있는 대로 고른 것은?

[보기]

ㄱ. A는 ~~뇌줄기~~를 구성한다.
A는 대뇌로 뇌줄기를 구성하지 않음

ㄴ. ㉠의 신경 세포체는 B에 있다.
㉠은 부교감 신경으로 신경 세포체는 중간뇌에 있음

ㄷ. ㉡의 말단에서 노르에피네프린이 분비된다.
㉡은 교감 신경의 신경절 이후 뉴런으로 축삭 돌기 말단에서 노르에피네프린이 분비됨

① ㄱ ② ㄴ ③ ㄱ, ㄷ ④ ㄴ, ㄷ ⑤ ㄱ, ㄴ, ㄷ

단서+발상

단서 (나)에서 중추 신경계로부터 눈에 연결된 자율 신경의 길이가 제시되어 있다.

발상 ㉠이 있는 자율 신경은 신경절 이후 뉴런보다 신경절 이전 뉴런의 길이가 길기 때문에 ㉠은 부교감 신경의 신경절 이전 뉴런이며, ㉡이 있는 자율 신경은 신경절 이전 뉴런보다 신경절 이후 뉴런의 길이가 길기 때문에 ㉡은 교감 신경의 신경절 이후 뉴런임을 추론할 수 있다.

| 문제+자료 분석 |

- **(가):** A는 사람의 뇌에서 가장 큰 영역인 대뇌로 고등 정신 활동을 담당한다. B는 눈동자의 운동과 동공의 크기를 조절하는 중간뇌로 뇌줄기에 속한다.
- ㉠: 신경 세포체가 중추 신경계에 있고 신경절 이후 뉴런보다 길이가 길기 때문에 부교감 신경의 신경절 이전 뉴런을 표현한 것이다.
- ㉡: 축삭 돌기 말단이 눈에 있고 신경절 이전 뉴런보다 길이가 길기 때문에 교감 신경의 신경절 이후 뉴런을 표현한 것이다.
- 동공을 조절하는 부교감 신경의 신경절 이전 뉴런의 신경 세포체는 중간뇌에 있으며, 교감 신경의 신경절 이전 뉴런의 신경 세포체는 척수에 있다.

| 보기 분석 |

ㄱ. A는 사람의 뇌에서 가장 큰 영역이며 표면에 주름이 많은 대뇌이다. 대뇌, 소뇌, 간뇌를 제외하고, 중간뇌, 뇌교, 연수 등을 합하여 뇌줄기라고 한다.

ㄴ. ㉠은 부교감 신경의 신경절 이전 뉴런이다. 동공의 크기를 조절하는 부교감 신경의 신경절 이전 뉴런(㉠)의 신경 세포체는 중간뇌(B)에 있다.

ㄷ. ㉡은 교감 신경의 신경절 이후 뉴런이다. 교감 신경의 신경절 이후 뉴런(㉡)의 축삭 돌기 말단에서 노르에피네프린이 분비된다.

F 18 정답 ① ＊말초 신경계 [정답률 81%] 2024 실시 10월 학평 3

그림은 중추 신경계로부터 말초 신경이 심장과 다리 골격근에 연결된 경로를 나타낸 것이다.

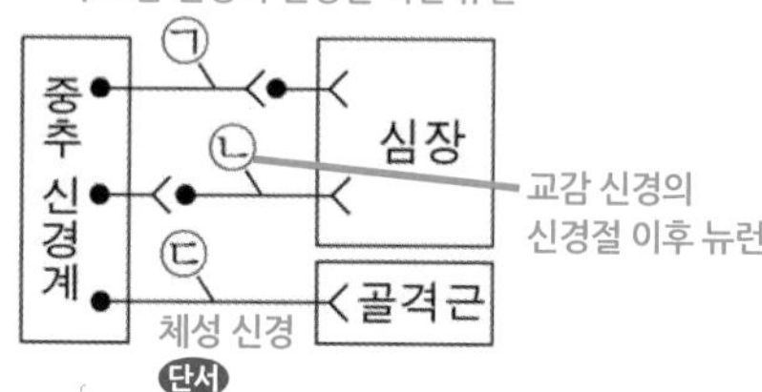

이에 대한 옳은 설명만을 〈보기〉에서 있는 대로 고른 것은? (3점)

[보기]

ㄱ. ㉠의 신경 세포체는 뇌줄기에 있다.
㉠의 신경 세포체는 뇌줄기에 속하는 연수에 있음

ㄴ. ㉡의 말단에서 심장 박동을 ~~억제~~하는 신경 전달 물질이 분비된다.
촉진

ㄷ. ㉢은 ~~구심성~~ 신경이다.
원심성

① ㄱ ② ㄴ ③ ㄷ ④ ㄱ, ㄴ ⑤ ㄴ, ㄷ

단서+발상

단서 심장과 골격근에 연결된 말초 신경 모식도가 제시되어 있다.

발상 뉴런의 개수와 길이를 통해 ㉠이 부교감 신경, ㉡이 교감 신경, ㉢이 체성 신경임을 추론할 수 있다.

| 문제+자료 분석 |

- ㉠은 중추 신경계에서 심장에 이르기 전에 다른 뉴런과 시냅스를 형성하므로 자율 신경이다. 신경절 이전 뉴런인 ㉠이 신경절 이후 뉴런보다 길이가 길기 때문에 부교감 신경이다.
- ㉡도 중추 신경계와 심장 사이에 연결된 두 뉴런 중 하나이므로 자율 신경이다. 신경절 이후 뉴런인 ㉡이 신경절 이전 뉴런보다 길이가 길기 때문에 교감 신경이다.
- ㉢은 중추 신경계에서 나온 뉴런이 작용 기관인 골격근과 직접 시냅스를 형성하므로 체성 신경이다.

| 보기 분석 |

ㄱ. 심장 박동을 조절하는 교감 신경의 신경 세포체는 척수에 있고, 부교감 신경의 신경 세포체는 연수에 있다. 연수는 뇌줄기에 속하므로 ㉠의 신경 세포체는 뇌줄기에 있다. 함정

ㄴ. 교감 신경의 신경절 이후 뉴런의 축삭 돌기 말단에서 심장 박동을 촉진하는 신경 전달 물질인 노르에피네프린이 분비된다.

ㄷ. ㉠~㉢은 모두 중추 신경계에서 말초 신경계로 정보가 전달되는 원심성 뉴런이다.

왜 틀렸나?

- 교감 신경의 신경 세포체는 척수의 가운데 부분에 있다.
- 호흡, 심장 박동, 소화, 홍채의 수축 등을 조절하는 부교감 신경의 신경 세포체는 뇌줄기에 있다.
- 방광의 수축과 이완을 조절하는 부교감 신경의 신경 세포체는 척수의 끝부분에 있다.

F 19 정답 ⑤ *자율 신경 [정답률 71%] 2024 대비 수능 7

표는 사람의 자율 신경 Ⅰ~Ⅲ의 특징을 나타낸 것이다. (가)와 (나)는 척수와 뇌줄기를 순서 없이 나타낸 것이고, ㉠은 아세틸콜린과 노르에피네프린 중 하나이다.

자율 신경	신경절 이전 뉴런의 신경 세포체 위치	신경절 이후 뉴런의 축삭 돌기 말단에서 분비되는 신경 전달 물질	연결된 기관
Ⅰ 부교감	(가) 뇌줄기	아세틸콜린	위
Ⅱ 부교감	(가) 뇌줄기	㉠ 아세틸콜린	심장
Ⅲ 부교감	(나) 척수	㉠ 아세틸콜린	방광

이에 대한 설명으로 옳은 것만을 〈보기〉에서 있는 대로 고른 것은? (3점)

[보기]

ㄱ. (가)는 뇌줄기이다. (가)는 뇌줄기, (나)는 척수임

ㄴ. ㉠은 노르에피네프린이다. ㉠은 아세틸콜린임

ㄷ. Ⅲ은 부교감 신경이다. Ⅰ~Ⅲ은 모두 부교감 신경임

① ㄱ ② ㄴ ③ ㄷ ④ ㄱ, ㄴ ⑤ ㄱ, ㄷ

| 문제+자료 분석 |

- Ⅰ: 위에 연결되어 있으며, 신경절 이후 뉴런의 축삭 돌기 말단에서 분비되는 신경 전달 물질이 아세틸콜린이므로 Ⅰ은 부교감 신경이다. Ⅰ의 신경절 이전 뉴런의 신경 세포체는 연수에 존재하므로 (가)는 연수를 포함하는 뇌줄기이다.
- Ⅱ: 심장에 연결되어 있으며, 신경절 이전 뉴런의 신경 세포체의 위치가 뇌줄기(가)이므로, Ⅱ는 부교감 신경이다. 따라서 ㉠은 아세틸콜린이다.
- Ⅲ: 방광과 연결되어 있으며, 신경절 이후 뉴런의 축삭 돌기 말단에서 분비되는 신경 전달 물질이 아세틸콜린(㉠)이므로 부교감 신경이다. 방광과 연결된 부교감 신경의 신경절 이전 뉴런의 신경 세포체는 척수(나)에 존재한다.

| 보기 분석 |

ㄱ. 위에 연결된 부교감 신경인 Ⅰ은 신경절 이전 뉴런의 신경 세포체가 연수에 존재하므로, (가)는 연수를 포함하는 뇌줄기이다.

ㄴ. ㉠은 부교감 신경인 Ⅱ의 신경절 이후 뉴런의 축삭 돌기 말단에서 분비되는 신경 전달 물질이므로 아세틸콜린이다.

ㄷ. Ⅲ은 방광과 연결되어 있으며, 신경절 이후 뉴런의 축삭 돌기 말단에서 분비되는 신경 전달 물질이 아세틸콜린(㉠)이므로 부교감 신경이다.

권민재 | 강릉원주대 치의예과 2024년 입학·서울 광영여고 졸

Ⅰ은 부교감 신경과 연결되어 있고 뇌줄기에 신경 세포체가 위치함을 바로 파악해야 해. Ⅲ은 신경절 이전 뉴런의 신경 세포체가 척수에 있어 교감 신경과 헷갈릴 수 있지만 신경절 이후 뉴런에서 아세틸콜린이 분비되므로 부교감 신경인 거야.

F 20 정답 ③ *자율 신경계 [정답률 64%] 2023 실시 3월 학평 8

그림은 사람의 중추 신경계와 홍채가 자율 신경으로 연결된 경로를 나타낸 것이다.

이에 대한 옳은 설명만을 〈보기〉에서 있는 대로 고른 것은?

[보기]

ㄱ. ㉠의 신경 세포체는 뇌줄기에 있다. 부교감 신경의 신경절 이전 뉴런인 ㉠의 신경 세포체는 뇌줄기에 속하는 중간뇌에 있음

ㄴ. ㉠과 ㉡의 말단에서 분비되는 신경 전달 물질은 같다. ㉠과 ㉡의 말단에서 모두 아세틸콜린이 분비됨

ㄷ. ㉢의 활동 전위 발생 빈도가 증가하면 동공이 작아진다. 교감 신경이 흥분하면 동공의 크기가 커짐

① ㄱ ② ㄷ ③ ㄱ, ㄴ ④ ㄴ, ㄷ ⑤ ㄱ, ㄴ, ㄷ

| 문제+자료 분석 |

- 신경절 이전 뉴런이 신경절 이후 뉴런보다 길고, 중간뇌, 연수, 척수의 끝부분에서 뻗어 나오는 신경은 부교감 신경이다.
  신경절 이전 뉴런이 신경절 이후 뉴런보다 짧고, 척수의 가운데 부분에서 뻗어 나오는 신경은 교감 신경이다.
- 교감 신경과 부교감 신경 모두 신경절 이전 뉴런 말단에서는 아세틸콜린이 분비되며, 부교감 신경의 신경절 이후 뉴런 말단에서는 아세틸콜린, 교감 신경의 신경절 이후 뉴런 말단에서는 노르에피네프린이 분비된다.
- 동공의 크기를 조절하는 부교감 신경의 신경 세포체는 뇌줄기에 속하는 중간뇌에 있다.
- 교감 신경의 작용으로 동공의 크기가 커지고, 부교감 신경의 작용으로 동공의 크기가 작아진다.

| 보기 분석 |

ㄱ. ㉠은 부교감 신경의 신경절 이전 뉴런으로, 신경 세포체는 뇌줄기에 속하는 중간뇌에 있다. 뇌줄기는 중간뇌, 뇌교, 연수를 말한다.

ㄴ. 부교감 신경에 속하는 ㉠과 ㉡은 각각 신경절 이전 뉴런과 신경절 이후 뉴런으로, 두 뉴런 모두 말단에서 아세틸콜린이 분비된다.

ㄷ. 교감 신경을 자극하면 ㉢의 활동 전위 발생 빈도가 증가한다. 이로 인해 동공의 크기가 커진다.

＊ 자율 신경계

- 교감 신경과 부교감 신경으로 구성된 자율 신경은 대뇌의 직접적인 지배를 받지 않으며, 중간뇌, 연수, 척수에서 뻗어 나온다. 또한 중추에서 나와 반응기에 이르기까지 2개의 뉴런으로 연결되며, 신경절에서 시냅스를 이룬다.
- 교감 신경은 신경절 이전 뉴런이 신경절 이후 뉴런보다 짧고, 척수의 가운데 부분에서 뻗어 나온다. 부교감 신경은 신경절 이전 뉴런이 신경절 이후 뉴런보다 길고, 중간뇌, 연수, 척수의 끝부분에서 뻗어 나온다.

F 21 정답 ⑤ ＊말초 신경계 [정답률 71%] 2023 실시 4월 학평 8

표 (가)는 사람 신경의 3가지 특징을, (나)는 (가)의 특징 중 방광에 연결된 신경 A~C가 갖는 특징의 개수를 나타낸 것이다. A~C는 감각 신경, 교감 신경, 부교감 신경을 순서 없이 나타낸 것이다.

특징
○ 원심성 신경이다. ➡ 교감 신경, 부교감 신경
○ 자율 신경계에 속한다. ➡ 교감 신경, 부교감 신경
○ 신경절 이후 뉴런의 말단에서 노르에피네프린이 분비된다. ➡ 교감 신경

(가)

구분	특징의 개수
A 감각 신경	0
B 부교감 신경	㉠ 2
C 교감 신경	3

(나)

이에 대한 설명으로 옳은 것만을 〈보기〉에서 있는 대로 고른 것은?

[보기]

ㄱ. ㉠은 1이다. ㉠은 2임

ㄴ. A는 말초 신경계에 속한다.
A는 감각 신경으로 말초 신경계에 속함

ㄷ. C의 신경절 이전 뉴런의 신경 세포체는 척수에 있다.
C(교감 신경)의 신경절 이전 뉴런의 신경 세포체는 척수에 존재함

① ㄱ ② ㄴ ③ ㄷ ④ ㄱ, ㄴ ⑤ ㄴ, ㄷ

| 문제+자료 분석 |

- 원심성 신경은 중추 신경의 명령을 반응기에 전달하는 말초 신경으로 체성 신경과 자율 신경(교감 신경, 부교감 신경)으로 구분된다.
- 교감 신경의 신경절 이후 뉴런의 말단에서만 노르에피네프린이 분비된다.
- 감각 신경은 특징의 개수가 0이므로 A에 해당하고, 교감 신경은 특징의 개수가 3이므로 C에 해당한다. B는 부교감 신경이며, ㉠은 2이다.

| 보기 분석 |

ㄱ. B는 부교감 신경이고, '원심성 신경이다.'와 '자율 신경계에 속한다.'라는 특징을 가지므로 ㉠은 2이다.

ㄴ. A는 감각 신경(구심성 신경)으로, 감각기로부터 온 자극을 중추 신경계로 전달하는 말초 신경이다.

ㄷ. C는 교감 신경이고, 모든 교감 신경은 척수와 연결되어 있으므로, 교감 신경을 이루는 2개의 뉴런 중 신경절 이전 뉴런의 신경 세포체는 척수에 존재한다. 부교감 신경은 중간뇌, 연수, 척수와 연결되어 있으나, 교감 신경은 척수에만 연결되어 있음을 기억해두도록 한다. 

문제 풀이 꿀팁

원심성 신경은 체성 신경과 자율 신경(교감 신경, 부교감 신경)으로 구분된다. 체성 신경의 말단, 교감 신경의 신경절 이전 뉴런, 부교감 신경의 신경절 이전 뉴런과 신경절 이후 뉴런의 말단에서는 모두 **아세틸콜린**이 분비되며, 교감 신경의 신경절 이후 뉴런의 말단에서만 **노르에피네프린**이 분비된다.

F 22 정답 ② ＊자율 신경계 [정답률 79%] 2023 실시 10월 학평 7

그림은 중추 신경계와 심장을 연결하는 자율 신경 A를, 표는 A의 특징을 나타낸 것이다. ⓐ와 ⓑ 중 하나에 신경절이 있고, ㉠은 노르에피네프린과 아세틸콜린 중 하나이다.

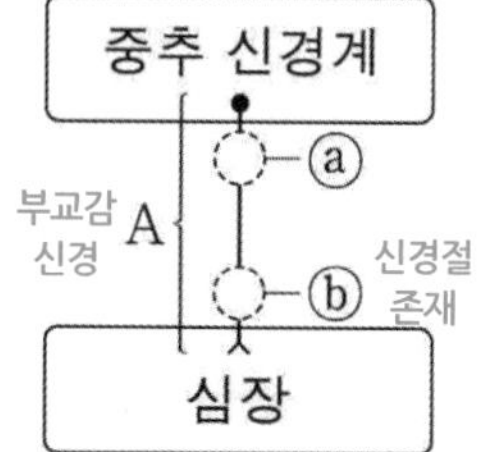

A의 특징
신경절 이전 뉴런 말단과 신경절 이후 뉴런 말단에서 모두 ㉠이 분비된다. 아세틸콜린

이에 대한 옳은 설명만을 〈보기〉에서 있는 대로 고른 것은?

[보기]

ㄱ. ⓐ에 신경절이 있다.
ⓑ에 신경절이 있음

ㄴ. ㉠은 노르에피네프린이다.
㉠은 아세틸콜린임

ㄷ. A에서 활동 전위 발생 빈도가 증가하면 심장 박동 속도가 감소한다.
A(부교감 신경)에서 활동 전위 발생 빈도가 증가하면 심장 박동 속도가 감소함

① ㄱ ② ㄷ ③ ㄱ, ㄴ ④ ㄱ, ㄷ ⑤ ㄴ, ㄷ

| 문제+자료 분석 |

- A: 신경절 이전 뉴런 말단과 신경절 이후 뉴런 말단에서 동일한 신경 전달 물질(㉠)이 분비되므로 A는 부교감 신경이다. 교감 신경은 신경절 이전 뉴런의 말단에서 아세틸콜린이, 신경절 이후 뉴런의 말단에서 노르에피네프린이 분비된다.
- ㉠: 부교감 신경의 신경절 이전 뉴런 말단과 신경절 이후 뉴런 말단에서 모두 분비되는 아세틸콜린이다.
- 부교감 신경은 신경절 이전 뉴런이 신경절 이후 뉴런보다 더 길므로, ⓑ에 신경절이 존재한다.

| 보기 분석 |

ㄱ. 부교감 신경(A)은 신경절 이전 뉴런이 신경절 이후 뉴런보다 더 길기 때문에 ⓑ에 신경절이 존재한다.

ㄴ. ㉠은 부교감 신경(A)의 신경절 이전 뉴런 말단과 신경절 이후 뉴런 말단에서 공통적으로 분비되는 신경 전달 물질이므로 아세틸콜린이다.

ㄷ. 부교감 신경(A)에서 활동 전위 발생 빈도가 증가하면 심장 박동 속도가 감소한다.

＊ 자율 신경계

교감 신경	• 신경절 이전 뉴런이 신경절 이후 뉴런보다 짧다. • 신경절 이전 뉴런 말단에서는 아세틸콜린이, 신경절 이후 뉴런 말단에서는 노르에피네프린이 분비된다.
부교감 신경	• 신경절 이전 뉴런이 신경절 이후 뉴런보다 길다. • 신경절 이전 뉴런 말단과 신경절 이후 뉴런 말단에서는 모두 아세틸콜린이 분비된다.

F 23 정답 ⑤ ＊말초 신경계 [정답률 71%] 2023 실시 7월 학평 17

그림은 중추 신경계에 속한 A와 B로부터 다리 골격근과 심장에 연결된 말초 신경을 나타낸 것이다. A와 B는 연수와 척수를 순서 없이 나타낸 것이고, ⓐ와 ⓑ 중 한 곳에 신경절이 있다.

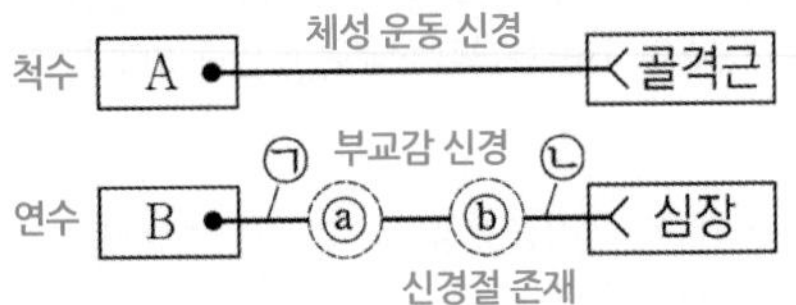

이에 대한 설명으로 옳은 것만을 〈보기〉에서 있는 대로 고른 것은?

[보기]

ㄱ. A는 척수이다. A는 척수임

ㄴ. ⓑ에 신경절이 있다. 부교감 신경은 ⓑ에 신경절이 있음

ㄷ. ㉠과 ㉡의 말단에서 모두 아세틸콜린이 분비된다. ㉠과 ㉡의 말단에서 모두 아세틸콜린이 분비됨

① ㄱ ② ㄷ ③ ㄱ, ㄴ ④ ㄴ, ㄷ ⑤ ㄱ, ㄴ, ㄷ

| 문제+자료 분석 |

- A: 다리의 골격근에 연결된 체성 운동 신경의 신경 세포체는 척수의 속질에 존재하므로 A는 척수이다.
- B: A가 척수이므로 B는 연수이다. 신경절 이전 뉴런의 신경 세포체가 연수에 존재하며, 반응기가 심장인 신경은 부교감 신경이다. ㉠은 부교감 신경의 신경절 이전 뉴런, ㉡은 부교감 신경의 신경절 이후 뉴런이고, ㉠의 길이가 ㉡의 길이보다 길어야 하므로 ⓑ에 신경절이 있다.

| 보기 분석 |

ㄱ. 다리 골격근에 연결된 체성 운동 신경은 척수와 연결되어 있으므로 A는 척수이다.

ㄴ. 신경절 이전 뉴런의 신경 세포체가 연수(B)에 있으며 심장과 연결되어 있는 말초 신경은 부교감 신경이다. 부교감 신경은 신경절 이전 뉴런(㉠)이 신경절 이후 뉴런(㉡)보다 길어야 하므로 ⓑ에 신경절이 있다.

ㄷ. 부교감 신경의 신경절 이전 뉴런(㉠)과 신경절 이후 뉴런(㉡)의 말단에서는 모두 아세틸콜린이 분비된다.

F 24 정답 ④ ＊중추 신경계와 말초 신경계 [정답률 83%] 2024 대비 9월 모평 5

그림은 동공의 크기 조절에 관여하는 자율 신경 X가 중추 신경계에 연결된 경로를 나타낸 것이다. A~C는 대뇌, 연수, 중간뇌를 순서 없이 나타낸 것이고, ㉠에 하나의 신경절이 있다.

이에 대한 설명으로 옳은 것만을 〈보기〉에서 있는 대로 고른 것은?

[보기]

ㄱ. X는 신경절 이전 뉴런이 신경절 이후 뉴런보다 짧다. 부교감 신경(자율 신경 X)은 신경절 이전 뉴런이 신경절 이후 뉴런보다 길

ㄴ. A의 겉질은 회색질이다. 대뇌(A)의 겉질은 뉴런의 신경 세포체가 모여 있는 회색질임

ㄷ. B와 C는 모두 뇌줄기에 속한다. 중간뇌(B)와 연수(C)는 모두 뇌줄기에 속함

① ㄱ ② ㄷ ③ ㄱ, ㄴ ④ ㄴ, ㄷ ⑤ ㄱ, ㄴ, ㄷ

| 문제+자료 분석 |

- A는 대뇌, B는 중간뇌, C는 연수이다. 대뇌의 바깥쪽을 싸고 있는 겉질은 뉴런의 신경 세포체가 모여 있어 회색질이고, 대뇌 안쪽인 속질은 축삭 돌기가 모여 있어 백색질이다. 중간뇌, 뇌교, 연수를 합쳐 뇌줄기라 한다.
- 중간뇌는 빛의 양에 따라 홍채를 축소 또는 확장시켜 동공의 크기를 조절한다.
- 자율 신경은 대뇌의 조절을 직접 받지 않고, 간뇌, 중간뇌, 연수의 조절을 받아 몸의 기능을 조절한다. 자율 신경 X는 중간뇌에서 뻗어 나오므로 부교감 신경이며, 신경절 이전 뉴런이 신경절 이후 뉴런보다 길다.

| 보기 분석 |

ㄱ. 부교감 신경(자율 신경 X)은 신경절 이전 뉴런이 신경절 이후 뉴런보다 길다.

ㄴ. 대뇌(A)의 겉질은 뉴런의 신경 세포체가 모여 있는 회색질이다.

ㄷ. 중간뇌(B)와 연수(C)는 모두 뇌줄기에 속한다.

＊ 겉질과 속질

- 중추 신경에서 회색질은 주로 신경 세포체가 모여 있어 회색으로 보이는 부분이고, 백색질은 축삭 돌기가 모여 흰색으로 보이는 부분이다. 대뇌는 겉질이 회색질, 속질은 백색질이며, 척수는 반대로 겉질이 백색질, 속질은 회색질이다.

＊ 뇌줄기

- 중간뇌, 뇌교, 연수를 합하여 뇌줄기라고 한다. 뇌줄기는 생명 유지에 중요한 역할을 하므로 뇌줄기를 다치면 생명을 잃을 수 있다.

F 25 정답 ② * 신경계 [정답률 84%] 2021 대비 수능 4

그림 (가)는 동공의 크기 조절에 관여하는 말초 신경이 중추 신경계에 연결된 경로를, (나)는 무릎 반사에 관여하는 말초 신경이 중추 신경계에 연결된 경로를 나타낸 것이다.

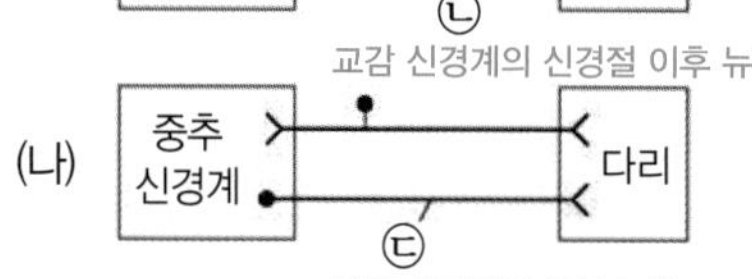

이에 대한 설명으로 옳은 것만을 〈보기〉에서 있는 대로 고른 것은?

[보기]

ㄱ. ㉠~㉢은 모두 자율 신경계에 속한다.
→ ㉠, ㉡은 자율 신경계, ㉢은 체성 신경계

ㄴ. ㉠과 ㉡의 말단에서 분비되는 신경 전달 물질은 같다.
→ ㉠의 말단에서 아세틸콜린, ㉡의 말단에서 노르에피네프린이 분비됨

ㄷ. 무릎 반사의 중추는 척수이다.
→ 무릎 반사에 관여하는 중추는 척수

① ㄱ ② ㄷ ③ ㄱ, ㄴ ④ ㄴ, ㄷ ⑤ ㄱ, ㄴ, ㄷ

| 문제+자료 분석 |

- ㉠: 시냅스 이전에 위치한 신경절 이전 뉴런이다. 신경절 이전 뉴런이 신경절 이후 뉴런보다 길기 때문에 ㉠은 부교감 신경계의 신경절 이전 뉴런이다.
- ㉡: 시냅스 이후에 위치한 신경절 이후 뉴런이다. 신경절 이후 뉴런이 신경절 이전 뉴런보다 길기 때문에 ㉡은 교감 신경계의 신경절 이후 뉴런이다.
- ㉢: 다리의 운동에 관여하는 말초 신경인 체성 신경계의 운동 뉴런이다.

| 보기 분석 |

ㄱ. ㉠, ㉡은 동공의 크기 조절에 관여하는 말초 신경으로 대뇌의 직접적인 지배를 받지 않는 자율 신경계에 속한다. ㉢은 다리의 운동에 관여하는 말초 신경으로 다리의 골격근과 연결된 체성 신경계의 운동 뉴런이다.

ㄴ. ㉠은 부교감 신경계의 신경절 이전 뉴런으로 말단에서 아세틸콜린이 분비된다. ㉡은 교감 신경계의 신경절 이후 뉴런으로 말단에서 노르에피네프린이 분비된다.

ㄷ. 무릎 반사는 무릎뼈 아래를 고무 장치로 쳤을 때 허벅지 앞쪽 근육이 수축하여 다리가 펴지는 반사 작용이다. 무릎뼈 아래의 감각과 다리가 펴지는 운동에 대한 정보는 대뇌에도 전달되지만, 무릎 반사에 관여하는 중추는 대뇌가 아닌 척수이다.

송의현 | 원광대 의예과 2021년 입학 · 안산 동산고 졸

자율 신경과 체성 신경에 대한 문제였어. 교감 신경의 신경절 이전 뉴런이 짧다는 사실을 이용하여 (가)를 분류하고, 감각 신경은 신경 세포체가 중간에 튀어나와 있다는 것을 이용하여 (나)를 분류하면 돼.
헷갈리지 않도록 이미지화 해 두거나 나처럼 '앞니가 짧은 교감 선생님' 이라고 외워두면 교감/부교감을 잘못 판단하는 것 등의 어이없는 실수를 방지할 수 있어.

F 26 정답 ① * 부교감 신경 [정답률 70%] 2020 실시 3월 학평 6

그림은 사람에서 중추 신경계와 심장이 자율 신경으로 연결된 모습의 일부를 나타낸 것이다. A와 B는 각각 연수와 중간뇌 중 하나이고, ㉠과 ㉡ 중 한 부위에 신경절이 있다.

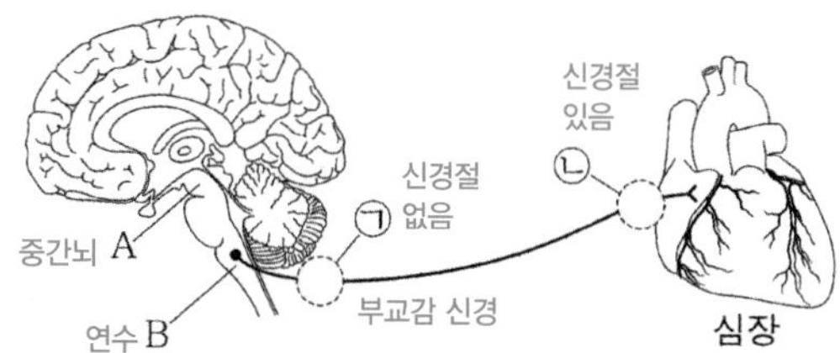

이에 대한 옳은 설명만을 〈보기〉에서 있는 대로 고른 것은?

[보기]

ㄱ. A는 동공 반사의 중추이다. → A(중간뇌)는 동공 반사의 중추

ㄴ. B는 중간뇌이다. → A는 중간뇌, B는 연수

ㄷ. ㉠에 신경절이 있다.
→ 연수는 부교감 신경에 의해 심장과 연결되고, 부교감 신경의 신경절 이전 뉴런의 길이는 신경절 이후 뉴런의 길이보다 길다.

① ㄱ ② ㄷ ③ ㄱ, ㄴ ④ ㄱ, ㄷ ⑤ ㄴ, ㄷ

| 문제+자료 분석 |

- **교감 신경**: 척수와 연결되어 있으며, 신경절 이전 뉴런의 길이가 신경절 이후 뉴런의 길이보다 짧다.
- **부교감 신경**: 중간뇌, 뇌교, 연수, 척수와 연결되어 있으며, 신경절 이전 뉴런의 길이가 신경절 이후 뉴런의 길이보다 길다.

| 보기 분석 |

ㄱ. 연수는 부교감 신경에 의해 심장과 연결되어 있으므로 A는 중간뇌, B는 연수이다. A(중간뇌)는 동공 반사의 중추이다.

ㄴ. A는 중간뇌, B는 연수이다.

ㄷ. 심장과 연수를 연결하는 자율 신경은 부교감 신경이다. 부교감 신경의 신경절 이전 뉴런의 길이는 신경절 이후 뉴런의 길이보다 길다.
따라서 ㉠에는 신경절이 없고, ㉡에는 신경절이 있다.

문제 풀이 Tip

부교감 신경의 글자 수는 앞이 많고 뒤가 적은데, 이것을 부교감 신경은 신경절 이전 뉴런이 길고 신경절 이후 뉴런이 짧은 것과 대응하여 기억한다. 교감 신경은 부교감 신경과 반대라는 것을 생각하여 기억한다.

F 27 정답 ① * 말초 신경계 ········ [정답률 58%] 2022 실시 3월 학평 7

그림은 사람에서 ㉠과 팔의 골격근을 연결하는 말초 신경과, ㉡과 눈을 연결하는 말초 신경을 나타낸 것이다. ㉠과 ㉡은 각각 척수와 중간뇌 중 하나이다.

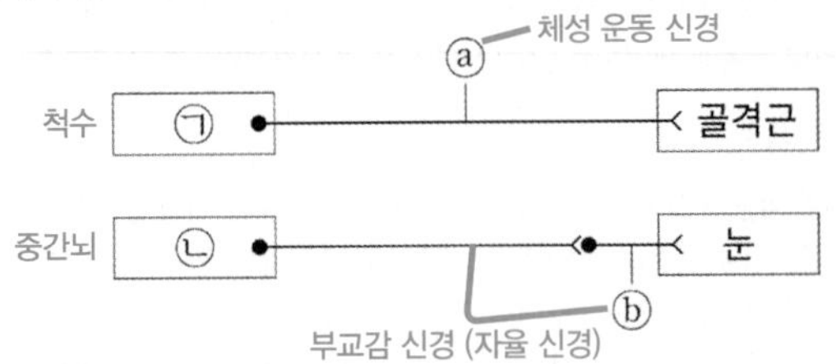

이에 대한 옳은 설명만을 〈보기〉에서 있는 대로 고른 것은? (3점)

[보기]

ㄱ. ㉠은 척수이다.
㉠은 척수, ㉡은 중간뇌

ㄴ. ⓐ는 자율 신경계에 속한다.
골격근에 연결된 원심성 뉴런은 체성 운동 신경

ㄷ. ⓑ의 말단에서 노르에피네프린이 분비된다.
부교감 신경의 신경절 이후 뉴런(ⓑ)에서 아세틸콜린 분비

① ㄱ ② ㄴ ③ ㄱ, ㄴ ④ ㄱ, ㄷ ⑤ ㄴ, ㄷ

| 문제+자료 분석 |

- 골격근에 연결된 원심성 뉴런(ⓐ)은 체성 운동 신경이다. 팔의 골격근에 연결된 체성 운동 신경의 신경 세포체는 척수(㉠)에 있다.
- ⓑ는 중추 신경계로부터 반응기까지 2개의 뉴런으로 이루어진 자율 신경계를 구성하는 뉴런이다. 신경절 이전 뉴런의 길이가 신경절 이후 뉴런(ⓑ)의 길이보다 길기 때문에 ⓑ는 부교감 신경의 신경절 이후 뉴런이다.
- 눈에 연결된 부교감 신경의 신경절 이전 뉴런의 신경 세포체는 중간뇌(㉡)에 있다.

| 보기 분석 |

ㄱ. 눈에 연결된 부교감 신경의 신경절 이전 뉴런의 신경 세포체는 중간뇌(㉡)에 있으며, 팔의 골격근에 연결된 체성 신경의 신경 세포체는 척수(㉠)에 있다. 따라서 ㉠은 척수, ㉡은 중간뇌이다.

ㄴ. ⓐ는 중추 신경계와 반응 기관 사이에서 하나의 뉴런이 명령을 전달하며, 신경절이 없으므로 체성 신경에 속한다. 반면 자율 신경은 대부분 중추 신경계와 반응 기관 사이에 하나의 신경절이 존재한다.  주의

ㄷ. 부교감 신경을 구성하는 신경절 이전 뉴런과 신경절 이후 뉴런(ⓑ)의 축삭 돌기 말단에서는 모두 아세틸콜린이 분비된다.

문제 풀이 Tip

중추 신경계로부터 골격근에 연결된 신경은 체성 운동 신경이다.

F 28 정답 ③ * 신경계의 구조와 기능 ········ [정답률 56%] 2022 실시 4월 학평 5

그림은 중추 신경계로부터 말초 신경을 통해 홍채와 골격근에 연결된 경로를 나타낸 것이다.

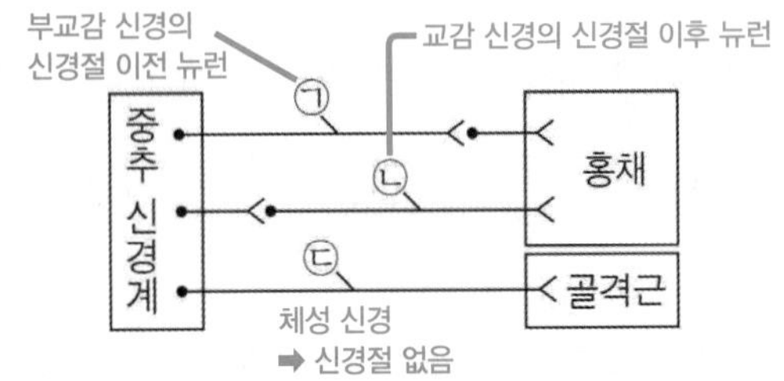

이에 대한 설명으로 옳은 것만을 〈보기〉에서 있는 대로 고른 것은?

[보기]

ㄱ. ㉠은 구심성 뉴런이다.
㉠은 중추 신경계에서 반응기 방향으로 흥분을 전달하는 원심성 뉴런

ㄴ. ㉡이 흥분하면 동공이 축소된다.
㉡(교감 신경의 신경절 이후 뉴런)이 흥분하면 동공이 확대됨

ㄷ. ㉢의 말단에서 아세틸콜린이 분비된다.
㉢(체성 신경)의 말단에서 아세틸콜린이 분비됨

① ㄱ ② ㄴ ③ ㄷ ④ ㄱ, ㄷ ⑤ ㄴ, ㄷ

| 문제+자료 분석 |

- ㉠: ㉠은 중추 신경계에서 홍채 쪽으로 흥분을 전달하는 원심성 뉴런이다. ㉠이 신경절 이후 뉴런보다 길기 때문에 부교감 신경의 신경절 이전 뉴런에 해당한다.
- ㉡: 신경절 이전 뉴런보다 길기 때문에 교감 신경의 신경절 이후 뉴런에 해당한다. ㉡이 흥분하면 말단에서 노르에피네프린이 분비되어 동공이 확대된다.
- ㉢은 중추 신경계에서 골격근까지 신경절 없이 하나의 신경을 통해 흥분을 전달하는 체성 신경이다.  주의 체성 신경 말단에는 아세틸콜린이 분비된다.

| 보기 분석 |

ㄱ. ㉠~㉢은 모두 중추 신경계에서 반응기 쪽으로 정보를 전달하는 원심성 뉴런이다.

ㄴ. ㉡(교감 신경의 신경절 이후 뉴런)이 흥분하면 말단에서 노르에피네프린이 분비되며 동공이 확대된다.

ㄷ. ㉢(체성 신경)의 말단에서 아세틸콜린이 분비된다.

문제 풀이 Tip

교감 신경의 신경절 이전 뉴런은 신경절 이후 뉴런보다 짧다.
➡ 신경절 이전 뉴런을 앞, 신경절 이후 뉴런은 뒤로 생각해서 '앞니가 짧은 교감 선생님'으로 암기하자!

F 29 정답 ③ * 신경계 [정답률 58%] 2021 실시 3월 학평 5

그림은 동공 크기의 조절에 관여하는 자율 신경이 중간뇌에, 심장 박동의 조절에 관여하는 자율 신경이 연수에 연결된 경로를 나타낸 것이다. ⓐ와 ⓑ에는 각각 하나의 신경절이 있다.

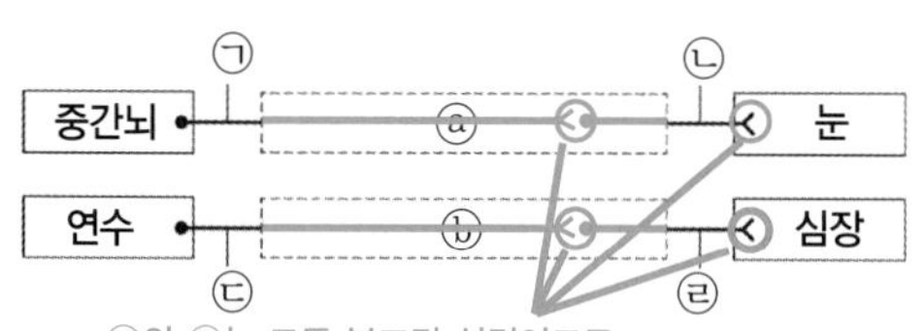

이에 대한 옳은 설명만을 <보기>에서 있는 대로 고른 것은? (3점)

[보기]

ㄱ. ㉠은 부교감 신경을 구성한다.
→ ⓐ는 부교감 신경이므로 ㉠은 부교감 신경을 구성함

ㄴ. ㉡과 ㉢의 말단에서 모두 아세틸콜린이 분비된다.
→ 부교감 신경의 신경절 전후 뉴런의 말단에서 모두 아세틸콜린이 분비됨

ㄷ. ㉣의 말단에서 심장 박동을 촉진하는 신경 전달 물질이 분비된다.
→ ㉣의 말단에서는 심장 박동을 억제하는 신경 전달 물질이 분비됨

① ㄱ ② ㄷ ③ ㄱ, ㄴ ④ ㄴ, ㄷ ⑤ ㄱ, ㄴ, ㄷ

| 문제+자료 분석 |

- 동공 크기의 조절에 관여하는 자율 신경이 중간뇌에 연결된 것은 부교감 신경으로 동공을 축소시키고, 척수에 연결된 것은 교감 신경으로 동공을 확장시킨다. 따라서 ⓐ는 부교감 신경이다.
- 심장 박동의 조절에 관여하는 자율 신경 중 연수에 연결된 자율 신경은 부교감 신경으로 심장 박동을 억제시키고, 척수에 연결된 자율 신경은 교감 신경으로 심장 박동을 촉진시킨다. 따라서 ⓑ도 부교감 신경이다.
- 부교감 신경의 신경절 이전 뉴런과 신경절 이후 뉴런의 말단에서는 모두 아세틸콜린이 분비된다. 따라서 ㉠, ㉡, ㉢, ㉣ 뉴런의 말단에서는 모두 아세틸콜린이 분비된다.

| 보기 분석 |

ㄱ. 중간뇌에 연결되어 동공의 크기 조절에 관여하는 자율 신경인 ⓐ는 부교감 신경이므로 ㉠은 부교감 신경을 구성한다.

ㄴ. 부교감 신경의 신경절 이전 뉴런(㉢)과 신경절 이후 뉴런(㉡)의 말단에서는 모두 아세틸콜린이 분비된다.

ㄷ. 부교감 신경(ⓑ)의 신경절 이후 뉴런(㉣)의 말단에서 분비되는 신경 전달 물질은 심장 박동을 억제한다.

* 교감 신경과 부교감 신경의 분포

교감 신경	척수의 중간 부분에서 나와 각 내장 기관에 분포
부교감 신경	중간뇌, 연수, 척수의 꼬리 부분에서 나와 각 내장 기관에 분포

F 30 정답 ① * 신경계 [정답률 45%] 2019 실시 3월 학평 12

그림은 중추 신경계에서 나온 말초 신경이 근육 A와 B에 연결된 경로를 나타낸 것이다. A와 B는 골격근과 심장근을 순서 없이 나타낸 것이다.

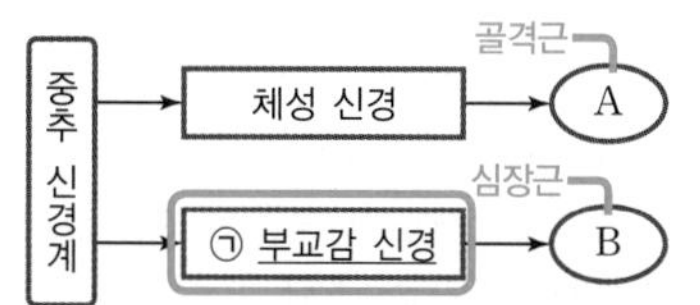

이에 대한 옳은 설명만을 <보기>에서 있는 대로 고른 것은?

[보기]

ㄱ. A는 골격근이다.
→ A는 골격근, B는 심장근

ㄴ. ㉠은 신경절 이전 뉴런이 신경절 이후 뉴런보다 짧다.
→ ㉠(부교감 신경)은 신경절 이전 뉴런이 신경절 이후 뉴런보다 길

ㄷ. ㉠의 신경절 이전 뉴런의 신경 세포체는 척수에 있다.
→ ㉠(부교감 신경)의 신경절 이전 뉴런의 신경 세포체는 연수에 있음

① ㄱ ② ㄴ ③ ㄱ, ㄷ
④ ㄴ, ㄷ ⑤ ㄱ, ㄴ, ㄷ

| 문제+자료 분석 |

- A(골격근): 체성 신경의 조절을 받는다.
- B(심장근): 자율 신경인 부교감 신경의 조절을 받는다.
- ㉠(부교감 신경): 신경절 이전 뉴런이 신경절 이후 뉴런보다 길다.

| 보기 분석 |

ㄱ. 골격근은 체성 신경의 조절을 받으므로 A는 골격근이고, 자율 신경인 부교감 신경의 조절을 받는 B는 심장근이다.

ㄴ. ㉠(부교감 신경)의 신경절 이전 뉴런은 신경절 이후 뉴런보다 길고, 교감 신경의 신경절 이전 뉴런은 신경절 이후 뉴런보다 짧다.

ㄷ. 심장근과 연결되어 있는 ㉠(부교감 신경)의 신경절 이전 뉴런의 신경 세포체는 연수에 있고, 교감 신경의 신경절 이전 뉴런의 신경 세포체는 주로 척수에 있다. 주의

* 자율 신경계

교감 신경	척수의 가운데 부분에서 뻗어 나온다. 신경절 이전 뉴런이 짧고, 신경절 이후 뉴런이 길다.
부교감 신경	중간뇌, 연수, 척수의 아래 부분에서 뻗어 나온다. 신경절 이전 뉴런이 길고, 신경절 이후 뉴런이 짧다.

F 31 정답 ④ * 말초 신경계 [정답률 74%] 2021 실시 7월 학평 10

그림은 중추 신경계로부터 말초 신경을 통해 소장과 골격근에 연결된 경로를, 표는 뉴런 ⓐ~ⓒ의 특징을 나타낸 것이다. ⓐ~ⓒ는 ㉠~㉢을 순서 없이 나타낸 것이다.

구분	특징
ⓐ ㉠	?
ⓑ ㉢	체성 신경계에 속한다.
ⓒ ㉡	축삭 돌기 말단에서 노르에피네프린이 분비된다.

이에 대한 설명으로 옳은 것만을 〈보기〉에서 있는 대로 고른 것은? (3점)

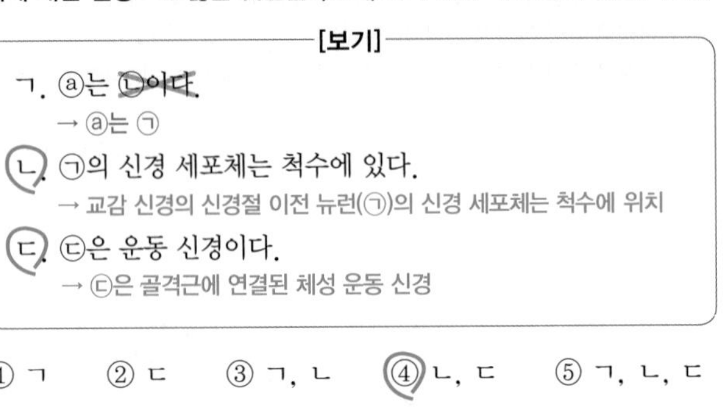

[보기]

ㄱ. ⓐ는 ㉡이다.
→ ⓐ는 ㉠

ㄴ. ㉠의 신경 세포체는 척수에 있다.
→ 교감 신경의 신경절 이전 뉴런(㉠)의 신경 세포체는 척수에 위치

ㄷ. ㉢은 운동 신경이다.
→ ㉢은 골격근에 연결된 체성 운동 신경

① ㄱ ② ㄷ ③ ㄱ, ㄴ ④ ㄴ, ㄷ ⑤ ㄱ, ㄴ, ㄷ

| 문제+자료 분석 |

- ㉠과 ㉡은 중추 신경계로부터 반응기까지 2개의 뉴런으로 이루어진 자율 신경계를 구성하는 뉴런이다.
- 신경절 이전 뉴런(㉠)의 길이가 신경절 이후 뉴런(㉡)의 길이보다 짧으므로 ㉠과 ㉡으로 구성된 자율 신경은 교감 신경이다. 꿀팁
- 교감 신경의 신경절 이후 뉴런(㉡)에서 노르에피네프린이 분비되므로 ⓒ는 ㉡이다.
- 골격근에 연결된 원심성 뉴런(㉢)은 체성 운동 신경이다. 그러므로 ⓑ는 ㉢이고, ⓐ는 교감 신경의 신경절 이전 뉴런(㉠)이다. 주의

| 보기 분석 |

ㄱ. ⓒ는 축삭 돌기 말단에서 노르에피네프린이 분비되는 교감 신경의 신경절 이후 뉴런 ㉡이고, ⓑ는 체성 운동 신경에 해당하는 ㉢이므로, ⓐ는 교감 신경의 신경절 이전 뉴런 ㉠이다.

ㄴ. ㉠은 교감 신경의 신경절 이전 뉴런이므로 신경 세포체가 척수에 있다.

ㄷ. ㉢은 척수로부터 골격근으로 흥분을 전달하는 원심성 뉴런으로 체성 운동 신경에 해당한다.

F 32 정답 ① * 자율 신경계 [정답률 72%] 2019 대비 수능 12

그림은 중추 신경계로부터 자율 신경을 통해 위와 방광에 연결된 경로를 나타낸 것이다.

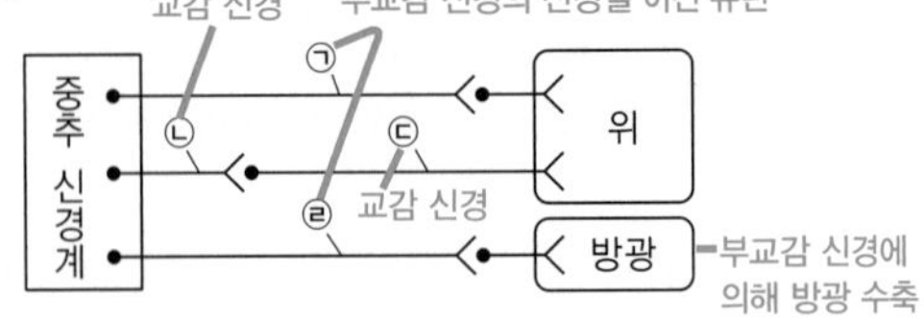

이에 대한 설명으로 옳은 것만을 〈보기〉에서 있는 대로 고른 것은?

[보기]

ㄱ. ㉠은 말초 신경계에 속한다.
→ 부교감 신경(㉠)은 말초 신경계에 속하는 자율 신경

ㄴ. ㉠과 ㉢의 말단에서 분비되는 신경 전달 물질은 같다.
→ ㉠ 말단에서는 아세틸콜린, ㉢의 말단에서는 노르에피네프린 분비

ㄷ. ㉣의 신경 세포체는 연수에 존재한다.
→ 방광에 연결된 부교감 신경(㉣)의 신경 세포체는 척수에 존재

① ㄱ ② ㄴ ③ ㄱ, ㄷ
④ ㄴ, ㄷ ⑤ ㄱ, ㄴ, ㄷ

| 문제+자료 분석 |

- ㉠, ㉣: 부교감 신경의 신경절 이전 뉴런(아세틸콜린이 분비됨)
- ㉡: 교감 신경의 신경절 이전 뉴런(아세틸콜린이 분비됨)
- ㉢: 교감 신경의 신경절 이후 뉴런(노르에피네프린이 분비됨)

| 보기 분석 |

ㄱ. ㉠은 부교감 신경의 신경절 이전 뉴런이다. 부교감 신경은 말초 신경계에 속하는 자율 신경이다. 따라서 ㉠은 말초 신경계에 속한다.

ㄴ. 부교감 신경인 ㉠의 말단에서는 아세틸콜린, 교감 신경의 신경절 이후 뉴런의 말단에서는 노르에피네프린이 분비된다.

ㄷ. ㉣은 방광에 연결된 부교감 신경이다. 방광에 연결된 자율 신경은 모두 척수로부터 나온다. 따라서 ㉣도 척수에 연결되어 있다. 주의

문제 풀이 Tip

교감 신경의 신경 세포체는 척수에 존재한다. 반면 부교감 신경의 신경 세포체는 심장 박동, 소화, 호흡이면 연수에, 동공이면 중간뇌에, 방광이면 척수에 존재한다는 것을 알아두도록 하자.

F 33 정답 ③ * 자율 신경의 작용 [정답률 55%] 2019 실시 7월 학평 6

그림은 중추 신경계에 속한 (가)와 (나)에 연결된 자율 신경 ㉠과 ㉡의 작용으로 일어나는 반응을 나타낸 것이다. (가)와 (나)는 각각 척수와 중간뇌(중뇌) 중 하나이다.

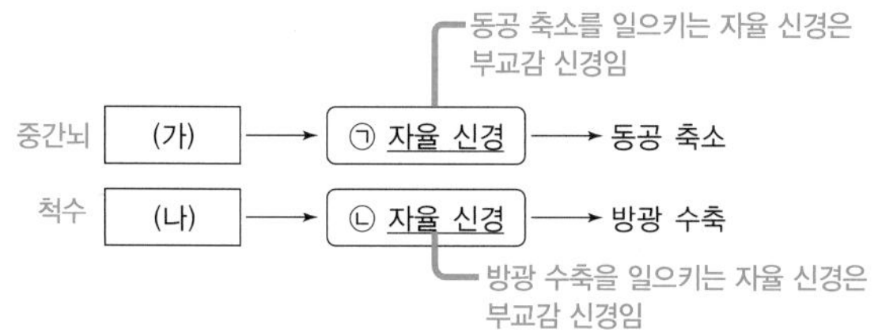

이에 대한 설명으로 옳은 것만을 <보기>에서 있는 대로 고른 것은?

[보기]

ㄱ. (가)는 무릎 반사의 중추이다.
→ (가)는 동공 반사의 중추인 중간뇌(중뇌)임

ㄴ. ㉠의 신경절 이전 뉴런은 신경절 이후 뉴런보다 짧다.
→ 부교감 신경(㉠)의 신경절 이전 뉴런은 신경절 이후 뉴런보다 길다.

ㄷ. ㉡의 신경절 이후 뉴런의 축삭 돌기 말단에서 분비되는 신경 전달 물질은 아세틸콜린이다.
→ ㉡은 부교감 신경이므로, 신경절 이전 뉴런의 축삭돌기 말단과 신경절 이후 뉴런의 축삭 돌기 말단에서 모두 아세틸콜린이 분비됨

① ㄱ ② ㄴ ③ ㄷ
④ ㄱ, ㄷ ⑤ ㄴ, ㄷ

| 문제+자료 분석 |

- (가) 중간뇌: 동공 반사의 조절 중추이다.
- (나) 척수: 방광에 연결된 교감 신경과 부교감 신경은 모두 척수에 연결된다.
- ㉠: 동공 축소를 일으키는 자율 신경은 부교감 신경이다.
- ㉡: 방광 수축을 일으키는 자율 신경은 부교감 신경이다.

| 보기 분석 |

ㄱ. 동공 축소를 일으키는 부교감 신경 ㉠은 동공 반사의 중추인 중간뇌(중뇌)에 연결된다. 따라서 (가)는 중간뇌(중뇌)이다. 참고로 무릎 반사의 중추는 척수이다.

ㄴ. 교감 신경은 신경절 이전 뉴런이 짧고, 신경절 이후 뉴런이 길다. 반면 부교감 신경은 신경절 이전 뉴런이 길고, 신경절 이후 뉴런이 짧다. ㉠은 부교감 신경이므로, 신경절 이전 뉴런은 신경절 이후 뉴런보다 길다.

ㄷ. 교감 신경에서 신경절 이전 뉴런의 축삭 돌기 말단에서는 아세틸콜린이, 신경절 이후 뉴런의 축삭 돌기 말단에서는 노르에피네프린이 분비된다.
부교감 신경에서는 신경절 이전 뉴런의 축삭 돌기 말단과 신경절 이후 뉴런의 축삭 돌기 말단에서 모두 아세틸콜린이 분비된다.
㉡은 부교감 신경이므로 ㉡의 신경절 이후 뉴런의 축삭 돌기 말단에서 분비되는 신경 전달 물질은 아세틸콜린이다.

* 자율 신경계의 작용

구분	심장 박동, 호흡 운동	동공	방광	소화 작용
교감 신경	촉진	확장	이완	억제
부교감 신경	억제	축소	수축	촉진

F 34 정답 ① * 자율 신경 [정답률 66%] 2021 대비 6월 모평 3

그림은 중추 신경계로부터 자율 신경을 통해 심장과 위에 연결된 경로를, 표는 ㉠이 심장에, ㉡이 위에 각각 작용할 때 나타나는 기관의 반응을 나타낸 것이다. ⓐ는 '억제됨'과 '촉진됨' 중 하나이다.

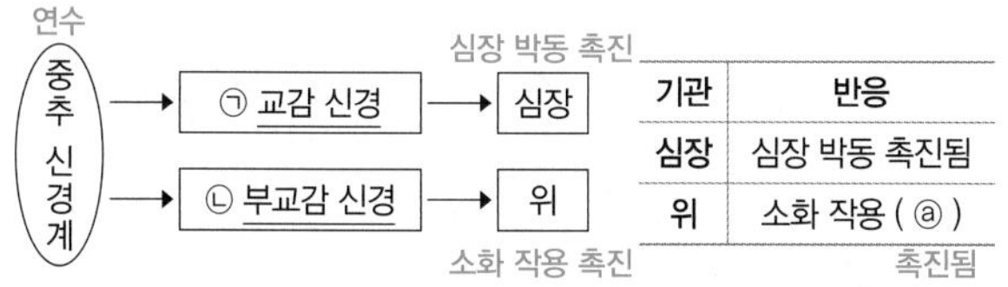

기관	반응
심장	심장 박동 촉진됨
위	소화 작용 (ⓐ)

이에 대한 설명으로 옳은 것만을 <보기>에서 있는 대로 고른 것은? (3점)

[보기]

ㄱ. ㉠은 신경절 이전 뉴런이 신경절 이후 뉴런보다 짧다.
→ 교감 신경은 신경절 이전 뉴런이 신경절 이후 뉴런보다 짧다.

ㄴ. ㉡은 감각 신경이다.
→ ㉡은 부교감 신경으로, 원심성 신경(운동 신경)으로 구성된다.

ㄷ. ⓐ는 '억제됨'이다.
→ 위에 부교감 신경이 작용하면 소화 작용이 촉진되어 소화가 잘 된다.

① ㄱ ② ㄴ ③ ㄷ
④ ㄱ, ㄴ ⑤ ㄱ, ㄷ

| 문제+자료 분석 |

- 자율 신경에는 교감 신경과 부교감 신경이 있다.
- 교감 신경이 심장에 작용하면 심장 박동이 촉진되고, 부교감 신경이 심장에 작용하면 심장 박동이 느려진다.
- 교감 신경이 위에 작용하면 소화 작용이 억제되고, 부교감 신경이 위에 작용하면 소화 작용이 촉진된다.

| 보기 분석 |

ㄱ. 교감 신경(㉠)은 신경절 이전 뉴런이 신경절 이후 뉴런보다 짧다. 반면, 부교감 신경(㉡)은 신경절 이전 뉴런이 신경절 이후 뉴런보다 길다.

ㄴ. 교감 신경과 부교감 신경은 모두 자율 신경으로, 2개의 원심성 신경(운동 신경)으로 구성된다. ㉡은 감각 신경이 아니다.

ㄷ. 위에 연결된 부교감 신경이 작용하면 소화 작용이 촉진된다.

* 교감 신경과 부교감 신경

구분	동공	심장 박동	혈압	방광	혈당량	소화
교감 신경	확대	촉진	상승	확장	증가	억제
부교감 신경	축소	억제	하강	수축	감소	촉진

F 35 정답 ② * 중추 신경계 [정답률 68%] 2019 실시 10월 학평 6

그림은 중추 신경계와 호흡계를 연결하는 뉴런 A~E를 나타낸 것이다. ㉠과 ㉡은 각각 척수와 연수 중 하나이다.

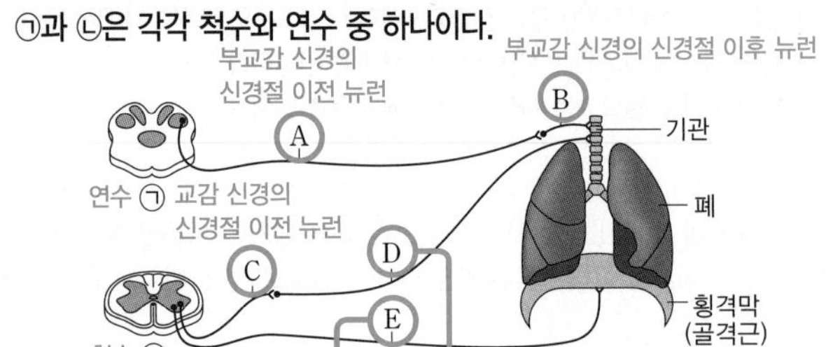

이에 대한 옳은 설명만을 〈보기〉에서 있는 대로 고른 것은? (3점)

[보기]

ㄱ. ㉠은 척수이다. → ㉠은 연수, ㉡은 척수

ㄴ. A와 E는 모두 체성 신경계에 속한다. → A는 자율 신경계에 속하고, E는 체성 신경계에 속함

ㄷ. 축삭 돌기 말단에서 분비되는 신경 전달 물질은 B와 C가 같다. → B와 C의 말단에서 분비되는 신경 전달 물질은 아세틸콜린임

① ㄱ ② ㄷ ③ ㄱ, ㄴ ④ ㄱ, ㄷ ⑤ ㄴ, ㄷ

| 문제+자료 분석 |

- ㉠(연수): 부교감 신경이 연결됨
- ㉡(척수): 교감 신경이 연결됨
- A: 부교감 신경의 신경절 이전 뉴런, 아세틸콜린 분비
- B: 부교감 신경의 신경절 이후 뉴런, 아세틸콜린 분비
- C: 교감 신경의 신경절 이전 뉴런, 아세틸콜린 분비
- D: 교감 신경의 신경절 이후 뉴런, 노르에피네프린 분비
- E: 체성 신경, 신경절 없이 한 개의 뉴런으로 구성됨

| 보기 분석 |

ㄱ. 연수에서 부교감 신경이 나오는데 부교감 신경은 2개의 뉴런으로 구성되고, 신경절 이전 뉴런의 길이가 신경절 이후 뉴런의 길이보다 길다.
척수의 중간 부분에서 교감 신경, 꼬리 부분에서 부교감 신경이 나오는데 교감 신경은 2개의 뉴런으로 구성되고, 신경절 이전 뉴런의 길이가 신경절 이후 뉴런의 길이보다 짧다. 따라서 ㉠은 연수, ㉡은 척수이다.

ㄴ. 체성 신경계는 주로 대뇌의 지배를 받으며 1개의 뉴런으로 구성된다. 자율 신경계는 대뇌의 직접적인 지배를 받지 않으며 중간뇌(중뇌), 연수, 척수의 명령을 심장근, 내장근, 분비샘에 전달한다. A와 B는 부교감 신경으로 자율 신경계에 속하고, E는 체성 신경계에 속하는 운동 신경이다. 주의

ㄷ. B는 부교감 신경의 신경절 이후 뉴런으로 아세틸콜린이 분비되고, C는 교감 신경의 신경절 이전 뉴런으로 아세틸콜린이 분비된다. 따라서 축삭 돌기 말단에서 분비되는 신경 전달 물질은 B와 C가 같다.

F 36 정답 ③ * 자율 신경 [정답률 64%] 2020 실시 7월 학평 16

그림 (가)는 중추 신경계의 구조를, (나)는 중추 신경계와 심장이 자율 신경으로 연결된 모습을 나타낸 것이다. A~C는 각각 척수, 연수, 대뇌 중 하나이다.

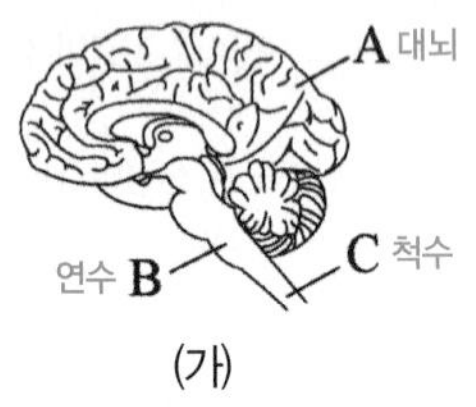

(가)

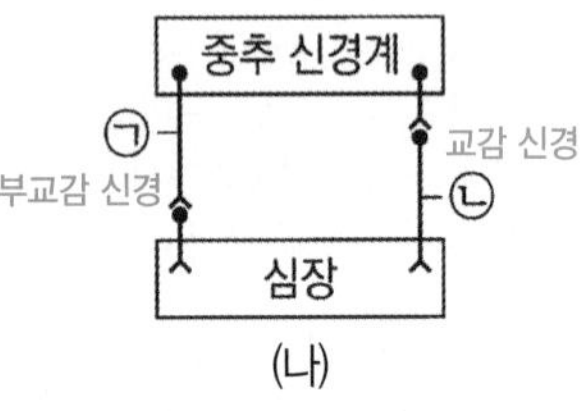

(나)

이에 대한 설명으로 옳은 것만을 〈보기〉에서 있는 대로 고른 것은?

[보기]

ㄱ. A의 겉질은 회색질이다. → A의 겉질은 신경 세포체가 존재하는 회색질

ㄴ. ㉠의 신경 세포체는 C에 존재한다. → 심장 박동을 조절하는 신경 세포체는 B에 존재함

ㄷ. ㉡에서 흥분 발생 빈도가 증가하면 심장 박동이 촉진된다. → ㉡은 교감 신경으로 흥분 발생 빈도가 증가하면 심장 박동이 촉진됨

① ㄱ ② ㄴ ③ ㄱ, ㄷ ④ ㄴ, ㄷ ⑤ ㄱ, ㄴ, ㄷ

| 문제+자료 분석 |

- A: 대뇌로 고등 정신 활동에 관여한다.
- B: 연수로 폐, 심장 등의 움직임을 조절한다.
- C: 척수로 무릎 반사의 중추이다.
- 심장 박동을 조절하는 자율 신경은 교감 신경과 부교감 신경으로 나누어진다.
- ㉠은 신경절 이전 뉴런으로 이것이 긴 것은 부교감 신경이고, ㉡은 신경절 이후 뉴런으로 이것이 긴 것은 교감 신경이다.

| 보기 분석 |

ㄱ. A는 대뇌로 대뇌의 겉질은 신경 세포체가 존재하는 회색질이다.

ㄴ. 심장 박동을 조절하는 중추는 연수이다. ㉠의 신경 세포체는 중추 신경계 중 연수인 B에 존재한다. 주의

ㄷ. ㉡은 교감 신경의 신경절 이후 뉴런이다. ㉡의 말단에서 노르에피네프린이 분비되는데, ㉡의 흥분 발생 빈도가 증가하면 심장 박동이 촉진된다.

* 자율 신경계

교감 신경	신경절 이전 뉴런이 짧고 신경절 이후 뉴런이 길다. 신경절 이전 뉴런의 말단에서 아세틸콜린이 분비되며 신경절 이후 뉴런의 말단에서 노르에피네프린이 분비된다.
부교감 신경	신경절 이전 뉴런이 길고 신경절 이후 뉴런이 짧다. 신경절 이전 뉴런의 말단과 신경절 이후 뉴런의 말단 모두에서 아세틸콜린이 분비된다.

F 37 정답 ③ * 자율 신경계 [정답률 69%] 2021 실시 4월 학평 13

그림 (가)는 중추 신경계로부터 자율 신경을 통해 심장에 연결된 경로를, (나)는 ㉠과 ㉡ 중 하나를 자극했을 때 심장 세포에서 활동 전위가 발생하는 빈도의 변화를 나타낸 것이다.

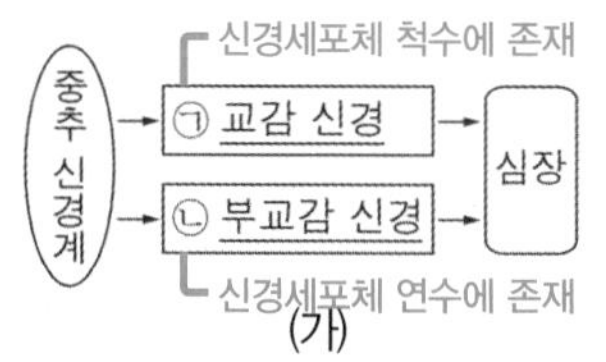

(가)

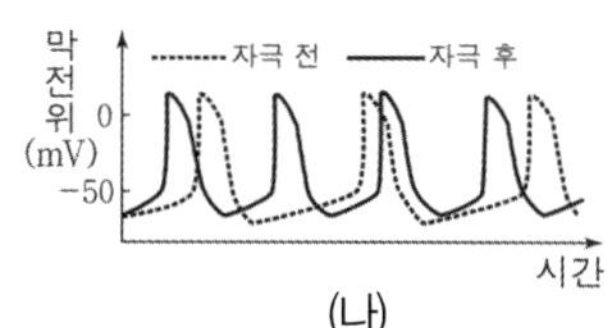

(나)

→ 자극 후 심장 박동이 빨라짐
→ ㉠(교감 신경)을 자극한 것

이에 대한 설명으로 옳은 것만을 〈보기〉에서 있는 대로 고른 것은?

[보기]

ㄱ. ㉠의 신경절 이전 뉴런의 신경 세포체는 척수에 있다.
→ 교감 신경의 신경절 이전 뉴런의 신경 세포체는 모두 척수에 있음

ㄴ. ㉡은 신경절 이전 뉴런이 신경절 이후 뉴런보다 길다.
→ 부교감 신경의 신경절 이전 뉴런이 신경절 이후 뉴런보다 길다.

ㄷ. (나)는 ㉡을 자극했을 때의 변화를 나타낸 것이다.
→ (나)는 ㉠(교감 신경)을 자극해 심장 박동이 빨라진 것

  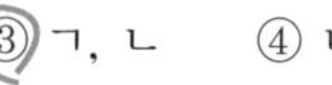

① ㄱ ② ㄷ ③ ㄱ, ㄴ ④ ㄴ, ㄷ ⑤ ㄱ, ㄴ, ㄷ

| 문제+자료 분석 |

- ㉠(교감 신경): 척수 근처에 신경절이 존재하여 신경절 이전 뉴런보다 신경절 이후 뉴런이 길다. 교감 신경의 신경절 이전 뉴런의 말단에서는 아세틸콜린이 주로 분비되며 신경절 이후 뉴런의 말단에서는 노르에피네프린이 분비된다.
- ㉡(부교감 신경): 내장 기관 근처에 신경절이 존재하여 신경절 이전 뉴런이 신경절 이후 뉴런보다 길다. 부교감 신경의 신경절 이전 뉴런과 신경절 이후 뉴런의 말단에서는 아세틸콜린이 분비된다.
- (나)에서 자극 후 심장 박동이 빨라졌으므로 ㉠(교감 신경)을 자극한 것이다.

| 보기 분석 |

ㄱ. ㉠(교감 신경)의 신경절 이전 뉴런의 신경 세포체는 척수의 가운데 부분에 있다.

ㄴ. ㉡(부교감 신경)은 신경절 이전 뉴런이 신경절 이후 뉴런보다 길다. 반면 ㉠(교감 신경)은 신경절 이전 뉴런보다 신경절 이후 뉴런이 길다.

ㄷ. (나)에서 자극 전보다 자극 후에 심장 박동이 빨라졌다. ㉠(교감 신경)을 자극하면 심장 박동이 빨라지며 ㉡(부교감 신경)을 자극하면 심장 박동이 느려진다.

*** 자율 신경계**

교감 신경	척수의 가운데 부분에서 뻗어 나오며, 척수와 가까운 곳에 신경절이 있어 신경절 이전 뉴런보다 신경절 이후 뉴런이 길다.
부교감 신경	중뇌, 연수, 척수의 아래 부분에서 뻗어 나오며 내장 기관과 가까운 곳에 신경절이 있어 신경절 이전 뉴런이 신경절 이후 뉴런보다 길다.

F 38 정답 ③ * 심장 박동 조절 [정답률 73%] 2022 대비 6월 모평 7

그림 (가)는 심장 박동을 조절하는 자율 신경 A와 B 중 A를 자극했을 때 심장 세포에서 활동 전위가 발생하는 빈도의 변화를, (나)는 물질 ㉠의 주사량에 따른 심장 박동 수를 나타낸 것이다. ㉠은 심장 세포에서의 활동 전위 발생 빈도를 변화시키는 물질이며, A와 B는 교감 신경과 부교감 신경을 순서 없이 나타낸 것이다.

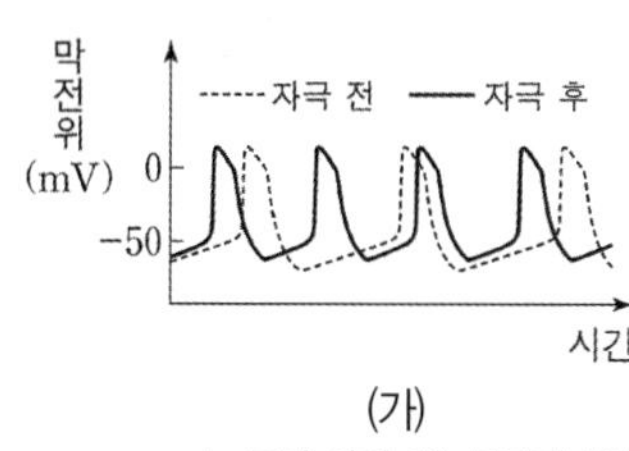

(가)
→ A: 교감 신경 B: 부교감 신경

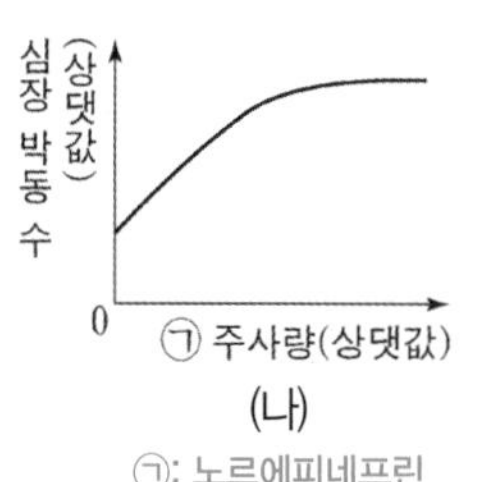

(나)
㉠: 노르에피네프린

이에 대한 설명으로 옳은 것만을 〈보기〉에서 있는 대로 고른 것은? (3점)

[보기]

ㄱ. A의 신경절 이후 뉴런의 축삭 돌기 말단에서 분비되는 신경 전달 물질은 아세틸콜린이다.
→ A의 신경절 이후 뉴런의 축삭 돌기 말단에서 노르에피네프린 분비

ㄴ. ㉠이 작용하면 심장 세포에서의 활동 전위 발생 빈도가 감소한다.
→ ㉠이 작용하면 심장 세포에서 활동 전위 발생 빈도 증가

ㄷ. A와 B는 심장 박동 조절에 길항적으로 작용한다.
→ 교감 신경과 부교감 신경은 길항적으로 작용함

① ㄱ ② ㄴ ③ ㄷ ④ ㄱ, ㄷ ⑤ ㄴ, ㄷ

| 문제+자료 분석 |

- A(교감 신경): 심장 박동을 조절하는 교감 신경을 자극하면 심장 세포에서 활동 전위 발생 빈도가 증가한다. (가)에서 A를 자극한 후에 심장 세포에서 활동 전위의 빈도가 증가했으므로 A는 교감 신경이다.
- B(부교감 신경): 심장 박동을 조절하는 부교감 신경을 자극하면 심장 세포에서 활동 전위가 발생하는 빈도가 감소한다. 부교감 신경과 교감 신경은 길항적으로 작용한다.
- ㉠(노르에피네프린): 교감 신경의 신경절 이후 뉴런의 축삭 돌기 말단에서 노르에피네프린이 분비된다. (나)에서 ㉠을 주사했을 때 심장 박동 수가 증가했으므로 ㉠은 심장 세포에서 활동 전위 발생 빈도를 증가시키는 노르에피네프린이다.

| 보기 분석 |

ㄱ. A를 자극했을 때 심장 세포에서 활동 전위가 발생하는 빈도가 증가했으므로 A는 교감 신경이다. 교감 신경의 신경절 이후 뉴런의 축삭 돌기 말단에서 분비되는 신경 전달 물질은 노르에피네프린이다. 아세틸콜린은 교감 신경의 신경절 이전 뉴런, 부교감 신경의 신경절 이전 뉴런과 신경절 이후 뉴런의 축삭 돌기 말단에서 분비된다.

ㄴ. ㉠을 주사했을 때 심장 박동 수가 증가했으므로 ㉠이 작용하면 심장 세포에서 활동 전위의 발생 빈도가 증가한다. ㉠은 교감 신경의 신경절 이후 뉴런의 축삭 돌기 말단에서 분비되는 신경 전달 물질과 같다.

ㄷ. 길항 작용은 두 가지 요인이 같은 기관에 대해 서로 반대로 작용하여 서로의 효과를 줄이는 것이다. 교감 신경인 A는 심장 박동 촉진에 관여하고 부교감 신경인 B는 심장 박동 억제에 관여하므로 A와 B는 심장 박동 조절에 길항적으로 작용한다.

F 39 정답 ① * 자율 신경계의 작용 ······ [정답률 63%] 2018 대비 6월 모평 14

그림 (가)는 심장 박동을 조절하는 자율 신경 A와 B를, (나)는 A와 B 중 하나를 자극했을 때 심장 세포에서 활동 전위가 발생하는 빈도의 변화를 나타낸 것이다.

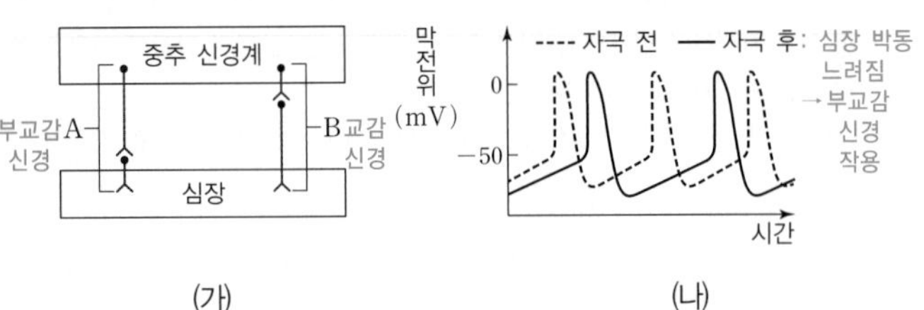

이에 대한 설명으로 옳은 것만을 〈보기〉에서 있는 대로 고른 것은? (3점)

[보기]

ㄱ. A는 말초 신경계에 속한다.
→ 부교감 신경인 A는 말초 신경계에 속함

ㄴ. B의 신경절 이후 뉴런의 축삭 돌기 말단에서 분비되는 신경 전달 물질은 아세틸콜린이다.
→ B는 교감 신경이므로 신경절 이후 뉴런의 축삭 돌기 말단에서 노르에피네프린 분비

ㄷ. (나)는 B를 자극했을 때의 변화를 나타낸 것이다.
→ 자극 후 심장 박동이 느려졌으므로 부교감 신경인 A를 자극했을 때의 변화

① ㄱ ② ㄴ ③ ㄱ, ㄷ ④ ㄴ, ㄷ ⑤ ㄱ, ㄴ, ㄷ

| 문제+자료 분석 |

- A(부교감 신경): 신경절 이전 뉴런이 신경절 이후 뉴런보다 길다.
- B(교감 신경): 신경절 이전 뉴런이 신경절 이후 뉴런보다 짧다.
- 부교감 신경을 자극하면 심장 세포에서의 활동 전위 빈도가 감소한다.
- 교감 신경과 부교감 신경은 서로 길항 작용을 한다.

| 보기 분석 |

ㄱ. A는 중추 신경계와 심장 사이에서 신호를 전달하는 자율 신경이다. 자율 신경은 말초 신경계에 속한다.

ㄴ. B(교감 신경)의 신경절 이후 뉴런의 축삭 돌기 말단에서 분비되는 신경 전달 물질은 노르에피네프린이다.

ㄷ. (나)는 A(부교감 신경)를 자극했을 때의 변화를 나타낸 것이다. 주의

문제 풀이 Tip

- 교감 신경과 부교감 신경은 2개의 뉴런으로 구성되어 신경절이 존재한다. 이 중 신경절 이전 뉴런이 짧은 신경이 교감 신경, 신경절 이후 뉴런이 짧은 신경이 부교감 신경이다.
- 두 신경은 서로 길항 작용을 하는데, 교감 신경의 신경절 이후 뉴런의 축삭 돌기 말단에서만 노르에피네프린(노르아드레날린)이 분비되어 심장 박동 촉진, 혈당량 증가, 동공 확장 등의 변화가 나타난다.

F 40 정답 ① * 자율 신경계의 구조와 기능 ······ [정답률 65%] 2021 대비 9월 모평 16

교감 신경은 동공 확장 촉진, 부교감 신경은 동공 축소 촉진

그림 (가)는 동공의 크기 조절에 관여하는 교감 신경과 부교감 신경이 중추 신경계에 연결된 경로를, (나)는 빛의 세기에 따른 동공의 크기를 나타낸 것이다. ⓐ와 ⓑ에 각각 하나의 신경절이 있으며, ㉠과 ㉣의 말단에서 분비되는 신경 전달 물질은 같다.

- 빛의 세기가 강할수록 동공 크기는 감소
- 동공 축소는 부교감 신경의 흥분으로 나타남

㉠과 ㉣의 말단에서 분비되는 신경 전달 물질은 아세틸콜린

중추 신경계 / ㉠ 교감 신경 ㉡ / ⓐ / ⓑ / ㉢ 부교감 신경 ㉣ / 동공 / 홍채

ⓐ와 ⓑ는 자율 신경

(가)

동공의 크기 (mm) 0, 2, 4, 6, 8 / P_1 P_2 빛의 세기

(나)

이에 대한 설명으로 옳은 것만을 〈보기〉에서 있는 대로 고른 것은?

[보기]

ㄱ. ㉠의 신경 세포체는 척수의 회색질에 있다.
→ 교감 신경의 신경절 이전 뉴런(㉠)의 신경 세포체는 척수의 회색질에 있음

ㄴ. ㉡의 말단에서 분비되는 신경 전달 물질의 양은 P_2일 때가 P_1일 때보다 많다.
→ 빛의 세기가 약할 때 교감 신경의 신경절 이후 뉴런(㉡)의 흥분으로 동공 크기 증가

ㄷ. ㉣의 말단에서 분비되는 신경 전달 물질은 노르에피네프린이다. → 부교감 신경의 신경절 이후 뉴런(㉣)에서 아세틸콜린 분비

① ㄱ ② ㄷ ③ ㄱ, ㄴ ④ ㄴ, ㄷ ⑤ ㄱ, ㄴ, ㄷ

| 문제+자료 분석 |

- ⓐ와 ⓑ에 각각 하나의 신경절이 있으므로 ㉠~㉣은 중추 신경계로부터 반응기까지 2개의 뉴런으로 이루어진 자율 신경계를 구성하는 뉴런이다.
- 교감 신경의 신경절 이후 뉴런의 말단에서만 노르에피네프린이 분비되므로, 신경절 이전 뉴런인 ㉠과 신경절 이후 뉴런인 ㉣에서 분비되는 신경 전달 물질은 아세틸콜린으로 동일하다.
- 따라서 ㉠은 교감 신경의 신경절 이전 뉴런이고, ㉡은 교감 신경의 신경절 이후 뉴런이다.
- ㉢은 부교감 신경의 신경절 이전 뉴런이고, ㉣은 부교감 신경의 신경절 이후 뉴런이다.
- 빛의 세기가 강할수록 부교감 신경의 흥분 발생 빈도가 증가하여 동공 크기가 축소되며, 빛의 세기가 약할수록 교감 신경의 흥분 발생 빈도가 증가하여 동공 확장이 촉진된다.

| 보기 분석 |

ㄱ. 교감 신경은 척수에 연결되어 있고, 척수의 속질은 회색질로 신경 세포체가 위치한다. 꿀팁
따라서 교감 신경의 신경절 이전 뉴런(㉠)의 신경 세포체는 척수의 회색질(속질)에 있다.

ㄴ. P_2일 때는 빛의 세기가 강하여 교감 신경의 신경절 이후 뉴런(㉡)의 흥분 발생 빈도가 감소하므로 신경 전달 물질의 분비도 감소한다.
따라서 ㉡의 말단에서 신경 전달 물질인 노르에피네프린의 분비는 P_2일 때가 P_1일 때보다 적다.

ㄷ. 부교감 신경의 신경절 이후 뉴런(㉣)의 말단에서 분비되는 신경 전달 물질은 아세틸콜린이다.

문제 풀이 Tip

교감 신경이 흥분하면 동공이 확장되고, 부교감 신경이 흥분하면 동공이 축소된다는 것을 정리해두자.

F 41 정답 ② * 자율 신경 ······ [정답률 80%] 2021 실시 10월 학평 7

그림은 중추 신경계와 심장을 연결하는 자율 신경을 나타낸 것이다. ⓐ에 하나의 신경절이 있으며, 뉴런 ㉠과 ㉡의 말단에서 분비되는 신경 전달 물질은 다르다.

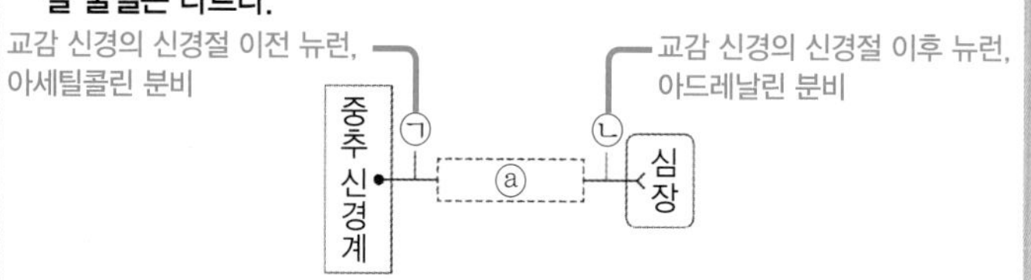

이에 대한 설명으로 옳은 것만을 〈보기〉에서 있는 대로 고른 것은?

[보기]

ㄱ. ㉠의 신경 세포체는 연수에 있다.
→ ㉠의 신경 세포체는 척수에 있음

ㄴ. ㉠의 길이는 ㉡의 길이보다 길다.
→ ㉠의 길이는 ㉡의 길이보다 짧음

ㄷ. ㉡의 말단에서 분비되는 신경 전달 물질은 노르에피네프린이다.
→ ㉡의 말단에서 분비되는 신경 전달 물질은 노르에피네프린

① ㄱ ② ㄷ ③ ㄱ, ㄴ
④ ㄴ, ㄷ ⑤ ㄱ, ㄴ, ㄷ

| 문제+자료 분석 |

- ㉠과 ㉡에서 분비되는 신경 전달 물질이 다르므로 ㉠과 ㉡은 교감 신경의 뉴런이다.
- ㉠(교감 신경의 신경절 이전 뉴런): 말단에서 아세틸콜린이 분비되며, 신경절 이후 뉴런보다 길이가 짧다.
- ㉡(교감 신경의 신경절 이후 뉴런): 말단에서 노르에피네프린이 분비되어 심장 박동이 빨라지도록 촉진하며, 신경절 이전 뉴런보다 길이가 길다.

| 보기 분석 |

ㄱ. ㉠은 교감 신경의 신경절 이전 뉴런으로 신경 세포체는 척수에 있다.
ㄴ. ㉠(교감 신경의 신경절 이전 뉴런)이 ㉡(교감 신경의 신경절 이후 뉴런)보다 길이가 짧다.
ㄷ. 교감 신경의 신경절 이후 뉴런인 ㉡의 말단에서 분비되는 신경 전달 물질은 노르에피네프린으로 심장 박동이 빨라지도록 촉진한다.

* 자율 신경계

교감 신경	• 신경절 이전 뉴런이 짧고 신경절 이후 뉴런이 길다. • 신경절 이전 뉴런 말단에서 아세틸콜린이 분비된다. • 신경절 이후 뉴런 말단에서 노르에피네프린 분비된다. • 신경절 이전 뉴런의 신경 세포체는 척수에 있다.
부교감 신경	• 신경절 이전 뉴런이 길고 신경절 이후 뉴런 짧다. • 신경절 이전 뉴런의 말단과 신경절 이후 뉴런의 말단에서 모두 아세틸콜린 분비된다. • 신경절 이전 뉴런의 신경 세포체는 중간뇌, 연수, 척수에 있다.

F 42 정답 ② * 신경계 ······ [정답률 73%] 2020 실시 10월 학평 5

그림은 사람의 중추 신경계와 심장을 연결하는 자율 신경을 나타낸 것이다. ㉠과 ㉡은 각각 연수와 척수 중 하나이다.

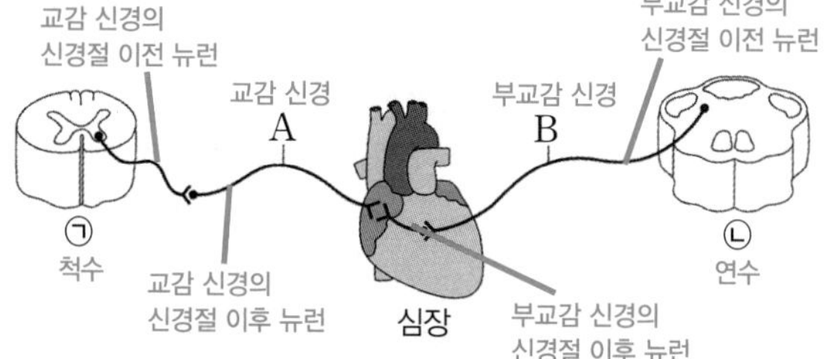

이에 대한 옳은 설명만을 〈보기〉에서 있는 대로 고른 것은?

[보기]

ㄱ. ㉠의 속질은 백색질이다.
→ ㉠(척수)의 속질은 회색질이다.

ㄴ. ㉡은 뇌줄기를 구성한다.
→ 뇌줄기는 중간뇌, 연수(㉡), 뇌교로 구성된다.

ㄷ. 뉴런 A와 B의 말단에서 분비되는 신경 전달 물질은 같다.
→ 뉴런 A의 말단에서는 노르에피네프린, 뉴런 B의 말단에서는 아세틸콜린이 분비된다.

① ㄱ  ② ㄴ ③ ㄷ ④ ㄱ, ㄴ ⑤ ㄴ, ㄷ

| 문제+자료 분석 |

- ㉠(척수): 교감 신경이 연결되어 있으며, 뇌와 척수 신경 사이에서 정보를 전달한다.
- ㉡(연수): 부교감 신경이 연결되어 있으며, 심장 박동을 조절하는 중추이다.
- A(교감 신경의 신경절 이후 뉴런): 교감 신경의 신경절 이후 뉴런은 신경절 이전 뉴런보다 길다.
- B(부교감 신경의 신경절 이전 뉴런): 중뇌와 연수, 그리고 척수의 아래 부분에서 뻗어 나오며 신경절 이전 뉴런이 신경절 이후 뉴런보다 길다.

| 보기 분석 |

ㄱ. ㉠은 척수이다. 척수의 속질은 신경 세포체가 존재하므로 회색질이다.
ㄴ. 중뇌, 연수, 뇌교로 구성된 뇌줄기는 생명 활동 유지에 중요한 역할을 한다. ㉡은 연수이며, 뇌줄기를 구성한다.
ㄷ. 뉴런 A는 교감 신경의 신경절 이후 뉴런이다. 교감 신경의 신경절 이후 뉴런의 말단에서는 노르에피네프린이 분비된다. 뉴런 B는 부교감 신경의 신경절 이전 뉴런이다. 부교감 신경의 신경절 이전 뉴런의 말단에서는 아세틸콜린이 분비된다.

* 체성 신경계와 자율 신경계

체성 신경계는 대뇌의 지배를 받는 신경이다. 시냅스가 없으며 하나의 뉴런으로 반응기에 연결되어 있다.
반면, 자율 신경계는 소화 기관, 순환 기관, 호흡 기관, 내분비 기관 등에 분포하며 시냅스가 존재하여 시냅스 이전 뉴런과 시냅스 이후 뉴런으로 구성된다.

F 43 정답 ① * 자율 신경계 [정답률 51%] 2022 실시 7월 학평 12

그림 (가)는 중추 신경계로부터 나온 자율 신경이 방광에 연결된 경로를, (나)는 뉴런 ㉠에 역치 이상의 자극을 주었을 때와 주지 않았을 때 방광의 부피를 나타낸 것이다. ㉠은 ⓑ와 ⓓ 중 하나이다.

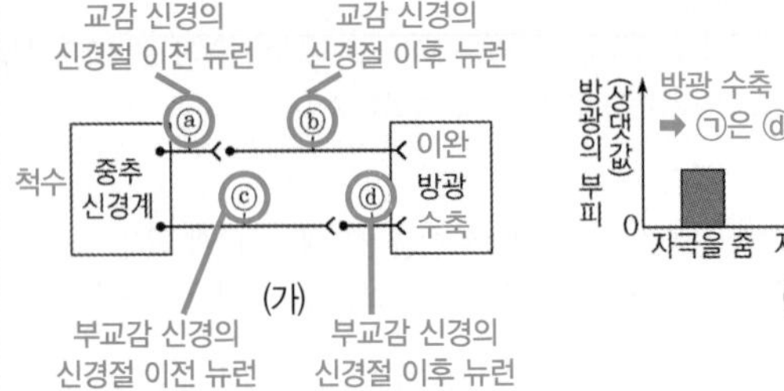

(가) (나)

이에 대한 설명으로 옳은 것만을 〈보기〉에서 있는 대로 고른 것은?

[보기]

ㄱ. ㉠은 ⓓ이다.
㉠ 자극 시 방광이 수축했으므로 ㉠은 ⓓ(부교감 신경의 신경절 이후 뉴런)

ㄴ. ⓐ는 척수의 후근을 이룬다.
ⓐ(교감 신경의 신경절 이전 뉴런)는 원심성 뉴런(운동 뉴런)이므로 척수의 전근을 이룸

ㄷ. ⓑ와 ⓒ의 축삭 돌기 말단에서 분비되는 신경 전달 물질은 같다.
ⓑ(교감 신경의 신경절 이후 뉴런)의 말단에서는 노르에피네프린이, ⓒ(부교감 신경의 신경절 이전 뉴런)의 말단에서는 아세틸콜린이 분비됨

① ㄱ ② ㄴ ③ ㄷ ④ ㄱ, ㄴ ⑤ ㄴ, ㄷ

| 문제+자료 분석 |

- **(가)**: 교감 신경은 신경절 이전 뉴런(ⓐ)이 신경절 이후 뉴런(ⓑ)보다 짧다. 반면, 부교감 신경은 신경절 이전 뉴런(ⓒ)이 신경절 이후 뉴런(ⓓ)보다 길다. 방광에 연결된 교감 신경과 부교감 신경의 신경절 이전 뉴런의 신경 세포체는 모두 척수에 있다.
- **(나)**: 교감 신경을 자극하면 방광이 확장되고, 부교감 신경을 자극하면 방광이 수축된다. ㉠에 자극을 주었을 때 방광의 부피가 줄어들었으므로 ㉠은 부교감 신경의 신경절 이후 뉴런인 ⓓ이다.

| 보기 분석 |

ㄱ. 교감 신경을 자극하면 방광이 확장되고, 부교감 신경을 자극하면 방광이 수축된다. (나)에서 ㉠을 자극했을 때 방광이 수축했으므로 ㉠은 ⓓ(부교감 신경의 신경절 이후 뉴런)이다.

ㄴ. 척수에 연결된 구심성 뉴런(감각 뉴런)은 후근을 이루고, 원심성 뉴런(운동 뉴런)은 전근을 이룬다. 교감 신경을 구성하는 두 뉴런 ⓐ와 ⓑ는 모두 원심성 뉴런(운동 뉴런)이다. 따라서 ⓐ(교감 신경의 신경절 이전 뉴런)는 척수의 전근을 이룬다. 

ㄷ. ⓑ(교감 신경의 신경절 이후 뉴런)의 말단에서는 노르에피네프린이, ⓒ(부교감 신경의 신경절 이전 뉴런)의 말단에서는 아세틸콜린이 분비되므로 서로 다르다. 참고로 교감 신경의 신경절 이전 뉴런(ⓐ)의 말단과 부교감 신경의 신경절 이전 뉴런의 말단(ⓒ)에서는 모두 아세틸콜린이 분비된다.

문제 풀이 Tip

운동 뉴런은 전근을 이룬다. ➡ '운전해'로 암기하자.

F 44 정답 ③ * 신경계를 구성하는 구조 [정답률 45%] 2020 대비 9월 모평 8

다음은 사람의 신경계를 구성하는 구조에 대한 학생 A~C의 발표 내용이다.

제시한 내용이 옳은 학생만을 있는 대로 고른 것은?

① B ② C ③ A, B ④ A, C ⑤ A, B, C

| 문제+자료 분석 |

- **중추 신경계**: 해부학적으로 뇌와 척수가 속한다.
- **말초 신경계**: 뇌에서 뻗어 나온 12쌍의 뇌 신경과 척수에서 뻗어 나온 31쌍의 척수 신경이 속한다.

| 선택지 분석 |

A. 척수는 중추 신경계에 속하는 기관으로 연합 뉴런이 있다. 척수는 뇌와 말초 신경 사이에 정보를 전달하며, 무릎 반사, 젖 분비 등 척수 반사의 중추이다. 겉질은 주로 축삭 돌기로 이루어진 백색질, 속질은 신경 세포체로 이루어진 회색질이다.

B. 말초 신경계는 뇌에서 뻗어 나온 뇌 신경과 척수에서 뻗어 나온 척수 신경이 있다.

C. 말초 신경계에 속하는 뇌 신경은 12쌍이고, 척수 신경은 31쌍이다. 뇌 신경과 척수 신경이 몇 쌍인지 묻는 문항은 처음으로 등장했음에 주목해야 한다. 뇌의 길이가 척수의 길이보다 짧으므로 뇌에서 뻗어 나온 뇌 신경의 수가 척수에 뻗어 나온 척수 신경의 수보다 적다고 연관시키면 기억하기 쉽다. 주의

F 45 정답 ① * 자율 신경계 [정답률 50%] 2018 실시 7월 학평 12

그림은 심장과 소장에 각각 연결된 자율 신경 A, B를 나타낸 것이다.
교감 신경의 신경절 이전 뉴런의 신경 세포체는 모두 척수에 위치

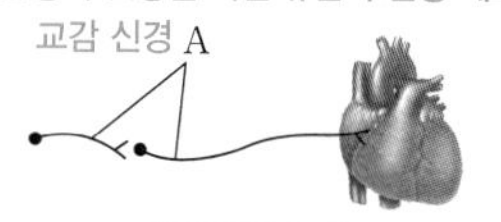

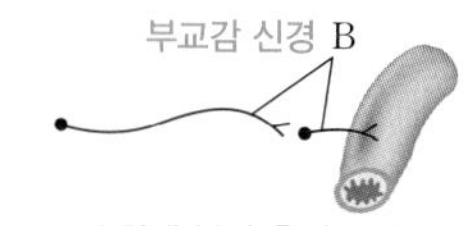

이에 대한 설명으로 옳은 것만을 〈보기〉에서 있는 대로 고른 것은?

[보기]

ㄱ. A의 신경절 이후 뉴런 말단에서 분비되는 신경 전달 물질은 노르에피네프린이다.
→ 교감 신경 신경절 이후 뉴런 말단에서는 노르에피네프린이 분비

ㄴ. B가 흥분하면 소장에서 소화액 분비가 억제된다.
→ 부교감 신경이 흥분하면 소화액 분비 촉진

ㄷ. A와 B의 신경절 이전 뉴런의 신경 세포체는 모두 척수에 있다. → A는 척수에, B는 연수에 신경절 이전 뉴런의 신경 세포체가 존재

① ㄱ ② ㄴ ③ ㄷ ④ ㄱ, ㄴ ⑤ ㄱ, ㄷ

| 문제+자료 분석 |

◈ 자율 신경계
- 중추 신경계에 연결되어 있는 말초 신경계이다.
- 교감 신경과 부교감 신경으로 구분이다.
- A(교감 신경): 척수와 연결되어 있고, 심장 박동을 촉진한다.
- B(부교감 신경): 연수에 신경절 이전 뉴런의 신경 세포체가 존재하며, 소화액 분비를 촉진한다.

| 보기 분석 |

ㄱ. A는 신경절 이전 뉴런의 길이가 짧고, 신경절 이후의 뉴런의 길이가 긴 교감 신경이다.
B는 신경절 이전 뉴런의 길이가 길고 신경절 이후의 뉴런의 길이가 짧은 부교감 신경이다. 교감 신경의 신경절 이후 뉴런 말단에서 분비되는 신경 전달 물질은 노르에피네프린이다.

ㄴ. 부교감 신경(B)이 흥분하면 소장에서 소화액 분비가 촉진된다.

ㄷ. 심장 박동을 조절하는 교감 신경의 신경절 이전 뉴런의 신경 세포체는 척수에 존재하지만, 소장에 연결된 부교감 신경의 신경절 이전 뉴런의 신경 세포체는 연수에 있다. 함정

F 46 정답 ③ * 말초 신경계 [정답률 53%] 2018 실시 3월 학평 18

그림은 척수와 방광을 연결하는 뉴런 A~D를 나타낸 것이다.

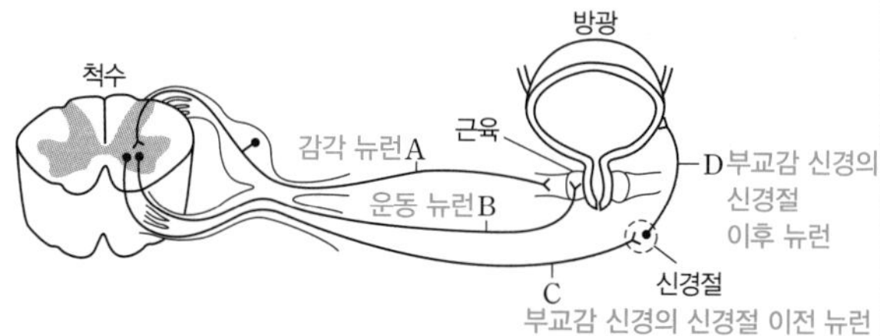

이에 대한 옳은 설명만을 〈보기〉에서 있는 대로 고른 것은?

[보기]

ㄱ. A는 감각 뉴런이다.
→ A의 신경 세포체가 뉴런의 중앙에 존재하므로 A는 감각 뉴런

ㄴ. B는 척수의 후근을 이룬다. → B는 전근을 이루는 운동 뉴런

ㄷ. C와 D는 말단에서 분비되는 신경 전달 물질이 같다.
→ 부교감 신경을 이루는 C와 D의 말단에는 모두 아세틸콜린이 분비

① ㄱ ② ㄴ ③ ㄱ, ㄷ ④ ㄴ, ㄷ ⑤ ㄱ, ㄴ, ㄷ

| 문제+자료 분석 |

- A(감각 뉴런): 신경 세포체가 중간에 있다.
- B(운동 뉴런): 중추 신경계의 명령을 반응 기관(방광)으로 전달한다.
- C, D(부교감 신경): 신경절 이전 뉴런이 신경절 이후 뉴런보다 길다.
⇨ 부교감 신경절 이전 뉴런(C), 부교감 신경절 이후 뉴런(D)

| 보기 분석 |

ㄱ. A는 신경 세포체가 뉴런의 중앙에 위치하므로 감각 뉴런에 해당한다. 감각 뉴런은 방광의 자극을 척수 쪽으로 전달한다.

ㄴ. B는 운동 뉴런인데, 운동 뉴런은 척수의 전근을 이룬다.
감각 뉴런이 척수의 후근, 운동 뉴런이 척수의 전근이라는 점은 종종 출제되는 내용이므로 꼭 기억해 두는 것이 필요하다.  주의

ㄷ. C와 D는 부교감 신경을 구성하는 뉴런이므로 신경의 말단에서는 아세틸콜린이 분비된다.

문제 풀이 Tip
- 후근: 척수의 등 쪽으로 들어가는 감각 신경의 다발
- 전근: 척수의 배 쪽에서 나오는 운동 신경의 다발

F 47 정답 ① ＊자율 신경 ······ [정답률 75%] 2018 실시 10월 학평 8

그림은 중추 신경계와 두 기관을 연결하는 자율 신경(교감 신경과 부교감 신경)을, 표는 뉴런 ㉠과 ㉢에 각각 역치 이상의 자극을 주었을 때 심장과 방광의 변화를 나타낸 것이다. ㉠~㉣은 서로 다른 뉴런이다.

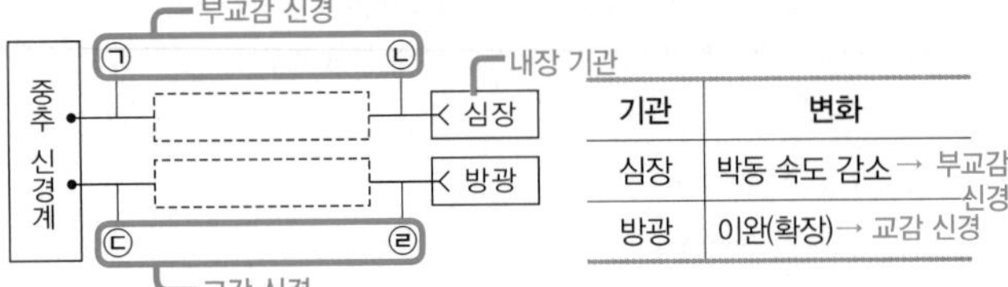

기관	변화
심장	박동 속도 감소 → 부교감 신경
방광	이완(확장) → 교감 신경

이에 대한 옳은 설명만을 〈보기〉에서 있는 대로 고른 것은?

[보기]

ㄱ. ㉠이 ㉡보다 길다.
→ 심장에 연결된 부교감 신경에서 신경절 이전 뉴런인 ㉠이 ㉡보다 길

ㄴ. ㉣의 축삭 돌기 말단에서 아세틸콜린이 분비된다.
→ 교감 신경의 신경절 이후 뉴런인 ㉣의 축삭 돌기 말단에서는 노르에피네프린 분비

ㄷ. 역치 이상의 자극을 ㉣에 주었을 때, 흥분이 ㉣에서 ㉢으로 전달된다. → 흥분은 ㉢에서 ㉣ 방향으로만 이동

① ㄱ ② ㄷ ③ ㄱ, ㄴ ④ ㄱ, ㄷ ⑤ ㄴ, ㄷ

| 문제+자료 분석 |

- ㉠, ㉡(부교감 신경): 심장 박동 속도를 감소시키는 자율 신경이다.
- ㉢, ㉣(교감 신경): 방광을 이완(확장)시키는 자율 신경이다.

| 보기 분석 |

ㄱ. 심장에 연결되어 박동 속도를 감소시키는 자율 신경은 부교감 신경이다. 부교감 신경은 신경절 이전 뉴런의 길이가 더 긴 신경이므로 ㉠의 길이가 ㉡의 길이보다 길다.

ㄴ. ㉣은 교감 신경의 신경절 이후 뉴런이다. 이 뉴런의 축삭 돌기 말단에서는 노르에피네프린이 분비된다.

ㄷ. 역치 이상의 자극을 ㉣에 주면, 흥분은 방광 방향으로만 이동한다. 흥분의 전달은 축삭 돌기에서 다음 뉴런의 가지 돌기 방향으로만 이루어지므로 ㉣에 자극을 준다고 해도 ㉢ 방향으로 흥분이 이동할 수 없다.

＊ 교감 신경과 부교감 신경의 작용

구분	동공	기관지	심장 박동	소화	혈당량	방광
교감 신경	확대	확장	촉진	억제	증가	확장
부교감 신경	축소	수축	억제	촉진	감소	수축

F 48 정답 ③ ＊자율 신경계 ······ [정답률 56%] 2019 대비 6월 모평 13

그림은 중추 신경계로부터 자율 신경(교감 신경과 부교감 신경)을 통해 심장, 이자, 방광에 연결된 경로를 나타낸 것이다.

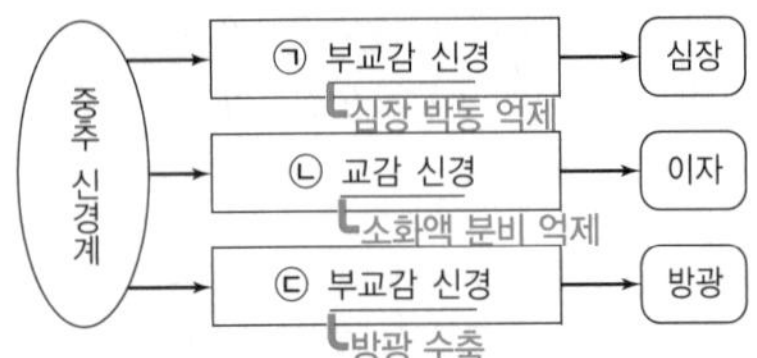

이에 대한 설명으로 옳은 것만을 〈보기〉에서 있는 대로 고른 것은?

[보기]

ㄱ. ㉠은 신경절 이전 뉴런이 신경절 이후 뉴런보다 길다.
→ 부교감 신경(㉠)은 신경절 이전 뉴런이 더 김

ㄴ. ㉡의 신경절 이후 뉴런의 축삭 돌기 말단에서 분비되는 신경 전달 물질은 아세틸콜린이다.
→ 교감 신경(㉡)의 신경절 이후 뉴런의 축삭 돌기 말단에서 노르에피네프린이 분비

ㄷ. ㉡과 ㉢의 신경절 이전 뉴런의 신경 세포체는 모두 척수에 존재한다. → 모든 교감 신경과 방광에 연결된 부교감 신경의 신경절 이전 뉴런의 신경 세포체는 척수에 존재

① ㄱ ② ㄴ ③ ㄱ, ㄷ ④ ㄴ, ㄷ ⑤ ㄱ, ㄴ, ㄷ

| 문제+자료 분석 |

◈ 자율 신경계
- 중추 신경계에 연결되어 있는 말초 신경계이다.
- 척수와 연결된 교감 신경과 연수, 중간뇌, 척수 등과 연결된 부교감 신경으로 구분된다.

| 보기 분석 |

ㄱ. ㉠은 부교감 신경인데, 부교감 신경은 신경절 이전 뉴런이 신경절 이후 뉴런보다 길다. 또한 두 뉴런의 말단에서 공통적으로 아세틸콜린이 분비된다.

ㄴ. ㉡은 교감 신경이므로 신경절 이전 뉴런의 축삭 돌기 말단에서는 아세틸콜린이 분비되지만, 신경절 이후 뉴런의 축삭 돌기 말단에서는 노르에피네프린이 분비된다.

ㄷ. 이자에 연결된 교감 신경인 ㉡과 방광과 연결된 부교감 신경인 ㉢은 모두 척수에 연결된다. 여기서 대부분의 부교감 신경은 연수에 연결되어 있으나 방광의 수축에 관여하는 부교감 신경은 척수 말단에 연결되어 있음을 기억해야 한다. 주의

＊ 교감 신경과 부교감 신경의 작용

구분	동공	기관지	심장 박동	소화	혈당량	방광
교감 신경	확대	확장	촉진	억제	증가	확장
부교감 신경	축소	수축	억제	촉진	감소	수축

F 49 정답 ① * 자율 신경 ······ [정답률 59%] 2023 대비 9월 모평 13

다음은 자율 신경 A에 의한 심장 박동 조절 실험이다.

[실험 과정]

(가) 같은 종의 동물로부터 심장 Ⅰ과 Ⅱ를 준비하고, Ⅱ에서만 자율 신경을 제거한다.

(나) Ⅰ과 Ⅱ를 각각 생리식염수가 담긴 용기 ㉠과 ㉡에 넣고, ㉠에서 ㉡으로 용액이 흐르도록 두 용기를 연결한다.

(다) Ⅰ에 연결된 A에 자극을 주고 Ⅰ과 Ⅱ의 세포에서 활동 전위 발생 빈도를 측정한다. A는 교감 신경과 부교감 신경 중 하나이다.

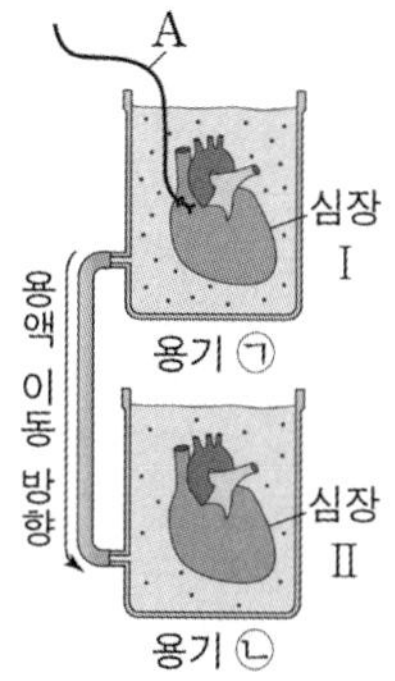

심장 박동이 느려지므로 A는 부교감 신경

[실험 결과]

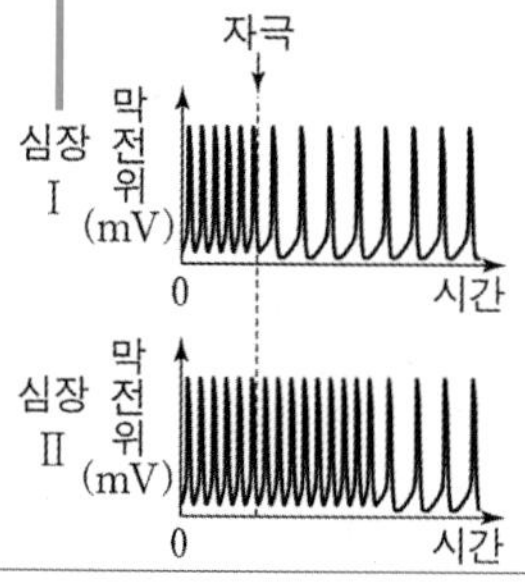

○ A의 신경절 이후 뉴런의 축삭 돌기 말단에서 물질 ㉮가 분비되었다. ㉮는 아세틸콜린과 노르에피네프린 중 하나이다.
㉮는 아세틸콜린

○ Ⅰ과 Ⅱ의 세포에서 측정한 활동 전위 발생 빈도는 그림과 같다.

이 자료에 대한 설명으로 옳은 것만을 〈보기〉에서 있는 대로 고른 것은? (단, 제시된 조건 이외는 고려하지 않는다.)

[보기]

ㄱ. A는 말초 신경계에 속한다.
A는 말초 신경계에 속함

ㄴ. ㉮는 ~~노르에피네프린~~이다.
㉮는 아세틸콜린

ㄷ. (나)의 ㉡에 아세틸콜린을 처리하면 Ⅱ의 세포에서 활동 전위 발생 빈도가 ~~증가한다~~.
㉡에 아세틸콜린을 처리하면 Ⅱ의 세포에서 활동 전위 발생 빈도 감소함

① ㄱ ② ㄴ ③ ㄱ, ㄴ ④ ㄱ, ㄷ ⑤ ㄴ, ㄷ

| 문제+자료 분석 |

- A에 자극을 준 뒤 심장 Ⅰ의 세포에서 활동 전위 발생 빈도가 감소했으므로 A는 심장 박동을 느리게 조절하는 부교감 신경이다.
- 부교감 신경(A)의 신경절 이후 뉴런의 축삭 돌기 말단에서 분비되는 물질 ㉮는 아세틸콜린이다.
- 용기 ㉠에서 ㉡으로 용액이 이동하므로 심장 Ⅰ에 연결된 A에 자극을 준 시점과 시간 차를 두고 심장 Ⅱ에서도 활동 전위 발생 빈도가 감소한다.

| 보기 분석 |

ㄱ. 말초 신경계는 감각 신경과 운동 신경으로 구분되며, 운동 신경은 체성 신경과 자율 신경(교감 신경, 부교감 신경)으로 구분된다. A는 부교감 신경이므로 말초 신경계에 속한다.

ㄴ. ㉮는 부교감 신경의 신경절 이후 뉴런의 축삭 돌기 말단에서 분비되는 물질로 아세틸콜린이다.

ㄷ. 실험 결과 Ⅱ의 세포도 아세틸콜린에 의해 정상적으로 반응하므로 (나)의 ㉡에 아세틸콜린을 처리하면 Ⅱ의 세포에서 활동 전위 발생 빈도가 감소한다. 함정

F 50 정답 ③ * 신경계 ······ [정답률 55%] 2020 대비 6월 모평 11

그림 (가)는 심장 박동을 조절하는 자율 신경 A와 B를, (나)는 A와 B 중 하나를 자극했을 때 심장 세포에서 활동 전위가 발생하는 빈도의 변화를 나타낸 것이다.

교감 신경의 흥분 → 활동 전위 발생 빈도 수 증가

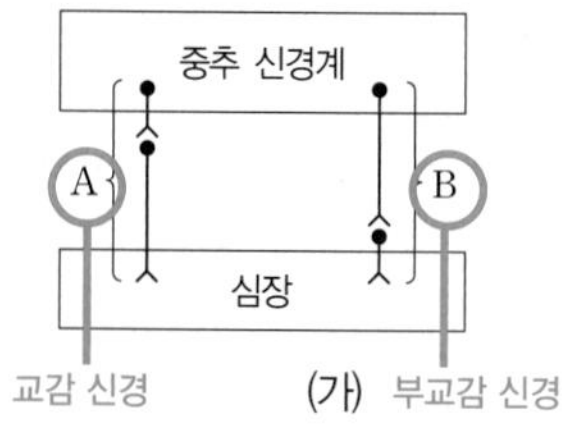

(가)

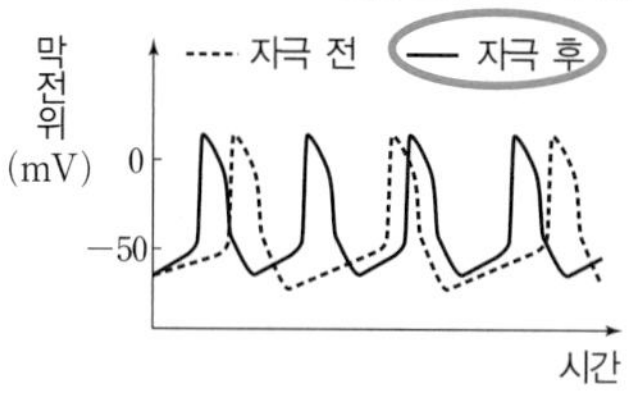

(나)

이에 대한 설명으로 옳은 것만을 〈보기〉에서 있는 대로 고른 것은?

[보기]

ㄱ. A는 말초 신경계에 속한다. → 자율 신경은 모두 말초 신경계에 속함

ㄴ. B의 신경절 이전 뉴런의 신경 세포체는 ~~척수에~~ 존재한다.
→ 부교감 신경인 B의 신경절 이전 뉴런의 신경 세포체는 연수에 있음

ㄷ. (나)는 A를 자극했을 때의 변화를 나타낸 것이다.
→ 자극 후의 변화는 교감 신경인 A를 자극했을 때의 변화

① ㄱ ② ㄴ ③ ㄱ, ㄷ ④ ㄴ, ㄷ ⑤ ㄱ, ㄴ, ㄷ

| 문제+자료 분석 |

- A(교감 신경): 신경절 이전 뉴런이 신경절 이후 뉴런보다 짧으며, 심장 박동을 촉진시킨다.
- B(부교감 신경): 신경절 이전 뉴런이 신경절 이후 뉴런보다 길며, 심장 박동을 억제시킨다.
- (나)에서 자극 전보다 자극 후에 심장 세포에서 활동 전위가 발생하는 빈도가 많아진 것은 교감 신경(A)을 자극했기 때문이다.

| 보기 분석 |

ㄱ. A는 자율 신경 중 교감 신경으로, 말초 신경계에 속한다. 함정

ㄴ. B는 심장과 연결된 자율 신경 중 부교감 신경으로, 신경절 이전 뉴런의 신경 세포체는 연수에 있다.

ㄷ. (나)에서 자극 후 활동 전위의 발생 빈도 수가 증가했으므로, (나)는 교감 신경인 A를 자극했을 때의 변화를 나타낸 것이다.

* 교감 신경과 부교감 신경의 구조적 특징

교감 신경	신경절 이전 뉴런의 신경 세포체가 척수의 중간 부분에서 나온다.
부교감 신경	신경절 이전 뉴런의 신경 세포체가 중간뇌, 연수, 척수의 꼬리 부분에서 나온다.

G 항상성 유지

G 01 정답 ④ * 내분비샘과 호르몬 ······ [정답률 89%] 2025 대비 6월 모평 4

표는 사람의 내분비샘 ㉠과 ㉡에서 분비되는 호르몬과 표적 기관을 나타낸 것이다. ㉠과 ㉡은 뇌하수체 전엽과 뇌하수체 후엽을 순서 없이 나타낸 것이다.

내분비샘	(단서) 호르몬	표적 기관
㉠ 뇌하수체 전엽	갑상샘 자극 호르몬 (TSH)	갑상샘
㉡ 뇌하수체 후엽	항이뇨 호르몬 (ADH)	? 콩팥

이에 대한 설명으로 옳은 것만을 〈보기〉에서 있는 대로 고른 것은? (3점)

[보기]

ㄱ. ㉠은 뇌하수체 ~~후엽~~이다.
갑상샘 자극 호르몬(TSH)을 분비하는 ㉠은 뇌하수체 전엽임

ㄴ. ADH는 콩팥에서 물의 재흡수를 촉진한다.
ADH는 표적 기관인 콩팥에서 물의 재흡수를 촉진함

ㄷ. TSH와 ADH는 모두 혈액을 통해 표적 기관으로 운반된다.
TSH와 ADH는 호르몬이므로 혈액을 통해 표적 기관으로 운반됨

① ㄱ ② ㄷ ③ ㄱ, ㄴ ④ ㄴ, ㄷ ⑤ ㄱ, ㄴ, ㄷ

| 문제+자료 분석 |

- **호르몬:** 내분비샘에서 생성·분비되어 특정 조직이나 기관의 기능을 조절하는 화학 물질이다.
- 호르몬은 혈액을 따라 이동하다가 특정 세포(특정 기관)에 작용하는데, 호르몬의 작용을 받는 기관을 표적 기관이라고 한다. 호르몬에 따라 표적 기관이 다르다.
- 시상 하부에서 분비된 갑상샘 자극 호르몬 방출 호르몬(TRH)은 뇌하수체 전엽을 자극하여 갑상샘 자극 호르몬(TSH)의 분비를 촉진한다. 갑상샘 자극 호르몬(TSH)은 갑상샘을 자극하여 티록신의 분비를 촉진한다.
  ➡ 갑상샘 자극 호르몬(TSH)을 분비하는 내분비샘은 뇌하수체 전엽(㉠)이다.
- 뇌하수체 후엽에서 분비되는 항이뇨 호르몬(ADH)은 콩팥에서 물의 재흡수를 촉진한다.
  ➡ 항이뇨 호르몬(ADH)을 분비하는 내분비샘은 뇌하수체 후엽(㉡)이다.

| 보기 분석 |

ㄱ. 갑상샘 자극 호르몬(TSH)을 분비하는 내분비샘은 뇌하수체 전엽(㉠)이고, 항이뇨 호르몬(ADH)을 분비하는 내분비샘은 뇌하수체 후엽(㉡)이다.
ㄴ. 뇌하수체 후엽(㉡)에서 분비되는 항이뇨 호르몬(ADH)은 콩팥에서 물의 재흡수를 촉진한다.
ㄷ. TSH와 ADH는 모두 내분비샘에서 분비되는 호르몬이다. 호르몬은 혈액을 통해 이동하다가 특정 세포(특정 기관)에 작용한다.

*** 호르몬의 특징**
- 내분비샘에서 생성되어 혈관으로 분비된다.
- 혈액을 통해 온몸으로 운반되며, 표적 세포(표적 기관)에만 작용한다.
- 매우 적은 양으로 생리 작용을 조절하며, 결핍증과 과다증이 있다.

G 02 정답 ④ * 티록신과 음성 피드백 ······ [정답률 65%] 2024 실시 3월 학평 16

그림은 정상인에서 티록신 분비량이 일시적으로 증가했다가 회복되는 과정에서 측정한 혈중 티록신과 TSH의 농도를 시간에 따라 나타낸 것이다.

(단서) 티록신 분비 증가 → TSH 분비 감소 ➡ 음성 피드백 과정

이에 대한 옳은 설명만을 〈보기〉에서 있는 대로 고른 것은? (단, 제시된 조건 이외는 고려하지 않는다.) (3점)

[보기]

ㄱ. t_1일 때 이 사람에게 TSH를 투여하면 투여 전보다 티록신의 분비가 ~~억제~~된다.
TSH는 티록신의 분비를 촉진함

ㄴ. 티록신의 분비는 음성 피드백에 의해 조절된다.
티록신의 농도가 높아지면 음성 피드백으로 TRH, TSH의 분비가 억제됨

ㄷ. 갑상샘은 TSH의 표적 기관이다.
뇌하수체 전엽에서 분비된 TSH는 표적 기관인 갑상샘을 자극하여 티록신의 분비를 촉진함

① ㄱ ② ㄷ ③ ㄱ, ㄴ ④ ㄴ, ㄷ ⑤ ㄱ, ㄴ, ㄷ

단서+발상

(단서) 티록신과 TSH의 농도 그래프가 제시되어 있다.
(발상) 티록신 분비가 증가하면 TSH 분비가 감소하고, 티록신 분비가 감소하면 TSH 분비가 증가하는 과정을 통해 음성 피드백임을 추론할 수 있다.
(적용) TRH, TSH, 티록신의 분비 기관과 표적 기관, 결과가 원인을 다시 억제하는 조절 원리인 음성 피드백의 개념을 적용해서 문제 풀이를 시작해야 한다.

| 문제+자료 분석 |

- 시상 하부에서 분비된 TRH는 뇌하수체 전엽을 자극하여 TSH의 분비를 촉진한다. 뇌하수체 전엽에서 분비된 TSH는 표적 기관인 갑상샘을 자극하여 티록신의 분비를 촉진한다.
- 혈액 속 티록신의 농도가 높아지면 음성 피드백으로 시상 하부에서 TRH의 분비가 억제되고, 뇌하수체 전엽에서 TSH의 분비가 억제된다.
- 어떤 일이 원인으로 작용하여 나타난 결과가 원인을 다시 억제하는 조절 원리를 음성 피드백이라 한다. 티록신을 포함한 대부분의 호르몬 분비는 음성 피드백으로 조절된다.
- t_1일 때 TSH를 투여하면 TSH는 갑상샘을 자극하여 티록신의 분비를 촉진하므로 TSH를 투여하면 투여 전보다 티록신의 분비가 촉진된다.

| 보기 분석 |

ㄱ. t_1일 때 TSH를 투여하면 TSH는 갑상샘을 자극하여 티록신의 분비를 촉진한다. 따라서 TSH를 투여하면 투여 전보다 티록신의 분비가 촉진된다.
ㄴ. 티록신의 농도가 높아지면 음성 피드백으로 시상 하부에서 TRH의 분비가 억제되고, 뇌하수체 전엽에서 TSH의 분비가 억제된다.
ㄷ. 뇌하수체 전엽에서 분비된 TSH는 표적 기관인 갑상샘을 자극하여 티록신의 분비를 촉진한다.

G 03 정답 ③ * 호르몬의 특성 [정답률 84%] 2024 실시 10월 학평 11

표 (가)는 사람 몸에서 분비되는 호르몬 A~C에서 특징 ㉠~㉢의 유무를 나타낸 것이고, (나)는 ㉠~㉢을 순서 없이 나타낸 것이다. A~C는 TSH, 티록신, 항이뇨 호르몬을 순서 없이 나타낸 것이다.

호르몬 \ 특징	㉠	㉡	㉢ (단서)
A (티록신)	×	×	○
B (항이뇨 호르몬)	? (○)	ⓐ (○)	? (○)
C (TSH)	×	○	ⓑ (○)

(○: 있음, ×: 없음)

(가)

특징(㉠~㉢)
• 표적 기관에 작용한다. ㉢: A~C 모두 해당
• 뇌하수체에서 분비된다. ㉡: TSH, 항이뇨 호르몬에 해당
• 콩팥에서 물의 재흡수를 촉진한다. ㉠: 항이뇨 호르몬에 해당

(나)

이에 대한 옳은 설명만을 〈보기〉에서 있는 대로 고른 것은?

[보기]

ㄱ. ⓐ와 ⓑ는 모두 '○'이다.
ⓐ와 ⓑ는 모두 '○'임

ㄴ. ㉠은 ~~'뇌하수체에서 분비된다.'~~이다.
'콩팥에서 물의 재흡수를 촉진한다.'

ㄷ. A의 분비는 음성 피드백에 의해 조절된다.
티록신(A)의 분비는 음성 피드백에 의해 조절됨

① ㄱ ② ㄴ ③ ㄱ, ㄷ ④ ㄴ, ㄷ ⑤ ㄱ, ㄴ, ㄷ

| 문제+자료 분석 |

- '표적 기관에 작용한다.'는 모든 호르몬이 가지는 특징이다. A가 ㉠~㉢ 중 ㉢만을 가지므로 ㉢이 '표적 기관에 작용한다.'이다.
- 티록신은 갑상샘에서 분비되며 물의 재흡수와도 관련이 없으므로 특징 ㉢만을 가지는 A이다.
- 항이뇨 호르몬은 뇌하수체 후엽에서 분비되며 콩팥에서 물의 재흡수를 촉진하므로 ㉠~㉢을 모두 가져야 한다. 항이뇨 호르몬은 B이다.
- TSH는 C이다. 뇌하수체 전엽에서 분비되며 물의 재흡수와 관련되지 않았으므로 ㉠이 '콩팥에서 물의 재흡수를 촉진한다.'이고, ㉡이 '뇌하수체에서 분비된다.'이다.

| 보기 분석 |

ㄱ. 항이뇨 호르몬(B)은 3가지 특징을 모두 가지므로 ⓐ는 '○'이고, '표적 기관에 작용한다.(㉢)'는 모든 호르몬이 가지는 특징이므로 ⓑ도 '○'이다.

ㄴ. ㉠은 B만 가지는 특징으로 '콩팥에서 물의 재흡수를 촉진한다.'이다.

ㄷ. 티록신(A)의 분비는 음성 피드백에 의해 조절된다. 티록신의 농도가 높으면 TRH, TSH의 분비가 억제되어 티록신의 분비가 감소하고, 티록신의 농도가 낮으면 TRH, TSH의 분비가 촉진되어 티록신의 분비가 증가한다.

*** 호르몬의 종류와 기능**

- **항이뇨 호르몬:** 뇌하수체 후엽에서 분비되며 콩팥에서 수분의 재흡수를 촉진한다. 체내 수분의 양(혈장 삼투압)에 따라서 음성 피드백에 의해 조절된다.
- **TSH(갑상샘 자극 호르몬):** 뇌하수체 전엽에서 분비되며 갑상샘을 자극하여 티록신의 분비를 촉진한다.
- **티록신:** 갑상샘에서 분비되며 물질대사를 촉진한다. 티록신의 농도에 따라 TSH, TRH(갑상샘 자극 호르몬 방출 호르몬)의 양이 조절되는 음성 피드백을 통해 일정하게 조절된다.

G 04 정답 ④ * 호르몬의 분비 조절 [정답률 77%] 2024 대비 수능 14

사람 A~C는 모두 혈중 티록신 농도가 정상적이지 않다. 표 (가)는 A~C의 혈중 티록신 농도가 정상적이지 않은 원인을, (나)는 사람 ㉠~㉢의 혈중 티록신과 TSH의 농도를 나타낸 것이다. ㉠~㉢은 A~C를 순서 없이 나타낸 것이고, ⓐ는 '+'와 '−' 중 하나이다.

사람	원인
A	뇌하수체 전엽에 이상이 생겨 TSH 분비량이 정상보다 적음
B	갑상샘에 이상이 생겨 티록신 분비량이 정상보다 많음
C	갑상샘에 이상이 생겨 티록신 분비량이 정상보다 적음

(가)

사람	혈중 농도	
	티록신	TSH
㉠ C	−	+
㉡ B	+	ⓐ −
㉢ A	−	−

(+: 정상보다 높음, −: 정상보다 낮음)

(나)

이에 대한 설명으로 옳은 것만을 〈보기〉에서 있는 대로 고른 것은? (단, 제시된 조건 이외는 고려하지 않는다.) (3점)

[보기]

ㄱ. ⓐ는 '−'이다. ⓐ는 '−'임

ㄴ. ㉠에게 티록신을 투여하면 투여 전보다 TSH의 분비가 ~~촉진된다~~.
㉠(C)에게 티록신을 투여하면 TSH의 분비가 감소함

ㄷ. 정상인에서 뇌하수체 전엽에 TRH의 표적 세포가 있다.
정상인에서 TRH의 표적 세포는 뇌하수체 전엽에 존재함

① ㄱ ② ㄴ ③ ㄷ ④ ㄱ, ㄷ ⑤ ㄴ, ㄷ

| 문제+자료 분석 |

- **(가)**: A는 TSH 분비량이 정상보다 적으므로 티록신의 분비량도 정상보다 적다. B는 티록신의 분비량이 정상보다 많으므로 음성 피드백에 의해 TSH 분비량이 정상보다 적다. C는 티록신의 분비량이 정상보다 적으므로 TSH의 분비량이 정상보다 많다.
- **(나)**: ㉠은 티록신의 혈중 농도가 정상보다 낮고, TSH의 혈중 농도가 정상보다 높으므로 C에 해당한다. ㉢은 티록신과 TSH의 혈중 농도가 모두 정상보다 낮으므로 A에 해당한다. ㉡은 B이고, 티록신의 혈중 농도가 정상보다 높고, TSH의 혈중 농도가 정상보다 낮으므로 ⓐ는 '−'이다.

| 보기 분석 |

ㄱ. ㉡은 B이고, 티록신의 혈중 농도는 정상보다 높고, 음성 피드백의 작용에 의해 B의 TSH의 혈중 농도는 정상보다 낮다. 따라서 ⓐ는 '−'이다.

ㄴ. C(㉠)에 티록신을 주사하면 음성 피드백 작용에 의해 TSH의 분비량은 감소한다.

ㄷ. 시상 하부에서 분비되는 TRH는 뇌하수체 전엽을 자극하여 TSH의 분비를 촉진한다. 따라서 정상인에서 뇌하수체 전엽에 TRH의 표적 세포가 있다.

권민재 | 강릉원주대 치의예과 2024년 입학·서울 광영여고 졸

티록신의 분비 과정과 음성 피드백 작용에 대한 이해를 묻는 문제였어. 문자로 설정된 값이 너무 많아서 이들을 먼저 정리하고 가야겠다고 생각했지. 'TSH 분비량이 정상보다 적음'처럼 문제에 직접 제시된 조건을 활용하고, 나머지는 음성 피드백 작용의 이해를 활용하여 티록신 분비량이 많으면 TRH, TSH의 분비량이 줄어들고 반대로 티록신 분비량이 적으면 TRH, TSH 분비량이 늘어난다는 개념으로 문제를 풀어낼 수 있어.

G 05 정답 ① ＊티록신 분비 조절 과정 [정답률 64%] 2023 실시 3월 학평 12

그림은 티록신 분비 조절 과정의 일부를 나타낸 것이다. A는 갑상샘과 뇌하수체 전엽 중 하나이고, ㉠과 ㉡은 각각 TRH와 TSH 중 하나이다.

시상 하부에서 분비되는 ㉠은 TRH
뇌하수체 전엽에서 분비되는 ㉡은 TSH

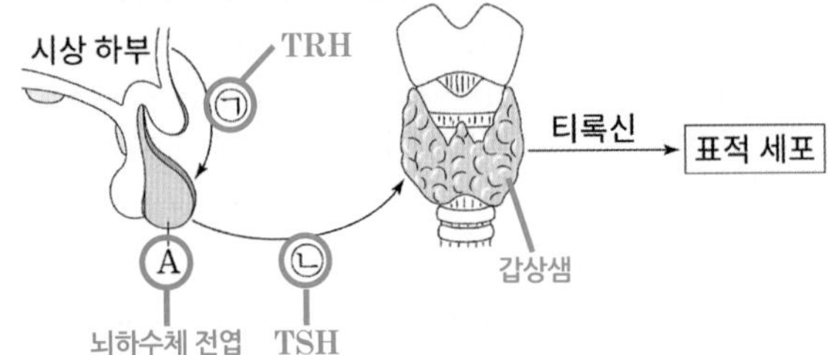

이에 대한 옳은 설명만을 〈보기〉에서 있는 대로 고른 것은?

[보기]

ㄱ. A는 뇌하수체 전엽이다.
A는 TRH의 표적 기관이자 TSH를 분비하는 뇌하수체 전엽임

ㄴ. ㉡은 ~~TRH~~이다. ㉡은 뇌하수체 전엽에서 분비되는 TSH임

ㄷ. 혈중 티록신 농도가 증가하면 ㉠의 분비가 ~~촉진된다~~.
혈중 티록신 농도가 증가하면 음성 피드백에 의해 ㉠(티록신)의 분비가 억제됨

① ㄱ ② ㄴ ③ ㄷ ④ ㄱ, ㄴ ⑤ ㄱ, ㄷ

| 문제+자료 분석 |

- 시상 하부에서 분비된 갑상샘 자극 호르몬 방출 호르몬(TRH)은 뇌하수체 전엽을 자극하여 갑상샘 자극 호르몬(TSH)의 분비를 촉진한다. 갑상샘 자극 호르몬(TSH)은 갑상샘을 자극하여 티록신의 분비를 촉진한다.
- 시상 하부에서 분비되는 ㉠은 TRH이고, 뇌하수체 전엽에서 분비되는 ㉡은 TSH이다.
- 티록신의 농도가 높아지면 시상 하부와 뇌하수체 전엽에서 각각 TRH와 TSH의 분비가 억제되고 그 결과 티록신의 분비가 억제된다. 꿀팁

| 보기 분석 |

ㄱ. A는 TRH(㉠)의 표적 기관이자 TSH(㉡)를 분비하는 뇌하수체 전엽이다.
ㄴ. ㉡은 뇌하수체 전엽(A)에서 분비되고, 갑상샘을 자극하여 티록신의 분비를 촉진시키는 TSH이다.
ㄷ. 혈중 티록신 농도가 증가하면 음성 피드백에 의해 TRH(㉠)의 분비가 억제된다.

문제 풀이 꿀팁

- 티록신의 분비량은 음성 피드백으로 조절되어 혈액 속 티록신의 농도가 일정하게 유지된다.
- 음성 피드백은 어떤 일이 원인으로 작용하여 나타난 결과가 원인을 다시 억제하는 조절 원리이며, 대부분의 호르몬 분비는 음성 피드백에 의해 조절된다.

G 06 정답 ③ ＊호르몬의 분비 조절 과정 [정답률 92%] 2024 대비 6월 모평 7

그림은 사람에서 혈중 티록신 농도에 따른 물질대사량을, 표는 갑상샘 기능에 이상이 있는 사람 A와 B의 혈중 티록신 농도, 물질대사량, 증상을 나타낸 것이다. ㉠과 ㉡은 '정상보다 높음'과 '정상보다 낮음'을 순서 없이 나타낸 것이다.

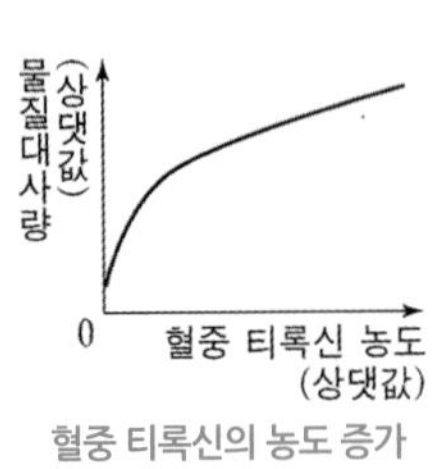

혈중 티록신의 농도 증가 ➡ 물질대사량 증가

사람	티록신 농도	물질대사량	증상
A	㉠ 정상보다 높음	정상보다 증가함	심장 박동 수가 증가하고 더위에 약함
B	㉡ 정상보다 낮음	정상보다 감소함	체중이 증가하고 추위를 많이 탐

이에 대한 설명으로 옳은 것만을 〈보기〉에서 있는 대로 고른 것은? (단, 제시된 조건 이외는 고려하지 않는다.)

[보기]

ㄱ. 갑상샘에서 티록신이 분비된다.
물질대사를 촉진하는 티록신은 갑상샘에서 분비됨

ㄴ. ㉠은 '정상보다 높음'이다.
A는 물질대사량이 정상보다 증가하므로 ㉠은 '정상보다 높음'임

ㄷ. B에게 티록신을 투여하면 투여 전보다 물질대사량이 ~~감소한다~~. B에게 티록신을 투여하면 투여 전보다 물질대사량이 증가함

① ㄱ ② ㄷ ③ ㄱ, ㄴ ④ ㄱ, ㄷ ⑤ ㄴ, ㄷ

| 문제+자료 분석 |

- 갑상샘에서 분비되는 티록신은 물질대사를 촉진하는 작용을 한다.
- A는 혈중 티록신 농도가 정상보다 높은 갑상샘 기능 항진증으로, 심장 박동 수가 증가하고 더위에 약하다.
- B는 혈중 티록신 농도가 정상보다 낮은 갑상샘 기능 저하증으로, 체중이 증가하고 추위를 많이 탄다.

| 보기 분석 |

ㄱ. 물질대사를 촉진하는 티록신은 갑상샘에서 분비된다.
ㄴ. A는 물질대사량이 정상보다 증가하므로 혈중 티록신 농도가 정상보다 높은 상태이다. 따라서 ㉠은 '정상보다 높음'이다.
ㄷ. B는 혈중 티록신 농도가 정상보다 낮은 상태이다. B에게 티록신을 투여하면 투여 전보다 물질대사량이 증가한다.

＊ 항상성의 조절 원리

음성 피드백	결과가 원인을 약화시키는 방향으로 작용하여 일정하게 유지함 예 티록신 농도 증가 → 시상 하부에서 TRH 분비 감소 → 뇌하수체 전엽에서 TSH 분비 감소 → 갑상샘에서 티록신 분비 감소
길항 작용	2가지 요인이 같은 기관에 대해 서로 반대로 작용하여 서로의 효과를 줄임으로써 기관의 기능을 일정하게 유지함 예 교감 신경과 부교감 신경, 인슐린과 글루카곤에 의한 혈당량 조절

G 07 정답 ② * 호르몬과 항상성 ······ [정답률 91%] 2024 대비 9월 모평 8

사람 A와 B는 모두 혈중 티록신 농도가 정상보다 낮다. 표 (가)는 A와 B의 혈중 티록신 농도가 정상보다 낮은 원인을, (나)는 사람 ㉠과 ㉡의 TSH 투여 전과 후의 혈중 티록신 농도를 나타낸 것이다.

사람	원인
A	TSH가 분비되지 않음 뇌하수체 전엽의 기능 저하
B	TSH의 표적 세포가 TSH에 반응하지 못함 갑상샘이 TSH에 반응하지 못함

(가)

사람	티록신 농도	
	TSH 투여 전	TSH 투여 후
㉠ A	정상보다 낮음	정상
㉡ B	정상보다 낮음	정상보다 낮음

(나)

㉠은 갑상샘이 TSH에 반응하여 티록신을 분비함 ➡ A
㉡은 갑상샘이 TSH에 반응하지 못하여 티록신의 농도가 낮음 ➡ B

이에 대한 설명으로 옳은 것만을 〈보기〉에서 있는 대로 고른 것은? (단, 제시된 조건 이외는 고려하지 않는다.)

[보기]

ㄱ. ㉠은 B이다. ㉠은 갑상샘이 TSH에 반응하여 티록신을 분비한 A

ㄴ. TSH 투여 후, A의 갑상샘에서 티록신이 분비된다.
A에 TSH를 투여하면 갑상샘에서 티록신이 분비되어 티록신의 농도가 정상으로 회복함

ㄷ. 정상인에서 혈중 티록신 농도가 증가하면 TSH의 분비가 촉진된다. 티록신의 농도가 증가하면 음성 피드백으로 뇌하수체 전엽에서 TSH의 분비가 억제됨

① ㄱ  ② ㄴ ③ ㄷ ④ ㄱ, ㄴ ⑤ ㄱ, ㄷ

| 문제+자료 분석 |

- 시상 하부에서 분비된 갑상샘 자극 호르몬 방출 호르몬(TRH)은 뇌하수체 전엽을 자극하여 갑상샘 자극 호르몬(TSH)의 분비를 촉진한다. 갑상샘 자극 호르몬(TSH)은 갑상샘을 자극하여 티록신의 분비를 촉진한다. 혈액 속 티록신의 농도가 높아지면 음성 피드백으로 시상 하부에서 갑상샘 자극 호르몬 방출 호르몬(TRH)의 분비가 억제되고, 뇌하수체 전엽에서 갑상샘 자극 호르몬(TSH)의 분비가 억제된다.
- A는 TSH가 분비되지 않아 갑상샘에서 티록신의 분비를 촉진하지 못해 티록신의 농도가 정상보다 낮다. B는 TSH는 정상적으로 분비되나 TSH의 표적 세포인 갑상샘이 TSH에 반응하지 못해 티록신의 농도가 정상보다 낮다.
- ㉠은 TSH 투여 후 티록신의 농도가 정상으로 회복되었다. A에 TSH를 투여하면 갑상샘에서 티록신이 분비되어 티록신의 농도가 정상으로 회복된다. 따라서 ㉠은 A이다. ㉡은 티록신 투여 후에도 갑상샘이 TSH에 반응하지 못하여 티록신의 농도가 정상보다 낮은 상태이다. 따라서 ㉡은 B이다.

| 보기 분석 |

ㄱ. ㉠에 TSH를 투여하였더니 갑상샘에서 티록신이 분비되어 혈중 티록신 농도가 정상으로 회복되었다. 따라서 ㉠은 A이다.

ㄴ. TSH가 분비되지 않는 A에 TSH를 투여하면 갑상샘에서 티록신이 분비되어 혈중 티록신 농도가 정상으로 회복된다.

ㄷ. 정상인에서 혈중 티록신 농도가 증가하면 음성 피드백으로 뇌하수체 전엽에서 TSH의 분비가 억제된다.

G 08 정답 ⑤ * 내분비샘과 호르몬 ······ [정답률 61%] 2022 실시 4월 학평 3

표는 정상인의 3가지 호르몬 TSH, (가), (나)가 분비되는 내분비샘을 나타낸 것이다. (가)와 (나)는 티록신과 TRH를 순서 없이 나타낸 것이고, ㉠과 ㉡은 갑상샘과 뇌하수체 전엽을 순서 없이 나타낸 것이다.

호르몬	내분비샘
TSH	㉠ 뇌하수체 전엽
(가) 티록신	㉡ 갑상샘
(나) TRH	시상 하부

음성 피드백에 의해 조절됨

이에 대한 설명으로 옳은 것만을 〈보기〉에서 있는 대로 고른 것은? (3점)

[보기]

ㄱ. ㉡은 갑상샘이다.
㉠은 뇌하수체 전엽, ㉡은 갑상샘

ㄴ. ㉠에 (나)의 표적 세포가 있다.
㉠(뇌하수체 전엽)에 TRH(나)의 표적 세포가 있음

ㄷ. 혈중 TSH의 농도가 증가하면 (가)의 분비가 촉진된다.
혈중 TSH의 농도가 증가하면 티록신(가)의 분비가 촉진됨

① ㄱ ② ㄴ ③ ㄱ, ㄷ ④ ㄴ, ㄷ ⑤ ㄱ, ㄴ, ㄷ

| 문제+자료 분석 |

- 시상 하부에서 TRH가 분비되므로 (나)는 TRH이며, TRH는 뇌하수체 전엽을 자극하는 호르몬이다.
- TSH를 분비하는 내분비샘은 뇌하수체 전엽이므로 ㉠은 뇌하수체 전엽이다.
- 나머지 ㉡은 갑상샘, (가)는 티록신이며, 티록신은 물질대사를 촉진하는 호르몬이다.

| 보기 분석 |

ㄱ. TSH를 분비하는 내분비샘 ㉠이 뇌하수체 전엽이므로 ㉡은 갑상샘이다.

ㄴ. 표적 세포는 특정 호르몬에 대한 수용체를 가져 그 호르몬의 적용 대상이 되는 세포를 말한다. ㉠(뇌하수체 전엽)은 (나)(TRH)의 표적 기관이므로 ㉠에 (나)(TRH)의 표적 세포가 있다.

ㄷ. 혈중 TSH의 농도가 증가하면 TSH는 표적 기관인 갑상샘(㉡)을 자극해 (가)(티록신)의 분비를 촉진한다. 티록신의 분비 조절은 음성 피드백에 의해 조절되는데, 음성 피드백은 어떤 반응으로 나타난 결과가 그 반응의 원인을 억제하는 방향으로 작용하는 현상이다.

* TRH, TSH, 티록신

내분비샘	호르몬	표적 기관	작용
시상하부	TRH	뇌하수체 전엽	TSH 분비 촉진
뇌하수체 전엽	TSH	갑상샘	티록신 분비 촉진
갑상샘	티록신	온몸의 조직 세포	물질대사 촉진, 체온 증가

G 09 정답 ⑤ * 호르몬 ··· [정답률 77%] 2021 실시 4월 학평 5

표는 사람의 내분비샘의 특징을 나타낸 것이다. A와 B는 갑상샘과 뇌하수체를 순서 없이 나타낸 것이다.

호르몬이며, 혈액을 통해 이동

내분비샘	특징
A 뇌하수체	㉠ TSH를 분비한다.
B 갑상샘	㉡ 티록신을 분비한다.

이에 대한 설명으로 옳은 것만을 〈보기〉에서 있는 대로 고른 것은? (3점)

[보기]

ㄱ. A는 뇌하수체이다.
→ A는 뇌하수체, B는 갑상샘

ㄴ. ㉡의 분비는 음성 피드백에 의해 조절된다.
→ 티록신 농도 증가하면 TSH와 티록신의 분비가 감소하는 음성 피드백 조절을 받음

ㄷ. ㉠과 ㉡은 모두 순환계를 통해 표적 세포로 이동한다.
→ ㉠과 ㉡은 혈액으로 분비되어 순환계를 통해 이동

① ㄱ ② ㄷ ③ ㄱ, ㄴ ④ ㄴ, ㄷ ⑤ ㄱ, ㄴ, ㄷ

| 문제+자료 분석 |

- A(뇌하수체): 뇌하수체의 표적 기관은 갑상샘, 부신 등으로 다양하다. TSH는 뇌하수체에서 분비되어 갑상샘을 표적 기관으로 하는 대표적인 호르몬이다.
- B(갑상샘): 목 앞쪽에 있는 내분비샘으로 티록신 등의 호르몬을 분비한다.
- ㉠(TSH): 갑상샘을 표적 기관으로 하여 티록신의 분비를 촉진시키는 역할을 한다.
- ㉡(티록신): 물질대사를 촉진하는 호르몬이다.

| 보기 분석 |

ㄱ. A는 TSH를 분비하는 내분비샘으로 뇌하수체 전엽이다.

ㄴ. ㉡(티록신)의 농도가 증가하면 음성 피드백 작용으로 시상하부에서 TRH(갑상샘 자극 호르몬 방출 호르몬), 뇌하수체에서 TSH(갑상샘 자극 호르몬)가 분비되는 것을 억제한다. 이에 따라 갑상샘에서 티록신의 분비가 억제되어 ㉡(티록신)의 농도가 일정하게 유지될 수 있다.

ㄷ. ㉠(TSH)과 ㉡(티록신)은 모두 내분비샘에서 생성되어 혈액으로 분비되는 호르몬으로, 순환계를 통해 이동하여 호르몬 수용체를 가진 표적 세포에 작용한다.

＊ 항상성 조절

음성 피드백	결과가 원인을 억제하여 결과가 증가하지 않고 일정한 수준이 유지됨
길항 작용	반대의 결과를 내는 두 요인이 작용하여 일정한 수준이 유지됨

G 10 정답 ③ * 항상성 조절 ··· [정답률 83%] 2022 대비 9월 모평 8

표는 사람 몸에서 분비되는 호르몬 ㉠과 ㉡의 기능을 나타낸 것이다. ㉠과 ㉡은 항이뇨 호르몬(ADH)과 갑상샘 자극 호르몬 (TSH)을 순서 없이 나타낸 것이다.

호르몬	기능
㉠ ADH	콩팥에서 물의 재흡수를 촉진한다.
㉡ TSH	갑상샘에서 티록신의 분비를 촉진한다.

뇌하수체에서 분비됨

이에 대한 설명으로 옳은 것만을 〈보기〉에서 있는 대로 고른 것은?

[보기]

ㄱ. ㉠은 혈액을 통해 콩팥으로 이동한다.
→ ㉠은 항이뇨 호르몬(ADH)으로 혈액을 통해 콩팥으로 이동함

ㄴ. 뇌하수체에서는 ㉠과 ㉡이 모두 분비된다.
→ 항이뇨 호르몬(㉠)은 뇌하수체 후엽에서, 갑상샘 자극 호르몬(㉡)은 뇌하수체 전엽에서 분비됨

ㄷ. 혈중 티록신 농도가 증가하면 ㉡의 분비가 ~~촉진된다~~.
→ 음성 피드백에 의해 티록신 농도가 증가하면 TSH(㉡) 분비가 감소됨

① ㄱ ② ㄷ ③ ㄱ, ㄴ ④ ㄴ, ㄷ ⑤ ㄱ, ㄴ, ㄷ

| 문제+자료 분석 |

- ㉠(ADH): 콩팥에서 물의 재흡수를 촉진하는 호르몬은 항이뇨 호르몬(ADH)이다.
- ㉡(TSH): 갑상샘에서 티록신의 분비를 촉진하는 호르몬은 갑상샘 자극 호르몬(TSH)이다.

| 보기 분석 |

ㄱ. 호르몬은 내분비샘에서 생성되어 혈액으로 분비되어 혈액을 통해 표적 기관으로 이동한다. 항이뇨 호르몬(㉠)의 표적 기관은 콩팥이므로 혈액을 통해 콩팥으로 이동한다.

ㄴ. 항이뇨 호르몬(㉠)은 뇌하수체 후엽에서, 갑상샘 자극 호르몬(㉡)은 뇌하수체 전엽에서 분비된다. 따라서 뇌하수체에서는 ㉠과 ㉡이 모두 분비된다.

ㄷ. 혈중 티록신 농도가 증가하면 시상 하부에서 갑상샘 자극 호르몬 방출 호르몬(TRH)의 분비가 억제되고, 뇌하수체 전엽의 갑상샘 자극 호르몬(㉡)의 분비도 억제되어 혈중 티록신 농도가 감소한다.

＊ 음성 피드백

어떤 과정의 결과가 그 과정의 원인을 억제하는 조절이다.

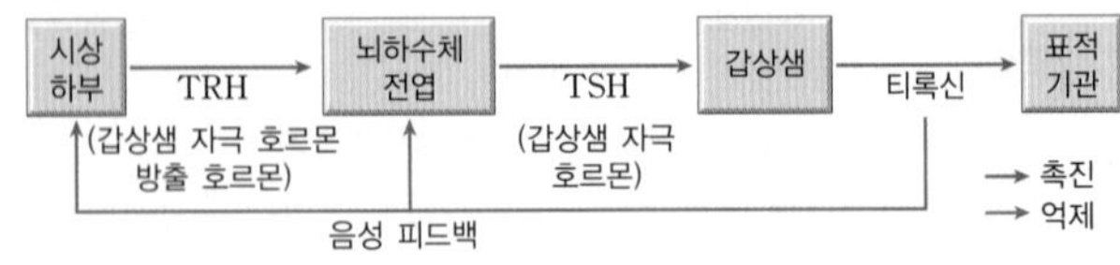

G 11 정답 ⑤ * 내분비샘과 호르몬 [정답률 83%] 2023 대비 6월 모평 6

표는 사람의 호르몬과 이 호르몬이 분비되는 내분비샘을 나타낸 것이다. A와 B는 티록신과 항이뇨 호르몬 (ADH)을 순서 없이 나타낸 것이다.

호르몬	내분비샘
티록신 A	갑상샘
항이뇨 호르몬 (ADH) B	뇌하수체 후엽
갑상샘 자극 호르몬 (TSH)	㉠ 뇌하수체 전엽

이에 대한 설명으로 옳은 것만을 〈보기〉에서 있는 대로 고른 것은?

[보기]

ㄱ. A는 티록신이다.
갑상샘에서 분비되는 호르몬 A는 티록신

ㄴ. B는 콩팥에서 물의 재흡수를 촉진한다.
뇌하수체 후엽에서 분비되는 B(항이뇨 호르몬)는 콩팥에 작용하여 물의 재흡수를 촉진함

ㄷ. ㉠은 뇌하수체 전엽이다.
갑상샘 자극 호르몬(TSH)이 분비되는 내분비샘 ㉠은 뇌하수체 전엽

① ㄱ ② ㄷ ③ ㄱ, ㄴ ④ ㄴ, ㄷ ⑤ ㄱ, ㄴ, ㄷ

| 문제+자료 분석 |

- A 티록신: 갑상샘에서 분비되며, 물질대사를 촉진하는 기능을 한다.
- B 항이뇨 호르몬: 뇌하수체 후엽에서 분비되며, 콩팥에 작용하여 물의 재흡수를 촉진하는 기능을 한다.
- 갑상샘 자극 호르몬 (TSH): ㉠(뇌하수체 전엽)에서 분비되며, 갑상샘에 작용하여 티록신의 분비를 촉진하는 기능을 한다.

| 보기 분석 |

ㄱ. 갑상샘에서 분비되는 호르몬 A는 티록신이다. A(티록신)는 물질대사를 촉진하는 기능을 한다. 체온이 정상 범위보다 낮아졌을 때 티록신의 분비가 증가하여 물질대사가 촉진됨으로써 체온이 상승한다.

ㄴ. 혈장 삼투압이 정상 범위보다 높아지면 B(항이뇨 호르몬)의 분비량이 증가하여 콩팥에서 물의 재흡수량이 증가하고, 이를 통해 혈액 내 물의 양이 증가하여 혈장 삼투압은 감소하고, 오줌 삼투압은 증가하게 된다.

ㄷ. ㉠(뇌하수체 전엽)에서 갑상샘 자극 호르몬(TSH)의 분비가 증가하면 갑상샘에서 티록신의 분비가 증가하고, 티록신의 분비가 정상 범위보다 높아지면 음성 피드백 작용에 의해 갑상샘 자극 호르몬(TSH)의 분비가 감소한다.

G 12 정답 ③ * 내분비샘과 호르몬 [정답률 70%] 2022 실시 3월 학평 13

표는 사람의 호르몬 ㉠~㉢을 분비하는 기관을 나타낸 것이다. ㉠~㉢은 티록신, 에피네프린, 항이뇨 호르몬을 순서 없이 나타낸 것이다.

호르몬	분비 기관
혈당량 증가 ← 에피네프린 ㉠	부신
물질대사 촉진 ← 티록신 ㉡	갑상샘
콩팥에서 수분 재흡수 촉진 ← 항이뇨 호르몬 ㉢	뇌하수체

이에 대한 옳은 설명만을 〈보기〉에서 있는 대로 고른 것은?

[보기]

ㄱ. ㉠은 에피네프린이다.
㉠은 에피네프린, ㉡은 티록신, ㉢은 항이뇨 호르몬

ㄴ. ㉡의 분비는 음성 피드백에 의해 조절된다.
㉡(티록신)의 분비 조절은 음성 피드백에 의해 이루어짐

ㄷ. 땀을 많이 흘리면 ㉢의 분비가 ~~억제된다~~.
땀을 많이 흘리면 혈장 삼투압이 증가되므로 혈장 삼투압 감소를 위해 항이뇨 호르몬의 분비가 촉진됨

① ㄱ ② ㄷ ③ ㄱ, ㄴ ④ ㄴ, ㄷ ⑤ ㄱ, ㄴ, ㄷ

| 문제+자료 분석 |

- ㉠ 에피네프린: 부신 속질에서 분비되어 혈당량 증가, 심장 박동 촉진, 혈압 상승 등을 일으키는 호르몬이다.
- ㉡ 티록신: 갑상샘에서 분비되어 물질대사를 촉진하는 호르몬이다.
- ㉢ 항이뇨 호르몬: 뇌하수체 후엽에서 분비되어 콩팥에서 물의 재흡수를 촉진하는 호르몬이다.

| 보기 분석 |

ㄱ. 부신에서 분비되는 ㉠은 에피네프린, 갑상샘에서 분비되는 ㉡은 티록신, 뇌하수체에서 분비되는 ㉢은 항이뇨 호르몬이다.

ㄴ. 갑상샘에서 분비되는 티록신(㉡)의 혈중 농도가 정상 범위보다 높아지면 티록신에 의해 시상 하부의 TRH 분비와 뇌하수체 전엽의 TSH 분비가 각각 억제되어 혈중 티록신의 농도가 감소한다. 따라서 ㉡(티록신)의 분비는 음성 피드백에 의해 조절된다.

ㄷ. 땀을 많이 흘려서 체내 수분량이 감소하면 혈장 삼투압이 높아진다. 이에 따라 항이뇨 호르몬의 분비가 촉진되어 콩팥에서 수분 재흡수가 증가함으로써 혈장 삼투압이 다시 정상 범위로 감소하게 된다. 따라서 땀을 많이 흘리면 ㉢(항이뇨 호르몬)의 분비가 촉진된다.

G 13 정답 ④ * 음성 피드백에 의한 호르몬 분비 조절 [정답률 83%] 2021 대비 9월 모평 3

그림은 티록신 분비 조절 과정의 일부를 나타낸 것이다. ㉠과 ㉡은 각각 TRH와 TSH 중 하나이다.
이에 대한 설명으로 옳은 것만을 〈보기〉에서 있는 대로 고른 것은?

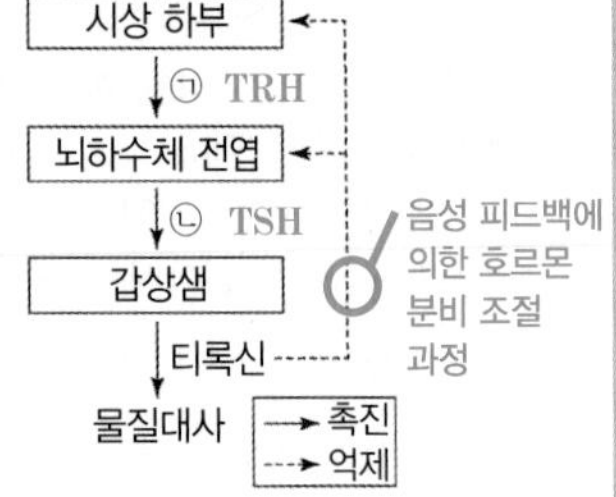

[보기]

ㄱ. ㉠은 혈액을 통해 표적 세포로 이동한다.
→ TRH(㉠)는 호르몬이므로 혈액으로 분비되어 표적 세포로 이동

ㄴ. ㉡은 TRH이다. → ㉡은 TSH

ㄷ. 티록신의 분비는 음성 피드백에 의해 조절된다.
→ 티록신의 분비가 촉진되면 TRH(㉠)와 TSH(㉡)의 분비가 억제되므로 음성 피드백에 의해 조절됨

① ㄱ ② ㄴ ③ ㄷ ④ ㄱ, ㄷ ⑤ ㄴ, ㄷ

| 문제+자료 분석 |

- 혈중 티록신의 농도가 정상 범위보다 증가하면 티록신에 의해 시상 하부의 TRH(㉠)와 뇌하수체 전엽의 TSH(㉡)의 분비가 각각 억제되어 혈중 티록신의 농도가 감소한다.
- 혈중 티록신의 농도가 정상 범위보다 감소하면 티록신에 의해 시상 하부의 TRH(㉠)와 뇌하수체 전엽의 TSH(㉡)의 분비가 각각 증가되어 혈중 티록신의 농도가 증가한다.
- 이와 같이 어느 과정의 산물이 그 과정을 억제하는 조절을 음성 피드백이라고 한다.

| 보기 분석 |

ㄱ. TRH(㉠)는 갑상샘 자극 호르몬 방출 호르몬이다. 호르몬은 내분비샘에서 혈액으로 분비되어 혈액의 흐름에 따라 표적 세포로 이동한다.

ㄴ. 시상 하부에서 분비되는 ㉠은 TRH(갑상샘 자극 호르몬 방출 호르몬)이고, 뇌하수체 전엽에서 분비되는 ㉡은 TSH(갑상샘 자극 호르몬)이다.

ㄷ. 티록신의 분비가 정상 범위보다 증가하면 분비된 티록신에 의해 시상 하부와 뇌하수체 전엽에서 각각 TRH와 TSH의 분비가 억제됨으로써 티록신의 분비가 감소하여 혈중 티록신의 농도가 일정 범위 내에서 유지된다. 이와 같은 조절 방식은 음성 피드백에 해당한다.

G 14 정답 ③ * 티록신 분비의 조절 [정답률 57%] 2021 대비 수능 19

다음은 티록신의 분비 조절 과정에 대한 실험이다.

ㅇ ㉠과 ㉡은 각각 티록신과 TSH 중 하나이다.

[실험 과정 및 결과]

(가) 유전적으로 동일한 생쥐 A, B, C를 준비한다.

(나) B와 C의 갑상샘을 각각 제거한 후, A~C에서 혈중 ㉠의 농도를 측정한다. (티록신 분비 안 됨)

(다) (나)의 B와 C 중 한 생쥐에만 ㉠을 주사한 후, A~C에서 혈중 ㉡의 농도를 측정한다.

(라) (나)와 (다)에서 측정한 결과는 그림과 같다.

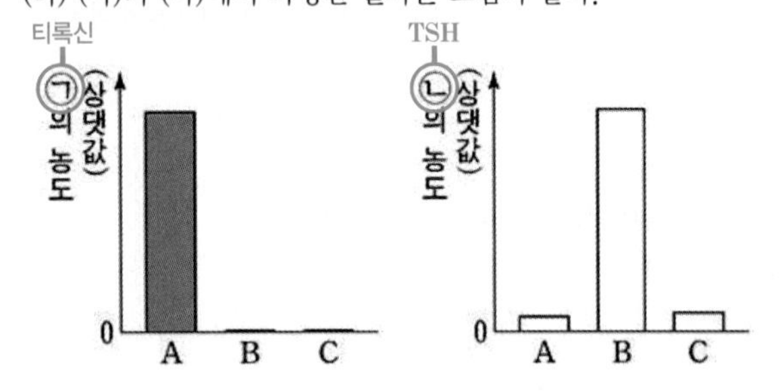

이에 대한 설명으로 옳은 것만을 〈보기〉에서 있는 대로 고른 것은? (단, 제시된 조건 이외는 고려하지 않는다.)

[보기]

ㄱ. 갑상샘은 ㉡의 표적 기관이다.
→ 갑상샘은 ㉡(TSH)의 표적 기관

ㄴ. (다)에서 ㉠을 주사한 생쥐는 B이다.
→ (다)에서 ㉠을 주사한 생쥐는 C

ㄷ. 티록신의 분비는 음성 피드백에 의해 조절된다.
→ 티록신이 증가하면 음성 피드백에 의해 TSH가 감소하여 조절됨

① ㄱ ② ㄴ ③ ㄱ, ㄷ ④ ㄴ, ㄷ ⑤ ㄱ, ㄴ, ㄷ

| 문제+자료 분석 |

- ㉠(티록신): 갑상샘에서 분비되는 호르몬으로 물질대사를 촉진하는 역할을 한다. 티록신 농도가 증가하면 음성 피드백에 의해 갑상샘 자극 호르몬(TSH)과 갑상샘 자극 호르몬 방출 호르몬(TRH)의 분비가 감소하여 티록신의 분비가 조절된다. 갑상샘을 제거하지 않은 A에서 농도가 높은 ㉠은 티록신이다.
- ㉡(TSH): 뇌하수체 전엽에서 분비되는 갑상샘 자극 호르몬이다. TSH의 표적 기관은 갑상샘으로 갑상샘에서 티록신의 분비를 촉진한다. 티록신인 ㉠이 주사되면 TSH인 ㉡의 농도는 감소하고, 티록신이 부족할 때 TSH인 ㉡의 농도가 증가한다. (다)에서 C에 ㉠을 주사해 ㉡의 농도가 낮다.

| 보기 분석 |

ㄱ. 갑상샘은 ㉡(TSH)의 표적 기관이다.

ㄴ. (다)에서 ㉠(티록신)을 주사했을 때 음성 피드백에 의해 TSH의 농도가 감소한다. ㉠(티록신)을 주사한 생쥐는 ㉡(TSH)의 농도가 낮은 C이다. 갑상샘을 제거해 티록신의 농도가 낮은 B는 음성 피드백에 의해 TSH인 ㉡의 농도가 높다. ← 주의

ㄷ. 티록신의 농도가 낮으면 TSH의 농도가 증가해 갑상샘에서 티록신 분비가 촉진되고, 티록신의 농도가 높으면 TSH의 농도가 감소해 갑상샘에서 티록신의 분비를 억제한다. 티록신의 분비는 음성 피드백에 의해 조절된다.

송의현 | 원광대 의예과 2021년 입학 · 안산 동산고

티록신의 음성 피드백에 관한 문제야. 난 처음에 풀 때 분명 B와 C 중 하나에 ㉠을 주사했는데 왜 그래프에서 B, C 모두 ㉠의 수치가 낮은지를 이해하지 못했어. 문제 오류인가 싶고 속이 답답하더라. 심호흡을 하고 처음부터 정독했더니 첫 번째 그래프에서 ㉠의 농도를 측정한 '뒤'에 ㉠을 주입한 것이더라고. 이렇게 시험장에서 시야가 좁아지면 쉬운 문제도 잘 안보일 수 있으니 조심하고, 만약 잘 안보일 땐 심호흡 하고 다시 정독해보는 것을 추천할게.

G 15 정답 ③ ＊혈당량 조절

[정답률 88%] 2024 대비 6월 모평 3

다음은 호르몬 X에 대한 자료이다.

인슐린

X는 이자의 β세포에서 분비되며, 세포로의 ⓐ 포도당 흡수를 촉진한다. X가 정상적으로 생성되지 못하거나 X의 표적 세포가 X에 반응하지 못하면, 혈중 포도당 농도가 정상적으로 조절되지 못한다. ➡ 당뇨병

이에 대한 설명으로 옳은 것만을 〈보기〉에서 있는 대로 고른 것은?

[보기]

ㄱ. X는 간에서 ⓐ가 글리코젠으로 전환되는 과정을 촉진한다.
X(인슐린)는 간에서 ⓐ(포도당)가 글리코젠으로 전환되는 과정을 촉진함

ㄴ. 순환계를 통해 X가 표적 세포로 운반된다.
X(인슐린)는 순환계를 따라 운반되며, 표적 세포에만 작용함

ㄷ. 혈중 포도당 농도가 증가하면 X의 분비가 ~~억제된다~~.
혈중 포도당 농도가 증가하면 이자의 β세포에서 X(인슐린)의 분비가 촉진됨

① ㄱ ② ㄷ ③ ㄱ, ㄴ ④ ㄴ, ㄷ ⑤ ㄱ, ㄴ, ㄷ

| 문제+자료 분석 |

- 고혈당일 때 이자의 β세포에서 인슐린의 분비가 촉진되고, 인슐린은 혈액을 따라 운반된다. 인슐린은 간에서 포도당을 글리코젠으로 전환하는 과정을 촉진하고, 세포로의 포도당 흡수를 촉진하여 혈중 포도당 농도를 정상적으로 조절한다.
- 당뇨병 환자는 인슐린이 정상적으로 생성되지 못하거나 인슐린의 표적 세포가 인슐린에 반응하지 못하여, 혈중 포도당 농도가 정상적으로 조절되지 못한다.

| 보기 분석 |

ㄱ. 인슐린(X)은 간에서 ⓐ(포도당)가 글리코젠으로 전환되는 과정을 촉진하여 혈중 포도당 농도를 낮춘다.

ㄴ. 인슐린(X)을 포함한 호르몬은 순환계인 혈관을 따라 온몸으로 운반되며, 표적 세포(표적 기관)에만 작용한다.

ㄷ. 혈중 포도당 농도가 증가하면 정상으로 낮추기 위해 이자의 β세포에서 인슐린(X)의 분비가 촉진된다.

＊ 당뇨병의 종류
- 제1형 당뇨병: 이자의 β세포가 파괴되어 인슐린이 생성되지 못한다.
- 제2형 당뇨병: 인슐린은 정상적으로 분비되지만 인슐린의 표적 세포인 체세포와 간세포에서 인슐린에 정상적으로 반응하지 못한다.

G 16 정답 ② ＊혈당량 조절

[정답률 67%] 2025 대비 수능 10

그림은 어떤 동물에게 호르몬 X를 투여한 후 시간에 따른 ⓐ와 ⓑ를 나타낸 것이다. X는 글루카곤과 인슐린 중 하나이고, ⓐ와 ⓑ는 '간에서 단위 시간당 글리코젠으로부터 생성되는 포도당의 양'과 '혈중 포도당 농도'를 순서 없이 나타낸 것이다.

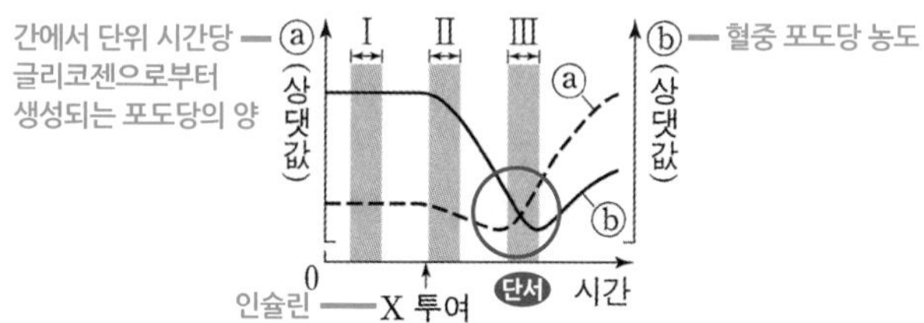

이 자료에 대한 설명으로 옳은 것만을 〈보기〉에서 있는 대로 고른 것은? (단, 제시된 조건 이외는 고려하지 않는다.) (3점)

[보기]

ㄱ. 혈중 포도당 농도는 구간 Ⅰ에서가 구간 Ⅲ에서보다 ~~낮다~~. 높다

ㄴ. 혈중 인슐린 농도는 구간 Ⅰ에서가 구간 Ⅱ에서보다 낮다.
혈중 인슐린 농도는 구간 Ⅰ에서가 구간 Ⅱ에서보다 낮음

ㄷ. 혈중 글루카곤 농도는 구간 Ⅱ에서가 구간 Ⅲ에서보다 ~~높다~~. 낮다

① ㄱ ② ㄴ ③ ㄷ ④ ㄱ, ㄴ ⑤ ㄴ, ㄷ

단서+발상

단서 ⓐ가 증가한 후에 ⓑ가 증가함이 제시되어 있다.

발상 ⓐ가 '간에서 글리코젠으로부터 생성되는 포도당의 양'이고 ⓑ가 '혈중 포도당 농도'임을 추론할 수 있다.

적용 혈당량 조절 과정을 적용해서 ⓐ와 ⓑ, X를 구하는 것부터 문제 풀이를 시작해야 한다.

| 문제+자료 분석 |

- 주어진 그래프에서 ⓐ가 증가한 후에 ⓑ가 증가한다. 간에서 글리코젠으로부터 포도당이 생성된 후에 혈중 포도당 농도가 증가하므로 ⓐ가 '간에서 단위 시간당 글리코젠으로부터 생성되는 포도당의 양'이고 ⓑ가 '혈중 포도당 농도'이다.
- X를 투여한 후에 간에서 단위 시간당 글리코젠으로부터 생성되는 포도당의 양과 혈중 포도당 농도가 모두 감소하므로 X는 인슐린이다.

| 보기 분석 |

ㄱ. ⓑ가 혈중 포도당 농도이므로 혈중 포도당 농도는 구간 Ⅰ에서가 Ⅲ에서보다 높다.

ㄴ. 인슐린은 혈중 포도당 농도를 감소시키는 역할을 한다. X 투여 후 혈중 포도당 농도가 감소했으므로 X는 인슐린이고, X를 투여하기 전인 Ⅰ에서가 X를 투여한 직후인 Ⅱ에서보다 혈중 인슐린 농도가 낮다.

ㄷ. 글루카곤은 혈중 포도당 농도가 낮을 때 분비되어 혈중 포도당 농도를 높이는 역할을 한다. Ⅱ에서가 Ⅲ에서보다 혈중 포도당 농도가 높기 때문에 혈중 글루카곤 농도는 Ⅱ에서가 Ⅲ에서보다 낮다.

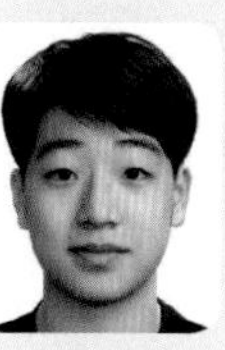

윤혁준 | 2025 수능 응시 · 서울 강서고 졸

투여한 호르몬 X를 판별하는 것은 어렵지 않았지만 ⓐ와 ⓑ가 각각 무엇인지 헷갈릴 수 있는 문제였어. 이럴 땐 어떻게 먼저 변하는지 순서를 생각해보면 돼. Ⅲ에서 ⓑ는 감소하고 ⓐ는 증가하는 것을 보고 판별하면 문제를 풀 수 있어.

G 17 정답 ① * 혈당량 조절 ······ [정답률 63%] 2025 대비 9월 모평 6

그림은 어떤 동물에게 호르몬 X를 투여한 후 시간에 따른 ⓐ와 ⓑ를 나타낸 것이다. X는 글루카곤과 인슐린 중 하나이고, ⓐ와 ⓑ는 '간에서 단위 시간당 글리코젠으로부터 생성되는 포도당의 양'과 '혈중 포도당 농도'를 순서 없이 나타낸 것이다.

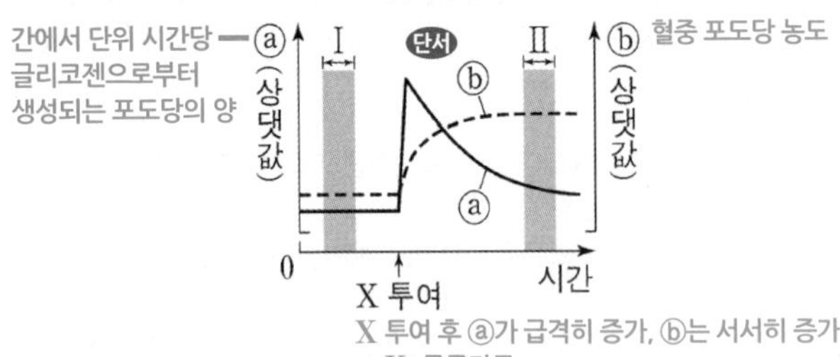

이에 대한 설명으로 옳은 것만을 〈보기〉에서 있는 대로 고른 것은? (단, 제시된 조건 이외는 고려하지 않는다.)

[보기]

ㄱ. ⓑ는 '혈중 포도당 농도'이다.
 ⓑ는 혈중 포도당 농도임

ㄴ. 혈중 인슐린 농도는 구간 Ⅰ에서가 구간 Ⅱ에서보다 높다.
 혈중 인슐린 농도는 Ⅰ에서가 Ⅱ에서보다 낮음

ㄷ. 혈중 포도당 농도가 증가하면 X의 분비가 촉진된다.
 혈중 포도당 농도가 증가하면 X의 분비 감소

① ㄱ ② ㄴ ③ ㄷ ④ ㄱ, ㄴ ⑤ ㄴ, ㄷ

단서+발상

(단서) 호르몬 X 투여 후 ⓐ가 급격히 증가했다가 감소하고 ⓑ가 서서히 증가하는 그래프가 제시되어 있으며 ⓐ와 ⓑ는 '간에서 단위 시간당 글리코젠으로부터 생성되는 포도당의 양'과 '혈중 포도당 농도' 중 하나임이 제시되어 있다.

(발상) 호르몬 X 투여 후 혈당량 증가와 관련된 값인 ⓐ와 ⓑ가 증가하므로 X는 글루카곤임을 추론할 수 있다.

(적용) 글루카곤은 혈당량을 높이는 작용을 하는 호르몬임을 적용해서 호르몬 X와 ⓐ, ⓑ를 구하는 것부터 문제 풀이를 시작해야 한다.

| 문제+자료 분석 |

- X 투여 후 ⓐ가 급격히 증가하고 ⓑ가 서서히 증가한다.
 ⓐ와 ⓑ의 증가는 모두 혈당량 증가와 관련된다. 글루카곤이 혈당량을 높이는 작용을 하므로 X는 글루카곤이다. (꿀팁)
- 급격히 증가하는 ⓐ는 '간에서 단위 시간당 글리코젠으로부터 생성되는 포도당의 양'이며 서서히 증가하는 ⓑ는 '혈중 포도당 농도'이다. 혈중 포도당 농도(ⓑ)가 충분히 높아진 후에 간에서 단위 시간당 글리코젠으로부터 생성되는 포도당의 양(ⓐ)은 감소한다.

| 보기 분석 |

ㄱ. ⓐ는 '간에서 단위 시간당 글리코젠으로부터 생성되는 포도당의 양', ⓑ는 '혈중 포도당 농도'이다.

ㄴ. 혈중 포도당 농도가 낮을 때 혈중 인슐린 농도는 낮아진다. 구간 Ⅰ에서가 Ⅱ에서보다 혈중 포도당 농도가 낮으므로 혈중 인슐린 농도도 낮다.

ㄷ. 글루카곤은 혈당량을 높이는 호르몬으로 혈중 포도당 농도가 증가하면 음성 피드백에 의해 글루카곤의 분비는 감소한다.

문제 풀이 (꿀팁)

- '간에서 단위 시간당 글리코젠으로부터 생성되는 포도당의 양'과 '혈중 포도당 농도'는 모두 혈당량과 비례하는 값이다. 즉 ⓐ와 ⓑ 모두 혈당량과 비례한다.
- 호르몬 X 투여 후 ⓐ와 ⓑ가 증가했으므로 호르몬 X는 혈당량을 증가시키는 호르몬임을 추론할 수 있다.

G 18 정답 ① * 혈당량 조절 ······ [정답률 82%] 2020 실시 10월 학평 4

그림은 정상인과 당뇨병 환자가 포도당을 섭취했을 때 혈당량 변화를 나타낸 것이다. 이 환자는 이자에서 혈당량 조절 호르몬 X가 적게 분비되어 당뇨병이 나타났다.

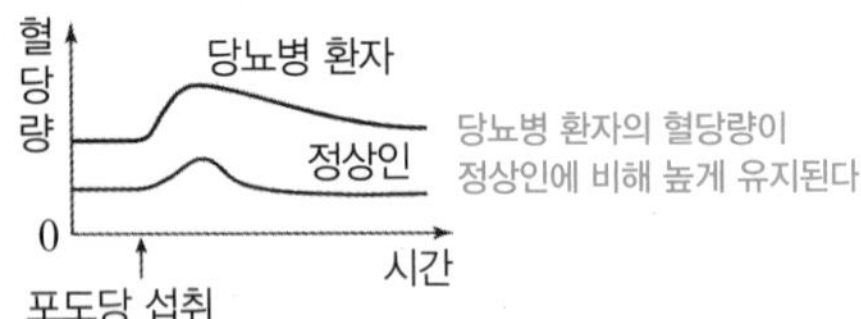

X에 대한 옳은 설명만을 〈보기〉에서 있는 대로 고른 것은?

[보기]

ㄱ. 인슐린이다.
 → X는 혈당량을 낮추는 작용을 하는 인슐린이다.

ㄴ. 이자의 α세포에서 분비된다.
 → 인슐린은 이자의 β세포에서 분비된다.

ㄷ. 간에서 글리코젠 분해를 촉진한다.
 → 인슐린은 간에서 글리코젠 합성을 촉진한다.

① ㄱ ② ㄴ ③ ㄱ, ㄴ ④ ㄱ, ㄷ ⑤ ㄴ, ㄷ

| 문제+자료 분석 |

- 당뇨병 환자는 인슐린이 적게 분비되어 혈당량이 조절되지 않는다.
- 인슐린은 이자의 β세포에서 분비되는 호르몬이다. 간에서 포도당을 글리코젠으로 합성하여 혈당량을 낮게 조절한다.
- 주어진 자료에서 당뇨병 환자는 혈당량이 높게 유지되고 있으므로 인슐린의 분비가 부족하다는 것을 알 수 있다. 따라서 X는 인슐린이다.
- 글루카곤은 이자의 α세포에서 분비되어 혈당량을 높게 조절하는 호르몬이며, 간에서 글리코젠을 포도당으로 분해한다.

| 보기 분석 |

ㄱ. 그래프에서 당뇨병 환자는 혈당량이 높게 유지되므로 X는 혈당량을 낮추는 작용을 하는 호르몬임을 알 수 있다. 따라서 X는 인슐린이다.

ㄴ. 인슐린은 이자의 β세포에서 분비된다.

ㄷ. 인슐린은 간에서 포도당을 글리코젠으로 합성하는 작용을 촉진하는 호르몬이다.

* 혈당량 조절 호르몬

혈당량 감소	인슐린	• 이자의 β세포에서 분비 • 간에서 작용하여 포도당을 글리코젠으로 합성
혈당량 증가	글루카곤	• 이자의 α세포에서 분비 • 간에서 작용하여 글리코젠을 포도당으로 분해
	에피네프린 (아드레날린)	• 부신 속질에서 분비 • 심장 박동 촉진, 혈당량 증가 등의 기능을 담당

G 19 정답 ① ＊혈당량 조절 [정답률 88%] 2025 대비 6월 모평 11

그림은 정상인이 탄수화물을 섭취한 후 시간에 따른 혈중 호르몬 ㉠과 ㉡의 농도를 나타낸 것이다. ㉠과 ㉡은 글루카곤과 인슐린을 순서 없이 나타낸 것이다.

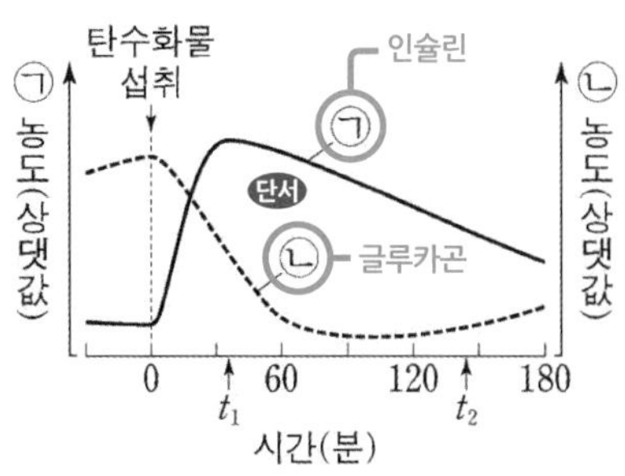

이에 대한 설명으로 옳은 것만을 〈보기〉에서 있는 대로 고른 것은?

[보기]

ㄱ. ㉠은 세포로의 포도당 흡수를 촉진한다.
인슐린(㉠)은 세포로의 포도당 흡수를 촉진하여 혈당량을 낮춤

ㄴ. 혈중 포도당 농도는 t_2일 때가 t_1일 때보다 높다.
혈중 포도당 농도는 t_2일 때가 t_1일 때보다 낮음

ㄷ. ㉠과 ㉡의 분비를 조절하는 중추는 중간뇌이다.
㉠과 ㉡의 분비를 조절하는 중추는 간뇌의 시상 하부임

① ㄱ ② ㄴ ③ ㄱ, ㄷ ④ ㄴ, ㄷ ⑤ ㄱ, ㄴ, ㄷ

| 문제+자료 분석 |

- 간뇌의 시상 하부는 항상성 유지의 최고 조절 중추로 혈당량, 체온, 삼투압 등 내부 변화를 감지하고, 자율 신경과 호르몬을 통해 몸 상태를 일정하게 조절한다.
- 인슐린(㉠)과 글루카곤(㉡)의 분비는 이자에서 혈당량을 직접 감지하여 조절하거나 간뇌의 시상 하부에서 자율 신경을 통해 이자를 자극하여 조절한다. 꿀팁
- 탄수화물을 섭취하면 소장에서 포도당이 흡수되어 혈중 포도당 농도가 높아진다. 혈중 포도당 농도가 정상 수준보다 높아지면 이자의 β세포에서 인슐린의 분비가 촉진된다.
- 인슐린은 간에서 포도당을 글리코젠으로 합성하는 과정을 촉진하고, 체세포로의 포도당 흡수를 촉진하여 혈중 포도당 농도를 낮춘다.
  ➡ ㉠은 인슐린이다.
- 이자의 α세포에서 분비되는 글루카곤은 간에 저장되어 있는 글리코젠을 포도당으로 분해하는 과정을 촉진하고, 분해된 포도당을 혈액으로 방출하여 혈중 포도당 농도를 높인다.
  ➡ 탄수화물 섭취 후 농도가 낮아지는 ㉡은 글루카곤이다.

| 보기 분석 |

ㄱ. 탄수화물 섭취 후 높아진 혈중 포도당 농도를 낮추기 위해 이자의 β세포에서 인슐린의 분비가 촉진되므로 ㉠은 인슐린이다. 인슐린(㉠)은 세포로의 포도당 흡수를 촉진하여 혈당량을 낮춘다.

ㄴ. 혈중 포도당 농도가 높으면 포도당 농도를 낮추기 위해 인슐린의 농도가 높아진다. 따라서 혈중 포도당 농도는 t_2일 때가 t_1일 때보다 낮다.

ㄷ. 간뇌의 시상 하부는 항상성 유지의 최고 조절 중추로 인슐린(㉠)과 글루카곤(㉡)의 분비를 조절하는 중추는 간뇌의 시상 하부이다.

G 20 정답 ① ＊혈당량 조절 [정답률 83%] 2024 실시 7월 학평 14

그림 (가)는 이자에서 분비되는 호르몬 ㉠과 ㉡의 분비 조절 과정 일부를, (나)는 정상인이 탄수화물을 섭취한 후 시간에 따른 혈중 호르몬 X의 농도를 나타낸 것이다. ㉠과 ㉡은 인슐린과 글루카곤을 순서 없이 나타낸 것이고, X는 ㉠과 ㉡ 중 하나이다.

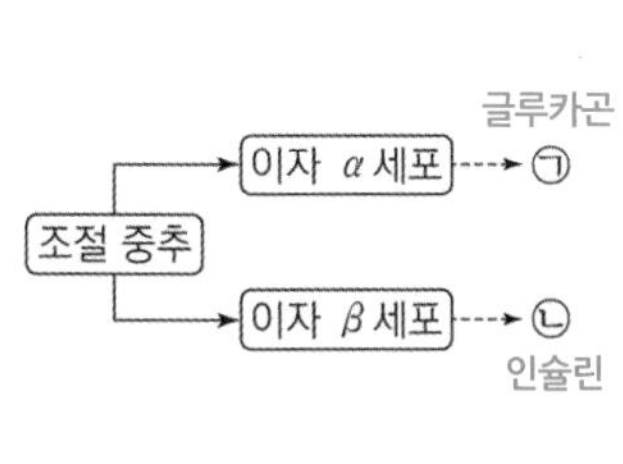

(가)

인슐린(㉡)
X 농도(상댓값)
탄수화물 섭취
단서
0 60 120
t_1 t_2
시간(분)
혈당량이 높아 인슐린 농도가 높은 상태

(나)

이에 대한 설명으로 옳은 것만을 〈보기〉에서 있는 대로 고른 것은? (단, 제시된 조건 이외는 고려하지 않는다.) (3점)

[보기]

ㄱ. X는 ㉡이다.
X는 인슐린(㉡)임

ㄴ. ㉠은 세포로의 포도당 흡수를 촉진한다.
인슐린(㉡)이 세포로의 포도당 흡수를 촉진함

ㄷ. 혈중 포도당 농도는 t_1일 때가 t_2일 때보다 낮다.
혈중 포도당 농도는 t_1일 때가 t_2일 때보다 높음

① ㄱ ② ㄴ ③ ㄱ, ㄷ ④ ㄴ, ㄷ ⑤ ㄱ, ㄴ, ㄷ

단서+발상

단서 이자의 α세포에서 ㉠이 분비되고, 이자의 β세포에서 ㉡이 분비되며, 탄수화물 섭취 후 X의 농도가 증가하는 그래프가 제시되어 있다.

발상 이자의 α세포에서 분비되는 ㉠은 글루카곤, 이자의 β세포에서 분비되는 ㉡은 인슐린이며, 탄수화물 섭취 후 농도가 증가하는 X는 인슐린(㉡)임을 추론할 수 있다.

적용 이자의 α세포와 β세포에서 분비되는 호르몬에 대한 개념을 적용해서 탄수화물 섭취 시 농도가 증가하는 호르몬을 파악하는 것부터 문제 풀이를 시작해야 한다.

| 문제+자료 분석 |

- (가): 이자의 α세포에서 분비되는 ㉠은 글루카곤으로 혈당량이 낮을 때 분비되며, 이자의 β세포에서 분비되는 ㉡은 인슐린으로 혈당량이 높을 때 분비된다.
- (나): 탄수화물 섭취 후 X의 농도가 급격하게 높아지고 있으므로 X는 혈당량이 높을 때 분비되는 인슐린(㉡)이다.
- (나)의 t_1은 혈당량이 높아 인슐린 농도가 높은 상태이며, t_2는 인슐린의 작용으로 혈당량이 낮아져 인슐린 농도가 낮아지고 있는 상태이다.

| 보기 분석 |

ㄱ. X는 탄수화물 섭취 후 분비되는 호르몬으로 인슐린(㉡)이다.

ㄴ. 세포로의 포도당 흡수를 촉진하는 것은 인슐린(㉡)의 역할이다. 혈당량이 높을 때 분비되는 인슐린은 간에서 포도당을 글리코젠으로 전환하고, 세포로의 포도당 흡수를 촉진해 혈당량을 낮추는 역할을 한다.

ㄷ. t_1일 때는 탄수화물 섭취 직후로, 혈중 포도당 농도가 높아 인슐린 농도가 높아진 상태이다. t_2일 때는 시간이 지난 후 혈당량이 낮아진 상태로 음성 피드백에 의해 인슐린 농도도 낮아진 상태이다.
따라서 t_1일 때가 t_2일 때에 비해 혈중 포도당 농도와 인슐린 농도가 높다.

G 21 정답 ③ * 혈당량 조절 과정

[정답률 68%] 2024 실시 3월 학평 9

그림 (가)는 정상인이 탄수화물을 섭취한 후 시간에 따른 혈중 호르몬 X의 농도를, (나)는 이 사람에서 혈중 X의 농도에 따른 단위 시간당 혈액에서 조직 세포로의 포도당 유입량을 나타낸 것이다. X는 인슐린과 글루카곤 중 하나이다.

탄수화물 섭취 후 X의 농도 증가

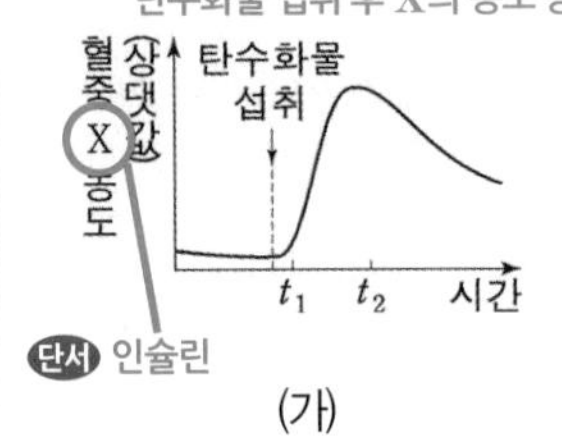

(가)

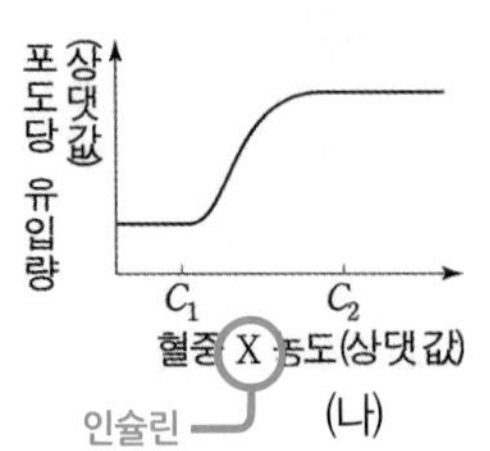

(나)

이에 대한 옳은 설명만을 〈보기〉에서 있는 대로 고른 것은? (단, 제시된 조건 이외는 고려하지 않는다.) (3점)

[보기]

ㄱ. X는 이자의 β세포에서 분비된다.
탄수화물 섭취 후 농도가 높아지는 X는 이자의 β세포에서 분비되는 인슐린임

ㄴ. 단위 시간당 혈액에서 조직 세포로의 포도당 유입량은 t_2일 때가 t_1일 때보다 많다.
인슐린 농도가 높은 t_2일 때가 t_1일 때보다 많음

ㄷ. 간에서 글리코젠의 분해는 C_2에서가 C_1에서보다 활발하다. 인슐린 농도가 낮은 C_1에서가 C_2에서보다 활발함

① ㄱ ② ㄷ ③ ㄱ, ㄴ ④ ㄴ, ㄷ ⑤ ㄱ, ㄴ, ㄷ

단서+발상

(단서) 탄수화물 섭취에 따른 혈중 X의 농도와 혈중 X 농도에 따른 포도당 유입량 그래프가 제시되어 있다.

(발상) 탄수화물 섭취 후 혈당량이 정상 수준보다 높아지면 이자의 β세포에서 인슐린의 분비가 촉진되므로 X는 인슐린임을 추론할 수 있다.

| 문제+자료 분석 |

- 탄수화물을 섭취하면 소장에서 포도당이 흡수되어 혈당량이 높아진다. 혈당량이 정상 수준보다 높아지면 이자의 β세포에서 인슐린의 분비가 촉진된다. 인슐린은 간에서 포도당을 글리코젠으로 합성하는 과정을 촉진하고, 조직 세포의 포도당 흡수를 촉진하여 혈당량을 낮춘다. ➡ X는 인슐린이다.
- 식사 후 오랜 시간이 지나거나 운동을 하여 혈당량이 정상 수준보다 낮아지면 이자의 α세포에서 글루카곤의 분비가 촉진된다. 또한 간뇌의 시상 하부는 교감 신경을 자극하여 부신 속질에서 에피네프린의 분비를 촉진한다. 글루카곤과 에피네프린은 간에 저장되어 있는 글리코젠을 포도당으로 분해하는 과정을 촉진하고, 포도당을 혈액으로 방출하여 혈당량을 높인다.
- 단위 시간당 혈액에서 조직 세포로의 포도당 유입량은 인슐린 농도가 높은 t_2일 때가 t_1일 때보다 많다.
- 간에서 글리코젠의 분해는 인슐린 농도가 낮고, 조직 세포로의 포도당 유입량이 적은 C_1에서가 C_2에서보다 활발하다.

| 보기 분석 |

ㄱ. 탄수화물 섭취 후 농도가 높아지는 X는 이자의 β세포에서 분비되는 인슐린이다.

ㄴ. 단위 시간당 혈액에서 조직 세포로의 포도당 유입량은 인슐린 농도가 높은 t_2일 때가 t_1일 때보다 많다.

ㄷ. 간에서 글리코젠의 분해는 인슐린 농도가 낮은 C_1에서가 C_2에서보다 활발하다.

G 22 정답 ③ * 혈당량 조절

[정답률 59%] 2024 실시 5월 학평 6

그림은 정상인 A와 당뇨병 환자 B가 운동을 하는 동안 혈중 포도당 농도 변화를 나타낸 것이다. ㉠과 ㉡은 A와 B를 순서 없이 나타낸 것이다. B는 이자의 β세포가 파괴되어 인슐린이 정상적으로 생성되지 못한다.

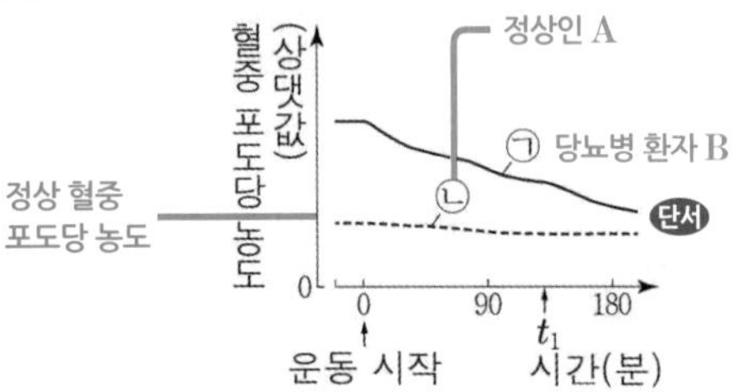

이에 대한 설명으로 옳은 것만을 〈보기〉에서 있는 대로 고른 것은? (단, 제시된 조건 이외는 고려하지 않는다.) (3점)

[보기]

ㄱ. ㉠은 B이다.
㉠은 당뇨병 환자 B, ㉡은 정상인 A임

ㄴ. 인슐린은 세포로의 포도당 흡수를 촉진한다.
인슐린은 세포로의 포도당 흡수를 촉진하여 혈당량을 낮춤

ㄷ. A의 간에서 단위 시간당 생성되는 포도당의 양은 운동 시작 시점일 때가 t_1일 때보다 많다.
A의 간에서 생성되는 포도당의 양은 운동 중인 t_1일 때가 많음

① ㄱ ② ㄷ ③ ㄱ, ㄴ ④ ㄱ, ㄷ ⑤ ㄴ, ㄷ

단서+발상

(단서) 정상인 A와 당뇨병 환자 B가 운동을 하는 동안 혈중 포도당 농도 변화 그래프가 제시되어 있다.

(발상) 운동 시작 당시에 높은 혈중 포도당 농도를 유지하다가 운동 시작 후에 혈중 포도당 농도가 낮아진 ㉠은 당뇨병 환자 B, 운동 시작 후에도 비교적 정상 혈중 포도당 농도를 유지하는 ㉡은 정상인 A임을 추론할 수 있다.

| 문제+자료 분석 |

- 혈당량이 정상 수준보다 높아지면 이자의 β세포에서 인슐린의 분비가 촉진된다.
  ➡ 인슐린은 간에서 포도당을 글리코젠으로 합성하는 과정을 촉진하고, 체세포의 포도당 흡수를 촉진하여 혈당량을 낮춘다.
- 당뇨병은 혈당량이 비정상적으로 높은 상태가 지속되는 병이며, 이자의 β세포가 파괴되어 인슐린이 분비되지 않는 당뇨병 환자 B는 제1형 당뇨병에 해당한다.
- 운동을 하면 간에서 포도당을 생성하여 세포에 공급하고 세포 호흡으로 포도당이 분해되므로 혈당량이 낮아진다.
- ㉠은 운동 시작 당시에 높은 혈중 포도당 농도를 유지하다가 운동 시작 후에 혈중 포도당 농도가 낮아졌으며, ㉡은 운동 시작 후에도 비교적 정상 혈중 포도당 농도를 유지한다. ➡ ㉠은 당뇨병 환자 B이고, ㉡은 정상인 A이다.

| 보기 분석 |

ㄱ. 당뇨병 환자에 비해 정상인은 항상 혈당량을 일정 수준으로 유지할 수 있기 때문에 ㉡은 정상인 A이며, ㉠은 당뇨병 환자 B이다.

ㄴ. 인슐린은 간에서 포도당을 글리코젠으로 합성하는 과정을 촉진하고, 체세포의 포도당 흡수를 촉진하여 혈당량을 낮춘다.

ㄷ. 운동을 하면 간에서 포도당을 생성하여 세포에 공급하므로 단위 시간당 생성되는 포도당의 양은 운동 시작보다 운동 중인 t_1일 때가 많다.

G 23 정답 ① ＊혈당량 조절 [정답률 75%] 2023 대비 수능 10

그림 (가)와 (나)는 정상인 Ⅰ과 Ⅱ에서 ㉠과 ㉡의 변화를 각각 나타낸 것이다. t_1일 때 Ⅰ과 Ⅱ 중 한 사람에게만 인슐린을 투여하였다. ㉠과 ㉡은 각각 혈중 글루카곤 농도와 혈중 포도당 농도 중 하나이다.

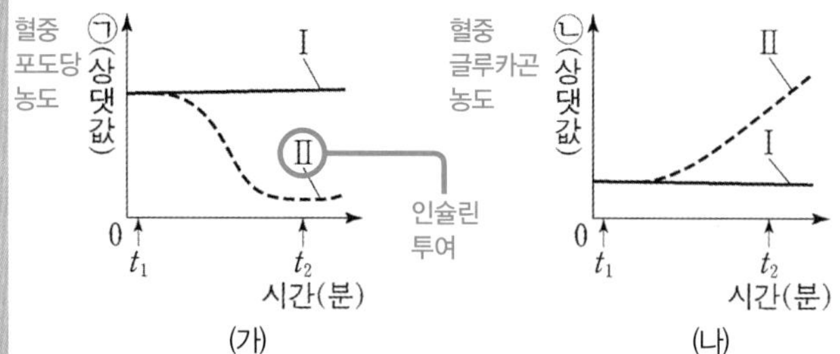

이에 대한 설명으로 옳은 것만을 〈보기〉에서 있는 대로 고른 것은? (단, 제시된 조건 이외는 고려하지 않는다.) (3점)

[보기]

ㄱ. 인슐린은 세포로의 포도당 흡수를 촉진한다.
인슐린은 세포로의 포도당 흡수를 촉진하여 혈당량을 낮춤

ㄴ. ㉡은 ~~혈중 포도당 농도~~이다. ㉡은 혈중 글루카곤 농도임

ㄷ. $\frac{\text{Ⅰ의 혈중 글루카곤 농도}}{\text{Ⅱ의 혈중 글루카곤 농도}}$는 t_2일 때가 t_1일 때보다 ~~크다~~.
$\frac{\text{Ⅰ의 혈중 글루카곤 농도}}{\text{Ⅱ의 혈중 글루카곤 농도}}$는 t_2일 때가 t_1일 때보다 작음

① ㄱ ② ㄴ ③ ㄷ ④ ㄱ, ㄴ ⑤ ㄱ, ㄷ

| 문제+자료 분석 |

- (가): 인슐린은 포도당을 글리코젠으로 합성하고, 혈액에서 세포로의 포도당 흡수를 촉진시켜 혈당량을 낮추는 호르몬이다. 따라서 인슐린이 투여된 사람은 혈중 포도당 농도가 감소하므로 Ⅱ는 인슐린을 투여한 사람이며, ㉠은 혈중 포도당 농도이다.
- (나): Ⅱ에게 인위적으로 인슐린을 투여하면 혈중 포도당 농도가 낮아지므로 체내 혈당량을 높이기 위해 글루카곤 농도가 증가한다. 따라서 ㉡은 혈중 글루카곤 농도이다. 여기서 주의할 점은 인슐린은 외부에서 투여한 것이지 우리 몸에서 만들어진 것이 아니기 때문에 인슐린이 많아졌으므로 글루카곤은 감소할 것이라고 착각하지 않도록 한다. 주의

| 보기 분석 |

ㄱ. 인슐린은 혈액에서 세포로의 포도당 흡수를 촉진하여 혈당량을 낮춘다.

ㄴ. t_1일 때 정상인 Ⅱ에게 인슐린을 투여하면 혈중 포도당 농도는 감소하고, 혈중 글루카곤 농도는 증가한다. 따라서 ㉡은 혈중 글루카곤 농도이다.

ㄷ. t_1일 때 혈중 글루카곤 농도(㉡)는 Ⅰ과 Ⅱ에서 같으므로 $\frac{\text{Ⅰ의 혈중 글루카곤 농도(㉡)}}{\text{Ⅱ의 혈중 글루카곤 농도(㉡)}}=1$이고, t_2일 때 혈중 글루카곤 농도(㉡)는 Ⅰ보다 Ⅱ에서가 크므로 $\frac{\text{Ⅰ의 혈중 글루카곤 농도(㉡)}}{\text{Ⅱ의 혈중 글루카곤 농도(㉡)}}<1$이다. 따라서 $\frac{\text{Ⅰ의 혈중 글루카곤 농도}}{\text{Ⅱ의 혈중 글루카곤 농도}}$는 t_2일 때가 t_1일 때보다 작다.

김보겸 | 연세대 지구시스템과학과 2023년 입학 · 광주 서석고졸

ㄷ 선지에서 분수 값의 대소를 비교하라 했는데, 정확한 값을 구하는 게 아니니까 t_1, t_2에서의 증가/감소의 경향만 따지면 돼.

G 24 정답 ③ ＊혈당량 조절 [정답률 76%] 2023 실시 7월 학평 13

그림 (가)는 정상인에서 혈중 호르몬 X의 농도에 따른 혈액에서 조직 세포로의 포도당 유입량을, (나)는 사람 A와 B에서 탄수화물 섭취 후 시간에 따른 혈중 X의 농도를 나타낸 것이다. X는 인슐린과 글루카곤 중 하나이고, A와 B는 각각 정상인과 당뇨병 환자 중 하나이다.

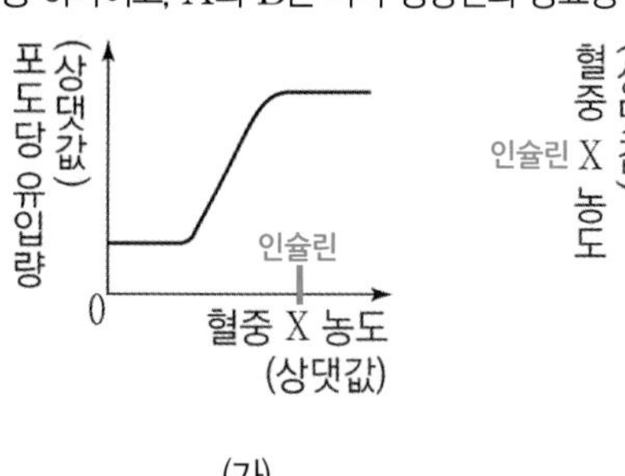

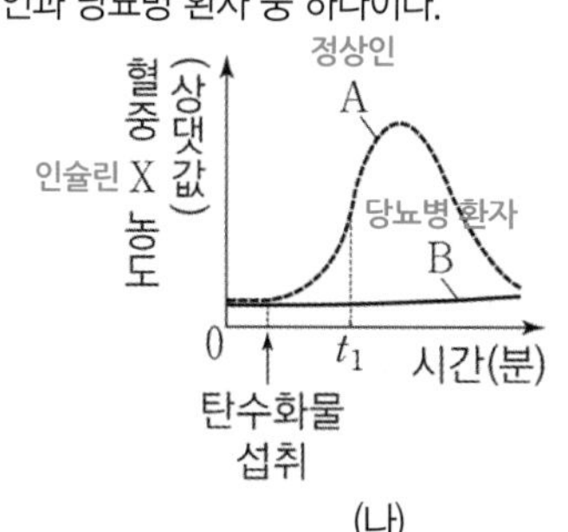

이에 대한 설명으로 옳은 것만을 〈보기〉에서 있는 대로 고른 것은? (단, 제시된 조건 이외는 고려하지 않는다.) (3점)

[보기]

ㄱ. X는 인슐린이다. X는 인슐린임

ㄴ. B는 당뇨병 환자이다. B는 인슐린의 분비가 적은 당뇨병 환자임

ㄷ. A의 혈액에서 조직세포로의 포도당 유입량은 탄수화물 섭취 시점일 때가 t_1일 때보다 ~~많다~~.
A의 혈액에서 조직세포로의 포도당 유입량은 탄수화물 섭취 시점일 때보다 t_1일 때 더 많음

① ㄱ ② ㄷ ③ ㄱ, ㄴ ④ ㄴ, ㄷ ⑤ ㄱ, ㄴ, ㄷ

| 문제+자료 분석 |

- (가): 혈중 X 농도가 증가함에 따라 혈액에서 조직세포로의 포도당 유입이 증가하고 있으므로, X는 혈액에서 조직세포로의 포도당 흡수를 촉진시키는 인슐린이다.
- (나): 정상인에서 탄수화물을 섭취하면 증가한 혈당량을 낮추기 위해 인슐린(X)의 분비가 증가하는 반면, 당뇨병 환자는 이자의 β세포의 이상으로 탄수화물을 섭취해도 인슐린(X)이 거의 분비되지 않는다.

| 보기 분석 |

ㄱ. (가)에서 혈중 X의 농도가 증가할 때, 혈액에서 조직세포로의 포도당 유입이 증가하며, (나)의 정상인에서 탄수화물 섭취 후 증가한 혈당량을 감소시키기 위해 X가 분비되었으므로 X는 혈당량을 감소시키는 인슐린이다.
인슐린(X)은 이자의 β세포에서 분비되어 혈액에서 조직세포로의 포도당 흡수를 촉진시키고, 간에서 포도당으로부터 글리코젠의 합성을 촉진시켜 혈당량을 정상 범위로 낮춘다.

ㄴ. B는 탄수화물을 섭취해도 인슐린(X)이 제대로 분비되지 않으므로 이자의 β세포에 이상이 있는 제1형 당뇨병 환자이다.

ㄷ. 정상인(A)에서 탄수화물 섭취 시점일 때보다 t_1일 때의 혈중 인슐린의 농도가 높으므로 t_1일 때가 탄수화물 섭취 시점일 때보다 혈액에서 조직세포로의 포도당 유입량이 더 많다. 인슐린(X)의 농도가 높을수록 혈액에서 조직세포로의 포도당 유입량이 증가하므로, 탄수화물 섭취 시점에서와 t_1일 때의 인슐린 농도를 비교하면 혈액에서 조직세포로의 포도당 유입량을 알 수 있다.

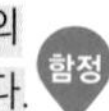

＊제1형 당뇨병 VS 제2형 당뇨병

종류		원인
제1형 당뇨병	원인	이자의 β세포가 파괴되어 인슐린을 생성하지 못함
	치료	인슐린 처방, 혈당량을 급속히 증가시키는 음식물 섭취 조절
제2형 당뇨병	원인	인슐린의 표적 세포가 인슐린에 정상적으로 반응하지 못함
	치료	약물 치료, 음식물 섭취 조절, 운동

G 25 정답 ④ * 혈당량 조절 [정답률 75%] 2021 실시 3월 학평 13

그림은 정상인이 포도당 용액을 섭취한 후 시간에 따른 혈중 포도당의 농도와 호르몬 ㉠의 농도를 나타낸 것이다. ㉠은 글루카곤과 인슐린 중 하나이다.

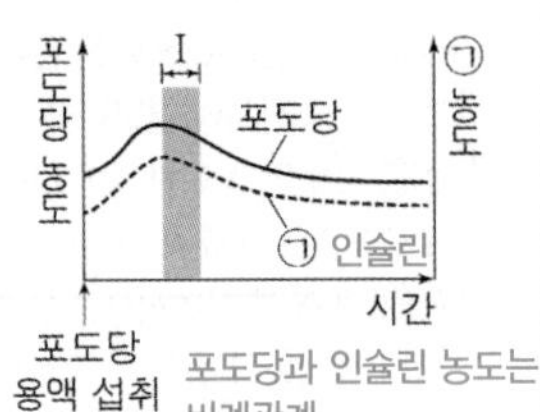

이에 대한 옳은 설명만을 〈보기〉에서 있는 대로 고른 것은? (3점)

[보기]

ㄱ. ㉠은 ~~글루카곤~~이다. → ㉠은 인슐린

ㄴ. 이자의 β세포에서 ㉠이 분비된다.
→ 인슐린(㉠)은 이자의 β세포에서 분비됨

ㄷ. 구간 Ⅰ에서 글리코젠의 합성이 일어난다.
→ 혈중 포도당 농도가 감소하므로 글리코젠의 합성이 일어남

① ㄱ ② ㄴ ③ ㄱ, ㄷ ④ ㄴ, ㄷ ⑤ ㄱ, ㄴ, ㄷ

| 문제+자료 분석 |

- ㉠: 혈중 포도당의 농도가 높을 때 많이 나오고 포도당의 농도가 낮을 때 적게 나오는 것으로 보아 ㉠은 포도당을 글리코젠으로 합성하여 혈중 포도당의 농도를 낮춰주는 인슐린이다.
- Ⅰ: 포도당 용액 섭취 후 소장 융털의 모세혈관으로 포도당이 흡수되어 혈중 포도당의 농도가 높아진다. 이후 인슐린 분비량이 증가하여 혈당량이 다시 감소하는 구간이다.

| 보기 분석 |

ㄱ. 혈당량이 높을 때 분비되어 간에서 포도당이 글리코젠으로 전환되는 과정을 촉진하는 호르몬은 인슐린이다.

ㄴ. 인슐린(㉠)은 이자의 β세포에서 분비되며, 글루카곤은 이자의 α세포에서 분비된다.

ㄷ. 구간 Ⅰ에서 혈중 포도당 농도가 감소하는 것으로 보아 호르몬 ㉠의 작용으로 간에서 포도당이 글리코젠으로 합성되고 있음을 알 수 있다.

* 혈당량 조절 호르몬

혈당량 감소	인슐린	• 이자의 β세포에서 분비 • 간에서 포도당을 글리코젠으로 합성
혈당량 증가	글루카곤	• 이자의 α세포에서 분비 • 간에서 글리코젠을 포도당으로 분해
	에피네프린	• 부신 속질에서 분비 • 심장 박동 촉진, 혈당량 증가

G 26 정답 ② * 혈당량 조절 [정답률 67%] 2022 실시 3월 학평 10

그림 (가)는 사람의 이자에서 분비되는 호르몬 ㉠과 ㉡을, (나)는 간에서 일어나는 물질 A와 B 사이의 전환을 나타낸 것이다. ㉠과 ㉡은 각각 인슐린과 글루카곤 중 하나이고, A와 B는 각각 포도당과 글리코젠 중 하나이다. ㉠은 과정 Ⅰ을, ㉡은 과정 Ⅱ를 촉진한다.

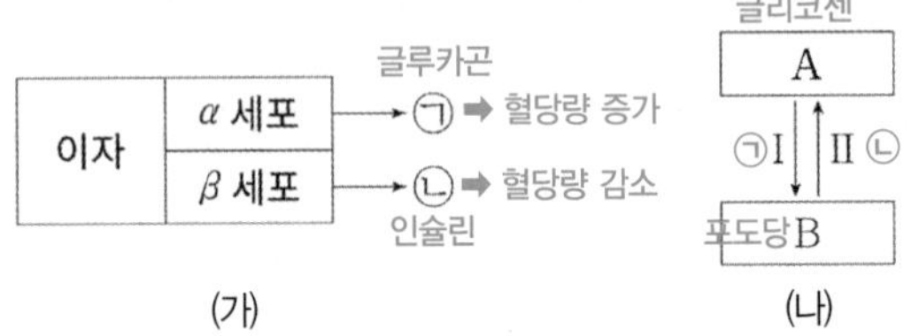

이에 대한 옳은 설명만을 〈보기〉에서 있는 대로 고른 것은? (3점)

[보기]

ㄱ. B는 ~~글리코젠~~이다.
A는 글리코젠, B는 포도당

ㄴ. ㉡은 세포로의 포도당 흡수를 촉진한다.
인슐린(㉡)은 포도당으로부터 글리코젠 합성을 촉진시키고, 조직 세포로 포도당 흡수를 촉진시켜 혈당량을 감소시킴

ㄷ. 혈중 포도당 농도가 증가하면 이 촉진된다.
혈중 포도당 농도 증가 시 이자의 β 세포로부터 인슐린 분비가 증가하여 과정 Ⅱ가 촉진됨

① ㄱ ② ㄴ ③ ㄱ, ㄷ ④ ㄴ, ㄷ ⑤ ㄱ, ㄴ, ㄷ

| 문제+자료 분석 |

- **(가)**: 이자의 α 세포에서 분비되는 ㉠은 글루카곤이고, 이자의 β 세포에서 분비되는 ㉡은 인슐린이다.
- **(나)**: 글루카곤(㉠)은 간에서 글리코젠(A)이 포도당(B)으로 전환되는 과정을 촉진함으로써 혈당량을 증가시키는 호르몬이다. 반면 인슐린(㉡)은 간에서 포도당(B)이 글리코젠(A)으로 전환되는 과정을 촉진하고, 조직 세포에서 포도당을 흡수하는 과정을 촉진함으로써 혈당량을 감소시키는 호르몬이다.

| 보기 분석 |

ㄱ. ㉠(글루카곤)의 작용에 의해 A(글리코젠)가 B(포도당)로 전환되는 과정이 촉진되어 혈당량이 증가한다. 따라서 A는 글리코젠, B는 포도당이다.

ㄴ. ㉡(인슐린)은 간에서 포도당이 글리코젠으로 전환되는 과정을 촉진하고, 조직 세포로의 포도당 흡수 과정을 촉진함으로써 혈당량을 감소시키는 호르몬이다.

ㄷ. 혈중 포도당 농도가 증가하면 이자의 β 세포로부터 인슐린(㉡)의 분비가 증가한다. 이로 인해 혈당량 감소를 일으키는 과정 Ⅱ가 촉진된다.

* 혈당량 조절 과정

혈당량이 정상 범위보다 높을 때	이자의 β 세포에서 인슐린 분비 증가 ➡ 간에서 포도당이 글리코젠으로 합성되는 과정 촉진, 혈액에서 조직 세포로의 포도당 흡수 촉진 ➡ 혈당량 감소
혈당량이 정상 범위보다 낮을 때	이자의 α 세포에서 글루카곤 분비 증가 ➡ 간에서 글리코젠이 포도당으로 분해되는 과정 촉진 ➡ 혈당량 증가

G 27 정답 ② * 혈당량 조절 [정답률 76%] 2023 대비 9월 모평 10

그림은 정상인이 Ⅰ과 Ⅱ일 때 혈중 글루카곤 농도의 변화를 나타낸 것이다. Ⅰ과 Ⅱ는 '혈중 포도당 농도가 높은 상태'와 '혈중 포도당 농도가 낮은 상태'를 순서 없이 나타낸 것이다.

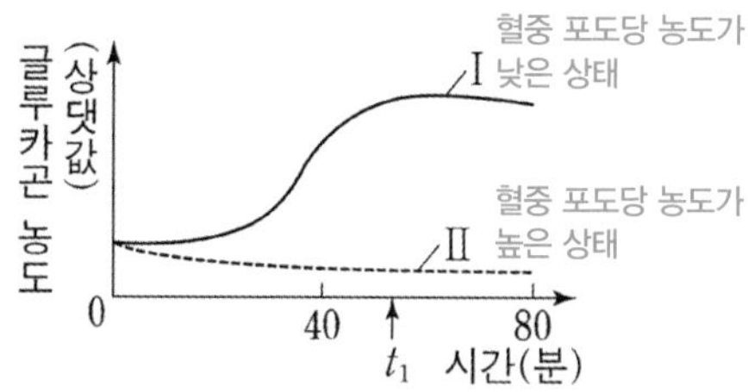

이에 대한 설명으로 옳은 것만을 〈보기〉에서 있는 대로 고른 것은? (단, 제시된 조건 이외는 고려하지 않는다.)

[보기]

ㄱ. Ⅰ은 '혈중 포도당 농도가 ~~높은~~ 상태'이다.
Ⅰ은 '혈중 포도당 농도가 낮은 상태'임

ㄴ. 이자의 α 세포에서 글루카곤이 분비된다.
이자의 α 세포에서 글루카곤이 분비됨

ㄷ. t_1일 때 $\frac{\text{혈중 인슐린 농도}}{\text{혈중 글루카곤 농도}}$는 Ⅰ에서가 Ⅱ에서보다 ~~크다~~.
t_1일 때 $\frac{\text{혈중 인슐린 농도}}{\text{혈중 글루카곤 농도}}$는 Ⅰ에서가 Ⅱ에서보다 작음

① ㄱ ② ㄴ ③ ㄷ ④ ㄱ, ㄴ ⑤ ㄴ, ㄷ

| 문제+자료 분석 |

- Ⅰ: 혈중 포도당이 낮은 상태일 때 혈중 글루카곤 농도가 증가하여 글리코젠이 포도당으로 분해되는 과정이 촉진된다. 따라서 Ⅰ은 '혈중 포도당 농도가 낮은 상태'이다.
- Ⅱ: 혈중 포도당이 높은 상태일 때 혈중 인슐린 농도가 증가하여 포도당이 글리코젠으로 합성되는 과정과 혈액에서 조직 세포로의 포도당 흡수가 촉진된다. 따라서 Ⅱ는 '혈중 포도당 농도가 높은 상태'이다.

| 보기 분석 |

ㄱ. Ⅰ에서 글루카곤 농도가 증가하므로 혈중 포도당 농도가 낮은 상태이다.

ㄴ. 이자의 α 세포에서 글루카곤이 분비되고 β 세포에서 인슐린이 분비되어 길항 작용을 한다.

ㄷ. Ⅰ은 혈중 포도당 농도가 낮은 상태로 인슐린의 분비는 감소하고 글루카곤의 분비가 증가하며, Ⅱ는 혈중 포도당 농도가 높은 상태로 글루카곤의 분비는 감소하고 인슐린의 분비가 증가한다. 따라서 t_1일 때 $\frac{\text{혈중 인슐린 농도}}{\text{혈중 글루카곤 농도}}$는 Ⅰ에서가 Ⅱ에서보다 작다.

문제 풀이 Tip

부교감 신경이 이자의 β세포를 자극하여 인슐린이 분비된다.
➡ 배(β) 나온 부(교감) 인(슐린)'으로 암기해두도록 하자.

G 28 정답 ① * 혈당량 조절 [정답률 80%] 2023 대비 6월 모평 16

그림 (가)는 정상인이 탄수화물을 섭취한 후 시간에 따른 혈중 호르몬 ㉠과 ㉡의 농도를, (나)는 이자의 세포 X와 Y에서 분비되는 ㉠과 ㉡을 나타낸 것이다. ㉠과 ㉡은 글루카곤과 인슐린을 순서 없이 나타낸 것이고, X와 Y는 α 세포와 β 세포를 순서 없이 나타낸 것이다.

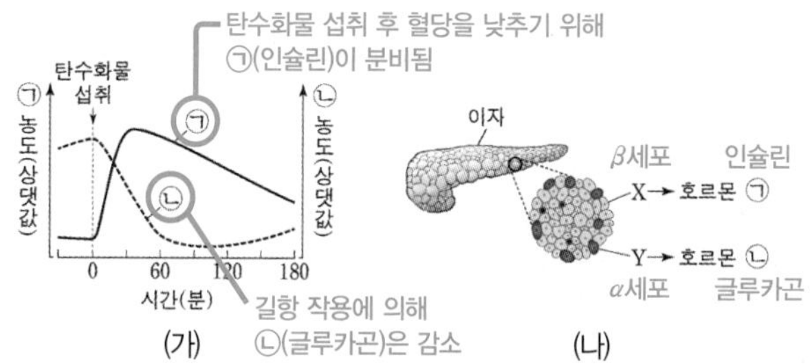

이에 대한 설명으로 옳은 것만을 〈보기〉에서 있는 대로 고른 것은?

[보기]

ㄱ. ㉠과 ㉡은 혈중 포도당 농도 조절에 길항적으로 작용한다.
㉠(인슐린)은 혈당량을 감소시키고, ㉡(글루카곤)은 혈당량을 증가시키므로 서로 반대 작용을 함

ㄴ. ㉡은 간에서 ~~포도당이 글리코젠~~으로 전환되는 과정을 촉진한다.
㉡(글루카곤)은 간에서 글리코젠이 포도당으로 전환되는 과정을 촉진함

ㄷ. X는 ~~α세포~~이다. X는 ㉠(인슐린)을 분비하므로 β세포임

① ㄱ ② ㄴ ③ ㄱ, ㄷ ④ ㄴ, ㄷ ⑤ ㄱ, ㄴ, ㄷ

| 문제+자료 분석 |

- (가): 탄수화물을 섭취하면 우리 몸의 혈당량이 증가하게 되고, 혈당량을 다시 낮추기 위해 혈당량을 감소시키는 ㉠(인슐린)의 농도가 급격하게 증가하게 된다. 반면, ㉡(글루카곤)은 혈당량을 증가시키며, 인슐린과 길항적으로 작용한다. 따라서 ㉠(인슐린)이 증가하면 ㉡(글루카곤)은 감소한다.
- (나): ㉠(인슐린)은 X(이자의 β세포)에서 분비되고, ㉡(글루카곤)은 Y(이자의 α세포)에서 분비된다.

| 보기 분석 |

ㄱ. 길항 작용은 두 가지 요인이 같은 기관에 대해 서로 반대로 작용하여 서로의 효과를 줄이는 것이다. ㉠(인슐린)과 ㉡(글루카곤)은 각각 간에 작용하여 ㉠(인슐린)은 혈당량을 감소시키고, ㉡(글루카곤)은 혈당량을 증가시킨다. 이처럼 서로의 효과를 줄이는 길항 작용을 통해 혈당량을 조절한다. 따라서 ㉠과 ㉡은 혈중 포도당 농도(혈당량) 조절에 길항적으로 작용한다.

ㄴ. 글루카곤(㉡)은 간에 작용하여 글리코젠이 포도당으로 분해되는 과정을 촉진함으로써 혈당량을 증가시키는 호르몬이다.

ㄷ. X는 인슐린(㉠)을 분비하므로 β세포이고, Y는 글루카곤(㉡)을 분비하므로 α세포이다.

문제 풀이 Tip

부교감 신경이 이자의 β세포를 자극하여 인슐린이 분비된다.
➡ 배(β) 나온 부(교감) 인(슐린)'으로 암기해두도록 하자.

G 29 정답 ② * 혈당량 조절 [정답률 64%] 2022 실시 7월 학평 6

그림 (가)는 이자에서 분비되는 호르몬 A와 B의 분비 조절 과정 일부를, (나)는 어떤 정상인이 단식할 때와 탄수화물 식사를 할 때 간에 있는 글리코젠의 양을 시간에 따라 나타낸 것이다. A와 B는 각각 인슐린과 글루카곤 중 하나이다.

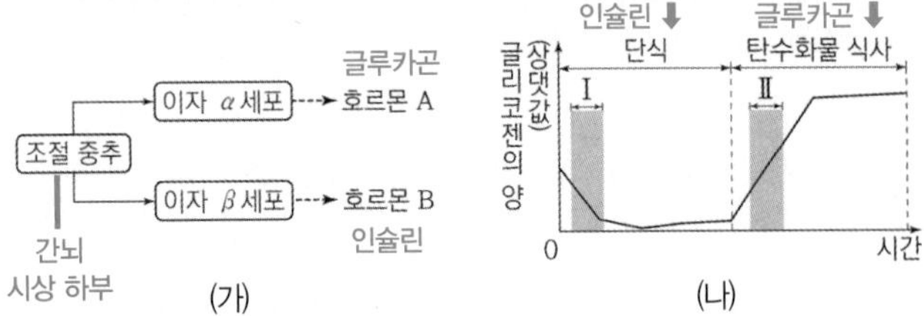

이에 대한 설명으로 옳은 것만을 〈보기〉에서 있는 대로 고른 것은? (3점)

[보기]

ㄱ. (가)에서 조절 중추는 척수이다.
혈당량 조절 중추는 간뇌 시상 하부

ㄴ. A는 세포로의 포도당 흡수를 촉진한다.
B(인슐린)가 세포로의 포도당 흡수를 촉진함

ㄷ. B의 분비량은 구간 Ⅱ에서가 구간 Ⅰ에서보다 많다.
혈당량을 감소시키는 B(인슐린)의 분비량은 구간 Ⅱ에서가 구간 Ⅰ에서보다 많음

① ㄱ ② ㄷ ③ ㄱ, ㄴ ④ ㄴ, ㄷ ⑤ ㄱ, ㄴ, ㄷ

| 문제+자료 분석 |

- **(가)**: 혈당량 조절 중추인 간뇌 시상 하부는 자율 신경을 통해 이자를 자극하여 인슐린과 글루카곤의 분비를 조절하여 체내 혈당량을 일정하게 유지한다. 저혈당일 때 이자 α 세포에서 글루카곤의 분비가 촉진되며, 고혈당일 때 이자 β 세포에서 인슐린의 분비가 촉진된다. 따라서 A는 글루카곤, B는 인슐린이다.
- **(나)**: 글루카곤은 글리코젠 분해를 촉진하여 혈당량을 증가시키고, 인슐린은 글리코젠 합성을 촉진하여 혈당량을 감소시킨다. 단식할 때 글리코젠의 양이 감소하므로 글루카곤의 분비가 증가하며, 탄수화물 식사를 할 때 글리코젠의 양이 증가하므로 인슐린의 분비가 증가한다.

| 보기 분석 |

ㄱ. 체온, 혈당량, 삼투압 조절의 중추는 간뇌 시상 하부이므로 (가)에서 조절 중추는 간뇌 시상 하부이다.

ㄴ. B(인슐린)는 세포로의 포도당 흡수를 촉진하고, 간에서 글리코젠의 합성을 촉진함으로써 혈중 포도당 농도를 감소시킨다. A(글루카곤)는 글리코젠 분해를 촉진하여 혈당량을 증가시킨다.

ㄷ. 고혈당일 때 B(인슐린)는 간에서 글리코젠의 합성을 촉진하여 혈당량을 감소시킨다. 따라서 B(인슐린)의 분비량은 탄수화물 식사 후(고혈당일 때)가 단식 시(저혈당일 때)보다 더 높다.

G 30 정답 ④ * 혈당량 조절 [정답률 68%] 2020 실시 4월 학평 11

그림 (가)는 간에서 호르몬 X와 Y에 의해 일어나는 글리코젠과 포도당 사이의 전환을, (나)는 정상인에서 식사 후 시간에 따른 혈당량과 호르몬 ㉠의 혈중 농도를 나타낸 것이다. X와 Y는 각각 글루카곤과 인슐린 중 하나이고, ㉠은 X와 Y 중 하나이다.

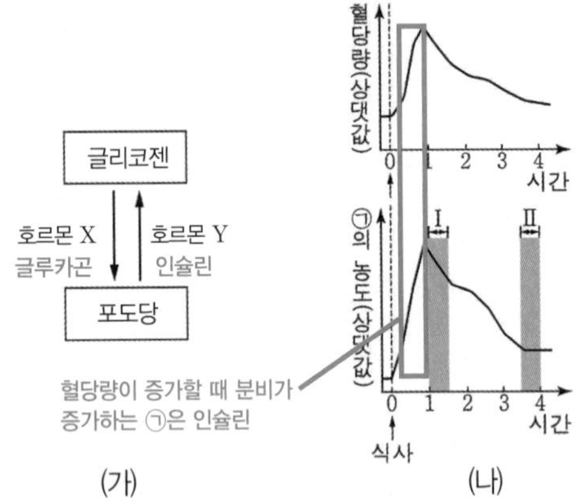

이에 대한 설명으로 옳은 것만을 〈보기〉에서 있는 대로 고른 것은? (3점)

[보기]

ㄱ. X는 이자섬의 β세포에서 분비된다.
→ 글루카곤(X)는 이자섬의 α세포에서 분비

ㄴ. ㉠은 Y이다. → 혈당량이 증가할 때 분비가 증가하는 ㉠은 인슐린(Y)

ㄷ. 간에서 글리코젠 합성량은 구간 Ⅰ에서가 구간 Ⅱ에서보다 많다. → 인슐린(㉠, Y)의 분비가 많을수록 간에서 글리코젠 합성량 많음

① ㄱ ② ㄴ ③ ㄱ, ㄷ ④ ㄴ, ㄷ ⑤ ㄱ, ㄴ, ㄷ

| 문제+자료 분석 |

- X(글루카곤): 이자섬의 α세포에서 분비되며, 간에서 글리코젠이 포도당으로 전환되는 과정을 촉진하여 포도당을 혈액으로 방출시켜 혈당량을 증가시키는 호르몬이다.
- Y(인슐린): 이자섬의 β세포에서 분비되며, 간에서 포도당이 글리코젠으로 전환되는 과정을 촉진하고, 혈액에서 조직 세포로의 포도당 흡수를 촉진하여 혈당량을 감소시키는 호르몬이다.
- ㉠: 식사 후 혈당량이 증가할 때 분비량이 증가하므로 혈당량 감소를 촉진하는 인슐린(호르몬 Y)임을 알 수 있다. 주의

| 보기 분석 |

ㄱ. 간에서 글리코젠이 포도당으로 전환되는 과정을 촉진하는 호르몬 X는 글루카곤이다. 글루카곤은 이자섬의 α세포에서 분비된다.

ㄴ. 호르몬 ㉠은 식사 후 혈당량이 증가할 때 분비량이 증가하므로 ㉠은 혈당량 감소를 촉진하는 호르몬인 인슐린(Y)이다.

ㄷ. 인슐린(Y, ㉠)은 간에서 포도당이 글리코젠으로 전환되는 과정을 촉진하는 호르몬이다. 따라서 간에서 합성되는 글리코젠의 양은 인슐린(Y, ㉠)의 분비가 많은 구간 Ⅰ에서가 구간 Ⅱ에서보다 더 많다.

* 혈당량

혈당량	혈액 속에 녹아 있는 포도당의 양을 혈당량이라고 하는데, 약 0.1 % 정도로 일정하게 유지되어야 한다.
혈당량 조절	• 혈당량이 높을 때: 인슐린이 분비되어 포도당을 글리코젠으로 전환하여 저장한다. • 혈당량이 낮을 때: 글루카곤과 에피네프린이 분비되어 글리코젠을 포도당으로 전환한다.

G 31 정답 ③ * 혈당량 조절 [정답률 61%] 2022 대비 수능 8

그림은 정상인이 운동을 하는 동안 혈중 포도당 농도와 혈중 ㉠ 농도의 변화를 나타낸 것이다. ㉠은 글루카곤과 인슐린 중 하나이다.

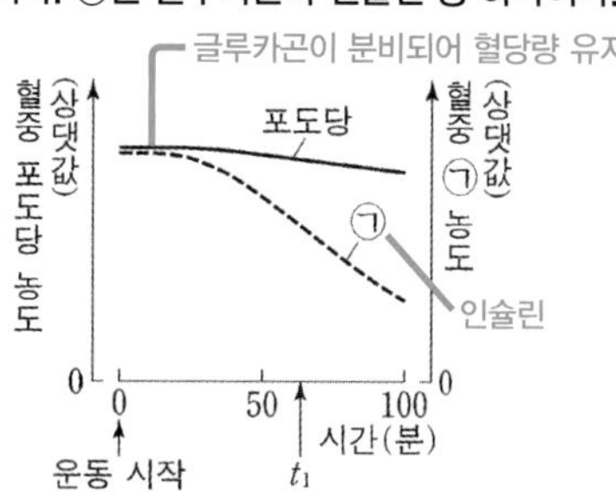

이에 대한 설명으로 옳은 것만을 〈보기〉에서 있는 대로 고른 것은? (단, 제시된 조건 이외는 고려하지 않는다.)

[보기]

ㄱ. 이자의 α 세포에서 글루카곤이 분비된다.
→ 이자의 α 세포에서 글루카곤이 분비됨

ㄴ. ㉠은 세포로의 포도당 흡수를 촉진한다.
→ ㉠은 인슐린으로 세포로의 포도당 흡수를 촉진함

ㄷ. 간에서 단위 시간당 생성되는 포도당의 양은 운동 시작 시점일 때가 t_1일 때보다 많다.
→ 간에서 단위 시간당 생성되는 포도당의 양은 t_1일 때가 많음

① ㄱ ② ㄷ ③ ㄱ, ㄴ ④ ㄴ, ㄷ ⑤ ㄱ, ㄴ, ㄷ

| 문제+자료 분석 |

- **혈중 포도당 농도:** 운동을 시작하면 조직 세포에서 포도당을 흡수하여 사용하므로 혈중 포도당 농도가 감소한다. 그러나 글루카곤이 분비되어 혈중 포도당 농도가 비교적 일정하게 유지될 수 있다.
- **혈중 글루카곤 농도:** 운동 중 혈중 글루카곤 농도가 증가하며 식사 후에는 혈중 글루카곤 농도가 감소한다. 글루카곤에 의해 간에서 글리코젠이 포도당으로 분해된다.
- **혈중 인슐린(㉠) 농도:** 운동 중 혈중 인슐린 농도가 감소하며 식사 후에는 혈중 인슐린 농도가 증가한다. 인슐린은 조직 세포가 혈중 포도당을 흡수하도록 하며 간에서 포도당이 글리코젠의 형태로 저장되도록 한다.

| 보기 분석 |

ㄱ. 이자의 α 세포에서 글루카곤이 분비되며 이자의 β 세포에서 인슐린이 분비된다.

ㄴ. 운동을 하는 동안 혈중 ㉠의 농도가 감소하므로 ㉠은 인슐린이다. 인슐린은 식사 후에 농도가 증가하며 세포로의 포도당 흡수를 촉진하고 간에서 포도당이 글리코젠의 형태로 합성되는 과정을 촉진한다.

ㄷ. 운동 시작 지점일 때보다 t_1일 때 혈중 글루카곤의 농도가 높아지며 간에서 단위 시간당 생성되는 포도당의 양이 더 많다.

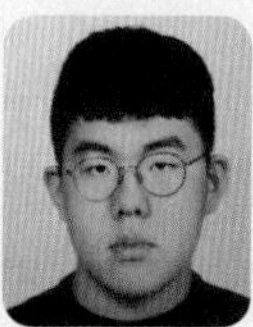

강민성 | 성균관대 의예과 2022년 입학 · 부산 해운대고 졸

굉장히 평이하게 나왔어. 운동을 시작하면 몸에서 물질대사가 활발해지니까 포도당이 더 필요하게 돼. 따라서 몸의 항상성을 유지하기 위해 인슐린의 양은 감소하고, 글루카곤의 양은 증가하므로 ㉠을 바로 인슐린으로 확정할 수 있어.

G 32 정답 ① * 혈당량 조절 [정답률 73%] 2021 대비 수능 7

그림은 당뇨병 환자 A와 B가 탄수화물을 섭취한 후 인슐린을 주사하였을 때 시간에 따른 혈중 포도당 농도를, 표는 당뇨병 (가)와 (나)의 원인을 나타낸 것이다. A와 B의 당뇨병은 각각 (가)와 (나) 중 하나에 해당한다. ㉠은 α세포와 β세포 중 하나이다.

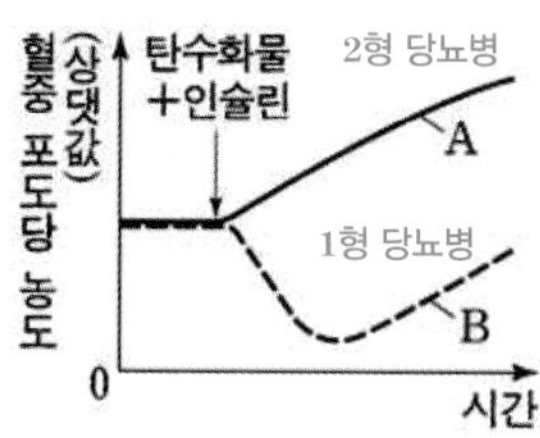

당뇨병	원인 (β세포)
B (가) 1형 당뇨병	이자의 ㉠이 파괴되어 인슐린이 생성되지 못함
A (나) 2형 당뇨병	인슐린의 표적 세포가 인슐린에 반응하지 못함

이에 대한 설명으로 옳은 것만을 〈보기〉에서 있는 대로 고른 것은? (단, 제시된 조건 이외는 고려하지 않는다.) (3점)

[보기]

ㄱ. ㉠은 β세포이다. → 인슐린은 이자의 β세포에서 생성됨

ㄴ. B의 당뇨병은 (나)에 해당한다.
→ B의 당뇨병은 인슐린이 생성되지 못하는 (가)에 해당함

ㄷ. 정상인에서 혈중 포도당 농도가 증가하면 인슐린의 분비가 억제된다.
→ 정상인에서 혈중 포도당 농도가 증가하면 인슐린의 분비 증가

① ㄱ ② ㄴ ③ ㄷ ④ ㄱ, ㄴ ⑤ ㄴ, ㄷ

| 문제+자료 분석 |

- **A:** 환자 A에 인슐린을 주사한 후에도 혈중 포도당 농도가 증가했으므로 A의 당뇨병은 인슐린의 표적 세포가 인슐린에 반응하지 못하는 (나)에 해당한다. (나)는 2형 당뇨병이다.
- **B:** 환자 B에 인슐린을 주사한 후에 혈중 포도당 농도가 감소하였으므로 B의 당뇨병은 인슐린이 생성되지 못하는 (가)에 해당한다. (가)는 1형 당뇨병이다.

| 보기 분석 |

ㄱ. (가)는 이자의 ㉠이 파괴되어 인슐린이 생성되지 못하는 당뇨병이므로 ㉠은 인슐린을 생성하는 이자의 β세포이다.

ㄴ. 환자 B가 탄수화물을 섭취한 후 인슐린을 주사하자 혈중 포도당 농도가 감소하였으므로 B의 당뇨병은 인슐린이 생성되지 못하는 (가)에 해당한다.

ㄷ. 정상인의 경우 탄수화물을 섭취하여 혈중 포도당 농도가 증가하면 인슐린의 분비가 증가한다. 인슐린은 포도당을 글리코젠 등의 다당류로 합성하는 역할을 하여 혈중 포도당 농도를 낮추도록 조절한다.

송의현 | 원광대 의예과 2021년 입학 · 안산 동산고 졸

대사성 질환 중 당뇨병에 관한 문제였어.
기존의 문제는 '식사' 또는 '운동 시작'이라는 '사건'으로 혈당량만을 조절했다면, 이번에는 '인슐린 주입'이라는 사건이 추가된 것이지. 그 뒤 인슐린 표적 세포가 반응하지 못하는 당뇨병인 (나)의 환자는 인슐린이 있어도 혈당량이 내려가지 않을 것이라는 점을 사용하여 매칭해 주면 돼.

G 33 정답 ③ * 혈당량 조절 [정답률 67%] 2020 대비 6월 모평 7

그림은 정상인의 혈중 포도당 농도에 따른 ㉠과 ㉡의 혈중 농도를 나타낸 것이다. ㉠과 ㉡은 각각 인슐린과 글루카곤 중 하나이다.

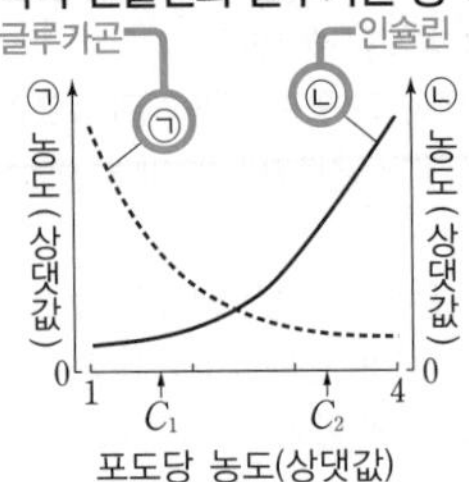

이에 대한 설명으로 옳은 것만을 〈보기〉에서 있는 대로 고른 것은?

[보기]

ㄱ. ㉠은 이자의 α세포에서 분비된다.
→ ㉠(글루카곤)은 이자의 α세포에서 분비

ㄴ. ㉡의 분비를 조절하는 중추는 ~~연수이다~~.
→ ㉡(인슐린) 분비 조절 중추는 간뇌

ㄷ. 혈중 인슐린 농도는 C_2일 때가 C_1일 때보다 높다.
→ 혈중 인슐린(㉡) 농도는 C_2일 때가 C_1일 때보다 높음

① ㄱ ② ㄴ ③ ㄱ, ㄷ ④ ㄴ, ㄷ ⑤ ㄱ, ㄴ, ㄷ

| 문제+자료 분석 |

- 혈당량이 정상 범위보다 낮으면 글루카곤 분비가 촉진되고, 높으면 인슐린 분비가 촉진된다.
- ㉠(글루카곤): 이자의 α세포에서 분비된다.
- ㉡(인슐린): 이자의 β세포에서 분비된다.

| 보기 분석 |

ㄱ. ㉠은 포도당 농도가 증가할수록 분비가 감소하므로 글루카곤이다. ㉠(글루카곤)은 이자의 α세포에서 분비된다.

ㄴ. ㉡은 포도당 농도가 증가할수록 분비가 증가하므로 인슐린이다. ㉡(인슐린)의 분비를 조절하는 중추는 연수가 아닌 간뇌이다. 연수는 심장 박동, 호흡 운동, 소화 운동, 소화액 분비 등의 조절 중추이기 때문에 혈당량 조절 중추도 연수로 생각하기 쉽다.

혈당량, 체온, 삼투압 조절의 중추는 간뇌 (꿀팁)

ㄷ. 혈중 인슐린(㉡)의 농도는 C_2일 때가 C_1일 때보다 높다.

*** 혈당량**

혈당량	혈액 속에 녹아 있는 포도당의 양을 혈당량이라고 하는데, 약 0.1 % 정도로 일정하게 유지되어야 한다.
혈당량 조절	• 혈당량이 높을 때: 인슐린이 분비되어 포도당을 글리코젠으로 전환하여 저장한다. • 혈당량이 낮을 때: 글루카곤과 에피네프린이 분비되어 글리코젠을 포도당으로 전환한다.

G 34 정답 ③ * 혈당량 조절 [정답률 71%] 2021 대비 9월 모평 8

그림은 정상인과 당뇨병 환자 A가 탄수화물을 섭취한 후 시간에 따른 혈중 인슐린 농도를, 표는 당뇨병 (가)와 (나)의 원인을 나타낸 것이다. A의 당뇨병은 (가)와 (나) 중 하나에 해당한다.

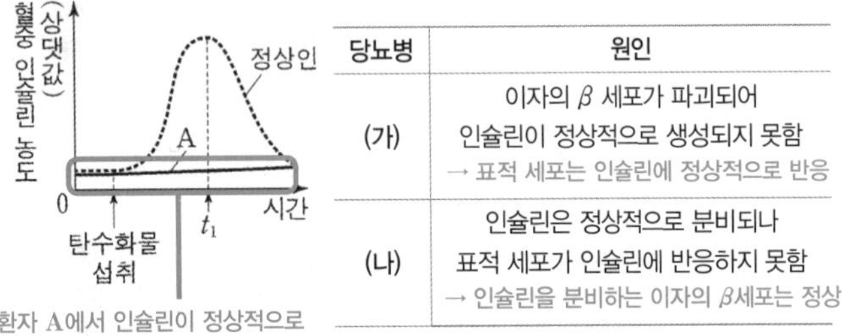

당뇨병	원인
(가)	이자의 β 세포가 파괴되어 인슐린이 정상적으로 생성되지 못함 → 표적 세포는 인슐린에 정상적으로 반응
(나)	인슐린은 정상적으로 분비되나 표적 세포가 인슐린에 반응하지 못함 → 인슐린을 분비하는 이자의 β세포는 정상

환자 A에서 인슐린이 정상적으로 분비되지 않으므로 A의 당뇨병은 (가)

이에 대한 설명으로 옳은 것만을 〈보기〉에서 있는 대로 고른 것은? (단, 제시된 조건 이외는 고려하지 않는다.) (3점)

[보기]

ㄱ. A의 당뇨병은 (가)에 해당한다.
→ A에서 인슐린이 정상적으로 분비되지 않으므로 A의 당뇨병은 (가)

ㄴ. 인슐린은 세포로의 포도당 흡수를 촉진한다.
→ 인슐린은 혈액에서 조직 세포로의 포도당 흡수 촉진

ㄷ. t_1일 때 혈중 포도당 농도는 A가 정상인보다 ~~낮다~~.
→ t_1일 때 혈중 포도당 농도는 인슐린 농도가 높은 정상인이 A보다 낮음

① ㄱ ② ㄷ ③ ㄱ, ㄴ ④ ㄴ, ㄷ ⑤ ㄱ, ㄴ, ㄷ

| 문제+자료 분석 |

- (가): 이자의 β 세포가 파괴되면 인슐린 생성 및 분비가 감소한다. 따라서 (가)의 경우 탄수화물을 섭취하더라도 정상인에 비해 인슐린의 분비가 감소하여 혈중 인슐린 농도가 낮다. 이로 인해 혈중 포도당 농도는 정상인보다 높게 나타난다. 반면, 인슐린에 대한 표적 세포는 정상적으로 반응할 수 있는 상태이다. (주의)
- (나): 탄수화물 섭취 후 이자의 β 세포로부터 인슐린 생성 및 분비가 정상적으로 일어난다. 하지만 분비된 인슐린에 반응해야 할 표적 세포가 정상적으로 반응하지 못하므로 혈중 포도당 농도는 정상인보다 높게 나타난다.
반면, 인슐린 생성 및 분비가 일어나는 이자의 β 세포는 정상적인 상태이다. (주의)
- **당뇨병 환자 A**: 탄수화물 섭취 후 정상인만큼 혈중 인슐린 농도가 증가하지 못하므로, 이자의 β 세포로부터 인슐린이 정상적으로 분비되지 못함을 알 수 있다.

| 보기 분석 |

ㄱ. 당뇨병 환자 A는 탄수화물을 섭취한 후에도 정상인만큼 혈중 인슐린 농도가 증가하지 못하므로, 이자의 β 세포가 파괴되어 인슐린이 정상적으로 분비되지 못함을 알 수 있다. 따라서 A의 당뇨병은 (가)이다.

ㄴ. 인슐린은 간에서 포도당으로부터 글리코젠 합성을 촉진하고, 혈액에서 조직 세포로의 포도당 흡수를 촉진함으로써 혈중 포도당 농도를 감소시킨다.

ㄷ. t_1일 때 혈중 인슐린 농도는 정상인이 A보다 높으므로 정상인에서는 인슐린의 작용으로 혈중 포도당 농도가 감소하게 된다.
따라서 t_1일 때 혈중 포도당 농도는 인슐린 농도가 높은 정상인이 A보다 낮다.

G 35 정답 ① * 혈당량 조절 [정답률 53%] 2023 실시 3월 학평 7

그림 (가)는 탄수화물을 섭취한 사람에서 혈중 호르몬 ㉠의 농도 변화를, (나)는 세포 A와 B에서 세포 밖 포도당 농도에 따른 세포 안 포도당 농도를 나타낸 것이다. ㉠은 인슐린과 글루카곤 중 하나이며, A와 B 중 하나에만 처리됐다.

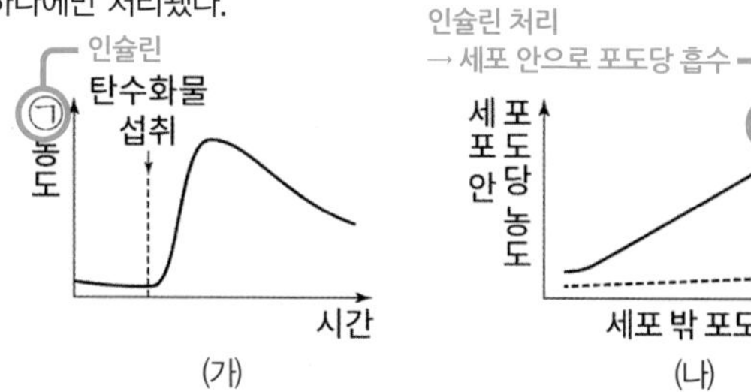

㉠에 대한 옳은 설명만을 〈보기〉에서 있는 대로 고른 것은? (3점)

[보기]

ㄱ. 인슐린이다.
㉠은 혈당량을 감소시키는 호르몬인 인슐린

ㄴ. 이자의 α세포에서 분비된다.
인슐린은 이자의 β세포에서 분비됨

ㄷ. B에 처리됐다. A에 인슐린이 처리됨

① ㄱ ② ㄴ ③ ㄷ ④ ㄱ, ㄴ ⑤ ㄱ, ㄷ

| 문제+자료 분석 |

- (가): 탄수화물 섭취 직후 이자의 β세포에서 인슐린(㉠)의 분비량이 증가하여 높아진 혈당량을 낮추는 역할을 한다.
  인슐린(㉠)의 혈중 농도는 포도당의 혈중 농도가 높아지면 함께 높아진다.
- (나): 인슐린은 간에서 포도당을 글리코젠으로 합성하는 과정을 촉진하고, 혈액에서 세포로의 포도당 흡수를 촉진한다.
  세포 밖의 포도당 농도가 높아지는 만큼 세포 안의 포도당 농도가 높아진다는 것은 혈액에서 세포로의 포도당 흡수를 촉진한다는 것을 의미한다. 따라서 A에 인슐린이 처리된 것이다.

| 보기 분석 |

ㄱ. 탄수화물 섭취 직후 ㉠의 농도가 높아졌다. ㉠은 혈당량을 감소시키는 호르몬인 인슐린이다.

ㄴ. 혈당량을 낮추는 역할을 하는 인슐린은 이자의 β세포에서 분비된다. 혈당량을 높이는 역할을 하는 글루카곤은 이자의 α세포에서 분비된다. 

ㄷ. 세포 밖 포도당의 농도가 높다는 것은 혈액의 포도당 농도가 높다는 것을 의미한다. 세포 밖 포도당 농도가 높을수록 세포 안으로 포도당을 흡수하여 세포 안의 포도당 농도가 높아지는 것이므로 A에 인슐린이 처리된 것이다.

문제 풀이 꿀팁

- 인슐린은 간, 근육 세포 등 다양한 표적 세포의 세포막에 있는 수용체와 결합하여 포도당을 세포 안으로 흡수시켜 혈중 포도당 농도를 낮춘다. 또한 인슐린은 포도당이 글리코젠으로 전환되는 것을 촉진함으로써 혈중 포도당 농도를 낮춘다.
- 글루카곤의 주요 표적 기관은 간으로, 간세포는 글루카곤의 작용으로 글리코젠을 포도당으로 분해하여 혈중 포도당 농도를 높인다.

G 36 정답 ④ * 혈당량 유지 [정답률 53%] 2021 실시 7월 학평 3

그림 (가)는 호르몬 A와 B에 의해 촉진되는 글리코젠과 포도당 사이의 전환 과정을, (나)는 어떤 세포에 ㉠을 처리했을 때와 처리하지 않았을 때 세포 밖 포도당 농도에 따른 세포 안 포도당 농도를 나타낸 것이다. A와 B는 각각 인슐린과 글루카곤 중 하나이며, ㉠은 A와 B 중 하나이다.

세포 밖 포도당 농도가 높을수록 세포 안 포도당 농도가 증가
→ 세포 안으로 포도당 흡수를 촉진시켜 혈당량을 감소시키는 ㉠은 인슐린(B)

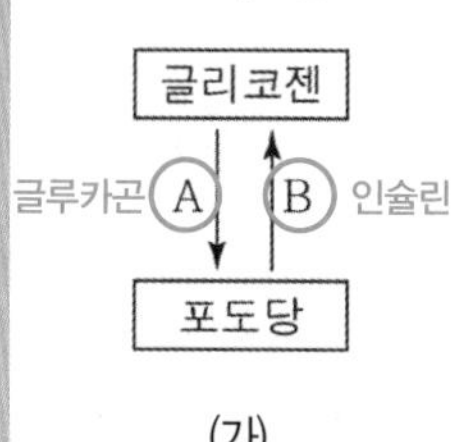

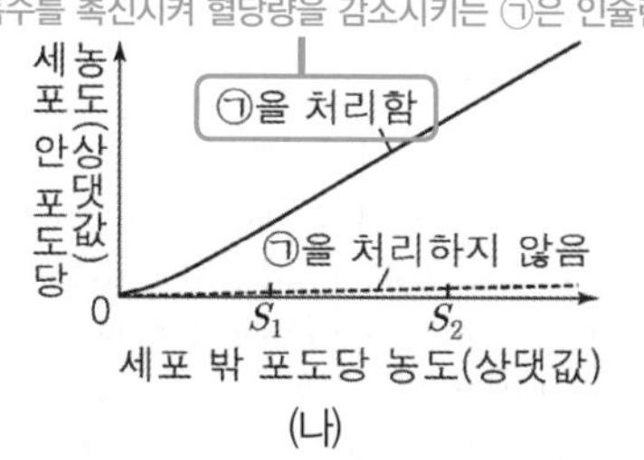

이에 대한 설명으로 옳은 것만을 〈보기〉에서 있는 대로 고른 것은? (단, 제시된 조건 이외는 고려하지 않는다.) (3점)

[보기]

ㄱ. ㉠은 B이다. → 혈당량 감소를 촉진시키는 ㉠은 인슐린(B)

ㄴ. A는 이자의 α세포에서 분비된다.
→ 글루카곤(A)은 이자의 α세포에서 분비

ㄷ. ㉠을 처리했을 때 세포 밖에서 세포 안으로 이동하는 포도당의 양은 S_1일 때가 S_2일 때보다 많다.
→ 인슐린(㉠, B)은 조직 세포 안으로 포도당 흡수를 촉진시킴으로써 혈당량을 감소시키므로, 세포 밖에서 안으로 이동하는 포도당의 양은 S_1일 때가 S_2일 때보다 적음

① ㄱ ② ㄴ ③ ㄷ ④ ㄱ, ㄴ ⑤ ㄴ, ㄷ

| 문제+자료 분석 |

- **혈당량이 정상보다 높을 때**: 이자의 β세포에서 인슐린 분비가 증가한다. 간에서 포도당이 글리코젠으로 합성되는 과정이 촉진되고, 혈액에서 조직 세포로의 포도당 흡수가 촉진되어 혈당량이 감소한다.
- **혈당량이 정상보다 낮을 때**: 이자의 α세포에서 글루카곤 분비가 증가한다. 간에서 글리코젠이 포도당으로 분해되는 과정이 촉진되어 혈당량이 증가한다.
- (가): 글리코젠이 포도당으로 분해되는 과정을 촉진하는 A는 이자의 α세포에서 분비되는 글루카곤이고, 포도당이 글리코젠으로 합성되는 과정을 촉진하는 B는 이자의 β세포에서 분비되는 인슐린이다.
- (나): ㉠은 세포 밖 포도당 농도가 높을수록 세포 안으로 포도당 흡수를 촉진시켜 세포 안 포도당 농도가 증가하도록 함으로써 혈당량을 감소시키는 인슐린(B)이다. ㉠을 처리하면 세포 밖 포도당 농도가 높을수록 세포 안으로 이동하는 포도당의 양이 증가하여 세포 안 포도당 농도가 증가하게 된다.

| 보기 분석 |

ㄱ. ㉠은 세포 밖 포도당 농도가 높을수록 세포 안으로 포도당 흡수를 촉진시켜 세포 안 포도당 농도가 증가하도록 함으로써 혈당량을 감소시키는 인슐린(B)이다.

ㄴ. 글루카곤(A)은 이자의 α세포에서 분비된다.

ㄷ. 인슐린(㉠)은 세포 안으로 포도당 흡수를 촉진시킴으로써 혈당량을 감소시킨다. 세포 밖에서 안으로 이동하는 포도당의 양은 세포 밖 포도당 농도가 높을수록 증가하므로, 세포 밖에서 세포 안으로 이동하는 포도당의 양은 세포 밖 포도당 농도가 낮은 S_1일 때가 S_2일 때보다 적다.

G 37 정답 ② * 혈당량 조절 [정답률 75%] 2022 대비 9월 모평 5

그림 (가)는 정상인이 탄수화물을 섭취한 후 시간에 따른 혈중 호르몬 ㉠과 ㉡의 농도를, (나)는 간에서 ㉡에 의해 촉진되는 물질 A에서 B로의 전환을 나타낸 것이다. ㉠과 ㉡은 인슐린과 글루카곤을 순서 없이 나타낸 것이고, A와 B는 포도당과 글리코젠을 순서 없이 나타낸 것이다.

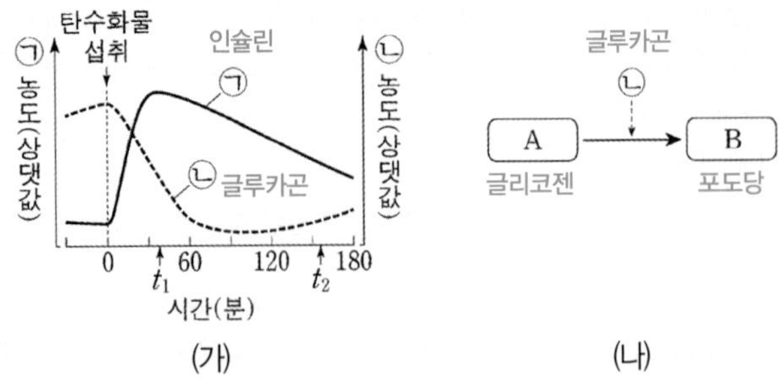

이에 대한 설명으로 옳은 것만을 〈보기〉에서 있는 대로 고른 것은? (3점)

[보기]

ㄱ. B는 글리코젠이다. → A는 글리코젠, B는 포도당

ㄴ. 혈중 포도당 농도는 t_1일 때가 t_2일 때보다 낮다.
→ 혈중 포도당 농도는 인슐린 농도가 높은 t_1일 때가 더 높음

ㄷ. ㉠과 ㉡은 혈중 포도당 농도 조절에 길항적으로 작용한다.
→ 인슐린과 글루카곤은 하나의 기관에 서로 반대되는 작용을 하여 길항적으로 작용함

① ㄱ ② ㄷ ③ ㄱ, ㄴ ④ ㄱ, ㄷ ⑤ ㄴ, ㄷ

| 문제+자료 분석 |

- 글루카곤은 혈당량이 낮아질 때 분비되어 혈당량을 높이고, 인슐린은 혈당량이 높아질 때 분비되어 혈당량을 낮춘다.
- ㉠(인슐린): 탄수화물을 섭취하면 혈당량이 증가하게 되고 혈당량을 감소시키기 위해 인슐린 분비가 증가한다.
- ㉡(글루카곤): 탄수화물 섭취 후 농도가 감소하므로 혈당량을 증가시키는 글루카곤이다.
- 글리코젠(A)이 포도당(B)으로 전환되는 과정을 촉진하는 호르몬은 글루카곤(㉡)이고, 포도당이 글리코젠으로 전환되는 과정을 촉진하는 호르몬은 인슐린(㉠)이다.

| 보기 분석 |

ㄱ. ㉡은 글루카곤이므로 A는 글리코젠, B는 포도당이다.

ㄴ. t_2일 때보다 t_1일 때가 인슐린(㉠)의 농도는 높다. 혈중 인슐린의 농도는 혈당량이 높을 때 증가하므로 혈중 인슐린의 농도가 높은 t_1일 때가 혈당량이 더 높다.

ㄷ. 인슐린(㉠)은 간에 작용하여 혈당량을 감소시키고, 글루카곤(㉡)은 간에서 혈당량을 증가시키면서 서로의 효과를 줄이는 길항 작용을 한다.

* 인슐린과 글루카곤의 길항 작용

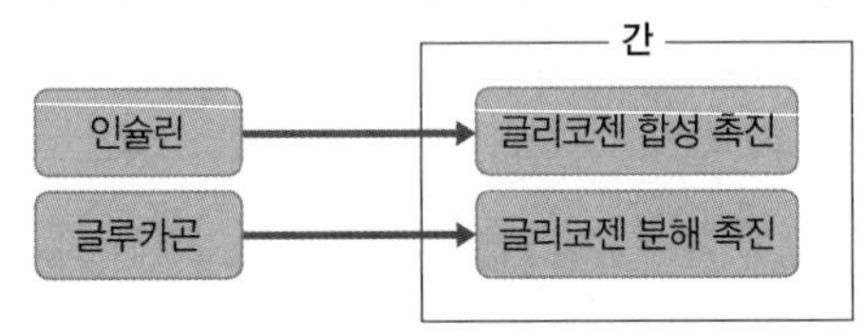

G 38 정답 ⑤ * 체온 조절 [정답률 71%] 2020 대비 9월 모평 9

그림 (가)는 사람에서 시상 하부 온도에 따른 ㉠을, (나)는 저온 자극이 주어졌을 때, 시상 하부로부터 교감 신경 A를 통해 피부 근처 혈관의 수축이 일어나는 과정을 나타낸 것이다. ㉠은 근육에서의 열 발생량(열 생산량)과 피부에서의 열 발산량(열 방출량) 중 하나이다.

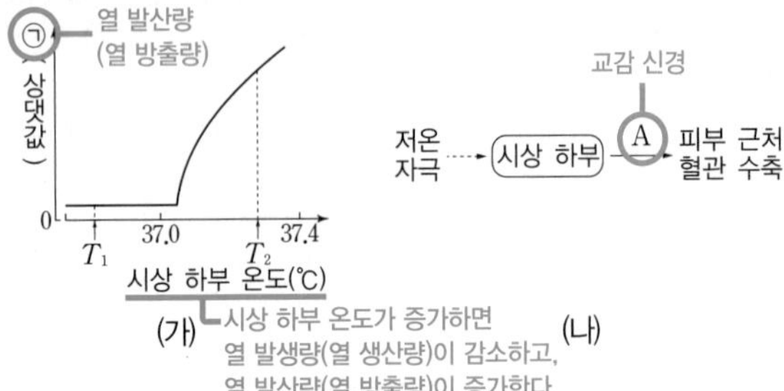

이에 대한 설명으로 옳은 것만을 〈보기〉에서 있는 대로 고른 것은?

[보기]

ㄱ. ㉠은 피부에서의 열 발산량이다. → ㉠은 열 발산량(열 방출량)

ㄴ. A의 신경절 이후 뉴런의 축삭 돌기 말단에서 분비되는 신경 전달 물질은 아세틸콜린이다.
→ A(교감 신경)의 신경절 이후 뉴런의 축삭 돌기 말단에서 분비되는 신경 전달 물질은 노르에피네프린

ㄷ. 피부 근처 모세 혈관으로 흐르는 단위 시간당 혈액량은 T_2일 때가 T_1일 때보다 많다.
→ 피부 근처 모세 혈관으로 흐르는 혈액량이 증가할수록 열 발산량(열 방출량)이 증가함

① ㄱ ② ㄴ ③ ㄷ ④ ㄱ, ㄴ ⑤ ㄱ, ㄷ

| 문제+자료 분석 |

- 시상 하부 온도가 상승할 때 열 발생량과 열 발산량 중 무엇이 증가하는지 이해한 후 문제에 접근한다.
- 시상 하부 온도가 증가하면 열 발생량이 감소하고, 열 발산량(㉠)이 증가한다.
- 저온 자극 시 교감 신경(A)은 피부 근처 혈관을 수축시켜 열 발산량을 감소시킨다.

| 보기 분석 |

ㄱ. 시상 하부 온도가 증가할수록 열 발생량(열 생산량)은 감소하고, 열 발산량(열 방출량)은 증가하므로 ㉠은 열 발산량(열 방출량)이다.

ㄴ. A는 교감 신경이다. 교감 신경의 신경절 이전 뉴런의 축삭 돌기 말단에서 분비되는 신경 전달 물질은 아세틸콜린이고, 신경절 이후 뉴런의 축삭 돌기 말단에서 분비되는 신경 전달 물질은 노르에피네프린이다. ← 주의

ㄷ. 피부 근처 모세 혈관으로 흐르는 단위 시간당 혈액량이 증가할수록 열 발산량(열 방출량)이 증가한다. 열 발산량(열 방출량)은 T_2일 때가 T_1일 때보다 많으므로 피부 근처 모세 혈관으로 흐르는 단위 시간당 혈액량은 T_2일 때가 T_1일 때보다 많다.

* 날씨가 추워져 체온이 정상보다 낮아질 때

열 발생량 증가	• 티록신과 에피네프린 분비량 증가 ➡ 간과 근육의 물질대사 촉진 • 몸 떨림(골격근의 수축 활동)과 같은 근육 운동 촉진
열 발산량 감소	교감 신경 작용 강화 ➡ 피부 근처 혈관 수축

G 39 정답 ④ * 혈중 티록신 농도 조절 [정답률 66%] 2025 대비 9월 모평 9

그림 (가)는 사람에서 시간에 따른 혈중 호르몬 ㉠과 ㉡의 농도를, (나)는 혈중 ㉡의 농도에 따른 물질대사량을 나타낸 것이다. ㉠과 ㉡은 티록신과 TSH를 순서 없이 나타낸 것이다.

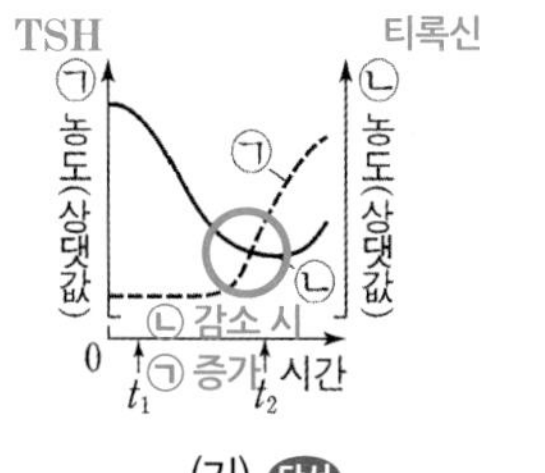

(가) 단서

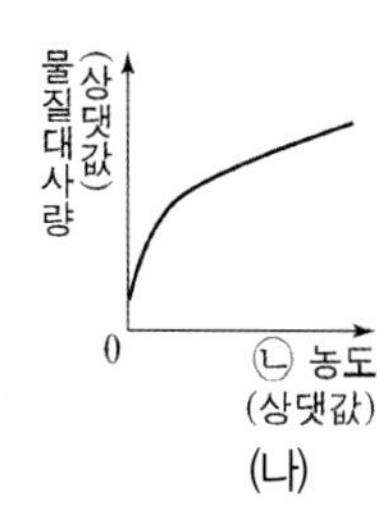

(나)

이에 대한 설명으로 옳은 것만을 〈보기〉에서 있는 대로 고른 것은? (단, 제시된 조건 이외는 고려하지 않는다.) (3점)

[보기]

ㄱ. ㉠은 티록신이다. ㉠은 TSH임

ㄴ. ㉡의 분비는 음성 피드백에 의해 조절된다. ㉡의 분비는 음성 피드백에 의해 조절됨

ㄷ. $\frac{\text{물질대사량}}{\text{혈중 TSH 농도}}$은 t_1일 때가 t_2일 때보다 크다. $\frac{\text{물질대사량}}{\text{혈중 TSH 농도}}$은 t_1일 때가 t_2일 때보다 큼

① ㄱ ② ㄴ ③ ㄱ, ㄷ ④ ㄴ, ㄷ ⑤ ㄱ, ㄴ, ㄷ

단서+발상

(단서) ㉡의 농도가 감소하면 ㉠의 농도가 증가함이 그래프로 제시되어 있다.

(발상) TSH의 농도가 감소하면 티록신의 농도가 감소해야 하고, 티록신의 농도가 감소하면 TSH의 농도가 증가해야 하므로 ㉡이 티록신, ㉠이 TSH임을 추론할 수 있다.

(적용) TSH와 티록신의 음성 피드백 관계를 적용해서 ㉠과 ㉡이 무엇인지 구하는 것부터 문제 풀이를 시작해야 한다.

| 문제+자료 분석 |

- ㉡의 농도가 감소하면 ㉠의 농도가 증가하고, ㉠의 농도가 충분히 증가하면 ㉡의 농도가 증가한다.
- TSH와 티록신은 음성 피드백에 의해 조절되는 호르몬이다. TSH의 농도가 낮으면 티록신의 농도는 감소하고, 티록신의 농도가 감소하면 TSH의 농도는 다시 증가한다.
- ㉠이 TSH, ㉡이 티록신으로 ㉠의 농도가 낮을 때 ㉡의 농도가 감소하고, ㉡의 농도가 감소하면 음성 피드백에 의해 ㉠의 농도가 증가한다.

| 보기 분석 |

ㄱ. ㉠은 TSH, ㉡은 티록신이다.

ㄴ. 티록신(㉡)의 분비는 음성 피드백에 의해 조절된다. TSH(㉠)에 의해 조절된 티록신(㉡)의 양이 다시 TSH(㉠)의 분비에 영향을 끼치는 것이다.

ㄷ. 혈중 TSH 농도는 t_1일 때가 t_2일 때보다 작다. 물질대사량은 티록신의 농도가 높을수록 커지므로 t_1일 때가 t_2일 때보다 크다. $\frac{\text{물질대사량}}{\text{혈중 TSH 농도}}$은 t_1일 때가 t_2일 때보다 크다.

G 40 정답 ④ * 항상성 조절 [정답률 73%] 2024 실시 10월 학평 18

다음은 사람의 항상성에 대한 자료이다.

- 혈중 포도당 농도가 감소하면 ㉠의 분비가 촉진된다. (단서) ㉠은 글루카곤과 인슐린 중 하나이다. ㉠: 글루카곤 ➡ 글리코젠 분해
- 체온 조절 중추에 ⓐ를 주면 피부 근처 혈관을 흐르는 단위 시간당 혈액량이 증가한다. ⓐ는 고온 자극과 저온 자극 중 하나이다. (단서) ⓐ: 고온 자극 → 모세 혈관 확장 → 열 발산량 증가

이에 대한 옳은 설명만을 〈보기〉에서 있는 대로 고른 것은?

[보기]

ㄱ. ㉠은 간에서 글리코젠 합성을 촉진한다. 분해

ㄴ. 간뇌에 체온 조절 중추가 있다. 간뇌의 시상 하부에 체온 조절 중추가 있음

ㄷ. ⓐ는 고온 자극이다. 체온 조절 중추에 고온 자극을 주면 피부 근처의 모세 혈관이 확장되어 열 발산량이 증가함

① ㄱ ② ㄴ ③ ㄱ, ㄷ ④ ㄴ, ㄷ ⑤ ㄱ, ㄴ, ㄷ

단서+발상

(단서) 혈중 포도당 농도가 감소하면 ㉠이 분비되고, ⓐ에 의해 피부 근처 혈관을 흐르는 혈액량이 증가함이 제시되어 있다.

(발상) ㉠이 글루카곤이고, ⓐ가 고온 자극임을 추론할 수 있다.

| 문제+자료 분석 |

- 혈중 포도당 농도가 감소하면 글루카곤의 분비가 촉진된다. 글루카곤은 간에서 글리코젠이 포도당으로 분해되는 과정을 촉진한다. 이에 따라 혈중 포도당 농도가 정상 범위로 증가하여 항상성이 조절된다.
- 체온 조절 중추에 고온 자극을 주면 피부 근처의 모세 혈관이 확장되어 열 발산량이 증가한다. 이에 따라 체온이 정상 범위로 낮아져 항상성이 조절된다.
- ㉠은 글루카곤, ⓐ는 고온 자극이다.

| 보기 분석 |

ㄱ. ㉠은 글루카곤으로 간에서 글리코젠의 분해를 촉진해 혈중 포도당 농도를 높이는 역할을 한다.

ㄴ. 체온의 변화를 감지하여 조절하는 중추는 간뇌의 시상 하부이다.

ㄷ. ⓐ는 고온 자극이다. 체온 조절 중추에 고온 자극을 주면 피부 근처 모세 혈관이 확장하여 피부 근처 혈관을 흐르는 단위 시간당 혈액량이 증가한다. 함정

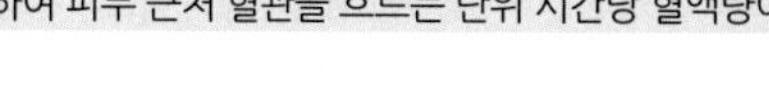

왜 틀렸나?

- 체온 조절 중추에 고온 자극을 주면, 피부 근처 모세 혈관이 확장하여 혈관과 피부를 통한 열 발산량이 증가한다. 모세 혈관이 확장할 때 혈관을 흐르는 단위 시간당 혈액량이 증가한다.
- 반대로 체온 조절 중추에 저온 자극을 주면, 피부 근처 모세 혈관이 수축하여 열 발산량이 감소한다. 모세 혈관이 수축할 때 혈관을 흐르는 단위 시간당 혈액량이 감소한다.

G 41 정답 ② * 체온 조절 [정답률 48%] 2022 대비 수능 15

그림 (가)와 (나)는 정상인이 서로 다른 온도의 물에 들어갔을 때 체온의 변화와 A, B의 변화를 각각 나타낸 것이다. A와 B는 땀 분비량과 열 발생량(열 생산량)을 순서 없이 나타낸 것이고, ㉠과 ㉡은 '체온보다 낮은 온도의 물에 들어갔을 때'와 '체온보다 높은 온도의 물에 들어갔을 때'를 순서 없이 나타낸 것이다.

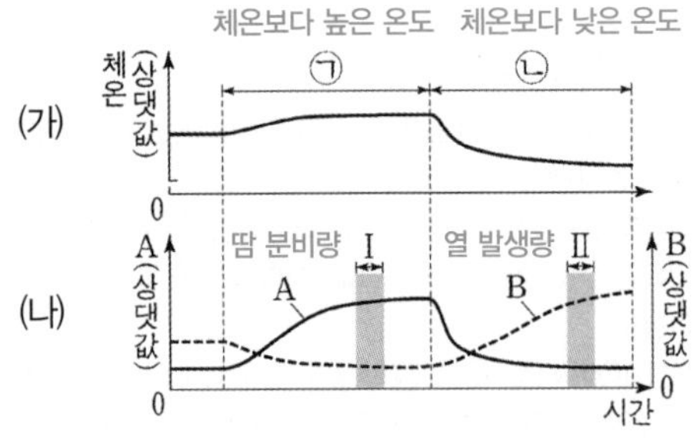

이에 대한 설명으로 옳은 것만을 〈보기〉에서 있는 대로 고른 것은? (3점)

[보기]

ㄱ. ㉠은 '체온보다 낮은 온도의 물에 들어갔을 때'이다.
→ ㉠은 '체온보다 높은 온도의 물에 들어갔을 때'

ㄴ. 열 발생량은 구간 Ⅰ에서가 구간 Ⅱ에서보다 많다.
→ 열 발생량은 구간 Ⅰ에서가 구간 Ⅱ에서보다 적음

ㄷ. 시상 하부가 체온보다 높은 온도를 감지하면 땀 분비량은 증가한다.
→ 시상 하부가 체온보다 높은 온도를 감지하면 땀 분비량 증가

① ㄱ ② ㄷ ③ ㄱ, ㄴ ④ ㄴ, ㄷ ⑤ ㄱ, ㄴ, ㄷ

| 문제+자료 분석 |

- ㉠: 체온보다 높은 온도의 물에 들어갔을 때로 시상 하부가 체온보다 높은 온도를 감지하면 땀 분비량(A)이 증가한다.
- ㉡: 체온보다 낮은 온도의 물에 들어갔을 때로 시상 하부가 체온보다 낮은 온도를 감지하면 근육 떨림 등에 의해 열 발생량(B)이 증가한다.

| 보기 분석 |

ㄱ. ㉠은 체온보다 높은 온도의 물에 들어갔을 때로 시상 하부가 체온보다 높은 온도를 감지한다.

ㄴ. Ⅰ은 체온보다 높은 온도의 물에 들어갔을 때이고 Ⅱ는 체온보다 낮은 온도의 물에 들어갔을 때이다. 체온보다 낮은 온도의 물에 들어갔을 때 열 발생량이 증가하므로 열 발생량은 구간 Ⅱ에서가 Ⅰ에서보다 많다.

ㄷ. 시상 하부가 체온보다 높은 온도를 감지하면 ㉠에서 A가 증가한 것처럼 땀 분비량(A)이 증가한다.

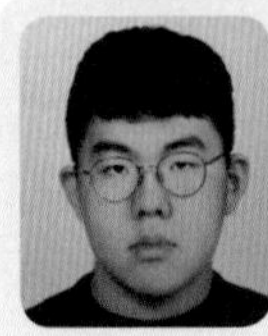

강민성 | 성균관대 의예과 2022년 입학 · 부산 해운대고 졸

외부의 온도가 내려가 체온이 내려가게 되면 항상성의 원리에 따라 땀 분비량은 줄어들고 열 발생량은 증가하겠지. 시험장에서는 긴장되다 보니 '외부의 온도가 내려가니깐 우리 몸은 열을 발생해서 체온이 올라가겠지?' 와 같은 실수를 할 수도 있으니 조심해.

G 42 정답 ① * 체온 조절 [정답률 77%] 2021 실시 10월 학평 16

그림은 정상인에게 자극 ㉠이 주어졌을 때, 이에 대한 중추 신경계의 명령이 골격근과 피부 근처 혈관에 전달되는 경로를 나타낸 것이다. ㉠은 고온 자극과 저온 자극 중 하나이며, ㉠이 주어지면 피부 근처 혈관이 수축한다.

저온 자극 시 신경 A가 자극되어 골격근의 수축과 떨림이 일어나 열 발생량 증가

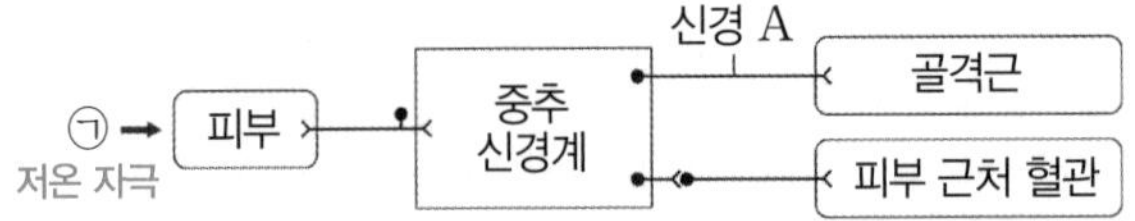

이에 대한 설명으로 옳은 것만을 〈보기〉에서 있는 대로 고른 것은?

[보기]

ㄱ. ㉠은 저온 자극이다.
→ 피부 근처 혈관이 수축하므로 ㉠은 저온 자극

ㄴ. 피부 근처 혈관이 수축하면 열 발산량이 증가한다.
→ 피부 근처 혈관이 수축하면 열 발산량이 감소

ㄷ. ㉠이 주어지면 A에서 분비되는 신경 전달 물질의 양이 감소한다.
→ A에서 분비되는 신경 전달 물질의 양이 증가하여 열 발생량 증가

① ㄱ ② ㄴ ③ ㄱ, ㄴ ④ ㄱ, ㄷ ⑤ ㄴ, ㄷ

| 문제+자료 분석 |

- ㉠(저온 자극): 간뇌의 시상 하부에서 저온 자극을 인식하면 교감 신경과 호르몬의 작용을 통해 체온을 올려 항상성을 유지한다.
- **열 발산량 조절**: 저온 자극 시 교감 신경에 의해 피부 근처 혈관이 수축하면 열 발산량이 감소한다.
- **열 발생량 조절**: 저온 자극 시 교감 신경과 호르몬에 의해 골격근의 수축과 떨림이 일어나면 열 발생량이 증가하여 체온이 올라간다.

| 보기 분석 |

ㄱ. ㉠은 피부 근처 혈관이 수축하게 하는 자극이므로 저온 자극이다.

ㄴ. 저온 자극인 ㉠이 주어지면 피부 근처 혈관이 수축하여 체외로 열이 발산되는 것을 억제하여 체온을 올린다.

ㄷ. 저온 자극인 ㉠이 주어지면 신경 A가 자극되어 신경 전달 물질인 아세틸콜린이 분비되고 골격근의 수축과 떨림이 일어나 열 발생량이 증가해 체온이 올라간다.

*** 저온 자극 시 체온 유지**

호르몬에 의한 조절	• 갑상샘에서 티록신이 분비되어 물질대사가 촉진되어 열 발생량이 증가한다. • 부신 속질에서 에피네프린이 분비되어 근육 수축과 떨림으로 열 발생량이 증가한다.
교감 신경에 의한 조절	• 피부 근처 혈관 수축으로 열 발산량이 감소한다. • 심장 박동이 촉진되고 근육 떨림이 증가하여 열 발생량이 증가한다.

G 43 정답 ④ * 체온 조절 [정답률 73%] 2022 대비 9월 모평 13

그림은 사람의 시상 하부에 설정된 온도가 변화함에 따른 체온 변화를 나타낸 것이다. 시상 하부에 설정된 온도는 열 발산량(열 방출량)과 열 발생량(열 생산량)을 변화시켜 체온을 조절하는 데 기준이 되는 온도이다.

시상 하부에 설정된 온도가 변하면 체온이 변함

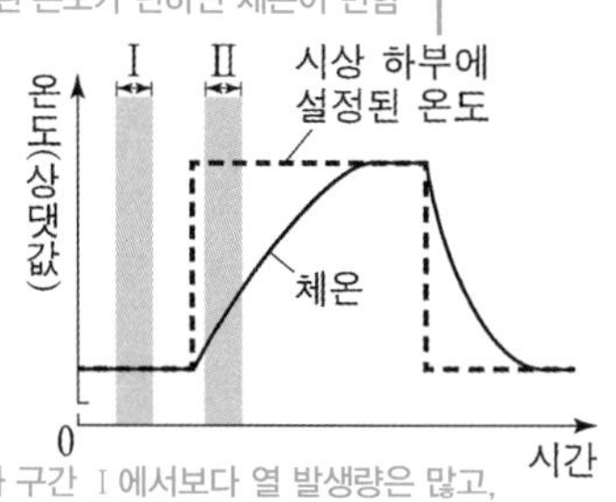

→ 구간 Ⅱ에서가 구간 Ⅰ에서보다 열 발생량은 많고, 열 발산량은 적음

이에 대한 설명으로 옳은 것만을 〈보기〉에서 있는 대로 고른 것은?

[보기]

ㄱ. 시상 하부에 설정된 온도가 체온보다 낮아지면 체온이 내려간다. → 시상 하부에 설정된 온도가 변하면 체온이 변함

ㄴ. $\frac{\text{열 발생량}}{\text{열 발산량}}$은 구간 Ⅱ에서가 구간 Ⅰ에서보다 크다.
→ 구간 Ⅱ에서가 구간 Ⅰ에서보다 열 발생량은 많고, 열 발산량은 적음

ㄷ. 피부 근처 혈관을 흐르는 단위 시간당 혈액량이 증가하면 열 발산량이 ~~감소한다~~.
→ 피부 근처 혈관이 확장되어 피부 근처를 흐르는 단위 시간당 혈액량이 증가하면 열 발산량이 증가함

① ㄱ ② ㄴ ③ ㄷ ④ ㄱ, ㄴ ⑤ ㄴ, ㄷ

| 문제+자료 분석 |

- 체온 조절의 중추는 간뇌의 시상 하부이고, 시상 하부에 설정된 온도가 변화함에 따라 체온이 조절된다.
- 자율 신경과 호르몬의 작용으로 열 발생량(열 생산량)과 열 발산량(열 방출량)이 조절되고 이를 통해 체온이 일정하게 유지된다.

| 보기 분석 |

ㄱ. 시상 하부에 설정된 온도가 변하면 체온이 변한다. 시상 하부에 설정된 온도가 체온보다 낮아지면 체온이 내려간다.

ㄴ. 구간 Ⅰ에서 시상 하부에 설정된 온도는 체온과 같고, 구간 Ⅱ에서는 체온보다 높으므로 구간 Ⅱ에서가 구간 Ⅰ에서보다 열 발생량은 많고, 열 발산량은 적다. 따라서 $\frac{\text{열 발생량}}{\text{열 발산량}}$은 구간 Ⅱ에서가 구간 Ⅰ에서보다 크다.

ㄷ. 피부 근처 혈관이 수축하여 피부 근처를 흐르는 단위 시간당 혈액량이 감소하면 열 발산량이 감소하고, 피부 근처 혈관이 확장되어 피부 근처를 흐르는 단위 시간당 혈액량이 증가하면 열 발산량이 증가한다.

*** 열 발산량과 체온 조절**

- 고온 자극 시: 피부 근처 혈관 확장 → 피부 근처를 흐르는 혈액량 증가 → 열 발산량 증가 → 체온 감소
- 저온 자극 시: 피부 근처 혈관 수축 → 피부 근처를 흐르는 혈액량 감소 → 열 발산량 감소 → 체온 증가

G 44 정답 ② * 체온 조절 [정답률 74%] 2021 실시 3월 학평 7

그림은 정상인이 온도 T_1과 T_2에 각각 노출되었을 때, 피부 혈관의 일부를 나타낸 것이다. T_1과 T_2는 각각 20 ℃와 40 ℃ 중 하나이고, T_1과 T_2 중 하나의 온도에 노출되었을 때만 골격근의 떨림이 발생하였다.

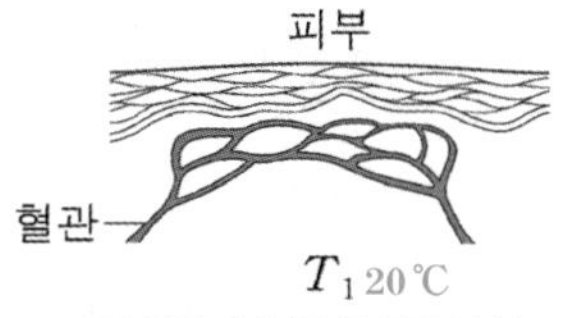

→ 피부 혈관 수축(열 발산량 감소)

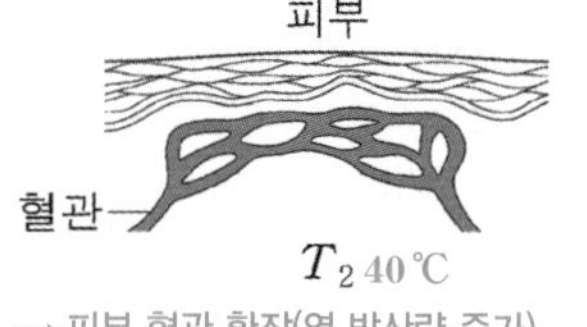

→ 피부 혈관 확장(열 발산량 증가)

이에 대한 옳은 설명만을 〈보기〉에서 있는 대로 고른 것은? (3점)

[보기]

ㄱ. T_1은 ~~40 ℃~~이다. → T_1은 20 ℃임

ㄴ. 골격근의 떨림이 발생한 온도는 ~~T_2~~이다.
→ 골격근의 떨림이 발생한 온도는 T_1임

ㄷ. 피부 혈관이 수축하는 데 교감 신경이 관여한다.
→ 교감 신경의 작용으로 피부 근처 혈관이 수축함

① ㄴ ② ㄷ ③ ㄱ, ㄴ ④ ㄱ, ㄷ ⑤ ㄴ, ㄷ

| 문제+자료 분석 |

- T_1: 저온 자극을 받으면 피부 혈관이 수축(열 발산량 감소)하므로 T_1은 20 ℃이다.
- T_2: 고온 자극을 받으면 피부 혈관이 확장(열 발산량 증가)하므로 T_2는 40 ℃이다.

| 보기 분석 |

ㄱ. T_1은 피부 혈관이 수축된 것으로 보아 저온 자극을 받았을 때이므로 20 ℃이다.

ㄴ. 골격근의 떨림은 저온 자극을 받았을 때 발생하므로 더 낮은 온도인 T_1(20 ℃)에서 발생한다.

ㄷ. 교감 신경이 작용하면 피부 근처 혈관이 수축하여 피부 근처로 흐르는 혈액의 양이 줄어들고, 땀 분비가 억제되어 열 발산량이 감소한다.

*** 체온 조절**

추울 때	열 발생량 증가	• 간뇌의 시상 하부(TRH 분비량 증가) → 뇌하수체 전엽(TSH 분비량 증가) → 갑상샘(티록신 분비 증가) → 물질대사 촉진 • 간뇌의 시상 하부(교감 신경 흥분) → 부신 속질(에피네프린 분비 증가) → 물질대사 촉진
	열 발산량 감소	• 간뇌의 시상 하부(교감 신경 흥분)→ 피부 근처 혈관 수축, 땀 분비 억제
더울 때	열 발생량 감소	• 간뇌의 시상 하부(TRH 분비량 감소) → 뇌하수체 전엽(TSH 분비량 감소) → 갑상샘(티록신 분비 감소) → 물질대사 억제
	열 발산량 증가	• 간뇌의 시상 하부(교감 신경 작용 완화)→ 피부 근처 혈관 확장, 땀 분비 증가

G 45 정답 ③ * 체온 조절 [정답률 65%] 2022 대비 6월 모평 12

그림은 어떤 동물의 체온 조절 중추(간뇌 시상 하부)에 ㉠ 자극과 ㉡ 자극을 주었을 때 시간에 따른 체온을 나타낸 것이다. ㉠과 ㉡은 고온과 저온을 순서 없이 나타낸 것이다.

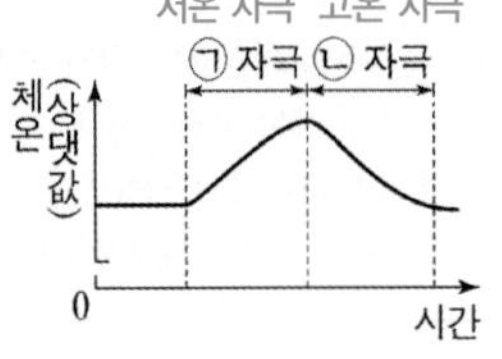

이에 대한 설명으로 옳은 것만을 〈보기〉에서 있는 대로 고른 것은? (3점)

[보기]

ㄱ. ㉠은 고온이다.
→ ㉠은 저온 자극

ㄴ. 사람의 체온 조절 중추에 ㉡ 자극을 주면 피부 근처 혈관이 수축된다.
→ 고온 자극인 ㉡을 주면 피부 근처 혈관이 이완되어 팽창함

ㄷ. 사람의 체온 조절 중추는 시상 하부이다.
→ 사람의 체온 조절 중추는 간뇌의 시상 하부

① ㄱ ② ㄴ ③ ㄷ ④ ㄱ, ㄴ ⑤ ㄱ, ㄷ

| 문제+자료 분석 |

- ㉠(저온 자극): 체온 조절 중추에 저온 자극이 주어지면 열 발생량이 증가하고 열 발산량이 감소해 체온이 높아진다.
- ㉡(고온 자극): 체온 조절 중추에 고온 자극이 주어지면 열 발생량이 감소하고 열 발산량이 증가해 체온이 낮아진다.

| 보기 분석 |

ㄱ. ㉠은 저온 자극으로 체온 조절 중추에 저온 자극이 주어졌을 때 체온이 높아진다.

ㄴ. ㉡은 고온 자극으로 체온 조절 중추에 고온 자극이 주어지면 피부 근처 혈관이 이완하여 팽창된다. 따라서 열 발산량이 증가해 체온이 낮아진다.

ㄷ. 사람의 체온 조절 중추는 간뇌의 시상 하부이다.

G 46 정답 ① * 체온 조절 [정답률 73%] 2023 대비 9월 모평 7

다음은 사람의 항상성에 대한 자료이다.

(가) 티록신은 음성 피드백으로 ㉠에서의 TSH 분비를 조절한다. ㉠은 뇌하수체 전엽

(나) ㉡ 체온 조절 중추에 ⓐ를 주면 피부 근처 혈관이 수축된다. ⓐ는 고온 자극과 저온 자극 중 하나이다.
㉡은 시상 하부, ⓐ는 저온 자극

이에 대한 설명으로 옳은 것만을 〈보기〉에서 있는 대로 고른 것은?

[보기]

ㄱ. 티록신은 혈액을 통해 표적 세포로 이동한다.
티록신은 호르몬으로 혈액을 통해 표적 세포로 이동함

ㄴ. ㉠과 ㉡은 모두 뇌줄기에 속한다.
㉠과 ㉡은 간뇌에 속하므로 뇌줄기에 속하지 않음

ㄷ. ⓐ는 고온 자극이다.
ⓐ는 저온 자극

① ㄱ ② ㄴ ③ ㄱ, ㄴ ④ ㄱ, ㄷ ⑤ ㄴ, ㄷ

| 문제+자료 분석 |

- (가): 티록신의 농도가 높아지면 음성 피드백에 의해 뇌하수체 전엽(㉠)에서의 TSH 분비가 억제된다.
- (나): 체온 조절 중추인 ㉡은 시상 하부로 시상 하부에 저온 자극(ⓐ)을 주면 교감 신경의 작용으로 피부 근처 혈관이 수축하여 열 발산량이 감소한다.

| 보기 분석 |

ㄱ. 티록신은 갑상샘에서 분비되는 호르몬이며, 호르몬은 혈액을 통해 이동하여 표적 세포로 이동한다.

ㄴ. 뇌줄기는 중간뇌, 뇌교, 연수를 포함한다. 따라서 ㉠(뇌하수체 전엽)과 ㉡(시상 하부)은 뇌줄기에 속하지 않는다.

ㄷ. ⓐ는 저온 자극으로 시상 하부에 저온 자극을 주면 피부 근처 혈관이 수축된다.

문제 풀이 Tip

뇌줄기는 연수, 뇌교, 중간뇌로 구성된다.
➡ '연수야 (뇌)교무실 중간(뇌)에서 만나'로 암기하자.

G 47 정답 ④ *체온 조절 [정답률 92%] 2022 실시 10월 학평 8

그림은 정상인에게 ㉠ 자극을 주었을 때 일어나는 체온 조절 과정의 일부를 나타낸 것이다. ㉠은 고온과 저온 중 하나이고, ⓐ는 억제와 촉진 중 하나이다.

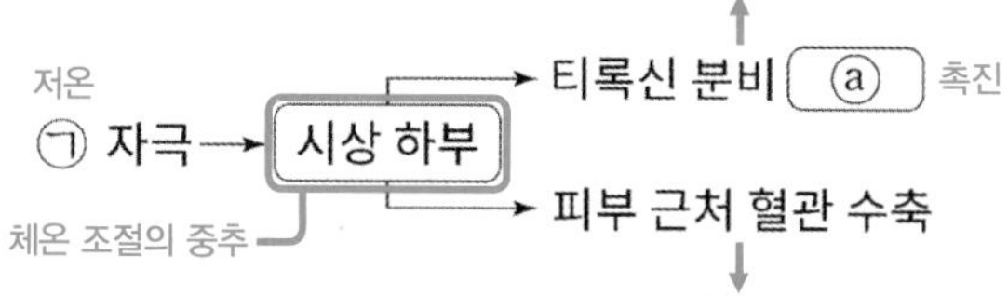

이에 대한 옳은 설명만을 〈보기〉에서 있는 대로 고른 것은? (3점)

[보기]

ㄱ. ㉠은 저온이다.
피부 근처 혈관이 수축되므로 ㉠은 저온임

ㄴ. ⓐ는 억제이다.
ⓐ는 촉진

ㄷ. 피부 근처 혈관 수축이 일어나면 열 발산량(열 방출량)이 감소한다.
피부 근처 혈관 수축이 일어나면 열 발산량이 감소함

① ㄱ ② ㄴ ③ ㄱ, ㄴ ④ ㄱ, ㄷ ⑤ ㄴ, ㄷ

| 문제+자료 분석 |

- 간뇌의 시상 하부는 체온 조절의 중추로 저온 자극이나 고온 자극을 감지한 후 호르몬과 신경에 의해 체온을 조절한다.
- 저온 자극 시 교감 신경에 의해 피부 근처 모세 혈관이 수축하여 열 발산량을 감소시킨다. 따라서 ㉠은 저온이다.
- 저온 자극 시 갑상샘에서 티록신 분비가 촉진되어 물질대사가 촉진되고, 열 발생량이 증가한다. 따라서 ⓐ는 촉진이다.

| 보기 분석 |

ㄱ. ㉠ 자극에 의해 피부 근처 혈관이 수축하므로 ㉠은 저온 자극이다.

ㄴ. ㉠(저온) 자극에 의해 TRH와 TSH의 분비가 촉진되고, 갑상샘이 자극되어 티록신 분비가 촉진된다. 따라서 ⓐ는 촉진이다.

ㄷ. 피부 근처의 모세혈관이 수축하면 체내에서 외부로 열이 빠져나가지 않아 열 발산량이 감소한다.

*고온 자극 시 체온 조절

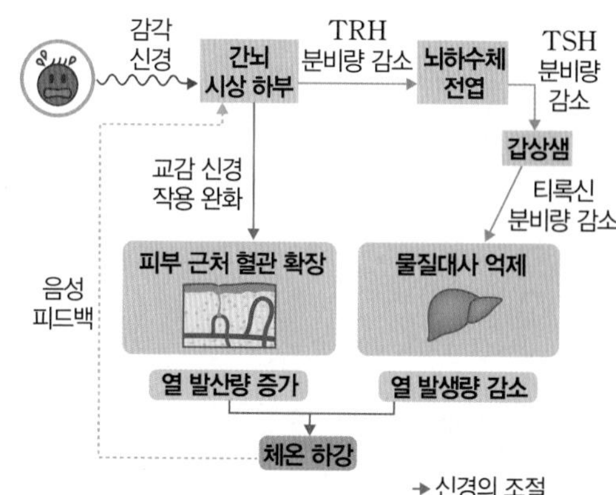

G 48 정답 ⑤ *체온 조절 [정답률 69%] 2023 실시 4월 학평 12

그림 (가)는 정상인에서 시상 하부 온도에 따른 ㉠을, (나)는 이 사람의 체온 변화에 따른 털세움근과 피부 근처 혈관을 나타낸 것이다. ㉠은 '근육에서의 열 발생량'과 '피부에서의 열 발산량' 중 하나이다.

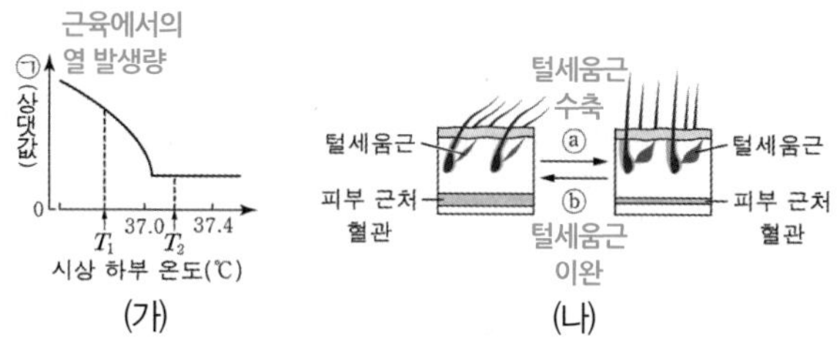

이에 대한 설명으로 옳은 것만을 〈보기〉에서 있는 대로 고른 것은?

[보기]

ㄱ. ㉠은 '근육에서의 열 발생량'이다. ㉠은 근육에서의 열 발생량임

ㄴ. 과정 ⓐ에 교감 신경이 작용한다.
교감 신경은 털세움근 수축에 작용함

ㄷ. 시상 하부 온도가 T_1에서 T_2로 변하면 과정 ⓑ가 일어난다. 시상 하부 온도가 증가하면 ⓑ가 일어나 열 방출량을 증가시킴

① ㄱ ② ㄷ ③ ㄱ, ㄴ ④ ㄴ, ㄷ ⑤ ㄱ, ㄴ, ㄷ

| 문제+자료 분석 |

- (가): 시상 하부 온도가 T_2에서 T_1로 감소할 때 체온을 높이기 위해 ㉠의 값이 증가하므로 ㉠은 근육에서의 열 발생량이다.
- (나): ⓐ는 털세움근 수축 과정으로, 열 방출량을 줄인다. ⓑ는 털세움근 이완 과정으로, 열 방출량을 높인다.

| 보기 분석 |

ㄱ. 시상 하부 온도가 감소하면 체온을 높이기 위해 열 발생량을 높이고, 열 방출량을 줄이는 조절이 일어나게 된다.
(가)에서는 시상 하부 온도가 감소할 때 ㉠의 값이 증가하였으므로 ㉠은 근육에서의 열 발생량에 해당한다.

ㄴ. 추울 때 교감 신경의 작용으로 털세움근이 수축하여 열 방출량을 줄이는 조절이 일어난다. 함정

추울 때는 교감 신경의 작용이 촉진되어 털세움근이 수축되고, 더울 때는 교감 신경의 작용이 완화되어 털세움근이 이완된다는 것을 기억해두도록 한다.

ㄷ. 시상 하부 온도가 T_1에서 T_2로 증가하면 체온을 낮추기 위해 털세움근을 이완시키는 ⓑ가 일어나 열 방출량을 증가시킨다.

G 49 정답 ③ * 체온 조절 과정 [정답률 76%] 2020 실시 3월 학평 4

그림은 어떤 사람에게 저온 자극이 주어졌을 때 일어나는 체온 조절 과정의 일부를 나타낸 것이다.

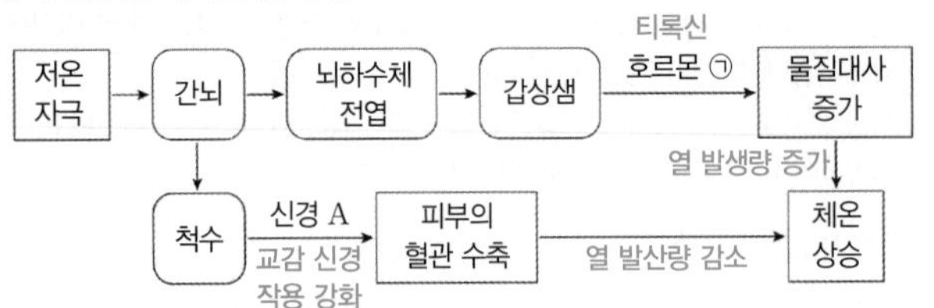

이에 대한 옳은 설명만을 〈보기〉에서 있는 대로 고른 것은? (3점)

[보기]

ㄱ. ㉠은 티록신이다. → 갑상샘에서는 티록신이 분비됨

ㄴ. A는 원심성 신경이다.
→ 신경 A는 중추의 명령을 반응 기관으로 전달하는 원심성 신경임

ㄷ. 피부의 혈관 수축으로 열 발산량이 증가한다.
→ 피부의 혈관 수축이 일어나면 열 발산량이 감소함

① ㄱ ② ㄴ ③ ㄱ, ㄴ ④ ㄱ, ㄷ ⑤ ㄴ, ㄷ

| 문제+자료 분석 |

◈ 체온이 정상 범위보다 낮아졌을 때의 체온 조절

- **열 발생량 증가**: 신경계와 내분비계의 조절로 간과 근육에서 물질대사 촉진, 몸 떨림과 같은 근육 운동이 일어나 열 발생량이 증가한다.
- **열 발산량 감소**: 교감 신경의 작용 강화로 피부 근처의 혈관이 수축하고, 피부 근처로 흐르는 혈액량이 감소하여 체표면을 통한 열 발산량이 감소한다.

| 보기 분석 |

ㄱ. 갑상샘에서 분비되는 티록신은 간, 근육 등에서 물질대사를 촉진하여 체내 열 발생량을 증가시킨다.

ㄴ. 구심성 신경은 감각 기관에서 수용한 자극을 중추 신경계로 전달하는 신경이고, 원심성 신경은 중추 신경계의 명령을 반응 기관으로 전달하는 신경이다. A는 중추에 속하는 척수의 명령을 반응 기관인 피부로 전달하는 원심성 신경이다.

ㄷ. 피부의 혈관이 수축하면 피부로 공급되는 혈액의 양이 감소하여 열 발산량이 감소한다. — 주의

G 50 정답 ⑤ * 체온 조절 [정답률 81%] 2021 대비 6월 모평 5

그림은 정상인에게 저온 자극과 고온 자극을 주었을 때 ㉠의 변화를 나타낸 것이다. ㉠은 근육에서의 열 발생량(열 생산량)과 피부 근처 모세 혈관을 흐르는 단위 시간당 혈액량 중 하나이다.

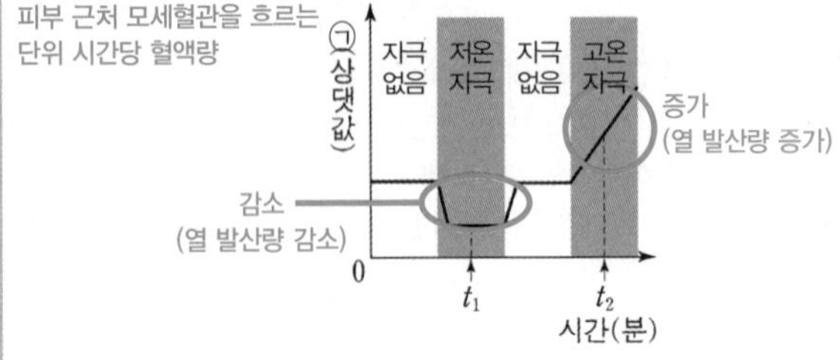

이에 대한 옳은 설명만을 〈보기〉에서 있는 대로 고른 것은? (3점)

[보기]

ㄱ. ㉠은 근육에서의 열 발생량이다.
→ ㉠은 피부 근처 모세 혈관을 흐르는 단위 시간당 혈액량이다.

ㄴ. 피부 근처 모세 혈관을 흐르는 단위 시간당 혈액량은 t_2일 때가 t_1일 때보다 많다.
→ 피부 근처 모세 혈관을 흐르는 단위 시간당 혈액량(㉠)은 t_2일 때가 t_1일 때보다 많다.

ㄷ. 체온 조절 중추는 시상하부이다.
→ 체온 조절의 중추는 간뇌의 시상하부이다.

① ㄱ ② ㄴ ③ ㄷ ④ ㄱ, ㄷ ⑤ ㄴ, ㄷ

| 문제+자료 분석 |

◈ 체온 조절

- 자율 신경과 호르몬의 작용으로 열 발생량과 열 발산량의 조절을 통해 체온을 일정하게 유지시킨다.
- **저온 자극 시**: 근육의 열 발생량 증가, 피부 근처 모세 혈관을 흐르는 단위 시간당 혈액량 감소(열 발산량 감소)
- **고온 자극 시**: 근육의 열 발생량 감소, 피부 근처 모세 혈관을 흐르는 단위 시간당 혈액량 증가(열 발산량 증가)

| 보기 분석 |

ㄱ. 저온 자극 시 감소하고 고온 자극 시 증가하므로 ㉠은 피부 근처 모세 혈관을 흐르는 단위 시간당 혈액량이다.

ㄴ. 피부 근처 모세 혈관을 흐르는 단위 시간당 혈액량이 많을수록 열 발산량은 증가하고, 적을수록 열 발산량은 감소하므로 피부 근처 모세 혈관을 흐르는 단위 시간당 혈액량은 고온 자극이 가해지는 t_2일 때가 저온 자극이 가해지는 t_1일 때보다 많다.

ㄷ. 체온, 혈당량, 체내의 수분량 등 항상성을 조절하는 중추는 간뇌의 시상 하부이다.

* 항상성 유지

간뇌의 시상 하부	체온, 혈당량, 체내의 수분량 등 항상성을 조절하는 중추신경계이다.
항상성	체내 외의 환경 변화에 대해 혈당량, 체온, 혈장 삼투압 등의 체내 환경을 정상 범위로 유지하는 성질로, 내분비계와 신경계의 작용으로 조절된다.

G 51 정답 ② * 체온 조절 [정답률 50%] 2023 실시 10월 학평 19

그림은 정상인이 운동할 때 체온의 변화와 ㉠, ㉡의 변화를 나타낸 것이다. ㉠과 ㉡은 각각 열 발산량(열 방출량)과 열 발생량(열 생산량) 중 하나이다.

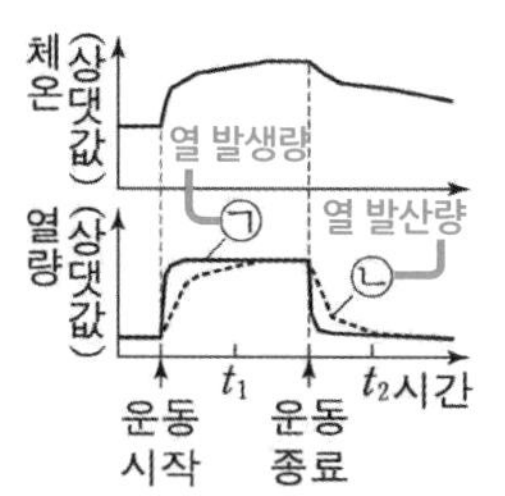

이에 대한 옳은 설명만을 〈보기〉에서 있는 대로 고른 것은?

[보기]

ㄱ. ㉠은 ~~열 발산량(열 방출량)~~이다.
㉠은 열 발생량(열 생산량)임

ㄴ. 체온 조절 중추는 간뇌의 시상 하부이다.
체온 조절 중추는 간뇌의 시상 하부임

ㄷ. 피부 근처 혈관을 흐르는 단위 시간당 혈액량은 t_1일 때가 t_2일 때보다 ~~적다~~.
피부 근처 혈관을 흐르는 단위 시간당 혈액량은 t_1일 때가 t_2일 때보다 큼

① ㄱ ② ㄴ ③ ㄷ ④ ㄱ, ㄴ ⑤ ㄴ, ㄷ

| 문제+자료 분석 |

- ㉠: 정상인이 운동을 시작하면, 에너지를 얻기 위해 세포 호흡을 하여 열 발생량(열 생산량)이 증가한다. 따라서 운동 시작 후 증가한 ㉠은 열 발생량(열 생산량)이다.
- ㉡: 운동 시작 후 증가한 체온을 간뇌의 시상 하부가 인지하여 체온을 정상 범위로 낮추기 위해 열 발산량(열 방출량)이 증가한다. 운동 종료 후에는 체온이 감소하므로 열 발산량(열 방출량)이 감소한다. 따라서 ㉡은 열 발산량(열 방출량)이다.

| 보기 분석 |

ㄱ. 운동 시작 후 세포 호흡 결과 열 발생량(열 생산량)이 증가하므로, 체온보다 먼저 증가한 ㉠은 열 발생량(열 생산량)이다.
운동 시작 시 세포 호흡을 통한 열 발생량(열 생산량) 증가 → 체온 증가 → 간뇌 시상 하부의 조절 → 열 발산량(열 방출량) 증가이고, 운동 종료 시 세포 호흡을 통한 열 발생량 (열 생산량) 감소 → 체온 감소 → 간뇌 시상 하부의 조절 → 열 발산량(열 방출량) 감소 순임을 이해하자! 함정

ㄴ. 체온의 변화를 감지하고 조절하는 중추는 간뇌의 시상 하부이다.

ㄷ. t_1일 때의 열 발산량(㉡)이 t_2일 때보다 더 크므로, 피부 근처 혈관을 흐르는 단위 시간당 혈액량은 t_1일 때가 t_2일 때보다 크다.

G 52 정답 ① * 삼투압 조절 [정답률 77%] 2025 대비 수능 5

그림은 동물 종 X에서 ㉠ 섭취량에 따른 혈장 삼투압을 나타낸 것이다. ㉠은 물과 소금 중 하나이고, Ⅰ과 Ⅱ는 '항이뇨 호르몬(ADH)이 정상적으로 분비되는 개체'와 '항이뇨 호르몬(ADH)이 정상보다 적게 분비되는 개체'를 순서 없이 나타낸 것이다.

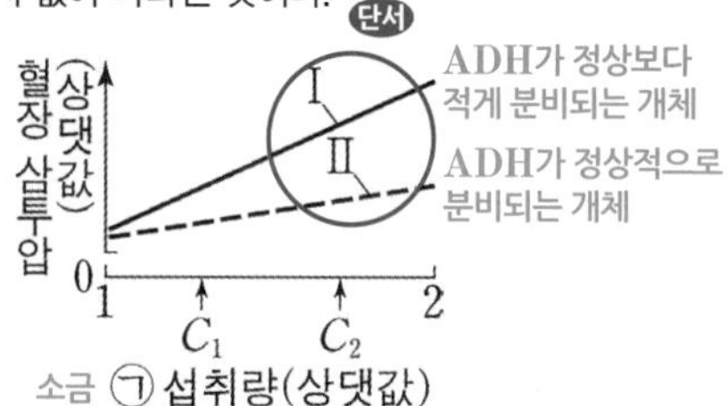

이에 대한 설명으로 옳은 것만을 〈보기〉에서 있는 대로 고른 것은? (단, 제시된 조건 이외는 고려하지 않는다.) (3점)

[보기]

ㄱ. 콩팥은 ADH의 표적 기관이다.
콩팥은 ADH의 표적 기관임

ㄴ. Ⅰ은 'ADH가 ~~정상적으로~~ 분비되는 개체'이다. 정상보다 적게

ㄷ. Ⅱ에서 단위 시간당 오줌 생성량은 C_1일 때가 C_2일 때보다 ~~적다~~. 많다

① ㄱ ② ㄴ ③ ㄱ, ㄷ ④ ㄴ, ㄷ ⑤ ㄱ, ㄴ, ㄷ

윤혁준 | 2025 수능 응시 · 서울 강서고 졸

혈장 삼투압이 둘 다 증가한 것으로 ㉠을 판단할 수 있고, 같은 ㉠ 섭취량에 따른 삼투압을 비교하면 Ⅰ과 Ⅱ가 각각 무엇인지 판단할 수 있어.

단서+발상

단서 ㉠ 섭취량이 증가하면 혈장 삼투압이 증가하는 그래프가 제시되어 있다.

발상 ㉠은 소금이며, Ⅱ가 'ADH가 정상적으로 분비되는 개체'임을 추론할 수 있다.

적용 ADH에 의한 삼투압 조절 과정을 적용해서 ㉠과 Ⅰ, Ⅱ를 구하는 것부터 문제 풀이를 시작해야 한다.

| 문제+자료 분석 |

- 물 섭취량이 증가하면 혈장 삼투압이 감소하고 소금 섭취량이 증가하면 혈장 삼투압이 증가한다.
➡ ㉠ 섭취량이 증가할 때 혈장 삼투압이 증가하므로 ㉠은 소금이다.
- ADH가 정상적으로 분비되는 개체는 소금 섭취 시 혈장 삼투압이 증가하는 정도가 상대적으로 작다.
- ADH가 정상보다 적게 분비되는 개체는 소금 섭취 시 혈장 삼투압이 증가하는 정도가 상대적으로 크다.
➡ Ⅰ이 'ADH가 정상보다 적게 분비되는 개체'이고, Ⅱ가 'ADH가 정상적으로 분비되는 개체'이다.

| 보기 분석 |

ㄱ. ADH는 뇌하수체 후엽에서 분비되며 콩팥을 표적 기관으로 하여 체내로 물의 재흡수를 촉진한다.

ㄴ. Ⅰ에서가 Ⅱ에서보다 혈장 삼투압이 증가하는 정도가 상대적으로 크기 때문에 Ⅰ은 'ADH가 정상보다 적게 분비되는 개체'이고, Ⅱ는 'ADH가 정상적으로 분비되는 개체'이다.

ㄷ. Ⅱ에서 단위 시간당 오줌 생성량은 C_1일 때가 C_2일 때보다 많다. 소금 섭취량이 더 많은 C_2일 때 ADH가 많이 분비되어 수분을 재흡수하고 오줌 생성량이 감소하기 때문이다.

*** 삼투압 조절**

- 혈장 삼투압 증가 → ADH 분비 증가 → 수분 재흡수 촉진 → 오줌 생성량 감소, 혈장 삼투압 감소
- 혈장 삼투압 감소 → ADH 분비 감소 → 수분 재흡수 감소 → 오줌 생성량 증가, 혈장 삼투압 증가

G 53 정답 ② *삼투압 조절 [정답률 72%] 2024 실시 5월 학평 7

그림은 정상인에게 ㉠을 투여하고 일정 시간이 지난 후 ㉡을 투여했을 때 측정한 혈장 삼투압을 시간에 따라 나타낸 것이다. ㉠과 ㉡은 물과 소금물을 순서 없이 나타낸 것이다.

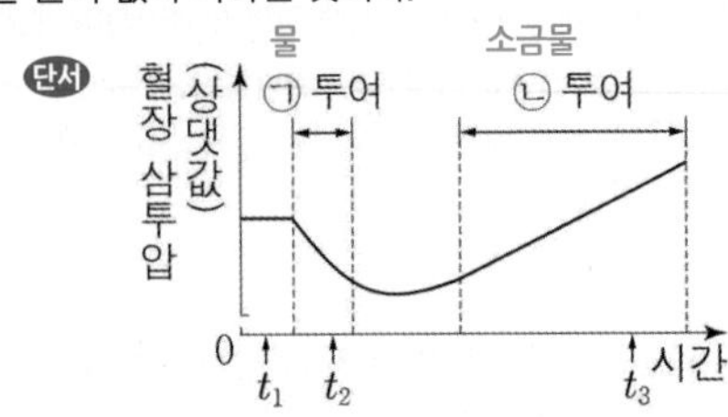

이에 대한 설명으로 옳은 것만을 〈보기〉에서 있는 대로 고른 것은? (단, 제시된 조건 이외는 고려하지 않는다.)

[보기]

ㄱ. ㉠은 ~~소금물~~이다.
㉠ 투여 후 혈장 삼투압이 낮아지므로 ㉠은 물임

ㄴ. 혈중 ADH의 농도는 t_1일 때가 t_2일 때보다 ~~낮다~~.
혈장 삼투압이 높은 t_1일 때가 t_2일 때보다 혈중 ADH의 농도가 높음

ㄷ. 단위 시간당 오줌 생성량은 t_2일 때가 t_3일 때보다 많다.
혈장 삼투압이 낮은 t_2일 때가 t_3일 때보다 오줌 생성량이 많음

① ㄱ ② ㄷ ③ ㄱ, ㄴ ④ ㄴ, ㄷ ⑤ ㄱ, ㄴ, ㄷ

단서+발상

단서 물과 소금물을 투여했을 때 측정한 시간에 따른 혈장 삼투압 그래프가 제시되어 있다.

발상 ㉠ 투여 후 혈장 삼투압이 낮아지므로 ㉠은 물이고, ㉡ 투여 후 혈장 삼투압이 높아지므로 ㉡은 소금물임을 추론할 수 있다.

| 문제+자료 분석 |

- 혈장 삼투압이 높아지면 시상 하부의 자극으로 뇌하수체 후엽에서 항이뇨 호르몬의 분비량이 증가한다.
  ➡ 콩팥에서 재흡수되는 물의 양이 늘어나 오줌 양이 감소하고, 체내 수분량은 증가하여 혈장 삼투압이 낮아진다.
- 혈장 삼투압이 낮아지면 시상 하부의 자극이 억제되어 뇌하수체 후엽에서 항이뇨 호르몬의 분비량이 감소한다.
  ➡ 콩팥에서 재흡수되는 물의 양이 줄어들어 오줌 양이 증가하고, 체내 수분량은 감소하여 혈장 삼투압이 높아진다.
- ㉠ 투여 후 혈장 삼투압이 낮아지므로 ㉠은 물이고, ㉡ 투여 후 혈장 삼투압이 높아지므로 ㉡은 소금물이다.
- 혈장 삼투압이 높은 t_1일 때가 t_2일 때보다 혈중 ADH의 농도가 높다.
- 혈장 삼투압과 혈중 ADH의 농도가 낮은 t_2일 때가 t_3일 때보다 단위 시간당 오줌 생성량이 많다.

| 보기 분석 |

ㄱ. ㉠ 투여 후 혈장 삼투압이 낮아지므로 ㉠은 물이고, ㉡ 투여 후 혈장 삼투압이 높아지므로 ㉡은 소금물이다.

ㄴ. 혈장 삼투압이 높은 t_1일 때가 t_2일 때보다 혈중 ADH의 농도가 높다.

ㄷ. 혈장 삼투압과 혈중 ADH의 농도가 낮은 t_2일 때가 t_3일 때보다 단위 시간당 오줌 생성량이 많다.

G 54 정답 ① *삼투압 유지 [정답률 63%] 2024 대비 9월 모평 6

그림은 어떤 동물 종의 개체 A와 B를 고온 환경에 노출시켜 같은 양의 땀을 흘리게 하면서 측정한 혈장 삼투압을 시간에 따라 나타낸 것이다. A와 B는 '항이뇨 호르몬(ADH)이 정상적으로 분비되는 개체'와 '항이뇨 호르몬(ADH)이 정상보다 적게 분비되는 개체'를 순서 없이 나타낸 것이다.

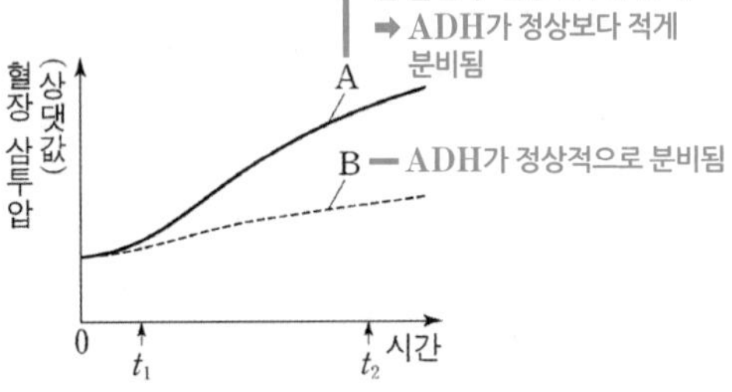

이에 대한 설명으로 옳은 것만을 〈보기〉에서 있는 대로 고른 것은? (단, 제시된 조건 이외는 고려하지 않는다.) (3점)

[보기]

ㄱ. ADH는 콩팥에서 물의 재흡수를 촉진한다.
ADH는 콩팥에서 물의 재흡수를 촉진함

ㄴ. A는 'ADH가 ~~정상적으로 분비되는~~ 개체'이다.
땀 흘린 후 혈장 삼투압 농도가 계속 높아지는 A는 ADH가 정상보다 적게 분비되는 개체임

ㄷ. B에서 생성되는 오줌의 삼투압은 t_1일 때가 t_2일 때보다 ~~높다~~. B에서 생성되는 오줌의 삼투압은 t_2일 때가 t_1일 때보다 높음

① ㄱ ② ㄴ ③ ㄷ ④ ㄱ, ㄴ ⑤ ㄱ, ㄷ

| 문제+자료 분석 |

- 땀으로 수분이 빠져나가 혈장 삼투압이 높아지면 뇌하수체 후엽에서 항이뇨 호르몬(ADH)이 분비된다. 항이뇨 호르몬은 콩팥에서 물의 재흡수를 촉진하여 혈장 삼투압을 일정하게 유지한다.
- 항이뇨 호르몬(ADH)이 정상보다 적게 분비되는 개체는 콩팥에서 물의 재흡수가 제대로 일어나지 못해 항이뇨 호르몬(ADH)이 정상적으로 분비되는 개체보다 혈장 삼투압이 높아질 것이다. 따라서 A는 '항이뇨 호르몬(ADH)이 정상보다 적게 분비되는 개체'이고, B는 '항이뇨 호르몬(ADH)이 정상적으로 분비되는 개체'이다.

| 보기 분석 |

ㄱ. 항이뇨 호르몬(ADH)은 콩팥에서 물의 재흡수를 촉진하여 혈장 삼투압을 낮추는 역할을 한다.

ㄴ. 수분이 빠져나가 혈장 삼투압이 높아지는 상황에서 항이뇨 호르몬(ADH)이 정상보다 적게 분비되는 개체는 수분 재흡수가 정상적으로 일어나지 않아 혈장 삼투압이 높게 유지된다. 따라서 A는 '항이뇨 호르몬(ADH)이 정상보다 적게 분비되는 개체'이다.

ㄷ. 항이뇨 호르몬(ADH)이 정상적으로 분비되는 개체(B)는 수분 재흡수가 정상적으로 일어난다. 수분이 빠져나가는 시간이 지속되면 혈중 ADH 농도가 높아지고 콩팥에서 물의 재흡수가 촉진된다. 따라서 B에서 생성되는 오줌의 삼투압은 t_2일 때가 t_1일 때보다 높다.

G 55 정답 ① *삼투압 조절 ······ [정답률 80%] 2023 대비 수능 8

그림은 사람 Ⅰ과 Ⅱ에서 전체 혈액량의 변화량에 따른 혈중 항이뇨 호르몬(ADH) 농도를 나타낸 것이다. Ⅰ과 Ⅱ는 'ADH가 정상적으로 분비되는 사람'과 'ADH가 과다하게 분비되는 사람'을 순서 없이 나타낸 것이다.

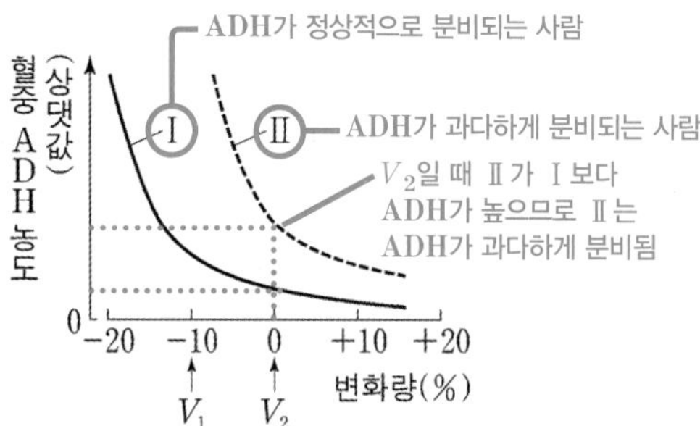

이에 대한 설명으로 옳은 것만을 〈보기〉에서 있는 대로 고른 것은? (단, 제시된 조건 이외는 고려하지 않는다.)

[보기]

ㄱ. ADH는 혈액을 통해 표적 세포로 이동한다.
ADH는 혈액을 통해 콩팥을 구성하는 세포(표적 세포)로 이동함

ㄴ. Ⅱ는 'ADH가 정상적으로 분비되는 사람'이다.
Ⅱ는 ADH가 과다하게 분비되는 사람임

ㄷ. Ⅰ에서 단위 시간당 오줌 생성량은 V_1일 때가 V_2일 때보다 많다.
Ⅰ에서 단위 시간당 오줌 생성량은 V_1일 때가 V_2일 때보다 적음

① ㄱ ② ㄴ ③ ㄱ, ㄷ ④ ㄴ, ㄷ ⑤ ㄱ, ㄴ, ㄷ

| 문제+자료 분석 |

- 전체 혈액량이 감소하면 혈액량을 늘리기 위해 ADH의 분비가 증가하여 수분 재흡수가 촉진된다. 따라서 전체 혈액량의 변화량이 감소할수록 혈중 ADH 농도가 증가한다.
- x축인 전체 혈액량의 변화량 값이 0인 V_2일 때 y축인 혈중 ADH 농도는 Ⅰ보다 Ⅱ가 높으므로 Ⅱ는 ADH가 과다하게 분비되는 사람이며, Ⅰ은 ADH가 정상적으로 분비되는 사람이다.

| 보기 분석 |

ㄱ. 호르몬은 혈액을 따라 이동하다가 특정 호르몬 수용체를 가진 표적 세포에 작용한다. 따라서 ADH(항이뇨 호르몬)는 콩팥에서 수분 재흡수를 촉진하는 호르몬이므로 ADH는 혈액을 통해 표적 기관인 콩팥으로 이동한다.

ㄴ. 전체 혈액량의 변화량에 따른 혈중 항이뇨 호르몬의 농도는 Ⅱ가 Ⅰ보다 높으므로, Ⅱ는 'ADH가 과다하게 분비되는 사람'이다.

ㄷ. 항이뇨 호르몬의 분비량이 많을수록 콩팥에서 수분의 재흡수가 많이 일어나기 때문에 오줌 생성량은 줄어든다. Ⅰ에서 항이뇨 호르몬의 분비량이 V_1일 때가 V_2일 때보다 많으므로 콩팥에서 수분의 재흡수가 많이 일어나 오줌 생성량은 더 적다.

김보경 | 연세대 지구시스템과학과 2023년 입학 · 광주 서석고졸

혈중 ADH 농도가 Ⅰ보다 Ⅱ에서 더 높으니 Ⅱ는 'ADH가 과도하게 분비되는 사람'이겠지. 전체 혈액량, 혈장 삼투압의 변화량에 따른 혈중 ADH 농도와 그에 따른 오줌 삼투압의 변화량 양상은 정확하게 알아두어 문제로 나왔을 때 자신있게 풀 수 있도록 하자.

G 56 정답 ② *삼투압 조절 ······ [정답률 59%] 2023 실시 7월 학평 7

그림 (가)는 정상인에서 ㉠의 변화량에 따른 혈중 항이뇨 호르몬(ADH)의 농도를, (나)는 이 사람이 1L의 물을 섭취한 후 시간에 따른 혈장과 오줌의 삼투압을 나타낸 것이다. ㉠은 혈장 삼투압과 전체 혈액량 중 하나이다.

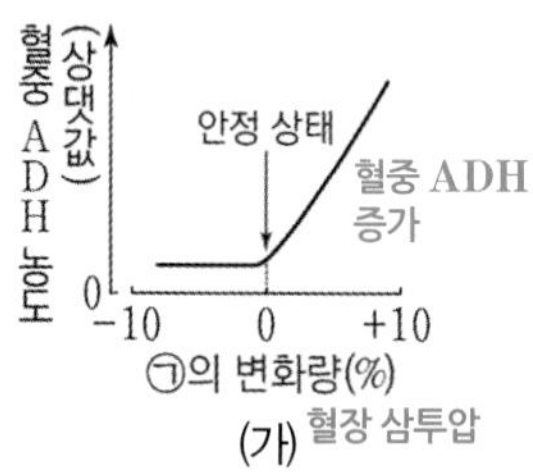

(가)

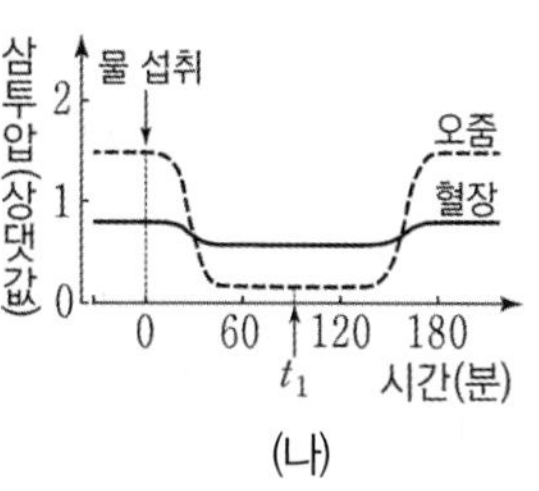

(나)

이에 대한 설명으로 옳은 것만을 〈보기〉에서 있는 대로 고른 것은? (단, 제시된 자료 이외에 체내 수분량에 영향을 미치는 요인은 없다.) (3점)

[보기]

ㄱ. ㉠은 전체 혈액량이다. ㉠은 혈장 삼투압임

ㄴ. ADH는 뇌하수체 후엽에서 분비된다.
ADH는 뇌하수체 후엽에서 분비됨

ㄷ. 콩팥에서의 단위 시간당 수분 재흡수량은 물 섭취 시점일 때가 t_1일 때보다 적다.
콩팥에서의 단위 시간당 수분 재흡수량은 물 섭취 시점일 때가 t_1일 때보다 많음

① ㄱ ② ㄴ ③ ㄱ, ㄷ ④ ㄴ, ㄷ ⑤ ㄱ, ㄴ, ㄷ

| 문제+자료 분석 |

- (가): ㉠이 증가함에 따라 수분 재흡수를 촉진하기 위해 혈중 ADH 농도가 증가하고 있으므로 ㉠은 혈장 삼투압이다. 만약 ㉠이 전체 혈액량이라면 전체 혈액량이 증가할수록 체내 수분량이 많아지므로 혈중 ADH의 농도는 감소한다.
- (나): 물을 섭취한 후에는 혈장 삼투압이 낮아지므로, 뇌하수체 후엽에서 ADH의 분비량이 감소한다. ADH 분비량이 감소하면 콩팥에서 수분 재흡수가 억제되어 오줌 생성량이 증가하고, 오줌 삼투압은 감소하게 된다.

| 보기 분석 |

ㄱ. ㉠이 전체 혈액량이라면, 전체 혈액량이 증가할 때 혈중 ADH 농도는 감소하므로 (가)와 같은 그래프가 나타나지 않는다. ㉠이 혈장 삼투압이라면, 혈장 삼투압이 증가(체내 수분량이 부족)할수록 수분 재흡수를 촉진하기 위해 혈중 ADH 농도가 증가하기 때문에 (가)와 같은 그래프가 나타난다. 따라서 ㉠은 혈장 삼투압이다.

ㄴ. ADH(항이뇨 호르몬)는 뇌하수체 후엽에서 분비된다.

ㄷ. 물 섭취 후(t_1) 물 섭취 시점일 때보다 체내 수분량 증가 → 혈장 삼투압 감소 → ADH 분비 감소 → 단위 시간당 수분 재흡수량 감소 → 오줌 생성량 증가, 오줌 삼투압 감소이므로 t_1일 때가 물 섭취 시점일 때보다 콩팥에서의 단위 시간당 수분 재흡수량이 더 적다. 따라서 콩팥에서의 단위 시간당 수분 재흡수량은 물 섭취 시점일 때가 t_1일 때보다 많다.

문제 풀이 꿀팁

삼투압 조절 시 그래프 분석 문제에서 **X축 값을 '원인', Y축 값을 '결과'**라고 생각하여 접근하면 쉽게 풀이할 수 있다. 단, (나)에서처럼 물 섭취와 같이 특별한 조건이 있는 경우에는 X축이 시간이므로 Y축이 결과 값에 해당하지 않는다.

G 57 정답 ② *삼투압 조절 ……………… [정답률 72%] 2024 대비 6월 모평 11

그림 (가)는 정상인의 혈중 항이뇨 호르몬(ADH) 농도에 따른 ㉠을, (나)는 정상인 A와 B 중 한 사람에게만 수분 공급을 중단하고 측정한 시간에 따른 ㉠을 나타낸 것이다. ㉠은 오줌 삼투압과 단위 시간당 오줌 생성량 중 하나이다.

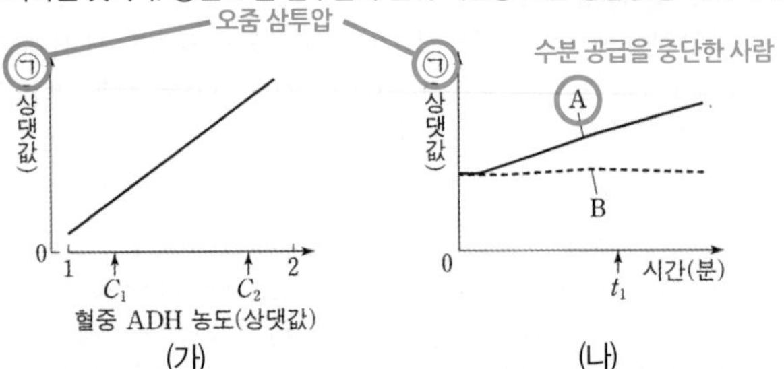

혈중 ADH 농도가 높아질수록 ㉠이 증가함 ➡ ㉠은 오줌 삼투압

시간이 지날수록 오줌 삼투압이 증가하는 A가 수분 공급을 중단한 사람

이에 대한 설명으로 옳은 것만을 〈보기〉에서 있는 대로 고른 것은? (단, 제시된 조건 이외는 고려하지 않는다.) (3점)

[보기]

ㄱ. 단위 시간당 오줌 생성량은 C_2일 때가 C_1일 때보다 많다.
단위 시간당 오줌 생성량은 C_2일 때가 C_1일 때보다 적음

ㄴ. t_1일 때 $\frac{\text{B의 혈중 ADH 농도}}{\text{A의 혈중 ADH 농도}}$는 1보다 크다.
B의 혈중 ADH 농도는 A의 혈중 ADH 농도보다 낮으므로 $\frac{\text{B의 혈중 ADH 농도}}{\text{A의 혈중 ADH 농도}}$는 1보다 작음

ㄷ. 콩팥은 ADH의 표적 기관이다.
뇌하수체 후엽에서 분비된 ADH는 표적 기관인 콩팥에 작용함

① ㄱ ② ㄷ ③ ㄱ, ㄴ ④ ㄴ, ㄷ ⑤ ㄱ, ㄴ, ㄷ

| 문제+자료 분석 |

- 땀을 많이 흘렸을 때와 같이 혈장 삼투압이 증가하는 경우 뇌하수체 후엽에서 항이뇨 호르몬(ADH) 분비가 증가되어 콩팥에서 수분 재흡수를 촉진한다. 수분 재흡수가 촉진되면 체내 수분량이 증가하고 오줌 생성량은 감소하며 오줌 삼투압은 증가한다. 따라서 (가)에서 ㉠은 오줌 삼투압이다.
- 수분 공급을 중단한 경우 시간이 지날수록 혈장 삼투압이 증가하기 때문에 이에 따라 오줌 삼투압도 증가하게 된다. 따라서 (나)에서 수분 공급을 중단한 사람은 A이다.

| 보기 분석 |

ㄱ. 혈중 ADH 농도가 높을수록 수분 재흡수가 촉진되어 체내 수분량이 증가하고 오줌 생성량은 감소한다. 따라서 단위 시간당 오줌 생성량은 C_2일 때가 C_1일 때보다 적다.

ㄴ. A가 수분 공급을 중단한 사람이므로 t_1일 때 B의 혈중 ADH 농도는 A의 혈중 ADH 농도보다 낮다. 따라서 $\frac{\text{B의 혈중 ADH 농도}}{\text{A의 혈중 ADH 농도}}$는 1보다 작다.

ㄷ. 시상 하부의 자극을 받아 뇌하수체 후엽에서 분비된 ADH는 표적 기관인 콩팥에 작용한다.

G 58 정답 ① *항상성 ……………… [정답률 78%] 2023 대비 9월 모평 5

그림은 어떤 동물 종에서 ㉠이 제거된 개체 Ⅰ과 정상 개체 Ⅱ에 각각 자극 ⓐ를 주고 측정한 단위 시간당 오줌 생성량을 시간에 따라 나타낸 것이다. ㉠은 뇌하수체 전엽과 뇌하수체 후엽 중 하나이고, ⓐ는 ㉠에서 호르몬 X의 분비를 촉진한다. ➡ ㉠은 뇌하수체 후엽, X는 항이뇨 호르몬

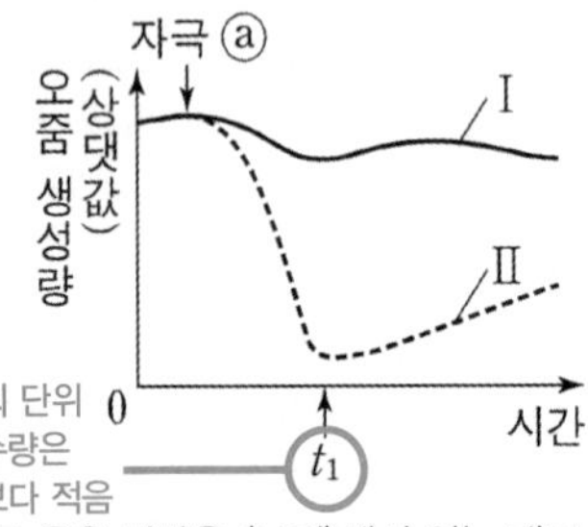

t_1일 때 콩팥에서의 단위 시간당 수분 재흡수량은 Ⅰ에서가 Ⅱ에서보다 적음

이에 대한 설명으로 옳은 것만을 〈보기〉에서 있는 대로 고른 것은? (단, 제시된 조건 이외는 고려하지 않는다.) (3점)

[보기]

ㄱ. ㉠은 뇌하수체 후엽이다.
㉠은 항이뇨 호르몬(X)을 분비하는 뇌하수체 후엽

ㄴ. t_1일 때 콩팥에서의 단위 시간당 수분 재흡수량은 Ⅰ에서가 Ⅱ에서보다 많다.
t_1일 때 단위 시간당 수분 재흡수량은 Ⅰ에서가 Ⅱ에서보다 적음

ㄷ. t_1일 때 Ⅰ에게 항이뇨 호르몬(ADH)을 주사하면 생성되는 오줌의 삼투압이 감소한다.
t_1일 때 Ⅰ에게 항이뇨 호르몬을 주사하면 오줌의 삼투압이 증가

① ㄱ ② ㄴ ③ ㄷ ④ ㄱ, ㄴ ⑤ ㄱ, ㄷ

| 문제+자료 분석 |

- 정상 개체 Ⅱ에 자극 ⓐ를 주었을 때 오줌 생성량이 감소했으므로 호르몬 X는 콩팥에서 수분 재흡수를 촉진시켜 오줌의 생성량을 감소시키는 항이뇨 호르몬이다. 항이뇨 호르몬은 뇌하수체 후엽에서 분비되므로 ㉠은 뇌하수체 후엽이다.
- t_1일 때 정상 개체 Ⅱ는 호르몬 X의 분비가 촉진되어 콩팥에서 수분 재흡수량이 증가하고 오줌 생성량이 감소했으나 ㉠(뇌하수체 후엽)이 제거된 개체 Ⅰ은 자극 ⓐ를 주어도 콩팥에서 수분 재흡수량과 오줌 생성량에 큰 변화가 없다.

| 보기 분석 |

ㄱ. ㉠은 항이뇨 호르몬을 분비하는 뇌하수체 후엽이다.

ㄴ. t_1일 때 개체 Ⅰ보다 정상 개체 Ⅱ에서 오줌 생성량이 크게 감소하였다. 이는 콩팥에서의 단위 시간당 수분 재흡수량이 많아 오줌 생성량이 감소한 것이다. 따라서 t_1일 때 콩팥에서의 단위 시간당 수분 재흡수량은 Ⅰ에서가 Ⅱ에서보다 적다.

ㄷ. Ⅰ은 ㉠(뇌하수체 후엽)이 제거되어 자극 ⓐ에 대해 반응하지 않았으나 항이뇨 호르몬을 직접 주사하면 콩팥에서 수분 재흡수량이 증가하여 오줌의 삼투압이 증가한다.

*삼투압 조절

항이뇨 호르몬 분비 증가	• 콩팥에서 수분 재흡수량 증가 • 오줌 생성량 감소 • 오줌 삼투압 증가
항이뇨 호르몬 분비 감소	• 콩팥에서 수분 재흡수량 감소 • 오줌 생성량 증가 • 오줌 삼투압 감소

G 59 정답 ⑤ *삼투압 조절 [정답률 81%] 2023 실시 10월 학평 8

그림은 정상인에게서 일어나는 혈장 삼투압 조절 과정의 일부를 나타낸 것이다. ㉠~㉢은 각각 증가와 감소 중 하나이다.

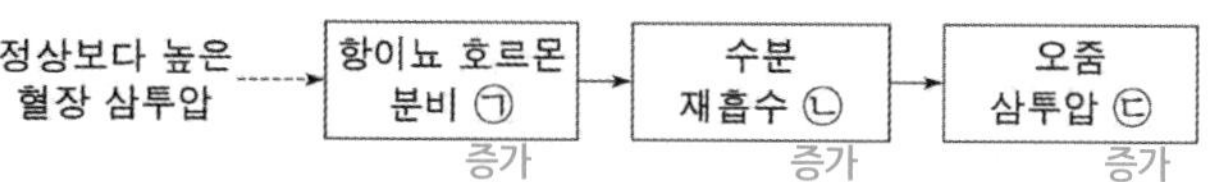

이에 대한 옳은 설명만을 〈보기〉에서 있는 대로 고른 것은?

[보기]

ㄱ. ㉠~㉢은 모두 증가이다.
㉠~㉢은 모두 증가임

ㄴ. 콩팥은 항이뇨 호르몬의 표적 기관이다.
콩팥은 항이뇨 호르몬(ADH)의 표적 기관임

ㄷ. 짠 음식을 많이 먹었을 때 이 과정이 일어난다.
짠 음식을 많이 먹으면 정상보다 혈장 삼투압이 높아지므로 이 과정이 일어남

① ㄱ ② ㄴ ③ ㄱ, ㄷ ④ ㄴ, ㄷ ⑤ ㄱ, ㄴ, ㄷ

| 문제+자료 분석 |

- ㉠: 정상보다 혈장 삼투압이 높으면 간뇌의 시상 하부가 이를 감지하고 조절하여 뇌하수체 후엽에서 항이뇨 호르몬(ADH)의 분비가 증가한다.
- ㉡: 항이뇨 호르몬(ADH)의 분비가 증가하면 콩팥에서 수분 재흡수가 증가한다.
- ㉢: 콩팥에서 수분 재흡수가 증가하면, 오줌 생성량이 감소하고 오줌 삼투압은 증가한다. 따라서 소량의 진한 오줌을 배설한다.

| 보기 분석 |

ㄱ 정상보다 혈장 삼투압이 높으면 간뇌의 시상 하부가 이를 감지하여 뇌하수체 후엽에서 항이뇨 호르몬 분비 증가(㉠) → 콩팥에서 수분 재흡수 증가(㉡) → 오줌 삼투압 증가(㉢)가 일어난다. 따라서 ㉠~㉢은 모두 증가이다.

ㄴ 항이뇨 호르몬(ADH)은 콩팥에서 수분 재흡수를 촉진시키므로, 콩팥은 항이뇨 호르몬(ADH)의 표적 기관이다.

ㄷ 짠 음식을 많이 먹으면 정상보다 혈장 삼투압이 높아지므로 이 과정이 일어난다.

G 60 정답 ② *삼투압 조절 [정답률 81%] 2024 대비 수능 9

그림 (가)는 정상인에게서 갈증을 느끼는 정도를 ⓐ의 변화량에 따라 나타낸 것이다. 그림 (나)는 정상인 A에게는 소금과 수분을, 정상인 B에게는 소금만 공급하면서 측정한 ⓐ를 시간에 따라 나타낸 것이다. ⓐ는 전체 혈액량과 혈장 삼투압 중 하나이다.

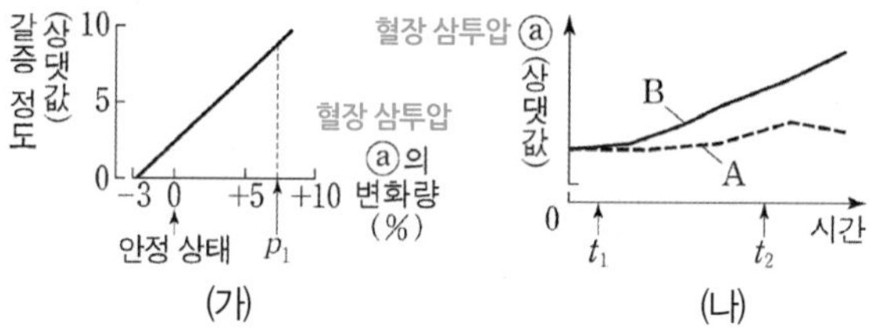

이에 대한 설명으로 옳은 것만을 〈보기〉에서 있는 대로 고른 것은? (단, 제시된 조건 이외는 고려하지 않는다.)

[보기]

ㄱ. 생성되는 오줌의 삼투압은 안정 상태일 때가 p_1일 때보다 ~~높다~~.
생성되는 오줌의 삼투압은 안정 상태일 때가 p_1일 때보다 낮음

ㄴ. t_2일 때 갈증을 느끼는 정도는 B에서가 A에서보다 크다.
t_2일 때 갈증을 느끼는 정도는 B에서가 A에서보다 큼

ㄷ. B의 혈중 항이뇨 호르몬(ADH) 농도는 t_1일 때가 t_2일 때보다 ~~높다~~.
B의 혈중 항이뇨 호르몬(ADH) 농도는 t_1일 때가 t_2일 때보다 낮음

① ㄱ ② ㄴ ③ ㄷ ④ ㄱ, ㄴ ⑤ ㄴ, ㄷ

| 문제+자료 분석 |

- (가): ⓐ가 증가할수록 갈증 정도가 커지므로 ⓐ는 혈장 삼투압이다. 전체 혈액량이 증가할수록 체내 수분량이 증가하므로 갈증 정도는 감소할 것이다.
- (나): 소금과 수분을 함께 공급한 A보다는 소금만 공급한 B에서의 혈장 삼투압이 더 증가한다.

| 보기 분석 |

ㄱ. 혈장 삼투압(ⓐ)이 높을수록 항이뇨 호르몬(ADH)의 분비가 증가하고 콩팥에서 재흡수되는 물의 양이 증가하므로 생성되는 오줌의 삼투압이 높다. 따라서 생성되는 오줌의 삼투압은 안정 상태일 때가 P_1일 때보다 낮다.

ㄴ 혈장 삼투압(ⓐ)이 높을수록 갈증 정도가 커지므로 t_2일 때 갈증을 느끼는 정도는 혈장 삼투압(ⓐ)이 높은 B에서가 혈장 삼투압(ⓐ)이 낮은 A에서보다 크다.

ㄷ. 혈장 삼투압(ⓐ)이 높을수록 항이뇨 호르몬(ADH)의 분비가 증가하므로, B의 혈중 항이뇨 호르몬(ADH) 농도는 t_1일 때가 t_2일 때보다 낮다.

문제 풀이 꿀팁

삼투압 관련 문제에서 ADH 농도는 오줌 삼투압과 비례하며, 오줌 생성량과는 반비례함을 기억하면 빠르게 풀 수 있다!

$$\text{ADH 농도} \propto \text{오줌 삼투압} \propto \frac{1}{\text{오줌 생성량}}$$

권민재 | 강릉원주대 치의예과 2024년 입학·서울 광영여고 졸

갈증의 정도는 혈장 삼투압이 높을수록 높아지겠지? 나는 시험장에서 불안해서 전체 혈액량을 x축으로 설정했을 때에는 (가)의 그래프가 성립하지 않는다는 것도 확인하고 넘어갔어! 따라서 ⓐ는 혈장 삼투압이야. '생성되는 오줌의 삼투압은 ADH 농도, 갈증 정도와 비례함'처럼 호르몬에 따른 신체 변화는 모두 엮어서 활용하는 문제가 많으니 한 세트로 외워두면 좋아!

G 61 정답 ① * 삼투압 조절, 혈당량 조절 [정답률 67%] 2023 실시 4월 학평 13

그림 (가)는 정상인의 혈장 삼투압에 따른 혈중 ADH 농도를, (나)는 이 사람의 혈중 포도당 농도에 따른 혈중 인슐린 농도를 나타낸 것이다.

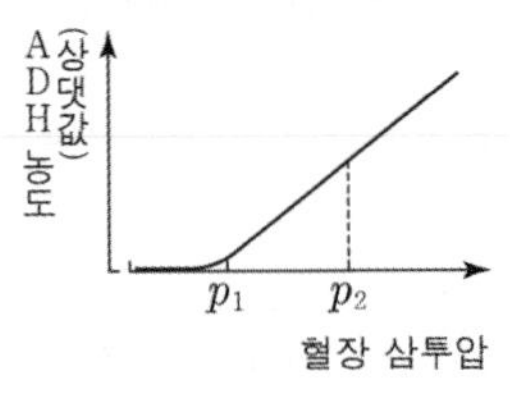

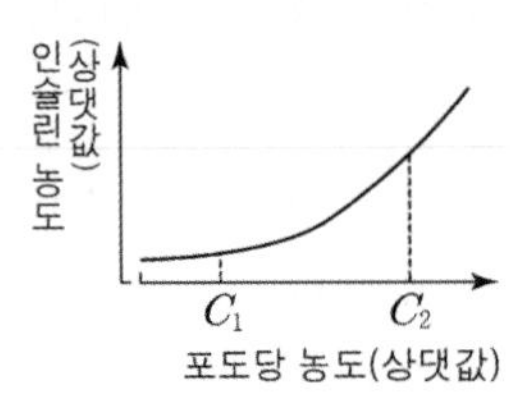

(가) 혈장 삼투압↑ → ADH 농도↑ → 콩팥에서 수분 재흡수↑ → 오줌 생성량↓, 오줌 삼투압↑

(나) 포도당 농도↑ → 인슐린 농도↑ → 간에서 글리코젠 합성↑

이에 대한 설명으로 옳은 것만을 〈보기〉에서 있는 대로 고른 것은? (단, 제시된 조건 이외는 고려하지 않는다.) (3점)

[보기]

ㄱ. 생성되는 오줌의 삼투압은 p_1일 때가 p_2일 때보다 작다.
오줌의 삼투압은 p_1일 때가 p_2일 때보다 작음

ㄴ. 혈중 글루카곤의 농도는 C_2일 때가 C_1일 때보다 ~~높다~~.
혈중 글루카곤의 농도는 C_1일 때가 C_2일 때보다 높음

ㄷ. 혈장 삼투압과 혈당량 조절 중추는 모두 ~~연수이다~~.
혈장 삼투압과 혈당량 조절 중추는 모두 간뇌의 시상 하부임

① ㄱ ② ㄴ ③ ㄱ, ㄷ ④ ㄴ, ㄷ ⑤ ㄱ, ㄴ, ㄷ

| 문제+자료 분석 |

- (가): 혈장 삼투압이 증가하면, 간뇌의 시상 하부에서 이를 감지하여 뇌하수체 후엽에서 ADH의 분비를 촉진시킨다. ADH는 콩팥에서 수분 재흡수를 촉진시켜 체내 수분량을 증가시키고, 오줌 생성량은 감소시키며, 오줌 삼투압은 증가시킨다.
- (나): 혈중 포도당 농도가 증가하면, 간뇌의 시상 하부에서 이를 감지하여 이자의 β세포에서 인슐린의 분비를 촉진시킨다. 인슐린은 간에서 글리코젠의 합성을 촉진하여 혈당량을 정상 범위로 낮춘다.

| 보기 분석 |

ㄱ. ADH 농도는 p_2일 때가 p_1일 때보다 더 높다. ADH 농도가 더 높을수록 콩팥에서 수분의 재흡수가 촉진되어 오줌의 생성량은 감소하고 오줌의 삼투압은 증가하므로 오줌의 삼투압은 p_2일 때가 p_1일 때보다 높다.  따라서 오줌의 삼투압은 p_1일 때가 p_2일 때보다 작다.

ㄴ. 글루카곤은 혈당량이 낮을 때 간에서 글리코젠의 분해를 촉진시켜 혈당량을 정상 범위로 증가시키는 호르몬이므로 혈당량이 낮은 C_1일 때가 혈당량이 높은 C_2일 때보다 혈중 글루카곤의 농도가 더 높을 것이다.

ㄷ. 혈장 삼투압, 혈당량, 체온 조절의 중추는 모두 간뇌의 시상 하부이다.

문제 풀이 꿀팁

삼투압 조절과 관련된 문제에서 ADH 농도는 오줌 삼투압과 비례하며, 오줌 생성량과는 반비례함을 기억하면 빠르게 풀 수 있다!

G 62 정답 ① * 삼투압 조절 [정답률 80%] 2022 대비 6월 모평 9

그림은 정상인의 혈중 항이뇨 호르몬(ADH) 농도에 따른 ㉠을 나타낸 것이다. ㉠은 오줌 삼투압과 단위 시간당 오줌 생성량 중 하나이다.
→ 혈중 ADH 농도가 증가할 때 증가하는 ㉠은 오줌 삼투압

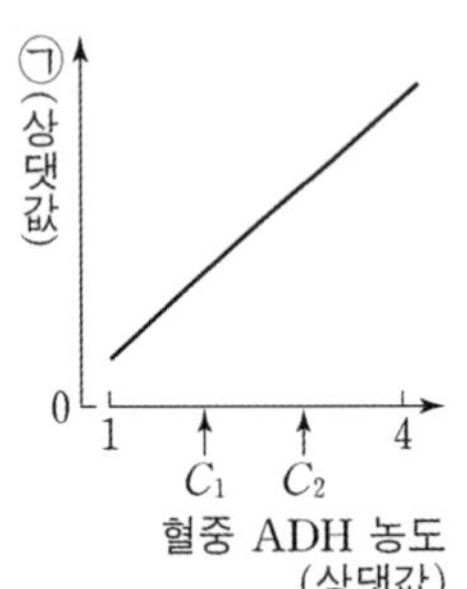

이에 대한 설명으로 옳은 것만을 〈보기〉에서 있는 대로 고른 것은? (단, 제시된 자료 이외에 체내 수분량에 영향을 미치는 요인은 없다.)

[보기]

ㄱ. ADH는 뇌하수체 후엽에서 분비된다.
→ ADH는 뇌하수체 후엽에서 분비되는 호르몬

ㄴ. ㉠은 단위 시간당 ~~오줌 생성량이다~~.
→ ㉠은 오줌 삼투압

ㄷ. 콩팥에서의 단위 시간당 수분 재흡수량은 ~~C_1일 때가 C_2일 때보다 많다~~.
→ 수분 재흡수량은 C_2일 때가 C_1일 때보다 많음

① ㄱ ② ㄴ ③ ㄷ ④ ㄱ, ㄴ ⑤ ㄱ, ㄷ

| 문제+자료 분석 |

- 항이뇨 호르몬(ADH): ADH는 뇌하수체 후엽에서 분비되는 호르몬으로 수분 재흡수를 촉진하는 역할을 한다.
- ㉠(오줌 삼투압): 혈중 ADH의 농도가 증가하면 단위 시간당 오줌 생성량은 감소하며 오줌 삼투압은 증가한다. 혈중 ADH의 농도가 증가할 때 ㉠이 증가하고 있으므로 ㉠은 오줌 삼투압이다.

| 보기 분석 |

ㄱ. ADH는 콩팥에서 수분 재흡수를 촉진하는 역할을 하는 호르몬으로 뇌하수체 후엽에서 분비된다.

ㄴ. 혈중 ADH의 농도가 증가할 때 ㉠이 증가하므로 ㉠은 오줌 삼투압이다. 혈중 ADH의 농도가 증가할 때 단위 시간당 오줌의 생성량은 감소하고 오줌의 삼투압은 증가한다.

ㄷ. 혈중 ADH의 농도가 높을수록 콩팥에서 단위 시간당 수분 재흡수량이 많다. C_2일 때가 C_1일 때보다 혈중 ADH의 농도가 높으므로 C_2일 때가 C_1일 때보다 단위 시간당 수분 재흡수량이 많다.

문제 풀이 Tip

ADH 농도는 오줌 삼투압과 비례 관계이며, ADH 농도는 오줌 생성량과 반비례 관계이다.

G 63 정답 ① * 삼투압 조절 [정답률 66%] 2020 실시 7월 학평 13

그림은 어떤 동물에서 오줌 생성이 정상일 때와 ㉠일 때 시간에 따른 혈중 항이뇨 호르몬(ADH)의 농도를 나타낸 것이다.

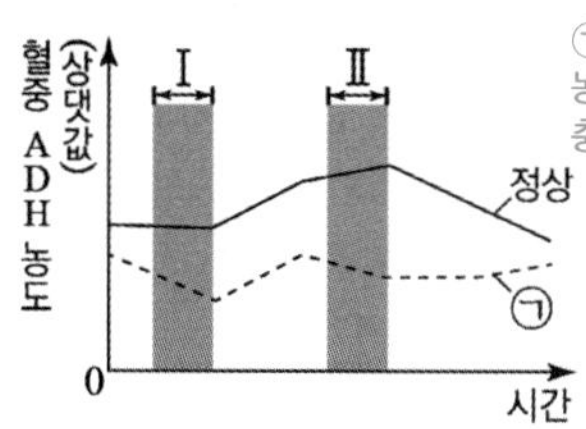

㉠은 혈중 항이뇨 호르몬의 농도가 낮아 수분 재흡수를 충분히 하지 못함

이에 대한 설명으로 옳은 것만을 〈보기〉에서 있는 대로 고른 것은? (단, 제시된 자료 이외에 체내 수분량에 영향을 미치는 요인은 없다.) (3점)

[보기]

ㄱ. 항이뇨 호르몬의 분비 조절 중추는 간뇌의 시상 하부이다.
→ 삼투압을 조절하는 중추는 간뇌의 시상 하부

ㄴ. 정상일 때 오줌 삼투압은 구간 Ⅰ에서가 Ⅱ에서보다 높다.
→ 정상일 때 오줌 삼투압은 구간 Ⅱ에서가 더 높음

ㄷ. 구간 Ⅰ에서 콩팥의 단위 시간당 수분 재흡수량은 정상일 때가 ㉠일 때보다 적다.
→ 구간 Ⅰ에서 수분 재흡수량은 ㉠일 때가 더 적음

① ㄱ ② ㄷ ③ ㄱ, ㄴ ④ ㄱ, ㄷ ⑤ ㄴ, ㄷ

| 문제+자료 분석 |

- 항이뇨 호르몬의 분비가 증가하면 수분 재흡수량이 증가해 혈중 삼투압이 감소하고, 항이뇨 호르몬의 분비가 감소하면 수분 재흡수량이 감소해 혈중 삼투압이 증가한다.
- 구간 Ⅰ보다 구간 Ⅱ에서 혈중 항이뇨 호르몬의 농도가 높은 것은 체내 삼투압을 낮추기 위한 것이며, 수분을 재흡수하여 오줌의 삼투압은 높아진다.
- ㉠은 정상일 때보다 혈중 항이뇨 호르몬의 농도가 낮으므로 수분 재흡수를 충분히 하지 못한다.

| 보기 분석 |

ㄱ. 삼투압을 조절하는 중추는 간뇌의 시상 하부이다. 시상 하부의 조절을 받아 뇌하수체 후엽에서 항이뇨 호르몬이 분비된다.

ㄴ. 구간 Ⅱ에서 혈중 항이뇨 호르몬의 농도가 높으므로 수분을 재흡수하는 양이 많아 오줌의 삼투압이 높아진다.

ㄷ. 구간 Ⅰ에서 정상일 때보다 ㉠일 때 혈중 항이뇨 호르몬의 농도가 낮으므로 단위 시간당 수분 재흡수량이 적다.

＊ 삼투압 조절

수분량 감소	체내 삼투압 증가 → 항이뇨 호르몬 분비 증가 → 수분 재흡수 증가 → 체내 삼투압 감소
수분량 증가	체내 삼투압 감소 → 항이뇨 호르몬 분비 감소 → 수분 재흡수 감소 → 체내 삼투압 증가

G

G 64 정답 ③ * 혈장 삼투압 조절 [정답률 74%] 2021 대비 6월 모평 12

그림 (가)와 (나)는 정상인에서 각각 ㉠과 ㉡의 변화량에 따른 혈중 항이뇨 호르몬(ADH)의 농도를 나타낸 것이다. ㉠과 ㉡은 각각 혈장 삼투압과 전체 혈액량 중 하나이다.

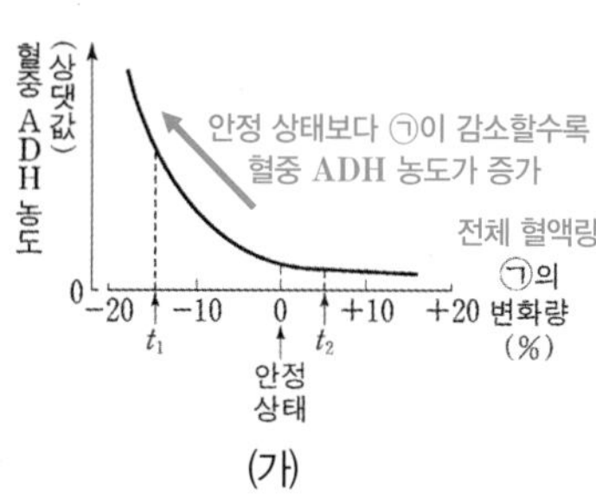

(가)

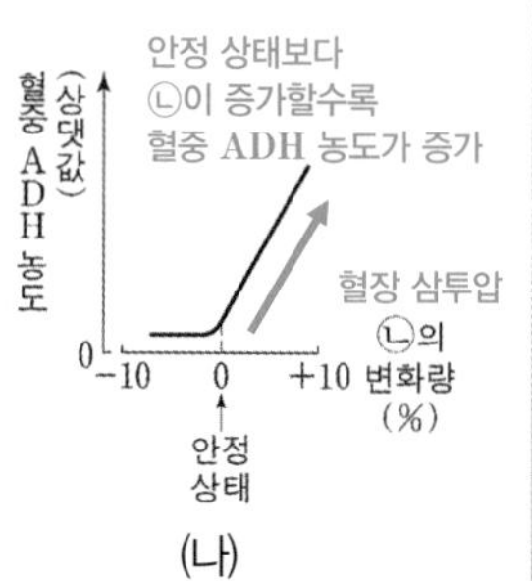

(나)

이에 대한 설명으로 옳은 것만을 〈보기〉에서 있는 대로 고른 것은? (단, 제시된 자료 이외에 체내 수분량에 영향을 미치는 요인은 없다.)

[보기]

ㄱ. ㉡은 혈장 삼투압이다.
→ 혈장 삼투압이 증가하면 혈중 ADH 농도는 증가한다.

ㄴ. 콩팥은 ADH의 표적 기관이다.
→ ADH는 오줌의 배설량을 조절하므로 콩팥은 ADH의 표적 기관이다.

ㄷ. (가)에서 단위 시간당 오줌 생성량은 t_1에서가 t_2에서보다 많다.
→ 혈중 ADH 농도가 높을수록 단위 시간당 오줌 생성량이 감소한다. 혈중 ADH 농도는 t_1에서가 t_2에서보다 높으므로 단위 시간당 오줌 생성량은 t_1에서가 t_2에서보다 적다.

① ㄱ ② ㄷ ③ ㄱ, ㄴ
④ ㄴ, ㄷ ⑤ ㄱ, ㄴ, ㄷ

| 문제+자료 분석 |

- 항이뇨 호르몬(ADH): 뇌하수체 후엽에서 분비되는 호르몬으로 콩팥에서 수분 재흡수를 촉진한다.
- (가): 전체 혈액량이 감소하면 혈액량을 늘리기 위해 ADH의 분비가 증가하여 수분 재흡수를 촉진한다. 따라서 안정 상태일 때보다 ㉠이 감소할수록 혈중 ADH 농도가 증가하므로 ㉠은 전체 혈액량이다.
- (나): 혈장 삼투압이 증가하면 혈장 삼투압을 낮추기 위해 ADH의 분비가 증가하여 수분 재흡수를 촉진한다. 따라서 안정 상태일 때보다 ㉡이 증가할수록 혈중 ADH 농도가 증가하므로 ㉡은 혈장 삼투압이다.

| 보기 분석 |

ㄱ. ADH는 혈장 삼투압이 높을수록, 전체 혈액량이 감소할수록 분비가 촉진된다. 안정 상태일 때보다 ㉡이 증가할수록 혈중 ADH 농도가 증가하므로 ㉡은 혈장 삼투압이다.

ㄴ. 표적 기관은 호르몬이 작용하는 기관을 의미한다. ADH는 콩팥에서 수분 재흡수를 촉진하는 호르몬이므로 ADH의 표적 기관은 콩팥이다.

ㄷ. ADH는 콩팥에서 수분 재흡수를 촉진하므로 혈중 ADH 농도가 증가할수록 오줌 생성량은 감소한다. 혈중 ADH의 농도는 t_1에서가 t_2에서보다 높으므로 단위 시간당 오줌의 생성량은 t_1에서가 t_2에서보다 적다.

문제 풀이 Tip

- 전체 혈액량 증가 → 혈중 ADH 농도 감소 → 수분 재흡수 억제 → 전체 혈액량 감소
- 혈장 삼투압 증가 → 혈중 ADH 농도 증가 → 수분 재흡수 촉진 → 혈장 삼투압 감소

G 65 정답 ③ * 삼투압 조절 [정답률 75%] 2020 대비 수능 8

그림은 정상인의 혈중 항이뇨 호르몬(ADH) 농도에 따른 ㉠을 나타낸 것이다. ㉠은 오줌 삼투압과 단위 시간당 오줌 생성량 중 하나이다.

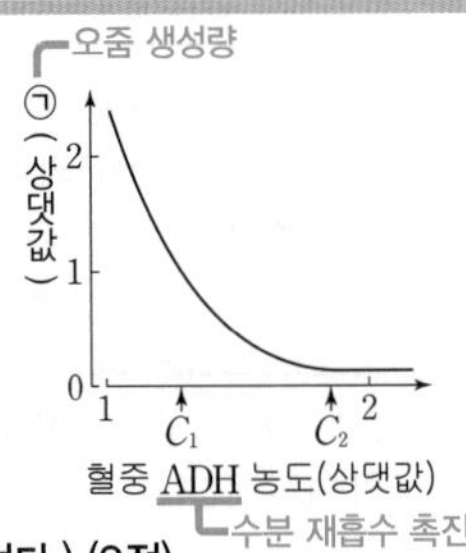

이에 대한 설명으로 옳은 것만을 <보기>에서 있는 대로 고른 것은? (단, 제시된 자료 이외에 체내 수분량에 영향을 미치는 요인은 없다.) (3점)

[보기]

ㄱ. 시상 하부는 ADH의 분비를 조절한다.
→ 시상 하부는 체내 삼투압에 대한 정보를 받아 뇌하수체 후엽에서 ADH가 분비되도록 함

ㄴ. ㉠은 ~~오줌 삼투압~~이다. → 단위 시간당 오줌 생성량

ㄷ. 콩팥에서 단위 시간당 수분 재흡수량은 C_2일 때가 C_1일 때보다 많다.
→ ADH 농도가 높은 C_2에서 단위 시간당 수분 재흡수량이 많음

① ㄱ ② ㄴ ③ ㄱ, ㄷ ④ ㄴ, ㄷ ⑤ ㄱ, ㄴ, ㄷ

| 문제+자료 분석 |

◈ **ADH**

- ADH는 체내 삼투압이 높을 때 콩팥에서 수분의 재흡수를 촉진하는 호르몬
- 혈중 ADH 농도가 높을 때 → 콩팥에서 단위 시간당 수분의 재흡수량 증가 → 단위 시간당 오줌 생성량(㉠)이 감소하고 오줌 삼투압이 증가

| 보기 분석 |

ㄱ. 시상 하부는 체내 삼투압에 대한 정보를 받아 뇌하수체 후엽에서 ADH가 분비되도록 하는 조절 중추이다.

ㄴ. 혈중 ADH 농도가 높아질 때 ㉠의 상댓값은 감소하므로 ㉠은 단위 시간당 오줌 생성량이다. 혈중 ADH 농도가 높을 때 콩팥에서 단위 시간당 수분의 재흡수량이 많아지므로 단위 시간당 오줌 생성량이 감소하고 오줌 삼투압이 증가한다.

ㄷ. ADH는 콩팥에서 수분의 재흡수를 촉진하는 호르몬이다. C_2일 때 혈중 ADH가 높으므로 콩팥에서 단위 시간당 수분의 재흡수량이 C_1일 때보다 많다.

*** 삼투압 조절**

체내 삼투압이 높을 때	항이뇨 호르몬의 분비량이 증가하여 콩팥에서 수분 재흡수를 촉진하고 오줌 생성량이 감소한다.
체내 삼투압이 낮을 때	항이뇨 호르몬의 분비량이 감소하여 콩팥에서 수분 재흡수를 억제하고 오줌 생성량이 증가한다.

G 66 정답 ② * 삼투압 조절 [정답률 62%] 2021 실시 4월 학평 14

그림 (가)는 정상인에서 식사 후 시간에 따른 혈당량을, (나)는 이 사람의 혈장 삼투압에 따른 혈중 ADH 농도를 나타낸 것이다.

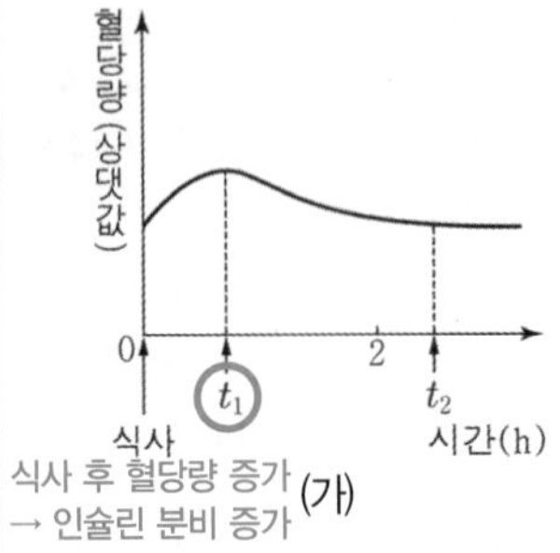

(가)

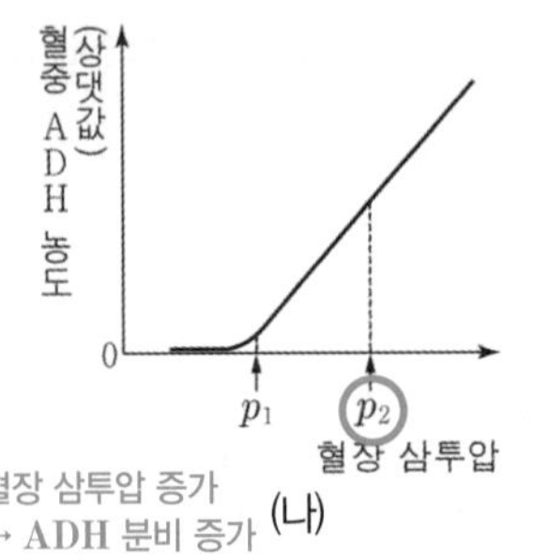

(나)

이에 대한 설명으로 옳은 것만을 <보기>에서 있는 대로 고른 것은? (단, 제시된 조건 이외는 고려하지 않는다.) (3점)

[보기]

ㄱ. 혈중 인슐린 농도는 t_1일 때가 t_2일 때보다 ~~낮다~~.
→ 혈중 인슐린 농도는 t_1일 때가 t_2일 때보다 높다.

ㄴ. 생성되는 오줌의 삼투압은 p_1일 때가 p_2일 때보다 낮다.
→ 오줌의 삼투압은 p_1일 때가 p_2일 때보다 낮음

ㄷ. 혈당량과 혈장 삼투압의 조절 중추는 모두 ~~연수~~이다.
→ 혈당량과 혈장 삼투압의 조절 중추는 간뇌 시상하부

① ㄱ ② ㄴ ③ ㄷ ④ ㄱ, ㄴ ⑤ ㄴ, ㄷ

| 문제+자료 분석 |

- **혈당량 조절:** 식사 이후 혈당량이 증가하면 이자의 β세포에서 인슐린이 분비되어 혈당량을 정상 범위로 낮춘다. t_1에서 혈당량이 높으므로 혈중 인슐린 농도가 높다.
- **혈장 삼투압 조절:** 혈장 삼투압이 높아지면 뇌하수체 후엽에서 ADH의 분비가 촉진된다. 혈중 ADH의 농도가 높아지면 콩팥에서 수분의 재흡수를 촉진하여 혈장 삼투압을 정상 범위로 낮춘다.

| 보기 분석 |

ㄱ. t_1은 식사 직후로 t_2일 때보다 혈당량이 높다. 혈당량이 증가하면 이자에서 인슐린의 분비가 촉진되어 혈당량을 낮춘다. t_2와 같이 혈당량이 정상 범위로 낮아지면 인슐린의 분비량이 다시 감소하므로 혈중 인슐린 농도는 t_1일 때가 t_2일 때보다 높다.

ㄴ. 혈장 삼투압이 높아지면 혈중 ADH의 농도가 높아져 수분의 재흡수를 촉진한다. 배설 기관에서 체내로 수분을 재흡수하는 양이 많아지면 체외로 배설되는 오줌의 삼투압이 높아진다. p_1일 때가 p_2일 때보다 혈장 삼투압이 낮고 혈중 ADH의 농도가 낮으므로 생성되는 오줌의 삼투압도 낮다.

ㄷ. 혈당량과 혈장 삼투압의 조절 중추는 모두 간뇌의 시상하부이다. 간뇌의 시상하부가 자율 신경계를 통해 이자에서 인슐린, 글루카곤 등의 분비를 촉진하여 혈당량을 조절하며, 간뇌의 시상하부가 혈장 삼투압을 감지하여 ADH의 분비를 조절한다.

G 67 정답 ① * 체온 조절과 삼투압 조절 …… [정답률 78%] 2021 대비 9월 모평 7

그림 (가)는 자율 신경 X에 의한 체온 조절 과정을, (나)는 항이뇨 호르몬(ADH)에 의한 체내 삼투압 조절 과정을 나타낸 것이다. ㉠은 '피부 근처 혈관 수축'과 '피부 근처 혈관 확장' 중 하나이다.

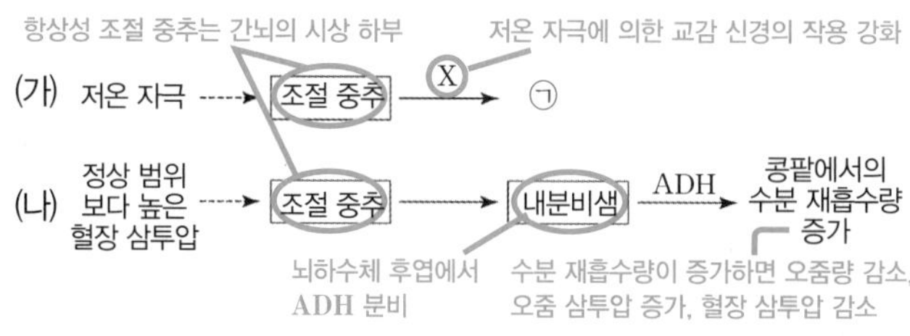

체온 조절 과정에서 피부 근처 혈관의 수축은 교감 신경의 작용 강화에 의해, 피부 근처 혈관의 이완은 교감 신경의 작용 완화에 의해 나타난다.

이에 대한 설명으로 옳은 것만을 〈보기〉에서 있는 대로 고른 것은?

[보기]

ㄱ. ㉠은 '피부 근처 혈관 수축'이다.
→ 저온 자극에 교감 신경(X)의 흥분 발생 빈도가 증가하면 피부 근처 혈관 수축

ㄴ. 혈중 ADH의 농도가 증가하면, 생성되는 오줌의 삼투압이 감소한다.
→ 혈중 ADH 농도 증가하면 오줌 생성량 감소, 오줌 삼투압 증가

ㄷ. (가)와 (나)에서 조절 중추는 모두 연수이다.
→ 항상성 조절 중추는 간뇌의 시상 하부

① ㄱ ② ㄴ ③ ㄷ ④ ㄱ, ㄴ ⑤ ㄱ, ㄷ

| 문제+자료 분석 |

- 체온이 정상 범위보다 낮아졌을 때 간뇌의 시상 하부가 저온 자극을 감지하여 자율 신경 중 교감 신경의 작용이 강화된다.
- 그 결과 골격근이 빠르게 수축 · 이완되어 몸이 떨리고 열 발생량이 증가하며, 피부 근처 혈관이 수축하여 피부 근처의 혈류량이 감소함으로써 체표면을 통한 열 발산량이 감소한다.
- 혈장 삼투압이 정상 범위보다 높을 경우 간뇌의 시상 하부가 혈장 삼투압을 감지하여 뇌하수체 후엽에서 항이뇨 호르몬(ADH)의 분비량을 증가시킨다.
- 그 결과 콩팥에서 물의 재흡수량이 증가함으로써 오줌량이 감소하고, 오줌의 삼투압이 증가하며, 혈장의 삼투압이 감소한다.

| 보기 분석 |

ㄱ. 저온 자극에 의해 교감 신경(X)의 작용이 강화되어 피부 근처의 혈관이 수축됨으로써 체표면을 통한 열 발산량이 감소되므로, ㉠은 '피부 근처 혈관 수축'이다.

ㄴ. 혈중 ADH의 농도가 증가하면 콩팥에서 물의 재흡수량이 증가하여 오줌 생성량이 감소한다. 이로 인해 생성되는 오줌의 삼투압은 증가하게 된다.

ㄷ. 체온 조절 과정 (가)와 삼투압 조절 과정 (나)와 같이 항상성 조절의 중추는 간뇌의 시상 하부이다.

문제 풀이 Tip

체온 조절 과정에서 피부 근처 혈관의 수축은 교감 신경의 작용 강화에 의해, 피부 근처 혈관의 이완은 교감 신경의 작용 완화에 의해 나타난다.

G 68 정답 ① * 혈장 삼투압 조절 …… [정답률 80%] 2021 대비 수능 8

그림 (가)와 (나)는 정상인에서 ㉠의 변화량에 따른 혈중 항이뇨 호르몬(ADH) 농도와 갈증을 느끼는 정도를 각각 나타낸 것이다. ㉠은 혈장 삼투압과 전체 혈액량 중 하나이다.

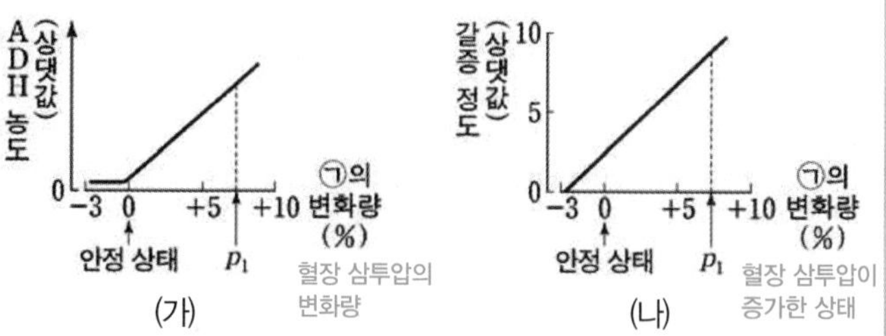

이에 대한 설명으로 옳은 것만을 〈보기〉에서 있는 대로 고른 것은? (단, 제시된 자료 이외에 체내 수분량에 영향을 미치는 요인은 없다.) (3점)

[보기]

ㄱ. ㉠은 혈장 삼투압이다.
→ ㉠은 혈장 삼투압이며, ㉠이 증가하면 혈중 항이뇨 호르몬 농도 증가

ㄴ. 생성되는 오줌의 삼투압은 안정 상태일 때가 p_1일 때보다 크다.
→ 생성되는 오줌의 삼투압은 p_1일 때가 안정 상태일 때보다 큼

ㄷ. 갈증을 느끼는 정도는 안정 상태일 때가 p_1일 때보다 크다.
→ 갈증을 느끼는 정도는 p_1일 때가 안정 상태일 때보다 큼

① ㄱ ② ㄴ ③ ㄷ ④ ㄱ, ㄴ ⑤ ㄱ, ㄷ

| 문제+자료 분석 |

- 안정 상태일 때보다 전체 혈액량이 증가하면 수분의 재흡수를 줄이기 위해 혈중 항이뇨 호르몬의 농도는 감소한다.
- 안정 상태일 때보다 혈장 삼투압이 증가하면 갈증 정도가 증가하고, 수분의 재흡수를 늘리기 위해 항이뇨 호르몬의 농도가 증가하여 오줌의 삼투압이 증가한다.

| 보기 분석 |

ㄱ. 전체 혈액량이 증가하면 혈중 항이뇨 호르몬의 농도가 감소하고, 혈장 삼투압이 증가하면 혈중 항이뇨 호르몬의 농도가 증가하므로 ㉠은 혈장 삼투압이다.

ㄴ. 안정 상태일 때보다 p_1일 때 혈장 삼투압이 높으며, 그에 따라 혈중 항이뇨 호르몬의 농도가 높다. 수분이 재흡수되는 양이 늘어나므로 안정 상태일 때보다 오줌의 삼투압이 크다.

ㄷ. 안정 상태일 때보다 p_1일 때 혈장 삼투압이 높으며, 혈장 삼투압이 높을 때 갈증 정도가 더 크다.

송의현 | 원광대 의예과 2021년 입학 · 안산 동산고 졸

변화량이 x축이면 'x축 값을 원인으로 하여 y축 값이 결과로서 도출되는 그래프'라고 보면 돼.
p_1(㉠값이 큰 상황)을 원인으로 하여 ADH가 많이 분비되니, p_1은 피가 짜진(삼투압이 높은)상태겠지. 만약 ㉠이 전체 혈액량이라면 피가 더 밍밍해진 것이니까 ADH 분비량이 적을거야. 외우는 것도 좋지만 삼투압 문제는 피가 짜지는지 밍밍해지는지를 기준으로 생각해보면 논리적으로 풀 수 있어.

G 69 정답 ① * 삼투압 조절 [정답률 80%] 2021 실시 10월 학평 8

그림은 정상인이 A를 섭취했을 때 시간에 따른 혈장 삼투압을 나타낸 것이다. A는 물과 소금물 중 하나이다.

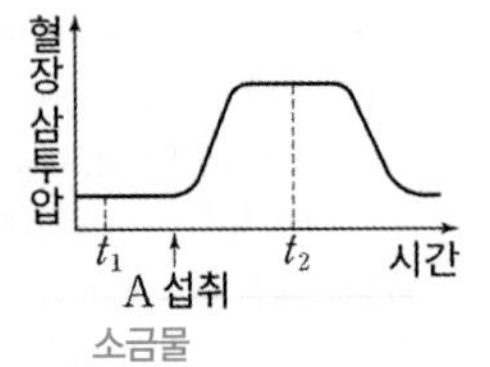

소금물
→ 혈중 항이뇨 호르몬 농도 증가
→ 단위 시간당 오줌 생성량 감소

이에 대한 설명으로 옳은 것만을 〈보기〉에서 있는 대로 고른 것은? (3점)

[보기]

ㄱ. A는 소금물이다.
→ A는 혈장 삼투압을 증가시키는 소금물

ㄴ. 단위 시간당 오줌 생성량은 t_2일 때가 t_1일 때보다 많다.
→ 단위 시간당 오줌 생성량은 t_2일 때가 t_1일 때보다 적음

ㄷ. 혈중 항이뇨 호르몬 농도는 t_1일 때가 t_2일 때보다 높다.
→ 혈중 항이뇨 호르몬 농도는 t_1일 때가 t_2일 때보다 낮음

① ㄱ ② ㄷ ③ ㄱ, ㄴ ④ ㄴ, ㄷ ⑤ ㄱ, ㄴ, ㄷ

| 문제+자료 분석 |

- **혈장 삼투압**: 소금물을 섭취하면 혈장 삼투압이 증가한다. 간뇌의 시상 하부가 혈장 삼투압이 증가한 것을 인식하면 뇌하수체 후엽을 통해 항이뇨 호르몬 분비를 촉진하도록 한다.
- **항이뇨 호르몬**: 혈장 삼투압이 증가했을 때 분비되는 호르몬으로 수분의 재흡수를 촉진하여 단위 시간당 오줌 생성량을 감소시키고 혈장 삼투압을 감소시키는 역할을 한다.

| 보기 분석 |

ㄱ. A를 섭취한 후 혈장 삼투압이 증가했으므로 A는 혈장보다 농도가 높은 소금물이다. - 주의

ㄴ. 소금물을 섭취하여 혈장 삼투압이 높아지면 항이뇨 호르몬이 분비되어 단위 시간당 오줌 생성량이 감소한다. t_2일 때가 t_1일 때보다 단위 시간당 오줌 생성량이 적다.

ㄷ. 소금물을 섭취하여 혈장 삼투압이 높아지면 항이뇨 호르몬의 분비가 촉진된다. 혈중 항이뇨 호르몬의 농도는 t_2일 때가 t_1일 때보다 높다.

G 70 정답 ⑤ * 삼투압 조절 [정답률 59%] 2020 실시 10월 학평 9

그림은 어떤 정상인이 1L의 물을 섭취했을 때 단위 시간당 오줌 생성량의 변화를 나타낸 것이다.

물을 섭취하기 전에는 혈장 삼투압이 높음
물을 섭취한 후에는 혈장 삼투압이 낮음

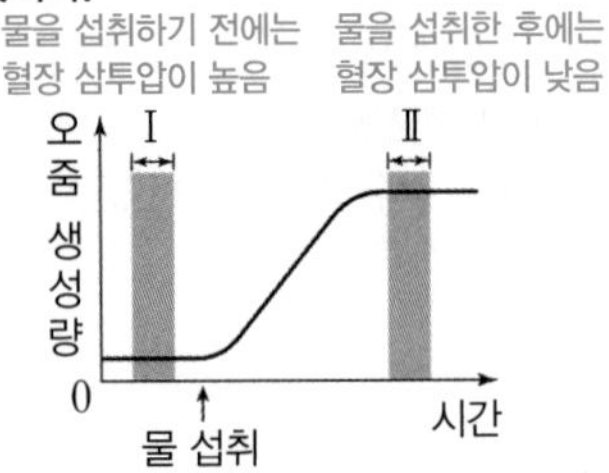

구간 Ⅰ에서가 구간 Ⅱ에서보다 높은 것만을 〈보기〉에서 있는 대로 고른 것은? (단, 제시된 조건 이외는 고려하지 않는다.) (3점)

[보기]

ㄱ. 혈장 삼투압
→ Ⅰ에서가 Ⅱ에서보다 혈장 삼투압이 높음

ㄴ. 오줌 삼투압
→ Ⅰ에서가 Ⅱ에서보다 오줌 삼투압이 높음

ㄷ. 혈중 항이뇨 호르몬 농도
→ Ⅰ에서가 Ⅱ에서보다 혈중 항이뇨 호르몬 농도가 높음

① ㄱ ② ㄴ ③ ㄱ, ㄷ ④ ㄴ, ㄷ ⑤ ㄱ, ㄴ, ㄷ

| 문제+자료 분석 |

- Ⅰ: 물을 섭취하기 전으로 오줌 생성량이 적다.
- Ⅱ: 물을 섭취한 후로 오줌 생성량이 많다.

| 보기 분석 |

ㄱ. Ⅰ은 물을 섭취하기 전으로 혈장 삼투압이 높다. Ⅱ는 물을 섭취한 후로 혈장 삼투압이 낮다.

ㄴ. Ⅰ은 물을 섭취하기 전으로 항이뇨 호르몬이 분비되어 수분이 재흡수되므로 오줌 삼투압이 높다. Ⅱ는 물을 섭취한 후로 항이뇨 호르몬의 분비량이 줄어들어 오줌의 생성량은 많아지고 오줌 삼투압이 낮다.

ㄷ. Ⅰ은 물을 섭취하기 전으로 혈장 삼투압이 높으므로 뇌하수체 후엽에서 항이뇨 호르몬이 분비되어 혈중 항이뇨 호르몬의 농도가 높다. Ⅱ는 물을 섭취한 후로 항이뇨 호르몬의 분비가 감소하여 혈중 항이뇨 호르몬의 농도가 낮다.

* 삼투압 조절

수분 섭취 전	혈장 삼투압 증가 → 항이뇨 호르몬 분비 증가 → 수분 재흡수 증가 → 오줌 삼투압 증가
수분 섭취 후	혈장 삼투압 감소 → 항이뇨 호르몬 분비 감소 → 수분 재흡수 감소 → 오줌 삼투압 감소

G 71 정답 ③ * 삼투압 조절 ······ [정답률 69%] 2022 실시 4월 학평 10

그림은 정상인이 물 1 L를 섭취한 후 시간에 따른 ㉠과 ㉡을 나타낸 것이다. ㉠과 ㉡은 각각 혈장 삼투압과 단위 시간당 오줌 생성량 중 하나이다.

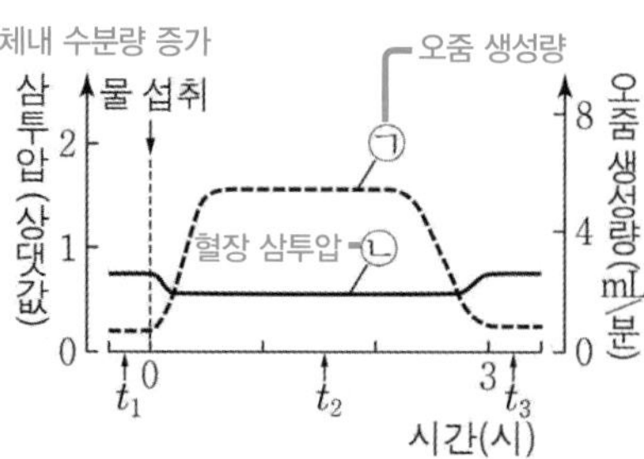

오줌 삼투압은 혈장 삼투압과 비슷한 양상을 보임

이에 대한 설명으로 옳은 것만을 ⟨보기⟩에서 있는 대로 고른 것은? (단, 제시된 자료 이외의 체내 수분량에 영향을 미치는 요인은 없다.)

[보기]

ㄱ. ㉠은 단위 시간당 오줌 생성량이다.
㉠은 단위 시간당 오줌 생성량, ㉡은 혈장 삼투압

ㄴ. 혈중 ADH 농도는 t_1일 때가 t_2일 때보다 높다.
혈장 삼투압이 t_1일 때가 t_2일 때보다 높으므로 혈중 ADH 농도는 t_1일 때가 t_2일 때보다 높음

ㄷ. 생성되는 오줌의 삼투압은 t_2일 때가 t_3일 때보다 ~~높다~~.
오줌의 삼투압은 t_2일 때가 t_3일 때보다 낮음

① ㄱ ② ㄷ ③ ㄱ, ㄴ ④ ㄴ, ㄷ ⑤ ㄱ, ㄴ, ㄷ

| 문제+자료 분석 |

- ㉠ 오줌 생성량: 물을 섭취한 후 항이뇨 호르몬의 분비량이 감소하여 단위 시간당 오줌 생성량은 증가한다.
- ㉡ 혈장 삼투압: 물을 섭취한 후 체내 수분량이 증가하므로 혈장 삼투압은 낮아진다. 이를 인지해 혈중 ADH 농도가 감소하면 오줌 생성량이 증가하고 오줌 삼투압은 낮아진다.

| 보기 분석 |

ㄱ. 물을 섭취한 후 증가하는 ㉠은 단위 시간당 오줌 생성량이다.

ㄴ. 물을 섭취한 후 혈장 삼투압이 낮아지면 혈중 ADH 농도가 감소한다. 물을 섭취하기 전 혈장 삼투압이 높은 t_1일 때가 혈장 삼투압이 낮은 t_2일 때보다 ADH 농도가 높다. 참고로 ADH 농도는 오줌 삼투압과 비례 관계이며, ADH 농도는 오줌 생성량과 반비례 관계라고 생각하면 이해하기 쉽다. 꿀팁

ㄷ. 오줌의 삼투압 변화는 혈장의 삼투압 변화와 비슷한 양상을 보인다. 혈장 삼투압이 높은 t_3일 때가 혈장 삼투압이 낮은 t_2일 때보다 오줌 삼투압이 높다.

문제 풀이 Tip

혈장 삼투압은 체내 수분량이 감소하면 증가한다.

혈장 삼투압이 높으면 피가 짠 상태, 혈장 삼투압이 낮으면 피가 밍밍한 상태로 생각하면 이해하기 쉽다.

G 72 정답 ② * 삼투압 조절 ······ [정답률 63%] 2022 실시 10월 학평 12

그림은 정상인 A~C의 오줌 생성량 변화를 나타낸 것이다. t_2일 때 B는 물 1L를 마시고, A와 C 중 한 명은 물질 ㉠을 물에 녹인 용액 1L를 마시고, 다른 한 명은 아무것도 마시지 않았다. ㉠은 항이뇨 호르몬(ADH)의 분비를 억제하는 물질과 촉진하는 물질 중 하나이다.

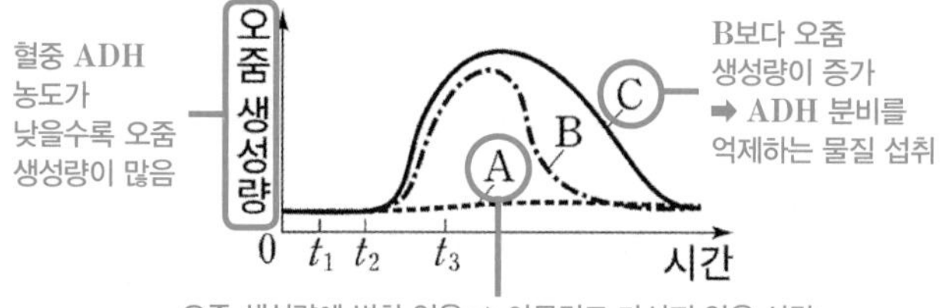

오줌 생성량에 변화 없음 ➡ 아무것도 마시지 않은 사람

이에 대한 옳은 설명만을 ⟨보기⟩에서 있는 대로 고른 것은? (3점)

[보기]

ㄱ. ㉠은 ADH의 분비를 ~~촉진한다~~.
㉠은 ADH의 분비를 억제함

ㄴ. ㉠을 물에 녹인 용액을 마신 사람은 C이다.
아무것도 마시지 않은 사람은 A, ㉠ 용액을 마신 사람은 C

ㄷ. B의 혈중 ADH 농도는 t_3일 때가 t_1일 때보다 ~~높다~~.
B의 혈중 ADH 농도는 t_3일 때가 t_1일 때보다 낮음

① ㄱ ② ㄴ ③ ㄷ ④ ㄱ, ㄴ ⑤ ㄴ, ㄷ

| 문제+자료 분석 |

- 정상인 B가 물을 섭취해 혈장 삼투압이 낮아지면 뇌하수체 후엽에서 ADH의 분비가 억제되어 오줌 생성량이 증가한다. 오줌 생성량이 증가하면 혈장 삼투압이 높아지고 ADH 분비가 촉진되어 오줌 생성량이 감소함으로써 체내 항상성이 유지된다.
- 시간에 따른 오줌 생성량에 변화가 없는 A는 아무것도 마시지 않은 사람이다. 반면, C는 물 1L를 마신 B보다 오줌 생성량이 많으므로 혈중 ADH의 농도가 낮은 것이다. 따라서 ㉠은 ADH의 분비를 억제하는 물질이다.

| 보기 분석 |

ㄱ. 혈중 ADH 농도가 증가하면 오줌 생성량이 감소하고, 혈중 ADH의 농도가 감소하면 오줌 생성량이 증가한다.
㉠은 ADH의 분비를 억제하는 물질로 C의 오줌 생성량을 증가시킨다.

ㄴ. ㉠을 물에 녹인 용액을 마신 사람은 B보다 오줌 생성량이 증가한 C이다.

ㄷ. B의 오줌 생성량은 t_3일 때가 t_1일 때보다 많다. 혈중 ADH 농도가 높을수록 오줌 생성량이 감소하므로 혈중 ADH 농도는 t_3일 때가 t_1일 때보다 낮다.

*** 삼투압 조절**

삼투압 낮을 때	• 혈중 ADH 농도 감소 • 오줌 생성량 증가 • 오줌 삼투압 감소
삼투압 높을 때	• 혈중 ADH 농도 증가 • 오줌 생성량 감소 • 오줌 삼투압 증가

G 73 정답 ① * 삼투압 조절 ········· [정답률 71%] 2020 실시 4월 학평 16

그림 (가)는 정상인의 혈장 삼투압에 따른 혈중 ADH 농도를, (나)는 이 사람에서 혈중 ADH 농도에 따른 ㉠과 ㉡의 변화를 나타낸 것이다. ㉠과 ㉡은 각각 오줌 삼투압과 단위 시간당 오줌 생성량 중 하나이다.

수분 재흡수를 촉진하여 오줌량 감소, 혈장 삼투압 감소

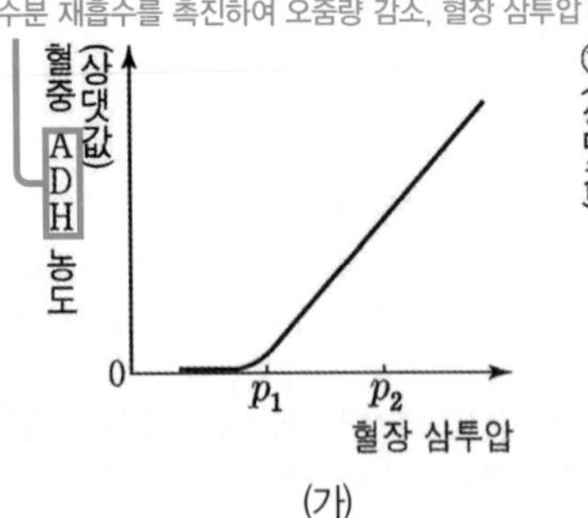

(가)

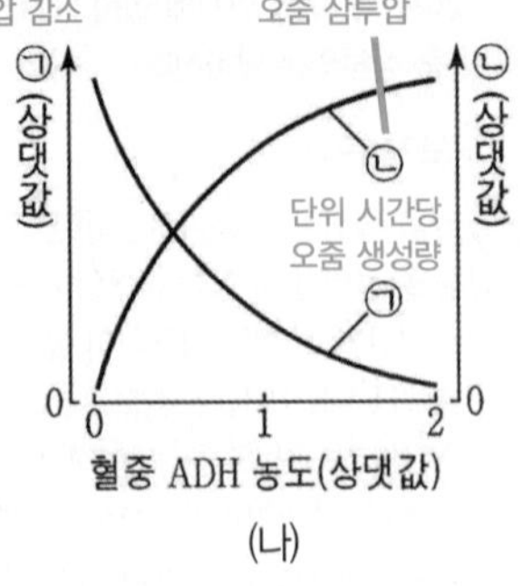

(나)

이에 대한 설명으로 옳은 것만을 〈보기〉에서 있는 대로 고른 것은? (단, 제시된 자료 이외에 체내 수분량에 영향을 미치는 요인은 없다.)

[보기]

ㄱ. ADH는 뇌하수체 후엽에서 분비된다.
→ ADH(항이뇨 호르몬)이 분비되는 내분비샘은 뇌하수체 후엽

ㄴ. ㉠은 ~~오줌 삼투압~~이다.
→ ㉠은 단위 시간당 오줌 생성량

ㄷ. 단위 시간당 오줌 생성량은 p_1에서가 p_2에서보다 ~~적다~~.
→ 단위 시간당 오줌 생성량은 ADH 농도가 낮은 p_1에서가 p_2에서보다 많음

①ㄱ ②ㄴ ③ㄷ ④ㄱ, ㄷ ⑤ㄴ, ㄷ

| 문제+자료 분석 |

- ADH(항이뇨 호르몬)는 뇌하수체 후엽에서 분비되어 콩팥에서 수분 재흡수를 촉진시킴으로써 혈장 삼투압을 감소시키고, 오줌 삼투압을 증가시키며, 단위 시간당 오줌 생성량을 감소시키는 호르몬이다. 주의
따라서 ADH는 혈장 삼투압이 높을수록 분비가 증가한다.
- 혈중 ADH 농도가 높을수록 감소하는 ㉠은 단위 시간당 오줌 생성량이고, 혈중 ADH 농도가 높을수록 증가하는 ㉡은 오줌 삼투압이다.

| 보기 분석 |

ㄱ. ADH(항이뇨 호르몬)를 분비하는 내분비샘은 뇌하수체 후엽이다.
ㄴ. ADH(항이뇨 호르몬)는 뇌하수체 후엽에서 분비되어 콩팥에서 수분 재흡수를 촉진시킴으로써 단위 시간당 오줌 생성량을 감소시키는 호르몬이다.
따라서 혈중 ADH 농도가 높을수록 감소하는 ㉠은 단위 시간당 오줌 생성량이다.
ㄷ. 혈장 삼투압이 낮은 p_1에서가 혈장 삼투압이 높은 p_2에서보다 혈중 ADH 농도가 낮다. 혈중 ADH 농도가 낮을수록 단위 시간당 오줌 생성량은 많으므로, 단위 시간당 오줌 생성량은 혈장 삼투압이 낮은 p_1에서가 혈장 삼투압이 높은 p_2에서보다 많다.

*** 삼투압 조절**

뇌하수체 후엽의 ADH(항이뇨 호르몬) 분비량 조절에 의해 혈장 삼투압이 일정하게 조절된다.

혈장 삼투압이 높을 때	간뇌 시상 하부의 조절을 받아 ADH 분비 증가 → ADH에 의한 콩팥에서의 수분 재흡수 촉진 → 오줌량 감소, 체내 수분량 증가 → 혈장 삼투압 낮아짐
혈장 삼투압이 낮을 때	간뇌 시상 하부의 조절을 받아 ADH 분비 감소 → ADH에 의한 콩팥에서의 수분 재흡수 감소 → 오줌량 증가, 체내 수분량 감소 → 혈장 삼투압 높아짐

G 74 정답 ① * 삼투압 조절 ········· [정답률 67%] 2020 대비 9월 모평 7

그림은 사람에서 전체 혈액량이 정상 상태일 때와 ㉠일 때 혈장 삼투압에 따른 혈중 ADH 농도를 나타낸 것이다. ㉠은 전체 혈액량이 정상보다 증가한 상태와 정상보다 감소한 상태 중 하나이다.

콩팥에서 수분 재흡수를 촉진함

이에 대한 설명으로 옳은 것만을 〈보기〉에서 있는 대로 고른 것은? (단, 제시된 자료 이외에 체내 수분량에 영향을 미치는 요인은 없다.) (3점)

[보기]

ㄱ. ADH는 뇌하수체 후엽에서 분비된다.
→ ADH는 뇌하수체 후엽에서 분비됨

ㄴ. ㉠은 전체 혈액량이 정상보다 ~~증가한~~ 상태이다.
→ ㉠은 전체 혈액량이 정상보다 감소한 상태임

ㄷ. 정상 상태일 때 콩팥에서 단위 시간당 수분 재흡수량은 p_1일 때가 p_2일 때보다 ~~많다~~.
→ 정상 상태일 때 ADH의 농도는 p_1일 때가 p_2일 때보다 낮음

①ㄱ ②ㄷ ③ㄱ, ㄴ ④ㄴ, ㄷ ⑤ㄱ, ㄴ, ㄷ

| 문제+자료 분석 |

- **ADH**: 뇌하수체 후엽에서 분비되어 혈장 삼투압을 변화시키는 호르몬
- ADH 증가 → 콩팥에서 수분 재흡수 증가 → 혈액량 증가, 오줌 양 감소 → 혈장 삼투압 감소, 오줌 삼투압 증가 꿀팁
- 같은 혈장 삼투압의 농도에서 ㉠일 때가 정상 상태보다 혈중 ADH 농도가 높으므로, 전체 혈액량이 정상보다 감소한 상태임을 알 수 있다.

| 보기 분석 |

ㄱ. ADH는 뇌하수체 후엽에서 분비되며, 콩팥에 작용하여 수분의 재흡수를 촉진한다.
ㄴ. ADH는 콩팥에서 수분의 재흡수를 촉진시켜 혈장 삼투압을 낮추고, 전체 혈액량이 정상보다 감소한 상태에서는 ADH 분비량이 증가한다. 혈장 삼투압이 p_1일 때 혈중 ADH 농도는 ㉠에서가 정상 상태보다 높으므로 ㉠은 전체 혈액량이 정상보다 감소한 상태이다. 전체 혈액량이 정상보다 증가했을 때와 감소했을 때 혈중 ADH 농도가 어떻게 변하는지 유추할 수 있어야 한다. 혈중 ADH 농도가 증가하면 콩팥에서 수분 재흡수가 촉진되어 전체 혈액량이 증가하므로 전체 혈액량이 정상보다 감소했을 때 혈중 ADH 농도가 증가한다.
ㄷ. 정상 상태일 때 ADH 농도는 p_1일 때가 p_2일 때보다 낮으므로 콩팥에서 단위 시간당 수분 재흡수량은 p_1일 때가 p_2일 때보다 적다.

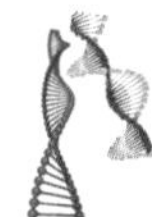

H 질병과 병원체

H 01 정답 ③ * 병원체 ······ [정답률 91%] 2025 대비 수능 7

그림은 사람 면역 결핍 바이러스(HIV)에 감염된 사람에서 체내 HIV의 수(ⓐ)와 HIV에 감염된 사람이 결핵의 병원체에 노출되었을 때 결핵 발병 확률(ⓑ)을 시간에 따라 각각 나타낸 것이다.

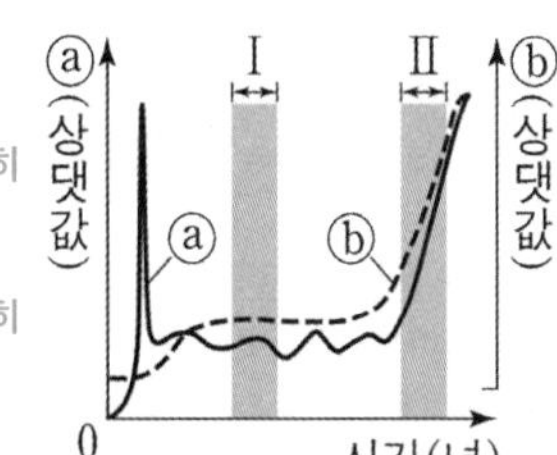

이에 대한 설명으로 옳은 것만을 〈보기〉에서 있는 대로 고른 것은?

[보기]

ㄱ. 결핵의 치료에 항생제가 사용된다.
결핵의 병원체는 결핵균으로 치료에 항생제가 사용됨

ㄴ. HIV는 살아 있는 숙주 세포 안에서만 증식할 수 있다.
HIV는 바이러스로 살아 있는 숙주 세포 안에서만 증식함

ㄷ. ⓑ는 구간 Ⅰ에서가 구간 Ⅱ에서보다 높다. 낮다

① ㄱ ② ㄷ ③ ㄱ, ㄴ ④ ㄴ, ㄷ ⑤ ㄱ, ㄴ, ㄷ

단서+발상

(단서) HIV 감염 이후 HIV의 수와 결핵 발병 확률 그래프가 제시되어 있다.

(발상) HIV 감염 후기에 HIV의 수가 증가하면서 결핵 발병 확률이 증가함을 추론할 수 있다.

(적용) 병원체의 특징을 적용해서 그래프를 분석하는 것부터 문제 풀이를 시작해야 한다.

| 문제+자료 분석 |

- HIV는 사람에 감염되었을 때 T 림프구를 숙주 세포로 하여 기생하는 바이러스이다. (꿀팁)
- HIV 감염 초기에는 HIV의 수가 급격히 증가했다가 감소한다. 특이적 방어 작용에 의해 HIV가 일부 제거되기 때문이다.
- HIV의 수는 일정 수준 이하로 감소하지 않으며, 시간이 지난 후에는 HIV의 수가 다시 증가한다. 특이적 방어 작용에 관여하는 T 림프구에 HIV가 기생하여 T 림프구를 파괴하기 때문이다.
- HIV의 수가 증가함에 따라 결핵 발병 확률이 증가한다. T 림프구가 파괴되어 결핵의 병원체에 노출되었을 때 특이적 방어 작용이 제대로 일어나지 않기 때문이다.

| 보기 분석 |

ㄱ. 결핵의 병원체는 원핵생물인 결핵균이다. 원핵생물에 의한 질병의 치료에 항생제가 사용된다.

ㄴ. HIV는 스스로 물질대사를 할 수 없는 바이러스이기 때문에 살아 있는 숙주 세포 안에서만 증식할 수 있다.

ㄷ. 결핵 발병 확률(ⓑ)은 구간 Ⅱ에서가 Ⅰ에서보다 높다. 구간 Ⅱ는 HIV 감염 후기로, HIV의 수가 많으며 T 림프구의 수가 감소한 시기이다. 이때 결핵균에 대한 특이적 방어 작용이 제대로 일어나지 않는다.

윤혁준 | 2025 수능 응시 · 서울 강서고 졸

그래프 해석이 크게 중요하지 않은 문제였어. ㄱ, ㄴ선지는 개념에서 나온 문제이고, ㄷ선지는 ⓑ 그래프만 비교했다면 쉽게 풀 수 있었어.

H 02 정답 ③ * 질병과 병원체 ······ [정답률 85%] 2024 실시 10월 학평 2

표 (가)는 사람의 질병 A~C의 병원체가 갖는 특징을 나타낸 것이고, (나)는 특징 ㉠~㉢을 순서 없이 나타낸 것이다. A~C는 독감, 무좀, 말라리아를 순서 없이 나타낸 것이다.

질병	병원체가 갖는 특징
A 독감	㉠
B 무좀	㉠, ㉡
C 말라리아	㉠, ㉡, ㉢

(가)

특징(㉠~㉢)
(단서) • 단백질을 갖는다. ㉠
• 원핵생물에 속한다. ㉢
• 스스로 물질대사를 한다. ㉡

(나)

이에 대한 옳은 설명만을 〈보기〉에서 있는 대로 고른 것은?

[보기]

ㄱ. A는 독감이다. A는 독감, B는 무좀, C는 말라리아

ㄴ. C는 모기를 매개로 전염된다.
C는 말라리아로 모기를 매개로 전염됨

ㄷ. ㉢은 '스스로 물질대사를 한다.'이다.
'원핵생물에 속한다.'

① ㄱ ② ㄷ ③ ㄱ, ㄴ ④ ㄴ, ㄷ ⑤ ㄱ, ㄴ, ㄷ

단서+발상

(단서) 병원체의 특징 ㉠~㉢으로 '단백질을 갖는다.'가 제시되어 있다.

(발상) 모든 병원체가 단백질을 가지므로 A~C가 모두 가지는 ㉠이 '단백질을 갖는다.'임을 추론할 수 있다.

(적용) 병원체의 특징을 적용해서 ㉠~㉢을 구하는 것부터 문제 풀이를 시작해야 한다.

| 문제+자료 분석 |

- A~C는 모두 ㉠을 가진다.
➡ '단백질을 갖는다.'는 모든 병원체가 가지는 특징이므로 ㉠에 해당한다.
- A~C 중 C만 ㉢을 가진다.
➡ '원핵생물에 속한다.'는 말라리아의 병원체에만 해당되는 특징이므로 ㉢이고, C가 말라리아이다.
- '스스로 물질대사를 한다.'는 ㉡이고, A가 독감이다.
➡ 독감의 병원체인 바이러스는 스스로 물질대사를 할 수 없다.
- B는 무좀이다.
➡ 무좀의 병원체인 곰팡이는 단백질을 가지며 스스로 물질대사를 할 수 있다.

| 보기 분석 |

ㄱ. A는 독감, B는 무좀, C는 말라리아이다.

ㄴ. C는 말라리아로 모기를 매개로 전염된다.

ㄷ. ㉢은 '원핵생물에 속한다.'이며, 말라리아의 병원체에만 해당하는 특징이다.

H 03 정답 ⑤ * 병원체의 종류 [정답률 85%] 2024 실시 5월 학평 8

표는 사람 질병의 특징을 나타낸 것이다. (가)와 (나)는 말라리아와 독감을 순서 없이 나타낸 것이다.

질병	특징
단서 독감 (가)	병원체는 바이러스이다.
말라리아 (나)	모기를 매개로 전염된다.
결핵	㉠

이에 대한 설명으로 옳은 것만을 〈보기〉에서 있는 대로 고른 것은?

[보기]

ㄱ. (가)는 독감이다.
(가)는 바이러스에 의해서 발생하는 독감임

ㄴ. (가)와 (나)의 병원체는 모두 유전 물질을 갖는다.
독감(가)의 병원체는 바이러스, 말라리아(나)의 병원체는 원생생물로 모두 유전 물질을 가짐

ㄷ. '치료에 항생제가 사용된다.'는 ㉠에 해당한다.
결핵은 세균성 질병으로 치료에 항생제가 사용됨

① ㄱ ② ㄴ ③ ㄱ, ㄷ ④ ㄴ, ㄷ ⑤ ㄱ, ㄴ, ㄷ

단서+발상

단서 독감과 말라리아의 특징이 제시되어 있다.

발상 병원체가 바이러스인 질병은 독감, 모기를 매개로 전염되는 질병은 말라리아임을 추론할 수 있다.

| 문제+자료 분석 |

- 세균은 핵이 없는 단세포 생물로, 유전 물질(핵산)을 가지고 있다. 핵막과 막으로 둘러싸인 세포 소기관이 없으며, 세포막의 바깥에는 세포벽이 있다.
  ➡ 세균이 원인이 되는 질병에는 결핵, 파상풍, 탄저병 등이 있다. 세균성 질병의 치료에는 항생제를 사용한다.
- 바이러스는 세포 구조를 갖추지 않고 유전 물질과 단백질 껍질로 구성된 간단한 구조로 되어 있으며, 살아 있는 숙주 세포에서만 증식할 수 있다.
  ➡ 바이러스가 원인이 되는 질병에는 감기, 독감, 홍역, 소아마비, 후천성 면역 결핍증(AIDS) 등이 있다. 바이러스성 질병의 치료에는 항바이러스제를 사용한다. (가)는 병원체가 바이러스인 독감이다.
- 원생생물은 뚜렷한 핵이 있는 생물로, 동물 세포나 식물 세포에 기생하면서 질병을 일으키기도 한다.
  ➡ 원생생물이 원인이 되는 질병에는 말라리아, 아메바성 이질, 수면병 등이 있다. 말라리아는 말라리아 원충이 모기를 매개로 사람에게 전파되어 발생한다. (나)는 모기를 매개로 전염되는 말라리아이다.

| 보기 분석 |

ㄱ. (가)는 바이러스에 의해서 발생하는 독감이다.

ㄴ. 독감(가)의 병원체는 바이러스, 말라리아(나)의 병원체는 원생생물로 모두 유전 물질을 갖는다.

ㄷ. 결핵과 같은 세균성 질병의 치료에는 항생제를 사용한다.

문제 풀이 꿀팁

세균과 바이러스 비교

- **공통점:** 병원체이며, 유전 물질(핵산)을 가지고 있다.
- **차이점:** 세균은 세포 구조이고, 스스로 물질대사와 증식을 한다. 바이러스는 비세포 구조이고, 스스로 물질대사를 하지 못하며, 살아 있는 숙주 세포 내에서만 증식한다.

H 04 정답 ② * 질병과 병원체 [정답률 77%] 2024 실시 7월 학평 6

표 (가)는 질병의 특징을, (나)는 (가) 중에서 질병 A, B, 말라리아가 갖는 특징의 개수를 나타낸 것이다. A와 B는 독감과 무좀을 순서 없이 나타낸 것이다.

특징
○ 모기를 매개로 전염된다. ➡ 말라리아
○ 병원체가 유전 물질을 갖는다. ➡ 독감, 무좀, 말라리아
○ ⓐ 병원체는 독립적으로 물질대사를 한다. ➡ 무좀, 말라리아

(가)

질병	특징의 개수
A 독감	? 1
단서 B 무좀	2
말라리아	㉠ 3

(나)

이에 대한 설명으로 옳은 것만을 〈보기〉에서 있는 대로 고른 것은?

[보기]

ㄱ. A의 병원체는 곰팡이다.
A의 병원체는 바이러스임

ㄴ. B는 특징 ⓐ를 갖는다.
B의 병원체는 곰팡이로 독립적으로 물질대사를 함

ㄷ. ㉠은 2이다.
㉠은 3임

① ㄱ ② ㄴ ③ ㄷ ④ ㄱ, ㄴ ⑤ ㄴ, ㄷ

단서+발상

단서 (나)에서 B의 특징의 개수가 2임이 제시되어 있다.

발상 말라리아가 갖는 특징의 개수는 3, 무좀이 갖는 특징의 개수는 2, 독감이 갖는 특징의 개수는 1이므로 A가 독감, B가 무좀임을 추론할 수 있다.

적용 제시된 특징이 어떤 질병의 특징을 나타낸 것인지 적용해서 각 질병이 갖는 특징의 개수를 구하는 것부터 문제 풀이를 시작해야 한다.

| 문제+자료 분석 |

- 말라리아를 일으키는 병원체는 원생생물로 모기를 매개로 전염된다. 원생생물은 유전 물질을 가지며 독립적으로 물질대사를 하는 생명체이다.
  ➡ 제시된 특징 중 말라리아가 갖는 특징의 개수는 3개이다.
- 무좀을 일으키는 병원체는 곰팡이로 유전 물질을 가지며 독립적으로 물질대사를 한다.
  ➡ 제시된 특징 중 무좀이 갖는 특징의 개수는 2개이다.
- 독감을 일으키는 병원체는 바이러스로 유전 물질을 가지지만 독립적으로 물질대사를 하지 못한다.
  ➡ 제시된 특징 중 독감이 갖는 특징의 개수는 1개이다.
- 특징의 개수가 2인 B가 무좀, A는 독감이다.

| 보기 분석 |

ㄱ. A는 독감으로, 독감의 병원체는 바이러스이다.

ㄴ. B는 무좀으로, 무좀의 병원체인 곰팡이는 독립적으로 물질대사를 할 수 있는 생명체이다.

ㄷ. 말라리아는 제시된 특징 3개를 모두 가지므로 ㉠은 3이다.

H 05 정답 ③ ＊질병과 병원체 [정답률 80%] 2023 실시 3월 학평 4

그림 (가)와 (나)는 결핵과 독감의 병원체를 순서 없이 나타낸 것이다.

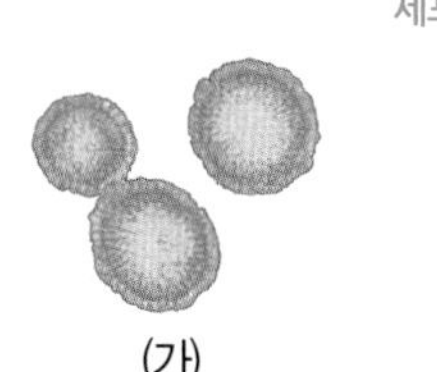

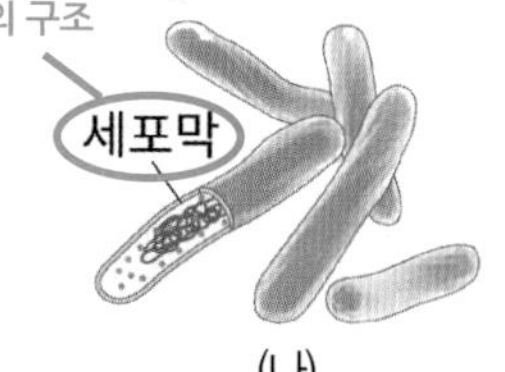

(가) 독감의 병원체 ➡ 바이러스

(나) 결핵의 병원체 ➡ 세균

이에 대한 옳은 설명만을 〈보기〉에서 있는 대로 고른 것은?

[보기]

ㄱ. (가)는 독감의 병원체이다.
(가)는 세포막이 없는 바이러스이며, 독감의 병원체임

ㄴ. (나)는 스스로 물질대사를 ~~하지 못한다~~.
세균(나)은 효소가 있어 스스로 물질대사를 할 수 있음

ㄷ. (가)와 (나)는 모두 단백질을 갖는다.
바이러스(가)와 세균(나)은 모두 단백질을 가지고 있음

① ㄱ ② ㄴ ③ ㄱ, ㄷ ④ ㄴ, ㄷ ⑤ ㄱ, ㄴ, ㄷ

| 문제+자료 분석 |

- **(가)**: 세포막이 없는 바이러스로, 독감의 병원체이다. 바이러스는 세포의 구조를 갖추지 않고, 유전 물질(핵산)과 단백질 껍질로 구성된 간단한 구조로 되어 있다. 또한 스스로 물질대사를 하지 못하고, 살아 있는 숙주 세포 내에서만 증식할 수 있다.
- **(나)**: 세포막이 있는 세균으로, 결핵의 병원체이다. 세균은 단세포 원핵생물로 핵막과 세포내 막성 소기관은 없지만 세포막은 존재한다. 또한 효소가 있어 스스로 물질대사를 할 수 있다.

| 보기 분석 |

ㄱ. (가)는 세포막이 없는 바이러스이며, 독감의 병원체이다.
ㄴ. (나)는 결핵의 병원체인 세균이다. 세균은 효소가 있어 스스로 물질대사를 할 수 있다.
ㄷ. 바이러스(가)와 세균(나)은 모두 단백질을 가지고 있다.

＊병원체의 종류와 특징

종류	핵산	세포 구조	핵막	질병의 예
바이러스	○	×	×	독감, AIDS
세균(박테리아)	○	○	×	결핵
곰팡이	○	○	○	무좀
변형 프라이온 (단백질 입자)	×	×	×	광우병

H 06 정답 ④ ＊질병과 병원체 [정답률 84%] 2024 대비 9월 모평 7

표는 사람의 질병 A~C의 병원체에서 특징의 유무를 나타낸 것이다. A~C는 결핵, 무좀, 후천성 면역 결핍증(AIDS)을 순서 없이 나타낸 것이다.

특징 \ 병원체	A의 병원체 무좀	B의 병원체 결핵	C의 병원체 AIDS
스스로 물질대사를 한다.	○	○	×
세균에 속한다.	×	○	×

(○: 있음, ×: 없음)

이에 대한 설명으로 옳은 것만을 〈보기〉에서 있는 대로 고른 것은?

[보기]

ㄱ. A는 ~~후천성 면역 결핍증~~이다.
A는 곰팡이에 의해 발생하는 무좀

ㄴ. B의 치료에 항생제가 사용된다.
결핵(B)과 같은 세균성 질환은 항생제를 사용하여 치료함

ㄷ. C의 병원체는 유전 물질을 갖는다.
AIDS(C)를 일으키는 병원체는 바이러스로 유전 물질을 가짐

① ㄱ ② ㄷ ③ ㄱ, ㄴ ④ ㄴ, ㄷ ⑤ ㄱ, ㄴ, ㄷ

| 문제+자료 분석 |

- 결핵의 병원체는 세균, 무좀의 병원체는 곰팡이, 후천성 면역 결핍증(AIDS)의 병원체는 바이러스이다. 세균과 곰팡이는 세포의 구조로 되어 있고, 효소가 있어서 스스로 물질대사를 할 수 있다. A는 무좀, B는 결핵, C는 후천성 면역 결핍증(AIDS)이다.
- 세균에 의한 감염성 질환은 항생제를 사용하여 치료한다.
- 바이러스는 세포의 구조를 갖추고 있지 않고, 유전 물질(핵산)과 단백질 껍질로 구성된다.

| 보기 분석 |

ㄱ. A는 세균에 속하지 않지만 스스로 물질대사를 할 수 있는 곰팡이에 의해 발생하는 무좀이다.
ㄴ. B는 세균에 의해 발생하는 결핵이다. 세균성 질환은 항생제를 사용하여 치료한다.
ㄷ. C는 바이러스에 의해 발생하는 후천성 면역 결핍증(AIDS)이다. 바이러스는 유전 물질(핵산)을 갖는다.

H 07 정답 ⑤ * 병원체의 종류와 특성 ······ [정답률 85%] 2023 실시 7월 학평 19

표는 사람의 3가지 질병을 병원체의 특징에 따라 구분하여 나타낸 것이다. ㉠~㉢은 결핵, 독감, 무좀을 순서 없이 나타낸 것이다.

병원체의 특징	질병
곰팡이에 속한다.	㉠ 무좀
스스로 물질대사를 하지 못한다.	㉡ 독감
ⓐ	㉠ 무좀, ㉢ 결핵

이에 대한 설명으로 옳은 것만을 〈보기〉에서 있는 대로 고른 것은?

[보기]

ㄱ. ㉠은 무좀이다.
㉠은 무좀임

ㄴ. ㉡의 병원체는 단백질을 갖는다.
㉡의 병원체(바이러스)는 단백질을 가짐

ㄷ. '세포 구조로 되어 있다.'는 ⓐ에 해당한다.
'세포 구조로 되어 있다.'는 ⓐ에 해당함

① ㄱ ② ㄷ ③ ㄱ, ㄴ ④ ㄴ, ㄷ ⑤ ㄱ, ㄴ, ㄷ

| 문제+자료 분석 |

- ㉠: 병원체가 곰팡이에 속하는 질병이므로 무좀이다.
- ㉡: 병원체가 스스로 물질대사를 하지 못하는 질병이므로 바이러스에 의한 질병인 독감이다.
- ㉢: 세균에 의한 질병인 결핵이다.

| 보기 분석 |

ㄱ. ㉠은 병원체가 곰팡이에 속하는 질병이므로 무좀이다.
ㄴ. ㉡의 병원체는 바이러스이고, 바이러스는 유전 물질(DNA 또는 RNA)과 단백질 껍질로 구성되므로 단백질을 가진다.
ㄷ. 무좀(㉠)과 결핵(㉢)의 병원체는 모두 세포 구조를 가지므로 '세포 구조로 되어 있다.'는 ⓐ에 해당한다.

* 병원체의 종류와 특성

구분	세포 구조	핵(핵막)	유전 물질	물질대사
바이러스	×	×	○	△
세균	○	×	○	○
원생동물 & 곰팡이	○	○	○	○

(×: 없음, ○: 있음, △: 숙주 내에서는 가능, 숙주 밖에서는 불가능)

H 08 정답 ① * 병원체의 특성 ······ [정답률 88%] 2021 실시 3월 학평 4

그림은 독감을 일으키는 병원체 X를 나타낸 것이다. 독감을 일으키는 병원체는 인플루엔자 바이러스

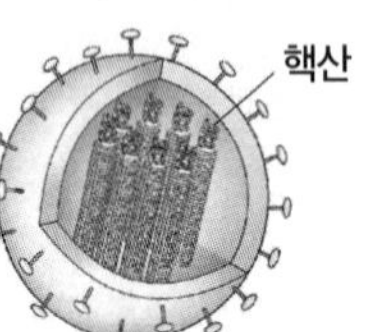

X에 대한 옳은 설명만을 〈보기〉에서 있는 대로 고른 것은?

[보기]

ㄱ. 세균이다. → 세균이 아니고 바이러스임
ㄴ. 유전 물질을 갖는다. → 바이러스는 핵산을 유전 물질로 가짐
ㄷ. 스스로 물질대사를 한다.
→ 바이러스는 독자적인 효소가 없어 스스로 물질대사를 하지 못함

① ㄴ ② ㄷ ③ ㄱ, ㄴ ④ ㄱ, ㄷ ⑤ ㄴ, ㄷ

| 문제+자료 분석 |

- 독감을 일으키는 병원체는 인플루엔자 바이러스이다.
- 바이러스는 세포 구조를 갖추고 있지 않으며, 핵산(유전 물질)을 단백질 껍질이 둘러싸고 있는 구조로 되어 있다.

| 보기 분석 |

ㄱ. 독감을 일으키는 병원체는 세균이 아니고 바이러스이다.
ㄴ. 바이러스는 핵산(유전 물질)을 단백질 껍질이 둘러싸고 있는 구조로 되어 있다. 바이러스는 가지고 있는 핵산의 종류에 따라 DNA 바이러스와 RNA 바이러스로 구분하며 독감을 일으키는 인플루엔자 바이러스는 RNA 바이러스에 속한다.
ㄷ. 바이러스는 독자적인 효소가 없어 스스로 물질대사를 하지 못하므로, 숙주 세포 밖에서는 핵산과 단백질의 결정체로 존재한다. 바이러스가 숙주 세포 내에 들어가 있는 동안에는 숙주 세포가 가지고 있는 각종 효소와 리보솜 등의 물질대사 기구를 이용하여 물질대사를 할 수 있다.

* 세균과 바이러스 비교

병원체	공통점	차이점
세균	• 감염성 질병을 일으키는 병원체 • 유전 물질(핵산)을 가짐	• 세포 구조 • 스스로 물질대사 가능 • 항생제로 치료
바이러스		• 비세포 구조 • 스스로 물질대사가 불가능하며, 살아 있는 숙주 내에서만 물질대사와 증식 가능 • 항바이러스제로 치료

H 09 정답 ⑤ * 병원체 [정답률 84%] 2022 대비 6월 모평 5

표 (가)는 병원체의 3가지 특징을, (나)는 (가)의 특징 중 사람의 질병 A~C의 병원체가 갖는 특징의 개수를 나타낸 것이다. A~C는 독감, 무좀, 말라리아를 순서 없이 나타낸 것이다.

특징
• 독립적으로 물질대사를 한다. • ㉠단백질을 갖는다. • 곰팡이에 속한다.

(가)

질병	병원체가 갖는 특징의 개수
A 무좀	3 곰팡이
B 독감	?1 바이러스
C 말라리아	2 원생생물

(나)

이에 대한 설명으로 옳은 것만을 〈보기〉에서 있는 대로 고른 것은?

[보기]

ㄱ. A는 무좀이다.
→ A는 세 가지 특징을 모두 가지는 곰팡이성 병원체에 의한 무좀

ㄴ. B의 병원체는 특징 ㉠을 갖는다.
→ B의 병원체는 바이러스로 단백질과 유전 물질을 가짐

ㄷ. C는 모기를 매개로 전염된다.
→ C의 병원체인 말라리아원충은 모기를 매개로 전염됨

① ㄱ ② ㄴ ③ ㄱ, ㄷ ④ ㄴ, ㄷ ⑤ ㄱ, ㄴ, ㄷ

| 문제+자료 분석 |

• A(무좀): 곰팡이성 병원체에 의한 질병이다. 곰팡이성 병원체는 독립적으로 물질대사를 할 수 있으며 단백질을 가진다.
• B(독감): 바이러스에 의한 질병이다. 바이러스는 독립적으로 물질대사를 할 수 없으나 단백질은 가진다.
• C(말라리아): 원생생물인 말라리아원충에 의한 질병이다. 원생생물은 독립적으로 물질대사를 할 수 있으며 단백질을 가지지만 곰팡이로 분류되지 않는다.

| 보기 분석 |

ㄱ. A는 세 가지 특징을 모두 가지는 곰팡이성 병원체에 의한 질병으로 무좀이 여기에 해당한다. 곰팡이성 병원체는 독립적으로 물질대사를 할 수 있으며 단백질을 가진다.
ㄴ. B는 독감으로 바이러스에 의한 질병이다. 바이러스는 단백질과 유전 물질을 가지는 단순한 구조로 되어 있다.
ㄷ. C는 말라리아로 원생생물인 말라리아원충에 의한 질병이다. 말라리아원충은 모기를 매개로 하여 모기가 피를 빨 때 사람의 혈액으로 들어와 전염된다.

* 병원체의 종류와 특징

종류	핵산	세포 구조	핵막	질병의 예
바이러스	○	×	×	독감, AIDS
세균(박테리아)	○	○	×	결핵
곰팡이	○	○	○	무좀
변형 프라이온 (단백질 입자)	×	×	×	광우병

H 10 정답 ⑤ * 병원체의 종류 [정답률 76%] 2021 실시 7월 학평 8

표는 사람의 질병 ㉠~㉢을 일으키는 병원체의 종류를, 그림은 ㉠이 전염되는 과정의 일부를 나타낸 것이다. ㉠~㉢은 결핵, 무좀, 말라리아를 순서 없이 나타낸 것이다.

질병	병원체의 종류
㉠ 말라리아	? 원생생물
㉡ 무좀	ⓐ 곰팡이
㉢ 결핵	세균

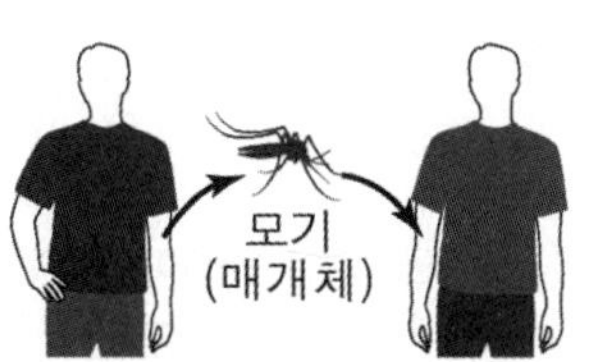

이에 대한 설명으로 옳은 것만을 〈보기〉에서 있는 대로 고른 것은?

[보기]

ㄱ. ㉠은 말라리아이다.
→ ㉠은 말라리아, ㉡은 무좀, ㉢은 결핵

ㄴ. ⓐ는 세포 구조를 갖는다.
→ 곰팡이(ⓐ)는 진핵생물로 세포 구조를 가짐

ㄷ. ㉢의 치료에는 항생제가 사용된다.
→ 결핵(㉢)을 일으키는 병원체는 항생제로 치료되는 세균

① ㄱ ② ㄴ ③ ㄱ, ㄷ ④ ㄴ, ㄷ ⑤ ㄱ, ㄴ, ㄷ

| 문제+자료 분석 |

• 결핵, 무좀, 말라리아 중 그림에서처럼 모기와 같은 매개 곤충을 통해 사람 몸 안으로 들어와 질병을 일으키는 질병 ㉠은 말라리아이다. 병원체가 세균인 질병 ㉢은 결핵이고, 질병 ㉡은 무좀이다.
• 말라리아(㉠)의 병원체는 원생생물이고, 무좀(㉡)의 병원체는 곰팡이(ⓐ)이며, 결핵(㉢)의 병원체는 세균이다.

| 보기 분석 |

ㄱ. 결핵, 무좀, 말라리아 중 그림에서처럼 모기와 같은 매개 곤충을 통해 사람 몸 안으로 들어와 질병을 일으키는 질병 ㉠은 말라리아이다.
ㄴ. 말라리아의 병원체인 원생생물과 무좀의 병원체인 곰팡이(ⓐ)는 진핵 세포의 구조를, 결핵의 병원체인 세균은 원핵 세포의 구조를 갖는다.
ㄷ. 결핵(㉢)의 병원체는 세균이다. 세균에 의한 질병은 항생제를 사용하여 치료한다. 참고로 바이러스에 의한 질병의 치료에는 항바이러스제, 균류에 의한 질병의 치료에는 항진균제가 사용된다.

문제 풀이 Tip

매개 곤충을 통해 사람의 몸 안으로 들어와 질병을 일으키는 질병에는 병원체가 원생생물인 말라리아, 수면병이 있다.

H 11 정답 ④ ＊병원체의 특징 [정답률 75%] 2020 실시 4월 학평 12

표 (가)는 사람에서 질병을 일으키는 병원체의 특징 3가지를, (나)는 (가) 중에서 병원체 A~C가 가지는 특징의 개수를 나타낸 것이다. A~C는 결핵균, 무좀균, 인플루엔자 바이러스를 순서 없이 나타낸 것이다.

특징
• 곰팡이이다. 무
• 유전 물질을 가진다. 결, 무, 인
• 독립적으로 물질대사를 한다. 결, 무

(가)

병원체	특징의 개수
인플루엔자 바이러스 A	1
결핵균 B	2
무좀균 C	㉠3

(나)

이에 대한 설명으로 옳은 것만을 <보기>에서 있는 대로 고른 것은?

[보기]

ㄱ. ㉠은 3이다.
→ ㉠~㉢ 중 무좀균(C)이 가지는 특징의 개수는 3(㉠)

ㄴ. A는 ~~무좀균~~이다. → A는 인플루엔자 바이러스

ㄷ. B에 의한 질병의 치료에 항생제가 사용된다.
→ 결핵균(B)과 같은 세균에 의한 질병은 항생제로 치료

① ㄱ ② ㄴ ③ ㄷ ④ ㄱ, ㄷ ⑤ ㄴ, ㄷ

| 문제+자료 분석 |

• '곰팡이이다.'를 특징으로 가지는 병원체는 무좀균 뿐이고, '유전 물질을 가진다.'를 특징으로 가지는 병원체는 결핵균, 무좀균, 인플루엔자 바이러스이며, '독립적으로 물질대사를 한다.'를 특징으로 가지는 병원체는 결핵균과 무좀균이다.
• 따라서 특징의 개수가 1인 병원체 A는 인플루엔자 바이러스, 특징의 개수가 2인 병원체 B는 결핵균, 특징의 개수가 3(㉠)인 병원체 C는 무좀균이다.

| 보기 분석 |

ㄱ. 무좀균은 곰팡이에 속하며, 유전 물질로 DNA를 가지며, 독립적으로 물질대사를 하는 생물의 특징을 나타낸다. 따라서 병원체 C는 특징의 개수가 3(㉠)인 무좀균이다.
ㄴ. 특징의 개수가 1인 병원체 A는 '유전 물질을 가진다.'만을 특징으로 가지는 인플루엔자 바이러스이다.
ㄷ. B는 결핵균이다. 결핵균과 같은 세균에 의한 질병의 치료에는 항생제가 사용된다.

＊ 병원체의 종류와 특징

종류	핵산	세포 구조	핵막	질병의 예
바이러스	○	×	×	독감, AIDS
세균(박테리아)	○	○	×	결핵
곰팡이	○	○	○	무좀
변형 프라이온 (단백질 입자)	×	×	×	광우병

H 12 정답 ② ＊병원체 [정답률 71%] 2022 대비 9월 모평 1

그림 (가)와 (나)는 결핵의 병원체와 후천성 면역 결핍증(AIDS)의 병원체를 순서 없이 나타낸 것이다. (나)는 세포 구조로 되어 있다.
바이러스는 비세포 구조, 세균은 세포 구조

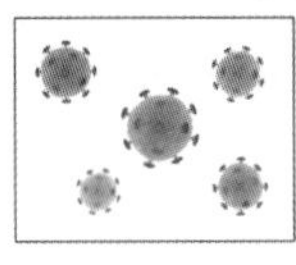
(가)
AIDS의 병원체

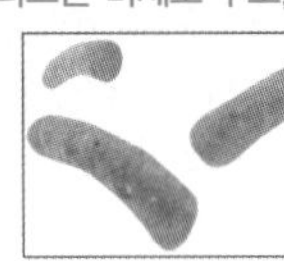
(나)
결핵의 병원체

이에 대한 설명으로 옳은 것만을 <보기>에서 있는 대로 고른 것은?

[보기]

ㄱ. (가)는 ~~결핵의~~ 병원체이다.
→ (가)는 후천성 면역 결핍증(AIDS)의 병원체

ㄴ. (나)는 ~~원생생물~~이다.
→ (나)는 세균으로 원생생물이 아님

ㄷ. (가)와 (나)는 모두 단백질을 갖는다.
→ 바이러스와 세균에는 모두 단백질이 존재함

① ㄱ ② ㄷ ③ ㄱ, ㄴ ④ ㄴ, ㄷ ⑤ ㄱ, ㄴ, ㄷ

| 문제+자료 분석 |

• 바이러스와 세균 중 세포 구조로 되어 있는 것은 세균이며, 바이러스는 세포막 등이 없는 비세포 구조이다. 따라서 (가)는 바이러스, (나)는 세균이다.
• 결핵의 병원체는 세균이고, 후천성 면역 결핍증(AIDS)의 병원체는 바이러스(HIV: human immunodeficiency virus)이다.

| 보기 분석 |

ㄱ. (가)는 후천성 면역 결핍증(AIDS)의 병원체인 바이러스이다. (나)는 결핵의 병원체인 세균이다.
ㄴ. (나)는 세균으로 원생생물이 아니다.
ㄷ. 바이러스인 (가)는 유전 물질과 유전 물질을 싸고 있는 단백질 껍질을 갖는다. 세균인 (나)는 세포막에 존재하는 단백질 등 다양한 종류의 단백질을 갖는다.

＊ 바이러스와 세균의 공통점과 차이점

	바이러스	세균
공통점	• 핵산(유전 물질)을 갖는다. • 단백질을 갖는다.	
차이점	• 비세포 구조이다. • 숙주 세포 내에서만 증식할 수 있다.	• 세포 구조이다. • 스스로 물질대사를 한다.

H 13 정답 ④ * 병원체 ······ [정답률 89%] 2020 실시 3월 학평 3

병원체에 의해 나타나는 질병

표는 3가지 감염성 질병의 병원체를 나타낸 것이다. A와 B는 결핵과 무좀을 순서 없이 나타낸 것이다.

질병	병원체
무좀 A	곰팡이
결핵 B	세균
독감	? 바이러스

이에 대한 옳은 설명만을 〈보기〉에서 있는 대로 고른 것은?

[보기]

ㄱ. A는 결핵이다. → A는 무좀, B는 결핵

ㄴ. B의 치료에 항생제가 이용된다. → 항생제는 세균을 제거하는 물질

ㄷ. 독감의 병원체는 바이러스이다.
→ 바이러스는 독감을 일으키는 병원체

① ㄱ ② ㄴ ③ ㄱ, ㄷ ④ ㄴ, ㄷ ⑤ ㄱ, ㄴ, ㄷ

| 문제+자료 분석 |

- **감염성 질병**: 병원체에 의해 나타나는 질병으로 전염이 되기도 한다. 예 무좀, 결핵, 독감
- **비감염성 질병**: 병원체에 감염되지 않아도 나타나는 질병으로 전염이 되지 않으며, 유전, 생활 방식 등 복합적인 원인에 의해 나타난다. 예 당뇨병, 고혈압

| 보기 분석 |

ㄱ. A는 병원체가 곰팡이인 무좀, B는 병원체가 세균인 결핵이다.
ㄴ. B(결핵)의 치료에는 세균을 제거하는 항생제가 이용된다.
ㄷ. 독감의 병원체는 바이러스이다.

* 병원체의 종류와 질병의 예

병원체	예
세균	결핵, 세균성 식중독, 폐렴 등
바이러스	감기, 독감, 홍역, 후천성 면역 결핍증(AIDS) 등
원생생물	말라리아, 수면병 등
균류	무좀, 건선 등
변형 프라이온	야코프병(사람), 광우병(소) 등

H 14 정답 ④ * 질병과 병원체 ······ [정답률 83%] 2022 실시 10월 학평 3

표는 병원체 A~C에서 2가지 특징의 유무를 나타낸 것이다. A~C는 각각 독감, 말라리아, 무좀의 병원체 중 하나이다.

병원체 \ 특징	세포 구조로 되어 있다.	원생생물에 속한다.
A 무좀의 병원체	㉠ ○	×
B 말라리아의 병원체	○	○
C 독감의 병원체	×	×

(○: 있음, ×: 없음)

이에 대한 옳은 설명만을 〈보기〉에서 있는 대로 고른 것은?

[보기]

ㄱ. ㉠은 '○'이다.
A는 무좀의 병원체이며, 세포 구조로 되어 있으므로 ㉠은 '○'임

ㄴ. B는 무좀의 병원체이다.
B는 말라리아의 병원체임

ㄷ. C는 바이러스에 속한다.
C는 독감의 병원체이므로 바이러스에 속함

① ㄱ ② ㄴ ③ ㄷ ④ ㄱ, ㄷ ⑤ ㄴ, ㄷ

| 문제+자료 분석 |

- 독감의 병원체는 바이러스, 말라리아의 병원체는 원생생물, 무좀의 병원체는 곰팡이에 속한다. 따라서 원생생물에 속하는 B는 말라리아의 병원체이다.
- 바이러스, 원생생물, 곰팡이 중 원생생물과 곰팡이는 세포 구조로 되어 있고, 바이러스는 세포 구조를 갖지 않는다. 따라서 ㉠은 '○'이고, A는 무좀의 병원체, C는 독감의 병원체이다.

| 보기 분석 |

ㄱ. A는 무좀의 병원체로 곰팡이에 속한다. 곰팡이는 세포 구조로 되어 있으므로 ㉠은 '○'이다.
ㄴ. 세포 구조로 되어 있으며 원생생물에 속하는 B는 말라리아의 병원체이다.
ㄷ. 병원체 C는 독감의 병원체이므로 바이러스에 속한다.

문제 풀이 Tip

말라리아를 일으키는 병원체와 매개자는 무엇인지 기억해 둘 필요가 있다.

말라리아를 일으키는 병원체는 원생생물(원충)이지만, 매개자는 모기이다.

H 15 정답 ⑤ * 질병의 구분 [정답률 73%] 2022 실시 3월 학평 5

표는 사람에게서 발병하는 3가지 질병의 특징을 나타낸 것이다.

질병	특징
결핵 병원체가 세균인 감염성 질병	치료에 항생제가 사용된다.
페닐케톤뇨증 비감염성 질병	(가) 유전병
후천성 면역 결핍증 (AIDS) 병원체가 바이러스인 감염성 질병	(나) HIV가 병원체

이에 대한 옳은 설명만을 〈보기〉에서 있는 대로 고른 것은?

[보기]

ㄱ. 결핵은 세균성 질병이다.
결핵은 병원체가 세균(결핵균)

ㄴ. '유전병이다.'는 (가)에 해당한다.
페닐케톤뇨증은 유전자 돌연변이에 의한 유전병

ㄷ. '병원체는 사람 면역 결핍 바이러스(HIV)이다.'는 (나)에 해당한다.
후천성 면역 결핍증(AIDS)은 병원체가 바이러스(HIV)

① ㄱ ② ㄴ ③ ㄱ, ㄷ ④ ㄴ, ㄷ ⑤ ㄱ, ㄴ, ㄷ

| 문제+자료 분석 |

- 페닐케톤뇨증은 유전자 돌연변이에 의한 유전병이며, 병원체에 감염되지 않아도 나타나는 비감염성 질병에 해당한다.
- 결핵은 병원체가 세균(결핵균)인 감염성 질병이고, 후천성 면역 결핍증(AIDS)은 병원체가 바이러스(HIV)인 감염성 질병이다.
- 바이러스에 의한 질병의 치료에는 항바이러스제, 세균에 의한 질병의 치료에는 항생제, 균류에 의한 질병의 치료에는 항진균제가 사용된다.

| 보기 분석 |

ㄱ. 결핵은 병원체가 세균(결핵균)인 감염성 질병이므로 치료에 항생제가 사용된다. 따라서 결핵은 세균성 질병이다.

ㄴ. 페닐케톤뇨증은 DNA의 염기 서열에 변화가 생겨 나타나는 유전자 돌연변이에 의한 유전병에 해당한다. 따라서 '유전병이다.'는 페닐케톤뇨증의 특징인 (가)에 해당한다.

ㄷ. 후천성 면역 결핍증(AIDS)을 일으키는 바이러스는 사람 면역 결핍 바이러스(HIV)이다. 따라서 '병원체는 사람 면역 결핍 바이러스(HIV)이다.'는 후천성 면역 결핍증(AIDS)의 특징인 (나)에 해당한다.

H 16 정답 ④ * 질병과 병원체 [정답률 72%] 2023 대비 6월 모평 3

표는 사람 질병의 특징을 나타낸 것이다.

	질병	특징
감염성 질병 (곰팡이)	무좀	병원체는 독립적으로 물질대사를 한다.
감염성 질병 (바이러스)	독감	(가) 살아 있는 숙주 세포 안에서 증식 가능
비감염성 질병 (유전병)	ⓐ 낫 모양 적혈구 빈혈증	비정상적인 헤모글로빈이 적혈구 모양을 변화시킨다.

이에 대한 설명으로 옳은 것만을 〈보기〉에서 있는 대로 고른 것은?

[보기]

ㄱ. 무좀의 병원체는 세균이다.
무좀의 병원체는 곰팡이

ㄴ. '병원체는 살아있는 숙주 세포 안에서만 증식할 수 있다.'는 (가)에 해당한다.
독감의 병원체인 바이러스는 살아있는 숙주 세포 안에서만 증식함

ㄷ. 유전자 돌연변이에 의한 질병 중에는 ⓐ가 있다.
ⓐ(낫 모양 적혈구 빈혈증)는 DNA의 염기 서열에 이상이 생겨 나타나는 유전자 돌연변이임

① ㄱ ② ㄴ ③ ㄱ, ㄷ ④ ㄴ, ㄷ ⑤ ㄱ, ㄴ, ㄷ

| 문제+자료 분석 |

- 무좀과 독감은 병원체에 의해 질병이 발생하는 감염성 질병이고, 낫 모양 적혈구 빈혈증은 유전병으로 비감염성 질병이다.
- 무좀을 일으키는 병원체는 곰팡이이고, 독감을 일으키는 병원체는 바이러스이다. 곰팡이는 생물이지만, 바이러스는 생물이 아니며 살아있는 숙주 세포 안에서만 유전 물질이 복제되어 증식한다.
- 낫 모양 적혈구 빈혈증은 헤모글로빈 단백질에 대한 유전자를 구성하는 DNA의 염기 서열에 이상이 생겨 발병하는 유전병이다.

| 보기 분석 |

ㄱ. 무좀의 병원체는 곰팡이이다.

ㄴ. 무좀의 병원체인 곰팡이는 세포 분열을 통해 스스로 증식하지만, 독감의 병원체인 바이러스는 숙주 세포에 침입한 후 숙주 세포의 효소를 이용하여 유전 물질을 복제하고 단백질을 합성하여 증식한다.

ㄷ. ⓐ(낫 모양 적혈구 빈혈증)는 헤모글로빈 단백질에 대한 유전자를 구성하는 DNA의 염기 서열에 이상이 생겨 나타나는 유전자 돌연변이이다. 따라서 유전자 돌연변이에 의한 질병 중에는 ⓐ(낫 모양 적혈구 빈혈증)가 있다.

* 병원체의 종류와 특징

종류	핵산	세포 구조	핵막	질병의 예
바이러스	○	×	×	독감, AIDS
세균(박테리아)	○	○	×	결핵
곰팡이	○	○	○	무좀

H 17 정답 ③ * 질병과 병원체 [정답률 91%] 2021 대비 6월 모평 6

다음은 사람의 질병에 대한 학생 A~C의 대화 내용이다. 제시한 내용이 옳은 학생만을 있는 대로 고른 것은?

① A ② C ③ A, B ④ B, C ⑤ A, B, C

| 문제+자료 분석 |

- **병원체**: 인체에 질병을 일으키는 감염 인자
- **병원체의 종류**: 원생생물, 바이러스, 세균, 곰팡이, 변형된 프라이온 등

| 선택지 분석 |

A. 무좀의 병원체는 진핵생물인 곰팡이이다.
B. 말라리아의 병원체는 원생생물인 말라리아 원충으로, 말라리아는 매개 곤충인 모기를 통해 전염된다.
C. 독감의 병원체는 바이러스이다. 바이러스는 비세포 구조이며, 독자적으로 효소를 가지고 있지 않기 때문에 스스로 물질대사와 세포 분열을 할 수 없다.

H 18 정답 ② * 병원체와 질병 [정답률 91%] 2021 대비 수능 3

표 (가)는 사람의 5가지 질병을 A~C로 구분하여 나타낸 것이고, (나)는 병원체의 3가지 특징을 나타낸 것이다.

구분	질병
원생생물 A	말라리아
바이러스 B	독감, 홍역
세균 C	결핵, 탄저병

(가)

특징
• 유전 물질을 갖는다.
• 세포 구조로 되어 있다.
• 독립적으로 물질대사를 한다.

(나)

이에 대한 설명으로 옳은 것만을 <보기>에서 있는 대로 고른 것은?

[보기]

ㄱ. 말라리아의 병원체는 곰팡이다.
→ 말라리아의 병원체는 원생생물이다.
ㄴ. 독감의 병원체는 세포 구조로 되어 있다.
→ 독감의 병원체는 바이러스로 세포 구조로 되어 있지 않다.
ㄷ. C의 병원체는 (나)의 특징을 모두 갖는다.
→ C의 병원체는 세균으로 생명체의 특징인 (나)를 모두 가진다.

① ㄱ ② ㄷ ③ ㄱ, ㄴ ④ ㄴ, ㄷ ⑤ ㄱ, ㄴ, ㄷ

| 문제+자료 분석 |

- A: 말라리아를 유발하는 말라리아 원충은 진핵세포로 이루어진 원생생물로 모기를 매개로 하여 숙주인 척추동물을 감염시키는 병원체이다.
- B: 독감과 홍역을 유발하는 독감 바이러스, 홍역 바이러스는 바이러스성 병원체로 세포 구조로 되어 있지 않고 숙주 세포 안에서만 물질대사를 한다.
- C: 결핵, 탄저병을 유발하는 결핵균, 탄저균은 세균성 병원체이며, 원핵세포로 이루어진 단세포 생물이다.

| 보기 분석 |

ㄱ. 말라리아의 병원체는 말라리아 원충으로 원생생물로 분류된다.
ㄴ. 독감의 병원체는 독감 바이러스로 단백질과 유전 물질로 이루어진 형태이다. 바이러스는 세포 구조로 되어 있지 않으며 숙주 세포 안에서만 숙주 세포의 효소들을 이용하여 물질대사를 할 수 있다.
ㄷ. 세균은 세포 구조로 되어 있으며, 유전 물질과 다양한 효소를 가져 독립적으로 물질대사를 할 수 있다. (나)의 특징은 생명체의 특징으로 C의 병원체인 세균은 (나)의 특징을 모두 가진다.

송의현 | 원광대 의예과 2021년 입학 · 안산 동산고 졸

질병과 병원체에 관한 문제였어. 긴장되는 수능날에는 ㄱ 선지 같은 것에 홀릴 가능성이 높아. 문제를 풀면서 곰팡이와 원생생물을 같은 부류로 분류하는 경우가 많거든.

H 19 정답 ③ *질병과 병원체 [정답률 91%] 2025 대비 9월 모평 4

그림은 같은 수의 정상 적혈구 R와 낫 모양 적혈구 S를 각각 말라리아 병원체와 혼합하여 배양한 후, 말라리아 병원체에 감염된 R와 S의 빈도를 나타낸 것이다.

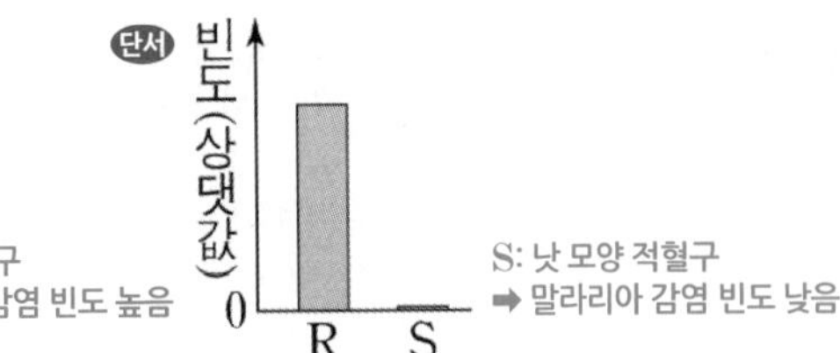

이에 대한 설명으로 옳은 것만을 〈보기〉에서 있는 대로 고른 것은? (단, 제시된 조건 이외는 고려하지 않는다.)

[보기]

ㄱ. 말라리아 병원체는 원생생물이다.
말라리아 병원체는 원생생물임

ㄴ. 낫 모양 적혈구 빈혈증은 비감염성 질병에 해당한다.
낫 모양 적혈구 빈혈증은 유전병으로 비감염성 질병임

ㄷ. 말라리아 병원체에 노출되었을 때, S를 갖는 사람은 R만 갖는 사람보다 말라리아가 발병할 확률이 높다.
S를 갖는 사람은 말라리아 발병 확률이 낮음

① ㄱ ② ㄷ ③ ㄱ, ㄴ ④ ㄴ, ㄷ ⑤ ㄱ, ㄴ, ㄷ

| 문제+자료 분석 |

- 말라리아는 적혈구에 말라리아 원충이 감염되어 발병하는 질병이다. 정상 적혈구에는 말라리아 원충이 쉽게 감염되며, 낫 모양 적혈구에는 말라리아 원충이 쉽게 감염되지 않는다.
- 유전적으로 낫 모양 적혈구를 가지는 사람은 말라리아 발병 확률이 낮으므로 말라리아 감염이 빈번한 국가에서는 낫 모양 적혈구를 가지는 사람의 비율이 높다.

| 보기 분석 |

ㄱ. 말라리아를 일으키는 병원체인 말라리아 원충은 원생생물이며, 핵과 세포 소기관을 가지고 있는 단세포 생물이다.

ㄴ. 낫 모양 적혈구 빈혈증은 헤모글로빈을 생성하는 유전자 이상에 의한 유전병으로 비감염성 질병이다.  적혈구가 비정상적인 낫 모양으로 변형되어 모세 혈관을 막거나 용혈되기 쉬워 빈혈이 유발된다.

ㄷ. 말라리아 병원체에 노출되었을 때 낫 모양 적혈구인 S를 가지는 사람은 정상 적혈구인 R를 가지는 사람보다 말라리아 병원체에 감염되는 빈도가 낮으므로 말라리아 발병 확률이 낮다.

문제 풀이 꿀팁

- 낫 모양 적혈구 빈혈증과 말라리아는 서로 다른 질병이다. 말라리아는 말라리아 원충이라는 병원체에 의해 전염되는 감염성 질병이며, 낫 모양 적혈구 빈혈증은 감염 매개체 없이 발생하는 비감염성 질병이다.
- 낫 모양 적혈구 빈혈증은 유전자 이상에 의해 헤모글로빈의 구조에 이상이 생긴 유전병으로 헤모글로빈이 긴 사슬을 형성해 적혈구가 긴 낫 모양으로 변형된다. 변형된 적혈구는 모세 혈관을 막거나 부서져 빈혈을 유발한다.

H 20 정답 ② *질병과 병원체 [정답률 85%] 2025 대비 6월 모평 10

표는 사람의 질병 A~C의 병원체에서 특징의 유무를 나타낸 것이다. A~C는 결핵, 독감, 말라리아를 순서 없이 나타낸 것이다.

특징 \ (단서) 병원체	A의 병원체 (결핵)	B의 병원체 (말라리아)	C의 병원체 (독감)
유전 물질을 갖는다.	㉠ ○	? ○	○
스스로 물질대사를 한다.	○	? ○	×
원생생물에 속한다.	×	○	×

(○: 있음, ×: 없음)

이에 대한 설명으로 옳은 것만을 〈보기〉에서 있는 대로 고른 것은?

[보기]

ㄱ. ㉠은 '×'이다.
결핵(A)은 세균성 질병으로 세균은 유전 물질을 가짐

ㄴ. B는 비감염성 질병이다.
말라리아(B)는 감염성 질병임

ㄷ. C의 병원체는 바이러스이다.
독감(C)의 병원체는 바이러스임

① ㄱ ② ㄷ ③ ㄱ, ㄴ ④ ㄴ, ㄷ ⑤ ㄱ, ㄴ, ㄷ

| 문제+자료 분석 |

- **감염성 질병:** 병원체에 감염되어 발생하며, 병원체로는 세균, 바이러스, 원생생물, 곰팡이 등이 있다. 병원체는 인체에 침입한 뒤 증식하여 세포를 파괴하거나 인체에 해로운 독소를 분비하여 질병을 일으킨다.
➡ 결핵, 독감, 말라리아는 모두 감염성 질병에 해당한다.
- **세균:** 핵이 없는 단세포 생물로 핵막과 막으로 둘러싸인 세포 소기관이 없으며, 효소가 있어서 스스로 물질대사를 할 수 있다.
➡ A의 병원체는 스스로 물질대사를 하고, 원생생물에 속하지 않으므로 A는 세균이 병원체인 질병인 결핵이다. 세균은 유전 물질을 갖기 때문에 ㉠은 '○'이다.
- **원생생물:** 진핵생물로, 독립적으로 생활하기도 하고, 동물 세포나 식물 세포에 기생하기도 한다. ➡ B는 원생생물이 병원체인 질병인 말라리아이다.
- **바이러스:** 세포 구조를 갖추지 않고 유전 물질과 단백질 껍질로 구성된 간단한 구조로 되어 있으며, 스스로 물질대사를 하지 못해 살아 있는 숙주 세포에서만 증식할 수 있다. 꿀팁
➡ C의 병원체는 유전 물질을 갖지만, 스스로 물질대사를 하지 못하므로 C는 바이러스가 병원체인 질병인 독감에 해당한다.

| 보기 분석 |

ㄱ. A의 병원체는 스스로 물질대사를 하고, 원생생물에 속하지 않으므로 A는 세균이 병원체인 질병인 결핵이다. 세균은 유전 물질을 갖기 때문에 ㉠은 '○'이다.

ㄴ. 결핵은 세균, 말라리아는 원생생물, 독감은 바이러스가 병원체인 감염성 질병에 해당한다. 말라리아(B)는 감염성 질병이다.

ㄷ. C의 병원체는 유전 물질을 갖지만, 스스로 물질대사를 하지 못하므로 C는 바이러스가 병원체인 질병인 독감에 해당한다.

H 21 정답 ③ * 질병과 병원체 [정답률 79%] 2024 실시 3월 학평 8

사람의 질병에 대한 옳은 설명만을 〈보기〉에서 있는 대로 고른 것은?

단서

[보기]

ㄱ. 결핵은 감염성 질병이다.
결핵은 세균이 원인이 되는 감염성 질병임

ㄴ. 말라리아의 병원체는 원생생물이다.
말라리아의 병원체는 말라리아 원충으로 원생생물임

ㄷ. 독감의 병원체는 세포 분열을 통해 증식한다.
독감의 병원체는 바이러스이므로 세포 분열을 통해 증식하지 못함

① ㄱ ② ㄷ ③ ㄱ, ㄴ ④ ㄴ, ㄷ ⑤ ㄱ, ㄴ, ㄷ

단서+발상

(단서) 선지에 감염성 질병인 결핵, 말라리아, 독감이 제시되어 있다.

(발상) 결핵은 세균, 말라리아는 원생생물, 독감은 바이러스가 원인이 되는 질병임을 추론할 수 있다.

(적용) '감염성 질병은 세균, 바이러스, 원생생물, 곰팡이 등 병원체에 감염되어 나타난다.', '말라리아의 병원체는 원생생물이다.', '독감의 병원체는 바이러스이므로 세포 분열을 통해 증식하지 못한다.'의 개념을 적용해서 문제 풀이를 시작해야 한다.

| 문제+자료 분석 |

- 비감염성 질병은 생활 방식, 유전, 환경 등 여러 가지 원인이 복합적으로 작용하여 발생하며, 심장병, 뇌졸중, 당뇨병, 혈우병 등이 이에 해당한다.
- 감염성 질병은 병원체에 감염되어 발생하며, 병원체로는 세균, 바이러스, 원생생물, 곰팡이 등이 있다.
- **세균**: 단세포 원핵생물로, 핵막과 막으로 둘러싸인 세포 소기관이 없으며, 세포막의 바깥에는 세포벽이 있다.
  세균이 원인이 되는 질병에는 결핵, 파상풍, 탄저병 등이 있다.
  ➡ 결핵은 감염성 질병이다.
- **원생생물**: 세균과 달리 뚜렷한 핵이 있는 단세포 생물로, 독립적으로 생활하기도 하고 동물 세포나 식물 세포에 기생하면서 질병을 일으키기도 한다.
  원생생물이 원인이 되는 질병에는 말라리아, 아메바성 이질, 수면병 등이 있다.
  ➡ 말라리아는 말라리아 원충이 모기를 매개로 사람에게 전파되어 발생한다. 말라리아의 병원체는 원생생물이다.
- **바이러스**: 세포 구조를 갖추지 않고 유전 물질과 단백질 껍질로 구성된 간단한 구조로 되어 있으며, 살아 있는 숙주 세포에서만 증식할 수 있다.
  바이러스가 원인이 되는 질병에는 감기, 독감, 홍역, 소아마비, 후천성 면역 결핍증(AIDS), 중동 호흡기 증후군(MERS) 등이 있다.
  ➡ 독감의 병원체는 바이러스이므로 세포 분열을 통해 증식하지 못한다.

| 보기 분석 |

ㄱ. 결핵은 세균이 원인이 되는 질병이므로 병원체에 감염되어 나타나는 감염성 질병이다.

ㄴ. 말라리아는 말라리아 원충이 모기를 매개로 사람에게 전파되어 발생한다. 말라리아의 병원체는 원생생물이다.

ㄷ. 독감의 병원체는 바이러스이므로 세포 분열을 통해 증식하지 못한다.

*** 세균과 바이러스 비교**

- **공통점**: 병원체이며, 유전 물질(핵산)을 가지고 있다.
- **차이점**: 세균은 세포 구조를 가지며, 바이러스는 세포 구조를 가지지 않는다. 세균은 스스로 물질대사와 증식을 하며, 바이러스는 스스로 물질대사를 하지 못하고 살아 있는 숙주 세포 내에서만 증식한다.

H 22 정답 ④ * 질병과 병원체 [정답률 94%] 2023 실시 10월 학평 5

다음은 질병 ㉠의 병원체와 월별 발병률 자료에 대한 학생 A~C의 발표 내용이다. ㉠은 독감과 헌팅턴 무도병 중 하나이다.

제시한 내용이 옳은 학생만을 있는 대로 고른 것은?

① A ② B ③ C ④ A, B ⑤ B, C

| 문제+자료 분석 |

- 독감은 독감 바이러스에 의한 감염성 질병이고, 헌팅턴 무도병은 유전자 돌연변이에 의한 유전병이다.
- ㉠: 병원체에 의한 질병이므로 독감이다.

| 선택지 분석 |

- 학생 A: ㉠은 바이러스(병원체)에 의한 질병이며 다른 사람에게 전염될 수 있으므로 맞는 설명이다.
- 학생 B: ㉠의 발병률은 1월이 6월보다 높으므로 맞는 설명이다.
- 학생 C: ㉠의 병원체인 바이러스는 숙주 세포 내에서만 물질대사가 가능하므로 틀린 설명이다. 함정

* 병원체의 종류와 특징

종류	핵산	세포 구조	핵막	질병의 예
바이러스	○	×	×	독감, AIDS
세균(박테리아)	○	○	×	결핵
곰팡이	○	○	○	무좀
변형 프라이온 (단백질 입자)	×	×	×	광우병

H 23 정답 ⑤ * 질병과 병원체 [정답률 81%] 2024 대비 6월 모평 4

사람의 질병에 대한 설명으로 옳은 것만을 〈보기〉에서 있는 대로 고른 것은?

[보기]

ㄱ. 독감의 병원체는 바이러스이다.
독감의 병원체는 바이러스

ㄴ. 결핵의 병원체는 독립적으로 물질대사를 한다.
결핵의 병원체인 세균은 독립적으로 물질대사가 가능함

ㄷ. 낫 모양 적혈구 빈혈증은 비감염성 질병에 해당한다.
낫 모양 적혈구 빈혈증은 유전병으로 비감염성 질병에 해당함

① ㄱ ② ㄴ ③ ㄱ, ㄷ ④ ㄴ, ㄷ ⑤ ㄱ, ㄴ, ㄷ

| 문제+자료 분석 |

- 비감염성 질병은 병원체 없이 발생하는 질병으로, 생활방식, 유전, 환경 등 여러 가지 요인에 의해 복합적으로 발생한다. 당뇨병, 고혈압, 낫 모양 적혈구 빈혈증, 혈우병, 암 등이 해당한다.
- 감염성 질병은 병원체에 감염되어 발생하는 질병으로, 다른 사람에게 전염될 수 있다. 세균, 바이러스, 원생생물, 곰팡이, 변형 프라이온 등이 있다.

| 보기 분석 |

ㄱ 독감의 병원체는 바이러스이다.
ㄴ 결핵의 병원체는 세균이다. 세균은 효소가 있어 독립적으로 물질대사를 할 수 있다.
ㄷ 낫 모양 적혈구 빈혈증은 유전자 이상에 의한 유전병으로, 병원체 없이 발생하는 질병인 비감염성 질병에 해당한다.

H 24 정답 ② * 병원체 [정답률 60%] 2021 실시 4월 학평 8

표 (가)는 질병의 특징 3가지를, (나)는 (가) 중에서 질병 A~C에 있는 특징의 개수를 나타낸 것이다. A~C는 말라리아, 무좀, 홍역을 순서 없이 나타낸 것이다.

특징
○ 병원체가 원생생물이다. → 말라리아 병원체만의 특징
○ 병원체가 세포 구조로 되어 있다. → 말라리아와 무좀 병원체의 특징
○ ㉠ → 말라리아, 무좀, 홍역의 병원체가 모두 가지는 특징

(가)

질병	특징의 개수
A 말라리아	3
B 무좀	2
C 홍역	1

(나)

이에 대한 설명으로 옳은 것만을 〈보기〉에서 있는 대로 고른 것은? (3점)

[보기]

ㄱ. A는 ~~무좀이다~~.
→ A는 말라리아

ㄴ. C의 병원체는 ~~세포 분열을 통해~~ 증식한다.
→ C의 병원체(바이러스)는 세포로 이루어져 있지 않음

ㄷ. '감염성 질병이다.'는 ㉠에 해당한다.
→ A~C 모두 감염성 질병이므로 ㉠에 해당

① ㄱ ② ㄷ ③ ㄱ, ㄴ ④ ㄴ, ㄷ ⑤ ㄱ, ㄴ, ㄷ

| 문제+자료 분석 |

- **A**(말라리아): 말라리아의 병원체는 말라리아 원충이다. 원생생물계에 속하며 단세포 진핵생물이다.
- **B**(무좀): 무좀은 피부 표면에 발생하는 곰팡이성 질병이다. 곰팡이는 균계에 속하며 다세포 진핵생물이다.
- **C**(홍역): 홍역은 바이러스에 의한 질병으로 바이러스는 세포로 이루어져 있지 않으나 감염을 일으키는 병원체이다.

| 보기 분석 |

ㄱ. A는 세 가지 특징에 모두 해당하는 질병이다. 병원체가 원생생물에 해당하는 질병은 말라리아이다.
ㄴ. 홍역의 병원체는 바이러스이다. 원생생물이 아니고 세포로 구성되어 있지도 않으므로 홍역은 ㉠에 해당하는 한 가지 특징만을 가진다. 따라서 C가 홍역이며, C(홍역)의 병원체는 세포 분열을 통해 증식하지 않는다.
ㄷ. B는 무좀으로 두 가지 특징을 가진다. 무좀의 병원체는 원생생물이 아닌 곰팡이이므로 세포 구조로 되어 있으며 ㉠에 해당하는 특징이 나타나야 한다. ㉠은 A~C 모든 질병에서 공통적으로 나타나는 특징이어야 하므로 '감염성 질병이다.'는 ㉠에 해당한다.

*** 질병을 일으키는 병원체**

원생생물	핵막을 가진 진핵세포로 이루어진 진핵생물이며 단세포 생물인 경우가 많다. 말라리아 원충 등이 여기에 속한다.
곰팡이	실 모양의 균사로 이루어진 다세포 진핵생물이다. 무좀, 건선 등의 질병을 일으킨다.
바이러스	다른 병원체에 비해 크기가 작으며 세포로 이루어져 있지 않다. 홍역, 독감, AIDS 등의 질병을 일으킨다.

H 25 정답 ④ * 병원체의 종류 ······ [정답률 78%] 2021 대비 9월 모평 5

표는 사람의 4 가지 질병을 A와 B로 구분하여 나타낸 것이다.

	구분	질병
바이러스	A	천연두, 홍역
세균	B	결핵, 콜레라

이에 대한 설명으로 옳은 것만을 〈보기〉에서 있는 대로 고른 것은?

[보기]

ㄱ. A의 병원체는 원생생물이다.
→ A의 병원체는 바이러스

ㄴ. 결핵의 치료에는 항생제가 사용된다.
→ 결핵의 병원체는 세균이므로 치료 시 항생제 사용

ㄷ. A와 B는 모두 감염성 질병이다.
→ A의 병원체는 바이러스, B의 병원체는 세균

① ㄱ ② ㄴ ③ ㄱ, ㄷ ④ ㄴ, ㄷ ⑤ ㄱ, ㄴ, ㄷ

| 문제+자료 분석 |

- 질병에는 병원체에 감염되어 나타나는 감염성 질병과 병원체에 감염되지 않아도 나타나는 비감염성 질병이 있다.
- 감염성 질병을 일으키는 병원체에는 세균, 바이러스, 원생생물, 균류, 변형된 프라이온이 있다.
- **A**: 병원체가 바이러스인 감염성 질병에는 감기, 독감, 홍역, 천연두, 소아마비, AIDS 등이 있다.
- **B**: 병원체가 세균인 감염성 질병에는 결핵, 세균성 식중독, 세균성 폐렴 등이 있으며, 원생생물인 감염성 질병에는 말라리아, 수면병 등이 있다.

| 보기 분석 |

ㄱ. 천연두, 홍역 등이 포함되는 A의 병원체는 바이러스이다.
ㄴ. 결핵, 콜레라 등이 포함되는 B의 병원체는 세균이다. 세균에 의한 질병은 항생제를 사용하여 치료한다.
ㄷ. 바이러스가 병원체인 A, 세균이 병원체인 B와 같이 병원체의 감염으로 나타나는 질병은 모두 감염성 질병이다.

문제 풀이 Tip

바이러스에 의한 질병의 치료에는 항바이러스제, 세균에 의한 질병의 치료에는 항생제, 균류에 의한 질병의 치료에는 항진균제가 사용된다.

H 26 정답 ④ * 병원체 ······ [정답률 85%] 2020 실시 7월 학평 6

표 (가)는 병원체 A~C의 특징을, (나)는 사람의 6가지 질병을 Ⅰ~Ⅲ으로 구분하여 나타낸 것이다. A~C는 세균, 균류(곰팡이), 바이러스를 순서 없이 나타낸 것이고, Ⅰ~Ⅲ은 세균성 질병, 바이러스성 질병, 비감염성 질병을 순서 없이 나타낸 것이다.

	병원체	특징
균류(곰팡이)	A	핵이 있음
세균	B	항생제에 의해 제거됨
바이러스	C	세포 구조가 아님

(가)

	구분	질병
비감염성 질병 (대사성 질환)	Ⅰ	㉠ 당뇨병, 고혈압
바이러스성 질병	Ⅱ	독감, 홍역
세균성 질병	Ⅲ	결핵, 파상풍

(나)

이에 대한 설명으로 옳은 것만을 〈보기〉에서 있는 대로 고른 것은?

[보기]

ㄱ. ㉠은 대사성 질환이다. → 당뇨병은 대사성 질환

ㄴ. Ⅱ의 병원체는 B이다.
→ Ⅱ의 병원체는 바이러스로 세포 구조가 아닌 병원체 C

ㄷ. Ⅲ의 병원체는 유전 물질을 갖는다.
→ Ⅲ의 병원체는 세균으로 유전 물질을 가짐

① ㄱ ② ㄴ ③ ㄱ, ㄴ ④ ㄱ, ㄷ ⑤ ㄴ, ㄷ

| 문제+자료 분석 |

- Ⅰ의 당뇨병과 고혈압은 비감염성 질병, Ⅱ의 독감과 홍역은 바이러스성 질병, Ⅲ의 결핵과 파상풍은 세균성 질병이다.
- A는 핵이 있으므로 진핵생물인 균류(곰팡이)이고, 병원체 B는 항생제에 의해 제거되므로 세균이며, 병원체 C는 세포 구조가 아니므로 바이러스이다.

| 보기 분석 |

ㄱ. 당뇨병은 비감염성 질병으로 혈중 포도당의 농도가 높아지는 대사성 질환이다.
ㄴ. Ⅱ의 독감과 홍역은 바이러스성 질병으로 바이러스는 세포 구조가 아닌 병원체 C에 해당한다.
항생제는 주로 원핵생물인 세균의 특성에 선택적으로 작용하는 약으로 항생제에 의해 제거되는 병원체 B는 세균이며, 바이러스는 항생제에 의해 제거되지 않는다. 

ㄷ. Ⅲ의 결핵과 파상풍은 세균성 질병으로 세포 구조이며 유전 물질을 가진다.

*** 감염성 질환과 대사성 질환**

감염성 질환의 병원체	세균	주로 원핵생물로 결핵균, 폐렴균, 파상풍균 등이 있다.
	바이러스	스스로 물질대사를 하지 못하고 살아 있는 숙주 세포 내에서만 증식하며 HIV, 인플루엔자, 홍역 바이러스 등이 있다.
대사성 질환	물질대사 과정에 이상이 생겨 나타나는 고혈압, 당뇨병, 고지혈증 등의 질환을 말한다.	

H 27 정답 ③ * 질병과 병원체 [정답률 91%] 2023 대비 수능 2

표는 사람의 5가지 질병을 병원체의 특징에 따라 구분하여 나타낸 것이다.

병원체의 특징	질병
세포 구조로 되어 있다. 생물의 특징	결핵, 무좀, 말라리아 세균, 곰팡이, 원생생물
(가) 바이러스의 특징	독감, 후천성 면역 결핍증(AIDS) 바이러스

이에 대한 설명으로 옳은 것만을 〈보기〉에서 있는 대로 고른 것은?

[보기]

ㄱ. '스스로 물질대사를 하지 못한다.'는 (가)에 해당한다.
(가)는 바이러스의 특징으로 바이러스는 스스로 물질대사를 하지 못함

ㄴ. 무좀과 말라리아의 병원체는 모두 곰팡이다.
무좀의 병원체는 곰팡이, 말라리아의 병원체는 말라리아 원충으로 원생생물임

ㄷ. 결핵과 독감은 모두 감염성 질병이다.
결핵과 독감은 모두 감염성 질병임

① ㄱ ② ㄴ ③ ㄱ, ㄷ ④ ㄴ, ㄷ ⑤ ㄱ, ㄴ, ㄷ

| 문제+자료 분석 |

- 결핵의 병원체는 세균, 무좀의 병원체는 곰팡이(균류), 말라리아의 병원체는 원생생물에 속한다. 세균, 곰팡이, 원생생물은 모두 생물에 속하므로 세포 구조로 되어 있다.
- 독감, 후천성 면역 결핍증(AIDS)의 병원체는 모두 바이러스에 속한다. 바이러스는 스스로 물질대사를 하지 못하고, 세포 구조로 되어 있지 않으며 숙주 밖에서는 핵산과 단백질 결정체로 존재한다.

| 보기 분석 |

ㄱ. 독감, 후천성 면역 결핍증(AIDS)의 병원체는 모두 바이러스이고 바이러스는 스스로 물질대사를 하지 못한다.

ㄴ. 무좀의 병원체는 곰팡이이고, 말라리아의 병원체는 말라리아 원충으로 원생생물이다. 참고로 말라리아는 매개 곤충인 모기를 통해 말라리아 원충이 사람에게 침입하여 나타난다. 주의

ㄷ. 결핵과 독감은 모두 병원체가 인체 내에 침입한 것이 원인이 되어 나타나는 질병인 감염성 질병이다.

김보겸 | 연세대 지구시스템과학과 2023년 입학 · 광주 서석고졸

독감, 후천성 면역 결핍증, 말라리아, 무좀이 각각 어떤 병원체에 의해 발생하는 질병인지는 꼭 암기하고 있어야 해. 시험장에서 헷갈리지 않고 바로 떠올리려면 확실히 알고 있어야 하거든.

H 28 정답 ② * 질병의 구분 [정답률 60%] 2023 실시 4월 학평 6

표는 사람 질병의 특징을 나타낸 것이다.

질병	특징
독감 바이러스성 질병	㉠ 병원체는 숙주 세포 내에서만 물질대사 가능, 병원체는 세포 구조를 갖지 않음 등
(가) 말라리아, 수면병 등	병원체는 원생생물이다.
페닐케톤뇨증 비감염성 질병	페닐알라닌이 체내에 비정상적으로 축적된다.

이에 대한 설명으로 옳은 것만을 〈보기〉에서 있는 대로 고른 것은?

[보기]

ㄱ. '병원체는 독립적으로 물질대사를 한다.'는 ㉠에 해당한다.
바이러스는 독립적으로 물질대사를 할 수 없음

ㄴ. 무좀은 (가)에 해당한다.
무좀의 병원체는 곰팡이임

ㄷ. 페닐케톤뇨증은 비감염성 질병이다.
페닐케톤뇨증은 유전병으로 비감염성 질병에 해당함

① ㄱ ② ㄷ ③ ㄱ, ㄴ ④ ㄴ, ㄷ ⑤ ㄱ, ㄴ, ㄷ

| 문제+자료 분석 |

- 독감은 바이러스성 질병이므로 ㉠에는 '병원체는 숙주 세포 내에서만 물질대사를 한다.', '병원체는 세포 구조를 갖지 않는다.', '항바이러스제로 치료한다.' 등이 해당된다.
- 병원체가 원생생물인 (가)의 예로는 말라리아, 수면병 등이 있다.
- 페닐케톤뇨증은 유전자의 이상으로 페닐알라닌이 체내에 비정상적으로 축적되는 질병으로 비감염성 질병에 해당한다.

| 보기 분석 |

ㄱ. 바이러스는 숙주 세포 내에서만 물질대사가 가능하고, 독립적으로는 물질대사를 할 수 없다.

ㄴ. 무좀의 병원체는 곰팡이다. 병원체가 원생생물인 (가)의 예로는 말라리아, 수면병 등이 있다.

ㄷ. 페닐케톤뇨증은 유전자 이상으로 나타나는 유전병이므로 다른 사람에게 감염이 되지 않는 비감염성 질병이다.

*** 감염성 질병과 비감염성 질병의 예**

감염성 질병의 예	병원체가 세균	결핵, 세균성 폐렴, 파상풍 등
	병원체가 바이러스	감기, 독감, AIDS, 소아마비 등
	병원체가 원생생물	말라리아, 수면병 등
	병원체가 곰팡이	무좀, 만성 폐질환 등
	병원체가 프라이온	광우병, 크로이츠펠트·야코프병
비감염성 질병의 예	고혈압, 당뇨병, 혈우병 등	

H 29 정답 ⑤ * 질병과 병원체 [정답률 86%] 2020 실시 10월 학평 12

표는 사람의 3가지 질병이 갖는 특징을 나타낸 것이다. A와 B는 각각 말라리아와 헌팅턴 무도병 중 하나이다.

질병	특징
헌팅턴 무도병 A	비감염성 질병이다.
말라리아 B	병원체는 세포로 이루어져 있다.
후천성 면역 결핍증	㉠

→ 말라리아의 병원체는 원생생물인 말라리아 원충
→ 후천성 면역 결핍증의 병원체는 인간 면역 결핍 바이러스

이에 대한 옳은 설명만을 〈보기〉에서 있는 대로 고른 것은?

[보기]

ㄱ. A는 유전병이다.
→ A는 비감염성 질병이므로 유전병인 헌팅턴 무도병임

ㄴ. B는 모기를 매개로 전염된다.
→ B의 병원체는 말라리아 원충으로 모기에 의해 전파됨

ㄷ. '병원체는 스스로 물질대사를 하지 못한다.'는 ㉠에 해당한다.
→ 후천성 면역 결핍증의 병원체는 바이러스로 스스로 물질대사를 하지 못함

① ㄱ ② ㄴ ③ ㄱ, ㄷ ④ ㄴ, ㄷ ⑤ ㄱ, ㄴ, ㄷ

| 문제+자료 분석 |

- A(헌팅턴 무도병): A는 비감염성 질병이므로 유전병인 헌팅턴 무도병이다. 헌팅턴 무도병은 상염색체에 의해 유전되는 우성 유전 질환이다.
- B(말라리아): 병원체가 세포로 이루어졌으므로 B는 말라리아이다. 말라리아의 병원체는 원생생물인 말라리아 원충이다.
- ㉠: 후천성 면역 결핍증의 병원체는 인간 면역 결핍 바이러스이다. 바이러스의 특징은 스스로 물질대사를 하지 못하며 숙주 세포 내에서만 생명체의 특징을 보인다.

| 보기 분석 |

ㄱ. A는 비감염성 질병이므로 유전병인 헌팅턴 무도병이다.

ㄴ. B의 병원체는 세포로 이루어진 생명체이므로 B는 감염성 질병인 말라리아이다. 말라리아의 병원체는 원생생물인 말라리아 원충으로, 말라리아 원충에 감염된 모기에 물려 원충이 체내로 들어올 경우 말라리아 증상이 나타난다.

ㄷ. 후천성 면역 결핍증은 감염성 질병으로 병원체는 인간 면역 결핍 바이러스이다. 바이러스는 스스로 물질대사를 하지 못하며 숙주 세포의 효소를 이용해 물질대사를 하고 증식하는 등 숙주 세포 내에서만 생명체의 특징을 보인다.

* 말라리아

병원체	원생생물인 말라리아 원충
숙주	중간 숙주인 모기를 매개체로 하여 숙주인 척추 동물의 적혈구에 감염되어 증상이 나타남
증상	두통, 오한, 고열 등을 보이는 감염성 질환

H 30 정답 ⑤ * 질병과 병원체 [정답률 72%] 2022 실시 7월 학평 2

표 (가)는 질병 A~C에서 특징 ㉠~㉢의 유무를, (나)는 ㉠~㉢을 순서 없이 나타낸 것이다. A~C는 결핵, 말라리아, 헌팅턴 무도병을 순서 없이 나타낸 것이다.

질병 \ 특징	㉠	㉡	㉢
A 말라리아	○	×	?○
B 결핵	○	?×	×
C 헌팅턴 무도병	?×	○	×

(○ : 있음, × : 없음)

(가)

특징 (㉠~㉢)
㉡ o 비감염성 질병이다. ➡ 헌팅턴 무도병
㉢ o 병원체가 원생생물이다. ➡ 말라리아
㉠ o 병원체가 세포 구조로 되어 있다. ➡ 결핵, 말라리아

(나)

이에 대한 설명으로 옳은 것만을 〈보기〉에서 있는 대로 고른 것은?

[보기]

ㄱ. A는 모기를 매개로 전염된다.
A(말라리아)는 모기(매개 곤충)를 통해 전염됨

ㄴ. B의 치료에는 항생제가 사용된다.
B(결핵)의 병원체인 세균에 의한 질병은 항생제로 치료함

ㄷ. C는 헌팅턴 무도병이다.
C(헌팅턴 무도병)는 유전병이므로 비감염성 질병임

① ㄱ ② ㄷ ③ ㄱ, ㄴ ④ ㄴ, ㄷ ⑤ ㄱ, ㄴ, ㄷ

| 문제+자료 분석 |

- 비감염성 질병이다. ➡ 헌팅턴 무도병
- 병원체가 원생생물이다. ➡ 말라리아
- 병원체가 세포 구조로 되어 있다. ➡ 결핵, 말라리아
- ㉠은 두 가지 질병이 갖는 특징이므로 '병원체가 세포 구조로 되어 있다.'이다. 또한 질병 A와 B는 각각 말라리아와 결핵 중 하나이며, C는 ㉠을 갖지 않으므로 헌팅턴 무도병이다.
- C(헌팅턴 무도병)는 ㉡만 가지므로 ㉡은 '비감염성 질병이다.'이다. 나머지 ㉢은 '병원체가 원생생물이다.'이며, 특징 ㉢을 갖는 A는 말라리아이고, 나머지 B는 결핵이다.

| 보기 분석 |

ㄱ. A(말라리아)의 병원체는 원생생물인 말라리아 원충이다. 말라리아 원충은 모기를 매개로 사람의 몸 안으로 들어와 A(말라리아)를 일으킨다.

ㄴ. 항생제는 세균의 생장을 억제하거나 죽게 만드는 물질이다. B(결핵)의 병원체는 결핵균이며, 결핵은 세균에 의한 질병이다. 따라서 B(결핵)의 치료에는 항생제로 치료한다.

ㄷ. C는 '비감염성 질병이다.'라는 특징만 갖는 헌팅턴 무도병이다. 비감염성 질병은 병원체에 의한 질병이 아니라 생활 습관, 유전, 환경 요인 등에 의해 발생하는 질병이며, 비감염성 질병에는 고혈압, 당뇨병, 혈우병 등이 있다.

H 31 정답 ④ *병원체 [정답률 84%] 2022 대비 수능 5

표는 사람 질병의 특징을 나타낸 것이다.

질병	특징
말라리아	모기를 매개로 전염된다. 원생생물인 말라리아 원충이 병원체임
결핵	(가) 세균인 결핵균이 병원체, 항생제로 치료함
헌팅턴 무도병	신경계의 손상(퇴화)이 일어난다. 비감염성 유전병

이에 대한 설명으로 옳은 것만을 〈보기〉에서 있는 대로 고른 것은?

[보기]

ㄱ. 말라리아의 병원체는 ~~바이러스이다~~.
→ 말라리아의 병원체는 원생생물

ㄴ. '치료에 항생제가 사용된다.'는 (가)에 해당한다.
→ (가)에서 결핵균은 항생제로 치료

ㄷ. 헌팅턴 무도병은 비감염성 질병이다.
→ 헌팅턴 무도병은 비감염성 유전병

① ㄱ ② ㄷ ③ ㄱ, ㄴ ④ ㄴ, ㄷ ⑤ ㄱ, ㄴ, ㄷ

| 문제+자료 분석 |

- **말라리아**: 말라리아는 원생생물인 말라리아 원충에 의해 나타나는 질병이다. 모기를 매개로 하여 흡혈을 할 때 병원체가 사람에게 전달된다.
- **결핵**: 결핵은 세균인 결핵균에 의해 나타나는 질병이다. 항생제를 이용해 세균의 생명 활동을 저해해 결핵을 치료한다.
- **헌팅턴 무도병**: 헌팅턴 무도병은 신경계가 손상되는 유전병으로 병원체에 의해 나타나는 질병이 아니다.

| 보기 분석 |

ㄱ. 말라리아의 병원체는 원생생물이며, 세포로 이루어져 있으므로 바이러스가 아니다.

ㄴ. 결핵의 원인은 결핵균이라는 세균이며, 결핵을 치료하기 위해서는 세균의 생명 활동을 저해하는 항생제가 사용된다.

ㄷ. 감염성 질병은 외부에서 침입한 병원체에 의해 나타나는 질병이며, 비감염성 질병은 병원체 없이 생활 방식, 유전 등에 의해 나타나는 질병이다. 헌팅턴 무도병은 유전병으로 비감염성 질병이다.

강민성 | 성균관대 의예과 2022년 입학 · 부산 해운대고 졸

각종 감염병, 비감염병들에 대한 개념들을 알아놓는 게 중요해. 감염병은 병원체의 특징에 대해 알아두고, 그 병원체 유형의 예들도 모두 알아두는 것이 필요해. 또 비감염병에선 유전자 돌연변이, 염색체 구조 이상 돌연변이, 수 이상 돌연변이 등이 있는데, 교과서나 기출에 있는 비감염병의 예들은 필수적으로 외워야 해.

H 32 정답 ③ *병원체 [정답률 90%] 2023 대비 9월 모평 2

표는 사람의 질병 A와 B의 특징을 나타낸 것이다. A와 B는 후천성 면역 결핍증(AIDS)과 헌팅턴 무도병을 순서 없이 나타낸 것이다.

질병	특징
A 헌팅턴 무도병	신경계가 점진적으로 파괴되면서 몸의 움직임이 통제되지 않으며, 자손에게 유전될 수 있다. ➡ 비감염성 질병
B AIDS	면역력이 약화되어 세균과 곰팡이에 쉽게 감염된다. ➡ 감염성 질병

이에 대한 설명으로 옳은 것만을 〈보기〉에서 있는 대로 고른 것은?

[보기]

ㄱ. A는 헌팅턴 무도병이다.
A는 유전병인 헌팅턴 무도병

ㄴ. B의 병원체는 바이러스이다.
B(AIDS)의 병원체는 바이러스

ㄷ. ~~A와~~ B는 모두 감염성 질병이다.
A(헌팅턴 무도병)는 비감염성 유전 질환, B(AIDS)는 감염성 질병

① ㄱ ② ㄷ ③ ㄱ, ㄴ ④ ㄴ, ㄷ ⑤ ㄱ, ㄴ, ㄷ

| 문제+자료 분석 |

- **A**: 신경계가 파괴되는 유전병은 헌팅턴 무도병이다.
- **B**: HIV 바이러스에 감염된 후 면역 기능이 약화되어 병원체에 쉽게 감염되는 질병인 후천성 면역 결핍증(AIDS)이다.

| 보기 분석 |

ㄱ. A는 헌팅턴 무도병으로 신경계가 파괴되어 근육의 움직임이 부자연스럽다.

ㄴ. 후천성 면역 결핍증인 B의 병원체는 HIV 바이러스이다.

ㄷ. A는 유전 질환으로 비감염성 질병이고 B는 바이러스에 의한 감염성 질병이다.

* 비감염성 질병과 감염성 질병

비감염성 질병	• 병원체가 없고 유전이나 생활 습관에 의해 발병한다. • 전염성이 없다. • 헌팅턴 무도병, 혈우병, 당뇨병 등
감염성 질병	• 세균, 바이러스, 곰팡이 등의 병원체에 의해 발병한다. • 전염성이 있다. • AIDS, 결핵, 무좀 등

H 33 정답 ② * 질병과 병원체 [정답률 84%] 2020 대비 9월 모평 6

표 (가)는 질병 A~C에서 특징 ㉠~㉢의 유무를 나타낸 것이고, (나)는 ㉠~㉢을 순서 없이 나타낸 것이다. A~C는 각각 결핵, 독감, 후천성 면역 결핍 증후군(AIDS) 중 하나이다.

질병 \ 특징	㉠	㉡	㉢
A 결핵	○	×	×
B 독감	○	○	×
C	○	○	○

(○: 있음, ×: 없음)

C → 후천성 면역 결핍 증후군(AIDS)

(가)

특징(㉠~㉢)
• 바이러스성 질병이다. ㉡ • 병원체는 유전 물질을 가진다. ㉠ • 병원체는 인간 면역 결핍 바이러스(HIV)이다. ㉢

(나)

이에 대한 설명으로 옳은 것만을 〈보기〉에서 있는 대로 고른 것은?

[보기]

ㄱ. A는 ~~독감이다~~. → A는 결핵, B는 독감

ㄴ. B의 병원체는 세포 구조로 되어 ~~있다~~.
→ B(독감)의 병원체는 바이러스로, 세포 구조가 아님

ㄷ. C의 병원체는 스스로 물질대사를 하지 못한다.
→ C(AIDS)의 병원체는 바이러스로, 스스로 물질대사를 하지 못함

① ㄱ ② ㄷ ③ ㄱ, ㄴ ④ ㄴ, ㄷ ⑤ ㄱ, ㄴ, ㄷ

| 문제+자료 분석 |

- A(결핵): 세균이 병원체인 감염성 질병이다.
- B(독감): 바이러스가 병원체인 감염성 질병이다.
- C(후천성 면역 결핍증(AIDS)): 인간 면역 결핍 바이러스(HIV)가 병원체인 감염성 질병이다.
- 세균과 바이러스 모두 핵산을 가진다.

| 보기 분석 |

ㄱ. 결핵은 특징 ㉠~㉢ 중 '병원체는 유전 물질을 가진다.'의 특징만 가지므로 A는 결핵이고, ㉠은 '병원체는 유전 물질을 가진다.'이다. — 주의

ㄴ. 결핵, 독감, 후천성 면역 결핍 증후군(AIDS) 중 바이러스성 질병은 독감과 후천성 면역 결핍 증후군(AIDS)이므로 ㉡은 '바이러스성 질병이다.'이고, ㉢은 '병원체는 인간 면역 결핍 바이러스(HIV)이다.'이다. 따라서 B는 독감, C는 후천성 면역 결핍 증후군(AIDS)이다. B(독감)의 병원체는 바이러스로, 세포 구조를 갖지 않고 단백질과 핵산으로 구성된다.

ㄷ. C(AIDS)의 병원체는 바이러스로, 스스로 물질대사를 할 수 없어 숙주 세포 안에서만 물질대사를 한다.

* 질병의 구분

감염성 질병	병원체에 의해 나타나는 질병으로 전염되기도 한다. 예 감기, 독감, 결핵 등
비감염성 질병	병원체 없이 나타나는 질병으로 전염되지 않으며, 유전, 환경, 생활 방식 등이 원인이다. 예 고혈압, 당뇨병, 일부 암 등

H 34 정답 ④ * 질병과 병원체 [정답률 85%] 2021 실시 10월 학평 4

그림은 질병 (가)를 일으키는 병원체 X를 나타낸 것이다.
→ 단세포 원핵생물

핵막으로 둘러싸여 있지 않은 유전 물질

세포막

단백질을 합성하는 리보솜

이에 대한 설명으로 옳은 것만을 〈보기〉에서 있는 대로 고른 것은?

[보기]

ㄱ. X는 ~~바이러스이다~~. → X는 세균

ㄴ. X는 단백질을 갖는다. → X는 단백질과 유전 물질을 가짐

ㄷ. (가)는 감염성 질병이다. → (가)는 세균에 의한 감염성 질병

① ㄱ ② ㄴ ③ ㄱ, ㄷ ④ ㄴ, ㄷ ⑤ ㄱ, ㄴ, ㄷ

| 문제+자료 분석 |

- 병원체 X는 세포막으로 둘러싸인 단세포 생물이며 핵막이 없으므로 원핵생물인 세균이다. 세균은 단백질과 유전 물질을 가지고 있어서 스스로 물질대사를 할 수 있다.

| 보기 분석 |

ㄱ. X는 단세포 원핵생물인 세균이다. 바이러스는 세포로 이루어져 있지 않으므로 세포막이 존재하지 않는다. — 주의

ㄴ. X는 스스로 물질대사를 할 수 있는 생명체로 단백질과 유전 물질을 가진다. X를 나타낸 그림에서 단백질을 합성하는 리보솜을 볼 수 있다.

ㄷ. (가)는 병원체 X에 의한 질병이다. 병원체에 의해 다른 사람에게 전염될 수 있는 질병을 감염성 질병이라 한다.

* 바이러스와 세균

바이러스	• 세포막이 없으며, 단백질 껍질과 유전 물질로 이루어져있다.
세균	• 세포막이 있으며, 단백질을 합성하는 리보솜이 있다. • 유전 물질은 있으나 원핵생물로 핵막이 없다.

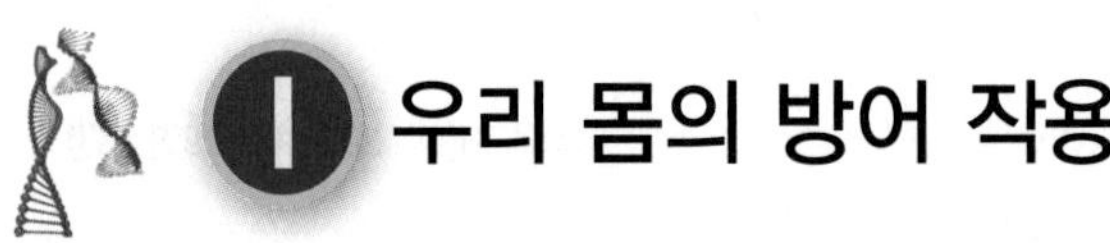

I 우리 몸의 방어 작용

I 01 정답 ③ *항원 항체 반응 [정답률 88%] 2025 대비 6월 모평 3

그림 (가)는 어떤 사람이 병원체 X에 감염되었을 때 생성된 X에 대한 항체 Y의 구조를, (나)는 X와 Y의 항원 항체 반응을 나타낸 것이다. ㉠과 ㉡ 중 하나는 항원 결합 부위이다.

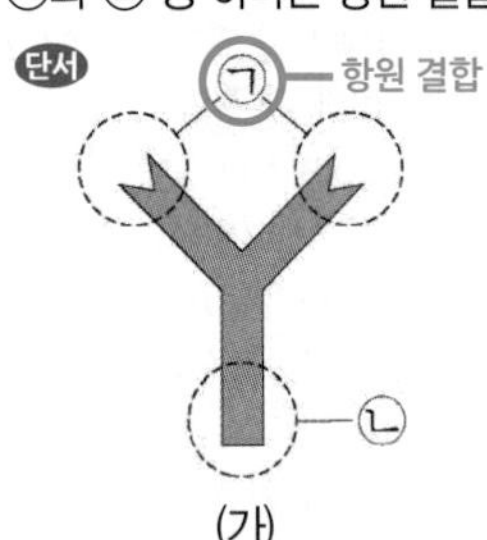

(가)

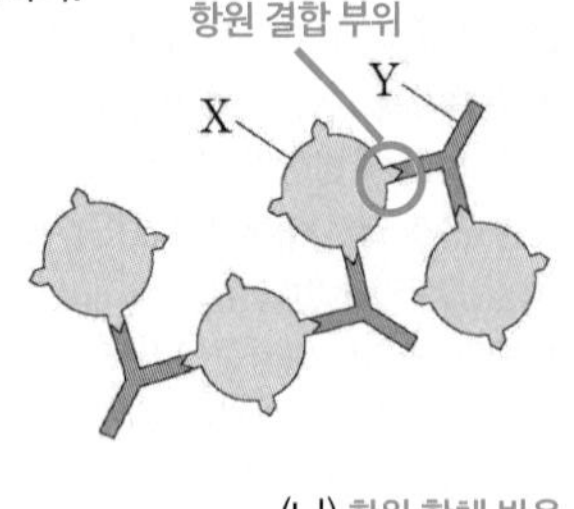

(나) 항원 항체 반응

이에 대한 설명으로 옳은 것만을 〈보기〉에서 있는 대로 고른 것은? (3점)

[보기]

ㄱ. Y는 형질 세포로부터 생성된다.
항체 Y는 형질 세포로부터 생성됨

ㄴ. ㉡은 X에 특이적으로 결합하는 부위이다.
병원체 X가 결합하는 부위가 두 군데인 ㉠이 항원 결합 부위임

ㄷ. X에 대한 체액성 면역 반응에서 (나)가 일어난다.
체액성 면역 반응에서 항원 항체 반응인 (나)가 일어남

① ㄱ ② ㄴ ③ ㄱ, ㄷ ④ ㄴ, ㄷ ⑤ ㄱ, ㄴ, ㄷ

| 문제+자료 분석 |

- **항원:** 병원체, 먼지, 꽃가루 등이 체내로 침입하여 면역 반응을 일으키는 이물질이다.
- **항체:** 항원을 제거하기 위해 체내에서 만들어진 단백질로, Y자 모양이며 항원 결합 부위가 두 군데 있다.
- 항체의 종류에 따라 항원 결합 부위의 입체 구조가 다르다.
  ➡ Y자 모양에서 병원체 X가 결합하는 부위가 두 군데인 ㉠이 항원 결합 부위이다.
- 항원이 몸속으로 들어오면 항체가 생성되고, 항체가 항원과 결합하는 항원 항체 반응이 일어난다.
  ➡ 항체는 항원 결합 부위와 입체 구조가 맞는 특정 항원하고만 결합한다.
- 항원의 침입 후 활성화된 보조 T 림프구의 도움으로 같은 항원을 인식하는 B 림프구가 증식하여 형질 세포와 기억 세포로 분화한다.
- **형질 세포:** 해당 항원에 결합할 수 있는 항체를 생성한다.
  ➡ 이 항체가 항원을 제거한다.
- **체액성 면역:** 형질 세포에서 생성·분비된 항체에 의해 항원을 효율적으로 제거하는 작용

| 보기 분석 |

ㄱ. 형질 세포는 해당 항원에 결합할 수 있는 항체를 생성하고, 이 항체가 항원을 제거한다. 항체 Y는 형질 세포로부터 생성된다.

ㄴ. Y자 모양인 항체는 항원 결합 부위가 두 군데 있다. 병원체 X가 결합하는 부위가 두 군데인 ㉠이 항원 결합 부위이다.

ㄷ. 항체에 의해 항원을 효율적으로 제거하는 작용을 체액성 면역이라 한다. 체액성 면역 반응에서 항원 항체 반응인 (나)가 일어난다.

I 02 정답 ③ *특이적 방어 작용 [정답률 80%] 2022 대비 수능 9

다음은 어떤 사람이 병원체 X에 감염되었을 때 나타나는 방어 작용에 대한 자료이다.

(가) ㉠ 형질 세포에서 X에 대한 항체가 생성된다.
→ X에 대한 체액성 면역

(나) 세포독성 T 림프구가 X에 감염된 세포를 파괴한다.
→ X에 대한 세포성 면역

이에 대한 설명으로 옳은 것만을 〈보기〉에서 있는 대로 고른 것은? (3점)

[보기]

ㄱ. X에 대한 체액성 면역 반응에서 (가)가 일어난다.
→ X에 대한 항체가 생성된 것은 체액성 면역

ㄴ. (나)는 특이적 방어 작용에 해당한다.
→ (나)의 세포독성 T 림프구는 X에 감염된 세포를 특이적으로 파괴

ㄷ. 이 사람이 X에 다시 감염되었을 때 ㉠이 기억 세포로 분화한다.
→ X에 다시 감염되었을 때 기억 세포가 형질 세포로 분화

① ㄱ ② ㄷ ③ ㄱ, ㄴ ④ ㄴ, ㄷ ⑤ ㄱ, ㄴ, ㄷ

| 문제+자료 분석 |

- **(가):** 형질 세포에서 X에 대한 항체가 생성되는 것은 X에 대한 체액성 면역 반응으로 특이적 방어 작용이다.
- **(나):** 세포독성 T 림프구가 X에 감염된 세포를 파괴하는 것은 X에 대한 세포성 면역 반응으로 특이적 방어 작용이다.

| 보기 분석 |

ㄱ. X에 대한 체액성 면역 반응은 형질 세포에서 X에 대한 항체가 생성되는 반응으로 (가) 과정에 해당한다. 항체가 체액을 타고 순환하며 병원체 X를 무력화시키기 때문에 체액성 면역이라 한다.

ㄴ. (나)는 X에 감염된 세포를 직접 파괴하는 세포성 면역으로 세포독성 T 림프구가 X에 감염된 세포를 특이적으로 인식하는 특이적 방어 작용에 해당한다.

ㄷ. 병원체 X에 다시 감염되면 기억 세포가 형질 세포(㉠)로 분화하여 빠른 속도로 항체가 생성되며, 처음 감염되었을 때보다 더 많은 양의 항체가 생성된다.

강민성 | 성균관대 의예과 2022년 입학 · 부산 해운대고 졸

면역 반응에 대한 문제야. 이번 시험에는 기존에 주로 출제되는 쥐에 뭔가 주사하는 실험 문제가 아니라 아주 기본적인 개념으로 풀 수 있는 문제가 나왔지만 앞으로도 이렇단 보장은 없겠지? 기본 개념은 당연히 아주 잘 알아야 하고, 거기다 더해서 주로 나오는 기출 문제를 많이 풀어서 각종 유형에 익숙해지는 공부가 필요해.

I 03 정답 ⑤ * 방어 작용 ······ [정답률 90%] 2025 대비 9월 모평 18

다음은 사람의 방어 작용에 대한 실험이다.

ㅇ 침과 눈물에는 ㉠ 세균의 증식을 억제하는 물질이 있다. (라이소자임)

[실험 과정 및 결과]

(가) 사람의 침과 눈물을 각각 표와 같은 농도로 준비한다.

(나) (가)에서 준비한 침과 눈물에 같은 양의 세균 G를 각각 넣고 일정 시간 동안 배양한 후, G의 증식 여부를 확인한 결과는 표와 같다.

이보다 농도가 높은 라이소자임은 세균의 증식을 억제함

농도(상댓값)	침	눈물
1	ⓐ	×
0.1	×	?
0.01	○	×

(○: 증식됨, ×: 증식 안 됨)

이에 대한 설명으로 옳은 것만을 〈보기〉에서 있는 대로 고른 것은? (단, 제시된 조건 이외는 고려하지 않는다.) (3점)

[보기]

ㄱ. 라이소자임은 ㉠에 해당한다.
라이소자임은 ㉠에 해당함

ㄴ. ⓐ는 '×'이다.
ⓐ는 '×'임

ㄷ. 사람의 침과 눈물은 비특이적 방어 작용에 관여한다.
사람의 침과 눈물은 비특이적 방어 작용에 관여함

① ㄱ ② ㄷ ③ ㄱ, ㄴ ④ ㄴ, ㄷ ⑤ ㄱ, ㄴ, ㄷ

단서+발상

단서 농도(상댓값) 0.1인 침과 농도(상댓값) 0.01인 눈물에서 세균이 증식하지 않았음이 제시되어 있다.

발상 농도(상댓값) 0.1보다 농도가 높은 침, 농도(상댓값) 0.01보다 농도가 높은 눈물에서 세균이 증식할 수 없음을 추론할 수 있다.

적용 비특이적 방어 작용의 특징을 적용해서 침과 눈물의 역할을 이해한 후 농도에 따른 세균 증식 여부를 파악하는 것부터 문제 풀이를 시작해야 한다.

| 문제+자료 분석 |

- 침과 눈물에는 세균의 증식을 억제하는 라이소자임이 들어 있다. 라이소자임은 세균의 막을 용해하는 효소이다.
- 세균 G가 농도(상댓값) 0.01인 침에서 증식한 것은 라이소자임의 양이 충분하지 않았기 때문이다.
- 세균 G가 농도(상댓값) 0.1인 침과 농도(상댓값) 0.01인 눈물에서 증식하지 못한 것은 라이소자임의 양이 충분했기 때문이며, 그 이상의 농도에서는 세균 G가 증식할 수 없다.

| 보기 분석 |

ㄱ. 라이소자임은 세균의 증식을 억제하는 물질인 ㉠에 해당한다.

ㄴ. 농도(상댓값) 1인 침에 충분한 양의 라이소자임이 포함되어 있으므로 세균이 증식할 수 없다. ⓐ는 '×'이다.

ㄷ. 사람의 침과 눈물은 병원체의 종류에 관계없이 광범위하게 방어하는 비특이적 방어 작용에 관여한다.

＊ 비특이적 방어 작용

- 선천성 면역이며, 병원체의 종류에 관계없이 신속하고 광범위하게 방어 작용이 일어난다.
- 땀과 눈물 및 점막에 포함된 라이소자임, 백혈구의 식세포 작용, 소화 기관의 위산, 피부, 땀샘, 코털 등이 비특이적 방어 작용의 예이다.

I 04 정답 ④ * 특이적 방어 작용 ······ [정답률 80%] 2021 대비 6월 모평 15

표 (가)는 세포 Ⅰ~Ⅲ에서 특징 ㉠~㉢의 유무를 나타낸 것이고, (나)는 ㉠~㉢을 순서 없이 나타낸 것이다. Ⅰ~Ⅲ은 각각 보조 T 림프구, 세포독성 T 림프구, 형질 세포 중 하나이다.

세포 \ 특징	㉠	㉡	㉢
(세포 독성T) Ⅰ	○	○	○
(형질) Ⅱ	×	○	×
(보조 T) Ⅲ	○	○	×

(○: 있음, ×: 없음)

(가)

특징(㉠~㉢)
• 특이적 방어 작용에 관여한다. ㉡
• 가슴샘에서 성숙된다. ㉠
• 병원체에 감염된 세포를 직접 파괴한다. ㉢

(나)

이에 대한 설명으로 옳은 것만을 〈보기〉에서 있는 대로 고른 것은? (3점)

[보기]

ㄱ. Ⅰ은 ~~보조 T 림프구~~이다. → Ⅰ은 세포독성 T림프구이다.

ㄴ. Ⅱ에서 항체가 분비된다.
→ Ⅱ는 형질 세포이고, 형질 세포에서는 항체가 분비된다.

ㄷ. ㉢은 '병원체에 감염된 세포를 직접 파괴한다.'이다.
→ 세포독성 T 림프구만 나타내는 특징 ㉢은 '병원체에 감염된 세포를 직접 파괴한다.'이다.

① ㄱ ② ㄴ ③ ㄱ, ㄷ ④ ㄴ, ㄷ ⑤ ㄱ, ㄴ, ㄷ

| 문제+자료 분석 |

- ㉠(가슴샘에서 성숙된다.) ⇨ 보조 T 림프구, 세포독성 T 림프구
- ㉡(특이적 방어 작용에 관여한다.) ⇨ 보조 T 림프구, 세포독성 T 림프구, 형질 세포
- ㉢(병원체에 감염된 세포를 직접 파괴한다.) ⇨ 세포독성 T 림프구

| 보기 분석 |

ㄱ. 특징 ㉠~㉢을 모두 나타내는 세포 Ⅰ은 세포독성 T 림프구이다.

ㄴ. 특징 ㉡만 나타내는 세포 Ⅱ는 형질 세포이다. 형질 세포에서는 항원에 대한 항체를 분비한다.

ㄷ. ㉢은 세포 Ⅰ(세포독성 T 림프구)만 나타내는 특징으로, ㉢은 '병원체에 감염된 세포를 직접 파괴한다.'이다.

＊ 특이적 방어 작용(후천성 면역)

세포성 면역	활성화된 세포독성 T 림프구가 감염된 세포를 제거하는 면역 반응이다.
체액성 면역	형질 세포가 생산하는 항체가 항원과 결합함으로써 효율적으로 항원을 제거하는 면역 반응이다.
1차 면역 작용	항원의 1차 침입 시 보조 T 림프구의 도움을 받은 B 림프구가 기억 세포와 형질 세포로 분화되며, 형질 세포는 항체를 생산한다.
2차 면역 작용	동일 항원의 재침입 시 그 항원에 대한 기억 세포가 빠르게 분화하여 기억 세포와 형질 세포로 분화되며, 형질 세포가 항체를 생산한다.

I 05 정답 ⑤ * 방어 작용 ······ [정답률 62%] 2018 실시 7월 학평 7

그림 (가)는 인체에 세균 X가 침입했을 때 B 림프구와 기억 세포가 각각 형질 세포로 분화되는 과정을, (나)는 X의 침입 후 생성되는 혈중 항체의 농도 변화를 나타낸 것이다.

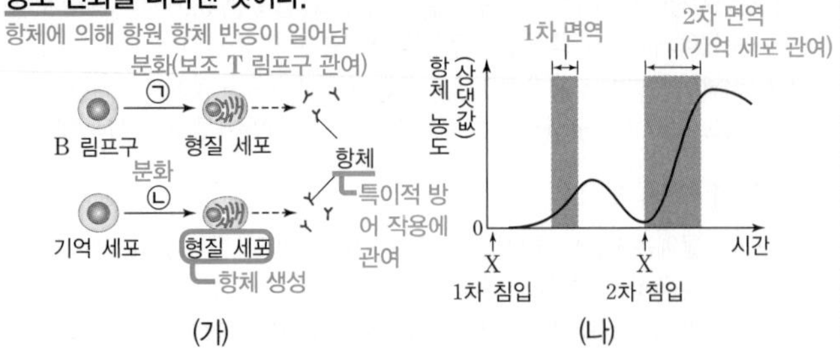

이에 대한 설명으로 옳은 것만을 〈보기〉에서 있는 대로 고른 것은?

[보기]

ㄱ. 과정 ㉠에 보조 T 림프구가 관여한다.
→ B 림프구가 형질 세포로 분화되는 과정 ㉠에 보조 T 림프구가 관여함

ㄴ. 구간 Ⅱ에서 과정 ㉡이 일어난다.
→ 구간 Ⅱ는 기억 세포에 의해 일어나는 2차 면역 작용

ㄷ. 구간 Ⅰ과 Ⅱ에서 모두 X에 대한 특이적 방어 작용이 일어난다. → 항원 항체 반응은 특이적 방어 작용

① ㄱ ② ㄷ ③ ㄱ, ㄴ ④ ㄴ, ㄷ ⑤ ㄱ, ㄴ, ㄷ

| 문제+자료 분석 |

- **항원 침입 시:** 대식 세포가 항원을 인식 → B 림프구에서 분화된 형질 세포가 항체를 생성
- **세균 X 침입 시:** 대식 세포가 세균을 인식 → 보조 T 림프구에 의해 B 림프구는 기억 세포와 형질 세포로 분화(㉠) → 형질 세포에서 항체가 생성
- **세균 X 재침입 시:** 기억 세포가 빠르게 형질 세포로 분화(㉡) → 형질 세포에서 항체가 1차 침입 시보다 더 높은 농도로 빠르게 생성

| 보기 분석 |

ㄱ. B 림프구가 형질 세포로 분화되는 과정에는 보조 T 림프구가 작용한다. 보조 T 림프구에 의해 특정 항원에 대한 항체를 생성하는 형질 세포로 분화될 수 있다.

ㄴ. 구간 Ⅱ는 세균 X가 2차 침입했을 때 빠르게 항체 농도가 높아지는 부분이다. 구간 Ⅰ에서보다 항체 농도가 빠르게 증가하는 것은 기억 세포가 형질 세포로 분화되는 과정 ㉡이 일어나기 때문이다.
기억 세포가 형질 세포로 분화되어 항체를 형성하는 2차 면역 과정은 잠복기가 없으며 1차 면역 과정에 비해 항체가 더 빠르게 생성된다는 특징이 있다.

ㄷ. 구간 Ⅰ과 Ⅱ에서는 모두 항체가 형성되었다. 형성된 항체는 특정 항원과 결합하는 특이적 방어 작용이 일어났다.

I 06 정답 ⑤ * 인체의 방어 작용 ······ [정답률 85%] 2024 실시 7월 학평 7

그림 (가)는 어떤 사람이 항원 X에 감염되었을 때 일어나는 방어 작용의 일부를, (나)는 이 사람에서 X의 침입에 의해 생성되는 X에 대한 혈중 항체 농도 변화를 나타낸 것이다. 세포 ㉠과 ㉡은 형질 세포와 B 림프구를 순서 없이 나타낸 것이다.

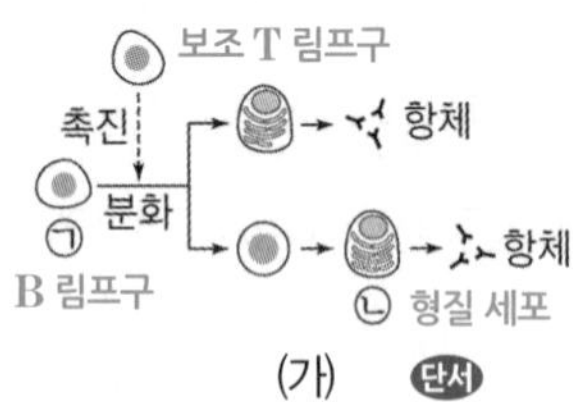

이에 대한 설명으로 옳은 것만을 〈보기〉에서 있는 대로 고른 것은? (3점)

[보기]

ㄱ. ㉠은 B 림프구이다.
㉠은 B 림프구, ㉡은 형질 세포임

ㄴ. 구간 Ⅰ에는 X에 대한 기억 세포가 있다.
구간 Ⅰ에서는 2차 면역 반응이 일어나므로 X에 대한 기억 세포가 있음

ㄷ. ㉡에서 분비되는 항체에 의한 방어 작용은 체액성 면역에 해당한다.
항체에 의한 방어 작용은 체액성 면역임

① ㄱ ② ㄴ ③ ㄱ, ㄷ ④ ㄴ, ㄷ ⑤ ㄱ, ㄴ, ㄷ

단서+발상

(단서) ㉡으로부터 항체가 만들어지는 그림과 X가 2차 침입했을 때 항체 농도가 단시간 내에 급격히 증가하는 그래프가 제시되어 있다.

(발상) 항체를 만드는 ㉡이 형질 세포이며, X의 1차 침입 시 기억 세포가 만들어져 2차 침입 시 2차 면역 반응이 일어났음을 추론할 수 있다.

| 문제+자료 분석 |

- **(가):** 보조 T 림프구에 의해 활성화된 B 림프구는 형질 세포나 기억 세포로 분화한다.
- 형질 세포는 항체를 만들며, 같은 항원이 재침입했을 때 기억 세포가 빠르게 형질 세포로 분화한다.
  ➡ 형질 세포와 기억 세포로 분화한 ㉠은 B 림프구, 항체를 만드는 ㉡은 형질 세포이다.
- **(나):** X의 1차 침입 시 항체가 낮은 농도로 서서히 증가한 것은 1차 면역 반응이 일어난 것이다.
- **(나):** X의 2차 침입 시 항체가 높은 농도로 급격히 증가한 것은 기억 세포가 형질 세포로 분화해 일어난 2차 면역 반응이다.

| 보기 분석 |

ㄱ. 형질 세포와 기억 세포로 분화한 ㉠은 B 림프구이다.

ㄴ. X의 1차 침입 시 만들어진 기억 세포가 X의 2차 침입 후 형질 세포로 빠르게 분화해 단시간에 다량의 항체가 만들어진 것으로 구간 Ⅰ에 X에 대한 기억 세포가 있다.

ㄷ. T 림프구가 감염된 세포를 직접 인식하는 방어 작용을 세포성 면역이라 하고, 형질 세포가 분비한 항체를 통해 항원을 제거하는 방어 작용을 체액성 면역이라 한다.

* 비특이적 방어 작용

- **1차 면역 반응:** 항원이 체내로 처음 들어오면 보조 T 림프구가 항원의 종류를 인식하여 B 림프구를 분화시킨다. B 림프구는 기억 세포나 형질 세포로 분화하며, 형질 세포에서 항원에 대한 항체가 분비된다. 이를 1차 면역 반응이라 하며, 침입한 항원에 대한 항체 농도가 높아지기까지 시간이 걸린다.
- **2차 면역 반응:** 1차 면역 반응에서 B 림프구가 분화한 기억 세포는 항원이 제거된 후에도 남아 있다. 같은 항원이 재침입할 경우 기억 세포가 형질 세포로 빠르게 분화하여 다량의 항체를 생성하는데 이를 2차 면역 반응이라 한다.

I 07 정답 ① ＊인체의 방어 작용 [정답률 69%] 2023 실시 7월 학평 9

다음은 사람의 몸에서 일어나는 방어 작용에 대한 자료이다. 세포 ⓐ~ⓒ는 대식세포, B 림프구, 보조 T 림프구를 순서 없이 나타낸 것이다.

(가) 위의 점막에서 위산이 분비되어 외부에서 들어온 세균을 제거한다. ➡ 비특이적 방어 작용

(나) ⓐ(대식세포)가 제시한 항원 조각을 인식하여 활성화된 ⓑ(보조 T 림프구)가 ⓒ의 증식과 분화를 촉진한다. ⓒ(B 림프구)는 형질 세포로 분화하여 항체를 생성한다.

이에 대한 설명으로 옳은 것만을 〈보기〉에서 있는 대로 고른 것은? (3점)

[보기]

ㄱ. (가)는 비특이적 방어 작용에 해당한다.
(가)는 비특이적 방어 작용에 해당함

ㄴ. ⓑ는 ~~B 림프구~~이다.
ⓑ는 보조 T 림프구임

ㄷ. ⓒ는 ~~가슴샘~~에서 성숙한다.
ⓒ는 골수에서 성숙함

① ㄱ ② ㄴ ③ ㄱ, ㄷ ④ ㄴ, ㄷ ⑤ ㄱ, ㄴ, ㄷ

| 문제+자료 분석 |

- (가): 위의 점막에서 분비된 위산은 외부에서 들어온 세균을 제거하는 식세포 작용(살균 작용)을 한다. 이는 비특이적 방어 작용에 해당한다.
- (나): 체내에 병원체가 침입하면 대식세포(ⓐ)가 식세포 작용(식균 작용)을 통해 항원 조각을 제시한다. 대식세포(ⓐ)가 제시한 항원 조각을 보조 T 림프구(ⓑ)가 인식하여 B 림프구(ⓒ)의 증식과 분화를 촉진한다. B 림프구(ⓒ)는 형질 세포와 기억 세포로 분화되고, 형질 세포는 항체를 생성한다.

| 보기 분석 |

ㄱ. (가)에서 위산이 외부에서 들어온 세균을 제거하는 것은 광범위한 병원체에 대해 신속하게 반응하는 비특이적 방어 작용의 예에 해당한다.

ㄴ. 대식세포(ⓐ)가 제시한 항원 조각을 인식하여 B 림프구(ⓒ)의 증식과 분화를 촉진하는 ⓑ는 보조 T 림프구이다.

ㄷ. B 림프구(ⓒ)는 골수에서 생성되고 골수에서 성숙한다. T 림프구는 골수에서 생성되고 가슴샘에서 성숙한다. 함정

＊ 세포성 면역과 체액성 면역

세포성 면역	항원이 침입하면 대식세포가 식균 작용으로 일부 항원을 제거한 후 항원 정보를 보조 T 림프구에 제공	보조 T 림프구에 의해 세포독성 T림프구 활성화 ➡ 세포독성 T림프구가 항원에 감염된 세포 또는 암세포 등을 직접 파괴
체액성 면역		보조 T 림프구에 의해 B 림프구 증식 ➡ 일부는 기억 세포로 남고 대부분은 형질 세포로 전환되어 항체 생산 ➡ 항체가 항원과 항원 항체 반응을 일으켜 항원 제거

I 08 정답 ① ＊방어 작용 [정답률 58%] 2020 대비 6월 모평 9

그림 (가)와 (나)는 어떤 사람이 세균 X에 처음 감염된 후 나타나는 면역 반응을 순차적으로 나타낸 것이다. ㉠과 ㉡은 B 림프구와 보조 T 림프구를 순서 없이 나타낸 것이다.

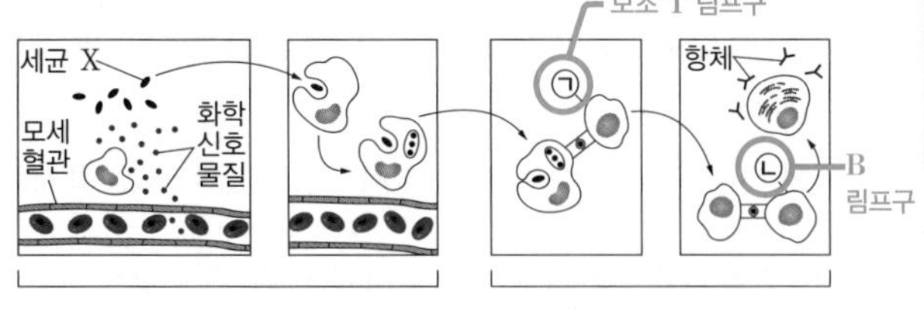

(가) 비특이적 방어 작용 (나) 특이적 방어 작용

이에 대한 설명으로 옳은 것만을 〈보기〉에서 있는 대로 고른 것은? (3점)

[보기]

ㄱ. (가)에서 X에 대한 비특이적 방어 작용이 일어났다.
→ (가)는 선천성 면역으로 비특이적 방어 작용임

ㄴ. ~~㉡은~~ 가슴샘(흉선)에서 성숙되었다. → ㉡(B 림프구)은 골수에서 성숙

ㄷ. (나)에서 X에 대한 ~~2차~~ 면역 반응이 일어났다.
→ (나)에서 X에 대한 1차 면역 반응이 일어남

① ㄱ ② ㄴ ③ ㄷ ④ ㄱ, ㄴ ⑤ ㄴ, ㄷ

| 문제+자료 분석 |

- (가): 대식 세포와 같은 백혈구가 체내로 침투한 병원체를 세포 안으로 끌어들여 분해하는 작용을 나타낸 것으로, 비특이적 방어 작용이다.
- (나): 보조 T 림프구에 의해 활성화된 B 림프구가 증식하고 분화하여 형질 세포를 생성하고 형질 세포에서 분비된 항체가 항원을 제거하는 특이적 방어 작용이다.

| 보기 분석 |

ㄱ. (가)는 식균 작용이 일어나는 비특이적 방어 작용으로, 선천성 면역에 해당한다.

ㄴ. ㉡은 B 림프구이다. B 림프구는 가슴샘(흉선)이 아닌 골수에서 성숙된다. ㉠은 보조 T 림프구로, 가슴샘(흉선)에서 성숙된다.

ㄷ. (나)는 X에 처음 감염된 후 일어나는 면역 반응으로 1차 면역 반응이다. 2차 면역 반응은 X의 1차 감염에 의해 생성된 기억 세포가 관여한다.
(나)에서 B 림프구의 형질 세포로의 전환 과정이 제시되어 있는데, 이 과정은 1차 면역 반응과 2차 면역 반응 모두에서 나타나는 과정이다. 제시된 자료에서는 기억 세포가 관여하지 않았기 때문에 (나)는 1차 면역 반응임을 알 수 있다. 함정

＊ B 림프구와 T 림프구

B 림프구는 골수(Bone marrow)에서 생성되고 성숙된다고 해서 첫 글자 B를 따서 B 림프구, T 림프구는 골수에서 생성된 후 가슴샘(Thymus)으로 이동하여 성숙된다고 해서 첫 글자 T를 따서 T 림프구라고 한다.

I 09 정답 ③ * 세포성 면역 [정답률 79%] 2023 대비 6월 모평 12

그림은 사람 P가 병원체 X에 감염되었을 때 일어난 방어 작용의 일부를 나타낸 것이다. ㉠과 ㉡은 보조 T 림프구와 세포독성 T 림프구를 순서 없이 나타낸 것이다.

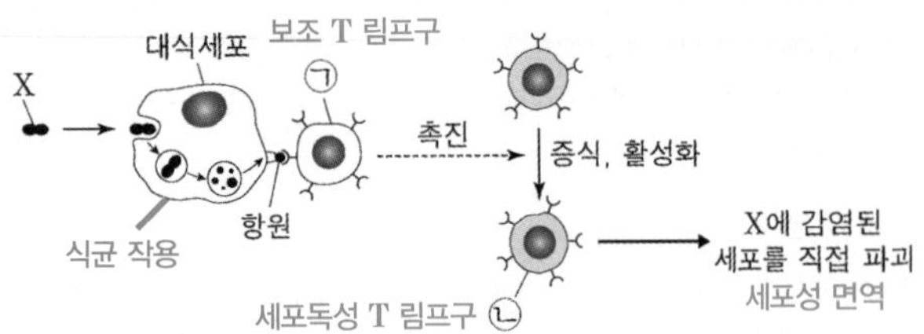

이에 대한 설명으로 옳은 것만을 〈보기〉에서 있는 대로 고른 것은? (3점)

[보기]

ㄱ. ㉠은 대식세포가 제시한 항원을 인식한다.
㉠은 대식세포가 제시한 항원을 인식하여 활성화되는 보조 T 림프구

ㄴ. ㉡은 ~~형질 세포로 분화된다~~.
㉡은 세포독성 T 림프구이므로 형질 세포로 분화되지 않음

ㄷ. P에서 세포성 면역 반응이 일어났다.
세포독성 T 림프구에 의해 X에 감염된 세포가 직접 파괴되므로 세포성 면역 반응이 일어남

① ㄱ ② ㄴ ③ ㄱ, ㄷ ④ ㄴ, ㄷ ⑤ ㄱ, ㄴ, ㄷ

| 문제+자료 분석 |

- ㉠ 보조 T 림프구: 대식세포가 제시한 항원을 인식하여 활성화되며, 세포독성 T 림프구의 증식 및 활성화를 촉진하는 기능을 한다.
- ㉡ 세포독성 T 림프구: 활성화된 세포독성 T 림프구는 병원체에 감염된 세포를 제거하는 기능을 한다.

| 보기 분석 |

ㄱ. 대식세포는 식균 작용으로 병원체를 분해하여 항원 조각을 제시하고, ㉠(보조 T 림프구)은 대식세포가 제시한 항원을 인식하여 활성화된다.

ㄴ. 형질 세포로 분화할 수 있는 세포는 보조 T 림프구에 의해 활성화된 B 림프구와 1차 면역 반응을 통해 B 림프구로부터 분화되어 형성된 기억 세포이다. ㉡(세포독성 T 림프구)은 형질 세포로 분화되지 않는다.

ㄷ. 세포성 면역 반응은 보조 T 림프구에 의해 활성화된 ㉡(세포독성 T 림프구)이 병원체에 감염된 세포를 직접 파괴하는 반응을 말한다. 따라서 P에서 세포독성 T 림프구에 의한 세포성 면역 반응이 일어났다.

*B 림프구와 T 림프구

구분	생성 부위	성숙 부위	분화 형태
B 림프구	골수	골수	기억 세포, 형질 세포
T 림프구	골수	가슴샘	세포독성 T 림프구, 보조 T 림프구

I 10 정답 ③ * 체액성 면역 [정답률 67%] 2021 실시 7월 학평 5

그림 (가)와 (나)는 사람의 체내에 항원 X가 침입했을 때 일어나는 방어 작용 중 일부를 나타낸 것이다. ㉠과 ㉡은 각각 기억 세포와 형질 세포 중 하나이다.

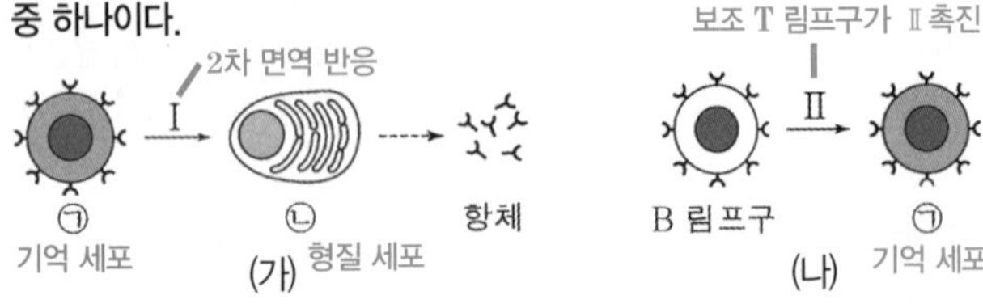

이에 대한 설명으로 옳은 것만을 〈보기〉에서 있는 대로 고른 것은? (3점)

[보기]

ㄱ. ㉠은 ~~형질~~ 세포이다. → ㉠은 기억 세포, ㉡은 형질 세포

ㄴ. 과정 Ⅰ은 X에 대한 ~~1차~~ 면역 반응에서 일어난다.
→ 기억 세포(㉠)로부터 형질 세포(㉡)가 분화되는 과정 Ⅰ은 2차 면역 반응

ㄷ. 보조 T 림프구는 과정 Ⅱ를 촉진한다.
→ 대식 세포가 제시한 항원 조각을 인식하여 활성화된 보조 T 림프구는 B 림프구로부터 기억 세포(㉠)와 형질 세포(㉡)로의 분화를 촉진함

① ㄱ ② ㄴ ③ ㄷ ④ ㄱ, ㄷ ⑤ ㄴ, ㄷ

| 문제+자료 분석 |

- (가): 동일 항원의 재침입 시 그 항원에 대한 기억 세포(㉠)가 빠르게 분화하여 기억 세포와 형질 세포(㉡)를 만들며, 형질 세포가 많은 양의 항체를 빠르게 생산 및 분비하여 2차 면역 반응이 나타난다. 꿀팁
- (나): 대식 세포가 제시한 항원 조각을 인식하여 활성화된 보조 T 림프구에 의해 B 림프구는 기억 세포(㉠)와 형질 세포(㉡)로 분화가 촉진되며, 분화된 형질 세포(㉡)는 항원에 대한 항체를 생산 및 분비하여 1차 면역 반응이 나타난다.

| 보기 분석 |

ㄱ. ㉠은 2차 면역 반응(Ⅰ)에 의해 기억 세포(㉠)와 형질 세포(㉡)로 분화하는 기억 세포이다.

ㄴ. 과정 Ⅰ은 동일 항원의 재침입 시 그 항원에 대한 기억 세포(㉠)가 기억 세포(㉠)와 형질 세포(㉡)로 빠르게 분화하고, 분화된 형질 세포(㉡)가 항체를 생산 및 분비하는 2차 면역 반응에서 일어난다.

ㄷ. 과정 Ⅱ는 대식 세포가 제시한 항원 조각을 인식하여 활성화된 보조 T 림프구가 B 림프구로부터 기억 세포(㉠)와 형질 세포(㉡)로의 분화를 촉진하는 과정이다.

I 11 정답 ④ * 방어 작용 ········· [정답률 82%] 2020 대비 수능 11

그림 (가)는 어떤 사람이 세균 X에 감염된 후 나타나는 특이적 방어 작용의 일부를, (나)는 이 사람에서 X의 침입에 의해 생성되는 X에 대한 혈중 항체의 농도 변화를 나타낸 것이다. ㉠과 ㉡은 보조 T 림프구와 B 림프구를 순서 없이 나타낸 것이다.

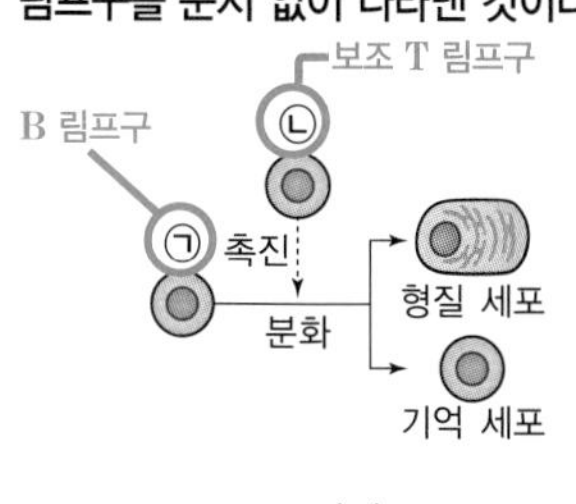

(가)

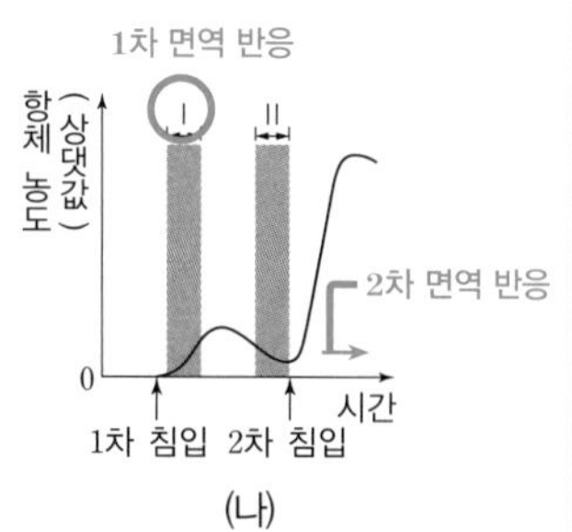

(나)

이에 대한 설명으로 옳은 것만을 〈보기〉에서 있는 대로 고른 것은? (3점)

[보기]

ㄱ. ㉠은 보조 T 림프구이다. → ㉠은 B 림프구

ㄴ. 구간 I에서 형질 세포로부터 항체가 생성되었다.
→ 항원이 1차 침입했을 때 형질 세포가 항체를 생성함

ㄷ. 구간 II에는 X에 대한 기억 세포가 있다.
→ 항원이 1차 침입했을 때 생성된 기억 세포가 항원의 2차 침입 시 빠르게 형질 세포로 분화하여 높은 농도의 항체를 생성함

① ㄱ ② ㄷ ③ ㄱ, ㄴ ④ ㄴ, ㄷ ⑤ ㄱ, ㄴ, ㄷ

| 문제+자료 분석 |

- B 림프구(㉠)는 보조 T 림프구(㉡)에 의해 형질 세포와 기억 세포로 분화한다.
- I: 세균 X가 처음 침입했을 때 일어나는 1차 면역 반응이다.
- II: 기억 세포가 생성된 상태에서 X가 재침입했을 때 일어나는 2차 면역 반응이다.

| 보기 분석 |

ㄱ. 형질 세포와 기억 세포로 분화되는 ㉠은 B 림프구이며, B 림프구의 분화를 촉진하는 ㉡은 보조 T 림프구이다.

ㄴ. 구간 I은 항원 X가 1차 침입한 후로 B 림프구로부터 형질 세포와 기억 세포가 처음으로 분화된다. 분화된 형질 세포로부터 항체가 생성되어 항체 농도가 증가한다. 꿀팁

ㄷ. 구간 I보다 II에서 항체 농도가 훨씬 높은 것은 항원 X가 1차 침입했을 때 기억 세포가 생성되었기 때문이다. 항원 X가 2차 침입한 후 기억 세포로부터 형질 세포가 빠르게 분화하여 높은 농도의 항체를 생성한다. 이를 2차 면역 반응이라고 한다.

* 체액성 면역

1차 면역 반응	항원이 처음 침입했을 때 B 림프구가 보조 T 림프구에 의해 활성화되어 기억 세포와 형질 세포로 분화하며, 형질 세포가 항체를 생성한다.
2차 면역 반응	같은 항원이 재침입했을 때 기억 세포가 형질 세포로 분화하여 빠르게 항체를 생성한다.

I 12 정답 ③ * 방어 작용 ········· [정답률 70%] 2020 실시 10월 학평 7

표는 세균 X가 사람에 침입했을 때의 방어 작용에 관여하는 세포 I~III의 특징을 나타낸 것이다. I~III은 대식세포, 형질 세포, 보조 T 림프구를 순서 없이 나타낸 것이다.

세포	특징
형질 세포 I	㉠ X에 대한 항체를 분비한다.
보조 T 림프구 II	B 림프구의 분화를 촉진한다.
대식세포 III	X를 세포 안으로 끌어들여 분해한다.

이에 대한 옳은 설명만을 〈보기〉에서 있는 대로 고른 것은? (3점)

[보기]

ㄱ. ㉠에 의한 방어 작용은 체액성 면역에 해당한다.
→ 형질 세포에서 생성된 ㉠(항체)에 의한 방어 작용은 체액성 면역에 해당한다.

ㄴ. II는 골수에서 성숙되었다.
→ II(보조 T 림프구)는 골수에서 생성되어 가슴샘에서 성숙된다.

ㄷ. III은 비특이적 방어 작용에 관여한다.
→ III은 대식세포로 식균(식세포) 작용을 통해 비특이적으로 병원체를 제거한다.

① ㄱ ② ㄴ ③ ㄱ, ㄷ ④ ㄴ, ㄷ ⑤ ㄱ, ㄴ, ㄷ

| 문제+자료 분석 |

- I(형질 세포): 항체를 생산하며, 세포의 체액성 면역에 관여한다. 형질 세포는 1차 면역 반응에서는 B 림프구로부터, 2차 면역 반응에서는 기억 세포로부터 분화된다.
- II(보조 T 림프구): 보조 T 림프구는 B 림프구의 형질 세포, 기억 세포로의 분화와 T 림프구의 세포 독성 T 림프구로의 분화를 촉진하는 역할을 한다.
- III(대식세포): 대식세포는 비특이적 방어 작용에 관여한다.
대식 세포는 병원체를 세포 안으로 끌여들어 화학적으로 분해하여 제거하는 식균(식세포) 작용을 한다.

| 보기 분석 |

ㄱ. ㉠(X에 대한 항체)에 의한 방어 작용은 체액성 면역에 해당하며, 항원 항체 반응을 통해 병원체를 제거한다.

ㄴ. II(보조 T 림프구)는 골수에서 생성되어 가슴샘에서 성숙된다.
골수에서 생성되어 골수에서 성숙되는 세포는 B 림프구이다.

ㄷ. III은 대식세포로 비특이적 방어 작용에서 식균 작용으로 병원체를 제거한다.
비특이적 방어 작용에는 대식세포의 식균 작용과 염증 반응이 있다.

I 13 정답 ② * 면역 [정답률 75%] 2020 실시 7월 학평 8

그림 (가)는 어떤 사람의 체내에 병원균 X가 처음 침입하였을 때 일어나는 방어 작용의 일부를, (나)는 이 사람에서 X의 침입에 의해 생성되는 X에 대한 혈중 항체의 농도 변화를 나타낸 것이다. ㉠과 ㉡은 각각 기억 세포와 형질 세포 중 하나이다.

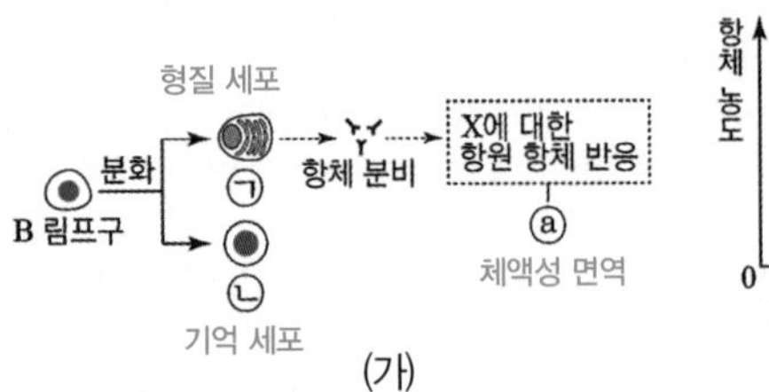

(가)

기억 세포에 의한 급속한 방어 작용

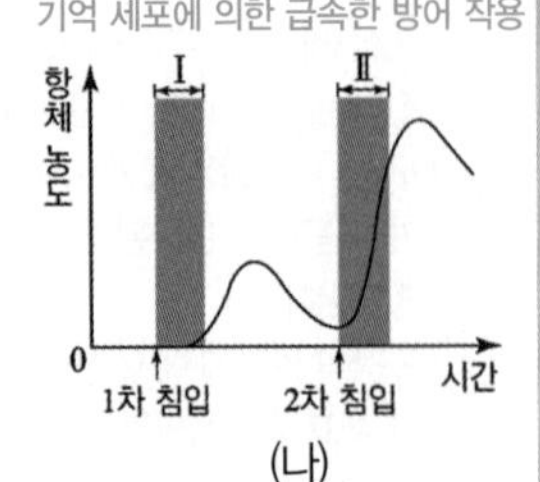

(나)

이에 대한 설명으로 옳은 것만을 〈보기〉에서 있는 대로 고른 것은? (3점)

[보기]

ㄱ. ⓐ는 ~~세포성 면역~~에 해당한다.
→ ⓐ는 X에 대한 항원 항체 반응으로 체액성 면역에 해당

ㄴ. 구간 Ⅱ에서 ~~㉠이 ㉡으로~~ 분화한다.
→ 구간 Ⅱ에서 기억 세포인 ㉡이 형질 세포인 ㉠으로 분화

ㄷ. 구간 Ⅰ에서 비특이적 방어 작용이 일어난다.
→ 구간 Ⅰ에서는 항체의 농도가 높아지기 전이므로 비특이적 방어 작용이 일어남

① ㄱ  ② ㄷ ③ ㄱ, ㄴ ④ ㄴ, ㄷ ⑤ ㄱ, ㄴ, ㄷ

| 문제+자료 분석 |

- ㉠: 항체를 분비하는 형질 세포이다.
- ㉡: 기억 세포로 같은 항원이 다시 침입했을 때 형질 세포로 분화한다.
- ⓐ: 항원 X에 대한 항체가 생성되어 일어나는 면역 반응으로 체액성 면역 반응이다.
- Ⅰ: 항원 X가 1차 침입한 직후로 항체의 농도가 천천히 증가한다.
- Ⅱ: 항원 X가 2차 침입한 직후로 1차 침입에서 형성된 기억 세포가 형질 세포로 빠르게 분화하여 항체의 농도가 빠르게 증가한다.

| 보기 분석 |

ㄱ. ⓐ는 항원 X에 대한 항체가 생성되어 항원 X를 제거하는 면역 반응으로 체액성 면역 반응이다. 세포성 면역 반응은 세포독성 T 림프구에 의해 항원이 제거되는 면역 반응이다.

ㄴ. 구간 Ⅱ는 항원 X가 2차 침입한 직후로 구간 Ⅰ보다 빠른 시간 내에 높은 농도로 항체가 생성된다.
항원 X가 1차 침입한 구간 Ⅰ에서 기억 세포가 생성된 후, 구간 Ⅱ에서 기억 세포인 ㉡이 형질 세포인 ㉠으로 빠르게 분화해 항체를 생성하기 때문이다.

ㄷ. 특정한 항원에 대해 항체가 작용하여 일어나는 방어 작용을 특이적 방어 작용이라 한다. 주의
구간 Ⅰ은 항원 X가 1차 침입한 직후로 항체의 농도가 충분히 높아지기 전이므로, 모든 항원에 대해 일반적으로 작용하는 비특이적 방어 작용이 일어난다.

I 14 정답 ② * 특이적 방어 작용 [정답률 62%] 2019 실시 4월 학평 13

그림 (가)는 항원 X가 인체에 침입했을 때 일어나는 방어 작용의 일부를, (나)는 X의 침입에 의해 생성되는 혈중 항체의 농도 변화를 나타낸 것이다. ㉠과 ㉡은 각각 기억 세포와 형질 세포 중 하나이다.

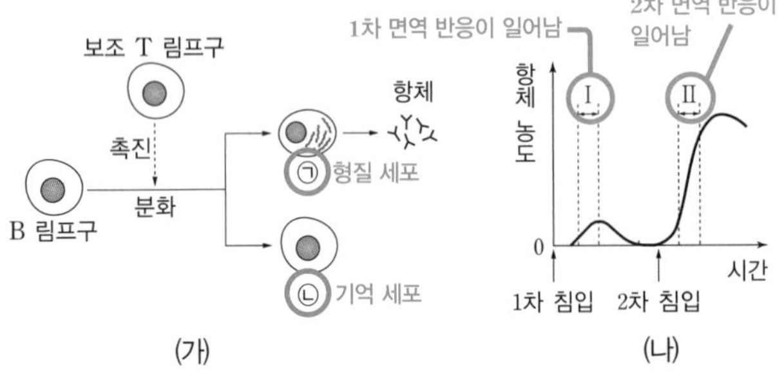

(가) (나)

이에 대한 설명으로 옳은 것만을 〈보기〉에서 있는 대로 고른 것은?

[보기]

ㄱ. B 림프구는 ~~가슴샘(흉선)~~에서 생성된다.
→ B 림프구는 골수에서 생성됨

ㄴ. 구간 Ⅰ에서 특이적 방어 작용이 일어난다.
→ 구간 Ⅰ에서 특정 항원에 대한 항체가 생성되는 특이적 방어 작용이 일어남

ㄷ. 구간 Ⅱ에서 ~~㉠은 ㉡으로~~ 분화된다.
→ 구간 Ⅱ에서 2차 면역 반응이 일어나 기억 세포(㉡)가 형질 세포(㉠)로 분화됨

① ㄱ  ② ㄴ ③ ㄱ, ㄷ ④ ㄴ, ㄷ ⑤ ㄱ, ㄴ, ㄷ

| 문제+자료 분석 |

- 항체를 생성하는 ㉠이 형질 세포, ㉡은 항원에 대한 정보를 기억하는 기억 세포이다.
- 구간 Ⅰ에서 특정 항원에 대한 항체가 생성되는 1차 면역 반응이 일어나고, 구간 Ⅱ에서 2차 면역 반응이 일어난다.

| 보기 분석 |

ㄱ. B 림프구는 골수에서 생성, 골수에서 성숙되고, T 림프구는 골수에서 생성, 가슴샘(흉선)에서 성숙된다. B 림프구와 T 림프구 모두 골수에서 생성되지만, 성숙되는 장소는 다르다. 주의

ㄴ. 구간 Ⅰ에서 특정 항원에 대한 항체가 생성되는 1차 면역 반응이 일어나고, 1차 면역 반응은 특이적 방어 작용에 해당한다.

ㄷ. 구간 Ⅱ에서는 항원의 2차 침입에 의한 2차 면역 반응이 일어나고, 기억 세포(㉡)가 형질 세포(㉠)로 빠르게 분화하여 항체 생성량이 많고, 항체 생성 속도가 빠르다.

* 방어 작용

비특이적 방어 작용	• 선천성 면역이라고도 한다. • 태어날 때부터 갖고 있는 면역으로, 병원체의 종류나 감염 경험의 유무와 관계없이 동일하게 일어난다. • 감염 발생 시 반응이 신속하게 일어난다. • 예 피부, 점막, 분비액, 식균 작용, 염증 반응
특이적 방어 작용	• 후천성 면역이라고도 한다. • 후천적으로 갖게 되는 면역으로, 특정 항원을 인식하여 선별적으로 일어난다. • 감염 시 병원체를 인식하고 반응하는 데 시간이 걸린다. • T 림프구와 B 림프구에 의해 이루어진다.

I 15 정답 ⑤ * 인체의 방어 작용 [정답률 63%] 2019 실시 7월 학평 9

표는 인체의 방어 작용과 관련된 세포 ㉠~㉢의 특징을, 그림은 세균 X에 노출된 적이 없는 어떤 사람의 체내에 X가 침입하였을 때 ㉠~㉢이 작용하여 생성되는 X에 대한 항체의 혈중 농도 변화를 나타낸 것이다. ㉠~㉢은 각각 대식 세포, 형질 세포, 보조 T 림프구 중 하나이다.

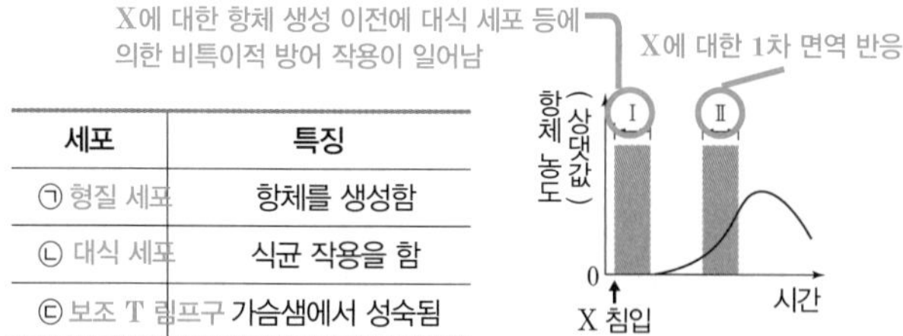

세포	특징
㉠ 형질 세포	항체를 생성함
㉡ 대식 세포	식균 작용을 함
㉢ 보조 T 림프구	가슴샘에서 성숙됨

이에 대한 설명으로 옳은 것만을 〈보기〉에서 있는 대로 고른 것은? (3점)

[보기]

ㄱ. ㉠은 형질 세포이다. → 항체 생성 세포는 형질 세포임

ㄴ. 구간 Ⅰ에서 ㉡은 X에 대한 정보를 ㉢에 전달한다.
→ 대식 세포(㉡)는 식균 작용 및 분해된 항원의 제시 과정을 통해 항원 정보를 보조 T 림프구(㉢)에게 전달함

ㄷ. 구간 Ⅱ에서 X에 대한 특이적 방어 작용이 일어난다.
→ X에 특이적으로 결합하는 항체를 만들어 X를 제거함

① ㄱ ② ㄷ ③ ㄱ, ㄴ ④ ㄴ, ㄷ ⑤ ㄱ, ㄴ, ㄷ

| 문제+자료 분석 |

- ㉠(형질 세포): 항체를 생산하여 분비한다.
- ㉡(대식 세포): 식균 작용을 통해 항원을 분해하여 항원 정보를 제시한다.
- ㉢(보조 T 림프구): 가슴샘에서 성숙하고, 세포독성 T 림프구와 B 림프구를 활성화시킨다.
- 구간 Ⅰ에서 X에 대한 비특이적 방어 작용이 일어나고, 구간 Ⅱ에서 X에 대한 1차 면역 반응이 일어난다.

| 보기 분석 |

ㄱ. 항체를 생성하여 분비하는 세포는 B 림프구로부터 분화된 형질 세포이므로 ㉠은 형질 세포이다.

ㄴ. 항원 X가 침입하면 대식 세포(㉡)가 식균 작용을 통해 세포 안으로 들어온 X를 분해하고 분해된 항원을 제시하며, 보조 T 림프구(㉢)가 이 항원을 인식하는 과정이 구간 Ⅰ에 일어난다. 대식 세포(㉡)에 의한 식균 작용은 비특이적 방어 작용에 해당하지만 특이적 방어 작용이 일어나기 위해 필요한 과정이다. 주의

ㄷ. 구간 Ⅱ에서 X에 대한 항체가 생성되어 X가 특이적으로 제거되므로, Ⅱ에서 X에 대한 특이적 방어 작용이 일어난다.

Ⅰ

I 16 정답 ④ * 특이적 방어 작용 [정답률 75%] 2021 대비 9월 모평 12

그림 (가)와 (나)는 사람의 면역 반응을 나타낸 것이다. (가)와 (나)는 각각 세포성 면역과 체액성 면역 중 하나이며, ㉠~㉢은 기억 세포, 세포독성 T 림프구, B 림프구를 순서 없이 나타낸 것이다.

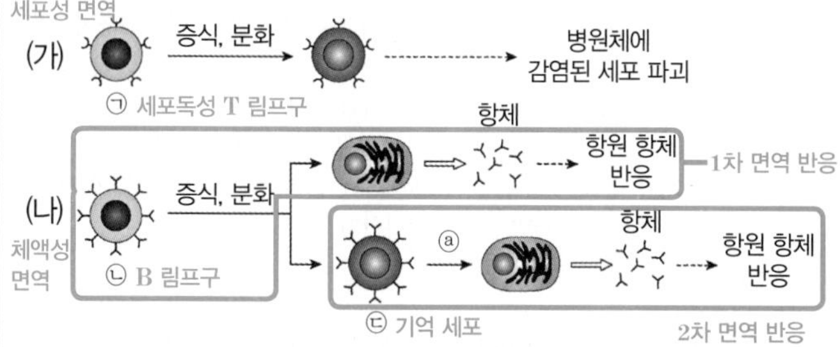

이에 대한 설명으로 옳은 것만을 〈보기〉에서 있는 대로 고른 것은? (3점)

[보기]

ㄱ. (가)는 ~~체액성~~ 면역이다.
→ (가)는 세포성 면역, (나)는 체액성 면역

ㄴ. 보조 T 림프구는 ㉡에서 ㉢으로의 분화를 촉진한다.
→ 보조 T 림프구는 B 림프구(㉡)가 형질 세포와 기억 세포(㉢)로 분화하는 과정을 촉진

ㄷ. 2차 면역 반응에서 과정 ⓐ가 일어난다.
→ 2차 면역 반응에는 동일 항원의 재침입으로 인해 기억 세포(㉢)가 형질 세포로 분화하는 과정이 포함

① ㄱ ② ㄴ ③ ㄱ, ㄷ ④ ㄴ, ㄷ ⑤ ㄱ, ㄴ, ㄷ

| 문제+자료 분석 |

- (가) 세포성 면역: 활성화된 세포독성 T 림프구(㉠)가 병원체에 감염된 세포를 제거하는 면역 반응이다.
- (나) 체액성 면역: 형질 세포가 생산하는 항체가 항원과 결합함으로써 더 효율적으로 항원을 제거하는 면역 반응이다.
- **1차 면역 반응**: 보조 T 림프구의 작용으로 B 림프구(㉡)가 기억 세포(㉢)와 형질 세포로 분화되며, 형질 세포가 항체를 생산하여 분비한다.
- **2차 면역 반응**: 동일 항원의 재침입 시 그 항원에 대한 기억 세포가 빠르게 분화하여 기억 세포와 형질 세포를 만들며(ⓐ), 형질 세포가 항체를 생산하여 분비한다.

| 보기 분석 |

ㄱ. 세포독성 T 림프구에 의해 병원체에 감염된 세포가 파괴되는 면역 반응 (가)는 세포성 면역이다.

ㄴ. 항원의 1차 침입 시 보조 T 림프구가 항원 제시 세포(대식 세포)로부터 항원 정보를 전달받아 활성화되면 B 림프구(㉡)가 형질 세포와 기억 세포(㉢)로 분화되는 것을 촉진한다.

ㄷ. 2차 면역 반응에는 동일 항원의 재침입 시 그 항원에 대한 기억 세포가 빠르게 분화하여 기억 세포와 형질 세포가 만들어지는 과정 ⓐ가 포함된다.

* 방어 작용의 종류

비특이적 방어 작용	태어날 때부터 갖고 있는 면역으로, 병원체의 종류와 감염 경험의 유무와 관계없이 동일하게 일어남 ➡ 감염 발생 시 반응이 신속하게 일어남
특이적 방어 작용	후천적으로 갖게 되는 면역으로, 특정 항원을 인식하여 선별적으로 일어남 ➡ 감염 시 병원체를 인식하고 반응하는 데 시간이 걸림

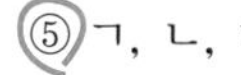

I 17 정답 ⑤ ＊체액성 면역 ········· [정답률 86%] 2023 실시 4월 학평 14

그림 (가)는 어떤 사람이 항원 X에 감염되었을 때 일어나는 방어 작용의 일부를, (나)는 이 사람에서 X의 침입에 의해 생성되는 X에 대한 혈중 항체 농도 변화를 나타낸 것이다. ㉠과 ㉡은 기억 세포와 보조 T 림프구를 순서 없이 나타낸 것이다.

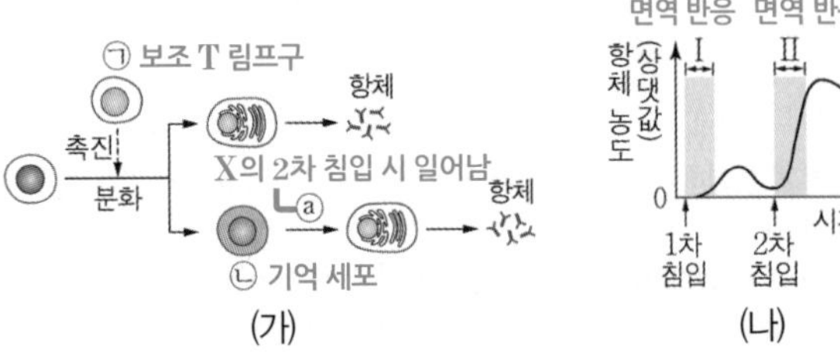

이에 대한 설명으로 옳은 것만을 〈보기〉에서 있는 대로 고른 것은?

[보기]

ㄱ. ㉠은 보조 T 림프구이다.
B 림프구의 분화를 촉진하는 ㉠은 보조 T림프구임

ㄴ. 구간 Ⅰ에서 비특이적 방어 작용이 일어난다.
구간 Ⅰ에서 식세포 작용(식균 작용) 등의 비특이적 방어 작용이 일어남

ㄷ. 구간 Ⅱ에서 과정 ⓐ가 일어난다.
X의 2차 침입 시 기억 세포가 형질 세포로 분화됨

① ㄱ ② ㄷ ③ ㄱ, ㄴ ④ ㄴ, ㄷ ⑤ ㄱ, ㄴ, ㄷ

| 문제+자료 분석 |

- (가): ㉠은 B 림프구가 형질 세포와 기억 세포로 분화되는 과정을 촉진하는 세포이므로 보조 T 림프구이다. ㉡은 X의 2차 침입 시 형질 세포로 분화되는 세포이므로 기억 세포이다.
- (나): 구간 Ⅰ에서는 X의 1차 침입 시 1차 면역 반응이 일어나 항체가 비교적 천천히 조금 생성된다.
구간 Ⅱ에서는 X의 2차 침입 시 기억 세포에 의해 2차 면역 반응이 일어나 항체가 비교적 빠르게 많이 생성된다.

| 보기 분석 |

ㄱ ㉠은 B 림프구가 항체를 생산하는 형질 세포와 2차 면역 반응에 관여하는 기억 세포로 분화되는 과정을 촉진하므로 보조 T 림프구에 해당한다.

ㄴ 구간 Ⅰ에서는 X의 1차 침입 시 X를 잡아먹어 분해하는 식세포 작용(식균 작용) 등의 비특이적 방어 작용이 일어난다. 구간 Ⅰ과 구간 Ⅱ에서 항원의 침입 시 특이적 방어 작용과 함께 식세포 작용(식균 작용) 등의 비특이적 방어 작용도 일어남을 기억해두자.

ㄷ X의 2차 침입 시 구간 Ⅱ에서 기억 세포가 형질 세포로 분화되는 과정 ⓐ가 일어난다.

문제 풀이 꿀팁

- 항원의 1차 침입 시에는 대식세포의 식세포 작용(식균 작용), 보조 T 림프구의 항원 인식, B 림프구의 분화 과정 후에 형질 세포가 항체를 생산하므로 항체가 비교적 느리게 조금 생성된다.
- 항원의 2차 침입 시에는 1차 침입 시 형성되어 있던 기억 세포가 형질 세포로 증식·분화되어 2차 면역 반응이 일어나므로 항체가 비교적 빠르게 많이 생성된다.

I 18 정답 ④ ＊특이적 방어 작용 ········· [정답률 65%] 2022 실시 3월 학평 9

다음은 병원체 X가 사람에 침입했을 때의 방어 작용에 대한 자료이다.

(가) X가 1차 침입했을 때 B 림프구가 ㉠과 ㉡으로 분화한다. ㉠과 ㉡은 각각 기억 세포(㉠)와 형질 세포(㉡) 중 하나이다.

(나) X에 대한 항체와 X가 항원 항체 반응을 한다.
➡ 체액성 면역 반응

(다) X가 2차 침입했을 때 ㉠이 ㉡으로 분화한다.
➡ 2차 면역 반응 기억 세포 형질 세포

이에 대한 옳은 설명만을 〈보기〉에서 있는 대로 고른 것은?

[보기]

ㄱ. B 림프구는 ~~가슴샘~~에서 성숙한 세포이다.
B 림프구는 골수에서 성숙

ㄴ. ㉠은 기억 세포이다.
㉠은 기억 세포, ㉡은 형질 세포

ㄷ. X에 대한 체액성 면역 반응에서 (나)가 일어난다.
형질 세포에서 분비된 항체가 항원 항체 반응으로 항원을 제거하므로 체액성 면역 반응

① ㄱ ② ㄷ ③ ㄱ, ㄴ ④ ㄴ, ㄷ ⑤ ㄱ, ㄴ, ㄷ

| 문제+자료 분석 |

- (가): 항원의 1차 침입 시 대식 세포가 제시한 항원 조각을 인식하여 활성화된 보조 T 림프구에 의해 B 림프구는 기억 세포와 형질 세포로 분화된다.
- (나): 분화된 형질 세포로부터 침입한 항원에 대한 항체가 생산 및 분비되어 1차 면역 반응이 나타난다. 분비된 항체는 항원 항체 반응을 통해 항원을 제거하며 이 반응을 체액성 면역 반응이라고 한다.
- (다): 동일 항원의 2차 침입 시 그 항원에 대한 기억 세포(㉠)가 빠르게 분열 및 분화하여 기억 세포(㉠)와 형질 세포(㉡)를 만들며, 형질 세포(㉡)가 항체를 생산 및 분비하여 2차 면역 반응이 나타난다.

| 보기 분석 |

ㄱ. B 림프구는 골수(Bone marrow)에서 성숙하고, T 림프구는 가슴샘(Thymus gland)에서 성숙한다. 꿀팁

ㄴ 형질 세포는 분화가 완료된 세포로 다시 다른 세포로 분화하지 않으며, 기억 세포는 항원의 2차 침입 후 빠르게 증식하고 형질 세포로 분화한다. X의 2차 침입으로 ㉠이 ㉡으로 분화한다고 하였으므로 ㉠은 기억 세포이고, ㉡은 형질 세포이다.

ㄷ 체액성 면역 반응은 형질 세포에서 생성되어 분비된 항체가 항원과 결합하여 일어나는 항원 항체 반응을 통해 항원이 제거되는 반응이다. 따라서 X에 대한 체액성 면역 반응에서 X에 대한 항체가 X와 결합하는 (나)가 일어난다.

I 19 정답 ⑤ * 특이적 방어 작용 [정답률 79%] 2022 실시 4월 학평 14

그림 (가)와 (나)는 사람의 면역 반응의 일부를 나타낸 것이다. (가)와 (나)는 각각 세포성 면역과 체액성 면역 중 하나이고, ㉠과 ㉡은 각각 세포독성 T림프구와 형질 세포 중 하나이다.

이에 대한 설명으로 옳은 것만을 〈보기〉에서 있는 대로 고른 것은?

[보기]

ㄱ. ㉠은 세포독성 T림프구이다.
㉠은 세포독성 T림프구, ㉡은 형질 세포

ㄴ. (나)는 2차 면역 반응에 해당한다.
(나)는 기억 세포에 의한 2차 면역 반응

ㄷ. (가)와 (나)는 모두 특이적 방어 작용에 해당한다.
세포독성 T림프구와 형질 세포에 의한 면역 반응은 모두 특이적 방어 작용

① ㄱ ② ㄴ ③ ㄱ, ㄷ ④ ㄴ, ㄷ ⑤ ㄱ, ㄴ, ㄷ

| 문제+자료 분석 |

- **(가)** 세포성 면역: 세포성 면역은 세포독성 T 림프구(㉠)가 병원체에 감염된 세포를 제거하는 반응이다.
- **(나)** 체액성 면역: 체액성 면역은 형질 세포에서 항체를 생성하여 항원을 제거하는 반응이다. 같은 항원이 우리 몸에 재침입했을 때, 1차 면역 반응에서 생성된 기억 세포가 빠르게 증식하면서 형질 세포(㉡)로 분화하고 항체를 생성하여 항원을 제거한다.

| 보기 분석 |

ㄱ. ㉠은 병원체에 감염된 세포를 직접 파괴하는 세포독성 T림프구이다.
ㄴ. (나)에서 기억 세포가 형질 세포로 분화하였으므로 같은 항원에 재노출되어 일어난 2차 면역 반응에 해당한다.
ㄷ. 세포독성 T림프구에 의한 세포성 면역인 (가)와 형질 세포가 분비하는 항체에 의한 체액성 면역인 (나)는 모두 특이적 방어 작용이다. – 주의
비특이적 방어 작용에는 피부 장벽, 눈물, 식세포 작용 등이 포함된다.

* 체액성 면역

1차 면역 반응	항원이 처음 침입했을 때 B 림프구가 보조 T 림프구에 의해 활성화되어 기억 세포와 형질 세포로 분화하며, 형질 세포가 항체를 생성한다.
2차 면역 반응	같은 항원이 재침입했을 때 기억 세포가 형질 세포로 분화하여 빠르게 항체를 생성한다.

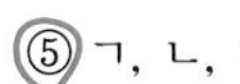

I 20 정답 ④ * 방어 작용 [정답률 81%] 2021 실시 10월 학평 10

그림은 어떤 병원체가 사람의 몸속에 침입했을 때 일어나는 방어 작용의 일부를 나타낸 것이다. ㉠~㉢은 보조 T 림프구, 형질 세포, B 림프구를 순서 없이 나타낸 것이다.

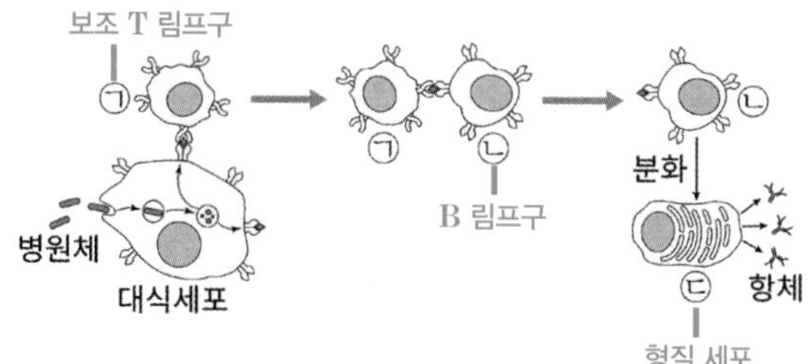

이에 대한 설명으로 옳은 것만을 〈보기〉에서 있는 대로 고른 것은?

[보기]

ㄱ. ㉠은 보조 T 림프구이다.
→ ㉠은 보조 T 림프구로 B 림프구를 분화시킴

ㄴ. ㉡은 가슴샘에서 성숙한다.
→ ㉡은 골수에서 성숙

ㄷ. ㉢은 체액성 면역 반응에 관여한다.
→ ㉢은 항체를 만들어 체액성 면역 반응에 관여

① ㄱ ② ㄷ ③ ㄱ, ㄴ
④ ㄱ, ㄷ ⑤ ㄴ, ㄷ

| 문제+자료 분석 |

- ㉠(보조 T 림프구): T 림프구는 골수에서 생성된 후 가슴샘에서 성숙하여 보조 T 림프구와 세포독성 T 림프구로 분화한다. 보조 T 림프구는 대식세포가 제시하는 항원을 인식하고 이 항원을 무력화시킬 수 있는 B 림프구를 활성화시킨다.
- ㉡(B 림프구): B 림프구는 골수에서 생성된 후 골수에서 성숙한다. 보조 T 림프구에 의해 활성화된 B 림프구는 형질 세포 또는 기억 세포로 분화한다.
- ㉢(형질 세포): 분화된 형질 세포는 항체를 만들어 혈액이나 림프액 속으로 항체를 분비한다. 항체는 항원에 결합하여 항원 · 항체 반응을 일으켜 항원을 무력화시킨다.

| 보기 분석 |

ㄱ. ㉠은 대식세포가 제시하는 항원을 인식한 후 ㉡을 활성화시켜 항체 생성을 촉진하는 세포로 보조 T 림프구이다.
ㄴ. ㉡은 B 림프구로 골수에서 성숙한다.
ㄷ. ㉢은 형질 세포로 항체를 만들어 항원 · 항체 반응을 통해 항원을 무력화시킨다. 항체가 혈액이나 림프액 속에서 항원과 반응하므로 이 과정을 체액성 면역 반응이라고 한다.

* T 림프구와 B 림프구

T 림프구	• 가슴샘에서 성숙한다. • 세포독성 T 림프구와 보조 T 림프구로 분화한다. • 세포독성 T 림프구는 세포성 면역 반응에 관여한다.
B 림프구	• 골수에서 성숙한다. • 형질 세포로 분화해 항체를 생성한다. • 체액성 면역 반응에 관여한다.

I 21 정답 ④ *방어 작용 [정답률 87%] 2025 대비 수능 9

다음은 병원체 ㉠과 ㉡에 대한 생쥐의 방어 작용 실험이다.

[실험 과정 및 결과]

(가) 유전적으로 동일하고 가슴샘이 없는 생쥐 Ⅰ~Ⅵ을 준비한다. Ⅰ~Ⅵ은 ㉠과 ㉡에 노출된 적이 없다.

(나) Ⅰ과 Ⅱ에 ㉠을, Ⅲ과 Ⅳ에 ㉡을, Ⅴ와 Ⅵ에 ㉠과 ㉡ 모두를 감염시키고, Ⅱ, Ⅳ, Ⅵ에 ⓐ에 대한 보조 T 림프구를 각각 주사한다. ⓐ는 ㉠과 ㉡ 중 하나이다. ⓐ는 ㉡

(다) 일정 시간이 지난 후, Ⅰ~Ⅵ에서 ⓐ에 대한 항원 항체 반응 여부와 생존 여부를 확인한 결과는 표와 같다.
Ⅳ: ㉡에 대한 항원 항체 반응이 일어났고 생존함
Ⅵ: ㉡에 대한 항원 항체 반응이 일어났으나 ㉠에 의해 죽음

생쥐	Ⅰ	Ⅱ	Ⅲ	Ⅳ	Ⅴ	Ⅵ
항원 항체 반응 여부	일어나지 않음	일어나지 않음	? 일어나지 않음	일어남	? 일어나지 않음	일어남
생존 여부	죽는다	? 죽는다	죽는다	단서 산다	죽는다	죽는다

이에 대한 설명으로 옳은 것만을 〈보기〉에서 있는 대로 고른 것은? (단, 제시된 조건 이외는 고려하지 않는다.) (3점)

[보기]

ㄱ. ⓐ는 ㉠이다. ㉡

ㄴ. (다)의 Ⅳ에서 B 림프구로부터 형질 세포로의 분화가 일어났다.
(다)의 Ⅳ에서 형질 세포로의 분화가 일어나 항원 항체 반응이 일어남

ㄷ. (다)의 Ⅵ에서 ㉡에 대한 특이적 방어 작용이 일어났다.
(다)의 Ⅵ에서 ㉡에 대한 특이적 방어 작용이 일어남

① ㄱ ② ㄴ ③ ㄱ, ㄷ ④ ㄴ, ㄷ ⑤ ㄱ, ㄴ, ㄷ

단서+발상

단서 ⓐ에 대한 보조 T 림프구와 ㉡이 주사된 Ⅳ에서 항원 항체 반응이 일어나고 생존함이 제시되어 있다.

발상 ⓐ는 ㉡임을 추론할 수 있다.

적용 특이적 방어 작용 과정을 적용해서 ⓐ를 구하는 것부터 문제 풀이를 시작해야 한다.

| 문제+자료 분석 |

- Ⅳ에 ㉡을 감염시켰으나 ⓐ에 대한 보조 T 림프구를 주사하여 항원 항체 반응이 일어나고 생존했다. ➡ ⓐ는 ㉡이다.
- Ⅵ에 ㉠과 ㉡이 감염된 후 항원 항체 반응이 일어난 것은 ㉡에 대한 보조 T 림프구를 주사하여 ㉡에 대한 항원 항체 반응이 일어난 것이다. 그러나 ㉠에 대한 항원 항체 반응이 일어나지 않았기 때문에 Ⅵ은 ㉠에 의해 죽는다. 함정
- Ⅰ, Ⅲ, Ⅴ는 보조 T 림프구가 없어 특이적 방어 작용이 일어나지 않아 항원 항체 반응이 일어나지 않고 죽는다.
- Ⅱ에는 ㉡에 대한 보조 T 림프구가 주사되었으나 ㉠에만 감염되었으므로 항원 항체 반응이 일어나지 않고 죽는다.

| 보기 분석 |

ㄱ. ㉡에 감염된 Ⅳ에서 항원 항체 반응이 일어나야 하므로 ⓐ는 ㉡이다.

ㄴ. Ⅳ에서 항원 항체 반응이 일어난 것은 B 림프구로부터 형질 세포로의 분화가 일어났기 때문이다.

ㄷ. Ⅵ에 ㉡을 감염시키고 ㉡에 대한 보조 T 림프구를 주사했기 때문에 ㉡에 대한 특이적 방어 작용이 일어났다.

왜 틀렸나?

- ㉡에 대한 보조 T 림프구는 ㉡에 대해서만 특이적으로 방어 작용을 일으킨다.
- Ⅵ에서 특이적 방어 작용이 일어나지 않았기 때문에 Ⅵ이 죽은 것이 아니라, ㉡에 대한 특이적 방어 작용이 일어났으나 ㉠에 대한 특이적 방어 작용이 일어나지 않아 ㉠에 의해 죽은 것이다.

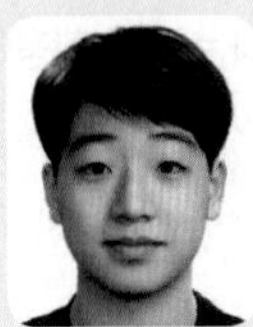

윤혁준 | 2025 수능 응시 · 서울 강서고 졸

표가 주어진 방어 작용 문제는 무엇끼리 비교해야 되는지를 찾는 것이 우선이야. ⓐ를 판별하기 위해서는 A와 병원체 한 가지만 투여된 Ⅱ와 Ⅳ의 항원 항체 반응 여부를 비교해야돼. 가슴샘이 없으므로 병원체가 투입되면 항원 항체 반응이 일어나지 않아야 하는데, ⓐ를 주사한 Ⅱ와 Ⅳ 중 Ⅳ만 항원 항체 반응이 일어났으므로 ⓐ는 ㄴ이라고 판단할 수 있어.

I 22 정답 ③ * 비특이적 방어 작용과 특이적 방어 작용 ······ [정답률 88%] 2024 대비 9월 모평 9

다음은 항원 X에 대한 생쥐의 방어 작용 실험이다.

[실험 과정 및 결과]

(가) 정상 생쥐 A와 가슴샘이 없는 생쥐 B를 준비한다. A와 B는 유전적으로 동일하고 X에 노출된 적이 없다.

(나) A와 B에 X를 각각 2회에 걸쳐 주사한다. A와 B에서 X에 대한 혈중 항체 농도 변화는 그림과 같다.

항체 농도(상댓값) / Ⅰ Ⅱ Ⅲ / A / B / 0 / X 주사 / X 주사 / 시간

X의 1차 침입 ➡ 기억 세포 생성

X의 2차 침입 ➡ 기억 세포에 의한 빠른 항체 생성

이에 대한 설명으로 옳은 것만을 〈보기〉에서 있는 대로 고른 것은? (단, 제시된 조건 이외는 고려하지 않는다.) (3점)

[보기]

ㄱ. 구간 Ⅰ의 A에는 X에 대한 기억 세포가 있다.
X가 1차 침입한 이후에는 X에 대한 기억 세포가 존재함

ㄴ. 구간 Ⅱ의 A에서 X에 대한 2차 면역 반응이 일어났다.
X가 2차 침입한 이후에는 기억 세포에 의해 2차 면역 반응이 일어남

ㄷ. 구간 Ⅲ의 A에서 X에 대한 항체는 ~~세포독성 T 림프구~~에서 생성된다. 항체는 형질 세포에서 생성됨

① ㄱ ② ㄴ ③ ㄱ, ㄴ ④ ㄱ, ㄷ ⑤ ㄴ, ㄷ

| 문제+자료 분석 |

- B 림프구는 골수에서 만들어져 골수에서 성숙하고, T 림프구는 골수에서 만들어져 가슴샘으로 이동하여 가슴샘에서 성숙한다.
- 생쥐 A는 B 림프구와 T 림프구가 정상적으로 생성·성숙된다. 항원 X가 처음 침입하면 보조 T 림프구의 도움으로 B 림프구가 항원의 종류를 인식하고 형질 세포로 분화하여 항체를 생성하며, 일부는 기억 세포가 된다. 같은 항원 X가 재침입하면 1차 면역 반응에서 생성된 기억 세포가 빠르게 증식하고 형질 세포로 분화하여 많은 양의 항체를 빠르게 생성한다. 가슴샘이 없는 생쥐 B는 보조 T 림프구가 정상적으로 성숙되지 못해 항체가 생성되지 못한다.

| 보기 분석 |

ㄱ. 구간 Ⅰ은 항원 X가 1차 침입한 이후이다. A에는 X에 대한 기억 세포가 존재한다.

ㄴ. 구간 Ⅱ는 항원 X가 2차 침입한 직후이다. A에서 기억 세포가 형질 세포로 분화하여 항체를 생성하는 2차 면역 반응이 일어났다.

ㄷ. A에서 X에 대한 항체는 세포독성 T림프구가 아닌 형질 세포에서 생성된다.

* 방어 작용의 종류

비특이적 방어 작용	태어날 때부터 갖고 있는 면역으로, 병원체의 종류와 감염 경험의 유무와 관계없이 동일하게 일어남 ➡ 감염 발생 시 반응이 신속하게 일어남
특이적 방어 작용	후천적으로 갖게 되는 면역으로, 특정 항원을 인식하여 선별적으로 일어남 ➡ 감염 시 병원체를 인식하고 반응하는 데 시간이 걸림

I 23 정답 ⑤ * 특이적 방어 작용 ······ [정답률 80%] 2024 실시 10월 학평 13

단서

병원체 X에는 항원 ㉠과 ㉡이 모두 있고, 병원체 Y에는 ㉠과 ㉡ 중 하나만 있다. 그림은 X와 Y에 노출된 적이 없는 어떤 생쥐에게 ⓐ를 (Y: ㉠만 있음) 주사하고, 일정 시간이 지난 후 ⓑ를 (X: ㉠, ㉡ 모두 있음) 주사했을 때 ㉠과 ㉡에 대한 혈중 항체 농도의 변화를 나타낸 것이다. ⓐ와 ⓑ는 X와 Y를 순서 없이 나타낸 것이다.

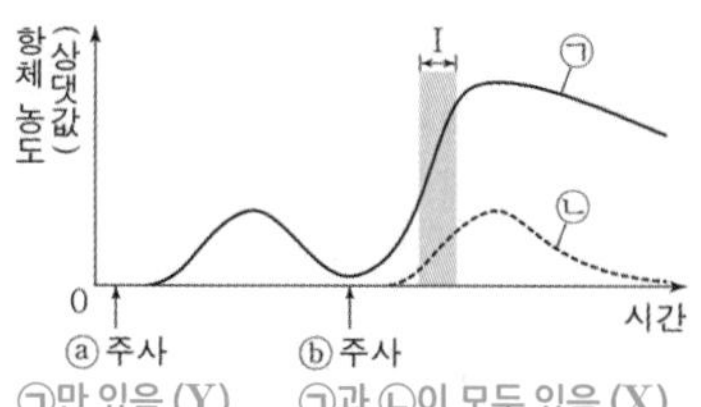

이에 대한 옳은 설명만을 〈보기〉에서 있는 대로 고른 것은? (3점)

[보기]

ㄱ. ⓑ는 X이다. ⓑ는 X, ⓐ는 Y

ㄴ. Y에는 ㉠이 있다.
ⓐ를 주사한 후 ㉠에 대한 항체 농도만 높아지기 때문임

ㄷ. 구간 Ⅰ에서 ㉠에 대한 체액성 면역 반응이 일어났다.
Ⅰ에서 ㉠에 대한 항체 농도가 높아지므로 체액성 면역 반응이 일어남

① ㄱ ② ㄴ ③ ㄱ, ㄷ ④ ㄴ, ㄷ ⑤ ㄱ, ㄴ, ㄷ

단서+발상

(단서) 병원체 X에는 항원 ㉠과 ㉡이 모두 있음이 제시되어 있다.

(발상) ⓑ를 주사했을 때 ㉠과 ㉡의 항체 농도가 모두 높아지므로 ⓑ가 병원체 X임을 추론할 수 있다.

(적용) 1차 면역 반응과 2차 면역 반응의 항체 농도 변화를 적용해서 ⓐ와 ⓑ을 구하는 것부터 문제 풀이를 시작해야 한다.

| 문제+자료 분석 |

- ⓐ를 주사했을 때 ㉠에 대한 항체 농도만 높아졌으며, ⓑ를 주사했을 때 ㉠과 ㉡에 대한 항체 농도가 모두 높아졌다.
- ⓑ를 주사한 후에는 ㉠에 대한 2차 면역 반응이 일어나 항체 농도가 크게 높아졌으며, ㉡에 대해서는 1차 면역 반응이 일어났다.
- ⓐ에는 항원 ㉠이 있고, ⓑ에는 항원 ㉠과 ㉡이 모두 있다.
- ⓐ는 병원체 Y이고 ⓑ는 병원체 X이다.

| 보기 분석 |

ㄱ. ⓑ는 항원 ㉠과 ㉡이 모두 있는 병원체 X이다.

ㄴ. 병원체 Y에는 항원 ㉠만 있다. ⓐ를 주사한 후 ㉠에 대한 항체 농도만 높아지기 때문이다.

ㄷ. 구간 Ⅰ에서 ㉠에 대한 항체 농도가 크게 높아진 것은 ㉠에 대한 체액성 면역 반응이 일어났기 때문이다.

* 특이적 방어 작용

- **체액성 면역:** B 림프구에 의해 생성된 항체를 통해 항원을 제거하는 작용
- **1차 면역 반응:** 항원이 처음 체내에 들어오면 이에 맞는 항체를 만들 수 있는 B 림프구를 형질 세포로 분화시켜 항체를 생산하는 반응
- **2차 면역 반응:** 같은 항원이 재침입했을 때, 1차 면역 반응 결과 생성된 기억 세포가 형질 세포로 빠르게 분화하여 다량의 항체를 생산하는 반응

I 24 정답 ④ ＊특이적 방어 작용 [정답률 72%] 2024 실시 3월 학평 14

그림 (가)는 항원 X와 Y에 노출된 적이 없는 생쥐 A에게 ⓐ를 주사했을 때 일어나는 면역 반응의 일부를, (나)는 일정 시간이 지난 후 A에게 X와 Y를 함께 주사했을 때 A에서 X와 Y에 대한 혈중 항체 농도 변화를 나타낸 것이다. ⓐ는 X와 Y 중 하나이고, ㉠~㉢은 각각 항체, 기억 세포, 형질 세포 중 하나이다.

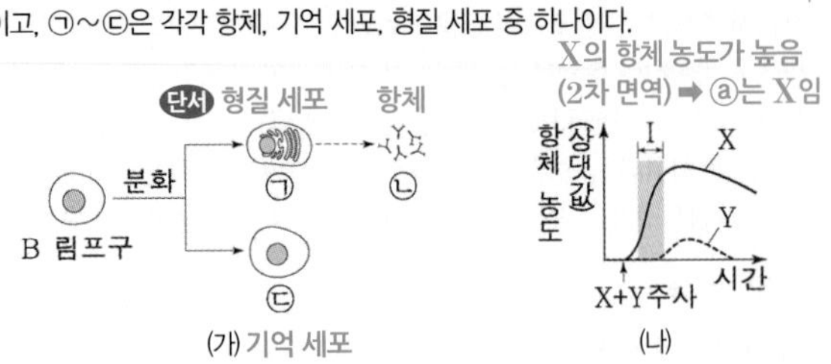

단서 형질 세포 항체
B 림프구 분화 ㉠ ㉡ ㉢
(가) 기억 세포

X의 항체 농도가 높음 (2차 면역) ➡ ⓐ는 X임
항체 농도(상댓값) Ⅰ X Y X+Y주사 시간
(나)

이에 대한 옳은 설명만을 〈보기〉에서 있는 대로 고른 것은? (3점)

[보기]

ㄱ. ㉡에 의한 방어 작용은 체액성 면역에 해당한다.
항체(㉡)에 의한 방어 작용은 체액성 면역에 해당함

ㄴ. ⓐ는 X이다.
(나)에서 X에 대한 2차 면역 반응이 일어났으므로 ⓐ는 X임

ㄷ. 구간 Ⅰ에서 ㉠이 ㉢으로 분화한다.
형질 세포(㉠)는 기억 세포(㉢)로 분화하지 않음

① ㄱ ② ㄴ ③ ㄷ ④ ㄱ, ㄴ ⑤ ㄴ, ㄷ

| 문제+자료 분석 |

• 항원을 인식하여 활성화된 보조 T 림프구의 도움으로 같은 항원을 인식하는 B 림프구가 증식하여 형질 세포와 기억 세포로 분화한다.
형질 세포는 해당 항원에 결합할 수 있는 항체를 생성한다.
기억 세포는 동일한 항원이 다시 침입했을 때 빠르게 형질 세포로 분화한다.
➡ ㉠은 형질 세포, ㉡은 항체, ㉢은 기억 세포이다.

• 1차 면역 반응 후 항원에 대한 기억 세포는 남는다. 이후 동일한 항원이 다시 침입하면 기억 세포가 빠르게 증식하고 분화하여 만들어진 형질 세포가 많은 항체를 생성하는 것을 2차 면역 반응이라고 한다. 꿀팁
2차 면역 반응은 1차 면역 반응보다 빠르게 많은 양의 항체를 생성하여 항원을 효과적으로 제거한다.
➡ (나)에서 A에게 X와 Y를 함께 주사했을 때 X의 항체가 Y의 항체보다 빠르게 많은 양을 생성하는 것을 통해 사전에 주입한 ⓐ는 X임을 알 수 있다.

| 보기 분석 |

ㄱ. 체액성 면역은 항체가 항원을 제거하는 작용으로, 항체는 B 림프구가 분화한 형질 세포에서 생성된다.
항체(㉡)에 의한 방어 작용은 체액성 면역에 해당한다.

ㄴ. (나)에서 A에게 X와 Y를 함께 주사했을 때 X의 항체가 Y의 항체보다 빠르게 많은 양을 생성하는 것을 통해 사전에 주입한 ⓐ는 X임을 알 수 있다.

ㄷ. 2차 면역 반응 시 기억 세포(㉢)가 형질 세포(㉠)로 분화한다.
형질 세포(㉠)는 기억 세포(㉢)로 분화하지 않는다.

I 25 정답 ③ ＊2차 면역 반응 [정답률 53%] 2023 실시 3월 학평 11

그림은 항원 X에 노출된 적이 없는 어떤 생쥐에 ㉠을 1회, X를 2회 주사했을 때 X에 대한 혈중 항체 농도의 변화를 나타낸 것이다. ㉠은 X에 대한 항체가 포함된 혈청과 X에 대한 기억 세포 중 하나이다.

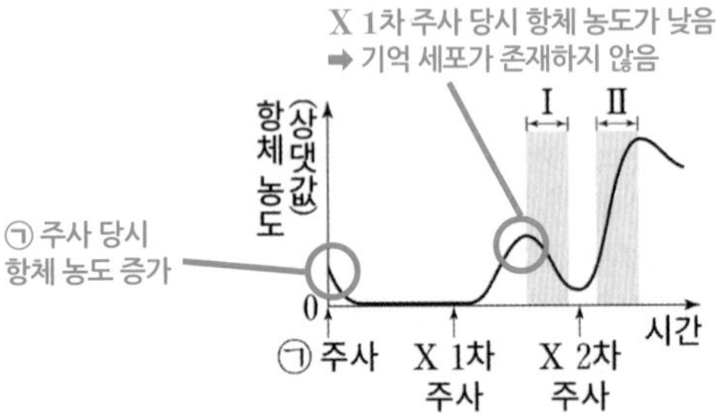

X 1차 주사 당시 항체 농도가 낮음 ➡ 기억 세포가 존재하지 않음
항체 농도(상댓값) Ⅰ Ⅱ
㉠ 주사 당시 항체 농도 증가
0 ㉠ 주사 X 1차 주사 X 2차 주사 시간

이에 대한 옳은 설명만을 〈보기〉에서 있는 대로 고른 것은? (3점)

[보기]

ㄱ. ㉠은 X에 대한 기억 세포이다.
㉠은 X에 대한 항체가 포함된 혈청임

ㄴ. 구간 Ⅰ에서 X에 대한 형질 세포가 기억 세포로 분화했다. 형질 세포는 기억 세포로 분화하지 않음

ㄷ. 구간 Ⅱ에서 체액성 면역 반응이 일어났다.
Ⅱ에서 항체에 의해 항원이 제거되는 체액성 면역 반응이 일어남

① ㄱ ② ㄴ ③ ㄷ ④ ㄱ, ㄷ ⑤ ㄴ, ㄷ

| 문제+자료 분석 |

• 항원을 인식한 보조 T 림프구가 B 림프구를 활성화시키고 B 림프구가 형질 세포와 기억 세포로 분화한다. 형질 세포에서 생성된 항체에 의해 항원을 효과적으로 제거하는 작용이 체액성 면역이다.

• ㉠ 주사 당시 항체 농도가 증가되어 있고, X를 2차 주사했을 때보다 1차 주사했을 때가 항체 농도가 낮고 생성되는 시간도 길다. 따라서 ㉠은 X에 대한 항체가 포함된 혈청이다.

• X를 1차 주사하였을 때 형질 세포와 기억 세포가 생성된다. X 2차 주사 시 X 1차 주사에서 생성된 기억 세포가 빠르게 증식하고 형질 세포로 분화하여 항체를 생성한다. 항체 생성까지 걸리는 시간이 짧고, 생성되는 항체의 양도 많으며, 비교적 오래 유지된다.

| 보기 분석 |

ㄱ. ㉠은 X에 대한 항체가 포함된 혈청이다.

ㄴ. 구간 Ⅰ에서 B 림프구가 형질 세포와 기억 세포로 분화한다.
형질 세포는 기억 세포로 분화하지 않는다. 함정

ㄷ. X를 2차 주사한 후 기억 세포가 형질 세포로 빠르게 분화하여 항체를 생성한다. 따라서 구간 Ⅱ에서 항체에 의해 항원이 제거되는 체액성 면역 반응이 일어났다.

I 26 정답 ⑤ * 방어 작용 [정답률 84%] 2024 대비 수능 18

다음은 바이러스 X에 대한 생쥐의 방어 작용 실험이다.

[실험 과정 및 결과]

(가) 유전적으로 동일하고 X에 노출된 적이 없는 생쥐 A~D를 준비한다. A와 B는 ㉠이고, C와 D는 ㉡이다. ㉠과 ㉡은 '정상 생쥐'와 '가슴샘이 없는 생쥐'를 순서 없이 나타낸 것이다.

(나) A~D 중 B와 D에 X를 각각 주사한 후 A~D에서 ⓐ X에 감염된 세포의 유무를 확인한 결과, B와 D에서만 ⓐ가 있었다.

(다) 일정 시간이 지난 후, 각 생쥐에 대해 조사한 결과는 표와 같다.

구분	㉠ 정상 생쥐		㉡ 가슴샘이 없는 생쥐	
	A	B	C	D
X에 대한 세포성 면역 반응 여부	일어나지 않음	일어남	일어나지 않음	일어나지 않음
생존 여부	산다	산다	산다	죽는다

이에 대한 설명으로 옳은 것만을 〈보기〉에서 있는 대로 고른 것은? (단, 제시된 조건 이외는 고려하지 않는다.) (3점)

[보기]

ㄱ. X는 유전 물질을 갖는다. 바이러스 X는 유전 물질을 가짐

ㄴ. ㉡은 '가슴샘이 없는 생쥐'이다. ㉡은 '가슴샘이 없는 생쥐'임

ㄷ. (다)의 B에서 세포독성 T림프구가 ⓐ를 파괴하는 면역 반응이 일어났다. (다)의 B에서 세포성 면역 반응이 일어남

① ㄱ ② ㄷ ③ ㄱ, ㄴ ④ ㄴ, ㄷ ⑤ ㄱ, ㄴ, ㄷ

| 문제+자료 분석 |

- ㉠: (다)의 B에서 X에 대한 세포성 면역 반응이 일어났으므로 ㉠은 '정상 생쥐'이다.
- ㉡: (다)의 D에서 X에 대한 세포성 면역 반응이 일어나지 않았으므로 ㉡은 '가슴샘이 없는 생쥐'이다.
- 정상 생쥐에서는 가슴샘에서 성숙한 T 림프구에 의해 X에 대한 세포성 면역 반응이 일어난 것이고, 가슴샘이 없는 생쥐에서는 성숙한 T 림프구가 형성되지 않아 X에 대한 세포성 면역 반응이 일어나지 않은 것이다.

| 보기 분석 |

ㄱ. 바이러스 X는 유전 물질인 핵산(DNA 또는 RNA)을 가진다.

ㄴ. (다)의 D에서 X에 대한 세포성 면역 반응이 일어나지 않았으므로 ㉡은 '가슴샘이 없는 생쥐'이다.

ㄷ. (다)의 B가 생존한 것으로 보아 세포독성 T림프구가 ⓐ(X에 감염된 세포)를 파괴하는 세포성 면역 반응이 일어났음을 알 수 있다.

* 특이적 방어 작용

세포성 면역	• 가슴샘에서 성숙한 세포독성 T림프구가 관여함 • 활성화된 세포독성 T림프구가 병원체에 감염된 세포를 직접 제거하는 면역 반응
체액성 면역	• B 림프구로부터 분화한 형질 세포가 관여함 • 형질 세포가 생산하는 항체가 항원과 결합함으로써 효율적으로 항원을 제거하는 반응
1차 면역 반응	항원의 1차 침입 시 B 림프구가 형질 세포로 분화되며, 형질 세포가 항체를 생산한다.
2차 면역 반응	동일 항원의 재침입 시 이미 형성된 기억 세포가 빠르게 형질 세포와 기억 세포로 분화되며, 형질 세포가 항체를 생성한다. → 항체를 생성하는 시간이 매우 빠르고, 생성되는 항체의 양도 많다.

권민재 | 강릉원주대 치의예과 2024년 입학 · 서울 광영여고 졸

방어 작용 문제에서 '가슴샘이 없는 생쥐'라고 한 것을 보고 T 림프구에 대한 조건임을 파악할 수 있었어. 그 후 B와 D에만 X를 주사하고 이 중 B만 살아남았다는 조건에서는 '아, B에서는 T 림프구가 작용했고 D에서는 작용하지 못해 D가 죽은 것이구나!'라고 생각했어. 이 정도만 파악하고 바로 선지를 읽으러 갔지. 가슴샘은 T 림프구로 대응시켜 빠르게 풀이할 수 있었어.

I 27 정답 ⑤ * 방어 작용 [정답률 65%] 2022 대비 6월 모평 10

다음은 항원 X에 대한 생쥐의 방어 작용 실험이다.

[실험 과정 및 결과]

(가) 유전적으로 동일하고 X에 노출된 적이 없는 생쥐 A~D를 준비한다.

(나) A와 B에 X를 각각 2회에 걸쳐 주사한 후, A와 B에서 특이적 방어 작용이 일어났는지 확인한다.

생쥐	특이적 방어 작용
A	○
B	ⓐ○ → 항체 생성

(○: 일어남, ×: 일어나지 않음)

(다) 일정 시간이 지난 후, (나)의 A에서 ㉠을 분리하여 C에, (나)의 B에서 ㉡을 분리하여 D에 주사한다. ㉠과 ㉡은 혈장과 기억 세포를 순서 없이 나타낸 것이다.

(라) 일정 시간이 지난 후, C와 D에 X를 각각 주사한다. C와 D에서 X에 대한 혈중 항체 농도 변화는 그림과 같다.

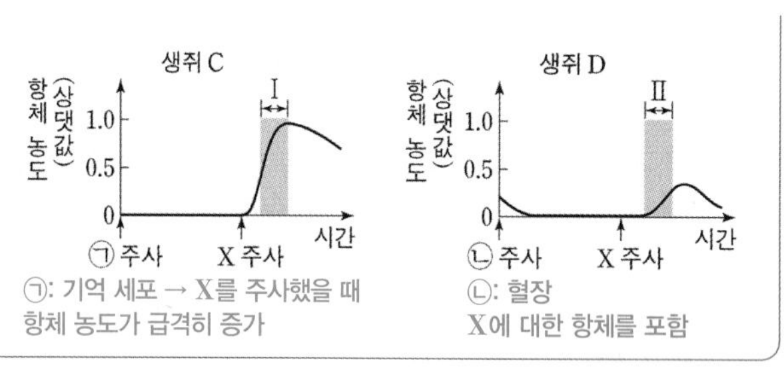

이에 대한 설명으로 옳은 것만을 〈보기〉에서 있는 대로 고른 것은? (3점)

[보기]

ㄱ. ⓐ는 '○'이다. → ⓐ에서 특이적 방어 작용이 일어남

ㄴ. 구간 I에서 X에 대한 항체가 형질 세포로부터 생성되었다. → 구간 I에서 형질 세포로부터 X에 대한 항체가 생성됨

ㄷ. 구간 II에서 X에 대한 1차 면역 반응이 일어났다. → 구간 II에서 X에 대한 1차 면역 반응이 일어남

① ㄱ ② ㄷ ③ ㄱ, ㄴ ④ ㄴ, ㄷ ⑤ ㄱ, ㄴ, ㄷ

| 문제+자료 분석 |

- ㉠(A의 기억 세포): 생쥐 C에 ㉠을 주사한 후 X를 주사했을 때 항체의 농도가 급격하게 증가하므로 ㉠은 기억 세포이다. X를 주입했을 때 2차 면역 반응에 의해 기억 세포가 형질 세포로 분화하여 항체 생성량이 많고 항체 생성 속도가 빠르다.
- ㉡(B의 혈장): 생쥐 D에 ㉡을 주사한 즉시 항체 농도가 소폭 증가했으므로 ㉡은 항체를 포함하고 있는 혈장이다. 생쥐 D에는 X에 대한 기억 세포가 주입되지 않았으므로 이후 X를 주사했을 때 항체 농도가 소폭 증가하는 1차 면역 반응이 일어난다.

| 보기 분석 |

ㄱ. 생쥐 D에 ㉡을 주사한 즉시 항체 농도가 증가했으므로 B의 혈장인 ㉡에 X에 대한 항체가 포함되어 있다. 생쥐 B에서 X에 대한 항체가 생성되는 특이적 방어 작용이 일어난 것이다. 함정

ㄴ. 구간 Ⅰ에서 X를 주사한 이후 항체의 농도가 증가한 것은 형질 세포로부터 X에 대한 항체가 생성된 것이다. 이 형질 세포는 주사된 ㉠(기억 세포)이 분화한 것으로 구간 Ⅰ에서 많은 양의 항체가 빠르게 생성된다.

ㄷ. 생쥐 D에는 X에 대한 항체가 직접 주입되었으며 X에 대한 기억 세포가 주입되지 않았으므로 구간 Ⅱ에서 X에 대한 1차 면역 반응이 일어난다. 구간 Ⅱ에서 항체가 생성되는 속도가 느리며 생성량이 많지 않다.

Ⅰ 28 정답 ② * 방어 작용 ······ [정답률 80%] 2023 대비 수능 14

다음은 병원체 X와 Y에 대한 생쥐의 방어 작용 실험이다.

○ X와 Y에 모두 항원 ㉮가 있다.

[실험 과정 및 결과]

(가) 유전적으로 동일하고 X와 Y에 노출된 적이 없는 생쥐 Ⅰ~Ⅳ를 준비한다.

(나) Ⅰ에게 X를, Ⅱ에게 Y를 주사하고 일정 시간이 지난 후, 생쥐의 생존 여부를 확인한다.

생쥐	생존 여부
Ⅰ	산다
Ⅱ	죽는다

(다) (나)의 Ⅰ에서 ㉮에 대한 B 림프구가 분화한 기억 세포를 분리한다.

(라) Ⅲ에게 X를, Ⅳ에게 (다)의 기억 세포를 주사한다.

(마) 일정 시간이 지난 후, Ⅲ과 Ⅳ에게 Y를 각각 주사한다. Ⅲ과 Ⅳ에서 ㉮에 대한 혈중 항체 농도 변화는 그림과 같다.

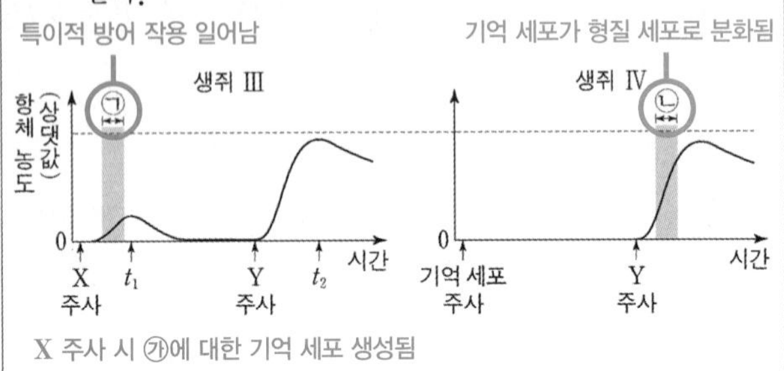

이에 대한 설명으로 옳은 것만을 〈보기〉에서 있는 대로 고른 것은? (단, 제시된 조건 이외는 고려하지 않는다.) (3점)

[보기]

ㄱ. Ⅲ에서 ㉮에 대한 혈중 항체 농도는 t_1일 때가 t_2일 때보다 ~~높다~~.
Ⅲ에서 ㉮에 대한 혈중 항체 농도는 t_1일 때가 t_2일 때보다 낮음

ㄴ. 구간 ㉠에서 ㉮에 대한 특이적 방어 작용이 일어났다.
구간 ㉠에서 항원 ㉮에 대한 항원 항체 반응, 즉 체액성 면역 반응이 일어났으므로 특이적 방어 작용이 일어남

ㄷ. 구간 ㉡에서 ~~형질 세포가 기억 세포로 분화되었다~~.
구간 ㉡에서 기억 세포가 형질 세포로 분화되는 것임

① ㄱ ② ㄴ ③ ㄱ, ㄷ ④ ㄴ, ㄷ ⑤ ㄱ, ㄴ, ㄷ

| 문제+자료 분석 |

1st 생쥐 Ⅰ과 Ⅱ의 생존 여부 분석하기

- (나)에서 병원체 X를 주사한 생쥐 Ⅰ은 살고, 병원체 Y를 주사한 생쥐 Ⅱ는 죽은 것을 통해 Ⅰ은 병원체 X에 대한 면역 반응이 충분히 일어난 것으로 판단할 수 있다.

2nd 생쥐 Ⅲ과 Ⅳ의 실험 결과 분석하기

- 생쥐 Ⅲ에게 X 주사 시 항원 ㉮가 1차 침입하였으므로 형질 세포가 소량의 항체를 생산하며, 항원 ㉮에 대한 기억 세포가 생성된 상태이다. 이후 Y 주사 시 동일한 항원 ㉮가 재침입하여 항원 ㉮에 대한 기억 세포가 빠르게 분화하여 다량의 형질 세포를 만들고, 형질 세포가 다량의 항체를 생산하는 2차 면역 반응이 일어났다.
- 기억 세포는 항체를 생성하지 않으므로 생쥐 Ⅳ에게 기억 세포를 주사하면 항체 농도는 증가하지 않는다. 또한 Ⅳ에게 항원 ㉮에 대한 기억 세포를 주사한 것이므로 이후 항원 ㉮ 있는 Y 주사 시 항원 ㉮에 대한 기억 세포가 빠르게 분화하여 다량의 형질 세포를 만들고, 형질 세포가 다량의 항체를 생산하는 2차 면역 반응이 일어났다.

| 보기 분석 |

ㄱ. 생쥐 Ⅲ의 그래프에서 y축의 ㉮에 대한 항체 농도를 비교하면 혈중 항체 농도는 t_1일 때가 t_2가 때보다 낮다.

ㄴ. 구간 ㉠에서 항체의 농도가 점점 증가하고 있으므로 항체가 항원 ㉮와 반응하는 항원 항체 반응이 일어났다. 항원 항체 반응은 체액성 면역 반응으로, 특이적 방어 작용에 속하기 때문에 특이적 방어 작용이 일어났다고 판단할 수 있다.

ㄷ. 구간 ㉡에서는 기억 세포가 형질 세포로 분화되어 항체가 생성되므로 항체 농도가 증가한다. 참고로 형질 세포는 기억 세포로 분화되지 않으므로 함정에 빠지지 않도록 주의해야한다. 함정

김보겸 | 연세대 지구시스템과학과 2023년 입학 · 광주 서석고졸

기억 세포에 대한 내용이 있어서 2차 면역에 대해 물어볼 줄 알았어. 그런 선지는 없었지만 언제든 나올 수 있으니 기억 세포가 관여하는 2차 면역 과정에 대해 숙지하도록 하자. 또한 형질 세포는 기억 세포로 분화할 수 없어. 기억 세포가 형질 세포로 분화하는 것과 혼동하지 말자. 항체가 있다면 특이적 방어 작용이 일어났다는 점도 꼭 명심해!

I 29 정답 ⑤ * 방어 작용 ······ [정답률 78%] 2023 실시 10월 학평 17

다음은 병원체 P와 Q에 대한 생쥐의 방어 작용 실험이다.

o Q에 항원 ㉠과 ㉡이 있다.

[실험 과정 및 결과]

(가) 유전적으로 동일하고, P와 Q에 노출된 적이 없는 생쥐 Ⅰ~Ⅴ를 준비한다.

(나) Ⅰ에게 P를, Ⅱ에게 Q를 각각 주사하고 일정 시간이 지난 후, 생쥐의 생존 여부를 확인한다.

생쥐	생존 여부
Ⅰ	죽는다
Ⅱ	산다

(다) (나)의 Ⅱ에서 혈청, ㉠에 대한 B 림프구가 분화한 기억 세포 ⓐ, ㉡에 대한 B 림프구가 분화한 기억 세포 ⓑ를 분리한다. ㉠과 ㉡에 대한 항체 존재

(라) Ⅲ에게 (다)의 혈청을, Ⅳ에게 (다)의 ⓐ를, Ⅴ에게 (다)의 ⓑ를 주사한다.

(마) (라)의 Ⅲ~Ⅴ에게 P를 각각 주사하고 일정 시간이 지난 후, 생쥐의 생존 여부를 확인한다.

생쥐	생존 여부
Ⅲ	산다
Ⅳ	죽는다
Ⅴ	산다

이에 대한 옳은 설명만을 〈보기〉에서 있는 대로 고른 것은? (단, 제시된 조건 이외는 고려하지 않는다.) (3점)

[보기]

ㄱ. (나)의 Ⅱ에서 1차 면역 반응이 일어났다.
(나)의 Ⅱ에서 항원 ㉠과 항원 ㉡에 대한 1차 면역 반응이 일어남

ㄴ. (마)의 Ⅲ에서 P와 항체의 결합이 일어났다.
(마)의 Ⅲ에서 항원 항체 반응이 일어남

ㄷ. (마)의 Ⅴ에서 ⓑ가 형질 세포로 분화했다.
(마)의 Ⅴ에서 ⓑ가 형질 세포로 분화하여 체액성 면역이 일어남

① ㄱ ② ㄷ ③ ㄱ, ㄴ ④ ㄴ, ㄷ ⑤ ㄱ, ㄴ, ㄷ

| 문제+자료 분석 |

- Ⅰ: (나)에서 Ⅰ에 P를 주사한 결과 Ⅰ이 죽은 것으로 보아, P는 생명을 위협할 수 있는 병원체이다.
- Ⅱ: (나)에서 Ⅱ에 Q를 주사하여 항원 ㉠과 항원 ㉡에 대한 1차 면역 반응이 일어나 Ⅱ가 생존했다. 1차 면역 반응 이후, Ⅱ의 혈청에는 ㉠과 ㉡에 대한 항체가 존재하며, Ⅱ는 ㉠에 대한 기억 세포 ⓐ, ㉡에 대한 기억 세포 ⓑ를 가진다.
- Ⅲ: (라)에서 Ⅲ에게 (다)의 혈청을 주사하면, Ⅲ은 ㉠과 ㉡에 대한 항체를 갖게 된다. 이후, P를 주사했을 때 Ⅲ이 생존한 것으로 보아, 항원 항체 반응을 통해 P에 존재하는 항원이 무력화되었음을 알 수 있다.
- Ⅳ: (라)에서 Ⅳ에게 (다)의 ⓐ를 주사한 후, (마)에서 P를 주사했을 때 Ⅳ가 죽은 것으로 보아, P에 존재하는 항원이 ㉠에 대한 기억 세포 ⓐ를 형질 세포로 분화시키지 못함을 알 수 있다. 즉, P에는 항원 ㉠이 존재하지 않는다.
- Ⅴ: (라)에서 Ⅴ에게 (다)의 ⓑ를 주사한 후, (마)에서 P를 주사했을 때 Ⅴ가 생존한 것으로 보아, P에 존재하는 항원이 ㉡에 대한 기억 세포 ⓑ를 형질 세포로 분화시켜, 체액성 면역 반응이 일어났음을 알 수 있다. 따라서 P에는 항원 ㉡이 존재한다.

| 보기 분석 |

ㄱ. (나)에서 Ⅱ에 Q를 주사 시, Ⅱ에 항원 ㉠와 항원 ㉡이 1차 침입한 것이므로, 항원 ㉠와 항원 ㉡에 대해 1차 면역 반응이 일어났다.

ㄴ. (마)의 Ⅲ에 P를 주사했을 때 Ⅲ이 생존한 것으로 보아, 항원 항체 반응을 통해 P에 존재하는 항원이 무력화되었음을 알 수 있다.

ㄷ. (마)에서 P를 주사했을 때 Ⅴ가 생존한 것으로 보아, P에 존재하는 항원이 ㉡에 대한 기억 세포 ⓑ를 형질 세포로 분화시켜, 체액성 면역 반응이 일어났음을 알 수 있다.

I 30 정답 ④ * 방어 작용 실험 ······ [정답률 59%] 2018 실시 3월 학평 14

다음은 병원체 A에 대한 생쥐의 방어 작용 실험이다.

(가) A의 병원성을 약화시켜 만든 백신 ㉠을 생쥐 Ⅰ에 주사하고, 2주 후 Ⅰ에서 혈청 ㉡을 얻는다. 항체 포함

(나) 표와 같이 생쥐 Ⅱ~Ⅳ에게 주사액을 주사하고, 일정 시간 후 생존 여부를 확인한다.

생쥐	주사액	생존 여부
Ⅱ	A	죽는다 A의 독성으로 죽음
Ⅲ	A+㉠	죽는다
Ⅳ	A+㉡	산다

항체에 의해 면역 기능 있음

이에 대한 옳은 설명만을 〈보기〉에서 있는 대로 고른 것은? (단, Ⅰ~Ⅳ는 모두 유전적으로 동일하고, A에 노출된 적이 없다.)

[보기]

ㄱ. ㉠을 주사한 Ⅰ에서 A에 대한 항체가 생성되었다.
→ Ⅳ에서 생쥐가 생존했으므로 ㉠을 주사한 Ⅰ에서 항체 생성

ㄴ. ㉡에는 A에 대한 기억 세포가 들어 있다.
→ 혈청 속에는 세포가 존재하지 않음

ㄷ. (나)의 Ⅳ에서 항원 항체 반응이 일어났다.
→ Ⅳ에서 항원인 병원체 A와 ㉡에 포함된 항체의 반응이 일어남

① ㄱ ② ㄷ ③ ㄱ, ㄴ ④ ㄱ, ㄷ ⑤ ㄴ, ㄷ

| 문제+자료 분석 |

- 백신: 병원성을 약화시킨 병원체로 1차 면역 반응을 일으키도록 하여 병원체가 다시 침입 했을 때 빠르게 2차 면역 반응이 일어나게 하는 물질이다.
- 항체는 혈청에 존재하며, 혈구에는 세포가 존재한다.

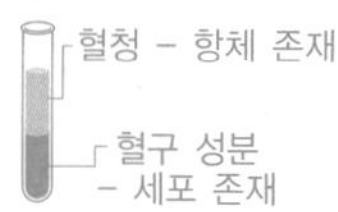

- 백신 ㉠을 주사한 후 2주 후 채취한 생쥐 Ⅰ의 혈청 ㉡에는 항체가 존재하기 때문에 A와 ㉡을 함께 주사한 Ⅳ가 살았다.

| 보기 분석 |

ㄱ. ㉠을 주사한 Ⅰ에서 A에 대한 항체가 생성되었기 때문에 Ⅳ에서 A와 Ⅰ의 혈청인 ㉡을 함께 주사했을 때 살 수 있었다.

ㄴ. 혈청은 혈액의 액체 성분인 혈장에서 혈액 응고 성분을 제외한 것이다. 따라서 혈구는 존재할 수 없다.
기억 세포는 B 림프구가 분화한 혈구의 일종이므로 혈청에는 존재할 수 없다는 것을 기억해 두는 것이 필요하다. 주의

ㄷ. (나)에서 항원 항체 반응이 일어났기 때문에 생쥐 Ⅳ가 살 수 있었다. 혈청 ㉡에 들어 있던 항체와 병원체 사이에 항원 항체 반응이 일어난 것으로 판단할 수 있다.

I 31 정답 ③ * 1차 면역 반응과 2차 면역 반응 [정답률 76%] 2024 실시 5월 학평 13

다음은 병원체 P에 대한 백신을 개발하기 위한 실험이다.

[실험 과정 및 결과]
(가) P로부터 백신 후보 물질 ㉠을 얻는다.
(나) P와 ㉠에 노출된 적이 없고, 유전적으로 동일한 생쥐 Ⅰ~Ⅴ를 준비한다.
(다) Ⅰ과 Ⅱ에게 각각 ㉠을 주사한다. Ⅰ에서 ㉠에 대한 혈중 항체 농도 변화는 그림과 같다. Ⅰ, Ⅱ ➡ 1차 면역 반응

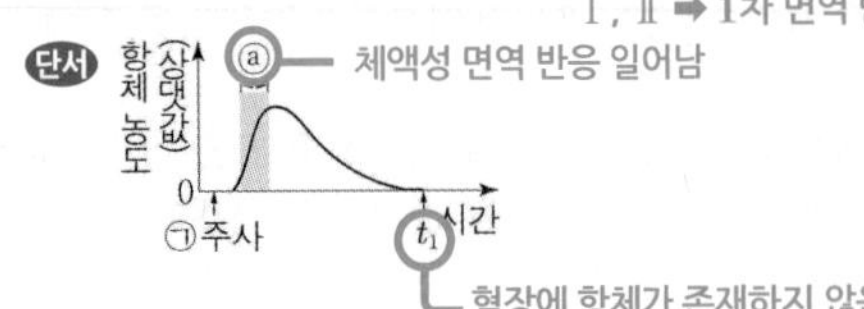

(라) t_1일 때 Ⅰ에서 혈장과 ㉠에 대한 B 림프구가 분화한 기억 세포를 분리한다. 표와 같이 주사액을 Ⅱ~Ⅴ에게 주사하고 일정 시간이 지난 후, 생쥐의 생존 여부를 확인한다.

생쥐	주사액 조성	생존 여부
Ⅱ (㉠ 주사 후 기억 세포 생성)	P	산다
Ⅲ	P	죽는다
Ⅳ	Ⅰ의 혈장+P	죽는다
Ⅴ (기억 세포가 형질 세포로 분화하여 항체 생성)	Ⅰ의 기억 세포+P	산다

이에 대한 설명으로 옳은 것만을 〈보기〉에서 있는 대로 고른 것은? (단, 제시된 조건 이외는 고려하지 않는다.)

[보기]
ㄱ. ㉠은 (다)의 Ⅰ에서 항원으로 작용하였다. ㉠은 항원으로 작용하여 항체가 생성됨
ㄴ. 구간 ⓐ에서 체액성 면역 반응이 일어났다. 항체가 생성되어 항원을 제거하는 체액성 면역 반응이 일어남
ㄷ. (라)의 Ⅴ에서 ~~형질 세포가 기억 세포로~~ 분화되었다. (라)의 Ⅴ에서 기억 세포가 형질 세포로 분화하여 항체를 생성함

① ㄱ ② ㄷ ③ ㄱ, ㄴ ④ ㄴ, ㄷ ⑤ ㄱ, ㄴ, ㄷ

단서+발상

단서 병원체 P와 백신 후보 물질 ㉠, Ⅰ에서 ㉠에 대한 혈중 항체 농도, Ⅱ~Ⅴ에서 P, Ⅰ의 혈장, Ⅰ의 기억 세포를 주사한 후 생존 여부가 제시되어 있다.

발상 (다)에서 Ⅰ에게 ㉠을 주사한 후 항체가 생성되었기 때문에 ㉠은 P에 대한 기억 세포를 생성할 수 있는 물질임을 추론할 수 있다.

| 문제+자료 분석 |

- 체액성 면역은 항체가 항원을 제거하는 작용으로, 항체는 B 림프구가 분화한 형질 세포에서 생성된다. 항원이 우리 몸에 처음 침입하면 B 림프구가 활성화되어 형질 세포와 기억 세포로 분화하고 형질 세포가 항체를 생성하는데, 이를 1차 면역 반응이라고 한다.
  ➡ (다)에서 Ⅰ과 Ⅱ에게 각각 ㉠을 주사한 후 항체가 생성되었기 때문에 Ⅰ과 Ⅱ에서 1차 면역 반응이 일어났다.
- 동일한 항원이 다시 침입하면 기억 세포가 빠르게 증식하고 분화하여 만들어진 형질 세포가 많은 항체를 생성하는 것을 2차 면역 반응이라고 한다. 꿀팁
- (라)에서 Ⅱ는 ㉠ 주사 후 P에 대한 기억 세포가 생성되어 생존하였고, Ⅴ는 Ⅰ의 기억 세포를 주입하여 생존하였다. Ⅲ은 기억 세포가 존재하지 않았고, Ⅳ는 t_1 시점에 Ⅰ의 혈장에는 항체가 존재하지 않아 죽었다.

| 보기 분석 |

ㄱ. ㉠은 Ⅰ에서 항원으로 작용하였기 때문에 (다) 그래프에서 ㉠ 주사 후 항체가 생성되었다.
ㄴ. 구간 ⓐ에서 항체가 생성되어 항원을 제거하는 체액성 면역 반응이 일어났다.
ㄷ. (라)의 Ⅴ에서 Ⅰ의 기억 세포에 의한 2차 면역 반응이 일어난다. 따라서 기억 세포가 형질 세포로 분화한다.

I 32 정답 ⑤ * 특이적 방어 작용 [정답률 84%] 2022 실시 10월 학평 10

다음은 병원체 ㉠에 대한 생쥐의 방어 작용 실험이다.

[실험 과정 및 결과]
(가) 유전적으로 같고 ㉠에 노출된 적이 없는 생쥐 Ⅰ~Ⅴ를 준비한다.
(나) Ⅰ에는 생리식염수를, Ⅱ에는 죽은 ㉠을 각각 주사한다.
(다) 2주 후 Ⅰ에서는 혈장을, Ⅱ에서는 혈장과 기억 세포를 분리하여 표와 같이 살아 있는 ㉠과 함께 Ⅲ~Ⅴ에게 각각 주사하고, 일정 시간이 지난 후 생쥐의 생존 여부를 확인한다.

생쥐	주사액의 조성	생존 여부
Ⅲ	ⓐ Ⅰ의 혈장 + ㉠ (㉠에 대한 항체 없음)	죽는다
Ⅳ	Ⅱ의 혈장 + ㉠ (㉠에 대한 항체 존재)	산다
Ⅴ	Ⅱ의 기억 세포 + ㉠ (형질 세포로 분화해 항체 생성)	산다

이에 대한 옳은 설명만을 〈보기〉에서 있는 대로 고른 것은? (단, 제시된 조건 이외는 고려하지 않는다.) (3점)

[보기]
ㄱ. ⓐ에는 ㉠에 대한 항체가 ~~있다~~. ⓐ에는 ㉠에 대한 항체가 없음
ㄴ. (나)의 Ⅱ에서 체액성 면역 반응이 일어났다.
(나)의 Ⅱ에서 항체가 생성되므로 체액성 면역 반응이 일어남
ㄷ. (다)의 Ⅴ에서 ㉠에 대한 기억 세포로부터 형질 세포로의 분화가 일어났다.
Ⅱ의 ㉠에 대한 기억 세포로부터 형질 세포가 분화해 항체가 생성됨

① ㄱ ② ㄴ ③ ㄷ ④ ㄱ, ㄷ ⑤ ㄴ, ㄷ

| 문제+자료 분석 |

- **생쥐 Ⅲ**: ㉠에 노출된 적 없는 Ⅰ의 혈장(ⓐ)에는 ㉠에 대한 항체가 없으므로 ⓐ와 ㉠을 주사한 생쥐 Ⅲ은 죽는다.
- **생쥐 Ⅳ**: ㉠과 함께 Ⅱ의 혈장을 주사한 생쥐 Ⅳ가 생존한 것은 죽은 ㉠을 주사한 Ⅱ의 혈장에 ㉠에 대한 항체가 생성되었기 때문이다.
- **생쥐 Ⅴ**: ㉠과 함께 Ⅱ의 기억 세포를 주사한 생쥐 Ⅴ가 생존한 것은 Ⅱ의 기억 세포가 형질 세포로 분화해 ㉠에 대한 항체가 생성되었기 때문이다.

| 보기 분석 |

함정

ㄱ. ㉠에 노출된 적이 없고 생리식염수를 주사한 Ⅰ의 혈장(ⓐ)에는 ㉠에 대한 항체가 없다. 따라서 ⓐ와 살아 있는 ㉠을 주사한 생쥐 Ⅲ은 죽는다.

ㄴ. 항체가 항원과 결합함으로써 항원을 제거하는 면역 반응을 체액성 면역이라고 한다. Ⅱ의 혈장에는 ㉠에 대한 항체가 있어서 생쥐 Ⅳ에게 Ⅱ의 혈장과 살아 있는 ㉠을 주사했을 때 항체가 항원과 결합하여 항원을 제거함으로써 생쥐 Ⅳ가 생존할 수 있었다. 따라서 (나)의 Ⅱ에서 체액성 면역 반응이 일어났음을 알 수 있다.

ㄷ. Ⅱ의 기억 세포와 살아 있는 ㉠을 주사한 생쥐 Ⅴ가 생존한 것은 Ⅴ에서 ㉠에 대한 기억 세포가 형질 세포로 분화된 후 형질 세포에서 항체가 생성되었기 때문이다. 따라서 (다)의 Ⅴ에서 ㉠에 대한 기억 세포로부터 형질 세포로의 분화가 일어났다.

I 33 정답 ④ * 우리 몸의 방어 작용 [정답률 65%] 2022 실시 7월 학평 9

다음은 병원체 P와 Q에 대한 쥐의 방어 작용 실험이다.

[실험 과정]

(가) 유전적으로 동일하고 P와 Q에 노출된 적이 없는 쥐 ㉠과 ㉡을 준비한다.

(나) ㉠에 P를, ㉡에 Q를 주사한 후 t_1일 때 ㉠과 ㉡의 혈액에서 병원체 수, 세포독성 T 림프구 수, 항체 농도를 측정한다.

(다) 일정 기간이 지난 후 t_2일 때 ㉠과 ㉡의 혈액에서 병원체 수, 세포독성 T 림프구 수, 항체 농도를 측정한다.

병원체에 감염된 세포를 제거

[실험 결과]

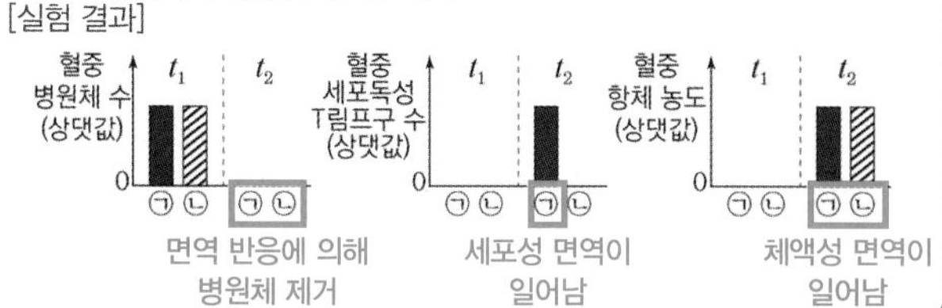

이에 대한 설명으로 옳은 것만을 〈보기〉에서 있는 대로 고른 것은? (단, t_1과 t_2 사이에 P와 Q에 대한 림프구와 항체는 모두 면역 반응에 관여하였다.) (3점)

[보기]

ㄱ. 세포독성 T 림프구에서 항체가 생성된다.
형질 세포가 항체를 생산함

ㄴ. ㉠에서 P가 제거되는 과정에 세포성 면역이 일어났다.
t_2일 때 ㉠에 세포독성 T 림프구가 존재하므로 세포성 면역이 일어남

ㄷ. t_2 이전에 ㉡에서 Q에 대한 특이적 방어 작용이 일어났다.
㉡에서 체액성 면역이 일어났으므로 특이적 방어 작용이 일어남

① ㄱ ② ㄷ ③ ㄱ, ㄴ ④ ㄴ, ㄷ ⑤ ㄱ, ㄴ, ㄷ

| 문제+자료 분석 |

1st 혈중 병원체 수 그래프 해석하기

- t_1일 때 ㉠과 ㉡의 혈중 병원체 수가 상대적으로 많았으나 ㉠과 ㉡ 모두 면역 반응에 의해 병원체가 제거되어 t_2일 때 ㉠과 ㉡ 모두 병원체 수가 감소하였다.

2nd 혈중 세포독성 T 림프구 수 해석하기

- t_2일 때 ㉠의 세포독성 T 림프구 수가 많은 것으로 보아 ㉠에서 세포독성 T 림프구가 병원체에 감염된 세포를 제거하는 세포성 면역이 일어났음을 알 수 있다.

3rd 혈중 항체 농도 해석하기

- t_2일 때 ㉠과 ㉡ 모두 혈중 항체 농도가 높고, 혈중 병원체 수가 감소하였다. 이는 항체가 항원과 결합하여 항원을 제거하는 체액성 면역이 일어났음을 알 수 있다.

| 보기 분석 |

ㄱ. B 림프구로부터 분화된 형질 세포가 항체를 생성한다.

ㄴ. 활성화된 세포독성 T 림프구가 병원체에 감염된 세포를 제거하는 반응을 세포성 면역이라고 한다. 혈중 세포독성 T 림프구 그래프에서 t_2일 때 ㉠에서 세포독성 T 림프구가 존재하므로 P가 제거되는 과정에 세포성 면역이 일어났음을 알 수 있다.

ㄷ. 특이적 방어 작용은 특정 항원을 인식하여 제거하는 방어 작용이며, T 림프구와 B 림프구에 의해 이루어진다. t_1과 t_2 사이에 항체가 생성되어 항원을 제거함으로써 t_2일 때 병원체 수가 감소하였으므로 체액성 면역 반응이 일어났음을 알 수 있다. 체액성 면역은 특이적 방어 작용 중 하나이므로 t_2 이전에 ㉡에서 Q에 대한 특이적 방어 작용이 일어났다.

I 34 정답 ④ * 면역 작용 [정답률 59%] 2019 대비 6월 모평 16

다음은 항원 A와 B의 면역학적 특성을 알아보기 위한 자료이다.

- 항원 A와 B에 노출된 적이 없는 생쥐 ㉠에게 A와 B를 함께 주사하고, 4주 후 ㉠에게 동일한 양의 A와 B를 다시 주사하였다. (2차 주사)
- 그림은 ㉠에서 A와 B에 대한 혈중 항체 농도의 변화를, 표는 t_1 시점에서 ㉠으로부터 혈청을 분리하여 A와 B에 각각 섞었을 때의 항원 항체 반응 여부를 나타낸 것이다.

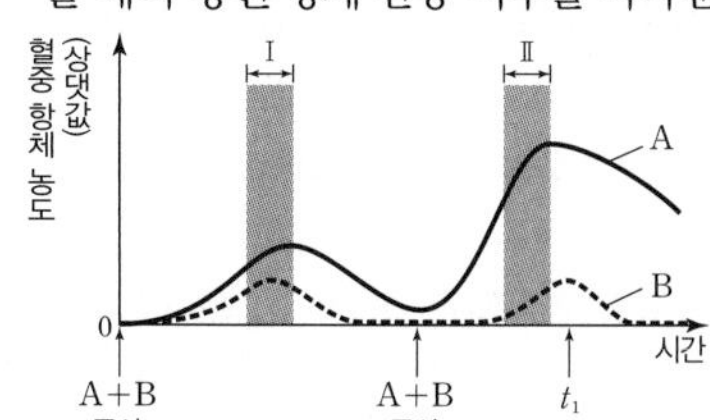

항체는 생성

항원	반응 여부
A	○
B	ⓐ ○

(○: 일어남, ×: 일어나지 않음)

- ㉠에서 A에 대한 기억 세포는 형성되었고, B에 대한 기억 세포는 형성되지 않았다. → B가 재침입하면 2차 면역 반응이 일어나지 않음

이에 대한 설명으로 옳은 것만을 〈보기〉에서 있는 대로 고른 것은? (3점)

[보기]

ㄱ. ⓐ는 '×'이다. → 혈청에 두 종류의 항체가 모두 존재하므로 ⓐ는 '○'

ㄴ. 구간 Ⅰ에서 B에 대한 특이적 방어 작용이 일어났다.
→ 구간 Ⅰ에서 항체가 분비되므로 특이적 방어 작용이 일어남

ㄷ. 구간 Ⅱ에서 A에 대한 항체가 형질 세포로부터 생성되었다.
→ 구간 Ⅱ의 A에 대한 항체는 기억 세포에서 분화된 형질 세포로부터 생성

① ㄱ ② ㄷ ③ ㄱ, ㄷ ④ ㄴ, ㄷ ⑤ ㄱ, ㄴ, ㄷ

| 문제+자료 분석 |

- 항원 A에 대한 기억 세포가 형성되었기 때문에 같은 항원이 다시 침입했을 때 2차 면역 반응이 일어나 빠르게 항체 농도가 늘어난다.
- 항원 B에 대해서는 기억 세포가 형성되지 않아 항원의 재침입 시 항체 농도가 1차 주입했을 때와 같이 나타난다.

| 보기 분석 |

ㄱ. t_1 시점에서 혈청에는 A에 대한 항체와 B에 대한 항체가 모두 존재하므로 ⓐ는 '○'이다. 2차 면역 반응이 일어나지 않는다고 해서 항원 항체 반응이 일어나지 않는 것은 아니다. 항체가 생성되면 항원 항체 반응이 일어났다고 판단할 수 있어야 한다. 함정

ㄴ. 구간 Ⅰ에서 B에 대한 항체가 생성·분비되는 것을 통해 구간 Ⅰ에서 B에 대한 특이적 방어 작용이 일어났음을 알 수 있다.

ㄷ. 구간 Ⅱ에서 A에 대한 기억 세포는 형질 세포로 분화되고, 분화된 형질 세포에서 A에 대한 항체가 생성·분비된다.

*** 2차 면역 반응**

(1) 항원의 재침입에 의해 일어나는 면역 반응을 의미한다.
(2) 항원의 1차 침입 시 형성된 기억 세포에 의해 일어난다.
(3) 이전에 침입한 항원이 다시 침입하면 기억 세포가 빠르게 형질 세포와 기억 세포로 분화한다.
(4) 형질 세포에서 다량의 항체가 빠르게 형성된다.

문제 풀이 Tip

B 림프구에서 분화된 기억 세포와 형질 세포 중 항체를 만드는 세포는 형질 세포이다. 항원의 재침입 시 항체가 다량 생성되는 것은 기억 세포가 빠르게 형질 세포로 분화되었기 때문이다. 기억 세포는 형질 세포로 분화된 후 형질 세포에서 항체를 생성한다.

I 35 정답 ① * 방어 작용 [정답률 60%] 2019 실시 3월 학평 10

다음은 항원 X와 Y에 대한 생쥐의 방어 작용 실험이다.

[실험 과정 및 결과]

(가) 유전적으로 동일하고 항원 X와 Y에 노출된 적이 없는 생쥐 A~D를 준비한다.

(나) A에게 X를 주사하고, B에게 Y를 주사한다.

(다) 주사한 X와 Y가 생쥐의 면역 반응에 의해 제거된 후 A에서 ㉠혈청(항체 포함)을 분리하여 C에게 주사하고, B에서 Y에 대한 기억 세포를 분리하여 D에게 주사한다.

(라) 일정 시간이 지난 후 C와 D에게 동일한 ㉡항원(항원 Y)을 주사한다. 주사한 항원은 X와 Y 중 하나이다.

(마) C와 D에게 항원을 주사한 후, 주사한 항원에 대한 항체의 농도 변화는 그림과 같다. ⓐ와 ⓑ는 각각 C와 D 중 하나이다.

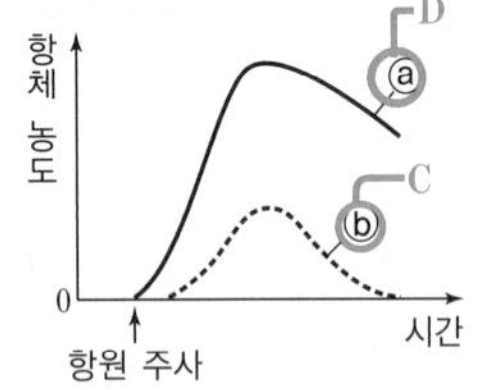

이에 대한 옳은 설명만을 <보기>에서 있는 대로 고른 것은? (3점)

[보기]

ㄱ. ㉠에는 X에 대한 기억 세포가 존재한다.
→ ㉠은 혈액에서 혈구와 혈액 응고 성분을 제외한 것으로 항체가 있음

ㄴ. ㉡은 Y이다. → ㉠에는 X에 대한 항체가 있고, ㉡은 항원 Y임

ㄷ. ⓑ는 D이다. → ⓐ는 D, ⓑ는 C임

① ㄴ ② ㄷ ③ ㄱ, ㄴ ④ ㄱ, ㄷ ⑤ ㄴ, ㄷ

| 문제+자료 분석 |

- 항체 생성량과 속도는 2차 면역 반응에서가 1차 면역 반응에서보다 많고 빠르다는 사실을 알면 ⓐ와 ⓑ의 항체 농도 변화 중 무엇이 2차 면역 반응에서의 항체 농도 변화인지 쉽게 파악할 수 있다.
- ⓐ의 항체 농도 변화가 ⓑ의 항체 농도 변화보다 빨리 일어났고, 최대 항체 농도도 높으므로 2차 면역 반응이 일어났다.

| 보기 분석 |

ㄱ. ㉠(혈청)은 혈액에서 적혈구, 백혈구, 혈소판의 혈구와 혈액 응고 물질을 제외한 성분으로, X에 대한 항체가 존재한다. ㉠에는 기억 세포와 같은 세포 성분이 존재하지 않는다.

ㄴ. (마)에서 ⓐ는 기억 세포가 관여하는 2차 면역 반응이 일어났고, ⓑ는 1차 면역 반응이 일어났다.
D는 항원 Y에 대한 기억 세포를 주사 받았고, 이후 Y를 주사 받으면 2차 면역 반응이 일어나므로 C와 D에게 주사한 항원 ㉡은 Y이다.

ㄷ. ⓐ는 Y에 대한 기억 세포가 있어서 2차 면역 반응이 일어난 D, ⓑ는 1차 면역 반응이 일어난 C이다.

* 1차 면역 반응과 2차 면역 반응

1차 면역 반응	항원이 처음 침입했을 때, B 림프구가 형질 세포로 분화하여 항체를 생성하기까지 약 5~7일이 걸린다.
2차 면역 반응	같은 항원이 재침입했을 때, 1차 면역 반응에서 생성된 기억 세포가 빠르게 증식하면서 형질 세포로 분화하고 항체를 생성하여 항원을 제거한다. ➡ 항체를 생성하는 시간이 매우 빠르고, 생성되는 항체의 양도 많으며, 비교적 오래 항체가 유지된다.

I 36 정답 ③ * 방어 작용 [정답률 57%] 2021 실시 4월 학평 18

다음은 항원 A와 B의 면역학적 특성을 알아보기 위한 자료이다.

- A에 노출된 적이 없는 생쥐 X에게 A를 2회에 걸쳐 주사하였고, B에 노출된 적이 없는 생쥐 Y에게 B를 2회에 걸쳐 주사하였다.
- 그림은 X의 A에 대한 혈중 항체 농도 변화와 Y의 B에 대한 혈중 항체 농도 변화를 각각 나타낸 것이다.

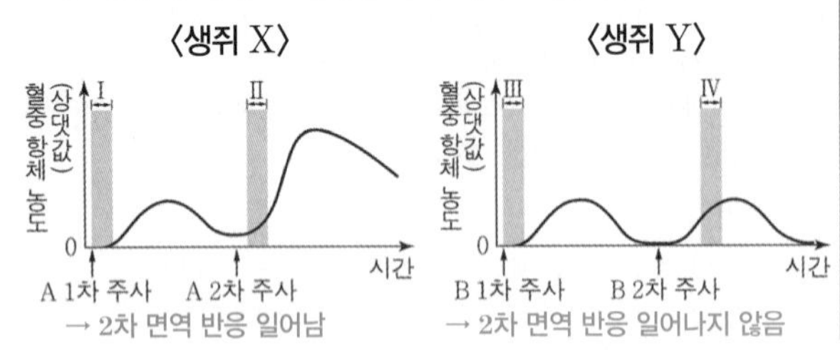

- X에서 A에 대한 기억 세포는 형성되었고, Y에서 B에 대한 기억 세포는 형성되지 않았다.

이에 대한 설명으로 옳은 것만을 <보기>에서 있는 대로 고른 것은?

[보기]

ㄱ. 구간 Ⅰ과 Ⅲ에서 모두 비특이적 방어 작용이 일어났다.
→ 항원 A, B가 체내로 들어오면 비특이적 방어 작용이 일어남

ㄴ. 구간 Ⅱ에서 A에 대한 형질 세포가 기억 세포로 분화되었다.
→ Ⅱ에서 A에 대한 기억 세포가 형질 세포로 분화해 항체 생성

ㄷ. 구간 Ⅳ에서 B에 대한 체액성 면역 반응이 일어났다.
→ Ⅳ에서 B에 대한 항체가 생성되므로 체액성 면역 반응이 일어남

① ㄱ ② ㄴ ③ ㄱ, ㄷ ④ ㄴ, ㄷ ⑤ ㄱ, ㄴ, ㄷ

| 문제+자료 분석 |

- A 2차 주사 시에는 항체 농도가 급격하게 상승하지만 B 2차 주사 시에는 1차 주사 때와 동일한 곡선을 보인다. 이것을 통해 X에서 A에 대한 기억 세포는 형성되었고, Y에서 B에 대한 기억 세포는 형성되지 않았음을 알 수 있다.

| 보기 분석 |

ㄱ. 병원체의 종류나 감염 경험의 유무와 관계없이 병원체가 침입할 경우 신속하게 반응이 일어나는 것을 비특이적 방어 작용이라고 한다. 따라서 항원 A를 주사하면 비특이적 방어 작용이 일어난다.

ㄴ. 구간 Ⅰ에서보다 구간 Ⅱ에서 A에 대한 항체 농도가 급격히 증가했으므로 1차 면역 반응에서 생성된 A에 대한 기억 세포가 형질 세포로 분화하여 빠른 속도로 항체가 생성된 것이다.

ㄷ. 구간 Ⅳ에서 B에 대한 항체 농도가 증가했으므로 B에 대한 체액성 면역 반응이 일어났다. 2차 면역 반응은 일어나지 않았으나 1차 면역 반응이 일어났으므로 체액성 면역 반응이 일어난 것이다. 함정

I 37 정답 ① * 방어 작용 [정답률 63%] 2021 대비 수능 14

다음은 병원체 ㉠과 ㉡에 대한 생쥐의 방어 작용 실험이다.

[실험 과정 및 결과]

(가) 유전적으로 동일하고, ㉠과 ㉡에 노출된 적이 없는 생쥐 Ⅰ~Ⅵ을 준비한다.

(나) Ⅰ에는 생리식염수를, Ⅱ에는 죽은 ㉠을, Ⅲ에는 죽은 ㉡을 각각 주사한다. Ⅱ에서는 ㉠에 대한, Ⅲ에서는 ㉡에 대한 항체가 각각 생성되었다. → 특이적 방어 작용

(다) 2주 후 (나)의 Ⅰ~Ⅲ에서 각각 혈장을 분리하여 표와 같이 살아 있는 ㉠과 함께 Ⅳ~Ⅵ에게 주사하고, 1일 후 생쥐의 생존 여부를 확인한다.

생쥐	주사액의 조성	생존 여부
Ⅳ	(㉠에 대한 항체 없음) Ⅰ의 혈장+㉠	죽는다
Ⅴ	(㉠에 대한 항체 존재) Ⅱ의 혈장+㉠	산다
Ⅵ	(㉡에 대한 항체 존재) ⓐⅢ의 혈장+㉠	죽는다

이에 대한 설명으로 옳은 것만을 〈보기〉에서 있는 대로 고른 것은? (단, 제시된 조건 이외는 고려하지 않는다.) (3점)

[보기]

ㄱ. (나)의 Ⅱ에서 ㉠에 대한 특이적 방어 작용이 일어났다.
→ (나)의 Ⅱ에서 ㉠에 대한 항체가 생긴 것은 특이적 방어 작용

ㄴ. (다)의 Ⅴ에서 ㉠에 대한 2차 면역 반응이 일어났다.
→ (다)의 Ⅴ에서 ㉠에 대한 2차 면역 반응이 일어나지 않음

ㄷ. ⓐ에는 ㉡에 대한 형질 세포가 있다.
→ ⓐ는 혈장이므로 형질 세포가 없음

① ㄱ ② ㄴ ③ ㄱ, ㄷ ④ ㄴ, ㄷ ⑤ ㄱ, ㄴ, ㄷ

| 문제+자료 분석 |

- **항체**: 병원체가 침입했을 때 B 림프구가 형질 세포와 기억 세포로 분화하며, 이 형질 세포가 병원체에 특이적인 항체를 생성한다. 항체는 혈장에서 특이적 방어 작용을 수행하는데 항원인 병원체와 항원 항체 반응을 일으킨다.
- Ⅱ의 혈장에는 ㉠에 대한 항체가 존재하여 ㉠에 대해 특이적 방어 작용을 수행한다.
- Ⅲ의 혈장에는 ㉡에 대한 항체가 존재하여 ㉡에 대해 특이적 방어 작용을 수행한다. ㉡에 대한 항체는 ㉠과는 반응하지 않는다.

| 보기 분석 |

ㄱ. (나)의 Ⅱ에 죽은 ㉠을 주사한 이후 ㉠에 대한 항체가 생성된 것은 특이적 방어 작용이 일어난 것이다.

ㄴ. (다)의 Ⅴ가 생존한 것은 ㉠에 대해 스스로 1차 면역 반응이 일어났거나, Ⅱ의 혈장에 들어 있던 ㉠에 대한 항체와 ㉠이 항원 항체 반응을 일으켰기 때문이다. 2차 면역 반응은 한 번 들어왔던 병원체가 다시 들어왔을 때 기존에 만들어졌던 기억 세포에 의해 빠르게 면역 반응을 일으키는 것인데, (다)의 Ⅴ에는 ㉠에 대한 기억 세포가 없다. 함정

ㄷ. 혈장은 혈액 속의 세포들을 제외한 액체로 ⓐ에는 ㉡에 대한 항체는 있을 수 있지만 형질 세포는 없다.

송의현 | 원광대 의예과 2021년 입학 · 안산 동산고 졸

질병과 병원체의 실험에 관한 문제야. 이 유형은 쥐 그림을 제시해주는 것과 제시해주지 않는 것으로 나뉘는데, 나는 실수를 방지하기 위해 그림이 제시되지 않는 문제에도 간략하게나마 그림을 그려서 푸는 편이야. 5초 더 써서 확실히 맞으면 나쁘지 않은 거래라고 생각해. 혈장/혈청에서 ~세포(형질 세포, 기억 세포, 림프구 등)가 나왔다는 명제는 무조건 틀린 명제라는 것을 기억해두면 좋겠어.

I 38 정답 ④ * 방어 작용 [정답률 78%] 2020 대비 9월 모평 10

다음은 항원 A~C에 대한 생쥐의 방어 작용 실험이다.
(항원: 항체 생산을 유도하는 병원체 ⓔ 세균, 바이러스, 곰팡이 등)

[실험 과정]

(가) 유전적으로 동일하고 A, B, C에 노출된 적이 없는 생쥐 Ⅰ~Ⅳ를 준비한다.

(나) Ⅰ에 A를, Ⅱ에 ㉠을, Ⅲ에 ㉡을, Ⅳ에 생리 식염수를 1회 주사한다. ㉠과 ㉡은 B와 C를 순서 없이 나타낸 것이다.

(다) 2주 후, (나)의 Ⅰ에서 기억 세포를 분리하여 Ⅱ에, (나)의 Ⅲ에서 기억 세포를 분리하여 Ⅳ에 주사한다.

(라) 1주 후, (다)의 Ⅱ와 Ⅳ에 일정 시간 간격으로 A, B, C를 주사한다.

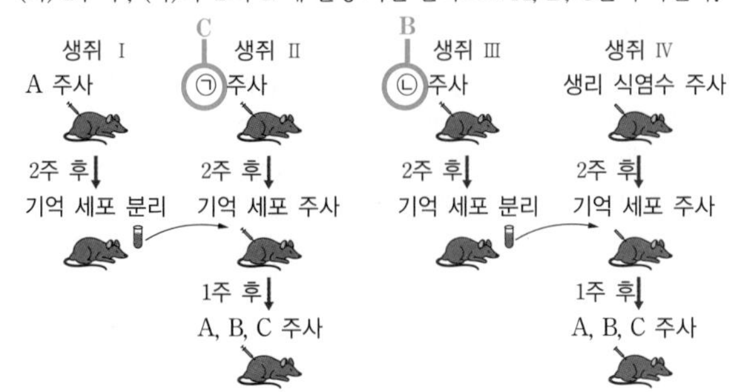

[실험 결과]

Ⅱ와 Ⅳ에서 A, B, C에 대한 혈중 항체 농도 변화는 그림과 같다.

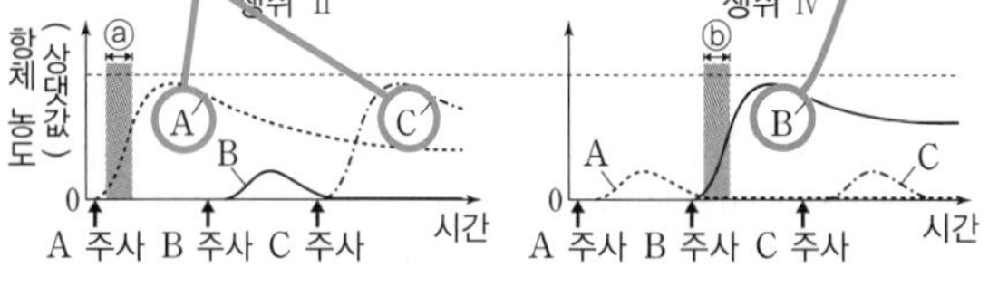

이에 대한 설명으로 옳은 것만을 〈보기〉에서 있는 대로 고른 것은? (3점)

[보기]

ㄱ. ㉠은 C이다. → ㉠은 C, ㉡은 B

ㄴ. 구간 ⓐ에서 A에 대한 체액성 면역 반응이 일어났다.
→ 구간 ⓐ에서 A는 체액성 면역 반응(항원 항체 반응)이 일어남

ㄷ. 구간 ⓑ에서 B에 대한 형질 세포가 기억 세포로 분화되었다.
→ 형질 세포는 기억 세포로 분화하지 않음

① ㄱ ② ㄴ ③ ㄷ ④ ㄱ, ㄴ ⑤ ㄴ, ㄷ

| 문제+자료 분석 |

- 생쥐 Ⅱ에서 항원 A와 C에 대해서만 2차 면역 반응이 일어났다. (다)에서 Ⅰ에게서 항원 A에 대한 기억 세포를 받았고 (나)에서 항원 C(㉠)를 받았기 때문이다.
- 생쥐 Ⅳ에서 항원 B에 대해서만 2차 면역 반응이 일어났으므로, ㉡은 항원 B이다.

| 보기 분석 |

ㄱ. 실험 결과 생쥐 Ⅱ에서 A와 C에 대해서는 2차 면역 반응이, B에 대해서는 1차 면역 반응이 일어났다. 생쥐 Ⅱ는 ㉠을 주사받은 후, A, B, C를 모두 주사받았으므로 ㉠이 C이고, ㉡은 B이다.

ㄴ. 구간 ⓐ에서 A에 대한 항체 농도가 증가했으므로 항원 항체 반응이 일어났음을 알 수 있다. 항원 항체 반응은 체액성 면역 반응에 해당한다.

ㄷ. 형질 세포는 분화가 일어난 세포로 기억 세포로 분화하지 않는다. 기억 세포는 항원의 재침입 시 빠르게 형질 세포로 분화하고, 분화된 형질 세포는 다량의 항체를 빠르게 생산한다. 기억 세포는 형질 세포로 분화할 수 있지만, 형질 세포는 분화가 끝난 세포이므로 다른 세포로 분화할 수 없다. 함정

＊ 1차 면역 반응과 2차 면역 반응

1차 면역 반응	항원이 처음 침입했을 때, B 림프구가 형질 세포로 분화하여 항체를 생성하기까지 약 5~7일이 걸림
2차 면역 반응	같은 항원이 재침입했을 때, 1차 면역 반응에서 생성된 기억 세포가 빠르게 증식하면서 형질 세포로 분화하고 항체를 생성하여 항원을 제거함 ➡ 항체를 생성하는 시간이 매우 빠르고, 생성되는 항체의 양도 많으며, 비교적 오래 항체가 유지됨

Ⅰ 39 정답 ④ ＊방어 작용 ······ [정답률 80%] 2022 대비 9월 모평 18

다음은 병원체 P에 대한 백신을 개발하기 위한 실험이다.

[실험 과정 및 결과]

(가) P로부터 두 종류의 백신 후보 물질 ㉠과 ㉡을 얻는다.
병원체의 병원성을 약화시켜 만듦

(나) P, ㉠, ㉡에 노출된 적이 없고, 유전적으로 동일한 생쥐 Ⅰ~Ⅴ를 준비한다.

(다) 표와 같이 주사액을 Ⅰ~Ⅳ에게 주사하고 일정 시간이 지난 후, 생쥐의 생존 여부를 확인한다.

생쥐	주사액의 조성	생존 여부
Ⅰ	㉠	산다
Ⅱ, Ⅲ	㉡	산다
Ⅳ	P	죽는다

(라) (다)의 Ⅲ에서 ㉡에 대한 B 림프구가 분화한 기억 세포를 분리하여 Ⅴ에게 주사한다.

(마) (다)의 Ⅰ과 Ⅱ, (라)의 Ⅴ에게 각각 P를 주사하고 일정 시간이 지난 후, 생쥐의 생존 여부를 확인한다.

P에 대한 백신으로 ㉡이 ㉠보다 적합함

생쥐	생존 여부
Ⅰ	죽는다
Ⅱ	산다
Ⅴ	산다

Ⅴ에서 2차 면역 반응이 일어남

이에 대한 설명으로 옳은 것만을 〈보기〉에서 있는 대로 고른 것은? (단, 제시된 조건 이외는 고려하지 않는다.) (3점)

[보기]

ㄱ. P에 대한 백신으로 ㉠이 ㉡보다 적합하다.
→ Ⅰ에 ㉠, Ⅱ에 ㉡을 주사한 후 각각 P를 주사한 결과 Ⅰ은 죽고 Ⅱ는 생존하였으므로 P에 대한 백신으로 ㉡이 ㉠보다 적합함

ㄴ. (다)의 Ⅱ에서 ㉡에 대한 1차 면역 반응이 일어났다.
→ Ⅱ에서 백신 후보 물질 ㉡을 주사하면 1차 면역 반응 일어남

ㄷ. (마)의 Ⅴ에서 기억 세포로부터 형질 세포로의 분화가 일어났다. → (마)의 Ⅴ는 생존하였으므로 기억 세포로부터 형질 세포로의 분화가 일어남

① ㄱ ② ㄴ ③ ㄱ, ㄷ ④ ㄴ, ㄷ ⑤ ㄱ, ㄴ, ㄷ

| 문제+자료 분석 |

- 백신은 병원성을 약화시켜 만든 인공 항원으로 백신 주사 후 1차 면역 반응이 일어나 체내에 병원체에 대한 항체와 기억 세포가 생성된다.
- 백신 주사 후 병원체가 침입하면 기억 세포에 의한 2차 면역 반응이 일어나 빠르게 다량의 항체가 형성되어 항원을 무력화 시킨다.
- (다)에서 생쥐 Ⅰ~Ⅲ은 병원성을 약화시킨 백신을 주사하여 생존하지만 생쥐 Ⅳ는 병원체 P에 감염되어 죽는다.
- 백신 후보 물질 ㉡을 주사한 생쥐 Ⅲ에서는 1차 면역 반응이 일어나 ㉡에 대한 항체와 기억 세포가 생성된다. Ⅴ는 Ⅲ으로부터 분리한 기억 세포를 주사하였기 때문에 병원체 P를 주사했을 때 2차 면역 반응이 일어나 생존한다.

| 보기 분석 |

ㄱ. Ⅰ에 ㉠, Ⅱ에 ㉡을 주사한 후 각각 P를 주사하였더니 Ⅰ은 죽은 반면 Ⅱ는 생존하였으므로 P에 대한 백신으로 ㉡이 ㉠보다 적합하다.

ㄴ. (다)의 Ⅱ에서 백신 후보 물질 ㉡을 주사하면 생쥐 Ⅱ의 체내에서 1차 면역 반응이 일어나 ㉡에 대한 항체와 기억 세포가 생성된다.

ㄷ. (마)의 Ⅴ에서 2차 면역 반응 과정에서 기억 세포로부터 형질 세포로의 분화가 일어났다. 그 결과 다량의 항체가 신속하게 생성되어 생존하였다.

I 40 정답 ④ * 방어 작용 [정답률 80%] 2020 실시 3월 학평 9

그림 (가)는 어떤 생쥐에 항원 A를 1차로 주사하였을 때 일어나는 면역 반응의 일부를, (나)는 A를 주사하였을 때 이 생쥐에서 생성되는 A에 대한 혈중 항체의 농도 변화를 나타낸 것이다. ㉠~㉢은 기억 세포, 형질 세포, 보조 T 림프구를 순서 없이 나타낸 것이다.

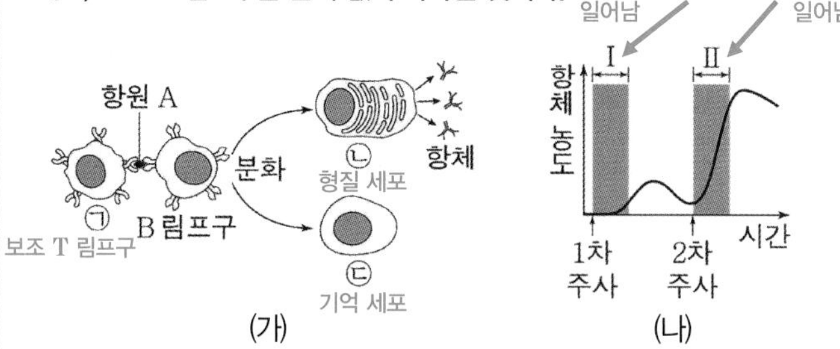

이에 대한 옳은 설명만을 〈보기〉에서 있는 대로 고른 것은? (3점)

[보기]

ㄱ. ㉠은 보조 T 림프구이다.
→ ㉠은 B 림프구를 형질 세포와 기억 세포로 분화시키는 보조 T 림프구임

ㄴ. 구간 Ⅰ에서 ㉡이 형성된다.
→ 구간 Ⅰ에서 항체 농도가 증가하였으므로 형질 세포가 형성됨

ㄷ. 구간 Ⅱ에서 ㉡이 ㉢으로 분화된다.
→ 형질 세포는 분화가 완료된 세포로 더이상 분화할 수 없음

① ㄱ ② ㄴ ③ ㄷ ④ ㄱ, ㄴ ⑤ ㄱ, ㄷ

| 문제+자료 분석 |

- 활성화된 보조 T 림프구는 B 림프구가 형질 세포와 기억 세포로 분화하는 것을 촉진한다.
- 형질 세포는 항체를 생산하여 항원 항체 반응을 유도하고, 분화가 완료된 세포이므로 더 이상 분화할 수 없다.

| 보기 분석 |

ㄱ. 대식 세포가 병원체를 삼킨 후 분해하여 항원을 제시하면 보조 T 림프구는 이 항원을 인식하여 활성화된다. 활성화된 보조 T 림프구는 B 림프구가 형질 세포와 기억 세포로 분화하는 것을 촉진한다.

ㄴ. ㉠은 보조 T 림프구, ㉡은 항체를 생산하는 형질 세포, ㉢은 기억 세포이다. 구간 Ⅰ에서 항체 농도가 증가했으므로 ㉡(형질 세포)이 형성되고, ㉡(형질 세포)으로부터 항체가 생성되었음을 알 수 있다.

ㄷ. 구간 Ⅱ에서 항체 농도는 구간 Ⅰ에서의 항체 농도보다 빠르게 증가했으므로 구간 Ⅱ에서는 2차 면역 반응이 일어났다.
2차 면역 반응에서는 ㉢(기억 세포)이 ㉡(형질 세포)으로 더 빠르게 더 많이 분화된다. ㉡(형질 세포)은 분화가 완료된 세포로 다른 세포로 분화할 수 없다. 주의

* 1차 면역 반응과 2차 면역 반응

1차 면역 반응	항원이 처음 침입했을 때, B 림프구가 형질 세포로 분화하여 항체를 생성하기까지 약 5~7일이 걸림
2차 면역 반응	같은 항원이 재침입했을 때, 1차 면역 반응에서 생성된 기억 세포가 빠르게 증식하면서 형질 세포로 분화하고 항체를 생성하여 항원을 제거함 ➡ 항체를 생성하는 시간이 매우 빠르고, 생성되는 항체의 양도 많으며, 비교적 오래 항체가 유지됨

I 41 정답 ③ * 특이적 방어 작용 [정답률 71%] 2020 실시 4월 학평 18

다음은 항원 A와 B에 대한 생쥐의 방어 작용 실험이다.

[실험 과정]
(가) A와 B에 노출된 적이 없는 생쥐 X를 준비한다.
(나) X에게 A를 1차 주사하고, 일정 시간이 지난 후 X에게 A를 2차, B를 1차 주사한다.
[실험 결과]
X에서 A와 B에 대한 혈중 항체 농도 변화는 그림과 같다.

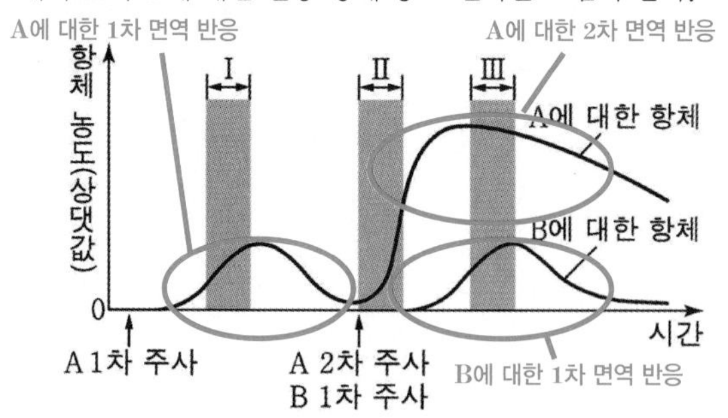

이에 대한 설명으로 옳은 것만을 〈보기〉에서 있는 대로 고른 것은?

[보기]

ㄱ. 구간 Ⅰ에서 A에 대한 1차 면역 반응이 일어났다.
→ A에 최초로 노출되어 나타나는 항체 농도 변화는 1차 면역 반응

ㄴ. 구간 Ⅱ에서 A에 대한 형질 세포가 기억 세포로 분화되었다.
→ 2차 면역 반응이 일어나기 위해서는 기억 세포가 형질 세포로 분화

ㄷ. 구간 Ⅲ에서 B에 대한 특이적 방어 작용이 일어났다.
→ 특정 항원에 대한 항체가 생성되는 방어 작용은 특이적 방어 작용

① ㄱ ② ㄴ ③ ㄱ, ㄷ ④ ㄴ, ㄷ ⑤ ㄱ, ㄴ, ㄷ

| 문제+자료 분석 |

- **1차 면역 반응**: 항원의 1차 침입 시 보조 T 림프구의 도움을 받은 B 림프구가 형질 세포로 분화하여 항체를 생산하는 반응이다.
- A와 B에 노출된 적이 없는 X에서 A의 1차 주사와 B의 1차 주사에 의해 나타나는 항체 농도 변화는 1차 면역 반응에 해당한다.
- 동일한 항원 재침입 시 그 항원에 대한 기억 세포가 빠르게 형질 세포로 분화하여 항체를 생산하는 면역 반응이 2차 면역 반응이다.
- X에서 A의 2차 주사에 의해 나타나는 항체 농도 변화는 2차 면역 반응에 해당한다.

| 보기 분석 |

ㄱ. A에 노출된 적이 없는 X에서 A의 1차 주사로 인해 항체가 생성되는 구간 Ⅰ에서의 면역 반응은 1차 면역 반응이다.

ㄴ. 구간 Ⅱ에서와 같이 A의 2차 주사로 인한 2차 면역 반응이 일어나기 위해서는 1차 면역 반응에서 형성된 기억 세포가 항원의 재침입에 의해 빠르게 분화하여 기억 세포와 형질 세포를 만들며 형질 세포가 항체를 생산해야 한다.

ㄷ. 특이적 방어 작용이란 특정 항원을 인식하여 제거하는 방어 작용으로, 구간 Ⅲ에서 일어나는 B의 1차 주사에 따른 B에 대한 항체 생성은 특이적 방어 작용에 해당한다.

* 항원 항체 반응

항원	병원체나 독소와 같은 이종 단백질
항체	• 항원에 대항하는 단백질 • B 림프구로부터 분화된 형질 세포가 생성하여 분비하는 면역 단백질로 항원과 결합하여 항원을 무력화시킴
항원 항체 반응의 특이성	항체는 자신을 만들게 한 항원에만 결합하는데, 이를 항원 항체 반응의 특이성이라고 함

다음은 항원 X와 Y에 대한 생쥐의 방어 작용 실험이다.

[실험 과정]

(가) 유전적으로 동일하고, X와 Y에 노출된 적이 없는 생쥐 ㉠~㉢을 준비한다. → 변인 통제

(나) ㉠에 X와 Y 중 하나를 주사한다.
→ X와 Y 중 하나에 대한 1차 면역 반응이 진행되어 X와 Y 중 하나에 대한 항체와 기억 세포가 생성됨

(다) 2주 후, ㉠에 주사한 항원에 대한 기억 세포를 분리하여 ㉡에 주사한다. → ㉠과 ㉡은 동일한 항원에 대한 기억세포를 가짐

(라) 1주 후, ㉡과 ㉢에 X를 주사하고, 일정 시간이 지난 후 Y를 주사한다. → ㉡은 실험군, ㉢은 대조군

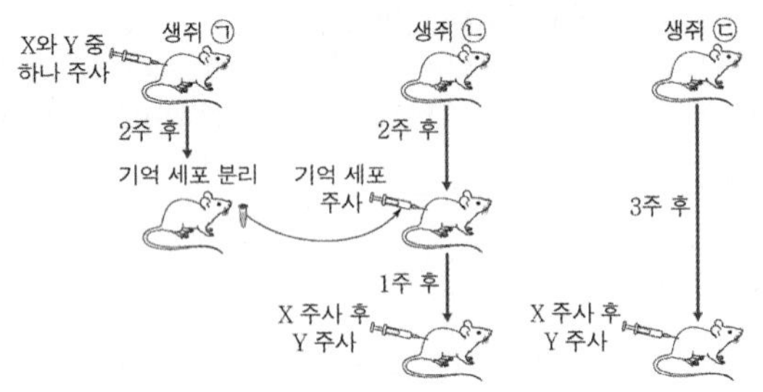

[실험 결과]

㉡과 ㉢에서 X와 Y에 대한 혈중 항체 농도의 변화는 그림과 같다.

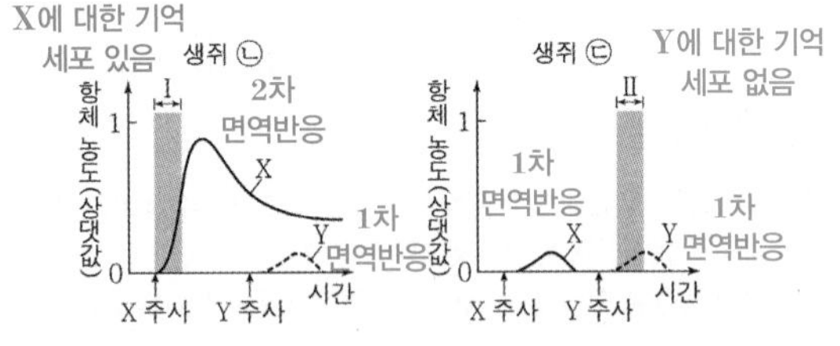

이에 대한 옳은 설명만을 〈보기〉에서 있는 대로 고른 것은? (3점)

[보기]

ㄱ. (나)에서 ㉠에 주사한 항원은 Y이다.
→ (나)에서 ㉠에 주사한 항원은 X임

ㄴ. 구간 Ⅰ에서 X에 대한 형질 세포가 기억 세포로 분화된다.
→ 형질 세포는 분화가 끝난 세포이므로 기억 세포로 분화될 수 없음

ㄷ. 구간 Ⅱ에서 Y에 대한 체액성 면역이 일어난다.
→ 항체가 만들어졌으므로 체액성 면역이 일어났음

① ㄱ ② ㄷ ③ ㄱ, ㄴ ④ ㄱ, ㄷ ⑤ ㄴ, ㄷ

| 문제+자료 분석 |

- ㉠: (나)에서 X와 Y 중 하나에 대한 1차 면역 반응이 진행되어 X와 Y 중 하나에 대한 항체와 기억 세포를 가지게 된다.
- ㉡: 실험 결과에서 X 주사 시 Ⅰ에서 X에 대한 항체의 농도가 급격히 증가하는 것으로 보아 (다)에서 ㉡에게 주사된 기억 세포는 X에 대한 기억 세포이다.
Y 주사 시 Y에 대한 항체의 농도가 급격히 증가하지 않는 것을 통해 (다)에서 ㉡에게 주사된 기억 세포는 Y에 대한 기억 세포가 아님을 다시 한 번 확인할 수 있다.
- ㉢: 실험 결과에서 X 주사 시 X에 대한 항체의 농도가 급격히 증가하지 않았으며, Y 주사 시에도 Y에 대한 항체의 농도가 급격히 증가하지 않는 것으로 보아 ㉢은 X와 Y에 대한 기억 세포를 둘 다 가지고 있지 않다.

| 보기 분석 |

ㄱ. 생쥐 ㉡에서 X 주사 시 Ⅰ에서 X에 대한 항체의 농도가 급격히 증가하는 것으로 보아 (다)에서 ㉡에게 주사된 기억 세포는 X에 대한 기억 세포이며, (나)에서 ㉠에 주사한 항원도 이와 동일하다.

ㄴ. 구간 Ⅰ에서 X 주사 시 X에 대한 항체의 농도가 급격히 증가하는 것으로 보아 ㉡에 항원 X에 대한 기억 세포가 존재하여 2차 면역 반응이 진행되고 있음을 알 수 있다.
기억 세포는 항원이 재침입하면 형질 세포로 분화되어 항체를 형성할 수 있으나, 형질 세포는 이미 분화가 끝난 세포이므로 다시 기억 세포로 분화될 수 없다. 함정

ㄷ. 체액성 면역은 B 림프구가 분화한 형질 세포에서 항체를 생성하여 항원을 제거하는 방식이다. 구간 Ⅱ에서 Y에 대한 항체가 만들어졌으므로 Y에 대한 체액성 면역이 일어났음을 알 수 있다.

* 특이적 방어 작용

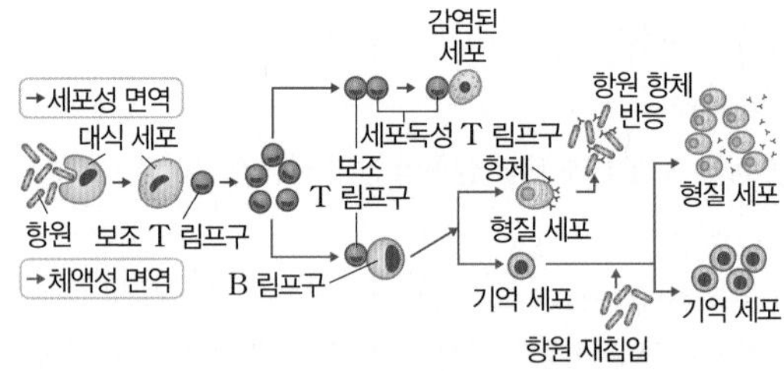

세포성 면역	세포독성 T 림프구가 병원체에 감염된 세포나, 암세포와 같이 돌연변이에 의해 손상된 세포를 직접 파괴하여 제거하는 방식
체액성 면역	B 림프구가 분화한 형질 세포에서 항체를 생성하여 항원을 제거하는 방식

Ⅰ 43 정답 ④ * 항원 항체 반응 [정답률 90%] 2024 대비 6월 모평 13

다음은 검사 키트를 이용하여 병원체 P와 Q의 감염 여부를 확인하기 위한 실험이다.

- 사람으로부터 채취한 시료를 검사 키트에 떨어뜨리면 시료는 물질 ⓐ와 함께 이동한다. ⓐ는 P와 Q에 각각 결합할 수 있고, 색소가 있다.

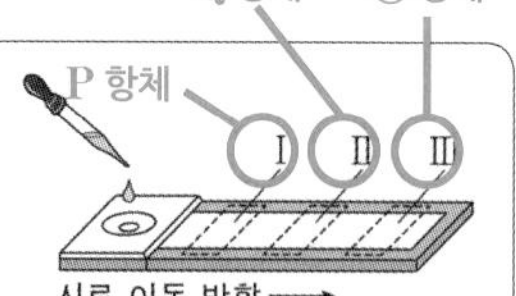

- 검사 키트의 Ⅰ에는 'P에 대한 항체'가, Ⅱ에는 'Q에 대한 항체'가, Ⅲ에는 'ⓐ에 대한 항체'가 각각 부착되어 있다. Ⅰ~Ⅲ의 항체에 각각 항원이 결합하면, ⓐ의 색소에 의해 띠가 나타난다.

[실험 과정 및 결과]

(가) 사람 A와 B로부터 시료를 각각 준비한 후, 검사 키트에 각 시료를 떨어뜨린다.

(나) 일정 시간이 지난 후 검사 키트를 확인한 결과는 표와 같다.

사람	검사 결과
A	Ⅰ Ⅱ Ⅲ (Ⅲ에 띠)
B	?

(다) A는 P와 Q에 모두 감염되지 않았고, B는 Q에만 감염되었다.
· A는 P와 Q 없음, 물질 ⓐ만 존재
· B는 Q에만 감염, 물질 ⓐ와 Q 존재 / · B는 Ⅱ와 Ⅲ에 띠가 나타남

B의 검사 결과로 가장 적절한 것은? (단, 제시된 조건 이외는 고려하지 않는다.) (3점)

① 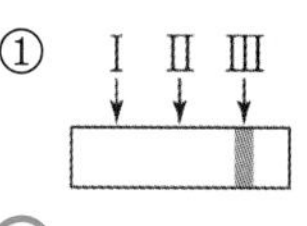
② 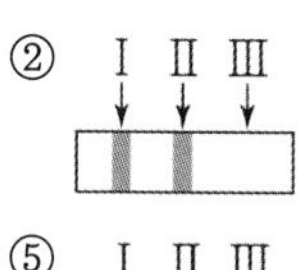
③ 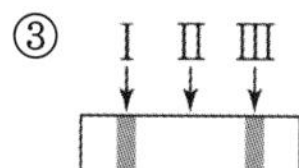
④ 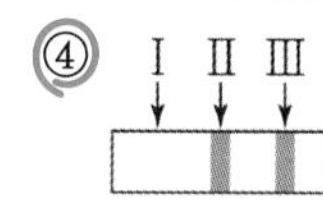
⑤ 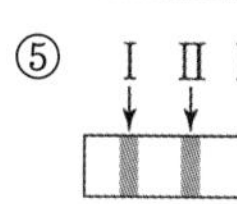

| 문제+자료 분석 |

- **체액성 면역**: 형질 세포에서 생성된 항체가 항원과 결합하여 병원체를 제거한다.
- Ⅰ에는 P에 대한 항체가 존재하기 때문에 병원체 P에 감염된 사람의 시료는 P에 대한 항체와 ⓐ와 결합한 P가 항원 항체 반응을 한다. Ⅰ에서 ⓐ의 색소에 의해 띠가 나타난다.
- Ⅱ에는 Q에 대한 항체가 존재하기 때문에 병원체 Q에 감염된 사람의 시료는 Q에 대한 항체와 ⓐ와 결합한 Q가 항원 항체 반응을 한다. Ⅱ에서 ⓐ의 색소에 의해 띠가 나타난다.
- Ⅲ에는 ⓐ에 대한 항체가 존재하기 때문에 Ⅲ에서 ⓐ의 색소에 의해 띠가 나타난다.
- A는 P와 Q에 감염되지 않았기 때문에 물질 ⓐ만 존재하여 Ⅲ에만 ⓐ의 색소에 의해 띠가 나타났다.

| 선택지 분석 |

④ B는 Q에 감염되었기 때문에 Ⅱ에서 Q에 대한 항체와 ⓐ와 결합한 Q가 항원 항체 반응을 한다. 따라서 Ⅱ는 ⓐ 색소에 의해 띠가 나타나며 Ⅲ에서도 ⓐ에 대한 항체가 존재하기 때문에 ⓐ 색소에 의해 띠가 나타난다.

Ⅰ 44 정답 ⑤ * 항원 항체 반응 [정답률 77%] 2023 대비 9월 모평 14

다음은 검사 키트를 이용하여 병원체 X의 감염 여부를 확인하기 위한 실험이다.

- 사람으로부터 채취한 시료를 검사 키트에 떨어뜨리면 시료는 물질 ⓐ와 함께 이동한다. ⓐ는 X에 결합할 수 있고, 색소가 있다.

- 검사 키트의 Ⅰ에는 ㉠이, Ⅱ에는 ㉡이 각각 부착되어 있다. ㉠과 ㉡ 중 하나는 'X에 대한 항체'이고, 나머지 하나는 'ⓐ에 대한 항체'이다.
- ㉠과 ㉡에 각각 항원이 결합하면, ⓐ의 색소에 의해 띠가 나타난다.

[실험 과정 및 결과]

(가) 사람 A와 B로부터 시료를 각각 준비한 후, 검사 키트에 각 시료를 떨어뜨린다.

(나) 일정 시간이 지난 후 검사 키트를 확인한 결과는 그림과 같고, A와 B 중 한 사람만 X에 감염되었다.

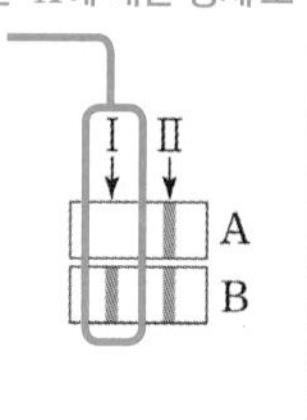

이 자료에 대한 설명으로 옳은 것만을 〈보기〉에서 있는 대로 고른 것은? (단, 제시된 조건 이외는 고려하지 않는다.) (3점)

[보기]

ㄱ. ㉡은 'ⓐ에 대한 항체'이다.
㉡은 ⓐ에 대한 항체, ㉠은 X에 대한 항체

ㄴ. B는 X에 감염되었다.
A와 B 중 B만 X에 감염됨

ㄷ. 검사 키트에는 항원 항체 반응의 원리가 이용된다.
검사 키트에 항원 항체 반응의 원리가 이용됨

① ㄱ ② ㄴ ③ ㄱ, ㄷ ④ ㄴ, ㄷ ⑤ ㄱ, ㄴ, ㄷ

| 문제+자료 분석 |

- Ⅱ에는 ⓐ에 대한 항체 ㉡이 부착되어 있으며, X의 유무와 관계없이 A와 B로부터 채취한 시료 모두에 의해 검사 키트의 Ⅱ에 띠가 나타난다.
- ㉡은 검사 키트의 정상적인 작동 여부를 확인하기 위한 항체로 정상적으로 검사가 이루어진 모든 사람에게서 ⓐ와 ㉡이 결합하여 Ⅱ에서 띠가 나타나야 한다.
- Ⅰ에 부착된 ㉠은 'X에 대한 항체'로 X의 감염 여부를 확인하기 위한 항체이다. A와 B 중 Ⅰ에 띠가 나타난 B만 X에 감염되었다.

| 보기 분석 |

ㄱ. ⓐ는 ㉡과 결합하고 있으므로 ㉡은 'ⓐ에 대한 항체'이다.

ㄴ. B는 Ⅰ에서 띠가 나타났으므로 검사 키트에 있는 'X에 대한 항체'와 B에서 채취한 시료에 있는 X가 결합한 것이다. 따라서 B는 X에 감염되었다.

ㄷ. 항체는 특정 항원의 결합 부위에 결합하는 특이성을 가지고 있으며, 이를 항원 항체 반응이라고 한다. 'X에 대한 항체'와 X의 결합, 'ⓐ에 대한 항체'와 ⓐ의 결합을 이용한 검사 키트이므로 항원 항체 반응의 원리가 이용된다.

I 45 정답 ③ * ABO식 혈액형 [정답률 67%] 2024 대비 수능 16

표는 사람 Ⅰ~Ⅲ 사이의 ABO식 혈액형에 대한 응집 반응 결과를 나타낸 것이다. ㉠~㉢은 Ⅰ~Ⅲ의 혈장을 순서 없이 나타낸 것이다. Ⅰ~Ⅲ의 ABO식 혈액형은 각각 서로 다르며, A형, AB형, O형 중 하나이다.

적혈구 \ 혈장	㉠ AB형	㉡ A형	㉢ O형
A형 Ⅰ의 적혈구	? −	−	+
O형 Ⅱ의 적혈구	−	? −	−
AB형 Ⅲ의 적혈구	? −	+	? +

(+: 응집됨, −: 응집 안 됨)

이에 대한 설명으로 옳은 것만을 <보기>에서 있는 대로 고른 것은?

[보기]

ㄱ. Ⅰ의 ABO식 혈액형은 A형이다.
Ⅰ의 ABO식 혈액형은 A형임

ㄴ. ㉡은 Ⅱ의 혈장이다.
㉡은 Ⅰ의 혈장임

ㄷ. Ⅲ의 적혈구와 ㉢을 섞으면 항원 항체 반응이 일어난다.
AB형인 Ⅲ의 적혈구와 O형의 혈장인 ㉢을 섞으면 항원 항체 반응이 일어남

① ㄱ ② ㄴ ③ ㄱ, ㄷ ④ ㄴ, ㄷ ⑤ ㄱ, ㄴ, ㄷ

| 문제+자료 분석 |

- O형의 적혈구에는 응집원이 없으므로 A형, AB형, O형의 혈장과 섞었을 때 응집 반응이 일어나지 않는다. 따라서 Ⅱ의 ABO식 혈액형은 O형이다.
- AB형의 혈장에는 응집소가 없으므로 A형, AB형, O형의 적혈구와 섞었을 때 응집 반응이 일어나지 않는다. 따라서 ㉠은 AB형의 혈장이다.
- AB형의 적혈구에는 응집원 A와 B가 모두 존재하므로 ㉡과 ㉢의 혈장 속 응집소와 모두 응집해야 한다. 따라서 Ⅲ의 ABO식 혈액형은 AB형이고, Ⅰ의 ABO식 혈액형은 A형이다.
- O형의 혈장에는 응집소 α, β가 모두 존재하므로 A형(Ⅰ)의 적혈구, AB형(Ⅲ)의 적혈구와 모두 응집한다. 따라서 ㉢은 O형의 혈장이고 ㉡은 A형의 혈장이다.

| 보기 분석 |

ㄱ. ABO식 혈액형은 Ⅰ이 A형, Ⅱ가 O형, Ⅲ이 AB형이다.
ㄴ. ㉠은 AB형의 혈장, ㉡은 A형의 혈장, ㉢은 O형의 혈장이다.
ㄷ. Ⅲ(AB형)의 적혈구에는 응집원 A와 B가 들어 있고, ㉢(O형의 혈장)에는 응집소 α와 β가 들어 있으므로 Ⅲ의 적혈구와 ㉢을 섞으면 항원 항체 반응이 일어난다.

권민재 | 강릉원주대 치의예과 2024년 입학·서울 광영여고 졸

문제에서 Ⅰ, Ⅱ, Ⅲ의 ABO식 혈액형이 A형, AB형, O형 중 하나라고 친절히 제시해 주었기 때문에 직접 9개 칸 표를 그려서 대응시키면서 문제를 풀면 매우 간단하게 풀고 넘어갈 수 있었어.

I 46 정답 ⑤ * Rh식 혈액형 판정 실험 [정답률 61%] 2017 대비 6월 모평 17

다음은 Rh식 혈액형 판정에 대한 실험이다.

<실험 과정>

(가) 붉은털원숭이의 혈액에서 ⓐ 적혈구(Rh 응집원 있음)를 분리하여 토끼에게 주사한다.

(나) 1주 후, (가)의 토끼에서 혈액을 채취하여 ⓑ 적혈구(Rh 응집원 없음)와 ⓒ 혈청(Rh 응집소 있음)을 각각 분리하여 얻는다.

(다) (나)에서 얻은 ㉠ 을/를 사람 Ⅰ, Ⅱ의 혈액에 각각 섞었을 때의 응집 여부에 따라 Rh식 혈액형을 판정한다.

<실험 결과>

구분	응집 여부	Rh식 혈액형
사람 Ⅰ	응집됨	Rh^+형
사람 Ⅱ	응집 안 됨	Rh^-형

이에 대한 설명으로 옳은 것만을 <보기>에서 있는 대로 고른 것은? (3점)

[보기]

ㄱ. ㉠은 ⓑ이다. → ㉠은 혈청(ⓒ)

ㄴ. ⓐ와 ⓒ를 섞으면 응집 반응이 일어난다.
→ ⓒ는 ⓐ를 항원으로 인식하여 생성된 항체이므로 섞으면 응집 반응이 일어남

ㄷ. Ⅰ의 혈액에는 Rh 응집원이 존재한다.
→ Ⅰ에는 Rh 응집원이 존재하므로 혈청과 응집 반응을 함

① ㄱ ② ㄴ ③ ㄷ ④ ㄱ, ㄷ ⑤ ㄴ, ㄷ

| 문제+자료 분석 |

- 붉은털원숭이의 적혈구(ⓐ)에는 Rh 응집원이 존재한다. 이를 토끼에게 주입하면 토끼의 체내에 Rh 응집소가 생성된다.
- Rh 응집소는 항체의 일종으로 토끼의 혈청(ⓒ)에서 추출하여 Rh식 혈액형의 판정에 이용한다. 따라서 ㉠은 토끼의 혈청(ⓒ)이다.

| 보기 분석 |

ㄱ. 응집원은 적혈구에, 응집소는 혈청에 존재하므로 ㉠은 혈청이다. 따라서 ㉠은 ⓒ가 되는 것이다.

주의

ㄴ. 붉은털원숭이의 적혈구(응집원)를 추출하여 토끼의 혈액 속에 주입하면 토끼의 체내에서 항체(응집소)가 생성된다. ⓐ는 붉은털원숭이의 적혈구, ⓒ는 토끼가 생성한 항체이기 때문에 응집 반응이 일어난다.

ㄷ. 사람 Ⅰ은 토끼가 생성한 항체와 응집 반응을 일으키는 적혈구를 가졌기 때문에 응집 반응이 일어난다. 따라서 사람 Ⅰ의 적혈구에는 Rh 응집원이 존재한다.

* Rh 혈액형

구분	Rh^+형	Rh^-형
응집원	있음	없음
응집소	없음	응집원에 노출되면 생성

I 47 정답 ④ * ABO식 혈액형 ······ [정답률 66%] 2020 실시 10월 학평 10

표 (가)는 사람 Ⅰ~Ⅲ의 혈액에서 응집원 B와 응집소 β의 유무를, (나)는 Ⅰ~Ⅲ의 혈액을 혈청 ㉠~㉢과 각각 섞었을 때의 ABO식 혈액형에 대한 응집 반응 결과를 나타낸 것이다. Ⅰ~Ⅲ의 ABO식 혈액형은 모두 다르며, ㉠~㉢은 Ⅰ의 혈청, Ⅱ의 혈청, 항B 혈청을 순서 없이 나타낸 것이다.

구분	응집원 B	응집소 β
B형 Ⅰ	○	? ×
AB형 Ⅱ	? ○	×
A형 Ⅲ	? ×	○

(○: 있음, ×: 없음)

(가)

구분	㉠ (Ⅱ의 혈청)	㉡ (Ⅰ의 혈청)	㉢ (항B 혈청)
Ⅰ의 혈액	−	? −	? +
Ⅱ의 혈액	? −	+	+
Ⅲ의 혈액	? −	+	−

(+: 응집됨, −: 응집 안 됨)

(나)

이에 대한 옳은 설명만을 〈보기〉에서 있는 대로 고른 것은? (3점)

[보기]

ㄱ. ㉢은 항B 혈청이다.
→ ㉢은 항B 혈청으로 응집소 β를 가짐

ㄴ. Ⅰ의 ABO식 혈액형은 B형이다.
→ Ⅰ은 B형으로 응집원 B와 응집소 α를 가짐

ㄷ. Ⅱ의 혈액에는 ~~응집소 α가 있다~~.
→ Ⅱ는 AB형으로 응집소가 없음

① ㄱ ② ㄴ ③ ㄷ
④ ㄱ, ㄴ ⑤ ㄴ, ㄷ

| 문제+자료 분석 |

- ㉠: Ⅱ의 혈액은 Ⅱ의 혈청과 응집하지 않아야 하는데, Ⅱ의 혈액이 ㉡, ㉢ 모두와 응집했으므로 ㉠은 Ⅱ의 혈청이다.
- ㉡: 응집소 β를 가지는 Ⅲ의 혈액이 ㉡과 응집했으므로 ㉡은 응집소 α를 가진다. 이것은 Ⅰ의 혈청이다.
- ㉢: 응집소 β를 가지는 Ⅲ의 혈액이 ㉢과 응집하지 않으므로 ㉢은 응집소 β를 가지는 항B 혈청이다.
- Ⅰ: 응집소 α와 응집원 B를 가지므로 B형이다.
- Ⅱ: 응집소 α, 응집소 β와 모두 응집하므로 AB형이다.
- Ⅲ: 응집소 α와 응집하며, 응집소 β를 가지므로 A형이다.

| 보기 분석 |

ㄱ. Ⅰ은 응집원 B를 가지므로 Ⅰ의 혈청은 응집소 β를 가질 수 없고, 표 (가)에서 Ⅱ의 혈청도 응집소 β가 없다.
응집소 β를 가지는 Ⅲ의 혈액이 ㉢과 응집하지 않으므로 ㉢은 응집소 β를 가지는 항B 혈청이다.

ㄴ. Ⅲ은 응집소 β를 가지므로 A형 또는 O형인데, ㉡과 응집하므로 Ⅲ은 A형이고 ㉡은 응집소 α를 가진다. 주의
Ⅱ의 혈액이 ㉡과 응집하므로 ㉡은 Ⅰ의 혈청이다. Ⅰ은 응집원 B와 응집소 α를 가지므로 B형이다.

ㄷ. Ⅱ는 응집소 α를 가지는 Ⅰ의 혈청(㉡)과 응집하고, 응집소 β를 가지는 항B 혈청(㉢)과 응집하므로 응집원 A와 응집원 B를 모두 가지는 AB형이다. Ⅱ의 혈액에는 응집소가 없다.

* 사람의 혈청

항A 혈청	ABO식 혈액형이 B형인 사람의 혈청으로 응집소 α가 들어 있다.
항B 혈청	ABO식 혈액형이 A형인 사람의 혈청으로 응집소 β가 들어 있다.

I 48 정답 ① * ABO식 혈액형 ······ [정답률 66%] 2020 실시 7월 학평 19

다음은 철수 가족의 ABO식 혈액형에 관한 자료이다.

- 철수 가족의 ABO식 혈액형은 서로 다르다.
- 표는 아버지, 어머니, 철수의 혈액을 각각 혈구와 혈장으로 분리하여 서로 섞었을 때 응집 여부를 나타낸 것이다.

구분	어머니의 혈장 (A형(응집소β) or B형(응집소α))	철수의 혈장 (AB형, 응집소 없음)
아버지의 혈구 (B형(응집원 B) or A형(응집원 A))	응집됨 (B와 β or A와 α)	응집 안 됨

이에 대한 설명으로 옳은 것만을 〈보기〉에서 있는 대로 고른 것은? (단, ABO식 혈액형만 고려한다.)

[보기]

ㄱ. 어머니는 ~~O형이다~~. → 어머니는 A형 또는 B형

ㄴ. 철수의 혈구와 어머니의 혈장을 섞으면 응집된다.
→ 철수의 혈구에는 응집원 A와 B가 모두 있으므로 어머니의 혈장과 응집함

ㄷ. 아버지와 철수의 혈장에는 ~~동일한 종류의 응집소가 있다~~.
→ 철수의 혈장에는 응집소가 없으며 아버지의 혈장에는 응집소 α와 응집소 β 중 하나가 있음

① ㄴ ② ㄷ ③ ㄱ, ㄴ ④ ㄱ, ㄷ ⑤ ㄱ, ㄴ, ㄷ

| 문제+자료 분석 |

1st 부모의 혈액형 찾기
- 가족 구성원 3명의 ABO식 혈액형이 서로 다르려면 부모의 혈액형은 A형과 B형, AB형과 O형, AB형과 B형, AB형과 A형이 가능하다.
- 만약 부모의 혈액형이 AB형과 A형일 경우 철수의 혈액형은 B형이다. 또한 부모의 혈액형이 AB형과 B형일 경우 철수의 혈액형은 A형이다. 이 경우 부모의 혈구가 철수의 혈장과 모두 응집하므로 모순이다.
- 부모의 혈액형이 AB형과 O형일 경우 아버지의 혈구와 어머니의 혈장이 응집해야 하므로 아버지는 AB형, 어머니는 O형이다.
- 철수는 A형 또는 B형으로 아버지의 혈구와 철수의 혈장이 응집하므로 모순이다. 따라서 철수의 아버지와 어머니의 혈액형은 각각 A형과 B형 중 하나이다.

2nd 철수의 혈액형 찾기
- 부모의 혈액형이 A형과 B형이므로 철수는 AB형 또는 O형이다.
- 철수의 혈액형이 O형일 경우 철수의 혈장에 응집소 α와 β가 모두 존재하며, 아버지의 혈구와 응집하므로 모순이다. 따라서 철수의 혈액형은 AB형이다.

| 보기 분석 |

ㄱ. 어머니는 A형 또는 B형이다.

ㄴ. 철수는 AB형으로 철수의 혈액형에는 응집원 A와 응집원 B가 모두 있다. 어머니는 A형 또는 B형으로 어머니의 혈장에는 응집소 α와 β 중 하나가 존재하여 철수의 혈구와 응집한다.

ㄷ. 아버지의 혈장에는 α와 β 중 하나가 존재하며, 철수의 혈장에는 응집소가 존재하지 않는다. 철수의 혈장에 응집소가 존재하지 않으므로 아버지의 혈구와 응집하지 않는 것이며 동일한 종류의 응집소가 있는 것이 아니다. 주의

I 49 정답 ⑤ * 혈액형 판정과 유전 [정답률 65%] 2017 실시 7월 학평 9

그림은 어느 가족의 가계도를, 표는 이 가계도 구성원의 ABO식 혈액형에 대한 응집원 ㉠과 응집소 ㉡의 유무를 조사한 것이다. 1~4의 ABO식 혈액형은 모두 다르며, 2의 ABO식 혈액형의 유전자형은 이형 접합성이다.

(응집원은 적혈구, 응집소는 혈장에 있음 / A형, B형, AB형, O형 / O형은 아님)

구성원	1	2	3	4
응집원 ㉠	있음	?	있음	?
응집소 ㉡	없음	?	없음	? 있음

(1, 2: A형 또는 B형 / 3: AB형 / 4: O형)

이에 대한 설명으로 옳은 것만을 〈보기〉에서 있는 대로 고른 것은? (단, ABO식 혈액형만 고려하며, 돌연변이는 없다.) (3점)

[보기]

ㄱ. 2의 혈장과 4의 혈구를 섞으면 응집 반응이 일어난다.
→ A형 또는 B형인 2의 혈장과 O형인 4의 혈구는 응집 반응이 일어나지 않음

ㄴ. 3은 응집원 A를 갖는다. → 3은 AB형이므로 응집원 A를 가짐

ㄷ. 4의 동생이 한 명 태어날 때, 이 아이가 응집원 ㉠을 가질 확률은 50 %이다.
→ AO와 BO 사이에 한 종류의 응집원을 가지는 아이가 태어날 확률은 50 %

① ㄱ ② ㄴ ③ ㄷ ④ ㄱ, ㄴ ⑤ ㄴ, ㄷ

| 문제+자료 분석 |

- 1~4의 ABO식 혈액형이 모두 다른 경우는 부모가 AB, O형이고 자녀가 A, B형인 경우와 그 반대의 경우이다.
- 2의 ABO식 혈액형의 유전자형은 이형 접합성이라고 했으므로 O형은 될 수 없다. 그리고 1이 응집원 ㉠을 가지므로 1도 O형이 될 수 없다. 따라서 자녀 중에 O형인 사람이 존재하고, 1과 2는 각각 A형과 B형 중 하나이다.
- 3은 응집원 ㉠을 가지므로 AB형이고, 4가 O형이다.

| 보기 분석 |

ㄱ. 2는 A형(AO) 또는 B형(BO)이므로 2의 혈장에는 응집소 α 또는 응집소 β가 존재한다. O형인 4의 혈구에는 응집원이 존재하지 않으므로 2의 혈장과 4의 혈구를 섞으면 응집 반응이 일어나지 않는다.

ㄴ. 3은 AB형이므로 응집원 A를 갖고 있다.

ㄷ. AO와 BO 사이에서 태어나는 자손의 유전자형은 AO, BO, AB, OO 4종류가 가능하다. 응집원 ㉠이 A일 경우 AO, AB이므로 50 %이고, 응집원 ㉠이 B일 경우 BO, AB이므로 50 %이다. 두 경우 모두 50 %가 된다.

＊ ABO식 혈액형 판정

구분	A형	B형	O형	AB형
항 A 혈청 (응집소 α)	응집됨	응집 안 됨	응집 안 됨	응집됨
항 B 혈청 (응집소 β)	응집 안 됨	응집됨	응집 안 됨	응집됨

I 50 정답 ③ * 혈액형의 판별과 응집 [정답률 64%] 2017 실시 4월 학평 10

그림은 철수의 혈액과 혈액형이 A형인 영희의 혈액을 섞은 결과를 나타낸 것이고, 표는 30명의 학생으로 구성된 집단을 대상으로 ㉠과 ㉡에 대한 응집 반응 여부를 조사한 것이다. ㉠과 ㉡은 각각 응집소 α와 응집소 β 중 하나이다.

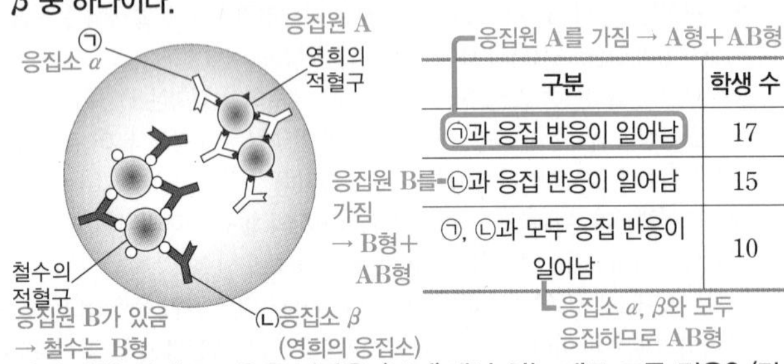

구분	학생 수
㉠과 응집 반응이 일어남	17
㉡과 응집 반응이 일어남	15
㉠, ㉡과 모두 응집 반응이 일어남	10

(응집원 A를 가짐 → A형+AB형 / 응집원 B를 가짐 → B형+AB형 / 응집소 α, β와 모두 응집하므로 AB형)

이에 대한 설명으로 옳은 것만을 〈보기〉에서 있는 대로 고른 것은? (단, 이 집단에는 철수와 영희가 포함되지 않고, ABO식 혈액형만 고려한다.)

[보기]

ㄱ. 철수는 B형이다.
→ 응집원이 있고 A형인 영희의 혈액과 응집 반응을 일으키는 B형

ㄴ. 이 집단에서 A형인 학생은 7명이다.
→ 응집원 α인 ㉠에 응집 반응을 나타낸 학생 중 10명을 뺀 7명

ㄷ. 이 집단에서 ㉠을 가진 학생은 15명이다.
→ 응집소 α(㉠)는 B형(5명)과 O형(8명)이 가지므로 13명

① ㄱ ② ㄷ ③ ㄱ, ㄴ ④ ㄴ, ㄷ ⑤ ㄱ, ㄴ, ㄷ

| 문제+자료 분석 |

- 철수와 영희의 혈액을 섞었을 때 철수의 적혈구와 ㉡의 응집 반응이 일어나고, 영희의 적혈구와 ㉠의 응집 반응이 일어난다.
- 영희는 A형이므로 ㉡은 응집소 β이고, ㉠은 응집소 α이다. 철수의 혈액형은 B형이다.
- ㉠과 응집 반응이 일어나는 학생은 A형, AB형으로 17명이다. ㉡과 응집 반응이 일어나는 학생은 B형, AB형으로 15명이다. ㉠, ㉡과 모두 응집 반응이 일어나는 학생은 AB형으로 10명이다.
- 따라서 A형은 7명, B형은 5명, O형은 8명이다.

| 보기 분석 |

ㄱ. 철수의 응집원은 영희의 응집소와 응집 반응을 일으키고, 철수의 응집소는 영희의 적혈구와 응집 반응을 일으킨다. 영희는 A형이므로 철수는 적혈구에 응집원 B를, 혈장에 응집소 α를 가지고 있는 B형임을 알 수 있다.

ㄴ. A형인 학생의 수는 응집소 α인 ㉠과의 응집 반응이 일어나는 A형과 AB형의 학생 중 ㉠, ㉡과 모두 응집 반응이 일어나는 AB형인 학생 수를 뺀 값이다. 따라서 17명에서 10명을 뺀 7명이 A형이다.

ㄷ. 이 집단에서 ㉠인 응집소 α를 가진 학생은 B형과 O형이다. B형인 학생이 5명이고, O형이 8명이므로 ㉠(응집소 α)을 가진 학생은 13명이 된다.

＊ ABO식 혈액형의 응집원과 응집소

구분	A형	B형	AB형	O형
응집원	A (적혈구)	B	A, B	없음
응집소	β (혈장)	α	없음	α, β

J 염색체와 세포 주기

J 01 정답 ⑤ * 염색체의 구조 ······ [정답률 85%] 2020 실시 3월 학평 11

그림은 염색체의 구조를 나타낸 것이다.

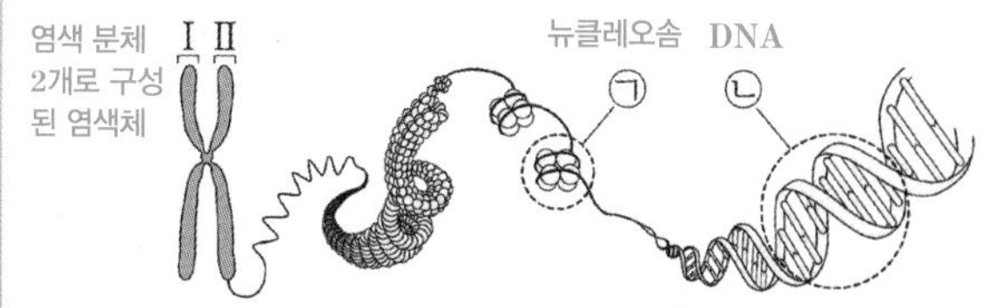

이에 대한 옳은 설명만을 〈보기〉에서 있는 대로 고른 것은? (단, 돌연변이와 교차는 고려하지 않는다.)

[보기]

ㄱ. Ⅰ과 Ⅱ에 저장된 유전 정보는 같다.
→ 염색체를 구성하는 염색 분체의 유전 정보는 같음

ㄴ. ㉠에 단백질이 있다.
→ 뉴클레오솜은 DNA와 히스톤 단백질로 구성

ㄷ. ㉡은 뉴클레오타이드로 구성된다.
→ DNA는 당, 인산, 염기로 구성된 뉴클레오타이드로 구성

① ㄱ ② ㄷ ③ ㄱ, ㄴ ④ ㄴ, ㄷ ⑤ ㄱ, ㄴ, ㄷ

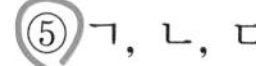

| 문제+자료 분석 |

- ㉠(뉴클레오솜): DNA와 히스톤 단백질로 구성된다.
- ㉡(DNA): 뉴클레오타이드로 구성되고, 뉴클레오타이드는 인산, 당, 염기로 구성된다.
- 세포 주기 중 S기 때 DNA가 복제된 후 형성된 염색체는 염색 분체 2개를 갖고, 각 염색 분체의 유전 정보는 같다.

| 보기 분석 |

ㄱ. 세포 주기 중 간기는 G_1기, S기, G_2기로 구성되고, S기때 DNA가 복제되며, 분열기 전기 때 염색 분체 2개로 구성된 염색체가 형성된다.
염색체를 구성하는 2개의 염색 분체는 DNA 복제로 형성된 것이므로 유전 정보가 같다. Ⅰ과 Ⅱ는 하나의 염색체를 구성하는 염색 분체로 유전 정보가 같다.

ㄴ. ㉠은 뉴클레오솜으로 DNA가 히스톤 단백질을 감고 있다. 따라서 ㉠(뉴클레오솜)에는 단백질이 있다.

ㄷ. ㉡은 DNA이다. DNA는 4종류의 뉴클레오타이드로 구성되고, 각 뉴클레오타이드는 인산, 당, 염기로 구성된다.

＊ 염색체의 구조

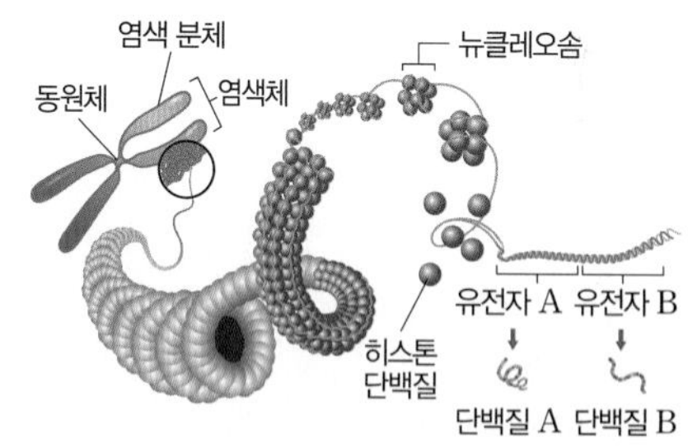

J 02 정답 ② * 염색체의 구조 ······ [정답률 63%] 2019 실시 3월 학평 6

염색 분체는 유전자 구성이 같음

그림은 어떤 사람의 염색체 구조를 나타낸 것이다. 이 사람의 특정 형질에 대한 유전자형은 Tt이고, T는 t와 대립유전자이다. ⓐ는 단백질과 DNA 중 하나이다.

이에 대한 옳은 설명만을 〈보기〉에서 있는 대로 고른 것은? (단, 돌연변이와 교차는 고려하지 않는다.) (3점)

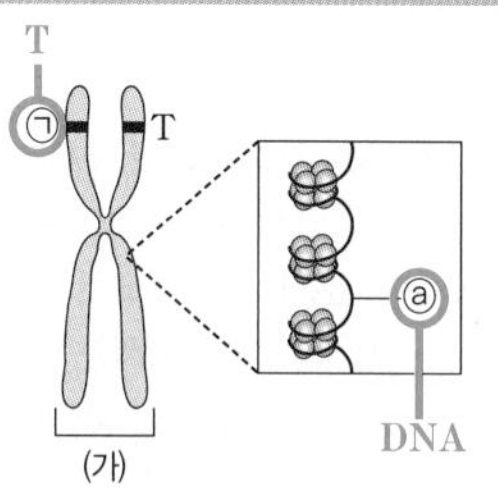

[보기]

ㄱ. ㉠은 대립유전자 t이다.
→ 염색체를 구성하는 염색 분체의 유전자 구성은 동일

ㄴ. 세포 주기의 간기에 (가)가 관찰된다.
→ 세포 주기의 간기에는 염색체가 존재하지 않음

ㄷ. ⓐ의 기본 단위는 뉴클레오타이드이다.
→ ⓐ(DNA)의 기본 단위는 뉴클레오타이드

① ㄱ ② ㄷ ③ ㄱ, ㄴ
④ ㄱ, ㄷ ⑤ ㄴ, ㄷ

| 문제+자료 분석 |

- 유전 물질은 간기에 복제되므로 하나의 염색체를 구성하는 염색 분체의 유전자 구성은 동일하다.
- 이 사람은 상동 염색체에 T와 t가 존재한다는 사실에 주의한다.

| 보기 분석 |

ㄱ. DNA가 복제된 후 2개의 염색 분체로 구성된 염색체가 생성되므로 염색체를 구성하는 염색 분체의 유전자 구성은 동일하다. ㉠은 대립유전자 T이고, 대립유전자 t는 다른 염색체에 존재한다.

ㄴ. 염색체는 세포 주기의 간기에는 실처럼 풀어진 형태(염색사)로 존재하고, 분열기에는 응축되어 막대 모양으로 나타난다.

ㄷ. ⓐ는 히스톤 단백질을 감는 유전 물질로 DNA이다. DNA의 기본 단위는 인산, 당, 염기로 구성된 뉴클레오타이드이다.

＊ 대립유전자

상동 염색체의 같은 위치에는 대립유전자가 존재하며, 이들은 동일한 형질의 발현에 관여한다. 대립유전자 1쌍이 AA, aa처럼 우성과 열성이 서로 같은 동형 접합성(순종)일 수도 있고, Aa처럼 서로 다른 이형 접합성(잡종)일 수도 있다.

J 03 정답 ⑤ * 염색체와 유전체 ······ [정답률 81%] 2021 실시 7월 학평 14

염색체에서 DNA가 히스톤 단백질을 감고 있는 구조의 기본 단위

표는 유전체와 염색체의 특징을, 그림은 뉴클레오솜의 구조를 나타낸 것이다. ㉠과 ㉡은 유전체와 염색체를 순서 없이 나타낸 것이고, ⓐ와 ⓑ는 각각 DNA와 히스톤 단백질 중 하나이다.

구분	특징
㉠ 염색체	세포 주기의 분열기에만 관찰됨
㉡ 유전체	? 한 생명체의 모든 유전 정보

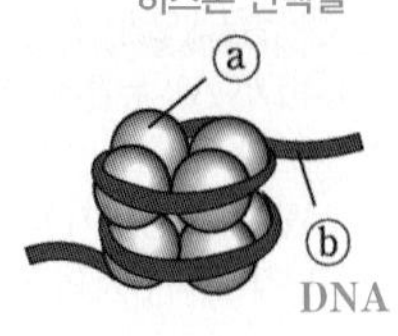

이에 대한 설명으로 옳은 것만을 〈보기〉에서 있는 대로 고른 것은?

[보기]

ㄱ. ㉠에 ⓐ가 있다.
→ 염색체(㉠)는 히스톤 단백질(ⓐ)과 DNA(ⓑ)로 구성

ㄴ. ⓑ는 이중 나선 구조이다.
→ DNA(ⓑ)는 이중 나선 구조

ㄷ. ㉡은 한 생명체의 모든 유전 정보이다.
→ 유전체(㉡)는 한 생명체에 저장된 모든 유전 정보

① ㄱ ② ㄴ ③ ㄱ, ㄷ ④ ㄴ, ㄷ ⑤ ㄱ, ㄴ, ㄷ

| 문제+자료 분석 |

- ㉠(염색체): 유전 물질인 DNA(ⓑ)와 히스톤 단백질(ⓐ)로 이루어진 구조이다. 세포 주기의 분열기에 막대 모양으로 응축되고, 세포가 분열하지 않을 때는 실 모양으로 풀어져 있다.
- **뉴클레오솜**: 염색체의 구조를 형성하는 기본 단위로 DNA가 히스톤 단백질을 감고 있는 구조를 가진다. 하나의 염색체에는 많은 수의 뉴클레오솜이 포함된다.
- ㉡(유전체): 한 개체가 가진 모든 염색체를 구성하는 DNA에 저장된 유전 정보 전체이다.

| 보기 분석 |

ㄱ. 염색체(㉠)를 구성하는 기본 단위는 그림으로 제시된 뉴클레오솜이다. 뉴클레오솜은 DNA(ⓑ)가 히스톤 단백질(ⓐ)을 감고 있는 구조를 가진다. 따라서 염색체(㉠)의 구성 물질에는 히스톤 단백질(ⓐ)과 DNA(ⓑ)가 있다.

ㄴ. DNA(ⓑ)는 많은 수의 뉴클레오타이드가 길게 결합한 두 가닥의 폴리뉴클레오타이드가 나선 모양으로 꼬인 이중 나선 구조이다.

ㄷ. 유전체(㉡)는 한 개체가 가진 모든 염색체를 구성하는 DNA에 저장된 유전 정보 전체를 말한다.

J 04 정답 ② * 염색체의 구조 ······ [정답률 88%] 2017 대비 9월 모평 5

그림은 사람의 체세포에 있는 염색체의 구조를 나타낸 것이다.

이에 대한 설명으로 옳은 것만을 〈보기〉에서 있는 대로 고른 것은? (3점)

[보기]

ㄱ. ㉠은 2가 염색체이다.
→ ㉠은 복제로 인해 2개의 염색 분체로 구성된 염색체

ㄴ. 세포 주기의 S기에 ㉡이 ㉠으로 응축된다.
→ S기에는 DNA가 복제되고, 막대 모양의 염색체로 응축되는 것은 M기

ㄷ. ㉢의 기본 단위는 뉴클레오타이드이다.
→ ㉢은 DNA이므로 기본 단위는 인산-당-염기로 구성된 뉴클레오타이드

① ㄴ ② ㄷ ③ ㄱ, ㄴ ④ ㄱ, ㄷ ⑤ ㄴ, ㄷ

| 문제+자료 분석 |

- 염색체는 세포 분열이 일어날 때 응축되어 형성되는 것이다.
- 염색체는 간기와 분열기에 모두 뉴클레오솜이 연결된 구조이다.

| 보기 분석 |

ㄱ. ㉠은 염색 분체의 복제로 인해 형성된 염색체를 나타낸다.
2가 염색체는 감수 1분열 전기에 상동 염색체가 접합하여 형성되는 것으로 염색 분체가 2개이므로 4분 염색체라고도 한다. 2가닥이라고 해서 2가 염색체일 것이라고 착각해서는 안 된다. 주의

ㄴ. 실과 같이 풀어진 염색체(염색사, ㉡)가 막대 모양의 염색체(㉠)로 응축되는 시기는 M기이다. S기는 DNA의 복제가 일어나서 DNA가 2배로 늘어나는 시기이다.

ㄷ. DNA는 핵산의 일종으로 기본 단위는 뉴클레오타이드이다.

＊ 뉴클레오타이드의 구조

DNA를 구성하는 기본 단위로 인산, 당, 염기가 1:1:1로 결합되어 있다.

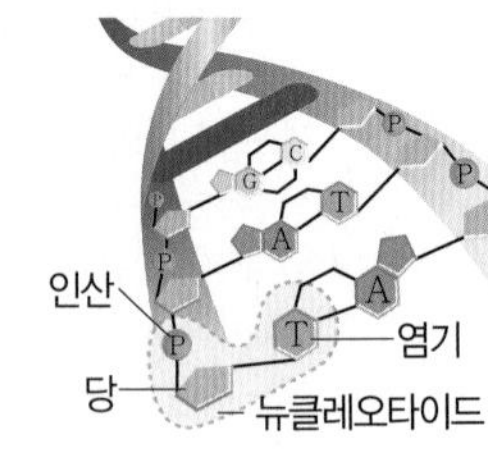

J 05 정답 ② * 핵형 [정답률 86%] 2024 실시 3월 학평 15

그림은 어떤 사람에서 세포 A의 핵형 분석 결과 관찰된 10번 염색체와 성염색체를 나타낸 것이다.

이에 대한 옳은 설명만을 〈보기〉에서 있는 대로 고른 것은? (단, 돌연변이와 교차는 고려하지 않는다.)

[보기]

ㄱ. 이 사람은 ~~여자~~이다.
사람은 성염색체 XY를 갖는 남자임

ㄴ. A는 22쌍의 상염색체를 가진다.
남녀에게 공통으로 있는 염색체 22쌍은 상염색체임

ㄷ. ㉠과 ㉡의 유전 정보는 서로 ~~다르다~~.
한 염색체를 이루는 두 염색 분체는 유전 정보가 같음

① ㄱ ② ㄴ ③ ㄷ ④ ㄱ, ㄴ ⑤ ㄱ, ㄷ

| 문제+자료 분석 |

- 한 생물의 체세포에 들어 있는 염색체의 수, 모양, 크기와 같은 염색체의 외형적인 특성을 핵형이라고 한다. 사람의 핵형을 보면 모양과 크기가 같은 염색체가 2개씩 있는데, 이들 염색체를 상동 염색체라고 한다.
- 세포 분열 전기와 중기에 관찰되는 염색체에서 동원체 부분이 서로 연결되어 있는 각각의 가닥은 염색 분체이다.
한 염색체를 구성하는 2개의 염색 분체는 DNA가 복제되어 형성된 것이다.
➡ ㉠과 ㉡은 한 염색체를 이루는 두 염색 분체이며, 유전 정보(유전자 구성)가 같다. 꿀팁
- 상동 염색체 23쌍 중에서 남녀에게 공통으로 있는 염색체 22쌍은 상염색체이고, 남녀에 따라 구성이 다른 염색체 1쌍은 성염색체이다.
성염색체는 X 염색체와 Y 염색체로 구분된다. 여자의 성염색체 구성은 XX이고, 남자의 성염색체 구성은 XY이다.
➡ 이 사람은 성염색체 XY를 갖는 남자이고, 22쌍의 상염색체를 갖는다.

| 보기 분석 |

ㄱ. 이 사람은 성염색체 XY를 갖는 남자이다.
ㄴ. 상동 염색체 23쌍 중에서 남녀에게 공통으로 있는 염색체 22쌍은 상염색체이다.
ㄷ. ㉠과 ㉡은 한 염색체를 이루는 두 염색 분체이며, 유전 정보(유전자 구성)가 같다.

J 06 정답 ③ * 핵형 분석 [정답률 61%] 2021 대비 9월 모평 6

그림은 어떤 사람의 핵형 분석 결과를 나타낸 것이다. ⓐ는 세포 분열 시 방추사가 부착되는 부분이다. 체세포 분열 중기 세포의 염색체 이용

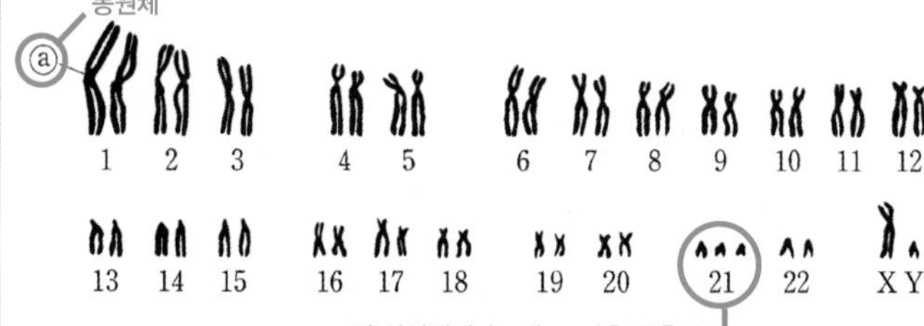

이에 대한 설명으로 옳은 것만을 〈보기〉에서 있는 대로 고른 것은?

[보기]

ㄱ. ⓐ는 동원체이다.
→ 방추사가 결합하는 염색체의 부위(ⓐ)는 동원체

ㄴ. 이 사람은 다운 증후군의 염색체 이상을 보인다.
→ 21번 상염색체가 3개인 염색체 수 이상은 다운 증후군

ㄷ. 이 핵형 분석 결과에서 $\frac{\text{상염색체의 염색 분체 수}}{\text{성염색체 수}} = \frac{45}{2}$ 이다. → $\frac{\text{상염색체의 염색 분체 수}}{\text{성염색체 수}} = \frac{45 \times 2}{2} = 45$

① ㄱ ② ㄷ ③ ㄱ, ㄴ ④ ㄴ, ㄷ ⑤ ㄱ, ㄴ, ㄷ

| 문제+자료 분석 |

- 핵형 분석에는 사람($2n=46$)의 체세포 분열 중기 세포의 염색체가 이용된다. 그러므로 세포 안의 모든 염색체는 두 개의 염색 분체가 결합된 상태이며, 크기와 모양이 서로 같은 상동 염색체 쌍이 세포 안에 존재한다.
- 정상인 사람($2n=46$)의 체세포 분열 중기 세포에는 상염색체가 44개, 상염색체를 구성하는 염색 분체가 $44 \times 2 = 88$개가 있으며, 성염색체가 2개, 성염색체를 구성하는 염색 분체가 $2 \times 2 = 4$개가 있다.
- 핵형 분석을 통해 성별, 염색체 수의 이상과 염색체 구조의 이상에 의한 유전병을 확인할 수 있다. 주의
- 그림의 핵형 분석 결과 21번 상염색체가 3개이므로 이 사람은 다운 증후군의 염색체 이상을 보인다.

| 보기 분석 |

ㄱ. 염색체의 구조 중 세포 분열 시 방추사가 결합하는 염색체의 잘록한 부위(ⓐ)는 동원체이다.
ㄴ. 핵형 분석 결과 21번 상염색체가 3개이므로 이 사람은 다운 증후군의 염색체 수 이상을 보이는 남자이다.
ㄷ. 21번 상염색체가 3개이므로 이 핵형 분석 결과에서 상염색체의 수는 45이고, 상염색체의 염색 분체 수는 $45 \times 2 = 90$이다.
또한 이 핵형 분석 결과에서 X 염색체와 Y 염색체가 각각 1개이므로 성염색체 수는 2이다.
따라서 $\frac{\text{상염색체의 염색 분체 수}}{\text{성염색체 수}} = \frac{45 \times 2}{2} = 45$이다.

J 07 정답 ③ ＊핵형 분석 결과 분석 ······ [정답률 61%] 2018 실시 4월 학평 5

그림은 어떤 사람의 핵형 분석 결과를 나타낸 것이다. (중기의 세포 이용)

ⓐ ⓑ 2개의 염색체가 한 쌍을 이룸(상동 염색체)

1 2 3 4 5 6 7 8 9 10 11 12
13 14 15 16 17 18 19 20 21 22 X X Y
클라인펠터 증후군

이에 대한 설명으로 옳은 것만을 <보기>에서 있는 대로 고른 것은? (3점)

[보기]

ㄱ. ⓐ는 ⓑ의 상동 염색체이다.
→ 염색체 쌍은 각각 상동 염색체 관계이므로 ⓐ는 ⓑ의 상동 염색체

ㄴ. 이 사람은 ~~터너 증후군~~의 염색체 이상을 보인다.
→ 이 사람은 성염색체가 XXY이므로 클라인펠터 증후군

ㄷ. 이 핵형 분석 결과에서 관찰되는 $\frac{\text{상염색체의 염색 분체 수}}{\text{X 염색체 수}}$는 44이다. → X 염색체 수는 2, 상염색체의 염색 분체 수는 88

① ㄱ ② ㄴ ③ ㄱ, ㄷ ④ ㄴ, ㄷ ⑤ ㄱ, ㄴ, ㄷ

| 문제+자료 분석 |

- 핵형 분석을 할 때 2개씩 쌍을 이룬 상동 염색체(ⓐ, ⓑ)를 크기가 큰 것부터 순서대로 나열하고, 마지막에 성염색체를 둔다.
- **클라인펠터 증후군**: 핵형 분석 결과 XXY의 성염색체를 가진다.

| 보기 분석 |

ㄱ. 상염색체 22쌍에서 각 염색체는 2개씩 쌍을 이루고 있다. 각 쌍은 각각 어머니와 아버지에게서 하나씩 받은 상동 염색체이다. 4번 염색체에서 한 쌍을 이루고 있는 ⓐ와 ⓑ도 상동 염색체 관계이다.

ㄴ. 터너 증후군은 성염색체가 X 염색체 1개인 경우이다. 이 사람의 성염색체는 XXY이므로 클라인펠터 증후군인 남자이다.

ㄷ. 이 사람은 X 염색체를 2개 가지고 있어 총 염색체 수는 47개이다. 이 중 상염색체는 44개이며, 각 염색체는 2개의 염색 분체로 이루어져 있다. 따라서 $\frac{\text{상염색체의 염색 분체 수}}{\text{X 염색체 수}}$는 $\frac{88}{2}$이 되어 44이다.

＊ 핵형과 핵상

핵형	한 생물의 체세포에 들어 있는 염색체의 수, 모양, 크기 등과 같은 외형적인 특징 ➡ 생물종마다 고유한 핵형을 가지고 있음
핵상	세포 하나에 들어 있는 염색체의 상대적인 수 ➡ 상동 염색체가 쌍으로 있는 체세포의 핵상은 $2n$, 상동 염색체 중 하나씩만 있는 생식세포의 핵상은 n

J 08 정답 ④ ＊핵형 분석 ······ [정답률 68%] 2018 대비 9월 모평 4

그림 (가)는 사람 A의, (나)는 사람 B의 핵형 분석 결과를 나타낸 것이다. (A: 터너 증후군, B: 다운 증후군)

성염색체가 X 하나 (터너 증후군)

(가)
1 2 3 4 5 6 7 8 9 10 11 12
13 14 15 16 17 18 19 20 21 22 X

(나)
1 2 3 4 5 6 7 8 9 10 11 12
13 14 15 16 17 18 19 20 21 22 XY

21번 염색체가 3개

이에 대한 설명으로 옳은 것만을 <보기>에서 있는 대로 고른 것은? (3점)

[보기]

ㄱ. A는 터너 증후군의 염색체 이상을 보인다.
→ A는 성염색체를 X 하나만 갖는 터너 증후군

ㄴ. (나)에서 적록 색맹 여부를 ~~알 수 있다~~.
→ 적록 색맹은 X 염색체에 있는 적록 색맹 대립유전자의 유무에 따른 유전 형질이므로 핵형 분석을 통해 알 수 없음

ㄷ. $\frac{\text{(가)의 염색 분체 수}}{\text{(나)의 성염색체 수}}=45$이다.
→ (가)의 염색 분체 수는 90, (나)의 성염색체 수는 2

① ㄱ ② ㄴ ③ ㄱ, ㄴ ④ ㄱ, ㄷ ⑤ ㄴ, ㄷ

| 문제+자료 분석 |

- (가): 성염색체를 X 하나만 갖는 터너 증후군 환자의 핵형
- (나): 21번 염색체를 3개 갖는 다운 증후군 환자의 핵형

| 보기 분석 |

ㄱ. A는 성염색체를 하나만 갖는 터너 증후군의 환자이다. 터너 증후군은 염색체 수 이상 돌연변이로, 성염색체 수가 하나 적은 경우이다.

ㄴ. 적록 색맹은 X 염색체에 있는 적록 색맹 대립유전자의 유무에 따른 유전 형질이므로 핵형 분석을 통해서는 알 수 없다. 핵형은 체세포에 들어 있는 염색체 수와 모양 및 크기 등에 대한 특성이다. 핵형 분석을 통해 성별이나 염색체 수의 이상 등을 알 수 있지만, 유전자 수준의 이상은 알 수 없다. 함정

ㄷ. (나)의 성염색체 수는 2개이고, (가)의 염색 분체 수는 90개이다. 그러므로 $\frac{\text{(가)의 염색 분체 수}(=90)}{\text{(나)의 성염색체 수}(=2)}=45$임을 알 수 있다.

＊ 핵상

핵상은 하나의 세포 속에 들어 있는 염색체의 상대적인 수이다. 체세포의 경우는 상동 염색체가 쌍을 이루고 있으므로 $2n$으로 표시하고, 생식세포는 상동 염색체 중 하나씩만 있으므로 n으로 표시한다.

$2n=8$
상동 염색체가 쌍으로 있고, 염색체 수가 8개이다.

상동 염색체

$n=4$
상동 염색체 중 하나씩만 있고, 염색체 수가 4개이다.

J 09 정답 ③ ＊염색체와 유전자 [정답률 51%] 2025 대비 수능 18

어떤 동물 종($2n=6$)의 유전 형질 ㉮는 2쌍의 대립유전자 H와 h, T와 t에 의해 결정된다. 표는 이 동물 종의 개체 P와 Q의 세포 Ⅰ~Ⅳ에서 H와 t의 DNA 상대량을 더한 값(H+t)과 h와 t의 DNA 상대량을 더한 값(h+t)을, 그림은 세포 (가)와 (나) 각각에 들어 있는 모든 염색체를 나타낸 것이다. (가)와 (나)는 각각 Ⅰ~Ⅳ 중 하나이고, ㉠과 ㉡은 X 염색체와 Y 염색체를 순서 없이 나타낸 것이며, ㉠과 ㉡의 모양과 크기는 나타내지 않았다. P는 수컷이고 성염색체는 XY이며, Q는 암컷이고 성염색체는 XX이다.

세포	H+t	h+t
Ⅰ P($2n$)	3	1
Ⅱ Q(n)	0	2
Ⅲ P(n)	? 1	0
Ⅳ Q($2n$)	4	? 4

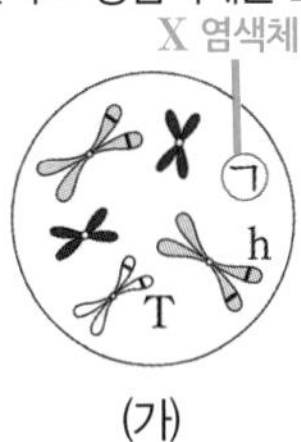

(가)
암컷 Q − Ⅳ

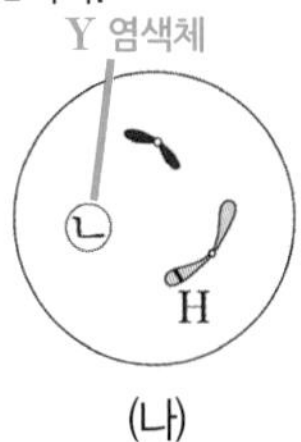

(나)
수컷 P − Ⅲ

이에 대한 설명으로 옳은 것만을 〈보기〉에서 있는 대로 고른 것은? (단, 돌연변이와 교차는 고려하지 않으며, H, h, T, t 각각의 1개당 DNA 상대량은 1이다.)

[보기]

ㄱ. (나)는 P의 세포이다. (가)는 Q의 세포, (나)는 P의 세포

ㄴ. Ⅰ과 Ⅲ의 핵상은 같다. Ⅰ의 핵상은 $2n$, Ⅲ의 핵상은 n

ㄷ. T의 DNA 상대량은 Ⅱ에서와 Ⅳ에서가 서로 같다.
Ⅱ와 Ⅳ에서 T의 DNA 상대량은 모두 2

① ㄱ ② ㄴ ③ ㄱ, ㄷ ④ ㄴ, ㄷ ⑤ ㄱ, ㄴ, ㄷ

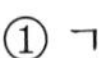

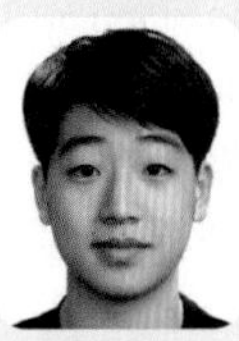

윤혁준 | 2025 수능 응시 · 서울 강서고 졸

문제에 상염색체란 말이 없으므로 유전 형질이 성염색체에 존재할 가능성도 생각하면서 풀어야 해. 그리고 표에서 홀수인 1과 3이 있는 세포 Ⅰ의 핵상과 유전자형을 일부 확정한 후에 표의 0과 (가) 그림을 연관 지어 생각하면 (가)가 어떤 세포인지와 ㉠과 ㉡이 무엇인지도 판별할 수 있어.

단서+발상

단서 Ⅰ~Ⅳ의 H와 t의 DNA 상대량을 더한 값이 제시되어 있다.

발상 (나)는 H를 가지는 핵상이 n인 세포이므로 Ⅲ이 (나)임을 추론할 수 있다.

적용 염색체를 나타낸 세포의 특징을 적용해서 (가)와 (나)를 구하는 것부터 문제 풀이를 시작해야 한다.

| 문제+자료 분석 |

step 1 (가)와 (나) 찾기

- (나)는 감수 2분열 말기까지 끝난 핵상이 n인 세포로 H+t가 2보다 클 수 없으므로 Ⅰ과 Ⅳ가 아니다. (나)는 H를 가지므로 H+t가 0인 Ⅱ도 아니다. (나)는 Ⅲ이다.
- (가)는 핵상이 $2n$인 세포로 DNA가 복제된 상태이다. H+t가 홀수일 수 없으므로 Ⅰ이 아니다. 또 H+t와 h+t를 더한 값이 4 이상이어야 하므로 Ⅱ가 아니다. (가)는 Ⅳ이다.

step 2 ㉠과 ㉡ 파악하기

- ㉠이 Y 염색체라면 (가)(Ⅳ)는 t의 DNA 상대량이 0이어야 하는데 H의 DNA 상대량과 h의 DNA 상대량이 각각 4일 수 없으므로 모순이다.
- ㉠이 X 염색체이고, (가)는 HHhhTTtt를 가지는 암컷 Q의 세포이다.
- ㉡이 Y 염색체이고, (나)는 T와 t를 모두 가지지 않는 수컷 P의 세포이다.

step 3 Ⅰ과 Ⅱ 파악하기

- Ⅰ의 H+t가 3이므로 Ⅰ은 핵상이 $2n$인 P의 세포이다. Ⅰ은 HHtY를 가진다.
- Ⅱ가 H를 가지지 않으므로 Ⅱ는 핵상이 n인 Q의 세포이다. Ⅱ는 TThh를 가진다. 함정

| 보기 분석 |

ㄱ. step 2 에 따라 (가)는 암컷 Q의 세포, (나)는 수컷 P의 세포이다.

ㄴ. step 3 에 따라 Ⅰ의 핵상은 $2n$, step 1 에 따라 Ⅲ(나)의 핵상은 n으로 Ⅰ과 Ⅲ의 핵상은 같지 않다.

ㄷ. step 3 에 따라 Ⅱ에서 T의 DNA 상대량은 2, step 2 에 따라 Ⅳ(가)에서 T의 DNA 상대량은 2로 서로 같다.

왜 틀렸나?

Q(HhTt)의 세포 중에 H와 t를 모두 가지지 않는 세포(Ⅱ)는 h와 T를 가지는 핵상이 n인 세포이다. Ⅱ의 h와 t를 더한 값이 2인 것은 복제된 염색 분체 쌍을 가지는 세포이기 때문이다. 따라서 Ⅱ에서 T의 DNA 상대량은 2이다.

J 10 정답 ② ＊핵형과 핵상 [정답률 70%] 2025 대비 6월 모평 9

그림은 핵상이 $2n$인 동물 A~C의 세포 (가)~(라) 각각에 들어 있는 모든 상염색체와 ㉠을 나타낸 것이다. A~C는 2가지 종으로 구분되고, ㉠은 X 염색체와 Y 염색체 중 하나이다. (가)~(라) 중 2개는 A의 세포이고, A와 C의 성은 같다. A~C의 성염색체는 암컷이 XX, 수컷이 XY이다.

단서

(가)
$n=3$ (Y)
수컷 A

(나)
$2n=6$ (XX)
암컷 B

(다)
$2n=6$ (XY)
수컷 C

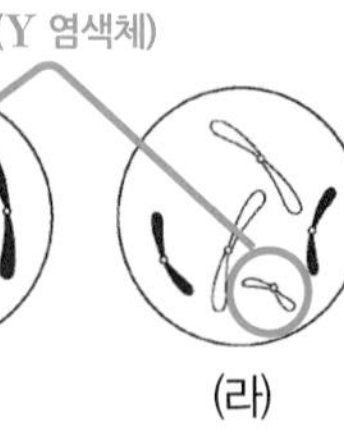
(라)
$2n=6$ (XY)
수컷 A

이에 대한 설명으로 옳은 것만을 〈보기〉에서 있는 대로 고른 것은? (단, 돌연변이는 고려하지 않는다.)

[보기]

ㄱ. ㉠은 X 염색체이다.
암컷 세포인 (나)에만 나타나지 않은 ㉠은 Y 염색체임

ㄴ. (가)는 A의 세포이다.
(가)와 (라)는 핵형이 같고 Y 염색체가 존재하므로 (가)와 (라)는 같은 개체인 A의 세포임

ㄷ. 체세포 분열 중기의 세포 1개당 $\frac{\text{X 염색체 수}}{\text{상염색체 수}}$는 B가 C보다 작다.
$\frac{1}{2} > \frac{1}{4}$ 크다.

① ㄱ ② ㄴ ③ ㄷ ④ ㄱ, ㄴ ⑤ ㄴ, ㄷ

| 문제+자료 분석 |

- **핵형:** 체세포에 들어 있는 염색체의 수, 모양, 크기와 같은 염색체의 외형적인 특성이다. 생물종에 따라 핵형이 다르며, 같은 종의 생물은 성별이 같으면 핵형이 같다. 꿀팁
  ➡ 염색체의 모양과 색깔을 통해 (가), (나), (라)는 같은 종의 세포이고, (다)는 다른 종의 세포임을 알 수 있다.
- **핵상:** 하나의 세포 속에 들어 있는 염색체의 상대적인 수이다. 상동 염색체가 쌍을 이루고 있으면 $2n$, 상동 염색체 중 하나씩만 있으면 n으로 표시한다.
  ➡ (가)는 핵상이 n이고, (나), (다), (라)는 핵상이 $2n$이다. (다)와 (라)의 염색체가 5개이므로 (다)와 (라)는 각각 핵상과 염색체 수가 $2n=6$이고, 성염색체 구성이 XY인 수컷이며, 서로 다른 종이다.
- 염색체 수가 4인 (나)를 갖는 동물도 핵상과 염색체 수가 $2n=6$이며, (나)에는 나타나지 않은 X 염색체가 2개 있으므로 (나)는 암컷의 세포이다.
  ➡ ㉠은 Y 염색체이다.
- $n=3$인 (가)에는 Y 염색체(㉠)가 있고, (가)와 (라)는 수컷인 A의 세포이다. (다)는 A와 성이 같은 수컷인 C의 세포이고, (나)는 암컷인 B의 세포이다.

| 보기 분석 |

ㄱ. (가), (다), (라)는 수컷의 세포이고, 모두 Y 염색체(㉠)가 존재한다. 암컷의 세포인 (나)에만 나타나지 않은 ㉠은 Y 염색체이다.

ㄴ. 핵형 분석을 통해 (가), (나), (라)는 같은 종의 세포임을 알 수 있고, (가)와 (라)는 Y 염색체가 존재하는 수컷이므로 (가)와 (라)는 같은 개체인 A의 세포이다.

ㄷ. B는 핵상과 염색체 수가 $2n=6$인 암컷이며, C는 핵상과 염색체 수가 $2n=6$인 수컷이다.
B의 체세포 분열 중기 세포 1개당 상염색체 수가 4, X 염색체 수가 2이고, C의 체세포 분열 중기 세포 1개당 상염색체 수가 4, X 염색체 수가 1이다.
따라서 체세포 분열 중기 세포 1개당 $\frac{\text{X 염색체 수}}{\text{상염색체 수}}$는 B가 $\frac{2}{4}$이고, C는 $\frac{1}{4}$이므로 B가 C보다 크다.

＊핵형과 핵상

- 생물종이 달라도 핵상(염색체의 상대적인 수)이 같은 경우가 있는데, 염색체 수는 같아도 종이 다르면 염색체의 모양과 크기가 다르므로 핵형이 다르다.

J 11 정답 ② ＊핵형 분석 [정답률 73%] 2025 대비 9월 모평 13

그림은 세포 (가)~(다) 각각에 들어 있는 모든 염색체를 나타낸 것이다. (가)~(다)는 개체 A~C의 세포를 순서 없이 나타낸 것이고, A~C의 핵상은 모두 $2n$이다. A와 B는 서로 같은 종이고, B와 C는 서로 다른 종이다. A~C 중 B만 암컷이고, A~C의 성염색체는 암컷이 XX, 수컷이 XY이다. 염색체 ㉠과 ㉡ 중 하나는 성염색체이고, 나머지 하나는 상염색체이다. ㉠과 ㉡의 모양과 크기는 나타내지 않았다.

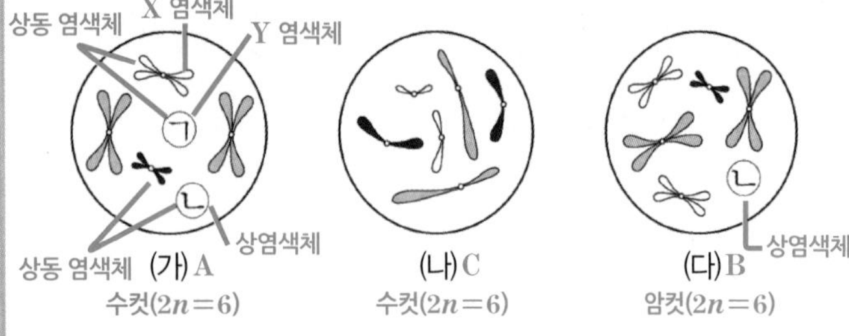

이에 대한 설명으로 옳은 것만을 〈보기〉에서 있는 대로 고른 것은? (단, 돌연변이는 고려하지 않는다.)

[보기]

ㄱ. ㉠은 X 염색체이다.
㉠은 Y 염색체임

ㄴ. (나)와 (다)의 핵상은 같다.
(나)와 (다)의 핵상은 $2n$으로 같음

ㄷ. (가)의 $\frac{\text{염색 분체 수}}{\text{X 염색체 수}}=6$이다.
(가)의 $\frac{\text{염색 분체 수}}{\text{X 염색체 수}}=\frac{12}{1}=12$

① ㄱ ② ㄴ ③ ㄱ, ㄷ ④ ㄴ, ㄷ ⑤ ㄱ, ㄴ, ㄷ

| 문제+자료 분석 |

- (나)의 핵상은 $2n$, 염색체는 6개이며, 모양과 크기가 같지 않은 상동 염색체 쌍이 있으므로 수컷이다. (나)의 핵형은 (가), (다)와 완전히 다르므로 (나)가 C이다.
- (가)와 (다)는 같은 종이다. A~C 중 B만 암컷이므로 (가)와 (다) 중 하나는 암컷, 다른 하나는 수컷이다.
- 성염색체 구성은 수컷이 XY, 암컷이 XX이므로 수컷은 암컷이 가지지 않는 염색체(Y 염색체)를 가져야 한다. (가)는 (다)가 가진 모든 염색체를 가지고 있고, 추가적으로 염색체 ㉠을 가지고 있으므로 ㉠이 Y 염색체이고 (가)가 수컷이다. 꿀팁
- (다)는 암컷인 B이고 ㉡은 상염색체이다.

| 보기 분석 |

ㄱ. 수컷만 가지고 있는 염색체 ㉠은 Y 염색체이며, ㉡은 상염색체이다.

ㄴ. 제시된 (가), (나), (다) 모두 크기와 모양이 같은 염색체를 2개씩 쌍으로 가지고 있으므로 핵상은 $2n$으로 같다.

ㄷ. (가)는 6개의 염색체를 가지며 복제된 상태로 염색 분체 수는 12이다. (가)는 수컷이므로 X 염색체 수는 1이다. (가)의 $\frac{\text{염색 분체 수}}{\text{X 염색체 수}}=12$이다.

문제 풀이 꿀팁

- 같은 종의 생물에서 성이 다를 경우 성염색체만 다르게 가지는데, 성염색체 구성이 XX인 암컷이 가지는 모든 염색체는 성염색체 구성이 XY인 수컷에서도 동일하게 관찰된다. 수컷에서는 암컷이 가지지 않는 Y 염색체가 추가적으로 관찰된다.
- 제시된 그림에서 (다)가 가지는 모든 염색체는 (가)에서도 관찰되며, (가)는 (다)가 가지지 않는 염색체 ㉠을 추가적으로 가지므로 염색체 ㉠이 Y 염색체임을 빠르게 추론할 수 있다.

J 12 정답 ③ * 핵형 분석 [정답률 68%] 2022 실시 3월 학평 6

그림은 서로 다른 종인 동물 A($2n=8$)와 B($2n=6$)의 세포 (가)~(다) 각각에 들어 있는 모든 염색체를 나타낸 것이다. A와 B의 성염색체는 암컷이 XX, 수컷이 XY이다. (A: 수컷, B: 암컷)

A의 세포 B의 세포 A의 세포

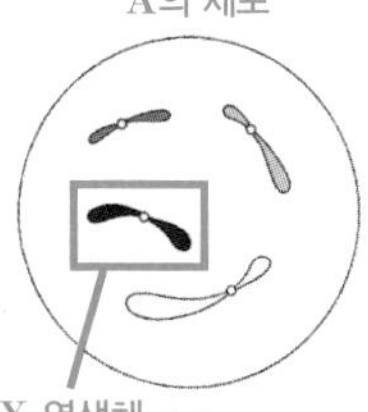

(가) $n=4$

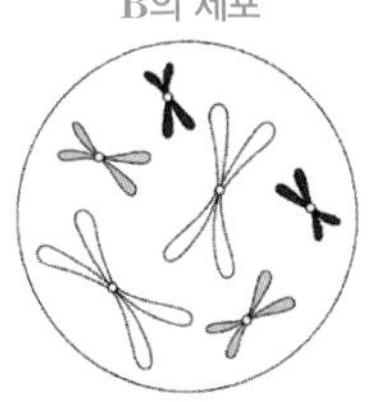
(나) $2n=6$

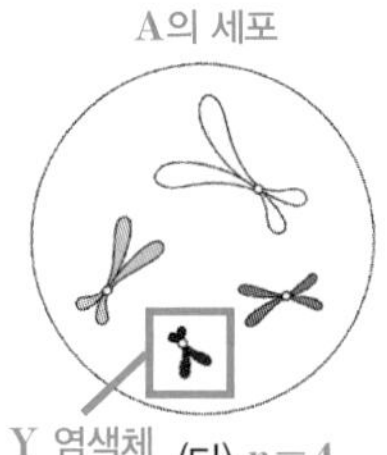

(다) $n=4$

이에 대한 옳은 설명만을 〈보기〉에서 있는 대로 고른 것은? (단, 돌연변이는 고려하지 않는다.)

[보기]

ㄱ. (가)는 A의 세포이다.
(가)와 (다)는 A의 세포, (나)는 B의 세포

ㄴ. A와 B는 모두 암컷이다.
A는 수컷, B는 암컷

ㄷ. (나)의 상염색체 수와 (다)의 염색체 수는 같다.
(나)의 상염색체 수는 4, (다)의 염색체 수는 4로 같음

① ㄱ ② ㄴ ③ ㄱ, ㄷ ④ ㄴ, ㄷ ⑤ ㄱ, ㄴ, ㄷ

| 문제+자료 분석 |

1st A와 B의 세포 구분하기

- 세포 (가)와 (다) 각각에는 크기와 모양이 같은 상동 염색체 쌍이 없으며, 세포 내의 염색체의 개수가 4개이므로 모두 핵상과 염색체 수가 $n=4$로 표시된다. 따라서 (가)와 (다)는 모두 체세포의 핵상과 염색체 수가 $2n=8$인 A의 세포이다.
- 세포 (나)에는 크기와 모양이 같은 상동 염색체 쌍이 있으며, 세포 내의 염색체 개수가 6개이므로 핵상과 염색체 수가 $2n=6$이다. 따라서 (나)는 B의 세포이다.

2nd A와 B의 성별 파악하기

- (가)와 (다)에 있는 크기와 모양이 서로 다른 검은색 염색체 중 (가)에 있는 큰 염색체가 X 염색체이고, (다)에 있는 작은 염색체가 Y 염색체이므로 A는 성염색체가 XY인 수컷이다. – 주의
- B의 세포인 (나)에는 크기와 모양이 같은 상동 염색체 쌍만 존재하므로 B는 성염색체가 XX인 암컷이다.

| 보기 분석 |

ㄱ. (가)와 (다)는 각각 핵상과 염색체 수가 $n=4$인 세포이므로 모두 체세포의 핵상과 염색체 수가 $2n=8$인 A의 감수 분열 과정에서 형성된 세포이다.

ㄴ. A의 세포인 (가)와 (다)에 각각 X 염색체와 Y 염색체가 있으므로 A는 성염색체가 XY인 수컷이다. 핵상이 $2n$인 B의 세포 (나)에 있는 각각의 상동 염색체 쌍은 서로 크기와 모양이 같으므로 B는 성염색체가 XX인 암컷이다.

ㄷ. 세포의 핵상과 염색체 수, 상염색체의 수와 성염색체 조합을 함께 표현하면 (나)가 $2n=6=4+XX$이고, (다)가 $n=4=3+Y$이다. 따라서 (나)의 상염색체 수와 (다)의 염색체 수는 모두 4로 서로 같다.

J 13 정답 ④ * 핵형 분석 [정답률 64%] 2022 실시 4월 학평 6

그림은 같은 종인 동물($2n=?$) 개체 Ⅰ과 Ⅱ의 세포 (가)~(다) 각각에 들어 있는 모든 염색체를 나타낸 것이다. 이 동물의 성염색체는 암컷이 XX, 수컷이 XY이고, 유전 형질 ㉠은 대립유전자 A와 a에 의해 결정된다. (가)~(다) 중 1개는 암컷의, 나머지 2개는 수컷의 세포이고, Ⅰ의 ㉠의 유전자형은 aa이다. 수컷 Ⅱ의 유전자형은 Aa

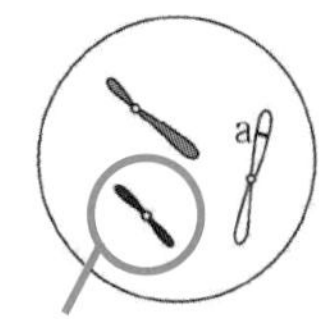

(가) $n=3$, 수컷 Ⅱ

(나) $2n=6$, 암컷 Ⅰ

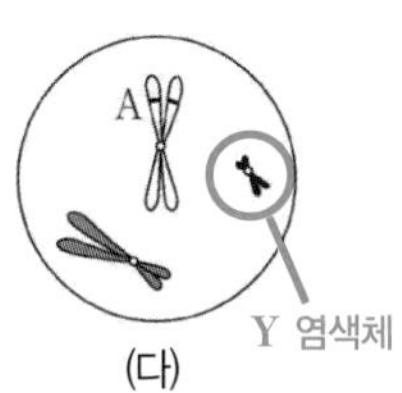

(다) $n=3$, 수컷 Ⅱ

이에 대한 설명으로 옳은 것만을 〈보기〉에서 있는 대로 고른 것은? (단, 돌연변이는 고려하지 않는다.) (3점)

[보기]

ㄱ. Ⅰ은 수컷이다.
Ⅰ은 암컷

ㄴ. Ⅱ의 ㉠의 유전자형은 Aa이다.
Ⅱ의 ㉠의 유전자형은 Aa

ㄷ. (나)의 염색체 수는 (다)의 염색 분체 수와 같다.
(나)의 염색체 수와 (다)의 염색 분체 수는 6으로 같음

① ㄱ ② ㄷ ③ ㄱ, ㄴ ④ ㄴ, ㄷ ⑤ ㄱ, ㄴ, ㄷ

| 문제+자료 분석 |

1st 핵상이 $2n$인 세포 (나) 분석하기

- 상동 염색체가 쌍으로 있으면 핵상이 $2n$이다. – 주의
(나)는 상동 염색체가 쌍으로 있으므로 핵상이 $2n$인 세포이다.
- 핵상이 $2n$인 세포에서 각각의 상동 염색체끼리 모양과 크기가 같으면 XX의 성염색체를 가지는 암컷의 세포이다. – 주의
(나)에서 각각의 상동 염색체는 모양과 크기가 같으므로 (나)는 암컷의 세포이다.

2nd 세포 (가)와 (다) 분석하기

- (가)와 (다)는 수컷의 세포이며 핵상이 n이므로 X 염색체 또는 Y 염색체 중 하나를 가진다.
- (가)는 대립유전자 a를 가지고 (다)는 대립유전자 A를 가지므로 수컷의 ㉠의 유전자형은 Aa이다.
- Ⅰ의 ㉠의 유전자형이 aa이므로 Ⅰ은 암컷이고, Ⅱ는 수컷이다.

| 보기 분석 |

ㄱ. ㉠의 유전자형이 aa인 Ⅰ은 암컷, ㉠의 유전자형은 Aa인 Ⅱ는 수컷이다.

ㄴ. 수컷인 Ⅱ의 ㉠의 유전자형은 Aa이며 (가)와 (다)가 Ⅱ의 세포이다.

ㄷ. (나)는 핵상이 $2n$인 세포로 염색체 수가 6개이며, (다)는 핵상이 n인 세포로 염색체 수는 3개, 염색 분체 수는 6개이다. 따라서 (나)의 염색체 수와 (다)의 염색 분체 수는 6으로 같다.

J 14 정답 ① * 핵형 분석 [정답률 64%] 2023 실시 3월 학평 20

그림은 동물 A($2n=8$)와 B($2n=6$)의 세포 (가)~(다) 각각에 있는 염색체 중 ㉠을 제외한 나머지를 모두 나타낸 것이다. A와 B는 성이 다르고, A와 B의 성염색체는 암컷이 XX, 수컷이 XY이다. ㉠은 X 염색체와 Y 염색체 중 하나이다.

A와 B는 핵상과 염색체 수가 다름

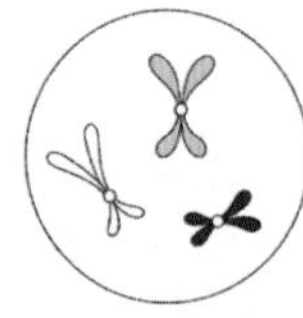
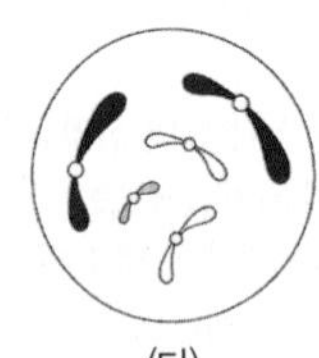

(가) ㉠ 포함 $n=3$ ➡ B의 세포 ➡ B는 수컷

(나) (가), (다)와 핵형이 다름 ➡ ㉠ 포함 $n=4$ ➡ A는 암컷, ㉠은 X 염색체

(다) ㉠ 포함 $2n=6$ ➡ B의 세포 ➡ XY 모두 존재하는 수컷

이에 대한 옳은 설명만을 〈보기〉에서 있는 대로 고른 것은? (단, 돌연변이는 고려하지 않는다.)

[보기]

ㄱ. ㉠은 X 염색체이다. ㉠은 X염색체임

ㄴ. (가)에서 상염색체의 수는 3이다. (가)에서 ㉠을 제외한 상염색체의 수는 2임

ㄷ. (나)는 수컷의 세포이다. (나)는 (가), (다)와 핵형이 다른 암컷의 세포임

① ㄱ ② ㄴ ③ ㄱ, ㄴ ④ ㄱ, ㄷ ⑤ ㄴ, ㄷ

| 문제+자료 분석 |

- A의 핵상과 염색체 수는 $2n=8$이고, B의 핵상과 염색체 수는 $2n=6$이므로 2개의 염색체만 관찰되는 (가)는 ㉠이 제외된 나머지를 나타낸 세포이고 핵상과 염색체 수는 $n=3$인 B의 세포이다.
- (다)는 (가)와 염색체의 크기와 모양이 비슷하므로 핵형이 같은 동일한 개체의 세포이며, ㉠을 제외한 염색체 수는 5이므로 핵상과 염색체 수가 $2n=6$인 동물 B의 세포이다. 
(다)에서 ㉠의 상동 염색체가 존재하므로 B에는 X 염색체와 Y 염색체가 모두 존재한다. 따라서 (다)는 수컷의 세포이며, B는 수컷이고 A는 암컷이다.
- (나)는 (가), (다)와 핵형이 다른 종인 A($2n=8$)의 세포이고, A와 B는 성이 다르므로 A는 암컷이다.
㉠을 포함한 핵상과 염색체 수는 $n=4$이고, 암컷은 성염색체 중 X 염색체만 갖기 때문에 ㉠은 X 염색체이다.

| 보기 분석 |

ㄱ. (나)는 (가), (다)와 핵형이 다른 암컷 A($2n=8$)의 세포이다. ㉠을 포함한 핵상과 염색체 수는 $n=4$이고, ㉠은 X 염색체이다.

ㄴ. (가)는 핵상과 염색체 수가 $n=3$이고, X 염색체인 ㉠을 제외한 상염색체의 수는 2이다.

ㄷ. (다)에 X 염색체와 Y 염색체가 모두 존재하므로 수컷의 세포이며, (다)와 핵형이 같은 (가)도 같은 개체이므로 수컷이다.
A와 B는 성이 다르므로 (나)는 (가), (다)와 핵형이 다른 암컷의 세포이다.

문제 풀이 꿀팁

핵형은 세포에 들어 있는 염색체의 수, 모양, 크기와 같은 염색체의 외형적 특성이다. 생물종에 따라 핵형이 다르며, 같은 종의 생물은 성별이 같으면 핵형이 같다.

J 15 정답 ④ * 핵형 분석 [정답률 55%] 2023 실시 10월 학평 9

어떤 동물 종($2n=?$)의 특정 형질은 3쌍의 대립유전자 E와 e, F와 f, G와 g에 의해 결정된다. 그림은 이 동물 종의 개체 A와 B의 세포 (가)~(라) 각각에 있는 염색체 중 X 염색체를 제외한 나머지 모든 염색체와 일부 유전자를 나타낸 것이다. (가)는 A의 세포이고, (나)~(라) 중 2개는 B의 세포이다. 이 동물 종의 성염색체는 암컷이 XX, 수컷이 XY이다. ㉠~㉢은 F, f, G, g 중 서로 다른 하나이다.

(가) A의 세포 $n=2+Y$

(나) B의 세포 $2n=4+XX$

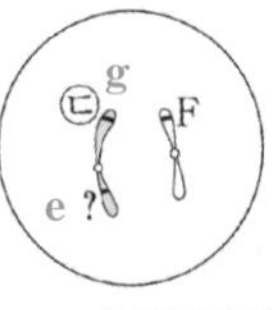

(다) B의 세포 $n=2+X$

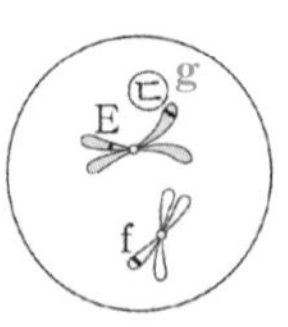

(라) A의 세포 $n=2+X$

이에 대한 옳은 설명만을 〈보기〉에서 있는 대로 고른 것은? (단, 돌연변이와 교차는 고려하지 않는다.) (3점)

[보기]

ㄱ. (가)의 염색체 수는 4이다. (가)의 염색체 수는 3임

ㄴ. (다)는 B의 세포이다. (다)는 B의 세포임

ㄷ. ㉢은 g이다. ㉢은 g임

① ㄱ ② ㄴ ③ ㄱ, ㄷ ④ ㄴ, ㄷ ⑤ ㄱ, ㄴ, ㄷ

| 문제+자료 분석 |

- 핵상이 $2n$인 세포는 상동 염색체가 쌍으로 존재하며, 핵상이 n인 세포는 상동 염색체가 쌍으로 존재하지 않는다.
- (나)는 상동 염색체가 쌍으로 존재하므로 핵상이 $2n$이고, (가), (다), (라)는 상동 염색체가 쌍으로 존재하지 않으므로 핵상이 n이다.
- 핵상이 n으로 동일한 (가), (다), (라) 중 (가)에서만 3개의 염색체가 관찰되고, (다)와 (라)에서는 2개의 염색체만 관찰되므로, (가)는 Y 염색체를 갖고, (다)와 (라)는 X 염색체를 갖는다. 따라서 (가), (다), (라)의 핵상과 염색체 수는 $n=3$이고, (나)의 핵상과 염색체 수는 $2n=6$이다.
- A의 세포인 (가)에서 Y 염색체를 가지므로 A는 수컷이다.
- 핵상과 염색체 수가 $2n=6$인 (나)는 상염색체 4개와 성염색체 2개를 가져야 하는데, 4개의 염색체만 관찰되므로, 성염색체 XX를 갖는다. Y 염색체를 갖는 A와는 다른 개체의 세포이므로 (나)는 B의 세포이다.
- (라)에서 E는 ㉢과 연관되어 있는데, B의 세포인 (나)에서 E는 ㉡과 연관되어 있으므로, (라)는 B의 세포가 될 수 없다. 따라서 (라)는 A의 세포이고, (다)는 B의 세포이다.

| 보기 분석 |

ㄱ. (가)는 2개의 상염색체와 Y 염색체를 가지므로 (가)의 염색체 수는 3이다.

ㄴ. (나)~(라) 중 B의 세포가 2개이고, (나)가 B의 세포이므로 (다)와 (라) 중 하나는 B의 세포여야 한다. (라)에서 E는 ㉢과 연관되어 있는데, B의 세포인 (나)에서 E는 ㉡과 연관되어 있으므로, (라)는 B의 세포가 될 수 없다. 따라서 (다)가 B의 세포이다.

ㄷ. (다)에서 ㉢이 존재하는 염색체는 (나)에서 E와 ㉡이 연관된 염색체, e와 g가 연관된 염색체 중 하나이다. E와 ㉡이 연관된 염색체에서 (다)의 ㉢과 같은 위치에 ㉡이 존재하고, e와 g가 연관된 염색체에서 ㉢과 같은 위치에 g가 존재한다. ㉡과 ㉢은 서로 다른 대립유전자이므로, ㉢은 g이다.

J 16 정답 ① ＊핵형 분석 [정답률 76%] 2023 실시 4월 학평 7

그림은 같은 종인 동물($2n=?$) A와 B의 세포 (가)~(다) 각각에 들어 있는 모든 상염색체와 ⓐ를 나타낸 것이다. (가)~(다) 중 1개는 A의, 나머지 2개는 B의 세포이며, 이 동물의 성염색체는 암컷이 XX, 수컷이 XY이다. ⓐ는 X 염색체와 Y 염색체 중 하나이다.

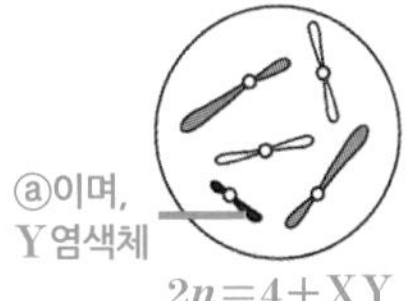

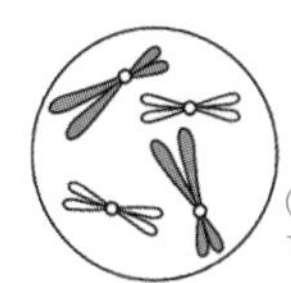

(가)	(나)	(다)
$2n=4+XY$	$2n=4+XX$	$n=2+Y$
B의 세포	A의 세포	B의 세포

이에 대한 설명으로 옳은 것만을 〈보기〉에서 있는 대로 고른 것은? (단, 돌연변이는 고려하지 않는다.) (3점)

[보기]

ㄱ. A는 암컷이다. A는 성염색체 구성이 XX이므로 암컷임

ㄴ. (나)와 (다)의 핵상은 ~~같다~~. (나)의 핵상은 $2n$, (다)의 핵상은 n임

ㄷ. $\frac{\text{(다)의 염색 분체 수}}{\text{(가)의 상염색체 수}}=\frac{3}{4}$이다.

$\frac{\text{(다)의 염색 분체 수}}{\text{(가)의 상염색체 수}}=\frac{3}{2}$임

① ㄱ ② ㄴ ③ ㄷ ④ ㄱ, ㄷ ⑤ ㄴ, ㄷ

| 문제+자료 분석 |

step 1 (가)~(다)에 대해 분석하기

- **(가)**: 상동 염색체 2쌍이 관찰되므로 핵상이 $2n$이고, 나머지 1개의 염색체는 ⓐ에 해당한다. ⓐ의 상동 염색체는 관찰되지 않으므로, 성염색체 구성이 다른 수컷(XY)의 세포임을 알 수 있다. ⓐ는 X 염색체 또는 Y 염색체이며, 모양과 크기가 같은 상동 염색체 2쌍은 상염색체이다.
- **(나)**: 핵상이 $2n$이고, (가)에서도 관찰되는 상염색체 2쌍만 가지므로 나머지 성염색체 2개는 나타나지 않음을 알 수 있다. 성염색체 구성이 동일하므로 (나)는 암컷(XX)의 세포이다.
- **(다)**: 핵상이 n이고, 상염색체 2개와 성염색체 ⓐ로 구성된다. ⓐ는 성염색체 구성이 XX인 (나)의 세포에서는 관찰되지 않았으므로 ⓐ는 Y 염색체이다.

step 2 A와 B의 세포 구분하기

- (가)~(다) 중 (가)와 (다)는 모두 Y 염색체를 가지므로 B의 세포이며, (나)는 성염색체 구성이 XX이므로 A의 세포이다.

| 보기 분석 |

ㄱ. (나)는 상염색체 2쌍만 관찰되고, 나머지 성염색체 2개가 모두 관찰되지 않으므로, 성염색체 구성이 동일한 암컷의 세포임을 알 수 있다.

ㄴ. (나)는 상동 염색체가 존재하므로 핵상이 $2n$이고, (다)는 상동 염색체가 존재하지 않으므로 핵상이 n이다.

ㄷ. (가)의 상염색체 수는 4이고, (다)의 염색 분체 수는 6이므로 $\frac{\text{(다)의 염색 분체 수}}{\text{(가)의 상염색체 수}}=\frac{3}{2}$이다.

J 17 정답 ② ＊핵형과 핵상 [정답률 83%] 2022 대비 수능 11

그림은 서로 다른 종인 동물($2n=?$) A~C의 세포 (가)~(라) 각각에 들어 있는 모든 염색체를 나타낸 것이다. (가)~(라) 중 2개는 A의 세포이고, A와 B의 성은 서로 다르다. A~C의 성염색체는 암컷이 XX, 수컷이 XY이다.

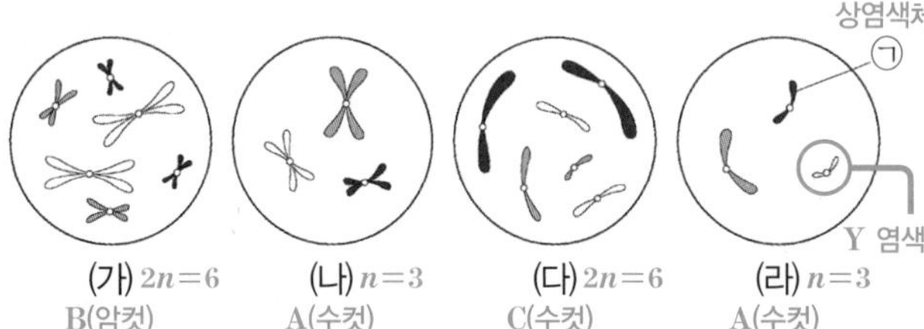

이에 대한 설명으로 옳은 것만을 〈보기〉에서 있는 대로 고른 것은? (단, 돌연변이는 고려하지 않는다.)

[보기]

ㄱ. (가)는 ~~C의 세포이다~~.
→ (가)는 B의 세포

ㄴ. ㉠은 상염색체이다.
→ ㉠은 상염색체

ㄷ. $\frac{\text{(다)의 성염색체 수}}{\text{(나)의 염색 분체 수}}=\frac{2}{3}$~~이다~~.
→ $\frac{\text{(다)의 성염색체 수}}{\text{(나)의 염색 분체 수}}=\frac{1}{3}$

① ㄱ ② ㄴ ③ ㄷ ④ ㄱ, ㄷ ⑤ ㄴ, ㄷ

| 문제+자료 분석 |

- **(가)**: $2n=6$의 세포로 세 쌍의 상동 염색체 모양과 크기가 모두 같으므로 암컷의 세포이다.
- **(나)**: $n=3$의 세포로 (가)와 (다)의 염색체와 비교했을 때 두 개 이상이 다르지만, (라)의 염색체 중 두 개와 모양과 크기가 같다. 따라서 (나)와 (라)는 A의 세포이며, 모양과 크기가 다른 하나의 염색체는 성염색체로 수컷의 세포이다.
- **(다)**: $2n=6$의 세포로 두 쌍의 상동 염색체의 모양과 크기가 같고 한 쌍의 상동 염색체의 모양과 크기가 다르므로 수컷의 세포이다.
- **(라)**: $n=3$의 세포로 (나)의 염색체 중 두 개와 모양과 크기가 같으므로 수컷인 A의 세포이다.

| 보기 분석 |

ㄱ. (가)는 세 쌍의 상동 염색체 모양과 크기가 같은 암컷의 세포이다. A는 수컷이며 (나), (다), (라)는 모두 수컷의 세포이다. A와 B의 성이 서로 다르므로 (가)는 암컷 B의 세포이다.

ㄴ. (나)와 (라)의 염색체를 비교했을 때 모양과 크기가 다른 염색체가 성염색체이다. (라)의 ㉠은 (나)의 검은색 염색체와 모양과 크기가 같으므로 상염색체이다.

ㄷ. (나)의 염색 분체수는 6이고, (다)의 성염색체 수는 2이다. 따라서 $\frac{\text{(다)의 성염색체 수}}{\text{(나)의 염색 분체 수}}=\frac{2}{6}=\frac{1}{3}$이다.

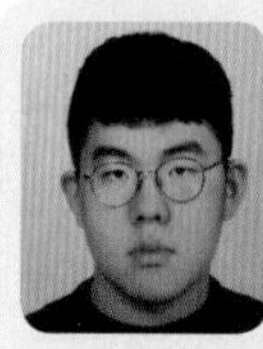

강민성 | 성균관대 의예과 2022년 입학 · 부산 해운대고 졸

이런 문제는 n, $2n$의 핵상 구별과 크기가 다른 염색체 한 쌍을 찾아서 해당 세포의 성별을 구분하는 것이 출발점이야. (나)와 (라)는 같은 종의 세포인데 크기가 다른 염색체가 한 쌍이 있으니 수컷인 A의 세포라는 것을 찾았으면 나머지는 수월하게 풀 수 있을거야.

J 18 정답 ① * 핵형과 염색체 ········· [정답률 59%] 2023 대비 6월 모평 13

그림은 동물 세포 (가)~(라) 각각에 들어 있는 모든 염색체를 나타낸 것이다. (가)~(라)는 각각 서로 다른 개체 A, B, C의 세포 중 하나이다. A와 B는 같은 종이고, A와 C의 성은 같다. A~C의 핵상은 모두 $2n$이며, A~C의 성염색체는 암컷이 XX, 수컷이 XY이다.

같은 종의 세포

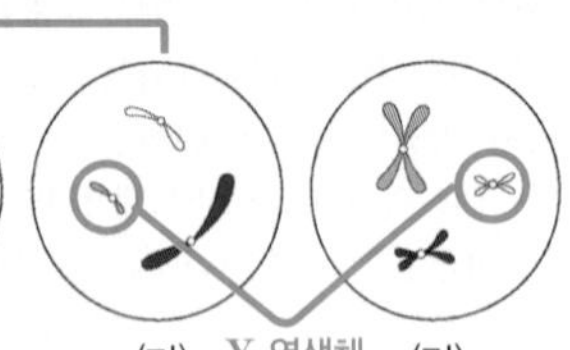

(가) X 염색체 (나) (다) Y 염색체 (라)

(가)	(나)	(다)	(라)
암컷 B의 세포	수컷 C의 세포	수컷 A의 세포	수컷 C의 세포
$2n=6(4+XX)$	$n=3(2+X)$	$n=3(2+Y)$	$n=3(2+Y)$

이에 대한 설명으로 옳은 것만을 〈보기〉에서 있는 대로 고른 것은? (단, 돌연변이는 고려하지 않는다.) (3점)

[보기]

ㄱ. (가)는 B의 세포이다.
(가)는 B의 세포, (나)와 (라)는 모두 C의 세포, (다)는 A의 세포

ㄴ. (다)를 갖는 개체와 (라)를 갖는 개체의 핵형은 같다.
(다)는 A의 세포, (라)는 C의 세포이고, 서로 다른 종인 A와 C의 핵형은 서로 다름

ㄷ. C의 감수 1분열 중기 세포 1개당 염색 분체 수는 6이다.
C의 감수 1분열 중기 세포의 핵상과 염색체 수는 $2n=6$, 염색 분체 수는 염색체 수의 2배이므로 12

① ㄱ ② ㄴ ③ ㄷ ④ ㄱ, ㄴ ⑤ ㄴ, ㄷ

| 문제+자료 분석 |

1st 같은 종의 세포 매칭 및 성별 구분하기 -1

- 같은 종이고 성별이 다른 개체의 경우 성염색체를 제외한 나머지 염색체의 크기와 모양이 서로 동일하다. 꿀팁
- (가)와 (다)에서 검은색과 흰색 각각의 염색체끼리 크기와 모양이 서로 동일하고, 나머지 회색 염색체의 크기와 모양이 서로 다른 것을 통해 세포 (가)와 (다)는 서로 같은 종의 세포이며, 회색 염색체가 성염색체임을 알 수 있다. 또한 (다)의 회색 염색체가 (가)보다 작으므로 (다)는 Y 염색체를 가지는 수컷의 세포이다.
- 핵상이 $2n$인 세포에서 각각의 상동 염색체끼리 모양과 크기가 같으면 XX의 성염색체를 가지는 암컷이다. (가)는 상동 염색체가 쌍으로 있으므로 핵상이 $2n$이고 암컷의 세포이다. 꿀팁

2nd 같은 종의 세포 매칭 및 성별 구분하기 -2

- (나)와 (라)에서 검은색과 회색 각각의 염색체끼리 크기와 모양이 서로 동일하고, 나머지 흰색 염색체의 크기와 모양이 서로 다른 것을 통해 세포 (나)와 (라)는 서로 같은 종의 세포이며, 흰색 염색체가 성염색체임을 알 수 있다. (라)의 흰색 염색체가 (나)보다 작으므로 (라)는 Y 염색체를 가지는 수컷의 세포이다.

3rd 개체 A~C의 세포 확정하기

- A와 C의 성이 같으므로 (가)~(라) 중 유일하게 암컷의 세포인 (가)는 B이며, A와 B는 같은 종이라고 하였으므로 (가)와 같은 종인 (다)는 A의 세포이다. 나머지 (나)와 (라)는 C의 세포이다.

| 보기 분석 |

ㄱ. A의 세포 (다)와 C의 세포 (라)에 모두 Y 염색체가 있으므로 A와 C는 수컷이며, 성염색체로 XX를 가지는 (가)는 암컷 B의 세포이다.

ㄴ. 핵형은 한 생물의 체세포에 들어 있는 염색체의 수, 모양, 크기 등과 같은 외형적인 특징이다. (다)는 A의 세포이고, (라)는 C의 세포이며, A와 C는 서로 다른 종이므로 개체의 핵형은 서로 다르다.

ㄷ. C의 핵상과 염색체 조합은 $2n=6$이다. C의 감수 1분열 중기 세포의 핵상은 $2n$이므로 염색체 수는 6이고, 염색 분체 수는 염색체 수의 2배이므로 12이다.

J 19 정답 ② * 핵형 분석 ········· [정답률 73%] 2020 대비 수능 3

그림은 같은 종인 동물($2n=?$) Ⅰ과 Ⅱ의 세포 (가)~(다) 각각에 들어 있는 모든 염색체를 나타낸 것이다. (가)~(다) 중 1개는 Ⅰ의 세포이며, 나머지 2개는 Ⅱ의 세포이다. 이 동물의 성염색체는 암컷이 XX, 수컷이 XY이다. A는 a와 대립유전자이고, ㉠은 A와 a 중 하나이다.

(가) 동물 Ⅱ의 체세포

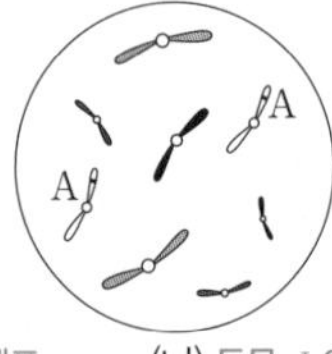

(나) 동물 Ⅰ의 체세포

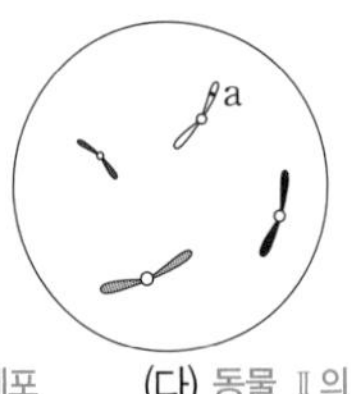

(다) 동물 Ⅱ의 생식세포

(가)의 감수 분열 결과 (다) 생성

이에 대한 설명으로 옳은 것만을 〈보기〉에서 있는 대로 고른 것은? (단, 돌연변이와 교차는 고려하지 않는다.) (3점)

[보기]

ㄱ. ㉠은 A이다. → ㉠은 a

ㄴ. (나)는 Ⅱ의 세포이다. → (나)는 Ⅰ의 세포

ㄷ. Ⅰ의 감수 2분열 중기 세포 1개당 염색 분체 수는 8이다.
→ Ⅰ의 감수 2분열 중기에서 핵상과 염색체 수는 $n=4$이며, 염색 분체는 분리되지 않은 상태로 8개임

① ㄴ ② ㄷ ③ ㄱ, ㄴ ④ ㄱ, ㄷ ⑤ ㄱ, ㄴ, ㄷ

| 문제+자료 분석 |

- (가): 핵상이 $2n=8$이며, 모든 상동 염색체의 모양과 크기가 같으므로 암컷이다.
- (나): 핵상이 $2n=8$이며, 모양과 크기가 다른 상동 염색체가 있으므로 수컷이다.
- (다): 핵상이 $n=4$이며, 유전자 a를 가지므로 세포 (나)와 같은 개체의 세포가 아니며, 세포 (가)를 가지는 개체의 생식세포이다.

| 보기 분석 |

ㄱ. 생식세포인 (다)가 유전자 a를 가지려면 체세포인 (가)도 유전자 a를 가져야 하므로 ㉠은 a이다.

ㄴ. (가)는 동물 Ⅱ의 체세포이고, (다)는 동물 Ⅱ의 생식세포이다. (나)는 동물 Ⅰ의 체세포이다.

ㄷ. 감수 1분열에서 상동 염색체가 분리되며 감수 2분열에서 염색 분체가 분리된다. 감수 2분열 중기는 상동 염색체만 분리되고 염색 분체는 분리되지 않은 상태이다. 따라서 핵상과 염색체 수는 $n=4$이며, 8개의 염색 분체를 가진다. 꿀팁

* 감수 분열

감수 1분열	간기에 DNA가 복제된 후 분열기에 상동 염색체가 분리되어 염색체 수와 DNA양이 반감된다.
감수 2분열	DNA 복제 없이 분열이 진행되며 분열기에 염색 분체가 분리되어 DNA양은 반감되지만 염색체 수는 일정하다.

J 20 정답 ③ * 핵형과 핵상 ······ [정답률 82%] 2021 실시 10월 학평 6

그림은 동물 A($2n=6$)와 B($2n=6$)의 세포 (가)~(라) 각각에 들어 있는 모든 염색체를 나타낸 것이다. A와 B의 성염색체는 암컷이 XX, 수컷이 XY이고, (가)는 A의 세포이다.

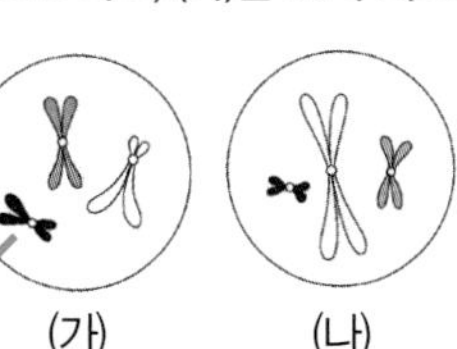

이에 대한 설명으로 옳은 것만을 〈보기〉에서 있는 대로 고른 것은? (단, 돌연변이는 고려하지 않는다.) (3점)

[보기]

ㄱ. A는 ~~암컷이다~~. → A는 수컷

ㄴ. A와 B는 ~~같은 종이다~~. → A와 B는 다른 종

ㄷ. (나)와 (다)의 핵상은 같다. → (나)와 (다)의 핵상은 n으로 같음

① ㄱ ② ㄴ ③ ㄷ ④ ㄱ, ㄴ ⑤ ㄴ, ㄷ

| 문제+자료 분석 |

- 같은 종에서 성별이 다를 경우 한 쌍의 성염색체만 크기와 모양이 다르다. (가)와 (다)를 비교하였을 때 검은색 염색체를 제외한 나머지 다른 염색체의 크기와 모양이 일치하므로 (다)는 A의 세포이다.
- (가)와 (다)의 검은색 염색체는 크기와 모양이 다르므로 검은색 염색체는 성염색체이다. (가)는 Y 염색체, (다)는 X 염색체를 가지므로 A는 XY 염색체를 가지는 수컷이다.
- (나)와 (라)를 비교하였을 때 (나)와 (라)의 염색체의 크기와 모양이 일치하므로 (나)와 (라)는 B의 세포이다. B의 상염색체와 A의 상염색체는 그 수가 같지만 모양과 크기가 다르므로 서로 다른 종이다.
- (라)가 가지는 한 쌍의 성염색체는 모양과 크기가 같으므로 B는 XX 염색체를 가지는 암컷이다.

| 보기 분석 |

ㄱ. A의 세포인 (가)와 (다)를 비교해보면 검은색 염색체의 모양과 크기가 다르다. A는 XY 염색체를 가지는 수컷이다.

ㄴ. A의 세포인 (가)와 B의 세포인 (라)를 비교했을 때 A와 B의 상염색체의 모양과 크기가 다르므로 A와 B는 다른 종이다.

ㄷ. (나)와 (다)는 모두 상동 염색체를 쌍으로 가지고 있지 않으므로 n의 핵상을 가지는 세포이며, 핵상은 같다.

J 21 정답 ③ * 핵상과 핵형 ······ [정답률 58%] 2024 대비 9월 모평 15

다음은 핵상이 $2n$인 동물 A~C의 세포 (가)~(다)에 대한 자료이다.

- A와 B는 서로 같은 종이고, B와 C는 서로 다른 종이며, B와 C의 체세포 1개당 염색체 수는 서로 다르다.
  ➡ A와 B의 핵형은 같고, B와 C의 핵형과 염색체 수는 다름
- B는 암컷이고, A~C의 성염색체는 암컷이 XX, 수컷이 XY이다.
- 그림은 세포 (가)~(다) 각각에 들어 있는 모든 상염색체와 ㉠을 나타낸 것이다. (가)~(다)는 각각 서로 다른 개체의 세포이고, ㉠은 X 염색체와 Y 염색체 중 하나이다.

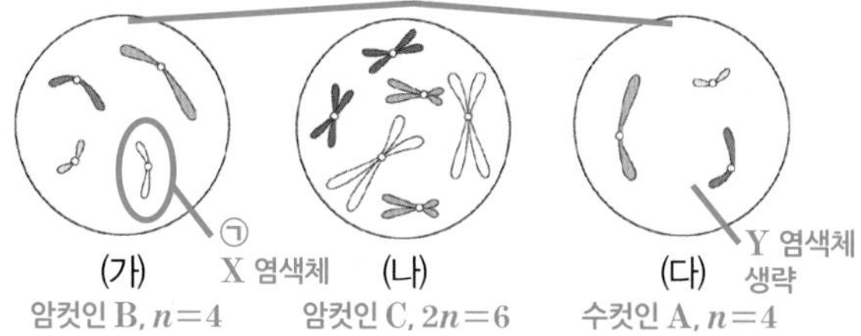

이에 대한 설명으로 옳은 것만을 〈보기〉에서 있는 대로 고른 것은? (단, 돌연변이는 고려하지 않는다.)

[보기]

ㄱ. ㉠은 X 염색체이다.
(가)와 (나)에는 X 염색체(㉠)가 존재하므로 ㉠은 X 염색체임

ㄴ. (가)와 (나)는 모두 암컷의 세포이다.
(가)는 B(암컷)의 세포, (나)는 X 염색체 2개를 갖는 암컷의 세포

ㄷ. C의 체세포 분열 중기의 세포 1개당 $\frac{\text{상염색체 수}}{\text{X 염색체 수}}$=~~3~~이다.
암컷인 C의 핵상은 $2n=6$이므로 $\frac{\text{상염색체 수}}{\text{X 염색체 수}}=2$

① ㄱ ② ㄷ ③ ㄱ, ㄴ ④ ㄴ, ㄷ ⑤ ㄱ, ㄴ, ㄷ

| 문제+자료 분석 |

- 염색체의 크기와 모양을 비교하면 (가)와 (다)는 핵형이 같으므로 같은 종인 A와 B의 세포이다. (가)에서 추가로 존재하는 염색체가 ㉠이고, (다)에는 ㉠이 생략된 세포이므로 두 세포의 핵상과 염색체 수는 $n=4$이다.
- B와 C의 체세포 1개당 염색체 수는 서로 다르므로 세포 (나)의 핵상과 염색체 수는 $2n=8$이 아니다. (나)에는 ㉠이 포함되어 있으므로 ㉠은 X 염색체이다. (나)의 핵상과 염색체 수는 $2n=6$이다.
- (가)는 X 염색체가 포함된 암컷의 세포, (다)는 Y 염색체를 가지고 있는 수컷의 세포, (나)는 A, B와 다른 종의 세포이고 X 염색체 2개를 갖고 있는 암컷의 세포이다.

| 보기 분석 |

ㄱ. B와 C의 체세포 1개당 염색체 수는 서로 다르므로 세포 (나)의 핵상과 염색체 수는 $2n=8$이 될 수 없다. (나)에는 ㉠이 포함되어 있으므로 ㉠은 X 염색체이다.

ㄴ. (가)는 암컷인 B의 세포이고, (나)는 X 염색체(㉠) 2개를 갖는 암컷인 C의 세포이다.

ㄷ. 암컷인 C의 핵상과 염색체 수는 $2n=6$이므로 상염색체 수는 4이고 X 염색체 수는 2이다.

* 핵상

핵상은 하나의 세포 속에 들어 있는 염색체의 상대적인 수이다. 체세포의 경우는 상동 염색체가 쌍을 이루고 있으므로 $2n$으로 표시하고, 생식세포는 상동 염색체 중 하나씩만 있으므로 n으로 표시한다.

$2n=8$
상동 염색체가 쌍으로 있고, 염색체 수가 8개이다.

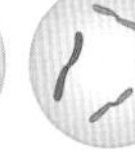

$n=4$
상동 염색체 중 하나씩만 있고, 염색체 수가 4개이다.

J 22 정답 ② * 핵상과 염색체 [정답률 55%] 2022 실시 10월 학평 17

어떤 동물 종($2n=6$)의 유전 형질 ㉮는 2쌍의 대립유전자 A와 a, B와 b에 의해 결정된다. 그림은 이 동물 종의 암컷 Ⅰ과 수컷 Ⅱ의 세포 (가)~(라) 각각에 있는 염색체 중 X 염색체를 제외한 나머지 염색체와 일부 유전자를 나타낸 것이다. (가)~(라) 중 2개는 Ⅰ의 세포이고, 나머지 2개는 Ⅱ의 세포이다. 이 동물 종의 성염색체는 암컷이 XX, 수컷이 XY이다. ㉠~㉣은 A, a, B, b를 순서 없이 나타낸 것이다.

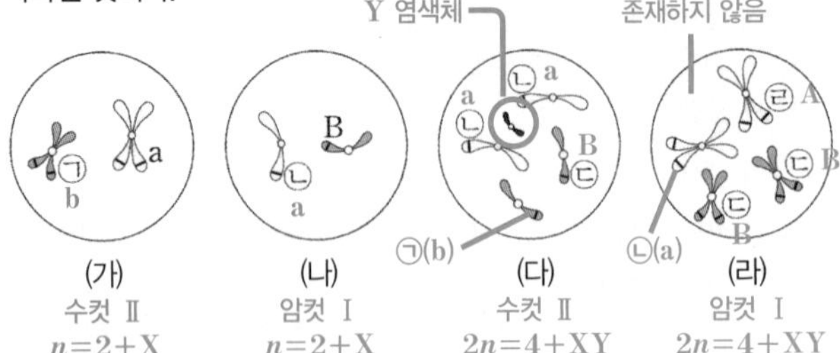

(가)	(나)	(다)	(라)
수컷 Ⅱ	암컷 Ⅰ	수컷 Ⅱ	암컷 Ⅰ
$n=2+X$	$n=2+X$	$2n=4+XY$	$2n=4+XY$

이에 대한 옳은 설명만을 〈보기〉에서 있는 대로 고른 것은? (단, 돌연변이는 고려하지 않는다.) (3점)

[보기]

ㄱ. (가)는 Ⅰ의 세포이다.
(가)는 Ⅱ의 세포임

ㄴ. ㉢은 B이다.
㉢은 B임

ㄷ. Ⅱ는 ㉮의 유전자형이 aaBB이다.
Ⅱ는 ㉮의 유전자형이 aaBb임

① ㄱ ② ㄴ ③ ㄷ ④ ㄱ, ㄴ ⑤ ㄴ, ㄷ

| 문제+자료 분석 |

1st 핵상 분석하기

- 크기와 모양이 같은 상동 염색체가 존재하는 (다)와 (라)는 핵상이 $2n=6$인 세포이며, 상동 염색체가 존재하지 않는 (가)와 (나)는 핵상이 n인 세포이다.

2nd (가)~(라)가 암컷 Ⅰ과 수컷 Ⅱ 중 어떤 개체의 세포인지 파악하기

- 핵상이 $2n$인 세포 (다)에서 크기가 가장 작은 검정색 염색체는 크기와 모양이 같은 염색체가 없다는 것을 통해 Y 염색체임을 알 수 있다. 따라서 (다)는 수컷 Ⅱ의 세포로 확정된다.
- (라)에는 원래 6개의 염색체가 있어야 하는데 4개의 염색체가 있으므로 (라)에는 나타내지 않은 X 염색체가 2개 있으며, (라)는 암컷 Ⅰ의 세포이다.
- Ⅰ은 대립유전자 ㉢을 동형 접합성으로 가지므로 Ⅰ의 세포는 ㉢이 무조건 존재해야 한다. 하지만 (가)는 ㉢이 없으므로 Ⅱ의 세포이고, (나)는 Ⅰ의 세포이다.

3rd ㉠~㉣과 A, a, B, b 매칭하기

- (나)와 (라)는 암컷 Ⅰ의 세포인데 (나)에는 유전자 B가 있으므로 (라)의 ㉢은 B이다. 또한 (나)에 ㉡이 있으므로 (라)의 세포에는 ㉡이 존재해야 한다.
- (가)와 (다)는 수컷 Ⅱ의 세포인데 (가)에 a가 있으므로 (다)의 ㉡은 a이다. 한편, (가)에 ㉠이 있으므로 (다)에는 ㉠이 존재해야 하며, 대립유전자는 상동 염색체의 같은 위치에 있으므로 (다)에서 ㉢(B)과 같은 위치에 있는 ㉠은 b이다. ㉠은 b, ㉡은 a, ㉢은 B이므로 나머지 ㉣은 A이다.

| 보기 분석 |

ㄱ. 핵상이 $2n$인 암컷 Ⅰ의 세포 (라)가 ㉢을 동형 접합성으로 가지므로 Ⅰ의 세포는 ㉢을 가진다. 하지만 (가)는 ㉢이 없으므로 수컷 Ⅱ의 세포이다.

ㄴ. ㉠은 b, ㉡은 a, ㉢은 B, ㉣은 A이다.

ㄷ. 핵상이 $2n$인 수컷 Ⅱ의 세포 (다)는 유전자형이 aaB_(㉡㉡㉢_)이고, (가)에 b(㉠)가 있으므로 Ⅱ의 유전자형은 aaBb이다. 따라서 ㉮의 유전자형은 aaBb이다.

J 23 정답 ② * 핵형 분석 [정답률 67%] 2018 대비 6월 모평 4

그림은 세포 (가)~(다) 각각에 들어 있는 모든 염색체를 나타낸 것이다. (가)~(다) 각각은 개체 A($2n=6$)와 개체 B($2n=?$)의 세포 중 하나이다. A와 B의 성염색체는 암컷이 XX, 수컷이 XY이다.

($n=3$, $2n=12$)

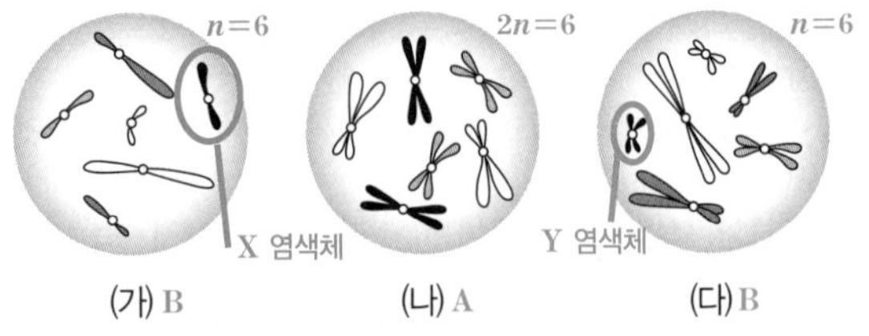

(가) B (나) A (다) B

이에 대한 설명으로 옳은 것만을 〈보기〉에서 있는 대로 고른 것은? (단, 돌연변이는 고려하지 않는다.) (3점)

[보기]

ㄱ. (가)는 A의 세포이다. → (가)는 $n=6$인 B의 세포

ㄴ. B는 수컷이다. → B에 성염색체가 X 염색체와 Y 염색체 2종류인 수컷

ㄷ. B의 감수 1분열 중기 세포 1개당 염색 분체 수는 12이다.
→ $2n=12$이고, 복제된 상태이므로 염색 분체는 24

① ㄱ ② ㄴ ③ ㄷ ④ ㄱ, ㄴ ⑤ ㄴ, ㄷ

| 문제+자료 분석 |

- (가)는 $n=6$, (나)는 $2n=6$, (다)는 $n=6$이다.
- A는 $2n=6$이므로 (나)가 A의 세포이다. (가)와 (다)는 B의 세포이고, B의 체세포는 핵상이 $2n=12$임을 알 수 있다.
- (가)와 (다)의 염색체를 비교해 보면 (가)에는 성염색체로 크기가 큰 X 염색체가, (다)에는 크기가 작은 Y 염색체가 있다. 주의

| 보기 분석 |

ㄱ. (가)는 핵상이 n이고 염색체 수가 6이다. A의 세포 중 핵상이 n인 세포의 염색체 수는 3이므로 (가)는 B의 세포가 된다.

ㄴ. (가)와 (다)는 모두 B의 세포인데, (가)와 (다)에 포함된 성염색체는 서로 다르다. 따라서 B에는 X 염색체와 Y 염색체가 모두 있음을 알 수 있다. 그러므로 B는 수컷이다.

ㄷ. B의 감수 1분열 중기 세포는 핵상이 $2n$이므로 염색체 수가 12이다. 각 염색체는 복제되어 있는 상태이므로 염색 분체의 수는 24가 되는 것이다.

문제 풀이 Tip

상동 염색체가 모두 있는 경우 성염색체에 해당하는 한 쌍의 염색체 외에 다른 염색체들의 모두 크기와 모양이 같다면 같은 종이라고 판단할 수 있다.
성염색체에 해당하는 한 쌍의 염색체 중 하나는 성별에 관계없이 동일하게 가지고 있다는 것도 문제 풀이에 이용할 수 있다.

J 24 정답 ③ *핵형 [정답률 67%] 2021 실시 3월 학평 8

그림은 어떤 동물 종($2n=6$)의 개체 Ⅰ과 Ⅱ의 세포 (가)~(다)에 들어 있는 모든 염색체를 나타낸 것이다. Ⅰ의 유전자형은 **AaBb**이고, Ⅱ의 유전자형은 **AAbb**이며, (나)와 (다)는 서로 다른 개체의 세포이다. 이 동물 종의 성염색체는 수컷이 XY, 암컷이 XX이다.

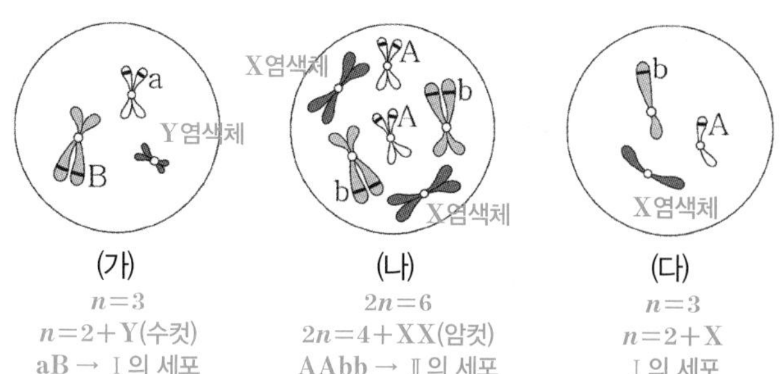

이에 대한 옳은 설명만을 〈보기〉에서 있는 대로 고른 것은? (단, 돌연변이는 고려하지 않는다.) (3점)

[보기]

ㄱ. Ⅰ은 수컷이다.
→ Ⅰ의 세포 (가)는 Y 염색체를 가지므로 수컷임

ㄴ. (다)는 Ⅱ의 세포이다.
→ (나)가 Ⅱ의 세포이므로 (다)는 Ⅰ의 세포임

ㄷ. Ⅱ의 체세포 분열 중기의 세포 1개당 염색 분체 수는 12이다. → $2n=6$이므로 $6\times2=12$임

① ㄱ ② ㄴ ③ ㄱ, ㄷ ④ ㄴ, ㄷ ⑤ ㄱ, ㄴ, ㄷ

| 문제+자료 분석 |

- (가): a와 B를 가지므로 Ⅰ의 세포이며, Y 염색체를 가지므로 수컷의 세포이다. 핵상은 $n=3$이나 염색 분체 2개로 이루어진 염색체가 있으므로 감수 2분열 전기의 세포이다.
- (나): AAbb를 가지므로 Ⅱ의 세포이며, 성염색체로 XX를 가지므로 암컷의 세포이다. 핵상은 $2n=6$이며 2가 염색체를 형성하고 있지 않으므로 체세포 분열 전기의 세포이다.
- (다): (나)와 (다)는 서로 다른 개체의 세포라고 하였으므로 (다)는 Ⅰ의 세포이다. 핵상은 $n=3$이며 염색 분체가 분리된 상태이므로 감수 2분열이 완료된 세포이다.

| 보기 분석 |

ㄱ. (가)와 (다)의 세포가 Ⅰ의 세포인데 (가)의 세포에 Y 염색체가 존재하므로 Ⅰ은 수컷이다.

ㄴ. (나)와 (다)는 서로 다른 개체의 세포인데, (나)가 Ⅱ의 세포이므로 (다)는 Ⅰ의 세포이다.

ㄷ. 체세포 분열 중기는 DNA 복제 후 염색 분체 2개로 이루어진 염색체가 존재하는 시기이므로 염색체 수×2=염색 분체 수이다. 이 동물은 $2n=6$이므로 $6\times2=12$로, 체세포 분열 중기의 세포 1개당 염색 분체 수는 12이다.

문제 풀이 Tip

핵상이 $2n$인 세포에서 상동 염색체의 모양과 크기를 살펴본다. 모든 상동 염색체의 모양과 크기가 같으면 XX의 성염색체를 가지는 성별이고, 모양과 크기가 다른 염색체가 있다면 그것이 Y 염색체이다.

J 25 정답 ③ *핵상과 핵형 [정답률 69%] 2021 실시 4월 학평 3

그림은 같은 종인 동물($2n=?$) Ⅰ과 Ⅱ의 세포 (가)~(라) 각각에 들어 있는 모든 염색체를 나타낸 것이다. (가) ~(라) 중 3개는 Ⅰ의 세포이고, 나머지 1개는 Ⅱ의 세포이다. 이 동물의 성염색체는 암컷이 XX, 수컷이 XY이다.

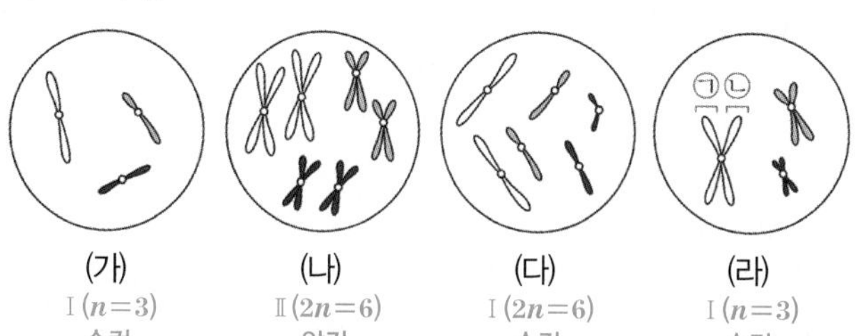

이에 대한 옳은 설명만을 〈보기〉에서 있는 대로 고른 것은? (단, 돌연변이는 고려하지 않는다.)

[보기]

ㄱ. (가)는 Ⅰ의 세포이다.
→ (가), (다), (라)는 모두 Ⅰ의 세포

ㄴ. ㉠은 ㉡의 상동 염색체이다. → ㉠과 ㉡은 염색 분체

ㄷ. Ⅱ의 감수 1분열 중기 세포 1개당 염색 분체 수는 12이다.
→ Ⅱ의 감수 1분열 중기 세포 1개당 염색 분체 수는 12

① ㄱ ② ㄴ ③ ㄱ, ㄷ ④ ㄴ, ㄷ ⑤ ㄱ, ㄴ, ㄷ

| 문제+자료 분석 |

- (가): 상동 염색체가 없으므로 핵상이 $n=3$인 세포이다.
- (나): 상동 염색체가 있으므로 핵상이 $2n=6$인 세포이다. 모든 상동 염색체의 모양과 크기가 같으므로 XX를 성염색체로 가지는 암컷이다.
- (다): 핵상이 $2n=6$이다. 모양과 크기가 다른 상동 염색체가 있으므로 XY를 성염색체로 가지는 수컷이다.
- (라): 핵상이 $n=3$이다. (나)에는 들어 있지 않으나 (다)에는 들어 있는 가장 진하고 작은 염색체를 가지고 있으므로 수컷이다.

| 보기 분석 |

ㄱ. (가)만 보았을 때에는 어느 동물의 세포인지 알 수 없다. (나)가 암컷의 세포이고 (다)와 (라)가 수컷의 세포이며, (가)~(라) 중 3개가 Ⅰ의 세포, 나머지 1개가 Ⅱ의 세포이므로 (가)는 수컷인 Ⅰ의 세포이다.

ㄴ. ㉠과 ㉡은 동원체에 의해 연결되어 있는 염색 분체이다. (라)는 감수 2분열 시기의 세포로 상동 염색체를 관찰할 수 없다.

ㄷ. Ⅱ의 세포는 (나)이다. 감수 1분열 중기는 염색체가 복제된 상태이다. 따라서 염색 분체 수=염색체 수×2이므로 Ⅱ의 감수 1분열 중기 세포 1개당 염색 분체의 수는 12이다.

문제 풀이 Tip

1. 핵상이 $2n$이면 상동 염색체 쌍이 있는 상태이다.
2. 모든 상동 염색체의 모양과 크기가 같으면 XX의 성염색체를 가지는 성별이고, 모양과 크기가 다른 염색체가 있다면 그것이 Y 염색체이다.
3. 같은 종에서 성별이 다를 경우 한 쌍의 성염색체만 크기와 모양이 다르다.

J 26 정답 ③ ＊대립유전자와 상동 염색체 [정답률 76%] 2020 실시 10월 학평 14

어떤 동물($2n=6$)의 유전 형질 ⓐ는 대립유전자 R와 r에 의해 결정된다. 그림 (가)와 (나)는 이 동물의 암컷 Ⅰ의 세포와 수컷 Ⅱ의 세포를 순서 없이 나타낸 것이다. Ⅰ과 Ⅱ를 교배하여 Ⅲ과 Ⅳ가 태어났으며, Ⅲ은 R와 r 중 R만, Ⅳ는 r만 갖는다. 이 동물의 성염색체는 암컷이 XX, 수컷이 XY이다.

(가)
→ XX를 가지는 암컷

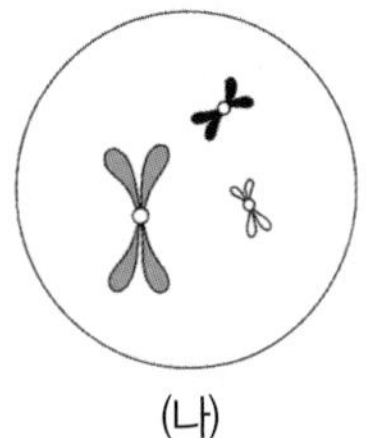
(나)
→ Y를 가지는 수컷

이에 대한 옳은 설명만을 〈보기〉에서 있는 대로 고른 것은? (단, 돌연변이는 고려하지 않는다.)

[보기]

ㄱ. (나)는 Ⅱ의 세포이다.
→ (나)는 Y 염색체를 가지는 수컷으로 Ⅱ의 세포

ㄴ. Ⅰ의 ⓐ의 유전자형은 Rr이다.
→ Ⅲ는 R만, Ⅳ는 r만 가지려면 Ⅰ의 유전자형은 Rr

ㄷ. Ⅲ과 Ⅳ는 ~~모두 암컷이다~~.
→ Ⅲ과 Ⅳ는 각각 암컷, 수컷 또는 수컷, 암컷 또는 모두 수컷

① ㄱ ② ㄷ ③ ㄱ, ㄴ ④ ㄴ, ㄷ ⑤ ㄱ, ㄴ, ㄷ

| 문제+자료 분석 |

- (가): 세 쌍의 상동 염색체의 모양과 크기가 같으므로 XX를 가지는 암컷의 세포이다.
- (나): 유전 형질 ⓐ를 가지는 염색체의 모양과 크기가 (가)의 염색체와 다르므로 Y를 가지는 수컷의 세포이다.

| 보기 분석 |

ㄱ. (가)가 가지는 세 쌍의 상동 염색체는 모양과 크기가 같으므로 XX를 가지는 암컷의 세포이다. (나)에서 유전 형질 ⓐ를 가지는 염색체의 모양과 크기가 (가)의 염색체와 다르므로 (나)는 Y를 가지는 수컷 Ⅱ의 세포이다.

ㄴ. Ⅰ의 ⓐ의 유전자형이 RR이라면 Ⅲ은 R만, Ⅳ는 r만 가질 수 없으므로, Ⅰ의 ⓐ의 유전자형은 Rr이다.
Ⅰ이 RR을 가지고 Ⅱ가 R을 가질 경우 Ⅲ과 Ⅳ가 모두 R만 가지고, Ⅱ가 r을 가질 경우 Ⅲ과 Ⅳ 중 하나는 R과 r을 모두 가진다.

ㄷ. Ⅰ의 ⓐ의 유전자형이 Rr이므로 Ⅱ가 R을 가질 경우 Ⅲ과 Ⅳ는 각각 암컷, 수컷 또는 모두 수컷이 가능하다.
Ⅱ가 r을 가질 경우 Ⅲ과 Ⅳ는 각각 수컷, 암컷 또는 모두 수컷이 가능하다. 어떤 경우든 Ⅲ과 Ⅳ가 모두 암컷일 수 없다.

문제 풀이 Tip

핵상이 $2n$인 세포에서 상동 염색체의 모양과 크기를 살펴본다. 모든 상동 염색체의 모양과 크기가 같으면 XX의 성염색체를 가지는 성별이고, 모양과 크기가 다른 염색체가 있다면 그것이 Y 염색체이다.

J 27 정답 ① ＊핵상과 염색체 [정답률 70%] 2020 대비 9월 모평 13

그림은 같은 종인 동물($2n=6$) Ⅰ과 Ⅱ의 세포 (가)~(라) 각각에 들어 있는 모든 염색체를 나타낸 것이다. (가)~(라) 중 2개는 Ⅰ의 세포이고, 나머지 2개는 Ⅱ의 세포이다. 이 동물의 성염색체는 암컷이 XX, 수컷이 XY이다. 이 동물 종의 특정 형질은 대립유전자 A와 a, B와 b에 의해 결정되며, Ⅰ의 유전자형은 AaBB이고, Ⅱ의 유전자형은 AABb이다. ㉠은 B와 b 중 하나이다.

$n=3$

(가)
Ⅱ의 세포

$n=3$

(나)
Ⅰ의 세포

$2n=4+XY$
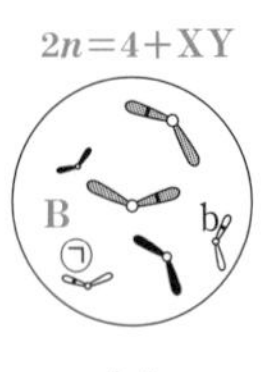

(다)
Ⅱ의 세포

$2n=4+XX$
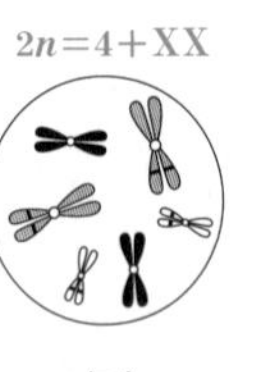
(라)
Ⅰ의 세포

이에 대한 설명으로 옳은 것만을 〈보기〉에서 있는 대로 고른 것은? (단, 돌연변이와 교차는 고려하지 않는다.) (3점)

[보기]

ㄱ. ㉠은 B이다. → ㉠은 B

ㄴ. (가)와 (다)의 핵상은 ~~같다~~. → (가)의 핵상은 n, (다)의 핵상은 $2n$

ㄷ. (라)는 ~~Ⅱ~~의 세포이다. → (라)는 Ⅰ의 세포

① ㄱ ② ㄴ ③ ㄱ, ㄷ ④ ㄴ, ㄷ ⑤ ㄱ, ㄴ, ㄷ

| 문제+자료 분석 |

- Ⅰ의 유전자형은 AaBB이고 Ⅱ의 유전자형은 AABb이므로 b를 갖는 (다)는 Ⅱ의 세포이다.
- (다)의 흰색 염색체와 회색 염색체는 각각 서로 짝을 이루지만 검은색 염색체는 크기가 서로 다르므로 성염색체이다. 따라서 Ⅱ는 성염색체로 XY를 갖는 수컷이다.
- (라)는 성염색체 중 검은색 염색체 2개의 크기가 같으므로 암컷의 세포이며, Ⅰ의 세포이다.

| 보기 분석 |

ㄱ. (다)는 유전자형으로 AABb를 갖는 Ⅱ의 세포이고, 대립유전자 B와 b를 모두 가지므로 ㉠은 B이다.

ㄴ. 상동 염색체 쌍이 존재하지 않는 (가)와 (나)의 핵상은 n이고, 상동 염색체 쌍이 존재하는 (다)와 (라)의 핵상은 $2n$이다. 주의

ㄷ. (라)는 Ⅰ의 세포이다.

＊ 핵형과 핵상

핵형	한 생물의 체세포에 들어 있는 염색체의 수, 모양, 크기 등과 같은 외형적인 특징 ➡ 생물종마다 고유한 핵형을 가지고 있음
핵상	세포 하나에 들어 있는 염색체의 상대적인 수 ➡ 상동 염색체가 쌍으로 있는 체세포의 핵상은 $2n$, 상동 염색체 중 하나씩만 있는 생식세포의 핵상은 n

J 28 정답 ① * 염색체와 핵상 …… [정답률 69%] 2021 대비 6월 모평 9

그림은 세포 (가)와 (나) 각각에 들어 있는 모든 염색체를 나타낸 것이다. (가)와 (나)는 각각 동물 A($2n=6$)와 동물 B($2n=?$)의 세포 중 하나이다.

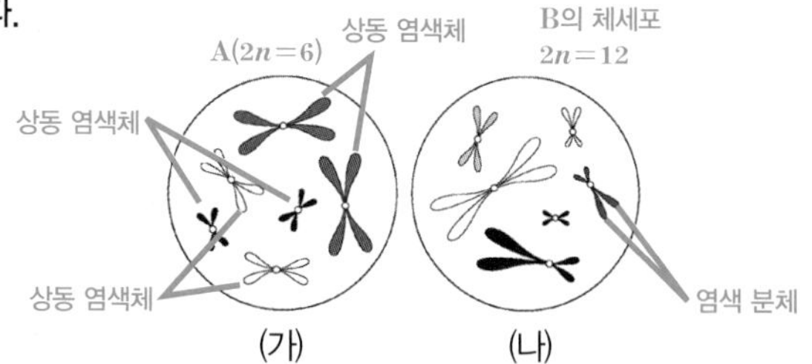

이에 대한 옳은 설명만을 〈보기〉에서 있는 대로 고른 것은? (단, 돌연변이는 고려하지 않는다.) (3점)

[보기]

ㄱ. (가)는 A의 세포이다.
→ (가)는 $2n=6$이므로 (가)는 A의 세포이다.

ㄴ. (가)와 (나)의 핵상은 같다.
→ (가)의 핵상은 $2n$, (나)의 핵상은 n이므로 (가)와 (나)의 핵상은 다르다.

ㄷ. B의 체세포 분열 중기의 세포 1개당 염색 분체 수는 12이다.
→ B의 체세포 분열 중기의 세포 1개당 염색체 수는 12이고, 염색 분체 수는 24이다.

① ㄱ ② ㄴ ③ ㄱ, ㄷ ④ ㄴ, ㄷ ⑤ ㄱ, ㄴ, ㄷ

| 문제+자료 분석 |

- 핵상은 핵 속의 염색체 상태를 의미하고, $2n$과 n으로 표시한다.
- 체세포는 염색체 2개가 쌍을 이루므로 $2n$이라고 하고, 생식세포에는 감수 분열 과정에서 상동 염색체 분리가 일어나 상동 염색체가 없이 염색체가 1개씩 있으므로 n으로 표시한다.
- (가): 상동 염색체가 있고 염색체 수가 6이므로 $2n=6$이며, 동물 A의 세포이다.
- (나): 상동 염색체가 없고 염색체 수가 6이므로 $n=6$이며, 동물 B($2n=12$)의 세포이다.

| 보기 분석 |

ㄱ. (가)는 상동 염색체가 있고 염색체 수가 6이므로 $2n=6$이고, (나)는 상동 염색체가 없고 염색체 수가 6이므로 $n=6$이다. 그러므로 (가)는 A의 세포이다.

ㄴ. (가)의 핵상은 $2n$, (나)의 핵상은 n이므로 두 세포의 핵상은 다르다. 또한 동물 A와 동물 B는 다른 종이므로 두 세포의 핵형도 다르다.

ㄷ. B의 체세포에 있는 염색체 수는 12이다. 체세포 분열 중기는 염색체가 S기를 통해 복제된 후이므로 B의 체세포 분열 중기의 염색 분체 수는 24이다.

＊ 염색체의 종류

상동 염색체	체세포 속에 존재하는 모양과 크기가 같은 한 쌍의 염색체로, 부모에게서 각각 하나씩 받아 쌍을 이룬다.
상염색체	성별에 관계없이 가지는 염색체 쌍이다.
성염색체	성을 결정하는 염색체로 성별에 따라 구성이 다르다. 사람의 성염색체는 X 염색체와 Y 염색체가 있다. 사람의 경우 여자는 XX, 남자는 XY를 가진다.

J 29 정답 ⑤ * 염색체와 핵상 …… [정답률 79%] 2020 실시 4월 학평 3

그림은 같은 종인 동물($2n=6$) Ⅰ과 Ⅱ의 세포 (가)~(다) 각각에 들어 있는 모든 염색체를 나타낸 것이다. (가)는 Ⅰ의 세포이고, 이 동물의 성염색체는 암컷이 XX, 수컷이 XY이다.

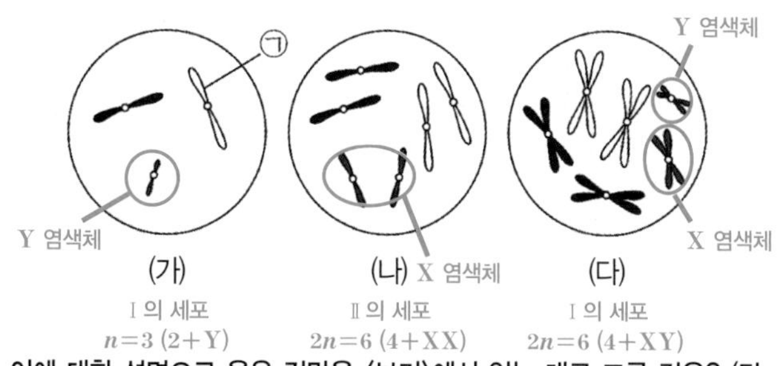

이에 대한 설명으로 옳은 것만을 〈보기〉에서 있는 대로 고른 것은? (단, 돌연변이는 고려하지 않는다.)

[보기]

ㄱ. Ⅱ는 수컷이다.
→ Ⅱ의 세포인 (나)의 성염색체는 XX이므로 Ⅱ는 암컷

ㄴ. (나)와 (다)의 핵상은 같다.
→ (나)와 (다)에는 모두 상동 염색체 쌍이 있으므로 핵상은 $2n$

ㄷ. ㉠에는 히스톤 단백질이 있다.
→ 염색체의 구성 성분은 DNA와 히스톤 단백질

① ㄱ ② ㄴ ③ ㄷ ④ ㄱ, ㄷ ⑤ ㄴ, ㄷ

| 문제+자료 분석 |

- 핵상과 염색체가 $2n=6$인 동물의 체세포에는 상동 염색체가 쌍으로 존재하며, 체세포 1개당 염색체는 6개이다.
- 핵상과 염색체가 $n=3$인 이 동물의 생식세포에는 상동 염색체 중 하나만 존재하며, 생식세포 1개당 염색체는 3개이다.
- (나)와 (다)에는 모두 상동 염색체 쌍이 있으므로 핵상과 염색체 수가 $2n=6$이다.
- (나)의 상동 염색체 쌍은 모두 크기와 모양이 같지만, (다)의 상동 염색체 쌍 중 한 쌍의 크기와 모양이 다르므로 성염색체 조합이 XX인 (나)는 암컷의 세포이고 XY인 (다)는 수컷의 세포이다.
- (가)는 핵상과 염색체 수가 $n=3$이고 Y 염색체를 가지므로 (가)는 수컷인 Ⅰ에서 감수 분열 결과 생성된 세포임을 알 수 있다.

| 보기 분석 |

ㄱ. 핵상이 $2n$이고 X 염색체를 2개 가진 (나)는 Ⅱ의 세포이다. 따라서 Ⅱ는 암컷이다.

ㄴ. (나)와 (다)는 세포 내에 상동 염색체 쌍이 존재한다. 따라서 (나)와 (다)의 핵상은 모두 $2n$이다.

ㄷ. 염색체 구조의 기본 단위는 뉴클레오솜이고, 뉴클레오솜은 DNA와 히스톤 단백질로 구성된다. 따라서 염색체 ㉠에는 히스톤 단백질이 있다.

문제 풀이 Tip

핵상이 $2n$이면 상동 염색체 쌍이 있는 상태이다.

J 30 정답 ① * 핵형 분석 [정답률 79%] 2023 실시 7월 학평 3

그림은 같은 종인 동물($2n=6$) Ⅰ의 세포 (가)와 Ⅱ의 세포 (나) 각각에 들어 있는 모든 염색체를 나타낸 것이다. 이 동물의 성염색체는 암컷이 XX, 수컷이 XY이다.

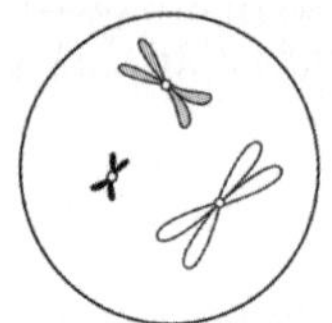

(가) Ⅰ의 세포 (나) Ⅱ의 세포

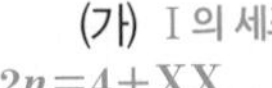

이에 대한 설명으로 옳은 것만을 〈보기〉에서 있는 대로 고른 것은? (단, 돌연변이는 고려하지 않는다.)

[보기]

ㄱ. Ⅱ는 수컷이다.
Ⅱ의 세포가 Y 염색체를 가지므로 Ⅱ는 수컷임

ㄴ. ㉠은 상염색체이다.
㉠은 (나)가 갖지 않는 염색체이므로 X 염색체임

ㄷ. (가)와 (나)의 핵상은 같다.
(가)의 핵상은 $2n$, (나)의 핵상은 n이므로 서로 다름

① ㄱ ② ㄴ ③ ㄱ, ㄷ ④ ㄴ, ㄷ ⑤ ㄱ, ㄴ, ㄷ

| 문제+자료 분석 |

- **(가)**: 염색체가 2개씩 짝을 이루므로 핵상은 $2n$이고, 모든 염색체가 2개씩 모양과 크기가 동일하므로 성염색체 구성이 XX이다. 따라서 $2n=4+XX$의 핵상과 염색체 구성을 가진다.
- **(나)**: 염색체가 1개씩 존재하므로 핵상은 n이다. (가)가 갖지 않는 종류의 염색체를 가지므로 Y 염색체를 갖는 수컷의 세포이다. 따라서 $n=2+Y$의 핵상과 염색체 구성을 가진다.

| 보기 분석 |

ㄱ. Ⅱ의 세포인 (나)는 (가)에서 관찰되지 않는 Y 염색체를 가지므로 Ⅱ는 수컷이다.

ㄴ. (나)는 상염색체 2개와 Y 염색체를 가지며, ㉠이 관찰되지 않는다. ㉠은 Ⅰ(암컷)의 세포인 (가)에서만 관찰되는 염색체이므로 X 염색체이다.

ㄷ. (가)는 염색체가 2개씩 짝을 이루므로 핵상이 $2n$이고, (나)는 염색체가 1개씩 존재하므로 핵상이 n이다.

문제 풀이 꿀팁

핵상이 $2n$인 세포에서 모든 염색체가 모양과 크기가 동일하다면, 성염색체의 모양과 크기도 동일한 것이므로 그 세포는 **암컷의 체세포**이다. 만약, 핵상이 $2n$인 세포에서 **모양과 크기가 서로 다른 한 쌍**이 존재한다면, 그 한 쌍은 X 염색체와 Y 염색체이며, **수컷의 체세포**이다.

J 31 정답 ① * 염색체와 유전체 [정답률 74%] 2022 대비 9월 모평 14

그림은 동물($2n=6$) Ⅰ~Ⅲ의 세포 (가)~(라) 각각에 들어 있는 모든 염색체를 나타낸 것이다. Ⅰ~Ⅲ은 2가지 종으로 구분되고, (가)~(라) 중 2개는 암컷의, 나머지 2개는 수컷의 세포이다. Ⅰ~Ⅲ의 성염색체는 암컷이 XX, 수컷이 XY이다. 염색체 ⓐ와 ⓑ 중 하나는 상염색체이고, 나머지 하나는 성염색체이다. ⓐ와 ⓑ의 모양과 크기는 나타내지 않았다. 다른 종의 경우 핵형이 다르다.

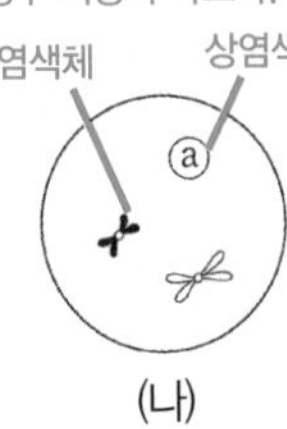

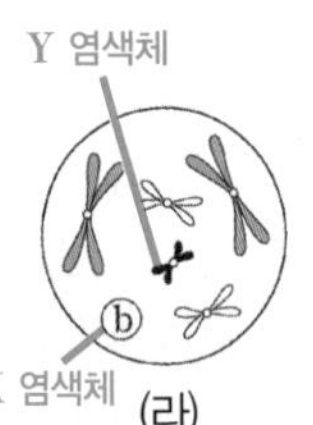

(가) (나) (다) (라)

$2n=6(4+XX)$ XX를 가지는 암컷 / $n=3(2+Y)$ Y를 가지는 수컷 / $2n=6(4+XX)$ XX를 가지는 암컷 / $2n=6(4+XY)$ XY를 가지는 수컷

이에 대한 설명으로 옳은 것만을 〈보기〉에서 있는 대로 고른 것은? (단, 돌연변이는 고려하지 않는다.)

[보기]

ㄱ. ⓑ는 X 염색체이다. → ⓐ는 상염색체, ⓑ는 X 염색체

ㄴ. (나)는 암컷의 세포이다.
→ (나)는 Y 염색체를 갖는 수컷의 세포

ㄷ. (가)를 갖는 개체와 (다)를 갖는 개체의 핵형은 같다.
→ (가)와 (다)른 다른 종의 세포로 핵형이 다름

① ㄱ ② ㄴ ③ ㄷ ④ ㄱ, ㄴ ⑤ ㄴ, ㄷ

| 문제+자료 분석 |

- 핵상이 $2n$인 체세포에는 상동 염색체가 쌍으로 존재하며, 핵상이 n인 세포에는 체세포에서 상동 염색체가 분리되어 상동 염색체가 쌍으로 존재하지 않는다.
- (가), (다), (라)는 상동 염색체 쌍이 존재하므로 핵상이 $2n$이고, (나)는 상동 염색체 쌍이 없는 핵상이 n인 세포이다.
- 다른 종의 경우 핵형이 다르기 때문에 상염색체와 성염색체의 모양과 크기가 다르다. 같은 종의 경우 상염색체의 크기와 모양은 같고 성염색체의 크기와 모양은 성별에 따라 다르다.
- (다)에 존재하는 염색체가 (가), (나), (라)에는 존재하지 않는다. 따라서 (다)는 (가), (나), (라)와 다른 종의 세포이고, (가), (나), (라)는 같은 종의 세포이다.
- (다)의 염색체는 모두 모양과 크기가 같은 상동 염색체 쌍으로 존재하므로 암컷의 세포이다. ⓑ는 X 염색체이므로 (가)는 암컷의 세포이고, 나머지 (나)와 (라)는 수컷의 세포이다.

| 보기 분석 |

ㄱ. (가)와 (라)는 같은 종의 세포인데 검은색의 염색체는 크기가 서로 다르므로 검은색이 성염색체인 것을 알 수 있다. ⓑ가 Y 염색체라면 (라)의 세포는 Y 염색체를 2개 갖기 때문에 성립되지 않는다. 따라서 ⓑ는 X 염색체, ⓐ는 상염색체이다.

ㄴ. (나)는 성염색체 중에서 크기가 작은 Y 염색체를 가지므로 수컷의 세포이다.

ㄷ. (가)와 (다)는 다른 종의 세포이므로 (가)를 갖는 개체와 (다)를 갖는 개체의 핵형은 다르다.

문제 풀이 Tip

핵상이 $2n$인 세포와 n인 세포 중 $2n$인 세포의 염색체 크기와 모양을 먼저 살펴보면 상염색체와 성염색체를 구분할 수 있거나 어떤 성별의 세포인지 알아낼 수 있다.

J 32 정답 ② *세포 주기 [정답률 82%] 2025 대비 수능 8

그림은 사람의 체세포 세포 주기를, 표는 이 사람의 체세포 세포 주기의 ㉠~㉢에서 나타나는 특징을 나타낸 것이다. ㉠~㉢은 G_2기, M기(분열기), S기를 순서 없이 나타낸 것이다.

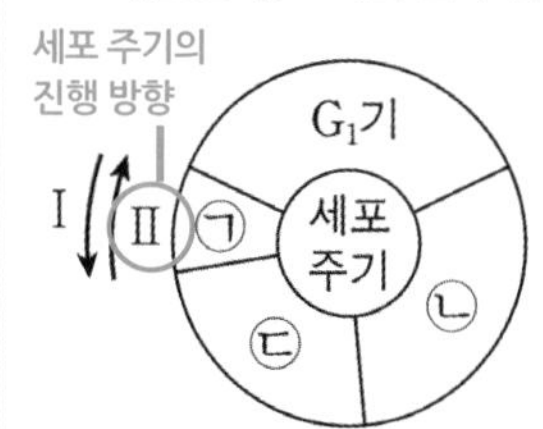

구분	특징
㉠ M기	?
㉡ S기	핵에서 DNA 복제가 일어난다. 단서
㉢ G_2기	핵막이 관찰된다.

이에 대한 설명으로 옳은 것만을 〈보기〉에서 있는 대로 고른 것은?

[보기]

ㄱ. 세포 주기는 Ⅰ 방향으로 진행된다. Ⅱ 방향

ㄴ. ㉠ 시기에 상동 염색체의 접합이 일어난다.
체세포 분열 시 상동 염색체의 접합이 일어나지 않음

ㄷ. ㉡과 ㉢은 모두 간기에 속한다.
㉡(S기)과 ㉢(G_2기)은 모두 간기에 속함

① ㄱ ② ㄷ ③ ㄱ, ㄴ ④ ㄴ, ㄷ ⑤ ㄱ, ㄴ, ㄷ

단서+발상

단서 ㉡ 시기에 핵에서 DNA 복제가 일어남이 제시되어 있다.

발상 ㉡ 시기가 S기임을 추론할 수 있다.

적용 세포 주기를 적용해서 ㉠~㉢을 구하는 것부터 문제 풀이를 시작해야 한다.

| 문제+자료 분석 |

- ㉡: 핵에서 DNA 복제가 일어나는 시기이므로 S기이다.
- 세포 주기의 진행 순서는 G_1기 → S기 → G_2기이므로 세포 주기의 진행 방향은 Ⅱ이다.
- ㉠, ㉢: ㉢ 시기는 G_2기, ㉠ 시기는 M기(분열기)이다.

| 보기 분석 |

ㄱ. 세포 주기는 Ⅱ 방향으로 진행된다.

ㄴ. 그림은 사람의 체세포 세포 주기를 나타낸 것으로 모든 시기에서 상동 염색체의 접합이 일어나지 않는다. 상동 염색체의 접합은 감수 분열 시 관찰된다.

ㄷ. 세포 주기의 간기에 G_1기, S기, G_2기가 속한다. ㉡은 S기, ㉢은 G_2기로 모두 간기에 속한다.

윤혁준 | 2025 수능 응시 · 서울 강서고 졸

이런 문제에서는 세포 주기 그림의 간격만 보고 확정짓지 말고 오른쪽의 주어진 표를 보고 판별해야 돼. 문제에서 체세포 분열인지 생식세포 분열인지도 확인해주면 정확하게 풀 수 있을거야.

J 33 정답 ④ *세포 주기 [정답률 78%] 2024 실시 5월 학평 4

표는 사람의 체세포 세포 주기 Ⅰ~Ⅲ에서 특징의 유무를 나타낸 것이다. Ⅰ~Ⅲ은 G_1기, M기, S기를 순서 없이 나타낸 것이다.

특징 단서 \ 세포 주기	Ⅰ S기	Ⅱ M기	Ⅲ G_1기
핵막이 소실된다. M기	×	?○	×
뉴클레오솜이 있다. G_1기, M기, S기	○	○	ⓐ○
핵에서 DNA 복제가 일어난다. S기	○	×	?×

(○: 있음, ×: 없음)

이에 대한 설명으로 옳은 것만을 〈보기〉에서 있는 대로 고른 것은?

[보기]

ㄱ. ⓐ는 '×'이다.
세포 분열의 모든 시기에 뉴클레오솜이 존재하므로 ⓐ는 '○'임

ㄴ. Ⅱ 시기에 염색 분체의 분리가 일어난다.
Ⅱ 시기(M기)에는 방추사에 의해 염색 분체가 분리됨

ㄷ. Ⅰ과 Ⅲ 시기는 모두 간기에 속한다.
G_1기, S기, G_2기는 모두 간기이므로 Ⅰ 시기(S기)와 Ⅲ 시기(G_1기)는 모두 간기임

① ㄱ ② ㄴ ③ ㄱ, ㄷ ④ ㄴ, ㄷ ⑤ ㄱ, ㄴ, ㄷ

단서+발상

단서 사람의 체세포 세포 주기 G_1기, M기, S기에 3가지 특징이 존재하는지 유무가 제시되어 있다.

발상 핵막이 소실되는 시기는 M기, 뉴클레오솜이 있는 시기는 G_1기, M기, S기, 핵에서 DNA 복제가 일어나는 시기는 S기임을 추론할 수 있다.

| 문제+자료 분석 |

- 간기는 G_1기, S기, G_2기로 구분한다. G_1기는 세포가 빠르게 생장하기 위한 물질대사가 활발한 시기이고, S기는 DNA를 복제하는 시기이며, G_2기는 방추사를 구성하는 단백질이 합성되는 등 세포 분열을 준비하는 시기이다.
- M기(분열기)는 핵막이 소실되고 염색체가 응축되어 막대 모양으로 나타난다. 핵분열과 세포질 분열이 일어나 딸세포가 만들어진다.
- 뉴클레오솜은 DNA가 히스톤 단백질을 감고 있는 구조이다. 세포 분열 모든 시기에 뉴클레오솜이 있다. ➡ ⓐ는 '○'이다.
- 핵막이 소실되는 시기는 M기(분열기)이므로 Ⅱ 시기는 M기이다.
- 핵에서 DNA 복제가 일어나는 시기는 S기이므로 Ⅰ 시기는 S기이고, Ⅲ 시기는 G_1기이다.

| 보기 분석 |

ㄱ. 뉴클레오솜은 DNA가 히스톤 단백질을 감고 있는 구조이다. 세포 분열 모든 시기에 뉴클레오솜이 있으므로 ⓐ는 '○'이다.

ㄴ. M기(Ⅱ 시기)의 후기에 염색 분체가 분리된다.

ㄷ. G_1기, S기, G_2기는 모두 간기이다. S기(Ⅰ 시기)와 G_1기(Ⅲ 시기)는 모두 간기에 속한다.

J 34 정답 ① ＊세포 주기 ······ [정답률 80%] 2025 대비 9월 모평 7

표 (가)는 특정 형질의 유전자형이 RR인 어떤 사람의 세포 Ⅰ~Ⅲ에서 핵막 소실 여부를, (나)는 Ⅰ~Ⅲ 중 2개의 세포에서 R의 DNA 상대량을 더한 값을 나타낸 것이다. Ⅰ~Ⅲ은 체세포의 세포 주기 중 M기(분열기)의 중기, G_1기, G_2기에 각각 관찰되는 세포를 순서 없이 나타낸 것이다. ㉠은 '소실됨'과 '소실 안 됨' 중 하나이다.

세포	핵막 소실 여부
Ⅰ G_2기	? 소실 안 됨
Ⅱ M기 중기	소실됨 단서
Ⅲ G_1기	㉠ 소실 안 됨

(가)

구분	R의 DNA 상대량을 더한 값
Ⅰ, Ⅱ	8 (4+4)
Ⅰ, Ⅲ	? 6 (4+2)
Ⅱ, Ⅲ	? 6 (4+2)

(나)

이에 대한 설명으로 옳은 것만을 〈보기〉에서 있는 대로 고른 것은? (단, 돌연변이는 고려하지 않으며, R의 1개당 DNA 상대량은 1이다.)

[보기]

ㄱ. ㉠은 '소실 안 됨'이다.
㉠은 '소실 안 됨'임

ㄴ. Ⅰ은 G_1기의 세포이다.
Ⅰ은 G_2기의 세포임

ㄷ. R의 DNA 상대량은 Ⅱ에서와 Ⅲ에서가 서로 같다.
R의 DNA 상대량은 Ⅱ에서 4, Ⅲ에서 2

 ① ㄱ  ② ㄴ  ③ ㄷ ④ ㄱ, ㄴ ⑤ ㄴ, ㄷ

단서+발상

(단서) 세포 Ⅱ의 핵막이 소실되었으며, Ⅰ과 Ⅱ에서 R의 DNA 상대량을 더한 값이 8임이 제시되어 있다.

(발상) 핵막이 소실된 세포 Ⅱ는 M기 중기의 세포이며 R의 DNA 상대량이 4이므로, 세포 Ⅰ의 R의 DNA 상대량도 4이며 G_2기의 세포임을 추론할 수 있다.

| 문제+자료 분석 |

- G_1기, G_2기의 세포는 핵막이 소실되지 않았으며 M기 중기의 세포는 핵막이 소실되었다. Ⅱ가 M기 중기의 세포이며 Ⅰ과 Ⅲ은 모두 핵막이 소실되지 않았다.
- G_1기 세포의 R의 DNA 상대량은 2, G_2기와 M기 중기 세포의 R의 DNA 상대량은 4이다.
- Ⅰ과 Ⅱ(M기 중기 세포)의 R의 DNA 상대량을 더한 값이 8이므로 Ⅰ은 G_2기 세포이며, Ⅲ은 G_1기 세포이다.

| 보기 분석 |

ㄱ. Ⅲ은 G_1기 세포로 핵막이 소실되지 않았으므로 ㉠은 '소실 안 됨'이다.
ㄴ. Ⅰ의 R의 DNA 상대량이 4이므로 DNA 복제가 완료된 G_2기 세포이다.
ㄷ. Ⅲ(G_1기 세포)은 DNA 복제 전이므로 R의 DNA 상대량이 2이고, Ⅱ(M기 중기 세포)의 R의 DNA 상대량은 4이므로 서로 같지 않다.

＊ 세포 주기

- 간기는 분열이 끝난 후부터 다음 분열이 일어날 때까지의 기간으로 G_1기, S기, G_2기로 구분된다.
- G_1기는 DNA 복제 전의 시기이고, G_2기는 DNA 복제 후의 시기이다. G_2기 세포의 DNA양이 G_1기 세포의 DNA양의 2배이다.
- 분열기에는 핵분열과 세포질 분열이 일어난다. 세포질 분열이 완료되기 전까지 분열기 세포의 DNA양은 G_2기 세포의 DNA양과 같으며, 세포질 분열이 완료된 후의 세포는 G_1기 세포의 DNA양과 같다.

J 35 정답 ⑤ ＊세포 주기 ······ [정답률 69%] 2024 실시 3월 학평 4

그림은 어떤 동물의 체세포를 배양한 후 세포당 DNA 양에 따른 세포 수를 나타낸 것이다.

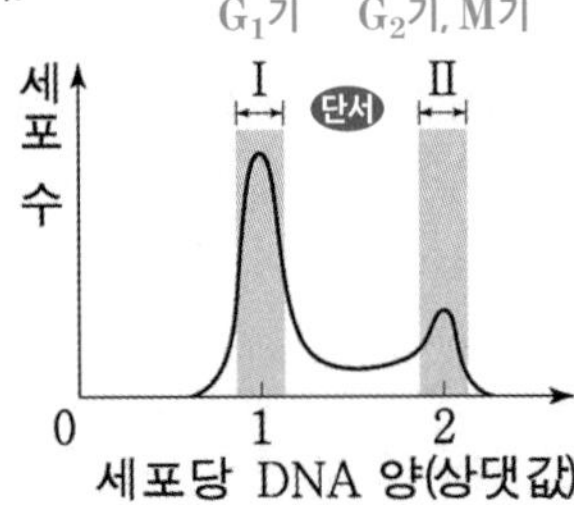

이에 대한 옳은 설명만을 〈보기〉에서 있는 대로 고른 것은? (3점)

[보기]

ㄱ. 구간 Ⅰ에는 간기의 세포가 있다.
구간 Ⅰ은 G_1기에 해당하므로 간기의 세포가 있음

ㄴ. 구간 Ⅱ에는 염색 분체가 분리되는 세포가 있다.
구간 Ⅱ는 G_2기, M기에 해당하므로 염색 분체가 분리되는 M기의 세포가 있음

ㄷ. 핵막이 소실된 세포는 구간 Ⅱ에서가 구간 Ⅰ에서보다 많다. 핵막이 소실되는 시기는 M기이므로 핵막이 소실된 세포는 구간 Ⅱ에서가 구간 Ⅰ에서보다 많음

① ㄱ ② ㄷ ③ ㄱ, ㄴ ④ ㄴ, ㄷ ⑤ ㄱ, ㄴ, ㄷ

단서+발상

(단서) 세포당 DNA 양에 따른 세포 수 그래프에서 세포당 DNA 양이 1부터 2까지에 해당하는 세포의 수가 제시되어 있다.

(발상) G_1기, S기, G_2기, M기 세포의 DNA 양을 통해 구간 Ⅰ과 구간 Ⅱ에 해당하는 세포 주기를 추론할 수 있다.

| 문제+자료 분석 |

- 체세포 분열은 생물의 생장과 조직의 재생 과정에서 몸을 구성하는 세포의 수를 늘릴 때 일어나는 세포 분열이다.
  ➡ 분열 결과 모세포와 동일한 염색체 수와 유전 물질을 가진 2개의 딸세포를 형성한다.
- 체세포 분열은 간기와 분열기(M기)로 구분된다. 간기는 세포 주기의 90 % 이상을 차지하며, 세포가 생장하고 DNA가 복제되는 시기이다. 간기에서 G_1기 세포가 S기를 거쳐 G_2기의 세포가 된다.
- G_1기는 단백질, 지질 등 여러 가지 세포 구성 물질을 합성하고, 세포 소기관의 수가 증가하면서 세포가 활발하게 생장한다.
- S기는 DNA가 복제되어 DNA 양이 2배로 증가하는 시기이다.
- G_2기는 방추사를 구성하는 단백질이 합성되는 등 세포 분열을 준비하는 시기이다.
- M기에는 핵막과 인이 사라지고 염색체가 응축되어 막대 모양으로 나타난다.
- DNA 상대량이 G_1기 세포가 1이라면 S기 세포는 1과 2 사이이며, G_2기와 M기 세포는 2가 된다. 구간 Ⅰ에는 G_1기의 세포가 있고, 구간 Ⅱ에는 G_2기와 M기의 세포가 있다. 꿀팁

| 보기 분석 |

ㄱ. 구간 Ⅰ은 DNA 상대량이 1이므로 G_1기에 해당하는 세포가 있다. 따라서 구간 Ⅰ에는 간기의 세포가 있다.
ㄴ. 구간 Ⅱ는 DNA 상대량이 2이므로 G_2기, M기에 해당하는 세포가 있다. 따라서 구간 Ⅱ에는 염색 분체가 분리되는 M기의 세포가 있다.
ㄷ. 핵막이 소실되는 시기는 M기이다. 따라서 핵막이 소실된 세포는 구간 Ⅱ에서가 구간 Ⅰ에서보다 많다.

J 36 정답 ① ＊세포 주기 [정답률 75%] 2024 대비 수능 4

그림 (가)는 사람 P의 체세포 세포 주기를, (나)는 P의 핵형 분석 결과의 일부를 나타낸 것이다. ㉠~㉢은 G_1기, G_2기, M기(분열기)를 순서 없이 나타낸 것이다.

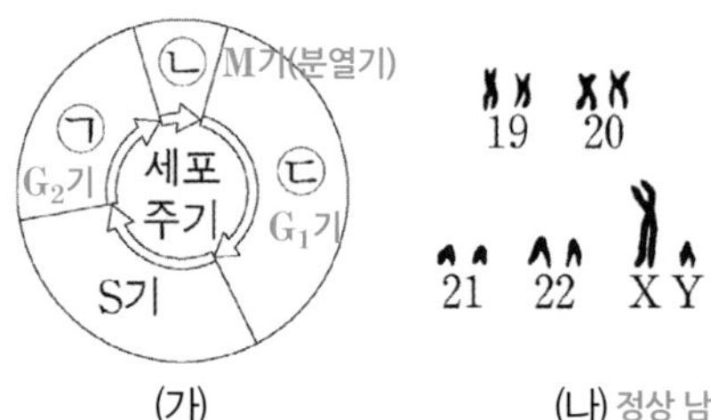

(가) (나) 정상 남자

이에 대한 설명으로 옳은 것만을 〈보기〉에서 있는 대로 고른 것은?

[보기]

ㄱ. ㉠은 G_2기이다.
㉠은 G_2기임

ㄴ. ㉡ 시기에 상동 염색체의 접합이 일어난다.
체세포 분열의 ㉡ 시기(M기)에는 상동 염색체의 접합이 일어나지 않음

ㄷ. ㉢ 시기에 (나)의 염색체가 관찰된다.
㉢ 시기(G_1기)에는 (나)와 같이 응축된 염색체가 관찰되지 않음

① ㄱ ② ㄷ ③ ㄱ, ㄴ ④ ㄴ, ㄷ ⑤ ㄱ, ㄴ, ㄷ

| 문제+자료 분석 |

- **(가)**: 체세포의 세포 주기는 G_1기 → S기 → G_2기 → M기(분열기) 순서로 진행되므로 ㉠은 G_2기, ㉡은 M기(분열기), ㉢은 G_1기이다.
- **(나)**: 정상 남자의 핵형이며, (가)의 ㉡ 시기(M기)에 (나)의 염색체가 관찰된다.

| 보기 분석 |

ㄱ. 체세포 세포 주기는 G_1기 → S기 → G_2기 → M기(분열기) 순서로 진행되므로 ㉠은 G_2기이다.

ㄴ. 체세포 세포 주기에서 상동 염색체의 접합은 일어나지 않으므로 ㉡ 시기(M기, 분열기)에 상동 염색체의 접합은 일어나지 않는다. 상동 염색체의 접합은 감수 1분열 전기에 일어난다.

ㄷ. G_1기(㉢ 시기)에 실처럼 풀어진 염색체(염색사) 상태로 존재하므로 (나)와 같이 응축된 염색체는 관찰되지 않는다. (나)의 염색체는 ㉡ 시기(M기, 분열기)에 관찰된다.

권민재 | 강릉원주대 치의예과 2024년 입학·서울 광영여고 졸

세포 주기는 이렇게 개념에 대한 문제뿐만 아니라 다양하게 활용되니까 각 시기의 특징, 순서, 기간을 모두 정확히 이해하고 있어야 해. 순서를 통해 ㉠이 G_2기라는 걸 알아냈어. ㉡의 기간이 짧은 것을 보고도 ㉡이 M기라는 것을 알아낼 수 있어야 해!

J 37 정답 ③ ＊세포 주기 [정답률 72%] 2022 실시 10월 학평 4

그림은 사람 체세포의 세포 주기를 나타낸 것이다. ㉠~㉢은 각각 G_2기, M기(분열기), S기 중 하나이다.

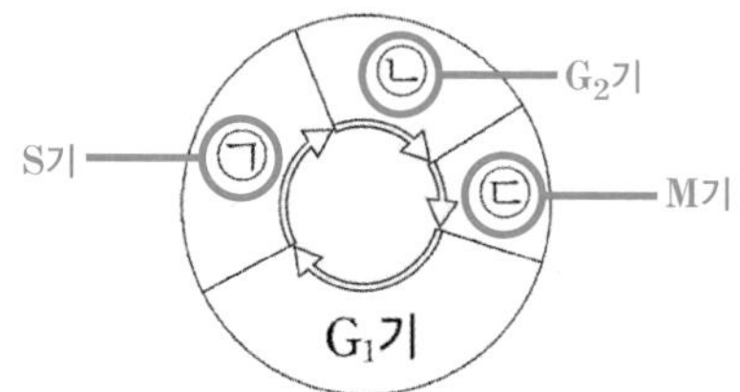

이에 대한 옳은 설명만을 〈보기〉에서 있는 대로 고른 것은? (단, 돌연변이는 고려하지 않는다.)

[보기]

ㄱ. ㉠의 세포에서 핵막이 관찰된다.
㉠(S기)의 세포에서 핵막이 관찰됨

ㄴ. ㉡은 간기에 속한다. ㉡(G_2기)은 간기에 속함

ㄷ. ㉢의 세포에서 2가 염색체가 형성된다.
㉢(M기)의 세포에서 2가 염색체가 형성되지 않음

① ㄱ ② ㄷ ③ ㄱ, ㄴ ④ ㄴ, ㄷ ⑤ ㄱ, ㄴ, ㄷ

| 문제+자료 분석 |

- 세포 주기는 분열을 마친 딸세포가 생장하여 다시 분열을 마칠 때까지의 기간이며 크게 간기와 분열기(M)로 나뉘고, 간기는 다시 G_1기, S기, G_2기로 나뉜다.
- 세포 주기는 G_1기 ➡ S기 ➡ G_2기 ➡ M기(분열기)의 순서대로 진행되므로 ㉠은 S기, ㉡은 G_2기, ㉢은 M기이다.

| 보기 분석 |

ㄱ. ㉠의 세포는 S기이므로 핵막이 관찰된다. 핵막은 간기 때 모두 관찰된다. 주의

ㄴ. G_1기, ㉠(S기), ㉡(G_2기)은 간기에 속한다.

ㄷ. 2가 염색체는 감수 1분열 전기 때 형성되며, 그림은 체세포의 세포 주기이므로 2가 염색체가 형성되는 세포가 없다. 따라서 ㉢(M기)의 세포에서 2가 염색체가 형성되지 않는다.

＊세포 주기

시기	특징
G_1기	세포의 구성 물질을 합성하며, 세포가 가장 많이 생장한다.
S기	DNA를 복제하므로 S기가 끝나면 세포당 DNA양이 2배가 된다.
G_2기	방추사를 구성하는 단백질을 합성하고, 세포가 생장하면서 세포 분열을 준비한다.
M기	핵분열(DNA 분리)과 세포질 분열이 일어난다.

J 38 정답 ③ ＊체세포 분열 [정답률 75%] 2023 대비 수능 6

표 (가)는 사람의 체세포 세포 주기에서 나타나는 4가지 특징을, (나)는 (가)의 특징 중 사람의 체세포 세포 주기의 ㉠~㉣에서 나타나는 특징의 개수를 나타낸 것이다. ㉠~㉣은 G_1기, G_2기, M기(분열기), S기를 순서 없이 나타낸 것이다.

특징
• 핵막이 소실된다. ➡ M기
• 히스톤 단백질이 있다. ➡ G_1기, S기, G_2기, M기
• 방추사가 동원체에 부착된다. ➡ M기
• ⓐ 핵에서 DNA 복제가 일어난다. ➡ S기

(가)

구분	특징의 개수
㉠ S기	2
㉡ G_1기 or G_2기	? 1
㉢ M기	3
㉣ G_1기 or G_2기	1

(나)

이에 대한 설명으로 옳은 것만을 〈보기〉에서 있는 대로 고른 것은?

[보기]

ㄱ. ㉠ 시기에 특징 ⓐ가 나타난다.
㉠(S기) 시기에 DNA 복제가 일어나 DNA의 양이 2배로 증가함

ㄴ. ㉢ 시기에 염색 분체의 분리가 일어난다.
㉢(M기) 시기에 방추사는 동원체에 붙어 염색 분체를 분리시킴

ㄷ. 핵 1개당 DNA 양은 ㉡ 시기의 세포와 ㉣ 시기의 세포가 서로 같다.
G_2기의 DNA 양은 G_1기의 2배이므로 핵 1개당 DNA 양은 ㉡과 ㉣시기의 세포가 서로 다름

① ㄱ ② ㄷ ③ ㄱ, ㄴ ④ ㄴ, ㄷ ⑤ ㄱ, ㄴ, ㄷ

| 문제+자료 분석 |

• '핵막이 소실된다.'와 '방추사가 동원체에 부착된다.'는 M기만의 특징이다.
• ⓐ(핵에서 DNA 복제가 일어난다.)는 S기만의 특징이며, S기에는 DNA가 복제되어 DNA의 양이 2배로 증가한다.

함정

• 히스톤은 DNA를 응축시켜 안정화시켜주는 단백질이며, 세포 주기의 모든 시기에 히스톤이 존재한다. 따라서 '히스톤 단백질이 있다.'는 G_1기, G_2기, S기, M기의 특징이다.
• 특징의 개수는 G_1기, G_2기 각각 1개, S기 2개, M기 3개이므로 ㉠은 S기, ㉡과 ㉣은 각각 G_1기와 G_2기 중 하나이며, ㉢은 M기이다.

| 보기 분석 |

ㄱ. ㉠(S기) 시기에 핵에서 DNA 복제가 일어나 DNA의 양이 2배로 증가한다.
ㄴ. ㉢(M기) 시기에 방추사는 동원체에 붙어 염색 분체를 분리시킨다.
ㄷ. 세포 주기는 G_1 ➡ S ➡ G_2 ➡ M기의 순서로 진행되며, S기 때 DNA가 복제되므로 핵 1개당 DNA 양은 G_2기의 세포가 G_1기 세포의 2배이다. ㉡과 ㉣은 각각 G_1기와 G_2기 중 하나이므로 핵 1개당 DNA 양은 ㉡과 ㉣ 시기의 세포가 서로 다르다.

김보겸 | 연세대 지구시스템과학과 2023년 입학 · 광주 서석고졸

ㄷ 선지의 참/거짓을 판단할 때 ㉡과 ㉣ 중 무엇이 G_1기이고 G_2기인지 판단이 안되어서 당황했을 수도 있어. 하지만 둘 중 하나는 S기를 거쳤기 때문에 DNA양은 다를 수 밖에 없다는 점을 빨리 눈치채야 돼.

J 39 정답 ⑤ ＊세포 주기 [정답률 65%] 2024 대비 6월 모평 6

그림 (가)는 사람 H의 체세포 세포 주기를, (나)는 H의 핵형 분석 결과의 일부를 나타낸 것이다. ㉠~㉢은 G_1기, M기(분열기), S기를 순서 없이 나타낸 것이다.

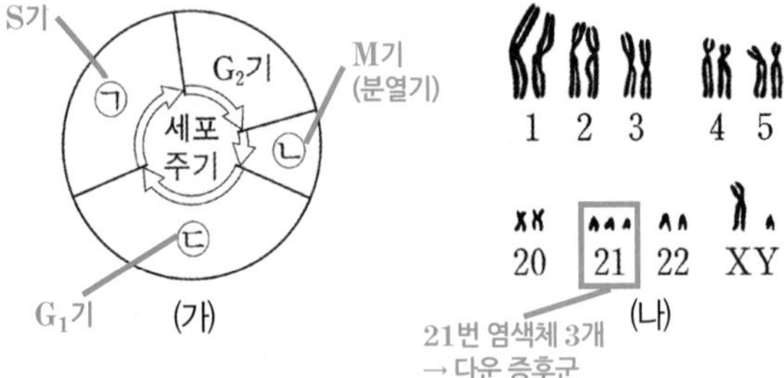

이에 대한 설명으로 옳은 것만을 〈보기〉에서 있는 대로 고른 것은?

[보기]

ㄱ. ㉠ 시기에 DNA 복제가 일어난다.
㉠ 시기(S기)에 DNA 복제가 일어남

ㄴ. ㉢ 시기에 (나)의 염색체가 관찰된다.
간기에 속하는 ㉢ 시기(G_1기)에는 (나)의 염색체가 관찰되지 않음

ㄷ. (나)에서 다운 증후군의 염색체 이상이 관찰된다.
H는 21번 염색체가 3개인 다운 증후군

① ㄱ ② ㄴ ③ ㄷ ④ ㄱ, ㄴ ⑤ ㄱ, ㄷ

| 문제+자료 분석 |

• (가): 체세포 분열은 G_1기, S기, G_2기, M기(분열기)가 반복적으로 일어난다. ㉠은 S기, ㉡은 M기(분열기), ㉢은 G_1기이다.
• (나): 핵형은 체세포에 들어 있는 염색체의 수, 모양, 크기와 같은 염색체의 외형적인 특성이다. 핵형 분석을 통해 성별, 염색체 수나 구조 이상 등을 알 수 있다. 핵형 분석 결과 H는 21번 염색체가 3개인 다운 증후군임을 알 수 있다.

| 보기 분석 |

ㄱ. S기(㉠)에 DNA 복제가 일어난다.
ㄴ. (나)처럼 응축된 염색체가 관찰되는 시기는 분열기인 M기이다. 간기에 속하는 G_1기(㉢)에는 실처럼 풀어져 있는 염색체가 관찰된다.
ㄷ. (나)의 핵형 분석 결과 H는 21번 염색체가 3개인 다운 증후군이다.

＊세포 주기

간기	G_1기	분열 후 세포가 생장하는 시기
	S기	세포 분열을 위해 DNA가 복제되는 시기
	G_2기	세포 분열에 필요한 단백질이 합성되는 시기
분열기	전기	핵막이 사라지고 염색체가 응축되는 시기 - 방추사 형성
	중기	염색체가 세포 중앙에 배열되는 시기
	후기	염색 분체가 양극으로 나누어지는 시기
	말기	염색체가 실처럼 풀어지고, 핵막 형성

J 40 정답 ④ * 체세포 분열과 세포 주기 [정답률 76%] 2021 대비 6월 모평 10

그림은 사람 체세포의 세포 주기를 나타낸 것이다. ㉠~㉢은 각각 G_2기, M기(분열기), S기 중 하나이다.

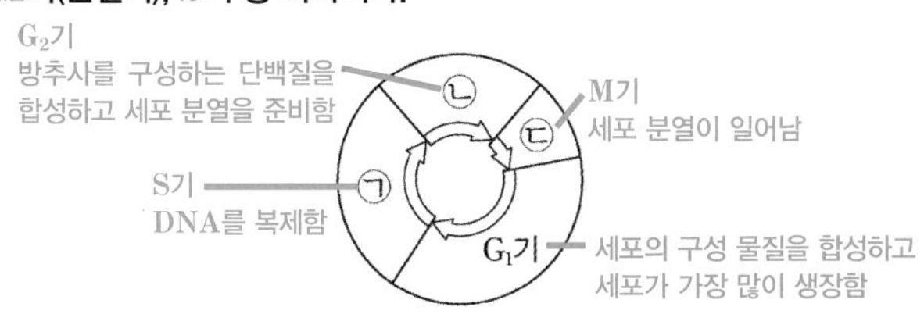

이에 대한 옳은 설명만을 〈보기〉에서 있는 대로 고른 것은?

[보기]

ㄱ. ㉠ 시기에 DNA가 복제된다.
→ ㉠은 S기로, S기에서는 DNA가 복제된다.

ㄴ. ㉡은 간기에 속한다.
→ ㉡은 G_2기로, 간기에 속한다.

ㄷ. ㉢ 시기에 상동 염색체의 접합이 일어난다.
→ 체세포 분열에서는 상동 염색체의 접합은 일어나지 않는다.

① ㄱ ② ㄴ ③ ㄷ
④ ㄱ, ㄴ ⑤ ㄴ, ㄷ

| 문제+자료 분석 |

◈ 세포 주기

- **체세포의 세포 주기**: 간기(G_1기 → S기 → G_2기) → M기(분열기)
- **G_1기**: 세포의 구성 물질을 합성하고, 세포 소기관의 수가 늘어나면서 세포가 가장 많이 생장한다.
- ㉠(S기): DNA가 복제되어 DNA양이 2배가 된다.
- ㉡(G_2기): 방추사를 구성하는 단백질을 합성하고, 세포가 생장하면서 세포 분열을 준비한다.
- ㉢(M기): 핵분열과 세포질 분열이 일어난다.

| 보기 분석 |

ㄱ. 세포 주기에서 G_1기 다음은 S기로, S기에서는 DNA가 복제된다.
ㄴ. 간기는 G_1기, S기, G_2기로 구성된다. ㉡은 G_2기로, 간기에 속한다.
ㄷ. 감수 분열 시 상동 염색체가 접합하여 2가 염색체를 형성하므로 상동 염색체의 접합은 감수 1분열 중기에서 일어난다.
따라서 체세포 분열의 분열기에서는 상동 염색체의 접합이 일어나지 않는다.

* 세포 주기

간기	G_1기	• 세포 구성 물질 합성, 세포가 가장 많이 생장하는 시기 • 세포를 구성하는 세포 소기관의 수가 증가하며, DNA 복제를 준비하는 시기
	S기	DNA가 복제되는 시기로, DNA양이 2배로 증가함
	G_2기	세포 분열에 필요한 물질을 합성하여 세포 분열을 준비하는 시기
분열기		간기에 비해 짧으며, 핵분열과 세포질 분열이 일어남

J 41 정답 ② * 세포 주기 [정답률 75%] 2023 실시 7월 학평 16

그림은 사람 체세포의 세포 주기를 나타낸 것이다. ㉠~㉢은 G_2기, M기(분열기), S기를 순서 없이 나타낸 것이다.

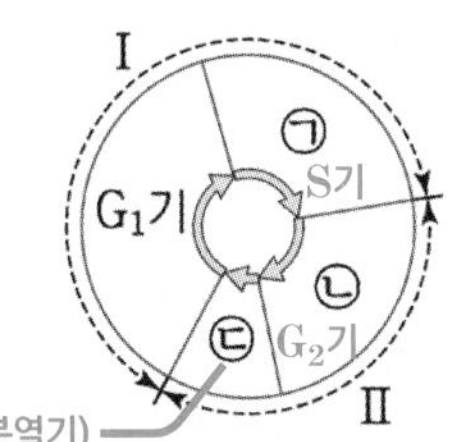

이에 대한 설명으로 옳은 것만을 〈보기〉에서 있는 대로 고른 것은? (단, 돌연변이는 고려하지 않는다)

[보기]

ㄱ. ㉠은 G_2기이다. ㉠은 S기임

ㄴ. 구간 Ⅰ에는 핵막이 소실되는 시기가 있다.
핵막이 소실되는 시기는 구간 Ⅱ에 있음

ㄷ. 구간 Ⅱ에는 염색 분체가 분리되는 시기가 있다.
염색 분체가 분리되는 시기는 구간 Ⅱ에 있음

① ㄱ ② ㄷ ③ ㄱ, ㄴ ④ ㄴ, ㄷ ⑤ ㄱ, ㄴ, ㄷ

| 문제+자료 분석 |

- ㉠: G_1기 다음이므로 S기에 해당하며, DNA 복제가 일어난다.
- ㉡: ㉠(S기) 다음이므로 G_2기에 해당한다.
- ㉢: ㉡(G_2기) 다음이므로 M기(분열기)에 해당하며, 핵분열(전기, 중기, 후기, 말기)과 세포질 분열로 구분된다.

| 보기 분석 |

ㄱ. ㉠은 G_1기의 다음이므로 S기이다.
ㄴ. 핵막이 소실되는 시기는 M기(분열기)의 전기이므로 ㉢에 해당하고, Ⅱ에 속한다.
ㄷ. 염색 분체가 분리되는 시기는 M기(분열기)의 후기이므로 Ⅱ에 속한다.

* 세포 주기

간기 : 실 모양의 염색체(염색사) 상태	G_1기	• 세포의 생장이 가장 활발한 시기 • 단백질 합성, 세포 소기관 수 증가	세포 생장
	S기	DNA 복제 → DNA양이 2배로 증가	
	G_2기	분열에 필요한 물질(방추사를 구성하는 단백질 등) 합성	
분열기(M기) : 막대 모양의 염색체가 관찰됨, 간기에 비해 매우 짧음		• 핵분열 → 세포질 분열 • 핵분열은 전기, 중기, 후기, 말기로 구분됨	

J 42 정답 ④ ＊세포 주기 [정답률 67%] 2023 실시 10월 학평 6

그림은 사람 체세포의 세포 주기를, 표는 시기 ㉠~㉢에서 핵 1개당 DNA양을 나타낸 것이다. ㉠~㉢은 G_1기, G_2기, S기를 순서 없이 나타낸 것이고, ⓐ는 1과 2 중 하나이다.

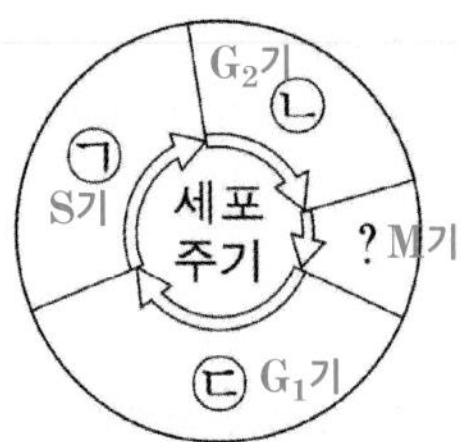

시기	DNA양 (상댓값)
㉠ S기	1~2
㉡ G_2기	ⓐ 2
㉢ G_1기	? 1

이에 대한 옳은 설명만을 〈보기〉에서 있는 대로 고른 것은? (단, 돌연변이는 고려하지 않는다.) (3점)

[보기]

ㄱ. ⓐ는 2이다.
ⓐ는 2임

ㄴ. ㉠의 세포에서 염색 분체의 분리가 일어난다.
㉠(S기)의 세포에서 염색 분체의 분리가 일어나지 않음

ㄷ. ㉡의 세포와 ㉢의 세포는 핵상이 같다.
㉡(G_2기)의 세포와 ㉢(G_1기)의 세포는 핵상이 모두 $2n$으로 같음

① ㄱ ② ㄴ ③ ㄷ ④ ㄱ, ㄷ ⑤ ㄴ, ㄷ

| 문제+자료 분석 |

- 체세포의 세포 주기는 G_1기 → S기 → G_2기 → 분열기(M기) 순서로 진행된다.
- ㉠: DNA양이 1과 2 사이이므로 DNA 복제가 일어나는 S기에 해당한다.
- ㉡: S기 다음에 이어지는 단계이므로 G_2기에 해당한다.
- ㉢: S기 전 단계이므로 G_1기에 해당하며, DNA 복제 전이므로 G_1기의 DNA양은 1이다.

| 보기 분석 |

ㄱ. ⓐ는 DNA 복제 후인 G_2기(㉡)의 DNA양이므로 2이다.
ㄴ. S기(㉠)의 세포에서는 DNA가 복제되며, 염색 분체의 분리는 분열기(M기)의 후기에서 일어난다.
ㄷ. 체세포 분열이 일어나는 동안 핵상은 변하지 않으므로($2n \rightarrow 2n$), G_2기(㉡)의 세포와 G_1기(㉢)의 세포의 핵상은 모두 $2n$으로 같다.

＊ 세포 주기

간기: 실 모양의 염색체(염색사) 상태	G_1기	• 세포의 생장이 가장 활발한 시기 • 단백질 합성, 세포 소기관 수 증가	세포 생장
	S기	• DNA 복제 ➡ DNA양이 2배로 증가	
	G_2기	• 분열에 필요한 물질(방추사를 구성하는 단백질 등) 합성	
분열기(M기): 막대 모양의 염색체가 관찰됨, 간기에 비해 매우 짧음		• 핵분열 → 세포질 분열 • 핵분열은 전기, 중기, 후기, 말기로 구분	

J 43 정답 ① ＊세포 주기 [정답률 73%] 2022 대비 9월 모평 12

표는 어떤 사람의 세포 (가)~(다)에서 핵막 소실 여부와 DNA 상대량을 나타낸 것이다. (가)~(다)는 체세포의 세포 주기 중 M기(분열기)의 중기, G_1기, G_2기에 각각 관찰되는 세포를 순서 없이 나타낸 것이다. ㉠은 '소실됨'과 '소실 안 됨' 중 하나이다.

세포	핵막 소실 여부	DNA 상대량
G_1기 (가)	㉠소실 안 됨	1
M기 (나)	소실됨	?
G_2기 (다)	소실 안 됨	2

이에 대한 설명으로 옳은 것만을 〈보기〉에서 있는 대로 고른 것은? (단, 돌연변이는 고려하지 않는다.)

[보기]

ㄱ. ㉠은 '소실 안 됨'이다.
→ (가)는 간기의 세포이므로 ㉠은 '소실 안 됨'

ㄴ. (나)는 간기의 세포이다.
→ (나)는 M기(분열기)의 세포

ㄷ. (다)에는 히스톤 단백질이 없다.
→ 히스톤 단백질은 염색사와 염색체에 존재함

① ㄱ ② ㄴ ③ ㄷ ④ ㄱ, ㄴ ⑤ ㄱ, ㄷ

| 문제+자료 분석 |

- 세포 분열이 일어나지 않는 시기인 간기에 핵막이 존재하고 분열기(M기) 전기에 핵막이 소실되었다가 말기에 핵막이 다시 나타난다.
- (가): 핵막이 존재하고 DNA 상대량이 1인 G_1기의 세포이다.
- (나): 핵막이 소실된 M기(분열기)의 세포이다.
- (다): 핵막이 소실되지 않고, DNA 상대량이 2인 G_2기의 세포이다.

| 보기 분석 |

ㄱ. (가)는 핵막이 존재하는 간기의 G_1기의 세포이므로 ㉠은 '소실 안 됨'이다.
ㄴ. (나)는 핵막이 소실되었으므로 분열기(M기)의 세포이다.
ㄷ. 히스톤 단백질은 염색사와 염색체의 구성 물질이다. (다)는 간기의 세포이므로 염색사가 존재하고 염색사에는 히스톤 단백질이 있다.

＊ 세포 주기에서 핵막과 히스톤 유무

	핵막	히스톤
G_1기	있음	있음
S기	있음	있음
G_2기	있음	있음
M기(분열기)	소실된 후 형성됨	있음

J 44 정답 ② * 세포 주기 ······ [정답률 62%] 2022 실시 7월 학평 7

그림 (가)는 어떤 동물 체세포의 세포 주기를, (나)는 이 동물의 체세포 분열 과정에서 관찰되는 세포 ㉠과 ㉡을 나타낸 것이다. Ⅰ~Ⅲ은 각각 G_1, G_2기, M기 중 하나이고, ㉠과 ㉡은 Ⅱ 시기의 세포와 Ⅲ 시기의 세포를 순서 없이 나타낸 것이다.

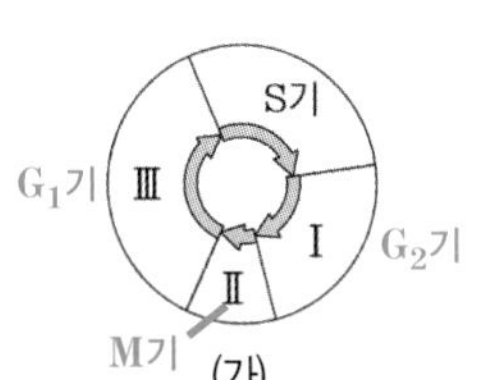

(가)

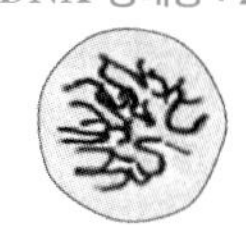
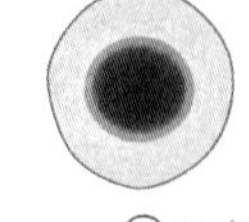

(나)

이에 대한 설명으로 옳은 것만을 〈보기〉에서 있는 대로 고른 것은? (단, 돌연변이는 고려하지 않는다.)

[보기]

ㄱ. Ⅰ은 G_1기이다.
Ⅰ은 S기 다음이므로 G_2기

ㄴ. ㉠은 Ⅱ 시기의 세포이다
㉠은 Ⅱ(M기) 시기의 세포

ㄷ. 세포 1개당 DNA의 양은 ㉡에서가 ㉠에서의 2배이다.
S기 때 DNA 복제가 일어나므로 세포 1개당 DNA 상대량은 ㉡(G_1기 세포)에서가 ㉠(M기 세포)에서의 $\frac{1}{2}$배임

① ㄱ ② ㄴ ③ ㄷ ④ ㄱ, ㄷ ⑤ ㄴ, ㄷ

| 문제+자료 분석 |

- (가): 세포 주기는 G_1기(Ⅲ) ➡ S기 ➡ G_2기(Ⅰ) ➡ M기(Ⅱ)의 순서로 진행된다.
- (나): 간기(G_1기, S기, G_2기) 때는 핵막이 존재하며, 염색사가 관찰되므로 ㉡은 Ⅲ 시기의 세포이다. 반면, 분열기(M기) 때는 핵막이 소실되며, 염색체가 관찰되므로 ㉠은 Ⅱ 시기의 세포이다. 주의

| 보기 분석 |

ㄱ. 세포 주기는 G_1기(Ⅲ) ➡ S기 ➡ G_2기(Ⅰ) ➡ M기(Ⅱ)의 순서로 진행된다. 따라서 Ⅰ은 G_2기이다.

ㄴ. ㉠은 핵막이 없고 염색체가 관찰되므로 Ⅱ(M기)의 세포이다.

ㄷ. S기 때 DNA 복제가 일어나므로 세포 1개당 DNA 상대량은 1(G_1기) ➡ 1과 2 사이(S기) ➡ 2(G_2기, M기)이며, M기의 말기에서 세포질 분열이 일어나면 G_1기 때 세포 1개당 DNA 상대량이 다시 1이 된다. 따라서 세포 1개당 DNA 상대량은 ㉡(G_1기 세포)에서가 ㉠(M기 세포)에서의 $\frac{1}{2}$배이다.

* 세포 주기

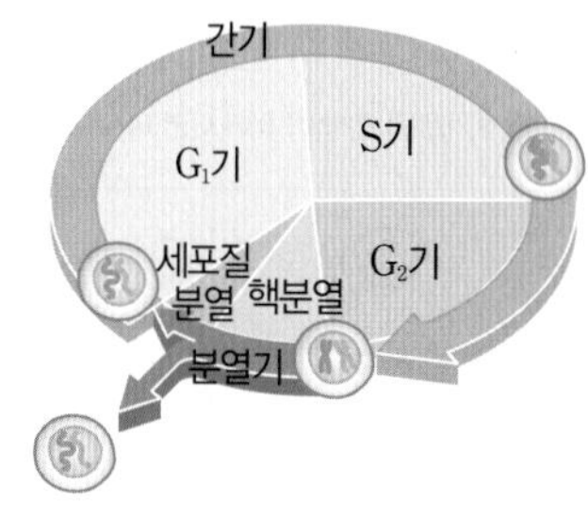

J 45 정답 ② * 세포 주기 ······ [정답률 75%] 2020 대비 9월 모평 12

세포 분열 결과 형성된 딸세포가 생장하여 다시 분열을 마칠 때까지의 기간

그림은 사람에서 체세포의 세포 주기를 나타낸 것이다. ㉠~㉢은 각각 G_2기, M기, S기 중 하나이다.

이에 대한 설명으로 옳은 것만을 〈보기〉에서 있는 대로 고른 것은?

[보기]

ㄱ. ㉠ 시기에 핵막이 소실된다.
→ ㉠ 시기는 간기 중 S기로 핵막이 존재함

ㄴ. 세포 1개당 $\frac{\text{㉡ 시기의 DNA양}}{G_1\text{기의 DNA양}}$의 값은 1보다 크다.
→ ㉡ 시기는 DNA 복제 후의 G_2기이고, G_1기는 DNA 복제 전의 시기

ㄷ. ㉢ 시기에 2가 염색체가 관찰된다.
→ 체세포 분열에서는 2가 염색체가 형성되지 않음

① ㄱ ② ㄴ ③ ㄱ, ㄷ ④ ㄴ, ㄷ ⑤ ㄱ, ㄴ, ㄷ

| 문제+자료 분석 |

- 세포 주기는 G_1기 → S기(㉠) → G_2기(㉡) → M기(㉢) 순으로 진행되고, 간기에 속하는 G_1기, S기, G_2기에는 핵막이 존재하며, 분열기인 M기에는 핵막이 존재하지 않는다.
- S기에는 DNA의 복제가 일어나므로 G_1기 세포의 DNA 상대량이 1이라면 G_2기 세포의 DNA 상대량은 2이다.

| 보기 분석 |

ㄱ. ㉠ 시기는 S기로, 핵막이 존재한 상태에서 DNA 복제가 일어난다.

ㄴ. ㉡ 시기는 G_2기로, DNA 복제가 일어난 후의 시기이다. G_1기는 DNA 복제가 일어나기 전의 시기이므로, G_2기 세포가 가진 DNA 상대량의 절반이다.
따라서 세포 1개당 $\frac{\text{㉡ 시기의 DNA양}}{G_1\text{기의 DNA양}}$의 값은 2로, 1보다 크다.

ㄷ. 2가 염색체는 감수 1분열 전기에 상동 염색체가 접합하여 형성되기 시작하여 중기에 세포 중앙에 배열된다. 체세포 분열 시기에서는 2가 염색체가 형성되지 않으므로 ㉢ 시기(M기)에는 2가 염색체가 관찰되지 않는다. 함정

J 46 정답 ③ * 세포 주기 [정답률 65%] 2020 실시 4월 학평 7

그림은 어떤 동물의 체세포 집단 A의 세포 주기를, 표는 물질 X의 작용을 나타낸 것이다. ㉠~㉢은 각각 G_1기, G_2기, M기 중 하나이다.

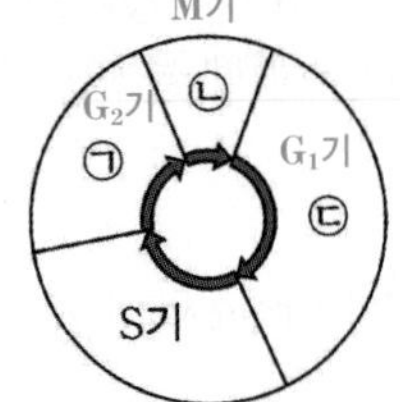

물질	작용
X	G_1기에서 S기로의 진행을 억제한다.

S기로의 진행이 억제되면 G_1기 세포가 증가함

이에 대한 설명으로 옳은 것만을 <보기>에서 있는 대로 고른 것은?

[보기]

ㄱ. ㉡ 시기에 2가 염색체가 관찰된다.
→ ㉡은 체세포 분열의 M기(분열기)이므로 2가 염색체가 관찰되지 않음

ㄴ. 세포 1개당 DNA 양은 ㉠ 시기의 세포가 ㉢ 시기의 세포보다 적다. → S기에 DNA 복제가 일어나므로 세포 1개당 DNA 양은 G_2기(㉠)가 G_1기(㉢)의 2배

ㄷ. A에 X를 처리하면 ㉢ 시기의 세포 수는 처리하기 전보다 증가한다.
→ X 처리로 인해 S기로의 진행이 억제되면 G_1기(㉢)의 세포가 증가

① ㄱ ② ㄴ ③ ㄷ ④ ㄱ, ㄴ ⑤ ㄴ, ㄷ

| 문제+자료 분석 |

- 그림에서 화살표로 표시된 세포 주기의 진행 방향을 고려하여 체세포 분열의 세포 주기의 단계를 제시하면 "G_1기(㉢) → S기 → G_2기(㉠) → M기(㉡)"의 순서이다.
- 물질 X가 처리되면 "G_1기(㉢) → S기"의 진행은 억제되지만, "S기 → G_2기(㉠) → M기(㉡) → G_1기(㉢)"의 진행은 정상적으로 이루어진다.
- 따라서 X가 처리되면 S기 이후 상태의 세포들이 세포 주기 진행에 따라 G_1기(㉢)의 세포로 되면서 그 수가 증가한다.

| 보기 분석 |

ㄱ. 2가 염색체는 상동 염색체가 서로 접합한 구조로 감수 1분열 전기에서 중기 사이에 관찰된다. 그림은 체세포 분열의 세포 주기를 나타낸 것이므로 체세포 분열의 M기(분열기)인 ㉡ 시기에는 2가 염색체가 관찰되지 않는다. 함정

ㄴ. S기에 DNA 복제가 일어나므로 세포 1개당 DNA 양은 2배로 증가한다. 따라서 세포 1개당 DNA 양은 S기를 거친 후인 G_2기(㉠)가 S기를 거치기 전인 G_1기(㉢)의 2배이다.

ㄷ. 물질 X가 처리되면 G_1기(㉢)에서 S기로의 진행이 억제되므로 처리 후 G_1기(㉢)의 세포는 S기로 진입하지 못하고, M기(㉡)를 거쳐 분열을 완료한 세포들이 다시 G_1기(㉢)로 진입하므로 G_1기(㉢)의 세포의 수가 증가한다.

J 47 정답 ② * 세포 주기와 염색체 [정답률 73%] 2019 대비 6월 모평 7

그림 (가)는 사람에서 체세포의 세포 주기를, (나)는 사람의 체세포에 있는 염색체의 구조를 나타낸 것이다. ㉠~㉢은 각각 G_1기, G_2기, M기 중 하나이다.
(G_1기: 분열 후 세포 생장기, M기: 분열기)

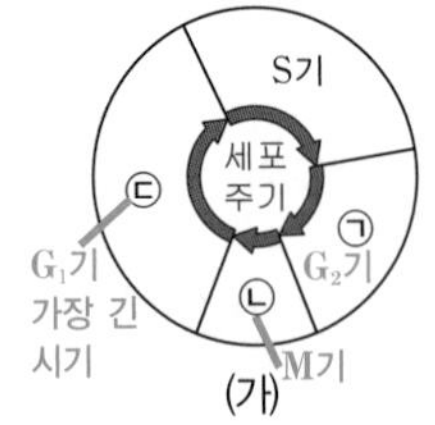

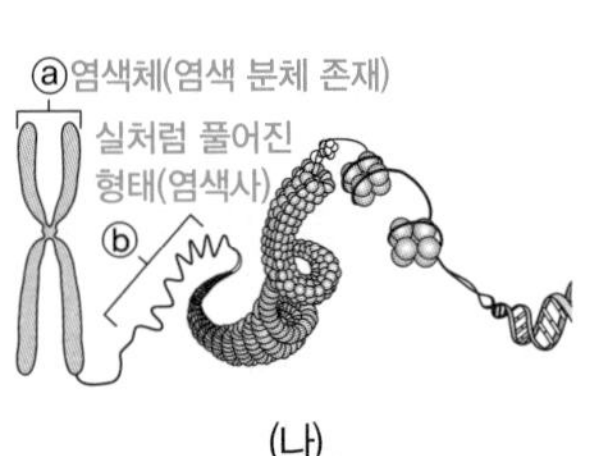

이에 대한 설명으로 옳은 것만을 <보기>에서 있는 대로 고른 것은?

[보기]

ㄱ. ㉠ 시기에 2가 염색체가 관찰된다.
→ 체세포 분열에서는 2가 염색체 관찰 불가

ㄴ. ⓑ가 ⓐ로 응축되는 시기는 ㉡이다.
→ ⓑ가 ⓐ로 응축되는 시기는 분열기(M기)인 ㉡

ㄷ. 핵 1개당 DNA 양은 ㉢ 시기 세포가 ㉠ 시기 세포의 2배이다. → DNA양은 복제 이후인 ㉠ 시기가 ㉢ 시기의 2배

① ㄱ ② ㄴ ③ ㄷ ④ ㄱ, ㄴ ⑤ ㄴ, ㄷ

| 문제+자료 분석 |

- (가): 사람의 세포 주기에서 S기는 DNA가 복제되는 시기이다. S기 이후인 ㉠은 G_2기이고, ㉡은 분열기(M기), ㉢은 G_1기가 된다.
- (나): ⓐ는 응축된 염색체이고, ⓑ는 실처럼 풀어진 형태의 염색체(염색사)로, 뉴클레오솜(히스톤 단백질+DNA)이 연결된 구조이다.

| 보기 분석 |

ㄱ. ㉠ 시기는 S기에 DNA가 복제된 후 세포 분열을 준비하는 시기인 G_2기이다. 따라서 이 시기에는 염색체가 관찰되지 않는다.
2가 염색체는 상동 염색체가 접합하여 형성된 것으로 감수 1분열에서만 관찰 가능하다. 따라서 체세포 분열이 일어날 때는 관찰이 불가능하다는 것도 꼭 알아두는 것이 필요하다. 함정

ㄴ. ⓑ는 실처럼 풀어진 형태의 염색체(염색사)로, 유전 물질인 DNA를 포함한다. 핵 속에 들어 있으며, 세포 주기 중 분열기(M기)에 응축되어 ⓐ와 같은 막대 모양의 염색체로 된다. 따라서 ⓑ가 ⓐ로 응축되는 시기는 ㉡(분열기)이다.

ㄷ. 핵 1개당 DNA양은 DNA가 복제된 이후인 G_2기가 복제 전인 G_1기에 비해 2배가 된다. 따라서 핵 1개당 DNA양은 ㉠ 시기(G_2기)의 세포가 ㉢ 시기(G_1기)의 세포의 2배가 된다.

*** 염색체**

핵 속에 실처럼 풀어져 있다가 세포가 분열할 때에만 응축되어 막대 모양으로 나타난다. 실처럼 풀어진 상태를 염색사라고 하기도 한다. 염색체로 응축되면 세포 분열 시 유전자의 손상을 막고, 딸세포에 유전 물질을 균등하게 나누어 줄 수 있다.

J 48 정답 ⑤ * 세포 주기와 염색체 구조 ······ [정답률 80%] 2021 실시 4월 학평 7

그림 (가)는 사람에서 체세포의 세포 주기를, (나)는 사람의 체세포에 있는 염색체의 구조를 나타낸 것이다. ㉠~㉢은 각각 G_1기, G_2기, S기 중 하나이고, ⓐ와 ⓑ는 각각 DNA와 히스톤 단백질 중 하나이다.

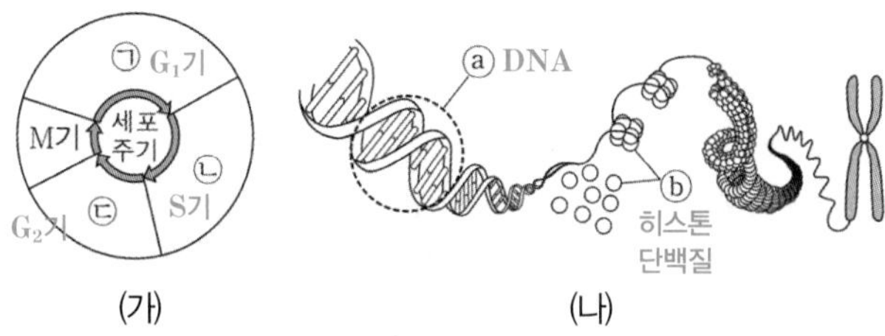

(가) (나)

이에 대한 설명으로 옳은 것만을 〈보기〉에서 있는 대로 고른 것은?

[보기]

ㄱ. ㉠은 ~~G_2기~~이다.
→ ㉠은 G_1기

ㄴ. ㉡ 시기에 ⓐ가 복제된다.
→ ㉡은 S기로 ⓐ(DNA)가 복제됨

ㄷ. 뉴클레오솜의 구성 성분에는 ⓑ가 포함된다.
→ 뉴클레오솜은 DNA와 히스톤으로 구성

① ㄱ ② ㄴ ③ ㄷ ④ ㄱ, ㄴ  ⑤ ㄴ, ㄷ

| 문제+자료 분석 |

- ㉠(G_1기): 세포 주기 중 분열기가 끝난 이후 다음 세포 분열에 필요한 물질을 합성하고 세포가 가장 많이 생장하는 시기이다.
- ㉡(S기): 세포 주기의 간기 중 한 시기로 DNA가 복제되는 시기이다.
- ㉢(G_2기): DNA 복제가 끝난 이후 분열기가 시작되기 전까지 염색체의 분열을 준비하는 시기이다.
- ⓐ(DNA): 염색체를 이루는 구성 성분 중 이중 나선 구조로 이루어진 것은 DNA를 나타낸다.
- ⓑ(히스톤 단백질): DNA를 응축하기 위해 DNA가 감고 있는 구조물이 히스톤 단백질이다.

| 보기 분석 |

ㄱ. ㉠은 세포 주기 중 분열기가 끝난 직후의 시기로 다음 세포 분열을 준비하는 G_1기이다.

ㄴ. ㉡은 간기의 중심이 되는 시기이며 DNA가 복제되는 S기이다. G_1기나 G_2기가 매우 짧은 세포의 세포 주기에서도 S기는 필수적이다.

ㄷ. 뉴클레오솜은 염색체를 이루는 기본 단위로 ⓐ(DNA)가 ⓑ(히스톤 단백질)를 둘러싸고 있는 구조물이다.

J 49 정답 ② * 세포 주기와 체세포 분열 ······ [정답률 74%] 2021 실시 7월 학평 13

그림은 사람에서 체세포의 세포 주기를, 표는 세포 주기 중 각 시기 Ⅰ~Ⅲ의 특징을 나타낸 것이다. ㉠~㉢은 각각 G_1기, S기, 분열기 중 하나이며, Ⅰ~Ⅲ은 ㉠~㉢을 순서 없이 나타낸 것이다.

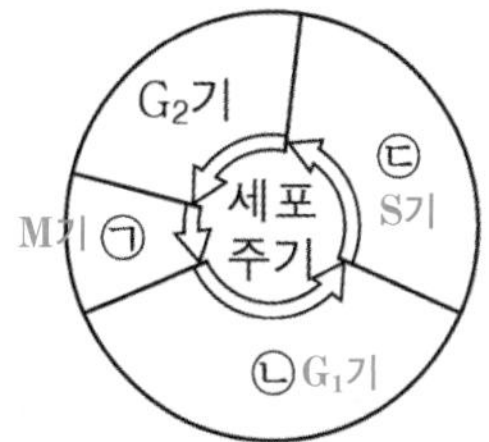

세포 구성 물질 합성

시기	특징
㉡ Ⅰ G_1기	?
㉠ Ⅱ M기	방추사가 관찰된다.
㉢ Ⅲ S기	DNA 복제가 일어난다.

이에 대한 설명으로 옳은 것만을 〈보기〉에서 있는 대로 고른 것은? (단, 돌연변이는 고려하지 않는다.)

[보기]

ㄱ. Ⅲ은 ~~㉠이다~~.
→ Ⅲ은 ㉢

ㄴ. Ⅰ 시기의 세포에서 핵막이 관찰된다.
→ 간기에 해당하는 Ⅰ 시기(G_1기)의 세포에서는 핵막이 관찰되며, 핵막은 M기의 전기에 사라짐.

ㄷ. 체세포 1개당 DNA 양은 ㉡시기 세포가 Ⅱ 시기 세포보다 ~~많다~~.
→ 체세포 1개당 DNA 양은 체세포 분열이 완료되기 이전인 Ⅱ 시기(M기, 분열기)의 세포가 G_1기(㉡) 세포의 2배

① ㄱ ② ㄴ ③ ㄷ ④ ㄱ, ㄴ ⑤ ㄴ, ㄷ

| 문제+자료 분석 |

- 그림에서 화살표로 표시된 세포 주기의 진행 방향을 고려하여 체세포 분열의 세포 주기의 단계를 제시하면 G_1기(㉡) → S기(㉢) → G_2기 → M기(㉠)의 순서이다.
- 방추사가 관찰되는 시기는 M기이므로 Ⅱ는 M기(㉠)이다.
- DNA의 복제가 일어나는 시기는 간기의 S기이므로 Ⅲ은 S기(㉢)이며, 나머지 Ⅰ은 간기의 G_1기(㉡)이다.

| 보기 분석 |

ㄱ. DNA 복제가 일어나는 Ⅲ은 간기의 S기(㉢)이다.

ㄴ. Ⅰ은 간기의 G_1기(㉡)이다. 핵막이 사라지는 것은 M기의 전기이며, 간기에는 핵막이 관찰된다. 주의

ㄷ. S기에 DNA 복제가 일어나므로 체세포 1개당 DNA 양은 G_1기(㉡)에 비해 G_2기에 2배로 증가한다. 따라서 체세포 1개당 DNA 양은 S기를 거친 후인 G_2기와 M기(Ⅱ 시기)가 S기를 거치기 전인 G_1기(㉡)의 2배이다.

*** 세포 주기**

간기	G_1기	• 세포 구성 물질 합성, 세포가 가장 많이 생장하는 시기 • 세포를 구성하는 세포 소기관의 수가 증가하며, DNA 복제를 준비하는 시기
	S기	DNA가 복제되는 시기로, DNA양이 G_1기의 2배로 증가함
	G_2기	세포 분열에 필요한 물질을 합성하여 세포 분열을 준비하는 시기
분열기		간기에 비해 짧으며, 핵분열과 세포질 분열이 일어남

J 50 정답 ⑤ * 세포 주기 ······ [정답률 54%] 2022 실시 4월 학평 7

그림은 어떤 사람의 체세포 Q를 배양한 후 세포당 DNA 양에 따른 세포 수를, 표는 Q의 체세포 분열 과정에서 나타나는 세포 (가)와 (나)의 핵막 소실 여부를 나타낸 것이다. (가)와 (나)는 G_1기 세포와 M기의 중기 세포를 순서 없이 나타낸 것이다.

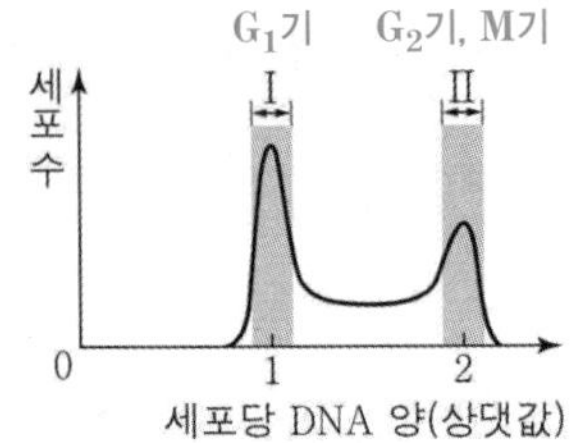

세포	핵막 소실 여부
(가) M기 중기	소실됨
(나) G_1기	소실 안 됨

이에 대한 설명으로 옳은 것만을 〈보기〉에서 있는 대로 고른 것은? (단, 돌연변이는 고려하지 않는다.)

[보기]

ㄱ. (가)와 (나)의 핵상은 같다.
체세포 (가)와 (나)의 핵상은 $2n$으로 같음

ㄴ. 구간 Ⅰ의 세포에는 뉴클레오솜이 있다.
모든 구간의 세포에는 뉴클레오솜이 있음

ㄷ. 구간 Ⅱ에서 (가)가 관찰된다.
구간 Ⅱ에서 핵막이 소실된 M기 세포가 관찰됨

① ㄱ ② ㄷ ③ ㄱ, ㄴ ④ ㄴ, ㄷ ⑤ ㄱ, ㄴ, ㄷ

| 문제+자료 분석 |

- Ⅰ: 세포당 DNA 양이 1이므로 G_1기 세포가 이 구간에 속한다.
- Ⅱ: 세포당 DNA 양이 2이므로 G_2기 세포와 M기 세포가 이 구간에 속한다.
- **(가)**: 핵막이 소실되었으므로 분열기(M기)의 중기 세포이다. 이 시기의 세포는 DNA가 복제된 상태로 세포당 DNA 양이 2이다.
- **(나)**: 핵막이 소실되지 않았으므로 간기의 G_1기 세포이다. G_1기의 세포는 DNA가 복제되기 전 상태로 세포당 DNA 양이 1이다.

| 보기 분석 |

ㄱ. 체세포 분열 과정의 모든 세포의 핵상은 $2n$이다. — 주의
체세포 분열 M기 세포인 (가)와 체세포 분열 G_1기 세포인 (나)의 핵상은 모두 $2n$으로 같다.

ㄴ. 뉴클레오솜은 DNA가 히스톤 단백질을 감싼 구조물이다. 함정
구간 Ⅰ의 G_1기 세포를 포함하여 모든 시기의 세포에는 뉴클레오솜이 있다.

ㄷ. 구간 Ⅱ에서 DNA가 복제된 후인 G_2기 세포와 M기 세포가 관찰되므로 M기의 중기인 (가)가 관찰된다.

* 세포 주기에서 핵막과 뉴클레오솜 유무

구분	핵막	뉴클레오솜
G_1기	있음	있음
S기	있음	있음
G_2기	있음	있음
M기(분열기)	소실된 후 형성됨	있음

J 51 정답 ① * 세포 주기 ······ [정답률 62%] 2021 실시 3월 학평 6

그림 (가)는 어떤 사람 체세포의 세포 주기를, (나)는 이 체세포를 배양한 후 세포당 DNA 양에 따른 세포 수를 나타낸 것이다. ㉠과 ㉡은 각각 G_1기와 G_2기 중 하나이다.

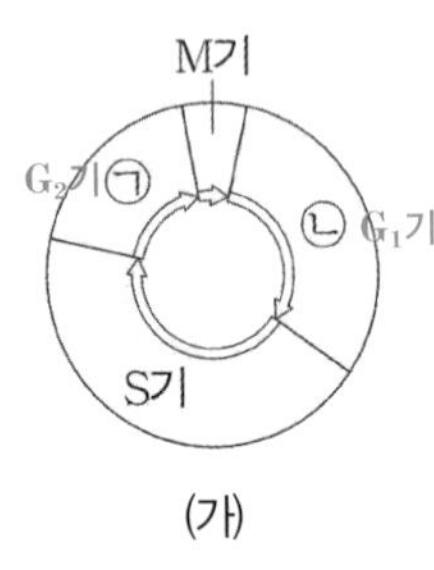

(가)

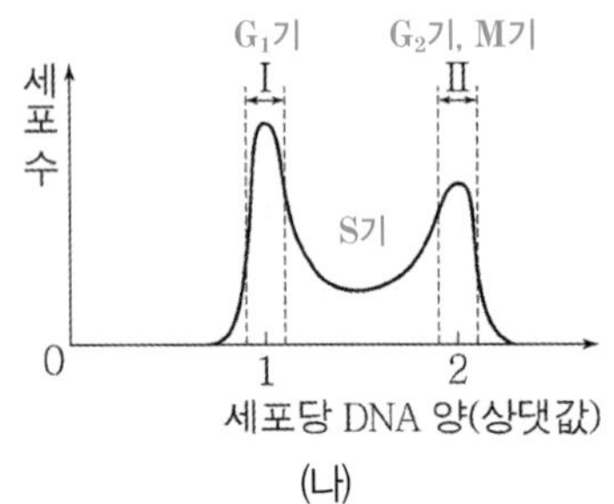

(나)

이에 대한 옳은 설명만을 〈보기〉에서 있는 대로 고른 것은? (단, 돌연변이는 고려하지 않는다.)

[보기]

ㄱ. ㉡은 G_1기이다.
→ ㉡은 M기 다음 S기 전에 오는 시기이므로 G_1기임

ㄴ. 구간 Ⅰ에는 ㉠ 시기의 세포가 있다.
→ 구간 Ⅰ에는 ㉡ 시기의 세포가 있음

ㄷ. 구간 Ⅱ에는 ~~2가 염색체~~를 갖는 세포가 있다.
→ 구간 Ⅱ에는 염색 분체 2개로 이루어진 염색체가 있음

① ㄱ ② ㄴ ③ ㄱ, ㄷ ④ ㄴ, ㄷ ⑤ ㄱ, ㄴ, ㄷ

| 문제+자료 분석 |

- ㉠(G_2기): 분열에 필요한 물질을 합성하고, 분열을 준비하는 시기
- ㉡(G_1기): 세포를 구성하는 물질을 합성하고, 세포 소기관의 수를 늘리는 시기
- Ⅰ: 세포당 DNA량이 1인 시기(G_1기)
- **Ⅰ과 Ⅱ 사이**: 세포당 DNA량이 1~2인 시기(S기)
- Ⅱ: 세포당 DNA량이 2인 시기(G_2기, M기가 진행 중인 세포)

| 보기 분석 |

ㄱ. 체세포의 세포 주기는 크게 간기와 분열기로 나뉘는데 G_1기−S기−G_2기−M기 순으로 진행된다. 따라서 M기가 끝나고 S기가 오기 전에 위치한 ㉡은 G_1기이다.

ㄴ. 구간 Ⅰ은 세포당 DNA량이 1인 시기로 DNA를 복제하기 전인 G_1기(㉡) 시기의 세포와 분열기의 세포 중 세포질 분열이 종료된 시점의 세포들이 존재한다.

ㄷ. 체세포 분열이므로 구간 Ⅱ에는 염색 분체 2개로 이루어진 염색체가 존재한다. 2가 염색체는 감수 1분열 전기와 중기의 세포에서만 관찰된다.

* 세포 주기

G_1기	세포를 구성하는 물질을 합성하고, 세포 소기관의 수를 늘리는 시기
S기	DNA를 복제하는 시기(DNA 상대량이 2배로 증가하는 시기)
G_2기	분열에 필요한 물질을 합성하고, 분열을 준비하는 시기
M기	핵분열과 세포질 분열이 일어나 DNA가 2개의 딸세포로 나뉘어 들어가는 시기, 전기−중기−후기−말기로 구분(DNA 상대량이 반감되는 시기)

J 52 정답 ④ * 세포 주기와 염색체의 구조 [정답률 86%] 2020 대비 수능 5

그림 (가)는 사람의 체세포를 배양한 후 세포당 DNA양에 따른 세포 수를, (나)는 사람의 체세포에 있는 염색체의 구조를 나타낸 것이다.

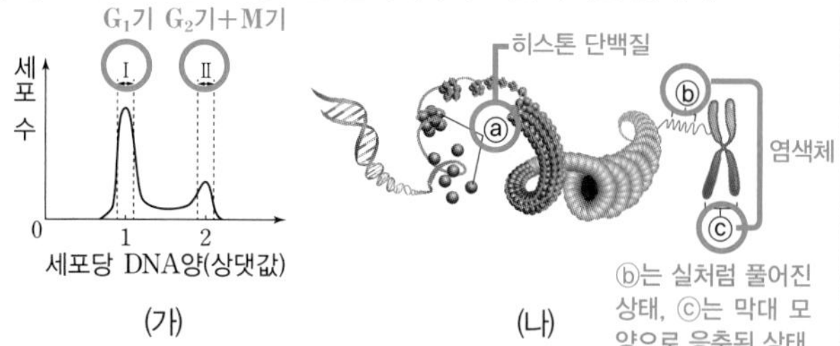

(가) (나)

이에 대한 설명으로 옳은 것만을 <보기>에서 있는 대로 고른 것은?

[보기]

ㄱ. 구간 Ⅰ에 ⓐ가 들어 있는 세포가 있다.
→ ⓐ는 히스톤 단백질로, 모든 구간의 세포에 존재함

ㄴ. 구간 Ⅱ에 ⓑ가 ⓒ로 응축되는 시기의 세포가 있다.
→ 염색체가 막대 모양으로 응축되는 전기의 세포는 구간 Ⅱ에 존재함

ㄷ. 핵막을 갖는 세포의 수는 구간 Ⅱ에서가 구간 Ⅰ에서보다 많다. → 핵막을 갖는 세포의 수는 구간 Ⅰ에서 더 많음

① ㄱ ② ㄴ ③ ㄷ ④ ㄱ, ㄴ ⑤ ㄱ, ㄷ

| 문제+자료 분석 |

- (가): 간기는 G_1기, S기, G_2기로 구성되며, S기에 DNA가 복제된다.
- (나): 사람의 염색체는 DNA와 히스톤 단백질로 이루어져 있으며, 간기에 실 모양으로 풀어져 있다가 분열기에 막대 모양으로 응축된다.

| 보기 분석 |

ㄱ. ⓐ는 히스톤 단백질이다. 세포 주기의 어떤 시기에서든 세포 내에 DNA와 단백질은 존재한다.

ㄴ. ⓑ는 염색체가 실 모양으로 풀어진 상태이며, ⓒ는 염색체가 막대 모양으로 응축된 상태이다.
구간 Ⅱ에서 세포당 DNA양이 2이므로 DNA가 복제된 이후인 G_2기와 M기(분열기)의 세포가 이 구간에 속한다. 분열기 중 전기에 염색체가 막대 모양으로 응축되며, 이 시기의 세포는 구간 Ⅱ에 속한다.

ㄷ. 구간 Ⅰ에 G_1기의 세포가 존재하며, 구간 Ⅱ에 G_2기와 M기의 세포가 존재한다. G_1기의 세포는 핵막을 가지므로 구간 Ⅰ의 모든 세포는 핵막을 가진다. 구간 Ⅱ의 세포 중 G_2기의 세포는 핵막을 가지지만, M기의 세포는 핵막을 가지지 않는다. 주의
따라서 핵막을 가지는 세포의 수는 구간 Ⅱ에서보다 구간 Ⅰ에서 더 많다.

J 53 정답 ④ * 세포 주기 [정답률 81%] 2023 대비 9월 모평 6

다음은 세포 주기에 대한 실험이다.

[실험 과정 및 결과]

(가) 어떤 동물의 체세포를 배양하여 집단 A와 B로 나눈다.

(나) A와 B 중 B에만 G_1기에서 S기로의 전환을 억제하는 물질을 처리하고, 두 집단을 동일한 조건에서 일정 시간 동안 배양한다.

(다) 두 집단에서 같은 수의 세포를 동시에 고정한 후, 각 집단의 세포당 DNA 양에 따른 세포 수를 나타낸 결과는 그림과 같다.

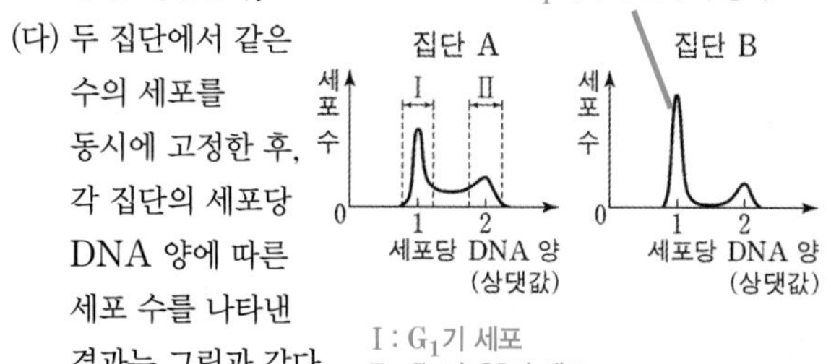

이에 대한 설명으로 옳은 것만을 <보기>에서 있는 대로 고른 것은?

[보기]

ㄱ. (다)에서 $\frac{\text{S기 세포 수}}{G_1\text{기 세포 수}}$는 A에서가 B에서보다 작다.
(다)에서 $\frac{\text{S기 세포 수}}{G_1\text{기 세포 수}}$는 A에서가 B에서보다 큼

ㄴ. 구간 Ⅰ에는 뉴클레오솜을 갖는 세포가 있다.
모든 구간에 뉴클레오솜을 갖는 세포가 있음

ㄷ. 구간 Ⅱ에는 핵막을 갖는 세포가 있다.
구간 Ⅱ에는 핵막을 갖는 G_2기 세포가 있음

① ㄱ ② ㄷ ③ ㄱ, ㄴ ④ ㄴ, ㄷ ⑤ ㄱ, ㄴ, ㄷ

| 문제+자료 분석 |

- 집단 A: 세포당 DNA 상대량이 1인 Ⅰ에는 G_1기 세포가 있으며 세포당 DNA 상대량이 2인 Ⅱ에는 G_2기 세포와 M기 세포가 있다. 세포당 DNA 상대량이 1과 2 사이에는 복제 중인 S기 세포가 있다.
- 집단 B: G_1기에서 S기로의 전환을 억제하는 물질을 처리하여 세포당 DNA 상대량이 1인 세포(G_1기 세포)의 수가 크게 증가했으며 세포당 DNA 상대량이 1과 2 사이인 S기 세포의 수가 0에 가깝게 감소했다.

| 보기 분석 |

ㄱ. (다)의 집단 B에서는 G_1기 세포 수가 증가하고 S기 세포 수가 감소했으므로 $\frac{\text{S기 세포 수}}{G_1\text{기 세포 수}}$는 A에서가 B에서보다 크다.

ㄴ. 뉴클레오솜은 염색체에서 DNA가 히스톤 단백질을 감아 형성된 구조로 염색사와 염색체에 모두 존재한다. 주의
따라서 구간 Ⅰ을 포함한 모든 구간에 뉴클레오솜을 갖는 세포가 있다.

ㄷ. 간기(G_1기, S기, G_2기)에는 핵막이 있고, 핵막은 분열기(M기) 전기에 사라졌다가 분열기(M기) 말기에 다시 나타난다. 따라서 구간 Ⅱ에는 G_2기 세포 또는 M기 세포가 있으므로 핵막을 갖는 세포와 핵막을 갖지 않는 세포가 모두 있다.

* 세포 주기에서 핵막과 뉴클레오솜 유무

구분	핵막	뉴클레오솜
G_1기	있음	있음
S기	있음	있음
G_2기	있음	있음
M기(분열기)	소실된 후 형성됨	있음

J

J 54 정답 ① * 세포 주기 [정답률 77%] 2021 실시 10월 학평 5

그림은 어떤 동물의 체세포 (가)를 일정 시간 동안 배양한 세포 집단에서 세포당 DNA 양에 따른 세포 수를 나타낸 것이다.

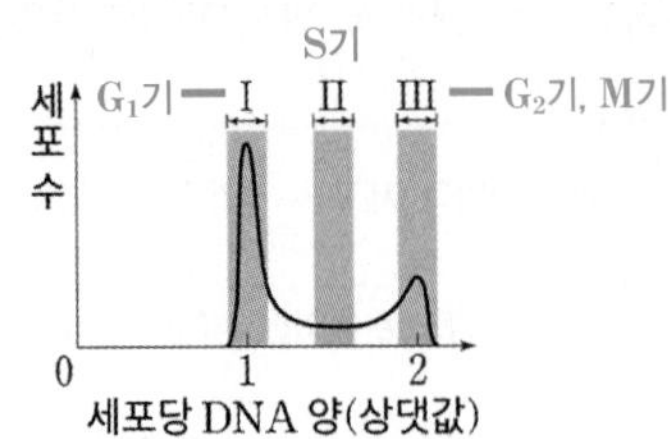

구간 Ⅰ의 세포 수가 많은 것은 세포 주기 중 G_1기가 길기 때문

이에 대한 설명으로 옳은 것만을 〈보기〉에서 있는 대로 고른 것은?

[보기]

ㄱ. 구간 Ⅰ에 핵막을 갖는 세포가 있다.
→ 구간 Ⅰ에 핵막을 갖는 G_1기의 세포가 있음

ㄴ. (가)의 세포 주기에서 G_2기가 G_1기보다 길다.
→ G_1기가 G_2기보다 길어서 세포 수가 많음

ㄷ. 동원체에 방추사가 결합한 세포 수는 구간 Ⅱ에서가 구간 Ⅲ에서보다 많다.
→ 동원체에 방추사가 결합한 세포는 M기의 세포로 구간 Ⅲ에서가 구간 Ⅱ에서보다 많음

① ㄱ ② ㄴ ③ ㄱ, ㄷ ④ ㄴ, ㄷ ⑤ ㄱ, ㄴ, ㄷ

| 문제+자료 분석 |

- G_1기: 세포를 구성하는 물질과 세포 소기관의 수를 늘리면서 세포의 생장이 일어나는 시기다. DNA가 복제되기 전이기 때문에 세포당 DNA 양(상댓값)이 1인 구간 Ⅰ의 세포들이 이 시기에 해당한다.
- S기: DNA가 복제되는 시기로 복제 정도에 따라 세포당 DNA 양(상댓값)이 1과 2 사이의 값을 가진다. 구간 Ⅱ의 세포들이 이 시기에 해당한다.
- G_2기: 방추사를 구성하는 단백질을 합성하고, 세포가 생장하면서 세포 분열을 준비하는 시기다. DNA가 복제된 후이기 때문에 세포당 DNA 양(상댓값)이 2인 구간 Ⅲ의 세포들이 이 시기에 해당한다.
- M기(분열기): 염색체를 관찰할 수 있으며 동원체에 방추사가 결합하여 양극으로 염색 분체가 나뉘는 시기다. 세포질 분열이 끝나기 전까지는 세포당 DNA 양(상댓값)이 2이므로 구간 Ⅲ의 세포들이 이 시기에 해당한다.

| 보기 분석 |

ㄱ. 구간 Ⅰ의 세포들은 G_1기에 해당하는 세포들로 핵막이 분해되기 전이다. 구간 Ⅰ에 핵막을 가지는 세포가 있다.

ㄴ. 구간 Ⅰ의 세포들이 구간 Ⅲ의 세포보다 많이 관찰되는 것은 구간 Ⅰ에 해당하는 시기가 길기 때문이다. (가)의 세포 주기에서 G_1기가 G_2기보다 길다. 함정

ㄷ. 동원체에 방추사가 결합한 세포는 세포질 분열이 끝나기 전의 M기의 세포로 구간 Ⅲ에서만 관찰된다. 구간 Ⅱ의 세포들은 동원체에 방추사가 결합되어 있지 않으므로 동원체에 방추사가 결합한 세포 수는 구간 Ⅲ에서가 구간 Ⅱ에서보다 많다.

J 55 정답 ③ * 세포 주기 [정답률 77%] 2020 실시 10월 학평 6

그림은 사람의 어떤 체세포를 배양하여 얻은 세포 집단에서 세포당 DNA 양에 따른 세포 수를 나타낸 것이다.

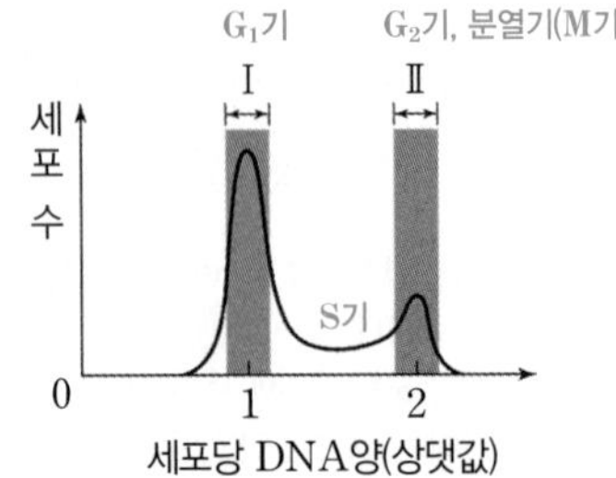

이에 대한 옳은 설명만을 〈보기〉에서 있는 대로 고른 것은? (3점)

[보기]

ㄱ. 구간 Ⅱ의 세포 중 방추사가 형성된 세포가 있다.
→ 구간 Ⅱ에는 분열기의 세포가 있으므로 구간 Ⅱ에 방추사가 형성된 세포가 있다.

ㄴ. 이 체세포의 세포 주기에서 G_1기가 G_2기보다 길다.
→ 구간 Ⅰ의 세포 수가 구간 Ⅱ의 세포 수보다 많으므로 이 체세포의 세포 주기에서 G_1기가 G_2기보다 길다.

ㄷ. 핵막이 소실된 세포는 구간 Ⅰ에서가 구간 Ⅱ에서보다 많다.
→ 핵막의 소실은 분열기의 전기에 일어난다. 구간 Ⅰ에는 G_1기 세포가 있고, 구간 Ⅱ에는 G_2기와 분열기(M기) 세포가 있으므로 핵막이 소실된 세포는 구간 Ⅱ에서가 구간 Ⅰ에서보다 많다.

① ㄱ ② ㄷ ③ ㄱ, ㄴ ④ ㄴ, ㄷ ⑤ ㄱ, ㄴ, ㄷ

| 문제+자료 분석 |

- Ⅰ: G_1기의 세포가 있으며, G_1기에는 세포 생장, 세포 소기관의 수가 증가한다.
- S기: DNA가 복제되는 시기이다.
- Ⅱ: G_2기, M기의 세포가 있으며, G_2기에는 방추사를 구성하는 단백질이 합성된다.

| 보기 분석 |

ㄱ. 구간 Ⅱ에는 G_2기와 분열기(M기)의 세포가 있다. 세포 주기 중 방추사가 형성된 세포는 전기, 중기, 후기의 세포이다. 따라서 구간 Ⅱ의 세포 중 방추사가 형성된 세포가 존재한다.

ㄴ. G_1기 세포는 구간 Ⅰ에, G_2기 세포는 구간 Ⅱ에 존재한다. 구간 Ⅰ에 해당하는 세포 수가 구간 Ⅱ에 해당하는 세포 수보다 많으므로 G_1기가 G_2기보다 길다.

ㄷ. 핵막은 분열기 전기에서 소실되어 분열기 말기에서 다시 형성된다. 즉, 세포는 분열기 전기, 중기, 후기일 때 핵막이 없다.
구간 Ⅰ에는 핵막이 소실된 세포가 존재하지 않는다. 따라서 핵막이 소실된 세포는 구간 Ⅱ에서가 구간 Ⅰ에서보다 많다.

* 분열기(M기)
  - 전기: 응축된 염색체 형성, 핵막과 인 소실, 방추사 형성
  - 중기: 염색체가 가운데로 배열, 핵형 분석하기 유용
  - 후기: 염색 분체가 분리되어 양극으로 이동
  - 말기: 딸세포 형성, 염색체 소실, 핵막과 인 형성

다음은 세포 주기에 대한 실험이다.

[실험 과정 및 결과]
(가) 어떤 동물의 체세포를 배양하여 집단 A~C로 나눈다.
(나) B에는 S기에서 G_2기로의 전환을 억제하는 물질 X를, C에는 G_1기에서 S기로의 전환을 억제하는 물질 Y를 각각 처리하고, A~C를 동일한 조건에서 일정 시간 동안 배양한다.
(다) 세 집단에서 같은 수의 세포를 동시에 고정한 후, 각 집단의 세포당 DNA양에 따른 세포 수를 나타낸 결과는 그림과 같다.

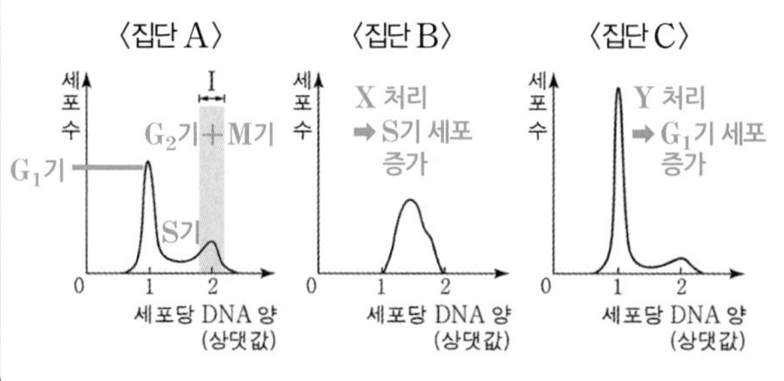

이에 대한 설명으로 옳은 것만을 〈보기〉에서 있는 대로 고른 것은? (3점)

[보기]

ㄱ. 구간 Ⅰ에 간기의 세포가 있다. 구간 Ⅰ에 간기 중 G_2기 세포가 있음
ㄴ. (다)에서 S기 세포 수는 A에서가 B에서보다 많다. S기 세포 수는 B에서가 A에서보다 많음
ㄷ. (다)에서 $\frac{G_2\text{기 세포 수}}{G_1\text{기 세포 수}}$는 A에서가 C에서보다 크다. (다)에서 $\frac{G_2\text{기 세포 수}}{G_1\text{기 세포 수}}$는 A에서가 C에서보다 큼

① ㄱ ② ㄴ ③ ㄷ ④ ㄱ, ㄷ ⑤ ㄴ, ㄷ

| 문제+자료 분석 |

- **집단 A**: 세포당 DNA양이 1인 세포는 DNA 복제 전이므로 G_1기에 해당하고, 세포당 DNA양이 1과 2 사이의 세포는 DNA가 복제 중이므로 S기에 해당한다. 세포당 DNA양이 2인 구간 Ⅰ은 DNA 복제 후이므로 G_2기와 분열기(M기)의 세포가 존재한다.
- **집단 B**: X를 처리하여 S기에서 G_2기로의 전환이 억제되므로 집단 A보다 S기 세포의 수가 더 많다.
- **집단 C**: Y를 처리하여 G_1기에서 S기로의 전환이 억제되므로 집단 A보다 G_1기 세포의 수가 더 많다.

| 보기 분석 |

ㄱ. 구간 Ⅰ에는 간기 중 G_2기 세포와 분열기(M기) 세포가 존재하므로 간기에 해당하는 세포가 있다.
ㄴ. B는 X를 처리하여 S기에서 G_2기로의 전환이 억제되므로 S기 세포 수가 A보다 더 많다.
ㄷ. C는 Y를 처리하여 G_1기에서 S기로의 전환이 억제되므로 A보다 G_1기 세포의 수가 더 많고, G_2기 세포의 수는 더 적다. 따라서 $\frac{G_2\text{기 세포 수}}{G_1\text{기 세포 수}}$는 A에서가 C에서보다 더 크다.

문제 풀이 꿀팁

- G_1기에서 S기로의 전환을 억제 → G_1기의 세포 수 증가
- S기에서 G_2기로의 전환을 억제 → S기의 세포 수 증가
- 방추사의 형성을 억제 → 분열기(M기)의 세포 수 증가

J 57 정답 ② * 핵형과 핵상 ······ ✪ 고난도 [① 11% ② 41% ③ 24% ④ 13% ⑤ 8%] 2024 실시 5월 학평 16

어떤 동물 종($2n=6$)의 유전 형질 ㉮는 2쌍의 대립유전자 A와 a, B와 b에 의해 결정된다. 표는 이 동물 종의 개체 P와 Q의 세포 Ⅰ~Ⅳ에서 대립유전자 ㉠~㉣의 DNA 상대량을, 그림은 세포 (가)와 (나) 각각에 들어 있는 모든 염색체를 나타낸 것이다. (가)와 (나)는 각각 Ⅰ~Ⅳ 중 하나이고, ㉠~㉣은 A, a, B, b를 순서 없이 나타낸 것이다. P는 수컷이고 성염색체는 XY이며, Q는 암컷이고 성염색체는 XX이다.

세포	DNA 상대량			
	㉠ b	㉡ a	㉢ A	㉣ B
Ⅰ P	0	0	? 1	1
Ⅱ Q	1	? 1	0	0
Ⅲ P	0	0	4	2
Ⅳ Q	? 2	1	1	0

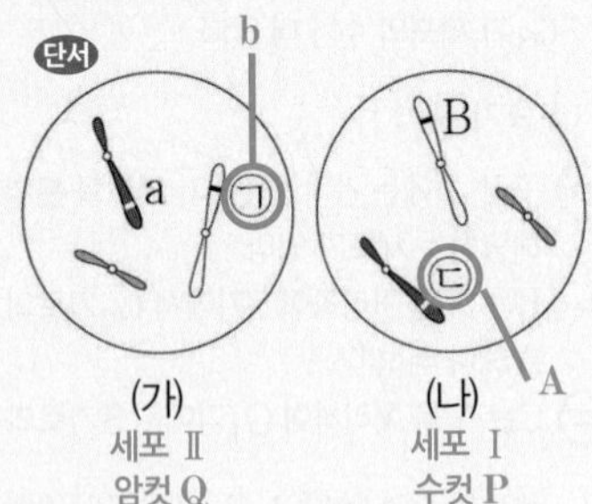

(가) 세포 Ⅱ 암컷 Q   (나) 세포 Ⅰ 수컷 P

이에 대한 설명으로 옳은 것만을 〈보기〉에서 있는 대로 고른 것은? (단, 돌연변이와 교차는 고려하지 않으며, A, a, B, b 각각의 1개당 DNA 상대량은 1이다.)

[보기]

ㄱ. (가)는 P의 세포이다.
Q의 유전자형은 Aabb이므로 (가)는 세포 Ⅱ이며, 암컷인 Q의 세포임

ㄴ. Ⅳ에 B가 있다.
Ⅳ의 핵상은 $2n$이고 암컷 Q의 세포이다. ㉣은 B이므로 Ⅳ에는 B가 존재하지 않음

ㄷ. Ⅲ과 Ⅳ의 핵상은 같다.
유전자형이 Ⅲ은 AABY이고, Ⅳ는 Aabb이며 Ⅲ과 Ⅳ 모두 핵상이 $2n$인 세포임

① ㄱ ② ㄷ ③ ㄱ, ㄴ ④ ㄴ, ㄷ ⑤ ㄱ, ㄴ, ㄷ

단서+발상

단서 $2n=6$인 수컷 P, 암컷 Q의 세포 Ⅰ~Ⅳ에서 대립유전자 ㉠~㉣의 DNA 상대량, 핵상이 n인 세포 (가)와 (나)의 핵형이 제시되어 있다.

발상 세포 Ⅲ에서 ㉠=0, ㉡=0, ㉢=4, ㉣=2임을 통해 핵상은 $2n$, XY를 갖는 수컷의 세포이며 ㉢은 상염색체에 존재하는 유전자, ㉣은 X 염색체에 존재하는 유전자임을 추론할 수 있다.

적용 감수 분열 시 상동 염색체가 분리되어 염색체 수가 절반으로 줄어들고 1쌍의 대립유전자가 나누어지는 개념을 적용하여 세포 Ⅰ~Ⅳ의 핵상과 ㉠~㉣의 대립유전자 관계를 파악해야 한다.

| 문제 해결 과정 |

step 1 ㉠~㉣의 대립유전자 관계 파악하기

- 세포 (가)와 (나)는 모두 핵상과 염색체 수가 $n=3$인 세포이다.
(가)에서 a가 존재하는 염색체와 (나)에서 ㉢이 존재하는 염색체는 크기와 모양이 같은 상동 염색체이므로 ㉢은 A 또는 a이다.
(가)에서 ㉠이 존재하는 염색체와 (나)에서 B가 존재하는 염색체는 크기와 모양이 같은 상동 염색체이므로 ㉠은 B 또는 b이다.
➡ ㉢과 ㉠은 대립유전자가 아니다.
- 세포 Ⅲ에서 ㉢의 DNA 상대량은 4이고, ㉣의 DNA 상대량은 2이므로 Ⅲ의 핵상은 $2n$이며, XY 염색체를 갖는 수컷 P의 세포이다.
㉢(A 또는 a)은 상염색체에 존재하는 유전자이며, ㉣은 X 염색체에 존재하는 유전자이다.
P의 유전자형은 ㉢㉢㉣Y이고, ㉢과 ㉣은 대립유전자가 아니므로, ㉠과 ㉣은 X 염색체에 존재하는 대립유전자(B 또는 b)이고, ㉡과 ㉢은 상염색체에 존재하는 대립유전자(A 또는 a)이다.

step 2 ㉠~㉣과 Ⅰ~Ⅳ의 유전자 파악하기

- 세포 Ⅳ에서 상염색체의 대립유전자인 ㉡과 ㉢(A 또는 a)의 값이 모두 1이므로 Ⅳ의 핵상은 $2n$이고 P가 가지고 있지 않은 ㉡을 갖고 있으므로 암컷 Q의 세포이다. 함정
Ⅳ는 핵상이 $2n$인 암컷 세포이므로 ㉠의 값은 2이고 유전자형은 ㉡㉢㉠㉠이다.
- ㉣이 존재하는 Ⅰ은 P의 세포이고, ㉠이 존재하는 Ⅱ는 Q의 세포이다. 핵상이 n인 세포 (나)에서 ㉢과 B가 존재하므로 (나)는 세포 Ⅰ이고, ㉣은 B이다. (가)는 세포 Ⅱ이고, ㉠은 b이며, ㉡은 a이다. 따라서 ㉢은 A이다.

| 보기 분석 |

ㄱ. (가)는 P의 세포이다. (×)
- Ⅳ에서 상염색체의 대립유전자인 ㉡과 ㉢의 값이 모두 1이므로 Ⅳ의 핵상은 $2n$이고 암컷 Q의 세포이다.
따라서 X 염색체에 존재하는 대립유전자 ㉠은 b이고, ㉣은 B이다.
- 상염색체에 존재하는 ㉡은 a이고, ㉢은 A이다.
P의 유전자형은 AABY이고, Q의 유전자형은 Aabb이므로 a와 b가 존재하는 (가)는 세포 Ⅱ이며, 암컷인 Q의 세포이다.

ㄴ. Ⅳ에 B가 있다. (×)
- step 2 에 의해 Ⅳ의 핵상은 $2n$이고 암컷 Q의 세포이다.
㉣은 B이므로 Ⅳ에는 B가 존재하지 않는다.

ㄷ. Ⅲ과 Ⅳ의 핵상은 같다. (○)
- ㉠과 ㉣은 X 염색체에 존재하는 대립유전자이고, ㉡과 ㉢은 상염색체에 존재하는 대립유전자이다.
Ⅲ에서 ㉢의 DNA 상대량은 4이고, ㉣의 DNA 상대량은 2이므로 Ⅲ의 핵상은 $2n$이며, XY 염색체를 갖는 수컷 P의 세포이다.
Ⅳ에서 상염색체의 대립유전자인 ㉡과 ㉢의 값이 모두 1이므로 Ⅳ의 핵상은 $2n$이고 P가 가지고 있지 않은 ㉡을 가지고 있으므로 암컷 Q의 세포이다.
Ⅲ과 Ⅳ의 핵상은 $2n$으로 같다.

✪ 정답은 ② ㄷ이다.

왜 틀렸나?

핵상이 n인 세포는 상동 염색체가 나누어져 핵상이 $2n$일 때 함께 존재하던 대립유전자가 분리되어 있다.

세포 Ⅳ에서 상염색체의 대립유전자인 ㉡과 ㉢의 값이 1이므로 Ⅳ는 상동 염색체가 분리되기 전인 핵상이 $2n$인 세포임을 파악해야 한다.

J 58 정답 ⑤ ······ [정답률 52%] ✪ 고난도

그림은 세포 (가)~(마) 각각에 들어 있는 모든 염색체를 나타낸 것이다. (가)~(마)는 각각 서로 다른 개체 A, B, C의 세포 중 하나이다. A와 B는 같은 종이고, B와 C는 수컷이다. A~C는 $2n=8$이며, A~C의 성염색체는 암컷이 XX, 수컷이 XY이다.

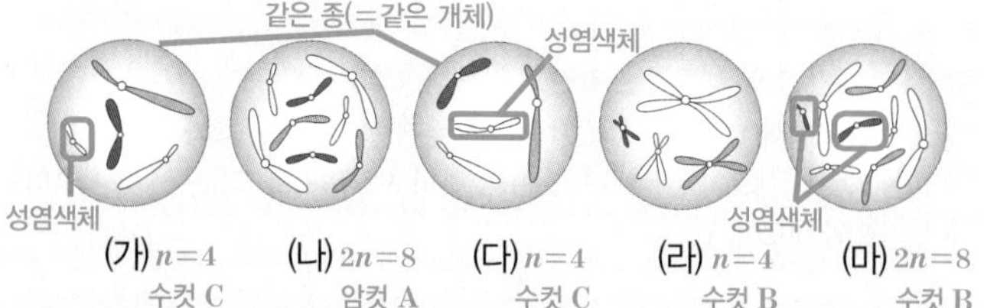

이에 대한 설명으로 옳은 것만을 〈보기〉에서 있는 대로 고른 것은? (단, 돌연변이는 고려하지 않는다.) (3점)

2019 대비 6월 모평 6

[보기]

ㄱ. (라)는 B의 세포이다. → (라)는 수컷이며 A와 같은 종인 B의 세포

ㄴ. (가)와 (다)는 같은 개체의 세포이다. → (가)와 (다)는 모두 수컷인 C의 세포

ㄷ. 세포 1개당 $\frac{\text{X 염색체 수}}{\text{상염색체 수}}$의 값은 (나)가 (마)의 2배이다.

→ 세포 1개당 $\frac{\text{X 염색체 수}}{\text{상염색체 수}}$의 값은 (나)가 $\frac{1}{3}$, (마)가 $\frac{1}{6}$

① ㄱ ② ㄷ ③ ㄱ, ㄴ ④ ㄴ, ㄷ ⑤ ㄱ, ㄴ, ㄷ

단서+발상

단서 A와 B는 같은 종이고, B와 C는 수컷이라는 조건에 주목한다.

발상 성별이 다르면서 같은 종인 두 개체의 세포를 비교하였을 때, 성염색체를 제외한 상염색체의 모양과 크기가 동일하다는 것을 생각한다.

해결 5개의 세포를 비교했을 때, (가)와 (다)의 염색체가 서로 비슷하고, (나), (라), (마)의 염색체가 서로 비슷하다. 이를 통해 (가)와 (다)가 하나의 종을, (나), (라), (마)가 다른 하나의 종임을 파악할 수 있어야 고난도 문제를 해결할 수 있다.

| 문제 해결 과정 |

step 1 같은 종인 세포 찾기

- 두 세포를 비교하였을 때 모든 염색체가 동일할 경우 동일한 종의 세포이다. 다만, 같은 종에서 성별이 다를 경우 한 쌍의 성염색체만 크기와 모양이 다르다.
- (가)와 (다)는 3개의 염색체가 같으며 한 쌍의 염색체에만 차이가 있으므로 같은 종 또는 같은 개체(수컷)의 세포라고 생각할 수 있다.

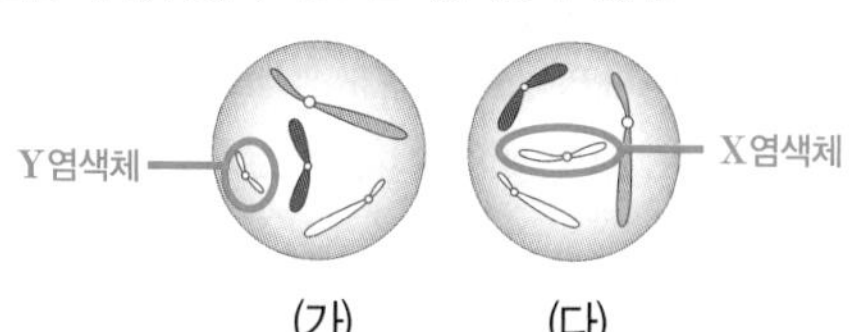

- (나), (라), (마)는 가장 진한 한 쌍의 염색체 외에 다른 세 쌍의 염색체를 공통적으로 포함하고 있다. 따라서 가장 진한 염색체는 성염색체이며, (나), (라), (마)가 하나의 종을, (가), (다)가 하나의 종을 구성한다.

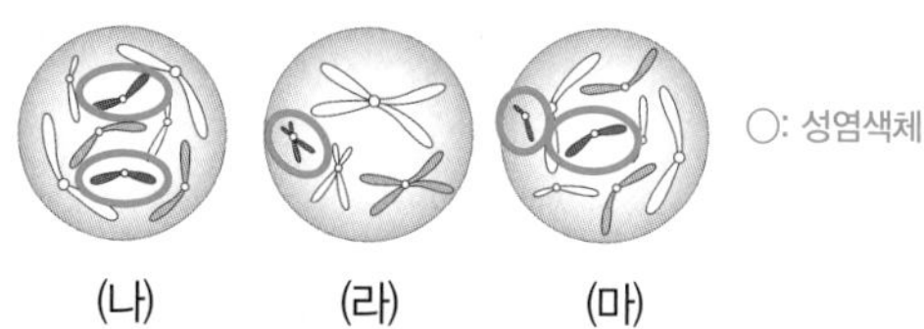

step 2 A의 세포 찾기

- 핵상이 $2n$인 세포에서 모든 상동 염색체의 모양과 크기가 같으면 XX의 성염색체를 가지는 암컷의 세포이다.
- (나)는 상동 염색체가 존재하므로 핵상이 $2n$인 세포이며, (나)의 모든 상동 염색체 쌍의 모양과 크기가 동일한 것으로 보아 (나)는 암컷인 A의 세포이다.

step 3 B, C의 세포 찾기

- (나)는 A의 세포이고, (나), (라), (마)는 같은 종임을 확인했다.
- (라)와 (마)는 (나)와 달리 Y 염색체를 가지고 있으므로 (나)와 성별이 다른 수컷의 세포이다.
- (라)와 (마)는 A와 같은 종인 B의 세포이며, 나머지 (가)와 (다)는 C의 세포이다.

| 보기 분석 |

ㄱ. (라)는 B의 세포이다. (○)

- (나)는 4쌍이 모두 크기와 모양이 같은 염색체 쌍으로 구성되어 있다. 따라서 (나)는 암컷인 A의 세포라고 판단할 수 있다.
- (나)와 3쌍이 모두 공통적이고, 하나의 염색체만 다른 (라)가 A와 같은 종이며 수컷의 세포인 B의 세포가 된다.

ㄴ. (가)와 (다)는 같은 개체의 세포이다. (○)

- 문제 해결 과정의 step 3를 참고하면 (나), (라), (마)는 같은 종의 세포이므로 나머지 (가)와 (다)가 C의 세포이며, (가)와 (다)는 같은 개체의 세포이다.
- 그림만 보고 (가)와 (다)에서 한 쌍의 염색체가 다르기 때문에 (가)와 (다)가 서로 다른 개체의 세포라고 착각하기 쉽다.
- 같은 종이면서 핵상이 n인 두 세포에서 한 쌍의 염색체가 서로 다를 경우 한 세포는 성염색체로 X를, 다른 세포는 성염색체로 Y를 가질 수 있다는 것을 알아둬야한다.

ㄷ. 세포 1개당 $\frac{\text{X 염색체 수}}{\text{상염색체 수}}$의 값은 (나)가 (마)의 2배이다. (○)

- (나)는 상염색체 수 6개, X 염색체 수 2개이고, (마)는 상염색체 수 6개, X 염색체 수 1개이다.

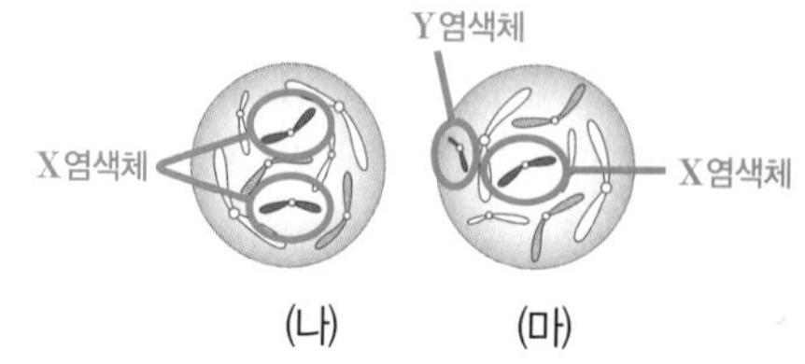

- $\frac{\text{X 염색체 수}}{\text{상염색체 수}}$의 값은 (나)가 $\frac{1}{3}$이고, (마)가 $\frac{1}{6}$이므로 (나)가 (마)의 2배가 된다.

✪ 정답은 ⑤ ㄱ, ㄴ, ㄷ이다.

문제 풀이 Tip

1. 핵상이 $2n$이면 상동 염색체 쌍이 있는 상태이다.
2. 모든 상동 염색체의 모양과 크기가 같으면 XX의 성염색체를 가지는 성별이고, 모양과 크기가 다른 염색체가 있다면 그것이 Y 염색체이다.
3. 두 세포를 비교하였을 때 모든 염색체가 동일할 경우 동일한 종의 세포이다. 다만, 같은 종에서 성별이 다를 경우 한 쌍의 성염색체만 크기와 모양이 다르다.

＊ 핵상과 염색체 수 변화 ······ ✪ 고난도 핵심 개념

DNA 복제 전 체세포($2n$)	DNA가 복제된 체세포($2n$)	감수 분열이 완료된 생식세포(n)
상동 염색체 $2n=4$ 상동 염색체가 2쌍이 있고 염색체는 4개	염색 분체 $2n=4$ DNA가 복제되더라도 염색체 수는 변화가 없다.	$n=2$ 상동 염색체가 없고 염색체는 2개

J 59 정답 ② [정답률 54%] ✪ 고난도

그림은 같은 종인 동물($2n=6$) Ⅰ과 Ⅱ의 세포 (가)~(라) 각각에 들어 있는 모든 염색체를 나타낸 것이다. (가)~(라) 중 1개만 Ⅰ의 세포이며, 나머지는 Ⅱ의 G_1기 세포로부터 생식세포가 형성되는 과정에서 나타나는 세포이다. 이 동물의 성염색체는 암컷이 XX, 수컷이 XY이다.

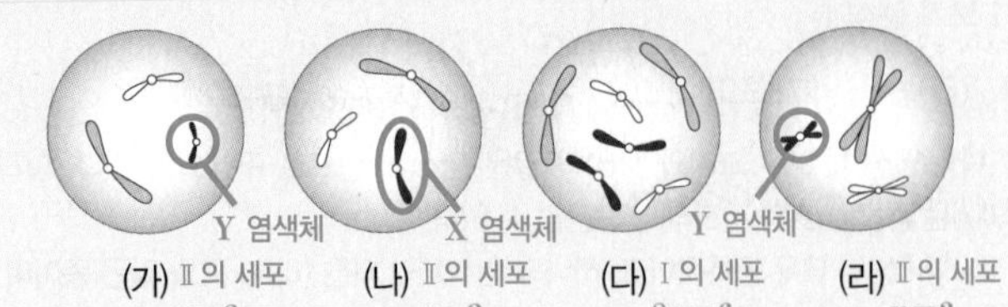

이에 대한 설명으로 옳은 것만을 〈보기〉에서 있는 대로 고른 것은? (단, 돌연변이는 고려하지 않는다.) 2019 대비 수능 5

[보기]

ㄱ. (가)는 세포 주기의 S기를 거쳐 (라)가 된다.
→ (가)는 생식세포이므로 (라)와 같이 될 수 없음

ㄴ. (나)와 (라)의 핵상은 같다.
→ (나)와 (라)는 모두 n인 상태

ㄷ. (다)는 Ⅱ의 세포이다.
→ (다)만 Ⅰ의 세포이고, 나머지는 모두 수컷 Ⅱ의 세포

① ㄱ ② ㄴ ③ ㄷ
④ ㄱ, ㄴ ⑤ ㄴ, ㄷ

단서+발상

단서 Ⅰ과 Ⅱ는 같은 종이고, (가)~(라) 중 1개만 Ⅰ의 세포라는 것에 주목한다.

발상 같은 종인 두 동물의 세포를 구분하기 위해선 Ⅰ과 Ⅱ의 성별이 서로 다를 것이라는 것을 생각한다.

해결 핵상이 $2n$인 (다)는 암컷의 세포인데 (가)와 (라)는 (다)와 달리 검은색의 작은 염색체가 있으므로 수컷의 세포이다. 따라서 Ⅰ의 세포가 (다)이며, Ⅰ이 암컷임을 파악할 수 있어야 고난도 문제를 해결할 수 있다.

| 문제 해결 과정 |

step 1 암컷의 체세포 찾기

- 체세포는 모든 염색체가 상동 염색체 쌍을 이루고 있으므로 $2n$으로 표시한다.
- 문제에서 $2n=6$인 동물이라고 하였으므로 (다)는 체세포의 구성임을 알 수 있다.
- 핵상이 $2n$인 세포에서 모든 상동 염색체의 모양과 크기가 같으면 성염색체로 XX의 성염색체를 가지는 암컷의 세포이다.
- 따라서 (다)의 모든 염색체는 쌍을 이루며 모양과 크기가 일치하기 때문에 (다)는 암컷의 체세포이다.

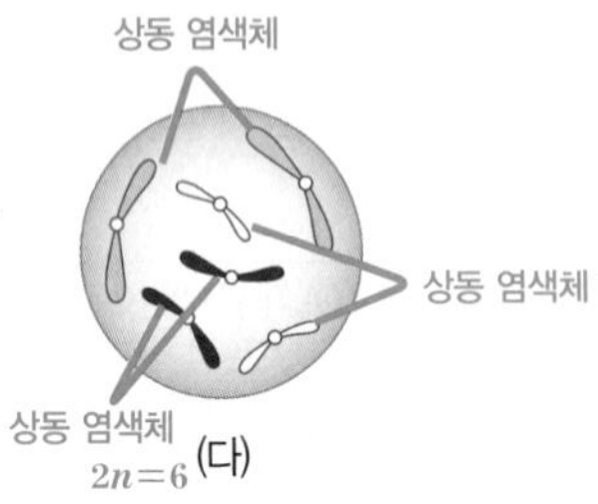

step 2 검은색 염색체의 크기 비교를 통해 수컷의 세포 찾기

- (가), (라)에서 검은색 염색체의 크기가 (다)의 검은색 염색체보다 작고 (다)에는 들어 있지 않으므로 (가), (라)의 검은색 염색체가 성염색체 중 Y 염색체임을 알 수 있다.

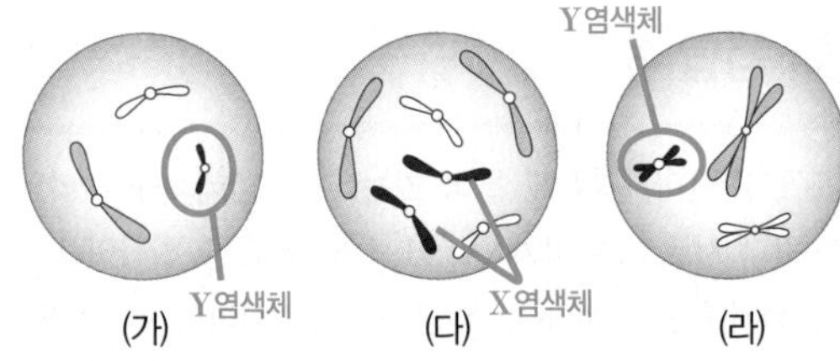

- 즉, (가)와 (라)는 수컷의 세포이다.

step 3 1개만 Ⅰ의 세포라는 조건을 이용해 Ⅰ 찾기

- 문제의 조건에서 1개만 Ⅰ의 세포이고 3개는 Ⅱ의 세포라고 했다.
- (다)는 암컷의 세포이고 (가)와 (라)는 수컷의 세포이므로 (다)는 Ⅰ의 세포이고 (나)는 Ⅱ의 세포이다.

| 보기 분석 |

ㄱ. (가)는 세포 주기의 S기를 거쳐 (라)가 된다. (×)

- 세포 주기의 S기는 DNA 복제가 일어난다. (가)에서 하나의 염색체를 이루는 가닥이 1가닥, (라)에서 하나의 염색체를 이루는 가닥이 2가닥이라고 해서 (가)가 세포 주기의 S기를 거쳐 DNA 복제가 되어 (라)가 된다고 착각해서는 안된다.
- (가)는 감수 2분열이 일어난 세포, (라)는 감수 1분열이 일어난 세포이다. 따라서 (라)에서 (가)로 분열될 수는 있지만 (가)에서 (라)가 되는 것은 불가능하다.

ㄴ. (나)와 (라)의 핵상은 같다. (○)

- 생식세포는 상동 염색체 중 염색체가 1개씩만 있어 염색체가 쌍을 이루고 있지 않으므로 n으로 표시한다.
- 따라서 (나)와 (라)는 상동 염색체 중 1개씩만 있으므로 모두 $n=3$인 상태이다.
- (나)는 감수 2분열까지 완료되어 염색 분체가 나누어진 상태이고, (라)는 감수 1분열 완료 후 상동 염색체가 나누어진 후 염색 분체가 나누어지기 전 상태이다.

ㄷ. (다)는 Ⅱ의 세포이다. (×)

- 문제 해결 과정의 step 3 를 참고하면, (다)는 암컷의 세포이고, (가)와 (라)는 수컷의 세포이다. 문제에서 1개만 Ⅰ의 세포라고 하였으므로 (다)가 Ⅰ의 세포이다.
- Ⅰ은 성염색체가 XX이므로 암컷의 세포이다.
- 나머지 (가), (나), (라)는 Ⅱ(수컷)의 세포가 된다.

✪ 정답은 ② ㄴ이다.

문제 풀이 Tip

1. 핵상이 $2n$이면 상동 염색체 쌍이 있는 상태이다.
2. 모든 상동 염색체의 모양과 크기가 같으면 XX의 성염색체를 가지는 성별이고, 모양과 크기가 다른 염색체가 있다면 그것이 Y 염색체이다.
3. 같은 종에서 성별이 다를 경우 한 쌍의 성염색체만 크기와 모양이 다르다.

＊ 핵상과 염색체 수 변화 ✪ 고난도 핵심 개념

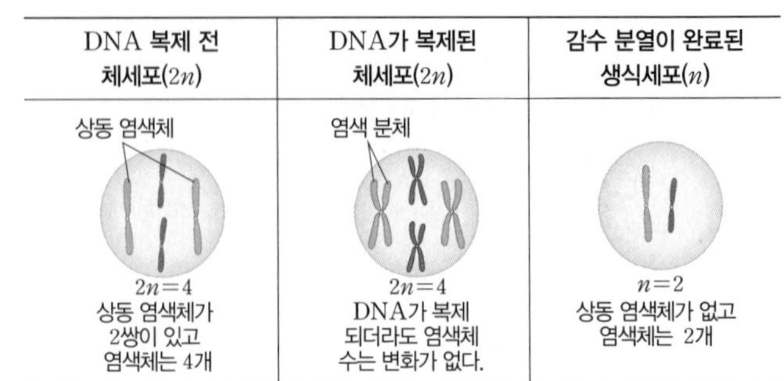

DNA 복제 전 체세포($2n$)	DNA가 복제된 체세포($2n$)	감수 분열이 완료된 생식세포(n)
상동 염색체	염색 분체	
$2n=4$ 상동 염색체가 2쌍이 있고 염색체는 4개	$2n=4$ DNA가 복제 되더라도 염색체 수는 변화가 없다.	$n=2$ 상동 염색체가 없고 염색체는 2개

J 60 정답 ④ [정답률 17%] ✪ 고난도

다음은 핵상이 $2n$인 동물 A~C의 세포 (가)~(라)에 대한 자료이다.

- A와 B는 서로 같은 종이고, B와 C는 서로 다른 종이며, B와 C의 체세포 1개당 염색체 수는 서로 다르다.
  ➡ A, B는 같은 종, C는 다른 종이며 핵형과 핵상 모두 다름
- (가)~(라) 중 2개는 암컷의, 나머지 2개는 수컷의 세포이다. A~C의 성염색체는 암컷이 XX, 수컷이 XY이다.
- 그림은 (가)~(라) 각각에 들어 있는 모든 상염색체와 ㉠을 나타낸 것이다. ㉠은 X 염색체와 Y 염색체 중 하나이다.
  ➡ ㉠을 제외한 나머지 성염색체는 생략됨

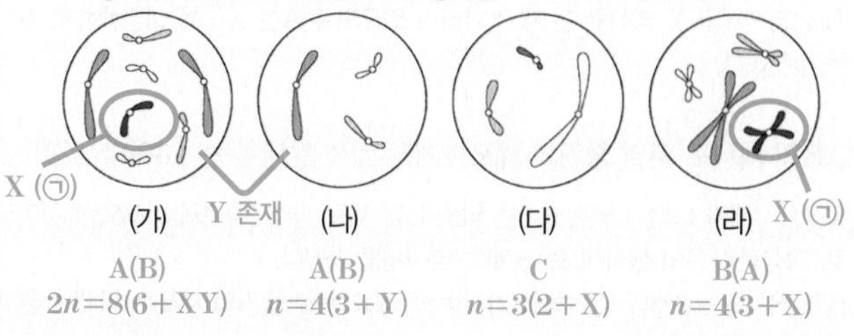

이에 대한 설명으로 옳은 것만을 〈보기〉에서 있는 대로 고른 것은? (단, 돌연변이는 고려하지 않는다.) 2023 대비 수능 16

[보기]

ㄱ. ㉠은 ~~Y 염색체~~이다. ㉠은 X 염색체임

ㄴ. (가)와 (라)는 서로 다른 개체의 세포이다.
(가)는 수컷, (라)는 암컷이므로 서로 다른 개체의 세포임

ㄷ. C의 체세포 분열 중기의 세포 1개당 상염색체의 염색 분체 수는 8이다. C의 체세포의 핵상은 $2n=6$이므로 체세포 분열 중기의 세포 1개당 상염색체는 4개이고, 염색 분체 수는 8개임

① ㄱ ② ㄴ ③ ㄱ, ㄷ ④ ㄴ, ㄷ ⑤ ㄱ, ㄴ, ㄷ

단서+발상

(단서) 'A와 B는 서로 같은 종이고, B와 C는 서로 다른 종이며, B와 C의 체세포 1개당 염색체 수는 서로 다르다.'라는 조건에 주목한다.

(발상) 4개의 세포를 비교했을 때 다른 세포와 비슷하지 않은 염색체를 가지는 세포 (다)가 C라는 것을 생각한다.

(해결) 유일하게 상동 염색체가 제시된 (가)를 통해 A와 B의 체세포 핵상이 $2n=8$임을 파악하였다면 (다)의 핵상은 $n=4$가 될 수 없음을 파악할 수 있어야 고난도 문제를 해결할 수 있다.

| 문제 해결 과정 |

step 1 핵형 분석을 통해 C와 ㉠ 찾기

- (가)의 세포에서 검은색 염색체를 제외한 나머지 염색체는 쌍을 이루고 있으므로 (가)는 핵상이 $2n=8$인 세포이며, 검은색 염색체는 성염색체인 ㉠이다. 또한 (가)가 암컷의 세포라면 ㉠은 X 염색체이므로 2개 존재하거나 또는 ㉠이 없어야 한다. 하지만 그렇지 않으므로 (가)는 수컷의 세포이다.
- (가), (나), (라)는 서로 모양과 크기가 같은 염색체가 있지만 (다)는 (가), (나), (라)와 비슷한 염색체가 없으므로 (다)는 다른 종인 C의 세포이다.

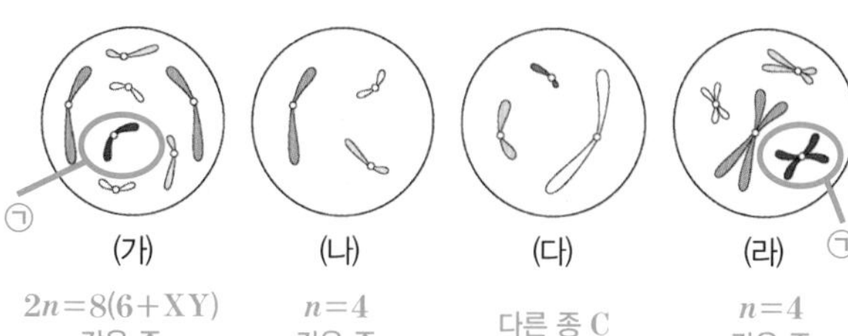

step 2 ㉠이 X 염색체인지 Y 염색체인지 파악하기

- ㉠을 Y 염색체라고 가정하면 (가)와 (라)는 Y를 가지고 있는 수컷의 세포이며, 조건에서 수컷의 세포는 2개이므로 (나)와 (다)는 X 염색체를 가지고 있는 암컷의 세포일 것이다.
- (나)와 (다)는 X 염색체가 생략된 상태이므로 (다)는 X 염색체를 포함하여 4개의 염색체를 갖는다. 하지만 이 경우 (다)의 핵상은 $n=4$가 되므로 B와 C의 체세포 1개당 염색체 수는 서로 다르다는 조건에 모순이다. 따라서 ㉠은 X 염색체이다.

step 3 같은 종의 세포 찾기

- (가)는 X 염색체(㉠)를 하나만 가지고 있으므로 Y 염색체도 존재하는 수컷의 세포이다. (나)는 X 염색체(㉠)가 없으므로 Y 염색체가 존재하는 수컷의 세포이다.
- (가)와 (나)가 수컷이므로 (다)는 X 염색체가 존재하는 암컷의 세포이다. C의 핵상은 $n=3$이고, C의 체세포의 핵상은 $2n=6$이다.
- (라)는 X 염색체가 존재하는 암컷의 세포이다.
- (가), (나), (라)는 같은 종의 세포이지만 (가)와 (나)는 수컷의 세포이고 (라)는 암컷의 세포이므로 (가)와 (나)는 같은 개체의 세포이고, (라)는 다른 개체의 세포이다.

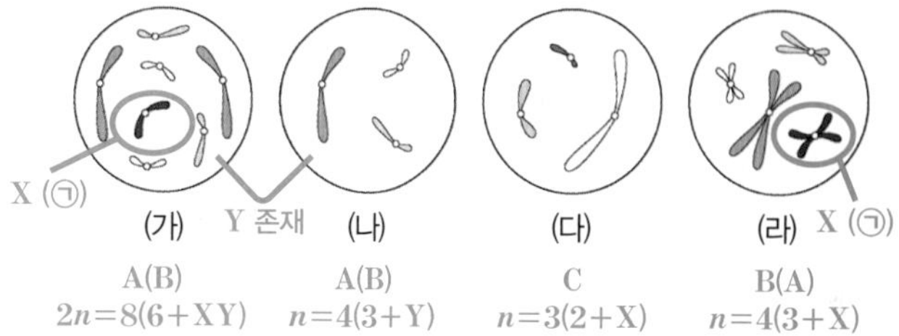

| 보기 분석 |

ㄱ. ㉠은 Y 염색체이다. (×)

- 문제 해결 과정의 step 2를 참고하면, ㉠이 Y 염색체일 경우 (가)와 (라)는 Y를 가지고 있는 수컷의 세포이며, (나)와 (다)는 X 염색체를 가지고 있는 암컷의 세포일 것이다. (나)와 (다)는 X 염색체가 생략된 상태이므로 (다)는 X 염색체를 포함하여 4개의 염색체를 갖는다. 하지만 이 경우 (다)의 핵상은 $n=4$가 되므로 B와 C의 체세포 1개당 염색체 수는 서로 다르다는 조건에 모순이다. 따라서 ㉠은 X 염색체이다.

ㄴ. (가)와 (라)는 서로 다른 개체의 세포이다. (○)

- (가)는 X 염색체(㉠)를 하나만 가지고 있으므로 Y 염색체도 존재하는 수컷의 세포이고, (나)도 Y 염색체가 존재하는 수컷의 세포이다. 수컷 세포는 2개이므로 (라)는 X 염색체가 존재하는 암컷의 세포이다. 따라서 (가)와 (라)는 서로 다른 개체의 세포이다.

ㄷ. C의 체세포 분열 중기의 세포 1개당 상염색체의 염색 분체 수는 8이다. (○)

- (가)와 (나)가 수컷이므로 (다)는 X 염색체가 존재하는 암컷의 세포이다. C의 핵상은 $n=3$이고 C의 체세포의 핵상은 $2n=6(4+XX)$이다. 체세포 분열 중기의 세포 1개당 상염색체는 4개이므로 염색 분체 수는 8개이다.

✪ 정답은 ④ ㄴ, ㄷ이다.

김보겸 | 연세대 지구시스템과학과 2023년 입학 · 광주 서석고졸

㉠이 Y 염색체라 했을 때, 종과 성별 정보로 개체를 구분해 보면 결국 B와 C의 체세포 1개당 염색체 수가 같아지는데 이는 문제 조건에 안 맞지. 이처럼 마지막까지 구했는데 문제 조건에 위배됨을 보여 반대의 case로 돌아갈 수 있게 문제를 만든 점이 포인트였어.

J 61 정답 ④ ······ [정답률 48%] ✪ 고난도

그림은 서로 다른 종인 동물 A($2n$=?)와 B($2n$=?)의 세포 (가)~(다) 각각에 들어 있는 염색체 중 X 염색체를 제외한 나머지 염색체를 모두 나타낸 것이다. (가)~(다) 중 2개는 A의 세포이고, 나머지 1개는 B의 세포이다. A와 B는 성이 다르고, A와 B의 성염색체는 암컷이 XX, 수컷이 XY이다.

A의 세포 (수컷) $n=3$ (X 염색체 제외) / B의 세포 (암컷) $n=4$ (X 염색체 제외) / A의 세포 (수컷) $2n=6$ (X 염색체 제외)

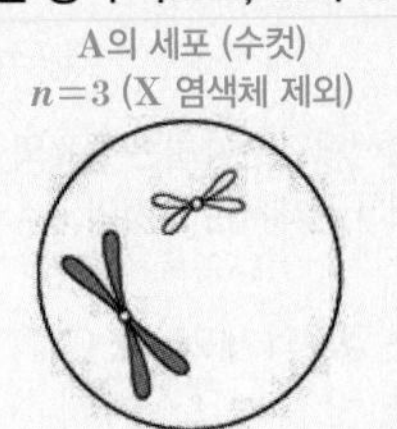
(가)

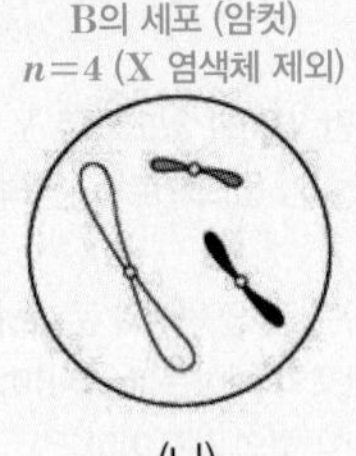
(나)

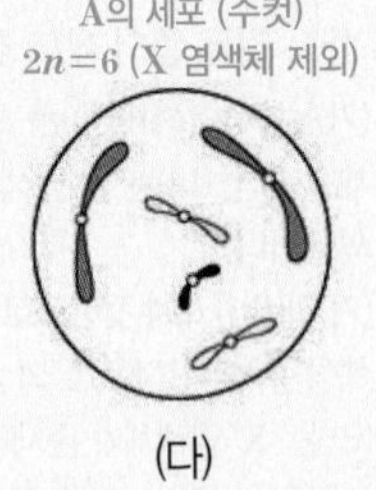
(다)

이에 대한 설명으로 옳은 것만을 〈보기〉에서 있는 대로 고른 것은? (단, 돌연변이는 고려하지 않는다.)

2021 대비 수능 6

[보기]

ㄱ. (가)와 (다)의 핵상은 같다.
→ (가)의 핵상은 n, (다)의 핵상은 $2n$

ㄴ. A는 수컷이다.
→ A는 Y 염색체를 가지는 수컷

ㄷ. B의 체세포 분열 중기의 세포 1개당 염색 분체 수는 16이다.
→ B($2n=8$)의 체세포 분열 중기의 염색 분체 수는 16

① ㄱ ② ㄴ ③ ㄱ, ㄷ
④ ㄴ, ㄷ ⑤ ㄱ, ㄴ, ㄷ

단서+발상

단서 (가)~(다) 중 2개는 A의 세포이고 나머지 1개는 B의 세포라는 것에 주목한다.

발상 3개의 세포를 비교했을 때, 염색체의 모양과 크기가 다른 세포가 B의 세포라는 것을 생각한다.

해결 (나)는 (가), (다)와 달리 염색체의 모양과 크기가 다르므로 (나)가 B의 세포임을 파악할 수 있어야 고난도 문제를 해결할 수 있다.

| 문제 해결 과정 |

step 1 (가)~(다) 중 A, B의 세포 찾기

- (가)~(다) 중 2개는 A의 세포이고 나머지 1개는 B의 세포라고 했으므로, 모양과 크기가 같은 염색체를 가지는 (가)와 (다)가 A의 세포이며 (나)는 B의 세포이다.

step 2 A와 B의 성별 추론

- (다)에는 모양과 크기가 같은 상동 염색체 두 쌍과 쌍을 이루지 않은 염색체 한 개가 나타나 있다.
- X 염색체를 제외한 염색체를 나타낸 것이므로, 쌍을 이루지 않은 염색체 한 개는 Y 염색체이다.
- (다)는 A의 세포이므로 A는 수컷, B는 암컷이다.

(가)

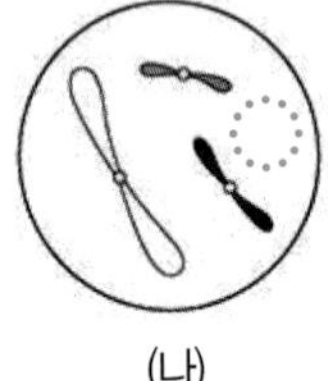
(나)

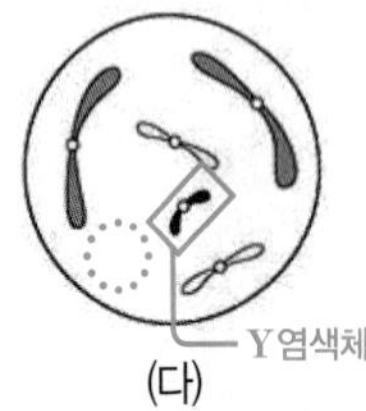

(다)

: 그림에서 제외된 X 염색체

step 3 A와 B의 체세포가 가지는 염색체 수 찾기

- (다)는 X 염색체 한 개가 제외된 상태로 A는 ($2n=6$)의 핵상을 가진다.
- (나)는 X 염색체 한 개가 제외된 암컷 B의 세포로 (나)는 ($n=4$)의 핵상을 가지고, B는 ($2n=8$)의 핵상을 가진다.

| 보기 분석 |

ㄱ. (가)와 (다)의 핵상은 같다. (×)

- 상동 염색체 쌍을 가지지 않는 (가)의 핵상은 n, 상동 염색체 쌍을 가지는 (다)의 핵상은 $2n$이다.

ㄴ. A는 수컷이다. (○)

- (가)와 (다)는 모양과 크기가 같은 염색체를 가지므로 A의 세포이며, (다)에 두 쌍의 상염색체와 Y 염색체 한 개가 나타나 있으므로 A는 XY를 성염색체로 가지는 수컷이다.

ㄷ. B의 체세포 분열 중기의 세포 1개당 염색 분체 수는 16이다. (○)

- 염색체 3개가 나타나 있는 (나)는 암컷 B의 세포 중 X 염색체를 제외한 것이므로, 정상적인 B의 생식세포는 4개의 염색체를 가진다.
- B의 체세포는 8개의 염색체를 가지며, 체세포 분열 중기의 세포는 복제된 염색 분체 16개를 가진다.

✪ 정답은 ④ ㄴ, ㄷ이다.

＊ 핵상 ✪ 고난도 핵심 개념

핵상은 하나의 세포 속에 들어 있는 염색체의 상대적인 수이다. 체세포의 경우는 상동 염색체가 쌍을 이루고 있으므로 $2n$으로 표시하고, 생식세포는 상동 염색체 중 하나씩만 있으므로 n으로 표시한다.

$2n=8$
상동 염색체가 쌍으로 있고, 염색체 수가 8개이다.

상동 염색체

$n=4$
상동 염색체 중 하나씩만 있고, 염색체 수가 4개이다.

문제 풀이 Tip

1. 핵상이 $2n$이면 상동 염색체 쌍이 있는 상태이다.
2. 모든 상동 염색체의 모양과 크기가 같으면 XX의 성염색체를 가지는 성별이고, 모양과 크기가 다른 염색체가 있다면 그것이 Y 염색체이다.

송의현 | 원광대 의예과 2021년 입학 · 안산 동산고 졸

나는 '발문'에 동그라미를 치면서 읽고, 그림에서 '염색체의 모양'을 보고 '종'을 먼저 판별해. 그 뒤 '$2n$인 세포'의 '성염색체'를 봐서 수컷인지 암컷인지 확인하지. 마지막으로 발문의 정보(A와 B는 같은 종이고 B와 C는 성별이 같다 등)와 조합하면 무조건 매칭되게 되어있어. 이 문제는 X 염색체를 제외하고 그림을 제시했다는 점이 특징적이야.

K 세포 분열

K 01 정답 ③ * 체세포 분열 ······ [정답률 78%] 2025 대비 6월 모평 5

그림은 핵상이 $2n$인 식물 P의 체세포 분열 과정에서 관찰되는 세포 Ⅰ~Ⅲ을 나타낸 것이다. Ⅰ~Ⅲ은 분열기의 전기, 중기, 후기의 세포를 순서 없이 나타낸 것이다.

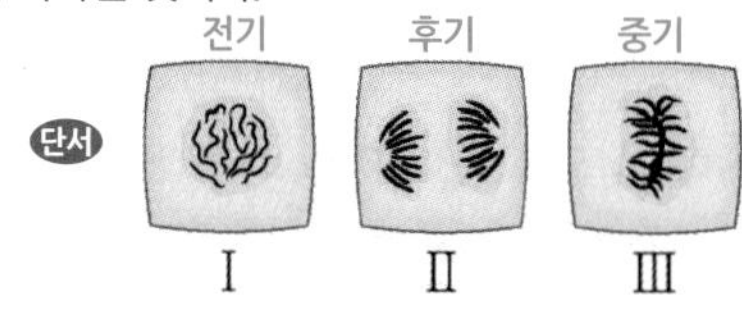

이에 대한 설명으로 옳은 것만을 〈보기〉에서 있는 대로 고른 것은?

[보기]

ㄱ. Ⅰ은 전기의 세포이다. 염색체가 응축되는 Ⅰ은 전기의 세포임

ㄴ. Ⅲ에서 상동 염색체의 접합이 일어났다.
체세포 분열에서 상동 염색체의 접합이 일어나지 않음

ㄷ. Ⅰ~Ⅲ에는 모두 히스톤 단백질이 있다.
히스톤은 DNA를 응축시키는 데 관여하는 단백질로 Ⅰ~Ⅲ에는 모두 히스톤 단백질이 있음

① ㄱ ② ㄴ ③ ㄱ, ㄷ ④ ㄴ, ㄷ ⑤ ㄱ, ㄴ, ㄷ

단서+발상

(단서) 체세포 분열 전기, 중기, 후기의 세포에서 염색체의 이동 과정이 제시되어 있다.

(발상) 염색체가 응축된 Ⅰ은 전기, 염색 분체가 분리되어 양극으로 이동하고 있는 Ⅱ는 후기, 염색체가 세포 중앙에 배열된 Ⅲ은 중기임을 추론할 수 있다.

(적용) 체세포 분열 중 핵분열 시기는 염색체의 모양과 행동에 따라 전기, 중기, 후기, 말기로 구분한다는 개념을 적용해서 Ⅰ은 전기, Ⅱ는 후기, Ⅲ은 중기임을 구하는 것부터 문제 풀이를 시작해야 한다.

| 문제+자료 분석 |

- 염색체와 염색사는 DNA와 히스톤 단백질로 이루어져 있다.
- DNA는 유전 정보를 저장하고 있는 유전 물질이고, 히스톤 단백질은 DNA와 결합하고 있는 단백질로 DNA를 응축시키는 데 관여한다.
- **체세포 분열:** 생물의 생장과 조직의 재생 과정에서 몸을 구성하는 세포의 수를 늘릴 때 일어나는 세포 분열로, 모세포와 동일한 염색체 수와 유전 물질을 가진 2개의 딸세포를 형성한다.
- 체세포 분열 전기에는 핵막이 사라지고 염색체가 응축한다. 중기에는 염색체가 세포 중앙(적도판)에 배열된다. 후기에는 방추사에 의해 염색 분체가 분리되어 양극으로 이동한다.
  ➡ 염색체가 응축된 Ⅰ은 전기, 염색 분체가 분리되어 양극으로 이동하고 있는 Ⅱ는 후기, 염색체가 세포 중앙에 배열된 Ⅲ은 중기이다.

| 보기 분석 |

ㄱ. 염색체가 응축된 Ⅰ은 전기, 염색 분체가 분리되어 양극으로 이동하고 있는 Ⅱ는 후기, 염색체가 세포 중앙에 배열된 Ⅲ은 중기이므로 Ⅰ은 전기의 세포이다.

ㄴ. 감수 1분열 전기에 상동 염색체가 접합하여 2가 염색체를 형성한다. 체세포 분열에서 상동 염색체의 접합이 일어나지 않는다.

ㄷ. 히스톤 단백질은 DNA를 응축시키는 데 관여하는 단백질로, 염색체는 DNA와 히스톤 단백질로 이루어져 있다. Ⅰ~Ⅲ에는 모두 히스톤 단백질이 있다.

*** 2가 염색체**

- 감수 분열 시 상동 염색체끼리 접합한 것을 2가 염색체라고 한다. 2가 염색체는 염색 분체 4개로 구성된다. 감수 1분열 시 상동 염색체가 분리되어 염색체 수가 반으로 줄어든다.

K 02 정답 ④ * 세포 주기와 체세포 분열 ······ [정답률 80%] 2022 대비 6월 모평 3

그림 (가)는 동물 A($2n=4$) 체세포의 세포 주기를, (나)는 A의 체세포 분열 과정 중 어느 한 시기에 관찰되는 세포를 나타낸 것이다. ㉠~㉢은 각각 G_2기, M기(분열기), S기 중 하나이다.

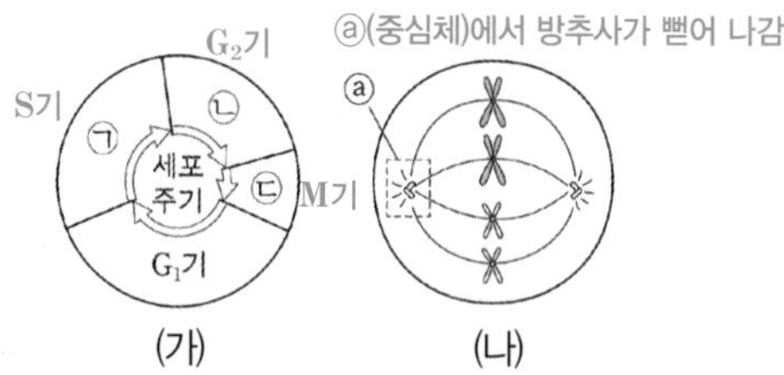

이에 대한 설명으로 옳은 것만을 〈보기〉에서 있는 대로 고른 것은?

[보기]

ㄱ. ㉠ 시기에 DNA 복제가 일어난다.
→ ㉠은 S기로 DNA 복제가 일어남

ㄴ. ⓐ에 동원체가 있다.
→ 동원체는 염색체의 잘록한 부분으로 세포 분열 시 방추사가 부착되는 곳

ㄷ. (나)는 ㉢ 시기에 관찰되는 세포이다.
→ (나)는 ㉢ 시기 (M기) 중 중기에 해당하는 세포

① ㄱ ② ㄴ ③ ㄷ ④ ㄱ, ㄷ ⑤ ㄴ, ㄷ

| 문제+자료 분석 |

- ㉠(S기): DNA의 복제가 일어나는 시기이다.
- ㉡(G_2기): 세포 분열을 위한 준비를 끝내면서 세포가 성장하는 시기이다.
- ㉢(M기): 실제로 염색체가 분열하는 시기로 전기, 중기, 후기, 말기로 나누어진다.
- ⓐ(중심체): 미세 소관으로 이루어져 있으며, 세포 분열 시 방추사가 뻗어 나와 염색분체를 분리시키는 역할을 한다.

| 보기 분석 |

ㄱ. G_1기 이후에 시작되는 ㉠ 시기는 S기로 DNA의 복제가 일어난다.

ㄴ. ⓐ는 중심체로 세포 분열 시 방추사가 뻗어나온다. 동원체는 염색체의 잘록한 부분으로, 동원체에 방추사 부착점이 형성되어 있으며, 방추사가 부착하여 염색 분체를 잡아당긴다.

ㄷ. (나)는 모든 염색체가 세포의 중앙에 위치해있는 상태로 ㉢ 시기(M기) 중 중기에 해당하는 세포이다.

*** 체세포 분열에서 딸세포의 유전자 구성**

체세포 분열 시 염색 분체만 분리되어 모세포와 딸세포의 염색체 구성이 같다.

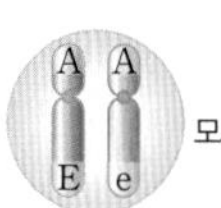

모세포

복제 → 염색 분체 형성

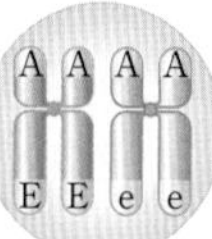

체세포 분열 → 염색 분체 분리

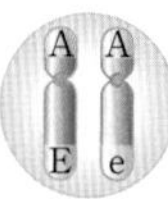

딸세포

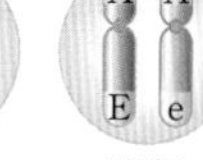

딸세포

K 03 정답 ④ ＊세포 분열과 염색체 [정답률 76%] 2023 실시 3월 학평 10

그림은 어떤 동물($2n=4$)의 체세포 X를 나타낸 것이다. 이 동물에서 특정 유전 형질의 유전자형은 Tt이다. X는 간기의 세포와 분열기의 세포 중 하나이다.

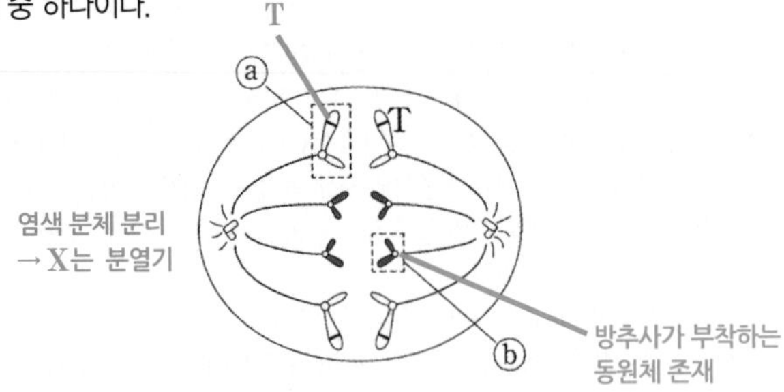

이에 대한 옳은 설명만을 〈보기〉에서 있는 대로 고른 것은?
(단, 돌연변이는 고려하지 않는다.)

[보기]

ㄱ. X는 분열기의 세포이다.
X는 염색 분체가 분리되고 있으므로 분열기 세포임
ㄴ. ⓐ에 t가 있다. ⓐ에는 T가 있음
ㄷ. ⓑ에 동원체가 있다. ⓑ에는 방추사가 부착하는 동원체가 있음

① ㄱ ② ㄴ ③ ㄱ, ㄴ ④ ㄱ, ㄷ ⑤ ㄴ, ㄷ

| 문제+자료 분석 |

- 핵상이 $2n=4$이므로 X의 총 염색체 수는 4이다.
상동 염색체가 아닌 염색 분체가 분리되고 있으므로 체세포 X는 분열기 후기의 세포이다. 
- 한 염색체를 구성하는 두 염색 분체는 유전 정보(유전자 구성)가 같다. ⓐ에는 T가 존재한다.
- 체세포 분열 후기에는 동원체에 방추사가 부착하여 염색 분체가 분리된다.

| 보기 분석 |

ㄱ. X는 염색 분체가 분리되고 있으므로 분열기의 세포이다.
ㄴ. 한 염색체를 구성하는 두 염색 분체는 유전 정보(유전자 구성)가 같다. 따라서 ⓐ에는 T가 있다.
ㄷ. 체세포 분열 후기에는 방추사에 의해 염색 분체가 분리되어 양극으로 이동한다. ⓑ에는 방추사가 부착하는 동원체가 있다.

문제 풀이 꿀팁

체세포 분열은 생식세포 분열과 다르게 1회의 분열만 일어나며, 분열 시 상동 염색체가 분리되지 않고 염색 분체만 분리되어 체세포 분열 결과 생성된 딸세포의 염색체 수와 DNA양은 모세포의 G_1기와 같아진다.

K 04 정답 ② ＊세포 주기 [정답률 71%] 2024 실시 10월 학평 7

그림은 사람 체세포의 세포 주기를 나타낸 것이다. ㉠~㉣은 각각 G_1기, G_2기, M기, S기 중 하나이다. 핵 1개당 DNA 양은 ㉣ 시기 세포가 ㉡ 시기 세포의 2배이다. 단서
이에 대한 옳은 설명만을 〈보기〉에서 있는 대로 고른 것은?

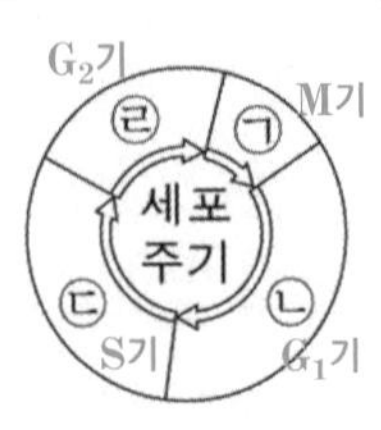

[보기]

ㄱ. ㉠ 시기에 2가 염색체가 형성된다.
체세포 분열에서 2가 염색체가 형성되지 않음
ㄴ. ㉢ 시기에 DNA 복제가 일어난다.
㉢ 시기는 S기로 DNA 복제가 일어남
ㄷ. ㉡ 시기 세포와 ㉣ 시기 세포는 핵상이 서로 다르다.
체세포 분열의 모든 시기에 핵상이 동일함

① ㄱ ② ㄴ ③ ㄱ, ㄷ ④ ㄴ, ㄷ ⑤ ㄱ, ㄴ, ㄷ

단서+발상

단서 핵 1개당 DNA 양이 ㉣ 시기 세포가 ㉡ 시기 세포의 2배임이 제시되어 있다.
발상 ㉡ 시기가 G_1기임을 추론할 수 있다.
적용 체세포 분열 시 DNA 양 변화를 적용해서 ㉠~㉣ 시기를 구하는 것부터 문제 풀이를 시작해야 한다.

| 문제+자료 분석 |

- 체세포 분열에서 G_1기 세포의 DNA 양이 1이라면, DNA가 복제된 후의 G_2기와 M기 중 일부 시기의 DNA 양이 2이다. 
- 핵 1개당 DNA 양은 ㉣ 시기 세포가 ㉡ 시기 세포의 2배이므로 ㉡ 시기가 G_1기임을 알 수 있다.
- ㉢, ㉣, ㉠ 시기는 순서대로 S기, G_2기, M기이다.

| 보기 분석 |

ㄱ. 주어진 자료는 체세포 분열의 세포 주기이다. 체세포 분열에서는 2가 염색체가 형성되지 않는다. 2가 염색체는 감수 1분열 전기와 중기에서 관찰된다.
ㄴ. ㉢ 시기는 S기로 DNA 복제가 일어나는 시기이다.
ㄷ. 사람의 체세포 분열의 모든 시기 세포는 핵상이 $2n$으로 일정하다.

문제 풀이 꿀팁

- 체세포 분열에서 G_1기 세포의 DNA 양이 1이라면, S기 세포의 DNA 양은 1과 2 사이의 값이고, G_2기와 M기 중 일부 시기 세포의 DNA 양은 2이다.
- 핵 1개당 DNA 양이 ㉣ 시기 세포가 ㉡ 시기 세포의 2배라면 ㉡ 시기는 G_1기만 가능하다.
- M기에서 세포질 분열까지 완료된 후의 세포는 다시 G_1기에 돌입하며 DNA 양은 1로 돌아온다.

K 05 정답 ⑤ * 체세포 분열 ········· [정답률 65%] 2022 실시 3월 학평 8

그림은 어떤 동물($2n=4$)의 세포 분열 과정에서 관찰되는 세포 (가)를 나타낸 것이다. 이 동물의 특정 형질의 유전자형은 Aa이다.

이에 대한 옳은 설명만을 〈보기〉에서 있는 대로 고른 것은? (단, 돌연변이와 교차는 고려하지 않는다.)

[보기]

ㄱ. (가)는 ~~감수 분열~~ 과정에서 관찰된다.
(가)는 체세포 분열 과정에서 분열기(M기)의 후기 세포

ㄴ. ㉠에 뉴클레오솜이 있다.
뉴클레오솜은 염색체(㉠)의 구조를 형성하는 기본 단위

ㄷ. ㉡에 A가 있다.
상동 염색체의 동일한 부위에 대립유전자가 위치

① ㄱ ② ㄴ ③ ㄷ ④ ㄱ, ㄴ ⑤ ㄴ, ㄷ

| 문제+자료 분석 |

- 세포 (가)에서 양극으로 분리되어 이동하는 염색체가 각각 4개씩이므로 (가)는 핵상과 염색체 수가 $2n=4$인 세포에서 염색 분체가 분리되고 있는 세포이다. 따라서 (가)는 체세포 분열 과정에서 분열기(M기)의 후기의 세포이다.
- 상동 염색체의 동일한 부위에는 한 형질을 결정하는 대립유전자가 위치한다. 따라서 특정 형질의 유전자형이 Aa인 이 동물의 염색체 ㉡에는 a의 대립유전자인 A가 있다.

| 보기 분석 |

ㄱ. 이 동물의 핵상과 염색체 수는 $2n=4$이고, 세포 (가)에서 양극으로 이동하는 염색체가 각각 4개씩이므로 (가)는 체세포 분열에서 분열기(M기)의 후기의 세포이다. 따라서 감수 분열 과정에서 관찰되지 않는다.

ㄴ. DNA가 히스톤 단백질을 감싸고 있는 구조의 뉴클레오솜은 염색체의 구조를 형성하는 기본 단위이다. 그러므로 응축된 막대 모양의 염색체이든 실처럼 풀어진 염색사 형태의 염색체이든 모두 뉴클레오솜이 있다. 함정

㉠은 막대 모양으로 응축된 염색체이며, 염색체의 구조를 형성하는 기본 구조인 뉴클레오솜이 ㉠의 구조를 형성하고 있으므로 ㉠에 뉴클레오솜이 있다.

ㄷ. 대립유전자 a를 가진 염색체와 ㉡은 크기와 모양이 같은 상동 염색체이다. 상동 염색체의 동일한 부위에 한 형질을 결정하는 대립유전자가 있으므로 ㉡에 A가 있다.

문제 풀이 Tip

하나의 염색체를 구성하는 염색 분체의 유전자 구성은 서로 동일하며, 상동 염색체의 유전자 구성은 서로 다르거나 같을 수 있다.

K 06 정답 ① * 세포 주기 ········· [정답률 72%] 2020 실시 3월 학평 13

그림 (가)는 어떤 동물($2n=4$)의 세포 주기를, (나)는 이 동물의 분열 중인 세포를 나타낸 것이다. ㉠과 ㉡은 각각 G_1기와 G_2기 중 하나이며, 이 동물의 특정 형질에 대한 유전자형은 Rr이다.

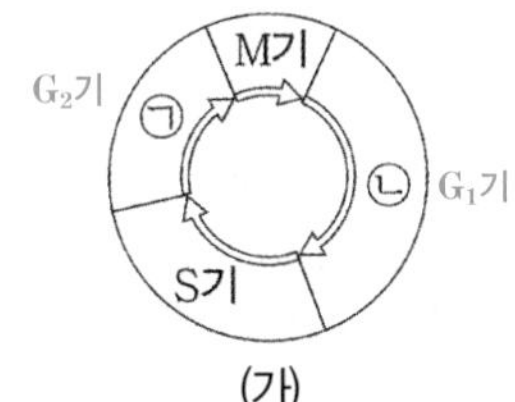

(가)

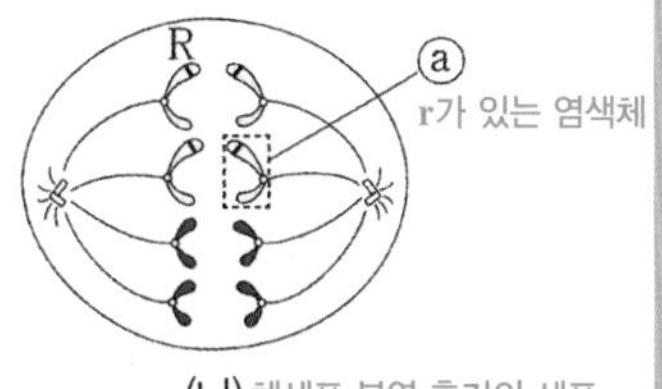

(나) 체세포 분열 후기의 세포

이에 대한 옳은 설명만을 〈보기〉에서 있는 대로 고른 것은? (단, 돌연변이와 교차는 고려하지 않는다.)

[보기]

ㄱ. ㉠은 G_2기이다. → ㉠은 G_2기

ㄴ. (나)가 관찰되는 시기는 ~~㉡~~이다. → (나)는 M기 때 관찰됨

ㄷ. 염색체 ⓐ에 ~~R~~가 있다. → ⓐ에는 R가 없고, r가 있음

① ㄱ ② ㄴ ③ ㄷ
④ ㄱ, ㄷ ⑤ ㄴ, ㄷ

| 문제+자료 분석 |

- 세포 주기는 G_1기 → S기 → G_2기 → M기가 반복되므로 ㉠은 G_2기, ㉡은 G_1기이다.
- (나)는 염색 분체가 분리되고 있는 체세포 분열 후기의 세포이다.
- 대립유전자는 상동 염색체 쌍의 서로 다른 염색체에 존재한다.

| 보기 분석 |

ㄱ. ㉠은 G_2기, ㉡은 G_1기이다.

ㄴ. (나)의 핵상은 $2n$이고, 염색 분체가 분리되므로 (나)는 체세포 분열 후기의 세포이다. 따라서 (나)는 분열기(M기) 때 관찰된다. ㉡은 G_1기로 염색체가 관찰되지 않는다.

ㄷ. 대립유전자는 상동 염색체 쌍에 존재한다. 이 동물의 특정 형질에 대한 유전자형은 Rr이고, R는 (나)의 흰색 염색체에 존재하므로 R의 상동 염색체인 ⓐ에는 r가 존재한다.

* 세포 주기와 특징

시기		특징
간기	G_1기	세포가 가장 많이 생장한다.
	S기	DNA가 복제된다.
	G_2기	세포 분열을 준비한다.
분열기(M기)		핵분열(DNA 분리)과 세포질 분열이 일어난다.

K 07 정답 ③ * 세포 주기 [정답률 82%] 2021 대비 9월 모평 13

그림 (가)는 어떤 동물의 체세포 Q를 배양한 후 세포당 DNA 양에 따른 세포 수를, (나)는 Q의 체세포 분열 과정 중 ㉠ 시기에서 관찰되는 세포를 나타낸 것이다.

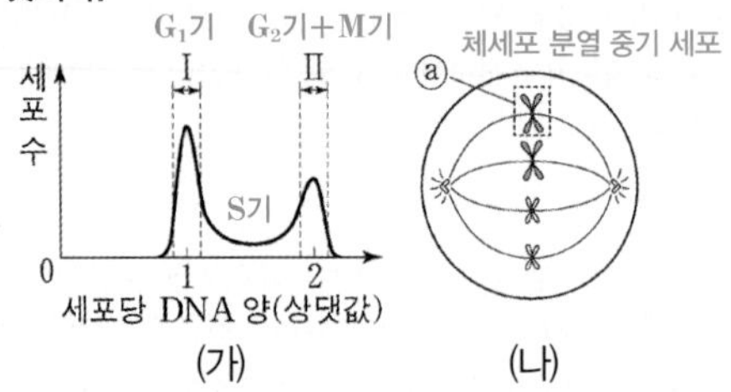

이에 대한 설명으로 옳은 것만을 〈보기〉에서 있는 대로 고른 것은?

[보기]

ㄱ. ⓐ에는 히스톤 단백질이 있다.
→ 염색체(ⓐ)의 구성 성분은 DNA와 히스톤 단백질

ㄴ. 구간 Ⅱ에는 ㉠ 시기의 세포가 있다.
→ 구간 Ⅱ에는 G_2기와 M기(분열기)의 세포가 있음

ㄷ. G_1기의 세포 수는 ~~구간 Ⅱ에서가 구간 Ⅰ에서보다 많다~~.
→ 구간 Ⅰ에 G_1기 세포, 구간 Ⅱ에 G_2기와 M기 세포

① ㄱ ② ㄷ ③ ㄱ, ㄴ ④ ㄴ, ㄷ ⑤ ㄱ, ㄴ, ㄷ

| 문제+자료 분석 |

- (가): DNA 상대량이 1인 세포(구간 Ⅰ)는 DNA가 복제되기 전의 G_1기 세포이고, DNA 상대량이 2인 세포(구간 Ⅱ)는 G_2기와 M기(분열기)의 세포이다. DNA 상대량이 1과 2 사이인 세포는 DNA가 복제 중인 S기의 세포이다.
- (나): 염색 분체 2개가 결합된 염색체들이 세포 중앙에 배열되어 있으므로 체세포 분열 중기(㉠)의 세포이다.

| 보기 분석 |

ㄱ. 염색체(ⓐ)의 구성 물질이 DNA와 히스톤 단백질이므로, 염색체(ⓐ)에는 히스톤 단백질이 있다.

ㄴ. 세포당 DNA 상대량이 2인 구간 Ⅱ에는 G_2기의 세포와 M기(분열기)의 세포가 있다. (나)는 염색 분체 2개가 결합된 염색체가 세포 중앙에 배열되어 있는 체세포 분열 중기(㉠)의 세포이므로, (나)의 세포는 구간 Ⅱ에 있는 M기(분열기)의 중기(㉠) 세포 중 하나이다.

ㄷ. 세포 주기의 각 단계별 세포 수는 각 단계에 소요되는 시간의 길이에 비례하여 많다. 꿀팁
(가)에서 체세포 Q를 배양한 세포들에서 세포당 DNA 상대량이 1인 세포(G_1기 세포)가 2인 세포(G_2기+M기)보다 많으므로, Q의 세포 주기에서 G_1기가 G_2기와 M기(분열기)보다 길다는 것을 알 수 있다.
따라서 G_1기의 세포 수는 구간 Ⅰ에서가 구간 Ⅱ에서보다 많다.

K 08 정답 ③ * 체세포 분열 [정답률 83%] 2024 대비 9월 모평 3

그림 (가)는 동물 P($2n=4$)의 체세포가 분열하는 동안 핵 1개당 DNA양을, (나)는 P의 체세포 분열 과정의 어느 한 시기에서 관찰되는 세포를 나타낸 것이다.

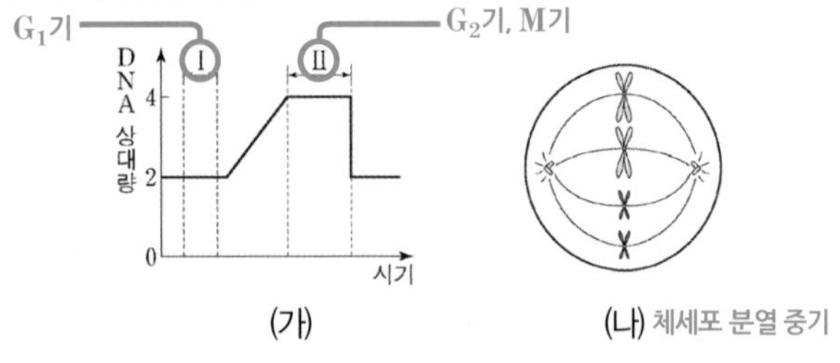

이에 대한 설명으로 옳은 것만을 〈보기〉에서 있는 대로 고른 것은? (단, 돌연변이는 고려하지 않는다.)

[보기]

ㄱ. 구간 Ⅰ의 세포는 핵상이 $2n$이다.
G_1기(구간 Ⅰ)의 세포는 핵상이 $2n$

ㄴ. 구간 Ⅱ에는 (나)가 관찰되는 시기가 있다.
G_2기, M기가 속하는 구간 Ⅱ에는 체세포 분열 중기의 세포가 존재함

ㄷ. (나)에서 ~~상동 염색체의 접합~~이 일어났다.
상동 염색체의 접합은 감수 분열 과정에서 일어남

① ㄱ ② ㄷ ③ ㄱ, ㄴ ④ ㄴ, ㄷ ⑤ ㄱ, ㄴ, ㄷ

| 문제+자료 분석 |

- (가): S기에서 DNA가 복제되어 DNA양이 2배로 증가하고 체세포 분열 시 DNA 상대량이 1회 반감된다. 염색 분체가 분리되므로 분열 결과 형성되는 딸세포의 염색체 수는 모세포와 같다. 구간 Ⅰ은 G_1기에 해당하고, Ⅱ는 G_2기와 M기에 해당한다.
- (나): 염색체가 세포의 중앙에 배열되므로 체세포 분열 중기의 세포이다.

| 보기 분석 |

ㄱ. 구간 Ⅰ은 G_1기에 해당하며, G_1기의 세포는 핵상이 $2n$이다.

ㄴ. 구간 Ⅱ는 DNA가 복제된 후인 G_2기와 M기이다. (나)는 염색체가 세포의 중앙에 배열되어 있으므로 체세포 분열 중기의 세포이며, 구간 Ⅱ에는 체세포 분열 중기의 세포가 관찰되는 시기가 있다.

ㄷ. (나)는 체세포 분열 중기의 세포이다. 상동 염색체의 접합은 감수 분열 과정에서 일어난다.

문제 풀이 꿀팁

감수 1분열 전기에 상동 염색체 접합이 일어나 2가 염색체가 형성된다.

K 09 정답 ② * 체세포 분열 [정답률 75%] 2023 대비 6월 모평 4

그림 (가)는 동물 P($2n=4$)의 체세포가 분열하는 동안 핵 1개당 DNA 양을, (나)는 P의 체세포 분열 과정의 어느 한 시기에서 관찰되는 세포를 나타낸 것이다.

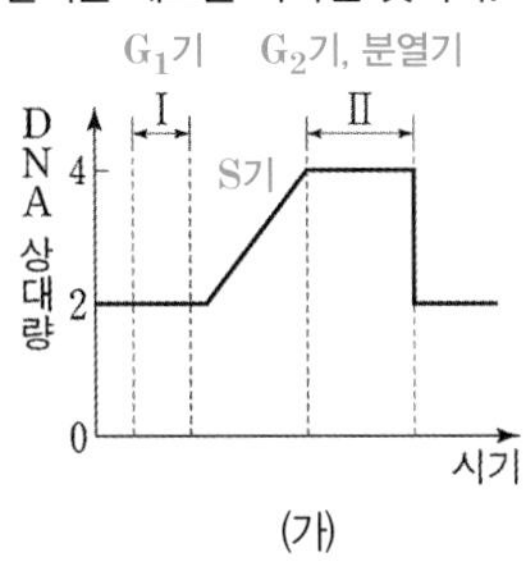

(가)

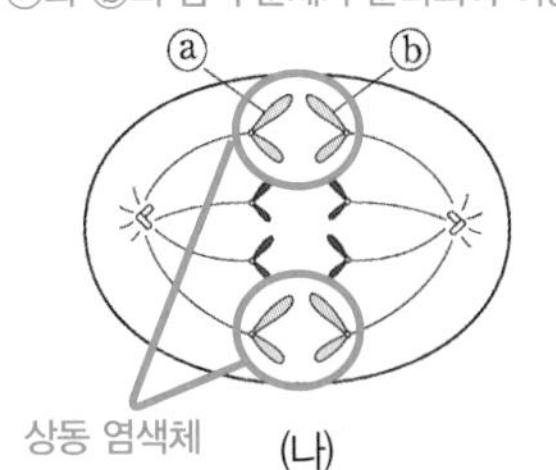

(나)

이에 대한 설명으로 옳은 것만을 〈보기〉에서 있는 대로 고른 것은? (단, 돌연변이는 고려하지 않는다.)

[보기]

ㄱ. 구간 Ⅰ에는 2개의 염색 분체로 구성된 염색체가 있다.
구간 Ⅰ은 염색체가 응축되기 이전으로 염색사 상태임

ㄴ. 구간 Ⅱ에는 (나)가 관찰되는 시기가 있다.
구간 Ⅱ에는 G_2기와 분열기의 세포가 관찰됨

ㄷ. ⓐ와 ⓑ는 부모에게서 각각 하나씩 물려받은 것이다.
ⓐ와 ⓑ는 부모 중 한 쪽에서 물려받은 DNA가 복제된 것

① ㄱ ② ㄴ ③ ㄱ, ㄷ ④ ㄴ, ㄷ ⑤ ㄱ, ㄴ, ㄷ

| 문제+자료 분석 |

- (가): DNA 상대량이 2인 구간 Ⅰ은 G_1기, DNA 상대량이 2에서 4로 증가하는 구간은 S기, DNA 상대량이 4인 구간 Ⅱ는 G_2기와 분열기이다. (가)는 체세포 분열 과정에서의 DNA 상대량 변화를 나타내므로 1회의 간기 후 1회의 분열기만 나타난다.
- (나): 염색 분체가 분리되어 세포의 양극으로 이동하고 있으므로 체세포 분열 후기의 세포를 나타낸 것이며, 이 세포는 (가)의 구간 Ⅱ 중 분열기에 관찰된다.

| 보기 분석 |

ㄱ. 구간 Ⅰ은 간기(G_1기)이므로 2개의 염색 분체로 구성된 응축된 염색체가 나타나기 이전 시기이다. 핵막이 사라지고 염색체가 응축되어 2개의 염색 분체로 구성된 염색체가 나타나는 시기는 분열기(M기)의 전기이다.

ㄴ. 구간 Ⅱ는 G_2기와 분열기에 해당하는 시기이다. (나)는 염색 분체가 분리되어 세포의 양극으로 이동하는 체세포 분열 후기의 세포이므로 구간 Ⅱ에는 (나)가 관찰되는 시기가 있다.

ㄷ. ⓐ와 ⓑ는 하나의 염색체를 구성하고 있던 염색 분체가 분리된 것이므로 부모 중 한 쪽에서 물려받은 DNA가 복제되어 생성된 것이다. — 주의
부모에게서 각각 하나씩 물려받은 것은 상동 염색체 쌍이다.

K

K 10 정답 ⑤ * 핵형 분석 [정답률 77%] 2021 대비 수능 9

그림 (가)는 사람 A의 체세포를 배양한 후 세포당 DNA 양에 따른 세포 수를, (나)는 A의 체세포 분열 과정 중 ㉠시기의 세포로부터 얻은 핵형 분석 결과의 일부를 나타낸 것이다.
중기

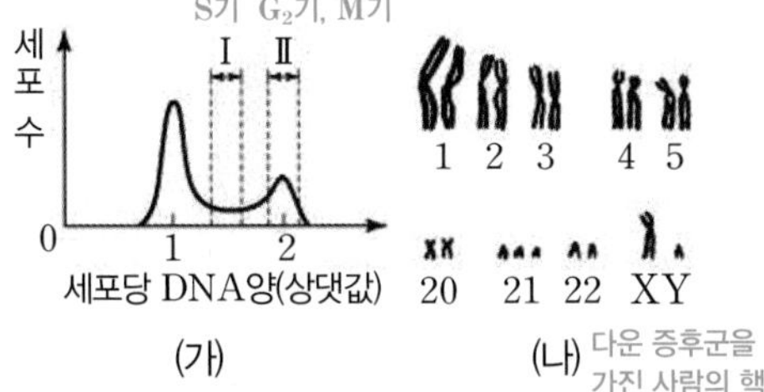

(가) (나)

이에 대한 설명으로 옳은 것만을 〈보기〉에서 있는 대로 고른 것은?

[보기]

ㄱ. 구간 Ⅰ에는 핵막을 갖는 세포가 있다.
→ 구간 Ⅰ의 세포는 S기의 세포로 핵막을 가짐

ㄴ. (나)에서 다운 증후군의 염색체 이상이 관찰된다.
→ (나)의 21번 염색체가 3개로 다운 증후군의 염색체 이상

ㄷ. 구간 Ⅱ에는 ㉠ 시기의 세포가 있다.
→ 구간 Ⅱ의 세포는 G_2기, M기의 세포로 체세포 분열 중기인 ㉠ 시기의 세포가 있음

① ㄱ ② ㄴ ③ ㄱ, ㄷ ④ ㄴ, ㄷ ⑤ ㄱ, ㄴ, ㄷ

| 문제+자료 분석 |

- Ⅰ: 구간 Ⅰ의 세포는 세포당 DNA 상대량이 1과 2 사이로 DNA 복제가 진행 중인 S기의 세포들이 있다.
- Ⅱ: 구간 Ⅱ의 세포는 세포당 DNA 상대량이 2로 DNA 복제가 된 후인 G_2기와 분열기(M기)의 세포들이 있다.
- (나): 핵형 분석은 체세포 분열 중기의 세포를 이용하여 진행하며, (나)의 핵형 분석 결과 21번 염색체가 3개 관찰된다. 21번 염색체가 3개인 염색체 이상 질환은 다운 증후군이다.

| 보기 분석 |

ㄱ. 구간 Ⅰ의 세포는 세포당 DNA 양(상댓값)이 1과 2 사이이다. DNA 복제가 진행 중인 S기의 세포들을 의미하며, S기를 포함하는 간기에는 핵막을 관찰할 수 있다.

ㄴ. (나)의 핵형 분석 결과 21번 염색체가 3개 관찰되며, 이러한 염색체 이상 질환은 다운 증후군이다.

ㄷ. (나)와 같은 핵형 분석은 체세포 분열 중기의 세포를 이용하므로 ㉠ 시기는 분열 중기이다. 구간 Ⅱ의 세포는 세포당 DNA 양이 2로, DNA가 복제된 후인 G_2기와 분열기(M기)의 세포들을 의미한다. 구간 Ⅱ에는 ㉠ 시기의 세포가 있다.

송의현 | 원광대 의예과 2021년 입학 · 안산 동산고 졸

체세포 분열 문제야. ㉠시기는 염색체가 관찰되는 것을 보니 M기라는 것도 알 수 있지. (가)처럼 생긴 그래프가 제시되는 문제에서는 꼭 '체세포'인지 확인해보고, 만약 맞다면 무조건 핵상이 $2n$이라는 것 정도는 기억해둬.

K 11 정답 ① * 체세포 분열 [정답률 67%] 2022 대비 수능 3

그림 (가)는 식물 P($2n$)의 체세포가 분열하는 동안 핵 1개당 DNA양을, (나)는 P의 체세포 분열 과정에서 관찰되는 세포 ⓐ와 ⓑ를 나타낸 것이다. ⓐ와 ⓑ는 분열기의 전기 세포와 중기 세포를 순서 없이 나타낸 것이다.

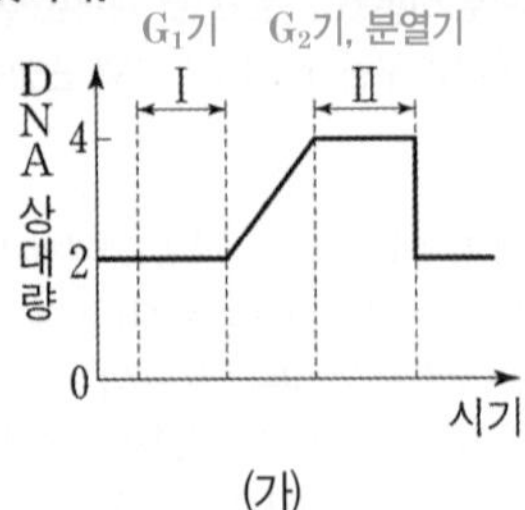

(가)

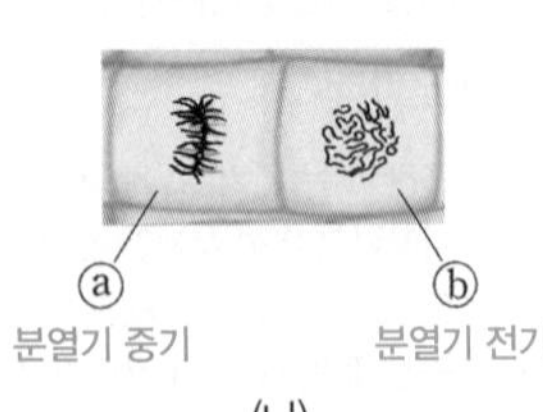

(나)

이에 대한 설명으로 옳은 것만을 〈보기〉에서 있는 대로 고른 것은?

[보기]

ㄱ. Ⅰ과 Ⅱ 시기의 세포에는 모두 뉴클레오솜이 있다.
→ 뉴클레오솜은 Ⅰ과 Ⅱ 시기를 포함한 모든 시기에 존재

ㄴ. ⓐ에서 상동 염색체의 접합이 일어났다.
→ ⓐ는 체세포 분열 중이므로 상동 염색체가 접합하지 않음

ㄷ. ⓑ는 Ⅰ 시기에 관찰된다.
→ ⓑ는 분열기 전기로 Ⅱ 시기에 관찰됨

① ㄱ ② ㄷ ③ ㄱ, ㄴ ④ ㄴ, ㄷ ⑤ ㄱ, ㄴ, ㄷ

| 문제+자료 분석 |

- Ⅰ: DNA가 복제되기 전의 G_1기로 세포의 핵 안에 염색사 형태로 유전 물질이 존재한다.
- Ⅱ: DNA가 복제된 후의 G_2기와 분열기(M기)로 분열기에서는 핵막이 소실되어 염색체가 관찰된다.
- ⓐ: 분열기 중기의 세포로 염색체가 세포의 중앙에 일렬로 배열되어 있다.
- ⓑ: 분열기 전기의 세포로 핵막이 사라지고 염색체가 흩어져 있는 모습이 관찰된다.

| 보기 분석 |

ㄱ. 뉴클레오솜은 히스톤 단백질에 DNA가 감싸고 있는 형태로 염색사와 염색체 모두에 존재한다. Ⅰ은 G_1기로 해당 시기의 세포에는 염색사가 관찰되며, Ⅱ는 G_2기와 분열기(M기)로 분열기의 세포에는 염색체가 관찰된다. Ⅰ과 Ⅱ의 세포에는 모두 뉴클레오솜이 있다.

ㄴ. ⓐ는 체세포 분열 중 분열기 중기의 세포이다. 상동 염색체가 접합하는 것은 생식 세포 분열에서 관찰되는 현상으로 체세포 분열 중에는 상동 염색체의 접합이 일어나지 않는다.

ㄷ. ⓑ는 체세포 분열 중 분열기 전기의 세포로 DNA 복제가 끝난 이후인 Ⅱ 시기에 관찰된다.

강민성 | 성균관대 의예과 2022년 입학 · 부산 해운대고 졸

이것도 역시 기본적인 개념 문제야. 감수 1분열에서만 상동 염색체의 접합이 일어나 2가 염색체가 형성된다는 것과 체세포 분열이나 감수 2분열에선 염색 분체가 분리되는 것도 반드시 알아둬야 해.

K 12 정답 ④ * 체세포 분열 [정답률 61%] 2019 실시 10월 학평 3

간기와 분열기로 구분되며, 모세포와 딸세포에서 핵상과 염색체 수의 변화가 없음

그림 (가)는 어떤 동물($2n=4$)의 체세포 분열에서 세포 1개당 DNA 상대량 변화를, (나)는 t_1과 t_2 중 한 시점일 때 관찰되는 세포에 들어 있는 모든 염색체를 나타낸 것이다. 이 세포의 DNA 상대량은 2이다.

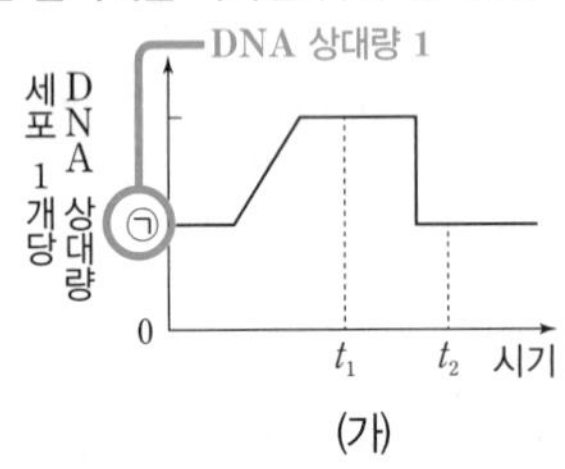

(가)

(나)

이에 대한 옳은 설명만을 〈보기〉에서 있는 대로 고른 것은? (단, 돌연변이는 고려하지 않는다.)

[보기]

ㄱ. ㉠은 2이다. → ㉠은 1

ㄴ. 세포의 핵상은 t_1과 t_2일 때 모두 $2n$이다.
→ 체세포 분열에서 핵상의 변화는 없음

ㄷ. t_1과 t_2 사이에서 염색 분체의 분리가 일어난다.
→ 체세포 분열 후기에 염색 분체가 분리됨

① ㄱ ② ㄴ ③ ㄱ, ㄷ
④ ㄴ, ㄷ ⑤ ㄱ, ㄴ, ㄷ

| 문제+자료 분석 |

- 체세포 분열 과정을 이해하고, 시기에 따른 세포 1개당 DNA 상대량 변화에서 염색체의 구성과 이동을 해석할 수 있어야 한다.
- (가): DNA 상대량이 증가하는 시기는 간기 중 S기이고, DNA 상대량이 감소하는 시기는 말기이다.
- (나): 크기와 모양이 같은 상동 염색체 2쌍이 존재하므로 핵상이 $2n$이고, DNA 복제 이후에 생성된 염색체로 각 염색체는 염색 분체를 2개씩 갖는다.

| 보기 분석 |

ㄱ. (나)는 DNA 복제 이후 형성된 염색체로 각 염색체의 염색 분체 수는 2이다. (나)의 DNA 상대량이 2이고, t_1과 t_2 중 한 시점일 때 관찰되는 세포라고 했으므로 (나)는 t_1일 때 관찰되는 세포이다.
㉠은 DNA 복제 전의 세포 1개당 DNA 상대량이므로 DNA 상대량이 1임을 알 수 있다.

ㄴ. 체세포 분열에서 DNA 복제는 1회, 세포 분열은 1회가 일어나고 모세포에서 딸세포가 형성될 때 핵상의 변화는 $2n \rightarrow 2n$으로 변함없다. (가)에서 세포의 핵상은 t_1과 t_2일 때 모두 $2n$이다.

ㄷ. 체세포 분열에서는 염색 분체의 분리가, 감수 1분열에서는 상동 염색체의 분리가, 감수 2분열에서는 염색 분체의 분리가 일어난다.
t_1과 t_2 사이에서 세포 1개당 DNA 상대량이 감소하였으므로 염색 분체의 분리가 일어나 각 염색체가 양극으로 이동한 후 세포질 분열이 일어났음을 알 수 있다.

*** 체세포 분열 시 DNA양 변화**

간기에 DNA가 1회 복제된 후 핵분열이 1회 일어나므로 딸세포와 G_1기 모세포는 핵상과 DNA양이 서로 같다.

K 13 정답 ② * 체세포 분열 [정답률 76%] 2018 대비 9월 모평 12

체세포 분열이므로 2가 염색체 형성 안 됨

그림 (가)는 핵상이 $2n$인 식물 P에서 체세포가 분열하는 동안 핵 1개당 DNA양을, (나)는 P의 체세포 분열 과정 중에 있는 세포들을 나타낸 것이다. P의 특정 형질에 대한 유전자형은 Rr이며, R와 r는 대립유전자이다.

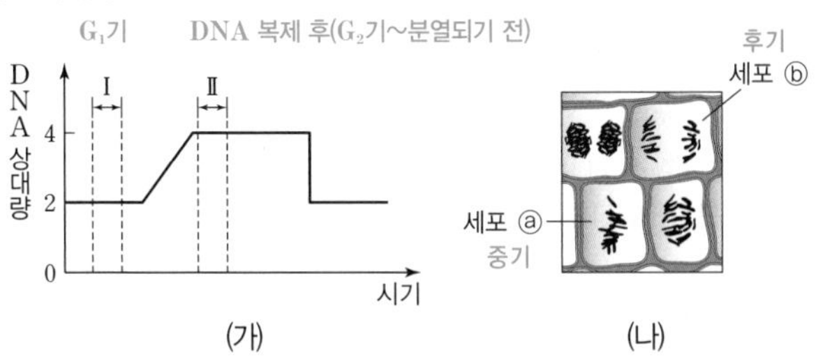

이에 대한 설명으로 옳은 것만을 〈보기〉에서 있는 대로 고른 것은? (단, 돌연변이는 고려하지 않는다.)

[보기]

ㄱ. 세포 1개당 R의 수는 Ⅰ 시기의 세포와 ⓑ가 같다.
→ Ⅰ 시기는 1개, 세포 ⓑ는 2개

ㄴ. Ⅱ 시기에서 핵상이 $2n$인 세포가 관찰된다.
→ Ⅱ 시기는 G_2기이거나 분열기 초기이므로 핵상은 $2n$

ㄷ. ⓐ에는 2가 염색체가 있다. → 2가 염색체는 감수 분열 과정에서 관찰

① ㄱ ② ㄴ ③ ㄷ ④ ㄱ, ㄴ ⑤ ㄴ, ㄷ

| 문제+자료 분석 |

- (가): 구간 Ⅰ 시기는 DNA가 복제되기 전 시기이므로 G_1기에 해당하고, 구간 Ⅱ 시기는 DNA가 복제된 이후 시기이므로 G_2기 또는 분열기(M)의 초기에 해당한다는 것을 알 수 있다.
- (나): 세포 중 염색체가 세포 중앙에 배열되어 있는 ⓐ는 중기에 해당하고, 염색 분체가 나누어져서 양극으로 끌려가는 ⓑ는 후기에 해당한다.

| 보기 분석 |

ㄱ. P의 특정 형질에 대한 유전자형이 Rr이라고 했으므로, DNA가 복제되기 전인 구간 Ⅰ 시기의 G_1기 세포의 유전자 R의 수는 1이다.
DNA가 복제된 후 분열이 완료되기 전까지는 유전자의 수가 G_1기의 2배가 된다. 체세포 분열 후기인 세포 ⓑ의 유전 R의 수는 2개가 된다.

ㄴ. 구간 Ⅱ 시기는 DNA가 복제된 이후 시기이므로 G_2기 또는 분열기(M)의 초기이다. 따라서 핵상이 $2n$인 세포가 관찰된다.
여기서 중요한 점은, 체세포 분열의 경우 모든 세포들의 핵상은 $2n$이라는 점이다. 핵상이 반으로 줄어드는 것은 감수 1분열밖에 없다는 걸 꼭 기억해 두어야 한다. — 주의

ㄷ. 2가 염색체는 감수 분열 과정에서 관찰되므로 세포 ⓐ에서는 관찰될 수 없다.
2가 염색체는 감수 1분열 중기에서만 관찰되는 염색체의 형태이므로 체세포 분열이 일어날 때는 관찰되지 않는다.
상동 염색체가 접합하여 염색 분체 4개로 이루어진 상태가 2가 염색체이다.

K 14 정답 ② * 감수 분열 [정답률 67%] 2024 대비 수능 15

사람의 유전 형질 (가)는 서로 다른 상염색체에 있는 2쌍의 대립유전자 H와 h, T와 t에 의해 결정된다. 표는 어떤 사람의 세포 ㉠~㉢에서 H와 t의 유무를, 그림은 ㉠~㉢에서 대립유전자 ⓐ~ⓓ의 DNA 상대량을 나타낸 것이다. ⓐ~ⓓ는 H, h, T, t를 순서 없이 나타낸 것이다.

대립유전자	세포 ㉠	세포 ㉡	세포 ㉢
H	○	?○	×
t	?×	×	×

(○: 있음, ×: 없음)

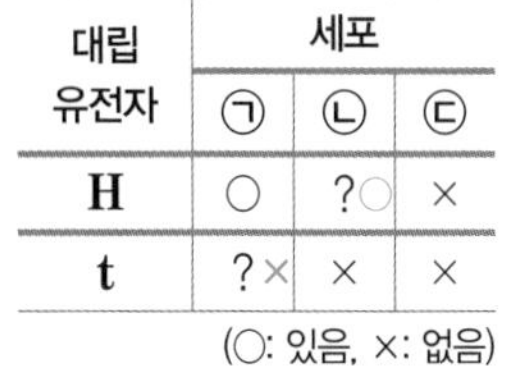

이에 대한 설명으로 옳은 것만을 〈보기〉에서 있는 대로 고른 것은? (단, 돌연변이와 교차는 고려하지 않으며, H, h, T, t 각각의 1개당 DNA 상대량은 1이다.)

[보기]

ㄱ. ⓐ는 ⓒ와 대립유전자이다.
ⓐ는 ⓓ와 대립유전자임

ㄴ. ⓓ는 H이다.
ⓓ는 H임

ㄷ. 이 사람에게서 h와 t를 모두 갖는 생식세포가 형성될 수 있다.
이 사람에게서 h와 t를 모두 갖는 생식세포가 형성될 수 없음

① ㄱ ② ㄴ ③ ㄷ ④ ㄱ, ㄴ ⑤ ㄴ, ㄷ

| 문제+자료 분석 |

- ㉠: ⓐ와 ⓒ의 DNA 상대량이 각각 1과 2이므로 핵상이 $2n$인 G_1기 세포이다. (가)의 유전자는 모두 상염색체에 있으므로 ㉠에서 H와 h, T와 t의 DNA 상대량을 더한 값은 2로 같아야 한다. 따라서 ㉠에서 DNA 상대량이 1인 ⓐ와 ⓓ는 대립유전자이고, 이 사람은 ⓒ를 동형 접합성으로 갖는다.
- ㉡: DNA 상대량이 0 또는 1이며, ㉠이 갖고 있는 유전자 중 일부만 가지므로 핵상이 n인 생식세포이다.
- ㉢: DNA 상대량이 0 또는 2이며, ㉠이 갖고 있는 유전자 중 일부만 가지므로 핵상이 n인 감수 2분열 중인 세포이다.

| 보기 분석 |

ㄱ. (가)의 유전자는 상염색체에 있으므로 ㉠에서 H와 h, T와 t의 DNA 상대량을 더한 값은 2로 같아야 한다. 따라서 ㉠에서 DNA 상대량이 1인 ⓐ와 ⓓ가 대립유전자이다.

ㄴ. H와 t가 모두 없는 ㉢에 ⓑ와 ⓓ가 없으므로 ⓑ와 ⓓ는 각각 H와 t 중 하나이고, ⓐ와 ⓒ는 각각 h와 T 중 하나이다. t가 없는 ㉡에 ⓐ와 ⓑ가 없으므로 ⓑ는 t, ⓓ는 H이다.

ㄷ. ⓐ는 H(ⓓ)와 대립유전자이므로 h이고, ⓒ는 T이다. 따라서 이 사람의 (가)의 유전자형은 HhTT이므로 이 사람에게서 h와 t를 모두 갖는 생식세포는 형성될 수 없다.

권민재 | 강릉원주대 치의예과 2024년 입학·서울 광영여고 졸

그래프에 제시된 DNA 상대량을 통해 ㉠, ㉡, ㉢의 형태를 단번에 알아볼 수 있도록 주어졌어! ㉠은 홀수와 짝수가 함께 존재하니 복제되지 않은 핵상이 $2n$인 세포이고, 유전자형이 ⓐ, ⓒ, ⓓ로 이루어져 있음을 알게 되었어. 그러니까 이들을 모두 가지지 못한 ㉡, ㉢은 핵상이 n인 세포이고 각각 복제되지 않은 세포와 복제된 세포인거지. 핵상이 n인 세포에는 대립유전자가 함께 존재하지 못하니 이를 활용하면 상동 염색체 쌍을 알아낼 수 있지. 비교적 간단한 유전 문제였어!

K 15 정답 ⑤ ＊체세포 분열 과정 [정답률 70%] 2017 실시 3월 학평 7

그림 (가)는 어떤 동물($2n=4$)의 체세포 분열 과정에서 세포 1개당 DNA양을, (나)는 t_1과 t_2 중 한 시점의 세포를 나타낸 것이다.

체세포 분열에서 염색 분체 분리

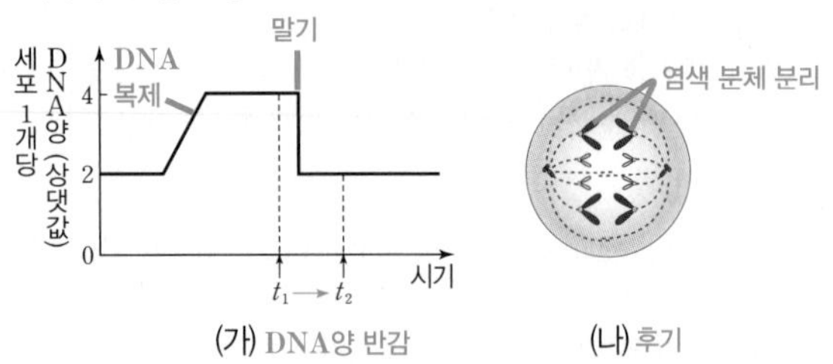

이에 대한 옳은 설명만을 〈보기〉에서 있는 대로 고른 것은? (단, 돌연변이는 고려하지 않는다.)

[보기]

ㄱ. t_2일 때 핵막이 관찰된다. → t_2일 때 G_1기이므로 핵막이 관찰됨

ㄴ. (나)는 t_1일 때의 세포이다. → (나)는 후기의 세포이므로 t_1일 때의 세포

ㄷ. (나)로부터 생성되는 두 딸세포의 유전자 구성은 같다. → 체세포 분열로 생성되는 두 딸세포는 유전자 구성이 같음

① ㄱ ② ㄴ ③ ㄱ, ㄷ ④ ㄴ, ㄷ ⑤ ㄱ, ㄴ, ㄷ

| 문제+자료 분석 |

- 체세포 분열 과정이므로 간기에 복제되어 2배로 늘어난 DNA가 세포 분열이 일어나는 과정에서 다시 반으로 줄어든다. 체세포 분열에서는 염색 분체가 나누어진다.
- 체세포 분열이 일어날 때는 간기에 DNA가 복제된 후 각각의 세포로 복제된 가닥들이 들어간다. 따라서 체세포 분열 결과 형성된 2개의 딸세포는 같은 유전 물질을 가지고 있다.

| 보기 분석 |

ㄱ. 세포 분열이 일어나는 과정에서 전기에 핵막이 소실되면서 염색체가 나타난다. 염색 분체가 분리되고 난 이후 말기에 다시 염색체가 염색사로 풀어지면서 핵막이 생성된다. t_2일 때는 세포 분열이 일어난 이후인 G_1기이므로 다시 핵막이 생성되어 관찰된다.

ㄴ. (나)는 세포 분열의 후기에 해당한다. (나)가 t_1과 t_2 중 한 시점의 세포라고 했으므로 DNA가 다시 반으로 되기 전인 t_1의 세포임을 알 수 있다.

ㄷ. (나)는 DNA가 복제된 이후 생성된 염색 분체가 각각 딸세포로 들어가는 체세포 분열 후기를 나타낸다. 따라서 (나)로부터 생성되는 두 딸세포의 유전자 구성은 같다.

＊ 체세포 분열에서 딸세포의 유전자 구성

체세포 분열 시 염색 분체만 분리되어 모세포와 딸세포의 염색체 구성이 같다.

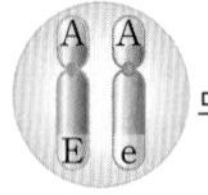

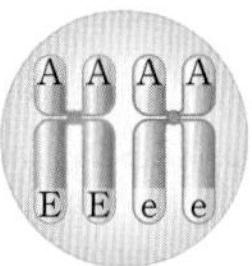

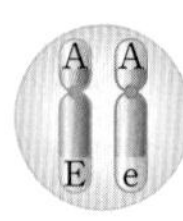

K 16 정답 ③ ＊감수 분열 [정답률 82%] 2018 실시 10월 학평 13

그림 (가)는 사람의 세포 분열 과정에서 핵 1개당 DNA 상대량을, (나)는 t_1~t_3 중 한 시점에 관찰된 세포를 나타낸 것이다. t_2와 t_3은 중기의 한 시점이며, (나)는 일부 염색체만을 나타냈다.

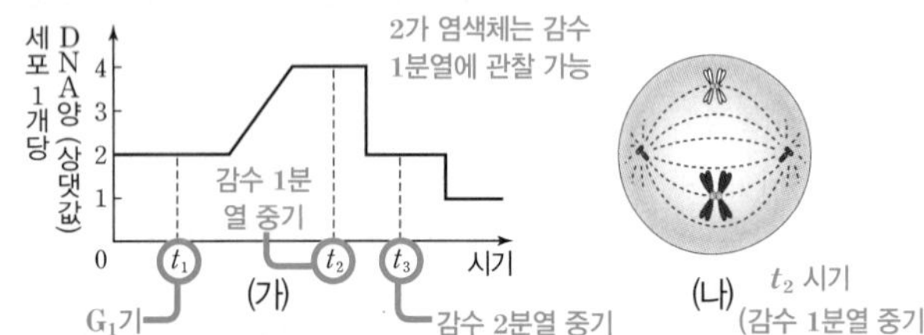

이에 대한 옳은 설명만을 〈보기〉에서 있는 대로 고른 것은?(단, 돌연변이는 고려하지 않는다.)

[보기]

ㄱ. t_1일 때의 세포에 핵막이 있다. → t_1은 G_1기이므로 핵막이 있음

ㄴ. (나)가 관찰된 시점은 t_2이다. → (나)는 2가 염색체가 관찰되는 감수 1분열 중기이므로 t_2기에 해당

ㄷ. t_3일 때의 세포와 난자는 핵상이 다르다. → t_3일 때 세포와 난자의 핵상은 모두 n

① ㄱ ② ㄴ ③ ㄱ, ㄴ ④ ㄱ, ㄷ ⑤ ㄴ, ㄷ

| 문제+자료 분석 |

- (가): t_1은 DNA가 복제되기 전인 G_1기, t_2는 DNA가 복제된 이후인 감수 1분열 중기, t_3는 감수 2분열 중기에 해당한다.
- (나): 상동 염색체가 접합하여 2가 염색체가 형성된 상태이므로 t_2에서 관찰할 수 있다.

| 보기 분석 |

ㄱ. t_1은 간기에 해당하는 G_1기 세포이다. 간기는 세포 생장 시기로, 유전 물질이 핵 속에 존재한다. 따라서 t_1일 때의 세포에 핵막이 있다.

ㄴ. (나)와 같이 상동 염색체가 접합하여 2가 염색체를 형성하는 시기는 감수 1분열 중기이다. 감수 1분열 중기는 (가)의 t_2이다.

ㄷ. t_3는 감수 1분열이 완료되어 상동 염색체가 각각의 딸세포로 나누어져 들어간 이후이다. 따라서 핵상이 n인 상태이므로 난자와 핵상이 같다.

＊ 감수 분열 과정

감수 1분열	상동 염색체가 나누어져서 염색체 수와 DNA 상대량이 모두 반으로 줄어든다. ➡ 염색체 수 $2n \rightarrow n$, DNA 상대량 $4 \rightarrow 2$
감수 2분열	염색 분체가 나누어지므로 염색체 수는 변함 없고 DNA 상대량만 반으로 줄어든다. ➡ 염색체 수 $n \rightarrow n$, DNA 상대량 $2 \rightarrow 1$

K 17 정답 ② * 생식 세포 분열 ··· [정답률 62%] 2020 실시 7월 학평 17

그림 (가)는 어떤 동물($2n$=?)의 G_1기 세포로부터 생식 세포가 형성되는 동안 핵 1개당 DNA 상대량을, (나)는 이 세포 분열 과정 중 일부를 나타낸 것이다. 이 동물의 특정 형질에 대한 유전자형은 Aa이며, A는 a와 대립유전자이다. ⓐ와 ⓑ의 핵상은 다르다.

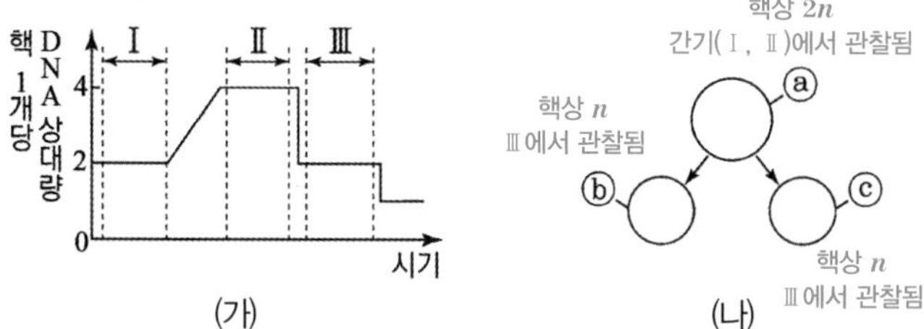

이에 대한 설명으로 옳은 것만을 〈보기〉에서 있는 대로 고른 것은? (단, 돌연변이는 고려하지 않는다.)

[보기]

ㄱ. ⓐ는 구간 Ⅲ에서 관찰된다.
→ ⓐ는 핵상이 $2n$으로 구간 Ⅰ이나 구간 Ⅱ에서 관찰됨

ㄴ. ⓑ와 ⓒ의 유전자 구성은 동일하다.
→ ⓑ와 ⓒ는 A와 a 중 하나만을 가지므로 유전자 구성이 다름

ㄷ. 구간 Ⅰ에는 핵막을 가진 세포가 있다.
→ 구간 Ⅰ은 간기 중 G_1기의 세포로 핵막이 존재한다.

① ㄱ ② ㄷ ③ ㄱ, ㄴ ④ ㄴ, ㄷ ⑤ ㄱ, ㄴ, ㄷ

| 문제+자료 분석 |

1st ⓐ~ⓒ의 핵상 파악하기

ⓐ와 ⓑ의 핵상이 다르므로 ⓐ는 생식 세포 분열이 일어나기 전의 간기에 해당하는 세포로 핵상이 $2n$이며, ⓑ와 ⓒ는 분열기에 해당하는 세포로 핵상이 n이다.

2nd ⓐ~ⓒ의 유전자형 파악하기

ⓐ는 간기에 해당하는 세포로 Aa를 모두 가지며, ⓑ와 ⓒ는 분열기에 해당하는 세포로 상동 염색체가 분리되었기 때문에 각각 A 또는 a 중 하나만을 가진다.

| 보기 분석 |

ㄱ. ⓐ는 간기에 해당하는 세포로 핵상이 $2n$이며, 구간 Ⅰ이나 구간 Ⅱ에서 관찰된다.

ㄴ. ⓑ와 ⓒ는 분열기에 해당하는 핵상이 n인 세포로 상동 염색체가 분리되었기 때문에 각각 A 또는 a 중 하나만을 가지므로 유전자 구성이 다르다.

ㄷ. 구간 Ⅰ은 간기 중 G_1기에 해당한다. DNA가 복제되기 전으로 핵막이 분해되지 않고 핵이 관찰된다.

문제 풀이 Tip

생식세포 분열 중 1 분열이 일어날 때 상동 염색체가 분리되어 핵상이 n으로 변한다. 따라서 간기의 세포만 핵상이 $2n$이며 1분열 후의 세포와 2분열 후의 세포 모두 핵상은 n이다.

K 18 정답 ③ * 감수 분열 ··· [정답률 62%] 2019 실시 3월 학평 13

염색체 수와 DNA양은 딸세포가 모세포의 절반

그림 (가)는 유전자형이 AaBb인 사람의 감수 분열 과정에서 세포 1개당 DNA 상대량의 변화를, (나)는 세포 ㉠~㉣이 가지는 세포 1개당 유전자 A와 b의 수를 나타낸 것이다. ㉠~㉣은 Ⅰ~Ⅳ 중 서로 다른 한 시기의 세포이다. A는 a와 대립유전자이며, B는 b와 대립유전자이다.

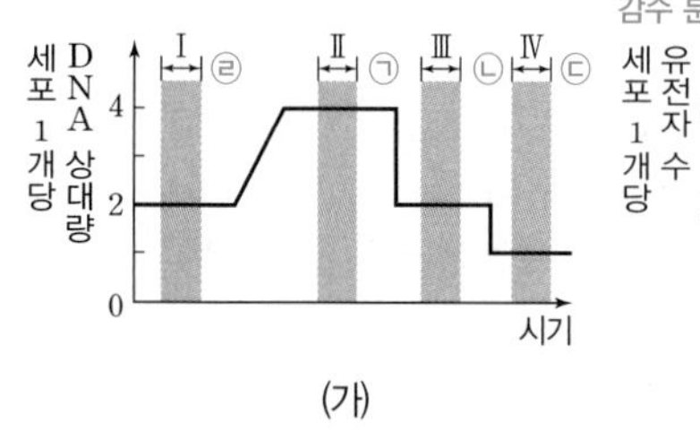

감수 분열 결과 핵상은 $2n \rightarrow n$

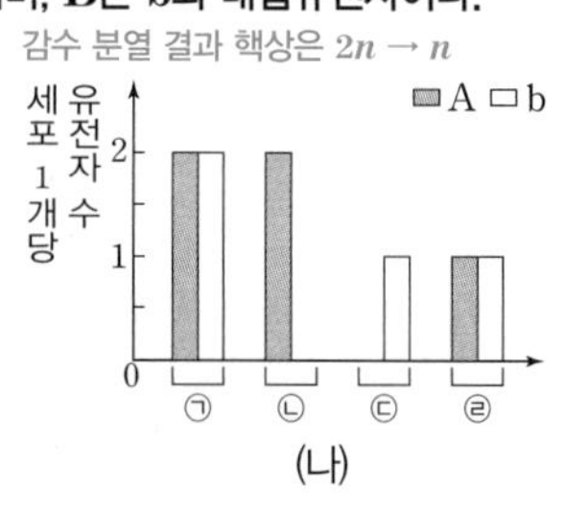

이에 대한 옳은 설명만을 〈보기〉에서 있는 대로 고른 것은? (단, 돌연변이와 교차는 고려하지 않는다.) (3점)

[보기]

ㄱ. ㉠은 Ⅱ 시기의 세포이다. → ㉠은 DNA가 복제된 핵상 $2n$의 세포임

ㄴ. ㉣의 핵상은 $2n$이다.
→ ㉣은 대립유전자 A, a, B, b가 모두 존재하므로 핵상이 $2n$임

ㄷ. Ⅲ 시기의 세포에 2가 염색체가 있다.
→ Ⅲ 시기에 해당하는 세포인 ㉡의 핵상은 n이고, 2가 염색체가 존재하는 세포의 핵상은 $2n$

① ㄱ ② ㄴ ③ ㄱ, ㄴ ④ ㄱ, ㄷ ⑤ ㄴ, ㄷ

| 문제+자료 분석 |

- Ⅰ 시기에는 DNA 복제 전의 핵상이 $2n$인 세포가 있고, Ⅱ 시기에는 DNA 복제 후의 핵상이 $2n$인 세포가 있으므로 ㉣은 Ⅰ 시기의 세포이고, ㉠은 Ⅱ 시기의 세포이다.
- Ⅲ 시기에는 핵상이 n이고, 염색 분체 2개로 구성된 염색체를 갖는 세포가 있다.
- Ⅳ 시기에는 핵상이 n이고, 세포당 DNA양이 모세포의 $\frac{1}{2}$인 세포가 있다. 따라서 ㉡은 Ⅲ 시기의 세포이고, ㉢은 Ⅳ 시기의 세포이다.

| 보기 분석 |

ㄱ. ㉠은 Ⅱ 시기의 세포이다.

ㄴ. ㉣은 Ⅰ 시기의 세포로 핵상이 $2n$이다.

ㄷ. ㉡은 Ⅲ 시기에 해당하는 세포로 핵상이 n이다. 2가 염색체는 감수 1분열 전기와 중기인 세포, 즉 핵상이 $2n$인 세포에서 관찰되므로 Ⅲ 시기의 세포에 2가 염색체는 없다. 주의

＊ 상동 염색체와 염색 분체

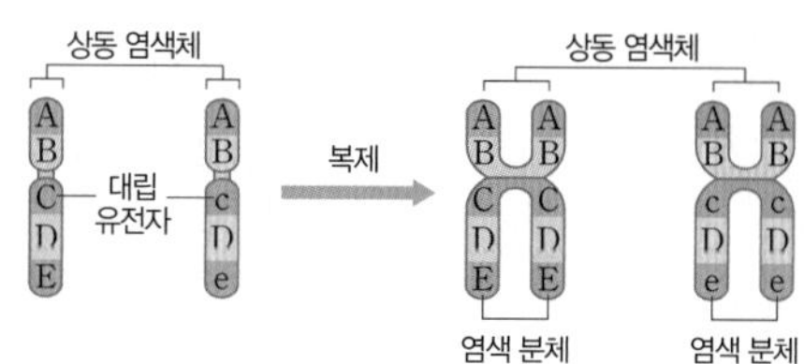

상동 염색체	체세포 속에 존재하는 모양과 크기가 같은 한 쌍의 염색체로, 부모로부터 하나씩 물려받는다.
염색 분체	DNA가 복제되어 형성된 것으로, 두 염색 분체를 구성하는 DNA의 유전 정보는 동일하다.

K 19 정답 ① * 감수 분열 [정답률 63%] 2020 대비 6월 모평 5

그림 (가)는 어떤 동물($2n=6$)의 세포가 분열하는 동안 핵 1개당 DNA양을, (나)는 이 세포 분열 과정의 어느 한 시기에서 관찰되는 세포를 나타낸 것이다. 이 동물의 특정 형질에 대한 유전자형은 Rr이며, R와 r는 대립유전자이다. 염색 분체는 유전자 구성이 같음

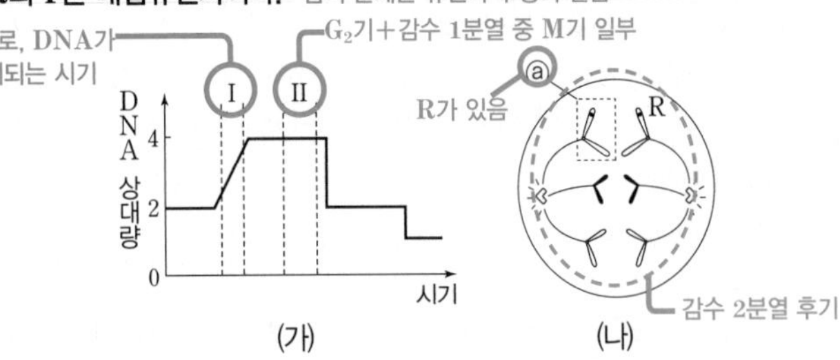

(가) (나)

이에 대한 설명으로 옳은 것만을 <보기>에서 있는 대로 고른 것은? (단, 돌연변이와 교차는 고려하지 않는다.) (3점)

[보기]

ㄱ. ⓐ에는 R가 있다. → 염색 분체를 구성하는 유전자 구성은 동일

ㄴ. 구간 Ⅰ에서 2가 염색체가 관찰된다. → 구간 Ⅰ은 S기로 염색체가 존재하지 않음

ㄷ. (나)는 구간 Ⅱ에서 관찰된다. → 구간 Ⅱ는 G_2기와 감수 1분열의 M기 중 일부로 (나)가 관찰되지 않음

① ㄱ ② ㄴ ③ ㄷ ④ ㄱ, ㄴ ⑤ ㄱ, ㄷ

| 문제+자료 분석 |

- **감수 1분열**: 상동 염색체가 분리되어 염색체 수, DNA양이 모세포의 절반인 딸세포가 생성된다.
- **감수 2분열**: DNA 복제 없이 염색 분체가 분리되어 염색체 수는 모세포와 같고, DNA양은 모세포의 절반인 딸세포가 생성된다.

| 보기 분석 |

ㄱ. (나)는 핵상이 n인 세포에서 하나의 염색체를 구성하는 염색 분체가 양극으로 이동하고 있으므로 감수 2분열 후기의 세포이다. 염색체를 구성하는 염색 분체의 유전자 구성은 동일하므로 ⓐ에는 R가 있다. 주의

ㄴ. 구간 Ⅰ은 DNA가 복제되는 간기 중 S기에 해당한다. 간기의 세포에는 염색체가 존재하지 않으므로 구간 Ⅰ에서 2가 염색체는 관찰되지 않는다.

ㄷ. 구간 Ⅱ는 간기 중 G_2기와 감수 1분열 중 M기의 일부가 해당한다. (나)는 감수 2분열 후기의 세포이므로 구간 Ⅱ에서 관찰되지 않는다.

문제 풀이 Tip

DNA 상대량으로 세포 분열의 종류를 찾을 수 있다.
세포가 분열하는 동안 DNA 상대량이 모세포와 딸세포에서 같으면 체세포 분열에서의 DNA 상대량이고, DNA 상대량이 모세포가 딸세포의 2배이면 생식세포 분열에서의 DNA 상대량이다.

K 20 정답 ② * 감수 분열 [정답률 58%] 2019 실시 7월 학평 10

그림 (가)는 어떤 동물($2n=?$)의 세포 분열 과정 일부에서 시간에 따른 핵 1개당 DNA 상대량을, (나)는 구간 Ⅰ과 Ⅱ 중 한 구간에서 관찰되는 세포에 들어 있는 모든 염색체를 나타낸 것이다. Ⅰ과 Ⅱ에서 관찰되는 세포의 핵상은 같다.

Ⅰ → Ⅱ 과정에서 $n=4$인 세포가 관찰되며 핵상의 변화가 없으므로 Ⅰ에는 감수 2분열 중기가 포함됨

상동 염색체 쌍이 존재하지 않고, 염색체가 세포 중앙에 모두 배열되므로 감수 2분열 중기의 세포이며, $n=4$임

(가) (나)

이에 대한 설명으로 옳은 것만을 <보기>에서 있는 대로 고른 것은? (단, 돌연변이는 고려하지 않는다.) (3점)

[보기]

ㄱ. (나)는 Ⅱ에서 관찰된다. → 감수 2분열 중기의 세포는 핵분열이 완료되기 이전인 Ⅰ에서 관찰됨

ㄴ. 이 동물의 G_1기 체세포와 Ⅰ에서 관찰되는 세포의 핵상은 같다. → 이 동물의 G_1기 체세포의 핵상은 $2n$, 감수 2분열 중기인 세포의 핵상은 n

ㄷ. 이 동물의 체세포 분열 중기의 세포 1개당 염색 분체 수는 16이다. → 이 동물의 체세포 염색체 수는 8, 염색 분체 수는 16임

① ㄱ ② ㄷ ③ ㄱ, ㄴ ④ ㄴ, ㄷ ⑤ ㄱ, ㄴ, ㄷ

| 문제+자료 분석 |

- (나)의 세포에는 상동 염색체 쌍이 존재하지 않으므로 핵상과 염색체 수가 $n=4$이다. 그리고 염색체가 세포 중앙에 나란히 배열되므로 (나)의 세포는 감수 2분열 중기의 세포이다.
- 핵상이 $n=4$인 (나)의 세포가 관찰되는 Ⅰ→Ⅱ 과정은 감수 2분열 과정이며, (나)는 핵분열이 완료되기 이전인 구간 Ⅰ에서 관찰된다. 구간 Ⅱ는 핵분열이 일어난 후의 시기이다.

| 보기 분석 |

ㄱ. (나)의 세포는 $n=4$인 감수 2분열 중기의 세포이다.
Ⅰ→Ⅱ 과정에서 관찰되는 (나)의 세포의 핵상이 n이고 이 과정에서 핵상의 변화가 없으므로, 이 과정은 감수 2분열 과정이다. (나)는 핵분열이 완료되기 이전인 구간 Ⅰ에서 관찰된다.

ㄴ. 이 동물의 G_1기 체세포의 핵상은 $2n$이고, Ⅰ에서 관찰되는 세포는 (나)에서와 같이 핵상이 n이다.

ㄷ. (나)에 제시된 감수 2분열 중기 세포의 핵상과 염색체 수가 $n=4$이므로 이 동물의 체세포의 핵상과 염색체 수는 $2n=8$이다. 체세포 분열 중기의 염색체는 모두 2개의 염색 분체로 이루어져 있으므로 체세포 분열 중기의 세포 1개당 염색 분체 수는 $8\times2=16$이다. 주의

* 감수 분열

감수 1분열	• 상동 염색체가 분리되어 염색체 수가 절반으로 감소됨($2n \rightarrow n$) • 중기에 2가 염색체가 세포 중앙에 배열되며, 후기에 상동 염색체가 분리됨
감수 2분열	• 상동 염색체 쌍이 존재하지 않음 • 염색 분체가 분리되어 염색체 수에 변화 없음($n \rightarrow n$) • 중기에 염색 분체 2개로 이루어진 염색체가 세포 중앙에 배열됨

K 21 정답 ④ ＊생식세포 형성 ······ [정답률 52%] 2024 실시 10월 학평 9

사람의 유전 형질 (가)는 대립유전자 A와 a에 의해, (나)는 대립유전자 B와 b에 의해 결정된다. (가)와 (나)의 유전자는 서로 다른 염색체에 있다. 그림은 어떤 남자의 G_1기 세포 Ⅰ로부터 정자가 형성되는 과정과, 세포 Ⅲ으로부터 형성된 정자가 난자와 수정되어 만들어진 수정란을 나타낸 것이다. 표는 세포 ㉠～㉣이 갖는 A, a, B, b의 DNA 상대량을 나타낸 것이다. ㉠～㉣은 Ⅰ～Ⅳ를 순서 없이 나타낸 것이고, Ⅱ와 Ⅳ는 모두 중기의 세포이다.

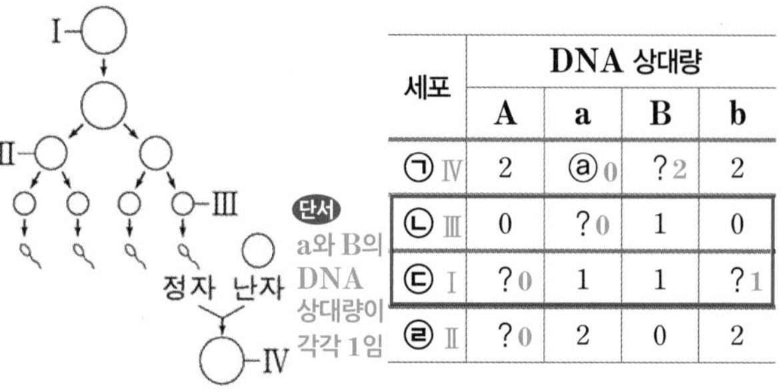

세포	DNA 상대량			
	A	a	B	b
㉠ Ⅳ	2	ⓐ 0	? 2	2
㉡ Ⅲ	0	? 0	1	0
㉢ Ⅰ	? 0	1	1	? 1
㉣ Ⅱ	? 0	2	0	2

이에 대한 옳은 설명만을 〈보기〉에서 있는 대로 고른 것은? (단, 돌연변이와 교차는 고려하지 않으며, A, a, B, b 각각의 1개당 DNA 상대량은 1이다.) (3점)

[보기]

ㄱ. ㉡은 Ⅲ이다.
㉠은 Ⅳ, ㉡은 Ⅲ, ㉢은 Ⅰ, ㉣은 Ⅱ

ㄴ. ⓐ는 2이다. (0)

ㄷ. $\frac{\text{Ⅱ의 염색 분체 수}}{\text{Ⅳ의 X 염색체 수}}$=46이다.
Ⅱ의 염색 분체 수는 46, Ⅳ의 X 염색체 수는 1

① ㄱ ② ㄴ ③ ㄱ, ㄴ ④ ㄱ, ㄷ ⑤ ㄴ, ㄷ

단서+발상

단서 ㉡과 ㉢에서 a와 B의 DNA 상대량이 각각 1임이 제시되어 있다.
발상 Ⅱ와 Ⅳ는 중기의 세포이므로 ㉡과 ㉢은 Ⅰ 또는 Ⅲ임을 추론할 수 있다.
적용 중기의 세포는 복제된 상태의 세포이므로 DNA 상대량이 1일 수 없음을 적용해서 ㉡과 ㉢을 파악하는 것부터 문제 풀이를 시작해야 한다.

| 문제+자료 분석 |

step 1 ㉡과 ㉢ 파악하기

- Ⅱ와 Ⅳ는 DNA가 복제된 중기의 세포이므로 DNA 상대량이 1일 수 없다. 함정
- ㉡과 ㉢에서 a와 B의 DNA 상대량이 각각 1이므로 ㉡과 ㉢은 각각 Ⅰ과 Ⅲ 중 하나이다.
- ㉡이 Ⅰ이라면 Ⅱ의 A와 b의 DNA 상대량이 0이어야 하는데 ㉠의 A의 DNA 상대량이 2, ㉣의 b의 DNA 상대량이 2이므로 모순이다.
- ㉡은 Ⅲ, ㉢은 Ⅰ이다.

step 2 Ⅰ의 유전자형 구하기

- ㉢(Ⅰ)은 a와 B를 1개씩 가지고, ㉠과 ㉣ 모두 b를 가지므로, Ⅰ의 유전자형은 AaBb, X^aYBb 중 하나이다.
- Ⅰ이 AaBb라면, Ⅲ은 a와 B를 가지는 ㉡, Ⅱ는 A와 b를 가지는 ㉠이어야 하는데, Ⅲ과 난자가 결합한 Ⅳ에 해당하는 ㉣의 B의 DNA 상대량이 0이므로 모순이다.
- A와 a는 X 염색체에 있는 대립유전자이며, Ⅰ은 X^aYBb이다.

step 3 나머지 세포 파악하기

- Ⅰ이 A를 가지지 않으므로 A를 가지는 ㉠이 Ⅳ이다.
- Ⅱ가 a를 가지므로 Ⅲ은 A와 a를 모두 가지지 않고 Y 염색체를 가지는 세포이다.

| 보기 분석 |

ㄱ. ㉠은 Ⅳ, ㉡은 Ⅲ, ㉢은 Ⅰ, ㉣은 Ⅱ이다.
ㄴ. Y 염색체를 가지는 Ⅲ과 난자가 수정하여 Ⅳ가 만들어졌으므로 A와 a 중 하나만을 가진다. Ⅳ에 A가 있으므로 a의 DNA 상대량인 ⓐ는 0이다.
ㄷ. Ⅱ는 감수 2분열 중기의 세포로 염색 분체 수가 46이다. Ⅳ는 X 염색체 1개와 Y 염색체 1개를 가지는 세포이다. $\frac{\text{Ⅱ의 염색 분체 수}}{\text{Ⅳ의 X 염색체 수}}$=46이다.

왜 틀렸나?

- Ⅰ～Ⅳ가 분열 중인 한 사람의 세포가 아님을 주의해야 한다. Ⅰ～Ⅲ은 한 사람의 세포지만, Ⅳ는 새로운 수정란으로 유전자형이 다르다.
- Ⅰ은 G_1기의 세포이므로 DNA 상대량이 1일 수 있으나 Ⅳ는 중기의 세포이므로 DNA 상대량이 1일 수 없음을 빠르게 파악해야 한다.

K 22 정답 ③ * 감수 분열 [정답률 56%] 2024 실시 3월 학평 12

사람의 유전 형질 (가)는 Y 염색체에 있는 대립유전자 A와 a에 의해, (나)는 X 염색체에 있는 대립유전자 B와 b에 의해 결정된다. 그림은 어떤 남자와 여자의 G_1기 세포로부터 생식세포가 형성되는 과정을, 표는 세포 ㉠~㉢에서 A와 b의 DNA 상대량을 나타낸 것이다. ㉠~㉢은 Ⅰ~Ⅲ을 순서 없이 나타낸 것이다.

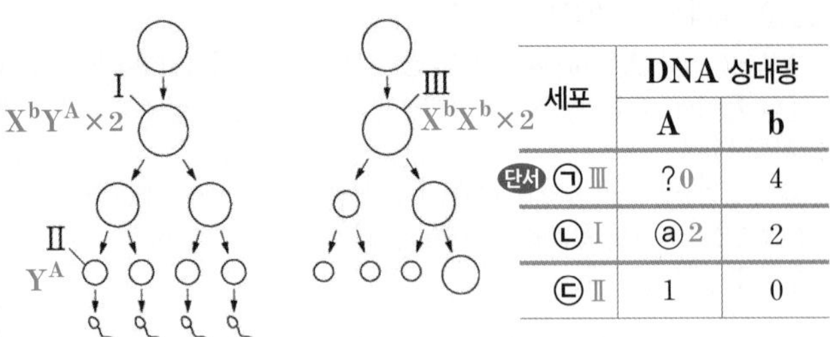

세포	DNA 상대량	
	A	b
단서 ㉠ Ⅲ	? 0	4
㉡ Ⅰ	ⓐ 2	2
㉢ Ⅱ	1	0

이에 대한 옳은 설명만을 〈보기〉에서 있는 대로 고른 것은? (단, 돌연변이와 교차는 고려하지 않으며, A, a, B, b 각각의 1개당 DNA 상대량은 1이다. Ⅰ과 Ⅲ은 중기의 세포이다.) (3점)

[보기]

ㄱ. ⓐ는 2이다.
A의 DNA 상대량은 ㉡(Ⅰ)이 ㉢(Ⅱ)의 2배이므로 ⓐ는 2임

ㄴ. ㉠에 2가 염색체가 있다.
㉠(Ⅲ)은 감수 1분열이 끝나기 전의 세포이므로 2가 염색체가 존재함

ㄷ. Ⅱ에서 상염색체 수와 X 염색체 수를 더한 값은 23이다.
Ⅱ에서 상염색체의 수는 22이고, X 염색체 수는 0임

① ㄱ ② ㄷ ③ ㄱ, ㄴ ④ ㄴ, ㄷ ⑤ ㄱ, ㄴ, ㄷ

단서+발상

(단서) 남자와 여자의 생식세포 형성 과정과 세포 ㉠~㉢에서 A와 b의 DNA 상대량이 제시되어 있다.

(발상) 대립유전자 A와 a는 Y 염색체에 존재하고, 대립유전자 B와 b는 X 염색체에 존재하기 때문에 ㉠은 여자의 세포, ㉢은 남자의 세포임을 추론할 수 있다.

| 문제+자료 분석 |

- 체세포 분열에서와 마찬가지로 간기의 S기에 DNA를 복제한 후 감수 1분열과 감수 2분열을 거쳐 생식세포가 생성된다.
- Ⅰ과 Ⅲ은 S기 이후 DNA양이 2배가 된 세포이다. 모든 대립유전자의 DNA 상대량은 짝수이므로 ㉢은 Ⅱ이다. 꿀팁
- 세포 ㉠에서 X 염색체에 존재하는 b의 DNA 상대량이 4이므로 세포 ㉠은 난자 형성 과정의 세포이다. ➡ ㉠은 Ⅲ, ㉡은 Ⅰ이다. 꿀팁
- 감수 1분열에서 상동 염색체가 분리되어 대립유전자가 분리되고, 감수 2분열에서 염색 분체가 분리되어 염색 분체에 있는 동일한 유전자가 분리된다.
  ➡ ㉡(Ⅰ)에서 감수 1, 2분열이 진행되어 ㉢(Ⅱ)이 되었다. A의 DNA 상대량은 ㉡(Ⅰ)이 ㉢(Ⅱ)의 2배이므로 ⓐ는 2이다.
- 2가 염색체는 상동 염색체가 접합한 상태의 염색체로, 4분 염색체라고도 한다. 감수 1분열 전기에 형성되어 중기까지 관찰된다. Ⅰ과 Ⅲ의 세포에 2가 염색체가 존재한다.

| 보기 분석 |

ㄱ. A의 DNA 상대량은 ㉡(Ⅰ)이 ㉢(Ⅱ)의 2배이므로 ⓐ는 2이다.

ㄴ. 세포 ㉠(Ⅲ)은 감수 1분열이 끝나기 전의 세포이므로 상동 염색체가 접합한 2가 염색체가 존재한다.

ㄷ. Ⅱ에서 상염색체는 22개이고, Y 염색체가 1개 존재하므로 X 염색체는 0개이다. 따라서 상염색체 수와 X 염색체 수를 더한 값은 22이다.

K 23 정답 ⑤ * 감수 분열 [정답률 68%] 2020 실시 4월 학평 13

표는 유전자형이 Tt인 어떤 사람의 세포 P가 생식세포로 되는 과정에서 관찰되는 서로 다른 시기의 세포 ㉠~㉢의 염색체 수와 t의 DNA 상대량을 나타낸 것이다. T와 t는 서로 대립유전자이다.

세포	염색체 수	t의 DNA 상대량
감수 2분열 중기 ㉠	? 23	2 tt
감수 2분열 완료 ㉡	23	1 t
감수 1분열 중기 ㉢	46	2 TTtt

이에 대한 설명으로 옳은 것만을 〈보기〉에서 있는 대로 고른 것은? (단, 돌연변이와 교차는 고려하지 않으며, ㉠과 ㉢은 중기의 세포이다. T, t 각각의 1개당 DNA 상대량은 1이다.) (3점)

[보기]

ㄱ. ㉠의 염색체 수는 23이다.
→ 핵상이 n인 세포 ㉠의 염색체 수는 23

ㄴ. ㉢에서 T의 DNA 상대량은 2이다.
→ 감수 1분열 중기 세포 ㉢의 유전자형은 TTtt

ㄷ. ㉠이 ㉡으로 되는 과정에서 염색 분체가 분리된다.
→ ㉠이 ㉡으로 되는 감수 2분열 과정에서 염색 분체가 분리됨

① ㄱ ② ㄴ ③ ㄱ, ㄷ ④ ㄴ, ㄷ ⑤ ㄱ, ㄴ, ㄷ

| 문제+자료 분석 |

- ㉢의 염색체 수가 46이므로 ㉢은 감수 1분열 중기의 세포($2n=46$, TTtt)이고, ㉠의 염색체 수는 23이며 ㉠은 감수 2분열 중기의 세포($n=23$, tt)이다.
- 세포 ㉡은 염색체 수가 23이고 t의 DNA 상대량이 1이므로 감수 2분열을 마친 세포($n=23$, t)이다.

| 보기 분석 |

ㄱ. ㉠에서 t의 DNA 상대량은 2이지만, 핵상과 염색체 수가 $2n=46$은 아니므로 ㉠은 핵상과 염색체 수가 $n=23$인 감수 2분열 중기의 세포이다.

ㄴ. ㉢에서 t의 DNA 상대량이 2이고, 핵상과 염색체 수가 $2n=46$이므로 ㉢은 DNA 복제가 일어난 후의 감수 1분열 중기 세포이다. ㉢의 유전자형이 TTtt이므로 T의 DNA 상대량은 2이다.

ㄷ. 유전자형이 tt인 ㉠(감수 2분열 중기 세포)으로부터 유전자형이 t인 ㉡으로 감수 2분열이 진행되는 과정에서 염색 분체의 분리가 일어난다.

＊ 감수 분열 과정

감수 1분열	상동 염색체가 나누어져서 염색체 수와 DNA 상대량이 모두 반으로 줄어든다. ➡ 염색체 수 $2n \to n$, DNA 상대량 $4 \to 2$
감수 2분열	염색 분체가 나누어지므로 염색체 수는 변함 없고 DNA 상대량만 반으로 줄어든다. ➡ 염색체 수 $n \to n$, DNA 상대량 $2 \to 1$

K 24 정답 ③ ＊감수 분열 ····· [정답률 52%] 2023 실시 4월 학평 18

사람의 유전 형질 ㉮는 대립유전자 T와 t에 의해 결정된다. 그림 (가)는 남자 P의, (나)는 여자 Q의 G_1기 세포로부터 생식세포가 형성되는 과정을 나타낸 것이다. 표는 세포 ㉠~㉣의 8번 염색체 수와 X 염색체 수를 더한 값, T의 DNA 상대량을 나타낸 것이다. ㉮의 유전자형은 P에서가 TT이고, Q에서가 Tt이다. ㉠~㉣은 Ⅰ~Ⅳ를 순서 없이 나타낸 것이고, ⓐ~ⓓ는 1, 2, 3, 4를 순서 없이 나타낸 것이다.

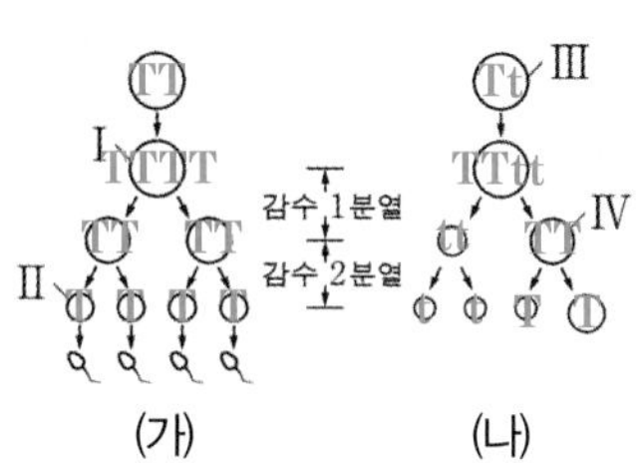

세포	8번 염색체 수와 X 염색체 수를 더한 값	T의 DNA 상대량
㉠ Ⅰ	ⓐ 2+1	ⓓ 4
㉡ Ⅱ	ⓑ 1+0	ⓑ 1
㉢ Ⅳ	ⓒ 1+1	ⓒ 2
㉣ Ⅲ	ⓓ 2+2	ⓑ 1

이에 대한 설명으로 옳은 것만을 〈보기〉에서 있는 대로 고른 것은? (단, 돌연변이는 고려하지 않으며, T와 t 각각의 1개당 DNA 상대량은 1이다. Ⅰ과 Ⅳ는 중기의 세포이다.) (3점)

[보기]

ㄱ. ㉣은 Ⅲ이다. ㉣은 Ⅲ임

ㄴ. ⓐ+ⓒ=4이다. ⓐ+ⓒ=3+2=5임

ㄷ. Ⅱ에 Y 염색체가 있다.
Ⅱ는 성염색체로 Y 염색체를 가짐

① ㄱ ② ㄴ ③ ㄱ, ㄷ ④ ㄴ, ㄷ ⑤ ㄱ, ㄴ, ㄷ

| 문제+자료 분석 |

step1 세포 Ⅰ~Ⅳ의 특징 파악하기

- Ⅰ: 감수 1분열 중기의 세포이고, ㉮의 유전자형이 TT이므로 T의 DNA 상대량은 4이다. 핵상이 $2n$인 남자의 세포이므로, 8번 염색체는 2개이고, X 염색체는 1개이다.
- Ⅱ: 생식세포이므로 핵상이 n이고, T의 DNA 상대량이 1이다. 핵상이 n인 남자의 세포이므로, 8번 염색체는 1개이고, X 염색체는 0개(Y 염색체 포함) 또는 1개이다.
- Ⅲ: G_1기 세포이고, ㉮의 유전자형이 Tt이므로 T의 DNA 상대량이 1이다. 핵상이 $2n$인 여자의 세포이므로, 8번 염색체는 2개이고, X 염색체도 2개이다.
- Ⅳ: 감수 2분열 중기의 세포이므로 T의 DNA 상대량은 0 또는 2이다. ⓐ~ⓓ는 1, 2, 3, 4를 순서 없이 나타낸 것이므로 T의 DNA 상대량은 2가 되어야 한다. 핵상이 n인 여자의 세포이므로, 8번 염색체와 X 염색체는 각각 1개이다.

step2 세포 Ⅰ~Ⅳ와 ㉠~㉣ 연결하기

- Ⅱ와 Ⅲ은 T의 DNA 상대량이 1로 동일하므로 ㉡ 또는 ㉣에 해당하며, ⓑ는 1이다.
- ㉡은 8번 염색체 수와 X 염색체 수를 더한 값이 1이므로 Ⅱ이고, Ⅱ는 8번 염색체를 1개 가지므로, X 염색체 대신 Y 염색체를 갖는다.
- Ⅲ은 ㉣에 해당하고, 8번 염색체 수와 X 염색체 수를 더한 값이 4이므로 ⓓ는 4이다.
- Ⅰ은 T의 DNA 상대량이 4(ⓓ)이므로 ㉠에 해당하고, Ⅰ의 8번 염색체 수와 X 염색체 수를 더한 값이 3이므로 ⓐ는 3이다.
- Ⅳ는 ㉢이며, ⓒ는 2이다.

| 보기 분석 |

ㄱ. ㉣은 T의 DNA 상대량이 1이고, 8번 염색체 수와 X 염색체 수를 더한 값이 4이므로 Ⅲ에 해당한다.

ㄴ. Ⅰ에서 8번 염색체 수와 X 염색체 수를 더한 값(ⓐ)이 3이고, Ⅳ에서 8번 염색체 수와 X 염색체 수를 더한 값(ⓒ) 또는 T의 DNA 상대량(ⓒ)이 2이므로 ⓐ+ⓒ=5이다.

ㄷ. Ⅱ는 남자의 생식세포이고, 8번 염색체 수와 X 염색체 수를 더한 값이 1(ⓑ)이다. Ⅱ는 8번 염색체를 1개 가지므로, X 염색체 대신 Y 염색체를 갖는다.

K 25 정답 ③ ＊감수 분열 ····· [정답률 75%] 2020 실시 3월 학평 8

표는 어떤 동물($2n=6$)의 감수 분열 과정에서 형성되는 세포 (가)와 (나)의 세포 1개당 DNA 상대량과 염색체 수를 나타낸 것이다. (가)와 (나)는 모두 중기 세포이다.

세포	세포 1개당 DNA 상대량	세포 1개당 염색체 수
(가) 감수 2분열 중기	2	3 핵상 n
(나) 감수 1분열 중기	4	6 핵상 $2n$

이에 대한 옳은 설명만을 〈보기〉에서 있는 대로 고른 것은? (단, 돌연변이는 고려하지 않는다.) (3점)

[보기]

ㄱ. (가)의 핵상은 n이다.
→ 세포 1개당 염색체 수가 반으로 감소한 (가)의 핵상은 n

ㄴ. (나)에 2가 염색체가 있다.
→ (나)는 감수 1분열 중기의 세포로 3개의 2가 염색체가 있음

ㄷ. 이 동물의 G_1기 세포 1개당 DNA 상대량은 4이다.
→ 세포 1개당 DNA 상대량은 G_1기 세포와 감수 2분열 중기 세포가 같음

① ㄱ ② ㄷ ③ ㄱ, ㄴ ④ ㄴ, ㄷ ⑤ ㄱ, ㄴ, ㄷ

| 문제+자료 분석 |

- 세포 1개당 DNA 상대량과 세포 1개당 염색체 수는 (가)에서가 (나)에서의 절반이다.
- (가)와 (나)는 모두 중기의 세포이므로 (가)는 감수 2분열 중기의 세포, (나)는 감수 1분열 중기의 세포이다.

| 보기 분석 |

ㄱ. (가)와 (나)는 모두 중기의 세포이고, 세포 1개당 염색체 수는 (가)에서가 (나)에서의 절반이므로 (가)는 감수 2분열 중기의 세포이다. 따라서 (가)의 핵상은 n이다.

ㄴ. (나)는 감수 1분열 중기의 세포로, 세포 중앙에 3개의 2가 염색체가 있다.

ㄷ. (나)는 감수 1분열 중기의 세포이고 DNA 상대량이 4이다. 이는 G_1기 세포가 S기를 거쳐 형성된 세포이기 때문에 G_1기 세포 1개당 DNA 상대량은 4의 절반인 2이다.

＊ 핵형과 핵상

핵형	한 생물의 체세포에 들어 있는 염색체의 수, 모양, 크기 등과 같은 외형적인 특징 ⇨ 생물 종마다 고유한 핵형을 가지고 있다.
핵상	세포 하나에 들어 있는 염색체의 상대적인 수 ⇨ 상동 염색체가 쌍으로 있는 체세포의 핵상은 $2n$, 상동 염색체 중 하나씩만 있는 생식세포의 핵상은 n

K 26 정답 ① *감수 분열 [정답률 49%] 2021 실시 3월 학평 12

사람의 유전 형질 ㉠은 서로 다른 상염색체에 있는 3쌍의 대립유전자 E와 e, F와 f, G와 g에 의해 결정된다. 표는 어떤 사람의 세포 Ⅰ~Ⅲ에서 E, f, g의 유무와, F와 G의 DNA 상대량을 더한 값(F+G)을 나타낸 것이다.

세포	대립유전자			F+G
	E	f	g	
Ⅰ $=n$	×	○	×	2
Ⅱ $=2n$	○	○	○	1
Ⅲ $=n$	○	○	×	1

(○: 있음, ×: 없음)

→ 유전 형질 ㉠은 3쌍의 대립유전자로 결정되므로 다인자 유전
→ 이 사람의 유전자형은 EeffGg

이에 대한 옳은 설명만을 〈보기〉에서 있는 대로 고른 것은? (단, 돌연변이와 교차는 고려하지 않으며, E, e, F, f, G, g 각각의 1개당 DNA 상대량은 1이다.) (3점)

[보기]

ㄱ. 이 사람의 ㉠에 대한 유전자형은 EeffGg이다.
→ 이 사람의 ㉠에 대한 유전자형은 EeffGg임

ㄴ. Ⅰ에서 e의 DNA 상대량은 1이다.
→ Ⅰ에서 e의 DNA 상대량은 2

ㄷ. Ⅱ와 Ⅲ의 핵상은 같다.
→ Ⅱ의 핵상은 2n이고 Ⅲ의 핵상은 n으로 서로 다름

① ㄱ ② ㄷ ③ ㄱ, ㄴ ④ ㄱ, ㄷ ⑤ ㄴ, ㄷ

| 문제+자료 분석 |

- Ⅰ: Ⅰ은 E와 g를 갖지 않으므로 e, f, G를 가지는 핵상이 n인 세포이다. F가 없는데 F+G의 DNA 상대량이 2이므로, G의 DNA 상대량이 2이다.
- Ⅱ: E, f, g를 갖는 Ⅱ에서 F+G가 1이므로 Ⅱ는 F와 f를 모두 가지거나 G와 g를 모두 가지므로 Ⅱ의 핵상은 2n이다.
- Ⅲ: Ⅲ은 g를 갖지 않으므로 E, f, G를 갖는 핵상이 n인 세포이다.

| 보기 분석 |

ㄱ. 대립유전자가 상염색체에 존재하며, 특정 대립유전자가 있는 세포와 없는 세포가 모두 존재할 경우 그 대립유전자 쌍은 핵상이 $2n$일 때 유전자형이 이형 접합성이다. 세포 Ⅰ은 E와 g가 없지만 세포 Ⅱ는 E와 g가 있으므로 이 사람의 유전자형은 EeGg로 이형 접합성이다. 또한 핵상이 $2n$인 Ⅱ는 F+G가 1이므로 이 사람은 F가 없고, 유전자형이 ff이다. 정리하면 이 사람의 유전자형은 EeffGg이다.

ㄴ. Ⅰ은 E와 g를 갖지 않으므로 핵상이 n이다. 따라서 e, f, G를 가지는데 F+G가 2인 것으로 보아 G의 DNA 상대량이 2이며 Ⅰ은 감수 1분열은 마쳤으나 아직 염색 분체가 분리되지 않은 감수 2분열 전기·중기의 세포이다. 따라서 e의 DNA 상대량 또한 2이다.

ㄷ. Ⅱ는 F와 f를 모두 가지거나 G와 g를 모두 가지므로 Ⅱ의 핵상은 $2n$이다. Ⅲ은 g를 갖지 않으므로 E, f, G를 갖는 핵상이 n인 세포이다. 따라서 Ⅱ와 Ⅲ의 핵상은 서로 다르다.

K 27 정답 ① *감수 분열 [정답률 53%] 2024 대비 9월 모평 11

사람의 유전 형질 (가)는 대립유전자 A와 a에 의해, (나)는 대립유전자 B와 b에 의해 결정된다. (가)의 유전자와 (나)의 유전자는 서로 다른 염색체에 있다. 그림은 어떤 사람의 G_1기 세포 Ⅰ로부터 정자가 형성되는 과정을, 표는 세포 ㉠~㉣에서 A, a, B, b의 DNA 상대량을 더한 값(A+a+B+b)을 나타낸 것이다. ㉠~㉣은 Ⅰ~Ⅳ를 순서 없이 나타낸 것이고, ⓐ는 ⓑ보다 작다.

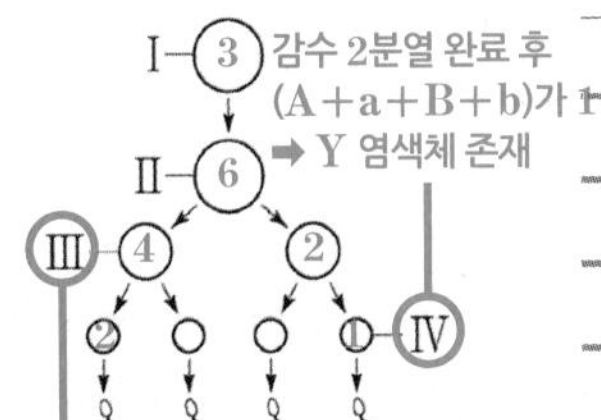

세포	A+a+B+b
㉠ Ⅰ	ⓐ 3
㉡ Ⅱ	ⓑ 6
㉢ Ⅳ	1
㉣ Ⅲ	4

이에 대한 설명으로 옳은 것만을 〈보기〉에서 있는 대로 고른 것은? (단, 돌연변이는 고려하지 않으며, A, a, B, b 각각의 1개당 DNA 상대량은 1이다. Ⅱ와 Ⅲ은 중기의 세포이다.) (3점)

[보기]

ㄱ. ⓐ는 3이다. 1쌍의 유전자는 X 염색체에 존재하므로 ㉠(Ⅰ)에서 A, a, B, b의 DNA 상대량을 더한 값인 ⓐ는 3

ㄴ. ㉡은 Ⅲ이다. ㉡의 (A+a+B+b)의 값은 6이므로 ㉡은 세포 Ⅱ

ㄷ. ㉣의 염색체 수는 46이다.
㉣(Ⅲ)은 감수 2분열 중기의 세포이므로 염색체 수는 23

① ㄱ ② ㄴ ③ ㄷ ④ ㄱ, ㄴ ⑤ ㄱ, ㄷ

| 문제+자료 분석 |

- S기(Ⅰ→Ⅱ)에 DNA가 복제되어 DNA양이 2배로 증가한다. 감수 1분열(Ⅱ→Ⅲ) 시 상동 염색체가 분리되어 염색체 수와 DNA양이 반으로 줄어든다. 감수 2분열(Ⅲ→Ⅳ) 시 염색 분체가 분리되어 염색체 수가 변하지 않고 DNA양만 반으로 줄어든다.
- A, a, B, b의 DNA 상대량을 더한 값이 1인 ㉢은 감수 2분열 이후 세포인 Ⅳ이고, Ⅳ에는 4개의 대립유전자 중 1개만 있으므로 (가)와 (나)의 유전자 중 1개는 상염색체에 있고, 나머지 1개는 X 염색체에 있다. A, a, B, b의 DNA 상대량을 더한 값이 4인 ㉣은 감수 1분열 이후 세포인 Ⅲ이고, Ⅲ에는 X 염색체가 존재한다.
- 세포 Ⅱ는 감수 1분열 중기의 세포이며 A, a, B, b의 DNA 상대량을 더한 값은 6이고, 세포 Ⅰ은 G_1기의 세포이며 A, a, B, b의 DNA 상대량을 더한 값은 Ⅱ의 절반에 해당하는 3이다. 따라서 ⓐ는 3, ⓑ는 6이고, ㉠은 세포 Ⅰ, ㉡은 세포 Ⅱ이다.

| 보기 분석 |

ㄱ. ㉠(Ⅰ)은 G_1기의 세포이고 대립유전자 중 1쌍은 상염색체, 나머지 1쌍은 X 염색체에 존재한다. 남자의 성염색체 구성은 XY이므로 A, a, B, b의 DNA 상대량을 더한 값인 ⓐ는 3이다.

ㄴ. ㉡은 세포 Ⅱ에 해당하며, 세포 Ⅰ에서 DNA 상대량이 2배로 증가하여 A, a, B, b의 DNA 상대량을 더한 값이 6이다.

ㄷ. ㉣(Ⅲ)은 감수 2분열 중기의 세포이다. 감수 1분열 시 상동 염색체가 분리되어 염색체 수가 절반이 되므로 ㉣의 염색체 수는 23이다.

K 28 정답 ⑤ ＊생식세포 분열 ······ [정답률 64%] 2023 실시 3월 학평 14

그림은 어떤 남자 P의 G_1기 세포 Ⅰ로부터 정자가 형성되는 과정을, 표는 세포 ㉠~㉢에서 a와 B의 DNA 상대량을 나타낸 것이다. A는 a, B는 b와 각각 대립유전자이며 모두 상염색체에 있다. ㉠~㉢은 Ⅰ~Ⅲ을 순서 없이 나타낸 것이고, ⓐ와 ⓑ는 0과 2를 순서 없이 나타낸 것이다.

성염색체 고려하지 않음 → 남녀 상관없이 G_1기 세포에서 DNA 상대량 합이 2임

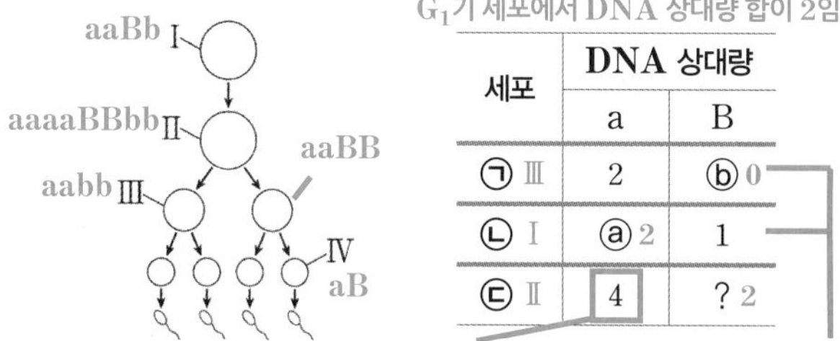

세포	DNA 상대량 a	DNA 상대량 B
㉠ Ⅲ	2	ⓑ 0
㉡ Ⅰ	ⓐ 2	1
㉢ Ⅱ	4	? 2

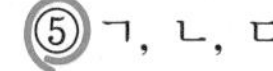

a의 DNA 상대량이 4가 나올 수 있는 세포는 G_1기 이후이며, 핵상이 $2n$인 감수 1분열 전 세포 Ⅱ임

Ⅲ은 염색 분체가 분리되기 전이므로 B의 DNA 상대량은 0 또는 2이며, ㉡은 Ⅰ임

이에 대한 옳은 설명만을 〈보기〉에서 있는 대로 고른 것은? (단, 돌연변이와 교차는 고려하지 않으며, A, a, B, b 각각의 1개당 DNA 상대량은 1이다. Ⅱ와 Ⅲ은 중기의 세포이다.) (3점)

[보기]

ㄱ. ㉠은 Ⅲ이다. ㉠은 Ⅲ

ㄴ. P의 유전자형은 aaBb이다.
G_1기 세포 ㉡에서 a의 DNA 상대량은 2이고 B의 DNA 상대량은 1이므로 남자 P의 유전자형은 aaBb임

ㄷ. 세포 Ⅳ에 B가 있다.
Ⅲ(㉠)에 B의 DNA 상대량이 0이므로 Ⅳ에는 B가 존재함

① ㄱ ② ㄷ ③ ㄱ, ㄴ ④ ㄴ, ㄷ ⑤ ㄱ, ㄴ, ㄷ

| 문제+자료 분석 |

step 1 ㉢에서 a의 DNA 상대량을 통해 ㉢ 확정하기

- G_1기 세포는 DNA 복제 이전이므로 S기 이후의 세포보다 DNA양이 절반이다.
- 감수 1분열 과정에서는 상동 염색체가 분리되어 DNA양과 염색체 수가 절반으로 줄어들고, 감수 2분열 과정에서는 염색 분체가 분리되어 DNA양이 절반으로 줄어든다.
- ㉢에서 a의 DNA 상대량이 4이다. ㉢은 G_1기 이후이며 핵상이 $2n$인 감수 1분열 전 세포인 Ⅱ이다.

step 2 B의 DNA 상대량을 통해 ㉡ 확정 및 ⓐ, ⓑ 값 찾기

- ㉡의 B의 값은 1이다. Ⅲ은 염색 분체가 분리되기 전이므로 B의 값이 1일 수 없다. 따라서 ㉡은 G_1기 세포인 Ⅰ이고 남자 P의 유전자형은 aaBb이다. ⓐ의 값은 2이고, ⓑ의 값은 0이다.
- ㉠은 Ⅲ이고 B의 DNA 상대량이 0이므로 a의 DNA 상대량은 2, b의 DNA 상대량은 2이며, Ⅳ는 a의 DNA 상대량이 1, B의 DNA 상대량이 1이다.

| 보기 분석 |

ㄱ. ㉢에서 a의 DNA 상대량이 4이므로 감수 1분열 전 세포인 Ⅱ이고, ㉡에서 B의 DNA 상대량이 1이므로 ㉡은 G_1기 세포인 Ⅰ이다. ㉠은 염색 분체가 분열하기 전인 감수 2분열 중인 세포 Ⅲ이다.

ㄴ. 유전자가 모두 상염색체에 존재하고 G_1기 세포인 ㉡에서 a의 DNA 상대량은 2이고 B의 DNA 상대량은 1이다. 따라서 남자 P의 유전자형은 aaBb이다.

ㄷ. 세포 Ⅲ(㉠)에서 B의 DNA 상대량이 0이므로 세포 Ⅳ에서 a의 DNA 상대량은 1, B의 DNA 상대량은 1이다.

K 29 정답 ④ ＊감수 분열 ······ [정답률 68%] 2024 대비 6월 모평 8

표는 특정 형질에 대한 유전자형이 RR인 어떤 사람의 세포 (가)~(라)에서 핵막 소실 여부, 핵상, R의 DNA 상대량을 나타낸 것이다. (가)~(라)는 G_1기 세포, G_2기 세포, 감수 1분열 중기 세포, 감수 2분열 중기 세포를 순서 없이 나타낸 것이다. ㉠은 '소실됨'과 '소실 안 됨' 중 하나이다.

세포	핵막 소실 여부	핵상	R의 DNA 상대량
(가) 감수 2분열 중기 세포	소실됨	n	2
(나) G_2기 세포	소실 안 됨	$2n$	? 4
(다) G_1기 세포	? 소실 안 됨	$2n$	2
(라) 감수 1분열 중기 세포	㉠ 소실됨	? $2n$	4

이에 대한 설명으로 옳은 것만을 〈보기〉에서 있는 대로 고른 것은? (단, 돌연변이는 고려하지 않으며, R의 1개당 DNA 상대량은 1이다.)

[보기]

ㄱ. (가)에서 2가 염색체가 관찰된다.
감수 2분열 중기 세포에서는 2가 염색체가 관찰되지 않음

ㄴ. (나)는 G_2기 세포이다. 핵상이 $2n$이고 핵막이 소실되지 않은 (나)의 R의 DNA 상대량은 4이고, G_2기 세포임

ㄷ. ㉠은 '소실됨'이다.
(라)는 감수 1분열 중기 세포이고, 핵막 소실 여부는 '소실됨'임

① ㄱ ② ㄴ ③ ㄱ, ㄷ ④ ㄴ, ㄷ ⑤ ㄱ, ㄴ, ㄷ

| 문제+자료 분석 |

- 핵막은 분열기에만 소실된다. 따라서 G_1기 세포와 G_2기 세포는 핵막 소실 여부가 '소실 안 됨'이고, 감수 1분열 중기 세포와 감수 2분열 중기 세포는 핵막 소실 여부가 '소실됨'이다.
- 핵상은 감수 1분열이 끝나면 절반으로 줄어들기 때문에 감수 2분열 중기 세포만 핵상이 n이고, 나머지 세포는 핵상이 $2n$이다.
- DNA 상대량은 S기에 2배가 되고, 감수 1분열이 끝나면 절반으로 줄어든다. 유전자형이 RR이기 때문에 G_1기 세포, 감수 2분열 중기 세포의 R의 DNA 상대량은 2이고, G_2기 세포, 감수 1분열 중기 세포의 R의 DNA 상대량은 4이다.
- (가)는 감수 2분열 중기 세포, (나)는 G_2기 세포, (다)는 G_1기 세포, (라)는 감수 1분열 중기 세포이다.

| 보기 분석 |

ㄱ. (가)는 감수 2분열 중기 세포이다. 2가 염색체는 상동 염색체가 접합한 상태로, 감수 1분열 전기에 형성되어 중기까지 관찰된다. 따라서 감수 2분열 중기 세포에서는 2가 염색체가 관찰되지 않는다.

ㄴ. 핵상이 $2n$이고 R의 DNA 상대량이 2인 (다)는 G_1기 세포이다. 핵상이 $2n$이고 핵막이 소실되지 않은 (나)는 R의 DNA 상대량이 4인 G_2기 세포이다.

ㄷ. (라)는 R의 DNA 상대량이 4인 감수 1분열 중기 세포이고, 핵막 소실 여부는 '소실됨'이다.

＊간기의 DNA양

- S기에 DNA 복제가 일어나므로 S기가 끝나고 G_2기가 되면 DNA양은 G_1기 DNA양의 2배가 된다.

K 30 정답 ① ＊감수 분열

[정답률 60%] 2023 실시 10월 학평 16

사람의 유전 형질 (가)는 대립유전자 E와 e에 의해, (나)는 대립유전자 F와 f에 의해, (다)는 대립유전자 G와 g에 의해 결정되며, (가)~(다)의 유전자 중 2개는 서로 다른 상염색체에, 나머지 1개는 X 염색체에 있다. 표는 어떤 사람의 세포 Ⅰ~Ⅲ에서 E, e, G, g의 유무를, 그림은 ㉠~㉢에서 F와 g의 DNA 상대량을 더한 값(F+g)을 나타낸 것이다. ㉠~㉢은 Ⅰ~Ⅲ을 순서 없이 나타낸 것이고, ㉡에는 X 염색체가 있다.

세포	대립유전자			
	E	e	G	g
n Ⅰ㉡	×	ⓐ○	×	?○
$2n$Ⅱ㉢	?○	○	×	?○
n Ⅲ㉠	○	?×	?×	×

(○: 있음, ×: 없음)

*유전자형 : $EeFFX^gY$

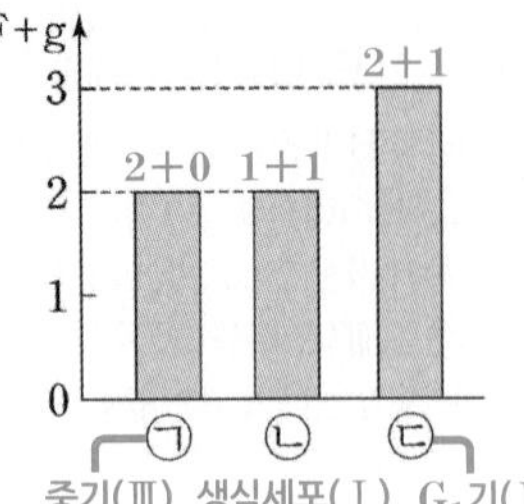

이에 대한 옳은 설명만을 <보기>에서 있는 대로 고른 것은? (단, 돌연변이와 교차는 고려하지 않으며, E, e, F, f, G, g 각각의 1개당 DNA 상대량은 1이다.) (3점)

[보기]

ㄱ. ⓐ는 '○'이다. ⓐ는 '○'임

ㄴ. ㉡은 Ⅲ이다. ㉡은 Ⅰ임

ㄷ. Ⅱ에서 e, F, g의 DNA 상대량을 더한 값은 3이다.
Ⅱ에서 e, F, g의 DNA 상대량을 더한 값은 4임

① ㄱ ② ㄴ ③ ㄱ, ㄷ ④ ㄴ, ㄷ ⑤ ㄱ, ㄴ, ㄷ

| 문제 해결 과정 |

step 1 ㉢의 DNA 상대량 자료 분석하기

- ㉢에서 F+g의 합이 3이므로 1과 2의 합이다. DNA 상대량으로 1과 2를 모두 갖는 세포는 G_1기 세포이므로 ㉢은 G_1기 세포($2n$)이다. 꿀팁
- G_1기 세포는 나머지 세포들이 갖는 모든 종류의 유전자를 가져야 하므로 E, e를 모두 가져야 한다. E와 e를 모두 가질 수 있는 세포는 Ⅱ이므로, Ⅱ가 ㉢이다.
- ㉢에서 g를 2개 갖는다면(gg), G/g가 상염색체에 존재하므로, 모든 세포는 g를 가져야 하는데, Ⅲ이 g를 갖지 않으므로 모순이 발생한다. 따라서 ㉢은 F를 2개, g를 1개 갖는다.

step 2 유전자형 구하기

- 핵상이 $2n$인 세포 Ⅱ(㉢)에 G가 없고, g만 1개 있으므로, (다)의 유전자는 X 염색체에 존재하며, 이 사람의 (다)에 대한 유전자형은 X^gY이다.
- G_1기 세포인 ㉢이 E와 e를 모두 가지므로, (가)의 유전자 E와 e는 상염색체에 존재한다.
- G_1기 세포인 ㉢에서 (나)의 유전자형이 FF(동형 접합)이므로 F와 f는 상염색체에 존재한다.
- 이 사람의 (가)~(다)에 대한 유전자형은 $EeFFX^gY$이다.

step 3 Ⅰ~Ⅲ과 ㉠~㉢ 매칭하기

- step 1을 참고하면, Ⅱ는 ㉢이다.
- ㉡은 X 염색체가 있으므로 g를 가져야 하는데, Ⅲ은 g를 갖지 않으므로 ㉡이 될 수 없다. 따라서 Ⅰ이 ㉡이다.
- ㉡은 E가 없으므로 핵상이 n이고, F와 g를 모두 가져야 하므로 F+g=1+1이다. 핵상이 n이며, DNA 상대량으로 1을 가지는 세포는 생식세포이다.
- Ⅲ은 ㉠이고, g를 갖지 않으므로 핵상이 n이다. g를 갖지 않으므로 F+g=2+0이다. 핵상이 n이며, DNA 상대량으로 2를 가지는 세포는 중기 세포인 Ⅲ이 해당한다.

| 보기 분석 |

ㄱ. ㉡은 E가 없으므로 핵상이 n이며, 상염색체에 존재하는 E 또는 e를 반드시 가져야 하므로, e를 가져야 한다. 따라서 ⓐ는 '○'이다.

ㄴ. step 3을 참고하면, ㉡은 Ⅰ이다.

ㄷ. Ⅱ(㉢)에서 e+F+g=1+2+1=4이다.

K 31 정답 ④ ＊핵형과 대립유전자

[정답률 60%] 2020 실시 7월 학평 9

그림은 같은 종인 동물($2n=6$) Ⅰ과 Ⅱ의 세포 (가)~(다) 각각에 들어 있는 모든 염색체를, 표는 세포 A~C가 갖는 유전자 H, h, T, t의 유무를 나타낸 것이다. H는 h와 대립유전자이며, T는 t와 대립유전자이다. Ⅰ은 수컷, Ⅱ는 암컷이며, 이 동물의 성염색체는 수컷이 XY, 암컷이 XX이다. A~C는 (가)~(다)를 순서 없이 나타낸 것이다.

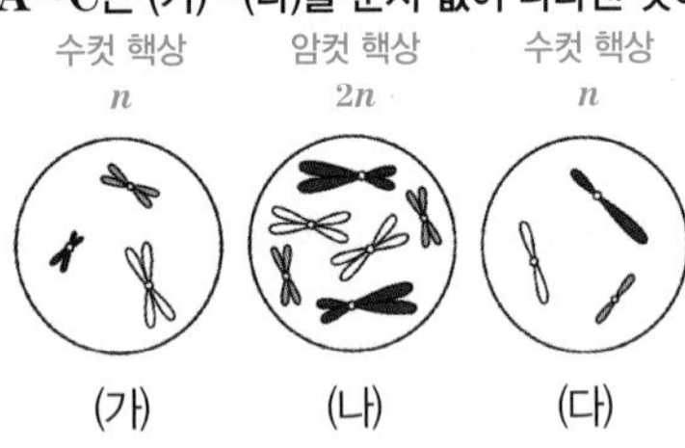

유전자＼세포	A 수컷	B 수컷	C 암컷
H	○	×	○
h	×	○	○
T	×	×	○
t	×	○	×

(○: 있음, ×: 없음)

이에 대한 설명으로 옳은 것만을 <보기>에서 있는 대로 고른 것은? (단, 돌연변이는 고려하지 않는다.) (3점)

[보기]

ㄱ. (다)는 Ⅱ의 세포이다. → (다)는 수컷의 세포로 Ⅰ의 세포

ㄴ. A와 B의 핵상은 같다. → A와 B의 핵상은 n으로 같음

ㄷ. Ⅰ과 Ⅱ 사이에서 자손(F_1)이 태어날 때, 이 자손이 H와 t를 모두 가질 확률은 $\frac{3}{8}$이다.
→ Ⅰ과 Ⅱ의 자손이 H를 가질 확률은 $\frac{3}{4}$, t를 가질 확률은 $\frac{1}{2}$로 모두 가질 확률은 $\frac{3}{8}$

① ㄱ ② ㄴ ③ ㄱ, ㄷ ④ ㄴ, ㄷ ⑤ ㄱ, ㄴ, ㄷ

| 문제+자료 분석 |

1st X 염색체에 존재하는 대립유전자 찾기

- A에 대립유전자 T와 t가 모두 존재하지 않으므로 T와 t는 성염색체에 존재한다.
- 만약 T와 t가 Y 염색체에 존재하는 유전자라면 암컷은 가지고 있지 않으며, 수컷의 경우에도 T와 t 중 한 종류만 가지고 있어야 한다.
- 하지만 T와 t가 모두 존재하므로 T와 t는 X 염색체에 존재한다.

2nd A~C의 성별 찾기

- A는 대립유전자 T와 t를 모두 가지지 않으므로 수컷의 생식 세포이다. C는 대립유전자 H와 h를 모두 가지므로 핵상이 $2n$이다.
- (가)~(다) 중 핵상이 $2n$인 (나)는 상동 염색체의 모양과 크기가 모두 같으므로 암컷의 세포이며, (나)는 C이다.
- 암컷은 대립유전자 T만 가지는데 B는 대립유전자 t를 가지므로, B는 수컷의 생식 세포이다. 함정

3rd (가)~(다)의 성별 찾기

(나)의 모든 상동 염색체의 모양과 크기가 같으므로 (나)는 암컷 세포이다. A~C 중 암컷 세포가 한 개, 수컷 세포가 두 개이므로 (가)와 (다)는 수컷 세포이다.

| 보기 분석 |

ㄱ. (가)~(다) 중 (나)만 암컷인 Ⅱ의 세포이며 (가)와 (다)는 수컷인 Ⅰ의 세포이다.

ㄴ. A와 B는 각각 (가)와 (다) 중 하나이다. (가)와 (다)는 모두 수컷 Ⅰ의 생식 세포로 핵상은 n이다.

ㄷ. 암컷인 Ⅱ의 세포는 C로 HhX^TX^T를 가지며, 수컷인 Ⅰ은 A와 B로 HhX^tY를 가진다.
Ⅰ과 Ⅱ 사이에서 태어난 자손이 H를 가질 확률은 $\frac{3}{4}$, t를 가질 확률은 $\frac{1}{2}$이다. 따라서 H와 t를 모두 가질 확률은 $\frac{3}{8}$이다.

K 32 정답 ② * 감수 분열 [정답률 74%] 2020 대비 수능 7

사람의 유전 형질 ⓐ는 2쌍의 대립유전자 **H**와 **h**, **T**와 **t**에 의해 결정된다. 표는 어떤 사람의 난자 형성 과정에서 나타나는 세포 (가)~(다)에서 유전자 ㉠~㉢의 유무를, 그림은 (가)~(다)가 갖는 **H**와 **t**의 **DNA** 상대량을 나타낸 것이다. (가)~(다)는 중기의 세포이고, ㉠~㉢은 **h**, **T**, **t**를 순서 없이 나타낸 것이다.

유전자	세포 (가)	세포 (나)	세포 (다)
㉠T	○	○	×
㉡t	○	×	○
㉢h	×	?×	×

(○: 있음, ×: 없음)

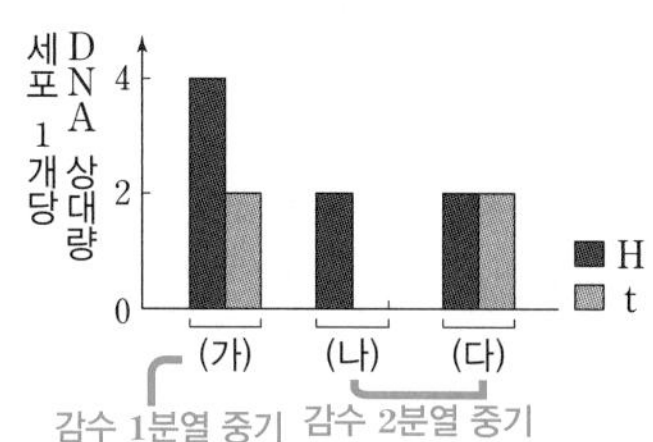

이에 대한 설명으로 옳은 것만을 <보기>에서 있는 대로 고른 것은? (단, 돌연변이와 교차는 고려하지 않으며, **H**, **h**, **T**, **t** 각각의 1개당 **DNA** 상대량은 1이다.)

[보기]

ㄱ. ㉡은 T이다. → ㉡은 t

ㄴ. (나)와 (다)의 핵상은 같다.
→ (나)와 (다) 모두 감수 2분열 중기의 세포로 핵상이 같음

ㄷ. 이 사람의 ⓐ에 대한 유전자형은 HhTt이다.
→ ⓐ에 대한 유전자형은 HHTt

① ㄱ ② ㄴ ③ ㄷ ④ ㄱ, ㄴ ⑤ ㄱ, ㄷ

| 문제+자료 분석 |

- 세포의 DNA 상대량이 0, 2, 4이므로 G_1기 세포의 DNA 상대량은 2임을 확인해야 한다.
- **(가)**: H의 DNA 상대량이 4이므로 DNA가 복제된 후인 감수 1분열 중기의 세포이다. 감수 1분열 중기의 세포는 상동 염색체를 가지는데 t의 DNA 상대량이 2이므로 T도 가진다. 따라서 이 사람의 유전자형은 HHTt이다.
- **(나)와 (다)**: H의 DNA 상대량이 (가)의 절반이므로 둘 다 감수 2분열 중기의 세포이며, 핵상이 n이다.
- (나)는 t가 없으므로 T를 가지며, 유전자형은 HT이고, (다)의 유전자형은 Ht이다.
- 표에서 (가)와 (나)만 가지는 유전자 ㉠은 T이고, (가)와 (다)만 가지는 유전자 ㉡은 t이며, (가)가 가지지 않는 유전자 ㉢은 h이다.

| 보기 분석 |

ㄱ. 감수 2분열 중기인 (다)가 가지는 H와 t의 DNA 상대량이 모두 2이므로 (다)는 대립유전자 H와 t를 가지고 있으며 (나)는 대립유전자 H와 T를 가지고 있다. 따라서 (나)가 가지고 있는 유전자 ㉠이 T이며, (다)가 가지고 있는 유전자 ㉡이 t이다.

ㄴ. (나)와 (다)는 모두 감수 2분열 중기의 세포이므로 핵상과 염색체 수가 $n=23$이다.

ㄷ. 감수 1분열 중기인 (가)가 가지는 H의 DNA 상대량이 4, t의 DNA 상대량이 2이므로 이 사람의 유전자형은 HHTt이다.

K 33 정답 ② * 세포 분열과 핵형 분석 [정답률 63%] 2024 대비 6월 모평 14

어떤 동물 종($2n=6$)의 유전 형질 ㉮는 2쌍의 대립유전자 A와 a, B와 b에 의해 결정된다. 그림은 이 동물 종의 개체 Ⅰ과 Ⅱ의 세포 (가)~(라) 각각에 들어 있는 모든 염색체를, 표는 (가)~(라)에서 A, a, B, b의 유무를 나타낸 것이다. (가)~(라) 중 2개는 Ⅰ의 세포이고, 나머지 2개는 Ⅱ의 세포이다. Ⅰ은 암컷이고 성염색체는 XX이며, Ⅱ는 수컷이고 성염색체는 XY이다.

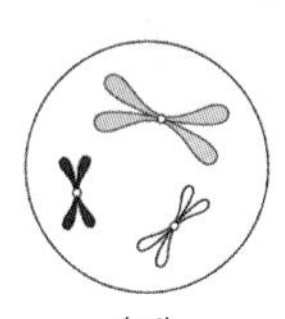

(가)
핵상은 n, 암컷 Ⅰ

(나)
핵상은 $2n$, 암컷 Ⅰ

(다)
핵상은 n, 수컷 Ⅱ

(라)
핵상은 n, 수컷 Ⅱ
Y 염색체

X 염색체 2개인데 b가 없음 → 암컷의 유전자형은 BB

세포	A	a	B	b
(가)	○	?	?	?
(나)	?	○	○	×
(다)	○	×	×	○
(라)	?	○	×	×

(○: 있음, ×: 없음)

B와 b가 모두 없음 ➡ X 염색체 유전
(라)에 Y 염색체가 존재하고, 수컷의 세포
암컷은 b가 존재하지 않음 ➡ (다)는 수컷의 세포이고, 유전자형은 bY

이에 대한 설명으로 옳은 것만을 <보기>에서 있는 대로 고른 것은? (단, 돌연변이와 교차는 고려하지 않는다.) (3점)

[보기]

ㄱ. (가)는 Ⅱ의 세포이다. (가)는 암컷(Ⅰ)의 세포

ㄴ. Ⅰ의 유전자형은 AaBB이다.
Ⅰ은 A와 a를 모두 갖고, b는 없으므로 유전자형은 AaBB

ㄷ. (다)에서 b는 상염색체에 있다. (다)에서 b는 X 염색체에 있음

① ㄱ ② ㄴ ③ ㄷ ④ ㄱ, ㄴ ⑤ ㄴ, ㄷ

| 문제+자료 분석 |

- (가), (다), (라)의 핵상은 n이고, (나)의 핵상은 $2n$이다.
- (라)에는 B와 b가 모두 존재하지 않으므로 (라)는 수컷의 세포이고 Y 염색체가 존재한다.
- (나)는 핵상이 $2n$이고 크기와 모양이 같은 염색체 3쌍이 모두 존재하므로 X 염색체 2개를 가지고 있는 암컷의 세포이다. (나)는 b를 갖고 있지 않으므로 유전자형은 BB이다.
- (다)는 b를 갖고 있으므로 (다)는 암컷이 아닌 수컷의 세포이고, 수컷의 유전자형은 bY이다.
- (가), (나)는 암컷(Ⅰ)의 세포이고, (다), (라)는 수컷(Ⅱ)의 세포이다.
- 암컷의 유전자형은 AaBB이고, 수컷의 유전자형은 AabY이다.

| 보기 분석 |

ㄱ. b를 가진 (다)와 Y 염색체가 존재하는 (라)는 수컷의 세포이다. (가)와 (나)는 암컷의 세포이다. 따라서 (가)는 Ⅰ의 세포이다.

ㄴ. (가)에서 A, (나)에서 a를 갖고 있고, 핵상이 $2n$인 (나)의 세포에서 b를 갖고 있지 않다. 따라서 Ⅰ의 유전자형은 AaBB이다.

ㄷ. (라)에서 B와 b가 모두 없으므로 B와 b는 X 염색체에 존재하는 유전자이다. (다)에서 b는 X 염색체에 있다.

*** X 염색체와 Y 염색체**

- Y 염색체는 X 염색체에 비해 크기가 작다. 남자의 성염색체인 X 염색체와 Y 염색체는 모양과 크기가 다르지만, 감수 분열이 일어날 때 접합했다가 나뉘어 각각 다른 정자로 들어가므로 이들도 상동 염색체로 간주한다.

K 34 정답 ⑤ * 감수 분열 [정답률 67%] 2020 실시 10월 학평 8

사람의 유전 형질 (가)는 대립유전자 **H**와 **h**에 의해, (나)는 대립유전자 **T**와 **t**에 의해 결정된다. 그림은 어떤 사람에서 G_1기 세포 Ⅰ로부터 정자가 형성되는 과정을, 표는 세포 ㉠~㉢이 갖는 **H, h, T, t**의 **DNA** 상대량을 나타낸 것이다. ㉠~㉢은 세포 Ⅰ~Ⅲ을 순서 없이 나타낸 것이다.

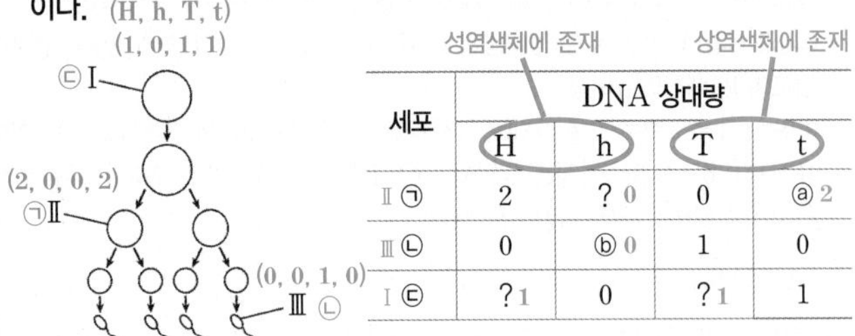

세포	DNA 상대량			
	H	h	T	t
Ⅱ ㉠	2	? 0	0	ⓐ 2
Ⅲ ㉡	0	ⓑ 0	1	0
Ⅰ ㉢	? 1	0	? 1	1

이에 대한 옳은 설명만을 〈보기〉에서 있는 대로 고른 것은? (단, 돌연변이와 교차는 고려하지 않으며, **H, h, T, t** 각각의 1개당 **DNA** 상대량은 1이다.) (3점)

[보기]

ㄱ. ㉢은 Ⅰ이다.
→ ㉢은 핵상이 $2n$인 G_1기 세포이며, 세포 Ⅰ이다.

ㄴ. ⓐ+ⓑ=2이다.
→ ⓐ는 2, ⓑ는 0이므로 ⓐ+ⓑ=2이다.

ㄷ. ㉠에서 H는 성염색체에 있다.
→ 이 남성은 G_1기 세포인 ㉢(Ⅰ)에서 H만 가지므로 H는 성염색체에 있다.

① ㄱ ② ㄷ ③ ㄱ, ㄴ ④ ㄴ, ㄷ ⑤ ㄱ, ㄴ, ㄷ

| 문제+자료 분석 |

1st 세포 Ⅰ 분석하기

- Ⅰ은 G_1기 세포이므로 Ⅱ와 Ⅲ이 가지고 있는 유전자를 모두 가진다. 이를 충족하는 세포는 ㉢이므로 ㉢은 Ⅰ이다.
- ㉠ 세포에 H가 존재하므로 Ⅰ도 H를 가져야 한다. 따라서 ㉢에서 (H, h)=(1, 0)이므로 H와 h는 성염색체에 존재하는 유전자이다.
- ㉡에는 T가 존재하므로 ㉢에서 (T, t)=(1, 1)이며 T와 t는 상염색체 유전자이다.

2nd 세포 Ⅱ, Ⅲ 분석하기

- Ⅱ는 감수 1분열이 끝난 후의 세포로, DNA 상대량이 0이거나 짝수이다. 이를 만족하는 세포는 ㉠이므로 ㉠은 Ⅱ이며, 나머지 ㉡은 Ⅲ이다.

| 보기 분석 |

ㄱ. 세포 ㉢은 DNA 상대량 (T, t)가 (1, 1)이므로 핵상이 $2n$이며, 세포 Ⅰ이다.

ㄴ. 세포 ㉠은 세포 Ⅱ이고 T, t는 상염색체 유전자이다. 생식세포인 세포 ㉡(Ⅲ)은 T를 가지므로 반대편 세포인 ㉠(Ⅱ)은 t를 가진다. 따라서 ⓐ는 2이다.
세포 ㉡에서 H, h는 성염색체에 있으며, 이 사람은 유전자 h를 가지지 않으므로 ⓑ는 0이다. 따라서 ⓐ+ⓑ=2+0=2이다.

ㄷ. G_1기 세포인 세포 ㉢(Ⅰ)의 H, h에 대한 DNA 상대량이 (H, h)=(1, 0)이므로 세포 ㉠에서 H는 성염색체에 있다.

K 35 정답 ⑤ * 유전자와 염색체 [정답률 57%] 2019 실시 7월 학평 7

그림은 철수네 가족 구성원 중 한 명의 세포 (가)에 들어 있는 염색체 중 일부를, 표는 철수네 가족 구성원에서 G_1기의 체세포 1개당 유전자 **A, A*, B, B***의 **DNA** 상대량을 나타낸 것이다. **A**의 대립유전자는 **A***만 있으며, **B**의 대립유전자는 **B***만 있다.

대립유전자의 DNA 상대량 합이 남자에서는 1, 여자에서는 2 → 유전자가 X 염색체에 있음

남녀에서 모두 대립유전자의 DNA 상대량 합이 2 → 유전자가 상염색체에 있음

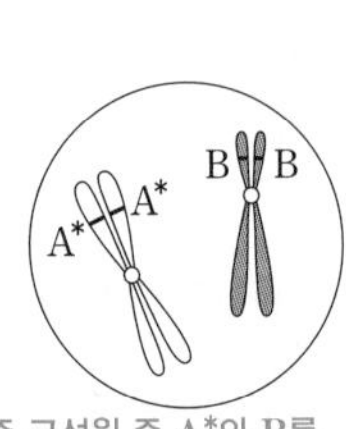

가족 구성원 중 A*와 B를 모두 가진 사람은 어머니임

구성원	DNA 상대량			
	A	A*	B	B*
아버지	1	0	㉠ 1	㉡ 1
어머니	? 1	? 1	1	? 1
형	1	? 0	㉢ 2	0
철수	0	㉣ 1	? 0	2

이에 대한 설명으로 옳은 것만을 〈보기〉에서 있는 대로 고른 것은? (단, 돌연변이는 고려하지 않으며, **A, A*, B, B*** 각각의 1개당 **DNA** 상대량은 같다.)

[보기]

ㄱ. ㉠+㉡+㉢+㉣=5이다.
→ ㉠은 1, ㉡은 1, ㉢은 2, ㉣은 1이므로 합은 5임

ㄴ. (가)는 어머니의 세포이다.
→ A*와 B를 모두 가진 세포는 어머니의 세포임

ㄷ. A*는 성염색체에 존재한다.
→ A와 A*의 DNA 상대량 합은 여자가 남자의 2배이므로 A와 A*는 X 염색체에 존재함

① ㄱ ② ㄷ ③ ㄱ, ㄴ ④ ㄴ, ㄷ ⑤ ㄱ, ㄴ, ㄷ

| 문제+자료 분석 |

- 체세포의 G_1기는 DNA가 복제되기 이전이다. 표에서 G_1기의 체세포 1개당 대립유전자의 DNA 상대량이 0, 1, 2로 제시되어 있으므로, 0은 염색체에 대립유전자가 없는 경우, 1은 한 염색체에 대립유전자가 1개 있는 경우, 2는 상동 염색체 쌍에 각각 대립유전자가 1개씩 있는 경우임을 알 수 있다. 주의
- 아버지의 체세포에는 A*가 없지만, 가족 구성원 중 한 명의 세포 (가)에는 A*가 있으므로 어머니의 체세포에는 A*가 있음을 알 수 있다.
- 어머니가 A*를 가지지만, 아버지는 A*가 없고 A만 1개 가지므로 A와 A*는 X 염색체에 있으며, 아버지의 유전자형은 X^AY이다.
- 따라서 형의 유전자형은 X^AY, 철수의 유전자형은 $X^{A^*}Y$이고, ㉣은 1이다. 그리고 형과 철수의 X 염색체는 모두 어머니로부터 물려받은 것이므로 어머니의 유전자형은 $X^AX^{A^*}$이다.
- 남자인 철수의 B*의 DNA 상대량이 2이므로 철수는 B는 가지지 않고, 상동 염색체 쌍에 각각 1개씩의 B*를 가져야 한다. 그러므로 B와 B*는 상염색체에 있다.
- 철수의 유전자형은 B*B*, 형의 유전자형은 BB, 어머니와 아버지의 유전자형은 모두 BB*이다. 따라서 ㉠과 ㉡은 모두 1, ㉢은 2이다.

| 보기 분석 |

ㄱ. ㉠+㉡+㉢+㉣=1+1+2+1=5이다.

ㄴ. 유전자형은 아버지가 X^AY/BB^*, 어머니가 $X^AX^{A^*}/BB^*$, 형이 X^AY/BB, 철수가 $X^{A^*}Y/B^*B^*$이다. 철수네 가족 구성원 중 (가)와 같이 A*와 B를 모두 가지는 사람은 어머니이므로 (가)는 어머니의 세포이다.

ㄷ. 대립유전자 A와 A*의 DNA 상대량 합이 남자에서 1, 여자에서 2이므로 A*는 X 염색체에 존재한다.

K 36 정답 ⑤ * 감수 분열 ······ [정답률 54%] 2021 대비 9월 모평 18

DNA 복제가 일어나기 이전이므로 A와 a가 각각 1개씩 있음

그림은 유전자형이 **Aa**인 어떤 동물($2n$=?)의 G_1기 세포 Ⅰ로부터 생식세포가 형성되는 과정을, 표는 세포 ㉠~㉣의 상염색체 수와 대립유전자 **A**와 **a**의 **DNA** 상대량을 더한 값을 나타낸 것이다. ㉠~㉣은 Ⅰ~Ⅳ를 순서 없이 나타낸 것이고, 이 동물의 성염색체는 **XX**이다.

Aa —Ⅰ
AAaa —Ⅱ
AA 또는 aa —Ⅲ
A 또는 a
Ⅳ

세포	상염색체 수	A와 a의 DNA 상대량을 더한 값
Ⅰ ㉠	8($2n$)	2 ?(Aa)
Ⅲ ㉡	4(n)	2(AA 또는 aa)
Ⅳ ㉢	4 ⓐ(n)	1 ⓑ(a 또는 A)
Ⅱ ㉣	8 ?($2n$)	4(AAaa)

이에 대한 설명으로 옳은 것만을 〈보기〉에서 있는 대로 고른 것은? (단, 돌연변이는 고려하지 않으며, **A**와 **a** 각각의 **1**개당 **DNA** 상대량은 **1**이다. Ⅱ와 Ⅲ은 중기의 세포이다.) (3점)

[보기]

ㄱ. ㉠은 Ⅰ이다.
→ ㉠은 핵상과 염색체 수가 $2n$=8+XX, 유전자 구성이 Aa(DNA 상대량을 더한 값=2)

ㄴ. ⓐ+ⓑ=5이다.
→ ㉢은 세포 Ⅳ이므로 핵상과 염색체 수가 n=4+X, 유전자형이 A 또는 a(DNA 상대량을 더한 값=1)

ㄷ. Ⅱ의 2가 염색체 수는 5이다.
→ 감수 1분열 중기 세포 Ⅱ에서 2가 염색체 수는 전체 염색체 수의 절반이므로 5

① ㄱ ② ㄷ ③ ㄱ, ㄴ ④ ㄴ, ㄷ  ⑤ ㄱ, ㄴ, ㄷ

| 문제+자료 분석 |

- 세포 ㉡에서 상염색체 수가 4이므로 핵상이 n이고 A와 a의 DNA 상대량을 더한 값이 2이므로, ㉡은 감수 1분열을 마친 세포 Ⅲ이다.
- 세포 Ⅲ(㉡)의 핵상과 염색체 구성은 n=4+X이고, 유전자 구성은 AA 또는 aa이다.
- 세포 ㉣에서 A와 a의 DNA 상대량을 더한 값이 4이므로, ㉣은 G_1기 세포 Ⅰ에서 DNA 복제가 일어나 형성된 세포 Ⅱ이다. 세포 Ⅱ(㉣)의 핵상과 염색체 구성은 $2n$=8+XX이고, 유전자 구성은 AAaa이다.
- 세포 ㉠에서 상염색체 수가 8이므로, ㉠은 핵상이 $2n$인 세포 Ⅰ과 Ⅱ 중 세포 Ⅰ이다. 세포 Ⅰ(㉠)의 핵상과 염색체 구성은 $2n$=8+XX이고, 유전자 구성은 Aa이다.
- 세포 ㉢은 세포 Ⅳ이므로 핵상과 염색체 구성이 n=4+X이고, 유전자 구성이 A 또는 a이다.

| 보기 분석 |

ㄱ. 세포 Ⅰ과 Ⅱ는 모두 핵상이 $2n$이다. 핵상이 $2n$인 세포에서 상염색체 수는 8이고, A와 a의 DNA 상대량을 더한 값은 2 또는 4이어야 한다. 따라서 Ⅰ은 ㉠, Ⅱ는 ㉣이다.

ㄴ. 세포 ㉡과 ㉢은 모두 핵상이 n이다. 핵상이 n인 세포에서 상염색체 수는 4이고, A와 a의 DNA 상대량을 더한 값은 1 또는 2이어야 한다. 따라서 ⓐ는 4이고, ⓑ는 1이다.

ㄷ. 세포 Ⅱ는 감수 1분열 중기의 세포이며, 핵상과 염색체 수가 $2n$=10(8+XX)이다. 2가 염색체의 수는 전체 염색체 수의 절반이므로 5이다.

문제 풀이 Tip

감수 1분열을 마치기 이전의 세포는 핵상이 $2n$이고, 감수 1분열을 마친 이후의 세포는 핵상이 n이다.

K 37 정답 ① * 감수 분열 ······ [정답률 80%] 2018 대비 9월 모평 7

DNA 복제 전

그림은 핵상이 $2n$인 어떤 동물에서 G_1기의 세포 ㉠으로부터 정자가 형성되는 과정을, 표는 세포 ⓐ~ⓓ에 들어 있는 세포 1개당 대립유전자 **H**와 **t**의 **DNA** 상대량을 나타낸 것이다. ⓐ~ⓓ는 ㉠~㉣을 순서 없이 나타낸 것이고, **H**는 **h**와 대립유전자이며, **T**는 **t**와 대립유전자이다.

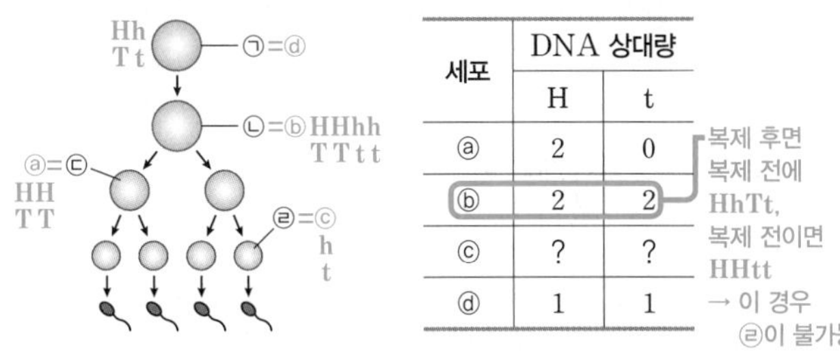

세포	DNA 상대량 H	DNA 상대량 t
ⓐ	2	0
ⓑ	2	2
ⓒ	?	?
ⓓ	1	1

복제 후면 복제 전에 HhTt, 복제 전이면 HHtt → 이 경우 ㉣이 불가능

이에 대한 설명으로 옳은 것만을 〈보기〉에서 있는 대로 고른 것은? (단, 돌연변이와 교차는 고려하지 않으며, **H**, **h**, **T**, **t** 각각의 **1**개당 **DNA** 상대량은 같다.) (3점)

[보기]

ㄱ. ㉡은 ⓑ이다. → ㉡은 ㉠이 가진 DNA가 복제된 상태이므로 ⓑ가 됨

ㄴ. 세포의 핵상은 ㉢과 ⓓ에서 ~~같다~~.
→ ㉢의 핵상은 n, ⓓ은 ㉠이므로 핵상은 $2n$임

ㄷ. ⓒ에 들어 있는 H의 DNA ~~상대량은 1이다~~.
→ ⓒ에는 H는 없고, t의 DNA 상대량이 1임

① ㄱ ② ㄴ ③ ㄱ, ㄷ ④ ㄴ, ㄷ ⑤ ㄱ, ㄴ, ㄷ

| 문제+자료 분석 |

- ⓓ의 DNA 상대량은 모두 1, 홀수이다. DNA 상대량 표에서 홀수는 G_1기와 생식 세포만 가질 수 있는 숫자이다.
- 만약 ⓓ가 ㉣이라면 홀수를 가질 수 없는 ㉡과 ㉢은 각각 ⓐ와 ⓑ중 하나여야 한다. ㉡의 DNA 상대량이 ㉢보다 크기 때문에 ⓑ는 ㉡, ⓐ는 ㉢이 된다.
- 이 경우 ⓐ에 H가 들어 있으므로 ⓓ는 H를 가질 수 없으므로 모순이다. 따라서 ⓓ는 생식 세포가 아니라 G_1기 세포인 ㉠이다.
- ㉠이 복제된 ㉡은 ⓑ이며, ㉢은 복제 후 감수 1분열이 일어났기 때문에 DNA 상대량이 0 또는 짝수만 가능하다. 따라서 ㉢은 ⓐ이다.
- 나머지 ㉣은 ⓒ이며, 유전자 H를 가지지 못하고 t를 가진다는 것을 알 수 있다.

| 보기 분석 |

ㄱ. ㉡은 HhTt의 유전자를 가진 ㉠이 복제된 상태이므로 H와 t가 각각 2개인 ⓑ가 된다.

ㄴ. ㉠(ⓓ)의 핵상은 $2n$, ㉡(ⓑ)의 핵상은 $2n$, ㉢(ⓐ)의 핵상은 n, ㉣(ⓒ)의 핵상은 n이 된다. 여기서 꼭 기억해야 할 것은, 상동 염색체가 나누어지는 감수 1분열 이후의 딸세포는 핵상이 n이라는 점이다. — 주의
감수 2분열 이후 생식세포가 되고 나서도 계속해서 핵상은 n인데, 생식세포가 다시 핵상이 $2n$이 되는 경우는 수정이 이루어진 이후가 될 것이라는 전도 명심하는 것이 좋다.

ㄷ. ㉢(ⓐ)에 HHTT가 들어가므로 ㉣(ⓒ)의 모세포에는 hhtt가 들어가게 된다. 따라서 ㉣(ⓒ)의 유전자형은 ht가 된다. 결국 ⓒ에 들어 있는 H의 DNA 상대량은 0이 되는 것이다.

K 38 정답 ② * 대립유전자 ······ [정답률 55%] 2021 대비 수능 10

사람의 유전 형질 ⓐ는 3쌍의 대립유전자 **H**와 **h**, **R**와 **r**, **T**와 **t**에 의해 결정되며, ⓐ의 유전자는 서로 다른 3개의 상염색체에 있다. 표는 사람 (가)의 세포 Ⅰ~Ⅲ에서 **h**, **R**, **t**의 유무를, 그림은 세포 ㉠~㉢의 세포 1개당 **H**와 **T**의 **DNA** 상대량을 더한 값(**H**+**T**)을 각각 나타낸 것이다. ㉠~㉢은 Ⅰ~Ⅲ을 순서 없이 나타낸 것이다.

세포	대립유전자		
	h	R	t
Ⅰ㉡	?○	○	×
Ⅱ㉠	○	×	?×
Ⅲ㉢	×	×	?×

(○: 있음, ×: 없음)

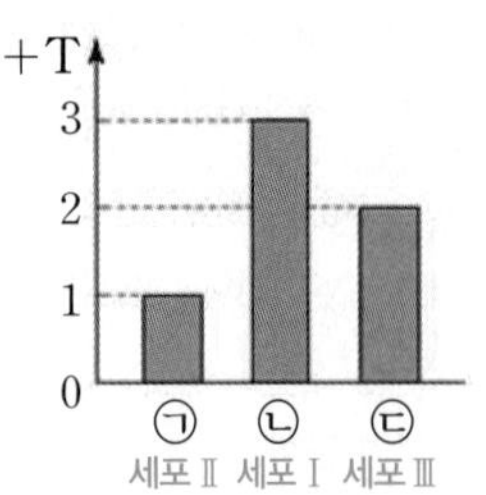

이에 대한 설명으로 옳은 것만을 <보기>에서 있는 대로 고른 것은? (단, 돌연변이는 고려하지 않으며, **H**, **h**, **R**, **r**, **T**, **t** 각각의 1개당 **DNA** 상대량은 1이다.) (3점)

[보기]

ㄱ. (가)에는 ~~h, R, t를 모두 갖는~~ 세포가 있다.
→ (가)의 체세포는 H, h, R, r, T를 가지지만 t는 없음

ㄴ. Ⅱ는 ㉠이다. → 세포 Ⅱ는 세포 ㉠

ㄷ. Ⅲ의 $\frac{\text{T의 DNA 상대량}}{\text{H의 DNA 상대량}+\text{r의 DNA 상대량}}$=~~1~~이다.
→ Ⅲ의 $\frac{\text{T의 DNA 상대량}}{\text{H의 DNA 상대량}+\text{r의 DNA 상대량}}=\frac{1}{2}$

① ㄱ  ② ㄴ ③ ㄱ, ㄷ ④ ㄴ, ㄷ ⑤ ㄱ, ㄴ, ㄷ

| 문제+자료 분석 |

- Ⅱ는 h를 가지고 Ⅲ은 h를 가지지 않으므로 (가)는 H와 h를 모두 가진다.
- Ⅰ은 R을 가지고 Ⅱ와 Ⅲ은 R을 가지지 않으므로 (가)는 R와 r을 모두 가진다.
- Ⅰ이 t를 가지지 않으므로 (가)는 T를 하나 이상 가진다.
- (가)가 R와 r을 모두 가지는데 Ⅱ와 Ⅲ은 R이 없으므로 Ⅱ와 Ⅲ은 생식세포이다.
- 생식세포에서 H와 T의 DNA 상대량을 더한 값의 최대치는 2인데 ㉡은 3의 값을 가지므로 체세포이다.
- 체세포인 ㉡은 Ⅰ에 해당한다. Ⅱ는 생식세포이며 H를 가지지 않고 h를 가지므로 H와 T의 DNA 상대량을 더한 값이 1인 ㉠이다.
- Ⅲ은 H와 T를 모두 가지므로 H와 T의 DNA 상대량을 더한 값이 2인 ㉢이다.

| 보기 분석 |

ㄱ. Ⅰ~Ⅲ에서 h와 R을 가지는 세포와 가지지 않는 세포가 모두 있기 때문에 (가)의 체세포는 H와 R에 대해 이형 접합성이다. 그러나 (가)의 체세포인 Ⅰ이 t를 가지지 않으므로 T에 대해 동형 접합성이다. h와 R은 가지지만 t를 가지는 세포는 있을 수 없다.

ㄴ. Ⅱ는 생식세포이며 h를 가지므로 H를 가지지 않는다. (가)의 체세포가 T에 대해 동형 접합성이므로 Ⅱ는 T를 가진다. Ⅱ의 H와 T의 DNA 상대량을 더한 값은 1이므로 ㉠이다.

ㄷ. H의 DNA 상대량, r의 DNA 상대량, T의 DNA 상대량이 모두 1이므로 $\frac{\text{T의 DNA 상대량}}{\text{H의 DNA 상대량}+\text{r의 DNA 상대량}}=\frac{1}{2}$이다.

송의현 | 원광대 의예과 2021년 입학 · 안산 동산고 졸

'DNA 상대량 값의 합'이 홀수라는 것은 G_1기 세포이거나 생식세포라는 것을 뜻하겠지?(감수 1, 2분열 중기는 염색분체가 쌍으로 존재해서 유전자 상대량이 홀수가 될 수 없어!) 이를 바탕으로 ㉡이 G_1기 세포인 것을 알아내면 표에서 Ⅰ이 ㉡이라는 것이 나와.(2n세포에서 없던 유전자가 n세포에서 나올 수 없으니, R이 o/x/x 라는 것을 보고 아는거지)

K 39 정답 ③ * 감수 분열 ······ [정답률 72%] 2020 대비 9월 모평 3

어떤 동물 종(2n=6)의 특정 형질은 2쌍의 대립유전자 **H**와 **h**, **T**와 **t**에 의해 결정된다. 표는 이 동물 종의 개체 Ⅰ의 세포 ㉠~㉣이 갖는 **H**, **h**, **T**, **t**의 **DNA** 상대량을, 그림은 Ⅰ의 세포 **P**를 나타낸 것이다. **P**는 ㉠~㉣ 중 하나이다.

세포	DNA 상대량			
	H	h	T	t
㉠	1	? 1	1	1
㉡	2	2	ⓐ 2	2
㉢	2	0	0	? 2
㉣	1	ⓑ 0	1	0

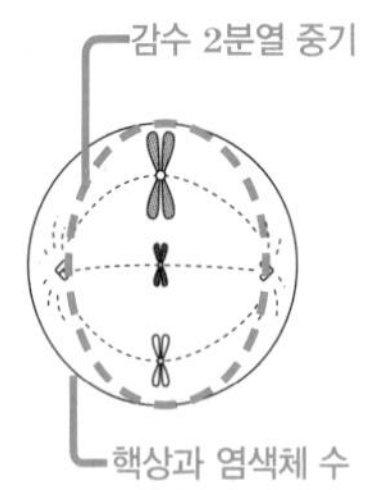

이에 대한 설명으로 옳은 것만을 <보기>에서 있는 대로 고른 것은? (단, 돌연변이와 교차는 고려하지 않으며, **H**, **h**, **T**, **t** 각각의 1개당 **DNA** 상대량은 같다.)

[보기]

ㄱ. P는 ㉢이다. → P는 감수 2분열 중기의 세포(n)로 ㉢임

ㄴ. ⓐ+ⓑ=~~3~~이다. → ⓐ는 2, ⓑ는 0

ㄷ. Ⅰ의 감수 1분열 중기 세포 1개당 염색 분체 수는 12이다.
→ Ⅰ의 감수 1분열 중기 세포(2n=6) 1개당 염색 분체 수는 12임

① ㄱ ② ㄴ ③ ㄱ, ㄷ ④ ㄴ, ㄷ ⑤ ㄱ, ㄴ, ㄷ

| 문제+자료 분석 |

1st 핵상 파악을 통해 ⓐ, ⓑ 찾기

- ㉠은 T와 t를 모두 가지며, ㉡ 또한 H와 h를 모두 가지므로 핵상이 2n이라는 것을 알 수 있다. 이때 H와 h의 DNA 상대량이 2이므로 ㉡은 복제 후 분열하기 전의 세포임을 알 수 있다. 따라서 ⓐ는 2이다.
- ㉠과 ㉡을 통해 개체 Ⅰ의 유전자형은 HhTt임을 알 수 있다. 이때 ㉢은 h, T를 가지지 않으므로 핵상이 n이고, ㉣은 t를 가지지 않으므로 핵상이 n이다.
- ㉣은 핵상이 n인데 H를 가지므로 h를 가지지 않는다. 따라서 ⓑ는 0이다.

2nd 감수 2분열 중기 세포 찾기

- 그림의 세포에는 상동 염색체가 없고 염색 분체 2개를 가진 염색체가 세포 중앙에 배열되어 있으므로 감수 2분열 중기 세포이다.
- 핵상이 n인 ㉢과 ㉣ 중 각 유전자의 DNA 상대량이 2인 ㉢이 그림의 세포임을 알 수 있다. 참고로 ㉣은 감수 2분열이 끝난 세포이다.

| 보기 분석 |

ㄱ. ㉠과 ㉡의 핵상은 2n, ㉢과 ㉣의 핵상은 n이다. P는 감수 2분열 중기의 세포로, 염색 분체 2개로 구성된 염색체가 세포 중앙에 배열되어 있다. 따라서 P는 ㉢이다.

ㄴ. ⓐ+ⓑ=2+0=2이다.

ㄷ. 개체 Ⅰ을 구성하는 세포의 핵상과 염색체 수는 2n=6이므로 감수 1분열 중기 세포 1개당 염색 분체 수는 염색체 수의 2배인 12이다.

K 40 정답 ④ * 세포 분열 ········ [정답률 57%] 2023 대비 수능 7

사람의 유전 형질 ㉮는 2쌍의 대립유전자 A와 a, B와 b에 의해 결정된다. 그림은 사람 P의 G_1기 세포 Ⅰ로부터 정자가 형성되는 과정을, 표는 세포 (가)~(라)에서 대립유전자 ㉠~㉢의 유무와 a와 B의 DNA 상대량을 나타낸 것이다. (가)~(라)는 Ⅰ~Ⅳ를 순서 없이 나타낸 것이고, ㉠~㉢은 A, a, b를 순서 없이 나타낸 것이다.

세포	대립유전자			DNA 상대량	
	㉠ a	㉡ b	㉢ A	a	B
(가) Ⅲ	×	×	○	? 0	2
(나) Ⅱ	○	? ×	○	2	? 4
(다) Ⅳ	? ○	? ×	×	1	1
(라) Ⅰ	○	?	? ○	1	? 2

Ⅰ, Ⅱ는 ㉠, ㉢을 모두 가지고 있어야하므로 (나)와 (라) 중 하나임

(○: 있음, ×: 없음)

이에 대한 설명으로 옳은 것만을 〈보기〉에서 있는 대로 고른 것은? (단, 돌연변이와 교차는 고려하지 않으며, A, a, B, b 각각의 1개당 DNA 상대량은 1이다. Ⅱ와 Ⅲ은 중기의 세포이다.) (3점)

[보기]

ㄱ. Ⅳ에 ㉠이 있다. Ⅳ(다)에 ㉠(a)이 있음

ㄴ. (나)의 핵상은 $2n$이다.
(나)는 감수 1분열 이전의 세포인 Ⅱ이므로 핵상은 $2n$임

ㄷ. P의 유전자형은 ~~AaBb~~이다.
Ⅲ과 Ⅳ가 모두 B를 갖기 때문에 P의 유전자형은 AaBB임

① ㄱ ② ㄴ ③ ㄷ ④ ㄱ, ㄴ ⑤ ㄴ, ㄷ

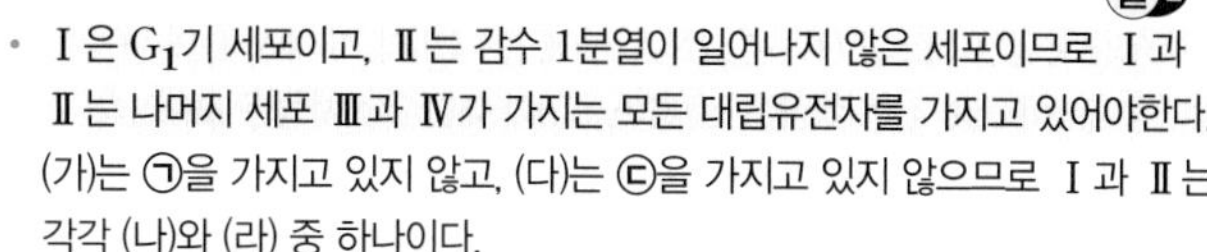

| 문제+자료 분석 |

꿀팁

- Ⅰ은 G_1기 세포이고, Ⅱ는 감수 1분열이 일어나지 않은 세포이므로 Ⅰ과 Ⅱ는 나머지 세포 Ⅲ과 Ⅳ가 가지는 모든 대립유전자를 가지고 있어야한다. (가)는 ㉠을 가지고 있지 않고, (다)는 ㉢을 가지고 있지 않으므로 Ⅰ과 Ⅱ는 각각 (나)와 (라) 중 하나이다.
- a의 DNA 상대량이 (나)는 2이고, (라)는 1이기 때문에 (라)는 G_1기 세포 Ⅰ이고, (나)는 DNA가 복제된 상태인 Ⅱ이다.
- (가)는 B의 DNA 상대량이 2이기 때문에 감수 2분열이 완료된 Ⅳ가 될 수 없다. 따라서 (가)는 Ⅲ이고, (다)는 Ⅳ이다.
- 감수 2분열이 완료된 Ⅳ(다)의 a와 B가 모두 1이기 때문에 Ⅳ는 aB를 갖는다. 또한 감수 1분열이 완료된 세포 Ⅲ(가)는 B를 가지므로 사람 P의 유전자형은 BB이다. 따라서 모든 세포가 b를 갖지 않기 때문에 모든 세포에서 '×'가 될 수 있는 ㉡은 b이고, (다)(Ⅳ)는 a를 갖기 때문에 ㉠은 a이고, 나머지 ㉢은 A이다.

| 보기 분석 |

ㄱ. 나머지 세포의 모든 대립유전자를 가지는 Ⅰ과 Ⅱ는 각각 (나)와 (라) 중 하나이고 (가)는 B의 DNA 상대량이 2이기 때문에 감수 2분열이 완료된 Ⅳ일 수 없다. 따라서 Ⅳ는 aB를 갖는 (다)이므로 Ⅳ에 ㉠(a)이 있다.

ㄴ. (나)는 a의 DNA 상대량이 2이고, 감수 1분열 이전의 세포인 Ⅱ이므로 핵상은 $2n$이다.

ㄷ. 감수 분열 시 나누어진 Ⅲ과 Ⅳ가 모두 B를 갖기 때문에 P의 유전자형은 AaBB이다.

김보겸 | 연세대 지구시스템과학과 2023년 입학 · 광주 서석고졸

한 세포가 다른 세포에 있는 대립유전자를 가지지 않는다면 그 세포의 핵상은 n이야. 따라서 세포 (가)와 (다)는 각각 Ⅲ과 Ⅳ 중 하나인데 아직 염색 분체가 분리되지 않아 DNA 상대량이 2인 (가)가 Ⅲ이야.

K 41 정답 ④ * 감수 분열 ········ [정답률 58%] 2023 대비 6월 모평 7

어떤 동물 종($2n$)의 유전 형질 (가)는 대립유전자 A와 a에 의해, (나)는 대립유전자 B와 b에 의해, (다)는 대립유전자 D와 d에 의해 결정된다. 표는 이 동물 종의 개체 ㉠과 ㉡의 세포 Ⅰ~Ⅳ 각각에 들어있는 A, a, B, b, D, d의 DNA 상대량을 나타낸 것이다. Ⅰ~Ⅳ 중 2개는 ㉠의 세포이고, 나머지 2개는 ㉡의 세포이다. ㉠은 암컷이고 성염색체가 XX이며, ㉡은 수컷이고 성염색체가 XY이다.

X 염색체 / 상염색체

	세포	DNA 상대량					
		A	a	B	b	D	d
㉡	Ⅰ	0	? 2	2	? 2	4	0
	Ⅱ	0	2	0	2	? 0	2
	Ⅲ	? 0	1	1	1	2	? 0
㉠	Ⅳ	? 1	0	1	? 0	1	0

핵상이 $2n$임을 알 수 있음

이에 대한 설명으로 옳은 것만을 〈보기〉에서 있는 대로 고른 것은? (단, 돌연변이와 교차는 고려하지 않으며, A, a, B, b, D, d 각각의 1개당 DNA 상대량은 1이다.) (3점)

[보기]

ㄱ. Ⅳ의 핵상은 ~~$2n$~~이다. Ⅳ의 핵상은 n임

ㄴ. (가)의 유전자는 X 염색체에 있다.
$2n$인 세포 Ⅲ에서 A와 a의 DNA 상대량의 합이 1이므로 (가)의 유전자는 X 염색체에 있음

ㄷ. ㉠의 (나)와 (다)에 대한 유전자형은 BbDd이다.
㉠의 세포 Ⅱ에 b와 d, Ⅳ에 B와 D가 모두 있음

① ㄱ ② ㄴ ③ ㄱ, ㄷ ④ ㄴ, ㄷ ⑤ ㄱ, ㄴ, ㄷ

| 문제+자료 분석 |

1st Ⅰ과 Ⅲ의 핵상 파악하기

- 만약 어떤 개체의 유전자형이 HH로 동형 접합성일 경우, 핵상이 $2n$이면서 DNA가 복제된 세포의 H에서 DNA 상대량은 4이다. Ⅰ에서 D의 DNA 상대량이 4이므로 Ⅰ의 핵상은 $2n$이며, (다)에 대한 유전자형은 DD이다.
- 핵상이 $2n$인 세포는 상동 염색체 쌍을 가지므로 대립유전자를 쌍으로 가진다. Ⅲ에서 B와 b의 DNA 상대량이 각각 1로 대립유전자가 쌍으로 존재하므로 Ⅲ의 핵상은 $2n$이며, G_1기의 세포이다. Ⅲ의 (다)에 대한 유전자형도 DD이다.

2nd 같은 개체의 세포끼리 분류하기

- Ⅰ과 Ⅲ의 (다)에 대한 유전자형이 DD인데 Ⅱ에는 d가 있으므로 Ⅱ는 Ⅰ, Ⅲ과 서로 다른 개체의 세포이다. 따라서 Ⅰ과 Ⅲ이 같은 개체의 세포이고, Ⅱ와 Ⅳ가 같은 개체의 세포이다.

3rd 상염색체 유전자와 X 염색체 유전자 파악하기

- 핵상이 $2n$인 Ⅰ에 A가 없으므로 같은 개체의 세포인 Ⅲ에도 A가 없어야 한다. G_1기 세포 Ⅲ에서 A와 a의 DNA 상대량의 합이 1이므로 A(a)는 X 염색체에 있는 유전자이고, Ⅰ과 Ⅲ은 모두 수컷인 ㉡의 세포이다. 나머지 Ⅱ와 Ⅳ는 모두 암컷인 ㉠의 세포이다.
- Ⅲ에서 B와 b, D와 d의 DNA 상대량의 합은 각각 2이므로 B(b)와 D(d)는 모두 상염색체에 있는 유전자이다.
- 같은 개체의 두 세포 ⓐ와 ⓑ를 비교하였을 때 ⓐ가 가지는 유전자를 ⓑ가 가지고 있지 않을 경우 ⓑ의 핵상은 n이다. 꿀팁
- Ⅳ는 B가 있지만 같은 개체인 Ⅱ는 B가 없으므로 Ⅱ는 핵상이 n이다. 또한 Ⅱ는 a가 있지만 Ⅳ는 a가 없으므로 Ⅳ의 핵상도 n이다.
- 정리하면 세포 Ⅰ과 Ⅲ을 가진 ㉡의 유전자형은 X^aYBbDD이고, 세포 Ⅱ와 Ⅳ를 가진 ㉠의 유전자형은 X^AX^aBbDd이다.

| 보기 분석 |

ㄱ. Ⅳ에서 상염색체에 있는 D와 d의 DNA 상대량의 합이 1이므로 Ⅳ의 핵상은 n이다. Ⅰ과 Ⅲ의 핵상은 모두 $2n$, Ⅱ와 Ⅳ의 핵상은 모두 n이다.

ㄴ. G_1기 세포 Ⅲ에서 A와 a의 DNA 상대량의 합이 1이므로 (가)의 유전자 A(a)는 X 염색체에 있다.

ㄷ. ㉠의 세포인 Ⅱ에 b와 d가, 세포 Ⅳ에 B와 D가 있다. 따라서 ㉠의 (나)와 (다)의 유전자형은 BbDd이다.

K 42 정답 ③ * 감수 분열 ······ [정답률 67%] 2022 실시 3월 학평 14

사람의 유전 형질 (가)는 대립유전자 A와 a에 의해 결정된다. 그림은 어떤 남자의 G_1기 세포 Ⅰ로부터 정자가 형성되는 과정을, 표는 세포 ㉠~㉢과 Ⅳ에서 A와 a의 DNA 상대량을 더한 값을 나타낸 것이다. ㉠~㉢은 각각 Ⅰ~Ⅲ 중 하나이다.

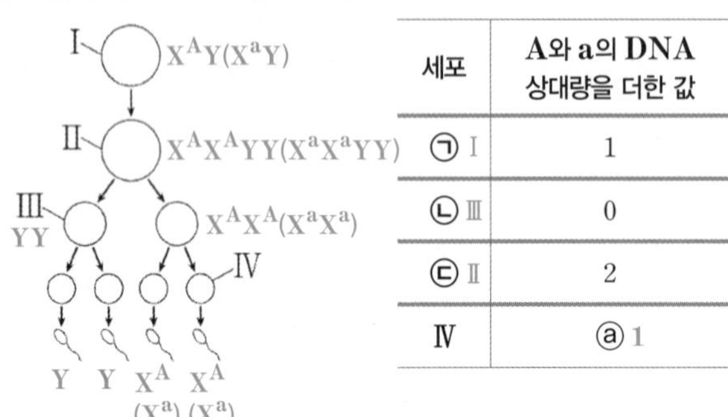

세포	A와 a의 DNA 상대량을 더한 값
㉠ Ⅰ	1
㉡ Ⅲ	0
㉢ Ⅱ	2
Ⅳ	ⓐ 1

이에 대한 옳은 설명만을 〈보기〉에서 있는 대로 고른 것은? (단, 돌연변이와 교차는 고려하지 않으며, A와 a 각각의 1개당 DNA 상대량은 1이다. Ⅱ와 Ⅲ은 중기의 세포이다.) (3점)

[보기]

ㄱ. ㉡은 Ⅲ이다. ㉠은 Ⅰ, ㉡은 Ⅲ, ㉢은 Ⅱ

ㄴ. ⓐ는 1이다. Ⅲ과 Ⅲ의 딸세포에는 A와 a가 없으므로 Ⅳ에는 A와 a 중 하나만 있음

ㄷ. (가)의 유전자는 상염색체에 있다.
(가)의 유전자는 성염색체에 있음

① ㄱ ② ㄷ ③ ㄱ, ㄴ ④ ㄴ, ㄷ ⑤ ㄱ, ㄴ, ㄷ

| 문제+자료 분석 |

1st A와 a의 DNA 상대량을 더한 값이 0인 ㉡ 분석하기

- 세포 ㉡에는 A와 a가 모두 없으므로 A와 a는 성염색체에 있다. 꿀팁
- 만약 A와 a가 X 염색체에 있다고 가정하면, ㉡은 상동 염색체의 분리로 인해 X 염색체가 없고 Y 염색체를 가진 세포이다. 그러므로 ㉡은 세포 Ⅲ이다. 주의

2nd ㉠과 ㉢ 및 ⓐ 값 추론하기

- 세포 Ⅳ는 Ⅱ가 가진 X 염색체의 두 염색 분체 중 하나를 물려받게 된다. 그러므로 A와 a의 DNA 상대량을 더한 값은 Ⅳ에서가 Ⅱ에서의 $\frac{1}{2}$배이다.
- 세포 Ⅱ의 DNA 상대량은 G_1기 세포인 Ⅰ의 2배이므로 세포 ㉠은 세포 Ⅰ이고, 세포 ㉢은 세포 Ⅱ이다. 그러므로 Ⅳ에서 A와 a의 DNA 상대량을 더한 값(ⓐ)은 Ⅱ에서의 값인 2의 $\frac{1}{2}$배이므로 1이다.

| 보기 분석 |

ㄱ. ㉠은 Ⅰ, ㉡은 Ⅲ, ㉢은 Ⅱ이다. G_1기 세포 Ⅰ(㉠)에서 DNA가 복제되어 세포 Ⅱ(㉢)가 형성되었다. Ⅱ(㉢)에서 감수 1분열을 통해 성염색체의 상동 염색체 쌍이 분리되어 이동하면서 대립유전자 A(a)가 없는 성염색체가 들어있는 세포 Ⅲ(㉡)이 형성되었다.

ㄴ. Ⅱ(㉢)에서 감수 1분열을 통해 성염색체의 상동 염색체 쌍이 분리되어 이동하면서 성염색체에 A(a)가 있는 세포가 형성되었다. 이 세포에서 감수 2분열을 통해 성염색체의 염색 분체가 분리되어 이동하면서 A(a) 하나만 있는 세포 Ⅳ가 형성되었다. 따라서 ⓐ는 1이다.

ㄷ. A와 a가 모두 없는 세포(Ⅲ, ㉡)가 있으므로 (가)의 유전자는 성염색체에 있다.

K 43 정답 ② * 감수 분열 [정답률 44%] 2021 실시 10월 학평 9

사람의 특정 형질은 상염색체에 있는 3쌍의 대립유전자 D와 d, E와 e, F와 f에 의해 결정된다. 그림은 하나의 G_1기 세포로부터 정자가 형성될 때 나타나는 세포 Ⅰ~Ⅳ가 갖는 D, E, F의 DNA 상대량을, 표는 세포 ㉠~㉣이 갖는 d, e, f의 DNA 상대량을 나타낸 것이다. ㉠~㉣은 Ⅰ~Ⅳ를 순서 없이 나타낸 것이다.

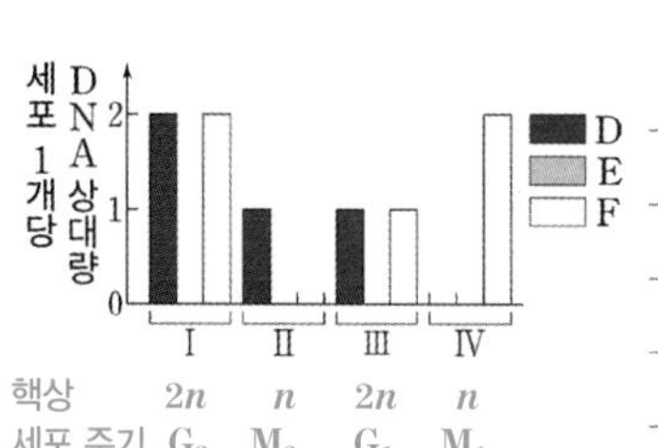

세포	DNA 상대량		
	d	e	f
㉠ Ⅱ	?0	?1	1
㉡ Ⅰ	2	?4	ⓐ2
㉢ Ⅳ	?2	2	0
㉣ Ⅲ	1	ⓑ2	1

이에 대한 설명으로 옳은 것만을 〈보기〉에서 있는 대로 고른 것은? (단, 돌연변이는 고려하지 않으며, D, d, E, e, F, f 각각의 1개당 DNA 상대량은 1이다.) (3점)

[보기]

ㄱ. ㉢은 Ⅰ이다. → ㉢은 Ⅳ

ㄴ. ⓐ+ⓑ=4이다. → ⓐ(2)+ⓑ(2)=4

ㄷ. ㉠과 ㉡의 핵상은 같다.
㉠의 핵상은 n, ㉡의 핵상은 $2n$

① ㄱ  ② ㄴ ③ ㄱ, ㄷ ④ ㄴ, ㄷ ⑤ ㄱ, ㄴ, ㄷ

| 문제+자료 분석 |

1st Ⅰ~Ⅳ의 핵상과 유전자형 파악하기

- 그래프를 통해 이 사람은 대립유전자 D, F를 가지며, 표를 통해 대립유전자 d, e, f를 가지는 것을 알 수 있다. 따라서 이 사람의 유전자형은 Dd_eFf이다.
- 핵상이 n인 세포는 대립유전자 쌍 중 하나의 유전자를 가진다. Ⅱ는 F를 가지지 않으므로 핵상이 n이며, D, e, f를 가진다. Ⅳ는 D를 가지지 않으므로 핵상이 n이며, d, e, F를 가진다.
- 하나의 G_1기 세포로부터 정자가 형성됐다고 하였으므로 D와 d, F와 f가 서로 다른 세포에 들어가도록 감수 분열이 진행된 것이다. 따라서 D와 F를 모두 가지는 Ⅰ과 Ⅲ은 핵상이 $2n$이며, 이 사람의 유전자형은 DdeeFf로 확정된다.

2nd Ⅰ~Ⅳ와 ㉠~㉣ 매칭하기

- Ⅰ의 유전자는 DdeeFf이며 D와 F의 DNA 상대량이 2이므로 DNA가 복제된 상태이다. d, e, f의 DNA 상대량은 2, 4, 2로 ㉡에 해당한다.
- Ⅱ의 유전자는 Def이며 D의 DNA 상대량이 1이므로 감수 2분열이 완료된 상태이다. d, e, f의 DNA 상대량은 0, 1, 1로 ㉠에 해당한다.
- Ⅲ의 유전자는 DdeeFf이며 D와 F의 DNA 상대량이 1이므로 DNA가 복제되기 전이다. d, e, f의 DNA 상대량은 1, 2, 1로 ㉣에 해당한다.
- Ⅳ의 유전자는 deF이며 F의 DNA 상대량이 2이므로 염색 분체가 분리되기 전의 상태이다. d, e, f의 DNA 상대량은 2, 2, 0으로 ㉢에 해당한다.

| 보기 분석 |

ㄱ. ㉢은 F를 가지지 않으므로 핵상이 n인 세포이며, e의 DNA 상대량이 2이므로 염색 분체가 분리되기 전의 세포이다. 따라서 핵상이 n이며, 염색 분체가 분리되기 전인 Ⅳ가 ㉢에 해당한다.

ㄴ. ㉡(Ⅰ)은 DNA가 복제된 $2n$의 세포이므로 ⓐ는 2이다. ㉣(Ⅲ)은 DNA가 복제되기 전인 $2n$의 세포이며, 이 사람은 e를 동형 접합성으로 가지므로 ⓑ는 2이다. 따라서 ⓐ+ⓑ=2+2=4이다.

ㄷ. ㉠은 핵상이 n인 세포인 Ⅱ에 해당하고, ㉡은 핵상이 $2n$인 세포인 Ⅰ에 해당한다. 따라서 ㉠과 ㉡의 핵상은 같지 않다.

K 44 정답 ④ * 핵형과 핵상 [정답률 63%] 2020 대비 6월 모평 8

표는 같은 종인 동물($2n=6$) Ⅰ의 세포 (가)와 (나), Ⅱ의 세포 (다)와 (라)에서 유전자 ㉠~㉣의 유무를, 그림은 세포 A와 B 각각에 들어 있는 모든 염색체를 나타낸 것이다. 이 동물 종의 특정 형질은 2쌍의 대립유전자 H와 h, T와 t에 의해 결정되며, ㉠~㉣은 H, h, T, t를 순서 없이 나타낸 것이다. A와 B는 각각 Ⅰ과 Ⅱ의 세포 중 하나이고, Ⅰ과 Ⅱ의 성염색체는 암컷이 XX, 수컷이 XY이다. 3개의 유전자를 가지면 핵상이 $2n$

Ⅰ은 Y 염색체를 갖지 않는 암컷 / Ⅱ는 Y 염색체를 갖는 수컷

유전자	Ⅰ의 세포		Ⅱ의 세포	
	(가)	(나)	(다)	(라)
㉠	×	○	×	×
㉡	×	×	×	○
㉢	○	○	×	○
㉣	○	○	○	×

(○: 있음, ×: 없음)

㉠은 ㉢과 대립유전자이고, ㉠과 ㉢은 X 염색체에 존재함

A Ⅱ의 세포 / B Ⅰ의 세포

이에 대한 설명으로 옳은 것만을 〈보기〉에서 있는 대로 고른 것은? (단, 돌연변이와 교차는 고려하지 않는다.) (3점)

[보기]

ㄱ. ㉠은 ㉣과 대립유전자이다. → ㉠은 ㉢과 대립유전자

ㄴ. A는 Ⅱ의 세포이다.
→ A에는 Y 염색체가 있으므로 A는 수컷(Ⅱ)의 세포임

ㄷ. (라)에는 X 염색체가 있다. → (라)에는 X 염색체에 존재하는 ㉢이 있음

① ㄱ ② ㄴ ③ ㄱ, ㄷ ④ ㄴ, ㄷ ⑤ ㄱ, ㄴ, ㄷ

| 문제+자료 분석 |

1st 핵상 파악

- 전체 유전자 중 절반보다 많은 유전자를 가지면 핵상이 $2n$인 세포이다.
- ㉠~㉣ 중 3개의 유전자를 갖는 (나)의 핵상은 $2n$이고, ㉠~㉣ 중 2개의 유전자를 갖는 (가)의 핵상은 n이다.
- ㉠~㉣ 중 1개의 유전자를 갖는 (다)의 핵상은 n이며, (다)에 있는 ㉣이 (라)에 없으므로 (라)의 핵상도 n이다.

2nd ㉠과 ㉢이 위치한 염색체 찾기  주의

- 핵상이 n인 세포에는 대립유전자가 함께 존재할 수 없다. 따라서 ㉠은 ㉢과 대립유전자이고, ㉡은 ㉣과 대립유전자이다.
- 핵상이 n인 (다)에 ㉠과 ㉢이 모두 없으므로 ㉠과 ㉢은 X 염색체에 존재하는 유전자이며, (다)에는 Y 염색체만 있으므로 Ⅱ는 수컷이다.
- Ⅰ은 성염색체로 XX를 갖는 암컷, Ⅱ는 성염색체로 XY를 갖는 수컷이다.

| 보기 분석 |

ㄱ. ㉠은 ㉢과 대립유전자이고, ㉡은 ㉣과 대립유전자이다.

ㄴ. A에는 Y 염색체가 있으므로 Ⅱ(성염색체 XY)의 세포이고, B에는 X 염색체가 2개 있으므로 Ⅰ(성염색체 XX)의 세포이다.

ㄷ. ㉠과 ㉢은 X 염색체에 존재하는 대립유전자이다. (라)에 ㉢이 있으므로 (라)에는 X 염색체가 있다.

K 45 정답 ① * 감수 분열 [정답률 56%] 2020 대비 6월 모평 16

사람의 유전 형질 ⓐ는 3쌍의 대립유전자 E와 e, F와 f, G와 g에 의해 결정되며, ⓐ를 결정하는 유전자는 서로 다른 3개의 상염색체에 존재한다. 그림 (가)는 어떤 사람의 G_1기 세포 Ⅰ로부터 정자가 형성되는 과정을, (나)는 이 사람의 세포 ㉠~㉢이 갖는 대립유전자 E, f, G의 DNA 상대량을 나타낸 것이다. ㉠~㉢은 Ⅰ~Ⅲ을 순서 없이 나타낸 것이고, Ⅱ는 중기의 세포이다. 감수 분열 시 핵상 변화는 $2n \rightarrow n$

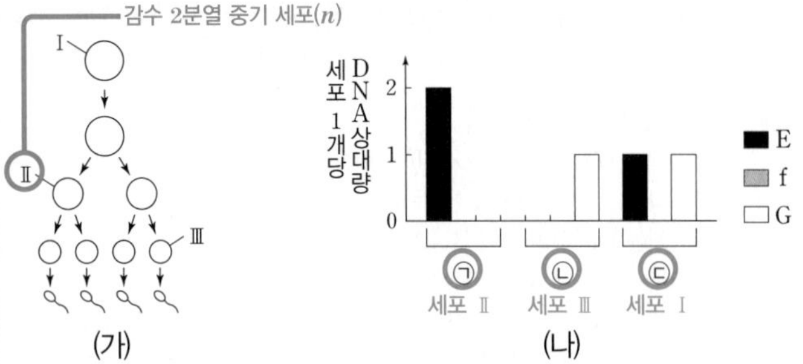

(가) (나)

이에 대한 설명으로 옳은 것만을 〈보기〉에서 있는 대로 고른 것은? (단, 돌연변이와 교차는 고려하지 않으며, E, e, F, f, G, g 각각의 1개당 DNA 상대량은 같다.) (3점)

[보기]

ㄱ. Ⅰ에서 세포 1개당 $\frac{\text{E의 DNA 상대량}+\text{G의 DNA 상대량}}{\text{F의 DNA 상대량}}$은 1이다. → $\frac{1+1}{2}$=1이다.

ㄴ. Ⅱ의 염색 분체 수는 23이다. → Ⅱ의 염색 분체 수는 46

ㄷ. Ⅲ은 ㉢이다. → Ⅲ은 ㉡임

① ㄱ ② ㄴ ③ ㄷ ④ ㄱ, ㄴ ⑤ ㄴ, ㄷ

| 문제+자료 분석 |

- Ⅱ는 감수 2분열 중기의 세포이다. 감수 2분열 중기의 세포는 핵상이 n이고, 이 세포의 염색체는 염색 분체가 분리되기 전이므로 Ⅱ에 있는 대립유전자의 DNA 상대량은 0 혹은 2의 배수를 갖는다. 그러므로 ㉠은 Ⅱ이다.
- Ⅱ에 E가 있으므로 Ⅱ의 모세포인 Ⅰ도 E를 갖는다. Ⅰ은 Ⅲ보다 더 많은 유전자를 가지므로 ㉢은 Ⅰ, ㉡은 Ⅲ이다.

| 보기 분석 |

ㄱ. Ⅱ의 유전자형은 EEFFgg, Ⅲ의 유전자형은 eFG이므로 Ⅰ의 유전자형은 EeFFGg이다. 그러므로 Ⅰ에서 세포 1개당 $\frac{\text{E의 DNA 상대량}+\text{G의 DNA 상대량}}{\text{F의 DNA 상대량}}=\frac{1+1}{2}=1$이다.

ㄴ. Ⅱ는 감수 2분열 중기의 세포로 염색체 수는 23, 염색 분체 수는 46이다.

ㄷ. Ⅲ은 ㉡이고, Ⅰ은 ㉢이다.

* 감수 분열의 세포 주기

간기	G_1기	세포 구성 물질 합성, 세포가 가장 많이 생장하는 시기
	S기	DNA가 복제되는 시기
	G_2기	세포 분열에 필요한 물질을 합성해 세포 분열을 준비하는 시기
감수 1분열		• 상동 염색체가 분리되어 염색체 수가 절반으로 줄어든다. ($2n \rightarrow n$) • DNA양이 반감된다.
감수 2분열		• 염색 분체가 분리되므로 감수 1분열을 마친 세포와 비교하면 염색체 수에 변화가 없다. ($n \rightarrow n$) • DNA양이 반감된다.

K 46 정답 ① ＊생식세포 분열 ✪ 고난도 [① 37% ② 15% ③ 26% ④ 9% ⑤ 11%] 2025 대비 9월 모평 16

사람의 유전 형질 ㉮는 서로 다른 3개의 상염색체에 있는 3쌍의 대립유전자 A와 a, B와 b, D와 d에 의해 결정된다. 표는 사람 P의 세포 (가)~(다)에서

서로 다른 상염색체에 있는 3쌍의 유전자이므로 핵상이 n인 세포는 A와 a, B와 b, D와 d 중 각각 하나씩 가짐

대립유전자 ㉠~㉣의 유무와 A와 B의 DNA 상대량을 나타낸 것이다. (가)~(다)는 생식세포 형성 과정에서 나타나는 중기의 세포이고, (가)~(다) 중 2개는 G_1기 세포 Ⅰ로부터 형성되었으며, 나머지 1개는 G_1기 세포 Ⅱ로부터 형성되었다. ㉠~㉣은 A, a, b, D를 순서 없이 나타낸 것이다.

Ⅰ과 Ⅱ의 유전자＝(가)의 유전자＋(나)의 유전자 : AaBBDd

세포	대립유전자			단서	DNA 상대량		
	㉠a	㉡b	㉢A	㉣D	A	B	
(가) ABD	×	?×	○	○	?2	2	Ⅰ에서 형성
(나) aBd	○	×	?×	×	?0	2	Ⅰ에서 형성
(다) ABd	×	×	○	×	2	?2	Ⅱ에서 형성

(○: 있음, ×: 없음)

이에 대한 설명으로 옳은 것만을 〈보기〉에서 있는 대로 고른 것은? (단, 돌연변이와 교차는 고려하지 않으며, A, a, B, b, D, d 각각의 1개당 DNA 상대량은 1이다.) (3점)

[보기]

ㄱ. ㉡은 b이다.
㉠은 a, ㉡은 b, ㉢은 A, ㉣은 D임

ㄴ. Ⅰ로부터 (다)가 형성되었다.
Ⅱ로부터 (다)가 형성됨

ㄷ. P의 ㉮의 유전자형은 AaBbDd이다.
P의 유전자형은 AaBBDd임

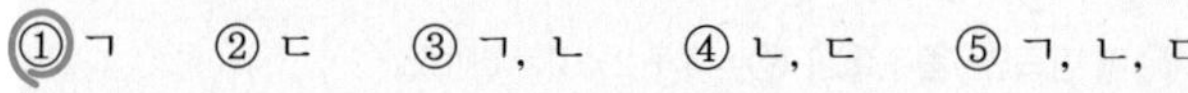
① ㄱ ② ㄷ ③ ㄱ, ㄴ ④ ㄴ, ㄷ ⑤ ㄱ, ㄴ, ㄷ

단서+발상

(단서) 한 사람의 세포의 생식세포 분열 과정 중 중기의 세포 (가)~(다)가 제시되어 있다.

(발상) (가)~(다) 모두 동일한 유전자형으로부터 출발한 세포인데 각기 다른 대립유전자를 가지는 것은 핵상이 n인 세포이기 때문임을 추론할 수 있다.

(적용) 동일한 사람의 세포인데 각기 다른 대립유전자를 가지는 것은 핵상이 n인 세포이며 핵상이 n인 세포는 대립유전자 A와 a, B와 b, D와 d 중 각각 하나씩만을 가져야 함을 적용해서 대립유전자 ㉠~㉣을 파악하는 것부터 문제 풀이를 시작해야 한다.

| 문제 해결 과정 |

step 1 (가)~(다)의 핵상 파악하기

- 한 사람의 세포가 각기 다른 대립유전자를 가지는 것은 핵상이 n인 세포이기 때문이다. 꿀팁
- (가)~(다)는 동일한 사람의 세포인데, (나)가 가진 ㉠을 (가)와 (다)는 가지지 않으며 (가)가 가진 ㉣을 (나)와 (다)는 가지지 않으므로 (가)~(다) 모두 핵상이 n인 세포이다.

step 2 ㉠~㉣ 파악하기

- (다)의 A의 DNA 상대량이 2이며 ㉠~㉣ 중 ㉢만을 가지므로 ㉢이 A이다.
- 핵상이 n인 세포는 대립유전자 A와 a, B와 b, D와 d 중 각각 하나씩만을 가져야 한다. 꿀팁
- (가)는 A(㉢)을 가지므로 a를 가지지 않는다. B의 DNA 상대량이 2이므로 b를 가지지 않는다. (가)가 가지고 있는 ㉣은 a, b가 아닌 D이다.
- (나)의 B의 DNA 상대량이 2이므로 b를 가지지 않는다. ㉠과 ㉡ 중 (나)가 가지지 않는 ㉡이 b이고 ㉠이 a이다.

step 3 (가)~(다)를 형성한 세포 찾기

- (가)는 A(㉢), B, D(㉣)를 가진다.
- (나)는 a(㉠), B를 가지며, D(㉣)를 가지지 않으므로 d를 가진다.
- (다)는 A를 가지며, b(㉡)와 D(㉣)를 가지지 않으므로 B와 d를 가진다.
- (가)는 A와 D를, (나)는 a와 d를 가지므로 (가)와 (나)는 생식세포 분열 과정 중 상동 염색체가 분리되어 생성된 딸세포이다.
- (가)와 (나)는 Ⅰ로부터 형성되고, (다)는 Ⅱ로부터 형성되었다.
- 이 사람의 체세포가 가지는 유전자형은 (가)와 (나)가 가지는 유전자를 합한 것으로 AaBBDd이다.

| 보기 분석 |

ㄱ. ㉡은 b이다. (○)

- ㉠은 a, ㉡은 b, ㉢은 A, ㉣은 D이다.

ㄴ. Ⅰ로부터 (다)가 형성되었다. (×)

- 문제 해결 과정 step 3에 따라서 Ⅰ로부터 상동 염색체가 분리되어 (가)와 (나)가 형성되고, Ⅱ로부터 (다)가 형성되었다.

ㄷ. P의 ㉮의 유전자형은 AaBbDd이다. (×)

- 문제 해결 과정 step 3에 따라서 P의 ㉮의 유전자형은 (가)의 유전자와 (나)의 유전자를 합한 AaBBDd이다.

✪ 정답은 ① ㄱ이다.

문제 풀이 꿀팁

- 한 사람을 구성하는 세포 중 핵상이 $2n$인 모든 세포는 완벽하게 동일한 대립유전자를 가져야 한다. 한 사람의 세포 (가)가 가지는 대립유전자를 세포 (나)가 가지지 않고, 세포 (나)가 가지는 대립유전자를 세포 (가)가 가지지 않는다면 두 세포 모두 핵상이 n인 세포이다.
- 주어진 세포 (가)~(다) 모두 핵상이 n임을 먼저 파악하면 쉽게 문제가 해결된다. 핵상이 n인 세포는 대립유전자 A와 a, B와 b, D와 d 중 각각 하나씩만을 가짐을 기억하면 미지의 대립유전자를 파악하기 쉬워진다.

어떤 동물 종($2n=6$)의 유전 형질 ㉠은 대립유전자 A와 a에 의해, ㉡은 대립유전자 B와 b에 의해, ㉢은 대립유전자 D와 d에 의해 결정된다. ㉠~㉢의 유전자 중 2개는 서로 다른 상염색체에, 나머지 1개는 X 염색체에 있다. 표는 이 동물 종의 개체 P와 Q의 세포 Ⅰ~Ⅳ에서 A, a, B, b, D, d의 DNA 상대량을, 그림은 세포 (가)와 (나) 각각에 들어 있는 모든 염색체를 나타낸 것이다. (가)와 (나)는 각각 Ⅰ~Ⅳ 중 하나이다. P는 수컷이고 성염색체는 XY이며, Q는 암컷이고 성염색체는 XX이다.

세포	DNA 상대량					
	A	a	B	b	D	d
Ⅰ Q, $2n$	0	ⓐ 4	?	2	4	0
Ⅱ P, $2n$	2	0	ⓑ 2	2	?	2
Ⅲ P, n	0	0	1	?	1	ⓒ 0
Ⅳ Q, $2n$	0	2	?	1	2	0

(가) Ⅱ(P, $2n$)　　(나) Ⅳ(Q, $2n$)

이에 대한 설명으로 옳은 것만을 〈보기〉에서 있는 대로 고른 것은? (단, 돌연변이와 교차는 고려하지 않으며, A, a, B, b, D, d 각각의 1개당 DNA 상대량은 1이다.) (3점)

[보기]

ㄱ. (가)는 ~~Ⅰ이다~~.
(가)는 Ⅱ임

ㄴ. Ⅳ는 Q의 세포이다.
Ⅳ는 Q의 세포임

ㄷ. ⓐ+ⓑ+ⓒ=6이다.
ⓐ+ⓑ+ⓒ=4+2+0=6임

① ㄱ ② ㄴ ③ ㄱ, ㄷ ④ ㄴ, ㄷ ⑤ ㄱ, ㄴ, ㄷ

단서+발상

(단서) ㉠~㉢의 유전자 중 X 염색체에 존재하는 유전자를 찾아내는 것이 문제 풀이의 핵심이다.

(발상) A와 a가 모두 없는 세포(Ⅲ)는 Y 염색체를 갖는 수컷 P의 생식세포이며, ㉠의 유전자(A와 a)가 X 염색체에 있음을 알아내야 한다.

(해결) Ⅰ이 (가)라면 P와 Q의 체세포($2n$)에는 모두 A가 없으므로 Ⅱ와 같이 A가 있는 세포는 존재할 수 없음을 이용하여, (가)가 Ⅱ임을 알 수 있다.

| 문제 해결 과정 |

step 1 유전자의 위치 파악하기

- (가)와 (나)는 상동 염색체가 존재하므로 핵상이 모두 $2n$이다. (가)의 검은색 염색체 1쌍은 크기와 모양이 다르고, (나)의 검은색 염색체 1쌍은 크기와 모양이 같으므로 (가)는 수컷인 P의 세포이고, (나)는 암컷인 Q의 세포이다.
- Ⅲ에는 A와 a가 모두 없으므로 ㉠의 유전자(A와 a)는 X 염색체에 있으며, Ⅲ은 X 염색체를 갖지 않고, DNA 상대량이 0 또는 1이므로 Y 염색체를 갖는 수컷 P의 생식세포이다.
- ㉠의 유전자(A와 a)는 X 염색체에 있으므로, ㉡의 유전자(B와 b)와 ㉢의 유전자(D와 d)는 상염색체에 존재한다.

step 2 (가), (나) 찾기

- Ⅳ는 a와 b의 DNA 상대량이 각각 2와 1이므로 핵상이 $2n$인 G_1기 세포이며, a의 DNA 상대량이 2이므로 성염색체 구성이 XX인 Q의 세포 (나)이다.
- Ⅰ은 D의 DNA 상대량이 4이므로 핵상이 $2n$인 세포이다. 만약, Ⅰ이 (가)라면 P와 Q의 체세포($2n$)에는 모두 A가 없으므로 Ⅱ와 같이 A가 있는 세포는 존재할 수 없다. 따라서 (가)는 Ⅱ이다.

step 3 각 대립유전자의 DNA 상대량 찾기

- Ⅰ은 Ⅳ에서 DNA가 복제된 핵상이 $2n$인 세포이므로, ⓐ는 4이다.
- Ⅱ는 DNA 복제 후의 핵상이 $2n$인 세포이고, 상염색체에 존재하는 B와 b의 DNA 상대량의 합은 4이므로, ⓑ는 2이다.
- Ⅲ은 핵상이 n인 생식세포이고, 상염색체에 존재하는 D와 d의 DNA 상대량의 합은 1이므로, ⓒ는 0이다.
- 표를 정리하면 다음과 같다.

세포	DNA 상대량					
	A	a	B	b	D	d
Ⅰ(Q, $2n$)	0	ⓐ(4)	?(2)	2	4	0
Ⅱ(P, $2n$)	2	0	ⓑ(2)	2	?(2)	2
Ⅲ(P, n)	0	0	1	?(0)	1	ⓒ(0)
Ⅳ(Q, $2n$)	0	2	?(1)	1	2	0

| 보기 분석 |

ㄱ. (가)는 Ⅰ이다. (×)

- step 2에 따르면, (가)는 Ⅱ이다.

ㄴ. Ⅳ는 Q의 세포이다. (○)

- step 2에 따르면, Ⅳ는 Q의 세포이다.

ㄷ. ⓐ+ⓑ+ⓒ=6이다. (○)

- step 3에 따르면, ⓐ+ⓑ+ⓒ=4+2+0=6이다.

✪ 정답은 ④ ㄴ, ㄷ이다.

왜 틀렸나?

- A와 a가 모두 없는 세포(Ⅲ)는 Y 염색체를 갖는 수컷 P의 생식세포이며, ㉠의 유전자(A와 a)가 X 염색체에 있음을 알아냈다면, 나머지 유전자들은 상염색체에 있음을 파악할 수 있었을 것이다.
- Ⅰ이 (가)라면 Ⅱ와 같이 A가 있는 세포는 존재할 수 없음을 이용하여, ㄱ 선지를 쉽게 해결할 수 있었을 것이다.

권민재 | 강릉원주대 치의예과 2024년 입학·서울 광영여고 졸

(가)는 복제된 수컷 P의 핵상이 $2n$인 세포, (나)는 복제되지 않은 암컷 Q의 핵상이 $2n$인 세포야. 이처럼 본격적으로 문제를 풀기 전에 그림을 통해 유전자의 형태를 정확히 파악하는 것이 중요해. 이런 문제에서는 특이적인 개수, 홀짝 구분을 통해 많은 정보를 얻을 수 있어. 예를 들어 Ⅲ은 A와 a를 모두 가지지 않기 때문에 핵상이 n인 세포이고 ⓒ가 0이라는 사실을 알 수 있어. 이렇게 세포들의 정체와 유전자 형태를 알아내었다면 바로 선지를 풀어 나가면 되겠지?

K 48 정답 ⑤ *감수 분열 ······ ✪ 고난도 [① 12% ② 18% ③ 21% ④ 15% ⑤ 32%] 2025 대비 수능 14

사람의 유전 형질 ㉮는 서로 다른 3개의 상염색체에 있는 3쌍의 대립유전자 A와 a, B와 b, D와 d에 의해 결정된다. 표는 사람 P의 세포 (가)~(라)에서 대립유전자 ㉠~㉣의 유무와 a, B, D의 DNA 상대량을 더한 값(a+B+D)을 나타낸 것이고, 그림은 정자가 형성되는 과정을 나타낸 것이다. (가)~(라)는 생식세포 형성 과정에서 나타나는 세포이고, (가)~(라) 중 2개는 G_1기 세포 Ⅰ로부터 형성되었으며, 나머지 2개는 각각 G_1기 세포 Ⅱ와 Ⅲ으로부터 형성되었다. ㉠~㉣은 A, a, b, D를 순서 없이 나타낸 것이고, ⓐ와 ⓑ는 Ⅱ로부터 형성된 중기의 세포이며, ⓐ는 (가)~(라) 중 하나이다.

세포	㉠ (A)	㉡ (a)	㉢ (D)	㉣ (b)	a+B+D
(가) 핵상 n	×	○	×	×	4 aaBBdd ⓐ
(나) 핵상 n	×	? ○	○	×	3 aBD
(다) 핵상 n	○	×	○	×	2 ABD
(라) 핵상 n	×	? ○	? ×	○	1 abd

(단서 대립유전자)

Ⅱ, aaBBdd, AAbbDD, ⓐ, ⓑ, Ⅰ으로부터 형성

(○: 있음, ×: 없음)

이에 대한 설명으로 옳은 것만을 <보기>에서 있는 대로 고른 것은? (단, 돌연변이와 교차는 고려하지 않으며, A, a, B, b, D, d 각각의 1개당 DNA 상대량은 1이다.) (3점)

[보기]

ㄱ. ㉣은 A이다. ㉣은 b

ㄴ. Ⅰ로부터 (다)가 형성되었다.
Ⅰ로부터 (다)와 (라)가 형성됨

ㄷ. ⓑ에서 a, b, D의 DNA 상대량을 더한 값은 4이다.
ⓑ의 유전자는 AAbbDD로 a, b, D의 DNA 상대량을 더한 값은 4

 ① ㄱ ② ㄴ ③ ㄷ ④ ㄱ, ㄴ  ⑤ ㄴ, ㄷ

단서+발상

단서 ㉠~㉣ 각각이 (가)~(라) 중 어떤 세포에는 있고 다른 세포에는 없음이 제시되어 있다.

발상 (가)~(라)는 모두 핵상이 n인 세포임을 추론할 수 있다.

적용 핵상이 n인 세포와 $2n$인 세포의 특징을 적용해서 (가)~(라)가 모두 핵상이 n인 세포임을 구하는 것부터 문제 풀이를 시작해야 한다.

| 문제 해결 과정 |

step 1 사람 P의 유전자 파악하기

- (가)~(라)는 모두 사람 P의 세포인데, ㉠~㉣이 어떤 세포에는 있고 어떤 세포에는 없으므로 사람 P의 ㉮에 대한 유전자형은 AaBbDd이고, (가)~(라)는 모두 핵상이 n인 세포이다. 꿀팁
- AaBbDd인 사람 P가 만들 수 있는 핵상이 n인 세포의 유전자형은 8종류이며, 각각에서 ㉠~㉣ 중 '○'의 갯수와 a, B, D의 DNA 상대량을 더한 값은 표와 같다.

유전자형	ABD	ABd	AbD	Abd	aBD	aBd	abD	abd
㉠~㉣ 중 '○'의 갯수	2	1	3	2	2	1	3	2
a+B+D (복제된 염색 분체를 가지는 상태일 때)	2 (4)	1 (2)	1 (2)	0 (0)	3 (6)	2 (4)	2 (4)	1 (2)

step 2 (가)~(라) 분석하기

- (가)는 ㉠~㉣ 중 '○'의 개수가 1개이며 a+B+D가 4이다. step 1의 표에 따라 (가)의 유전자는 aaBBdd이다. (가)가 가지는 ㉡은 a이다.
- (나)는 a+B+D가 3이다. step 1의 표에 따라 (나)의 유전자는 aBD이다. (나)가 가지는 ㉢은 D이고, (나)는 ㉡(a)도 가진다.
- (다)는 ㉢(D)을 가지고 ㉠~㉣ 중 '○'의 개수가 2개이며 a+B+D가 2이다. step 1의 표에 따라 (다)의 유전자는 ABD이다. (다)가 가지는 ㉠은 A이다.
- (라)는 ㉠(A)을 가지지 않고 a+B+D가 1이다. step 1의 표에 따라 (라)의 유전자는 abd이다.

| 보기 분석 |

ㄱ. ㉣은 A이다. (×)

- step 2에 따라 ㉠은 A, ㉡은 a, ㉢은 D, ㉣은 b이다.

ㄴ. Ⅰ로부터 (다)가 형성되었다. (○)

- step 1에 따라 사람 P의 ㉮에 대한 유전자형이 AaBbDd이므로 Ⅰ로부터 형성된 2개의 세포의 유전자를 모두 합하면 AaBbDd여야 한다. step 2에 따라 (다)의 유전자는 ABD, (라)의 유전자는 abd이므로 Ⅰ로부터 형성된 2개의 세포는 (다)와 (라)이다.

ㄷ. ⓑ에서 a, b, D의 DNA 상대량을 더한 값은 4이다. (○)

- (가)~(라) 중 복제된 염색 분체를 가지는 감수 2분열 중기의 세포는 (가)뿐이므로 (가)가 ⓐ이다. ⓐ가 가진 유전자가 aaBBdd이므로 ⓑ가 가지는 유전자는 AAbbDD이다. ⓑ에서 a, b, D의 DNA 상대량을 더한 값은 4이다.

✪ 정답은 ⑤ ㄴ, ㄷ이다.

문제 풀이 꿀팁

- 한 사람의 어떤 세포가 대립유전자 ⓐ를 가진다면 이 사람의 핵상이 $2n$인 세포는 반드시 ⓐ를 가져야 한다.
- 한 사람의 여러 세포가 각각 대립유전자 ㉠~㉣ 중 일부를 가진다면 이 사람의 핵상이 $2n$인 세포는 반드시 ㉠~㉣을 모두 가져야 한다. 반대로 ㉠~㉣ 중 어떤 것을 가지지 않는 세포는 핵상이 n인 세포이다.

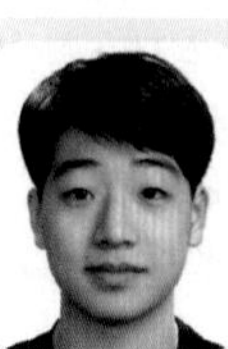

윤혁준 | 2025 수능 응시 · 서울 강서고 졸

조금 까다로웠던 DNA 상대량 문제야. DNA 상대량 문제에서는 전부 상염색체에 있다는 조건을 확인하고 핵상을 확정할 수 있는 세포는 확정하는 것이 가장 중요해. (가)는 감수 2분열 중기 세포, (나)는 생식세포라는 것을 알 수 있었다면 a+B+D의 값과 대립유전자의 유무로 ㉡과 ㉢을 구한 후에 나머지 조건을 활용하면 문제를 풀 수 있어.

K 49 정답 ④ *감수 분열 ····· ✪ 고난도 [정답률 50%] 2022 실시 10월 학평 9

사람의 특정 유전 형질은 2쌍의 대립유전자 A와 a, B와 b에 의해 결정된다. 표는 사람 P와 Q의 세포 Ⅰ~Ⅲ에서 대립유전자 ⓐ~ⓓ의 유무를, 그림은 P와 Q 중 한 명의 생식세포에 있는 일부 염색체와 유전자를 나타낸 것이다. ⓐ~ⓓ는 A, a, B, b를 순서 없이 나타낸 것이고, P는 남자이다.

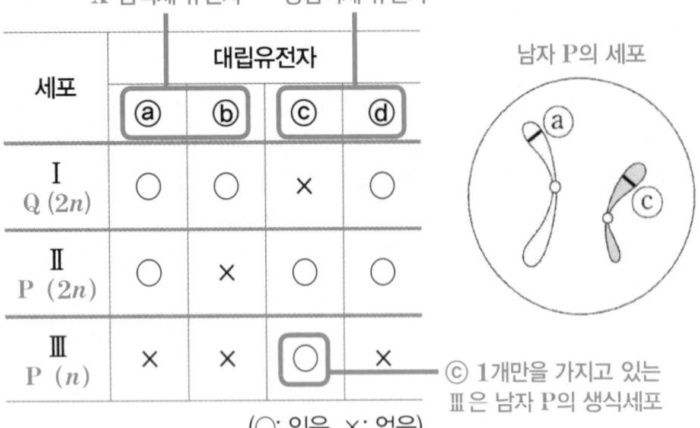

세포	대립유전자			
	ⓐ	ⓑ	ⓒ	ⓓ
Ⅰ Q (2n)	○	○	×	○
Ⅱ P (2n)	○	×	○	○
Ⅲ P (n)	×	×	○	×

(○: 있음, ×: 없음)

이에 대한 옳은 설명만을 〈보기〉에서 있는 대로 고른 것은? (단, 돌연변이는 고려하지 않는다.) (3점)

[보기]

ㄱ. Ⅱ는 P의 세포이다.
Ⅱ와 Ⅲ은 P의 세포, Ⅰ은 Q의 세포임

ㄴ. ⓑ는 ⓒ의 ~~대립유전자이다~~.
ⓐ와 ⓑ가 대립유전자, ⓒ와 ⓓ가 대립유전자

ㄷ. Q는 여자이다. P는 남자, Q는 여자임

① ㄱ ② ㄷ ③ ㄱ, ㄴ ④ ㄱ, ㄷ ⑤ ㄴ, ㄷ

| 문제+자료 분석 |

1st Ⅰ~Ⅲ이 P와 Q 중 어떤 사람의 세포인지 분석하기 

- 핵상이 n인 세포는 1쌍의 상동 염색체 중 1개만을 가지므로 2쌍의 대립유전자 ⓐ~ⓓ 중 2개를 초과하는 유전자를 가질 수 없다. 2쌍의 대립유전자 ⓐ~ⓓ 중 3개의 유전자를 가지고 있는 Ⅰ과 Ⅱ는 핵상이 $2n$인 세포이다. 꿀팁
- 핵상이 n인 여자의 세포는 모든 상염색체와 X 염색체를 각각 1개씩 가지므로 2쌍의 대립유전자 중 2개의 유전자를 반드시 가진다. 하지만 Ⅲ은 2쌍의 대립유전자 ⓐ~ⓓ 중 ⓒ 1개만을 가지므로 Ⅲ은 핵상이 n인 남자 P의 세포이다.
- Ⅰ과 Ⅱ 중 ⓒ를 가지고 있는 사람은 Ⅱ이므로 Ⅱ와 Ⅲ은 같은 개체 남자 P의 세포이며, Ⅰ은 Q의 세포이다.

2nd 대립유전자 쌍 매칭하기 및 ⓐ~ⓓ의 유전자 위치 파악하기

- 핵상이 n인 남자 P의 세포 Ⅲ은 상염색체를 반드시 가지고, X와 Y 염색체 중 1개를 가진다. 따라서 ⓒ는 상염색체 유전자이며, 2쌍의 대립유전자는 각각 상염색체와 성염색체에 있는 것을 알 수 있다.
- 그림에서 생식세포에 함께 존재하는 ⓐ와 ⓒ는 서로 대립유전자가 아니다. ⓒ는 상염색체 유전자이므로 ⓐ는 성염색체 유전자이다.
- 핵상이 $2n$인 남자 P의 세포 Ⅱ는 성염색체 XY를 가지므로 1쌍의 성염색체 대립유전자 중 1개를 가진다. Ⅱ는 성염색체 유전자 ⓐ가 있고, ⓑ가 없으므로 ⓑ는 성염색체 유전자로 확정되고, 나머지 ⓓ는 상염색체 유전자이다.
- 즉, ⓐ와 ⓑ가 대립유전자, ⓒ와 ⓓ가 대립유전자이다.
- Ⅰ에 ⓐ와 ⓑ가 있으므로 ⓐ와 ⓑ는 X 염색체 유전자이고, Ⅰ은 여자 Q의 세포이다.

| 보기 분석 |

ㄱ. Ⅰ은 Q의 세포이고, Ⅱ와 Ⅲ은 P의 세포이다.
ㄴ. ⓐ와 ⓑ는 X 염색체에 존재하는 대립유전자 쌍이고, ⓒ와 ⓓ는 상염색체에 존재하는 대립유전자 쌍이다.
ㄷ. Q는 X 염색체에 존재하는 대립유전자 쌍인 ⓐ와 ⓑ를 모두 가지므로 여자이다.

K 50 정답 ③ *감수 분열 ····· ✪ 고난도 [① 18% ② 29% ③ 27% ④ 18% ⑤ 8%] 2024 실시 7월 학평 8

사람의 유전 형질 (가)는 대립유전자 A와 a, (나)는 대립유전자 B와 b에 의해 결정된다. 그림은 어떤 사람의 G_1기 세포 Ⅰ로부터 정자가 형성되는 과정을, 표는 세포 ⓐ~ⓒ에서 대립유전자 ㉠~㉢의 유무, A와 B의 DNA 상대량을 더한 값(A+B), a와 b의 DNA 상대량을 더한 값(a+b)을 나타낸 것이다. ⓐ~ⓒ는 Ⅰ~Ⅲ을 순서 없이 나타낸 것이고, ㉠~㉢은 A, a, B를 순서 없이 나타낸 것이다.

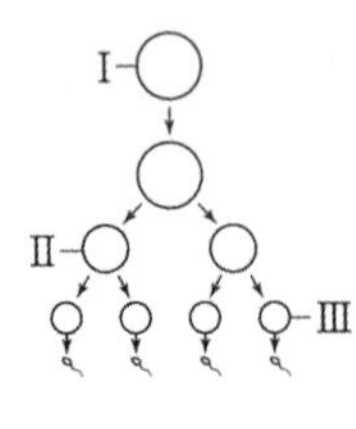

세포	대립유전자			A+B	a+b	
	㉠ a	㉡ A	㉢ B			
ⓐ Ⅰ	○	○	×	? 1	㉮ 2	Aa b(성)
ⓑ Ⅲ	×	? ○	×	1	1	Ab
ⓒ Ⅱ	? ○	×	? ×	㉯ 0	2	aa (성)×2

(○: 있음, ×: 없음)

이에 대한 설명으로 옳은 것만을 〈보기〉에서 있는 대로 고른 것은? (단, 돌연변이와 교차는 고려하지 않으며, A, a, B, b 각각의 1개당 DNA 상대량은 1이다. Ⅱ는 중기의 세포이다.)

[보기]

ㄱ. ㉠은 ~~B~~이다.
㉠은 a임

ㄴ. Ⅱ에는 ~~b~~가 있다.
Ⅱ에는 a만 있음

ㄷ. ㉮와 ㉯를 더한 값은 2이다.
㉮는 2, ㉯는 0으로 더한 값은 2임

① ㄱ ② ㄴ ③ ㄷ ④ ㄱ, ㄴ ⑤ ㄱ, ㄷ

단서+발상

(단서) 세포 ⓑ는 A+B의 DNA 상대량이 1, a+b의 DNA 상대량이 1이므로 A, B 중 하나, a, b 중 하나만 가지고 있으며, 대립유전자 A, a, B 중 2가지를 가지고 있지 않음이 제시되어 있다.

(발상) 모든 세포는 대립유전자 A, a 중 1가지는 가져야 하므로, A, a, B 중 2가지를 가지고 있지 않은 ⓑ는 B를 가지고 있지 않으며, DNA 상대량에 따라 A와 b를 가짐을 추론할 수 있다.

(적용) 모든 세포는 대립유전자 A와 a 중 최소 1가지는 가져야 하며, 감수 2분열이 완료된 세포는 한 대립유전자의 DNA 상대량이 1 이하임을 적용해서 ⓑ가 Ⅲ임을 구하는 것부터 문제 풀이를 시작해야 한다.

| 문제+자료 분석 |

- 세포 ⓑ는 대립유전자 A, a, B 중 2가지를 가지고 있지 않으므로 B를 가지고 있지 않은 세포이다.
  ➡ A+B의 DNA 상대량 합이 1이므로 A의 DNA 상대량이 1이고, ㉡이 A이다. 또한, a와 b의 DNA 상대량 합이 1이므로 a를 가지고 있지 않으며 b의 DNA 상대량이 1이다.
- ⓑ는 유전 형질 (가)와 (나)에 대해 A와 b만 가지므로 Ⅲ이다.
- ⓐ는 ㉡(A)을 가지므로 Ⅰ은 A와 a를 가진다. ⓒ는 ㉡(A)이 없으므로 Ⅱ이다.
- 대립유전자 A와 a, B와 b가 모두 상염색체에 존재할 경우 Ⅰ의 유전자형은 Aabb이다. 이때 Ⅱ의 a+b의 DNA 상대량이 4이므로 모순이다.
- 대립유전자 A와 a가 성염색체에 존재할 경우, Ⅰ은 A를 가지고 a를 가지지 않아야 하며, B와 b를 모두 가져야 한다. 이때 Ⅱ의 a+b의 DNA 상대량이 0이므로 모순이다.
- 조건을 만족하려면 Ⅰ은 대립유전자 A와 a를 가지고, 성염색체에 존재하는 b를 가진다.

| 보기 분석 |

ㄱ. Ⅰ은 A와 a를 가지고, B를 가지지 않으므로 ㉠은 a, ㉡은 A, ㉢은 B이다.

ㄴ. Ⅱ는 감수 2분열 중기 세포로 대립유전자 B와 b가 모두 존재하지 않는 성염색체를 가진다. Ⅱ에는 A, a, B, b 중 a만 있다.

(ㄷ) Ⅰ의 a와 b의 DNA 상대량은 각각 1로 ㉮는 2이며, Ⅱ의 A와 B의 DNA 상대량은 각각 0으로 ㉯는 0이다. ㉮와 ㉯를 더한 값은 2이다.

K 51 정답 ② * 감수 분열 ✪ 고난도 [정답률 37%] 2022 대비 수능 7

사람의 유전 형질 (가)는 2쌍의 대립유전자 H와 h, R와 r에 의해 결정되며, (가)의 유전자는 7번 염색체와 8번 염색체에 있다. 그림은 어떤 사람의 7번 염색체와 8번 염색체를, 표는 이 사람의 세포 Ⅰ~Ⅳ에서 염색체 ㉠~㉢의 유무와 H와 r의 DNA 상대량을 나타낸 것이다. ㉠~㉢은 염색체 ⓐ~ⓒ를 순서 없이 나타낸 것이다.

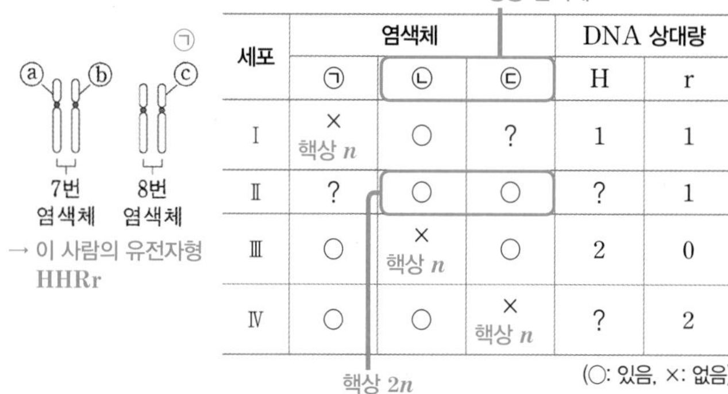

세포	염색체			DNA 상대량	
	㉠	㉡	㉢	H	r
Ⅰ	× 핵상 n	○	?	1	1
Ⅱ	?	○	○	?	1
Ⅲ	○	× 핵상 n	○	2	0
Ⅳ	○	○	× 핵상 n	?	2

(○: 있음, ×: 없음)

이에 대한 설명으로 옳은 것만을 〈보기〉에서 있는 대로 고른 것은? (단, 돌연변이와 교차는 고려하지 않으며, H, h, R, r 각각의 1개당 DNA 상대량은 1이다.) (3점)

[보기]

ㄱ. Ⅰ과 Ⅱ의 핵상은 ~~같다~~.
→ Ⅰ의 핵상은 n, Ⅱ의 핵상은 $2n$

(ㄴ) ㉡과 ㉢은 모두 7번 염색체이다.
→ ㉡과 ㉢은 각각 ⓐ와 ⓑ 중 하나로 모두 7번 염색체

ㄷ. 이 사람의 유전자형은 ~~HhRr이다~~.
→ 이 사람의 유전자형은 HHRr

① ㄱ ② ㄴ ③ ㄷ ④ ㄱ, ㄴ ⑤ ㄴ, ㄷ

| 문제+자료 분석 |

1st Ⅰ~Ⅳ의 핵상 파악하기

- 핵상이 $2n$인 세포는 ⓐ~ⓒ를 모두 가지고 있어야 하므로 ㉠~㉢ 중 일부 염색체가 없는 Ⅰ, Ⅲ, Ⅳ의 핵상은 n이다. 주의

2nd ㉠~㉢을 ⓐ~ⓒ에 연결짓기

- Ⅲ의 r의 DNA 상대량이 0이므로 Ⅲ은 R이 존재하는 염색체를 가진다.
- Ⅳ는 r이 존재하는 염색체를 가지므로 Ⅳ와 Ⅲ이 각각 가지는 ㉡과 ㉢은 상동 염색체로 각각 ⓐ와 ⓑ 중 하나이다. 나머지 ㉠은 ⓒ이며, H가 존재하는 염색체이다.

3rd 이 사람의 유전자형 파악하기

- Ⅰ이 ㉠을 가지지 않는데 H의 DNA 상대량이 1이므로 8번 염색체 중 ⓒ가 아닌 다른 한 염색체에도 H가 존재한다. 따라서 이 사람의 유전자형은 HHRr이다.

| 보기 분석 |

ㄱ. ㉠ 염색체가 없는 Ⅰ의 핵상은 n이고, 상동 염색체인 ㉡과 ㉢을 모두 가지는 Ⅱ의 핵상은 $2n$이므로 Ⅰ과 Ⅱ의 핵상은 같지 않다.

(ㄴ) ㉡은 r이 존재하는 염색체이고 ㉢은 R이 존재하는 염색체이므로 ㉡과 ㉢은 상동 염색체이다. 각각 ⓐ와 ⓑ 중 하나로 모두 7번 염색체이다.

ㄷ. 7번 염색체에는 R과 r이 존재하며 8번 염색체에는 H만 존재하므로 이 사람의 유전자형은 HHRr이다.

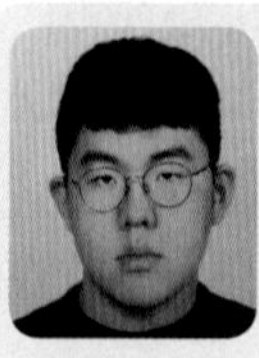

강민성 | 성균관대 의예과 2022년 입학 · 부산 해운대고 졸

세포 Ⅲ과 Ⅳ의 염색체 유무로부터 ㉡과 ㉢이 상동 염색체 관계임을 알 수 있어. 그리고 이를 바탕으로 각 염색체에 어떤 유전자가 들어가는지 파악해주면 8번 염색체에 HH가 존재하고 7번 염색체에 Rr이 존재함을 알 수 있지. 염색체나 대립유전자의 유무를 가지고 상동 염색체나 대립유전자 관계를 판단하는 유형은 최근 기출에 꽤 등장한 적이 많으니 기출 학습을 철저히 하는 것을 추천할게.

K 52 정답 ③ [정답률 48%] ✪ 고난도

사람의 어떤 유전 형질은 2쌍의 대립유전자 H와 h, T와 t에 의해 결정된다. 그림 (가)는 사람 Ⅰ의, (나)는 사람 Ⅱ의 감수 분열 과정의 일부를, 표는 Ⅰ의 세포 ⓐ와 Ⅱ의 세포 ⓑ에서 대립유전자 ㉠, ㉡, ㉢, ㉣ 중 2개의 DNA 상대량을 더한 값을 나타낸 것이다. ㉠~㉣은 H, h, T, t를 순서 없이 나타낸 것이고, Ⅰ의 유전자형은 HHtt이며, Ⅱ의 유전자형은 hhTt이다.

ⓐ~ⓒ 모두 감수 2분열 중기 세포

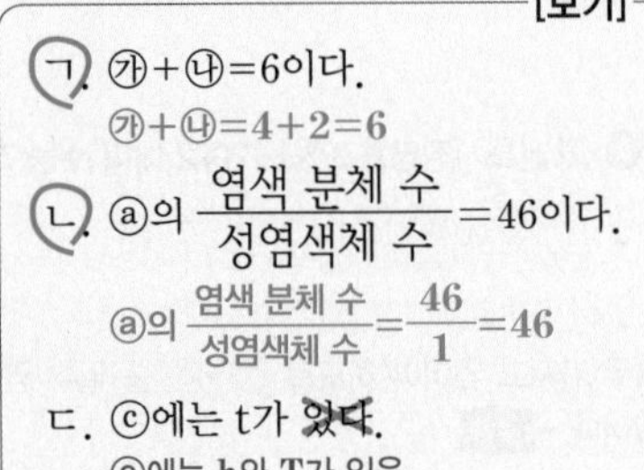

세포	DNA 상대량을 더한 값			
	㉠+㉡ h+T	㉠+㉢ h+t	㉡+㉢ T+t	㉢+㉣ t+H
ⓐ	0	? 2	2	㉮ 4
ⓑ	2	4	㉯ 2	2

이에 대한 설명으로 옳은 것만을 <보기>에서 있는 대로 고른 것은? (단, 돌연변이와 교차는 고려하지 않으며, H, h, T, t 각각의 1개당 DNA 상대량은 1이다. ⓐ~ⓒ는 중기의 세포이다.) (3점) 2023 대비 9월 모평 11

[보기]

ㄱ. ㉮+㉯=6이다.
㉮+㉯=4+2=6

ㄴ. ⓐ의 $\frac{\text{염색 분체 수}}{\text{성염색체 수}}$=46이다.
ⓐ의 $\frac{\text{염색 분체 수}}{\text{성염색체 수}}=\frac{46}{1}=46$

ㄷ. ⓒ에는 t가 .
ⓒ에는 h와 T가 있음

① ㄱ ② ㄷ ③ ㄱ, ㄴ ④ ㄴ, ㄷ ⑤ ㄱ, ㄴ, ㄷ

단서+발상

(단서) 표에서 ⓑ의 ㉠+㉡=2, ㉢+㉣=2인 것에 주목한다.

(발상) 만약 ⓐ가 감수 1분열 중기의 세포라면 ㉠+㉡+㉢+㉣=8이 되어야 하는데 ㉠+㉡+㉢+㉣=4이므로 모순점이 나타난다는 것을 생각한다..

(해결) 유전자형이 HHtt인 Ⅰ의 세포 ⓐ는 감수 2분열 중기의 세포이므로 표에서 ㉠+㉡=0이 되려면 ㉠과 ㉡은 각각 h와 T 중 하나임을 파악할 수 있어야 고난도 문제를 해결할 수 있다.

| 문제 해결 과정 |

step 1 ⓐ~ⓒ의 감수 분열 시기 파악하기

- ⓐ는 감수 1분열 중기 또는 감수 2분열 중기의 세포이다.
- Ⅰ의 유전자형이 HHtt이므로 Ⅰ의 감수 분열 중기의 세포가 가지는 DNA 상대량은 아래 표와 같다. 만약 ⓐ가 감수 1분열 중기의 세포라면 두 대립유전자의 DNA 상대량을 더한 값이 2가 될 수 없다. 하지만 ⓐ에서 ㉡+㉢이 2이므로 ⓐ는 감수 2분열 중기의 세포로 확정된다.

구분	H	h	T	t
감수 1분열 중기의 세포	4	0	0	4
감수 2분열 중기의 세포	2	0	0	2

- ⓑ와 ⓒ는 감수 분열 결과 생성되었으므로 감수 2분열 중기의 세포이다.

step 2 ㉠~㉣ 파악하기

1. ⓐ에 대해 분석하기

- Ⅰ의 유전자형이 HHtt이고 ⓐ에서 ㉠+㉡=0이므로 ㉠과 ㉡은 각각 h와 T 중 하나이다.
- 나머지 ㉢과 ㉣은 각각 H와 t 중 하나이며, ㉮=2+2=4이다.

2. ⓑ에 대해 분석하기

- Ⅱ의 유전자형이 hhTt이고 ⓑ에서 ㉠+㉢=2+2=4이므로 ㉠+㉡=2+0=2이다. ⓑ는 h를 무조건 가지므로 ㉠은 h, ㉡은 T이다.
- ⓑ는 H를 가지지 않고, ㉢+㉣=2+0이므로 ㉣은 H이고, ㉢은 t이다. ㉡은 0, ㉢은 2이므로 ㉯=0+2=2이다.

| 보기 분석 |

ㄱ. ㉮+㉯=6이다. (○)

- 문제 해결 과정의 step 2를 참고하면, ⓐ에서 ㉠과 ㉡은 각각 h와 T 중 하나이므로 ㉢과 ㉣은 각각 H와 t 중 하나이다. 따라서 ㉮=4이다.
- ⓑ는 H를 가지지 않고, ㉢+㉣=2+0이므로 ㉣은 H이고, ㉢은 t이다. 따라서 ㉯=2이다.
- ㉮는 4, ㉯는 2로 ㉮+㉯=6이다.

ㄴ. ⓐ의 $\frac{\text{염색 분체 수}}{\text{성염색체 수}}$=46이다. (○)

- ⓐ는 감수 2분열 중기의 세포이다. 따라서 ⓐ의 성염색체 수는 1개이며, 염색 분체 수는 46개이므로 $\frac{\text{염색 분체 수}}{\text{성염색체 수}}$=46이다.

ㄷ. ⓒ에는 t가 있다. (×)

- 문제 해결 과정의 step 2를 참고하면, ⓑ는 h(㉠)와 t(㉢)를 가지고 ⓒ는 h(㉠)와 T(㉡)를 가진다. 따라서 ⓒ에는 t가 없다.

✪ **정답은 ③ ㄱ, ㄴ이다.**

문제 풀이 Tip

1. 감수 2분열 중기 세포에서 유전자의 DNA 상대량은 0 또는 2이다.
2. 유전자형이 동형 접합성일 때 감수 1분열 중기 세포에서 이 유전자의 DNA 상대량은 4이고 감수 2분열 중기 세포에서는 2이다.

Ⅰ — DNA 복제 — 감수 1분열 중기 세포 Ⅱ — 감수 2분열 중기 세포 Ⅲ — Ⅳ

① 유전자형이 HH인 경우

구분	H	h
Ⅰ	2	0
Ⅱ	4	0
Ⅲ	2	0
Ⅳ	1	0

② 유전자형이 Hh인 경우

구분	H	h
Ⅰ	1	1
Ⅱ	2	2
Ⅲ	0 또는 2	0 또는 2
Ⅳ	0 또는 1	0 또는 1

K 53 정답 ② ······ [정답률 32%] ✪ 고난도

어떤 동물 종($2n=4$)의 유전 형질 ㉮는 2쌍의 대립유전자 A와 a, B와 b에 의해 결정된다. 그림은 이 동물 종의 개체 Ⅰ의 세포 (가)와 개체 Ⅱ의 세포 (나) 각각에 들어 있는 모든 염색체를, 표는 (가)와 (나)에서 대립유전자 ㉠, ㉡, ㉢, ㉣ 중 2개의 DNA 상대량을 더한 값을 나타낸 것이다. ㉠~㉣은 A, a, B, b를 순서 없이 나타낸 것이고, Ⅰ과 Ⅱ의 ㉮의 유전자형은 각각 AaBb와 Aabb 중 하나이다.

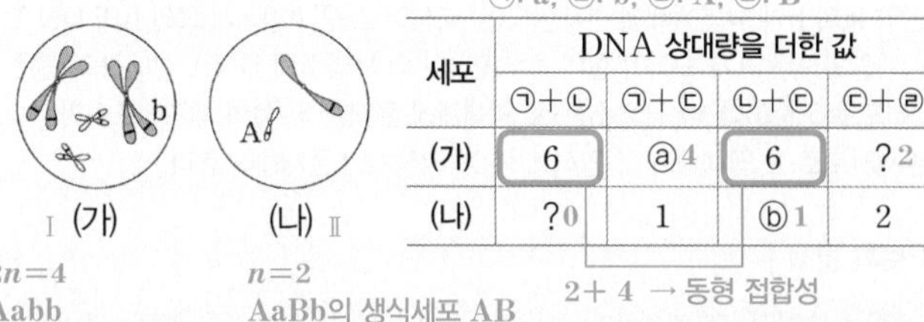

세포	DNA 상대량을 더한 값			
	㉠+㉡	㉠+㉢	㉡+㉢	㉢+㉣
(가)	6	ⓐ 4	6	? 2
(나)	? 0	1	ⓑ 1	2

이에 대한 설명으로 옳은 것만을 〈보기〉에서 있는 대로 고른 것은? (단, 돌연변이는 고려하지 않으며, A, a, B, b 각각의 1개당 DNA 상대량은 1이다.)

2022 대비 6월 모평 19

[보기]

ㄱ. Ⅰ의 유전자형은 AaBb이다.
→ Ⅰ의 유전자형은 Aabb

ㄴ. ⓐ+ⓑ=5이다.
→ ⓐ는 4, ⓑ는 1로 합은 5

ㄷ. (나)에 b가 있다.
→ (나)에 A와 B만 있음

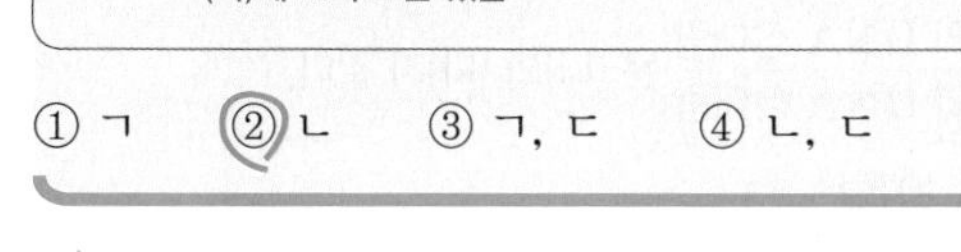

① ㄱ ② ㄴ ③ ㄱ, ㄷ ④ ㄴ, ㄷ ⑤ ㄱ, ㄴ, ㄷ

단서+발상

(단서) 그림에서 세포 (가)가 염색체가 복제된 상태라는 것과 표에서 (가)의 ㉠+㉡=6, ㉡+㉢=6이라는 것에 주목한다.

(발상) 6=2+4의 형태이고, DNA 상대량이 4가 되려면 유전자형이 동형 접합성이 되어야 함을 생각한다.

(해결) ㉮의 유전자형 중 동형 접합성을 갖는 것은 bb이므로 ㉡은 b이며, Ⅰ은 AaBb임을 파악할 수 있어야 고난도 문제를 해결할 수 있다.

| 문제 해결 과정 |

step 1 (가)와 (나)의 핵상과 DNA 상대량 파악하기

1. (가)에 대한 분석

- (가)는 상동 염색체가 존재하므로 핵상이 $2n$이다.
- (가)는 염색체가 복제된 상태이므로 대립유전자의 DNA 상대량은 모두 짝수이거나 0이다. 즉, (가)에 존재하는 대립유전자의 DNA 상대량은 0, 2, 4이다.

2. (나)에 대한 분석

- (나)는 상동 염색체가 존재하지 않으므로 핵상이 n이고 염색 분체가 분리된 상태이다.
- (나)에 존재하는 대립유전자의 DNA 상대량은 0 또는 1이다.

step 2 ㉠~㉣ 대립유전자 매칭하기

- (가)의 ㉠+㉡은 6이고 ㉡+㉢도 6으로 서로 같다.
- DNA 상대량을 더한 값이 6이 되려면 2+4의 형태가 되어야한다.
- 여기서 DNA 상대량의 합이 4가 되는 것은 유전자형이 동형 접합성이라는 것을 의미하고, 동형 접합성은 AaBb와 Aabb 중 Aabb뿐이므로 동형 접합성인 b가 4이다.
- 또한 2+4의 형태는 4가 동형 접합성이라고 하였으므로 DNA 상대량이 4인 유전자는 DNA 상대량이 2인 유전자와 서로 대립유전자 관계가 될 수 없다. 즉, 비대립유전자이다.
- 따라서 ㉡은 ㉠과 비대립이고, ㉢과 비대립이므로 ㉡은 ㉣과 대립유전자이다. 나머지 ㉠은 ㉢과 대립유전자이다.

step 3 ㉠~㉣에 해당하는 대립유전자 파악하기

- 세포 (가)가 유전자형이 동형 접합성인 bb를 가지므로 개체 Ⅰ의 유전자형은 Aabb이므로, 나머지 Ⅱ는 AaBb이다.
- ㉠+㉡은 6이고 ㉡+㉢도 6이라고 하였으므로 공통된 ㉡은 4이고, ㉡은 동형 접합성인 b가 된다. 따라서 ㉡과 대립유전자인 ㉣이 B가 된다.
- 나머지 ㉠과 ㉢은 각각 A와 a 중 하나이다.
- (나)의 ㉠~㉣은 0 또는 1인데 ㉢+㉣이 2이므로 (나)의 ㉢과 ㉣은 각각 1이다.
- ㉣은 B이므로 ㉢은 그림에 표시된 A이다. (나)는 AaBb의 생식세포로 AB만을 가진다.
- 따라서 ㉠은 a, ㉡은 b, ㉢은 A, ㉣은 B이다.

| 보기 분석 |

ㄱ. Ⅰ의 유전자형은 AaBb이다. (×)

- 문제 해결 과정의 step 3을 참고하면, Ⅰ의 유전자형은 Aabb, Ⅱ는 AaBb이다.

ㄴ. ⓐ+ⓑ=5이다. (○)

- 문제 해결 과정의 step 3을 참고하면 ㉠은 a, ㉡은 b, ㉢은 A, ㉣은 B이다.
- (가)는 Aabb의 염색체가 복제된 상태로 a의 DNA 상대량은 2, (가)의 A의 DNA 상대량은 2이다. 따라서 (가)의 ㉠(a)+㉢(A)=ⓐ=2+2=4이다.
- (나)는 AaBb의 생식세포로 염색 분체가 분리된 상태의 AB만 가지므로 b의 DNA 상대량은 0, A의 DNA 상대량은 1이다. 따라서 (나)의 ㉡(b)+㉢(A)=ⓑ=1이므로 ⓐ+ⓑ=5이다.

ㄷ. (나)에 b가 있다. (×)

- 문제 해결 과정의 step 3을 참고하면, (나)는 AaBb의 생식세포로 AB만을 가진다. 따라서 (나)에는 b가 없다.

✪ 정답은 ② ㄴ이다.

문제 풀이 Tip

1. **임의의 두 유전자의 DNA 상대량 합이 6인 경우 동형 접합성을 갖는 유전자가 존재하며, 두 유전자는 서로 대립유전자가 아니다.**
   DNA 상대량 합이 6이면 2+4가 되고, DNA 상대량이 4인 유전자는 동형 접합성이다. 또한 동형 접합성을 갖는 유전자가 존재하므로 나머지 유전자와 대립유전자 관계가 될 수 없다.
2. **핵상이 n인 세포는 $2n$인 세포가 가지는 유전자 중 일부를 가지고 있지 않다.**
   유전자형이 AaBb인 개체의 생식세포인 (나)는 핵상이 n으로 대립유전자 A와 a 중 하나만을 가지며, 대립유전자 B와 b 중 하나만을 가진다.

*** 대립유전자** ······ ✪ 고난도 핵심 개념

- 상동 염색체의 같은 위치에 존재하는 유전자이다.
- 상동 염색체에 존재하는 대립유전자는 같을 수도 있고, 다를 수도 있다.
- 염색체가 복제되어 염색 분체가 만들어지면 염색 분체에는 같은 대립유전자가 존재한다.

K 54 정답 ⑤ ································· [정답률 42%] ✪ 고난도

어떤 동물 종($2n=6$)의 유전 형질 ㉠은 2쌍의 대립유전자 H와 h, R와 r에 의해 결정된다. 그림은 이 동물 종의 수컷 P와 암컷 Q의 세포 (가)~(다) 각각에 들어 있는 모든 염색체를, 표는 (가)~(다)가 갖는 H와 h의 DNA 상대량을 나타낸 것이다. (가)~(다) 중 2개는 P의 세포이고 나머지 1개는 Q의 세포이며, 이 동물의 성염색체는 암컷이 XX, 수컷이 XY이다. ⓐ~ⓒ는 0, 1, 2를 순서 없이 나타낸 것이다.

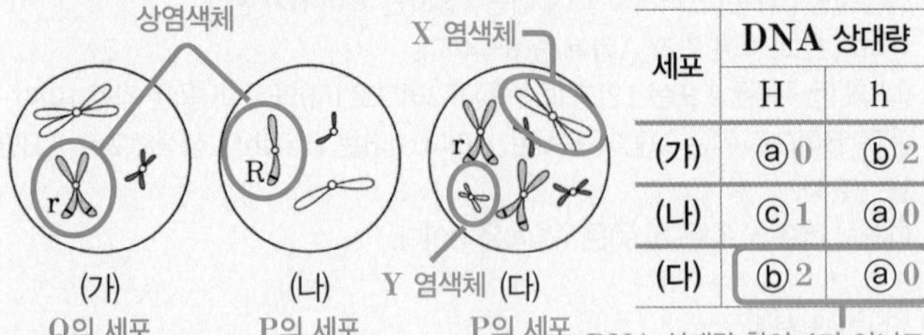

세포	DNA 상대량	
	H	h
(가)	ⓐ0	ⓑ2
(나)	ⓒ1	ⓐ0
(다)	ⓑ2	ⓐ0

DNA 상대량 합이 4가 아니므로 H와 h는 X 염색체 존재

이에 대한 설명으로 옳은 것만을 〈보기〉에서 있는 대로 고른 것은? (단, 돌연변이는 고려하지 않으며, H, h, R, r 각각의 1개당 DNA 상대량은 1이다.) (3점)

2022 실시 7월 학평 14

[보기]

ㄱ. ⓒ는 1이다.
ⓐ는 0, ⓑ는 2, ⓒ는 1

ㄴ. (가)는 Q의 세포이다.
h를 갖는 (가)는 P의 세포가 될 수 없으므로 Q의 세포임

ㄷ. 세포 1개당 $\frac{\text{H의 DNA 상대량}}{\text{R의 DNA 상대량}}$은 (나)와 (다)가 같다.

세포 1개당 $\frac{\text{H의 DNA 상대량}}{\text{R의 DNA 상대량}}$은 (나)에서 $\frac{1}{1}$, (다)에서 $\frac{2}{2}$로 동일함

① ㄱ ② ㄷ ③ ㄱ, ㄴ
④ ㄴ, ㄷ ⑤ ㄱ, ㄴ, ㄷ

단서+발상

단서 그림에서 (가)~(다) 중 (나)만 염색체가 복제된 상태가 아니라는 것에 주목한다.

발상 (나)는 염색체가 복제된 상태가 아니기 때문에 DNA 상대량이 2가 될 수 없다는 것을 생각한다.

해결 표에서 (나)는 DNA 상대량 ⓐ, ⓒ를 가지므로 ⓑ가 2임을 파악할 수 있어야 고난도 문제를 해결할 수 있다.

| 문제 해결 과정 |

step 1 세포 (가)~(다)를 통해 ⓐ~ⓒ 확정하기

1. (가)와 (다)가 갖는 DNA 상대량 추론하기

- (가)와 (다)는 1개의 염색체에 염색 분체가 2가닥씩 있으므로 DNA가 복제된 상태이다. 따라서 대립유전자의 DNA 상대량은 해당 유전자를 갖고 있다면 2, 갖고 있지 않다면 0이다.

2. (나)가 갖는 DNA 상대량 추론하기

- (나)는 생식세포이며, 대립유전자의 DNA 상대량은 해당 유전자를 갖고 있다면 1, 갖고 있지 않다면 0이다.
- (가)와 (다)의 DNA 상대량 ⓐ와 ⓑ는 1이 될 수 없으므로 ⓒ가 1로 확정되고, (나)의 DNA 상대량 ⓐ와 ⓒ는 2가 될 수 없으므로 ⓑ는 2, ⓐ는 0이다.

step 2 P의 세포와 Q의 세포 구분하기

- (다)는 핵상이 $2n$이며, 상동 염색체 쌍의 크기가 다른 염색체는 성염색체이다.
➡ 성염색체 구성이 XY인 수컷 P의 세포이다.
- 핵상이 $2n$이며, 수컷 P의 세포인 (다)에는 h가 존재하지 않으므로, 핵상이 n인 P의 세포에도 h가 존재할 수 없다. 따라서 h가 존재하는 (가)는 암컷 Q의 세포이며, P의 세포가 2개이므로 (나)와 (다)는 P의 세포이다.

step 3 유전자의 위치 파악하기

- 수컷 P의 세포인 (다)에서 r이 존재하는 회색 염색체 쌍은 모양과 크기가 동일하므로 상염색체이다. ➡ R과 r은 상염색체 위에 존재한다.
- 만약 H와 h가 상염색체에 존재한다면, 핵상이 $2n$인 (다)에서 H와 h의 DNA 상대량의 합은 4가 되어야 한다. 하지만 (다)의 H와 h의 DNA 상대량의 합은 2이므로 모순이다. ➡ H와 h는 X 염색체에 존재한다. (Q의 세포에도 h가 존재하므로 X 염색체와 Y 염색체 중 X 염색체에 존재해야 한다.)

| 보기 분석 |

ㄱ. ⓒ는 1이다. (○)

- 문제 풀이 과정의 step 1을 참고하면, (가)와 (다)의 DNA 상대량 ⓐ와 ⓑ는 1이 될 수 없으므로 ⓒ가 1로 확정되고, (나)의 DNA 상대량 ⓐ와 ⓒ는 2가 될 수 없으므로 ⓑ는 2, ⓐ는 0이다.
- 따라서 ⓐ는 0, ⓑ는 2, ⓒ는 1이다.

ㄴ. (가)는 Q의 세포이다. (○)

- 문제 해결 과정의 step 2를 참고하면, 핵상이 $2n$인 P의 세포 (다)에는 h가 존재하지 않으므로, 핵상이 n인 P의 세포에도 h가 존재할 수 없다.
- 따라서 h가 존재하는 (가)는 암컷 Q의 세포이며, (나)는 P의 세포이다.

ㄷ. 세포 1개당 $\frac{\text{H의 DNA 상대량}}{\text{R의 DNA 상대량}}$은 (나)와 (다)가 같다. (○)

- (나)에서 $\frac{\text{H의 DNA 상대량}}{\text{R의 DNA 상대량}}$은 $\frac{1}{1}=1$이다.
- (나)에 R이 존재하면 핵상이 $2n$인 (다)에도 R이 존재한다. (다)는 DNA가 복제된 후이고, R와 r을 모두 가지므로 R와 r 각각의 DNA 상대량은 2이다. 따라서 (다)의 $\frac{\text{H의 DNA 상대량}}{\text{R의 DNA 상대량}}$은 $\frac{2}{2}=1$이다.
- 따라서 세포 1개당 $\frac{\text{H의 DNA 상대량}}{\text{R의 DNA 상대량}}$은 (나)와 (다)가 1로 같다.

✪ 정답은 ⑤ ㄱ, ㄴ, ㄷ이다.

문제 풀이 Tip

1. **핵상이 $2n$인 세포에 없는 유전자는 핵상이 n인 세포에도 없다.**
핵상이 n인 세포는 핵상이 $2n$인 세포로부터 분열되어 생성된 것이므로 핵상이 $2n$인 세포에 어떤 유전자가 없을 경우 핵상이 n인 세포에도 없다.

2. **생식세포(n)에서 대립유전자의 DNA 상대량은 해당 유전자를 갖고 있다면 1, 갖고 있지 않다면 0이다.**
생식세포는 염색 분체가 분리되어 생성된 세포이므로 DNA 상대량이 짝수가 될 수 없다.

3. **핵상이 $2n$인 세포에서 모양과 크기가 다른 상동 염색체 쌍은 XY이며, 해당 세포는 수컷의 세포이다.**

K 55 정답 ② ∗ 세포의 염색체와 유전자 ······ ✪ 고난도 [① 15% ② 32% ③ 13% ④ 29% ⑤ 8%] 2024 실시 10월 학평 19

사람의 유전 형질 (가)는 2쌍의 대립유전자 H와 h, R과 r에 의해, (나)는 대립유전자 T와 t에 의해 결정된다. (가)의 유전자는 7번 염색체에, (나)의 유전자는 X 염색체에 있다. 표는 남자 P의 세포 Ⅰ~Ⅳ에서 대립유전자 ㉠~㉣의 유무를 나타낸 것이다. ㉠~㉣은 H, h, R, t를 순서 없이 나타낸 것이다.

H와 h, 대립유전자 쌍

세포	대립유전자			
	㉠	㉡R	㉢t	㉣
Ⅰ 핵상 n	○	×	○	×
Ⅱ 핵상 n	×	?×	○	○
Ⅲ 핵상 n	?×	×	×	○
Ⅳ 핵상 $2n$	○	×	○	○

단서

(○: 있음, ×: 없음)

이에 대한 옳은 설명만을 〈보기〉에서 있는 대로 고른 것은? (단, 돌연변이와 교차는 고려하지 않는다.) (3점)

[보기]

ㄱ. ㉡은 t이다.
㉡은 R, ㉢은 t

ㄴ. Ⅲ과 Ⅳ에는 모두 Y 염색체가 있다.
Ⅲ(핵상 n, X 염색체 없음)과 Ⅳ(핵상 $2n$)는 모두 Y 염색체가 있음

ㄷ. P의 (가)의 유전자형은 HhRr이다.
Hhrr

 ① ㄱ 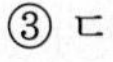 ② ㄴ 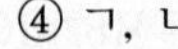 ③ ㄷ 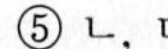 ④ ㄱ, ㄴ ⑤ ㄴ, ㄷ

단서+발상

(단서) Ⅳ는 ㉠, ㉢, ㉣이 있는데, Ⅰ~Ⅲ은 ㉠, ㉢, ㉣ 중 일부가 없음이 제시되어 있다.

(발상) Ⅰ~Ⅲ의 핵상은 n임을 추론할 수 있다.

(적용) 한 사람의 세포 중 일부 대립유전자가 없는 세포는 핵상이 n임을 적용해서 Ⅰ~Ⅳ의 핵상을 구하는 것부터 문제 풀이를 시작해야 한다.

| 문제 해결 과정 |

step 1 대립유전자 쌍 H와 h 파악하기

- Ⅳ가 가지고 있는 대립유전자 ㉠, ㉢, ㉣ 중에서 Ⅰ은 ㉣, Ⅱ는 ㉠, Ⅲ은 ㉢을 가지고 있지 않다.
- 한 사람의 세포 중 일부 대립유전자가 없는 세포는 핵상이 n인 세포이므로 Ⅰ~Ⅲ의 핵상은 n이다.
- 핵상이 n인 세포는 대립유전자 쌍 H와 h를 동시에 가질 수 없으므로 Ⅰ과 Ⅱ를 통해 ㉠과 ㉢, ㉢과 ㉣은 대립유전자 쌍이 아님을 알 수 있다. 또한 대립유전자 쌍 H와 h 중 하나는 가져야 하므로 Ⅰ과 Ⅲ을 통해 ㉡과 ㉢, ㉡과 ㉣도 대립유전자 쌍이 아님을 알 수 있다.
- ㉠과 ㉡이 대립유전자 쌍 H와 h라면 Ⅰ은 ㉠과 ㉢, Ⅱ는 ㉡과 ㉢, ㉣, Ⅲ은 ㉠과 ㉣을 가지는데, H와 h, R과 r은 하나의 염색체에 존재해야 한다는 조건에 위배되므로 ㉠과 ㉡도 대립유전자 쌍이 아님을 알 수 있다.
- 대립유전자 쌍 H와 h는 ㉠과 ㉣이다.
- 대립유전자 쌍 H와 h인 ㉠과 ㉣을 모두 가지고 있는 Ⅳ는 핵상이 $2n$인 세포이다.

step 2 대립유전자 R과 t 파악하기

- ㉡이 t이고, ㉢이 R일 경우, H와 h 중 서로 다른 것을 가진 핵상 n의 Ⅰ과 Ⅱ가 모두 ㉢을 가지므로 P의 유전자형이 HhRR이어야 하는데 Ⅲ은 ㉢이 없으므로 모순이다.
- ㉡은 R이고, ㉢은 t이다.

step 3 Ⅰ~Ⅳ의 유전자 파악하기

- 핵상이 $2n$인 Ⅳ에 따르면 사람 P의 (가)에 대한 유전자형은 Hhrr이고 (나)에 대한 유전자형은 X^tY이다.
- 핵상이 n인 Ⅰ~Ⅲ은 r을 반드시 가지고, H와 h 중 하나를 가지며, 대립유전자 t와 Y 염색체 중 하나를 가진다. 함정

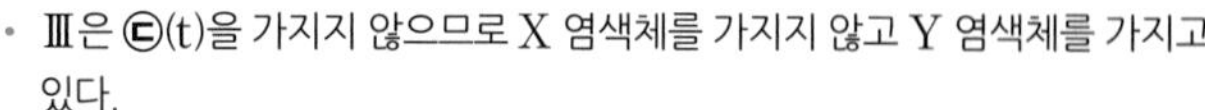

- Ⅲ은 ㉢(t)을 가지지 않으므로 X 염색체를 가지지 않고 Y 염색체를 가지고 있다.
- Ⅰ과 Ⅱ는 ㉢(t)을 가지므로 X 염색체를 가지고 있고 Y 염색체를 가지고 있지 않다.

| 보기 분석 |

ㄱ. ㉡은 t이다. (×)

- step 2에 따라 ㉡은 R, ㉢은 t이고, ㉠과 ㉣은 대립유전자 쌍 H와 h이다.

ㄴ. Ⅲ과 Ⅳ에는 모두 Y 염색체가 있다. (○)

- step 3에 따라 Ⅲ은 Y 염색체를 가지는 핵상 n의 세포이고, Ⅳ는 핵상 $2n$의 세포이므로 X 염색체와 Y 염색체를 모두 가진다.

ㄷ. P의 (가)의 유전자형은 HhRr이다. (×)

- step 3에 따라 핵상이 $2n$인 Ⅳ가 R(㉡)을 가지지 않으므로 (가)의 유전자형은 Hhrr이다.

✪ 정답은 ② ㄴ이다.

다른 풀이: Ⅳ의 핵상 먼저 파악하기

- Ⅳ의 핵상이 n이라면 Ⅳ가 가지지 않은 ㉡은 H와 h 중 하나이다.
- Ⅰ~Ⅲ도 H와 h 중 하나는 가져야 하므로 ㉡과 ㉣, ㉡과 ㉢은 대립유전자 쌍이 아니다.
- ㉡과 ㉠이 대립유전자 쌍 H와 h라면 Ⅰ과 Ⅲ은 ㉠을 공통으로 가져야 하는데, Ⅰ은 ㉠과 ㉢을 가지고 ㉣을 가지지 않으며 Ⅲ은 ㉠과 ㉣을 가지고 ㉢을 가지지 않는 상황은 모순이다.
- 따라서 Ⅳ는 핵상이 $2n$인 세포이다.

왜 틀렸나?

- 남자 P의 세포 중 핵상이 $2n$인 세포는 X 염색체와 Y 염색체를 모두 가진다. 핵상이 $2n$인 세포가 상염색체에 있는 대립유전자 R을 가지지 않는다면, 유전자형이 rr인 것이다.
- 남자 P의 세포 중 핵상이 n인 세포는 X 염색체와 Y 염색체 중 하나만을 가지기 때문에, X 염색체에 있는 대립유전자 t를 가지는 세포는 Y 염색체가 없는 세포이고, 대립유전자 t를 가지지 않는 세포는 Y 염색체가 있는 세포이다.

K 56 정답 ③ ······ [정답률 47%] ✪ 고난도

사람의 유전 형질 ㉮는 1쌍의 대립유전자 A와 a에 의해, ㉯는 2쌍의 대립유전자 B와 b, D와 d에 의해 결정된다. ㉮의 유전자는 상염색체에, ㉯의 유전자는 X 염색체에 있다. 표는 남자 P의 세포 (가)~(다)와 여자 Q의 세포 (라)~(바)에서 대립유전자 ㉠~㉥의 유무를 나타낸 것이다. ㉠~㉥은 A, a, B, b, D, d를 순서 없이 나타낸 것이다.

대립유전자	P의 세포			Q의 세포		
	(가) n	(나) $2n$	(다) n	(라) $2n$	(마) n	(바) n
X ㉠	×	? ○	○	? ○	○	×
X ㉡	×	×	×	○	○	×
상 ㉢	? ×	○	○	○	○	○
X ㉣	×	ⓐ ○	○	○	×	○
상 ㉤	○	○	×	×	×	×
X ㉥	×	×	×	? ○	×	○

㉢-㉤ / ㉠-㉥ / ㉡-㉣ (○ : 있음, × : 없음)

이에 대한 설명으로 옳은 것만을 <보기>에서 있는 대로 고른 것은? (단, 돌연변이와 교차는 고려하지 않는다.) 2023 대비 9월 모평 8

[보기]

ㄱ. ㉠은 ㉥과 대립유전자이다.
㉠은 ㉥과, ㉡은 ㉣과, ㉢은 ㉤과 대립유전자임

ㄴ. ⓐ는 '×'이다.
ⓐ는 'O'

ㄷ. Q의 ㉯의 유전자형은 BbDd이다.
Q의 ㉯의 유전자형은 BbDd

① ㄱ ② ㄴ ③ ㄱ, ㄷ
④ ㄴ, ㄷ ⑤ ㄱ, ㄴ, ㄷ

단서+발상

(단서) P의 세포가 가지는 대립유전자에 주목한다.

(발상) (가)~(다)가 가지는 대립유전자는 곧 P가 가지는 대립유전자이므로 핵상이 $2n$인 P의 세포는 ㉠, ㉢, ㉣, ㉤을 모두 가져야 한다는 것을 생각한다.

(해결) (가)~(다) 중 ㉠, ㉢, ㉣, ㉤을 일부 갖지 않는 세포는 핵상이 n인 세포이므로 (가)와 (다)는 핵상이 n인 세포임을 파악할 수 있어야 고난도 문제를 해결할 수 있다.

| 문제 해결 과정 |

step 1 세포의 핵상 파악하기

- P의 세포 (가)~(다)를 통해 P는 ㉠, ㉢, ㉣, ㉤을 갖는 것을 알 수 있다. 개체가 가진 유전자 중 일부 유전자를 갖지 않는 세포는 핵상이 n인 세포이다. 꿀팁 따라서 (가)와 (다)는 핵상이 n인 세포이다.
- 마찬가지로 Q의 세포 (라)~(바)를 통해 Q는 ㉠, ㉡, ㉢, ㉣, ㉥을 갖는 것을 알 수 있으며, (마)와 (바)는 핵상이 n인 세포이다.

step 2 대립유전자 쌍 매칭하기

- 핵상이 n인 세포는 대립유전자 쌍을 갖지 않으므로 핵상이 n인 세포가 갖는 유전자끼리는 서로 대립유전자가 아니다. 꿀팁
- 핵상이 n인 (다)에서 ㉠, ㉢, ㉣은 서로 대립유전자가 아니다. 또한 핵상이 n인 (마)에서 ㉠, ㉡, ㉢은 서로 대립유전자가 아니며, 핵상이 n인 (바)에서 ㉢, ㉣, ㉥는 서로 대립유전자가 아니다.
- 따라서 ㉢은 ㉠, ㉡, ㉣, ㉥와 대립유전자가 아니므로 ㉢은 ㉤과 대립유전자이다. 또한 (마)와 (바)에서 ㉠은 ㉡, ㉢, ㉣와 대립유전자가 아니므로 ㉠은 ㉥과 대립유전자이며, 나머지 ㉡은 ㉣과 대립유전자이다.

step 3 ㉠~㉥의 염색체 위치 및 세포의 핵상 파악하기

- 대립유전자 쌍인 ㉢과 ㉤을 모두 갖는 (나)는 핵상이 $2n$인 세포이다.
- 남자는 성염색체 XY를 가지므로 핵상이 $2n$인 남자의 세포는 X 염색체에 있는 대립유전자를 쌍으로 가질 수 없다. 따라서 ㉢과 ㉤은 상염색체 유전자이며, 나머지 ㉠, ㉡, ㉣, ㉥은 X 염색체 유전자이다.
- 대립유전자 쌍인 ㉡과 ㉣을 모두 갖는 (라)는 핵상이 $2n$인 세포이다.

| 보기 분석 |

ㄱ. ㉠은 ㉥과 대립유전자이다. (○)

- 문제 해결 과정의 step 2를 참고하면, 핵상이 n인 세포 (다), (마), (바)를 통해 ㉢은 ㉠, ㉡, ㉣, ㉥와 대립유전자가 아니므로 ㉢은 ㉤과 대립유전자이다.
- (마)와 (바)에서 ㉠은 ㉡, ㉢, ㉣와 대립유전자가 아니므로 ㉠은 ㉥과 대립유전자이며, 나머지 ㉡은 ㉣과 대립유전자이다.

ㄴ. ⓐ는 '×'이다. (×)

- P의 세포 (가)~(다)를 통해 P는 ㉠, ㉢, ㉣, ㉤을 가지므로 핵상이 $2n$인 세포 (나)는 ㉠, ㉢, ㉣, ㉤을 가진다. 따라서 ⓐ는 'O'이다.

ㄷ. Q의 ㉯의 유전자형은 BbDd이다. (○)

- 핵상이 $2n$인 세포는 핵상이 n인 세포가 가지는 유전자를 모두 가진다. 꿀팁 따라서 핵상이 n인 (마)가 ㉠을, (바)가 ㉥을 가지므로 핵상이 $2n$인 (라)는 ㉠, ㉡, ㉢, ㉣, ㉥을 갖는다.
- ㉠, ㉡, ㉣, ㉥은 X 염색체 유전자이며, Q는 ㉠, ㉡, ㉣, ㉥을 모두 가지므로 Q의 ㉯의 유전자형은 BbDd이다.

✪ 정답은 ③ ㄱ, ㄷ이다.

문제 풀이 Tip

1. 개체가 가진 유전자 중 일부 유전자를 갖지 않는 세포는 핵상이 n인 세포이다.

유전자형이 Aa인 어떤 사람의 세포 중 핵상이 n인 세포는 대립유전자 쌍 A와 a 중 하나를 가진다.

2. 핵상이 n인 세포는 대립유전자 쌍을 갖지 않으므로 핵상이 n인 세포가 갖는 유전자끼리는 서로 대립유전자가 아니다

어떤 사람의 유전자형이 AaBB일 때, 핵상이 n인 세포가 가지고 있는 유전자는 AB 또는 aB이다. 여기서 A와 B는 서로 대립유전자가 아니며, a와 B도 서로 대립유전자가 아니다.

K 57 정답 ① ········ [정답률 37%] ✪ 고난도

사람의 유전 형질 ㉮는 2쌍의 대립유전자 A와 a, B와 b에 의해 결정된다. 그림은 어떤 사람의 G_1기 세포 Ⅰ로부터 정자가 형성되는 과정을, 표는 이 과정에서 나타나는 세포 (가)와 (나)에서 대립유전자 A, B, ㉠, ㉡ 중 2개의 DNA 상대량을 더한 값을 나타낸 것이다. (가)와 (나)는 Ⅱ와 Ⅲ을 순서 없이 나타낸 것이고, ㉠과 ㉡은 a와 b를 순서 없이 나타낸 것이다.

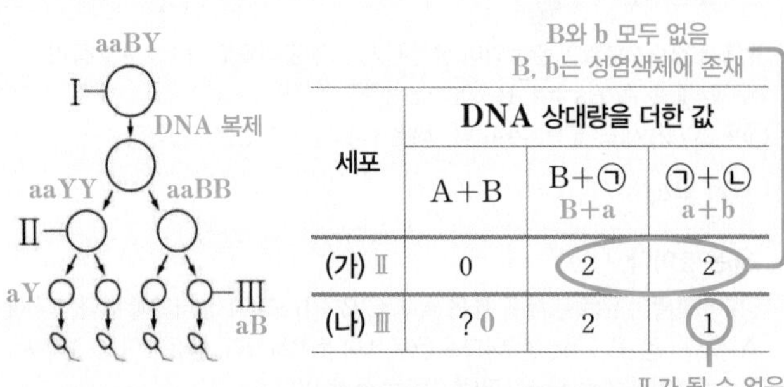

세포	DNA 상대량을 더한 값		
	A+B	B+㉠ (B+a)	㉠+㉡ (a+b)
(가) Ⅱ	0	2	2
(나) Ⅲ	? 0	2	1

이에 대한 설명으로 옳은 것만을 〈보기〉에서 있는 대로 고른 것은? (단, 돌연변이와 교차는 고려하지 않으며, A, a, B, b 각각의 1개당 DNA 상대량은 1이다.) (3점) 2022 실시 4월 학평 11

[보기]

ㄱ. (나)는 Ⅲ이다.
(가)는 Ⅱ, (나)는 Ⅲ

ㄴ. ㉠은 성염색체에 있다.
㉠은 상염색체, ㉡은 성염색체에 존재

ㄷ. Ⅰ에서 A와 b의 DNA 상대량을 더한 값은 1이다.
Ⅰ에서 A와 b의 DNA 상대량을 더한 값은 0

① ㄱ ② ㄴ ③ ㄱ, ㄷ
④ ㄴ, ㄷ ⑤ ㄱ, ㄴ, ㄷ

 단서+발상

(단서) 표에서 (나)의 ㉠+㉡의 값이 1이라는 것에 주목한다.

(발상) Ⅲ과 달리 Ⅱ는 염색체가 복제된 상태의 세포이므로 DNA 상대량이 2의 배수임을 생각한다.

(해결) Ⅱ는 DNA 상대량을 더한 값이 1이 나올 수 없으므로 (나)는 Ⅲ임을 파악할 수 있어야 고난도 문제를 해결할 수 있다.

| 문제 해결 과정 |

step 1 (가), (나)와 Ⅱ, Ⅲ 매칭하기

- 염색체가 복제된 상태인 Ⅱ에서는 a와 b의 DNA 상대량을 더한 값이 2의 배수여야 한다. 하지만 세포 (나)의 대립유전자 a와 b의 DNA 상대량을 더한 값은 1이므로 세포 (가)가 Ⅱ이고, 세포 (나)는 감수 2분열이 끝난 후의 세포인 Ⅲ이다.

step 2 ㉠, ㉡과 a, b 매칭하기

- 세포 Ⅲ은 상동 염색체 중 하나만을 가질 수 있으므로 대립유전자 B와 b의 DNA 상대량을 더한 값은 2가 될 수 없다.
- (나)에서 대립유전자 B와 ㉠의 DNA 상대량을 더한 값이 2이므로 ㉠은 b가 될 수 없다. 따라서 ㉠은 a, ㉡은 b이다.

step 3 Ⅰ~Ⅲ에 존재하는 대립유전자 파악하기

- Ⅲ(나)에서 B와 a(㉠)의 DNA 상대량을 더한 값이 2이므로 Ⅲ에는 대립유전자 a와 B가 모두 존재한다.
- 반면, Ⅱ는 A와 B의 DNA 상대량을 더한 값이 0이므로 대립유전자 A와 B 모두 존재하지 않는다. 또한, Ⅱ에서 a(㉠)와 B의 DNA 상대량을 더한 값이 2이고, a(㉠)와 b(㉡)의 DNA 상대량을 더한 값도 2이다. 따라서 Ⅱ에는 대립유전자 a만 존재하고 대립유전자 B와 b는 모두 존재하지 않는다.
- 핵상이 n인 세포에서 한 쌍의 대립유전자가 모두 없을 경우 해당 유전자는  성염색체에 존재한다. 핵상이 n인 Ⅱ는 B와 b가 모두 존재하지 않으므로 대립유전자 B와 b는 성염색체에 있고, Ⅱ와 Ⅲ에 모두 a가 존재하므로 A와 a는 상염색체 유전임을 알 수 있다.
- Ⅰ에서 대립유전자 a의 DNA 상대량은 2이며 대립유전자 B의 DNA 상대량은 1이다. 만약 B가 성염색체 중 X 염색체에 존재한다면 이 사람의 유전 형질에 대한 유전자형은 aaBY이다.

| 보기 분석 |

ㄱ. (나)는 Ⅲ이다. (○)

- 염색체가 복제된 상태인 Ⅱ에서는 a와 b의 DNA 상대량을 더한 값이 2의 배수여야 한다. 하지만 세포 (나)의 대립유전자 a와 b의 DNA 상대량을 더한 값은 1이므로 세포 (가)가 Ⅱ이고, 세포 (나)는 감수 2분열이 끝난 후의 세포인 Ⅲ이다.

ㄴ. ㉠은 성염색체에 있다. (×)

- 문제 해결 과정의 을 참고하면, 핵상이 n인 세포에서 한 쌍의 대립유전자가 모두 없을 경우 해당 유전자는 성염색체에 존재한다. 핵상이 n인 Ⅱ는 B와 b가 모두 존재하지 않으므로 대립유전자 B와 b는 성염색체에 있고, Ⅱ와 Ⅲ에 모두 a가 존재하므로 A와 a는 상염색체 유전임을 알 수 있다.
- 따라서 ㉠(a)은 상염색체에 있으며 ㉡(b)은 성염색체에 있다.

ㄷ. Ⅰ에서 A와 b의 DNA 상대량을 더한 값은 1이다. (×)

- G_1기 세포 Ⅰ의 유전자형은 aaBY이므로 A와 b가 존재하지 않는다. 따라서 Ⅰ에서 A와 b의 DNA 상대량을 더한 값은 0이다.

✪ 정답은 ① ㄱ이다.

문제 풀이 Tip

1. 감수 1분열 중기, 감수 2분열 중기의 세포는 대립유전자의 DNA 상대량이 2의 배수이다.
감수 1분열 중기, 감수 2분열 중기의 세포는 염색체가 복제된 상태이므로 대립유전자의 DNA 상대량의 2의 배수이다. 대립유전자의 DNA 상대량이 2의 배수가 아닌 세포는 G_1의 세포이거나 분열이 모두 끝난 후의 생식세포이다.

2. 핵상이 n인 세포가 한 쌍의 대립유전자 A와 a를 모두 가지고 있지 않다면 이 대립유전자는 성염색체에 존재한다.
유전자형이 X^AY인 어떤 사람의 정자 형성 과정에서 X^A와 Y는 감수 1분열 과정에서 서로 다른 세포로 분리되어 들어간다. 따라서 핵상이 n인 세포 중 Y 염색체를 갖는 세포는 대립유전자 A와 a가 모두 존재하지 않는다.

K 58 정답 ① *감수 분열 ········· ✪ 고난도 [① 46% ② 19% ③ 7% ④ 21% ⑤ 4%] 2024 실시 5월 학평 14

사람의 유전 형질 ㉮는 2쌍의 대립유전자 A와 a, B와 b에 의해 결정된다. 그림은 어떤 사람의 G_1기 세포로부터 생식세포가 형성되는 과정의 일부를, 표는 이 사람의 세포 (가)~(다)에서 A와 a의 DNA 상대량을 더한 값(A+a)과 B와 b의 DNA 상대량을 더한 값(B+b)을 나타낸 것이다. (가)~(다)는 Ⅰ~Ⅲ을 순서 없이 나타낸 것이고, ㉠~㉢은 1, 2, 4를 순서 없이 나타낸 것이다.

$2n\times2$ Ⅰ
4, 2
$n\times2$ Ⅱ
2, 2
n Ⅲ
1, 1

단서

세포	DNA 상대량을 더한 값	
	A+a	B+b
(가) Ⅱ	㉠ 2	㉠ 2
(나) Ⅲ	㉡ 1	㉡ 1
(다) Ⅰ	㉢ 4	㉠ 2

이에 대한 설명으로 옳은 것만을 〈보기〉에서 있는 대로 고른 것은? (단, 돌연변이와 교차는 고려하지 않으며, A, a, B, b 각각의 1개당 DNA 상대량은 1이다. Ⅰ과 Ⅱ는 중기의 세포이다.) (3점)

[보기]

ㄱ. ㉠은 2이다.
(다)에서 ㉠은 1이 불가능하므로 ㉡은 1이고, Ⅱ는 감수 2분열 중기 세포이므로 ㉠은 2임

ㄴ. (나)는 Ⅱ이다.
㉡은 1이므로 (나)는 감수 2분열이 완료된 세포 Ⅲ임

ㄷ. $\frac{\text{(다)의 염색체 수}}{\text{(가)의 염색 분체 수}}=\frac{1}{2}$이다.
(가)의 염색 분체 수는 46이고, (다)의 염색체 수는 46이므로 $\frac{\text{(다)의 염색체 수}}{\text{(가)의 염색 분체 수}}=1$임

① ㄱ ② ㄴ ③ ㄷ ④ ㄱ, ㄷ ⑤ ㄴ, ㄷ

단서+발상

단서 감수 1분열 중기 세포 Ⅰ, 감수 2분열 중기 세포 Ⅱ, 감수 분열이 완료된 생식세포 Ⅲ과 (가)~(다)에서 A와 a의 DNA 상대량을 더한 값(A+a)과 B와 b의 DNA 상대량을 더한 값(B+b)이 제시되어 있다.

발상 감수 2분열이 완료된 세포 Ⅲ은 A+a, B+b가 모두 1이 나와야 하며, ㉠은 1이 불가능하므로 ㉠은 2, ㉡은 1임을 추론할 수 있다.

적용 '상염색체 유전자라면 대립유전자의 DNA 상대량을 더한 값은 G_1기 세포에서는 2, 감수 1분열 중기 세포에서는 4, 감수 2분열 중기 세포에서는 2, 생식세포에서는 1이 나와야 한다', '남자의 X 염색체 유전자라면 대립유전자의 DNA 상대량을 더한 값은 G_1기 세포에서는 1, 감수 1분열 중기 세포에서는 2, 감수 2분열 중기 세포에서는 2 또는 0, 생식세포에서는 1 또는 0이 나와야 한다.'의 개념을 적용해서 (가)는 Ⅱ, (나)는 Ⅲ, (다)는 Ⅰ임을 구하는 것부터 문제 풀이를 시작해야 한다.

| 문제 해결 과정 |

step 1 감수 분열 과정에서 DNA 상대량 분석하기

- A와 a, B와 b는 각각 하나의 형질을 결정하는 대립유전자이다.
  따라서 A와 a, B와 b가 상염색체에 존재하는 유전자라면 DNA 상대량을 더한 값은 G_1기 세포에서는 2, 감수 1분열 중기 세포에서는 4, 감수 2분열 중기 세포에서는 2, 생식세포에서는 1이 나와야 한다.
- 남자에서 X 염색체에 존재하는 유전자라면 DNA 상대량을 더한 값은 G_1기 세포에서는 1, 감수 1분열 중기 세포에서는 2, 감수 2분열 중기 세포에서는 2 또는 0, 생식세포에서는 1 또는 0이 나와야 한다.

step 2 세포 Ⅰ, Ⅱ, Ⅲ 파악하기

- ㉠~㉢은 1, 2, 4를 순서 없이 나타낸 것이므로 감수 2분열이 완료된 세포 Ⅲ은 A+a, B+b 모두 1이 나와야 한다. 따라서 (가), (나) 중 세포 Ⅲ이 존재하고, ㉠ 또는 ㉡이 1이다.
  세포 (다)에서 A+a=㉢, B+b=㉠이므로 ㉠이 1이라면 A+a=4, B+b=1 또는 A+a=2, B+b=1은 불가능하므로 ㉡은 1이고, 세포 Ⅲ은 (나)이다. 함정
- Ⅱ에서 감수 2분열이 완료되어 생성된 세포가 Ⅲ이므로 감수 2분열 중기 세포인 Ⅱ는 A+a=2, B+b=2이다.
- ㉠은 2이고, 세포 Ⅱ는 (가)이다. ㉢은 4이고, 세포 Ⅰ은 (다)이다.

| 보기 분석 |

ㄱ. ㉠은 2이다. (○)

- 감수 2분열이 완료된 세포 Ⅲ은 A+a, B+b 모두 1이 나와야 한다. (다)에서 A+a=㉢, B+b=㉠이므로 ㉠은 1이 불가능하다. ㉡은 1이고, Ⅱ에서 감수 2분열이 완료된 세포가 Ⅲ이므로 ㉠은 2이다.

ㄴ. (나)는 Ⅱ이다. (×)

- Ⅱ에서 감수 2분열이 완료되어 생성된 세포가 Ⅲ이다. ㉠은 1이 불가능하므로 ㉡은 1이고 ㉠은 2이다.
- 감수 2분열이 완료되어 A+a=1, B+b=1인 (나)는 Ⅲ이다.

ㄷ. $\frac{\text{(다)의 염색체 수}}{\text{(가)의 염색 분체 수}}=\frac{1}{2}$이다. (×)

- (가)는 세포 Ⅱ(감수 2분열 중기 세포)이므로 염색체 수는 23이고, 하나의 염색체에 2개의 염색 분체가 있으므로 (가)의 염색 분체 수는 46이다.
- (다)는 세포 Ⅰ(감수 1분열 중기 세포)이므로 염색체 수는 46이다.
  따라서 $\frac{\text{(다)의 염색체 수}}{\text{(가)의 염색 분체 수}}=1$이다.

✪ 정답은 ① ㄱ이다.

왜 틀렸나?

- 감수 2분열이 완료된 세포는 핵상이 n이고, 염색 분체도 1개이므로 세포 Ⅲ은 A+a, B+b의 값 모두 1이 나와야 한다.
- 세포 (다)에서 A+a=㉢, B+b=㉠이므로 ㉠이 1이라면 A+a=4, B+b=1 또는 A+a=2, B+b=1인 2가지 모두 불가능하다. 따라서 ㉡은 1, ㉠은 2, ㉢은 4이다.

K 59 정답 ① ······ [정답률 54%] ✪ 고난도

그림은 유전자형이 AaBbDD인 어떤 사람의 G_1기 세포 Ⅰ로부터 생식 세포가 형성되는 과정을, 표는 세포 (가)~(라)가 갖는 대립유전자 A, B, D의 DNA 상대량을 나타낸 것이다. (가)~(라)는 Ⅰ~Ⅳ를 순서 없이 나타낸 것이고, ㉠+㉡+㉢=4이다.

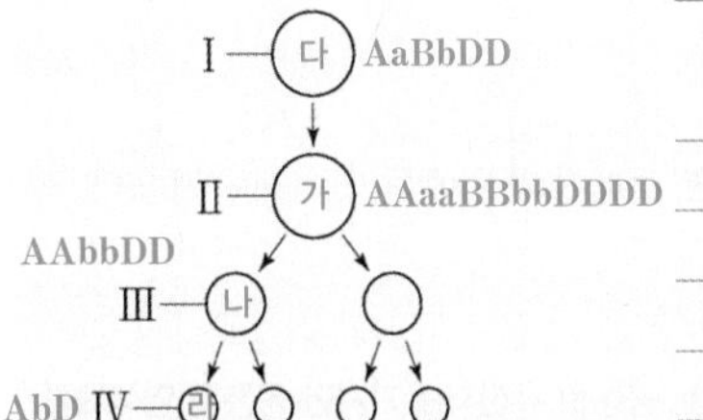

세포	DNA 상대량		
	Aa	Bb	Dd
(가)	2 2	2㉠2	4?0
(나)	2 0	0㉡2	2㉢0
(다)	1?1	1 1	2 0
(라)	1?0	0 1	1?0

이에 대한 옳은 설명만을 <보기>에서 있는 대로 고른 것은? (단, 돌연변이와 교차는 고려하지 않으며, A, a, B, b, D 각각의 1개당 DNA 상대량은 1이다. Ⅱ와 Ⅲ은 중기의 세포이다.) (3점) 2021 대비 6월 모평 19

[보기]

ㄱ. (가)는 Ⅱ이다. → (가)는 복제가 일어난 후의 세포이므로 Ⅱ이다.
ㄴ. ㉡은 2이다. → ㉡은 0이다.
ㄷ. 세포 1개당 a의 DNA 상대량은 (다)와 (라)가 같다.
→ (다)의 세포 1개당 a의 DNA 상대량은 1, (라)의 세포 1개당 a의 DNA 상대량은 0이다.

① ㄱ ② ㄴ ③ ㄱ, ㄷ
④ ㄴ, ㄷ ⑤ ㄱ, ㄴ, ㄷ

단서+발상

(단서) 표에서 (다)의 B와 D의 DNA 상대량이 각각 1과 2인 것에 주목한다.
(발상) DNA 상대량이 1과 2가 모두 있는 세포는 G_1기 세포라는 것을 생각한다.
(해결) G_1기 세포인 Ⅰ은 (다)인 것을 파악한 후, 생식세포 Ⅳ의 DNA 상대량은 0 또는 1이므로 Ⅳ가 (라)임을 파악할 수 있어야 고난도 문제를 해결할 수 있다.

| 문제 해결 과정 |

step 1 표에 나오지 않은 유전자 표시하기

- 표에 주어진 대립유전자 A, B, D 말고도 주어지지 않은 대립유전자 a, b, d를 같이 표시하면 직관적으로 문제를 풀 수 있다.
- 또한 이 사람은 유전자형이 AaBbDD이므로 Ⅰ~Ⅳ의 d에 대한 DNA 상대량은 항상 0이다.

step 2 세포 매칭하기

- G_1기의 세포 Ⅰ은 각 유전자의 DNA 상대량이 (A, a, B, b, D, d)=(1, 1, 1, 1, 2, 0)이다. (가)~(라) 중 세포 1개당 B의 DNA 상대량이 1인 세포는 (다) 밖에 없으므로 Ⅰ은 (다)에 해당한다.
- 복제가 끝난 후의 세포인 Ⅱ의 각 유전자의 DNA 상대량은 (A, a, B, b, D, d)=(2, 2, 2, 2, 4, 0)이다. 세포 1개당 A의 DNA 상대량이 2인 세포는 (가)와 (나) 밖에 없으므로, Ⅱ가 될 수 있는 것은 (가) 또는 (나)이다.
- 만약 Ⅱ가 (나)라면, B에서 ㉡은 2, D에서 ㉢은 4이다. 이 경우 ㉡+㉢=6으로 ㉠+㉡+㉢=4라는 문제의 조건을 만족하지 않는다. 따라서 Ⅱ는 (가)이고, ㉠은 2이다.
- 각 유전자의 DNA 상대량은 감수 2분열 중인 세포 Ⅲ이 생식 세포인 Ⅳ의 2배이다. 염색체 비분리가 일어나지 않았으므로 Ⅲ은 (나)이고 Ⅳ는 (라)이다.

step 3 ㉡과 ㉢ 파악하기

- Ⅲ의 각 유전자의 DNA 상대량은 (A, a, B, b, D, d)=(2, 0, ㉡, ?, ㉢, 0)이다.
- Ⅳ의 각 유전자의 DNA 상대량은 (A, a, B, b, D, d)=(?, ?, 0, 1, 1, 0)이다.
- 따라서 Ⅳ의 세포 1개당 B와 D의 DNA 상대량은 각각 0과 1이므로 Ⅲ의 B와 D의 DNA 상대량은 각각 0(㉡)과 2(㉢)이다.

step 4 주어진 그림에 알아낸 정보 기입하기

- 위의 내용을 종합하여 그림과 표에 나타내면 다음과 같다.

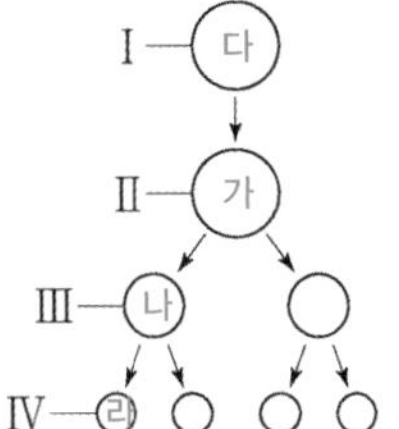

세포	DNA 상대량		
	Aa	Bb	Dd
(가)	2 2	2㉠2	4?0
(나)	2 0	0㉡2	2㉢0
(다)	1?1	1 1	2 0
(라)	1?0	0 1	1?0

| 보기 분석 |

ㄱ. (가)는 Ⅱ이다. (○)

문제 해결 과정의 step 2를 참고하면, (가)는 감수 1분열에서 DNA 복제가 일어난 후 감수 1분열 중인 세포이므로 Ⅱ이다.

ㄴ. ㉡은 2이다. (×)

문제 해결 과정의 step 3를 참고하면, (나)는 감수 2분열 중인 세포이므로 Ⅲ이고, ㉡은 0이다.

ㄷ. 세포 1개당 a의 DNA 상대량은 (다)와 (라)가 같다. (×)

문제 해결 과정의 step 4를 참고하면, 세포 1개당 a의 DNA 상대량은 (다)가 1, (라)가 0이므로 같지 않다.

✪ 정답은 ① ㄱ이다.

문제 풀이 Tip

1. **감수 2분열 중기 세포는 생식 세포가 가진 DNA 상대량의 2배를 가지고 있다.**
2. **생식 세포가 가지지 않은 유전자는 감수 2분열 중기 세포도 가지지 않는다.**
3. **감수 1분열 중기 세포는 모든 유전자에 대해 DNA 상대량이 0이거나 짝수이다.**
   감수 1분열 중기 세포는 G_1기의 세포가 S기를 거치며 DNA를 복제한 후의 세포이다. 따라서 감수 1분열 중기 세포는 모든 유전자에 대해 DNA 상대량이 0이거나 짝수이다.

＊ 감수 분열 ······ ✪ 고난도 핵심 개념

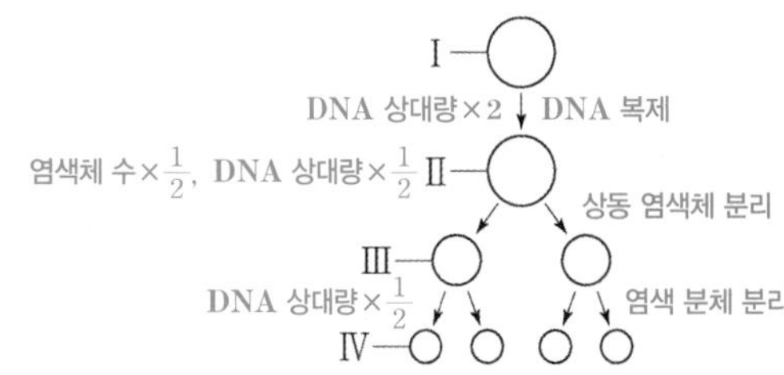

상동 염색체 분리(M_1) → 염색체 수 반감
염색 분체 분리(M_2) → 염색체 수 그대로
DNA 복제(S기) → 염색체 수 그대로 DNA양 2배
분열이 일어나면 (M_1&M_2) → DNA양 반감

K 60 정답 ⑤ .... [정답률 43%] ✪ 고난도

표는 유전자형이 DdHhRr인 어떤 동물($2n=6$)의 세포 (가)~(다)에서 염색체 ㉠~㉣과 유전자 ⓐ~ⓓ의 유무를 나타낸 것이다. ⓐ~ⓓ는 각각 D, d, H, h, R, r 중 하나이며, 3쌍의 대립유전자는 서로 다른 염색체에 있다. (가)~(다)는 모두 중기의 세포이다.

(가)~(다)의 핵상은 모두 n이고, ㉠에 ⓒ, ㉢에 ⓓ가 있음 / ⓑ는 ⓒ와 대립유전자

구분	염색체				유전자			
	㉠	㉡	㉢	㉣	ⓐ	ⓑ	ⓒ	ⓓ
핵상 n (가)	○	○	○	×	○	×	○	○
핵상 n (나)	×	×	?○	○	×	○	?×	○
핵상 n (다)	○	×	○	○	×	×	○	○

㉡은 ㉣과 상동 염색체 (○: 있음, ×: 없음)

이에 대한 옳은 설명만을 〈보기〉에서 있는 대로 고른 것은? (단, 돌연변이와 교차는 고려하지 않으며, D는 d와, H는 h와, R는 r와 각각 대립유전자이다.) (3점)

2019 실시 10월 학평 10

[보기]

ㄱ. ㉠에 ⓒ가 있다. → ㉠에 ⓒ, ㉢에 ⓓ가 있음
ㄴ. (나)에 ㉢이 있다. → (나)는 ⓓ가 있으므로 ㉢이 있음
ㄷ. ⓑ는 ⓒ와 대립유전자이다. → ⓑ는 ⓒ와 대립유전자

① ㄱ ② ㄷ ③ ㄱ, ㄴ
④ ㄴ, ㄷ ⑤ ㄱ, ㄴ, ㄷ

✪ 주어진 조건을 추론하여 염색체 ㉠~㉣과 유전자 ⓐ~ⓓ를 매칭시키는 문제이다. 위와 같은 유형은 3개의 염색체에 존재하는 3개의 유전자를 갖는 (가)를 단서로 ⓐ~ⓓ 중 대립유전자 쌍을 찾는 것이 이 문제 풀이의 핵심 KEY이다.

출제 개념: 상동 염색체와 대립유전자

| 문제 해결 과정 |

step 1 (가)~(다)의 핵상 파악하기

이 동물은 핵상이 $2n=6$이므로 $2n$인 세포는 6개의 염색체를 가질 것이다. (가)~(다)는 염색체 일부가 없으므로 핵상이 $n=3$이다.

step 2 ㉠~㉣와 ⓐ~ⓓ 매칭시키기

- (가)는 핵상이 $n=3$이므로 ㉠, ㉡, ㉢ 이외의 염색체를 갖지 않고, ⓐ, ⓒ, ⓓ 이외의 유전자를 갖지 않는다. 따라서 ⓐ, ⓒ, ⓓ는 각각 ㉠, ㉡, ㉢ 중 하나의 염색체에 있다.
- 공통된 유전자를 가지면 공통된 염색체를 가져야 한다.
  ⇨ (가)~(다)는 ⓓ를 공통적으로 가지므로 (나)는 ㉢을 가지며, 염색체 ㉢에 유전자 ⓓ이 있다.
  ⇨ (가)와 (다)는 ⓒ를 공통적으로 가지므로 염색체 ㉠과 ㉢을 공통적으로 가진다. 이때 위의 풀이에서 염색체 ㉢에는 유전자 ⓓ이 있다는 것을 알았으므로 유전자 ⓒ는 염색체 ㉠에 있다.
  ⇨ (가)에만 ㉡ 염색체와 ⓐ 유전자가 있으므로 유전자 ⓐ는 염색체 ㉡에 있다.

step 3 대립유전자 쌍 판정하기

1. 핵상이 n인 세포에는 상동 염색체가 존재하지 않는다.

(가)~(다) 중 (가)만 유전자 3개를 가지고 있다. 이때 (가)의 핵상은 n이므로 3개의 유전자는 서로 대립유전자가 될 수 없다. 따라서 ⓑ는 ⓐ, ⓒ, ⓓ 중 하나와 대립유전자 관계이다.

2. 핵상이 n인 세포는 대립유전자 관계인 두 유전자 중 하나의 유전자만을 가진다.

- ⓑ가 ⓐ와 대립유전자 관계일 경우 (다)는 ⓐ와 ⓑ를 둘 다 갖지 않으므로 ⓐ와 ⓑ는 대립유전자 관계가 아니다.
- ⓑ가 ⓓ와 대립유전자 관계일 경우 (나)는 유전자 ⓑ와 ⓓ를 모두 가지므로 ⓑ와 ⓓ는 대립유전자 관계가 아니다. 따라서 ⓑ의 대립유전자는 ⓒ이다.
- (가)가 염색체 ㉠, ㉡, ㉢, (다)가 ㉠, ㉢, ㉣을 가지므로 ㉡과 ㉣은 상동 염색체이다.

| 보기 분석 |

ㄱ. ㉠에 ⓒ가 있다. (○)

문제 해결 과정의 **step 2**를 참고하면, ㉠에 ⓒ가 ㉡에 ⓐ가, ㉢에 ⓓ가 있다.

ㄴ. (나)에 ㉢이 있다. (○)

문제 해결 과정의 **step 2**를 참고하면, 공통된 유전자를 가지면 공통된 염색체를 가진다. (가)~(다)는 모두 유전자 ⓓ를 가지므로 염색체 ㉢을 모두 가진다. 따라서 (나)에는 ㉢이 있다.

ㄷ. ⓑ는 ⓒ와 대립유전자이다. (○)

문제 해결 과정의 **step 3**를 참고하면, ⓑ는 ⓒ와 대립유전자이다.

✪ 정답은 ⑤ ㄱ, ㄴ, ㄷ이다.

문제 풀이 Tip

1. N개의 유전자 중 $\frac{N}{2}$개를 초과하는 개수의 유전자를 가지는 세포의 핵상은 $2n$이다.

반드시 한 쌍 이상의 대립유전자가 쌍으로 존재하므로 상동 염색체가 존재하며, 상동 염색체가 존재하는 세포의 핵상은 $2n$이다.

2. 핵상이 n인 세포는 대립유전자 중 하나의 유전자를 가지며, 둘 다 없을 경우 성염색체 유전자이다.

- 핵상이 n인 세포는 대립유전자를 쌍으로 가질 수 없고, 둘 다 갖지 않을 수도 없다.
- 단, 유전자가 Y 염색체에 존재하는 경우 남자(수컷)의 생식세포 또는 여자(암컷)의 생식세포는 대립유전자를 다 갖지 않을 수 있다.
- 또한 유전자가 X 염색체에 존재하는 경우 남자(수컷)의 생식세포는 대립유전자를 다 갖지 않을 수 있다.

* 상동 염색체와 대립유전자 .... ✪ 고난도 핵심 개념

상동 염색체	모양과 크기가 같은 한 쌍의 염색체로, 부모로부터 하나씩 받은 것이다.
대립유전자	• 하나의 형질을 결정하는 유전자로, 서로 다른 대립유전자에 의해 서로 다른 대립 형질이 표현형으로 나타난다. • 대립유전자는 같을 수도 있고, 다를 수도 있다. 상동 염색체 (A B C D E / A B c D e), 대립 유전자 → 복제 → 상동 염색체 (염색 분체, 염색 분체)

K 61 정답 ② [정답률 32%] ✪ 고난도

다음은 사람 P의 세포 (가)~(다)에 대한 자료이다.

- 유전 형질 ⓐ는 2쌍의 대립유전자 H와 h, T와 t에 의해 결정되며, ⓐ의 유전자는 서로 다른 2개의 염색체에 있다.
- (가)~(다)는 생식세포 형성 과정에서 나타나는 중기의 세포이다. (가)~(다) 중 2개는 G_1기 세포 Ⅰ로부터 형성되었고, 나머지 1개는 G_1기 세포 Ⅱ로부터 형성되었다.
- 표는 (가)~(다)에서 대립유전자 ㉠~㉣의 유무를 나타낸 것이다. ㉠~㉣은 H, h, T, t를 순서 없이 나타낸 것이다.

대립유전자	세포 (가) n Ⅰ에서 형성	(나) n Ⅱ에서 형성	(다) n Ⅰ에서 형성
상 ㉠ (대립)	×	×	○
상 ㉡ (대립)	○	○	×
성 ㉢ (대립)	×	×	×
성 ㉣ (대립)	×	○	○

(나): ㉡, ㉣ 비대립 / (다): ㉠, ㉣ 비대립

(○: 있음, ×: 없음)

→ (가)는 ㉠~㉣ 중 하나만을 가지므로 대립유전자 중 한 쌍은 성염색체에 존재함

이에 대한 설명으로 옳은 것만을 <보기>에서 있는 대로 고른 것은? (단, 돌연변이와 교차는 고려하지 않는다.) (3점) 2022 대비 6월 모평 16

[보기]

ㄱ. P에게서 ㉠과 ㉢을 모두 갖는 생식세포가 형성될 수 있다.
→ P는 ㉢을 가지지 않는다.

ㄴ. (가)와 (다)의 핵상은 같다.
→ (가)와 (다)의 핵상은 모두 n

ㄷ. Ⅰ로부터 (다)가 형성되었다.
Ⅰ로부터 (가)와 (다)가 형성됨

① ㄱ ② ㄴ ③ ㄷ ④ ㄱ, ㄷ ⑤ ㄴ, ㄷ

단서+발상

(단서) P의 세포가 가지는 대립유전자에 주목한다.

(발상) (가)~(다)가 가지는 대립유전자는 곧 P가 가지는 대립유전자이므로 핵상이 $2n$인 P의 세포는 ㉠, ㉡, ㉣을 모두 가져야 한다는 것을 생각한다.

(해결) (가)~(다)는 ㉠, ㉡, ㉣을 일부 갖지 않으므로 (가)~(다)의 핵상은 n임을 파악할 수 있어야 고난도 문제를 해결할 수 있다.

| 문제 해결 과정 |

step 1 세포 (가)~(다) 분석하기

- 세포 (가)~(다)를 통해 사람 P는 ㉠, ㉡, ㉣을 가지고 있다는 것을 알 수 있다. 또한 핵상이 $2n$인 세포는 ㉠, ㉡, ㉣을 가져야한다.
- 하지만 세포 (가)~(다)는 모두 ㉠, ㉡, ㉣ 중 일부만을 가지고 있으므로 감수 2분열 중기이면서 핵상이 n인 세포이다.
- 세포 (가)는 대립유전자 ㉠~㉣ 중 ㉡ 1개만을 가지므로 ㉡은 상염색체 유전자이며 다른 한 쌍의 대립유전자는 성염색체 위에 존재한다.
- 사람 P는 남자로 세포 (가)에 대립유전자가 존재하지 않는 성염색체가 들어 있다.
- 세포 (나)와 (다)는 각각 대립유전자 ㉠~㉣ 중 2개를 가지므로 둘 중 하나는 상염색체 위에 존재하는 대립유전자이며 다른 하나는 성염색체 위에 존재하는 대립유전자이다.

step 2 대립유전자 ㉠~㉣이 어떤 염색체 위에 있는지 파악하기

- 핵상이 n인 세포가 보유한 유전자는 서로 비대립 유전자이다.
- 따라서 핵상이 n인 세포 (나)는 ㉡, ㉣을 가지며, ㉡은 상염색체 유전자이므로 ㉣은 성염색체 유전자이다.
- 핵상이 n인 세포 (다)는 ㉠, ㉣을 가지며, ㉣은 성염색체 유전자이므로 ㉠은 상염색체 유전자이다.
- 따라서 ㉠과 ㉡이 한 쌍의 상염색체 위에 존재하는 대립유전자이며 ㉢과 ㉣이 한 쌍의 성염색체 위에 존재하는 대립유전자이다.

step 3 세포 Ⅰ과 Ⅱ로부터 형성된 세포 파악하기

- 세포 (가)~(다)는 모두 감수 2분열 중기의 세포이다. G_1기의 같은 세포로부터 형성된 감수 2분열 중기의 세포는 서로 다른 대립유전자를 가진다.
- 세포 (나)와 (다)는 대립유전자 ㉣을 동일하게 가지므로 같은 세포로부터 형성된 것이 아니다.
- 세포 (가)와 (나)는 대립유전자 ㉡을 동일하게 가지므로 같은 세포로부터 형성된 것이 아니다.
- 따라서 세포 (가)와 (다)가 같은 세포로부터 형성된 감수 2분열 중기의 세포로 세포 Ⅰ로부터 형성되었으며, 세포 (나)는 세포 Ⅱ로부터 형성되었다.

| 보기 분석 |

ㄱ. P에서 ㉠과 ㉢을 모두 갖는 생식세포가 형성될 수 있다. (×)

- 문제 해결 과정의 step 1과 step 2를 참고하면, P는 남자로 ㉢이 존재하지 않는 성염색체와 ㉣이 존재하는 성염색체를 가지고 있다. (㉠㉡, $X^{㉣}Y$ 또는 ㉠㉡, $XY^{㉣}$) P에게서 ㉢을 가지는 생식세포를 형성할 수 없다.

ㄴ. (가)와 (다)의 핵상은 같다. (○)

- 문제 해결 과정의 step 1을 참고하면, (가)와 (다)는 모두 감수 2분열 중기의 세포로 핵상은 n으로 같다.

ㄷ. Ⅰ으로부터 (나)가 형성되었다. (×)

- 문제 해결 과정의 step 3을 참고하면, 세포 Ⅰ로부터 (가)와 (다)가 형성되고 세포 Ⅱ로부터 (나)가 형성되었다.

✪ 정답은 ② ㄴ이다.

문제 풀이 Tip

1. **핵상이 n인 세포는 대립유전자 중 하나를 가지며, 대립유전자를 둘 다 가지지 않을 경우 성염색체 유전자이다.**
   어떤 세포가 두 쌍의 대립유전자 중 한 개만을 가진다면 그 세포가 가지고 있는 대립유전자는 상염색체에 존재하는 유전자이며, 다른 한 쌍의 대립유전자는 성염색체 존재하는 유전자다.
2. **같은 세포로부터 형성된 감수 2분열 중기의 세포는 서로 다른 대립유전자를 가진다. (단, 이형 접합성일 경우)**
   하나의 세포로부터 감수 분열 결과 생성된 서로 다른 두 세포는 공통된 대립유전자를 가질 수 없다. 감수 분열 결과 생성된 두 세포가 공통된 대립유전자를 가진다면 서로 다른 세포로부터 감수 분열한 결과이다.

＊ 감수 분열 ✪ 고난도 핵심 개념

감수 1분열	• 상동 염색체가 분리된다. • 서로 다른 대립유전자를 가지는 딸세포가 형성된다. (이형 접합성일 경우) • 딸세포의 핵상은 n이다.
감수 2분열	• 염색 분체가 분리된다. • 동일한 대립유전자를 가지는 딸세포가 형성된다. • 딸세포의 핵상은 n이다.

K 62 정답 ① ······ [정답률 31%] ✪ 고난도

표는 사람 A의 세포 ⓐ와 ⓑ, 사람 B의 세포 ⓒ와 ⓓ에서 유전자 ㉠~㉣의 유무를 나타낸 것이고, 그림 (가)와 (나)는 각각 정자 형성 과정과 난자 형성 과정을 나타낸 것이다. 사람의 특정 형질은 2쌍의 대립유전자 E와 e, F와 f에 의해 결정되며, ㉠~㉣은 E, e, F, f를 순서 없이 나타낸 것이다. Ⅰ~Ⅳ는 ⓐ~ⓓ를 순서 없이 나타낸 것이다.

유전자	A의 세포		B의 세포	
	ⓐ Ⅳ	ⓑ Ⅲ	ⓒ Ⅱ	ⓓ Ⅰ
㉠ X염색체	○	○	×	○
㉡ X염색체	×	○	×	×
㉢ 상염색체	○	○	○	○
㉣ 상염색체	×	×	×	○

(○: 있음, ×: 없음)

Ⅰ, Ⅱ, Ⅲ, Ⅳ / 감수 1분열 / 감수 2분열

(가) B의 세포 (나) A의 세포

이에 대한 설명으로 옳은 것만을 〈보기〉에서 있는 대로 고른 것은? (단, 돌연변이와 교차는 고려하지 않는다.) (3점) 2021 실시 4월 학평 11

[보기]

ㄱ. ⓓ는 Ⅰ이다.
→ ⓓ는 Ⅰ, ⓒ는 Ⅱ, ⓑ는 Ⅲ, ⓐ는 Ⅳ

ㄴ. ㉣은 X 염색체에 있다.
→ ㉣은 상염색체에 있음

ㄷ. ㉠은 ㉢의 대립유전자이다.
→ ㉠과 ㉡이 대립유전자, ㉢과 ㉣이 대립유전자

① ㄱ ② ㄷ ③ ㄱ, ㄴ ④ ㄴ, ㄷ ⑤ ㄱ, ㄴ, ㄷ

단서+발상

(단서) 표에서 B의 세포 ⓒ가 ㉠~㉣ 중 ㉢만 가지는 것에 주목한다.

(발상) 만약 ㉠~㉣의 유전자가 모두 상염색체에 존재한다면 ⓒ는 적어도 2개의 유전자를 가져야 하는데 그렇지 않으므로 1쌍의 유전자는 X 염색체에 존재한다는 것을 생각한다.

(해결) ⓒ는 X 염색체가 아닌 Y 염색체를 가지고 있으므로 B는 남자의 세포이며, ⓒ와 ⓓ는 각각 Ⅰ과 Ⅱ 중 하나임을 파악할 수 있어야 고난도 문제를 해결할 수 있다.

| 문제 해결 과정 |

step 1 A의 세포와 B의 세포 파악하여 ⓐ~ⓓ 연결 짓기

1. B의 세포 파악하기

- ⓒ는 두 쌍의 대립유전자 E와 e, F와 f 중 ㉢ 한 개만을 가지는 세포이므로 핵상이 n인 세포이다.
- E와 e, F와 f가 상염색체 존재한다면 ⓒ는 유전자 2개가 있어야하는데 1개만 존재하므로 E와 e, F와 f는 각각 상염색체와 X 염색체 중 하나에 존재하는 것을 알 수 있다.
- 따라서 ⓒ는 상염색체에 존재하는 유전자인 ㉢과 Y 염색체를 가지는 세포이다.
- ⓒ는 정자를 형성하는 감수 분열 과정 중 핵상이 n인 세포 Ⅱ이다.
- 두 쌍의 대립유전자 E와 e, F와 f 중 세 개를 가지는 세포는 대립유전자 한 쌍을 포함하고 있는 세포이므로 $2n$의 핵상을 가지는 세포이다. 따라서 B의 세포인 ⓓ는 $2n$의 핵상을 가지는 세포 Ⅰ이다.

2. A의 세포 파악하기

- A의 세포인 ⓑ는 두 쌍의 대립유전자 E와 e, F와 f 중 세 개를 가지는 세포이므로 $2n$의 핵상을 가지는 세포 Ⅲ에 해당한다.
- 나머지 A의 세포인 ⓐ는 Ⅳ이다.

step 2 유전자 ㉠~㉣이 존재하는 염색체 파악하기

- Ⅳ(ⓐ)는 핵상이 n인 세포로 대립유전자 쌍을 가지지 않는다.
- 따라서 ⓐ에서 ㉠과 ㉢은 서로 대립유전자가 아니며, ㉢이 상염색체에 존재하는 대립유전자이므로 ㉠은 X 염색체에 존재하는 대립유전자이다.
- Ⅰ(ⓓ)은 성염색체를 XY를 가지므로 X 염색체에 존재하는 대립유전자를 1개 갖는다. 따라서 ㉡이 없으므로 ㉡은 X 염색체 유전자이다.
- ㉢과 ㉣은 상염색체에 존재하는 대립유전자이며 ㉠과 ㉡은 X 염색체에 존재하는 대립유전자이다.

| 보기 분석 |

ㄱ. ⓓ는 Ⅰ이다. (○)

- 문제 해결 과정의 **step 1**을 참고하면, ⓓ는 Ⅰ이다. 두 쌍의 대립유전자 E와 e, F와 f 중 세 개를 가지므로 $2n$의 핵상을 가지는 세포이며 정자를 형성하는 남자 B의 세포이다. ⓐ는 Ⅳ, ⓑ는 Ⅲ, ⓒ는 Ⅱ에 해당한다.

ㄴ. ㉣은 X 염색체에 있다. (×)

- 문제 해결 과정의 **step 2**를 참고하면, ㉢과 ㉣은 상염색체에 존재하는 대립유전자이며, ㉠과 ㉡은 X 염색체에 존재하는 대립유전자이다.

ㄷ. ㉠은 ㉢의 대립유전자이다. (×)

- 문제 해결 과정의 **step 2**를 참고하면, ㉠은 ㉡의 대립유전자로 X 염색체에 있고, ㉢은 ㉣의 대립유전자로 상염색체에 있다.

✪ 정답은 ① ㄱ이다.

문제 풀이 Tip

1. **핵상이 $2n$인 세포는 상동 염색체를 가진다.**
   두 쌍의 대립유전자 E와 e, F와 f 중 세 개를 가지는 세포는 대립유전자 한 쌍을 포함하고 있는 세포이므로 $2n$의 핵상을 가지는 세포임을 파악해야 한다.
2. **핵상이 n인 세포가 쌍을 이루고 있는 대립유전자를 모두 가지지 않는다면 그 대립유전자는 성염색체에 존재한다.**
   두 쌍의 대립유전자 E와 e, F와 f 중 한 개를 가지는 세포는 핵상이 n인 세포이며, 이 세포가 가지고 있는 대립유전자는 상염색체에 존재하고, 가지고 있지 않은 대립유전자 쌍은 성염색체에 존재함을 파악해야 한다.
3. **핵상이 n인 세포는 쌍을 이루고 있는 대립유전자 중 하나만을 가진다.**
   감수 1분열 이후의 세포는 핵상이 n인 세포이며, 상동 염색체 중 하나만 가진다.

＊ 핵상과 감수 분열 ······ ✪ 고난도 핵심 개념

핵상	• 한 세포에 들어 있는 염색체의 구성 상태 • 사람의 체세포는 핵상이 $2n$ • 사람의 생식세포는 핵상이 n
감수 1분열	상동 염색체가 분리되어 염색체 수가 반감되며 핵상이 $2n$에서 n이 된다.
감수 2분열	염색 분체가 분리되어 염색체 수에 변화가 없으며 핵상은 n에서 변화가 없다.

K 63 정답 ③ [정답률 46%] ✪ 고난도

사람의 유전 형질 (가)는 상염색체에 있는 대립유전자 H와 h에 의해, (나)는 X 염색체에 있는 대립유전자 T와 t에 의해 결정된다. 표는 세포 Ⅰ~Ⅳ가 갖는 H, h, T, t의 DNA 상대량을 나타낸 것이다. Ⅰ~Ⅳ 중 2개는 남자 P의, 나머지 2개는 여자 Q의 세포이다. ㉠~㉢은 0, 1, 2를 순서 없이 나타낸 것이다.

상염색체 / X 염색체

세포	DNA 상대량			
	H	h	T	t
n Ⅰ HY(P)	㉢ 1	0	㉠ 0	? 0
n Ⅱ HX^t(Q)	㉡ 2	㉠ 0	0	㉡ 2
$2n$ Ⅲ HhX^tX^t(Q)	? 1	㉢ 1	㉠ 0	㉡ 2
$2n$ Ⅳ HHX^TY(P)	4	0	2	㉠ 0

핵상이 $2n$인 DNA 복제 후의 세포인 것을 알 수 있음

이에 대한 설명으로 옳은 것만을 〈보기〉에서 있는 대로 고른 것은? (단, 돌연변이와 교차는 고려하지 않으며, H, h, T, t 각각의 1개당 DNA 상대량은 1이다.) (3점) 2022 대비 9월 모평 10

[보기]

ㄱ. ㉡은 2이다.
→ ㉠은 0, ㉡은 2, ㉢은1

ㄴ. Ⅱ는 Q의 세포이다.
→ Ⅱ와 Ⅲ은 여자 Q의 세포, Ⅰ과 Ⅳ는 남자 P의 세포

ㄷ. Ⅰ이 갖는 t의 DNA 상대량과 Ⅲ이 갖는 H의 DNA 상대량은 같다.
→ Ⅰ이 갖는 t의 DNA 상대량=0, Ⅲ이 갖는 H의 DNA 상대량=1

① ㄱ ② ㄷ ③ ㄱ, ㄴ
④ ㄴ, ㄷ ⑤ ㄱ, ㄴ, ㄷ

단서+발상

(단서) 표에서 Ⅳ의 H의 DNA 상대량이 4인 것에 주목한다.

(발상) Ⅳ는 DNA가 복제된 세포이므로 DNA 상대량이 1인 유전자를 가질 수 없다는 것을 생각한다.

(해결) ㉠은 0 또는 2인데 만약 ㉠이 2, ㉢이 0일 경우 Ⅰ에서 상염색체 유전자 H와 h가 모두 0이 되므로 모순이 나타남을 찾을 수 있어야 고난도 문제를 해결할 수 있다.

| 문제 해결 과정 |

step 1 ㉠ 구하기 및 P의 성별과 유전자형 파악하기

1. ㉠ 구하기

- Ⅳ의 유전자 H의 DNA 상대량이 4이므로 Ⅳ는 핵상이 $2n$인 세포이고 DNA 복제 후 세포이다.
- Ⅳ의 유전자 T의 DNA 상대량은 2이므로 ㉠은 0 또는 2 둘 중 하나인데, ㉠을 2라 가정하면 Ⅰ에서 ㉢은 0 또는 1이 되어야한다. 하지만 ㉢이 0이면 Ⅰ에서 상염색체에 존재하는 H와 h의 DNA 상대량이 모두 0이 되어 모순이 된다.
- ㉢이 1이라면 상염색체의 존재하는 H와 h의 합은 1일 때 X 염색체에 존재하는 T와 t의 DNA 상대량의 합이 2 이상이 되기 때문에 모순이다. 따라서 ㉠은 0이다.

2. Ⅳ의 세포를 통해 P의 성별 및 유전자형 파악하기

- Ⅳ는 핵상이 $2n$이고, 상염색체에 존재하는 대립유전자의 합과 성염색체에 존재하는 대립유전자의 합이 다르므로 남자 P의 세포이다. 남자 P의 유전자형은 HHX^TY이다.

step 2 Ⅰ~Ⅲ의 성별과 ㉡과 ㉢ 구하기

1. Ⅰ, Ⅱ, Ⅲ의 성별 확정하기

- Ⅲ에서 ㉡과 ㉢은 각각 1과 2 중 하나이므로 Ⅲ은 h와 t를 갖는다. 남자 P는 t를 갖지 않으므로 Ⅲ은 여자 Q의 세포이다.
- Ⅱ에서 ㉡은 1 또는 2이므로 Ⅱ는 H와 t를 갖는다. 남자 P는 t를 갖지 않으므로 Ⅱ는 여자 Q의 세포이다.
- Ⅳ는 위에서 남자 P의 세포임을 알았으므로 나머지 Ⅰ은 여자 Q의 세포이다.

2. ㉡과 ㉢ 구하기

- Ⅲ에서 ㉡이 1이고 ㉢이 2라면, ㉠이 0이기 때문에 유전자형이 hhX^tY인 핵상이 $2n$인 남자의 세포일 수 밖에 없다. 하지만 Ⅲ은 여자 Q의 세포이므로 모순이다.
- 따라서 ㉡은 2이고 ㉢은 1이며, Ⅲ의 유전자형은 HhX^tX^t이다.

| 보기 분석 |

ㄱ. ㉡은 2이다. (○)

- 문제 해결 과정의 step 1 과 step 2 를 참고하면, ㉠은 0, ㉡은 2, ㉢은 1이다.

ㄴ. Ⅱ는 Q의 세포이다. (○)

- 문제 해결 과정의 step 2 를 참고하면, Ⅱ와 Ⅲ은 여자 Q의 세포이다.

ㄷ. Ⅰ이 갖는 t의 DNA 상대량과 Ⅲ이 갖는 H의 DNA 상대량은 같다. (×)

- Ⅰ은 남자 P의 세포이고, 상염색체에 존재하는 유전자 H를 갖고, 성염색체 Y를 갖는 핵상이 n인 세포이다.
- Ⅰ은 유전자 t를 갖지 않으므로 t의 DNA 상대량은 0이고, Ⅲ은 유전자형이 HhX^tX^t인 여자 Q의 세포이므로 H의 DNA 상대량은 1이다.
- 따라서 Ⅰ이 갖는 t의 DNA 상대량은 0, Ⅲ이 갖는 H의 DNA 상대량은 1로 같지 않다.

✪ 정답은 ③ ㄱ, ㄴ이다.

문제 풀이 Tip

1. 대립유전자의 DNA 상대량 1과 2를 모두 갖는 세포는 핵상이 $2n$인 복제 전의 세포이다. (단, 돌연변이가 일어나지 않았을 경우)
2. 대립유전자의 DNA 상대량이 4를 갖는 세포는 핵상이 $2n$인 복제 후의 세포이다. (단, 돌연변이가 일어나지 않았을 경우)

* 감수 분열에서 DNA 상대량 변화 ✪ 고난도 핵심 개념

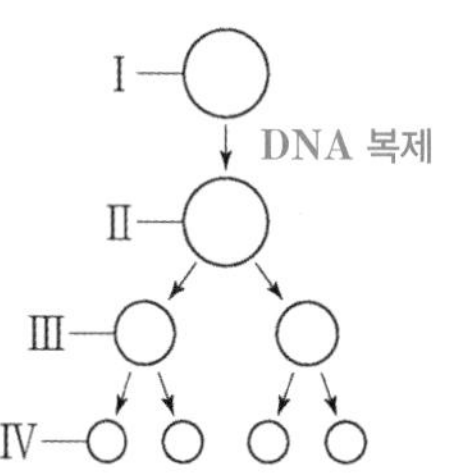

① 유전자형이 HH인 경우

	H	h
Ⅰ	2	0
Ⅱ	4	0
Ⅲ	2	0
Ⅳ	1	0

② 유전자형이 Hh인 경우

	H	h
Ⅰ	1	1
Ⅱ	2	2
Ⅲ	0 또는 2	0 또는 2
Ⅳ	0 또는 1	0 또는 1

L 사람의 유전

L 01 정답 ④ *사람의 유전 [정답률 52%] 2024 실시 3월 학평 17

다음은 어떤 집안의 유전 형질 (가)에 대한 자료이다.

- (가)는 상염색체에 있는 1쌍의 대립유전자에 의해 결정되며, 대립유전자에는 D, E, F가 있다. E는 D와 F에 대해 각각 완전 우성이다. 단서 ➡ E>D, F
- (가)의 표현형은 3가지이고, ㉠, ㉡, ㉢이다. ➡ E, D, F 우열 명확함
- 가계도는 구성원 ⓐ와 ⓑ를 제외한 구성원 1~7에서 (가)의 표현형을, 표는 3, 6, 7에서 체세포 1개당 D의 DNA 상대량을 나타낸 것이다.

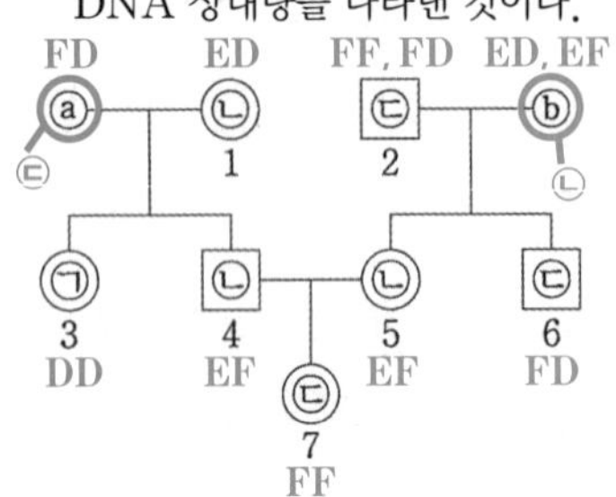

구성원	D의 DNA 상대량
3 DD	2
6 FD	1
7 FF	0

우열 관계 E>F>D

이에 대한 옳은 설명만을 〈보기〉에서 있는 대로 고른 것은? (단, 돌연변이와 교차는 고려하지 않으며, D, E, F 각각의 1개당 DNA 상대량은 1이다.) (3점)

[보기]

ㄱ. D는 F에 대해 완전 우성이다.
6의 유전자형은 FD이므로 F는 D에 대해 완전 우성임

ㄴ. ⓑ의 표현형은 ㉡이다.
5는 EF, 6은 FD이므로 ⓑ는 ED 또는 EF의 유전자형을 가지며 표현형은 ㉡임

ㄷ. 7의 동생이 태어날 때, 이 아이가 ⓐ와 표현형이 같을 확률은 $\frac{1}{4}$이다. 7의 동생이 ⓐ와 표현형이 같으려면 유전자형이 FF여야 하므로 확률은 $\frac{1}{4}$임

① ㄱ ② ㄴ ③ ㄱ, ㄷ ④ ㄴ, ㄷ ⑤ ㄱ, ㄴ, ㄷ

단서+발상

단서 E는 D와 F에 대해 각각 완전 우성, (가)의 표현형은 3가지, ⓐ와 ⓑ를 제외한 구성원 1~7에서 (가)의 표현형을 나타낸 가계도, 3, 6, 7에서 체세포 1개당 D의 DNA 상대량이 제시되어 있다.

발상 4, 5, 7의 관계를 통해 ㉢의 유전자형을, 6의 유전자형을 통해 E, F, D의 우열 관계를 추론할 수 있다.

| 문제+자료 분석 |

- E는 D와 F에 대해 완전 우성이고 (가)의 표현형은 3가지이므로 D, F의 우열 관계는 명확하다. 3은 D의 DNA 상대량이 2이므로 3의 유전자형은 DD이고 표현형은 ㉠이다.
- 표현형이 ㉡인 4, 5 사이에서 표현형이 ㉢인 7이 태어났으므로 ㉡이 ㉢에 대해 우성 형질이고, ㉡은 E, ㉢은 F가 나타내는 표현형이다. 꿀팁
E가 F에 대해 완전 우성이고, 7의 D의 DNA 상대량이 0이므로 4와 5의 유전자형은 EF이고 E가 나타내는 표현형이 ㉡이며, 7의 표현형은 FF이고 F가 나타내는 표현형은 ㉢이다.
- 6에서 D의 DNA 상대량이 1이므로 6은 유전자형이 FD이고 F는 D에 대해 완전 우성이다.
- 3은 DD, 4는 EF의 유전자형을 가지므로 ㉡의 표현형인 1은 ED, ⓐ는 FD의 유전자형을 갖게 되고, ⓐ의 표현형은 ㉢이다.
- 5는 EF, 6은 FD의 유전자형을 가지므로 ㉢의 표현형을 갖는 2는 FF 또는 FD의 유전자형을 갖는다. ⓑ는 ED 또는 EF의 유전자형을 갖고 표현형은 ㉡이다.

| 보기 분석 |

ㄱ. 표현형이 ㉡인 4, 5 사이에서 표현형이 ㉢인 7이 태어났으므로 ㉢은 F의 표현형이다. 6은 D를 1개 갖고 있는데 ㉢의 표현형이 나왔으므로 6의 유전자형은 FD이고, F는 D에 대해 완전 우성이다.

ㄴ. 5는 EF, 6은 FD의 유전자형을 가지므로 ⓑ는 ED 또는 EF의 유전자형을 가지며 표현형은 ㉡이다.

ㄷ. 유전자형이 EF인 부모에서 7의 동생이 태어날 때, ⓐ와 표현형이 같으려면 유전자형이 FF여야 한다. 따라서 확률은 $\frac{1}{2}\times\frac{1}{2}=\frac{1}{4}$이다.

문제 풀이 꿀팁

자녀에게서 부모에게 없는 형질이 나왔다면 부모가 가진 형질은 우성 형질이고, 자녀가 가진 형질은 열성 형질이다. 또한 부모의 유전자형은 이형 접합성이다.

L 02 정답 ② *상염색체 유전 [정답률 58%] 2024 대비 9월 모평 13

다음은 사람의 유전 형질 (가)~(다)에 대한 자료이다.

- (가)~(다)의 유전자는 서로 다른 2개의 상염색체에 있다.
- (가)는 대립유전자 A와 a에 의해 결정되며, A는 a에 대해 완전 우성이다.
- (나)는 대립유전자 B와 b에 의해 결정되며, 유전자형이 다르면 표현형이 다르다. (나)는 불완전 우성
- (다)는 1쌍의 대립유전자에 의해 결정되며, 대립유전자에는 D, E, F가 있다. D는 E, F에 대해, E는 F에 대해 각각 완전 우성이다. D>E>F
- (가)와 (나)의 유전자형이 AaBb인 남자 P와 AaBB인 여자 Q 사이에서 ⓐ가 태어날 때, ⓐ에게서 나타날 수 있는 (가)와 (나)의 표현형은 최대 3가지이고, ⓐ가 가질 수 있는 (가)~(다)의 유전자형 중 AABBFF가 있다.
- ⓐ의 (가)~(다)의 표현형이 모두 Q와 같을 확률은 $\frac{1}{8}$이다.

ⓐ의 (가)~(다)의 표현형이 모두 P와 같을 확률은? (단, 돌연변이와 교차는 고려하지 않는다.) (3점)

① $\frac{1}{16}$ ② $\frac{1}{8}$ ③ $\frac{3}{16}$ ④ $\frac{1}{4}$ ⑤ $\frac{3}{8}$

| 문제+자료 분석 |

- (가)와 (나)의 유전자가 서로 다른 염색체에 존재하면 AaBb인 남자 P와 AaBB인 여자 Q 사이에서 태어난 ⓐ의 표현형은 (가)의 표현형 2가지, (나)의 표현형 2가지로 최대 4가지이다. 따라서 (가)와 (나)의 유전자는 서로 같은 염색체에 존재한다. 또한 ⓐ는 AABBFF의 유전자형을 가질 수 있고 ⓐ에게서 나타날 수 있는 (가)와 (나)의 표현형은 최대 3가지일 경우 남자 P(AaBb)에서 A는 B, a는 b와 같은 염색체에 있다.

Q \ P	AB	ab
AB	AABB A_BB	AaBb A_Bb
aB	AaBB A_BB	aaBb aaBb

- ⓐ는 AABBFF의 유전자형을 가질 수 있으므로 P와 Q는 모두 F를 가지고 있다. (가)와 (나)의 표현형이 모두 Q(A_BB)와 같을 확률이 $\frac{1}{2}$이므로 ⓐ의 (가)~(다)의 표현형이 모두 Q와 같을 확률이 $\frac{1}{8}$이 되려면 (다)의 표현형이 Q와 같을 확률은 $\frac{1}{4}$이어야 한다. 따라서 P는 DF, Q는 EF를 갖는다.

Q \ P	D	F
E	DE D_	EF E_
F	DF D_	FF FF

| 선택지 분석 |

② P의 유전자형은 AaBbDF이므로 (가)와 (나)의 표현형이 같을 확률은 $\frac{1}{4}$이고, (다)의 표현형이 같을 확률은 $\frac{1}{2}$이다. 따라서 ⓐ의 (가)~(다)의 표현형이 모두 P와 같을 확률은 $\frac{1}{8}$이다.

L 03 정답 ④ ＊사람의 유전 ········ [정답률 54%] 2023 실시 3월 학평 13

다음은 사람의 유전 형질 (가)에 대한 자료이다.

- ○ 상염색체에 있는 1쌍의 대립유전자에 의해 결정된다. (단일 인자 유전)
  대립유전자에는 A, B, D가 있으며, 표현형은 4가지이다.
  ➡ 복대립 유전
- ○ 유전자형이 AA인 사람과 AB인 사람은 표현형이 같고, (우열 관계 A>B)
  유전자형이 AD인 사람과 DD인 사람은 표현형이 다르다. (우열 관계 A>D 또는 A=D)
  ➡ 표현형은 4가지이므로 우열 관계는 A>B=D 또는 A=D>B
- ○ 유전자형이 AB인 아버지와 BD인 어머니 사이에서 ㉠이 태어날 때, ㉠의 표현형이 아버지와 같을 확률과 어머니와 같을 확률은 각각 $\frac{1}{4}$이다.
  ➡ 우열 관계가 A>B=D라면 ㉠의 표현형이 아버지와 같을 확률이 $\frac{1}{2}$이므로 우열 관계는 A=D>B이다.
- ○ 유전자형이 BD인 아버지와 AD인 어머니 사이에서 ㉡이 태어날 때, ㉡에서 나타날 수 있는 표현형은 최대 ⓐ가지이다. (3가지)

이에 대한 옳은 설명만을 〈보기〉에서 있는 대로 고른 것은? (단, 돌연변이는 고려하지 않는다.) (3점)

[보기]

ㄱ. (가)는 복대립 유전 형질이다.
대립유전자는 A, B, D로 3가지이므로 복대립 유전 형질임

ㄴ. A는 D에 대해 완전 우성이다. A와 D는 공동 우성임

ㄷ. ⓐ는 3이다.
㉡의 표현형은 A_(AB), AD(AD), D_(DB, DD)로 총 3가지임

① ㄱ ② ㄷ ③ ㄱ, ㄴ ④ ㄱ, ㄷ ⑤ ㄴ, ㄷ

| 문제+자료 분석 |

step 1 유전 형질 (가) 파악하기

- 유전 형질 (가)는 1쌍의 대립유전자에 의해 결정되며, 대립유전자의 종류가 A, B, D로 3가지이므로 복대립 유전에 해당한다.
- 유전자형이 AA인 사람과 AB인 사람의 표현형이 같으므로 A는 B에 대해 우성이고, 유전자형이 AD인 사람과 DD인 사람의 표현형이 다르므로 A는 D에 대해 우성이거나, A와 D가 공동 우성이다.
  표현형이 4가지이므로 우열 관계는 A>B=D 또는 A=D>B이다.

step 2 부모의 유전자형을 통해 자녀의 유전자형 파악하기

- 유전자형이 AB인 아버지와 BD인 어머니 사이에서 태어난 ㉠의 유전자형은 표와 같다.

모 \ 부	A	B
B	AB	BB
D	AD	BD

step 3 A, B, D의 우열 관계 확정하기

- 우열 관계가 A>B=D라면, ㉠의 표현형이 아버지와 같을 확률이 $\frac{1}{2}$이다. ㉠의 표현형이 아버지, 어머니와 같을 확률은 각각 $\frac{1}{4}$이라는 문제의 조건과 모순이다. 따라서 우열 관계는 A=D>B이다.
- 유전자형이 BD인 아버지와 AD인 어머니 사이에서 태어난 ㉡의 유전자형과 표현형은 표와 같다.
- ㉡에서 나타날 수 있는 표현형은 총 3가지이다.

모 \ 부	B	D
A	AB [A_]	AD [AD]
D	DB [D_]	DD [D_]

| 보기 분석 |

ㄱ. 형질 (가)에 관여하는 대립유전자는 A, B, D로 3가지이다. (가)는 복대립 유전 형질에 해당한다.

ㄴ. 우열 관계가 A>B=D라면 ㉠의 표현형이 아버지와 같을 확률이 $\frac{1}{2}$로 제시된 조건과 모순이므로 우열 관계는 A=D>B이다. A와 D는 공동 우성이다.

ㄷ. 대립유전자의 우열 관계가 A=D>B이므로 유전자형이 BD인 아버지와 AD인 어머니 사이에서 태어난 ㉡의 표현형은 A_(AB), AD(AD), D_(DB, DD)로 총 3가지이다.

L 04 정답 ② * 사람의 유전 [정답률 73%] 2021 대비 9월 모평 11

다음은 사람의 유전 형질 (가)~(다)에 대한 자료이다.

- (가)~(다)의 유전자는 서로 다른 3개의 상염색체에 있다.
  → (가)~(다)는 서로 독립적으로 유전
- (가)는 대립유전자 A와 A*에 의해 결정되며, A는 A*에 대해 완전 우성이다.
- (나)는 대립유전자 B와 B*에 의해 결정되며, 유전자형이 다르면 표현형이 다르다. → (나)의 유전자형 BB, BB*, B*B*는 서로 다른 표현형 → 중간유전(불완전 우성)
- (다)는 1쌍의 대립유전자에 의해 결정되며, 대립유전자에는 D, E, F, G가 있고, 각 대립유전자 사이의 우열 관계는 분명하다. (다)의 표현형은 4가지이다.
  → (다)는 복대립 유전, 대립유전자가 4가지이고 표현형이 4가지이므로 각 대립유전자 사이의 우열 관계 분명
- 유전자형이 ㉠ AA*BB*DE인 아버지와 AA*BB*FG인 어머니 사이에서 아이가 태어날 때, 이 아이에게서 나타날 수 있는 표현형은 최대 12가지이다.
  → (가)의 표현형은 2가지, (나)의 표현형은 3가지, (다)의 표현형은 2가지
- 유전자형이 AABB*DF인 아버지와 AA*BBDE인 어머니 사이에서 아이가 태어날 때, 이 아이의 표현형이 어머니와 같을 확률은 $\frac{3}{8}$이다.
  → (가)의 표현형(A_)이 같을 확률 1, (나)의 표현형(BB*)과 같을 확률 $\frac{1}{2}$
  → $\frac{3}{8}=1\times\frac{1}{2}\times\frac{3}{4}$ → (다)의 표현형이 같을 확률 $\frac{3}{4}$

유전자형이 AA*BB*DF인 아버지와 AA*BB*EG인 어머니 사이에서 아이가 태어날 때, 이 아이의 표현형이 ㉠과 같을 확률은? (단, 돌연변이는 고려하지 않는다.)

① $\frac{1}{8}$ ② $\frac{3}{16}$ ③ $\frac{1}{4}$ ④ $\frac{9}{32}$ ⑤ $\frac{5}{16}$

| 문제+자료 분석 |

1st 유전자형이 AABB*DF인 아버지와 AA*BBDE인 어머니 사이에서 태어난 아이 분석하기

- 이 아이에게서 (가)의 표현형이 어머니(A_)와 같을 확률이 1, (나)의 표현형이 어머니(BB)와 같을 확률이 $\frac{1}{2}$이므로 (다)의 표현형이 어머니와 같을 확률은 $\frac{3}{4}$이어야 한다.
- 아버지와 어머니의 (다)에 대한 유전자형이 각각 DF, DE이므로 부모 사이에서 태어날 아이에게서 나타날 수 있는 (다)에 대한 유전자형은 DD, DE, DF, EF이다.
- 따라서 이 아이의 (다)에 대한 표현형이 어머니(DE)와 같을 확률이 $\frac{3}{4}$이기 위해서는 대립유전자 D가 대립유전자 E와 F에 대해 각각 완전 우성(D>E, F)이어야 한다.

2nd 유전자형이 AA*BB*DE인 아버지와 AA*BB*FG인 어머니 사이에서 태어난 아이 분석하기

- 이 아이에게서 나타날 수 있는 (가)의 표현형은 A_, A*A*로 최대 2가지, (나)의 표현형은 BB, BB*, B*B*로 최대 3가지이므로 (다)의 표현형은 최대 2가지이어야 한다.
- 부모 사이에서 태어날 아이에게서 나타날 수 있는 (다)에 대한 유전자형은 DF, DG, EF, EG이며, 이 4가지 유전자형에 따른 표현형은 2가지이다.
- 그러므로 (다)의 유전자형 중 (DD, DE, DF, DG)가 하나의 표현형, (EE, EF, EG)가 하나의 표현형, (FF)가 하나의 표현형, (GG)가 하나의 표현형을 나타내어야 한다.
- (다)를 결정하는 대립유전자 사이의 우열 관계는 D>E>F>G 또는 D>E>G>F임을 알 수 있다.

| 선택지 분석 |

② 유전자형이 AA*BB*DF인 아버지와 AA*BB*EG인 어머니 사이에서 태어날 아이의 표현형이 ㉠(A_, BB*, D_)과 같을 확률은 $\frac{3}{4}\times\frac{1}{2}\times\frac{1}{2}=\frac{3}{16}$이다.

L 05 정답 ② * 복대립 유전 [정답률 60%] 2021 실시 3월 학평 17

다음은 사람의 유전 형질 (가)에 대한 자료이다.

- (가)는 상염색체에 있는 1쌍의 대립유전자에 의해 결정된다. 대립유전자에는 A, B, C가 있으며, 각 대립유전자 사이의 우열 관계는 분명하다. → 복대립 유전 형질(단일 인자 유전 형질)
- 유전자형이 BC인 아버지와 AB인 어머니 사이에서 ㉠이 태어날 때, ㉠의 (가)에 대한 표현형이 아버지와 같을 확률은 $\frac{3}{4}$이다. → B>A, B>C
- 유전자형이 AB인 아버지와 AC인 어머니 사이에서 ㉡이 태어날 때, ㉡에게서 나타날 수 있는 (가)에 대한 표현형은 최대 3가지이다. → AA와 AC의 표현형이 다름 → C>A

이에 대한 옳은 설명만을 <보기>에서 있는 대로 고른 것은? (단, 돌연변이는 고려하지 않는다.) (3점)

[보기]

ㄱ. (가)는 단일자 유전 형질이다. → (가)는 복대립 유전임

ㄴ. B는 A에 대해 완전 우성이다.
→ B는 C와 A에 대해 각각 완전 우성

ㄷ. ㉡의 (가)에 대한 표현형이 어머니와 같을 확률은 $\frac{1}{2}$이다.
→ ㉡의 (가)에 대한 표현형이 어머니와 같을 확률은 $\frac{1}{4}$

① ㄱ ② ㄴ ③ ㄷ ④ ㄱ, ㄷ ⑤ ㄴ, ㄷ

| 문제+자료 분석 |

- ㉠이 가질 수 있는 유전자형은 AB, BB, AC, BC이다. ㉠의 표현형이 아버지와 같을 확률은 $\frac{3}{4}$이므로 B는 C와 A에 대해 각각 완전 우성이다.
- ㉡이 가질 수 있는 유전자형은 AA, AC, AB, BC이다. ㉠에서 B가 A와 C에 대해 각각 완전 우성임을 알았으므로 AB와 BC는 B로 표현된다.
- ㉡에게서 나타날 수 있는 표현형이 최대 3가지가 되기 위해선 AA와 AC 표현형이 달라야 하므로 C는 A에 대해 완전 우성이다.
- 정리하면 우열 관계는 B>C>A이다.

부 \ 모	A	B
B	AB	BB
C	AC	BC

부 \ 모	A	C
A	AA	AC
B	AB	BC

| 보기 분석 |

ㄱ. (가)는 1쌍의 대립유전자에 의해 결정되므로 단일 인자 유전 형질이고, 대립유전자가 3가지이므로 복대립 유전 형질이다.

ㄴ. 유전자형이 BC인 아버지는 표현형이 [B_] 또는 [C_]이다. ㉠의 (가)에 대한 표현형이 아버지와 같을 확률이 $\frac{3}{4}$이 되기 위해선 ㉠이 가질 수 있는 유전자형 AB, BB, AC, BC 중 AB, BB, BC가 가능하다. 따라서 B는 A와 C에 대해 각각 완전 우성이다.

ㄷ. ㉡의 표현형이 어머니[C_]와 같은 경우는 AA, AC, AB, BC 중 AC이므로 구하는 확률은 $\frac{1}{4}$이다.

*** 다인자 유전**

- 다양한 유전자 조합이 가능하여 표현형이 다양하게 나타나며, 대립 형질이 뚜렷하지 않고, 연속적인 형질 분포를 나타낸다.
- 환경의 영향을 받는 경향이 있으며, 형질에 따른 개체 수 분포는 정규 분포 곡선 형태로 나타난다.

L 06 정답 ④ * 사람의 유전 [정답률 55%] 2021 대비 수능 13

다음은 사람의 유전 형질 (가)~(다)에 대한 자료이다.

- (가)~(다)의 유전자는 서로 다른 3개의 상염색체에 있다.
- (가)는 대립유전자 A와 A*에 의해 결정되며, A는 A*에 대해 완전 우성이다. → 2가지 표현형
- (나)는 대립유전자 B와 B*에 의해 결정되며, 유전자형이 다르면 표현형이 다르다. → 3가지 표현형
- (다)는 1쌍의 대립유전자에 의해 결정되며, 대립유전자에는 D, E, F가 있고, 각 대립유전자 사이의 우열 관계는 분명하다. → E는 D와 F에 대해 완전 우성, F는 D에 대해 완전 우성
- (나)와 (다)의 유전자형이 BB*DF인 아버지와 BB*EF인 어머니 사이에서 ㉠이 태어날 때, ㉠에게서 나타날 수 있는 (가)~(다)의 표현형은 최대 12가지이고, (가)~(다)의 표현형이 모두 아버지와 같을 확률은 $\frac{3}{16}$이다.
- 유전자형이 AA*BBDE인 아버지와 A*A*BB*DF인 어머니 사이에서 ㉡이 태어날 때, ㉡의 (가)~(다)의 표현형이 모두 어머니와 같을 확률은 $\frac{1}{16}$이다. → $\frac{1}{2}\times\frac{1}{2}\times\frac{1}{4}=\frac{1}{16}$

이에 대한 설명으로 옳은 것만을 <보기>에서 있는 대로 고른 것은? (단, 돌연변이는 고려하지 않는다.)

[보기]

ㄱ. ~~D는 E에 대해~~ 완전 우성이다.
→ E는 D에 대해 완전 우성

ㄴ. ㉠이 가질 수 있는 (가)의 유전자형은 최대 3가지이다.
→ ㉠은 (가)의 유전자형으로 AA, AA*, A*A*을 가질 수 있음

ㄷ. ㉡의 (가)~(다)의 표현형이 모두 아버지와 같을 확률은 $\frac{1}{8}$이다.
→ ㉡이 아버지와 (가), (나), (다)의 표현형이 같을 확률은 각각 $\frac{1}{2}$이므로 모두 같을 확률은 $\frac{1}{8}$

① ㄱ ② ㄴ ③ ㄱ, ㄷ ④ ㄴ, ㄷ ⑤ ㄱ, ㄴ, ㄷ

| 문제+자료 분석 |

1st ㉡의 (다)의 표현형이 어머니와 같을 확률 구하기

- ㉡의 (가)의 표현형이 어머니와 같기 위해서는 A*A*를 가져야 하므로 $\frac{1}{2}$의 확률이다.
- ㉡의 (나)의 표현형이 어머니와 같기 위해서는 BB*를 가져야 하므로 $\frac{1}{2}$의 확률이다.
- ㉡의 (가)~(다)의 표현형이 모두 어머니와 같을 확률이 $\frac{1}{16}$이므로 (다)의 표현형이 어머니와 같을 확률은 $\frac{1}{4}$이다.

2nd 대립유전자 D, E, F의 우열 관계 파악하기

- (다)에 대해 ㉡이 가질 수 있는 유전자형은 DD, DE, DF, EF이다.
- 유전자형이 DF인 어머니와 ㉡의 표현형이 같을 확률이 $\frac{1}{4}$이므로, DF의 표현형은 DD, DE, EF의 표현형과 다르다.
- 따라서 E는 D와 F에 대해 완전 우성이고, F는 D에 대해 완전 우성이다.

3rd ㉠ 부모의 (가)의 유전자형 파악하기

- (나)에 대해 ㉠이 아버지와 표현형이 같기 위해서는 BB*를 가져야 하므로 $\frac{1}{2}$의 확률이다.
- (다)에 대해 ㉠이 아버지와 표현형이 같기 위해서는 DF 또는 FF를 가져야 하므로 $\frac{1}{2}$의 확률이다.
- ㉠의 (가)~(다)의 표현형이 아버지와 모두 같을 확률이 $\frac{3}{16}$이므로 (가)의 표현형이 아버지와 같을 확률은 $\frac{3}{4}$이다. 따라서 ㉠의 부모는 각각 AA*를 가진다.

| 보기 분석 |

ㄱ. DD와 DE의 표현형이 다르기 때문에 E는 D에 대해 완전 우성이다.

ㄴ. ㉠의 부모가 각각 AA*를 가지므로 ㉠은 (가)의 유전자형으로 AA, AA*, A*A*의 최대 3가지를 가질 수 있다.

ㄷ. ㉡이 아버지와 (가)의 표현형이 같기 위해서 AA*를 가져야 하므로 $\frac{1}{2}$의 확률이다. ㉡이 아버지와 (나)의 표현형이 같기 위해서 BB를 가져야 하므로 $\frac{1}{2}$의 확률이다. ㉡이 아버지와 (다)의 표현형이 같기 위해서 DE 또는 EF를 가져야 하므로 $\frac{1}{2}$의 확률이다.
따라서 ㉡이 아버지와 (가)~(다)의 표현형이 모두 같을 확률은 $\frac{1}{2}\times\frac{1}{2}\times\frac{1}{2}=\frac{1}{8}$이다.

송의현 | 원광대 의예과 2021년 입학 · 안산 동산고 졸

이러한 문제는 동그라미 순서대로 읽으며 하나하나 처리하려고 해서는 안돼. 모든 조건을 다 읽고, 4번째 동그라미의 조건을 해석하다가 막히면 5번째 동그라미의 조건을 해석하여 나온 정보를 끌어와서 4번째 조건에 적용하는 식의 훈련이 필요해. 그리고 복대립 유전 부분을 처리할 때에는 퍼넷의 사각형을 적극적으로 이용하는 것을 추천해. 유전자의 종류가 3개를 넘어가는 순간 퍼넷을 안쓰면 실수가 종종 나오더라고.

L 07 정답 ④ *사람의 유전

✪ 고난도 [정답률 42%] 2024 대비 수능 13

다음은 사람의 유전 형질 (가)~(다)에 대한 자료이다.

- (가)~(다)의 유전자는 서로 다른 3개의 상염색체에 있다.
- (가)는 대립유전자 A와 a에 의해 결정되며, A는 a에 대해 완전 우성이다. ➡ (가) A>a
- (나)는 대립유전자 B와 b에 의해 결정되며, 유전자형이 다르면 표현형이 다르다.
  ➡ 유전자형과 표현형이 [BB], [Bb], [bb] 3가지
- (다)는 1쌍의 대립유전자에 의해 결정되며, 대립유전자에는 D, E, F가 있다. D는 E, F에 대해, E는 F에 대해 각각 완전 우성이다. ➡ (다) D>E>F
- P의 유전자형은 AaBbDF이고, P와 Q는 (나)의 표현형이 서로 다르다.
- P와 Q 사이에서 ⓐ가 태어날 때, ⓐ가 P와 (가)~(다)의 표현형이 모두 같을 확률은 $\frac{3}{16}$이다.
- ⓐ가 유전자형이 AAbbFF인 사람과 (가)~(다)의 표현형이 모두 같을 확률은 $\frac{3}{32}$이다.

ⓐ의 유전자형이 aabbDF일 확률은? (단, 돌연변이는 고려하지 않는다.) (3점) P와 Q 사이에서 bb인 자녀가 태어나야 하므로 Q의 (나)에 대한 유전자형은 bb

① $\frac{1}{4}$ ② $\frac{1}{8}$ ③ $\frac{1}{16}$ ④ $\frac{1}{32}$ ⑤ $\frac{1}{64}$

| 문제+자료 분석 |

- ⓐ가 P와 (가)~(다)의 표현형이 모두 같을 확률은 $\frac{3}{16}=\frac{3}{4}\times\frac{1}{2}\times\frac{1}{2}$이고, (나)에 대해 P(Bb)와 Q(bb) 사이에서 Bb일 확률은 $\frac{1}{2}$이다. — ①
- ⓐ가 유전자형이 AAbbFF인 사람과 (가)~(다)의 표현형이 모두 같을 확률은 $\frac{3}{32}=\frac{3}{4}\times\frac{1}{4}\times\frac{1}{2}$이고, (나)에 대해 P(Bb)와 Q(bb) 사이에서 bb일 확률은 $\frac{1}{2}$이다. — ②
- ①과 ②에서 공통적으로 나오는 (가)가 A_일 확률은 $\frac{3}{4}$이므로, Q의 (가)에 대한 유전자형은 Aa이다.
- ①에서 (다)가 D_일 확률은 $\frac{1}{2}$이고, ②에서 (다)가 FF일 확률이 $\frac{1}{4}$이므로 Q의 (다)에 대한 유전자형은 EF이다.
- Q의 유전자형은 AabbEF이다.

| 선택지 분석 |

④ P(AaBbDF)와 Q(AabbEF) 사이에서 태어난 ⓐ의 유전자형이 aabbDF일 확률은 aa일 확률($\frac{1}{4}$)×bb일 확률($\frac{1}{2}$)×DF일 확률($\frac{1}{4}$)=$\frac{1}{32}$이다.

L 08 정답 ④ *사람의 유전

✪ 고난도 [①6% ②24% ③13% ④44% ⑤11%] 2025 대비 9월 모평 19

다음은 사람의 유전 형질 (가)~(다)에 대한 자료이다.

- (가)~(다)의 유전자는 서로 다른 2개의 상염색체에 있으며, (가)의 유전자는 (다)의 유전자와 서로 다른 상염색체에 있다. (가)와 (나)의 유전자가 동일한 상염색체에 존재함
- (가)는 대립유전자 A와 a에 의해 결정되며, 유전자형이 다르면 표현형이 다르다.
- (나)는 대립유전자 B와 b에 의해, (다)는 대립유전자 D와 d에 의해 결정된다.
- (나)와 (다) 중 하나는 대문자로 표시되는 대립유전자가 소문자로 표시되는 대립유전자에 대해 완전 우성이고, 나머지 하나는 유전자형이 다르면 표현형이 다르다.
  (나)는 완전 우성, (다)는 유전자형이 다르면 표현형이 다름
- 유전자형이 AaBbDD인 남자 P와 AaBbDd인 여자 Q 사이에서 ⓐ가 태어날 때, ⓐ에게서 나타날 수 있는 (가)~(다)의 표현형은 최대 8가지이다. 8=2×4 단서

유전자형이 AabbDd인 아버지와 AaBBDd인 어머니 사이에서 아이가 태어날 때, 이 아이의 (가)~(다)의 표현형이 모두 Q와 같을 확률은? (단, 돌연변이와 교차는 고려하지 않는다.) [3점]

① $\frac{1}{16}$ ② $\frac{1}{8}$ ③ $\frac{3}{16}$ ④ $\frac{1}{4}=\frac{1}{2}\times\frac{1}{2}$ ⑤ $\frac{3}{8}$

| 문제 해결 과정 |

step 1 각 유전자의 위치 파악하기

- (가)는 유전자형이 다르면 표현형이 달라지므로 유전자형이 Aa인 P와 Aa인 Q 사이에서 태어난 ⓐ에서 나타날 수 있는 (가)의 표현형은 최대 3가지이다.
- (가)의 유전자가 단독으로 상염색체에 있을 경우 ⓐ에서 나타날 수 있는 (가)~(다) 표현형의 최대 가짓수는 3의 배수가 되어야 하는데, 최대 8가지이므로 모순이다.
- (가)와 (나)의 유전자가 같은 상염색체에 있다.

step 2 (나)와 (다) 중 완전 우성인 형질 찾기

- 유전자형이 DD인 P와 유전자형이 Dd인 Q 사이에서 태어난 ⓐ에서 나타날 수 있는 (다)의 유전자형은 DD, Dd의 2가지이다.
- (다)가 완전 우성일 경우 표현형은 1가지인데, 같은 상염색체에 유전자가 있는 (가)와 (나)의 표현형은 최대 4가지를 초과할 수 없으므로 모순이다.
- (다)는 유전자형이 다르면 표현형이 다른 유전 형질로 ⓐ에서 나타날 수 있는 표현형이 최대 2가지이고, (나)가 완전 우성이다.
- P와 Q 중 한 명의 유전자는 AB/ab이고, 다른 한 명의 유전자는 Ab/aB이면 ⓐ에서 나타날 수 있는 (가)와 (나)의 표현형이 최대 4가지로 조건을 만족한다.

| 선택지 분석 |

④ 유전자형이 AabbDd인 아버지와 AaBBDd인 어머니 사이에서 아이가 태어날 때, (다)의 표현형이 Q와 같으려면 유전자형이 Dd여야 하므로 확률은 $\frac{1}{2}$이며, (가)와 (나)의 표현형이 Q와 같으려면 유전자형이 AaBb여야 하므로 확률은 $\frac{1}{2}$이다. 따라서 (가)~(다)의 표현형이 모두 Q와 같을 확률은 $\frac{1}{4}$이다.

L 09 정답 ① ＊사람의 유전 ⋯⋯ ✪ 고난도 [① 40% ② 9% ③ 28% ④ 12% ⑤ 8%] 2025 대비 수능 15

다음은 사람의 유전 형질 (가)와 (나)에 대한 자료이다.

- (가)는 1쌍의 대립유전자에 의해 결정되며, 대립유전자에는 D, E, F가 있다. (가)의 표현형은 3가지이며, 각 대립유전자 사이의 우열 관계는 분명하다. ➡ D>F>E
- (나)는 1쌍의 대립유전자에 의해 결정되며, 대립유전자에는 H, R, T가 있다. (나)의 표현형은 3가지이며, 각 대립유전자 사이의 우열 관계는 분명하다. ➡ T>R>H
- 그림은 남자 Ⅰ, Ⅱ와 여자 Ⅲ, Ⅳ의 체세포 각각에 들어 있는 일부 염색체와 유전자를 나타낸 것이다. ㉠~㉢은 D, E, F를 순서 없이 나타낸 것이고, ㉣과 ㉤은 각각 H, R, T 중 하나이다. ➡ ㉠= D, ㉡=F, ㉢=E, ㉣=T, ㉤=H

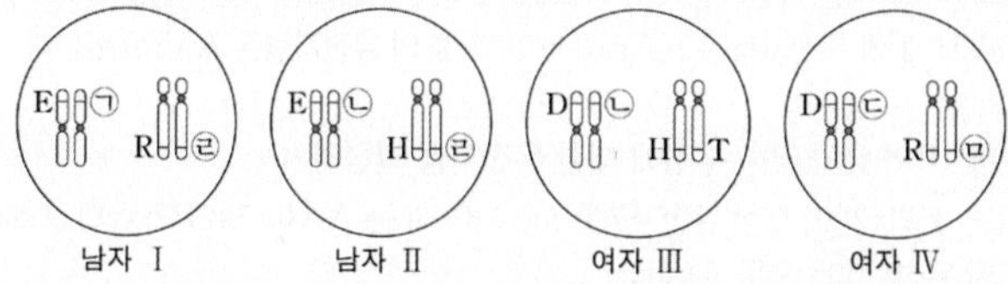

- Ⅰ과 Ⅲ 사이에서 아이가 태어날 때, 이 아이가 유전자형이 DDTT인 사람과 (가)와 (나)의 표현형이 모두 같을 확률은 $\frac{9}{16}$이다. 단서 $\frac{9}{16}=\frac{3}{4}\times\frac{3}{4}$
- Ⅱ와 Ⅳ 사이에서 ⓐ가 태어날 때, ⓐ에게서 나타날 수 있는 (가)와 (나)의 표현형은 최대 9가지이다. 단서 $9=3\times3$

이에 대한 설명으로 옳은 것만을 <보기>에서 있는 대로 고른 것은? (단, 돌연변이와 교차는 고려하지 않는다.)

[보기]

ㄱ. ㉠은 D이다. ㉠은 D, ㉡은 F, ㉢은 E

ㄴ. H는 R에 대해 완전 우성이다. R은 H에 대해 완전 우성

ㄷ. ⓐ의 (가)와 (나)의 표현형이 모두 Ⅱ와 같을 확률은 $\frac{1}{4}$이다. $\frac{1}{8}$

① ㄱ ② ㄴ ③ ㄱ, ㄷ ④ ㄴ, ㄷ ⑤ ㄱ, ㄴ, ㄷ

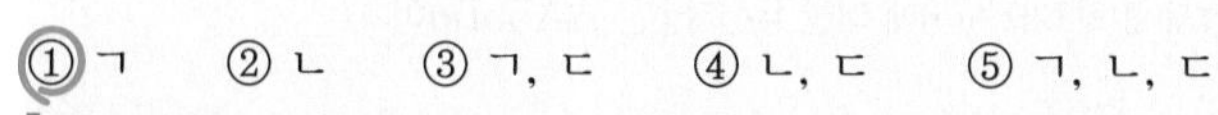

단서+발상

단서 주어진 남녀 사이에서 태어난 자녀가 특정 표현형일 확률이 $\frac{9}{16}$, 가능한 표현형의 최대 가짓수가 9임이 제시되어 있다.

발상 $\frac{9}{16}=\frac{3}{4}\times\frac{3}{4}$이고, $9=3\times3$으로 계산되었음을 추론할 수 있다.

적용 우열 관계가 뚜렷한 복대립 유전의 특징을 적용해서 ㉠~㉤을 구하는 것부터 문제 풀이를 시작해야 한다.

| 문제 해결 과정 |

step 1 주어진 경우의 수와 확률 분석하기

- Ⅰ과 Ⅲ 사이에서 아이가 태어날 때, 유전자형이 DDTT인 사람과 (가)와 (나)의 표현형이 모두 같을 확률은 $\frac{9}{16}$이다.
- $\frac{9}{16}$로 계산될 수 있는 가능성은 $\frac{3}{4}\times\frac{3}{4}$뿐이므로 (가)의 표현형이 DD의 표현형과 같을 확률은 $\frac{3}{4}$, (나)의 표현형이 TT의 표현형과 같을 확률은 $\frac{3}{4}$이다.
- Ⅱ와 Ⅳ 사이에서 ⓐ가 태어날 때, ⓐ에게서 나타날 수 있는 (가)와 (나)의 표현형은 최대 9가지이다.
- 표현형의 경우의 수가 9로 계산될 수 있는 가능성은 3×3뿐이므로 ⓐ에게서 나타날 수 있는 (가)와 (나)의 표현형은 각각 최대 3가지이다.

step 2 유전 형질 (가) 파악하기

- Ⅰ(E㉠)과 Ⅲ(D㉡) 사이에서 태어난 아이가 DD의 표현형과 같을 확률이 $\frac{3}{4}$이므로 ㉠이 D이고 D가 E에 대해 완전 우성이다.
- Ⅱ(E㉡)와 Ⅳ(D㉢) 사이에서 태어난 아이의 표현형이 최대 3가지이므로 ㉡이 F, ㉢이 E이다. ㉡이 E라면 표현형의 최대 가짓수가 2이기 때문이다.
- 아래의 왼쪽 표에 따라 D는 F에 대해 완전 우성이고, 오른쪽 표에 따라 EE와 EF의 표현형이 다르려면 F가 E에 대해 완전 우성이다.

Ⅰ \ Ⅲ	D	F(㉡)
E	DE	EF
D(㉠)	DD	DF

Ⅱ \ Ⅳ	D	E(㉢)
E	DE	EE
F(㉡)	DF	EF

step 3 유전 형질 (나) 파악하기

- Ⅰ(R㉣)과 Ⅲ(HT) 사이에서 태어난 아이가 TT의 표현형과 같을 확률이 $\frac{3}{4}$이므로 ㉣이 T이고 T가 H와 R에 대해 완전 우성이다.
- Ⅱ(HT)와 Ⅳ(R㉤) 사이에서 태어난 아이의 표현형이 최대 3가지이므로 ㉤이 H이고 R이 H에 대해 완전 우성이다. ㉤이 R이면 표현형의 최대 가짓수가 2이기 때문이다.

Ⅰ \ Ⅲ	H	T
R	RH	RT
T(㉣)	TH	TT

Ⅱ \ Ⅳ	R	H(㉤)
H	HR	HH
T	TR	TH

| 보기 분석 |

ㄱ. ㉠은 D이다. (○)

- step 2에 따라 ㉠은 D, ㉡은 F, ㉢은 E이다.

ㄴ. H는 R에 대해 완전 우성이다. (×)

- step 3에 따라 R은 H에 대해 완전 우성이다.

ㄷ. ⓐ의 (가)와 (나)의 표현형이 모두 Ⅱ와 같을 확률은 $\frac{1}{4}$이다. (×)

- ⓐ의 (가)의 표현형이 Ⅱ와 같을 확률은 $\frac{1}{4}$, (나)의 표현형이 Ⅱ와 같을 확률은 $\frac{1}{2}$로 (가)와 (나)의 표현형이 모두 Ⅱ와 같을 확률은 $\frac{1}{8}$이다. 함정

Ⅱ \ Ⅳ	D	E(㉢)
E	DE	EE
F(㉡)	DF	EF

Ⅱ \ Ⅳ	R	H(㉤)
H	HR	HH
T	TR	TH

✪ 정답은 ① ㄱ이다.

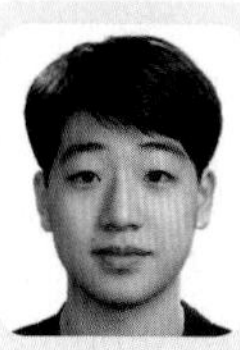

윤혁준 | 2025 수능 응시 · 서울 강서고 졸

주어진 조건이 어렵지 않았던 문항이야. $\frac{9}{16}$의 확률이 $\frac{3}{4}\times\frac{3}{4}$임을 바로 알 수 있어서 D와 T가 각각 가장 우성임을 알 수 있고 Ⅰ과 Ⅲ 둘 다 D와 T가 존재해야 하므로 ㉠과 ㉣을 확정하고, 9가지가 3×3임을 알 수 있어서 둘 다 가장 우성을 가져야 한다는 걸 떠올리면서 우열 관계와 ㉡, ㉢, ㉤을 구하면 문제를 풀 수 있어.

L 10 정답 ④ ······ [정답률 54%] ✪ 고난도

다음은 사람의 유전 형질 (가)~(다)에 대한 자료이다.

- (가)~(다)의 유전자는 서로 다른 3개의 상염색체에 있다.
  ➡ (가), (나), (다)는 서로 독립적으로 유전
- (가)는 대립유전자 A와 a에 의해, (나)는 대립유전자 B와 b에 의해, (다)는 대립유전자 D와 d에 의해 결정된다. A, B, D는 a, b, d에 대해 각각 완전 우성이며, (가)~(다)는 모두 열성 형질이다.
- 표는 남자 P와 여자 Q의 유전자형에서 B, D, d의 유무를 나타낸 것이고, 그림은 P와 Q 사이에서 태어난 자녀 Ⅰ~Ⅲ에서 체세포 1개당 A, B, D의 DNA 상대량을 더한 값(A+B+D)을 나타낸 것이다.

→ 유전자형 bbdd 확정

사람	대립유전자		
	B	D	d
P	×	×	○
Q	?	○	×

(○ : 있음, × : 없음)

→ 유전자형 DD 확정

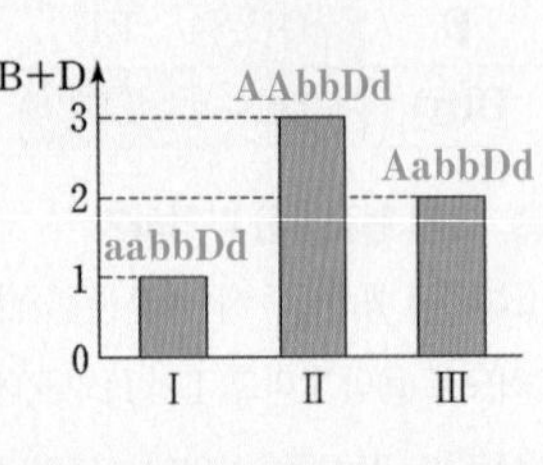

- (가)와 (나) 중 한 형질에 대해서만 P와 Q의 유전자형이 서로 같다. P ➡ Aabbdd Q ➡ AaBbDD
- 자녀 Ⅱ와 Ⅲ은 (가)~(다)의 표현형이 모두 같다.

이에 대한 설명으로 옳은 것만을 〈보기〉에서 있는 대로 고른 것은? (단, 돌연변이는 고려하지 않으며, A, a, B, b, D, d 각각의 1개당 DNA 상대량은 1이다.) (3점)

2023 대비 6월 모평 15

[보기]

ㄱ. P와 Q는 (나)의 유전자형이 서로 ~~같다~~.
(나)의 유전자형은 P에서 bb, Q에서 Bb

ㄴ. Ⅱ의 (가)~(다)에 대한 유전자형은 AAbbDd이다.
Ⅱ와 Ⅲ에서 (가)~(다)의 표현형이 모두 같고, Ⅲ에서 A+B+D가 2인 조건을 만족시키는 Ⅱ의 유전자형은 AAbbDd

ㄷ. Ⅲ의 동생이 태어날때, 이 아이의 (가)~(다)의 표현형이 모두 Ⅲ과 같을 확률은 $\frac{3}{8}$이다.
Ⅲ과 같이 (가)가 발현되지 않을 확률은 $\frac{3}{4}$, (나)가 발현될 확률은 $\frac{1}{2}$, (다)가 발현되지 않을 확률은 1이므로 구하는 확률은 $\frac{3}{4}\times\frac{1}{2}\times1=\frac{3}{8}$

① ㄱ ② ㄴ ③ ㄱ, ㄷ
④ ㄴ, ㄷ ⑤ ㄱ, ㄴ, ㄷ

단서+발상

단서 표의 대립유전자 D와 d 유무에서 P는 d만, Q는 D만 있다는 것에 주목한다..

발상 자녀 Ⅰ~Ⅲ의 유전자형은 Dd로 확정되므로 A+B는 Ⅰ이 0, Ⅱ가 2, Ⅲ이 1이라는 것을 생각한다.

해결 A+B=1은 이형 접합성과 열성 동형 접합성이 모두 존재함(Aabb 또는 aaBb)을 의미한다. 반면 A+B=2는 모두 이형 접합성(AaBb)이거나 우성 동형 접합성과 열성 동형 접합성(AAbb 또는 aaBB)임을 파악할 수 있어야 고난도 문제를 해결할 수 있다.

| 문제 해결 과정 |

step 1 P와 Q의 (가)~(다)에 대한 유전자형 추론하기

- (가)~(다)의 유전자는 모두 상염색체에 있고 독립적으로 유전된다. P에는 B와 D가 모두 없으므로 P의 (가)~(다)의 유전자형은 _ _bbdd이다.
- Q에는 d가 없으므로 Q의 (가)~(다)의 유전자형은 _ _ _ _DD이다. 따라서 자녀 Ⅰ~Ⅲ의 (가)~(다)의 유전자형은 모두 _ _ _bDd이다.
- 또한 자녀 Ⅰ~Ⅲ의 (다)에 대한 유전자형이 Dd이므로 D=1이다. 따라서 Ⅰ에서 A+B=0, Ⅱ에서 A+B=2, Ⅲ에서 A+B=1이다.

step 2 자녀 Ⅰ~Ⅲ의 (가)~(다)에 대한 유전자형 파악하기

- 자녀 Ⅰ에서 A+B=0이므로 자녀 Ⅰ의 (가)~(다)의 유전자형은 aabbDd이며, P와 Q는 각각 a와 b를 갖는다. 꿀팁
- Ⅲ에서 A+B=1이므로 (가)와 (나) 중 한 형질에 대해 이형 접합성, 나머지 한 형질에 대해 열성 동형 접합성이다. 또한 Ⅱ와 Ⅲ의 (가)~(다)의 표현형이 모두 같고, Ⅱ에서 A+B=2이므로 Ⅱ는 (가)와 (나) 중 한 형질에 대해 열성 동형 접합성이고, 나머지 한 형질에 대해 우성 동형 접합성이어야 한다.
- P의 (나)에 대한 유전자형이 bb이므로 Ⅱ의 (나)에 대한 유전자형은 bb이다. 따라서 Ⅱ의 유전자형은 AAbbDd이고, Ⅲ의 유전자형은 AabbDd이다.

step 3 P와 Q의 (가)~(다)에 대한 유전자형 확정하기

- 자녀 Ⅰ의 (가)에 대한 유전자형은 aa, 자녀 Ⅱ는 AA이므로 P와 Q의 (가)에 대한 유전자형은 모두 Aa이다.
- 또한 조건에서 (가)와 (나) 중 한 형질에 대해서만 P와 Q의 유전자형이 같다고 하였으므로 P의 유전자형은 Aabbdd, Q의 유전자형은 AaBbDD이다.

| 보기 분석 |

ㄱ. P와 Q는 (나)의 유전자형이 서로 같다. (×)

- 문제 해결 과정의 step 3을 참고하면, P의 유전자형은 Aabbdd, Q의 유전자형은 AaBbDD이므로 P와 Q는 (나)의 유전자형이 서로 다르다.

ㄴ. Ⅱ의 (가)~(다)에 대한 유전자형은 AAbbDd이다. (○)

- 문제 해결 과정의 step 2를 참고하면, Ⅲ에서 A+B=1이므로 (가)와 (나) 중 한 형질에 대해 이형 접합성, 나머지 한 형질에 대해 열성 동형 접합성이다. 또한 Ⅱ와 Ⅲ의 (가)~(다)의 표현형이 모두 같고, Ⅱ에서 A+B=2이므로 Ⅱ는 (가)와 (나) 중 한 형질에 대해 열성 동형 접합성이고, 나머지 한 형질에 대해 우성 동형 접합성이어야 한다.
- P의 (나)에 대한 유전자형이 bb이므로 Ⅱ의 (나)에 대한 유전자형은 bb이다. 따라서 Ⅱ의 (가)~(다)에 대한 유전자형은 AAbbDd이다.

ㄷ. Ⅲ의 동생이 태어날 때, 이 아이의 (가)~(다)의 표현형이 모두 Ⅲ과 같을 확률은 $\frac{3}{8}$이다. (○)

- Ⅲ의 (가)~(다)의 유전자형은 AabbDd이므로 Ⅲ은 (나)가 발현되고, (가)와 (다)는 발현되지 않으며, Ⅲ의 표현형은 [AbD]이다.
- P(Aabbdd)와 Q(AaBbDD) 사이에서 Ⅲ의 동생이 태어날 때, 이 아이의 (가)~(다)의 표현형이 모두 Ⅲ과 같을 확률은 [A]일 확률 $\frac{3}{4}$ × [b]일 확률 $\frac{1}{2}$ × [D]일 확률 $1=\frac{3}{8}$이다.

✪ 정답은 ④ ㄴ, ㄷ이다.

문제 풀이 Tip

A+B=1일 때 유전자형에서 이형 접합성과 동형 접합성이 모두 존재한다.

A+B=1일 때, 만약 A=1일 경우 B=0이므로 유전자형이 Aabb이다. 따라서 이형 접합성과 동형 접합성이 모두 존재한다.

L 11 정답 ④ ············ [정답률 51%] ✪ 고난도

다음은 사람의 유전 형질 ㉠~㉢에 대한 자료이다.

- ㉠~㉢을 결정하는 유전자는 모두 상염색체에 있다.
- ㉠은 대립유전자 A와 A*에 의해 결정되며, A는 A*에 대해 완전 우성이다. — ㉠은 단일 인자 유전 형질
- ㉡은 대립유전자 B와 B*에 의해 결정되며, B와 B* 사이의 우열 관계는 분명하지 않고 3가지 유전자형에 따른 표현형은 모두 다르다. ㉡은 불완전 우성(중간 유전) 형질
- ㉢은 1쌍의 대립유전자에 의해 결정되며, 대립유전자에는 D, E, F가 있다. ㉢의 표현형은 4가지이며, ㉢의 유전자형이 DD인 사람과 DE인 사람의 표현형은 같고, 유전자형이 EF인 사람과 FF인 사람의 표현형은 같다. — ㉢은 복대립 유전 형질
- ㉠~㉢의 유전자형이 각각 AA*BB*DE와 AA*BB*EF인 부모 사이에서 ⓐ가 태어날 때, ⓐ에서 ㉠~㉢의 유전자형이 모두 이형 접합성일 확률은 $\frac{3}{16}$이다. — ㉠~㉢을 결정하는 유전자는 모두 서로 다른 염색체에 존재

이에 대한 설명으로 옳은 것만을 〈보기〉에서 있는 대로 고른 것은? (단, 돌연변이와 교차는 고려하지 않는다.) (3점) 2020 대비 9월 모평 17

[보기]

ㄱ. 유전자형이 DE인 사람과 DF인 사람의 ㉢에 대한 표현형은 같다. → 유전자형이 DE인 사람과 DF인 사람의 ㉢에 대한 표현형은 다름

ㄴ. ㉠의 유전자와 ㉡의 유전자는 서로 다른 염색체에 존재한다. → ㉠과 ㉡을 결정하는 유전자는 모두 서로 다른 염색체에 존재

ㄷ. ⓐ에게서 나타날 수 있는 ㉠~㉢의 표현형은 최대 24가지이다. → ⓐ에게서 나타날 수 있는 ㉠의 표현형은 최대 2가지, ㉡의 표현형은 최대 3가지 ㉢의 표현형은 최대 4가지

① ㄱ ② ㄷ ③ ㄱ, ㄴ ④ ㄴ, ㄷ ⑤ ㄱ, ㄴ, ㄷ

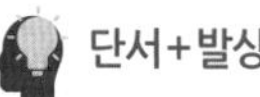

단서+발상

(단서) ⓐ에서 ㉠~㉢의 유전자형이 모두 이형 접합성일 확률은 $\frac{3}{16}$이다.'라는 조건에 주목한다.

(발상) $\frac{3}{16}$을 인수 분해하면 $\frac{3}{4}\times\frac{1}{4}$ 또는 $\frac{1}{2}\times\frac{1}{2}\times\frac{3}{4}$이 나올 수 있음을 생각한다.

(해결) 각각의 분수는 하나의 염색체에서 나오는 확률을 의미하므로 ㉠~㉢은 모두 서로 다른 3개의 상염색체에 존재하거나 서로 다른 2개의 상염색체에 존재할 것이라고 추론할 수 있어야 고난도 문제를 해결할 수 있다.

| 문제 해결 과정 |

step 1 ㉠~㉢의 특징 파악하기

- ㉠을 결정하는 대립유전자 A는 A*에 대해 완전 우성이므로 ㉠은 단일 인자 유전 형질이다.
- ㉡을 결정하는 대립유전자 B와 B*는 우열 관계가 분명하지 않으므로 ㉡은 불완전 우성(중간 유전) 형질이다.
- ㉢의 표현형은 4가지이며, ㉢을 결정하는 대립유전자가 D, E, F로 3종류가 존재한다. 따라서 ㉢은 단일 인자 유전 중 복대립 유전이다.

step 2 ㉢ 유전자의 우열 관계 파악하기

- 유전자형이 DD인 사람과 DE인 사람의 표현형이 같으므로 D가 E에 대해 우성이다.
- 유전자형이 EF인 사람과 FF인 사람의 표현형이 같으므로 F가 E에 대해 우성이다.
- 만약 D와 F 사이에도 명확한 우열 관계가 성립한다면 ㉢의 표현형은 D, E, F로 3가지뿐이므로 ㉢의 표현형이 4가지인 것에 모순이다. 따라서 D와 F의 우열 관계는 분명하지 않으며, 대립유전자 D, E, F의 우열 관계는 D=F>E이다.

step 3 유전자의 위치 파악하기

- ㉠~㉢의 유전자형이 각각 AA*BB*DE와 AA*BB*EF인 부모 사이에서 ⓐ가 태어날 때 ⓐ에서 ㉠~㉢의 유전자형이 모두 이형 접합성일 확률은 $\frac{3}{16}$이다.

⇨ $\frac{3}{16}$을 인수 분해하면 $\frac{3}{16}=\frac{3}{16}$, $\frac{3}{16}=\frac{1}{4}\times\frac{3}{4}$, $\frac{3}{16}=\frac{1}{2}\times\frac{1}{2}\times\frac{3}{4}$이다. 이때 각 우변에 있는 숫자 각각은 하나의 염색체에서 나오는 확률을 뜻한다.

- 첫 번째 $\frac{3}{16}=\frac{3}{16}$의 경우는 ㉠~㉢이 모두 하나의 염색체에 존재한다는 것을 의미하며 ⓐ가 모두 이형 접합성일 확률이 $\frac{3}{16}$임을 뜻한다.
- 이때, 세 유전자가 모두 하나의 염색체에 존재한다면 자녀에게서 나올 수 있는 표현형은 최대 4가지이므로 분모가 16이 될 수 없다. 따라서 ㉠~㉢을 결정하는 유전자는 하나의 염색체에 존재하지 않는다.
- $\frac{3}{16}=\frac{1}{4}\times\frac{3}{4}$은 하나의 유전자가 독립된 염색체에 존재하고 나머지 2개의 유전자가 하나의 염색체에 존재하는 것을 의미한다. 이 경우 $\frac{3}{4}$은 ㉢에서 나오는 확률이며, ㉠과 ㉡을 결정하는 유전자가 같은 염색체에 존재해야 한다.
- 하지만 ㉠과 ㉡에 대한 유전자형이 이형 접합성일 확률이 부모의 연관 형태에 관계없이 $\frac{1}{4}$이 나올 수 없다. 따라서 이 경우도 아니다.
- 따라서 맞는 수식은 $\frac{3}{16}=\frac{1}{2}\times\frac{1}{2}\times\frac{3}{4}$으로, 세 가지 형질을 결정하는 유전자는 모두 다른 염색체에 존재한다.

| 보기 분석 |

ㄱ. 유전자형이 DE인 사람과 DF인 사람의 ㉢에 대한 표현형은 같다. (×)

문제 해결 과정의 step 2를 참고하면, D, E, F의 우열 관계는 D=F>E이므로 두 사람의 ㉢에 대한 표현형은 같지 않다.

ㄴ. ㉠의 유전자와 ㉡의 유전자는 서로 다른 염색체에 존재한다. (○)

문제 해결 과정의 step 3를 참고하면, $\frac{3}{16}=\frac{1}{2}\times\frac{1}{2}\times\frac{3}{4}$ 형태를 만족하므로 ㉠~㉢의 유전자는 모두 서로 다른 염색체에 존재한다.

ㄷ. ⓐ에게서 나타날 수 있는 ㉠~㉢의 표현형은 최대 24가지이다. (○)

- ㉠~㉢의 유전자형이 AA*BB*DE와 AA*BB*EF인 부모 사이에서 ⓐ가 태어날 때, ⓐ에게서 나타날 수 있는 ㉠의 표현형은 A_, A*A*로 2가지, ㉡의 표현형은 BB, BB*, B*B* 3가지, ㉢의 표현형은 DE, DF, EE, EF로 4가지이다.
- 따라서 ⓐ에게서 나타날 수 있는 ㉠~㉢의 표현형은 $2\times3\times4=24$가지이다.

✪ 정답은 ④ ㄴ, ㄷ이다.

문제 풀이 Tip

대립유전자의 우열 관계가 분명하지 않은 경우(중간 유전)

유전자형이 모두 이형 접합성인 부모로부터 자녀가 태어날 때, 자녀가 나타낼 수 있는 표현형은 총 3가지이다.

*** 불완전 우성과 복대립 유전** ✪ 고난도 핵심 개념

불완전 우성	우성과 열성이 확연히 구분되어 있지 않아 중간 형태의 표현형이 나타나는 경우를 말한다.
복대립 유전	• 하나의 형질을 결정하는 데 3가지 이상의 대립유전자가 관여하는 경우를 말한다. • 하나의 형질에 대한 대립유전자가 3가지 이상이기 때문에 유전자형과 표현형이 다양하다. 예 ABO식 혈액형

L 12 정답 ④ ＊상염색체 유전 ····· ✪ 고난도 [① 12% ② 22% ③ 12% ④ 45% ⑤ 6%] 2024 실시 5월 학평 11

다음은 사람의 유전 형질 (가)~(다)에 대한 자료이다.

- (가)는 대립유전자 A와 a에 의해, (나)는 대립유전자 B와 b에 의해, (다)는 대립유전자 D와 d에 의해 결정된다.
- (가)~(다)의 유전자 중 2개는 5번 염색체에, 나머지 1개는 7번 염색체에 있다. ➡ (가)~(다) 모두 상염색체 유전
- 표는 세포 Ⅰ~Ⅲ에서 대립유전자 A, a, B, b, D, d의 유무를 나타낸 것이다. Ⅰ~Ⅲ 중 2개는 남자 P의, 나머지 1개는 여자 Q의 세포이다.

세포	대립유전자						단서 핵상	유전자형
	A	a	B	b	D	d		
Ⅰ P	×	○	○	×	×	○	n	aBd
Ⅱ Q	○	×	○	○	○	×	$2n$	AABbDD
Ⅲ P	×	○	○	○	○	○	$2n$	aaBbDd

(○: 있음, ×: 없음)

- P와 Q 사이에서 ⓐ가 태어날 때, ⓐ가 가질 수 있는 (가)~(다)의 유전자형은 최대 4가지이다.
  (나), (다) 5번 염색체 연관 ➡ ⓐ 4가지 유전자형
  (가) 7번 염색체 ➡ ⓐ 1가지 유전자형

이에 대한 설명으로 옳은 것만을 〈보기〉에서 있는 대로 고른 것은? (단, 돌연변이와 교차는 고려하지 않는다.) (3점)

[보기]

ㄱ. Ⅰ에서 B와 d는 모두 5번 염색체에 있다.
(나)와 (다)가 5번 염색체에 존재하므로 B와 d는 모두 5번 염색체에 있음

ㄴ. Ⅱ는 P의 세포이다.
Ⅰ은 Ⅲ과 같은 남자 P의 세포이며, Ⅱ는 여자 Q의 세포임

ㄷ. ⓐ가 (가)~(다) 중 적어도 2가지 형질의 유전자형을 이형 접합성으로 가질 확률은 $\frac{3}{4}$이다.
(가)는 모두 이형 접합성, (나)와 (다) 중 적어도 1가지 형질이 이형 접합성인 경우는 BBDd, BbDD, BbDd임

① ㄱ ② ㄴ ③ ㄷ ④ ㄱ, ㄷ ⑤ ㄴ, ㄷ

단서+발상

(단서) (가)~(다) 모두 상염색체 유전, 세포 Ⅰ~Ⅲ에서 대립유전자 A, a, B, b, D, d의 유무, P와 Q 사이에서 태어난 ⓐ가 가질 수 있는 유전자형의 최댓값이 제시되어 있다.

(발상) Ⅱ와 Ⅲ은 B와 b를 모두 갖고 있으므로 핵상은 $2n$이고, Ⅱ는 a를 갖고 있지 않으므로, Ⅰ과 Ⅲ은 남자 P의 세포, Ⅱ는 여자 Q의 세포임을 추론할 수 있다.

(적용) 부모의 유전자형이 모두 이형 접합성(Bb)이면, 자녀의 유전자형이 최대 3가지라는 개념을 바탕으로 5번 염색체와 7번 염색체에서 유전자의 연관 관계를 파악하여 문제 풀이를 해야 한다.

| 문제 해결 과정 |

step 1 핵상과 유전자형 파악

- (가)~(다)의 유전자 중 2개는 5번 염색체에, 나머지 1개는 7번 염색체에 있으므로 (가)~(다)는 모두 상염색체 유전이고, 남녀 모두 1쌍씩 대립유전자를 갖는다.
- 세포 Ⅱ와 Ⅲ은 B와 b를 모두 갖고 있으므로 핵상이 $2n$이고, Ⅱ의 유전자형은 AABbDD, Ⅲ의 유전자형은 aaBbDd이다.
  Ⅱ는 a를 갖고 있지 않으므로, Ⅰ은 Ⅲ과 같은 남자 P의 세포이며, Ⅱ는 다른 개체인 여자 Q의 세포이다.
- Ⅰ의 핵상은 n이고, 유전자형은 aBd이다.

step 2 5번 염색체와 7번 염색체에 있는 유전자 파악하기 

- P의 유전자형은 aaBbDd이고, Q의 유전자형은 AABbDD이다.
  만약 (가)와 (다)의 유전자가 5번 염색체에 존재하고, (나)의 유전자가 7번 염색체에 존재한다면 P, Q 모두 (나)의 유전자형이 Bb이므로 ⓐ가 가질 수 있는 (나)의 유전자형은 3가지가 나온다.
  이 경우 5번 염색체의 유전자형 수와 상관없이 ⓐ가 가질 수 있는 (가)~(다)의 유전자형이 최대 4가지일 수는 없다. ➡ (가)와 (다)의 유전자는 다른 염색체에 있다.
- 만약 (가)와 (나)의 유전자가 5번 염색체에 존재하고, (다)의 유전자가 7번 염색체에 존재한다면 ⓐ가 가질 수 있는 (가)와 (나)의 유전자형은 AaBB, AaBb, Aabb로 3가지이다.
  이 경우 7번 염색체의 유전자형 수와 상관없이 ⓐ가 가질 수 있는 (가)~(다)의 유전자형이 최대 4가지일 수는 없다. ➡ (가)와 (나)의 유전자는 다른 염색체에 있다.
- (나)와 (다)의 유전자가 5번 염색체에 존재하고, (가)의 유전자가 7번 염색체에 존재한다.
  핵상이 n인 세포 Ⅰ의 유전자형은 aBd이므로 P의 염색체에서 (나), (다)의 유전자 배열은 Bd/bD이고, ⓐ가 가질 수 있는 (나)와 (다)의 유전자형은 BBDd, BbDD, BbDd, bbDD로 총 4가지, (가)의 유전자형은 1가지인 Aa이다.
- ⓐ가 가질 수 있는 (가)~(다)의 유전자형은 최대 4가지이다.

	Bd	bD
BD	BBDd	BbDD
bD	BbDd	bbDD

	a
A	Aa

| 보기 분석 |

ㄱ. Ⅰ에서 B와 d는 모두 5번 염색체에 있다. (○)

- (가)와 (나), (가)와 (다)의 유전자가 같은 염색체에 있는 경우 모두 ⓐ가 가질 수 있는 (가)~(다)의 유전자형은 최대 4가지인 조건을 만족하지 못한다. 따라서 (나)와 (다)의 유전자는 5번 염색체에 존재하고, (가)의 유전자가 7번 염색체에 존재한다.
- 세포 Ⅰ의 유전자형은 aBd이므로 B와 d는 모두 5번 염색체에 있다.

ㄴ. Ⅱ는 P의 세포이다. (×)

- 세포 Ⅱ와 Ⅲ은 B와 b를 모두 갖고 있으므로 핵상이 $2n$이고, Ⅱ의 유전자형은 AABbDD, Ⅲ의 유전자형은 aaBbDd이다.
- Ⅱ는 a를 갖고 있지 않으므로, Ⅰ은 Ⅲ과 같은 남자 P의 세포이며, Ⅱ는 여자 Q의 세포이다.

ㄷ. ⓐ가 (가)~(다) 중 적어도 2가지 형질의 유전자형을 이형 접합성으로 가질 확률은 $\frac{3}{4}$이다. (○)

- (나)와 (다)의 유전자가 5번 염색체에 존재하고, (가)의 유전자가 7번 염색체에 존재하므로 ⓐ가 가질 수 있는 (나)와 (다)의 유전자형은 BBDd, BbDD, BbDd, bbDD로 총 4가지, (가)의 유전자형은 1가지인 Aa이다.
- (가)는 이형 접합성이므로 (나)와 (다) 중 적어도 1가지 형질이 이형 접합성인 경우는 BBDd, BbDD, BbDd이다.
- 따라서 ⓐ가 (가)~(다) 중 적어도 2가지 형질의 유전자형을 이형 접합성으로 가질 확률은 $\frac{3}{4}$이다.

✪ 정답은 ④ ㄱ, ㄷ이다.

왜 틀렸나?

(가)와 (다)의 유전자가 같은 염색체에 존재한다면, (나)의 유전자가 다른 염색체에 있으므로 ⓐ가 가질 수 있는 (나)의 유전자형은 BB, Bb, bb로 3가지가 나오고, (가)와 (나)의 유전자가 같은 염색체에 존재한다면, ⓐ가 가질 수 있는 (가)와 (나)의 유전자형은 AaBB, AaBb, Aabb로 3가지가 나온다.
이 경우 (가)~(다)의 유전자형이 최대 4가지일 수 없으므로 (나)와 (다)의 유전자가 같은 염색체에 존재한다는 것을 빠르게 파악해야 한다.

L 13 정답 ④ * 다인자 유전 ······ [정답률 53%] 2025 대비 6월 모평 14

다음은 사람의 유전 형질 (가)와 (나)에 대한 자료이다.

- (가)의 유전자는 6번 염색체에, (나)의 유전자는 7번 염색체에 있다.
  ➡ (가), (나)의 유전자가 다른 염색체에 존재 ➡ 독립적으로 유전
- (가)는 1쌍의 대립유전자에 의해 결정되며, 대립유전자에는 A, B, D가 있다. (가)의 표현형은 4가지이며, (가)의 유전자형이 AA인 사람과 AB인 사람의 표현형은 같고, 유전자형이 BD인 사람과 DD인 사람의 표현형은 같다.
  ➡ A=D>B
- (나)는 2쌍의 대립유전자 E와 e, F와 f에 의해 결정된다.
- (나)의 표현형은 유전자형에서 대문자로 표시되는 대립유전자의 수에 의해서만 결정되며, 이 대립유전자의 수가 다르면 표현형이 다르다. ➡ 다인자 유전
- P의 유전자형은 ABEeFf이고, P와 Q는 (나)의 표현형이 서로 같다. ➡ Q도 (나)의 유전자형에서 대문자로 표시되는 대립유전자는 2개
- P와 Q 사이에서 ⓐ가 태어날 때, ⓐ에게서 나타날 수 있는 (가)와 (나)의 표현형은 최대 12가지이다. 단서
  ➡ 4×3=12가지

ⓐ의 (가)와 (나)의 표현형이 모두 Q와 같을 확률은? (단, 돌연변이와 교차는 고려하지 않는다.)

① $\frac{3}{8}$ ② $\frac{1}{4}$ ③ $\frac{3}{16}$ ④ $\frac{1}{8}$ ⑤ $\frac{5}{16}$

단서+발상

단서 염색체에서 (가)와 (나)의 유전자 위치, (가)에서 표현형의 가짓수, P의 유전자형, P와 Q 사이에서 태어난 ⓐ의 표현형의 최대 가짓수가 제시되어 있다.

발상 2번째 조건을 통해 A와 D는 공동 우성이고, B는 A와 D에 대해 열성임을, 마지막 조건을 이용하여 ⓐ가 (가), (나) 둘 중 하나에서 최대 표현형이 3가지, 나머지에서 최대 표현형이 4가지가 나와야 함을 추론할 수 있다.

적용 (나) 형질에서 P, Q 둘 중 하나에서라도 한 염색체에 대문자가 1개씩 존재하는 경우(1/1) ⓐ의 최대 표현형의 개수가 3개 이상은 불가능하다는 점을 적용해서 P, Q 모두 하나의 염색체에는 대문자가 2개, 나머지 염색체에는 대문자가 0개(2/0)임을 구하는 것부터 문제 풀이를 시작해야 한다.

| 문제+자료 분석 |

- 문제의 조건에 의해 A가 B에 대해 우성이고, D가 B에 대해 우성이며 (가)의 표현형은 4가지이므로 A와 D 사이에서는 우열 관계가 없어야 한다.
  ➡ A와 D는 공동 우성이고, B는 A와 D에 대해 열성이다.(A=D>B)
  (가)의 표현형은 AD, A_, D_, BB로 총 4가지이다.
- P의 유전자형은 ABEeFf, (가)의 표현형은 A_, (나)의 유전자형에서 대문자 수는 2이고, P와 Q는 (나)의 표현형이 서로 같으므로 Q의 대문자 수도 2이다.
- (나)의 유전자는 같은 7번 염색체에 존재하므로 유전자형이 EeFf인 P의 유전자 배열은 EF/ef(2/0), Ef/eF(1/1) 2가지 중 하나이고, 대문자 수가 2인 Q의 유전자 배열은 EF/ef(2/0), Ef/eF(1/1), Ef/Ef(1/1), eF/eF(1/1) 4가지 중 하나이다.
- ⓐ에게서 나타날 수 있는 (가)와 (나)의 표현형은 최대 12가지이므로 (가), (나) 둘 중 하나에서 표현형의 최대 가짓수는 3, 나머지 하나에서 표현형의 최대 가짓수는 4가 나와야 한다.
- P, Q 둘 중 하나에서라도 염색체에 대문자가 1개씩 존재하는 경우(1/1) ⓐ의 (나)의 최대 표현형의 개수가 3개 이상은 불가능하다. 함정

  ➡ P, Q 모두 하나의 염색체에는 대문자가 2개, 나머지 염색체에는 대문자가 0개(2/0)여야만 한다. ⓐ가 태어날 때 (나)의 표현형의 최대 가짓수는 4, 2, 0으로 총 3가지이다.

	EF (2)	ef (0)
EF (2)	EF/EF (4)	EF/ef (2)
ef (0)	EF/ef (2)	ef/ef (0)

- P의 (가)의 유전자형이 AB일 때 ⓐ의 (가)의 표현형의 최대 가짓수가 4가 되려면 Q의 (가)의 유전자형은 DB만 가능하다. 이때 ⓐ의 유전자형은 AB[A_], AD[AD], DB[D_], BB[BB]로 4가지 표현형이 모두 가능하다.
  ➡ Q의 (가)의 유전자형은 BD이다.

| 선택지 분석 |

④ P의 유전자형은 AB EF/ef이고, Q의 유전자형은 DB EF/ef이므로 ⓐ의 (가)의 표현형이 Q(D_)와 같을 확률은 $\frac{1}{4}$이고, ⓐ의 (나)의 표현형이 Q(대문자 2개)와 같을 확률은 $\frac{1}{2}$이다.

ⓐ의 (가)와 (나)의 표현형이 모두 Q와 같을 확률은 $\frac{1}{4}\times\frac{1}{2}=\frac{1}{8}$이다.

왜 틀렸나?

아래와 같이 P, Q 둘 중 하나에서 염색체에 대문자가 1개씩 존재하는 경우(1/1)에는 ⓐ가 태어날 때 (나)의 최대 표현형의 개수가 3, 1로 2가지이다.

	EF (2)	ef (0)
Ef (1)	EF/Ef (3)	Ef/ef (1)
eF (1)	EF/eF (3)	eF/ef (1)

L 14 정답 ② *다인자 유전 [정답률 53%] 2024 실시 3월 학평 13

다음은 사람의 유전 형질 (가)와 (나)에 대한 자료이다.

- ○ (가)는 서로 다른 3개의 상염색체에 있는 3쌍의 대립유전자 A와 a, B와 b, D와 d에 의해 결정된다. ➡ 3쌍 모두 독립
- ○ (가)의 표현형은 유전자형에서 대문자로 표시되는 대립유전자의 수에 의해서만 결정되며, 이 대립유전자의 수가 다르면 표현형이 다르다. ➡ (가)는 다인자 유전
- ○ (나)는 대립유전자 E와 e에 의해 결정되며, 유전자형이 다르면 표현형이 다르다. (나)의 유전자는 (가)의 유전자와 서로 다른 상염색체에 있다. ➡ (나)는 불완전 우성(중간 유전)
- ○ P의 유전자형은 AaBbDDEe이고, P와 Q는 (가)의 표현형이 서로 같다.
  ➡ P의 (가)의 표현형: 대문자 4개, Q의 (가)의 표현형: 대문자 4개
- ○ P와 Q 사이에서 ⓐ가 태어날 때, ⓐ가 유전자형이 AABbDdEE인 사람과 (가)와 (나)의 표현형이 모두 같을 확률은 $\frac{1}{8}$이다. $\frac{1}{4}\times\frac{1}{2}=\frac{1}{8}$ 단서

ⓐ가 유전자형이 AaBbDdEe인 사람과 (가)와 (나)의 표현형이 모두 같을 확률은? (단, 돌연변이는 고려하지 않는다.) $\frac{1}{4}\times\frac{1}{2}=\frac{1}{8}$

① $\frac{1}{16}$ ② $\frac{1}{8}$ ③ $\frac{3}{16}$ ④ $\frac{1}{4}$ ⑤ $\frac{3}{8}$

단서+발상

단서 (가)는 다인자 유전, (가)를 결정하는 3쌍의 유전자는 모두 독립, (나)는 불완전 우성(중간 유전), P의 유전자형이 제시되어 있다. P와 Q의 자녀 ⓐ가 (가)의 유전자형이 AABbDdEE인 사람과 (가)와 (나)의 표현형이 모두 같을 확률이 제시되어 있다.

발상 Q의 (가)의 유전자형이 모두 동형 접합성일 때와 1쌍만 동형 접합성일 때의 2가지 경우에서 AABbDd와 (가)의 표현형이 같을 확률, Q의 (나)의 유전자형이 EE, Ee일 때 EE와 (나)의 표현형이 같을 확률을 추론할 수 있다.

적용 Q의 유전자형이 1쌍만 동형 접합성일 때 ⓐ가 (가)의 유전자형이 AABbDd인 사람과 (가)의 표현형이 같을 확률이 $\frac{3}{8}$이므로 Q의 (나)의 유전자형과 상관없이 ⓐ가 유전자형이 AABbDdEE인 사람과 (가)와 (나)의 표현형이 모두 같을 확률이 $\frac{1}{8}$이 될 수 없으므로 Q의 (가)의 유전자형이 모두 동형 접합성임을 구하는 것부터 문제 풀이를 시작해야 한다.

왜 틀렸나?

Q의 (가)의 유전자형이 1쌍만 동형 접합성일 때 ⓐ가 유전자형이 AABbDd인 사람과 (가)의 표현형이 같을 확률은 $\frac{3}{8}$이다.

이때 Q의 (나)의 유전자형과 상관없이 ⓐ가 유전자형이 AABbDdEE인 사람과 (가)와 (나)의 표현형이 모두 같을 확률인 $\frac{1}{8}$이 나올 수 없다. 따라서 Q에서 (가)의 유전자형은 모두 동형 접합성이다.

| 문제 해결 과정 |

step 1 Q의 (가)와 (나)의 유전자형 추론하기

- P와 Q는 (가)의 표현형이 서로 같으므로 Q의 (가)의 유전자형에서 대문자 수는 4이다.
- Q의 (가)의 유전자형이 1쌍만 동형 접합성(AABbDd, AaBBDd, AaBbDD)일 때 ⓐ의 (가)의 유전자형이 AABbDd인 사람과 (가)의 표현형이 같을 확률은 $\frac{{}_4C_2}{2^4}=\frac{3}{8}$이다. 꿀팁
- Q의 유전자형이 모두 동형 접합성(AABBdd, AAbbDD, aaBBDD)일 때 ⓐ의 (가)의 유전자형이 AABbDd인 사람과 (가)의 표현형이 같을 확률은 $\frac{{}_2C_1}{2^2}=\frac{1}{2}$이다.
- P의 (나)의 유전자형이 Ee이므로 ⓐ의 (나)의 유전자형이 EE일 확률은 Q의 (나)의 유전자형이 EE, Ee인 경우로 나눌 수 있다.
- ⓐ가 (나)의 유전자형이 EE일 확률은 Q의 (나)의 유전자형이 EE일 때 $\frac{1}{2}$이고, Ee일 때 $\frac{1}{4}$이다.

step 2 Q의 유전자형 구하기

- ⓐ가 유전자형이 AABbDdEE(대문자 4개, EE)인 사람과 표현형이 모두 같을 확률이 $\frac{1}{8}$이 되는 경우는 Q의 (가)의 유전자형은 모두 동형 접합성(AABBdd, AAbbDD, aaBBDD)이고 함정 (나)의 유전자형은 Ee일 때이다.
  따라서 Q의 유전자형은 AABBddEe, AAbbDDEe, aaBBDDEe 중 하나이다.

| 선택지 분석 |

② ⓐ가 (가)의 유전자형이 AaBbDd인 사람과 (가)의 표현형이 같을 확률은 $\frac{{}_2C_0}{2^2}=\frac{1}{4}$이고, (나)의 유전자형이 Ee인 사람과 (나)의 표현형이 같을 확률은 $\frac{1}{2}$이다.
따라서 ⓐ가 유전자형이 AaBbDdEe인 사람과 (가)와 (나)의 표현형이 모두 같을 확률은 $\frac{1}{4}\times\frac{1}{2}=\frac{1}{8}$이다.

문제 풀이 꿀팁

* 독립이면서, 다인자 유전인 경우 자녀의 표현형 확률 구하기
부모의 P의 유전자형 AaBbDD, Q의 유전자형 AABbDd인 경우
자녀는 대문자 A와 D 하나씩 확정(A_ _ _ D_)이다.
총 6자리 중 4자리는 대문자와 소문자가 모두 가능하다.
자녀의 최소 대문자 수는 2이고, 최대 대문자 수는 6이다.

자녀가 대문자 2개를 가질 확률은 $\frac{{}_4C_0}{2^4}=\frac{1}{16}$이다.

자녀가 대문자 3개를 가질 확률은 $\frac{{}_4C_1}{2^4}=\frac{1}{4}$이다.

자녀가 대문자 4개를 가질 확률은 $\frac{{}_4C_2}{2^4}=\frac{3}{8}$이다.

자녀가 대문자 5개를 가질 확률은 $\frac{{}_4C_3}{2^4}=\frac{1}{4}$이다.

자녀가 대문자 6개를 가질 확률은 $\frac{{}_4C_4}{2^4}=\frac{1}{16}$이다.

L 15 정답 ⑤ * 염색체와 대립유전자 ······ [정답률 50%] 2024 실시 7월 학평 16

사람의 유전 형질 (가)는 대립유전자 H와 H^*에 의해, (나)는 대립유전자 T와 T^*에 의해 결정된다. (가)의 유전자와 (나)의 유전자 중 하나만 X 염색체에 있다. 표는 어떤 가족 구성원의 성별과 체세포 1개당 대립유전자 H와 T의 DNA 상대량을 나타낸 것이다. ㉠~㉢은 0, 1, 2를 순서 없이 나타낸 것이다.

(가)는 상염색체, (나)는 X 염색체에 있음

	구성원	성별	DNA 상대량 H	DNA 상대량 T
$HH\ X^TY$	아버지	남	㉠ 2	㉡ 1
$HH^*\ X^{T^*}X^{T^*}$	어머니	여	㉡ 1	㉢ 0
$HH\ X^{T^*}Y$	자녀 1	남 (단서)	2	0
$HH^*\ X^TX^{T^*}$	자녀 2	여	1	?

이에 대한 설명으로 옳은 것만을 〈보기〉에서 있는 대로 고른 것은? (단, 돌연변이와 교차는 고려하지 않으며, H, H^*, T, T^* 각각의 1개당 DNA 상대량은 1이다.) (3점)

[보기]

ㄱ. ㉠은 2이다. ㉠은 2임

ㄴ. 자녀 2는 H를 아버지로부터 물려받았다.
자녀 2는 H를 아버지로부터, H^*을 어머니로부터 물려받음

ㄷ. 어머니의 (나)의 유전자형은 동형 접합성이다.
어머니의 (나)의 유전자형은 $X^{T^*}X^{T^*}$로 동형 접합성임

① ㄱ ② ㄴ ③ ㄱ, ㄷ ④ ㄴ, ㄷ ⑤ ㄱ, ㄴ, ㄷ

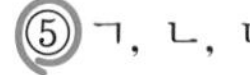

단서+발상

단서 성별이 남자인 자녀 1이 가지는 H의 DNA 상대량이 2임이 제시되어 있다.

발상 대립유전자가 X 염색체에 있을 경우 남자의 DNA 상대량은 0 또는 1인데, 아들의 H의 DNA 상대량이 2이므로 대립유전자 H는 상염색체에 있음을 추론할 수 있다.

| 문제+자료 분석 |

- 성별이 남자인 자녀 1의 H의 DNA 상대량이 2이므로 H와 H^*은 상염색체에 있고, 자녀 1의 유전자형은 HH, 자녀 2의 유전자형은 HH^*이다.
- (가)와 (나)의 유전자 중 하나만 X 염색체에 있으므로 T와 T^*은 X 염색체에 있고, 자녀 1의 유전자형은 $X^{T^*}Y$이다.
- 어머니가 자녀 1에게 T^*을 물려주어야 하므로 어머니의 T의 DNA 상대량은 2일 수 없다. T가 X 염색체에 있으므로 아버지의 T의 DNA 상대량은 2일 수 없다. 꿀팁
➡ ㉡과 ㉢이 모두 2가 아니므로 ㉠이 2이다.
- 아버지의 (가)의 유전자형은 HH이다. 자녀 2가 가지는 H^*은 어머니로부터 물려받았으므로 어머니의 유전자형은 HH^*이다. ➡ ㉡은 1이다.
- ㉠~㉢은 0, 1, 2를 순서 없이 나타낸 것으로 ㉢은 0이다.
➡ 어머니의 (나)의 유전자형은 $X^{T^*}X^{T^*}$이다.

| 보기 분석 |

ㄱ 아버지의 (가)의 유전자형은 HH로 ㉠은 2이다.

ㄴ 자녀 2의 (가)의 유전자형은 HH^*이다. H는 아버지로부터 물려받은 것이고, H^*은 어머니로부터 물려받은 것이다.

ㄷ 어머니의 (나)의 유전자형은 $X^{T^*}X^{T^*}$로 동형 접합성이다.

문제 풀이 꿀팁

- 남자는 X 염색체를 1개 가지므로 X 염색체에 존재하는 대립유전자의 DNA 상대량이 2일 수 없다.
- 여자는 X 염색체를 2개 가지므로 대립유전자의 DNA 상대량이 1일 경우 이형 접합성, 대립유전자의 DNA 상대량이 0 또는 2일 경우 동형 접합성이다.

L 16 정답 ⑤ * 피부색 유전 ······ [정답률 58%] 2020 실시 3월 학평 15

다음은 어떤 동물의 피부색 유전에 대한 자료이다.

- 피부색은 서로 다른 상염색체에 있는 3쌍의 대립유전자 A와 a, B와 b, D와 d에 의해 결정된다. 멘델 법칙 중 독립 법칙을 따름
- 피부색은 유전자형에서 대문자로 표시되는 대립유전자의 수에 의해서만 결정되며, 이 수가 다르면 피부색이 다르다. 다인자 유전을 따름
- 개체 Ⅰ의 유전자형은 aabbDD이다.
- 개체 Ⅰ과 Ⅱ 사이에서 ㉠자손(F_1)이 태어날 때, ㉠의 유전자형이 AaBbDd일 확률은 $\frac{1}{8}$이다. Ⅱ의 유전자형은 AaBbDd

이에 대한 옳은 설명만을 〈보기〉에서 있는 대로 고른 것은? (단, 돌연변이는 고려하지 않는다.) (3점)

[보기]

ㄱ. Ⅰ과 Ⅱ는 피부색이 서로 다르다.
→ 대문자 대립유전자의 수는 Ⅰ의 유전자형에서 2, Ⅱ의 유전자형에서 3

ㄴ. Ⅱ에서 A, B, D가 모두 있는 생식세포가 형성된다.
→ Ⅱ의 피부색 유전자형은 AaBbDd이다.

ㄷ. ㉠의 피부색이 Ⅰ과 같을 확률은 $\frac{3}{8}$이다.
→ ㉠의 피부색이 Ⅰ(대문자 대립유전자의 수 2)과 같을 확률은 $\frac{3}{8}$

① ㄱ ② ㄷ ③ ㄱ, ㄴ ④ ㄴ, ㄷ ⑤ ㄱ, ㄴ, ㄷ

| 문제+자료 분석 |

- Ⅰ의 피부색 형질에 대한 유전자형은 aabbDD이고, abD를 갖는 생식 세포만 형성할 수 있다.
- Ⅰ(aabbDD)과 Ⅱ 사이에서 유전자형 AaBbDd인 자손이 태어날 확률은 $(\frac{1}{2})^3=\frac{1}{8}$이다.
- Ⅰ은 abD만 갖는 생식 세포만 형성할 수 있으므로 Ⅱ로부터 A를 받을 확률 $\frac{1}{2}$, B를 받을 확률 $\frac{1}{2}$, d를 받을 확률 $\frac{1}{2}$이다. 따라서 Ⅱ의 피부색에 대한 유전자형은 AaBbDd이다.

| 보기 분석 |

ㄱ Ⅰ의 피부색에 대한 유전자형은 aabbDD로 대문자 대립유전자의 수가 2, Ⅱ의 피부색에 대한 유전자형은 AaBbDd로 대문자 대립유전자 수가 3이다. Ⅰ과 Ⅱ의 대문자 대립유전자의 수는 서로 다르므로 피부색도 서로 다르다.

ㄴ Ⅱ의 피부색에 대한 유전자형은 AaBbDd이고, 각 대립유전자는 서로 다른 염색체에 존재한다. 따라서 Ⅱ에서 A, B, D가 모두 있는 생식 세포가 형성된다.

ㄷ Ⅰ과 Ⅱ로부터 생성된 생식 세포의 유전자 구성과 대립유전자의 수, 각 생식 세포의 수정으로 태어난 ㉠자손(F_1)의 피부색에 대한 유전자형에서 대문자 대립유전자의 수는 표와 같다.

구분		Ⅱ							
		ABD(3)	ABd(2)	AbD(2)	aBD(2)	Abd(1)	aBd(1)	abD(1)	abd(0)
Ⅰ	abD(1)	(4)	(3)	(3)	(3)	(2)	(2)	(2)	(1)

㉠의 피부색이 Ⅰ과 같으려면 피부색 유전자형에서 대문자 대립유전자의 수가 2가 되어야 하므로 확률은 $\frac{3}{8}$이다.

L 17 정답 ② ······························ [정답률 47%] ✪ 고난도

다음은 사람의 유전 형질 (가)에 대한 자료이다.

- (가)는 서로 다른 2개의 상염색체에 있는 3쌍의 대립유전자 A와 a, B와 b, D와 d에 의해 결정되며, A, a, B, b는 7번 염색체에 있다. → 대립유전자 D/d는 독립적으로 유전됨
- (가)의 표현형은 유전자형에서 대문자로 표시되는 대립 유전자의 수에 의해서만 결정되며, 이 대립유전자의 수가 다르면 표현형이 다르다.
- (가)의 표현형이 서로 같은 P와 Q 사이에서 ⓐ가 태어날 때, ⓐ에게서 나타날 수 있는 표현형은 최대 5가지이고, ⓐ의 표현형이 부모와 같을 확률은 $\frac{3}{8}$이며, ⓐ의 유전자형이 AABbDD일 확률은 $\frac{1}{8}$이다.
  → P와 Q의 유전자형에서 대문자 수가 같음
  → P와 Q 중 한 명은 ABD를 가지고 다른 한 명은 AbD를 가짐

ⓐ가 유전자형이 AaBbDd인 사람과 동일한 표현형을 가질 확률은? (단, 돌연변이와 교차는 고려하지 않는다.)

2022 대비 6월 모평 14

① $\frac{1}{8}$ ② $\frac{1}{4}$ ③ $\frac{3}{8}$ ④ $\frac{1}{2}$ ⑤ $\frac{5}{8}$

단서+발상

단서 P와 Q는 (가)의 표현형이 서로 같다는 것과 ⓐ의 유전자형이 AABbDD인 경우가 나올 수 있다는 것에 주목한다.

발상 ⓐ의 유전자형이 AABbDD가 나오기 위해선 P와 Q 중 한 명은 AB, D를 가지고 다른 한 명은 Ab, D를 가진다는 것을 생각한다.

해결 P와 Q의 대문자 수는 3, 4, 5 중 하나이므로 대문자 수를 각가 가정한 후 모순점을 찾을 수 있어야 고난도 문제를 해결할 수 있다.

| 문제 해결 과정 |

step 1 P와 Q의 유전자형에서 대문자 수 파악하기

- 표현형이 같은 P와 Q 사이에서 태어난 ⓐ의 유전자형이 AABbDD가 나올 수 있으므로 P와 Q 중 한 명은 AB, D를 가지고 다른 한 명은 Ab, D를 가진다.
- 이때 문제를 쉽게 풀기 위해 P와 Q의 유전자형을 임의로 지정하여 풀이하도록 한다.
- P는 AB, D를 가지므로 P의 대문자 수는 최소 3개 이상이다.
- Q는 Ab, D를 가지므로 Q의 대문자 수는 최대 5개 이하이므로 P와 Q의 대문자 수는 3, 4, 5 중 하나일 것이다.
- 만약 P와 Q의 D에 대한 유전자형이 모두 DD일 경우 ⓐ의 유전자형이 DD일 확률은 1이고, AABb일 확률이 $\frac{1}{8}$이 나올 수 없으므로 P와 Q의 D에 대한 유전자형이 둘 다 DD인 경우는 될 수 없다.

step 2 가정하여 접근하기

가정 1. P와 Q의 유전자형에서 대문자 수가 5개일 경우

- Q의 유전자형은 Ab/AB, D/D이고, P의 유전자형은 AB/AB, D/d이다. 이들 사이에서 태어난 자손 ⓐ의 유전자형이 AABbDD일 확률은 $\frac{1}{4}$이므로 모순이다.

가정 2. P와 Q의 유전자형에서 대문자 수가 3개일 경우

- P의 유전자형은 AB/ab, D/d이므로 이를 대문자를 갖는 숫자로 표현하면 2개/0개, 1개/0개이다. 이 사람의 생식세포가 가질 수 있는 대문자 수는 0, 1, 2, 3이다.
- Q의 유전자형은 Ab/aB, D/d 또는 Ab/Ab, D/d 또는 Ab/ab, D/D 중 하나이므로 이를 대문자를 갖는 숫자로 표현하면 1개/1개, 1개/0개이다. 이 사람의 생식세포가 가질 수 있는 대문자 수는 1, 2이다.

- 위의 내용을 퍼넷트 사각형으로 나타내면 다음과 같다.

Q \ P	1 :	1 :	1 :	1
	0	1	2	3
1 1	1	2	3	4
⋮				
1 2	2	3	4	5

→ 생식세포에서 대문자 0, 1, 2, 3 갖는 비율
→ 생식세포에서 가질 수 있는 대문자 수
→ 자손인 ⓐ에게서 나타날 수 있는 표현형

- 자손의 표현형은 1~5로 최대 5가지(1~5)가 나와 조건에 충족된다. 하지만 ⓐ의 표현형이 부모와 같을 확률은 대문자가 3개 나올 확률이며, 확률을 구하면 $\frac{\text{대문자 3이 나올 수 있는 비율의 합}}{\text{P의 생식세포 비율의 합}\times\text{Q의 생식세포 비율의 합}}$ $=\frac{(1\times1)+(1\times1)}{(1+1+1+1)\times(1+1)}=\frac{2}{8}=\frac{1}{4}$이다.
- 따라서 P와 Q의 유전자형에서 대문자 수는 4개이다.

step 3 P와 Q의 유전자형 파악하기

- Q의 유전자형은 Ab/Ab, D/D 또는 Ab/aB, D/D 또는 Ab/AB, D/d 중 하나이며, P의 유전자형은 AB/ab, D/D 또는 AB/aB, Dd 또는 AB/Ab, D/d 중 하나이다.

가정 1. Q의 유전자형이 Ab/Ab, D/D 또는 Ab/aB, D/D일 경우

- Q의 생식세포를 대문자 수로 나타내면 1/1, 1/1이며, Q의 생식세포에서 만들어질 수 있는 대문자 수는 2로, 한 가지 뿐이다. 따라서 P의 유전자형이 무엇이든 ⓐ에게서 나타날 수 있는 표현형이 최대 5가지가 될 수 없다.

가정 2. 한 명의 유전자형이 Ab/AB, D/d일 경우

- 다른 한 명의 유전자형이 AB/ab, D/D일 경우 자손 ⓐ의 표현형이 부모와 같을 확률은 $\frac{3}{8}$이 아닌 $\frac{1}{4}$이므로 모순이다.
- 다른 한 명의 유전자형이 AB/aB, D/d일 경우, 자손 ⓐ의 유전자형이 AABbDD일 확률이 $\frac{1}{8}$보다 작으므로 모순이다.
- 다른 한 명의 유전자형이 AB/Ab, D/d일 경우, 자손 ⓐ에서 나타날 수 있는 표현형이 최대 5가지이고 표현형이 부모와 같을 확률은 $\frac{3}{8}$이며, 자손 ⓐ의 유전자형이 AABbDD일 확률은 $\frac{1}{8}$로 모든 조건에 부합한다.
- P와 Q 중 한 명의 유전자형은 Ab/AB, D/d이고 다른 한 명의 유전자형은 AB/Ab, D/d이다.

step 4 ⓐ의 유전자형에서 대문자가 3개일 확률 구하기

- 자손 ⓐ가 유전자형이 AaBbDd인 사람과 동일한 표현형을 가지려면 ⓐ의 유전자형에서 대문자가 3개여야 한다.
- P와 Q로부터 형성된 생식세포의 유전자 구성에 따른 ⓐ의 유전자형에서 대문자로 표시되는 대립유전자의 수를 나타내면 다음과 같다.

Q \ P	1 :	2 :	1
	1	2	3
1 1	2	3(1×2)	4
⋮			
2 2	3(2×1)	4	5
⋮			
1 3	4	5	6

→ ⓐ의 대문자 수가 3이 나올 수 있는 비율의 합 (1×2)+(2×1)=4

따라서 자손 ⓐ가 유전자형이 AaBbDd인 사람과 동일한 표현형을 가질 확률은 $\frac{\text{대문자 3이 나올 수 있는 비율의 합}}{\text{P의 생식세포 비율의 합}\times\text{Q의 생식세포 비율의 합}}$ $=\frac{(1\times2)+(2\times1)}{(1+2+1)\times(1+2+1)}=\frac{4}{16}=\frac{1}{4}$이다.

✪ 정답은 ② $\frac{1}{4}$이다.

문제 풀이 Tip

자손의 표현형에서 대문자가 3개려면 부모의 표현형에서 대문자가 0개/3개 또는 1개/2개여야 하므로, 유전자형을 모두 적을 필요 없이 대문자 수로 접근하면 문제를 더 간단하게 풀 수 있다.

L 18 정답 ⑤ ························ [정답률 45%] ✪ 고난도

다음은 사람의 유전 형질 (가)에 대한 자료이다.

- (가)는 3쌍의 대립유전자 A와 a, B와 b, D와 d에 의해 결정된다. 이 중 1쌍의 대립유전자는 7번 염색체에, 나머지 2쌍의 대립유전자는 9번 염색체에 있다.
- (가)의 표현형은 ⓐ 유전자형에서 대문자로 표시된 대립유전자의 수에 의해서만 결정된다. 다인자 유전
- ⓐ가 3인 남자 Ⅰ과 ⓐ가 4인 여자 Ⅱ 사이에서 ⓐ가 6인 아이 Ⅲ이 태어났다. AaBbDd AaBbDD AABBDD
- Ⅱ에서 난자가 형성될 때, 이 난자가 a, b, D를 모두 가질 확률은 $\frac{1}{2}$이다.
- Ⅰ과 Ⅱ 사이에서 Ⅲ의 동생이 태어날 때, 이 아이에게서 나타날 수 있는 표현형은 최대 [㉠]가지이고, 이 아이의 ⓐ가 5일 확률은 [㉡]이다. 6 $\frac{1}{8}$

이에 대한 옳은 설명만을 〈보기〉에서 있는 대로 고른 것은? (단, 돌연변이와 교차는 고려하지 않는다.) (3점) 2020 실시 10월 학평 16

[보기]

ㄱ. Ⅲ에서 A와 B는 모두 9번 염색체에 있다.
→ Ⅱ에서 난자가 a, b, D를 모두 가질 확률이 $\frac{1}{2}$이려면 A와 B가 9번 염색체에 존재해야 한다.

ㄴ. ㉠은 6이다.
→ 대립유전자의 대문자 수는 1개~6개가 가능하므로 나올 수 있는 표현형의 가짓수는 6가지이다.

ㄷ. ㉡은 $\frac{1}{8}$이다.
→ 이 아이의 유전자형이 AABBDd가 될 확률 $=\frac{1}{4}\times\frac{1}{2}=\frac{1}{8}$

① ㄱ ② ㄷ ③ ㄱ, ㄴ ④ ㄴ, ㄷ ⑤ ㄱ, ㄴ, ㄷ

단서+발상

단서 'ⓐ가 3인 남자 Ⅰ과 ⓐ가 4인 여자 Ⅱ 사이에서 ⓐ가 6인 아이 Ⅲ이 태어났다.'라는 조건에 주목한다.

발상 대문자로 표시된 대립유전자의 수인 ⓐ가 6인 것을 통해 Ⅲ의 유전자형이 AABBDD임을 생각한다.

해결 Ⅱ는 Ⅲ에게 각각 A, B, D를 물려줘야 하므로 A, B, D를 가지고 있다. 또한 Ⅱ에서 형성된 난자가 a, b, D를 모두 가질 확률은 $\frac{1}{2}$라고 하였으므로 a와 b가 같은 염색체에 있고, Ⅱ의 유전자형이 AB/ab, DD임을 파악할 수 있어야 고난도 문제를 해결할 수 있다.

| 문제 해결 과정 |

step 1 Ⅰ, Ⅱ의 유전자형 파악하기

- ⓐ가 3인 남자 Ⅰ과 ⓐ가 4인 여자 Ⅱ 사이에서 ⓐ가 6인 아이 Ⅲ이 태어났다고 하였으므로 아이 Ⅲ의 유전자형은 AABBDD이며, Ⅰ과 Ⅱ는 각각 A, B, D를 한 개씩 가지고 있다.
- Ⅱ의 난자가 a, b, D를 모두 가질 확률이 $\frac{1}{2}$이라고 하였으므로 Ⅱ의 유전자형은 AaBbDD이고, 각각의 유전자가 다음과 같이 위치함을 확인할 수 있다.

- 이를 살펴보면 Ⅱ의 난자가 a, b를 가질 확률이 $\frac{1}{2}$, D를 가질 확률이 1이므로 a, b, D를 가질 확률은 $\frac{1}{2}\times1=\frac{1}{2}$이다.

- Ⅲ의 유전자형이 AABBDD이므로 유전자는 다음과 같이 위치한다.

D||D (7번 염색체) A||A, B||B (9번 염색체)

- 이를 바탕으로 Ⅰ의 유전자형을 추론하면 AaBbDd이고, 유전자는 다음과 같이 위치한다.

step 2 Ⅲ의 동생에게서 나타날 수 있는 표현형의 가짓수 구하기

- 7번 염색체 위에 있는 D, d만 고려하면 Ⅲ의 동생에게서 나올 수 있는 조합은 DD, Dd로 2가지이다.
- 9번 염색체 위에 있는 A, a, B, b만 고려하면 Ⅲ의 동생에게서 나올 수 있는 조합은 AB/AB, AB/ab, ab/ab로 3가지이다.
- 따라서 나올 수 있는 대문자 수는 6개(AABBDD)~1개(aabbDd)로 가능한 표현형의 가짓수는 총 6가지이다.

step 3 Ⅲ의 동생의 ⓐ가 5일 확률 구하기

- Ⅲ의 동생이 대문자로 표시된 대립유전자 5개를 가질 때 가능한 유전자형은 AABBDd로 1가지 뿐이다. 그러므로 ㉡은 $\frac{1}{4}\times\frac{1}{2}=\frac{1}{8}$이다.

| 보기 분석 |

ㄱ. Ⅲ에서 A와 B는 모두 9번 염색체에 있다. (○)

문제 해결 과정의 step 1을 참고하면, Ⅲ에서 A와 B는 9번 염색체에 함께 존재하고 D는 7번 염색체에 존재한다.

ㄴ. ㉠은 6이다. (○)

문제 해결 과정의 step 2를 참고하면, Ⅲ의 동생에게서 나타날 수 있는 표현형은 대문자 수가 6개(AABBDD)~1개(aabbDd)로 총 6가지이다.

ㄷ. ㉡은 $\frac{1}{8}$이다. (○)

Ⅲ의 동생이 대문자로 표시된 대립유전자 5개를 가질 때 가능한 유전자형은 AABBDd로 1가지 뿐이므로 ㉡은 $\frac{1}{4}\times\frac{1}{2}=\frac{1}{8}$이다.

✪ 정답은 ⑤ ㄱ, ㄴ, ㄷ이다.

문제 풀이 Tip

다인자 유전에서 표현형의 개수를 생각할 때는 각 염색체 별로 가능한 대문자의 개수를 구한 다음, 모든 염색체에 대해서 최댓값과 최솟값을 구하면 간단하게 구할 수 있다.

* 단일 인자 유전과 다인자 유전 ························ ✪ 고난도 핵심 개념

단일 인자 유전	단대립 (A,a)	완전 우성	A>a
		불완전 우성	AA≠Aa
	복대립 (대립유전자가 3개 이상)	완전 우성	R>G>B
		불완전 우성	A=B>O
다인자 유전	2쌍 이상의 대립유전자가 관여하고, 대문자 수에 의해 표현형이 결정된다.		

다음은 어떤 가족의 유전 형질 (가)와 (나)에 대한 자료이다.

- (가)는 2쌍의 대립유전자 A와 a, B와 b에 의해 결정되며, (가)의 유전자는 서로 다른 2개의 상염색체에 있다.
- (가)의 표현형은 유전자형에서 대문자로 표시되는 대립유전자 수에 의해서만 결정되며, 이 대립유전자의 수가 다르면 표현형이 다르다. (가): A, a, B, b / 다인자 유전
- (나)는 대립유전자 D와 d에 의해 결정되며, D는 d에 대해 완전 우성이다. (나)의 유전자는 (가)의 유전자와 서로 다른 상염색체에 있다. (나): D > d / 단일 인자 유전
- 어머니와 자녀 1은 (가)와 (나)의 표현형이 모두 같고, 아버지와 자녀 2는 (가)와 (나)의 표현형이 모두 같다.
- 표는 자녀 2를 제외한 나머지 가족 구성원의 체세포 1개당 대립유전자 ㉠~㉥의 DNA 상대량을 나타낸 것이다. ㉠~㉥은 A, a, B, b, D, d를 순서 없이 나타낸 것이다.

구성원	DNA 상대량					
	㉠ A	㉡ d	㉢ b	㉣ a	㉤ D	㉥ B
아버지	2	0	1	0	2	1
어머니	0	1	0	2	1	2
자녀 1	1	1	1	1	1	1

- 자녀 2의 유전자형은 AaBBDd이다.

이에 대한 설명으로 옳은 것만을 〈보기〉에서 있는 대로 고른 것은? (단, 돌연변이와 교차는 고려하지 않으며, A, a, B, b, D, d 각각의 1개당 DNA 상대량은 1이다.) (3점)

[보기]

ㄱ. ㉠은 A이다.
㉠은 A임

ㄴ. ㉡과 ㉤은 (나)의 대립유전자이다.
㉡과 ㉤은 (나)를 결정하는 대립유전자임

ㄷ. 자녀 2의 동생이 태어날 때, 이 아이의 (가)와 (나)의 표현형이 모두 어머니와 같을 확률은 $\frac{1}{4}$이다.
자녀 2의 동생이 태어날 때, 이 아이의 (가)와 (나)의 표현형이 모두 어머니와 같을 확률은 $\frac{1}{2}$이다.

① ㄱ ② ㄷ ③ ㄱ, ㄴ ④ ㄴ, ㄷ ⑤ ㄱ, ㄴ, ㄷ

| 문제+자료 분석 |

step 1 대립유전자 찾기

- 남녀의 체세포에서 상염색체에 존재하는 대립유전자의 합은 모두 2이므로, A+a=B+b=D+d=2이다.
- 아버지에서 ㉢과 ㉥만 1이므로, ㉢과 ㉥이 서로 대립유전자이다.
- 어머니에서 ㉡과 ㉤만 1이므로 ㉡과 ㉤이 서로 대립유전자이다.
- 나머지 ㉠과 ㉣이 서로 대립유전자이다.

step 2 A, a, B, b, D, d와 ㉠~㉥ 매칭하기

- 어머니와 자녀 1의 (가)에 대한 표현형이 같으므로 어머니는 (가)의 유전자형에서 대문자로 표시되는 대립유전자 수가 2여야 한다. 어머니의 ㉡㉤이 (가)에 대한 유전자형이라면, ㉡, ㉤ 중 대문자로 표시되는 대립유전자 수가 1이고, 나머지 ㉣㉣ 또는 ㉥㉥에서 대문자로 표시되는 대립유전자 수는 0 또는 2이므로 (가)에 대한 유전자형에서 대문자로 표시되는 대립유전자 수는 1 또는 3으로 모순이 나타난다. 따라서 ㉡과 ㉤은 (나)를 결정하는 유전자이다.
- 아버지, 어머니, 자녀 1, 자녀 2 모두 (나)에 대한 표현형이 [D]이므로 아버지와 어머니에서 공통적으로 갖는 ㉤이 D가 되고, ㉡은 d가 된다.
- 자녀 2의 (가)에 대한 유전자형이 AaBB이므로 부모는 모두 B를 갖는다. 부모가 공통적으로 갖는 ㉥이 B이고, 아버지는 ㉢㉥(이형 접합성)이므로 Bb, 어머니는 ㉥㉥(동형 접합성)이므로 BB이다. 따라서 ㉥은 B, ㉢은 b이다.
- 아버지는 (가)의 유전자형에서 대문자로 표시되는 대립유전자 수가 3이므로 ㉠㉠이 AA이고, 어머니는 (가)의 유전자형에서 대문자로 표시되는 대립유전자 수가 2이므로 ㉣㉣이 aa가 되어야 한다. 따라서 ㉠은 A, ㉣은 a이다.
- 각 구성원의 유전자형을 가계도에 나타내면 다음과 같다.

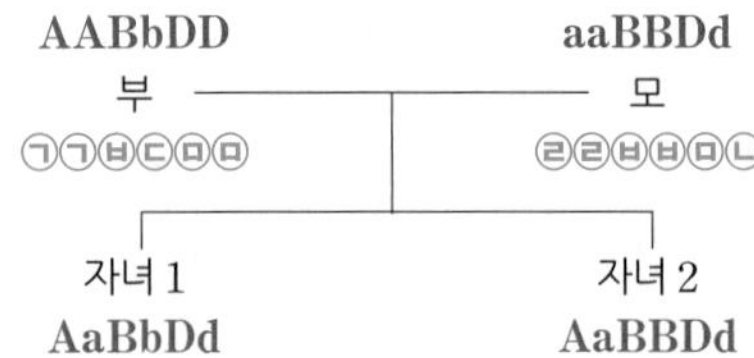

| 보기 분석 |

ㄱ. step 2를 참고하면, ㉠은 A이다.

ㄴ. step 2를 참고하면, ㉡(d)과 ㉤(D)은 (나)를 결정하는 대립유전자이다.

ㄷ. 자녀 2의 동생이 태어날 때, 이 아이의 (가)와 (나)의 표현형이 모두 어머니와 같을 확률은 (가)의 유전자형에서 대문자로 표시되는 대립유전자를 2개 가질 확률 × (나)의 유전자형이 D_일 확률이다.

- (가)의 유전자형에서 대문자로 표시되는 대립유전자를 2개 가질 확률: 자손은 아버지로부터 A와 B 또는 b를, 어머니로부터는 a와 B를 물려받으므로 자손의 유전자형은 AaB_이다. 어머니처럼 대문자로 표시되는 대립유전자를 2개 갖기 위해서는 아버지로부터 B와 b 중 b를 물려받아야 하므로 확률은 $\frac{1}{2}$이다.
- (나)의 유전자형이 D_일 확률: 아버지와 어머니의 (나)에 대한 유전자형이 각각 DD, Dd이므로 자손에서 (나)에 대한 유전자형이 D_일 확률은 1이다.
- 자녀 2의 동생이 태어날 때, 이 아이의 (가)와 (나)의 표현형이 모두 어머니와 같을 확률은 $\frac{1}{2} \times 1 = \frac{1}{2}$이다.

L 20 정답 ③ * 다인자 유전 [정답률 52%] 2023 실시 10월 학평 13

다음은 사람의 유전 형질 (가)와 (나)에 대한 자료이다.

- (가)는 서로 다른 3개의 상염색체에 있는 3쌍의 대립유전자 A와 a, B와 b, D와 d에 의해 결정된다.
- (가)의 표현형은 유전자형에서 대문자로 표시되는 대립유전자의 수에 의해서만 결정되며, 이 대립유전자의 수가 다르면 표현형이 다르다. ➡ (가)는 다인자 유전
- (나)는 대립유전자 E, F, G에 의해 결정되고, 표현형은 4가지이다. 유전자형이 EE인 사람과 EG인 사람의 표현형은 같고, 유전자형이 FF인 사람과 FG인 사람의 표현형은 같다. ➡ (나)는 복대립 유전, E=F>G
- (가)와 (나)의 유전자는 서로 다른 상염색체에 있다.
- P의 유전자형은 AaBbDdEF이고 P와 Q 사이에서 ⓐ가 태어날 때, ⓐ에게서 나타날 수 있는 (가)와 (나)의 표현형은 최대 8가지이다. ➡ (가) 4가지 × (나) 2가지
- ⓐ가 유전자형이 AABBDDEG인 사람과 같은 표현형을 가질 확률과 AABBDDFG인 사람과 같은 표현형을 가질 확률은 각각 0보다 크다.

ⓐ가 유전자형이 AaBBDdFG인 사람과 (가)와 (나)의 표현형이 모두 같을 확률은? (단, 돌연변이는 고려하지 않는다.)

① $\frac{1}{16}$ ② $\frac{1}{8}$ ③ $\frac{3}{16}$ ④ $\frac{1}{4}$ ⑤ $\frac{3}{8}$

| 문제 해결 과정 |

step 1 ⓐ에서 표현형의 가짓수 분석하기

- (가)와 (나)의 유전자는 서로 다른 상염색체에 존재하므로 ⓐ에게서 나타날 수 있는 (가)와 (나)의 표현형은 (가)의 표현형 가짓수 × (나)의 표현형 가짓수=8이다.
- P의 (가)에 대한 유전자형이 AaBbDd이므로 P의 생식세포에서 대문자 가짓수는 4가지(대문자 0개~3개)이므로 ⓐ의 (가)에 대한 표현형은 최소 4가지이다.
- (가)는 서로 다른 3개의 상염색체에 있는 유전자에 의해 결정되는 다인자 유전 형질이므로 ⓐ의 (가)에 대한 표현형은 최대 7가지(대문자 0개~6개)이다.
- ⓐ에서 (가)의 표현형 가짓수 × (나)의 표현형 가짓수=8이어야 하므로, (가)의 표현형은 4가지, (나)의 표현형은 2가지이다.

step 2 Q의 유전자형 구하기

- ⓐ가 유전자형이 AABBDDEG인 사람과 같은 표현형을 가질 확률과 AABBDDFG인 사람과 같은 표현형을 가질 확률은 각각 0보다 크므로, Q는 A, B, D를 가져야 한다.
- P의 생식세포와 Q의 생식세포 속 대문자 수의 합으로 ⓐ의 표현형이 결정된다. P의 생식세포 속 대문자 가짓수가 4가지(대문자 0개~3개)이므로, Q의 생식세포 속 대문자 가짓수는 1가지여야 ⓐ의 (가)에 대한 표현형이 4가지를 만족한다.
- Q의 생식세포 속 대문자 가짓수가 1가지이기 위한 Q의 (가)에 대한 유전자형은 AABBDD이다.
- ⓐ에서 P(EF)와 Q 사이에서 (나)에 대한 표현형이 [E]와 [F]인 개체가 나와야 하므로, Q는 GG여야 한다.
- Q의 유전자형은 AABBDDGG이다.

step 3 확률 구하기

- ⓐ가 AaBBDd인 사람과 (가)에 대한 표현형이 같을 확률은 P와 Q 사이에서 대문자로 표시되는 대립유전자의 수가 4개인 자녀가 태어날 확률과 같다.
- P(AaBbDd)와 Q(AABBDD) 사이에서 자녀가 태어날 때 (가)에 대한 유전자형에서 대문자로 표시되는 대립유전자의 수가 4개인 자녀가 태어날 확률은 $\frac{{}_3C_1}{2^3}=\frac{3}{8}$이다.
- ⓐ가 FG인 사람과 (나)에 대한 표현형이 같을 확률은 P와 Q 사이에서 표현형이 [F]인 자녀가 태어날 확률과 같다.
- P(EF)와 Q(GG) 사이에서 [F]인 자녀가 태어날 확률은 $\frac{1}{2}$이다.

| 선택지 분석 |

③ ⓐ가 유전자형이 AaBBDdFG인 사람과 (가)와 (나)의 표현형이 모두 같을 확률은 (가)에 대한 유전자형에서 대문자로 표시되는 대립유전자의 수가 4개일 확률 × (나)에 대한 표현형이 [F]일 확률이므로 $\frac{3}{8}\times\frac{1}{2}=\frac{3}{16}$이다.

L 21 정답 (모두 정답) * 다인자 유전 [정답률 51%] 2021 실시 10월 학평 15

다음은 어떤 가족의 유전 형질 (가)와 (나)에 대한 자료이다.

- (가)와 (나)의 유전자는 2개의 상염색체에 있다.
- (가)는 3쌍의 대립유전자 A와 a, B와 b, D와 d에 의해 결정된다.
- (가)의 표현형은 ㉠(가)의 유전자형에서 대문자로 표시되는 대립유전자의 수에 의해서만 결정되며, ㉠이 다르면 표현형이 다르다.
- (나)는 대립유전자 E와 e에 의해 결정되며, 유전자형이 다르면 표현형이 다르다.
- ㉠이 3이고, (나)의 유전자형이 Ee인 어떤 부모 사이에서 아이가 태어날 때, 이 아이에게서 나타날 수 있는 (가)와 (나)의 표현형은 최대 4가지이며, 이들 사이에서 (가)의 유전자형이 AaBbDD인 딸 ⓐ가 태어났다.
  → 아이의 (나) 표현형 최대 3가지
  → E와 e가 존재하는 상염색체가 아닌 다른 상염색체에 의해 나타날 수 있는 (가)의 표현형은 최대 1가지여야 함

유전자형이 **AabbDDEe**인 남자와 ⓐ 사이에서 아이가 태어날 때, 이 아이에게서 나타날 수 있는 (가)와 (나)의 표현형은 최대 몇 가지인가? (단, 돌연변이와 교차는 고려하지 않는다.) (3점)

① 4 ② 6 ③ 8 ④ 12 ⑤ 16

| 문제+자료 분석 |

- 유전자형이 Ee인 부모 사이에 태어난 아이의 (나)의 표현형이 최대 3가지인데, (가)와 (나)의 표현형은 최대 4가지뿐이다. 이를 만족하려면 E와 e가 존재하지 않는 다른 상염색체에 의해 나타나는 (가)의 표현형은 1가지뿐이어야 한다.
- 또한 E와 e가 존재하는 상염색체에서 유전자형이 Ee일 때 (가)의 표현형이 2가지여야 한다.

| 선택지 분석 |

- 2개의 상염색체에 각각 2개의 유전자가 있다고 가정하면 부모의 유전자 구성은 각각 [Ab/aB, DE/de]와 [Ab/aB, dE/De]이고, ⓐ의 유전자 구성은 [Ab/aB, DE/De]이다. 유전자 구성이 [Ab/ab, DE/De]인 남자와 ⓐ 사이에서 태어날 아이에서 상염색체 [DE/De]와 [DE/De]에 의해 나타나는 표현형은 최대 3가지이다. 상염색체 [Ab/ab]와 [Ab/aB]에 의해 만들어질 수 있는 대문자의 수는 1개, 2개이므로 나타날 수 있는 표현형은 최대 2가지이다. 두 상염색체에 의해 나타날 수 있는 표현형의 가짓수를 곱하면 최대 6가지의 표현형이 가능하다.
- 2개의 상염색체에 각각 3개와 1개의 유전자가 있다고 가정하면 부모의 유전자 구성은 각각 [BdE/BDe, a/a]와 [bDE/bde, A/A] 또는 [bDE/BDe, a/a]와 [bDE/bde, A/A]이고, ⓐ의 유전자 구성은 [BDe/bDE, A/a]이다. ⓐ와 남자 사이에서 태어나는 아이에게서 나타날 수 있는 (가)와 (나)의 표현형은 최대 10가지도 가능하므로 이 문제는 교육청에서 '모두 정답'으로 처리하였다.

L 22 정답 ③ [정답률 46%] ✪ 고난도

다음은 사람의 유전 형질 ㉠에 대한 자료이다.

- ㉠을 결정하는 3개의 유전자는 각각 대립유전자 A와 a, B와 b, D와 d를 갖는다. ➡ 다인자 유전
- ㉠의 유전자 중 A와 a, B와 b는 상염색체에, D와 d는 X 염색체에 있다.
- ㉠의 표현형은 유전자형에서 대문자로 표시되는 대립유전자의 수에 의해서만 결정되며, 이 대립유전자의 수가 다르면 표현형이 다르다.
- 그림은 철수네 가족에서 아버지의 생식세포에 들어 있는 일부 염색체와 유전자를, 표는 이 가족의 ㉠의 유전자형에서 대문자로 표시되는 대립유전자의 수를 나타낸 것이다. ⓐ~ⓒ는 아버지, 어머니, 누나를 순서 없이 나타낸 것이다.

• A와 B 독립
• 아버지는 A, B, d를 갖음

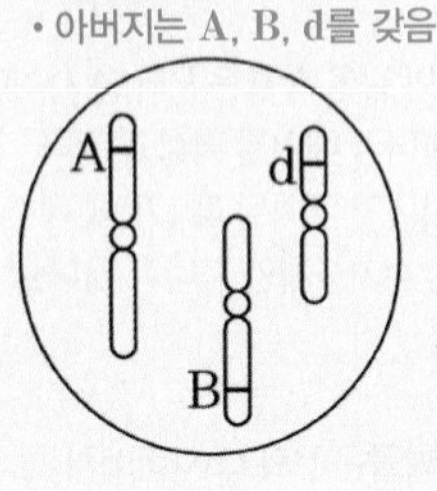

구성원	㉠의 유전자형에서 대문자로 표시되는 대립유전자의 수
ⓐ 누나	4 AABBdd, AABbDd, AaBBDd 중 하나
ⓑ 어머니	3 AaBbDd
ⓒ 아버지	2 AaBbdY
철수	0 aabbdY

이에 대한 설명으로 옳은 것만을 <보기>에서 있는 대로 고른 것은? (단, 돌연변이는 고려하지 않는다.) (3점) 2022 실시 7월 학평 10

[보기]

ㄱ. 어머니는 ⓑ이다.
어머니는 ㉠의 대문자 수가 3개이므로 ⓑ

ㄴ. 누나의 체세포에는 a와 b가 모두 있다.
누나는 유전자형이 AABBdd, AABbDd, AaBBDd 중 하나이므로 누나의 체세포는 a와 b를 모두 가질 수 없음

ㄷ. 철수의 동생이 태어날 때, 이 아이의 ㉠에 대한 표현형이 아버지와 같을 확률은 $\frac{5}{16}$이다.
자녀에서 ㉠의 대문자 수가 2일 확률은 $\frac{5}{16}$

① ㄱ ② ㄴ ③ ㄱ, ㄷ ④ ㄴ, ㄷ ⑤ ㄱ, ㄴ, ㄷ

단서+발상

(단서) 그림에서 아버지의 생식세포에 들어있는 유전자에 주목한다.

(발상) 아버지는 A, B, d를 가지므로 아버지의 유전자형은 A□B□dY임을 생각한다.

(해결) 철수의 ㉠의 유전자형에서 대문자로 표시되는 대립유전자의 수가 0이므로 철수의 유전자형은 aabbdY이다. 따라서 아버지지의 유전자형은 AaBbdY이고, 대문자 수는 2이므로 ⓒ는 아버지임을 파악할 수 있어야 고난도 문제를 해결할 수 있다.

| 문제 해결 과정 |

step 1 형질 ㉠ 파악하기

- ㉠은 3쌍의 대립유전자에 의해 형질이 결정되므로 다인자 유전이다.
- 아버지의 생식세포에서 A와 B가 서로 다른 염색체에 존재하므로 A와 a, B와 b는 서로 독립이다.
- ㉠의 표현형은 유전자형에서 대문자로 표시되는 대립유전자의 수에 의해서만 결정된다. ➡ ㉠의 표현형은 A의 수+B의 수+D의 수에 의해 결정된다.

step 2 각 구성원의 유전자형 구하기

- 철수는 ㉠의 유전자형에서 대문자로 표시되는 대립유전자의 수가 0이다. ➡ 철수의 유전자형은 aabbdY이다.
- 아버지는 철수에게 a와 b를 물려주며, 아버지의 생식세포에 A, B, d가 존재한다. ➡ 아버지의 유전자형은 AaBbdY이며, ⓒ는 아버지이다.
- 어머니는 ⓐ 또는 ⓑ인데, 철수에게 a, b, d를 물려주므로 ㉠의 유전자형에서 대문자로 표시되는 대립유전자의 수가 4가 될 수 없다. ➡ 어머니의 유전자형은 AaBbDd이며, ⓑ는 어머니이다.
- 누나는 아버지로부터 X 염색체에 존재하는 d를 받으며, ⓐ이므로 ㉠의 유전자형에서 대문자로 표시되는 대립유전자의 수는 4이다. ➡ 누나의 유전자형은 AABBdd, AABbDd, AaBBDd 중 하나이다.

| 보기 분석 |

ㄱ. 어머니는 ⓑ이다. (○)

- 문제 해결 과정의 step 2를 참고하면, 아버지가 AaBbdY이므로 ⓒ이고, 어머니는 철수에게 a, b, d를 물려주므로 ㉠의 유전자형에서 대문자로 표시되는 대립유전자의 수는 3개이다. 따라서 어머니는 ⓑ이다.

ㄴ. 누나의 체세포에는 a와 b가 모두 있다. (×)

- 누나는 유전자형이 AABBdd, AABbDd, AaBBDd 중 하나이므로 누나의 체세포는 a와 b를 모두 가질 수 없다.

ㄷ. 철수의 동생이 태어날 때, 이 아이의 ㉠에 대한 표현형이 아버지와 같을 확률은 $\frac{5}{16}$이다. (○)

- 아버지(AaBbdY)와 어머니(AaBbDd) 사이에서 철수의 동생이 태어날 때, 이 아이의 ㉠에 대한 표현형이 아버지와 같을 경우는 대문자로 표시되는 대립유전자의 수가 2개인 경우이다.
- 아버지는 아이에게 d 또는 Y를 물려주므로 아이의 6개의 유전자 자리 중 한 자리는 대문자 수가 0개로 확정된다. 따라서 나머지 5개의 유전자 자리에 대문자가 2개 올 가짓수는 $_5C_2$이다.

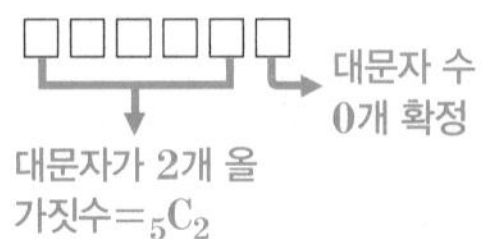

- 아버지(AaBbdY)와 어머니(AaBbDd) 사이에서 철수의 동생이 태어날 때, 이 아이의 ㉠에 대한 표현형이 아버지와 같을 확률은

$$\frac{\text{5개의 유전자 자리에 대문자가 2개 올 가짓수}}{\text{아버지의 생식세포 유전자형 가짓수} \times \text{어머니의 생식세포 유전자형 가짓수}} = \frac{_5C_2}{2^2 \times 2^3} = \frac{5}{16}\text{이다.}$$

✪ 정답은 ③ ㄱ, ㄷ이다.

문제 풀이 Tip

1. 가족 구성원 중 대문자 수가 0인 구성원부터 접근하여 부모의 유전자형에 대한 힌트를 얻는다.
2. 다인자 유전에서 유전 형질을 결정하는 대립유전자가 모두 다른 염색체에 존재하는 경우, 태어날 자손의 확률은 조합을 이용하면 더 쉽게 구할 수 있다.

L 23 정답 ② *사람의 유전 ······ ✪ 고난도 [정답률 49%] 2024 대비 6월 모평 19

다음은 사람의 유전 형질 (가)와 (나)에 대한 자료이다.

- (가)는 서로 다른 3개의 상염색체에 있는 3쌍의 대립유전자 A와 a, B와 b, D와 d에 의해 결정된다. ➡ 3쌍의 대립유전자는 모두 다른 염색체에 있음
- (가)의 표현형은 유전자형에서 대문자로 표시되는 대립유전자의 수에 의해서만 결정되며, 이 대립유전자의 수가 다르면 표현형이 다르다. ➡ (가)는 다인자 유전
- (나)는 대립유전자 E와 e에 의해 결정되며, 유전자형이 다르면 표현형이 다르다. (나)의 유전자는 (가)의 유전자와 서로 다른 상염색체에 있다. ➡ (나)는 불완전 우성, (가)와 (나)의 유전자는 모두 다른 염색체에 있음
- P의 유전자형은 AaBbDdEe이고, P와 Q는 (가)의 표현형이 서로 같다. ➡ Q의 (가)의 유전자형에서 대문자로 표시되는 대립유전자의 수는 3개
- P와 Q 사이에서 ⓐ가 태어날 때, ⓐ에게서 나타날 수 있는 (가)와 (나)의 표현형은 최대 15가지이다. ➡ (가)의 표현형 5가지, Q의 표현형 3가지

ⓐ가 유전자형이 AabbDdEe인 사람과 (가)와 (나)의 표현형이 모두 같을 확률은? (단, 돌연변이는 고려하지 않는다.)

Ee의 표현형을 가질 확률은 $\frac{1}{2}$이므로 $\frac{1}{4}\times\frac{1}{2}=\frac{1}{8}$

① $\frac{1}{16}$ ② $\frac{1}{8}$ ③ $\frac{3}{16}$ ④ $\frac{1}{4}$ ⑤ $\frac{5}{16}$

| 문제+자료 분석 |

- P의 (가)의 유전자형은 AaBbDd이고, P와 Q는 (가)의 표현형이 서로 같으므로 Q의 (가)에서 대문자로 표시되는 대립유전자 수는 3이다.
- Q가 3쌍 모두 이형 접합(AaBbDd)인 경우: ⓐ에게서 대문자로 표시되는 대립유전자 수가 0(aabbdd)~6(AABBDD) 모두 나타날 수 있다. ⓐ에게서 나타날 수 있는 (가)의 표현형은 7가지이므로 모순이다.
- Q가 1쌍은 우성 동형 접합, 1쌍은 이형 접합, 1쌍은 열성 동형 접합(AABbdd)인 경우: A는 1~2개(AA, Aa)를 갖고, B는 0~2개(BB, Bb, bb)를 갖고, 대문자 D는 0~1개를 갖는다. 따라서 Q의 대문자로 표시되는 대립유전자 수는 1~5이기 때문에 ⓐ에게서 나타날 수 있는 (가)의 표현형은 5가지이므로 문제의 조건과 일치한다.
- Q의 (가)의 유전자형은 1쌍은 우성 동형 접합, 1쌍은 이형 접합, 1쌍은 열성 동형 접합(AABbdd, AAbbDd, AaBBdd, AabbDD, aaBBDd, aaBbDD 중 하나)이고 (나)의 유전자형은 Ee이다.
- 유전자형이 AabbDdEe인 사람은 대문자로 표시되는 대립유전자 수가 2이고 Ee의 표현형을 갖는다. P(AaBbDd)와 Q(AABbdd) 사이에서 태어난 ⓐ는 A 대문자 1개와 d 소문자 1개는 확정이므로 3쌍의 유전자에서 대문자 2개를 가질 확률은 $\frac{{}_4C_1}{2^4}=\frac{1}{4}$이다. 또한 P(Ee)와 Q(Ee) 사이에서 태어난 ⓐ가 Ee의 표현형을 가질 확률은 $\frac{1}{2}$이다.

| 선택지 분석 |

② ⓐ가 유전자형이 AabbDdEe인 사람과 (가)와 (나)의 표현형이 모두 같을 확률은 $\frac{1}{4}\times\frac{1}{2}=\frac{1}{8}$이다.

L 24 정답 ② [정답률 54%] ✪ 고난도

다음은 사람의 유전 형질 (가)~(다)에 대한 자료이다.

- (가)~(다)를 결정하는 유전자는 모두 상염색체에 있다.
- (가)는 대립유전자 A와 a에 의해, (나)는 대립유전자 B와 b에 의해, (다)는 대립유전자 D와 d에 의해 결정된다.
- (가)~(다) 중 2가지 형질은 각 유전자형에서 대문자로 표시되는 대립유전자가 소문자로 표시되는 대립유전자에 대해 완전 우성이다. 나머지 한 형질을 결정하는 대립유전자 사이의 우열 관계는 분명하지 않고, 3가지 유전자형에 따른 표현형이 모두 다르다. 불완전 우성
- 유전자형이 ㉠AaBbDd인 아버지와 AaBBdd인 어머니 사이에서 ⓐ가 태어날 때, ⓐ에게서 나타날 수 있는 표현형은 최대 8가지이다. → Aa×Aa → AA, Aa, aa / Bb×BB → BB, Bb / Dd×dd → Dd, dd / 2×2×2 (서로 다른 염색체에 존재)

ⓐ에서 (가)~(다) 중 적어도 2가지 형질에 대한 표현형이 ㉠과 같을 확률은? (단, 돌연변이와 교차는 고려하지 않는다.) 2020 대비 수능 12

① $\frac{3}{4}$ ② $\frac{5}{8}$ ③ $\frac{1}{2}$ ④ $\frac{3}{8}$ ⑤ $\frac{1}{4}$

단서+발상

단서 'ⓐ에게서 나타날 수 있는 표현형은 최대 8가지이다.'라는 조건에 주목한다.

발상 8이라는 숫자를 인수 분해하면 4×2 또는 2×2×2이므로 (가)~(다)는 모두 서로 다른 3개의 상염색체에 존재하거나 서로 다른 2개의 상염색체에 존재할 것이라고 추론한다.

해결 만약 4×2일 경우 4라는 숫자가 나오려면 (가) 형질의 우열이 불분명하면서 (가)와 (다)의 유전자가 같은 염색체에 존재해야 하는데, Bb×BB에서 1가지 표현형만 가능하므로 모순이다. 따라서 8=2×2×2이며, (가)~(다)를 결정하는 염색체는 서로 다른 3개의 상염색체에 존재함을 파악할 수 있어야 고난도 문제를 해결할 수 있다.

| 문제 해결 과정 |

step 1 (가)~(다)의 연관 관계 파악하기

- 문제의 마지막 조건에서 ⓐ가 태어날 때, ⓐ에게서 나타날 수 있는 표현형은 최대 8가지라고 했다. 이를 통해 (가)~(다)가 모두 서로 다른 염색체에 존재한다는 것을 파악할 수 있어야 한다.
- 중간 유전 형질에 대해 살펴보자. 부모 모두 이형 접합성인 경우, 자녀에게서 나타날 수 있는 표현형은 3가지이다.
- 부모 중 한 명이 이형 접합성이고, 다른 한 명이 동형 접합성인 경우, 자녀에게서 나타날 수 있는 표현형은 2가지이다.
- 부모 모두 동형 접합성인 경우, 자녀에게서 나타날 수 있는 표현형은 1가지이다.
- ⓐ가 나타낼 수 있는 표현형 8가지로, 이를 인수 분해하면 8=2×2×2 또는 8=4×2이다.
- 만약 4가지 표현형이 나오려면 (가)와 (다)의 유전자가 같은 염색체에 존재하고, (가) 형질의 우열이 불분명해야 하는데, Bb×BB에서 1가지 표현형만 가능하므로 모순이다.
- 따라서 8=2×2×2로 확정되며, (가)~(다)를 결정하는 염색체는 서로 다른 염색체에 존재한다.

step 2 (가)~(다) 중 중간 유전 형질 파악하기

1. (가)가 중간 유전 형질일 경우

- 위의 조건에서 아버지와 어머니의 (가)에 대한 유전자형이 모두 이형 접합성이기 때문에 자녀의 표현형이 최대 3가지이다.
- 이는 8=2×2×2의 수식을 만족하지 못하므로 (가)는 중간 유전 형질이 아니다.

2. (다)가 중간 유전 형질일 경우

- 위의 조건에서 아버지와 어머니의 (다)에 대한 유전자형이 각각 Dd, dd이므로 자녀에게서 나타날 수 있는 표현형은 Dd, dd로 최대 2가지이다.
- 이때, (다)가 중간 유전 형질이면 (나)는 대립유전자 간의 우열 관계가 명확하다. 부모님의 (나)에 대한 유전자형은 각각 Bb, BB이므로 자녀에게서 나타날 수 있는 표현형은 B_로 1가지뿐이다.
- 따라서 수식 8=2×2×2을 만족하지 못하므로 (다)는 중간 유전 형질이 아니며, (나)가 중간 유전 형질이다.

step 3 (가)~(다) 중 적어도 2가지 형질에 대한 표현형이 ㉠과 같을 확률

ⓐ에서 (가)~(다) 중 적어도 2가지 형질에 대한 표현형이 ㉠(A_, Bb, D_)과 같은 경우는 다음과 같다.

1. ⓐ에서 (가)와 (나)의 표현형만 ㉠과 같을 확률

Aa×Aa에서 표현형이 [A]일 확률은 $\frac{3}{4}$, Bb×BB에서 표현형이 [Bb]일 확률은 $\frac{1}{2}$, Dd×dd에서 표현형이 [D]가 아닐 확률은 $\frac{1}{2}$이므로, $\frac{3}{4}\times\frac{1}{2}\times\frac{1}{2}=\frac{3}{16}$이다.

2. ⓐ에서 (가)와 (다)의 표현형만 ㉠과 같을 확률

Aa×Aa에서 표현형이 [A]일 확률은 $\frac{3}{4}$, Bb×BB에서 표현형이 [Bb]가 아닐 확률은 $\frac{1}{2}$, Dd×dd에서 표현형이 [D]일 확률은 $\frac{1}{2}$이므로, $\frac{3}{4}\times\frac{1}{2}\times\frac{1}{2}=\frac{3}{16}$이다.

3. ⓐ에서 (나)와 (다)의 표현형만 ㉠과 같을 확률

Aa×Aa에서 표현형이 [A]가 아닐 확률은 $\frac{1}{4}$, Bb×BB에서 표현형이 [Bb]일 확률은 $\frac{1}{2}$, Dd×dd에서 표현형이 [D]일 확률은 $\frac{1}{2}$이므로, $\frac{1}{4}\times\frac{1}{2}\times\frac{1}{2}=\frac{1}{16}$이다.

4. ⓐ에서 (가)~(다)의 표현형이 모두 ㉠과 같을 확률

Aa×Aa에서 표현형이 [A]일 확률은 $\frac{3}{4}$, Bb×BB에서 표현형이 [Bb]일 확률은 $\frac{1}{2}$, Dd×dd에서 표현형이 [D]일 확률은 $\frac{1}{2}$이므로, $\frac{3}{4}\times\frac{1}{2}\times\frac{1}{2}=\frac{3}{16}$이다.

따라서 ⓐ에서 (가)~(다) 중 적어도 2가지 형질에 대한 표현형이 ㉠과 같은 경우는 $(\frac{3}{4}\times\frac{1}{2}\times\frac{1}{2})+(\frac{3}{4}\times\frac{1}{2}\times\frac{1}{2})+(\frac{1}{4}\times\frac{1}{2}\times\frac{1}{2})+(\frac{3}{4}\times\frac{1}{2}\times\frac{1}{2})=\frac{5}{8}$이다.

✪ **정답은 ② $\frac{5}{8}$이다.**

문제 풀이 Tip

*** 유전자가 중간 유전일 경우 자녀의 표현형 개수**

- **부모가 모두 이형 접합성일 때**
  ⇨ 자녀에게서 나타날 수 있는 표현형의 개수 3개
- **부모 중 한 명은 이형 접합성이고, 한 명은 동형 접합성일 때**
  ⇨ 자녀에게서 나타날 수 있는 표현형의 개수 2개
- **부모가 모두 동형 접합성일 때**
  ⇨ 자녀에게서 나타날 수 있는 표현형의 개수 1개

*** 불완전 우성과 복대립 유전** ✪ 고난도 핵심 개념

불완전 우성	우성과 열성이 확연히 구분되어 있지 않아 중간 형태의 표현형이 나타나는 경우를 말한다.
복대립 유전	• 하나의 형질을 결정하는 데 3가지 이상의 대립유전자가 관여하는 경우를 말한다. • 하나의 형질에 대한 대립유전자가 3가지 이상이기 때문에 유전자형과 표현형이 다양하다. 예 ABO식 혈액형

L 25 정답 ① * 사람의 유전 ✪ 고난도 [정답률 37%] 2023 실시 4월 학평 16

다음은 사람의 유전 형질 (가)와 (나)에 대한 자료이다.

- (가)와 (나)의 유전자는 서로 다른 상염색체에 있다.
- (가)는 1쌍의 대립유전자에 의해 결정되며, 대립유전자에는 A, B, D가 있다. A는 B와 D에 대해, B는 D에 대해 각각 완전 우성이다. ➡ (가): 단일 인자 유전, A > B > D
- (나)는 서로 다른 상염색체에 있는 2쌍의 대립유전자 E와 e, F와 f에 의해 결정된다. (나)의 표현형은 유전자형에서 대문자로 표시되는 대립유전자의 수에 의해서만 결정되며, 이 대립유전자의 수가 다르면 표현형이 다르다.
  ➡ (나): 다인자 유전, 대문자의 수에 따라 표현형이 결정됨
- 표는 사람 Ⅰ ~ Ⅳ에서 성별, (가)와 (나)의 유전자형을 나타낸 것이다.

사람	성별	유전자형
Ⅰ R	남	ABEeFf
Ⅱ P	남	ADEeFf
Ⅲ Q	여	BDEEff
Ⅳ S	여	DDEeFF

- P와 Q 사이에서 ⓐ가 태어날 때, ⓐ에게서 나타날 수 있는 (가)와 (나)의 표현형은 최대 9가지이다. $=3\times3$
- R와 S 사이에서 ⓑ가 태어날 때, ⓑ에게서 나타날 수 있는 (가)와 (나)의 표현형은 최대 ㉠가지이다. ➡ ㉠=8
- P와 R는 Ⅰ과 Ⅱ를 순서 없이 나타낸 것이고, Q와 S는 Ⅲ과 Ⅳ를 순서 없이 나타낸 것이다.

이에 대한 설명으로 옳은 것만을 〈보기〉에서 있는 대로 고른 것은? (단, 돌연변이는 고려하지 않는다.)

[보기]

ㄱ. (가)의 유전은 단일 인자 유전이다.
(가)의 유전은 단일 인자 유전임

ㄴ. ㉠은 6이다.
㉠은 8임

ㄷ. ⓑ의 (가)와 (나)의 표현형이 모두 R와 같을 확률은 $\frac{3}{8}$이다.
ⓑ의 (가)와 (나)의 표현형이 모두 R와 같을 확률은 $\frac{3}{16}$임

① ㄱ ② ㄴ ③ ㄱ, ㄷ ④ ㄴ, ㄷ ⑤ ㄱ, ㄴ, ㄷ

단서+발상

단서 ⓐ에게서 나타날 수 있는 (가)와 (나)의 표현형의 수가 최대 9가지임을 이용하여 부모의 유전자형을 찾는다.

발상 (가)와 (나) 형질은 서로 다른 염색체에 존재하므로, 각각 표현형의 가짓수를 구하여 곱하면 (가)와 (나)에 의한 표현형의 수를 구할 수 있다.

해결 (나)에 대한 표현형의 가짓수와 비를 구할 때에는 생식세포가 가질 수 있는 대문자 수와 비를 구한 후, 퍼넷트 사각형에 이를 표시할 수 있어야 고난도 계산 문제를 해결할 수 있다.

| 문제 해결 과정 |

step 1 P와 Q의 유전자형 찾기

- ⓐ에게서 나타날 수 있는 (가)와 (나)의 표현형은 최대 9가지인데, (가)와 (나)는 서로 다른 염색체에 존재하므로 (가)에 의한 표현형의 수가 최대 3가지, (나)에 의한 표현형의 수가 최대 3가지이다.
- (가)에 의한 표현형의 가짓수가 3가지이려면, 부모의 유전자형은 AD와 BD가 되어야 한다. ➡ P는 유전자형이 ADEeFf인 Ⅱ이고, Q는 유전자형이 BDEEff인 Ⅲ이다.

step 2 ⓑ에게서 나타날 수 있는 표현형의 수 구하기

- R는 유전자형이 ABEeFf인 Ⅰ이고, S는 유전자형이 DDEeFF인 Ⅳ이다.
- (가)의 유전자형이 AB인 R와 (가)의 유전자형이 DD인 S 사이에서 ⓑ가 태어날 때, ⓑ에서의 (가)의 표현형은 최대 2가지이다.
- (나)의 유전자형이 EeFf인 R와 (나)의 유전자형이 EeFF인 S 사이에서 ⓑ가 태어날 때, R의 생식세포에 들어 있는 대문자는 0개~2개이고, S의 생식세포에 들어 있는 대문자는 1개 또는 2개이므로 ⓑ의 (나)의 표현형은 대문자가 1개~4개로 최대 4가지이다.
- ⓑ에서 (가)와 (나)에 의한 표현형의 가짓수는 2가지×4가지=8가지이므로 최대 8가지이다.

step 3 ⓑ의 (가)와 (나)의 표현형이 모두 R와 같을 확률 구하기

- R의 (가)의 표현형은 [A]이고, (나)의 표현형은 대문자가 2개이다.
- ⓑ에서 (가)에 대한 표현형은 [A] : [B]=1 : 1 이므로 [A]일 확률은 $\frac{1}{2}$이다.
- ⓑ에서 (나)에 대한 표현형의 가짓수와 비를 퍼넷트 사각형으로 나타내면 다음과 같다.

S \ R		1 :	2 :	1 → 생식세포에서 대문자 0, 1, 2를 갖는 비율
		0	1	2 → 생식세포에서 가질 수 있는 대문자 수
1 :	1	1	2 (1×2)	3
1	2	2 (1×1)	3	4

→ 자손인 ⓑ에서 나타날 수 있는 표현형 (대문자가 1~4개, 4가지)

- ⓑ의 (나)에 대한 표현형이 R와 동일하게 대문자가 2개일 확률은

$$\frac{\text{대문자가 2개 나올 수 있는 비율의 합}}{\text{R의 생식세포의 비율의 합}\times\text{S의 생식세포의 비율의 합}}=\frac{(1\times2)+(1\times1)}{(1+2+1)\times(1+1)}=\frac{3}{8}\text{이다.}$$

| 보기 분석 |

ㄱ. (가)의 유전은 단일 인자 유전이다. (○)

- (가)의 유전은 1쌍의 대립유전자에 의해 형질이 결정되는 유전이므로 단일 인자 유전이다.

ㄴ. ㉠은 6이다. (×)

- 문제 해결 과정의 step 2 를 참고하면, ㉠은 8이다.

ㄷ. ⓑ의 (가)와 (나)의 표현형이 모두 R와 같을 확률은 $\frac{3}{8}$이다. (×)

- 문제 해결 과정의 step 3 을 참고하면, ⓑ의 (가)의 표현형이 R와 같을 확률은 $\frac{1}{2}$이고, (나)의 표현형이 R와 같을 확률은 $\frac{3}{8}$이므로, ⓑ의 (가)와 (나)의 표현형이 모두 R와 같을 확률은 $\frac{1}{2}\times\frac{3}{8}=\frac{3}{16}$이다.

✪ 정답은 ① ㄱ이다.

L26 정답 ③ ······ [정답률 52%] ✪ 고난도

다음은 사람의 유전 형질 (가)에 대한 자료이다.

- (가)는 서로 다른 상염색체에 있는 2쌍의 대립유전자 D와 d, E와 e에 의해 결정된다. ➡ (가)는 다인자 유전 형질
- (가)의 표현형은 유전자형에서 대문자로 표시되는 대립유전자의 수에 의해서만 결정되며, 이 대립유전자의 수가 다르면 표현형이 다르다.
- 그림은 남자 P의 체세포와 여자 Q의 체세포에 들어 있는 일부 염색체와 유전자를 나타낸 것이다. ㉠은 E와 e 중 하나이다.

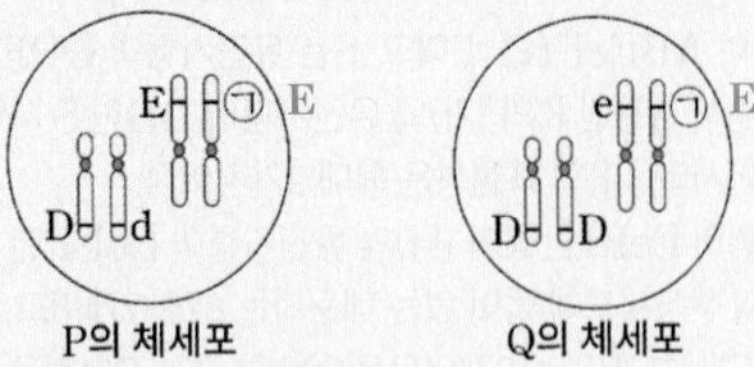

- P와 Q 사이에서 ⓐ가 태어날 때, ⓐ가 유전자형이 DdEe인 사람과 (가)의 표현형이 같을 확률은 $\frac{1}{4}$이다. (DdEe: 대문자 수 2)

이에 대한 옳은 설명만을 〈보기〉에서 있는 대로 고른 것은? (단, 돌연변이는 고려하지 않는다.) 2022 실시 3월 학평 16

[보기]

ㄱ. (가)는 다인자 유전 형질이다.
(가)는 2쌍의 대립유전자에 의해 결정되므로 다인자 유전

ㄴ. ㉠은 E이다.
ⓐ가 유전자형이 DdEe인 사람과 (가)의 표현형이 같을 확률은 ㉠이 E일 경우 $\frac{1}{4}$, ㉠이 e일 경우 $\frac{1}{2}$이므로 ㉠은 E

ㄷ. ⓐ의 (가)의 표현형이 P와 같을 확률은 $\frac{1}{4}$이다.
ⓐ의 (가)의 표현형이 P(DdEE)와 같을 확률은 (가)의 유전자형에서 대문자로 표시되는 대립유전자의 수가 3일 확률로 $\frac{1}{2}$

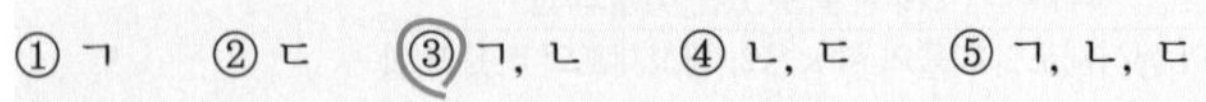
① ㄱ ② ㄷ ③ ㄱ, ㄴ ④ ㄴ, ㄷ ⑤ ㄱ, ㄴ, ㄷ

단서+발상

(단서) 'ⓐ가 유전자형이 DdEe인 사람과 (가)의 표현형이 같을 확률은 $\frac{1}{4}$이다.'라는 조건에 주목한다.

(발상) DdEe는 대문자 수가 2개라는 것을 생각한다.

(해결) 만약 ㉠=e일 경우 P의 유전자형은 DdEe, Q의 유전자형은 DDee이다. ⓐ의 대문자가 2개가 되려면 ⓐ의 유전자형은 D□□e이고, □□에 대문자 1개가 있어야 하므로 구하는 확률은 $\frac{_2C_1}{2\times2}=\frac{1}{2}$이 되어 ㉠=e가 모순됨을 파악할 수 있어야 고난도 문제를 해결할 수 있다.

| 문제 해결 과정 |

step 1 대립유전자를 숫자로 표현하기

- (가)는 대문자로 표시되는 대립유전자의 수에 의해 결정되므로 유전자형을 대문자 수로 접근하면 문제를 더 간단하게 풀 수 있다. (꿀팁)
- ㉠은 E 또는 e이므로 1 또는 0으로 표현할 수 있으며, P와 Q의 유전자형을 숫자로 표현하면 다음과 같다.

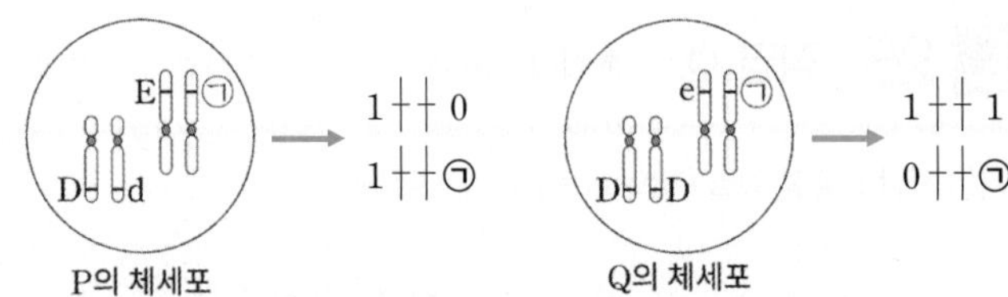

step 2 ㉠ 추론하기

- ㉠=1(㉠=E)일 경우 ⓐ에게서 나타날 수 있는 (가)의 유전자형에서 대문자로 표시되는 대립유전자의 수를 나타내면 다음과 같다.

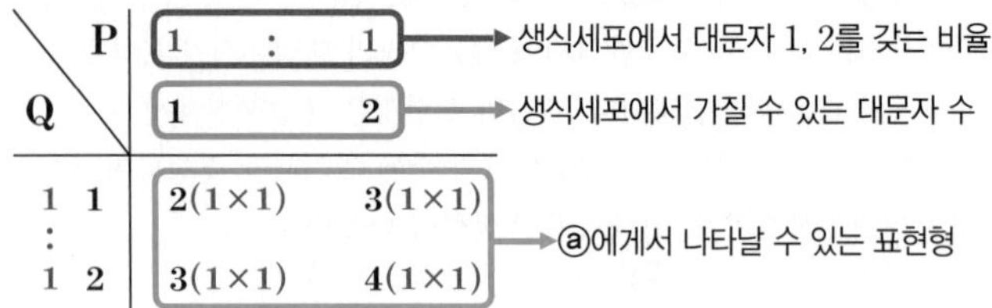

Q \ P	1 : 1	
Q	1	2
1 : 1	2(1×1)	3(1×1)
1 : 2	3(1×1)	4(1×1)

- 이 경우 ⓐ가 유전자형이 DdEe인 사람과 (가)의 표현형이 같을 확률은 ⓐ의 (가)의 유전자형에서 대문자로 표시되는 대립유전자의 수가 2일 확률이다.

따라서 $\frac{\text{ⓐ의 유전자형에서 대문자가 2개 나올 수 있는 비율}}{\text{P의 생식세포 비율의 합}\times\text{Q의 생식세포 비율의 합}}$
$=\frac{(1\times1)}{(1+1)\times(1+1)}=\frac{1}{4}$이므로 제시된 조건을 모두 만족시킨다.

- ㉠=0(㉠=e)일 경우 ⓐ에게서 나타날 수 있는 (가)의 유전자형에서 대문자로 표시되는 대립유전자의 수를 나타내면 다음과 같다.

Q \ P	1 :	2 :	1
Q	0	1	2
1 1	1 (1×1)	2 (1×2)	3 (1×1)

- 이 경우 ⓐ가 유전자형이 DdEe인 사람과 (가)의 표현형이 같을 확률은 ⓐ의 (가)의 유전자형에서 대문자로 표시되는 대립유전자의 수가 2일 확률이다.

따라서 $\frac{\text{ⓐ의 유전자형에서 대문자가 2개 나올 수 있는 비율}}{\text{P의 생식세포 비율의 합}\times\text{Q의 생식세포 비율의 합}}$
$=\frac{(1\times2)}{1\times(1+2+1)}=\frac{1}{2}$이므로 제시된 조건을 만족시키지 못한다.

따라서 ㉠은 E이다.

| 보기 분석 |

ㄱ. (가)는 다인자 유전 형질이다. (○)

- 하나의 형질인 (가)를 결정하는데 2쌍의 대립유전자가 관여하므로 (가)는 다인자 유전 형질이다.

ㄴ. ㉠은 E이다. (○)

- 만약 ㉠이 e일 경우 P의 유전자형은 DdEe(1/0 1/0), Q는 DDee(1/1 0/0)이다. 이때 ⓐ의 유전자형에서 대문자 대립유전자 수가 1, 2, 3인 개체의 비율이 1:2:1로 나타나므로 ⓐ의 대문자 대립유전자 수가 2일 확률은 $\frac{1}{2}$이므로 모순이다.
- 따라서 ㉠은 E이다.

ㄷ. ⓐ의 (가)의 표현형이 P와 같을 확률은 $\frac{1}{4}$이다. (×)

- P의 유전자형은 DdEE이며, 유전자형에서 대문자로 표시되는 대립유전자의 수는 3이다. 따라서 ⓐ의 (가)의 표현형이 P와 같을 확률은 ⓐ의 (가)의 유전자형에서 대문자로 표시되는 대립유전자의 수가 3일 확률이다.
- 문제 해결 과정의 step 2를 참고하면,

$\frac{\text{ⓐ의 유전자형에서 대문자가 3개 나올 수 있는 비율}}{\text{P의 생식세포 비율의 합}\times\text{Q의 생식세포 비율의 합}}=\frac{(1\times1)+(1\times1)}{(1+1)\times(1+1)}$
$=\frac{1}{2}$이다.

✪ 정답은 ③ ㄱ, ㄴ이다.

L 27 정답 ① ······ [정답률 51%] ✪ 고난도

다음은 사람의 유전 형질 ㉠과 ㉡에 대한 자료이다.

- ㉠은 2쌍의 대립유전자 A와 a, B와 b에 의해 결정된다.
  → ㉠은 다인자 유전 형질
- ㉠의 표현형은 유전자형에서 대문자로 표시되는 대립유전자의 수에 의해서만 결정되며, 이 대립유전자의 수가 다르면 표현형이 다르다.
- ㉡은 1쌍의 대립유전자에 의해 결정되며, 대립유전자에는 E, F, G가 있다.
  → ㉡은 단일 인자 유전 중 복대립 유전 형질
- 그림 (가)는 남자 P의, (나)는 여자 Q의 체세포에 들어 있는 일부 염색체와 유전자를 나타낸 것이다.

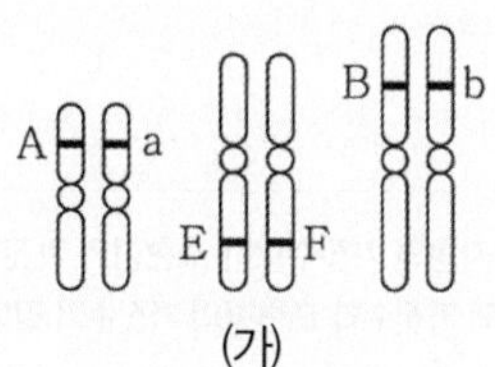

(가)

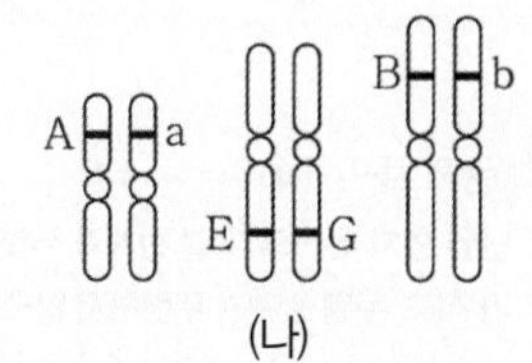

(나)

- P와 Q 사이에서 ⓐ가 태어날 때, ⓐ에게서 나타날 수 있는 표현형은 최대 20가지이다.
  → ⓐ에게서 나타날 수 있는 ㉠의 표현형이 최대 5가지이므로, ㉡의 표현형은 최대 4가지
  → EE, EF, EG, FG는 서로 다른 표현형 나타냄

이에 대한 설명으로 옳은 것만을 ⟨보기⟩에서 있는 대로 고른 것은? (단, 돌연변이는 고려하지 않는다.) (3점) 2021 실시 7월 학평 16

[보기]

ㄱ. ㉠의 유전은 다인자 유전이다.
→ ㉠의 유전은 2쌍의 대립유전자에 의해 결정

ㄴ. 유전자형이 EF인 사람과 FG인 사람의 표현형은 같다.
→ ⓐ에서 가능한 ㉡의 유전자형 EE, EF, EG, FG 모두 다른 표현형

ㄷ. ⓐ에서 ㉠과 ㉡의 표현형이 모두 P와 같을 확률은 $\frac{3}{16}$이다.
→ ㉠의 표현형이 같을 확률은 $\frac{6}{16}$, ㉡의 표현형이 같을 확률은 $\frac{1}{4}$ → $\frac{3}{32}$

① ㄱ ② ㄴ ③ ㄱ, ㄷ ④ ㄴ, ㄷ ⑤ ㄱ, ㄴ, ㄷ

단서+발상

 'ⓐ에게서 나타날 수 있는 표현형은 최대 20가지이다.'라는 조건에 주목한다.

 그림에서 ㉠과 ㉡을 결정하는 유전자가 서로 다른 염색체에 있으므로 $20=4\times5$임을 생각한다.

해결 ⓐ에게서 나타날 수 있는 ㉡의 유전자형은 EE, EG, EF, FG로 최대 4가지이다. 따라서 4×5에서 4는 ㉡의 표현형이며, 5는 ㉠의 표현형임을 파악할 수 있어야 고난도 문제를 해결할 수 있다.

| 문제 해결 과정 |

step 1 ⓐ에게서 나타날 수 있는 ㉠ 표현형 가짓수 확정하기

- ㉠의 유전자형은 P와 Q의 체세포에서 모두 AaBb이고, 이로부터 생성되는 생식세포의 유전자형과 ⓐ에게서 나타날 수 있는 ㉠의 표현형을 유전자형에서 대문자로 표시되는 대립유전자의 수로 나타내면 표와 같다.

구분		P의 생식세포			
		AB(2)	Ab(1)	aB(1)	ab(0)
Q의 생식 세포	AB(2)	4	3	3	2
	Ab(1)	3	2	2	1
	aB(1)	3	2	2	1
	ab(0)	2	1	1	0

- ⓐ에게서 나타날 수 있는 ㉠의 표현형을 유전자형에서 대문자로 표현되는 대립유전자의 수로 나타내면 0~4이므로, ⓐ에게서 나타날 수 있는 ㉠의 표현형은 최대 5가지이다.

step 2 ⓐ에게서 나타날 수 있는 ㉡ 표현형 가짓수 확정하기

- P와 Q 사이에서 ⓐ가 태어날 때, ⓐ에게서 나타날 수 있는 표현형은 최대 20가지이고 ⓐ에게서 나타날 수 있는 ㉠의 표현형이 최대 5가지이므로, ⓐ에게서 나타날 수 있는 ㉡의 표현형은 최대 4가지이다.
- ㉡의 유전자형은 P의 체세포에서 EF, Q의 체세포에서 EG이므로 ⓐ에게서 나타날 수 있는 ㉡의 유전자형은 EE, EF, EG, FG로 4가지이다.
- ⓐ에게서 나타날 수 있는 ㉡의 표현형은 최대 4가지이므로 EE, EF, EG, FG의 유전자형은 모두 서로 다른 표현형을 나타내어야 한다.

| 보기 분석 |

ㄱ. ㉠의 유전은 다인자 유전이다. (○)

- 하나의 형질인 ㉠을 결정하는데 2쌍의 대립유전자가 관여하므로 ㉠의 유전은 다인자 유전이다.

ㄴ. 유전자형이 EF인 사람과 FG인 사람의 표현형은 같다. (×)

- 문제 해결 과정의 를 참고하면, 유전자형이 EF인 사람과 FG인 사람에게서 ㉡의 표현형은 서로 다르다.

ㄷ. ⓐ에서 ㉠과 ㉡의 표현형이 모두 P와 같을 확률은 $\frac{3}{16}$이다. (×)

- ⓐ에서 ㉠의 표현형이 P와 같을 확률은 ⓐ의 유전자형에서 대문자로 표시되는 대립유전자의 수가 2일 확률이므로 $\frac{{}_4C_2}{4\times4}=\frac{6}{16}=\frac{3}{8}$이다.
- ⓐ에게서 ㉡의 표현형이 P와 같을 확률은 ⓐ가 P의 유전자형 EF를 가질 확률이므로 $\frac{1}{4}$이다.
- ㉠을 결정하는 유전자와 ㉡을 결정하는 유전자가 서로 다른 상염색체에 위치하므로 ㉠과 ㉡은 독립적으로 유전된다. 따라서 ⓐ에서 ㉠과 ㉡의 표현형이 모두 P와 같을 확률은 (㉠의 표현형이 P와 같을 확률)×(㉡의 표현형이 P와 같을 확률) $\frac{3}{8}\times\frac{1}{4}=\frac{3}{32}$이다.

✪ 정답은 ① ㄱ이다.

문제 풀이 Tip

다인자 유전 형질 ㉠에 대한 부모의 유전자형이 모두 AaBb이며, ㉠을 결정하는 두 유전자가 독립적으로 유전될 경우, 유전자형에서 대문자로 표시되는 대립유전자의 수가 n인 자녀가 태어날 확률은 $\frac{{}_4C_n}{4\times4}$이다.

*** 단일 인자 유전과 다인자 유전** ······ ✪ 고난도 핵심 개념

단일 인자 유전	한 가지 형질이 한 쌍의 대립유전자에 의해 결정되는 유전 현상이다. 예 귓불 모양, ABO식 혈액형, 적록 색맹
다인자 유전	다인자 유전: 한 가지 형질이 여러 쌍의 대립유전자에 의해 결정되는 유전 현상이다. 예 피부색, 키, 몸무게

L 28 정답 ④ ······························ [정답률 39%] ✪ 고난도

다음은 사람의 유전 형질 ㉠과 ㉡에 대한 자료이다.

- ㉠을 결정하는 2개의 유전자는 각각 대립유전자 A와 a, B와 b를 가진다. ㉠의 표현형은 유전자형에서 대문자로 표시되는 대립유전자의 수에 의해서만 결정되며, 이 대립유전자의 수가 다르면 표현형이 다르다.
  → ㉠은 다인자 유전
- ㉡은 대립유전자 H와 H^*에 의해 결정된다.
  → ㉡ 단일 인자 유전
- 그림 (가)는 남자 P의, (나)는 여자 Q의 체세포에 들어 있는 일부 염색체와 유전자를 나타낸 것이다.

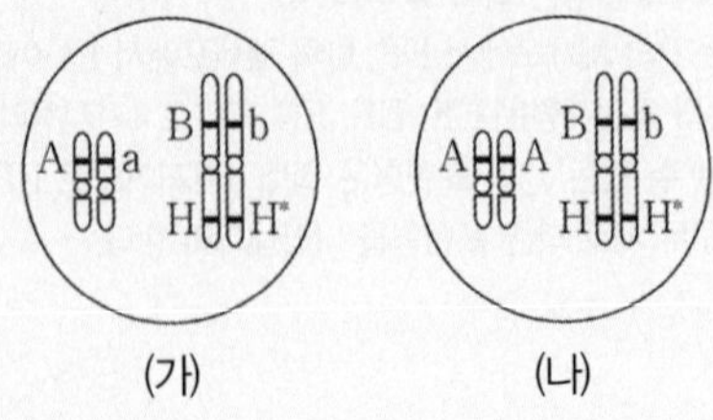

- P와 Q 사이에서 ⓐ가 태어날 때, ⓐ에게서 나타날 수 있는 표현형은 최대 6가지이다.
  → H와 H^*의 우열 관계는 뚜렷하지 않음

ⓐ에서 ㉠과 ㉡의 표현형이 모두 Q와 같을 확률은? (단, 돌연변이와 교차는 고려하지 않는다.)
대문자 3개, [HH^*]
2021 실시 4월 학평 16

① $\frac{1}{16}$ ② $\frac{1}{8}$ ③ $\frac{3}{16}$ ④ $\frac{1}{4}$ ⑤ $\frac{3}{8}$

단서+발상

(단서) 'ⓐ에게서 나타날 수 있는 표현형은 최대 6가지이다.'라는 조건에 주목한다.

(발상) ⓐ에게서 나타날 수 있는 유전자형은 AA, Aa 2가지와 BBHH, $BbHH^*$, bbH^*H^* 3가지이므로 유전자형은 최대 6가지이다. 표현형과 유전자형 가짓수가 모두 6이므로 각각의 유전자형은 서로 다른 표현형을 나타낸다는 것을 생각한다

(해결) HH와 HH^*의 표현형이 달라야 하므로 H와 H^*의 우열은 분명하지 않음을 파악할 수 있어야 고난도 문제를 해결할 수 있다.

| 문제 해결 과정 |

step 1 ⓐ에서 나타날 수 있는 유전자형 파악하기

- ⓐ는 대립유전자 A와 a에 대해 AA와 Aa의 2가지 유전자형을 가진다.
- 대립유전자 B와 b, H와 H^*가 하나의 염색체에 존재하므로 ⓐ는 BBHH, $BbHH^*$, bbH^*H^*의 3가지 유전자형을 가진다.
- ⓐ에서 나타날 수 있는 유전자형의 가짓수는 최대 $2 \times 3 = 6$가지이다.

step 2 대립유전자 H와 H^*의 우열 관계 파악하기

- ⓐ에서 나타날 수 있는 유전자형의 가짓수가 6가지이며 표현형의 가짓수도 최대 6가지이므로 각 유전자형은 서로 다른 표현형을 나타낸다.
- HH를 가지는 유전자형과 HH^*를 가지는 유전자형에서 ㉠에 대한 대문자 수가 같은 경우가 있지만, 최종적인 표현형은 달라야 하므로 ㉡에 대해 HH와 HH^*의 표현형이 다르다.
- H^*H^*를 가지는 유전자형과 HH^*를 가지는 유전자형에서 ㉠에 대한 대문자 수가 같은 경우가 있지만, 최종적인 표현형은 달라야 하므로 ㉡에 대해 H^*H^*과 HH^*의 표현형이 다르다.
- 따라서 대립유전자 H와 H^*의 우열 관계가 뚜렷하지 않다.

step 3 ⓐ의 표현형과 Q의 표현형이 같을 확률 구하기

- Q의 유전자형은 $AABbHH^*$이다.
- ⓐ의 표현형이 Q와 같다면 ⓐ는 HH^*의 유전자형을 가져야 하고 ㉠에 대해 대문자로 표시되는 대립유전자를 3개 가져야 한다.
- P와 Q에서 대립유전자 B와 대립유전자 H가, 대립유전자 b와 대립유전자 H^*가 함께 존재하므로 ⓐ가 HH^*를 유전자형으로 가지려면 $BbHH^*$의 유전자형을 가져야 한다.
- ⓐ가 ㉠에 대해 대문자로 표시되는 대립유전자를 3개를 가지려면 AA의 유전자형을 가져야 한다.
- P와 Q 사이에서 AA의 유전자형이 나올 확률은 $\frac{1}{2}$이고, $BbHH^*$이 나올 확률은 $\frac{1}{2}$이다.
- ⓐ에서 ㉠과 ㉡의 표현형이 모두 Q와 같을 경우는 ㉠에 대해 대문자로 표시되는 대립유전자를 3개 가지고 ㉡에 대해 HH^*의 유전자형을 가지는 경우이다.
- 따라서 구하는 확률은 $\frac{1}{2} \times \frac{1}{2} = \frac{1}{4}$이다.

✪ 정답은 ④ $\frac{1}{4}$이다.

문제 풀이 Tip

1. 단일 인자 유전의 우열 관계가 뚜렷하면 유전자형의 가짓수보다 표현형의 가짓수가 적고, 우열 관계가 뚜렷하지 않으면 유전형의 가짓수와 표현형의 가짓수가 같다.

대립유전자 H와 H^*의 우열 관계가 뚜렷하다면 HH, HH^*, H^*H^*의 3가지 유전자형에서 나타나는 표현형은 2가지이지만, 대립유전자 H와 H^*의 우열 관계가 뚜렷하지 않다면 HH, HH^*, H^*H^*의 3가지 유전자형에서 나타나는 표현형은 3가지임을 파악해야 한다.

2. 대문자로 표시되는 대립유전자의 수에 의해 결정되는 다인자 유전에서는 유전자형과 관계없이 대문자의 개수에 따라 표현형의 가짓수가 결정된다.

유전자형이 달라도 대문자 수가 같으면 같은 표현형을 나타내므로, 유전자형을 모두 적지 않고 대문자 수로 접근하여 문제를 간단하게 풀 수 있다.

*** 단일 인자 유전과 다인자 유전** ······························ ✪ 고난도 핵심 개념

구분		내용
단일 인자 유전		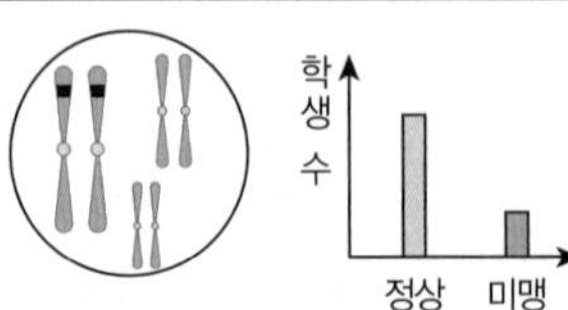 ▲ 단일 인자 유전의 형질 분포
		한 쌍의 대립유전자가 하나의 형질에 관여함
	단대립 유전	• 대립유전자가 2개인 경우 • 두 개의 대립유전자의 우열 관계가 뚜렷하면 표현형이 2가지 • 두 개의 대립유전자의 우열 관계가 뚜렷하지 않으면 표현형이 3가지
	복대립 유전	• 대립유전자가 3개 이상인 경우 • n개의 대립유전자의 우열 관계가 뚜렷하면 표현형이 n가지
다인자 유전		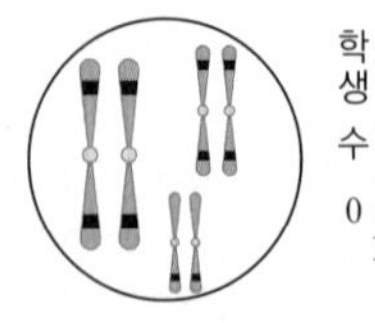 학생 수 0 150 190 키(cm) ▲ 다인자 유전의 형질 분포
		두 쌍 이상의 대립유전자가 하나의 형질에 관여함

L 29 정답 ② ······ [정답률 41%] ✪ 고난도

다음은 사람의 유전 형질 ㉠과 ㉡에 대한 자료이다.

- ㉠을 결정하는 데 관여하는 3개의 유전자는 상염색체에 있으며, 3개의 유전자는 각각 대립유전자 A와 a, B와 b, D와 d를 가진다.
- ㉠의 표현형은 유전자형에서 대문자로 표시되는 대립유전자의 수에 의해서만 결정되며, 이 대립유전자의 수가 다르면 표현형이 다르다. ㉠은 다인자 유전을 따르는 형질임
- ㉡은 대립유전자 E와 e에 의해 결정되며, E는 e에 대해 완전 우성이다. ㉡은 단일 인자 유전을 따르는 형질임
- ㉠과 ㉡의 유전자형이 AaBbDdEe인 부모 사이에서 ⓐ가 태어날 때, ⓐ에게서 나타날 수 있는 표현형은 최대 11가지이고, ⓐ가 가질 수 있는 유전자형 중 aabbddee가 있다. ㉠과 ㉡의 유전자는 같은 염색체에 있음

ⓐ에서 ㉠과 ㉡의 표현형이 모두 부모와 같을 확률은? (단, 돌연변이와 교차는 고려하지 않는다.) (3점) 2020 대비 9월 모평 14

① $\frac{3}{11}$ ② $\frac{1}{4}$ ③ $\frac{1}{8}$ ④ $\frac{3}{32}$ ⑤ $\frac{1}{16}$

단서+발상

(단서) 'ⓐ에게서 나타날 수 있는 표현형은 최대 11가지이다.'라는 조건에 주목한다.

(발상) 만약 ㉡ 유전자와 ㉠ 유전자가 서로 다른 염색체에 존재한다면 ⓐ의 표현형＝㉠의 표현형 가짓수×㉡의 표현형 가짓수임을 생각한다.

(해결) ⓐ에게서 나타날 수 있는 ㉡의 표현형은 [E]와 [e]로 2가지이므로 ⓐ의 표현형＝㉠의 표현형 가짓수×2가 되어 11가지가 나올 수 없다. 따라서 ㉡ 유전자와 ㉠ 유전자가 서로 같은 염색체에 존재함을 파악할 수 있어야 고난도 문제를 해결할 수 있다.

| 문제 해결 과정 |

step 1 표현형이 최대 11가지인 것을 통해 파악할 수 있는 것

- ㉠은 A, a, B, b, D, d에서 대문자로 표시되는 대립유전자의 수에 의해 표현형이 결정되는 다인자 유전 형질이고, ㉡은 E, e에 의해 결정되는 단일 인자 유전 형질이다.
- 유전자형이 AaBbDdEe인 부모 사이에서 태어난 ⓐ가 ㉡에 대해 가질 수 있는 표현형의 수는 2이다. ㉠의 유전자와 ㉡의 유전자가 각각 다른 염색체에 있다면, ⓐ에게서 나타날 수 있는 표현형은 짝수여야 하지만 최대 11가지로 홀수이므로 ㉠의 유전자와 ㉡의 유전자는 같은 염색체에 있다.
- 또한, ⓐ가 가질 수 있는 유전자형으로 aabbddee가 있다고 했으므로 부모로부터 생성된 생식세포는 각각 a, b, d, e를 가질 수 있다.
- 따라서 ㉠과 ㉡은 대문자로 표시되는 대립유전자끼리, 소문자로 표시되는 대립유전자끼리 같은 염색체에 있음을 알 수 있다.

step 2 유전자의 위치 파악하기

1. ㉠을 결정하는 3개의 유전자와 ㉡을 결정하는 유전자가 모두 같은 염색체에 있는 경우: 예 ABDE/abde

부모로부터 받을 수 있는 생식세포의 대문자 대립유전자 수(숫자로 표시)와 ㉡의 표현형(괄호 안에 표시), ⓐ의 표현형을 나타내면 표와 같고, ⓐ가 가질 수 있는 최대 표현형 수는 3이다.

구분		부	
		3(E)	0(e)
모	3(E)	6(E_)	3(E_)
	0(e)	3(E_)	0(ee)

2. ㉠을 결정하는 2개의 유전자와 ㉡을 결정하는 유전자가 같은 염색체에 있는 경우: 예 ABE/abe, Dd

부모로부터 받을 수 있는 생식세포의 대문자 대립유전자 수(숫자로 표시)와 ㉡의 표현형(괄호 안에 표시), ⓐ의 표현형을 나타내면 표와 같고, ⓐ가 가질 수 있는 최대 표현형 수는 8이다.

구분		부			
		3(E)	2(E)	1(e)	0(e)
모	3(E)	6(E_)	5(E_)	4(E_)	3(E_)
	2(E)	5(E_)	4(E_)	3(E_)	2(E_)
	1(e)	4(E_)	3(E_)	2(ee)	1(ee)
	0(e)	3(E_)	2(E_)	1(ee)	0(ee)

3. ㉠을 결정하는 2개의 유전자가 같은 염색체에 있고, 나머지 1개의 유전자와 ㉡을 결정하는 유전자가 같은 염색체에 있는 경우: 예 AB/ab, DE/de

부모로부터 받을 수 있는 생식세포의 대문자 대립유전자 수(숫자로 표시)와 ㉡의 표현형(괄호 안에 표시), ⓐ의 표현형을 나타내면 표와 같고, ⓐ가 가질 수 있는 최대 표현형 수는 9이다.

구분		부			
		3(E)	2(e)	1(E)	0(e)
모	3(E)	6(E_)	5(E_)	4(E_)	3(E_)
	2(e)	5(E_)	4(ee)	3(E_)	2(ee)
	1(E)	4(E_)	3(E_)	2(E_)	1(E_)
	0(e)	3(E_)	2(ee)	1(E_)	0(ee)

- 따라서 ㉠을 결정하는 3개의 유전자는 서로 다른 염색체에 존재하며, 이 중 한 유전자가 ㉡을 결정하는 유전자와 같은 염색체에 있다. (예 AE/ae, Bb, Dd)

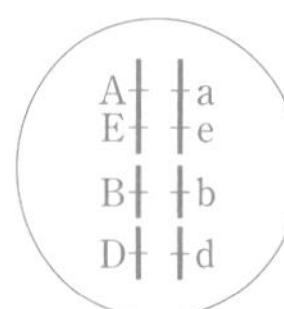

step 3 ⓐ에서 ㉠과 ㉡의 표현형이 모두 부모와 같을 확률 구하기

- ⓐ가 ㉠을 결정하는 3개의 유전자 중 ㉡을 결정하는 유전자와 다른 염색체에 있는 2개의 유전자(예 B, b, D, d) 중 대문자 대립유전자를 0개(bbdd) 가질 확률은 $\frac{1}{16}$, 1개 가질(예 Bbdd) 확률은 $\frac{4}{16}$, 2개 가질(예 BbDd) 확률은 $\frac{6}{16}$, 3개 가질(예 BBDd) 확률은 $\frac{4}{16}$, 4개 가질(예 BBDD) 확률은 $\frac{1}{16}$이다.
- ⓐ가 ㉡과 같은 염색체에 있는 ㉠의 유전자에서 대문자로 표시되는 대립유전자의 수, ㉡을 결정하는 유전자의 표현형으로 2(E_)일 확률은 $\frac{1}{4}$, 1(E_)일 확률은 $\frac{1}{2}$, 0(ee)일 확률은 $\frac{1}{4}$이다. 그러므로 ⓐ에서 ㉠과 ㉡의 표현형이 모두 부모와 같을(3(E_)) 확률은 $(\frac{4}{16}\times\frac{1}{4})+(\frac{6}{16}\times\frac{1}{2})=\frac{1}{16}+\frac{3}{16}=\frac{1}{4}$이다.

✪ **정답은 ② $\frac{1}{4}$이다.**

문제 풀이 Tip

단일 인자 유전과 다인자 유전을 모두 포함한 유전 형질에 대하여 자녀가 나타낼 수 있는 표현형의 최대 가짓수가 홀수인 경우

단일 인자 유전에 관여하는 유전자는 다인자 유전에 관여하는 대립유전자와 같은 염색체에 있다. 왜냐하면 단일 유전이 독립된 염색체에 존재할 경우, 자녀에게서 나타날 수 있는 표현형은 짝수일 수밖에 없기 때문이다. (단, 단일 인자 유전의 우열 관계가 분명한 경우)

* 단일 인자 유전과 다인자 유전 ······ ✪ 고난도 핵심 개념

단일 인자 유전	• 한 쌍의 대립유전자의 조합에 따라 대립 형질이 뚜렷이 구분된다. • 우열의 원리와 분리의 법칙을 따른다.
다인자 유전	• 다양한 유전자 조합이 가능하여 표현형이 다양하게 나타나며, 대립 형질이 뚜렷하지 않고, 연속적인 형질 분포를 나타낸다. • 환경의 영향을 받는 경향이 있으며, 형질에 따른 개체 수 분포는 정규 분포 곡선 형태로 나타난다.

L 30 정답 ④ ········ [정답률 42%] ✪ 고난도

다음은 사람의 유전 형질 (가)와 (나)에 대한 자료이다.

- (가)는 서로 다른 3개의 상염색체에 있는 3쌍의 대립유전자 A와 a, B와 b, D와 d에 의해 결정된다.
- (가)의 표현형은 유전자형에서 대문자로 표시되는 대립유전자의 수에 의해서만 결정되며, 이 대립유전자의 수가 다르면 표현형이 다르다.
- (나)는 대립유전자 E와 e에 의해 결정되며, 유전자형이 다르면 표현형이 다르다. (나)의 유전자는 (가)의 유전자와 서로 다른 상염색체에 있다.
  → (가)와 (나)의 유전자는 독립적으로 유전
- P와 Q는 (가)의 표현형이 서로 같고, (나)의 표현형이 서로 다르다.
- P와 Q 사이에서 ⓐ가 태어날 때, ⓐ의 표현형이 P와 같을 확률은 $\frac{3}{16}$이다.
  → ⓐ의 (가)의 표현형이 P와 같을 확률×ⓐ의 (나)의 표현형이 P와 같을 확률 $=\frac{3}{8}\times\frac{1}{2}=\frac{3}{16}$
- ⓐ는 유전자형이 AABBDDEE인 사람과 같은 표현형을 가질 수 있다.
  → P와 Q는 각각 유전자 A, B, D, E를 적어도 하나 이상 가짐

ⓐ에게서 나타날 수 있는 표현형의 최대 가짓수는? (단, 돌연변이는 고려하지 않는다.) (3점)

2022 대비 9월 모평 15

① 5 ② 6 ③ 7 ④ 10 ⑤ 14

단서+발상

(단서) 'ⓐ는 유전자형이 AABBDDEE인 사람과 같은 표현형을 가질 수 있다'라는 조건에 주목한다.

(발상) P와 Q는 모두 A, B, D, E를 적어도 하나 이상씩 갖는다는 것을 생각한다.

(해결) P와 Q의 (나)의 표현형이 서로 다르므로 P와 Q 중 한 사람은 EE이고, 다른 한 사람은 Ee임을 파악할 수 있어야 고난도 문제를 해결할 수 있다.

| 문제 해결 과정 |

step 1 (가)와 (나)의 유전 방식 확인하기

- (가)는 상염색체에 있는 3개의 유전자에 의해 결정되므로 (가)의 유전 방식은 다인자 유전이다.
- (나)는 1쌍의 대립유전자에 의해 결정되므로 (나)의 유전 방식은 단일 인자 유전이며, 유전자형이 다르면 표현형이 다르므로 불완전 우성 형질이다.
- (가)와 (나)를 결정하는 유전자가 서로 다른 상염색체에 있고, (가)를 결정하는 3개의 유전자도 서로 다른 상염색체에 있다. 따라서 (가)와 (나)를 결정하는 모든 유전자는 서로 다른 상염색체에 있으며, 독립적으로 유전된다.

step 2 ⓐ의 (가)와 (나)의 표현형이 P와 같을 확률 각각 구하기

- ⓐ는 유전자형이 AABBDDEE인 사람과 같은 표현형을 가질 수 있으므로 P와 Q는 각각 유전자 A, B, D, E를 적어도 하나 이상씩 갖는다.
- P와 Q 사이에서 ⓐ가 태어날 때, ⓐ의 (나)의 표현형이 P와 같을 확률을 먼저 구해보자. P와 Q는 (나)의 표현형이 서로 다르므로 P의 유전자형이 EE라면 Q의 유전자형은 Ee가 되고, P의 유전자형이 Ee라면 Q의 유전자형은 EE가 된다. 따라서 ⓐ의 (나)의 표현형이 P와 같을 확률은 $\frac{1}{2}$임을 알 수 있다.
- P와 Q 사이에서 ⓐ가 태어날 때, ⓐ의 표현형이 P와 같을 확률은 $\frac{3}{16}$이므로 ⓐ의 (가)의 표현형이 P와 같을 확률은 $\frac{3}{8}$이다.

step 3 P와 Q의 (가)의 표현형 구하기

- P와 Q는 각각 유전자 A, B, D를 가지므로 P와 Q가 가질 수 있는 대문자의 수는 3~6개이다.
- P와 Q의 대문자 수에 따른 ⓐ의 표현형 경우의 수와 확률을 구하면 다음과 같다.

1. P와 Q가 가질 수 있는 대문자의 수가 3인 경우

- P와 Q의 유전자형은 AaBbDd이며, ⓐ의 표현형이 P와 같을 확률은 $\frac{{}_6C_3}{8\times8}=\frac{5}{16}$로 $\frac{3}{8}$이 될 수 없어 모순이다.

2. P와 Q가 가질 수 있는 대문자의 수가 4인 경우

- 예를 들어 P와 Q의 유전자형이 AABbDd일 경우, ⓐ의 표현형이 P와 같을 확률은 $\frac{6}{16}=\frac{3}{8}$이다. 따라서 P와 Q의 대문자로 표시되는 대립유전자의 수는 4로 확정된다.

생식 세포		P			
		ABD(3)	ABd(2)	AbD(2)	Abd(1)
Q	ABD(3)	6	5	5	4
	ABd(2)	5	4	4	3
	AbD(2)	5	4	4	3
	Abd(1)	4	3	3	2

3. P와 Q가 가질 수 있는 대문자의 수가 5인 경우

- 예를 들어 P와 Q의 유전자형이 AABBDd일 경우, ⓐ의 표현형이 P와 같을 확률은 아래 표와 같이 $\frac{1}{2}$로 모순이다.

생식 세포		P	
		ABD(3)	ABd(2)
Q	ABD(3)	6	5
	ABd(2)	5	4

4. P와 Q가 가질 수 있는 대문자의 수가 6인 경우

- P와 Q의 유전자형은 AABBDD이며, ⓐ의 표현형이 P와 같을 확률은 아래 표와 같이 1이므로 모순이다.

생식 세포		P	
		ABD(3)	ABD(3)
Q	ABD(3)	6	6
	ABD(3)	6	6

step 4 ⓐ에게서 나타날 수 있는 표현형의 최대 가짓수 구하기

- ⓐ에게서 나타날 수 있는 (가)의 표현형의 최대 가짓수는 step3의 표와 같이 대문자 2~6개를 갖는 경우로 5가지이다.
- ⓐ에게서 나타날 수 있는 (나)의 표현형의 최대 가짓수는 유전자형이 EE인 경우 또는 유전자형이 Ee인 경우로 2가지이다.
- 따라서 ⓐ에게서 나타날 수 있는 표현형의 최대 가짓수는 5가지×2가지=10가지이다.

✪ **정답은 ④ 10이다.**

문제 풀이 Tip

다인자 유전에서 유전 형질을 결정하는 대립유전자가 모두 다른 염색체 존재하는 경우, 태어난 자손의 표현형이 부모와 같을 확률을 구할 때 조합을 이용하는 것이 좋다.

L 31 정답 ③ ······························ [정답률 49%] ✪ 고난도

다음은 사람의 유전 형질 ㉠과 ㉡에 대한 자료이다.

- ㉠은 대립유전자 A와 a에 의해 결정되며, 유전자형이 다르면 표현형이 다르다. 단일 인자 유전, A와 a의 우열 관계가 불분명
- ㉡을 결정하는 3개의 유전자는 각각 대립유전자 B와 b, D와 d, E와 e를 갖는다.
- ㉡의 표현형은 유전자형에서 대문자로 표시되는 대립유전자의 수에 의해서만 결정되며, 이 대립유전자의 수가 다르면 표현형이 다르다. 다인자 유전
- 그림 (가)는 남자 P의, (나)는 여자 Q의 체세포에 들어 있는 일부 염색체와 유전자를 나타낸 것이다.

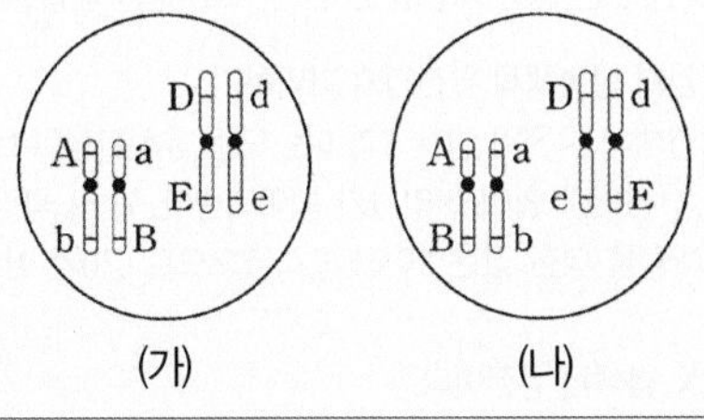

P와 Q 사이에서 아이가 태어날 때, 이 아이에게서 나타날 수 있는 표현형의 최대 가짓수는? (단, 돌연변이와 교차는 고려하지 않는다.) 2021 대비 6월 모평 14

① 5 ② 6 ③ 7 ④ 8 ⑤ 9

단서+발상

(단서) 그림 (가)와 (나)를 통해 우열 관계가 불완전한 단일 인자 유전 ㉠의 유전자와 대문자 수로 표현형이 결정되는 다인자 유전 ㉡의 일부 유전자가 같은 염색체에 있음에 주목한다.

(발상) ㉡의 경우 대문자 수가 같으면 표현형이 같으므로 유전자형보다는 대문자 수로 접근해야 함을 생각한다.

(해결) ㉠과 ㉡ 유전자가 연관된 염색체에서 나올 수 있는 표현형을 먼저 정리한 후 나머지 다른 염색체에서 나올 수 있는 ㉡ 표현형을 정리하여 취합할 수 있어야 고난도 문제를 해결할 수 있다.

| 문제 해결 과정 |

step 1 염색체에 같이 있는 유전자의 유형 파악하기

- 주어진 그림에서 각각 어떤 유전자들이 같은 염색체에 있는지를 파악한다.

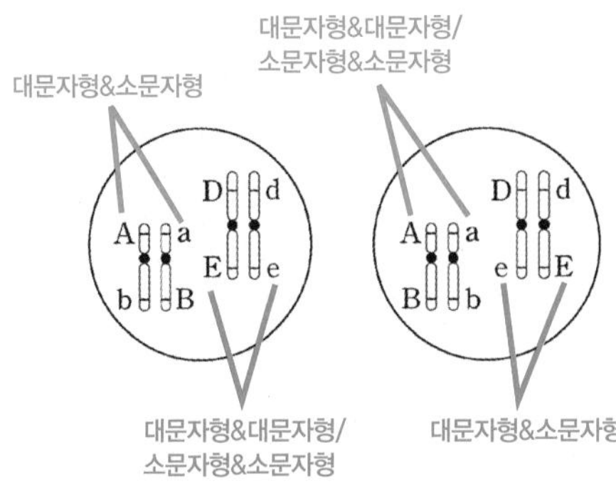

step 2 (가)와 (나) 사이에서 태어날 아이의 유전자형 추론하기

- (가)와 (나) 사이에서 태어날 아이의 유전자형은 Ab/aB×AB/ab와 DE/de×De/dE 각각을 통해 나온 유전자형을 조합하면 알 수 있다.
- 먼저, Ab/aB×AB/ab에서 나올 수 있는 유전자형은 AB/Ab, AB/aB, ab/Ab, ab/aB이다. 이를 표로 정리하면 다음과 같다.

㉠	㉡		㉡ 대문자 수
AA	Bb	→	1
Aa	BB	→	2
	bb	→	0
aa	Bb	→	1

- 다음으로 DE/de×De/dE를 했을 때 나올 수 있는 유전자형은 DE/De, DE/dE, de/De, de/dE이다. 이를 표로 정리하면 다음과 같다.

㉡	㉡		㉡ 대문자 수
DD	Ee	→	3
Dd	EE	→	
	ee	→	1
dd	Ee	→	

step 3 P와 Q 사이에서 태어날 아이의 표현형 추론하기

- 각각의 결과를 취합하면 다음과 같다.

㉠	㉡ 대문자 수
AA	1
Aa	2
	0
aa	1

×

㉡ 대문자 수
3
1

=

㉠	㉡ 대문자 수
AA	4, 2
Aa	5, 3, 1
aa	4, 2

- 따라서 P와 Q 사이에서 태어날 아이는 ㉠의 표현형이 AA이면서 ㉡ 대문자 수가 2, 4일 경우(2가지), ㉠의 표현형이 Aa이면서 ㉡ 대문자 수가 1, 3, 5일 경우(3가지), ㉠의 표현형이 aa이면서 ㉡ 대문자 수가 2, 4일 경우(2가지)가 있다.
- 따라서 최대 2+3+2=7가지의 표현형을 나타낸다.

✪ 정답은 ③ 7이다.

문제 풀이 Tip

1. 만약 위에 문제에서 단일 인자 유전의 우열 관계가 분명한 유전 형질이라면 AA와 Aa의 표현형이 같으므로 AA와 Aa를 구별할 필요가 없다.

만약 단일 인자 유전의 우열 관계가 분명한 우성 유전 형질이라면, P와 Q 사이에서 태어날 아이가 나타낼 수 있는 표현형의 최대 가짓수는 7가지이다.

㉠	㉡ 대문자 수
A_	2
	1
	0
aa	1

×

㉡ 대문자 수
3
1

=

㉠	㉡ 대문자 수
A_	5, 4, 3, 2, 1
aa	4, 2

하지만 같은 7가지라도 ㉠과 ㉡의 표현형이 다르니 따로 공부해두는 것이 좋다.

2. 다인자 유전 중 '대문자 수로 결정된다.'로 표현되는 우열 관계가 불분명한 유전 형질은 유전자형보다는 대문자 개수에 주목해야 한다.

다른 유전자형이라도 대문자 수가 같으면 같은 표현형을 나타내므로, 유전자형을 일일이 적는 것보다는 대문자 수로 접근해야 문제를 더 간단하게 풀 수 있다.

*** 단일 인자 유전과 다인자 유전** ······························ ✪ 고난도 핵심 개념

단일 인자 유전	단대립 유전 (A, a)	완전 우성	A>a
		불완전 우성	AA≠Aa
	복대립 유전 (대립유전자가 3개 이상)	완전 우성	R>G>B
		불완전 우성	A=B>O
다인자 유전	2쌍 이상의 대립유전자가 관여하고, 대문자 수에 의해 표현형이 결정됨 예 피부색		

다음은 어떤 집안의 유전 형질 (가)와 ABO식 혈액형에 대한 자료이다.

- (가)는 대립유전자 T와 t에 의해 결정되며, T는 t에 대해 완전 우성이다. (가)는 단일 인자 유전을 따름
- 가계도는 구성원 1~10에게서 (가)의 발현 여부를 나타낸 것이다.

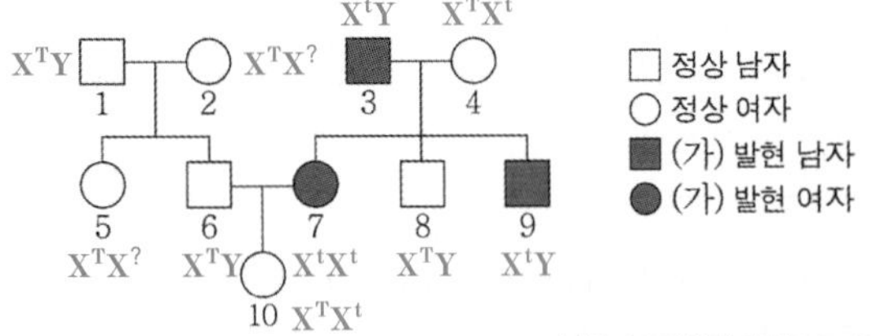

(가)는 X염색체 열성으로 유전됨

- 7, 8, 9 각각의 체세포 1개당 t의 DNA 상대량을 더한 값은 4의 체세포 1개당 t의 DNA 상대량의 3배이다.
- 1, 2, 5, 6의 혈액형은 서로 다르며, 1의 혈액과 항 A 혈청을 섞으면 응집 반응이 일어난다. 1과 10은 A형, 2는 B형, 5는 O형, 6과 7은 AB형
- 1과 10의 혈액형은 같으며, 6과 7의 혈액형은 같다.

이에 대한 옳은 설명만을 〈보기〉에서 있는 대로 고른 것은? (단, 돌연변이와 교차는 고려하지 않는다.) (3점)

[보기]

ㄱ. (가)는 ~~우성 형질~~이다.
→ (가)는 열성 형질

ㄴ. 2의 ABO식 혈액형에 대한 유전자형은 이형 접합성이다.
→ 2의 ABO식 혈액형에 대한 유전자형은 BO

ㄷ. 10의 동생이 태어날 때, 이 아이에게서 (가)가 발현되고 이 아이의 ABO식 혈액형이 10과 같을 확률은 $\frac{1}{4}$이다.
→ 아이에게서 (가)가 발현될(X^tY) 확률 $\frac{1}{2}$, A형일 확률 $\frac{1}{4}$

① ㄱ ② ㄴ ③ ㄷ ④ ㄱ, ㄴ ⑤ ㄴ, ㄷ

| 문제+자료 분석 |

1st 4와 7~9의 t의 DNA 상대량 분석

- 4의 체세포 1개당 t의 DNA 상대량은 0, 1, 2 중에 하나이며, 7~9 각각의 체세포 1개당 t의 DNA 상대량을 더한 값은 0, 3, 6 중 하나이다.
- 만약 4의 체세포 1개당 t의 DNA 상대량이 0, 2일 경우 7~9 각각의 체세포 1개당 t의 DNA 상대량을 더한 값은 0, 6이 될 것이다.
- 이 경우 7~9의 유전자형은 같아지기 때문에 7~9의 표현형도 모두 같아야한다. 하지만 그렇지 않으므로 4의 체세포 1개당 t의 DNA 상대량은 1이며, 7~9 각각의 체세포 1개당 t의 DNA 상대량을 더한 값은 3이다.

2nd (가)의 형질 파악하기

1. ㉠우열 파악하기

- 4의 유전자형은 Tt인 이형 접합성이며, 표현형이 정상이므로 (가)는 정상에 대해 열성이다. 또한 T는 정상 대립유전자, t는 (가) 발현 대립유전자이다.

2. 성염색체 유전인지 상염색체 유전인지 파악하기

- 만약 (가)가 상염색체 유전일 경우 7과 9는 모두 유전자형이 tt이므로 체세포 1개당 t의 DNA 상대량 합이 이미 4가 되어버린다. 7~9 각각의 체세포 1개당 t의 DNA 상대량을 더한 값은 3이라고 하였으므로 (가)가 상염색체일 경우 모순이다.
- 따라서 (가)는 X 염색체 유전이다.

3rd 구성원 1, 2, 5, 6, 7, 10의 ABO식 혈액형 파악

- 1, 2, 5, 6의 혈액형이 서로 다르므로 1과 2의 혈액형은 AB형과 O형 또는 A형과 B형이다. 1의 혈액과 항 A 혈청을 섞으면 응집 반응이 일어나므로 1은 A형 또는 AB형이다.
- 1이 AB형이면 1과 10의 혈액형이 같다고 했으므로 10은 AB형이고, 6은 A형 또는 B형이다.
- 6과 7의 혈액형은 같다고 했는데, 6과 7 사이에서 AB형인 자녀 10이 태어날 수 없으므로 1은 A형이다. 따라서 2는 B형, 5는 O형, 6은 AB형, 7은 AB형, 10은 A형이다.

| 보기 분석 |

ㄱ. (가)는 X 염색체 유전이면서 열성 형질이다.

ㄴ. 2는 B형이고, 5는 O형이므로 2의 ABO식 혈액형에 대한 유전자형은 이형 접합성(BO)이다.

ㄷ. 6의 유전자형은 X^TYAB이고 7의 유전자형은 X^tX^tAB이다. 10의 동생이 태어날 때, 이 아이에게서 (가)가 발현될 확률은 $\frac{1}{2}$, ABO식 혈액형이 10과 같은 A형일 확률은 $\frac{1}{4}$이다. 따라서 아이에게서 (가)가 발현되고, A형일 확률은 $\frac{1}{2}\times\frac{1}{4}=\frac{1}{8}$이다.

＊ABO식 혈액형

구분	내용
특징	• 대립유전자: I^A, I^B, i의 3가지로, 상염색체에 위치한다. • 우열 관계: 대립유전자 i는 I^A와 I^B에 대해 열성이고, I^A와 I^B는 우열 관계가 없는 공동 우성이다. • 혈액형의 결정: 한 쌍의 대립유전자가 적혈구 표면에 형성되는 응집원을 결정한다. • 표현형과 유전자형: 유전자형은 6가지, 표현형은 4가지이다.
응집 반응 결과 분석법	• 항 A 혈청에 응집하면 응집원 A를 갖는다. • 항 B 혈청에 응집하면 응집원 B를 갖는다.
소량 수혈이 가능한 혈액형	• A형: A형, AB형에게 소량 수혈이 가능 • B형: B형, AB형에게 소량 수혈이 가능 • AB형: AB형에게 소량 수혈이 가능 • O형: 모든 혈액형에게 소량 수혈이 가능

L 33 정답 ① ＊가계도 분석 [정답률 55%] 2022 실시 3월 학평 17

다음은 어떤 집안의 유전 형질 (가)와 (나)에 대한 자료이다.

- (가)는 대립유전자 H와 h에 의해, (나)는 대립유전자 T와 t에 의해 결정된다. H는 h에 대해, T는 t에 대해 각각 완전 우성이다.
- (가)와 (나) 중 하나는 우성 형질이고, 다른 하나는 열성 형질이다.
- (가)의 유전자와 (나)의 유전자 중 하나는 상염색체에 있고, 다른 하나는 X 염색체에 있다. ➡ (가)와 (나)는 독립적으로 유전
- 가계도는 구성원 1~8에게서 (가)와 (나)의 발현 여부를 나타낸 것이다.

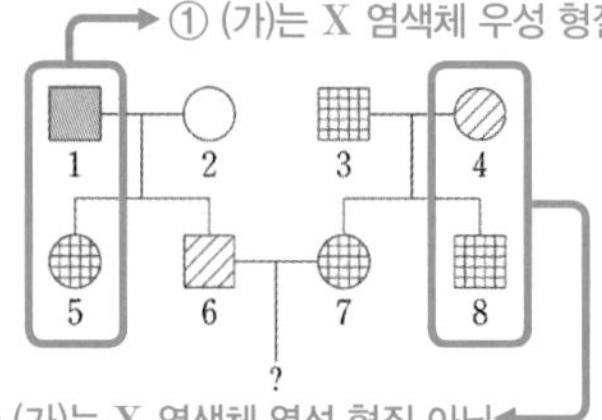

이에 대한 옳은 설명만을 〈보기〉에서 있는 대로 고른 것은? (단, 돌연변이는 고려하지 않는다.) (3점)

[보기]

ㄱ. (가)는 우성 형질이다.
(가)는 우성 형질, (나)는 열성 형질

ㄴ. (나)의 유전자는 ~~상염색체~~에 있다.
(가)의 유전자는 상염색체에, (나)의 유전자는 X 염색체에 있음

ㄷ. 6과 7 사이에서 아이가 태어날 때, 이 아이에게서 (가)와 (나)가 모두 발현될 확률은 ~~$\frac{1}{2}$~~이다.
(가)가 발현될 확률 $\frac{1}{2}$ × (나)가 발현될 확률 $\frac{1}{2}=\frac{1}{4}$

① ㄱ ② ㄴ ③ ㄱ, ㄷ ④ ㄴ, ㄷ ⑤ ㄱ, ㄴ, ㄷ

| 문제+자료 분석 |

1st (가)가 상염색체 유전인지 X 염색체 유전인지 파악하기

- 만약 (가)가 X 염색체 유전이라면 (가)가 발현된 아버지 1로부터 (가)가 발현되지 않은 딸 5가 태어났으므로 (가)는 X 염색체 우성 형질이 아니다. 또한 (가)가 발현된 어머니 4로부터 (가)가 발현되지 않은 아들 8이 태어났으므로 (가)는 X 염색체 열성 형질이 아니다. 따라서 (가)의 유전자는 상염색체에 있다.

2nd (가)와 (나)의 우열 파악하기

- (가)의 유전자가 상염색체에 있으므로 (나)의 유전자는 X 염색체에 있다.
- (나)가 발현되지 않은 어머니 4로부터 (나)가 발현된 아들 8이 태어났으므로 (나)는 X 염색체 우성 형질이 아니다. 따라서 (나)는 X 염색체 열성 형질이고, (가)는 상염색체 우성 형질이다.

3rd 가계도 구성원의 유전자형 파악하기

- 이 집안의 유전 형질 (가)와 (나)에 대한 유전자 구성을 가계도에 나타내면 그림과 같다.

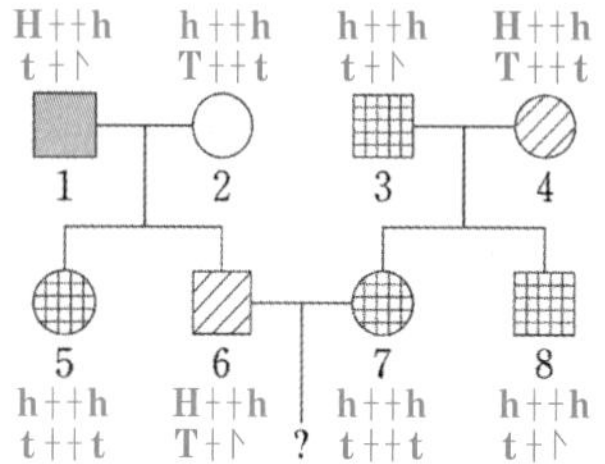

| 보기 분석 |

ㄱ. (가)는 우성 형질이고, (나)는 열성 형질이다.

ㄴ. (가)의 유전자는 상염색체에 있고, (나)의 유전자는 X 염색체에 있다.

ㄷ. 6(Hh, X^TY)과 7(hh, X^tX^t) 사이에서 아이가 태어날 때, 이 아이에게서 우성 형질인 (가)와 열성 형질인 (나)가 모두 발현될 확률은 (가)가 발현될 확률(H_)×(나)가 발현될 확률(X^tX^t, X^tY)$=\frac{1}{2}\times\frac{1}{2}=\frac{1}{4}$이다.

문제 풀이 Tip

① 어떤 형질이 X 염색체 유전이면서 우성 형질이라면 형질이 발현된 남자 구성원의 어머니와 딸은 모두 형질을 발현해야 하고, ② X 염색체 유전이면서 열성 형질이라면 형질이 발현된 여자 구성원의 아버지와 아들은 모두 형질을 발현해야 한다.

만약 가계도 구성원 중 ①을 만족하지 않는 구성원과 ②를 만족하지 않는 구성원이 모두 있다면, 이 형질은 상염색체 유전 형질이다.

L 34 정답 ① * 상염색체 유전 [정답률 55%] 2019 실시 7월 학평 12

형질을 결정하는 유전자가 상염색체에 있음을 알 수 있음

그림은 어떤 집안의 유전병 ㉠에 대한 가계도를 나타낸 것이다. ㉠은 대립유전자 T와 T*에 의해 결정되며, T는 T*에 대해 완전 우성이다.

이에 대한 설명으로 옳은 것만을 <보기>에서 있는 대로 고른 것은? (단, 돌연변이는 고려하지 않는다.) (3점)

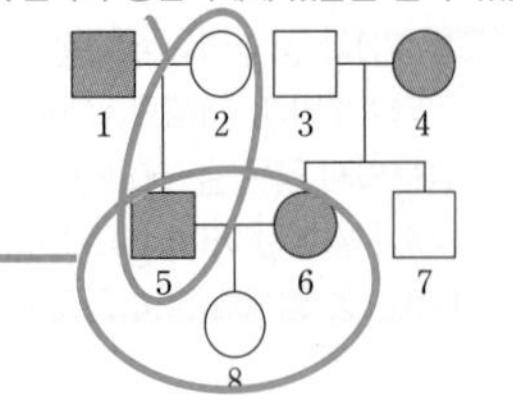

유전병 ㉠이 우성 형질임을 알 수 있음

[보기]

ㄱ. ㉠은 우성 형질이다.
→ 부모에 없던 형질이 자손에서 태어나면 그 자손이 가진 형질이 열성 형질임

ㄴ. 1~8 중 T*를 가지고 있는 사람은 6명이다.
→ 유전자형이 확정되지 않은 1을 제외하더라도 2~8 모두 T*를 가짐

ㄷ. 8의 동생이 한 명 태어날 때, 이 아이가 ㉠일 확률은 $\frac{1}{4}$이다.
→ 8의 동생이 태어날 때, 유전자형이 TT거나 TT*일 확률은 $\frac{3}{4}$임

① ㄱ ② ㄷ ③ ㄱ, ㄴ ④ ㄴ, ㄷ ⑤ ㄱ, ㄴ, ㄷ

| 문제+자료 분석 |

1st 유전병 ㉠의 우열 관계 파악하기

유전병 ㉠에 대해 정상 형질인 8이 유전병 ㉠을 가진 부모 사이에서 태어났으므로 유전병 ㉠은 우성 형질이다. 따라서 T는 우성인 유전병 ㉠ 발현 대립유전자, T*는 열성인 정상 대립유전자이다.

2nd T/T*가 존재하는 염색체 찾기

유전병 ㉠을 가진 아들 5가 정상인 어머니 2로부터 태어났으므로 유전병 ㉠을 결정하는 유전자는 X 염색체가 아닌 상염색체에 있다는 것을 알 수 있다.

| 보기 분석 |

ㄱ. 부모에 없던 형질이 자손에서 나타나면 그 자손에서 나타난 형질이 열성 형질이다. 유전병 ㉠을 가진 부모 5와 6 사이에 정상인 8이 태어났으므로 유전병 ㉠은 우성 형질이고, 정상 형질은 열성 형질이다.

ㄴ. 유전자형이 확정되지 않는 1을 제외하더라도 2~8의 7명이 모두 T*를 가졌다.

ㄷ. 8의 동생이 태어날 때, 이 아이에게서 나타날 수 있는 표현형은 표와 같다. 따라서 이 아이가 ㉠일 확률은 $\frac{3}{4}$이다.

6의 생식세포 \ 5의 생식세포	T	T*
T	TT (유전병 ㉠)	TT* (유전병 ㉠)
T*	TT* (유전병 ㉠)	T*T* (정상)

L 35 정답 ⑤ * 사람의 유전 [정답률 50%] 2021 실시 3월 학평 19

다음은 어떤 집안의 유전 형질 (가)와 (나)에 대한 자료이다.

- (가)는 대립유전자 A와 a에 의해, (나)는 대립유전자 B와 b에 의해 결정된다. A는 a에 대해, B는 b에 대해 각각 완전 우성이다. → X^A(정상) > X^a(가), B(정상) > b(나)
- (가)와 (나)의 유전자 중 하나는 상염색체에, 나머지 하나는 X 염색체에 있다.
- 가계도는 구성원 ㉠을 제외한 구성원 1~8에게서 (가)와 (나)의 발현 여부를 나타낸 것이다.

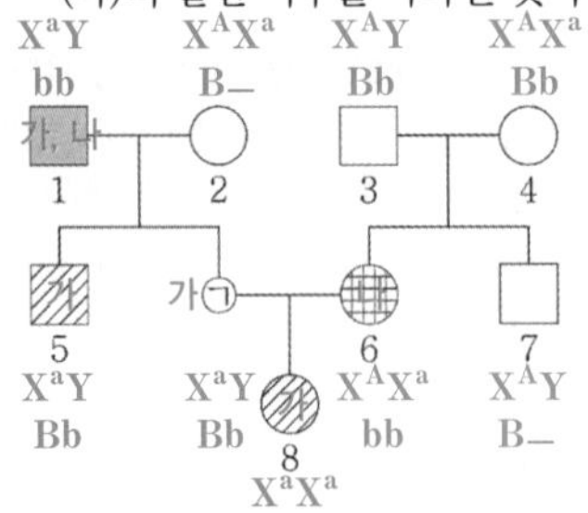

이에 대한 옳은 설명만을 <보기>에서 있는 대로 고른 것은? (단, 돌연변이는 고려하지 않는다.) (3점)

[보기]

ㄱ. (나)의 유전자는 상염색체에 있다.
→ (가)는 X염색체에, (나)는 상염색체에 있음

ㄴ. ㉠에게서 (가)가 발현되었다.
→ ㉠은 (가)만 발현, (나)에 대해서는 정상

ㄷ. 8의 동생이 태어날 때, 이 아이에게서 (가)와 (나)가 모두 발현될 확률은 $\frac{1}{4}$이다.
→ 8의 동생이 (가)와 (나)가 모두 발현될 확률은 $\frac{1}{4}$

① ㄱ ② ㄷ ③ ㄱ, ㄴ ④ ㄴ, ㄷ ⑤ ㄱ, ㄴ, ㄷ

| 문제+자료 분석 |

1st (나) 분석하기

- 정상인 부모 3과 4 사이에서 (나)가 발현된 자녀 6이 태어났으므로 (나)는 열성 형질이며, B는 정상 대립유전자, b는 (나) 발현 대립유전자이다.
- 만약 (나)가 X 염색체 유전이라면 6의 유전자형은 X^bX^b이고, X^b는 아버지 3에게 물려받아야 한다. 아버지의 유전자형은 X^bY로 (나)가 발현되어야 하는데 정상이므로 (나)의 유전자는 상염색체에 있다.

2nd (가) 분석하기

- (나)의 유전자가 상염색체에 있으므로 (가)의 유전자는 X 염색체에 있다.
- X 염색체 우성 유전의 경우, 어머니가 정상이면 아들은 정상이고, 딸이 정상이면 아버지가 정상이다.
- (가)가 우성 형질이라면 정상인 어머니 2로부터 정상인 아들 5가 태어나야 하는데 5는 (가)가 발현되므로 모순이다.
- 따라서 (가)는 열성 형질이며, A는 정상 대립유전자, a는 (가) 발현 대립유전자이다.

| 보기 분석 |

ㄱ. (나)의 유전자는 열성이면서 상염색체에 있다.

ㄴ. 8의 (가)에 대한 유전자형이 X^aX^a이므로 6의 (가)에 대한 유전자형은 X^AX^a이고, ㉠의 (가)에 대한 유전자형은 X^aY이며, ㉠에게서 (가)가 발현되었다.

ㄷ. 6의 (나)에 대한 유전자형은 bb, 8의 (나)에 대한 유전자형은 Bb이므로 ㉠은 B를 갖는다. ㉠의 아버지인 1은 (나)에 대한 유전자형이 bb이므로 ㉠의 (나)에 대한 유전자형은 Bb이다.
㉠(X^aY, Bb)과 6(X^AX^a, bb) 사이에서 아이가 태어날 때, 이 아이에게서 (가)가 발현될(X^aX^a, X^aY) 확률 , (나)가 발현될(bb) 확률은 모두 $\frac{1}{2}$이므로 구하는 확률은 $\frac{1}{4}$이다.

부 \ 모	X^A	X^a
X^a	X^AX^a	X^aX^a
Y	X^AY	X^aY

부 \ 모	b	b
B	Bb	Bb
b	bb	bb

문제 풀이 Tip

유전병이 X 염색체 우성 유전의 경우, 아버지가 유전병이면 딸이 유전병이고, 아들이 유전병이면 어머니가 유전병이다. 반대로 어머니가 정상이면 아들은 정상이고, 딸이 정상이면 아버지가 정상이다.

L 36 정답 ⑤ * 가계도 분석 ······ [정답률 61%] 2018 실시 7월 학평 11

그림은 영희 집안의 유전병 ㉠과 ㉡에 대한 가계도를 나타낸 것이다. ㉠은 대립유전자 A와 A*에 의해, ㉡은 대립유전자 B와 B*에 의해 결정되며, A는 A*에 대해, B는 B*에 대해 각각 완전 우성이다. 영희의 ㉠과 ㉡의 유전자형은 모두 동형 접합성이고, ㉠과 ㉡ 중 하나는 반성유전된다.

이에 대한 설명으로 옳은 것만을 〈보기〉에서 있는 대로 고른 것은? (단, 돌연변이는 고려하지 않는다.)

[보기]

ㄱ. ㉠을 결정하는 대립유전자는 X 염색체에 존재한다.
→ ㉠은 반성유전이므로 대립유전자가 X 염색체에 존재

ㄴ. ㉠과 ㉡은 모두 단일 인자 유전이다.
→ ㉠과 ㉡은 모두 한 쌍의 대립유전자에 의해 결정되는 단일 인자 유전

ㄷ. 영희의 동생이 한 명 태어날 때, 이 아이가 유전병 ㉠과 ㉡을 모두 갖는 남자 아이일 확률은 $\frac{1}{16}$이다. → ㉠일 확률 $\frac{1}{4}$, ㉡일 확률 $\frac{1}{4}$

① ㄱ ② ㄷ ③ ㄱ, ㄴ ④ ㄴ, ㄷ ⑤ ㄱ, ㄴ, ㄷ

| 문제+자료 분석 |

1st ㉡의 우열 관계 파악하기: 유전병 ㉡에 대해 정상인 부모로부터 유전병 ㉡을 가진 영희가 태어났으므로 유전병 ㉡은 열성 형질이다. 따라서 유전자 B는 정상 유전자, B*는 유전병 ㉡ 유전자가 된다.

2nd B/B*가 위치한 염색체 파악하기: ㉡에 대해 정상인 아버지로부터 유전병 ㉡을 가진 딸(영희)이 태어났기 때문에 유전병 ㉡ 유전자는 X 염색체가 아닌 상염색체 있다.

3rd ㉠의 우열 관계 파악하기

- 문제의 조건을 이용하면 ㉠과 ㉡ 중 하나는 반성유전된다고 했으므로 ㉠이 반성 유전된다는 것을 알 수 있다.
- 또한 조건에서 영희의 ㉠에 대한 유전자형은 동형 접합성이라고 했으므로 유전병 ㉠ 유전자만 가지고 있고 그중 하나는 어머니로부터 받은 것인데 어머니는 정상이므로 ㉠이 열성 형질이라는 것을 파악할 수 있다.
- 따라서 A는 정상 유전자, A*는 유전병 ㉠ 유전자이다.

| 보기 분석 |

ㄱ. 유전병 ㉠은 반성유전되므로 ㉠을 결정하는 대립유전자는 X 염색체에 존재한다.

ㄴ. ㉠과 ㉡은 각각 A와 A*, B와 B* 한 쌍의 대립유전자에 의해 형질이 결정되는 단일 인자 유전이다.

ㄷ. 영희의 아버지(A*Y, BB*)와 어머니(AA*, BB*) 사이에서 유전병 ㉠인 아들이 태어날 확률은 $\frac{1}{4}$이고, 유전병 ㉡을 가질 확률(BB*와 BB* 사이에서 B*B*가 태어날 확률)은 $\frac{1}{4}$이므로 $\frac{1}{4}\times\frac{1}{4}=\frac{1}{16}$이다.

L 37 정답 ① *가계도 분석 ········ ✪ 고난도 [① 44% ② 8% ③ 18% ④ 19% ⑤ 8%] 2024 실시 10월 학평 15

다음은 어떤 집안의 유전 형질 (가)와 (나)에 대한 자료이다.

- (가)는 대립유전자 H와 h에 의해, (나)는 대립유전자 T와 t에 의해 결정된다. H는 h에 대해, T는 t에 대해 각각 완전 우성이다.
- (가)의 유전자와 (나)의 유전자는 서로 다른 염색체에 있다.
  (가): 상염색체 우성 형질, (나): 상염색체 열성 형질
- 가계도는 구성원 1~7에게서 (가)와 (나)의 발현 여부를, 표는 구성원 1, 2, 5에서 체세포 1개당 H와 t의 DNA 상대량을 나타낸 것이다. ㉠~㉢은 0, 1, 2를 순서 없이 나타낸 것이다.

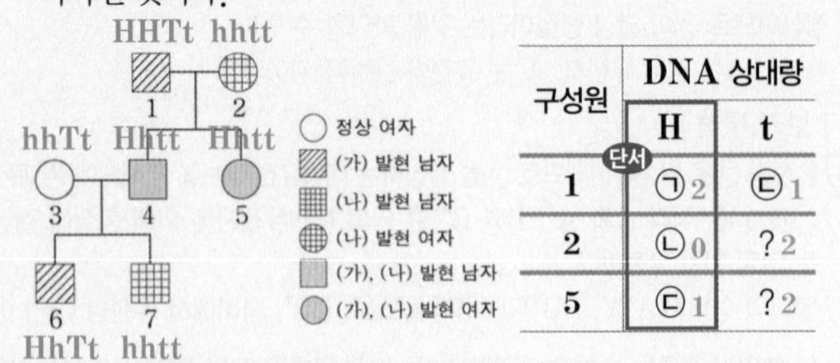

구성원	DNA 상대량 H	DNA 상대량 t
1	㉠2	㉢1
2	㉡0	?2
5	㉢1	?2

이에 대한 옳은 설명만을 〈보기〉에서 있는 대로 고른 것은? (단, 돌연변이와 교차는 고려하지 않으며, H, h, T, t 각각의 1개당 DNA 상대량은 1이다.) (3점)

[보기]

ㄱ. ㉢은 1이다.
㉠은 2, ㉡은 0, ㉢은 1

ㄴ. (가)와 (나)는 모두 ~~우성 형질~~이다.
(가)는 우성 형질, (나)는 열성 형질

ㄷ. 이 가계도 구성원 중 (가)와 (나)의 유전자형이 모두 동형 접합성인 사람은 ~~1명~~이다.
2명

① ㄱ ② ㄴ ③ ㄱ, ㄷ ④ ㄴ, ㄷ ⑤ ㄱ, ㄴ, ㄷ

단서+발상

단서 구성원 1, 2, 5의 H의 DNA 상대량이 모두 다름이 제시되어 있다.

발상 (가)에 대해 구성원 2가 열성 형질, 구성원 1, 5는 우성 형질이며 상염색체 유전임을 추론할 수 있다.

적용 H의 DNA 상대량이 1인 사람과 2인 사람의 표현형이 같음을 적용해서 ㉠~㉢을 구하는 것부터 문제 풀이를 시작해야 한다.

| 문제 해결 과정 |

step 1 유전 형질 (가) 파악하기

- 구성원 1, 2, 5의 H의 DNA 상대량이 순서 없이 0, 1, 2로 모두 다르다.
- H가 h에 대해 완전 우성이므로 H의 DNA 상대량이 2인 사람과 1인 사람은 표현형이 같다. 꿀팁
- 구성원 2는 (가)가 발현되지 않고 구성원 1, 5는 (가)가 발현되었으므로, (가)는 우성 형질이다.
- (가)가 발현되지 않은 구성원 2의 유전자형은 hh이다.
- 구성원 1과 5의 DNA 상대량이 서로 다르므로 1의 유전자형은 HH, 5의 유전자형은 Hh이다.

step 2 유전 형질 (나) 파악하기

- 구성원 1의 t의 DNA 상대량은 1이고, (나)가 발현되지 않았다.
- 1은 (나)가 발현되지 않았고, 5는 (나)가 발현되었으므로 (나)는 X 염색체 열성 유전 형질이 아니다.
- (나)가 발현되지 않은 구성원 3에서 (나)가 발현된 구성원 7이 태어났으므로 (나)는 X 염색체 우성 유전 형질이 아니다.
- (나)는 상염색체 열성 형질이고, 구성원 1의 유전자형은 Tt이다.

| 보기 분석 |

ㄱ. ㉢은 1이다. (○)

- step 1에 따라 ㉠은 2, ㉡은 0, ㉢은 1이다.

ㄴ. (가)와 (나)는 모두 우성 형질이다. (×)

- step 1에 따라 (가)는 우성 형질이고, step 2에 따라 (나)는 열성 형질이다.

ㄷ. 이 가계도 구성원 중 (가)와 (나)의 유전자형이 모두 동형 접합성인 사람은 1명이다. (×)

- step 1과 step 2에 따라 (가)의 유전자형이 동형 접합성인 구성원은 1, 2, 3, 7이고, (나)의 유전자형이 동형 접합성인 구성원은 2, 4, 5, 7이다. (가)와 (나)의 유전자형이 모두 동형 접합성인 사람은 구성원 2와 7로 2명이다.

✪ 정답은 ① ㄱ이다.

문제 풀이 꿀팁

- H가 h에 대해 완전 우성일 때, H의 DNA 상대량이 1인 사람과 2인 사람의 표현형이 같다.
- H의 DNA 상대량이 각각 0, 1, 2 중 하나인 3명의 구성원 중 2명의 유전 형질이 발현되었다면, 이 유전 형질은 우성 형질이고, 표현형이 다른 나머지 1명(열성 형질)의 H의 DNA 상대량은 0이다.

L 38 정답 ⑤ ······ [정답률 28%] ✪ 고난도

다음은 어떤 집안의 유전 형질 (가)와 (나)에 대한 자료이다.

- (가)는 대립유전자 R와 r에 의해, (나)는 대립유전자 T와 t에 의해 결정된다. R는 r에 대해, T는 t에 대해 각각 완전 우성이다.
- (가)의 유전자와 (나)의 유전자는 모두 X 염색체에 있다.
  → (나)가 발현된 남자인 5의 어머니인 4는 (나)가 발현되지 않음 → (나)는 열성 형질
- 가계도는 구성원 ⓐ와 ⓑ를 제외한 구성원 1~7에게서 (가)와 (나)의 발현 여부를 나타낸 것이다.

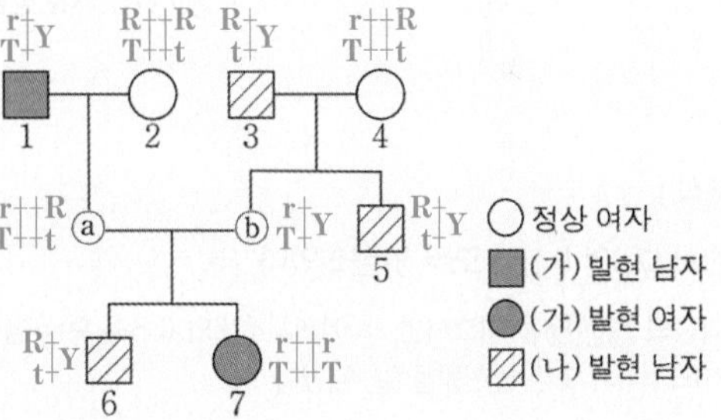

- 2와 7의 (가)의 유전자형은 모두 동형 접합성이다.
  → 7이 가지고 있는 (가)를 발현시키는 유전자 중 하나는 4로부터 받은 것인데 4는 (가)가 발현되지 않음 → (가)는 열성 형질

이에 대한 설명으로 옳은 것만을 〈보기〉에서 있는 대로 고른 것은? (단, 돌연변이와 교차는 고려하지 않는다.) (3점) 2021 실시 4월 학평 17

[보기]

ㄱ. (가)는 우성 형질이다. → (가)는 열성 형질

ㄴ. ⓐ는 여자이다. → ⓐ는 여자, ⓑ는 남자

ㄷ. ⓑ에게서 (가)와 (나) 중 (가)만 발현되었다.
→ ⓑ는 (가)만 발현됨

① ㄱ ② ㄴ ③ ㄷ ④ ㄱ, ㄴ ⑤ ㄴ, ㄷ

단서+발상

단서 '2와 7의 (가)의 유전자형은 모두 동형 접합성이다.'라는 조건에 주목한다.

발상 7은 (가)가 발현되므로 (가) 발현 유전자를 동형 접합성으로 갖고, 2는 (가) 미발현 유전자를 동형 접합성으로 갖기 때문에 2와 7은 서로 다른 유전자를 가지고 있음을 생각한다.

해결 ⓐ가 만약 남자라면 자녀 7에게 (가) 발현 유전자를 물려주고, 이 유전자는 어머니 2로부터 받은 것이므로 2도 (가) 발현 유전자를 가진다. 하지만 2는 (가) 발현 유전자를 갖지 않으므로 ⓐ는 여자임을 파악할 수 있어야 고난도 문제를 해결할 수 있다.

| 문제 해결 과정 |

step 1 (나) 형질의 우열 관계 파악하기

- (나)의 유전자는 X 염색체에 있으며, X 염색체 유전에서 형질이 발현된 남자의 어머니가 형질이 발현되지 않았을 경우 이 유전 형질은 열성 형질이다.
- (나)가 발현된 남자 5의 어머니인 4가 (나)가 발현되지 않았으므로 (나)는 열성 형질이다.

step 2 (가) 형질의 우열 관계 파악하기

- 7의 (가)의 유전자형은 동형 접합성이며 7은 (가)가 발현되었다.
- 7의 (가)에 대한 유전자 중 하나는 3 또는 4로부터 받은 것이다.
- 3과 4는 모두 (가)가 발현되지 않았으므로 (가)는 열성 형질이다.

step 3 ⓐ와 ⓑ의 성별 파악하기

- (가)가 발현되지 않은 2의 유전자형은 동형 접합성이므로 2는 X^RX^R을 유전자형으로 가진다.
- (가)를 발현한 7의 유전자형은 동형 접합성이므로 7은 X^rX^r을 유전자형으로 가진다.
- ⓐ가 남자라고 가정한다면, ⓐ는 2로부터 X^R를 받아 7에게 전달해야 하는데 7은 X^rX^r의 유전자형을 가지므로 모순이다.
- 따라서 ⓐ는 여자이고 ⓑ는 남자이다.

step 4 ⓑ의 유전자형 파악하기

- ⓑ의 X 염색체는 엄마인 4로부터 받은 것이다.
- 4는 아들인 5에게 X 염색체를 전달한다. 5는 (가)를 발현하지 않고 (나)만 발현했으므로 4로부터 전달받은 5의 X 염색체에는 R과 t가 있다.
- 4는 (가)와 (나) 모두 발현하지 않았으므로 T를 가져야 한다.
- (가)가 발현된 7이 가지는 r 중 하나는 조부모 3과 4로부터 온 것이다. 3은 (가)를 발현하지 않아 R만 가지므로 4는 r을 가져야 한다.
- 4는 R과 t가 함께 있는 X 염색체와 r과 T가 함께 있는 X 염색체를 가진다.
- ⓑ는 7에게 전달할 r을 가지고 있어야 하므로 ⓑ의 X 염색체에는 r과 T가 있다.

| 보기 분석 |

ㄱ. (가)는 우성 형질이다. (×)

문제 해결 과정의 step 2를 참고하면, (가)가 발현하지 않은 조부모 3과 4로부터 유전자형이 동형 접합성이면서 (가)가 발현된 7이 태어나므로 (가)는 열성 형질이다.

ㄴ. ⓐ는 여자이다. (○)

문제 해결 과정의 step 3을 참고하면, ⓐ가 남자라고 가정한다면, ⓐ는 2로부터 X^R를 받아 7에게 전달해야 하는데 7은 X^rX^r의 유전자형을 가지므로 모순이다. 따라서 ⓐ는 여자이고 ⓑ는 남자이다.

ㄷ. ⓑ에게서 (가)와 (나) 중 (가)만 발현되었다. (○)

문제 해결 과정의 step 4를 참고하면, ⓑ는 r과 T가 있는 X 염색체를 가진다. 따라서 ⓑ는 (가)와 (나) 중 (가)만 발현된다.

✪ 정답은 ⑤ ㄴ, ㄷ이다.

문제 풀이 Tip

1. X 염색체 우성 형질일 때 형질이 발현된 남자의 어머니와 딸은 모두 형질을 발현해야 하고, X 염색체 열성 형질일 때 형질이 발현된 여자의 아버지와 아들은 모두 형질을 발현해야 한다.

어떤 형질이 X 염색체 유전이라고 주어진 경우 형질이 발현된 남자의 어머니가 형질이 발현되지 않은 경우가 있다면 열성 형질임을 파악해야 한다.

2. 유전자형이 동형 접합성인 구성원이 가진 유전자 중 하나는 외조부모로부터 다른 하나는 조부모로부터 받는다.

어떤 형질을 발현한 동형 접합성인 구성원에게 유전자를 전달한 조부모가 모두 형질을 발현하지 않았다면 열성 형질임을 파악해야 한다. 우성 표현형의 부모에게서 열성 표현형의 자손은 태어날 수 있지만 열성 표현형의 부모에게서 우성 표현형의 자손은 태어날 수 없다.

＊ X 염색체 유전 ······ ✪ 고난도 핵심 개념

X 염색체 우성 유전	형질을 발현한 남자 구성원의 어머니와 딸은 모두 형질을 발현한다.
X 염색체 열성 유전	형질을 발현한 여자 구성원의 아버지와 아들은 모두 형질을 발현한다.

L 39 정답 ④ ·································· [정답률 46%] ✪ 고난도

다음은 어떤 집안의 유전 형질 (가)와 (나)에 대한 자료이다.

- (가)는 대립유전자 H와 h에 의해, (나)는 대립유전자 R와 r에 의해 결정된다. H는 h에 대해, R는 r에 대해 각각 완전 우성이다.
- (가)와 (나)의 유전자는 모두 X 염색체에 있다.
- 가계도는 구성원 ⓐ와 ⓑ를 제외한 구성원 1~9에게서 (가)와 (나)의 발현 여부를 나타낸 것이다.

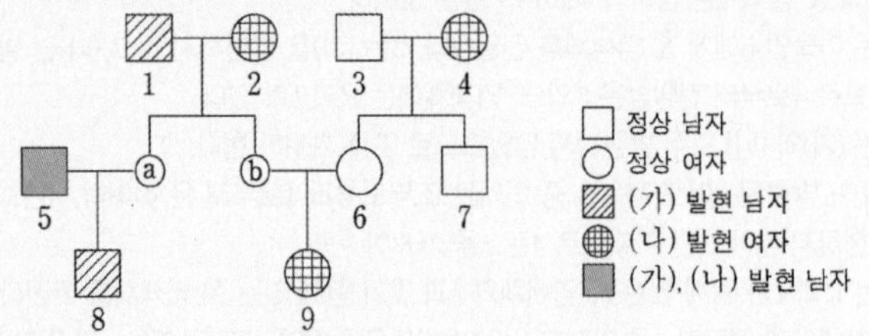

(가)는 열성 형질, (나)는 우성 형질
ⓐ에서 (가)와 (나)가 모두 발현되지 않고, ⓑ에서 (가)와 (나)가 모두 발현됨

- ⓐ와 ⓑ 중 한 사람은 (가)와 (나)가 모두 발현되었고, 나머지 한 사람은 (가)와 (나)가 모두 발현되지 않았다.

이에 대한 설명으로 옳은 것만을 〈보기〉에서 있는 대로 고른 것은? (단, 돌연변이와 교차는 고려하지 않는다.) (3점)

2021 대비 9월 모평 19

[보기]

ㄱ. ⓐ에게서 (가)와 (나)가 모두 발현되었다.
→ ⓐ에게서 (가)와 (나)가 모두 발현되지 않음

ㄴ. 2의 (가)에 대한 유전자형은 이형 접합성이다.
→ 2의 (가)에 대한 유전자형은 Hh

ㄷ. 8의 동생이 태어날 때, 이 아이에게서 나타날 수 있는 표현형은 최대 4가지이다.
→ 8의 동생에게서 나타날 수 있는 유전자형과 그에 따른 표현형은 $X^{Hr}X^{hR}$–(나), $X^{hr}X^{hR}$–(가), (나), $X^{Hr}Y$–정상, $X^{hr}Y$–(가)

① ㄱ ② ㄴ ③ ㄱ, ㄷ ④ ㄴ, ㄷ ⑤ ㄱ, ㄴ, ㄷ

단서+발상

(단서) 'ⓐ와 ⓑ 중 한 사람은 (가)와 (나)가 모두 발현되었고, 나머지 한 사람은 (가)와 (나)가 모두 발현되지 않았다.'라는 조건에 주목한다.

(발상) 4와 7을 통해 (나)가 우성임을 파악한 상태에서 만약 ⓑ가 (가)와 (나)가 모두 발현하지 않은 남자라면 ⓑ와 6 사이에서 (나)가 발현된 9가 태어날 수 없다. 따라서 ⓑ는 (가)와 (나)가 모두 발현된 남자임을 생각한다.

(해결) ⓑ의 유전자형은 $X^{\text{(가)(나)}}Y$이고, $X^{\text{(가)(나)}}$는 어머니인 2로부터 물려받는데 2는 (가)가 발현되지 않으므로 (가)는 열성임을 파악할 수 있어야 고난도 문제를 해결할 수 있다.

| 문제 해결 과정 |

step 1 ⓐ와 ⓑ에서 (가)와 (나)의 발현 여부 파악하기

- 만약 ⓐ에게서 (가)와 (나)가 모두 발현되고 ⓑ에게서 (가)와 (나)가 모두 발현되지 않았다고 가정하면, (나)가 발현된 5와 ⓐ 사이에 (나)가 발현되지 않은 8이 태어나므로 (나)가 정상에 대해 우성 형질이다.
- 하지만 이 경우 열성 형질로 정상인 ⓑ와 6 사이에 우성인 (나)가 발현된 9가 태어나는 것이 설명될 수 없다.
- 따라서 ⓐ에게서 (가)와 (나)가 모두 발현되지 않고 ⓑ에서 (가)와 (나)가 모두 발현된다.

step 2 (가)와 (나)의 우열 관계 파악하기

- (가)가 발현된 남자 ⓑ로부터 (가)가 발현되지 않은 딸 9가 태어났으므로 9의 유전자형은 이형 접합성이고, 이형 접합성인 경우의 표현형(정상 형질)이 우성이므로 (가)는 정상에 대해 열성 형질이다.
- (나)가 발현된 여자 4로부터 정상인 아들 7이 태어났으므로 4의 유전자형은 이형 접합성이고, 이형 접합성인 경우의 표현형 (나)가 우성이므로 (나)는 정상에 대해 우성 형질이다.

step 3 구성원 1~9의 유전자형 파악하기

구성원 1~9에서 (가)와 (나)에 대한 유전자 구성은 아래 그림과 같다.

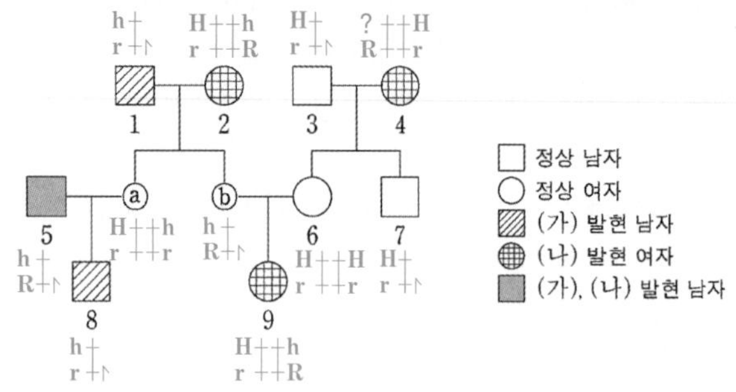

| 보기 분석 |

ㄱ. ⓐ에게서 (가)와 (나)가 모두 발현되었다. (×)

문제 해결 과정의 step 1을 참고하면, ⓐ에게서 (가)와 (나)가 모두 발현되지 않고 ⓑ에게서 (가)와 (나)가 모두 발현됨을 알 수 있다.

ㄴ. 2의 (가)에 대한 유전자형은 이형 접합성이다. (○)

문제 해결 과정의 step 2와 step 3를 참고하면, (가)가 발현되지 않은 어머니 2로부터 (가)가 발현된 아들(ⓑ)이 태어나므로 2의 (가)에 대한 유전자형은 이형 접합성이다.

ㄷ. 8의 동생이 태어날 때, 이 아이에게서 나타날 수 있는 표현형은 최대 4가지이다. (○)

- 문제 해결 과정의 step 3를 참고하면, 8의 아버지($X^{hR}Y$)와 8의 어머니($X^{Hr}X^{hr}$) 사이에서 아이가 태어날 때, 이 아이에게서 나타날 수 있는 유전자형과 그에 따른 표현형은 아래 표와 같음을 알 수 있다.

$X^{Hr}X^{hR}$	(가) 미발현, (나) 발현	$X^{Hr}Y$	(가) 미발현, (나) 미발현
$X^{hr}X^{hR}$	(가) 발현, (나) 발현	$X^{hr}Y$	(가) 발현, (나) 미발현

- 유전자형에 따른 표현형이 모두 다르므로, 이들 부모 사이에 태어나는 아이에게서 나타날 수 있는 표현형은 최대 4가지이다.

✪ 정답은 ④ ㄴ, ㄷ이다.

문제 풀이 Tip

1. **부모의 표현형이 서로 같고 자손의 표현형이 부모와는 다른 경우 부모의 표현형이 우성, 자손의 표현형이 열성이다.**
우성 표현형의 부모에게서 열성 표현형의 자손은 태어날 수 있지만, 열성 표현형의 부모에게서 우성 표현형의 자손은 태어날 수 없다.
2. **X 염색체에 있는 유전자에 의해 결정되는 형질에 대해 이 형질이 미발현된 여자로부터 형질이 발현된 아들이 태어나는 경우와 이 형질이 발현된 여자로부터 발현되지 않은 아들이 태어나는 경우 모두 여자의 유전자형은 이형 접합성이다.**
- 어머니는 아들에게 자신이 가진 X 염색체 2개 중 하나를 물려주며, 물려준 X 염색체에 있는 대립유전자에 의해 아들의 표현형이 결정된다.
- 아들의 표현형과 어머니의 표현형이 다른 경우 아들에게 물려준 대립유전자를 가졌음에도 그 대립유전자에 의한 표현형이 나타나지 않는 것은 아들에게 물려준 유전자가 열성 대립유전자이기 때문이다. 또한 어머니의 유전자형은 이형 접합성이며 어머니의 표현형이 우성 형질임을 의미한다.

＊ X 염색체 유전 ✪ 고난도 핵심 개념

X 염색체 우성 유전	아버지가 유전병이면 딸이 유전병이고, 아들이 유전병이면 어머니가 유전병이다.
X 염색체 열성 유전	어머니가 유전병이면 아들이 유전병이고, 딸이 유전병이면 아버지가 유전병이다.

L 40 정답 ① ······························ [정답률 41%] ✪ 고난도

다음은 어떤 집안의 유전 형질 (가)와 (나)에 대한 자료이다.

- (가)는 대립유전자 A와 a에 의해, (나)는 대립유전자 B와 b에 의해 결정된다. A는 a에 대해, B는 b에 대해 각각 완전 우성이다.
- 가계도는 구성원 1~10에게서 (가)와 (나)의 발현 여부를 나타낸 것이다. (가)와 (나)는 상염색체 열성 형질

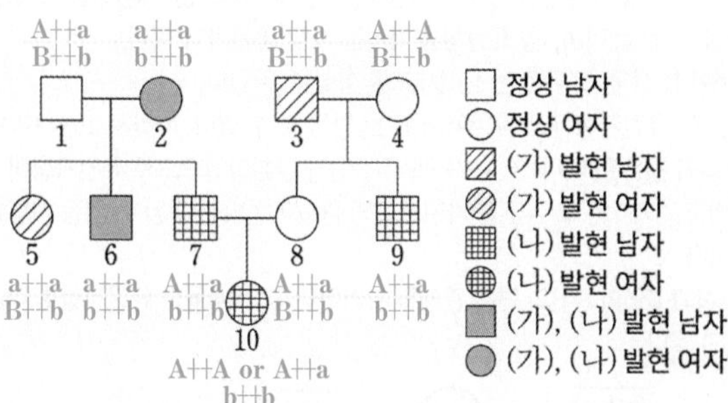

- 1, 2, 3, 4 각각의 체세포 1개당 a의 DNA 상대량을 더한 값은 1, 2, 3, 4 각각의 체세포 1개당 b의 DNA 상대량을 더한 값과 같다. a의 DNA 상대량은 더한 값과 b의 DNA 상대량을 더한 값은 5

이에 대한 설명으로 옳은 것만을 〈보기〉에서 있는 대로 (단, 돌연변이는 고려하지 않으며, a와 b 각각의 1개당 DNA 상대량은 1이다.) 2021 실시 10월 학평 17

[보기]

ㄱ. (가)는 열성 형질이다.
→ (가)는 상염색체 열성 유전 형질

ㄴ. 4는 (가)와 (나)의 유전자형이 ~~모두 이형 접합성이다~~.
→ 4의 유전자는 AA로 (가)의 유전자형이 동형 접합성

ㄷ. 10의 동생이 태어날 때, 이 아이가 (가)와 (나)에 대해 모두 정상일 확률은 ~~$\frac{1}{4}$이다~~.
→ 10의 동생이 (가)와 (나)에 대해 모두 정상일 확률은 $\frac{3}{8}$

① ㄱ ② ㄴ ③ ㄱ, ㄷ ④ ㄴ, ㄷ ⑤ ㄱ, ㄴ, ㄷ

단서+발상

(단서) '1, 2, 3, 4 각각의 체세포 1개당 a의 DNA 상대량을 더한 값은 1, 2, 3, 4 각각의 체세포 1개당 b의 DNA 상대량을 더한 값과 같다.'라는 조건에 주목한다.

(발상) 가계도를 통해 (가)는 상염색체 유전이고, (나)는 열성임을 파악할 수 있으므로 먼저 (가)가 열성일 때와 우성일 때 나올 수 있는 1~4의 a의 DNA 상대량을 더한 값을 추론한다.

(해결) 마찬가지로 (나)가 상염색체 유전일 때와 X 염색체 유전일 때 나올 수 있는 1~4의 b의 DNA 상대량을 더한 값을 추론한다. 그 다음 a의 더한 값과 b의 더한 값이 일치하는 경우를 찾아 (가)의 우열과 (나)가 어떤 염색체 유전 형질인지 파악할 수 있어야 고난도 문제를 해결할 수 있다.

| 문제 해결 과정 |

step 1 형질 (가) 분석하기

- (가)가 발현된 2로부터 (가)가 발현되지 않은 7이 태어났으므로 X 염색체 열성 유전이 아니고, (가) 발현된 3으로부터 (가)가 발현되지 않은 8이 태어났으므로 X 염색체 우성 유전이 아니다. 또한 아버지와 아들의 형질이 다르므로 Y 염색체 유전이 아니다. 따라서 (가)는 상염색체 유전 형질이다.
- (가)가 열성 형질이라면 1의 유전자형은 Aa, 2는 aa, 3은 aa, 4는 AA 또는 Aa이므로 1~4의 체세포 1개당 a의 DNA 상대량을 더한 값은 5 또는 6이다.
- (가)가 우성 형질이라면 1의 유전자형은 aa, 2는 Aa, 3은 Aa, 4는 aa이므로 1~4의 체세포 1개당 a의 DNA 상대량을 더한 값은 6이다.

step 2 형질 (나) 분석하기

- (나)가 발현되지 않은 3, 4로부터 (나)가 발현된 9가 태어났으므로 (나)는 열성 형질이다.
- (나)가 상염색체 유전 형질이라면 1의 유전자형은 Bb, 2는 bb, 3은 Bb, 4는 Bb이므로 1~4의 체세포 1개당 b의 DNA 상대량을 더한 값은 5이다.
- (나)가 X 염색체 유전 형질이라면 1의 유전자형은 BY, 2는 bb, 3은 BY, 4는 Bb이므로 1~4의 체세포 1개당 b의 DNA 상대량을 더한 값은 3이다.

step 3 (가)와 (나)의 유전자형 파악하기

- 1~4의 체세포 1개당 a의 DNA 상대량을 더한 값과 b의 DNA 상대량을 더한 값이 같아야 하므로 (가)와 (나)는 모두 상염색체 열성 형질이다.
- 1~4의 체세포 1개당 a의 DNA 상대량을 더한 값이 5이므로 4의 유전자형은 AA이다.
- 구성원 1~9의 (가)와 (나)에 대한 유전자형을 가계도에 나타내면 다음과 같다.

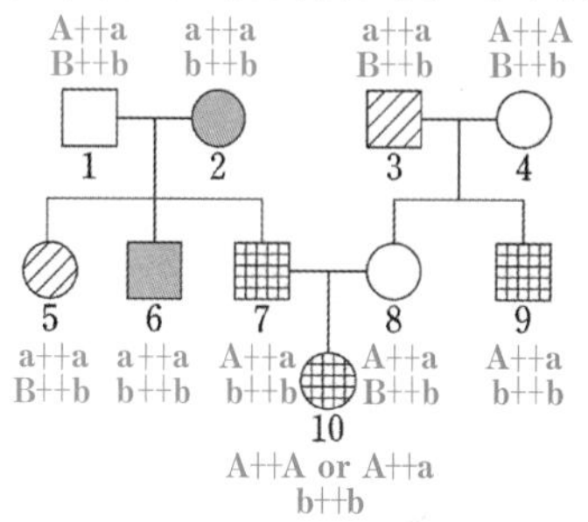

| 보기 분석 |

ㄱ. (가)는 열성 형질이다. (○)

- 문제 해결 과정의 step 3 을 참고하면, (가)와 (나)는 모두 상염색체 열성 형질이다.

ㄴ. 4는 (가)와 (나)의 유전자형이 모두 이형 접합성이다. (×)

- 문제 해결 과정의 step 3 을 참고하면, 4는 (가)의 유전자형이 AA로 동형 접합성이고, (나)의 유전자형이 Bb로 이형 접합성이다.

ㄷ. 10의 동생이 태어날 때, 이 아이가 (가)와 (나)에 대해 모두 정상일 확률은 $\frac{1}{4}$이다. (×)

- 문제 해결 과정의 step 3 을 참고하면, 7과 8의 유전자형이 모두 Aa이므로 태어날 아이가 (가)에 대해 정상일 확률은 $\frac{3}{4}$이다.
- 7의 유전자형이 bb이고 8의 유전자형이 Bb이므로 자손이 (나)에 대해 정상일 확률은 $\frac{1}{2}$이다.
- 10의 동생이 태어날 때, 이 아이가 (가)와 (나)에 대해 모두 정상일 확률은 $\frac{3}{4}\times\frac{1}{2}=\frac{3}{8}$이다.

✪ 정답은 ① ㄱ이다.

문제 풀이 Tip

1. **부모의 표현형이 서로 같고 자손의 표현형이 부모와는 다른 경우 부모의 표현형이 우성, 자손의 표현형이 열성이다.**
   우성 표현형의 부모에게서 열성 표현형의 자손은 태어날 수 있지만, 열성 표현형의 부모에게서 우성 표현형의 자손은 태어날 수 없다.
2. **어떤 형질이 X 염색체 우성 유전 형질이라면 ① 형질이 발현된 남자 구성원의 어머니와 딸은 모두 형질을 발현해야 하고, X 염색체 열성 유전 형질이라면 ② 형질이 발현된 여자 구성원의 아버지와 아들은 모두 형질을 발현해야 한다. Y 염색체 유전 형질이라면 ③ 아버지와 아들은 모두 같은 형질을 발현해야 한다.**
   만약 가계도 구성원 중 ①~③을 만족하지 않는 구성원이 모두 있다면, 이 형질은 상염색체 유전 형질이다.

L 41 정답 ① *사람의 유전 ✪ 고난도 [정답률 23%] 2023 실시 7월 학평 15

다음은 어떤 집안의 유전 형질 (가)와 (나)에 대한 자료이다.

- (가)는 대립유전자 H와 h에 의해 결정되며, H는 h에 대해 완전 우성이다. (가) H>h
- (나)는 대립유전자 T와 t에 의해 결정되며, 유전자형이 다르면 표현형이 다르다. (나)의 표현형은 3가지이고, ㉠, ㉡, ㉢이다.
  (나) T=t / TT, Tt, tt의 표현형이 다름
- (가)와 (나)의 유전자는 같은 상염색체에 있다.
- 그림은 구성원 1~9의 가계도를, 표는 1~9를 (가)와 (나)의 표현형에 따라 분류한 것이다. ⓐ~ⓓ는 2, 3, 4, 7을 순서 없이 나타낸 것이다.

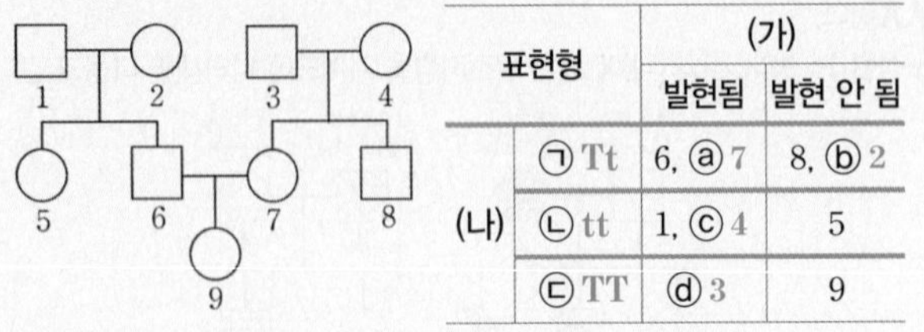

표현형		(가) 발현됨	(가) 발현 안 됨
(나)	㉠Tt	6, ⓐ7	8, ⓑ2
	㉡tt	1, ⓒ4	5
	㉢TT	ⓓ3	9

- 3과 6은 각각 h와 T를 모두 갖는 생식세포를 형성할 수 있다.

이에 대한 설명으로 옳은 것만을 〈보기〉에서 있는 대로 고른 것은? (단, 돌연변이와 교차는 고려하지 않는다.) (3점)

[보기]

ㄱ. ⓐ는 7이다. ⓐ는 7임

ㄴ. (나)의 표현형이 ㉠인 사람의 유전자형은 TT이다.
(나)의 표현형이 ㉠인 사람의 유전자형은 Tt임

ㄷ. 9의 동생이 태어날 때, 이 아이의 (가)와 (나)의 표현형이 모두 3과 같을 확률은 $\frac{1}{4}$이다.
9의 동생이 태어날 때, 이 아이의 (가)와 (나)의 표현형이 모두 3과 같을 확률은 0임

① ㄱ ② ㄴ ③ ㄷ ④ ㄱ, ㄴ ⑤ ㄱ, ㄷ

단서+발상

(단서) 5의 부모(1과 2) 또는 9의 부모(6과 7)는 모두 (가)가 발현되었는데 5와 9는 (가)가 발현되지 않은 것에 주목한다.

(발상) 6의 유전자형이 TT라면, 1과 9는 모두 T_이므로 3가지 표현형(㉠, ㉡, ㉢)이 나올 수 없으므로 6의 유전자형이 Tt(㉠)임을 파악한다.

(해결) (나)에 대한 표현형이 ㉡(tt)이 될 수 있는 사람은 4뿐이고, 7이 ㉠을 나타내는 ⓐ임을 파악한 후, 각 개체에서 (가)와 (나)의 연관 관계를 고려하여 유전자형을 파악할 수 있어야 고난도 문제를 해결할 수 있다.

| 문제 해결 과정 |

step 1 (가) 형질의 우열 파악하기

- 2, 3, 4, 7(ⓐ~ⓓ) 중 (가) 발현은 3명이다. 5의 부모(1과 2) 또는 9의 부모(6과 7)는 모두 (가)가 발현되었는데 5와 9는 (가)가 발현되지 않았으므로 (가)는 우성 형질이다.

step 2 (나) 형질의 표현형에 따른 유전자형 파악하기

- 6은 문제의 조건에서 T를 가진 생식세포를 형성할 수 있으므로 유전자형이 T_이다.
- 6의 유전자형이 TT라면, 1과 9는 모두 T_이므로 3가지 표현형(㉠, ㉡, ㉢)이 나올 수 없다. 따라서 6의 (가)에 대한 유전자형은 Tt이다.
- 9는 6에게서 h와 T가 함께 있는 염색체를 물려받고 6과는 (가)와 (나)의 표현형이 다르므로 9의 (나)에 대한 유전자형은 TT이다.
- 나머지 ㉡의 유전자형은 tt이다.

step 3 연관 관계를 고려하며 각 개체들의 유전자형 파악하기

- (가)가 발현된 사람의 유전자형은 HH 또는 Hh, (가)가 발현되지 않은 사람의 유전자형은 hh이다.
- (나)에 대해 ㉠ 표현형을 가지는 사람(6, 8)은 Tt이고, ㉡ 표현형을 가지는 사람(1, 5)은 tt이며, ㉢ 표현형을 가지는 사람(9)은 TT이다.
- 3과 6은 h, T를 모두 갖는 생식세포를 형성할 수 있다.
- 1, 5, 6의 유전자형 파악 후 2가 hT/ht임을 알 수 있다. 따라서 2는 (가)가 발현되지 않은 ⓑ이다. 3, 4, 7은 모두 (가)가 발현되었으므로 유전자형이 H_이고, 3과 7은 모두 T를 가지므로 표현형이 ㉡(tt)이 될 수 있는 사람은 4뿐이다.
- 위 사항과 (가)와 (나)의 연관 관계를 고려하여 각 개체들의 유전자형을 나타내면 그림과 같다.

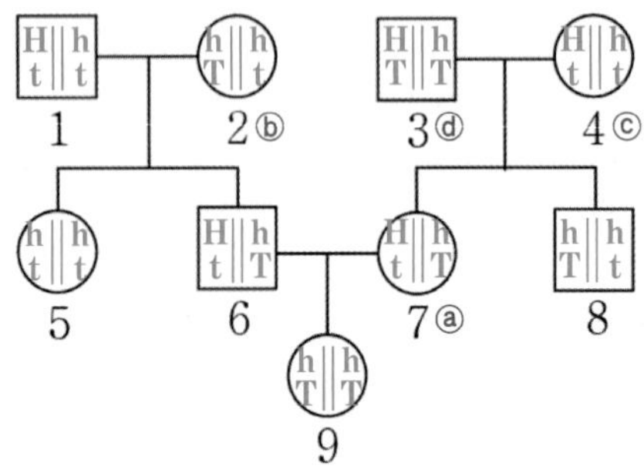

- (가)와 (나)의 유전자형을 고려하면, ⓐ는 7, ⓑ는 2, ⓒ는 4, ⓓ는 3이다.

| 보기 분석 |

ㄱ. ⓐ는 7이다. (○)

- 7은 9에게 h, T가 함께 있는 염색체를 물려주어야 하는데 4의 (나)에 대한 유전자형이 tt이므로, 3으로부터 h, T가 함께 있는 염색체를 물려받는다. 7은 4로부터 H, t가 함께 있는 염색체를 물려받는다.
- 7은 유전자형이 HhTt이므로, (가)는 발현됨, (나)는 ㉠ 표현형인 ⓐ에 해당한다.

ㄴ. (나)의 표현형이 ㉠인 사람의 유전자형은 TT이다. (×)

- step 2의 문제 풀이를 참고하면 (나)의 표현형이 ㉠인 사람의 유전자형은 Tt이다.

ㄷ. 9의 동생이 태어날 때, 이 아이의 (가)와 (나)의 표현형이 모두 3과 같을 확률은 $\frac{1}{4}$이다. (×)

- 6(Ht/hT)과 7(Ht/hT) 사이에서 태어날 수 있는 자녀의 유전자형과 표현형은 표와 같으므로, 9의 동생이 태어날 때, 이 아이의 (가)와 (나)의 표현형이 모두 3(H_TT)과 같을 확률은 0이다.

7 \ 6	Ht	hT
Ht	HHtt	HhTt
hT	HhTt	hhTT

✪ 정답은 ① ㄱ이다.

왜 틀렸나?

- ④번을 최다 오답으로 선택한 27%의 학생들은 (나)의 표현형에 따른 유전자형을 매칭하지 못했다.
- 6의 유전자형이 TT라고 가정했을 때 1과 9는 모두 T_이므로 3가지 표현형(㉠, ㉡, ㉢)이 나올 수 없다는 모순이 나타나므로, 6이 Tt(㉠ 표현형)라는 것을 파악한다면 ㄴ 선지를 쉽게 해결할 수 있었을 것이다.

L 42 정답 ② ······································ [정답률 39%] ✪ 고난도

다음은 어떤 집안의 유전 형질 (가)~(다)에 대한 자료이다.

- (가)는 대립유전자 H와 h에 의해, (나)는 대립유전자 R와 r에 의해, (다)는 대립유전자 T와 t에 의해 결정된다. H는 h에 대해, R는 r에 대해, T는 t에 대해 각각 완전 우성이다.
- (가)~(다)의 유전자 중 2개는 X 염색체에, 나머지 1개는 상염색체에 있다. → (가)와 (다)의 유전자는 X 염색체에 함께 존재, (나)의 유전자는 상염색체에 존재
- 가계도는 구성원 ⓐ를 제외한 구성원 1~8에게서 (가)~(다) 중 (가)와 (나)의 발현 여부를 나타낸 것이다.

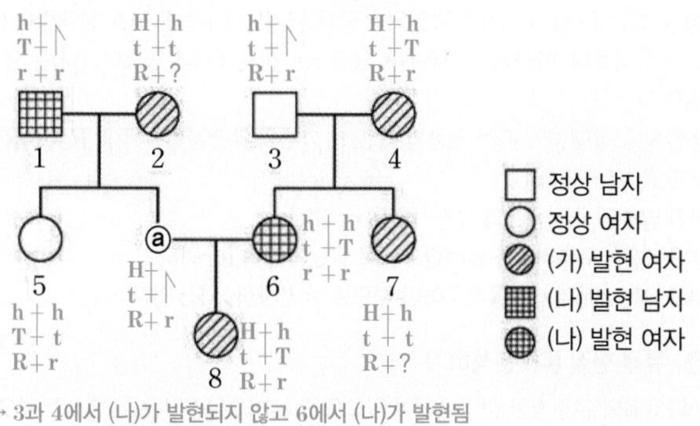

→ 3과 4에서 (나)가 발현되지 않고 6에서 (나)가 발현됨
(나)는 열성 형질이며 유전자가 상염색체에 존재함

- 2, 7에서는 (다)가 발현되었고, 4, 5, 8에서는 (다)가 발현되지 않았다.

이에 대한 설명으로 옳은 것만을 〈보기〉에서 있는 대로 고른 것은? (단, 돌연변이와 교차는 고려하지 않는다.) (3점) 2021 대비 수능 15

[보기]

ㄱ. (나)의 유전자는 ~~X 염색체에 있다.~~ → (나)의 유전자는 상염색체 있음

ㄴ. 4의 (가)~(다)의 유전자형은 모두 이형 접합성이다.
→ 4의 (가)~(다)의 유전자형은 모두 이형 접합성

ㄷ. 8의 동생이 태어날 때, 이 아이에게서 (가)~(다) 중 (가)만 발현될 확률은 ~~$\frac{1}{4}$이다.~~
→ 8의 동생에게서 (가)만 발현될 확률은 $\frac{1}{4}\times\frac{1}{2}=\frac{1}{8}$

① ㄱ ② ㄴ ③ ㄷ ④ ㄱ, ㄴ ⑤ ㄴ, ㄷ

단서+발상

(단서) 가계도에서 2, 5, 8의 (가)와 (다) 발현 여부에 주목한다.

(발상) 2의 (가)와 (다)에 대한 유전자는 5와 ⓐ에게 전달된다. (가)와 (다)가 X 염색체 유전이고, ⓐ는 남자이므로 2의 유전자는 8에게도 반드시 전달된다는 것을 생각한다.

(해결) (가)가 우성 형질임을 파악한 상태에서 (다)가 우성 형질이라고 가정하면 구성원 5는 (가)와 (다)에 대해 정상인 유전자(ht/ht)만 갖는다. 따라서 구성원 2는 HT를 ⓐ에게 물려주고 이는 8에게도 전달되므로 8은 (가)와 (다)가 모두 발현되어야 하는데 8은 (다)가 발현되지 않으므로 모순이다. 따라서 (다)는 열성 형질임을 파악할 수 있어야 고난도 문제를 해결할 수 있다.

| 문제 해결 과정 |

step 1 (나) 분석하기

- 구성원 3과 4는 (나)가 발현되지 않았고 3과 4의 딸인 6은 (나)가 발현되었으므로 (나)는 열성 형질이다.
- 아버지인 3은 (나)가 발현되지 않았고 딸인 6은 (나)가 발현되었으므로 (나)는 X 염색체에 의해 유전되는 형질일 수 없다. 따라서 (나)는 상염색체 유전 열성 형질이다.

step 2 (가) 분석하기

- (나)가 상염색체 유전 형질이므로 (가)는 X 염색체 유전 형질이다.
- (가)가 열성 형질이라고 가정하면 아버지인 구성원 3에서 형질이 발현되지 않으므로 딸인 6 또한 형질이 발현되지 않아야 하는데 그렇지 않으므로 모순이다. 따라서 (가)는 우성 형질이다.

step 3 (다)의 우열 관계와 유전자형 파악하기

- (나)가 상염색체 유전 형질이므로 (다)는 X 염색체 유전 형질이다.
- (다)가 우성 형질이라면 8의 유전자형은 Ht/ht, 아버지인 ⓐ는 Ht/Y, 2는 Ht/_T이다.
- 2의 _T는 딸인 5에게 전달되는데 5는 (다)가 발현되지 않으므로 모순이다. 따라서 (다)는 열성 형질이다.

step 4 가계도 구성원의 유전자형 파악하기

- 위의 내용을 정리하여 가계도 구성원의 유전자형을 나타내면 아래 그림과 같다.

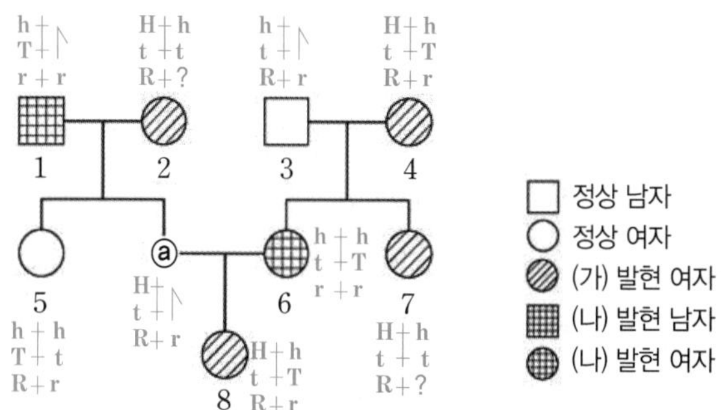

| 보기 분석 |

ㄱ. (나)의 유전자는 X 염색체에 있다. (×)

아버지인 3은 (나)가 발현되지 않았고 딸인 6은 (나)가 발현되었으므로 (나)는 X 염색체에 의해 유전되는 형질일 수 없다. 따라서 (나)는 상염색체 유전 열성 형질이다.

ㄴ. 4의 (가)~(다)의 유전자형은 모두 이형 접합성이다. (○)

4의 (가)의 유전자형은 Hh, (나)의 유전자형은 Rr, (다)의 유전자형은 Tt이다. 따라서 4의 (가)~(다)의 유전자형은 모두 이형 접합성이다.

ㄷ. 8의 동생이 태어날 때, 이 아이에게서 (가)~(다) 중 (가)만 발현될 확률은 $\frac{1}{4}$이다. (×)

8의 동생에게서 (가)가 발현되고 (다)가 발현되지 않을 경우는 $X^{Ht}X^{ht}$, $X^{Ht}X^{hT}$, $X^{ht}Y$, $X^{hT}Y$ 중 $X^{Ht}X^{hT}$이므로 구하는 확률은 $\frac{1}{4}$이다.

8의 동생에서 (나)가 발현되지 않을 확률은 ⓐ로부터 R을 받을 확률인 $\frac{1}{2}$이다.

따라서 (가)~(다) 중 (가)만 발현될 확률은 $\frac{1}{4}\times\frac{1}{2}=\frac{1}{8}$이다.

✪ 정답은 ② ㄴ이다.

문제 풀이 Tip

1. 부모의 표현형이 같고 자손의 표현형이 부모와 다른 경우 부모의 표현형이 우성, 자손의 표현형이 열성이다.
2. 어떤 형질이 X 염색체 유전 열성 형질이라면 형질이 발현된 여자의 아버지와 아들은 모두 형질을 발현해야 한다.

송의현 | 원광대 의예과 2021년 입학 · 안산 동산고 졸

가계도는 갑툭튀를 찾는게 우선이야. 같은 표현형의 부모에게서 다른 표현형의 자녀가 나오면 자녀의 표현형이 열성이라는 것을 사용하는거지. 3, 4, 6, 7에서 (나) 갑툭튀로 r이 유전병 형질이라는 것을 알아낼 수 있어.

L 43 정답 ③ ＊가계도 분석 ······ ✪ 고난도 [① 11% ② 24% ③ 36% ④ 13% ⑤ 14%] 2025 대비 9월 모평 17

다음은 어떤 집안의 유전 형질 (가)~(다)에 대한 자료이다.

- (가)의 유전자는 9번 염색체에 있고, (나)와 (다)의 유전자 중 하나는 X 염색체에, 나머지 하나는 9번 염색체에 있다.
  (가)와 (나)는 상염색체에, (다)는 X 염색체에 있음
- (가)는 대립유전자 H와 h에 의해, (나)는 대립유전자 R와 r에 의해, (다)는 대립유전자 T와 t에 의해 결정된다. H는 h에 대해, R는 r에 대해, T는 t에 대해 각각 완전 우성이다.
- 가계도는 구성원 1~8에게서 (가)와 (나)의 발현 여부를 나타낸 것이다.

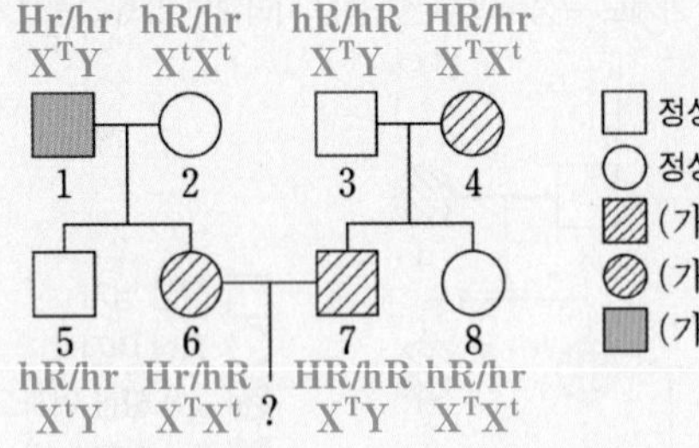

- 표는 구성원 2, 3, 5, 7, 8에서 체세포 1개당 H와 r의 DNA 상대량을 더한 값(H+r)과 체세포 1개당 R와 t의 DNA 상대량을 더한 값(R+t)을 나타낸 것이다.

단서 (가)는 우성 형질

구성원		2	3	5	7	8
DNA 상대량을 더한 값	H+r	1	0	1	1	1
	R+t	3	2	2	2	2

- 2와 5에서 (다)가 발현되었고, 4와 6의 (다)의 유전자형은 서로 같다.

이에 대한 설명으로 옳은 것만을 〈보기〉에서 있는 대로 고른 것은? (단, 돌연변이와 교차는 고려하지 않으며, H, h, R, r, T, t 각각의 1개당 DNA 상대량은 1이다.) (3점)

[보기]

ㄱ. (다)의 유전자는 X 염색체에 있다. (다)의 유전자는 X 염색체에 있음

ㄴ. 4의 (가)~(다)의 유전자형은 모두 이형 접합성이다.
4의 (가)~(다)의 유전자형은 모두 이형 접합성임

ㄷ. 6과 7 사이에서 아이가 태어날 때, 이 아이의 (가)~(다)의 표현형이 모두 6과 같을 확률은 $\frac{3}{16}$이다.
6과 7의 아이가 6과 (가)~(다)의 표현형이 모두 같을 확률은 $\frac{9}{16}$임

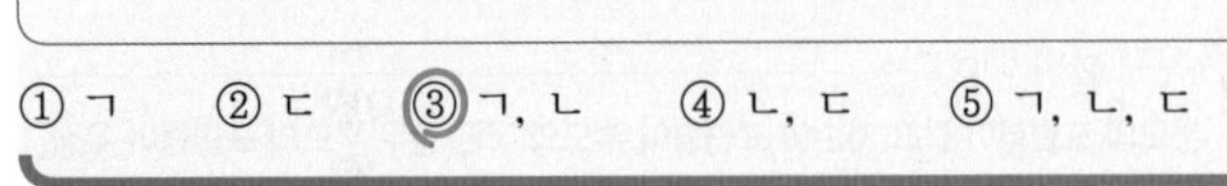

① ㄱ ② ㄷ ③ ㄱ, ㄴ ④ ㄴ, ㄷ ⑤ ㄱ, ㄴ, ㄷ

단서+발상

단서 구성원 3의 H와 r의 DNA 상대량을 더한 값이 0이며 (가)가 발현되지 않았음이 제시되어 있다.

발상 구성원 3이 H를 가지지 않는데 (가)가 발현되지 않았으므로 (가)는 우성 형질임을 추론할 수 있다.

적용 대립유전자 H와 h의 DNA 상대량이 제시된 경우, H의 DNA 상대량이 0인 구성원에서 형질이 발현되면 열성 형질, 형질이 발현되지 않으면 우성 형질임을 적용해서 유전 형질의 특징과 구성원의 유전자형을 파악하는 것부터 문제 풀이를 시작해야 한다.

| 문제 해결 과정 |

step 1 유전 형질 (가) 분석하기

- DNA 상대량 표에 따르면 구성원 3이 H를 가지지 않는다. 구성원 3은 (가)가 발현되지 않았으므로 (가)는 우성 형질이다.
- (가)가 발현되지 않은 구성원 2, 3, 5, 8의 유전자형은 hh이다.
- (가)가 발현된 구성원 1, 4, 6, 7의 유전자형은 Hh이다. 모두 유전자형이 hh인 부모, 또는 자녀를 가지기 때문이다.

step 2 유전 형질 (나) 분석하기

- 구성원 2, 3, 5, 7, 8이 가지는 H의 DNA 상대량이 각각 0, 0, 0, 1, 0이므로 r의 DNA 상대량은 각각 1, 0, 1, 0, 1이다.
- 구성원 3과 5는 둘 다 (나)가 발현되지 않은 남자인데 r의 DNA 상대량이 0과 1로 서로 다르다. 따라서 대립유전자 R와 r는 상염색체에 있으며, (나)는 열성 형질이다.
- r의 DNA 상대량에 따라 구성원 2, 3, 5, 7, 8의 유전자형은 각각 Rr, RR, Rr, RR, Rr이다.
- (나)가 발현된 구성원 1의 유전자형은 rr이다.
- 구성원 6은 1로부터 r를 물려받으므로 유전자형이 Rr이다.
- 구성원 4는 8에게 r를 물려주어야 하므로 유전자형이 Rr이다.

step 3 유전 형질 (다) 분석하기

- (가)와 (나)의 유전자가 상염색체에 있으므로 (다)의 유전자는 X 염색체에 있다.
- 구성원 2, 3, 5, 7, 8이 가지는 R의 DNA 상대량이 각각 1, 2, 1, 2, 1 이므로 t의 DNA 상대량은 각각 2, 0, 1, 0, 1이다.
- 구성원 2, 3, 5, 7, 8의 유전자형은 각각 X^tX^t, X^TY, X^tY, X^TY, X^TX^t이다.
- 구성원 2와 5에서 (다)가 발현되었으므로 (다)는 열성 형질이다.
- 구성원 4와 6의 유전자형이 서로 같으므로 유전자형이 X^TX^t이다.
- 구성원 1은 6에게 X^T를 물려주어야 하므로 유전자형이 X^TY이다.

| 보기 분석 |

ㄱ. (다)의 유전자는 X 염색체에 있다. (○)

- 문제 해결 과정 step 3에 따라서 (다)의 유전자는 X 염색체에 있다.

ㄴ. 4의 (가)~(다)의 유전자형은 모두 이형 접합성이다. (○)

- 4의 (가)~(다)의 유전자형은 $HhRrX^TX^t$이므로 모두 이형 접합성이다.

ㄷ. 6과 7 사이에서 아이가 태어날 때, 이 아이의 (가)~(다)의 표현형이 모두 6과 같을 확률은 $\frac{3}{16}$이다. (×)

- 6과 7 사이에서 태어난 아이의 (가)와 (나)의 표현형이 6과 같을 확률은 $\frac{3}{4}$이다. 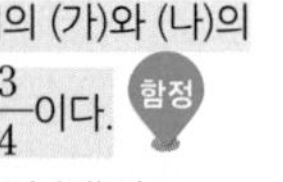
- 6과 7 사이에서 태어난 아이의 (다)의 표현형이 6과 같을 확률은 $\frac{3}{4}$이다.
- 따라서 6과 7 사이에서 태어난 아이가 6과 (가)~(다)의 표현형이 모두 같을 확률은 $\frac{3}{4} \times \frac{3}{4} = \frac{9}{16}$이다.

6 \ 7	HR	hR
Hr	HHRr	HhRr
hR	HhRR	hhRR

6 \ 7	X^T	Y
X^T	X^TX^T	X^TY
X^t	X^TX^t	X^tY

✪ **정답은 ③ ㄱ, ㄴ이다.**

왜 틀렸나?

- (가)와 (나)의 유전자형은 하나의 상염색체에 함께 있으므로 (가)와 (나)의 유전자를 동시에 고려해야 한다.
- 구성원 6은 우성 형질인 (가)가 발현하고 열성 형질인 (나)가 발현하지 않았으므로, 태어난 아이의 표현형이 6의 표현형이 같으려면 H와 R를 모두 가지는 경우를 찾아야 한다.

L 44 정답 ⑤ *가계도 분석 ········· ✪ 고난도 [정답률 47%] 2024 대비 6월 모평 16

다음은 어떤 집안의 유전 형질 (가)와 (나)에 대한 자료이다.

- (가)는 대립유전자 A와 a에 의해, (나)는 대립유전자 B와 b에 의해 결정된다. A는 a에 대해, B는 b에 대해 각각 완전 우성이다.
- (가)와 (나)는 모두 우성 형질이고, (가)의 유전자와 (나)의 유전자는 서로 다른 염색체에 있다.
- 가계도는 구성원 1~8에게서 (가)와 (나)의 발현 여부를 나타낸 것이다.

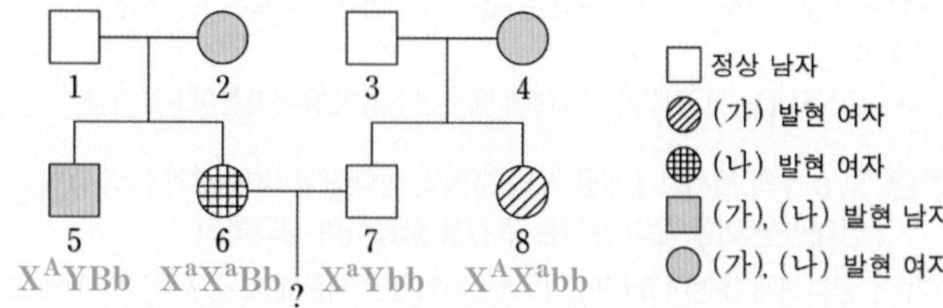

- 표는 구성원 1, 2, 5, 8에서 체세포 1개당 a와 B의 DNA 상대량을 나타낸 것이다. ㉠~㉢은 0, 1, 2를 순서 없이 나타낸 것이다.

구성원		1	2	5	8
DNA 상대량	a	1	㉠ 1	㉡ 0	? 1
	B	? 0	㉢ 2	㉠ 1	㉡ 0

이에 대한 설명으로 옳은 것만을 〈보기〉에서 있는 대로 고른 것은? (단, 돌연변이와 교차는 고려하지 않으며, A, a, B, b 각각의 1개당 DNA 상대량은 1이다.) (3점)

[보기]

ㄱ. (가)의 유전자는 X 염색체에 있다. (가)는 X 염색체 유전

ㄴ. ㉢은 2이다.
2의 a의 수는 1로 확정이기 때문에 ㉠은 1이고, ㉢은 2

ㄷ. 6과 7 사이에서 아이가 태어날 때, 이 아이에게서 (가)와 (나) 중 (나)만 발현될 확률은 $\frac{1}{2}$이다.
(가)가 발현될 확률은 0이고, (나)가 발현될 확률은 $\frac{1}{2}$

① ㄱ ② ㄷ ③ ㄱ, ㄴ ④ ㄴ, ㄷ ⑤ ㄱ, ㄴ, ㄷ

단서+발상

단서
- 1에서 a의 DNA 상대량은 1이다.
- 2에서 a의 DNA 상대량은 ㉠이고, B의 DNA 상대량은 ㉢이다.

발상
- (가)가 상염색체 유전이라 가정하면 모순이 생긴다.
- 2에서 a의 DNA 상대량과 B의 DNA 상대량은 다르다.

해결
- 1에서 (가)가 발현되지 않았기 때문에 (가)는 상염색체가 아닌 X 염색체에 존재한다.
- ㉢은 1과 2 중 하나인데 2의 a의 DNA 상대량은 1로 확정이기 때문에 ㉠은 1이고, ㉢은 2이다.

| 문제 해결 과정 |

step 1 (가), (나) 유전 형질 분석

- 1에서 a의 DNA 상대량은 1이다. 상염색체 유전이라면 (가)에 대한 유전자형이 Aa이고 우성 형질인 (가)가 발현되어야 한다. 하지만 1은 (가)가 발현되지 않았으므로 (가)는 X 염색체 유전이고, (가)의 유전자와 (나)의 유전자는 서로 다른 염색체에 있으므로 (나)는 상염색체 유전이다.
- (가)는 X 염색체 우성 유전, (나)는 상염색체 우성 유전임을 토대로 가계도에 확정된 유전자형을 정리한다.

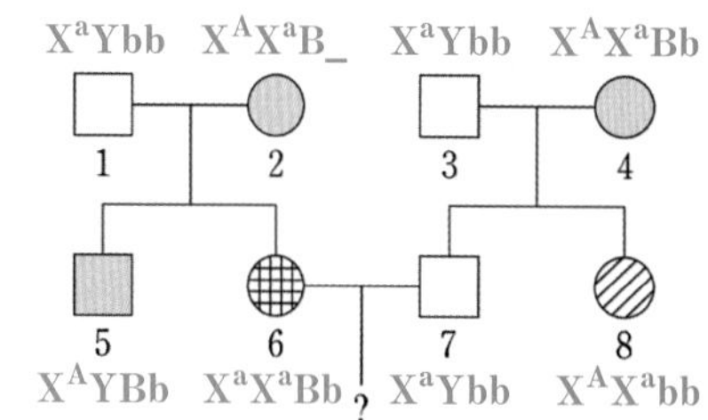

step 2 2의 유전자형 및 ㉠, ㉡, ㉢ 확정하기

- 1, 2, 5, 8에서 a와 B의 DNA 상대량을 정리하면 2는 BB와 Bb 모두 가능하므로 2에서 B의 DNA 상대량은 1 또는 2이다.
- 2는 X^AX^a이고, 5는 X^AY이므로 ㉠=1, ㉡=0, ㉢=2이다. 2에서 B의 DNA 상대량은 2이고 유전자형은 BB이다. 1, 2, 5, 8의 a와 B의 DNA 상대량을 정리하면 표와 같다.

구성원		1	2	5	8
DNA 상대량	a	1	1	0	1
	B	0	2	1	0

| 보기 분석 |

ㄱ. (가)의 유전자는 X 염색체에 있다. (○)

- 1에서 a의 DNA 상대량은 1이다. 상염색체 유전이라면 유전자형이 Aa이고 우성 형질이므로 (가)가 발현되어야 하지만 (가)가 발현되지 않았으므로 (가)는 X 염색체 유전이다.

ㄴ. ㉢은 2이다. (○)

- 2는 (나) 발현이고, 자녀 모두 (나)에 대한 유전자형이 Bb이므로 2의 (나)에 대한 유전자형은 BB 또는 Bb이다. ㉢은 1, 2 중 하나인데 2에서 a의 DNA 상대량은 1로 확정이기 때문에 ㉠은 1이고, ㉢은 2이다.

ㄷ. 6과 7 사이에서 아이가 태어날 때, 이 아이에게서 (가)와 (나) 중 (나)만 발현될 확률은 $\frac{1}{2}$이다.(○)

- 6의 유전자형은 X^aX^aBb이고, 7의 유전자형은 X^aYbb이다. X 염색체 우성 형질인 (가)가 발현될 확률은 0이고, 상염색체 우성 형질인 (나)가 발현될 확률은 $\frac{1}{2}$이다. 따라서 6과 7 사이에서 아이가 태어날 때, 이 아이에게서 (가)와 (나) 중 (나)만 발현될 확률은 $\frac{1}{2}$이다.

✪ 정답은 ⑤ ㄱ, ㄴ, ㄷ이다.

왜 틀렸나?

1, 5, 6의 (나)의 유전자형을 정리하면 1은 bb, 5는 Bb, 6은 Bb이다. 가계도만 보면 2는 BB와 Bb 모두 가능하다. 표에서 ㉠과 ㉢의 값이 다르기 때문에 ㉠은 1이고, ㉢은 2이며, 2는 BB의 유전자형을 갖는다는 것을 올바르게 추론해야 한다.

다음은 어떤 집안의 유전 형질 (가)와 (나)에 대한 자료이다.

- (가)는 1쌍의 대립유전자 A와 a에 의해 결정되며, A는 a에 대해 완전 우성이다. A>a
- (나)는 1쌍의 대립유전자에 의해 결정되며, 대립유전자에는 E, F, G가 있다. E는 F와 G에 대해, F는 G에 대해 각각 완전 우성이며, (나)의 표현형은 3가지이다. E>F>G
- 가계도는 구성원 1~8에서 (가)의 발현 여부를 나타낸 것이다.

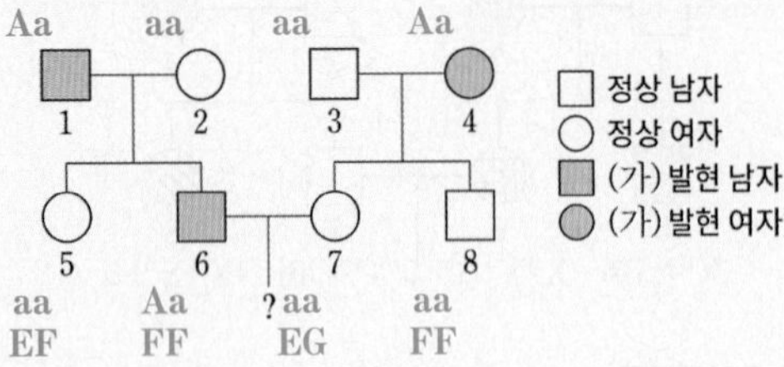

- 표는 5~8에서 체세포 1개당 F의 DNA 상대량을 나타낸 것이다.

구성원	5	6	7	8
F의 DNA 상대량	1	2	0	2

- 5와 7에서 (나)의 표현형은 같다.
  ➡ 5와 7 모두 E를 가지고 있음
- 5, 6, 7 각각의 체세포 1개당 A의 DNA 상대량을 더한 값은 5, 6, 7 각각의 체세포 1개당 G의 DNA 상대량을 더한 값과 같다. (A: 1 (6만 Aa), G: 1 (7만 EG))

이에 대한 옳은 설명만을 〈보기〉에서 있는 대로 고른 것은? (단, 돌연변이와 교차는 고려하지 않으며, A, a, E, F, G 각각의 1개당 DNA 상대량은 1이다.) (3점)

[보기]

ㄱ. (가)는 우성 형질이다.
6만 A의 DNA 상대량이 1이고, (가)가 발현되었으므로 (가)는 우성 형질임

ㄴ. (가)의 유전자는 (나)의 유전자와 같은 염색체에 있다.
(가)와 (나)의 유전자는 각각 다른 염색체에 있음

ㄷ. 6과 7 사이에서 아이가 태어날 때, 이 아이에서 (가)와 (나)의 표현형이 모두 7과 같을 확률은 $\frac{1}{4}$이다.
(가)와 (나)의 표현형이 모두 7과 같을 확률은 $\frac{1}{2}\times\frac{1}{2}=\frac{1}{4}$임

① ㄱ ② ㄴ ③ ㄷ ④ ㄱ, ㄷ ⑤ ㄴ, ㄷ

단서+발상

(단서) 5, 6, 7에서 A의 DNA 상대량을 더한 값, 5, 6, 7에서 G의 DNA 상대량을 더한 값

(발상) 제시된 표를 통해 5와 7의 (나)에 대한 유전자형을 추론한 후 5, 6, 7에서 체세포 1개당 A의 DNA 상대량을 더한 값과 G의 DNA 상대량을 더한 값이 같다는 조건을 활용하여 5, 6, 7의 (가) 형질의 발현 양상과 (나)에 대한 유전자형을 파악한다.

(해결) (나)에 대한 유전자형은 5가 EF이고 7이 EE 또는 EG이다.
5, 6, 7 각각의 체세포 1개당 A의 DNA 상대량을 더한 값은 0이 될 수 없기 때문에 7의 (나)에 대한 유전자형은 EG이고, 5, 6, 7에서 체세포 1개당 A의 DNA 상대량을 더한 값과 G의 DNA 상대량을 더한 값은 각각 1이다.
이를 통해 구성원의 (가), (나)의 유전자형과 발현 양상을 파악할 수 있다.

| 문제+자료 분석 |

step 1 가계도와 표에 제시된 정보로 (가), (나) 형질 파악하기

- (가)가 발현된 4에서 정상인 8이 태어났기 때문에 X 염색체 열성 형질은 아니다. (가)가 발현된 1에서 정상인 5가 태어났기 때문에 X 염색체 우성 형질은 아니다. (가)는 상염색체 유전이다.
- F의 DNA 상대량은 5가 1이고 7은 0(E와 G만 존재)이다. 5와 7에서 (나)의 표현형은 같으므로 5의 유전자형은 EF이고 7의 유전자형은 EE 또는 EG이다.
  6과 8은 F의 DNA 상대량이 2이기 때문에 (나)의 유전자형이 FF이다.

step 2 5, 6, 7의 체세포 1개당 A의 DNA 상대량을 더한 값과 G의 DNA 상대량을 더한 값이 같다는 조건을 활용하여 정리하기

- (가)는 상염색체 유전이고 6만 (가)가 발현되었기 때문에 5, 6, 7 각각의 체세포 1개당 A의 DNA 상대량을 더한 값은 0이 될 수 없다. 5, 6, 7 각각의 체세포 1개당 G의 DNA 상대량을 더한 값도 0이 아니기 때문에 7의 (나)에 대한 유전자형은 EG이고 5, 6, 7에서 G의 DNA 상대량을 더한 값은 1이다.
  따라서 5, 6, 7 각각의 체세포 1개당 A의 DNA 상대량을 더한 값도 1이고, (가)에 대한 유전자형은 5가 aa, 6이 Aa, 7이 aa이다. (가)는 상염색체 우성 형질이다.

| 보기 분석 |

ㄱ. (가)는 우성 형질이다. (○)

- 5, 6, 7 각각의 체세포 1개당 A의 DNA 상대량을 더한 값, G의 DNA 상대량을 더한 값은 각각 1이다.
  6만 A의 DNA 상대량이 1이고 (가)가 발현되었으므로 (가)는 우성 형질이다.

ㄴ. (가)의 유전자는 (나)의 유전자와 같은 염색체에 있다. (×)

- (가)에 대한 유전자형은 3, 4, 7, 8 중 4만 Aa이고, 나머지는 모두 aa이다.
  4는 a를 7과 8에게 물려주었는데 7과 8의 (나)에 대한 유전자형은 EG와 FF로 4에게서 동일한 유전자를 물려받지 않았다.
  따라서 (가)의 유전자는 (나)의 유전자와 다른 염색체에 있다.

ㄷ. 6과 7 사이에서 아이가 태어날 때, 이 아이에서 (가)와 (나)의 표현형이 모두 7과 같을 확률은 $\frac{1}{4}$이다. (○)

- 6(AaFF)과 7(aaEG) 사이에서 태어난 자녀의 유전자형을 정리하면 표와 같다.

	A	a
a	Aa	aa

	E	G
F	EF	FG

(가)와 (나)의 표현형이 모두 7과 같을 확률은 $\frac{1}{2}\times\frac{1}{2}=\frac{1}{4}$이다.

✪ 정답은 ④ ㄱ, ㄷ이다.

다음은 어떤 집안의 유전 형질 (가)와 (나)에 대한 자료이다.

- (가)는 대립유전자 H와 h에 의해, (나)는 대립유전자 T와 t에 의해 결정된다. H는 h에 대해, T는 t에 대해 각각 완전 우성이다.
- (가)와 (나)의 유전자는 서로 다른 상염색체에 있다.
- 가계도는 구성원 1~6에게서 (가)와 (나)의 발현 여부를 나타낸 것이다.

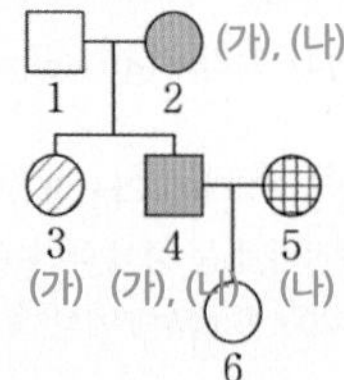

□ 정상 남자
○ 정상 여자
(가) 발현 여자
(나) 발현 여자
(가), (나) 발현 남자
(가), (나) 발현 여자

- 표는 구성원 3, 4, 5에서 체세포 1개당 H와 T의 DNA 상대량을 더한 값을 나타낸 것이다. ㉠~㉢은 0, 1, 2를 순서 없이 나타낸 것이다.

구성원	3	4	5
H와 T의 DNA 상대량을 더한 값	㉠ 0	㉡ 1	㉢ 2
H의 DNA 상대량	0	0	1
T의 DNA 상대량	0	1	1

이에 대한 설명으로 옳은 것만을 〈보기〉에서 있는 대로 고른 것은? (단, 돌연변이는 고려하지 않으며, H, h, T, t 각각의 1개당 DNA 상대량은 1이다.)

[보기]

ㄱ. (가)는 우성 형질이다.
(가)는 열성 형질임

ㄴ. 1에서 체세포 1개당 h의 DNA 상대량은 ㉡이다.
1의 체세포 1개당 h의 DNA 상대량은 1(㉡)임

ㄷ. 6의 동생이 태어날 때, 이 아이에게서 (가)와 (나)가 모두 발현될 확률은 $\frac{1}{8}$이다.
6의 동생이 태어날 때, 이 아이에게서 (가)와 (나)가 모두 발현될 확률은 $\frac{3}{8}$임

① ㄱ ② ㄴ ③ ㄷ ④ ㄱ, ㄴ ⑤ ㄴ, ㄷ

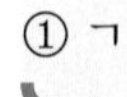

단서+발상

단서 4와 5는 모두 (나)가 발현되었는데 자녀인 6은 정상이므로 (나)는 우성 형질이라는 것에 주목한다.

발상 DNA 상대량 자료에서 주어진 H와 T의 DNA 상대량의 합을 단서로 하여 (가) 형질의 우열 관계와 ㉠, ㉡, ㉢을 구해야 한다.

해결 3, 4, 5의 T의 DNA 상대량을 바탕으로 ㉡과 ㉢은 0이 될 수 없고, ㉠이 0임을 파악할 수 있어야 고난도 문제를 해결할 수 있다.

| 문제 해결 과정 |

step 1 (나) 형질의 우열 관계 파악하기

- 4와 5에서 모두 (나)가 발현되었는데 4와 5 사이에서 정상인 6이 태어났으므로, (나)는 우성 형질이다.
- T가 t에 대해 우성이므로 T는 (나) 발현 대립유전자, t는 정상 대립유전자이다.
- (나)에 대해 정상인 1, 3, 6의 유전자형은 tt이고, 2, 4, 5의 유전자형은 Tt이다.
- 표에서 3, 4, 5의 T의 DNA 상대량은 순서대로 0, 1, 1이다.

step 2 (가) 형질의 우열 관계 파악하기

- 표에서 3, 4, 5의 T의 DNA 상대량이 순서대로 0, 1, 1이므로, ㉡과 ㉢은 0이 될 수 없다. 따라서 ㉠이 0이다.
- 3은 H를 갖지 않고, h만 가지며 (가)가 발현되었으므로, H는 정상 대립유전자, h는 (가) 발현 대립유전자이다.
- H(정상 대립유전자)는 h((가) 발현 대립유전자)에 대해 우성이므로 (가)는 열성 형질이다.
- (가)가 발현된 2, 3, 4의 유전자형은 모두 hh이고, 1, 6의 유전자형은 모두 Hh이다.
- 4는 H를 갖지 않으므로 ㉡이 1이고, ㉢이 2이다. 5는 H를 1개 가져야 하므로, (가)에 대한 유전자형이 Hh이다.

step 3 구성원의 유전자형 정리하기

- 위 정보를 가계도에 표시하면 다음과 같다.

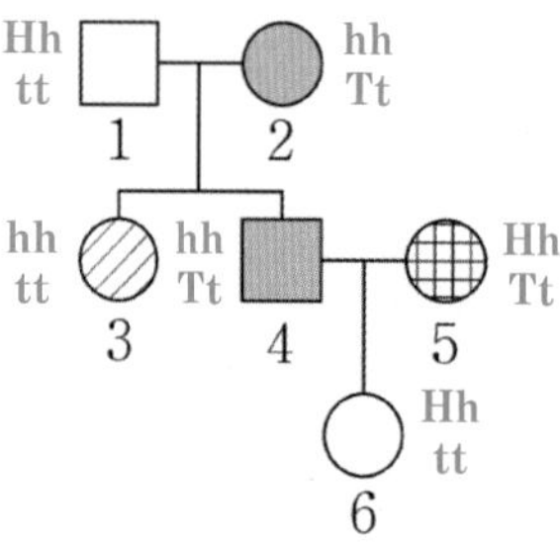

| 보기 분석 |

ㄱ. (가)는 우성 형질이다. (×)

- 문제 해결 과정의 step 2 를 참고하면, (가)는 열성 형질이다.

ㄴ. 1에서 체세포 1개당 h의 DNA 상대량은 ㉡이다. (○)

- 문제 해결 과정의 step 2 를 참고하면 ㉡은 1이다. 1의 (가)에 대한 유전자형은 Hh이므로 체세포 1개당 h의 DNA 상대량은 1(㉡)이다.

ㄷ. 6의 동생이 태어날 때, 이 아이에게서 (가)와 (나)가 모두 발현될 확률은 $\frac{1}{8}$이다. (×)

- 6의 동생이 태어날 때, 이 아이에게서 (가)가 발현될 확률(유전자형이 hh일 확률)은 $\frac{1}{2}$, (나)가 발현될 확률(유전자형이 T_일 확률)은 $\frac{3}{4}$이다.
- 6의 동생이 태어날 때, 이 아이에게서 (가)와 (나)가 모두 발현될 확률은 $\frac{1}{2} \times \frac{3}{4} = \frac{3}{8}$이다.

✪ 정답은 ② ㄴ이다.

왜 틀렸나?

④번을 최다 오답으로 선택한 19%의 학생들은 제시된 표에서 주어진 H와 T의 DNA 상대량을 더한 값을 단서로 하여 (가) 형질의 우열 관계를 파악하는 데 어려움이 있었을 것이다. ㉠~㉢의 값을 찾고, 3이 H를 갖지 않고 h만 가지며 (가)가 발현된 것을 파악하여 (가)는 열성 형질임을 알아내야 한다.

L 47 정답 ① ········ [정답률 42%] ✪ 고난도

다음은 어떤 집안의 유전 형질 (가)와 (나)에 대한 자료이다.

- (가)는 대립유전자 A와 a에 의해, (나)는 대립유전자 B와 b에 의해 결정된다. A는 a에 대해, B는 b에 대해 각각 완전 우성이다. (가) A > a → X, 열성 (나) B > b → 상, 우성
- (가)와 (나)의 유전자 중 1개는 상염색체에 있고, 나머지 1개는 X 염색체에 있다.
- 가계도는 구성원 1~7에게서 (가)와 (나)의 발현 여부를 나타낸 것이다.

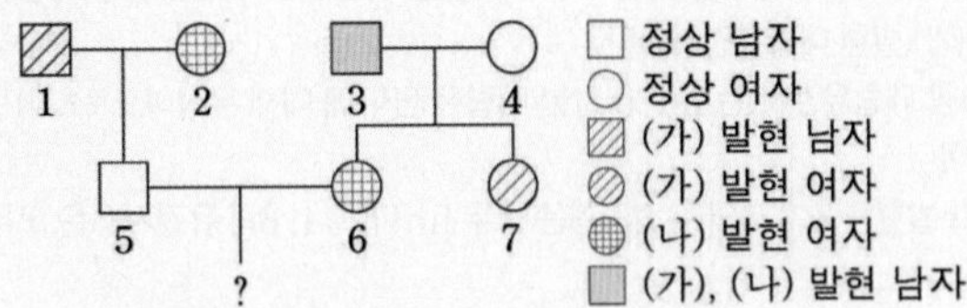

- 표는 구성원 2, 3, 5, 7의 체세포 1개당 A와 b의 DNA 상대량을 더한 값을 나타낸 것이다. ⓐ~ⓒ는 1, 2, 3을 순서 없이 나타낸 것이다.

구성원	2	3	5	7
A와 b의 DNA 상대량을 더한 값	ⓐ2	ⓑ1	ⓒ3	ⓐ2

이에 대한 옳은 설명만을 〈보기〉에서 있는 대로 고른 것은? (단, 돌연변이와 교차는 고려하지 않으며, A, a, B, b 각각의 1개당 DNA 상대량은 1이다.) (3점) 2023 실시 10월 학평 20

[보기]

ㄱ. (나)는 우성 형질이다.
(나)는 우성 형질임

ㄴ. 1의 체세포 1개당 a와 B의 DNA 상대량을 더한 값은 ⓐ이다.
1의 체세포 1개당 a와 B의 DNA 상대량을 더한 값은 1(ⓑ)임

ㄷ. 5와 6 사이에서 아이가 태어날 때, 이 아이에게서 (가)와 (나) 중 (가)만 발현될 확률은 $\frac{1}{4}$이다.
5와 6 사이에서 아이가 태어날 때, (가)만 발현될 확률은 $\frac{1}{8}$임

① ㄱ ② ㄴ ③ ㄱ, ㄷ ④ ㄴ, ㄷ ⑤ ㄱ, ㄴ, ㄷ

단서+발상

(단서) 가계도에서 (나)가 X 염색체 유전이 아님을 확인하여 유전자가 상염색체에 존재함을 알아내는 것이 문제 풀이의 핵심이다.

(발상) 2, 3, 5, 7 중 A+b 값이 3이 될 수 있는 개체를 찾으면 (나) 형질의 우열 관계를 알 수 있다.

(해결) 2, 3, 5, 7에서 DNA 상대량 자료를 바탕으로 (가)와 (나)의 유전자형을 구할 수 있어야 고난도 문제를 해결할 수 있다.

| 문제 해결 과정 |

step 1 (가)와 (나)의 유전자 위치 파악하기

- (나)가 발현된 어머니(2)로부터 정상인 아들(5)이 태어났으므로, (나)는 X 염색체 열성 유전이 아니다.
- (나)가 발현된 아버지(3)로부터 정상인 딸(7)이 태어났으므로, (나)는 X 염색체 우성 유전이 아니다.
- (나)의 유전자는 상염색체에 있고, (가)의 유전자는 X 염색체에 있다.
- (가)가 발현된 아버지(3)로부터 정상인 딸(6)이 태어났으므로, (가)는 X 염색체 우성 유전이 아니라, X 염색체 열성 유전이다.

step 2 DNA 상대량 자료 분석하기

- (가)에 대해 정상인 사람의 유전자형은 AA 또는 Aa이고, (가)를 나타내는 사람의 유전자형은 aa이므로, 2, 3, 5, 7에서 A의 DNA 상대량을 나타내면 다음과 같다.

구성원	2	3	5	7
A의 DNA 상대량	1이나 2	0	1	0

- 3과 7은 A가 0이므로 A+b는 3이 될 수 없다. 따라서 ⓐ와 ⓑ는 3이 될 수 없으므로, ⓒ가 3이다.
- 5에서 A+b는 3이므로 b의 DNA 상대량은 2이다. 따라서 (나)의 유전자형이 bb인 5가 정상이므로 B는 (나) 발현 대립유전자, b는 정상 대립유전자이다.
- 7은 (나)에 대해 정상이므로 유전자형이 bb이다. 따라서 7에서 A+b는 2이므로 ⓐ는 2이다.
- ⓑ는 1이므로 3의 b의 DNA 상대량은 1이다. 따라서 3의 (나)에 대한 유전자형은 Bb이다.
- 2는 (나)가 발현되고, 5에게 b를 물려줄 수 있어야 하므로 (나)에 대한 유전자형이 Bb이다.

step 3 유전자형 정리하기

- 위 사항을 고려하여 구성원들의 유전자형을 나타내면 다음과 같다.

1	2	3	4
X^aY	X^AX^a	X^aY	X^AX^a
bb	Bb	Bb	bb

5		6	7
X^AY	?	X^AX^a	X^aX^a
bb		Bb	bb

| 보기 분석 |

ㄱ. (나)는 우성 형질이다. (○)

- step 2를 참고하면, (나)는 우성 형질이다.

ㄴ. 1의 체세포 1개당 a와 B의 DNA 상대량을 더한 값은 ⓐ이다. (×)

- step 3을 참고하면, 1의 a+B=1+0이므로 ⓐ(2)가 아니다.

ㄷ. 5와 6 사이에서 아이가 태어날 때, 이 아이에게서 (가)와 (나) 중 (가)만 발현될 확률은 $\frac{1}{4}$이다. (×)

- 5와 6 사이에서 아이가 태어날 때, 이 아이에게서 (가)가 발현될 확률은 $\frac{1}{4}$이고, (나)가 발현되지 않을 확률은 $\frac{1}{2}$이므로, (가)만 발현될 확률은 $\frac{1}{4}\times\frac{1}{2}=\frac{1}{8}$이다.

✪ 정답은 ① ㄱ이다.

왜 틀렸나?

③번을 최다 오답으로 선택한 25 %의 학생들은 (가)와 (나)의 유전자의 위치와 우열 관계를 옳게 파악하지 못했다. (나)가 X 염색체 유전이 아님을 확인한 후, 2, 3, 5, 7 중 A+b 값이 3이 될 수 있는 개체를 찾았다면, (나) 형질의 우열 관계를 파악하여 문제를 해결할 수 있었을 것이다.

L 48 정답 ① * 가계도 분석 ✪ 1등급 대비 [① 31% ② 13% ③ 17% ④ 18% ⑤ 19%] 2025 대비 수능 19

다음은 어떤 집안의 유전 형질 (가)와 (나)에 대한 자료이다.

- (가)의 유전자와 (나)의 유전자는 같은 염색체에 있다. (상염색체)
- (가)는 대립유전자 A와 a에 의해, (나)는 대립유전자 B와 b에 의해 결정된다. A는 a에 대해, B는 b에 대해 각각 완전 우성이다.
- 가계도는 구성원 ⓐ~ⓒ를 제외한 구성원 1~6에게서 (가)와 (나)의 발현 여부를 나타낸 것이다. ⓒ는 남자이다.

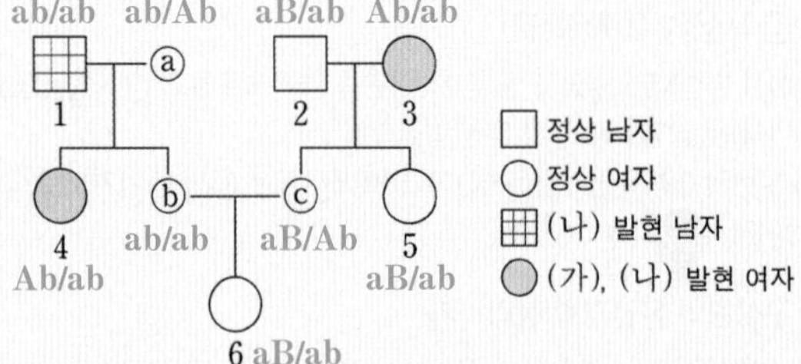

- 표는 구성원 ⓐ, 2, 4, 5에서 체세포 1개당 a와 B의 DNA 상대량을 나타낸 것이다. ㉠~㉢은 0, 1, 2를 순서 없이 나타낸 것이다.

구성원		ⓐ	2	4	5
DNA 상대량	a	?1	?2	?1	㉠2
	B	㉡0	1 (단서)	㉡0	㉢1

- ⓐ~ⓒ 중 한 사람은 (가)와 (나) 중 (가)만 발현되었고, 다른 한 사람은 (가)와 (나) 중 (나)만 발현되었으며, 나머지 한 사람은 (가)와 (나)가 모두 발현되었다.
  ⓐ: (가)와 (나) 모두 발현, ⓑ: (나)만 발현, ⓒ: (가)만 발현

이에 대한 설명으로 옳은 것만을 〈보기〉에서 있는 대로 고른 것은? (단, 돌연변이와 교차는 고려하지 않으며, A, a, B, b 각각의 1개당 DNA 상대량은 1이다.) (3점)

[보기]

ㄱ. (가)는 우성 형질이다. (가)는 우성 형질, (나)는 열성 형질

ㄴ. 이 가계도 구성원 중 체세포 1개당 b의 DNA 상대량이 ㉠인 사람은 4명이다. b의 DNA 상대량이 ㉠(2)인 사람은 5명

ㄷ. 6의 동생이 태어날 때, 이 아이에게서 (가)와 (나)가 모두 발현될 확률은 $\frac{1}{4}$이다. $\frac{1}{2}$

① ㄱ ② ㄴ ③ ㄷ ④ ㄱ, ㄴ ⑤ ㄱ, ㄷ

단서+발상

단서 2의 B의 DNA 상대량이 1이고 정상 남자임이 제시되어 있다.

발상 (나)는 열성 형질임을 추론할 수 있다.

적용 유전 형질의 특성을 적용해서 (가)와 (나)가 우성 형질인지 열성 형질인지 구하는 것부터 문제 풀이를 시작해야 한다.

| 문제 해결 과정 |

step 1 (가)와 (나)의 우성, 열성 파악하기

- B를 가지는 2가 정상이므로 (나)는 열성 형질이다. 꿀팁
- (나)가 발현된 1, 3, 4의 유전자형은 bb이다.
- 4의 B의 DNA 상대량(㉡)은 0이고, DNA 상대량이 ㉡인 ⓐ의 (나)의 유전자형도 bb이다.
- 5의 어머니인 3의 유전자형이 bb이고, 5가 정상이므로 5의 유전자형은 Bb이다. 5의 B의 DNA 상대량(㉢)은 1이다.
- 5의 a의 DNA 상대량(㉠)은 2이다.
- 유전자형이 aa인 5가 정상이므로 (가)는 우성 형질이다.

step 2 (가), (나) 유전자의 위치 파악하기

- (가), (나) 유전자가 X 염색체에 있다면 다음과 같이 모순이다.
- (가)와 (나)가 모두 발현된 3은 Ab/ab를 가진다.
- (가)가 발현되지 않은 6은 aa를 가진다. 6의 X 염색체 중 하나는 3으로부터 유래한 것으로 3의 ab를 물려받아야 한다.
- 6은 (나)도 발현되지 않았으므로 ⓑ로부터 aB를 물려받아야 한다.
- (나)만 발현된 1은 ab만 가지므로 6의 aB는 ⓐ로부터 유래한 것이어야 하는데 ⓐ는 B를 가지지 않으므로 모순이다.
- (가), (나) 유전자는 상염색체에 위치한다.

step 3 ⓐ~ⓒ 분석하기

- 4의 Ab는 ⓐ로부터 물려받았고, 6의 aB는 ⓒ로부터 물려받았고, ⓑ는 1로부터 ab를 물려받았다.
- ⓐ는 A를 가지고, bb를 가지므로 (가)와 (나)가 모두 발현되었다.
- ⓑ는 bb를 가지므로 (나)만 발현되었다. (가)가 발현되지 않았으므로 ⓑ는 ab/ab를 가진다.
- ⓒ는 (가)만 발현되어야 하므로 aB/Ab를 가진다.

| 보기 분석 |

ㄱ. (가)는 우성 형질이다. (○)

- step 1에 따라 (가)는 우성 형질이다.

ㄴ. 이 가계도 구성원 중 체세포 1개당 b의 DNA 상대량이 ㉠인 사람은 4명이다. (×)

- step 3에 따라 이 가계도 구성원 중 체세포 1개당 b의 DNA 상대량이 ㉠(2)인 사람은 1, ⓐ, 3, 4, ⓑ의 5명이다.

ㄷ. 6의 동생이 태어날 때, 이 아이에게서 (가)와 (나)가 모두 발현될 확률은 $\frac{1}{4}$이다. (×)

- 6의 동생이 태어날 때 (가)와 (나)가 모두 발현되려면 ⓒ로부터 Ab를 물려받아야 하고, ⓑ로부터 어떤 염색체를 물려받든 상관이 없으므로 확률은 $\frac{1}{2}$이다.

✪ 정답은 ① ㄱ이다.

문제 풀이 꿀팁

대립유전자 B가 b에 대해 완전 우성일 때, B를 가지는 사람의 표현형이 정상이라면, 이 유전 형질은 열성 형질이다. DNA 상대량이 제시된 구성원의 표현형부터 파악하면 쉽게 문제를 풀 수 있다.

윤혁준 | 2025 수능 응시 · 서울 강서고 졸

가계도에서 주는 정보가 없으므로 바로 표로 넘어가야 해. 표에선 B에 집중하는 것이 좋은데, 1개만 있어도 표현형을 안다면 우성인지 열성인지 알 수 있고, 표에서 주어진 정보가 a보다 많으며, 만약 B를 2개 가진다면 부모 혹은 자녀의 표현형이 같아야 하기 때문이야.

L 49 정답 ① * 상염색체 유전과 성염색체 유전 ············ ✪ 1등급 대비 [① 37% ② 20% ③ 11% ④ 22% ⑤ 8%] 2025 대비 6월 모평 19

다음은 어떤 집안의 유전 형질 (가)와 (나)에 대한 자료이다.

- (가)의 유전자와 (나)의 유전자 중 하나만 X 염색체에 있다.
- (가)는 대립유전자 A와 a에 의해, (나)는 대립유전자 B와 b에 의해 결정된다. A는 a에 대해, B는 b에 대해 각각 완전 우성이다.
- 가계도는 구성원 ⓐ를 제외한 구성원 1~6에게서 (가)와 (나)의 발현 여부를 나타낸 것이다.

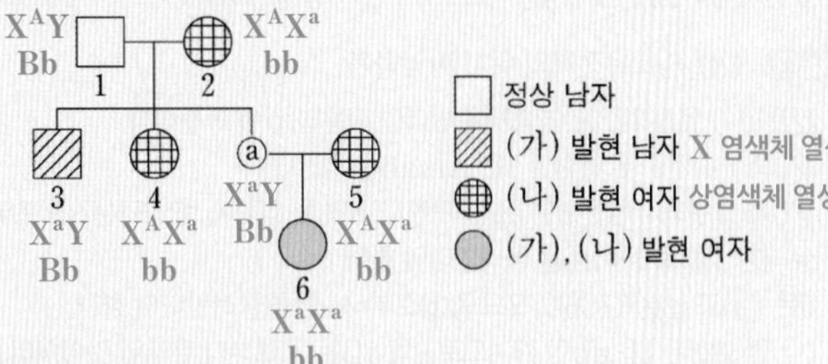

- 표는 구성원 3, 4, ⓐ, 6에서 체세포 1개당 a, B, b의 DNA 상대량을 나타낸 것이다. ㉠~㉢은 0, 1, 2를 순서 없이 나타낸 것이다.

구성원		3	4	ⓐ	6
단서 DNA 상대량	a	? 1	㉠ 1	? 1	? 2
	B	㉠ 1	? 0	㉠ 1	㉡ 0
	b	? 1	㉢ 2	㉠ 1	? 2

이에 대한 설명으로 옳은 것만을 〈보기〉에서 있는 대로 고른 것은? (단, 돌연변이와 교차는 고려하지 않으며, A, a, B, b 각각의 1개당 DNA 상대량은 1이다.) (3점)

[보기]

ㄱ. (가)의 유전자는 X 염색체에 있다.
남자인 ⓐ에서 B를 1만큼, b를 1만큼 가지므로 (나)의 유전자는 상염색체에 있고, (가)의 유전자는 X 염색체에 있음

ㄴ. 이 가계도 구성원 중 체세포 1개당 a의 DNA 상대량이 ㉢인 사람은 3명이다.
체세포 1개당 a의 DNA 상대량이 ㉢(2)인 사람은 1명(구성원 6)임

ㄷ. 6의 동생이 태어날 때, 이 아이에게서 (가)와 (나) 중 (나)만 발현될 확률은 $\frac{1}{8}$이다.
X^AX^abb 또는 X^AYbb
$\frac{1}{2}\times\frac{1}{2}=\frac{1}{4}$

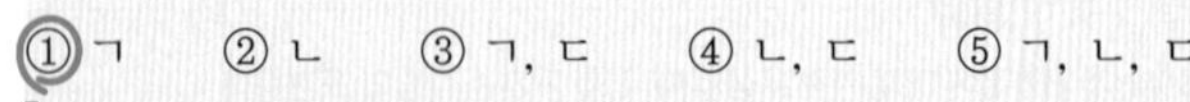
① ㄱ ② ㄴ ③ ㄱ, ㄷ ④ ㄴ, ㄷ ⑤ ㄱ, ㄴ, ㄷ

단서+발상

(단서) 구성원 1~6에게서 (가)와 (나)의 발현 여부, 구성원 3, 4, ⓐ, 6에서 체세포 1개당 a, B, b의 DNA 상대량이 제시되어 있다.

(발상) 남자가 갖는 특정 대립유전자의 DNA 상대량 합은 2이다. ⓐ는 (나)에 대한 대립유전자 B와 b를 각각 ㉠씩 가지고 있으므로 ㉠은 0이나 2가 될 수 없고 1임을 추론할 수 있다.

(적용) 남자의 체세포에 X 염색체가 1개이며, 정상인 부모에서 특정 형질을 나타내는 자녀가 태어났다면 해당 형질은 열성이라는 개념을 적용하여 (가)는 X 염색체 열성 형질, (나)는 상염색체 열성 형질임을 구하는 것부터 문제 풀이를 시작해야 한다.

| 문제 해결 과정 |

step 1 ㉠을 통해 (가), (나) 파악하기

- 표에서 ⓐ는 (나)에 대한 대립유전자 B와 b를 각각 ㉠씩 가지고 있다. 하나의 형질을 결정하는 대립유전자 B와 b가 모두 0개이거나 모두 2개인 경우는 불가능하므로 ㉠은 1이다.
- 남자인 ⓐ의 (나)에 대한 유전자형이 Bb이므로 (나)의 유전자는 상염색체에 존재하고, (가)의 유전자는 X 염색체에 존재한다.
- (가)가 발현되지 않은 1과 2로부터 (가)가 발현된 3이 태어났으므로 (가)는 X 염색체 열성 형질이다.

step 2 ㉡과 ㉢의 값 확정하기

- 3은 (나)가 발현되지 않았고, B를 1(㉠)만큼 가지므로 b도 1개 갖는 Bb이다. 따라서 (나)는 상염색체 열성 유전 형질이다.
- (나)가 발현된 6의 유전자형은 bb이고, 표에서 B는 ㉡만큼 가지므로 ㉡은 0, ㉢은 2이다. 함정

step 3 구성원의 유전자형 정리하기

- (나)는 상염색체 열성 형질이고, ㉠은 1, ㉡은 0, ㉢은 2이므로 3은 Bb, 4는 bb, ⓐ는 Bb, 6은 bb임을 알 수 있고, 2와 5는 열성 형질 (나)가 발현되었으므로 bb이며, 1은 (나)에 대해 정상이므로 Bb이다.
- (가)는 X 염색체 열성 형질이므로 1은 X^AY, 3은 X^aY, 2는 X^AX^a, 6은 X^aX^a이다. ㉠은 1이므로 4는 X^AX^a이고, (가)에 대해 정상이며 6(X^aX^a)의 어머니인 5는 X^AX^a이고, 6(X^aX^a)의 아버지는 X^aY이다.

| 보기 분석 |

ㄱ. (가)의 유전자는 X 염색체에 있다. (○)

- 남자인 ⓐ에서 B와 b가 ㉠만큼 있으므로 ㉠은 1이고 유전자형은 Bb이다. (나)의 유전자는 상염색체에 존재하고, (가)의 유전자는 X 염색체에 존재한다.
- (가)가 발현되지 않은 1과 2로부터 (가)가 발현된 3이 태어났으므로 (가)는 X 염색체 열성 형질이다.

ㄴ. 이 가계도 구성원 중 체세포 1개당 a의 DNA 상대량이 ㉢인 사람은 3명이다. (×)

- (가)는 X 염색체 열성 형질이므로 1은 X^AY, 3은 X^aY, 2는 X^AX^a, 6은 X^aX^a이다. ㉠은 1이므로 4는 X^AX^a이고, (가)에 대해 정상이며 6(X^aX^a)의 어머니인 5는 X^AX^a이고, 6(X^aX^a)의 아버지는 X^aY이다.
- 이 가계도 구성원 중 체세포 1개당 a의 DNA 상대량이 ㉢(2)인 사람은 1명(구성원 6)이다.

ㄷ. 6의 동생이 태어날 때, 이 아이에게서 (가)와 (나) 중 (나)만 발현될 확률은 $\frac{1}{8}$이다. (×)

- ⓐ는 X^aYBb이고, 5는 X^AX^abb이다. 6의 동생이 태어날 때, 이 아이에게서 (가)와 (나) 중 (나)만 발현(X^AX^abb 또는 X^AYbb)될 확률은 $\frac{1}{2}\times\frac{1}{2}=\frac{1}{4}$이다.

✪ 정답은 ① ㄱ이다.

왜 틀렸나?

구성원 3은 상염색체에 존재하는 B를 1(㉠)만큼 가지므로 b도 1개 갖고 (나)에 대한 유전자형이 Bb이다.
3은 (나)가 발현되지 않았기 때문에 (나)는 상염색체 열성 유전 형질이다.
(나)가 발현된 6의 유전자형은 bb이므로 ㉡은 0, ㉢은 2이다.

L 50 정답 ④ * 상염색체 유전 ······ ✪ 1등급 대비 [① 9% ② 37% ③ 14% ④ 29% ⑤ 9%] 2024 실시 5월 학평 19

다음은 어떤 집안의 유전 형질 (가)와 (나)에 대한 자료이다.

- (가)는 대립유전자 A와 a에 의해 결정되며, A는 a에 대해 완전 우성이다.
- (나)는 상염색체에 있는 1쌍의 대립유전자에 의해 결정되며, 대립유전자에는 D, E, F가 있다. D는 E와 F에 대해, E는 F에 대해 각각 완전 우성이다. D>E>F 복대립 유전
- 가계도는 구성원 ⓐ를 제외한 구성원 1~5에게서 (가)의 발현 여부를 나타낸 것이다. ⓐ는 남자이다.

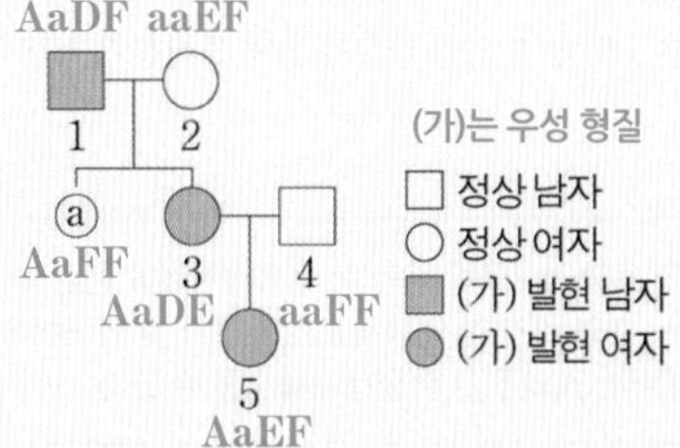

- 1, 2, ⓐ는 (나)의 표현형이 각각 서로 다르며, 3, 4, 5는 (나)의 표현형이 각각 서로 다르다.
  표현형: D_, E_, FF
- 표는 1, ⓐ, 3, 5에서 체세포 1개당 A와 E의 DNA 상대량을 더한 값을 나타낸 것이다.

구성원	1	ⓐ	3	5
A와 E의 DNA 상대량을 더한 값	1	1	2	2
단서 A의 DNA 상대량	1	1	1	1
E의 DNA 상대량	0	0	1	1

이에 대한 설명으로 옳은 것만을 〈보기〉에서 있는 대로 고른 것은? (단, 돌연변이와 교차는 고려하지 않으며, A, a, D, E, F 각각의 1개당 DNA 상대량은 1이다.) (3점)

[보기]

ㄱ. ⓐ에게서 (가)가 발현되었다.
ⓐ는 E를 갖고 있지 않고 A를 하나 가지고 있는 AaFF이므로 (가)가 발현됨

ㄴ. 1과 4의 (나)의 유전자형은 같다.
4의 유전자형은 FF, 1의 유전자형은 DF로 다름

ㄷ. 5의 동생이 태어날 때, 이 아이의 (가)와 (나)의 표현형이 모두 3과 같을 확률은 $\frac{1}{4}$이다.
3의 유전자형은 AaDE, 4의 유전자형은 aaFF이므로 (가)와 (나)의 표현형이 모두 3과 같을 확률은 $\frac{1}{4}$임

① ㄱ ② ㄴ ③ ㄷ ④ ㄱ, ㄷ ⑤ ㄴ, ㄷ

단서+발상

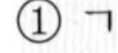

단서 복대립 유전인 (나)의 우열 관계, 구성원 1~5에게서 (가)의 발현 여부, 1, 2, ⓐ와 3, 4, 5에서 (나)의 표현형이 서로 다르다는 점, 1, ⓐ, 3, 5에서 A와 E의 DNA 상대량을 더한 값이 제시되어 있다.

발상 3과 5의 A와 E의 DNA 상대량을 더한 값을 통해 (가)가 우성 형질임을 파악할 수 있다.

적용 A와 E의 DNA 상대량을 더한 값과 가족 3명에서 (나)의 표현형이 각각 서로 다르면 D_, E_, FF의 유전자 구성을 가져야 한다는 개념을 적용하여 (가)와 (나)의 유전자형을 추론하여 문제 풀이를 해야 한다.

| 문제 해결 과정 |

step 1 (가)의 우열 관계 파악하기, 3, 4, 5의 유전자형 파악하기

- (가)를 열성으로 가정하면, 3, 5에서 A와 E의 DNA 상대량을 더한 값이 2이므로 (가)가 발현된 3과 5는 A는 0개, E는 2개이고, 유전자형은 aaEE이다.
  이는 3, 4, 5는 (나)의 표현형이 각각 서로 다르다는 조건에 모순이므로 (가)는 우성 형질이다. ➡ 3과 5는 A를 최소 1개 가지고 있다.
- 2와 4는 (가)에 대해 정상이므로 유전자형은 aa이고, 2와 4의 자녀인 3과 5는 a를 최소 하나 가지고 있으므로 유전자형이 Aa이고, E를 1개 갖는다.
  3, 4, 5는 D_, E_, FF로 서로 다른 표현형이 나와야 하므로 4의 유전자형은 aaFF이고, 4의 자녀인 5의 유전자형은 AaEF이다.
  ➡ 3은 D_의 표현형이 나와야 하므로 3의 유전자형은 AaDE이다.

step 2 1, 2, ⓐ의 유전자형 파악하기

- 1, 2, ⓐ는 D_, E_, FF로 서로 다른 표현형이 나와야 하고, 1, 2의 자녀인 3의 유전자형이 AaDE이므로 1과 2는 D와 E를 각각 하나씩 가지고 있다. (나)의 우열 관계가 D>E>F이므로 FF의 표현형은 ⓐ만 나올 수 있다.
  ⓐ의 유전자형은 AaFF이다. 함정

- 1과 ⓐ의 A와 E의 DNA 상대량을 더한 값이 1이므로 1은 Aa이고, E를 가지고 있지 않으므로 D_의 표현형을 갖는 DF, 2는 E_의 표현형을 갖는 EF의 유전자형을 가져야 한다. ➡ 유전자형은 1이 AaDF, 2가 aaEF이다.

step 3 유전자 연관 관계 파악하기

- 2는 (가)가 발현되지 않았고, 남자인 ⓐ가 (가) 발현이므로 (가)의 유전자는 상염색체에 있어야 한다. 또한 (가)와 (나)의 유전자가 하나의 염색체에 존재한다면 2가 aE/aF이므로, 3은 AD/aE, 4는 aF/aF이다.
- 3과 4의 유전자 연관 관계를 통해 5에서 AaEF인 유전자형이 나올 수 없으므로 (가)와 (나)의 유전자는 서로 다른 상염색체에 존재한다.

| 보기 분석 |

ㄱ. ⓐ에게서 (가)가 발현되었다. (○)

- step 1 에 의해 (가)는 우성 형질이고, 3의 유전자형은 AaDE임을 알 수 있다. 3의 유전자형이 AaDE이므로 1과 2는 D와 E를 각각 하나씩 가지고 있다.
- (나)의 우열 관계가 D>E>F이므로 FF의 표현형은 ⓐ만 나올 수 있다. ⓐ는 A와 E의 DNA 상대량을 더한 값이 1이므로 E를 가지고 있지 않고 A를 하나 가지고 있는 AaFF이다.
- 따라서 ⓐ에게서 (가)가 발현되었다.

ㄴ. 1과 4의 (나)의 유전자형은 같다. (×)

- 2와 4의 (가)의 유전자형은 aa이고, 2와 4의 자녀인 3과 5는 a를 최소 하나 가지고 있으므로 유전자형이 Aa이고, E를 1개 갖는다.
  3, 4, 5는 (나)의 표현형이 D_, E_, FF로 서로 다른 표현형이 나와야 하므로 4의 유전자형은 FF이다.
- 1은 (가)의 유전자형이 Aa이고, A와 E의 DNA 상대량을 더한 값이 1이므로 E를 가지지 않는다.
  1, 2, ⓐ는 D_, E_, FF로 서로 다른 표현형이 나와야 하고, ⓐ가 FF이므로 1은 DF의 유전자형을 갖는다.
- 따라서 1과 4의 (나)의 유전자형은 다르다.

ㄷ. 5의 동생이 태어날 때, 이 아이의 (가)와 (나)의 표현형이 모두 3과 같을 확률은 $\frac{1}{4}$이다. (○)

- 3의 유전자형은 AaDE, 4의 유전자형은 aaFF, 3의 표현형은 A_D_이다. (가)의 표현형이 3과 같을 확률은 $\frac{1}{2}$이고, (나)의 표현형이 3과 같을 확률은 $\frac{1}{2}$이다. 따라서 5의 동생이 태어날 때, 이 아이의 (가)와 (나)의 표현형이 모두 3과 같을 확률은 $\frac{1}{4}$이다.

✪ 정답은 ④ ㄱ, ㄷ이다.

L

L 51 정답 ③ * 복대립 유전 ············ ✪ 1등급 대비 [① 16% ② 26% ③ 27% ④ 25% ⑤ 3%] 2024 실시 7월 학평 11

다음은 사람의 유전 형질 (가)~(다)에 대한 자료이다.

- (가)는 대립유전자 A와 a에 의해 결정되며, A는 a에 대해 완전 우성이다. ➡ AA=Aa≠aa
- (나)는 대립유전자 B와 b에 의해 결정되며, 유전자형이 다르면 표현형이 다르다. ➡ BB≠Bb≠bb
- (다)는 1쌍의 대립유전자에 의해 결정되며, 대립유전자에는 D, E, F가 있다. D는 E, F에 대해, E는 F에 대해 각각 완전 우성이다. ➡ DD=DE=DF, EE=EF, FF
- Ⅰ과 Ⅱ는 (가)와 (나)의 표현형이 서로 같고, (다)의 표현형은 서로 다르다.
- Ⅰ과 Ⅱ 사이에서 ⓐ가 태어날 때, ⓐ의 (가)~(다)의 표현형이 모두 Ⅱ와 같을 확률은 0이고, ⓐ의 (가)~(다)의 표현형이 모두 Ⅲ과 같을 확률과 ⓐ의 (가)~(다)의 유전자형이 모두 Ⅲ과 같을 확률은 각각 $\frac{1}{16}$이다. 단서
  $\frac{1}{4}\times\frac{1}{4}=\frac{1}{16}$
- 그림은 Ⅲ의 체세포에 들어 있는 일부 상염색체와 유전자를 나타낸 것이다.

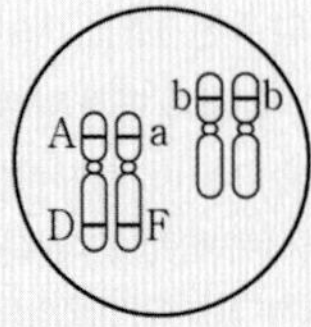

ⓐ에게서 나타날 수 있는 (가)~(다)의 표현형의 최대 가짓수는? (단, 돌연변이와 교차는 고려하지 않는다.) (3점)

3 × 3=9

① 6 ② 8 ③ 9 ④ 12 ⑤ 16

단서+발상

(단서) ⓐ가 특정 유전자형일 확률이 $\frac{1}{16}$로 제시되어 있다.

(발상) 각 염색체에서 특정 유전자형이 결정될 확률이 $\frac{1}{4}$이므로 Ⅰ과 Ⅱ의 (나)의 유전자형이 Bb임을 추론할 수 있다.

(적용) Ⅲ의 체세포에 들어 있는 일부 상염색체와 유전자를 통해 (가)~(다) 형질의 유전자 위치를 확인하고 문제 풀이를 시작해야 한다.

| 문제+자료 분석 |

- Ⅰ과 Ⅱ 사이에서 태어난 자녀의 유전자형으로 AabbDF가 가능해야 한다.
- (가)~(다)는 2쌍의 염색체 조합이므로 특정 유전자형이 결정될 확률 $\frac{1}{16}$을 만족하려면 $\frac{1}{4}\times\frac{1}{4}$로 각 염색체에서 특정 유전자형이 결정될 확률이 $\frac{1}{4}$이어야 한다.
- ⓐ의 (나)의 유전자형이 bb가 될 확률이 $\frac{1}{4}$이어야 하므로 Ⅰ과 Ⅱ의 유전자형은 모두 Bb이다.
- ⓐ에게 A와 D를 물려줄 수 있어야 하고, Ⅰ과 Ⅱ의 (가)의 표현형이 같으므로 Ⅰ과 Ⅱ 모두 A를 가져야 하며, Ⅰ과 Ⅱ의 (다)의 표현형이 다르므로 Ⅰ은 D를 가지고 Ⅱ는 D를 가지지 않아야 한다.
- Ⅰ의 한 염색체에 A와 D가 같이 있을 경우, ⓐ의 (가)~(다)의 표현형이 모두 Ⅲ과 같을 확률이 $\frac{1}{8}$로 모순이므로, Ⅰ에서 a와 D가 한 염색체에 있고, A는 E나 F와 한 염색체에 있다.
- Ⅰ과 Ⅱ의 (다)의 표현형은 서로 다르며, ⓐ의 표현형이 Ⅱ와 같을 확률이 0인 조건을 만족하려면, (다)에 대한 Ⅱ의 유전자형은 FF이고 Ⅰ의 유전자형은 DE여야 한다.
- (가)와 (다)에 대하여 Ⅰ의 유전자형은 (AE/aD)이고, Ⅱ의 유전자형은 (AF/aF)이다.

| 선택지 분석 |

③ 유전자형이 Bb인 Ⅰ과 Ⅱ 사이의 자손에서 나타날 수 있는 (나)의 표현형의 최대 가짓수는 BB, Bb, bb의 3가지이다.
유전자형이 AE/aD인 Ⅰ과 AF/aF인 Ⅱ 사이에서 태어나는 자손에서 나타날 수 있는 (가)와 (다)의 표현형의 최대 가짓수는 A_E_, A_D_, aaD_의 3가지이다.
따라서 ⓐ에게서 나타날 수 있는 (가)~(다)의 표현형의 최대 가짓수는 3×3=9이다.

왜 틀렸나?

Ⅲ은 Ⅰ과 Ⅱ의 자손이 아니므로 ⓐ와 Ⅲ의 유전자형이 같더라도 염색체 구성은 다를 수 있다. Ⅲ에서 A와 D가 한 염색체에, a와 F가 한 염색체에 있지만, ⓐ에서는 a와 D가 한 염색체에, A와 F가 한 염색체에 있을 수 있다.

다음은 어떤 집안의 유전 형질 (가)와 (나)에 대한 자료이다.

- (가)는 대립유전자 A와 a에 의해, (나)는 대립유전자 B와 b에 의해 결정된다. A는 a에 대해, B는 b에 대해 각각 완전 우성이다. A>a, B>b
- (가)의 유전자와 (나)의 유전자는 서로 다른 염색체에 있다. A와 a는 상염색체에, B와 b는 X 염색체에 존재함
- 가계도는 구성원 1~7에게서 (가)와 (나)의 발현 여부를, 표는 구성원 3, 5, 6에서 체세포 1개당 a와 b의 DNA 상대량을 더한 값(a+b)을 나타낸 것이다. ㉠, ㉡, ㉢을 모두 더한 값은 5이다. 단서

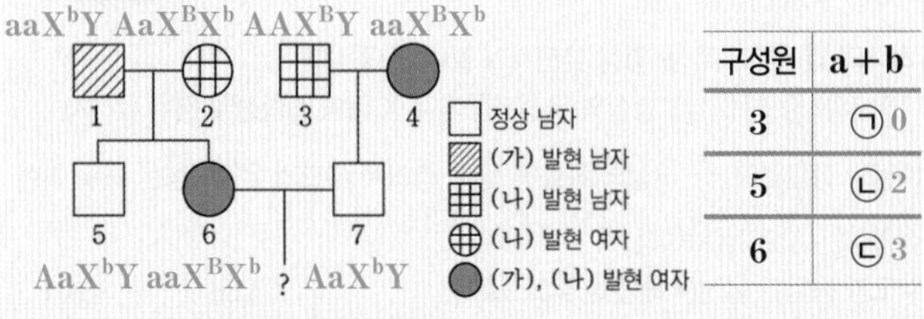

구성원	a+b
3	㉠ 0
5	㉡ 2
6	㉢ 3

이에 대한 설명으로 옳은 것만을 <보기>에서 있는 대로 고른 것은? (단, 돌연변이와 교차는 고려하지 않으며, A, a, B, b 각각의 1개당 DNA 상대량은 1이다.) (3점)

[보기]

ㄱ. ㉠은 1이다.
㉠은 0임

ㄴ. (가)의 유전자는 상염색체에 있다.
(가)의 유전자는 상염색체에, (나)의 유전자는 X 염색체에 있음

ㄷ. 6과 7 사이에서 아이가 태어날 때, 이 아이에게서 (가)와 (나)가 모두 발현될 확률은 $\frac{1}{4}$이다.
(가)가 발현될 확률 $\left(\frac{1}{2}\right)$ × (나)가 발현될 확률 $\left(\frac{1}{2}\right) = \frac{1}{4}$

① ㄱ ② ㄴ ③ ㄱ, ㄷ ④ ㄴ, ㄷ ⑤ ㄱ, ㄴ, ㄷ

단서+발상

단서 구성원 3, 4는 (나)가 발현되었는데, 7은 (나)가 발현되지 않았으며, 구성원 3, 5, 6의 a와 b의 DNA 상대량을 모두 더한 값이 5임이 제시되어 있다.

발상 구성원 3, 4, 7의 형질을 통해 (나)는 우성 형질임을 추론할 수 있으며, (나) 유전자가 상염색체에 존재할 경우 구성원 3, 5, 6의 b의 DNA 상대량을 더한 값만으로도 4가 되므로 (나) 유전자가 X 염색체에 있음을 추론할 수 있다.

적용 부모와 자녀의 형질이 다른 경우 부모의 형질이 우성 형질임을 적용해서 (나)가 우성 형질임을 파악한 후, DNA 상대량을 적용하여 유전자가 상염색체와 성염색체 중 어디에 위치하는지 구하는 것부터 문제 풀이를 시작해야 한다.

| 문제+자료 분석 |

- 구성원 3, 4는 (나)가 발현되었는데 7은 (나)가 발현되지 않았으므로 (나)는 우성 형질이다.
- (나)의 유전자가 상염색체에 존재할 경우 구성원 3, 5, 6의 b의 DNA 상대량은 각각 1, 2, 1이 되어 그 합이 4이다.
- (가)가 우성 형질이든 열성 형질이든 3, 5, 6의 a의 DNA 상대량을 더한 값은 2 이상이므로 ㉠, ㉡, ㉢을 모두 더한 값은 5를 초과하여 모순이다.
  ➡ (나)의 유전자는 X 염색체에 존재한다. 구성원 3, 5, 6의 b의 DNA 상대량은 각각 0, 1, 1이다. 3, 5, 6의 a의 DNA 상대량을 더한 값은 3이다.
- (가)와 (나)의 유전자는 서로 다른 염색체에 있으므로 (가)의 유전자는 상염색체에 존재한다.
- (가)가 우성 형질이면 구성원 3, 5, 6의 a의 DNA 상대량을 더한 값은 4 이상이 되어 모순이므로 (가)는 열성 형질이다. 구성원 3, 5, 6의 a의 DNA 상대량은 각각 0, 1, 2이다.

| 보기 분석 |

ㄱ. 구성원 3의 a와 b의 DNA 상대량은 각각 0이므로 ㉠은 0이다.

ㄴ. (가)의 유전자는 상염색체에, (나)의 유전자는 X 염색체에 있다.

ㄷ. (가)는 열성 형질, (나)는 우성 형질이므로 6과 7 사이에서 아이가 태어날 때, 이 아이에게서 (가)가 발현될 확률은 $\frac{1}{2}$, (나)가 발현될 확률은 $\frac{1}{2}$이다. 따라서 (가)와 (나)가 모두 발현될 확률은 $\frac{1}{4}$이다.

문제 풀이 꿀팁

- 부모의 유전 형질이 동일한데 자녀의 유전 형질이 다를 경우 부모의 형질이 우성 형질, 자녀의 형질이 열성 형질이다.
- 구성원 3, 5, 6과 같이 (가)의 형질이 발현되지 않은 남자 두 명과 형질이 발현된 여자 한 명이 제시된 경우, 유전 형질의 우열 관계나 유전자가 존재하는 염색체 위치에 관계 없이 열성 대립유전자의 DNA 상대량을 더한 값은 2 이상이다.

L 53 정답 ② [정답률 35%] ✪ 1등급 대비

다음은 사람의 유전 형질 (가)~(라)에 대한 자료이다.

- (가)는 대립유전자 A와 a에 의해, (나)는 대립유전자 B와 b에 의해, (다)는 대립유전자 D와 d에 의해, (라)는 대립유전자 E와 e에 의해 결정된다. A는 a에 대해, B는 b에 대해, D는 d에 대해, E는 e에 대해 각각 완전 우성이다.
  ➡ (가)~(라) 모두 단일인자 유전이고, 우열 관계가 확실한 완전 우성 관계임
- (가)~(라)의 유전자는 서로 다른 2개의 상염색체에 있고, (가)~(다)의 유전자는 (라)의 유전자와 다른 염색체에 있다.
  ➡ (가)~(다)는 한 쌍의 상염색체에 존재하는 연관 관계임
- (가)~(라)의 표현형이 모두 우성인 부모 사이에서 ⓐ가 태어날 때, ⓐ의 (가)~(라)의 표현형이 모두 부모와 같을 확률은 $\frac{3}{16}$이다.
  서로 다른 2개의 염색체에 존재하므로 $\frac{3}{16}=\frac{1}{4}\times\frac{3}{4}$이 나오는 경우의 수를 찾아야 함

ⓐ가 (가)~(라) 중 적어도 2가지 형질의 유전자형을 이형 접합성으로 가질 확률은? (단, 돌연변이와 교차는 고려하지 않는다.) 2023 대비 수능 9

① $\frac{7}{8}$ ② $\frac{3}{4}$ ③ $\frac{5}{8}$ ④ $\frac{1}{2}$ ⑤ $\frac{3}{8}$

 단서+발상

(단서) '(가)~(라)의 유전자는 서로 다른 2개의 상염색체에 있고, ⓐ의 (가)~(라)의 표현형이 모두 부모와 같을 확률이 $\frac{3}{16}$이다.'라는 조건에 주목한다.

(발상) $\frac{3}{16}$을 인수 분해하면 $\frac{3}{4}\times\frac{1}{4}$이고, 각각의 분수는 하나의 염색체에서 나오는 확률을 의미함을 생각한다.

(해결) 부모의 (가)~(라)의 표현형은 모두 우성이라고 하였으므로 ⓐ가 태어날 때, 한 쌍의 염색체에서 모두 우성이 나올 확률은 $\frac{1}{4}$이고, 나머지 한 쌍의 염색체에서 모두 우성이 나올 확률이 $\frac{3}{4}$임을 파악할 수 있어야 고난도 문제를 해결할 수 있다.

| 문제 해결 과정 |

step 1 확률 $\frac{3}{16}$ 파악하기

- (가)~(다)의 유전자는 같은 상염색체에 있고, (라)의 유전자는 나머지 상염색체에 있으므로 $\frac{3}{16}=\frac{1}{4}\times\frac{3}{4}$이 나오는 경우의 수를 찾아야한다.
- ⓐ의 (가)~(라)의 표현형이 모두 우성일 확률이 $\frac{3}{16}$이므로 한 쌍의 염색체에서 모두 우성이 나올 확률이 $\frac{1}{4}$이고, 나머지 한 쌍의 염색체에서 모두 우성이 나올 확률이 $\frac{3}{4}$이다.

step 2 (라)의 유전자형 파악하기

1. 부모 중 최소 1명의 (라) 유전자형이 우성 동형 접합성인 경우

- 이 경우 자녀 ⓐ는 모두 우성 표현형으로, (라)의 표현형이 우성일 확률이 1이므로 모순이다.

	E	e
E	EE	Ee

	E
E	EE

2. 부모 모두 (라) 유전자형이 이형 접합성인 경우

- 이 경우 자녀 ⓐ의 (라)의 표현형이 우성일 확률은 $\frac{3}{4}$이고, 부모 모두 Ee인 것을 알 수 있다.

	E	e
E	EE	Ee
e	Ee	ee

step 3 (가)~(다)의 연관 관계 파악하기

- ⓐ의 (라)의 표현형이 우성일 확률이 $\frac{3}{4}$이므로 (가)~(다)의 표현형이 모두 우성일 확률은 $\frac{1}{4}$이다.

1. 하나의 염색체에 우성 유전자 A, B, D가 모두 존재할 때

- 부모 한쪽에서 하나의 염색체에 우성 유전자가 모두 존재하면 나머지 염색체의 유전자 배열과 상관없이 $\frac{1}{2}$ 이상의 확률이 되어 모순이다.

	ABD	?
?	A_B_D_	
?	A_B_D_	

2. 하나의 염색체에 우성, 열성 유전자가 같이 존재할 때

- (가)~(다) 중 최소 1개 형질의 유전자형이 우성 동형 접합성일 경우 유전자 배열과 상관없이 $\frac{1}{2}$ 이상의 확률이 된다. 따라서 부모의 유전자형은 모두 이형 접합성인 AaBbDd이다.
- 부모가 동일한 유전자 배열을 갖고 있으면 모든 형질이 우성일 확률이 $\frac{1}{2}$이므로 부모는 서로 동일한 유전자 배열을 갖지 않는다.

	Abd	aBD
Abd	AAbbdd	AaBbDd
aBD	AaBbDd	aaBBDD

- 따라서 부모의 유전자 배열은 ①과 ②의 경우로 생각해볼 수 있다. ① 아버지의 염색체에 Abd/aBD와 같이 연관되어 있다면 어머니의 염색체에는 ABd/abD와 같이 한 쌍의 유전자만 교체(B와 b를 교체)해준다.

①	Abd	aBD
ABd	AABbdd	AaBBDd
abD	AabbDd	aaBbDD

- ② 아버지의 염색체에 ABd/abD와 같이 연관되어 있다면 어머니의 염색체에는 AbD/aBd와 같이 두 쌍의 유전자만 교체(Bd와 bD를 교체)해준다.

②	ABd	abD
AbD	AABbDd	AabbDD
aBd	AaBBdd	aaBbDd

- ①과 ②의 경우에서 ⓐ의 (가)~(다)의 형질이 모두 우성일 확률은 $\frac{1}{4}$이다.

step 4 ⓐ가 (가)~(라) 중 적어도 2가지 형질의 유전자형을 이형 접합성으로 가질 확률 구하기

- (가)~(라)의 형질 중 이형 접합성의 개수를 나타내면 아래 표와 같다.

	Abd	aBD
ABd	AABbdd 1	AaBBDd 2
abD	AabbDd 2	aaBbDD 1

	E	e
E	EE 0	Ee 1
e	Ee 1	ee 0

- (가)~(다)는 최소 1가지 형질의 유전자형이 이형 접합성이므로 (라)가 이형 접합성(Ee)인 경우 적어도 2개 이상의 이형 접합성을 갖게 된다. (라)가 동형 접합성(EE, ee)을 갖게 된다면 (가)~(다)는 $\frac{1}{2}$의 확률로 2개의 이형 접합성을 갖는다. 따라서 ⓐ가 (가)~(라) 중 적어도 2가지 형질의 유전자형을 이형 접합성으로 가질 확률은 $\frac{1}{2}\times1+\frac{1}{2}\times\frac{1}{2}=\frac{3}{4}$이다.

✪ **정답은 ② $\frac{3}{4}$이다.**

김보겸 | 연세대 지구시스템과학과 2023년 입학 · 광주 서석고졸

부모의 표현형이 모두 우성이라 했으니까 부모 모두 A, B, D, E를 가져야 해. 또한 $\frac{3}{16}=\frac{1}{4}\times\frac{3}{4}$라는 점을 이용하면 (라) 형질이 부모 모두 Ee라는 걸 알 수 있지.

L 54 정답 ① ····· [정답률 35%] ✪ 1등급 대비

다음은 사람의 유전 형질 (가)에 대한 자료이다.

- (가)는 서로 다른 2개의 상염색체에 있는 3쌍의 대립유전자 A와 a, B와 b, D와 d에 의해 결정되며, A, a, B, b는 7번 염색체에 있다. ➡ (가)는 3쌍의 대립 유전자에 의해 결정되는 다인자 유전
- (가)의 표현형은 ㉠ 유전자형에서 대문자로 표시되는 대립유전자의 수에 의해서만 결정되며, 이 대립유전자의 수가 다르면 표현형이 다르다.
- 남자 P의 ㉠(2)과 여자 Q의 ㉠(4)의 합은 6이다. P는 d를 갖는다.
- P와 Q 사이에서 ⓐ가 태어날 때, ⓐ에게서 나타날 수 있는 표현형은 최대 3가지이고, ⓐ가 가질 수 있는 ㉠은 1, 3, 5 중 하나이다. ➡ P는 AB/ab, dd, Q는 AB/ab, DD

이에 대한 설명으로 옳은 것만을 <보기>에서 있는 대로 고른 것은? (단, 돌연변이와 교차는 고려하지 않는다.) 2022 실시 4월 학평 13

[보기]

ㄱ. (가)의 유전은 다인자 유전이다.
(가)는 3쌍의 대립유전자에 의해 표현형이 결정되므로 다인자 유전

ㄴ. $\frac{\text{P의 ㉠}}{\text{Q의 ㉠}}$은 2이다.
$\frac{\text{P의 ㉠}}{\text{Q의 ㉠}}$은 $\frac{1}{2}$

ㄷ. ⓐ의 ㉠이 3일 확률은 $\frac{1}{4}$이다.
ⓐ의 ㉠이 3일 확률은 $\frac{1}{2}$

① ㄱ ② ㄴ ③ ㄱ, ㄷ ④ ㄴ, ㄷ ⑤ ㄱ, ㄴ, ㄷ

단서+발상

(단서) 'ⓐ가 가질 수 있는 ㉠은 1, 3, 5 중 하나이다.'라는 조건에서 숫자가 2씩 차이가 난다는 것에 주목한다.

(발상) 만약 남자 P의 유전자형이 Dd인 경우 P의 생식세포가 가질 수 있는 대문자 수는 0, 1이다. 이 경우 Q의 생식세포의 대문자 수와 상관없이 ⓐ가 가질 수 있는 대문자 수는 1씩 차이가 난다는 것을 생각한다.

(해결) 대문자 수가 2씩 차이가 나기 위해선 P와 Q의 유전자형이 DD와 dd 중 하나이고, 조건에서 P는 d를 갖는다고 하였으므로 P의 유전자형은 dd, Q의 유전자형은 DD임을 파악할 수 있어야 고난도 문제를 해결할 수 있다.

| 문제 해결 과정 |

step 1 'ⓐ가 가질 수 있는 ㉠은 1, 3, 5 중 하나이다.' 조건 이용하기

- 유전 형질 (가)는 서로 다른 2개의 상염색체에 있는 대립유전자에 의해 결정되며 ⓐ가 가질 수 있는 ㉠은 1, 3, 5 중 하나이다. 여기서 주목해야 할 점은 1, 3, 5는 숫자가 2씩 차이가 난다는 것이다.
- 만약 어떤 사람의 유전자형이 Aa일 경우 이 사람의 생식세포의 대문자 수는 0, 1이다. 이 사람의 배우자 생식세포의 대문자 수와 상관없이 이 두 사람에게서 태어나는 자녀가 가질 수 있는 대문자 수는 1씩 차이가 난다. 따라서 자녀의 대문자 수가 2씩 차이가 나려면 부모의 유전자형이 AA, aa가 되어야 한다. 꿀팁
- P는 d를 갖는다고 하였으므로 P의 유전자형은 dd로 확정된다.
- ⓐ의 대문자 수 합이 5가 되려면 P와 Q 중 한 명으로부터 대문자 2개를, 다른 한 명으로부터 대문자 3개를 받아야 한다. P의 유전자형은 dd이므로 P의 생식세포에서 가질 수 있는 대문자 수는 3개가 될 수 없다.
➡ P의 생식세포는 ABd를 가지며, Q의 생식세포는 ABD를 가진다.
- ⓐ가 가질 수 있는 대문자 수가 2씩 차이가 나기 위해선 Q의 유전자형은 DD가 되어야 한다.
- ⓐ의 대문자 수 합이 1이 되려면 P와 Q 중 한 명으로부터 대문자 0개를, 나머지 한 명으로부터 대문자 1개를 받아야 한다. 유전자형이 DD인 Q의 생식세포가 가질 수 있는 대문자 수는 0개가 나올 수 없으므로 P의 생식세포가 abd를 가진다. ➡ P의 유전자형은 AB/ab, dd로 확정된다.
- 또한 Q의 생식세포에서 가질 수 있는 대문자 수가 1개가 나오기 위해선 Q는 생식세포 abD를 가져야한다. ➡ Q의 유전자형은 AB/ab, DD로 확정된다.

step 2 P와 Q의 유전자 위치 염색체에 표시하기

- 위의 내용을 정리하여 P와 Q의 유전자 염색체와 (가)의 유전자를 나타내면 다음과 같다.

P: A/a, B/b, d/d → (대문자 수로 표현) 2/0, 0/0

Q: A/a, B/b, D/D → (대문자 수로 표현) 2/0, 1/1

- P와 Q로부터 형성된 생식세포의 유전자 구성에 따른 ⓐ의 유전자형에서 대문자로 표시되는 대립유전자의 수를 나타내면 다음과 같다.

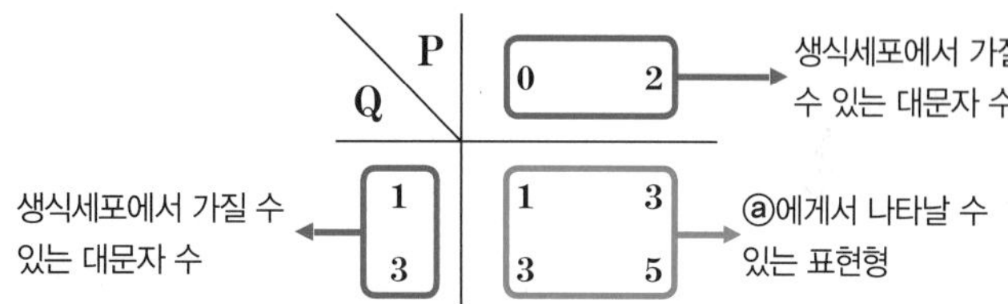

| 보기 분석 |

ㄱ. (가)의 유전은 다인자 유전이다. (○)

- (가)는 세 쌍의 대립유전자가 하나의 형질 결정에 관여하므로 다인자 유전이다.

ㄴ. $\frac{\text{P의 ㉠}}{\text{Q의 ㉠}}$은 2이다. (×)

- 문제 해결 과정의 step 2를 참고하면, P의 ㉠은 2이고 Q의 ㉠은 4이다. 따라서 $\frac{\text{P의 ㉠}}{\text{Q의 ㉠}}$은 $\frac{1}{2}$이다.

ㄷ. ⓐ의 ㉠이 3일 확률은 $\frac{1}{4}$이다. (×)

- 문제 해결 과정의 step 2를 참고하면, P(AB/ab, dd)로부터 형성된 생식세포의 대문자 수는 0개, 2개이며, Q(AB/ab, DD)로부터 형성된 생식세포의 대문자 수는 1개, 3개이다.
- P와 Q로부터 형성된 생식세포의 유전자 구성에 따른 ⓐ의 유전자형에서 대문자로 표시되는 대립유전자의 수를 나타내면 다음과 같다.

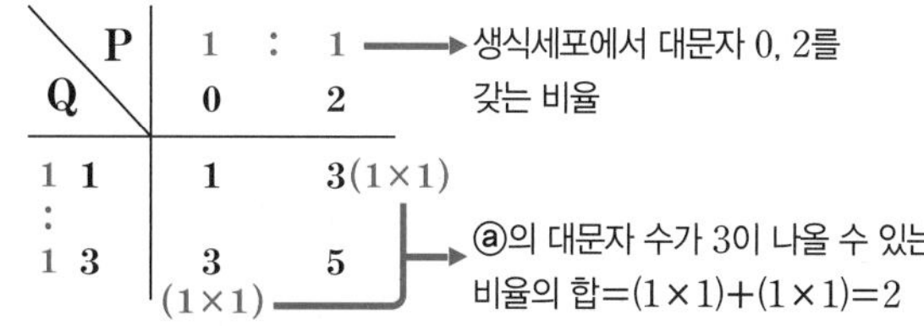

따라서 ⓐ의 ㉠이 3일 확률은

$\frac{\text{대문자 3이 나올 수 있는 비율의 합}}{\text{P의 생식세포 비율의 합}\times\text{Q의 생식세포 비율의 합}}=\frac{(1\times1)+(1\times1)}{(1+1)\times(1+1)}=\frac{2}{4}=\frac{1}{2}$이다.

✪ 정답은 ① ㄱ이다.

L 55 정답 ① ································ [정답률 32%] ✪ 1등급 대비

다음은 사람의 유전 형질 ㉠~㉢에 대한 자료이다.

- ㉠~㉢의 유전자는 서로 다른 3개의 상염색체에 있다.
- ㉠은 1쌍의 대립유전자에 의해 결정되며, 대립유전자에는 A, B, D가 있다. ㉠의 표현형은 4가지이며, ㉠의 유전자형이 AD인 사람과 AA인 사람의 표현형은 같고, 유전자형이 BD인 사람과 BB인 사람의 표현형은 같다. ➡ A=B>D, 표현형 4가지
- ㉡은 대립유전자 E와 E*에 의해 결정되며, 유전자형이 다르면 표현형이 다르다. ➡ 표현형 3가지
- ㉢은 대립유전자 F와 F*에 의해 결정되며, F는 F*에 대해 완전 우성이다. ➡ F>F* 표현형 2가지
- 표는 사람 Ⅰ~Ⅳ의 ㉠~㉢의 유전자형을 나타낸 것이다.

사람	Ⅰ	Ⅱ	Ⅲ	Ⅳ
유전자형	ABEEFF*	ADE*E*FF	BDEE*FF	BDEE*F*F*

- 남자 P와 여자 Q 사이에서 ⓐ가 태어날 때, ⓐ에게서 나타날 수 있는 ㉠~㉢의 표현형은 최대 12가지이다. P와 Q는 각각 Ⅰ~Ⅳ 중 하나이다. ➡ P와 Q의 조합은 Ⅰ과 Ⅳ

ⓐ의 ㉠~㉢의 표현형이 모두 Ⅰ과 같을 확률은? (단, 돌연변이는 고려하지 않는다.)

2023 대비 9월 모평 17

① $\frac{1}{16}$ ② $\frac{1}{8}$ ③ $\frac{3}{16}$
④ $\frac{1}{4}$ ⑤ $\frac{3}{8}$

Ⅰ(ABEEFF*)과 Ⅳ(BDEE*F*F*) 사이에서 ⓐ가 태어날 때, ⓐ의 ㉠~㉢의 표현형이 모두 Ⅰ과 같을 경우는 ㉠의 표현형이 [AB], ㉡의 표현형이 [E], ㉢의 표현형이 [F]가 되어야 한다.

단서+발상

(단서) 'ⓐ에게서 나타날 수 있는 ㉠~㉢의 표현형은 최대 12가지이다.'라는 조건에 주목한다.

(발상) ㉠의 표현형×㉡의 표현형×㉢의 표현형=12이므로 4×3×1=12 또는 3×2×2=12, 두 가지의 경우가 나올 수 있음을 생각한다.

(해결) 4×3×1에서 4는 ㉠에서만 가능한데, ㉠의 우열은 A=B>D이므로 부모의 유전자형이 AD와 BD 중 하나여야 한다. 3은 ㉡에서 가능한데, ㉡의 우열은 E=E*이므로 부모의 유전자형이 모두 EE*이어야 한다. Ⅰ~Ⅳ에서 Ⅳ의 유전자형이 BDEE*이지만 유전자형이 ADEE*인 사람은 없으므로 4×3×1은 모순됨을 찾을 수 있어야 고난도 문제를 해결할 수 있다.

| 문제 해결 과정 |

step 1 ㉠~㉢의 표현형의 최대 가짓수 파악하기

- ㉠의 표현형은 최대 4가지이며 A와 B의 우열 관계가 뚜렷하지 않고 A와 B는 각각 D에 대해 완전 우성이다. ➡ A=B>D
- ㉡에서 E와 E*의 우열 관계가 뚜렷하지 않으므로 ㉡의 표현형은 최대 3가지이며, EE, EE*, E*E*의 표현형이 모두 다르다.
- ㉢에서 F는 F*에 대해 완전 우성이므로 ㉢의 표현형은 최대 2가지이며, FF와 FF*의 표현형이 같다.

step 2 P와 Q의 조합 파악하기

- ⓐ에게서 나타날 수 있는 ㉠~㉢의 표현형은 최대 12가지이므로 ㉠×㉡×㉢=4×3×1인 경우 ㉠×㉡×㉢=3×2×2인 경우로 나눌 수 있다.

1. ㉠×㉡×㉢=4×3×1인 경우

- ㉠의 표현형이 4가지가 나오기 위해선 P와 Q는 각각 AD와 BD 중 하나여야 하며, ㉡의 표현형이 3가지가 나오기 위해선 P와 Q는 모두 EE*이어야 한다. 하지만 이를 모두 만족하는 사람이 없으므로 ㉠×㉡×㉢=3×2×2인 경우로 확정된다.

2. ㉠×㉡×㉢=3×2×2인 경우

- P와 Q 중 한 명이라도 ㉢의 유전자형이 FF일 경우 ⓐ에게서 나타날 수 있는 ㉢의 표현형이 2가지가 나올 수 없다.
- Ⅱ와 Ⅲ이 모두 FF를 가지므로 P와 Q는 각각 Ⅰ과 Ⅳ 중 하나이고, ⓐ에서 나타날 수 있는 ㉠의 표현형은 3가지, ㉡과 ㉢의 표현형은 각각 2가지이다.

step 3 ⓐ의 ㉠~㉢의 표현형이 모두 Ⅰ과 같을 확률 구하기

- Ⅰ(ABEEFF*)과 Ⅳ(BDEE*F*F*) 사이에서 ⓐ가 태어날 때, ⓐ의 ㉠~㉢의 표현형이 모두 Ⅰ과 같을 경우는 ㉠의 표현형이 [AB], ㉡의 표현형이 [E], ㉢의 표현형이 [F]가 되어야 한다.
- ㉠에 대해 유전자형이 AB와 BD인 사람 사이에서 태어난 ⓐ의 표현형이 [AB]일 확률은 $\frac{1}{4}$이다.
- ㉡에 대해 유전자형이 EE와 EE*인 사람 사이에서 태어난 ⓐ의 표현형이 [E]일 확률은 $\frac{1}{2}$이다.
- ㉢에 대해 유전자형이 FF*과 F*F*인 사람 사이에서 태어난 ⓐ의 표현형이 [F]일 확률은 $\frac{1}{2}$이다.
- 따라서 ⓐ의 ㉠~㉢의 표현형이 모두 Ⅰ과 같을 확률은 $\frac{1}{4}\times\frac{1}{2}\times\frac{1}{2}=\frac{1}{16}$이다.

✪ 정답은 ① $\frac{1}{16}$이다.

문제 풀이 Tip

1. 어떤 유전 형질이 한 쌍의 대립유전자 A, B, D에 의해 결정되고, 우열은 A=B>D이면서 표현형이 4가지인 경우

자손의 표현형이 4가지가 되기 위해선 부모는 각각 AD와 BD 중 하나가 되어야 한다.

2. 한 쌍의 대립유전자에 의해 결정되는 유전 형질에서 대립유전자가 두 개이고 완전 우성 관계라면 우성 유전자가 동형 접합성인 사람의 자녀의 표현형 1가지뿐이다.

F가 F*에 대해 완전 우성일 때 유전자형이 FF인 사람과 임의의 사람 사이에서 태어난 자녀의 표현형은 1가지뿐이므로 최대 가짓수에 대해 쉽게 접근할 수 있다.

＊ 단일 인자 유전과 다인자 유전 ······ ✪ 1등급 핵심 개념

단일 인자 유전	단대립 (A,a)	완전 우성	A>a
		불완전 우성	AA≠Aa
	복대립 (대립유전자가 3개 이상)	완전 우성	R>G>B
		불완전 우성	A=B>O
다인자 유전	2쌍 이상의 대립유전자가 관여하고, 대문자 수에 의해 표현형이 결정된다.		

L 56 정답 ⑤ [정답률 22%] ✪ 1등급 대비

다음은 사람의 유전 형질 ㉠~㉢에 대한 자료이다.

- ㉠은 대립유전자 A와 a에 의해, ㉡은 대립유전자 B와 b에 의해 결정된다.
- 표 (가)와 (나)는 ㉠과 ㉡에서 유전자형이 서로 다를 때 표현형의 일치 여부를 각각 나타낸 것이다.

㉠의 유전자형		표현형
사람 1	사람 2	일치 여부
AA	Aa	? ×
AA	aa	×
Aa	aa	×

(○: 일치함, ×: 일치하지 않음)

(가)

㉡의 유전자형		표현형
사람 1	사람 2	일치 여부
BB	Bb	? ×
BB	bb	×
Bb	bb	×

(○: 일치함, ×: 일치하지 않음)

(나)

- ㉢은 1쌍의 대립유전자에 의해 결정되며, 대립유전자에는 D, E, F가 있다.
- ㉢의 표현형은 4가지이며, ㉢의 유전자형이 DE인 사람과 EE인 사람의 표현형은 같고, 유전자형이 DF인 사람과 FF인 사람의 표현형은 같다. E=F>D
- 여자 P는 남자 Q와 ㉠~㉢의 표현형이 모두 같고, P의 체세포에 들어 있는 일부 상염색체와 유전자는 그림과 같다. Q는 AF/aD, Bb

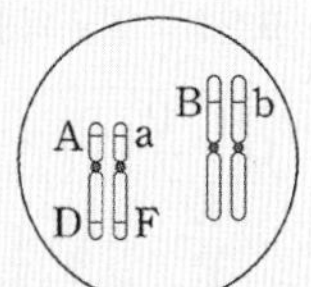

- P와 Q 사이에서 ⓐ가 태어날 때, ⓐ의 ㉠~㉢의 표현형 중 한 가지만 부모와 같을 확률은 $\frac{3}{8}$이다.

이에 대한 설명으로 옳은 것만을 〈보기〉에서 있는 대로 고른 것은? (단, 돌연변이와 교차는 고려하지 않는다.) (3점) 2022 대비 수능 16

[보기]

ㄱ. ㉡의 표현형은 BB인 사람과 Bb인 사람이 서로 다르다.
→ B와 b의 우열 관계가 분명하지 않으므로 BB와 Bb의 표현형 다름

ㄴ. Q에서 A, B, D를 모두 갖는 정자가 형성될 수 있다.
→ Q에서 A와 F는 같은 염색체에 있으므로 A와 D를 모두 가질 수 없음

ㄷ. ⓐ에게서 나타날 수 있는 표현형은 최대 12가지이다.
→ ⓐ에서 나타날 수 있는 표현형은 최대 12가지

① ㄱ ② ㄴ ③ ㄷ ④ ㄱ, ㄴ ⑤ ㄱ, ㄷ

단서+발상

단서 여자 P는 남자 Q와 ㉠~㉢의 표현형이 모두 같다는 조건에 주목한다.

발상 P의 유전자형은 AaBbDF이므로 Q는 A, B, F를 갖는다. 따라서 Q의 ㉠의 유전자형은 AA 또는 Aa, ㉡의 유전자형은 BB 또는 Bb, ㉢의 유전자형은 DF 또는 FF이며, ㉠~㉢ 각각의 유전자형은 이형 접합성이거나 동형 접합성임을 생각한다.

해결 Q의 ㉠~㉢ 각각의 유전자형이 동협 접합성일 때를 가정하면 확률이 $\frac{3}{8}$이 될 수 없는 모순점이 나타난다. 따라서 Q의 ㉠~㉢의 유전자형이 모두 이형 접합성인 AaBbDF임을 파악할 수 있어야 고난도 문제를 해결할 수 있다.

| 문제 해결 과정 |

step 1 D, E, F 우열 확정짓기

- E와 F의 우열 관계는 뚜렷하지 않고 D에 대해서는 완전 우성이다. (E=F>D)
- P와 Q의 표현형이 같으려면 Q는 A와 B를 가지고 ㉢에 대한 유전자형은 DF 또는 FF 중 하나이다.

step 2 Q의 유전자형 추론하기

- Q의 ㉠~㉢의 표현형이 모두 같으므로 Q는 A, B, F를 갖는다. 만약 Q에서 ㉠~㉢ 중 한 형질의 유전자형이 동형 접합성(aa, bb 제외)이라면, 해당 형질의 표현형은 ⓐ와 부모가 무조건 같다. 따라서 동형 접합성인 형질을 제외한 나머지 두 형질의 표현형이 부모와 다를 확률은 $\frac{3}{4}\times\frac{1}{2}=\frac{3}{8}$이 된다.
- 두 형질은 서로 다른 상염색체에 있게 되는데, 어떤 형질에 대해 부모와 다른 표현형이 나타날 확률은 $\frac{3}{4}$이 될 수 없다. 따라서 Q의 ㉠~㉢의 유전자형은 이형 접합성인 AaBbDF로 확정된다.

step 3 Q에서 A와 F가 서로 다른 염색체에 존재할 경우

1. 우열 관계가 A=a 경우

- ⓐ의 ㉠과 ㉢의 표현형 중 한 가지만 부모와 같을 경우는 AADD, AaDF, aaFF 중 aaFF이므로 확률은 $\frac{1}{4}$, 모두 다를 경우는 AADD이므로 확률은 $\frac{1}{4}$이다. 따라서 ⓐ의 ㉠~㉢의 표현형 중 한 가지만 부모와 같을 확률$=\frac{1}{4}\times$(㉡의 표현형이 부모와 같을 확률+㉡의 표현형이 부모와 다를 확률)이다. 하지만 ㉡의 표현형이 부모와 같을 확률+㉡의 표현형이 부모와 다를 확률은 B와 b의 우열과 상관없이 1이기 때문에 $\frac{3}{8}$이 될 수 없으므로 모순이다.

2. 우열 관계가 A>a 경우

- ㉠과 ㉢의 표현형 중 한 가지만 부모와 같을 경우는 AADD, AaDF, aaFF 중 AADD, aaFF이므로 확률은 $\frac{1}{2}$이며, 모두 다를 확률은 0이다. 따라서 ㉡의 표현형이 부모와 다를 확률은 $\frac{3}{4}$이 되어야 하는데 B와 b의 우열과 상관없이 $\frac{3}{4}$이 되는 경우는 없으므로 모순이다. 따라서 Q에서 A와 F는 서로 같은 염색체에 존재한다.

step 4 ㉠과 ㉡의 우열 확정하기

1. 우열 관계가 A>a 경우

- ㉠과 ㉢의 표현형 중 한 가지만 부모와 같을 경우는 AADF, AaDD, AaFF, aaDF 중 AaDD, aaDF이므로 확률은 $\frac{1}{2}$이며, 모두 다를 확률은 0이다. 따라서 ㉡의 표현형이 부모와 다를 확률은 $\frac{3}{4}$이 되어야 하는데 B와 b의 우열과 상관없이 $\frac{3}{4}$이 되는 경우는 없으므로 모순이다. 따라서 A와 a의 우열은 불분명하다.

2. 우열 관계가 A=a 경우

- ㉠과 ㉢의 표현형 중 한 가지만 부모와 같을 경우는 AADF, AaDD, AaFF, aaDF 중 AADF, AaDD, aaDF이므로 확률은 $\frac{3}{4}$이며, 모두 다를 확률은 0이다. 따라서 ㉡의 표현형이 부모와 다를 확률이 $\frac{1}{2}$이 되어야 하는데, 이 경우 B와 b의 우열 관계가 불분명해야 한다.

| 보기 분석 |

ㄱ. ㉡의 표현형은 BB인 사람과 Bb인 사람이 서로 다르다. (○)

- 문제 해결 과정의 step 4를 참고하면, B와 b의 우열 관계가 분명하지 않으므로 유전자형이 BB인 사람과 Bb인 사람의 표현형은 서로 다르다.

ㄴ. Q에서 A, B, D를 모두 갖는 정자가 형성될 수 있다. (×)

- 문제 해결 과정의 step 3을 참고하면, Q에서 A와 F가, a와 D가 각각 하나의 염색체에 존재하므로 A, B, D를 모두 가지는 정자가 형성될 수 없다.

ㄷ. ⓐ에게서 나타날 수 있는 표현형은 최대 12가지이다. (○)

- ⓐ는 ㉡에 대해 최대 3가지 표현형, ㉠과 ㉢에 대해 최대 4가지 표현형이 가능하므로 ⓐ에서 나타날 수 있는 표현형은 최대 12가지이다.

✪ 정답은 ⑤ ㄱ, ㄷ이다.

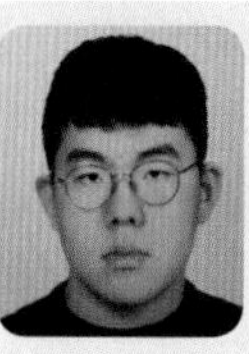

강민성 | 성균관대 의예과 2022년 입학 · 부산 해운대고 졸

A와 B 모두 대문자가 우성 형질이거나 중간 유전의 형태를 가진다는 것을 알 수 있어. 그리고 조건을 분석하면 D는 E와 F 모두에게 열성 형질이고, 총 표현형이 4가지이니 E와 F는 우열이 불분명함을 알 수 있어.

L 57 정답 ⑤ ＊다인자 유전과 단일 인자 유전 ············ ✪ 1등급 대비 [① 15% ② 21% ③ 22% ④ 22% ⑤ 29%] 2024 실시 10월 학평 20

다음은 사람의 유전 형질 (가)와 (나)에 대한 자료이다.

- (가)는 1쌍의 대립유전자에 의해 결정되며, 대립유전자에는 A, B, D가 있다. ㉠은 ㉡, ㉢에 대해, ㉡은 ㉢에 대해 각각 완전 우성이다. ㉠~㉢은 각각 A, B, D 중 하나이다. B>D>A
- (나)는 서로 다른 3개의 상염색체에 있는 3쌍의 대립유전자 E와 e, F와 f, G와 g에 의해 결정된다.
- (나)의 표현형은 유전자형에서 대문자로 표시되는 대립유전자의 수에 의해서만 결정되며, 이 대립유전자의 수가 다르면 표현형이 다르다.
- (가)와 (나)의 유전자는 서로 다른 상염색체에 있다.
- P의 유전자형은 ABEeFfGg이고, P와 Q는 (나)의 표현형이 서로 같다. Q의 (가)의 유전자형은 BD
- P와 Q 사이에서 ⓐ가 태어날 때, ⓐ가 (가)의 유전자형이 BD인 사람과 (가)의 표현형이 같을 확률은 $\frac{3}{4}$이다. 단서
  Q의 (나)의 유전자형은 EEFfgg
- ⓐ가 유전자형이 DDEeffGg인 사람과 (가)와 (나)의 표현형이 모두 같을 확률은 $\frac{1}{16}$이다. 단서
  (가)의 표현형이 같을 확률 $\frac{1}{4}$, (나)의 표현형이 같을 확률 $\frac{1}{4}$

이에 대한 옳은 설명만을 〈보기〉에서 있는 대로 고른 것은? (단, 돌연변이는 고려하지 않는다.) (3점)

[보기]

ㄱ. ㉢은 A이다. ㉠은 B, ㉡은 D, ㉢은 A

ㄴ. ⓐ에게서 나타날 수 있는 (나)의 표현형은 최대 5가지이다.
ⓐ에서 (나)의 대문자 대립유전자 수는 1~5로 표현형은 최대 5가지임

ㄷ. ⓐ의 (가)와 (나)의 표현형이 모두 P와 같을 확률은 $\frac{9}{32}$이다.
ⓐ의 (가)와 (나)의 표현형이 모두 P와 같을 확률은 $\frac{3}{4}\times\frac{3}{8}=\frac{9}{32}$임

① ㄱ ② ㄷ ③ ㄱ, ㄴ ④ ㄴ, ㄷ ⑤ ㄱ, ㄴ, ㄷ

단서+발상

단서 ⓐ가 (가)의 유전자형이 BD인 사람, DD인 사람과 표현형이 같을 확률이 각각 $\frac{3}{4}$, $\frac{1}{16}$임이 제시되어 있다.

발상 P의 유전자형이 AB이므로 ⓐ에서 가능한 표현형을 고려하면 Q의 유전자형이 BD임을 추론할 수 있다.

적용 복대립 유전에서 유전자형과 표현형의 관계를 적용해서 제시된 사람의 유전자형을 구하는 것부터 문제 풀이를 시작해야 한다.

| 문제 해결 과정 |

step 1 Q의 (가)의 유전자형 구하기

- P의 (가)의 유전자형은 AB이며, P와 Q 사이에서 ⓐ가 태어날 때 유전자형이 BD인 사람과 표현형이 같을 확률은 $\frac{3}{4}$이다.
- Q의 (가)의 유전자형이 동형 접합성일 경우, ⓐ에서 특정 표현형이 나타날 확률은 0, $\frac{1}{2}$, 1 중 하나이므로, Q의 (가)의 유전자형은 이형 접합성이다. 꿀팁
- Q의 유전자형이 AD라면, ⓐ의 유전자형은 AA, AD, AB, BD 중 하나로, 유전자형이 BD인 사람과 표현형이 같을 확률이 $\frac{1}{2}$ 또는 $\frac{1}{4}$이므로 모순이다.
- Q의 유전자형이 AB라면, ⓐ가 유전자형이 DD인 사람과 표현형이 같을 확률이 0이므로 자료의 마지막 조건에 대해 모순이다.
- Q의 (가)의 유전자형은 BD이다.

step 2 ㉠~㉢ 찾기

- 유전자형이 AB인 P와 유전자형이 BD인 Q 사이에서 ⓐ가 태어날 때 가능한 ⓐ의 유전자형은 AB, AD, BB, BD이다.
- 유전자형이 BD인 사람과 표현형이 같을 확률이 $\frac{3}{4}$이므로 B는 A와 D에 대해 완전 우성이어야 한다. ㉠은 B이다.
- 유전자형이 DD인 사람과 표현형이 같을 확률이 0이 아니므로 D는 A에 대해 완전 우성이어야 한다. ㉡은 D이고 ㉢은 A이다.

step 3 Q의 (나)의 유전자형 구하기

- ⓐ가 유전자형이 DDEeffGg인 사람과 (가)의 표현형이 같을 확률은 $\frac{1}{4}$이므로 (나)의 표현형이 같을 확률도 $\frac{1}{4}$이 된다.
- P와 Q는 (나)에 대한 표현형이 같으므로 Q의 유전자형은 EeFfGg 또는 EEFfgg이다. ➡ EEFfgg, eeFFGg, eeFfGG 등의 유전자형은 대문자 2개 한 쌍, 대문자 1개 한 쌍, 대문자 0개 한 쌍인 조합으로 동일하게 취급한다.
- Q의 유전자형이 EeFfGg일 경우, ⓐ가 유전자형이 DDEeffGg인 사람과 표현형이 같을 확률은 $\frac{1}{4}\times\frac{1}{4}\times\frac{1}{4}\times3+\frac{1}{4}\times\frac{1}{2}\times\frac{1}{2}\times3=\frac{15}{64}$로 모순이다.
- Q의 유전자형이 EEFfgg일 경우, ⓐ가 유전자형이 DDEeffGg인 사람과 표현형이 같을 확률은 아래와 같이 $\frac{1}{4}$로 조건에 부합한다.

Q \ P	E	e
E	2	1
E	2	1

Q \ P	F	f
F	2	1
f	1	0

Q \ P	G	g
g	1	0
g	1	0

대문자인 대립유전자 수가 2, 0, 0인 경우, 1, 1, 0인 경우, 1, 0, 1인 경우의 확률 합은 $\frac{1}{2}\times\frac{1}{4}\times\frac{1}{2}+\frac{1}{2}\times\frac{1}{2}\times\frac{1}{2}+\frac{1}{2}\times\frac{1}{4}\times\frac{1}{2}=\frac{1}{4}$이다.

| 보기 분석 |

ㄱ. ㉢은 A이다. (○)

- step 2에 따라 ㉠은 B, ㉡은 D, ㉢은 A이다.

ㄴ. ⓐ에게서 나타날 수 있는 (나)의 표현형은 최대 5가지이다. (○)

- step 3에 따라 ⓐ에게서 나타날 수 있는 (나)의 표현형은 대문자로 표시되는 대립유전자의 수가 1인 경우부터 5인 경우까지 최대 5가지이다.

ㄷ. ⓐ의 (가)와 (나)의 표현형이 모두 P와 같을 확률은 $\frac{9}{32}$이다. (○)

- ⓐ의 (가)의 표현형이 P와 같을 확률은 $\frac{3}{4}$이다.

Q \ P	A	B
B	AB	BB
D	AD	BD

- ⓐ의 (나)의 표현형이 P와 같을 확률은 $\frac{3}{8}$이다.

Q \ P	E	e
E	2	1
E	2	1

Q \ P	F	f
F	2	1
f	1	0

Q \ P	G	g
g	1	0
g	1	0

대문자인 대립유전자 수가 1, 1, 1인 경우, 2, 0, 1인 경우, 2, 1, 0인 경우, 1, 2, 0인 경우의 확률 합은
$\frac{1}{2}\times\frac{1}{2}\times\frac{1}{2}+\frac{1}{2}\times\frac{1}{4}\times\frac{1}{2}+\frac{1}{2}\times\frac{1}{2}\times\frac{1}{2}+\frac{1}{2}\times\frac{1}{4}\times\frac{1}{2}=\frac{3}{8}$
이다.

- ⓐ의 (가)와 (나)의 표현형이 모두 같을 확률은 $\frac{3}{4}\times\frac{3}{8}=\frac{9}{32}$이다.

✪ **정답은 ⑤ ㄱ, ㄴ, ㄷ이다.**

L 58 정답 ④ ······························ [정답률 33%] ✪ 1등급 대비

다음은 사람의 유전 형질 (가)와 (나)에 대한 자료이다.

- (가)는 3쌍의 대립유전자 A와 a, B와 b, D와 d에 의해 결정된다.
- (가)의 표현형은 유전자형에서 대문자로 표시되는 대립유전자의 수에 의해서만 결정되고, 이 대립유전자의 수가 다르면 표현형이 다르다.
- (나)는 1쌍의 대립유전자에 의해 결정되고, 대립유전자에는 E, F, G가 있다. 각 대립유전자 사이의 우열 관계는 분명하고, (나)의 유전자형이 FF인 사람과 FG인 사람은 (나)의 표현형이 같다. ➡ F>E>G
- 그림은 남자 ㉠과 여자 ㉡의 세포에 있는 일부 염색체와 유전자를 나타낸 것이다.

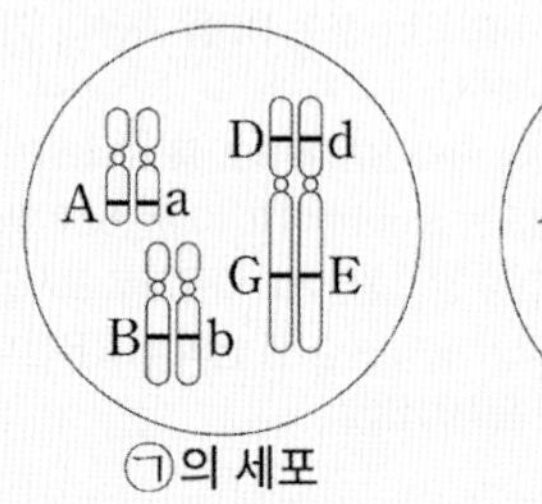

㉠의 세포

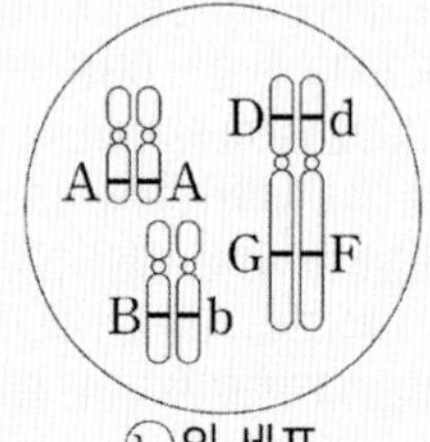

㉡의 세포

(가)에서 대문자로 표시되는 대립유전자 수		(나)의 유전자형 (확률)
A, B의 개수의 합(확률)	D의 개수	
$1\left(\frac{1}{4}\right)$	2	$GG\left(\frac{1}{4}\right)$
$2\left(\frac{3}{8}\right)$	1	$GF\left(\frac{1}{4}\right)$, $EG\left(\frac{1}{4}\right)$
$3\left(\frac{3}{8}\right)$	0	$EF\left(\frac{1}{4}\right)$

- ㉠과 ㉡ 사이에서 ⓐ가 태어날 때, ⓐ에게서 (가)와 (나)의 표현형이 모두 ㉠과 같을 확률은 $\frac{3}{32}$이다.

ⓐ에게서 (가)와 (나)의 표현형이 모두 ㉡과 같을 확률은?
(단, 돌연변이와 교차는 고려하지 않는다.) 2022 실시 10월 학평 16

① $\frac{1}{32}$ ② $\frac{1}{16}$ ③ $\frac{3}{32}$ ④ $\frac{1}{8}$ ⑤ $\frac{3}{16}$

(가)에서 대문자로 표시되는 대립유전자 수		(나)의 유전자형 (확률)
A, B의 개수의 합 (확률)	D의 개수	
$3\left(\frac{3}{8}\right)$	1	$GF\left(\frac{1}{4}\right)$
$4\left(\frac{1}{8}\right)$	0	$EF\left(\frac{1}{4}\right)$

단서+발상

단서 '유전자형이 FF인 사람과 FG인 사람은 (나)의 표현형이 같다.'는 조건에 주목한다.

발상 F>G임을 알 수 있으나 E와 F, G에 대한 우열 관계가 주어지지 않았으므로 $\frac{3}{32}$을 통해 우열을 확인할 수 있음을 생각한다.

해결 (나)의 유전자와 독립적으로 존재하는 A와 B의 개수의 합에 대한 확률을 먼저 구할 수 있어야 고난도 문제를 해결할 수 있다.

| 문제 해결 과정 |

step 1 ⓐ와 ㉠의 표현형이 같은 경우 분석하기

- ⓐ가 가질 수 있는 A와 B의 개수는 다음과 같다.

㉠ \ ㉡	AB (2)	Ab (1)
AB (2)	4	3
Ab (1)	3	2
aB (1)	3	2
ab (0)	2	1

- ⓐ에서 대문자 A와 B의 수를 더한 값이 1 또는 4일 확률은 $\frac{1}{8}$, 2일 확률은 $\frac{3}{8}$, 3일 확률은 $\frac{3}{8}$이다.
- (가)에 대해 ⓐ와 ㉠의 표현형이 같으려면 ⓐ가 가지는 (가)의 대문자로 표시되는 대립유전자의 수가 3이어야 하므로 다음과 같은 조합이 가능하다.

(가)에서 대문자로 표시되는 대립유전자 수		(나)의 유전자형 (확률)
A, B의 개수의 합 (확률)	D의 개수	
$1\left(\frac{1}{8}\right)$	2	$GG\left(\frac{1}{4}\right)$
$2\left(\frac{3}{8}\right)$	1	$GF\left(\frac{1}{4}\right)$, $EG\left(\frac{1}{4}\right)$
$3\left(\frac{3}{8}\right)$	0	$EF\left(\frac{1}{4}\right)$

step 2 (나)의 대립유전자 사이의 우열 관계 파악하기

- (나)의 유전자형이 FF인 사람과 FG인 사람의 표현형이 같으므로 F는 G에 대해 완전 우성이다. ➡ F>G
- 조건에서 ⓐ의 표현형이 ㉠과 모두 같을 확률이 $\frac{3}{32}$이라고 하였으므로 이 값은 A와 B의 개수의 합이 2이고 (나)의 유전자형이 EG인 확률 $\frac{3}{8}\times\frac{1}{4}$과 같다.
- EG의 표현형이 GG, GF, EF의 표현형과는 같지 않은 것이므로 E, F, G의 우열 관계는 F>E>G이다.

step 3 ⓐ에게서 (가)와 (나)의 표현형이 모두 ㉡과 같을 확률 구하기

- (나)에 대한 유전자형 FF, FE, FG는 표현형이 같다.
- ⓐ에게서 (가)와 (나)의 표현형이 ㉡과 같으려면 A, B, D 개수의 합이 4이면서 (나)의 표현형이 [F]여야 한다.
- 이를 만족하는 것은 아래 표와 같다.

(가)에서 대문자로 표시되는 대립유전자 수		(나)의 유전자형 (확률)
A, B의 개수의 합 (확률)	D의 개수	
$3\left(\frac{3}{8}\right)$	1	$GF\left(\frac{1}{4}\right)$
$4\left(\frac{1}{8}\right)$	0	$EF\left(\frac{1}{4}\right)$

- ⓐ에서 (가)와 (나)의 표현형이 ㉡과 같을 확률은 $\frac{3}{8}\times\frac{1}{4}+\frac{1}{8}\times\frac{1}{4}=\frac{1}{8}$이다.

✪ 정답은 ④ $\frac{1}{8}$이다.

문제 풀이 Tip

대문자로 표시되는 대립유전자의 수에 의해 결정되는 다인자유전에서는 유전자형을 파악하지 않고 대문자의 개수를 파악하여 표현형을 분석한다.

서로 다른 상동 염색체에 존재하는 대립유전자의 조합에 따른 대문자의 개수를 파악하여 빠르게 확률을 구할 수 있다.

L 59 정답 ① [정답률 32%] ✪ 1등급 대비

다음은 사람의 유전 형질 ㉠에 대한 자료이다.

- ㉠은 서로 다른 4개의 상염색체에 있는 4쌍의 대립유전자 A와 a, B와 b, D와 d, E와 e에 의해 결정된다.
- ㉠의 표현형은 ㉠에 대한 유전자형에서 대문자로 표시되는 대립유전자의 수에 의해서만 결정된다. → 다인자 유전
- 표는 사람 (가)~(마)의 ㉠에 대한 유전자형에서 대문자로 표시되는 대립유전자의 수와 동형접합을 이루는 대립유전자 쌍의 수를 나타낸 것이다.

사람	대문자로 표시되는 대립유전자 수	동형접합을 이루는 대립유전자 쌍의 수
(가)	2 aabbddEE	? 4
(나)	4 AabbDdEE	2
(다)	3 AabbDdEe	1
(라)	7 AABBDDEe	? 3
(마)	5	3

- (가)~(라) 중 2명은 (마)의 부모이다.
- (가)~(마)는 B와 b 중 한 종류만 갖는다.
  (가)~(마) 모두 B와 b에 대해 동형접합
- (가)와 (나)는 e를 갖지 않고, (라)는 e를 갖는다.
  (가)와 (나)는 E에 대해 동형접합, (라)는 E에 대해 이형접합

이에 대한 설명으로 옳은 것만을 〈보기〉에서 있는 대로 고른 것은? (단, 돌연변이는 고려하지 않는다.) (3점) 2020 실시 7월 학평 10

[보기]

ㄱ. (마)의 부모는 (나)와 (다)이다.
→ (마)의 유전자형은 (나)와 (다)로부터 만들어질 수 있음

ㄴ. (가)에서 생성될 수 있는 생식 세포의 ㉠에 대한 유전자형은 최대 ~~2가지~~이다. → (가)에서 생성될 수 있는 유전자형은 1가지

ㄷ. (마)의 동생이 태어날 때, 이 아이의 ㉠에 대한 표현형이 (나)와 같을 확률은 ~~$\frac{3}{16}$~~이다.
→ (마)의 동생의 ㉠에 대한 표현형이 (나)와 같을 확률은 $\frac{5}{16}$

① ㄱ ② ㄴ ③ ㄷ ④ ㄱ, ㄷ ⑤ ㄴ, ㄷ

단서+발상

(단서) 대문자 수가 (가)는 2, (라)는 7, (마)는 5인 것에 주목한다.

(발상) (가)~(라)의 유전자형을 파악한 상태에서 (마)의 대문자 수는 5이므로 대문자로 표시되는 동형접합이 2쌍이 있어야 함을 생각한다.

(해결) 만약 (가)가 (마)의 부모 중 한 명이라면 (마)에서 동형접합이 2쌍이 나올 수 없다. 또한 (라)가 부모 중 한 명이라면 (라)만 유일하게 BB를 가지므로 (마)의 유전자형은 Bb로 B와 b 중 한 종류만 갖는다는 조건에 모순이다. 따라서 나머지 (나)와 (다)가 (마)의 부모라는 것을 파악할 수 있어야 고난도 문제를 해결할 수 있다.

| 문제 해결 과정 |

step 1 (가)~(라)의 유전자형 분석하기

(가)~(마)는 B와 b 중 한 종류만 가지므로 모두 B와 b에 대해 동형접합인 것을 파악하고 문제에 접근한다.

1. (가)의 유전자형 분석하기

- e를 갖지 않으므로 EE를 가지며, 대문자로 표시되는 대립유전자의 수가 2개이므로 EE 외의 나머지 대립유전자 모두 소문자로 표시된다.
- 조건을 만족하는 (가)의 유전자형은 aabbddEE이다.

2. (나)의 유전자형 분석하기

- e를 갖지 않으므로 EE를 가진다. B와 b에 대해 동형접합인데, 대문자로 표시되는 대립유전자의 수가 4개, 동형접합을 이루는 대립유전자 쌍이 2쌍이므로 BB 또는 bb를 가진다.
- 만약 BB를 가질 경우 aaBBddEE와 같이 동형접합을 이루는 대립유전자 쌍이 4쌍이 되기 때문에 모순이다.
- 따라서 조건을 만족하는 (나)의 유전자형은 AabbDdEE이다.

3. (다)의 유전자형 분석하기

- B와 b에 대해 동형접합이고, 동형접합을 이루는 대립유전자 쌍이 1쌍이므로 AaDdEe를 가진다.
- 대문자로 표시되는 대립유전자의 수가 3개이므로 조건을 만족하는 (다)의 유전자형은 AabbDdEe이다.

4. (라)의 유전자형 분석하기

e를 가지며, 대문자로 표시되는 대립유전자의 수가 7개이므로 조건을 만족하는 (라)의 유전자형은 AABBDDEe이다.

step 2 (마)의 유전자형 분석하기

- (마) 역시 B와 b에 대해 동형접합이므로 bb 또는 BB를 가진다. (가)~(라) 중 세 명은 bb를 가지고 한 명만 BB를 가진다.
- (가)~(라) 중 2명은 (마)의 부모인데 만약 BB가 부모 중 하나라면 (마)는 Bb가 되므로 모순이다. 따라서 (마)의 부모는 모두 bb이고, (마)는 bb이다.
- (마)의 동형접합을 이루는 대립유전자 쌍이 3쌍이고 대문자로 표시되는 대립유전자의 수가 5개이므로, A와 a, D와 d, E와 e 중 한 쌍의 대립유전자만 이형접합이며 나머지는 대문자로 표시되는 동형접합이다.

step 3 (마)의 부모 추론하기

- (마)가 bb를 가지므로 BB를 가지는 (라)는 (마)의 부모가 아니다.
- (마)는 대문자로 표시되는 동형접합을 두 쌍 가지는데, (가)의 유전자형은 aabbddEE이므로 (마)의 부모가 아니다.
- 따라서 (나)와 (다)가 (마)의 부모이다.

| 보기 분석 |

ㄱ. (마)의 부모는 (나)와 (다)이다. (○)

문제 해결 과정의 step 3를 참고하면, (마)의 부모는 (나)와 (다)이다.

ㄴ. (가)에서 생성될 수 있는 생식 세포의 ㉠에 대한 유전자형은 최대 2가지이다. (×)

문제 해결 과정의 step 1을 참고하면, (가)의 유전자형은 aabbddEE이므로 (가)에서 생성될 수 있는 생식 세포의 ㉠에 대한 유전자형은 abdE 1가지이다.

ㄷ. (마)의 동생이 태어날 때, 이 아이의 ㉠에 대한 표현형이 (나)와 같을 확률은 $\frac{3}{16}$이다. (×)

- (나)의 유전자형은 AabbDdEE이고, (다)의 유전자형은 AabbDdEe이므로, (마)의 동생은 bb를 가지고 E를 가진다. 그 외 나머지 5개 대립유전자의 가능한 모든 경우의 수는 $2\times2\times2\times2\times2=32$이다.
- ㉠의 표현형은 대문자로 표시되는 대립유전자의 수에 의해서만 결정되기 때문에 ㉠에 대한 표현형이 (나)와 같으려면 대문자로 표시되는 대립유전자의 수가 4개여야 한다.
- (마)의 동생은 E를 가지므로 대문자로 표시되는 대립유전자를 3개 더 가지면 된다.
- 5개 중 3개의 대립유전자가 대문자로 표시될 경우의 수는 ${}_5C_3$으로 10이다. 따라서 (마)의 동생이 태어날 때, 이 아이의 ㉠에 대한 표현형이 (나)와 같을 확률은 $\frac{10}{32}=\frac{5}{16}$이다.

✪ 정답은 ① ㄱ이다.

L 60 정답 ④ .... [정답률 44%] ✪ 1등급 대비

다음은 어떤 사람의 유전 형질 (가)와 (나)에 대한 자료이다.

- (가)와 (나)를 결정하는 유전자는 서로 다른 상염색체에 있다.
  → (가)와 (나)의 유전자는 서로 다른 상동 염색체에 있으면서 독립적으로 유전
- (가)는 1쌍의 대립유전자에 의해 결정되고, 대립유전자에는 A, B, D가 있으며, (가)의 표현형은 3가지이다.
  → (가)는 단일 인자 유전 중 복대립 유전
- (나)를 결정하는 데 관여하는 3개의 유전자는 서로 다른 상염색체에 있으며, 3개의 유전자는 각각 대립유전자 E와 e, F와 f, G와 g를 가진다. → (나)는 다인자 유전, (나)를 결정하는 3개의 유전자는 서로 다른 상동 염색체에 있으면서 독립적으로 유전
- (나)의 표현형은 유전자형에서 대문자로 표시되는 대립유전자의 수에 의해서만 결정되며, 이 대립유전자의 수가 다르면 표현형이 다르다.
- 유전자형이 ㉠ ABEeFfGg인 아버지와 ㉡ BDEeFfGg인 어머니 사이에서 아이가 태어날 때, 이 아이에게서 (가)와 (나)의 표현형이 모두 ㉠과 같을 확률은 $\frac{5}{64}$이다.
  → $\frac{5}{64}=\frac{1}{4}$((가)의 표현형이 ㉠과 같을 확률) × $\frac{20}{64}$((나)의 표현형이 ㉡과 같을 확률)

이에 대한 설명으로 옳은 것만을 〈보기〉에서 있는 대로 고른 것은? (단, 돌연변이와 교차는 고려하지 않는다.) (3점) 2020 실시 4월 학평 10

[보기]

ㄱ. ㉠과 ㉡의 (가)에 대한 표현형은 같다.
→ ㉠과 ㉡ 사이에 태어날 아이에게서 나타날 수 있는 유전자형 AB, AD, BB, BD의 표현형이 모두 다르므로, ㉠(AB)과 ㉡(BD)의 표현형은 다르다.

ㄴ. ㉠에서 생성될 수 있는 (가)와 (나)에 대한 생식세포의 유전자형은 16가지이다.
→ (가)에 대해 2가지, (나)에 대해 2×2×2=8가지이므로 2×8=16가지

ㄷ. 유전자형이 AAEeFFGg인 아버지와 BDeeffgg인 어머니 사이에서 아이가 태어날 때, 이 아이에게서 나타날 수 있는 (가)와 (나)의 표현형은 최대 6가지이다.
→ (가)의 표현형은 2가지, (나)의 표현형은 3가지이므로 2×3=6가지

① ㄱ ② ㄴ ③ ㄱ, ㄷ ④ ㄴ, ㄷ ⑤ ㄱ, ㄴ, ㄷ

단서+발상

단서 (가)와 (나)의 표현형이 모두 ㉠과 같을 확률은 $\frac{5}{64}$라는 조건에 주목한다.

발상 조건에서 (가)에 대한 우열이 주어지지 않았으므로 (나)의 표현형에 대한 확률을 먼저 구하여 나머지 (가)에 대한 확률을 구함으로써 (가)의 우열을 파악할 수 있음을 생각한다.

해결 유전자형이 모두 EeFfGg인 부모 ㉠과 ㉡사이에서 아이가 태어날 때, 이 아이의 (가)의 표현형이 ㉠과 같을 경우는 대문자가 3개인 경우이다. 따라서 이를 조합으로 계산하면 $\frac{{}_6C_3}{8\times8}=\frac{20}{64}$이므로 (가)의 표현형이 ㉠과 같을 확률은 $\frac{1}{4}$이라는 것을 파악할 수 있어야 고난도 문제를 해결할 수 있다.

| 문제 해결 과정 |

step 1 (가)와 (나)의 유전 방식 확인하기

- (가)는 1쌍의 대립유전자에 의해 결정되므로 (가)의 유전 방식은 단일 인자 유전이며, 대립유전자가 A, B, D의 3종류이므로 복대립 유전됨을 알 수 있다.
- (나)는 3개의 유전자에 의해 결정되므로 (나)의 유전 방식은 다인자 유전임을 알 수 있다.
- (가)와 (나)를 결정하는 유전자가 서로 다른 상염색체에 있고, (나)를 결정하는 3개의 유전자도 서로 다른 상염색체에 있으므로 (가)와 (나)를 결정하는 모든 유전자는 서로 다른 상염색체에 있으며, 독립적으로 유전됨을 알 수 있다.

step 2 ㉠가 ㉡ 사이에 태어날 아이의 표현형이 ㉠과 같을 확률 파악하기

- (가)와 (나)를 결정하는 유전자가 독립적으로 유전되므로, 각 형질이 나타날 확률을 곱하여 (가)와 (나)의 형질이 나타날 확률을 구할 수 있다.
- (나)를 결정하는 3개의 유전자가 서로 독립적으로 유전되므로 유전자형이 EeFfGg인 부모로부터 생성되는 생식세포의 유전자형은 8가지(EFG, EFg, EfG, eFG, Efg, eFg, efG, efg)이다.
- 따라서 유전자형이 EeFfGg인 아버지(㉠)와 EeFfGg인 어머니(㉡) 사이에서 아이가 태어날 때, 이 아이가 (나)의 표현형이 ㉠과 같으려면 대문자 3개를 가질 경우이므로 ${}_6C_3$(6개의 유전자 자리에 대문자가 3개 올 가짓수)이다.
- 따라서 이 아이의 (나)의 표현형이 ㉠과 같을 확률은 $\frac{{}_6C_3}{8\times8}=\frac{20}{64}$이다.
- ㉠과 ㉡ 사이에 태어날 아이에게서 (가)와 (나)의 표현형이 ㉠과 같을 확률이 $\frac{5}{64}$이므로, 이 아이에게서 (가)의 표현형이 ㉠과 같을 확률은 $\frac{1}{4}$이다.

step 3 (가) 형질의 우열 관계 파악하기

- (가)의 유전자형이 ㉠AB인 아버지와 ㉡BD인 어머니 사이에서 아이가 태어날 때, 이 아이에게서 나타날 수 있는 (가)의 유전자형은 AB, AD, BB, BD이다.
- ㉠과 ㉡ 사이에서 태어날 아이에게서 (가)의 표현형이 ㉠과 같을 확률이 $\frac{1}{4}$이다.
- ㉠의 유전자형이 AB이므로 AD, BB, BD는 AB와 표현형이 모두 달라야 한다.
- AB의 표현형이 BB와 달라야 하므로 A가 B에 대해 우성 대립유전자이다.
- AD의 표현형이 AB와 달라야 하므로 D가 A에 대해 우성 대립유전자이다.
- BD의 표현형이 BB와 달라야 하므로 D가 B에 대해 우성 대립유전자이다.
- 따라서 A, B, D의 우열 관계는 D>A>B임을 알 수 있다.

| 보기 분석 |

ㄱ. ㉠과 ㉡의 (가)에 대한 표현형은 같다. (×)

- ㉠(AB)과 ㉡(BD) 사이에서 아이가 태어날 때, 이 아이에게서 나타날 수 있는 (가)의 유전자형은 AB, AD, BB, BD이다.
- ㉠과 ㉡ 사이에서 태어날 아이에게서 (가)의 표현형이 ㉠과 같을 확률이 $\frac{1}{4}$이므로 AD, BB, BD는 AB와 표현형이 모두 달라야 한다.
- 따라서 유전자형이 AB인 ㉠과 BD인 ㉡의 (가)의 표현형은 다르다.

ㄴ. ㉠에서 생성될 수 있는 (가)와 (나)에 대한 생식세포의 유전자형은 16가지이다. (○)

- (가)와 (나)를 결정하는 모든 유전자가 서로 다른 상염색체에 있으므로 유전자형이 이형접합성이라면 각 대립유전자 쌍 각각에서 만들어지는 생식세포의 유전자형은 모두 2가지이다.
- 따라서 유전자형이 각 대립유전자 쌍에서 모두 이형접합성인 ㉠(AB/EeFfGg)에서 생성될 수 있는 생식 세포의 유전자형은 (가)에 대해 2가지이고, (나)에 대해 2×2×2=8가지이다.
- 따라서 ㉠에서 생성될 수 있는 (가)와 (나)에 대한 생식세포의 유전자형은 2×8=16가지이다.

ㄷ. 유전자형이 AAEeFFGg인 아버지와 BDeeffgg인 어머니 사이에서 아이가 태어날 때, 이 아이에게서 나타날 수 있는 (가)와 (나)의 표현형은 최대 6가지이다. (○)

- 유전자형이 AA와 BD인 부모 사이에서 태어날 아이의 유전자형 AB와 AD의 표현형은 서로 다르므로 (가)의 표현형은 2가지이다.
- 생성되는 생식세포가 가지는 대문자로 표시되는 대립유전자의 수는 (나)의 유전자형이 EeFFGg인 아버지에서 1, 2, 3이고, eeffgg인 어머니에서 0이다.
- 이들 부모 사이에서 태어날 아이에게서 나타날 수 있는 (나)의 표현형은 대문자로 표시되는 대립유전자의 수가 1, 2, 3인 경우로 3가지이다. 따라서 (가)와 (나)의 표현형은 최대 2×3=6가지이다.

✪ 정답은 ④ ㄴ, ㄷ이다.

L 61 정답 ① ······ [정답률 22%] ✪ 1등급 대비

다음은 어떤 집안의 유전 형질 (가)와 (나)에 대한 자료이다.

- (가)는 대립유전자 A와 a에 의해, (나)는 대립유전자 B와 b에 의해 결정된다. A는 a에 대해, B는 b에 대해 각각 완전 우성이다.
- 가계도는 구성원 1~8에게서 (가)와 (나)의 발현 여부를 나타낸 것이다. (가): 상염색체에 유전, 우성 형질 (나): X 염색체에 유전, 열성 형질

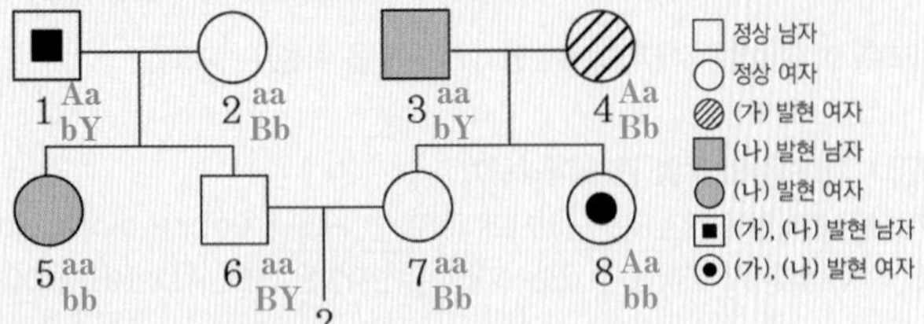

- 표는 구성원 Ⅰ~Ⅲ에서 체세포 1개당 ㉠과 ㉢, ㉡과 ㉣의 DNA 상대량을 각각 더한 값을 나타낸 것이다. Ⅰ~Ⅲ은 3, 6, 8을 순서 없이 나타낸 것이고, ㉠과 ㉡은 A와 a를, ㉢과 ㉣은 B와 b를 각각 순서 없이 나타낸 것이다.

구성원	Ⅰ	Ⅱ	Ⅲ
a ㉠과 ㉢(B)의 DNA 상대량을 더한 값	3	1	2
A ㉡과 ㉣(b)의 DNA 상대량을 더한 값	0	3	1

이에 대한 설명으로 옳은 것만을 <보기>에서 있는 대로 고른 것은? (단, 돌연변이는 고려하지 않으며, A, a, B, b, D, d 각각의 1개당 DNA 상대량은 1이다.) (3점) 2022 실시 7월 학평 15

[보기]

ㄱ. (가)는 우성 형질이다.
(가)는 상염색체에 존재하며 우성 형질임

ㄴ. 1과 5의 체세포 1개당 b의 DNA 상대량은 같다.
1과 5의 체세포 1개당 b의 DNA 상대량은 각각 1과 2로 서로 다름

ㄷ. 6과 7 사이에서 아이가 태어날 때, 이 아이에게서 (가)와 (나) 중 한 형질만 발현될 확률은 $\frac{3}{4}$이다.
6(aaBY)과 7(aaBb) 사이에서 아이가 태어날 때, (가)는 발현되지 않으므로 (나)가 발현될 확률을 구하면 6으로부터 Y($\frac{1}{2}$)를 받을 확률×7로부터 b($\frac{1}{2}$)를 받을 확률이므로 $\frac{1}{2}\times\frac{1}{2}=\frac{1}{4}$

① ㄱ ② ㄴ ③ ㄱ, ㄷ ④ ㄴ, ㄷ ⑤ ㄱ, ㄴ, ㄷ

단서+발상

(단서) 표에서 구성원 Ⅰ~Ⅲ에서 체세포 1개당 ㉠과 ㉢, ㉡과 ㉣의 DNA 상대량을 각각 더한 값에 주목한다.

(발상) (가)가 상염색체 유전임을 파악한 상태에서 ㉠+㉡(A+a)의 값은 모두 2임을 생각한다.

(해결) 표에서 ㉠+㉡+㉢+㉣의 값이 3인 Ⅰ과 Ⅲ은 ㉢+㉣(B+b)의 값이 1이기 때문에 B와 b는 X 염색체에 존재하는 대립유전자이며, Ⅰ과 Ⅲ은 남자, Ⅱ는 여자임을 파악할 수 있어야 고난도 문제를 해결할 수 있다.

| 문제 해결 과정 |

step 1 (가)의 유전자 위치 파악하기

- ① 만약 (가)가 X 염색체 유전, 우성 형질이라면 (가)가 발현된 아버지 1은 딸에게 우성인 (가) 유전자를 물려주므로 딸도 (가)가 발현되어야 한다. 하지만 딸인 5는 (가)가 발현되지 않으므로 모순이다.
- ② 만약 (가)가 X 염색체 유전, 열성 형질이라면 (가)가 발현된 8의 아버지 3도 (가) 유전자를 갖기 때문에 (가)가 발현되어야 한다. 하지만 아버지 8은 (가)가 발현되지 않으므로 모순이다.
- ①과 ② 모두 모순이 나타나므로 (가)는 상염색체 유전이다.

step 2 Ⅱ 확정하기 및 (나)에 대해 분석하기

- (가)가 상염색체 유전이므로 ㉠+㉡(A+a)의 값은 모두 2이다. 따라서 주어진 표에서 ㉠+㉡+㉢+㉣의 값이 3인 Ⅰ과 Ⅲ은 ㉢+㉣(B+b)의 값이 1이기 때문에 B와 b는 X 염색체에 존재하는 대립유전자이며, Ⅰ과 Ⅲ은 남자, Ⅱ는 여자이다.
- 만약 (나)가 우성 형질이라면 (나)가 발현된 아버지 3은 딸에게 우성인 (나) 유전자를 물려주므로 딸은 무조건 (나)가 발현되어야 하는데, 딸 7은 (나)가 발현되지 않으므로 모순이다. 따라서 (나)는 열성 형질이다.

step 3 ㉠, ㉡, ㉢, ㉣과 Ⅰ, Ⅱ, Ⅲ 확정하기 및 (가)의 우열 파악하기

- (나)가 발현된 8(Ⅱ)의 유전자형은 bb이므로 Ⅱ에서 DNA 상대량이 2인 ㉣은 b이며, DNA 상대량이 0인 ㉢은 B이다.
- (나)가 발현된 3은 bY, (나)가 발현되지 않은 6은 BY이다. 따라서 Ⅰ은 6이고, Ⅲ은 3이다. (참고로 Ⅰ에서 ㉢의 DNA 상대량이 1, ㉣의 DNA 상대량이 0이므로 Ⅲ에서 ㉢의 DNA 상대량이 0, ㉣의 DNA 상대량이 1이 되어야 한다.)
- Ⅱ에서 ㉠과 ㉡의 DNA 상대량이 모두 1이므로 Ⅱ의 유전자형은 Aabb이다. 8(Ⅱ)은 유전자형이 Aa로 이형 접합성이고, (가)가 발현되므로 (가)는 우성 형질이다.
- 3과 6 모두 (가)의 유전자형이 aa이므로 Ⅰ과 Ⅲ에서 DNA 상대량이 2인 ㉠은 a이며, DNA 상대량이 0인 ㉡이 A이다.

구성원	Ⅰ (6)	Ⅱ (8)	Ⅲ (3)
a ㉠+㉢ B	2+1	1+0	2+0
A ㉡+㉣ b	0+0	1+2	0+1

| 보기 분석 |

ㄱ. (가)는 우성 형질이다. (○)

- 문제 해결 과정의 step 3를 참고하면, (가)는 우성 형질이다.

ㄴ. 1과 5의 체세포 1개당 b의 DNA 상대량은 같다. (×)

- (나)가 발현된 남자 1의 유전자형은 bY, (나)가 발현된 여자 5의 유전자형은 bb이다. 따라서 1과 5의 체세포 1개당 b의 DNA상대량은 각각 1과 2로 서로 다르다.

ㄷ. 6과 7 사이에서 아이가 태어날 때, 이 아이에게서 (가)와 (나) 중 한 형질만 발현될 확률은 $\frac{3}{4}$이다. (×)

- 6(aaBY)과 7(aaBb) 사이에서 아이가 태어날 때, (가)는 발현되지 않는다. 따라서 (나)가 발현될 확률을 구하면 6으로부터 Y($\frac{1}{2}$)를 받을 확률×7로부터 b($\frac{1}{2}$)를 받을 확률이므로 $\frac{1}{2}\times\frac{1}{2}=\frac{1}{4}$이다.

✪ 정답은 ① ㄱ이다.

L 62 정답 ⑤ .... [정답률 27%] ✪ 1등급 대비

다음은 어떤 집안의 유전 형질 (가)~(다)에 대한 자료이다.

- (가)는 대립유전자 A와 a에 의해, (나)는 대립유전자 B와 b에 의해, (다)는 대립유전자 D와 d에 의해 결정된다. A는 a에 대해, B는 b에 대해, D는 d에 대해 각각 완전 우성이다.
- (가)~(다)의 유전자 중 2개는 X 염색체에, 나머지 1개는 상염색체에 있다. ➡ (가)는 상염색체, (나)와 (다)는 X 염색체 유전
- 가계도는 구성원 ⓐ와 ⓑ를 제외한 구성원 1~6에게서 (가)~(다)의 발현 여부를 나타낸 것이다.

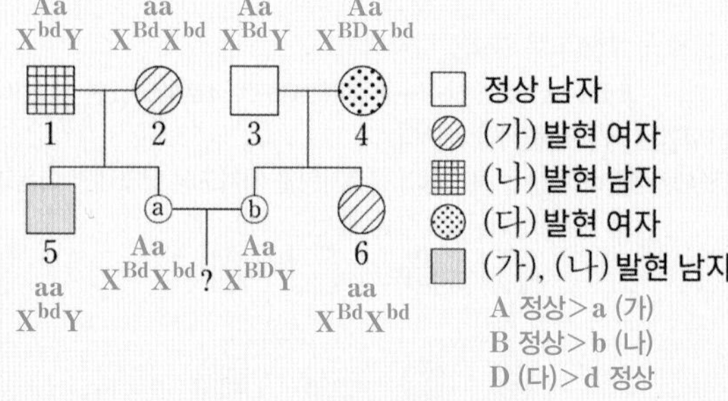

- 표는 5, ⓐ, ⓑ, 6에서 체세포 1개당 대립유전자 ㉠~㉢의 DNA 상대량을 나타낸 것이다. ㉠~㉢은 각각 A, B, d 중 하나이다.

구성원		5	ⓐ 여자	ⓑ 남자	6
DNA 상대량	㉠d	1	2	0	2
	㉡A	0	1	1	0
	㉢B	0	1	1	1

이에 대한 옳은 설명만을 <보기>에서 있는 대로 고른 것은? (단, 돌연변이와 교차는 고려하지 않으며, A, a, B, b, D, d 각각의 1개당 DNA 상대량은 1이다.) (3점)

2022 실시 10월 학평 19

[보기]

ㄱ. (다)는 우성 형질이다.
d를 갖는 5에게서 (다)가 발현되지 않았으므로 (다)는 우성 형질임

ㄴ. 3은 ㉡과 ㉢을 모두 갖는다.
3은 ㉡인 유전자 A와 ㉢인 유전자 B를 가지므로 정상의 표현형이 나타남

ㄷ. ⓐ와 ⓑ 사이에서 아이가 태어날 때, 이 아이에게서 (가)~(다) 중 (가)만 발현될 확률은 $\frac{1}{16}$이다.
(가)만 발현될 확률은 $\frac{1}{4} \times \frac{1}{4} = \frac{1}{16}$임

① ㄱ ② ㄷ ③ ㄱ, ㄴ ④ ㄴ, ㄷ ⑤ ㄱ, ㄴ, ㄷ

단서+발상

단서 (가)~(다) 중 (가)만 발현된 구성원 6의 ㉠의 DNA 상대량이 2인 것에 주목한다.

발상 (가)가 상염색체 열성 유전임을 파악한 상태에서 (가)가 발현된 6은 (가)의 유전자형이 aa이므로 ㉡은 A임을 생각한다.

해결 ㉠과 ㉢은 X 염색체 유전인데 만약 ⓐ가 남자라면 ㉠은 2라는 숫자가 나올 수 없다. 하지만 ⓐ에서 ㉠=2이므로 ⓐ는 여자, ⓑ는 남자임을 파악할 수 있어야 고난도 문제를 해결할 수 있다.

| 문제 해결 과정 |

step 1 (가)와 (나)에 대해 분석하기

1. (가)~(다)의 유전자 위치와 (가)의 우열 분석하기

- (가)가 발현되지 않은 부모 3과 4 사이에서 (가)가 발현된 딸인 6이 태어났으므로 (가)는 열성 형질이다. ➡ A 정상 > a (가)
- 만약 (가)가 X 염색체 유전이라고 가정하면 딸인 6이 (가)가 발현됐으므로 아버지인 3도 (가)가 발현되어야 하는데 그렇지 않으므로 모순이다. 따라서 (가)는 상염색체 유전이며, 나머지 (나)와 (다)는 X 염색체 유전이다.

2. (나)의 우열 분석하기

- X 염색체 유전인 (나)가 만약 우성 형질이라면 아들 5에게서 (나)가 발현되므로 어머니인 2도 (나)가 발현되어야 하는데 그렇지 않으므로 모순이다. 따라서 (나)는 열성 형질이다. ➡ B 정상 > b (나)

step 2 ㉠~㉢과 A, B, d 매칭하기

- (가)와 (나)가 모두 발현되는 구성원 5의 (가)와 (나)에 대한 유전자형은 aabY이다. 대립유전자 A와 B는 존재하지 않으므로 DNA 상대량이 0인 ㉡과 ㉢은 각각 A와 B 중 하나이며, 나머지 ㉠은 d이다.
- 구성원 5는 d 유전자를 가지고 있는데 (다)가 발현되지 않으므로 D가 (다) 발현 유전자이고, d가 정상 유전자인 것을 알 수 있다. 따라서 (다)는 우성 형질이다. ➡ D (다) > d 정상
- (가)만 발현된 구성원 6의 유전자형은 $aaX^{Bd}X^{?d}$이며, ㉡의 DNA 상대량이 0이므로 ㉡은 A이다. 나머지 ㉢은 B로 확정된다.

step 3 표를 통해 ⓐ와 ⓑ의 유전자형 파악하기

- ⓐ는 X 염색체에 있는 ㉠(d)이 2개 존재하므로 여자이며, 유전자형은 $AaX^{Bd}X^{bd}$이다.
- ⓐ가 여자이므로 ⓑ는 남자이며, 유전자형은 $AaX^{BD}Y$이다.

| 보기 분석 |

ㄱ. (다)는 우성 형질이다. (○)

- 문제 해결 과정의 step 1과 step 2를 참고하면, (다)는 X 염색체 유전이며, 구성원 5는 d 유전자를 가지고 있는데 (다)가 발현되지 않으므로 D가 (다) 발현 유전자이고, d가 정상 유전자인 것을 알 수 있다. 따라서 (다)는 우성 형질이다

ㄴ. 3은 ㉡과 ㉢을 모두 갖는다. (○)

- 문제 해결 과정의 step 2를 참고하면, 3은 (가)와 (나)가 발현되지 않으므로 우성이면서 정상 유전자인 ㉡(A)과 ㉢(B)을 가진다.

ㄷ. ⓐ와 ⓑ 사이에서 아이가 태어날 때, 이 아이에게서 (가)~(다) 중 (가)만 발현될 확률은 $\frac{1}{16}$이다. (○)

- 유전 형질이 서로 다른 염색체에 있을 경우 따로 계산하여 곱해준다.
- ⓐ($AaX^{Bd}X^{bd}$)와 ⓑ($AaX^{BD}Y$) 사이에서 아이가 태어날 때, 이 아이에게서 (가)~(다) 중 (가)만 발현될 경우는 다음과 같다.
- **(가)**: (가)가 발현될 경우는 ⓐ와 ⓑ로부터 각각 a를 받는 경우이므로 구하는 확률은 $\frac{1}{2} \times \frac{1}{2} = \frac{1}{4}$이다.
- **(나), (다)**: (나)와 (다)가 발현되지 않는 경우는 $X^{BD}X^{Bd}$, $X^{BD}X^{bd}$, $X^{Bd}Y$, $X^{bd}Y$ 중 $X^{Bd}Y$만 가능하므로 구하는 확률은 $\frac{1}{4}$이다.
- 따라서 ⓐ($Aa^{Bd}dX^{bd}$)와 ⓑ($AaX^{BD}Y$) 사이에서 아이가 태어날 때, 이 아이에게서 (가)~(다) 중 (가)만 발현될 확률은 $\frac{1}{4} \times \frac{1}{4} = \frac{1}{16}$이다.

✪ 정답은 ⑤ ㄱ, ㄴ, ㄷ이다.

L 63 정답 ④ ································ [정답률 21%] ✪ 1등급 대비

다음은 어떤 집안의 유전 형질 (가)와 (나)에 대한 자료이다.

- (가)는 대립유전자 H와 h에 의해, (나)는 대립유전자 T와 t에 의해 결정된다. H는 h에 대해, T는 t에 대해 각각 완전 우성이다.
- 가계도는 구성원 ⓐ를 제외한 구성원 1~7에게서 (가)와 (나)의 발현 여부를 나타낸 것이다.

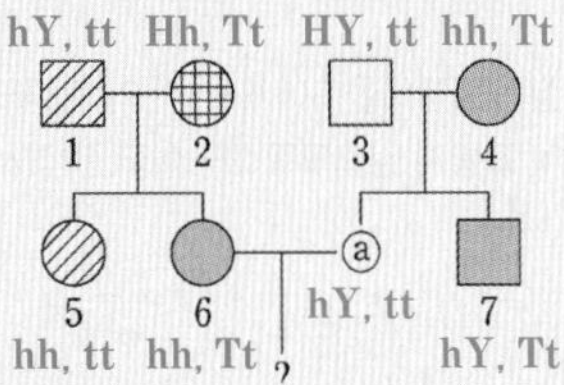

- 표는 구성원 1, 3, 6, ⓐ에서 체세포 1개당 ㉠과 ㉡의 DNA 상대량을 더한 값을 나타낸 것이다. ㉠은 H와 h 중 하나이고, ㉡은 T와 t 중 하나이다.

㉠은 h이며 X 염색체에 존재, ㉡은 T이며 상염색체에 존재

구성원	1	3	6	ⓐ
㉠과 ㉡의 DNA 상대량을 더한 값	1	0	3	1

h T

이에 대한 설명으로 옳은 것만을 〈보기〉에서 있는 대로 고른 것은? (단, 돌연변이와 교차는 고려하지 않으며, H, h, T, t 각각의 1개당 DNA 상대량은 1이다.) (3점)

2022 대비 수능 19

[보기]

ㄱ. (나)의 유전자는 ~~X 염색체에 있다.~~ → (나)의 유전자는 상염색체에 존재

ㄴ. 4에서 체세포 1개당 ㉡의 DNA 상대량은 1이다.
→ 4에서 체세포 1개당 ㉡의 DNA 상대량은 1

ㄷ. 6과 ⓐ 사이에서 아이가 태어날 때, 이 아이에게서 (가)와 (나)가 모두 발현될 확률은 $\frac{1}{2}$이다.
→ (가)가 발현될 확률 1, (나)가 발현될 확률 $\frac{1}{2}$로 (가), (나) 모두 발현될 확률은 $\frac{1}{2}$

① ㄱ ② ㄴ ③ ㄱ, ㄷ ④ ㄴ, ㄷ ⑤ ㄱ, ㄴ, ㄷ

단서+발상

(단서) 표에서 구성원 3의 ㉠+㉡=0인 것에 주목한다.

(발상) 구성원 3은 (가)와 (나)가 모두 발현되지 않으므로 ㉠은 (가) 발현 유전자이고, ㉡은 (나) 발현 유전자임을 생각한다.

(해결) (가)가 발현된 구성원 1의 경우 ㉠+㉡=1이므로 ㉠=1, ㉡=0이다. ㉡=0이므로 구성원 1은 (나) 미발현 유전자만 가지며, 자녀 6에게 (나)미발현 유전자를 물려주는데 자녀 6은 (나)가 발현된다. 따라서 (나)는 우성임을 파악할 수 있어야 고난도 문제를 해결할 수 있다.

| 문제 해결 과정 |

step 1 (나)의 우열 파악하기 및 ㉡ 확정하기

- 구성원 3은 (가)와 (나)가 모두 발현되지 않았으며 ㉠과 ㉡의 DNA 상대량을 더한 값이 0이므로 ㉠과 ㉡은 각각 (가)와 (나)를 발현하는 유전자이다.
- 구성원 1은 (가)만 발현되었으며 ㉠과 ㉡의 DNA 상대량을 더한 값이 1이므로 ㉠만 1개 가지고 (나)에 대한 정상 유전자만 가진다.
- 구성원 6은 구성원 1로부터 (나)에 대한 정상 유전자를 받는데 (나)가 발현되므로 구성원 6은 (나) 발현 유전자를 갖는다. 따라서 구성원 6의 (나)에 대한 유전자형은 이형 접합성이며, (나)가 발현되므로 (나)는 우성 형질이다. 또한 ㉡은 우성 유전자인 T이다.

step 2 (가) 분석하기 및 ㉠ 확정하기

- 구성원 6은 Tt이고, ㉠과 ㉡의 DNA 상대량을 더한 값이 3이므로 ㉠을 2개 가지고 있다. ㉠은 각각 부모로부터 하나씩 물려받았으므로 구성원 1과 2는 ㉠을 모두 가지고 있는데 1과 2의 (가)에 대한 표현형이 서로 다르므로 (가)는 열성 형질이다. 또한 ㉠은 열성 유전자인 h이다.
- 구성원 1은 열성 유전자인 ㉠((가) 발현 유전자)을 1개만 가지는데 (가)가 발현되었으므로 ㉠은 X 염색체에 존재한다.

step 3 ㉡이 존재하는 염색체 파악하기

- (가)만 발현한 구성원 5는 hhtt의 유전자형을 가지며 (가)와 (나)가 모두 발현한 구성원 6은 hhTt의 유전자형을 가진다.
- 만약 ㉡도 X 염색체에 존재한다면 구성원 1이 구성원 5와 6에게 h와 t가 함께 존재하는 염색체를 전달하고 구성원 2는 hhTt의 유전자형을 가져야 하는데 구성원 2는 (가)가 발현되지 않았으므로 모순이다. 따라서 ㉡은 상염색체에 존재한다.

step 4 전체 구성원의 유전자형 파악하기

- ⓐ는 ㉠과 ㉡의 DNA 상대량을 더한 값이 1이므로 4로부터 h를 받고 (나)에 대한 유전자형은 동형 접합성인 tt이다.
- 위의 내용을 정리하여 전체 구성원의 유전자형을 가계도에 나타내면 다음과 같다.

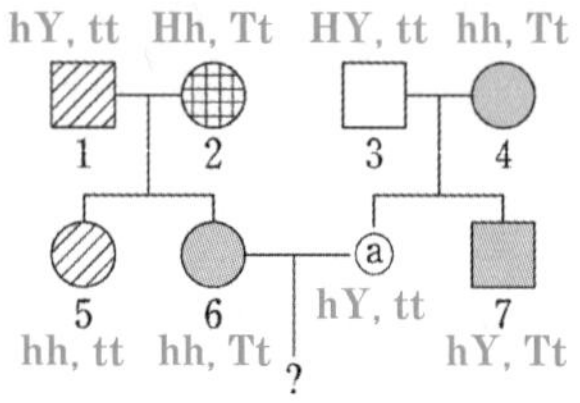

| 보기 분석 |

ㄱ. (나)의 유전자는 X 염색체에 있다. (×)

- 문제 해결 과정의 step 3을 참고하면, (나)의 유전자는 상염색체에 있다.

ㄴ. 4에서 체세포 1개당 ㉡의 DNA 상대량은 1이다. (○)

- 문제 해결 과정의 step 4를 참고하면, 4의 유전자형은 hhTt이므로 ㉡((나) 발현 유전자)의 DNA 상대량은 1이다.

ㄷ. 6과 ⓐ 사이에서 아이가 태어날 때, 이 아이에게서 (가)와 (나)가 모두 발현될 확률은 $\frac{1}{2}$이다. (○)

- 문제 해결 과정의 step 4를 참고하면, 6과 ⓐ 모두 h만을 가지므로 (가)가 발현될 확률은 1이고, 6만 T를 1개 가지므로 6이 아이에게 T를 물려줄 확률은 $\frac{1}{2}$이다. 따라서 (나)가 발현될 확률은 $1 \times \frac{1}{2} = \frac{1}{2}$이다.

✪ 정답은 ④ ㄴ, ㄷ이다.

문제 풀이 Tip

DNA 상대량이 0인 구성원부터 파악하는 것이 좋다.
어떤 유전자의 DNA 상대량이 0인 구성원의 표현형이 정상이라면 이 구성원은 정상 유전자만 가진다.

강민성 | 성균관대 의예과 2022년 입학 · 부산 해운대고 졸

이 문제는 먼저 DNA 상대량 합으로 이형 접합성, 동형 접합성을 파악하는 것이 중요해. 나는 일단 먼저 1과 3을 비교해서 1은 (가)가 발현되었고, 3은 (가)가 없는 걸 착안해서 '1은 ㉠이 있어서 (가)가 발현되었구나'라고 생각했어. 또 1은 ㉡이 없는데 6에서 (나)가 발현되었으므로 (나)는 우성 형질이라는 걸 파악할 수 있어. 그래서 ㉡은 T가 되는거지. 이때 6이 TT일 수는 없으니 Tt일거고, ㉠이 2개가 있다는 걸 알게 돼. 여기서 1과 2에게서 둘 다 ㉠을 받게 되는데 만약 ㉠이 우성 유전자였다면 1과 2는 반드시 표현형이 같겠지? 따라서 ㉠은 h이고, 6은 hhTt로 확정돼. 여기서 1과 2의 (가)의 표현형이 다르므로 h는 X 염색체에 존재한다고 유추할 수 있어.

L 64 정답 ③ [정답률 27%] ✪ 1등급 대비

다음은 어떤 집안의 유전 형질 (가)와 (나)에 대한 자료이다.

○ (가)는 대립유전자 A와 a에 의해, (나)는 대립유전자 B와 b에 의해 결정된다. A는 a에 대해, B는 b에 대해 각각 완전 우성이다.

○ 가계도는 구성원 1~8에게서 (가)와 (나)의 발현 여부를 나타낸 것이다.

→ (가) 발현 유전자는 열성(a), 상염색체에 존재
→ (나) 발현 유전자는 우성(B), X 염색체에 존재

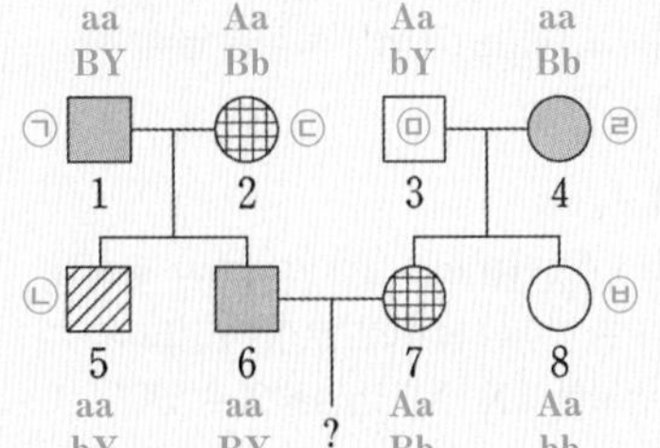

□ 정상 남자
○ 정상 여자
(가) 발현 남자
(나) 발현 여자
(가), (나) 발현 남자
(가), (나) 발현 여자

○ 표는 구성원 ㉠~㉥에서 체세포 1개당 A와 b의 DNA 상대량을 더한 값을 나타낸 것이다. ㉠~㉢은 1, 2, 5를 순서 없이 나타낸 것이고, ㉣~㉥은 3, 4, 8을 순서 없이 나타낸 것이다.

구성원	㉠ 1	㉡ 5	㉢ 2	㉣ 4	㉤ 3	㉥ 8
A와 b의 DNA 상대량을 더한 값	0	1	2	1	2	3

이에 대한 설명으로 옳은 것만을 ⟨보기⟩에서 있는 대로 고른 것은? (단, 돌연변이와 교차는 고려하지 않으며, A, a, B, b 각각의 1개당 DNA 상대량은 1이다.) (3점)

2022 대비 9월 모평 17

[보기]

ㄱ. (가)의 유전자는 상염색체에 있다.
→ (가)의 유전자가 X 염색체에 존재한다고 가정하면 모순이 발생하므로 (가)의 유전자는 상염색체에 존재

ㄴ. 8은 ㉤이다.
→ 8의 (가)의 유전자형은 Aa, (나)의 유전자형은 bb이므로 A+b의 값이 3이다. 따라서 ㉥은 구성원 8

ㄷ. 6과 7 사이에서 아이가 태어날 때, 이 아이의 (가)와 (나)의 표현형이 모두 ㉡과 같을 확률은 $\frac{1}{8}$이다.
→ 아이의 (가)의 표현형이 ㉡과 같을 확률은 $\frac{1}{2}$이고, (나)의 표현형이 ㉡과 같을 확률은 $\frac{1}{4}$이므로 (가)와 (나)의 표현형이 모두 ㉡과 같을 확률은 $\frac{1}{8}$

① ㄱ ② ㄴ ③ ㄱ, ㄷ ④ ㄴ, ㄷ ⑤ ㄱ, ㄴ, ㄷ

단서+발상

단서 표에서 구성원 ㉠의 A와 b의 DNA 상대량을 더한 값이 0인 것에 주목한다.

발상 (나)가 우성임을 파악한 상태에서 만약 (나)가 상염색체 유전이라면 구성원 1, 2, 5는 모두 (나) 미발현 유전자 b를 가지므로 b=0인 구성원이 없어 모순이 나타남을 생각한다.

해결 b=0이 나오려면 (나)는 X 염색체 유전이어야 하고, (나)에 대한 유전자형은 1이 BY, 2가 Bb, 5가 bY이므로 ㉠은 구성원 1임을 파악할 수 있어야 고난도 문제를 해결할 수 있다.

| 문제 해결 과정 |

step 1 구성원 ㉠ 추론 및 유전 형질 (나) 분석하기

1. (나)의 우열 관계 파악하기

- (나)가 발현된 부모 1과 2 사이에서 (나)에 대해 정상인 자녀 5가 태어났으므로 (나)는 우성 형질이다. 즉, (나) 발현 유전자(B)가 우성, 정상 유전자(b)가 열성이다.

2. 주어진 표를 이용하여 (나) 대립유전자 위치 파악하기

- ㉠은 A와 b의 DNA 상대량을 더한 값이 0이므로 ㉠은 유전자 a와 B만을 갖는다. 자녀 5는 (나)가 발현되지 않았으므로 b만을 갖기 때문에 자녀 5는 ㉠이 될 수 없다.
- 이때, (나)를 결정하는 유전자가 상염색체 있다고 가정하면, 1과 2의 (나)의 유전자형은 Bb, 5는 bb가 되어 1, 2, 5 모두 A+b의 값이 0인 ㉠이 될 수 없어 모순이다. 따라서 (나)를 결정하는 유전자는 X 염색체에 존재한다.

3. ㉠ 추론하기

- 1, 2, 5의 (나)의 유전자형 각각 BY, Bb, bY이므로 유전자 b를 갖지 않는 구성원 1이 ㉠이 된다.

step 2 유전 형질 (가) 분석하기

- 1(㉠)은 (가)가 발현되었는데 A+b의 값이 0이므로 유전자 A를 갖지 않는다. 따라서 a는 (가) 발현 유전자, A는 정상 유전자이다. A는 a에 대해 완전 우성이므로 (가)는 열성 형질이다.
- (가)를 X 염색체 유전이라 가정하면 5와 6은 유전 형질의 발현 상태가 다르므로 어머니 2로부터 서로 다른 X 염색체를 받아야한다. 따라서 어머니는 (가) 발현 유전자를 2개 가지는데 (가)가 발현되지 않으므로 모순이며, (가)는 상염색체 유전이다.

step 3 구성원 ㉡과 ㉢ 추론하기

- 1, 2, 5의 (가)의 유전자형은 각각 aa, Aa, aa이므로 표에서 A+b의 값이 1인 ㉡은 구성원 5이고, A+b의 값이 2인 ㉢은 구성원 2이다.

step 4 ㉣~㉥과 구성원 3, 4, 8 매칭하기

- 3, 4, 8 중 4의 (가)의 유전자형은 aa, (나)의 유전자형은 Bb이므로 A+b의 값이 1인 ㉣은 구성원 4이다.
- 8의 (가)의 유전자형은 Aa, (나)의 유전자형은 bb이므로 A+b의 값이 3이다. 따라서 ㉥은 구성원 8이고, 나머지 ㉤은 구성원 3이 된다.
- ㉤의 A+b의 값은 2이고 (나)의 유전자형은 bY이므로 (가)의 유전자형은 Aa이다.
- 이를 바탕으로 구성원의 유전자형을 가계도에 표시하면 다음과 같다.

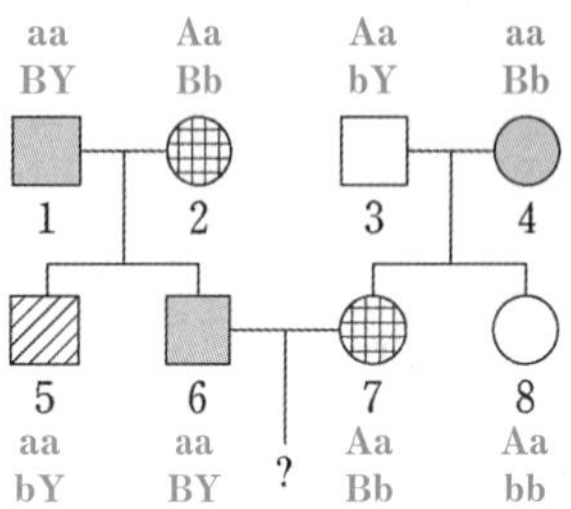

| 보기 분석 |

ㄱ. (가)의 유전자는 상염색체에 있다. (○)

- 문제 해결 과정의 step 2를 참고하면, (가)를 X 염색체 유전이라 가정하면 5와 6은 (가)와 (나)의 발현 상태가 다르므로 어머니 2로부터 서로 다른 X 염색체를 받아야한다. 따라서 어머니는 (가) 발현 유전자를 2개 가지는데 (가)가 발현되지 않으므로 모순이며, (가)는 상염색체 유전이다.

ㄴ. 8은 ㉤이다. (×)

- 문제 해결 과정의 step 4를 참고하면, 8의 (가)의 유전자형은 Aa, (나)의 유전자형은 bb이므로 A+b의 값이 3이다. 따라서 ㉥은 구성원 8이다.

ㄷ. 6과 7 사이에서 아이가 태어날 때, 이 아이의 (가)와 (나)의 표현형이 모두 ㉡과 같을 확률은 $\frac{1}{8}$이다. (○)

- ㉡은 구성원 5이므로 (가)와 (나) 중 (가)만 발현되었다.
- 6(aa)과 7(Aa) 사이에서 아이가 태어날 때, 이 아이가 (가)가 발현되는 경우는 Aa와 aa 중 aa이므로 구하는 확률은 $\frac{1}{2}$이다.
- 6(BY)과 7(Bb) 사이에서 아이가 태어날 때, 이 아이가 (나)가 발현되지 않는 경우는 BY, bY, BB, Bb 중 bY만 가능하므로 구하는 확률은 $\frac{1}{4}$이다.
- 따라서 (가)와 (나)의 표현형이 모두 ㉡과 같을 확률은 $\frac{1}{2}\times\frac{1}{4}=\frac{1}{8}$이다.

✪ 정답은 ③ ㄱ, ㄷ이다.

L 65 정답 ④ .... [정답률 39%] ✪ 1등급 대비

다음은 어떤 집안의 유전 형질 (가)와 (나)에 대한 자료이다.

- (가)는 대립유전자 A와 a에 의해, (나)는 대립유전자 B와 b에 의해 결정된다. A는 a에 대해, B는 b에 대해 각각 완전 우성이다.
- (가)의 유전자와 (나)의 유전자는 서로 다른 염색체에 있다.
- 가계도는 구성원 1~7에게서 (가)와 (나)의 발현 여부를, 표는 구성원 1, 3, 6에서 체세포 1개당 ㉠과 B의 DNA 상대량을 더한 값(㉠+B)을 나타낸 것이다. ㉠은 A와 a 중 하나이다.

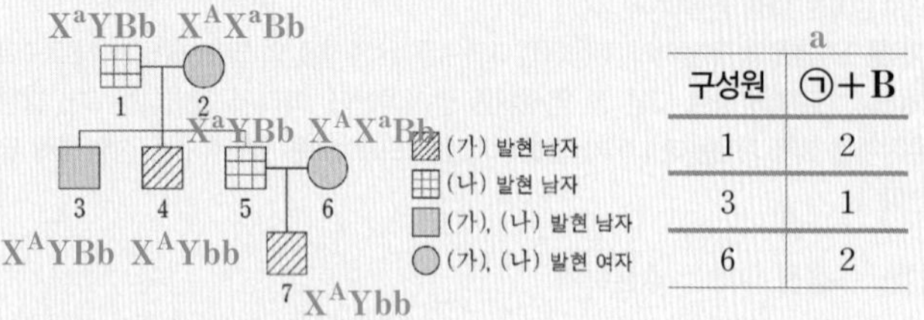

구성원	㉠+B
1	2
3	1
6	2

이에 대한 설명으로 옳은 것만을 〈보기〉에서 있는 대로 고른 것은? (단, 돌연변이와 교차는 고려하지 않으며, A, a, B, b 각각의 1개당 DNA 상대량은 1이다.)

2024 대비 9월 모평 19

[보기]

ㄱ. ㉠은 A이다.
3은 (나) 발현이므로 B를 갖고 있으며 ㉠=0이고, (가) 발현이므로 ㉠은 a임

ㄴ. (나)의 유전자는 상염색체에 있다.
1은 a가 1개이고 (가)가 발현되지 않았기 때문에 (가)는 X염색체 우성 형질이고, (나)는 상염색체 우성 형질임

ㄷ. 7의 동생이 태어날 때, 이 아이에게서 (가)와 (나)가 모두 발현될 확률은 $\frac{3}{8}$이다.
5의 유전자형은 X^aYBb, 6의 유전자형은 X^AX^aBb이므로 7의 동생이 태어날 때, 이 아이에게서 (가)와 (나)가 모두 발현될 확률은 $\frac{3}{8}$

① ㄱ ② ㄴ ③ ㄱ, ㄷ ④ ㄴ, ㄷ ⑤ ㄱ, ㄴ, ㄷ

단서+발상

단서 구성원 1, 3, 6의 ㉠+B의 값

발상 6에서 ㉠은 1이고 6은 여자이므로 (가)와 (나)에 대한 대립유전자를 각각 2개씩 갖고 있다. 이를 통해 유전자형이 X^AX^aBb임을 파악한다.

해결 (나)는 우성 형질이므로 (나) 미발현인 7의 어머니인 6은 (나)의 유전자형이 Bb이며, (가)의 유전자형은 Aa이다. 따라서 (가)는 우성 형질이다. 3은 (가), (나) 모두 발현인데 B를 1개 갖고 있으므로 ㉠은 a이고 (가)는 X 염색체 유전, (나)는 상염색체 유전이다.

| 문제 해결 과정 |

step 1 유전병 (가), (나)에서 형질의 우열 관계 분석하기

- (나)가 발현된 1과 2 사이에서 (나)가 발현되지 않은 4가 태어났으므로 (나)는 우성 형질이다. 7은 (나) 미발현이므로 b를 어머니인 6에게서 물려받았다. 따라서 6은 (나)의 유전자형이 Bb이고 ㉠+B=2이므로 ㉠=1이다. 따라서 6의 (가)의 유전자형은 Aa이고 (가) 발현이므로 (가)는 우성 형질이다.

step 2 유전병 (가), (나)의 염색체 위치 파악하기

- 3은 (나) 발현이므로 B를 갖고 있으며 ㉠+B=1이므로 ㉠=0이다. 3은 (가)도 발현되어 있으므로 ㉠은 a이다. (가)가 상염색체 유전이라면 1에서 a가 1개이므로 Aa를 갖고 (가)가 발현되어야 하는데 그렇지 않기 때문에 모순이다. 따라서 (가)는 X염색체 우성 형질이고, (나)는 (가)와 서로 다른 염색체에 있으므로 (나)는 상염색체 우성 형질이다.

step 3 가계도에서 유전자형 정리

- 1은 X^aYBb, 3은 X^AYBb, 6은 X^AX^aBb이다. 4와 7은 (가)만 발현된 남자이므로 X^AYbb이고, 5는 (나)만 발현된 남자이므로 X^aYBb이다. 3, 4, 5의 유전자형을 통해 2의 유전자형이 X^AX^aBb임을 알 수 있다.

| 보기 분석 |

ㄱ. ㉠은 A이다. (×)

- (가)와 (나)는 우성 형질이고 3은 (나) 발현이므로 B를 갖고 있으며 ㉠+B=1이므로 ㉠=0이다. 3은 (가)도 발현되므로 ㉠은 a이다.

ㄴ. (나)의 유전자는 상염색체에 있다. (○)

- (가)가 상염색체 유전이라면 1에서 a가 1개이므로 유전자형이 Aa인데 (가)가 발현되지 않았다. 따라서 (가)는 X 염색체 우성 형질이고, (나)는 (가)와 서로 다른 염색체에 있으므로 (나)는 상염색체 우성 형질이다.

ㄷ. 7의 동생이 태어날 때, 이 아이에게서 (가)와 (나)가 모두 발현될 확률은 $\frac{3}{8}$이다. (○)

- 5의 유전자형은 X^aYBb, 6의 유전자형은 X^AX^aBb이므로 7의 동생이 태어날 때, 이 아이에게서 (가)가 발현될 확률은 $\frac{1}{2}$이고, (나)가 발현될 확률은 $\frac{3}{4}$이므로 (가)와 (나)가 모두 발현될 확률은 $\frac{3}{8}$이다.

✪ 정답은 ④ ㄴ, ㄷ이다.

왜 틀렸나?

㉠이 A라면 우성 유전병 (가), (나)가 모두 발현된 3은 ㉠+B=1이 나올 수 없다. 또한 (가)의 유전자가 상염색체에 존재한다면 1에서 a가 1개이므로 유전자형이 Aa이고 (가)가 발현되어야 하는데 그렇지 않기 때문에 모순이다. 따라서 (가)는 X 염색체 유전, (나)는 상염색체 유전이다.

L 66 정답 ③ ······························[정답률 37%] ✪ 1등급 대비

다음은 어떤 집안의 유전 형질 (가)와 (나)에 대한 자료이다.

- (가)의 유전자와 (나)의 유전자는 같은 염색체에 있다.
- (가)는 대립유전자 H와 h에 의해, (나)는 대립유전자 T와 t에 의해 결정된다. H는 h에 대해, T는 t에 대해 각각 완전 우성이다.
- 가계도는 구성원 ⓐ~ⓒ를 제외한 구성원 1~6에게서 (가)와 (나)의 발현 여부를 나타낸 것이다. ⓑ는 남자이다.

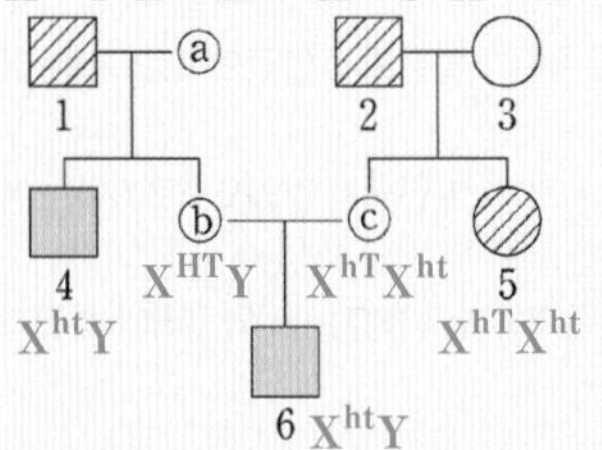

○ 정상 여자
▨ (가) 발현 남자
◍ (가) 발현 여자
■ (가), (나) 발현 남자

- ⓐ~ⓒ 중 (가)가 발현된 사람은 1명이다.
- 표는 ⓐ~ⓒ에서 체세포 1개당 h의 DNA 상대량을 나타낸 것이다. ㉠~㉢은 0, 1, 2를 순서 없이 나타낸 것이다.

구성원	ⓐ	ⓑ	ⓒ
h의 DNA 상대량	㉠ 1	㉡ 0	㉢ 2

- ⓐ와 ⓒ의 (나)의 유전자형은 서로 같다.

이에 대한 설명으로 옳은 것만을 〈보기〉에서 있는 대로 고른 것은? (단, 돌연변이와 교차는 고려하지 않으며, H, h, T, t 각각의 1개당 DNA 상대량은 1이다.) (3점)
2024 대비 수능 19

[보기]

ㄱ. (가)는 열성 형질이다. (가)는 열성 형질임

ㄴ. ⓐ~ⓒ 중 (나)가 발현된 사람은 2명이다.
ⓐ~ⓒ 중 (나)가 발현된 사람은 없음

ㄷ. 6의 동생이 태어날 때, 이 아이에게서 (가)와 (나)가 모두 발현될 확률은 $\frac{1}{4}$이다.
6의 동생이 태어날 때, 이 아이에게서 (가)와 (나)가 모두 발현될 확률은 $\frac{1}{4}$임

① ㄱ ② ㄴ  ③ ㄱ, ㄷ ④ ㄴ, ㄷ ⑤ ㄱ, ㄴ, ㄷ

단서+발상

(단서) h의 DNA 상대량 자료를 통해 (가) 유전자의 위치를 파악해야 한다.

(발상) (가) 유전자가 상염색체 유전일 경우 모순이 발생함을 이용하여 (가)와 (나) 유전자가 모두 X 염색체에 존재함을 알아낼 수 있다.

(해결) (가)와 (나)가 각각 X 염색체 우성 유전 형질일 경우 주어진 조건에 모순이 발생하여 X 염색체 열성 유전 형질임을 확인해야 문제를 해결할 수 있다.

| 문제 해결 과정 |

step 1 유전자의 위치 파악하기

- (가)의 유전자가 상염색체에 존재한다면 ㉠~㉢은 0, 1, 2를 순서 없이 나타낸 것이므로 ⓐ~ⓒ는 HH, Hh, hh 중 하나에 해당한다.
- (가)가 상염색체 우성 유전 형질이라면, ⓐ~ⓒ 중 2명에게서 (가)가 발현되어야 하는데 1명에게서만 (가)가 발현되었으므로 (가)는 상염색체 우성 유전 형질이 아니다.
- (가)가 상염색체 열성 유전 형질이라면, 6의 (가)의 유전자형은 hh이고, ⓑ와 ⓒ는 h를 가지므로, ⓐ의 (가)의 유전자형은 HH이다. HH인 ⓐ로부터 (가)가 발현된 4(hh)가 태어날 수 없으므로 모순이 발생한다. 따라서 (가)와 (나)의 유전자는 모두 X 염색체에 있다.

step 2 우열 관계 파악하기

- (가)가 X 염색체 우성 유전 형질이라면, 2의 (가)의 유전자형은 X^HY이고, 3의 (가)의 유전자형은 X^hX^h이므로 ⓒ의 (가)의 유전자형은 X^HX^h이다. 4의 (가)의 유전자형은 X^HY이므로 ⓐ는 H를 가져야 하는데 ⓐ~ⓒ 중 h가 2개인 사람이 없으므로 모순이 발생한다. 따라서 (가)는 X 염색체 열성 유전 형질이다.
- (나)가 X 염색체 우성 유전 형질이라면, ⓒ의 부모는 모두 (나)에 대해 정상이므로 (나)의 유전자형이 모두 X^tX^t이다. ⓐ와 ⓒ의 (나)의 유전자형은 서로 같다고 했으므로 ⓐ의 (나)의 유전자형도 X^tX^t이다. ⓐ의 자녀인 4는 (나)가 발현되었으므로 X^T를 가져야 하지만 ⓐ는 X^T를 갖지 않으므로 모순이 발생한다. 따라서 (나)는 X 염색체 열성 유전 형질이다.

| 보기 분석 |

ㄱ. (가)는 열성 형질이다. (○)

- step 2에 따르면, (가)는 X 염색체 열성 유전 형질이다.

ㄴ. ⓐ~ⓒ 중 (나)가 발현된 사람은 2명이다. (×)

- ⓐ~ⓒ 중 (나)가 발현된 사람(X^tY, X^tX^t)은 없다.

ㄷ. 6의 동생이 태어날 때, 이 아이에게서 (가)와 (나)가 모두 발현될 확률은 $\frac{1}{4}$이다. (○)

- ⓑ와 ⓒ 사이에서 6의 동생이 태어날 때, 이 아이에게서 (가)와 (나)가 모두 발현($X^{ht}Y$)될 확률은 $\frac{1}{4}$이다.

✪ 정답은 ③ ㄱ, ㄷ이다.

왜 틀렸나?

h의 DNA 상대량 자료를 통해 (가)가 상염색체에 존재할 경우 모순이 발생함을 찾아내는 것이 핵심이다. 또한, (가)와 (나)가 X 염색체에 존재함을 확인한 후, X 염색체 우성 유전 형질이라고 가정할 경우 모순이 발생함을 이용하여 (가)와 (나) 형질이 모두 열성 형질임을 확인할 수 있어야 한다. 이후 X 염색체 연관임을 이용하여 유전자형을 유추하면 선지들을 쉽게 해결할 수 있었을 것이다.

권민재 | 강릉원주대 치의예과 2024년 입학 · 서울 광영여고 졸

(가)와 (나)가 같은 염색체 위에 있다고 했으니 (가)가 성염색체인지, 상염색체인지와 함께 우성, 열성 여부를 가정을 통해 판단했어. 이후 형질 (나)가 열성이라는 가정을 통해 이가 성립하는 것을 확인하여 문제를 풀었어. 생명과학1 유전 문제에서는 가정을 활용하는 문제가 많은데 이때 모든 경우의 수를 확인하여 성립, 불성립함을 증명하는 것보다는 가장 가능성 있는 경우를 선정하여 먼저 풀어보고, 성립하면 그 가정을 그대로 활용하여 문제를 푸는 것이 좋아!

L 67 정답 ④ ······ [정답률 26%] ✪ 1등급 대비

다음은 어떤 집안의 유전 형질 (가)~(다)에 대한 자료이다.

○ (가)는 대립유전자 A와 a에 의해, (나)는 대립유전자 B와 b에 의해, (다)는 대립유전자 D와 d에 의해 결정된다. A는 a에 대해, B는 b에 대해, D는 d에 대해 각각 완전 우성이다.

○ (가)~(다)의 유전자 중 2개는 X 염색체에, 나머지 1개는 상염색체에 있다.
→ (가)의 유전자는 상염색체에 존재, (나)와 (다)의 유전자는 X 염색체에 존재
→ (가)와 (나)는 열성, (다)는 우성

○ 가계도는 구성원 ⓐ를 제외한 구성원 1~7에게서 (가)~(다) 중 (가)와 (나)의 발현 여부를 나타낸 것이다.

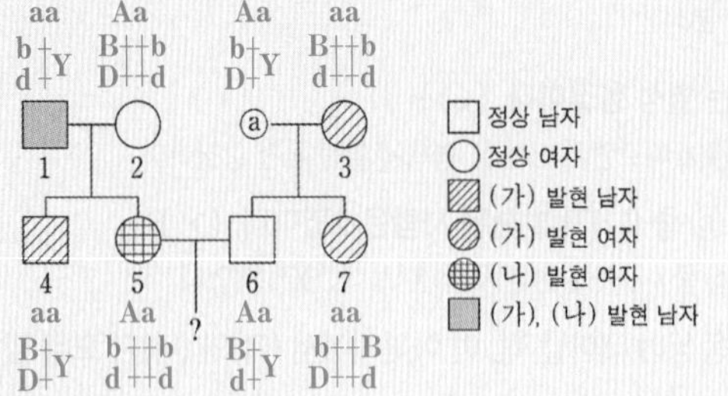

○ 표는 ⓐ와 1~3에서 체세포 1개당 대립유전자 ㉠~㉢의 DNA 상대량을 나타낸 것이다. ㉠~㉢은 A, B, d를 순서 없이 나타낸 것이다.
→ 이형 접합성인데 (가)와 (나) 발현 안됨 (가)와 (나)는 열성

구성원		1	2	ⓐ	3
DNA 상대량	㉠ B	0	1 Bb	0	1
	㉡ A	0	1 Aa	1	0
	㉢ d	1	1 Dd	0	2

→ 구성원 2의 A, B, d의 DNA 상대량이 모두 1이므로 구성원 2의 유전자형은 Aa, Bb, Dd

○ 3, 6, 7 중 (다)가 발현된 사람은 1명이고, 4와 7의 (다)의 표현형은 서로 같다.

이에 대한 설명으로 옳은 것만을 〈보기〉에서 있는 대로 고른 것은? (단, 돌연변이와 교차는 고려하지 않으며, A, a, B, b, D, d 각각의 1개당 DNA 상대량은 1이다.) (3점)

2022 대비 6월 모평 17

[보기]

ㄱ. ㉠은 B이다.
→ ㉠은 B, ㉡은 A, ㉢은 d

ㄴ. 7의 ~~(가)~(다)의 유전자형은 모두 이형 접합성~~이다.
→ 7의 (가)의 유전자형은 동형 접합성

ㄷ. 5와 6 사이에서 아이가 태어날 때, 이 아이에게서 (가)~(다) 중 한 가지 형질만 발현될 확률은 $\frac{1}{2}$이다.
→ (가)만 발현될 확률 $\frac{1}{8}$+(나)만 발현될 확률 $\frac{3}{8}=\frac{1}{2}$

① ㄱ ② ㄴ ③ ㄷ ④ ㄱ, ㄷ ⑤ ㄴ, ㄷ

단서+발상

(단서) 표에서 구성원 2의 ㉠~㉢의 DNA 상대량이 모두 1인 것에 주목한다.

(발상) 여자의 DNA 상대량이 1인 것은 유전자형이 이형 접합성임을 의미하며, 유전자형이 이형 접합성인 여자의 표현형은 우성임을 생각한다.

(해결) 구성원 2는 (가)와 (나)가 모두 발현되지 않으므로 (가)와 (나)는 열성 형질이다. 또한 구성원 3은 (가)가 발현되므로 (가)의 유전자형은 aa이고, A=0이다. 따라서 ㉡은 A임을 파악할 수 있어야 고난도 문제를 해결할 수 있다.

| 문제 해결 과정 |

step 1 X 염색체와 상염색체에 존재하는 유전자 파악하기

- ① 유전 형질이 X 염색체 유전이면서 우성 형질이라면 형질이 발현된 남자 구성원의 어머니와 딸은 모두 형질을 발현해야 한다.
- ② X 염색체 유전이면서 열성 형질이라면 형질이 발현된 여자 구성원의 아버지와 아들은 모두 형질을 발현해야 한다.
- 만약 ①과 ②를 만족하지 않는 구성원이 있다면 이 형질은 상염색체 유전 형질이다.
- 어머니 3은 (가)가 발현되고, 아들 6은 (가)가 발현되지 않았으므로 (가)는 X 염색체 열성 유전 형질이 아니다.
- 아버지 1은 (가)가 발현되고, 딸인 5는 (가)가 발현되지 않았으므로 (가)는 X 염색체 우성 유전 형질이 아니다.
- 따라서 (가)의 유전자는 상염색체에 존재하며, 나머지 (나)와 (다)의 유전자는 X 염색체에 존재한다.

step 2 유전 형질 (가)~(다) 분석하기

1. (가)에 대한 분석

- 구성원 2의 체세포 1개당 대립유전자 A, B, d의 DNA 상대량이 모두 1이므로 구성원 2는 (가)~(다)에 대해 모두 이형 접합성이다.
- 구성원 2의 유전자형이 Aa인데 (가)가 발현되지 않았으므로 (가)는 열성 형질이다.
- (가)가 발현된 구성원 1, 3, 4, 7의 유전자형은 aa이며, DNA 상대량 표에서 1과 3이 모두 0인 ㉡은 A이다.
- 따라서 ⓐ의 유전자형은 Aa이다.

2. (나)에 대한 분석

- 구성원 2의 유전자형이 이형 접합성이므로 Bb의 유전자형을 가지며 (나)가 발현되지 않았으므로 (나)는 열성 형질이다.
- (나)의 유전자는 X 염색체에 존재하며 구성원 1은 (나)가 발현되었으므로 구성원 1의 유전자형은 X^bY이다.
- 구성원 1은 B를 가지지 않으므로 구성원 1의 DNA 상대량이 0인 ㉠이 B이다.
- ⓐ의 B의 DNA 상대량이 0이므로 ⓐ의 유전자형은 X^bY이다.

3. (다)에 대한 분석

- ㉠은 B, ㉡은 A이므로 ㉢은 d이다.
- 구성원 3은 X^dX^d, 6은 X^dY이므로 (다)에 대해 같은 표현형을 나타낼 것이다.
- 조건에서 3, 6, 7 중 (다)가 발현된 사람은 1명이라고 하였으므로 3과 6은 (다)가 발현되지 않고, 7이 (다)가 발현된다.
- 7의 유전자형은 이형 접합성인 X^DX^d이므로 (다)는 우성 유전 형질이다. 구성원 ⓐ의 유전자형은 X^DY이다.
- 구성원 4와 7의 표현형이 같으므로 구성원 4의 유전자형은 X^DY이며, 구성원 4의 X 염색체에는 B와 D가 함께 존재한다.

step 3 가계도 구성원의 유전자형 정리하기

- 위의 내용과 표의 내용을 정리하여 구성원들의 유전자형을 가계도에 나타내면 다음과 같다.

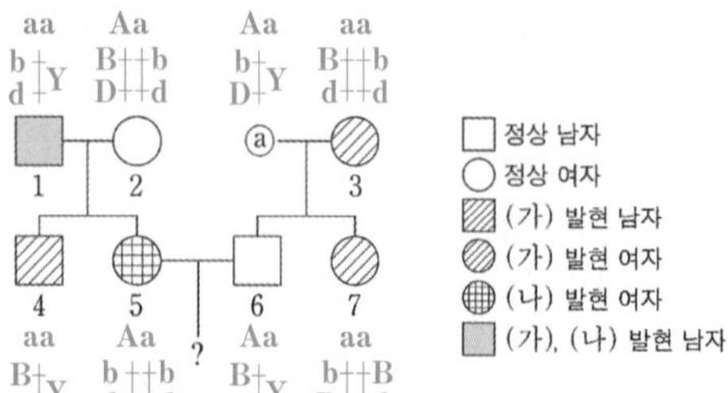

| 보기 분석 |

ㄱ. ㉠은 B이다. (○)

- 문제 해결 과정의 step 2와 step 3을 참고하면, ㉠은 B, ㉡은 A, ㉢은 d이다.

ㄴ. 7의 (가)~(다)의 유전자형은 모두 이형 접합성이다. (×)

- 7은 (가)와 (다)가 발현되고 (나)가 발현되지 않으므로 7의 (가)~(다)의 유전자형은 $aaX^{bD}X^{Bd}$이다.
- 따라서 7의 (가)의 유전자형은 동형 접합성, (나)의 유전자형은 이형 접합성, (다)의 유전자형은 이형 접합성이다.

ㄷ. 5와 6 사이에서 아이가 태어날 때, 이 아이에게서 (가)~(다) 중 한 가지 형질만 발현될 확률은 $\frac{1}{2}$이다. (○)

- 5($AaX^{bd}X^{bd}$)와 6($AaX^{Bd}Y$) 사이에서 아이가 태어날 때, 이 아이에게서 (가)가 발현될 확률(aa)은 $\frac{1}{4}$이고, (가)가 발현되지 않을 확률(AA, Aa)은 $\frac{3}{4}$이다.
- (나)는 발현되고 (다)가 발현되지 않을 확률($X^{bd}Y$)은 $\frac{1}{2}$이다. 반면, (다)가 발현되려면 5와 6에게서 X^D를 받아야하는데 5와 6 모두 X^D가 없으므로 (다)는 무조건 발현되지 않는다.
- (나)와 (다)가 모두 발현되지 않을 확률($X^{Bd}X^{bd}$)은 $\frac{1}{2}$이다.
- 이 아이에게서 (가)~(다) 중 (가)만 발현될 확률은 $\frac{1}{4}\times\frac{1}{2}=\frac{1}{8}$이고, (나)만 발현될 확률은 $\frac{3}{4}\times\frac{1}{2}=\frac{3}{8}$이다. 따라서 (가)~(다) 중 한 가지 형질만 발현될 확률은 $\frac{1}{8}+\frac{3}{8}=\frac{1}{2}$이다.

✪ 정답은 ④ ㄱ, ㄷ이다.

문제 풀이 Tip

1. X 염색체 우성 형질일 때 형질이 발현된 남자의 어머니와 딸은 모두 형질을 발현해야 하고, X 염색체 열성 형질일 때 형질이 발현된 여자의 아버지와 아들은 모두 형질을 발현해야 한다.

어떤 형질이 발현된 남자의 어머니 또는 딸의 형질이 발현되지 않고, 이 형질이 발현된 여자의 아버지 또는 아들의 형질이 발현되지 않았다면, 이 형질을 결정하는 유전자는 상염색체에 존재한다.

2. 여자인 구성원의 체세포 1개당 대립유전자의 DNA 상대량이 1이라면 이형 접합성이다.

상염색체에 존재하는 유전자에 대해 체세포 1개당 대립유전자의 DNA 상대량이 1이라면 이형 접합성이며, X 염색체에 존재하는 유전자에 대해 체세포 1개당 대립유전자의 DNA 상대량이 1이라면 이형 접합성인 여자거나 남자이다.

＊ X 염색체 유전 ✪ 1등급 핵심 개념

X 염색체 우성 유전	형질을 발현한 남자 구성원의 어머니와 딸은 모두 형질을 발현한다.
X 염색체 열성 유전	형질을 발현한 여자 구성원의 아버지와 아들은 모두 형질을 발현한다.

L 68 정답 ⑤ [정답률 23%] ✪ 1등급 대비

다음은 어떤 집안의 유전 형질 (가)~(다)에 대한 자료이다.

- (가)는 대립유전자 H와 h에 의해, (나)는 대립유전자 R와 r에 의해, (다)는 대립유전자 T와 t에 의해 결정된다. H는 h에 대해, R는 r에 대해, T는 t에 대해 각각 완전 우성이다.
- (가)~(다)를 결정하는 유전자 중 2가지는 같은 염색체에 있다.
- 가계도는 구성원 1~10에서 (가)~(다) 중 (가)와 (나)의 발현 여부를 나타낸 것이다.

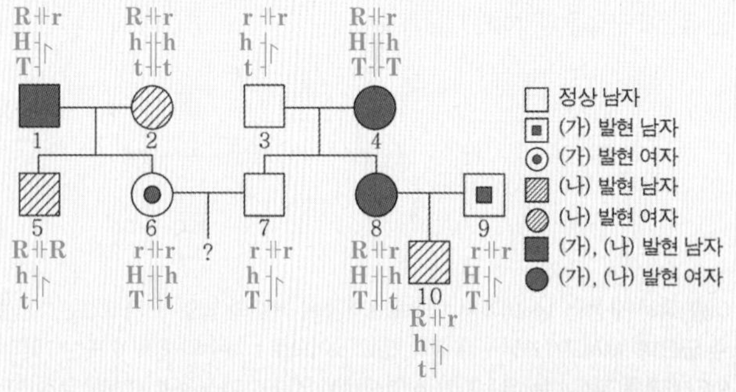

- 구성원 1~10 중 2, 3, 5, 10에서만 (다)가 발현되었다.
  (나) 결정 유전자는 우성이며, 상염색체에 존재
  (가) 결정 유전자는 우성, (다) 결정 유전자는 열성이며, X 염색체에 함께 존재
- 표는 구성원 1~10에서 체세포 1개당 H, R, t 개수의 합을 나타낸 것이다.

대립유전자	H	R	t
대립유전자 개수의 합	ⓐ 5	ⓑ 7	ⓑ 7

이에 대한 설명으로 옳은 것만을 〈보기〉에서 있는 대로 고른 것은? (단, 돌연변이는 고려하지 않는다.) (3점) 2021 실시 7월 학평 20

[보기]

ㄱ. (가)를 결정하는 유전자는 성염색체에 있다.
→ (가)와 (다)를 결정하는 유전자는 X 염색체에 함께 존재

ㄴ. 4의 (다)에 대한 유전자형은 이형 접합성이다.
→ 4의 (다)에 대한 유전자형은 X^TX^T로 동형 접합성

ㄷ. 6과 7 사이에서 아이가 태어날 때, 이 아이에게서 (가)~(다) 중 1가지 형질만 발현될 확률은 $\frac{3}{4}$이다.
→ (가)만 발현될 확률 $\frac{1}{2}$+(나)만 발현될 확률 0+(다)만 발현될 확률 $\frac{1}{4}=\frac{3}{4}$

① ㄱ ② ㄴ ③ ㄷ ④ ㄱ, ㄴ ⑤ ㄱ, ㄷ

단서+발상

(단서) 표에서 구성원 1~10의 R와 t 개수의 합이 ⓑ인 것에 주목한다.

(발상) (나)는 상염색체 유전이면서 우성 형질임을 파악한 상태에서 가계도에 나타난 구성원의 (나) 발현 여부를 통해 ⓑ는 6 또는 7임을 생각한다.

(해결) (다)는 열성 형질인데 만약 상염색체 유전이라면 구성원 2, 3, 5, 10에서의 t 개수의 합이 8이므로 ⓑ가 될 수 없다. 따라서 (다)는 X 염색체 유전임을 파악할 수 있어야 고난도 문제를 해결할 수 있다.

| 문제 해결 과정 |

step 1 (나) 분석하기

- (나)가 발현된 구성원 1과 2 사이에 정상인 6이 태어나므로 (나)는 우성 형질이다. 그러므로 R은 (나) 발현 대립유전자이고, r은 정상 대립유전자이다.

• (나)가 우성 형질이고, (나)가 발현된 아버지 1에서 (나)가 발현되지 않은 딸 6이 태어나므로 (나)를 결정하는 유전자는 X 염색체에 존재하지 않음을 알 수 있다. 따라서 (나)를 결정하는 유전자는 상염색체에 있다.

step 2 (가), (다)의 우열 관계 파악하기

• (가)가 발현된 구성원 8과 9 사이에 정상인 10이 태어나므로 (가)는 우성 형질이다. 그러므로 H는 (가) 발현 대립유전자이고, h는 정상 대립유전자이다.
• (다)가 발현되지 않은 구성원 8과 9 사이에 (다)가 발현된 10이 태어나므로 (다)는 열성 형질이다. 그러므로 T는 정상 대립유전자이고, t는 (다) 발현 대립유전자이다.

step 3 (다)를 결정하는 유전자의 염색체 위치 및 ⓑ 추론하기

• (나)를 결정하는 유전자가 상염색체에 있으므로, 이를 토대로 구성원의 (나)에 대한 유전자 구성을 파악하면 다음과 같다.

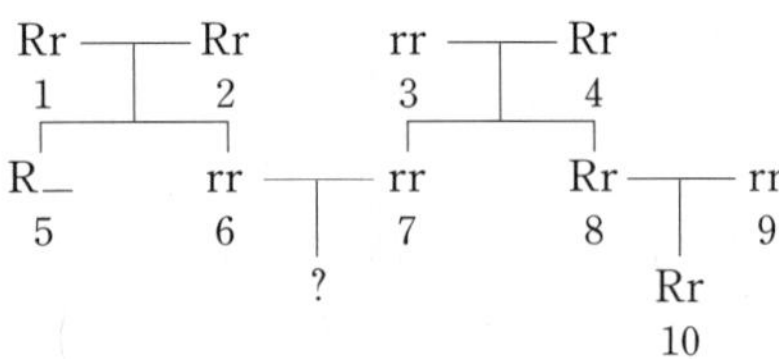

• 이를 통해 구성원 1~10에서 체세포 1개당 R 개수의 합인 ⓑ가 6 또는 7임을 알 수 있으며, 체세포 1개당 t 개수의 합도 ⓑ이므로 t 개수의 합도 6 또는 7이다.
• 만약 (다)를 결정하는 유전자가 상염색체에 있다고 가정하면, (다)가 열성 형질이고 t가 (다) 발현 대립유전자이므로 구성원 2, 3, 5, 10의 (다)에 대한 유전자형이 tt이다.
• 따라서 구성원 2, 3, 5, 10만 고려하더라도 체세포 1개당 t 개수의 합은 8 이상이므로 (다)를 결정하는 유전자는 X 염색체에 있음을 알 수 있다.
• 구성원의 (다)에 대한 유전자 구성을 파악하면 아래 그림과 같다. 이를 통해 구성원 1~10에서 체세포 1개당 t 개수의 합 ⓑ는 7 또는 8임을 알 수 있다.

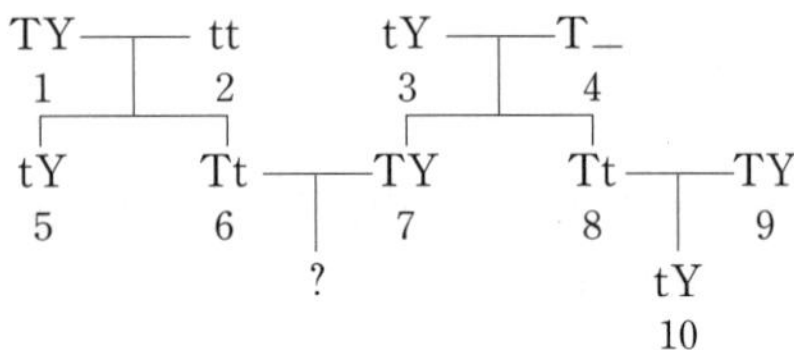

• (나)와 (다)에 대한 조건을 모두 만족시키는 ⓑ의 값은 7이므로 구성원 5의 (나)에 대한 유전자형은 RR이고, 구성원 4의 (다)에 대한 유전자형은 TT임을 유추할 수 있다.

step 4 (가)를 결정하는 유전자의 염색체 위치 및 ⓐ 추론하기

• (나)를 결정하는 유전자는 상염색체에, (다)를 결정하는 유전자는 X 염색체에 있으므로 (가)를 결정하는 유전자는 (나)를 결정하는 유전자와 같은 상염색체에 함께 있거나, 또는 (다)를 결정하는 유전자와 X 염색체에 함께 있다.
• (가)와 (나)는 우성 형질이기 때문에 4에서 (가) 발현 대립유전자와 (나) 발현 대립유전자는 같은 염색체에 존재하고, 이 염색체는 8에게 물려준다. 마찬가지로 8은 10에게 물려주어 10은 (가)와 (나)가 모두 발현되어야하는데 그렇지 않으므로 모순이다.
• 따라서 (가)를 결정하는 유전자는 (다)를 결정하는 유전자와 X 염색체에 함께 있음을 유추할 수 있다.
• 이를 토대로 구성원 1~10의 (가), (나), (다)에 대한 유전자 구성을 나타내면 아래 그림과 같다. 그러므로 구성원 1~10에서 체세포 1개당 H 개수의 합인 ⓐ는 5임을 알 수 있다.

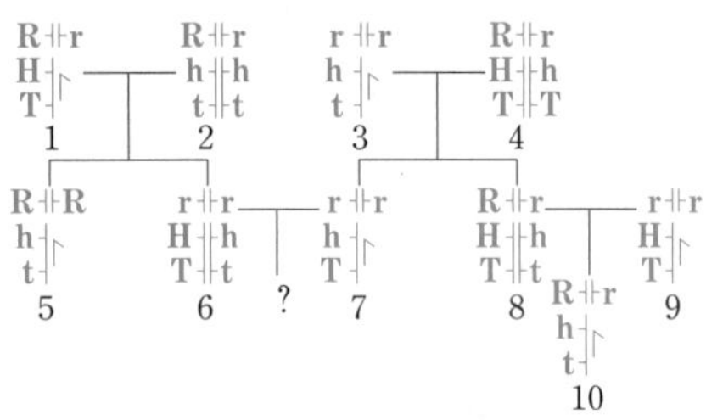

| 보기 분석 |

ㄱ. (가)를 결정하는 유전자는 성염색체에 있다. (○)

• (가)와 (다)를 결정하는 유전자는 X 염색체에 함께 있으며, (나)를 결정하는 유전자는 상염색체에 있다.

ㄴ. 4의 (다)에 대한 유전자형은 이형 접합성이다. (×)

• 문제 해결 과정의 를 참고하면, 4의 (다)에 대한 유전자형은 X^TX^T이다. 따라서 4의 (다)에 대한 유전자형은 동형 접합성이다.

ㄷ. 6과 7 사이에서 아이가 태어날 때, 이 아이에게서 (가)~(다) 중 1가지 형질만 발현될 확률은 $\frac{3}{4}$이다. (○)

• 구성원 6과 7의 (나)에 대한 유전자형은 모두 rr이므로 6과 7 사이에 태어날 아이의 (나)에 대한 유전자형은 rr이며, (나)가 발현되지 않는다.
• 구성원 6과 7에서 (가)와 (다)에 대한 유전자 구성은 각각 $X^{HT}X^{ht}$와 $X^{hT}Y$이므로 6과 7 사이에 태어날 아이에게서 나타날 수 있는 (가)와 (다)에 대한 유전자형은 $X^{HT}X^{hT}$((가)만 발현), $X^{ht}X^{hT}$(정상), $X^{HT}Y$((가)만 발현), $X^{ht}Y$((다)만 발현)이다. 그러므로 (가)만 발현될 확률은 $\frac{1}{2}$, (나)만 발현될 확률은 0, (다)만 발현될 확률은 $\frac{1}{4}$이다.
• 따라서 6과 7 사이에서 아이가 태어날 때, 이 아이에게서 (가)~(다) 중 1가지 형질만 발현될 확률은 $\frac{1}{2}+0+\frac{1}{4}=\frac{3}{4}$이다.

✪ 정답은 ⑤ ㄱ, ㄷ이다.

문제 풀이 Tip

1. **부모의 표현형이 서로 같고 자손의 표현형이 부모와는 다른 경우 부모의 표현형이 우성, 자손의 표현형이 열성이다.**
   우성 표현형의 부모에게서 열성 표현형의 자손은 태어날 수 있지만, 열성 표현형의 부모에게서 우성 표현형의 자손은 태어날 수 없다.
2. **X 염색체 유전, 우성 형질이라면 형질이 발현된 남자의 어머니와 딸에게서 모두 그 형질이 발현되며, X 염색체 유전, 열성 형질이라면 그 형질이 발현된 여자의 아버지와 아들에게서 모두 그 형질이 발현된다.**

＊ X 염색체 유전과 상염색체 유전 ✪ 1등급 핵심 개념

구분		내용
X 염색체 유전		• 형질의 발현 빈도가 남녀 모두에게서 다르게 나타난다. • 형질을 결정하는 유전자가 정상에 대해 우성인 경우에는 남자에 비해 여자에게서 형질 발현 비율이 높다. 예 적록 색맹, 혈우병
	여자	X 염색체의 대립유전자는 부모로부터 하나씩 전달받고, 아들과 딸 모두에게 전달된다.
	남자	X 염색체의 대립유전자는 어머니로부터 전달받고, 딸에게 전달된다.
상염색체 유전		• 형질 발현 빈도가 남녀 모두에게서 동일하게 나타난다. • 형질을 결정하는 유전자가 상염색체에 있는 유전이다. • 형질 결정 대립유전자가 2가지인 경우 하나의 유전 형질 발현에 1쌍의 대립유전자가 관여한다. • 1쌍의 대립유전자 구성에 따라 대립 형질이 명확하게 구분된다.

L 69 정답 ⑤ [정답률 29%] ✪ 1등급 대비

다음은 어떤 집안의 유전 형질 (가)~(다)에 대한 자료이다.

- (가)는 대립유전자 H와 h에 의해, (나)는 대립유전자 R와 r에 의해, (다)는 대립유전자 T와 t에 의해 결정된다. H는 h에 대해, R는 r에 대해, T는 t에 대해 각각 완전 우성이다.
- (가)~(다) 중 1가지 형질을 결정하는 유전자는 상염색체에, 나머지 2가지 형질을 결정하는 유전자는 성염색체에 존재한다.
- 가계도는 구성원 1~9에게서 (가)와 (나)의 발현 여부를 나타낸 것이다.

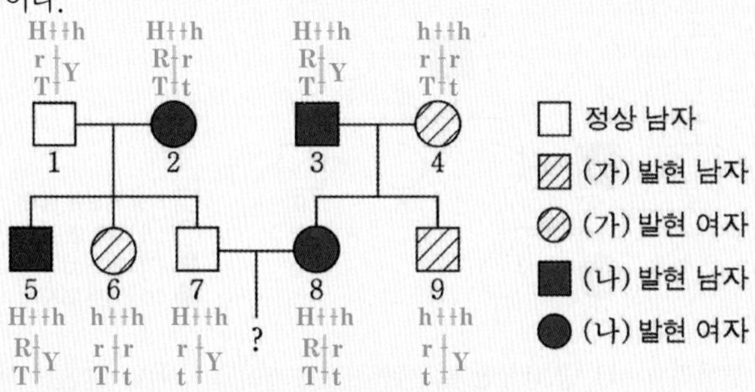

(가)는 상염색체, 열성 형질, (나)는 우성 형질, (다)는 열성 형질
(나)와 (다)를 결정하는 유전자는 X 염색체에 함께 존재

- 5~9 중 7, 9에서만 (다)가 발현되었고, 5~9 중 4명만 t를 가진다.
- $\frac{\text{3, 4 각각의 체세포 1개당 T의 상대량을 더한 값}}{\text{5, 7 각각의 체세포 1개당 H의 상대량을 더한 값}}=1$이다.

이에 대한 설명으로 옳은 것만을 〈보기〉에서 있는 대로 고른 것은? (단, 돌연변이와 교차는 고려하지 않으며, H, h, R, r, T, t 각각의 1개당 DNA 상대량은 1이다.) (3점) 2020 실시 4월 학평 19

[보기]

ㄱ. (나)와 (다)는 모두 열성 형질이다. → (나)는 우성 형질, (다)는 열성 형질

ㄴ. 1과 5에서 (가)의 유전자형은 같다. → (가)의 유전자형은 1과 5가 모두 Hh

ㄷ. 7과 8 사이에서 아이가 태어날 때, 이 아이에게서 (가) ~(다) 중 (가)와 (나)만 발현될 확률은 $\frac{1}{8}$이다.
→ 아이에게서 (가)가 발현될 확률은 $\frac{1}{4}$, (나)가 발현될 확률은 $\frac{1}{2}$이므로 $\frac{1}{4}\times\frac{1}{2}=\frac{1}{8}$

① ㄱ ② ㄴ ③ ㄷ
④ ㄱ, ㄴ ⑤ ㄴ, ㄷ

단서+발상

(단서) '5~9 중 7, 9에서만 (다)가 발현되었고, 5~9 중 4명만 t를 가진다.'하는 조건에 주목한다.

(발상) (다)가 X 염색체 유전임을 파악한 상태에서 만약 (다)가 우성이라면 (다)가 발현되는 7과 9는 t를 갖지 않으며, t를 갖는 사람은 5~9 중 적어도 3명뿐이므로 조건에 모순되어 (다)는 열성임을 생각한다.

(해결) 8과 9의 (다) 유전자형을 통해 3의 유전자형은 TY, 4의 유전자형은 tt임을 알 수 있다. 3과 4의 T를 더한 값이 1이므로 5와 7의 H를 더한 값도 1임을 파악할 수 있어야 고난도 문제를 해결할 수 있다.

| 문제 해결 과정 |

step 1 형질 (가) 분석하기

1. (가)의 우열 관계 파악하기

- (가)가 발현되지 않은 1과 2 사이에 (가)가 발현된 6이 태어나므로 (가)는 열성 형질이다.
- (가)가 발현되지 않은 아버지 1에서 (가)가 발현된 딸 6이 태어나므로 (가)를 결정하는 유전자는 X 염색체에 존재하지 않음을 알 수 있다.
- 따라서 (가)를 결정하는 유전자는 상염색체에 있고, (나)와 (다)를 결정하는 유전자는 모두 X 염색체에 함께 있다.

2. (가)의 유전자형 파악하기

- (가)를 결정하는 유전자가 상염색체에 있고, (가)는 열성 형질이므로 구성원 1~9의 (가)에 대한 유전자형은 아래 그림과 같다. 하지만 이 단계에서 구성원 5와 7의 유전자형은 확정되지 않는다.

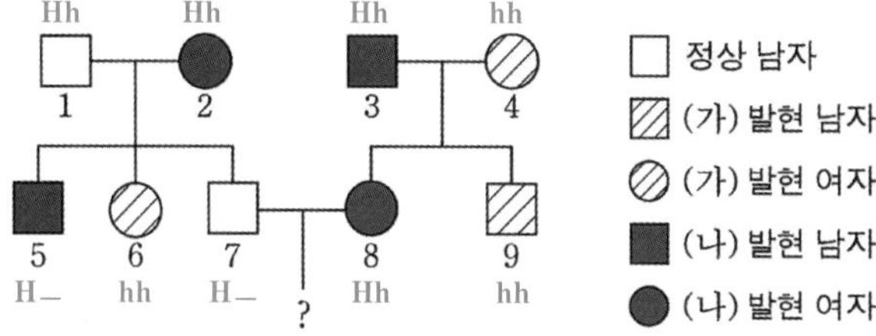

step 2 (나)의 우열 관계와 유전자형 파악하기

- (나)를 결정하는 유전자가 X 염색체에 있고, 아들인 구성원 5와 7의 표현형이 서로 다르므로 어머니의 유전자형은 이형 접합성(X^RX^r)이다.
- 유전자형이 이형 접합성일 때의 표현형이 우성 형질이므로 (나)는 우성 형질이다.
- 구성원 1~9의 (나)에 대한 유전자형은 아래 그림과 같다.

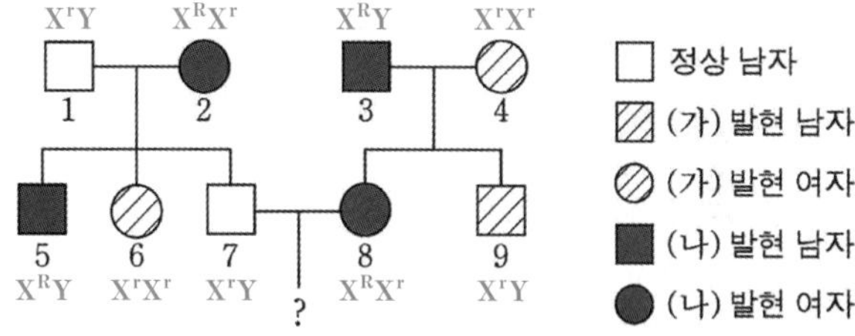

step 3 (다)의 우열 관계와 유전자형 파악하기

1. (다)의 우열 분석하기

- (다)가 우성 형질일 경우 (다)가 발현된 구성원 7과 9의 유전자형은 X^TY이고, (다)가 발현되지 않은 구성원 5의 유전자형은 X^tY, 구성원 6과 8은 X^tX^t이다.
- 이 경우 구성원 5~9 중 4명만 t를 가진다는 조건을 만족시키지 못하므로 (다)는 우성 형질이 아니다.
- 따라서 (다)는 열성 형질이며, 이 단계에서 구성원 1, 3, 4, 6, 8의 유전자형은 확정되지 않는다.

2. 구성원의 유전자형 파악하기

- 구성원 5~9 중 4명만 t를 가진다고 하였으므로 구성원 6과 8의 유전자형은 X^TX^t이어야 한다.
- 구성원 5와 7의 (가)에 대한 유전자형이 모두 H_이고, 구성원 3과 4의 (다)에 대한 유전자형이 각각 _Y와 X^t_이며, $\frac{\text{3, 4 각각의 체세포 1개당 T의 상대량을 더한 값}}{\text{5, 7 각각의 체세포 1개당 H의 상대량을 더한 값}}=1$이므로, 구성원 3과 4의 유전자형은 각각 X^TY와 X^TX^t이어야 한다.
- 3과 4의 체세포 1개당 T의 상대량을 더한 값이 2이므로 5와 7의 유전자형은 모두 Hh로 확정된다.

step 4 구성원 1~9의 (나)와 (다)에 대한 유전자형 파악하기

- 구성원 5의 X 염색체에 R와 T가 함께 있고, 6의 X 염색체 중 하나에 r와 T가 함께 있다.
- 구성원 7의 X 염색체에 r와 t가 함께 있으므로, (나)와 (다)에 대한 1의 유전자형은 $X^{rT}Y$, 2의 유전자형은 $X^{RT}X^{rt}$, 5의 유전자형은 $X^{RT}Y$, 6의 유전자형은 $X^{rT}X^{rt}$, 7의 유전자형은 $X^{rt}Y$이다.
- 구성원 3의 X 염색체에 R와 T가 함께 있고, 구성원 9의 X 염색체에 r와 t가 함께 있다.
- 구성원 4의 X 염색체 중 하나에 r와 t, 다른 하나에 r와 T가 있으므로, (나)와 (다)에 대한 3의 유전자형은 $X^{RT}Y$, 4의 유전자형은 $X^{rt}X^{rT}$, 8의 유전자형은 $X^{RT}X^{rt}$, 9의 유전자형은 $X^{rt}Y$이다.

• (가), (나), (다)를 결정하는 유전자 구성을 가계도에 제시하면 아래 그림과 같다.

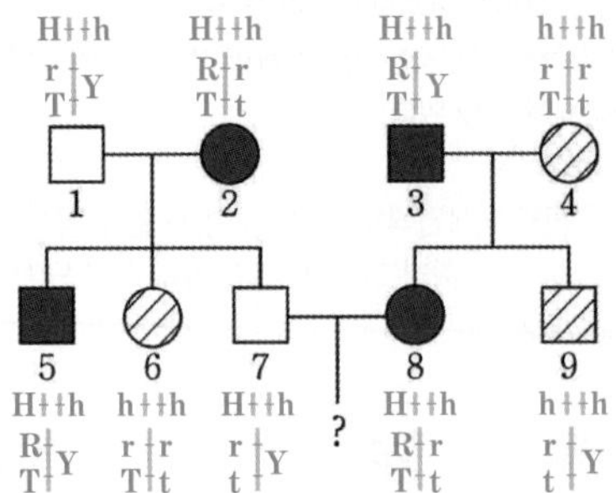

| 보기 분석 |

ㄱ. (나)와 (다)는 모두 열성 형질이다. (×)

문제 해결 과정의 step 2와 step 3를 참고하면, (나)는 우성 형질이며, (다)는 열성 형질이다.

ㄴ. 1과 5에서 (가)의 유전자형은 같다. (○)

문제 해결 과정의 step 3를 참고하면, 1과 5에서 (가)의 유전자형은 모두 Hh로 같다.

ㄷ. 7과 8 사이에서 아이가 태어날 때, 이 아이에게서 (가)~(다) 중 (가)와 (나)만 발현될 확률은 $\frac{1}{8}$이다. (○)

• 문제 해결 과정의 step 4를 참고하면, (가)~(다)에 대한 유전자형은 구성원 7이 Hh, X^{rt}/Y이고, 구성원 8이 Hh, X^{RT}/X^{rt}이다.

• 7과 8 사이에서 태어날 아이에게서 (가)의 유전자형이 나타날 확률은 HH가 $\frac{1}{4}$, Hh가 $\frac{1}{2}$, hh가 $\frac{1}{4}$이고, (나)의 유전자형이 나타날 확률은 X^{RT}/X^{rt}, X^{rt}/X^{rt}, X^{RT}/Y, X^{rt}/Y가 각각 $\frac{1}{4}$이다.

• 따라서 이 아이에게서 (가)~(다) 중 (가)와 (나)만 발현될 확률은 ((가)가 발현(hh)될 확률)×((나)는 발현($X^{R}\_$)되고, (다)는 발현되지 않을($X^{T}\_$) 확률) $=\frac{1}{4}\times\frac{1}{2}=\frac{1}{8}$이다.

✪ 정답은 ⑤ ㄴ, ㄷ이다.

문제 풀이 Tip

1. **부모의 표현형이 서로 같고 자손의 표현형이 부모와는 다른 경우 부모의 표현형이 우성, 자손의 표현형이 열성이다.**
   우성 표현형의 부모에게서 열성 표현형의 자손은 태어날 수 있지만, 열성 표현형의 부모에게서 우성 표현형의 자손은 태어날 수 없다.
2. **어떤 형질이 X 염색체 유전이면서 우성 형질이라면 ① 형질이 발현된 남자 구성원의 어머니와 딸은 모두 형질을 발현해야 하고, X 염색체 유전이면서 열성 형질이라면 ② 형질이 발현된 여자 구성원의 아버지와 아들은 모두 형질을 발현해야 한다.**
   만약 가계도 구성원 중 ①을 만족하지 않는 구성원과 ②를 만족하지 않는 구성원이 모두 있다면, 이 형질은 상염색체 유전 형질이다.
3. **한 염색체에 있는 대립유전자들은 생식세포 형성 시 분리되지 않고 함께 이동한다.**
   서로 다른 형질을 결정하는 대립유전자 A와 B가 한 염색체에 함께 있다면, A가 자손에게 전달된 경우 한 염색체에 함께 있는 B도 전달됨을 알아야 한다.

*** X 염색체 유전** ✪ 1등급 핵심 개념

X 염색체 우성 유전	아버지가 유전병이면 딸이 유전병이고, 아들이 유전병이면 어머니가 유전병이다.
X 염색체 열성 유전	어머니가 유전병이면 아들이 유전병이고, 딸이 유전병이면 아버지가 유전병이다.

L 70 정답 ③ [정답률 38%] ✪ 1등급 대비

어떤 집안의 유전 형질 (가)~(다)에 대한 자료이다.

• (가)는 대립유전자 H와 H*에 의해, (나)는 대립유전자 R와 R*에 의해, (다)는 대립유전자 T와 T*에 의해 결정된다. H는 H*에 대해, R는 R*에 대해, T는 T*에 대해 각각 완전 우성이다.

• (가)~(다)의 유전자는 모두 서로 다른 염색체에 있고, (가)와 (나) 중 한 형질을 결정하는 유전자는 X 염색체에 존재한다.
(다)는 상염색체에 존재함

• 가계도는 (가)~(다) 중 (가)의 발현 여부를 나타낸 것이다.
1과 2 사이에서 6이 태어나므로 (가)는 열성 형질

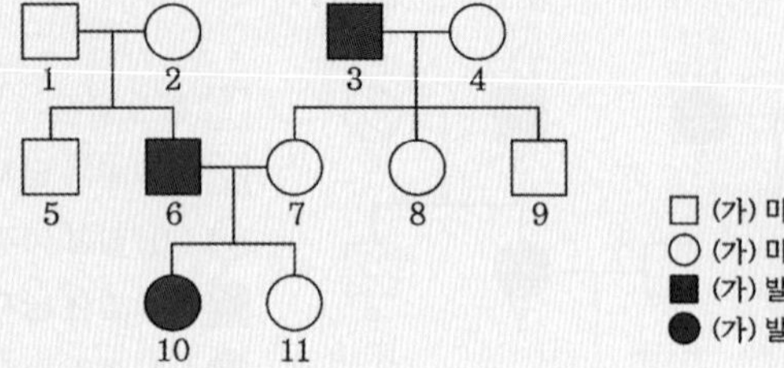

• 구성원 1~11 중 (가)만 발현된 사람은 6이고, (나)만 발현된 사람은 5, 8, 9이고, (다)만 발현된 사람은 7이다.
6은 (나), (다)가, 5, 8, 9는 (가), (다)가, 7은 (가), (나)가 발현되지 않음

• 1과 11에서만 (나)와 (다)가 모두 발현되었다.

• 4와 10은 (나)에 대한 유전자형이 서로 다르며 두 사람에서 모두 (나)가 발현되지 않았다.

• 2와 3은 (다)에 대한 유전자형이 서로 다르며 각각 T와 T* 중 한 종류만 갖는다. 2와 3은 동형 접합성

이에 대한 설명으로 옳은 것만을 〈보기〉에서 있는 대로 고른 것은? (단, 돌연변이는 고려하지 않는다.) (3점) 2020 실시 7월 학평 15

[보기]

ㄱ. (가)를 결정하는 유전자는 X 염색체에 있다.
→ (가)를 결정하는 유전자는 X 염색체에, (나)와 (다)를 결정하는 유전자는 상염색체에 있음

ㄴ. 1~11 중 R*와 T*를 모두 갖는 사람은 총 9명이다.
→ 1, 3, 4, 5, 6, 7, 8, 9, 11 총 9명이 R*와 T*를 모두 가짐

ㄷ. 6과 7 사이에서 남자 아이가 태어날 때, 이 아이에게서 (가)와 (다)만 발현될 확률은 $\frac{3}{8}$이다.
→ 6과 7 사이에서 남자 아이가 태어날 때 (가)와 (다)만 발현될 확률은 $\frac{3}{16}$

① ㄴ ② ㄷ ③ ㄱ, ㄴ
④ ㄱ, ㄷ ⑤ ㄱ, ㄴ, ㄷ

단서+발상

단서 '2와 3은 (다)에 대한 유전자형이 서로 다르며 각각 T와 T* 중 한 종류만 갖는다.'라는 조건에 주목한다.

발상 (다)가 상염색체 유전임을 파악한 상태에서 3의 유전자형은 TT 또는 T*T*이다. 만약 (다)가 우성이라면 자녀 7, 8, 9는 모두 (다)가 발현되어야 함을 생각한다.

해결 조건을 통해 7은 (다)가 발현됐고, 8과 9는 (다)가 발현되지 않았음으로 (다)는 열성임을 파악할 수 있어야 고난도 문제를 해결할 수 있다.

| 문제 해결 과정 |

step 1 각 대립유전자가 존재하는 염색체 파악하기

1. 어떤 형질에 대한 발현 여부가 어머니와 아버지가 서로 같고 자식 중 한 명 이상의 발현 여부가 부모와 다르다면 부모의 형질이 우성이다.

- 유전 형질이 발현되지 않은 부모 6과 7로부터 유전 형질이 발현된 자손 11이 태어났으므로 유전 형질 (나)는 열성 형질이다.

2. 어떤 형질이 X 염색체 유전일 경우, 이 형질이 발현된 여자 구성원의 아버지나 아들에서 형질이 발현되지 않았다면 이 형질은 우성 형질이다.

- (나)가 발현된 딸인 11의 아버지 6은 (나)가 발현되지 않았으므로 우성 형질이 되어야한다. 하지만 위에서 (나)는 열성 형질이라고 하였으므로 모순이다. 따라서 (나)를 결정하는 유전자는 X 염색체에 존재하지 않는다.
- 조건에 의해 (가)를 결정하는 유전자는 X 염색체에, (나)와 (다)를 결정하는 유전자는 상염색체에 존재한다.

step 2 유전 형질 (가)~(다) 분석하기

1. (가)에 대한 분석

- (가)가 발현되지 않은 1, 2로부터 (가)가 발현된 6이 태어났으므로 유전 형질 (가)는 열성 형질이다.
- (가)가 발현된 6은 $X^{H^*}Y$, (가)가 발현되지 않은 7은 3으로부터 X^{H^*}를 받으므로 $X^HX^{H^*}$를 가진다.

2. (나)에 대한 분석

- (나)가 발현되지 않은 6, 7로부터 (나)가 발현된 11이 태어났으므로 유전 형질 (나)는 열성 형질이며 6과 7의 유전자형은 모두 RR*이다.

3. (다)에 대한 분석

- 조건에 의하면 유전 형질 (다)가 발현된 사람은 1, 7, 11이며 (다)가 발현되지 않은 사람은 5, 6, 8, 9이다.
- 만약 (다)가 우성 형질이라면 2와 3 중 하나는 (다) 발현 유전자를 동형 접합성으로 가질 것이다.
- (다) 발현 유전자는 자녀에게 반드시 유전되기 때문에 2의 자녀 5와 6 또는 3의 자녀 7, 8, 9에게서 모두 (다)가 발현되어야한다. 하지만 그렇지 않으므로 모순이며 (다)는 열성 형질이다.
- 2가 열성 동형 접합성일 경우 (다)가 발현되지 않은 5, 6이 태어날 수 없으므로 2는 우성 동형 접합성, 3은 열성 동형 접합성이다.
- 7은 (다)가 발현되므로 T*T*이며, 3은 T*을 가지고 T와 T* 중 한 종류만 가지므로 T*T*이다.

step 3 전체 구성원의 유전자형 파악하기

위의 내용을 토대로 각 구성원의 (가)~(다)의 유전자형을 나타내면 다음과 같다.

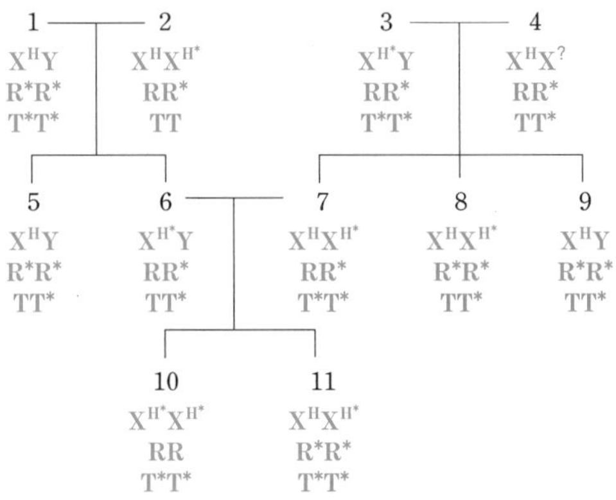

| 보기 분석 |

ㄱ. (가)를 결정하는 유전자는 X 염색체에 있다. (○)

문제 해결 과정의 **step 1**을 참고하면, (나)가 발현된 딸인 11의 아버지 6은 (나)가 발현되지 않았으므로 우성 형질이 되어야한다. 하지만 위에서 (나)는 열성 형질이라고 하였으므로 모순이다. 따라서 (나)를 결정하는 유전자는 X 염색체에 존재하지 않는다. 그러므로 나머지 (가)를 결정하는 유전자는 X 염색체에 있다.

ㄴ. 1~11 중 R*와 T*를 모두 갖는 사람은 총 9명이다. (○)

문제 해결 과정의 **step 3**을 참고하면, 1~11 중 R*와 T*를 모두 갖는 사람은 1, 3, 4, 5, 6, 7, 8, 9, 11로 총 9명이다.

ㄷ. 6과 7 사이에서 남자 아이가 태어날 때, 이 아이에게서 (가)와 (다)만 발현될 확률은 $\frac{3}{8}$이다. (×)

- 유전 형질이 서로 다른 염색체에 있을 경우 따로 계산하여 곱해준다.
- 6($X^{H^*}Y$, RR*, TT*)과 7($X^HX^{H^*}$, RR*, T*T*) 사이에서 남자 아이가 태어날 때, (가)가 발현될 경우는 X^HY, $X^{H^*}Y$ 중 $X^{H^*}Y$이므로 구하는 확률은 $\frac{1}{2}$이다.
- (나)가 발현되지 않을 경우는 RR, RR*, RR*, R*R* 중 RR, RR*, RR* 이므로 구하는 확률은 $\frac{3}{4}$이다.
- (다)가 발현될 경우는 TT*, TT*, T*T*, T*T* 중 T*T*, T*T* 이므로 구하는 확률은 $\frac{1}{2}$이다.
- 따라서 (가)와 (다)만 발현될 확률은 $\frac{1}{2}\times\frac{3}{4}\times\frac{1}{2}=\frac{3}{16}$이다.

✪ 정답은 ③ ㄱ, ㄴ이다.

문제 풀이 Tip

1. 부모의 표현형이 서로 같고 자손의 표현형이 부모와는 다른 경우 부모의 표현형이 우성이며 자손의 표현형이 열성이다.

우성 표현형에게서 열성 표현형은 나올 수 있지만 열성 표현형에게서 우성 표현형은 나올 수 없다.

2. X 염색체 열성 유전일 경우, 어머니가 형질을 발현하면 아들도 형질을 발현하며, 딸이 형질을 발현하면 아버지도 형질을 발현해야 한다.

어머니가 형질을 발현하는 경우 열성 대립유전자만 가지므로 이를 전달받은 아들도 형질을 발현하며, 딸이 형질을 발현하는 경우도 열성 대립유전자만 가지므로 이를 전달한 아버지도 형질을 발현해야 한다.

＊ X 염색체 유전과 상염색체 유전 ✪ 1등급 핵심 개념

X 염색체 유전	• 형질의 발현 빈도가 남녀 모두에게서 다르게 나타난다. • 형질을 결정하는 유전자가 정상에 대해 우성인 경우에는 남자에 비해 여자에게서 형질 발현 비율이 높다. 예 적록 색맹, 혈우병	
	여자	X 염색체의 대립유전자는 부모로부터 하나씩 전달받고, 아들과 딸 모두에게 전달된다.
	남자	X 염색체의 대립유전자는 어머니로부터 전달받고, 딸에게 전달된다.
상염색체 유전	• 형질 발현 빈도가 남녀 모두에게서 동일하게 나타난다. • 형질을 결정하는 유전자가 상염색체에 있는 유전이다. • 형질 결정 대립유전자가 2가지인 경우 하나의 유전 형질 발현에 1쌍의 대립유전자가 관여한다. • 1쌍의 대립유전자 구성에 따라 대립 형질이 명확하게 구분된다.	

L 71 정답 ③ [정답률 29%] ✪ 1등급 대비

다음은 어떤 집안의 유전 형질 (가)와 (나)에 대한 자료이다.

○ (가)는 대립유전자 E와 e에 의해 결정되며, 유전자형이 다르면 표현형이 다르다. (가)의 3가지 표현형은 각각 ㉠, ㉡, ㉢이다.
➡ (가)는 불완전 우성 형질

○ (나)는 3쌍의 대립유전자 H와 h, R와 r, T와 t에 의해 결정된다. (나)의 표현형은 유전자형에서 대문자로 표시되는 대립유전자의 수에 의해서만 결정되며, 이 대립유전자의 수가 다르면 표현형이 다르다. ➡ (나)는 다인자 유전 형질

○ 가계도는 구성원 1~8에게서 발현된 (가)의 표현형을, 표는 구성원 1, 2, 3, 6, 7에서 체세포 1개당 E, H, R, T의 DNA 상대량을 더한 값(E+H+R+T)을 나타낸 것이다.

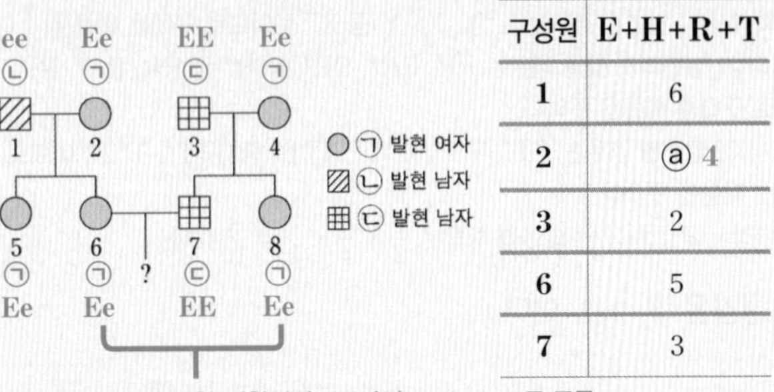

구성원	E+H+R+T
1	6
2	ⓐ 4
3	2
6	5
7	3

만약 6과 8이 동형 접합성인 EE라면 1, 2, 3 모두 E를 가지는데, 이 세 사람에게서 3가지 표현형이 나올 수 없음

○ 구성원 1에서 e, H, R는 7번 염색체에 있고, T는 8번 염색체에 있다.

○ 구성원 2, 4, 5, 8은 (나)의 표현형이 모두 같다.

이에 대한 설명으로 옳은 것만을 〈보기〉에서 있는 대로 고른 것은? (단, 돌연변이와 교차는 고려하지 않으며, E, e, H, h, R, r, T, t 각각의 1개당 DNA 상대량은 1이다.) (3점) 2023 대비 6월 모평 17

[보기]

ㄱ. ⓐ는 4이다.
2의 (가)의 유전자형은 Ee, (나)의 유전자형에서 대문자 수는 3이므로 ⓐ는 4

ㄴ. 구성원 4에서 E, h, r, T를 모두 갖는 생식세포가 형성될 수 있다. 4에서 (가)와 (나)의 유전자형은 Ehr/eHR, T/t

ㄷ. 구성원 6과 7 사이에서 아이가 태어날 때, 이 아이에게서 나타날 수 있는 (나)의 표현형은 최대 ~~5가지~~이다. 4가지

① ㄱ ② ㄷ ③ ㄱ, ㄴ ④ ㄴ, ㄷ ⑤ ㄱ, ㄴ, ㄷ

단서+발상

단서 가계도 그림에서 구성원 6과 8의 (가)의 표현형이 같고, 구성원 1, 2, 3의 (가)의 표현형이 서로 다르다는 것에 주목한다.

발상 자녀의 유전자형이 동형 접합성이라고 가정하였을 때, 아버지, 어머니, 자녀 세 사람은 모두 같은 유전자를 갖는다는 것을 생각한다.

해결 자녀 6과 8이 동형 접합성(EE 또는 ee)일 경우 1, 2, 3은 모두 E를 갖거나 또는 1, 2, 3은 모두 e를 가지므로 이 세 사람에게서 3가지 표현형(EE, Ee, ee)이 나올 수 없다. 따라서 구성원 6과 8의 유전자형은 이형 접합성이며, 표현형은 ㉠이므로 ㉠은 Ee임을 파악할 수 있어야 고난도 문제를 해결할 수 있다.

| 문제 해결 과정 |

step 1 ㉠, ㉡, ㉢ 확정하기

- (가)는 유전자형이 다르면 표현형이 다르므로 유전자형 EE, Ee, ee는 서로 다른 표현형이며, 각각 ㉠, ㉡, ㉢ 중 하나이다.
- 만약 자녀의 유전자형이 동형 접합성이라면 아버지, 어머니, 자녀 이 세 사람은 모두 같은 유전자를 가지므로 이 세 사람에게서 3가지 표현형이 나올 수 없다.
- 이 원리를 적용하여 만약 구성원 6과 8의 (가)의 유전자형이 동형 접합성인 EE(ee)라면 구성원 1, 2, 3 모두 E(e)를 가지는데, 이 세 사람에게서 3가지 표현형이 나올 수 없다. 따라서 구성원 6과 8의 유전자형은 이형 접합성이며, 표현형은 ㉠이므로 ㉠은 Ee이다.
- 조건에서 구성원 1은 e를 가지므로 구성원 1의 표현형인 ㉡은 ee, 나머지 ㉢은 EE인 것을 알 수 있다.

step 2 E+H+R+T를 통해 구성원 1과 3의 (나)의 유전자형 확정하기

- 구성원 1의 (가)의 유전자형은 ee이고, E+H+R+T가 6이므로 1의 (나)의 유전자형은 HHRRTT이다. 따라서 구성원 1의 유전자 구성은 eHR/eHR, T/T이며, (나)의 대한 유전자형을 대문자 수로 표현하면 e2/e2, 1/1로 나타낼 수 있다.
- 구성원 3의 (가)의 유전자형은 EE이고, E+H+R+T가 2이므로 2의 (나)의 유전자형은 hhrrtt이다. 따라서 구성원 3의 유전자 구성은 Ehr/Ehr, t/t이며, (나)에 대한 유전자형을 대문자 수로 표현하면 E0/E0, 0/0이다.
- 이를 정리하여 구성원의 유전자 구성을 가계도에 나타내면 그림과 같다.

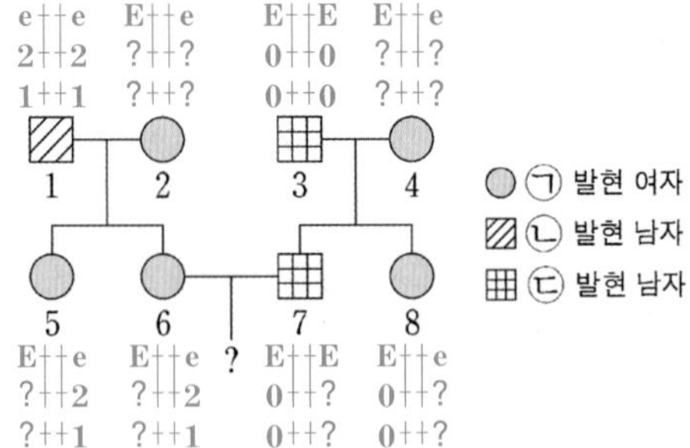

step 3 나머지 구성원의 (나)의 유전자형 확정하기

- 조건에서 구성원 2, 4, 5, 8은 (나)의 표현형은 모두 같다고 하였다.
- 아래 그림을 보면 구성원 5는 (나)의 유전자형에서 대문자 수가 최소 3개이고, 구성원 8은 (나)의 유전자형에서 대문자 수가 최대 3개이므로 구성원 2, 4, 5, 8의 (나)의 유전자형에서 대문자 수가 3개 있어야 한다.

- 따라서 구성원 5와 구성원 8의 유전자 구성은 E0/e2, 1/0 (Ehr/eHR, T/t)이다.
- 이를 정리하여 구성원의 유전자 구성을 가계도에 나타내면 그림과 같다.

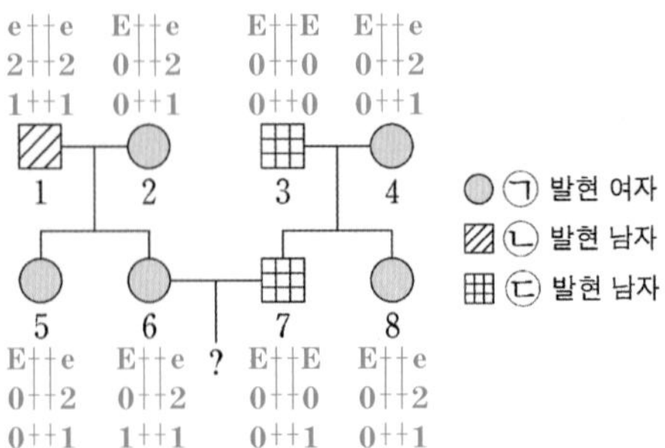

| 보기 분석 |

ㄱ. ⓐ는 4이다. (○)

- 문제 해결 과정의 step 3 를 참고하면, 구성원 2의 (가)의 유전자형은 Ee이고, (나)의 유전자형에서 대문자로 표시되는 대립유전자의 수가 3이므로 ⓐ는 4이다.

ㄴ. 구성원 4에서 E, h, r, T를 모두 갖는 생식세포가 형성될 수 있다. (○)

- 문제 해결 과정의 step 2 를 참고하면, 구성원 8의 유전자 구성은 E0/e2, 1/0 (Ehr/eHR, T/t)이므로 eHR(e2)와 T(1)는 어머니 4로부터 물려받은 것이다. 또한 구성원 4는 (나)의 유전자형에서 대문자가 3개 있어야 한다.
- 따라서 구성원 4의 유전자 구성은 Ehr/eHR, T/t이므로 구성원 4에서 E, h, r, T를 모두 갖는 생식세포가 형성될 수 있다.

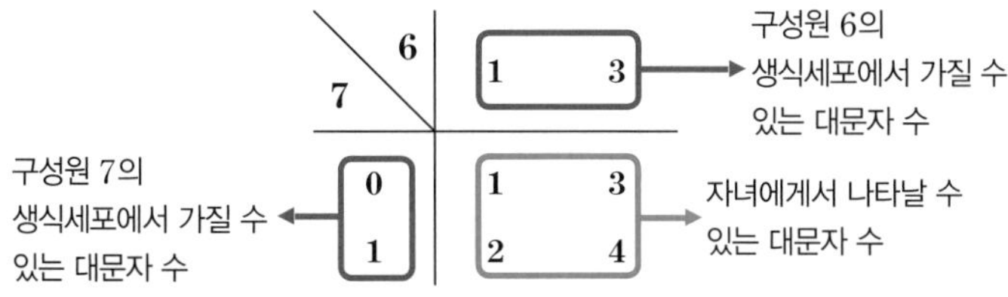

ㄷ. 구성원 6과 7 사이에서 아이가 태어날 때, 이 아이에게서 나타날 수 있는 (나)의 표현형은 최대 5가지이다. (×)

- 6의 (나)의 유전자 구성이 0/2, 1/1 (hr/HR, T/T)이므로 6에서 형성되는 생식세포에서 대문자로 표시되는 대립유전자 수는 1, 3이다.
- 7의 (나)의 유전자 구성이 0/0, 1/0 (hr/hr, T/t)이므로 7에서 형성되는 생식세포에서 대문자로 표시되는 대립유전자의 수는 0, 1이다.
- 따라서 6과 7 사이에 태어나는 아이에게서 나타날 수 있는 (나)의 표현형은 유전자형에서 대문자로 표시되는 대립유전자의 수가 1, 2, 3, 4인 경우로 최대 4가지이다.

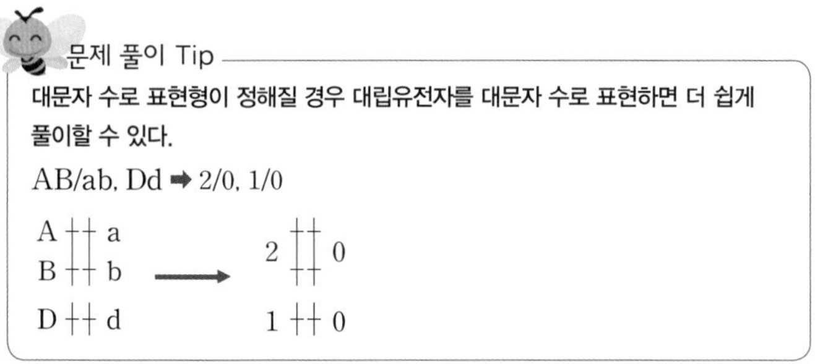

✪ 정답은 ③ ㄱ, ㄴ이다.

문제 풀이 Tip

대문자 수로 표현형이 정해질 경우 대립유전자를 대문자 수로 표현하면 더 쉽게 풀이할 수 있다.

AB/ab, Dd ➡ 2/0, 1/0

A ǁ a, B ǁ b, D ǁ d ⟶ 2 ǁ 0, 1 ǁ 0

L 72 정답 ② ······ [정답률 33%] ✪ 1등급 대비

다음은 어떤 집안의 유전 형질 (가)~(다)에 대한 자료이다.

(가)는 상염색체 유전

- (가)는 대립유전자 H와 H*에 의해, (나)는 대립유전자 R와 R*에 의해, (다)는 대립유전자 T와 T*에 의해 결정된다. H는 H*에 대해, R는 R*에 대해, T는 T*에 대해 각각 완전 우성이다.
- (가)의 유전자와 (나)의 유전자 중 하나만 X 염색체에 있다.
  상염색체에 있음 / X 염색체에 있음
- (다)의 유전자는 X 염색체에 있고, (다)는 열성 형질이다.
  (나)와 (다)의 유전자는 X 염색체에 있음
- 가계도는 구성원 ⓐ를 제외한 나머지 구성원 1~9에게서 (가)와 (나)의 발현 여부를 나타낸 것이다.

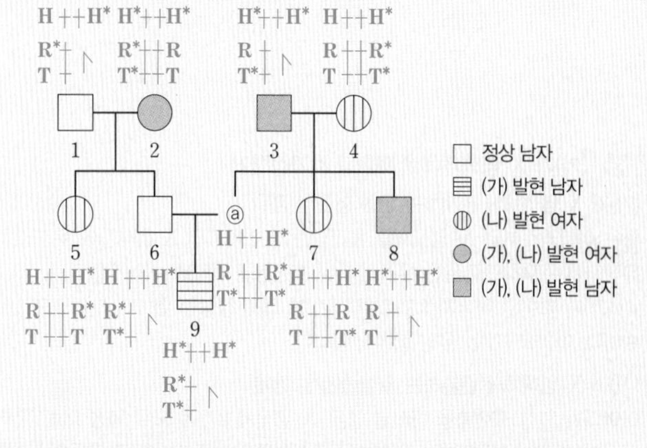

- ⓐ를 제외한 나머지 1~9 중 3, 6, 9에서만 (다)가 발현되었다.
- 체세포 1개당 H의 DNA 상대량은 1과 ⓐ가 서로 같다.
  → (가)는 열성 형질, H*는 (가) 발현 유전자

이에 대한 설명으로 옳은 것만을 〈보기〉에서 있는 대로 고른 것은? (단, 돌연변이와 교차는 고려하지 않으며, H와 H* 각각의 1개당 DNA 상대량은 1이다.)

2020 대비 6월 모평 19

[보기]

ㄱ. (가)는 ~~우성~~ 형질이다.
→ (가)는 정상에 대해 열성 형질

ㄴ. ⓐ에서 (다)가 발현되었다.
→ ⓐ의 유전자형은 RT*/R*T*이며, ⓐ에게서 (다)가 발현됨

ㄷ. 9의 동생이 태어날 때, 이 아이에게서 (가)~(다)가 모두 발현될 확률은 이다.
→ 9의 동생에게서 (가)가 발현될 확률은 $\frac{1}{4}$, (나)와 (다)가 함께 발현될 확률은 $\frac{1}{2}$, (가)~(다)가 모두 발현될 확률은 $\frac{1}{4} \times \frac{1}{2} = \frac{1}{8}$

① ㄱ ② ㄴ ③ ㄷ ④ ㄱ, ㄴ ⑤ ㄴ, ㄷ

단서+발상

(단서) '체세포 1개당 H의 DNA 상대량은 1과 ⓐ가 서로 같다'는 조건에 주목한다.

(발상) (가)는 상염색체 유전임을 파악한 상태에서 1과 ⓐ는 (가)에 대한 유전자형이 같으므로 표현형도 같다는 것을 생각한다.

(해결) 만약 (가)가 우성이라면 (가)가 발현된 구성원 9는 (가) 유전자를 갖는다. 이 유전자는 ⓐ로부터 받았으므로 ⓐ도 (가)가 발현되어야 한다. 하지만 1은 (가)가 발현되지 않으므로 (가)는 열성임을 파악할 수 있어야 고난도 문제를 해결할 수 있다.

| 문제 해결 과정 |

step 1 가계도에 (가)와 (나) 형질 표시하기

- 가계도 그림에서 구성원 각각의 유전 형질을 표시함으로써 구성원의 형질을 한 눈에 파악한다.
- 이때, 시간을 절약하기 위하여 (가)는 ㄱ, (나)는 ㄴ, (다)는 ㄷ으로 쓰는 것도 좋은 방법이다.
- 이렇게 여러 형질을 가계도에 표시하면 오히려 가시성이 더 떨어질 수 있으므로 먼저 다룰 형질만 표시하고, 나머지 형질들은 나중에 표시하는 것도 좋은 방법이다.

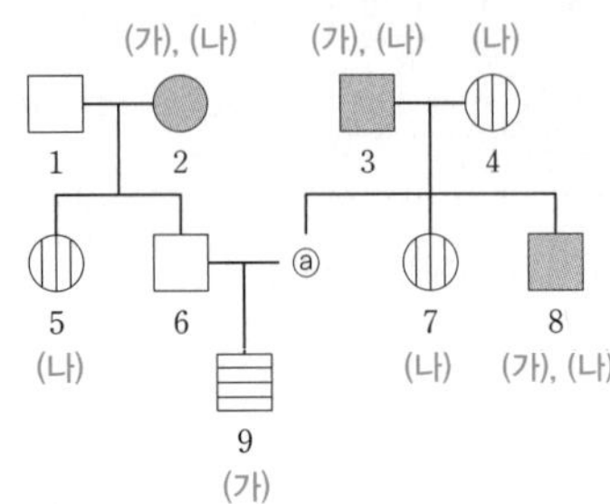

step 2 (가)가 X 염색체에 존재한다고 가정하기

1. (가)가 X 염색체에 존재하는 우성 형질일 경우

- 딸은 아버지로부터 X 염색체를 물려받는데, 아버지의 X 염색체에 우성인 대립유전자가 존재하므로 딸은 무조건 우성 표현형을 나타낼 수밖에 없다.
  ⇨ (가)가 발현된 아버지 3으로부터 (가)에 대해 정상인 딸 7이 태어났으므로 모순이다. 따라서 (가)는 우성 형질이 아니다.

2. (가)가 X 염색체에 존재하는 열성 형질일 경우

- 어머니가 열성 표현형을 나타낼 경우 X 염색체 2개에 모두 열성 대립유전자를 갖는다. 따라서 아들에게는 열성 대립유전자를 물려주게 되므로 아들의 표현형은 무조건 열성일 수밖에 없다.
  ⇨ (가)가 발현된 어머니 2로부터 (가)가 발현되지 않은 아들 6이 태어났으므로 모순이다. 따라서 (가)의 유전자는 상염색체에 존재한다.

step 3 (가)와 (나) 분석하기

1. (가)의 우열 관계 파악하기

- 문제 조건에서 체세포 1개당 H의 DNA 상대량은 1과 ⓐ가 서로 같다고 하였으므로, (가)를 우성이라고 가정한다면 6은 H^* 유전자만을 가지므로 9의 H 유전자는 ⓐ로부터 온 것이다.
- 그런데 1은 정상 표현형(H^*H^*)이므로 모순이다. 따라서 (가)는 열성 형질이며, H는 정상 유전자이고 H^*는 (가) 발현 유전자이다.

2. (나)의 우열 관계 파악하기

- 문제의 조건에서 (가)의 유전자와 (나)의 유전자 중 하나만 X 염색체에 존재한다고 했으므로 (나)는 X 염색체에 존재한다.
- (나)를 나타내지 않는 아들 6은 어머니 2로부터 정상 유전자를 물려받는데, 2는 (나) 표현형을 나타내므로 (나)는 정상에 대해 우성이다. 따라서 R는 (나) 발현 유전자, R^*는 정상 유전자이다.

step 4 ⓐ의 유전자형 파악하기

- 위에서 (가)가 열성 형질임을 파악했으므로 1은 H_이며, ⓐ는 아버지인 3으로부터 H^*을 받는다.
- 문제 조건에서 체세포 1개당 H의 DNA 상대량은 1과 ⓐ가 같다고 하였으므로 1과 ⓐ는 HH^*이다.
- (나)와 (다)는 모두 X 염색체 유전이며, (나)는 우성, (다)는 열성 형질이다.
- (나)와 (다)에 대한 유전자형을 나타내면 3은 $X^{RT^*}Y$를, 9는 $X^{R^*T^*}Y$이다.
- ⓐ는 여자이므로 아버지인 3으로부터 X^{RT^*}를 물려받고, 아들인 9로부터 $X^{R^*T^*}$를 물려줘야 한다.
- 따라서 ⓐ의 (나)와 (다)에 대한 유전자형은 $X^{RT^*}X^{R^*T^*}$이며, ⓐ는 (나)와 (다)가 발현된다.

- 위의 결과를 가계도에 나타내면 다음과 같다.

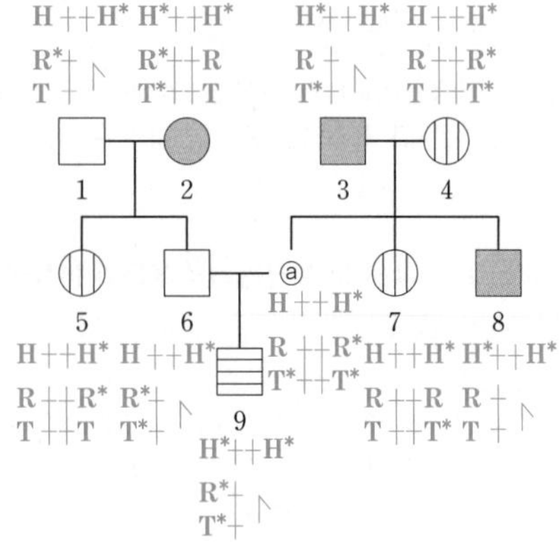

| 보기 분석 |

ㄱ. (가)는 우성 형질이다. (×)

문제 해결 과정의 step 3를 참고하면, (가)가 우성이라고 가정할 때 1과 ⓐ의 H의 DNA 상대량이 서로 같지 않으므로 (가)는 열성 형질이다.

ㄴ. ⓐ에서 (다)가 발현되었다. (○)

- (나)와 (다)는 모두 X 염색체 유전이며, (나)는 우성, (다)는 열성 형질이다.
- (나)와 (다)에 대한 유전자형을 나타내면 3은 $X^{RT^*}Y$를, 9는 $X^{R^*T^*}Y$이다. ⓐ는 여자이므로 아버지인 3으로부터 X^{RT^*}, 아들인 9로부터 $X^{R^*T^*}$를 물려줘야 한다.
- 따라서 ⓐ의 (나)와 (다)에 대한 유전자형은 $X^{RT^*}X^{R^*T^*}$이며, ⓐ는 (나)와 (다)가 발현된다.

ㄷ. 9의 동생이 태어날 때, 이 아이에게서 (가)~(다)가 모두 발현될 확률은 $\frac{1}{4}$이다. (×)

- 6($HH^*X^{R^*T^*}Y$)과 ⓐ($HH^*X^{RT^*}X^{R^*T^*}$) 사이에서 (가)가 발현되는 경우는 HH, HH^*, HH^*, H^*H^* 중 H^*H^*만 가능하므로 구하는 확률은 $\frac{1}{4}$이다.
- (나)와 (다)가 발현되는 경우는 $X^{R^*T^*}X^{RT^*}$, $X^{R^*T^*}X^{R^*T^*}$, $X^{RT^*}Y$, $X^{R^*T^*}Y$ 중 $X^{RT^*}Y$, $X^{RT^*}X^{R^*T^*}$만 가능하므로 구하는 확률은 $\frac{1}{2}$이다.
- 따라서 구하는 확률은 $\frac{1}{4}\times\frac{1}{2}=\frac{1}{8}$이다.

✪ 정답은 ② ㄴ이다.

문제 풀이 Tip

1. **부모의 표현형이 서로 같고 자손의 표현형이 부모와는 다른 경우 부모의 표현형이 우성이며 자손의 표현형이 열성이다.**
2. **X 염색체 유전일 경우 어머니가 열성 표현형을 나타내면 아들도 열성 표현형이 나타난다. 또는 딸이 열성 표현형이면 아버지도 열성 표현형이 나타난다.**
   어머니가 열성 표현형이면 2개의 X 염색체 모두 열성 대립유전자(X^aX^a)를 가지므로 아들에게 열성 대립유전자(X^a)를 줄 수밖에 없다. 따라서 아들은 반드시 열성 표현형이다.

＊ X 염색체 유전과 상염색체 유전 ✪ 1등급 핵심 개념

X 염색체 유전	형질의 발현 빈도가 남녀 모두에게서 다르게 나타난다.	
	여자	X 염색체의 대립유전자는 부모로부터 하나씩 전달받고, 아들과 딸 모두에게 전달된다.
	남자	X 염색체의 대립유전자는 어머니로부터 전달받고, 딸에게 전달된다.
상염색체 유전	• 형질 발현 빈도가 남녀 모두에게서 동일하게 나타난다. • 형질 결정 대립유전자가 2가지인 경우 하나의 유전 형질 발현에 1쌍의 대립유전자가 관여한다. • 1쌍의 대립유전자 구성에 따라 대립 형질이 명확하게 구분된다.	

L 73 정답 ① ······ [정답률 24%] ✪ 1등급 대비

다음은 어떤 집안의 유전 형질 (가)와 (나)에 대한 자료이다.

- (가)는 대립유전자 E와 e에 의해 결정되고, E는 e에 대해 완전 우성이다.
- (나)는 대립유전자 H, R, T에 의해 결정된다. H는 R와 T에 대해 각각 완전 우성이고, R는 T에 대해 완전 우성이다.
- (나)의 표현형은 3가지이고, ㉠, ㉡, ㉢이다.
  → (나)의 표현형이 T일 때 유전자형은 TT
  표현형이 R일 때 유전자형은 RR, RT
  표현형이 H일 때 유전자형은 HH, HR, HT
- (가)와 (나)의 유전자는 모두 X 염색체에 있다.
- 가계도는 구성원 ⓐ와 ⓑ를 제외한 구성원 1 ~ 11에게서 (가)의 발현 여부를 나타낸 것이다.

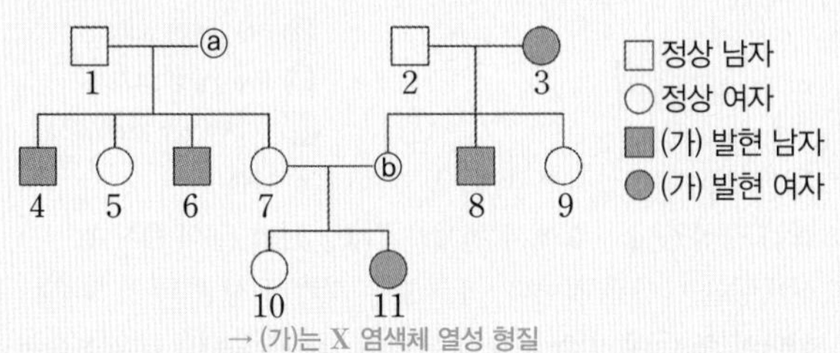

→ (가)는 X 염색체 열성 형질

- 1의 (나)의 표현형은 ㉠이고, 2와 11의 (나)의 표현형은 ㉡이며, 3의 (나)의 표현형은 ㉢이다.
- 4, 6, 10의 (나)의 표현형은 모두 다르고, ⓑ, 8, 9의 (나)의 표현형도 모두 다르다.
- 9의 (나)의 유전자형은 RT이다.
  → 9의 (나)의 표현형은 R
  → ⓑ와 8의 (나)의 표현형은 각각 T 또는 H 중 하나이며 X염색체 유전이므로 3의 (나)의 유전자형은 TH

이에 대한 옳은 설명만을 〈보기〉에서 있는 대로 고른 것은? (단, 돌연변이와 교차는 고려하지 않는다.) (3점) 2020 실시 10월 학평 18

[보기]

ㄱ. (가)는 열성 형질이다.
→ (가)는 X 염색체 열성 형질

ㄴ. ⓐ와 8의 (나)의 표현형은 다르다.
→ ⓐ와 8의 (나)의 표현형은 모두 H

ㄷ. 이 집안에서 E와 T를 모두 갖는 구성원은 4명이다.
→ E와 T를 모두 갖는 구성원은 1, 5, 7, 9, 10의 5명

① ㄱ ② ㄴ ③ ㄱ, ㄷ ④ ㄴ, ㄷ ⑤ ㄱ, ㄴ, ㄷ

단서+발상

(단서) ⓑ, 8, 9의 (나)의 표현형이 모두 다르다는 것과 9의 (나)의 유전자형이 RT라는 조건에 주목한다.

(발상) 9의 (나)의 표현형이 [R]이므로 나머지 8과 9의 표현형은 각각 [H]와 [T] 중 하나임을 생각한다.

(해결) ⓑ는 남자이고, (나) 표현형은 ⓑ와 8이 서로 다르므로 어머니 3으로부터 서로 다른 유전자를 받았다는 것을 알 수 있다. 따라서 어머니의 유전자형은 HT이므로 표현형은 [H]=㉢임을 파악할 수 있어야 고난도 문제를 해결할 수 있다.

| 문제 해결 과정 |

step 1 (가)의 우열 관계 파악하기

- (가)의 유전자는 X 염색체에 있으므로 남자는 (가)에 대한 대립유전자를 한 종류만 가진다.
- (가)가 우성 형질이라면, 정상 형질인 7은 자손에게 대립유전자 e만을 줄 수 있고, ⓑ가 가진 대립유전자의 종류에 따라 태어날 수 있는 딸의 표현형은 한 종류이다.
- 7과 ⓑ 사이에서 (가)에 대해 정상인 여자 10과 유전 형질이 발현된 여자 11이 모두 태어났으므로 (가)는 열성 형질이다.

step 2 구성원의 (가)에 대한 유전자형 파악하기

1. 가계도에 표현된 구성원의 유전자형 파악하기

- (가)는 X 염색체 열성 형질이므로 형질이 발현한 남자인 4, 6, 8의 유전자형은 eY, 정상 남자인 1, 2의 유전자형은 EY, 형질이 발현한 여자인 3, 11의 유전자형은 ee이다.
- 9는 3으로부터 열성 대립유전자를 받으므로 (가)에 대한 유전자형이 이형 접합성이다.
- 7은 11에게 열성 대립유전자를 주어야 하므로 (가)에 대한 유전자형이 이형 접합성이다.

2. 가계도에 표현되지 않은 구성원 ⓐ, ⓑ의 유전자형 파악하기

- 3의 유전자형이 ee이므로 ⓑ의 유전자형은 eY이다. ⓑ는 (가)가 발현한 남자이다.
- 10은 ⓑ로부터 열성 대립유전자를 받으므로 (가)에 대한 유전자형이 이형 접합성이다.
- ⓐ는 자손 4, 6에 전달할 대립유전자 e를 가지고, 5는 1로부터 받은 대립유전자 E를 가지는데, 이 단계에서 ⓐ와 5의 유전자형은 확정되지 않는다.
- 구성원의 (가)에 대한 유전자형은 아래 그림과 같다.

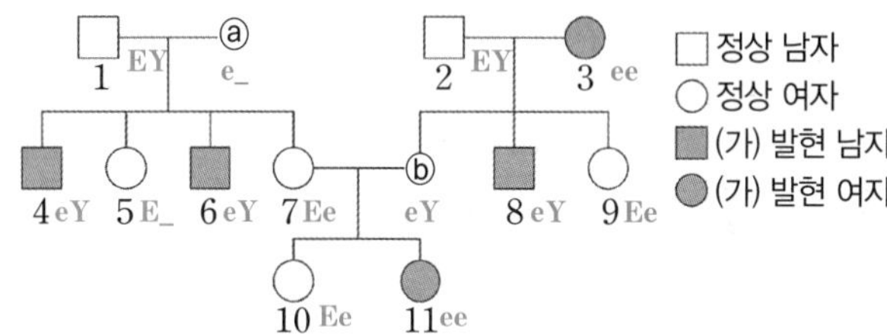

step 3 ㉠~㉢에 해당하는 (나)의 표현형 찾기

- 9의 (나)에 대한 유전자형이 RT이고 R이 T에 대해 완전 우성이므로 9의 (나)에 대한 표현형은 R이다.
- ⓑ, 8은 3으로부터 X 염색체를 받는데, ⓑ, 8, 9의 (나)에 대한 표현형이 모두 다르므로 ⓑ, 8은 각각 T와 H 중 하나를 가진다.
- 3은 ⓑ, 8에게 전달할 T와 H를 모두 가지므로 (나)에 대한 유전자형은 HT이다. H가 T에 대해 완전 우성이므로 3의 (나)에 대한 표현형은 H이고 이것이 ㉢이다.
- 9는 3으로부터 T를 받고 2로부터 R을 받아야 하므로 2의 (나)에 대한 유전자형은 RY이다. 2의 (나)에 대한 표현형은 R이고 이것이 ㉡이다.
- ㉠은 나머지 표현형인 T이다.

step 4 구성원의 (가)와 (나)에 대한 유전자형 파악하기

1. (나)의 표현형을 바탕으로 유전자형 파악하기

- (나)의 표현형이 T일 때 유전자형은 TT이고, 표현형이 R일 때 유전자형은 RR, RT이며, 표현형이 H일 때 유전자형은 HH, HR, HT이다.
- 11의 (나)에 대한 표현형이 ㉡(R)이므로 유전자형은 RR, RT 중 하나이다.
- ⓑ가 T 또는 H를 가지므로 11의 유전자형은 RT이고, ⓑ는 T를 가지고 8이 H를 가진다.

2. 같은 X 염색체에 있는 (가)와 (나)의 대립유전자 파악하기

- 11은 ⓑ로부터 받은 e와 T가 함께 있는 X 염색체와 7로부터 받은 e와 R이 함께 있는 X 염색체를 가진다.
- 1의 (나)의 표현형은 ㉠(T)이므로 1의 (나)에 대한 유전자형은 TY이다. 1은 E와 T가 함께 있는 X 염색체를 가진다.
- 7은 1로부터 받은 E와 T가 함께 있는 X 염색체와 11에게 전달할 e와 R이 함께 있는 X 염색체를 가진다.
- 10은 7로부터 받은 E와 T가 함께 있는 X 염색체와 ⓑ로부터 받은 e와 T가 함께 있는 X 염색체를 가진다. 10의 (나)의 표현형은 ㉠(T)이다.

3. 모든 구성원의 (가)와 (나)에 대한 유전자형 파악하기

- 4, 6, 10의 (나)에 대한 표현형이 모두 다르므로 4, 6은 각각 H와 R 중 하나를 가진다.

- 4, 6의 염색체는 ⓐ로부터 온 것으로 ⓐ는 e와 H가 함께 있는 X 염색체와 e와 R이 함께 있는 X 염색체를 가진다.
- ⓐ의 (가)에 대한 유전자형은 ee로 확정되다.
- 구성원들의 (가)와 (나)에 대한 유전자형은 아래 그림과 같다.

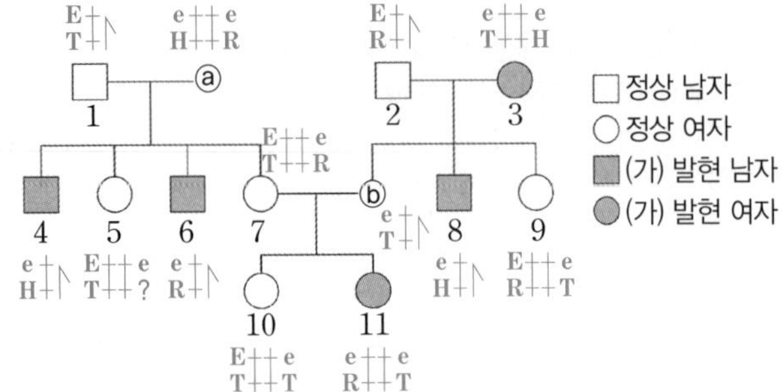

| 보기 분석 |

ㄱ. (가)는 열성 형질이다. (○)

문제 해결 과정의 **step 1**을 참고하면, (가)는 X 염색체 열성 유전 형질이다.

ㄴ. ⓐ와 8의 (나)의 표현형은 다르다. (×)

- 문제 해결 과정의 **step 4**를 참고하면, ⓐ의 (나)에 대한 유전자형은 HR이고, 8의 (나)에 대한 유전자형은 HY이다.
- H가 R에 대해 완전 우성이므로 ⓐ와 8 모두 (나)에 대한 표현형은 H, 즉 ⓒ으로 같다.

ㄷ. 이 집안에서 E와 T를 모두 갖는 구성원은 4명이다. (×)

- 문제 해결 과정의 **step 2**와 **step 4**를 참고하면, E를 가지는 구성원은 1, 2, 5, 7, 9, 10이고, T를 가지는 구성원은 1, 3, 5, 7, ⓑ, 9, 10, 11이다.
- 따라서 E와 T를 모두 갖는 구성원은 1, 5, 7, 9, 10으로 5명이다.

✪ 정답은 ① ㄱ이다.

문제 풀이 Tip

1. **부모의 표현형이 서로 같고 자손의 표현형이 부모와는 다른 경우 부모의 표현형이 우성, 자손의 표현형이 열성이다.**
   우성 표현형의 부모에게서 열성 표현형의 자손은 태어날 수 있지만, 열성 표현형의 부모에게서 우성 표현형의 자손은 태어날 수 없다.
2. **X 염색체 우성 유전의 경우 정상 형질인 여자 구성원의 아버지와 아들은 모두 정상 형질이며, 형질이 발현된 남자 구성원의 어머니와 딸은 모두 형질을 발현해야 한다. X 염색체 열성 유전의 경우 형질이 발현된 여자 구성원의 아버지와 아들은 모두 형질을 발현해야 한다.**
   X 염색체에 존재하는 유전자라고 제시되어 있다면 가계도에서 아버지와 딸, 또는 어머니와 아들의 표현형을 먼저 살펴본다.
3. **한 염색체에 있는 대립유전자들은 생식세포 형성 시 분리되지 않고 함께 이동한다.**
   서로 다른 형질 (가)와 (나)를 결정하는 대립유전자가 같은 염색체에 있다면, 하나의 염색체에 존재하는 대립유전자가 무엇인지 살펴본다. 서로 다른 형질에 대한 두 대립유전자가 자손에게 함께 전달됨을 이용하여 가계도를 분석해야 한다.

＊ X 염색체 유전 ✪ **1등급** 핵심 개념

- 어떤 형질을 결정하는 유전자가 성염색체인 X 염색체에 존재하여 유전되는 경우이다.
- 남자의 X 염색체의 대립유전자는 어머니에게서 물려받으며, 남자의 X 염색체의 대립유전자는 딸에게만 전달된다.

⇨ X 염색체 우성 유전의 경우, 아버지가 유전병이면 딸이 유전병이고, 아들이 유전병이면 어머니가 유전병이다. 반대로 어머니가 정상이면 아들은 정상이고, 딸이 정상이면 아버지가 정상이다.

⇨ X 염색체 열성 유전의 경우, 어머니가 유전병이면 아들이 유전병이고, 딸이 유전병이면 아버지가 유전병이다.

L 74 정답 ② [정답률 27%] ✪ 1등급 대비

다음은 어떤 집안의 유전 형질 (가)와 (나)에 대한 자료이다.

- (가)의 유전자와 (나)의 유전자 중 하나만 X 염색체에 있다.
- (가)는 대립유전자 H와 h에 의해, (나)는 대립유전자 T와 t에 의해 결정된다. H는 h에 대해, T는 t에 대해 각각 완전 우성이다.
- 가계도는 구성원 1~6에게서 (가)와 (나)의 발현 여부를 나타낸 것이다.

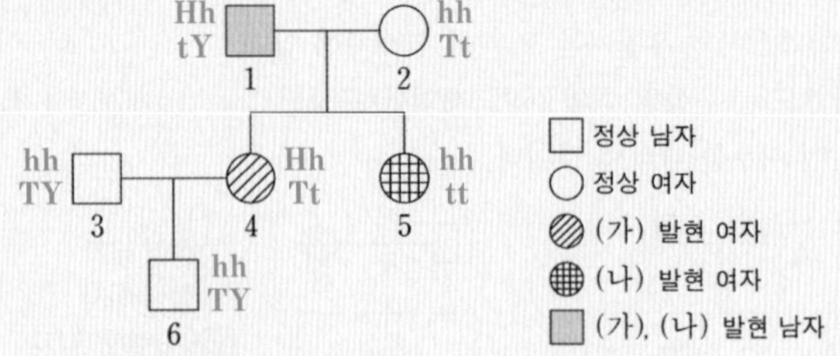

➡ (가)는 상염색체 우성 유전, (나)는 X 염색체 열성 유전

- 표는 구성원 Ⅰ~Ⅲ에서 체세포 1개당 H와 ㉠의 DNA 상대량을 나타낸 것이다. Ⅰ~Ⅲ은 각각 구성원 1, 2, 5 중 하나이고, ㉠은 T와 t 중 하나이며, ⓐ~ⓒ는 0, 1, 2를 순서 없이 나타낸 것이다.

구성원		Ⅰ 2	Ⅱ 1	Ⅲ 5
DNA 상대량	H	ⓑ 0	ⓒ 1	ⓑ 0
	㉠ t	ⓒ 1	ⓒ 1	ⓐ 2

이에 대한 설명으로 옳은 것만을 <보기>에서 있는 대로 고른 것은? (단, 돌연변이와 교차는 고려하지 않으며, H, h, T, t 각각의 1개당 DNA 상대량은 1이다.) (3점)

2023 대비 9월 모평 16

[보기]

ㄱ. (가)는 열성 형질이다.
(가)는 우성 형질

ㄴ. Ⅲ의 (가)와 (나)의 유전자형은 모두 동형 접합성이다.
Ⅲ(구성원 5)의 (가)와 (나)의 유전자형은 모두 동형 접합성

ㄷ. 6의 동생이 태어날 때, 이 아이에게서 (가)와 (나)가 모두 발현될 확률은 $\frac{1}{4}$이다.
6의 동생이 태어날 때 (가)와 (나)가 모두 발현될 확률은 $\frac{1}{8}$

① ㄱ ② ㄴ ③ ㄱ, ㄴ
④ ㄱ, ㄷ ⑤ ㄴ, ㄷ

단서+발상

(단서) Ⅰ과 Ⅲ의 H의 DNA 상대량이 ⓑ로 같다는 것에 주목한다.

(발상) (가)는 상염색체 유전임을 파악한 상태에서 H의 DNA 상대량이 같으면 유전자형도 같으므로 표현형도 같다는 것을 생각한다.

(해결) 가계도에서 구성원 1은 (가)가 발현되고, 구성원 2와 5는 (가)가 발현되지 않았으므로 구성원 Ⅰ과 Ⅲ은 각각 2와 5 중 하나임을 파악할 수 있어야 고난도 문제를 해결할 수 있다.

| 문제 해결 과정 |

step 1 (가)와 (나)에 대해 분석하기

1. (가)의 유전자 위치 파악하기

- (가)가 X 염색체 우성 유전이라면 (가)가 발현된 아버지 1에서 (가)가 발현되지 않은 딸인 5가 태어날 수 없으므로 모순이다.
- (가)가 X 염색체 열성 유전이라면 (가)가 발현된 어머니 4에서 (가)가 발현되지 않은 아들인 6이 태어날 수 없으므로 모순이다.
- (가)가 X 염색체 우성일 때와 X 염색체 열성일 때 모두 모순이 나타나므로 (가)는 상염색체 유전이다.

2. (나)의 유전자 위치와 우열 파악하기

- 나머지 (나)는 X 염색체 유전이다. 만약 (나)가 우성 유전이라면 (나)가 발현된 아버지 1에서 (나)가 발현되지 않은 딸인 4가 태어날 수 없으므로 모순이다. 따라서 (나)는 X 염색체 열성 유전이다.

step 2 ⓐ~ⓒ 추론하기 및 (가)의 우열 관계 파악하기

1. ⓐ~ⓒ 추론하기

- 1은 (가)가 발현되고 2와 5는 (가)가 발현되지 않는다. Ⅰ과 Ⅲ은 H의 DNA 상대량이 ⓑ로 같으므로 표현형도 같다. 따라서 Ⅰ과 Ⅲ은 각각 2와 5 중 하나이고 1은 Ⅱ이다.
- (나)에 대한 유전자형은 1(Ⅱ)이 tY, 2가 Tt, 5가 tt이다. 만약 ㉠이 T라면 ⓒ=0, ⓐ=1이므로 ⓑ=2이다. 이 경우 2와 5의 유전자형은 HH이고, 1이 hh이므로 모순이다.
- 따라서 ㉠은 t이며, ⓒ=1, ⓐ=2이므로 ⓑ=0이다. 또한 2가 Tt, 5가 tt이므로 Ⅰ은 2, Ⅲ은 5로 확정된다.

구성원		Ⅰ 2	Ⅱ 1	Ⅲ 5
DNA 상대량	H	ⓑ0	ⓒ1	ⓑ0
	㉠ t	ⓒ1	ⓒ1	ⓐ2

2. (가)의 우열 관계 파악하기

- 구성원 1(Ⅱ)의 유전자형은 Hh로 이형 접합성인데 (가)가 발현되므로 (가)는 우성 형질이다.

step 3 가계도 구성원의 유전자형 파악하기

- 위의 내용을 정리하여 가계도 구성원의 (가)와 (나)에 대한 유전자형을 정리하면 다음과 같다.

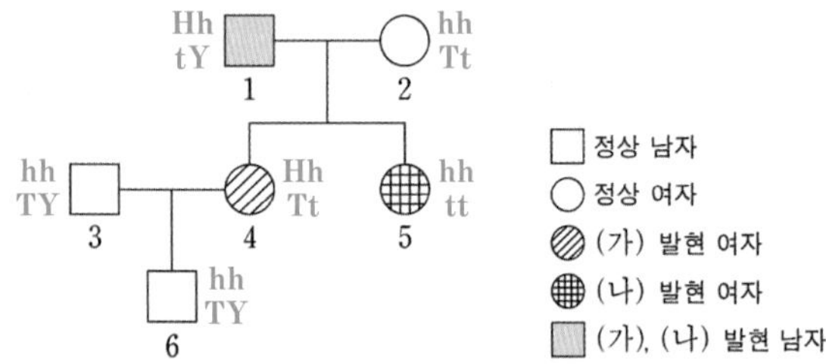

| 보기 분석 |

ㄱ. (가)는 열성 형질이다. (×)

- 문제 해결 과정의 **step 2**를 참고하면, 1은 (가)가 발현되고 2와 5는 (가)가 발현되지 않는다. Ⅰ과 Ⅲ은 H의 DNA 상대량이 ⓑ로 같으므로 표현형도 같다. 따라서 Ⅰ과 Ⅲ은 각각 2와 5 중 하나이고 1은 Ⅱ이다.
- (나)에 대한 유전자형은 1(Ⅱ)이 tY, 2가 Tt, 5가 tt이다. 만약 ㉠이 T라면 ⓒ=0, ⓐ=1이므로 ⓑ=2이다. 이 경우 2와 5의 유전자형은 HH이고, 1이 hh이므로 모순이다.
- 따라서 ㉠은 t이며, ⓒ=1, ⓐ=2이므로 ⓑ=0이다. 또한 2가 Tt, 5가 tt이므로 Ⅰ은 2, Ⅲ은 5로 확정된다.
- 구성원 1(Ⅱ)의 유전자형은 Hh로 이형 접합성인데 (가)가 발현되므로 (가)는 우성 형질이다.

ㄴ. Ⅲ의 (가)와 (나)의 유전자형은 모두 동형 접합성이다. (○)

- 문제 해결 과정의 **step 2**를 참고하면, Ⅲ은 구성원 5이다. 구성원 5의 (가)의 유전자형은 hh, (나)의 유전자형은 tt이므로 모두 동형 접합성이다.

ㄷ. 6의 동생이 태어날 때, 이 아이에게서 (가)와 (나)가 모두 발현될 확률은 $\frac{1}{4}$이다. (×)

- 3(hhTY)과 4(HhTt) 사이에서 6의 동생이 태어날 때, 이 아이에게서 우성 형질인 (가)가 발현될 확률은 4로부터 H를 물려받을 확률($\frac{1}{2}$)이다.
- 열성 형질인 (나)가 발현될 확률은 3으로부터 Y 염색체를 물려받을 확률($\frac{1}{2}$)× 4로부터 t를 물려받을 확률($\frac{1}{2}$)이다.
- 따라서 6의 동생이 태어날 때, 이 아이에게서 (가)와 (나)가 모두 발현될 확률은 $\frac{1}{2}\times\frac{1}{2}\times\frac{1}{2}=\frac{1}{8}$이다.

정답은 ② ㄴ이다.

문제 풀이 Tip

1. 부모의 표현형이 서로 같고 자손의 표현형이 부모와는 다른 경우 부모의 표현형이 우성이며 자손의 표현형이 열성이다.

우성 표현형에게서 열성 표현형은 나올 수 있지만 열성 표현형에게서 우성 표현형은 나올 수 없다.

2. ① 어떤 형질이 X 염색체 유전이면서 우성 형질이라면 형질이 발현된 남자 구성원의 어머니와 딸은 모두 형질을 발현해야 하고, ② X 염색체 유전이면서 열성 형질이라면 형질이 발현된 여자 구성원의 아버지와 아들은 모두 형질을 발현해야 한다.

만약 가계도 구성원 중 ①을 만족하지 않는 구성원과 ②를 만족하지 않는 구성원이 모두 있다면, 이 형질은 상염색체 유전 형질이다.

＊ X 염색체 유전과 상염색체 유전 ········ 1등급 핵심 개념

X 염색체 유전		• 형질의 발현 빈도가 남녀 모두에게서 다르게 나타난다. • 형질을 결정하는 유전자가 정상에 대해 우성인 경우에는 남자에 비해 여자에게서 형질 발현 비율이 높다. 예 적록 색맹, 혈우병
	여자	X 염색체의 대립유전자는 부모로부터 하나씩 전달받고, 아들과 딸 모두에게 전달한다.
	남자	X 염색체의 대립유전자는 어머니로부터 전달받고, 딸에게 전달한다.
상염색체 유전		• 형질을 결정하는 유전자가 상염색체에 있는 유전이다. • 형질 발현 빈도가 남녀 모두에게서 동일하게 나타난다.

L 75 정답 ⑤ ································ [정답률 27%] ✪ 1등급 대비

다음은 어떤 집안의 유전 형질 (가), (나), ABO식 혈액형에 대한 자료이다.

- (가)는 대립유전자 G와 g에 의해, (나)는 대립유전자 H와 h에 의해 결정된다. G는 g에 대해, H는 h에 대해 각각 완전 우성이다.
- (가), (나), ABO식 혈액형의 유전자 중 2개는 9번 염색체에, 나머지 1개는 X 염색체에 있다.
- 가계도는 구성원 ⓐ를 제외한 구성원 1~9에게서 (가)와 (나)의 발현 여부를 나타낸 것이다.

(가)는 3, 6을 통해 우성 형질임을 추론

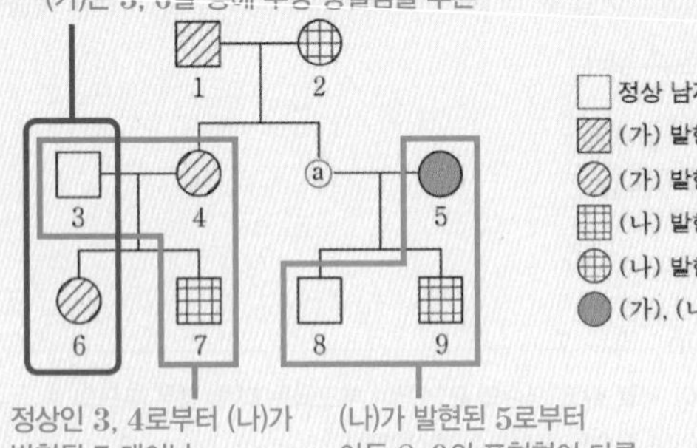

정상인 3, 4로부터 (나)가 발현된 7 태어남
➡ (나) 열성

(나)가 발현된 5로부터 아들 8, 9의 표현형이 다름
➡ (나) 상염색체 유전

- ⓐ, 5, 8, 9의 혈액형은 각각 서로 다르다.
  ➡ ⓐ는 B형, 5는 A형, 8은 O형, 9는 AB형
- 1, 5, 6은 모두 A형이고, 3과 7의 혈액형은 8과 같다.
  ➡ 3, 7, 8의 혈액형은 O형

이에 대한 설명으로 옳은 것만을 〈보기〉에서 있는 대로 고른 것은? (단, 돌연변이와 교차는 고려하지 않는다.) (3점) 2022 실시 4월 학평 18

[보기]

ㄱ. (가)의 유전자는 X 염색체에 있다.
(가)의 유전자는 X 염색체에 존재

ㄴ. ⓐ는 1과 (나)의 유전자형이 ~~같다~~.
ⓐ는 Hh, 1은 HH로 유전자형이 같지 않음

ㄷ. 7의 동생이 태어날 때, 이 아이의 (가), (나), ABO식 혈액형의 표현형이 모두 4와 같을 확률은 $\frac{1}{4}$이다.
7의 동생이 태어날 때, (가)가 발현될 확률 $\frac{1}{2}$, (나)가 발현되지 않고 혈액형이 A형일 확률 $\frac{1}{2}$이므로 구하는 확률은 $\frac{1}{2}\times\frac{1}{2}=\frac{1}{4}$

① ㄱ ② ㄴ ③ ㄷ
④ ㄱ, ㄴ ⑤ ㄱ, ㄷ

단서+발상

단서 'ⓐ, 5, 8, 9의 혈액형은 각각 서로 다르다.'는 조건에 주목한다.

발상 가족 구성원 4명의 혈액형이 각각 서로 다르기 위해선 부모의 ABO식 혈액형에 대한 유전자형이 AB, OO이거나 AO, BO가 되어야 함을 생각한다.

해결 5는 A형이라고 주어졌으므로 ⓐ는 B형이고, 자녀인 8과 9는 각각 AB형과 O형 중 하나임을 파악할 수 있어야 고난도 문제를 해결할 수 있다.

| 문제 해결 과정 |

step 1 유전 형질 (가)와 (나) 파악하기

1. 유전 형질 (나) 파악하기

- 유전 형질 (나)가 발현되지 않은 3과 4 사이에서 (나)가 발현된 7이 태어났으므로 (나)는 열성 형질이다. ➡ H 정상 > h(나)
- 만약 (나)가 X 염색체 유전이라고 가정하면, 열성 형질 (나)가 발현된 어머니인 5로부터 태어나는 아들은 (나) 발현 유전자만 물려받으므로 반드시 (나)가 발현되어야 한다. 하지만 아들 8과 9의 표현형이 서로 다르므로 모순이다. 따라서 (나)는 상염색체 유전이며, (나)의 유전자는 9번 염색체에 존재한다.

2. 유전 형질 (가) 파악하기

- ABO식 혈액형과 (나) 유전자는 상염색체인 9번 염색체에 있으므로, 나머지 (가) 유전자는 X 염색체에 있다.
- (가)가 발현되지 않은 아버지 3은 딸 6에게 정상 유전자를 물려주고, 6은 (가)가 발현되므로 (가) 발현 유전자도 가지고 있음을 알 수 있다. 따라서 (가)에 대한 유전자형이 이형 접합성인 딸 6은 (가)가 발현되므로 (가)는 우성 형질이다. ➡ G (가) > g 정상

step 2 구성원의 ABO식 혈액형 파악하기 및 ⓐ 유전자형 확정하기

1. 구성원의 ABO식 혈액형 파악하기

- ⓐ, 5, 8, 9의 혈액형이 서로 다르고, 5의 혈액형이 A형이므로 ⓐ는 B형, 8과 9는 각각 AB형과 O형 중 하나이다.
- 1은 A형이고 ⓐ는 B형이므로 ⓐ는 2로부터 Bh가 있는 염색체를 물려받았다. 5는 Ah/Oh이므로 8과 9 중 AB형인 사람은 Ah/Bh이며 (나)를 발현한다. 8과 9 중 (나)가 발현된 구성원은 9이므로 9는 AB형, 8은 O형이다.
- 3과 7의 혈액형은 8과 같다고 하였으므로 O형이며, 6의 혈액형이 A형이므로 4는 A형이다.

2. ⓐ 유전자형 확정하기

- O형인 8은 5로부터 Oh를 받으며 (나)가 발현되지 않으므로 OH를 가진다. OH는 ⓐ로부터 물려받았으므로 ⓐ의 유전자형은 Bh/OH이다.

step 3 가계도 구성원의 유전자형 나타내기

- 이 집안의 유전 형질 (가), (나), ABO식 혈액형에 대한 유전자를 가계도에 나타내면 그림과 같다.

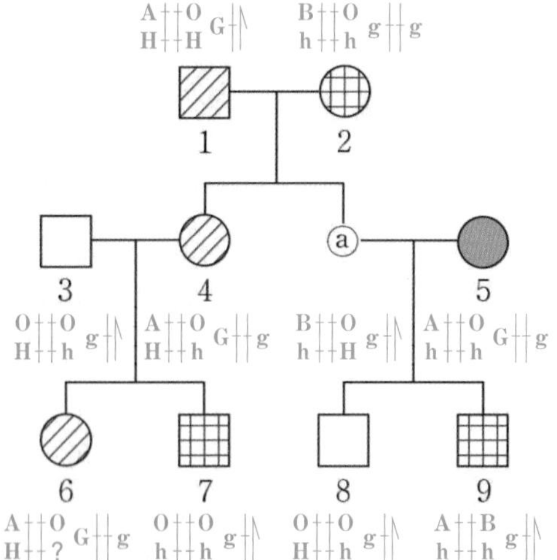

| 보기 분석 |

ㄱ. (가)의 유전자는 X 염색체에 있다. (○)

- 문제 해결 과정의 step 1을 참고하면, ABO식 혈액형과 (나) 유전자는 상염색체인 9번 염색체에 있으므로, (가)의 유전자는 X 염색체에 있다.

ㄴ. ⓐ는 1과 (나)의 유전자형이 같다. (×)

- 문제 해결 과정의 step 3 을 참고하면, ⓐ는 (나)의 유전자형이 Hh이고 1은 (나)의 유전자형이 HH이므로 ⓐ는 1과 (나)의 유전자형이 같지 않다.

ㄷ. 7의 동생이 태어날 때, 이 아이의 (가), (나), ABO식 혈액형의 표현형이 모두 4와 같을 확률은 $\frac{1}{4}$이다. (○)

- 3(gY, OH/Oh)과 4(Gg, AH/Oh) 사이에서 7의 동생이 태어날 때, 표현형이 모두 4와 같을 경우는 (가)가 발현되고 (나)가 발현되지 않으며, ABO식 혈액형이 A형인 경우이다.
- **(나)가 발현되고 A형일 확률**: ABO식 혈액형이 A형이 되려면 4로부터 AH를 받아야하므로 확률은 $\frac{1}{2}$이다. 4는 정상인 H 유전자를 물려주므로 O형인 3은 OH와 Oh 유전자 중 아무거나 물려줘도 상관없으므로 확률은 1이다. 따라서 구하는 확률은 $\frac{1}{2}$이다.
- **(가)가 발현될 확률**: 우성 형질인 (가)가 발현되려면 4로부터 G를 받아야 하므로 확률은 $\frac{1}{2}$이다. 3은 g와 Y 유전자 중 아무거나 모두 물려줘도 상관없으므로 확률은 1이다. 따라서 구하는 확률은 $\frac{1}{2}$이다.
- 7의 동생이 태어날 때, 이 아이의 (가), (나), ABO식 혈액형의 표현형이 모두 4와 같을 확률은 $\frac{1}{2}\times\frac{1}{2}=\frac{1}{4}$이다.

✪ 정답은 ⑤ ㄱ, ㄷ이다.

문제 풀이 Tip

1. **부모의 표현형이 서로 같고 자손의 표현형이 부모와는 다른 경우 부모의 표현형이 우성이며 자손의 표현형이 열성이다.**
   우성 표현형에게서 열성 표현형은 나올 수 있지만 열성 표현형에게서 우성 표현형은 나올 수 없다.
2. **① 어떤 형질이 X 염색체 유전이면서 우성 형질이라면 형질이 발현된 남자 구성원의 어머니와 딸은 모두 형질을 발현해야 하고, ② X 염색체 유전이면서 열성 형질이라면 형질이 발현된 여자 구성원의 아버지와 아들은 모두 형질을 발현해야 한다.**
   만약 가계도 구성원 중 ①을 만족하지 않는 구성원과 ②를 만족하지 않는 구성원이 모두 있다면, 이 형질은 상염색체 유전 형질이다.
3. **가족 구성원 4명의 ABO식 혈액형이 모두 다를 경우 부모와 자녀의 ABO식 혈액형 유전자형은 다음과 같다.**

부모	자녀
AB, OO	AO, BO
AO, BO	AB, OO

L 76 정답 ① ······························ [정답률 19%] ✪ 1등급 대비

다음은 어떤 집안의 유전 형질 (가)와 (나)에 대한 자료이다.

- (가)의 유전자와 (나)의 유전자는 같은 염색체에 있다.
  ➡ (가)와 (나)는 X 염색체에 함께 존재함
- (가)는 대립유전자 A와 a에 의해 결정되며, A는 a에 대해 완전 우성이다.
- (나)는 대립유전자 E, F, G에 의해 결정되며, E는 F, G에 대해, F는 G에 대해 각각 완전 우성이다. (나)의 표현형은 3가지이다. ➡ E>F>G
- 가계도는 구성원 ⓐ를 제외한 구성원 1~5에게서 (가)의 발현 여부를 나타낸 것이다.

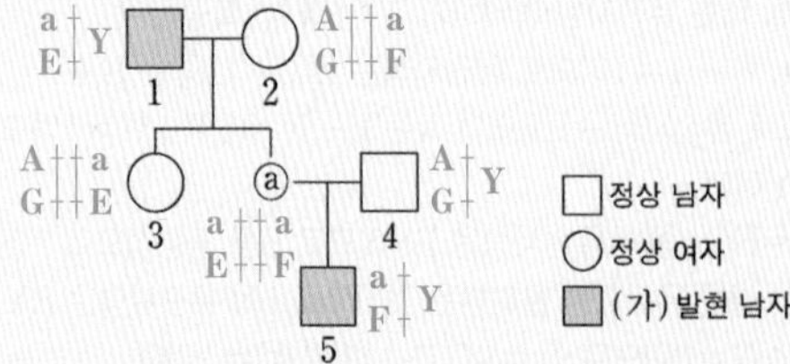

- 표는 구성원 1~5와 ⓐ에서 체세포 1개당 E와 F의 DNA 상대량을 더한 값(E+F)과 체세포 1개당 F와 G의 DNA 상대량을 더한 값(F+G)을 나타낸 것이다. ㉠~㉢은 0, 1, 2를 순서 없이 나타낸 것이다.

구성원		1 EY	2 FG	3 EG	ⓐ EF	4 GY	5 FY
DNA 상대량을 더한 값	E+F	?1	?1	1	㉡2	0	1
	F+G	㉠0	?2	1	1	1	㉢1

이에 대한 설명으로 옳은 것만을 〈보기〉에서 있는 대로 고른 것은? (단, 돌연변이와 교차는 고려하지 않으며, E, F, G 각각의 1개당 DNA 상대량은 1이다.) (3점)

2023 대비 수능 19

[보기]

ㄱ. ⓐ의 (가)의 유전자형은 동형 접합성이다.
ⓐ의 유전자 배열은 aE/aF이므로 (가)의 유전자형은 동형 접합성 aa임

ㄴ. 이 가계도 구성원 중 A와 G를 모두 갖는 사람은 2명이다.
A와 G를 모두 갖는 사람은 2, 3, 4로 3명임

ㄷ. 5의 동생이 태어날 때, 이 아이의 (가)와 (나)의 표현형이 모두 2와 같을 확률은 $\frac{1}{2}$이다.
ⓐ(aE/aF)와 4(AG/Y)사이에서 5의 동생이 태어날 때, (가)는 정상이면서 (나)는 [F]의 표현형이 나올 확률은 $\frac{1}{4}$임

① ㄱ ② ㄴ ③ ㄱ, ㄷ ④ ㄴ, ㄷ ⑤ ㄱ, ㄴ, ㄷ

단서+발상

단서 표에서 구성원 4의 E+F=0, F+G=1인 것에 주목한다.

발상 (나)가 상염색체 유전이라면 구성원의 성별과 상관없이 E+F+G=2가 되어야 함을 생각한다..

해결 구성원 4의 DNA 상대량을 보면 E+F=0이므로 F=0이고, F+G=1이므로 E+F+G=2가 될 수 없다. 따라서 (나)는 X 염색체 유전이라는 것을 파악할 수 있어야 고난도 문제를 해결할 수 있다.

| 문제 해결 과정 |

step 1 (가)와 (나)의 유전자 위치와 (가)의 우열 파악하기 꿀팁

- (나)가 상염색체 유전이라면 E+F+G=2가 되어야 하는데 4의 DNA 상대량을 보면 E+F=0이고, F+G=1이므로 E+F+G=2가 될 수 없다.
- 따라서 (나)는 X 염색체 유전이고, (나)의 유전자는 (가)의 유전자와 같은 염색체에 있으므로 (가)도 X 염색체 유전이다.
- 기계도에서 (가) 발현 남자인 1의 딸인 3은 (가)가 발현되지 않으므로 (가)는 X 염색체 열성 유전이다. ➡ A 정상>a (가)

step 2 ㉠, ㉡, ㉢ 확정하기

1. ㉡ 확정하기

- 1과 5는 남자이므로 E+F+G=1이 되어야 한다. ㉠과 ㉢은 2가 될 수 없기 때문에 ㉡이 2로 확정된다.

2. 구성원의 (나)에 대한 유전자형 파악하기 및 ㉠과 ㉢ 확정하기

- 3은 E+F=1, F+G=1이므로 유전자형은 EG이다. ⓐ는 E+F=2(㉡), F+G=1이므로 유전자형은 EF이다. 4는 E+F=0, F+G=1이므로 유전자형은 GY이다.
- 3의 유전자형은 EG, ⓐ의 유전자형은 EF이므로 E를 공통적으로 가진다. 이는 아버지 1로부터 같은 유전자를 물려받은 것이므로 1의 유전자형은 EY이다. 따라서 1은 F+G=0이므로 ㉠=0이고, 나머지 ㉢=1이다.
- 5에서 E+F=1, F+G=1(㉢)이므로 5의 유전자형은 FY이다.
- 어머니 2는 두 딸 3과 ⓐ가 공통적으로 가지는 E를 제외한 나머지 유전자인 F와 G를 가지고 있다.

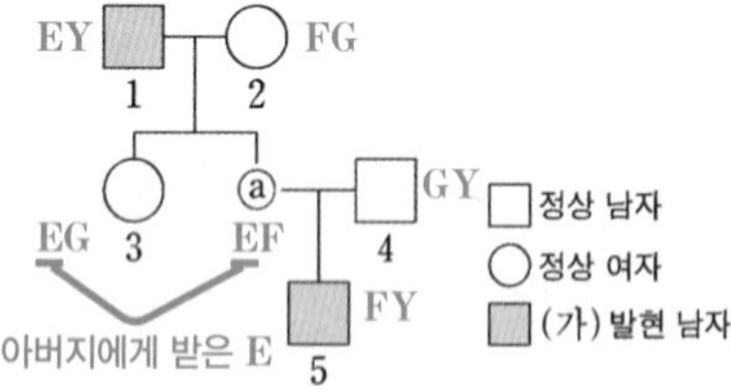

step 3 가족 구성원의 유전자형 정리하기

- 1과 5는 (가) 발현 남자이므로 a를 가지고 있고, 1은 aE/Y, 5는 aF/Y이다. ⓐ는 아들인 5에게 aF를 물려주고, 아버지인 1로부터 aE를 물려받는다. 따라서 ⓐ의 유전자 배열은 aE/aF이다.
- 3은 E와 G를 갖고 있으며, aE를 아버지인 1에게 물려받았고 (가)가 발현되지 않았기 때문에 유전자 배열은 AG/aE이다.
- 두 딸 3과 ⓐ가 아버지로부터 aE를 갖는 X 염색체를 물려받았으므로 나머지 X 염색체는 어머니 2로부터 물려받은 것이다. 따라서 2의 유전자 배열은 AG/aF이다.
- 4는 정상 남자이므로 A를 가지고 있고 염색체의 유전자 배열은 AG/Y가 된다.
- 위의 내용을 정리하여 가족 구성원의 유전자를 가계도에 나타내면 다음과 같다.

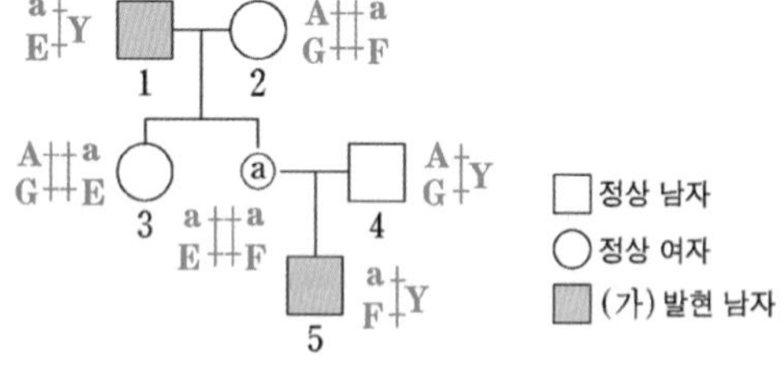

| 보기 분석 |

ㄱ. ⓐ의 (가)의 유전자형은 동형 접합성이다. (○)

- 문제 해결 과정의 step 3를 참고하면, ⓐ는 아들인 5에게 aF를 물려주고, 아버지인 1로부터 aE를 물려받는다. 따라서 ⓐ의 (가)의 유전자형은 aa로 동형 접합성이다.

ㄴ. 이 가계도 구성원 중 A와 G를 모두 갖는 사람은 2명이다. (×)

- 문제 해결 과정의 step 3를 참고하면, 가계도 구성원 중 A와 G를 모두 갖는 사람은 2, 3, 4로 3명이다.

ㄷ. 5의 동생이 태어날 때, 이 아이의 (가)와 (나)의 표현형이 모두 2와 같을 확률은 $\frac{1}{2}$이다. (×)

- 2의 유전자형은 AG/aF이므로 (가)가 발현되지 않으며, (나)는 [F]의 표현형을 갖는다.
- ⓐ(aE/aF)와 4(AG/Y) 사이에서 5의 동생이 태어날 때, 이 아이가 가질 수 있는 (가)와 (나)의 표현형이 2와 같을 확률은 아래 표를 통해 $\frac{1}{4}$인 것을 알 수 있다.

4 \ ⓐ	aE	aF
AG	AaEG (가) 미발현, [E]	AaFG (가) 미발현, [F]
Y	aEY (가) 발현, [E]	aFY (가) 발현, [F]

✪ 정답은 ① ㄱ이다.

김보겸 | 연세대 지구시스템과학과 2023년 입학 · 광주 서석고졸

DNA 상대량 표에서 '0'으로 표시된 것이 있는지 살펴야 해. 다른 숫자와 달리 0은 그 대립유전자가 존재하지 않음을 의미하니까 큰 힌트가 될 수 있거든. 이 문제에서도 구성원 4의 E+F 상대량이 0이니까 E, F를 갖지 않으니 (나)의 유전자형은 G로만 구성되어 있어. 여기서 그치지 않고 구성원 4의 F+G 상대량은 1인 점에 주목해봐. 분명 아까 E와 F는 갖지 않고 G만 갖는데 F+G 상대량이 1이라면 (나)의 유전자는 X 염색체에 있을 수 밖에 없네. 구성원 4가 남자여서 이렇게 알아낼 수 있었어. 여자였다면 상염색체 유전인지 X 염색체 유전인지 이 조건만으로는 찾을 수 없었을테니. 구성원 1과 3의 관계를 통해 (가) 유전자의 우열 관계를 밝혀주면 이 문제 정답 찾는건 시간 문제였어.

L 77 정답 ⑤ [정답률 32%] ✪ 1등급 대비

다음은 어떤 집안의 유전 형질 (가)와 (나)에 대한 자료이다.

- (가)는 대립유전자 H와 H*에 의해, (나)는 대립유전자 T와 T*에 의해 결정된다. H는 H*에 대해, T는 T*에 대해 각각 완전 우성이다.
- (가)의 유전자와 (나)의 유전자는 X 염색체에 함께 있다.
- 가계도는 구성원 ⓐ와 ⓑ를 제외한 구성원 1~8에게서 (가)와 (나)의 발현 여부를 나타낸 것이다.

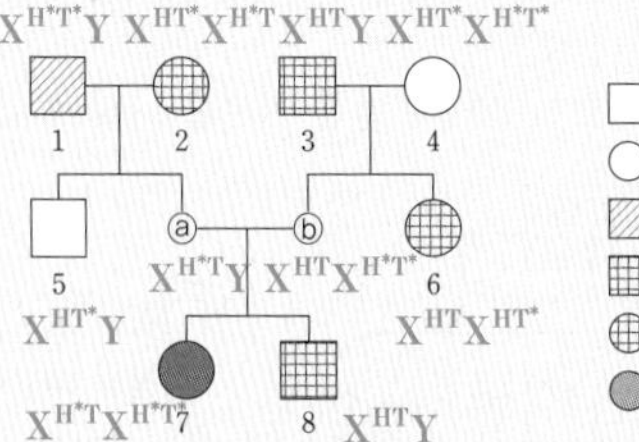

- 표는 구성원 1, 2, 6에서 체세포 1개당 H의 DNA 상대량과 구성원 3, 4, 5에서 체세포 1개당 T*의 DNA 상대량을 나타낸 것이다. ㉠~㉢은 0, 1, 2를 순서 없이 나타낸 것이다.

구성원	H의 DNA 상대량	구성원	T*의 DNA 상대량
1	㉠ 0	3	㉠ 0
2	㉡ 1	4	㉢ 2
6	㉢ 2	5	㉡ 1

이에 대한 설명으로 옳은 것만을 〈보기〉에서 있는 대로 고른 것은? (단, 돌연변이와 교차는 고려하지 않으며, H, H*, T, T* 각각의 1개당 DNA 상대량은 1이다.) (3점) 2020 대비 수능 17

[보기]

ㄱ. (가)는 열성 형질이다.
→ 구성원 1은 유전자 H를 가지지 않고 유전 형질 (가)가 발현되었으므로 (가)는 열성 형질임

ㄴ. $\frac{7,\ ⓐ \text{ 각각의 체세포 1개당 T의 DNA 상대량을 더한 값}}{4,\ ⓑ \text{ 각각의 체세포 1개당 H*의 DNA 상대량을 더한 값}}$ $=1$이다.
→ 체세포 1개당 DNA 상대량은 7의 T, ⓐ의 T, 4의 H*, ⓑ의 H*가 각각 1이므로 주어진 식의 값은 1임

ㄷ. 8의 동생이 태어날 때, 이 아이에게서 (가)와 (나) 중 (나)만 발현될 확률은 $\frac{1}{2}$이다.
→ ⓐ와 ⓑ 사이에서 태어난 자녀의 유전자형으로 가능한 것은 $X^{H^*T}X^{HT}$, $X^{H^*T}X^{H^*T^*}$, $X^{HT}Y$, $X^{H^*T^*}Y$이고, 이 중 (나)만 발현되는 유전자형은 $X^{H^*T}X^{HT}$, $X^{HT}Y$로 $\frac{1}{2}$의 확률임

① ㄴ ② ㄷ ③ ㄱ, ㄴ ④ ㄱ, ㄷ ⑤ ㄱ, ㄴ, ㄷ

단서+발상

(단서) 가계도에서 구성원 3은 (나)가 발현되고, 구성원 4와 5는 (나)가 발현되지 않는 것에 주목한다.

(발상) (나)가 우성 형질임을 파악한 상태에서 구성원 3의 (나)에 대한 유전자형이 TY이므로 T*의 DNA 상대량이 0(㉠)이며, 구성원 1의 H의 DNA 상대량은 0(㉠)임을 생각한다.

(해결) (가)가 발현된 구성원 1의 (가)에 대한 유전자형은 H*Y이므로 H*는 (가) 발현 유전자이고, (가)는 열성 형질임을 파악할 수 있어야 고난도 문제를 해결할 수 있다.

| 문제 해결 과정 |

step 1 가계도에 (가), (나) 형질 표시하기

- 가계도 그림에서 구성원 각각에 유전 형질을 표시함으로써 구성원의 형질을 한눈에 파악한다.
- 이때, 시간을 절약하기 위하여 (가)는 ㄱ, (나)는 ㄴ으로 쓰기로 한다.

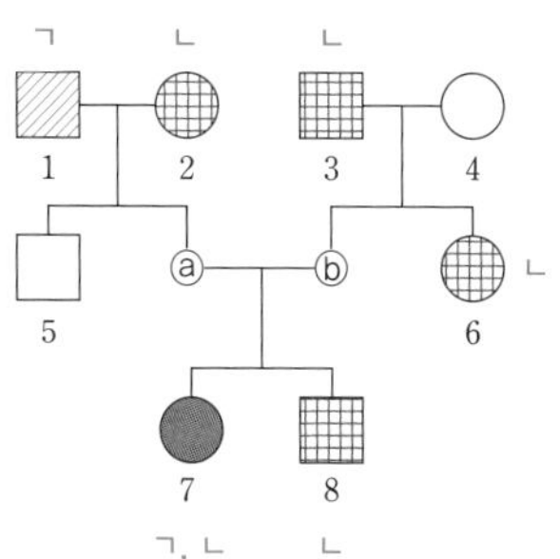

step 2 (가)와 (나) 분석하기

1. (나)의 우열 관계 파악하기

- 어떤 형질이 X 염색체 유전일 경우, 이 형질이 발현된 여자 구성원의 아버지나 아들에서 형질이 발현되지 않았다면 이 형질은 우성 형질이고, 이 형질이 발현된 남자 구성원의 어머니나 딸에서 형질이 발현되지 않았다면 이 형질은 열성 형질이다.

⇨ (나)는 X 염색체 유전 형질인데, (나)를 발현하는 2의 아들인 5에게서 (나)가 발현되지 않았다. 따라서 (나)는 우성 형질이고 T가 (나) 발현 유전자, T*가 정상 유전자이다.

2. ㉠~㉢ 파악하기

- 3은 (나)를 발현하는 남자이므로 (나)의 유전자형이 TY이고, 5는 (나)를 발현하지 않는 남자이므로 (나)의 유전자형이 T*Y이다. 따라서 T*의 DNA 상대량은 3에서 0, 5에서 1이다. 그러므로 ㉠은 0, ㉡은 1이며 남은 ㉢이 2이다.

3. (가)의 우열 관계 파악하기

- 6은 H의 DNA 상대량이 ㉢(2)이므로 (가)의 유전자형이 HH인데, (가)를 발현하지 않으므로 H는 정상 유전자, H*는 (가) 발현 유전자이다.

step 3 구성원의 유전자형 파악하기

- (가)와 (나)의 유전자는 모두 X 염색체에 있으므로 남자의 유전자형은 바로 알 수 있다.
- 남자 구성원의 유전자형을 먼저 구해보면 1의 유전자형은 H*T*/Y, 3은 HT/Y, 5는 HT*/Y, 8은 HT/Y이다.
- 다음으로 열성 형질을 발현하는 여자의 유전자형을 찾아보자.
- 4는 (나)를 발현하지 않으므로 (나)의 유전자형이 T*T*이고, 7은 (가)를 발현하지 않으므로 (가)의 유전자형이 H*H*이다.
- 다음으로 표의 DNA 상대량을 이용해 유전자형을 찾아보자.
  2는 H의 DNA 상대량이 ㉡(1)이므로 (가)의 유전자형이 HH*이다. 6은 H의 DNA 상대량이 ㉢(2)이므로 (가)의 유전자형이 HH이다.
- 5는 H와 T*가 함께 있는 X 염색체를 갖고, 이는 2로부터 물려받은 것이다. 2는 (나)를 발현하므로 T를 가지고, 따라서 2의 유전자형은 HT*/H*T이다.
- 4는 (가)를 발현하지 않으므로 H를 가지고, 따라서 4의 유전자형은 HT*/_T*이다.
- 7은 (나)를 발현하므로 T를 가지고, 따라서 7의 유전자형은 H*T/H*_이다.

step 4 ⓐ와 ⓑ 분석하기

- 7이 H*와 T가 함께 있는 X 염색체를 가지고, 8은 H와 T가 함께 있는 X 염색체를 가지며, 이 염색체들은 모두 1~4로부터 물려받은 것이다.
- 1~4 중 H*와 T가 함께 있는 X 염색체를 가지는 사람은 2뿐이고, H와 T가 함께 있는 염색체를 가지는 사람은 3뿐이므로 7은 2로부터 X 염색체를, 8은 3으로부터 X 염색체를 물려받았다.
- 만약 ⓑ가 남자일 경우 ⓑ는 8에게 Y 염색체를 물려주기 때문에 3의 X 염색체를 전달하지 못하므로 이는 모순이다. 따라서 ⓐ가 남자, ⓑ가 여자이고 ⓐ의 유전자형은 H*T/Y이다.

- 4는 T*를 2개 갖고, 7은 H*를 2개 가지므로 ⓑ는 H*와 T*를 모두 가진다. 또한 8에게 H와 T를 물려주었으므로 ⓑ의 유전자형은 HT/H*T*이고, H*T*는 4로부터 물려받았고 7에게 물려주었으므로 4의 유전자형은 HT*/H*T*, 7의 유전자형은 H*T/H*T*이다.
- 위의 결과를 가계도에 나타내면 다음과 같다.

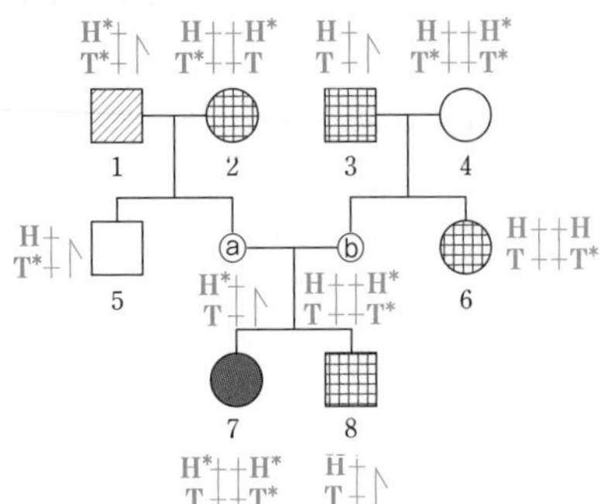

| 보기 분석 |

ㄱ. (가)는 열성 형질이다. (○)

문제 해결 과정의 step 2 를 참고하면, 6의 유전자형은 HH인데 (가)가 발현되지 않으므로 H*는 (가) 발현 유전자이며, (가)는 열성 형질이다.

ㄴ. $\frac{\text{7, ⓐ 각각의 체세포 1개당 T의 DNA 상대량을 더한 값}}{\text{4, ⓑ 각각의 체세포 1개당 H*의 DNA 상대량을 더한 값}}=1$이다. (○)

- 구성원 7, ⓐ, 4, ⓑ의 유전자형은 각각 H*T/H*T*, H*T/Y, HT*/H*T*, HT/H*T*이다.
- 따라서 $\frac{\text{7, ⓐ 각각의 체세포 1개당 T의 DNA 상대량을 더한 값}}{\text{4, ⓑ 각각의 체세포 1개당 H*의 DNA 상대량을 더한 값}}=\frac{1+1}{1+1}=1$이다.

ㄷ. 8의 동생이 태어날 때, 이 아이에게서 (가)와 (나) 중 (나)만 발현될 확률은 $\frac{1}{2}$이다. (○)

ⓐ와 ⓑ의 유전자형은 각각 H*T/Y, HT/H*T*이다. 따라서 8의 동생이 태어날 때, 이 아이에게서 (가)와 (나) 중 (나)만 발현될 확률은 H와 T를 모두 가질 확률이고 이는 ⓑ로부터 HT를 물려받을 확률인 $\frac{1}{2}$이다.

✪ 정답은 ⑤ ㄱ, ㄴ, ㄷ이다.

문제 풀이 Tip

1. **어떤 형질이 X 염색체 유전일 경우, 이 형질이 발현된 여자 구성원의 아버지나 아들에서 형질이 발현되지 않았다면 이 형질은 우성 형질이고, 이 형질이 발현된 남자 구성원의 어머니나 딸에서 형질이 발현되지 않았다면 이 형질은 열성 형질이다.**
   여자 구성원의 아버지나 아들은 이 여자 구성원의 X 염색체 2개 중 1개를 가지고, 남자 구성원의 어머니나 딸은 이 남자 구성원의 X 염색체를 갖기 때문이다.
2. **가계도 구성원의 유전자형을 구할 때, X 염색체 유전 형질일 경우 남자 구성원의 유전자형을 먼저 구하는 것이 좋다.**
   남자 구성원은 X염색체를 하나만 갖기 때문에 유전자형을 구하기 더 쉽다.
3. **가계도 구성원의 유전자형을 구할 때, 열성 표현형을 나타내는 구성원의 유전자형을 먼저 구하고, 이를 통해 우성 표현형을 나타내는 구성원의 유전자형을 구해야 한다.**
   열성 표현형을 나타내는 구성원의 유전자형은 바로 확정되지만, 우성 표현형을 나타내는 구성원의 유전자형은 이형 접합성일 수도, 동형 접합성일 수도 있기 때문이다.

* X 염색체 유전병의 예 ✪ 1등급 핵심 개념

적록 색맹	색을 구별하는 시각 세포에 이상이 생겨 빨간색과 초록색을 잘 구별하지 못하는 유전병으로, 열성 형질이다.
혈우병	혈액 응고에 관여하는 단백질을 만드는 유전자에 이상이 있어 혈액 응고 작용이 정상적으로 일어나지 않는 유전병으로, 열성 형질이다.

L 78 정답 ② [정답률 30%] ✪ 1등급 대비

다음은 어떤 집안의 유전 형질 (가)와 (나)에 대한 자료이다.

- (가)는 대립유전자 R와 r에 의해 결정되며, R는 r에 대해 완전 우성이다. 단일 인자 유전
- (나)는 상염색체에 있는 1쌍의 대립유전자에 의해 결정되며, 대립유전자에는 E, F, G가 있다. 복대립 유전
- (나)의 표현형은 4가지이며, (나)의 유전자형이 EG인 사람과 EE인 사람의 표현형은 같고, 유전자형이 FG인 사람과 FF인 사람의 표현형은 같다. 우열 관계 E=F>G
- 가계도는 구성원 1~9에게서 (가)의 발현 여부를 나타낸 것이다.

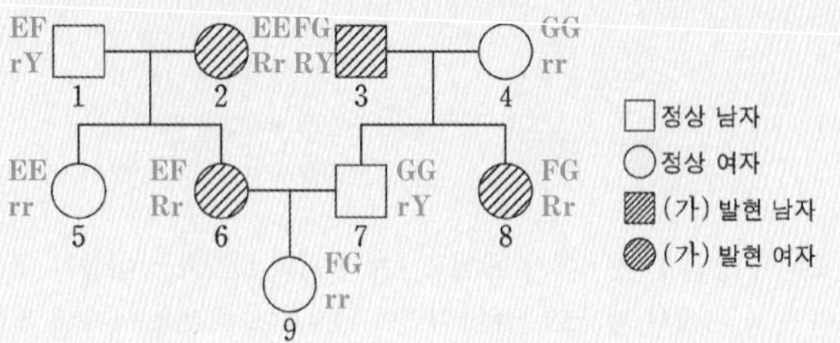

- $\frac{\text{1,2,5,6 각각의 체세포 1개당 E의 DNA 상대량을 더한 값}}{\text{3,4,7,8 각각의 체세포 1개당 r의 DNA 상대량을 더한 값}}=\frac{3}{2}=\frac{6}{4}$
- 1, 2, 3, 4의 (나)의 표현형은 모두 다르고, 2, 6, 7, 9의 (나)의 표현형도 모두 다르다.
- 3과 8의 (나)의 유전자형은 이형 접합성이다.

이에 대한 옳은 설명만을 〈보기〉에서 있는 대로 고른 것은? (단, 돌연변이와 교차는 고려하지 않으며, E, F, G, R, r 각각의 1개당 DNA 상대량은 1이다.) (3점)

2021 대비 6월 모평 17

[보기]

ㄱ. (가)의 유전자는 상염색체에 있다.
→ (가)의 유전자는 X염색체에 있다.

ㄴ. 7의 (나)의 유전자형은 동형 접합성이다.
→ 7의 (나)의 유전자형은 GG로, 동형 접합성이다.

ㄷ. 9의 동생이 태어날 때, 이 아이의 (가)와 (나)의 표현형이 8과 같을 확률은 $\frac{1}{8}$이다.
→ 9의 동생이 태어날 때, 이 아이의 (가)의 표현형이 8과 같을 확률은 $\frac{1}{2}$이고, (나)의 표현형이 8과 같을 확률은 $\frac{1}{2}$이므로 이 아이의 (가)와 (나)의 표현형이 8과 같을 확률은 $\frac{1}{4}$이다.

① ㄱ ② ㄴ ③ ㄷ
④ ㄱ, ㄴ ⑤ ㄴ, ㄷ

단서+발상

단서 '$\frac{\text{1, 2, 5, 6 각각의 체세포 1개당 E의 DNA 상대량을 더한 값}}{\text{3, 4, 7, 8 각각의 체세포 1개당 r의 DNA 상대량을 더한 값}}=\frac{3}{2}$'이라는 조건에 주목한다.

발상 1, 2, 5, 6 각각의 E를 더한 값이 8 이상이 될 수 없으므로 3, 4, 7, 8 각각의 r를 더한 값은 2 또는 4라는 것을 생각한다..

해결 만약 (가)가 열성이라면 3과 8이 rr이고 4와 7이 Rr이므로 r를 더한 값이 6이 되므로 모순이다. 따라서 (가)는 우성이며, 3, 4, 7, 8 각각의 r를 더한 값 4라는 것을 파악할 수 있어야 고난도 문제를 해결할 수 있다.

| 문제 해결 과정 |

step 1 우열 관계 해석하기

- (나)의 표현형은 4가지이므로 E, F, G 사이에는 우열 관계가 불명확한 유전자들이 있다.
- 유전자형이 EG인 사람과 EE인 사람의 표현형이 같으므로 E는 G에 대해 완전 우성이다.
- 유전자형인 FG인 사람과 FF인 사람의 표현형은 같으므로 F는 G에 대해 완전 우성이다. 따라서 (나)의 대립유전자들의 우열 관계는 E=F>G이다.

step 2 (가)의 대립유전자가 X 염색체에 있음을 찾아내기

1. 3, 4, 7, 8의 체세포 1개당 r의 DNA 상대량을 더한 값이 2라고 가정하기

- r가 (가) 발현 유전자라면, (가) 발현은 정상에 대해 열성이므로 8의 (가)에 대한 유전자형은 rr이며, 3은 r을 가진다.
- 이 경우 체세포 1개당 r의 DNA 상대량을 더한 값이 2가 될 수 없으므로 모순이다. 그렇다면 3의 유전자형을 표현할 수 없다.
- r가 정상 유전자라면, 4와 7의 유전자형은 rr이어야 하고 이 경우도 모순된다. 따라서 3, 4, 7, 8의 체세포 1개당 r의 DNA 상대량을 더한 값은 2보다 큰 짝수이다.
- 3, 4, 7, 8이 가질 수 있는 r의 개수는 최대 $2\times4=8$이고, 1, 2, 5, 6 각각의 체세포 1개당 E의 DNA 상대량을 더한 값은 8보다 작아야 하므로 체세포 1개당 r의 DNA 상대량을 더한 값은 4이다.

2. R와 r가 상염색체에 있는지, X염색체에 있는지 추론하기

- 만약 R와 r가 상염색체에 있고, (가) 발현이 정상에 대해 우성 형질이라면, 4와 7의 유전자형은 rr이다.
- 8은 무조건 어머니로부터 r을 받아야 하므로 Rr이어야 하는데, 체세포 1개당 r의 DNA 상대량을 더한 값은 4가 될 수 없으므로 모순이다.
- 마찬가지 방법으로 R와 r가 상염색체에 있고 (가)가 열성 형질이라면, 3과 8의 유전형은 rr이어야 한다. 이 경우 4와 7의 유전자형은 Rr이고 체세포 1개당 r의 DNA 상대량이 4가 될 수 없으므로 모순이다.
- R와 r가 X 염색체에 있고 (가)가 열성 형질이라면 (가)가 발현된 6의 아버지 1은 (가) 발현되어야하는데 정상이므로 모순이다.
- 따라서 R와 r은 X 염색체에 있고 (가)는 우성 형질이다. 4의 유전자형은 rr, 7의 유전자형은 rY, 8의 유전자형은 Rr이다.

step 3 (나)의 유전자형을 가계도에 채워 넣기

- 위의 결과를 통해 $\dfrac{1,\ 2,\ 5,\ 6 \text{ 각각의 체세포 1개당 E의 DNA 상대량을 더한 값}}{3,\ 4,\ 7,\ 8 \text{ 각각의 체세포 1개당 r의 DNA 상대량을 더한 값}}$ $=\dfrac{6}{4}$임을 알아냈다.
- 1, 2, 5, 6, 각각의 체세포 1개당 E의 DNA량을 더한 값이 6이므로 1, 2, 5, 6 중 2명의 유전자형은 EE이고, 나머지 2명은 E를 하나 갖는다.
- 1과 2가 (가)의 표현형이 서로 다르므로 1과 2 중 하나의 유전자형은 EE이고 다른 하나는 EF이다.
- 1, 2, 3, 4가 (나)의 표현형이 모두 다르고, 3에서 (나)의 유전자형이 이형 접합성이므로 3의 유전자형은 FG, 4의 유전자형은 GG이다.
- 2, 6, 7, 9의 (나)의 표현형은 모두 다르므로 7의 유전자형은 GG, 9의 유전자형은 FG, 6의 유전자형은 EF, 2의 유전자형은 EE이다.

step 4 가계도 완성하기

- 위의 내용을 종합하여 가계도에 나타내면 다음과 같다.

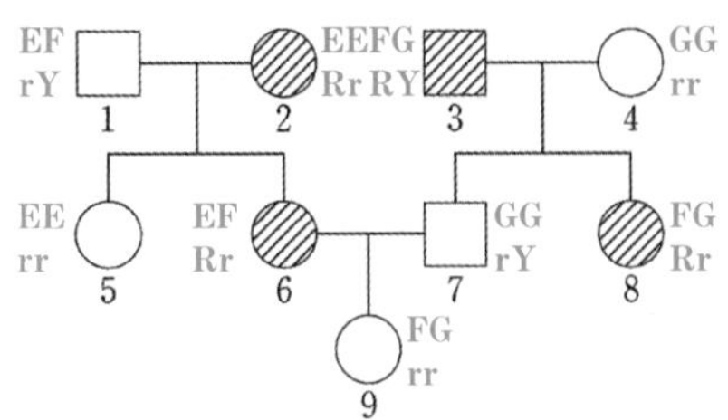

| 보기 분석 |

ㄱ. (가)의 유전자는 상염색체에 있다. (×)

문제 해결 과정의 step 2를 참고하면, (가)의 유전자가 상염색체에 있으면서 우성, 열성 형질일 경우 모순이 생긴다. 따라서 (가)의 유전자는 X 염색체에 있다.

ㄴ. 7의 (나)의 유전자형은 동형 접합성이다. (○)

문제 해결 과정의 step 3을 참고하면, 7의 (나)의 유전자형은 GG이다. 따라서 7의 (나)의 유전자형은 동형 접합성이다.

ㄷ. 9의 동생이 태어날 때, 이 아이의 (가)와 (나)의 표현형이 8과 같을 확률은 $\frac{1}{8}$이다. (×)

- 9의 부모인 6과 7의 (가)에 대한 유전자형은 6이 EF, 7이 GG이며, 9의 동생이 가질 수 있는 (가)에 대한 유전자형은 EG와 FG이다.
- 따라서 9의 동생의 (가)에 대한 표현형이 8과 같은 경우는 EG와 FG 중 FG이므로 9의 동생의 (가)에 대한 표현형이 8과 같을 확률은 $\frac{1}{2}$이다.
- 8의 (나)에 대한 유전자형이 Rr이고, 9의 부모인 6과 7의 (나)에 대한 유전자형은 6이 Rr, 7이 rY이므로 9의 동생이 가질 수 있는 (나)에 대한 유전자형은 Rr, rr, RY, rY이다.
- 따라서 9의 동생의 (가)에 대한 표현형이 8과 같을 확률은 $\frac{1}{2}$이다.
- 9의 동생이 태어날 때, 이 아이의 (가)와 (나)의 표현형이 8과 같을 확률은 $\frac{1}{2}\times\frac{1}{2}=\frac{1}{4}$이다.

✪ 정답은 ② ㄴ이다.

문제 풀이 Tip

서로 다른 유전자의 세포 1개당 DNA 상대량의 비가 나올 경우 2배, 3배, …하여 정확한 값을 찾아야 한다.

한 사람은 하나의 형질에 대하여 최대 2개의 대립유전자를 가질 수 있다. 이를 이용하면 n명의 사람이 총 몇 개의 해당 유전자를 가졌는지 추론할 수 있다.

＊ X 염색체 유전과 상염색체 유전 ✪ 1등급 핵심 개념

구분		내용
X 염색체 유전		• 형질의 발현 빈도가 남녀 모두에게서 다르게 나타난다. • 형질을 결정하는 유전자가 정상에 대해 우성인 경우에는 남자에 비해 여자에게서 형질 발현 비율이 높다. 예 적록 색맹, 혈우병
	여자	X 염색체의 대립유전자는 부모로부터 하나씩 전달받고, 아들과 딸 모두에게 전달된다.
	남자	X 염색체의 대립유전자는 어머니로부터 전달받고, 딸에게 전달된다.
상염색체 유전		• 형질 발현 빈도가 남녀 모두에게서 동일하게 나타난다. • 형질을 결정하는 유전자가 상염색체에 있는 유전이다. • 형질 결정 대립유전자가 2가지인 경우 하나의 유전 형질 발현에 1쌍의 대립유전자가 관여한다. • 1쌍의 대립유전자 구성에 따라 대립 형질이 명확하게 구분된다.

M 유전병

M 01 정답 ② ＊염색체 비분리 [정답률 70%] 2020 실시 3월 학평 12

그림은 어떤 사람에서 정자가 형성되는 과정과 각 정자의 핵상을 나타낸 것이다. 감수 1분열에서 성염색체의 비분리가 1회 일어났다.

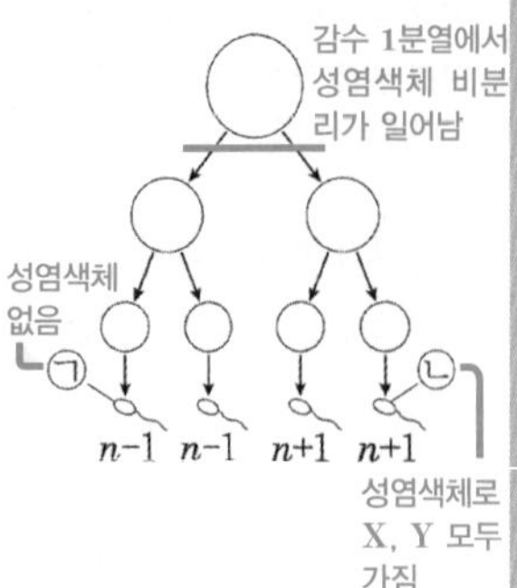

이에 대한 옳은 설명만을 〈보기〉에서 있는 대로 고른 것은? (단, 제시된 염색체 비분리 이외의 돌연변이는 고려하지 않는다.) (3점)

[보기]

ㄱ. ㉠에 ~~X염색체가 있다~~.
→ ㉠은 상염색체 22개, 성염색체 0개 존재

ㄴ. ㉡에 22개의 상염색체가 있다.
→ ㉡은 상염색체 22개, 성염색체 2개 존재

ㄷ. ㉡과 정상 난자가 수정되어 태어난 아이에게서 ~~터너 증후군이 나타난다~~. → ㉡은 XY를 갖고, 정상 난자는 X를 가짐

① ㄱ ② ㄴ ③ ㄱ, ㄴ ④ ㄱ, ㄷ ⑤ ㄴ, ㄷ

| 문제+자료 분석 |

- 감수 1분열에서 성염색체 비분리가 일어나 형성된 ㉠과 ㉡에서 ㉠은 핵상이 $n-1$이므로 성염색체를 갖지 않는다.
- ㉡은 핵상이 $n+1$이므로 성염색체를 2개 가진다.

| 보기 분석 |

ㄱ. 남자에서 정상 정자가 형성되면 정자는 성염색체로 X 또는 Y를 1개 갖는다. 그러나 감수 1분열 과정에서 성염색체 비분리가 일어나 형성된 정자는 성염색체를 갖지 않거나 성염색체로 X, Y를 모두 갖는다.
㉠은 핵상이 $n-1$이므로 정상 생식세포보다 염색체가 1개 적고, 성염색체를 갖지 않는다.

ㄴ. ㉡은 핵상이 $n+1$이므로 정상보다 성염색체가 1개 더 많고, 성염색체로 X와 Y를 모두 갖는다.

ㄷ. 터너 증후군 환자의 염색체 구성은 $2n-1=44+\text{X}$이므로 성염색체로 X를 1개만 갖는다.
성염색체로 X와 Y를 모두 갖는 ㉡과 성염색체로 X를 갖는 정상 난자가 수정되어 태어난 아이는 성염색체 구성이 XXY이고, 이 아이는 클라인펠터 증후군을 나타낸다.

＊ 염색체 비분리 시기에 따른 딸세포의 염색체 구성

감수 1분열에서 염색체 비분리	형성되는 모든 생식세포의 염색체 수는 정상보다 많거나 적다.
감수 2분열에서 염색체 비분리	염색체 수가 정상인 생식세포와 정상보다 많거나 적은 생식세포가 형성된다.

M 02 정답 ③ ＊염색체 비분리 [정답률 60%] 2021 실시 3월 학평 16

그림 (가)는 유전자형이 Tt인 어떤 남자의 정자 형성 과정을, (나)는 세포 Ⅲ에 있는 21번 염색체를 모두 나타낸 것이다. (가)에서 염색체 비분리가 1회 일어났고, Ⅰ은 중기의 세포이다.

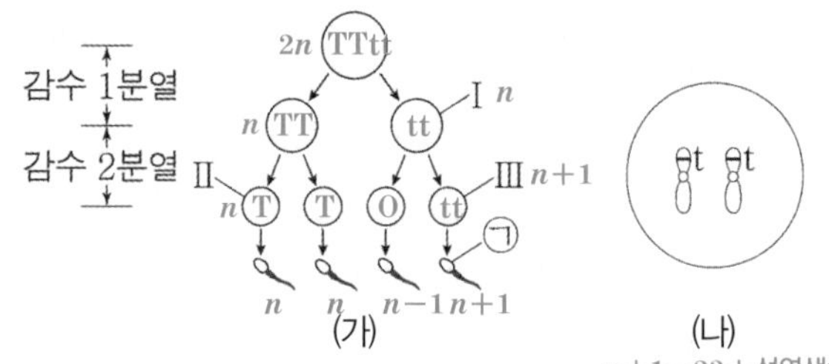

(가) (나)

$n+1=23+$성염색체

이에 대한 옳은 설명만을 〈보기〉에서 있는 대로 고른 것은? (단, 제시된 염색체 비분리 이외의 돌연변이와 교차는 고려하지 않는다.)

[보기]

ㄱ. Ⅰ과 Ⅱ의 성염색체 수는 같다.
→ Ⅰ과 Ⅱ의 성염색체 수는 각각 1개로 같음

ㄴ. (가)에서 염색체 비분리는 ~~감수 1분열~~에서 일어났다.
→ (가)에서 염색체 비분리는 감수 2분열에서 일어남

ㄷ. ㉠과 정상 난자가 수정되어 아이가 태어날 때, 이 아이는 다운 증후군의 염색체 이상을 보인다.
→ 이 아이는 21번 염색체가 3개이므로 다운증후군의 염색체 이상을 보임

① ㄱ ② ㄴ ③ ㄱ, ㄷ ④ ㄴ, ㄷ ⑤ ㄱ, ㄴ, ㄷ

| 문제+자료 분석 |

- 유전자형이 Tt로 이형 접합성인 세포에서 생식세포 분열 중 비분리가 일어날 경우 감수 1분열에서 비분리가 일어나면 상동 염색체가 비분리 되어 $n-1(0)$, $n-1(0)$, $n+1(\text{Tt})$, $n+1(\text{Tt})$인 생식세포를 가지게 된다.
- 반면 감수 2분열에서 비분리가 일어나면 염색 분체가 비분리 되어 n, n, $n+1$, $n-1$인 생식세포를 가지게 되며 이때 $n+1$인 세포는 TT 또는 tt를 가진다.
- 세포 Ⅲ은 tt를 가지므로 감수 2분열에서 비분리가 일어난 세포이다.

| 보기 분석 |

ㄱ. Ⅰ과 Ⅱ의 핵상은 둘 다 n으로 성염색체 수는 각각 1개로 같다.

ㄴ. 감수 1분열에서 21번 염색체에서 상동 염색체의 비분리가 일어나면 딸세포의 유전자형은 Tt가 된다. 하지만 세포 Ⅲ에는 유전자 t를 갖는 21번 염색체만 2개 들어있으므로 상동 염색체가 아니라 염색 분체가 비분리 되었다. 즉 감수 2분열에서 비분리가 일어났음을 유추할 수 있다.

ㄷ. 21번 염색체를 2개 갖는 ㉠과 정상 난자가 수정되어 태어난 아이는 21번 염색체를 3개 가지므로 다운 증후군의 염색체 이상을 보인다.

＊ 염색체 수 이상

구분	감수 1분열에서 비분리	감수 2분열에서 비분리
핵상	$n-1$, $n-1$, $n+1$, $n+1$	n, n, $n-1$, $n+1$

M 03 정답 ① * 염색체 비분리 [정답률 60%] 2019 실시 10월 학평 16

그림은 어떤 동물($2n=6$)에서 정자가 형성되는 과정을, 표는 세포 Ⅰ~Ⅲ의 총염색체 수와 X 염색체 수를 비교하여 나타낸 것이다. 감수 1분열과 감수 2분열에서 염색체 비분리가 각각 1회씩 일어났다. 이 동물의 성염색체는 암컷이 XX, 수컷이 XY이며, Ⅲ에 Y 염색체가 있다. Ⅰ은 중기의 세포이다.

감수 1분열에서 성염색체 비분리가, 감수 2분열에서 상염색체 비분리가 일어남

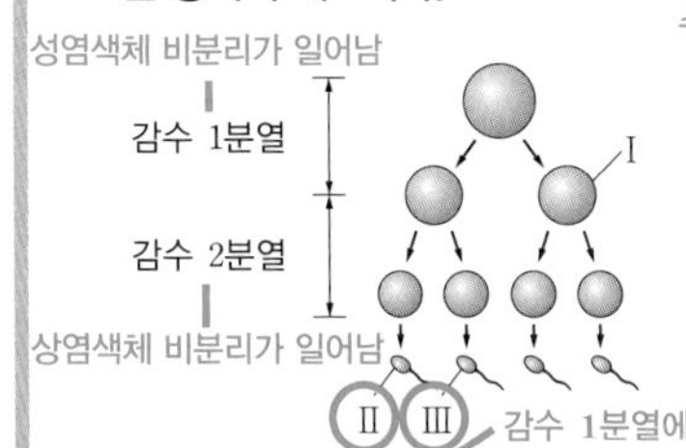

감수 1분열에서 성염색체 비분리가 일어나 X, Y 염색체 모두 가짐

총염색체 수	X염색체 수
Ⅱ > Ⅲ > Ⅰ	Ⅱ = Ⅲ > Ⅰ
5 3 2	1 1 0

이에 대한 옳은 설명만을 〈보기〉에서 있는 대로 고른 것은? (단, 제시된 염색체 비분리 이외의 돌연변이는 고려하지 않는다.)

[보기]

ㄱ. Ⅰ의 상염색체 수와 Ⅱ의 성염색체 수의 합은 4이다.
→ Ⅰ의 상염색체 수는 2, Ⅱ의 성염색체 수는 2

ㄴ. 감수 1분열에서 상염색체 비분리가 일어났다.
→ 감수 1분열에서 성염색체 비분리가 일어남

ㄷ. $\frac{\text{X 염색체 수}}{\text{총염색체 수}}$는 Ⅱ가 Ⅲ보다 크다.
→ Ⅱ에서 X 염색체 수 1, 총염색체 수 5,
Ⅲ에서 X 염색체 수 1, 총염색체 수 3

① ㄱ ② ㄴ ③ ㄱ, ㄴ ④ ㄱ, ㄷ ⑤ ㄴ, ㄷ

| 문제+자료 분석 |

- 감수 1분열에서는 상동 염색체가 분리되어 핵상은 $2n$에서 n으로 감소하고, DNA 상대량도 절반으로 감소한다. 감수 2분열에서는 핵상이 n에서 n으로 유지되고, DNA 상대량은 절반으로 감소한다.
- 정자 형성 과정 중 감수 1분열에서 성염색체 비분리가 일어나면 X 염색체와 Y 염색체를 모두 갖는 정자가 일부 생성되고, 감수 2분열에서 성염색체 비분리가 일어나면 X 염색체 2개 혹은 Y 염색체 2개를 갖는 정자가 일부 생성된다.
- Ⅲ은 Y 염색체를 갖고, X 염색체 수가 0이 아니므로 X 염색체와 Y 염색체를 모두 갖는다. 감수 2분열 후의 딸세포인 Ⅲ이 X 염색체와 Y 염색체를 모두 갖기 위해서는 감수 1분열에서 성염색체 비분리가 일어나야 한다. 주의
따라서 감수 1분열에서는 성염색체 비분리가 일어났고, 감수 2분열에서는 상염색체 비분리가 일어났다.
- 총염색체 수는 Ⅱ에서가 Ⅲ에서보다 크므로 2개의 염색 분체를 가진 하나의 상염색체가 비분리되어 염색체 2개를 가지는 세포는 Ⅱ이고, 나머지는 Ⅲ임을 알 수 있다.
- 이 동물의 핵상과 염색체 수는 $2n=6$이므로 Ⅰ은 상염색체 2개를, Ⅱ는 상염색체 3개와 성염색체 XY를, Ⅲ은 상염색체 1개와 성염색체 XY를 갖는다.

| 보기 분석 |

ㄱ. Ⅰ의 상염색체 수는 2이고, Ⅱ의 성염색체 수도 2이므로 Ⅰ의 상염색체 수와 Ⅱ의 성염색체 수의 합은 $2+2=4$이다.

ㄴ. Ⅲ이 X 염색체와 Y 염색체를 모두 갖기 위해서는 감수 1분열에서 성염색체 비분리가 일어나야 한다. 따라서 감수 1분열에서는 성염색체 비분리가, 감수 2분열에서는 상염색체 비분리가 일어났다.

ㄷ. Ⅱ에서 X 염색체 수는 1, 총염색체 수는 5, Ⅲ에서 X 염색체 수는 1, 총염색체 수는 3이다. $\frac{\text{X 염색체 수}}{\text{총염색체 수}}$는 Ⅱ에서 $\frac{1}{5}$, Ⅲ에서 $\frac{1}{3}$이므로 Ⅱ에서가 Ⅲ에서보다 작다.

M 04 정답 ④ * 염색체 비분리 [정답률 58%] 2019 실시 3월 학평 9

그림은 어떤 동물($2n=6$)의 정자 형성 과정을 나타낸 것이다. 이 동물의 성염색체는 XY이고, 정자 형성 과정에서 성염색체 비분리가 1회 일어났다. 정자 ㉠~㉢ 각각의 총 염색체 수는 서로 다르고, ㉡의 X 염색체 수와 ㉢의 총 염색체 수를 더한 값은 5이다.

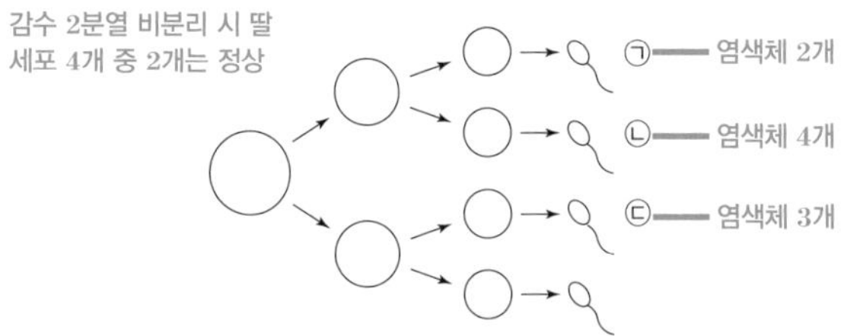

이에 대한 옳은 설명만을 〈보기〉에서 있는 대로 고른 것은? (단, 제시된 염색체 비분리 이외의 돌연변이는 고려하지 않는다.)

[보기]

ㄱ. 성염색체 비분리는 감수 1분열에서 일어났다.
→ 성염색체 비분리가 감수 1분열에서 일어나면 ㉠, ㉡의 염색체 수는 같음

ㄴ. ㉠의 총 염색체 수는 2이다. → 상염색체만 2개 존재

ㄷ. ㉢의 Y 염색체 수는 1이다. → 상염색체 2개, Y 염색체 1개 존재

① ㄱ ② ㄷ ③ ㄱ, ㄴ ④ ㄴ, ㄷ ⑤ ㄱ, ㄴ, ㄷ

| 문제+자료 분석 |

- 감수 1분열에서 염색체 비분리가 일어나면 딸세포 모두 비정상적인 염색체 수를 갖는다.
- 감수 2분열에서 염색체 비분리가 일어나면 딸세포 중 일부는 정상적인 염색체 수를 갖는다.

| 보기 분석 |

ㄱ. 성염색체 비분리가 감수 1분열에서 일어났다면 염색체 수가 딸세포 2개는 4, 나머지 2개는 2일 것이다. 그러나 ㉠~㉢ 각각의 총 염색체 수는 서로 다르다고 했으므로 성염색체 비분리는 감수 2분열에서 일어났다.

ㄴ. ㉢은 정상적인 감수 분열에 의해 생성된 세포로 염색체 수는 3개이다. ㉡의 X 염색체 수와 ㉢의 총 염색체 수를 더한 값이 5라고 했으므로 ㉡에 X 염색체가 2개 있다. 따라서 ㉡의 총 염색체 수는 4, ㉠의 총 염색체 수는 2이다.

ㄷ. ㉡에 X 염색체가 존재하므로 ㉢에는 Y 염색체가 존재한다.

* 염색체 비분리

감수 1분열에서 염색체 비분리가 1회 일어났을 때	생성되는 생식세포 중 2개는 염색체 수가 1개 많고, 2개는 염색체 수가 1개 적다. ➡ 생식세포 4개의 각 염색체 수는 $n+1$, $n+1$, $n-1$, $n-1$
감수 2분열에서 염색체 비분리가 1회 일어났을 때	생성되는 생식세포 중 2개는 염색체 수가 정상이고, 나머지 2개는 염색체 수가 1개 많고, 다른 1개는 염색체 수가 1개 적다. ➡ 생식세포 4개의 각 염색체 수는 n, n, $n+1$, $n-1$

M 05 정답 ② * 염색체 돌연변이 ······ [정답률 70%] 2020 실시 11월 학평 20(고2)

그림은 핵형이 정상인 어떤 사람의 G_1기 세포로부터 정자가 형성되는 과정을, 표는 세포 Ⅰ~Ⅳ의 상염색체 수를 나타낸 것이다. 이 정자 형성 과정에서 염색체 비분리가 1회 일어났으며, Ⅰ과 Ⅱ는 중기의 세포이다.

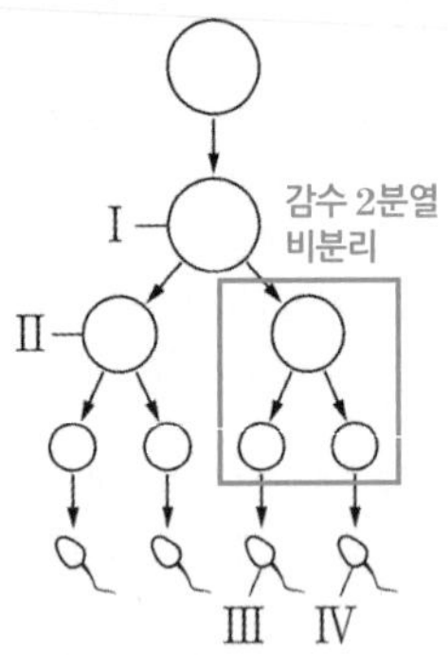

감수 1분열 비분리라면 23 또는 21이 되어야 함 ➡ 감수 2분열 비분리로 확정

세포	상염색체 수
Ⅰ	? 44
Ⅱ	22
Ⅲ	23
Ⅳ	? 21

23인 것을 통해 상염색체 비분리 확정 (정상 생식세포의 상염색체 수는 22)

이에 대한 설명으로 옳은 것만을 〈보기〉에서 있는 대로 고른 것은? (단, 제시된 염색체 비분리 이외의 돌연변이는 고려하지 않는다.) (3점)

[보기]

ㄱ. Ⅰ의 염색 분체 수는 ~~46이다~~. 92임

ㄴ. 염색체 비분리는 감수 2분열에서 일어났다.
정상적인 상염색체 수를 가졌음

ㄷ. Ⅳ와 정상 난자가 수정되어 태어난 아이는 터너 증후군을 ~~나타낸다~~. 나타내지 않음

① ㄱ ② ㄴ ③ ㄷ ④ ㄱ, ㄷ ⑤ ㄴ, ㄷ

| 문제+자료 분석 |

- Ⅰ은 감수 1분열 중기의 세포, Ⅱ는 감수 2분열 중기의 세포이다.
- 정자 형성 과정에서 상염색체가 정상적으로 분리되었다면 Ⅱ, Ⅲ, Ⅳ는 22개의 상염색체를 갖는다. Ⅲ은 23개의 상염색체를 가지므로 상염색체 비분리가 일어났다.
- 염색체 비분리가 1회 일어났을 때 감수 1분열에서 비분리가 일어났다면 Ⅱ의 상염색체 수는 23 또는 21이다. 하지만 정상적인 상염색체 수를 가지므로 감수 2분열에서 비분리가 일어나 Ⅲ과 Ⅳ가 형성되었다.

| 보기 분석 |

ㄱ. Ⅰ은 DNA가 복제된 세포이며, 총 46개의 염색체를 갖는 감수 1분열 중기의 세포이다. 따라서 Ⅰ의 염색 분체 수는 염색체 수의 2배인 92이다.

ㄴ. 염색체 비분리가 1회 일어났을 때 감수 1분열에서 비분리가 일어났다면 Ⅱ의 상염색체 수는 23 또는 21이다. 하지만 정상적인 상염색체 수를 가지므로 감수 2분열에서 비분리가 일어나 Ⅲ과 Ⅳ가 형성되었다.

ㄷ. 터너 증후군은 성염색체가 X 1개이다. 외관상 여자이지만 생식 기관이 제대로 발달하지 못한다. Ⅳ는 정상 생식세포보다 상염색체 수가 1개 적은 세포이다. Ⅳ와 정상 난자가 수정되어 태어난 아이는 성염색체가 정상이므로 터너 증후군을 나타내지 않는다.

* 염색체 수 이상

구분	감수 1분열에서 비분리	감수 2분열에서 비분리
핵상	$n-1, n-1, n+1, n+1$	$n, n, n-1, n+1$
특징	상동 염색체가 비분리되며, 염색체 수가 정상보다 많거나 적은 생식세포만 형성된다.	염색 분체가 분리되며, 염색체 수가 정상인 생식세포와 비정상인 생식세포가 형성된다.

M 06 정답 ② * 염색체 비분리 ······ [정답률 59%] 2020 대비 9월 모평 15

2개의 유전자는 같은 염색체에, 나머지 1개의 유전자는 다른 염색체에 있음

사람의 유전 형질 ⓐ는 3쌍의 대립유전자 A와 a, B와 b, D와 d에 의해 결정되며, ⓐ를 결정하는 유전자는 서로 다른 2개의 상염색체에 있다. 그림 (가)는 유전자형이 AaBbDd인 G_1기의 세포 Q로부터 정자가 형성되는 과정을, (나)는 세포 ㉠~㉢의 세포 1개당 a, B, D의 DNA 상대량을 나타낸 것이다. ㉠~㉢은 Ⅰ~Ⅲ을 순서 없이 나타낸 것이다. (가)에서 염색체 비분리는 1회 일어났고, Ⅰ~Ⅲ 중 1개의 세포만 A를 가지며, Ⅰ은 중기의 세포이다.

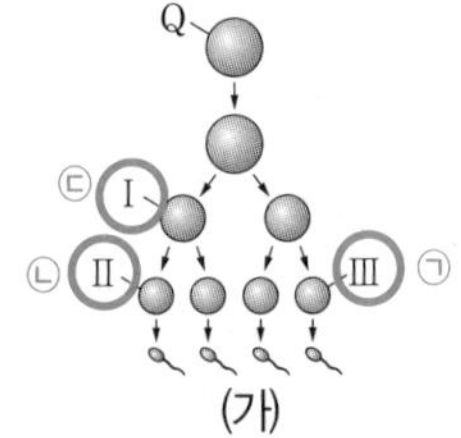

(가)

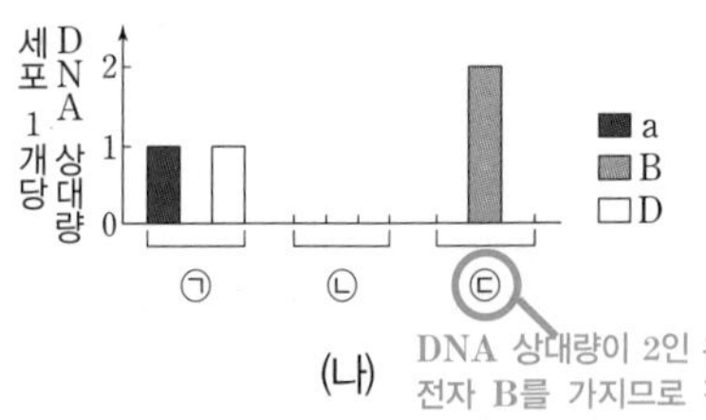

(나)

DNA 상대량이 2인 유전자 B를 가지므로 감수 2분열 중기의 세포임

이에 대한 설명으로 옳은 것만을 〈보기〉에서 있는 대로 고른 것은? (단, 제시된 염색체 비분리 이외의 돌연변이와 교차는 고려하지 않으며, A, a, B, b, D, d 각각의 1개당 DNA 상대량은 1이다.)

[보기]

ㄱ. Q에서 ~~A와 b는~~ 같은 염색체에 있다.
→ Q에서 A와 B가 같은 염색체에 있음

ㄴ. 염색체 비분리는 감수 2분열에서 일어났다.
→ ㉢에서 ㉡이 형성될 때(감수 2분열) 염색체 비분리가 일어남

ㄷ. 세포 1개당 a, b, d의 DNA 상대량을 더한 값은 Ⅱ에서와 Ⅲ에서가 서로 ~~같다~~.
→ 세포 1개당 a, b, d의 DNA 상대량을 더한 값은 Ⅱ에서 1, Ⅲ에서 2

① ㄱ ② ㄴ ③ ㄷ ④ ㄱ, ㄴ ⑤ ㄴ, ㄷ

| 문제+자료 분석 |

- Ⅰ은 감수 2분열 중기의 세포로 DNA 상대량이 2인 유전자를 가지므로 Ⅰ은 ㉡과 ㉢ 중 하나인데, Ⅰ에 없는 유전자가 Ⅱ에 있을 수 없다. 따라서 ㉢은 Ⅰ이다.
- Ⅰ(㉢)은 a, D를 갖지 않으므로 Ⅱ는 a와 D를 갖는 ㉠이 아닌 ㉡이다. 나머지 Ⅲ은 ㉠이다.
- ㉢(Ⅰ)은 B를 가지므로 ㉢에서 형성된 ㉡(Ⅱ)은 B를 가져야 하지만 가지지 않으므로 염색체 비분리는 ㉢(Ⅰ)에서 ㉡(Ⅱ)으로 되는 과정인 감수 2분열에서 일어났다.
- Ⅲ이 a를 가지므로 Ⅰ은 A를 가진다. 또한 조건에서 Ⅰ~Ⅲ 중 A를 갖는 세포는 1개이므로 Ⅱ는 A를 갖지 않는다.
- 따라서 ㉢(Ⅰ)에 존재하는 A와 B가 ㉡(Ⅱ)에는 존재하지 않으므로 ㉢(Ⅰ)에는 A와 B가 같은 염색체에 있다.

| 보기 분석 |

ㄱ. Q의 유전자형이 AaBbDd이고, Ⅰ(㉢)에는 A와 B가 같은 염색체에 있으므로 Q에는 A와 B, a와 b가 각각 같은 염색체에 있다.

ㄴ. 염색체 비분리는 ㉢(Ⅰ)이 ㉡(Ⅱ)으로 되는 감수 2분열 과정에서 일어났다.

ㄷ. 유전자형으로 Ⅰ(㉢)은 AABB/dd, Ⅱ(㉡)는 d, Ⅲ(㉠)은 abD를 갖는다. 세포 1개당 a, b, d의 DNA 상대량을 더한 값은 Ⅱ(㉡)에서 1, Ⅲ(㉠)에서 2이다.

함정

* 염색체 수 이상과 비분리

구분	특징
감수 1분열 비분리	• 상동 염색체가 나누어지지 않으므로 생식세포에 대립유전자가 모두 들어가거나 유전자가 들어가지 않는 경우가 나타날 수 있다. • 4개의 생식세포 중 정상인 생식세포는 생성되지 않는다.
감수 2분열 비분리	• 염색 분체가 나누어지지 않으므로 같은 종류의 유전자 2개가 하나의 생식세포로 같이 들어가거나 유전자가 없는 경우가 나타난다. • 비분리가 일어난 쪽의 생식세포는 염색체 수가 하나 더 많거나 적지만 반대쪽은 염색체 수가 정상이다.

M 07 정답 ③ * 생식세포 분열 ······ [정답률 40%] 2020 실시 11월 학평 16(고2)

사람의 유전 형질 ⓐ는 서로 다른 상염색체에 있는 2쌍의 대립유전자 A와 a, B와 b에 의해 결정된다. 그림은 어떤 사람의 G_1기 세포 Ⅰ로부터 정자가 형성되는 과정을, 표는 세포 (가)~(라)의 염색체 수와 A, b의 DNA 상대량을 나타낸 것이다. 이 정자 형성 과정에서 염색체 비분리가 1회 일어났고, (가)~(라)는 Ⅰ~Ⅳ를 순서 없이 나타낸 것이며, Ⅳ에는 a가 있다.

AaBB

감수 2분열 비분리 일어남

세포	염색체 수	DNA 상대량			
		A	a	B	b
Ⅱ (가)	?46	2 ㉠	2	4	0
Ⅲ (나)	24	2	0	1	? 0
Ⅰ (다)	46	1	1	2	㉡ 0
Ⅳ (라)	23	0 ?	1	1	? 0

이에 대한 설명으로 옳은 것만을 <보기>에서 있는 대로 고른 것은? (단, 제시된 염색체 비분리 이외의 돌연변이는 고려하지 않으며, A, a, B, b 각각의 1개당 DNA 상대량은 1이고, Ⅱ는 중기의 세포이다.)

[보기]

ㄱ. 염색체 비분리는 ~~감수 1분열~~에서 일어났다. 감수 2분열

ㄴ. ㉠+㉡=~~3이다~~. 2임

ㄷ. Ⅲ에서 $\frac{\text{상염색체 수}}{\text{성염색체 수}}$=23이다.
성염색체 수는 1이고, 상염색체 수는 정상 생식세포보다 1개 많음

① ㄱ ② ㄴ ③ ㄷ ④ ㄱ, ㄴ ⑤ ㄴ, ㄷ

| 문제+자료 분석 |

step 1 Ⅰ과 Ⅱ의 세포 추론하기

- 사람의 G_1기 세포는 핵상이 $2n=46$이다. Ⅰ과 Ⅱ의 핵상은 $2n$이므로 염색체 수가 46이다. 따라서 (가)와 (다)는 각각 Ⅰ과 Ⅱ 중 하나이다.
- Ⅱ는 Ⅰ이 복제되어 형성된 세포이므로 Ⅰ의 DNA 상대량의 2배이고 DNA 상대량이 0 또는 짝수의 형태가 되어야 한다.
- (다)에서 A의 DNA 상대량이 1이므로 (다)가 G_1기의 세포 Ⅰ에 해당하며 (가)는 복제가 끝난 분열기 중기의 세포 Ⅱ에 해당한다.

step 2 ⓐ에 대한 유전자형 파악하기

- G_1기의 세포 (다)의 A의 DNA 상대량이 1이므로 이 사람의 체세포는 Aa를 가지며 (가)에서 A의 DNA 상대량(㉠)은 2이다.
- (가)에서 b의 DNA 상대량이 0이므로 (다)에서 b의 DNA 상대량(㉡)도 0이다. 이 사람의 체세포는 BB를 가진다. 정리하면 이 사람의 유전자형은 AaBB이다.

step 3 Ⅲ과 Ⅳ 추론하기 및 염색체 비분리 세포 찾기

- 나머지 (나)와 (라)는 각각 Ⅲ과 Ⅳ 중 하나이다. (나)의 염색체 수는 24이므로 염색체 비분리가 일어나 염색체를 한 개 더 가지고 있는 생식세포이며, (라)의 염색체 수는 23이므로 정상적으로 생성된 생식세포임을 알 수 있다.
- (나)에서 A의 DNA 상대량이 2인 것은 염색 분체가 비분리된 것으로 감수 2분열에서 비분리가 일어났으며 Ⅳ에는 a가 있으므로 감수 2분열 비분리는 Ⅲ을 생성하는 과정에서 일어났다. 따라서 Ⅲ은 (나)이며, Ⅳ는 (라)이다.

| 보기 분석 |

ㄱ. 염색체 비분리는 Ⅲ을 생성하는 감수 2분열 과정에서 일어났다.

ㄴ. ㉠은 2, ㉡은 0으로 ㉠+㉡=2이다.

ㄷ. Ⅲ에서 성염색체 수는 1이고 상염색체 수는 정상 생식세포보다 한 개 많은 23이므로 $\frac{\text{상염색체 수}}{\text{성염색체 수}}$=23이다.

M 08 정답 ① * 유전병 자료 분석 ······ [정답률 57%] 2017 실시 3월 학평 15

다음은 영희네 가족의 유전병 ㉠에 대한 자료이다.

- ㉠은 X 염색체에 있는 대립유전자 R와 r에 의해 결정되며, R는 r에 대해 완전 우성이다.
- 영희네 가족 구성원은 아버지, 어머니, 오빠, 영희이다.
- 부모에게서 ㉠이 나타나지 않고, 오빠와 영희에게서 ㉠이 나타난다. X^RY, X^RX^r
- 오빠와 영희에게서 염색체 수 이상이 나타나고, 체세포 1개당 X 염색체 수는 오빠가 영희보다 많다. 오빠 X^rX^rY, 영희 X^r
- 오빠와 영희가 태어날 때 각각 부모 중 한 사람의 감수 분열에서 성염색체 비분리가 1회 일어났다.

~~X 염색체를 아버지는 1개, 어머니는 2개 갖는데, 성염색체 비분리의 경우~~ X 염색체와 Y 염색체 수가 정상적이지 않게 됨

이에 대한 옳은 설명만을 <보기>에서 있는 대로 고른 것은? (단, 제시된 염색체 비분리 이외의 돌연변이와 교차는 고려하지 않는다.) (3점)

[보기]

ㄱ. 오빠는 ~~감수 1분열~~에서 염색체 비분리가 일어나 형성된 난자가 수정되어 태어났다.
→ 감수 2분열 비분리가 일어나 X^rX^r인 난자의 수정으로 태어남

ㄴ. 영희가 태어날 때 아버지의 감수 분열에서 염색체 비분리가 일어났다. → 영희는 아버지의 감수 분열에 의해 성염색체가 없는 정자의 수정으로 태어남

ㄷ. 체세포 1개당 r의 수는 어머니가 영희보다 ~~많다~~.
→ r의 수는 어머니와 영희가 모두 1

① ㄴ ② ㄷ ③ ㄱ, ㄴ ④ ㄱ, ㄷ ⑤ ㄴ, ㄷ

| 문제+자료 분석 |

1st 아버지와 어머니의 유전자형 파악하기

부모에게서 나타나지 않았던 ㉠이 오빠와 영희에게서 나타난 것은 어머니가 ㉠의 유전자를 가지고 있기 때문이라고 판단할 수 있다. 아버지는 X 염색체를 하나 가지기 때문에 ㉠의 유전자를 가지고 있다면 ㉠이 발현되기 때문이다. 아버지의 유전자형은 X^RY, 어머니의 유전자형은 X^RX^r가 된다.

2nd 오빠와 영희의 유전자형 파악하기

- 오빠와 영희는 모두 염색체 수 이상이 나타나는데, 오빠의 X 염색체 수가 영희의 X 염색체 수보다 많으므로 오빠는 XXY이고 영희는 X의 성염색체를 가지고 있다고 판단할 수 있다. 주의
- 오빠와 영희가 모두 ㉠을 나타내므로 오빠는 X^rX^rY이고, 영희는 X^r이다.
- X^r는 어머니만 가지고 있으므로 오빠는 어머니의 감수 2분열에서 비분리가 일어나 염색 분체가 나누어지지 않은 경우이다.
- 영희는 아버지의 감수 분열에서 비분리가 일어나 성염색체를 받지 못한 경우이다. 성염색체가 없는 생식세포는 감수 1분열과 감수 2분열에서 모두 나타날 수 있다.

| 보기 분석 |

ㄱ. 오빠의 유전자형은 X^rX^rY이므로 감수 2분열에서 염색체 비분리가 일어난 난자가 정상 정자와 수정되었다.

ㄴ. 영희의 유전자형은 X^r이므로 정상 난자(X^r)와 감수 분열에서 염색체 비분리가 일어나 성염색체가 없는 정자의 수정으로 태어났다.

ㄷ. 체세포 1개당 r의 수는 어머니(X^RX^r)와 영희(X^r)가 1개로 같다.

M 09 정답 ② *사람의 유전 ······ ✪ 고난도 [① 8% ② 49% ③ 11% ④ 16% ⑤ 14%] 2024 실시 3월 학평 20

다음은 어떤 가족의 ABO식 혈액형과 유전 형질 (가)에 대한 자료이다.

- ABO식 혈액형을 결정하는 유전자는 9번 염색체에 있다.
- (가)는 2쌍의 대립유전자 R과 r, T와 t에 의해 결정된다. (가)의 표현형은 유전자형에서 대문자로 표시되는 대립유전자의 수에 의해서만 결정되며, 이 대립유전자의 수가 다르면 표현형이 다르다. ➡ (가)는 다인자 유전
- R과 r은 9번 염색체에, T와 t는 X 염색체에 있다.
- 아버지의 정자 형성 과정과 ㉠ 어머니의 난자 형성 과정에서 각각 9번 염색체 비분리가 1회 일어나 형성된 정자와 난자가 수정되어 핵형이 정상인 ⓐ 아들이 태어났다.
- 표는 모든 구성원의 ABO식 혈액형과 체세포 1개당 R과 T의 DNA 상대량을 더한 값을 나타낸 것이다.

단서 AR/BR X^TY Br/OR X^tX^t OR/OR X^tY

구성원	아버지	어머니	아들
ABO식 혈액형	AB형	B형	O형
R과 T의 DNA 상대량을 더한 값	3	1	2

이에 대한 옳은 설명만을 〈보기〉에서 있는 대로 고른 것은? (단, 제시된 염색체 비분리 이외의 돌연변이와 교차는 고려하지 않으며, R, r, T, t 각각의 1개당 DNA 상대량은 1이다.) (3점)

[보기]

ㄱ. ㉠의 감수 ~~1분열~~에서 염색체 비분리가 발생했다.
어머니의 감수 2분열에서 염색체 비분리가 발생함

ㄴ. 어머니에서 (가)의 유전자형은 RrX^tX^t이다.
어머니의 (가)의 유전자형은 RrX^tX^t임

ㄷ. ⓐ의 동생이 태어날 때, 이 아이가 아버지와 (가)의 표현형이 같을 확률은 ~~$\frac{1}{2}$~~이다.
ⓐ의 동생이 태어날 때, 이 아이가 아버지와 (가)의 표현형이 같을 확률은 $\frac{1}{2}\times\frac{1}{2}=\frac{1}{4}$임

① ㄱ ② ㄴ ③ ㄷ ④ ㄱ, ㄷ ⑤ ㄴ, ㄷ

단서+발상

(단서) (가)는 다인자 유전, 아버지와 어머니에서 9번 염색체가 비분리되어 핵형이 정상인 아들이 태어났다는 점, 아버지, 어머니, 아들의 ABO식 혈액형, R과 T의 DNA 상대량을 더한 값이 제시되어 있다.

(발상) 감수 2분열에서 염색체 비분리가 1회 일어났을 때는 염색 분체가 비분리되어 유전자 구성이 똑같은 염색체를 2개 갖고 있다는 점을 통해 아들이 가진 9번 염색체의 유전자 구성을 추론할 수 있다.

(적용) 어머니의 난자 형성 과정 중 감수 2분열에서 염색체 비분리가 일어나 아들은 유전자 O가 있는 9번 염색체를 모두 어머니에게서 물려받았고, 아들의 R과 T의 DNA 상대량을 더한 값은 2이므로 아들의 유전자형은 OR/ORX^tY임을 구하는 것부터 문제 풀이를 시작해야 한다.

| 문제 해결 과정 |

step 1 아버지의 유전자형 파악하기

- 남자는 성염색체 XY를 갖기 때문에 AB형인 아버지에서 R과 T의 DNA 상대량을 더한 값이 3이 되려면 RRX^TY의 유전자형을 가져야 한다.

step 2 아들의 유전자 연관 관계 파악하기

- AB형인 아버지의 정자 형성 과정과 B형인 어머니의 난자 형성 과정에서 각각 9번 염색체 비분리가 1회 일어나 형성된 정자와 난자가 수정되어 O형인 아들이 태어났다.
- 아버지는 유전자 O를 갖고 있지 않으므로 어머니는 유전자 O를 가지며 ABO식 혈액형 유전자형이 BO이고, 어머니의 난자 형성 과정 중 감수 2분열에서 염색체 비분리가 일어나 아들은 유전자 O가 있는 9번 염색체를 모두 어머니에게서 물려받았다. 꿀팁
- 아들의 R과 T의 DNA 상대량을 더한 값은 2이므로 아들은 어머니의 유전자 O와 R이 함께 있는 9번 염색체 2개를 물려받았고, 성염색체는 X^tY이다. 함정

step 3 가족의 유전자형 정리하기

- 어머니는 유전자 O와 R이 함께 있는 9번 염색체가 있고 R과 T의 DNA 상대량을 더한 값이 1이므로 어머니의 유전자형은 Br/OR X^tX^t이다.
- 아버지의 유전자형은 AR/BR X^TY이고 아들의 유전자형은 OR/OR X^tY이다.

| 보기 분석 |

ㄱ. ㉠의 감수 1분열에서 염색체 비분리가 발생했다. (×)

- 아버지는 유전자 O를 갖고 있지 않으므로 어머니의 난자 형성 과정 중 감수 2분열에서 염색체 비분리가 일어나 아들은 유전자 O가 있는 9번 염색체를 모두 어머니에게서 물려받았다.

ㄴ. 어머니에서 (가)의 유전자형은 RrX^tX^t이다. (○)

- B형인 어머니는 아들에게 물려준 유전자 O와 R이 함께 있는 9번 염색체가 있고 R과 T의 DNA 상대량을 더한 값이 1이므로 어머니의 유전자형은 Br/OR X^tX^t이다. 따라서 어머니에서 (가)의 유전자형은 RrX^tX^t이다.

ㄷ. ⓐ의 동생이 태어날 때, 이 아이가 아버지와 (가)의 표현형이 같을 확률은 $\frac{1}{2}$이다. (×)

- 아버지의 (가)의 유전자형이 RRX^TY이고 어머니의 (가)의 유전자형이 RrX^tX^t이므로 ⓐ의 동생이 태어날 때, 이 아이가 아버지와 (가)의 표현형이 같을 확률을 계산하면 표와 같다.

	R
R	RR(2)
r	Rr(1)

	X^T	Y
X^t	X^TX^t (1)	X^tY (0)

- 아버지에서 R과 T의 DNA 상대량을 더한 값이 3이므로 ⓐ의 동생이 태어날 때 아버지와 (가)의 표현형이 같을 확률은 $\frac{1}{2}\times\frac{1}{2}=\frac{1}{4}$이다.

✪ 정답은 ② ㄴ이다.

문제 풀이 꿀팁

염색체 비분리
- 감수 1분열에서 염색체 비분리가 1회 일어났을 때: 상동 염색체가 비분리되어 유전자 구성이 다를 수 있는 염색체 2개를 갖고 있다.
- 감수 2분열에서 염색체 비분리가 1회 일어났을 때: 염색 분체가 비분리되어 유전자 구성이 똑같은 염색체를 2개 갖고 있다.

왜 틀렸나?

아들의 R과 T의 DNA 상대량을 더한 값은 2이다.

남자는 성염색체 XY를 갖기 때문에 어머니에게서 O와 r이 함께 있는 9번 염색체 2개를 물려받으면 유전자형이 Or/Or이고 X 염색체는 1개이므로 R과 T의 DNA 상대량을 더한 값 2를 만족하지 못한다.

따라서 아들은 어머니의 유전자 O와 R이 함께 있는 9번 염색체 2개를 물려받았고, 성염색체는 X^tY이다.

M 10 정답 ② *염색체 비분리 ✪ 고난도 [① 11% ② 44% ③ 7% ④ 26% ⑤ 10%] 2025 대비 6월 모평 17

다음은 어떤 가족의 유전 형질 (가)~(다)에 대한 자료이다.

- (가)~(다)의 유전자 중 2개는 13번 염색체에, 나머지 1개는 X 염색체에 있다.
- (가)는 대립유전자 H와 h에 의해, (나)는 대립유전자 R와 r에 의해, (다)는 대립유전자 T와 t에 의해 결정된다. H는 h에 대해, R는 r에 대해, T는 t에 대해 각각 완전 우성이다.
- (가)~(다) 중 2개는 우성 형질이고, 나머지 1개는 열성 형질이다.
- 표는 이 가족 구성원의 성별과 (가)~(다)의 발현 여부를 나타낸 것이다. 단서

구성원	성별	(가) 상염색체 우성	(나) 상염색체 열성	(다) X염색체 우성	
아버지	남	○ Hh	× Rr	× X^tY	Hr/hR X^tY
어머니	여	○ Hh	○ rr	○ X^TX^t	Hr/hr X^TX^t
자녀 1	남	○ H_	○ rr	○ X^TY	Hr/_r X^TY
자녀 2	여	× hh	× Rr	× X^tX^t	hR/hr X^tX^t
자녀 3	남	× hh	× Rr	○ X^TY	hR/hr X^TY
자녀 4	여	× hh	○ rr	○ X^TX^t	hr/hr X^TX^t

(○: 발현됨, ×: 발현 안 됨)

- 이 가족 구성원의 핵형은 모두 정상이다.
- 염색체 수가 22인 생식세포 ㉠과 염색체 수가 24인 생식세포 ㉡이 수정되어 자녀 4가 태어났다. ㉠과 ㉡의 형성 과정에서 각각 13번 염색체 비분리가 1회 일어났다.
  ➡ 부모에 X 염색체 비분리 없음, 자녀 4를 제외하고 비분리 없음

이에 대한 설명으로 옳은 것만을 〈보기〉에서 있는 대로 고른 것은? (단, 제시된 염색체 비분리 이외의 돌연변이와 교차는 고려하지 않는다.) (3점)

[보기]

ㄱ. (나)는 우성 형질이다.
(나)는 상염색체 열성 형질임

ㄴ. 아버지에게서 h, R, t를 모두 갖는 정자가 형성될 수 있다.
아버지의 (가)~(다)의 유전자형은 Hr/hR X^tY의 구성이므로 h, R, t를 모두 갖는 정자가 형성될 수 있음

ㄷ. ㉡은 감수 1분열에서 염색체 비분리가 일어나 형성된 난자이다.
㉡은 어머니(Hr/hr)에서 생식세포 형성 과정 중 감수 2분열에서 염색체 비분리가 일어남

① ㄱ ② ㄴ ③ ㄷ ④ ㄱ, ㄴ ⑤ ㄴ, ㄷ

단서+발상

(단서) 유전 형질 (가)~(다)에서 유전자가 존재하는 염색체 위치, 우성, 열성의 수, 가족 구성원의 성별과 (가)~(다)의 발현 여부, 비분리가 일어난 생식세포가 수정되어 태어난 자녀 4가 제시되어 있다.

(발상) (가)가 발현된 아버지와 어머니로부터 (가)가 발현되지 않고 여자인 자녀 2가 태어났으므로 (가)는 상염색체(13번 염색체) 우성 유전임을 추론할 수 있다.

(적용) 아버지는 (나), (다) 모두 미발현인데 자녀 4에서 (나), (다)가 모두 발현됨을 통해 (나), (다)는 각각 상염색체 열성 형질, X 염색체 우성 형질 중 하나임을 구하는 것부터 문제 풀이를 시작해야 한다.

| 문제 해결 과정 |

step 1 (가), (나), (다)의 유전 형질 파악하기

- (가)가 발현된 아버지와 어머니로부터 (가)가 발현되지 않고 여자인 자녀 2가 태어났으므로 (가)는 상염색체(13번 염색체) 우성 유전이다.
  ➡ (가) 발현 부모로부터 (가) 미발현 자녀가 태어났으므로 부모는 모두 이형 접합(Hh)이고, 자녀 2, 3, 4는 열성 동형 접합(hh)이다.
- (가) 형질이 상염색체 우성 유전이므로 (나)와 (다)는 각각 상염색체, X 염색체 유전 중 하나이며, 우성과 열성 중 하나이다.
  ➡ 자녀 4는 X 염색체는 정상적으로 분리된 생식세포가 수정되어 태어났다.
- 아버지는 (나), (다) 모두 미발현인데 자녀 4는 (나), (다)가 모두 발현되었다. 따라서 (나), (다) 둘 중 X 염색체 유전인 형질은 X 염색체 열성 형질이 불가능하므로 (나), (다) 둘 중 X 염색체 유전인 형질은 X 염색체 우성 형질이다.
  ➡ (나), (다)는 각각 상염색체 열성 형질, X 염색체 우성 형질 중 하나이다.

step 2 (나)와 (다) 형질 확정하기

- (다)가 상염색체 열성 유전이라면 아버지는 Tt, 어머니는 tt, 자녀 1은 tt, 자녀 2는 Tt, 자녀 3은 tt, 자녀 4은 tt를 갖는다.
- 자녀 3은 (가)와 (다)의 유전자 구성이 모두 열성 동형 접합이므로 h와 t가 한 염색체에 있는 ht/ht를 갖고, 아버지와 어머니 모두 h와 t가 한 염색체에 있는 염색체(ht)를 갖는다.
  따라서 아버지의 (가)와 (다)에 대한 유전자 구성은 HT/ht, 어머니의 (가)와 (다)에 대한 유전자 구성은 Ht/ht가 된다.
  ➡ 이로부터 h와 T가 한 염색체에 있는 자녀 2(hT/ht)가 태어날 수 없으므로 모순이다.
- 따라서 (다)는 X 염색체 우성 유전 형질이고, (나)는 상염색체 열성 형질이다.

step 3 가족의 (가)~(다)의 유전자형 파악하기

- (다)는 X 염색체 우성 유전 형질이므로 유전자형이 아버지는 X^tY, 어머니는 X^TX^t, 자녀 1과 3은 X^TY, 자녀 2는 X^tX^t, 자녀 4는 X^TX^t이다.
- (나)는 상염색체 열성 형질이므로 유전자형이 아버지는 Rr, 어머니는 rr, 자녀 1은 rr, 자녀 2는 Rr, 자녀 3은 Rr, 자녀 4는 rr이다.
  같은 13번 염색체에 존재하는 (가)와 함께 고려하면, 어머니는 Hhrr이므로 Hr/hr, 자녀 2와 3은 hhRr이므로 hR/hr, 자녀 4는 hhrr이므로 hr/hr의 유전자 구성을 갖는다.
  자녀 4는 13번 염색체 비분리 생식세포가 수정되어 태어났으므로 정상 자녀를 고려하면 HhRr인 아버지의 유전자 구성은 Hr/hR이다.
  자녀 1은 Hr/Hr과 Hr/hr이 모두 가능하다.
- hr/hr인 자녀 4는 13번 염색체가 없는 생식세포 ㉠과 13번 염색체가 2개인 ㉡이 수정되어 태어났다.
  ➡ ㉡이 h와 r가 함께 있는 염색체 2개를 갖기 위해서는 어머니(Hr/hr)에서 생식세포 형성 과정 중 감수 2분열에서 염색체 비분리가 일어나야 한다.

| 보기 분석 |

ㄱ. (나)는 우성 형질이다. (×)

- 아버지는 (나), (다) 모두 미발현인데 자녀 4는 (나)와 (다)가 발현되었기 때문에 (나), (다)는 각각 상염색체 열성 형질, X 염색체 우성 형질 중 하나이다.
- step 2 에서 (다)가 상염색체 열성 유전이라 가정하면 아버지로부터 자녀 2, 3의 유전자 구성이 태어날 수 없으므로 (나)는 상염색체 열성 형질이다.

ㄴ. 아버지에게서 h, R, t를 모두 갖는 정자가 형성될 수 있다. (○)

- (다)는 X 염색체 우성 유전 형질이므로 아버지의 유전자형은 X^tY이다. (가)는 상염색체 우성, (나)는 상염색체 열성 형질이며 자녀 1은 Hr/_r이고 자녀 2와 3이 hR/hr의 유전자 구성을 가지므로 아버지는 Hr/hR의 유전자 구성을 갖는다. 따라서 아버지에게서 h, R, t를 모두 갖는 정자가 형성될 수 있다.

ㄷ. ㉡은 감수 1분열에서 염색체 비분리가 일어나 형성된 난자이다. (×)

- hr/hr인 자녀 4에서 ㉡이 h와 r가 함께 있는 염색체 2개를 갖기 위해서는 어머니(Hr/hr)에서 생식세포 형성 과정 중 감수 2분열에서 염색체 비분리가 일어나야 한다.

✪ 정답은 ② ㄴ이다.

M 11 정답 ③ ································· [정답률 45%] ✪ 고난도

다음은 어떤 가족의 유전 형질 ㉠, ㉡, ㉢에 대한 자료이다.

- ㉠은 대립유전자 A, B, C에 의해, ㉡은 대립유전자 D, E, F에 의해, ㉢은 대립유전자 G와 g에 의해 결정된다.
- ㉠~㉢을 결정하는 유전자는 모두 21번 염색체에 있다.
- 감수 분열 시 부모 중 한 사람에게서만 염색체 비분리가 1 회 일어나 ⓐ염색체 수가 비정상적인 생식세포가 형성되었다. ⓐ가 정상 생식세포와 수정되어 아이가 태어났다. 이 아이는 자녀 2와 자녀 3 중 하나이며, 다운 증후군(21번 염색체 3개)을 나타낸다. 이 아이를 제외한 나머지 구성원의 핵형은 모두 정상이다.
- 표는 이 가족 구성원에서 ㉠~㉢을 결정하는 대립유전자의 유무를 나타낸 것이다.

(○: 있음, ×: 없음)

구성원	대립유전자							
	A	B	C	D	E	F	G	g
부	○	×	○	○	×	○	○	○
모	○	○	×	×	○	○	×	○
자녀 1	×	○	○	○	×	○	○	○
자녀 2 (다운 증후군)	○	○	×	×	○	○	×	○
자녀 3	○	×	○	○	○	×	○	○

이에 대한 설명으로 옳은 것만을 〈보기〉에서 있는 대로 고른 것은? (단, 제시된 염색체 비분리 이외의 돌연변이와 교차는 고려하지 않는다.)

2018 대비 9월 모평 15

[보기]

ㄱ. 자녀 1은 C, D, G가 함께 있는 염색체를 갖는다.
→ 자녀 1이 가진 C, D, G는 모두 부로부터 받음

ㄴ. 다운 증후군을 나타내는 구성원은 자녀 2이다.
→ 자녀 2는 부로부터 AFg, 모로부터 BFg/AEg를 받음

ㄷ. ⓐ는 감수 1분열에서 염색체 비분리가 일어나 형성된 정자이다. → ⓐ는 감수 1분열에서 염색체 비분리가 일어나 형성된 난자

① ㄱ ② ㄷ ③ ㄱ, ㄴ
④ ㄴ, ㄷ ⑤ ㄱ, ㄴ, ㄷ

✪ 주어진 조건을 통해 유전자의 위치와 염색체 비분리로 태어난 자손을 추론하는 문제이다.
위와 같은 염색체 비분리 유형은 비분리가 일어나지 않은 자손을 먼저 분석하는 것이 이 문제 풀이의 핵심 KEY이다.

출제 개념: 복대립 유전과 염색체 비분리

| 문제 해결 과정 |

step 1 자녀 1 분석하기

- 가족 구성원 중 비분리가 일어나 형성된 생식세포에 의해 태어난 자녀와 그렇지 않은 자녀가 있는 경우 그렇지 않은 자녀를 먼저 분석하자.
⇨ 비분리가 일어나 형성된 생식세포에 의해 태어난 자녀는 부모 중 누구에게 비분리가 일어났는지, 비분리가 감수 1분열에서 일어났는지, 2분열에서 일어났는지 등 확정되지 않는 정보가 많기 때문이다.
- 자녀 1은 B와 C를 가진다. 아버지는 B를 갖지 않고 어머니는 C를 갖지 않으므로, 자녀 1은 아버지로부터 C를, 어머니로부터 B를 물려받았다.
- 자녀 1은 D와 F를 가진다. 어머니는 D를 갖지 않으므로, 자녀 1은 아버지로부터 D를, 어머니로부터 F를 물려받았다.
- 자녀 1은 G와 g를 가진다. 어머니는 G를 갖지 않으므로, 자녀 1은 아버지로부터 G를, 어머니로부터 g를 물려받았다.

step 2 부모의 유전자형 파악하기

- 자녀 1은 아버지로부터 C, D, G를, 어머니로부터 B, F, g를 물려받았고, ㉠~㉢을 결정하는 유전자는 모두 21번 염색체에 있다.
- 또한 아버지는 A, F, g를 가지고 어머니는 A, E를 가지며 G를 갖지 않는다.
- 따라서 아버지의 유전자형은 CDG/AFg이고, 어머니의 유전자형은 BFg/AEg이다.

step 3 다운 증후군을 나타내는 구성원 찾기

- 자녀 2는 B와 E를 모두 가진다. B와 E는 아버지에는 없고, 어머니에만 있는데, 어머니의 유전자형이 BFg/AEg이므로 자녀 2의 핵형이 정상이라면 두 유전자를 동시에 가질 수 없다.
- 따라서 자녀 2는 다운 증후군을 나타내고, 어머니로부터 BFg/AEg를 모두 물려받았으므로 어머니의 감수 1분열에서 염색체 비분리가 일어났다.

| 보기 분석 |

ㄱ. 자녀 1은 C, D, G가 함께 있는 염색체를 갖는다. (○)

아버지는 C, D, G가 함께 있는 염색체를 가지고, 이를 자녀 1에게 물려주었다.

ㄴ. 다운 증후군을 나타내는 구성원은 자녀 2이다. (○)

문제 해결 과정의 step 3를 참고하면, 다운 증후군을 나타내는 구성원은 자녀 2이다.

ㄷ. ⓐ는 감수 1분열에서 염색체 비분리가 일어나 형성된 정자이다. (×)

문제 해결 과정의 step 3를 참고하면, 자녀 2는 어머니로부터 BFg/AEg를 모두 물려받았으므로 ⓐ는 감수 1분열에서 염색체 비분리가 일어나 형성된 난자이다.

✪ 정답은 ③ ㄱ, ㄴ이다.

문제 풀이 Tip

- **가족 구성원 중 비분리가 일어나 형성된 생식세포에 의해 태어난 자녀와 그렇지 않은 자녀가 있는 경우 그렇지 않은 자녀를 먼저 분석한다.**

＊ 복대립 유전과 유전병의 예 ································· ✪ 고난도 핵심 개념

복대립 유전		• 하나의 형질을 결정하는 데 3가지 이상의 대립유전자가 관여하는 경우를 복대립 유전이라고 한다. • 복대립 유전은 3가지 이상의 대립유전자 1쌍이 형질을 결정하므로 단일 인자 유전이다. • 다인자 유전은 대립유전자 여러 쌍이 형질을 결정하는 것이므로 둘을 혼동하지 않도록 하자.
유전병	다운 증후군	• 21번 염색체가 3개이다. • 정신 지체, 머리가 작고 눈 사이가 멀다. • 핵상이 $2n+1=45+XY(XX)$이다.
	터너 증후군	• 핵상이 $2n-1=44+X$이다. • 외관상 여자이나 난소의 발달이 불완전하다.
	클라인펠터 증후군	• 핵상이 $2n+1=44+XXY$ • 외관상 남자이나 정소의 발달이 불완전하다.

M 12 정답 ③ [정답률 44%] ✪ 고난도

다음은 어떤 가족의 유전 형질 (가)와 (나)에 대한 자료이다.

- (가)는 대립유전자 A와 a에 의해, (나)는 대립유전자 B와 b에 의해 결정된다. A는 a에 대해, B는 b에 대해 각각 완전 우성이다.
- (가)를 결정하는 유전자와 (나)를 결정하는 유전자 중 하나는 X 염색체에 존재한다.
- 표는 이 가족 구성원의 성별, 체세포 1개에 들어 있는 대립유전자 A와 b의 DNA 상대량, 유전 형질 (가)와 (나)의 발현 여부를 나타낸 것이다. ㉠~㉤은 아버지, 어머니, 자녀 1, 자녀 2, 자녀 3을 순서 없이 나타낸 것이다. 자녀 1~3은 두 명의 아들과 한 명의 딸

구성원	성별	DNA 상대량		유전 형질	
		A	b	(가)	(나)
자녀 3 ㉠	남	2 AA	1 Bb Y	×	○
어머니 ㉡	여	1 Aa	2 bb	×	×
아버지 ㉢	남	1 Aa	0 B Y	×	○
㉣	여	2 AA	1 Bb	×	○
㉤	남	0 aa	1 b Y	○	×

(○: 발현됨, ×: 발현 안 됨)

- 감수 분열 시 부모 중 한 사람에게서만 염색체 비분리가 1회 일어나 ⓐ염색체 수가 비정상적인 생식 세포가 형성되었다. ⓐ가 정상 생식 세포와 수정되어 자녀 3이 태어났다. 자녀 3을 제외한 나머지 구성원의 핵형은 모두 정상이다.

이에 대한 설명으로 옳은 것만을 <보기>에서 있는 대로 고른 것은? (단, 제시된 염색체 비분리 이외의 돌연변이와 교차는 고려하지 않으며, A, a, B, b 각각의 1개당 DNA 상대량은 1이다.) (3점) 2020 실시 7월 학평 20

[보기]

ㄱ. 아버지와 어머니는 (가)에 대한 유전자형이 같다.
→ 아버지와 어머니는 (가)에 대한 유전자형이 Aa로 같음

ㄴ. 자녀 3은 터너 증후군을 나타낸다.
→ 자녀 3은 XXY를 가지는 클라인펠터 증후군을 나타냄

ㄷ. ⓐ가 형성될 때 감수 1분열에서 염색체 비분리가 일어났다.
→ 아버지의 정자가 형성될 때 감수1분열에서 염색체 비분리가 일어나 상동염색체인 X와 Y가 모두 자녀 3에게 전달됨

① ㄱ ② ㄴ ③ ㄱ, ㄷ ④ ㄴ, ㄷ ⑤ ㄱ, ㄴ, ㄷ

✪ 가족 구성원의 DNA 상대량과 유전 형질의 발현 여부를 바탕으로 각 유전 형질을 결정하는 유전자가 어떤 염색체에 있는지 파악하고, 염색체 비분리로 인해 비정상 핵형을 가지는 자손을 추론하는 문제이다.
(가)와 (나) 중 어떤 형질을 결정하는 유전자가 X 염색체에 존재하는지 DNA 상대량과 유전 형질에 대해 모순이 없는 경우를 파악하는 것이 이 문제 풀이의 핵심 KEY이다.

출제 개념: 염색체 비분리

| 문제 해결 과정 |

step 1 (나)의 우열 및 비분리가 일어난 자손 파악하기

- ㉠, ㉤은 b의 DNA 상대량이 같은데 (나)의 형질이 다르게 나타난다.
- 따라서 ㉠, ㉤ 중에는 핵형이 비정상적인 자녀 3이 있다는 것을 알 수 있다.
- ㉣은 b의 DNA 상대량이 1이므로 유전자형은 이형 접합성인 Bb이고 (나)가 발현되므로 (나)는 우성이며, B는 (나) 발현 유전자, b는 정상 유전자이다.
- ㉤은 (나)가 발현되므로 B를 가져야한다. 만약 ㉤의 핵형이 정상이라면 유전자형이 AA, Bb이므로 (가)와 (나)가 모두 상염색체 유전자에 존재하는 것이 되므로 모순이다.
- 따라서 ㉠은 핵형이 비정상적인 자녀 3인 것을 알 수 있다.

step 2 각 대립유전자가 존재하는 염색체 파악하기

- ㉣과 ㉤의 (나)에 대한 유전자형은 Bb로 동일한데, (나)의 발현 여부가 다르므로 (나)를 결정하는 유전자는 X 염색체에 존재하며, (가)를 결정하는 유전자는 상염색체에 존재한다.

step 3 가족 구성원의 유전자형 분석하기 및 (가)의 우열 파악하기

- (나)를 결정하는 유전자가 X 염색체에 존재하므로 제시된 DNA 상대량에 의해 ㉠은 AA, X^BX^bY를 가지고, ㉡은 Aa, X^bX^b를 가지고, ㉢은 Aa, X^BY를 가지고, ㉣은 AA, X^BX^b를 가지고, ㉤은 aa, X^bY를 가진다.
- 유전 형질 (가)는 aa를 가지는 ㉤에서만 발현되므로 열성 형질이다.

step 4 ㉠~㉤ 중 부모 추론하기

- 자녀 3인 ㉠을 제외하면 아버지가 될 수 있는 구성원은 ㉢과 ㉤ 중 하나이다.
- 만약 아버지가 ㉤(aa, X^bY)이라면 딸은 유전자 a와 X^b를 가져야 하므로 ㉡은 딸이며, 어머니는 ㉣(AA, X^BX^b)이다. 하지만 이 경우엔 AA를 가지는 ㉠이 태어날 수 없으므로 모순이다.
- 따라서 아버지는 ㉢(Aa, X^BY)이며, 아버지로부터 X^B를 받는 딸은 ㉣(Aa, X^BX^b), 어머니는 ㉡(Aa, X^bX^b), 나머지 ㉤(aa, X^bY)은 아들이다.

| 보기 분석 |

ㄱ. 아버지와 어머니는 (가)에 대한 유전자형이 같다. (○)

문제 해결 과정의 step 4를 참고하면, 어머니 ㉡은 Aa, 아버지 ㉢은 Aa를 가지므로 (가)에 대한 유전자형이 Aa로 같다.

ㄴ. 자녀 3은 터너 증후군을 나타낸다. (×)

문제 해결 과정의 step 2를 참고하면, 자녀 3은 X^BX^bY를 가지므로 X 염색체 2개와 Y 염색체 1개를 가지는 클라인펠터 증후군을 나타낸다.

ㄷ. ⓐ가 형성될 때 감수 1분열에서 염색체 비분리가 일어났다. (○)

- X^bX^b를 가지는 어머니 ㉡과 X^BY를 가지는 아버지 ㉢ 사이에서 X^BX^bY를 가지는 자녀 3이 태어나려면, 어머니인 ㉡으로부터 생성된 생식 세포에 X^b가 포함되고, 아버지인 ㉢으로부터 생성된 생식 세포에 X^BY가 포함되어야 한다.
- 따라서 ㉢의 생식 세포 ⓐ가 형성될 때 상동 염색체인 X 염색체와 Y 염색체가 비분리 되었으므로 감수 1분열에서 염색체 비분리가 일어났다.

✪ 정답은 ③ ㄱ, ㄷ이다.

문제 풀이 Tip

1. **X 염색체에 존재하는 대립유전자에 대한 남자의 DNA 상대량이 2일 경우 염색체 비분리 현상에 의해 태어난 사람이다.**
   여자는 X 염색체를 두 개 가지므로 동형 접합성 여부에 따라 DNA 상대량이 0, 1, 2로 다양하지만, 남자는 X 염색체를 한 개 가지므로 DNA 상대량이 2일 수 없다. X 염색체에 존재하는 대립유전자에 대한 DNA 상대량이 2인 남자는 염색체 비분리 현상에 의해 태어나 XXY의 염색체를 가지는 자손임을 빠르게 알 수 있다.
2. **XXY의 염색체를 가지는 자손에서 X 염색체에 존재하는 대립유전자가 이형접합성일 경우 감수 1분열 염색체 비분리가 일어난 것이다.**

*** 염색체 비분리** ✪ 고난도 핵심 개념

구분	내용
감수 1분열 비분리	• 상동 염색체가 비분리된다. • $n+1$의 핵상을 가지는 생식 세포에는 대립유전자 구성이 다른 상동 염색체가 존재한다.
감수 2분열 비분리	• 염색 분체가 비분리된다. • $n+1$의 핵상을 가지는 생식 세포에는 대립유전자 구성이 같은 염색 분체가 존재한다.

M 13 정답 ③ [정답률 50%] ✪ 고난도

다음은 어떤 가족의 유전 형질 (가)에 대한 자료이다.

- (가)를 결정하는 3개의 유전자는 각각 대립유전자 A와 a, B와 b, D와 d를 가진다.
- (가)의 표현형은 유전자형에서 대문자로 표시되는 대립유전자의 수에 의해서만 결정되며, 이 대립유전자의 수가 다르면 표현형이 다르다. ← 다인자 유전의 특징
- (가)의 유전자형이 AaBbDd인 부모 사이에서 아이가 태어날 때, 이 아이에게서 나타날 수 있는 (가)의 표현형은 최대 5가지이다.
- 감수 분열 시 염색체 비분리가 1회 일어나 ⓐ염색체 수가 비정상적인 난자가 형성되었다. (감수 2분열에서 염색체 비분리가 일어나 생성됨) ⓐ와 정상 정자가 수정되어 아이가 태어났고, 이 아이는 자녀 1과 2 중 한 명이다.
- 표는 이 가족 구성원 중 자녀 1과 2의 (가)에 대한 유전자형에서 대문자로 표시되는 대립유전자의 수를 나타낸 것이다.

ⓐ와 정상 정자의 수정에 의해 태어남

구성원	대문자로 표시되는 대립유전자의 수
자녀 1	4
자녀 2	7

이에 대한 설명으로 옳은 것만을 <보기>에서 있는 대로 고른 것은? (단, 제시된 염색체 비분리 이외의 돌연변이와 교차는 고려하지 않는다.) 2020 대비 6월 모평 10

[보기]

ㄱ. (가)의 유전은 다인자 유전이다.
→ (가)는 3개의 유전자에 의해 결정되는 다인자 유전

ㄴ. 아버지에서 A, B, D를 모두 갖는 정자가 형성될 수 있다. (없다)
→ 아버지에서 형성되는 정자는 AbD, aBD, Abd, aBd만 가능

ㄷ. ⓐ의 형성 과정에서 염색체 비분리는 감수 2분열에서 일어났다.
→ ⓐ는 감수 2분열에서 염색체 비분리가 일어나 생성된 난자와 정상 정자의 수정에 의해 태어남

① ㄱ ② ㄴ ③ ㄱ, ㄷ ④ ㄴ, ㄷ ⑤ ㄱ, ㄴ, ㄷ

단서+발상

(단서) 아이에게서 나타날 수 있는 (가)의 표현형이 최대 5가지라는 조건에 주목한다.

(발상) (가)를 결정하는 유전자는 3쌍이므로 3개 유전자 모두 독립, 2개의 유전자 연관×1개 유전자 독립, 3개의 유전자가 모두 연관인 경우를 생각한다.

(해결) 3개 유전자가 모두 독립일 경우 표현형은 최대 7가지, 3개의 유전자가 모두 연관인 경우 최대 4가지이므로 최대 5가지를 만족시킬 수 있는 경우는 2개의 유전자 연관×1개 유전자 독립임을 파악할 수 있어야 고난도 문제를 해결할 수 있다.

| 문제 해결 과정 |

step 1 염색체 수가 비정상인 자녀 찾기

- (가)를 결정하는 3개의 유전자는 각각 대립유전자 A와 a, B와 b, D와 d를 가지므로, 핵형이 정상인 자손은 (가)를 결정하는 유전자 중 대문자로 표시되는 대립유전자를 최대 6개(AABBDD) 가질 수 있다.
- 그러나 자녀 2는 대문자로 표시되는 대립유전자를 7개 가지므로, 자녀 2는 염색체 수가 비정상적인 난자와 정상 정자가 수정되어 태어난 자손이다.

step 2 자손의 표현형 가짓수 분석하기

부모는 (가)의 유전자형이 모두 AaBbDd이고, 이 부모 사이에서 아이가 태어날 때 이 아이에게서 나타날 수 있는 (가)의 표현형은 최대 5가지이다. 유전자들의 위치를 분류하여 표현형이 5가지가 나오는 경우를 찾아보자.

1. A와 a, B와 b, D와 d가 모두 서로 다른 염색체에 있을 경우

이 경우에 자녀의 유전자형에서 대문자로 표시되는 대립유전자는 0개(aabbdd)부터 6개(AABBDD)까지 모두 가능하다. 따라서 자녀에게서 나타날 수 있는 표현형은 최대 7가지이다.

2. A와 a, B와 b, D와 d가 모두 같은 염색체에 있을 경우

이 경우에 자녀는 아버지로부터 두 개의 염색체 중 하나를, 어머니로부터 두 개의 염색체 중 하나를 물려받으므로 자녀가 가질 수 있는 염색체 구성은 최대 4개이다. 따라서 자녀에게서 나타날 수 있는 표현형은 유전자들의 위치에 따라 조금씩 다르지만 4가지를 넘을 수 없다.

3. A와 a, B와 b가 같은 염색체에 있고 D와 d는 다른 염색체에 있을 경우

- 먼저, 다인자 유전에서는 유전자의 종류가 표현형에 영향을 끼치지 못하기 때문에 어떤 유전자가 같은 염색체에 있는지는 중요하지 않다. 그러므로 A, a와 B, b 유전자가 서로 같은 염색체에 있다고 가정하고 접근한다.
- 이때 ① 부모의 유전자형이 모두 AB/ab, D/d인 경우, ② 모두 Ab/aB, D/d인 경우, ③ 한 명은 AB/ab, D/d이고 다른 한 명은 Ab/aB, D/d인 경우가 가능하다.
- 각각의 경우일 때 자손에게서 나타날 수 있는 표현형의 가짓수를 계산해보면 ①일 때 7가지, ②일 때 3가지, ③일 때 5가지이다.
- 따라서 부모 중 한 명의 유전자형은 AB/ab, D/d이고, 다른 한 명의 유전자형은 Ab/aB, D/d이다.

step 3 비분리된 염색체와 비분리가 일어난 시기 파악하기

- 부모의 유전자형이 ③인 경우에 자녀는 대문자로 표시되는 대립유전자를 1~5개 가질 수 있다. 자녀 2는 대문자로 표시되는 대립유전자를 7개 가지므로 최대로 가능한 경우보다 2개를 더 가지고, 이는 A와 B가 함께 있는 염색체를 하나 더 가질 때에만 가능하다.
- ⓐ는 난자이므로 어머니의 감수 분열 과정에서 염색체 비분리가 일어나 자녀 2가 A와 B가 함께 있는 염색체를 2개 가진다. 따라서 어머니의 유전자형은 AB/ab, D/d이며 염색체 비분리는 감수 2분열에서 일어났다.

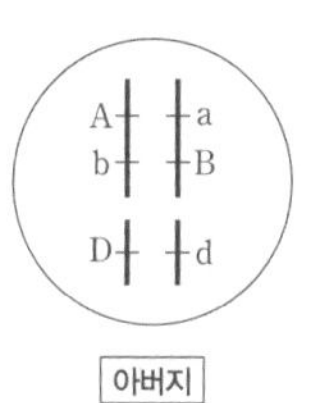

아버지

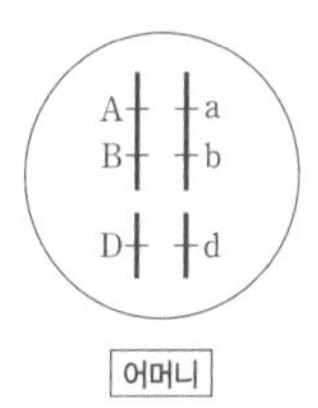

어머니

| 보기 분석 |

ㄱ. (가)의 유전은 다인자 유전이다. (○)

(가)의 표현형은 3개의 유전자에 의해 결정되므로 (가)는 다인자 유전이다.

ㄴ. 아버지에서 A, B, D를 모두 갖는 정자가 형성될 수 있다. (×)

문제 해결 과정의 step 3를 참고하면, 어머니의 유전자형이 AB/ab, D/d이다. 따라서 아버지의 유전자형은 Ab/aB, D/d이고, 아버지에서 A, B, D를 모두 갖는 정자가 형성될 수 없다.

ㄷ. ⓐ의 형성 과정에서 염색체 비분리는 감수 2분열에서 일어났다. (○)

문제 해결 과정의 step 3를 참고하면, ⓐ의 형성 과정에서 염색체 비분리는 감수 2분열에서 일어났다.

✪ **정답은 ③ ㄱ, ㄷ이다.**

문제 풀이 Tip

- **다인자 유전에서는 유전자의 종류가 표현형에 영향을 끼치지 못하기 때문에 어떤 유전자가 같은 염색체에 있는지는 중요하지 않다.**
  다인자 유전 형질의 표현형은 오로지 대문자로 표시되는 대립유전자의 수에 의해서만 결정된다. 따라서 문제를 쉽게 풀기 위해 유전자의 위치를 임의로 고정시키고 풀 수 있다.

* 다인자 유전 ✪ 고난도 핵심 개념

- 여러 쌍의 대립유전자에 의한 다양한 유전자 조합이 다양한 표현형을 만든다.
- 대립 형질이 뚜렷하게 구별되지 않는다.

M 14 정답 ⑤ [정답률 41%] ✪ 고난도

다음은 어떤 가족의 유전 형질 (가)와 (나)에 대한 자료이다.

- (가)는 대립유전자 A와 a에 의해, (나)는 대립유전자 B와 b에 의해 결정된다. A는 a에 대해, B는 b에 대해 각각 완전 우성이다.
  ➡ A(정상) > a(가) / B(나) > b(정상)
- (가)와 (나)의 유전자는 모두 X 염색체에 있다.
- 표는 가족 구성원의 성별, (가)와 (나)의 발현 여부를 나타낸 것이다.

구분	아버지 $X^{aB}Y$	어머니 $X^{Ab}X^{ab}$	자녀 1 $X^{ab}X^{aB}$	자녀 2 $X^{ab}Y$	자녀 3 $X^{Ab}X^{aB}Y$
성별	남	여	여	남	남
(가)	? ○	×	○	○	×
(나)	○	×	○	×	○

(○ : 발현됨, × : 발현 안 됨)

- 성염색체 비분리가 1회 일어나 형성된 생식세포 ㉠과 정상 생식세포가 수정되어 자녀 3이 태어났다.
  ➡ 감수 1분열 비분리로 형성된 정자($X^{aB}Y$) ㉠과 정상 난자(X^{Ab})의 수정으로 자녀 3이 태어남

이에 대한 옳은 설명만을 〈보기〉에서 있는 대로 고른 것은? (단, 제시된 돌연변이 이외의 돌연변이와 교차는 고려하지 않는다.) (3점) 2022 실시 3월 학평 19

[보기]

ㄱ. 아버지에게서 (가)가 발현되었다.
아버지는 (가) 발현 대립유전자 a를 가지므로 (가)가 발현됨

ㄴ. (나)는 우성 형질이다.
(가)는 열성 형질, (나)는 우성 형질

ㄷ. ㉠의 형성 과정에서 성염색체 비분리는 감수 1분열에서 일어났다.
㉠은 감수 1분열에서 비분리가 일어나 X 염색체와 Y 염색체를 모두 가진 정자

① ㄱ ② ㄷ ③ ㄱ, ㄴ
④ ㄴ, ㄷ ⑤ ㄱ, ㄴ, ㄷ

단서+발상

단서 표에서 자녀 1과 2의 (가)와 (나) 발현 여부에 주목한다.

발상 (가)가 열성임을 파악한 상태에서 자녀 2의 유전자형은 $X^{(가)정}Y$이고, $X^{(가)정}$는 어머니로부터 받은 것이다. 어머니는 $X^{(가)정}$를 자녀 1에게도 물려줬으므로 자녀 1과 2가 $X^{(가)정}$를 모두 갖고 있다는 것을 생각한다.

해결 자녀 2는 $X^{(가)정}$를 갖는데 (나)가 발현되므로 (나) 발현 유전자를 갖는다. (나)가 발현되면서 이형 접합성이므로 (나)는 우성 형질임을 파악할 수 있어야 고난도 문제를 해결할 수 있다.

| 문제 해결 과정 |

step 1 (가)의 우열 파악하기

- (가)가 발현되지 않은 어머니로부터 (가)가 발현된 자녀 2(아들)가 태어났으므로 어머니는 정상 유전자와 (가) 발현 유전자를 모두 갖는다. 어머니는 정상이면서 (가)에 대한 유전자형이 이형 접합성이므로 (가)는 열성 형질이다.
  ➡ A 정상 > a (가)
- 가족 구성원의 (가)에 대한 유전자형을 정리하면 다음과 같으며, 자녀 1과 자녀 2는 어머니로부터 X^a가 있는 같은 염색체를 물려받았다.

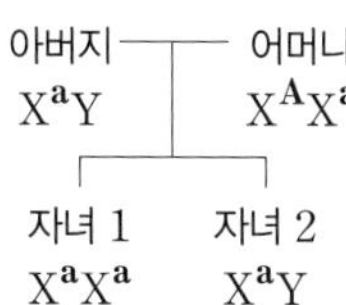

step 2 (나)의 우열 파악하기

- 자녀 2는 (나)가 발현되지 않으므로 (나)에 대해 정상 유전자를 갖는다. 따라서 자녀 2의 유전자형은 $X^{a정}Y$이다. ((나)의 우열이 아직 확정되지 않았으므로 (나) 미발현 유전자를 정, (나) 발현 유전자를 (나)로 표현한다.)
- 자녀 1과 자녀 2는 어머니로부터 X^a가 있는 같은 염색체를 물려받았으므로 자녀 1도 유전자 $X^{a정}$을 갖는다. 또한 자녀 1은 아버지로부터 $X^{a(나)}$를 물려받아 유전자형이 $X^{a정}X^{a(나)}$이며, (나)에 대한 유전자형이 이형 접합성이고 (나)가 발현되므로 (나)는 우성 형질이다. ➡ B (나) > b 정상

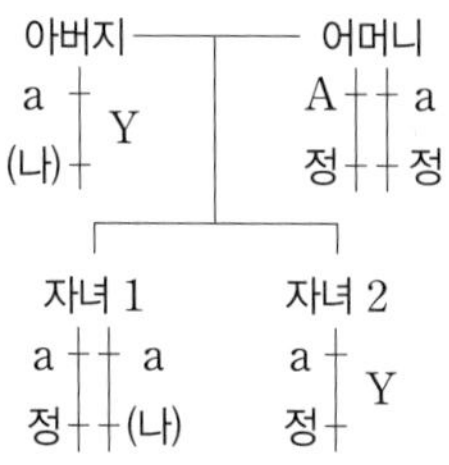

step 3 자녀 3의 유전자형 파악하기

- 어머니의 (가)의 유전자형은 이형 접합성이고, 어머니에게서 (나)가 발현되지 않았으므로 어머니의 (가)와 (나)의 유전자형은 $X^{Ab}X^{ab}$이다.
- 자녀 3에게서 (가)가 발현되지 않았고 (나)가 발현되었으므로 자녀 3은 (가) 미발현 유전자 A와 (나) 발현 유전자 B를 가진다.
- 그러므로 아버지로($X^{aB}Y$)부터 감수 1분열에서 비분리가 일어나 생성된 정자 ㉠($X^{aB}Y$)과 정상 난자(X^{Ab})가 수정되어 유전자형이 $X^{Ab}X^{aB}Y$인 자녀 3이 태어났음을 알 수 있다.

| 보기 분석 |

ㄱ. 아버지에게서 (가)가 발현되었다. (○)

- 문제 해결 과정의 step 1을 참고하면, (가)는 열성 형질이므로 A는 (가) 미발현 유전자이고, a는 (가) 발현 유전자이다. 아버지의 (가)의 유전자형은 X^aY이므로 아버지에게서 (가)가 발현되었다.

ㄴ. (나)는 우성 형질이다. (○)

- 문제 해결 과정의 step 2를 참고하면, (나)는 우성 형질이며, B는 (나) 발현 유전자이고 b는 (나) 미발현 유전자이다.

ㄷ. ㉠의 형성 과정에서 성염색체 비분리는 감수 1분열에서 일어났다. (○)

- 문제 해결 과정의 step 3을 참고하면, 자녀 3은 감수 1분열에서 성염색체의 비분리가 일어나 X 염색체와 Y 염색체를 모두 가진 정자 ㉠($X^{aB}Y$)과 정상 난자(X^{Ab})의 수정으로 태어났으므로 (가)는 발현되지 않고 (나)는 발현되었다.

✪ 정답은 ⑤ ㄱ, ㄴ, ㄷ이다.

문제 풀이 Tip

유전자형이 이형 접합성인 구성원의 표현형은 우성이다.

예를 들어 구성원의 유전자형이 Aa로 이형 접합성인데 유전 형질 (가)가 발현되면 (가)는 우성 형질이다.

M 15 정답 ② ＊염색체 비분리 ✪ 고난도 [정답률 37%] 2023 실시 10월 학평 18

3개의 유전자 연관

사람의 특정 형질은 1번 염색체에 있는 3쌍의 대립유전자 A와 a, B와 b, D와 d에 의해 결정된다. 그림은 어떤 사람의 G_1기 세포 Ⅰ로부터 생식세포가 형성되는 과정을, 표는 세포 ㉠~㉤에서 A, a, B, b, D의 DNA 상대량을 나타낸 것이다. 이 생식세포 형성 과정에서 염색체 비분리가 1회 일어났다. ㉠~㉤은 Ⅰ~Ⅴ를 순서 없이 나타낸 것이고, Ⅱ와 Ⅲ은 중기 세포이다.

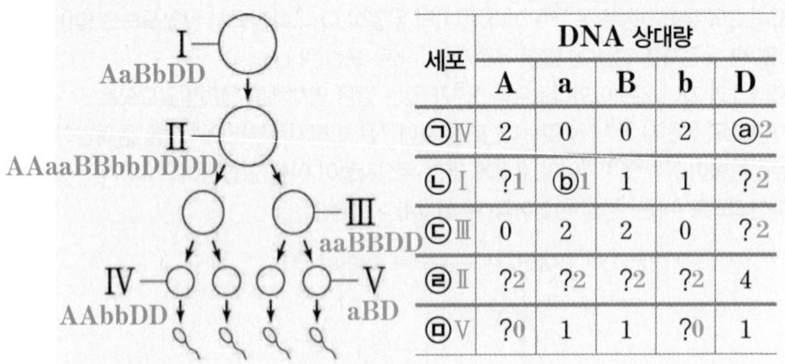

세포	DNA 상대량				
	A	a	B	b	D
㉠Ⅳ	2	0	0	2	ⓐ2
㉡Ⅰ	?1	ⓑ1	1	1	?2
㉢Ⅲ	0	2	2	0	?2
㉣Ⅱ	?2	?2	?2	?2	4
㉤Ⅴ	?0	1	1	?0	1

이에 대한 옳은 설명만을 〈보기〉에서 있는 대로 고른 것은? (단, 제시된 염색체 비분리 이외의 돌연변이와 교차는 고려하지 않으며, A, a, B, b, D, d 각각의 1개당 DNA 상대량은 1이다.) (3점)

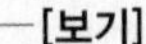

[보기]

ㄱ. ㉠은 Ⅲ이다. ㉠은 Ⅳ임

ㄴ. ⓐ+ⓑ=3이다. ⓐ + ⓑ=3임

ㄷ. Ⅴ의 염색체 수는 24이다.
Ⅴ의 염색체 수는 23임

① ㄱ ② ㄴ ③ ㄷ ④ ㄱ, ㄴ ⑤ ㄴ, ㄷ

단서+발상

단서 • ㉠~㉤이 갖는 유전자의 종류를 종합하여, 이 사람의 유전자형을 찾는다.

발상 • 핵상이 n인 세포가 갖는 대립유전자의 종류를 통해 연관 관계를 파악하는 것이 핵심이다.

해결 • Ⅴ는 Ⅲ과 같은 종류의 대립유전자를 가져야 함을 이용하여 ㉠, ㉢, ㉤과 Ⅲ~Ⅴ을 매칭할 수 있어야 문제를 해결할 수 있다.

| 문제 해결 과정 |

step 1 유전자형 찾기

• ㉠~㉤이 갖는 유전자의 종류를 종합하면, 이 사람의 체세포에는 A, a, B, b, D가 모두 존재해야 한다.
• ㉣이 D에 대한 DNA 상대량이 4이므로 유전자형이 DD(동형 접합)이다.
• 이 사람의 유전자형은 AaBbDD이다.

step 2 연관 관계 파악하기

• ㉠과 ㉢은 A, a, B, b, D 중 일부만 가지므로 핵상이 n이다.
• 핵상이 n인 세포는 상동 염색체를 쌍으로 갖지 않으므로 연관된 유전자를 파악할 수 있다.
• ㉠에서 A와 b가 연관이고, ㉢에서 a와 B가 연관이다.

step 3 Ⅰ~Ⅴ와 ㉠~㉤ 매칭하기

• 유전자형이 AaBbDD이므로 Ⅰ에서 각 대립유전자의 DNA 상대량은 A=1, a=1, B=1, b=1, D=2이다. 따라서 ㉡이 Ⅰ이다.
• Ⅱ의 각 대립유전자의 DNA 상대량은 Ⅰ의 2배이므로 Ⅱ에서 각 대립유전자의 DNA 상대량은 A=2, a=2, B=2, b=2, D=4이다. 따라서 ㉣이 Ⅱ이다.
• Ⅴ는 Ⅲ으로부터 만들어졌으므로, 비분리가 일어났다 하더라도 Ⅲ과 같은 종류의 대립유전자를 가져야 한다. ㉠, ㉢, ㉤ 중 ㉢과 ㉤이 같은 종류의 대립유전자를 가지며, a와 B의 DNA 상대량이 ㉢이 ㉤의 2배이므로, ㉢이 Ⅲ, ㉤이 Ⅴ이다.
• ㉠은 Ⅳ이고, A와 b의 DNA 상대량이 2이므로 감수 2분열 비분리가 일어나 생성된 $n+1$의 세포이다.

| 보기 분석 |

ㄱ. ㉠은 Ⅲ이다. (×)

• step 3 을 참고하면, ㉠은 Ⅳ이고, A와 b의 DNA 상대량이 2이므로 감수 2분열 비분리가 일어나 생성된 $n+1$의 세포이다.

ㄴ. ⓐ+ⓑ=3이다. (○)

• Ⅳ는 감수 2분열 비분리 결과 생성된 $n+1$의 세포이므로, A, b와 연관된 D의 DNA 상대량(ⓐ)도 2이다.
• step 1 을 참고하면, 이 사람의 유전자형은 AaBbDD이고, Ⅰ은 DNA 복제 전 세포이므로 a의 DNA 상대량(ⓑ)은 1이다.
• 따라서 ⓐ+ⓑ=3이다.

ㄷ. Ⅴ의 염색체 수는 24이다. (×)

• 정상적인 감수 2분열을 통해 Ⅲ으로부터 Ⅴ가 생성되었으므로, Ⅴ의 염색체 수는 23이다.

✪ 정답은 ② ㄴ이다.

왜 틀렸나?

①번을 최다 오답으로 선택한 20 %의 학생들은 ㉠, ㉢, ㉤과 Ⅲ~Ⅴ를 정확히 매칭하지 못하여 비분리가 일어나 형성된 세포를 찾지 못했을 것이다. Ⅴ는 Ⅲ과 같은 종류의 대립유전자를 가져야 함을 이용하면, ㉠, ㉢, ㉤과 Ⅲ~Ⅴ를 매칭할 수 있으며, Ⅳ를 형성할 때 감수 2분열에서 비분리가 일어난 것을 파악할 수 있다.

＊염색체 비분리 ✪ 고난도 핵심 개념

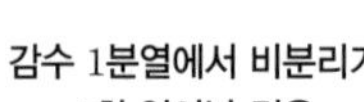

감수 1분열에서 비분리가 1회 일어난 경우	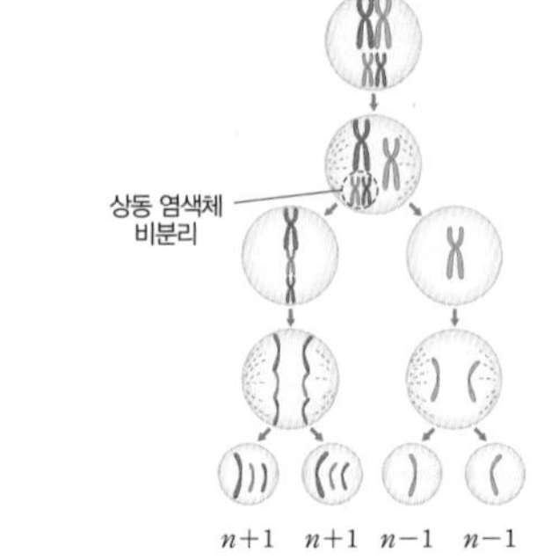
	상동 염색체가 비분리되므로 형성되는 모든 생식세포에 염색체 수 이상이 나타난다.
감수 2분열에서 비분리가 1회 일어난 경우	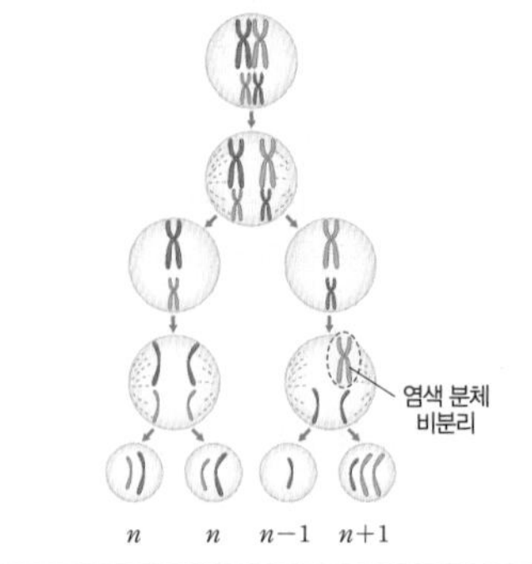
	염색 분체가 비분리되므로 형성되는 생식세포 중 절반에 염색체 수 이상이 나타난다.

M 16 정답 ② * 사람의 유전과 염색체 이상 ✪ 고난도 [① 9% ② 48% ③ 9% ④ 19% ⑤ 13%] 2024 실시 5월 학평 15

다음은 어떤 가족의 유전 형질 (가)와 (나)에 대한 자료이다.

- (가)는 2쌍의 대립유전자 H와 h, R와 r에 의해 결정된다. (가)의 표현형은 유전자형에서 ㉠ 대문자로 표시되는 대립유전자의 수에 의해서만 결정되며, 이 대립유전자의 수가 다르면 표현형이 다르다. ➡ 다인자 유전
- (나)는 대립유전자 T와 t에 의해 결정되며, T는 t에 대해 완전 우성이다.
- 아버지와 어머니 사이에서 아이가 태어날 때, 이 아이의 (가)와 (나)의 유전자형이 HHrrTt일 확률은 $\frac{1}{8}$이다. $\frac{1}{8}=\frac{1}{2}\times\frac{1}{4}$
- 그림은 아버지의 체세포에 들어 있는 일부 염색체와 유전자를, 표는 아버지를 제외한 나머지 가족 구성원의 (가)의 유전자형에서 ㉠과 (나)의 발현 여부를 나타낸 것이다.

단서

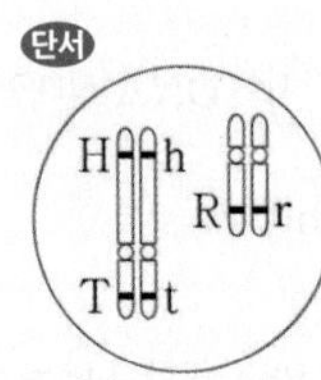

구성원	(가)의 유전자형에서 ㉠	(나) 열성
어머니	Ht/Ht Rr 3	발현됨
자녀 1	Ht/ht RR 3	발현됨
자녀 2	HT/Ht rr 2	발현 안 됨
자녀 3	T/Ht rr 1	발현 안 됨

H, h, T, t가 하나의 염색체에 존재함

- 아버지의 생식세포 형성 과정에서 대립유전자 ㉮가 포함된 염색체의 일부가 결실된 정자 P가 형성되었다. ㉮는 H, h, R, r 중 하나이다. (H)
- P와 정상 난자가 수정되어 ⓐ가 태어났다. ⓐ는 자녀 1~3 중 하나이다. (자녀 3) ⓐ를 제외한 이 가족 구성원의 핵형은 모두 정상이다.

이에 대한 설명으로 옳은 것만을 <보기>에서 있는 대로 고른 것은? (단, 제시된 돌연변이 이외의 돌연변이와 교차는 고려하지 않는다.)

[보기]

ㄱ. (나)는 ~~우성~~ 형질이다.
유전자형이 tt인 어머니가 (나)가 '발현됨'이므로 (나)는 열성 유전병임

ㄴ. ㉮는 H이다.
자녀 3은 ㉠이 1이므로 H(㉮)가 결실되어 HrrTt의 유전자형을 가짐

ㄷ. 자녀 2는 R를 갖는다.
㉠이 2이고, (나)가 발현되지 않은 자녀 2의 유전자형은 HHrrTt임

① ㄱ ② ㄴ ③ ㄷ ④ ㄱ, ㄴ ⑤ ㄱ, ㄷ

단서+발상

단서 상염색체 유전이며 다인자 유전인 (가), 단일 인자 유전인 (나)에 대한 아버지의 유전자형, 어머니, 자녀 1~3의 (가)의 유전자형에서 ㉠, (나)의 발현 여부, ㉮가 포함된 염색체의 일부가 결실된 정자 P, P와 정상 난자가 수정되어 태어난 ⓐ가 제시되어 있다.

발상 아버지의 유전자형은 HT/ht Rr이고, 자녀의 (가)와 (나)의 유전자형이 HHrrTt일 확률은 $\frac{1}{8}$임을 통해 어머니의 유전자형이 Ht/Ht Rr임을 추론할 수 있다.

적용 (나)는 열성 유전병이므로 (나)의 발현 여부, (가)의 유전자형에서 ㉠을 통해 자녀 1~3의 유전자형과 결실된 유전자 ㉮를 구하는 것부터 문제 풀이를 시작해야 한다.

| 문제 해결 과정 |

step 1 자녀가 HHrrTt일 확률 $\frac{1}{8}$을 통해 어머니의 유전자형 파악하기

- 아버지의 유전자형은 HT/ht Rr이고, 자녀의 (가)와 (나)의 유전자형이 HHrrTt일 확률은 $\frac{1}{8}=\frac{1}{2}\times\frac{1}{4}$이다.
  유전자형이 HHTt일 확률은 $\frac{1}{4}$, rr일 확률은 $\frac{1}{2}$이거나
  유전자형이 HHTt일 확률은 $\frac{1}{2}$, rr일 확률은 $\frac{1}{4}$이다.
  어머니는 ㉠이 3이므로, R를 최소 1개 가지고 있기 때문에 자녀에서 rr일 확률 $\frac{1}{2}$은 불가능하다. 따라서 유전자형이 HHTt일 확률은 $\frac{1}{2}$, rr일 확률은 $\frac{1}{4}$이다. 함정

	HT	ht
Ht	HT/Ht	Ht/ht

	R	r
R	RR	Rr
r	Rr	rr

- 어머니의 유전자형은 Ht/Ht Rr이다.

step 2 (나)의 우열과 자녀 1, 2의 유전자형 파악하기

- (나)에 대한 유전자형이 tt인 어머니가 (나)가 '발현됨'이므로 (나)는 열성 유전병이다. (나)가 발현된 자녀는 Ht/ht를 갖고, (나)가 발현되지 않은 자녀는 HT/Ht를 갖는다.
- ㉠이 3이고 (나)가 발현된 자녀 1은 Ht/ht RR이며, ㉠이 2이고 (나)가 발현되지 않은 자녀 2은 HT/Ht rr이다.

step 3 자녀 3의 유전자형과 ㉮ 파악하기

- (나)가 발현되지 않은 자녀 3의 유전자형은 HT/Ht인데 ㉠의 값이 1이다. 아버지의 정자 P 형성 과정에서 결실된 부분 ㉮는 H이고, P와 정상 난자가 수정되어 태어난 ⓐ는 자녀 3이다.
  자녀 3의 유전자형은 T/Ht rr이다.

| 보기 분석 |

ㄱ. (나)는 우성 형질이다. (×)

- 어머니는 ㉠이 3이므로, R를 최소 1개 가지고 있다. 어머니의 유전자형이 HHRrtt이므로, 유전자형이 tt인 어머니가 (나)가 '발현됨'이다. 따라서 (나)는 열성 유전병이다.

ㄴ. ㉮는 H이다. (○)

- (나)가 발현되지 않은 자녀에서 ㉠의 최소값은 2이다. 자녀 3은 ㉠이 1이므로 HHrrTt에서 H가 결실되어 HrrTt의 유전자형을 갖는다. 따라서 ㉮는 H이다.

ㄷ. 자녀 2는 R를 갖는다. (×)

- (나)가 발현되지 않은 자녀는 HT/Ht를 갖는다. 자녀 2는 ㉠의 값이 2이므로 유전자형은 HT/Ht rr이다. 따라서 자녀 2는 R를 갖지 않는다.

✪ 정답은 ② ㄴ이다.

왜 틀렸나?

- 한 쌍의 염색체에서 $\frac{1}{4}$, 다른 쌍의 염색체에서 $\frac{1}{2}$의 확률의 곱을 통해 자녀의 유전자형이 HHrrTt일 확률이 $\frac{1}{8}$이 나와야 한다.
- 어머니는 ㉠이 3이므로, 자녀에서 rr일 확률 $\frac{1}{2}$은 불가능함을 통해 유전자형이 HHTt일 확률 $\frac{1}{2}$, rr일 확률 $\frac{1}{4}$의 곱이 $\frac{1}{8}$이라는 것을 파악해야 한다.

M 17 정답 ② * 염색체의 구조 이상 ✪ 고난도 [정답률 49%] 2023 실시 3월 학평 19

다음은 사람의 유전 형질 (가)에 대한 자료이다.

- 서로 다른 3개의 상염색체에 있는 3쌍의 대립유전자 A와 a, B와 b, D와 d에 의해 결정된다.
  ➡ 3쌍 모두 상염색체에 존재하고, 유전자는 각각 다른 염색체에 있음
- 표는 사람 P의 세포 Ⅰ~Ⅲ 각각에 들어 있는 A, a, B, b, D, d의 DNA 상대량을 나타낸 것이다. ㉠과 ㉡은 1과 2를 순서 없이 나타낸 것이다.

세포	DNA 상대량					
	A	a	B	b	D	d
Ⅰ	㉠ 1	1	0	2	? 1	㉠ 1
Ⅱ	1	0	?	㉡ 2	㉠ 1	0
Ⅲ	? 0	㉡ 2	0	? 2	0	㉡ 2

- Ⅰ~Ⅲ 중 2개에는 돌연변이가 일어난 염색체가 없고, 나머지에는 중복이 일어나 대립유전자 ⓐ의 DNA 상대량이 증가한 염색체가 있다. ⓐ는 A와 b 중 하나이다.
  b

이에 대한 옳은 설명만을 <보기>에서 있는 대로 고른 것은? (단, 제시된 돌연변이 이외의 돌연변이와 교차는 고려하지 않으며, A, a, B, b, D, d 각각의 1개당 DNA 상대량은 1이다.) (3점)

[보기]

ㄱ. ㉠은 2이다.
㉠=2, ㉡=1이라 가정하면 Ⅱ에서 D를 가질 수 없으므로 ㉠=1임

ㄴ. ⓐ는 b이다.
중복이 일어나 DNA 상대량이 증가한 ⓐ는 b임

ㄷ. P에서 (가)의 유전자형은 AaBbDd이다.
Ⅰ은 핵상이 $2n$이고 ㉠은 1이므로 Aabb를 가지며, Ⅰ에는 d가, Ⅱ에는 D가 존재하므로 P의 유전자형은 AabbDd임

① ㄱ ② ㄴ ③ ㄷ ④ ㄱ, ㄴ ⑤ ㄴ, ㄷ

단서+발상

(단서) Ⅰ~Ⅲ에서 A와 b의 DNA 상대량이 제시되어 있다.

(발상) P의 유전자형을 확정한 다음 A와 b 중 하나가 중복되어 DNA 상대량이 증가했다는 점을 통해 Ⅰ~Ⅲ 중 중복이 된 염색체를 찾는다.

(해결) 표에 ㉠=1, ㉡=2를 대입한 후 $2n$인 세포를 찾아 P의 유전자형이 AabbDd임을 찾는다. 중복이 일어나 대립유전자 b의 DNA 상대량이 증가한 세포를 파악한다.

| 문제+자료 분석 |

step 1 ㉠과 ㉡의 값 확정하기

- ㉠=2, ㉡=1이라 가정하고 표에 대입하면 다음과 같다.

세포	DNA 상대량					
	A	a	B	b	D	d
Ⅰ	㉠ 2	1	0	2	?	㉠ 2
Ⅱ	1	0	?	㉡ 1	㉠ 2	0
Ⅲ	?	㉡ 1	0	?	0	㉡ 1

- Ⅱ에서 A와 b의 DNA 상대량이 1이므로 핵상이 n인 세포이다. D의 DNA 상대량이 2가 되려면 Ⅱ에서 중복이 일어나야 하는데 D는 ⓐ가 될 수 없으므로 모순이 생긴다. 따라서 ㉠=1, ㉡=2이다.

step 2 P의 유전자형을 통해 중복이 일어난 염색체(유전자) 찾기

- 세포 Ⅱ는 돌연변이가 일어난 염색체가 없다고 가정을 하면 DNA 상대량은 b만 2이고 A와 D는 1이므로 모순이 생긴다.
  따라서 Ⅱ는 중복이 일어난 염색체가 있는 세포이고, b의 DNA 상대량이 2로 b가 중복된 염색체가 있다.

| 보기 분석 |

ㄱ. ㉠은 2이다. (×)

- ㉠=2, ㉡=1이라 가정하면 Ⅱ에서 A와 b의 DNA 상대량이 1이므로 핵상이 n인 세포이다. D의 DNA 상대량이 2가 되려면 Ⅱ에서 중복이 일어나야 하는데 D는 ⓐ가 될 수 없으므로 모순이 생긴다.
  따라서 ㉠=1, ㉡=2이다.

ㄴ. ⓐ는 b이다. (○)

- 핵상이 n인 세포 Ⅱ에서 중복이 일어났다고 가정하면, b의 DNA 상대량이 2이므로 Ⅱ에 중복이 일어난 염색체가 있다.
  따라서 중복이 일어나 DNA 상대량이 증가한 ⓐ는 b이다.

ㄷ. P에서 (가)의 유전자형은 AaBbDd이다. (×)

- Ⅰ은 핵상이 $2n$이고, ㉠은 1이므로 Aabb를 가지고 있다. 또한, Ⅰ에는 d가, Ⅱ에는 D가 존재하므로 P의 유전자형은 AabbDd이다.

✪ 정답은 ② ㄴ이다.

*** 염색체 구조 이상 돌연변이의 종류** ✪ 고난도 핵심 개념

정상

상동 염색체

① 결실

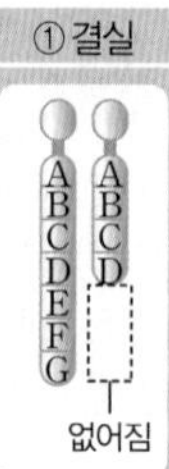

없어짐

② 중복

반복됨

③ 역위

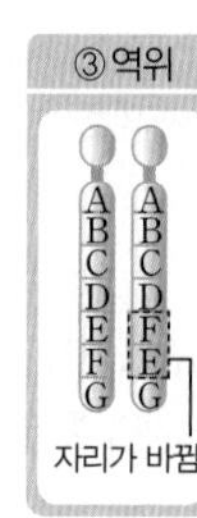

자리가 바뀜

④ 전좌

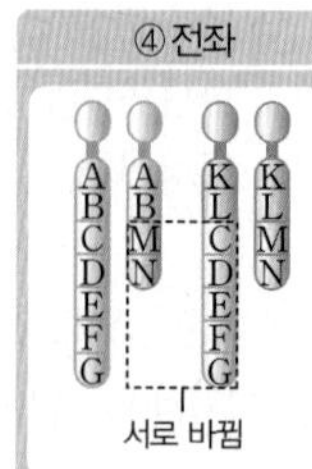

서로 바뀜

다음은 어떤 가족의 유전 형질 (가)~(다)에 대한 자료이다.

- (가)는 대립유전자 A와 a에 의해, (나)는 대립유전자 B와 b에 의해, (다)는 대립유전자 D와 d에 의해 결정된다.
  ➡ (가), (나), (다)는 모두 단일 인자 유전
- (가)~(다)의 유전자 중 2개는 7번 염색체에, 나머지 1개는 X 염색체에 있다.
  ➡ 2개는 같은 상염색체에 존재하고, 나머지 1개는 X 염색체에 존재
- 표는 이 가족 구성원 ㉠~㉤의 성별, 체세포 1개에 들어 있는 A, b, D의 DNA 상대량을 나타낸 것이다. ㉠~㉤은 아버지, 어머니, 자녀 1, 자녀 2, 자녀 3을 순서 없이 나타낸 것이다.

구성원	성별	DNA 상대량				
		A	b	D	7번	X
㉠어머니	여	1	1	1	Ad/aD	Bb
㉡	여	2	2	0	Ad/Ad	bb
㉢	남	1	0	2	AD/aD	B
㉣자녀 3	남	2	0	2	AD/AD	B
㉤아버지	남	2	1	1	AD/Ad	b

- ㉠~㉤의 핵형은 모두 정상이다. 자녀 1과 2는 각각 정상 정자와 정상 난자가 수정되어 태어났다.
- 자녀 3은 염색체 수가 비정상적인 정자 ⓐ와 염색체 수가 비정상적인 난자 ⓑ가 수정되어 태어났으며, ⓐ와 ⓑ의 형성 과정에서 각각 염색체 비분리가 1회 일어났다.

이에 대한 설명으로 옳은 것만을 〈보기〉에서 있는 대로 고른 것은? (단, 제시된 염색체 비분리 이외의 돌연변이와 교차는 고려하지 않으며, A, a, B, b, D, d 각각의 1개당 DNA 상대량은 1이다.) (3점)

[보기]

ㄱ. (나)의 유전자는 X 염색체에 있다.
(가)와 (다)의 유전자는 7번 염색체에, (나)의 유전자는 X 염색체에 있음

ㄴ. 어머니에게서 A, b, d를 모두 갖는 난자가 형성될 수 있다.
어머니는 A, b, d를 모두 갖는 난자를 형성할 수 있음

ㄷ. ⓐ의 형성 과정에서 염색체 비분리는 ~~감수 1분열~~에서 일어났다.
ⓐ의 형성 과정에서 염색체 비분리는 감수 2분열에서 일어남

① ㄱ ② ㄷ ③ ㄱ, ㄴ ④ ㄴ, ㄷ ⑤ ㄱ, ㄴ, ㄷ

단서+발상

(단서) 정상 남자는 체세포에 1개의 X 염색체를 가지므로, X 염색체에 존재하는 유전자의 DNA 상대량은 최대 1이 되어야 함을 이용하여 X 염색체에 존재하는 유전자를 찾는다.

(발상) ㉠, ㉡ 중 어머니를, ㉢~㉤ 중 아버지를 찾아서 (가)와 (다)의 유전자가 같은 염색체에 있는지 여부와 유전자형을 파악해야 염색체 비분리 현상에 의해 태어난 자녀를 찾아낼 수 있다.

(해결) 제시된 조건을 통해 ㉠이 어머니, ㉤이 아버지임을 파악할 수 있어야 고난도 문제를 해결할 수 있다.

| 문제 해결 과정 |

step 1 X 염색체에 존재하는 유전자 찾기

- 정상 남자는 체세포에 X 염색체를 1개 가지므로, X 염색체에 존재하는 유전자의 DNA 상대량은 1이 되어야 한다.
- (가)의 유전자가 X 염색체에 존재한다면, 남자 ㉣과 남자 ㉤에서 A의 DNA 상대량이 모두 2이므로 남자 ㉣과 남자 ㉤이 모두 클라인펠터 증후군이어야 한다. 구성원 ㉠~㉤은 모두 핵형이 정상이므로 (가)의 유전자는 X 염색체에 존재하지 않는다.
- (다)의 유전자가 X 염색체에 존재한다면, 남자 ㉢과 남자 ㉣에서 D의 DNA 상대량이 모두 2이므로 남자 ㉢과 남자 ㉣이 모두 클라인펠터 증후군이어야 한다. 구성원 ㉠~㉤은 모두 핵형이 정상이므로 (다)의 유전자는 X 염색체에 존재하지 않는다.
- (나)의 유전자가 X 염색체에 존재하고, (가)와 (다)의 유전자는 7번 염색체에 함께 있다.

step 2 구성원 ㉠~㉤ 중 아버지와 어머니 찾기

- 유전자형이 동형 접합성인 ㉡을 먼저 파악해보자. ㉡이 어머니라면 유전자형이 X^bX^b이므로 정상인 자녀 2명은 무조건 X^b를 갖는다. 이를 만족하는 것은 ㉠, ㉤이다. 나머지 ㉢과 ㉣은 각각 아버지 또는 염색체 비분리로 태어난 자녀인데 ㉣이 아버지일 경우 어머니는 Ad/Ad, 아버지는 AD/AD이므로 정상인 자녀인 ㉠과 ㉤은 유전자형이 Ad/AD로 같아야 한다. 하지만 같지 않으므로 ㉡이 어머니가 아니고, ㉠이 어머니이다.
- ㉢과 ㉣의 (나)와 (다)에 대한 유전자형이 X^BY, DD로 같으므로 아버지의 유전자형이 X^BY, DD인 경우를 먼저 살펴보자. 정상인 딸은 X^B와 D가 각각 적어도 1개 있어야 하는데 딸인 ㉡은 D가 0, X^B가 0이므로 이 경우 염색체 비분리가 2회 일어나야 ㉡이 태어날 수 있다. 염색체 비분리는 1회 일어났으므로 ㉢과 ㉣은 아버지가 될 수 없다. 따라서 ㉤이 아버지로 확정된다.
- DNA 상대량을 바탕으로 가족 구성원의 유전자형을 표시하면 다음과 같다.

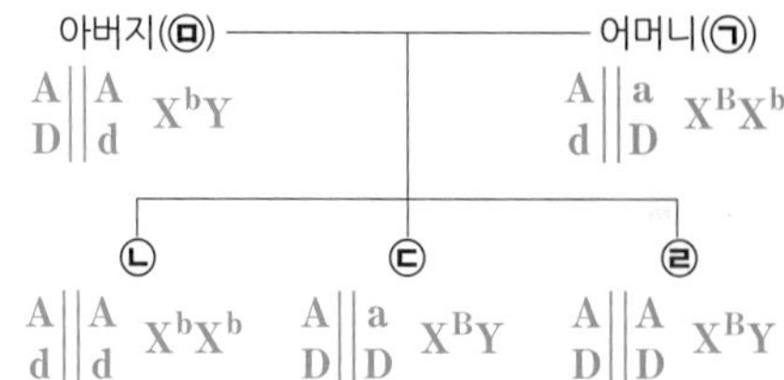

step 3 염색체 비분리 현상에 의해 태어난 자녀 찾기

- ㉡과 ㉢은 부모의 정상적인 감수 분열을 통해 태어날 수 있는 자녀이다.
- ㉣이 염색체 비분리 현상에 의해 태어난 자녀이며, 아버지로부터 A와 D가 함께 있는 염색 분체 두 가닥을 모두 물려받았으므로 ⓐ의 형성 과정에서 염색체 비분리는 감수 2분열에서 일어난 것이다. 따라서 ㉣은 7번 염색체의 감수 2분열 비분리에 의해 형성된 비정상적인 정자 ⓐ($n+1$)와 7번 염색체 수가 1개 적은 비정상적인 난자 ⓑ($n-1$)가 수정되어 태어난 것이다.

| 보기 분석 |

ㄱ. (나)의 유전자는 X 염색체에 있다. (○)

- 문제 해결 과정의 step 1 을 참고하면, (가)와 (다)의 유전자는 7번 염색체에 함께 존재하고, (나)의 유전자가 X 염색체에 존재한다.

ㄴ. 어머니에게서 A, b, d를 모두 갖는 난자가 형성될 수 있다. (○)

- 어머니로부터 A와 d가 함께 있는 7번 염색체와 b가 존재하는 X 염색체를 갖는 난자가 형성될 수 있다.

ㄷ. ⓐ의 형성 과정에서 염색체 비분리는 감수 1분열에서 일어났다. (×)

- 문제 해결 과정의 step 3 을 참고하면, ⓐ의 형성 과정에서 염색체 비분리는 감수 2분열에서 일어났다.

✪ 정답은 ③ ㄱ, ㄴ이다.

M 19 정답 ④ ······ [정답률 38%] ✪ 고난도

다음은 어떤 가족의 유전 형질 (가)~(다)에 대한 자료이다.

- (가)는 대립유전자 A와 A*에 의해, (나)는 대립유전자 B와 B*에 의해, (다)는 대립유전자 D와 D*에 의해 결정된다.
- (가)와 (나)의 유전자는 7번 염색체에, (다)의 유전자는 9번 염색체에 있다.
- 표는 이 가족 구성원의 세포 Ⅰ~Ⅴ 각각에 들어 있는 A, A*, B, B*, D, D*의 DNA 상대량을 나타낸 것이다.

구분	세포	DNA 상대량					
		A	A*	B	B*	D	D*
아버지	Ⅰ n	?1	?0	1	0	1	?0
어머니	Ⅱ n	0	?2	?2	0	0	2
자녀 1	Ⅲ $2n$	2	?0	?1	1	?2	0
자녀 2	Ⅳ n	0	?2	0	?2	?0	2
자녀 3	Ⅴ $2n$	?2	0	?1	2	?0	3

- 아버지의 생식세포 형성 과정에서 7번 염색체에 있는 대립유전자 ㉠이 9번 염색체로 이동하는 돌연변이가 1회 일어나 9번 염색체에 ㉠이 있는 정자 P가 형성되었다. ㉠은 A, A*, B, B* 중 하나이다. ➡ 전좌가 일어남, ㉠은 B*
- 어머니의 생식세포 형성 과정에서 염색체 비분리가 1회 일어나 염색체 수가 비정상적인 난자 Q가 형성되었다.
  ➡ 감수 2분열 비분리로 난자 Q는 D*D* 가짐
- P와 Q가 수정되어 자녀 3이 태어났다. 자녀 3을 제외한 나머지 구성원의 핵형은 모두 정상이다.

이에 대한 설명으로 옳은 것만을 〈보기〉에서 있는 대로 고른 것은? (단, 제시된 돌연변이 이외의 돌연변이와 교차는 고려하지 않으며, A, A*, B, B*, D, D* 각각의 1개당 DNA 상대량은 1이다.) (3점) 2023 대비 9월 모평 18

[보기]

ㄱ. ㉠은 B*이다.
㉠은 B*

ㄴ. 어머니에게서 A, B, D를 모두 갖는 난자가 형성될 수 ~~있다~~.
어머니에게서 A와 B를 모두 갖는 난자가 형성될 수 없음

ㄷ. 염색체 비분리는 감수 2분열에서 일어났다.
감수 2분열에서 염색 분체 비분리가 일어남

① ㄱ ② ㄷ ③ ㄱ, ㄴ
④ ㄱ, ㄷ ⑤ ㄴ, ㄷ

단서+발상

(단서) 표에서 돌연변이가 일어나지 않은 자녀 1의 세포 Ⅲ에서 A의 DNA 상대량이 2, B*의 DNA 상대량이 1인 것에 주목한다.

(발상) 상염색체 유전인 경우 세포에 들어 있는 DNA 상대량이 1과 2가 모두 존재하면 해당 세포의 핵상은 $2n$임을 생각한다

(해결) 자녀 1의 유전자형은 AA□B*DD이므로 아버지와 어머니는 각각 A와 D를 가진다. 또한 자녀 3의 D*의 DNA 상대량이 3인 것을 통해 아버지와 어머니는 모두 D*를 갖는다는 것을 파악할 수 있어야 고난도 문제를 해결할 수 있다.

| 문제 해결 과정 |

step 1 자녀 3의 세포 Ⅴ를 통해 비정상적인 난자 Q 파악하기

- 자녀 3의 세포 Ⅴ에서 D*의 DNA 상대량이 3이므로 아버지와 어머니는 D*를 모두 가져야 한다. 자녀 3은 아버지로부터 D* 1개를, 어머니로부터 D* 2개를 물려받았다. ➡ 아버지, 어머니는 모두 D* 존재 주의
- 따라서 어머니의 생식세포 형성 과정에서 9번 염색체의 비분리가 일어나 D*D*를 갖는 Q가 형성되었다.

step 2 가족 구성원의 유전자형 파악하기

1. 세포 Ⅲ을 통해 자녀 1의 유전자형 파악하기

- 자녀 1의 세포 Ⅲ은 A의 DNA 상대량이 2, B*의 DNA 상대량이 1이므로 핵상이 $2n$이며, D*의 DNA 상대량이 0이므로 자녀 1의 (가)~(다)의 유전자형은 AB/AB*, D/D이다. ➡ 아버지, 어머니는 모두 A, D 존재 주의

2. 세포 Ⅱ를 통해 어머니의 유전자형 파악하기

- 어머니는 유전자 D를 가지는데 어머니의 세포 Ⅱ에서 D의 DNA 상대량이 0이므로 Ⅱ는 핵상이 n이고, D*의 DNA 상대량이 2이므로 복제된 상태이다.
- 또한 A와 B*의 DNA 상대량이 모두 0이므로 어머니는 A*와 B가 함께 있는 염색체를 가진다. 따라서 어머니의 (가)~(다)의 유전자형은 A_/A*B, D/D*이다.

3. 아버지의 유전자형 파악하기 및 어머니의 유전자형 확정하기

- 세포 Ⅳ의 A와 B의 DNA 상대량이 모두 0이므로 Ⅳ에는 A*와 B*가 함께 있는 7번 염색체가 있다. 따라서 자녀 2의 유전자형은 _ _/A*B*, _D*이며, 어머니는 A*와 B*가 함께 있는 7번 염색체를 갖지 않으므로 이는 아버지로부터 받은 것임을 알 수 있다.
- 아버지의 세포 Ⅰ에 B가 있고 자녀 1은 아버지로부터 A와 D를 물려받았으므로 아버지의 (가)~(다)의 유전자형은 AB/A*B*, D/D*이다.
- 자녀 1은 어머니로부터 A와 B*가 함께 있는 7번 염색체를 물려받았으므로 어머니의 (가)~(다)의 유전자형은 AB*/A*B, D/D*로 확정된다.

step 3 자녀 3의 돌연변이 파악하기

- Ⅴ에서 D*의 DNA 상대량이 3이므로 Ⅴ는 G_1기 세포이고, 정자 P로부터 D*를, 난자 Q로부터 D*D*를 받은 것이다.
- 어머니는 DD*를 가지고 있으므로 어머니의 생식세포 형성 과정 중 감수 2분열에서 염색체 비분리가 1회 일어났다.
- 자녀 3의 B*의 DNA 상대량이 2, A*의 DNA 상대량이 0이므로 어머니로부터 AB*, 아버지로부터 AB를 받고, B*를 추가로 받은 것이다.
- 따라서 아버지의 생식세포 형성 과정에서 전좌에 의해 7번 염색체에 있는 ㉠(B*)이 9번 염색체로 이동하여 정자 P가 형성되었다.

| 보기 분석 |

ㄱ. ㉠은 B*이다. (○)

- 문제 해결 과정의 step 3 를 참고하면, 자녀 3의 B*의 DNA 상대량이 2, A*의 DNA 상대량이 0이므로 어머니로부터 AB*, 아버지로부터 AB를 받고, B*를 추가로 받은 것이다.
- 따라서 아버지의 생식세포 형성 과정에서 전좌에 의해 7번 염색체에 있는 ㉠(B*)이 9번 염색체로 이동하여 정자 P가 형성되었다.

ㄴ. 어머니에게서 A, B, D를 모두 갖는 난자가 형성될 수 있다. (×)

- 문제 해결 과정의 step 2 를 참고하면, 어머니의 (가)~(다)의 유전자형은 AB*/A*B, D/D*이다. 따라서 어머니에게서 A, B, D를 모두 갖는 난자가 형성될 수 없다.

ㄷ. 염색체 비분리는 감수 2분열에서 일어났다. (○)

- 문제 해결 과정의 step 3 를 참고하면, 난자 Q는 염색체 비분리가 일어나 D*D*를 가진다. 어머니의 유전자형은 이형 접합성인 DD*이므로 감수 2분열에서 염색 분체의 비분리가 일어나 난자 Q가 생성된 것이다.

✪ **정답은 ④ ㄱ, ㄷ이다.**

M 20 정답 ② *돌연변이

1등급 대비 [① 15% ② 26% ③ 21% ④ 16% ⑤ 20%] 2025 대비 수능 17

다음은 어떤 가족의 유전 형질 (가)~(다)에 대한 자료이다.

- (가)~(다)의 유전자 중 2개는 X 염색체에 있고, 나머지 1개는 상염색체에 있다. (가), (다)는 X 염색체에, (나)는 상염색체에 있음
- (가)는 대립유전자 A와 a에 의해, (나)는 대립유전자 B와 b에 의해, (다)는 대립유전자 D와 d에 의해 결정된다.
- 표는 이 가족 구성원 ㉠~㉥의 성별과 체세포 1개당 a, B, D의 DNA 상대량을 나타낸 것이다. ㉠~㉥은 아버지, 어머니, 자녀 1, 자녀 2, 자녀 3, 자녀 4를 순서 없이 나타낸 것이다.

구성원	성별	DNA 상대량		
		a	B	D
㉠ AD/ad bb	여	1	0	1
㉡ AD/ad Bb	여 어머니	1	1	1
㉢ ad BB	남	1	2 (단서)	0
㉣ AD Bb	남 아버지	0	1	1
㉤ AD/ad Bb	남 자녀 4	1	1	1
㉥ AD bb	남	0	0	1

- 어머니의 난자 형성 과정에서 성염색체 비분리가 1회 일어나 염색체 수가 비정상적인 난자 P가 형성되었다. P가 정상 정자와 수정되어 자녀 4가 태어났으며, 자녀 4는 클라인펠터 증후군의 염색체 이상을 보인다.
- 자녀 4를 제외한 이 가족 구성원의 핵형은 모두 정상이다.

이에 대한 설명으로 옳은 것만을 <보기>에서 있는 대로 고른 것은? (단, 제시된 염색체 비분리 이외의 돌연변이와 교차는 고려하지 않으며, A, a, B, b, D, d 각각의 1개당 DNA 상대량은 1이다.) (3점)

[보기]

ㄱ. ㉥은 아버지이다. ㉣이 아버지임

ㄴ. 염색체 비분리는 감수 1분열에서 일어났다. 어머니의 염색체 비분리는 감수 1분열에서 일어남

ㄷ. ㉠에게서 a, b, D를 모두 갖는 생식세포가 형성될 수 있다. ㉠에서 a와 D를 모두 갖는 생식세포가 형성될 수 없음

① ㄱ ② ㄴ ③ ㄷ ④ ㄱ, ㄴ ⑤ ㄴ, ㄷ

단서+발상

(단서) ㉢의 B의 DNA 상대량이 2임이 제시되어 있다.

(발상) (나)의 유전자가 상염색체에 있음을 추론할 수 있다.

(적용) X 염색체 유전의 특징을 적용해서 (가)~(다)의 유전자 위치를 구하는 것부터 문제 풀이를 시작해야 한다.

| 문제 해결 과정 |

step 1 (가)~(다)의 유전자 위치 파악하기

- ㉠의 유전자형은 AabbDd, ㉡의 유전자형은 AaBbDd이다.
- ㉢의 B의 DNA 상대량이 2이다. (나)의 유전자가 X 염색체에 있다면 ㉢이 클라인펠터 증후군을 보이는 자녀 4여야 한다.
- (가)와 (나)의 유전자가 X 염색체에 있다고 가정할 경우 ㉢은 어머니로부터 AaBB를 물려받아야 하는데, ㉠과 ㉡의 유전자형과 맞지 않아 모순이다.
- (나)와 (다)의 유전자가 X 염색체에 있다고 가정할 경우 ㉢은 어머니로부터 Bd/Bd를 물려받아야 하는데, ㉣과 ㉤이 BD를 가지므로 모순이다.
- (나)의 유전자는 상염색체에 있고, (가)와 (다)의 유전자는 X 염색체에 있다.

step 2 아버지와 어머니 파악하기

- bb를 가지는 ㉥이 아버지라면 BB를 가지는 ㉢이 태어날 수 없으므로 모순이고, BB를 가지는 ㉢이 아버지라면 bb를 가지는 ㉥이 태어날 수 없으므로 모순이다.
- BB를 가지는 ㉢이 자녀이므로 Bb를 가지는 ㉡이 어머니이다.
- ㉤이 아버지라면 X 염색체에 aD를 가진다. 딸인 ㉠(AaDd)은 아버지로부터 aD를 받고 어머니로부터 Ad를 물려받아야 하는데 ㉣과 ㉥이 모두 AD를 가지므로 모순이다.
- 아버지는 ㉣이며, X 염색체에 AD를 가진다.

step 3 자녀 4 파악하기

- 딸인 ㉠(AD/ad)은 아버지로부터 AD를 물려받고 어머니로부터 ad를 물려받는다.
- 어머니인 ㉡은 AD가 한 X 염색체에, ad가 다른 X 염색체에 있다.
- ad를 가지는 ㉢과 AD를 가지는 ㉥은 어머니로부터 하나의 X 염색체를 물려받은 정상 핵형의 자녀이다.
- a와 D를 모두 가지는 ㉤은 클라인펠터 증후군을 보이는 자녀 4로 어머니의 두 X 염색체(상동 염색체)를 모두 물려받은 자녀이다. 함정

| 보기 분석 |

ㄱ. ㉤은 아버지이다. (×)

- step 2에 따라 ㉣이 아버지이다.

ㄴ. 염색체 비분리는 감수 1분열에서 일어났다. (○)

- step 3에 따라 클라인펠터 증후군을 보이는 자녀 4는 유전자 구성이 서로 다른 두 X 염색체를 어머니로부터 물려받았다. 따라서 염색체 비분리는 감수 1분열에서 일어나 상동 염색체가 비분리된 것이다.

ㄷ. ㉠에게서 a, b, D를 모두 갖는 생식세포가 형성될 수 있다. (×)

- step 3에 따라 ㉠은 아버지로부터 AD가 함께 있는 X 염색체와 어머니로부터 ad가 함께 있는 X 염색체를 물려받은 딸이다. 교차를 고려하지 않을 때 ㉠에게서 a와 D를 모두 갖는 생식세포가 형성될 수 없다.

정답은 ② ㄴ이다.

왜 틀렸나?

- 제시된 표에는 a와 D의 DNA 상대량만 나와 있고, A와 d의 DNA 상대량은 나와 있지 않다.
- ㉤의 a의 DNA 상대량이 1, D의 DNA 상대량이 1인 것은 aD만 가지고 있음을 의미하는 것이 아니다. ㉤이 AaDd를 모두 가지는 클라인펠터 증후군일 수 있음을 염두에 두어야 한다.

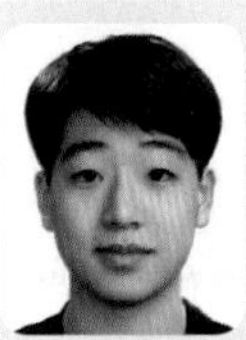

윤혁준 | 2025 수능 응시 · 서울 강서고 졸

이 문제에선 확실하게 주는 정보가 없으므로 귀류를 사용해야 해. 항상 정보를 확실하게 주는 문제만 있는 것은 아니니까 필요하다고 생각되면 과감하게 귀류를 쓰는 것도 하나의 방법이야. 남자인 ㉢의 B 개수가 2개이므로 B가 성염색체에 있고 자녀 4라고 두고 모순점을 발견한다면 문제를 풀어낼 수 있을 거야.

M 21 정답 ④ ＊염색체 이상과 유전자 이상 돌연변이 ····· ✪ **1등급 대비** [① 19% ② 12% ③ 24% ④ 33% ⑤ 8%] **2024 실시 10월 학평 17**

다음은 어떤 가족의 유전 형질 (가)와 (나)에 대한 자료이다.

○ (가)는 대립유전자 A와 a에 의해, (나)는 대립유전자 B와 b에 의해 결정된다. A는 a에 대해, B는 b에 대해 각각 완전 우성이다.
○ (가)와 (나)의 유전자 중 하나는 상염색체에 있고, 나머지 하나는 X 염색체에 있다. ➡ (가)는 X 염색체에, (나)는 상염색체에 있음
○ 표는 이 가족 구성원의 성별, (가)와 (나)의 발현 여부, 체세포 1개당 A와 B의 DNA 상대량을 더한 값(A+B)을 나타낸 것이다.

	구성원	성별	(가)	(나)	A+B
X^aYbb	아버지	남	?×	×	0
X^AX^aBb	어머니	여	○	?○	2
X^aYBb	자녀 1	남	×	○	?
X^aBb	자녀 2	여	?×	○	1
X^AYBB	자녀 3	남	○	?○	③ 단서

(○: 발현됨, ×: 발현 안됨)

○ 부모 중 한 명(어머니)의 생식세포 형성 과정에서 성염색체 비분리가 1회 일어나 생식세포 P가 형성되었고, 나머지 한 명(아버지)의 생식세포 형성 과정에서 대립유전자 ㉠(b)이 대립유전자 ㉡(B)으로 바뀌는 돌연변이가 1회 일어나 ㉡을 갖는 생식세포 Q가 형성되었다. ㉠과 ㉡은 (가)와 (나) 중 한 가지 형질을 결정하는 서로 다른 대립유전자이다.
○ P와 정상 생식세포가 수정되어 자녀 2가, Q와 정상 생식세포가 수정되어 자녀 3이 태어났다.
○ 자녀 2는 터너 증후군의 염색체 이상을 보이고, 자녀 2를 제외한 이 가족 구성원의 핵형은 모두 정상이다.

이에 대한 옳은 설명만을 〈보기〉에서 있는 대로 고른 것은? (단, 제시된 돌연변이 이외의 돌연변이와 교차는 고려하지 않으며, A, a, B, b 각각의 1개당 DNA 상대량은 1이다.) (3점)

[보기]
ㄱ. (가)의 유전자는 ~~상염색체~~에 있다.
(가)의 유전자는 X 염색체에, (나)의 유전자는 상염색체에 있음
ㄴ. ㉡은 B이다.
㉠은 b, ㉡은 B
ㄷ. 자녀 1의 체세포 1개당 a와 b의 DNA 상대량을 더한 값은 2이다.
자녀 1의 체세포 1개당 a와 b의 DNA 상대량은 각각 1임

① ㄱ ② ㄴ ③ ㄱ, ㄷ ④ ㄴ, ㄷ ⑤ ㄱ, ㄴ, ㄷ

단서+발상

(단서) 자녀 3의 A와 B의 DNA 상대량을 더한 값이 3임이 제시되어 있다.
(발상) (가)와 (나) 중 하나는 X 염색체에 있으므로 아들인 자녀 3은 (가)와 (나)에 대해 모두 우성 대립유전자만 가지고 있음을 추론할 수 있다.
(적용) X 염색체 유전일 때 남자의 DNA 상대량은 최대 1임을 적용해서 X 염색체에 있는 유전자를 구하는 것부터 문제 풀이를 시작해야 한다.

| 문제 해결 과정 |

step 1 (가)와 (나)의 유전자 위치 파악하기

• 아버지의 A와 B의 DNA 상대량을 더한 값이 0이다. (가)의 유전자가 상염색체에, (나)의 유전자가 X 염색체에 존재한다고 가정할 경우, (가)에 대한 아버지의 유전자형은 aa이다.
• 자녀 3의 A와 B의 DNA 상대량을 더한 값이 3이므로 유전자형이 AAX^BY가 되어야 하는데 (가)에 대한 아버지의 유전자형이 aa이므로 모순이다.
• (가)의 유전자는 X 염색체에, (나)의 유전자는 상염색체에 존재한다.

step 2 P와 Q 파악하기

• 아버지의 A와 B의 DNA 상대량을 더한 값이 0이므로 (가)에 대한 유전자형이 X^aY, (나)에 대한 유전자형이 bb이다.
• 자녀 3의 A와 B의 DNA 상대량을 더한 값이 3이므로 (가)에 대한 유전자형이 X^AY, (나)에 대한 유전자형이 BB이다.
• 자녀 3은 아버지로부터 대립유전자 b(㉠)가 B(㉡)로 바뀐 돌연변이 생식세포 Q를 물려받았다.
• 자녀 2는 터너 증후군이므로 어머니로부터 성염색체가 없는 생식세포 P를 물려받고, 아버지로부터 대립유전자 a가 있는 X 염색체를 물려받았다. 함정

step 3 모든 구성원의 유전 형질 파악하기

• (가)가 발현된 자녀 3의 유전자형이 X^AY이므로 (가)는 우성 형질이다.
• (가)에 대한 구성원의 유전자형과 발현 여부는 표와 같다.

구분	아버지	어머니	자녀 1	자녀 2	자녀 3
유전자형	X^aY	X^AX^a	X^aY	X^a (터너 증후군)	X^AY
발현 여부	×	○	×	×	○

• (나)가 발현된 자녀 2의 A와 B의 DNA 상대량을 더한 값이 1이므로 자녀 2의 유전자형은 Bb이고, (나)는 우성 형질이다.
• (나)에 대한 구성원의 유전자형과 발현 여부는 표와 같다.

구분	아버지	어머니	자녀 1	자녀 2	자녀 3
유전자형	bb	Bb	Bb	Bb	BB
발현 여부	×	○	○	○	○

| 보기 분석 |

ㄱ. (가)의 유전자는 상염색체에 있다. (×)
• step 1 에 따라 (가)의 유전자는 X 염색체에, (나)의 유전자는 상염색체에 있다.

ㄴ. ㉡은 B이다. (○)
• step 2 에 따라 ㉠은 b, ㉡은 B이다.

ㄷ. 자녀 1의 체세포 1개당 a와 b의 DNA 상대량을 더한 값은 2이다. (○)
• step 3 에 따라 자녀 1의 체세포 1개당 a의 DNA 상대량과 b의 DNA 상대량은 각각 1로 더한 값은 2이다.

✪ 정답은 ④ ㄴ, ㄷ이다.

왜 틀렸나?
• 자녀 2는 부모 중 한 명으로부터 염색체 비분리가 일어난 생식세포 P를 물려받고, 자녀 3은 나머지 한 명으로부터 유전자 돌연변이가 일어난 생식세포 Q를 물려받았음이 제시되어 있다.
• 아버지의 유전자형이 bb인데 자녀 3의 유전자형이 BB이므로 유전자 돌연변이가 일어난 생식세포 Q는 아버지에게서 생성되었다.
• 어머니에서 염색체 비분리가 일어났으며, 자녀 2가 터너 증후군이므로 어머니는 성염색체가 없는 생식세포를 자녀 2에게 물려주었다.

M 22 정답 ① *사람의 돌연변이 ⦁ 1등급 대비 [①21% ②26% ③21% ④23% ⑤6%] 2024 실시 7월 학평 13

다음은 어떤 가족의 유전 형질 (가)와 (나)에 대한 자료이다.

- (가)는 대립유전자 A와 a에 의해 결정되며, A는 a에 대해 완전 우성이다. ➡ AA=Aa>aa
- (나)는 2쌍의 대립유전자 B와 b, D와 d에 의해 결정된다. (나)의 표현형은 유전자형에서 대문자로 표시되는 대립유전자의 수에 의해서만 결정되며, 이 대립유전자의 수가 다르면 표현형이 다르다. ➡ 대문자의 수가 0~4
- 표는 이 가족 구성원에게서 (가)의 발현 여부와 (나)의 표현형을 나타낸 것이고, 그림은 자녀 1~3 중 한 명의 체세포에 들어 있는 일부 상염색체와 유전자를 나타낸 것이다. ⓐ~ⓓ는 서로 다른 4가지 표현형이다.

구성원	유전 형질	
	(가)	단서 (나)
아버지	발현 안 됨	ⓐ 대문자 수 3
어머니	? 발현 안 됨	ⓑ 대문자 수 2
자녀 1	발현 안 됨	ⓒ 대문자 수 4
자녀 2	발현 안 됨	ⓓ 대문자 수 1
자녀 3	발현됨	ⓐ 대문자 수 3

그림은 자녀 3

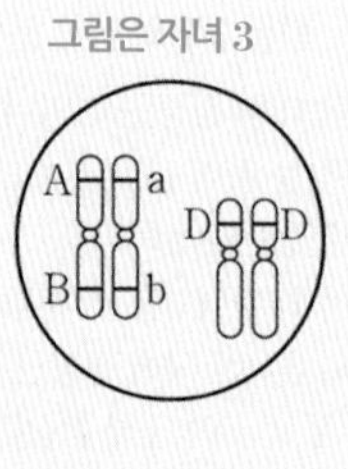

- 어머니와 자녀 2의 (나)에 대한 유전자형에서 대립유전자 D의 수는 서로 같다.
- 아버지의 생식세포 형성 과정에서 대립유전자 ㉠이 대립유전자 ㉡으로 바뀌는 돌연변이가 1회 일어나 ㉡을 갖는 정자가 형성되었다. 이 정자가 정상 난자와 수정되어 자녀 3이 태어났다. ㉠과 ㉡은 각각 A와 a 중 하나이다. ➡ a → A

이에 대한 설명으로 옳은 것만을 <보기>에서 있는 대로 고른 것은? (단, 제시된 돌연변이 이외의 돌연변이와 교차는 고려하지 않는다.) (3점)

[보기]

ㄱ. ㉠은 a이다.
㉠은 a, ㉡은 A임

ㄴ. (가)는 열성 형질이다.
(가)는 우성 형질임

ㄷ. 어머니는 A, B, d를 모두 갖는다.
어머니는 B, D, d를 가짐

① ㄱ ② ㄴ ③ ㄱ, ㄷ ④ ㄴ, ㄷ ⑤ ㄱ, ㄴ, ㄷ

단서+발상

단서 유전 형질 (나)의 유전자형에서 아버지, 어머니, 자녀 1, 자녀 2의 대문자로 표시되는 대립유전자의 수가 각각 다르다는 것이 제시되어 있다.

발상 그림은 자녀 3의 체세포이고 아버지와 자녀 3의 표현형이 같으려면 아버지의 (나)의 유전자형이 BbDD 또는 BBDd임을 추론할 수 있다.

적용 유전 형질 (나)는 대문자로 표시되는 대립유전자의 수만 고려하면 되므로 부모의 유전자형으로 가능한 경우를 찾는 것부터 문제 풀이를 시작해야 한다.

| 문제 해결 과정 |

step 1 부모의 유전자형 구하기

- 아버지, 어머니, 자녀 1, 자녀 2의 (나)의 표현형이 서로 다르므로 아버지와 어머니 중 한 명의 (나)의 유전자형은 BbDd이고, 나머지 한 명의 (나)의 유전자형은 BBDd, BbDD, Bbdd, bbDd 중 하나이다.
- 아버지와 어머니 중 한 명의 유전자형이 Bbdd일 경우 그림과 같이 DD인 자녀가 태어날 수 없고, bbDd일 경우 어머니와 자녀 2의 (나)에 대한 유전자형에서 D의 수가 같을 수 없다.
  ➡ 그림은 자녀 3의 체세포이고 (가)는 우성 형질이다.
- 자녀 3과 아버지의 (나)의 표현형이 대문자로 표시되는 대립유전자 수가 3(ⓐ)으로 동일하므로 아버지의 (나)의 유전자형은 BBDd 또는 BbDD이고, 어머니의 (나)의 유전자형은 BbDd이다. 꿀팁

step 2 자녀의 (나)의 유전자형 구하기

- 어머니의 (나)의 유전자형에서 대문자로 표시되는 대립유전자 수는 2이다.
- 아버지의 (나)의 유전자형은 BBDd 또는 BbDD이므로 대문자로 표시되는 대립유전자 수는 3이다.
- 자녀 1과 자녀 2가 부모와 (나)의 표현형이 다르려면 대문자로 표시되는 대립유전자 수가 4와 1이어야 한다.
- 어머니와 자녀 2의 (나)에 대한 유전자형에서 대립유전자 D의 수가 서로 같으므로 자녀 2의 유전자형은 bbDd, 자녀 1의 유전자형은 BBDD이다.

step 3 대립유전자 ㉠과 ㉡ 구하기

- 유전 형질 (가)에 대해서 A가 a에 대해 완전 우성이며, 자녀 3의 유전자형이 Aa인데 형질이 발현되었으므로 (가)는 우성 형질이다.
- 아버지, 자녀 1, 2 모두 (가)가 발현되지 않았으므로 유전자형이 aa이다.
- 자녀 1은 aB/aB를 가지고, 자녀 2는 ab/ab를 가진다.
- 돌연변이 없이 자녀 1과 자녀 2가 태어났으므로 아버지와 어머니 모두 (가)의 유전자형이 aa이다.
- 자녀 3이 AB/ab를 가진 것은 아버지의 a가 A로 바뀌는 돌연변이가 일어난 것이다.

| 보기 분석 |

ㄱ. ㉠은 a이다. (○)

- step 3 에 따라서 ㉠은 a, ㉡은 A이다.

ㄴ. (가)는 열성 형질이다. (×)

- step 3 에 따라서 (가)는 우성 형질이다.

ㄷ. 어머니는 A, B, d를 모두 갖는다. (×)

- 어머니는 (가)와 (나)의 유전자형이 aaBbDd이므로 A를 가지지 않는다.

⦁ 정답은 ① ㄱ이다.

문제 풀이 꿀팁

아버지, 어머니, 자녀 1, 자녀 2의 (나)의 표현형이 모두 다른 것으로부터 4명의 (나)의 유전자형에서 대문자로 표시되는 대립유전자의 수가 다름을 인지하면 부모의 유전자형으로 가능한 경우의 수가 줄어든다.

M 23 정답 ⑤ * 염색체 수 이상에 의한 유전병 ✪ 1등급 대비 [정답률 19%] 2024 대비 수능 17

다음은 어떤 가족의 유전 형질 (가)~(다)에 대한 자료이다.

- (가)는 대립유전자 A와 a에 의해, (나)는 대립유전자 B와 b에 의해, (다)는 대립유전자 D와 d에 의해 결정된다. A는 a에 대해, B는 b에 대해, D는 d에 대해 각각 완전 우성이다.
- (가)와 (나)는 모두 우성 형질이고, (다)는 열성 형질이다. (가)의 유전자는 상염색체에 있고, (나)와 (다)의 유전자는 모두 X 염색체에 있다.
- 표는 이 가족 구성원의 성별과 ㉠~㉢의 발현 여부를 나타낸 것이다. ㉠~㉢은 각각 (가)~(다) 중 하나이다.

구성원	성별	㉠(가)	㉡(나)	㉢(다)
아버지	남	○ Aa	×	× $X^{bD}Y$
어머니	여	× aa	○	○ ⓐ $X^{Bd}X^{bd}$
자녀 1	남	× aa	○	○ $X^{Bd}Y$
자녀 2	여	○ Aa	○	× $X^{Bd}X^{bD}$
자녀 3	남	○ Aa	×	○ $X^{bd}Y$
자녀 4	남	× aa	×	× $X^{bd}X^{bD}Y$

(○: 발현됨, ×: 발현 안 됨)

- 부모 중 한 명의 생식세포 형성 과정에서 성염색체 비분리가 1회 일어나 염색체 수가 비정상적인 생식세포 G가 형성되었다. G가 정상 생식세포와 수정되어 자녀 4가 태어났으며, 자녀 4는 클라인펠터 증후군의 염색체 이상을 보인다.
- 자녀 4를 제외한 이 가족 구성원의 핵형은 모두 정상이다.

이에 대한 설명으로 옳은 것만을 <보기>에서 있는 대로 고른 것은?
(단, 제시된 염색체 비분리 이외의 돌연변이와 교차는 고려하지 않는다.)

[보기]

ㄱ. ⓐ는 'O'이다. ⓐ는 'O'임
ㄴ. 자녀 2는 A, B, D를 모두 갖는다. 자녀 2는 A, B, D를 모두 가짐
ㄷ. G는 아버지에게서 형성되었다. G는 아버지에게서 형성됨

① ㄱ ② ㄴ ③ ㄱ, ㄷ ④ ㄴ, ㄷ ⑤ ㄱ, ㄴ, ㄷ

단서+발상

단서 ㉠~㉢ 중 유전자가 X 염색체에 있는 형질을 찾아야 한다.

발상 ㉠과 ㉡ 또는 ㉠과 ㉢의 유전자가 X 염색체에 함께 있음을 가정했을 때 각각 모순이 발생하므로 ㉡과 ㉢이 X 염색체에 함께 있으며, ㉠은 상염색체 우성 형질임을 알아낼 수 있어야 한다.

해결 ㉠이 상염색체 우성 형질, ㉡은 X 염색체 우성 형질, ㉢은 X 염색체 열성 형질임을 찾은 후, 구성원들의 유전자형을 파악하면, 생식세포 G가 부모 중 누구에게서 형성됐는지 파악할 수 있다.

| 문제 해결 과정 |

step 1 형질 (가)~(다)와 ㉠~㉢ 매칭하기

- 아들인 3이 ㉠인데 어머니는 정상이므로 ㉠은 X 염색체 우성 유전 형질이 아니다. → ㉠은 (가) 또는 (다)임
- ㉡인 어머니로부터 정상인 아들 3이 태어났으므로 ㉡은 X 염색체 열성 유전 형질이 아니다. → ㉡은 (가) 또는 (나)임
- ㉠과 ㉡의 유전자가 X 염색체에 함께 있다면 ㉠과 ㉡은 (가)가 될 수 없으므로 ㉠은 (다)이고, ㉡은 (나)이다. 이때, 자녀 1의 유전자형은 $X^{BD}Y$, 자녀 3의 유전자형은 $X^{bd}Y$이므로, 어머니의 유전자형은 $X^{BD}X^{bd}$이다. 아버지($X^{bd}Y$)와 어머니($X^{BD}X^{bd}$) 사이에서, ㉠과 ㉡이 모두 발현된 자녀 2가 태어날 수 없으므로 모순이다. → ㉠과 ㉡의 유전자는 X 염색체에 함께 있지 않다.
- ㉠과 ㉢의 유전자가 X 염색체에 함께 있다면 ㉠은 (가)가 될 수 없으므로 (다)이고, ㉢은 (나)이다. 이때, 자녀 1의 유전자형은 $X^{BD}Y$이고, 자녀 3의 유전자형은 $X^{Bd}Y$이므로, 어머니의 유전자형은 $X^{BD}X^{Bd}$이다. (나)(㉢)에 대한 유전자형이 BB인 어머니로부터 정상인 자녀 2가 태어났으므로 모순이다. → ㉠과 ㉢의 유전자는 X 염색체에 함께 있지 않다.
- ㉡과 ㉢의 유전자는 X 염색체에 함께 있으며, ㉠은 (가), ㉡은 (나), ㉢은 (다)이다.
- (가)는 상염색체 우성 유전, (나)는 X 염색체 우성 유전, (다)는 X 염색체 열성 유전 형질이다.

step 2 형질 (가)와 (나) 분석하기

- (가)에 대해 정상인 어머니, 자녀 1, 자녀 4의 유전자형은 aa이다.
- 아버지는 자녀 1과 자녀 4에게 a를 물려줘야 하므로 아버지의 (가)의 유전자형은 Aa이다.
- 자녀 2와 자녀 3은 어머니로부터 a를 물려받으므로 유전자형이 Aa이다.
- (나)와 (다)에 대해 정상인 아버지는 $X^{bD}Y$, (나)와 (다)가 모두 발현된 자녀 1은 $X^{Bd}Y$, (나)에 대해 정상이며 (다)가 발현된 자녀 3은 $X^{bd}Y$이다.
- 어머니는 $X^{Bd}X^{bd}$이며, 자녀 2는 아버지로부터 X^{bD}를, 어머니로부터 X^{Bd}를 물려받아 $X^{Bd}X^{bD}$이다.

step 3 생식세포 G 파악하기

- 자녀 4는 클라인펠터 증후군(XXY)이고, (나)와 (다)에 모두 정상이어야 하므로 유전자형이 $X^{bd}X^{bD}Y$여야 한다. 즉, 아버지로부터 $X^{bD}Y$를, 어머니로부터 X^{bd}를 물려받는다.
- 아버지의 정자 형성 과정 중 감수 1분열에서 비분리가 일어나 $X^{bD}Y$를 가진 생식세포 G가 형성되었다.

| 보기 분석 |

ㄱ. ⓐ는 'O'이다. (○)

- 어머니의 (다)(㉢)에 대한 유전자형은 dd이므로 ㉢이 발현된다.

ㄴ. 자녀 2는 A, B, D를 모두 갖는다. (○)

- 자녀 2의 유전자형은 $AaX^{Bd}X^{bD}$이므로 자녀 2는 A, B, D를 모두 갖는다.

ㄷ. G는 아버지에게서 형성되었다. (○)

- step 3 에 따르면, G는 아버지의 정자 형성 과정 중 감수 1분열에서 비분리가 일어난 결과 형성되었다.

✪ 정답은 ⑤ ㄱ, ㄴ, ㄷ이다.

왜 틀렸나?

㉠과 ㉡ 또는 ㉠과 ㉢의 유전자가 X 염색체에 함께 있다고 가정했을 때 각각 모순이 발생하므로 ㉡과 ㉢이 X 염색체에 함께 있으며, ㉠은 상염색체 우성 형질임을 알아낼 수 있어야 한다. 이후, 구성원들의 유전자형을 파악하면, 생식세포 G가 부모 중 누구에게서 형성됐는지 쉽게 파악할 수 있었을 것이다.

권민재 | 강릉원주대 치의예과 2024년 입학·서울 광영여고 졸

자녀 2가 A를 갖는지만 확인하면 되는데, ㉠이 발현되니 당연히 우성, 유전병 대립유전자인 A를 가지고 있겠지? (나)와 (다)를 해석하는 게 관건이었어. 이때, 자녀 4는 비분리가 일어난 구성원이니 제외하고 해석해야 한다는 걸 잊지 마!

M 24 정답 ⑤ ＊염색체 이상에 의한 유전병 ✪ 1등급 대비 [정답률 28%] 2024 대비 9월 모평 17

다음은 어떤 가족의 유전 형질 (가)에 대한 자료이다.

- (가)는 21번 염색체에 있는 2쌍의 대립유전자 H와 h, T와 t에 의해 결정된다. (가)의 표현형은 유전자형에서 대문자로 표시되는 대립유전자의 수에 의해서만 결정되며, 이 대립유전자의 수가 다르면 표현형이 다르다. ➡ 다인자 유전
- 어머니의 난자 형성 과정에서 21번 염색체 비분리가 1회 일어나 염색체 수가 비정상적인 난자 Q가 형성되었다. Q와 아버지의 정상 정자가 수정되어 ⓐ가 태어났으며, 부모의 핵형은 모두 정상이다.
- 어머니의 (가)의 유전자형은 HHTt이고, ⓐ의 (가)의 유전자형에서 대문자로 표시되는 대립유전자의 수는 4이다. ➡ 어머니의 정상 난자는 HT, Ht 2가지 가능
- ⓐ의 동생이 태어날 때, 이 아이에게서 나타날 수 있는 (가)의 표현형은 최대 2가지이고, ㉠이 아이가 가질 수 있는 (가)의 유전자형은 최대 4가지이다.
  아버지의 정상 정자 형성 과정에서 대문자로 표시되는 대립유전자의 수는 같고 유전자형은 다른 Ht, hT가 생성되어야 함 ➡ 아버지의 유전자형은 HhTt

이에 대한 설명으로 옳은 것만을 〈보기〉에서 있는 대로 고른 것은? (단, 제시된 염색체 비분리 이외의 돌연변이와 교차는 고려하지 않는다.) (3점)

[보기]

ㄱ. 아버지의 (가)의 유전자형에서 대문자로 표시되는 대립유전자의 수는 2이다.
아버지의 유전자형은 HhTt이고 대문자로 표시되는 대립유전자의 수는 2임

ㄴ. ㉠ 중에는 HhTt가 있다.
Ht를 가진 난자와 hT를 가진 정자가 수정되면 HhTt가 가능함

ㄷ. 염색체 비분리는 감수 1분열에서 일어났다.
감수 1분열 과정에서 염색체 비분리가 일어나 3개의 대문자로 표시되는 대립유전자를 갖는 난자와 정상 정자가 수정하여 ⓐ가 태어남

① ㄱ ② ㄷ ③ ㄱ, ㄴ ④ ㄴ, ㄷ ⑤ ㄱ, ㄴ, ㄷ

단서+발상

단서
- ⓐ의 동생은 (가)의 표현형이 2가지, 유전자형이 4가지
- ⓐ의 대문자로 표시되는 대립유전자의 수는 4

발상
- 아버지의 정자 형성 시 대문자로 표시되는 대립유전자의 수는 같고 유전자형이 다른 정자가 생성되어야 함
- 난자 형성 과정에서 감수 1분열과 2분열 과정 중 염색체 비분리가 일어난 분열 과정을 찾아야 함

해결
- 대문자로 표시되는 대립유전자의 수는 같고 유전자형이 다른 정자는 Ht, hT이므로 아버지의 유전자형은 HhTt임
- 염색체 비분리 결과 생성된 난자는 대문자로 표시되는 대립유전자를 3개 가져야 하므로 염색체 비분리가 일어난 시기는 감수 1분열임

| 문제 해결 과정 |

step 1 ⓐ의 동생을 통해 아버지의 유전자형 파악하기

- ⓐ의 동생은 (가)의 표현형이 최대 2가지이다. 어머니에서 생성되는 난자는 유전자형이 HT(2)나 Ht(1)가 가능하므로 아버지의 정자 형성 과정에서 대문자로 표시되는 대립유전자의 수가 같은 정자만 생성되어야 한다. 또한 ⓐ의 동생은 (가)의 유전자형이 최대 4가지이므로 아버지로부터 유전자형이 서로 다른 정자가 생성되어야 한다.
- 아버지의 정자 형성 과정에서 유전자형이 다르고, 대문자로 표시되는 대립유전자의 수가 같은 정자인 Ht(1), hT(1)가 생성되어야 하므로 아버지의 유전자형은 HhTt이고 H와 t, h와 T가 같은 염색체에 존재한다.

부 \ 모	HT	Ht
Ht	HHTt 3	HHtt 2
hT	HhTT 3	HhTt 2

step 2 ⓐ의 유전자형 파악하기

- 정상 정자와 염색체 비분리 난자가 수정되어 태어난 자녀 ⓐ의 대문자로 표시되는 대립유전자의 수는 4이다. 정상 정자는 유전자형이 Ht 또는 hT이므로 대문자로 표시되는 대립유전자의 수는 1이다.
- 염색체 비분리 난자가 갖는 대문자로 표시되는 대립유전자의 수는 3이다. 감수 2분열에서 비분리가 일어난다면 유전자형이 HHTT(4)나 HHtt(2)인 난자가 생성되어 대문자로 표시되는 대립유전자의 수가 3인 것은 불가능하다. 따라서 감수 1분열 과정에서 21번 염색체 비분리가 일어나 HHTt(3)의 유전자형을 갖는 난자가 수정되어 ⓐ가 태어났다.

| 보기 분석 |

ㄱ. 아버지의 (가)의 유전자형에서 대문자로 표시되는 대립유전자의 수는 2이다. (○)

- 어머니에서 유전자형이 HT(2)나 Ht(1)인 난자가 생성될 수 있으므로 아버지의 정자 형성 과정에서 대문자로 표시되는 대립유전자의 수가 같으면서 유전자형이 다른 2가지 정자인 Ht, hT가 생성되어야 한다. 따라서 아버지의 유전자형은 HhTt이고 대문자로 표시되는 대립유전자의 수는 2이다.

ㄴ. ㉠ 중에는 HhTt가 있다. (○)

- ⓐ의 동생이 태어날 때 유전자형이 Ht인 난자와 hT인 정자가 수정되면 유전자형이 HhTt인 아이가 태어날 수 있다.

ㄷ. 염색체 비분리는 감수 1분열에서 일어났다. (○)

- 정상 정자의 대문자로 표시되는 대립유전자의 수는 1이므로 염색체 비분리 결과 생성된 난자의 대문자로 표시되는 대립유전자의 수는 3이어야 한다. 감수 1분열 과정에서 21번 염색체 비분리가 일어나 HHTt(3)의 유전자형을 갖는 난자가 수정되어 ⓐ가 태어났다.

✪ 정답은 ⑤ ㄱ, ㄴ, ㄷ이다.

왜 틀렸나?

- ⓐ의 동생은 정상 정자와 정상 난자가 수정되어 태어났다. 아버지의 정자 형성 시 대문자로 표시되는 대립유전자의 수가 같은 정자만 생성되어야 하는데 아버지의 유전자형이 HHTT 또는 hhtt라면 ⓐ의 동생에서 표현형 2가지는 가능하지만 유전자형 4가지는 불가능함
- 어머니의 난자 형성 과정에서 대문자로 표시되는 대립유전자의 수가 3인 염색체 비분리 난자가 생성되려면 감수 1분열에서 염색체 비분리가 일어나야 함

＊ 염색체 구조 이상에 의한 유전병의 예 ✪ 1등급 핵심 개념

다운 증후군	• 21번 염색체가 3개이다. • 정신 지체, 머리가 작고 눈 사이가 멀다. • 핵상이 $2n+1=45+XY(XX)$이다.
터너 증후군	• 성염색체가 X이다. • 핵상이 $2n-1=44+X$이다. • 외관상 여자이나 난소의 발달이 불완전하다.
클라인펠터 증후군	• 성염색체가 XXY이다. • 핵상이 $2n+1=44+XXY$ • 외관상 남자이나 정소의 발달이 불완전하다.

M 25 정답 ④ ································ [정답률 28%] ✪ 1등급 대비

다음은 어떤 가족의 유전 형질 (가)에 대한 자료이다. 2023 대비 수능 17

- (가)는 서로 다른 상염색체에 있는 2쌍의 대립유전자 H와 h, T와 t에 의해 결정된다. (가)의 표현형은 유전자형에서 대문자로 표시되는 대립유전자의 수에 의해서만 결정되며, 이 대립유전자의 수가 다르면 표현형이 다르다.
- 표는 이 가족 구성원의 체세포에서 대립유전자 ⓐ~ⓓ의 유무와 (가)의 유전자형에서 대문자로 표시되는 대립유전자의 수를 나타낸 것이다. ⓐ~ⓓ는 H, h ,T, t를 순서 없이 나타낸 것이고, ㉠~㉤은 0, 1, 2, 3, 4를 순서 없이 나타낸 것이다.

구분	대립유전자				대문자로 표시되는 대립유전자의 수
	ⓐ 소	ⓑ 대	ⓒ 대	ⓓ 소	
아버지	○	○	×	○	㉠ 1
어머니	○	○	○	○	㉡ 2
자녀 1	?○	×	×	○	㉢ 0
자녀 2	○	○	?○	×	㉣ 3
자녀 3	○	?○	○	×	㉤ 4

(○: 있음, ×: 없음)

- 아버지의 정자 형성 과정에서 염색체 비분리가 1회 일어나 염색체 수가 비정상적인 정자 P가 형성되었다. P와 정상 난자가 수정되어 자녀 3이 태어났다.
  ➡ P 형성 시 감수 2분열에서 염색체 비분리가 일어남
- 자녀 3을 제외한 이 가족 구성원의 핵형은 모두 정상이다.

이에 대한 설명으로 옳은 것만을 〈보기〉에서 있는 대로 고른 것은? (단, 제시된 염색체 비분리 이외의 돌연변이와 교차는 고려하지 않는다.) (3점)

[보기]

ㄱ. 아버지는 t를 갖는다.
아버지는 소문자 ⓐ와 ⓓ를 모두 가지므로 h와 t를 모두 갖음

ㄴ. ⓐ는 ⓒ와 대립유전자이다.
ⓐ와 ⓒ가 대립유전자이고, ⓑ와 ⓓ가 대립유전자임

ㄷ. 염색체 비분리는 감수 1분열에서 일어났다.
염색체 비분리는 감수 2분열에서 일어남

① ㄱ ② ㄴ ③ ㄷ ④ ㄱ, ㄴ ⑤ ㄱ, ㄷ

단서+발상

단서 표에서 아버지는 ⓒ를 제외한 나머지 ⓐ, ⓑ, ⓓ가 있다는 것에 주목한다.

발상 아버지의 유전자형에서 2쌍의 대립유전자 중 하나는 동형 접합성이며, 다른 한 쌍은 이형 접합성임을 생각한다.

해결 아버지가 동형 접합성으로 갖는 유전자는 자녀 1과 2가 모두 가져야 하므로 동형 접합성인 유전자의 유무는 아버지, 자녀 1, 자녀 2가 모두 '○'가 되는 것을 파악할 수 있어야 고난도 문제를 해결할 수 있다.

| 문제 해결 과정 |

step 1 ㉡ 확정하기 및 대립유전자 쌍 매칭하기

- 어머니는 대립유전자 ⓐ~ⓓ가 모두 있으므로 유전자형은 HhTt이며, 대문자로 표시되는 대립유전자의 수 ㉡은 2이다.
- 아버지는 ⓒ를 제외한 나머지 ⓐ, ⓑ, ⓓ가 있으므로 2쌍의 대립유전자 중 하나는 동형 접합성이며, 다른 한 쌍은 이형 접합성이다. 또한 대문자로 표시되는 대립유전자의 수는 1 또는 3이다.
- 아버지가 동형 접합성으로 갖는 유전자는 자녀 1과 2가 모두 가져야하므로 동형 접합성인 유전자의 유무는 아버지, 자녀 1, 자녀 2가 모두 '○'가 되어야 한다. — 주의
  이를 만족하는 것은 ⓐ이므로 아버지는 동형 접합성으로 ⓐⓐ를 갖고, 이형 접합성으로 ⓑⓓ를 갖는다.
- 이를 통해 ⓐ와 ⓒ가 서로 대립유전자이고, ⓑ와 ⓓ가 서로 대립유전자임을 알 수 있다.

step 2 가족 구성원의 유전자형을 파악하여 ㉠, ㉢, ㉣, ㉤ 확정하기

- 가족 구성원의 유전자형은 아버지가 ⓐⓐⓑⓓ, 자녀 1이 ⓐⓐⓓ, 자녀 2가 ⓐ_ⓑⓑ이다.
- 만약 ⓐ가 대문자라면 가족 구성원은 모두 ⓐ를 가지므로 대문자를 적어도 1개 가진다. 이 경우 대문자로 표시되는 대립유전자의 수가 0인 구성원이 없으므로 모순이다. 따라서 ⓐ는 소문자로 확정된다.
- 위에서 아버지의 유전자형은 ⓐⓐⓑⓓ이고 대문자 수는 1 또는 3이라고 하였으므로 아버지의 대문자 수는 1(㉠)이다.
- 자녀 1의 유전자형은 ⓐⓐⓓⓓ이므로 대문자 수가 0 또는 2인데 어머니의 대문자 수가 2이므로 자녀 1의 대문자 수는 0(㉢)이다. 또한 ⓓ는 소문자, ⓑ는 대문자임을 알 수 있다.
- 자녀 2의 유전자형은 ⓐ_ⓑⓑ이므로 대문자 수는 3(㉣)이고, 유전자형은 ⓐⓒⓑⓑ이다. 나머지 자녀 3의 대문자 수는 4(㉤)이다.

step 3 정자 P 형성 과정에서 염색체 비분리 시기 파악하기

- 자녀 3의 대문자 수는 4(㉤)이므로 정상 난자로부터 대문자 ⓑ와 ⓒ를 받고, 정자 P로부터 ⓐ와 ⓑⓑ를 받은 것이다.
- 따라서 정자 P의 형성 과정에서 감수 2분열에서 비분리가 일어나 대문자 ⓑ를 2개 갖는 정자가 형성된 것이며, 자녀 3의 유전자형은 ⓐⓒⓑⓑⓑ이다.

| 보기 분석 |

ㄱ. 아버지는 t를 갖는다. (○)

- 문제 해결 과정의 step 2를 참고하면, 아버지의 유전자형은 ⓐⓐⓑⓓ이므로 소문자 ⓐ와 ⓓ를 모두 가진다. 즉 h와 t를 모두 갖는다.

ㄴ. ⓐ는 ⓒ와 대립유전자이다. (○)

- 문제 해결 과정의 step 1을 참고하면, ⓐ와 ⓒ가 서로 대립유전자이고, ⓑ와 ⓓ가 서로 대립유전자이다.

ㄷ. 염색체 비분리는 감수 1분열에서 일어났다. (×)

- 문제 해결 과정의 step 3를 참고하면, 자녀 3의 대문자 수는 4(㉤)이므로 정상 난자로부터 대문자 ⓑ와 ⓒ를 받고, 정자 P로부터 ⓐ와 ⓑⓑ를 받은 것이다. 따라서 정자 P의 형성 과정에서 감수 2분열에서 비분리가 일어나 대문자 ⓑ를 2개 갖는 정자가 형성된 것이다.

✪ 정답은 ④ ㄱ, ㄴ이다.

김보겸 | 연세대 지구시스템과학과 2023년 입학 · 광주 서석고졸

체세포니까 핵상이 $2n$이고, 어머니가 ⓐ, ⓑ, ⓒ, ⓓ를 모두 가지니 어머니의 유전자형은 HhTt야. 따라서 ㉡은 2야. ㉤이 0이면 ⓑ, ⓓ 모두 대문자로 표시된 대립유전자인데, 그렇게 하면 ㉢이 2가 되어 ㉡과 같은 수를 나타내니 문제 조건에 안 맞네. 같은 방법으로 ㉣이 0이면 ⓒ, ⓓ가 대문자로 표시된 대립유전자이고, 마찬가지로 ㉢이 2가 되어 문제 조건에 안 맞게 돼.
그렇다고 ⓐ~ⓓ 중에 3개를 갖는 아버지가 대문자로 표시된 대립유전자를 1개도 안 가질 수는 없으니 ㉠도 0이 아니라서 남은 경우인 ㉢이 0이야.

M 26 정답 ③ ······························· [정답률 38%] ✪ 1등급 대비

다음은 어떤 가족의 ABO식 혈액형과 적록 색맹에 대한 자료이다.

- 표는 구성원의 성별과 각각의 혈청을 자녀 1의 적혈구와 혼합했을 때 응집 여부를 나타낸 것이다. ⓐ와 ⓑ는 각각 '응집됨'과 '응집 안 됨' 중 하나이다.

구성원	성별	응집 여부
아버지 AB형	남	ⓐ ×
어머니 A형	여	ⓐ ×
자녀 1	남	응집 안 됨
자녀 2 B형	여	ⓑ ○
자녀 3 O형	여	ⓑ ○

- 아버지, 어머니, 자녀 2, 자녀 3의 ABO식 혈액형은 서로 다르고, 자녀 1의 ABO식 혈액형은 A형이다.
- 구성원의 핵형은 모두 정상이다.
- 구성원 중 자녀 2만 적록 색맹이 나타난다.
  ➡ 자녀 2는 아버지로부터 성염색체를 받지 못함
- 자녀 2는 정자 Ⅰ과 난자 Ⅱ가 수정되어 태어났고, 자녀 3은 정자 Ⅲ과 난자 Ⅳ가 수정되어 태어났다. Ⅰ ~ Ⅳ가 형성될 때 각각 염색체 비분리가 1회 일어났다.
- 세포 1개당 염색체 수는 Ⅰ과 Ⅲ이 같다.
  ➡ 정자 Ⅰ과 Ⅲ의 염색체 수는 22, 난자 Ⅱ와 Ⅳ의 염색체 수는 24

이에 대한 옳은 설명만을 〈보기〉에서 있는 대로 고른 것은? (단, ABO식 혈액형 이외의 혈액형은 고려하지 않으며, 제시된 돌연변이 이외의 돌연변이는 고려하지 않는다.) (3점) 2022 실시 10월 학평 18

[보기]

ㄱ. 세포 1개당 X 염색체 수는 Ⅲ이 Ⅰ보다 크다.
세포 1개당 X 염색체 수는 Ⅲ이 1, Ⅰ이 0

ㄴ. 아버지의 ABO식 혈액형은 A형이다.
아버지의 ABO식 혈액형은 AB형

ㄷ. Ⅳ가 형성될 때 염색체 비분리는 감수 2분열에서 일어났다.
Ⅳ가 형성될 때 감수 2분열에서 염색 분체의 비분리가 일어남

① ㄱ ② ㄴ ③ ㄱ, ㄷ ④ ㄴ, ㄷ ⑤ ㄱ, ㄴ, ㄷ

단서+발상

단서 '구성원 중 자녀 2만 적록 색맹이 나타난다.'는 조건에 주목한다.

발상 적록 색맹은 X 염색체 유전이므로 딸인 자녀 2가 적록 색맹이 나타나면 아버지도 적록 색맹이 나타나야 한다는 것을 생각한다.

해결 아버지는 적록 색맹이 나타나지 않으므로 자녀 2가 태어날 때 염색체 비분리가 일어났음을 알 수 있다. 어머니는 정상 유전자와 적록 색맹 유전자를 모두 가지므로 난자 Ⅱ가 형성될 때 감수 2분열에서 비분리가 일어나 Ⅱ는 적록 색맹 유전자 2개를 갖는다는 것을 파악할 수 있어야 고난도 문제를 해결할 수 있다.

| 문제 해결 과정 |

step 1 Ⅰ과 Ⅱ의 염색체 비분리 파악하기

- 구성원 중 자녀 2(딸)만 적록 색맹이 나타난 것은 정상인 아버지로부터 성염색체를 받지 못한 것이다.
- 구성원의 핵형은 모두 정상이므로 자녀 2는 보인자인 어머니로부터 적록 색맹 유전자가 있는 염색체를 2개 받은 것을 알 수 있다.
- 정자 Ⅰ은 X 염색체가 없어 22개의 염색체를 가지고, 난자 Ⅱ는 X 염색체를 2개 가지므로 24개의 염색체를 가진다.

step 2 가족 구성원의 혈액형 파악하기

- A형의 적혈구와 혼합했을 때 응집하는 경우는 B형, O형이고 응집하지 않는 경우는 A형, AB형이다.
- A형의 적혈구와 부모의 혈청을 혼합했을 때의 응집 여부가 동일한데 부모의 혈액형 조합이 B형과 O형인 경우 A형인 자녀 1이 태어날 수 없다. 따라서 부모의 혈액형 조합은 A형, AB형이고 ⓐ는 '응집 안 됨'이다.
- ⓑ는 '응집됨'이므로 자녀 2, 3의 혈액형 조합은 B형, O형이다.

step 3 혈액형에 대한 염색체의 비분리 파악하기

- A형과 AB형의 부모 사이에서 O형인 자녀가 태어난 것은 염색체 비분리가 일어나 AB형으로부터 염색체를 받지 않고 A형으로부터 O 유전자가 있는 염색체를 2개 받은 것이다.
- 세포 1개당 염색체 수는 Ⅰ과 Ⅲ이 같으므로 정자 Ⅲ은 22개, 난자 Ⅳ는 24개의 염색체를 가진다.
- 정자 Ⅲ을 형성할 때 ABO식 혈액형에 대한 유전자가 존재하는 상염색체가 들어가지 않은 것이므로 아버지가 AB형이며, 어머니는 A형이다.
- 핵형이 정상인 O형 자녀가 태어나려면 난자 Ⅳ가 형성될 때 감수 2분열에서 염색 분체의 비분리가 일어나 O 유전자를 가지는 상염색체가 2개 들어가야 한다.

| 보기 분석 |

ㄱ. 세포 1개당 X 염색체 수는 Ⅲ이 Ⅰ보다 크다. (○)

- 문제 해결 과정의 step 1과 step 3를 참고하면, Ⅲ은 상염색체의 비분리가 일어났고 Ⅰ은 성염색체의 비분리가 일어났다.
- Ⅰ은 X 염색체를 가지지 않으며 Ⅲ은 정상적으로 X 염색체를 1개 가져 딸인 자녀 3이 태어났다. 따라서 세포 1개당 X 염색체 수는 Ⅲ이 1, Ⅰ이 0이므로 Ⅲ이 Ⅰ보다 크다.

ㄴ. 아버지의 ABO식 혈액형은 A형이다. (×)

- 문제 해결 과정의 step 3를 참고하면, A형과 AB형의 부모 사이에서 O형인 자녀가 태어난 것은 염색체 비분리가 일어나 AB형으로부터 염색체를 받지 않고 A형으로부터 O 유전자가 있는 염색체를 2개 받은 것이다.
- 세포 1개당 염색체 수는 Ⅰ과 Ⅲ이 같으므로 정자 Ⅲ은 22개, 난자 Ⅳ는 24개의 염색체를 가진다.
- 정자 Ⅲ을 형성할 때 ABO식 혈액형에 대한 유전자가 존재하는 상염색체가 들어가지 않은 것이므로 아버지가 AB형이며, 어머니는 A형이다.

ㄷ. Ⅳ가 형성될 때 염색체 비분리는 감수 2분열에서 일어났다. (○)

- 문제 해결 과정의 step 3를 참고하면, Ⅳ가 형성될 때 감수 2분열에서 염색 분체의 비분리가 일어나 Ⅳ는 동일한 유전자를 가지는 상염색체를 2개 가진다.

✪ 정답은 ③ ㄱ, ㄷ이다.

문제 풀이 Tip

1. **같은 번호의 염색체에서 비분리가 일어나 22개의 염색체를 가지는 정자와 24개의 염색체를 가지는 난자가 수정되면 핵형이 정상인 자녀가 태어난다.**
   염색체 비분리가 1회 일어난 정자와 난자가 수정되어 태어난 자녀의 핵형이 정상이라면 정자와 난자 중 하나의 염색체 수는 정상보다 적고 다른 하나의 염색체 수는 정상보다 많다.
2. **돌연변이가 일어나지 않았다면 적록 색맹인 여자의 아버지와 아들은 반드시 적록 색맹이다.**
   딸이 적록 색맹인데 아버지가 정상인 경우 염색체 비분리가 일어나 아버지로부터 X 염색체를 받지 않은 것이다.

M 27 정답 ① ······ [정답률 24%] ✪ 1등급 대비

다음은 어떤 가족의 유전 형질 (가)에 대한 자료이다.

- (가)는 상염색체에 있는 한 쌍의 대립유전자에 의해 결정되며, 대립유전자에는 D, E, F가 있다.
- D는 E, F에 대해, E는 F에 대해 각각 완전 우성이다.
  ➡ D > E > F, 유전자형은 6가지, 표현형은 3가지
  ➡ 표현형이 같은 유전자형끼리 묶으면 DD, DE, DF / EE, EF / FF
- 표는 이 가족 구성원의 (가)의 3가지 표현형 ⓐ~ⓒ와 체세포 1개당 ㉠~㉢의 DNA 상대량을 나타낸 것이다. ㉠, ㉡, ㉢은 D, E, F를 순서 없이 나타낸 것이다.
  아버지와 어머니의 유전자형은 이형 접합성이면서 표현형이 서로 다름
  ⓒ의 표현형은 [F]로 확정됨

구성원		아버지	어머니	자녀 1	자녀 2	자녀 3
표현형 유전자형		ⓐ DF	ⓑ EF	ⓐ DE	ⓑ EFF	ⓒ FF
DNA 상대량	㉠F	1	1	0	2	2
	㉡D	1	0	? 1	0	? 0
	㉢E	0	? 1	1	? 1	0

- 정상 난자와 생식세포 형성 과정에서 염색체 비분리가 1회 일어나 형성된 정자 P가 수정되어 자녀 ㉮가 태어났다. ㉮는 자녀 1~3 중 하나이다. ➡ 자녀 ㉮는 자녀 2

이에 대한 설명으로 옳은 것만을 〈보기〉에서 있는 대로 고른 것은?
(단, 제시된 염색체 비분리 이외의 돌연변이와 교차는 고려하지 않으며, D, E, F 각각의 1개당 DNA 상대량은 1이다.) (3점) 2022 실시 4월 학평 19

[보기]

ㄱ. ㉡은 D이다.
  ㉠은 F, ㉡은 D, ㉢은 E
ㄴ. 자녀 2에서 체세포 1개당 ㉢의 DNA 상대량은 0이다.
  자녀 2에서 ㉢의 DNA 상대량은 1
ㄷ. P가 형성될 때 염색체 비분리는 감수 1분열에서 일어났다.
  P가 형성될 때 염색체 비분리는 감수 2분열에서 일어남

① ㄱ ② ㄴ ③ ㄱ, ㄷ
④ ㄴ, ㄷ ⑤ ㄱ, ㄴ, ㄷ

단서+발상

단서 표에서 자녀 2와 자녀 3의 ㉠의 DNA 상대량이 2로 같고, 표현형이 ⓑ와 ⓒ로 서로 다르다는 것에 주목한다.

발상 상염색체 유전의 경우 유전자의 DNA 상대량이 같은 경우 유전자형이 같으므로 표현형도 같다는 것을 생각한다.

해결 자녀 2와 자녀 3은 DNA 상대량이 같은데 표현형이 다르므로 둘 중 한 명은 자녀 임을 파악할 수 있어야 고난도 문제를 해결할 수 있다.

| 문제 해결 과정 |

step 1 자녀 ㉮ 추론하기

- 자녀 2와 3은 ㉠의 DNA 상대량이 2로 동일한데 표현형이 ⓑ와 ⓒ로 서로 다르므로 둘 중 하나가 돌연변이로 태어난 ㉮이다.

step 2 ㉠~㉢과 D, E, F 매칭하기

- D는 E, F에 대해, E는 F에 대해 완전 우성이므로 표현형이 같은 유전자형끼리 묶으면 DD, DE, DF / EE, EF / FF이다.
- 아버지, 어머니의 체세포에는 돌연변이가 없으므로 아버지의 유전자형은 ㉠㉡이고, 어머니의 유전자형은 ㉠㉢이다.
- 아버지, 어머니의 유전자형이 이형 접합성이며, 표현형이 각각 ⓐ와 ⓑ로 서로 다르므로 ⓒ의 표현형은 [F]이다. 표현형 [F]는 유전자 F만 가지며, 표현형이 ⓒ인 자녀 3이 가지는 ㉠은 F이다.
- 아버지의 유전자형은 ㉠㉡이고 정상적으로 태어난 자녀 1의 유전자형은 ㉡㉢인데 모두 표현형이 ⓐ인 것을 통해 ㉡이 ㉠, ㉢에 대해 완전 우성인 것을 알 수 있다.
- 따라서 ㉡은 D이며, 나머지 ㉢은 E이다.
- 정리하면 ㉡(D)>㉢(E)>㉠(F)이며, 표현형은 ⓐ는 [D], ⓑ는 [E], ⓒ는 [F]이다.

step 3 자녀 ㉮ 확정하기

- 자녀 2는 F의 DNA 상대량이 2인데 표현형이 ⓑ(E)이므로 염색체 비분리에 의해 ㉢(E)이 존재하는 염색체를 1개 더 가지고 있다.
- 자녀 2의 유전자형은 ㉠㉠㉢이고, ㉮는 자녀 2이다.

| 보기 분석 |

ㄱ. ㉡은 D이다. (○)

- 문제 해결 과정의 step 2를 참고하면, ㉠은 F, ㉡은 D, ㉢은 E이다.

ㄴ. 자녀 2에서 체세포 1개당 ㉢의 DNA 상대량은 0이다. (×)

- 문제 해결 과정의 step 3을 참고하면, 자녀 2의 유전자형은 ㉠㉠㉢이다. 따라서 자녀 2에서 체세포 1개당 ㉢의 DNA 상대량은 1이다.

ㄷ. P가 형성될 때 염색체 비분리는 감수 1분열에서 일어났다. (×)

- 아버지의 유전자형은 DF이고, 자녀 2의 유전자형은 EFF이다.
- 아버지의 정자 형성 과정에서 대립유전자 F를 가진 염색 분체가 비분리되어 자녀 2에게 FF를 물려준다. 따라서 P가 형성될 때 염색체 비분리는 감수 2분열에서 일어났다.

✪ 정답은 ① ㄱ이다.

문제 풀이 Tip

우열이 분명한 3개의 대립유전자에 의해 결정되는 복대립 유전에서 표현형이 서로 다른 3명 중 2명이 모두 이형 접합성일 경우 나머지 1명은 가장 열성인 대립유전자를 동형 접합성으로 가진다.

3개의 대립유전자 D, E, F의 우열이 D>E>F일 때, DD, DE, DF의 표현형이 같고, EE, EF의 표현형이 같고, FF는 유일한 표현형을 보인다. 이형 접합성으로 대립유전자를 가지는 사람의 유전자형은 DE, DF, EF 중 하나이며, 이형 접합성을 가진 두 구성원들과 다른 표현형을 가지는 구성원의 유전자형은 FF일 수밖에 없다.

＊ 염색체 수 이상 ······ ✪ 1등급 핵심 개념

구분	감수 1분열에서 비분리	감수 2분열에서 비분리
핵상	$n-1, n-1, n+1, n+1$	$n, n, n-1, n+1$
특징	상동 염색체가 비분리되며, 염색체 수가 정상보다 많거나 적은 생식세포만 형성된다.	염색 분체가 분리되며, 염색체 수가 정상인 생식세포와 비정상인 생식세포가 형성된다.

M 28 정답 ⑤ ································ [정답률 27%] ✪ 1등급 대비

다음은 어떤 가족의 유전 형질 (가)~(다)에 대한 자료이다.

- (가)는 대립유전자 H와 h에 의해, (나)는 대립유전자 R와 r에 의해, (다)는 대립유전자 T와 t에 의해 결정된다. H는 h에 대해, R는 r에 대해, T는 t에 대해 각각 완전 우성이다.
- (가)~(다)의 유전자는 모두 X 염색체에 있다.
  → (가)는 열성 형질, (나)와 (다)는 우성 형질
- 표는 어머니를 제외한 나머지 가족 구성원의 성별과 (가)~(다)의 발현 여부를 나타낸 것이다. 자녀 3과 4의 성별은 서로 다르다.

구성원	성별	(가)	(나)	(다)
아버지 X^{hRT}/Y	남	○	○	? ○
어머니 X^{Hrt}/X^{hrT}	여	×	×	○
자녀 1 X^{Hrt}/X^{hRT}	여	×	○	○
자녀 2 X^{Hrt}/Y	남	×	×	×
자녀 3 X^{hrT}/Y	? 남	○	×	○
ⓐ 자녀 4 X^{Hrt}/X^{hrT}	? 여	×	×	○

(○: 발현됨, ×: 발현 안 됨)

- 이 가족 구성원의 핵형은 모두 정상이다.
- 염색체 수가 22인 생식세포 ㉠(정자)과 염색체 수가 24인 생식세포 ㉡(난자)이 수정되어 ⓐ가 태어났으며, ⓐ는 자녀 3과 4 중 하나이다. ㉠과 ㉡의 형성 과정에서 각각 성염색체 비분리가 1회 일어났다.
  → ㉡은 감수 1분열에서 비분리됨

이에 대한 설명으로 옳은 것만을 〈보기〉에서 있는 대로 고른 것은? (단, 제시된 염색체 비분리 이외의 돌연변이와 교차는 고려하지 않는다.)

2022 대비 9월 모평 19

[보기]

ㄱ. ⓐ는 자녀 4이다. → ⓐ는 어머니와 (가)~(다)의 표현형이 같은 자녀 4

ㄴ. ㉡은 감수 1분열에서 염색체 비분리가 일어나 형성된 난자이다.
→ X 염색체를 2개 갖는 ㉡은 감수 1분열에서 염색체 비분리가 일어나 형성된 난자

ㄷ. (나)와 (다)는 모두 우성 형질이다.
→ (가)는 열성 형질, (나)와 (다)는 우성 형질

① ㄱ ② ㄷ ③ ㄱ, ㄴ ④ ㄴ, ㄷ ⑤ ㄱ, ㄴ, ㄷ

 단서+발상

(단서) 가족 구성원의 핵형은 모두 정상이며, 염색체 수가 ㉠은 22, ㉡은 24인 것에 주목한다.

(발상) 핵형이 정상이려면 ㉠은 성염색체가 없고, ㉡은 성염색체가 2개임을 생각한다.

(해결) 만약 ㉡이 정자라면 감수 1분열 비분리가 일어나 XY를 가지므로 ⓐ의 (가)와 (나)의 표현형은 아버지와 같아야 한다. 하지만 자녀 3과 4 모두 (가)와 (나)의 표현형이 아버지와 다르므로 모순이다. 따라서 ㉡은 난자이며, 성염색체로 XX를 가지므로 ⓐ는 여자임을 파악할 수 있어야 고난도 문제를 해결할 수 있다.

| 문제 해결 과정 |

step 1 (가) 우열 관계 파악하기

- X 염색체 유전에서 아버지는 (가)가 발현되었는데 딸인 자녀 1은 (가)가 발현되지 않았으므로 (가)는 우성 형질이 아닌 열성 형질이다.
- H는 h에 대해 완전 우성이므로 H는 (가) 미발현 유전자, h는 (가) 발현 유전자이다.

step 2 자녀 3과 4 중 ⓐ 찾기

1. ㉠과 ㉡ 파악하기

- ⓐ는 염색체 수가 22인 생식세포 ㉠과 염색체 수가 24인 생식세포 ㉡이 수정되어 태어났고 핵형이 정상이므로 ㉠에는 성염색체가 없고, ㉡에는 성염색체가 2개 존재한다.
- ⓐ는 자녀 3과 4 중 하나이고, 자녀 3과 4의 성별은 다르므로 ㉡은 성염색체 XX를 갖거나 XY를 갖는다.
- ㉡이 아버지로부터 형성된 정자라면 감수 1분열 비분리가 일어나 형성된 정자이고, ㉠(난자)과 수정되어 태어난 ⓐ의 (가)와 (나)의 표현형은 아버지와 같아야한다. 하지만 자녀 3과 4 모두 (가)와 (나)의 표현형이 아버지와 다르므로 모순이다.
- 따라서 ㉡은 아버지로부터 형성된 정자가 아닌 어머니로부터 형성된 난자이고 성염색체로 XX를 가지며, ⓐ는 딸이다.

2. 어머니의 X 염색체 구성 파악하기

- 자녀 2의 X 염색체에는 (가)~(다) 모두 미발현 유전자가 존재한다. 자녀 2의 X 염색체는 어머니로부터 받기 때문에 어머니의 X 염색체 1개에는 (가)~(다) 모두 미발현 유전자가 존재한다.
- 자녀 3과 4의 X 염색체는 모두 어머니로부터 받았고, 자녀 3과 4는 모두 (나)가 미발현, (다)가 발현되었으므로 어머니의 X 염색체 1개에는 (나) 미발현 유전자와 (다) 발현 유전자가 함께 존재한다.
- 그리고 자녀 3은 (가)가 발현되었으므로 어머니는 (가) 발현 유전자를 가진다. 따라서 어머니의 X 염색체 위의 유전자는 아래 그림과 같다.

(가) 발현 유전자		(가) 미발현 유전자
(나) 미발현 유전자		(나) 미발현 유전자
(다) 발현 유전자		(다) 미발현 유전자

step 3 자녀 3과 4의 성별과 비분리 시점 파악하기

- step2에서 ⓐ는 여자인 것을 파악했으므로 자녀 3과 4 중 한 명은 비분리없이 정상적으로 태어난 남자인 것을 알 수 있다.
- 남자인 아들은 어머니로부터 X 염색체를 하나 받으므로 (가)와 (다)만 발현되거나 (가)~(다) 모두 발현되지 않아야 한다. 이를 만족하는 것은 자녀 3이므로 자녀 3은 아들이고, 자녀 4는 비분리로 태어난 딸 ⓐ이다.
- 자녀 4는 (다)만 발현되므로 난자 ㉡은 감수 1분열에서 성염색체 비분리가 일어나 형성된 것이다.

step 4 (나)와 (다)의 우열 관계 파악하기

1. (다)의 우열 파악하기

- 자녀 4는 (다) 발현 유전자와 (다) 미발현 유전자를 함께 갖는 이형 접합성일 때 (다)가 발현되었으므로 (다) 형질은 우성 형질이다.

2. (나)의 우열 파악하기

- 어머니는 (나) 미발현 유전자 2개를 가지므로 자녀 1은 어머니로부터 (나) 미발현 유전자를 받는다.
- 또한 자녀 1은 아버지로부터 (나) 발현 유전자를 받았으므로 자녀 1의 (나)의 유전자형은 이형 접합성이다. 자녀 1은 (나)가 발현되었으므로 (나)는 우성 형질이다.

| 보기 분석 |

ㄱ. ⓐ는 자녀 4이다. (○)

- 문제 해결 과정의 step 3를 참고하면, ⓐ는 자녀 4이다.

ㄴ. ㉡은 감수 1분열에서 염색체 비분리가 일어나 형성된 난자이다. (○)

- 문제 해결 과정의 step 3를 참고하면, ㉡은 감수 1분열에서 염색체 비분리가 일어나 형성된 X 염색체를 2개 갖는 난자이다.

ㄷ. (나)와 (다)는 모두 우성 형질이다. (○)

- 문제 해결 과정의 step 4를 참고하면, (나)와 (다)는 모두 우성 형질이다.

✪ 정답은 ⑤ ㄱ, ㄴ, ㄷ이다.

M

M 29 정답 ④ [정답률 26%] ✪ 1등급 대비

다음은 어떤 가족의 유전 형질 (가)와 (나)에 대한 자료이다.

ㅇ (가)는 대립유전자 A와 a에 의해, (나)는 대립유전자 B와 b에 의해 결정된다. A는 a에 대해, B는 b에 대해 각각 완전 우성이다.

ㅇ (가)와 (나)를 결정하는 유전자 중 1개는 X 염색체에, 나머지 1개는 상염색체에 존재한다.
→ (가) 결정 유전자는 X 염색체, (나) 결정 유전자는 상염색체에 존재

ㅇ 표는 이 가족 구성원의 성별과 체세포 1개당 A와 B의 DNA 상대량을 나타낸 것이다.

구성원	성별	A	B	유전자형
아버지	남	? 1	1	X^AY, Bb
어머니	여	0	? 1	X^aX^a, Bb
자녀 1	남	? 0	1	X^aY, Bb
자녀 2	여	? 1	0	X^AX^a, bb
자녀 3	남	2	2	X^AX^AY, BB

ㅇ 부모의 생식세포 형성 과정 중 한 명에게서 대립유전자 ㉠이 대립유전자 ㉡으로 바뀌는 돌연변이가 1회 일어나 ㉡을 갖는 생식세포가, 나머지 한 명에게서 ⓐ염색체 비분리가 1회 일어나 염색체 수가 비정상적인 생식세포가 형성되었다. 이 두 생식세포가 수정되어 클라인펠터 증후군을 나타내는 자녀 3이 태어났다. ㉠과 ㉡은 각각 A, a, B, b 중 하나이다.
(㉠: a, ㉡: A)

이에 대한 설명으로 옳은 것만을 〈보기〉에서 있는 대로 고른 것은? (단, 제시된 돌연변이 이외의 돌연변이와는 고려하지 않으며, A, a, B, b 각각의 1개당 DNA 상대량은 1이다.) (3점) 2021 실시 7월 학평 18

[보기]

ㄱ. ㉡은 A이다.
→ ㉠은 a, ㉡은 A

ㄴ. ⓐ가 형성될 때 염색체 비분리는 감수 2분열에서 일어났다.
→ 아버지의 감수 1분열 과정에서 비분리가 일어나 X 염색체와 Y 염색체가 모두 들어간 정자 ⓐ가 형성됨

ㄷ. 체세포 1개당 $\frac{\text{a의 DNA상대량}}{\text{b의 DNA상대량}}$은 자녀 1이 자녀 2보다 크다.
→ 체세포 1개당 $\frac{\text{a의 DNA 상대량}}{\text{b의 DNA 상대량}}$은 자녀 1에서 $\frac{1}{1}$, 자녀 2에서 $\frac{1}{2}$

① ㄴ ② ㄷ ③ ㄱ, ㄴ ④ ㄱ, ㄷ ⑤ ㄱ, ㄴ, ㄷ

단서+발상

(단서) 클라인펠터 증후군을 나타내는 자녀 3이 태어났다는 조건에 주목한다.

(발상) 클라인펠터 증후군은 감수 1분열 또는 감수 2분열 비분리로 형성된 난자 XX와 정상 정자 Y가 수정되는 경우, 정상 난자 X와 감수 1분열 비분리로 형성된 정자 XY가 수정될 경우 태어날 수 있음을 생각한다.

(해결) 유전자형이 X^AY인 아버지와 X^aX^a인 어머니 사이에서 태어난 자녀 3의 유전자형은 X^AX^AY이다. X^AY를 갖는 정자와 돌연변이가 일어나 a에서 A로 바뀌어 X^A를 갖는 난자가 수정되어 자녀 3이 태어났음을 파악할 수 있어야 고난도 문제를 해결할 수 있다.

| 문제 해결 과정 |

step 1 (가)와 (나)를 결정하는 유전자의 염색체 위치 파악하기

- 여자인 자녀 2의 체세포 1개당 B의 DNA 상대량이 0이므로 자녀 2의 (나)에 대한 유전자형이 bb이고, 아버지의 체세포 1개당 B의 DNA 상대량은 1이므로 아버지의 (나)에 대한 유전자형은 Bb이며 (나)를 결정하는 유전자는 상염색체에 있다.
- 나머지 (가)를 결정하는 유전자는 X 염색체에 있다.

step 2 구성원의 (가)에 대한 유전자형 파악하기

- (가)를 결정하는 유전자가 X 염색체에 있으므로 체세포 1개당 A의 DNA 상대량이 0인 어머니의 (가)에 대한 유전자형은 X^aX^a이다.
- 그런데 자녀 3에는 A가 2개 있으므로 아버지의 (가)에 대한 유전자형은 X^AY임을 알 수 있다.
- 따라서 유전자형이 X^AY인 아버지와 X^aX^a인 어머니 사이에서 태어난 남자 자녀 1의 유전자형은 X^aY, 여자 자녀 2의 유전자형은 X^AX^a이다.

step 3 자녀 3에 대해 분석하기

- 남자 자녀 3은 체세포 1개당 A의 DNA 상대량이 2이고 클라인펠터 증후군을 나타내므로 (가)에 대한 유전자형이 X^AX^AY이다.
- 아버지로부터 X^AY를, 어머니로부터 X^A를 물려받아야 이러한 유전자형을 가질 수 있다.
- 따라서 아버지의 생식세포 형성 과정 중 감수 1분열에서 염색체 비분리가 일어나 X^AY를 갖는 정자 ⓐ가 형성되었으며, 어머니의 생식세포 형성 과정 중 a(㉠)가 A(㉡)로 바뀌는 돌연변이가 일어났다.

| 보기 분석 |

ㄱ. ㉡은 A이다. (○)

- 문제 해결 과정의 step 3 를 참고하면, 어머니의 생식세포 형성 과정 중 a(㉠)가 A(㉡)로 바뀌는 돌연변이가 일어났음을 알 수 있다.

ㄴ. ⓐ가 형성될 때 염색체 비분리는 감수 2분열에서 일어났다. (×)

- 문제 해결 과정의 step 3 를 참고하면, 아버지의 생식세포 형성 과정 중 감수 1분열에서 염색체 비분리가 일어나 X^AY를 갖는 정자 ⓐ가 형성되었음을 알 수 있다.

ㄷ. 체세포 1개당 $\frac{\text{a의 DNA상대량}}{\text{b의 DNA상대량}}$은 자녀 1이 자녀 2보다 크다. (○)

- (가)와 (나)에 대한 유전자형이 자녀 1은 X^aY, Bb이고, 자녀 2는 X^AX^a, bb이다. 그러므로 체세포 1개당 $\frac{\text{a의 DNA상대량}}{\text{b의 DNA상대량}}$은 자녀 1에서 $\frac{1}{1}$이고, 자녀 2에서 $\frac{1}{2}$이다.
- 따라서 체세포 1개당 $\frac{\text{a의 DNA상대량}}{\text{b의 DNA상대량}}$은 자녀 1이 자녀 2보다 크다.

✪ 정답은 ④ ㄱ, ㄷ이다.

＊ 염색체 수 이상에 의한 유전병의 예 ✪ 1등급 핵심 개념

다운 증후군	• 21번 염색체가 3개이다. • 정신 지체, 머리가 작고 눈 사이가 멀다. • 핵상이 $2n+1=45+XY(XX)$이다.
터너 증후군	• 성염색체가 X이다. • 핵상이 $2n-1=44+X$이다. • 외관상 여자이나 난소의 발달이 불완전하다.
클라인펠터 증후군	• 성염색체가 XXY이다. • 핵상이 $2n+1=44+XXY$이다. • 외관상 남자이나 정소의 발달이 불완전하다.

다음은 어떤 가족의 유전 형질 (가)~(다)에 대한 자료이다.

- (가)는 대립유전자 A와 a에 의해, (나)는 대립유전자 B와 b에 의해, (다)는 대립유전자 D와 d에 의해 결정된다.
- 그림은 아버지와 어머니의 체세포에 들어 있는 일부 염색체와 유전자를 나타낸 것이다. ㉮~㉱는 각각 ㉮′~㉱′의 상동 염색체이다.

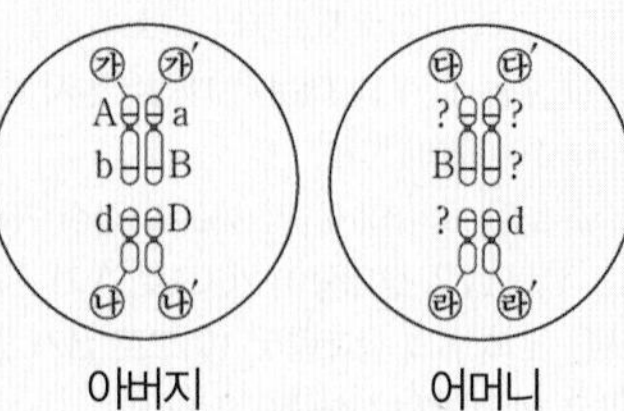

아버지 어머니

- 표는 이 가족 구성원의 세포 Ⅰ~Ⅳ에서 염색체 ㉠~㉣의 유무와 A, b, D의 DNA 상대량을 더한 값(A+b+D)을 나타낸 것이다. ㉠~㉣은 ㉮~㉱를 순서 없이 나타낸 것이다.

구성원	세포	염색체				A+b+D
		㉠㉯	㉡㉱	㉢㉮	㉣㉰	
아버지	Ⅰ	○	×	×	×	0
어머니	Ⅱ	×	○	×	○	3
자녀 1	Ⅲ	○	×	○	○	3
자녀 2	Ⅳ	○	×	×	○	3

(○: 있음, ×: 없음)

- 감수 분열 시 부모 중 한 사람에게서만 염색체 비분리가 1회 일어나 염색체 수가 비정상적인 생식세포 ⓐ가 형성되었다. ⓐ와 정상 생식세포가 수정되어 자녀 2가 태어났다.
- 자녀 2를 제외한 이 가족 구성원의 핵형은 모두 정상이다.

이에 대한 설명으로 옳은 것만을 〈보기〉에서 있는 대로 고른 것은? (단, 제시된 돌연변이 이외의 돌연변이와 교차는 고려하지 않으며, A, a, B, b, D, d 각각의 1개당 DNA 상대량은 1이다.) (3점)

[보기]

ㄱ. ㉡은 ㉱이다. ㉡은 ㉱임

ㄴ. 어머니의 (가)~(다)에 대한 유전자형은 AABBDd이다.
어머니의 (가)~(다)에 대한 유전자형은 AABbdd임

ㄷ. ⓐ는 감수 2분열에서 염색체 비분리가 일어나 형성된 난자이다.
ⓐ는 감수 1분열에서 염색체 비분리가 일어나 형성된 난자임

① ㄱ ② ㄷ ③ ㄱ, ㄴ ④ ㄴ, ㄷ ⑤ ㄱ, ㄴ, ㄷ

단서+발상

단서 아버지의 세포 Ⅰ이 ㉠~㉣ 중 ㉠만 가지고, A+b+D가 0임을 이용하여 ㉠이 ㉯임을 찾아낸다.

발상 세포 Ⅱ와 Ⅲ에서 ㉠~㉣의 유무와 A+b+D가 3임을 이용하여 어머니와 자녀 1에서의 유전자형이 될 수 있는 경우를 모두 생각해본다.

해결 세포 Ⅳ가 ㉮와 ㉱를 갖지 않고, A+b+D가 3을 만족하려면 ㉰와 ㉰′의 비분리가 일어나야 하고, 어머니의 유전자형이 AABbdd임을 파악할 수 있어야 고난도 문제를 해결할 수 있다.

| 문제 해결 과정 |

step 1 세포 Ⅰ, Ⅱ, Ⅲ 분석하기

- **세포 Ⅰ** : 핵상이 $2n$이라면 ㉮, ㉯를 모두 가지므로 ㉠~㉣ 중 2개의 염색체를 가져야 하는데, ㉠ 1개만을 가지므로 핵상이 n인 세포이다. 세포 Ⅰ은 A+b+D가 0이므로, ㉮(A, b 연관)와 ㉯′(D 존재)를 갖지 않고, ㉮′(a, B 연관)와 ㉯(d)를 갖는다. 따라서 ㉠은 ㉯이다.
- **세포 Ⅱ** : ㉠(㉯)과 ㉢을 갖지 않고, ㉡과 ㉣을 갖는 세포이다. ㉮~㉱ 중 ㉮는 아버지만 가질 수 있는 염색체이므로, ㉢이 ㉮이고, 나머지 ㉡과 ㉣은 어머니가 가질 수 있는 ㉰ 또는 ㉱이다. 세포 Ⅱ의 핵상이 n이라면, A+b+D는 최대 2로 모순이 나타나므로 세포 Ⅱ의 핵상은 $2n$이다. A+b+D가 3이 되는 경우는 표와 같이 3가지가 있다.

구분	A	b	D	유전자형
경우 ①	1	1	1	AaBbDd
경우 ②	2	1	0	AABbdd
경우 ③	2	0	1	AABBDd

- **세포 Ⅲ** : ㉠~㉣ 중 3개를 가지므로 핵상이 $2n$인 세포이다. 아버지로부터 ㉮(A, b 연관)와 ㉯(d)를 물려받고, 어머니로부터 ㉰와 ㉱′ 또는 ㉰′와 ㉱를 물려받았으며, A+b+D가 3이 되는 경우는 표와 같이 2가지가 있다.

i) 어머니로부터 A를 물려받은 경우	㉮ ㉰ / A A / b B / d d / ㉯ ㉱′	어머니의 유전자형이 ①, ②, ③일 때 모두 가능
ii) 어머니로부터 b를 물려받은 경우	㉮ ㉰′ / A a / b b / d d / ㉯ ㉱	어머니의 유전자형이 ①일 때만 가능하나, 어머니와 자녀 2에서 A+b+D가 3이 나올 수 없음 ➡ 모순 발생

- ii)에서는 모순이 발생하므로 i)이 가능하며, 세포 Ⅲ이 갖는 ㉣은 ㉰이고, 나머지 ㉡은 ㉱이다.

step 2 염색체 비분리 시기 파악하기

- 자녀 2의 세포 Ⅳ는 ㉮와 ㉱를 갖지 않으므로 아버지로부터 ㉮′와 어머니로부터 ㉱′를 물려받으며, A+b+D는 3을 만족해야 하므로 어머니로부터 ㉰, ㉰′를 물려받으며, ㉰′에는 A와 b가 존재해야 한다.
- 어머니의 난자 형성 과정 중 감수 1분열에서 상동 염색체의 비분리(㉰와 ㉰′ 비분리)가 일어나 비정상적인 생식세포 ⓐ가 형성되었다.

step 3 어머니의 유전자형 찾기

- 어머니의 체세포에서 ㉰에는 A와 B가 존재하며, ㉰′에는 A와 b가 존재하므로 이를 만족하는 경우는 AABbdd(경우 ②)이다.

| 보기 분석 |

ㄱ. ㉡은 ㉱이다. (○)

- step 1 을 참고하면 ㉡은 ㉱이다.

ㄴ. 어머니의 (가)~(다)에 대한 유전자형은 AABBDd이다. (×)

- step 3 을 참고하면 어머니의 (가)~(다)에 대한 유전자형은 AABbdd이다.

ㄷ. ⓐ는 감수 2분열에서 염색체 비분리가 일어나 형성된 난자이다. (×)

- step 2 를 참고하면, ⓐ는 감수 1분열에서 염색체 비분리가 일어나 형성된 난자이다.

✪ 정답은 ① ㄱ이다.

왜 틀렸나?

- ③번을 최다 오답으로 선택한 38%의 학생들은 자녀 2가 어머니로부터 ㉰, ㉰′를 물려받으며, A+b+D는 3을 만족하기 위해서 ㉰′에 A와 b가 존재해야 함을 파악하지 못했다.
- 세포 Ⅱ가 갖는 ㉠~㉣의 유무와 A+b+D가 3임을 이용하여 어머니의 유전자형이 될 수 있는 경우를 모두 나열한 후, ㉰에는 A와 B가 존재하며, ㉰′에는 A와 b가 존재하는 경우는 AABbdd뿐임을 파악하면, ㄴ 선지를 해결할 수 있었을 것이다.

M 31 정답 ① .... [정답률 25%] ✪ 1등급 대비

다음은 어떤 가족의 유전 형질 ㉠에 대한 자료이다.

- ㉠을 결정하는 데 관여하는 3개의 유전자는 모두 상염색체에 있으며, 3개의 유전자는 각각 대립유전자 A와 a, B와 b, D와 d를 갖는다.
- ㉠의 표현형은 유전자형에서 대문자로 표시되는 대립유전자의 수에 의해서만 결정되며, 이 대립유전자의 수가 다르면 표현형이 다르다. → 다인자 유전
- 표 (가)는 이 가족 구성원의 ㉠에 대한 유전자형에서 대문자로 표시되는 대립유전자의 수를, (나)는 아버지로부터 형성된 정자 Ⅰ ~ Ⅲ이 갖는 A, a, B, D의 DNA 상대량을 나타낸 것이다. Ⅰ ~ Ⅲ 중 1개는 세포 P의 감수 1분열에서 염색체 비분리가 1회, 나머지 2개는 세포 Q의 감수 2분열에서 염색체 비분리가 1회 일어나 형성된 정자이다. P와 Q는 모두 G_1기 세포이다.

감수 1분열 비분리

구성원	대문자로 표시되는 대립유전자의 수
아버지	3 AaBbDd
어머니	3 AaBbDd
자녀 1	8 AAABBDDD

(가)

정자	DNA 상대량			
	A	a	B	D
Ⅰ	0	?	1	0
Ⅱ	1	1	1	1
Ⅲ	2	?	?	?

감수 2분열 비분리 (나)

- Ⅰ ~ Ⅲ 중 1개의 정자와 정상 난자가 수정되어 자녀 1이 태어났다. 자녀 1을 제외한 나머지 가족 구성원의 핵형은 모두 정상이다.

이에 대한 설명으로 옳은 것만을 〈보기〉에서 있는 대로 고른 것은? (단, 제시된 염색체 비분리 이외의 돌연변이와 교차는 고려하지 않으며, A, a, B, b, D, d 각각의 1개당 DNA 상대량은 1이다.) 2020 대비 수능 19

[보기]

ㄱ. Ⅰ은 감수 2분열에서 염색체 비분리가 일어나 형성된 정자이다.
→ 정자 Ⅱ가 감수 1분열에서 비분리가 일어나 상동 염색체가 비분리되었으므로 정자 Ⅰ은 감수 2분열에서 비분리가 일어난 정자임

ㄴ. 자녀 1의 체세포 1개당 $\frac{\text{B의 DNA 상대량}}{\text{A의 DNA 상대량}}$ = 1이다.
→ 자녀 1의 체세포 1개당 $\frac{\text{B의 DNA 상대량}}{\text{A의 DNA 상대량}} = \frac{2}{3}$

ㄷ. 자녀 1의 동생이 태어날 때, 이 아이에게서 나타날 수 있는 ㉠의 표현형은 최대 5가지이다. → ㉠의 표현형은 최대 7가지

① ㄱ ② ㄴ ③ ㄷ ④ ㄱ, ㄴ ⑤ ㄱ, ㄷ

단서+발상

(단서) 표에서 정자 Ⅱ의 A와 a의 DNA 상대량이 모두 1인 것에 주목한다.

(발상) 생식세포가 대립유전자 A와 a를 가질 경우 감수 1분열에서 비분리가 일어난 것임을 생각한다.

(해결) A와 a를 모두 갖는 Ⅱ는 감수 1분열 염색체 비분리가 일어난 세포 P이며, 나머지 Ⅰ과 Ⅲ은 감수 2분열에서 비분리가 일어난 세포 Q임을 파악할 수 있어야 고난도 문제를 해결할 수 있다.

| 문제 해결 과정 |

step 1 아버지의 유전자형 파악하기

아버지로부터 형성된 정자인 Ⅱ가 A, B, D를 모두 갖고, 아버지의 대문자 대립유전자 수가 3인 것을 통해 아버지의 유전자형이 AaBbDd임을 알 수 있다.

step 2 비분리 시기 파악하기

- Ⅱ는 A와 a를 모두 가지므로 감수 1분열에서 비분리가 일어나 형성된 정자이다.
- Ⅰ ~ Ⅲ 중 1개는 감수 1분열에서, 2개는 감수 2분열에서 비분리가 일어나 형성된 세포이므로 Ⅰ과 Ⅲ은 모두 감수 2분열에서 비분리가 일어나 형성된 정자이다.

step 3 Ⅰ과 Ⅲ의 DNA 상대량 추론하기

- 자녀 1의 대문자 대립유전자 수가 8이고, 어머니로부터 최대 3개를 물려받을 수 있다. 따라서 아버지로부터 최소 5개를 물려받아야 하는데, Ⅰ의 대문자 대립유전자 수는 1, Ⅱ의 대문자 대립유전자 수는 3이므로 Ⅲ이 정상 난자와 수정되어 자녀 1이 태어났다.
- Ⅰ과 Ⅲ은 하나의 G_1기 세포의 감수 2분열에서 비분리가 일어나 형성된 정자이고, Ⅲ의 A의 상대량이 2이므로 A가 존재하는 염색체에서 비분리가 일어났다.
- 또한 Ⅰ의 B의 상대량이 1이므로 B가 있는 염색체에서는 비분리가 일어나지 않았고, Ⅲ의 B의 상대량도 1이다.
- 자녀 1은 대문자 대립유전자를 아버지로부터 최소 5개 물려받았으므로 Ⅲ에는 대문자 대립유전자가 최소 5개 존재해야 하는데, A의 상대량이 2이고 B의 상대량이 1이므로 D의 상대량이 2여야 한다.
- 이를 만족하려면 D가 존재하는 염색체에서도 비분리가 일어나야 하고, 세포 분열 과정에서 비분리는 1회만 일어났으므로 A와 D는 같은 염색체에 존재한다.

| 보기 분석 |

ㄱ. Ⅰ은 감수 2분열에서 염색체 비분리가 일어나 형성된 정자이다. (○)

문제 해결 과정의 step 2를 참고하면, Ⅰ은 감수 2분열에서 염색체 비분리가 일어나 형성된 정자이다.

ㄴ. 자녀 1의 체세포 1개당 $\frac{\text{B의 DNA 상대량}}{\text{A의 DNA 상대량}}$ =1이다. (×)

자녀 1은 어머니로부터 ABD를, 아버지로부터 AABDD를 물려받아 대문자 대립유전자를 8개 갖는다. 따라서 자녀 1의 유전자형은 AAABBDDD이고, $\frac{\text{B의 DNA 상대량}}{\text{A의 DNA 상대량}} = \frac{2}{3}$이다.

ㄷ. 자녀 1의 동생이 태어날 때, 이 아이에게서 나타날 수 있는 ㉠의 표현형은 최대 5가지이다. (×)

- 문제 해결 과정의 step 3를 참고하면, 아버지는 A와 D가 함께 있는 염색체를 가지므로 유전자형이 AD/ad, B/b이다. 또한 자녀 1은 어머니로부터 A, B, D를 물려받았고, 어머니는 대문자 대립유전자를 3개 가지므로 어머니의 유전자형도 AD/ad, B/b이다.
- 아버지와 어머니로부터 각각 대문자 대립유전자의 개수가 0~3개인 생식세포가 형성될 수 있으므로 이들로부터 아이가 태어날 때 이 아이가 가질 수 있는 대문자 대립유전자의 개수는 0~6개이다. 따라서 자녀 1의 동생이 태어날 때, 이 아이에게서 나타날 수 있는 ㉠의 표현형은 최대 7가지이다.

✪ 정답은 ① ㄱ이다.

문제 풀이 Tip

- **유전자형이 이형 접합성(Aa)인 세포에서 비분리가 일어나 형성된 생식 세포가 대립유전자 A와 a를 모두 가질 경우 감수 1분열에서 비분리가 일어난 것이다.**

* 염색체 비분리가 1회 일어났을 때 ✪ 1등급 핵심 개념

감수 1분열	• 생성되는 생식세포 중 2개는 염색체 수가 1개 많고, 다른 2개는 염색체 수가 1개 적다. • 생식세포 4개의 핵상은 각각 $n+1$, $n+1$, $n-1$, $n-1$
감수 2분열	• 생성되는 생식세포 중 2개는 염색체 수가 정상이고, 다른 1개는 염색체 수가 1개 많으며, 나머지 1개는 염색체 수가 1개 적다. • 생식세포 4개의 핵상은 각각 n, n, $n+1$, $n-1$

M 32 정답 ① .... [정답률 28%] ✪ 1등급 대비

다음은 어떤 가족의 유전 형질 (가)~(다)에 대한 자료이다.

- (가)는 대립유전자 A와 a에 의해, (나)는 대립유전자 B와 b에 의해, (다)는 대립유전자 D와 d에 의해 결정된다.
- (가)~(다)의 유전자 중 2개는 서로 다른 상염색체에, 나머지 1개는 X 염색체에 있다. → (가)~(다)는 서로 독립적으로 유전
- 표는 아버지의 정자 Ⅰ과 Ⅱ, 어머니의 난자 Ⅲ과 Ⅳ, 딸의 체세포 Ⅴ가 갖는 A, a, B, b, D, d의 DNA 상대량을 나타낸 것이다.

• B와 b는 X 염색체에 존재
• Ⅱ에는 Y 염색체가 존재

구분	세포	DNA 상대량					
		A	a	B	b	D	d
아버지의 정자	Ⅰⓐ	1	0	?1	0	0	?0
	Ⅱ	0	1	0	0	?0	1
어머니의 난자	Ⅲⓑ	?0	1	0	?1	㉠2	?0
	Ⅳ	0	?1	1	?0	0	?1
딸의 체세포	Ⅴ $2n$	1	?1	?1	㉡1	?2	0

• ⓐ와 ⓑ 형성 과정에 모두 상염색체 비분리

- Ⅰ과 Ⅱ 중 하나는 염색체 비분리가 1회 일어나 형성된 ⓐ 염색체 수가 비정상적인 정자이고, 나머지 하나는 정상 정자이다. Ⅲ과 Ⅳ 중 하나는 염색체 비분리가 1회 일어나 형성된 ⓑ 염색체 수가 비정상적인 난자이고, 나머지 하나는 정상 난자이다.
- Ⅴ는 ⓐ와 ⓑ가 수정되어 태어난 딸의 체세포이며, 이 가족 구성원의 핵형은 모두 정상이다.

이에 대한 설명으로 옳은 것만을 〈보기〉에서 있는 대로 고른 것은? (단, 제시된 염색체 비분리 이외의 돌연변이는 고려하지 않으며, A, a, B, b, D, d 각각의 1개당 DNA 상대량은 1이다.) (3점) 2021 대비 9월 모평 17

[보기]

ㄱ. (나)의 유전자는 X 염색체에 있다.
→ 정상 정자 Ⅱ에 대립유전자 B와 b가 모두 없으므로 (나)의 유전자는 X 염색체에 있음

ㄴ. ㉠+㉡=2이다. → ㉠+㉡=2+1=3

ㄷ. $\dfrac{\text{아버지의 체세포 1개당 B의 DNA 상대량}}{\text{어머니의 체세포 1개당 D의 DNA 상대량}}=\dfrac{1}{2}$이다.
→ 아버지의 체세포 1개당 B의 DNA 상대량과 어머니의 체세포 1개당 D의 DNA 상대량은 모두 1

① ㄱ ② ㄴ ③ ㄱ, ㄷ ④ ㄴ, ㄷ ⑤ ㄱ, ㄴ, ㄷ

단서+발상

(단서) 표에서 아버지의 정자 Ⅱ의 B와 b의 DNA 상대량이 모두 0인 것에 주목한다.

(발상) B와 b가 X 염색체 유전이라면 X 염색체를 가지는 정상 정자는 B와 b 중 하나를 가져야 함을 생각한다.

(해결) Ⅱ는 B와 b의 DNA 상대량이 모두 0이므로 Y 염색체를 가진 정자이기 때문에 X 염색체 유전자가 없어서 DNA 상대량이 0임을 파악할 수 있어야 고난도 문제를 해결할 수 있다.

| 문제 해결 과정 |

step 1 딸이 태어날 때 수정에 참여한 정자 ⓐ 파악하기

1. Ⅰ과 Ⅱ 중 염색체 수가 비정상적인 정자 ⓐ 찾기

- 딸의 체세포에 대립유전자 d가 없는데 정자 Ⅱ에는 d가 있다.
- 따라서 딸이 태어날 때 수정에 참여한 정자 ⓐ는 Ⅰ이고 Ⅰ에서 d의 DNA 상대량은 0이어야 한다. 따라서 Ⅱ는 정상 정자이다.

2. (가)~(다)를 결정하는 유전자의 위치 파악하기

- 정상 정자인 Ⅱ에 대립유전자 B와 b가 모두 존재하지 않으므로 (나)를 결정하는 B와 b는 X 염색체에 있고, Ⅱ에는 Y 염색체가 있음을 알 수 있다.
- 따라서 (가)를 결정하는 유전자와 (다)를 결정하는 유전자는 서로 다른 상염색체에 있다.
- Ⅰ(ⓐ)에서 (다)를 결정하는 D와 d가 모두 없으므로 Ⅰ(ⓐ)은 상염색체가 1개 적으며, 핵상이 $n-1$인 정자이다.

step 2 딸이 태어날 때 수정에 참여한 난자 ⓑ 파악하기

1. ⓑ에 대한 분석 및 ㉠ 확정 짓기

- 딸의 핵형이 정상이고, 딸의 체세포에 d가 없으므로 상염색체에 있는 D의 DNA 상대량은 2이다.
- 어머니의 난자 Ⅳ에 D가 없으므로, 딸이 태어날 때 수정에 참여한 난자 ⓑ는 Ⅲ이고 Ⅲ에서 D의 DNA 상대량 ㉠은 2이어야 한다.
- Ⅲ(ⓑ)에서 D가 2개이므로 Ⅲ은 상염색체가 1개 많으며, 핵상과 염색체 구성이 $n+1=23+X$인 난자이다.
- Ⅲ(ⓑ)에서 다른 염색체는 정상이므로 상염색체와 X 염색체에 있는 대립유전자의 DNA 상대량을 더한 값이 1이어야 한다.
- 따라서 Ⅲ에서 A의 DNA 상대량은 0이고, b의 DNA 상대량은 1이다.

2. ㉡ 확정 짓기

- Ⅲ이 수정되어 태어난 딸의 체세포에서 a의 DNA 상대량이 1이고, b의 DNA 상대량(㉡)이 1이며, 딸의 핵형이 정상이므로 B의 DNA 상대량도 1이다.
- 딸의 체세포에 대립유전자 B가 있는데 Ⅲ(ⓑ)에는 B가 없으므로 Ⅰ(ⓐ)에 B가 있어야 한다. 따라서 Ⅰ(ⓐ)에서 B의 DNA 상대량은 1이다.

step 3 정상 정자 Ⅱ와 정상 난자 Ⅳ에서 대립유전자의 DNA 상대량 파악하기

- 정상 생식세포에서 상염색체에 있는 대립유전자의 DNA 상대량을 더한 값은 1이어야 한다.
- 따라서 정상 정자 Ⅱ에서 D의 DNA 상대량은 0이고, 정상 난자 Ⅳ에서 a의 DNA 상대량과 d의 DNA 상대량은 모두 1이다.
- 정상 난자 Ⅳ에서 X 염색체에 있는 대립유전자의 DNA 상대량을 더한 값은 1이어야 하므로 b의 DNA 상대량은 0이다.

| 보기 분석 |

ㄱ. (나)의 유전자는 X 염색체에 있다. (○)

문제 해결 과정의 step 1을 참고하면, 정상 정자인 Ⅱ에 대립유전자 B와 b가 모두 존재하지 않으므로 (나)를 결정하는 B와 b는 X 염색체에 있고, Ⅱ에는 Y 염색체가 있음을 알 수 있다.

ㄴ. ㉠+㉡=2이다. (×)

문제 해결 과정의 step 2를 참고하면, ㉠이 2이고 ㉡이 1이므로 ㉠+㉡=2+1=3이다.

ㄷ. $\dfrac{\text{아버지의 체세포 1개당 B의 DNA 상대량}}{\text{어머니의 체세포 1개당 D의 DNA 상대량}}=\dfrac{1}{2}$이다. (×)

- 문제 해결 과정의 step 2를 참고하면, 아버지의 정자 Ⅰ에서 X 염색체에 있는 B의 DNA 상대량이 1이므로 아버지의 체세포 1개당 B의 DNA 상대량은 1이다.
- 또한 어머니의 난자 Ⅲ에는 D가 있고, 난자 Ⅳ에는 d가 있으므로 어머니의 (다)에 대한 유전자형은 Dd임을 알 수 있다. 따라서 어머니의 체세포 1개당 D의 DNA 상대량은 1이다.
- 따라서 $\dfrac{\text{아버지의 체세포 1개당 B의 DNA 상대량}}{\text{어머니의 체세포 1개당 D의 DNA 상대량}}=\dfrac{1}{1}=1$이다.

✪ 정답은 ① ㄱ이다.

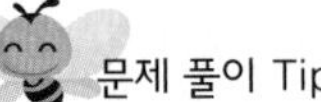

문제 풀이 Tip

1. G_1기의 정상 체세포에서 상염색체에 있는 어떤 대립유전자의 DNA 상대량을 더한 값이 2인 조건에서 X 염색체에 있는 대립유전자의 DNA 상대량을 더한 값이 2이면 여자 체세포, 1이면 남자 체세포이다.

- G_1기의 정상 체세포에 상염색체가 1쌍(2개) 존재하므로, 상염색체에 존재하는 대립유전자의 DNA 상대량을 더한 값은 2이다.
- X 염색체가 여자 체세포의 경우 2개, 남자 체세포의 경우 1개 존재하므로, X 염색체에 존재하는 대립유전자 DNA 상대량을 더한 값은 여자 체세포가 2, 남자 체세포가 1이다.

2. 정상 정자에서 어떤 대립유전자 A와 a의 DNA 상대량을 더한 값이 0이면 A와 a는 X 염색체에 있으며, 이 정자에는 Y 염색체가 존재한다. (단, 여자도 A와 a를 가질 경우)

- 정상 정자에는 X 염색체가 1개 존재하거나, Y 염색체가 1개 존재한다. X 염색체에 있는 유전자의 경우 X 염색체를 가진 정상 정자에서 그 대립유전자가 1개 존재하며 대립유전자 DNA 상대량을 더한 값이 1이다.
- Y 염색체를 가진 정상 정자에서는 그 대립유전자가 존재하지 않으며 대립유전자 DNA 상대량을 더한 값은 0이다.

3. 상염색체에 있는 유전자의 경우 정상 생식세포 1개당 대립유전자만 1개 존재한다.

- G_1기의 정상 체세포에서 상염색체에 있는 유전자는 대립유전자가 1쌍(2개)으로 존재한다.
- DNA 복제로 대립유전자가 2쌍(4개)으로 증가했다가 감수 1분열에서의 상동 염색체 분리, 감수 2분열의 염색 분체 분리를 거치면서 생식세포 1개당 1개의 대립유전자만 존재하게 된다.

* 염색체 비분리 ✪ 1등급 핵심 개념

염색체 비분리 현상	감수 분열 과정에서 일부 또는 전체 염색체들이 분리되지 않고 같은 딸세포로 이동하는 현상으로 염색체 수에 이상이 있는 생식세포가 형성된다.
감수 1분열에서 비분리가 1회 일어난 경우	상동 염색체 비분리 $n+1$ $n+1$ $n-1$ $n-1$ 상동 염색체가 비분리되므로 형성되는 모든 생식세포에 염색체 수 이상이 나타난다.
감수 2분열에서 비분리가 1회 일어난 경우	염색 분체 비분리 n n $n-1$ $n+1$ 염색 분체가 비분리되므로 형성되는 생식세포 중 절반에 염색체 수 이상이 나타난다.

M 33 정답 ⑤ [정답률 28%] ✪ 1등급 대비

다음은 어떤 집안의 유전 형질 (가)와 (나)에 대한 자료이다.

- (가)는 21번 염색체에 있는 대립유전자 A와 a에 의해 결정되며, A는 a에 대해 완전 우성이다. A>a
- (나)는 7번 염색체에 있는 1쌍의 대립유전자에 의해 결정되며, 대립유전자에는 E, F, G가 있다. E는 F, G에 대해, F는 G에 대해 각각 완전 우성이다. E>F>G
  → EE, EF, EG의 표현형은 같고, FF, FG의 표현형은 같음
- 가계도는 구성원 1~7에게서 (가)의 발현 여부를 나타낸 것이다.

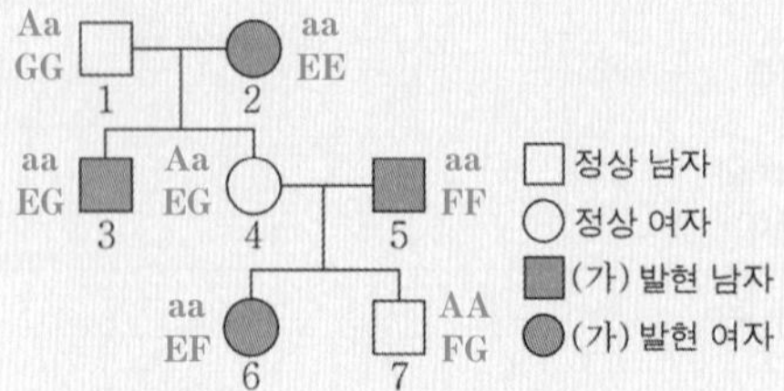

- 1, 2, 4, 5, 6, 7의 (나)의 유전자형은 모두 다르다.
  → EE, EF, EG, FF, FG, GG 의 서로 다른 6가지 유전자형
- 1, 7의 (나)의 표현형은 다르고, 2, 4, 6의 (나)의 표현형은 같다.
  → 2, 4, 6의 유전자형은 EE, EF, EG 중 하나
  1, 5의 유전자형이 FF, FG 중 하나라면 7의 유전자형이 GG이고
  1의 유전자형이 GG라면 7, 5의 유전자형이 FF, FG 중 하나
- $\frac{\text{1, 7 각각의 체세포 1개당 a의 DNA 상대량을 더한 값}}{\text{3, 7 각각의 체세포 1개당 E의 DNA 상대량을 더한 값}}=1$이다.
  → 7은 E를 가지지 않으므로 분모와 분자는 최대 2
  1, 7의 (가)에 대한 유전자형이 모두 aa면 분자가 4로 모순이므로 1, 7은 A를 가짐 : (가)는 열성 형질
- 7은 염색체 수가 비정상적인 난자 ㉠과 염색체 수가 비정상적인 정자 ㉡이 수정되어 태어났으며, ㉠과 ㉡의 형성 과정에서 각각 염색체 비분리가 1회 일어났다. 1~7의 핵형은 모두 정상이다.
  → ㉠과 ㉡ 중 하나는 염색체가 많고 다른 하나는 염색체가 적다.

이에 대한 설명으로 옳은 것만을 <보기>에서 있는 대로 고른 것은? (단, 제시된 염색체 비분리 이외의 돌연변이는 고려하지 않으며, A, a, E, F, G 각각의 1개당 DNA 상대량은 1이다.) (3점) 2021 실시 4월 학평 19

[보기]

ㄱ. (가)는 열성 형질이다. → (가)는 열성 형질

ㄴ. 5의 (나)의 유전자형은 동형 접합성이다.
→ 5의 (나)의 유전자형은 FF로 동형 접합성

ㄷ. ㉠의 형성 과정에서 염색체 비분리는 감수 2분열에서 일어났다.
→ 4의 생식세포 형성 과정 중 감수 2분열에서 염색체가 비분리됨

① ㄱ ② ㄷ ③ ㄱ, ㄴ ④ ㄴ, ㄷ ⑤ ㄱ, ㄴ, ㄷ

단서+발상

단서 '1, 2, 4, 5, 6, 7의 (나)의 유전자형은 모두 다르다.'는 조건과 '2, 4, 6의 (나)의 표현형은 같다.'는 조건에 주목한다.

발상 3명의 구성원이 (나)의 표현형이 같으면서 유전자형이 다르기 위해선 각각 EE, EF, EG 중 하나여야 하고, 유전자 E를 가질 수 있는 건 2, 4, 6뿐임을 생각한다.

해결 3, 7 각각의 체세포 1개당 E의 DNA 상대량을 더한 값은 1 또는 2일 것이다. 1은 E를 가질 수 없으므로 3의 E의 DNA 상대량 값은 1이 된다. 따라서 1, 7 각각의 체세포 1개당 a의 DNA 상대량을 더한 값은 1이 되고 이를 만족하려면 (가)는 열성임을 악할 수 있어야 고난도 문제를 해결할 수 있다.

| 문제 해결 과정 |

step 1 1, 5, 7의 (나)의 유전자형 추론하기

- 1, 2, 4, 5, 6, 7의 (나)의 유전자형이 모두 다르므로 EE, EF, EG, FF, FG, GG 중 하나이다. E는 F, G에 대해, F는 G에 대해 완전 우성이므로 EE, EF, EG의 표현형은 같고, FF, FG의 표현형은 같다.
- 2, 4, 6의 표현형이 같으므로 2, 4, 6의 유전자형은 각각 EE, EF, EG 중 하나이다.
- 1, 7의 표현형이 다르므로 1의 유전자형이 GG라면 5, 7의 유전자형은 각각 FF, FG 중 하나이고, 7의 유전자형이 GG라면 1, 5의 유전자형이 각각 FF, FG 중 하나이다.

step 2 (가)의 우열 관계 파악하기

- 3의 아버지인 1이 E를 가지지 않으므로 3의 (나)의 유전자형은 EE일 수 없으며, 7은 FF, FG, GG 중 하나이므로 E를 가지지 않는다.
- '3, 7 각각의 체세포 1개당 E의 DNA 상대량을 더한 값'은 최대 1이다.
- $\frac{\text{1, 7 각각의 체세포 1개당 a의 DNA 상대량을 더한 값}}{\text{3, 7 각각의 체세포 1개당 E의 DNA 상대량을 더한 값}}=1$이 성립하려면 분자와 분모 모두 1이어야 한다.
- (가)가 우성 형질이라면 (가)를 발현하지 않은 1, 7의 유전자형은 모두 aa여야 하므로 '1, 7 각각의 체세포 1개당 a의 DNA 상대량을 더한 값'은 4로 모순이다. 따라서 (가)는 열성 형질이다.

step 3 ㉠과 ㉡의 형성 과정 파악하기

- (가)가 열성 형질이므로 2, 3, 5, 6의 (가)의 유전자형은 aa이고, 감수 분열이 정상적으로 일어났다면 3, 4, 7의 유전자형은 모두 Aa이어야 한다.
- '1, 7 각각의 체세포 1개당 a의 DNA 상대량을 더한 값'이 1이므로 염색체 비분리에 의해 7의 (가)의 유전자형이 AA가 되었음을 알 수 있다.
- 4의 유전자형이 Aa이고 5의 유전자형이 aa이므로 ㉠을 형성하는 과정에서 21번 염색체의 비분리가 일어나 7에게 대립유전자 A를 2개 전달한다.
- 7의 핵형이 정상이므로 ㉡을 형성하는 과정에서도 21번 염색체의 비분리가 일어났으며 ㉡에는 21번 염색체가 없다.

step 4 1과 7의 표현형을 통해 구성원의 (나) 유전자형 파악하기

- 2, 4, 6은 표현형이 [E]이므로 모두 유전자 E를 가지며, 2, 4, 6의 유전자형은 모두 다르므로 각각 다른 대립 유전자를 가지고 있을 것이다.
- 문제를 쉽게 풀기 위해 임의로 2, 4, 6이 □, △, ○ 유전자를 가지고 있다고 가정하고 가계도에 나타내면 다음과 같다. (□, △, ○는 각각 E, F, G 중 하나이다.)

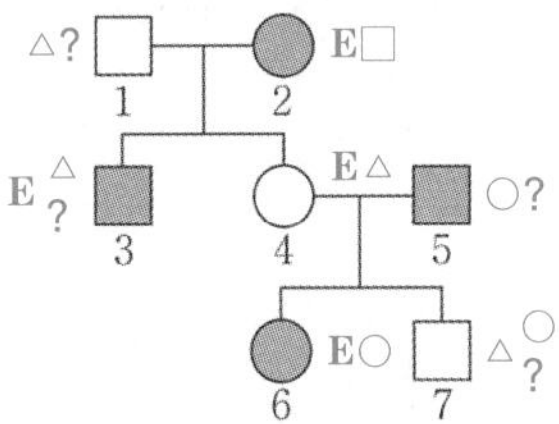

- 1과 7은 공통적으로 △를 가지는데 조건에서 1과 7의 (나)의 표현형이 다르다고 하였다. 7은 E를 가질 수 없고, △가 F일 경우 1과 7의 표현형이 [F]로 같아지기 때문에 △는 F가 될 수 없다. 따라서 △는 G로 확정된다.
- 1과 7은 각각 GG와 FG 중 하나이고, 4는 EG이다. 2, 4, 6이 모두 E를 갖고, EG, FG, GG 유전자형이 이미 존재하기 때문에 5는 E와 G를 모두 갖지 않게 된다. 따라서 5의 유전자형은 FF이며, 7은 FG, 1은 GG로 확정된다.
- 정리하면 □는 E, △는 G, ○는 F가 된다.
- □, △, ○를 정리하여 가계도에 나타내면 다음과 같다.

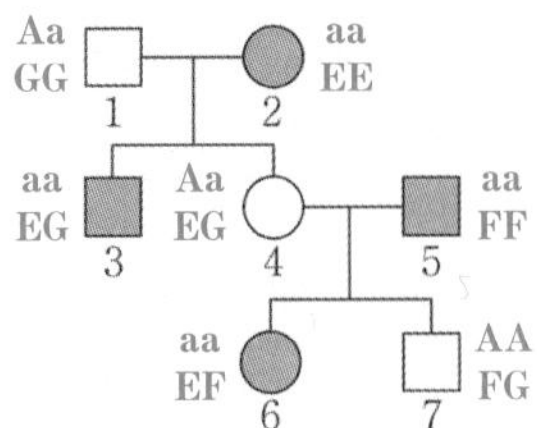

| 보기 분석 |

ㄱ. (가)는 열성 형질이다. (○)

- 문제 해결 과정의 step 2를 참고하면, (가)가 우성 형질이라면 (가)를 발현하지 않은 1, 7의 유전자형은 모두 aa여야 하므로 '1, 7 각각의 체세포 1개당 a의 DNA 상대량을 더한 값'은 4로 모순이다. 따라서 (가)는 열성 형질이다.

ㄴ. 5의 (나)의 유전자형은 동형 접합성이다. (○)

- 문제 해결 과정의 step 4를 참고하면, 5의 (나)의 유전자형은 FF로 동형 접합성이다.

ㄷ. ㉠의 형성 과정에서 염색체 비분리는 감수 2분열에서 일어났다. (○)

- 문제 해결 과정의 step 3을 참고하면, 4가 ㉠을 형성하는 과정에서 염색체가 비분리되어 ㉠에 21번 염색체가 2개 들어가게 된다.
- 4의 유전자형이 Aa이고 7의 유전자형이 AA이므로 ㉠을 형성하는 과정 중 감수 2분열에서 염색체 비분리가 일어나 동일한 대립유전자를 가지는 염색 분체가 하나의 난자에 들어갔다.

✪ 정답은 ⑤ ㄱ, ㄴ, ㄷ이다.

문제 풀이 Tip

1. 우열 관계가 뚜렷한 3개의 대립유전자에 의해 결정되는 복대립 유전에서 가능한 표현형은 최대 3가지이고 가능한 유전자형은 최대 6가지이다.

우열 관계가 뚜렷한 3개의 대립유전자 E, F, G에 의해 결정되며, 우열이 E>F>G인 복대립 유전에서 EE, EF, EG의 세 유전자형의 표현형이 같으며 FF, FG의 두 유전자형의 표현형이 같음을 파악해야 한다.

2. 난자와 정자의 같은 번호 염색체에서 비분리가 일어난다면 이들이 수정하여 만들어진 자손의 핵형은 정상일 수 있다.

염색체 수가 비정상인 난자와 염색체 수가 비정상인 정자가 수정되어 태어난 자손의 핵형이 정상이라면 난자와 정자의 같은 번호 염색체에서 비분리가 일어났으며 정자와 난자 중 하나의 염색체 수는 정상보다 많고 다른 하나의 염색체 수는 정상보다 적음을 파악해야 한다.

＊ 복대립 유전과 염색체 비분리 ✪ 1등급 핵심 개념

복대립 유전	• 하나의 형질에 관여하는 대립유전자가 3개 이상인 경우이다. • 우열 관계가 뚜렷한 n개의 대립유전자에 의해 결정되는 복대립 유전에서 가능한 표현형은 최대 n가지이고, 가능한 유전자형은 최대 $(1+2+\cdots+n)$ 가지이다.
감수 1분열 비분리	상동 염색체의 비분리가 일어나므로 하나의 생식세포에 대립유전자 쌍이 모두 들어가는 경우가 나타난다. 부모의 유전자형이 이형 접합성일 경우 감수 1분열에서 비분리가 일어나면 하나의 생식세포에 서로 다른 대립유전자가 들어가게 된다.
감수 2분열 비분리	염색 분체의 비분리가 일어나므로 하나의 생식세포에 똑같은 대립유전자가 2개 들어가는 경우가 나타난다.

M 34 정답 ④ [정답률 24%] ✪ 1등급 대비

다음은 어떤 가족의 유전 형질 (가)와 (나)에 대한 자료이다.

- (가)는 대립유전자 H와 h에 의해, (나)는 대립유전자 R와 r에 의해 결정된다. H는 h에 대해, R는 r에 대해 각각 완전 우성이다.
- (가)와 (나)의 유전자는 모두 X 염색체에 있다.
- (가)는 아버지와 아들 ⓐ에게서만, (나)는 ⓐ에게서만 발현되었다.
  → 이 가족 구성원 중 아버지는 (가)만 발현, 아들은 (가)와 (나) 모두 발현, 어머니는 모두 발현되지 않으므로 (가)는 우성 형질, (나)는 열성 형질
  → 아버지는 H와 R을 가지고, 아들은 H와 r을 가지고 있음
- 그림은 아버지의 G_1기 세포 Ⅰ로부터 정자가 형성되는 과정을, 표는 세포 ㉠~㉣에서 세포 1개당 H와 R의 DNA 상대량을 나타낸 것이다. ㉠~㉣은 Ⅰ~Ⅳ를 순서 없이 나타낸 것이다.

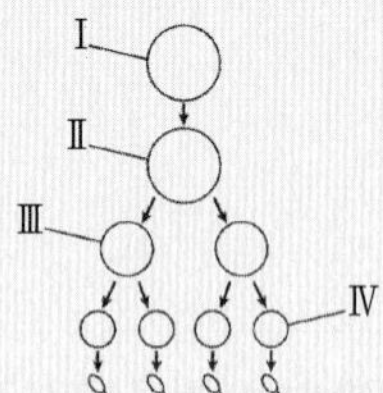

세포	DNA 상대량	
	H	R
㉠ Ⅲ	1	0
㉡ Ⅰ	? 1	1
㉢ Ⅱ	2	? 2
㉣ Ⅳ	0	? 1

- 그림과 같이 Ⅱ에서 전좌가 일어나 X 염색체에 있는 2개의 ㉮ 중 하나가 22번 염색체로 옮겨졌다. ㉮는 H와 R 중 하나이다. (H)

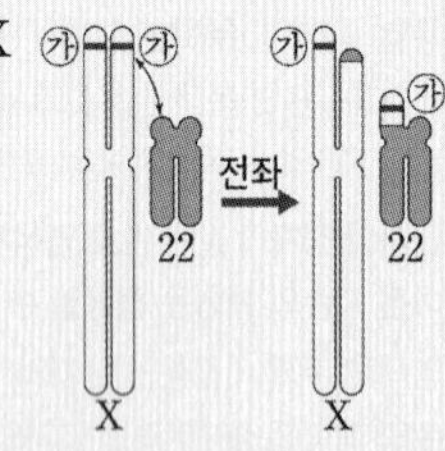

- ⓐ는 Ⅲ으로부터 형성된 정자와 정상 난자가 수정되어 태어났다.
  → ⓐ를 만든 정상 난자에는 h와 r이 있고 정자에는 Y 염색체와 전좌된 H를 포함한 22번 염색체가 있음

이에 대한 설명으로 옳은 것만을 〈보기〉에서 있는 대로 고른 것은? (단, 돌연변이와 교차는 고려하지 않으며, H와 R 각각의 1개당 DNA 상대량은 1이다.) (3점)

2021 실시 10월 학평 19

[보기]

ㄱ. ㉠은 Ⅲ이다.
→ ㉠은 Ⅲ, ㉡은 Ⅰ, ㉢은 Ⅱ, ㉣은 Ⅳ

ㄴ. ㉮는 R이다.
→ ㉮는 H

ㄷ. ⓐ는 H와 h를 모두 갖는다.
→ ⓐ는 아버지로부터 받은 H와 어머니로부터 받은 h 모두 가짐

① ㄱ ② ㄴ ③ ㄷ ④ ㄱ, ㄷ ⑤ ㄴ, ㄷ

단서+발상

단서 표에서 H가 있는 세포, R이 있는 세포가 있다는 것에 주목한다.

발상 (가)와 (나)의 유전자는 모두 X 염색체에 있으므로 아버지의 유전자형은 $X^{HR}Y$이다. 아버지는 (가)와 (나) 중 (가)만 발현되므로 H는 (가) 발현 유전자, R는 (나) 미발현 유전자임을 생각한다.

해결 (가)와 (나)가 모두 발현된 아들 ⓐ의 유전자형은 $X^{Hr}Y$이고, (가)와 (나)가 모두 발현되지 않은 어머니의 유전자형은 $X^{hr}X^{hr}$이다. 어머니의 X^{hr}은 아들에게 물려주는데 아들은 H도 가지고 있으므로 는 H임을 파악할 수 있어야 고난도 문제를 해결할 수 있다.이

| 문제 해결 과정 |

step 1 형질 (가), (나)의 특성과 가족의 유전자형 분석하기

- H와 R의 DNA 상대량 표에 따르면 아버지의 X 염색체에는 H와 R이 있다.
- 아버지는 (가)가 발현되고 (나)는 발현되지 않았으므로 (가)는 우성 형질이고 (나)는 열성 형질이다.
- 아들 ⓐ는 (가)와 (나)가 모두 발현되었으므로 H와 r을 가지고 있다.
- 어머니는 (가)와 (나)가 모두 발현되지 않았으므로 어머니의 유전자형은 hhRr이다.

step 2 ㉮에 해당하는 유전자 파악하기

- 아들 ⓐ의 r은 어머니로부터 온 것이므로 아들은 h와 r이 함께 존재하는 X 염색체를 가지고 있다.
- (가)가 발현된 아들 ⓐ는 어머니로부터 받은 h 외에 H도 가지고 있어야 하므로 아버지로부터 전좌된 H를 가지고 있는 22번 염색체를 받은 것이다. 따라서 ㉮는 H이다.

step 3 Ⅰ~Ⅳ와 ㉠~㉣ 매칭하기

- Ⅲ에서 형성된 정자로부터 아들인 ⓐ가 태어났으므로 Ⅲ은 Y 염색체를 가지며, 전좌된 H를 가지고 있는 22번 염색체도 가진다.
- Ⅲ은 X 염색체를 가지지 않으므로 R의 DNA 상대량은 0이고 전좌된 H를 가지므로 H의 DNA 상대량은 1이다. Ⅲ은 ㉠에 해당한다.
- H의 DNA 상대량이 0인 ㉣에 해당하는 것은 Ⅳ이다. Ⅳ는 H 대신 22번 염색체의 일부를 가지고 있는 X 염색체를 가지므로 R의 DNA 상대량은 1이다.
- ㉡과 ㉢ 중 R의 DNA 상대량이 1인 ㉡은 DNA 복제 전의 Ⅰ로 H의 DNA 상대량도 1이고, H의 DNA 상대량이 2인 ㉢은 DNA 복제 후의 Ⅱ로 R의 DNA 상대량도 2이다.

| 보기 분석 |

ㄱ. ㉠은 Ⅲ이다. (○)

- 문제 해결 과정의 step 3 을 참고하면, ㉠은 Ⅲ, ㉡은 Ⅰ, ㉢은 Ⅱ, ㉣은 Ⅳ이다.

ㄴ. ㉮는 R이다. (×)

- 문제 해결 과정의 step 2 를 참고하면, ㉮는 H이다.

ㄷ. ⓐ는 H와 h를 모두 갖는다. (○)

- 문제 해결 과정의 step 2 를 참고하면, 아들 ⓐ는 아버지로부터 받은 H와 어머니로부터 받은 h를 모두 갖는다.

✪ 정답은 ④ ㄱ, ㄷ이다.

문제 풀이 Tip

1. 어떤 형질이 X 염색체 열성 유전 형질일 때 어머니가 열성 표현형인데 아들이 우성 표현형이라면 돌연변이에 의한 것이다.

X 염색체 유전인 어떤 형질에 대해 어머니가 열성 표현형인데 아들이 우성 표현형이라면 돌연변이에 의한 것으로 이 문제에서는 아버지가 아들에게 Y 염색체뿐만 아니라 X 염색체에 있어야 할 우성 유전자를 전달했음을 알 수 있다.

2. G_1기의 세포가 가지고 있는 어떤 유전자의 DNA 상대량이 0인 세포가 있다면 핵상이 n인 세포이다.

DNA 상대량을 나타내는 표에서 감수 분열 중인 모든 세포를 훑어본 후 G_1기의 모세포가 유전자 H와 유전자 R을 모두 가지고 있음을 파악했다면, 유전자 H의 DNA 상대량이 0인 세포, 또는 유전자 R의 DNA 상대량이 0인 세포는 감수 1분열이 끝난 후의 핵상이 n인 세포이다.

M 35 정답 ① .... [정답률 25%] ✪ 1등급 대비

다음은 사람의 유전 형질 (가)~(다)에 대한 자료이다.

- (가)~(다)의 유전자는 서로 다른 2개의 상염색체에 있다.
- (가)는 대립유전자 A와 a에 의해, (나)는 대립유전자 B와 b에 의해, (다)는 대립유전자 D와 d에 의해 결정된다.
- P의 유전자형은 AaBbDd이고, Q의 유전자형은 AabbDd이며, P와 Q의 핵형은 모두 정상이다.
- 표는 P의 세포 Ⅰ~Ⅲ과 Q의 세포 Ⅳ~Ⅵ 각각에 들어있는 A, a, B, b, D, d의 DNA 상대량을 나타낸 것이다. ㉠~㉢은 0, 1, 2를 순서 없이 나타낸 것이다.

P에서 A, D가 같은 염색체에 존재, ⓐ는 결실

사람	세포	DNA 상대량					
		A	a	B	b	D	d
P	Ⅰⓐ	0	1	? 0	㉢ 1	0	㉡ 0
	Ⅱ	㉠ 2	㉡ 0	㉠ 2	? 0	㉠ 2	? 0
	Ⅲ	? 1	㉡ 0	0	㉢ 1	㉢ 1	㉡ 0
Q	Ⅳ	㉢ 1	? 1	? 0	2	㉢ 1	㉢ 1
	Ⅴⓑ	㉡ 0	㉢ 1	0	㉠ 2	㉢ 1	? 0
	Ⅵ	㉠ 2	? 0	? 0	㉠ 2	㉡ 0	㉠ 2

Q에서 a, D가 같은 염색체에 존재, ⓑ는 염색체 비분리

- 세포 ⓐ와 ⓑ중 하나는 염색체의 일부가 결실된 세포이고, 나머지 하나는 염색체 비분리가 1회 일어나 형성된 염색체 수가 비정상적인 세포이다. ⓐ는 Ⅰ~Ⅲ 중 하나이고, ⓑ는 Ⅳ~Ⅵ 중 하나이다.
- Ⅰ~Ⅵ 중 ⓐ와 ⓑ를 제외한 나머지 세포는 모두 정상 세포이다.

이에 대한 설명으로 옳은 것만을 〈보기〉에서 있는 대로 고른 것은? (단, 제시된 돌연변이 이외의 돌연변이와 교차는 고려하지 않으며, A, a, B, b, D, d 각각의 1개당 DNA 상대량은 1이다.) 2022 대비 수능 17

[보기]

ㄱ. (가)의 유전자와 (다)의 유전자는 같은 염색체에 있다.
→ (가)의 유전자와 (다)의 유전자는 같은 염색체에 존재

ㄴ. Ⅳ는 염색체 수가 비정상적인 세포이다.
→ Ⅴ는 염색체 수가 비정상적인 세포

ㄷ. ⓐ에서 a의 DNA 상대량은 ⓑ에서 d의 DNA 상대량과 같다.
→ ⓐ에서 a의 DNA 상대량은 1, ⓑ에서 d의 DNA 상대량은 0

① ㄱ ② ㄴ ③ ㄷ ④ ㄱ, ㄴ ⑤ ㄱ, ㄷ

단서+발상

(단서) ㉠~㉢은 0, 1, 2를 순서 없이 나타낸 것이고, 표에서 ㉠, ㉡, ㉢를 모두 갖는 Q의 세포 Ⅴ에 주목한다.

(발상) DNA 상대량 0, 1, 2를 모두 갖는 세포는 G_1기의 세포라는 것을 생각한다.

(해결) 만약 Ⅴ가 정상 세포라면 Ⅴ는 핵상이 $2n$인 G_1기의 세포인데, Q의 유전자형은 AabbDd이므로 Ⅴ에서 A와 a의 DNA 상대량이 모두 1이 되어야하는데 ㉡과 ㉢으로 서로 다르므로 모순이다. 따라서 Ⅴ는 비정상적인 세포임을 파악할 수 있어야 고난도 문제를 해결할 수 있다.

| 문제 해결 과정 |

step 1 Q의 세포 파악하기

1. 비정상적인 세포 ⓑ 찾기

- Ⅴ에서 ㉠, ㉡, ㉢을 모두 가지고 있으므로 0, 1, 2를 모두 가진다. 만약 Ⅴ가 정상 세포라면 Ⅴ는 핵상이 $2n$인 G_1기의 세포일 것이다.
- Q의 유전자형은 AabbDd이므로 Ⅴ가 정상 세포라면 A와 a가 모두 1이 되어야하는데 A와 a는 각각 ㉡과 ㉢이므로 모순이다.
- 따라서 Ⅴ는 비정상적인 세포 ⓑ이며, 나머지 Ⅳ와 Ⅵ는 정상 세포이다.

2. ㉢ 확정하기

- Ⅳ는 b의 DNA 상대량이 2이므로 G_1기 세포이거나 감수 2분열 시기의 세포일 것이다. 만약 감수 2분열 시기의 세포라면 D와 d의 DNA 상대량이 각각 0과 2 중 하나가 되어야 하는데 D와 d의 DNA 상대량은 모두 ㉢이므로 모순이다. 따라서 Ⅳ는 G_1기의 세포이며, ㉢은 1로 확정된다.

step 2 P의 세포 파악하기

1. 비정상적인 세포 ⓐ 찾기

- Ⅰ이 만약 정상 세포라면 Ⅰ에서 A와 a의 DNA 상대량이 0, 1이므로 Ⅰ은 생식 세포일 것이다. Ⅰ이 생식 세포이므로 d의 DNA 상대량도 1이 되어야하는데 ㉡은 0과 2 중 하나이므로 모순이다.
- 따라서 Ⅰ은 비정상적인 세포 ⓐ이며, 나머지 Ⅱ와 Ⅲ은 정상 세포이다.

2. ㉠과 ㉡ 확정하기

- Ⅲ의 B와 b의 DNA 상대량이 0과 1이므로 생식 세포이다. 따라서 A와 a 중 하나는 1이 되어야 하므로 ㉡은 0으로 확정되고, 나머지 ㉠은 2가 된다.

step 3 염색체의 일부가 결실된 세포와 비분리된 세포 확정하기

- Ⅱ와 Ⅲ 모두 A와 D를 공통으로 가지는데 Ⅱ는 B, Ⅲ은 b를 가지므로 P에서 A와 D, a와 d는 각각 같은 염색체에 존재한다. Ⅰ(ⓐ)에서 같은 염색체에 존재하는 a와 d 중 d의 DNA 상대량만 0(㉡)이므로 d가 결실된 세포이다.
- Ⅴ(ⓑ)에서 A와 a의 DNA 상대량은 0과 1인데 B와 b의 DNA 상대량은 0과 2이다. 이를 통해 Ⅴ는 생식 세포인데 염색체 비분리로 b가 있는 염색체를 하나 더 가지게 된 것을 알 수 있다.

| 보기 분석 |

ㄱ. (가)의 유전자와 (다)의 유전자는 같은 염색체에 있다. (○)

- 문제 해결 과정의 step 3을 참고하면, A와 D가 같은 염색체에 존재하므로 (가)의 유전자와 (다)의 유전자는 같은 염색체에 있다.

ㄴ. Ⅳ는 염색체 수가 비정상적인 세포이다. (×)

- 문제 해결 과정의 step 3을 참고하면, Q의 Ⅴ가 염색체 비분리가 일어나 형성된 염색체 수가 비정상적인 세포고, Ⅳ는 정상 세포이다.

ㄷ. ⓐ에서 a의 DNA 상대량은 ⓑ에서 d의 DNA 상대량과 같다. (×)

- 문제 해결 과정의 step 1 ~ step 3을 참고하면, ⓐ에서 a의 DNA 상대량은 1, ⓑ에서 d의 DNA 상대량은 0이므로 그 값은 같지 않다.

✪ 정답은 ① ㄱ이다.

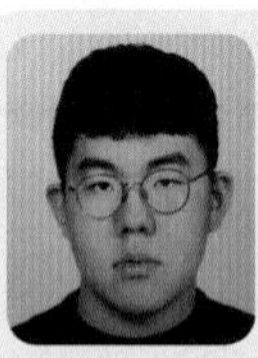

강민성 | 성균관대 의예과 2022년 입학 · 부산 해운대고 졸

P와 Q 중 어디를 먼저 볼지 생각해야해. Q는 Aabb에다가 V에 뭔가 정보가 많으니까 P보다 Q의 V를 먼저 보고 싶었어. Q의 유전자형은 Aa이기 때문에 V에서 A와 a의 숫자가 다르다는 것에서 느낌을 받았어야 해. V는 핵상이 n이거나 $2n$인데, n이면 A, a, b의 DNA 상대량이 모두 다를 수 없어. 핵상이 $2n$이라면 반드시 A, a는 DNA 상대량이 같아야 하므로 V에서 뭔가 문제가 일어났구나라는 걸 깨달아야 해. 그럼 IV는 정상 세포이므로 b의 DNA 상대량이 2인 것에서 n(복제 후)이거나 $2n$(복제 전)인 걸 알 수 있는데, D, d가 모두 ㉢이므로 ㉢이 2가 된다면 b는 4여야 해. 따라서 ㉢은 1이라는 걸 알 수 있어. 그러면 다시 V에서 ㉠과 ㉡이 각각 0과 2중 하나가 되는데, ㉠이 0, ㉡이 2라면 AAa가 되버리니까 A는 비분리로 염색체가 추가된 거고, b는 결실이거나 비분리로 염색체가 빠진 거니까, 아무리 같은 염색체에 있다고해도 이건 불가능하겠지? 따라서 ㉠이 2라는 걸 알 수 있어.

M 36 정답 ① ······ [정답률 33%] ✪ 1등급 대비

다음은 어떤 가족의 유전 형질 (가)에 대한 자료이다.

- (가)를 결정하는 데 관여하는 3개의 유전자는 모두 상염색체에 있으며, 3개의 유전자는 각각 대립유전자 H와 H*, R와 R*, T와 T*를 갖는다.
- 그림은 아버지와 어머니의 체세포 각각에 들어 있는 일부 염색체와 유전자를 나타낸 것이다. 아버지와 어머니의 핵형은 모두 정상이다.

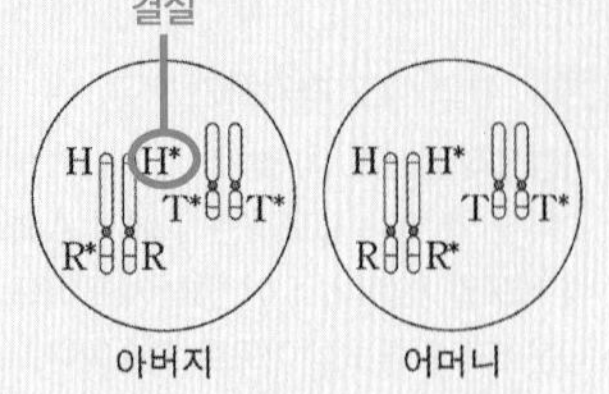

- 아버지의 생식세포 형성 과정에서 ㉠이 1 회 일어나 형성된 정자 P와 어머니의 생식세포 형성 과정에서 ㉡이 1회 일어나 형성된 난자 Q가 수정되어 자녀 ⓐ가 태어났다. ㉠과 ㉡은 염색체 비분리와 염색체 결실을 순서 없이 나타낸 것이다.
  → ㉠: 결실, ㉡: 염색체 비분리
  정자 P의 유전자: R, T* 난자 Q의 유전자: HR, TT*
- 그림은 ⓐ의 체세포 1개당 H*, R, T, T*의 DNA 상대량을 나타낸 것이다.
  → T와 T*의 DNA 상대량을 합한 값이 3이므로 염색체 비분리가 일어나 상동 염색체 모두 생식세포에 들어간 것
  → R의 DNA 상대량은 2인데 H*의 DNA 상대량이 0이므로 대립유전자 H* 부분에서 결실이 일어남

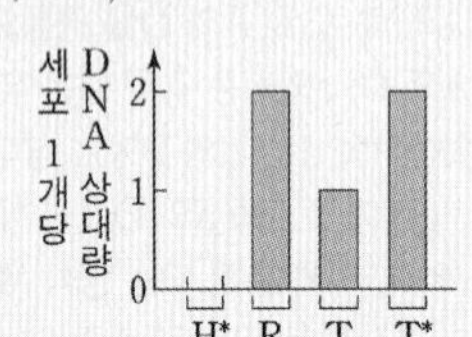

이에 대한 설명으로 옳은 것만을 〈보기〉에서 있는 대로 고른 것은? (단, 제시된 돌연변이 이외의 돌연변이와 교차는 고려하지 않으며, H, H*, R, R*, T, T* 각각의 1개당 DNA 상대량은 1이다.) (3점) 2022 대비 6월 모평 15

[보기]

ㄱ. 난자 Q에는 H가 있다.
→ 난자 Q에는 H, R, T, T*이 있음

ㄴ. 생식세포 형성 과정에서 염색체 비분리는 감수 2분열에서 일어났다.
→ 염색체 비분리는 감수 1분열에서 일어남

ㄷ. ⓐ의 체세포 1개당 상염색체 수는 43이다.
→ ⓐ 체세포 1개당 상염색체 수는 45

① ㄱ ② ㄴ ③ ㄷ ④ ㄱ, ㄴ ⑤ ㄱ, ㄷ

단서+발상

(단서) 그림에서 T와 T*의 DNA 상대량의 합이 3인 것에 주목한다.

(발상) T와 T*은 상염색체 유전자이므로 체세포에서 T와 T*의 DNA 상대량을 더한 값은 2가 되어야 함을 생각한다.

(해결) T와 T*의 DNA 상대량을 더한 값이 3인 것을 통해 염색체 비분리가 일어났음을 알 수 있다. T는 아버지와 어머니 중 어머니만 가지고 있으므로 난자 Q는 감수 1분열 비분리가 일어나 형성되었음을 파악할 수 있어야 고난도 문제를 해결할 수 있다.

| 문제 해결 과정 |

step 1 ⓐ의 H*의 DNA 상대량을 통해 ㉠ 파악하기

- ⓐ의 체세포 1개당 R의 DNA 상대량이 2이므로 아버지와 어머니로부터 대립유전자 R를 각각 물려받아 ⓐ의 유전자형은 HH*RR이 되어야 한다.
- 하지만 H*의 DNA 상대량은 0이므로 H* 부분에서 결실이 일어난 것을 알 수 있고, 아버지가 대립유전자 H*를 가지고 있으므로 ㉠이 염색체 결실이다.

step 2 ㉡ 파악하기

- ㉠이 염색체 결실이므로 나머지 ㉡은 염색체 비분리이다.
- 만약 앞에서 ㉠이 무엇인지 파악하지 못했다면 ⓐ의 체세포 1개당 T와 T*의 DNA 상대량을 합한 값이 3이므로 대립유전자 T와 T*이 존재하는 염색체의 비분리가 일어났다는 것을 유추할 수 있다.
- 어머니의 생식세포 형성 과정에서 감수 1분열 비분리가 일어나 ⓐ에게 TT*를, 아버지는 T*를 물려주어 ⓐ의 유전자형은 TT*T*가 된다.

| 보기 분석 |

ㄱ. 난자 Q에는 H가 있다. (○)

- 난자 Q에는 대립유전자 H와 R을 포함하는 염색체가 들어 있으며, 염색체 비분리에 의해 대립유전자 T와 대립유전자 T*를 가지는 염색체가 모두 들어 있다.
- 따라서 난자 Q에는 대립유전자 H, R, T, T*가 들어 있다.

ㄴ. 생식세포 형성 과정에서 염색체 비분리는 감수 2분열에서 일어났다. (×)

- 문제 해결 과정의 를 참고하면, 대립유전자 T와 T*가 존재하는 상동 염색체의 비분리가 일어나 두 대립유전자가 모두 하나의 생식세포에 들어갔다. 상동 염색체의 비분리는 감수 1분열에서 일어난다.

ㄷ. ⓐ의 체세포 1개당 상염색체 수는 43이다. (×)

- 정자 P에는 대립유전자 H*가 결실되어 대립유전자 R만 가지고 있는 구조 이상 염색체가 들어 있으며, 염색체의 개수는 정상이다.
- 난자 Q는 염색체 비분리에 의해 상염색체의 개수가 정상보다 1개 많다.
- 따라서 ⓐ의 체세포 1개당 상염색체 수는 정상보다 1개 많은 45이다.

✪ 정답은 ① ㄱ이다.

문제 풀이 Tip

1. **정상적인 G_1기 세포에서 어떤 한 쌍의 대립유전자의 DNA 상대량을 더한 값은 2이다.**
   대립유전자 T와 T*의 DNA 상대량을 더한 값이 2보다 큰 값인 것은 염색체 비분리에 의해 정상보다 많은 염색체를 가지고 있는 것이다.
2. **하나의 생식세포에 서로 다른 대립유전자가 모두 들어 있는 것은 감수 1분열에서 염색체 비분리가 일어난 것이다.**
   감수 1분열에서 염색체 비분리가 일어나면 상동 염색체가 비분리되어 하나의 생식세포에 상동 염색체가 모두 들어가므로 대립유전자 T와 T*처럼 서로 다른 대립유전자가 한 생식세포에 모두 들어 있게 된다.

*** 염색체 비분리와 염색체 구조 이상** ······ ✪ 1등급 핵심 개념

염색체 비분리	감수 1분열 비분리	• 상동 염색체의 비분리가 일어남 • 부모의 유전자형이 이형 접합성일 경우 하나의 생식세포에 서로 다른 대립유전자가 들어감
	감수 2분열 비분리	• 염색 분체의 비분리가 일어남 • 하나의 생식세포에 똑같은 대립유전자가 두 개 들어감
염색체 구조 이상	결실	염색체의 일부가 없어짐
	중복	염색체의 특정 부분이 반복됨
	역위	염색체의 일부분이 거꾸로 되어 있음
	전좌	염색체의 일부가 다른 상동 염색체에 결합됨

M 37 정답 ④ [정답률 38%] 1등급 대비

다음은 어떤 가족의 유전 형질 (가)와 (나)에 대한 자료이다.

- (가)는 대립유전자 A와 A*에 의해, (나)는 대립유전자 B와 B*에 의해 결정되며, 각 대립유전자 사이의 우열 관계는 분명하다.
- (가)와 (나)의 유전자 중 하나는 상염색체에, 나머지 하나는 X 염색체에 있다.
- 표는 이 가족 구성원의 (가)와 (나)의 발현 여부와 A, A*, B, B*의 유무를 나타낸 것이다.

상염색체 유전자 / X 염색체 유전자

구분	형질		대립유전자			
	(가)	(나)	A	A*	B	B*
아버지	−	+	×	○	○	×
어머니	+	−	○	?	?	○
형	+	−	?	○	×	○
누나	−	+	×	○	○	?
㉠	+	+	○	?	?	○

BB*Y → 감수 1분열 비분리 (+: 발현됨, −: 발현 안 됨, ○: 있음, ×: 없음)

- 감수 분열 시 부모 중 한 사람에게서만 염색체 비분리가 1회 일어나 ⓐ 염색체 수가 비정상적인 생식세포가 형성되었다. ⓐ가 정상 생식세포와 수정되어 태어난 ㉠에게서 클라인펠터 증후군이 나타난다. ㉠을 제외한 나머지 구성원의 핵형은 모두 정상이다.

이에 대한 옳은 설명만을 <보기>에서 있는 대로 고른 것은? (단, 제시된 염색체 비분리 이외의 돌연변이와 교차는 고려하지 않는다.) 2020 실시 10월 학평 20

[보기]

ㄱ. (가)의 유전자는 X 염색체에 있다.
→ (가)는 상염색체에, (나)는 X 염색체에 존재한다.

ㄴ. ⓐ는 감수 1분열에서 성염색체 비분리가 일어나 형성된 정자이다.
→ ㉠은 아버지로부터 BY를 받았으므로 ⓐ는 감수 1분열에서 성염색체 비분리가 일어나 형성된 정자이다.

ㄷ. ㉠의 동생이 태어날 때, 이 아이에게서 (가)와 (나)가 모두 발현될 확률은 $\frac{1}{4}$이다.
→ (가)와 (나)가 모두 발현되려면 유전자형이 A_B_이어야 하고, 이렇게 될 확률은 $\frac{1}{2}\times\frac{1}{2}=\frac{1}{4}$이다.

① ㄱ ② ㄴ ③ ㄱ, ㄷ ④ ㄴ, ㄷ ⑤ ㄱ, ㄴ, ㄷ

단서+발상

단서 표에서 아버지와 형의 형질 발현 여부와 대립유전자 A, A*, B, B*의 유무에 주목한다.

발상 만약 A와 A*가 X 염색체 유전자라면 아버지와 형은 A*를 가지므로 유전자형이 A*Y가 되어 (가) 발현 여부가 같아야 함을 생각한다.

해결 하지만 아버지와 형의 (가) 발현 여부는 서로 다르므로 모순이다. 따라서 (가)는 상염색체 유전임을 파악할 수 있어야 고난도 문제를 해결할 수 있다.

| 문제 해결 과정 |

step 1 가계도 그리기

- 기존 문제들과는 달리 이 문제에서는 가계도가 주어지지 않았으나 유형은 기존의 문제들과 동일하므로 가계도를 직접 그려야 한다.
- 이때 가족 구성원이 각각 (가)와 (나)의 유무를 함께 표시하면 문제를 한눈에 파악할 수 있다.

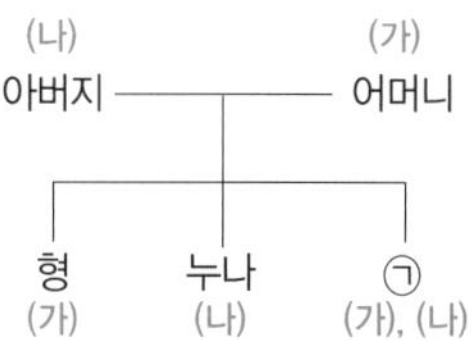

step 2 각 대립유전자의 우열 관계와 위치 파악하기

1. (가) 분석하기

- 아버지와 누나는 A*만 가지는데 둘 다 (가)가 발현되지 않았으므로 A*는 정상 대립유전자이고, A는 (가) 발현 대립유전자이다.
- 누나가 A*만 가지기 위해서는 어머니도 A*를 가져야 하므로 어머니의 (가)에 대한 유전자형은 AA*이다. 이형 접합성인 어머니에게서 (가)가 발현되었으므로 A는 A*에 대해 우성이다.

2. (나) 분석하기

- 아버지는 B만을 가지는데 (나)가 발현되었으므로 B는 (나) 발현 대립유전자이고, B*는 정상 대립유전자이다.
- 만약 B와 B*가 상염색체 유전자라면 아버지의 (나)에 대한 유전자형은 BB이므로 형은 B를 무조건 하나 이상 가져야 한다. 그런데 표에서 형은 B*만을 가진다고 하였으므로 모순이다. 따라서 B와 B*은 X 염색체 유전자이다.
- B만 가지는 아버지의 표현형이 (나) 발현이고, B*를 갖는 ㉠의 표현형이 (나) 발현이려면 ㉠은 B와 B*를 모두 가져야 한다. 따라서 B는 B*에 대해 우성이다.
- 문제에서 (가)와 (나)의 유전자 중 하나는 상염색체에, 나머지 하나는 X 염색체에 있다고 하였으므로 A와 A*은 상염색체에 존재한다.

step 3 ㉠ 분석하기

- 만약 염색체 비분리 없이 정상적으로 ㉠이 태어났다면 ㉠의 (나)에 대한 유전자형은 B*Y으로 (나)가 발현되지 않을 것이다.
- 그러나 ㉠은 염색체 비분리에 의해 클라인펠터 증후군이 나타났으며, (나)가 발현되었으므로 ㉠의 (나)에 대한 유전자형은 BB*Y이다.
- 이때 B*은 어머니로부터, BY는 아버지로부터 물려받게 된다.
- 아버지로부터 아들에게로 BY가 간 것으로 보아 정자 형성 과정에서 상동 염색체가 제대로 분리되지 않았고, 감수 1분열에서 비분리가 일어났음을 알 수 있다.

step 4 가족 구성원의 유전자형 정리하기

위의 내용을 정리하여 가족 구성원의 유전자형과 표를 정리하면 다음과 같다.

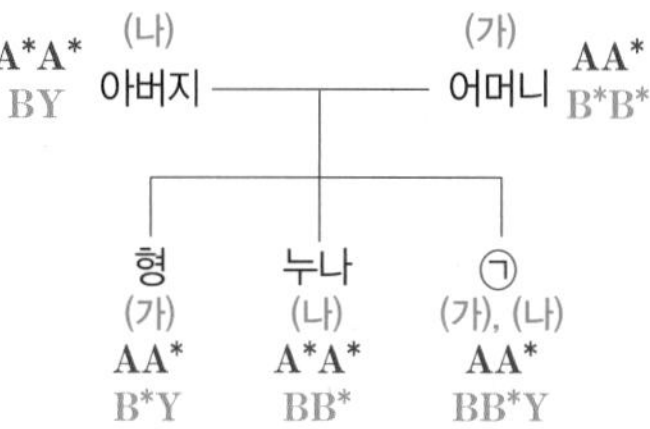

| 보기 분석 |

ㄱ. (가)의 유전자는 X 염색체에 있다. (×)

- 문제 해결 과정의 step 2를 참고하면, 만약 (가)의 유전자가 X 염색체에 존재한다면 (나)의 유전자는 상염색체에 존재한다.
- 그렇다면 아버지의 (나)에 대한 유전형은 BB로 형은 무조건 B를 가져야 하지만 형은 B*만을 가지므로 모순이다.
- 따라서 (가)는 상염색체, (나)는 X 염색체에 있다.

ㄴ. ⓐ는 감수 1분열에서 성염색체 비분리가 일어나 형성된 정자이다. (○)

문제 해결 과정의 step 3를 참고하면, ㉠은 어머니로부터 B*을, 아버지로부터 BY를 받아 BB*Y를 가지게 되어 (나)가 발현되었으므로 ⓐ는 감수 1분열에서 성염색체 비분리가 일어난 정자이다.

ㄷ. ㉠의 동생이 태어날 때, 이 아이에게서 (가)와 (나)가 모두 발현될 확률은 $\frac{1}{4}$이다. (○)

- ㉠의 동생에게서 (가)와 (나)가 모두 발현되려면 ㉠의 동생의 (가)와 (나)에 대한 유전자형은 A_B_이어야 한다.
- 먼저 아버지의 (가)에 대한 유전자형이 A^*A^*이고, 어머니의 (가)에 대한 유전자형이 AA^*이므로, A_가 될 확률은 $\frac{1}{2}$이다.
- 아버지의 (나)에 대한 유전자형이 BY이고 어머니의 (나)에 대한 유전자형이 B^*B^*이므로 B_가 될 확률은 $\frac{1}{2}$이다.
- 따라서 ㉠의 동생이 태어날 때, 이 아이에게서 (가)와 (나)가 모두 발현될 확률은 $\frac{1}{2}\times\frac{1}{2}=\frac{1}{4}$이다.

✪ 정답은 ④ ㄴ, ㄷ이다.

문제 풀이 Tip

1. 문제에서 가계도 그림 없이 표, 그래프 등으로 문제가 출제되어도 익숙한 방식인 가계도로 표현하면 문제를 쉽게 해석할 수 있다.
2. XXY의 염색체를 가지는 자손에서 X 염색체에 존재하는 대립유전자가 이형 접합성일 경우 감수 1분열 염색체 비분리가 일어난 것이다.

* 염색체 비분리 ✪ 1등급 핵심 개념

염색체 비분리 현상	감수 분열 과정에서 일부 또는 전체 염색체들이 분리되지 않고 같은 딸세포로 이동하는 현상으로 염색체 수에 이상이 있는 생식세포가 형성된다.
감수 1분열에서 비분리가 1회 일어난 경우	상동 염색체 비분리 $n+1$ $n+1$ $n-1$ $n-1$ 상동 염색체가 비분리되므로 형성되는 모든 생식세포에 염색체 수 이상이 나타난다.
감수 2분열에서 비분리가 1회 일어난 경우	염색 분체 비분리 n n $n-1$ $n+1$ 염색 분체가 비분리되므로 형성되는 생식세포 중 절반에 염색체 수 이상이 나타난다.

M 38 정답 ⑤ [정답률 36%] ✪ 1등급 대비

다음은 어떤 가족의 유전 형질 (가)와 (나)에 대한 자료이다.

- (가)는 대립유전자 A와 a에 의해 결정되며, 유전자형이 다르면 표현형이 다르다. ➡ (가)는 중간 유전 형질
- (나)는 1쌍의 대립유전자에 의해 결정되며 대립유전자에는 B, D, E, F가 있다. B, D, E, F 사이의 우열 관계는 분명하다.
- (나)의 표현형은 4가지이며, ㉠, ㉡, ㉢, ㉣이다.
➡ (나)는 복대립 유전 형질
- (나)에서 유전자형이 BF, DF, EF, FF인 개체의 표현형은 같고, 유전자형이 BE, DE, EE인 개체의 표현형은 같고, 유전자형이 BD, DD인 개체의 표현형은 같다. ➡ F>E>D>B
- (가)와 (나)의 유전자는 같은 상염색체에 있다.
- 표는 아버지, 어머니, 자녀 Ⅰ~Ⅳ에서 (나)에 대한 표현형과 체세포 1개당 A의 DNA 상대량을 나타낸 것이다.

구분	아버지	어머니	자녀 Ⅰ	자녀 Ⅱ	자녀 Ⅲ	자녀 Ⅳ
(나)에 대한 표현형	㉠ [F]	㉡ [D]	㉠ [F]	㉠ [F]	㉢ [E]	㉣ [B]
A의 DNA 상대량	? Aa	1 Aa	2 AA	? A_	1 Aa	0 aa

- 자녀 Ⅳ는 생식세포 형성 과정에서 대립유전자 ⓐ가 결실된 염색체를 가진 정자와 정상 난자가 수정되어 태어났다. ⓐ는 B, D, E, F 중 하나이다. ⓐ ➡ E

이에 대한 설명으로 옳은 것만을 〈보기〉에서 있는 대로 고른 것은? (단, 제시된 돌연변이 이외의 돌연변이와 교차는 고려하지 않으며, A, a 각각의 1개당 DNA 상대량은 1이다.) (3점) 2022 실시 7월 학평 20

[보기]

ㄱ. ⓐ는 E이다.
자녀 Ⅳ는 유전자 E(ⓐ)가 결실된 정자와 정상 난자가 수정되어 태어남

ㄴ. 자녀 Ⅱ의 (가)에 대한 유전자형은 aa이다.
자녀 Ⅱ의 (가)에 대한 유전자형은 AA 또는 Aa이다.

ㄷ. 자녀 Ⅳ의 동생이 태어날 때, 이 아이의 (가)와 (나)에 대한 표현형이 모두 아버지와 같을 확률은 $\frac{1}{4}$이다.
(가)의 유전자형이 Aa이면서, (나)에서 대립유전자 F를 가져야하므로 아버지로부터 A와 F가 연관된 염색체를 물려받을 확률($\frac{1}{2}$)× 어머니로부터 a와 B가 연관된 염색체를 물려받을 확률($\frac{1}{2}$)=$\frac{1}{4}$

① ㄱ ② ㄴ ③ ㄷ ④ ㄱ, ㄴ ⑤ ㄱ, ㄷ

단서+발상

(단서) 표에서 자녀 Ⅳ의 (나)에 대한 표현형이 ㉣이고, A의 DNA 상대량이 0인 것에 주목한다.

(발상) Ⅳ는 아버지로부터 ⓐ가 결실된 염색체를 받았으므로 (나)에 대한 유전자는 ㉣뿐이며, 이는 어머니로부터 받은 것임을 생각한다.

(해결) 어머니는 ㉣을 갖는데 표현형이 ㉡이므로 ㉡이 ㉣에 대해 우성임을 파악할 수 있어야 고난도 문제를 해결할 수 있다.

| 문제 해결 과정 |

step 1 (가)와 (나)의 표현형 파악하기

1. (가)의 표현형 파악하기

- (가)는 유전자형에 따라 표현형이 다르므로 중간 유전 형질이며, AA, Aa, aa의 표현형이 모두 다르다.

2. (나)의 표현형 파악하기

- (나)는 1쌍의 대립유전자에 의해 결정되는 단일 인자 유전이며, 대립유전자가 4개이므로 복대립 유전이다. 또한, 표현형이 4가지이므로 대립유전자 4개 사이의 우열이 뚜렷하다.
- BF, DF, EF, FF인 개체의 표현형이 모두 [F]로 같으므로 F가 4가지 대립유전자 중 가장 우성이며, BE, DE, EE인 개체의 표현형은 모두 [E]로 동일하므로 E가 B와 D에 대해 우성이다. BD, DD인 개체의 표현형은 모두 [D]로 동일하므로 D가 B에 대해 우성이다. ➡ (나)에서 우열 관계는 F>E>D>B이며, ㉠, ㉡, ㉢, ㉣는 각각 [F], [E], [D], [B] 중 하나이다.

step 2 가족 구성원의 (가)에 대한 유전자형 파악하기

- A의 DNA 상대량이 1인 어머니와 자녀 Ⅲ은 Aa, A의 DNA 상대량이 2인 자녀 Ⅰ은 AA, A의 DNA 상대량이 0인 자녀 Ⅳ는 aa이고, 자녀 Ⅰ과 자녀 Ⅳ에게 각각 A와 a를 물려준 아버지는 Aa이다.

step 3 ㉠, ㉡, ㉢, ㉣ 확정하기

- 자녀 Ⅳ는 아버지로부터 a와 대립유전자 ⓐ가 결실된 염색체를 받는데 표현형이 ㉣이므로 어머니로부터 a와 ㉣ 유전자가 연관된 염색체를 받는다.
- 어머니는 ㉡을 나타내므로 어머니의 유전자형은 A㉡/a㉣이며, ㉡ 유전자가 ㉣ 유전자에 대해 우성이다. ➡ ㉡>㉣
- 자녀 Ⅰ은 AA이므로 어머니로부터 A와 ㉡ 유전자가 연관된 염색체를 받는다. 또한 자녀 1의 표현형이 ㉠이므로 아버지로부터 A와 ㉠ 유전자가 연관된 염색체를 받는다. 따라서 ㉠ 유전자가 ㉡ 유전자에 대해 우성이다. ➡ ㉠>㉡
- 자녀 Ⅲ은 ㉢을 나타내므로 ㉢ 유전자를 가져야 하는데 어머니는 ㉡과 ㉣ 유전자를 가지므로 아버지로부터 ㉢ 유전자를 물려받는다. 즉, 아버지로부터 a와 ㉢ 유전자가 연관된 염색체를 받고, 어머니로부터 A와 ㉡ 유전자가 연관된 염색체를 받는다. 자녀 Ⅲ이 ㉢을 나타내므로 ㉢ 유전자가 ㉡ 유전자에 대해 우성이다. ➡ ㉢>㉡
- 아버지는 ㉠과 ㉢ 유전자를 가지는데 ㉠을 나타내므로 ㉠ 유전자가 ㉢ 유전자에 대해 우성이다. ➡ ㉠>㉢
- 위의 내용을 정리하면 F(㉠)>E(㉢)>D(㉡)>B(㉣)이다.

step 4 결실된 대립유전자 파악하기

- 자녀 Ⅳ는 아버지로부터 a와 ㉢ 유전자(E)가 연관된 염색체를 받아야하는데 조건에서 정자 형성 과정에서 대립유전자 ⓐ가 결실되었다고 하였다. 따라서 Ⅳ는 유전자 E(ⓐ)가 결실된 정자와 정상 난자가 수정되어 Ⅳ가 태어났으므로 ⓐ는 E이다.
- 가족 구성원의 (가)와 (나)의 유전자 위치를 가계도에 나타내면 다음과 같다.

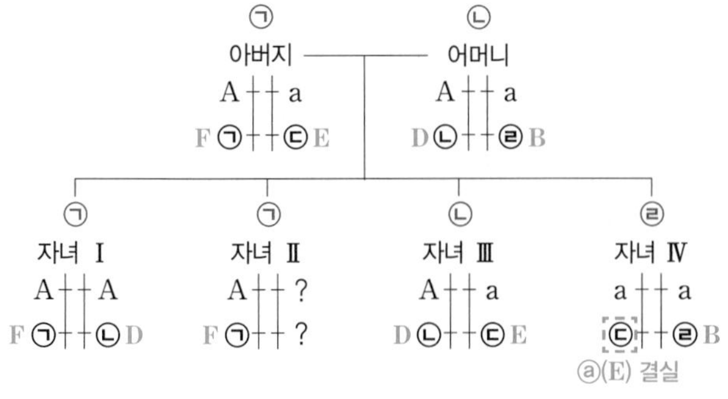

| 보기 분석 |

ㄱ. ⓐ는 E이다. (○)

- 자녀 Ⅳ는 유전자 a와 연관된 유전자 E(ⓐ)가 결실된 정자와 정상 난자가 수정되어 태어났으므로 ⓐ는 E이다.

ㄴ. 자녀 Ⅱ의 (가)에 대한 유전자형은 aa이다. (×)

- 문제 해결 과정의 step 4를 참고하면, 자녀 Ⅱ는 아버지로부터 A와 ㉠(F)이 연관된 염색체를 받으므로 유전자형은 aa가 될 수 없다. 자녀 Ⅱ의 (가)에 대한 유전자형은 AA 또는 Aa이다.

ㄷ. 자녀 Ⅳ의 동생이 태어날 때, 이 아이의 (가)와 (나)에 대한 표현형이 모두 아버지와 같을 확률은 $\frac{1}{4}$이다. (○)

- 아버지(AF/aE)와 어머니(AD/aB) 사이에서 자녀 Ⅳ의 동생이 태어날 때, 이 아이의 (가)와 (나)에 대한 표현형이 아버지와 같기 위해서는 (가)의 유전자형이 Aa이면서, (나)의 표현형이 [F]여야 하므로 대립유전자 F를 가져야 한다.
- 따라서 아버지로부터 A와 F가 연관된 염색체를 물려받을 확률($\frac{1}{2}$)× 어머니로부터 a와 B가 연관된 염색체를 물려받을 확률($\frac{1}{2}$)$=\frac{1}{4}$이다.

✪ 정답은 ⑤ ㄱ, ㄷ이다.

*** 염색체 구조 이상 돌연변이의 종류** ✪ 1등급 핵심 개념

① 결실	염색체 일부가 떨어져 없어진다.
② 중복	염색체 일부가 염색 분체나 상동 염색체에 연결되어 반복된다.
③ 역위	염색체 일부가 떨어진 다음 원래 염색체에 반대 방향으로 연결된다.
④ 전좌	염색체 일부가 떨어져 상동 염색체가 아닌 다른 염색체에 연결된다.

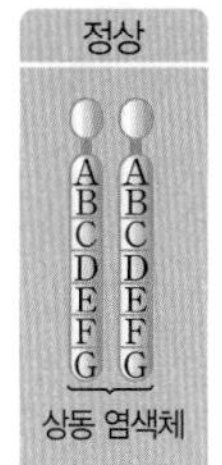

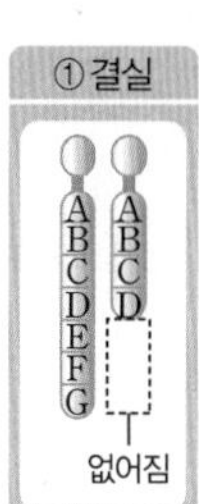

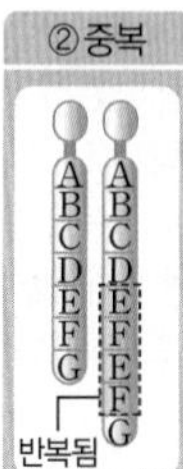

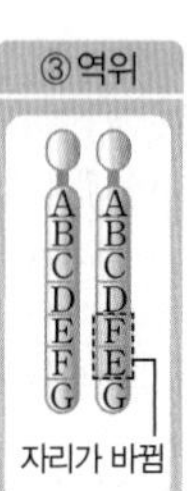

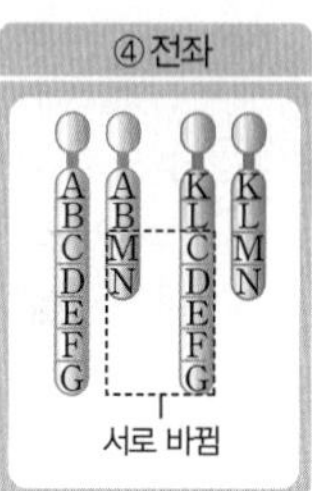

▲ 염색체 구조 이상 돌연변이의 종류

M

M 39 정답 ② .... [정답률 37%] ✪ 1등급 대비

다음은 사람 P의 정자 형성 과정에 대한 자료이다.

- 그림은 P의 세포 Ⅰ로부터 정자가 형성되는 과정을, 표는 세포 ㉠~㉣에서 세포 1개당 대립유전자 A, a, B, b, D, d의 DNA 상대량을 나타낸 것이다. A는 a와, B는 b와, D는 d와 각각 대립유전자이고, ㉠~㉣은 Ⅰ~Ⅳ를 순서 없이 나타낸 것이다.

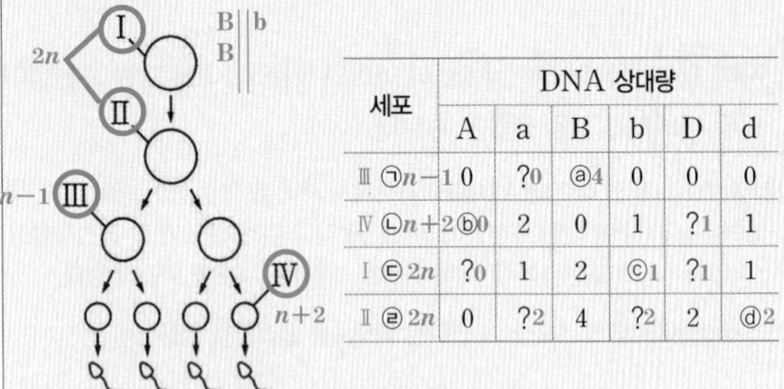

세포	DNA 상대량					
	A	a	B	b	D	d
Ⅲ ㉠ $n-1$	0	?0	ⓐ4	0	0	0
Ⅳ ㉡ $n+2$	ⓑ0	2	0	1	?1	1
Ⅰ ㉢ $2n$	?0	1	2	ⓒ1	?1	1
Ⅱ ㉣ $2n$	0	?2	4	?2	2	ⓓ2

염색체 구조 이상 중 염색체 일부 같은 부분이 반복하여 나타남

- Ⅰ은 G_1기 세포이며, Ⅰ에는 중복이 일어난 염색체가 1개만 존재한다. Ⅰ이 Ⅱ가 되는 과정에서 DNA는 정상적으로 복제되었다.
- 이 정자 형성 과정의 감수 1분열에서는 상염색체에서 비분리가 1회, 감수 2분열에서는 성염색체에서 비분리가 1회 일어났다.

이에 대한 설명으로 옳은 것만을 〈보기〉에서 있는 대로 고른 것은? (단, 제시된 중복과 염색체 비분리 이외의 돌연변이와 교차는 고려하지 않으며, Ⅱ와 Ⅲ은 중기의 세포이다. A, a, B, b, D, d 각각의 1개당 DNA 상대량은 1이다.) (3점)

2020 실시 4월 학평 17

[보기]

ㄱ. ⓐ+ⓑ+ⓒ+ⓓ=5이다.
→ ⓐ+ⓑ+ⓒ+ⓓ=4+0+1+2=7

ㄴ. P에서 a는 성염색체에 있다.
→ G_1기 세포인 Ⅰ(㉢)에 대립유전자 a는 있지만 A는 없으므로 a는 성염색체에 있음

ㄷ. Ⅳ에는 중복이 일어난 염색체가 있다.
→ Ⅳ(㉡)는 B가 있는 중복이 일어난 염색체가 없음

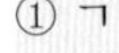 ① ㄱ  ② ㄴ ③ ㄱ, ㄷ
④ ㄴ, ㄷ ⑤ ㄱ, ㄴ, ㄷ

단서+발상

(단서) 표에서 B와 b의 DNA 상대량에 주목한다.

(발상) ㉠~㉣이 어떤 세포인지는 모르지만 G_1기 세포는 G1기 세포로부터 분열한 세포가 가지는 유전자를 모두 가지고 있다는 것을 생각한다.

(해결) ㉠~㉣을 모두 조합했을 때 B와 b가 모두 있으므로 이 사람의 G_1기 세포는 Bb를 가질 것이다. 또한 복제된 Ⅱ의 세포는 B의 DNA 상대량이 2가 되어야 하는데 표에는 4라고 주어졌으므로 모순이다. 따라서 B가 있는 염색체에서 중복이 일어나 이 사람의 G_1기 세포는 BBb를 갖는다는 것을 파악할 수 있어야 고난도 문제를 해결할 수 있다.

| 문제 해결 과정 |

step 1 세포 ㉠~㉣의 핵상과 생식세포 형성 단계 파악하기

- 그림에서 감수 1분열을 완료하기 이전의 세포 Ⅰ과 Ⅱ의 핵상은 $2n$이고, 감수 1분열에서 상염색체 비분리가 1회 일어난 결과 형성된 세포 Ⅲ의 핵상은 $n+1$과 $n-1$ 중 하나이다.
- Ⅱ는 DNA 복제가 일어난 세포이므로 DNA 상대량이 0 또는 짝수이며, Ⅲ과 Ⅳ가 가진 유전자를 모두 가져야한다. 이를 만족하는 세포는 ㉣이다.
- Ⅱ(㉣)에서 B의 DNA 상대량이 4이므로 B의 DNA 상대량이 2인 Ⅰ이 될 수 있는 세포는 ㉠과 ㉢ 중 하나이다.
- ㉠의 경우 다른 세포에 있는 D 또는 d를 하나도 가지지 않으므로, ㉠의 핵상은 $2n$이 아니다. 따라서 ㉢이 Ⅰ이고, ㉢의 핵상은 $2n$이다.
- 세포 ㉢에서 DNA가 복제되어 ㉣이 형성되고, 세포 ㉡에 대립유전자 b가 존재하므로, ㉢(Ⅰ)과 ㉣(Ⅱ)에서 유전자의 DNA 상대량은 아래 표와 같다. 따라서 ⓒ는 1, ⓓ는 2이다.

세포	DNA 상대량					
	A	a	B	b	D	d
㉢	0	1	2	ⓒ 1	1	1
㉣	0	2	4	2	2	ⓓ 2

- 세포 Ⅲ은 염색 분체가 분리되지 않은 세포이므로 DNA 상대량이 0 또는 짝수의 형태이다. ㉡의 DNA 상대량이 1이므로 ㉠은 Ⅲ이고, ㉡이 Ⅳ이다.

step 2 유전자 a가 상염색체에 존재하는지, 성염색체에 존재하는지 파악하기

- 남자는 성염색체 XY를 가지므로, 만약 대립유전자 A와 a가 성염색체에 존재하는 유전자라면 A와 a의 DNA 상대량은 1, 0 또는 0, 1의 값을 가져야 한다.
- G_1기 세포인 ㉢(Ⅰ)에 대립유전자 a는 있지만 A는 없으므로 P에서 A(a)는 성염색체에 있음을 알 수 있다.
- 따라서 ㉢의 분열 과정에서 나타나는 모든 세포에 대립유전자 A의 DNA 상대량은 모두 0이므로 ⓑ는 0이다.

step 3 염색체 구조 이상이 일어난 염색체와 비분리된 염색체 파악하기

1. 중복이 일어난 염색체 파악하기

세포 ㉢에서 대립유전자 B의 DNA 상대량이 2, 대립유전자 b의 DNA 상대량이 1이므로 중복이 일어난 염색체에 대립유전자는 B이다.

2. 염색체 비분리에 의해 분리되지 못한 유전자 파악하기

- 감수 1분열 중기 세포인 Ⅱ(㉣)로부터 감수 1분열의 결과 형성된 감수 2분열 중기 세포인 Ⅲ(㉠)에 대립유전자 D와 d가 모두 없으므로, 대립유전자 D(d)가 존재하는 상염색체에서 상동 염색체의 비분리가 일어남을 알 수 있다.
- 감수 2분열의 결과 형성된 세포 ㉡에 대립유전자 D와 d가 모두 있어야 한다.
- 따라서 상동 염색체가 정상적으로 분리되어 B만 존재하는 세포 ㉠에서 B의 DNA 상대량은 4이어야 하므로 ⓐ는 4이다.
- 감수 2분열 결과 형성된 세포 ㉡에 성염색체에 있는 대립유전자 a의 DNA 상대량이 2이므로, 대립유전자 a가 존재하는 성염색체에서 염색 분체의 비분리가 일어났음을 알 수 있다.

step 4 각 세포별 유전자형 파악하기

대립유전자 a가 X 염색체에 있다고 가정하면, 각 세포의 유전자 DNA 상대량과 이에 따른 유전자형은 아래 표와 같다.

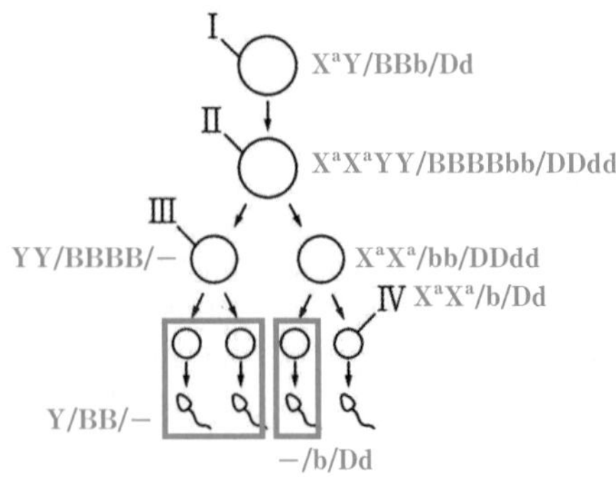

| 보기 분석 |

ㄱ. ⓐ+ⓑ+ⓒ+ⓓ=5이다. (×)

ⓐ가 4, ⓑ가 0, ⓒ가 1, ⓓ가 2이므로 ⓐ+ⓑ+ⓒ+ⓓ=7이다.

ㄴ. P에서 a는 성염색체에 있다. (○)

문제 해결 과정의 step 2를 참고하면, G_1기 세포인 ⓒ(Ⅰ)에 대립유전자 a는 있지만 A는 없으므로 P에서 a는 성염색체에 있음을 알 수 있다.

ㄷ. Ⅳ에는 중복이 일어난 염색체가 있다. (×)

- 문제 해결 과정의 step 3를 참고하면, G_1기 세포인 ⓒ(Ⅰ)에서 대립유전자 B의 DNA 상대량이 2, b의 DNA 상대량이 1이므로 중복이 일어난 염색체에 대립유전자 B가 있음을 알 수 있다.
- 세포 Ⅳ(ⓛ)에 대립유전자 B가 없으므로, Ⅳ에 중복이 일어난 세포가 없다.

✪ 정답은 ② ㄴ이다.

문제 풀이 Tip

1. **G_1기인 세포에서 대립유전자의 DNA 상대량 합이 3이상일 경우, 염색체의 구조 이상 중 중복이 일어난 염색체가 있다.**
   G_1기인 세포에서 대립유전자의 DNA 상대량 합이 3이상일 경우, DNA 상대량이 2인 대립유전자가 있는 염색체가 중복이 일어난 염색체이다.
2. **감수 1분열과 감수 2분열 과정에서 염색체 비분리가 일어나므로 핵상이 $2n$인 상태의 세포에서 유전자의 DNA 상대량은 정상이다.**
   염색체 비분리는 감수 분열 과정에서 일어나므로 G_1기부터 감수 1분열 중기까지의 핵상이 $2n$인 세포에서 유전자의 DNA 상대량은 모두 정상이다.
   따라서 대립유전자 쌍이 존재하여 핵상이 $2n$인 세포를 먼저 찾아 유전자의 DNA 상대량을 파악해야 한다.

*** 염색체 구조 이상과 염색체 비분리 현상** ✪  1등급 핵심 개념

염색체 구조 이상	
결실	염색체의 일부가 떨어져 없어진 경우
중복	염색체의 같은 부분이 반복하여 나타나는 경우
역위	염색체의 일부가 떨어진 후 반대 방향으로 원래의 염색체에 다시 붙은 경우
전좌	염색체의 일부가 떨어진 후 상동 염색체가 아닌 다른 염색체에 붙은 경우
염색체 비분리 현상	
감수 1분열 비분리	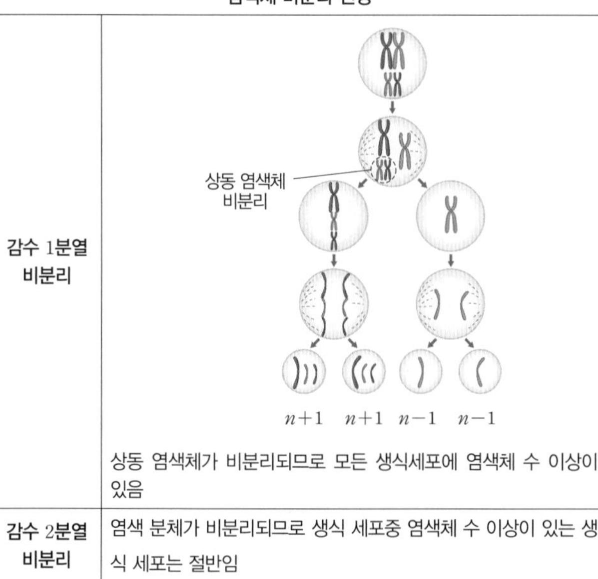 상동 염색체가 비분리되므로 모든 생식세포에 염색체 수 이상이 있음
감수 2분열 비분리	염색 분체가 비분리되므로 생식 세포중 염색체 수 이상이 있는 생식 세포는 절반임

M 40 정답 ④ [정답률 43%] ✪ 1등급 대비

다음은 어떤 가족의 유전 형질 (가)~(다)에 대한 자료이다.

- (가)는 대립유전자 A와 a에 의해, (나)는 대립유전자 B와 b에 의해, (다)는 대립유전자 D와 d에 의해 결정된다.
- (가)와 (나)의 유전자는 7번 염색체에, (다)의 유전자는 13번 염색체에 있다. ➡ (가)와 (나)의 유전자는 같은 염색체에, (다)의 유전자는 다른 염색체에 있음
- 그림은 어머니와 아버지의 체세포 각각에 들어 있는 7번 염색체, 13번 염색체와 유전자를 나타낸 것이다.

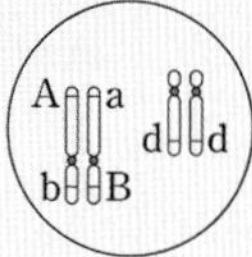

어머니

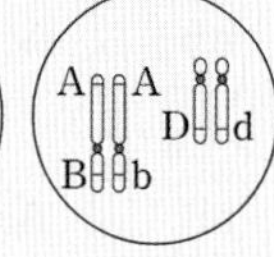

아버지

- 표는 이 가족 구성원 중 자녀 1~3에서 체세포 1개당 A, b, D의 DNA 상대량을 더한 값(A+b+D)과 체세포 1개당 a, b, d의 DNA 상대량을 더한 값(a+b+d)을 나타낸 것이다.

구성원		자녀 1 AAbb/Dd	자녀 2 AABb/dd	자녀 3 AAB/DDd
DNA 상대량을 더한 값	A+b+D	5	3	4
	a+b+d	3	3	1

- 자녀 1~3은 (가)의 유전자형이 모두 같다. ➡ 자녀 1~3 모두 AA
- 어머니의 생식세포 형성 과정에서 ㉠이 1회 일어나 형성된 난자 P와 아버지의 생식세포 형성 과정에서 ㉡이 1회 일어나 형성된 정자 Q가 수정되어 자녀 3이 태어났다. ㉠과 ㉡은 7번 염색체 결실과 13번 염색체 비분리를 순서 없이 나타낸 것이다.
  ➡ ㉠: 7번 염색체 결실, ㉡: 13번 염색체 비분리
- 자녀 3의 체세포 1개당 염색체 수는 47이고, 자녀 3을 제외한 이 가족 구성원의 핵형은 모두 정상이다.
  ➡ 자녀 3은 핵상이 $(n+1)$인 생식세포가 수정되어 태어남

이에 대한 설명으로 옳은 것만을 〈보기〉에서 있는 대로 고른 것은? (단, 제시된 돌연변이 이외의 돌연변이와 교차는 고려하지 않으며, A, a, B, b, D, d 각각의 1개당 DNA 상대량은 1이다.) (3점) 2024 대비 6월 모평 17

[보기]

ㄱ. 자녀 2에게서 A, B, D를 모두 갖는 생식세포가 형성될 수 있다. (다)의 유전자형이 dd이므로 D를 갖는 생식세포는 형성될 수 없음

ㄴ. ㉠은 7번 염색체 결실이다.
난자 P는 Ab에서 b가 결실된 7번 염색체를 가지므로 ㉠은 7번 염색체 결실

ㄷ. 염색체 비분리는 감수 2분열에서 일어났다.
(다)에 대한 유전자형이 Dd인 아버지에서 유전자형이 DD인 정자가 형성되었으므로 염색체 비분리는 감수 2분열에서 일어남

① ㄱ ② ㄴ ③ ㄱ, ㄷ ④ ㄴ, ㄷ ⑤ ㄱ, ㄴ, ㄷ

단서+발상

단서
- 자녀 1~3의 A+b+D, a+b+d의 DNA 상대량을 더한 값
- 자녀 1~3은 (가)의 유전자형이 모두 같음
- 7번 염색체 결실과 13번 염색체 비분리
- 자녀 3의 체세포 1개당 염색체 수는 47

발상 어머니와 아버지의 염색체에서 유전자 배열이 정해져 있기 때문에 자녀가 나올 수 있는 경우의 수를 정리하여 자녀 1~3의 유전자형을 추론한다.

M

(해결) 자녀 3의 (가)에 대한 유전자형은 AA이고, 7번 염색체 결실 난자와 13번 염색체 비분리 정자가 수정되어 태어났다. 난자 P는 b가 결실된 7번 염색체를, 정자 Q는 D를 가진 13번 염색체가 2개임을 파악한다.

| 문제 해결 과정 |

step 1 자녀의 유전자형에 따른 DNA 상대량 정리하기

- 자녀에서 나올 수 있는 유전자형의 경우의 수를 표로 정리하고, A+b, a+b의 DNA 상대량, D, d의 DNA 상대량을 각각 정리한다.

난자 \ 정자	AB	Ab
Ab	AABb	AAbb
A+b	3	4
a+b	1	2
aB	AaBB	AaBb
A+b	1	2
a+b	1	2

난자 \ 정자	D	d
d	Dd	dd
D	1	0
d	1	2

step 2 자녀 1, 2의 유전자형 추론하기

- 자녀 1에서 A+b+D=5, a+b+d=3이 나올 수 있는 경우는 AAbb와 Dd인 1가지 경우만 존재한다. 따라서 자녀 1의 유전자형은 AAbb/Dd이고 자녀 1~3은 (가)의 유전자형이 모두 같기 때문에 자녀 1~3 모두 AA이다.
- 자녀 2에서 (가)의 유전자형이 AA이면서 A+b+D=3, a+b+d=3이 나올 수 있는 경우는 AABb와 dd인 경우이다. 따라서 자녀 2의 유전자형은 AABb/dd이다.

step 3 자녀 3의 유전자형 추론하기

- 난자 P와 정자 Q가 각각 7번 염색체 결실과 13번 염색체 비분리 중 1가지가 일어났고 이 난자와 정자가 수정되어 자녀 3이 태어났다. 자녀 3의 염색체 수가 47이므로 염색체 비분리가 일어나 13번 염색체가 하나 많은 $(n+1)$인 생식세포가 수정되어 태어났다.
- 자녀 1~3은 (가)의 유전자형이 모두 같기 때문에 자녀 3의 (가)의 유전자형은 AA이고, 7번 염색체에서 결실이 일어날 때 A의 결실은 일어나지 않았다.
- 7번 염색체 결실(B 또는 b), 13번 염색체 비분리$(n+1)$이며 A+b+D=4, a+b+d=1을 만족하는 난자 P와 정자 Q를 찾는다.
- 난자 P: Ab에서 b가 결실된 7번 염색체, d를 가진 13번 염색체
  정자 Q: AB를 갖는 7번 염색체, 염색체 비분리가 일어나 D를 가진 13번 염색체가 2개
- P와 Q가 수정되면 AAB/DDd인 유전자형을 갖는 자녀 3이 태어난다.

| 보기 분석 |

ㄱ. 자녀 2에게서 A, B, D를 모두 갖는 생식세포가 형성될 수 있다. (×)

- step 2의 풀이 과정을 참고하면 자녀 2는 AABb/dd의 유전자형을 갖는다. D를 가지고 있지 않으므로 A, B, D를 모두 갖는 생식세포가 형성될 수 없다.

ㄴ. ㉠은 7번 염색체 결실이다. (○)

- step 3의 풀이 과정을 참고하면 자녀 3의 염색체 수가 47이므로 염색체 비분리 결과 생성된 생식세포 중에서 13번 염색체가 하나 많은 $(n+1)$인 생식세포가 수정되어 태어났다. 13번 염색체 비분리(㉡)는 정자 Q에서 일어났고, 7번 염색체 결실(㉠)은 난자 P에서 일어났다.

ㄷ. 염색체 비분리는 감수 2분열에서 일어났다. (○)

- step 3의 풀이 과정을 참고하면 Dd의 유전자형을 갖는 아버지에서 13번 염색체 비분리가 일어나 DD를 갖는 정자 Q가 형성되었다. 비분리 시기는 염색 분체가 분리되는 감수 2분열이다.

✪ 정답은 ④ ㄴ, ㄷ이다.

왜 틀렸나?

자녀 1과 2는 핵형이 정상이기 때문에 염색체 비분리를 고려하지 않고 빠르게 유전자형을 확정한다. 이후 자녀 3의 DNA 상대량 값과 자녀 1과 (가)의 유전자형이 같다는 점, 7번 염색체에서는 결실, 13번 염색체에서는 $n+1$의 비분리가 일어난 것을 파악하고 난자 P와 정자 Q의 유전자형을 올바르게 추론해야 한다.

＊ 염색체 비분리 ✪ 1등급 핵심 개념

염색체 비분리 현상	감수 분열 과정에서 일부 또는 전체 염색체들이 분리되지 않고 같은 딸세포로 이동하는 현상으로 염색체 수에 이상이 있는 생식세포가 형성된다.
감수 1분열에서 비분리가 1회 일어난 경우	상동 염색체 비분리 $n+1$ $n+1$ $n-1$ $n-1$ 상동 염색체가 비분리되므로 형성되는 모든 생식세포에 염색체 수 이상이 나타난다.
감수 2분열에서 비분리가 1회 일어난 경우	염색 분체 비분리 n n $n-1$ $n+1$ 염색 분체가 비분리되므로 형성되는 생식세포 중 절반에 염색체 수 이상이 나타난다.

M 41 정답 ⑤ [정답률 39%] ✪ 1등급 대비

다음은 영희네 가족의 유전 형질 (가)~(다)에 대한 자료이다.

- (가)는 대립유전자 A와 A*에 의해, (나)는 대립유전자 B와 B*에 의해, (다)는 대립유전자 D와 D*에 의해 결정된다.
- (가)와 (나)의 유전자는 7번 염색체에, (다)의 유전자는 X 염색체에 있다.
- 그림은 영희네 가족 구성원 중 어머니, 오빠, 영희, ⓐ남동생의 세포 Ⅰ~Ⅳ가 갖는 A, B, D*의 DNA 상대량을 나타낸 것이다.

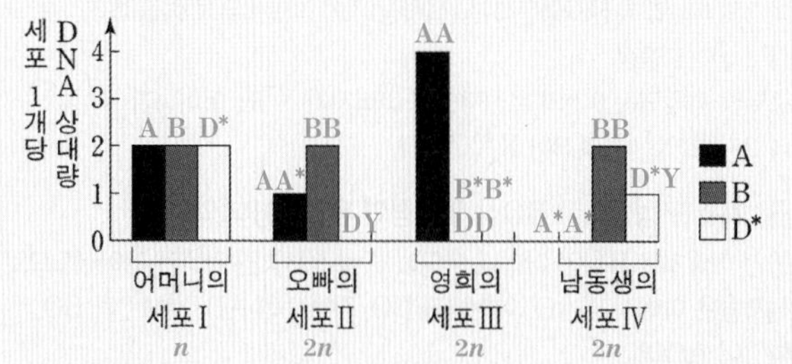

- 어머니의 생식 세포 형성 과정에서 대립유전자 ㉠이 대립유전자 ㉡으로 바뀌는 돌연변이가 1회 일어나 ㉡을 갖는 생식 세포가 형성되었다. 이 생식 세포가 정상 생식 세포와 수정되어 ⓐ가 태어났다. ㉠과 ㉡은 (가)~(다) 중 한 가지 형질을 결정하는 서로 다른 대립유전자이다.

이에 대한 옳은 설명만을 〈보기〉에서 있는 대로 고른 것은? (단, 제시된 돌연변이 이외의 돌연변이와 교차는 고려하지 않으며, A, A*, B, B* 각각의 1개당 DNA 상대량은 1이다.) (3점) 2021 대비 6월 모평 16

[보기]

ㄱ. Ⅰ은 G_1기 세포이다. → Ⅰ은 감수 2분열 중인 세포이다.

ㄴ. ㉠은 A이다. → ㉠은 A, ㉡은 A*이다.

ㄷ. 아버지에서 A*, B, D를 모두 갖는 정자가 형성될 수 있다.
→ 아버지의 유전자형 AB*/A*B, DY이므로 아버지에게서 A*, B, D를 모두 갖는 정자가 형성될 수 있다.

① ㄱ ② ㄴ ③ ㄷ
④ ㄱ, ㄷ ⑤ ㄴ, ㄷ

단서+발상

단서 (가)와 (나)의 유전자가 연관되어 있다는 것에 주목한다.

발상 세포 1개당 DNA 상대량을 통해 세포가 어느 시기에 있는지 추측한다. DNA 상대량이 1, 2인 유전자가 나타나는 세포는 G_1기 세포임을 생각한다.

 연관된 유전자를 고려하여 돌연변이가 일어난 생식세포를 찾는다.

| 문제 해결 과정 |

step 1 가족 구성원의 유전자형 파악하기

- DNA 상대량이 1, 2인 유전자를 모두 갖는 세포는 G_1기 세포이다. (단, 비분리가 일어난 세포 제외)
⇨ 오빠의 세포 Ⅱ와 남동생의 세포 Ⅳ는 G_1기의 세포이다. 오빠의 (가)와 (나)에 대한 유전자형은 AA*BBDY, 남동생의 (가)와 (나)에 대한 유전자형은 A*A*BBD*Y이다.
- 영희의 세포 Ⅲ은 A의 DNA 상대량이 4이므로 염색체 복제가 일어난 후 감수 1분열 중인 세포이다.
- 따라서 영희의 (가)와 (나)에 대한 유전자형은 AAB*B*DD이다.
- 어머니는 A, B, D의 DNA 상대량이 모두 2이므로 세포 Ⅰ의 핵상은 $2n$ 또는 n이다. 세포 Ⅰ이 어느 시기에 있는 세포인가에는 핵상이 $2n$인 G_1기의 세포, 핵상이 n인 감수 2분열 중인 세포 2가지의 가능성이 있다. 이는 문제 해결 과정의 step 2를 통해 알 수 있다.

step 2 돌연변이가 일어난 생식 세포 찾기

- 영희는 AB*/AB*를 가지므로 아버지와 어머니는 AB*를 각각 하나씩 가져야 한다. 그래프에서 어머니의 세포 Ⅰ은 이미 B를 가지므로 어머니의 (나)에 대한 유전자형은 BB*이다.
- 오빠의 (가)와 (나)에 대한 유전자형은 AA*BBDY이므로 아버지와 어머니는 각각 AB와 A*B 중 하나씩을 갖는다.
- 어머니와 아버지 중 한 사람만 A*B를 갖는데, 남동생의 (가)의 유전자형이 A*A*인 것은 A(대립유전자 ㉠)가 A*(대립유전자 ㉡)로 바뀌는 돌연변이가 1회가 일어난 것이다.
- 조건에서 어머니의 생식 세포 형성 과정에서 돌연변이가 일어났다고 했으므로 A*B는 아버지로부터 받은 것이다.
- 따라서 어머니의 유전자형은 AB/AB*, DD*, 아버지의 유전자형은 AB*/A*B, DY이다.
- 이에 따라 완성한 가족 구성원의 유전자형은 다음과 같다.

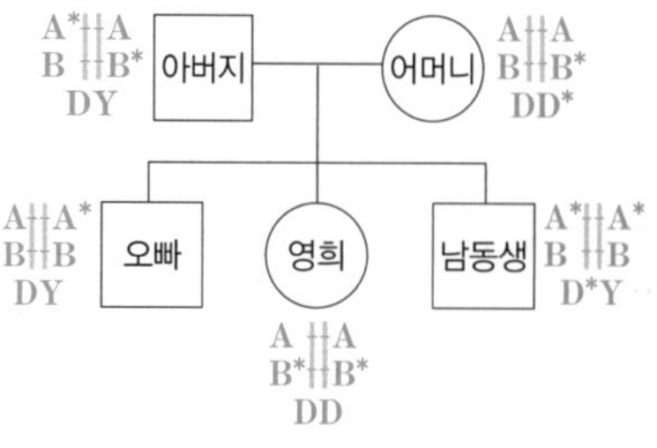

| 보기 분석 |

ㄱ. Ⅰ은 G_1기 세포이다. (×)

- 문제 해결 과정의 step 2를 참고하면, 어머니의 유전자형은 AB/AB*, DD*이다. 만약 Ⅰ이 G_1기 세포라면 A와 B의 DNA 상대량이 각각 2와 1이다.
- 하지만 Ⅰ은 A와 B 모두 DNA 상대량이 2이므로 모순이다. 따라서 어머니의 세포 Ⅰ은 감수 2분열 중인 세포이다.

ㄴ. ㉠은 A이다. (○)

문제 해결 과정의 step 2를 참고하면, 어머니의 생식 세포 형성 과정에서 대립유전자 A가 A*로 바뀌는 돌연변이가 일어났다. 따라서 ㉠은 A, ㉡은 A*이다.

ㄷ. 아버지에서 A*, B, D를 모두 갖는 정자가 형성될 수 있다. (○)

- 아버지의 유전자형은 AB*/A*B, DY이다. 아버지로부터 형성되는 정자의 유전자형은 AB*D, A*BD, AB*Y, A*BY이다.
- 따라서 아버지에서 A*, B, D를 모두 갖는 정자가 형성될 수 있다.

✪ 정답은 ⑤ ㄴ, ㄷ이다.

문제 풀이 Tip

1. **DNA 상대량이 1, 2인 유전자를 모두 갖는 세포는 G_1기 세포이다. (단, 비분리가 일어난 세포 제외)**
2. **어떤 형질의 대립유전자가 A, A*일 때, 자녀의 유전자형이 AA라면 부모는 각각 A를 하나씩 갖는다.**
자녀는 대립유전자 한 쌍을 각각 부모로부터 하나씩 받으므로 자녀의 유전자형이 AA라면 부모는 각각 A를 하나씩 가져야 한다.
3. **부모의 유전자형을 추론할 때는 자녀 중 돌연변이가 일어난 생식 세포가 수정되어 태어난 자녀의 유전자형보다는 정상적으로 생성된 생식 세포가 수정되어 태어난 자녀의 유전자형을 참고해야 한다.**

M 42 정답 ⑤ [정답률 34%] ✪ 1등급 대비

다음은 어떤 가족의 ABO식 혈액형과 유전 형질 (가), (나)에 대한 자료이다.

- (가)는 대립유전자 H와 h에 의해, (나)는 대립유전자 T와 t에 의해 결정된다. H는 h에 대해, T는 t에 대해 각각 완전 우성이다.
- (가)의 유전자와 (나)의 유전자 중 하나는 ABO식 혈액형 유전자와 같은 염색체에 있고, 나머지 하나는 X 염색체에 있다.
- 표는 구성원의 성별, ABO식 혈액형과 (가), (나)의 발현 여부를 나타낸 것이다.

정상 부모로부터 (가)가 발현된 자녀가 태어남 ➡ (가) 열성
유전자형 hh인 자녀 2의 아버지는 정상 ➡ (가) 상염색체 유전

구분	성별	혈액형	(가)	(나)
아버지	남	A형	×	×
어머니	여	B형	×	○
자녀 1	남	AB형	○	×
자녀 2	여	B형	○	×
자녀 3	여	A형	×	○

(○: 발현됨, ×: 발현 안 됨)

정상인 아버지로부터 (나)가 발현된 딸인 자녀 3이 태어남
➡ 자녀 3의 유전자형은 이형 접합성 Tt ➡ (나)는 우성

- 아버지와 어머니 중 한 명의 생식세포 형성 과정에서 대립유전자 ㉠이 대립유전자 ㉡으로 바뀌는 돌연변이가 1회 일어나 ㉡을 갖는 생식세포가 형성되었다. 이 생식세포가 정상 생식세포와 수정되어 자녀 1이 태어났다. ㉠과 ㉡은 (가)와 (나) 중 한 가지 형질을 결정하는 서로 다른 대립유전자이다.
  ➡ ㉠은 H, ㉡은 h

이에 대한 설명으로 옳은 것만을 〈보기〉에서 있는 대로 고른 것은? (단, 제시된 돌연변이 이외의 돌연변이와 교차는 고려하지 않는다.) 2023 대비 6월 모평 19

[보기]

ㄱ. (나)는 열성 형질이다.
(가)는 열성 형질, (나)는 우성 형질

ㄴ. ㉠은 H이다.
㉠은 H, ㉡은 h

ㄷ. 자녀 3의 동생이 태어날 때, 이 아이의 혈액형이 O형이면서 (가)와 (나)가 모두 발현되지 않을 확률은 $\frac{1}{8}$이다.
O형이면서 (가)가 발현되지 않을 확률 $\frac{1}{4}$, (나)가 발현되지 않을 확률 $\frac{1}{2}$

① ㄱ ② ㄴ ③ ㄷ ④ ㄱ, ㄴ ⑤ ㄴ, ㄷ

단서+발상

단서 표에서 자녀 2는 (가)가 발현되고, 아버지와 어머니는 (가)가 발현되지 않는다는 것에 주목한다.

발상 (가)의 유전자가 ABO식 혈액형 유전자와 같은 염색체에 있고, 열성임을 파악한 상태에서 자녀 2는 Oh를 아버지로부터, Bh를 어머니로부터 물려받는다는 것을 생각한다.

해결 아버지의 유전자형은 AH/Oh이며, 아버지로부터 AH를 물려받는 (가)가 발현되지 않아야 하는데 자녀 1은 (가)가 발현되므로 모순됨을 파악할 수 있어야 고난도 문제를 해결할 수 있다.

| 문제 해결 과정 |

step 1 (가)에 대해 분석하기

- (가)가 발현되지 않은 부모로부터 (가)가 발현된 자녀 2가 태어났으므로 (가)는 열성 형질이다. ➡ H 정상>h (가)
- 만약 (가)가 X 염색체 유전이라면 자녀 2의 유전자형은 X^hX^h이므로 아버지의 유전자형은 X^hY로 (가)가 발현되어야 하는데, 아버지는 (가)가 발현되지 않는다. 따라서 (가)는 상염색체 유전이며, (가)의 유전자는 ABO식 혈액형 유전자와 같은 상염색체에 있다.

step 2 (나)에 대해 분석하기

- (가)가 상염색체 유전이므로 (나)는 X 염색체 유전이다.
- (나)가 발현되지 않은 아버지로부터 (나)가 발현된 자녀 3(딸)이 태어났으므로 자녀 3의 (나)의 유전자형은 이형 접합성이고, (나)는 우성 형질이다.
  ➡ T (나)>t 정상
- 이로부터 파악되는 (나)의 유전자형은 아버지가 X^tY, 어머니가 X^TX^t, 자녀 2가 X^tX^t, 자녀 3이 X^TX^t이다.

step 3 가족 구성원의 ABO식 혈액형의 유전자형 파악하기

- A형인 아버지와 B형인 어머니 사이에 A형과 B형인 자녀가 태어났으므로 유전자형은 아버지가 AO, 어머니가 BO, 자녀 1이 AB, 자녀 2가 BO, 자녀 3이 AO이다.

step 4 ㉠과 ㉡ 파악하기

- 아래 가계도 그림을 참고하면, 자녀 1의 ABO식 혈액형 유전자형은 AB이므로 아버지로부터 AH, 어머니로부터 Bh를 물려받아서 자녀 1의 (가)와 ABO식 혈액형의 유전자 구성은 AH/Bh이다. 이 경우 (가)의 유전자형이 Hh이므로 열성 형질인 (가)가 발현되지 않아야 하는데 자녀 1은 (가)가 발현되므로 모순이다.
- 따라서 아버지의 정자 형성 과정에서 대립유전자 H(㉠)가 대립유전자 h(㉡)으로 바뀌는 돌연변이가 일어나서 자녀 1의 유전자 구성이 Ah/Bh가 되었다.

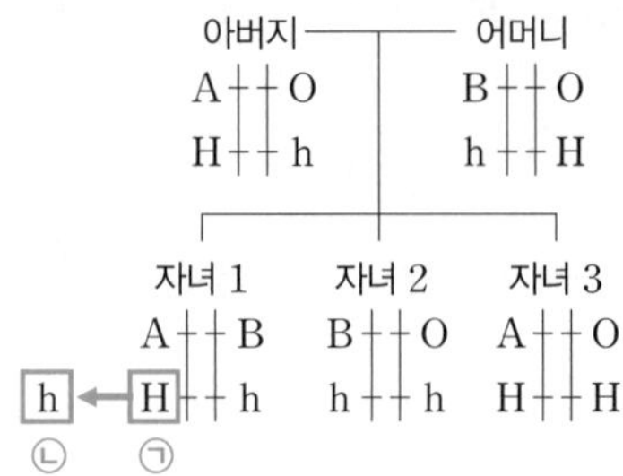

| 보기 분석 |

ㄱ. (나)는 열성 형질이다. (×)

- (나)의 유전자는 X 염색체에 있다. (나)가 발현되지 않은 아버지로부터 (나)가 발현된 자녀 3(딸)이 태어났으므로 자녀 3의 (나)의 유전자형은 이형 접합성이고, (나)는 우성 형질이다.

ㄴ. ㉠은 H이다. (○)

- 아버지로부터 H, 어머니로부터 h를 물려받아야 할 자녀 1에서 열성 형질인 (가)가 발현되었으므로 아버지의 정자 형성 과정에서 대립유전자 H가 h로 바뀌는 돌연변이가 일어났다. 따라서 ㉠은 H, ㉡은 h이다.

ㄷ. 자녀 3의 동생이 태어날 때, 이 아이의 혈액형이 O형이면서 (가)와 (나)가 모두 발현되지 않을 확률은 $\frac{1}{8}$이다. (○)

- 아버지(AH/Oh, X^tY)와 어머니(Bh/OH, X^TX^t) 사이에서 자녀 3의 동생이 태어날 때, 이 아이의 혈액형이 O형이면서 (가)가 발현되지 않을 확률(Oh/OH)은 $\frac{1}{4}$, (나)가 발현되지 않을 확률(X^tX^t, X^tY)은 $\frac{1}{2}$이다.
- 따라서 구하고자 하는 확률은 $\frac{1}{4}\times\frac{1}{2}=\frac{1}{8}$이다.

✪ **정답은 ⑤ ㄴ, ㄷ이다.**

M 43 정답 ① [정답률 26%] ✪ 1등급 대비

다음은 어떤 집안의 유전 형질 (가)에 대한 자료이다.

- (가)는 상염색체에 있는 1쌍의 대립유전자에 의해 결정되며, 대립유전자에는 D, E, F, G가 있다.
- D는 E, F, G에 대해, E는 F, G에 대해, F는 G에 대해 각각 완전 우성이다. D>E>F>G → 4가지 표현형
- 그림은 구성원 1~8의 가계도를, 표는 1, 3, 4, 5의 체세포 1개당 G의 DNA 상대량을 나타낸 것이다. 가계도에 (가)의 표현형은 나타내지 않았다.

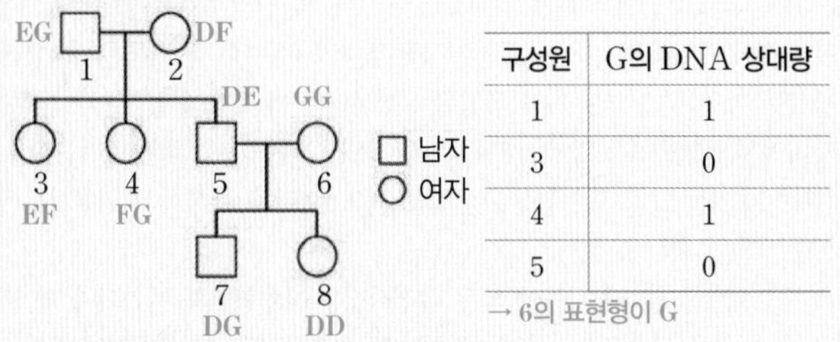

구성원	G의 DNA 상대량
1	1
3	0
4	1
5	0

→ 6의 표현형이 G

- 1~8의 유전자형은 각각 서로 다르다.
- 3, 4, 5, 6의 표현형은 모두 다르고, 2와 8의 표현형은 같다.
  → 3, 4, 5, 6은 각각 4가지 표현형 중 하나
- 5와 6 중 한 명의 생식세포 형성 과정에서 ⓐ 대립유전자 ㉠이 대립유전자 ㉡으로 바뀌는 돌연변이가 1회 일어나 ㉡을 갖는 생식세포가 형성되었다. 이 생식세포가 정상 생식세포와 수정되어 8이 태어났다. ㉠과 ㉡은 각각 D, E, F, G 중 하나이다.
  → 6에서 ㉠인 G가 ㉡인 D로 바뀜

이에 대한 설명으로 옳은 것만을 <보기>에서 있는 대로 고른 것은? (단, 제시된 돌연변이 이외의 돌연변이는 고려하지 않으며, D, E, F, G 각각의 1개당 DNA 상대량은 1이다.) (3점) 2021 대비 수능 17

[보기]

ㄱ. 5와 7의 표현형은 같다. → 5와 7의 표현형은 D_로 같음
ㄴ. ⓐ는 5에서 형성되었다. → ⓐ는 6의 G가 D로 바뀌어 형성됨
ㄷ. 2~8 중 1과 표현형이 같은 사람은 2명이다.
→ 1과 표현형이 같은 사람은 구성원 3으로 1명뿐이다.

① ㄱ ② ㄴ ③ ㄷ ④ ㄱ, ㄴ ⑤ ㄱ, ㄷ

단서+발상

 3, 4, 5, 6의 표현형은 모두 다르다는 것에 주목한다.

 (가)의 표현형은 [D], [E], [F], [G] 4가지가 있으며, [G]의 표현형을 가지려면 유전자형이 GG가 되어야 한다는 것을 생각한다.

해결 3, 4, 5, 6 중 하나는 유전자형이 GG인데, 표에서 3, 4, 5의 G의 DNA 상대량이 2가 아니므로 6의 유전자형이 GG이며, 표현형이 [G]임을 파악할 수 있어야 고난도 문제를 해결할 수 있다.

| 문제 해결 과정 |

step 1 3~6이 가질 수 있는 표현형과 유전자형 추론하기

- D>E>F>G의 우열 관계를 가지는 복대립 유전에서 가능한 표현형의 가짓수는 4가지이다.
- 구성원 3과 5는 대립유전자 G를 가지지 않고, 구성원 4는 대립유전자 G를 한 개만 가지므로 구성원 3~5는 표현형이 [G]일 수 없다.
- 구성원 3~6의 표현형이 모두 다르므로 가능한 표현형의 종류를 각각 가지며, 구성원 6은 유전자형이 GG로 표현형이 [G]이다.

step 2 1~7의 유전자형 파악하기

- (가)의 표현형은 [D], [E], [F], [G]가 있다. 3, 4, 5, 6의 표현형은 모두 다르다고 하였고, 6의 표현형은 [G]이므로 나머지 3, 4, 5의 표현형은 각각 [D], [E], [F] 중 하나이다.
- D, E, F는 부모인 1과 2로부터 물려받기 때문에 D, E, F 유전자는 1과 2중에 존재할 것이다.
- 문제를 쉽게 풀기 위해 D, E, F를 각각 □, △, ○ 중 하나라고 가정하고, 이를 가계도로 나타내면 다음과 같다. (참고로 3이 □○, 5가 □△가 될 수 있으나 임의로 지정하여 풀이한다.)

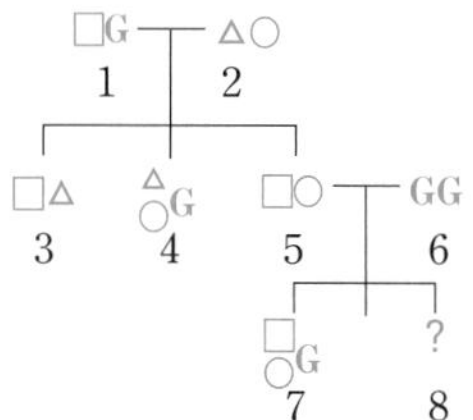

- 만약 1에서 □가 D라면 3과 5도 D를 가지기 때문에 3과 5의 표현형이 [D]로 같아져서 모순이다. 따라서 □는 D가 될 수 없고, △와 ○ 중 하나가 D이다.
- 마찬가지로 4가 2로부터 D를 물려받으면 3과 5중 하나가 D를 가지게 되므로 표현형이 [D]로 같아지게 되어 모순이다. 따라서 4에는 D가 존재하지 않는다.
- 만약 ○가 D라고 가정하면 아래 가계도와 같이 나타낼 수 있다. (단, 여기서 3이 D□, 5가 □△될 수 있으나 임의로 지정하여 풀이한다.)

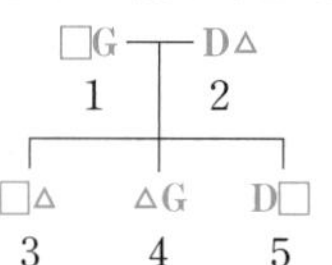

- 5는 표현형이 [D]이므로 나머지 3과 4 중 하나는 각각 [E]와 [F] 중 하나이다. 4는 표현형이 [△]가 되므로 3은 4와 표현형이 다른 [□]이며, □가 △보다 우성이다.
- 즉, 우열을 정리하면 ○(D)>□(E)>△(F)이며, 위의 내용을 정리하여 가계도로 나타내면 다음과 같다. (참고로 7은 EG가 될 경우 1과 유전자형이 같아지기 때문에 DG로 확정된다.)

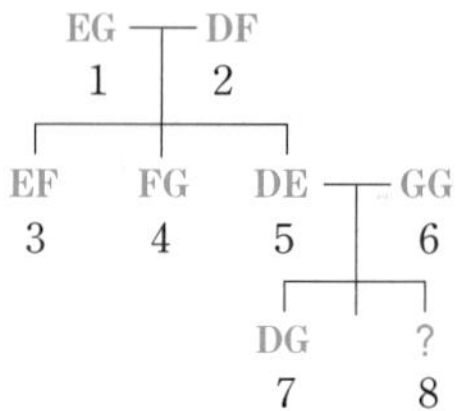

step 3 8의 유전자형과 돌연변이 추론하기

- 구성원 2의 유전자형이 DF이므로 구성원 2의 표현형은 [D]이다.
- 구성원 2와 8의 표현형이 같으므로 구성원 8도 대립유전자 D를 가진다.
- 대립유전자 D를 가지는 구성원 2, 5, 7과 구성원 8의 유전자형이 달라야 하므로 구성원 8의 유전자형은 DD이다.
- 구성원 6의 유전자형은 GG인데 자손인 구성원 8의 유전자형이 DD이므로 구성원 6에서 대립유전자 G가 대립유전자 D로 바뀌는 돌연변이가 일어났다. ㉠이 G, ㉡이 D이다.

| 보기 분석 |

ㄱ. 5와 7의 표현형은 같다. (○)

문제 해결 과정의 step 2를 참고하면, 구성원 5의 유전자형은 DE이고 구성원 7의 유전자형은 DG이다. 대립유전자 D가 대립유전자 G와 E에 대해 완전 우성이므로 구성원 5와 구성원 7의 표현형은 같다.

ㄴ. ⓐ는 5에서 형성되었다. (×)

문제 해결 과정의 step 3을 참고하면, ⓐ는 구성원 6이 가지는 대립유전자 G가 대립유전자 D로 바뀐 생식세포이다. ⓐ에서 ㉠이 G, ㉡이 D이다.

ㄷ. 2~8 중 1과 표현형이 같은 사람은 2명이다. (×)

문제 해결 과정의 step 2를 참고하면, 구성원 1의 유전자형은 EG이다. 대립유전자 E가 대립유전자 G에 대해 완전 우성이므로 구성원 1과 표현형이 같으려면 유전자형이 EE 또는 EF여야 한다.
구성원 2~8 중 유전자형이 EE인 구성원은 없고, 유전자형이 EF인 구성원 3 한 명만이 구성원 1과 표현형이 같다.

✪ 정답은 ① ㄱ이다.

문제 풀이 Tip

1. **1쌍의 대립유전자에 의해 결정되는 복대립 유전 형질에서 모든 대립유전자의 우열 관계가 뚜렷하면 가능한 표현형의 가짓수는 대립유전자의 개수와 같다.**
   대립유전자가 3개이며 모든 대립유전자의 우열 관계가 뚜렷한 복대립 유전 형질에서 가능한 표현형의 가짓수는 3가지인 것처럼, 대립유전자가 4개이며 모든 대립유전자의 우열 관계가 뚜렷한 복대립 유전 형질에서 가능한 표현형의 가짓수는 4가지임을 파악해야 한다.
2. **1쌍의 대립유전자에 의해 결정되는 복대립 유전 형질에서 n개의 대립유전자의 우열 관계가 뚜렷하면 n가지 표현형 각각에 대해 가능한 유전자형의 가짓수는 n가지, $n-1$가지, $n-2$가지, $n-3$가지, ... 1가지이다.**
   대립유전자가 D, E, F, G 4개이며 모든 대립유전자의 우열 관계가 뚜렷한 복대립 유전 형질에서, DD, DE, DF, DG의 4가지 유전자형이 하나의 표현형을 나타내며, DD, DF, DG의 3가지 유전자형이 다른 하나의 표현형을 나타내며, FG, FF의 2가지 유전자형이 다른 하나의 표현형을 나타내며, GG의 1가지 유전자형이 마지막 하나의 표현형을 나타냄을 파악해야 한다.

* 유전자 이상 유전병  핵심 개념

낫 모양 적혈구 빈혈증	헤모글로빈을 만드는 유전자에 이상이 생겨 비정상 헤모글로빈이 합성되며 적혈구가 낫 모양으로 변한다. 상염색체 열성 유전된다.
페닐케톤뇨증	페닐알라닌을 타이로신으로 전환시키는 효소 유전자에 이상이 생겨 페닐알라닌이 체내에 축적되어 중추 신경계를 손상시킨다. 상염색체 열성 유전된다.
알비노증	멜라닌 합성 효소를 만드는 유전자에 이상이 생겨 피부, 홍채 등에 멜라닌 색소가 결핍되어 자외선에 대한 방어 능력이 떨어진다. 상염색체 열성 유전된다.

송의현 | 원광대 의예과 2021년 입학 · 안산 동산고 졸

이런 문제를 낼 수 있다는 것에 충격 받았어. 추론 능력보다는 시간이 얼마나 남았는지, 운이 얼마나 좋은지에 따라 결정되는 듯한 느낌이였지. 일단 나는 복대립 문제를 풀 때 가능한 형질별로 분류를 해두고 풀어.
이 문제에서는 D>E>F>G이므로 DD, DE, DF, DG / EE, EF, EG / FF, FG / GG 이렇게 분류해두고 시작했어. 마침 모든 구성원의 유전자형이 다르다고 했으므로 이렇게 해도 손해는 아닐거라고 생각했지. 일단 3, 4, 5, 6의 표현형이 다르다는 것에 주목해보면, 이 넷 중 한명은 GG여야 하는데, 표에서 3, 4, 5의 G 개수가 2가 아니니, 6이 자동으로 GG야. 그리고 1, 4도 G를 가지고 있다고 했고, 만약 6에서 돌연변이가 일어난 것이 아니라면 7, 8도 G를 가지고 있어야 하는데, 옆에 모든 유전자형을 분류해둔 것을 보니 G가 포함된 유전자형은 네 개밖에 없더라고. 그러니까 6에서 돌연변이가 일어나 8이 태어난거지! 그 뒤로는 2와 8이 가능한 유전자형이 가장 많은 표현형인 D_으로 같을 것이라고 추론하고 귀류법을 펼쳐봤는데 맞더라.
복대립 문제를 풀 때 가능한 모든 유전자형을 표현형별로 분류하여 적어두고 푸는 것을 연습해보는 것을 추천할게. 연습을 계속해보면 여러 가지 경우의 수를 한꺼번에 연산해 나가며 모순인 케이스를 손쉽게 지우는 자신을 발견하게 될거야.

N 생태계의 구성과 기능

N 01 정답 ① * 생태계의 구성 요소 ·················· [정답률 91%] 2025 대비 6월 모평 16

그림은 생태계를 구성하는 요소 사이의 상호 관계를 나타낸 것이다.

생물적 요인 사이에서 서로 영향을 주고받음

비생물적 요인이 생물 군집에 영향을 줌

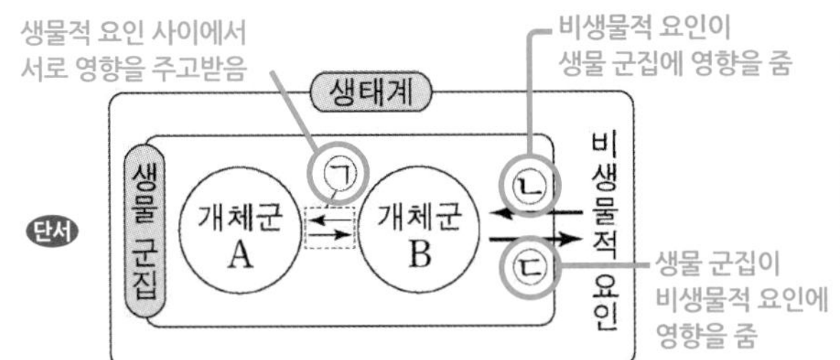

생물 군집이 비생물적 요인에 영향을 줌

이에 대한 설명으로 옳은 것만을 〈보기〉에서 있는 대로 고른 것은?

[보기]

ㄱ. 늑대가 말코손바닥사슴을 잡아먹는 것은 ㉠의 예에 해당한다.
개체군과 개체군 사이의 상호 관계인 ㉠의 예에 해당함

ㄴ. 지의류에 의해 암석의 풍화가 촉진되어 토양이 형성되는 것은 ㉡의 예에 해당한다.
생물 군집이 비생물적 요인에 영향을 미치는 ㉢의 예임

ㄷ. 분해자는 비생물적 요인에 해당한다.
분해자는 생물적 요인에 해당함

① ㄱ ② ㄷ ③ ㄱ, ㄴ ④ ㄴ, ㄷ ⑤ ㄱ, ㄴ, ㄷ

단서+발상

(단서) 생태계를 구성하는 요소 사이의 상호 관계 중 개체군과 개체군 사이의 상호 관계인 ㉠, 비생물적 요인이 생물 군집에 영향을 주는 ㉡, 생물 군집이 비생물적 요인에 영향을 주는 ㉢이 제시되어 있다.

(발상) 화살표의 방향에 따라 생물 군집이 비생물적 요인에 영향을 주는 것인지 비생물적 요인이 생물 군집에 영향을 주는 것인지 추론할 수 있다.

| 문제+자료 분석 |

- **생태계:** 생물적 요인과 비생물적 요인으로 구성된다.
- **생물적 요인:** 생태계 내의 모든 생물이며, 생태계에서 담당하는 역할에 따라 생산자, 소비자, 분해자로 구분한다.
- **비생물적 요인:** 생물을 둘러싸고 있는 비생물 환경으로 빛, 온도, 물, 공기, 토양 등이 해당한다.
- **개체군:** 생물은 각각의 개체가 독립적으로 살아가지 않고 무리를 이루어 살아가는데, 일정한 지역에 같은 종의 개체가 무리를 이룬 것이다.
- 생태계 구성 요소들은 서로 영향을 주고받는다.
㉡은 비생물적 요인이 생물 군집에 영향을 주는 것이다. 작용이라고도 한다.
㉢은 생물 군집이 비생물적 요인에 영향을 주는 것이다. 반작용이라고도 한다.
㉠은 개체군 A와 개체군 B가 서로 영향을 주고받는 것이다.
상호 작용이라고도 한다.

| 보기 분석 |

ㄱ. 늑대와 말코손바닥사슴은 다른 종이므로 서로 다른 개체군에 속한다.
따라서 늑대가 말코손바닥사슴을 잡아먹는 것은 개체군과 개체군 사이의 상호 관계인 ㉠의 예에 해당한다.

ㄴ. 지의류는 생물 군집에 속하고, 토양은 비생물적 요인에 속한다.
지의류에 의해 암석의 풍화가 촉진되어 토양이 형성되는 것은 생물 군집이 비생물적 요인에 영향을 미치는 ㉢의 예에 해당한다.

ㄷ. 분해자는 생산자와 소비자의 사체나 배설물 속 유기물을 무기물로 분해하여 에너지를 얻는 생물로 생물적 요인에 해당한다.

N 02 정답 ⑤ * 생태계 구성 요소 ·················· [정답률 90%] 2022 대비 9월 모평 6

다음은 생태계의 구성 요소에 대한 학생 A~C의 발표 내용이다.

생물적 요인, 비생물적 요인 있음

제시한 내용이 옳은 학생만을 있는 대로 고른 것은?

① A ② C ③ A, B ④ B, C ⑤ A, B, C

| 문제+자료 분석 |

- 생태계의 구성 요소에는 생물적 요인과 비생물적 요인이 있다.
- 비생물적 요인은 생물 군집을 둘러싸고 있는 무기 환경을 의미하며, 빛, 온도, 물, 토양, 공기 등이 있다.

| 선택지 분석 |

A. 생태계를 구성하는 생물적 요인에는 스스로 유기물을 합성하는 생산자, 먹이로부터 유기물을 얻는 소비자, 사체나 배설물에 포함된 유기물을 분해하는 분해자로 구성되어 있다.

B. 영양염류는 질소, 인 등의 염류로 생물적 요인이 아닌 비생물적 요인이다.

C. 지의류는 생물이고 암석의 풍화로 토양이 형성되는 것은 비생물적 요인이므로 생물적 요인이 비생물적 요인에 영향을 미치는 것(반작용)의 예에 해당한다.

* 생태계 구성 요소 사이의 상호 관계

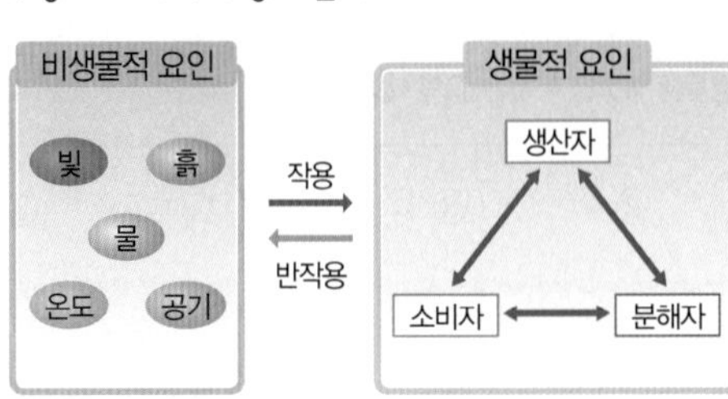

N 03 정답 ③ ＊생태계 구성 요소 [정답률 90%] 2025 대비 수능 6

그림은 생태계를 구성하는 요소 사이의 상호 관계를, 표는 상호 작용의 예를 나타낸 것이다. (가)와 (나)는 순위제의 예와 텃세의 예를 순서 없이 나타낸 것이다.

㉠: 개체군 내 상호 작용
㉡: 개체군 간 상호 작용
㉢: 비생물적 요인이 생물 군집에 영향을 줌(작용)
㉣: 생물 군집이 비생물적 요인에 영향을 줌(반작용)

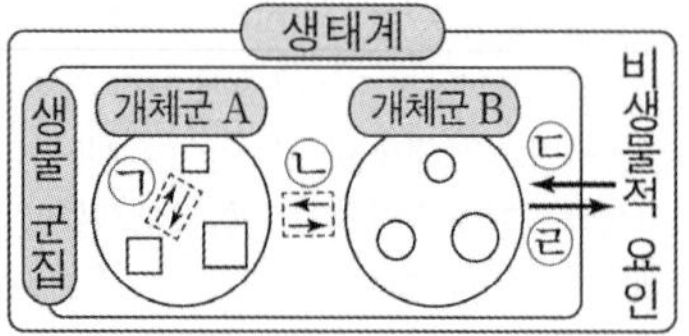

(가) 갈색벌새는 꿀을 확보하기 위해 다른 갈색벌새가 서식 공간에 접근하는 것을 막는다. 텃세(㉠: 개체군 내 상호 작용)
(나) 유럽산비둘기 무리에서는 서열이 높은 개체일수록 무리의 가운데 위치를 차지한다. 순위제(㉠: 개체군 내 상호 작용)

이에 대한 설명으로 옳은 것만을 〈보기〉에서 있는 대로 고른 것은?

[보기]

ㄱ. (가)는 텃세의 예이다. (가)는 텃세의 예, (나)는 순위제의 예
ㄴ. (나)의 상호 작용은 ㉠에 해당한다.
(나)의 상호 작용은 순위제로 ㉠에 해당
ㄷ. 거북이의 성별이 발생 시기 알의 주변 온도에 의해 결정되는 것은 ㉣의 예에 해당한다. ㉢

① ㄱ ② ㄷ ③ ㄱ, ㄴ ④ ㄴ, ㄷ ⑤ ㄱ, ㄴ, ㄷ

단서+발상

단서 (가)와 (나)에 각각 같은 종의 집단 내 상호 관계가 제시되어 있다.
발상 (가)와 (나)는 모두 개체군 내 상호 작용(㉠)의 예임을 추론할 수 있다.
적용 생태계의 구성과 상호 관계를 적용해서 (가)와 (나)가 ㉠의 예임을 구하는 것부터 문제 풀이를 시작해야 한다.

| 문제+자료 분석 |

- **(가):** 갈색벌새라는 같은 종의 집단에서 다른 개체가 접근하는 것을 막는 것은 텃세의 예로 개체군 내 상호 작용이다.
- **(나):** 유럽산비둘기라는 같은 종의 집단에서 서열이 높은 개체가 무리의 가운데를 차지하는 것은 순위제의 예로 개체군 내 상호 작용이다.
- **㉠~㉣:** ㉠은 개체군 내 상호 작용, ㉡은 군집 내에서 개체군 간의 상호 작용, ㉢은 비생물적 요인이 생물적 요인에 영향을 주는 작용, ㉣은 생물적 요인이 비생물적 요인에 영향을 주는 반작용을 나타낸 것이다.

| 보기 분석 |

ㄱ. (가)는 텃세, (나)는 순위제의 예이다.
ㄴ. (가)와 (나)의 상호 작용은 모두 개체군 내 상호 작용의 예로 ㉠에 해당한다.
ㄷ. 발생 시기 알의 주변 온도에 의해 거북이의 성별이 결정되는 것은 비생물적 요인이 생물적 요인에 영향을 미치는 ㉢(작용)의 예에 해당한다.

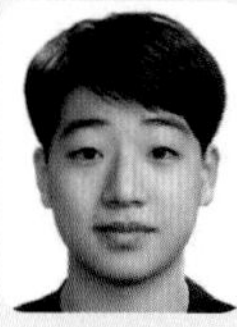

윤혁준 | 2025 수능 응시 · 서울 강서고 졸
(가)에서는 '서식 공간'에서 텃세임을, (나)에서는 '서열'에서 순위제임을 판단해야해. 기본 개념을 잘 알고 있었다면 어렵지 않게 풀 수 있었어.

N 04 정답 ④ ＊생태계의 구성 요소 [정답률 89%] 2024 대비 수능 6

그림은 생태계를 구성하는 요소 사이의 상호 관계를 나타낸 것이다.

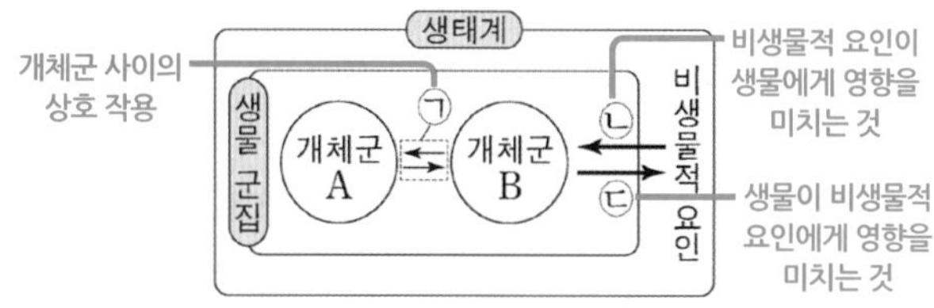

이에 대한 설명으로 옳은 것만을 〈보기〉에서 있는 대로 고른 것은?

[보기]

ㄱ. 곰팡이는 생물 군집에 속한다.
곰팡이는 생물 군집에 속함
ㄴ. 같은 종의 개미가 일을 분담하며 협력하는 것은 ㉠의 예에 해당한다.
개미 개체군 내의 분업은 ㉠의 예에 해당하지 않음
ㄷ. 빛의 세기가 참나무의 생장에 영향을 미치는 것은 ㉡의 예에 해당한다.
빛의 세기가 참나무의 생장에 영향을 미치는 것은 비생물적 요인이 생물에 영향을 미치는 ㉡의 예에 해당함

① ㄱ ② ㄴ ③ ㄷ ④ ㄱ, ㄷ ⑤ ㄴ, ㄷ

| 문제+자료 분석 |

- ㉠: 서로 다른 개체군 A와 B 사이의 상호 작용이다. 개체군 사이의 상호 작용의 유형으로는 종간 경쟁, 분서, 포식과 피식, 상리 공생, 편리공생 등이 있다.
- ㉡: 비생물적 요인이 생물에게 영향을 미치는 것이다.
- ㉢: 생물이 비생물적 요인에게 영향을 미치는 것이다.

| 보기 분석 |

ㄱ. 분해자인 곰팡이는 생물 군집에 속한다.
ㄴ. 같은 종의 개미가 일을 분담하며 협력하는 것은 사회생활(분업)로, 개체군 내의 상호 작용에 해당한다. 따라서 군집 내 개체군 사이의 상호 작용인 ㉠에 해당하지 않는다.
ㄷ. 빛의 세기(비생물적 요인)가 참나무(생물)의 생장에 영향을 미치는 것은 환경이 생물에게 영향을 미치는 것이므로 ㉡의 예에 해당한다.

권민재 | 강릉원주대 치의예과 2024년 입학 · 서울 광영여고 졸
생태계를 구성하는 요소 사이의 상호 관계를 물어보는 문제야. 비생물적 요인이 생물에 영향을 미치는 것, 생물이 비생물적 요인에 영향을 미치는 것, 개체군 내의 상호 작용, 개체군 사이의 상호 작용에 대한 이해가 필요하겠지? 곰팡이는 생물 군집, 그 중에서도 분해자에 속해. 시간 절약을 위해서 이 파트에선 절대 고민하면 안돼. '같은 종의 개미'는 한 개체군을 이루니까 ㉠의 예는 아니야. 빛의 세기는 비생물적 요인, 참나무는 생물에 속하지. 따라서 비생물적 요인이 생물에 영향을 주는 것이니까 ㉡이 맞아.

N 05 정답 ④ * 생태계 구성 요소 [정답률 87%] 2023 대비 9월 모평 3

그림은 생태계를 구성하는 요소 사이의 상호 관계를, 표는 상호 관계 (가)~(다)의 예를 나타낸 것이다. (가)~(다)는 ㉠~㉢을 순서 없이 나타낸 것이다.

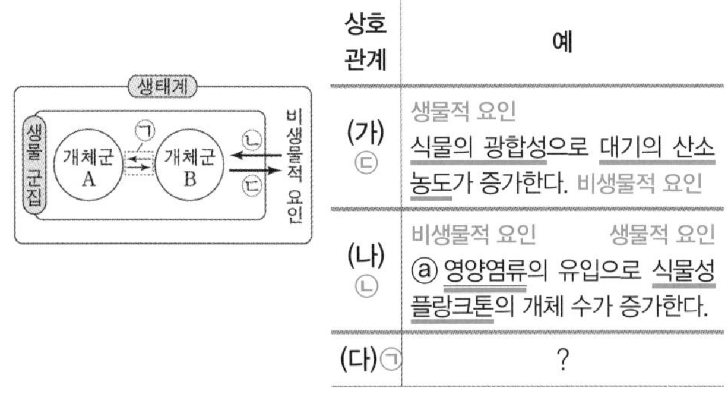

상호 관계	예
(가) ㉢	생물적 요인 식물의 광합성으로 대기의 산소 농도가 증가한다. 비생물적 요인
(나) ㉡	비생물적 요인 생물적 요인 ⓐ 영양염류의 유입으로 식물성 플랑크톤의 개체 수가 증가한다.
(다)㉠	?

이에 대한 설명으로 옳은 것만을 〈보기〉에서 있는 대로 고른 것은?

[보기]

ㄱ. (가)는 ㉡이다.
(가)는 생물적 요인이 비생물적 요인에 영향을 주는 ㉢임

ㄴ. ⓐ는 비생물적 요인에 해당한다.
ⓐ는 비생물적 요인에 해당함

ㄷ. 생태적 지위가 비슷한 서로 다른 종의 새가 경쟁을 피해 활동 영역을 나누어 살아가는 것은 (다)의 예에 해당한다.
서로 다른 종의 새의 분서는 개체군 사이의 상호 작용인 (다)의 예

① ㄱ ② ㄷ ③ ㄱ, ㄴ ④ ㄴ, ㄷ ⑤ ㄱ, ㄴ, ㄷ

| 문제+자료 분석 |

- **(가)**: 생물적 요인인 식물의 광합성에 의해 비생물적 요인인 대기의 산소 농도가 증가하는 것은 ㉢의 예이다.
- **(나)**: 비생물적 요인인 영양염류의 유입으로 인해 생물적 요인인 식물성 플랑크톤의 개체 수가 증가한 것은 ㉡의 예이다.
- **(다)**: ㉠은 서로 다른 개체군 사이의 상호 작용을 나타낸 것이다.

| 보기 분석 |

ㄱ. (가)는 생물적 요인이 비생물적 요인에 영향을 준 사례이므로 ㉢이다.
ㄴ. 질산염, 인산염 등의 ⓐ(영양염류)는 비생물적 요인에 해당한다.
ㄷ. 생태적 지위가 비슷한 서로 다른 종의 새가 경쟁을 피해 활동 영역을 나누어 살아가는 것은 분서의 예에 해당한다. 분서의 예는 서로 다른 개체군 사이의 상호 작용인 (다)에 해당한다.

*** 생태계 구성 요소 사이의 상호 관계**

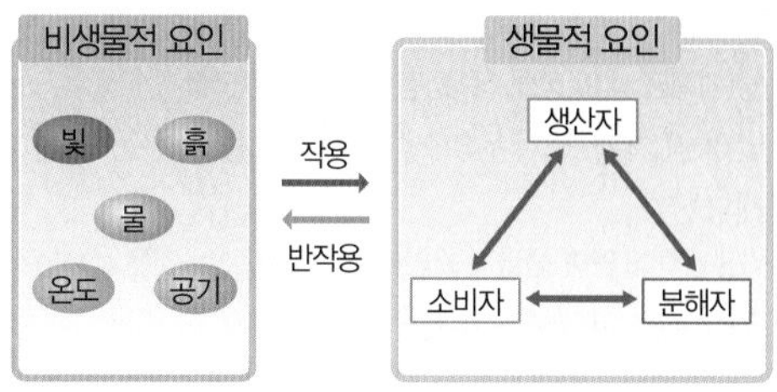

N 06 정답 ① * 생태계의 구성 요소 사이의 상호 관계 [정답률 79%] 2024 대비 9월 모평 20

그림은 생태계를 구성하는 요소 사이의 상호 관계를 나타낸 것이고, 표는 습지에 서식하는 식물 종 X에 대한 자료이다.

비생물적 요인이 생물 군집에 영향을 줌

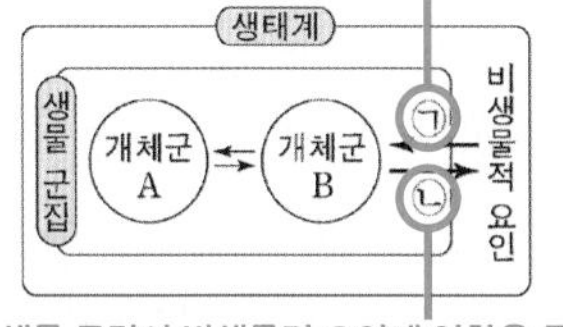

생물 군집이 비생물적 요인에 영향을 줌

- ⓐ X는 그늘을 만들어 수분 증발을 감소시켜 토양 속 염분 농도를 낮춘다.
  X가 토양 환경에 영향을 줌 ➡ ㉡
- X는 습지의 토양 성분을 변화시켜 습지에 서식하는 생물의 ⓑ 종 다양성을 높인다.

이에 대한 설명으로 옳은 것만을 〈보기〉에서 있는 대로 고른 것은? (3점)

[보기]

ㄱ. X는 생물 군집에 속한다. 식물 종 X는 생물 군집에 속함

ㄴ. ⓐ는 ㉠에 해당한다. ⓐ는 ㉡에 해당함

ㄷ. ⓑ는 동일한 생물종이라도 형질이 각 개체 간에 다르게 나타나는 것을 의미한다.
종 다양성(ⓑ)은 한 생태계 내의 군집에 서식하는 생물종의 다양한 정도를 의미함

① ㄱ ② ㄴ ③ ㄷ ④ ㄱ, ㄴ ⑤ ㄱ, ㄷ

| 문제+자료 분석 |

- ㉠은 비생물적 요인이 생물에 영향을 주는 것, ㉡은 생물이 비생물적 요인에 영향을 주는 것을 의미한다. ⓐ는 식물 종 X가 토양 속 염분 농도를 낮추므로 ㉡의 예에 해당한다.
- 종 다양성(ⓑ)은 한 생태계 내의 군집에 서식하는 생물종의 다양한 정도를 의미한다.

| 보기 분석 |

ㄱ. 군집은 일정한 지역에 여러 종류의 개체군이 모여 생활하는 집단을 의미한다. 식물 종 X는 생물 군집에 속한다.
ㄴ. ⓐ는 식물 X가 토양 속 염분 농도를 낮추므로 ㉡의 예에 해당한다.
ㄷ. 종 다양성(ⓑ)은 한 생태계 내의 군집에 서식하는 생물종의 다양한 정도를 의미한다. 동일한 생물종이라도 형질이 각 개체 간에 다르게 나타나는 것은 유전적 다양성에 해당한다. 함정

*** 유전적 다양성과 종 다양성**

- **유전적 다양성**: 한 개체군에서 개체 간 유전자 변이가 다양하여 형질이 다르게 나타나는 것을 의미한다. 같은 생물종이라도 하나의 형질을 결정하는 대립유전자가 다양하여 무늬, 색 등의 형질이 다양하게 나타나고 유전적 다양성이 높은 개체군은 환경 변화에도 생존할 가능성이 크다.
- **종 다양성**: 생물종의 수가 많을수록, 각 생물종의 분포 비율이 고를수록 종 다양성이 높다. 종 다양성이 높을수록 생태계가 안정적으로 유지된다.

N 07 정답 ② * 생태계의 구성 요소 ········· [정답률 88%] 2023 대비 6월 모평 14

그림은 생태계를 구성하는 요소 사이의 상호 관계를 나타낸 것이다.

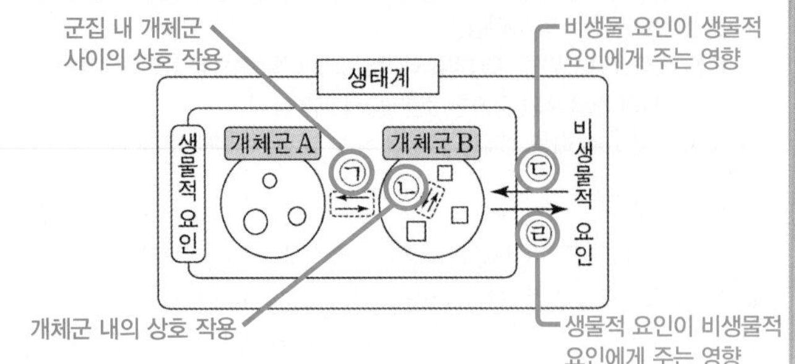

이에 대한 설명으로 옳은 것만을 〈보기〉에서 있는 대로 고른 것은?

[보기]

ㄱ. 같은 종의 기러기가 무리를 지어 이동할 때 리더를 따라 이동하는 것은 ㉠에 해당한다.
㉡(개체군 내의 상호 작용) 중 리더제에 해당함

ㄴ. 빛의 세기가 소나무의 생장에 영향을 미치는 것은 ㉢에 해당한다.
비생물적 요인이 생물적 요인에 영향을 미치는 것은 ㉢에 해당함

ㄷ. 군집에는 비생물적 요인이 포함된다.
군집은 여러 개체군들의 집합이므로 생물적 요인이 포함됨

① ㄱ ② ㄴ ③ ㄷ ④ ㄱ, ㄴ ⑤ ㄱ, ㄷ

| 문제+자료 분석 |

- ㉠: 군집 내 개체군 사이의 상호 작용으로, 서로 다른 종 사이에서 일어나는 상호 작용이다. 이 상호 작용의 예로는 종간 경쟁, 분서(생태 지위 분화), 포식과 피식, 공생, 기생 등이 있다.
- ㉡: 개체군 내의 상호 작용으로, 같은 종 사이에서 일어나는 상호 작용이다. 이 상호 작용의 예로는 텃세, 순위제, 리더제, 사회생활, 가족생활 등이 있다.
- ㉢: 비생물적 요인이 생물적 요인에게 주는 영향이다.
- ㉣: 생물적 요인이 비생물적 요인에게 주는 영향이다.

| 보기 분석 |

ㄱ. 같은 종의 기러기가 무리를 지어 이동할 때 리더를 따라 이동하는 것은 ㉡(개체군 내의 상호 작용) 중 리더제에 해당한다.

ㄴ. 빛의 세기가 소나무의 생장에 영향을 미치는 것은 비생물적 요인인 빛이 생물적 요인인 소나무에 영향을 미치는 것이므로 ㉢에 해당한다.

ㄷ. 군집은 일정한 지역에 모여 생활하는 여러 개체군들의 집합이다. 따라서 군집에는 생물적 요인이 포함되고, 비생물적 요인은 포함되지 않는다.

N 08 정답 ② * 생태계의 구성 요소 ········· [정답률 68%] 2023 실시 10월 학평 4

그림은 생태계 구성 요소 사이의 상호 관계를 나타낸 것이다.

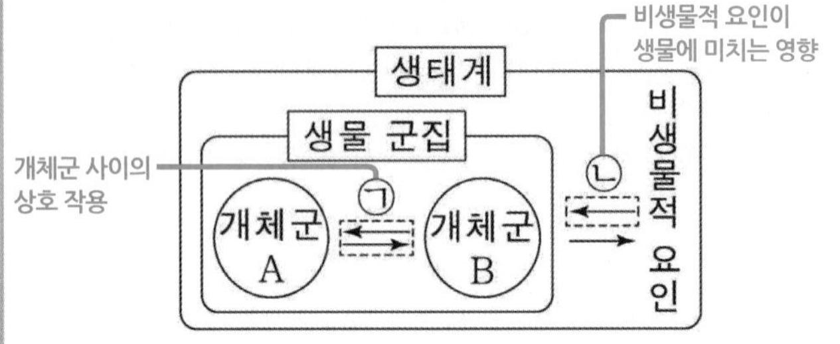

이에 대한 옳은 설명만을 〈보기〉에서 있는 대로 고른 것은? (3점)

[보기]

ㄱ. A는 여러 종으로 구성되어 있다.
개체군 A는 동일한 종으로 구성됨

ㄴ. 분서(생태 지위 분화)는 ㉠의 예이다.
분서는 개체군 사이의 상호 작용의 예임

ㄷ. 음수림에서 층상 구조의 발달이 높이에 따른 빛의 세기에 영향을 주는 것은 ㉡에 해당한다.
층상 구조의 발달이 높이에 따른 빛의 세기에 영향을 주는 것은 생물이 비생물적 요인에 영향을 미치는 것임

① ㄱ ② ㄴ ③ ㄱ, ㄷ ④ ㄴ, ㄷ ⑤ ㄱ, ㄴ, ㄷ

| 문제+자료 분석 |

- ㉠: 서로 다른 개체군 사이의 상호 작용을 나타낸 것이다. 종간 경쟁, 분서, 포식과 피식, 상리 공생, 편리공생, 기생이 이에 해당한다.
- ㉡: 비생물적 요인(환경 요소)이 생물에게 미치는 영향을 나타낸 것이다.

| 보기 분석 |

ㄱ. 하나의 개체군은 동일한 종으로 구성되므로, 개체군 A는 동일한 종의 개체들로 구성된다.

ㄴ. 분서(생태 지위 분화)는 생태적 지위가 비슷한 두 개체군이 서로 경쟁을 피하기 위해 먹이, 서식 공간 등을 달리하는 것으로, 개체군 사이의 상호 작용에 해당하므로 ㉠의 예이다.

ㄷ. 음수림에서 층상 구조의 발달이 높이에 따른 빛의 세기에 영향을 주는 것은 생물적 요인(층상 구조의 발달)이 비생물적 요인(빛의 세기)에 영향을 미치는 것이므로 ㉡에 해당하지 않는다.

* 생태계 구성 요소 간의 관계

구분	예시
비생물적 요인 → 생물적 요인	• 일조량의 감소로 벼의 광합성량이 감소한다. • 가을에 기온이 낮아져 은행나무 잎이 노랗게 변한다.
생물적 요인 → 비생물적 요인	• 지렁이는 이리저리 다니면서 흙 속에 구멍을 뚫어 토양의 통기성을 높여 준다. • 식물의 광합성으로 대기의 산소 농도가 증가한다.
생물적 요인 ⇄ 생물적 요인	• 개체군 내의 상호 작용 — 텃세, 순위제, 리더제, 사회생활, 가족생활 • 개체군 사이의 상호 작용 — 종간 경쟁, 분서, 포식과 피식, 공생, 기생

N 09 정답 ③ ＊일조 시간과 개화 ········· [정답률 70%] 2019 대비 6월 모평 11

일조 시간이 식물의 개화에 미치는 영향을 알아보기 위하여, 식물 종 A의 개체 ㉠~㉣에 빛 조건을 달리하여 개화 여부를 관찰하였다. 그림은 빛 조건 Ⅰ~Ⅳ를, 표는 Ⅰ~Ⅳ에서 ㉠~㉣의 개화 여부를 나타낸 것이다. ⓐ는 종 A가 개화하는 데 필요한 최소한의 '연속적인 빛 없음' 기간이다.

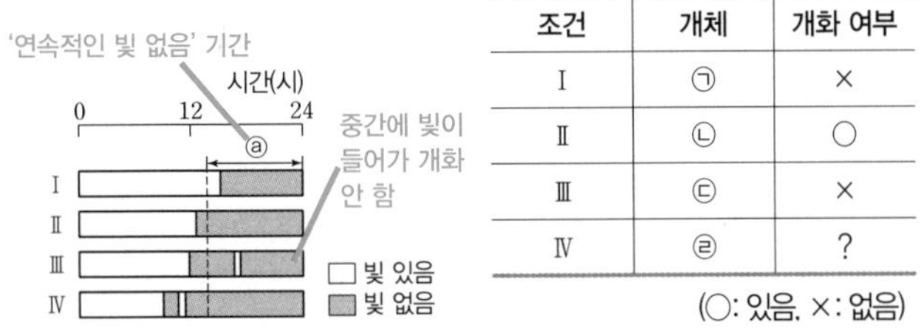

조건	개체	개화 여부
Ⅰ	㉠	×
Ⅱ	㉡	○
Ⅲ	㉢	×
Ⅳ	㉣	?

(○: 있음, ×: 없음)

이 자료에 대한 설명으로 옳은 것만을 <보기>에서 있는 대로 고른 것은? (단, 제시된 조건 이외는 고려하지 않는다.) (3점)

[보기]

ㄱ. Ⅳ에서 ㉣은 개화한다.
→ Ⅳ는 연속적인 빛 없음 기간이 ⓐ보다 길기 때문에 ㉣이 개화함

ㄴ. 일조 시간은 비생물적 요인이다.
→ 일조 시간은 빛과 관련된 비생물적 요인

ㄷ. 종 A는 '빛 없음' 시간의 ~~합이 ⓐ보다 길 때~~ 항상 개화한다.
→ '연속적인 빛 없음 시간'이 ⓐ보다 길 때 종 A가 개화

① ㄱ ② ㄷ ③ ㄱ, ㄴ ④ ㄴ, ㄷ ⑤ ㄱ, ㄴ, ㄷ

| 문제+자료 분석 |

- 단일 식물은 '연속적인 빛 없음' 기간이 일정 시간 이상 지속될 때 개화하고, 장일식물은 '연속적인 빛 없음' 기간이 일정 시간 이하일 때만 개화한다.
- Ⅰ: 개체 ㉠은 ⓐ보다 암기의 지속 시간이 짧아 개화하지 않았다. 따라서 종 A가 단일 식물이라는 것을 알 수 있다.
- Ⅱ: 개체 ㉡은 ⓐ보다 암기의 지속 시간이 길기 때문에 개화하였다.
- Ⅲ: 개체 ㉢은 전체 암기 시간은 ⓐ보다 길지만 '연속적인 빛 없음' 기간이 ⓐ보다 짧다. 이 경우 개화되지 않았다.
- Ⅳ: 개체 ㉣은 '연속적인 빛 없음 기간'이 ⓐ보다 길기 때문에 개화한다.

| 보기 분석 |

ㄱ. Ⅳ에서 ㉣은 단일 식물인 종 A이므로, '연속적인 빛 없음' 기간이 ⓐ 이상이면 개화할 수 있다. 따라서 Ⅳ은 '연속적인 빛 없음' 기간이 ⓐ 이상이므로 ㉣은 개화한다.

ㄴ. 일조 시간은 태양 빛이 지표면에 비치는 시간을 나타내는 것이므로 빛 조건에 해당한다. 따라서 비생물적 요인이다.

ㄷ. 종 A가 개화하기 위해서는 '빛 없음' 시간의 합이 중요한 것이 아니라 '연속적인 빛 없음' 시간이 중요하다. '연속적인 빛 없음' 시간이 ⓐ보다 길 때 개화한다. 끊어지지 않고 연속적으로 '빛 없음'이 이어져야 한다는 의미이다.

＊ 일조 시간

일조 시간이 길어지거나 짧아지는 변화에 따라 꽃이 피는 시기가 정해진다. 장일 식물은 봄과 초여름에 꽃이 피고, 단일 식물은 가을에 꽃이 핀다.

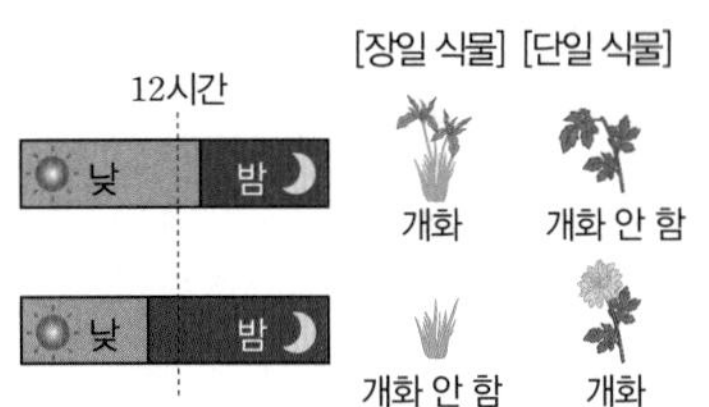

N 10 정답 ③ ＊생태계 구성과 기능 ········· [정답률 89%] 2021 실시 4월 학평 6

그림은 생태계를 구성하는 요소 사이의 상호 관계를, 표는 상호 관계 (가)와 (나)의 예를 나타낸 것이다. (가)와 (나)는 ㉠과 ㉡을 순서 없이 나타낸 것이다.

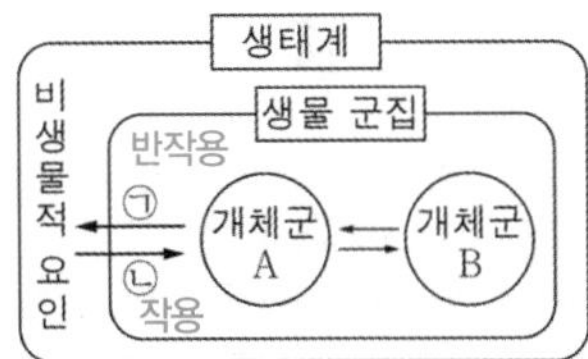

상호 관계	예
(가) 작용	빛의 파장에 따라 해조류의 분포가 달라진다.
(나) 반작용	?

이에 대한 설명으로 옳은 것만을 <보기>에서 있는 대로 고른 것은? (3점)

[보기]

ㄱ. 개체군 A는 동일한 종으로 구성된다.
→ 개체군은 일정한 서식처의 같은 종에 속하는 개체들의 집단

ㄴ. (가)는 ~~㉠이다~~.
→ (가)는 비생물이 생물에 영향을 주는 ㉡(작용)의 예

ㄷ. 지렁이에 의해 토양의 통기성이 증가하는 것은 (나)의 예에 해당한다.
→ 생물이 비생물에 영향을 주는 것으로 (나) 반작용의 예

① ㄱ ② ㄴ ③ ㄱ, ㄷ ④ ㄴ, ㄷ ⑤ ㄱ, ㄴ, ㄷ

| 문제+자료 분석 |

- ㉠(반작용): 생물적 요인이 비생물적 요인에 영향을 주는 것이다.
- ㉡(작용): 비생물적 요인이 생물적 요인에 영향을 주는 것이다.
- (가): 비생물적 요인인 빛의 파장이 생물적 요인인 해조류에 영향을 주는 것으로 ㉡(작용)의 예이다.
- (나): ㉠(반작용)으로 지렁이와 같은 생물적 요인이 토양 등 비생물적 요인에 영향을 주는 것이 이에 해당한다.

| 보기 분석 |

ㄱ. 개체군은 일정한 서식처에 살고 있는 같은 종에 속하는 개체들의 집단을 말한다. 개체군 A, 개체군 B 각각은 동일한 종으로 구성된다.

ㄴ. 빛의 파장은 비생물적 요인이며 해조류의 분포는 생물적 요인이다. 빛의 파장에 따라 해조류의 분포가 달라지는 것은 비생물적 요인이 생물적 요인에 영향을 주는 것으로 ㉡(작용)의 예이다.

ㄷ. 지렁이는 생물적 요인이며 토양의 통기성은 비생물적 요인이다. 생물적 요인이 비생물적 요인에 영향을 주는 것은 (나) 반작용의 예에 해당한다.

N 11 정답 ② * 생태계 구성 요소 ······ [정답률 79%] 2020 실시 3월 학평 17

그림은 생태계 구성 요소 사이의 상호 관계와 물질 이동의 일부를 나타낸 것이다. A와 B는 생산자와 소비자를 순서 없이 나타낸 것이다.

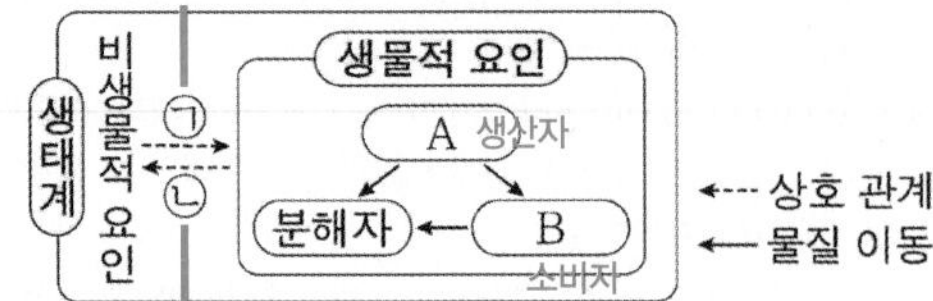

이에 대한 옳은 설명만을 〈보기〉에서 있는 대로 고른 것은?

[보기]

ㄱ. 사람은 A에 속한다.
→ A는 생산자, B는 소비자로 사람은 소비자에 속함

ㄴ. A에서 B로 유기물 형태의 탄소가 이동한다.
→ 생물적 요인에서 물질은 유기물 형태로 이동

ㄷ. 지렁이에 의해 토양의 통기성이 증가하는 것은 ㉠에 해당한다. → 지렁이는 생물적 요인, 토양은 비생물적 요인

① ㄱ ② ㄴ ③ ㄷ
④ ㄱ, ㄴ ⑤ ㄴ, ㄷ

| 문제+자료 분석 |

- 생태계는 비생물적 요인과 생물적 요인으로 구성되며 서로 영향을 주고받는다.
- ㉠은 비생물적 요인이 생물적 요인에 미치는 영향, ㉡은 생물적 요인이 비생물적 요인에 미치는 영향이고, A는 생산자, B는 소비자이다.

| 보기 분석 |

ㄱ. 생물적 요인에서 물질은 생산자에서 소비자로 이동하므로 A는 스스로 양분을 합성할 수 있는 생산자, B는 다른 생물로부터 양분을 흡수하는 소비자이다. 사람은 스스로 양분을 합성할 수 없는 소비자이므로 B(소비자)에 속한다.

ㄴ. A(생산자)에서 B(소비자)로 탄소 화합물, 질소 화합물 등이 이동하는데 모두 유기물 형태로 이동한다.

ㄷ. 지렁이는 생물적 요인 중 분해자에 속하고, 토양은 비생물적 요인에 속한다. 지렁이에 의해 토양의 통기성이 증가하는 것은 생물적 요인이 비생물적 요인에 영향을 미치는 ㉡에 해당한다.

* 생태계 구성 요소

생물적 요인	• 생산자: 무기물로 유기물을 합성하는 생물 • 소비자: 다른 생물을 먹이로 하여 살아가는 생물 • 분해자: 사체나 배설물의 유기물을 이용하는 생물
비생물적 요인	• 생물 군집을 둘러싸고 있는 환경을 의미 • 빛, 온도, 물, 공기, 토양 등

N 12 정답 ① * 생태계의 구성 요소 ······ [정답률 90%] 2020 실시 4월 학평 9

그림은 생태계를 구성하는 요소 사이의 상호 관계를 나타낸 것이다.

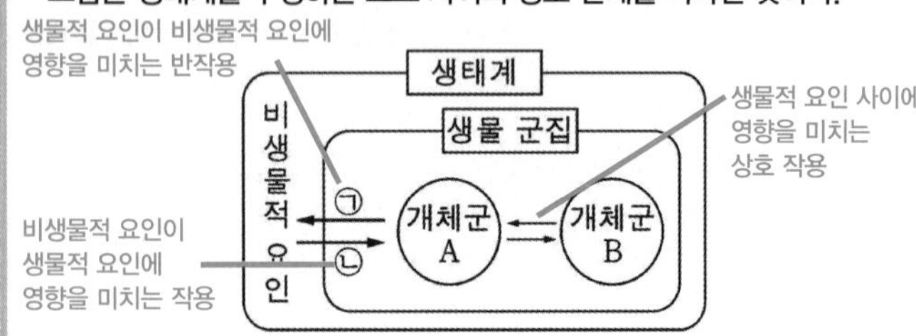

이에 대한 설명으로 옳은 것만을 〈보기〉에서 있는 대로 고른 것은?

[보기]

ㄱ. 개체군 A는 동일한 종으로 구성된다.
→ 개체군은 같은 종으로 이루어진 개체들의 집단

ㄴ. 수온이 돌말의 개체 수에 영향을 미치는 것은 ㉠에 해당한다.
→ 비생물적 요인(수온)이 생물적 요인(돌말)에 영향을 미치므로 ㉡

ㄷ. 식물의 낙엽으로 인해 토양이 비옥해지는 것은 ㉡에 해당한다. → 생물적 요인(식물)이 비생물적 요인(토양)에 영향을 미치므로 ㉠

① ㄱ ② ㄷ ③ ㄱ, ㄴ ④ ㄴ, ㄷ ⑤ ㄱ, ㄴ, ㄷ

| 문제+자료 분석 |

- 생태계의 구성 요소에는 생물적 요인과 비생물적 요인이 있다.
- ㉠: 생물적 요인이 비생물적 요인에 영향을 미치는 반작용이다.
- ㉡: 비생물적 요인이 생물적 요인에 영향을 미치는 작용을 나타낸 것이다.
- 생태계 구성 요소 사이의 상호 관계에는 개체군 내 상호 작용과 군집 내 개체군 사이의 상호 작용도 존재한다.

| 보기 분석 |

ㄱ. 개체군이란 일정한 지역에서 같은 종의 개체들의 무리를 이루어 생활하는 집단이므로, 하나의 개체군은 동일한 종으로 구성된다. 꿀팁
따라서 개체군 A는 동일한 종으로 구성된다.

ㄴ. 수온은 비생물적 요인이고, 돌말은 생물적 요인이다. 따라서 비생물적 요인(수온)이 생물적 요인(돌말)에 영향을 미치는 것은 ㉡에 해당한다.

ㄷ. 식물은 생물적 요인이고, 토양은 비생물적 요인이다. 따라서 생물적 요인(식물)이 비생물적 요인(토양)에 영향을 미치는 것은 ㉠에 해당한다.

* 생태계의 구성 요소

생물적 요인	• 생산자: 광합성을 하여 스스로 양분을 만드는 생물 예 식물, 조류 • 소비자: 다른 생물을 먹이로 섭취하는 생물 예 1차 소비자(초식 동물), 2차 소비자(육식 동물) • 분해자: 다른 생물의 사체나 배설물을 분해하는 생물 예 세균, 곰팡이, 버섯
비생물적 요인	생물을 둘러싼 무기 환경 요소로, 생물의 생장과 생존에 필요한 장소를 제공한다. 예 빛, 온도, 물, 공기, 토양

N 13 정답 ③ * 생태계 구성 요소의 상호 작용 [정답률 85%] 2020 실시 10월 학평 11

그림은 생태계를 구성하는 요소 사이의 상호 관계를 나타낸 것이다.

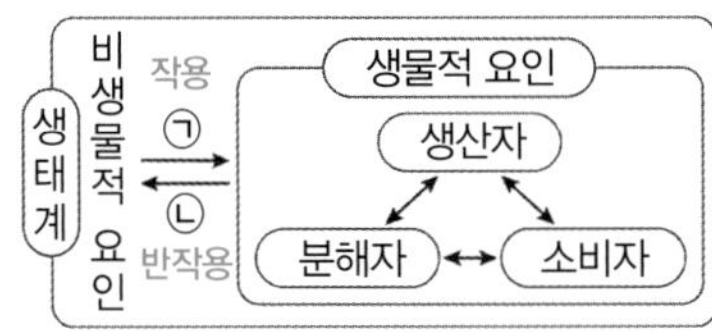

이에 대한 옳은 설명만을 <보기>에서 있는 대로 고른 것은? (3점)

[보기]

ㄱ. 소나무는 생산자에 해당한다.
→ 소나무는 독립 영양 생물인 생산자임

ㄴ. 소비자에서 분해자로 유기물이 이동한다.
→ 생산자, 소비자, 분해자 사이에서 유기물이 이동함

ㄷ. 질소 고정 세균에 의해 토양의 암모늄 이온이 증가하는 것은 ㉠에 해당한다.
→ ㉡에 해당함

① ㄱ ② ㄷ ③ ㄱ, ㄴ ④ ㄴ, ㄷ ⑤ ㄱ, ㄴ, ㄷ

| 문제+자료 분석 |

- ㉠(작용): 생태계에서 비생물적 요인이 생물적 요인에 영향을 미치는 작용이다.
- ㉡(반작용): 생태계에서 생물적 요인이 비생물적 요인에 영향을 미치는 반작용이다. 질소 고정 세균은 생물적 요인, 토양의 암모늄 이온은 비생물적 요인에 해당한다.

| 보기 분석 |

ㄱ. 소나무는 독립 영양 생물로 생산자이다.

ㄴ. 분해자는 소비자의 시체나 배설물에 들어 있는 질소 화합물, 탄소 화합물 등의 유기물을 이용해 생명 활동을 한다. 함정

이 때 소비자에서 분해자로 유기물이 이동한다. 분해자는 생산자가 이용할 수 있는 형태의 무기물로 유기물을 분해하기도 한다.

ㄷ. 질소 고정 세균은 생물적 요인이며 토양의 암모늄 이온은 비생물적 요인이다. 질소 고정 세균에 의해 토양의 암모늄 이온이 증가하는 것은 생물적 요인이 비생물적 요인에 영향을 미치는 ㉡에 해당한다.

N 14 정답 ③ * 생물 군집을 구성하는 요소 [정답률 65%] 2019 실시 3월 학평 4

그림은 생물 군집을 구성하는 요소 사이의 상호 관계를 나타낸 것이다.

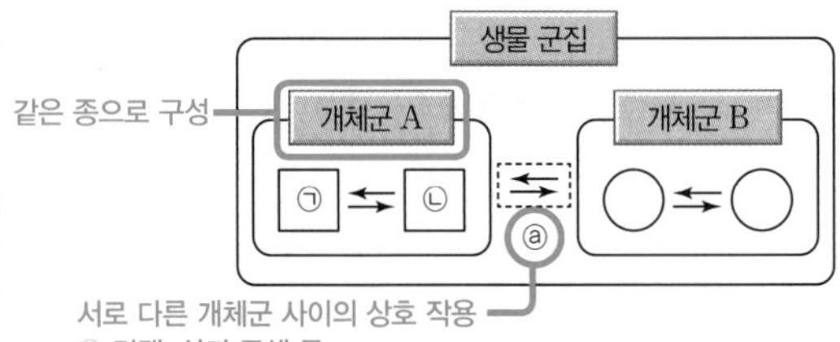

이에 대한 옳은 설명만을 <보기>에서 있는 대로 고른 것은?

[보기]

ㄱ. ㉠과 ㉡은 같은 종이다. → 개체군 A에 속하는 ㉠과 ㉡은 같은 종

ㄴ. ⓐ의 예로 리더제가 있다.
→ 리더제는 같은 개체군 내의 개체들 사이의 상호 작용임

ㄷ. 버섯은 생물 군집에 속한다. → 버섯은 분해자임

① ㄱ ② ㄴ ③ ㄱ, ㄷ
④ ㄴ, ㄷ ⑤ ㄱ, ㄴ, ㄷ

| 문제+자료 분석 |

- 개체군(㉠, ㉡)은 같은 종으로 구성되며, 군집은 여러 종으로 구성된다.
- 생물 군집: 에너지를 획득하는 방법에 따라 생산자, 소비자, 분해자로 나뉜다.
- ⓐ: 개체군 간의 상호 작용으로 경쟁, 포식과 피식, 상리 공생, 편리공생, 기생이 있다.

| 보기 분석 |

ㄱ. 개체군 A에 속하는 ㉠과 ㉡은 서로 같은 종이다. 개체군은 같은 종으로 구성되고, 군집은 여러 종으로 구성된다. 따라서 ㉠과 ㉡은 같은 종이다. 꿀팁

ㄴ. ⓐ는 서로 다른 개체군 사이의 상호 작용이고, 리더제는 한 개체군 내의 개체들 사이의 상호 작용 중 하나이므로 ⓐ의 예는 리더제가 아니다. 주의

리더제도 개체들 간의 상호 작용이라는 점에서 ⓐ의 예라고 생각할 수 있지만 리더제는 개체군 내 개체들 간의 상호 작용이므로 ⓐ의 예가 아님을 주의한다.

ㄷ. 생물 군집에는 생산자, 소비자, 분해자가 있으며, 버섯은 생물 군집 중 분해자에 해당한다.

*** 생물적 요인(생물 군집)**

(1) **생산자**: 광합성을 하여 생태계의 에너지원이나 유기물을 생산한다.
(2) **소비자**: 다른 생물을 먹고 사는 생물
(3) **분해자**: 생산자나 소비자의 사체나 배설물을 분해한다.

N 15 정답 ⑤ * 생태계 구성 요소 사이의 상호 관계 [정답률 75%] 2019 실시 4월 학평 8

그림 (가)는 생태계를 구성하는 요소 사이의 상호 관계를, (나)는 빛이 비치는 방향으로 식물이 굽어 자라는 모습을 나타낸 것이다.

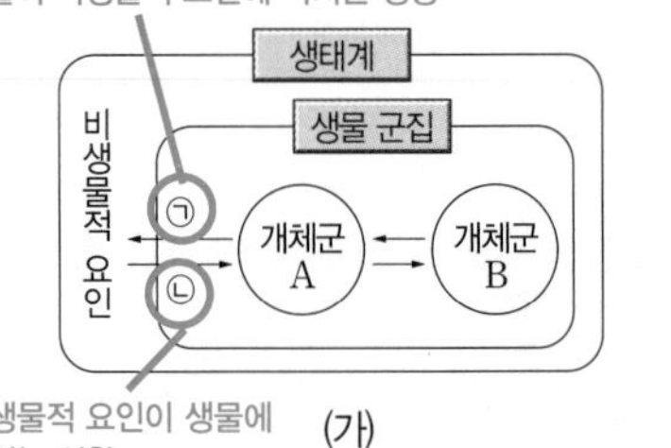

이에 대한 설명으로 옳은 것만을 〈보기〉에서 있는 대로 고른 것은?

[보기]

ㄱ. 개체군 A는 동일한 종으로 구성된다.
→ 개체군은 동일한 종으로 구성

ㄴ. 탈질산화 세균에 의해 질산 이온이 질소 기체로 되는 것은 ㉠에 해당한다. → 탈질산화 세균이 대기 조성에 미친 영향으로 ㉠에 해당

ㄷ. (나)는 ㉡에 해당한다.
→ (나)는 빛이 식물의 생장 방향에 영향을 미치는 것으로 ㉡에 해당

① ㄱ ② ㄷ ③ ㄱ, ㄷ
④ ㄴ, ㄷ ⑤ ㄱ, ㄴ, ㄷ

| 문제+자료 분석 |

- ㉠(반작용): 생물 군집이 비생물적 요인에 영향을 주는 것이다.
- ㉡(작용): 비생물적 요인이 생물 군집에 영향을 주는 것이다.
- 개체군은 같은 종으로 구성되며, 군집은 여러 종으로 구성된다.

| 보기 분석 |

ㄱ. 개체군은 동일한 종으로 구성되므로 (가)에서 개체군 A와 B는 서로 다른 종으로 구성된다.

ㄴ. 탈질산화 세균은 질산 이온을 질소 기체로 바꾸어 비생물적 요인인 대기의 조성에 영향을 미친다. ㉠은 생물이 비생물적 요인에 미치는 영향으로 탈질산화 세균에 의한 대기 조성 변화는 ㉠에 해당한다.

ㄷ. (나)는 빛의 방향을 따라 식물이 굽어 자라는 것으로 비생물적 요인이 생물에 미치는 영향인 ㉡에 해당한다.

* 생태계의 구성 요소

비생물적 요인	생물적 요인을 둘러싸고 있는 무기 환경 요소로, 생물의 생장과 생존에 필요한 장소를 제공 예 빛, 온도, 물, 공기 등	
생물적 요인	생산자	광합성을 하여 생태계의 에너지원인 유기물을 생산한다. 예 식물, 조류
	소비자	다른 생물을 먹고 사는 생물이다. 예 1차 소비자(초식 동물), 2차 소비자(육식 동물)
	분해자	다른 생물의 사체나 배설물을 분해하는 생물이다. 예 세균, 곰팡이

N 16 정답 ④ * 생태계 구성 요소 [정답률 70%] 2020 대비 6월 모평 13

그림은 생태계를 구성하는 요소 사이의 상호 관계를 나타낸 것이다.

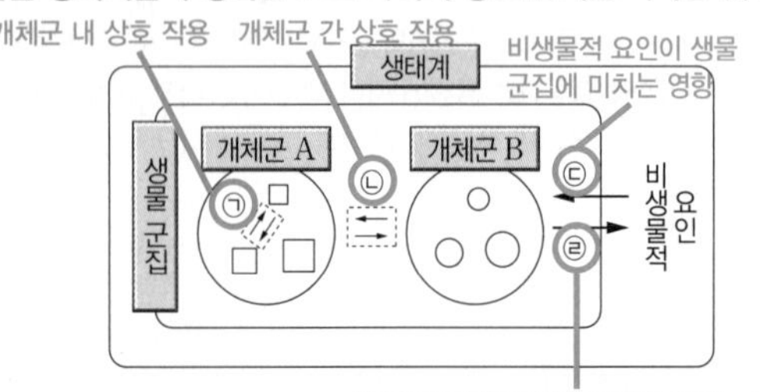

이에 대한 설명으로 옳은 것만을 〈보기〉에서 있는 대로 고른 것은?

[보기]

ㄱ. 스라소니가 눈신토끼를 잡아먹는 것은 ㉠에 해당한다.
→ 스라소니와 눈신토끼는 서로 다른 개체군이므로 ㉡에 해당

ㄴ. 분서는 ㉡에 해당한다.
→ 분서는 서로 다른 개체군 사이의 상호 작용이므로 ㉡에 해당

ㄷ. 질소 고정 세균에 의해 토양의 암모늄 이온(NH_4^+)이 증가하는 것은 ㉣에 해당한다.
→ 생물 군집에 속하는 질소 고정 세균은 비생물적 환경 요인에 속하는 토양에 영향을 미칠 수 있음

① ㄱ ② ㄷ ③ ㄱ, ㄴ
④ ㄴ, ㄷ ⑤ ㄱ, ㄴ, ㄷ

| 문제+자료 분석 |

- ㉠: 개체군 내의 상호 작용으로 리더제, 순위제, 텃세, 가족생활, 사회생활이 있다.
- ㉡: 개체군 간의 상호 작용으로 경쟁, 피식과 포식, 분서, 상리 공생, 편리공생, 기생이 있다.
- ㉢(작용): 비생물적 요인이 생물 군집에 영향을 주는 것이다.
- ㉣(반작용): 생물 군집이 비생물적 요인에 영향을 주는 것이다.

| 보기 분석 |

ㄱ. ㉠은 같은 개체군 내의 상호 작용이고, ㉡은 서로 다른 개체군 사이에서의 상호 작용이다. 스라소니가 눈신토끼를 잡아먹는 것은 서로 다른 개체군 사이에 일어나는 포식과 피식으로 ㉡에 해당한다.

ㄴ. 분서는 서로 다른 개체군 사이에 일어나는 상호 작용으로 ㉡에 해당한다.

ㄷ. 질소 고정 세균은 생물 군집에 속하고, 토양은 비생물적 환경 요인에 속한다. 질소 고정 세균에 의해 토양의 암모늄 이온(NH_4^+)이 증가하는 것은 ㉣에 해당한다.

* 생태계의 구성 요소

비생물적 요인	생물적 요인을 둘러싸고 있는 무기 환경 요소로, 생물의 생장과 생존에 필요한 장소를 제공 예 빛, 온도, 물, 공기 등	
생물적 요인	생산자	광합성을 하여 생태계의 에너지원인 유기물을 생산한다.
	소비자	다른 생물을 먹고 사는 생물이다.
	분해자	다른 생물의 사체나 배설물을 분해하는 생물이다.

N 17 정답 ⑤ * 생태계 구성 요소 사이의 상호 관계 [정답률 81%] 2019 실시 7월 학평 8

그림은 생태계를 구성하는 요소 사이의 상호 관계와 생물 군집 내 탄소의 이동을, 표는 A~C의 예를 나타낸 것이다. A~C는 생산자, 소비자, 분해자를 순서 없이 나타낸 것이다. 유기물은 먹이 사슬을 따라 이동

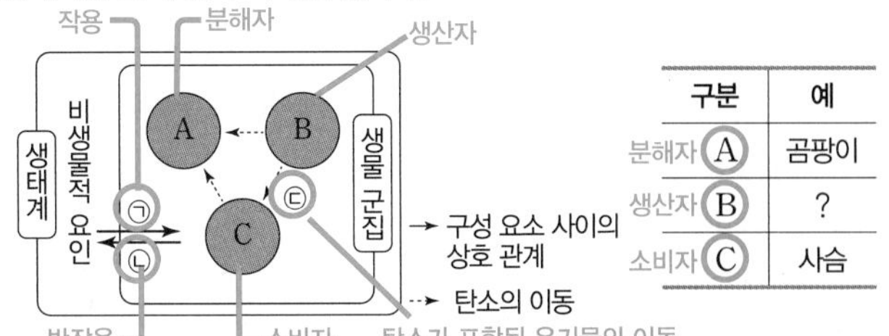

구분	예
분해자 A	곰팡이
생산자 B	?
소비자 C	사슴

이에 대한 설명으로 옳은 것만을 〈보기〉에서 있는 대로 고른 것은?

[보기]

ㄱ. B는 생산자이다.
→ 생산자로부터 생성된 유기물은 소비자와 분해자로 모두 전달됨

ㄴ. 대기 오염의 정도에 따라 지의류의 분포가 달라지는 것은 ㉠에 해당한다.
→ 대기 오염의 정도에 따른 지의류의 분포 변화는 작용에 해당함

ㄷ. ㉢ 과정에서 유기물의 형태로 탄소가 이동한다.
→ ㉢은 유기물이 생산자(B)로부터 소비자(C)로 먹이 사슬을 따라 전달되는 과정임

① ㄱ ② ㄷ ③ ㄱ, ㄴ ④ ㄴ, ㄷ ⑤ ㄱ, ㄴ, ㄷ

| 문제+자료 분석 |

◈ **생태계 구성 요소 사이의 상호 관계**
- ㉠(작용): 비생물적 요인이 생물 군집에 영향을 주는 것이다.
- ㉡(반작용): 생물 군집이 비생물적 요인에 영향을 주는 것이다.
- **생물 군집**: 에너지를 획득하는 방법에 따라 생산자, 소비자, 분해자로 나뉜다.
- ㉢: 생산자에서 생성된 유기물은 먹이 사슬을 따라 소비자로 전달된다.
- 생산자와 소비자의 사체나 배설물의 유기물은 분해자에게 전달된다. 따라서 A는 분해자, B는 생산자, C는 소비자이다.

| 보기 분석 |

ㄱ. 생산자에서 생성된 유기물은 소비자와 분해자로 모두 전달되므로 B는 생산자이다.

ㄴ. 대기 오염의 정도에 따른 지의류의 분포 변화는 비생물적 환경 요인이 생물 군집에 영향을 주는 것이므로 작용(㉠)에 해당한다.

ㄷ. ㉢은 생산자(B)의 유기물이 먹이 사슬을 따라 소비자(C)로 전달되는 과정으로, 탄소는 유기물의 형태로 이동한다. 

문제 풀이 Tip

생산자로부터 생성된 유기물은 소비자와 분해자에게 전달된다. 소비자의 유기물은 다음 영양 단계의 상위 소비자나 분해자로 전달된다. 분해자는 생산자와 소비자로부 유기물을 전달받는다.

N 18 정답 ④ * 생태계의 구성 요소 [정답률 92%] 2020 대비 수능 20

그림은 생태계를 구성하는 요소 사이의 상호 관계를 나타낸 것이다.

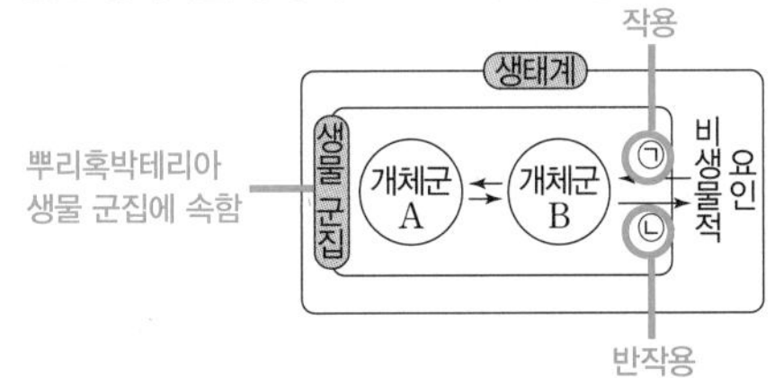

이에 대한 설명으로 옳은 것만을 〈보기〉에서 있는 대로 고른 것은?

[보기]

ㄱ. 뿌리혹박테리아는 ~~비생물적 요인~~에 해당한다.
→ 뿌리혹박테리아는 생물적 요인에 해당함

ㄴ. 기온이 나뭇잎의 색 변화에 영향을 미치는 것은 ㉠에 해당한다.
→ 비생물적 환경 요인이 생물 군집에 영향을 미치는 것으로 ㉠에 해당함

ㄷ. 숲의 나무로 인해 햇빛이 차단되어 토양 수분의 증발량이 감소되는 것은 ㉡에 해당한다.
→ 생물 군집이 비생물적 환경 요인에 영향을 미치는 것으로 ㉡에 해당함

① ㄱ ② ㄷ ③ ㄱ, ㄴ ④ ㄴ, ㄷ ⑤ ㄱ, ㄴ, ㄷ

| 문제+자료 분석 |

- 생태계는 생물적 요인(생물 군집)과 비생물적 요인으로 구분된다.
- ㉠(작용): 비생물적 요인이 생물 군집에 영향을 주는 것이다.
- ㉡(반작용): 생물 군집이 비생물적 요인에 영향을 주는 것이다.

| 보기 분석 |

ㄱ. 뿌리혹박테리아는 대기 중의 질소를 고정하여 생산자에게 공급하는 역할을 하며, 생물 군집을 이루는 요소인 생물적 요인이다.

ㄴ. 기온은 비생물적 요인이며 나뭇잎은 생물적 요인이다. 기온이 나뭇잎의 색 변화에 영향을 미치는 것은 비생물적 요인이 생물 군집에 영향을 미치는 ㉠이다.

ㄷ. 나무는 생물적 요인이며 토양 수분은 비생물적 요인이다. 숲의 나무로 인해 토양 수분의 증발량이 감소되는 것은 생물 군집이 비생물적 요인에 영향을 미치는 ㉡이다.

＊ 생태계의 구성 요소

비생물적 요인		생물적 요인을 둘러싸고 있는 무기 환경 요소로, 생물의 생장과 생존에 필요한 장소를 제공 예 빛, 온도, 물, 공기 등
생물적 요인	생산자	광합성을 하여 생태계의 에너지원인 유기물을 생산한다. 예 식물, 조류
	소비자	다른 생물을 먹고 사는 생물이다. 예 1차 소비자(초식 동물), 2차 소비자(육식 동물)
	분해자	다른 생물의 사체나 배설물을 분해하는 생물이다. 예 세균, 곰팡이

N 19 정답 ③ * 일조 시간에 따른 식물의 개화 ······ [정답률 81%] 2020 대비 9월 모평 18

태양 빛이 구름이나 안개 등에 의해서 차단되지 않고 지표면을 비춘 시간

일조 시간이 식물의 개화에 미치는 영향을 알아보기 위하여, 식물 종 A의 개체 Ⅰ~Ⅴ에 빛 조건을 달리하여 개화 여부를 관찰하였다. 표는 Ⅰ~Ⅴ에 '빛 있음', '빛 없음', ⓐ, ⓑ 순으로 처리한 기간과 Ⅰ~Ⅴ의 개화 여부를 나타낸 것이다. ⓐ와 ⓑ는 각각 '빛 있음'과 '빛 없음' 중 하나이고, 이 식물이 개화하는 데 필요한 최소한의 '연속적인 빛 없음' 기간은 8시간이다.

0 ········ 24(시)
빛 있음 (ⓐ) / 빛 없음 (ⓑ)

개체	처리 기간(시간)				개화 여부
	빛 있음	빛 없음	ⓐ	ⓑ	
Ⅰ	12	0	0	12	개화함
Ⅱ	12	4	1	7	개화 안 함
Ⅲ	14	4	1	5	개화 안 함
Ⅳ	7	1	4	12	개화함
Ⅴ	5	1	9	9	㉠ — 개화함

이 자료에 대한 설명으로 옳은 것만을 <보기>에서 있는 대로 고른 것은? (단, 제시된 조건 이외는 고려하지 않는다.) (3점)

[보기]

ㄱ. ⓐ는 '빛 있음' 이다. → ⓐ는 '빛 있음'

ㄴ. ㉠은 '개화 안 함' 이다. → ㉠은 '개화함'

ㄷ. 일조 시간은 비생물적 요인이다.
→ 일조 시간은 빛을 비춘 시간으로, 비생물적 요인임

① ㄱ ② ㄷ ③ ㄱ, ㄷ ④ ㄴ, ㄷ ⑤ ㄱ, ㄴ, ㄷ

| 문제+자료 분석 |

- 이 식물이 개화하는데 필요한 최소한의 '연속적인 빛 없음' 기간이 8시간이므로 8시간보다 암기가 길면 개화하고, 암기가 짧으면 개화하지 않는다.
- Ⅰ에서 개화했으므로 '연속적인 빛 없음' 시간이 8시간보다 길어야 한다. 따라서 ⓑ는 '빛 없음'이다.
- Ⅱ에서 개화하지 않았으므로 ⓐ는 '빛 있음'이다.
- Ⅴ에서 빛 없음 기간이 9시간이고, 8시간보다 긴 시간이므로 ㉠은 '개화함'이다.

| 보기 분석 |

ㄱ. ⓐ는 '빛 있음', ⓑ는 '빛 없음'이다.

ㄴ. ㉠은 '개화함'이다.

ㄷ. 일조 시간은 태양 빛이 구름이나 안개 등에 의해서 차단되지 않고 지표면을 비춘 시간으로, 생태계의 구성 요소 중 비생물적 요인에 해당한다.

* 생물과 환경 요인의 관계

빛과 생물	계절에 따른 일조 시간의 변화는 식물의 개화와 동물의 산란에 영향을 준다.
온도와 생물	정온 동물 중 추운 곳에 사는 동물일수록 몸집이 커지고, 귀, 꼬리 등 몸의 말단부가 작아 열 손실이 적다.
물과 생물	물이 부족한 곳에 사는 식물은 뿌리와 저수 조직이 발달하며, 물속과 물 위에 사는 식물은 통기 조직이 발달한다.

0 개체군

0 01 정답 ① * 개체군의 생존 곡선

[정답률 58%] 2024 대비 6월 모평 12

그림은 생존 곡선 Ⅰ형, Ⅱ형, Ⅲ형을, 표는 동물 종 ㉠, ㉡, ㉢의 특징과 생존 곡선 유형을 나타낸 것이다. ⓐ와 ⓑ는 Ⅰ형과 Ⅲ형을 순서 없이 나타낸 것이며, 특정 시기의 사망률은 그 시기 동안 사망한 개체 수를 그 시기가 시작된 시점의 총개체 수로 나눈 값이다.

Ⅱ형에서 A 시기 동안 사망한 개체 수가 B 시기 동안 사망한 개체 수보다 많음

생존 개체 수(상댓값): 1000, 100, 10, 1 / 상대 수명(상대 연령): 0, 50, 100 / A, B / Ⅰ형, Ⅱ형, Ⅲ형

종	특징	유형
㉠	한 번에 많은 수의 자손을 낳으며 초기 사망률이 후기 사망률보다 높다.	ⓐ Ⅲ형
㉡	한 번에 적은 수의 자손을 낳으며 초기 사망률이 후기 사망률보다 낮다.	ⓑ Ⅰ형
㉢	?	Ⅱ형

이에 대한 설명으로 옳은 것만을 〈보기〉에서 있는 대로 고른 것은?

[보기]

ㄱ. ⓑ는 Ⅰ형이다. 한 번에 적은 수의 자손을 낳으며 초기 사망률이 후기 사망률보다 낮은 유형은 Ⅰ형

ㄴ. ㉢에서 $\frac{\text{A 시기 동안 사망한 개체 수}}{\text{B 시기 동안 사망한 개체 수}}$는 1이다.
㉢에서 사망한 개체 수는 A 시기가 B 시기보다 많으므로 $\frac{\text{A 시기 동안 사망한 개체 수}}{\text{B 시기 동안 사망한 개체 수}}$는 1보다 큼

ㄷ. 대형 포유류와 같이 대부분의 개체가 생리적 수명을 다하고 죽는 종의 생존 곡선 유형은 Ⅲ형에 해당한다.
대부분의 개체가 생리적 수명을 다하고 죽는 종의 생존 곡선 유형은 Ⅰ형에 해당함

① ㄱ ② ㄴ ③ ㄷ ④ ㄱ, ㄴ ⑤ ㄴ, ㄷ

| 문제+자료 분석 |

- **Ⅰ형**: 한 번에 적은 수의 자손을 낳지만 초기 사망률이 낮고 수명이 길어 개체가 생리적 수명을 다하고 죽는 유형으로, 사람, 코끼리와 같은 대형 포유류에서 나타난다.
- **Ⅱ형**: 전 연령대에서 대체로 사망률이 일정한 유형으로, 다람쥐 등 초식 동물류, 히드라, 파충류, 조류 등 많은 동물에서 나타난다.
- **Ⅲ형**: 어릴 때 사망률이 높지만 생존한 개체들이 생장하면서 사망률이 점차 감소하는 유형으로, 한 번에 많은 수의 알을 낳는 어패류, 곤충류 등에서 주로 나타난다.

| 보기 분석 |

ㄱ. 한 번에 적은 수의 자손을 낳으며 초기 사망률이 후기 사망률보다 낮은 유형은 Ⅰ형이다. 따라서 ⓑ는 Ⅰ형이다.

ㄴ. Ⅱ형(㉢)은 전 연령대에서 사망률이 일정한 유형이지만 그래프의 y축 생존 개체 수를 비교하면 A 시기 동안 사망한 개체 수가 B 시기 동안 사망한 개체 수보다 많다. 따라서 $\frac{\text{A 시기 동안 사망한 개체 수}}{\text{B 시기 동안 사망한 개체 수}}$는 1보다 크다.

ㄷ. 대형 포유류와 같이 대부분의 개체가 생리적 수명을 다하고 죽는 종의 생존 곡선 유형은 Ⅰ형에 해당한다.

0 02 정답 ① * 개체군의 생장

[정답률 86%] 2018 실시 10월 학평 20

그림은 어떤 개체군의 생장 곡선을 나타낸 것이다.

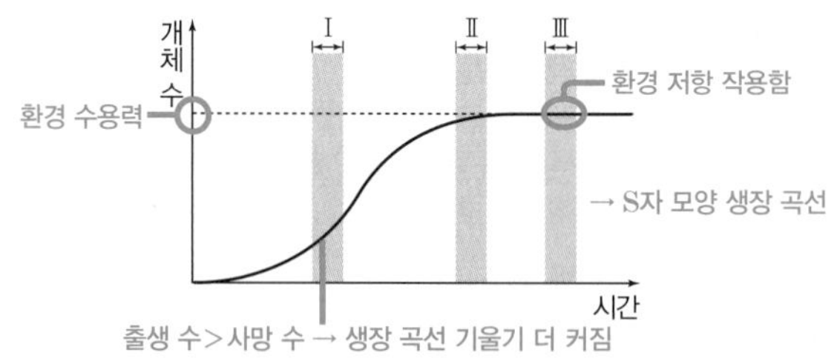

이에 대한 옳은 설명만을 〈보기〉에서 있는 대로 고른 것은? (단, 이입과 이출은 고려하지 않으며, 서식지의 크기는 일정하다.)

[보기]

ㄱ. $\frac{\text{출생한 개체 수}}{\text{사망한 개체 수}}$는 구간 Ⅰ에서가 구간 Ⅱ에서보다 크다.
→ 개체 수 증가율이 더 큰 구간 Ⅰ에서 $\frac{\text{출생한 개체 수}}{\text{사망한 개체 수}}$ 값이 더 큼

ㄴ. 개체군의 밀도는 구간 Ⅰ에서가 구간 Ⅲ에서보다 높다.
→ 개체군의 밀도는 개체 수가 더 많은 구간 Ⅲ에서 더 큼

ㄷ. 구간 Ⅲ에서 환경 저항이 작용하지 않는다.
→ 구간 Ⅲ에서 환경 저항이 작용하여 개체 수 증가율이 0이 됨

① ㄱ ② ㄴ ③ ㄱ, ㄷ ④ ㄴ, ㄷ ⑤ ㄱ, ㄴ, ㄷ

| 문제+자료 분석 |

- 제시된 개체군의 생장 곡선은 실제 생장 곡선이다. 실제 생장 곡선에서 S자 모양을 나타내는 것은 환경 저항 때문이다.
- **환경 수용력**: 더 이상 증가하지 않는 개체 수

| 보기 분석 |

ㄱ. 출생한 개체 수가 사망한 개체 수보다 많을 때 생장 곡선의 기울기가 더 커진다. 따라서 개체군의 생장 곡선 기울기가 더 큰 구간 Ⅰ에서 구간 Ⅱ에서보다 $\frac{\text{출생한 개체 수}}{\text{사망한 개체 수}}$의 값이 더 크다.

ㄴ. 개체군의 밀도는 개체 수가 많을수록 더 높다. 따라서 구간 Ⅲ에서 개체군의 밀도가 더 높음을 알 수 있다. 단순하게 더 이상 생장하지 않는다고 해서 밀도가 더 낮아지고 있을 것이라고 착각해서는 안 된다.

ㄷ. 구간 Ⅲ에서 더 이상 개체 수가 증가하지 않는 것은 환경 저항이 작용했기 때문이다. 환경 저항은 먹이와 서식지 부족, 노폐물 증가 등에 의해 나타나므로 개체 수가 증가할수록 크게 나타난다는 것을 알아두어야 한다.

* 개체군의 생장 곡선

이론적 생장 곡선	생식 활동에 제약이 없어 개체 수가 계속 증가 ➡ J자 모양
실제 생장 곡선	개체군의 밀도가 증가할수록 환경 저항이 증가 ➡ S자 모양
환경 저항	개체군의 생장을 억제하는 요인 예 먹이 부족, 서식 공간의 감소, 노폐물의 증가, 질병

003 정답 ① * 포식과 피식 [정답률 61%] 2022 실시 10월 학평 7

그림은 동물 종 A와 B를 같은 공간에서 혼합 배양하였을 때 개체 수 변화를 나타낸 것이다. A와 B 중 하나는 다른 하나를 잡아먹는 포식자이다.

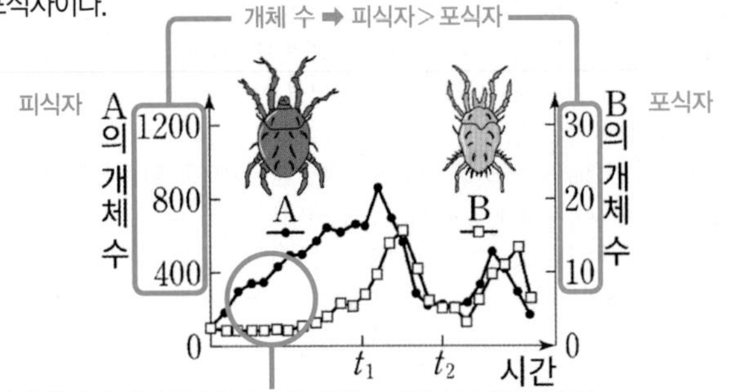

이에 대한 옳은 설명만을 〈보기〉에서 있는 대로 고른 것은?

[보기]

ㄱ. B는 포식자이다.
B는 포식자임

ㄴ. t_1일 때 A는 환경 저항을 받지 않는다.
t_1일 때 A(피식자)는 환경 저항을 받음

ㄷ. t_1일 때 B의 개체군 밀도는 t_2일 때 A의 개체군 밀도보다 크다.
t_1일 때 B(포식자)의 개체군 밀도는 t_2일 때 A(피식자)의 개체군 밀도보다 작음

① ㄱ ② ㄴ ③ ㄱ, ㄴ ④ ㄱ, ㄷ ⑤ ㄴ, ㄷ

| 문제+자료 분석 |

- 시간이 지날수록 A의 개체 수가 먼저 증가하면 B의 개체 수도 천천히 증가한다. 한편 A의 개체 수가 감소하면 B의 개체 수도 함께 감소한다. 따라서 B는 A를 잡아먹는 포식자이고, A는 피식자이다.
- y축을 보면 A의 개체 수는 0~1200 개체 수 사이이고, B의 개체 수는 0~30 개체 수 사이이므로, A가 피식자인 확률이 높을 것이라고 판단할 수 있다. 일반적으로 피식자의 개체 수는 포식자의 개체 수보다 많기 때문이다. 꿀팁

| 보기 분석 |

ㄱ. 시간이 지날수록 A의 개체 수가 증가하면 B의 개체 수도 천천히 증가하고, A의 개체 수가 감소하면 B의 개체 수도 함께 감소하므로, B는 A를 잡아먹는 포식자이다.

ㄴ. t_1일 때 A(피식자)는 서식지나 먹이 등의 주변 환경의 영향을 받으므로 환경 저항을 받는다.

ㄷ. 개체군 밀도는 개체 수에 비례하는데, t_1일 때 B의 개체 수는 약 5이고, t_2일 때 A의 개체 수는 약 200이다. 따라서 B(포식자)의 개체군 밀도가 A(피식자)의 개체군 밀도보다 작다.

*** 포식과 피식**

포식과 피식의 관계로 먹이 사슬이 형성될 때 포식과 피식 관계의 개체군은 서로 영향을 미쳐 개체군의 크기에 주기적 변동을 가져오기도 한다.

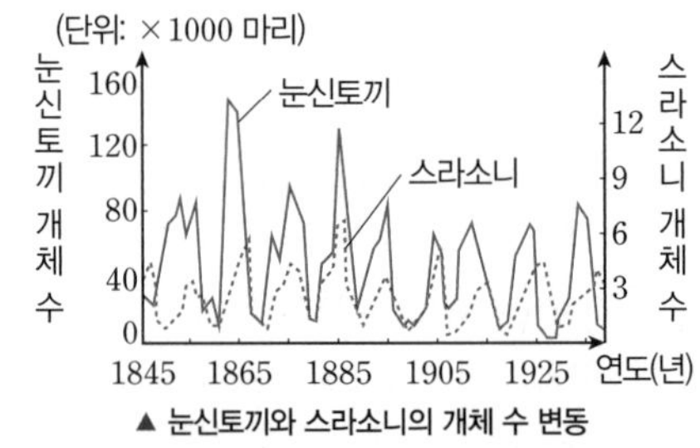

▲ 눈신토끼와 스라소니의 개체 수 변동

004 정답 ④ * 생태계의 구성과 개체군의 생장 곡선 [정답률 80%] 2024 실시 5월 학평 18

그림 (가)는 생태계를 구성하는 요소 사이의 상호 관계를, (나)는 영양염류를 이용하는 종 X를 배양했을 때 시간에 따른 X의 개체 수와 영양염류의 농도를 나타낸 것이다.

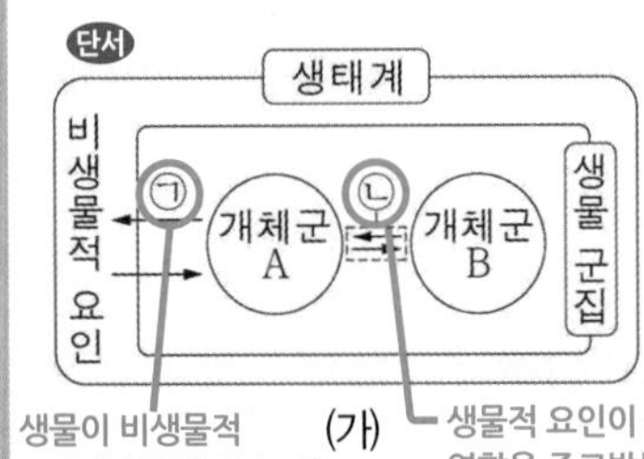

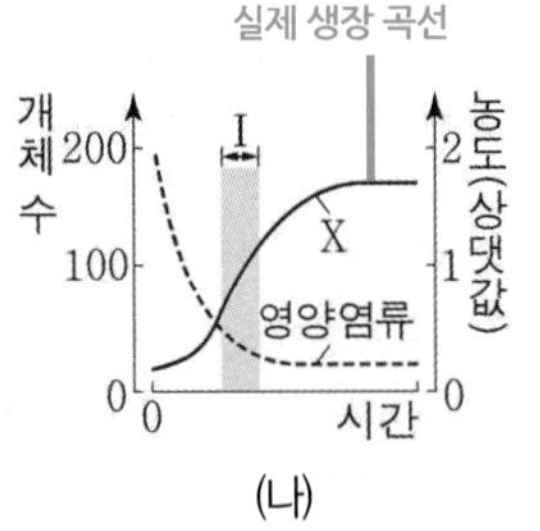

이에 대한 설명으로 옳은 것만을 〈보기〉에서 있는 대로 고른 것은?

[보기]

ㄱ. 개체군 A는 동일한 종으로 구성된다.
개체군은 동일한 종으로 구성됨

ㄴ. 구간 I 에서 X에 환경 저항이 작용한다.
구간 I 은 S자 모양의 실제 생장 곡선이 나타나므로 환경 저항이 작용한 구간임

ㄷ. X에 의해 영양염류의 농도가 감소하는 것은 ㉡에 해당한다.
X에 의해 영양염류의 농도가 감소하는 것은 생물이 비생물적 요인에 영향을 주는 것이므로 ㉠에 해당함

① ㄱ ② ㄴ ③ ㄷ ④ ㄱ, ㄴ ⑤ ㄱ, ㄷ

| 문제+자료 분석 |

- ㉠: 생물이 비생물적 요인에 영향을 주는 것이다. 반작용이라고도 한다.
- ㉡: 생물적 요인이 서로 영향을 주고받는 것이다. 상호 작용이라고도 한다.
- (나): X에 의해 영양염류의 농도가 감소하는 것은 ㉠에 해당한다.
- 개체군은 일정한 지역에 같은 종의 개체가 무리를 이루어 생활하는 집단이므로 개체군 A는 동일한 종으로 구성된다.
- 개체군이 생식 활동에 제약을 받지 않으면 개체 수가 계속 증가하여 J자 모양을 나타낸다. ➡ 이론상 생장 곡선
- 자연 상태에서는 개체군의 밀도가 높아지면 서식 공간 부족, 먹이 부족, 경쟁 심화, 노폐물 축적 등 환경 저항이 증가하여 개체군의 생장을 억제되어 S자 모양을 나타낸다. ➡ 실제 생장 곡선

| 보기 분석 |

ㄱ. 개체군은 일정한 지역에 같은 종의 개체가 무리를 이루어 생활하는 집단이므로 개체군 A는 동일한 종으로 구성된다.

ㄴ. I 에서 개체군의 밀도가 높아지면 서식 공간과 먹이 부족, 경쟁 심화, 노폐물 축적 등 환경 저항이 증가하여 J자 모양의 이론상 생장 곡선과 다른 S자 모양의 실제 생장 곡선이 나타나므로 환경 저항이 작용한 구간이다.

ㄷ. 생물인 X에 의해 비생물적 요인인 영양염류의 농도가 감소하는 것은 ㉠에 해당한다.

*** 실제 생장 곡선이 이론상 생장 곡선과 달라지는 이유**

- 자연 환경에서 개체군은 항상 환경 저항을 받는다. 제한된 서식 공간에서 개체 수가 늘어나면 먹이 감소, 경쟁 심화, 질병 등으로 인해 환경 저항이 점점 커진다. 따라서 일정 시간이 지나면 개체 수는 더 이상 증가하지 않고 일정하게 유지되는 S자 모양의 생장 곡선을 나타낸다. 환경 저항이 커질수록 출생률은 낮아지고 사망률은 높아진다.

O 05 정답 ⑤ ＊개체군의 생장 곡선 [정답률 77%] 2020 대비 6월 모평 20

그림은 먹이의 양이 서로 다른 두 조건 A와 B에서 종 ⓐ를 각각 단독 배양했을 때 시간에 따른 개체 수를 나타낸 것이다. 먹이의 양은 A가 B보다 많다. 환경 저항에 의해 환경 수용력까지만 개체 수가 증가할 수 있다.

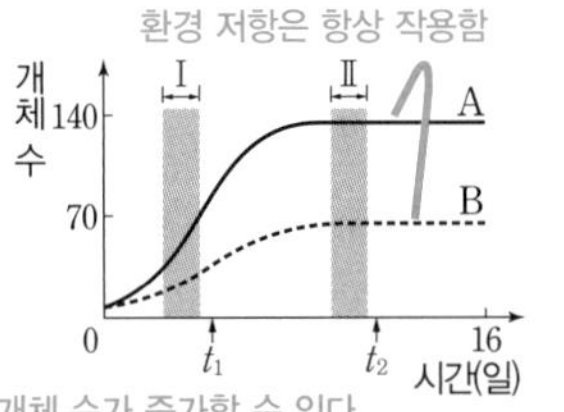

이 자료에 대한 설명으로 옳은 것만을 〈보기〉에서 있는 대로 고른 것은? (단, 제시된 조건 이외는 고려하지 않는다.) (3점)

[보기]

ㄱ. 구간 Ⅰ에서 증가한 ⓐ의 개체 수는 A에서가 B에서보다 많다. → 구간 Ⅰ에서 A의 개체 수 증가율이 B의 개체 수 증가율보다 큼

ㄴ. A의 구간 Ⅱ에서 ⓐ에게 환경 저항이 작용한다. → A의 생장 곡선에서 환경 저항은 항상 작용함

ㄷ. B의 개체 수는 t_2일 때가 t_1일 때보다 많다. → B의 개체 수는 t_2일 때가 t_1일 때보다 많음

① ㄱ ② ㄴ ③ ㄱ, ㄷ ④ ㄴ, ㄷ ⑤ ㄱ, ㄴ, ㄷ

| 문제+자료 분석 |

- 개체군의 생장 곡선은 이론적으로는 J자 모양을 나타내야 하는데, 환경 저항 때문에 S자 모양을 나타낸다.
- 환경 저항에 의해 환경 수용력까지만 개체 수가 증가할 수 있다. 환경 저항은 노폐물이나 먹이, 경쟁에 의해 나타난다.
- **환경 수용력**: 더 이상 증가하지 않는 개체 수

| 보기 분석 |

ㄱ. 구간 Ⅰ에서 A의 개체 수 증가율이 B의 개체 수 증가율보다 높으므로 구간 Ⅰ에서 증가한 ⓐ의 개체 수는 A에서가 B에서보다 많다.

ㄴ. A를 배양하기 시작한 처음부터 환경 저항은 작용한다. 

ㄷ. B의 개체 수는 t_2일 때가 t_1일 때보다 많다.

＊개체군의 생장 곡선

이론적 생장 곡선 (J자 모양)	환경 저항이 없는 이상적인 환경에서 나타나며, 개체 수가 기하급수적으로 증가한다.	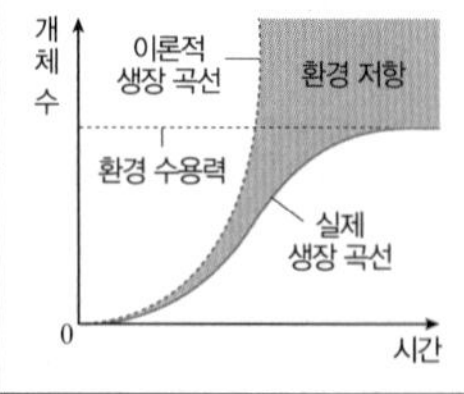
실제 생장 곡선 (S자 모양)	환경 저항이 있는 환경에서 나타나며, 개체 수가 증가하다가 일정하게 유지된다.	

O 06 정답 ③ ＊생존 곡선 [정답률 86%] 2022 대비 9월 모평 20

그림은 생존 곡선 Ⅰ형, Ⅱ형, Ⅲ형을, 표는 동물 종 ㉠의 특징을 나타낸 것이다. 특정 시기의 사망률은 그 시기 동안 사망한 개체 수를 그 시기가 시작된 시점의 총개체 수로 나눈 값이다.

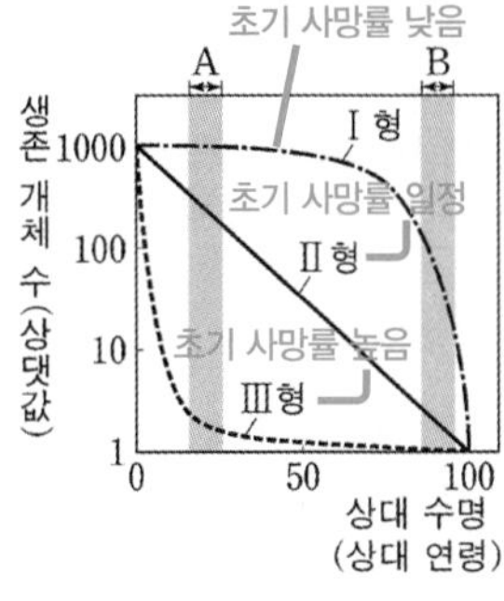

○ ㉠은 한 번에 많은 수의 자손을 낳으며, 초기 사망률이 후기 사망률보다 높다. ○ ㉠의 생존 곡선은 Ⅰ형, Ⅱ형, Ⅲ형 중 하나에 해당한다. → ㉠은 Ⅲ형

이에 대한 설명으로 옳은 것만을 〈보기〉에서 있는 대로 고른 것은?

[보기]

ㄱ. Ⅰ형의 생존 곡선을 나타내는 종에서 A시기의 사망률은 B시기의 사망률보다 높다.
→ Ⅰ형은 초기 사망률이 낮고 후기 사망률이 높으므로 A 시기의 사망률은 B시기의 사망률보다 낮음

ㄴ. Ⅱ형의 생존 곡선을 나타내는 종에서 A시기 동안 사망한 개체 수는 B 시기 동안 사망한 개체 수와 같다.
→ Ⅱ형은 각 연령층에서 사망률은 일정하지만 A시기 동안 사망한 개체 수는 B 시기 동안 사망한 개체 수와 다름

ㄷ. ㉠의 생존 곡선은 Ⅲ형에 해당한다.
→ ㉠은 한 번에 많은 수의 자손을 낳으며, 초기 사망률이 후기 사망률보다 높은 Ⅲ형

① ㄱ ② ㄴ ③ ㄷ ④ ㄱ, ㄴ ⑤ ㄱ, ㄷ

| 문제+자료 분석 |

- **생존 곡선**: 동시에 출생한 개체들 중 생존한 개체 수를 상대 수명에 따라 나타낸 그래프이다.
- **Ⅰ형**: 부모의 보호를 받아 초기 사망률이 낮다. 예 사람, 대형 포유류 등
- **Ⅱ형**: 연령층에 따른 사망률이 일정하다. 예 히드라, 다람쥐 등
- **Ⅲ형**: 출생 수가 많고 부모의 보호를 받지 못해 초기 사망률이 높다. 예 굴, 어류 등
- ㉠: 한번에 많은 수의 자손을 낳지만 후기 사망률보다 초기 사망률이 높아 성체로 생장하는 수가 적은 유형은 Ⅲ형에 해당한다.

| 보기 분석 |

ㄱ. Ⅰ형의 생존 곡선을 나타내는 종에서 A시기(초기) 동안 생존 개체 수는 거의 일정하고 B시기(후기) 동안 개체 수가 급격하게 감소하였으므로 A시기의 사망률은 B시기의 사망률보다 낮다.

ㄴ. Ⅱ형의 생존 곡선을 나타내는 종에서 A시기와 B시기 동안 사망률은 일정하지만 사망한 개체 수는 다르다. 종의 개체 수는 A시기에서가 B시기에서보다 많으므로 A시기 동안 사망한 개체 수가 B시기 동안 사망한 개체 수보다 많다.

ㄷ. 한번에 많은 수의 자손을 낳지만 후기 사망률보다 초기 사망률이 높아 성체로 생장하는 수가 적은 ㉠의 생존 곡선은 Ⅲ형에 해당한다.

＊개체군의 생존 곡선과 사망률 곡선

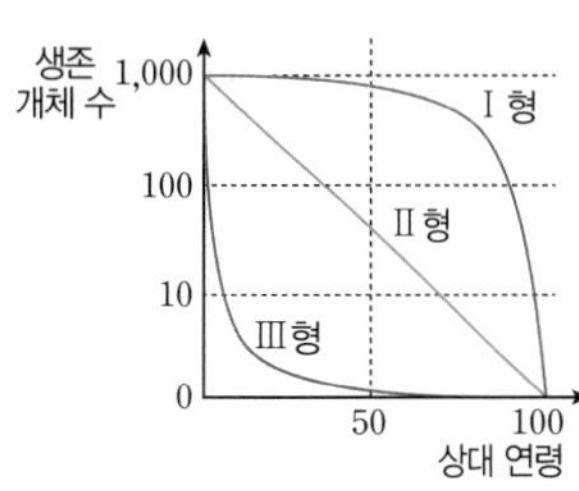

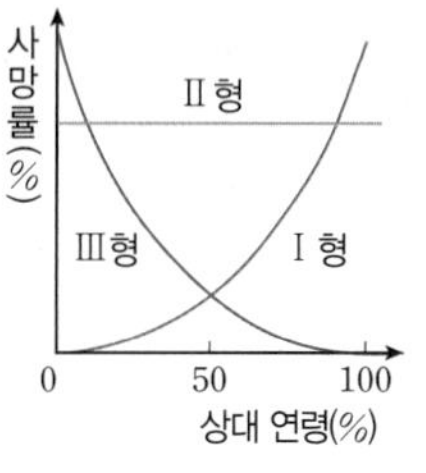

O 07 정답 ④ * 개체군의 생장 곡선 [정답률 68%] 2022 실시 3월 학평 12

그림은 어떤 식물 개체군의 시간에 따른 개체 수를 나타낸 것이다.

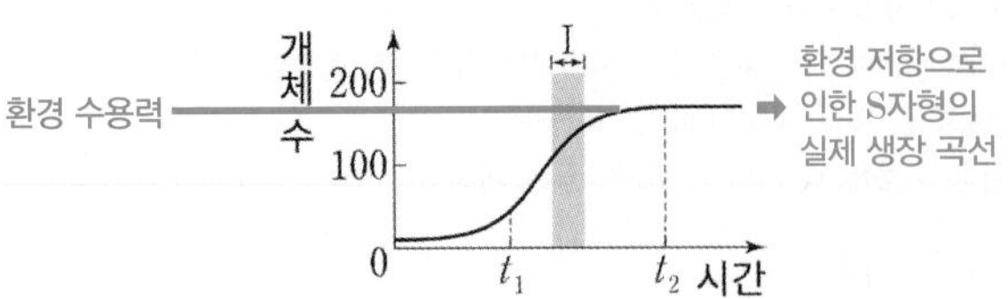

이에 대한 옳은 설명만을 〈보기〉에서 있는 대로 고른 것은? (단, 이입과 이출은 없으며, 서식지의 면적은 일정하다.)

[보기]

ㄱ. 환경 저항은 t_1일 때가 t_2일 때보다 ~~크다~~.
개체군 밀도가 작은 t_1일 때가 환경 저항이 작음

ㄴ. 구간 Ⅰ에서 개체군 밀도는 시간에 따라 증가한다.
서식지 면적이 일정하므로 개체 수가 증가하면 개체군 밀도가 증가함

ㄷ. 환경 수용력은 100보다 크다.
환경 수용력은 100보다 크고 200보다 작음

① ㄱ ② ㄴ ③ ㄱ, ㄷ ④ ㄴ, ㄷ ⑤ ㄱ, ㄴ, ㄷ

| 문제+자료 분석 |

- 자료로 제시된 개체군의 생장 곡선은 이론적 생장 곡선인 J자형의 곡선이 아니라, 환경 저항이 작용하여 S자형을 나타내는 실제 생장 곡선이다.
- S자형의 생장 곡선을 나타내는 모든 개체군은 환경 저항을 받는다. 꿀팁

| 보기 분석 |

ㄱ. 환경 저항은 먹이 부족, 서식 공간 부족, 노폐물 축적, 질병 등 개체군의 생장을 억제하는 요인이므로 개체 수가 늘어나 밀도가 증가할수록 환경 저항이 커진다. 따라서 환경 저항은 개체 수가 적은 t_1일 때가 t_2일 때보다 작다.

ㄴ. 개체군 밀도는 $\frac{\text{개체 수}}{\text{서식지 면적}}$를 의미한다. 서식지 면적은 일정하다고 조건에서 주어졌으므로 개체군 밀도는 개체 수가 많아질수록 증가한다. 이 식물 개체군에서 구간 Ⅰ의 개체 수는 시간에 따라 증가하고 있으므로 구간 Ⅰ에서 개체군 밀도도 시간에 따라 증가한다.

ㄷ. 환경 수용력이란 주어진 환경 조건에서 서식할 수 있는 개체군의 최대 크기를 의미하므로 이 식물 개체군의 환경 수용력은 100보다 크고 200보다 작다.

O 08 정답 ② * 생장 곡선과 생존 곡선 [정답률 74%] 2022 실시 4월 학평 20

그림 (가)는 동물 종 A의 시간에 따른 개체 수를, (나)는 A의 상대 수명에 따른 생존 개체 수를 나타낸 것이다. 특정 구간의 사망률은 그 구간 동안 사망한 개체 수를 그 구간이 시작된 시점의 총개체 수로 나눈 값이다.

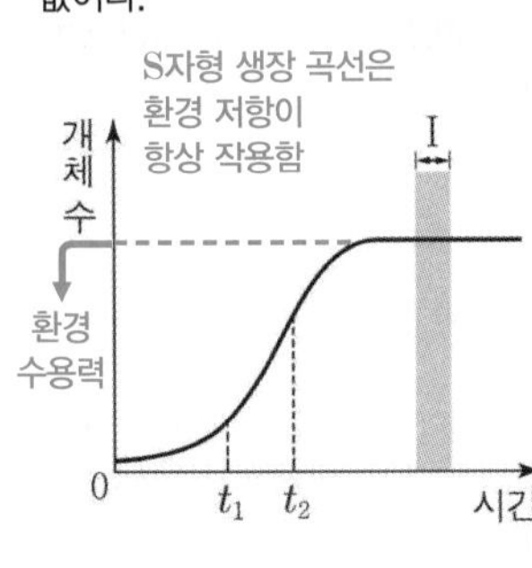

S자형 생장 곡선 (가)

사망률 Ⅱ < Ⅲ
Ⅱ Ⅲ
생존 개체 수(상댓값)
1000
100
10
1
0 50 100
상대 수명

Ⅰ형 생존 곡선 (나)

이에 대한 설명으로 옳은 것만을 〈보기〉에서 있는 대로 고른 것은? (단, 이입과 이출은 없으며, 서식지의 면적은 일정하다.)

[보기]

ㄱ. 구간 Ⅰ에서 A에게 환경 저항이 ~~작용하지 않는다~~.
구간 Ⅰ에서 A에 환경 저항이 작용함

ㄴ. A의 개체군 밀도는 t_1일 때가 t_2일 때보다 작다.
A의 개체군 밀도는 t_1일 때가 t_2일 때보다 작음

ㄷ. A의 사망률은 구간 Ⅱ에서가 구간 Ⅲ에서보다 ~~높다~~.
A의 사망률은 구간 Ⅱ에서가 구간 Ⅲ에서보다 낮음

① ㄱ ② ㄴ ③ ㄷ ④ ㄱ, ㄴ ⑤ ㄴ, ㄷ

| 문제+자료 분석 |

- (가): 시간에 따른 개체 수의 변화를 나타낸 개체군의 생장 곡선이다. 이론적으로는 J자형 생장 곡선이 나타나지만, 실제로는 먹이 부족, 공간 부족, 포식자 등 환경 저항에 의해 일정 수준 이상 개체 수가 증가하지 않는 S자형 생장 곡선이 나타난다.
- (나): 어릴 때 사망률이 낮고 나이가 들었을 때 사망률이 높아지는 Ⅰ형 생존 곡선이다. 자손의 수가 적고, 어릴 때 부모로부터 충분히 보호 받는 코끼리, 인간 등의 생존 곡선이 이러한 형태를 띤다.

| 보기 분석 |

ㄱ. 구간 Ⅰ에서 A의 개체 수가 더 이상 증가하지 않으므로 환경 저항이 작용한 것이다. 특정 환경이 안정적으로 수용할 수 있는 최대 개체 수인 환경 수용력에 도달한 상태이다.

ㄴ. 개체군 밀도는 개체군이 서식하는 공간의 단위 면적당 개체 수이다. A의 개체 수는 t_1일 때가 t_2일 때보다 적고, 서식지 면적은 일정하므로 개체군 밀도는 t_1일 때가 t_2일 때보다 작다.

ㄷ. 구간 Ⅱ에서 생존 개체 수는 거의 일정한 것에 반해 구간 Ⅲ에서 생존 개체 수가 급격히 줄어들고 있다. 따라서 A의 사망률은 구간 Ⅲ에서가 구간 Ⅱ에서보다 높다.

* 생존 곡선

Ⅰ형	• 적은 수의 자손을 생산한다. • 부모가 어린 개체를 보호하여 초기 사망률이 낮다.
Ⅱ형	출생 이후 개체 수가 일정하게 줄어든다.
Ⅲ형	• 많은 수의 자손을 생산한다. • 초기 사망률이 높아 성체로 생장하는 개체 수가 적다.

P 군집

P 01 정답 ③ * 식물 군집의 구조 조사 [정답률 64%] 2025 대비 6월 모평 18

다음은 서로 다른 지역 Ⅰ과 Ⅱ의 식물 군집에서 우점종을 알아보기 위한 탐구이다.

(가) Ⅰ과 Ⅱ 각각에 방형구를 설치하여 식물 종 A~C의 분포를 조사했다.

(나) 조사한 자료를 바탕으로 각각의 지역에서 A~C의 개체 수와 상대 빈도, 상대 피도, 중요치(중요도)를 구한 결과는 표와 같다.

단서 상대 밀도

지역	종	개체 수	상대 빈도(%)	상대 피도(%)	중요치
Ⅰ	A	50 10	? 20	30	? 100
	B	25 5	40	25	90
	C	25 ? 5	40	45	110
Ⅱ	A	60 30	40	? 25	125
	B	30 15	30	? 40	? 100
	C	10 ? 5	? 30	35	75

이 자료에 대한 설명으로 옳은 것만을 〈보기〉에서 있는 대로 고른 것은? (단, A~C 이외의 종은 고려하지 않는다.) (3점)

[보기]

ㄱ. Ⅰ에서 C의 상대 밀도는 25 %이다.
Ⅰ에서 C의 상대 밀도는 (110−40−45) %=25 %임

ㄴ. Ⅱ에서 지표를 덮고 있는 면적이 가장 큰 종은 B이다.
Ⅱ에서 지표를 덮고 있는 면적이 가장 큰 종은 상대 피도가 40 %인 B

ㄷ. Ⅰ에서의 우점종과 Ⅱ에서의 우점종은 모두 A이다.
Ⅰ에서의 우점종은 중요치가 110인 C이고, Ⅱ에서의 우점종은 중요치가 125인 A임

① ㄱ ② ㄷ ③ ㄱ, ㄴ ④ ㄴ, ㄷ ⑤ ㄱ, ㄴ, ㄷ

단서+발상

단서 방형구법을 이용한 식물 군집 조사 결과로 다른 지역 Ⅰ과 Ⅱ에서 종 A~C의 개체 수, 상대 빈도, 상대 피도, 중요치가 제시되어 있다.

발상 개체 수를 통해 상대 밀도를 추론할 수 있고, 상대 밀도, 상대 빈도, 상대 피도의 합을 통해 중요치를 추론할 수 있다.

적용 각 종에서 상대 밀도, 상대 빈도, 상대 피도의 각각의 합은 100이고, 한 종의 중요치는 상대 밀도, 상대 빈도, 상대 피도의 합이라는 공식을 적용해서 빈칸에 해당하는 개체 수, 상대 빈도, 상대 피도를 구하는 것부터 문제 풀이를 시작해야 한다.

| 문제+자료 분석 |

- 상대 빈도(%)의 합은 100이므로 Ⅰ에서 A의 상대 빈도는 (100−40−40) %=20 %이다.
- Ⅰ에서 B의 상대 밀도는 (90−40−25) %=25 %, C의 상대 밀도는 (110−40−45) %=25 %이다. B와 C의 상대 밀도가 같으므로 개체 수도 같다. ➡ Ⅰ에서 C의 개체 수는 5이다.
- Ⅰ에서 A의 상대 밀도는 (100−25−25) %=50 %이다.
- 상대 빈도(%)의 합은 100이므로 Ⅱ에서 C의 상대 빈도는 (100−40−30) %=30 %이고, Ⅱ에서 C의 중요치가 75이므로 Ⅱ에서 C의 상대 밀도는 (75−30−35) %=10 %이다.
  Ⅱ에서 C의 상대 밀도가 10 %이므로 A와 B의 상대 밀도 합은 90 %이다.
  ➡ A의 개체 수가 B의 개체 수의 2배이므로 Ⅱ에서 A의 상대 밀도는 60 %, Ⅱ에서 B의 상대 밀도는 30 %이다.
- Ⅱ에서 A의 중요치는 125이므로 상대 피도는 25 %이며, B의 상대 피도는 40 %이다. 따라서 B의 중요치는 100이다.

| 보기 분석 |

ㄱ. Ⅰ에서 C의 중요치는 110이고, 상대 빈도는 40 %, 상대 피도는 45 %이므로 C의 상대 밀도는 (110−40−45) %=25 %이다.

ㄴ. 상대 피도가 높을수록 지표면을 덮고 있는 면적이 크다. Ⅱ에서 A의 상대 피도는 25 %, B의 상대 피도는 40 %, C의 상대 피도는 35 %로 지표를 덮고 있는 면적이 가장 큰 종은 상대 피도가 40 %인 B이다.

ㄷ. 우점종은 해당 지역에서 중요치가 가장 큰 종이다. Ⅰ에서의 우점종은 중요치가 110인 C이고, Ⅱ에서의 우점종은 중요치가 125인 A이다.

P 02 정답 ① * 식물 군집의 조사 ✪ 고난도 [① 37% ② 6% ③ 13% ④ 39% ⑤ 3%] 2024 실시 3월 학평 18

표는 어떤 지역에 면적이 1 m^2인 방형구를 200개 이용한 식물 군집 조사 결과를 나타낸 것이다.

단서

종	개체 수	1개체당 지표를 덮는 면적(m^2)	상대 빈도(%)	중요치
A	30 15	0.8 24	30	69
B	60 30	0.4 24	㉠ 15	69
C	40 20	0.6 24	35	79
D	70 35	0.4 28	20	83
	상대 밀도(%)	상대 피도(%)		

이에 대한 옳은 설명만을 〈보기〉에서 있는 대로 고른 것은? (단, 각 개체는 서로 겹쳐 있지 않으며, A~D 이외의 종은 고려하지 않는다.) (3점)

[보기]

ㄱ. ㉠은 15이다.
㉠=100−(30+35+20)이므로 ㉠의 값은 15임

ㄴ. A의 상대 밀도는 D의 상대 피도보다 크다.
A의 상대 밀도(15)는 D의 상대 피도(28)보다 작음

ㄷ. 우점종은 C이다.
중요치가 가장 높은 우점종은 D임

① ㄱ ② ㄷ ③ ㄱ, ㄴ ④ ㄱ, ㄷ ⑤ ㄴ, ㄷ

 단서+발상

단서 방형구를 200개 이용한 식물 군집 조사 결과에서 식물 종 A~D의 개체 수, 1개체당 지표를 덮는 면적(m^2), 상대 빈도(%)가 제시되어 있다.

발상 개체 수를 이용하여 상대 밀도를, 1개체당 지표를 덮는 면적을 이용하여 상대 피도를, 상대 빈도의 합이 100이라는 것을 이용하여 ㉠의 값을 추론할 수 있다.

적용 특정 종이 차지한 면적을 구한 후 상대 피도를 구하는 것부터 문제 풀이를 시작해야 한다.

| 문제+자료 분석 |

- 상대 밀도$=\frac{\text{특정 종의 개체 수}}{\text{조사한 모든 종의 개체 수 합}}\times 100$이다. 따라서 상대 밀도를 구하면 A는 15, B는 30, C는 20, D는 35이다. 꿀팁
- 피도$=\frac{\text{특정 종이 차지한 면적}}{\text{전체 방형구의 면적}}$이다. 전체 방형구의 면적은 모든 종이 동일하므로 1개체당 지표를 덮는 면적(m^2)에 개체 수를 곱하여 특정 종이 차지한 면적을 먼저 계산하면 A는 24, B는 24, C는 24, D는 28이다. 함정
- 상대 피도$=\frac{\text{특정 종의 피도}}{\text{조사한 모든 종의 피도 합}}\times 100$이다. A~D 종의 피도 합이 100이므로 상대 피도도 A는 24, B는 24, C는 24, D는 28이다. 함정

- **B의 상대 빈도:** 모든 종의 상대 빈도를 더하면 100이 나와야 한다. 따라서 ㉠$=100-(30+35+20)$이므로 ㉠의 값은 15이다.
- **중요치:** 상대 밀도, 상대 빈도, 상대 피도의 합이다. 중요치가 가장 높은 종이 그 군집의 우점종이다.
  각 종의 중요치를 계산하면 A는 69, B는 69, C는 79, D는 83이다.
  ➡ 중요치가 가장 높은 D가 이 식물 군집의 우점종이다.

| 보기 분석 |

ㄱ. 모든 종의 상대 빈도를 더하면 100이 나와야 한다. 따라서 ㉠$=100-(30+35+20)$이므로 ㉠의 값은 15이다.

ㄴ. 상대 밀도$=\frac{\text{특정 종의 개체 수}}{\text{조사한 모든 종의 개체 수 합}}\times 100$이므로 A는 15이고,
상대 피도$=\frac{\text{특정 종의 피도}}{\text{조사한 모든 종의 피도 합}}\times 100$이므로 1개체당 지표를 덮는 면적($m^2$)에 개체 수를 곱하여 특정 종이 차지한 면적을 먼저 계산하여 상대 피도를 구해야 한다. D의 상대 피도는 $\frac{70\times 0.4}{100}=28$이다.
따라서 A의 상대 밀도(15)는 D의 상대 피도(28)보다 작다.

ㄷ. 중요치는 A가 69, B가 69, C가 79, D가 83이므로 중요치가 가장 높은 D가 이 식물 군집의 우점종이다.

 틀렸나?

문제의 표에는 1개체당 지표를 덮는 면적(m^2)이 제시되어 있다. 피도는 특정 종이 차지한 면적을 전체 방형구의 면적으로 나눈 값이기 때문에 특정 종이 차지한 전체 면적을 구하려면 1개체당 지표를 덮는 면적(m^2)에 개체 수를 곱해야 한다.

P 03 정답 ④ *군집의 조사 ········ [정답률 77%] 2025 대비 수능 16

그림은 어떤 식물 군집의 천이 과정 일부를, 표는 이 과정 중 ㉠에서 방형구법을 이용하여 식물 군집을 조사한 결과를 나타낸 것이다. ㉠은 A와 B 중 하나이고, A와 B는 양수림과 음수림을 순서 없이 나타낸 것이다. 종 Ⅰ과 Ⅱ는 침엽수(양수)에 속하고, 종 Ⅲ과 Ⅳ는 활엽수(음수)에 속한다. ㉠에서 Ⅳ의 상대 밀도는 5 %이다. 단서

Ⅳ의 개체 수 6, 상대 밀도 5 % → 총 개체 수는 120

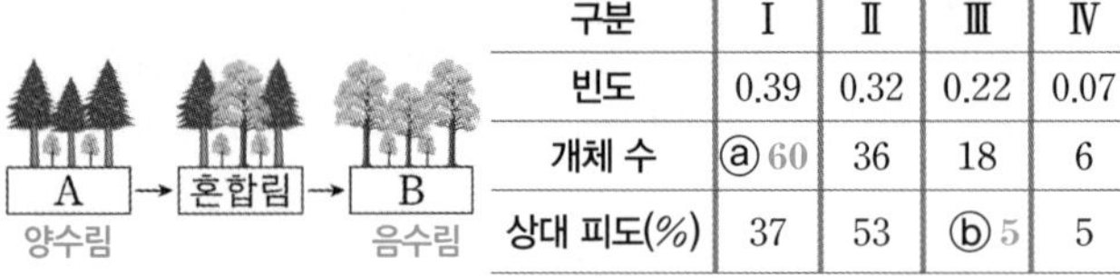

구분	Ⅰ	Ⅱ	Ⅲ	Ⅳ
빈도	0.39	0.32	0.22	0.07
개체 수	ⓐ 60	36	18	6
상대 피도(%)	37	53	ⓑ 5	5

이 자료에 대한 설명으로 옳은 것만을 〈보기〉에서 있는 대로 고른 것은? (단, Ⅰ~Ⅳ 이외의 종은 고려하지 않는다.) (3점)

[보기]

ㄱ. ㉠은 B이다. ㉠은 A(양수림)

ㄴ. ⓐ+ⓑ=65이다. ⓐ는 60, ⓑ는 5로 합은 65

ㄷ. ㉠에서 중요치(중요도)가 가장 큰 종은 Ⅰ이다. ㉠에서 중요치(중요도)가 가장 큰 종은 Ⅰ

① ㄱ ② ㄴ ③ ㄱ, ㄷ ④ ㄴ, ㄷ ⑤ ㄱ, ㄴ, ㄷ

윤혁준 | 2025 수능 응시 · 서울 강서고 졸

A와 B는 바로 판단할 수 있고, 문제에서 주어진 Ⅳ의 상대 밀도로 ⓐ를 구하고, 상대 피도의 합이 100임을 통해 ⓑ를 구했다면 문제를 풀 수 있어.

단서+발상

단서 Ⅳ의 상대 밀도가 5 %임이 제시되어 있다.

발상 Ⅳ의 개체 수가 6이므로 Ⅰ~Ⅳ의 개체 수 합은 120임을 추론할 수 있다.

적용 군집의 조사 방법을 적용해서 ⓐ와 ⓑ를 구하는 것부터 문제 풀이를 시작해야 한다.

| 문제+자료 분석 |

- ㉠에서 Ⅳ의 개체 수는 6, 상대 밀도는 5 %이다.
- 상대 밀도는 모든 종의 밀도 합에 대한 특정 종의 밀도(%)이므로 모든 종의 개체 수 합은 120이다.
- Ⅰ의 개체 수인 ⓐ는 60이다.
- Ⅰ~Ⅳ의 상대 피도 합이 100 %가 되어야 하므로 Ⅲ의 상대 피도인 ⓑ는 5 %이다.
- Ⅰ~Ⅳ의 상대 빈도, 상대 밀도, 상대 피도, 중요치는 표와 같다.

구분	상대 빈도	상대 밀도	상대 피도	중요치
Ⅰ	39	50	37	126
Ⅱ	32	30	53	115
Ⅲ	22	15	5	42
Ⅳ	7	5	5	17

| 보기 분석 |

ㄱ. 침엽수(양수)에 속하는 Ⅰ과 Ⅱ의 중요치 합이 활엽수(음수)에 속하는 Ⅲ과 Ⅳ의 중요치 합보다 훨씬 크기 때문에 ㉠은 양수림(A)이다.

ㄴ. ⓐ는 60, ⓑ는 5이므로 ⓐ+ⓑ=65이다.

ㄷ. Ⅰ~Ⅳ의 중요치는 각각 126, 115, 42, 17로 중요치(중요도)가 가장 큰 종은 Ⅰ이다.

P 04 정답 ④ * 식물의 군집 조사 ······ [정답률 57%] 2023 실시 4월 학평 20

표는 어떤 지역에 면적이 $1\,m^2$인 방형구를 10개 설치한 후 식물 군집을 조사한 결과를 나타낸 것이다.

종	개체 수	출현한 방형구 수	점유한 면적(m^2)
A	30	5	0.5
B	20	6	1.5
C	40	4	2.0
D	10	5	1.0
	총 개체 수=100	각 종이 출현한 방형구 수의 합=20	각 종의 점유 면적의 합=5

이에 대한 설명으로 옳은 것만을 〈보기〉에서 있는 대로 고른 것은? (단, A~D 이외의 종은 고려하지 않는다.) (3점)

[보기]

ㄱ. B의 빈도는 0.6이다. B의 빈도는 $\frac{6}{10}$(=0.6)임

ㄴ. A는 D와 ~~한 개체군~~을 이룬다. A와 D는 서로 다른 종이므로 서로 다른 개체군을 이룸

ㄷ. 중요치가 가장 큰 종은 C이다. C는 중요치가 100으로 가장 큼

① ㄱ ② ㄴ ③ ㄷ ④ ㄱ, ㄷ ⑤ ㄴ, ㄷ

| 문제+자료 분석 |

- 종 A~D의 상대 밀도, 상대 빈도, 상대 피도, 중요치를 구하면 표와 같다.

종	상대 밀도(%)	상대 빈도(%)	상대 피도(%)	중요치
A	30	25	10	65
B	20	30	30	80
C	40	20	40	100
D	10	25	20	55

- 중요치가 가장 높은 C가 이 군집의 우점종이다.

| 보기 분석 |

ㄱ. B의 빈도는 $\frac{\text{B가 출현한 방형구 수}}{\text{전체 방형구 수}}$이므로 $\frac{6}{10}$(=0.6)이다.

ㄴ. 한 개체군은 한 종으로만 구성되는데 A와 D는 서로 다른 종이므로 서로 다른 개체군을 이룬다.

ㄷ. 중요치는 상대 밀도, 상대 빈도, 상대 피도의 합으로 구한다. A 종의 중요치는 65, B 종의 중요치는 80, C 종의 중요치는 100, D 종의 중요치는 55이므로, 중요치가 가장 큰 종은 C이며, C가 이 군집의 우점종이다.

P 05 정답 ⑤ * 식물 군집 조사 ······ [정답률 62%] 2024 대비 9월 모평 18

다음은 어떤 지역의 식물 군집에서 우점종을 알아보기 위한 탐구이다.

(가) 이 지역에 방형구를 설치하여 식물 종 A~E의 분포를 조사했다. 표는 조사한 자료 중 A~E의 개체 수와 A~E가 출현한 방형구 수를 나타낸 것이다.

구분	A	B	C	D	E	
개체 수	96	48	18	48	30	총 개체 수
상대 밀도	40	20	7.5	20	12.5	=240
출현한 방형구 수	22	20	10	16	12	총 방형구 수
상대 빈도	27.5	25	12.5	20	15	=80

(나) 표는 A~E의 분포를 조사한 자료를 바탕으로 각 식물 종의 ㉠~㉢을 구한 결과를 나타낸 것이다. ㉠~㉢은 상대 밀도, 상대 빈도, 상대 피도를 순서 없이 나타낸 것이다.

구분	A	B	C	D	E
㉠(%) 상대 빈도	27.5	? 25	ⓐ 12.5	20	15
㉡(%) 상대 밀도	40	? 20	7.5	20	12.5
㉢(%) 상대 피도	36	17	13	? 24	10
중요치	103.5	62	33	64	37.5

이 자료에 대한 설명으로 옳은 것만을 〈보기〉에서 있는 대로 고른 것은? (단, A~E 이외의 종은 고려하지 않는다.) (3점)

[보기]

ㄱ. ⓐ는 12.5이다. C의 상대 빈도(ⓐ)는 12.5%

ㄴ. 지표를 덮고 있는 면적이 가장 작은 종은 E이다. 지표를 덮고 있는 정도(피도)가 가장 작은 종은 E

ㄷ. 우점종은 A이다. 우점종은 중요치가 103.5로 가장 큰 A

① ㄱ ② ㄴ ③ ㄱ, ㄷ ④ ㄴ, ㄷ ⑤ ㄱ, ㄴ, ㄷ

| 문제+자료 분석 |

- 상대 밀도는 특정 종의 개체 수를 조사한 모든 종의 개체 수로 나눈 값이다. 식물 종의 총 개체 수는 96+48+18+48+30=240이므로 A의 상대 밀도는 $\frac{96}{240}$=0.4(40 %)이다. (나)의 표에서 ㉡은 상대 밀도에 해당한다.
- 상대 빈도는 특정 종의 빈도를 조사한 모든 종의 빈도 합으로 나눈 값이다. 식물 종의 총 방형구 수는 22+20+10+16+12=80이므로 A의 상대 빈도는 $\frac{22}{80}$=0.275(27.5 %)이다. (나)의 표에서 ㉠은 상대 빈도에 해당한다.
- 나머지 ㉢은 상대 피도에 해당한다. 상대 피도를 모두 더한 값은 100 %가 되어야 하므로 D의 상대 피도는 64 %이다.
- 중요치는 상대 밀도, 상대 빈도, 상대 피도를 합한 값이고 중요치가 가장 큰 종이 우점종이다.

| 보기 분석 |

ㄱ. ㉠은 상대 빈도이고, 식물 종의 총 방형구 수는 80이므로 C의 상대 빈도는 $\frac{10}{80}$=0.125(12.5%)이다. 따라서 ⓐ는 12.5이다.

ㄴ. 피도는 지표를 덮고 있는 정도를 나타낸다. 상대 피도가 가장 작은 종은 E이다.

ㄷ. 우점종은 중요치가 가장 큰 종이고, 중요치는 상대 밀도, 상대 빈도, 상대 피도를 합한 값이다. 우점종은 중요치가 103.5인 A이다.

*** 상대 밀도, 상대 빈도, 상대 피도**

- 상대 밀도(%)=$\frac{\text{특정 종의 개체 수}}{\text{조사한 모든 종의 개체 수 합}}\times 100$
- 상대 빈도(%)=$\frac{\text{특정 종의 빈도}}{\text{조사한 모든 종의 빈도 합}}\times 100$
- 상대 피도(%)=$\frac{\text{특정 종의 피도}}{\text{조사한 모든 종의 피도 합}}\times 100$
- 중요치=상대 밀도+상대 빈도+상대 피도이다. 중요치가 가장 높은 종이 그 군집의 우점종이다.

P 06 정답 ① *식물 군집의 구조 조사 [정답률 63%] 2023 실시 3월 학평 9

표는 방형구법을 이용하여 어떤 지역의 식물 군집을 조사한 결과를 나타낸 것이다.

종	개체 수	상대 밀도(%)	빈도	상대 빈도(%)	상대 피도(%)	중요치(중요도)
A	36	60	0.8	40	38	? 138
B	? 12	20	0.5	25	27	72
C	12	20	0.7	35	35	90

이에 대한 옳은 설명만을 <보기>에서 있는 대로 고른 것은? (단, A~C 이외의 종은 고려하지 않는다.) (3점)

[보기]

ㄱ. A의 상대 빈도는 40 %이다.
A~C 빈도를 모두 더한 값이 2이고 A의 빈도가 0.8이므로 상대 빈도는 40 %임

ㄴ. B의 개체 수는 20이다.
B의 상대 밀도는 20, 개체 수는 12

ㄷ. 우점종은 C이다.
중요치가 가장 높은 종 A가 이 식물 군집에서 우점종임

① ㄱ ② ㄴ ③ ㄷ ④ ㄱ, ㄴ ⑤ ㄴ, ㄷ

| 문제+자료 분석 |

- 중요치는 상대 밀도, 상대 빈도, 상대 피도를 합한 값이다. 꿀팁
- 상대 밀도는 특정 종의 개체 수를 조사한 모든 종의 개체 수 합으로 나눈 값이고, 상대 빈도는 특정 종의 빈도를 조사한 모든 종의 빈도 합으로 나눈 값이다.

B의 상대 빈도는 $\frac{0.5}{2.0}$=25 %이고, 상대 피도는 27 %이다.
B의 중요치가 72이므로 상대 밀도는 20 %이다.

- C의 상대 빈도는 35 %이고 중요치가 90이므로 상대 밀도는 20 %이다. 개체 B와 C는 상대 밀도가 같으므로 개체 수는 각각 12이다.
- A~C의 총 개체 수는 60이므로 A의 상대 밀도는 60 %이다.
A~C 빈도를 모두 더한 값이 2이고 A의 빈도가 0.8이므로 상대 빈도는 40 %이다.
- A의 중요치는 138이다. 중요치가 가장 높은 종 A가 이 식물 군집에서 우점종이다.

| 보기 분석 |

ㄱ. A~C 빈도를 모두 더한 값이 2이고, A의 빈도가 0.8이므로 상대 빈도는 40 %이다.
ㄴ. B의 상대 빈도는 25 %이고 상대 피도는 27 %이다. B의 중요치가 72이므로 상대 밀도는 20 %이고 개체 수는 12이다.
ㄷ. A의 중요치는 138이다. 중요치가 가장 높은 종 A가 이 식물 군집에서 우점종이다.

P 07 정답 ④ *식물 군집 조사 [정답률 69%] 2022 대비 6월 모평 18

다음은 어떤 지역의 식물 군집에서 우점종을 알아보기 위한 탐구이다.

(가) 이 지역에 방형구를 설치하여 식물 종 A~E의 분포를 조사했다.
(나) 표는 조사한 자료를 바탕으로 각 식물 종의 상대 밀도, 상대 빈도, 상대 피도를 구한 결과를 나타낸 것이다.

종	상대 밀도(%)	상대 빈도(%)	상대 피도(%)
A 중요치: 70	30	20	20
B 중요치: 55	5	24	26
C 중요치: 60	25	25	10
D 중요치: 60	10	26	24
E 중요치: 55	30	5	20

(다) 이 지역의 우점종이 A임을 확인했다. (우점종: 군집을 대표하는 종)

이 자료에 대한 설명으로 옳은 것만을 <보기>에서 있는 대로 고른 것은? (단, A~E 이외의 종은 고려하지 않는다.) (3점)

[보기]

ㄱ. 중요치(중요도)가 가장 큰 종은 A이다.
→ 중요치가 가장 큰 종은 A로 이 지역의 우점종임

ㄴ. 지표를 덮고 있는 면적이 가장 큰 종은 B이다.
→ 지표를 덮고 있는 면적이 가장 큰 종은 상대 피도가 가장 큰 B

ㄷ. E가 출현한 방형구의 수는 D가 출현한 방형구의 수보다 많다. → E가 D보다 상대 빈도가 작으므로 출현한 방형구 수가 적음

① ㄱ ② ㄴ ③ ㄷ ④ ㄱ, ㄴ ⑤ ㄱ, ㄷ

| 문제+자료 분석 |

- **상대 밀도:** 방형구 내 특정 종의 개체 수를 비교한 것으로 개체 수가 가장 많은 종은 A와 E이다.
- **상대 빈도:** 특정 종이 출현한 방형구의 수를 비교한 것으로 D>C>B>A>E의 순으로 각 종이 출현한 방형구의 수가 많다.
- **상대 피도:** 특정 종이 지표를 덮고 있는 정도를 비교한 것으로 B가 지표를 덮고 있는 면적이 가장 크다.
- **중요치:** 군집 내에서 상대 밀도, 상대 빈도, 상대 피도를 합한 값으로, 중요치가 가장 높은 종 A가 이 군집의 우점종이다.

| 보기 분석 |

ㄱ. A의 상대 밀도, 상대 빈도, 상대 피도를 더한 값인 중요치는 70으로 중요치가 가장 큰 종이 A이다.
ㄴ. 종 B의 상대 피도가 가장 크므로 지표를 덮고 있는 면적이 가장 큰 종이다.
ㄷ. E의 상대 빈도가 D의 상대 빈도보다 적으므로 E가 출현한 방형구의 수는 D가 출현한 방형구의 수보다 적다.

*밀도, 빈도, 피도, 중요치

밀도	$\frac{\text{방형구 내 특정 종의 개체 수}}{\text{전체 방형구의 면적}}$
빈도	$\frac{\text{특정 종이 출현한 방형구의 수}}{\text{전체 방형구의 수}}$
피도	특정 종이 지표를 덮고 있는 정도로, 피도를 구할 때 특정 종이 차지하는 면적을 정확히 측정하기 어렵기 때문에 피도 계급을 대신 이용한다.
중요치	군집 내에서 상대 밀도, 상대 빈도, 상대 피도를 합한 값이 중요치이다. ➡ 중요치가 가장 높은 종이 군집의 우점종이다.

P 08 정답 ② * 방형구법

[정답률 63%] 2023 대비 9월 모평 12

표는 방형구법을 이용하여 어떤 지역의 식물 군집을 조사한 결과를 나타낸 것이다.

종	개체 수	상대 밀도(%)	빈도	상대 빈도(%)	상대 피도(%)
A	? 24	20	0.4	20	16
B	36	30	0.7	? 35	24
C	12	? 10	0.2	10	? 30
D	㉠ 48	? 40	? 0.7	? 35	30

이 자료에 대한 설명으로 옳은 것만을 〈보기〉에서 있는 대로 고른 것은? (단, A~D 이외의 종은 고려하지 않는다.) (3점)

[보기]

ㄱ. ㉠은 24이다.
㉠은 48

ㄴ. 지표를 덮고 있는 면적이 가장 작은 종은 A이다.
지표를 덮고 있는 면적이 가장 작은 종은 상대 피도가 낮은 A

ㄷ. 우점종은 B이다.
우점종은 D

① ㄱ ② ㄴ ③ ㄷ ④ ㄱ, ㄴ ⑤ ㄴ, ㄷ

| 문제+자료 분석 |

- 어떤 지역의 식물 군집의 상대 밀도를 모두 더한 값, 상대 빈도를 모두 더한 값, 상대 피도를 모두 더한 값은 각각 100이다. 꿀팁
- A, B, D의 상대 피도 합이 16+24+30=70%이므로 C의 상대 피도는 100−70=30%이다.
- 빈도가 0.2인 C의 상대 빈도는 10%, 빈도가 0.4인 A의 상대 빈도는 20%이므로 빈도가 0.7인 B의 상대 빈도는 35%이다. A, B, C의 상대 빈도 합이 20+35+10=65%이므로 D의 상대 빈도는 100−65=35%이고, D의 빈도는 0.7이다.
- 개체 수가 36인 B의 상대 밀도가 30%이므로 개체 수가 12인 C의 상대 밀도는 10%이다. A, B, C의 상대 밀도 합이 20+30+10=60%이므로 D의 상대 밀도는 100−60=40%이고, D의 개체 수(㉠)는 48이다.

| 보기 분석 |

ㄱ. D의 개체 수인 ㉠은 48이다.

ㄴ. 피도는 특정 종의 점유 면적을 전체 방형구의 면적으로 나눈 값이다. 지표를 덮고 있는 면적이 가장 작은 종은 상대 피도가 가장 낮은 A이다.

ㄷ. 상대 밀도, 상대 빈도, 상대 피도를 모두 더한 값인 중요치가 가장 큰 종이 군집을 대표하는 우점종이다. A의 중요치는 56, B의 중요치는 89, C의 중요치는 50, D의 중요치는 105로 우점종은 D이다.

P 09 정답 ③ * 식물 군집 조사

[정답률 82%] 2024 실시 7월 학평 15

표 (가)는 어떤 지역에 방형구를 설치하여 식물 군집을 조사한 자료의 일부를, (나)는 이 자료를 바탕으로 종 A와 ㉠의 상대 밀도, 상대 빈도, 상대 피도를 구한 결과를 나타낸 것이다. ㉠은 종 B~D 중 하나이다.

구분	A	B	C	D
개체 수	42	120	? 48	90
출현한 방형구 수	? 18	24	16	22

(가) • 전체 개체 수: 300 • A+B+C+D 방형구 수= 80

구분	A (단서)	㉠ B
상대 밀도(%)	14.0	40.0
상대 빈도(%)	22.5	30.0
상대 피도(%)	17.0	41.0

(나)

이 자료에 대한 설명으로 옳은 것만을 〈보기〉에서 있는 대로 고른 것은? (단, A~D 이외의 종은 고려하지 않는다.) (3점)

[보기]

ㄱ. C의 개체 수는 48이다.
C의 개체 수는 48임

ㄴ. 이 지역의 우점종은 B이다.
이 지역의 우점종은 B임

ㄷ. A가 출현한 방형구 수는 38이다.
A가 출현한 방형구 수는 18임

① ㄱ ② ㄷ ③ ㄱ, ㄴ ④ ㄴ, ㄷ ⑤ ㄱ, ㄴ, ㄷ

단서+발상

단서 종 A의 개체 수와 상대 밀도가 제시되어 있다.

발상 종 A의 상대 밀도와 종 A의 개체 수를 통해 전체 개체 수가 300임을 추론할 수 있고, ㉠의 상대 밀도를 통해 ㉠이 종 B임을 추론할 수 있다.

적용 종 A의 상대 밀도와 개체 수를 이용해 식물 군집의 전체 개체 수를 계산하는 공식을 적용해서 나머지 종의 상대 밀도를 구하는 것부터 문제 풀이를 시작해야 한다.

| 문제+자료 분석 |

- 종 A의 개체 수가 42이며 상대 밀도가 14 %이므로 조사한 군집의 전체 개체 수는 300이다.
- 전체 개체 수가 300이며 종 ㉠의 상대 밀도가 40이므로 종 ㉠의 개체 수는 120이다. ㉠은 B에 해당한다.
- B의 개체 수 120, 상대 밀도 40 %로 B의 상대 밀도가 A~D 중 가장 크며, B가 출현한 방형구 수 24, 상대 빈도 30 %로 B의 상대 빈도가 A~D 중 가장 크다.

| 보기 분석 |

ㄱ. 조사한 군집의 전체 개체 수가 300이므로 C의 개체 수는 300에서 A, B, D의 개체 수를 뺀 값인 48이다.

ㄴ. 중요치가 가장 높아 그 군집을 대표할 수 있는 개체군을 우점종으로 결정한다. 상대 밀도 40, 상대 빈도 30, 상대 피도 41인 B가 이 지역의 우점종이다.

ㄷ. B가 출현한 방형구 수가 24이고, B의 상대 빈도가 30이므로 A~D가 출현한 방형구 수를 모두 더한 값은 80이다. A가 출현한 방형구 수는 80에서 B, C, D가 출현한 방형구 수를 뺀 값인 18이다.

P 10 정답 ③ * 식물 군집 조사 ····· [정답률 73%] 2022 실시 7월 학평 4

표 (가)는 어떤 지역에서 시점 t_1과 t_2일 때 서식하는 식물 종 A~C의 개체 수를 나타낸 것이고, (나)는 C에 대한 설명이다. t_1일 때 A~C의 개체 수의 합과 B의 상대 밀도는 t_2일 때와 같고, t_1과 t_2일 때 이 지역의 면적은 변하지 않았다.

B의 상대 밀도 = $\frac{\text{B의 개체 수}}{\text{A, B, C개체수의 합}} \times 100$

구분	개체 수		
	A	B	C
t_1	16	17	? 17
t_2	28	㉠17	5

(가)

t_2일 때가 t_1일 때보다 대기 오염 물질의 농도가 높음

(나) C는 대기 중 오염 물질의 농도가 높아지면 개체 수가 감소하므로, C의 개체 수를 통해 대기 오염 정도를 알 수 있다.

이에 대한 설명으로 옳은 것만을 〈보기〉에서 있는 대로 고른 것은? (단, A~C 이외의 다른 종은 고려하지 않고, 대기 오염 외에 C의 개체 수 변화에 영향을 주는 요인은 없다.) (3점)

[보기]

ㄱ. ㉠은 17이다.
t_1일 때와 t_2일 때 B의 상대 밀도가 동일하므로 ㉠은 17

ㄴ. 식물의 종 다양성은 t_1일 때가 t_2일 때보다 높다.
종의 분포 비율은 t_1일 때가 t_2일 때보다 고르므로 식물의 종 다양성은 t_1일 때가 t_2일 때보다 높음

ㄷ. 대기 중 오염 물질의 농도는 t_1일 때가 t_2일 때보다 ~~높다~~.
C의 개체 수는 t_2일 때가 t_1일 때보다 적으므로 대기 중 오염 물질의 농도는 t_2일 때가 더 높음

① ㄱ ② ㄷ ③ ㄱ, ㄴ ④ ㄴ, ㄷ ⑤ ㄱ, ㄴ, ㄷ

| 문제+자료 분석 |

- (가): t_1일 때와 t_2일 때 A~C의 개체 수의 합은 같으므로 16+17+C의 개체 수=28+㉠+5이다. 따라서 t_1일 때 C의 개체 수와 ㉠은 동일하다.
- 상대 밀도=$\frac{\text{특정 종의 개체 수}}{\text{모든 종의 개체 수의 합}} \times 100$이다. 꿀팁

t_1일 때와 t_2일 때 A~C의 개체 수의 합은 같으므로 t_1일 때와 t_2일 때 B의 상대 밀도가 같다는 것은 B의 개체 수가 같다는 의미이다. 따라서 ㉠은 17이며, t_1일 때 C의 개체 수는 ㉠과 동일하므로 17이다.

- (나): C는 대기 오염 물질의 농도가 높을수록 개체 수가 감소하므로, 개체 수가 적을수록 대기 오염 물질의 농도는 높아진다. C의 개체 수가 더 적은 t_2일 때가 t_1일 때보다 대기 오염 물질의 농도가 높다.

| 보기 분석 |

ㄱ. t_1일 때와 t_2일 때 A~C의 개체 수의 합이 같고, t_1일 때와 t_2일 때 B의 상대 밀도가 같으므로 B의 개체 수도 같다. 따라서 ㉠은 17이다.

ㄴ. 종 다양성은 종의 수가 많을수록 높고, 종의 분포 비율이 고를수록 높다. t_1일 때와 t_2일 때 종의 수는 A, B, C 3종으로 동일하지만, 종의 분포 비율이 t_1일 때가 t_2일 때보다 고르므로 t_1일 때 종 다양성이 더 높다.

ㄷ. C는 대기 오염 물질의 농도가 높을수록 개체 수가 감소하므로, 개체 수가 적을수록 대기 오염 물질의 농도는 높아진다. 따라서 C의 개체 수는 t_2일 때가 t_1일 때보다 더 적으므로 대기 중 오염 물질의 농도는 t_2일 때가 t_1일 때보다 높다.

P 11 정답 ④ * 식물 군집 조사 ····· [정답률 50%] 2021 실시 4월 학평 12

표는 서로 다른 지역 (가)와 (나)의 식물 군집을 조사한 결과를 나타낸 것이다. (가)의 면적은 (나)의 면적의 2배이다.

지역	종	개체 수	상대 빈도(%)	총개체 수
(가)	A	? 40	29	100
	B	33	41	
	C	27	? 30	
(나)	A	25	32	100
	B	? 31	35	
	C	44	? 33	

이에 대한 설명으로 옳은 것만을 〈보기〉에서 있는 대로 고른 것은? (단, A~C 이외의 종은 고려하지 않는다.) (3점)

[보기]

ㄱ. A의 개체군 밀도는 ~~(가)에서가 (나)에서보다 크다~~.
→ A의 개체군 밀도는 (나)에서가 (가)에서보다 큼

ㄴ. (나)에서 B의 상대 밀도는 31%이다.
→ (나)에서 B의 개체 수는 31, 상대 밀도는 31%

ㄷ. C의 상대 빈도는 (가)에서가 (나)에서보다 작다.
→ C의 상대 빈도는 (가)에서 30, (나)에서 33

① ㄱ ② ㄷ ③ ㄱ, ㄴ ④ ㄴ, ㄷ ⑤ ㄱ, ㄴ, ㄷ

| 문제+자료 분석 |

- (가): 총개체 수가 100이므로 A의 개체 수는 40이다. C의 상대 빈도는 30이다.
- (나): 총개체 수가 100이므로 B의 개체 수는 31이다. C의 상대 빈도는 33이다.

| 보기 분석 | 주의

ㄱ. (가)의 면적이 (나)의 2배이므로 A의 개체군 밀도를 비교할 때 (가)의 A 개체 수 40과 (나)의 A 개체 수의 2배인 50을 비교한다. 따라서 A의 개체군 밀도는 (가)에서보다 (나)에서 크다.

ㄴ. (나)의 총개체 수가 100이므로 B의 개체 수는 31이다. 상대 밀도는 $\frac{\text{특정 종의 밀도}}{\text{군집 내 모든 종의 밀도의 합}} \times 100 = \frac{31}{100} \times 100 = 31\%$이다.

ㄷ. 한 지역에서 각 종의 상대 빈도를 모두 합한 값은 100이므로 (가)에서 C의 상대 빈도는 30이고, (나)에서 C의 상대 빈도는 33이다. C의 상대 빈도는 (가)에서가 (나)에서보다 작다.

* 밀도, 상대 밀도, 상대 빈도

개체군의 밀도	$\frac{\text{개체 수}}{\text{생활 공간의 크기}}$
상대 밀도	$\frac{\text{특정 종의 밀도}}{\text{군집 내 모든 종의 밀도의 합}} \times 100$
상대 빈도	$\frac{\text{특정 종의 빈도}}{\text{군집 내 모든 종의 빈도의 합}} \times 100$

P 12 정답 ⑤ * 식물 군집의 조사 [정답률 69%] 2021 대비 6월 모평 11

표 (가)는 어떤 지역의 식물 군집을 조사한 결과를 나타낸 것이고, (나)는 우점종에 대한 자료이다.

100−(23+45)=32

종	개체 수	빈도	상대 피도(%)
A	198	0.32	32 ㉠
B	81	0.16	23
C	171	0.32	45

(가)

• 어떤 군집의 우점종은 중요치가 가장 높아 그 군집을 대표할 수 있는 종을 의미하며, 각 종의 중요치는 상대 밀도, 상대 빈도, 상대 피도를 더한값이다.

(나)

이에 대한 설명으로 옳은 것만을 〈보기〉에서 있는 대로 고른 것은? (단, A~C 이외의 종은 고려하지 않는다.) (3점)

[보기]

ㄱ. ㉠은 32이다. → ㉠=100−(23+45)=32

ㄴ. B의 상대 빈도는 20 %이다.
→ B의 상대 빈도$=\frac{0.16}{0.8}\times100=20(\%)$

ㄷ. 이 식물 군집의 우점종은 C이다.
→ A, B, C 중요치는 각각 116, 61, 123이므로 중요치가 가장 높은 C가 우점종이다.

① ㄱ ② ㄷ ③ ㄱ, ㄴ ④ ㄴ, ㄷ ⑤ ㄱ, ㄴ, ㄷ

| 문제+자료 분석 |

• 우점종은 중요치로 결정되며, 중요치=상대 밀도+상대 빈도+상대 피도이다.

• 빈도$=\frac{\text{특정 종이 출현한 방형구 수}}{\text{전체 방형구의 수}}$

• 상대 빈도$=\frac{\text{특정 종의 빈도}}{\text{조사한 모든 종의 빈도의 합}}\times100$

• 상대 밀도$=\frac{\text{특정 종의 밀도}}{\text{조사한 모든 종의 밀도의 합}}\times100=\frac{\text{특정 종의 개체 수}}{\text{전체 개체 수}}\times100$

• 상대 피도$=\frac{\text{특정 종의 피도}}{\text{조사한 모든 종의 피도의 합}}\times100$

| 보기 분석 |

ㄱ. ㉠은 종 A의 상대 피도로 전체 100에서 종 B와 C의 상대 피도를 뺀 값이다. 따라서 ㉠=100−(23+45)=32이다.

ㄴ. B의 상대 빈도(%)$=\frac{0.16}{0.32+0.16+0.32}\times100=\frac{0.16}{0.8}\times100=20(\%)$

ㄷ. A의 중요치$=\frac{198}{198+81+171}\times100+\frac{0.32}{0.32+0.16+0.32}\times100+32=116$

B의 중요치$=\frac{81}{198+81+171}\times100+\frac{0.16}{0.32+0.16+0.32}\times100+23=61$

C의 중요치$=\frac{171}{198+81+171}\times100+\frac{0.32}{0.32+0.16+0.32}\times100+45=123$

중요치가 가장 높은 종이 우점종이므로 C가 이 식물 군집의 우점종이다.

P 13 정답 ② * 개체군의 밀도 [정답률 77%] 2020 실시 10월 학평 19

표는 지역 (가)와 (나)에 서식하는 식물 종 A~C의 개체 수를 나타낸 것이다. 면적은 (나)가 (가)의 2배이다.

지역 \ 종	A	B	C
(가)	11	24	15
(나)	46	24	30

상대 밀도	A	B	C
(가)	22	48	30
(나)	46	24	30

이에 대한 옳은 설명만을 〈보기〉에서 있는 대로 고른 것은? (단, A~C 이외의 종은 고려하지 않는다.)

[보기]

ㄱ. (가)에서 A는 B와 한 개체군을 이룬다.
→ A와 B는 서로 다른 종이므로 서로 다른 개체군

ㄴ. B의 밀도는 (가)에서가 (나)에서의 2배이다.
→ (나)의 면적이 (가)의 2배이며 B의 개체 수가 같으므로 B의 밀도는 (가)에서가 (나)에서의 2배

ㄷ. C의 상대 밀도는 (나)에서가 (가)에서의 2배이다.
→ C의 상대 밀도는 (가)와 (나)에서 같다.

① ㄱ ② ㄴ ③ ㄷ ④ ㄱ, ㄴ ⑤ ㄴ, ㄷ

| 문제+자료 분석 |

• A: (가)에서 A 개체군의 상대 밀도는 $\frac{11}{50}\times100=22\%$이고 (나)에서 A 개체군의 상대 밀도는 $\frac{46}{100}\times100=46\%$이다.

• B: (가)에서 B 개체군의 상대 밀도는 $\frac{24}{50}\times100=48\%$이고 (나)에서 B 개체군의 상대 밀도는 $\frac{24}{100}\times100=24\%$이다.

• C: (가)에서 C 개체군의 상대 밀도는 $\frac{15}{50}\times100=30\%$이고 (나)에서 C 개체군의 상대 밀도는 $\frac{30}{100}\times100=30\%$이다.

| 보기 분석 |

ㄱ. 개체군은 특정 시기에 특정 지역에서 같은 종의 개체로 이루어진 집단을 말한다. (가) 지역에서 서로 다른 식물 종의 집단인 A 개체군, B 개체군, C 개체군이 군집을 이루고 있다.

ㄴ. (나)의 면적이 (가)의 면적의 2배인데 서식하는 B의 개체 수는 같다. 개체군의 밀도는 개체 수를 서식하는 면적으로 나눈 값이므로 B의 밀도는 (가)에서가 (나)에서의 2배이다.

ㄷ. (나)의 전체 개체 수가 (가)의 2배이고, (나)에서 C의 개체 수가 (가)에서 C의 개체 수의 2배이므로 C의 상대 밀도는 (가)와 (나)에서 30%로 같다.

* 개체군의 밀도

개체군의 밀도	개체군의 밀도$=\frac{\text{개체 수}}{\text{생활 공간의 크기}}$
상대 밀도	상대 밀도$=\frac{\text{특정 종의 밀도}}{\text{군집 내 모든 종의 밀도의 합}}\times100$

P 14 정답 ③ * 군집의 구조 [정답률 56%] 2021 대비 수능 20

표 (가)는 면적이 동일한 서로 다른 지역 Ⅰ과 Ⅱ의 식물 군집을 조사한 결과를 나타낸 것이고, (나)는 우점종에 대한 자료이다.

(가)

지역	종	상대 밀도(%)	상대 빈도(%)	상대 피도(%)	총 개체 수
Ⅰ	A	30	? 45	19	100
	B	? 41	24	22	
	C	29	31	? 59	우점종 C
Ⅱ	A	5	? 45	13	120
	B	? 25	13	25	
	C	70	42	? 62	우점종 C

(나)
ㅇ 어떤 군집의 우점종은 중요치가 가장 높아 그 군집을 대표할 수 있는 종을 의미하며, 각 종의 중요치는 상대 밀도, 상대 빈도, 상대 피도를 더한 값이다.

이에 대한 설명으로 옳은 것만을 〈보기〉에서 있는 대로 고른 것은? (단, A~C 이외의 종은 고려하지 않는다.)

[보기]

ㄱ. Ⅰ의 식물 군집에서 우점종은 C이다.
→ Ⅰ에서 중요치가 가장 높은 C가 우점종

ㄴ. 개체군 밀도는 ~~Ⅰ의 A가 Ⅱ의 B보다 크다.~~
→ Ⅰ의 A 개체군 밀도는 30, Ⅱ의 B 개체군 밀도는 30으로 같음

ㄷ. 종 다양성은 Ⅰ에서가 Ⅱ에서보다 높다.
→ Ⅱ보다 Ⅰ에서 종이 균등하므로 Ⅰ에서 종 다양성이 높음

① ㄱ ② ㄴ ③ ㄱ, ㄷ ④ ㄴ, ㄷ ⑤ ㄱ, ㄴ, ㄷ

| 문제+자료 분석 |

• Ⅰ: A의 중요치는 94, B의 중요치는 87, C의 중요치는 119로 종 C가 우점종이다. 총 개체 수가 100이므로 상대 밀도에 따라 A의 개체 수는 30, B의 개체 수는 41, C의 개체 수는 29이다.

• Ⅱ: A의 중요치는 63, B의 중요치는 63, C의 중요치는 174로 종 C가 우점종이다. 총 개체 수가 120이므로 상대 밀도에 따라 A의 개체 수는 6, B의 개체 수는 30, C의 개체 수는 84이다.

| 보기 분석 |

ㄱ. Ⅰ에서 C의 상대 밀도는 29, 상대 빈도는 31, 상대 피도는 59로 중요치가 가장 높은 우점종이다.

ㄴ. Ⅰ에서 A의 개체 수는 30, Ⅱ에서 B의 개체 수도 30이다. Ⅰ과 Ⅱ 지역의 면적이 동일하므로 개체 수를 면적으로 나눈 값인 개체군 밀도는 Ⅰ의 A와 Ⅱ의 B가 동일하다.

ㄷ. 종의 수가 많을수록, 종이 균등하게 분포할수록 종 다양성이 높다. Ⅰ과 Ⅱ에서 종의 수는 3종으로 동일하지만, Ⅱ에서 상대 밀도, 상대 피도와 중요치가 종 C에 편중되어 있다.
따라서 Ⅰ에서가 Ⅱ에서보다 종이 균등하게 분포되어 있으므로 종 다양성이 더 높다.

송의현 | 원광대 의예과 2021년 입학 · 안산 동산고 졸

상대 밀도, 상대 피도, 상대 빈도에 관한 문제야. 나는 이런 문제를 풀 때 무조건 면적이라는 단어를 먼저 봐.
이 문제는 상대 밀도 자료를 주고서는 치사하게 선지에서는 그냥 개체군 밀도를 물어보거든. 그리고 이 유형의 문제를 풀 때는 필요한 빈칸만 채우기보다는 10초 정도 더 써서 모든 칸을 채우고 풀기를 추천할게. 막바지에 집중력이 닳을 대로 닳은 채로 푸는 문제여서, 실수 가능성이 높기 때문이야.

P 15 정답 ② * 군집의 구조 [정답률 60%] 2021 실시 7월 학평 17

표 (가)는 어떤 지역의 식물 군집을 조사한 결과를 나타낸 것이고, (나)는 종 A와 B의 상대 피도와 상대 빈도에 대한 자료이다.

(가)

종	개체 수	빈도
A	240	0.20
B	60	㉠ 0.28
C	200	0.32

(나)
ㅇ A의 상대 피도는 55 %이다.
ㅇ B의 상대 빈도는 35 %이다.

$$\text{상대 피도(\%)} = \frac{\text{특정 종의 피도}}{\text{조사한 모든 종의 피도의 합}} \times 100$$

$$\text{상대 빈도(\%)} = \frac{\text{특정 종의 빈도}}{\text{조사한 모든 종의 빈도의 합}} \times 100$$

이에 대한 설명으로 옳은 것만을 〈보기〉에서 있는 대로 고른 것은? (단, A~C 이외의 종은 고려하지 않는다.)

[보기]

ㄱ. ㉠은 ~~0.35이다.~~ → ㉠은 0.28

ㄴ. B의 상대 밀도는 12 %이다.
→ B의 상대 밀도 $= \frac{60}{500} \times 100 = 12\%$

ㄷ. 중요치는 A가 C보다 ~~낮다.~~ → 중요치는 A가 C보다 높다

① ㄱ ② ㄴ ③ ㄷ ④ ㄱ, ㄴ ⑤ ㄴ, ㄷ

| 문제+자료 분석 |

• 상대 밀도(%) $= \frac{\text{특정 종의 개체 수}}{\text{조사한 모든 종의 개체 수의 합}} \times 100$이다.
따라서 A의 상대 밀도는 $\frac{240}{500} \times 100 = 48\%$, B의 상대 밀도는 $\frac{60}{500} \times 100 = 12\%$, C의 상대 밀도는 $\frac{200}{500} \times 100 = 40\%$이다.

• 상대 빈도(%) $= \frac{\text{특정 종의 빈도}}{\text{조사한 모든 종의 빈도의 합}} \times 100$이다. 따라서 B의 상대 빈도가 35%이므로 $\frac{㉠}{㉠ + 0.52} \times 100 = 35$이고, ㉠은 0.28이다.

• A의 상대 빈도는 $\frac{0.20}{0.80} \times 100 = 25\%$, C의 상대 빈도는 $\frac{0.32}{0.80} \times 100 = 40\%$이다.

| 보기 분석 |

ㄱ. B의 빈도가 ㉠이고, B의 상대 빈도가 35%이므로 $\frac{㉠}{㉠ + 0.52} \times 100 = 35\%$이다. 따라서 B의 빈도 ㉠은 0.28이다.

ㄴ. 상대 밀도는 $\frac{\text{특정 종의 개체 수}}{\text{조사한 모든 종의 개체 수의 합}} \times 100$이다. 따라서 B의 상대 밀도는 $\frac{60}{500} \times 100 = 12\%$이다.

ㄷ. 중요치는 상대 밀도, 상대 빈도, 상대 피도의 합이다. 그러므로 A의 중요치는 $48 + 25 + 55 = 128$이다. A의 상대 피도가 55%이므로 B와 C의 상대 피도 합은 45%이다. C의 상대 피도는 45% 미만이므로 C의 중요치는 상대 밀도 40%, 상대 빈도 40%를 포함하여 125 미만이다. 따라서 중요치는 A가 C보다 높다.

주의

P 16 정답 ③ * 방형구법 [정답률 55%] 2023 대비 수능 11

표는 방형구법을 이용하여 어떤 지역의 식물 군집을 두 시점 t_1과 t_2일 때 조사한 결과를 나타낸 것이다.

시점	종	개체 수	상대 빈도(%)	상대 피도(%)	중요치(중요도)
t_1	A	9	? 20	30	68
	B	19	20	20	? 78
	C	? 7	20	15	49
	D	15	40	? 35	? 105
t_2	A	0	? 0	? 0	? 0
	B	33	? 40	39	? 134
	C	? 6	20	24	? 54
	D	21	40	? 37	112

이 자료에 대한 설명으로 옳은 것만을 〈보기〉에서 있는 대로 고른 것은? (단, A~D 이외의 종은 고려하지 않는다.) (3점)

[보기]

ㄱ. t_1일 때 우점종은 D이다.
t_1일 때 우점종은 중요치가 가장 높은 종이므로 D임

ㄴ. t_2일 때 지표를 덮고 있는 면적이 가장 큰 종은 B이다.
t_2일 때 지표는 덮고 있는 면적이 가장 큰 종은 상대 피도가 가장 큰 B임

ㄷ. C의 상대 밀도는 t_1일 때가 t_2일 때보다 작다.
C의 상대 밀도는 t_1일 때가 t_2일 때보다 큼

① ㄱ ② ㄷ ③ ㄱ, ㄴ ④ ㄴ, ㄷ ⑤ ㄱ, ㄴ, ㄷ

김보겸 | 연세대 지구시스템과학과 2023년 입학 · 광주 서석고졸

처음에 t_2 종 A열의 빈칸이 채워지지 않아 순간 당황했어. 개체 수가 0이라는 것은 해당 식물 군집에 그 종은 없는 거니까 밀도, 빈도, 피도, 상대 밀도, 상대 빈도, 상대 피도 모두 0이겠지?

| 문제+자료 분석 |

1st t_1일 때 조사 결과

- A~D에서 상대 빈도, 상대 피도, 상대 밀도 각각의 총합은 100이므로, A의 상대 빈도는 100−(20+20+40)=20이며, D의 상대 피도는 100−(30+20+15)=35이다.
- 중요치=상대 밀도+상대 빈도+상대 피도이므로, A의 상대 밀도는 68−(20+30)=18이다. 또한 상대 밀도는 $\frac{\text{특정 종의 개체 수}}{\text{전체 개체 수}}\times 100(\%)$ 이므로 A의 개체 수가 9이고 A의 상대 밀도가 18이라는 것은 '개체 수×2=상대 밀도'로 생각해 볼 수 있다. 이를 정리하면 아래 표와 같다.

종	개체 수	상대 밀도	상대 빈도	상대 피도	중요치
A	9	18 ➡ 9×2	20	30	68
B	19	38	20	20	78
C	7	14	20	15	49
D	15	30	40	35	105

2nd t_2일 때 조사 결과

- A의 개체 수가 0이므로, 상대 빈도, 상대 피도, 중요치는 모두 0이다.
- B의 상대 빈도는 100−(0+20+40)=40이며, D의 상대 피도는 100−(0+39+24)=37, D의 상대 밀도는 112−(40+37)=35이다.
- 마찬가지로 D의 개체 수가 21이고, D의 상대 밀도는 35이므로 '개체 수×$\frac{5}{3}$=상대 밀도'이다. 이를 정리하면 아래 표와 같다.

종	개체 수	상대 밀도	상대 빈도	상대 피도	중요치
A	0	0	0	0	0
B	33	55	40	39	134
C	6	10	20	24	54
D	21	35 ➡ 21×$\frac{5}{3}$	40	37	112

| 보기 분석 |

ㄱ. t_1일 때 우점종은 중요치가 가장 높은 종이므로 D이다.
ㄴ. t_2일 때 지표를 덮고 있는 면적이 가장 큰 종은 상대 피도가 가장 큰 B이다.
ㄷ. C의 상대 밀도는 t_1일 때가 14이고, t_2일 때는 10이므로 t_1일 때가 t_2일 때보다 크다.

P 17 정답 ② * 종 다양성과 상대 밀도 [정답률 72%] 2020 실시 7월 학평 18

표 (가)는 면적이 동일한 서로 다른 지역 Ⅰ과 Ⅱ에 서식하는 식물 종 A~E의 개체수를, (나)는 Ⅰ과 Ⅱ 중 한 지역에서 ㉠과 ㉡의 상대 밀도를 나타낸 것이다. ㉠과 ㉡은 각각 A~E 중 하나이다.

(가)

구분	A	B	C	D	E
Ⅰ	9	10	12	8	11
Ⅱ	18	10	20	0	2

(나)

구분	상대 밀도(%)
㉠ (A(지역Ⅰ 가능))	18
㉡ (B (지역 Ⅰ, Ⅱ 모두 가능))	20

이에 대한 설명으로 옳은 것만을 〈보기〉에서 있는 대로 고른 것은? (단, A~E 이외의 종은 고려하지 않는다.) (3점)

[보기]

ㄱ. ㉡은 C이다. → ㉡은 B이다.

ㄴ. B의 개체군 밀도는 Ⅰ과 Ⅱ에서 같다.
→ B의 개체군 밀도는 Ⅰ과 Ⅱ에서 같다.

ㄷ. 식물의 종 다양성은 Ⅰ에서가 Ⅱ에서보다 낮다.
→ 종 다양성은 종의 수가 많은 Ⅰ에서 높다.

① ㄱ ② ㄴ ③ ㄷ ④ ㄱ, ㄴ ⑤ ㄱ, ㄷ

| 문제+자료 분석 |

- **상대 밀도**: 어떤 지역에 서식하는 $\frac{\text{특정 종의 개체수}}{\text{모든 종의 개체수}}\times 100$이다.
- Ⅰ과 Ⅱ 지역 모두에서 종의 개체수가 총 50이다. 상대 밀도가 18%인 종의 개체수는 9이므로 ㉠은 A이고, 상대 밀도가 20%인 종의 개체수는 10이므로 ㉡은 B이다.
- 개체수가 A는 9, B는 10인 지역은 Ⅰ이므로 (나)는 지역 Ⅰ에서의 상대 밀도를 나타낸 것이다.

| 보기 분석 |

ㄱ. 상대 밀도가 20%에 해당하는 종 ㉡은 개체수가 10인 B이다.
ㄴ. 개체군 밀도는 $\frac{\text{개체군을 구성하는 개체수}}{\text{개체군이 서식하는 공간의 면적}}$이다. Ⅰ과 Ⅱ에서 면적은 동일하고 B의 개체수는 동일하므로 B의 개체군 밀도는 Ⅰ과 Ⅱ에서 같다.
ㄷ. 종 다양성은 어떤 생태계에 존재하는 종의 다양한 정도를 의미하며, 종의 수가 많을수록, 종의 개체수가 균등할수록 종 다양성이 높다. Ⅰ에 서식하는 종의 수가 5종이며 Ⅱ에 서식하는 종의 수가 4종이므로 Ⅰ에서 종 다양성이 높다.

P 18 정답 ⑤ * 식물 군집 조사 (방형구법) ✪ 고난도 [정답률 49%] 2022 실시 3월 학평 18

다음은 어떤 지역에서 방형구를 이용해 식물 군집을 조사한 자료이다.

○ 면적이 같은 4개의 방형구 A~D를 설치하여 조사한 질경이, 토끼풀, 강아지풀의 분포는 그림과 같으며, D에서의 분포는 나타내지 않았다.

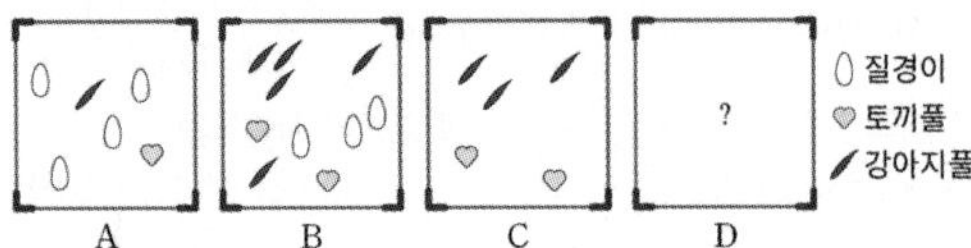

○ 토끼풀의 빈도는 $\frac{3}{4}$이다. 빈도$=\frac{\text{특정 종이 출현한 방형구 수}}{\text{전체 방형구 수}}$

○ 질경이의 밀도는 강아지풀의 밀도와 같고, 토끼풀의 밀도의 2배이다. 밀도$=\frac{\text{특정 종의 개체 수}}{\text{전체 방형구의 면적}}$

○ 중요치가 가장 큰 종은 질경이다. → 상대 밀도+상대 빈도+상대 피도

이에 대한 옳은 설명만을 〈보기〉에서 있는 대로 고른 것은? (단, 방형구에 나타낸 각 도형은 식물 1개체를 의미하며, 제시된 종 이외의 종은 고려하지 않는다.) (3점)

[보기]

ㄱ. D에 질경이가 있다. D에 있는 질경이 개체 수는 3

ㄴ. 토끼풀의 상대 밀도는 20 %이다.
토끼풀의 상대 밀도는 $\frac{5}{25}\times100=20\%$

ㄷ. 상대 피도는 질경이가 강아지풀보다 크다.
중요치에서 상대 피도를 제외한 상대 밀도와 상대 빈도의 합은 질경이가 강아지풀보다 작으므로 상대 피도는 질경이가 강아지풀보다 큼

① ㄱ ② ㄷ ③ ㄱ, ㄴ ④ ㄴ, ㄷ ⑤ ㄱ, ㄴ, ㄷ

| 문제+자료 분석 |

1st 방형구 D의 식물 군집 개체 수 추론하기

• 방형구 A~D에 있는 질경이, 토끼풀, 강아지풀의 개체 수를 정리하면 다음과 같다.

구분	A	B	C	D	개체 수 합계
질경이	4	3	0	㉠	7+㉠
토끼풀	1	2	2	㉡	5+㉡
강아지풀	1	5	3	㉢	9+㉢

• 빈도$=\frac{\text{특정 종이 출현한 방형구 수}}{\text{전체 방형구 수}}$이다. 토끼풀은 방형구 4개(A~D) 중 A, B, C에 출현하였으므로 D에 출현하지 않아야 빈도가 $\frac{3}{4}$일 수 있다. 따라서 ㉡은 0이다.

• 밀도$=\frac{\text{특정 종의 개체 수}}{\text{전체 방형구의 면적}}$이다. 면적이 같은 방형구 A~D의 면적을 각각 S라 하면, 질경이의 밀도가 강아지풀의 밀도와 같고, 토끼풀의 밀도의 2배이므로 $\frac{7+㉠}{4S}=\frac{9+㉢}{4S}=2\times\frac{5}{4S}$이다. 따라서 ㉠은 3이고, ㉢은 1이다.

2nd 각 식물 군집의 상대 밀도와 상대 빈도 구하기

• 밀도와 빈도에 따른 상대 밀도와 상대 빈도는 아래 표와 같다.

구분	밀도	빈도	상대 밀도	상대 빈도
질경이	$\frac{10}{4S}$	$\frac{3}{4}$	40%	30%
토끼풀	$\frac{5}{4S}$	$\frac{3}{4}$	20%	30%
강아지풀	$\frac{10}{4S}$	$\frac{4}{4}$	40%	40%

| 보기 분석 |

ㄱ. 질경이, 토끼풀, 강아지풀의 개체 수를 정리한 표에서 D에서의 질경이 개체 수 ㉠은 3이다. 따라서 D에 질경이가 3개체 있다.

ㄴ. 상대 밀도$=\frac{\text{특정 종의 개체 수}}{\text{조사한 모든 종의 개체 수의 합}}\times100(\%)$이다. 토끼풀의 상대 밀도는 $\frac{5}{25}\times100=20\%$이다.

ㄷ. 중요치는 상대 밀도, 상대 빈도, 상대 피도의 합이다. 상대 밀도와 상대 빈도의 합은 질경이가 70이고, 강아지풀이 80이므로 강아지풀이 질경이보다 크다. 중요치가 가장 큰 종은 질경이이므로 상대 피도는 질경이가 강아지풀보다 크다.

P 19 정답 ① * 방형구법을 이용한 식물 군집 조사 [정답률 53%] 2023 실시 7월 학평 12

표는 방형구법을 이용하여 어떤 지역의 식물 군집을 조사한 결과를 나타낸 것이다. A~C의 개체 수의 합은 100이고, 순위 1, 2, 3은 값이 큰 것부터 순서대로 나타낸 것이다.

종	상대 밀도(%)		상대 빈도(%)		상대 피도(%)		중요치(중요도)	
	값	순위	값	순위	값	순위	값	순위
A	32	2	38	1	? 39	?	? 109	?
B	㉠ 37	1	? 62−㉠=25	3	? 35	?	97	?
C	? 68−㉠ =31	3	㉠ 37	2	26	?	? 94	?

이에 대한 설명으로 옳은 것만을 〈보기〉에서 있는 대로 고른 것은? (단, A~C 이외의 종은 고려하지 않는다.) (3점)

[보기]

ㄱ. 지표를 덮고 있는 면적이 가장 큰 종은 A이다.
상대 피도가 가장 큰 종은 A임

ㄴ. B의 상대 빈도 값은 26이다. B의 상대 빈도 값은 25임

ㄷ. C의 중요치(중요도) 값은 96이다. C의 중요치(중요도) 값은 94임

① ㄱ ② ㄴ ③ ㄷ ④ ㄱ, ㄴ ⑤ ㄴ, ㄷ

| 문제+자료 분석 |

step1 ㉠ 구하기

• A, B, C 종의 상대 밀도의 합은 100이므로 C의 상대 밀도는 68−㉠이다. C의 상대 밀도는 3순위이므로 2순위인 A의 상대 밀도보다 작아야 한다. 따라서 68−㉠<32이다.

• A, B, C 종의 상대 빈도의 합은 100이므로 B의 상대 빈도는 62−㉠이다. 1순위인 A의 상대 빈도는 2순위인 C의 상대 빈도보다 크므로 ㉠<38이다.

• 밑줄 친 두 식을 종합하면 36<㉠<38이므로 ㉠은 37이다.

step2 중요치를 비교하여 우점종 구하기

• B의 상대 피도는 B의 중요치에서 상대 밀도와 상대 빈도를 뺀 값이므로 97−{㉠+(62−㉠)}=35(%)이다.

• A의 상대 피도는 100에서 B의 상대 피도와 C의 상대 피도를 뺀 값이므로 100−(35+26)=39(%)이다.

• A의 중요치는 종 A의 상대 밀도, 상대 빈도, 상대 피도를 더한 값이므로 32+38+39=109이다.

• C의 중요치는 종 C의 상대 밀도, 상대 빈도, 상대 피도를 더한 값이므로 (68−㉠)+㉠+26=94이다.

• 이 군집의 우점종은 중요치가 가장 높은 A이다.

| 보기 분석 |

ㄱ. 지표를 덮고 있는 면적이 클수록 상대 피도가 크므로 상대 피도가 가장 큰 종을 찾으면 된다. A~C 중 상대 피도가 가장 큰 종은 A이다.

ㄴ. B의 상대 빈도 값은 62−㉠이므로 25이다.

ㄷ. C의 중요치(중요도) 값은 상대 밀도(68−㉠), 상대 빈도(㉠), 상대 피도(26)를 더한 값이므로 94이다.

P 20 정답 ① *식물 군집의 조사 [정답률 59%] 2024 실시 5월 학평 17

표는 방형구법을 이용하여 어떤 지역의 식물 군집을 조사한 결과를 나타낸 것이다.

단서 중요치=상대 밀도+상대 빈도+상대 피도

종	상대 밀도(%)	상대 빈도(%)	상대 피도(%)	중요치
A	18	㉠25	? 30	73
B	38	㉠25	㉡20	83
C	? 14	15	㉡20	? 49
D	30	? 35	30	? 95

이 자료에 대한 설명으로 옳은 것만을 <보기>에서 있는 대로 고른 것은? (단, A~D 이외의 종은 고려하지 않는다.) (3점)

[보기]

ㄱ. C의 상대 밀도는 14 %이다.
A~D의 상대 밀도의 합은 100 %이므로 C의 상대 밀도는 14 %임

ㄴ. A가 출현한 방형구의 수는 D가 출현한 방형구의 수보다 많다.
상대 빈도는 A보다 D가 크기 때문에 출현한 방형구 수도 A보다 D가 많음

ㄷ. 우점종은 B이다.
중요치가 95로 가장 높은 D가 우점종임

① ㄱ ② ㄷ ③ ㄱ, ㄴ ④ ㄱ, ㄷ ⑤ ㄴ, ㄷ

단서+발상

단서 방형구법을 이용한 식물 군집 조사 결과 종 A~D까지 상대 밀도, 상대 빈도, 상대 피도, 중요치가 제시되어 있다.

발상 개체 수(밀도), 종이 출현한 방형구 수(빈도), 종이 지표를 덮고 있는 정도(피도)가 전체 중에 차지하는 비율을 통해 상대 밀도, 상대 빈도, 상대 피도를 추론할 수 있다.

적용 각 종에서 상대 밀도, 상대 빈도, 상대 피도의 합은 100이고, 한 종의 중요치는 상대 밀도, 상대 빈도, 상대 피도의 합이라는 공식을 적용해서 ㉠, ㉡의 값을 구하는 것부터 문제 풀이를 시작해야 한다.

| 문제+자료 분석 |

- 중요치는 상대 밀도, 상대 빈도, 상대 피도의 합이다.
A와 B의 상대 빈도는 ㉠, B의 상대 피도는 ㉡이다. A의 상대 밀도는 B의 상대 밀도보다 20만큼 작고, A의 중요치는 B의 중요치보다 10만큼 작으므로, A의 상대 피도는 B의 상대 피도인 ㉡보다 10만큼 크다.
➡ A~D의 상대 피도의 합은 100이므로 ㉡의 값은 20이고, A의 상대 피도는 30이다. ㉡이 20이므로 ㉠은 25이다.
- A~D의 상대 밀도의 합은 100이므로 C의 상대 밀도는 14이고, A~D의 상대 빈도의 합은 100이므로 D의 상대 빈도는 35이다.
- 중요치는 상대 밀도, 상대 빈도, 상대 피도의 합이므로 C의 중요치는 49이고, D의 중요치는 95이다. 중요치가 가장 높은 종이 그 군집의 우점종이다.
➡ 이 식물 군집에서 우점종은 D이다.

| 보기 분석 |

ㄱ. A~D의 상대 밀도의 합은 100 %이므로 C의 상대 밀도는 14 %이다.
ㄴ. 출현한 방형구의 수는 상대 빈도를 통해 비교할 수 있다. 상대 빈도는 A보다 D가 크기 때문에 출현한 방형구 수도 A보다 D가 많다.
ㄷ. 중요치는 상대 밀도, 상대 빈도, 상대 피도의 합이므로 C의 중요치는 49이고, D의 중요치는 95이다. 중요치가 가장 큰 D가 우점종이다.

P 21 정답 ④ *습성 천이 [정답률 95%] 2025 대비 9월 모평 3

그림은 어떤 지역에서 호수(습지)로부터 시작된 식물 군집의 1차 천이 과정을 나타낸 것이다. A와 B는 관목림과 혼합림을 순서 없이 나타낸 것이다. 단서

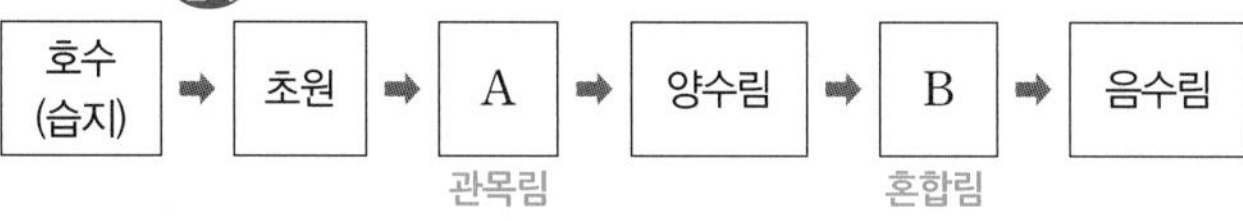

➡ 습지가 육지로 변하는 습성 천이

이에 대한 설명으로 옳은 것만을 <보기>에서 있는 대로 고른 것은? (3점)

[보기]

ㄱ. A는 관목림이다.
A는 관목림임

ㄴ. 이 지역에서 일어난 천이는 습성 천이이다.
호수에서 일어난 습성 천이임

ㄷ. 이 식물 군집은 B에서 극상을 이룬다.
음수림

① ㄱ ② ㄴ ③ ㄷ ④ ㄱ, ㄴ ⑤ ㄴ, ㄷ

단서+발상

단서 호수에서 시작되어 습지가 육지로 변하는 습성 천이가 제시되어 있다.

발상 초원 이후 관목류가 우점종인 관목림(A)이 형성되고, 양수림 이후 음수림과 양수림이 함께 자라는 혼합림(B) 단계를 거침을 추론할 수 있다.

적용 천이 과정에서 식물 군집의 우점종 변화를 적용해서 A와 B에 해당하는 식물 군집을 파악하는 것부터 문제 풀이를 시작해야 한다.

| 문제+자료 분석 |

- 호수(습지)에서 시작된 식물 군집이 육지의 식물 군집으로 변화하는 습성 천이 과정을 나타낸 것이다.
- 초본류가 우점종인 초원 이후 토양의 상태가 비옥해져 관목류가 우점종인 관목림(A)으로 변화한다.
- 양수림이 발달하면서 숲의 지표에 닿는 빛의 양이 감소해 음수림의 묘목과 양수림이 함께 자라는 혼합림(B) 단계를 거쳐 최종적으로 음수림을 이루어 극상의 안정된 상태가 된다.

| 보기 분석 |

ㄱ. A는 관목류가 우점종인 관목림이다.
ㄴ. 이 지역에서 일어난 천이는 습지가 육지로 변하는 습성 천이이다.
ㄷ. 이 식물 군집은 음수림에서 안정 상태인 극상을 이룬다.

P 22 정답 ② *군집의 천이 [정답률 80%] 2023 실시 7월 학평 8

다음은 어떤 지역에서 일어나는 식물 군집의 1차 천이 과정을 순서대로 나타낸 자료이다. ㉠~㉢은 음수림, 양수림, 관목림을 순서 없이 나타낸 것이다.

(가) 용암 대지에서 지의류에 의해 암석의 풍화가 촉진되어 토양이 형성되었다. ➡ 생물이 환경에 영향을 미치는 예

(나) 식물 군집의 천이가 진행됨에 따라 초원에서 ㉠(관목림)을 거쳐 ㉡(양수림)이 형성되었다.

(다) 이 지역에 ㉢이 형성된 후 식물 군집의 변화 없이 안정적으로 ㉢이 유지되고 있다. 음수림 ➡ 극상

이에 대한 설명으로 옳은 것만을 〈보기〉에서 있는 대로 고른 것은?

[보기]

ㄱ. ㉢은 ~~관목림~~이다. ㉢은 음수림임

ㄴ. 이 지역의 천이는 건성 천이이다.
용암 대지(맨땅)에서 시작한 천이이므로 건성 천이임

ㄷ. 이 지역의 식물 군집은 ~~㉡에서~~ 극상을 이룬다.
이 지역의 식물 군집은 ㉢(음수림)에서 극상을 이룸

① ㄱ ② ㄴ ③ ㄱ, ㄷ ④ ㄴ, ㄷ ⑤ ㄱ, ㄴ, ㄷ

| 문제+자료 분석 |

- (가): 용암 대지에서 지의류(생물)에 의해 암석의 풍화가 촉진되어 토양(환경)이 형성되는 것은 생물이 환경에게 영향을 미치는 예에 해당한다.
- (나): 식물 군집의 천이가 진행됨에 따라 초원에서 관목림(㉠)을 거쳐 양수림(㉡)이 형성되었다.
- (다): 이 지역에서 ㉢이 형성된 후 식물 군집의 변화 없이 안정적으로 ㉢이 유지되고 있으므로, ㉢은 천이의 가장 마지막 단계인 극상에 해당하는 음수림이다.

| 보기 분석 |

ㄱ. ㉢이 형성된 후 식물 군집의 변화 없이 안정적으로 유지되므로, ㉢은 천이의 가장 마지막 안정적인 단계(극상)에 해당하는 음수림이다.

ㄴ. 용암 대지(맨땅)에서 개척자로 지의류가 등장하고, 초원, 관목림, 양수림, 혼합림, 음수림의 순서를 거쳐 천이가 진행되므로 1차 건성 천이에 해당한다.

ㄷ. 건성 천이에서 천이의 가장 마지막 안정적인 단계는 음수림이므로, 이 지역의 식물 군집은 음수림(㉢)에서 극상을 이룬다.

*1차 건성 천이 VS 1차 습성 천이

<1차 건성 천이>
용암 대지 → 지의류(개척자) → 초원 → 관목림 → 양수림 → 혼합림 → 음수림(극상)

<1차 습성 천이>
빈영양호 → 부영양호 → 습원 → 초원 → 관목림 → 양수림 → 혼합림 → 음수림(극상)

P 23 정답 ② *식물 군집의 천이 [정답률 77%] 2024 대비 6월 모평 9

그림은 어떤 지역의 식물 군집에서 산불이 난 후의 천이 과정 일부를, 표는 이 과정 중 ㉠에서 방형구법을 이용하여 식물 군집을 조사한 결과를 나타낸 것이다. ㉠은 A와 B 중 하나이고, A와 B는 양수림과 음수림을 순서 없이 나타낸 것이다. 종 Ⅰ과 Ⅱ는 침엽수(양수)에 속하고, 종 Ⅲ과 Ⅳ는 활엽수(음수)에 속한다.

㉠에서 상대 밀도, 상대 빈도, 상대 피도가 모두 Ⅰ, Ⅱ에서 높고, Ⅲ, Ⅳ에서 낮음 ➡ ㉠은 양수림(A)

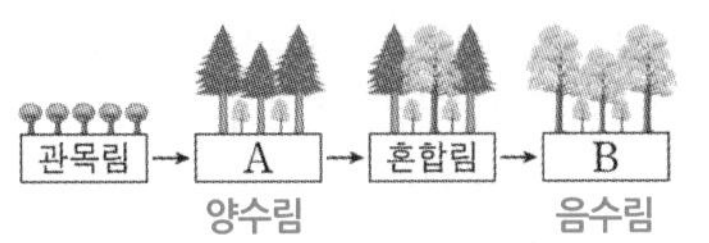

구분	침엽수		활엽수	
	Ⅰ	Ⅱ	Ⅲ	Ⅳ
상대 밀도 (%)	30	42	12	16
상대 빈도 (%)	32	38	16	14
상대 피도 (%)	34	38	17	11

이에 대한 설명으로 옳은 것만을 〈보기〉에서 있는 대로 고른 것은? (단, Ⅰ~Ⅳ 이외의 종은 고려하지 않는다.) (3점)

[보기]

ㄱ. ㉠은 ~~B이다~~. ㉠은 A(양수림)임

ㄴ. 이 지역에서 일어난 천이는 2차 천이이다.
산불 등으로 불모지가 된 후 토양이 남아 있는 곳에서 다시 시작되는 천이는 2차 천이임

ㄷ. 이 식물 군집은 ~~혼합림~~에서 극상을 이룬다.
식물 군집은 음수림에서 극상을 이룸

① ㄱ ② ㄴ ③ ㄷ ④ ㄱ, ㄴ ⑤ ㄱ, ㄷ

| 문제+자료 분석 |

- 2차 천이: 기존의 식물 군집이 산불이나 산사태 등으로 불모지가 된 후 토양이 남아 있는 곳에서 다시 시작되는 천이이다. 토양에 남아 있는 기존 식물의 종자나 뿌리 등에서 시작되어 1차 천이보다 빠르게 진행된다.
- 관목림 이후 소나무 등의 양수가 양수림(A)을 형성한 후 하층으로 도달하는 빛의 양이 크게 줄어든다. 약한 빛에 잘 자라는 음수가 들어와 자라면서 혼합림이 형성되고, 음수가 숲 아래에서 자라면서 점차 음수림(B)을 형성하고 극상을 이룬다. 

| 보기 분석 |

ㄱ. ㉠에서 침엽수(양수)인 Ⅰ과 Ⅱ의 상대 밀도, 상대 빈도, 상대 피도가 활엽수(음수)인 Ⅲ과 Ⅳ보다 높다. 따라서 ㉠은 양수림(A)이다.

ㄴ. 산불 등으로 불모지가 된 후 토양이 남아 있는 곳에서 다시 시작되는 천이는 2차 천이이다.

ㄷ. 식물 군집은 음수림에서 극상을 이룬다.

문제 풀이 꿀팁

양수림에서 음수림으로 천이가 일어나는 까닭

양수 묘목은 양지에서만 생장하지만 음수 묘목은 음지에서도 잘 생장한다. 따라서 양수림이 형성되면 그늘이 생겨 양수 묘목은 생장하지 못하지만 약한 빛에도 잘 자라는 음수 묘목은 잘 생장하므로 음수림으로 천이가 진행된다. 양수림에서 음수림으로 변화하는 데 중요한 환경 요인은 빛이다.

P 24 정답 ⑤ * 천이 ······ [정답률 79%] 2020 실시 7월 학평 7

그림 (가)와 (나)는 서로 다른 두 지역에서 일어나는 천이 과정의 일부를 나타낸 것이다. A~C는 초원, 양수림, 지의류를 순서 없이 나타낸 것이다.

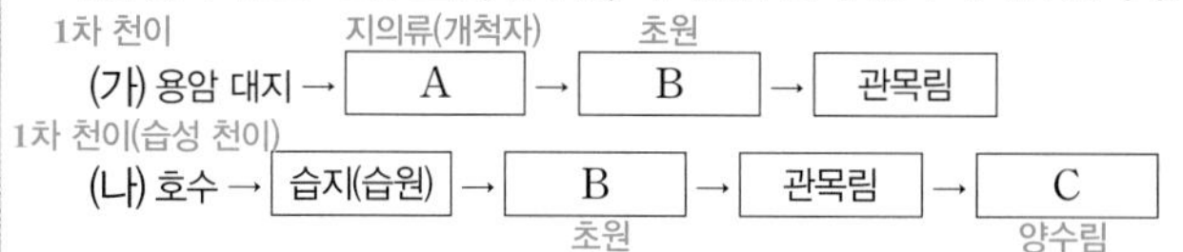

이에 대한 설명으로 옳은 것만을 〈보기〉에서 있는 대로 고른 것은?

[보기]

ㄱ. C는 양수림이다.
→ 천이 과정에서 관목림 군락은 시간이 지나면 양수림 군락이 됨

ㄴ. (가)의 개척자는 지의류이다.
→ (가)는 1차 천이 과정으로 1차 천이의 개척자는 지의류

ㄷ. (나)는 습성 천이 과정의 일부이다.
→ (나)는 호수에서 일어나는 습성 천이 과정

① ㄱ ② ㄴ ③ ㄱ, ㄷ
④ ㄴ, ㄷ ⑤ ㄱ, ㄴ, ㄷ

| 문제+자료 분석 |

- (가): 용암 대지에서 시작한 1차 천이 과정의 일부로, 1차 천이의 개척자인 A는 지의류이다.
- 지의류 군락은 시간이 지나면 초원 군락을 거쳐 관목림 군락이 되므로 B는 초원이다.
- (나): 호수와 같이 약간의 생물이 존재하는 환경에서 시작하는 1차 천이로 습성 천이 과정의 일부이다.
- 습지는 시간이 지나면 초원 군락, 관목림 군락을 거쳐 양수림 군락이 되므로 C는 양수림이다.

| 보기 분석 |

ㄱ. 천이 과정에서 초원 군락은 관목림, 양수림을 거쳐 극상인 음수림 군락이 된다. A~C는 초원, 양수림, 지의류 중 하나이므로 관목림 군락에서 시간이 지나 형성된 C는 양수림이다.

ㄴ. (가)는 생물이 전혀 없는 환경인 용암 대지에서 시작하는 1차 천이 과정의 일부로 1차 천이의 개척자인 A는 지의류이다.

ㄷ. (나)는 호수에서 시작하는 1차 천이 과정의 일부로, 습지가 조성되는 습성 천이 과정의 일부이다.

*** 군집의 천이**

1차 천이	화산 활동으로 생성된 용암 대지처럼 생명체가 없고 토양 발달이 미약한 곳에서 시작하는 천이
2차 천이	화재나 산사태 등이 일어난 후 기존에 남아 있던 토양에서 시작하는 천이

P 25 정답 ④ * 군집의 천이 ······ [정답률 59%] 2020 실시 4월 학평 5

그림 (가)와 (나)는 1차 천이 과정과 2차 천이 과정을 순서 없이 나타낸 것이다. ㉠~㉢은 양수림, 지의류, 초원을 순서 없이 나타낸 것이다.

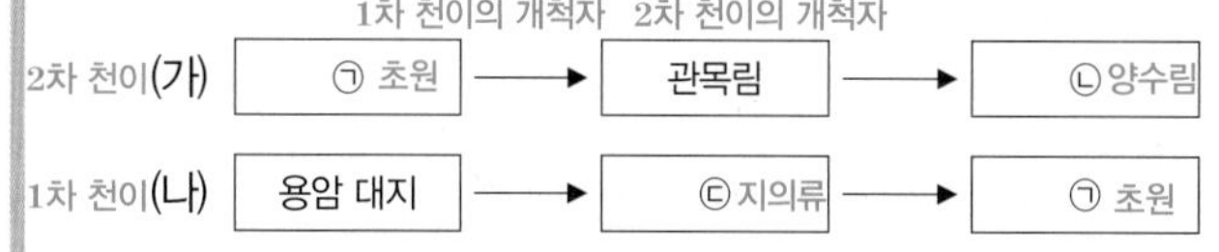

이에 대한 설명으로 옳은 것만을 〈보기〉에서 있는 대로 고른 것은? (3점)

[보기]

ㄱ. (가)에서 개척자는 지의류이다.
→ 2차 천이 (가)에서 초본이 개척자

ㄴ. (나)는 1차 천이를 나타낸 것이다.
→ 용암 대지에 개척자로 지의류가 들어오는 (나)는 1차 천이

ㄷ. ㉡은 양수림이다. → 관목림 다음의 천이 단계는 양수림

① ㄱ ② ㄷ ③ ㄱ, ㄴ
④ ㄴ, ㄷ ⑤ ㄱ, ㄴ, ㄷ

| 문제+자료 분석 |

- (가): 2차 천이는 기존의 식물 군집이 있던 곳에서 산불, 산사태 등으로 군집이 파괴된 후 기존에 남아 있던 토양에서 시작하는 천이로 초본이 개척자로 들어온다.
- (나): 1차 천이는 생물이 없는 곳에서 토양 형성 과정부터 시작되는 천이로 지의류가 개척자로 들어온다.
- ㉠~㉢ 중에 2차 천이의 개척자인 초원과 1차 천이의 개척자인 지의류가 포함되어 있으므로, ㉠과 ㉢이 지의류와 초원 중 하나인데 ㉠은 1차 천이와 2차 천이에 모두 있는 천이 단계이므로 ㉠은 초원이고, ㉢은 지의류이며, ㉡은 양수림이다.
- 따라서 지의류(㉢)가 개척자로 들어오는 (나)는 1차 천이이고, (가)는 2차 천이이다.

| 보기 분석 |

ㄱ. (나)에서 토양이 형성되지 않은 용암 대지에 지의류(㉢)가 개척자로 들어오므로 (나)는 1차 천이이다. 따라서 (가)는 2차 천이이며, 초본(초원)이 개척자로 들어온다.

ㄴ. (나)에서 토양이 형성되지 않은 용암 대지에 지의류(㉢)가 개척자로 들어오므로 (나)는 1차 천이이다.

ㄷ. 2차 천이의 단계는 산불, 산사태 이후 '초원 → 관목림 → 양수림 → 혼합림 → 음수림(극상)'으로 진행되므로 ㉡은 양수림이다.

P 26 정답 ① * 군집의 천이 [정답률 65%] 2021 대비 9월 모평 14

군집의 종 구성과 특성이 시간에 따라 변하는 과정

그림 (가)는 어떤 식물 군집의 천이 과정 일부를, (나)는 이 과정 중 ㉠에서 조사한 침엽수(양수)와 활엽수(음수)의 크기(높이)에 따른 개체 수를 나타낸 것이다. ㉠은 A와 B 중 하나이며, A와 B는 양수림과 음수림을 순서 없이 나타낸 것이다.

침엽수는 대부분 키가 큰 개체, 활엽수는 대부분 키가 작은 묘목

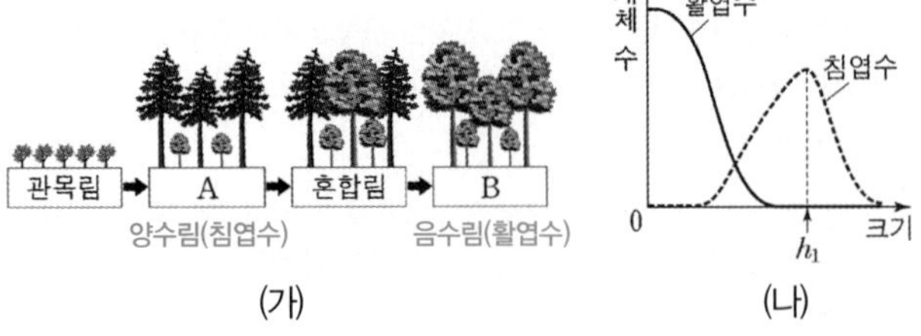

(가)

개체 수
활엽수
침엽수
0
크기
h_1

(나)

이에 대한 설명으로 옳은 것만을 〈보기〉에서 있는 대로 고른 것은? (3점)

[보기]

ㄱ. ㉠은 양수림이다.
→ ㉠은 양수림, ㉡은 음수림

ㄴ. ㉠에서 h_1보다 작은 활엽수는 없다.
→ ㉠에서 활엽수는 모두 h_1보다 키가 작음

ㄷ. 이 식물 군집은 혼합림에서 극상을 이룬다.
→ 이 식물 군집의 극상은 음수림(B)

① ㄱ ② ㄴ ③ ㄷ ④ ㄱ, ㄴ ⑤ ㄴ, ㄷ

| 문제+자료 분석 |

- **식물 군집의 천이 과정**: 식물 군집의 종 구성과 특성이 시간이 지남에 따라 변하는 과정을 말한다.
- **건성 천이**: '지의류 → 초원 → 관목림 → 양수림 → 혼합림 → 음수림'의 과정을 통해 천이가 진행된다. 따라서 A는 양수림이고, B는 음수림이다.
- 양수림(A)이 형성될 경우 키가 큰 양수림(침엽수) 아래쪽에는 빛이 약한 하층에서도 잘 자라는 음수의 묘목이 자라면서 양수와 음수의 혼합림이 형성된다.
- 음수가 번성하여 혼합림은 점차 극상인 음수림(B)으로 전환된다.
- (나)에서 침엽수(양수)의 대부분은 키가 큰 개체이고, 활엽수의 대부분은 키가 작은 묘목이므로 양수림(A)에서 음수의 묘목이 자라는 상태이다.

| 보기 분석 |

ㄱ. ㉠에서 키가 큰 침엽수(양수)의 개체 아래에서 키가 작은 활엽수 묘목이 자라는 상태이므로 ㉠은 양수림(A)이고, B는 음수림이다.

ㄴ. (나)를 통해 ㉠에서 활엽수의 크기(높이)는 모두 h_1보다 작음을 알 수 있다.

ㄷ. 극상은 천이의 마지막 단계로 안정된 상태이다. 혼합림은 이후 음수림(B)으로 전환되므로 혼합림에서 극상을 이루지 않으며, 음수림에서 극상을 이룬다.

*** 양수림과 음수림**

- 초원이 형성된 후 나무들이 들어와 살게 되면 초기에는 빛을 강하게 받을 수 있으므로 소나무와 같은 양수가 우세하지만 시간이 지나면서 양수림이 형성되면 숲 아래에는 그늘이 생겨 빛이 약하므로 양수의 어린 나무는 생장하지 못한다.
- 반면 음수의 어린 나무는 그늘에서도 잘 생장하므로 양수림에서 음수림으로의 천이가 일어난다. 따라서 천이 과정은 초원에서 양수림이 먼저 나타나고 마지막에 음수림이 된다.

P 27 정답 ① * 군집의 천이 [정답률 79%] 2021 실시 7월 학평 6

그림은 어떤 지역의 식물 군집에 산불이 일어나기 전과 후 천이 과정의 일부를 나타낸 것이다. A~C는 초원(초본), 양수림, 음수림을 순서 없이 나타낸 것이다.

양수림 / 산불 / 초원(초본) / 양수림 / 음수림

관목림 → A → 산불 → B → 관목림 → A → 혼합림 → C

1차 천이 / 2차 천이

이에 대한 설명으로 옳은 것만을 〈보기〉에서 있는 대로 고른 것은?

[보기]

ㄱ. B는 초원(초본)이다.
→ A는 양수림, B는 초원(초본), C는 음수림

ㄴ. 이 지역의 식물 군집은 A에서 극상을 이룬다.
→ 식물 군집은 음수림(C)에서 극상을 이룸

ㄷ. 산불이 일어난 후 진행되는 식물 군집의 천이 과정은 1차 천이이다.
→ 산불이 일어난 후 진행되는 천이 과정은 2차 천이

① ㄱ ② ㄴ ③ ㄱ, ㄷ ④ ㄴ, ㄷ ⑤ ㄱ, ㄴ, ㄷ

| 문제+자료 분석 |

- 식물 군집의 종 구성과 특성이 시간이 지남에 따라 변하는 과정을 식물 군집의 천이 과정이라고 한다.
- 1차 천이 중 건성 천이의 경우 '용암 대지(불모지) → 지의류 → 초원 → 관목림 → 양수림 → 혼합림 → 음수림'의 과정을 통해 천이가 진행된다. 주의
- 산불 발생 이후에 나타나는 천이 과정은 2차 천이이다. 2차 천이 과정에서 토양이 이미 형성되어 있으므로 개척자가 초원(초본)이다. 초원이 형성된 후 1차 천이와 같은 '초원 → 관목림 → 양수림 → 혼합림 → 음수림'의 과정으로 천이가 일어난다. 따라서 A는 양수림, B는 초원(초본), C는 음수림이다.

| 보기 분석 |

ㄱ. 산불 발생 이후 2차 천이 과정에서 개척자가 초원(초본)이므로 B는 초원(초본)이다.

ㄴ. 극상은 천이의 마지막 단계로 안정된 상태이다. 양수림(A)은 혼합림을 거쳐 음수림(B)로 전환되므로 양수림(A)에서 극상을 이루지 않으며, 음수림에서 극상을 이룬다. 꿀팁

ㄷ. 산불이 일어난 후 진행되는 천이 과정은 기존에 남아있던 토양에서 시작되므로 2차 천이 과정이다.

P 28 정답 ① * 군집의 천이 [정답률 64%] 2022 실시 4월 학평 15

그림은 빙하가 사라져 맨땅이 드러난 어떤 지역에서 일어나는 식물 군집 X의 천이 과정에서 A~C의 피도 변화를 나타낸 것이다. A~C는 관목, 교목, 초본을 순서 없이 나타낸 것이다. (건성 천이)

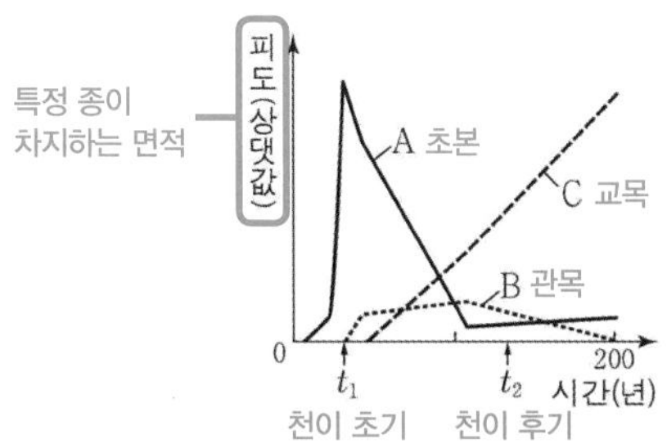

이에 대한 설명으로 옳은 것만을 〈보기〉에서 있는 대로 고른 것은? (3점)

[보기]

ㄱ. A는 초본이다.
A는 초본, B는 관목, C는 교목

ㄴ. t_1일 때 X는 극상을 이룬다.
t_1일 때 X는 천이가 진행 중이므로 극상을 이루지 않음

ㄷ. X의 평균 높이는 t_1일 때가 t_2일 때보다 높다.
X의 평균 높이는 t_1일 때가 t_2일 때보다 낮음

① ㄱ ② ㄴ ③ ㄱ, ㄷ ④ ㄴ, ㄷ ⑤ ㄱ, ㄴ, ㄷ

| 문제+자료 분석 |

- 빙하가 사라져 맨땅이 드러난 지역에서 시작되는 천이는 1차 천이에 속하는 건성 천이이다.
- 천이 과정은 지의류 ➡ 초원 ➡ 관목림 ➡ 양수림 ➡ 혼합림 ➡ 음수림 순서로 일어난다. 관목은 높이가 2m 이하인 나무, 교목은 높이 8m가 넘는 나무이다. 따라서 관목이 형성되고 교목이 발달하게 된다.
- 피도는 특정 종이 차지하는 면적이므로 A는 초본, B는 관목, C는 교목에 해당된다.

| 보기 분석 |

ㄱ. A는 천이 초기일 때 피도가 높은 생물이므로 초본이다. 천이 후기일 때 피도가 높은 C는 교목이며 나머지 B는 관목이다.

ㄴ. 극상은 천이가 진행된 결과 생태계 내 생물 종의 구성과 수가 안정적인 상태에 도달한 것으로 주로 음수림을 형성한다. t_1 이후로 시간이 흐르면서 군집 X를 구성하는 종의 구성이 계속해서 변화하고 있으므로 t_1일 때는 천이가 진행 중이다.

ㄷ. t_1일 때 군집 X에서 피도가 높은 것은 초본이고 t_2일 때 군집 X에서 피도가 높은 것은 교목이다. 따라서 X의 평균 높이는 t_2일 때가 t_1일 때보다 높다.

P 29 정답 ① * 식물 군집의 천이 [정답률 78%] 2024 실시 7월 학평 18

다음은 어떤 지역 X의 식물 군집에 대한 자료이다.

- 그림은 X에서 산불이 일어나기 전과 일어난 후 천이 과정의 일부를 나타낸 것이다. (2차 천이) A~C는 양수림, 음수림, 초원을 순서 없이 나타낸 것이다.

단서

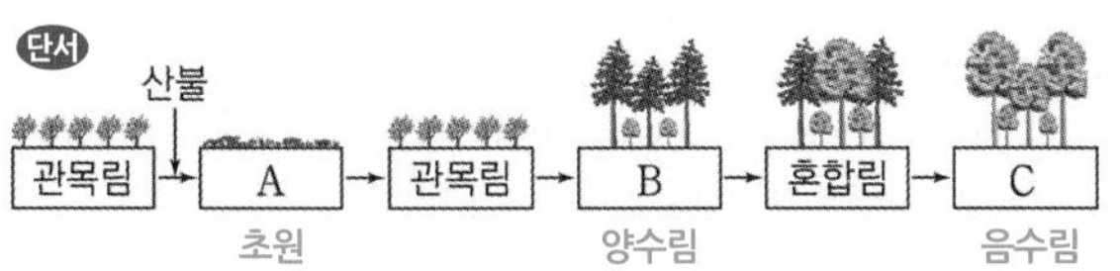

- X에서의 ⓐ 종 다양성은 천이 중기에서 가장 높게 나타났고, 이후에 다시 감소하였다.

이에 대한 설명으로 옳은 것만을 〈보기〉에서 있는 대로 고른 것은?

[보기]

ㄱ. A는 초원이다.
A는 초원, B는 양수림, C는 음수림

ㄴ. X의 식물 군집은 양수림에서 극상을 이룬다.
음수림에서 극상을 이룸

ㄷ. ⓐ는 동일한 생물종이라도 형질이 각 개체 간에 다르게 나타나는 것을 의미한다.
ⓐ는 다양한 종이 균등하게 분포함을 의미함

① ㄱ ② ㄴ ③ ㄷ ④ ㄱ, ㄴ ⑤ ㄴ, ㄷ

단서+발상

(단서) 산불이 일어난 후의 2차 천이 과정이 제시되어 있다.

(발상) 2차 천이는 초원, 관목림, 양수림, 혼합림, 음수림의 순서로 천이가 진행되므로 A가 초원, B가 양수림, C가 음수림임을 추론할 수 있다.

(적용) 일반적인 군집의 천이 과정을 적용해서 산불 이후, 혼합림 이전, 혼합림 이후의 군집을 나타내는 A~C가 무엇인지 찾는 것부터 문제 풀이를 시작해야 한다.

| 문제+자료 분석 |

- **A**: 용암 대지와 같은 불모지에서 천이가 시작될 때 천이 초기 단계는 지의류와 이끼류이며, 산불이 일어난 이후의 천이 초기 단계는 초원이다.
  ➡ 산불 이후 관목림이 형성되기 전의 초기 천이 단계인 A는 초원이다.
- 토양이 비옥해지면 양수림이 먼저 형성되고, 양수림이 발달한 후에는 지표에 닿는 빛의 양이 감소하기 때문에 양수림과 음수림이 함께 자라는 혼합림 단계를 거쳐 음수림을 이룬다.
- **B, C**: 혼합림 이전의 천이 단계인 B는 양수림, 혼합림 이후의 천이 단계인 C는 음수림이다.

| 보기 분석 |

ㄱ. A는 초원, B는 양수림, C는 음수림이다.

ㄴ. 생물 군집에서 종의 구성과 수가 가장 안정된 상태를 극상이라 한다. X의 식물 군집은 음수림(C)에서 극상을 이룬다.

ㄷ. 종 다양성(ⓐ)은 다양한 종이 균등하게 분포하는 다양성을 의미한다. 동일한 생물종 내에서 개체마다 형질이 다르게 나타나는 것은 유전적 다양성이다.

P 30 정답 ① ＊종간 경쟁 ······ [정답률 66%] 2024 실시 3월 학평 19

그림은 동일한 배양 조건에서 종 A와 B를 혼합 배양했을 때와 B를 단독 배양했을 때 시간에 따른 B의 개체 수를 나타낸 것이다.

단서 단독 배양 시 혼합 배양 시보다 개체 수 증가 ➡ 종간 경쟁

B의 개체 수 (상댓값)
Ⅰ Ⅱ
단독 배양
혼합 배양
0 시간

이에 대한 옳은 설명만을 〈보기〉에서 있는 대로 고른 것은?

[보기]

ㄱ. 혼합 배양했을 때 구간 Ⅰ에서 A와 B는 한 군집을 이룬다.
같은 지역에 서식하는 서로 다른 종이기 때문에 한 군집을 이룸

ㄴ. 구간 Ⅱ에서 B에 작용하는 환경 저항은 단독 배양했을 때가 혼합 배양했을 때보다 ~~크다~~.
혼합 배양했을 때가 단독 배양했을 때보다 B의 개체군 생장이 억제되므로 환경 저항이 더 큼

ㄷ. A와 B 사이의 상호 작용은 ~~상리 공생~~이다.
A와 B 사이의 상호 작용은 종간 경쟁임

① ㄱ ② ㄴ ③ ㄱ, ㄷ ④ ㄴ, ㄷ ⑤ ㄱ, ㄴ, ㄷ

단서+발상

(단서) 종 A와 B를 혼합 배양했을 때와 B를 단독 배양했을 때 시간에 따른 B의 개체 수 그래프가 제시되어 있다.

(발상) 단독 배양 시 혼합 배양 시보다 개체 수가 증가한 모습을 통해 종 A와 B는 종간 경쟁임을 추론할 수 있다.

| 문제+자료 분석 |

- 생태적 지위가 비슷한 두 종 이상의 개체군이 함께 살면 개체군 사이에서 한정된 자원이나 서식지를 차지하기 위한 종간 경쟁이 일어난다.
  ➡ 단독 배양 시보다 혼합 배양 시 개체군의 개체 수가 감소한 그래프를 통해 종 A와 B 사이의 상호 작용은 종간 경쟁이라는 것을 알 수 있다.
- 군집은 일정한 지역에 서식하며 상호 작용을 하는 여러 개체군들의 집단이다.
  ➡ 구간 Ⅰ에서 종 A와 B는 같은 지역에 서식하는 서로 다른 종이기 때문에 한 군집을 이룬다.
- 개체군의 밀도가 높아지면 서식 공간과 먹이가 부족해지고 경쟁이 심해진다. 또 노폐물이 축적되고 환경이 오염되어 개체군의 생장을 억제한다. 이와 같이 개체군의 생장을 억제하는 환경 요인을 환경 저항이라고 한다.
  ➡ 혼합 배양했을 때가 단독 배양했을 때보다 B의 개체군 생장이 억제되어 개체 수가 적으므로 구간 Ⅱ에서 B에 작용하는 환경 저항은 혼합 배양했을 때가 단독 배양했을 때보다 크다.

| 보기 분석 |

ㄱ. 구간 Ⅰ에서 종 A와 B는 같은 지역에 서식하는 서로 다른 종이기 때문에 한 군집을 이룬다.

ㄴ. 혼합 배양했을 때가 단독 배양했을 때보다 B의 개체군 생장이 억제되어 개체 수가 적다. 따라서 구간 Ⅱ에서 B에 작용하는 환경 저항은 혼합 배양했을 때가 단독 배양했을 때보다 크다.

ㄷ. 단독 배양 시보다 혼합 배양 시 개체군의 개체 수가 감소한 그래프를 통해 A와 B 사이의 상호 작용은 종간 경쟁임을 알 수 있다.

P 31 정답 ③ ＊종 사이의 상호 작용 ······ [정답률 83%] 2025 대비 9월 모평 14

다음은 종 사이의 상호 작용에 대한 자료이다. (가)와 (나)는 분서와 상리 공생의 예를 순서 없이 나타낸 것이다.

(가) 꿀잡이새는 꿀잡이오소리를 벌집으로 유도해 꿀을 얻도록 돕고(이익), 자신은 벌의 공격에서 벗어나 먹이인 벌집을 얻는다.(이익) ➡ 상리 공생 단서

(나) 붉은빰솔새와 밤색가슴솔새는 서로 ㉠ 경쟁을 피하기 위해 한 나무에서 서식 공간을 달리하여 산다. ➡ 분서

이에 대한 설명으로 옳은 것만을 〈보기〉에서 있는 대로 고른 것은?

[보기]

ㄱ. (가)는 상리 공생의 예이다.
(가)는 상리 공생의 예임

ㄴ. (나)의 결과 붉은빰솔새에 환경 저항이 작용하지 ~~않는다~~.
(나)의 결과에도 환경 저항이 작용함

ㄷ. '서로 다른 종의 새가 번식 장소를 차지하기 위해 서로 다툰다.'는 ㉠의 예에 해당한다.
서로 다른 종이 번식 장소를 차지하기 위해 경쟁하는 예에 해당

① ㄱ ② ㄴ ③ ㄱ, ㄷ ④ ㄴ, ㄷ ⑤ ㄱ, ㄴ, ㄷ

단서+발상

(단서) 꿀잡이새와 꿀잡이오소리가 모두 이익을 얻는 관계 (가)와 붉은빰솔새와 밤색가슴솔새가 경쟁을 피하기 위해 서식 공간을 달리한 (나)가 제시되어 있다.

(발상) (가)는 상리 공생의 예이며, (나)는 분서를 나타낸 것임을 추론할 수 있다.

(적용) 군집 내 개체군 간 상호 작용의 특성을 적용해서 (가)와 (나)가 어떤 상호 작용에 해당하는지 구하는 것부터 문제 풀이를 시작해야 한다.

| 문제+자료 분석 |

- 꿀잡이새와 꿀잡이오소리의 관계에서 꿀잡이새는 벌집을 먹으며 이익을 얻고, 꿀잡이오소리는 꿀을 먹으며 이익을 얻는다. 두 개체군이 상호 작용을 통해 모두 이익을 얻는 상리 공생의 예이다.
- 붉은빰솔새와 밤색가슴솔새는 생태적 지위가 비슷하여 자원을 두고 경쟁하는 관계다. 생태적 지위가 비슷한 종들은 서식 공간 등을 바꾸며 경쟁을 피하는데 이를 분서라고 한다.

| 보기 분석 |

ㄱ. (가)는 두 개체군이 모두 이익을 얻는 상리 공생의 예이다.

ㄴ. (나)는 두 개체군이 경쟁을 피하기 위해 서식 공간을 분리해 분서한 예이다. 일부 경쟁을 피했음에도 환경 저항은 여전히 작용한다. 환경 저항은 서식 공간 외에도 질병, 환경 오염 등 다양한 요인을 포함하는 포괄적 개념이다.

ㄷ. 서로 다른 종의 새가 생태적 지위가 비슷하여, 번식 장소라는 자원을 차지하기 위해 다투는 것이 경쟁(㉠)의 예이다.

P 32 정답 ⑤ * 개체군 간 상호 작용 [정답률 93%] 2024 실시 7월 학평 12

표 (가)는 종 사이의 상호 작용을 나타낸 것이고, (나)는 ㉠에 대한 자료이다. Ⅰ~Ⅲ은 경쟁, 상리 공생, 포식과 피식을 순서 없이 나타낸 것이고, ㉠은 Ⅰ~Ⅲ 중 하나이다.

상호 작용	종 1	종 2
Ⅰ 상리 공생	ⓐ 이익	? 이익
Ⅱ 경쟁 	? 손해	손해
Ⅲ 포식과 피식	손해	이익

(가)

㉠은 하나의 군집 내에서 동일한 먹이 등 한정된 자원을 서로 차지하기 위해 두 종 사이에서 일어나는 상호 작용으로, 생태적 지위가 비슷할수록 일어나기 쉽다. ➡ 경쟁 : 손해–손해

(나)

이에 대한 설명으로 옳은 것만을 〈보기〉에서 있는 대로 고른 것은?

[보기]

ㄱ. ㉠은 Ⅱ이다.
㉠은 두 종 모두 손해인 경쟁으로 Ⅱ의 예임

ㄴ. ⓐ는 '손해'이다.
ⓐ는 '이익'임

ㄷ. 스라소니가 눈신토끼를 잡아먹는 것은 Ⅲ의 예에 해당한다.
스라소니와 눈신토끼는 포식과 피식 관계로 Ⅲ의 예임

① ㄱ ② ㄴ ③ ㄷ ④ ㄱ, ㄴ ⑤ ㄱ, ㄷ

단서+발상

(단서) Ⅰ~Ⅲ은 경쟁, 상리 공생, 포식과 피식을 순서 없이 나타낸 것이고, Ⅲ은 한 종은 손해, 다른 한 종은 이익을 얻으며, Ⅱ는 두 종 중 하나 이상의 종이 손해임이 제시되어 있다.

(발상) 한 종은 손해, 다른 한 종은 이익인 Ⅲ은 포식과 피식을 나타낸 것이고, 두 종 모두 이익인 상리 공생은 Ⅰ에 해당함을 추론할 수 있다.

(적용) 경쟁, 상리 공생, 포식과 피식 관계에서 두 종 사이의 이익과 손해 관계를 적용해서 Ⅰ~Ⅲ에 해당하는 관계를 찾는 것부터 문제 풀이를 시작해야 한다.

| 문제+자료 분석 |

- 경쟁 관계의 두 종은 모두 손해를 입으며, 상리 공생 관계의 두 종은 모두 이익을 얻는다. 포식과 피식 관계의 두 종 중 포식자는 이익을, 피식자는 손해를 입는다.
- Ⅲ은 종 1과 종 2가 각각 손해, 이익을 얻으므로 포식과 피식에 해당한다. Ⅱ에서 두 종 중 하나 이상의 종이 손해를 입으므로 경쟁에 해당하고, Ⅰ은 종 1과 종 2 모두 이익을 얻는 상리 공생이다.
- ㉠은 한정된 자원을 차지하기 위해 두 종 사이에서 일어나는 상호 작용으로 경쟁에 대한 설명이다.

| 보기 분석 |

ㄱ. ㉠은 경쟁에 대한 설명으로 Ⅱ에 해당하며, 종 1과 종 2 모두 손해를 입는다.
ㄴ. 상리 공생 관계의 두 종 모두 이익을 얻으므로 ⓐ는 '이익'이다.
ㄷ. 스라소니가 눈신토끼를 잡아먹는 것은 포식과 피식 관계로 스라소니는 포식자, 눈신토끼는 피식자에 해당한다. 포식자는 이익을 얻고 피식자는 손해를 입는 관계로 Ⅲ의 예에 해당한다.

P 33 정답 ③ * 생물의 특성 [정답률 93%] 2024 실시 7월 학평 1

다음은 전등물고기(*Photoblepharon palpebratus*)에 대한 자료이다.

전등물고기는 눈 아래에 발광 기관이 있고, 이 발광 기관 안에는 빛을 내는 세균이 서식한다. ㉠ 전등물고기는 세균이 내는 빛으로 먹이를 유인하여 잡아먹고 (이익), ㉡ 세균은 전등물고기로부터 서식 공간과 영양 물질을 제공받아 (이익) ⓐ 생명 활동에 필요한 에너지를 얻는다.  물질대사

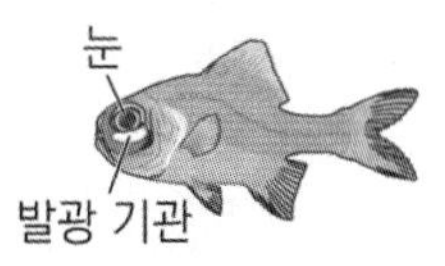

이 자료에 대한 설명으로 옳은 것만을 〈보기〉에서 있는 대로 고른 것은?

[보기]

ㄱ. ㉠은 세포로 구성되어 있다.
㉠은 다세포 생물이므로 세포로 구성됨

ㄴ. ㉠과 ㉡ 사이의 상호 작용은 분석에 해당한다.
㉠과 ㉡ 사이의 상호 작용은 상리 공생에 해당함

ㄷ. ⓐ 과정에서 물질대사가 일어난다.
에너지를 얻는 ⓐ 과정에서 물질대사가 일어남

① ㄱ ② ㄴ ③ ㄱ, ㄷ ④ ㄴ, ㄷ ⑤ ㄱ, ㄴ, ㄷ

단서+발상

(단서) 전등물고기는 세균이 내는 빛으로 먹이를 유인하며, 세균은 전등물고기로부터 서식 공간과 영양 물질을 제공받는다는 사실이 제시되어 있다.

(발상) 전등물고기가 먹이를 잡아먹는 것, 세균이 영양 물질을 제공받는 것은 생물의 특성 중 물질대사와 관련된 것이며, 두 개체군이 상호 작용을 통해 모두 이익을 얻음을 추론할 수 있다.

(적용) 전등물고기와 세균의 물질대사가 어떻게 상호 작용하는지 적용한 후 그 관계가 상리 공생임을 파악하는 것부터 문제 풀이를 시작해야 한다.

| 문제+자료 분석 |

- 전등물고기(㉠)는 다세포 생물이며, 세균(㉡)은 단세포 생물이다. 모든 생물은 세포로 구성되어 있으며 물질대사를 통해 생명 활동을 유지한다.
- 영양 물질을 분해해 세포를 구성하는 데 필요한 물질을 얻거나 생명 활동에 필요한 에너지를 얻는 과정이 대표적인 물질대사 과정이다.
- 군집 내 개체군은 다양한 관계를 맺으며 살아가고 있다. 두 종의 개체군이 밀접한 관계를 맺고 함께 살아가는 것을 공생이라 하는데, 두 개체군이 상호 작용을 통해 모두 이익을 얻는 경우를 상리 공생이라 한다.
- 전등물고기는 세균이 내는 빛으로 먹이를 유인해 이익을 얻고, 세균은 전등물고기로부터 서식 공간과 영양 물질을 제공받아 이익을 얻는다.
➡ 두 개체군 사이의 상호 작용은 상리 공생에 해당한다.

| 보기 분석 |

ㄱ. 전등물고기(㉠)와 세균(㉡)을 포함하여 모든 생물은 세포로 구성되어 있다.
ㄴ. 전등물고기(㉠)와 세균(㉡)은 상호 작용을 통해 모두 이익을 얻고 있으므로 ㉠과 ㉡ 사이의 상호 작용은 상리 공생에 해당한다.
ㄷ. 생명 활동에 필요한 에너지를 얻는 ⓐ 과정에서 영양 물질을 분해하는 물질대사가 일어난다.

P 34 정답 ⑤ * 생물의 특성 [정답률 94%] 2023 실시 10월 학평 1

다음은 심해 열수구에 서식하는 관벌레에 대한 자료이다.

(가) 붓 모양의 ㉠ 관벌레에는 세균이 서식하는 영양체라는 기관이 있다.
(나) 관벌레는 영양체 내 세균에게 서식 공간을 제공하고, 세균이 합성한 ㉡ 유기물을 섭취하여 에너지를 얻는다. ➡ 물질대사(이화 작용)

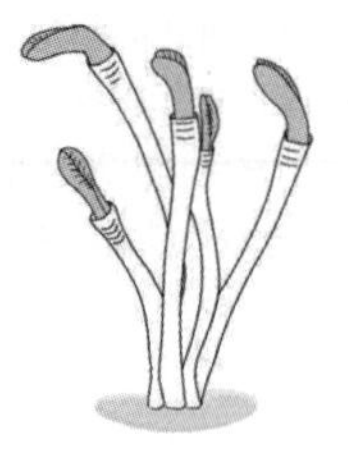

이에 대한 옳은 설명만을 〈보기〉에서 있는 대로 고른 것은?

[보기]

ㄱ. ㉠은 세포로 구성된다.
관벌레는 생물이므로 세포로 구성됨
ㄴ. ㉡ 과정에서 이화 작용이 일어난다.
유기물을 분해하여 에너지를 얻는 과정이므로 이화 작용이 일어남
ㄷ. (나)는 상리 공생의 예이다.
서로 이익이 되는 관계이므로 상리 공생의 예임

① ㄱ ② ㄷ ③ ㄱ, ㄴ ④ ㄴ, ㄷ ⑤ ㄱ, ㄴ, ㄷ

| 문제+자료 분석 |

- **(가)**: ㉠ 관벌레는 세균이 서식하는 영양체라는 기관이 있으며, 기관은 여러 세포로 구성된다.
- **(나)**: 관벌레는 세균에게 서식 공간을 제공하고, 세균이 합성한 유기물을 섭취하여 에너지를 얻으므로 서로 이익이 되는 상리 공생 관계이다. 관벌레가 세균이 합성한 ㉡ 유기물을 섭취하여 에너지를 얻는 것은 세포 호흡 과정이므로 물질대사 중 이화 작용에 해당한다.

| 보기 분석 |

ㄱ. 관벌레(㉠)는 세균이 서식하는 영양체라는 기관을 가지며, 기관은 세포로 구성되므로 관벌레는 세포로 구성된다.
ㄴ. ㉡은 유기물을 이산화 탄소와 물로 분해하며 에너지가 방출되는 세포 호흡 과정이므로 물질대사 중 이화 작용에 해당한다. 이화 작용은 고분자 물질을 저분자 물질로 분해하며, 에너지가 방출되는 발열 반응이다. 
ㄷ. (나)에서 관벌레는 세균에게 서식 공간을 제공하고, 세균은 유기물을 합성하여 관벌레에게 제공하므로 서로 이익이 되는 상리 공생의 예에 해당한다.

P 35 정답 ② * 군집 내 개체군 사이의 상호 작용 [정답률 82%] 2023 대비 6월 모평 20

표는 종 사이의 상호 작용과 예를 나타낸 것이다. (가)와 (나)는 기생과 상리 공생을 순서 없이 나타낸 것이다.

상호 작용	종 1	종 2	예
기생 (가)	손해	? 이익	촌충은 숙주의 소화관에 서식하며 영양분을 흡수한다.
상리 공생 (나)	이익	이익	?
경쟁	㉠ 손해	손해	캥거루쥐와 주머니쥐는 같은 종류의 먹이를 두고 서로 다툰다.

이에 대한 설명으로 옳은 것만을 〈보기〉에서 있는 대로 고른 것은? (3점)

[보기]

ㄱ. (가)는 ~~상리 공생~~이다.
(가)는 기생, (나)는 상리 공생
ㄴ. ㉠은 ~~'이익'~~이다.
경쟁을 통해 종 1과 종 2는 모두 손해를 보게 됨
ㄷ. '꽃은 벌새에게 꿀을 제공하고, 벌새는 꽃의 수분을 돕는다.'는 (나)의 예에 해당한다.
꽃과 벌새는 서로에게 이익을 주므로 (나)(상리 공생)의 예에 해당함

① ㄱ ② ㄷ ③ ㄱ, ㄴ ④ ㄴ, ㄷ ⑤ ㄱ, ㄴ, ㄷ

| 문제+자료 분석 |

- **(가)** 기생: 종 1이 손해를 보고, 종 2가 이익을 얻는 기생이다. 촌충이 숙주의 소화관에 기생하여 영양분을 흡수하면 촌충은 이익을 얻게 되지만, 섭취한 영양분을 빼앗기는 숙주는 손해를 보게 된다.
- **(나)** 상리 공생: 종 1과 종 2가 모두 이익을 얻는 경우이다.
- 경쟁: 같은 종류의 먹이를 두고 경쟁하게 되는 캥거루쥐와 주머니쥐는 모두 손해를 보게 된다. 따라서 종 1과 종 2가 모두 손해를 보게 되므로 ㉠은 손해이다.

| 보기 분석 |

ㄱ. 촌충와 숙주 사이의 상호 작용 (가)는 기생이고, 이를 통해 종 1이 손해를 보는 숙주라면, 종 2는 이익을 얻는 촌충임을 알 수 있다.
ㄴ. 두 종 사이의 종간 경쟁에서 종 1과 종 2는 모두 손해를 보게 된다. 따라서 ㉠은 손해이다.
ㄷ. 벌새는 꽃으로부터 양분이 되는 꿀을 받으므로 이익을 얻고, 꽃은 벌새의 수분 활동으로 생식 과정에 도움을 받으므로 이익을 얻는다. 따라서 두 종이 서로 이익을 얻는 상호 작용이므로 상리 공생인 (나)의 예에 해당한다.

*** 종간 경쟁과 경쟁 · 배타 원리**

단독 배양	혼합 배양

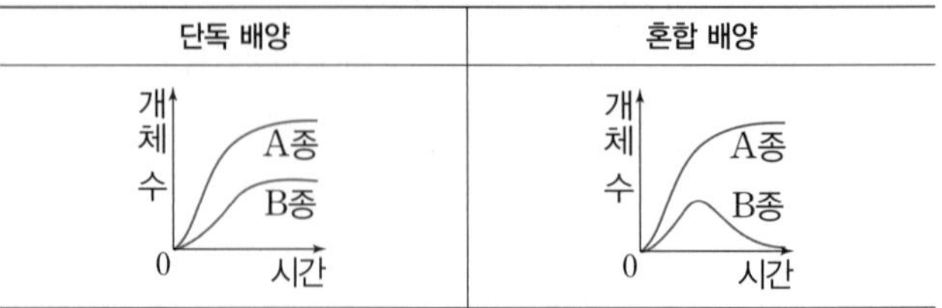

혼합 배양 시 A종과 B종 사이에 경쟁이 일어나 A종은 경쟁에서 이겨 살아남고, 경쟁에서 진 B종은 사라진 경쟁 · 배타가 일어났다.

P 36 정답 ③ * 식물 군집 조사(방형구법) [정답률 76%] 2023 실시 10월 학평 14

다음은 학생 A와 B가 면적이 서로 다른 방형구를 이용해 어떤 지역에서 같은 식물 군집을 각각 조사한 자료이다.

- 이 지역에는 토끼풀, 민들레, 꽃잔디가 서식한다.
- 그림 (가)는 A가 면적이 같은 8개의 방형구를, (나)는 B가 면적이 같은 2개의 방형구를 설치한 모습을 나타낸 것이다.

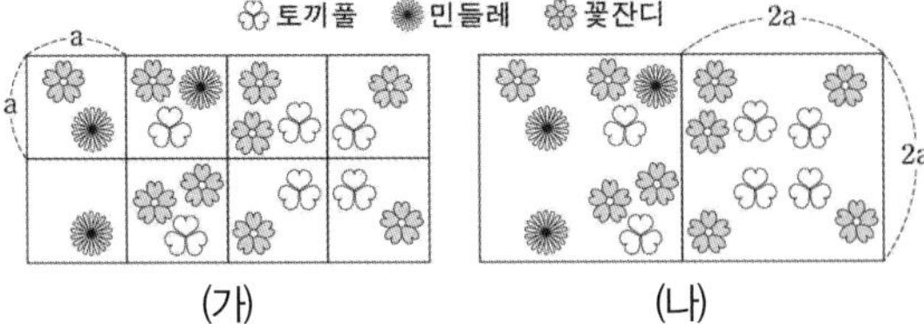

(가) (나)

- 표는 B가 구한 각 종의 상대 피도를 나타낸 것이다.

종	토끼풀	민들레	꽃잔디
상대 피도(%)	27	? 21	52 ➡ 합은 100%

이에 대한 옳은 설명만을 〈보기〉에서 있는 대로 고른 것은? (단, 방형구에 나타낸 각 도형은 식물 1개체를 의미하며, 제시된 종 이외의 종은 고려하지 않는다.) (3점)

[보기]

ㄱ. A가 구한 꽃잔디의 상대 밀도는 50 %이다.
A가 구한 꽃잔디의 상대 밀도는 50 %임

ㄴ. B가 구한 민들레의 상대 피도는 21 %이다.
B가 구한 민들레의 상대 피도는 21 %임

ㄷ. A와 B가 구한 토끼풀의 상대 빈도는 서로 ~~같다~~.
A가 구한 토끼풀의 상대 빈도는 37.5 %, B가 구한 토끼풀의 상대 빈도는 40 %이므로 서로 다름

① ㄱ ② ㄷ ③ ㄱ, ㄴ ④ ㄴ, ㄷ ⑤ ㄱ, ㄴ, ㄷ

| 문제+자료 분석 |

- 각 종의 개체 수, 출현한 방형구 수, 점유한 면적이 제시된 경우에는 아래 변형식을 이용하면 쉽게 상대 밀도, 상대 빈도, 상대 피도를 구할 수 있다.

> • 상대 밀도(%) $=\frac{\text{특정 종의 개체 수}}{\text{총 개체 수}}\times 100$
> • 상대 빈도(%) $=\frac{\text{특정 종이 출현한 방형구 수}}{\text{각 종이 출현한 방형구 수의 합}}\times 100$
> • 상대 피도(%) $=\frac{\text{특정 종의 점유 면적}}{\text{각 종의 점유 면적의 합}}\times 100$

- 각 종의 상대 피도의 합은 100 %이므로 표에서 민들레의 상대 피도는 21 %이다. 꿀팁

| 보기 분석 |

ㄱ. 상대 밀도 $=\frac{\text{특정 종의 개체 수}}{\text{총 개체 수}}\times 100(\%)$이므로 A가 구한 꽃잔디의 상대 밀도는 $\frac{9}{18}\times 100(\%)=50\ \%$이다.

ㄴ. 각 종의 상대 피도의 합은 100 %이므로, (나)에서 B가 구한 민들레의 상대 피도는 21 %이다.

ㄷ. 상대 빈도는 $\frac{\text{특정 종이 출현한 방형구 수}}{\text{각 종이 출현한 방형구 수의 합}}\times 100(\%)$이므로 A가 구한 토끼풀의 상대 빈도는 $\frac{6}{16}\times 100(\%)=37.5\ \%$이고, B가 구한 토끼풀의 상대 빈도는 $\frac{2}{5}\times 100(\%)=40\ \%$이다. 따라서 A가 구한 토끼풀의 상대 빈도와 B가 구한 토끼풀의 상대 빈도는 서로 다르다.

P 37 정답 ② * 개체군의 상호 작용 [정답률 72%] 2023 실시 3월 학평 18

다음은 상호 작용 (가)와 (나)에 대한 자료이다. (가)와 (나)는 텃세와 종간 경쟁을 순서 없이 나타낸 것이다.

(가) 은어 개체군에서 한 개체가 일정한 생활 공간을 차지하면서 다른 개체의 접근을 막았다.
➡ 텃세(개체군 내의 상호 작용)

(나) 같은 곳에 서식하던 ㉠ 애기짚신벌레와 ㉡ 짚신벌레 중 애기짚신벌레만 살아남았다.
➡ 종간 경쟁(개체군 사이의 상호 작용)

이에 대한 옳은 설명만을 〈보기〉에서 있는 대로 고른 것은?

[보기]

ㄱ. (가)는 ~~종간 경쟁~~이다.
(가)는 개체군 내의 상호 작용인 텃세임

ㄴ. ㉠은 ㉡과 다른 종이다.
(나)는 종간 경쟁에 해당하므로 ㉠과 ㉡은 다른 종임

ㄷ. (나)가 일어나 ㉠과 ㉡이 모두 ~~이익~~을 얻는다.
종간 경쟁이 일어나면 두 종 모두 손해임

① ㄱ  ② ㄴ ③ ㄷ ④ ㄱ, ㄴ ⑤ ㄴ, ㄷ

| 문제+자료 분석 |

- **(가)**: 텃세는 먹이와 서식 공간을 확보하고 배우자를 독점하기 위해 일정한 영역을 차지하여 다른 개체의 침입을 막는 것이다.
➡ 같은 종인 은어 개체군에서 한 개체가 일정한 생활 공간을 차지하면서 다른 개체의 접근을 막는 것은 텃세에 해당한다.
- **(나)**: 생태적 지위(먹이, 서식지)가 비슷한 두 종 이상의 개체군이 함께 살면 개체군 사이에서 한정된 자원이나 서식지를 차지하기 위한 종간 경쟁이 일어난다.
➡ 같은 곳에 서식하던 서로 다른 종 애기짚신벌레와 짚신벌레가 종간 경쟁을 하여 애기짚신벌레만 살아남았다.

| 보기 분석 |

ㄱ. (가)는 같은 종인 은어 개체군에서 한 개체가 일정한 생활 공간을 차지하면서 다른 개체의 접근을 막는 것이므로 텃세에 해당한다.

ㄴ. (나)는 종간 경쟁에 해당한다. 애기짚신벌레(㉠)와 짚신벌레(㉡)는 다른 종이다.

ㄷ. 종간 경쟁이 일어나면 먹이, 서식지 등을 두고 두 종이 경쟁하기 때문에 두 종 모두 손해이다.

*** 경쟁 · 배타 원리**

- 생태적 지위가 비슷할수록 경쟁이 심해지고, 경쟁에서 이긴 개체군은 번성하지만, 경쟁에서 진 개체군은 도태되어 사라진다.

P 38 정답 ④ * 개체군 사이의 상호 작용 [정답률 86%] 2023 실시 7월 학평 5

다음은 식물 종 A, B와 토양 세균 X의 상호 작용을 알아보기 위한 실험이다.

○ A와 X 사이의 상호 작용은 ㉠, B와 X 사이의 상호 작용은 ㉡이다. ㉠과 ㉡은 각각 기생과 상리 공생 중 하나이다.
상리 공생 기생

[실험 과정 및 결과]

(가) ⓐ 멸균된 토양을 넣은 화분 Ⅰ~Ⅳ에 표와 같이 Ⅲ과 Ⅳ에만 X를 접종한 후 Ⅰ과 Ⅲ에는 A의 식물을 심고, Ⅱ와 Ⅳ에는 B의 식물을 심는다.

화분	X의 접종 여부	식물 종
Ⅰ	접종 안 함	A
Ⅱ	접종 안 함	B
Ⅲ	접종함	A
Ⅳ	접종함	B

(나) 일정 시간이 지난 후, Ⅰ~Ⅳ에서 식물의 증가한 질량을 측정한 결과는 그림과 같다.

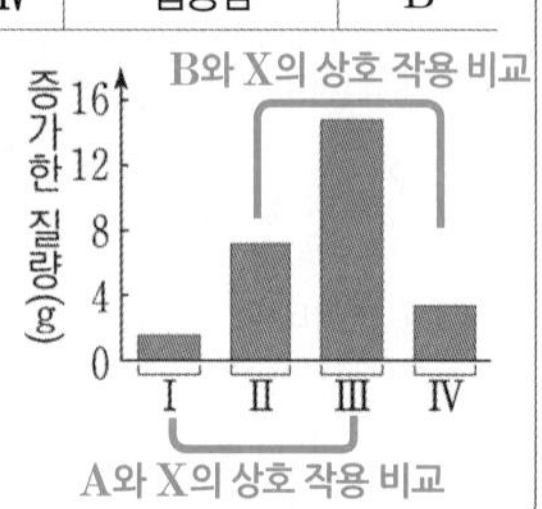

이에 대한 설명으로 옳은 것만을 〈보기〉에서 있는 대로 고른 것은? (단, 제시된 조건 이외는 고려하지 않는다.) (3점)

[보기]

ㄱ. ㉠은 상리 공생이다. ㉠(A와 X 사이의 상호 작용)은 상리 공생임

ㄴ. ⓐ는 생태계의 구성 요소 중 비생물적 요인에 해당한다.
ⓐ는 환경 요인이므로 비생물적 요인에 해당함

ㄷ. (나)의 Ⅳ에서 B와 X는 한 개체군을 ~~이룬다~~.
식물 B와 토양 세균 X는 서로 다른 종이므로 서로 다른 개체군을 이룸

① ㄱ ② ㄴ ③ ㄷ ④ ㄱ, ㄴ ⑤ ㄴ, ㄷ

| 문제+자료 분석 |

- ㉠: (나)의 결과에서 Ⅰ과 Ⅲ을 비교했을 때, X를 접종한 Ⅲ에서 질량이 증가했으므로, 토양 세균 X는 식물 A에게 도움이 된다. 만약 X가 A에 기생을 한다면 (나)의 결과에서 X를 접종한 Ⅲ의 질량이 감소해야 한다. 따라서 식물 A와 X 사이의 상호 작용은 서로 이익이 되는 상리 공생이다.
- ㉡: (나)의 결과에서 Ⅱ와 Ⅳ를 비교했을 때, X를 접종한 Ⅳ에서 질량이 감소했으므로, 토양 세균 X는 식물 B에게 손해를 입힌다. 따라서 식물 B와 X 사이의 상호 작용은 기생자(X)는 이익이고, 숙주(B)는 손해인 기생이다.

| 보기 분석 |

ㄱ. (나)에서 Ⅲ(X를 접종한 A)은 Ⅰ(X를 접종하지 않은 A)보다 증가한 질량이 크므로, X는 A에게 도움을 준다. 기생인 경우라면, X는 A에게 해를 입히므로 모순이 나타난다. 따라서 X와 A의 상호 작용은 상리 공생이다.

ㄴ. ⓐ(멸균된 토양)는 생물을 둘러싼 환경 중의 하나이므로 생태계의 구성 요소 중 비생물적 요인에 해당한다.

ㄷ. 한 개체군은 동일한 종으로 구성되어야 하는데 (나)의 Ⅳ에서 식물 B와 토양 세균 X는 서로 다른 종이므로 서로 다른 개체군을 이룬다.

＊ 개체군 사이의 상호 작용

상호 작용의 유형		A	B
A와 B 경쟁		−	−
A(피식자), B(포식자)		−	+
기생	B에 대한 A의 기생	+	−
공생	B에 대한 A의 편리공생	+	0
	A와 B의 상리 공생	+	+

(+: 이익, −: 손해, 0: 효과 없음)

P 39 정답 ⑤ * 생태계의 구성 요소 [정답률 91%] 2023 실시 4월 학평 3

표는 생태계를 구성하는 요소 사이의 상호 관계 (가)~(다)의 예를 나타낸 것이다.

상호 관계	예
(가) 환경 → 생물	㉠ 물 부족은 식물의 생장에 영향을 준다.
(나) 포식과 피식	㉡ 스라소니가 ㉢ 눈신토끼를 잡아먹는다. 포식자 피식자
(다) 순위제	같은 종의 큰뿔양은 뿔 치기를 통해 먹이를 먹는 순위를 정한다.

이에 대한 설명으로 옳은 것만을 〈보기〉에서 있는 대로 고른 것은?

[보기]

ㄱ. ㉠은 비생물적 요인에 해당한다.
물은 비생물적 요인(환경 요인)에 해당함

ㄴ. ㉡과 ㉢의 상호 작용은 포식과 피식에 해당한다.
스라소니(㉡)와 눈신토끼(㉢)의 상호 작용은 포식과 피식의 예에 해당함

ㄷ. (다)는 개체군 내의 상호 작용에 해당한다.
(다)는 순위제로 개체군 내의 상호 작용에 해당함

① ㄱ ② ㄷ ③ ㄱ, ㄴ ④ ㄴ, ㄷ ⑤ ㄱ, ㄴ, ㄷ

| 문제+자료 분석 |

- **(가)**: 물 부족이 식물의 생장에게 영향을 주는 것은 환경이 생물에게 영향을 주는 예에 해당한다. ㉠은 비생물적 환경 요인에 해당한다.
- **(나)**: 스라소니(포식자)가 눈신토끼(피식자)를 잡아먹는 것은 개체군 사이의 상호 작용 중 포식과 피식에 해당한다.
- **(다)**: 같은 종의 큰뿔양이 뿔 치기를 통해 먹이를 먹는 순위를 정하는 것은 개체군 내의 상호 작용 중 순위제에 해당한다.

| 보기 분석 |

ㄱ. 물은 생물을 둘러싼 환경으로 생물의 생존에 영향을 줄 수 있다. 따라서 물(㉠)은 비생물적 요인(환경 요인)에 해당한다.

ㄴ. 스라소니(㉡)가 눈신토끼(㉢)를 잡아먹는 것은 개체군 사이의 상호 작용 중 포식과 피식에 해당한다.

ㄷ. 같은 종의 큰뿔양 개체들 사이에서 뿔 치기를 통한 힘의 서열에 따라 먹이를 먹는 순위를 정하는 것은 개체군 내의 상호 작용 중 순위제에 해당한다.

＊ 개체군 내의 상호 작용 VS 개체군 사이의 상호 작용

개체군 내의 상호 작용 = 같은 종 개체 사이의 상호 작용	개체군 사이의 상호 작용 = 서로 다른 종 사이의 상호 작용
텃세, 순위제, 리더제, 사회 생활, 가족 생활	종간 경쟁, 분서, 포식과 피식, 공생, 기생

P 40 정답 ⑤ * 군집 내 개체군 사이의 상호 작용 [정답률 84%] 2020 실시 4월 학평 20

표는 종 사이의 상호 작용을 나타낸 것이다. ㉠과 ㉡은 상리 공생, 포식과 피식을 순서 없이 나타낸 것이다.

상호 작용	종 1	종 2
포식과 피식 ㉠	손해	? 이익
상리 공생 ㉡	ⓐ 이익	이익

이에 대한 설명으로 옳은 것만을 〈보기〉에서 있는 대로 고른 것은?

[보기]

ㄱ. ⓐ는 '이익'이다.
→ 상리 공생(㉡)은 두 개체군이 서로 이익을 얻는 경우로, ⓐ는 '이익'

ㄴ. ㉠은 포식과 피식이다.
→ 포식과 피식(㉠)에서 한 개체군은 이익, 다른 한 개체군은 손해

ㄷ. 뿌리혹박테리아와 콩과식물 사이의 상호 작용은 ㉡에 해당한다. → 뿌리혹박테리아와 콩과식물은 서로 이익을 주므로 상리 공생(㉡)

① ㄱ ② ㄷ ③ ㄱ, ㄴ ④ ㄴ, ㄷ ⑤ ㄱ, ㄴ, ㄷ

| 문제+자료 분석 |

- 상리 공생은 두 개체군이 서로 이익을 얻는 경우이고, 포식과 피식은 두 개체군이 서로 먹고 먹히는 관계로 두 개체군 중 한 개체군은 이익을 얻고 다른 한 개체군은 손해를 보는 경우이다.
- 따라서 종 1의 '손해'가 제시된 상호 작용 ㉠은 포식과 피식이고, 상호 작용 ㉡은 상리 공생이며, ⓐ는 '이익'이다.

| 보기 분석 |

ㄱ. 종 1에서 손해를 보는 상호 작용 ㉠은 두 개체군이 서로 먹고 먹히는 관계로 인해 한 개체군은 이익을 얻고 다른 한 개체군은 손해를 보는 포식과 피식이다. 따라서 상호 작용 ㉡은 상리 공생이며, 상리 공생은 두 개체군이 모두 이익을 얻는 경우이므로 ⓐ는 '이익'이다.

ㄴ. 종 1은 손해를 보고, 종 2는 이익을 얻는 상호 작용인 ㉠은 포식과 피식이다.

ㄷ. 뿌리혹박테리아는 콩과식물에게 질소 고정 작용으로 생성된 질소 화합물 (NH_4^+)을 제공하고, 콩과식물은 뿌리혹박테리아에게 서식처를 제공한다. 뿌리혹박테리아와 콩과식물 사이의 상호 작용은 서로 이익을 주는 상리 공생(㉡)에 해당한다.

P 41 정답 ② * 군집 내 개체군 사이의 상호 작용 [정답률 86%] 2021 대비 6월 모평 18

표 (가)는 종 사이의 상호 작용을 나타낸 것이고, (나)는 바다에 서식하는 산호와 조류 간의 상호 작용에 대한 자료이다. Ⅰ과 Ⅱ는 경쟁과 상리 공생을 순서 없이 나타낸 것이다.

상호 작용	종 1	종 2
상리 공생 Ⅰ	이익	ⓐ 이익
경쟁 Ⅱ	ⓑ 손해	손해

(가)

• 산호와 함께 사는 조류는 산호에게 산소와 먹이를 공급하고(산호: 이익), 산호는 조류에게 서식지와 영양소를 제공한다(조류: 이익). → 상리 공생

(나)

이에 대한 설명으로 옳은 것만을 〈보기〉에서 있는 대로 고른 것은?

[보기]

ㄱ. ⓐ와 ⓑ는 모두 '손해'이다.
→ ⓐ는 '이익', ⓑ는 '손해'이다.

ㄴ. (나)의 상호 작용은 Ⅰ의 예에 해당한다.
→ 산호와 조류 사이의 상호 작용은 Ⅰ(상리 공생)에 해당한다.

ㄷ. (나)에서 산호는 조류와 한 개체군을 이룬다.
→ (나)에서 산호는 조류와 각기 다른 종이므로 한 개체군을 이루지 않는다.

① ㄱ ② ㄴ ③ ㄷ ④ ㄱ, ㄷ ⑤ ㄴ, ㄷ

| 문제+자료 분석 |

- **종간 경쟁**: 생태적 지위가 유사한 두 개체군 사이에서 일어나는 상호 작용이다.
- **공생**: 상리 공생(두 개체군이 서로 이익), 편리공생(한 개체군은 이익, 다른 개체군은 이익도 손해도 없음)이 있다.

| 보기 분석 |

ㄱ. '경쟁'은 종 1과 종 2 모두 '손해', '상리 공생'은 종 1과 종 2 모두 '이익'이므로, Ⅰ은 '상리 공생', Ⅱ는 '경쟁'이다. 따라서 ⓐ는 '이익', ⓑ는 '손해'이다.

ㄴ. (나)에서 조류와 산호는 각각 산소와 먹이, 서식지와 영양소를 제공하여 서로 이익을 얻으므로 상리 공생 관계에 있다. 따라서 (나)의 상호 작용은 Ⅰ의 예에 해당한다.

ㄷ. 개체군은 한 지역에서 같이 생활하는 동일한 종의 개체들로 이루어진 집단이다. 산호와 조류는 같은 종이 아니므로 한 개체군을 이루지 않는다.

* 상리 공생의 예

흰동가리와 말미잘	흰동가리는 말미잘의 촉수로 인해 포식자로부터 보호를 받고, 말미잘 촉수 사이의 찌꺼기 제거
곤충과 꽃	곤충은 꽃으로부터 꿀을 먹고, 꽃은 곤충에 의해 수분이 일어날 수 있음
개미와 진딧물	개미는 진딧물로부터 진액을 얻고, 진딧물은 천적으로부터 보호받음

P 42 정답 ④ * 개체군의 상호 작용 ······ [정답률 89%] 2020 실시 7월 학평 14

표는 종 사이의 상호 작용과 예를 나타낸 것이다. (가)~(다)는 기생, 상리 공생, 포식과 피식을 순서 없이 나타낸 것이다. ⓐ와 ⓑ는 각각 '손해'와 '이익' 중 하나이다.

구분	(가) 상리 공생		(나) 기생		(다) 포식과 피식	
상호 작용	종 Ⅰ	종 Ⅱ	종 Ⅰ	종 Ⅱ	종 Ⅰ	종 Ⅱ
	이익	? 이익	ⓐ 이익	손해	ⓑ 이익	손해
예	흰동가리는 말미잘의 보호를 받고, 말미잘은 흰동가리로부터 먹이를 얻는다.		겨우살이는 숙주 식물로부터 영양소와 물을 흡수하여 살아간다.		?	

이에 대한 설명으로 옳은 것만을 〈보기〉에서 있는 대로 고른 것은?

[보기]

ㄱ. (가)는 기생이다. → (가)는 상리 공생

ㄴ. ⓐ와 ⓑ는 모두 '이익' 이다. → ⓐ는 이익, ⓑ는 이익

ㄷ. '스라소니는 눈신토끼를 잡아먹는다.'는 (다)의 예이다.
→ (다)는 먹고 먹히는 관계인 포식과 피식임

① ㄱ ② ㄴ ③ ㄱ, ㄷ ④ ㄴ, ㄷ ⑤ ㄱ, ㄴ, ㄷ

| 문제+자료 분석 |

- (가): 흰동가리와 말미잘이 서로 이익을 얻는 것은 상리 공생 관계이다.
- (나): 겨우살이가 이익을 얻을 때 숙주 식물은 손해를 보는 것은 기생 관계이다.
- (다): 포식과 피식으로 먹고 먹히는 관계에서 먹는 포식자는 이익을 얻고, 먹히는 피식자는 손해를 본다.

| 보기 분석 |

ㄱ. (가)는 두 개체군이 모두 이익을 얻는 상리 공생이다.

ㄴ. (나)는 기생 관계로 기생하는 개체군은 이익을 보고 숙주인 개체군은 손해를 본다. (다)는 포식과 피식 관계로 포식자는 이익을 보고 피식자는 손해를 본다. ⓐ와 ⓑ는 모두 '이익'이다.

ㄷ. (다)는 포식과 피식으로 스라소니는 포식자, 눈신토끼는 피식자에 해당한다.

* 개체군의 상호 작용

편리공생	한 종은 이익을 얻고 다른 종은 이익도 손해도 없음
상리 공생	두 종이 함께 살아가며 둘 다 이익을 얻음
기생	한 종이 다른 종에 손해를 주며 일방적으로 이익을 얻음
포식과 피식	먹이사슬에서 먹고 먹히는 관계

P 43 정답 ⑤ * 개체군 사이의 상호 작용 ······ [정답률 94%] 2024 실시 10월 학평 14

표는 종 사이의 상호 작용을 나타낸 것이다. ㉠과 ㉡은 경쟁과 기생을 순서 없이 나타낸 것이다.

상호 작용	종 1	종 2
㉠ 경쟁	손해	? 손해
(단서) ㉡ 기생	이익	ⓐ 손해

이에 대한 옳은 설명만을 〈보기〉에서 있는 대로 고른 것은?

[보기]

ㄱ. ㉠은 경쟁이다.
㉠은 경쟁, ㉡은 기생

ㄴ. ⓐ는 '손해'이다.
ⓐ는 손해

ㄷ. '촌충은 숙주의 소화관에 서식하며 영양분을 흡수한다.'는 ㉡의 예에 해당한다.
기생(㉡)의 예임

① ㄱ ② ㄷ ③ ㄱ, ㄴ ④ ㄴ, ㄷ ⑤ ㄱ, ㄴ, ㄷ

단서+발상

(단서) 상호 작용 ㉡에서 종 1이 이익을 얻음이 제시되어 있다.

(발상) 종 1이 이익을 얻는 ㉡이 기생임을 추론할 수 있다.

(적용) 개체군 사이의 상호 작용에서 얻는 손해와 이익을 적용해서 ㉠과 ㉡을 구하는 것부터 문제 풀이를 시작해야 한다.

| 문제+자료 분석 |

- ㉠과 ㉡은 경쟁과 기생을 순서 없이 나타낸 것이다.
- 경쟁에서는 두 종이 모두 손해를 입으며, 기생에서는 한 종은 손해, 다른 한 종은 이익을 얻는다.
- ㉡을 통해 종 1이 이익을 얻으므로 ㉡은 기생이고, 종 1은 기생 생물, 종 2는 숙주 생물이다.
- ㉠은 경쟁으로 종 1과 종 2 모두 손해를 입는다.

| 보기 분석 |

ㄱ. 두 종 모두 손해인 ㉠은 경쟁, 한 종은 이익이고 다른 한 종은 손해인 ㉡은 기생이다.

ㄴ. 종 2는 숙주 생물이며, 기생 생물인 종 1과의 상호 작용 결과 손해를 입는다.

ㄷ. '촌충은 숙주의 소화관에 서식하며 영양분을 흡수한다.'는 기생(㉡)의 예에 해당한다.

* 군집 내 개체군 사이의 상호 작용

상호 작용	종 1	종 2
상리 공생	이익	이익
편리공생	이익	손해도 이익도 없음
기생	이익	손해
경쟁	손해	손해

P 44 정답 ⑤ * 생물 다양성 [정답률 66%] 2020 실시 3월 학평 19

다음은 하와이 주변의 얕은 바다에 서식하는 하와이짧은꼬리오징어에 대한 자료이다.

> 바닥에서 생활하며, 야행성임 / 다른 동물을 먹이로 하는 동물
>
> ㉠하와이짧은꼬리오징어는 주로 밤에 활동하는데, 달빛이 비치면 그림자가 생겨 ㉡포식자의 눈에 잘 띄게 된다. 하지만 오징어의 몸에 사는 ㉢발광 세균이 달빛과 비슷한 빛을 내면 그림자가 사라져 포식자에게 쉽게 발견되지 않는다. 이렇게 오징어에게 도움을 주는 발광 세균은 오징어로부터 영양분을 얻는다.
>
> 하와이짧은 꼬리오징어
>
> 세포 내에서 화학 반응에 의하여 얻어진 에너지를 직접 빛으로 방출하는 능력을 가지고 있는 세균

이에 대한 옳은 설명만을 〈보기〉에서 있는 대로 고른 것은?

[보기]

ㄱ. ㉠과 ㉡은 같은 군집에 속한다.
→ 군집은 서로 다른 종으로 구성

ㄴ. ㉠과 ㉢ 사이의 상호 작용은 상리 공생이다.
→ ㉠과 ㉢은 서로에게 이익을 줌

ㄷ. ㉡을 제거하면 ㉠의 개체군 밀도가 일시적으로 증가한다.
→ 포식자가 사라지면 피식자의 개체 수 증가

① ㄱ ② ㄴ ③ ㄱ, ㄷ ④ ㄴ, ㄷ ⑤ ㄱ, ㄴ, ㄷ

| 문제+자료 분석 |

- **군집의 구성**: 군집은 다양한 개체군으로 구성된다.
- 포식과 피식 관계인 두 종에서 포식자의 개체 수가 감소하면 피식자의 개체 수가 일시적으로 증가한다.

| 보기 분석 |

ㄱ. ㉠(하와이짧은꼬리오징어)과 ㉡(포식자)은 서로 다른 종이고, ㉠은 ㉡의 피식자이므로 ㉠(하와이짧은꼬리오징어)과 ㉡(포식자)은 같은 군집에 속한다.

ㄴ. ㉠(하와이짧은꼬리오징어)은 ㉢(발광 세균)에게 영양분을 주고, ㉢(발광 세균)은 ㉠(하와이짧은꼬리오징어)에게 포식자가 발견할 수 없게 하므로 서로 이익을 주는 관계이다.
상리 공생은 두 개체군이 서로 이익을 얻는 경우이므로 ㉠(하와이짧은꼬리오징어)과 ㉢(발광 세균) 사이의 상호 작용은 상리 공생이다.

ㄷ. 개체군 밀도는 단위 면적에 서식하는 개체 수의 비율이다. ㉠(하와이짧은꼬리오징어)은 ㉡(포식자)의 먹이가 되는 생물이므로 ㉡(포식자)을 제거하면 ㉠(하와이짧은꼬리오징어)의 개체 수가 증가하고, 따라서 개체군 밀도가 일시적으로 증가한다.

문제 풀이 Tip

군집 내 개체군 사이의 상호 작용에는 종간 경쟁, 분서(생태 지위 분화), 포식과 피식, 공생, 기생이 있다.

P 45 정답 ④ * 개체군의 생장곡선 [정답률 79%] 2020 실시 10월 학평 17

그림 (가)~(다)는 동물 종 A와 B의 시간에 따른 개체 수를 나타낸 것이다. (가)는 고온 다습한 환경에서 단독 배양한 결과이고, (나)는 (가)와 같은 환경에서 혼합 배양한 결과이며, (다)는 저온 건조한 환경에서 혼합 배양한 결과이다. → (다)의 환경에서는 B가 생존에 유리함

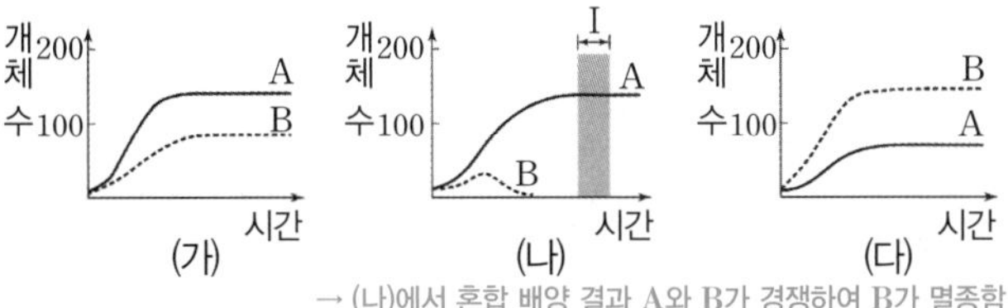

→ (나)에서 혼합 배양 결과 A와 B가 경쟁하여 B가 멸종함

이에 대한 옳은 설명만을 〈보기〉에서 있는 대로 고른 것은? (3점)

[보기]

ㄱ. 구간 Ⅰ에서 A는 환경 저항을 받는다.
→ A의 개체 수가 늘어나지 않는 구간이므로 환경 저항을 받음

ㄴ. (나)에서 A와 B 사이에 ~~상리 공생이 일어났다~~.
→ A와 B 사이에 경쟁이 일어남

ㄷ. B에 대한 환경 수용력은 (가)에서가 (다)에서보다 작다.
→ (가)에서가 (다)에서보다 B의 최대 개체 수가 작으므로 환경 수용력이 작음

① ㄱ ② ㄴ ③ ㄷ ④ ㄱ, ㄷ ⑤ ㄴ, ㄷ

| 문제+자료 분석 |

- **(가)**: (가) 환경에서 A에 대한 환경 수용력이 B에 대한 환경 수용력보다 크다.
- **(나)**: (가)와 같은 환경에서 혼합 배양하자 A와 B 사이에서 경쟁이 일어났으며, 환경 수용력이 작은 B가 멸종했다.
- **(다)**: (다) 환경에서 B에 대한 환경 수용력이 A에 대한 환경 수용력보다 크다.

| 보기 분석 |

ㄱ. 구간 Ⅰ은 A의 개체 수가 더 이상 증가하지 않고 최대 개체 수를 유지하고 있는 구간으로 환경 저항을 받고 있다.

ㄴ. (가)와 같은 환경에서 A와 B를 혼합 배양한 결과 B가 멸종했다. A와 B 사이에 경쟁이 일어나 둘 중 환경 수용력이 작은 B가 멸종한 것이다.
상리 공생이 일어난다면 A와 B의 개체 수가 모두 (가)에서보다 증가해야 한다.

ㄷ. (가)에서가 (다)에서보다 B의 최대 개체 수가 작다. (가)에서가 (다)에서보다 B에 대한 환경 수용력이 작은 것이다.

* 개체군의 생장 곡선

환경 저항	먹이 부족, 서식 공간의 감소, 노폐물의 증가 등 개체 수의 증가율을 낮추는 요인
환경 수용력	한 서식지에서 증가할 수 있는 개체 수의 한계

P 46 정답 ① * 포식과 피식 [정답률 92%] 2022 대비 6월 모평 13

그림 (가)는 어떤 지역에서 일정 기간 동안 조사한 종 A~C의 단위 면적당 생물량(생체량) 변화를, (나)는 A~C 사이의 먹이 사슬을 나타낸 것이다. A~C는 생산자, 1차 소비자, 2차 소비자를 순서 없이 나타낸 것이다. → 포식과 피식 관계는 개체군 크기가 주기적으로 변동

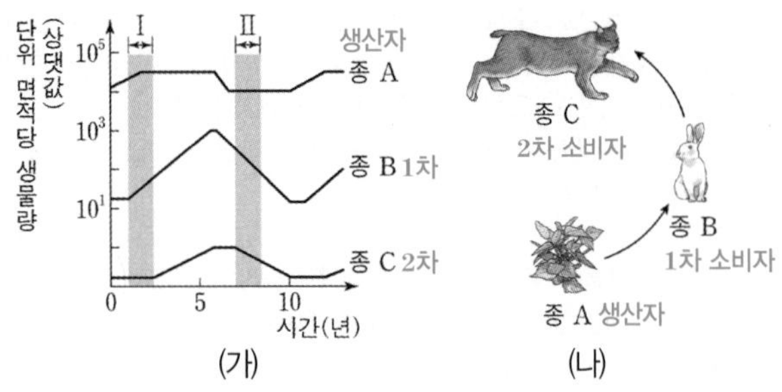

(가) (나)

이 자료에 대한 설명으로 옳은 것만을 〈보기〉에서 있는 대로 고른 것은?

[보기]

ㄱ. Ⅰ 시기 동안 $\frac{\text{B의 생물량}}{\text{C의 생물량}}$은 증가했다.
→ Ⅰ 시기 동안 B의 생물량만 증가하므로 $\frac{\text{B의 생물량}}{\text{C의 생물량}}$은 증가

ㄴ. C는 ~~1차 소비자~~이다.
→ C는 2차 소비자

ㄷ. Ⅱ 시기에 A와 B 사이에 ~~경쟁 · 배타가 일어났다~~.
→ Ⅱ 시기에 A와 B 사이에 포식과 피식이 일어남

① ㄱ ② ㄷ ③ ㄱ, ㄴ ④ ㄴ, ㄷ ⑤ ㄱ, ㄴ, ㄷ

| 문제+자료 분석 |

- 포식과 피식은 두 개체군 사이의 먹고 먹히는 관계를 말한다.
- 포식과 피식 관계의 개체군은 서로 영향을 미쳐 개체군의 크기가 주기적으로 변동한다.
- A(생산자): 1차 소비자의 생물량이 증가한 이후인 Ⅱ 시기 이전에 생물량이 감소하는 현상이 나타난다.
- B(1차 소비자): 생산자의 생물량이 이전보다 감소한 Ⅱ 시기에 1차 소비자의 생물량이 함께 감소한다.
- C(2차 소비자): 1차 소비자의 생물량이 감소하는 Ⅱ 시기에 2차 소비자의 생물량이 함께 감소한다.

| 보기 분석 |

ㄱ. Ⅰ 시기 동안 2차 소비자인 C의 생물량은 거의 변함이 없으며, 1차 소비자인 B의 생물량만 증가한다. 따라서 $\frac{\text{B의 생물량}}{\text{C의 생물량}}$은 증가한다.

ㄴ. 종 C는 1차 소비자에 대한 포식자인 2차 소비자이다.

ㄷ. Ⅱ 시기에 생산자인 종 A와 1차 소비자인 종 B 사이에 포식과 피식 현상이 일어난다. 피식자인 종 A의 생물량이 이전보다 감소했으므로 포식자인 종 B의 생물량도 감소하는 양상을 보인다. 경쟁 · 배타는 생태적 지위가 비슷한 두 종 사이에서 일어나는 현상이다. 주의

P 47 정답 ③ * 개체군과 군집 [정답률 88%] 2021 실시 10월 학평 18

그림 (가)는 영양염류를 이용하는 종 A와 B를 각각 단독 배양했을 때 시간에 따른 개체 수와 영양염류의 농도를, (나)는 (가)와 같은 조건에서 A와 B를 혼합 배양했을 때 시간에 따른 개체 수를 나타낸 것이다.

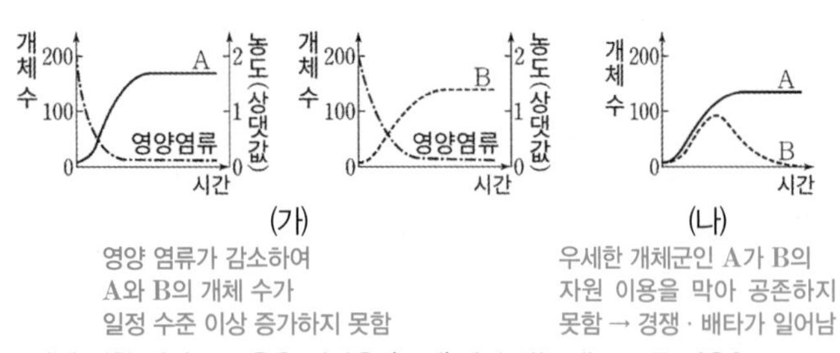

(가) (나)

영양 염류가 감소하여 A와 B의 개체 수가 일정 수준 이상 증가하지 못함

우세한 개체군인 A가 B의 자원 이용을 막아 공존하지 못함 → 경쟁 · 배타가 일어남

이에 대한 설명으로 옳은 것만을 〈보기〉에서 있는 대로 고른 것은?

[보기]

ㄱ. (가)에서 영양염류의 농도 감소는 환경 저항에 해당한다.
→ (가)에서 영양염류의 농도 감소는 개체 수 증가를 저해하는 환경 저항에 해당함

ㄴ. (가)에서 환경 수용력은 ~~B가 A보다 크다~~.
→ (가)에서 환경 수용력은 A가 B보다 큼

ㄷ. (나)에서 경쟁 · 배타가 일어났다.
→ (나)에서 A와 B가 공존하지 못하는 경쟁 · 배타가 일어남

① ㄱ ② ㄴ ③ ㄱ, ㄷ ④ ㄴ, ㄷ ⑤ ㄱ, ㄴ, ㄷ

| 문제+자료 분석 |

- **생장 곡선**: 시간에 따른 개체군 내의 개체 수 변화를 생장 곡선이라고 한다. 이상적인 환경에서 개체군은 생식 활동을 통해 개체 수를 늘려 J자 생장 곡선을 보이겠지만, 실제 환경 저항으로 인해 개체 수가 일정 수준을 유지하는 S자 생장 곡선을 나타낸다.
- **환경 저항**: 개체 수가 일정 수준 이상 증가하지 못하도록 저해하는 환경적인 요인을 환경 저항이라 한다. 서식 공간의 부족, 노폐물 축적, 먹이 부족, 질병 등이 환경 저항이며 (가)에서 종 A와 B가 이용할 대상인 영양염류의 농도가 감소하는 것도 환경 저항이다.

| 보기 분석 |

ㄱ. (가)에서 A와 B가 이용할 대상인 영양염류의 농도가 감소하여 A와 B의 개체 수가 더 이상 증가하지 못했으므로 이것이 환경 저항에 해당한다.

ㄴ. 특정한 환경에서 어떤 종이 최대한으로 증가할 수 있는 개체 수의 크기를 환경 수용력이라 한다. (가)에서 A의 최대 개체 수가 B의 최대 개체 수보다 크기 때문에 환경 수용력은 A가 B보다 크다. 주의

ㄷ. 생태적 지위가 비슷한 두 종류 이상의 개체군이 경쟁한 결과 우세한 개체군이 다른 개체군의 자원 이용을 막아 공존하지 못하는 것을 경쟁 · 배타라 한다. (나)에서 A와 B를 혼합 배양했을 때 두 종이 공존하지 못하고 B의 개체 수가 급격히 줄어드는 것은 경쟁 · 배타가 일어난 것이다.

P 48 정답 ⑤ ＊군집 내 개체군 사이의 상호 작용 [정답률 76%] 2021 대비 9월 모평 9

그림은 서로 다른 종으로 구성된 개체군 A와 B를 각각 단독 배양했을 때와 혼합 배양했을 때, A와 B가 서식하는 온도의 범위를 나타낸 것이다. 혼합 배양했을 때 온도의 범위가 T_1~T_2인 구간에서 A와 B 사이의 경쟁이 일어났다.

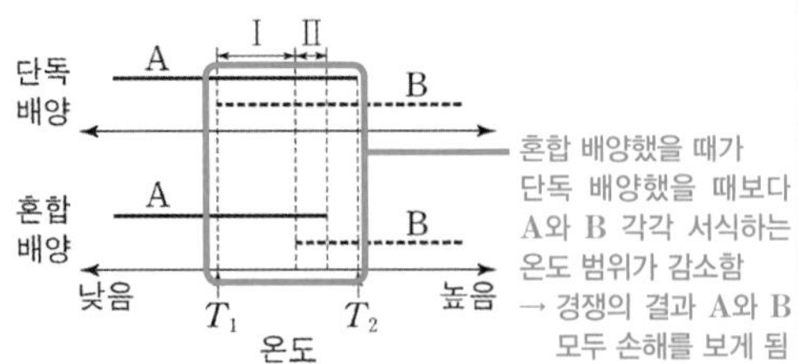

이에 대한 설명으로 옳은 것만을 〈보기〉에서 있는 대로 고른 것은? (단, 제시된 조건 이외는 고려하지 않는다.) (3점)

[보기]

ㄱ. A가 서식하는 온도의 범위는 단독 배양했을 때가 혼합 배양했을 때보다 넓다.
→ 혼합 배양했을 때 B와의 경쟁으로 인해 서식 온도 범위 감소

ㄴ. 혼합 배양했을 때, 구간 Ⅰ에서 B가 생존하지 못한 것은 경쟁 · 배타의 결과이다.
→ A와 B 사이에 일어난 경쟁의 결과, 경쟁 · 배타가 일어나 A만 서식

ㄷ. 혼합 배양했을 때, 구간 Ⅱ에서 A는 B와 군집을 이룬다.
→ 구간 Ⅱ에서 동일한 서식지에 개체군 A와 B가 함께 배양되어 군집을 형성

① ㄱ ② ㄷ ③ ㄱ, ㄴ ④ ㄴ, ㄷ ⑤ ㄱ, ㄴ, ㄷ

| 문제+자료 분석 |

- 생태적 지위가 유사한 두 개체군이 같은 장소에 서식하게 될 때 한정된 먹이와 서식 공간 등의 자원을 차지하기 위해 종간 경쟁이 일어난다.
- 종간 경쟁을 통해 두 개체군은 서로 손해를 보게 된다. 주의
- 그림에서 개체군 A와 B를 각각 단독 배양할 때에 비해 혼합 배양할 때 개체군 A와 B의 서식 온도 범위가 모두 감소한 것을 통해 이를 확인할 수 있다.
- 군집이란 일정한 지역에 모여 생활하는 여러 개체군들의 집합이므로, 혼합 배양하여 구간 Ⅱ에서 개체군 A와 B가 함께 서식하게 되므로 A는 B와 군집을 이루게 된다.

| 보기 분석 |

ㄱ. 단독 배양했을 때 A가 서식하는 온도 범위에 T_1~T_2인 구간이 모두 포함되었으나, 혼합 배양했을 때는 T_1~T_2의 구간 중 일부 구간이 포함되지 않으므로 A가 서식하는 온도 범위는 단독 배양했을 때가 혼합 배양했을 때보다 넓다.

ㄴ. 구간 Ⅰ에서 단독 배양했을 때 서식했던 B가 A와 혼합 배양했을 때 사라진 것은 A와 B 사이에 일어난 경쟁으로 인해 경쟁에서 진 B가 경쟁 지역에서 사라진 경쟁 · 배타의 결과이다.

ㄷ. 구간 Ⅱ에서 개체군 A와 B는 동일한 서식지 내에 혼합 배양되었다. 따라서 개체군 A는 B와 일정한 지역 내에 모여 생활하는 집합인 군집을 이루었음을 알 수 있다.

＊경쟁 · 배타의 원리

두 개체군이 경쟁한 결과 경쟁에서 이긴 개체군은 살아남고, 경쟁에서 진 개체군은 경쟁 지역에서 사라지는 현상을 말한다.

P 49 정답 ② ＊군집 내 개체군 사이의 상호 작용 [정답률 85%] 2024 대비 9월 모평 14

다음은 종 사이의 상호 작용에 대한 자료이다. (가)와 (나)는 경쟁과 상리 공생의 예를 순서 없이 나타낸 것이다.

(가) 캥거루쥐와 주머니쥐는 같은 종류의 먹이를 두고 서로 다툰다. ⇒ 경쟁

(나) 꽃은 벌새에게 꿀을 제공하고, 벌새는 꽃의 수분을 돕는다. ⇒ 상리 공생

이에 대한 설명으로 옳은 것만을 〈보기〉에서 있는 대로 고른 것은?

[보기]

ㄱ. (가)에서 캥거루쥐는 주머니쥐와 한 개체군을 이룬다.
캥거루쥐와 주머니쥐는 서로 다른 종이므로 한 개체군을 이루지 않음

ㄴ. (나)는 상리 공생의 예이다.
꽃과 벌새는 둘 다 이익을 얻는 상리 공생 관계임

ㄷ. 스라소니가 눈신토끼를 잡아먹는 것은 경쟁의 예에 해당한다.
스라소니는 포식자, 눈신토끼는 피식자로 포식과 피식에 해당함

① ㄱ ② ㄴ ③ ㄷ ④ ㄱ, ㄴ ⑤ ㄴ, ㄷ

| 문제+자료 분석 |

- (가): 생태적 지위가 비슷한 두 종 이상의 개체군이 함께 살면 개체군 사이에서 한정된 자원이나 서식지를 차지하기 위한 종간 경쟁이 일어난다. 따라서 서로 다른 종인 캥거루쥐와 주머니쥐가 같은 종류의 먹이를 두고 다투는 것은 경쟁에 해당한다.
- (나): 두 종 모두가 이익을 얻는 관계는 상리 공생이다. 꽃과 벌새는 둘 다 이익을 얻는 상리 공생 관계이다.

| 보기 분석 |

ㄱ. 개체군은 일정한 지역에 서식하는 같은 종의 집단이다. 캥거루쥐와 주머니쥐는 서로 다른 종이므로 한 개체군을 이루지 않는다.

ㄴ. 꽃과 벌새는 각각 수분과 꿀이라는 이익을 얻는 관계이므로 (나)는 상리 공생의 예에 해당한다.

ㄷ. 스라소니는 포식자, 눈신토끼는 피식자로 스라소니가 눈신토끼를 잡아먹는 것은 포식과 피식의 예에 해당한다.

＊상호 작용

구분	예
개체군 내 상호 작용	텃세, 리더제, 순위제, 사회생활(분업), 가족생활
개체군 사이의 상호 작용	분서, 종간 경쟁, 상리 공생, 편리공생, 기생, 포식과 피식

P

P 50 정답 ⑤ * 생물 사이의 상호 작용 ······ [정답률 64%] 2021 실시 3월 학평 9

표는 생물 사이의 상호 작용을 (가)와 (나)로 구분하여 나타낸 것이다.

구분	상호 작용
(가) 군집 내 개체군 사이의 상호 작용	㉠ 기생, 포식과 피식
(나) 개체군 내의 상호작용	순위제, ㉡ 사회생활

이에 대한 옳은 설명만을 〈보기〉에서 있는 대로 고른 것은?

[보기]

ㄱ. (가)는 개체군 사이의 상호 작용이다.
→ 다른 종 사이의 상호 작용은 개체군 사이의 상호 작용

ㄴ. ㉠의 관계인 두 종에서는 손해를 입는 종이 있다.
→ 기생하는 종은 이익, 기생 당하는 종은 손해

ㄷ. 꿀벌이 일을 분담하며 협력하는 것은 ㉡의 예이다.
→ 일을 분담하며 협력하는 것은 사회생활의 예

① ㄱ ② ㄴ ③ ㄱ, ㄷ ④ ㄴ, ㄷ ⑤ ㄱ, ㄴ, ㄷ

| 문제+자료 분석 |

- (가): 기생, 포식과 피식은 서로 다른 종 사이에 일어나는 상호 작용이므로 군집 내 개체군 사이의 상호 작용의 예이다.
- (나): 순위제, 사회생활은 같은 종 내에서 일어나는 상호 작용이므로 개체군 내의 상호 작용의 예이다.

| 보기 분석 |

ㄱ. 종간 경쟁, 분서, 포식과 피식, 공생, 기생은 군집 내 개체군 사이에 일어나는 상호 작용의 예이므로 (가)는 개체군 사이의 상호 작용이다.

ㄴ. 기생은 두 종의 개체군이 함께 생활하면서 한 개체군(종)은 일방적으로 이익을 얻고, 다른 개체군(종)은 일방적으로 손해를 입는다.

ㄷ. 개체군 내의 역할이 분업화되고 이들의 협력으로 전체 개체군이 유지되는 것을 사회생활이라 한다.

＊ 군집 내 개체군 간의 상호 작용 비교

상호 작용	종간 경쟁	편리 공생	상리 공생	기생	포식과 피식
개체군A	−	+	+	+ (기생 생물)	+ (포식자)
개체군B	−	0	+	− (숙주)	− (피식자)

(+: 이익을 얻음, −: 손해를 입음, 0: 이익도 손해도 없음)

P 51 정답 ⑤ * 개체군 사이의 상호 작용 ······ [정답률 96%] 2021 대비 수능 12

다음은 종 사이의 상호 작용에 대한 자료이다. (가)와 (나)는 기생과 상리 공생의 예를 순서 없이 나타낸 것이다.

(가) 겨우살이는 다른 식물의 줄기에 뿌리를 박아 물과 양분을 빼앗는다. → 기생

(나) 뿌리혹박테리아는 콩과식물에게 질소 화합물을 제공하고, 콩과식물은 뿌리혹박테리아에게 양분을 제공한다. → 상리 공생

이에 대한 설명으로 옳은 것만을 〈보기〉에서 있는 대로 고른 것은?

[보기]

ㄱ. (가)는 기생의 예이다.
→ 겨우살이는 숙주인 식물에 기생함

ㄴ. (가)와 (나) 각각에는 이익을 얻는 종이 있다.
→ (가)의 겨우살이와 (나)의 뿌리혹박테리아, 콩과식물은 모두 이익을 얻음

ㄷ. 꽃이 벌새에게 꿀을 제공하고, 벌새가 꽃의 수분을 돕는 것은 상리 공생의 예에 해당한다.
→ 꽃과 벌새가 모두 이익을 얻는 상리 공생

① ㄱ ② ㄷ ③ ㄱ, ㄴ ④ ㄴ, ㄷ ⑤ ㄱ, ㄴ, ㄷ

| 문제+자료 분석 |

- (가): 겨우살이는 식물로부터 물과 양분을 빼앗는 기생 식물이며 물과 양분을 빼앗기는 다른 식물은 숙주이다. 겨우살이는 이익을 얻으나 다른 식물은 손해를 입는 기생 관계이다.
- (나): 뿌리혹박테리아와 콩과식물은 상리 공생 관계로 두 종 모두 이익을 얻는다.

| 보기 분석 |

ㄱ. (가)의 겨우살이는 이익을 얻고 다른 식물은 손해를 입는 기생의 예이다.

ㄴ. (가)에서는 겨우살이가 이익을 얻는다. (나)에서는 뿌리혹박테리아와 콩과식물이 모두 이익을 얻는다. (가)와 (나) 각각에는 이익을 얻는 종이 있다.

ㄷ. 벌새는 먹이인 꿀을 얻으며 꽃은 수분이 잘 일어나 자손 번식에 유리해진다. 꽃과 벌새 두 종 모두 이익을 얻는 상리 공생 관계이다.

송의현 | 원광대 의예과 2021년 입학 · 안산 동산고 졸

생물 간 상호작용을 다룬 문제야. 손해를 ↓ 이익을 ↑라고 표시한다면 경쟁은 ↓, ↓ 상리 공생은 ↑, ↑ 기생은 ↑, ↓ 편리공생은 ↑, −라는 것을 표를 그려서 외워두는 것이 좋아. 그 중 편리공생에서 한 종은 이익도 손해도 아니라는 것을 잊지 않도록 주의하자.

P 52 정답 ① ＊개체군 사이의 상호 작용 [정답률 79%] 2024 대비 6월 모평 18

다음은 동물 종 A와 B 사이의 상호 작용에 대한 자료이다.

- A와 B 사이의 상호 작용은 경쟁과 상리 공생 중 하나에 해당한다.
- A와 B가 함께 서식하는 지역을 ㉠과 ㉡으로 나눈 후, ㉠에서만 A를 제거하였다. 그림은 지역 ㉠과 ㉡에서 B의 개체 수 변화를 나타낸 것이다.

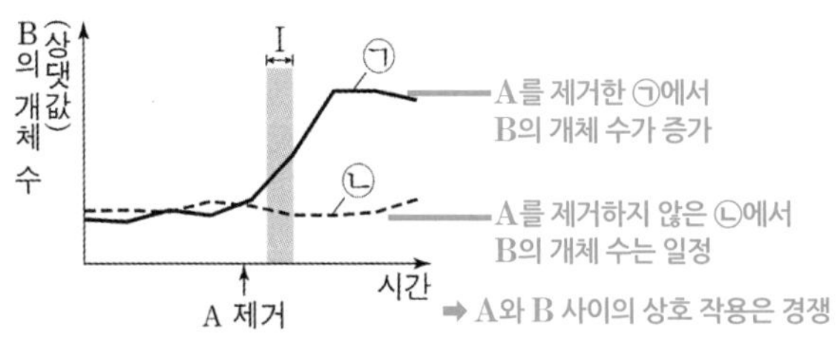

이 자료에 대한 설명으로 옳은 것만을 〈보기〉에서 있는 대로 고른 것은? (단, 제시된 조건 이외는 고려하지 않는다.) (3점)

[보기]

ㄱ. A와 B 사이의 상호 작용은 경쟁에 해당한다.
A를 제거한 ㉠에서 B의 개체 수가 증가하므로 A와 B 사이의 상호 작용은 경쟁임

ㄴ. ㉡에서 A는 B와 한 개체군을 ~~이룬다~~.
A와 B는 서로 다른 종이므로 다른 개체군

ㄷ. 구간 Ⅰ에서 B에 작용하는 환경 저항은 ㉠에서가 ㉡에서보다 ~~크다~~.
개체 수가 증가하지 않은 ㉡에서 B에 작용하는 환경 저항이 더 큼

① ㄱ ② ㄷ ③ ㄱ, ㄴ ④ ㄴ, ㄷ ⑤ ㄱ, ㄴ, ㄷ

| 문제+자료 분석 |

- **종간 경쟁**: 생태적 지위가 비슷한 두 종 이상의 개체군이 함께 살면 개체군 사이에서 한정된 자원이나 서식지를 차지하기 위한 종간 경쟁이 일어난다.
- **상리 공생**: 서로 다른 두 종의 개체군이 서로 밀접한 관계를 맺고 두 개체군 모두가 이익을 얻는 관계이다.
- **환경 저항**: 개체군의 생장을 억제하는 서식공간과 먹이 부족, 노폐물 축적, 개체 간의 경쟁, 질병 등과 같은 환경 요인이다. 개체군 밀도가 증가하면 환경 저항이 증가하여 개체군 생장 곡선이 S자 모양을 나타낸다.

| 보기 분석 |

ㄱ. A를 제거한 ㉠에서 B의 개체 수가 증가하였고, A를 제거하지 않은 ㉡에서 B의 개체 수는 증가하지 않고 일정한 수를 유지했다. 따라서 A와 B 사이의 상호 작용은 경쟁에 해당한다.

ㄴ. 개체군은 일정한 지역에 같은 종의 개체가 무리를 이루어 생활하는 집단을 의미한다. A와 B는 서로 다른 종이므로 한 개체군을 이루지 않는다.

ㄷ. 구간 Ⅰ에서 ㉠에 서식하는 B의 개체 수는 증가했고, ㉡에 서식하는 B의 개체 수는 일정하다. 환경 저항이 클수록 개체군의 생장이 억제된다. ㉡에 서식하는 B의 개체 수는 ㉠에 서식하는 B의 개체 수보다 적지만 경쟁 관계에 있는 A를 제거하지 않았기 때문에 ㉠보다 ㉡에서 환경 저항이 크다. 이 때문에 ㉡에서 개체 수가 증가하지 않았다. 함정

＊ 환경 저항과 개체군의 생장

- 환경 저항은 개체군의 생장을 억제하는 모든 요인을 말한다. 환경 저항이 커질수록 개체군의 출생률은 낮아지고 사망률은 높아지므로 개체군의 생장이 점점 둔화되며, 출생률과 사망률이 같아지면 개체군의 생장이 멈춰 더 이상 개체 수가 증가하지 않고 일정해진다.

P 53 정답 ① ＊군집 내 개체군 사이의 상호 작용 [정답률 59%] 2021 실시 7월 학평 12

그림 (가)는 고도에 따른 지역 Ⅰ~Ⅲ에 서식하는 종 A와 B의 분포를 나타낸 것이다. 그림 (나)는 (가)에서 A를, (다)는 (가)에서 B를 각각 제거했을 때 A와 B의 분포를 나타낸 것이다.

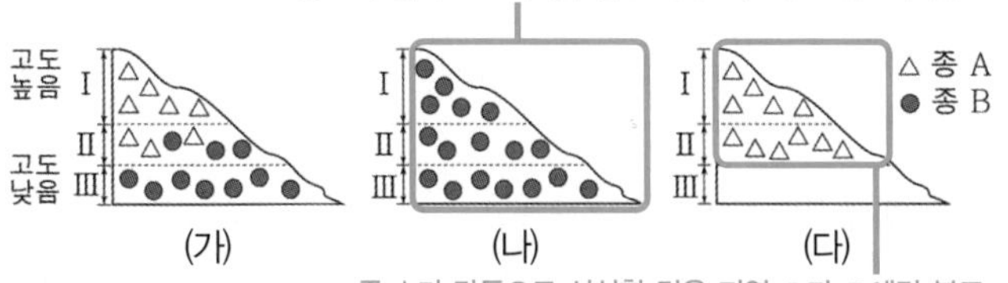

이에 대한 설명으로 옳은 것만을 〈보기〉에서 있는 대로 고른 것은? (3점)

[보기]

ㄱ. (가)의 Ⅱ에서 A는 B와 한 군집을 이룬다.
→ 일정한 지역 내에 종 A의 개체군과 종 B의 개체군이 군집을 이룸

ㄴ. (가)의 Ⅲ에서 A와 B 사이에 ~~경쟁·배타가 일어났다~~.
→ 종 A가 단독으로 서식하더라도 지역 Ⅲ에 서식하지 않음

ㄷ. (나)의 Ⅰ에서 B는 환경 저항을 ~~받지 않는다~~.
→ (나)의 Ⅰ에서 B는 환경 저항을 받음

① ㄱ ② ㄴ ③ ㄷ ④ ㄱ, ㄴ ⑤ ㄱ, ㄷ

| 문제+자료 분석 |

- (가)와 (나)를 비교하면 종 B가 단독으로 서식할 경우 지역 Ⅰ, Ⅱ, Ⅲ에 모두 분포하지만, 종 A와 혼합되어 서식할 경우 지역 Ⅰ에 분포하지 못한다. 이는 지역 Ⅰ에서 종 A와 B 사이에 경쟁·배타가 일어난 결과로 해석할 수 있다.
- (가)와 (다)를 비교하면 종 A가 단독으로 서식할 경우와 종 B와 혼합되어 서식할 경우 모두 지역 Ⅰ과 Ⅱ에서만 서식함을 알 수 있다.

| 보기 분석 |

ㄱ. 군집은 일정한 지역 내에 모여 생활하는 여러 개체군들의 집합이므로 (가)의 Ⅱ에서 종 A의 개체군과 종 B의 개체군은 한 군집을 이룬다.

ㄴ. 경쟁·배타는 두 개체군이 경쟁한 결과 경쟁에서 이긴 개체군은 살아남고, 경쟁에서 진 개체군은 경쟁 지역에서 사라지는 현상이다.
종 A는 종 B가 제거되어 단독으로 서식하더라도 지역 Ⅰ과 Ⅱ에만 분포하므로 지역 Ⅲ에 분포하지 않는 것이 종 A와 B 사이에 경쟁·배타가 일어난 결과가 아님을 알 수 있다.

ㄷ. 환경 저항은 개체군의 생장을 억제하는 요인으로 먹이 부족, 서식 공간 부족, 노폐물 축적, 질병 등이 있다. 실제 개체군의 생장 과정에서 환경 저항은 항상 나타난다. 따라서 (나)의 Ⅰ에서 B는 환경 저항을 받는다. 주의

P 54 정답 ④ * 군집 내 개체군의 상호 작용 [정답률 88%] 2023 대비 수능 20

표는 종 사이의 상호 작용 (가)~(다)의 예를, 그림은 동일한 배양 조건에서 종 A와 B를 각각 단독 배양했을 때와 혼합 배양했을 때 시간에 따른 개체 수를 나타낸 것이다. (가)~(다)는 경쟁, 상리 공생, 포식과 피식을 순서 없이 나타낸 것이고, A와 B 사이의 상호 작용은 (가)~(다) 중 하나에 해당한다.

상호 작용	예
(가) 포식과 피식	ⓐ 늑대는 말코손바닥사슴을 잡아먹는다.
(나) 경쟁	캥거루쥐와 주머니쥐는 같은 종류의 먹이를 두고 서로 다툰다.
(다) 상리 공생	딱총새우는 산호를 천적으로부터 보호하고, 산호는 딱총새우에게 먹이를 제공한다.

단독 배양: 개체 수 (N_2, N_1) - 시간 그래프, A, B

혼합 배양: 개체 수 (N_2, N_1) - 시간 그래프, A, B, 구간 Ⅰ

상리 공생

이에 대한 설명으로 옳은 것만을 〈보기〉에서 있는 대로 고른 것은?

[보기]

ㄱ. ⓐ에서 늑대는 말코손바닥사슴과 ~~한 개체군을 이룬다~~.
ⓐ에서 늑대는 말코손바닥사슴과 서로 다른 개체군임

ㄴ. 구간 Ⅰ에서 A에 환경 저항이 작용한다.
구간 Ⅰ에서 A의 개체 수는 많이 존재하므로 환경 저항이 작용함

ㄷ. A와 B 사이의 상호 작용은 (다)에 해당한다.
A와 B는 서로 이익을 얻는 관계이므로, (다)인 상리 공생임

① ㄱ ② ㄷ ③ ㄱ, ㄴ ④ ㄴ, ㄷ ⑤ ㄱ, ㄴ, ㄷ

| 문제+자료 분석 |

- (가): 늑대가 늑대와 다른 종인 말코손바닥사슴을 잡아먹으므로 늑대는 포식자, 말코손바닥사슴은 피식자이다. 따라서 (가)는 포식과 피식이다.
- (나): 캥거루쥐와 주머니쥐는 같은 종류의 먹이를 두고 서로 다투므로 경쟁이다. 생태적 지위가 비슷한 두 종 이상의 개체군이 함께 살면 개체군 사이에서 한정된 자원을 차지하기 위해 종간 경쟁을 한다.
- (다): 딱총새우와 산호는 서로 이익을 얻는 관계이므로 상리 공생이다.
- 종 A와 B를 단독 배양했을 때보다 혼합 배양했을 때 두 종의 개체 수가 모두 증가하였으므로 A와 B는 서로 이익을 주고 받는 상리 공생 관계이다.

| 보기 분석 |

ㄱ. ⓐ에서 늑대는 말코손바닥사슴과 서로 다른 종이므로 한 개체군을 이루지 않는다. 개체군은 같은 종의 개체가 무리를 이룬 것이다.

ㄴ. 환경 저항은 개체군의 생장을 억제하는 요인이며, 환경 저항은 S자형 생장 곡선에서 항상 작용한다. 구간 Ⅰ에서 A의 그래프는 S자형 생장 곡선을 나타내고 있으며, 개체 수가 많이 증가해 있으므로 환경 저항이 작용한다.

ㄷ. A와 B 사이의 상호 작용은 두 개체군 모두가 이익을 얻는 관계이므로 (다)(상리 공생)에 해당한다.

김보겸 | 연세대 지구시스템과학과 2023년 입학 · 광주 서석고졸

혼합 배양 시 종 A와 B 모두 개체 수가 늘었네. 이는 두 종 모두 이익이니 상리 공생이겠지? 종 사이의 상호 작용에 대해서는 무조건 알고 있어야 하고, 각 종이 이득을 보는지 손해를 보는지 글을 읽고 확인해봐.

P 55 정답 ① * 종 사이의 상호 작용 [정답률 83%] 2019 실시 4월 학평 20

표 (가)는 종 사이의 상호 작용을 나타낸 것이며, (나)는 콩과식물과 뿌리혹박테리아 사이의 상호 작용에 대한 설명이다. A~C는 종간 경쟁, 기생, 상리 공생을 순서 없이 나타낸 것이다. 두 종이 모두 손해 → 종간 경쟁

상호 작용	종 1	종 2
A 종간 경쟁	손해	손해
B 상리 공생	이익	㉠ (이익)
C 기생	? (이익)	손해

(가)

콩과식물의 뿌리에 사는 뿌리혹박테리아는 콩과식물에게 질소 화합물을 공급하고, 콩과식물은 뿌리혹박테리아에게 영양분을 공급한다.

(나)

이에 대한 설명으로 옳은 것만을 〈보기〉에서 있는 대로 고른 것은? (3점)

[보기]

ㄱ. A는 종간 경쟁이다. → A는 종간 경쟁, B는 상리 공생, C는 기생

ㄴ. ㉠은 ~~'손해'~~이다. → B는 상리 공생이므로 두 종 모두 이익을 얻음

ㄷ. (나)에서 콩과식물과 뿌리혹박테리아 사이의 상호 작용은 ~~C에 해당~~한다. → 콩과식물과 뿌리혹박테리아 사이의 상호 작용은 상리 공생(B)

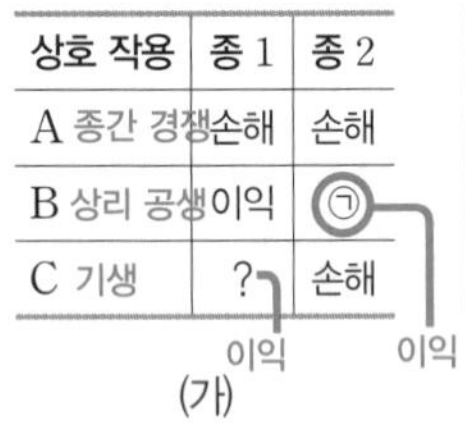

① ㄱ ② ㄷ ③ ㄱ, ㄴ ④ ㄴ, ㄷ ⑤ ㄱ, ㄴ, ㄷ

| 보기 분석 |

ㄱ. A는 종 1과 종 2가 모두 손해를 보는 종간 경쟁이다.

ㄴ. A는 종간 경쟁이고, B와 C는 각각 기생과 상리 공생 중 하나이다. 상리 공생 관계에 있는 두 종은 모두 이익을 얻으므로 B는 상리 공생, C는 기생이다. 따라서 ㉠은 '이익'이다.

ㄷ. (나)에서 콩과식물과 뿌리혹박테리아 사이의 상호 작용은 상리 공생 관계이므로 B에 해당한다.

* 군집 내 개체군 사이의 상호 작용

종간 경쟁	생태적 지위가 비슷한 두 개체군 사이에서 먹이와 생활 공간을 서로 차지하기 위한 상호 작용
분서	두 개체군의 생태적 지위가 비슷할 때, 먹이, 생활 공간, 활동 시기, 산란 시기 등을 다르게 하여 경쟁을 피하는 상호 작용
포식과 피식	두 개체군 사이의 먹고 먹히는 관계
상리 공생	두 개체군이 모두 이익을 얻는 관계
편리공생	한 개체군은 이익을 얻고, 다른 개체군은 이익도 손해도 없는 관계
기생	한 개체군(기생자)은 이익을 얻고, 다른 개체군(숙주)은 손해를 보는 관계

P 56 정답 ④ ＊개체군 간의 상호 작용 [정답률 80%] 2022 대비 수능 18

그림은 어떤 지역에서 늑대의 개체 수를 인위적으로 감소시켰을 때 늑대, 사슴의 개체 수와 식물 군집의 생물량 변화를, 표는 (가)와 (나) 시기 동안 이 지역의 사슴과 식물 군집 사이의 상호 작용을 나타낸 것이다. (가)와 (나)는 Ⅰ과 Ⅱ를 순서 없이 나타낸 것이다.

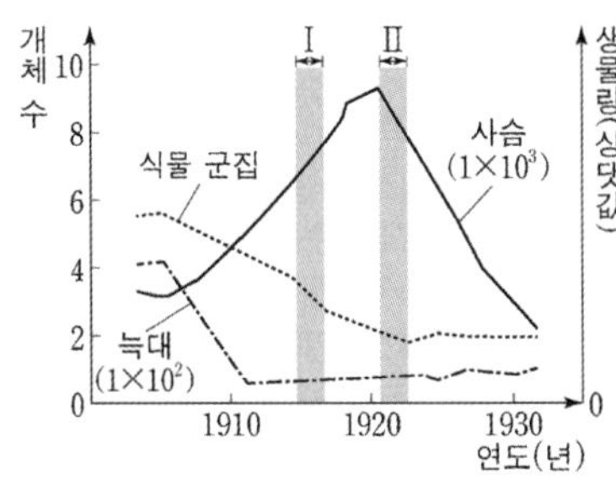

시기	상호 작용
(가) Ⅱ	식물 군집의 생물량이 감소하여 사슴의 개체 수가 감소한다.
(나) Ⅰ	사슴의 개체 수가 증가하여 식물 군집의 생물량이 감소한다.

→ Ⅰ과 Ⅱ 시기 모두 식물 군집의 생물량이 감소한 시기로 사슴 개체군에 먹이 부족 등의 환경 저항이 작용하고 있음

이 자료에 대한 설명으로 옳은 것만을 〈보기〉에서 있는 대로 고른 것은? (3점)

[보기]

ㄱ. (가)는 Ⅱ이다.
→ (가)는 Ⅱ

ㄴ. Ⅰ 시기 동안 사슴 개체군에 환경 저항이 작용하였다.
→ Ⅰ과 Ⅱ 시기 모두에서 사슴 개체군에 환경 저항이 작용함

ㄷ. 사슴의 개체 수는 포식자에 의해서만 조절된다.
→ 사슴의 개체 수는 식물 군집과 포식자에 의해 조절

① ㄱ ② ㄴ ③ ㄷ ④ ㄱ, ㄴ ⑤ ㄱ, ㄷ

| 문제+자료 분석 |

- (가): 사슴의 개체 수가 감소한 Ⅱ 시기이다. 먹이 부족 등의 환경 저항이 작용하고 있기 때문에 사슴의 개체수가 급격히 감소한 것이다.
- (나): 사슴의 개체 수가 증가해 식물 군집의 생물량이 감소한 Ⅰ 시기이다. 식물 군집의 생물량이 감소했다는 것은 먹이 부족 등의 환경 저항이 작용하고 있는 것으로 이후 사슴의 개체 수가 일정 수준 이상 증가하지 못하고 감소하게 된다.

| 보기 분석 |

ㄱ. (가)는 식물 군집의 생물량이 감소하고 사슴의 개체 수도 감소하는 Ⅱ 시기에 해당한다.

ㄴ. Ⅰ 시기와 Ⅱ 시기 모두 사슴의 먹이인 식물 군집의 생물량이 감소한 시기로 사슴 개체군에 먹이 부족 등의 환경 저항이 작용하고 있다.

ㄷ. 포식자인 늑대의 개체 수를 인위적으로 감소시켰는데도 사슴의 개체 수가 조절되는 것은 사슴의 먹이인 식물 군집의 생물량에 의한 것으로 사슴의 개체 수는 포식자에 의해서만 조절되지 않는다.

강민성 | 성균관대 의예과 2022년 입학 · 부산 해운대고 졸

수능은 역시 교과서의 예를 중요하게 여긴다는 것을 알려 주는 문제 중 하나야. 이 그래프는 교과서에 수록되어 있는 그래프야. 하지만 그게 아니더라도 자료 해석으로 쉽게 풀 수 있지. 하지만 수능장에서 친숙한 문제를 만난다는 건 문제를 쉽게 푼다는 것 이상의 의미를 가진다는 건 모두가 알겠지?

P 57 정답 ⑤ ＊종 사이의 상호 작용 [정답률 92%] 2020 대비 9월 모평 20

표는 종 사이의 상호 작용을 나타낸 것이다. ㉠과 ㉡은 기생과 상리 공생을 순서 없이 나타낸 것이다. 이에 대한 설명으로 옳은 것만을 〈보기〉에서 있는 대로 고른 것은?

상호 작용	종 1	종 2
기생 ㉠	손해	ⓐ 이익
상리 공생 ㉡	이익	? 이익
포식과 피식	손해	이익

[보기]

ㄱ. ⓐ는 '손해'이다.
→ ⓐ는 '이익'

ㄴ. ㉡은 상리 공생이다.
→ ㉠은 기생, ㉡은 상리 공생

ㄷ. 스라소니가 눈신토끼를 잡아먹는 것은 포식과 피식에 해당한다. → 스라소니는 포식자, 눈신토끼는 피식자

① ㄱ ② ㄴ ③ ㄷ
④ ㄱ, ㄷ ⑤ ㄴ, ㄷ

| 문제+자료 분석 |

- ㉠(기생): 한 개체군(기생종)이 다른 개체군(숙주)에 살며 자신은 이익(ⓐ)을 얻지만, 다른 개체군(숙주)은 손해를 본다.
- ㉡(상리 공생): 두 개체군이 모두 이익을 얻는다.

| 보기 분석 |

ㄱ. ⓐ는 '이익'이다. 기생과 상리 공생 관계에 모두 '이익'을 얻는 종이 있다는 사실을 알고 있으면 ⓐ가 '이익'이라는 사실을 쉽게 알 수 있다. 꿀팁

ㄴ. ㉠은 '기생', ㉡은 '상리 공생'이다.

ㄷ. 스라소니가 눈신토끼를 잡아먹을 때 스라소니는 포식자이고, 눈신토끼는 피식자이므로 스라소니가 눈신토끼를 잡아먹는 것은 포식과 피식에 해당한다.

＊군집 내 개체군 사이의 상호 작용

종간 경쟁	생태적 지위가 비슷한 두 개체군 사이에서 먹이와 생활 공간을 서로 차지하기 위한 상호 작용
분서	두 개체군의 생태적 지위가 비슷할 때, 먹이, 생활 공간, 활동 시기, 산란 시기 등을 다르게 하여 경쟁을 피하는 상호 작용
포식과 피식	두 개체군 사이의 먹고 먹히는 관계
상리 공생	두 개체군이 모두 이익을 얻는 관계
편리공생	한 개체군은 이익을 얻고, 다른 개체군은 이익도 손해도 없는 관계
기생	한 개체군(기생자)은 이익을 얻고, 다른 개체군(숙주)은 손해를 보는 관계

P 58 정답 ① * 개체군의 상호 작용 [정답률 76%] 2019 실시 10월 학평 19

개체군 내 상호 작용이 있고, 군집 내 개체군의 상호 작용이 있음

그림은 상호 작용 A와 B의 공통점과 차이점을 나타낸 것이다. ㉠은 '상호 작용하는 생물이 모두 이익을 얻는다.'이며, A와 B는 각각 상리 공생, 포식과 피식 중 하나이다.

상리 공생 / 포식과 피식

상호 작용하는 생물이 모두 이익을 얻는다. / 예 서로 다른 종 사이에서 일어난다.

이에 대한 옳은 설명만을 〈보기〉에서 있는 대로 고른 것은?

[보기]

ㄱ. A는 상리 공생이다. → A는 상리 공생, B는 포식과 피식

ㄴ. 콩과식물과 뿌리혹박테리아의 상호 작용은 B의 예이다.
→ 콩과식물과 뿌리혹박테리아의 상호 작용은 상리 공생

ㄷ. '개체군 내의 상호 작용이다.'는 ㉡에 해당한다.
→ 상리 공생과 포식과 피식 모두 군집 내 개체군의 상호 작용임

① ㄱ ② ㄴ ③ ㄱ, ㄴ ④ ㄱ, ㄷ ⑤ ㄴ, ㄷ

| 문제+자료 분석 |

- **개체군 내의 상호작용**: 텃세, 순위제, 리더제, 가족생활, 사회생활
- **개체군 간의 상호작용**: 상리 공생, 편리공생, 기생, 포식과 피식, 경쟁, 분서
- **A(상리 공생)**: 두 개체군이 모두 이익을 얻는다.
- **B(포식과 피식)**: 한 개체군(포식자)은 이익을 얻고, 다른 개체군(피식자)은 손해를 본다.

| 보기 분석 |

ㄱ. 상리 공생은 두 개체군 모두가 이익을 얻고, 포식과 피식은 서로 다른 종 사이의 먹고 먹히는 관계를 말한다. A에만 해당하는 특징 ㉠은 '상호 작용하는 생물이 모두 이익을 얻는다.'이므로 A는 상리 공생, B는 포식과 피식이다.

ㄴ. 콩과식물은 뿌리혹박테리아에 서식 공간과 생장에 필요한 물질을 공급하고, 뿌리혹박테리아는 콩과식물에 대기 중 질소를 고정시켜 공급한다.
콩과식물과 뿌리혹박테리아는 서로 이익을 주고받으므로 두 종의 상호 작용은 상리 공생인 A에 해당한다.

ㄷ. 상리 공생과 포식과 피식 모두 군집 내 개체군의 상호 작용에 해당한다. 개체군 내의 상호 작용에는 텃세, 순위제, 리더제, 가족생활, 사회생활 등이 있다. 주의

P 59 정답 ③ * 개체군의 상호 작용 [정답률 85%] 2022 대비 9월 모평 11

다음은 어떤 섬에 서식하는 동물 종 A~C 사이의 상호 작용에 대한 자료이다.

- A와 B는 같은 먹이를 먹고, C는 A와 B의 천적이다.
- 그림은 Ⅰ~Ⅳ 시기에 서로 다른 영역 (가)와 (나) 각각에 서식하는 종의 분포 변화를 나타낸 것이다.

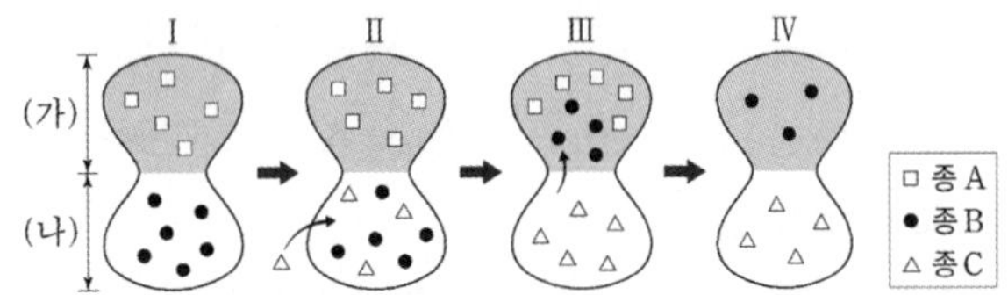

- Ⅰ 시기에 ㉠A와 B는 서로 경쟁을 피하기 위해 A는 (가)에, B는 (나)에 서식하였다. → 분서
- Ⅱ 시기에 C가 (나)로 유입되었고, C가 B를 포식하였다. → B와 C는 포식과 피식 관계
- Ⅲ 시기에 B는 C를 피해 (가)로 이주하였다.
- Ⅳ 시기에 (가)에서 A와 B 사이의 경쟁의 결과로 A가 사라졌다. → 경쟁 · 배타가 일어남

이 자료에 대한 설명으로 옳은 것만을 〈보기〉에서 있는 대로 고른 것은? (단, 제시된 조건 이외는 고려하지 않는다.) (3점)

[보기]

ㄱ. ㉠에서 A와 B 사이의 상호 작용은 분서에 해당한다.
→ 경쟁을 피하기 위해 서식지를 분리하는 상호 작용은 분서

ㄴ. Ⅱ 시기에 (나)에서 C는 B와 한 개체군을 이루었다.
→ B와 C는 다른 종이므로 서로 다른 개체군

ㄷ. Ⅳ 시기에 (가)에서 A와 B 사이에 경쟁 · 배타가 일어났다.
→ 경쟁 결과 A가 사라졌으므로 경쟁 · 배타가 일어남

① ㄱ ② ㄴ ③ ㄱ, ㄷ ④ ㄴ, ㄷ ⑤ ㄱ, ㄴ, ㄷ

| 문제+자료 분석 |

- **개체군**: 동일한 종의 개체들이 무리를 이루어 생활하는 집단이다.
- **㉠(분서)**: 생태적 지위가 비슷한 개체군들이 먹이, 서식지 등을 달리하여 경쟁을 피하는 현상이다.
- **포식과 피식**: C가 B를 포식하였으므로 B는 피식자, C는 포식자이다.
- **종간 경쟁**: 생태적 지위가 유사한 두 개체군들이 같은 공간에서 서식할 경우 일어나는 상호 작용이다.
- **경쟁 · 배타 원리**: 두 개체군이 경쟁한 결과 한쪽 개체군만 살아남고, 다른 개체군은 사라지는 현상이다. A와 B 사이의 경쟁의 결과로 A가 사라졌으므로 경쟁 · 배타가 일어났다.

| 보기 분석 |

ㄱ. Ⅰ 시기에 A와 B는 서로 경쟁을 피하기 위해 A는 (가)에, B는 (나)에 서식지를 분리하였다. 이는 생태적 지위가 비슷한 개체군들이 먹이, 서식지 등을 달리하여 경쟁을 피하는 현상인 분서에 해당한다.

ㄴ. B와 C는 다른 종이고 한 개체군은 동일한 종으로 구성되기 때문에 B와 C는 서로 다른 개체군에 속한다.

ㄷ. Ⅳ 시기에 (가)에서 A와 B 사이의 경쟁의 결과로 B는 살아남고, A가 사라졌으므로, 종 사이의 경쟁 결과 한쪽 개체군만 살아남고, 다른 개체군은 사라지는 현상인 경쟁 · 배타가 일어났다.

* 군집 내 개체군 사이의 상호 작용

종간 경쟁	생태적 지위가 비슷한 두 개체군 사이에서 먹이와 생활 공간을 서로 차지하기 위한 상호 작용
분서	두 개체군의 생태적 지위가 비슷할 때, 먹이, 생활 공간, 활동 시기, 산란 시기 등을 다르게 하여 경쟁을 피하는 상호 작용
포식과 피식	두 개체군 사이의 먹고 먹히는 관계
상리 공생	두 개체군이 모두 이익을 얻는 관계
편리공생	한 개체군은 이익을 얻고, 다른 개체군은 이익도 손해도 없는 관계
기생	한 개체군(기생자)은 이익을 얻고, 다른 개체군(숙주)은 손해를 보는 관계

P 60 정답 ① * 상호 작용 ······ [정답률 79%] 2019 대비 9월 모평 14

다음은 생물 사이의 상호 작용에 대한 자료이다.
다양한 종 사이의 상호 작용 중 분서에 관한 문제

- 새 3종 A~C는 생태적 지위가 중복된다. 군집 내 개체군의 상호 작용
- 어떤 숲에 서식하는 ㉠ A~C는 경쟁을 피하기 위해 활동 영역을 나누어 나무의 서로 다른 구역에서 산다. 분서

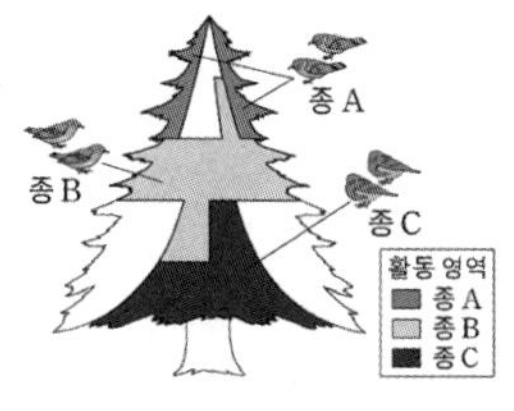

이에 대한 옳은 설명만을 〈보기〉에서 있는 대로 고른 것은? (3점)

[보기]

ㄱ. ㉠에서 A와 B 사이의 상호 작용은 분서에 해당한다.
→ A와 B는 경쟁을 피하기 위해 분서

ㄴ. B는 C와 한 개체군을 이룬다.
→ B는 C와 다른 종이므로 다른 개체군

ㄷ. 꿀벌이 일을 분담하며 협력하는 것은 ㉠의 상호 작용에 해당한다. → 개체군 내 개체들이 역할을 분담하는 것은 사회생활

① ㄱ ② ㄴ ③ ㄱ, ㄷ ④ ㄴ, ㄷ ⑤ ㄱ, ㄴ, ㄷ

| 문제+자료 분석 |

- 3종 A~C이므로 개체군 간의 상호 작용임을 알 수 있다.
- ㉠(분서): 종 사이에 불필요한 경쟁을 피하기 위해 서식지나 먹이를 분할하는 상호 작용이다.

| 보기 분석 |

ㄱ. 같은 종의 개체 집단을 개체군이라고 한다. A와 B는 서로 다른 종이므로 A와 B 사이는 군집 내 개체군 간의 상호 작용에 해당한다.
서식지나 먹이 등 생태적 지위가 중복되는 두 종 사이에 불필요한 경쟁을 피하기 위해 서식지나 먹이를 분할하는 ㉠과 같은 상호 작용은 분서에 해당한다.

ㄴ. B와 C는 서로 다른 종이므로, B는 C와 다른 개체군을 이룬다. 개체군은 같은 종의 집단이다.

ㄷ. ㉠의 상호 작용은 서로 다른 종 사이에 일어나는 군집 내 개체군 간의 상호 작용이며, 꿀벌이 역할을 분담하여 협력하는 것은 한 종 내에서 일어나는 개체군 내 상호 작용이다. — 주의

* 텃세와 분서

텃세	일정한 공간을 차지하고 다른 개체의 침입을 막는다.
분서	생태적 지위가 비슷한 개체군들이 먹이, 서식지 등을 달리하여 경쟁을 피하는 현상이다.

Q 에너지와 물질의 순환

Q 01 정답 ③ * 생태계에서의 에너지 흐름 ······ [정답률 77%] 2023 실시 3월 학평 5

다음은 생태계에서 일어나는 에너지 흐름에 대한 학생 A~C의 발표 내용이다.

광합성은 생산자에서 일어남 / 1차 소비자의 생장량은 생산자의 피식량에 포함 / 먹이 사슬을 따라 에너지가 이동

빛에너지를 화학 에너지로 전환하는 생물은 생산자입니다.

1차 소비자의 생장량은 생산자의 ~~호흡량~~에 포함됩니다.

1차 소비자에서 2차 소비자로 유기물에 저장된 에너지가 이동합니다.

제시한 내용이 옳은 학생만을 있는 대로 고른 것은?

① A ② B ③ A, C ④ B, C ⑤ A, B, C

| 문제+자료 분석 |

- 태양의 빛에너지는 생산자의 광합성에 의해 유기물의 화학 에너지로 전환된다.
- 생산자가 일정 기간 동안 광합성으로 생산한 유기물의 총량은 총생산량이다. 총생산량에서 호흡량을 제외한 유기물의 양을 순생산량이라 하고, 순생산량 중 1차 소비자에게 먹히는 피식량, 말라죽는 고사량, 낙엽으로 없어지는 낙엽량을 제외하고 생산자에 남아 있는 유기물의 양을 생장량이라 한다. 꿀팁
- 생태계에서 에너지는 순환하지 않고 한쪽 방향으로만 흐른다. 에너지가 먹이 사슬을 따라 이동할 때 유기물에 저장된 에너지가 상위 영양 단계로 이동한다.

| 선택지 분석 |

Ⓐ 빛에너지는 생산자의 광합성에 의해 유기물의 화학 에너지로 전환된다.

B. 생산자의 피식량이 1차 소비자에게 먹히는 유기물의 양이고, 피식량에 1차 소비자의 생장량이 포함된다.

Ⓒ 하위 영양 단계에서 상위 영양 단계로 먹이 사슬을 따라 이동할 때 유기물에 저장된 에너지가 이동한다.

Q 02 정답 ② * 생태계에서의 에너지 흐름 ······ [정답률 77%] 2022 실시 3월 학평 20

그림은 어떤 안정된 생태계의 에너지 흐름을 나타낸 것이다. A~C는 각각 생산자, 1차 소비자, 2차 소비자 중 하나이며, 에너지양은 상댓값이다.

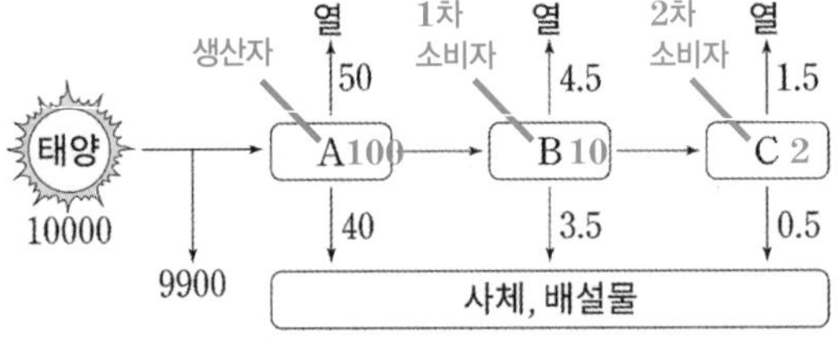

에너지는 순환하지 않고 한 방향으로 흐름

이에 대한 옳은 설명만을 〈보기〉에서 있는 대로 고른 것은?

[보기]

ㄱ. 곰팡이는 ~~A~~에 속한다.
곰팡이는 생산자(A)가 아니라 분해자에 속함

ㄴ. B에서 C로 유기물이 이동한다.
생태계에서 먹이 사슬을 따라 유기물의 형태로 에너지가 이동함

ㄷ. A에 B로 이동한 에너지양은 B에서 C로 이동한 에너지양보다 ~~적다~~.
A에서 B로 이동한 에너지양은 10, B에서 C로 이동한 에너지양은 2

① ㄱ  ② ㄴ ③ ㄷ ④ ㄱ, ㄴ ⑤ ㄴ, ㄷ

| 문제+자료 분석 |

- 생태계에서 각 영양 단계가 가지는 에너지의 일부는 유기물의 형태로 먹이 사슬을 따라 상위 영양 단계로 이동한다. 따라서 유기물은 생산자(A) ➡ 1차 소비자(B) ➡ 2차 소비자(C)로 이동한다.
- 안정된 생태계에서는 각 영양 단계에서 유출되는 에너지양의 합과 각 영양 단계로 유입되는 에너지양이 같다. 꿀팁
- C(2차 소비자)에서 유출되는 에너지양은 $1.5+0.5=2$이므로 B(1차 소비자)에서 C(2차 소비자)로 전달되는 에너지양은 2이다.
- B(1차 소비자)로부터 유출되는 에너지양은 $4.5+3.5+2=10$이므로 A(생산자)에서 B(1차 소비자)로 전달되는 에너지양은 10이다.
- A(생산자)로부터 유출되는 에너지양은 $50+40+10=100$이므로 태양에서 A(생산자)로 전달되는 에너지양은 100이다.

| 보기 분석 |

ㄱ. A는 생산자, B는 1차 소비자, C는 2차 소비자이다. 곰팡이는 생산자(A)가 아니라 분해자에 속한다. 함정

ㄴ. 생태계에서 각 영양 단계가 가지는 에너지의 일부는 유기물의 형태로 먹이 사슬을 따라 이동한다. 따라서 B에서 C로 유기물이 이동한다.

ㄷ. A(생산자)에서 B(1차 소비자)로 이동한 에너지양은 10이고, B(1차 소비자)에서 C(2차 소비자)로 이동한 에너지양은 2이므로 A에서 B로 이동한 에너지양은 B에서 C로 이동한 에너지양보다 많다.

Q 03 정답 ③ * 개체군 간 상호 작용 ······ [정답률 67%] 2022 실시 7월 학평 13

그림은 어떤 안정된 생태계에서 포식과 피식 관계인 개체군 ㉠과 ㉡의 시간에 따른 개체 수를, 표는 이 생태계에서 각 영양 단계의 에너지양을 나타낸 것이다. ㉠과 ㉡은 각각 1차 소비자와 2차 소비자 중 하나이고, A~C는 각각 1차 소비자, 2차 소비자, 3차 소비자 중 하나이다. 1차 소비자의 에너지 효율은 15 %이다.

• ㉠의 개체수 > ㉡의 개체수
• ㉠이 ㉡보다 먼저 증가, 먼저 감소
➡ ㉠은 피식자, ㉡은 포식자

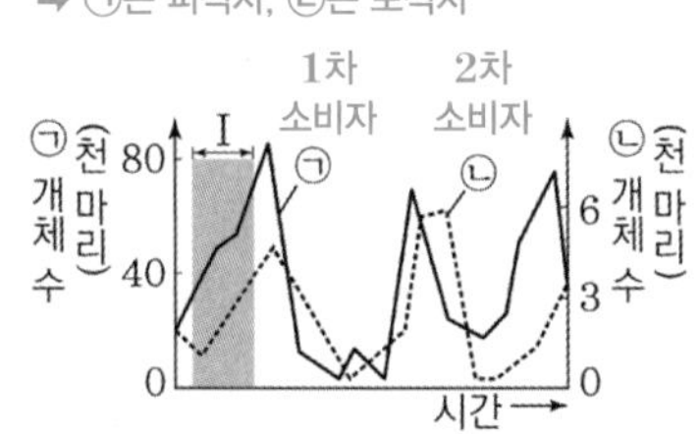

구분	에너지양 (상댓값)
A 3차 소비자	5
B 2차 소비자 ㉡	15
C 1차 소비자 ㉠	? 75
생산자	500

이에 대한 설명으로 옳은 것만을 〈보기〉에서 있는 대로 고른 것은?

[보기]

ㄱ. ㉡은 B이다.
㉡은 포식자이므로 B(2차 소비자)임

ㄴ. Ⅰ 시기 동안 ㉠에 환경 저항이 ~~작용하지 않았다~~.
구간 Ⅰ에서 개체 수가 증가하므로 환경 저항이 증가함

ㄷ. 이 생태계에서 2차 소비자의 에너지 효율은 20 %이다.
2차 소비자의 에너지 효율은 $\frac{15}{75}\times100=20\%$임

① ㄱ ② ㄴ ③ ㄱ, ㄷ ④ ㄴ, ㄷ ⑤ ㄱ, ㄴ, ㄷ

| 문제+자료 분석 |

• 일반적으로 포식과 피식 관계에서 피식자의 개체 수가 포식자의 개체 수보다 많으며, 피식자의 개체 수가 포식자의 개체 수보다 먼저 증가하고 먼저 감소한다. 따라서 ㉠이 피식자(1차 소비자), ㉡이 포식자(2차 소비자)이다.

• 1차 소비자의 에너지 효율은 $\frac{\text{1차 소비자의 에너지양}}{\text{생산자의 에너지양}}\times100$이므로 $\frac{\text{1차 소비자의 에너지양}}{500}\times100=15\%$이다. 따라서 1차 소비자의 에너지양은 75이며, C가 1차 소비자이다.

• 에너지양은 상위 영양 단계로 갈수록 감소하므로, 에너지양이 가장 작은 A가 3차 소비자이며, 나머지 B는 2차 소비자이다.

| 보기 분석 |

ㄱ. ㉠의 개체 수가 ㉡의 개체 수보다 많으며, ㉠이 ㉡보다 먼저 증가하고, 먼저 감소하므로 ㉠이 피식자, ㉡이 포식자이다. 따라서 ㉠이 1차 소비자, ㉡이 2차 소비자이다.

ㄴ. 환경 저항은 개체군의 생장을 저해하는 요인으로 먹이 부족, 서식 공간 부족, 노폐물 축적, 질병 등이 그 예이며, 개체 수가 증가할수록 환경 저항은 증가한다. Ⅰ 시기 동안 ㉠의 개체 수가 증가하므로, 개체군의 생장을 저해하는 요인인 환경 저항도 증가하게 된다.

ㄷ. 이 생태계에서 2차 소비자의 에너지 효율은 $\frac{\text{2차 소비자의 에너지양}}{\text{1차 소비자의 에너지양}}\times100=\frac{15}{75}\times100=20\%$이다.

Q 04 정답 ③ * 생태계의 에너지 흐름 ······ [정답률 87%] 2021 실시 10월 학평 14

그림은 어떤 생태계에서 각 영양 단계의 에너지양을 나타낸 것이다. 에너지 효율은 3차 소비자가 1차 소비자의 2배이다.

영양 단계	에너지양(상댓값)
생산자	1000
1차 소비자	100 ⓐ 에너지 효율 10%
2차 소비자	15 에너지 효율 15%
3차 소비자	3 에너지 효율 20%

이에 대한 설명으로 옳은 것만을 〈보기〉에서 있는 대로 고른 것은? (3점)

[보기]

ㄱ. ⓐ는 100이다.
→ ⓐ는 100

ㄴ. 1차 소비자의 에너지는 ~~모두~~ 2차 소비자에게 전달된다.
→ 1차 소비자의 에너지 중 일부가 2차 소비자에게 전달됨

ㄷ. 소비자에서 상위 영양 단계로 갈수록 에너지 효율은 증가한다.
→ 상위 영양 단계로 갈수록 에너지 효율 증가

① ㄱ ② ㄴ ③ ㄱ, ㄷ ④ ㄴ, ㄷ ⑤ ㄱ, ㄴ, ㄷ

| 문제+자료 분석 |

• **에너지 효율**: 하위 영양 단계에서 상위 영양 단계로 이동하는 에너지의 비율을 에너지 효율이라고 한다. 에너지 효율은 $\frac{\text{현 영양단계의 에너지양}}{\text{전 영양단계의 에너지양}}\times100$으로 계산한다.

• 3차 소비자의 에너지 효율은 $\frac{3}{15}\times100=20\%$이다.

• 3차 소비자의 에너지 효율이 1차 소비자의 에너지 효율의 2배이므로 1차 소비자의 에너지 효율은 10%이다. 따라서 $\frac{ⓐ}{1000}\times100=10\%$이므로 1차 소비자가 사용할 수 있는 에너지양은 ⓐ=100이다.

• 2차 소비자의 에너지 효율은 $\frac{15}{100}\times100=15\%$이다.

| 보기 분석 |

ㄱ. 1차 소비자의 에너지 효율이 $\frac{ⓐ}{1000}\times100=10\%$이므로 1차 소비자가 사용할 수 있는 에너지양인 ⓐ는 100이다.

ㄴ. 1차 소비자의 에너지 중 일부는 1차 소비자의 생명 활동에 이용되거나 열에너지로 방출되고 남은 에너지 일부가 2차 소비자에게 전달된다.

ㄷ. 소비자에서 상위 영양 단계로 갈수록 에너지 효율이 증가한다. 문제에서 1차 소비자의 에너지 효율은 10%, 2차 소비자의 에너지 효율은 15%, 3차 소비자의 에너지 효율은 20%로 상위 영양 단계로 갈수록 에너지 효율이 증가하는 것을 알 수 있다.

Q 05 정답 ④ * 생태 피라미드 [정답률 75%] 2020 대비 6월 모평 18

그림 (가)와 (나)는 각각 서로 다른 생태계에서 생산자, 1차 소비자, 2차 소비자, 3차 소비자의 에너지양을 상댓값으로 나타낸 생태 피라미드이다. (가)에서 2차 소비자의 에너지 효율은 15 %이고, (나)에서 1차 소비자의 에너지 효율은 10 %이다.

이 자료에 대한 설명으로 옳은 것만을 〈보기〉에서 있는 대로 고른 것은? (단, 에너지 효율은 전 영양 단계의 에너지양에 대한 현 영양 단계의 에너지양을 백분율로 나타낸 것이다.)

[보기]

ㄱ. A는 ~~3차 소비자~~이다. → A는 생산자

ㄴ. ㉠은 100이다.
→ ㉠은 1차 소비자이고, 에너지 효율이 10 %이므로 에너지양은 100

ㄷ. (가)에서 에너지 효율은 상위 영양 단계로 갈수록 증가한다.
→ (가)에서 상위 영양 단계로 갈수록 에너지 효율은 10 %, 15 %, 20 %로 증가함

① ㄱ ② ㄷ ③ ㄱ, ㄴ ④ ㄴ, ㄷ ⑤ ㄱ, ㄴ, ㄷ

| 문제+자료 분석 |

◈ 생태 피라미드
- 먹이 사슬에서 각 영양 단계의 개체 수, 생체량, 에너지양의 상대적인 양을 하위 영양 단계부터 상위 영양 단계로 순서대로 쌓아올린 것이다.
- 일반적으로 상위 영양 단계로 갈수록 개체 수, 생체량, 에너지양 등이 줄어든다.

| 보기 분석 |

ㄱ. A는 생산자이다. 생태 피라미드에서 가장 아래쪽 영양 단계는 생산자이다. 가장 위쪽 영양 단계부터 생산자라고 생각할 수도 있으므로 주의해야 한다. — 주의

ㄴ. ㉠은 1차 소비자이고, ㉠(1차 소비자)의 에너지 효율은 10 %이다. ㉠의 에너지양을 x라 하면 $\frac{x}{1000}\times100(\%)=10\ \%$이므로 x는 100이다.

ㄷ. (가)에서 1차 소비자의 에너지 효율은 $\frac{100}{1000}\times100(\%)=10\ \%$, 2차 소비자의 에너지 효율은 $\frac{15}{100}\times100(\%)=15\ \%$, 3차 소비자의 에너지 효율은 $\frac{3}{15}\times100(\%)=20\ \%$이다.
따라서 (가)에서 에너지 효율은 상위 영양 단계로 갈수록 증가한다.

* 생태 피라미드

개체 수 피라미드	먹이 사슬의 각 영양 단계의 개체 수를 그림으로 나타낸 것
생체량 피라미드	먹이 사슬의 각 영양 단계에 속하는 생물의 총 질량을 그림으로 나타낸 것
에너지 피라미드	먹이 사슬의 각 영양 단계의 에너지양을 그림으로 나타낸 것

Q 06 정답 ④ * 에너지 흐름 [정답률 73%] 2019 실시 10월 학평 18

에너지는 순환하지 않고 한 방향으로만 흐름

그림은 어떤 안정된 생태계의 에너지 흐름을 나타낸 것이다. A~C는 각각 1차 소비자, 2차 소비자, 생산자 중 하나이다. A에서 B로 전달되는 에너지양은 B에서 C로 전달되는 에너지양의 5배이며, 에너지양은 상댓값이다. A는 생산자, B는 1차 소비자, C는 2차 소비자

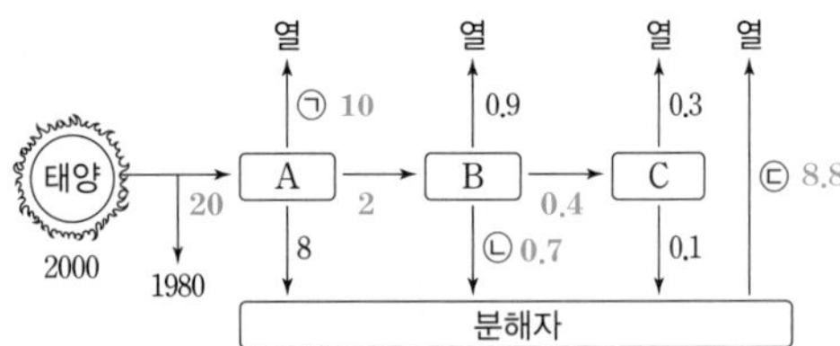

이에 대한 옳은 설명만을 〈보기〉에서 있는 대로 고른 것은? (3점)

[보기]

ㄱ. ㉡과 ㉢의 합은 ㉠보다 ~~크다~~. → ㉠은 10, ㉡은 0.7, ㉢은 8.8

ㄴ. A는 빛에너지를 화학 에너지로 전환한다.
→ A는 생산자로, 광합성을 통해 빛에너지를 화학 에너지로 전환함

ㄷ. B에서 C로 유기물이 이동한다.
→ 1차 소비자인 B에서 2차 소비자인 C로 유기물이 이동함

① ㄱ ② ㄷ ③ ㄱ, ㄴ ④ ㄴ, ㄷ ⑤ ㄱ, ㄴ, ㄷ

| 문제+자료 분석 |

- 에너지는 생산자(A) → 1차 소비자(B) → 2차 소비자(C)의 방향으로 흐른다.
- C에서 방출된 에너지 크기는 0.3+0.1=0.4이므로 C로 전달된 에너지의 크기는 0.4이다.
- A에서 B로 전달된 에너지의 양은 B에서 C로 전달된 에너지의 양인 0.4보다 5배 크므로 2이다.
- B에서 방출된 에너지의 크기는 0.9+0.4+㉡이고, 이는 B로 전달된 2와 같으므로 ㉡은 0.7이다.
- 태양에서 A로 전달된 에너지의 크기는 2000−1980=20이고, A에서 방출된 에너지의 크기는 ㉠+2+8이므로 ㉠은 10이다.

| 보기 분석 |

ㄱ. ㉠은 10, ㉡은 0.7, ㉢은 8.8이다. ㉡과 ㉢의 합은 0.7+8.8=9.5이고, 이는 ㉠의 10보다 작다.

ㄴ. 식물에서 일어나는 광합성은 빛에너지를 흡수하여 화학 에너지로 전환시킨다. A는 태양의 빛에너지가 처음으로 전달되는 생산자이고, 생산자에 속하는 식물은 광합성을 할 수 있으므로 A는 빛에너지를 화학 에너지로 전환시킬 수 있다.

ㄷ. B는 생산자인 A를 통해 에너지를 얻으므로 1차 소비자이고, C는 1차 소비자인 B를 통해 에너지를 얻으므로 2차 소비자이다.
생태계에서 먹이 사슬을 통한 에너지의 이동은 유기물을 통해 이동하므로 B(1차 소비자)에서 C(2차 소비자)로 유기물이 이동한다.

Q 07 정답 ① ＊생태계 평형 [정답률 76%] 2025 대비 9월 모평 20

그림은 평형 상태인 생태계 S에서 1차 소비자의 개체 수가 일시적으로 증가한 후 평형 상태로 회복되는 과정의 시점 t_1~t_5에서의 개체 수 피라미드를, 표는 구간 Ⅰ~Ⅳ에서의 생산자, 1차 소비자, 2차 소비자의 개체 수 변화를 나타낸 것이다. ㉠은 '증가'와 '감소' 중 하나이다.

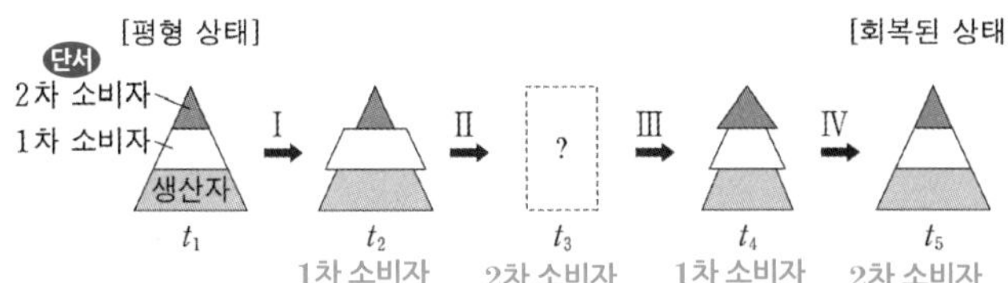

영양 단계 \ 구간	Ⅰ	Ⅱ	Ⅲ	Ⅳ
2차 소비자	변화 없음	증가	?	㉠ 감소
1차 소비자	증가	?	감소	?
생산자	변화 없음	감소	?	증가

이에 대한 설명으로 옳은 것만을 〈보기〉에서 있는 대로 고른 것은? (단, 제시된 조건 이외는 고려하지 않는다.)

[보기]

ㄱ. ㉠은 '감소'이다. ㉠은 '감소'임

ㄴ. $\frac{\text{2차 소비자의 개체 수}}{\text{생산자의 개체 수}}$는 t_2일 때가 t_3일 때보다 크다.
$\frac{\text{2차 소비자의 개체 수}}{\text{생산자의 개체 수}}$는 t_2일 때가 t_3일 때보다 작음

ㄷ. t_5일 때, 상위 영양 단계로 갈수록 각 영양 단계의 에너지양은 증가한다.
t_5일 때 상위 영양 단계로 갈수록 에너지양이 감소함

① ㄱ ② ㄴ ③ ㄷ ④ ㄱ, ㄴ ⑤ ㄱ, ㄷ

단서+발상

(단서) 생태계 평형이 일시적으로 깨진 후 먹이 사슬에 의해 다시 평형 상태를 찾아가는 과정이 제시되어 있다.

(발상) t_2일 때 1차 소비자의 개체 수가 증가한 이후 t_3일 때 2차 소비자의 개체 수가 증가할 것이며, t_4일 때 1차 소비자의 개체 수가 감소한 이후 t_5일 때 2차 소비자의 개체 수가 감소할 것임을 추론할 수 있다.

(적용) 먹이 사슬에 의한 생태계 평형 유지 과정을 적용해서 각 영양 단계의 변화를 구하는 것부터 문제 풀이를 시작해야 한다.

| 문제+자료 분석 |

- 구간 Ⅰ에서 1차 소비자의 개체 수가 증가하여 t_2일 때 1차 소비자의 개체 수가 증가한다.
- 구간 Ⅱ에서 2차 소비자의 개체 수가 증가하고 생산자의 개체 수는 감소한다. t_3일 때 2차 소비자의 개체 수가 증가하고 생산자의 개체 수가 감소한다.
- 구간 Ⅲ에서 1차 소비자의 개체 수가 감소하여 t_4일 때 1차 소비자의 개체 수가 감소한다.
- 구간 Ⅳ에서 2차 소비자의 개체 수가 감소하고 생산자의 개체 수는 증가한다. t_5일 때 2차 소비자의 개체 수가 감소하고 생산자의 개체 수가 증가하여 다시 회복된 평형 상태로 돌아온다.

| 보기 분석 |

ㄱ. t_4일 때 1차 소비자의 개체 수가 감소했으므로 구간 Ⅳ에서 2차 소비자의 개체 수는 감소한다. ㉠은 '감소'이다.

ㄴ. 2차 소비자의 개체 수는 t_2일 때가 t_3일 때보다 적다. 생산자의 개체 수는 t_2일 때가 t_3일 때보다 많다. 따라서 $\frac{\text{2차 소비자의 개체 수}}{\text{생산자의 개체 수}}$는 t_2일 때가 t_3일 때보다 작다.

ㄷ. t_5일 때 회복된 평형 상태로 돌아왔으며, 이때 상위 영양 단계로 갈수록 각 영양 단계의 에너지양은 감소한다.

Q 08 정답 ③ ＊물질의 생산과 소비 [정답률 63%] 2023 실시 4월 학평 9

그림 (가)는 어떤 식물 군집에서 총생산량, 순생산량, 생장량의 관계를, (나)는 이 식물 군집에서 시간에 따른 A와 B를 나타낸 것이다. A와 B는 총생산량과 호흡량을 순서 없이 나타낸 것이다.

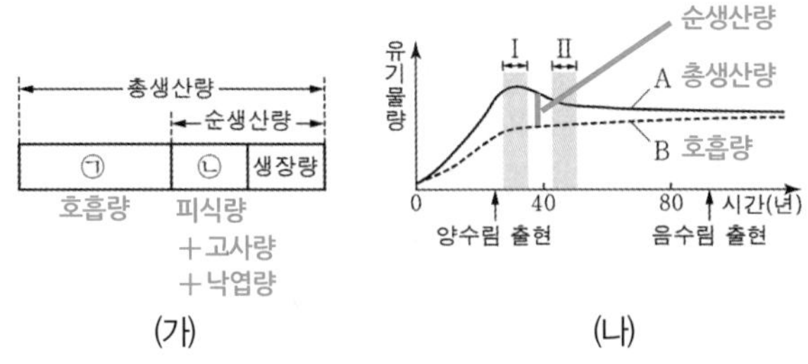

이에 대한 설명으로 옳은 것만을 〈보기〉에서 있는 대로 고른 것은?

[보기]

ㄱ. B는 ㉡에 해당한다. B는 호흡량이므로 ㉠에 해당함

ㄴ. 구간 Ⅰ에서 이 식물 군집은 극상을 이룬다.
음수림 출현 후에 극상을 이룸

ㄷ. 구간 Ⅱ에서 순생산량은 시간에 따라 감소한다.
구간 Ⅱ에서 순생산량(A−B)은 시간에 따라 감소함

① ㄱ ② ㄴ ③ ㄷ ④ ㄱ, ㄴ ⑤ ㄱ, ㄷ

| 문제+자료 분석 |

- **(가)**: '총생산량=호흡량+순생산량(피식량+고사량+낙엽량+생장량)'이다. ㉠은 총생산량에서 순생산량을 제외한 값이므로 호흡량이며, ㉡은 순생산량에서 생장량을 제외한 값이므로 피식량, 고사량, 낙엽량의 합이다.
- **(나)**: 총생산량이 호흡량을 포함하는 값이므로 A는 총생산량, B는 호흡량이다.

| 보기 분석 |

ㄱ. B는 호흡량이므로 총생산량에서 순생산량을 제외한 값인 ㉠에 해당한다.

ㄴ. 극상은 천이의 마지막 단계에 해당하는 안정적인 상태로, 음수림이 출현한 후에 극상을 이루게 된다. 구간 Ⅰ에서는 양수림 단계이므로 극상을 이루지 못한다.

ㄷ. 순생산량은 총생산량(A)에서 호흡량(B)을 제외한 값이다. 구간 Ⅱ에서 순생산량(A−B)은 시간에 따라 감소한다.

＊ 물질의 생산과 소비

- **총생산량**=호흡량+순생산량
- **순생산량** = 총생산량−호흡량
  = 피식량+고사량+낙엽량+생장량
- **생장량**=순생산량−(피식량+고사량+낙엽량)

Q 09 정답 ② ＊천이와 식물 군집의 생산과 소비 [정답률 81%] 2024 대비 수능 8

그림 (가)는 천이 A와 B의 과정 일부를, (나)는 식물 군집 K의 시간에 따른 총생산량과 호흡량을 나타낸 것이다. A와 B는 1차 천이와 2차 천이를 순서 없이 나타낸 것이고, ㉠과 ㉡은 양수림과 지의류를 순서 없이 나타낸 것이다.

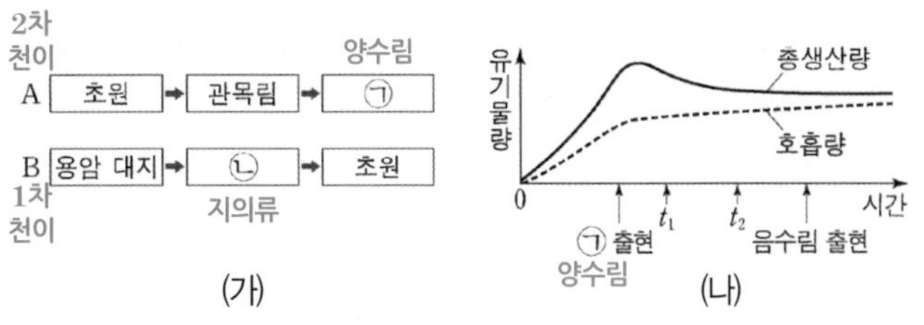

이에 대한 설명으로 옳은 것만을 〈보기〉에서 있는 대로 고른 것은?

[보기]

ㄱ. B는 2차 천이이다. B는 1차 천이임

ㄴ. ㉠은 양수림이다. ㉠은 양수림임

ㄷ. K의 $\frac{순생산량}{호흡량}$은 t_2일 때가 t_1일 때보다 크다.
K의 $\frac{순생산량}{호흡량}$은 t_2일 때가 t_1일 때보다 작음

① ㄱ ② ㄴ ③ ㄱ, ㄷ ④ ㄴ, ㄷ ⑤ ㄱ, ㄴ, ㄷ

| 문제+자료 분석 |

- (가): A는 초원 → 관목림 → 양수림(㉠) 순으로 진행되는 2차 천이 과정이고, B는 용암 대지 → 지의류(㉡) → 초원 순으로 진행되는 1차 천이 과정이다.
- (나): 총생산량＝호흡량＋순생산량이므로 총생산량에서 호흡량을 뺀 값은 순생산량이다.

| 보기 분석 |

ㄱ. ㉠은 양수림이고, ㉡은 1차 천이의 개척자인 지의류이다. 따라서 B는 1차 천이이다.

ㄴ. 2차 천이(A)는 초원 → 관목림 → 양수림(㉠) → 음수림 순으로 진행되므로 ㉠은 양수림이다.

ㄷ. 순생산량은 총생산량에서 호흡량을 뺀 값이다. 순생산량은 t_2일 때가 t_1일 때보다 적고, 호흡량은 t_2일 때가 t_1일 때보다 많으므로 K의 $\frac{순생산량}{호흡량}$은 t_2일 때가 t_1일 때보다 작다.

권민재 | 강릉원주대 치의예과 2024년 입학·서울 광영여고 졸

1차 천이는 아무 것도 없는 용암 대지에서 출발하기 때문에 A가 2차 천이, B가 1차 천이이고 ㉠이 양수림, ㉡이 지의류야. 천이 과정에 대한 단순 암기를 물어보는 문제였어. $\frac{순생산량}{호흡량}$을 물어보는 ㄷ 선지에서는 시간이 흐를수록 이 양이 감소할 거라고 판단할 수도 있는데 혹시 모르니까 제시한 t_1, t_2의 그래프 값을 정확히 보고 비교해야 해. 주어인 t_2를 기준으로 대소 관계를 파악하여 문제를 풀면 더 빨리 풀 수 있겠지.

Q 10 정답 ② ＊군집의 천이 [정답률 82%] 2024 실시 10월 학평 16

그림은 식물 군집 A의 시간에 따른 총생산량과 호흡량을 나타낸 것이다.

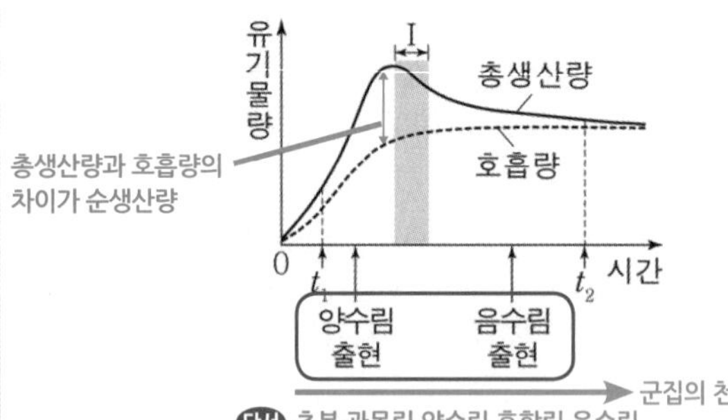

이에 대한 옳은 설명만을 〈보기〉에서 있는 대로 고른 것은?

[보기]

ㄱ. A의 생장량은 호흡량에 포함된다.
생장량은 총생산량에서 호흡량을 제외한 순생산량에 포함됨

ㄴ. A에서 우점종의 평균 키는 t_2일 때가 t_1일 때보다 크다.
음수림 / 초원이나 관목림

ㄷ. 구간 Ⅰ에서 A의 순생산량은 시간에 따라 증가한다.
감소

① ㄱ ② ㄴ ③ ㄱ, ㄷ ④ ㄴ, ㄷ ⑤ ㄱ, ㄴ, ㄷ

| 문제+자료 분석 |

- t_1일 때는 양수림 출현 전으로 초본이나 관목이 발달한 천이 초기 단계이다. 꿀팁
- 군집의 천이 초기 단계에서는 총생산량이 증가하다가 양수림 출현 이후에 구간 Ⅰ부터 총생산량이 감소한다.
- t_2일 때는 음수림이 출현한 이후로 종의 구성과 수가 안정된 극상을 이루고 있다.

| 보기 분석 |

ㄱ. A의 총생산량에서 호흡량을 제외한 순생산량에 A의 생장량이 포함된다. 군집의 천이 초기 단계에서는 생장량이 늘어나다가 천이가 진행될수록 생장량이 감소한다.

ㄴ. t_2일 때의 군집은 음수림, t_1일 때의 군집은 초원이나 관목림으로 우점종의 평균 키는 t_2일 때가 t_1일 때보다 크다.

ㄷ. 구간 Ⅰ에서 A의 총생산량은 감소하고 호흡량은 증가한다. 총생산량에서 호흡량을 제외한 순생산량은 시간에 따라 감소한다.

문제 풀이 꿀팁

- 양수림 출현 전의 군집은 토양에 포함된 양분이 많지 않은 상태로 초본이나 관목이 우점종을 이루고 있다.
- 초본이나 관목이 다른 생물적 요인이나 비생물적 요인과 상호 작용하면서 토양에 수분과 질소 화합물 등이 축적되면, 키가 큰 양지 식물이 자라 양수림을 형성하게 된다.

Q 11 정답 ② * 식물 군집의 생산과 소비 [정답률 56%] 2019 대비 6월 모평 20

그림은 식물 군집 A의 시간에 따른 총생산량과 순생산량을 나타낸 것이다. ㉠과 ㉡은 각각 총생산량과 순생산량 중 하나이다. 총생산량이 항상 더 많음

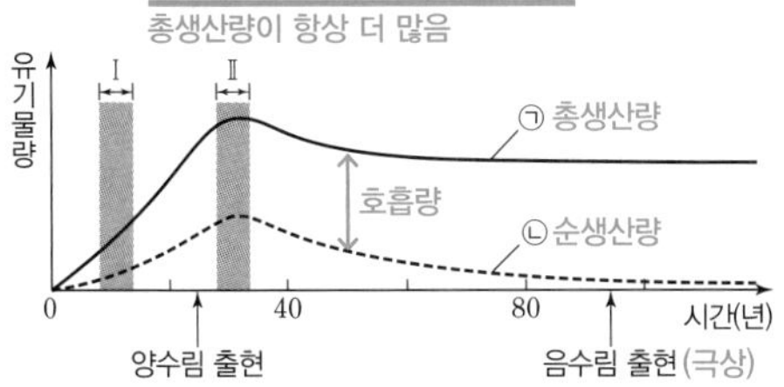

이 자료에 대한 설명으로 옳은 것만을 〈보기〉에서 있는 대로 고른 것은?

[보기]

ㄱ. A의 호흡량은 구간 Ⅰ에서가 구간 Ⅱ에서보다 많다.
→ ㉠과 ㉡의 차이가 더 큰 구간 Ⅱ에서 A의 호흡량이 더 큼

ㄴ. 구간 Ⅱ에서 A의 고사량은 순생산량에 포함된다.
→ 순생산량에 생장량, 피식량, 고사량 등이 포함

ㄷ. ㉡은 생산자가 광합성을 통해 생산한 유기물의 총량이다.
→ 광합성으로 생산한 유기물의 총량은 총생산량(㉠)

① ㄱ ② ㄴ ③ ㄱ, ㄴ
④ ㄱ, ㄷ ⑤ ㄴ, ㄷ

| 문제+자료 분석 |

- 총생산량(㉠)=순생산량(㉠)+호흡량
- 순생산량(㉡)=총생산량－호흡량
- 생장량=순생산량－(피식량+고사·낙엽량)

| 보기 분석 |

ㄱ. 호흡량은 총생산량에서 순생산량을 뺀 값이다. 그래프에서 ㉠(총생산량)과 ㉡(순생산량) 사이가 넓은 구간일수록 호흡량이 큰 것을 의미한다. 따라서 A의 호흡량은 구간 Ⅰ에서가 구간 Ⅱ에서보다 작다.

ㄴ. 순생산량은 총생산량에서 호흡량을 뺀 값이므로 총생산량이 순생산량보다 큰 값이다. 순생산량에는 식물 군집의 생장량, 고사량, 피식량, 낙엽량 등이 포함된다. 이 중 피식량은 1차 소비자로 전달된 유기물의 양이다.

ㄷ. 생산자가 광합성을 통해 생산한 유기물의 총량은 총생산량이다. 총생산량은 ㉡이 아니라 더 큰 값인 ㉠이다. 함정

* 식물 군집의 생산과 소비

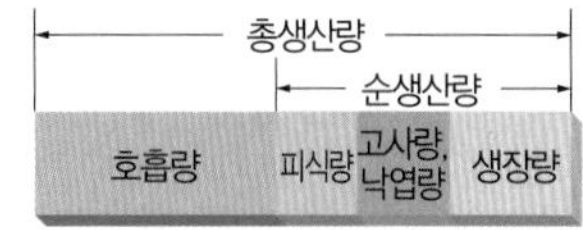

- 총생산량=호흡량+순생산량
- 순생산량=총생산량－호흡량
- 생장량=순생산량－(피식량+고사량, 낙엽량)

Q 12 정답 ⑤ * 군집의 총생산량과 순생산량 [정답률 51%] 2018 실시 4월 학평 19

그림은 어떤 식물 군집의 시간에 따른 총생산량과 순생산량을 나타낸 것이다. 총생산량에서 순생산량의 값을 빼면 호흡량

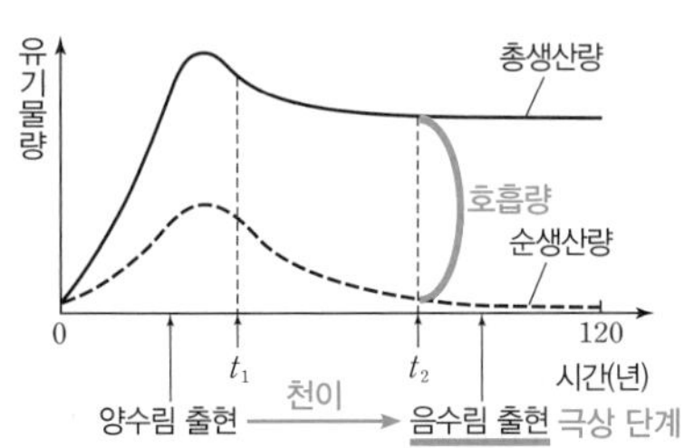

이에 대한 설명으로 옳은 것만을 〈보기〉에서 있는 대로 고른 것은? (3점)

[보기]

ㄱ. 총생산량은 이 식물 군집이 광합성을 통해 생산한 유기물의 총량이다. → 총생산량은 식물 군집이 생산하는 유기물의 총량을 의미

ㄴ. 이 식물 군집의 생장량은 순생산량에 포함된다.
→ 순생산량에 생장량, 고사·피식량 등이 포함

ㄷ. 이 식물 군집의 호흡량은 t_1일 때보다 t_2일 때가 크다.
→ 호흡량은 총생산량과 순생산량의 차이이므로 그 값이 더 큰 t_2일 때 큼

① ㄱ ② ㄷ ③ ㄱ, ㄴ
④ ㄴ, ㄷ ⑤ ㄱ, ㄴ, ㄷ

| 문제+자료 분석 |

- 총생산량=순생산량+호흡량
- 순생산량=총생산량－호흡량=생장량+고사·낙엽량+피식량
- 천이가 일어나는 과정에서 총생산량은 증가하다가 일정하게 유지되고, 순생산량은 증가하다가 감소한다. 두 그래프 사이의 간격이 호흡량이며, 호흡량은 t_1 이후 증가하고 있다.

| 보기 분석 |

ㄱ. 식물 군집에서는 광합성을 통해 유기물을 합성한다. 총생산량은 식물 군집에서 광합성을 통해 생산하는 유기물의 총량을 의미한다. 주의

ㄴ. 총생산량에서 식물 군집이 호흡을 통해 소모하는 양을 뺀 값이 순생산량인데, 순생산량은 생장량과 고사·낙엽량, 피식량을 합한 값이다.
생장량은 식물 군집이 생장하는 데 소모하는 양이고, 고사·낙엽량은 죽거나 줄기에서 떨어져 나간 양을 의미한다. 꿀팁

ㄷ. 식물 군집의 호흡량은 총생산량에서 순생산량을 뺀 값으로 구할 수 있다. 그래프에서 두 그래프의 차에 해당하는데, t_1에서의 값이 t_2에서의 값보다 더 작다. 따라서 이 식물 군집의 호흡량은 t_1일 때보다 t_2일 때가 크다.

* 식물 군집의 유기물량

총생산량	일정 기간 동안 생산자가 광합성을 통해 합성한 유기물의 총량
순생산량	피식량+낙엽량·고사량+생장량
호흡량	식물 군집이 호흡을 위해 소모하는 유기물의 양

Q 13 정답 ③ * 총생산량과 호흡량 [정답률 83%] 2018 대비 수능 20

그림은 어떤 식물 군집의 시간에 따른 총생산량과 호흡량을 나타낸 것이다. A와 B는 각각 총생산량과 호흡량 중 하나이다. 이 자료에 대한 설명으로 옳은 것만을 〈보기〉에서 있는 대로 고른 것은? (3점)

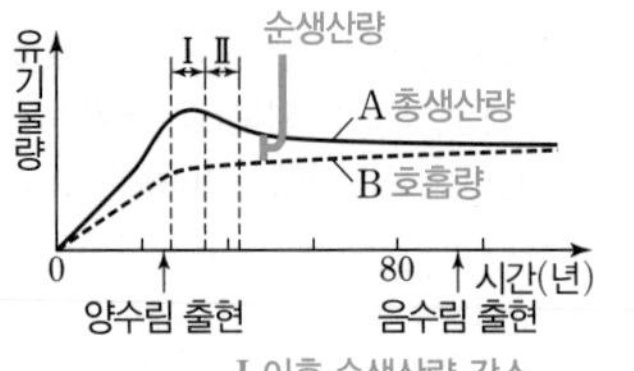

호흡량 / 총생산량

[보기]

ㄱ. A는 총생산량이다. → A는 더 큰 값이므로 총생산량이 됨

ㄴ. ~~구간 Ⅰ에서~~ 이 식물 군집은 극상을 이룬다.
→ 음수림이 출현한 이후 극상이므로 구간 Ⅰ은 극상이 아님

ㄷ. 구간 Ⅱ에서 $\frac{B}{순생산량}$는 시간에 따라 증가한다.
→ 순생산량은 줄어들고 있으며, B는 증가하므로 $\frac{B}{순생산량}$은 증가

① ㄱ ② ㄴ ③ ㄱ, ㄷ
④ ㄴ, ㄷ ⑤ ㄱ, ㄴ, ㄷ

| 문제+자료 분석 |

- 총생산량(A)=순생산량+호흡량(B)
- 순생산량=총생산량(A)−호흡량(B)=생장량+고사·낙엽량+피식량
- 두 그래프 사이의 간격=총생산량(A)−호흡량(B)=순생산량

| 보기 분석 |

ㄱ. A는 총생산량으로, 광합성을 통해 생산하는 유기물의 총량을 의미한다.

ㄴ. 군집의 천이 과정에서 극상은 음수림이다. 구간 Ⅰ은 양수림이 출현하고 난 직후이므로 극상에 이르지 못하였다.

ㄷ. 순생산량은 총생산량에서 호흡량을 뺀 값이다. 구간 Ⅱ에서 순생산량은 감소하고, B(호흡량)는 증가하므로 $\frac{B}{순생산량}$은 증가한다.

이준희 | 경북대 의예과 2018년 입학 · 서울 영동고 졸

총생산량은 순생산량과 호흡량의 합이니, 더 큰 A가 총생산량이지. 구간 Ⅱ에서 B는 증가하고, 순생산량인 A−B는 감소하니 ㄷ은 맞아. 분자인 B가 증가하는 것만을 확신한 후 맞다고 골라도 상관없어. 수능에서는 이런 융통성도 필요해.

Q 14 정답 ① * 군집의 천이 과정 [정답률 59%] 2018 실시 7월 학평 19

A가 초원이라는 것부터 시작

그림 (가)는 어떤 지역의 2차 천이 과정에서 식물 군집의 높이 변화를, (나)는 (가)의 t_1과 t_2일 때 이 식물 군집의 총생산량과 호흡량을 나타낸 것이다. A~C는 각각 양수림, 음수림, 초원 중 하나이며, ㉠과 ㉡은 각각 총생산량과 호흡량 중 하나이다.

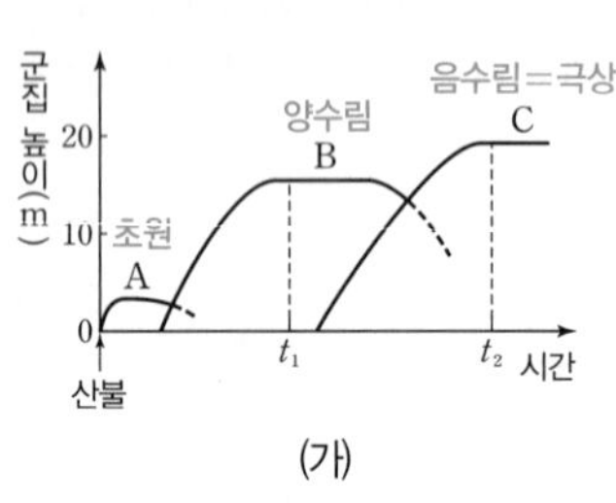

(가)

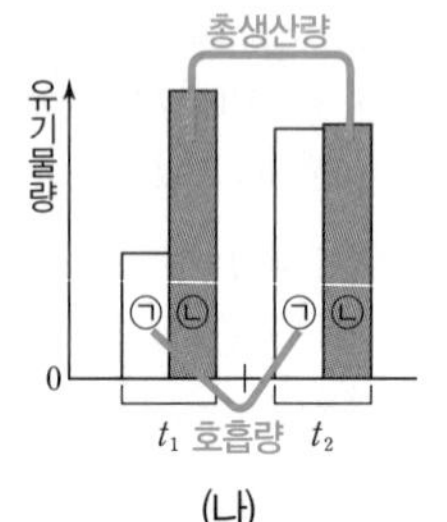

(나)

이에 대한 설명으로 옳은 것만을 〈보기〉에서 있는 대로 고른 것은?

[보기]

ㄱ. C는 음수림이다. → C는 극상을 이룬 상태이므로 음수림

ㄴ. t_1일 때 군집의 우점종은 ~~초본~~이다.
→ t_1일 때 군집의 우점종은 양수림

ㄷ. 군집의 순생산량은 t_2일 때가 t_1일 때보다 ~~많다~~.
→ 군집의 순생산량은 호흡량인 ㉠이 더 작은 t_1일 때 더 많음

① ㄱ ② ㄴ ③ ㄷ
④ ㄱ, ㄴ ⑤ ㄱ, ㄷ

| 문제+자료 분석 |

- 2차 천이 과정: 초원(개척자)(A) → 관목림 → 양수림(B) → 혼합림 → 음수림(극상)(C)
- 총생산량은 식물 군집에서 생산한 유기물의 총량을 의미하며, 순생산량과 호흡량을 더한 값이다.

| 보기 분석 |

ㄱ. 2차 천이 과정은 초원 → 관목림 → 양수림 → 혼합림 → 음수림으로 진행되므로 C는 음수림이다.

ㄴ. 산불이 일어난 이후 개척자인 A는 초원, 이후 B는 양수림, C는 음수림이다. 토양이 있는 상태에서 형성되는 2차 천이의 개척자는 초본류이다.
초본은 초원의 우점종인데, t_1 시기는 양수림이 형성된 상태이다. 따라서 t_1 시기의 우점종은 양수림이다.

주의

ㄷ. 어떤 식물 군집의 총생산량은 호흡량과 순생산량을 합한 값이므로, 총생산량은 호흡량보다 값이 크다. 따라서 ㉠은 호흡량이고, ㉡은 총생산량이 된다.
순생산량=총생산량−호흡량이므로 순생산량은 t_2일 때가 t_1일 때보다 적다.

*** 식물 군집의 유기물량**

총생산량	일정 기간 동안 생산자가 광합성을 통해 합성한 유기물의 총량
순생산량	피식량+낙엽량·고사량+생장량
호흡량	식물 군집이 호흡을 위해 소모하는 유기물의 양

Q 15 정답 ④ * 식물 군집의 물질 생산과 소비 …… [정답률 56%] 2024 실시 3월 학평 5

그림은 어떤 생태계의 식물 군집에서 물질 생산과 소비의 관계를 나타낸 것이다. ㉠과 ㉡은 각각 순생산량과 피식량 중 하나이다.

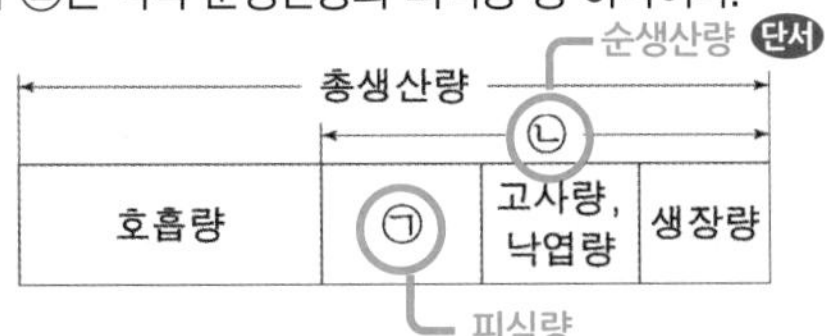

이에 대한 옳은 설명만을 〈보기〉에서 있는 대로 고른 것은?

[보기]

ㄱ. 식물 군집의 광합성량이 증가하면 총생산량이 증가한다.
총생산량은 식물이 광합성으로 생산한 유기물의 총량이므로 식물 군집의 광합성량이 증가하면 총생산량이 증가함

ㄴ. 1차 소비자의 생장량은 ㉠과 같다.
피식량(㉠)은 1차 소비자(초식 동물)의 섭식량임

ㄷ. 분해자의 호흡량은 ㉡에 포함된다.
고사량, 낙엽량에 분해자의 호흡량이 포함되므로 ㉡에도 포함됨

① ㄱ ② ㄴ ③ ㄷ ④ ㄱ, ㄷ ⑤ ㄴ, ㄷ

단서+발상

단서 식물 군집의 물질 생산과 소비의 관계에 대한 그림에서 총생산량, 호흡량, 고사량, 낙엽량, 생장량, ㉠, ㉡이 제시되어 있다.

발상 총생산량에서 호흡량을 뺀 값은 ㉡이며, ㉡에서 고사량, 낙엽량, 생장량을 뺀 값이 ㉠이므로 ㉠은 피식량, ㉡은 순생산량임을 추론할 수 있다.

적용 총생산량=호흡량+순생산량, 순생산량=총생산량−호흡량, 생장량=순생산량−(피식량+고사량+낙엽량)의 공식을 적용해서 ㉠은 피식량, ㉡은 순생산량을 구하는 것부터 문제 풀이를 시작해야 한다.

| 문제+자료 분석 |

- 총생산량은 생산자가 광합성으로 생산한 유기물의 총량이다. 식물 군집의 광합성량이 증가하면 총생산량이 증가한다.
- 호흡량은 생산자 자신의 호흡으로 소비되는 유기물의 양이다.
- 순생산량은 총생산량 중 호흡량을 제외한 유기물의 양으로, 생태계에서 소비자나 분해자가 사용할 수 있는 화학 에너지의 양이다.
  ➡ 총생산량에서 호흡량을 제외한 ㉡이 순생산량이다.
- 피식량은 식물의 순생산량 중 1차 소비자(초식 동물)에게 먹힌 유기물의 양이다.
  ➡ ㉠은 피식량이다. 피식량(㉠)은 1차 소비자(초식 동물)의 섭식량과 같다.
- 고사량, 낙엽량은 말라 죽어 소실된 유기물의 양이다.
- 생장량은 순생산량 중 1차 소비자에게 먹히는 피식량, 말라 죽는 고사량, 낙엽으로 없어지는 낙엽량을 제외하고 생산자에 남아 있는 유기물의 양이다.
- 생체량(생물량)은 현재 식물 군집이 가지고 있는 유기물의 총량이다.

| 보기 분석 |

ㄱ. 총생산량은 생산자가 광합성으로 생산한 유기물의 총량이다. 식물 군집의 광합성량이 증가하면 총생산량이 증가한다.

ㄴ. 순생산량에서 고사량, 낙엽량, 생장량을 제외한 양은 피식량이다. 피식량(㉠)은 1차 소비자(초식 동물)의 섭식량과 같다. 함정

ㄷ. 분해자의 호흡량은 고사량, 낙엽량에 포함된다. 따라서 분해자의 호흡량은 순생산량(㉡)에 포함된다.

왜 틀렸나?

- 생산자(식물)의 피식량은 1차 소비자(초식 동물)의 섭식량과 같다. 따라서 1차 소비자(초식 동물)의 섭식량을 구성하는 호흡량, 피식량, 자연사, 생장량, 배출량 각각은 생산자의 피식량에 포함된다.
- 1차 소비자의 섭식량은 생산자의 호흡량, 고사량, 낙엽량, 생장량에는 포함되지 않는다.

Q 16 정답 ⑤ * 군집의 생산과 소비 …… [정답률 54%] 2018 대비 6월 모평 11

표는 동일한 면적을 차지하고 있는 식물 군집 Ⅰ과 Ⅱ에서 1년 동안 조사한 총생산량에 대한 호흡량, 고사량, 낙엽량, 생장량, 피식량의 백분율을 나타낸 것이다. Ⅰ의 총생산량은 Ⅱ의 총생산량의 2배이다. 같은 비율이면 Ⅰ의 양이 더 많음

(단위: %)

구분	식물 군집 Ⅰ	식물 군집 Ⅱ
호흡량	74.0	67.1
고사량, 낙엽량	19.7	24.7
생장량	6.0	8.0
피식량	0.3	0.2
합계	100.0	100.0

총생산량이 2배

이 자료에 대한 설명으로 옳은 것만을 〈보기〉에서 있는 대로 고른 것은? (3점)

[보기]

ㄱ. Ⅰ과 Ⅱ의 호흡량에는 초식 동물의 호흡량이 포함된다.
→ 초식 동물의 호흡량은 피식량에 포함

ㄴ. Ⅱ에서 총생산량에 대한 순생산량의 백분율은 32.9 %이다.
→ 총 생산량에 대한 순생산량의 백분율은 32.9 %

ㄷ. 생장량은 Ⅰ에서가 Ⅱ에서보다 크다.
→ Ⅰ의 총생산량이 Ⅱ의 총생산량의 2배이므로 생장량은 Ⅰ이 Ⅱ의 1.5배

① ㄱ ② ㄴ ③ ㄷ
④ ㄱ, ㄴ ⑤ ㄴ, ㄷ

| 문제+자료 분석 |

- 식물 군집의 총생산량=호흡량+순생산량
- 식물 군집의 피식량=초식 동물의 섭식량

| 보기 분석 |

ㄱ. Ⅰ과 Ⅱ의 호흡량은 식물 군집의 호흡량이므로 초식 동물의 호흡량은 포함되지 않는다. 초식 동물의 호흡량은 피식량에 해당한다. 함정

ㄴ. Ⅱ에서 총생산량에 대한 호흡량의 백분율이 67.1 %이므로 총생산량에 대한 순생산량의 백분율은 32.9 %이다.

ㄷ. Ⅰ의 총생산량이 Ⅱ의 총생산량의 2배이므로 Ⅰ의 생장량(6.0×2)이 Ⅱ의 생장량(8.0)보다 1.5배 많다.

*** 초식 동물에서 물질의 소비**

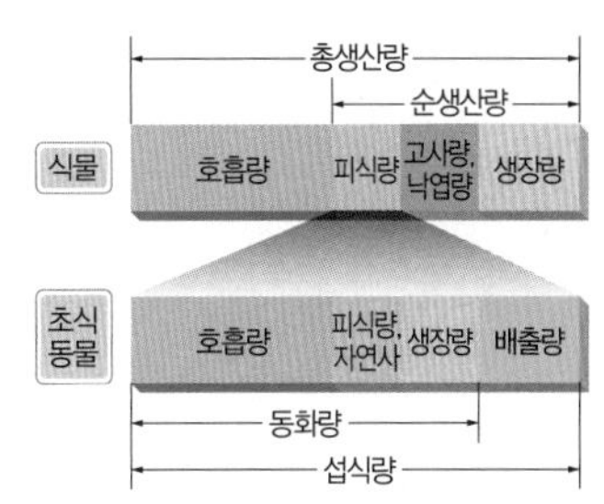

섭식량	소비자가 섭취한 유기물의 총량
동화량	소비자의 섭식량에서 소화되지 않고 체외로 배출되는 양을 제외한 것

Q 17 정답 ① * 생태 피라미드와 에너지 효율 [정답률 60%] 2020 실시 4월 학평 14

그림은 어떤 생태계에서 생산자와 A~C의 에너지양을 나타낸 생태 피라미드이고, 표는 이 생태계를 구성하는 영양 단계에서 에너지양과 에너지 효율을 나타낸 것이다. A~C는 각각 1차 소비자, 2차 소비자, 3차 소비자 중 하나이고, Ⅰ~Ⅲ은 A~C를 순서 없이 나타낸 것이다. 에너지 효율은 C가 A의 2배이다.

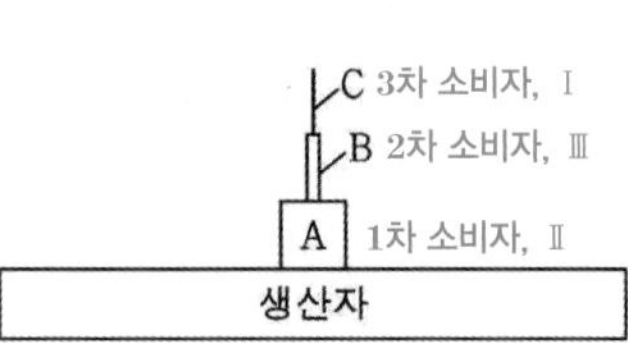

영양 단계	에너지 양 (상댓값)	에너지 효율(%)
C Ⅰ	3	? 20
A Ⅱ	? 100	10
B Ⅲ	㉠ 15	15
생산자	1000	?

이에 대한 설명으로 옳은 것만을 〈보기〉에서 있는 대로 고른 것은? (3점)

[보기]

ㄱ. Ⅱ는 A이다.
→ 에너지 효율이 C가 A의 2배인 조건을 만족하려면 Ⅱ가 1차 소비자(A)

ㄴ. ㉠은 150이다. → ㉠은 15

ㄷ. C의 에너지 효율은 30 %이다. → C의 에너지 효율은 20%

① ㄱ ② ㄴ ③ ㄷ ④ ㄱ, ㄷ ⑤ ㄴ, ㄷ

| 문제+자료 분석 |

• 에너지 효율이 C가 A의 2배라고 하였으므로 C는 A보다 상위 단계이며, 에너지 효율이 15%인 Ⅲ은 B 또는 C이다.

• 만약 Ⅲ이 A일 경우 2차 소비자 또는 3차 소비자의 에너지 효율이 1차 소비자인 A보다 낮으므로 모순이다.

• Ⅲ이 C일 경우 A의 에너지 효율은 7.5%가 되며, Ⅰ은 A에 해당된다. 이때 $\frac{\text{A의 에너지 양}}{1000} \times 100 = 7.5$이므로 A의 에너지양은 75이며, Ⅰ은 3이므로 모순이다. 따라서 Ⅲ은 B이다.

• 이 경우 C의 에너지 효율은 $\frac{3}{7.5} \times 100 = 40$%가 되므로 A의 2배인 15%가 되어야 하는 데 모순이다.

• 따라서 Ⅲ보다 에너지 효율이 낮은 A는 Ⅱ, 에너지 효율이 A의 2배인 C는 Ⅰ이다.

| 보기 분석 |

ㄱ. 에너지 효율이 C가 A의 2배인 조건을 만족하려면, 1차 소비자(A)는 Ⅱ, 2차 소비자(B)는 Ⅲ, 3차 소비자(C)는 Ⅰ이어야 한다.

ㄴ. 1차 소비자(A)는 Ⅱ이며 에너지 효율이 10 %이므로 에너지양은 100이다. 2차 소비자(B)는 Ⅲ으로 에너지 효율이 15 %이므로 에너지양은 15이다.

ㄷ. 3차 소비자(C)의 에너지 효율은 1차 소비자(A)의 2배이어야 하므로 20% 이다.

Q 18 정답 ② * 물질의 생산과 소비 [정답률 57%] 2021 실시 3월 학평 11

그림은 어떤 식물 군집의 시간에 따른 총생산량과 순생산량을 나타낸 것이다. ㉠과 ㉡은 각각 양수림과 음수림 중 하나이다.

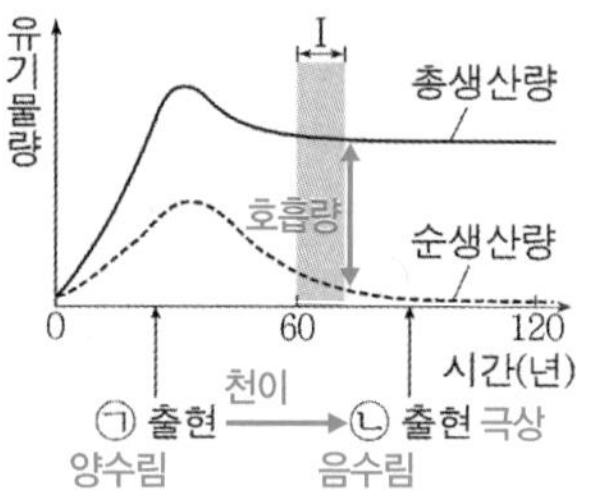

이에 대한 옳은 설명만을 〈보기〉에서 있는 대로 고른 것은? (3점)

[보기]

ㄱ. ㉠은 음수림이다. → ㉠은 양수림

ㄴ. 구간 Ⅰ에서 호흡량은 시간에 따라 증가한다.
→ 호흡량=총생산량−순생산량, 구간 Ⅰ에서 이 차이가 증가함

ㄷ. 순생산량은 생산자가 광합성으로 생산한 유기물의 총량이다.
→ 생산자가 광합성으로 생산한 유기물의 총량은 총생산량임

① ㄱ ② ㄴ ③ ㄷ ④ ㄱ, ㄴ ⑤ ㄴ, ㄷ

| 문제+자료 분석 |

• 총생산량=순생산량+호흡량

• 순생산량=총생산량−호흡량

• 천이가 일어나는 과정에서 총생산량은 증가하다가 일정하게 유지되고, 순생산량은 증가하다가 감소한다. 두 그래프 사이의 간격인 호흡량은 구간 Ⅰ에서 증가하고 있다.

| 보기 분석 |

ㄱ. 식물 군집에서 천이는 양수림 → 혼합림 → 음수림 순으로 진행된다. 따라서 ㉠은 양수림이고, ㉡이 음수림이다.

ㄴ. 호흡량은 총생산량에서 순생산량을 뺀 값인데, 구간 Ⅰ에서 총생산량은 비슷한데 순생산량이 감소하므로 그 차이인 호흡량은 시간에 따라 증가한다.

ㄷ. 생산자가 일정 기간 동안 광합성을 통해 생산한 유기물의 총량은 총생산량이며, 순생산량은 총생산량에서 호흡량을 제한 값이다.

* 식물 군집의 생산과 소비

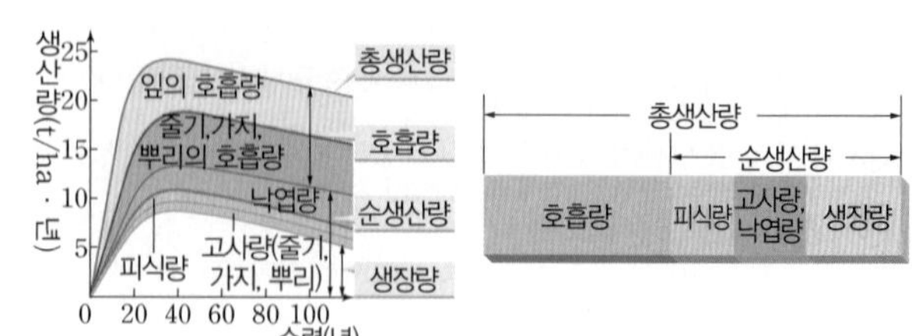

Q 19 정답 ③ * 천이와 물질 생산 ······ [정답률 67%] 2017 대비 6월 모평 11

그림 (가)는 어떤 지역의 식물 군집에서 산불이 난 후의 천이 과정을, (나)는 이 과정 중 일정 기간 조사한 어떤 식물 군집의 총생산량을 나타낸 것이다. A와 B는 각각 양수림과 음수림 중 하나이다.

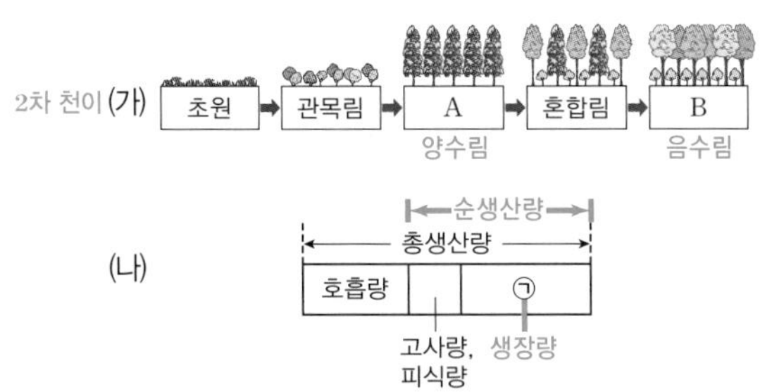

이에 대한 설명으로 옳은 것만을 〈보기〉에서 있는 대로 고른 것은?

[보기]

ㄱ. A는 음수림이다. → 관목림 이후 A는 양수림

ㄴ. ㉠은 순생산량이다. → ㉠은 생장량

ㄷ. (가)는 2차 천이를 나타낸 것이다. → 산불이 난 이후 초원에서 시작하는 천이는 2차 천이

① ㄱ ② ㄴ ③ ㄷ ④ ㄱ, ㄷ ⑤ ㄴ, ㄷ

| 문제+자료 분석 |

- (가): 2차 천이를 나타낸 것이며, 산불, 홍수, 산사태 등이 일어나 식물 군집이 사라진 지역에서 시작되는 천이 과정이다.
- 총생산량=순생산량+호흡량
- 순생산량=생장량(㉠)+고사·낙엽량+피식량

| 보기 분석 |

ㄱ. 식물 군집의 천이에서 관목림 다음에 군집을 이루는 식물은 양수이다. 강한 빛에서 음수보다 상대적으로 빠르게 성장할 수 있는 양수가 우점한 뒤, 서서히 군집은 음수림으로 바뀌어 간다. 주의
이때 빛의 세기가 제한 요인으로 작용한다는 것도 기억해 둘 필요가 있다.

ㄴ. 총생산량에서 호흡량을 뺀 나머지가 순생산량이다. 순생산량은 생산자에 저장되는 유기물의 양을 의미한다.
(나)에서 고사량, 피식량에 ㉠의 값을 합한 값이 순생산량에 해당한다. ㉠은 순생산량에서 고사량과 피식량을 제외한 나머지이므로 군집의 생장량이다.

ㄷ. 2차 천이는 초본부터 시작한다. 따라서 (가)에서 산불이 난 이후의 천이 과정은 2차 천이에 해당한다.
2차 천이가 일어날 때 토양은 1차 천이와 달리 수분과 영양분이 많으므로 천이가 빠르게 일어난다는 특징이 있다.

＊ 1차 천이

식물이 살지 않았던 곳에서 시작해 안정된 군집이 되기까지의 과정이다.

Q 20 정답 ③ * 군집의 천이 과정 ······ [정답률 72%] 2022 실시 7월 학평 19

그림 (가)는 산불이 난 지역의 식물 군집에서 천이 과정을, (나)는 식물 군집의 시간에 따른 총생산량과 호흡량을 나타낸 것이다. A~C는 음수림, 양수림, 초원을 순서 없이 나타낸 것이다.

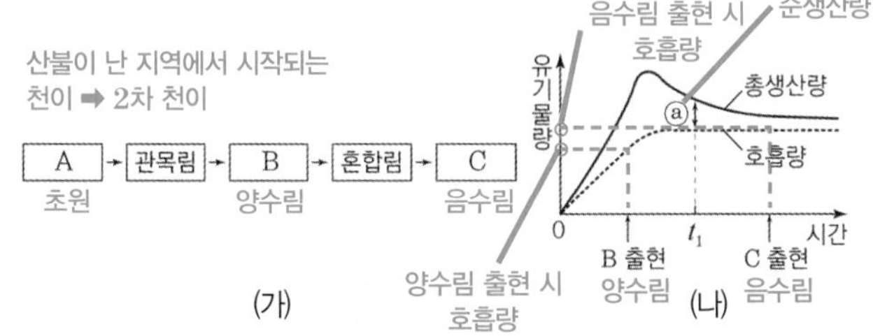

이에 대한 설명으로 옳은 것만을 〈보기〉에서 있는 대로 고른 것은? (3점)

[보기]

ㄱ. (가)는 2차 천이를 나타낸 것이다.
(가)는 산불이 난 후의 천이 과정이므로 2차 천이에 해당함

ㄴ. t_1일 때 ⓐ는 순생산량이다.
ⓐ는 총생산량−호흡량이므로 순생산량임

ㄷ. 이 식물 군집의 호흡량은 양수림이 출현했을 때가 음수림이 출현했을 때보다 크다.
호흡량은 양수림(B)이 출현했을 때가 음수림(C)이 출현했을 때보다 작음

① ㄱ ② ㄷ ③ ㄱ, ㄴ ④ ㄴ, ㄷ ⑤ ㄱ, ㄴ, ㄷ

| 문제+자료 분석 |

- (가): 산불이 난 지역의 식물 군집에서 시작된 천이이므로 2차 천이에 해당하며, 초원 ➡ 관목림 ➡ 양수림 ➡ 혼합림 ➡ 음수림(극상) 순으로 진행된다. 따라서 A는 초원, B는 양수림, C는 음수림이다.
- (나): 총생산량은 호흡량과 순생산량을 더한 값이다. 따라서 총생산량에서 호흡량을 뺀 값인 ⓐ는 순생산량에 해당한다.

| 보기 분석 |

ㄱ. (가)는 기존의 식물 군집이 있었던 곳에 산불이 일어난 후, 기존의 남아 있던 토양에서 시작하는 천이이므로 2차 천이에 해당한다. 2차 천이는 초원(A) ➡ 관목림 ➡ 양수림(B) ➡ 혼합림 ➡ 음수림(C) 순으로 진행된다.

ㄴ. t_1일 때 ⓐ는 총생산량에서 호흡량을 뺀 값이므로 순생산량에 해당한다.

ㄷ. (나)의 그래프를 보면 이 식물 군집의 호흡량은 양수림(B)이 출현했을 때가 음수림(A)이 출현했을 때보다 작다.

＊ 2차 천이의 특징

산불 등에 의해 삼림이 파괴되어도 토양에는 충분한 양의 수분과 유기물이 남아 있게 된다. 따라서 1차 천이와는 달리 바로 초본류가 개척자로 자리 잡게 되고, 천이가 빠르게 진행된다.

Q 21 정답 ① * 군집의 물질 생산 [정답률 73%] 2022 실시 10월 학평 20

그림은 식물 군집 A의 60년 전과 현재의 ㉠과 ㉡을 나타낸 것이다. ㉠과 ㉡은 각각 총생산량과 호흡량 중 하나이다.

순생산량=총생산량−호흡량이며, 현재가 60년 전보다 적다.

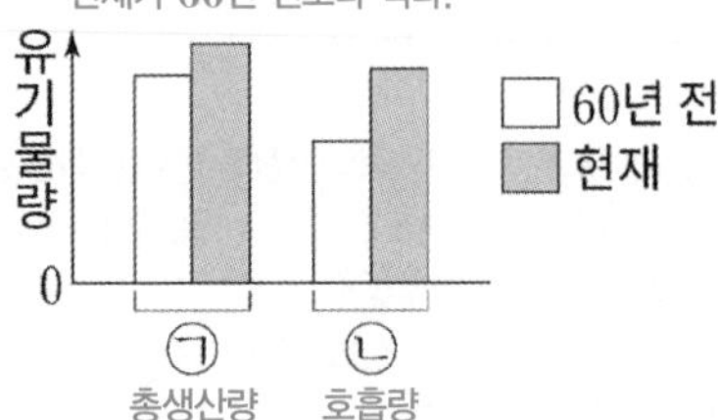

이에 대한 옳은 설명만을 〈보기〉에서 있는 대로 고른 것은?

[보기]

ㄱ. ㉠은 총생산량이다.
㉠은 총생산량, ㉡은 호흡량

ㄴ. A의 생장량은 ㉡에 포함된다.
A의 생장량은 ㉠에서 ㉡을 뺀 부분에 포함됨

ㄷ. A의 순생산량은 현재가 60년 전보다 많다.
A의 순생산량은 현재가 60년 전보다 적음

① ㄱ ② ㄴ ③ ㄱ, ㄷ ④ ㄴ, ㄷ ⑤ ㄱ, ㄴ, ㄷ

| 문제+자료 분석 |

- 생산자가 태양 에너지를 이용하여 합성한 유기물의 총량을 총생산량이라 하며, 총생산량 중 생산자가 에너지를 얻기 위해 호흡에 소비한 유기물량을 호흡량이라 한다.
- 총생산량은 순생산량과 호흡량을 더한 유기물의 양이므로 총생산량은  호흡량보다 크다. 따라서 ㉠이 ㉡보다 값이 크므로 ㉠은 총생산량, ㉡은 호흡량이다.

| 보기 분석 |

ㄱ. ㉠이 ㉡보다 값이 크므로 ㉠은 총생산량, ㉡은 호흡량이다.
ㄴ. 식물 군집의 총생산량에서 호흡량을 제외한 나머지를 순생산량이라고 하며, 식물 군집의 생장량은 순생산량에 포함되므로 호흡량(㉡)에 포함되는 것이 아니다.
ㄷ. 순생산량은 총생산량(㉠)에서 호흡량(㉡)을 제외한 나머지로 ㉠에서 ㉡을 뺀 값은 현재가 60년 전보다 적다.

문제 풀이 Tip

총생산량은 호흡량보다 항상 크다.

Q 22 정답 ③ * 생산자의 생물량과 각 영양 단계별 에너지 효율 [정답률 60%] 2019 실시 7월 학평 13

그림은 어떤 생태계에서 생산자의 물질 생산과 소비를, 표는 이 생태계를 구성하는 생산자, 1차 소비자, 2차 소비자의 에너지양을 나타낸 것이다. ㉠~㉢은 각각 생장량, 호흡량, 순생산량 중 하나이고, ⓐ와 ⓑ는 각각 1차 소비자와 2차 소비자 중 하나이다. 1차 소비자의 에너지 효율은 10 %이다.

1차 소비자의 호흡량은 피식량에 속함

$\frac{x}{500}\times 100=10$ %, $x=50$

총생산량			
㉠ (호흡량)	피식량	고사·낙엽량	㉢ (생장량)

㉡ (순생산량) = 피식량 + 고사·낙엽량 + ㉢

구분	에너지양(상댓값)
ⓐ 1차 소비자	? 50
ⓑ 2차 소비자	10
생산자	500

이에 대한 설명으로 옳은 것만을 〈보기〉에서 있는 대로 고른 것은? (단, 에너지 효율은 전 영양 단계의 에너지양에 대한 현 영양 단계의 에너지양을 백분율로 나타낸 것이다.) (3점)

[보기]

ㄱ. ㉡은 순생산량이다.
→ 순생산량(㉡)=피식량+고사·낙엽량+생장량(㉢)

ㄴ. ⓐ의 호흡량은 ㉠에 포함된다.
→ 1차 소비자(ⓐ, 초식 동물)의 호흡량은 피식량에 포함됨

ㄷ. 2차 소비자의 에너지 효율은 20 %이다. → $\frac{10}{50}\times 100=20$ %

① ㄱ ② ㄴ ③ ㄱ, ㄷ ④ ㄴ, ㄷ ⑤ ㄱ, ㄴ, ㄷ

| 문제+자료 분석 |

- 생산자가 광합성을 통해 합성한 유기물의 총량인 총생산량은 순생산량(㉡)과 호흡량(㉠)을 합한 양이다.
- 생장량(㉢)은 순생산량(㉡)에서 피식량과 고사 · 낙엽량을 제외한 유기물의 양이다.
- 영양 단계 ⓑ를 1차 소비자로 가정하면, 에너지 효율이 $\frac{10}{500}\times 100=2$ %이므로 10 %라는 조건을 만족하지 못한다. 그러므로 ⓑ는 1차 소비자가 아니고 2차 소비자이다.
- 따라서 1차 소비자인 ⓐ의 에너지 효율은 $\frac{x}{500}\times 100=10$ %이므로 1차 소비자(ⓐ)의 에너지양 x는 50 이다. 따라서 ⓐ는 1차 소비자, ⓑ는 2차 소비자이다.

| 보기 분석 |

ㄱ. 피식량, 고사 · 낙엽량, 생장량(㉢)을 포함한 유기물의 양 ㉡은 순생산량이다.
ㄴ. 1차 소비자(초식 동물)의 호흡량은 피식량에 포함되므로 ㉠이 아닌 ㉡에 포함된다. 
ㄷ. 2차 소비자(ⓑ)의 에너지 효율은 $\frac{\text{2차 소비자(ⓑ)의 에너지양}}{\text{1차 소비자(ⓐ)의 에너지양}}\times 100$ $=\frac{10}{50}\times 100=20$ %이다.

문제 풀이 Tip

- 생산자에서 '총생산량=순생산량+호흡량'
- 생산자에서 '순생산량=피식량+고사 · 낙엽량+생장량'
- 1차 소비자(초식 동물)에게 먹이 사슬을 통해 전달되는 유기물의 양은 순생산량 중 피식량에 해당함

Q 23 정답 ② * 천이와 물질의 생산과 소비 [정답률 86%] 2023 대비 수능 12

그림은 어떤 생태계를 구성하는 생물 군집의 단위 면적당 생물량(생체량)의 변화를 나타낸 것이다. t_1일 때 이 군집에 산불에 의한 교란이 일어났고, t_2일 때 이 생태계의 평형이 회복되었다. ㉠은 1차 천이와 2차 천이 중 하나이다.

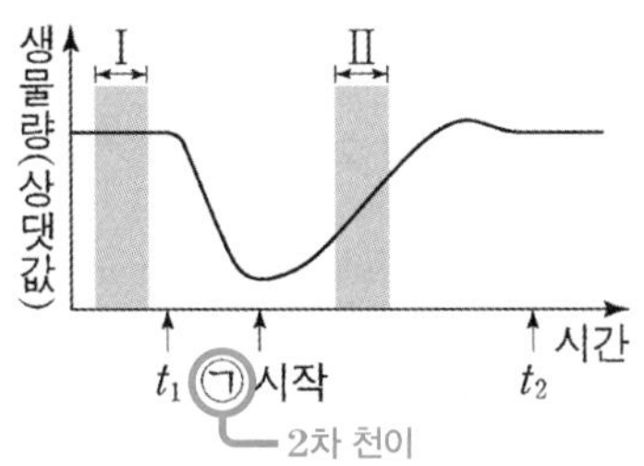

이 자료에 대한 설명으로 옳은 것만을 〈보기〉에서 있는 대로 고른 것은? (3점)

[보기]

ㄱ. ㉠은 1차 천이다.
  ㉠은 2차 천이임
ㄴ. Ⅰ 시기에 이 생물 군집의 호흡량은 0이다.
  Ⅰ 시기에 이 생물 군집의 호흡량은 0이 아님
ㄷ. Ⅱ 시기에 생산자의 총생산량은 순생산량보다 크다.
  Ⅱ 시기에 생산자의 총생산량(순생산량+호흡량)은 순생산량보다 큼

① ㄱ ② ㄷ ③ ㄱ, ㄴ ④ ㄴ, ㄷ ⑤ ㄱ, ㄴ, ㄷ

| 문제+자료 분석 |

- 1차 천이는 토양이 없는 불모지에서 시작되는 천이이며, 2차 천이는 기존의 생물 군집이 산불이나 산사태 등으로 불모지가 된 후 토양이 남아 있는 곳에서 다시 시작되는 천이이다. 따라서 이 군집에 산불이 일어났으므로 ㉠은 2차 천이다.

| 보기 분석 |

ㄱ. ㉠은 2차 천이다. t_1일 때 이 군집에 산불에 의한 교란이 일어났고, t_2일 때 이 생태계의 평형이 회복되었기 때문이다.
ㄴ. Ⅰ 시기에 생물량이 존재하므로 생물이 존재하며, 살아있는 생물은 호흡을 한다. 따라서 Ⅰ 시기에 이 생물 군집의 호흡량은 0 이상이다.
ㄷ. 총생산량은 순생산량과 호흡량의 합이다. Ⅱ 시기에 생물량이 존재하므로 호흡량도 있기 때문에 총생산량은 순생산량보다 크다.

김보겸 | 연세대 지구시스템과학과 2023년 입학 · 광주 서석고졸

총생산량이 순생산량과 호흡량의 합이니까 총생산량은 순생산량보다 클 수 밖에 없어. 그리고 문제에서 '산불'이라는 단어가 나오니 2차 천이가 일어났음을 알아야겠지. 쉬운 문제일수록 문제를 꼼꼼히 읽고 단서를 찾는 게 중요해.

Q 24 정답 ② * 물질의 생산과 소비 [정답률 75%] 2019 실시 10월 학평 11

그림은 어떤 식물 군집에서 유기물량의 변화를 나타낸 것이다. A와 B는 각각 호흡량과 총생산량 중 하나이다.

생산자가 광합성으로 합성한 유기물 총량

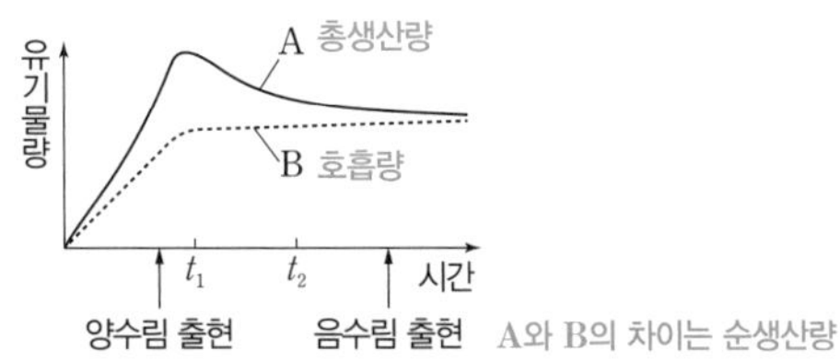

이 식물 군집에 대한 옳은 설명만을 〈보기〉에서 있는 대로 고른 것은? (3점)

[보기]

ㄱ. 고사량은 B에 포함된다. → 고사량은 A에 포함됨
ㄴ. 순생산량은 t_1일 때가 t_2일 때보다 크다.
  → 순생산량은 총생산량에서 호흡량을 제외한 값으로, t_1일 때가 t_2일 때보다 큼
ㄷ. t_2일 때 극상을 이룬다. → 극상은 음수림 출현 이후에 나타남

① ㄱ ② ㄴ ③ ㄷ
④ ㄱ, ㄴ ⑤ ㄴ, ㄷ

| 문제+자료 분석 |

- **A(총생산량)**: 생산자가 생산한 유기물의 총량으로 호흡량과 순생산량을 포함
- **B(호흡량)**: 호흡을 통해 소비한 유기물량
- **순생산량**: 총생산량에서 호흡을 제외한 유기물량이다.

| 보기 분석 |

ㄱ. 고사량은 말라 죽어 소실된 유기물의 양으로, 순생산량과 총생산량(A)에 포함된다. 호흡량은 호흡을 통해 소비한 유기물량이다.
ㄴ. 호흡량은 총생산량보다 클 수 없으므로 A는 총생산량, B는 호흡량이고, 순생산량은 A와 B의 차이이다. A와 B의 차이는 t_1일 때가 t_2일 때보다 크므로 순생산량은 t_1일 때가 t_2일 때보다 크다.
ㄷ. 극상은 군집의 천이 과정 중 안정된 상태가 유지되는 것으로 온대 지방의 경우 음수림 출현 이후에 나타난다. 자료에서 극상은 음수림 출현 이후에 나타날 것이므로 t_2일 때 극상을 이루지 않는다.

문제 풀이 Tip

총생산량은 호흡량보다 항상 크다.

Q 25 정답 ① * 식물 군집의 생산량 [정답률 78%] 2020 대비 수능 18

그림 (가)는 어떤 식물 군집에서 총생산량, 순생산량, 생장량의 관계를, (나)는 이 식물 군집의 시간에 따른 생물량(생체량), ㉠, ㉡을 나타낸 것이다. ㉠과 ㉡은 각각 총생산량과 호흡량 중 하나이다.

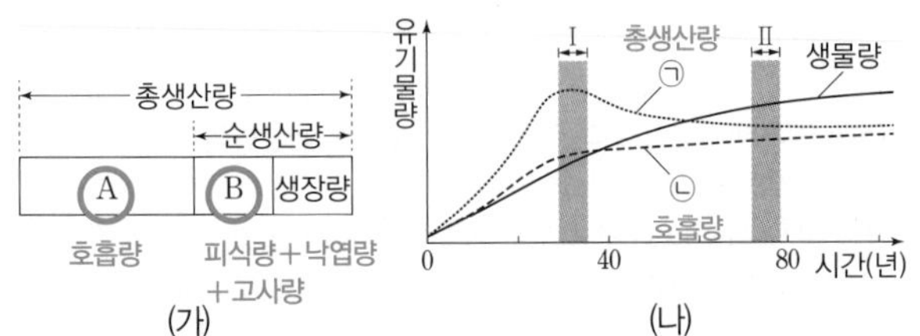

이에 대한 설명으로 옳은 것만을 〈보기〉에서 있는 대로 고른 것은? (3점)

[보기]

ㄱ. ㉠은 총생산량이다. → ㉠은 총생산량이고, ㉡은 호흡량

ㄴ. 초식 동물의 호흡량은 A에 포함된다.
→ 초식 동물의 호흡량은 B에 포함됨

ㄷ. $\frac{\text{순생산량}}{\text{생물량}}$은 구간 Ⅱ에서가 구간 Ⅰ에서보다 크다.
→ 구간 Ⅱ에서가 Ⅰ에서보다 작음

① ㄱ ② ㄴ ③ ㄷ
④ ㄱ, ㄴ ⑤ ㄴ, ㄷ

| 문제+자료 분석 |

- 총생산량(㉠)=호흡량(㉡, A)+순생산량
- 순생산량=(고사 · 낙엽량+피식량)(B)+생장량
- 식물의 피식량=초식 동물의 섭식량
- 천이가 진행 중인 초기의 군집은 보통 생물량은 적고 순생산량은 많다.
- 극상에 도달한 군집은 보통 생물량은 많고 순생산량은 적다.

| 보기 분석 |

ㄱ. 식물의 총생산량은 순생산량과 호흡량의 합으로 ㉠과 ㉡ 중 더 큰 값인 ㉠은 총생산량이고, ㉡은 호흡량이다.

ㄴ. 식물의 총생산량에서 식물의 호흡량을 뺀 값이 순생산량이므로, A는 식물의 호흡량이다. 식물의 순생산량 중 생장량을 뺀 값인 B는 피식량 및 낙엽 · 고사량으로 초식 동물의 호흡량은 B에 포함된다.

ㄷ. 구간 Ⅱ에서가 구간 Ⅰ에서보다 생물량이 크다. 순생산량은 ㉠에서 ㉡을 뺀 값으로 구간 Ⅱ에서가 구간 Ⅰ에서보다 작다.
따라서 $\frac{\text{순생산량}}{\text{생물량}}$은 구간 Ⅱ에서가 구간 Ⅰ에서 보다 작다.

*** 초식 동물에서 물질의 소비**

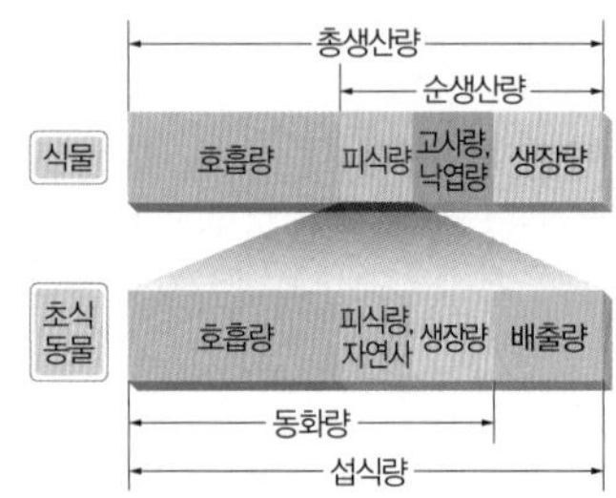

섭식량	소비자가 섭취한 유기물의 총량
동화량	소비자의 섭식량에서 소화되지 않고 체외로 배출되는 양을 제외한 것

Q 26 정답 ③ * 군집의 생산량 [정답률 79%] 2021 대비 수능 5

그림은 평균 기온이 서로 다른 계절 Ⅰ과 Ⅱ에 측정한 식물 A의 온도에 따른 순생산량을 나타낸 것이다.
=총생산량−호흡량

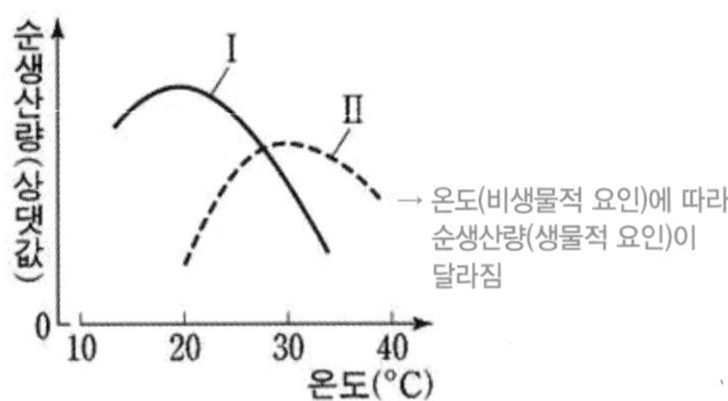

이에 대한 설명으로 옳은 것만을 〈보기〉에서 있는 대로 고른 것은? (3점)

[보기]

ㄱ. 순생산량은 총생산량에서 호흡량을 제외한 양이다.
→ 총생산량 중 식물이 호흡으로 소비하고 남은 양이 순생산량

ㄴ. A의 순생산량이 최대가 되는 온도는 Ⅰ일 때가 Ⅱ일 때보다 높다.
→ A의 순생산량이 최대가 되는 온도는 Ⅱ일 때가 Ⅰ일 때보다 높음

ㄷ. 계절에 따라 A의 순생산량이 최대가 되는 온도가 달라지는 것은 비생물적 요인이 생물에 영향을 미치는 예에 해당한다. → 비생물적 요인인 계절의 변화에 따라 생물적 요인인 식물의 광합성량이 달라짐

① ㄱ ② ㄴ ③ ㄱ, ㄷ ④ ㄴ, ㄷ ⑤ ㄱ, ㄴ, ㄷ

| 문제+자료 분석 |

- **총생산량**: 식물의 광합성으로 생성된 유기물의 총량을 총생산량이라고 한다.
- **순생산량**: 총생산량 중 식물이 호흡으로 소비하고 남은 양을 순생산량이라고 한다.

| 보기 분석 |

ㄱ. 식물의 광합성으로 생성된 유기물의 총량인 총생산량 중 식물이 호흡으로 소비하고 남은 양을 순생산량이라고 한다.

ㄴ. Ⅰ일 때 식물 A의 순생산량은 20℃ 정도에서 최대가 되며 Ⅱ일 때 식물 A의 순생산량은 30℃ 정도에서 최대가 된다. A의 순생산량이 최대가 되는 온도는 Ⅱ일 때가 Ⅰ일 때보다 높다.

함정

ㄷ. 계절에 따라 온도, 일조량 등 비생물적 요인이 달라지며, 이러한 비생물적 요인의 변화가 생물적 요인인 식물의 광합성에 영향을 미쳐 식물의 광합성량이 달라진다. 계절에 따라서 A의 순생산량이 최대가 되는 온도가 달라지는 것은 비생물적 요인이 생물에 영향을 미치는 예에 해당한다.

송의현 | 원광대 의예과 2021년 입학 · 안산 동산고 졸

총생산량과 순생산량, 호흡량에 관한 문제였어. 처음 보는 자료이므로 정의 확인과 축 확인을 하는 것이 중요해. y축이 온도가 아닌 순생산량이라는 것을 놓치면 ㄴ선지 같은 것에서 실수를 할 확률이 높아. 시각적으로 Ⅰ이 더 높거든. 그러나 x축이 온도라는 것을 분명히 확인하고 들어갔다면, 그래프 상에서 y축의 절댓값(높이)이 큰 것과 온도는 상관이 없다는 것을 알 수 있어.

Q 27 정답 ② *생태 피라미드 [정답률 81%] 2021 대비 9월 모평 20

그림 (가)는 어떤 생태계에서 영양 단계의 생체량(생물량)과 에너지양을 상댓값으로 나타낸 생태 피라미드를, (나)는 이 생태계에서 생산자의 총생산량, 순생산량, 생장량의 관계를 나타낸 것이다.

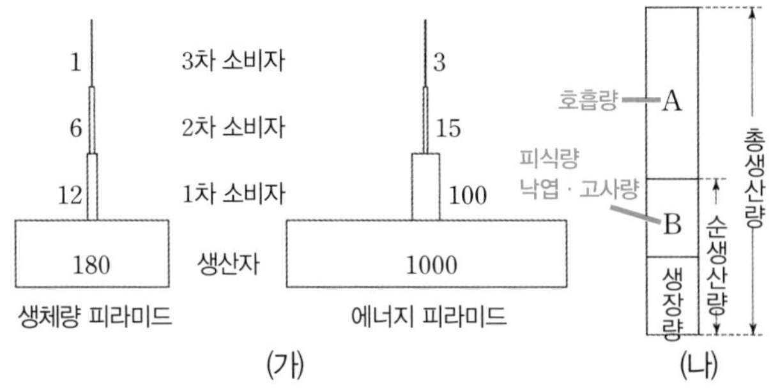

이 자료에 대한 설명으로 옳은 것만을 〈보기〉에서 있는 대로 고른 것은?

[보기]

ㄱ. 1차 소비자의 생체량은 A에 포함된다.
→ 1차 소비자의 생체량은 B 중 피식량에 포함

ㄴ. 2차 소비자의 에너지 효율은 20%이다. → $\frac{15}{100}\times 100=15\%$

 ㄷ. 상위 영양 단계로 갈수록 에너지양은 감소한다.
→ 상위 영양 단계로 갈수록 에너지양은 1000 → 100 → 15 → 3으로 감소

① ㄱ ② ㄷ ③ ㄱ, ㄴ ④ ㄴ, ㄷ ⑤ ㄱ, ㄴ, ㄷ

| 문제+자료 분석 |

- **생태 피라미드**: 각 영양 단계의 개체 수, 생체량(생물량), 에너지양을 각각 하위 영양 단계에서부터 순서대로 피라미드 형태처럼 쌓아 올린 것을 말한다.
- 생태 피라미드에서 상위 영양 단계로 갈수록 개체 수, 생체량(생물량), 에너지양이 감소한다.
- **생체량**: 각 영양 단계에 포함된 유기물의 총량이다.
- 생산자의 총생산량에서 순생산량을 제외한 A는 호흡량이고, 순생산량에서 생장량을 제외한 B에는 피식량, 고사 · 낙엽량이 포함된다.

| 보기 분석 |

ㄱ. 1차 소비자의 생체량은 생산자의 호흡량(A)이 아니라, B에 포함된 피식량에 포함된다.

ㄴ. 에너지 효율$=\frac{\text{현 영양 단계가 보유한 에너지 양}}{\text{전 영양 단계가 보유한 에너지 양}}\times 100(\%)$이다.  주의
1차 소비자의 에너지 양이 100이고, 2차 소비자의 에너지 양이 15이므로 2차 소비자의 에너지 효율은 $\frac{\text{2차 소비자의 에너지 양}}{\text{1차 소비자의 에너지 양}}\times 100=\frac{15}{100}\times 100=15\%$이다.

ㄷ. 상위 영양 단계로 갈수록 1000(생산자) → 100(1차 소비자) → 15(2차 소비자) → 3(3차소비자)으로 에너지양이 감소한다.

문제 풀이 Tip
- 총생산량=호흡량+순생산량
- 순생산량=피식량+낙엽 · 고사량+생장량

Q 28 정답 ⑤ *질소 순환 [정답률 84%] 2025 대비 수능 20

표 (가)는 질소 순환 과정에서 나타나는 두 가지 특징을, (나)는 (가)의 특징 중 A와 B가 갖는 특징의 개수를 나타낸 것이다. A와 B는 질소 고정 작용과 탈질산화 작용을 순서 없이 나타낸 것이다.

특징
• 세균이 관여한다. ➡ 질소 고정 작용, 탈질산화 작용
• 대기 중의 질소 기체가 ㉠ 암모늄 이온(NH_4^+)으로 전환된다. ➡ 질소 고정 작용

(가)

구분	특징의 개수
A	2 단서 질소 고정 작용
B	1 탈질산화 작용

(나)

이에 대한 설명으로 옳은 것만을 〈보기〉에서 있는 대로 고른 것은?

[보기]

ㄱ. B는 탈질산화 작용이다. A는 질소 고정 작용, B는 탈질산화 작용

ㄴ. 뿌리혹박테리아는 A에 관여한다.
뿌리혹박테리아는 질소 고정 작용(A)에 관여함

ㄷ. 질산화 세균은 ㉠이 질산 이온(NO_3^-)으로 전환되는 과정에 관여한다.
질산화 세균은 ㉠이 질산 이온으로 전환되는 과정에 관여

① ㄱ ② ㄷ ③ ㄱ, ㄴ ④ ㄴ, ㄷ ⑤ ㄱ, ㄴ, ㄷ

| 문제+자료 분석 |

- 질소 고정 작용과 탈질산화 작용 모두 세균이 관여하는 과정이다.
- 대기 중의 질소 기체가 암모늄 이온으로 전환되는 과정은 질소 고정 작용이다.
- 질소 고정 작용은 주어진 특징 중 2개를 가지므로 A에 해당하고, 탈질산화 작용은 주어진 특징 중 1개를 가지므로 B에 해당한다.

| 보기 분석 |

ㄱ. A는 주어진 특징 2개를 가지는 질소 고정 작용, B는 탈질산화 작용이다.

ㄴ. 뿌리혹박테리아는 질소 고정 세균으로 대기 중의 질소 기체를 암모늄 이온으로 전환시키는 A에 관여한다.

ㄷ. 질산화 세균은 암모늄 이온(㉠)이 질산 이온으로 전환되는 과정에 관여한다.

* 질소 순환

- **질소 고정 작용**: 질소 기체(N_2) → 암모늄 이온(NH_4^+)
뿌리혹박테리아와 같은 질소 고정 세균에 의해 일어난다.
- **질산화 작용**: 암모늄 이온(NH_4^+) → 질산 이온(NO_3^-)
질산화 세균에 의해 일어난다.
- **탈질산화 작용**: 질산 이온(NO_3^-) → 질소 기체(N_2)
탈질산화 세균에 의해 일어난다.

윤혁준 | 2025 수능 응시 · 서울 강서고 졸

자주 나오는 유형인데, A와 B가 각각 가지는 특징을 적어 놓는다면 실수 없이 풀 수 있을 거야.

Q 29 정답 ② *생태계의 질소 순환 [정답률 72%] 2024 실시 7월 학평 3

표는 생태계의 질소 순환 과정에서 일어나는 물질의 전환을 나타낸 것이다. Ⅰ~Ⅲ은 질산화 작용, 질소 고정 작용, 탈질산화 작용을 순서 없이 나타낸 것이고, ⓐ와 ⓑ는 암모늄 이온(NH_4^+)과 대기 중의 질소 기체(N_2)를 순서 없이 나타낸 것이다.

구분	물질의 전환
Ⅰ 질소 고정 작용	ⓐ → ⓑ (질소 기체, 암모늄 이온)
Ⅱ 질산화 작용	ⓑ → 질산 이온(NO_3^-) (암모늄 이온)
Ⅲ 탈질산화 작용	질산 이온(NO_3^-) → ⓐ (질소 기체)

단서

이에 대한 설명으로 옳은 것만을 〈보기〉에서 있는 대로 고른 것은?

[보기]

ㄱ. Ⅱ는 ~~질소 고정~~ 작용이다.
Ⅱ는 질산화 작용임

ㄴ. ⓐ는 ~~암모늄 이온(NH_4^+)~~이다.
ⓐ는 질소 기체, ⓑ는 암모늄 이온임

ㄷ. 탈질산화 세균은 Ⅲ에 관여한다.
탈질산화 세균은 질산 이온을 질소 기체로 환원시킴

① ㄱ ② ㄷ ③ ㄱ, ㄴ ④ ㄴ, ㄷ ⑤ ㄱ, ㄴ, ㄷ

단서+발상

(단서) ⓐ가 ⓑ로 전환되고, ⓑ가 질산 이온(NO_3^-)으로 전환되며, 질산 이온(NO_3^-)이 ⓐ로 전환되는 과정이 제시되어 있다.

(발상) 질소 순환 과정에서 질소 기체(N_2)가 암모늄 이온(NH_4^+)으로, 암모늄 이온(NH_4^+)이 질산 이온(NO_3^-)으로, 질산 이온(NO_3^-)이 질소 기체(N_2)로 전환되므로 ⓐ가 질소 기체(N_2), ⓑ가 암모늄 이온(NH_4^+)임을 추론할 수 있다.

(적용) 질소 기체(N_2)가 암모늄 이온(NH_4^+)과 질산 이온(NO_3^-)을 차례로 거쳐 다시 질소 기체(N_2)로 순환하는 과정을 적용해서 ⓐ와 ⓑ가 무엇인지 찾는 것부터 문제 풀이를 시작해야 한다.

| 문제+자료 분석 |

- Ⅰ(질소 고정 작용): 대기 중의 질소 기체(N_2)는 뿌리혹박테리아와 같은 질소 고정 세균을 통해 물에 녹을 수 있는 암모늄 이온(NH_4^+)으로 전환된다.
- Ⅱ(질산화 작용): 암모늄 이온(NH_4^+)은 질산화 세균에 의한 질산화 과정을 거쳐 질산 이온(NO_3^-)으로 전환된다. 질산 이온(NO_3^-)과 암모늄 이온(NH_4^+)은 식물에 흡수되어 질소 화합물로 합성될 수 있다.
- Ⅲ(탈질산화 작용): 토양에 남아 있는 질산 이온(NO_3^-)은 탈질산화 세균에 의해 탈질산화 작용을 거친 후 질소 기체(N_2)로 환원되어 대기 중으로 방출된다.

| 보기 분석 |

ㄱ. Ⅱ는 암모늄 이온(NH_4^+)이 질산 이온(NO_3^-)으로 전환되는 질산화 작용으로 질산화 세균에 의해 일어난다.

ㄴ. ⓐ는 질소 기체(N_2), ⓑ는 암모늄 이온(NH_4^+)이다.

ㄷ. Ⅲ은 질산 이온(NO_3^-)이 질소 기체(N_2)로 환원되는 탈질산화 작용으로 탈질산화 세균에 의해 일어난다.

Q 30 정답 ① *질소 순환 [정답률 75%] 2024 실시 10월 학평 8

그림은 생태계에서 일어나는 질소 순환 과정의 일부를 나타낸 것이다. Ⅰ과 Ⅱ는 질산화 작용과 질소 고정 작용을 순서 없이 나타낸 것이고, ㉠과 ㉡은 암모늄 이온(NH_4^+)과 질산 이온(NO_3^-)을 순서 없이 나타낸 것이다. 단서

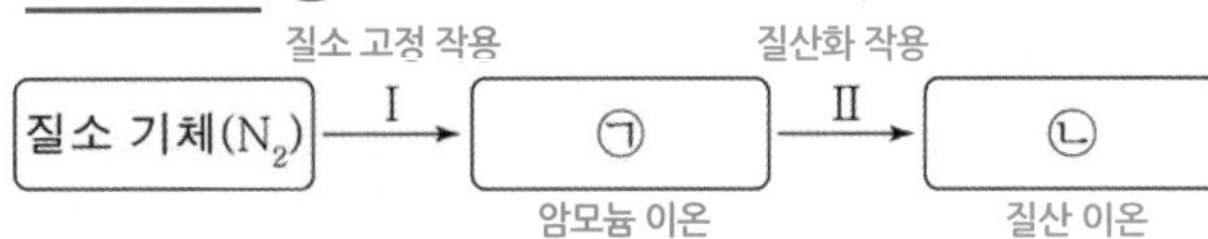

이에 대한 옳은 설명만을 〈보기〉에서 있는 대로 고른 것은?

[보기]

ㄱ. 뿌리혹박테리아는 Ⅰ에 관여한다.
뿌리혹박테리아는 질소 고정 작용(Ⅰ)에 관여함

ㄴ. Ⅱ는 ~~질소 고정 작용~~이다.
질산화 작용

ㄷ. ㉡은 ~~암모늄 이온(NH_4^+)~~이다.
질산 이온(NO_3^-)

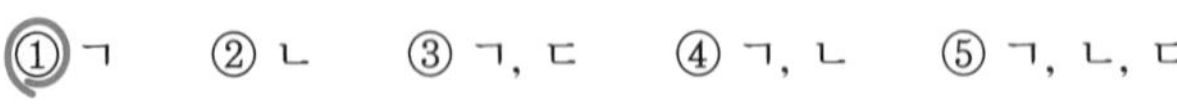

단서+발상

(단서) ㉠과 ㉡이 암모늄 이온과 질산 이온 중 하나임이 제시되어 있다.

(발상) 질소 순환 과정에서 이온의 변화 순서에 따라 ㉠이 암모늄 이온, ㉡이 질산 이온임을 추론할 수 있다.

(적용) 질소 순환을 적용해서 ㉠과 ㉡을 구하는 것부터 문제 풀이를 시작해야 한다.

| 문제+자료 분석 |

- 질소 순환 과정에서 질소 기체(N_2)는 암모늄 이온(NH_4^+), 질산 이온(NO_3^-)의 순서로 전환되며, 질산 이온(NO_3^-)은 탈질산화 작용을 통해 다시 질소 기체(N_2)로 전환된다.
- 질소 기체(N_2)가 암모늄 이온(NH_4^+)으로 전환되는 Ⅰ이 질소 고정 작용이다.
- 암모늄 이온(NH_4^+)이 질산 이온(NO_3^-)으로 전환되는 Ⅱ가 질산화 작용이다.

| 보기 분석 |

ㄱ. 질소 고정 작용(Ⅰ)에 뿌리혹박테리아가 관여한다.

ㄴ. Ⅱ는 암모늄 이온(NH_4^+)이 질산 이온(NO_3^-)으로 전환되는 질산화 작용이다.

ㄷ. 질소 순환에서 질소 기체가 전환되는 순서에 따라서 ㉠은 암모늄 이온(NH_4^+), ㉡은 질산 이온(NO_3^-)이다.

* 질소 순환

- **질소 고정 작용:** 질소 기체가 질소 고정 세균에 의해 물에 녹을 수 있는 암모늄 이온으로 전환되는 작용
- **질산화 작용:** 암모늄 이온이 질산화 세균에 의해 질산 이온으로 전환되는 작용
- **탈질산화 작용:** 질산 이온이 탈질산화 세균에 의해 질소 기체로 환원되어 대기 중으로 방출되는 작용
- 식물은 암모늄 이온이나 질산 이온을 흡수해 질소 화합물을 만든다. 생물의 사체에 포함된 질소 화합물은 분해자에 의해 분해되어 토양의 암모늄 이온으로 전환된다.

Q 31 정답 ④ *물질 순환 [정답률 86%] 2024 대비 수능 20

표는 생태계의 물질 순환 과정 (가)와 (나)에서 특징의 유무를 나타낸 것이다. (가)와 (나)는 질소 순환 과정과 탄소 순환 과정을 순서 없이 나타낸 것이다.

특징 \ 물질 순환 과정	(가) 탄소 순환 과정	(나) 질소 순환 과정
토양 속의 ㉠ 암모늄 이온(NH_4^+)이 질산 이온(NO_3^-)으로 전환된다.	×	○
식물의 광합성을 통해 대기 중의 이산화 탄소(CO_2)가 유기물로 합성된다.	○	×
ⓐ 탄소 순환 과정과 질소 순환 과정의 공통점	○	○

(○: 있음, ×: 없음)

이에 대한 설명으로 옳은 것만을 〈보기〉에서 있는 대로 고른 것은? (3점)

[보기]

ㄱ. (나)는 ~~탄소 순환 과정~~이다.
(나)는 질소 순환 과정임

ㄴ. 질산화 세균은 ㉠에 관여한다.
질산화 세균은 ㉠에 관여함

ㄷ. '물질이 생산자에서 소비자로 먹이 사슬을 따라 이동한다.'는 ⓐ에 해당한다.
'물질이 생산자에서 소비자로 먹이 사슬을 따라 이동한다.'는 (가)와 (나)의 공통점이므로 ⓐ에 해당함

① ㄱ ② ㄷ ③ ㄱ, ㄴ ④ ㄴ, ㄷ ⑤ ㄱ, ㄴ, ㄷ

| 문제+자료 분석 |

- **(가)**: 식물의 광합성을 통해 대기 중의 이산화 탄소(CO_2)가 유기물로 합성되는 광합성이 일어나는 과정이므로 탄소 순환 과정에 해당한다.
- **(나)**: 토양 속의 암모늄 이온(NH_4^+)이 질산 이온(NO_3^-)으로 전환되는 질산화 작용이 일어나므로 질소 순환 과정에 해당한다.
- **㉠**: 암모늄 이온(NH_4^+)이 질산 이온(NO_3^-)으로 전환되는 과정은 질산화 작용으로, 토양 속 질산화 세균(질산균, 아질산균)에 의해 일어난다.
- **ⓐ**: (가)와 (나)의 공통점이므로 탄소 순환 과정과 질소 순환 과정에서 공통적으로 나타나는 특징에 해당한다.

| 보기 분석 |

ㄱ. (나)는 질산화 작용(㉠)을 포함하므로 질소 순환 과정이다.

ㄴ. 질산화 세균(질산균, 아질산균)은 암모늄 이온(NH_4^+)이 질산 이온(NO_3^-)으로 전환되는 과정에 관여한다.

ㄷ. 탄소 순환 과정(가)에서 생산자의 광합성을 통해 합성된 유기물이 먹이 사슬을 따라 소비자로 이동한다. 질소 순환 과정(나)에서 생산자의 질소 동화 작용을 통해 합성된 질소 화합물이 먹이 사슬을 따라 소비자로 이동한다. 따라서 (가)와 (나) 모두 '물질이 생산자에서 소비자로 먹이 사슬을 따라 이동한다.'는 특징을 가지므로 이는 ⓐ에 해당한다.

권민재 | 강릉원주대 치의예과 2024년 입학·서울 광영여고 졸

'토양 속의 ~'은 질소 순환 과정 중 질산화 작용, '식물의 광합성을~'은 탄소 순환 과정 중 광합성에 대한 설명이지. 생태계의 물질 순환 과정을 꼼꼼히 공부했다면 풀 수 있는 문제였어. 몰랐더라도 N, C라는 아주 큰 힌트가 숨어 있었지. 질소 순환 과정, 탄소 순환 과정이 공통적으로 가지는 특징으로 '물질이 생산자에서~'가 해당하는지 물어보는 선지가 있었는데 생산자가 합성한 유기물이 소비자, 분해자로 이동하는 것은 물질 순환 모두에 해당하기 때문에 맞는 내용이야.

Q 32 정답 ④ *물질 순환 [정답률 81%] 2024 대비 9월 모평 16

표는 생태계의 질소 순환 과정에서 일어나는 물질의 전환을 나타낸 것이다. Ⅰ과 Ⅱ는 탈질산화 작용과 질소 고정 작용을 순서 없이 나타낸 것이고, ㉠과 ㉡은 질산 이온(NO_3^-)과 암모늄 이온(NH_4^+)을 순서 없이 나타낸 것이다.

구분	물질의 전환
질산화 작용	㉠ → ㉡ ($NH_4^+ \rightarrow NO_3^-$)
Ⅰ (질소 고정 작용)	대기 중의 질소(N_2) → ㉠ ($N_2 \rightarrow NH_4^+$)
Ⅱ (탈질산화 작용)	㉡ → 대기 중의 질소(N_2) ($NO_3^- \rightarrow N_2$)

이에 대한 설명으로 옳은 것만을 〈보기〉에서 있는 대로 고른 것은?

[보기]

ㄱ. ㉠은 ~~질산 이온(NO_3^-)~~이다. ㉠은 암모늄 이온(NH_4^+)

ㄴ. Ⅰ은 질소 고정 작용이다.
Ⅰ은 대기 중의 질소(N_2)가 암모늄 이온(NH_4^+)으로 전환되는 질소 고정 작용임

ㄷ. 탈질산화 세균은 Ⅱ에 관여한다.
탈질산화 세균은 질산 이온(NO_3^-)을 대기 중의 질소(N_2)로 전환하는 탈질산화 작용(Ⅱ)에 관여함

① ㄱ ② ㄴ ③ ㄱ, ㄷ ④ ㄴ, ㄷ ⑤ ㄱ, ㄴ, ㄷ

| 문제+자료 분석 |

- 질산화 작용: 암모늄 이온(NH_4^+)은 질산화 세균에 의해 질산 이온(NO_3^-)으로 전환된다. ㉠은 암모늄 이온(NH_4^+), ㉡은 질산 이온(NO_3^-)이다.
- 질소 고정 작용(Ⅰ): 대기 중의 질소(N_2)는 질소 고정 세균(뿌리혹박테리아, 아조토박터)에 의해 암모늄 이온(NH_4^+)으로 전환된다.
- 탈질산화 작용(Ⅱ): 토양 속 일부 질산 이온(NO_3^-)은 탈질산화 세균에 의해 질소 기체(N_2)가 되어 대기 중으로 돌아간다.

| 보기 분석 |

ㄱ. 질산화 작용은 암모늄 이온(NH_4^+)이 질산 이온(NO_3^-)으로 전환되는 과정이다. ㉠은 암모늄 이온(NH_4^+)이다.

ㄴ. Ⅰ은 대기 중의 질소(N_2)가 암모늄 이온(NH_4^+)으로 전환되는 질소 고정 작용이다.

ㄷ. 탈질산화 세균은 질산 이온(NO_3^-)을 대기 중의 질소(N_2)로 전환하는 탈질산화 작용(Ⅱ)에 관여한다.

Q 33 정답 ④ * 질소 순환 과정 [정답률 72%] 2020 실시 3월 학평 18

그림은 생태계에서 일어나는 질소 순환 과정의 일부를 나타낸 것이다.

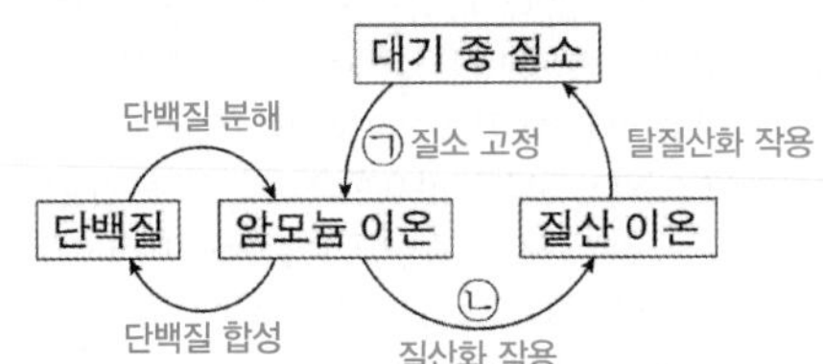

이에 대한 옳은 설명만을 〈보기〉에서 있는 대로 고른 것은?

[보기]

ㄱ. 뿌리혹박테리아는 ㉠에 관여한다.
→ ㉠은 질소 고정 과정이고, 뿌리혹박테리아는 질소 고정 세균

ㄴ. ㉡은 탈질산화 작용이다.
→ ㉡은 질산화 세균에 의해 일어나는 질산화 작용

ㄷ. 식물은 암모늄 이온을 이용하여 단백질을 합성한다.
→ 식물은 암모늄 이온이나 질산 이온을 흡수하여 단백질을 합성함

① ㄱ ② ㄴ ③ ㄱ, ㄴ ④ ㄱ, ㄷ ⑤ ㄴ, ㄷ

| 문제+자료 분석 |

◈ 질소 순환 과정

- 식물은 대기 중의 질소를 직접 이용할 수 없으므로 생물이 이용할 수 있는 형태로 전환시켜야 한다.
- ㉠(질소 고정): $N_2 \rightarrow NH_4^+$(질소 고정 세균인 뿌리혹박테리아, 아조토박터에 의해), $N_2 \rightarrow NO_3^-$(공중 방전에 의해)
- ㉡(질산화 작용): $NH_4^+ \rightarrow NO_3^-$(아질산균, 질산균에 의해)

| 보기 분석 |

ㄱ. ㉠은 대기 중 질소를 식물이 암모늄 이온으로 변형시키는 질소 고정으로 뿌리혹박테리아나 아조토박터 등의 질소 고정 세균에 의해 일어난다. 따라서 뿌리혹박테리아는 ㉠(질소 고정)에 관여한다.

ㄴ. ㉡은 아질산균, 질산균과 같은 질산화 세균에 의해 토양 속 암모늄 이온을 질산 이온으로 변형시키는 질산화 작용이다. 탈질산화 작용은 토양 속 질산 이온이 탈질산화 세균에 의해 질소 기체로 전환되는 과정이다. 주의

ㄷ. 식물은 질소 순환 과정에서 생성된 암모늄 이온과 질산 이온을 흡수하여 질소(N)가 함유된 단백질을 합성한다.

* 질소의 순환

주요 단계	물질 전환	생물
질소 고정 작용	$N_2 \rightarrow NH_4^+$	질소 고정 세균(뿌리혹박테리아)
질소 동화 작용	$NH_4^+ \rightarrow$ 단백질	식물
질산화 작용	$NH_4^+ \rightarrow NO_3^-$	질산화 세균(아질산균, 질산균)

Q 34 정답 ② * 질소 순환 과정 [정답률 58%] 2020 실시 7월 학평 12

그림은 생태계에서 일어나는 질소 순환 과정의 일부를 나타낸 것이다.

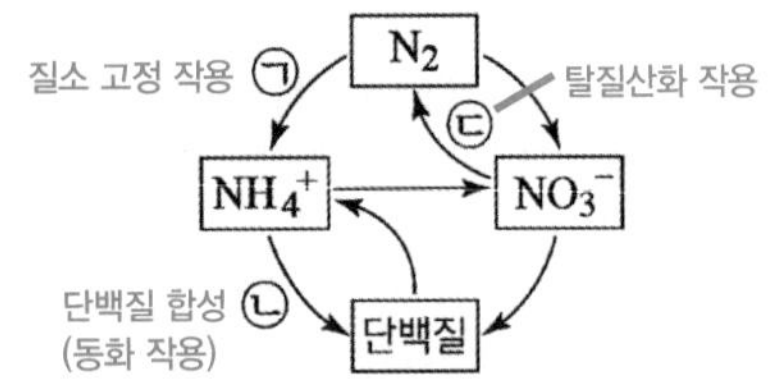

이에 대한 설명으로 옳은 것만을 〈보기〉에서 있는 대로 고른 것은?

[보기]

ㄱ. 과정 ㉠은 탈질산화 작용이다. → 과정 ㉠은 질소 고정 작용

ㄴ. 과정 ㉡에서 동화 작용이 일어난다.
→ 과정 ㉡은 단백질을 합성하는 동화 작용

ㄷ. 과정 ㉢은 질소 고정 작용이다. → 과정 ㉢은 탈질산화 작용

① ㄱ ② ㄴ ③ ㄱ, ㄷ
④ ㄴ, ㄷ ⑤ ㄱ, ㄴ, ㄷ

| 문제+자료 분석 |

◈ 질소 순환 과정

- 대기 중의 질소(N_2)는 질소 고정 작용인 ㉠에 의해 암모늄 이온(NH_4^+) 형태로 전환된다.
- 암모늄 이온은 식물 등의 생산자에 의해 동화 과정인 ㉡을 거쳐 단백질로 합성된다.
- 단백질은 분해자에 의해 다시 암모늄 이온이나 질산 이온으로 전환되기도 하며, 질산 이온은 탈질산화 작용인 ㉢에 의해 대기 중의 질소로 전환된다.

| 보기 분석 |

ㄱ. 과정 ㉠은 대기 중의 질소가 암모늄 이온으로 전환되는 질소 고정 작용이다.

ㄴ. 과정 ㉡은 생산자에 의해 암모늄 이온이 단백질로 합성되는 동화 작용이다.

ㄷ. 과정 ㉢은 질산 이온이 대기 중의 질소 기체로 전환되는 탈질산화 작용이다.

* 질소의 순환 과정

질소고정 작용	대기 중의 질소가 암모늄 이온의 형태로 전환되는 작용
질산화 작용	암모늄 이온이 질산 이온 형태로 전환되는 작용
탈질산화 작용	질산 이온이 대기 중의 질소 기체의 형태로 전환되는 작용

Q 35 정답 ⑤ * 생태계의 물질과 에너지 [정답률 86%] 2022 실시 10월 학평 14

그림 (가)는 어떤 생태계에서 탄소 순환 과정의 일부를, (나)는 이 생태계에서 각 영양 단계의 에너지양을 상댓값으로 나타낸 생태 피라미드를 나타낸 것이다. Ⅰ~Ⅲ은 각각 1차 소비자, 3차 소비자, 생산자 중 하나이고, A와 B는 각각 생산자와 소비자 중 하나이다.

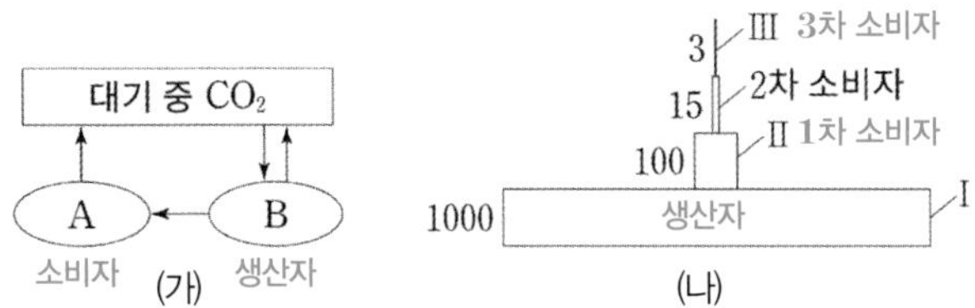

이에 대한 옳은 설명만을 〈보기〉에서 있는 대로 고른 것은? (3점)

[보기]

ㄱ. Ⅲ은 B에 해당한다.
Ⅲ은 3차 소비자이므로 A(소비자)에 해당함

ㄴ. Ⅰ에서 Ⅱ로 유기물 형태의 탄소가 이동한다.
Ⅰ(생산자)에서 Ⅱ(1차 소비자)로 유기물 형태의 탄소 화합물이 이동함

ㄷ. (나)에서 1차 소비자의 에너지 효율은 10%이다.
(나)에서 1차 소비자의 에너지 효율은 10%임

① ㄱ ② ㄴ ③ ㄱ, ㄴ ④ ㄱ, ㄷ  ⑤ ㄴ, ㄷ

| 문제+자료 분석 |

- **(가)**: A는 대기 중으로 이산화 탄소를 방출하기만 하므로 소비자에 해당한다. 기체 상태의 이산화 탄소 대신 생산자인 B가 생산한 탄소 화합물을 이용한다. 반면, B는 대기 중의 이산화 탄소를 이용하기도 하고 대기 중으로 이산화 탄소를 방출하기도 하므로 생산자에 해당한다.
- **(나)**: Ⅰ은 생태계에서 에너지양이 가장 큰 생산자이다. Ⅱ는 생산자가 생산한 에너지 중 일부를 이용하는 1차 소비자로 Ⅱ의 에너지 효율은 $\frac{100}{1000}\times100=10\%$이다. Ⅲ은 2차 소비자가 생산한 에너지 중 일부를 이용하는 3차 소비자로 Ⅲ의 에너지 효율은 $\frac{3}{15}\times100=20\%$이다.

| 보기 분석 |

ㄱ. Ⅲ은 3차 소비자이므로 생산자가 생산한 탄소 화합물을 이용하고 대기 중으로 이산화 탄소를 방출하는 A(소비자)에 해당한다.

ㄴ. 1차 소비자가 섭식할 때 Ⅰ(생산자)에서 Ⅱ(1차 소비자)로 포도당, 녹말 등 유기물 형태의 탄소 화합물이 이동한다.

ㄷ. (나)에서 1차 소비자의 에너지 효율은 $\frac{100}{1000}\times100=10\%$, 2차 소비자의 에너지 효율은 $\frac{15}{100}\times100=15\%$, 3차 소비자의 에너지 효율은 $\frac{3}{15}\times100=20\%$이다. 생태 피라미드의 상위 단계로 갈수록 에너지 효율이 높아지는 경향이 있다.

Q 36 정답 ④ * 질소 순환 과정 [정답률 62%] 2022 실시 4월 학평 9

다음은 생태계에서 일어나는 질소 순환 과정에 대한 자료이다. ㉠~㉢은 암모늄 이온(NH_4^+), 질산 이온(NO_3^-), 질소 기체(N_2)를 순서 없이 나타낸 것이다.

(가) 뿌리혹박테리아의 질소 고정 작용에 의해 ㉠이 ㉡으로 전환된다. ➡ 질소 고정 작용 ㉠: 질소 기체 ㉡: 암모늄 이온
(나) 생산자는 ㉡, ㉢을 이용하여 단백질과 같은 질소 화합물을 합성한다. ➡ 질소 동화 작용
(다) 탈질산화 세균에 의해 ㉢이 ㉠으로 전환된다. ➡ 탈질산화 작용 (㉢: 질산 이온, ㉠: 질소 기체)

이에 대한 설명으로 옳은 것만을 〈보기〉에서 있는 대로 고른 것은?

[보기]

ㄱ. ㉠은 ~~질산 이온~~이다.
㉠은 질소 기체, ㉡은 암모늄 이온, ㉢은 질산 이온

ㄴ. (나)는 질소 동화 작용에 해당한다.
생산자가 암모늄 이온, 질산 이온을 이용하여 질소 화합물을 합성하는 (나)는 질소 동화 작용

ㄷ. 질산화 세균은 ㉡이 ㉢으로 전환되는 과정에 관여한다.
질산화 세균에 의해 ㉡(암모늄 이온)이 ㉢(질산 이온)으로 전환

① ㄱ ② ㄴ ③ ㄱ, ㄷ ④ ㄴ, ㄷ ⑤ ㄱ, ㄴ, ㄷ

| 문제+자료 분석 |

- **(가)** 질소 고정 작용: 뿌리혹박테리아의 질소 고정 작용에 의해 질소 기체(㉠)가 암모늄 이온(㉡)으로 전환된다.
- **(나)** 질소 동화 작용: 생산자가 암모늄 이온(㉡), 질산 이온(㉢) 등을 이용하여 질소 화합물을 합성한다.
- **(다)** 탈질산화 작용: 탈질산화 세균에 의해 질산 이온(㉢)이 질소 기체(㉠)로 전환된다.

| 보기 분석 |

ㄱ. ㉠은 대기 중의 질소 기체(N_2)이다. 질소 고정 작용에 의해 질소 기체가 이온의 형태로 전환되면 생산자가 이용할 수 있다.

ㄴ. 생산자가 암모늄 이온(NH_4^+), 질산 이온(NO_3^-) 등을 이용하여 단백질과 같은 질소 화합물을 합성하는 (나)는 질소 동화 작용에 해당한다.

ㄷ. 질산화 세균은 질산화 작용을 통해 토양 속 암모늄 이온(㉡)을 질산 이온(㉢)으로 전환한다.

* 질소의 순환

주요 단계	물질 전환	생물
질소 고정 작용	N_2 ➡ NH_4^+	질소 고정 세균(뿌리혹박테리아)
질소 동화 작용	NH_4^+ ➡ 단백질	식물
질산화 작용	NH_4^+ ➡ NO_3^-	질산화 세균(아질산균, 질산균)
탈질산화 작용	NO_3^- ➡ N_2	탈질산화 세균

Q 37 정답 ③ * 질소 순환 [정답률 77%] 2023 대비 9월 모평 9

표 (가)는 질소 순환 과정의 작용 A와 B에서 특징 ㉠과 ㉡의 유무를 나타낸 것이고, (나)는 ㉠과 ㉡을 순서 없이 나타낸 것이다. A와 B는 질산화 작용과 질소 고정 작용을 순서 없이 나타낸 것이다.

작용 \ 특징	㉠	㉡
A (질소 고정 작용)	○	×
B (질산화 작용)	○	? ○

(○ : 있음, × : 없음)

(가)

특징 (㉠, ㉡)
㉡ • 암모늄 이온(NH_4^+)이 ⓐ 질산 이온(NO_3^-)으로 전환된다. ➡ 질산화 작용
㉠ • 세균이 관여한다. ➡ 질산화 작용, 질소 고정 작용

(나)

이에 대한 설명으로 옳은 것만을 〈보기〉에서 있는 대로 고른 것은? (3점)

[보기]

ㄱ. B는 질산화 작용이다.
A는 질소 고정 작용, B는 질산화 작용임

ㄴ. ㉡은 '세균이 관여한다.'이다.
'세균이 관여한다.'는 ㉠에 해당함

ㄷ. 탈질산화 세균은 ⓐ가 질소 기체로 전환되는 과정에 관여한다.
탈질산화 세균은 질산 이온이 질소 기체로 전환되는 과정에 관여함

① ㄱ ② ㄴ ③ ㄱ, ㄷ ④ ㄴ, ㄷ ⑤ ㄱ, ㄴ, ㄷ

| 문제+자료 분석 |

• '암모늄 이온이 질산 이온으로 전환된다.'는 질산화 작용에만 해당하는 특징이다. 따라서 '암모늄 이온이 질산 이온으로 전환된다.'는 ㉡이며, B는 질산화 작용이다.
• 나머지 ㉠은 '세균이 관여한다.'이며, A는 질소 고정 작용이다. 질소 고정 작용에는 질소 고정 세균이 관여하며, 질산화 작용에는 질산화 세균이 관여한다.

| 보기 분석 |

ㄱ. B는 질산화 작용으로 특징 ㉠과 ㉡을 모두 가지며 A는 질소 고정 작용으로 특징 ㉠만을 가진다.
ㄴ. 특징 ㉠은 A와 B가 모두 가지므로 '세균이 관여한다.'이고 특징 ㉡은 질산화 작용만이 가지는 특징으로 '암모늄 이온이 질산 이온으로 전환된다.'이다.
ㄷ. 탈질산화 세균은 ⓐ(질산 이온)가 질소 기체로 전환되어 대기로 돌아가는 과정에 관여한다.

* 질소의 순환

주요 단계	물질 전환	생물
질소 고정 작용	N_2 ➡ NH_4^+	질소 고정 세균(뿌리혹박테리아)
질소 동화 작용	NH_4^+ ➡ 단백질	식물
질산화 작용	NH_4^+ ➡ NO_3^-	질산화 세균(아질산균, 질산균)
탈질산화 작용	NO_3^- ➡ N_2	탈질산화 세균

Q 38 정답 ② * 생태계를 구성하는 요소 사이의 관계 [정답률 60%] 2022 실시 7월 학평 8

그림은 생태계를 구성하는 요소 사이의 상호 관계를, 표는 세균 ⓐ와 ⓑ에 의해 일어나는 물질 전환 과정의 일부를 나타낸 것이다. ⓐ와 ⓑ는 탈질소 세균과 질소 고정 세균을 순서 없이 나타낸 것이다.

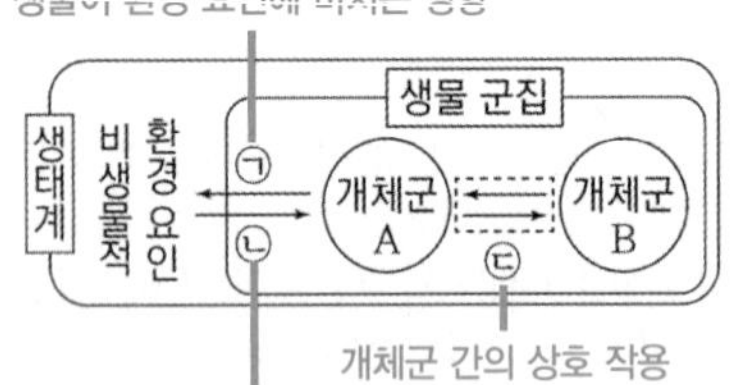

세균	물질 전환 과정
ⓐ	$N_2 \rightarrow NH_4^+$ 질소 고정 작용
ⓑ	$NO_3^- \rightarrow N_2$ 탈질산화 작용

이에 대한 설명으로 옳은 것만을 〈보기〉에서 있는 대로 고른 것은?

[보기]

ㄱ. 순위제는 ㉢에 해당한다.
순위제는 개체군 내의 상호 작용에 해당함

ㄴ. ⓑ는 탈질소 세균이다.
ⓑ는 NO_3^-를 N_2로 전환시키는 탈질소 세균(탈질산화 세균)

ㄷ. ⓐ에 의해 토양의 NH_4^+ 양이 증가하는 것은 ㉡에 해당한다.
생물적 요인인 ⓐ(질소 고정 세균)의 질소 고정 작용에 의해 환경 요인인 토양의 NH_4^+ 양이 증가하였으므로 ㉠에 해당함

① ㄱ ② ㄴ ③ ㄷ ④ ㄱ, ㄴ ⑤ ㄴ, ㄷ

| 문제+자료 분석 |

• ㉠: 생물 군집이 비생물적 환경 요인에 영향을 주는 것이다.
• ㉡: 비생물적 환경 요인이 생물 군집에 영향을 주는 것이다.
• ㉢: 군집 내 개체군 사이의 상호 작용으로, 서로 다른 종 사이의 상호 작용이다.
• ⓐ: N_2(질소 기체)를 NH_4^+(암모늄 이온)으로 전환시키는 질소 고정 세균이다.
• ⓑ: NO_3^-(질산 이온)을 N_2(질소 기체)로 전환시키는 탈질소 세균(탈질산화 세균)이다.

| 보기 분석 |

ㄱ. 순위제는 동일한 종의 개체들 사이에서 힘의 서열에 따라 순위를 정하여 먹이나 배우자를 차지하는 것으로 개체군 내의 상호 작용에 해당한다.
ㄴ. ⓑ는 NO_3^-를 N_2로 전환시켜 탈질산화 작용을 일으키는 탈질소 세균(탈질산화 세균)이다.
ㄷ. 질소 고정 세균(ⓐ)에 의해 토양의 NH_4^+의 양이 증가하는 것은 생물적 요인 중 분해자가 비생물적 환경 요인인 토양의 NH_4^+ 양에 영향을 주는 것이므로 ㉠에 해당한다.

Q 39 정답 ④ * 탄소의 순환 [정답률 83%] 2021 실시 3월 학평 14

그림은 생태계에서 탄소 순환 과정의 일부를 나타낸 것이다. A와 B는 각각 분해자와 생산자 중 하나이다.

이에 대한 옳은 설명만을 〈보기〉에서 있는 대로 고른 것은?

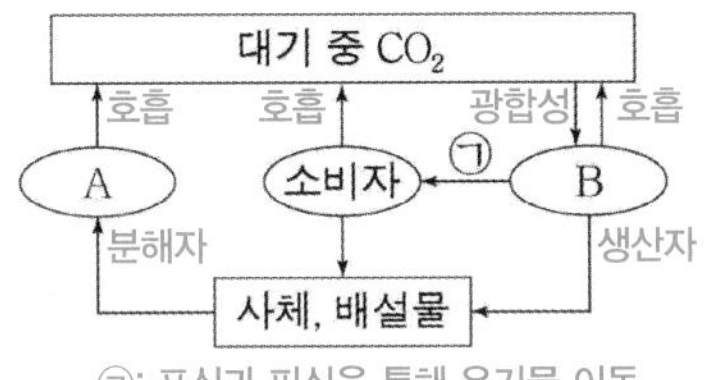

[보기]

ㄱ. A는 ~~생산자~~이다. → A는 분해자이고 B가 생산자

ㄴ. B는 호흡을 통해 CO_2를 방출한다.
→ 생산자(B), 소비자, 분해자(A)는 모두 호흡을 통해 CO_2를 방출함

ㄷ. 과정 ㉠에서 유기물이 이동한다.
㉠은 포식과 피식을 통해 유기물이 이동함

① ㄱ ② ㄴ ③ ㄱ, ㄷ ④ ㄴ, ㄷ ⑤ ㄱ, ㄴ, ㄷ

| 문제+자료 분석 |

- A(분해자): 다른 생물의 사체나 배설물 속의 유기물을 무기물로 분해하여 에너지를 얻고 비생물 환경으로 돌려보내는 생물이다. 세균, 곰팡이, 버섯 등이 해당된다.
- B(생산자): 광합성을 하여 무기물로 유기물을 합성하는 생물로, 식물, 조류 등이 해당된다.
- ㉠: 생산자에 의해 합성된 유기물은 먹이 사슬을 통해 소비자에게 이동된다.

| 보기 분석 |

ㄱ. 사체, 배설물로부터 유입된 유기물의 탄소(C)를 대기 중으로 돌려보내는 A는 분해자이다.

ㄴ. 대기 중의 CO_2를 광합성을 통해 유기물의 형태로 변환하는 B는 생산자이다. 생산자, 소비자, 분해자는 모두 호흡을 통해 CO_2의 형태로 탄소를 비생물 환경으로 돌려보낸다.

ㄷ. 소비자가 생산자를 먹음으로써 생산자가 합성한 유기물이 소비자에게 전달된다.

Q 40 정답 ④ * 질소 순환 [정답률 55%] 2021 실시 4월 학평 20

그림은 생태계에서 일어나는 질소 순환 과정의 일부를 나타낸 것이다. (가)와 (나)는 질소 고정과 탈질산화 작용을 순서 없이 나타낸 것이고, ⓐ와 ⓑ는 각각 암모늄 이온과 질산 이온 중 하나이다.

이에 대한 설명으로 옳은 것만을 〈보기〉에서 있는 대로 고른 것은?

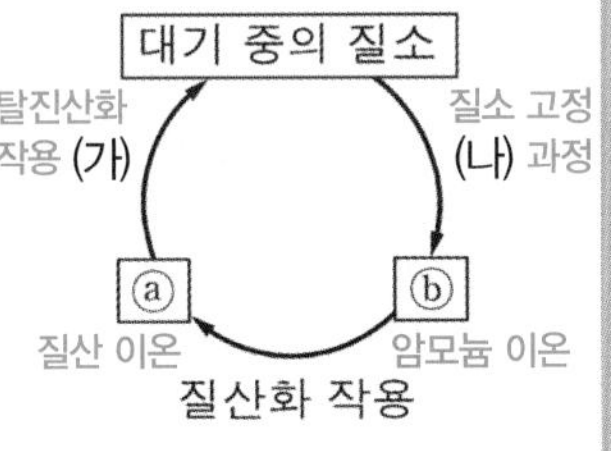

[보기]

ㄱ. ⓑ는 ~~질산 이온~~이다. → ⓑ는 암모늄 이온

ㄴ. (가)는 탈질산화 작용이다.
→ (가)는 질산 이온이 질소 기체가 되는 탈질산화 작용

ㄷ. 뿌리혹박테리아는 (나)에 관여한다.
→ 뿌리혹박테리아와 같은 질소 고정 세균은 질소 고정 과정에 관여

① ㄱ ② ㄴ ③ ㄱ, ㄷ ④ ㄴ, ㄷ ⑤ ㄱ, ㄴ, ㄷ

| 문제+자료 분석 |

- (가): 질산 이온이 질소 기체가 되는 탈질산화 작용이다. 탈질산화 세균에 의해 일어나는 작용이다.
- (나): 질소 기체가 암모늄 이온이 되는 질소 고정 과정이다. 대부분 뿌리혹박테리아와 같은 질소 고정 세균에 의해 일어나며 번개 등 방전에 의해 일어나기도 한다. 대부분의 생물은 대기 중의 질소 기체를 직접 이용하지 못하므로 질소 고정 과정이 필수적이다.
- **ⓐ(질산 이온)**: 아질산균, 질산균 등의 질산화 세균에 의해 암모늄 이온이 질산 이온으로 전환된다. 식물은 질산 이온을 이용해 질소 동화 작용을 할 수 있다.
- **ⓑ(암모늄 이온)**: 질소 고정 세균에 의해 대기 중의 질소가 암모늄 이온으로 변환된다. 식물은 암모늄 이온을 이용해 질소 동화 작용을 할 수 있다.

| 보기 분석 |

ㄱ. ⓑ는 질소 고정 과정에 의해 대기 중의 질소가 전환된 암모늄 이온이다. 질소 고정 과정은 대부분 질소 고정 세균에 의해 일어나며 방전과 같은 방법으로도 일어난다.

ㄴ. (가)는 질산 이온이 질소 기체가 되는 탈질산화 작용으로 탈질산화 세균에 의해 일어나는 과정이다.

ㄷ. (나)는 질소 기체가 암모늄 이온으로 전환되는 질소 고정 과정이다. 뿌리혹박테리아와 같은 질소 고정 세균이 질소 고정 과정에 관여한다.

Q 41 정답 ④ * 물질 순환 ······ [정답률 88%] 2022 대비 6월 모평 6

다음은 생태계에서 물질의 순환에 대한 학생 A~C의 발표 내용이다.

- 학생 A: 생태계에서 질소는 순환하지 않습니다. (→ 순환함)
- 학생 B: 탈질산화 작용에 세균이 관여합니다. (탈질산화 세균)
- 학생 C: 식물의 광합성에 이산화 탄소가 이용됩니다. (물, CO_2 이용)

제시한 내용이 옳은 학생만을 있는 대로 고른 것은?

① A ② C ③ A, B ④ B, C ⑤ A, B, C

| 문제+자료 분석 |

- 질소, 탄소 등 모든 물질이 생태계 내에서 순환한다.
- 질소가 순환하는 과정의 주요 단계는 질소 고정 작용, 질산화 작용, 탈질산화 작용 등으로 각 단계에서 세균이 관여한다. 질소 동화 작용은 식물에 의해 일어난다.
- 탄소가 순환하는 과정에는 이산화 탄소를 이용해 식물이 광합성을 하는 탄소 동화 작용, 생물의 세포 호흡에 의해 이산화 탄소가 발생되는 탄소 이화 작용 등이 있다.

| 선택지 분석 |

A. 생태계에서 질소와 탄소를 포함한 모든 물질이 순환한다.

B. 탈질산화 세균에 의해서 질산 이온을 대기 중의 질소로 전환하는 탈질산화 작용이 일어난다.

C. 식물이 광합성을 할 때 이산화 탄소를 이용해 포도당을 합성하는 탄소 동화 작용이 일어난다.

Q 42 정답 ③ * 질소 순환 과정과 탄소 순환 과정 ······ [정답률 75%] 2021 실시 7월 학평 9

표는 생태계에서 일어나는 질소 순환 과정과 탄소 순환 과정의 일부를 나타낸 것이다. (가)~(다)는 세포 호흡, 질산화 작용, 질소 고정 작용을 순서 없이 나타낸 것이다.

구분	과정
(가) 질소 고정 작용	$N_2 \rightarrow NH_4^+$
(나) 질산화 작용	$NH_4^+ \rightarrow NO_3^-$
(다) 세포 호흡	유기물 → CO_2

이에 대한 설명으로 옳은 것만을 〈보기〉에서 있는 대로 고른 것은?

[보기]

ㄱ. 뿌리혹박테리아에 의해 (가)가 일어난다.
→ 질소 고정 세균(뿌리혹박테리아, 아조토박터 등)에 의해 질소 고정 작용 (가)가 일어남

ㄴ. (나)는 질소 고정 작용이다.
→ (나)는 질산화 작용

ㄷ. (다)에 효소가 관여한다.
→ (가), (나), (다)를 포함한 생물의 모든 물질대사에 효소가 관여함

① ㄱ ② ㄴ ③ ㄱ, ㄷ ④ ㄴ, ㄷ ⑤ ㄱ, ㄴ, ㄷ

| 문제+자료 분석 |

- **(가)** 질소 고정 작용: 대부분의 생물이 직접 이용할 수 없는 대기 중 질소 기체(N_2)가 질소 고정 세균(뿌리혹박테리아, 아조토박터 등)에 의해 암모늄 이온(NH_4^+)으로 전환되는 작용이다. 공중 방전에 의해서는 질산 이온(NO_3^-)으로 고정된다.
- **(나)** 질산화 작용: 토양 속 암모늄 이온(NH_4^+)이 질산화 세균에 의해 질산 이온(NO_3^-)으로 전환되는 작용이다.
- **(다)**: 유기물이 이산화 탄소(CO_2)와 물(H_2O)로 분해되면서 방출되는 에너지의 일부를 생명 활동에 이용하는 세포 호흡이다.

| 보기 분석 |

ㄱ. (가)는 대기 중 질소 기체(N_2)가 암모늄 이온(NH_4^+)으로 전환되는 질소 고정 작용이다. 이러한 질소 고정 작용 (가)는 질소 고정 세균인 뿌리혹박테리아, 아조토박터 등에 의해 일어난다.

ㄴ. (가)가 질소 고정 작용이고, (나)는 질산화 작용이며, (다)는 세포 호흡이다.

ㄷ. (가)~(다)를 포함하여 생물체 내에서 일어나는 모든 물질대사에 효소가 관여한다.

Q 43 정답 ② * 질소 순환 과정 [정답률 79%] 2022 대비 수능 12

다음은 생태계에서 일어나는 질소 순환 과정에 대한 자료이다. ㉠과 ㉡은 질소 고정 세균과 탈질산화 세균을 순서 없이 나타낸 것이다.

(가) 토양 속 ⓐ 질산 이온(NO_3^-)의 일부는 ㉠에 의해 질소 기체로 전환되어 대기 중으로 돌아간다.
→ 탈질산화 작용으로 ㉠은 탈질산화 세균

(나) ㉡에 의해 대기 중의 질소 기체가 ⓑ 암모늄 이온(NH_4^+)으로 전환된다. → 질소 고정 작용으로 ㉡은 질소 고정 세균

이에 대한 설명으로 옳은 것만을 〈보기〉에서 있는 대로 고른 것은?

[보기]

ㄱ. (가)는 ~~질소 고정 작용이다.~~
→ (가)는 탈질산화 작용

ㄴ. 질산화 세균은 ⓑ가 ⓐ로 전환되는 과정에 관여한다.
→ 질산화 세균은 암모늄 이온을 질산 이온으로 전환

ㄷ. ㉠과 ㉡은 모두 생태계의 구성 요소 중 ~~비생물적 요인~~에 해당한다.
→ ㉠과 ㉡은 모두 생물적 요인

① ㄱ ② ㄴ ③ ㄷ ④ ㄱ, ㄴ ⑤ ㄱ, ㄷ

| 문제+자료 분석 |

- (가): 토양 속 질산 이온이 질소 기체로 전환되는 것은 탈질산화 작용이다. 이 작용은 ㉠(탈질산화 세균)에 의해 일어난다.
- (나): 대기 중의 질소 기체가 암모늄 이온으로 전환되는 것은 질소 고정 작용이다. 이 작용은 ㉡(질소 고정 세균)에 의해 일어난다.

| 보기 분석 |

ㄱ. (가)는 토양 속 질산 이온이 질소 기체로 전환되어 대기 중으로 돌아가는 탈질산화 작용이다.

ㄴ. 질산화 세균은 ⓑ(암모늄 이온)이 ⓐ(질산 이온)으로 전환되는 과정에 관여한다.

ㄷ. ㉠(탈질산화 세균)과 ㉡(질소 고정 세균)은 모두 생태계의 구성 요소 중 생물적 요인에 해당한다. 대기 중의 질소 기체, 토양 속 질산 이온 등이 비생물적 요인에 해당한다.

* 질소의 순환

질소 고정 작용	질소 기체(N_2) → 암모늄 이온(NH_4^+) 질소 고정 세균에 의해 일어남
질산화 작용	암모늄 이온(NH_4^+) → 질산 이온(NO_3^-) 질산화 세균에 의해 일어남
탈질산화 작용	질산 이온(NO_3^-) → 질소 기체(N_2) 탈질산화 세균에 의해 일어남

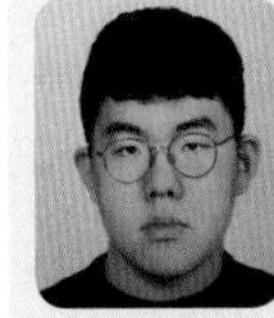
강민성 | 성균관대 의예과 2022년 입학 · 부산 해운대고 졸

교과서에 나와 있는 질소 순환, 탄소 순환, 에너지의 비순환 등에 대해서 반드시 알아둬야 해. 질소 순환이나 에너지의 흐름만 나온다고 탄소 순환을 게을리하는 경우가 있는데, 탄소 순환까지 꼭 챙겨두도록 하자.

Q 44 정답 ⑤ * 질소 순환 [정답률 86%] 2021 실시 10월 학평 12

그림은 식물 X의 뿌리혹에 서식하는 세균 Y를 나타낸 것이다. Y는 N_2를 이용해 합성한 NH_4^+을 X에게 제공하며, X는 양분을 Y에게 제공한다.

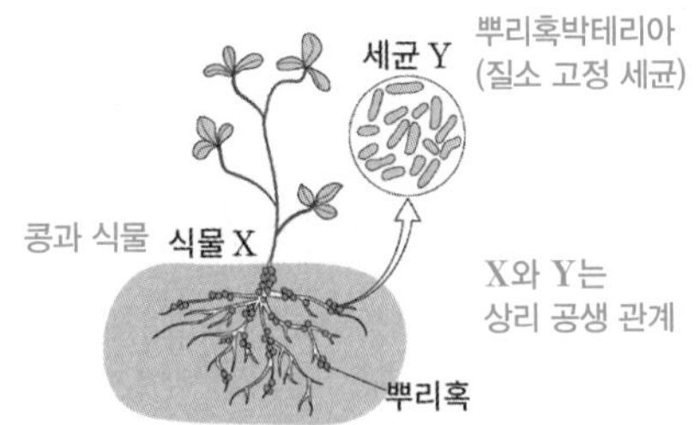

이에 대한 설명으로 옳은 것만을 〈보기〉에서 있는 대로 고른 것은? (3점)

[보기]

ㄱ. X는 단백질 합성에 NH_4^+을 이용한다.
→ X는 암모늄 이온(NH_4^+)을 이용해 단백질을 합성

ㄴ. Y에서 질소 고정이 일어난다.
→ 질소 고정 세균인 Y에서 질소 고정이 일어남

ㄷ. X와 Y 사이의 상호 작용은 상리 공생이다.
→ X와 Y 모두 이익을 얻는 상리 공생 관계

① ㄱ ② ㄷ ③ ㄱ, ㄴ ④ ㄴ, ㄷ ⑤ ㄱ, ㄴ, ㄷ

| 문제+자료 분석 |

- X(콩과 식물): 식물은 대기 중의 질소 기체를 물질대사에 직접 이용할 수 없으므로 질소 고정 세균과 공생하여 암모늄 이온과 같은 형태로 질소를 제공 받는다. 콩과 식물은 뿌리혹박테리아와 공생 관계이다.
- Y(뿌리혹박테리아): 뿌리혹박테리아는 질소 고정 세균으로 대기 중의 질소 기체를 암모늄 이온과 같이 식물이 이용할 수 있는 형태로 전환한다.

| 보기 분석 |

ㄱ. X는 생산자로 물에 녹을 수 있는 암모늄 이온(NH_4^+)과 질산 이온(NO_3^-) 등을 이용해 단백질과 같은 복잡한 질소 화합물을 합성한다.

ㄴ. 질소 고정 세균인 Y에서 대기 중의 질소 기체를 암모늄 이온(NH_4^+)과 같이 식물이 이용할 수 있는 형태로 전환하는 질소 고정이 일어난다.

ㄷ. 세균 Y는 식물 X로부터 서식처와 포도당과 같은 영양분을 제공받고, 식물 X는 세균 Y로부터 질소 화합물을 합성하기 위한 암모늄 이온(NH_4^+)을 제공받는다. 두 종이 모두 이익을 얻으므로 이들의 상호 작용은 상리 공생이다.

Q 45 정답 ④ * 질소의 순환 ······ [정답률 50%] 2023 실시 7월 학평 11

그림은 생태계에서 일어나는 질소 순환 과정 일부를 나타낸 것이다. ㉠~㉢은 암모늄 이온(NH_4^+), 질소 기체(N_2), 질산 이온(NO_3^-)을 순서 없이 나타낸 것이고, 과정 Ⅰ과 Ⅱ는 각각 질소 고정 작용과 탈질산화 작용 중 하나이다.

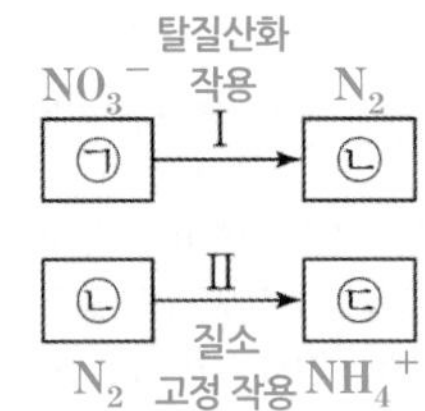

이에 대한 설명으로 옳은 것만을 〈보기〉에서 있는 대로 고른 것은?

[보기]

ㄱ. ㉡은 ~~암모늄 이온(NH_4^+)~~이다. ㉡은 질소 기체(N_2)임

ㄴ. 뿌리혹박테리아에 의해 Ⅱ가 일어난다.
뿌리혹박테리아에 의해 Ⅱ가 일어남

ㄷ. 식물은 ㉠을 이용하여 단백질과 같은 질소 화합물을 합성할 수 있다.
식물은 ㉠(NO_3^-)과 ㉢(NH_4^+)을 이용하여 단백질, 핵산과 같은 질소 화합물을 합성함

① ㄱ ② ㄴ ③ ㄱ, ㄷ ④ ㄴ, ㄷ ⑤ ㄱ, ㄴ, ㄷ

| 문제+자료 분석 |

- **질소 고정 작용**: 대기 중의 질소 기체(N_2)는 질소 고정 세균(뿌리혹박테리아, 아조토박터 등)에 의해 암모늄 이온(NH_4^+)이 되거나, 공중 방전에 의해 질산 이온(NO_3^-)으로 고정되어 생물에 이용된다.
- **탈질산화 작용**: 토양 속 질산 이온(NO_3^-)은 탈질산화 세균에 의해 질소 기체(N_2)가 되어 대기 중으로 돌아간다.
- Ⅰ: 질산 이온(NO_3^-)이 질소 기체(N_2)로 전환되는 과정이므로 탈질산화 작용이다.
- Ⅱ: 질소 기체(N_2)가 암모늄 이온(NH_4^+)이 되는 과정이므로 질소 고정 작용이다.

| 보기 분석 |

ㄱ. ㉡은 탈질산화 작용의 생성물이며, 질소 고정 작용의 반응물이므로 질소 기체(N_2)이다.

ㄴ. 대기 중의 질소 기체(N_2)는 질소 고정 세균인 뿌리혹박테리아나 아조토박터 등에 의해 암모늄 이온(NH_4^+)으로 전환된다. 따라서 뿌리혹박테리아에 의해 질소 고정 작용(Ⅱ)이 일어난다.

ㄷ. ㉠(질산 이온, NO_3^-)이나 ㉢(암모늄 이온, NH_4^+)은 생산자에 의해 흡수되어 질소 화합물(단백질, 핵산)로 합성된 후, 먹이 사슬을 따라 소비자에게로 이동된다.

Q 46 정답 ⑤ * 탄소의 순환 ······ [정답률 88%] 2023 실시 10월 학평 11

다음은 생태계에서 일어나는 탄소 순환 과정에 대한 자료이다. ㉠과 ㉡은 생산자와 소비자를 순서 없이 나타낸 것이고, ⓐ와 ⓑ는 유기물과 CO_2를 순서 없이 나타낸 것이다.

(㉠: 생산자, ㉡: 소비자)

- 탄소는 먹이 사슬을 따라 ㉠에서 ㉡으로 이동한다.
- 식물은 광합성을 통해 대기 중 ⓐ로부터 ⓑ를 합성한다.

(ⓐ: CO_2, ⓑ: 유기물)

이에 대한 옳은 설명만을 〈보기〉에서 있는 대로 고른 것은?

[보기]

ㄱ. 식물은 ㉠에 해당한다.
식물은 ㉠(생산자)에 해당함

ㄴ. 대기에서 탄소는 주로 ⓐ의 형태로 존재한다.
대기에서 탄소는 주로 ⓐ(CO_2)의 형태로 존재함

ㄷ. 분해자는 사체나 배설물에 포함된 ⓑ를 분해한다.
분해자는 사체나 배설물에 포함된 ⓑ(유기물)를 분해하여 살아감

① ㄱ ② ㄷ ③ ㄱ, ㄴ ④ ㄴ, ㄷ ⑤ ㄱ, ㄴ, ㄷ

| 문제+자료 분석 |

- 소비자는 생산자를 먹이로 섭취하므로, 탄소(C)는 먹이 사슬을 따라 유기물의 형태로 생산자(㉠)에서 소비자(㉡)로 이동한다.
- 식물은 광합성을 통해 대기 중의 CO_2(ⓐ)로부터 유기물(ⓑ)을 합성한다.

| 보기 분석 |

ㄱ. 식물은 생산자(㉠)에 해당한다. 생산자는 광합성을 통해 스스로 유기물을 합성할 수 있는 생물로, 생산자의 예로는 식물, 식물성 플랑크톤이 있다.

ㄴ. 대기에서 탄소는 주로 CO_2의 형태로 존재하므로, ⓐ는 CO_2(이산화 탄소)이다.

ㄷ. 분해자는 생물의 사체나 배설물에 포함된 유기물(ⓑ)을 분해하여 살아가는 생물로, 분해자의 예로는 세균, 버섯, 곰팡이가 있다.

* 탄소의 순환

광합성	• 대기 중의 CO_2(물속의 HCO_3^-) → 유기물 • 생산자에 의해 일어남
호흡	• 유기물 → CO_2 • 생산자, 소비자, 분해자에 의해 일어남
연소	• 화석 연료 → CO_2 • 인간의 활동에 의해 일어남

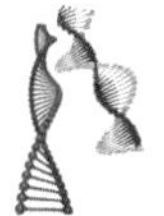

R 생물의 다양성과 보존

R 01 정답 ③ ＊생물 다양성 [정답률 93%] 2025 대비 6월 모평 20

다음은 생물 다양성에 대한 자료이다. A와 B는 유전적 다양성과 종 다양성을 순서 없이 나타낸 것이다.

단서
- ○ A는 한 생태계 내에 존재하는 생물종의 다양한 정도를 의미한다. (종 다양성)
- ○ 같은 종의 개체들이 서로 다른 대립유전자를 가져 형질이 다양하게 나타나는 것은 B에 해당한다. (유전적 다양성)

이에 대한 설명으로 옳은 것만을 〈보기〉에서 있는 대로 고른 것은?

[보기]

ㄱ. A는 종 다양성이다.
한 생태계 내에 존재하는 생물종의 다양한 정도는 종 다양성(A)임

ㄴ. A가 감소하는 원인 중에는 서식지 파괴가 있다.
서식지가 파괴되면 서식하는 생물이 멸종될 가능성이 커져 종 다양성(A)이 감소함

ㄷ. B가 높은 종은 환경이 급격히 변했을 때 멸종될 확률이 높다.
유전적 다양성이 높은 종은 급격한 환경 변화에도 쉽게 멸종하지 않음

① ㄱ ② ㄷ ③ ㄱ, ㄴ ④ ㄴ, ㄷ ⑤ ㄱ, ㄴ, ㄷ

| 문제+자료 분석 |

- **종 다양성(A):** 어느 한 생태계에 서식하는 생물종의 다양한 정도이므로 A는 종 다양성에 해당한다. 숲의 벌채, 습지의 매립 등으로 서식지가 파괴되면 그 지역에 서식하는 생물이 멸종될 가능성이 커져 종 다양성이 크게 감소한다.
- **유전적 다양성(B):** 한 생물종에 얼마나 다양한 대립유전자가 존재하는가를 뜻한다. 즉, 대립유전자의 종류가 다양할수록 생물종의 유전적 다양성이 높다고 할 수 있다.
  ➡ 유전적 다양성이 높은 개체군은 적응력이 높아 급격한 환경 변화에도 생존할 가능성이 크다.

| 보기 분석 |

ㄱ. 종 다양성은 어느 한 생태계에 서식하는 생물종의 다양한 정도이므로 A는 종 다양성에 해당한다.

ㄴ. 서식지가 파괴되면 그 지역에 서식하는 생물이 멸종될 가능성이 커져 종 다양성(A)이 감소한다

ㄷ. 유전적 다양성(B)이 높을수록 개체군 내의 개체들 사이에 유전자 변이의 빈도가 높아 질병 발생 등의 환경 변화에도 적응하여 살아남는 개체가 있을 가능성이 높다.
따라서 유전적 다양성(B)이 높은 종은 급격한 환경 변화에도 쉽게 멸종하지 않는다.

R 02 정답 ⑤ ＊생물 다양성 [정답률 93%] 2024 실시 5월 학평 20

다음은 어떤 꿀벌 종에 대한 자료이다.

(가) 꿀벌은 여왕벌, 수벌, 일벌이 서로 일을 분담하여 협력한다.  단서 ➡ 사회생활

(나) 꿀벌이 벌집을 만들기 위해 분비하는 물질인 밀랍은 광택제, 모형 제작, 방수제, 화장품 등에 사용된다.
➡ 다양한 생물 자원의 사례

(다) 환경이 급격하게 변화하였을 때 ㉠ 유전적 다양성이 높은 집단에서가 낮은 집단에서보다 더 많은 수의 개체가 살아남았다. ➡ 유전적 다양성의 중요성

이에 대한 설명으로 옳은 것만을 〈보기〉에서 있는 대로 고른 것은? (3점)

[보기]

ㄱ. (가)는 개체군 내의 상호 작용의 예에 해당한다.
사회생활은 개체군 내의 상호 작용의 예임

ㄴ. (나)에서 생물 자원이 활용되었다.
(나)에서 밀랍이 사용되는 사례는 생물 자원에 해당함

ㄷ. 동일한 종의 무당벌레에서 반점 무늬가 다양하게 나타나는 것은 ㉠의 예에 해당한다.
다양한 반점 무늬 대립유전자가 존재하는 유전적 다양성(㉠)의 예에 해당함

① ㄱ ② ㄴ ③ ㄱ, ㄷ ④ ㄴ, ㄷ ⑤ ㄱ, ㄴ, ㄷ 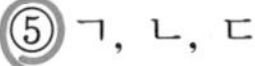

| 문제+자료 분석 |

- 꿀벌은 여왕벌, 수벌, 일벌이 서로 일을 분담하여 협력하는데, 이는 역할에 따라 계급과 업무를 분담하여 생활하는 것이다.
  ➡ 개체군 내의 상호 작용 중에서 사회생활에 해당한다.
- 광택제, 모형 제작, 방수제, 화장품 등에 밀랍이 사용되는 사례는 생물 자원에 해당한다. 생물 자원은 인간이 생활에 이용하는 자원 중 생물에서 유래한 것으로, 인간은 생물로부터 식량, 의복 재료, 의약품 원료 등을 얻는다.
- 유전적 다양성은 한 생물종에 얼마나 다양한 대립유전자가 존재하는가를 뜻한다. 같은 생물종이라도 각 개체가 갖는 대립유전자가 다양하여 색, 모양, 크기 등이 다양하게 나타난다. 유전적 다양성이 높은 개체군은 적응력이 높아 급격한 환경 변화에도 생존할 가능성이 크다.
  ➡ 동일한 종의 무당벌레에서 반점 무늬가 다양하게 나타나는 것은 유전적 다양성(㉠)에 해당한다.

| 보기 분석 |

ㄱ. (가)는 같은 종의 개체군 내에서 계급과 업무를 분담하여 생활하는 것으로 사회생활에 해당한다. 사회생활은 개체군 내의 상호 작용의 예이다.

ㄴ. 생물 자원은 인간이 생활에 이용하는 자원 중 생물에서 유래한 것이다. 광택제, 모형 제작, 방수제, 화장품 등에 밀랍이 사용되는 사례는 생물 자원에 해당한다.

ㄷ. 동일한 종의 무당벌레에서 반점 무늬가 다양하게 나타나는 것은 다양한 반점 무늬 대립유전자가 존재하는 유전적 다양성(㉠)에 해당한다.

＊ 생물 다양성

- 생태계에 존재하는 생물의 다양한 정도를 의미하며, 개체군의 유전적 다양성, 생태계를 구성하는 종 다양성, 일정한 지역에 나타나는 생태계 다양성을 모두 포함한다.

R 03 정답 ③ * 생물 다양성 [정답률 82%] 2020 실시 3월 학평 20

지구의 다양한 환경에 다양한 생물이 살고 있는 것을 의미

생물 다양성에 대한 옳은 설명만을 〈보기〉에서 있는 대로 고른 것은? (3점)

[보기]

ㄱ. 생물 다양성이 낮을수록 생태계의 평형이 깨지기 쉽다.
→ 생물 다양성이 높을수록 안정적임

ㄴ. 사람의 눈동자 색깔이 다양한 것은 유전적 다양성에 해당한다. → 유전적 다양성은 개체군 내의 개체들에게서 다양한 형질이 나타나는 것을 의미

ㄷ. 한 지역에서 종의 수가 일정할 때, 각 종의 개체 수 비율이 균등할수록 종 다양성이 낮다.
→ 종 다양성은 종의 수가 많을수록, 종의 비율이 고를수록 높음

① ㄱ ② ㄷ ③ ㄱ, ㄴ ④ ㄴ, ㄷ ⑤ ㄱ, ㄴ, ㄷ

| 문제+자료 분석 |

- 생물 다양성이란 다양한 환경에 다양한 생물이 살고 있는 것을 의미한다.
- 생물 다양성이 높을수록 생태계의 평형이 안정적으로 유지된다.
- 사람의 눈동자 색깔은 유전자에 따라 다양한 표현형이 존재한다.
- 한 지역에서 종의 수가 일정할 때, 종의 개체 수 비율이 균등할수록 종 다양성이 높다.

| 보기 분석 |

ㄱ. 생물 다양성이 높을수록 생태계는 안정적이다. 생물 다양성이 유지되는 생태계는 교란이 있어도 생태계 평형이 유지될 가능성이 크다.

ㄴ. 유전적 다양성은 개체군 내의 개체들에게서 다양한 형질이 나타나는 것을 의미하며, 사람의 다양한 눈동자 색깔, 무당벌레의 다양한 색과 반점 무늬, 기린의 다양한 털 무늬 등이 해당한다.

ㄷ. 종 다양성은 한 지역에서 종의 다양한 정도를 의미하며, 종의 수가 많을수록, 종의 비율이 고를수록 종 다양성이 높다.

R 04 정답 ④ * 생물 다양성 [정답률 65%] 2023 실시 4월 학평 5

생물 다양성에 대한 설명으로 옳은 것만을 〈보기〉에서 있는 대로 고른 것은?

[보기]

ㄱ. 한 생태계 내에 존재하는 생물종의 다양한 정도를 생태계 다양성이라고 한다.
생물종의 다양한 정도는 종 다양성임

ㄴ. 남획은 생물 다양성을 감소시키는 원인에 해당한다.
특정 개체군의 무분별한 포획은 생물 다양성 감소의 원인임

ㄷ. 서식지 단편화에 의한 피해를 줄이기 위한 방법에 생태 통로 설치가 있다.
생태 통로 설치는 서식지 단편화에 의한 피해를 줄이는 방법임

① ㄱ ② ㄴ ③ ㄱ, ㄷ ④ ㄴ, ㄷ ⑤ ㄱ, ㄴ, ㄷ

| 문제+자료 분석 |

- 생물 다양성은 유전적 다양성, 종 다양성, 생태계 다양성으로 구분할 수 있다.
- 불법 포획이나 남획으로 일부 종이 멸종 위기에 처해 생물 다양성이 감소될 수 있다.
- 대규모의 서식지가 소규모로 분할되는 서식지 단편화는 생물 이동을 제한하여 고립시키기 때문에 특정 종의 멸종으로 이어져 생물 다양성을 감소시킬 수 있다.

| 보기 분석 |

ㄱ. 한 생태계 내에 존재하는 생물종의 다양한 정도는 종 다양성에 해당한다. 생태계 다양성은 어떤 지역에 사막, 초원, 삼림, 습지, 산, 호수, 강, 바다 등 다양한 생태계가 존재함을 의미한다.

ㄴ. 어떤 개체군을 무분별하게 포획하는 남획으로 인해 일부 종이 멸종하게 되면 생물 다양성이 감소하게 된다.

ㄷ. 단편화된 서식지에 생태 통로를 설치하면 생물의 이동 경로를 확보하고 생물들의 사고를 방지할 수 있으므로 서식지 단편화에 의한 피해를 줄일 수 있다.

R 05 정답 ⑤ * 생물 다양성 [정답률 88%] 2019 실시 4월 학평 12

다음은 습지 A에 대한 자료이다.

종 다양성에 해당

A는 강과 육지 사이에 위치하는 습지이다. ㉠A에는 340종의 식물, 62종의 조류, 28종의 어류 등 다양한 생물종이 서식하고 있다. A는 ㉡지구상에 존재하는 생태계 중 하나이며, 다양한 종류의 식물과 동물로 구성되어 있어 특이한 자연 경관을 만들어낸다. 또한 인간의 의식주에 필요한 각종 자원을 제공한다.

이에 대한 설명으로 옳은 것만을 〈보기〉에서 있는 대로 고른 것은?

[보기]

ㄱ. ㉠은 생물 다양성의 3가지 의미 중 종 다양성에 해당한다.
→ 특정 장소에 다양한 종이 서식하는 것은 종 다양성에 해당

ㄴ. ㉡이 다양할수록 생물 다양성은 증가한다.
→ ㉡(생태계)이 다양할수록 생물 다양성이 증가함

ㄷ. A로부터 다양한 생물 자원을 얻을 수 있다.
→ 습지 A에는 다양한 생물 자원이 존재함

① ㄱ ② ㄷ ③ ㄱ, ㄴ ④ ㄴ, ㄷ ⑤ ㄱ, ㄴ, ㄷ

| 문제+자료 분석 |

◈ 생물 다양성

- **유전적 다양성**: 같은 종에서 나타나는 유전자의 다양한 정도이다.
- **종 다양성**: 한 생태계 내에 존재하는 생물종의 다양한 정도
- **생태계 다양성**: 사막, 삼림, 습지, 갯벌, 초원, 바다 등 생태계(㉡)의 다양함을 의미하고, 비생물적 요인을 포함
- 습지 A에는 다양한 생물 자원을 얻을 수 있음

| 보기 분석 |

ㄱ. 습지 A에 다양한 생물종이 서식한다는 의미는 종 다양성에 해당한다.
ㄴ. ㉡(지구상에 존재하는 생태계)이 다양할수록 생물 다양성이 증가한다.
ㄷ. 습지 A로부터 다양한 생물 자원을 얻어 이용할 수 있다.

갯벌, 습지 등과 같이 두 생태계가 인접한 곳에는 종 다양성이 높음 (꿀팁)

* 생물 자원

의식주 자원	작물 − 목화 / 식량 − 쌀, 밀 / 주택 재료 − 나무
의약품 자원	항생제인 페니실린의 원료 − 푸른곰팡이
지표종 자원	특정 지역의 환경 상태를 알려주는 지의류
관광 자원	여가 활동 장소 − 휴양림 / 생태 체험 학습장 − 갯벌

R 06 정답 ⑤ * 생물 다양성 [정답률 91%] 2021 실시 4월 학평 4

다음은 생물 다양성에 대한 학생 A~C의 발표 내용이다.

지구의 다양한 환경에 다양한 생물이 살고 있는 것

생태계 다양성

한 생태계 내에 존재하는 생물종의 다양한 정도를 종 다양성이라고 합니다.

같은 종의 무당벌레에서 반점 무늬가 다양하게 나타나는 것은 유전적 다양성에 해당합니다.

삼림, 초원, 사막, 습지 등이 다양하게 나타날수록 생물 다양성은 증가합니다.

종 다양성이 높을수록 생태계가 안정적으로 유지된다.

같은 종 안에서 다양한 형질 나타냄

제시한 내용이 옳은 학생만을 있는 대로 고른 것은?

① A ② B ③ A, C ④ B, C ⑤ A, B, C

| 문제+자료 분석 |

- **유전적 다양성**: 개체군 내의 개체들이 유전자 변이로 인해 다양한 형질을 나타내는 것이다.
- **종 다양성**: 한 생태계에 다양한 생물 종이 살고 있는 정도를 의미하는 것으로 종의 수고 많고 종의 비율이 고를수록 종 다양성이 높다.
- **생태계 다양성**: 사막, 초원, 삼림, 습지, 강, 호수 등 생태계의 다양함을 의미한다.

| 선택지 분석 |

A. 한 생태계 내에 존재하는 생물 종의 다양한 정도를 종 다양성이라고 한다. 종의 수가 많을수록, 각 종이 전체에서 차지하는 비율이 고를수록 종 다양성이 높으며, 종 다양성이 높을수록 생태계가 안정적으로 유지된다.

B. 같은 종의 무당벌레에서 반점 무늬가 다양하게 나타나는 것과 같이 개체군 내의 개체들이 유전자 변이로 다양한 형질을 보이는 것을 유전적 다양성이라 한다. 유전적 다양성이 높은 종은 급작스러운 외부의 변화가 일어나도 멸종될 확률이 낮다.

C. 사막, 초원, 사막, 습지 등이 다양하게 나타나는 것을 생태계 다양성이라고 하며, 생태계 다양성이 증가할수록 유전적 다양성과 종 다양성도 높아진다.

R 07 정답 ④ * 생물 다양성

[정답률 56%] 2021 실시 3월 학평 20

다음은 생물 다양성에 대한 학생 A~C의 대화 내용이다.

제시한 내용이 옳은 학생만을 있는 대로 고른 것은?

① A ② C ③ A, B ④ B, C ⑤ A, B, C

| 문제+자료 분석 |

- **생물 다양성**: 생물 다양성이란 한 개체군 내에서의 유전적 다양성, 생태계를 구성하는 종 다양성, 일정한 지역에서 나타나는 생태계 다양성을 모두 포함한다.

| 선택지 분석 |

A: 한 생태계에 있는 생물 종의 다양한 정도는 종 다양성이다. 생태계 다양성은 일정한 지역에 존재하는 생태계의 다양한 정도를 말한다.

B: 생물 다양성 감소의 원인은 서식지 파괴와 단편화, 불법 포획과 남획, 외래 생물(외래종)의 도입, 환경 오염과 기후 변화 등이 있다.

C: 생물 다양성을 보전하기 위한 방안으로는 서식지 보호(생태 통로 설치, 보호 구역 지정), 생물종 보전 사업(멸종 위기종 지정 및 복원 사업, 종자 은행), 외래 생물로 인한 피해 방지, 법률 제정 및 국제 협약 가입 등이 있다.

* 생물 다양성

유전적 다양성	한 개체군 내에 존재하는 유전적 변이의 다양한 정도
종 다양성	한 생태계 내의 군집에 서식하고 있는 생물종의 다양한 정도
생태계 다양성	일정한 지역에 존재하는 생태계의 다양한 정도

R 08 정답 ① * 종 다양성

[정답률 84%] 2022 대비 수능 20

그림 (가)는 어떤 숲에 사는 새 5종 ㉠~㉤이 서식하는 높이 범위를, (나)는 숲을 이루는 나무 높이의 다양성에 따른 새의 종 다양성을 나타낸 것이다. 나무 높이의 다양성은 숲을 이루는 나무의 높이가 다양할수록, 각 높이의 나무가 차지하는 비율이 균등할수록 높아진다.

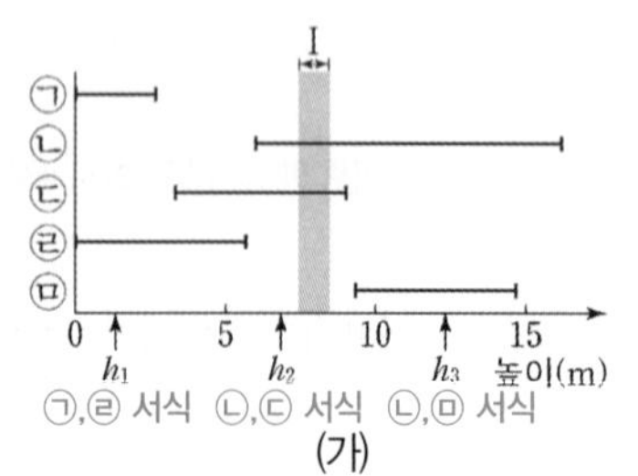

(가)

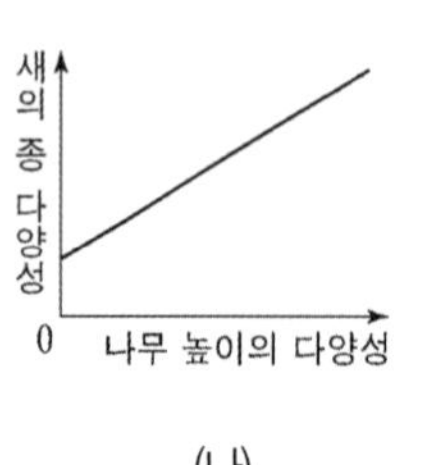

(나)

→ 나무 높이의 다양성이 높아질수록 서식하는 새의 종 다양성도 높아짐

이 자료에 대한 설명으로 옳은 것만을 〈보기〉에서 있는 대로 고른 것은?

[보기]

ㄱ. ㉠이 서식하는 높이는 ㉤이 서식하는 높이보다 낮다.
→ ㉠이 서식하는 높이는 5종 중 가장 낮음

ㄴ. 구간 Ⅰ에서 ㉡은 ㉢과 한 개체군을 이루어 서식한다.
→ 구간 Ⅰ에서 ㉡과 ㉢은 군집을 이룸

ㄷ. 새의 종 다양성은 높이가 h_3인 나무만 있는 숲에서가 높이가 h_1, h_2, h_3인 나무가 고르게 분포하는 숲에서보다 높다.
→ 높이가 h_1, h_2, h_3인 나무가 고르게 분포하는 숲에서 새의 종 다양성이 높음

① ㄱ ② ㄴ ③ ㄷ ④ ㄱ, ㄴ ⑤ ㄴ, ㄷ

| 문제+자료 분석 |

- (가): 높이가 h_1인 나무는 비교적 낮은 나무로 ㉠과 ㉣이 서식 가능하며 높이가 h_3인 나무는 비교적 높은 나무로 ㉡과 ㉤이 서식 가능하다.
- (나): 나무 높이의 다양성이 높아질수록 서식하는 새의 종 다양성도 높아진다.

| 보기 분석 |

ㄱ. ㉠은 높이가 h_1인 나무 등 낮은 높이에서 서식하며, ㉤은 높이가 h_3인 나무 등 높은 높이에서 서식한다. ㉠이 서식하는 높이는 ㉤이 서식하는 높이보다 낮다.

ㄴ. ㉡과 ㉢은 서로 다른 종이므로 하나의 개체군이 될 수 없으며 구간 Ⅰ에서 군집을 이루어 서식한다.

ㄷ. 새의 종 다양성은 나무 높이의 다양성이 높아질수록 높아진다. 높이가 h_1, h_2, h_3인 나무가 고르게 분포하는 숲에서가 높이가 h_3인 나무가 있는 숲에서보다 새의 종 다양성이 높다.

강민성 | 성균관대 의예과 2022년 입학 · 부산 해운대고 졸

새로운 자료였지만 어렵진 않았어. 그냥 말그대로 읽으면 되는 문제야. 여기서 추가적으로 알아두면 좋은건 해당 자료의 상황이 분서라는 거야. 다른 종들이 서식 공간을 나누는 게 분서고, 이를 텃세와 구분하는 것은 아주 기본적인 사항 중 하나야. 이것도 역시 교과서의 개념을 필수로 정리해두도록 하자.

R 09 정답 ④ ＊생물 다양성 [정답률 85%] 2022 실시 4월 학평 17

그림 (가)는 서대서양에서 위도에 따른 해양 달팽이의 종 수를, (나)는 이 해양에서 평균 해수면 온도에 따른 해양 달팽이의 종 수를 나타낸 것이다.
비생물적 요인 생물적 요인

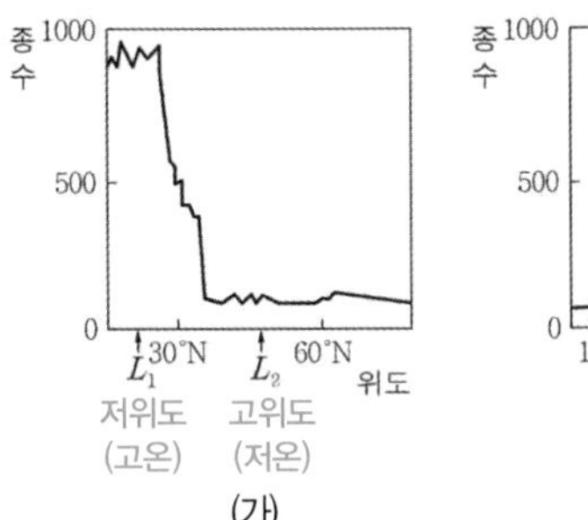

(가)

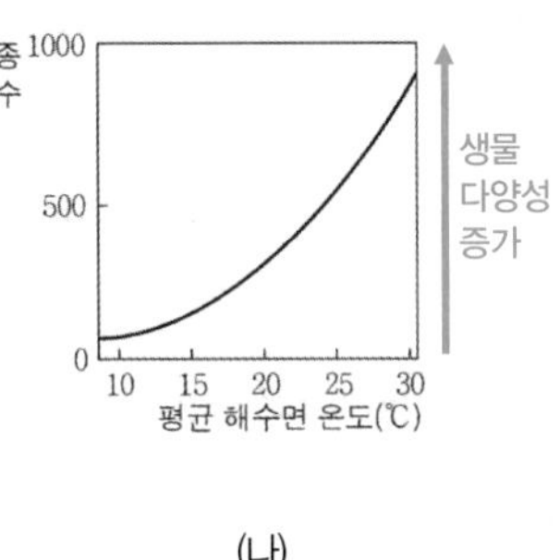

(나)

이에 대한 설명으로 옳은 것만을 〈보기〉에서 있는 대로 고른 것은? (3점)

[보기]

ㄱ. 해양 달팽이의 종 수는 위도 L_2에서가 L_1에서보다 많다.
해양 달팽이의 종 수는 위도 L_2에서가 L_1에서보다 적음

ㄴ. (나)에서 평균 해수면 온도가 높을수록 해양 달팽이의 종 수가 증가하는 것은 비생물적 요인이 생물에 영향을 미치는 예에 해당한다.
비생물적 요인인 해수면 온도가 생물적 요인인 해양 달팽이의 종 수에 영향을 미치는 예에 해당함

ㄷ. 종 다양성이 높을수록 생태계가 안정적으로 유지된다.
종 다양성이 높을수록 생태계가 안정적으로 유지됨

① ㄱ ② ㄷ ③ ㄱ, ㄴ ④ ㄴ, ㄷ ⑤ ㄱ, ㄴ, ㄷ

| 문제+자료 분석 |

- (가): 위도가 낮은 L_1은 해양 달팽이의 종 수가 많고, 위도가 높은 L_2는 해양 달팽이의 종 수가 적다.
- (나): 평균 해수면 온도가 높을수록 해양 달팽이의 종 수가 많아진다. 종 수가 많고 각 종이 균등하게 분포할수록 종 다양성이 높다.

| 보기 분석 |

ㄱ. 해양 달팽이의 종 수는 위도가 낮은 L_1에서가 위도가 높은 L_2에서보다 많다.

ㄴ. 평균 해수면 온도가 높을수록 해양 달팽이의 종 수가 증가하는 것은 비생물적 요인인 해수면 온도가 생물적 요인인 해양 달팽이에 영향을 미치는 예에 해당한다.

ㄷ. 종 다양성이 높을수록 먹이 그물이 복잡하고 멸종될 확률이 낮아 생태계가 안정적으로 유지된다.

＊ 생물 다양성

유전적 다양성	한 개체군 내에 존재하는 유전적 변이의 다양한 정도이다.
종 다양성	한 생태계 내의 군집에 서식하고 있는 생물종의 다양한 정도이다.
생태계 다양성	일정한 지역에 존재하는 생태계의 다양한 정도이다.

R 10 정답 ① ＊생물 다양성 [정답률 83%] 2023 대비 6월 모평 9

다음은 생물 다양성에 대한 학생 A~C의 대화 내용이다.

같은 종 내에서 형질이 다양한 것은 유전적 다양성
삼림, 초원, 사막 등 다양한 생태계가 존재

같은 종의 무당벌레에서 색과 무늬가 다양하게 나타나는 것은 유전적 다양성에 해당해. (학생 A)
한 생태계 내에 존재하는 생물 종의 다양한 정도를 생태계 다양성이라고 해. (학생 B) → 종
종 수가 같을 때 전체 개체 수에서 각 종이 차지하는 비율이 균등할수록 종 다양성은 낮아져. (학생 C) → 높아져

종의 비율이 균등할수록 종 다양성 증가

제시한 내용이 옳은 학생만을 있는 대로 고른 것은?

① A ② B ③ A, C ④ B, C ⑤ A, B, C

| 문제+자료 분석 |

- **유전적 다양성**: 같은 종이라도 개체군 내의 개체들이 유전자의 변이로 인해 다양한 형질을 나타내는 것을 의미한다. 종 내에 다양한 대립유전자가 존재하면 유전적 다양성이 높게 나타난다.
- **종 다양성**: 한 지역에서 종의 다양한 정도를 의미한다. 종 수가 많을수록, 전체 개체 수에서 각 종이 차지하는 비율이 균등할수록 종 다양성이 높게 나타난다.
- **생태계 다양성**: 어떤 지역에서 삼림, 초원, 사막, 습지, 산, 호수 등 다양한 생태계가 존재함을 의미한다. 생태계 다양성이 높은 지역에서 서로 다른 환경에 적응하는 다양한 종이 나타나게 되므로 유전적 다양성과 종 다양성이 높아진다.

| 선택지 분석 |

A. 같은 종 내에서 다양한 대립유전자가 존재하여 다양한 형질이 나타나는 것은 유전적 다양성에 해당한다.

B. 한 지역에 존재하는 생물 종의 다양한 정도는 종 다양성에 해당한다. 생태계 다양성은 어떤 지역에서 삼림, 초원, 사막, 습지 등 다양한 생태계가 존재함을 의미한다.

C. 종 다양성은 생물 종 수가 많을수록, 각 종이 차지하는 비율이 균등할수록 높다.

R 11 정답 ① * 종 다양성 [정답률 65%] 2020 대비 수능 16

그림은 서로 다른 지역 (가)~(다)에 서식하는 식물 종 A~C를 나타낸 것이고, 표는 종 다양성에 대한 자료이다. (가)~(다)의 면적은 모두 같다.

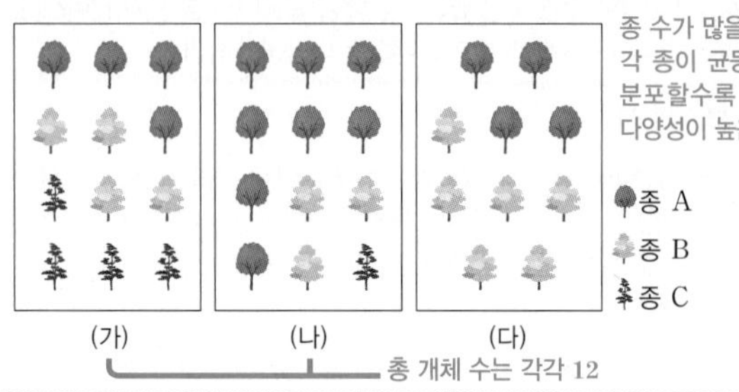

- 어떤 지역의 종 다양성은 종 수가 많을수록, 전체 개체 수에서 각 종이 차지하는 비율이 균등할수록 높아진다.

이 자료에 대한 설명으로 옳은 것만을 〈보기〉에서 있는 대로 고른 것은? (단, A~C 이외의 종은 고려하지 않는다.) (3점)

[보기]

ㄱ. 식물의 종 다양성은 (가)에서가 (나)에서보다 높다.
→ (가)와 (나)에서 종 수는 동일하고 (나)보다 (가)에서 각 종이 차지하는 비율이 균등하므로 종 다양성이 높음

ㄴ. A의 개체군 밀도는 (가)에서가 (다)에서보다 낮다.
→ A의 개체군 밀도는 (가)와 (다)에서 같음

ㄷ. (다)에서 A는 B와 한 개체군을 이룬다.
→ A와 B는 서로 다른 개체군을 이룸

① ㄱ ② ㄷ ③ ㄱ, ㄴ ④ ㄴ, ㄷ ⑤ ㄱ, ㄴ, ㄷ

| 문제+자료 분석 |

◈ 종 다양성
- 종 다양성은 종의 수가 많고 분포 비율이 고를 때 높다.
- (가)와 (나) 지역에서 종 수는 동일하지만 각 종이 차지하는 비율은 (가) 지역이 (나) 지역보다 더 균등하므로 (가)의 종 다양성이 더 높다.

| 보기 분석 |

ㄱ. 종 다양성은 같은 면적의 지역 내에서 종의 수가 많을수록, 각 종이 차지하는 비율이 균등할수록 높아진다.
(가)와 (나)에서 종의 수는 동일하지만, (가)에서 A~C의 개체 수는 4로 각 종이 균등한 비율로 분포하므로 (가)에서 종 다양성이 (나)에서보다 높다.

ㄴ. 개체군의 밀도는 일정한 면적에 서식하는 개체의 수로 구할 수 있다.
(가)와 (다) 지역의 면적은 동일하고, 지역에 서식하는 A의 개체 수도 4로 동일하므로 개체군 밀도는 (가)와 (다)에서 동일하다. 주의

ㄷ. 개체군은 같은 종의 개체가 특정한 지역 내에서 집단을 이루어 서식하는 것을 뜻한다. A와 B는 서로 다른 종이므로 서로 다른 두 개의 개체군을 이룬다.

* 개체군 밀도
- 개체군이 서식하는 공간의 단위 면적당 개체 수를 의미한다.
- 개체군 밀도 $=\dfrac{\text{개체군을 구성하는 개체 수}}{\text{개체군이 서식하는 공간의 면적}}$
- 개체군의 밀도를 증가시키는 요인은 출생, 이입이 있으며, 감소시키는 요인은 사망, 이출이 있다.

R 12 정답 ③ * 군집의 구조 [정답률 77%] 2021 실시 7월 학평 19

생물 다양성에 대한 설명으로 옳은 것만을 〈보기〉에서 있는 대로 고른 것은?

[보기]

ㄱ. 불법 포획과 남획에 의한 멸종은 생물 다양성 감소의 원인이 된다.
→ 생물 다양성 감소의 주요 원인에는 서식지 파괴 및 단편화, 불법 포획과 남획, 환경 오염과 기후 변화, 외래종의 도입이 있음

ㄴ. 생태계 다양성은 어느 한 군집에 서식하는 생물종의 다양한 정도를 의미한다.
→ 한 지역에서 생물종의 다양한 정도는 종 다양성을 의미함

ㄷ. 같은 종의 기린에서 털 무늬가 다양하게 나타나는 것은 유전적 다양성에 해당한다.
→ 유전적 다양성은 같은 종이라도 개체군 내 개체들이 유전자의 변이로 다양한 형질이 나타나는 것을 의미

① ㄱ ② ㄴ ③ ㄱ, ㄷ ④ ㄴ, ㄷ ⑤ ㄱ, ㄴ, ㄷ

| 문제+자료 분석 |

- **생물 다양성**: 다양한 환경에 다양한 생물이 살고 있는 것을 의미하며, 생물종의 다양함 뿐만 아니라 각각의 생물종이 가지는 유전 정보의 다양함, 생물과 환경이 상호 작용하는 생태계의 다양성까지 모두 포함한다.

| 보기 분석 |

ㄱ. 생물 다양성 감소의 주요 원인에는 서식지 파괴, 서식지 단편화, 불법 포획, 남획, 환경 오염, 기후 변화, 외래종 도입 등이 있다.

ㄴ. 한 지역에 서식하는 생물종의 다양한 정도를 의미하는 것은 종 다양성이다. 생태계 다양성은 어떤 지역에 사막, 초원, 삼림, 습지, 산, 호수, 강, 바다 등 다양한 생태계가 존재함을 의미한다. 주의

ㄷ. 유전적 다양성은 같은 종이라도 개체군 내의 개체들이 유전자의 변이로 인해 다양한 형질이 나타나는 것을 의미하며, 그 예로는 같은 종의 기린에서 나타나는 다양한 털 무늬, 아시아무당벌레의 다양한 색과 반점 무늬 등이 있다.

1회 연도별 모의고사 2024 실시 3월 학력평가

1회 01 정답 ⑤ * 생물의 특성 [정답률 94%]

| 보기 분석 | **A 05 해설 참조**

ㄱ. 식물 X는 생물이다. 모든 생물은 세포로 구성되어 있으므로 X는 세포로 구성된다.

ㄴ. 광합성(㉠)은 동화 작용에 속하는 물질대사 과정이다. 물질대사 과정에는 생체 촉매인 효소가 이용된다.

ㄷ. 적응은 생물이 서식 환경에 적합하도록 몸의 형태와 기능, 생활 습성 등이 변화하는 현상이다. ㉡은 식물 X가 주변의 돌과 모양이 비슷하여 초식 동물의 눈에 잘 띄지 않도록 형태가 변한 적응과 진화의 예이다.

1회 02 정답 ④ * ATP [정답률 86%]

| 보기 분석 | **B 10 해설 참조**

ㄱ. 단백질은 탄소(C), 수소(H), 산소(O), 질소(N)로 구성되어 있다. ㉠은 세포 호흡을 통해 물, 이산화 탄소, 암모니아로 분해되는 단백질이다.

ㄴ. 이화 작용은 크고 복잡한 물질을 작고 간단한 물질로 분해하는 과정이다. 세포 호흡은 세포에서 영양소를 분해하여 생명 활동에 필요한 에너지를 얻는 과정으로 이화 작용에 해당한다.

ㄷ. ㉡은 ADP이고, ㉢은 ATP이다. ATP에 저장된 화학 에너지는 생장, 물질 합성, 근육 운동, 체온 유지 등 다양한 생명 활동에 사용된다.

1회 03 정답 ⑤ * 대사성 질환 [정답률 91%]

| 보기 분석 | **C 33 해설 참조**

ㄱ. A는 혈액 속에 콜레스테롤과 중성 지방 등이 많은 질환인 고지혈증에 해당한다.

ㄴ. 그래프에서 체중이 증가할수록 A의 발병 비율이 증가하므로 A의 발병 비율은 비만에서가 정상 체중에서보다 높다.

ㄷ. 대사성 질환은 우리 몸의 물질대사에 이상이 생겨 발생하는 질환이다. 고혈압은 대사성 질환에 해당한다.

1회 04 정답 ⑤ * 세포 주기 [정답률 69%]

| 보기 분석 | **J 35 해설 참조**

ㄱ. 구간 Ⅰ은 DNA 상대량이 1이므로 G_1기에 해당하는 세포가 있다. 따라서 구간 Ⅰ에는 간기의 세포가 있다.

ㄴ. 구간 Ⅱ는 DNA 상대량이 2이므로 G_2기, M기에 해당하는 세포가 있다. 따라서 구간 Ⅱ에는 염색 분체가 분리되는 M기의 세포가 있다.

ㄷ. 핵막이 소실되는 시기는 M기이다. 따라서 핵막이 소실된 세포는 구간 Ⅱ에서가 구간 Ⅰ에서보다 많다.

1회 05 정답 ④ * 식물 군집의 물질 생산과 소비 [정답률 56%]

| 보기 분석 | **Q 15 해설 참조**

ㄱ. 총생산량은 생산자가 광합성으로 생산한 유기물의 총량이다. 식물 군집의 광합성량이 증가하면 총생산량이 증가한다.

ㄴ. 순생산량에서 고사량, 낙엽량, 생장량을 제외한 양은 피식량이다. 피식량(㉠)은 1차 소비자(초식 동물)의 섭식량과 같다. 함정

ㄷ. 분해자의 호흡량은 고사량, 낙엽량에 포함된다. 따라서 분해자의 호흡량은 순생산량(㉡)에 포함된다.

1회 06 정답 ① * 근수축 [정답률 75%]

| 보기 분석 | **E 05 해설 참조**

ㄱ. ㉠+㉡의 값은 시점에 상관 없이 일정하다. $0.6+0.2=2$ⓐ이므로 ⓐ$=0.4$ μm이다.

ㄴ. t_1에서 t_2로 변화 시 ㉠은 0.2 μm 감소하고, ㉡은 0.2 μm 증가하므로 t_1에서 t_2로 변화 시 X의 길이는 0.4 μm 증가한다. 따라서 t_1일 때 X의 길이는 2.0 μm이다.

ㄷ. t_1에서 t_2로 변화 시 ㉠은 0.2 μm 감소하고, ㉡은 0.2 μm 증가하므로 t_1에서 t_2로 변화 시 H대의 길이는 0.4 μm 증가한다. t_1일 때 H대의 길이는 0.4 μm이므로 H대의 길이는 t_2일 때가 t_1일 때보다 길다.

1회 07 정답 ① * 중추 신경계와 자율 신경 [정답률 70%]

| 보기 분석 | **F 01 해설 참조**

ㄱ. 대뇌(A)의 바깥쪽을 싸고 있는 겉질은 주로 신경 세포체가 모인 회색질이다.

ㄴ. 뇌줄기는 뇌와 척수를 이어주는 줄기 역할을 하는 부위로 중간뇌, 뇌교, 연수를 합쳐 뇌줄기라 부른다. B는 간뇌이므로 뇌줄기에 속하지 않는다.

ㄷ. ㉠은 신경절 이전 뉴런보다 짧기 때문에 부교감 신경의 신경절 이후 뉴런이다. 부교감 신경은 위에서 소화관 운동과 소화액 분비를 촉진한다.

1회 08 정답 ③ * 질병과 병원체 [정답률 79%]

| 보기 분석 | **H 21 해설 참조**

ㄱ. 결핵은 세균이 원인이 되는 질병이므로 병원체에 감염되어 나타나는 감염성 질병이다.

ㄴ. 말라리아는 말라리아 원충이 모기를 매개로 사람에게 전파되어 발생한다. 말라리아의 병원체는 원생생물이다.

ㄷ. 독감의 병원체는 바이러스이므로 세포 분열을 통해 증식하지 못한다.

1회 09 정답 ③ * 혈당량 조절 과정 [정답률 68%]

| 보기 분석 | **G 21 해설 참조**

ㄱ. 탄수화물 섭취 후 농도가 높아지는 X는 이자의 β세포에서 분비되는 인슐린이다.

ㄴ. 단위 시간당 혈액에서 조직 세포로의 포도당 유입량은 인슐린 농도가 높은 t_2일 때가 t_1일 때보다 많다.

ㄷ. 간에서 글리코젠의 분해는 인슐린 농도가 낮은 C_1에서가 C_2에서보다 활발하다.

1회 10 정답 ③ * 연역적 탐구 [정답률 90%]

| 보기 분석 | **A 33 해설 참조**

ㄱ. 가설을 세우고 이를 실험을 통해 검증하는 탐구 방법인 연역적 탐구 방법이 이용되었다.

ㄴ. A는 실험 조건인 밀웜의 수를 인위적으로 변화시킨 실험군이고, B는 A와 비교하기 위해 밀웜의 수를 변화시키지 않은 대조군으로 대조 실험이 수행되었다.

ㄷ. 조작 변인은 가설 검증을 위해 실험에서 의도적으로 변화시키는 변인이고, 종속변인은 독립변인에 따라 변화되는 요인으로, 실험 결과에 해당한다. 이 실험에서 조작 변인은 밀웜의 수이고, 종속변인은 스티로폼의 질량이다.

1회 11 정답 ⑤ * 흥분 전도와 전달 [정답률 68%]

| 보기 분석 | D 41 해설 참조

ㄱ. B의 d_3에는 흥분이 전달되지 않아 막전위가 −70 mV이므로 Ⅰ은 d_3이다.
ㄴ. B의 d_2(Ⅱ)에서 막전위가 활동 전위 3 ms에 해당하는 −80 mV이므로 B에서 d_2(Ⅱ)까지 이동하는 데 걸린 시간은 1 ms이다. 따라서 ⓐ는 2 cm/ms이다.
ㄷ. A의 d_1에서 d_3(Ⅰ)까지의 흥분 이동 시간은 3 ms이고, A의 d_2에서 d_3까지의 흥분 이동 시간은 1 ms이므로 A의 d_1에서 d_2(Ⅱ)까지의 흥분 이동 시간은 2 ms이다. 따라서 ㉠은 +30이다.

1회 12 정답 ③ * 감수 분열 [정답률 56%]

| 보기 분석 | K 22 해설 참조

ㄱ. A의 DNA 상대량은 ㉡(Ⅰ)이 ㉢(Ⅱ)의 2배이므로 ⓐ는 2이다.
ㄴ. 세포 ㉠(Ⅲ)은 감수 1분열이 끝나기 전의 세포이므로 상동 염색체가 접합한 2가 염색체가 존재한다.
ㄷ. Ⅱ에서 상염색체는 22개이고, Y 염색체가 1개 존재하므로 X 염색체는 0개이다. 따라서 상염색체 수와 X 염색체 수를 더한 값은 22이다.

1회 13 정답 ② * 다인자 유전 [정답률 53%]

| 선택지 분석 | L 14 해설 참조

② ⓐ가 (가)의 유전자형이 AaBbDd인 사람과 (가)의 표현형이 같을 확률은 $\frac{{}_2C_0}{2^2}=\frac{1}{4}$이고, (나)의 유전자형이 Ee인 사람과 (나)의 표현형이 같을 확률은 $\frac{1}{2}$이다.
따라서 ⓐ가 유전자형이 AaBbDdEe인 사람과 (가)와 (나)의 표현형이 모두 같을 확률은 $\frac{1}{4}\times\frac{1}{2}=\frac{1}{8}$이다.

1회 14 정답 ④ * 특이적 방어 작용 [정답률 72%]

| 보기 분석 | I 24 해설 참조

ㄱ. 체액성 면역은 항체가 항원을 제거하는 작용으로, 항체는 B 림프구가 분화한 형질 세포에서 생성된다.
항체(㉡)에 의한 방어 작용은 체액성 면역에 해당한다.
ㄴ. (나)에서 A에게 X와 Y를 함께 주사했을 때 X의 항체가 Y의 항체보다 빠르게 많은 양을 생성하는 것을 통해 사전에 주입한 ⓐ는 X임을 알 수 있다.
ㄷ. 2차 면역 반응 시 기억 세포(㉢)가 형질 세포(㉠)로 분화한다.
형질 세포(㉠)는 기억 세포(㉢)로 분화하지 않는다.

1회 15 정답 ② * 핵형 [정답률 86%]

| 보기 분석 | J 05 해설 참조

ㄱ. 이 사람은 성염색체 XY를 갖는 남자이다.
ㄴ. 상동 염색체 23쌍 중에서 남녀에게 공통으로 있는 염색체 22쌍은 상염색체이다.
ㄷ. ㉠과 ㉡은 한 염색체를 이루는 두 염색 분체이며, 유전 정보(유전자 구성)가 같다.

1회 16 정답 ④ * 티록신과 음성 피드백 [정답률 65%]

| 보기 분석 | G 02 해설 참조

ㄱ. t_1일 때 TSH를 투여하면 TSH는 갑상샘을 자극하여 티록신의 분비를 촉진한다. 따라서 TSH를 투여하면 투여 전보다 티록신의 분비가 촉진된다.
ㄴ. 티록신의 농도가 높아지면 음성 피드백으로 시상 하부에서 TRH의 분비가 억제되고, 뇌하수체 전엽에서 TSH의 분비가 억제된다.
ㄷ. 뇌하수체 전엽에서 분비된 TSH는 표적 기관인 갑상샘을 자극하여 티록신의 분비를 촉진한다.

1회 17 정답 ④ * 사람의 유전 [정답률 52%]

| 보기 분석 | L 01 해설 참조

ㄱ. 표현형이 ㉡인 4, 5 사이에서 표현형이 ㉢인 7이 태어났으므로 ㉢은 F의 표현형이다. 6은 D를 1개 갖고 있는데 ㉢의 표현형이 나왔으므로 6의 유전자형은 FD이고, F는 D에 대해 완전 우성이다.
ㄴ. 5는 EF, 6은 FD의 유전자형을 가지므로 ⓑ는 ED 또는 EF의 유전자형을 가지며 표현형은 ㉡이다.
ㄷ. 유전자형이 EF인 부모에서 7의 동생이 태어날 때, ⓐ와 표현형이 같으려면 유전자형이 FF여야 한다. 따라서 확률은 $\frac{1}{2}\times\frac{1}{2}=\frac{1}{4}$이다.

1회 18 정답 ① * 식물 군집의 조사 [정답률 37%]

| 보기 분석 | P 02 해설 참조

ㄱ. 모든 종의 상대 빈도를 더하면 100이 나와야 한다.
따라서 ㉠=100−(30+35+20)이므로 ㉠의 값은 15이다.
ㄴ. 상대 밀도=$\frac{\text{특정 종의 개체 수}}{\text{조사한 모든 종의 개체 수 합}}\times 100$이므로 A는 15이고,
상대 피도=$\frac{\text{특정 종의 피도}}{\text{조사한 모든 종의 피도 합}}\times 100$이므로 1개체당 지표를 덮는 면적(m2)에 개체 수를 곱하여 특정 종이 차지한 면적을 먼저 계산하여 상대 피도를 구해야 한다. D의 상대 피도는 $\frac{70\times 0.4}{100}=28$이다.
따라서 A의 상대 밀도(15)는 D의 상대 피도(28)보다 작다.
ㄷ. 중요치는 A가 69, B가 69, C가 79, D가 83이므로 중요치가 가장 높은 D가 이 식물 군집의 우점종이다.

1회 19 정답 ① * 종간 경쟁 [정답률 66%]

| 보기 분석 | P 30 해설 참조

ㄱ. 구간 Ⅰ에서 종 A와 B는 같은 지역에 서식하는 서로 다른 종이기 때문에 한 군집을 이룬다.
ㄴ. 혼합 배양했을 때가 단독 배양했을 때보다 B의 개체군 생장이 억제되어 개체 수가 적다. 따라서 구간 Ⅱ에서 B에 작용하는 환경 저항은 혼합 배양했을 때가 단독 배양했을 때보다 크다.
ㄷ. 단독 배양 시보다 혼합 배양 시 개체군의 개체 수가 감소한 그래프를 통해 A와 B 사이의 상호 작용은 종간 경쟁임을 알 수 있다.

1회 20 정답 ② * 사람의 유전 [정답률 49%]

| 보기 분석 | M 09 해설 참조

ㄱ. (아버지는 유전자 O를 갖고 있지 않으므로 어머니의 난자 형성 과정 중 감수 2분열에서 염색체 비분리가 일어나 아들은 유전자 O가 있는 9번 염색체를 모두 어머니에게서 물려받았다.
ㄴ. B형인 어머니는 아들에게 물려준 유전자 O와 R이 함께 있는 9번 염색체가 있고 R과 T의 DNA 상대량을 더한 값이 1이므로 어머니의 유전자형은 Br/OR X^tX^t이다. 따라서 어머니에서 (가)의 유전자형은 RrX^tX^t이다.
ㄷ. 아버지에서 R과 T의 DNA 상대량을 더한 값이 3이므로 ⓐ의 동생이 태어날 때 아버지와 (가)의 표현형이 같을 확률은 $\frac{1}{2}\times\frac{1}{2}=\frac{1}{4}$이다.

2회 연도별 모의고사 2024 실시 5월 학력평가

2회 01 정답 ⑤ * 생물의 특성 [정답률 98%]

| 선택지 분석 | A 06 해설 참조

① '아메바는 분열법으로 번식한다.'는 생물이 자신과 닮은 자손을 만드는 현상인 생식에 해당한다.
② '식물은 빛에너지를 이용하여 포도당을 합성한다.'는 생명체에서 일어나는 화학 반응인 물질대사에 해당한다.
③ '적록 색맹인 어머니로부터 적록 색맹인 아들이 태어난다.'는 자손이 어버이의 형질을 물려받아 어버이의 형질이 다음 세대로 전해지는 현상인 유전에 해당한다.
④ '장수풍뎅이의 알은 애벌레와 번데기 시기를 거쳐 성체가 된다.'는 세포 분열을 하여 세포 수를 늘리고 세포의 구조와 기능이 다양해지면서 몸의 구조를 완성하여 하나의 개체가 되는 발생에 해당한다.
⑤ '더운 지역에 사는 사막여우는 열 방출에 효과적인 큰 귀를 갖는다.'는 생물이 환경과 상호 작용하면서 구조와 기능, 생활 습성 등이 변하는 적응과 진화에 해당한다.

2회 02 정답 ⑤ * 기관계의 통합적 작용 [정답률 98%]

| 보기 분석 | C 16 해설 참조

ㄱ. (나)는 소화계, (다)는 배설계이므로 (가)는 호흡계이다.
ㄴ. 소화계(나)에서 흡수된 영양소는 순환계에서 조직 세포로 운반하므로 배설계(다)를 포함한 온몸에서 사용된다.
ㄷ. (가)는 호흡계이므로 '이산화 탄소를 몸 밖으로 배출한다.'는 ㉠에 해당한다.

2회 03 정답 ① * 중추 신경계와 반사 [정답률 79%]

| 보기 분석 | F 02 해설 참조

ㄱ. 연수에 이어져 있는 B와 무릎 반사의 중추인 ㉠은 척수이다.
ㄴ. 교감 신경은 척수(B, ㉠)의 가운데 부분에서 뻗어 나오므로 교감 신경의 신경절 이전 뉴런의 신경 세포체는 척수(B, ㉠)에 있다.
ㄷ. 중간뇌, 뇌교, 연수를 합쳐 뇌줄기라고 한다. 척수(B)는 뇌줄기에 속하지 않는다.

2회 04 정답 ④ * 세포 주기 [정답률 78%]

| 보기 분석 | J 33 해설 참조

ㄱ. 뉴클레오솜은 DNA가 히스톤 단백질을 감고 있는 구조이다. 세포 분열 모든 시기에 뉴클레오솜이 있으므로 ⓐ는 '○'이다.
ㄴ. M기(Ⅱ 시기)의 후기에 염색 분체가 분리된다.
ㄷ. G_1기, S기, G_2기는 모두 간기이다. S기(Ⅰ 시기)와 G_1기(Ⅲ 시기)는 모두 간기에 속한다.

2회 05 정답 ④ * 물질대사 [정답률 91%]

| 보기 분석 | B 01 해설 참조

ㄱ. Ⅰ은 녹말이 포도당으로 분해되는 이화 작용이다.
ㄴ. 이화 작용(Ⅰ), 동화 작용(Ⅱ)과 같은 물질대사에는 효소가 이용된다.
ㄷ. 탄수화물인 포도당의 구성 원소는 탄소(C), 수소(H), 산소(O)이므로 포도당이 세포 호흡에 사용된 결과 생성되는 노폐물은 물과 이산화 탄소이다. 암모니아는 단백질이 세포 호흡에 사용된 결과 생성되는 노폐물이다. 꿀팁

2회 06 정답 ③ * 혈당량 조절 [정답률 59%]

| 보기 분석 | G 22 해설 참조

ㄱ. 당뇨병 환자에 비해 정상인은 항상 혈당량을 일정 수준으로 유지할 수 있기 때문에 ㉡은 정상인 A이며, ㉠은 당뇨병 환자 B이다.
ㄴ. 인슐린은 간에서 포도당을 글리코젠으로 합성하는 과정을 촉진하고, 체세포의 포도당 흡수를 촉진하여 혈당량을 낮춘다.
ㄷ. 운동을 하면 간에서 포도당을 생성하여 세포에 공급하므로 단위 시간당 생성되는 포도당의 양은 운동 시작보다 운동 중인 t_1일 때가 많다.

2회 07 정답 ② * 삼투압 조절 [정답률 72%]

| 보기 분석 | G 53 해설 참조

ㄱ. ㉠ 투여 후 혈장 삼투압이 낮아지므로 ㉠은 물이고, ㉡ 투여 후 혈장 삼투압이 높아지므로 ㉡은 소금물이다.
ㄴ. 혈장 삼투압이 높은 t_1일 때가 t_2일 때보다 혈중 ADH의 농도가 높다.
ㄷ. 혈장 삼투압과 혈중 ADH의 농도가 낮은 t_2일 때가 t_3일 때보다 단위 시간당 오줌 생성량이 많다.

2회 08 정답 ⑤ * 병원체의 종류 [정답률 85%]

| 보기 분석 | H 03 해설 참조

ㄱ. (가)는 바이러스에 의해서 발생하는 독감이다.
ㄴ. 독감(가)의 병원체는 바이러스, 말라리아(나)의 병원체는 원생생물로 모두 유전 물질을 갖는다.
ㄷ. 결핵과 같은 세균성 질병의 치료에는 항생제를 사용한다.

2회 09 정답 ③ * 생명 과학의 탐구 방법 [정답률 91%]

| 보기 분석 | A 34 해설 참조

ㄱ. ㉠은 (가)에서 관찰한 현상을 설명할 수 있는 잠정적인 결론인 가설에 해당한다.
ㄴ. (라)에서 가설이 타당하다는 결론을 도출하였으므로 방출량이 높은 A의 온도 조건은 '평균 기온과 같음(ⓐ)'이고, 방출량이 낮은 B의 온도 조건은 '평균 기온보다 높음(ⓑ)'이다.
ㄷ. 자연 현상을 관찰하면서 생긴 의문점을 해결하기 위해 가설을 세우고 이를 실험을 통해 검증하는 탐구 방법인 연역적 탐구 방법이 이용되었다.

2회 10 정답 ③ * 골격근의 수축 과정 [정답률 67%]

| 보기 분석 | E 08 해설 참조

ㄱ. t_2일 때 ㉠의 길이는 0.6 μm, ㉢의 길이는 0.5 μm이므로 ⓐ의 값은 1.1 μm이다.
ㄴ. H대의 길이는 ㉠의 길이이다. t_1일 때 H대의 길이는 0.8 μm, t_2일 때 H대의 길이는 0.6 μm이므로 t_1일 때가 t_2일 때보다 0.2 μm 길다.
ㄷ. t_1일 때 ㉠의 길이는 0.8 μm, ㉡의 길이는 0.4 μm, ㉢의 길이는 0.6 μm이므로 Z_1로부터 Z_2 방향으로 거리가 1.9 μm인 지점은 ㉡에 해당한다. 함정

2회 11 정답 ④ * 상염색체 유전 [정답률 45%]

| 보기 분석 | L 12 해설 참조

ㄱ. 세포 Ⅰ의 유전자형은 aBd이므로 B와 d는 모두 5번 염색체에 있다.
ㄴ. 세포 Ⅱ와 Ⅲ은 B와 b를 모두 갖고 있으므로 핵상이 $2n$이고, Ⅱ의 유전자형은 AABbDD, Ⅲ의 유전자형은 aaBbDd이다.
Ⅱ는 a를 갖고 있지 않으므로, Ⅰ은 Ⅲ과 같은 남자 P의 세포이며, Ⅱ는 여자 Q의 세포이다.

ㄷ. (가)는 이형 접합성이므로 (나)와 (다) 중 적어도 1가지 형질이 이형 접합성인 경우는 BBDd, BbDD, BbDd이다.
따라서 ⓐ가 (가)~(다) 중 적어도 2가지 형질의 유전자형을 이형 접합성으로 가질 확률은 $\frac{3}{4}$이다.

2회 12 정답 ① * 흥분의 전도와 전달 ······ [정답률 61%]

| 보기 분석 | D 34 해설 참조

ㄱ. 신경 A에서 자극을 준 지점과 가까운 d_2의 막전위는 -80(㉠) mV이고, d_2보다 거리가 먼 d_3의 막전위는 $+30$(㉡) mV이다.
A의 d_2에서의 막전위는 -80 mV, B의 d_2에서의 막전위는 $+30$ mV이므로 d_2까지 이동 시간이 긴 신경 B의 (나)에 시냅스가 존재한다.

ㄴ. 시냅스가 존재하지 않는 A에서는 d_2까지 2 ms가 걸리고, d_3까지 3 ms가 걸린다. ⓐ는 v(신경 A의 흥분 전도 속도) × 2 ms이고, ⓑ는 v(신경 A의 흥분 전도 속도) × 3 ms이므로 $\frac{ⓐ}{ⓑ}=\frac{2}{3}$이다.

ㄷ. 활동 전위 2 ms에 해당하는 막전위인 $+30$ mV가 ㉡이므로 신경 A에서 d_4에 해당하는 막전위 -10 mV는 탈분극에 해당하는 막전위이다.
(나)에 존재하는 시냅스로 인해 B는 A보다 1 ms 느리게 흥분의 이동이 일어나기 때문에 ㉮가 6 ms일 때 B의 d_4에서 재분극이 일어날 수 없다.

2회 13 정답 ③ * 1차 면역 반응과 2차 면역 반응 ··· [정답률 76%]

| 보기 분석 | I 31 해설 참조

ㄱ. ㉠은 Ⅰ에서 항원으로 작용하였기 때문에 (다) 그래프에서 ㉠ 주사 후 항체가 생성되었다.

ㄴ. 구간 ⓐ에서 항체가 생성되어 항원을 제거하는 체액성 면역 반응이 일어났다.

ㄷ. (라)의 Ⅴ에서 Ⅰ의 기억 세포에 의한 2차 면역 반응이 일어난다.
따라서 기억 세포가 형질 세포로 분화한다.

2회 14 정답 ① * 감수 분열 ······ [정답률 46%]

| 보기 분석 | K 58 해설 참조

ㄱ. 감수 2분열이 완료된 세포 Ⅲ은 A+a, B+b 모두 1이 나와야 한다.
(다)에서 A+a=㉢, B+b=㉠이므로 ㉠은 1이 불가능하다. ㉡은 1이고, Ⅱ에서 감수 2분열이 완료된 세포가 Ⅲ이므로 ㉠은 2이다.

ㄴ. Ⅱ에서 감수 2분열이 완료되어 생성된 세포가 Ⅲ이다. ㉠은 1이 불가능하므로 ㉡은 1이고 ㉠은 2이다.
감수 2분열이 완료되어 A+a=1, B+b=1인 (나)는 Ⅲ이다.

ㄷ. (가)는 세포 Ⅱ(감수 2분열 중기 세포)이므로 염색체 수는 23이고, 하나의 염색체에 2개의 염색 분체가 있으므로 (가)의 염색 분체 수는 46이다.
(다)는 세포 Ⅰ(감수 1분열 중기 세포)이므로 염색체 수는 46이다.
따라서 $\frac{\text{(다)의 염색체 수}}{\text{(가)의 염색 분체 수}}=1$이다.

2회 15 정답 ② * 사람의 유전과 염색체 이상 ······ [정답률 48%]

| 보기 분석 | M 16 해설 참조

ㄱ. (어머니는 ㉠이 3이므로, R를 최소 1개 가지고 있다. 어머니의 유전자형이 HHRrtt이므로, 유전자형이 tt인 어머니가 (나)가 '발현됨'이다.
따라서 (나)는 열성 유전병이다.

ㄴ. (나)가 발현되지 않은 자녀에서 ㉠의 최소값은 2이다. 자녀 3은 ㉠이 1이므로 HHrrTt에서 H가 결실되어 HrrTt의 유전자형을 갖는다.
따라서 ㉮는 H이다.

ㄷ. (나)가 발현되지 않은 자녀는 HT/Ht를 갖는다. 자녀 2는 ㉠의 값이 2이므로 유전자형은 HT/Ht rr이다. 따라서 자녀 2는 R를 갖지 않는다.

2회 16 정답 ② * 핵형과 핵상 ······ [정답률 41%]

| 보기 분석 | J 57 해설 참조

ㄱ. X 염색체에 존재하는 대립유전자 ㉠은 b이고, ㉣은 B이다.
상염색체에 존재하는 ㉡은 a이고, ㉢은 A이다.
P의 유전자형은 AABY이고, Q의 유전자형은 Aabb이므로 a와 b가 존재하는 (가)는 세포 Ⅱ이며, 암컷인 Q의 세포이다.

ㄴ. Ⅳ의 핵상은 $2n$이고 암컷 Q의 세포이다.
㉣은 B이므로 Ⅳ에는 B가 존재하지 않는다.

ㄷ. Ⅲ에서 ㉢의 DNA 상대량은 4이고, ㉣의 DNA 상대량은 2이므로 Ⅲ의 핵상은 $2n$이며, XY 염색체를 갖는 수컷 P의 세포이다.
Ⅳ에서 상염색체의 대립유전자인 ㉡과 ㉢의 값이 모두 1이므로 Ⅳ의 핵상은 $2n$이고 P가 가지고 있지 않은 ㉡을 가지고 있으므로 암컷 Q의 세포이다.
Ⅲ과 Ⅳ의 핵상은 $2n$으로 같다.

2회 17 정답 ① * 식물 군집의 조사 ······ [정답률 59%]

| 보기 분석 | P 20 해설 참조

ㄱ. A~D의 상대 밀도의 합은 100 %이므로 C의 상대 밀도는 14 %이다.

ㄴ. 출현한 방형구의 수는 상대 빈도를 통해 비교할 수 있다. 상대 빈도는 A보다 D가 크기 때문에 출현한 방형구 수도 A보다 D가 많다.

ㄷ. 중요치는 상대 밀도, 상대 빈도, 상대 피도의 합이므로 C의 중요치는 49이고, D의 중요치는 95이다. 중요치가 가장 큰 D가 우점종이다.

2회 18 정답 ④ * 생태계의 구성과 개체군의 생장 곡선 ···· [정답률 80%]

| 보기 분석 | O 04 해설 참조

ㄱ. 개체군은 일정한 지역에 같은 종의 개체가 무리를 이루어 생활하는 집단이므로 개체군 A는 동일한 종으로 구성된다.

ㄴ. Ⅰ에서 개체군의 밀도가 높아지면 서식 공간과 먹이 부족, 경쟁 심화, 노폐물 축적 등 환경 저항이 증가하여 J자 모양의 이론상 생장 곡선과 다른 S자 모양의 실제 생장 곡선이 나타나므로 환경 저항이 작용한 구간이다.

ㄷ. 생물인 X에 의해 비생물적 요인인 영양염류의 농도가 감소하는 것은 ㉠에 해당한다.

2회 19 정답 ④ * 상염색체 유전 ······ [정답률 29%]

| 보기 분석 | L 50 해설 참조

ㄱ. (나)의 우열 관계가 D>E>F이므로 FF의 표현형은 ⓐ만 나올 수 있다.
ⓐ는 A와 E의 DNA 상대량을 더한 값이 1이므로 E를 가지고 있지 않고 A를 하나 가지고 있는 AaFF이다. 따라서 ⓐ에게서 (가)가 발현되었다.

ㄴ. 1, 2, ⓐ는 D_, E_, FF로 서로 다른 표현형이 나와야 하고, ⓐ가 FF이므로 1은 DF의 유전자형을 갖는다. 따라서 1과 4의 (나)의 유전자형은 다르다.

ㄷ. 3의 유전자형은 AaDE, 4의 유전자형은 aaFF, 3의 표현형은 A_D_이다.
(가)의 표현형이 3과 같을 확률은 $\frac{1}{2}$이고, (나)의 표현형이 3과 같을 확률은 $\frac{1}{2}$이다. 따라서 5의 동생이 태어날 때, 이 아이의 (가)와 (나)의 표현형이 모두 3과 같을 확률은 $\frac{1}{4}$이다.

2회 20 정답 ⑤ * 생물 다양성 ······ [정답률 93%]

| 보기 분석 | R 02 해설 참조

ㄱ. (가)는 같은 종의 개체군 내에서 계급과 업무를 분담하여 생활하는 것으로 사회생활에 해당한다. 사회생활은 개체군 내의 상호 작용의 예이다.

ㄴ. 생물 자원은 인간이 생활에 이용하는 자원 중 생물에서 유래한 것이다.
광택제, 모형 제작, 방수제, 화장품 등에 밀랍이 사용되는 사례는 생물 자원에 해당한다.

ㄷ. 동일한 종의 무당벌레에서 반점 무늬가 다양하게 나타나는 것은 다양한 반점 무늬 대립유전자가 존재하는 유전적 다양성(㉠)에 해당한다.

3회 연도별 모의고사 2024 대비 6월 모의평가

3회 01 정답 ⑤ * 생물의 특성 [정답률 98%]

| 보기 분석 | A 12 해설 참조

ㄱ. 기러기는 풀과 열매를 섭취하여 물질대사를 통해 활동에 필요한 에너지를 얻는다. 따라서 ㉠ 과정에서 물질대사가 일어난다.
ㄴ. 발생과 생장(㉡) 과정에서 세포 분열이 일어나 길고 강한 발톱과 두꺼운 발바닥을 갖는다.
ㄷ. 화산섬이라는 환경에 서식하기에 적합한 길고 강한 발톱과 두꺼운 발바닥을 가졌기 때문에 ㉢은 적응과 진화의 예에 해당한다.

3회 02 정답 ⑤ * 물질대사 [정답률 91%]

| 보기 분석 | B 15 해설 참조

ㄱ. 크고 복잡한 단백질이 소화 과정을 거쳐 작고 간단한 아미노산으로 분해되는 이화 작용이다. (가)에서 이화 작용이 일어난다.
ㄴ. 세포 호흡 결과 생성된 노폐물은 이산화 탄소와 물이다. 이산화 탄소는 ㉠에 해당한다.
ㄷ. 소화와 세포 호흡은 모두 물질대사에 속한다. 물질대사에는 효소(생체 촉매)가 이용된다. 꿀팁

3회 03 정답 ③ * 혈당량 조절 [정답률 88%]

| 보기 분석 | G 15 해설 참조

ㄱ. 인슐린(X)은 간에서 ⓐ(포도당)가 글리코젠으로 전환되는 과정을 촉진하여 혈중 포도당 농도를 낮춘다.
ㄴ. 인슐린(X)을 포함한 호르몬은 순환계인 혈관을 따라 온몸으로 운반되며, 표적 세포(표적 기관)에만 작용한다.
ㄷ. 혈중 포도당 농도가 증가하면 정상으로 낮추기 위해 이자의 β세포에서 인슐린(X)의 분비가 촉진된다.

3회 04 정답 ⑤ * 질병과 병원체 [정답률 81%]

| 보기 분석 | H 23 해설 참조

ㄱ. 독감의 병원체는 바이러스이다.
ㄴ. 결핵의 병원체는 세균이다. 세균은 효소가 있어 독립적으로 물질대사를 할 수 있다.
ㄷ. 낫 모양 적혈구 빈혈증은 유전자 이상에 의한 유전병으로, 병원체 없이 발생하는 질병인 비감염성 질병에 해당한다.

3회 05 정답 ① * 흥분 전도와 이온 이동 [정답률 83%]

| 보기 분석 | D 08 해설 참조

ㄱ. 물질 A가 Na^+ 통로를 통한 Na^+의 이동을 억제하여 Ⅱ는 탈분극이 억제되었다. 따라서 ㉠은 Na^+이다.
ㄴ. ㉡은 K^+이다. 막전위 변화 시점과 상관없이 K^+의 세포 안의 농도는 세포 밖의 농도보다 높다. 따라서 t_1일 때, Ⅰ에서 K^+(㉡)의 $\frac{\text{세포 안의 농도}}{\text{세포 밖의 농도}}$는 1보다 크다.
ㄷ. 막전위가 +30 mV가 되는 시간은 Ⅰ과 Ⅲ이 같지만, −70 mV가 되는 데 걸리는 시간은 Ⅰ보다 Ⅲ이 길다. 따라서 +30 mV에서 −70 mV가 되는 데 걸리는 시간은 Ⅲ에서가 Ⅰ에서보다 길다.

3회 06 정답 ⑤ * 세포 주기 [정답률 65%]

| 보기 분석 | J 39 해설 참조

ㄱ. S기(㉠)에 DNA 복제가 일어난다.
ㄴ. (나)처럼 응축된 염색체가 관찰되는 시기는 분열기인 M기이다. 간기에 속하는 G_1기(㉢)에는 실처럼 풀어져 있는 염색체가 관찰된다.
ㄷ. (나)의 핵형 분석 결과 H는 21번 염색체가 3개인 다운 증후군이다.

3회 07 정답 ③ * 호르몬의 분비 조절 과정 [정답률 92%]

| 보기 분석 | G 06 해설 참조

ㄱ. 물질대사를 촉진하는 티록신은 갑상샘에서 분비된다.
ㄴ. A는 물질대사량이 정상보다 증가하므로 혈중 티록신 농도가 정상보다 높은 상태이다. 따라서 ㉠은 '정상보다 높음'이다.
ㄷ. B는 혈중 티록신 농도가 정상보다 낮은 상태이다. B에게 티록신을 투여하면 투여 전보다 물질대사량이 증가한다.

3회 08 정답 ④ * 감수 분열 [정답률 68%]

| 보기 분석 | K 29 해설 참조

ㄱ. (가)는 감수 2분열 중기 세포이다. 2가 염색체는 상동 염색체가 접합한 상태로, 감수 1분열 전기에 형성되어 중기까지 관찰된다. 따라서 감수 2분열 중기 세포에서는 2가 염색체가 관찰되지 않는다.
ㄴ. 핵상이 $2n$이고 R의 DNA 상대량이 2인 (다)는 G_1기 세포이다. 핵상이 $2n$이고 핵막이 소실되지 않은 (나)는 R의 DNA 상대량이 4인 G_2기 세포이다.
ㄷ. (라)는 R의 DNA 상대량이 4인 감수 1분열 중기 세포이고, 핵막 소실 여부는 '소실됨'이다.

3회 09 정답 ② * 식물 군집의 천이 [정답률 77%]

| 보기 분석 | P 23 해설 참조

ㄱ. ㉠에서 침엽수(양수)인 Ⅰ과 Ⅱ의 상대 밀도, 상대 빈도, 상대 피도가 활엽수(음수)인 Ⅲ과 Ⅳ보다 높다. 따라서 ㉠은 양수림(A)이다.
ㄴ. 산불 등으로 불모지가 된 후 토양이 남아 있는 곳에서 다시 시작되는 천이는 2차 천이이다.
ㄷ. 식물 군집은 음수림에서 극상을 이룬다.

3회 10 정답 ③ * 중추 신경계의 구조 [정답률 81%]

| 보기 분석 | F 03 해설 참조

ㄱ. ㉠은 간뇌이다. 간뇌(㉠)에는 시상과 시상 하부가 있다.
ㄴ. 중간뇌, 뇌교, 연수를 합하여 뇌줄기라고 한다. ㉡은 중간뇌, ㉣은 소뇌로, 소뇌(㉣)는 뇌줄기에 속하지 않는다.
ㄷ. ㉢은 연수이다. 연수(㉢)는 심장 박동, 호흡 운동, 소화 운동, 소화액 분비 등의 조절 중추이다.

3회 11 정답 ② * 삼투압 조절 [정답률 72%]

| 보기 분석 | G 57 해설 참조

ㄱ. 혈중 ADH 농도가 높을수록 수분 재흡수가 촉진되어 체내 수분량이 증가하고 오줌 생성량은 감소한다. 따라서 단위 시간당 오줌 생성량은 C_2일 때가 C_1일 때보다 적다.

ㄴ. A가 수분 공급을 중단한 사람이므로 t_1일 때 B의 혈중 ADH 농도는 A의 혈중 ADH 농도보다 낮다. 따라서 $\frac{\text{B의 혈중 ADH 농도}}{\text{A의 혈중 ADH 농도}}$는 1보다 작다.

ㄷ 시상 하부의 자극을 받아 뇌하수체 후엽에서 분비된 ADH는 표적 기관인 콩팥에 작용한다.

3회 12 정답 ① * 개체군의 생존 곡선 [정답률 58%]

| 보기 분석 | O 01 해설 참조

ㄱ 한 번에 적은 수의 자손을 낳으며 초기 사망률이 후기 사망률보다 낮은 유형은 Ⅰ형이다. 따라서 ⓑ는 Ⅰ형이다.

ㄴ. Ⅱ형(ⓒ)은 전 연령대에서 사망률이 일정한 유형이지만 그래프의 y축 생존 개체 수를 비교하면 A 시기 동안 사망한 개체 수가 B 시기 동안 사망한 개체 수보다 많다. 따라서 $\frac{\text{A 시기 동안 사망한 개체 수}}{\text{B 시기 동안 사망한 개체 수}}$는 1보다 크다.

ㄷ. 대형 포유류와 같이 대부분의 개체가 생리적 수명을 다하고 죽는 종의 생존 곡선 유형은 Ⅰ형에 해당한다.

3회 13 정답 ④ * 항원 항체 반응 [정답률 90%]

| 선택지 분석 | I 43 해설 참조

④ B는 Q에 감염되었기 때문에 Ⅱ에서 Q에 대한 항체와 ⓐ와 결합한 Q가 항원 항체 반응을 한다. 따라서 Ⅱ는 ⓐ 색소에 의해 띠가 나타나며 Ⅲ에서도 ⓐ에 대한 항체가 존재하기 때문에 ⓐ 색소에 의해 띠가 나타난다.

3회 14 정답 ② * 세포 분열과 핵형 분석 [정답률 63%]

| 보기 분석 | K 33 해설 참조

ㄱ. b를 가진 (다)와 Y 염색체가 존재하는 (라)는 수컷의 세포이다. (가)와 (나)는 암컷의 세포이다. 따라서 (가)는 Ⅰ의 세포이다.

ㄴ (가)에서 A, (나)에서 a를 갖고 있고, 핵상이 2n인 (나)의 세포에서 b를 갖고 있지 않다. 따라서 Ⅰ의 유전자형은 AaBB이다.

ㄷ. (라)에서 B와 b가 모두 없으므로 B와 b는 X 염색체에 존재하는 유전자이다. (다)에서 b는 X 염색체에 있다.

3회 15 정답 ④ * 골격근의 수축 과정 [정답률 63%]

| 보기 분석 | E 23 해설 참조

ㄱ. 시점 t_1에서 t_2로 변할 때 ⓒ의 길이는 0.8 μm 감소했고 ⓑ의 길이는 0.4 μm 증가했기 때문에 ⓑ는 ㉡이다.

ㄴ t_1일 때 A대의 길이는 2㉡+㉢=0.4+1.2=1.6 μm이다.

ㄷ X의 길이는 2×(㉠+㉡)+㉢이다. t_1일 때 X의 길이는 2×1+1.2=3.2 μm이고, t_2일 때 X의 길이는 2×1+0.4=2.4 μm이므로 t_1일 때가 t_2일 때보다 0.8 μm 길다.

3회 16 정답 ⑤ * 가계도 분석 [정답률 47%]

| 보기 분석 | L 44 해설 참조

ㄱ 1에서 a의 DNA 상대량은 1이다. 상염색체 유전이라면 유전자형이 Aa이고 우성 형질이므로 (가)가 발현되어야 하지만 (가)가 발현되지 않았으므로 (가)는 X 염색체 유전이다.

ㄴ 2는 (나) 발현이고, 자녀 모두 (나)에 대한 유전자형이 Bb이므로 2의 (나)에 대한 유전자형은 BB 또는 Bb이다. ㉢은 1, 2 중 하나인데 2에서 a의 DNA 상대량은 1로 확정이기 때문에 ㉠은 1이고, ㉢은 2이다.

ㄷ 6의 유전자형은 X^aX^aBb이고, 7의 유전자형은 X^aYbb이다. X 염색체 우성 형질인 (가)가 발현될 확률은 0이고, 상염색체 우성 형질인 (나)가 발현될 확률은 $\frac{1}{2}$이다. 따라서 6과 7 사이에서 아이가 태어날 때, 이 아이에게서 (가)와 (나) 중 (나)만 발현될 확률은 $\frac{1}{2}$이다.

3회 17 정답 ④ * 염색체 돌연변이 [정답률 43%]

| 보기 분석 | M 40 해설 참조

ㄱ. 자녀 2는 AABb/dd의 유전자형을 갖는다. D를 가지고 있지 않으므로 A, B, D를 모두 갖는 생식세포가 형성될 수 없다.

ㄴ 자녀 3의 염색체 수가 47이므로 염색체 비분리 결과 생성된 생식세포 중에서 13번 염색체가 하나 많은 $(n+1)$인 생식세포가 수정되어 태어났다. 13번 염색체 비분리(㉡)는 정자 Q에서 일어났고, 7번 염색체 결실(㉠)은 난자 P에서 일어났다.

ㄷ Dd의 유전자형을 갖는 아버지에서 13번 염색체 비분리가 일어나 DD를 갖는 정자 Q가 형성되었다. 비분리 시기는 염색 분체가 분리되는 감수 2분열이다.

3회 18 정답 ① * 개체군 사이의 상호 작용 [정답률 79%]

| 보기 분석 | P 52 해설 참조

ㄱ A를 제거한 ㉠에서 B의 개체 수가 증가하였고, A를 제거하지 않은 ㉡에서 B의 개체 수는 증가하지 않고 일정한 수를 유지했다. 따라서 A와 B 사이의 상호 작용은 경쟁에 해당한다.

ㄴ. 개체군은 일정한 지역에 같은 종의 개체가 무리를 이루어 생활하는 집단을 의미한다. A와 B는 서로 다른 종이므로 한 개체군을 이루지 않는다.

ㄷ. 구간 Ⅰ에서 ㉠에 서식하는 B의 개체 수는 증가했고, ㉡에 서식하는 B의 개체 수는 일정하다. 환경 저항이 클수록 개체군의 생장이 억제된다. ㉡에 서식하는 B의 개체 수는 ㉠에 서식하는 B의 개체 수보다 적지만 경쟁 관계에 있는 A를 제거하지 않았기 때문에 ㉠보다 ㉡에서 환경 저항이 크다. 이 때문에 ㉡에서 개체 수가 증가하지 않았다. 함정

3회 19 정답 ② * 사람의 유전 [정답률 49%]

| 선택지 분석 | L 23 해설 참조

② ⓐ가 유전자형이 AabbDdEe인 사람과 (가)와 (나)의 표현형이 모두 같을 확률은 $\frac{1}{4}\times\frac{1}{2}=\frac{1}{8}$이다.

3회 20 정답 ③ * 생명 과학의 탐구 방법 [정답률 92%]

| 보기 분석 | A 40 해설 참조

ㄱ 수컷 꼬리에 긴 장식물이 있는 것을 관찰하고 이를 설명할 수 있는 잠정적인 결론인 'A의 암컷은 꼬리 장식물의 길이가 긴 수컷을 배우자로 선호할 것(㉠)'이라는 가설을 설정하였다.

ㄴ. 조작 변인은 가설 검증을 위해 실험에서 의도적으로 변화시키는 변인으로 '꼬리 장식물의 길이'이다.

ㄷ (라)에서 A의 암컷은 꼬리 장식물의 길이가 긴 수컷을 배우자로 선호한다는 결론을 도출함으로써 (가)에서 설정한 가설이 타당하다는 결론을 도출하였다.

4회 연도별 모의고사 2025 대비 6월 모의평가

4회 01 정답 ⑤ * 생물의 특성 [정답률 98%]

| 보기 분석 | A 01 해설 참조

ㄱ 더울 때 땀이 나는 것은 체온을 일정하게 유지하기 위한 우리 몸의 작용이므로 (가)는 항상성이다.

ㄴ (나)에서 달걀이 병아리를 거쳐 닭이 되는 예는 다세포 생물의 발생과 생장을 보여주는 사례이다. 하나의 수정란이 세포 분열을 통해 개체가 되고, 이후 세포 수를 늘려 몸집이 커지는 과정을 설명하는 발생과 생장에 해당한다.

ㄷ 사막여우가 더운 지역에서 생존하기 위해 열 방출에 효과적인 큰 귀를 가지게 된 것은 고온의 환경과 상호 작용하면서 귀의 구조가 변하는 적응에 해당한다.

4회 02 정답 ⑤ * 노폐물의 생성 [정답률 94%]

| 보기 분석 | C 14 해설 참조

ㄱ 포도당이 세포 호흡에 사용된 결과 물과 이산화 탄소가 생성된다.

ㄴ 독성이 강한 암모니아(㉡)는 간에서 독성이 약한 요소로 전환된다.

ㄷ Ⅰ과 Ⅱ는 모두 크고 복잡한 물질(포도당, 아미노산)을 작고 간단한 물질(물, 이산화 탄소, 암모니아)로 분해하는 과정이므로 이화 작용에 해당한다.

4회 03 정답 ③ * 항원 항체 반응 [정답률 88%]

| 보기 분석 | I 01 해설 참조

ㄱ 형질 세포는 해당 항원에 결합할 수 있는 항체를 생성하고, 이 항체가 항원을 제거한다. 항체 Y는 형질 세포로부터 생성된다.

ㄴ. Y자 모양인 항체는 항원 결합 부위가 두 군데 있다. 병원체 X가 결합하는 부위가 두 군데인 ㉠이 항원 결합 부위이다.

ㄷ 체액성 면역 반응에서 항원 항체 반응인 (나)가 일어난다.

4회 04 정답 ④ * 내분비샘과 호르몬 [정답률 89%]

| 보기 분석 | G 01 해설 참조

ㄱ. 갑상샘 자극 호르몬(TSH)을 분비하는 내분비샘은 뇌하수체 전엽(㉠)이고, 항이뇨 호르몬(ADH)을 분비하는 내분비샘은 뇌하수체 후엽(㉡)이다.

ㄴ 뇌하수체 후엽(㉡)에서 분비되는 항이뇨 호르몬(ADH)은 콩팥에서 물의 재흡수를 촉진한다.

ㄷ TSH와 ADH는 모두 내분비샘에서 분비되는 호르몬이다. 호르몬은 혈액을 통해 이동하다가 특정 세포(특정 기관)에 작용한다.

4회 05 정답 ③ * 체세포 분열 [정답률 78%]

| 보기 분석 | K 01 해설 참조

ㄱ 염색체가 응축된 Ⅰ은 전기, 염색 분체가 분리되어 양극으로 이동하고 있는 Ⅱ는 후기, 염색체가 세포 중앙에 배열된 Ⅲ은 중기의 세포이다.

ㄴ. 감수 1분열 전기에 상동 염색체가 접합하여 2가 염색체를 형성한다. 체세포 분열에서 상동 염색체의 접합이 일어나지 않는다.

ㄷ 히스톤 단백질은 DNA를 응축시키는 데 관여하는 단백질로, 염색체는 DNA와 히스톤 단백질로 이루어져 있다.

4회 06 정답 ⑤ * 연역적 탐구 방법 [정답률 97%]

| 보기 분석 | A 31 해설 참조

ㄱ 이 실험에서 조작 변인은 면역 세포가 암세포를 인식하도록 돕는 물질(㉠)의 주사 여부이다.

ㄴ 실험 결과 ⓐ에서만 암세포의 수가 줄어들었고, 암이 있는 생쥐에서 면역 세포가 암세포를 인식하도록 도우면 암세포의 수가 줄어든다는 결론을 내렸다.

ㄷ (라)에서 암이 있는 생쥐에서 면역 세포가 암세포를 인식하도록 도우면 암세포의 수가 줄어든다는 결론을 내렸다. 따라서 (라)는 결론 도출 단계에 해당한다.

4회 07 정답 ⑤ * 자율 신경계 [정답률 72%]

| 보기 분석 | F 16 해설 참조

ㄱ 교감 신경(A)의 신경절 이후 뉴런의 축삭 돌기 말단에서는 노르에피네프린이 분비된다.

ㄴ 방광을 조절하는 부교감 신경(B)의 신경절 이전 뉴런의 신경 세포체는 척수에 있다. 꿀팁

ㄷ 교감 신경(A)과 부교감 신경(B)은 자율 신경으로 모두 중추 신경계와 몸의 각 부분을 연결하는 말초 신경계에 속한다.

4회 08 정답 ③ * 소화계와 배설계의 기능 [정답률 92%]

| 보기 분석 | C 15 해설 참조

ㄱ 분자의 크기가 큰 영양소를 분자의 크기가 작은 영양소로 분해하여 체내로 흡수하는 A는 소화계이다.

ㄴ. 소장은 소화계(A)에 속한다. B는 배설계이다.

ㄷ 순환계는 소장에서 흡수한 영양소를 온몸의 조직 세포로 운반한다.

4회 09 정답 ② * 핵형과 핵상 [정답률 70%]

| 보기 분석 | J 10 해설 참조

ㄱ. (가), (다), (라)는 수컷의 세포이고, 모두 Y 염색체(㉠)가 존재한다. 암컷의 세포인 (나)에만 나타나지 않은 ㉠은 Y 염색체이다.

ㄴ 핵형 분석을 통해 (가), (나), (라)는 같은 종의 세포임을 알 수 있고, (가)와 (라)는 Y 염색체가 존재하는 수컷이므로 (가)와 (라)는 같은 개체인 A의 세포이다.

ㄷ. B는 핵상과 염색체 수가 $2n=6$인 암컷이며, C는 핵상과 염색체 수가 $2n=6$인 수컷이다.
B의 체세포 분열 중기 세포 1개당 상염색체 수가 4, X 염색체 수가 2이고, C의 체세포 분열 중기 세포 1개당 상염색체 수가 4, X 염색체 수가 1이다.
따라서 체세포 분열 중기 세포 1개당 $\frac{\text{X 염색체 수}}{\text{상염색체 수}}$는 B가 $\frac{2}{4}$이고, C는 $\frac{1}{4}$이므로 B가 C보다 크다.

4회 10 정답 ② * 질병과 병원체 [정답률 85%]

| 보기 분석 | H 20 해설 참조

ㄱ. A는 세균이 병원체인 질병인 결핵이다. 세균은 유전 물질을 갖기 때문에 ㉠은 '○'이다.

ㄴ. 결핵은 세균, 말라리아는 원생생물, 독감은 바이러스가 병원체인 감염성 질병에 해당한다. 말라리아(B)는 감염성 질병이다.

ㄷ C의 병원체는 유전 물질을 갖지만, 스스로 물질대사를 하지 못하므로 C는 바이러스가 병원체인 질병인 독감에 해당한다.

4회 11 정답 ① * 혈당량 조절 [정답률 88%]

| 보기 분석 | G 19 해설 참조

ㄱ 탄수화물 섭취 후 높아진 혈중 포도당 농도를 낮추기 위해 이자의 β세포에서 인슐린의 분비가 촉진되므로 ㉠은 인슐린이다. 인슐린(㉠)은 세포로의 포도당 흡수를 촉진하여 혈당량을 낮춘다.

ㄴ. 혈중 포도당 농도가 높으면 포도당 농도를 낮추기 위해 인슐린의 농도가 높아진다. 따라서 혈중 포도당 농도는 t_2일 때가 t_1일 때보다 낮다.

ㄷ. 간뇌의 시상 하부는 항상성 유지의 최고 조절 중추로 인슐린(㉠)과 글루카곤(㉡)의 분비를 조절하는 중추는 간뇌의 시상 하부이다.

4회 12 정답 ⑤ ＊감수 분열 ······ [정답률 44%]

| 보기 분석 | **K** 문제편 206쪽 참고

ㄱ. 감수 1분열 중기 세포 Ⅱ에서 b가 0개 있으므로 B는 4(ⓐ)개 있고, 감수 2분열 중기 세포 Ⅳ에서 a가 0개 있으므로 A는 2(ⓑ)개 있다. 따라서 ⓐ+ⓑ=6이다.

ㄴ. $\frac{\text{Ⅱ의 염색 분체 수}}{\text{Ⅳ의 염색 분체 수}}=\frac{92}{46}=2$이다.

ㄷ. 딸에게 ABD가 있는 X 염색체가 존재하고 아버지는 ABd가 있는 X 염색체 1개를 가지므로 딸(㉠)은 아버지에게서 ABd가 있는 X 염색체와 어머니에게서 ABD가 있는 X 염색체를 물려받았다. ㉠의 (가)의 유전자형은 AABBDd이다.

4회 13 정답 ④ ＊골격근의 수축 과정 ······ [정답률 71%]

| 보기 분석 | **E** 07 해설 참조

ㄱ. X의 길이는 t_1일 때 3.2 μm, t_2일 때 2.8 μm이므로 t_1일 때가 t_2일 때보다 0.4 μm 길다.

ㄴ. t_1일 때 ㉡의 길이는 0.2 μm이고, t_2일 때 ㉢의 길이는 0.8 μm이므로 더한 값은 1.0 μm이다.

ㄷ. t_1일 때 X의 길이인 L은 3.2 μm이므로 $\frac{3}{8}$L은 1.2 μm이다. ㉠+㉡은 1.0 μm이고, H대(㉢)의 길이가 0.2 μm보다 크므로 X의 Z_1로부터 Z_2 방향으로 거리가 $\frac{3}{8}$L(=1.2 μm)인 지점은 ㉢에 해당한다.

4회 14 정답 ④ ＊다인자 유전 ······ [정답률 53%]

| 선택지 분석 | **L** 13 해설 참조

④ P의 유전자형은 AB EF/ef이고, Q의 유전자형은 DB EF/ef이므로 ⓐ의 (가)의 표현형이 Q(D_)와 같을 확률은 $\frac{1}{4}$이고, ⓐ의 (나)의 표현형이 Q(대문자 2개)와 같을 확률은 $\frac{1}{2}$이다.
ⓐ의 (가)와 (나)의 표현형이 모두 Q와 같을 확률은 $\frac{1}{4}\times\frac{1}{2}=\frac{1}{8}$이다.

4회 15 정답 ④ ＊흥분의 전도와 전달 ······ [정답률 65%]

| 보기 분석 | **D** 43 해설 참조

ㄱ. A의 막전위 변화는 (나)이고 P에 역치 이상의 자극을 주고 경과된 시간이 3 ms일 때 d_1의 막전위는 −80, d_2의 막전위는 −60 mV이다. 표에서 −80 mV가 존재하는 곳은 t_1이므로 t_1은 3 ms, y는 −60, x는 +30이다.

ㄴ. C의 막전위 변화가 (가)이고, d_5에서 d_6까지 흥분 이동 시간은 1.5 ms이므로 −60 mV와 0 mV 간의 시간 차이가 1.5 ms가 되려면 −60 mV는 활동 전위 1 ms에 해당하는 막전위이고, 0 mV는 2.5 ms에 해당하는 막전위가 되어야 한다. 따라서 ㉣은 d_5이다.

ㄷ. Q에 역치 이상의 자극을 1회 주고 경과된 시간이 6 ms일 때, d_5에 흥분이 도달하는 데 걸린 시간은 4.5 ms이고 막전위가 변화한 시간은 1.5 ms이다. C의 막전위 변화는 (가)이므로 이때 d_5의 막전위는 0 mV이고 탈분극이 일어나고 있다.

4회 16 정답 ① ＊생태계의 구성 요소 ······ [정답률 91%]

| 보기 분석 | **N** 01 해설 참조

ㄱ. 늑대와 말코손바닥사슴은 다른 종이므로 서로 다른 개체군에 속한다. 따라서 늑대가 말코손바닥사슴을 잡아먹는 것은 개체군과 개체군 사이의 상호 관계인 ㉠의 예에 해당한다.

ㄴ. 지의류에 의해 암석의 풍화가 촉진되어 토양이 형성되는 것은 생물 군집이 비생물적 요인에 영향을 미치는 ㉢의 예에 해당한다.

ㄷ. 분해자는 생산자와 소비자의 사체나 배설물 속 유기물을 무기물로 분해하여 에너지를 얻는 생물로 생물적 요인에 해당한다.

4회 17 정답 ② ＊염색체 비분리 ······ [정답률 44%]

| 보기 분석 | **M** 10 해설 참조

ㄱ. (다)가 상염색체 열성 유전이라 가정하면 아버지로부터 자녀 2, 3의 유전자 구성이 태어날 수 없으므로 (나)는 상염색체 열성 형질이다.

ㄴ. (다)는 X 염색체 우성 유전 형질이므로 아버지의 유전자형은 X^tY이다. (가)는 상염색체 우성, (나)는 상염색체 열성 형질이며 자녀 1은 Hr/_r이고 자녀 2와 3이 hR/hr의 유전자 구성을 가지므로 아버지는 Hr/hR의 유전자 구성을 갖는다.
따라서 아버지에게서 h, R, t를 모두 갖는 정자가 형성될 수 있다.

ㄷ. hr/hr인 자녀 4에서 ㉡이 h와 r가 함께 있는 염색체 2개를 갖기 위해서는 어머니(Hr/hr)에게서 생식세포 형성 과정 중 감수 2분열에서 염색체 비분리가 일어나야 한다.

4회 18 정답 ③ ＊식물 군집의 구조 조사 ······ [정답률 64%]

| 보기 분석 | **P** 01 해설 참조

ㄱ. Ⅰ에서 C의 중요치는 110이고, 상대 빈도는 40 %, 상대 피도는 45 %이므로 C의 상대 밀도는 (110−40−45) %=25 %이다.

ㄴ. Ⅱ에서 A의 상대 피도는 25 %, B의 상대 피도는 40 %, C의 상대 피도는 35 %로 지표를 덮고 있는 면적이 가장 큰 종은 상대 피도가 40 %인 B이다.

ㄷ. 우점종은 해당 지역에서 중요치가 가장 큰 종이다. Ⅰ에서의 우점종은 중요치가 110인 C이고, Ⅱ에서의 우점종은 중요치가 125인 A이다.

4회 19 정답 ① ＊상염색체 유전과 성염색체 유전 ··· [정답률 37%]

| 보기 분석 | **L** 49 해설 참조

ㄱ. (가)가 발현되지 않은 1과 2로부터 (가)가 발현된 3이 태어났으므로 (가)는 X 염색체 열성 형질이다.

ㄴ. 이 가계도 구성원 중 체세포 1개당 a의 DNA 상대량이 ㉢(2)인 사람은 1명(구성원 6)이다.

ㄷ. ⓐ는 X^aYBb이고, 5는 X^AX^abb이다. 6의 동생이 태어날 때, 이 아이에게서 (가)와 (나) 중 (나)만 발현(X^AX^abb 또는 X^AYbb)될 확률은 $\frac{1}{2}\times\frac{1}{2}=\frac{1}{4}$이다.

4회 20 정답 ③ ＊생물 다양성 ······ [정답률 93%]

| 보기 분석 | **R** 01 해설 참조

ㄱ. 종 다양성은 어느 한 생태계에 서식하는 생물종의 다양한 정도이므로 A는 종 다양성에 해당한다.

ㄴ. 서식지가 파괴되면 그 지역에 서식하는 생물이 멸종될 가능성이 커져 종 다양성(A)이 감소한다

ㄷ. 유전적 다양성(B)이 높을수록 개체군 내의 개체들 사이에 유전자 변이의 빈도가 높아 질병 발생 등의 환경 변화에도 적응하여 살아남는 개체가 있을 가능성이 높다.

5회 연도별 모의고사 2024 실시 7월 학력평가

5회 01 정답 ③ * 생물의 특성 [정답률 93%]

| 보기 분석 | P 33 해설 참조

ㄱ. 전등물고기(㉠)와 세균(㉡)을 포함하여 모든 생물은 세포로 구성되어 있다.
ㄴ. 전등물고기(㉠)와 세균(㉡)은 상호 작용을 통해 모두 이익을 얻고 있으므로 ㉠과 ㉡ 사이의 상호 작용은 상리 공생에 해당한다.
ㄷ. 생명 활동에 필요한 에너지를 얻는 ⓐ 과정에서 영양 물질을 분해하는 물질대사가 일어난다.

5회 02 정답 ④ * 신경계 [정답률 87%]

| 보기 분석 | F 17 해설 참조

ㄱ. A는 사람의 뇌에서 가장 큰 영역이며 표면에 주름이 많은 대뇌이다. 대뇌, 소뇌, 간뇌를 제외하고, 중간뇌, 뇌교, 연수 등을 합하여 뇌줄기라고 한다.
ㄴ. ㉠은 부교감 신경의 신경절 이전 뉴런이다. 동공의 크기를 조절하는 부교감 신경의 신경절 이전 뉴런(㉠)의 신경 세포체는 중간뇌(B)에 있다.
ㄷ. ㉡은 교감 신경의 신경절 이후 뉴런이다. 교감 신경의 신경절 이후 뉴런(㉡)의 축삭 돌기 말단에서 노르에피네프린이 분비된다.

5회 03 정답 ② * 생태계의 질소 순환 [정답률 72%]

| 보기 분석 | Q 29 해설 참조

ㄱ. Ⅱ는 암모늄 이온(NH_4^+)이 질산 이온(NO_3^-)으로 전환되는 질산화 작용으로 질산화 세균에 의해 일어난다.
ㄴ. ⓐ는 질소 기체(N_2), ⓑ는 암모늄 이온(NH_4^+)이다.
ㄷ. Ⅲ은 질산 이온(NO_3^-)이 질소 기체(N_2)로 환원되는 탈질산화 작용으로 탈질산화 세균에 의해 일어난다.

5회 04 정답 ④ * 생명 과학의 탐구 방법 [정답률 85%]

| 보기 분석 | A 35 해설 참조

ㄱ. A에서만 개미를 제거한다면 A에서는 B에서보다 X의 수가 증가하게 되므로 X의 수가 많은 ㉠이 A, ㉡이 B이다.
ㄴ. (나)에서 A에서만 개미를 제거했으므로 개미를 제거한 실험군 A와 개미를 제거하지 않은 대조군 B를 비교하는 대조 실험이 수행되었다.
ㄷ. (다)에서 X의 수는 개미의 제거 여부에 따라 변하는 종속변인이다.

5회 05 정답 ⑤ * 물질대사와 에너지 [정답률 82%]

| 보기 분석 | B 09 해설 참조

ㄱ. Ⅰ과 Ⅱ를 포함하여 사람의 모든 물질대사 과정은 효소의 촉매 작용에 의해 일어난다.
ㄴ. 미토콘드리아에서 세포 호흡이 일어나며 이때 ATP가 합성되는 과정 Ⅳ가 일어난다.
ㄷ. 단백질이 분해되는 Ⅱ와 ATP가 분해되는 Ⅲ은 크고 복잡한 물질이 작고 간단한 물질로 분해되는 이화 작용으로 에너지를 방출하는 과정이다.

5회 06 정답 ② * 질병과 병원체 [정답률 77%]

| 보기 분석 | H 04 해설 참조

ㄱ. A는 독감으로, 독감의 병원체는 바이러스이다.
ㄴ. B는 무좀으로, 무좀의 병원체인 곰팡이는 독립적으로 물질대사를 할 수 있는 생명체이다.
ㄷ. 말라리아는 제시된 특징 3개를 모두 가지므로 ㉠은 3이다.

5회 07 정답 ⑤ * 인체의 방어 작용 [정답률 85%]

| 보기 분석 | I 06 해설 참조

ㄱ. 형질 세포와 기억 세포로 분화한 ㉠은 B 림프구이다.
ㄴ. X의 1차 침입 시 만들어진 기억 세포가 X의 2차 침입 후 형질 세포로 빠르게 분화해 단시간에 다량의 항체가 만들어진 것으로 구간 Ⅰ에 X에 대한 기억 세포가 있다.
ㄷ. T 림프구가 감염된 세포를 직접 인식하는 방어 작용을 세포성 면역이라 하고, 형질 세포가 분비한 항체를 통해 항원을 제거하는 방어 작용을 체액성 면역이라 한다.

5회 08 정답 ③ * 감수 분열 [정답률 27%]

| 보기 분석 | K 50 해설 참조

ㄱ. Ⅰ은 A와 a를 가지고, B를 가지지 않으므로 ㉠은 a, ㉡은 A, ㉢은 B이다.
ㄴ. Ⅱ는 감수 2분열 중기 세포로 대립유전자 B와 b가 모두 존재하지 않는 성염색체를 가진다. Ⅱ에는 A, a, B, b 중 a만 있다.
ㄷ. Ⅰ의 a와 b의 DNA 상대량은 각각 1로 ㉮는 2이며, Ⅱ의 A와 B의 DNA 상대량은 각각 0으로 ㉯는 0이다. ㉮와 ㉯를 더한 값은 2이다.

5회 09 정답 ③ * 기관계의 통합적 작용 [정답률 88%]

| 보기 분석 | C 17 해설 참조

ㄱ. '음식물을 분해하여 영양소를 흡수한다.'는 특징을 가지는 A는 소화계이다.
ㄴ. 소장은 소화계(A)에 속하는 기관이다.
ㄷ. ⓐ는 소화계와 배설계의 공통된 특징이다. 소화계의 위, 소장 등과 배설계의 콩팥 등은 모두 자율 신경이 작용하는 기관이므로 '자율 신경이 작용하는 기관이 있다.'는 ⓐ에 해당한다.

5회 10 정답 ⑤ * 골격근 수축 [정답률 48%]

| 보기 분석 | E 34 해설 참조

ㄱ. ⓐ는 ㉡의 길이, ⓑ는 ㉠의 길이, ⓒ는 ㉢의 길이에 해당한다.
ㄴ. H대는 마이오신 필라멘트만 있는 부분으로 H대의 길이는 ㉢의 길이이다. t_2일 때 H대의 길이(㉢의 길이)는 0.4 μm이다.
ㄷ. X의 길이가 2.8 μm일 때는 t_1일 때보다 X의 길이가 0.4 μm만큼 줄어든 것이다. X의 길이가 0.4 μm만큼 줄어들면 ㉡의 길이는 0.2 μm만큼 늘어나고, ㉢의 길이는 0.4 μm만큼 줄어든다. 이때 $\frac{ⓒ}{ⓐ}=\frac{0.8}{0.4}=2$이다.

연도별 모의고사 5회

5회 11 정답 ③ * 복대립 유전 [정답률 27%]

| 선택지 분석 | L 51 해설 참조

③ 유전자형이 Bb인 Ⅰ과 Ⅱ 사이의 자손에서 나타날 수 있는 (나)의 표현형의 최대 가짓수는 BB, Bb, bb의 3가지이다.
유전자형이 AE/aD인 Ⅰ과 AF/aF인 Ⅱ 사이에서 태어나는 자손에서 나타날 수 있는 (가)와 (다)의 표현형의 최대 가짓수는 A_E_, A_D_, aaD_의 3가지이다.
따라서 ⓐ에게서 나타날 수 있는 (가)~(다)의 표현형의 최대 가짓수는 $3 \times 3 = 9$이다.

5회 12 정답 ⑤ * 개체군 간 상호 작용 [정답률 93%]

| 보기 분석 | P 32 해설 참조

ㄱ. ㉠은 경쟁에 대한 설명으로 Ⅱ에 해당하며, 종 1과 종 2 모두 손해를 입는다.
ㄴ. 상리 공생 관계의 두 종 모두 이익을 얻으므로 ⓐ는 '이익'이다.
ㄷ. 스라소니가 눈신토끼를 잡아먹는 것은 포식과 피식 관계로 스라소니는 포식자, 눈신토끼는 피식자에 해당한다. 포식자는 이익을 얻고 피식자는 손해를 입는 관계로 Ⅲ의 예에 해당한다.

5회 13 정답 ① * 사람의 돌연변이 [정답률 21%]

| 보기 분석 | M 22 해설 참조

ㄱ. ㉠은 a, ㉡은 A이다.
ㄴ. (가)는 우성 형질이다.
ㄷ. 어머니는 (가)와 (나)의 유전자형은 aaBbDd이므로 A를 가지지 않는다.

5회 14 정답 ① * 혈당량 조절 [정답률 83%]

| 보기 분석 | G 20 해설 참조

ㄱ. X는 탄수화물 섭취 후 분비되는 호르몬으로 인슐린(㉡)이다.
ㄴ. 세포로의 포도당 흡수를 촉진하는 것은 인슐린(㉡)의 역할이다. 혈당량이 높을 때 분비되는 인슐린은 간에서 포도당을 글리코젠으로 전환하고, 세포로의 포도당 흡수를 촉진해 혈당량을 낮추는 역할을 한다.
ㄷ. t_1일 때는 탄수화물 섭취 직후로, 혈중 포도당 농도가 높아 인슐린 농도가 높아진 상태이다. t_2일 때는 시간이 지난 후 혈당량이 낮아진 상태로 음성 피드백에 의해 인슐린 농도도 낮아진 상태이다.
따라서 t_1일 때가 t_2일 때에 비해 혈중 포도당 농도와 인슐린 농도가 높다.

5회 15 정답 ③ * 식물 군집 조사 [정답률 82%]

| 보기 분석 | P 09 해설 참조

ㄱ. 조사한 군집의 전체 개체 수가 300이므로 C의 개체 수는 300에서 A, B, D의 개체 수를 뺀 값인 48이다.
ㄴ. 중요치가 가장 높아 그 군집을 대표할 수 있는 개체군을 우점종으로 결정한다. 상대 밀도 40, 상대 빈도 30, 상대 피도 41인 B가 이 지역의 우점종이다.
ㄷ. B가 출현한 방형구 수가 24이고, B의 상대 빈도가 30이므로 A~D가 출현한 방형구 수를 모두 더한 값은 80이다. A가 출현한 방형구 수는 80에서 B, C, D가 출현한 방형구 수를 뺀 값인 18이다.

5회 16 정답 ⑤ * 염색체와 대립유전자 [정답률 50%]

| 보기 분석 | L 15 해설 참조

ㄱ. 아버지의 (가)의 유전자형은 HH로 ㉠은 2이다.
ㄴ. 자녀 2의 (가)의 유전자형은 HH^*이다. H는 아버지로부터 물려받은 것이고, H^*은 어머니로부터 물려받은 것이다.
ㄷ. 어머니의 (나)의 유전자형은 $X^{T^*}X^{T^*}$로 동형 접합성이다.

5회 17 정답 ② * 흥분의 전도와 전달 [정답률 39%]

| 보기 분석 | D 45 해설 참조

ㄱ. ㉠은 0이다.
ㄴ. A의 신경절 이전 뉴런의 흥분 전도 속도와 신경절 이후 뉴런의 흥분 전도 속도는 모두 2 cm/ms이다.
ㄷ. B에서 d_2에 자극을 주고 경과된 시간이 4 ms일 때 d_4의 막전위가 -68 mV이고, 경과된 시간이 6 ms일 때 d_4의 막전위가 -60 mV이므로 경과된 시간이 6 ms일 때 d_4는 재분극이 일어나는 중이다. B의 d_2에서 d_3까지 흥분 전달 속도가 1 cm/ms이므로 d_2에 자극을 주고 경과된 시간이 6 ms일 때 d_4의 막전위와 d_3에 자극을 주고 경과된 시간이 5 ms일 때 d_3의 막전위는 동일하다. B의 d_3에 역치 이상의 자극을 주고 경과된 시간이 5 ms일 때 d_4에서 재분극이 일어난다.

5회 18 정답 ① * 식물 군집의 천이 [정답률 78%]

| 보기 분석 | P 29 해설 참조

ㄱ. A는 초원, B는 양수림, C는 음수림이다.
ㄴ. 생물 군집에서 종의 구성과 수가 가장 안정된 상태를 극상이라 한다. X의 식물 군집은 음수림(C)에서 극상을 이룬다.
ㄷ. 종 다양성(ⓐ)은 다양한 종이 균등하게 분포하는 다양성을 의미한다. 동일한 생물종 내에서 개체마다 형질이 다르게 나타나는 것은 유전적 다양성이다.

5회 19 정답 ④ * 대사성 질환 [정답률 86%]

| 보기 분석 | C 37 해설 참조

ㄱ. ⓐ는 혈액 속에 콜레스테롤, 중성 지방이 많은 질환으로 고지혈증이다.
ㄴ. ㉠이 ㉡보다 많은 상태가 지속될 경우 비만이 되었으므로 ㉠은 에너지 섭취량이다.
ㄷ. 물질대사 이상으로 발생하는 질병을 모두 일컬어 대사성 질환이라고 한다. 당뇨병, 고지혈증, 비만 등은 모두 대사성 질환에 해당한다.

5회 20 정답 ④ * 가계도 이해 [정답률 32%]

| 보기 분석 | L 52 해설 참조

ㄱ. 구성원 3의 a와 b의 DNA 상대량은 각각 0이므로 ㉠은 0이다.
ㄴ. (가)의 유전자는 상염색체에, (나)의 유전자는 X 염색체에 있다.
ㄷ. (가)는 열성 형질, (나)는 우성 형질이므로 6과 7 사이에서 아이가 태어날 때, 이 아이에게서 (가)가 발현될 확률은 $\frac{1}{2}$, (나)가 발현될 확률은 $\frac{1}{2}$이다.
따라서 (가)와 (나)가 모두 발현될 확률은 $\frac{1}{4}$이다.

6회 연도별 모의고사 2024 대비 9월 모의평가

6회 01 정답 ⑤ * 생물의 특성 [정답률 95%]

| 보기 분석 | A 09 해설 참조

ㄱ. '아메바는 분열법으로 번식한다.'는 생물이 종족을 유지하기 위해 자신과 닮은 자손을 만드는 현상인 생식과 유전에 해당한다.
ㄴ. 뱀(㉠)은 세포로 구성된 생물이다.
ㄷ. '뜨거운 물체에 손이 닿으면 반사적으로 손을 뗀다.'는 온도 변화를 자극으로 받아들이고 손을 떼는 반응을 하는 것이므로 자극에 대한 반응의 예에 해당한다.

6회 02 정답 ⑤ * 물질대사와 기관계 [정답률 94%]

| 보기 분석 | B 12 해설 참조

ㄱ. 암모니아는 간에서 독성이 약한 요소로 전환된다.
ㄴ. 세포 호흡과 같은 물질대사 과정에는 생체 촉매인 효소가 관여한다.
ㄷ. 요소(㉠)는 배설계인 콩팥에서 오줌으로 배설된다.

6회 03 정답 ③ * 체세포 분열 [정답률 83%]

| 보기 분석 | K 08 해설 참조

ㄱ. 구간 Ⅰ은 G_1기에 해당하며, G_1기의 세포는 핵상이 $2n$이다.
ㄴ. 구간 Ⅱ는 DNA가 복제된 후인 G_2기와 M기이다. (나)는 염색체가 세포의 중앙에 배열되어 있으므로 체세포 분열 중기의 세포이며, 구간 Ⅱ에는 체세포 분열 중기의 세포가 관찰되는 시기가 있다.
ㄷ. (나)는 체세포 분열 중기의 세포이다. 상동 염색체의 접합은 감수 분열 과정에서 일어난다.

6회 04 정답 ⑤ * 기관계의 통합적 작용 [정답률 82%]

| 보기 분석 | C 18 해설 참조

ㄱ. 소화계(A)에서 영양소를 분해하는 이화 작용이 일어난다.
ㄴ. 심장은 순환계(B)에 속한다.
ㄷ. 인슐린(㉠)은 세포로의 포도당 흡수를 촉진하여 혈중 포도당 농도를 낮춘다.

6회 05 정답 ④ * 중추 신경계와 말초 신경계 [정답률 83%]

| 보기 분석 | F 24 해설 참조

ㄱ. 부교감 신경(자율 신경 X)은 신경절 이전 뉴런이 신경절 이후 뉴런보다 길다.
ㄴ. 대뇌(A)의 겉질은 뉴런의 신경 세포체가 모여 있는 회색질이다.
ㄷ. 중간뇌(B)와 연수(C)는 모두 뇌줄기에 속한다.

6회 06 정답 ① * 삼투압 유지 [정답률 63%]

| 보기 분석 | G 54 해설 참조

ㄱ. 항이뇨 호르몬(ADH)은 콩팥에서 물의 재흡수를 촉진하여 혈장 삼투압을 낮추는 역할을 한다.
ㄴ. 수분이 빠져나가 혈장 삼투압이 높아지는 상황에서 항이뇨 호르몬(ADH)이 정상보다 적게 분비되는 개체는 물의 재흡수가 정상적으로 일어나지 않아 혈장 삼투압이 높게 유지된다. 따라서 A는 '항이뇨 호르몬(ADH)이 정상보다 적게 분비되는 개체'이다.
ㄷ. 항이뇨 호르몬(ADH)이 정상적으로 분비되는 개체(B)는 물의 재흡수가 정상적으로 일어난다. 땀을 흘리는 시간이 지속되면 혈중 ADH 농도가 높아지고 콩팥에서 물의 재흡수가 촉진된다. 따라서 B에서 생성되는 오줌의 삼투압은 t_2일 때가 t_1일 때보다 높다.

6회 07 정답 ④ * 질병과 병원체 [정답률 84%]

| 보기 분석 | H 06 해설 참조

ㄱ. A는 세균에 속하지 않지만 스스로 물질대사를 할 수 있는 곰팡이에 의해 발생하는 무좀이다.
ㄴ. B는 세균에 의해 발생하는 결핵이다. 세균성 질환은 항생제를 사용하여 치료한다.
ㄷ. C는 바이러스에 의해 발생하는 후천성 면역 결핍증(AIDS)이다. 바이러스는 유전 물질(핵산)을 갖는다.

6회 08 정답 ② * 호르몬과 항상성 [정답률 91%]

| 보기 분석 | G 07 해설 참조

ㄱ. ㉠에 TSH를 투여하였더니 갑상샘에서 티록신이 분비되어 혈중 티록신 농도가 정상으로 회복되었다. 따라서 ㉠은 A이다.
ㄴ. TSH가 분비되지 않는 A에 TSH를 투여하면 갑상샘에서 티록신이 분비되어 혈중 티록신 농도가 정상으로 회복된다.
ㄷ. 정상인에서 혈중 티록신 농도가 증가하면 음성 피드백으로 뇌하수체 전엽에서 TSH의 분비가 억제된다.

6회 09 정답 ③ * 비특이적 방어 작용과 특이적 방어 작용 · [정답률 88%]

| 보기 분석 | I 22 해설 참조

ㄱ. 구간 Ⅰ은 항원 X가 1차 침입한 이후이다. A에는 X에 대한 기억 세포가 존재한다.
ㄴ. 구간 Ⅱ는 항원 X가 2차 침입한 직후이다. A에서 기억 세포가 형질 세포로 분화하여 항체를 생성하는 2차 면역 반응이 일어났다.
ㄷ. A에서 X에 대한 항체는 세포독성 T림프구가 아닌 형질 세포에서 생성된다.

6회 10 정답 ③ * 근수축 운동 [정답률 39%]

| 보기 분석 | E 10 해설 참조

ㄱ. ⓑ는 ㉡이고, ⓐ는 ㉠이며, 거리는 $l_1 < l_2 < l_3$이다.
ㄴ. ⓒ(㉢)의 길이는 t_1일 때가 t_2일 때보다 짧기 때문에 X는 Q의 근육 원섬유 마디이다.
ㄷ. t_1일 때 거리가 l_1인 지점은 ㉠이므로 근육 원섬유 마디의 이완 과정에서 t_2일 때 거리가 l_1인 지점은 ㉠이다.

6회 11 정답 ① * 감수 분열 [정답률 53%]

| 보기 분석 | K 27 해설 참조

ㄱ. ㉠(Ⅰ)은 G_1기의 세포이고 대립유전자 중 1쌍은 상염색체, 나머지 1쌍은 X 염색체에 존재한다. 남자의 성염색체 구성은 XY이므로 A, a, B, b의 DNA 상대량을 더한 값인 ⓐ는 3이다.
ㄴ. ㉡은 세포 Ⅱ에 해당하며, 세포 Ⅰ에서 DNA 상대량이 2배로 증가하여 A, a, B, b의 DNA 상대량을 더한 값이 6이다.
ㄷ. ㉣(Ⅲ)은 감수 2분열 중기의 세포이다. 감수 1분열 시 상동 염색체가 분리되어 염색체 수가 절반이 되므로 ㉣의 염색체 수는 23이다.

6회 12 정답 ① * 흥분의 전도와 전달 [정답률 45%]

| 보기 분석 | D 37 해설 참조

ㄱ. 신경 B의 d_1과 Ⅲ에 해당하는 막전위는 +30 mV이므로 자극을 준 Ⅰ(d_3)에서 d_1과 Ⅲ까지 흥분이 이동하는 데 걸린 시간은 2 ms이다. (나)에 시냅스가 존재하며 Ⅲ은 d_4이고 Ⅱ는 d_2이다.

ㄴ. 신경 A의 흥분 전도 속도는 1 cm/ms, 신경 B와 C의 흥분 전도 속도는 2 cm/ms이다. 따라서 ⓐ는 2 cm/ms, ⓑ는 1 cm/ms이다.

ㄷ. B의 d_3에서 d_4까지 흥분이 이동하는 데 걸린 시간은 2 ms이고, d_4에서 d_5까지 흥분이 이동하는 데 걸린 시간은 1 ms이다. 총 이동 시간이 3 ms이므로 5 ms일 때 d_5에서의 막전위는 2 ms에 해당하는 막전위인 +30 mV이다.

6회 13 정답 ② * 상염색체 유전 [정답률 48%]

| 선택지 분석 | L 02 해설 참조

② P의 유전자형은 AaBbDF이므로 (가)와 (나)의 표현형이 같을 확률은 $\frac{1}{4}$이고, (다)의 표현형이 같을 확률은 $\frac{1}{2}$이다. 따라서 ⓐ의 (가)~(다)의 표현형이 모두 P와 같을 확률은 $\frac{1}{8}$이다.

6회 14 정답 ② * 군집 내 개체군 사이의 상호 작용 [정답률 85%]

| 보기 분석 | P 49 해설 참조

ㄱ. 개체군은 일정한 지역에 서식하는 같은 종의 집단이다. 캥거루쥐와 주머니쥐는 서로 다른 종이므로 한 개체군을 이루지 않는다.

ㄴ. 꽃과 벌새는 각각 수분과 꿀이라는 이익을 얻는 관계이므로 (나)는 상리 공생의 예에 해당한다.

ㄷ. 스라소니는 포식자, 눈신토끼는 피식자로 스라소니가 눈신토끼를 잡아먹는 것은 포식과 피식의 예에 해당한다.

6회 15 정답 ③ * 핵상과 핵형 [정답률 58%]

| 보기 분석 | J 21 해설 참조

ㄱ. B와 C의 체세포 1개당 염색체 수는 서로 다르므로 세포 (나)의 핵상과 염색체 수는 $2n$=8이 될 수 없다. (나)에는 ㉠이 포함되어 있으므로 ㉠은 X 염색체이다.

ㄴ. (가)는 암컷인 B의 세포이고, (나)는 X 염색체(㉠) 2개를 갖는 암컷인 C의 세포이다.

ㄷ. 암컷인 C의 핵상과 염색체 수는 $2n$=6이므로 상염색체 수는 4이고 X 염색체 수는 2이다.

6회 16 정답 ④ * 물질 순환 [정답률 81%]

| 보기 분석 | Q 32 해설 참조

ㄱ. 질산화 작용은 암모늄 이온(NH_4^+)이 질산 이온(NO_3^-)으로 전환되는 과정이다. ㉠은 암모늄 이온(NH_4^+)이다.

ㄴ. Ⅰ은 대기 중의 질소(N_2)가 암모늄 이온(NH_4^+)으로 전환되는 질소 고정 작용이다.

ㄷ. 탈질산화 세균은 질산 이온(NO_3^-)을 대기 중의 질소(N_2)로 전환하는 탈질산화 작용(Ⅱ)에 관여한다.

6회 17 정답 ⑤ * 염색체 이상에 의한 유전병 [정답률 28%]

| 보기 분석 | M 24 해설 참조

ㄱ. 어머니에서 유전자형이 HT(2)나 Ht(1)인 난자가 생성될 수 있으므로 아버지의 정자 형성 과정에서 대문자로 표시되는 대립유전자의 수가 같으면서 유전자형이 다른 2가지 정자인 Ht, hT가 생성되어야 한다. 따라서 아버지의 유전자형은 HhTt이고 대문자로 표시되는 대립유전자의 수는 2이다.

ㄴ. ⓐ의 동생이 태어날 때 유전자형이 Ht인 난자와 hT인 정자가 수정되면 유전자형이 HhTt인 아이가 태어날 수 있다.

ㄷ. 정상 정자의 대문자로 표시되는 대립유전자의 수는 1이므로 염색체 비분리 결과 생성된 난자의 대문자로 표시되는 대립유전자의 수는 3이어야 한다. 감수 1분열 과정에서 21번 염색체 비분리가 일어나 HHTt(3)의 유전자형을 갖는 난자가 수정되어 ⓐ가 태어났다.

6회 18 정답 ⑤ * 식물 군집 조사 [정답률 62%]

| 보기 분석 | P 05 해설 참조

ㄱ. ㉠은 상대 빈도이고, 식물 종의 총 방형구 수는 80이므로 C의 상대 빈도는 $\frac{10}{80}$=0.125(12.5%)이다. 따라서 ⓐ는 12.5이다.

ㄴ. 피도는 지표를 덮고 있는 정도를 나타낸다. 상대 피도가 가장 작은 종은 E이다.

ㄷ. 우점종은 중요치가 가장 큰 종이고, 중요치는 상대 밀도, 상대 빈도, 상대 피도를 합한 값이다. 우점종은 중요치가 103.5인 A이다.

6회 19 정답 ④ * 상염색체와 성염색체 유전 [정답률 39%]

| 보기 분석 | L 65 해설 참조

ㄱ. (가)와 (나)는 우성 형질이고 3은 (나) 발현이므로 B를 갖고 있으며 ㉠+B=1이므로 ㉠=0이다. 3은 (가)도 발현되므로 ㉡은 a이다.

ㄴ. (가)가 상염색체 유전이라면 1에서 a가 1개이므로 유전자형이 Aa인데 (가)가 발현되지 않았다. 따라서 (가)는 X 염색체 우성 형질이고, (나)는 (가)와 서로 다른 염색체에 있으므로 (나)는 상염색체 우성 형질이다.

ㄷ. 5의 유전자형은 X^aYBb, 6의 유전자형은 X^AX^aBb이므로 7의 동생이 태어날 때, 이 아이에게서 (가)가 발현될 확률은 $\frac{1}{2}$이고, (나)가 발현될 확률은 $\frac{3}{4}$이므로 (가)와 (나)가 모두 발현될 확률은 $\frac{3}{8}$이다.

6회 20 정답 ① * 생태계의 구성 요소 사이의 상호 관계 [정답률 79%]

| 보기 분석 | N 06 해설 참조

ㄱ. 군집은 일정한 지역에 여러 종류의 개체군이 모여 생활하는 집단을 의미한다. 식물 종 X는 생물 군집에 속한다.

ㄴ. ⓐ는 식물 X가 토양 속 염분 농도를 낮추므로 ㉡의 예에 해당한다.

ㄷ. 종 다양성(ⓑ)은 한 생태계 내의 군집에 서식하는 생물종의 다양한 정도를 의미한다. 동일한 생물종이라도 형질이 각 개체 간에 다르게 나타나는 것은 유전적 다양성에 해당한다. 함정

7회 연도별 모의고사 2025 대비 9월 모의평가

7회 01 정답 ④ * 생물의 특성 [정답률 96%]

| 보기 분석 | A 02 해설 참조

ㄱ. 발생(㉠)과 생장 과정에서 체세포 분열이 일어난다. 체세포 분열을 통해 몸이 자랄 뿐만 아니라 몸의 구조가 복잡하게 분화하여 완전한 개체가 된다.
ㄴ. 메뚜기가 주변 환경과 유사하게 몸의 색을 변화시키는 것은 비생물적 요인인 주변 환경이 생물적 요인인 메뚜기 몸의 색에 영향을 미치는 예에 해당한다.
ㄷ. 펭귄이 물속에서 빠른 속도로 움직이는 데 적합한 몸의 형태를 가지는 것은 환경에 살아남기에 적합한 몸의 형태를 가지도록 적응하고 진화한 예에 해당한다.

7회 02 정답 ② * 사람의 물질대사 [정답률 90%]

| 보기 분석 | C 01 해설 참조

ㄱ. (가)는 탄수화물, (나)는 단백질이다.
ㄴ. 호흡계를 통해 물과 이산화 탄소(㉠)가 몸 밖으로 배출되며, 배설계를 통해 물과 암모니아(㉡)가 몸 밖으로 배출된다.
ㄷ. 지방이 세포 호흡에 사용된 결과 물과 이산화 탄소가 생성되므로 노폐물에 암모니아(㉡)는 없다.

7회 03 정답 ④ * 습성 천이 [정답률 95%]

| 보기 분석 | P 21 해설 참조

ㄱ. A는 관목류가 우점종인 관목림이다.
ㄴ. 이 지역에서 일어난 천이는 습지가 육지로 변하는 습성 천이이다.
ㄷ. 이 식물 군집은 음수림에서 안정 상태인 극상을 이룬다.

7회 04 정답 ③ * 질병과 병원체 [정답률 91%]

| 보기 분석 | H 19 해설 참조

ㄱ. 말라리아를 일으키는 병원체인 말라리아 원충은 원생생물이며, 핵과 세포 소기관을 가지고 있는 단세포 생물이다.
ㄴ. 낫 모양 적혈구 빈혈증은 헤모글로빈을 생성하는 유전자에 의한 유전병으로 비감염성 질병이다. 함정 적혈구가 비정상적인 낫 모양으로 변형되어 모세혈관을 막거나 용혈되기 쉬워 빈혈이 유발된다.
ㄷ. 말라리아 병원체에 노출되었을 때 낫 모양 적혈구인 S를 가지는 사람은 정상 적혈구인 R를 가지는 사람보다 말라리아 병원체에 감염되는 빈도가 낮으므로 말라리아 발병 확률이 낮다.

7회 05 정답 ⑤ * 연역적 탐구 방법 [정답률 90%]

| 보기 분석 | A 30 해설 참조

ㄱ. A에만 천적인 ㉢을 추가하고 B에는 ㉢을 추가하지 않았으므로 ㉢의 추가 여부는 조작 변인이다.
ㄴ. ㉠과 ㉡은 같은 먹이를 두고 경쟁하는 서로 다른 종이다. ㉠과 ㉡은 서로 다른 두 개체군으로 A에서 한 군집을 이룬다. 함정
ㄷ. 군집에서 여러 개체군의 생태적 지위가 비슷하면 종간 경쟁이 일어나 우세한 개체군이 다른 개체군의 자원 이용을 막아 경쟁자가 공존하지 못하는 것을 경쟁 배타라고 한다. 천적이 없는 상태인 B에서 ㉡이 멸종한 것으로 보아 ㉠과 ㉡ 사이에 경쟁 배타가 일어났다.

7회 06 정답 ① * 혈당량 조절 [정답률 63%]

| 보기 분석 | G 17 해설 참조

ㄱ. ⓐ는 '간에서 단위 시간당 글리코젠으로부터 생성되는 포도당의 양', ⓑ는 '혈중 포도당 농도'이다.
ㄴ. 혈중 포도당 농도가 낮을 때 혈중 인슐린 농도는 낮아진다. 구간 Ⅰ에서가 Ⅱ에서보다 혈중 포도당 농도가 낮으므로 혈중 인슐린 농도도 낮다.
ㄷ. 글루카곤은 혈당량을 높이는 호르몬으로 혈중 포도당 농도가 증가하면 음성 피드백에 의해 글루카곤의 분비는 감소한다.

7회 07 정답 ① * 세포 주기 [정답률 80%]

| 보기 분석 | J 34 해설 참조

ㄱ. Ⅲ은 G_1기 세포로 핵막이 소실되지 않았으므로 ㉠은 '소실 안 됨'이다.
ㄴ. Ⅰ의 R의 DNA 상대량이 4이므로 DNA 복제가 완료된 G_2기 세포이다.
ㄷ. Ⅲ(G_1기 세포)은 DNA 복제 전이므로 R의 DNA 상대량이 2이고, Ⅱ(M기 중기 세포)의 R의 DNA 상대량은 4이므로 서로 같지 않다.

7회 08 정답 ③ * 신경계 [정답률 84%]

| 보기 분석 | F 15 해설 참조

ㄱ. ㉠은 부교감 신경의 신경절 이전 뉴런이다. 심장과 연결된 부교감 신경의 신경절 이전 뉴런의 신경 세포체는 연수에 있다.
ㄴ. 부교감 신경의 신경절 이후 뉴런인 ㉡과 교감 신경의 신경절 이전 뉴런인 ㉢의 축삭 돌기 말단에서 모두 아세틸콜린이 분비된다.
ㄷ. ㉣은 교감 신경의 신경절 이후 뉴런으로 운동 시작 후인 t_1일 때가 운동 종료 후인 t_2일 때보다 신경 전달 물질(노르에피네프린)이 많이 분비된다.

7회 09 정답 ④ * 혈중 티록신 농도 조절 [정답률 66%]

| 보기 분석 | G 39 해설 참조

ㄱ. ㉠은 TSH, ㉡은 티록신이다.
ㄴ. 티록신(㉡)의 분비는 음성 피드백에 의해 조절된다. TSH(㉠)에 의해 조절된 티록신(㉡)의 양이 다시 TSH(㉠)의 분비에 영향을 끼치는 것이다.
ㄷ. 혈중 TSH 농도는 t_1일 때가 t_2일 때보다 작다. 물질대사량은 티록신의 농도가 높을수록 커지므로 t_1일 때가 t_2일 때보다 크다. $\frac{\text{물질대사량}}{\text{혈중 TSH 농도}}$은 t_1일 때가 t_2일 때보다 크다.

7회 10 정답 ② * 흥분의 전도와 전달 [정답률 53%]

| 보기 분석 | D 31 해설 참조

ㄱ. ⓐ는 $+30$, ⓑ는 -80, ⓒ는 -70이다.
ㄴ. d_2와 d_3 사이인 ㉮에 시냅스가 있다.
ㄷ. B의 흥분 전도 속도는 2 cm/ms이다. d_5에서 d_2까지 흥분이 전도되는 시간이 1.5 ms이므로 ㉠이 3 ms일 때, d_2는 자극이 도달한 지 1.5 ms가 지난 후이다. 막전위 변화 그래프에 따르면 이때 d_2에서 탈분극이 일어나고 있다.

연도별 모의고사 7회

7회 11 정답 ⑤ * 골격근 수축 [정답률 75%]

| 보기 분석 | **E 09 해설 참조**

ㄱ ⓐ는 ㉠, ⓑ는 ㉡이다.
ㄴ t_1일 때 ㉠의 길이는 $2d$이고 ㉢의 길이도 $2d$이므로 서로 같다.
ㄷ t_2일 때 ㉠의 길이는 $1.5d$, ㉡의 길이는 $1.5d$이므로 Z_1로부터 Z_2 방향으로 거리가 $2d$인 지점은 ㉠을 지나 ㉡에 해당한다.

7회 12 정답 ④ * 에너지 섭취량과 소비량 [정답률 94%]

| 보기 분석 | **C 32 해설 참조**

ㄱ ㉠은 A, ㉡은 B이다.
ㄴ 구간 Ⅰ에서 ㉡의 체중이 감소한 것은 에너지 소비량이 에너지 섭취량보다 많았기 때문이다.
ㄷ. 구간 Ⅰ에서 적은 양의 먹이를 섭취한 B는 체지방량이 t_2일 때가 t_1일 때보다 감소했다.

7회 13 정답 ② * 핵형 분석 [정답률 73%]

| 보기 분석 | **J 11 해설 참조**

ㄱ. 수컷만 가지고 있는 염색체 ㉠은 Y 염색체이며, ㉡은 상염색체이다.
ㄴ 제시된 (가), (나), (다) 모두 크기와 모양이 같은 염색체를 2개씩 쌍으로 가지고 있으므로 핵상은 $2n$으로 같다.
ㄷ. (가)는 6개의 염색체를 가지며 복제된 상태로 염색 분체 수는 12이다. (가)는 수컷이므로 X 염색체 수는 1이다. (가)의 $\frac{\text{염색 분체 수}}{\text{X 염색체 수}}=12$이다.

7회 14 정답 ③ * 종 사이의 상호 작용 [정답률 83%]

| 보기 분석 | **P 31 해설 참조**

ㄱ (가)는 두 개체군이 모두 이익을 얻는 상리 공생의 예이다.
ㄴ. (나)는 두 개체군이 경쟁을 피하기 위해 서식 공간을 분리해 분서한 예이다. 일부 경쟁을 피했음에도 환경 저항은 여전히 작용한다. 환경 저항은 서식 공간 외에도 질병, 환경 오염 등 다양한 요인을 포함하는 포괄적 개념이다.
ㄷ 서로 다른 종의 새가 생태적 지위가 비슷하여, 번식 장소라는 자원을 차지하기 위해 다투는 것이 경쟁(㉠)의 예이다.

7회 15 정답 ⑤ * 돌연변이 [정답률 30%]

| 보기 분석 | **M 문제편 263쪽 참고**

ㄱ. 자녀 1과 자녀 2는 남자, 자녀 3은 여자이므로 자녀 1~3 중 여자는 1명이다. 함정
ㄴ Q는 어머니에게서 형성된 유전자 이상 돌연변이인 생식세포이다.
ㄷ 자녀 3은 Ad/ad, BB를 가지므로 A, B, d를 모두 갖는 생식세포가 형성될 수 있다.

7회 16 정답 ① * 생식세포 분열 [정답률 37%]

| 보기 분석 | **K 46 해설 참조**

ㄱ ㉠은 a, ㉡은 b, ㉢은 A, ㉣은 D이다.
ㄴ. Ⅰ로부터 상동 염색체가 분리되어 (가)와 (나)가 형성되고, Ⅱ로부터 (다)가 형성되었다.
ㄷ. P의 ㉮의 유전자형은 (가)의 유전자와 (나)의 유전자를 합한 AaBBDd이다.

7회 17 정답 ③ * 가계도 분석 [정답률 36%]

| 보기 분석 | **L 43 해설 참조**

ㄱ (다)의 유전자는 X 염색체에 있다.
ㄴ 4의 (가)~(다)의 유전자형은 $HhRrX^TX^t$이므로 모두 이형 접합성이다.
ㄷ. P6과 7 사이에서 태어난 아이의 (가)와 (나)의 표현형이 6과 같을 확률은 $\frac{3}{4}$이다. 함정

- 6과 7 사이에서 태어난 아이의 (다)의 표현형이 6과 같을 확률은 $\frac{3}{4}$이다.
- 따라서 6과 7 사이에서 테어난 아이가 6과 (가)~(다)의 표현형이 모두 같을 확률은 $\frac{3}{4}\times\frac{3}{4}=\frac{9}{16}$이다.

7회 18 정답 ⑤ * 방어 작용 [정답률 90%]

| 보기 분석 | **I 03 해설 참조**

ㄱ 라이소자임은 세균의 증식을 억제하는 물질인 ㉠에 해당한다.
ㄴ 농도(상댓값) 1인 침에 충분한 양의 라이소자임이 포함되어 있으므로 세균이 증식할 수 없다. ⓐ는 '×'이다.
ㄷ 사람의 침과 눈물은 병원체의 종류에 관계없이 광범위하게 방어하는 비특이적 방어 작용에 관여한다.

7회 19 정답 ④ * 사람의 유전 [정답률 44%]

| 선택지 분석 | **L 08 해설 참조**

④ 유전자형이 AabbDd인 아버지와 AaBBDd인 어머니 사이에서 아이가 태어날 때, (다)의 표현형이 Q와 같으려면 유전자형이 Dd여야 하므로 확률은 $\frac{1}{2}$이며, (가)와 (나)의 표현형이 Q와 같으려면 유전자형이 AaBb여야 하므로 확률은 $\frac{1}{2}$이다. 따라서 (가)~(다)의 표현형이 모두 Q와 같을 확률은 $\frac{1}{4}$이다.

7회 20 정답 ① * 생태계 평형 [정답률 76%]

| 보기 분석 | **Q 07 해설 참조**

ㄱ t_4일 때 1차 소비자의 개체 수가 감소했으므로 구간 Ⅳ에서 2차 소비자의 개체 수는 감소한다. ㉠은 '감소'이다.
ㄴ. 2차 소비자의 개체 수는 t_2일 때가 t_3일 때보다 적다. 생산자의 개체 수는 t_2일 때가 t_3일 때보다 많다. 따라서 $\frac{\text{2차 소비자의 개체 수}}{\text{생산자의 개체 수}}$는 t_2일 때가 t_3일 때보다 작다.
ㄷ. t_5일 때 회복된 평형 상태로 돌아왔으며, 이때 상위 영양 단계로 갈수록 각 영양 단계의 에너지양은 감소한다.

8회 연도별 모의고사

2024 실시 10월 학력평가

8회 01 정답 ③ * 생물의 특성 [정답률 81%]

| 보기 분석 | A 08 해설 참조

ㄱ. (가)는 자극에 대한 반응이다. 신경계와 내분비계는 자극에 대해 적절히 반응하도록 함으로써 우리 몸의 항상성을 유지하는 데 중요한 역할을 한다.
ㄴ. ⓐ의 중추는 척수이다. 척수는 무릎 반사, 배뇨 반사, 회피 반사 등을 조절하는 중추 신경이다.
ㄷ. ⓑ에서 큰 분자인 녹말이 작은 분자인 포도당으로 분해되는 이화 작용이 일어난다. 이화 작용은 에너지를 방출하는 발열 반응이며, 이렇게 방출된 에너지를 생명 활동에 이용한다.

8회 02 정답 ③ * 질병과 병원체 [정답률 85%]

| 보기 분석 | H 02 해설 참조

ㄱ. A는 독감, B는 무좀, C는 말라리아이다.
ㄴ. C는 말라리아로 모기를 매개로 전염된다.
ㄷ. ⓒ은 '원생생물에 속한다.'이며, 말라리아의 병원체에만 해당하는 특징이다.

8회 03 정답 ① * 말초 신경계 [정답률 81%]

| 보기 분석 | F 18 해설 참조

ㄱ. 심장 박동을 조절하는 교감 신경의 신경 세포체는 척수에 있고, 부교감 신경의 신경 세포체는 연수에 있다. 연수는 뇌줄기에 속하므로 ㉠의 신경 세포체는 뇌줄기에 있다. 함정
ㄴ. 교감 신경의 신경절 이후 뉴런의 축삭 돌기 말단에서 심장 박동을 촉진하는 신경 전달 물질인 노르에피네프린이 분비된다.
ㄷ. ㉠~㉢은 모두 중추 신경계에서 말초 신경계로 정보가 전달되는 원심성 뉴런이다.

8회 04 정답 ④ * 대사성 질환 [정답률 74%]

| 보기 분석 | C 38 해설 참조

ㄱ. ㉠은 Ⅱ, ㉡은 Ⅲ이다.
ㄴ. 고지혈증, 비만, 당뇨병 등 물질대사의 이상에 의해 발생하는 질병을 대사성 질환이라고 한다.
ㄷ. Ⅰ은 일정 기간 동안 체중 변화가 없으므로 에너지 섭취량과 에너지 소비량이 균형을 이루고 있는 것이다.

8회 05 정답 ⑤ * 기관계의 통합적 작용 [정답률 88%]

| 보기 분석 | C 19 해설 참조

ㄱ. 단백질의 분해 결과 만들어진 암모니아는 독성이 매우 강한 물질로 간에서 독성이 약한 암모니아로 전환된다. 간은 소화계의 일부이다. 함정
ㄴ. 탄수화물, 지방, 단백질의 분해 결과 물이 만들어지며, 물은 호흡계와 배설계를 통해 몸 밖으로 배출된다.
ㄷ. 호흡계로 들어온 산소는 모세 혈관으로 확산되며, 순환계를 통해 공팥, 간 등 몸 곳곳으로 운반된다.

8회 06 정답 ② * 생명 과학의 탐구 방법 [정답률 90%]

| 보기 분석 | A 36 해설 참조

ㄱ. 먹이에 도달하기까지 걸린 시간이 짧아진 ㉠이 B, 먹이에 도달하기까지 걸린 시간에 변화가 없는 ㉡이 A이다.
ㄴ. 조작 변인은 X의 함유 여부이고, 종속변인은 먹이에 도달하기까지 걸린 시간이다.
ㄷ. 잠정적인 결론인 가설을 설정하고 이 가설이 맞는지 검증하는 탐구가 진행되었으므로 연역적 탐구 방법이 이용되었다.

8회 07 정답 ② * 세포 주기 [정답률 71%]

| 보기 분석 | K 04 해설 참조

ㄱ. 주어진 자료는 체세포 분열의 세포 주기이다. 체세포 분열에서는 2가 염색체가 형성되지 않는다. 2가 염색체는 감수 1분열 전기와 중기에서 관찰된다.
ㄴ. ⓒ 시기는 S기로 DNA 복제가 일어나는 시기이다.
ㄷ. 사람의 체세포 분열의 모든 시기 세포는 핵상이 $2n$으로 일정하다.

8회 08 정답 ① * 질소 순환 [정답률 75%]

| 보기 분석 | Q 30 해설 참조

ㄱ. 질소 고정 작용(Ⅰ)에 뿌리혹박테리아가 관여한다.
ㄴ. Ⅱ는 암모늄 이온(NH_4^+)이 질산 이온(NO_3^-)으로 전환되는 질산화 작용이다.
ㄷ. 질소 순환에서 질소 기체가 전환되는 순서에 따라서 ㉠은 암모늄 이온(NH_4^+), ㉡은 질산 이온(NO_3^-)이다.

8회 09 정답 ④ * 생식세포 형성 [정답률 52%]

| 보기 분석 | K 21 해설 참조

ㄱ. ㉠은 Ⅳ, ㉡은 Ⅲ, ㉢은 Ⅰ, ㉣은 Ⅱ이다.
ㄴ. Y 염색체를 가지는 Ⅲ과 난자가 수정하여 Ⅳ가 만들어졌으므로 A와 a 중 하나만을 가진다. Ⅳ에 A가 있으므로 a의 DNA 상대량인 ⓐ는 0이다.
ㄷ. Ⅱ는 감수 2분열 중기의 세포로 염색 분체 수가 46이다. Ⅳ는 X 염색체 1개와 Y 염색체 1개를 가지는 세포이다. $\frac{\text{Ⅱ의 염색 분체 수}}{\text{Ⅳ의 X 염색체 수}}=46$이다.

8회 10 정답 ⑤ * 근수축의 원리 [정답률 53%]

| 보기 분석 | E 02 해설 참조

ㄱ. ⓐ가 ㉢, ⓑ가 ㉠, ⓒ가 ㉡이다.
ㄴ. t_2일 때 H대의 길이는 $2d$이고, t_1일 때 ㉡의 길이도 $2d$이므로 서로 같다.
ㄷ. t_2일 때 X의 길이인 L은 $12d$로 $\frac{2}{5}L$은 $4.8d$이다. ⓑ(㉠)가 $2d$, ⓒ(㉡)가 $3d$이므로 Z_1로부터 $\frac{2}{5}L$인 지점은 ⓒ에 해당한다.

8회 11 정답 ③ * 호르몬의 특성 [정답률 84%]

| 보기 분석 | G 03 해설 참조

ㄱ. 항이뇨 호르몬(B)은 3가지 특징을 모두 가지므로 ⓐ는 '○'이고, '표적 기관에 작용한다.(ⓒ)'는 모든 호르몬이 가지는 특징이므로 ⓑ도 '○'이다.

ㄴ. ㉠은 B만 가지는 특징으로 '콩팥에서 물의 재흡수를 촉진한다.'이다.
ㄷ 티록신(A)의 분비는 음성 피드백에 의해 조절된다. 티록신의 농도가 높으면 TRH, TSH의 분비가 억제되어 티록신의 분비가 감소하고, 티록신의 농도가 낮으면 TRH, TSH의 분비가 촉진되어 티록신의 분비가 증가한다.

8회 12 정답 ③ * 흥분의 전도와 전달 ······ [정답률 63%]

| 보기 분석 | **D 40 해설 참조**

ㄱ Ⅰ은 d_4, Ⅱ는 d_3, Ⅲ은 d_1, Ⅳ는 d_2이다.
ㄴ. ㉠은 A의 Ⅰ(d_4)의 막전위로 0이다.
ㄷ 5 ms일 때 B의 Ⅱ(d_3)는 자극이 도달한지 1 ms 지난 후로 탈분극이 일어나고 있다.

8회 13 정답 ⑤ * 특이적 방어 작용 ······ [정답률 80%]

| 보기 분석 | **I 23 해설 참조**

ㄱ ⓑ는 항원 ㉠과 ㉡이 모두 있는 병원체 X이다.
ㄴ 병원체 Y에는 항원 ㉠만 있다. ⓐ를 주사한 후 ㉠에 대한 항체 농도만 높아지기 때문이다.
ㄷ 구간 Ⅰ에서 ㉠에 대한 항체 농도가 크게 높아진 것은 ㉠에 대한 체액성 면역 반응이 일어났기 때문이다.

8회 14 정답 ⑤ * 개체군 사이의 상호 작용 ······ [정답률 94%]

| 보기 분석 | **P 43 해설 참조**

ㄱ 두 종 모두 손해인 ㉠은 경쟁, 한 종은 이익이고 다른 한 종은 손해인 ㉡은 기생이다.
ㄴ 종 2는 숙주 생물이며, 기생 생물인 종 1과의 상호 작용 결과 손해를 입는다.
ㄷ '촌충은 숙주의 소화관에 서식하며 영양분을 흡수한다.'는 기생(㉡)의 예에 해당한다.

8회 15 정답 ① * 가계도 분석 ······ [정답률 44%]

| 보기 분석 | **L 37 해설 참조**

ㄱ ㉠은 2, ㉡은 0, ㉢은 1이다.
ㄴ. (가)는 우성 형질이고, (나)는 열성 형질이다.
ㄷ. (가)의 유전자형이 동형 접합성인 구성원은 1, 2, 3, 7이고, (나)의 유전자형이 동형 접합성인 구성원은 2, 4, 5, 7이다. (가)와 (나)의 유전자형이 모두 동형 접합성인 사람은 구성원 2와 7로 2명이다.

8회 16 정답 ② * 군집의 천이 ······ [정답률 82%]

| 보기 분석 | **Q 10 해설 참조**

ㄱ. A의 총생산량에서 호흡량을 제외한 순생산량에 A의 생장량이 포함된다. 군집의 천이 초기 단계에서는 생장량이 늘어나다가 천이가 진행될수록 생장량이 감소한다.
ㄴ t_2일 때의 군집은 음수림, t_1일 때의 군집은 초원이나 관목림으로 우점종의 평균 키는 t_2일 때가 t_1일 때보다 크다.
ㄷ. 구간 Ⅰ에서 A의 총생산량은 감소하고 호흡량은 증가한다. 총생산량에서 호흡량을 제외한 순생산량은 시간에 따라 감소한다.

8회 17 정답 ④ * 염색체 이상과 유전자 이상 돌연변이 ···· [정답률 33%]

| 보기 분석 | **M 21 해설 참조**

ㄱ. (가)의 유전자는 X 염색체에, (나)의 유전자는 상염색체에 있다
ㄴ ㉠은 b, ㉡은 B이다.
ㄷ 자녀 1의 체세포 1개당 a의 DNA 상대량과 b의 DNA 상대량은 각각 1로 더한 값은 2이다.

8회 18 정답 ④ * 항상성 조절 ······ [정답률 73%]

| 보기 분석 | **G 40 해설 참조**

ㄱ. ㉠은 글루카곤으로 간에서 글리코젠의 분해를 촉진해 혈중 포도당 농도를 높이는 역할을 한다.
ㄴ 체온의 변화를 감지하여 조절하는 중추는 간뇌의 시상 하부이다.
ㄷ ⓐ는 고온 자극이다. 체온 조절 중추에 고온 자극을 주면 피부 근처 모세 혈관이 확장하여 피부 근처 혈관을 흐르는 단위 시간당 혈액량이 증가한다.

8회 19 정답 ② * 세포의 염색체와 유전자 ······ [정답률 32%]

| 보기 분석 | **K 55 해설 참조**

ㄱ. ㉡은 R, ㉢은 t이고, ㉠과 ㉣은 대립유전자 쌍 H와 h이다.
ㄴ Ⅲ은 Y 염색체를 가지는 핵상 n의 세포이고, Ⅳ는 핵상 $2n$의 세포이므로 X 염색체와 Y 염색체를 모두 가진다.
ㄷ. 핵상이 $2n$인 Ⅳ가 R(㉡)을 가지지 않으므로 (가)의 유전자형은 Hhrr이다.

8회 20 정답 ⑤ * 다인자 유전과 단일 인자 유전 ···· [정답률 29%]

| 보기 분석 | **L 57 해설 참조**

ㄱ ㉠은 B, ㉡은 D, ㉢은 A이다.
ㄴ ⓐ에게서 나타날 수 있는 (나)의 표현형은 대문자로 표시되는 대립유전자의 수가 1인 경우부터 5인 경우까지 최대 5가지이다.
ㄷ ⓐ의 (가)의 표현형이 P와 같을 확률은 $\frac{3}{4}$이다.

ⓐ의 (나)의 표현형이 P와 같을 확률은 $\frac{3}{8}$이다.

대문자인 대립유전자 수가 1, 1, 1인 경우, 2, 0, 1인 경우, 2, 1, 0인 경우, 1, 2, 0인 경우의 확률 합은

$$\frac{1}{2}\times\frac{1}{2}\times\frac{1}{2}+\frac{1}{2}\times\frac{1}{4}\times\frac{1}{2}+\frac{1}{2}\times\frac{1}{2}\times\frac{1}{2}+\frac{1}{2}\times\frac{1}{4}\times\frac{1}{2}=\frac{3}{8}$$

이다.

ⓐ의 (가)와 (나)의 표현형이 모두 같을 확률은 $\frac{3}{4}\times\frac{3}{8}=\frac{9}{32}$이다.

9회 연도별 모의고사 2024 대비 대학수학능력시험

9회 01 정답 ③ * 생물의 특성 [정답률 93%]

| 보기 분석 | **A 04 해설 참조**

ㄱ. 다세포 생물은 세포 → 조직 → 기관 → 개체의 구성 단계를 가진다. 잎(㉠)은 식물의 기관이므로 다양한 세포로 구성된다.

ㄴ. 'X의 털에 곤충이 닿은 것'은 자극에 해당하고, '잎을 구부려 곤충을 잡는 것'은 반응에 해당하므로 ㉡은 자극에 대한 반응의 예에 해당한다.

ㄷ. 상리 공생은 두 개체군이 서로 이익을 얻는 상호 작용이다. X는 곤충을 잡아 효소를 분비하고 곤충을 분해하여 영양분을 얻으므로 포식자에 해당하고, 곤충은 X에게 잡아먹히는 피식자에 해당하므로 X와 곤충 사이의 상호 작용은 상리 공생이 아니라 포식과 피식이다.

9회 02 정답 ③ * 물질대사 [정답률 81%]

| 보기 분석 | **B 11 해설 참조**

ㄱ. 소화계에 속하는 소장에서 포도당(㉠)의 흡수가 일어난다.

ㄴ. 녹말이 소화 과정을 거쳐 포도당으로 분해되는 (가)는 이화 작용에 해당하고, 포도당이 세포 호흡을 통해 물과 이산화 탄소로 분해되는 (나)도 이화 작용에 해당한다. 따라서 (가)와 (나)에서 모두 이화 작용이 일어난다.

ㄷ. 혈당량이 정상보다 높을 때, 이자의 β세포에서 인슐린이 분비되어 간에서 포도당이 글리코젠으로 합성(㉡)되는 것을 촉진한다. 혈당량이 정상보다 낮을 때, 이자의 α세포에서 글루카곤이 분비되어 간에서 글리코젠이 포도당으로 분해되는 과정을 촉진한다.

9회 03 정답 ① * 생명 과학의 탐구 방법 [정답률 92%]

| 보기 분석 | **A 41 해설 참조**

ㄱ. (나)에서 수조 Ⅰ과 Ⅱ 중 S를 넣은 수조는 실험군, S를 넣지 않은 수조는 대조군으로 설정하여 실험하였으므로 대조 실험이 수행되었다.

ㄴ. 조작 변인은 대조군과 실험군의 차이에 해당한다. 따라서 이 탐구에서 조작 변인은 S를 넣었는지의 여부이다. 수조에 남아 있는 ㉠의 농도는 조작 변인의 영향을 받아 나타난 실험 결과이므로 종속변인에 해당한다.

ㄷ. (라)에서 S가 ㉠을 분해한다는 결론을 내렸으므로, S를 넣은 수조에서 남아 있는 ㉠의 농도가 더 낮아야 한다. (다)에서 ㉠의 농도는 Ⅰ에서가 Ⅱ에서보다 높았으므로 S를 넣은 수조는 Ⅱ이다.

9회 04 정답 ① * 세포 주기 [정답률 75%]

| 보기 분석 | **J 36 해설 참조**

ㄱ. 체세포 세포 주기는 G_1기 → S기 → G_2기 → M기(분열기) 순서로 진행되므로 ㉠은 G_2기이다.

ㄴ. 체세포 세포 주기에서 상동 염색체의 접합은 일어나지 않으므로 ㉡ 시기(M기, 분열기)에 상동 염색체의 접합은 일어나지 않는다. 상동 염색체의 접합은 감수 1분열 전기에 일어난다.

ㄷ. G_1기(㉢ 시기)에 실처럼 풀어진 염색체(염색사) 상태로 존재하므로 (나)와 같이 응축된 염색체는 관찰되지 않는다. (나)의 염색체는 ㉡ 시기(M기, 분열기)에 관찰된다.

9회 05 정답 ⑤ * 물질대사와 건강 [정답률 94%]

| 보기 분석 | **C 36 해설 참조**

ㄱ. A와 B에게 고지방 사료를 먹이고, C에게 일반 사료를 먹였으며, t_1일 때 B에게만 운동을 시켰으므로 체중이 가장 많이 증가한 ㉠은 A, ㉡은 B이다.

ㄴ. 구간 Ⅰ에서 B(㉡)는 체중이 감소했으므로 에너지 소비량이 에너지 섭취량보다 많은 상태이다.

ㄷ. 대사성 질환에는 고지혈증(고지질혈증), 당뇨병, 고혈압 등이 있다.

9회 06 정답 ④ * 생태계의 구성 요소 [정답률 89%]

| 보기 분석 | **N 04 해설 참조**

ㄱ. 분해자인 곰팡이는 생물 군집에 속한다.

ㄴ. 같은 종의 개미가 일을 분담하며 협력하는 것은 사회생활(분업)로, 개체군 내의 상호 작용에 해당한다. 따라서 군집 내 개체군 사이의 상호 작용인 ㉠에 해당하지 않는다.

ㄷ. 빛의 세기(비생물적 요인)가 참나무(생물)의 생장에 영향을 미치는 것은 환경이 생물에게 영향을 미치는 것이므로 ㉡의 예에 해당한다.

9회 07 정답 ⑤ * 자율 신경 [정답률 71%]

| 보기 분석 | **F 19 해설 참조**

ㄱ. 위에 연결된 부교감 신경인 Ⅰ은 신경절 이전 뉴런의 신경 세포체가 연수에 존재하므로, (가)는 연수를 포함하는 뇌줄기이다.

ㄴ. ㉠은 부교감 신경인 Ⅱ의 신경절 이후 뉴런의 축삭 돌기 말단에서 분비되는 신경 전달 물질이므로 아세틸콜린이다.

ㄷ. Ⅲ은 방광과 연결되어 있으며, 신경절 이후 뉴런의 축삭 돌기 말단에서 분비되는 신경 전달 물질이 아세틸콜린(㉠)이므로 부교감 신경이다.

9회 08 정답 ② * 천이와 식물 군집의 생산과 소비 [정답률 81%]

| 보기 분석 | **Q 09 해설 참조**

ㄱ. ㉠은 양수림이고, ㉡은 1차 천이의 개척자인 지의류이다. 따라서 B는 1차 천이이다.

ㄴ. 2차 천이(A)는 초원 → 관목림 → 양수림(㉠) → 음수림 순으로 진행되므로 ㉠은 양수림이다.

ㄷ. 순생산량은 총생산량에서 호흡량을 뺀 값이다. 순생산량은 t_2일 때가 t_1일 때보다 적고, 호흡량은 t_2일 때가 t_1일 때보다 많으므로 K의 $\frac{순생산량}{호흡량}$은 t_2일 때가 t_1일 때보다 작다.

9회 09 정답 ② * 삼투압 조절 [정답률 81%]

| 보기 분석 | **G 60 해설 참조**

ㄱ. 혈장 삼투압(ⓐ)이 높을수록 항이뇨 호르몬(ADH)의 분비가 증가하고 콩팥에서 재흡수되는 물의 양이 증가하므로 생성되는 오줌의 삼투압이 높다. 따라서 생성되는 오줌의 삼투압은 안정 상태일 때가 P_1일 때보다 낮다.

ㄴ. 혈장 삼투압(ⓐ)이 높을수록 갈증 정도가 커지므로 t_2일 때 갈증을 느끼는 정도는 혈장 삼투압(ⓐ)이 높은 B에서가 혈장 삼투압(ⓐ)이 낮은 A에서보다 크다.

ㄷ. 혈장 삼투압(ⓐ)이 높을수록 항이뇨 호르몬(ADH)의 분비가 증가하므로, B의 혈중 항이뇨 호르몬(ADH) 농도는 t_1일 때가 t_2일 때보다 낮다.

9회 10 정답 ⑤ * 흥분의 전도와 전달 [정답률 66%]

| 보기 분석 | **D 문제편 80쪽 참고**

ㄱ. ㉠(4 ms)$=d_1$에서 d_2까지 이동하는 데 걸린 시간$+d_2$에 자극이 온 후 경과된 시간(3 ms)이므로, d_1에서 d_2까지 이동하는 데 걸린 시간은 1 ms이다. d_1과 d_2 사이의 거리가 2 cm이므로 흥분의 전도 속도는 2 cm/ms이다.

ㄴ. A에서의 흥분 전도 속도는 2 cm/ms이므로, d_1에서 d_3까지의 거리는 4 cm이다. 따라서 ⓐ는 4이다.

ㄷ ㉠이 Ⅰ(8 ms)일 때 d_5에서의 막전위는 0 mV이므로 ㉠(8 ms)=d_1에서 d_5까지 이동하는 데 걸린 시간+d_5에 자극이 온 후 경과된 시간(약 1.6 ms)이므로, d_1에서 d_5까지 이동하는 데 걸린 시간은 약 6.4 ms이다.
㉠(9 ms)=d_1에서 d_5까지 이동하는 데 걸린 시간(약 6.4 ms)+d_5에 자극이 온 후 경과된 시간이므로, ㉠이 9 ms일 때 d_5에 자극이 온 후 경과된 시간은 약 2.6 ms이며, d_5에서는 재분극이 일어나고 있다.

9회 11 정답 ④ * 핵형과 유전자 [정답률 42%]

| 보기 분석 | K 47 해설 참조

ㄱ. Ⅰ은 D의 DNA 상대량이 4이므로 핵상이 $2n$인 세포이다. 만약, Ⅰ이 (가)라면 P와 Q의 체세포($2n$)에는 모두 A가 없으므로 Ⅱ와 같이 A가 있는 세포는 존재할 수 없다. 따라서 (가)는 Ⅱ이다.

ㄴ Ⅳ는 a와 b의 DNA 상대량이 각각 2와 1이므로 핵상이 $2n$인 G_1기 세포이며, a의 DNA 상대량이 2이므로 성염색체 구성이 XX인 Q의 세포 (나)이다.

ㄷ Ⅰ은 Ⅳ에서 DNA가 복제된 핵상이 $2n$인 세포이므로, ⓐ는 4이다.
Ⅱ는 DNA 복제 후의 핵상이 $2n$인 세포이고, 상염색체에 존재하는 B와 b의 DNA 상대량의 합은 4이므로, ⓑ는 2이다.
Ⅲ은 핵상이 n인 생식세포이고, 상염색체에 존재하는 D와 d의 DNA 상대량의 합은 1이므로, ⓒ는 0이다.

9회 12 정답 ① * 골격근의 수축 [정답률 46%]

| 보기 분석 | E 35 해설 참조

ㄱ t_1일 때, A대의 길이는 $16d$이고, ⓒ의 길이의 2배이므로 ⓒ는 ㉠이다.
$t_1 \rightarrow t_2$일 때 근육이 수축하므로 t_1일 때 거리가 l_1인 지점의 단면이 ㉡이라면, t_1일 때 거리가 l_1인 지점의 단면도 ㉡이므로 ⓐ는 ㉡, ⓑ는 ㉢이다.

ㄴ. t_1일 때, Z_1로부터 Z_2 방향으로 거리가 l_3인 지점은 ㉠에 해당한다.

ㄷ. t_2일 때, ⓐ의 길이는 $7d$이고, H대의 길이(ⓒ의 길이)는 $2d$이므로 ⓐ의 길이는 H대의 길이의 3.5배이다.

9회 13 정답 ④ * 사람의 유전 [정답률 42%]

| 선택지 분석 | L 07 해설 참조

④ P(AaBbDF)와 Q(AabbEF) 사이에서 태어난 ⓐ의 유전자형이 aabbDF일 확률은 aa일 확률($\frac{1}{4}$)×bb일 확률($\frac{1}{2}$)×DF일 확률($\frac{1}{4}$)=$\frac{1}{32}$이다.

9회 14 정답 ④ * 호르몬의 분비 조절 [정답률 77%]

| 보기 분석 | G 04 해설 참조

ㄱ ㉡은 B이고, 티록신의 혈중 농도는 정상보다 높고, 음성 피드백의 작용에 의해 B의 TSH의 혈중 농도는 정상보다 낮다. 따라서 ⓐ는 '−'이다.

ㄴ. C(㉠)에 티록신을 주사하면 음성 피드백 작용에 의해 TSH의 분비량은 감소한다.

ㄷ 시상 하부에서 분비되는 TRH는 뇌하수체 전엽을 자극하여 TSH의 분비를 촉진한다. 따라서 정상인에서 뇌하수체 전엽에 TRH의 표적 세포가 있다.

9회 15 정답 ② * 감수 분열 [정답률 67%]

| 보기 분석 | K 14 해설 참조

ㄱ. (가)의 유전자는 상염색체에 있으므로 ㉠에서 H와 h, T와 t의 DNA 상대량을 더한 값은 2로 같아야 한다. 따라서 ㉠에서 DNA 상대량이 1인 ⓐ와 ⓓ가 대립유전자이다.

ㄴ H와 t가 모두 없는 ㉢에 ⓑ와 ⓓ가 없으므로 ⓑ와 ⓓ는 각각 H와 t 중 하나이고, ⓐ와 ⓒ는 각각 h와 T 중 하나이다. t가 없는 ㉡에 ⓐ와 ⓑ가 없으므로 ⓑ는 t, ⓓ는 H이다.

ㄷ. ⓐ는 H(ⓓ)와 대립유전자이므로 h이고, ⓒ는 T이다. 따라서 이 사람의 (가)의 유전자형은 HhTT이므로 이 사람에게서 h와 t를 모두 갖는 생식세포는 형성될 수 없다.

9회 16 정답 ③ * ABO식 혈액형 [정답률 67%]

| 보기 분석 | I 45 해설 참조

ㄱ ABO식 혈액형은 Ⅰ이 A형, Ⅱ가 O형, Ⅲ이 AB형이다.

ㄴ. ㉠은 AB형의 혈장, ㉡은 A형의 혈장, ㉢은 O형의 혈장이다.

ㄷ Ⅲ(AB형)의 적혈구에는 응집원 A와 B가 들어 있고, ㉢(O형의 혈장)에는 응집소 α와 β가 들어 있으므로 Ⅲ의 적혈구와 ㉢을 섞으면 항원 항체 반응이 일어난다.

9회 17 정답 ⑤ * 염색체 수 이상에 의한 유전병 [정답률 19%]

| 보기 분석 | M 23 해설 참조

ㄱ. 어머니의 (다)(㉢)에 대한 유전자형은 dd이므로 ㉢이 발현된다.

ㄴ 자녀 2의 유전자형은 $AaX^{Bd}X^{bD}$이므로 자녀 2는 A, B, D를 모두 갖는다.

ㄷ G는 아버지의 정자 형성 과정 중 감수 1분열에서 비분리가 일어난 결과 형성되었다.

9회 18 정답 ⑤ * 방어 작용 [정답률 84%]

| 보기 분석 | I 26 해설 참조

ㄱ 바이러스 X는 유전 물질인 핵산(DNA 또는 RNA)을 가진다.

ㄴ (다)의 D에서 X에 대한 세포성 면역 반응이 일어나지 않았으므로 ㉡은 '가슴샘이 없는 생쥐'이다.

ㄷ (다)의 B가 생존한 것으로 보아 세포독성 T림프구가 ⓐ(X에 감염된 세포)를 파괴하는 세포성 면역 반응이 일어났음을 알 수 있다.

9회 19 정답 ③ * 사람의 유전 [정답률 37%]

| 보기 분석 | L 66 해설 참조

ㄱ (가)가 X 염색체 우성 유전 형질이라면, 2의 (가)의 유전자형은 X^HY이고, 3의 (가)의 유전자형은 X^hX^h이므로 ⓒ의 (가)의 유전자형은 X^HX^h이다. 4의 (가)의 유전자형은 X^HY이므로 ⓐ는 H를 가져야 하는데 ⓐ~ⓒ 중 h가 2개인 사람이 없으므로 모순이 발생한다. 따라서 (가)는 X 염색체 열성 유전 형질이다.

ㄴ. ⓐ~ⓒ 중 (나)가 발현된 사람(X^tY, X^tX^t)은 없다.

ㄷ ⓑ와 ⓒ 사이에서 6의 동생이 태어날 때, 이 아이에게서 (가)와 (나)가 모두 발현($X^{ht}Y$)될 확률은 $\frac{1}{4}$이다.

9회 20 정답 ④ * 물질 순환 [정답률 86%]

| 보기 분석 | Q 31 해설 참조

ㄱ. (나)는 질산화 작용(㉠)을 포함하므로 질소 순환 과정이다.

ㄴ 질산화 세균(질산균, 아질산균)은 암모늄 이온(NH_4^+)이 질산 이온(NO_3^-)으로 전환되는 과정에 관여한다.

ㄷ 탄소 순환 과정(가)에서 생산자의 광합성을 통해 합성된 유기물이 먹이 사슬을 따라 소비자로 이동한다. 질소 순환 과정(나)에서 생산자의 질소 동화 작용을 통해 합성된 질소 화합물이 먹이 사슬을 따라 소비자로 이동한다. 따라서 (가)와 (나) 모두 '물질이 생산자에서 소비자로 먹이 사슬을 따라 이동한다.'는 특징을 가지므로 이는 ⓐ에 해당한다.

10회 연도별 모의고사 2025 대비 대학수학능력시험

10회 01 정답 ⑤ * 생물의 특성 [정답률 98%]

| 보기 분석 | A 03 해설 참조

ㄱ. ㉠은 생식과 유전을 나타낸 것이다. 생식을 통해 만들어진 새로운 개체는 어버이의 형질을 물려받는데, 이 과정에서 유전 물질이 자손에게 전달된다.
ㄴ. 먹이를 섭취해 생명 활동에 필요한 에너지를 얻는 ㉡ 과정에서 물질대사가 일어난다.
ㄷ. 넓적부리도요는 갯벌이라는 서식 환경에 적합한 부리의 구조를 가진다. 이것은 적응과 진화의 예이다.

10회 02 정답 ① * 물질대사와 건강 [정답률 94%]

| 보기 분석 | C 34 해설 참조

ㄱ. A는 운동을 하지 않은 사람, B는 규칙적으로 운동을 한 사람이다.
ㄴ. 구간 Ⅰ에서 A는 에너지 섭취량이 에너지 소비량보다 크기 때문에 체중이 증가하고, B는 에너지 소비량이 에너지 섭취량보다 크기 때문에 체중이 감소한다. 구간 Ⅰ에서 $\frac{\text{에너지 섭취량}}{\text{에너지 소비량}}$은 A에서가 B에서보다 크다.
ㄷ. 그림 (나)의 t_2일 때를 참고하면 혈중 지질 농도는 A에서가 B에서보다 높다. 에너지 섭취량이 에너지 소비량보다 큰 A는 체지방 축적량, 혈중 지질 농도, 체중 등이 증가한다.

10회 03 정답 ④ * 중추 신경계 [정답률 89%]

| 보기 분석 | F 04 해설 참조

ㄱ. 사람의 뇌에서 중간뇌, 뇌교, 연수를 뇌줄기라 하므로 소뇌(C)는 뇌줄기를 구성하지 않는다. 따라서 ⓐ는 '×'이다.
ㄴ. 뇌줄기를 구성하는 A는 연수, 시상 하부가 있는 B는 간뇌, C는 소뇌이다.
ㄷ. (가)는 A~C 중 연수(A)만 가지는 특징이다. 심장 박동을 조절하는 부교감 신경의 신경절 이전 뉴런의 신경 세포체는 연수에만 있으므로 '심장 박동을 조절하는 부교감 신경의 신경절 이전 뉴런의 신경 세포체가 있다.'는 (가)에 해당한다.

10회 04 정답 ② * 생명 과학의 연역적 탐구 [정답률 68%]

| 보기 분석 | A 32 해설 참조

ㄱ. 실험에서 체계적으로 변화시키는 조작 변인은 박쥐와 새의 차단 여부이고, 조작 변인에 따라 변하는 종속변인은 곤충 개체 수이다.
ㄴ. ⓐ~ⓒ 모두에서 곤충에 환경 저항이 작용하였다. 함정
ㄷ. 곤충 개체 수 감소에 미치는 영향은 박쥐가 새보다 크다. 박쥐의 접근만 차단한 ⓒ에서 곤충 개체 수가 감소한 정도가 가장 적기 때문이다.

10회 05 정답 ① * 삼투압 조절 [정답률 77%]

| 보기 분석 | G 52 해설 참조

ㄱ. ADH는 뇌하수체 후엽에서 분비되며 콩팥을 표적 기관으로 하여 체내로 물의 재흡수를 촉진한다.
ㄴ. Ⅰ에서가 Ⅱ에서보다 혈장 삼투압이 증가하는 정도가 상대적으로 크기 때문에 Ⅰ은 'ADH가 정상보다 적게 분비되는 개체'이고, Ⅱ는 'ADH가 정상적으로 분비되는 개체'이다.
ㄷ. Ⅱ에서 단위 시간당 오줌 생성량은 C_1일 때가 C_2일 때보다 많다. 소금 섭취량이 더 많은 C_2일 때 ADH가 많이 분비되어 수분을 재흡수하고 오줌 생성량이 감소하기 때문이다.

10회 06 정답 ③ * 생태계 구성 요소 [정답률 90%]

| 보기 분석 | N 03 해설 참조

ㄱ. (가)는 텃세, (나)는 순위제의 예이다.
ㄴ. (가)와 (나)의 상호 작용은 모두 개체군 내 상호 작용의 예로 ㉠에 해당한다.
ㄷ. 발생 시기 알의 주변 온도에 의해 거북이의 성별이 결정되는 것은 비생물적 요인이 생물적 요인에 영향을 미치는 ㉢(작용)의 예에 해당한다.

10회 07 정답 ③ * 병원체 [정답률 91%]

| 보기 분석 | H 01 해설 참조

ㄱ. 결핵의 병원체는 원핵생물인 결핵균이다. 원핵생물에 의한 질병의 치료에 항생제가 사용된다.
ㄴ. HIV는 스스로 물질대사를 할 수 없는 바이러스이기 때문에 살아 있는 숙주 세포 안에서만 증식할 수 있다.
ㄷ. 결핵 발병 확률(ⓑ)은 구간 Ⅱ에서가 Ⅰ에서보다 높다. 구간 Ⅱ는 HIV 감염 후기로, HIV의 수가 많으며 T 림프구의 수가 감소한 시기이다. 이때 결핵균에 대한 특이적 방어 작용이 제대로 일어나지 않는다.

10회 08 정답 ② * 세포 주기 [정답률 82%]

| 보기 분석 | J 32 해설 참조

ㄱ. 세포 주기는 Ⅱ 방향으로 진행된다.
ㄴ. 그림은 사람의 체세포 세포 주기를 나타낸 것으로 모든 시기에서 상동 염색체의 접합이 일어나지 않는다. 상동 염색체의 접합은 감수 분열 시 관찰된다.
ㄷ. 세포 주기의 간기에 G_1기, S기, G_2기가 속한다. ㉡은 S기, ㉢은 G_2기로 모두 간기에 속한다.

10회 09 정답 ④ * 방어 작용 [정답률 87%]

| 보기 분석 | I 21 해설 참조

ㄱ. ㉡에 감염된 Ⅳ에서 항원 항체 반응이 일어나야 하므로 ⓐ는 ㉡이다.
ㄴ. Ⅳ에서 항원 항체 반응이 일어난 것은 B 림프구로부터 형질 세포로의 분화가 일어났기 때문이다.
ㄷ. Ⅵ에 ㉡을 감염시키고 ㉡에 대한 보조 T 림프구를 주사했기 때문에 ㉡에 대한 특이적 방어 작용이 일어났다.

10회 10 정답 ② * 혈당량 조절 [정답률 67%]

| 보기 분석 | G 16 해설 참조

ㄱ. ⓑ가 혈중 포도당 농도이므로 혈중 포도당 농도는 구간 Ⅰ에서가 Ⅲ에서보다 높다.
ㄴ. 인슐린은 혈중 포도당 농도를 감소시키는 역할을 한다. X 투여 후 혈중 포도당 농도가 감소했으므로 X는 인슐린이고, X를 투여하기 전인 Ⅰ에서가 X를 투여한 직후인 Ⅱ에서보다 혈중 인슐린 농도가 낮다.
ㄷ. 글루카곤은 혈중 포도당 농도가 낮을 때 분비되어 혈중 포도당 농도를 높이는 역할을 한다. Ⅱ에서가 Ⅲ에서보다 혈중 포도당 농도가 높기 때문에 혈중 글루카곤 농도는 Ⅱ에서가 Ⅲ에서보다 낮다.

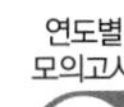

10회 11 정답 ⑤ * 물질 대사 [정답률 94%]

| 보기 분석 | **C 02 해설 참조**

ㄱ. 녹말은 포도당이 여러 분자가 결합된 다당류이다. 녹말이 포도당으로 분해되는 과정은 분자량이 큰 물질이 분자량이 작은 물질로 분해되는 이화 작용이다.

ㄴ. 암모니아가 요소로 전환되는 과정은 에너지의 출입을 동반하며, 체내에서 이러한 물질의 변화가 빠르게 일어날 수 있는 것은 효소의 촉매 작용 때문이다.

ㄷ. 지방은 탄소, 수소, 산소로 구성되어 있어 세포 호흡 과정에서 완전히 분해된 결과 이산화 탄소와 물이 생성된다.

10회 12 정답 ④ * 흥분 전도와 전달 [정답률 71%]

| 보기 분석 | **D 32 해설 참조**

ㄱ. ⓒ에 시냅스가 없으므로 B에서 자극을 주고 경과된 시간이 4 ms일 때 자극을 준 지점 P로부터 2 cm 떨어진 d_1의 막전위는 -80 mV이다. 따라서 ⓐ는 -80이다.

ㄴ. A의 ⓛ, B의 ⓔ, C의 ⓜ에 시냅스가 있다.

ㄷ. ㉮가 4 ms일 때 B의 d_5의 막전위는 $+30$ mV이므로 ㉮가 3 ms일 때(자극이 도착한지 1 ms 지난 시점) B의 d_5의 막전위는 -60 mV로 탈분극이 일어나고 있다.

10회 13 정답 ② * 근수축 [정답률 66%]

| 보기 분석 | **E 01 해설 참조**

ㄱ. H대의 길이는 ⓒ의 길이이다. t_3일 때 ⓒ의 길이(0.4 μm)는 t_1일 때 ⓒ의 길이(0.8 μm)보다 0.4 μm 짧다.

ㄴ. t_2일 때 ㉠의 길이(0.8 μm)는 t_1일 때 ⓛ의 길이(0.4 μm)의 2배이다.

ㄷ. t_2일 때 X의 길이인 L은 3.0 μm이므로 Z_1로부터 Z_2 방향으로 거리가 $\frac{1}{4}$L인 지점은 Z_1로부터 0.75 μm인 지점이다. t_3일 때 ㉠의 길이는 0.7 μm이므로 0.75 μm인 지점은 ⓛ에 해당한다.

10회 14 정답 ⑤ * 감수 분열 [정답률 32%]

| 보기 분석 | **K 48 해설 참조**

ㄱ. ㉠은 A, ⓛ은 a, ⓒ은 D, ⓔ은 b이다.

ㄴ. 사람 P의 ㉮에 대한 유전자형이 AaBbDd이므로 Ⅰ로부터 형성된 2개의 세포의 유전자를 모두 합하면 AaBbDd여야 한다. step 2에 따라 (다)의 유전자는 ABD, (라)의 유전자는 abd이므로 Ⅰ로부터 형성된 2개의 세포는 (다)와 (라)이다.

ㄷ. (가)~(라) 중 복제된 염색 분체를 가지는 감수 2분열 중기의 세포는 (가)뿐이므로 (가)가 ⓐ이다. ⓐ가 가진 유전자가 aaBBdd이므로 ⓑ가 가지는 유전자는 AAbbDD이다. ⓑ에서 a, b, D의 DNA 상대량을 더한 값은 4이다.

10회 15 정답 ① * 사람의 유전 [정답률 40%]

| 보기 분석 | **L 09 해설 참조**

ㄱ. ㉠은 D, ⓛ은 F, ⓒ은 E이다.

ㄴ. R은 H에 대해 완전 우성이다.

ㄷ. ⓐ의 (가)의 표현형이 Ⅱ와 같을 확률은 $\frac{1}{4}$, (나)의 표현형이 Ⅱ와 같을 확률은 $\frac{1}{2}$로 (가)와 (나)의 표현형이 모두 같을 확률은 $\frac{1}{8}$이다. 함정

10회 16 정답 ④ * 군집의 조사 [정답률 77%]

| 보기 분석 | **P 03 해설 참조**

ㄱ. 침엽수(양수)에 속하는 Ⅰ과 Ⅱ의 중요치 합이 활엽수(음수)에 속하는 Ⅲ과 Ⅳ의 중요치 합보다 훨씬 크기 때문에 ㉠은 양수림(A)이다.

ㄴ. ⓐ는 60, ⓑ는 5이므로 ⓐ+ⓑ=65이다.

ㄷ. Ⅰ~Ⅳ의 중요치(중요도)는 각각 126, 115, 42, 17로 중요치(중요도)가 가장 큰 종은 Ⅰ이다.

10회 17 정답 ② * 돌연변이 [정답률 26%]

| 보기 분석 | **M 20 해설 참조**

ㄱ. ⓔ이 아버지이다.

ㄴ. 클라인펠터 증후군을 보이는 자녀 4는 유전자 구성이 서로 다른 두 X 염색체를 어머니로부터 물려받았다. 따라서 염색체 비분리는 감수 1분열에서 일어나 상동 염색체가 비분리된 것이다.

ㄷ. ㉠은 아버지로부터 AD가 함께 있는 X 염색체와 어머니로부터 ad가 함께 있는 X 염색체를 물려 받은 딸이다. 교차를 고려하지 않을 때 ㉠에게서 a와 D를 모두 갖는 생식세포가 형성될 수 없다.

10회 18 정답 ③ * 염색체와 유전자 [정답률 51%]

| 보기 분석 | **J 09 해설 참조**

ㄱ. step 2에 따라 (가)는 암컷 Q의 세포, (나)는 수컷 P의 세포이다.

ㄴ. step 3에 따라 Ⅰ의 핵상은 $2n$, step 1에 따라 Ⅲ(나)의 핵상은 n으로 Ⅰ과 Ⅲ의 핵상은 같지 않다.

ㄷ. step 3에 따라 Ⅱ에서 T의 DNA 상대량은 2, step 2에 따라 Ⅳ(가)에서 T의 DNA 상대량은 2로 서로 같다.

10회 19 정답 ① * 가계도 분석 [정답률 31%]

| 보기 분석 | **L 48 해설 참조**

ㄱ. (가)는 우성 형질이다.

ㄴ. 이 가계도 구성원 중 체세포 1개당 b의 DNA 상대량이 ㉠(2)인 사람은 1, ⓐ, 3, 4, ⓑ의 5명이다.

ㄷ. 6의 동생이 태어날 때 (가)와 (나)가 모두 발현되려면 ⓒ로부터 Ab를 물려받아야 하고, ⓑ로부터 어떤 염색체를 물려받든 상관이 없으므로 확률은 $\frac{1}{2}$이다.

10회 20 정답 ⑤ * 질소 순환 [정답률 84%]

| 보기 분석 | **Q 28 해설 참조**

ㄱ. A는 주어진 특징 2개를 가지는 질소 고정 작용, B는 탈질산화 작용이다.

ㄴ. 뿌리혹박테리아는 질소 고정 세균으로 대기 중의 질소 기체를 암모늄 이온으로 전환시키는 A에 관여한다.

ㄷ. 질산화 세균은 암모늄 이온(㉠)이 질산 이온으로 전환되는 과정에 관여한다.

memo

memo

memo

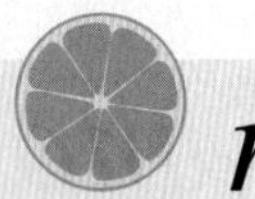

memo

memo

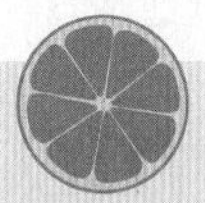

memo

차례 [꼭 출제되는 중요 개념]

★ 1등급 대비 개념

01 생물의 특성

★ 생물의 특성

세포로 구성	모든 생물은 세포로 구성되어 있다. 예 단세포 생물, 다세포 생물
물질대사	생물의 체내에서 일어나는 모든 화학 반응이며, 생물은 물질대사를 통해 생명 활동에 필요한 물질과 에너지를 얻는다. 예 광합성 (동화 작용), 세포 호흡 (이화 작용)
자극에 대한 반응	생물은 빛, 온도, 소리, 접촉 등과 같은 자극을 감지하고 이에 대해 적절하게 반응한다. 예 식물은 빛이 비치는 쪽으로 굽어 자란다.
항상성	생물은 환경이 변해도 체온, 체내 수분량, 혈당량 등의 체내 상태를 일정하게 유지하려 한다. 예 사람은 더우면 땀을 흘려 체온을 일정하게 유지한다.
발생과 생장	발생은 수정란이 분열하면서 세포의 수가 증가하고 세포의 구조와 기능이 다양해지면서 하나의 개체가 되는 것이고, 생장은 어린 개체가 몸집이 커지고 무거워지며 성체가 되는 것이다. 예 개구리의 수정란이 올챙이를 거쳐 어린 개구리가 되고, 성체 개구리로 자란다.
생식과 유전	종족 유지를 위해 자신과 같은 종의 자손을 남기고, 이때 부모의 형질이 자손에게 전해진다. 예 적록 색맹인 어머니에게서 적록 색맹인 아들이 태어난다.
적응과 진화	생물은 환경 변화에 따라 몸의 구조, 기능, 생활 방식 등이 변하는 적응을 하며, 여러 세대를 거치면서 유전자 구성이 변하여 새로운 종으로 분화되는 진화를 한다. 예 선인장은 잎이 가시로 변하여 수분의 손실을 최소화한다.

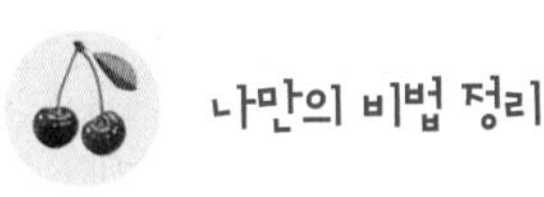

나만의 비법 정리

02 생명 과학의 탐구 방법

1. 귀납적 탐구 방법: 자연 현상을 관찰하여 얻은 자료를 종합하고 분석한 후 규칙성을 발견하여 일반적인 원리나 법칙을 이끌어내는 탐구 방법 ㉠ 세포설

2. 연역적 탐구 방법: 자연 현상을 관찰하면서 생긴 의문점을 해결하기 위해 가설을 세우고 이를 실험을 통해 검증하는 탐구 방법

3. 연역적 탐구 방법의 예(플레밍의 실험)

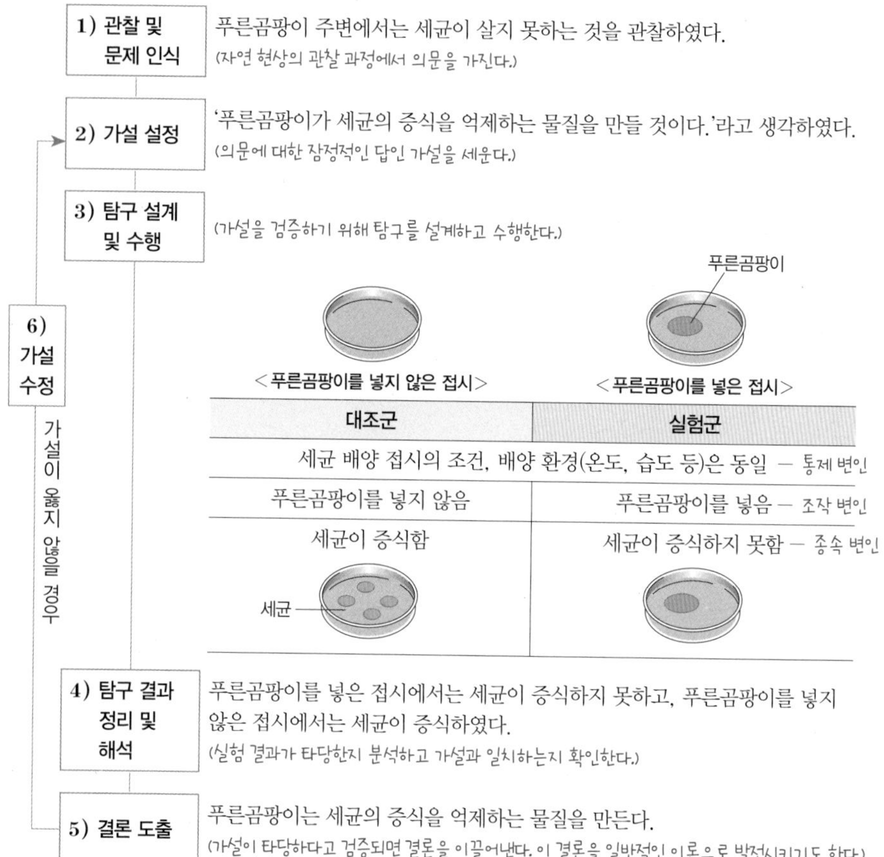

★ 문제 풀이 꿀팁

귀납적 탐구 방법에서는 '관찰'이 연역적 탐구 방법에서는 '가설 설정'이 가장 큰 특징이다.
주어진 연역적 탐구 설계 단계에서 각 실험 요인들이 어떤 변인에 해당하는지 정확하게 알자.

나만의 비법 정리

03 세포 호흡과 ATP

1. 세포 호흡

(1) 포도당이 세포질을 거쳐 미토콘드리아에서 산소와 반응하여 물과 이산화 탄소로 분해된다.

(2) 이 과정에서 방출된 에너지 중 약 40 %는 ATP에 저장되고 나머지는 열로 방출된다.

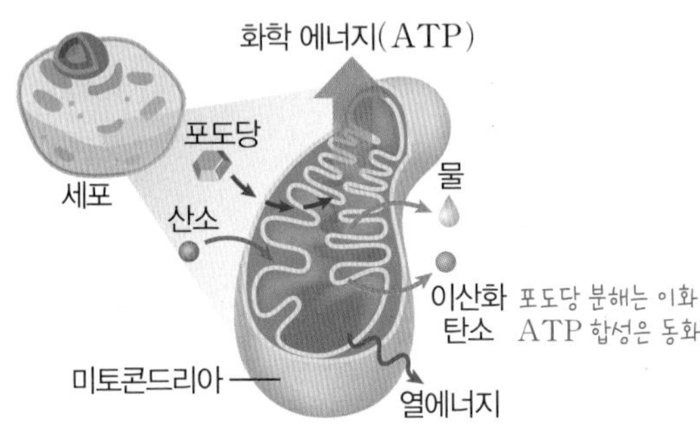

▲ 세포 호흡과 ATP 생성

2. ATP

(1) 아데노신(아데닌+리보스)에 인산기가 3개 결합된 구조이다.

(2) **고에너지 인산 결합**: 인산기와 인산기 사이에 많은 양의 에너지가 저장되어 있는 결합이다.

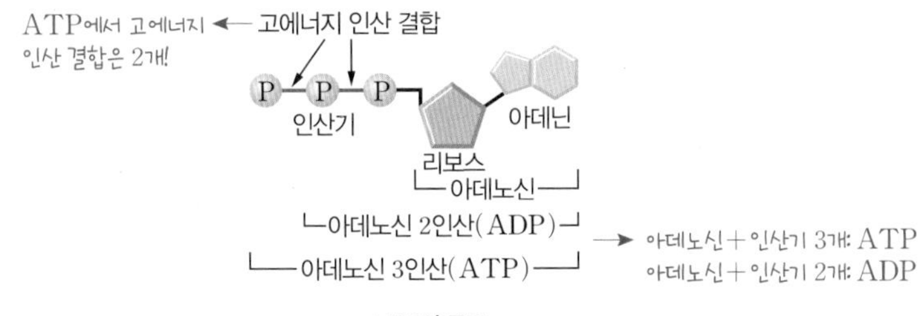

▲ ATP의 구조

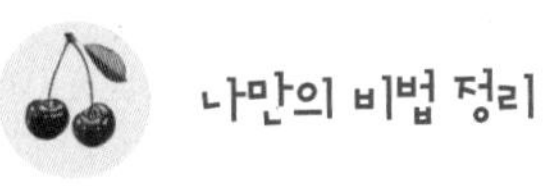

나만의 비법 정리

04 물질대사와 건강

1. 기관계의 통합적 작용

소화계	음식물 속에 있는 영양소를 소화시켜 몸속으로 흡수한다. 예 항문, 이자, 입, 위, 소장, 대장, 간
호흡계	들숨으로 세포 호흡에 필요한 산소를 흡수하고, 세포 호흡 결과 생성된 이산화 탄소와 일부의 물을 날숨을 통해 몸 밖으로 배출한다. 예 코, 기관, 폐
순환계	소화계에서 흡수한 영양소와 호흡계에서 흡수한 산소를 온몸의 조직 세포로 운반하고, 세포 호흡 결과 생성된 이산화 탄소와 노폐물을 호흡계와 배설계로 운반한다. 예 심장, 혈관
배설계	세포 호흡 결과 생성된 질소 노폐물과 여분의 물 등을 오줌의 형태로 몸 밖으로 내보낸다. 예 콩팥, 방광, 요도

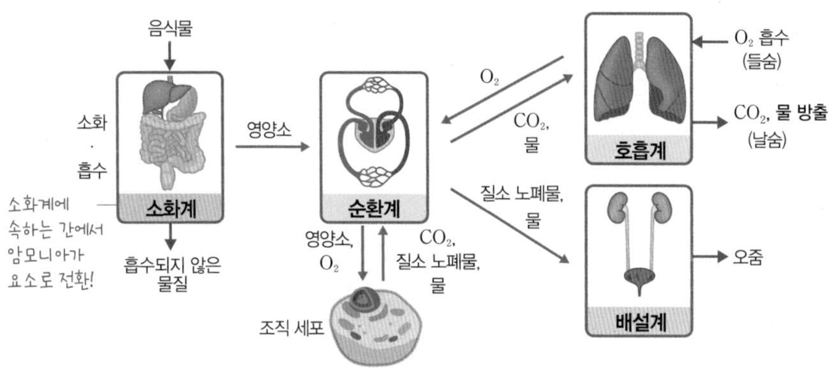

2. 대사성 질환: 우리 몸에서 물질대사에 이상이 생겨 나타나는 질병이다.

당뇨병	혈당 조절에 필요한 인슐린의 분비가 부족하거나 인슐린이 제대로 작용하지 못해 발생한다.
고혈압	혈압이 정상보다 높은 만성 질환이다.
고지혈증	필요 이상의 지방 성분이 혈액에 존재, 지방 성분이 혈관벽에 쌓여 염증을 일으킨다.

★ 문제 풀이 꿀팁

노폐물 중 독성이 강한 암모니아는 간에서 독성이 약한 요소로 전환되는데, 간은 소화계에 속한 기관이므로 '소화계 → 순환계' 이동에 요소도 포함된다는 것을 묻는 문제에 주의한다. 그 밖에도 대사성 질환의 예인 당뇨병, 고혈압, 고지혈증을 암기해두록 하자.

나만의 비법 정리

05 자극의 전달 ✪1등급 대비

1. 뉴런의 구조

(1) 말이집 유무에 따른 구분: 말이집 신경과 민말이집 신경

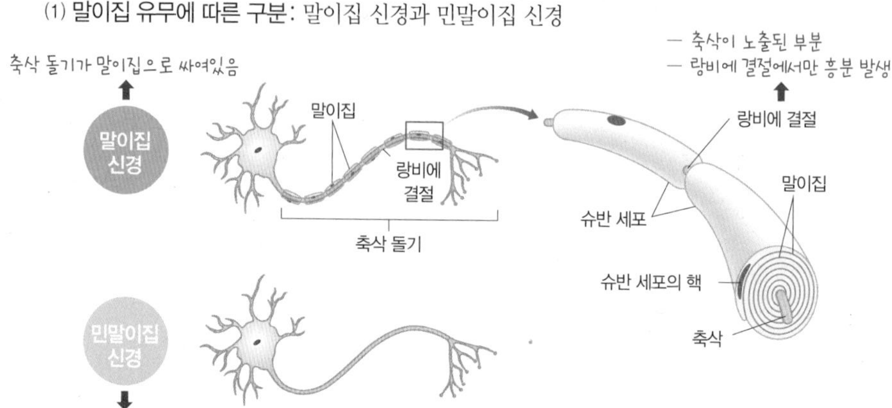

말이집으로 싸여있지 않아 축삭 돌기 전체에서 흥분 발생

(2) 기능에 따른 구분: 구심성 뉴런, 연합 뉴런, 원심성 뉴런

구심성 뉴런	감각기에서 받아들인 자극을 중추 신경의 연합 뉴런으로 전달한다.
연합 뉴런	구심성 뉴런에서 온 자극 정보를 통합하여 원심성 뉴런으로 반응 명령을 내린다.
원심성 뉴런	중추 신경에서 판단하여 내린 명령을 근육과 같은 반응기로 전달한다.

2. 흥분의 발생 과정

(일부 K^+ 통로는 열려 있다.)

구분	분극 ➡	탈분극 ➡	재분극
막투과도	Na^+ 통로와 K^+ 통로가 닫혀 있다.	뉴런이 자극을 받으면 Na^+ 통로가 열린다.	Na^+ 통로가 닫히고 K^+ 통로가 열린다.
이온의 이동	Na^+-K^+ 펌프는 Na^+을 세포 밖으로, K^+을 세포 안으로 능동 수송한다.	Na^+이 Na^+ 통로를 통해 세포 안으로 확산된다.	K^+이 K^+ 통로를 통해 세포 밖으로 확산된다.
막전위	휴지 전위 (−70mV)	약 +35mV까지 상승	휴지 전위로 돌아간다.
그래프	막전위(mV) +35, 0, −70 / 휴지 전위 / 0 1 2 3 4 시간(ms) / ▲ 자극	막전위(mV) +35, 0, −70 / 활동 전위 / 역치 전위 / 0 1 2 3 4 시간(ms) / ▲ 자극	막전위(mV) +35, 0, −70 / 과분극 / 0 1 2 3 4 시간(ms) / ▲ 자극

과분극: 재분극 과정 중 휴지 전위보다 낮아지는 현상

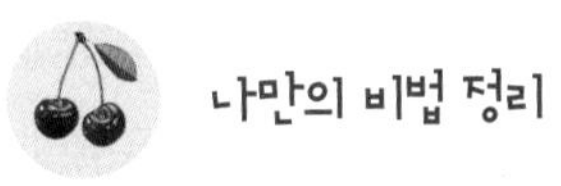

나만의 비법 정리

3. 흥분의 전도

(1) **흥분 전도 과정**: 뉴런의 세포막 한 부위에서 활동 전위가 발생하면 이웃한 부위에서 탈분극이 일어나 활동 전위가 연속적으로 발생함으로써 흥분이 전도된다.

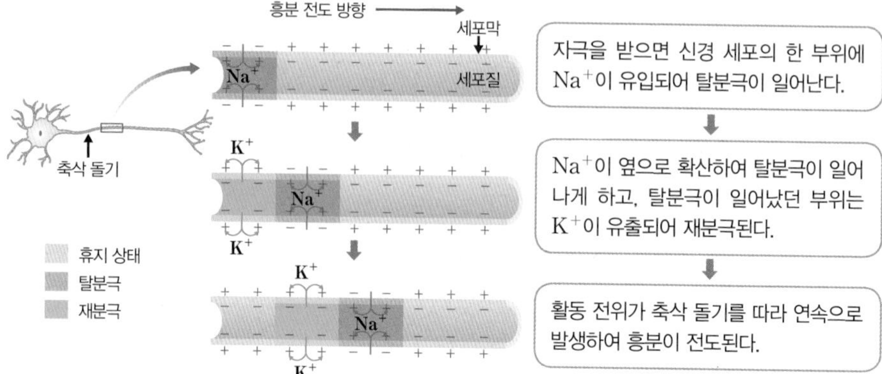

(2) **흥분 전도 방향**: 뉴런 내에서 흥분은 신경 세포체에서 축삭 돌기 말단 방향으로 전도된다.

(3) **흥분 전도 속도**

① 말이집 신경이 민말이집 신경보다 흥분 전도 속도가 빠르다. — 말이집 신경은 도약 전도가 일어남

② 흥분 전도 속도는 $\frac{\text{해당지점까지의 거리}}{\text{전도시간}}$를 이용하여 각 지점까지의 전도 시간을 구할 수 있다.

4. 흥분의 전달 — 흥분 전도는 양방향, 흥분 전달은 한쪽 방향

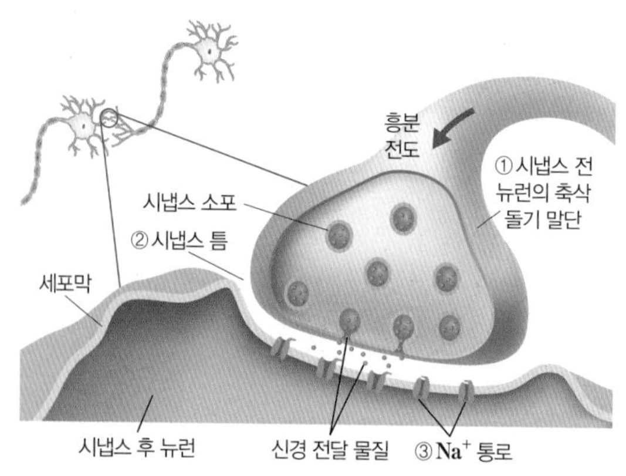

① 시냅스 전 뉴런의 흥분이 축삭 돌기 말단에 전도되어 활동 전위가 발생하면 시냅스 소포가 세포막과 융합한다.
② 시냅스 소포에 있던 신경 전달 물질이 시냅스 틈으로 분비된다.
③ 신경 전달 물질이 확산되어 인접한 시냅스 후 뉴런의 가지 돌기 또는 신경 세포체에 있는 수용체에 결합하고 Na^+ 통로를 열리게 한다. 이 열린 Na^+ 통로를 통해 Na^+이 유입되면서 세포막이 탈분극되어 시냅스 후 뉴런의 축삭 돌기에서 활동 전위가 발생한다.

★ 문제 풀이 꿀팁

활동 전위가 발생할 때 탈분극 과정에서 Na^+ 농도가 세포 안쪽과 바깥쪽 중 어디에서 더 높은지 묻는 문제에 주의한다. Na^+이 세포막 안으로 확산되므로 세포 안쪽 농도가 더 높아진다고 생각하기 쉽지만, 확산은 농도가 높은 쪽에서 낮은 쪽으로 일어나므로 세포 안쪽의 Na^+ 농도는 세포 바깥쪽보다 높아질 수 없다.

나만의 비법 정리

06 근수축 운동

✪ 고난도

1. 골격근의 구조

여러 개의 근육 섬유 다발로 구성되며, 하나의 근육 섬유(근육 세포)는 더 가느다란 근육 원섬유로 구성되어 있다.

2. 근육 원섬유 마디(근절): 근수축이 일어나는 단위로, 액틴 필라멘트와 마이오신 필라멘트가 일부 겹쳐 배열해 있다.

I대(명대)	액틴 필라멘트로만 구성되어 밝게 보이는 부분이다.
A대(암대)	마이오신 필라멘트가 있어 어둡게 보이는 부분이다.
H대	A대 중에서 액틴 필라멘트와 겹쳐 있지 않고 마이오신 필라멘트로만 되어 있는 부분이다.
Z선	근육 원섬유 마디와 마디를 구분하는 경계선이다.
M선	H대의 중앙에 수직으로 나타나는 진한 선이다.

➡ A대는 어둡게 보이고, I대는 밝게 보이므로 근육 원섬유를 관찰하면 어두운 부분과 밝은 부분이 교대로 나타난다.

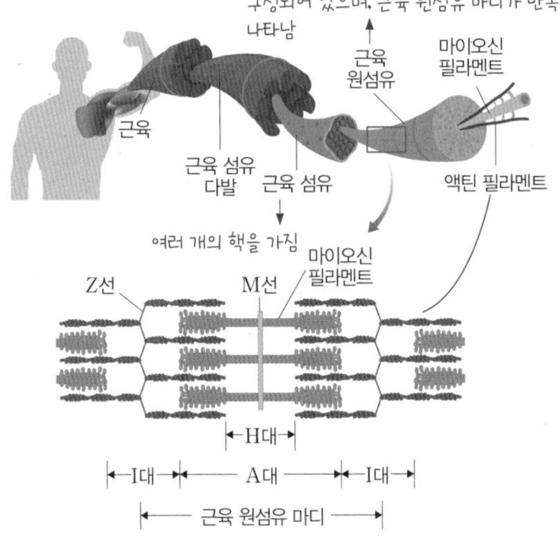

3. 근수축 과정

(1) 근육 섬유의 세포막에 접한 운동 뉴런의 축삭 돌기 말단에 활동 전위가 도달하면 축삭 돌기 말단에서 신경 전달 물질인 아세틸콜린이 방출되어 근육 섬유의 세포막이 탈분극되고 활동 전위가 발생한다.

(2) **골격근의 수축 원리(활주설)**: 액틴 필라멘트가 마이오신 필라멘트 사이로 미끄러져 들어가 근육 원섬유 마디가 짧아지면서 수축한다.

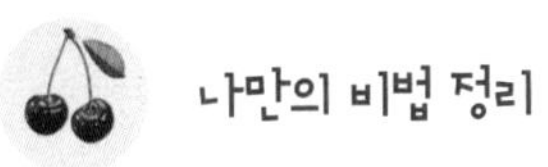
나만의 비법 정리

(3) 서로 다른 지점에서 자른 단면의 모습

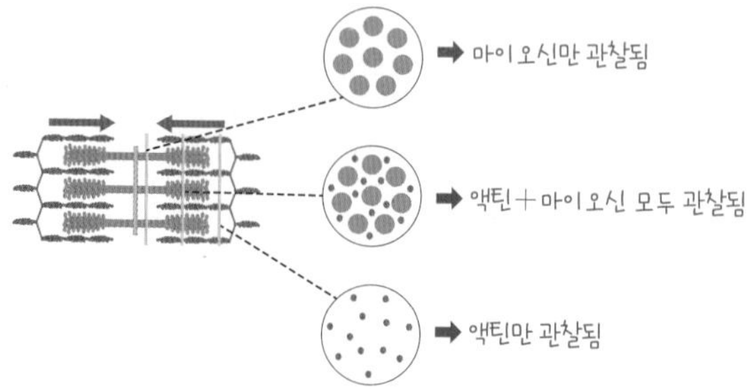

4. 근수축 과정에서 근육 원섬유 마디에서의 길이 변화

변화 없음	액틴 필라멘트, 마이오신 필라멘트(A대)
짧아짐	I대(명대), H대, Z선과 Z선 사이(근육 원섬유 마디)
길어짐	액틴 필라멘트와 마이오신 필라멘트의 겹치는 부분

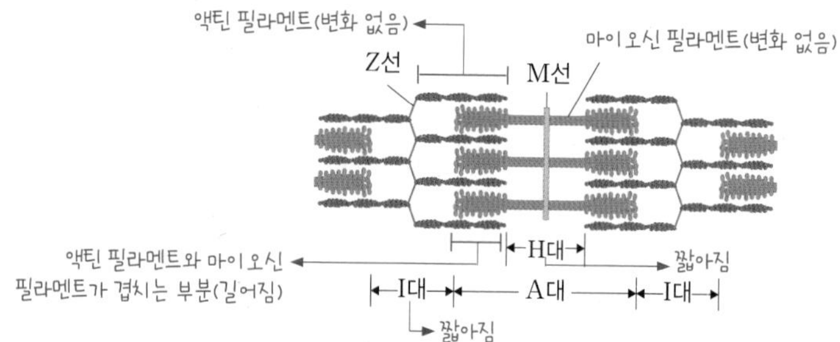

5. 근육 원섬유 마디의 길이가 x만큼 변할 때

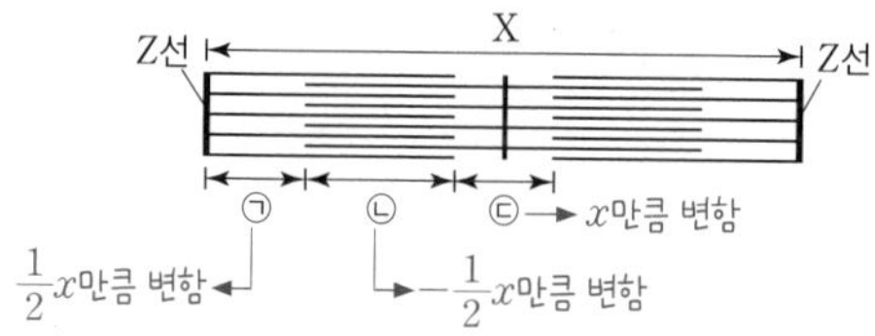

★ 문제 풀이 꿀팁

근육이 수축할 때 근육 원섬유 마디의 길이는 짧아져도 액틴 필라멘트와 마이오신 필라멘트의 길이는 변화가 없다. 이를 함정으로 이용하는 문제가 자주 출제되므로 필라멘트의 길이는 변화가 없음을 이용해 주어진 변수의 값을 구해서 풀도록 하자.

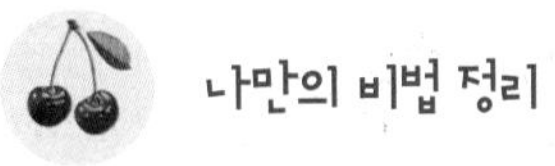

나만의 비법 정리

07 자율 신경계

★ 자율 신경계의 길항 작용

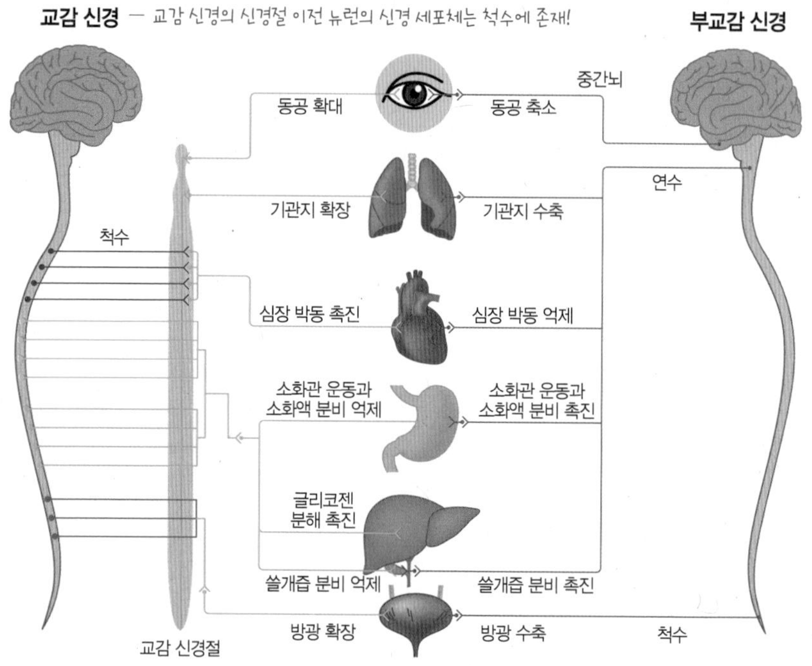

• 교감 신경과 부교감 신경은 길항 작용으로 항상성을 유지하는 데 중요한 역할을 한다.

구분	구조적 특징	신경 전달 물질	
		신경절 이전 뉴런	신경절 이후 뉴런
교감 신경	척수의 중간 부분에서 뻗어 나오고, 신경절 이전 뉴런이 짧고 신경절 이후 뉴런이 길다.	아세틸콜린	노르에피네프린
부교감 신경	중간뇌, 연수, 척수의 아랫부분에서 뻗어 나오고, 신경절 이전 뉴런이 길고 신경절 이후 뉴런이 짧다.	아세틸콜린	아세틸콜린

→ 교감은 신경절 이전 뉴런이 이후 뉴런보다 짧으므로 '앞니가 짧은 교감 선생님'으로 암기!

노르에피네프린은 교감의 신경절 이후 뉴런에서만 분비된다는 것을 꼭 기억해두자!

★ 문제 풀이 꿀팁

교감 신경과 부교감 신경은 말초 신경계의 원심성 신경에 속한다는 것을 알아야 한다. 또한, 심장 세포에서의 작용을 물어볼 때 심장 박동의 촉진 및 억제를 활동 전위 빈도의 변화로 나타내는 문제가 출제되므로, 박동이 촉진되는 경우는 심장 세포에서 활동 전위 빈도가 증가하고, 억제되는 경우에는 활동 전위 빈도가 감소한다는 것을 알아두도록 하자.

나만의 비법 정리

08 혈당량 유지

1. 혈당량 — 혈당량 조절 중추는 간뇌 시상 하부야!

혈액 속 포도당의 농도로, 일정하게 유지되어야 우리 몸이 정상적으로 기능을 할 수 있다. 정상인은 길항 작용과 음성 피드백에 의해 약 100 mg/100 mL(약 0.1%)로 유지된다.

2. 혈당량 조절 과정

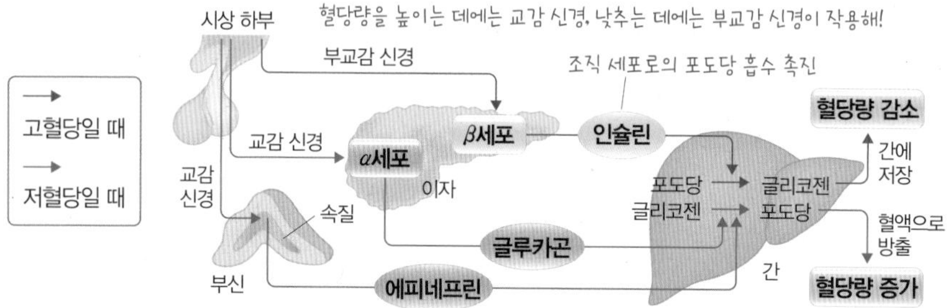

3. 건강한 사람과 당뇨병 환자의 혈당량과 호르몬 변화

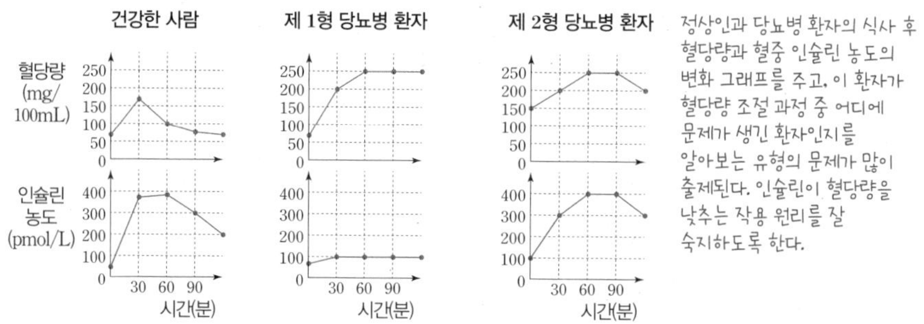

정상인과 당뇨병 환자의 식사 후 혈당량과 혈중 인슐린 농도의 변화 그래프를 주고, 이 환자가 혈당량 조절 과정 중 어디에 문제가 생긴 환자인지를 알아보는 유형의 문제가 많이 출제된다. 인슐린이 혈당량을 낮추는 작용 원리를 잘 숙지하도록 한다.

(1) **음성 피드백**: 저혈당일 때 분비되는 에피네프린, 글루카곤에 의해 혈당량이 증가하면 음성 피드백에 따라 글루카곤과 에피네프린의 분비량이 감소한다.

(2) **당뇨병**: 이자섬의 β 세포가 파괴되어 인슐린이 분비되지 않는 제 1형 당뇨병, 인슐린은 정상적으로 분비되지만 다양한 원인으로 인슐린의 표적 세포인 간세포나 체세포가 신호를 받아들이지 못하는 제 2형 당뇨병이 있다.

★ 문제 풀이 꿀팁

식사 후 또는 포도당 투여 후 혈당량과 관여 호르몬의 농도를 나타낸 그래프를 이용하는 문제가 자주 출제된다. 식사를 하면 소화를 함에 따라 혈당량이 높아지고, 그로 인해 인슐린의 혈중 농도는 증가, 글루카곤의 혈중 농도는 감소한다는 점을 이용해 그래프에서 각 호르몬을 파악하도록 하자.

09 체온 유지

1. 체온 유지 — 체온 유지 조절 중추는 간뇌 시상 하부야!

(1) 체내 열 발생량(생산량)과 몸 표면을 통한 열 발산량(방출량)을 조절하여 체온을 36.5 ℃ 정도로 일정하게 유지한다.

(2) 체온이 변하면 물질대사에 관여하는 효소의 활성이 떨어져 제 기능을 할 수 없다.

2. 체온 조절 과정

추울 때		더울 때	
열 발생량 증가	• 티록신과 에피네프린 분비량 증가 ➡ 간과 근육의 물질대사 촉진 • 몸 떨림(골격근의 수축 활동)과 같은 근육 운동 촉진	열 발생량 감소	• 티록신 분비량 감소 ➡ 간과 근육의 물질대사 억제
열 발산량 감소	• 교감 신경 작용 강화 ➡ 피부 근처 혈관 수축	열 발산량 증가	• 교감 신경의 작용 완화 ➡ 피부 근처 혈관 확장 • 땀 분비 증가 ➡ 기화열에 의한 열 손실 증가

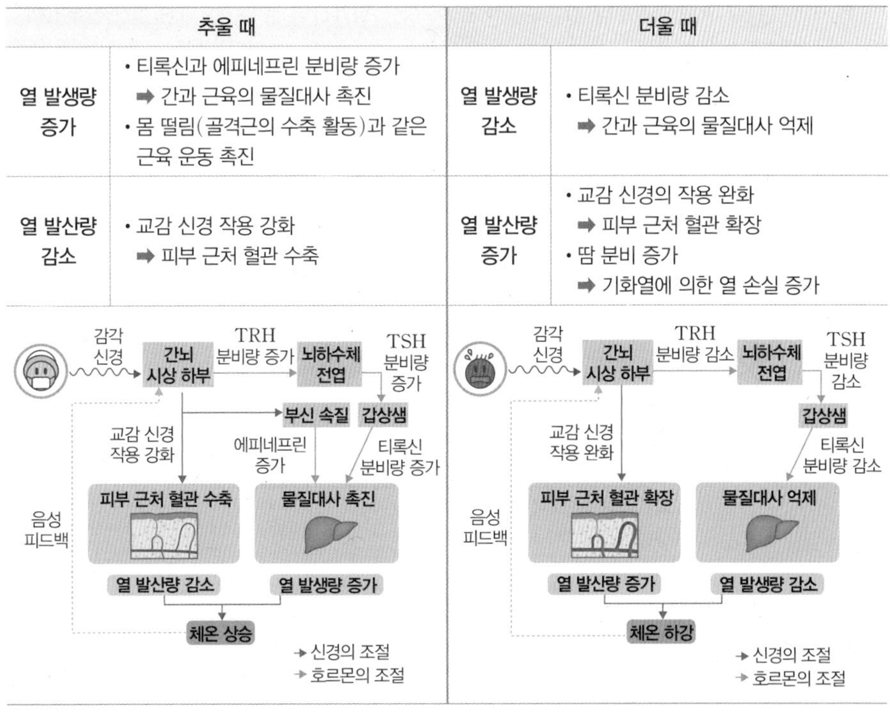

★ 문제 풀이 꿀팁

저온, 고온 자극이 주어졌을 때 우리 몸에서 일어나는 체온 유지 과정에 대해 묻는 문제가 출제된다. 체온 조절에 자율 신경 중 교감 신경만 관여한다는 것을 알아야 하고, 종종 시상 하부 온도를 주고 체온 변화를 묻는 문제가 출제되니 주의하도록 하자.

10 삼투압 조절

1. 혈장 삼투압 — 혈장 삼투압 조절 중추는 간뇌 시상 하부야!

혈장 삼투압이 정상 범위보다 높거나 낮으면 세포의 부피가 변하고 정상적으로 기능을 하기 어렵다. 따라서 세포의 모양과 기능을 유지하는 데 중요하다.

2. 삼투압 조절

항이뇨 호르몬(ADH)은 오줌 삼투압과 비례, 오줌 생성량과 반비례!

(1) 간뇌 시상 하부가 혈장 삼투압을 감지하여 항이뇨 호르몬(ADH)의 분비량을 조절한다.

(2) 체내 수분량과 혈장 삼투압에 따른 항이뇨 호르몬(ADH)의 분비량에 의해 혈장 삼투압이 조절된다.

3. 삼투압 조절 과정

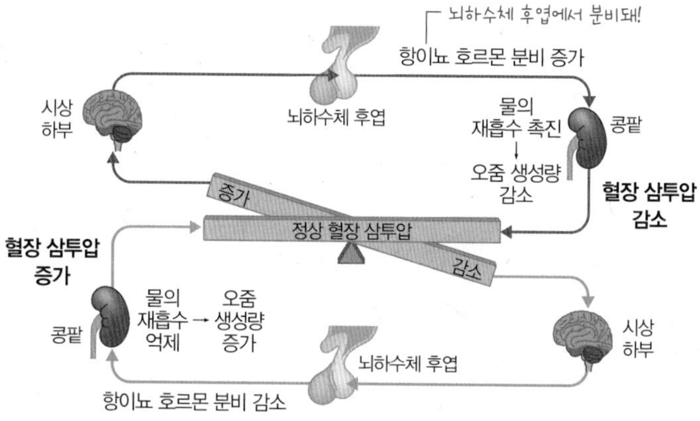

혈장 삼투압이 높을 때	<짠 음식을 많이 먹거나 땀을 많이 흘린 경우> 뇌하수체 후엽에서 항이뇨 호르몬의 분비량 증가 → 콩팥에서 수분 재흡수 촉진 → 오줌 생성량 감소 → 혈장 삼투압 감소
혈장 삼투압이 낮을 때	<물을 많이 마신 경우> 뇌하수체 후엽에서 항이뇨 호르몬의 분비량 감소 → 콩팥에서 수분 재흡수 억제 → 오줌 생성량 증가 → 혈장 삼투압 증가

★ 문제 풀이 꿀팁

물을 섭취한 후 오줌의 삼투압 또는 오줌의 생성량을 그래프에 같이 나타내는 문제가 자주 출제된다. 물을 섭취하면 혈장 삼투압이 감소하여 오줌의 생성량은 많아지고, 오줌의 삼투압은 감소하므로 두 경우를 헷갈리지 않도록 주의하자.

11 질병과 병원체

★ 병원체의 종류와 특징

구분	특징	그림
세균	• 핵이 없는 단세포 원핵생물이다. • 적절한 환경에서 매우 빠르게 분열법으로 번식한다. • 소화 기관, 호흡 기관 등을 통해 인체에 침입한 뒤 증식하여 세포를 파괴하거나 독소를 분비한다. 예 결핵, 콜레라, 탄저병, 파상풍, 세균성 식중독, 세균성 폐렴, 세균성 이질, 위궤양 등 ➡ 항생제로 치료	▲ 세균의 구조
바이러스	• 핵산(유전 물질)과 단백질 껍질로 구성된다. • 스스로 물질대사를 하지 못하고, 살아 있는 숙주 세포 내에서만 증식할 수 있다. • 숙주 세포에 침입하여 증식한 바이러스는 숙주 세포를 파괴하고 나와 더 많은 세포를 감염시킨다. 예 감기, 독감, 천연두, 홍역, 소아마비, 후천성 면역 결핍증(AIDS), 중동 호흡기 증후군(MERS) ➡ 항바이러스제로 치료	▲ HIV
원생생물	• 단세포 진핵생물이다. • 독립적으로 생활하기도 하고, 다른 세포에 기생하면서 질병을 일으키기도 한다. 예 말라리아, 아메바성 이질, 수면병 등	▲ 말라리아 원충에 감염된 적혈구
곰팡이	• 몸이 실 모양의 균사로 이루어진 다세포 진핵생물이다. 예 무좀(피부에서 번식), 만성 폐질환(호흡 기관으로 침입), 칸디다증(피부나 점막의 표면에 증식) ➡ 항진균제로 치료	
변형 프라이온	• 단백질로만 구성된 입자로, 유전 물질(DNA나 RNA)이 없다. • 변형 프라이온이 축적되면 신경 세포가 파괴되면서 질병을 일으킨다. • 일반적인 소독 방법으로는 파괴되지 않는다. 예 크로이츠펠트 · 야코프병(사람), 광우병(소), 스크래피(양) 등	

12 우리 몸의 방어 작용

1. 비특이적 방어 작용(선천성 면역)

병원체의 종류나 감염 경험의 유무와 관계없이 감염 발생 시 신속하게 반응이 일어난다.

피부	물리적 장벽, 산성 환경, 라이소자임 분비
점막 · 분비액	섬모와 점액의 점성 등의 물리적 장벽, 라이소자임 · 위산 분비
식균 작용	백혈구가 체내의 병원체를 분해
염증 반응	손상된 부위의 비만 세포가 히스타민을 분비하여 백혈구와 혈장을 유입시켜 병원체를 제거하는 반응

2. 특이적 방어 작용(후천성 면역)

가슴샘에서 성숙　골수에서 성숙

특정 항원을 인식하여 제거하는 방어 작용으로 T 림프구와 B 림프구에 의해 이루어진다.

세포성 면역	• 보조 T 림프구에 의해 활성화된 세포독성 T 림프구가 병원체에 감염된 세포를 제거하는 반응 • 과정: 대식 세포가 병원체를 삼킨 후 분해하여 항원 제시 → 보조 T 림프구가 이를 인식하여 활성화 → 세포 독성 T 림프구 활성화
체액성 면역	• 형질 세포가 생산하는 항체가 항원과 결합한 이후 항원이 제거되는 면역 반응 • 과정: 보조 T 림프구가 B 림프구 활성화 → B 림프구가 형질 세포와 기억 세포로 분화 **1차 면역 반응**: 항원이 처음 침입했을 때, B 림프구가 형질 세포로 분화하여 항체를 생성하기까지 약 5~7일이 걸린다. ➡ **2차 면역 반응**: 같은 항원이 재침입했을 때, 1차 면역 반응에서 생성된 기억 세포가 빠르게 증식하면서 형질 세포로 분화하고 항체를 생성하여 항원을 제거한다. 항체를 생성하는 시간이 매우 빠르고, 생성되는 항체의 양도 많으며, 비교적 항체가 오래 유지된다.

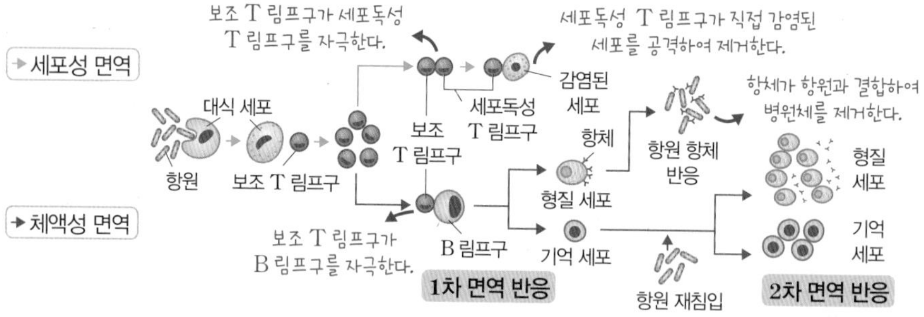

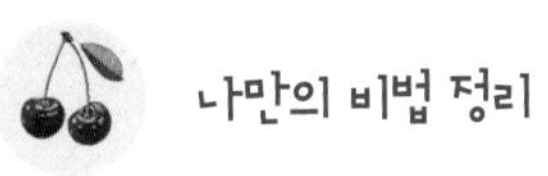

나만의 비법 정리

3. 혈액의 응집 반응: 적혈구 세포막의 응집원(항원)이 다른 혈액의 혈장에 있는 응집소(항체)와 결합하여 서로 엉겨 붙는 현상이다.

4. ABO식 혈액형: 응집원의 종류에 따라 A형, B형, AB형, O형으로 구분한다.

(1) 응집원과 응집소: 응집원에는 A와 B가 있고, 응집소에는 α와 β가 있다.

구분	A형	B형	AB형	O형
응집원	A, 적혈구	B	A, B	없음
응집소	β, 혈장	α	없음	α, β

(2) 혈액형 판정: 항 A 혈청, 항 B 혈청을 혈액에 떨어뜨렸을 때 일어나는 응집 반응으로 ABO식 혈액형을 판정한다. └항 A 혈청은 응집소 α, 항 B 혈청은 응집소 β가 있어!

구분	A형(응집원 A)	B형(응집원 B)	AB형(응집원 A, B)	O형(응집원 없음)
항 A 혈청	응집 ○	응집 ×	응집 ○	응집 ×
항 B 혈청	응집 ×	응집 ○	응집 ○	응집 ×

5. Rh식 혈액형

(1) Rh식 혈액형 구분: Rh 응집원은 적혈구 막 표면에 있으며 Rh 응집소는 혈장에 존재

구분	Rh^+형	Rh^-형
응집원	있음	없음
응집소	없음	응집원에 노출되면 생성됨

(2) Rh식 혈액형 판정

구분	Rh^+형	Rh^-형
항 Rh 혈청 (Rh 응집소 함유)	응집됨	응집 안 됨

★ 문제 풀이 꿀팁

2차 면역 반응에서 기억 세포가 형질 세포로 분화되는 것과 T 림프구는 가슴샘에서, B 림프구는 골수에서 성숙된다는 것을 알고 있어야 한다. 또한 혈액형 문제에서 응집원과 응집소를 모두 가진 학생이 주어질 경우 A와 β를 가지거나 B와 α를 갖는다는 것을 기억해두자!

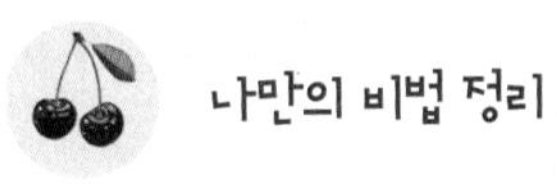

나만의 비법 정리

13 염색체와 세포 주기 ✪ 고난도

1. 염색체의 구조: DNA와 히스톤 단백질로 구성, DNA가 히스톤 단백질을 휘감아 뉴클레오솜을 형성한다.

유전자	DNA의 특정 부분으로, 생물의 형질을 결정하는 유전 정보의 단위
DNA	유전 정보를 저장하고 있는 유전 물질로, 뉴클레오타이드가 반복적으로 연결된 이중 나선 구조
염색체	세포가 분열할 때 DNA가 매우 응축되어 형성된 막대 모양의 구조
유전체	한 개체가 가지고 있는 모든 유전 정보

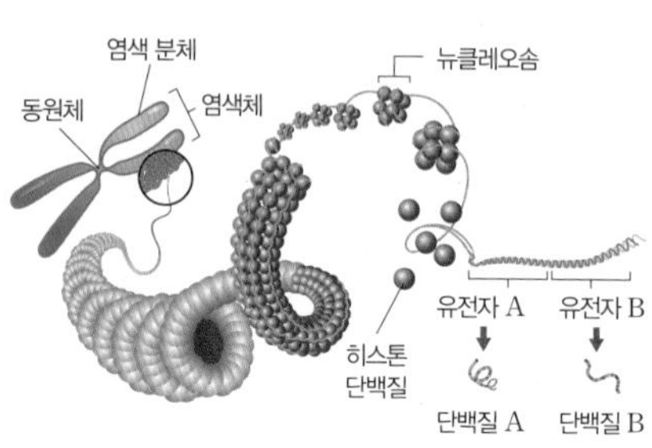

2. 상동 염색체와 대립유전자

상동 염색체	• 체세포 속에 존재하는 모양과 크기가 같은 한 쌍의 염색체이다. • 상동 염색체의 같은 위치에 하나의 형질을 결정하는 대립유전자가 위치한다.
대립유전자	상동 염색체의 같은 위치에 존재하며, 하나의 형질을 결정하는 유전자이다.

3. 상동 염색체와 염색 분체의 유전자 구성

(1) 상동 염색체는 부모로부터 하나씩 물려받은 것이므로 대립유전자는 같을 수도 다를 수도 있다.

(2) 염색 분체는 세포 분열이 일어나기 전에 하나의 DNA가 복제되어 만들어졌다.

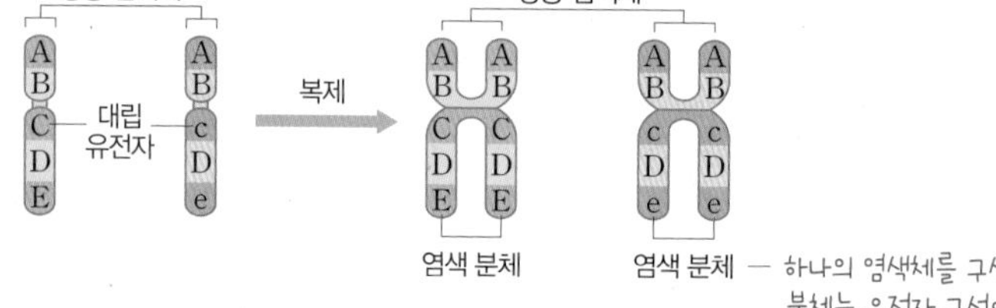

4. 핵형과 핵상

(1) **핵형:** 한 생물의 체세포에 들어 있는 염색체의 수, 모양, 크기 등과 같은 외형적인 특성을 핵형이라고 한다. 생물 종에 따라 핵형이 다르며, 같은 종에서 성별이 같으면 체세포의 핵형이 동일하다.

(2) **핵상:** 세포 하나에 들어 있는 염색체의 상대적인 수를 나타낸 것이다.

상동 염색체가 쌍으로 있으면 $2n$, 하나씩만 있으면 n으로 표시

$2n=8$ $n=4$

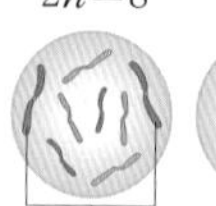

상동 염색체

나만의 비법 정리

5. 사람의 핵형 분석: 사람의 체세포에는 총 23쌍(46개)의 염색체가 있다. – 핵상: $2n=46$

상염색체	• 여자와 남자가 공통으로 가지는 염색체이다. • 사람은 1번부터 22번까지 22쌍(44개)의 상염색체를 가진다.
성염색체	• 여자와 남자가 서로 다른 구성으로 가지는 염색체이다. • 사람은 1쌍의 성염색체를 가지며, 크기가 큰 것은 X 염색체, 크기가 작은 것은 Y 염색체이다. • 부모로부터 하나씩 물려받아 생식세포 분열 시 쌍을 이루므로 상동 염색체로 취급한다. • 남자의 핵형($2n=44+XY$), 여자의 핵형($2n=44+XX$)

1 2 3 4 5 6 7 8 9 10 11 12 13 14 15 16 17 18 19 20 21 22 XY

⊙ 남자의 핵형 성염색체

1 2 3 4 5 6 7 8 9 10 11 12 13 14 15 16 17 18 19 20 21 22 XX

⊙ 여자의 핵형 성염색체

크기와 모양이 다르지만 X와 Y는 상동 염색체야!

6. 세포 주기의 구분

간기	G_1기	• 단백질, 지질 등의 세포 구성 물질을 합성하며, 세포가 가장 많이 생장하는 시기이다. • 세포를 구성하는 세포 소기관 수가 증가하며, DNA 복제를 준비하는 시기이다.
	S기	DNA가 복제되는 시기로, DNA양이 2배로 증가한다.
	G_2기	방추사를 구성하는 단백질 등 세포 분열에 필요한 물질을 합성해 세포 분열을 준비하는 시기이다.
분열기 (M기)		• 간기에 비해 짧으며, 핵분열 말기에는 세포질 분열이 시작되어 딸세포가 만들어진다. • 염색체가 응축되어 광학 현미경으로 관찰이 가능하다.

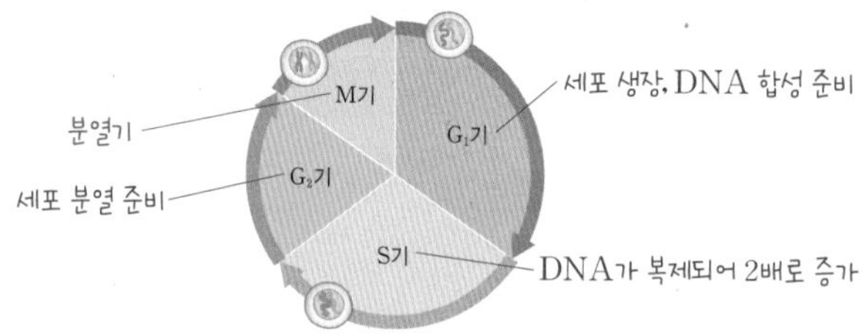

★ 문제 풀이 꿀팁

핵형 분석 문제에서 두 세포를 비교하였을 때 모든 염색체가 동일할 경우 동일한 종의 세포이다. 다만, 같은 종에서 성별이 다를 경우 한 쌍의 성염색체만 크기와 모양이 다르다는 점을 주의하자.

나만의 비법 정리

14 세포 분열

✪ 고난도

1. 체세포 분열: 생물의 생장과 조직의 재생 과정에서 세포 수가 증가할 때 일어나는 분열

➡ 모세포와 동일한 유전 물질을 가진 2개의 딸세포가 형성된다.

2. 체세포 분열 과정 ➡ 핵상 변화: $2n \rightarrow 2n$

간기	전기	중기	후기	말기
중심체, 핵, 인, 세포질	염색체	방추사		딸핵
• 핵막과 인이 뚜렷하며, 염색체는 핵 속에 실처럼 풀어져 있다. • S기에 DNA가 복제된다.	• 염색체가 응축되고, 핵막과 인이 사라진다. • 방추사가 형성되어 동원체에 붙는다.	• 염색체가 세포 중앙에 배열된다. ➡ 염색체를 관찰하기에 가장 좋은 시기야!	• 하나의 염색체를 이루던 염색 분체가 분리된다. • 분리된 염색 분체는 방추사에 의해 세포의 양극으로 이동한다.	• 염색체가 풀어지고, 핵막과 인이 형성되어 2개의 딸핵이 생긴다. • 방추사가 사라지고, 세포질 분열이 시작된다.

3. 감수 분열 과정: DNA 복제 후 2회의 분열이 연속으로 일어난다.

(1) **감수 1분열:** 간기에 DNA가 복제된 후 진행되며, 상동 염색체가 분리되어 염색체 수가 절반으로 줄어든다. ➡ 핵상 변화: $2n \rightarrow n$

간기	전기	중기	후기	말기
	2가 염색체			
• 핵막과 인이 뚜렷하며, 염색체는 핵 속에 실처럼 풀어져 있다. • S기에 DNA가 복제된다.	• 염색체가 응축되고, 핵막과 인이 사라진다. • 2가 염색체를 형성한다. (상동 염색체끼리 접합한 것!) • 방추사가 형성되어 동원체에 붙는다.	• 2가 염색체가 세포의 중앙에 배열된다.	• 2가 염색체를 이루던 상동 염색체가 분리된다. • 분리된 상동 염색체는 방추사에 의해 세포의 양극으로 이동한다.	• 핵막이 나타나고 방추사가 사라진다. • 세포질 분열이 일어나 염색체 수가 반감된 2개의 딸세포가 형성된다.

나만의 비법 정리

(2) 감수 2분열: 간기가 없어 DNA 복제 없이 진행되며, 염색 분체가 분리되므로 염색체 수에는 변화가 없다. ➡ 핵상 변화: $n \rightarrow n$

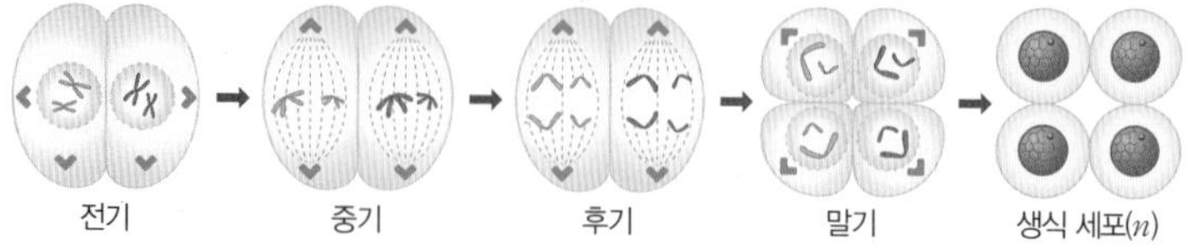

4. 체세포 분열과 감수 분열 비교

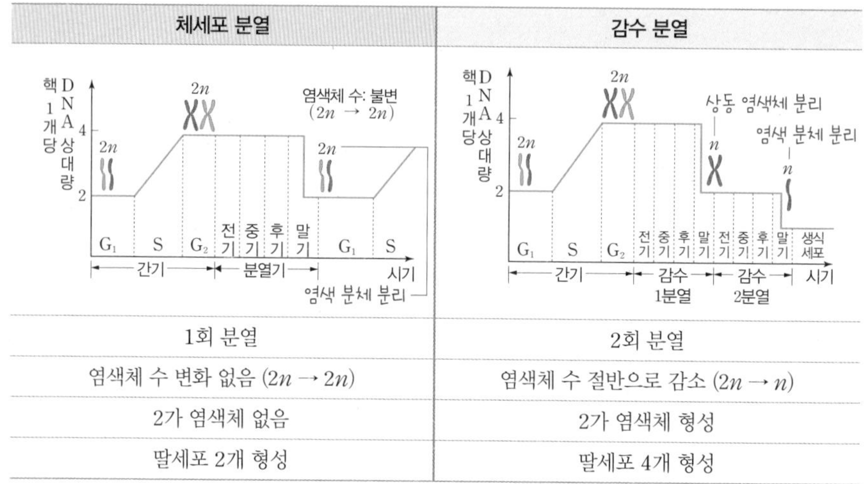

체세포 분열	감수 분열
1회 분열	2회 분열
염색체 수 변화 없음 ($2n \rightarrow 2n$)	염색체 수 절반으로 감소 ($2n \rightarrow n$)
2가 염색체 없음	2가 염색체 형성
딸세포 2개 형성	딸세포 4개 형성

5. 감수 분열의 의의

(1) 생식세포는 염색체 수와 DNA양이 체세포의 절반이므로 수정으로 생긴 자손은 염색체 수와 DNA양이 어버이와 같다.

(2) 감수 1분열에서 2가 염색체가 무작위적으로 배열되고 서로 독립적으로 분리되어 유전적으로 다양한 생식세포가 만들어지고, 이러한 암수 생식세포가 무작위로 수정되어 유전적으로 다양한 자손이 생긴다.

★ 문제 풀이 꿀팁

G_1기의 세포로부터 생식세포가 형성되는 과정에서 DNA양과 염색체 수 변화를 물어보는 문제 또는 염색체가 표시된 여러 세포의 그림을 주고 이를 DNA 상대량을 나타낸 표와 대조시키는 문제가 자주 출제된다. 특정 유전자의 DNA 상대량이 2가 아닌 1인 경우는 DNA가 복제되기 이전의 G_1기 세포이거나 염색분체가 분리된 생식세포에서만 가능하다는 점을 함정으로 이용하는 문제에 주의하자.

나만의 비법 정리

15 사람의 유전 ✪ 1등급 대비

1. 상염색체 유전과 성염색체 유전

상염색체 유전	① 형질 결정 대립유전자가 2가지인 경우 하나의 유전 형질 발현에 1쌍의 대립유전자가 관여하며, 1쌍의 대립유전자 구성에 따라 대립 형질이 명확하게 구분된다. ② 복대립 유전: 하나의 형질을 결정하는 데 3가지 이상의 대립유전자가 관여하며, 하나의 형질에 대한 대립유전자가 3가지 이상이기 때문에 유전자형과 표현형이 다양하다. 예 ABO식 혈액형
성염색체 유전	① 성염색체(X 염색체, Y 염색체) 상에 있는 유전자에 의해 일어난다. → 남녀에 따라 형질이 나타나는 빈도가 달라져! ② X 염색체 유전: 남녀에 따라 발현 비율 차이가 나타나며, 형질을 결정하는 유전자가 정상에 대해 열성인 경우에는 여자에 비해 남자에게서 형질 발현 비율이 높다. 예 적록 색맹 유전

2. ABO식 혈액형 유전

(1) 대립유전자: I^A, I^B, i의 3가지로, 상염색체 상에 위치한다.

(2) 우열 관계: i는 I^A와 I^B에 대해 열성이고, I^A와 I^B는 우열 관계가 뚜렷하지 않은 공동 우성이다.

(3) 표현형과 유전자형

표현형	AB형	A형		B형		O형
유전자형	I^A I^B I^AI^B	I^A I^A I^AI^A	I^A i I^Ai	I^B I^B I^BI^B	I^B i I^Bi	i i ii

3. 가계도 분석

우열 관계 판단	① 표현형이 같은 부모에게서 부모와 다른 표현형의 자손 찾기 ➡ 자손의 표현형이 열성 ② 이형 접합성인 구성원의 표현형은 우성으로 확정 ➡ 이형 접합성인 구성원이 유전 형질이 발현될 경우 그 형질은 우성임!
상/성염색체 유전 판단	유전 형질을 성염색체 유전이라고 가정하고 성염색체가 될 수 없는 모순을 찾기 ① X 염색체, 우성 형질일 경우 형질이 발현된 남자 구성원의 어머니와 딸은 모두 형질을 발현해야 한다. ② X 염색체, 열성 형질일 경우 형질이 발현된 여자 구성원의 아버지와 아들은 모두 형질을 발현해야 한다. ⇨ ①과 ②를 모두 만족하지 않을 경우 이 형질은 상염색체 유전이다.
유전자형 표시	열성 표현형인 구성원 먼저 표시하기

나만의 비법 정리

✿ 가계도 분석 연습

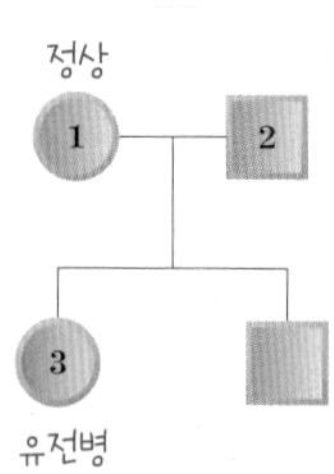

1 유전자의 우열 관계 분석하기

➡ 부모 1과 2의 표현형이 정상으로 같은데 3은 유전병을 나타내므로, 이 유전병은 정상에 대해 열성 형질!

2 염색체 유전인지 성염색체 유전인지 판단하기

➡ 유전병이 X염색체 유전이라고 가정!

➡ 딸이 열성 표현형이면 아버지도 열성 표현형이어야 하는데, 그렇지 않으므로 이 유전병은 상염색체 유전!

4. 단일 인자 유전과 다인자 유전

단일 인자 유전	한 가지 형질에 대해 한 쌍의 대립유전자가 영향을 미쳐 형질이 결정되는 유전 현상이다. 예 귓불 모양, ABO식 혈액형, 적록 색맹 등
다인자 유전	① 여러 쌍의 대립유전자에 의해 하나의 형질이 결정되는 유전 현상이다. ② 다양한 유전자 조합이 가능하여 표현형이 다양하고, 대립 형질이 뚜렷하지 않다. 예 피부색, 키, 몸무게 등

✿ 사람의 피부색 유전

사람의 피부색은 서로 다른 염색체에 존재하는 3쌍의 대립유전자 A와 a, B와 b, D와 d에 의해 결정되며, 피부색을 검게 만드는 대립유전자인 A, B, D의 수에 따라 정해진다고 가정한다.

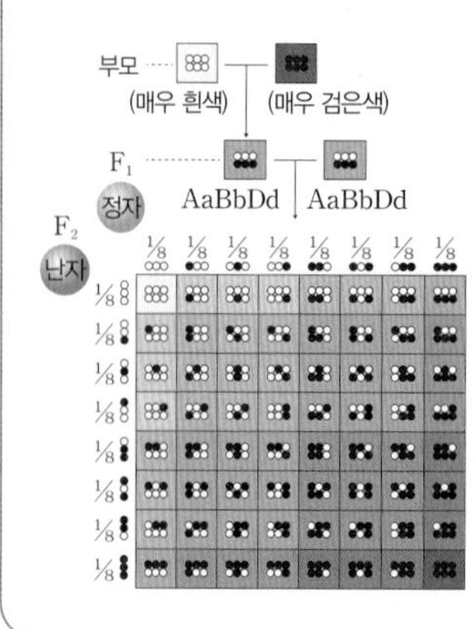

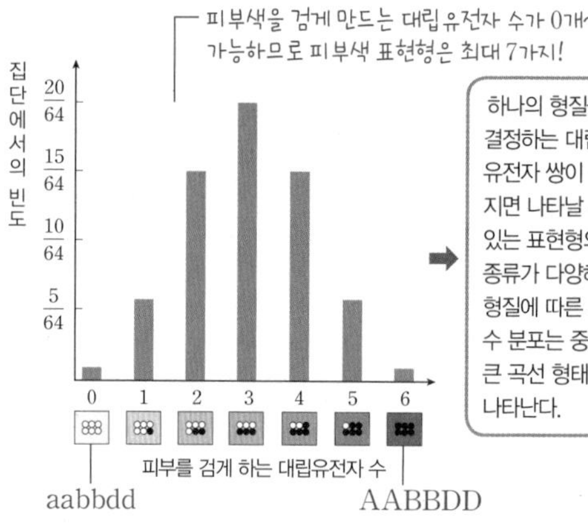

➡ 하나의 형질을 결정하는 대립유전자 쌍이 많아지면 나타날 수 있는 표현형의 종류가 다양해진다. 형질에 따른 개체 수 분포는 중간값이 큰 곡선 형태로 나타난다.

★ 문제 풀이 꿀팁

가계도에서 유전 형질이 X 염색체 유전일 경우 형질이 발현된 여자의 아버지 또는 아들이 정상인 경우를 찾으면 그 형질은 우성으로 확정된다는 것을 기억해두자.
또한 다인자 유전에서는 유전자의 종류가 표현형에 영향을 끼치지 못하므로 문제를 쉽게 풀기 위해 유전자의 위치를 임의로 고정시키고 풀이하도록 하자.

나만의 비법 정리

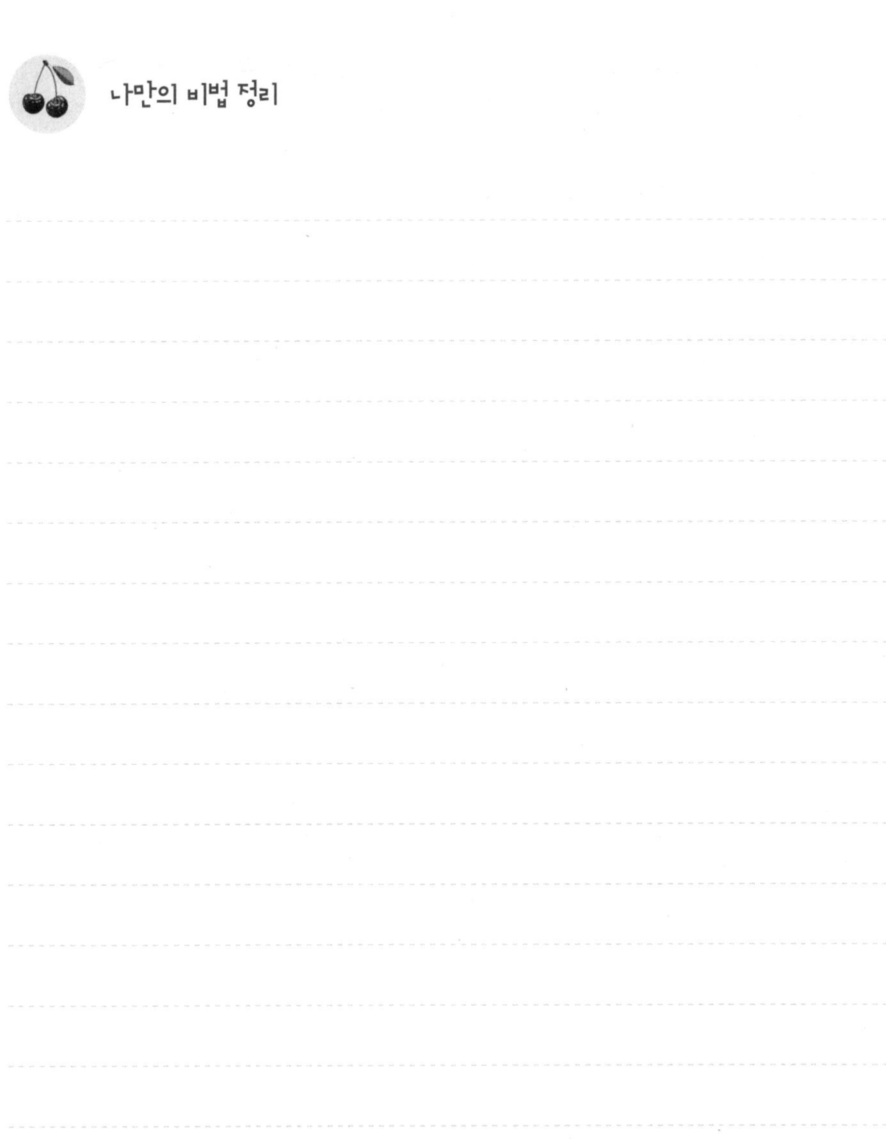

16 유전병 ✪1등급 대비

1. 염색체 수 이상 돌연변이

(1) 원인: 감수 분열 과정에서 일어나는 염색체 비분리에 의해 나타난다.

(2) 염색체 수가 정상보다 많거나 적은 생식세포가 형성될 수 있다.

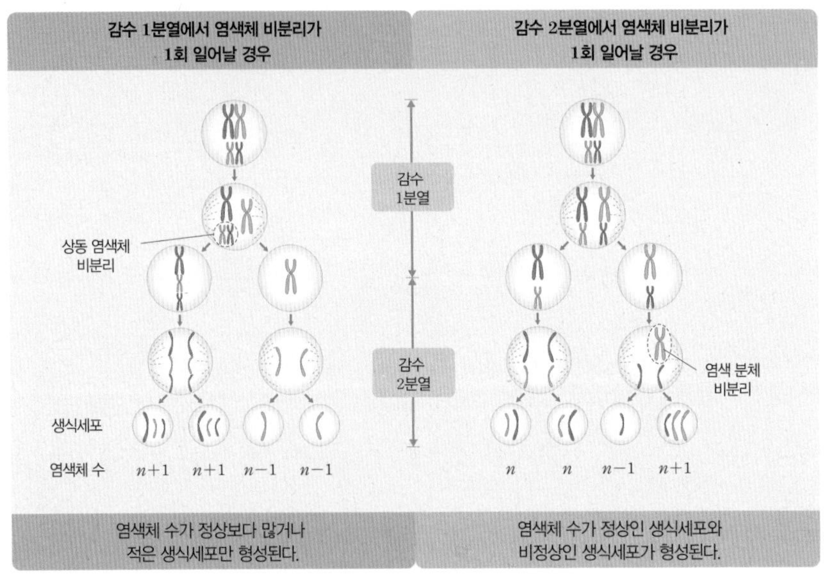

(3) 염색체 수 이상에 의한 유전병의 예

구분		염색체 구성	특징
상염색체 수 이상	다운 증후군	$2n+1$ $=45+XY(XX)$	• 21번 염색체를 3개 가진다. • 정신 지체, 머리가 작고 눈 사이가 멀다.
	에드워드 증후군	$2n+1$ $=45+XY(XX)$	• 18번 염색체를 3개 가진다. • 지적 장애, 심장 등 여러 장기 기형이 있다.
성염색체 수 이상	터너 증후군	$2n-1$ $=44+X$	• 성염색체가 X 염색체 1개뿐이다. • 외관상 여자이나 난소의 발달이 불완전하다.
	클라인펠터 증후군	$2n+1$ $=44+XXY$	• 성염색체로 X 염색체 2개, Y 염색체 1개 • 외관상 남자이나 정소의 발달이 불완전하다.

클라인펠터 증후군인 사람의 X 염색체에 존재하는 대립 유전자가
이형 접합성일 경우 감수 1분열 비분리가 일어난거야!

나만의 비법 정리

2. 염색체 구조 이상

(1) 원인: 다양한 원인으로 염색체의 일부가 끊어진 후 재배열되거나 다른 염색체로 전달되어 염색체의 수는 정상이지만 부분적인 구조 변화가 생긴다.

(2) 염색체 구조 이상 돌연변이의 종류

① 결실: 염색체의 일부가 떨어져 없어진 경우

② 중복: 염색체 일부가 염색 분체나 상동 염색체에 연결되어 반복되는 경우

③ 역위: 염색체 일부가 떨어진 다음 원래 염색체에 반대 방향으로 연결되는 경우

④ 전좌: 염색체의 일부가 떨어져 상동 염색체가 아닌 다른 염색체에 연결되는 경우

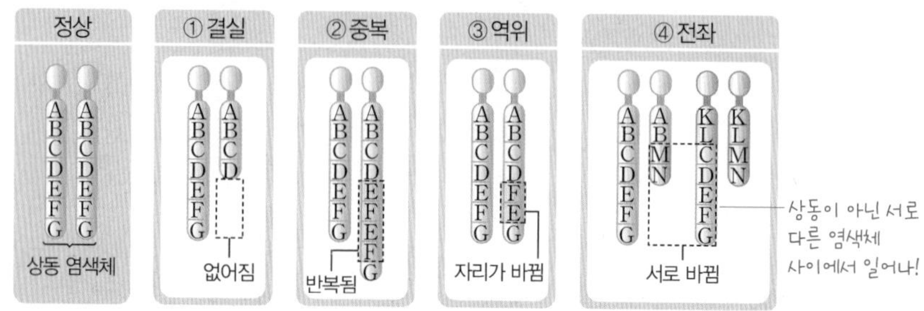

(3) 예: 고양이 울음 증후군(5번 염색체의 일부 결실), 만성 골수성 백혈병(전좌)

3. 유전자 이상에 의한 유전병

(1) 원인: DNA 복제 과정에서 자연적으로 생기거나 방사선 노출, 발암 물질 등으로 인해 DNA 염기 서열이 변해 나타난다.

(2) 유전자 돌연변이는 핵형 분석으로 확인하기 어렵다.

(3) 예: 낫모양 적혈구 빈혈증, 페닐케톤뇨증, 알비노증, 낭성 섬유증, 헌팅턴 무도병

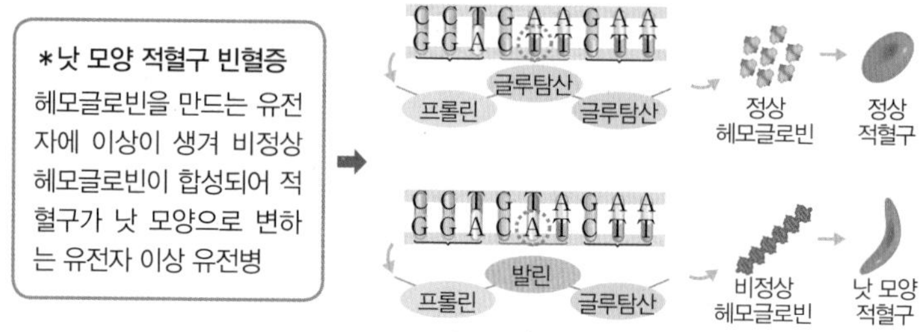

▲ 낫 모양 적혈구 빈혈증이 나타나는 과정

★ 문제 풀이 꿀팁

감수 2분열에서 비분리가 일어나는 경우 염색 분체의 비분리이므로 두 염색 분체의 유전적 구성이 같다는 점, 감수 1분열에서 비분리가 일어나는 경우 상동 염색체의 비분리이므로 유전적 구성이 다를 수도 있다는 점을 이용해 문제에 접근하도록 하자.

나만의 비법 정리

17 군집의 천이

1. 1차 천이: 처음부터 생물이 없었던 장소에서 시작하여 안정된 군집이 될 때까지의 과정이다.

(1) 건성 천이: 수분이 적은 곳에서 시작된다. ㉥ 용암 대지

단계	특징
지의류 (개척자)	지의류가 개척자로 들어와 토양이 형성되고, 선태류가 자라기 시작한다.
↓ 초원	토양층이 발달하면서 초본류가 군집을 이룬다.
↓ 관목림	키가 작은 관목이 들어와 토양층을 더욱 두껍게 만든다.
↓ 양수림	빛을 많이 필요로 하는 양수림이 형성된다.
↓ 혼합림	숲의 아래쪽에 도달하는 빛의 양이 크게 줄어들어 양수 묘목이 잘 자라지 못하고 음수가 늘어난다.
↓ 음수림	비교적 약한 빛에서도 잘 자라는 음수가 양수보다 번성한다. — 음수림에서 극상을 이룸

(2) 습성 천이: 습한 곳에서 시작된다. ㉥ 연못, 호수

단계	특징
빈영양호	영양염류가 적어 플랑크톤이 적다.
↓ 부영양호	유기물이 쌓여 생물의 생산력이 높아진다.
↓ 습원	흙, 모래 유기물이 쌓여 형성된 습지에 이끼류와 습생 식물이 들어온다.

↓ 초원 ➡ 관목림 ➡ 양수림 ➡ 혼합림 ➡ 음수림(극상)

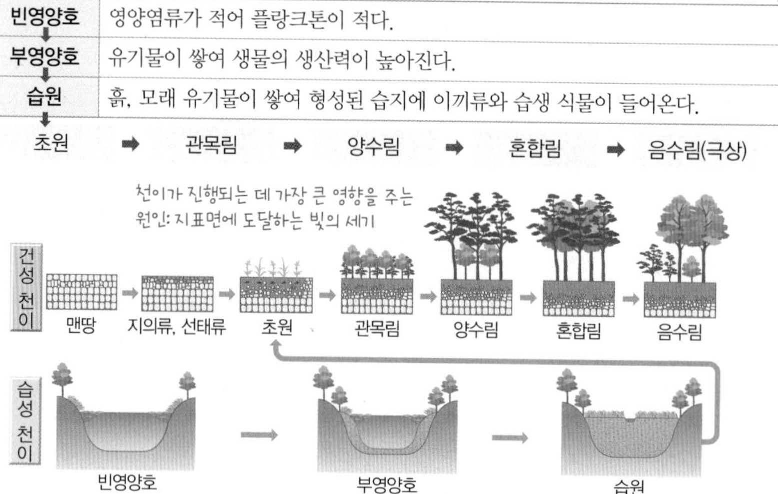

2. 2차 천이: 산불이나 산사태 또는 인위적인 벌목 등으로 파괴된 서식처에서, 이미 토양이 형성된 상태에서 시작된다.

초본(개척자) ➡ 관목림 ➡ 양수림 ➡ 혼합림 ➡ 음수림 (극상)

1차 천이 중 건성 천이 개척자: 지의류
1차 천이 중 습성 천이 개척자: 습생식물

★ 문제 풀이 꿀팁

식물 군집의 천이 과정 일부를 제시하고 천이의 특징 묻는 문제가 출제되므로 1차 천이와 2차 천이 각각의 특징과 천이 과정의 순서를 정리해두도록 하자.

18 군집 내 개체군 간의 상호 작용

구분	내용
종간 경쟁	• 생태적 지위가 비슷한 두 개체군이 같은 공간에서 서식할 경우 일어난다. • 경쟁 배타 원리: 경쟁 결과 한쪽 개체군만 살아남고, 경쟁에서 진 다른 개체군은 사라지는 현상 예 짚신벌레와 애기짚신벌레
분서	• 생태적 지위가 비슷한 두 개체군이 같은 공간에서 서식할 경우 경쟁을 피하기 위해 서식 공간을 달리하거나(서식지 분리), 서로 다른 먹이를 먹는 것(먹이 분리)이다. 예 서식지 분리: 솔새, 먹이 분리: 피라미와 은어
공생 – 상리 공생	• 두 종류의 개체군이 서로 밀접한 관계를 가지고 살아가면서 두 개체군이 서로 이익을 얻는 경우 예 말미잘과 흰동가리, 콩과식물과 뿌리혹박테리아
공생 – 편리 공생	• 한 종의 개체군은 이익을 얻지만, 다른 한 종의 개체군은 이익도 손해도 없는 경우 예 빨판상어와 거북, 해삼과 숨이고기
기생	• 두 종류의 개체군이 함께 살아갈 때 한 종의 개체군은 이익을 얻지만, 다른 한 종의 개체군은 손해를 보는 경우 (숙주: 해를 입는 생물, 기생 생물: 해를 주는 생물) 예 회충과 요충 등의 기생충, 벼룩
포식과 피식	• 두 종류의 개체군이 서로 먹고 먹히는 관계에 있는 것 (잡아먹는 쪽: 포식자, 잡아먹히는 쪽: 피식자) • 일반적으로 피식자는 포식자보다 개체 수가 많고 몸의 크기가 작다. 예 스라소니와 눈신토끼, 사자와 얼룩말

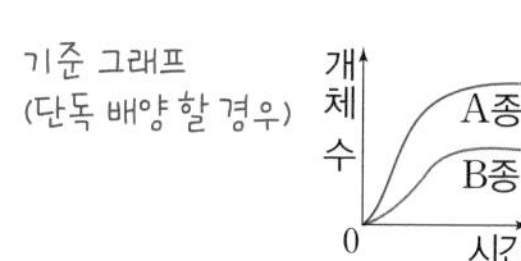

★ 문제 풀이 꿀팁

두 종의 혼합 배양 시 개체 수 변화를 나타낸 그래프를 제시하며 상리 공생과 편리 공생 등 헷갈리기 쉬운 상호 작용을 물어보거나, 종간 경쟁이 같은 종 내에서가 아닌 생태적 지위가 비슷한 두 종 사이에 일어나는 것이라는 개념 등을 물어보는 문제가 자주 출제된다.

19 물질의 생산과 소비

1. 물질의 생산과 소비: 안정된 생태계가 유지되려면 물질의 생산과 소비가 균형을 이루어야 한다.

2. 식물 군집(생산자)의 생산과 소비

총생산량	• 생산자가 광합성을 통해 합성한 유기물의 총량이다. • 생산자가 화학 에너지로 전환한 태양 에너지의 양이다.
호흡량	• 생물이 자신의 생활에 필요한 에너지를 얻기 위해 호흡에 소비한 유기물의 양이다.
순생산량	• 총생산량에서 호흡량을 제외하고 생산자에 저장된 유기물의 양이다. • 피식량: 생산자가 1차 소비자에게 먹힌 유기물의 양이다. • 고사량, 낙엽량: 잎이나 줄기가 말라죽거나, 낙엽으로 떨어진 유기물의 양이다. • 생장량: 순생산량에서 피식량과 고사량 · 낙엽량을 제외하고 생산자에 남아 있는 유기물의 양이다.

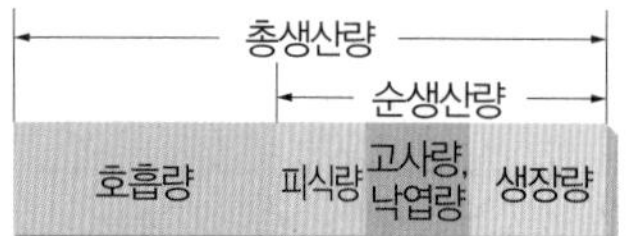

▲ 식물 군집의 총생산량

- 총생산량=호흡량+순생산량
- 순생산량=총생산량−호흡량
- 생장량=순생산량−(피식량+고사량, 낙엽량)

3. 초식 동물(1차 소비자)의 섭식과 소비

섭식량	소비자가 섭취한 유기물의 총량이다. ➡ 초식 동물의 섭식량=식물의 피식량
동화량	• 소비자의 섭식량에서 소화되지 않고 체외로 배출되는 양을 제외한 것이다. ➡ 동화량=섭식량−배출량 • 동화량 중 일부는 호흡에 사용되고, 일부는 몸을 구성하거나 생장에 이용된다.

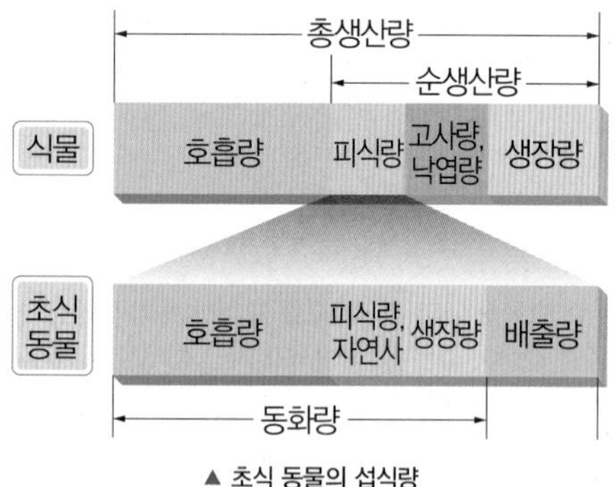

▲ 초식 동물의 섭식량

20 물질의 순환

★ 탄소와 질소의 순환

<table>
<tr><th>탄소 순환</th><th>질소 순환</th></tr>
<tr><td>생물 이용 형태: 생명체를 구성하는 유기물의 기본 골격을 이루며 에너지를 얻는 주요 성분이다.</td><td>생물 이용 형태: 생명체를 구성하는 단백질과 핵산을 이룬다. ─ 식물(생산자)이 직접 이용할 수 없어!</td></tr>
<tr><td>
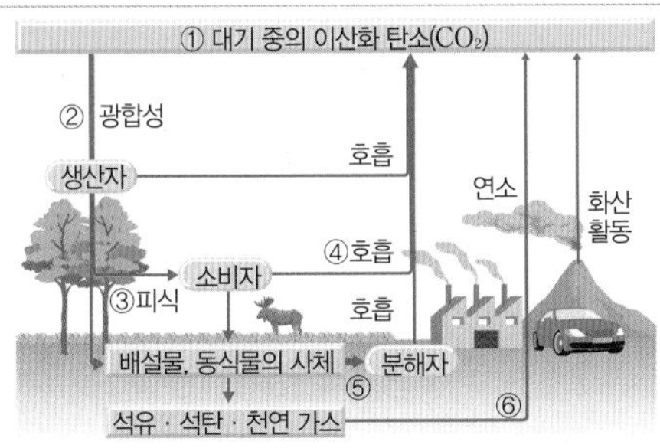

</td><td>
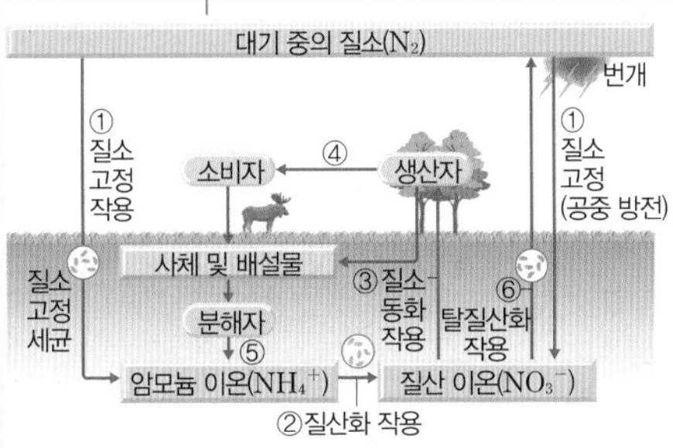

</td></tr>
<tr><td>
① 탄소는 대기 중에 이산화 탄소나 물속에 탄산수소 이온으로 존재한다.
② 생산자의 광합성을 통해 유기물로 합성된다.
③ 합성된 유기물은 먹이 사슬을 통해 소비자로 이동한다.
④ 유기물 중 일부는 호흡을 통해 이산화 탄소로 분해되어 대기로 돌아간다.
⑤ 나머지 유기물은 사체나 배설물의 형태로 토양에 유입되고, 일부는 분해자에 의해 분해되어 이산화 탄소 형태로 대기로 돌아간다.
⑥ 분해되지 않은 유기물은 오랜 기간을 거쳐 화석 연료가 되었다가 연소에 의해 이산화 탄소 형태로 대기로 돌아간다.
</td><td>
① 질소 고정 작용: 대기 중의 질소는 질소 고정 세균에 의해 암모늄 이온으로 전환되고, 일부는 번개에 의해 질산 이온으로 전환된다.
➡ 질소 고정 세균에는 뿌리혹박테리아, 아조토박터가 있어!
② 질산화 작용: 질산화 세균에 의해 아질산 이온, 질산 이온으로 전환된다.
③ 질소 동화 작용: 생산자는 암모늄 이온, 질산 이온, 아질산 이온을 흡수하여 유기 질소 화합물을 합성한다.
④ 유기 질소 화합물은 먹이 사슬을 따라 소비자로 이동한다.
⑤ 사체나 배설물의 형태로 토양으로 이동한 후 분해자에 의해 암모늄 이온으로 분해되고, 질산화 세균의 질산화 작용에 의해 아질산 이온, 질산 이온으로 전환된다.
⑥ 탈질산화 작용: 질산 이온의 일부는 질소로 전환되어 대기로 돌아간다.
➡ 탈질산화 세균이 관여해!
</td></tr>
</table>

★ 문제 풀이 꿀팁

탄소 순환에서는 생산자, 소비자, 분해자 모두 호흡을 한다는 점을 잊지 말자.
질소 순환에서는 각 과정과 그 과정에 관여하는 세균의 이름을 혼동하지 않도록 주의하자.

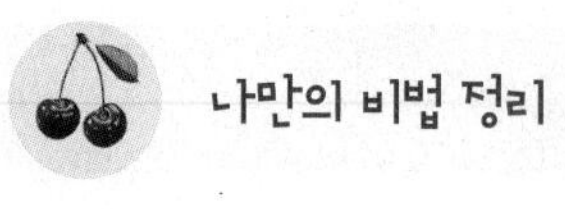